BOUQ...

COLLECTION...

GUY SCH...

Jacques Gury, professeur retraité de l'enseignement supérieur, est agrégé de l'Université (anglais) et docteur ès lettres (thèse d'État en littérature comparée).

Il a consacré la majeure partie de ses travaux aux relations franco-britanniques et à l'image de l'Angleterre en France, en particulier entre 1760 et 1830.

Parmi ses publications, *Le journal de voyage en Grande-Bretagne en 1784* de Marc de Bombelles (Oxford, 1989) annonçait la présente anthologie du *Voyage outre-Manche*, fruit d'une longue fréquentation du monde britannique et d'un travail sur les relations de voyageurs français rassemblées pendant plus de trente ans.

Jacques Gury, qui a beaucoup œuvré pour l'amitié franco-britannique, est vice-président d'honneur de la H.M.S. Warspite Association.

En travaillant depuis 1989 à cet ouvrage, je n'ai pas cessé de penser à ce que je devais aux Anglais, loyaux sujets de S. M. Élisabeth II, qui m'avaient permis, dans cette seconde moitié du XXe siècle, de découvrir aussi les Anglais des siècles passés. C'est pourquoi je ne peux que reprendre ce que Grosley écrivait en 1770 pour conclure son Londres :

« *Je finis en témoignant ma reconnaissance aux Anglais dont l'affabilité s'est prêtée au désir d'apprendre que je leur montrais. J'en ai vu dans tous les rangs, dans tous les états, dans toutes les conditions, et j'ai trouvé chez tous la même indulgence, la même complaisance, les mêmes bontés.* »

Et je dédie ce volume à tous ceux qui m'accueillirent généreusement outre-Manche, et également aux hommes qui servirent sur le cuirassé H.M.S. Warspite.

Jacques GURY, 8 mai 1999.

JACQUES GURY

LE VOYAGE
OUTRE-MANCHE

ANTHOLOGIE DE VOYAGEURS FRANÇAIS
DE VOLTAIRE À MAC ORLAN

DU XVIIIᵉ AU XXᵉ SIÈCLE

ÉDITION ÉTABLIE PAR
JACQUES GURY

ROBERT LAFFONT

Si, malgré nos efforts, nous n'avions pas réussi à joindre tous les auteurs ou ayants droit des textes reproduits dans ce livre, nous prions ceux-ci d'accepter nos excuses et de se mettre en rapport avec l'éditeur.

© Éditions Robert Laffont S.A., Paris, 1999

ISBN : 2-221-06829-7

Ce volume contient :

INTRODUCTION

Première partie
EMBARQUEMENT

Deuxième partie
LONDRES

Troisième partie
D'UNE ANGLETERRE À L'AUTRE

Quatrième partie
TERRES CELTIQUES

Cinquième partie
ÉTRANGES INSULAIRES

Sixième partie
ADIEUX

CARTES, NOTICES BIOGRAPHIQUES,
CHRONOLOGIE
BIBLIOGRAPHIE, INDEX

« Je crois qu'un Anglais qui a bien vu la France, et un Français qui a bien vu l'Angleterre, en valent mieux l'un et l'autre. »

VOLTAIRE, *Lettre à l'abbé Le Blanc*, 11 nov. 1738.

« J'admire l'Angleterre, à l'heure où chacun étale les images secrètes de ses bas-fonds, de savoir conserver le goût de cacher ses défauts et de rougir quand on les aperçoit. Les hommes et les femmes de ce pays ne sont sans doute pas d'une autre essence que le commun des Européens, mais ils ont raison de cacher leur vrai visage devant les surprises de la rue et de chercher soigneusement, en regardant bien si personne ne les voit, la porte basse où l'on entre dans la fantaisie illégale. »

Pierre MAC ORLAN, *Images sur la Tamise*, 1925.

PANORAMA DU XVIIIᵉ AU XXᵉ SIÈCLE

Les Français tendent à croire que les *Lettres philosophiques* de Voltaire, parues en 1734, sont le premier témoignage de fructueux rapports entre la France et l'Angleterre. On peut certes dire qu'elles sont le premier grand monument franco-britannique et que les relations franco-britanniques, dans toute leur complexité et leur ambiguïté, se placent sous le glorieux patronage de Voltaire.

Mais sans aller jusqu'aux Plantagenêts, on pourrait remonter aux Tudors, aux Stuarts, en Écosse et en Angleterre. Il y a déjà à l'époque de Henri IV des relations entre Paris et Londres. Henriette de France épousera Charles Iᵉʳ, et nombreux seront les Français qui iront soutenir ce roi contre Cromwell. On retrouvera gentilshommes et gentes dames de France à la cour de Charles II. Bien sûr, cela ne nous vaut guère qu'un poème héroï-comique, *Albion* (1644), de Saint-Amant, la *Relation d'un voyage en Angleterre* (1664) de Samuel Sorbière, quelques lettres badines d'Étienne Pavillon vers 1670, et quelques pages chez Charles Patin en 1676. Toutefois la preuve que le voyage en Angleterre n'est pas exceptionnel se trouve dans l'existence de manuels comme : une *Grammaire Anglaise et Française pour apprendre facilement et promptement la langue Anglaise* (1662), ou la *Nouvelle grammaire anglaise enrichie de dialogues curieux* (1675), de Paul Festeau. Tristan L'Hermite évoque dans *Le Page disgracié* (1643) sa fuite en Angleterre vers 1615, et son recours à « *un petit livre* imprimé à Londres qui m'enseigna la manière de demander tout ce qui me serait nécessaire ». Ce qui suppose une fréquentation précoce de Londres par des Français. En tout cas, dès 1654, on pouvait se procurer *Le Fidèle conducteur pour le voyage d'Angleterre* du sieur Coulon.

En 1688, la prise de pouvoir par Guillaume d'Orange et la fuite de son beau-père Jacques II entraîneront un double mouvement de réfugiés : les catholiques jacobites d'Irlande et d'Écosse passeront en France, beaucoup de protestants, ayant fui la France après la révocation de l'édit de Nantes, passeront de Hollande en Angleterre et en Irlande. Des deux côtés de la Manche, les proscrits entretiendront longtemps leur langue et leur culture, les diffusant ainsi autour d'eux. Paradoxalement, la présence de huguenots français à Londres favorisera une image attrayante de l'Angleterre, et c'est à des protestants, comme François Colsoni, que l'on doit en 1693 le premier *Guide de Londres* ; comme Maximilien Misson : *Mémoires et observations faites par un voyageur en Angleterre* (1697) ou Guy Miège : *État présent de la Grande-Bretagne* (1708), que l'on doit de gros ouvrages bien documentés traitant de l'histoire, des institutions, des mœurs et des coutumes d'Angleterre. Miège était de surcroît auteur d'un dictionnaire et d'une *Nouvelle facile méthode pour apprendre l'Anglais*, qui, avec les ouvrages de Boyer, seront les principaux instruments de travail des néophytes en anglais pendant longtemps. Mais une *Méthode abrégée pour apprendre l'Anglais, avec une préface sur l'origine, les beautés, l'usage et la facilité de cette langue*, est publiée en 1691 à Bordeaux par le sieur Mahony, catholique irlandais...

*
* *

Cependant, le règne de Guillaume d'Orange, en fait de Guillaume III et Marie, ouvrit une longue période d'hostilités entre la France et l'Angleterre — qui deviendra d'ailleurs la Grande-Bretagne en 1707. Il faudrait même parler d'une « seconde guerre de Cent Ans », puisque de 1688 à 1815 il y aura plus de soixante-dix années de conflit ouvert. A la haine entre Louis XIV et Guillaume d'Orange succède, dans le contexte d'un soutien des Bourbons aux Stuarts contre la maison de Hanovre, une concurrence outre-mer, en Amérique, aux « Isles », aux Indes : d'où une lutte surtout sur mer et sur des théâtres lointains, dont l'issue n'intéressait guère les Français, trop terriens pour voir que l'avenir de la France se jouait dans les « deux Indes ». Toutefois, en 1783, avec le traité de Versailles, il semblait que la France de Louis XVI avait enfin arrêté l'expansion britannique et rétabli définitivement la liberté des mers ; un traité de commerce en 1786 allait sceller la réconciliation des deux nations.

Au XVIIIe siècle, les conflits restaient militaires et n'interrompaient pas les relations intellectuelles et culturelles. Pendant les guerres, les livres, les idées, les correspondances et même les individus continuaient à circuler. Dès le retour de la paix, avant même la signature des traités, les grands seigneurs anglais reprenaient la route de la France et retrouvaient leurs amis à Paris et à Versailles, et reprenaient, en quelque sorte, leurs conversations.

Pendant les trois décennies entre le traité d'Utrecht (1713) et la guerre de Succession d'Autriche (1741), l'Angleterre s'était affirmée au moins l'égale de la France dans les sciences, la philosophie et même les lettres.

Les Français commençaient à percevoir l'Angleterre comme un exemple économique, social, politique et intellectuel, et comme une terre de tolérance et de liberté. C'est alors que Voltaire choisit l'Angleterre comme terre d'exil ou plutôt comme pays d'accueil en 1726 ; suivi par l'abbé Prévost, réfugié pour de toutes autres raisons et dans des conditions bien différentes, en 1728 ; puis par Montesquieu en 1729, soucieux de voir fonctionner le système britannique.

Confirmant l'attrait du voyage en Angleterre, en 1726 paraissaient les *Lettres sur les Anglais* de Béat de Muralt, écrites trente ans plus tôt, et qui n'étaient pas inconnues de Voltaire, et un *Nouveau guide de Londres*. L'année suivante, Boissy faisait jouer à Paris sa comédie *Le Français à Londres*. En 1729 paraissait à Londres, en français, *Le Guide des étrangers*, qui en 1763 en sera à sa quatrième édition.

Mais il y avait deux types de voyageurs : le grand seigneur, ou l'homme de lettres éminent, ou le savant de grand renom, fêté par l'aristocratie, reçu dans le grand monde, et le plumitif besogneux qui avait bien du mal à se faire admettre dans la société londonienne, méfiante, souvent à juste titre, à l'égard de ces gueux des lettres, plus ou moins abbés, vivant d'expédients et de libelles...

Ne succèdent aux *Lettres philosophiques* de Voltaire que les *Lettres d'un Français sur les Anglais* (1745), de l'abbé Le Blanc, qui auront deux rééditions, et suffiront pour une génération. Il faudra attendre cent cinquante ans avant de pouvoir lire les voyages de César de Saussure. C'est moins aux voyageurs d'avant 1741 que l'on doit l'anglomanie qui se développera après 1745 qu'aux traducteurs de romans, d'essais, de poèmes, de théâtre, grâce auxquels les Français peuvent s'imaginer leur Angleterre, terre d'évasion intellectuelle et sentimentale. Par exemple l'obscur abbé Desfontaines est en fait un intermédiaire beaucoup plus efficace et important que Voltaire, qui le méprisait tant. Et l'abbé Prévost avec *Le Pour et le Contre* (1733-1740) et Fréron avec *L'Année littéraire* (1754-1776) furent les vrais introducteurs des lettres anglaises en France.

C'est la génération qui a vingt ans en 1750 qui s'enthousiasme pour tout ce qu'elle découvre dans les livres venus d'Angleterre. Le terme « anglomanie » apparaît dès 1753 et en 1757 Fougeret publie son *Préservatif contre l'anglomanie*, trop tard ! En 1763, au lendemain du traité de Paris qui mettait fin à la désastreuse guerre de Sept Ans, la jeune aristocratie française se précipita outre-Manche, pour voir jouer Garrick, pour aller aux courses de Newmarket, pour parcourir les jardins à l'anglaise, pour s'amuser au Ranelagh ou au Vauxhall, et pour retrouver l'Angleterre de Swift et de Defoe, de Richardson, de Fielding, de Goldsmith, de Thomson, de Milton, de Shakespeare, de Young..., pour boire du punch et jouer au whist... ! La comédie *L'Anglomane* (1772) de Saurin ne fait que confirmer l'engouement. Mais les relations publiées sont encore rares, les grands seigneurs, comme le duc de Croÿ, ne communiquent pas leurs journaux, quand ils en tiennent, leurs correspondances restent confidentielles ; il faudra attendre un siècle ou deux. Il faut se contenter du *Londres* de Grosley (1770), des *Nouvelles observations* de l'abbé Coyer, remontant à 1765 et parues en 1770, et des *Lettres* de Mme du Bocage écrites en 1750 et publiées en 1770.

*
* *

Puis la guerre d'Amérique freine l'anglomanie et en 1778 interrompt les voyages. Ceux-ci reprendront en 1783. Le glorieux traité de Versailles effaçait toute animosité. Le duc de Croÿ disait dans son journal en juillet 1783 : « Nous paraissons, d'ailleurs, fort bien avec l'Angleterre, et plusieurs personnes de notre bonne compagnie et de nos jolies dames y ayant passé, on raffolait à Londres des Françaises, comme, à Paris, des Anglaises. Les deux nations échangeaient leurs ridicules et s'aimaient à la folie. Il n'y avait plus ni haine ni rivalité et tout annonçait que nous serions longtemps bien avec l'Angleterre. »

Grammaires et guides s'étaient multipliés, ainsi que les bons ouvrages, on pouvait donc partir bien documenté, bien renseigné, à l'abri des mésaventures, prêt à l'enthousiasme. Le voyage outre-Manche devenait une obligation sociale, un devoir intellectuel. Naguère encore l'homme cultivé, l'honnête homme, devait compléter sa formation intellectuelle et artistique par un voyage au-delà des Alpes, en Italie. Désormais, c'est outre-Manche qu'il fallait aller. De surcroît, en 1784, la diligence mettait Londres à cinq jours de Paris. On pouvait revenir homme nouveau, éclairé et sensible en moins d'un mois. Princes et particuliers, savants et bas-bleus partirent en berline, en chaise de poste ou en diligence. Pour 1784, on peut citer des noms aussi divers que le duc de Chartres (futur duc d'Orléans), le marquis de Bouillé, le comte de Ségur, le duc de La Rochefoucauld-Liancourt, le marquis de Lusignan, le duc de Lauzun, le marquis de Mirabeau, le duc de Chaulnes, le comte de Crillon, le marquis de Bombelles, Mme Roland, Brissot, Target, l'abbé Morellet, le minéralogiste Faujas de Saint-Fond... parmi tous ceux dont on a signalé le passage. Même s'ils ont lu Sterne et son *Sentimental Journey* (1768), traduit dès 1769, les voyageurs ne se livrent pas à l'errance sur les routes de l'Angleterre : ils vont à Londres, beaucoup s'aventurent à quelques lieues autour de la capitale pour voir parcs et châteaux, quelques-uns poussent jusqu'à Bath et Bristol, en passant parfois par Oxford.

Le temps, et parfois l'argent — car le séjour était très onéreux —, manquent. Beaucoup de voyageurs se contentent de trois semaines, parfois six semaines ; trois mois sont considérés comme un long séjour. Ils viennent surtout l'été et découvrent donc un Londres déserté par la bonne société, sans spectacles ni fêtes.

Ce qui fait le succès d'un voyage, ce sont les lettres de recommandation données, avant le départ pour Londres, par quelques amis anglais de passage à Paris, et qui assurent, en chaîne, l'accueil dans tout un réseau de relations, à différents niveaux de la société, dans divers milieux. On peut profiter des cercles shakespearomanes ou ossianophiles, ou des loges maçonniques. L'amour des chevaux ou de la botanique, un intérêt pour l'économie politique ou l'agronomie peuvent ouvrir bien des portes. Évidemment le visiteur ne fréquente guère que des milieux disposés à l'accueillir favorablement : la noblesse, la gentry, la haute bourgeoisie, les élites scientifiques ou intellectuelles, où l'on parle français. Le petit peuple de Londres, longtemps accusé d'une vulgarité agressive à 'égard des étrangers, n'est peut-être plus perçu comme populace hostile, mais trop souvent le voyageur ne peut communiquer avec les petites gens qui ne sont plus que des figurants dans le spectacle de l'Angleterre. Certes, beaucoup de Français ont fait l'effort d'apprendre l'anglais, croient-ils, pour découvrir que, s'ils peuvent lire Milton, ils sont incapables de comprendre et de se faire entendre dans la rue. Cela ne les empêchera pas à leur retour d'introduire fièrement dans les salons parisiens des mots d'anglais, tels quels ou mal francisés, mots de passe des anglomanes.

L'anglomanie suscitera l'anglophobie. On dénoncera ces cosmopolites pour qui tout devait être « à l'anglaise », et qui rapportaient d'outre-Manche non seulement des livres et des idées, mais aussi de nouvelles manières et de nouvelles modes, des redingotes et des fracs. On accusera les anglomanes de se mettre à l'école d'une nation d'origineux et d'excentriques, d'insulaires bizarres et mal policés, de mépriser les traditions et les usages de leur patrie, et d'aller jusqu'à dédaigner les maîtres des belles-lettres françaises, de préférer Shakespeare à Racine. « L'anglomanie a passé de nos livres dans nos mœurs et y a causé les mêmes ravages, en sorte qu'on peut dire que ceux qui ont cru nous enrichir par des productions étrangères ne nous ont procuré que des maux étrangers... En effet la lecture des productions anglaises n'a guère servi qu'à introduire parmi nous des bizarreries et des maximes qui, n'étant analogues ni au caractère ni au gouvernement de la Nation, n'ont produit que de très pitoyables effets, comme l'expérience le prouve tous les jours... », se lamentait Sabatier de Castres dans *Les Trois Siècles de la littérature française* (1779).

Combat d'arrière-garde sans doute, entamé par Voltaire dès 1764 et mené jusqu'à sa mort en 1778. Voltaire avait fait l'éloge de l'Angleterre du *Spectator*, de Newton et de Pope, dont les élites se réclamaient de l'Europe classique, d'une Angleterre dont le principal mérite était d'ignorer les jésuites et les lettres de cachet, la censure et la Sorbonne ; mais à la fin de sa vie il avait tonné contre les welches et Gilles Shakespeare !

Si la plupart des Français passant en Angleterre sont d'avance séduits par tout ce qu'ils y trouveront, certains y partent décidés à combattre l'anglomanie à la source, en portant un regard critique, en montrant le

« vrai » Londres, en révélant la duplicité et l'hypocrisie des Anglais. Cela nous vaut quelques relations hostiles, une reprise par Lacombe du *Londres* de Grosley, réécrit à l'anglophobique, un *Londres et ses environs* de Serre de Latour (1788), auquel répondent, en quelque sorte, *Le Voyage philosophique* de Lacoste et le *Londres et ses environs* de Cambry, dans l'esprit anglomane.

Que laissèrent les voyageurs anglomanes ou anglophiles? Ou plutôt qu'est-ce que ces voyageurs rapportèrent? On est assez déçu du maigre contenu des Mémoires de l'abbé Morellet, de Mme de Genlis, de Ségur ou de Lauzun. Parfois les mondanités ou les relations de société comptent plus que l'observation de la réalité. Les journaux et les correspondances, dont l'essentiel est encore inaccessible ou inédit, et dont quelques-uns seulement furent publiés au XXe siècle, sont souvent peu révélateurs, ou tiennent du catalogue. Par exemple le journal tenu en 1784 par le jeune François de La Rochefoucauld relève assez du devoir de vacances appliqué. D'ailleurs les jeunes gens envoyés se former outre-Manche, comme Girardin ou Laborde, ne mentionneront plus tard que de vagues souvenirs. Benjamin Constant se rappellera surtout une escapade d'enfant prodigue Il faudra attendre plus de deux siècles pour que soit enfin publié l'un des plus riches documents : le journal du marquis de Bombelles parcourant en 1784 les Trois Royaumes, comme on disait alors, de George III. Le voyage de Faujas de Saint-Fond de 1784 sera publié quinze ans plus tard mais son intérêt principal est surtout de révéler l'Écosse insulaire et montagneuse.

En 1792, le « citoyen » Chantreau publia les trois gros volumes : *Voyage dans les Trois Royaumes d'Angleterre, d'Écosse et d'Irlande fait en 1788 et 1789. Ouvrage dans lequel on trouve tout ce qu'il y a de plus intéressant sur les mœurs des habitants de la Grande-Bretagne, leur population, leurs opinions religieuses, leurs préjugés, leurs usages, leur constitution politique, leurs forces de terre et de mer, les progrès qu'ils ont faits dans les sciences et dans les arts, avec des anecdotes aussi piquantes que philosophiques.* Il semble bien que Chantreau ait effectivement parcouru tout ce qu'il décrit dans le détail, bien qu'il soit difficile de faire le tour des îles Britanniques en rapportant si peu d'impressions personnelles. Il s'agit surtout d'un itinéraire auquel s'agrègent anecdotes et informations provenant d'ouvrages antérieurs ; les seuls éléments subjectifs se trouvent dans un républicanisme exacerbé, un anticléricalisme et un antimonarchisme virulents, peut-être d'ailleurs introduits tardivement.

*
* *

La Révolution n'interrompit pas d'emblée les relations des deux nations. Beaucoup d'aristocrates anglais fréquentèrent Paris jusqu'en 1792 et l'Angleterre bénéficiait de préjugés favorables comme terre ignorant l'absolutisme, les radicaux anglais soutenaient les jacobins et espéraient même qu'un mouvement républicain gagnerait l'Angleterre. On accusa les anglomanes d'avoir ouvert la boîte de Pandore et lâché sur la France tous les maux et tous les désordres avec les idées et les modes anglaises. L'anglomanie aurait été au fond séditieuse et subversive. Mais ce n'est pas l'anglomanie qui a semé les germes de la Révolution : elle s'est imposée parce qu'elle satisfaisait, au moins superficiellement, les aspirations des éléments les plus jeunes de la société française, parce qu'elle répondait à un désir de liberté et de libération dans la majorité des jeunes aristocrates français.

Ceux-ci se retrouveront outre-Manche en 1793 pour un exil qui paraissait ne devoir durer que quelques mois et qui durera jusqu'en 1800 ou 1802, voire 1814. Chateaubriand a évoqué le dénuement ou la détresse, au moins le désarroi des émigrés. Mais nous avons très peu de relations de ces séjours, en dehors de deux ouvrages laissés par un pittoresque Breton, M. de La Tocnaye qui, six ans durant, parcourut à pied, d'un bout à l'autre, les îles Britanniques. Les souvenirs des émigrés paraîtront après 1815, plus ou moins mêlés d'amertume, plus ou moins colorés par les événements parisiens.

Le Paris du Consulat et de l'Empire ne se désintéresse pas de l'Angleterre. En l'an VIII paraissent quatre gros volumes de Charles-Alexandre de Baert, rédigés dès 1788 : *Tableau de la Grande-Bretagne*, ouvrage encyclopédique, renseignant sur tous les aspects des royaumes d'outre-Manche. C'est l'un de ces ouvrages objectifs où la compilation compte plus que l'observation ou la réflexion, où il est difficile de distinguer souvenirs et lectures, on y retrouve informations et anecdotes qui reviennent de livre en livre depuis plus d'un siècle, comme ces planches gravées, usées, retouchées, retaillées, plus ou moins remises à jour ou au goût du jour. C'était déjà pratiqué par le « citoyen » Chantreau, et cela sera repris par Ferri de Saint-Constant en 1804, dans un gros ouvrage, bien documenté, foncièrement et ouvertement anglophobe. On devine qu'il s'agit de discréditer définitivement le modèle anglais après la rupture de la paix d'Amiens en 1803. Déjà en 1802, J. Fievée, dans ses *Lettres sur l'Angleterre et réflexions sur la philosophie du XVIIIe siècle*, dénonçait le mirage anglais et la perfide Albion. Mais il faut souligner que blocus et hostilités n'empêcheront pas la diffusion des lettres anglaises contemporaines. Des ouvrages récents furent traduits ou imités et les élites françaises restaient curieuses et informées de l'actualité culturelle et intellectuelle d'outre-Manche.

*
* *

Le 18 juin 1815 marqua pour toute l'Europe, y compris la France, la fin d'un cauchemar. La seconde guerre de Cent Ans, devenue guerre européenne, s'achevait sur la défaite de la France, mais Waterloo fut surtout perçu comme la chute de Napoléon et aussi la déroute du jacobinisme. Un siècle de paix débutait, les Anglais revinrent en foule, les derniers émigrés rentrèrent, et les prisonniers de guerre furent rapatriés. La France et la Grande-Bretagne ne furent plus jamais ennemies, même si elles restaient rivales et si quelques crises les amenèrent au bord des hostilités. Désormais le voyage outre-Manche ne connaîtra plus d'interruptions, mais les événements politiques en France auront des répercussions sur le flot des voyageurs.

La Restauration ignora les proscriptions, excepté pour les régicides, mais assez nombreuses furent les personnalités libérales qui voulurent comparer la réalité anglaise avec l'expérience française. La monarchie de Juillet bannit les ministres de Charles X, et les chefs de file légitimistes furent amenés à s'exiler et à retrouver Charles X à nouveau hébergé à Édimbourg. Ironie de l'histoire, les Stuarts avaient tenu leur cour en exil à Saint-Germain, les Bourbons tinrent cour à Édimbourg de 1796 à 1810 et après 1830. Sous Louis-Philippe, Londres connut des exilés légitimistes, républicains, bonapartistes. Puis Louis-Philippe prit à son tour la route de l'exil anglais. Sous la IIe République, diverses personnalités choisirent de se réfugier à Londres. Le coup d'État du 2 décembre 1851 amena outre-Manche beaucoup de proscrits républicains. Près de vingt ans plus tard, ce fut à Napoléon III de choisir d'aller mourir en Angleterre, tandis que les communards échappaient au peloton d'exécution ou au bagne en prenant eux aussi le chemin de l'exil anglais. Il ne faudrait pas oublier tous ceux qui passèrent l'hiver 1870-1871 outre-Manche, ayant fui l'invasion prussienne. On pourrait clore la liste avec Émile Zola, réfugié à Londres en 1898, ou les religieux chassés par les persécutions combistes. La Grande-Bretagne les accueillit tous, et les exilés politiques de tous bords purent y trouver des milieux favorables, qu'il s'agisse d'ultras ou de républicains, de réactionnaires ou d'anarchistes, d'athées ou de chrétiens, d'aristocrates ou d'ouvriers.

En plus de ceux qui sont, ou se sentent, contraints à l'exil, il y a ceux qui viennent enquêter sur le commerce, l'industrie, l'administration, le système pénitentiaire, le paupérisme, les ponts et chaussées, l'urbanisme, car dans la plupart des domaines la Grande-Bretagne est en avance de vingt ans, tout comme elle affronte avant nous les problèmes sociaux nés du progrès économique et technique. Il y a ceux qui viennent étudier le système politique et social, et qui voient l'Angleterre triompher de la grave crise économique qui a suivi la victoire, car les vainqueurs sortent de la guerre grandis mais ruinés ; qui voient le gouvernement réussir à surmonter les crises politiques et les mouvements populaires grâce à de prudentes ou audacieuses réformes de la Constitution et des institutions ; qui voient une monarchie discréditée s'adapter, évoluer et redevenir populaire ; qui voient un empire naître et se développer dans la nation le sentiment d'une prestigieuse destinée hégémonique. Mais pour ceux qui veulent trouver matière à réprobation, il y a toujours des sujets de scandale, dénoncés par les Anglais eux-mêmes d'ailleurs, qu'il s'agisse de l'Irlande, des workhouses, des mineurs et des ouvriers du textile... de la persistance de privilèges indus, d'archaïsmes paralysants.

Si bien que les Français, au XIXe siècle, eurent à leur disposition de gros volumes d'enquêtes, d'études, de rapports, avec des chiffres, des statistiques, des analyses et des conclusions. Certains prouvent la supériorité de la Grande-Bretagne, parfois en déplorant la persistance ou l'apparition d'inégalités ou d'injustices, certains dénoncent une Angleterre arrogante ou menaçante, mais corrompue ou gangrenée, menacée d'une décadence rapide, parce que le système est soit trop libéral, soit trop féodal. D'ailleurs, beaucoup d'ouvrages s'interrogent sur l'avenir, soit en se réjouissant de la déchéance proche de Carthage, soit en s'inquiétant de l'emballement d'un système économique entraînant le pays et la nation dans l'inconnu.

Dès le rétablissement des Bourbons paraissent des ouvrages qui attendaient, en France ou en Angleterre, la fin de l'Empire, et qui vont satisfaire la curiosité de tout un public, relativement privé depuis plus de vingt ans d'informations impartiales. Mais il faut souligner que ces livres présentent surtout l'Angleterre d'hier ou d'avant-hier, d'avant Waterloo, et que, bien sûr, la sérénité est encore bien difficile. L'un des premiers ouvrages, rédigé en captivité, celui de Pillet, est ouvertement hostile et suscitera toute une controverse en 1815 ; les deux volumes de Rubichon, *De l'Angleterre* (1815-1819), conçus en exil, vont dans le même sens. A cela s'oppose une étude favorable de J.-B. Say. Des compilateurs prudents reprennent Ferri de Saint-Constant, Baert, Chantreau, et puisent aussi dans des sources anglaises ; d'autres se lancent dans la polémique et les diatribes, souvent à partir de documentation de seconde main et de quelques semaines à Londres... Pendant les quinze années des règnes de Louis XVIII et de Charles X se succèdent, à raison de deux ou trois par an, des *Lettres* ou des *Mémoires*, des *Observations* ou des *Tableaux*, des *Souvenirs* ou des *Descriptions*, épais ouvrages ou minces volumes, relations de séjours outre-Manche ou emprunts à d'œuvres antérieures anglaises ou françaises.

Parmi les voyageurs de la Restauration, il faut ajouter à ceux qui vont en voyage d'information ou de formation ceux qu'attire la vie intellectuelle à Londres, qui à Paris se retrouvent pour parler anglais, ou du moins pour échanger leurs impressions et leurs opinions sur les lettres anglaises, surtout Walter Scott et lord Byron, un peu Southey et Wordsworth, et bien sûr Shakespeare, car la querelle n'était pas encore close. On retrouve dans ces cercles l'équipe où naîtra en 1825 la *Revue Britannique* : Stendhal, Mérimée, Delécluze, Ampère, Vigny, Sainte-Beuve, Pichot et Nodier, qui tous firent, et pour certains à plusieurs reprises, le voyage outre-Manche mais qui, à l'exception des deux derniers, nous en rapportèrent fort peu de choses. Il en est de même pour les artistes Delacroix, Isabey et Charlet, attirés par l'Angleterre de Constable, de Turner et de Bonington ; seul Géricault y compose une œuvre importante. Toutefois Eugène Lami et Henri Monnier vont dessiner en Angleterre types et scènes de mœurs et publient des recueils de lithographies : *Souvenirs de Londres* (1826), et *Voyage en Angleterre* (1829), qui proposent des images pittoresques et passéistes.

N'oublions pas ceux pour qui Londres est la capitale des *fashionables*, d'où l'on rapportera les derniers raffinements du vrai dandy. Pour le comte d'Orsay et les autres émules du Beau Brummel, le modèle est une coterie cynique et désabusée de snobs oisifs qui se prennent pour une élite. Le dandysme parisien est l'avatar Restauration de l'anglomanie Louis XVI, mais il se limite à une excentricité dispendieuse et tapageuse, et tend à masquer les réalités de la société anglaise : la vie à Londres ne serait que fêtes et bals, réceptions et routs. Enfin, prennent la route de Calais les anciens émigrés qui renouent avec les familles qui les avaient accueillis jadis ou naguère, dans lesquelles ils ont d'ailleurs souvent formé des alliances, et aussi une jeune aristocratie qui a contracté mariage avec de fringants officiers arrivés en 1815 ou avec les candides jeunes filles venues villégiaturer avec leurs parents. On cite toujours Vigny ou Lamartine, mais ils furent nombreux les nobles diplomates ou officiers au maigre patrimoine qui épousèrent de fraîches *young ladies* et de belles dots.

*
* *

Après 1830, il faut renoncer à nommer et répertorier voyageurs et relations de voyage outre-Manche. Le bateau à vapeur, le chemin de fer, les trains de plaisir entraînent d'innombrables M. Prudhomme et M. Perrichon qui ne partent que pour pouvoir dire quelques jours plus tard qu'ils reviennent d'Angleterre et ont vérifié la justesse de leurs préjugés, l'exactitude de leurs guides. Voyager n'est plus un privilège ni une épreuve, ni une initiation, encore moins une évasion ou une découverte. Le curieux se trouve mêlé à la foule bêlante et devient touriste, puis même *excursionniste*. « Remarquons, en passant, que ces voyages d'agrément, qui déplacent des populations entières, ont déjà créé le mot *excursionniste*. Les trains de plaisir ont des permissions particulières pour entrer partout et visiter la plupart des établissements curieux : j'avais souvent profité de ces avantages qui m'épargnaient beaucoup de temps et de démarches », avouera Francis Wey en 1854.

Toutefois, à deux reprises, en 1851 et 1862, le voyage de dépaysement, d'agrément, se trouve valorisé par un objectif prestigieux : l'Exposition universelle, qui attirera à Londres de grandes foules, et aussi des artistes, des hommes de lettres, des savants invités par Londres ou envoyés par Paris, sans oublier les chroniqueurs et feuilletonistes de tous les grands périodiques parisiens. Et pourquoi se priver de ce voyage attrayant et instructif ? Les agences racolent à tous les prix et pour toutes les bourses, et les brochures soulignent : « Les voyages à Londres, jadis si longs et si coûteux, ne sont plus aujourd'hui qu'une promenade. Qu'est-ce en effet que dix à douze heures de chemin de fer ? Le temps de lire un roman » (*Londres en poche, guide pratique et illustré de l'étranger à Londres*, 1862).

Désormais le livre sur l'Angleterre est un produit dérivé de la presse. Le plus souvent il s'agit d'une série d'articles regroupés en volume et présentant sous une forme plaisante un Londres bien familier dans son insolite. Il faut faire rire, donc on y est dûment caustique et on s'attarde sur les singularités anglaises. Il faut faire frissonner, et on entraîne le lecteur dans le dédale terrifiant des rues noyées par le brouillard, dans les ténèbres d'un enfer urbain. Il faut scandaliser, donc on visite les bas-fonds et les mauvais lieux et on s'apitoye sur les déshérités, puis on découvre le luxe insolent et la débauche dorée des beaux quartiers. Il faut instruire, et on détaille tous les éléments du gigantisme de la capitale. Enfin, on affirme qu'il s'agit de Londres « telle que je l'ai vue », même si souvent on a emprunté des descriptions, des impressions, des anecdotes aux prédécesseurs et aux concurrents, ou à des ouvrages très sérieux et très documentés, mais un peu trop austères, comme les *Études sur l'Angleterre* de Léon Faucher, parues en 1845, rééditées en 1856, les ouvrages de Flora Tristan ou Étienne Cabet, ou à la *Revue Britannique*, voire aux magazines anglais. Souvent le seul élément personnel est soit le ton délibérément sarcastique, comme dans *Un voyage de désagréments à Londres* de Jules Lecomte en 1853, soit une approche indulgente et narquoise, comme chez Th. Gautier. Aucun de ces volumes n'ose affirmer une admiration sans mélange, car on sait le grand public encore chauvin et peu disposé à admettre une Angleterre idéale, en dépit de l'accueil chaleureux réservé par Paris à la reine Victoria en 1855.

L'image compte beaucoup au XIXe siècle, entre la gravure sur bois et la lithographie, l'illustration devient abondante dans le livre comme dans le périodique. Il y a des dessins pleins de verve achetés aux illustrateurs anglais, qui ont beaucoup de métier, et ceux de Gavarni qui séjourna à Londres de la fin de 1847 à l'été de 1852 et travailla beaucoup sur les types des bas quartiers et sur la vie quotidienne de la rue, mais aussi sur la haute société. Les Français retinrent de ses planches très diffusées des trognes et des silhouettes pittoresques qui semblaient sortir des romans de Dickens.

*
* *

La seconde moitié du XIXe siècle voit le triomphe d'une volonté, tout à fait louable, non seulement de tout enregistrer et classer, mais de tout expliquer dans tous les domaines. Même l'humain, le social et le politique appellent des sciences, ou du moins des approches scientifiques, au carrefour de l'histoire et de la géographie, nouvelle discipline d'ailleurs. Là où le voyageur se contentait d'observer, il lui faut trouver des causes, introduire des règles, formuler des théories. L'Angleterre, qui jusqu'alors était restée inexplicable, énigmatique, fut soumise à une approche rigoureuse tendant à résoudre tout mystère, à rendre la société anglaise cohérente, soumise à des lois universelles. Tout devenait clair et rationnel : il n'y a plus d'Anglais d'ailleurs, mais des Anglo-Saxons, mélange heureux qui, dans un certain milieu géographique et dans un certain contexte historique, avait évolué pour former une nation homogène promise à un grand avenir.

Hippolyte Taine sera un des meilleurs représentants de cette école, élaborant des doctrines sur les races et les peuples et ensuite recherchant les faits et les constantes qui démontrent la justesse de ses hypothèses. Ses *Notes sur l'Angleterre* (1871) aboutissaient à envisager une supériorité anglaise sans éprouver de complexe d'infériorité, puisque cette supériorité n'était que l'heureux produit de conditions convergentes. Taine mettait aussi en évidence un certain conditionnement de l'individu et des citoyens que l'on pouvait essayer de reproduire ou d'adapter en France, sinon pour améliorer la race française, du moins pour créer de nouvelles élites et établir ensuite un nouvel équilibre.

Après 1871, la France humiliée par le désastre de la guerre franco-prussienne, attribué à la succession des divers régimes depuis 1789, cherchait un modèle institutionnel, social et civique, assurant la stabilité et le progrès. La plupart des voyageurs sérieux de 1871 à 1914 chercheront outre-Manche dans la bonne société qu'ils fréquentent la recette du gentleman et feront du gentleman victorien un modèle pour les élites françaises. On en viendra à considérer le séjour en Angleterre, si possible à Oxford, comme le complément des études pour le jeune Français se destinant à une belle carrière.

Toutefois dans le dernier quart du XIXe siècle s'impose aussi une autre image de l'Angleterre victorienne, et des voyageurs français, qui d'ailleurs se contentent souvent de démarquer les auteurs anglais contemporains, affirment vouloir faire la vérité sur la société anglaise, prendre la superbe Albion en flagrant délit de débauche ou de dépravation, ou sombrant dans la délinquance et dans la déchéance. Des gravures de Gustave Doré, on retient surtout celles qui montrent la face noire de Londres, les cauchemars de l'Angleterre. La métropole, menacée par le prolétariat de l'East End et le terrorisme irlandais, déjà, est complaisamment décrite comme la capitale du crime en dépit de Scotland Yard. Pour ceux des Français qui n'ont jamais entendu parler de Tennyson ou de Ruskin, l'Angleterre en 1888 c'est Jack l'Éventreur et Sherlock Holmes. A la mort de la reine Victoria en 1901, après la crise de Fachoda et pendant la guerre des Boers, l'opinion française est passablement anglophobe et se satisfait d'images de Londres canaille ou crapuleux. L'Entente cordiale voulue par Édouard VII suscitera moins d'enthousiasme que l'alliance franco-russe.

*
* *

De 1914 à 1918 Français et Britanniques ont combattu côte à côte pour la même cause, les deux nations sont unies par les épreuves partagées, elles affrontent le même avenir périlleux avec les mêmes souvenirs glorieux et sanglants. Mais la Grande-Bretagne est restée différente et ne finit pas de surprendre les Français. Elle a embrassé la modernité sans réticences, tout en restant attachée à des archaïsmes. Londres offre un mélange efficace d'innovations tapageuses et de vestiges obsolètes, l'anachronisme se combinant à l'avant-gardisme pour produire un pittoresque particulier, et la société anglaise présente une insolite juxtaposition de personnages d'un autre âge et de figures modernes.

Cependant, après 1918 est-il encore possible de se vanter de rentrer de Londres? Peut-on prétendre rapporter d'outre-Manche de l'inédit? La haute société, les élites intellectuelles, artistiques et scientifiques des deux pays se mêlent et se retrouvent des deux côtés de la Manche, mais c'est au fond assez peu fécond. Bien sûr, les universitaires vont produire d'excellents travaux. Déjà en 1911 Louis Cazamian avait donné une éclairante et perspicace *Angleterre moderne*. On connaît les savants travaux de l'historien Élie Halévy. La presse parisienne envoie des «reporters» couvrir l'actualité, mais qui surtout mettront en évidence ce qu'il y a d'excentrique et d'archaïque, imposeront l'image d'une Angleterre entrant à reculons dans l'avenir ou conforteront les clichés d'un Londres des brumes et des crimes. Même des visiteurs attentifs et lucides ne seront guère sensibles qu'aux souvenirs d'une Angleterre aimée naguère, avant la guerre. André Maurois invitera ses contemporains à goûter aux charmes d'un séjour dans une très vieille demeure, épargnée par les tourmentes du siècle. Que de jeunes gens bien élevés suivront ses conseils !

Nous quitterons nos voyageurs «avant-guerre» alors que George VI, arrière-petit-fils de la reine Victoria, monte sur le trône. Nous renoncerons à vivre à Londres pendant le Blitz, avec les hommes de la France libre, exilés dans la Grande-Bretagne en guerre.

Quant à l'après-guerre, quels seraient nos témoins pour le règne d'Élisabeth II et le temps des Beatles? Qui nous raconterait le *shopping* à Chelsea et les soldes chez Harrods?

Jacques Gury

Première partie

EMBARQUEMENTS

APPROCHES

> La mer est très calme, je la passerai demain ; quand je reprends la mer, je sens l'*esprit* du voyage s'emparer de moi. C'est un démon qui fait de moi ce qu'il veut, en me promettant toujours ce que je rêve !
> CUSTINE, *Courses en Angleterre et en Écosse*, 1830.

Le voyage en Angleterre n'est pas évasion, et on ne part pas à l'aventure outre-Manche. Il faut avoir défini des parcours, précisé sa démarche, et s'être fixé un programme pour s'informer, se former. Il ne suffira pas d'observer, il faudra comprendre, pénétrer des secrets, découvrir des modèles. On prendra des notes afin de témoigner, de dénoncer ou de prôner dans quelque livre, au moins dans quelques « lettres » où l'on démontrera son sérieux, sa sérénité et sa perspicacité ou sa sensibilité.

Bourget

Appareillage

... L'impression d'un départ sur mer, à la nuit tombante, a quelque chose d'à la fois délicieux et mélancolique où se résume tout le charme de l'absence — charme toujours un peu triste des habitudes rompues, charme toujours enivrant, lorsque l'on est jeune, de l'indépendance reconquise. Voici qu'autour du grand vapeur l'eau sombre, couleur d'ardoise, ondule à peine. Le ciel, d'un gris tendre, se fond avec la mer. Sur ce ciel indécis, où flotte la lueur du jour finissant, les mâts des innombrables vaisseaux qui encombrent la rade découpent la finesse précise de leurs cordages. Sur l'un, puis sur l'autre de ces vaisseaux, des lumières s'allument, toutes rouges. La ville, par-derrière, se devine, noyée de brume. Des câbles grincent, et le mugissement du bateau annonce le départ. (Bourget, *Études Anglaises*, 1910.)

Lacoste

C'est pour moi que je voyage

Si j'écrivais pour la presse, oh! sans contredit, je serais plus attentif à saisir les vices, et surtout les ridicules; j'étudierais la manière de M. Mercier, comme Sterne se nourrit longtemps de Rabelais; et quoiqu'il n'y ait à Londres ni racoleurs, ni porteurs d'eau, ni L. de P. je ferais de cette ville un tableau qui pourrait bien, aussi, aller jusqu'à un huitième volume; car elle a des enseignes gigantesques, tout comme Paris; ses boulangers, comme ceux de Paris, prêtent leurs fours aux cuisinières des bourgeois, etc.

Mais c'est pour moi que je voyage; mais c'est pour vous que je mets mes observations sur le papier; et, ayant le choix de la place, dans le cercle des élèves, qui, le crayon à la main, entourent le modèle; c'est, autant que je le peux, du point le mieux éclairé, que j'observe, non en réformateur, non en aristarque, mais en amateur de la bonne nature, les contours heureux, les belles proportions, et l'ensemble de l'être que j'étudie avec l'intérêt de l'analogie. Lorsque mon œil glisse rapidement sur les perfections, et va chercher des défauts dans les détails; lorsque je m'aperçois que l'aigreur circule dans mes veines, et fait raisonner la joie dans mes nerfs agacés, à l'aspect d'un contour manqué, d'une habitude de corps défectueuse; et cela arrive, car je ne dors pas toujours d'un sommeil également restaurant; mes digestions ne se font pas constamment avec la même facilité : je quitte mes crayons, et vais exister dans un autre cercle où je n'aurai que des sensations momentanées... (Lacoste, *Voyage philosophique d'Angleterre*, 1787.)

Pichot

Ah! la vie de touriste...

Je n'en finirais pas si je voulais énumérer les autres curiosités que renferme Londres; et cependant le voyageur qui se bornerait à visiter cette capitale, c'est-à-dire, ses rues, ses quartiers, ses théâtres, n'aurait qu'une idée imparfaite des richesses et du goût des Anglais. Il faut qu'il se livre à quelques excursions dans les environs de Londres, endroits pour la plupart charmants, pittoresques, parés de jolis cottages, où l'on respire au moins un air pur; il faut surtout qu'il parcoure les divers comtés de l'Angleterre, de l'Irlande, de l'Écosse, en amateur, en chevalier errant, comme nous, saisissant ici au passage une impression, là une image, plus loin un sombre ou brillant souvenir. Ah! la vie de touriste est la plus délicieuse des jouissances que je connaisse. (Pichot, *Voyage pittoresque et littéraire en Angleterre et en Écosse*, 1825.)

Hennequin
L'Angleterre a plus d'une face

Londres a son charme spécial ; certes le Strand peut rivaliser de variété avec la rue la plus animée du continent ; on se plaît à voir les équipages le parcourir, les femmes s'y croiser avec leurs chapeaux étroits d'où s'échappent de blonds cheveux ; mais les trésors les plus précieux de Londres ne sont pas du domaine des yeux. Cette ville intéresse par les questions que son étude soulève, par les mystères qu'on y découvre à chaque pas ; l'Angleterre a plus d'une face ; ce n'est pas un de ces peuples enfants dont l'âme ne réfléchit que des collines, de la verdure, et qui jouissent de la nature sans souvenir du passé, sans souci de l'avenir ; c'est un homme fait, un homme sérieux qui a beaucoup agi, beaucoup médité, et dont l'expérience est d'un grand poids dans les destinées de l'Europe. Ce pays est un recueil qu'il faut consulter plus d'une fois. Souvent après une observation moins rapide et plus éclairée que la mienne, on en rapporte moins de solutions que de problèmes. (Hennequin, *Voyage philosophique en Angleterre et en Écosse*, 1836.)

Texier
L'habitude de la vie de touriste

On reproche au Français qui voyage — par hasard — de vouloir tout ramener à son point de vue et de comparaison nationale. Il a, pourrait-on dire, dans l'œil un petit compas, avec quoi toute chose est mesurée, et condamnée si elle n'offre pas les proportions préconçues. Cela est vrai en quelques points, et en celui-là surtout, qu'il s'étonne que partout on ne lui parle pas sa langue, attendu que la France est presque inévitablement traversée par tout homme qui veut aller d'un pays dans l'autre. J'espère échapper à ce travers par l'habitude que j'ai de la vie de touriste. (Texier, *Lettres sur l'Angleterre…*, 1851.)

Montalembert
Une forêt vigoureuse et touffue

Le baron de Bulow, longtemps ministre de Prusse à Londres, disait un jour à des compatriotes qui lui demandaient son avis sur le pays où il était accrédité : « Après y avoir passé trois semaines, j'étais tout prêt à écrire un livre sur l'Angleterre ; après trois mois j'ai pensé que la tâche serait difficile, et maintenant que j'y ai vécu trois ans, je la trouve impossible. »

L'Angleterre n'est pas un de ces parcs à allées droites et à arbres taillés, où le regard va droit devant soi à perte de vue, où tout est aligné, émondé, sablé et arrosé par ordonnance de police. C'est une forêt vigoureuse et touffue, où il y a de bons et de mauvais cantons, des pelouses charmantes et d'abominables fondrières, des chênes séculaires et des broussailles inextricables, mais où tout est spontané, robuste, naturel, et où la vie éclate et abonde de toutes parts. Seulement il faut en faire le tour, la sonder et la parcourir en tout sens et en toute saison pour s'en faire une idée. Encore ne sait-on jamais très bien si cette idée est exacte ou complète ; mais ce qu'on sait, ce qu'on sent, c'est qu'il y a là un foyer de vie, de force et de beauté qui périra sans doute un jour, comme tout ce qui est humain, qui peut demain être consumé par la colère de Dieu, mais où rien n'indique encore la décadence et la mort qu'on se plaît à lui prédire. (Montalembert, *De l'avenir politique de l'Angleterre*, 1856.)

Esquiros

Tout reste à dire

« Tout n'a-t-il pas été dit sur l'Angleterre ? demandais-je, il y a trois ans, à un Anglais. — Oui, me répondit-il ; mais tout reste à dire. » Ce qui me confirme dans cette opinion, c'est que les écrivains qui ont traité de la Grande-Bretagne — et il y en a d'éminents — l'ont tous vue en voyageurs. J'ai sur eux un avantage, que beaucoup d'entre eux ne m'envieraient pas, celui d'avoir pris racine dans cette civilisation qu'ils ont traversée à vol d'oiseau ou de vapeur.

Il y a deux écueils à éviter : le premier est d'effleurer, en passant, une nationalité profonde et difficile à pénétrer ; le second est de s'y être tellement incorporé, qu'on n'en sente plus les angles ni les reliefs caractéristiques. Je m'imagine être, sous ce rapport, dans une situation heureuse. Quoique aimant du fond du cœur l'Angleterre pour ses institutions, pour ses libertés, pour ses vieilles mœurs, pour ses grandeurs, pour la forte et magnanime hospitalité que j'en ai reçue, j'ai conservé assez de l'étranger — comme disait le duc de Saint-Simon — dans mon langage et dans mes goûts, pour juger avec impartialité le peuple au milieu duquel je vis.

[...] Rien n'est plus facile que d'écrire sur l'Angleterre, rien n'est plus difficile que de la connaître. On ne rencontre pas ici, comme en Hollande, une population simple, dont les mœurs et les occupations présentent des traits de famille : on a, au contraire, devant soi une civilisation puissante, compliquée, mêlée de contrastes, un prodigieux entassement de misères et de richesses, une société qui s'élève jusqu'au ciel et qui descend jusqu'aux abîmes, comme les montagnes du Cumberland. Peut-être les voyageurs et les moralistes ont-ils trop négligé, dans les rapports de la géologie et de la vie nationale, une source d'indications fécondes.

Je me propose d'étudier l'ensemble des événements naturels d'où sont sorties la grandeur et la prospérité actuelles des îles Britanniques. L'Anglais est le roi de la matière : il maîtrise les éléments, il fatigue les mers, il tourmente l'eau, le feu, la vapeur, il se fait servir par toutes les forces brutales et aveugles du monde physique ; mais où gît le secret de cette incommensurable puissance ? Dans la terre ; si la Grande-Bretagne est la première nation industrielle du monde, elle le doit en grande partie à sa richesse minérale, surtout aux deux éléments générateurs du mouvement mécanique, le fer et le charbon. La vie des habitants, les industries locales, les mœurs des populations agricoles, ouvrières ou commerçantes, la prospérité relative de certains districts, le style du paysage, la physionomie des villes, le caractère architectural des monuments et des maisons, se rattachent aux conditions géologiques comme à une racine.

Et quelle contrée du globe se prête mieux que la Grande-Bretagne à cette étude du territoire national en rapport avec la civilisation et les arts ?
(Esquiros, *L'Angleterre et la vie anglaise*, 1859.)

Trabaud
Il faut voir...

L'Angleterre a trois catégories de villes, qu'il importe de visiter pour l'apprécier justement. Outre la Métropole, qui comprend tous les caractères des autres, il faut voir : 1) les villes manufacturières, qui sont les plus laides, bâties avec de la brique, enfumées par la houille, uniquement peuplées d'ouvriers et de patrons, voués au travail comme des mécaniques esclaves de la vapeur qui leur imprime toute force, ainsi, Birmingham, Manchester, Leeds, Wolverhampton, etc. ; 2) les villes maritimes, plus gaies, plus enjouées, animées, tantôt par le mouvement commercial, tantôt par l'appareil militaire, où le marchand donne la main à l'aristocrate, où le dock est sauvegardé par l'arsenal, où le charme de la mer invite aux plaisirs des bains, telles Liverpool, Bristol, Portsmouth, Brighton ; on pourrait y comprendre les villes de bains intérieures, comme Cheltenham, Bath, dont l'ordonnance architecturale semble la plus exacte expression du faste britannique ; 3) les villes savantes, ornées de collèges, de chapelles gothiques, peuplées de docteurs qui parcourent les rues en robes noires et en bonnets carrés, telles Oxford et Cambridge. (Trabaud, *D'Inverness à Brighton : notes et sentiments*, 1853.)

Defauconpret
Le genre descriptif ne m'a jamais plu...

Je passai le lundi et le mardi à visiter Douvres et ses environs. Je pourrais faire ici la description de son port, de ses rues, de ses maisons bariolées de toutes couleurs comme un habit d'Arlequin, des plaines, des collines, des prés et des champs qui l'entourent, d'un ruisseau qui serpente à peu de distance de ses murs ; mais le genre descriptif ne m'a jamais plu, et si quelqu'un de mes lecteurs s'attend à trouver dans cet ouvrage des paysages pittoresques, des vues sentimentales, des descriptions romantiques, il peut le fermer sans se donner la peine d'aller plus loin.
(Defauconpret, *Quinze jours à Londres*, 1816.)

La Tocnaye

J'ai presque tout vu...

Une petite promenade que l'ennui et le chagrin l'engagèrent à entreprendre, pour prendre plus aisément patience, occuper le loisir de son exil, et par la vue d'objets nouveaux, tâcher de dissiper les idées accablantes qui l'obsédèrent. Ce fut dans cette intention qu'il entreprit en 1793, tout seul et à pied, ce voyage, qui s'est prolongé jusqu'à seize cents milles, ayant traversé six fois l'île d'une mer à l'autre, et ayant vu presque toutes les villes, depuis Londres et Bristol jusqu'au nord de l'Écosse ; et ainsi s'être promené dans la Grande Bretagne comme dans un jardin. (La Tocnaye, *Promenade autour de la Grande-Bretagne*, 1795.)

Blanqui

Tout un programme

Toutes les images fortement caractérisées laissent des impressions profondes. J'ai voulu transcrire ici les miennes, les offrir aux jeunes voyageurs qui sont mes amis naturels, et les soumettre aux hommes sages qui sont mes juges. Cette relation n'est que l'expression sincère de ce que j'ai éprouvé, et quelquefois j'ai eu des moments d'exaltation et des accès de tristesse. On ne voyage pas sans un peu d'enthousiasme chez un peuple aussi grand ; sans un peu d'amertume chez d'aussi anciens ennemis. Après tout, ce que j'ai décrit, je l'ai vu ; ce que j'ai dit, je l'ai pensé. Mon but n'a été que de prouver à mes jeunes contemporains, que l'on peut toujours retirer beaucoup de fruit du voyage le plus court, lorsqu'on a pris de bonne heure l'habitude d'observer ; et de leur faire comprendre, sous un point de vue plus élevé, combien il est temps d'abjurer des préjugés qui nous font trop légèrement regarder en pitié nos voisins, sans nous être donné la peine de les connaître.

Il y a trop longtemps que les peuples se font des guerres de douane, des guerres de livres et de procédés, les plus monstrueuses de toutes : il semble qu'ils aient pris plaisir à aider eux-mêmes les gouvernements qui leur bandaient les yeux. Ils se sont égorgés pour des principes, et pour des ambitions particulières, ce qui est bien pis encore ; ils se sont appelés mutuellement traîtres, parjures, perfides ; et ils n'ont pas vu que leurs intérêts étaient les mêmes, et qu'au lieu de travailler pour agrandir leur liberté, pour développer leur industrie, et relever leur propre dignité, ils n'avaient fait que hâter leur décadence et leur asservissement. Ainsi, selon les passions du moment, nous avons répété des diatribes contre l'Espagne, l'Allemagne, l'Italie, l'Angleterre et l'Amérique. Roturiers que nous sommes, on nous a vus nous déchirer pour des castes ; philosophes, nous battre pour le fanatisme ; et tout cela pour ce qu'on appelle de la gloire, c'est-à-dire pour des cordons, pour des honneurs amovibles, pour un peu d'argent, qui ne vaut jamais les bassesses qu'il en coûte à l'acquérir de la sorte. La vraie gloire, celle des arts, du travail et de l'industrie, commence à peine à luire, et déjà l'orgueil de nos privilégiés cherche à la flétrir par ses dédains ; mais tôt ou tard elle doit triompher ; tôt ou tard elle doit devenir l'idole des nations, parce que leur véritable intérêt en dépend.

L'exemple de l'Angleterre en offre une preuve éclatante, et j'avoue que rien au monde ne m'a paru démontrer d'une manière plus complète les avantages de la liberté, que le brillant aspect de ce pays. Vous débarquez, et personne ne s'agite autour de vous, pour savoir d'où vous venez, ni qui vous êtes ; on inscrit votre nom, par formalité, sur les registres des mouvements du port ; vous pouvez circuler dans toutes les provinces, sans être questionné par personne, sans rencontrer un uniforme. L'image de la propreté embellit les plus simples et les plus rustiques demeures ; les auberges abondent sur toutes les routes, et si quelquefois l'étranger peut regretter de n'y point trouver un régime conforme à ses goûts, au moins n'a-t-il jamais à se plaindre d'y manquer du nécessaire ; car on lui offre souvent le superflu. On verra dans le cours de cet ouvrage, avec quelle rapidité le voyageur peut se transporter d'une province à l'autre, et quelle étonnante quantité de voitures partent, chaque jour, des plus petites villes. Tous les habitants sont vêtus avec soin ; toutes les maisons sont entretenues avec luxe, si on les compare à celles du reste de l'Europe.

Le spectacle devient bien plus digne d'observation, lorsqu'on pénètre dans l'enceinte des ateliers, lorsqu'on examine avec quelle patience des terres stériles ont été vivifiées, des canaux hardiment conduits à travers tous les obstacles. Par un heureux mélange, dont je ne veux point faire un mérite aux Anglais, mais auquel le plus singulier hasard semble avoir présidé, les villes de plaisance séparent les villes manufacturières, et reposent, par l'élégance de leurs monuments, l'esprit fatigué quelquefois du tableau sévère de l'industrie et de la fabrication. La magnificence de Bath égale l'activité de Bristol ; Worcester est auprès de Birmingham, Durham n'est pas loin de Newcastle, Édimbourg n'est qu'à douze lieues de Glasgow. Les campagnes présentent partout l'aspect d'un grand jardin, entrecoupé de haies vives et parsemé de beaux arbres. Les troupeaux de moutons, les bestiaux de toute espèce, et les chevaux surtout, forment la décoration obligée de leurs paysages. A tous ces avantages physiques, se joignent des causes morales de la plus haute importance. Il suffit qu'une amélioration soit proposée pour qu'elle trouve à l'instant même des partisans ; les intérêts de caste, les prétentions individuelles disparaissent devant la seule apparence de l'utilité publique. Des souscriptions de trois à quatre millions sont assez communément remplies dans une matinée, lorsque leur résultat doit être profitable à la communauté ; et j'insiste sur ce phénomène d'économie politique, parce qu'on ne l'a pas encore observé parmi nous. Il faut avouer que nos essais en industrie ont toujours été faits avec une sorte de timidité qui nous a rendus tributaires de nos voisins, et que la vanité nationale, séduite par des succès stériles dans la guerre, n'a pas peu contribué à nous faire dédaigner des triomphes plus réels. La puissance du génie de l'homme se montre avec plus de majesté dans les provinces naguère désertes de l'Écosse. Là tout est récent, tout est plein de vie et d'activité, tout est sorti comme par enchantement du sein de la terre ; et l'on dirait que le gouvernement britannique vient de s'apercevoir à peine du trésor qu'il a si longtemps négligé. Le pays est coupé par des lacs ; on les a réunis par des canaux : les collines ont été aplanies ; les landes ont été défrichées. En moins de cinquante ans, la vieille Édimbourg a vu s'élever sous ses murs une ville nouvelle, bientôt sans rivale en Europe, et que l'admiration des voyageurs a saluée du nom d'Athènes du Nord. La population de Glasgow s'est accrue de quatre-vingt mille âmes en trente ans. Le canal de Forth et de Clyde et le canal Calédonien rivalisent avec les entreprises des Romains : l'Écosse, aujourd'hui partagée en deux grandes îles, reçoit des flottes au sein de ses montagnes. Greenock et le port de Glasgow communiquent avec les contrées les plus éloignées. Lanark, à peine connue par les souvenirs glorieux de Wallace, promet d'égaler quelque jour Birmingham et Manchester. Il n'est pas jusqu'aux rochers de granit et de basalte qui ne soient exploités avec succès : depuis l'établissement des bateaux à vapeur, qui ont rapproché toutes les distances, les plus beaux édifices de Londres sont bâtis en pierres d'Écosse. La brique modeste disparaît chaque jour dans les constructions modernes. Ainsi des terrains regardés sans valeur jusqu'à nos jours, sont devenus des sources de richesses, de luxe et de magnificence.

J'aurais bien voulu offrir en même temps le tableau rapide de cette malheureuse Irlande, si peu connue et si mal jugée ; et je regrette encore l'accident qui nous a fait rentrer à Bristol, quand nous étions en route pour Dublin. Ce doit être un spectacle assurément fort remarquable, que celui d'une contrée si souvent ensanglantée, dont la physionomie rappelle, à quelques villes près, le sort déplorable des ilotes ; les blessures qu'elle a reçues de Cromwell, ne sont point encore cicatrisées. Drogheda, Trim, Kilkenny s'en souviennent, comme si le temps n'avait pas marché depuis lors ; toutes les relations sont d'accord sur ce sujet. Les lectures préliminaires que j'ai faites avant d'entreprendre mon voyage, m'ont arraché des larmes plus d'une fois, et je crois que si l'état actuel de ce malheureux pays était parfaitement connu, il s'élèverait dans l'Europe un cri général d'indignation. Au lieu d'y envoyer des maîtres d'école pour apprendre à lire à ces enfants de sauvages, on a inondé le pays de soldats qui vexent les habitants, et l'Irlande ressemble encore aujourd'hui, sous beaucoup de rapports, à ce qu'elle était après les massacres de Cromwell. (Blanqui, *Voyage d'un jeune Français...*, 1824.)

GRANDS TÉMOINS ?

On aimerait bien placer le voyage en Angleterre sous le patronage de quelques grands noms des lettres françaises, partir « dans les pas » de quelques voyageurs très célèbres. Hélas ! Montesquieu, J.-J. Rousseau, Stendhal, V. Hugo nous ont laissé bien peu de chose. Au moins, peut-on se tourner vers les grands exilés : Voltaire et Chateaubriand ? On sait ce que chacun dut à ces années fécondes passées à Londres. Mais que nous ont-ils vraiment laissé ? Tout le monde connaît les Lettres anglaises, ou plutôt les Lettres écrites de Londres sur les Anglais, publiées en anglais en 1733, sous le titre Letters Concerning the English Nation, et en français en 1734 sous le titre Lettres philosophiques. C'est-à-dire que l'Angleterre est prétexte à réflexion, et il ne s'agit pas de l'exploration d'une cité et d'une société. D'ailleurs un texte, écrit peu après l'arrivée à Londres et qui se voulait découvertes et impressions, sera retranché, probablement parce que Voltaire le considérait trop anecdotique. Et cependant il présentait un grand recul face à la réalité vécue ; il y avait déjà une élaboration, accompagnant un programme et une méthode d'enquête.

Il suffit de comparer avec les pages écrites par l'abbé Prévost, lui aussi exilé, arrivant à Londres alors que Voltaire regagne la France, et réemployées en 1731 dans les Mémoires d'un homme de qualité. Il y a, là aussi, regard se promenant sur le fleuve et la ville, sur la société dans son quotidien, et percevant tout ce qui était révélateur dans l'anecdotique ou le pittoresque. On voit bien que l'abbé Prévost reste un guide et que Voltaire se veut témoin, et témoin sarcastique et caustique.

Trois générations plus tard, les sept années d'exil que connut Chateaubriand devraient nous laisser une riche brassée de souvenirs. Or les Mémoires d'outre-tombe (1re partie, livres VI à XII, écrits en 1822) offrent surtout le dialogue de Chateaubriand, ambassadeur de Louis XVIII auprès de George IV, avec un émigré famélique.

On y cultive toute la nostalgie du quinquagénaire pour un temps d'épreuve et de jeunesse, en évoquant complaisamment errance et indigence, en contrastant le misérable galetas de 1793 avec les lambris dorés de 1822. Mais l'Angleterre n'est que le décor flou de trois années de retraite rurale, ou de triste vie de bohème à Londres. Un épisode habilement mis en scène joue sur les thèmes du roman gothique et la poésie des tombeaux, mais il fut aussi conté par un autre...

De l'exil revécu, « trente ans après », Chateaubriand a rapporté les chefs-d'œuvre de la littérature anglaise, et quelques estampes. Mais il n'est pas le seul à avoir joué avec les échos d'un siècle à l'autre et à avoir recherché sa jeunesse dans les jardins de Kensington.

Voltaire

Premiers jours à Londres

Je tombai hier par hasard sur un mauvais livre d'un nommé Dennis, car il y a aussi de méchants écrivains parmi les Anglais. Cet auteur, dans une petite relation d'un séjour de quinze jours qu'il a fait en France, s'avise de vouloir faire le caractère de la nation qu'il a eu si bien le temps de connaître. « Je vais, dit-il, vous faire un portrait juste et naturel des Français, et pour commencer je vous dirai que je les hais mortellement. Ils m'ont, à la vérité, très bien reçu, et m'ont accablé de civilités ; mais tout cela est pur orgueil, ce n'est pas pour nous faire plaisir qu'ils nous reçoivent si bien, c'est pour se plaire à eux-mêmes ; c'est une nation bien ridicule ! etc. »

N'allez pas vous imaginer que tous les Anglais pensent comme ce M. Dennis, ni que j'aie la moindre envie de l'imiter en vous parlant, comme vous me l'ordonnez, de la nation anglaise.

Vous voulez que je vous donne une idée générale du peuple avec lequel je vis. Ces idées générales sont sujettes à trop d'exceptions ; d'ailleurs un voyageur ne connaît d'ordinaire que très imparfaitement le pays où il se trouve. Il ne voit que la façade du bâtiment ; presque tous les dedans lui sont inconnus. Vous croiriez peut-être qu'un ambassadeur est toujours un homme fort instruit du génie du pays où il est envoyé, et pourrait vous en dire plus de nouvelles qu'un autre. Cela peut être vrai à l'égard des ministres étrangers qui résident à Paris, car ils savent tous la langue du pays ; ils ont à faire à une nation qui se manifeste aisément : ils sont reçus, pour peu qu'ils le veuillent, dans toutes sortes de sociétés, qui toutes s'empressent à leur plaire : ils lisent nos livres, ils assistent à nos spectacles. Un ambassadeur de France en Angleterre est toute autre chose. Il ne sait pour l'ordinaire pas un mot d'anglais, il ne peut parler aux trois quarts de la nation que par interprète ; il n'a pas la moindre idée des ouvrages faits dans la langue ; il ne peut voir les spectacles où les mœurs de la nation sont représentées. Le très petit nombre de sociétés où il peut être admis sont d'un commerce tout opposé à la familiarité française ; on ne s'y assemble que pour jouer et pour se taire. La nation étant d'ailleurs presque toujours divisée en deux partis, l'ambassadeur, de peur d'être suspect, ne saurait être en liaison avec ceux du parti opposé au gouvernement ; il est réduit à ne voir guère que les ministres, à peu près comme un négociant qui ne connaît que ses correspondants et son trafic, avec cette différence pourtant que le marchand pour réussir doit agir avec une bonne foi qui n'est pas toujours recommandée dans les instructions de Son Excellence ; de sorte qu'il arrive assez souvent que l'ambassadeur est une espèce de facteur par le canal duquel les faussetés et les tromperies politiques passent d'une cour à l'autre, et qui après avoir menti en cérémonie, au nom du roi son maître, pendant quelques années, quitte pour jamais une nation qu'il ne connaît point du tout.

Il semble que vous pourriez tirer plus de lumières d'un particulier qui aurait assez de loisir et d'opiniâtreté pour apprendre à parler la langue anglaise, qui converserait librement avec les wigs et les toris, qui dînerait avec un évêque, et qui souperait avec un quaker, irait le samedi à la synagogue et le dimanche à Saint-Paul, entendrait un sermon le matin, et assisterait l'après-dîner à la comédie, qui passerait de la cour à la bourse, et par-dessus tout cela ne se rebuterait point de la froideur, de l'air dédaigneux et de glace que les dames anglaises mettent dans les commencements du commerce, et dont quelques-unes ne se défont jamais ; un homme tel que je viens de vous le dépeindre serait encore très sujet à se tromper, et à vous donner des idées fausses, surtout s'il jugeait, comme on juge ordinairement, par le premier coup d'œil.

Lorsque je débarquai auprès de Londres, c'était dans le milieu du printemps ; le ciel était sans nuages, comme dans les plus beaux jours du midi de la France ; l'air était rafraîchi par un vent doux d'occident, qui augmentait la sérénité de la nature, et disposait les esprits à la joie : tant nous sommes *machine*, et tant nos âmes dépendent de l'action des corps. Je m'arrêtai près de Greenwich sur les bords de la Tamise. Cette belle rivière qui ne se déborde jamais, et dont les rivages sont ornés de verdure toute l'année, était couverte de deux rangs de vaisseaux marchands durant l'espace de six milles ; tous avaient déployé leurs voiles pour faire honneur au roi et à la reine, qui se promenaient sur la rivière dans une barque dorée, précédée de bateaux remplis de musique, et suivie de mille petites barques à rames : chacune avait deux rameurs, tous vêtus comme l'étaient autrefois nos pages, avec des trousses et de petits pourpoints ornés d'une grande plaque d'argent sur l'épaule. Il n'y avait pas un de ces mariniers qui n'avertît par sa physionomie, par son habillement, et par son embonpoint, qu'il était libre, et qu'il vivait dans l'abondance.

Auprès de la rivière, sur une grande pelouse qui s'étend environ quatre milles, je vis un nombre prodigieux de jeunes gens bien faits qui caracolaient à cheval autour d'une espèce de carrière marquée par des poteaux blancs, fichés en terre de mille en mille. On voyait aussi des femmes à cheval, qui galopaient çà et là avec beaucoup de grâce ; mais surtout de jeunes filles à pied, vêtues pour la plupart de toile des Indes. Il y en avait beaucoup de fort belles, toutes étaient bien faites ; elles avaient un air de propreté, et il y avait dans leurs personnes une vivacité et une satisfaction qui les rendaient toutes jolies.

Une autre petite carrière était enfermée dans la grande ; elle était longue d'environ cinq cents pieds, et terminée par une balustrade. Je demandai ce que tout cela voulait dire. Je fus bientôt instruit que la grande carrière était destinée à une course de chevaux, et la petite à une course à pied. Auprès d'un poteau de la grande carrière était un homme à cheval, qui tenait une espèce de grande aiguière d'argent couverte ; à la balustrade de la carrière intérieure étaient deux perches ; en haut de l'une on voyait un grand chapeau suspendu, et à l'autre flottait une chemise de femme. Un gros homme était debout entre les deux perches, tenant une bourse à la main. La grande aiguière était le prix de la course des chevaux ; la bourse, celle de la course à pied ; mais je fus agréablement surpris quand on me dit qu'il y avait aussi une course de filles ; qu'outre la bourse destinée à la victorieuse, on lui donnait pour marque d'honneur cette chemise qui flottait au haut de cette perche, et que le chapeau était pour l'homme qui aurait le mieux couru.

J'eus la bonne fortune de rencontrer dans la foule quelques négociants pour qui j'avais des lettres de recommandation. Ces messieurs me firent les honneurs de la fête, avec cet empressement et cette cordialité de gens qui sont dans la joie, et qui veulent qu'on la partage avec eux. Ils me firent venir un cheval, ils envoyèrent chercher des rafraîchissements, ils eurent soin de me placer dans un endroit d'où je pouvais aisément avoir le spectacle de toutes les courses et celui de la rivière, avec la vue de Londres dans l'éloignement.

Je me crus transporté aux jeux olympiques ; mais la beauté de la Tamise, cette foule de vaisseaux, l'immensité de la ville de Londres, tout cela me fit bientôt rougir d'avoir osé comparer l'Élide à l'Angleterre. J'appris que dans le même moment il y avait un combat de gladiateurs dans Londres, et je me crus aussitôt avec les anciens Romains. Un courrier de Danemark qui était arrivé le matin, et qui s'en retournait heureusement le soir même, se trouva auprès de moi pendant les courses. Il me paraissait saisi de joie et d'étonnement : il croyait que toute la nation était toujours gaie ; que toutes les femmes étaient belles et vives, et que le ciel d'Angleterre était toujours pur et serein ; qu'on ne songeait jamais qu'au plaisir ; que tous les jours étaient comme le jour qu'il voyait ; et il partit sans être détrompé. Pour moi, plus enchanté encore que mon Danois, je me fis présenter le soir à quelques dames de la Cour ; je ne leur parlai que du spectacle ravissant dont je revenais ; je ne doutais pas qu'elles n'y eussent été, et qu'elles ne fussent de ces dames que j'avais vues galoper de si bonne grâce. Cependant, je fus un peu surpris de voir qu'elles n'avaient point cet air de vivacité qu'ont les personnes qui viennent de se réjouir ; elles étaient guindées et froides, prenaient du thé, faisaient un grand bruit avec leurs éventails, ne disaient mot, ou criaient toutes à la fois pour médire de leur prochain ; quelques-unes jouaient au quadrille, d'autres lisaient la gazette ; enfin, une plus charitable que les autres, voulut bien m'apprendre que le *beau monde* ne s'abaissait pas à aller à ces assemblées populaires qui m'avaient tant charmé ; que toutes ces belles personnes vêtues de toile des Indes étaient des servantes ou des villageoises ; que toute cette brillante jeunesse, si bien montée et caracolant autour de la carrière, était une troupe d'écoliers et d'apprentis montés sur des chevaux de louage. Je me sentis une vraie colère contre la dame qui me dit tout cela. Je tâchai de n'en rien croire ; et m'en retournai de dépit dans la Cité, trouver les marchands et les *aldermen* qui m'avaient fait si cordialement les honneurs de mes prétendus jeux olympiques.

Je trouvai le lendemain, dans un café malpropre, mal meublé, mal servi, et mal éclairé, la plupart de ces messieurs, qui la veille étaient si affables et d'une humeur si aimable ; aucun d'eux ne me reconnut ; je me hasardai d'en attaquer quelques-uns de conversation ; je n'en tirai point de réponse, ou tout au plus un oui et un non ; je me figurai qu'apparemment je les avais offensés tous la veille. Je m'examinai, et je tâchai de me souvenir si je n'avais pas donné la préférence aux étoffes de Lyon sur les leurs ; ou si je n'avais pas dit que les cuisiniers français l'emportaient sur les Anglais, que Paris était une ville plus agréable que Londres, qu'on passait le temps plus agréablement à Versailles qu'à Saint-James, ou quelqu'autre énormité pareille. Ne me sentant coupable de rien, je pris la liberté de demander à l'un d'eux, avec un air de vivacité qui leur parut fort étrange, pourquoi ils étaient tous si tristes : mon homme me répondit d'un air renfrogné qu'il faisait un vent d'est. Dans le moment arriva un de leurs amis, qui leur dit avec un visage indifférent : « Molly s'est coupé la gorge ce matin. Son amant l'a trouvée morte dans sa chambre, avec un rasoir sanglant à côté d'elle. » Cette Molly était une fille jeune, belle, et très riche, qui était prête à se marier avec le même homme qui l'avait trouvée morte. Ces messieurs, qui tous étaient amis de Molly, reçurent la nouvelle sans sourciller. L'un d'eux seulement demanda ce qu'était devenu l'amant ; *il a acheté le rasoir*, dit froidement quelqu'un de la compagnie.

Pour moi, effrayé d'une mort si étrange et de l'indifférence de ces messieurs, je ne pus m'empêcher de m'informer quelle raison avait forcé une demoiselle, si heureuse en apparence, à s'arracher la vie si cruellement ; on me répondit uniquement qu'il faisait un vent d'est. Je ne pouvais pas comprendre d'abord ce que le vent d'est avait de commun avec l'humeur sombre de ces messieurs, et la mort de Molly. Je sortis brusquement du café, et j'allai à la Cour, plein de ce beau préjugé français qu'une cour est toujours gaie. Tout y était triste et morne, jusqu'aux filles d'honneur. On y parlait mélancoliquement du vent d'est. Je songeai alors à mon Danois de la veille. Je fus tenté de rire de la fausse idée qu'il avait emportée d'Angleterre ; mais le climat opérait déjà sur moi, et je m'étonnais de ne pouvoir rire. Un fameux médecin de la Cour, à qui je confiai ma surprise, me dit que j'avais tort de m'étonner, que je verrais bien autre chose aux mois de novembre et de mars ; qu'alors on se pendait par douzaine ; que presque tout le monde était réellement malade dans ces deux saisons, et qu'une mélancolie noire se répandait sur toute la nation : « Car c'est alors, dit-il, que le vent d'est souffle le plus constamment. Ce vent est la perte de notre île. Les animaux même en souffrent, et ont tous l'air abattu. Les hommes qui sont assez robustes pour conserver leur santé dans ce maudit vent, perdent au moins leur bonne humeur. Chacun alors a le visage sévère, et l'esprit disposé aux résolutions désespérées. C'était à la lettre par un vent d'est qu'on coupa la tête de Charles Ier, et qu'on détrôna Jacques II. Si vous avez quelque grâce à demander à la Cour, m'ajouta-t-il à l'oreille, ne vous y prenez jamais que lorsque le vent sera à l'ouest ou au sud. »

Outre ces contrariétés que les éléments forment dans les esprits des Anglais, ils ont celles qui naissent de l'animosité des partis ; et c'est ce qui désoriente le plus un étranger.

J'ai entendu dire ici, mot pour mot, que milord Marlborough était le plus grand poltron du monde, et que M. Pope était un sot.

J'étais venu plein de l'idée qu'un whig était un *fier* républicain, ennemi de la royauté ; et un tory, un partisan de l'obéissance passive. Mais j'ai trouvé que dans le parlement presque tous les whigs étaient pour la Cour, et les torys contre elle...

Un jour, en me promenant sur la Tamise, l'un de mes rameurs, voyant que j'étais Français, se mit à m'exalter d'un air fier la liberté de son pays, et me dit en jurant Dieu qu'i aimait mieux être un batelier sur la Tamise qu'archevêque en France. Le lendemain, je vis mon même homme dans une prison auprès de laquel e je passais ; il avait les fers aux pieds, et tendait la main aux passants à travers la grille. Je lui demandai s'il faisait toujours aussi peu de cas d'un archevêque en France ; il me reconnut. « Ah ! Monsieur, l'abominable gouvernement que celui-ci ! On m'a enlevé par force, pour aller servir sur un vaisseau du roi en Norvège ; on m'arrache à ma femme et à mes enfants, et on me jette dans une prison, les fers aux pieds, jusqu'au our de l'embarquement, de peur que je ne m'enfuie. »

Le malheur de cet homme, et une injustice si criante me touchèrent sensiblement. Un Français qui était avec moi m'avoua qu'il sentait une joie maligne de voir que les Anglais, qui nous reprochent si hautement notre servitude, étaient esclaves aussi bien que nous. J'avais un sentiment plus humain, j'étais affligé de ce qu'il n'y avait plus de liberté sur la terre.

Je vous avais écrit sur cela bien de la morale chagrine, lorsqu'un acte du parlement mit fin à cet abus d'enrôler des matelots par force... et me fit jeter ma lettre au feu. Pour vous donner une plus forte idée des contrariétés dont je vous parle, j'ai vu quatre traités fort savants contre la réalité des miracles de Jésus-Christ, imprimés ici impunément, dans le temps qu'un pauvre libraire a été pilorié pour avoir publié une traduction de la *Religieuse en chemise*.

On m'avait promis que je retrouverais mes jeux olympiques à Newmarket. « Toute la noblesse, me disait-on, s'y assemble deux fois l'an ; le roi même s'y rend quelquefois avec la famille royale. Là vous voyez un nombre prodigieux de chevaux les plus vites de l'Europe, nés 'étalons arabes et de juments anglaises, qui volent dans une carrière gazon vert à perte de vue sous de petits postillons vêtus d'étoffes de présence de toute la Cour. » J'ai été chercher ce beau spectacle, des maquignons de qualité qui pariaient l'un contre l'autre, et 't dans cette solennité infiniment plus de filouterie que de

Voulez-vous que je passe des petites choses aux grandes ? Je vous demanderai si vous pensez qu'il soit bien aisé de vous définir une nation qui a coupé la tête à Charles Ier, parce qu'il voulait introduire l'usage des surplis en Écosse, et qu'il avait exigé un tribut que les juges avaient déclaré lui appartenir, tandis que cette même nation a vu sans murmurer Cromwell chasser les parlements, les lords, les évêques, et détruire toutes les lois.

Songez que Jacques II a été détrôné en partie pour s'être obstiné à donner une place dans un collège à un pédant catholique ; et souvenez-vous que Henri VIII, ce tyran sanguinaire, moyen catholique, moitié protestant, changea la religion du pays, parce qu'il voulait épouser une effrontée, laquelle il envoya ensuite sur l'échafaud ; qu'il écrivit un mauvais livre contre Luther en faveur du pape, puis se fit pape lui-même en Angleterre, faisant pendre tous ceux qui niaient sa suprématie, et brûler ceux qui ne croyaient pas la transsubstantiation ; et tout cela gaiement et impunément.

Un esprit d'enthousiasme, une superstition furieuse avait saisi toute la nation durant les guerres civiles ; une impiété douce et oisive succéda à ces temps de trouble sous le règne de Charles II.

Voilà comme tout change, et que tout semble se contredire. Ce qui est vérité dans un temps est erreur dans un autre. Les Espagnols disent d'un homme : *il était brave hier*. C'est à peu près ainsi qu'il faudrait juger des nations, et surtout des Anglais ; on devrait dire : « Ils étaient tels en cette année, en ce mois. » (Voltaire, *Projet de lettre sur les Anglais*, 1728.)

Abbé Prévost
Un visiteur enthousiaste

Nous passâmes de Calais à Douvres avec un vent fort heureux. Nous nous occupâmes peu de tout ce qui s'offrit sur notre route jusqu'à Gravesend, où nous quittâmes la poste pour nous embarquer sur la Tamise. Mais notre indifférence fut obligée de céder à la magnificence et à la variété des objets qui se présentèrent bientôt à nos yeux. Je n'ai rien vu, dans tous mes voyages, qui approche de la beauté de ce spectacle. La Tamise, depuis Londres jusqu'à la mer, est non seulement une des plus larges rivières de l'Europe, mais une des plus agréables et des plus propres à la navigation. Les plus grands vaisseaux y entrent avec facilité. Elle en est si couverte, pendant l'espace de plus de vingt-cinq milles, qu'il reste à peine un canal étroit pour le passage de ceux qui arrivent de nouveau. Ses bords sont remplis de magasins, d'arsenaux, et de quantité d'autres édifices qui servent aux usages du commerce et de la navigation. Dans les endroits où la vue peut s'étendre davantage, on aperçoit un grand nombre de belles maisons, répandues de tous côtés dans les plaines ou sur le penchant des collines, des jardins ornés, des villes bien peuplées et bien bâties ; enfin l'on ne peut ouvrir les yeux, dans cette heureuse île, sans prendre une idée de l'abondance qui y règne et du bonheur de ses habitants.

Nous traversâmes donc une forêt de vaisseaux, qui semblaient se multiplier à mesure que nous avancions ; et la marée nous étant favorable, nous arrivâmes en peu d'heures au pied de la Tour de Londres. Je remets à parler plus bas de ce lieu célèbre, et de tout ce que nous vîmes de curieux dès le premier jour. Comme il ne manque rien à Londres de tout ce qui peut servir à la commodité des étrangers, nous nous fîmes transporter sans peine, nous et nos équipages, au quartier de la ville où nous voulions prendre notre demeure. Nous choisîmes celui de la Cour, comme le plus agréable et le plus convenable au dessein qui nous amenait en Angleterre : ce fut dans Suffolk Street que nous louâmes un appartement. Quoique les maisons de Londres ne soient pas si belles ni si magnifiquement meublées que celles de Paris, elles sont propres et commodes. La plupart des rues sont larges et bien percées. Il ne leur manque que d'être plus nettes et mieux pavées ; elles sont ordinairement si sales qu'il serait impossible d'y marcher à pied, si l'on n'avait eu soin de ménager, le long des maisons, un petit espace défendu par des poteaux de bois, qui empêchent les carrosses d'en approcher, et qui sert pour le passage des gens de pied. Lorsqu'on veut traverser la rue, on cherche un rang de pavés un peu plus large et plus haut que les autres. On en entretient ainsi d'espace en espace ; et l'on est obligé, pour les tenir propres, de les nettoyer plusieurs fois le jour. Outre les grandes rues, qui traversent la ville de tous côtés, il s'en trouve une infinité de petites qui leur servent de communication. On appelle celles-ci des cours ou des allées. La plupart sont pavées de marbres ou de grandes pierres carrées ; de sorte qu'elles sont toujours fort nettes et fort unies. Il n'est jamais permis aux voitures à roues d'y passer. Rien ne donne un plus grand air aux rues de Londres que les enseignes qu'on y voit à chaque maison. Les Anglais n'épargnent rien pour les rendre magnifiques. On m'en a montré quelques-unes qui ont coûté jusqu'à cinq cents écus. Elles sont dorées, et embellies par divers ornements de sculpture et de peinture ; et la plupart sont si grandes et si pesantes qu'elles ont besoin d'être soutenues par des piliers qui rendent les rues étroites en quantité d'endroits. Les églises sont aussi une des principales beautés de Londres. Elles ont été rebâties presque toutes, depuis l'incendie qui consuma la plus grande partie de cette ville. Elles sont toutes dans le goût moderne, et il y en a peu qui ne fassent ˙neur à leur architecte. L'eglise de Saint-Paul, qui est la cathédrale, ˙rait une description particulière. C'est un des plus superbes ˙u'il y ait au monde ; mais le dessein de ces Mémoires n'est pas plan d'une église ou d'un bâtiment particulier. Je ne parle de 'en passant, et pour donner une légère idée d'un pays qui stimé qu'il devrait l'être des autres peuples de l'Europe, parce qu'il ne leur est pas assez connu. Je ne manquerai pas, dans la suite de ces Mémoires, de remarquer ainsi peu à peu ce qu'il y a de plus digne d'attention à Londres et dans les autres parties d'Angleterre.

[...] Nous employâmes les jours suivants à parcourir la ville, pour en visiter les curiosités. Nous prîmes la peine de monter sur le dôme de l'église de Saint-Paul, d'où nous pouvions, d'un coup d'œil, embrasser toute l'étendue de Londres. C'est une ville immense. Sa longueur, qui s'étend au long de la Tamise, surpasse sans contredit celle de toutes les villes connues. Elle est étroite en plusieurs endroits ; ce qui fait douter aux Français qu'elle soit aussi grande que Paris dans sa totalité. Pour moi, qui me pique de juger avec impartialité, j'ai peine à prononcer que Paris soit aussi grand, à moins qu'on ne veuille compter, pour une partie de sa grandeur, l'extrême hauteur des maisons, qui étant pour la plupart de six ou sept étages, pourraient doubler son étendue, si on les supposait coupées par le milieu. Les places, que les Anglais appellent *squares*, c'est-à-dire les carrés, sont belles et en grand nombre à Londres. Lincoln's Inn-Field, Saint-James Square, Soho Square et quantité d'autres, valent bien nos places de Vendôme, des Victoires et la place Royale ; excepté peut-être que les édifices n'en sont pas si magnifiques. Les hôtels des seigneurs ne sont pas non plus si superbes qu'à Paris. Le palais de Saint-James, où le roi et la famille royale font leur séjour ordinaire, est une maison fort simple, et qui ne répond point à la majesté d'un si grand prince. Le jardin, ou plutôt le parc, est un grand carré irrégulier, qui est environné d'allées d'arbres, sans autre ornement que ceux qu'il reçoit de la nature. Il est partagé par un large et long canal. On y voit, en tout temps, un grand nombre d'oies et de canards, dont M. de Saint-Evremond avait autrefois la surintendance, sous le titre de gouverneur des canards de Saint-James. Cet emploi comique, qu'il avait demandé lui-même en plaisantant, lui valait, dit-on, cent guinées.

[...] Le parc de Saint-James sert de promenade publique à Londres. Il est libre à tout le monde de s'y promener ; et c'est un spectacle bizarre, dans les beaux jours, d'y voir toute la fleur de la noblesse et les premières dames de la Cour, mêlées confusément avec la plus vile populace. Tel est le goût des Anglais, et c'est en quoi ils font consister une partie de ce qu'ils appellent leur liberté. Les petits affectent de marquer l'indépendance où ils sont à l'égard des grands ; et les personnes de distinction prennent plaisir à se confondre en mille manières avec le peuple. Cette disposition d'esprit aurait quelque chose de louable, si elle n'était pas portée à l'excès ; mais elle cause souvent de grands désordres, parce qu'elle autorise le peuple à commettre mille insolences. Qui pourrait s'imaginer, par exemple, que le plus misérable crocheteur disputera le pas dans la rue à un mylord dont il connaît la qualité, et que si l'un ou l'autre s'opiniâtre à ne pas céder, ils se battront publiquement à coups de poings, jusqu'à ce que le plus fort demeure le maître du pavé ? C'est ce qui arrive quelquefois à Londres. J'ai entendu mylord H. se vanter lui-même d'avoir terrassé un porteur de chaise, quoiqu'il confessât que c'était un vigoureux coquin, qui lui avait fait sentir en plus d'un endroit la pesanteur de ses bras. On m'a fait remarquer, dans plusieurs maisons de café, un ou deux mylords, un chevalier baronnet, un cordonnier, un tailleur, un marchand de vin et quelques autres gens de même trempe, assis tous ensemble autour d'une même table, et s'occupant à fumer et à s'entretenir familièrement des nouvelles de la Cour et de la ville. Les affaires du gouvernement sont l'objet du peuple comme celui des grands. Chacun a droit d'en parler librement. On condamne, on approuve, on critique, on déchire : on s'emporte en invectives, de vive voix et par écrit, sans que le pouvoir supérieur ose s'y opposer. Le roi lui-même n'est pas à couvert de la censure. Les cafés et les autres endroits publics sont comme le siège de la liberté anglicane. On y trouve tous les libelles qui se font pour ou contre le gouvernement. On a le droit, pour deux sous, d'en lire une multitude, et de prendre une tasse de thé ou de café. On donne aussi à lire cinq ou six sortes de gazettes, qui contiennent les nouvelles de l'Europe, et particulièrement celles de Londres. Ce dernier article renferme tout ce qui se passe dans la ville, jusqu'au moindre événement ; les masques y sont toujours nommés, de quelque rang qu'ils puissent être, et l'on en rapporte indifféremment le bon et le mauvais. On y annonce les comédies, les bals, les concerts, les livres qui sortent de la presse, les remèdes des charlatans, les maisons et les terres à louer ou à vendre, les banqueroutes, l'état des compagnies de commerce, l'arrivée et le départ des vaisseaux, en un mot, tout ce qui peut intéresser le public. L'avidité des Anglais est extrême pour toutes ces nouvelles. Elles se répandent de la capitale jusqu'à l'extrémité des provinces ; et l'on ne trouve personne, jusqu'au moindre matelot, qui n'emploie tous les jours deux sous pour satisfaire sa curiosité.

Outre le parc de Saint-James, il y a dans Londres plusieurs autres jardins pour la promenade publique. Gray's Inn et Lincoln's Inn sont des lieux agréables, où se trouvent le soir de fort belles compagnies. Les filles de plaisir s'y rencontrent à chaque pas. C'est une chose digne de compassion de voir les plus charmantes créatures du monde abandonnées à cet infâme commerce, et s'offrir sans pudeur à la lubricité de ceux qui veulent les payer. On dit que le nombre en est incroyable à Londres. Il y a des rues qui en sont entièrement peuplées, et où l'on ne saurait passer sans être invité par plusieurs signes ou par des regards lascifs. La plupart des seigneurs et presque tous les jeunes gens qui ont du bien, en entretiennent dans les maisons particulières ; mais lorsque leurs amants viennent à s'en dégoûter, elles sont contraintes de retourner à l'usage du public. Il se trouve, parmi ces misérables victimes, quantité de filles de bonne maison, qui ont été débauchées par leurs amants, et abandonnées ensuite à leur destinée. Ce qui est singulier, c'est que si elles ont été entre les mains d'un homme de qualité, elles ont l'insolence de porter son nom, comme si elles en avaient été les épouses ; de sorte que rien n'est plus commun que les comtesses et les marquises de cette espèce.

[...] Comme je n'ai point entrepris de faire la description de Londres, je ne suis point exact à rapporter tout ce qu'on nous fit voir dans les différentes parties de cette grande ville. J'aurais dû parler, néanmoins, du monument qui fut élevé en mémoire de l'incendie. C'est une colonne creuse, d'environ quatre cents pieds de hauteur. On y monte en dedans par un escalier tournant qui s'élève jusqu'au sommet. Elle est soutenue sur une base carrée ; et sur les quatre faces on lit différentes inscriptions qui font foi du malheur arrivé à Londres, et qui en expliquent les circonstances. Ce qui me surprit, ce fut d'apprendre que les Anglais attribuent ce désastre à la malignité des papistes. J'avais cru jusqu'alors, qu'il n'était arrivé que par un accident ordinaire. Je ne dois pas omettre, non plus, l'ingénieuse machine qui sert à communiquer l'eau de la Tamise dans tous les quartiers de la ville. C'est une haute tour où par le seul secours de la fumée d'un feu continuel de charbon, on a trouvé le moyen d'élever l'eau jusqu'à certaine hauteur ; elle entre alors dans des canaux qui coulent sous les rues et les maisons, et qui se distribuent de tous côtés pour l'usage des habitants. Le pont de Londres est beau par sa longueur ; mais elle ne surpasse pas celle du Pont-Neuf à Paris. Pour sa largeur, elle n'égale point celle du pont Saint-Michel et de nos autres ponts couverts. Il leur est semblable en tout le reste. Les autres beautés de la capitale d'Angleterre consistent dans les édifices publics, tels que les hôpitaux, les églises, les maisons des compagnies de commerce, les collèges des avocats et de tous ceux que les Anglais comprennent sous le nom de *Lawyers*. Tous ces bâtiments paraissent l'ouvrage d'un peuple sage et bien réglé qui, en travaillant à s'enrichir au-dehors par le commerce, ne néglige rien de tout ce qui peut servir à la commodité, à l'abondance, à la sécurité et même à la beauté et à la magnificence. (Abbé Prévost, *Mémoires d'un homme de qualité*, 1731.)

Chateaubriand
De Richmond à Greenwich

Tout l'Angleterre peut être vue dans l'espace de quatre lieues, depuis Richmond, au-dessus de Londres, jusqu'à Greenwich et au-dessous.

Au-dessous de Londres, c'est l'Angleterre industrielle et commerçante avec ses docks, ses magasins, ses douanes, ses arsenaux, ses brasseries, ses manufactures, ses fonderies, ses navires ; ceux-ci, à chaque marée, remontent la Tamise en trois divisions, les plus petits d'abord, les moyens ensuite, enfin, les grands vaisseaux qui rasent de leurs voiles les colonnes de l'hôpital des vieux marins et les fenêtres de la taverne où festoient les étrangers.

Au-dessus de Londres, c'est l'Angleterre agricole et pastorale avec ses prairies, ses troupeaux, ses maisons de campagne, ses parcs, dont l'eau de la Tamise, refoulée par le flux, baigne deux fois le jour les arbustes et les gazons. Au milieu de ces deux points opposés, Richmond et Greenwich, Londres confond toutes les choses de cette double Angleterre : à l'ouest l'aristocratie, à l'est la démocratie, la Tour de Londres et Westminster, bornes entre lesquelles l'histoire entière de la Grande-Bretagne se vient placer. (*Mémoires d'outre-tombe, 1-XII-5*, 1850.)

Les Anglais avant

Séparés du continent par une longue guerre, les Anglais conservaient, à la fin du dernier siècle, leurs mœurs et leur caractère national. Il n'y avait encore qu'un peuple, au nom duquel s'exerçait la souveraineté par un gouvernement aristocratique ; on ne connaissait que deux grandes classes amies et liées d'un commun intérêt, les patrons et les clients. Cette classe jalouse, appelée bourgeoisie en France, qui commence à naître en Angleterre, n'existait pas : rien ne s'interposait entre les riches propriétaires et les hommes occupés de leur industrie. Tout n'était pas encore machine dans les professions manufacturières, folie dans les rangs privilégiés. Sur ces mêmes trottoirs où l'on voit maintenant se promener des figures sales et des hommes en redingote, passaient de petites filles en mantelet blanc, chapeau de paille noué sous le menton avec un ruban, corbeille au bras, dans laquelle étaient des fruits ou un livre ; toutes tenant les yeux baissés, toutes rougissant lorsqu'on les regardait. « L'Angleterre, dit Shakespeare, est un nid de cygnes au milieu des eaux. » Les redingotes sans habit étaient si peu d'usage à Londres, en 1793, qu'une femme, qui pleurait à chaudes larmes la mort de Louis XVI, me disait : « Mais, cher monsieur, est-il vrai que le pauvre roi était vêtu d'une redingote, quand on lui coupa la tête ? »

Les *gentlemen-farmers* n'avaient point encore vendu leur patrimoine pour habiter Londres ; ils formaient encore dans la Chambre des communes cette fraction indépendante qui, se portant de l'opposition au ministère, maintenait les idées de liberté, d'ordre et de propriété. Ils chassaient le renard ou le faisan en automne, mangeait l'oie grasse à Noël, criaient *vivat* au *roastbeef*, se plaignaient du présent, vantaient le passé, maudissaient Pitt et la guerre, laquelle augmentait le prix du vin de Porto, et se couchaient ivres pour recommencer le lendemain la même vie. Ils se tenaient assurés que la gloire de la Grande-Bretagne ne périrait point, tant qu'on chanterait *God save the King*, que les bourgs-pourris seraient maintenus, que les lois sur la chasse resteraient en vigueur, et qu'on vendrait furtivement au marché les lièvres et les perdrix sous le nom de *lions* et d'*autruches*. (*Mémoires d'outre-tombe, 1-XII-6*, 1850.)

Avant et maintenant

J'ai vu l'Angleterre dans ses anciennes mœurs et son ancienne prospérité : partout la petite église solitaire avec sa tour, le cimetière de campagne de Gray, des chemins étroits et sablés, des vallons remplis de vaches, des bruyères marbrées de moutons, des parcs, des châteaux, des villes ; peu de grands bois, peu d'oiseaux, le vent de la mer. Ce n'étaient pas là ces champs de l'Andalousie où je trouvais les vieux chrétiens et les jeunes amours parmi les débris voluptueux du palais des Maures, au milieu des aloès et des palmiers ; ce n'était pas là cette campagne romaine dont le charme irrésistible me rappelait sans cesse ; ces flots et ce soleil n'étaient pas ceux qui baignent et éclairent le promontoire sur lequel Platon enseignait ses disciples, ce Sunium où j'entendis chanter le grillon qui demandait en vain à Minerve le foyer des prêtres de son temple ; mais enfin, telle qu'elle était, cette Angleterre, entourée de ses navires, couverte de ses troupeaux et professant le culte de ses grands hommes, était charmante.

Aujourd'hui ses vallées sont obscurcies par les fumées des forges et des manufactures ; ses chemins, changés en ornière de fer ; et sur ces chemins, au lieu de Milton et de Shakespeare, on voit passer des chaudières errantes. Déjà ces pépinières de la science où grandirent les palmes de la gloire, Oxford et Cambridge, qui seront bientôt dépouillées, prennent un air désert : leurs collèges et leurs chapelles gothiques, demi-abandonnés, affligent les regards ; dans leurs cloîtres poudreux, auprès des pierres sépulcrales du Moyen Age, reposent oubliées les annales de marbre de ces peuples de la Grèce qui ne sont plus ; ruines qui gardent des ruines. (*Essai sur la littérature anglaise*, 1836.)

Il y a trente ans

Nous allions nous promener dans la campagne ; nous nous arrêtions sous quelques-uns de ces larges ormes répandus dans les prairies. Appuyé contre le tronc de ces ormes, mon ami me contait son ancien voyage en Angleterre avant la Révolution, et les vers qu'il adressait alors à deux jeunes ladies, devenues vieilles à l'ombre des tours de Westminster ; tours qu'il retrouvait debout comme il les avait laissées, durant qu'à leur base s'étaient ensevelies les illusions et les heures de sa jeunesse.

Nous dînions souvent dans quelque taverne solitaire à Chelsea, sur la Tamise, en parlant de Milton et de Shakespeare : ils avaient vu ce que nous voyions ; ils s'étaient assis, comme nous, au bord de ce fleuve, pour nous fleuve étranger, pour eux fleuve de la patrie. Nous rentrions de nuit à Londres, aux rayons défaillants des étoiles, submergées l'une après l'autre dans le brouillard de la ville. Nous regagnions notre demeure, guidés par d'incertaines lueurs qui nous traçaient à peine la route à travers la fumée de charbon rougissante autour de chaque réverbère : ainsi s'écoule la vie du poète. (*Mémoires d'outre-tombe, 1-XI-6*, 1850.)

Une nuit à l'abbaye

Je dirigeai alors ma course à Kensington ou à Westminster. Kensington me plaisait ; j'errais dans sa partie solitaire, tandis que la partie qui touchait à Hyde Park se couvrait d'une multitude brillante. Le contraste de mon indigence et de la richesse, de mon délaissement et de la foule, m'était agréable. Je voyais passer de loin les jeunes Anglaises avec cette confusion désireuse que me faisait éprouver autrefois ma Sylphide lorsque après l'avoir parée de toutes mes folies, j'osais à peine lever les yeux sur mon ouvrage. La mort, à laquelle je croyais toucher, ajoutait un mystère à cette vision d'un monde dont j'étais presque sorti. S'est-il jamais attaché un regard sur l'étranger assis au pied d'un pin ?

A Westminster, autre passe-temps : dans ce labyrinthe de tombeaux, je pensais au mien prêt à s'ouvrir. Le buste d'un homme inconnu comme moi ne prendrait jamais place au milieu de ces illustres effigies ! Puis se montraient les sépulcres des monarques : Cromwell n'y était plus, et la destinée de Charles Ier venait de s'étendre sur Louis XVI ; chaque jour le fer moissonnait en France, et les fosses de mes parents étaient déjà creusées.

Les chants des maîtres de chapelle et les causeries des étrangers interrompaient mes réflexions. Je ne pouvais multiplier mes visites, car j'étais obligé de donner aux gardiens de ceux qui ne vivaient plus le schelling qui m'était nécessaire pour vivre Mais alors je tournoyais au dehors de l'abbaye avec les corneilles, ou je m'arrêtais à considérer les clochers, jumeaux de grandeur inégale, que le soleil couchant ensanglantait de ses feux sur la tenture noire des fumées de la Cité.

Une fois, cependant, il arriva qu'ayant voulu contempler à jour failli l'intérieur de la basilique, je m'oubliai dans l'admiration de cette architecture pleine de fougue et de caprice. Dominé par le sentiment de la *vastité sombre des églises chrétiennes* (Montaigne), j'errais à pas lents et je m'anuitai : on ferma les portes. J'essayai de trouver une issue ; j'appelai l'*usher*, je heurtai aux *gates* : tout ce bruit, épandu et délayé dans le silence, se perdit ; il fallut me résigner à coucher avec les défunts.

Après avoir hésité dans le choix de mon gîte, je m'arrêtai près du mausolée de lord Chatam [Chatham], au bas du jubé et du double étage de la chapelle des Chevaliers et de Henry VII. A l'entrée de ces escaliers, de ces asiles fermés de grilles, un sarcophage engagé dans le mur, vis-à-vis d'une Mort de marbre armée de sa faux, m'offrit son abri. Le pli d'un linceul, également de marbre, me servit de niche : à l'exemple de Charles Quint, je m'habituais à mon enterrement.

J'étais aux premières loges pour voir le monde tel qu'il est. Quel amas de grandeurs renfermé sous ces dômes ! Qu'en reste-t-il ? Les afflictions ne sont pas moins vaines que les félicités ; l'infortunée Jane Grey n'est pas différente de l'heureuse Alix de Salisbury ; son squelette seulement est moins horrible, parce qu'il est sans tête ; sa carcasse s'embellit de son supplice et de l'absence de ce qui fit sa beauté. Les tournois du vainqueur de Crécy, les jeux du camp du Drap d'or de Henri VIII, ne recommenceront pas dans cette salle des spectacles funèbres. Bacon, Newton, Milton, sont aussi profondément ensevelis, aussi passés à jamais que leurs plus obscurs contemporains. Moi banni, vagabond, pauvre, consentirais-je à n'être plus la petite chose oubliée et douloureuse que je suis, pour avoir été un de ces morts fameux, puissants, rassasiés de plaisirs ? Oh ! la vie n'est pas tout cela ! Si du rivage de ce monde nous ne découvrons pas distinctement les choses divines, ne nous en étonnons pas : le temps est un voile interposé entre nous et Dieu, comme notre paupière entre notre œil et la lumière.

Tapi sous mon linge de marbre, je redescendis de ces hauts pensers aux impression naïves du lieu et du moment. Mon anxiété mêlée de plaisir était analogue à celle que j'éprouvais l'hiver dans ma tourelle de Combourg, lorsque j'écoutais le vent : un souffle et une ombre sont de nature pareille.

Peu à peu, m'accoutumant à l'obscurité, j'entrevis les figures placées aux tombeaux. Je regardais les encorbellements du Saint-Denis d'Angleterre, d'où l'on eût dit que descendaient en lampadaires gothiques les événements passés et les années qui furent : l'édifice entier était comme un temple monolithe de siècles pétrifiés.

J'avais compté dix heures, onze heures à l'horloge ; le marteau qui se soulevait et retombait sur l'airain, était le seul être vivant avec moi dans ces régions. Au-dehors une voiture roulante, le cri du *watchman*, voilà tout : ces bruits lointains de la terre me parvenaient d'un monde dans un autre monde. Le brouillard de la Tamise et la fumée du charbon de terre s'infiltrèrent dans la basilique, et y répandirent de secondes ténèbres.

Enfin, un crépuscule s'épanouit dans un coin des ombres les plus éteintes : je regardais fixement croître la lumière progressive ; émanait-elle des deux fils d'Édouard IV, assassinés par leur oncle ? « Ces aimables enfants », dit le grand tragique, « étaient couchés ensemble ; ils se tenaient entourés de leurs bras innocents et blancs comme l'albâtre. Leurs lèvres semblaient quatre roses vermeilles sur une seule tige, qui, dans tout l'éclat de leur beauté, se baisent l'une l'autre. » Dieu ne m'envoya pas ces âmes tristes et charmantes ; mais le léger fantôme d'une femme à peine adolescente parut portant une lumière abritée dans une feuille de papier tournée en coquille : c'était la petite sonneuse de cloches. J'entendis le bruit d'un baiser, et la cloche tinta le point du jour. La sonneuse fut tout épouvantée lorsque je sortis avec elle par la porte du cloître. Je lui contai mon aventure ; elle me dit qu'elle était venue remplir les fonctions de son père malade : nous ne parlâmes pas du baiser. (*Mémoires d'outre-tombe*, 1-X-5, 1850.)

La Tocnaye
Première version ?

La vieille église de Westminster offre un beau monument gothique, et l'usage auquel il est consacré le rend encore plus respectable ; c'est là, que reposent les restes des rois, et de tous ceux qui ont été illustres et utiles à leur patrie. Les gens qui font voir cette église se la sont divisés en département, l'un montre le chœur, l'autre les chapelles aux environs ; un d'eux me conduisit avec les différentes personnes qui s'y promenaient, dans un recoin obscur, où après avoir ouvert une armoire, il nous montra avec de grandes cérémonies, de vieux haillons, qu'il disait avoir appartenu à différents grands personnages ; entre autres, il nous présenta le bonnet crasseux de Thomas Moore [More], autant que je m'en rappelle, et dans lequel il nous invita à jeter quelques pièces.

Un de mes amis étant entré à la brune, dans Westminster, pendant qu'il s'amusait à considérer les statues et les inscriptions, on ferma les portes, et il se trouva pris, force lui fut, d'y passer la nuit ; au matin, le voyant pâle et défait, les yeux battus, je lui demandai d'où il venait. « Oh ! dit-il, j'ai passé la nuit en bien bonne compagnie, j'ai eu l'honneur d'être présenté à Mylord Chatam [Chatham] et un grand nombre de pairs, le roi même y était, et beaucoup d'autres qui ont tous été très polis envers moi, quoique un peu froids et silencieux. Comme on s'étonnait de sa bonne aventure, il nous apprit, après quelques détours, qu'il avait dormi sur la tombe de Mylord Chatam. (La Tocnaye, *Promenade d'un Français dans la Grande-Bretagne*, 1795.)

Chateaubriand
Trente ans après

Londres, avril à septembre 1822. — Trente-un ans après m'être embarqué, simple sous-lieutenant, pour l'Amérique, je m'embarquais pour Londres, avec un passeport conçu en ces termes : « laissez passer », disait ce passeport, « laissez passer sa seigneurie le vicomte de Chateaubriand, pair de France, ambassadeur du Roi près Sa Majesté britannique, etc. » Point de signalement ; ma grandeur devait faire connaître mon visage en tous lieux. Un bateau à vapeur, nolisé pour moi seul, me porte de Calais à Douvres. En mettant le pied sur le sol anglais, le 5 avril 1822, je suis salué par le canon du fort. Un officier vient, de la part du commandant, m'offrir une garde d'honneur. Descendu à Shipwright Inn, le maître et les garçons de l'auberge me reçurent bras pendants et têtes nues. Madame la mairesse m'invite à une soirée, au nom des plus belles dames de la ville. M. Billing, attaché à mon ambassade, m'attendait. Un dîner d'énormes poissons et de monstrueux quartiers de bœuf restaura monsieur l'ambassadeur, qui n'a point d'appétit et qui n'était pas du tout fatigué. Le peuple, attroupé sous mes fenêtres, fait retentir l'air de *huzzas*. L'officier revint et posa, malgré moi, des sentinelles à ma porte. Le lendemain, après avoir distribué force argent du roi mon maître, je me suis mis en route pour Londres, au ronflement du canon, dans une légère voiture, qu'emportaient quatre beaux chevaux menés au grand trot par deux élégants jockeys. Mes gens suivaient dans d'autres carrosses ; des courriers à ma livrée accompagnaient le cortège. Nous passons Cantorbéry, attirant les yeux de John Bull et des équipages qui nous croisaient. A Black Heath, bruyère jadis hantée des voleurs, je trouvai un village tout neuf. Bientôt m'apparut l'immense calotte de fumée qui couvre la cité de Londres.

Plongé dans le gouffre de vapeur charbonnée, comme dans une des gueules du Tartare, traversant la ville entière dont je reconnaissais les rues, j'abordai l'hôtel de l'ambassade, Portland Place. Le chargé d'affaires, M. le comte Georges de Caraman, MM. les secrétaires d'ambassade, M. le vicomte de Marcellus, M. le baron E. Decazes, M. de Bourqueney, les attachés à l'ambassade, m'accueillent avec une noble politesse. Tous les huissiers, concierges, valets de chambre, valets de pied de l'hôtel, étaient assemblés sur le trottoir. On me présenta les cartes des ministres anglais et des ambassadeurs étrangers, déjà instruits de ma prochaine arrivée.

Le 17 mai de l'an de *grâce* 1793, je débarquai pour la même ville de Londres, humble et obscur voyageur, à Southampton, venant de Jersey. Aucune mairesse ne s'aperçut que je passais ; le maire de la ville, William Smith, me délivra le 18, pour Londres, une feuille de route, à laquelle était joint un extrait de l'*Alien bill*. Mon signalement porte en anglais : « François de Chateaubriand, officier français à l'armée des émigrés (*french officer in the emigrant army*), taille de cinq pieds quatre pouces (*five feet four inches high*), mince (*thin shape*), favoris et cheveux bruns (*brown hair and fits*). » Je partageai modestement la voiture la moins chère avec quelques matelots en congé ; je relayai aux plus chétives tavernes ; j'entrai pauvre, malade, inconnu, dans la ville opulente et fameuse, où M. Pitt régnait ; j'allai loger, à six schellings par mois, sous le lattis d'un grenier que m'avait préparé un cousin de Bretagne, au bout d'une petite rue qui joignait Tottenham-Court-Road.

> Ah ! *Monseigneur*, que votre vie,
> D'honneurs aujourd'hui si remplie,
> Diffère de ces heureux temps !

Cependant une autre obscurité m'enténébrait à Londres. Ma place politique mettait à l'ombre ma renommée littéraire ; il n'y a pas un sot dans les trois royaumes qui ne préférât l'ambassadeur de Louis XVIII à l'auteur du *Génie du christianisme*. Je verrai comment la chose tournera après ma mort, ou quand j'aurai cessé de remplacer M. le duc Decazes auprès de George IV, succession aussi bizarre que le reste de ma vie.

En arrivant à Londres comme ambassadeur français, un de mes plus grands plaisirs était de laisser ma voiture au coin d'un square, et d'aller à pied parcourir les ruelles que j'avais jadis fréquentées, les faubourgs populaires et à bon marché, où se réfugie le malheur sous la protection d'une même souffrance, les abris ignorés que je hantais avec mes associés de détresse, ne sachant si j'aurais du pain le lendemain, moi dont trois ou quatre services couvraient la table en 1822. A toutes ces portes étroites et indigentes qui m'étaient autrefois ouvertes, je ne rencontrais que des visages étrangers. Je ne voyais plus errer mes compatriotes, reconnaissables à leurs gestes, à leur manière de marcher, à la forme et à la vétusté de leurs habits ; je n'apercevais plus ces prêtres martyrs, portant le petit collet, le grand chapeau à trois cornes, la longue redingote noire usée, et que les Anglais saluaient en passant. De larges rues bordées de palais avaient été percées, des ponts bâtis, des promenades plantées : Regent's Park occupait, auprès de Portland Place, les anciennes prairies couvertes de troupeaux de vaches. Un cimetière, perspective de la lucarne d'un de mes greniers, avait disparu dans l'enceinte d'une fabrique. Quand je me rendais chez lord Liverpool, j'avais de la peine à retrouver l'espace vide de l'échafaud de Charles Ier ; des bâtisses nouvelles, resserrant la statue de Charles II, s'étaient avancées avec l'oubli sur des événements mémorables.

Que je regrettais, au milieu de mes insipides pompes, ce monde de tribulations et de larmes, ces temps où je mêlais mes peines à celles d'une colonie d'infortunés ! Il est donc vrai que tout change, que le malheur même périt comme la prospérité ! Que sont devenus mes frères en bannissement ? Les uns sont morts, les autres ont subi diverses destinées : ils ont vu comme moi disparaître leurs proches et leurs amis ; ils sont moins heureux dans leur patrie qu'ils ne l'étaient sur la terre étrangère. N'avions-nous pas sur cette terre nos réunions, nos divertissements, nos fêtes et surtout notre jeunesse ? Des mères de famille, de jeunes filles qui commençaient la vie par l'adversité, apportaient le fruit semainier du labeur, pour s'éjouir à quelque danse de la patrie. Des attachements se formaient dans les causeries du soir après le travail, sur les gazons d'Hamstead et de Primrose Hill. A des chapelles, ornées de nos mains dans de vieilles masures, nous priions le 21 janvier et le jour de la mort de la reine, tout émus d'une oraison funèbre prononcée par le curé émigré de notre village. Nous allions le long de la Tamise, tantôt voir surgir aux docks les vaisseaux chargés des richesses du monde, tantôt admirer les maisons de campagne de Richmond, nous si pauvres, nous privés du toit paternel : toutes ces choses sont de véritables félicités !

Quand je rentrais en 1822, au lieu d'être reçu par mon ami, tremblotant de froid, qui m'ouvre la porte de notre grenier en me tutoyant, qui se couche sur son grabat auprès du mien, en se recouvrant de son mince habit et ayant pour lampe le clair de lune, — je passais à la lueur des flambeaux entre deux files de laquais, qui allaient aboutir à cinq ou six respectueux secrétaires. J'arrivais, tout criblé sur ma route des mots : *Monseigneur*, *Mylord*, *Votre Excellence*, *Monsieur l'Ambassadeur*, à un salon tapissé d'or et de soie.

— Je vous en supplie, messieurs, laissez-moi ! Trêve de ces *Mylords* ! Que voulez-vous que je fasse de vous ? Allez rire à la chancellerie, comme si je n'étais pas là. Prétendez-vous me faire prendre au sérieux cette mascarade ? Pensez-vous que je sois assez bête, pour me croire changé de nature parce que j'ai changé d'habit ? Le marquis de Londonderry va venir, dites-vous ; le duc de Wellington m'a demandé ; M. Canning me cherche ; lady Jersey m'attend à dîner, avec M. Brougham ; lady Gwydir m'espère, à dix heures, dans sa loge à l'Opéra, lady Mansfield à minuit, à Almack's.

Miséricorde ! où me fourrer ! qui me délivrera ? qui m'arrachera à ces persécutions ? Revenez, beaux jours de ma misère et de ma solitude ! Ressuscitez, compagnons de mon exil ! Allons, mes vieux camarades du lit de camp et de la couche de paille, allons dans la campagne, dans le petit jardin d'une taverne dédaignée, boire sur un banc de bois une tasse de mauvais thé, en parlant de nos folles espérances et de notre ingrate patrie, en devisant de nos chagrins, et cherchant le moyen de nous assister les uns les autres, de secourir un de nos parents encore plus nécessiteux que nous.

Voilà ce que j'éprouvais, ce que je me disais dans ces premiers jours de mon ambassade à Londres. Je n'échappais à la tristesse qui m'assiégeait sous mon toit, qu'en me saturant d'une tristesse moins pesante dans le parc de Kensington. Lui, ce parc, n'est point changé, comme j'ai pu m'en assurer en 1843 ; les arbres seulement ont grandi ; toujours solitaire, les oiseaux y font leur nid en paix. Ce n'est plus même la mode de se rassembler dans ce lieu, comme au temps que la plus belle des Françaises, Mme Récamier, y passait suivie de la foule. Du bord des pelouses désertes de Kensington, j'aimais à voir courre, à travers Hyde Park, les troupes de chevaux, les voitures des fashionables, parmi lesquelles figure en 1822 mon tilbury vide, tandis que redevenu gentillâtre émigré, je remontais l'allée où le confesseur banni disait autrefois son bréviaire.

C'est dans ce parc de Kensington que j'ai médité l'*Essai historique* ; que, relisant le journal de mes courses d'outre-mer, j'en ai tiré les amours d'*Atala* ; c'est aussi dans ce parc, après avoir erré au loin dans les campagnes sous un ciel baissé, blondissant et comme pénétré de la clarté polaire, que je traçai au crayon les premières ébauches des passions de *René*. Je déposais, la nuit, la moisson de mes rêveries du jour dans l'*Essai historique* et dans *les Natchez*. Les deux manuscrits marchaient de front, bien que souvent je manquasse d'argent pour en acheter le papier, et que j'en assemblasse les feuillets avec des pointes arrachées aux tasseaux de mon grenier, faute de fil. (Chateaubriand, *Mémoires d'outre-tombe, 1-VI-1*, 1850)

Walsh
Trente ans après, et sept ans plus tard

Nous longeâmes pendant quelque temps la côte blanche et aride des environs de Douvres, nous étions à portée de la voix. En voyant ces dunes de craie, où l'herbe ne peut croître, qui aurait dit que c'était la reine des îles, et l'île des jardins ?

En mettant le pied sur le quai de Douvres, nous fûmes assaillis par plus de cinquante commissionnaires des différents hôtels de la ville, qui nous tiraient chacun de leur côté pour savoir où nous voulions descendre ; jamais politesse française n'a été plus empressée : seulement en France le ton eût été moins brusque et le son de voix moins impératif. Je prononçai le nom de Ship Inn, et un homme qui parlait français comme un Parisien nous y conduisit en se chargeant de tous les embarras et de tous les ennuis du débarquement et de la douane.

Arrivé à ce seuil de l'Angleterre, on est pressé d'aller plus loin, on a hâte de quitter Douvres : nous ne nous y arrêtâmes donc que pour faire un bon dîner anglais, et vers les cinq heures du soir nous prîmes le chemin de Londres. Nous avions découvert notre voiture, nous ne voulions rien perdre du paysage ; à chaque instant, chaque côté de la route excitait notre surprise ou notre admiration. Après tant d'années d'absence je reconnaissais encore quelques sites ; il y a des petites choses, qui, au milieu des plus grands changements, ne s'effacent pas de l'esprit : c'est comme un brin d'herbe qui reste, quand les arbres tombent. Depuis trente ans j'ai oublié bien des choses, et je m'étais toujours rappelé l'effet du soleil couchant sur un des jolis coteaux de la route de Douvres. J'allais quitter l'Angleterre le lendemain, j'apercevais déjà la mer qui devait m'en séparer... Je tournais souvent mes regards en arrière, car je laissais beaucoup d'amis, je vis une charmante maison de campagne appuyée sur un bois de mélèzes et de cèdres ; sur la pelouse unie comme du velours, de jeunes personnes en longues robes de percale blanche, des jeunes gens élégants couraient et folâtraient... Trente ans se sont passés, le château est resté le même, les cèdres ont grandi, le même soleil vient encore les éclairer, mais la troupe gaie et folâtre a fait comme moi, elle n'est pas restée la même, et les cheveux blonds ont blanchi [...].

Pour reposer nos yeux des monuments de pierres noircies, et des rues de briques enfumées, nous sommes allés aujourd'hui chercher de la verdure à Hyde Park et à Kensington ; mais quoique nous soyons au 5 de mai, hors quelques sycomores et quelques marronniers, tout est encore presque comme en hiver.

Avant notre départ de France, nous avions vu les lilas passés de fleur, et ceux d'Angleterre ne faisaient que bourgeonner : c'était avoir deux printemps dans la même année.

Il y avait bien longtemps que les jardins de Kensington m'avaient paru un des plus beaux lieux du monde ; je les avais vus tout parés de fleurs, de jolies femmes et d'enfants. Je les revoyais par un temps froid, sous un ciel gris sans soleil, je n'y retrouvais plus ce luxe de roses, de lilas et d'ébéniers, plus cette foule de femmes élégantes, plus ces jeux si gais de l'enfance ; une vingtaine d'hommes au plus dans son immensité, quelle différence ! Et puis il y en avait une autre, je n'avais plus 18 ans. Nous nous écriions souvent : «*Comme telle chose est changée!*» et nous oubliions que sous le soleil, rien ne change autant et aussi vite que nous. Kensington a encore des fleurs, et moi je n'ai plus d'illusions. (Vicomte Walsh, *Lettres sur l'Angleterre*, 1830.)

ESCAPADE

Le voyage en Angleterre se veut philosophique ou périégétique avec ou sans mentor, mais combien de voyageurs ont franchi le Pas de Calais pour mettre la mer entre eux et l'autorité, paternelle ou royale, pour échapper à leurs responsabilités ou leurs créanciers, ou simplement pour s'évader ? Le voyage en Angleterre a été souvent fuite ou fugue, brève escapade ou suite de péripéties.

Dans le dernier tiers du XVIIIe siècle, le célèbre aubergiste de Calais, Dessein vit passer de nombreux jeunes gens, voire jeunes couples, pressés de s'embarquer pour l'Angleterre, et qui revenaient quelques semaines ou quelques mois plus tard, honteux de leurs frasques et couvrant leurs mésaventures de quelques contes pour obtenir quelque crédit.

Ces piteuses expériences ne firent pas l'objet de relation au retour en France. Toutefois, nous avons la confession de Benjamin Constant qui, dans son Cahier rouge*, raconte une folle équipée, à vingt ans, en 1787, dont il revint un peu penaud mais à peine assagi.*

Avec une certaine complaisance, cet enfant gâté, s'abandonnant à ses caprices et à la nécessité, détaille ses mésaventures quasi picaresques. C'est un peu Gil Blas outre-Manche. Mais on peut imaginer que de nombreux fils prodigues auraient pu écrire des pages semblables qui manquent à l'histoire du voyage outre-Manche.

Constant

En vingt-deux heures, je fus à Calais. Je chargeai M. Dessin de renvoyer ma chaise à Paris et je m'informai d'un paquebot. Il en partait un à l'heure même. Je n'avais point de passeport, mais, dans cet heureux temps, il n'y avait pas toutes les difficultés dont chaque démarche a été hérissée depuis que les Français, en essayant d'être libres, ont établi l'esclavage chez eux et chez les autres. Un valet de louage se chargea pour six francs de remplir les formalités nécessaires, et trois quarts d'heure après mon arrivée à Calais, j'étais embarqué.

J'arrivai le soir à Douvres, je trouvai un compagnon de voyage qui voulait se rendre à Londres, et le matin du jour suivant, je me trouvai dans cette immense ville, sans un être que j'y connusse, sans un but quelconque, et avec quinze louis pour tout bien. Je voulus d'abord aller loger dans une maison où j'avais demeuré quelques jours à mon dernier passage à Londres. J'éprouvais le besoin de voir un visage connu. Il n'y avait pas de place : mais on m'en procura une autre assez près. Mon premier soin, une fois logé, fut d'écrire à mon père. Je lui demandai pardon de mon étrange escapade, que j'excusai du mieux que je pus ; je lui dis que j'avais horriblement souffert à Paris, que j'étais surtout excédé des hommes ; je fis quelques phrases philosophiques sur la fatigue de la société et sur le besoin de la solitude. Je lui demandai la permission de passer trois mois en Angleterre dans une retraite absolue, et je finis, par une transition vraiment comique, sans que je m'en aperçusse, par lui parler de mon désir de me marier et de vivre tranquille avec ma femme auprès de lui.

Le fait est que je ne savais trop qu'écrire, que j'avais en effet un besoin véritable de me reposer de six mois d'agitation morale et physique, et que, me trouvant pour la première fois complètement seul et complètement libre, je brûlais de jouir de cette position inconnue, à laquelle j'aspirais depuis si longtemps. Je n'avais aucune inquiétude sur l'argent ; car de mes quinze louis, j'en employai deux tout de suite pour acheter deux chiens et un singe. Je ramenai au logis ces belles emplettes. Mais je me brouillai tout de suite avec le singe. Je voulus le battre pour le corriger. Il s'en fâcha tellement que, quoiqu'il fût très petit, je ne pus en rester maître, et je le rapportai à la boutique d'animaux où je l'avais pris, et l'on me donna un troisième chien à sa place. Je me dégoûtai pourtant bientôt de cette ménagerie, et je revendis deux de mes bêtes pour le quart de ce qu'elles m'avaient coûté. Mon troisième chien s'attacha à moi avec une vraie passion, et fut bientôt mon compagnon fidèle dans les pérégrinations que j'entrepris bientôt après.

Ma vie à Londres, si je fais abstraction de l'inquiétude que me donnait l'ignorance de la disposition de mon père, n'était ni dispendieuse ni désagréable. Je payais une demi-guinée par semaine pour mon logement, je dépensais environ trois shillings par jour pour ma nourriture et environ trois encore pour des dépenses accidentelles, de sorte que je voyais dans mes treize louis de quoi subsister presque un mois. Mais au bout de deux jours, je conçus le projet de faire le tour de l'Angleterre, et je m'occupai des moyens d'y subvenir. Je me rappelai l'adresse du banquier de mon père. Il m'avança vingt-cinq louis. Je découvris aussi la demeure d'un jeune homme que j'avais connu et auquel j'avais fait beaucoup d'honnêtetés à Lausanne, quand je vivais dans la société de Mme Trevor. J'allai le voir. C'était un très beau garçon, le plus entiché de sa figure que j'aie jamais vu ; il passait trois heures à se faire coiffer, tenant un miroir en main, pour diriger lui-même la disposition de chaque cheveu. Du reste, il ne manquait pas d'esprit, et avait, en littérature ancienne, assez de connaissances, comme presque tous les jeunes Anglais du premier rang. Sa fortune était très considérable, et sa naissance distinguée.

Il s'appelait Edmund Lascelles ; il a été membre, mais assez obscur, du Parlement. J'allai donc le voir : il me reçut avec politesse, mais sans paraître avoir conservé le moindre souvenir de notre liaison précédente. Cependant, comme dans le cours de notre conversation il me fit quelques offres de service, et que j'avais toujours en tête mon voyage dans les provinces de l'Angleterre, je lui proposai de me prêter cinquante louis. Il me refusa en s'excusant tant bien que mal sur l'absence de son banquier, et sur je ne sais quels autres prétextes. Son valet de chambre, honnête Suisse qui connaissait ma famille, m'écrivit pour m'offrir quarante guinées. Mais sa lettre, remise chez moi pendant une course que je fis hors de Londres, ne me parvint que longtemps après et lorsqu'il avait déjà disposé de son argent d'une autre manière. Il se trouva que dans la maison à côté de celle que j'habitais, logeait un de mes anciens amis d'Édimbourg, nommé John Mackay, qui avait je ne sais quel emploi assez subalterne à Londres. Nous fûmes enchantés de nous revoir. Je le fus de ne plus être dans une solitude aussi absolue ; et je passai plusieurs heures de la journée avec lui, quoiqu'il ne fût rien moins que d'un esprit distingué. Mais il me retraçait d'agréables souvenirs, et je l'aimais d'ailleurs de notre amitié commune pour l'homme dont j'ai parlé en rendant compte de ma vie à Édimbourg, pour ce John Wilde, si remarquable par ses talents et son caractère, et qui a fini si malheureusement. John Mackay me procura un second plaisir du même genre en me donnant l'adresse d'un de nos camarades que j'avais connu à la même époque. Cela me procura quelques soirées agréables, mais cela n'avançait en rien mes projets. Il en résulta pourtant pour moi un nouveau motif de les exécuter, parce que ces rencontres m'ayant vivement retracé mon séjour en Écosse, j'écrivis à John Wilde et j'en reçus une réponse si pleine d'amitié que je me promis bien de ne pas quitter l'Angleterre sans l'avoir revu.

En attendant, je continuai à vivre à Londres, dînant frugalement, allant quelquefois au spectacle et même chez des filles, dépensant ainsi mon argent de voyage, ne faisant rien, m'ennuyant quelquefois, d'autres fois m'inquiétant sur mon père et m'adressant de graves reproches, mais ayant malgré cela un indicible sentiment de bien-être de mon entière liberté. Un jour, au détour d'une rue, je me trouvai nez à nez avec un autre étudiant d'Édimbourg devenu docteur en médecine et placé assez avantageusement à Londres Il se nommait Richard Kentish et s'est fait connaître depuis par quelques ouvrages assez estimés. Nous n'avions pas eu à Édimbourg de liaisons fort étroites, mais nous nous étions quelquefois enivrés ensemble. Il me témoigna une extrême joie de me retrouver, et me mena tout de suite chez sa femme que je connaissais d'ancienne date, parce que, pendant que j'achevais mes études, il était arrivé avec elle pour l'épouser à Gretna Green, comme cela se pratique quand les parents ne veulent pas consentir à un mariage. L'ayant épousée, il l'avait conduite à Édimbourg pour la présenter à ses anciennes connaissances.

C'était une petite femme maigre, sèche, pas jolie, et, je crois, assez impérieuse. Elle me reçut très bien. Ils partaient le lendemain pour Brighthelmstone et me pressèrent d'y aller avec eux, en m'y promettant toutes sortes de plaisirs. C'était précisément la route opposée à celle que je voulais entreprendre. En conséquence, je refusai. Mais je réfléchis deux jours après qu'il valait autant m'amuser là qu'ailleurs, et je me mis dans une diligence qui m'y conduisit en un jour, avec une tortue qui allait se faire manger par le prince de Galles. Arrivé, je m'établis dans une mauvaise petite chambre, et j'allais ensuite trouver Kentish, m'attendant, sur sa parole, à mener la vie la plus gaie du monde. Mais il ne connaissait pas un chat, n'était point reçu dans la bonne société et employait son temps à soigner quelques malades pour de l'argent, et à en observer d'autres dans un hôpital pour son instruction. Tout cela était fort utile, mais ne répondait pas à mes espérances.

Je passai pourtant huit à dix jours à Brighthelmstone, parce que je n'avais aucune raison d'espérer mieux ailleurs, et que cette première espérance me décourageait, quoique à tort, comme on le verra par la suite, de mes projets sur Édimbourg. Enfin, m'ennuyant chaque jour plus, je partis subitement une après-dînée. Ce qui décida mon départ fut la rencontre d'un homme qui me proposa de faire le voyage à moitié frais jusqu'à Londres. Je laissai un billet d'adieu à Kentish et nous arrivâmes à Londres à minuit. J'avais eu bien peur que nous ne fussions volés, car j'avais tout mon argent sur moi et je n'aurais su que devenir. Aussi tenais-je toujours entre mes jambes une petite canne à épée avec la ferme résolution de me défendre et de me faire tuer plutôt que de donner mon trésor. Mon compagnon de voyage qui, vraisemblablement, n'avait pas sur lui, comme moi, toute sa fortune, trouvait ma résolution absurde. Enfin notre route s'acheva sans que j'eusse l'occasion de déployer mon courage. De retour à Londres, je laissai encore plusieurs jours s'écouler sans rien faire. A mon grand étonnement, mon indépendance commençait à me peser. Las d'arpenter les rues de cette grande ville où rien ne m'intéressait, et voyant diminuer mes ressources, je pris enfin des chevaux de poste et j'allai d'abord à Newmarket. Je ne sais ce qui me décida pour cet endroit, à moins que ce ne fût le nom qui me rappelait les courses de chevaux, les paris et le jeu dont j'avais beaucoup entendu parler : mais ce n'était pas la saison. Il n'y avait pas une âme. J'y passai deux jours à réfléchir sur ce que je voulais faire.

J'écrivis bien tendrement à mon père pour l'assurer que je ne tarderais pas à retourner près de lui ; je comptai mon argent que je trouvai réduit à seize guinées, puis, après avoir payé mon hôte, je m'esquivai à pied, allant toujours droit devant moi, avec la résolution de me rabattre sur Northampton, près d'où il y avait un M. Bridges que j'avais connu à Oxford. Je fis le premier jour vingt-huit milles par une pluie à verse. La nuit me surprit en chemin dans les bruyères très désertes et très tristes du comté de Norfolk ; et je recommençai à craindre que les voleurs ne vinssent mettre un terme à toutes mes entreprises et à tous mes pèlerinages en me dépouillant de toutes mes ressources. J'arrivai pourtant heureusement à un petit village nommé Stokes. On me reçut indignement à l'auberge parce qu'on me vit arriver à pied et qu'il n'y a en Angleterre que les mendiants et la plus mauvaise espèce de voleurs, nommés *Footpads*, qui cheminent de cette manière. On me donna un mauvais lit, dans lequel j'eus beaucoup de peine à obtenir des draps blancs ; j'y dormis cependant très bien, et à force de me plaindre et de me donner des airs, je parvins le matin à me faire traiter comme un gentleman, et à payer en conséquence.

Ce n'était que pour l'honneur, car je repartis à pied après avoir déjeuné et j'allais à quatorze milles de là dîner à Lynn, petite ville commerçante, où je m'arrêtai de nouveau, parce que ma manière de voyager commençait à me déplaire. J'avais eu toute la matinée un soleil brûlant sur la tête, et quand j'arrivai, j'étais épuisé de fatigue et de chaleur. Je commençai par avaler une grande jatte de négus, qui se trouva prête à l'auberge ; ensuite je voulus prendre quelques arrangements pour continuer ma route. Mais je me trouvai tout d'un coup complètement ivre, au point de sentir que je ne savais plus ce que je faisais et que je ne pouvais en rien répondre de moi-même. J'eus pourtant assez de raison pour être fort effrayé de cet état dans une ville inconnue, tout seul et avec si peu d'argent dans ma poche. Ce m'était une sensation très singulière que d'être ainsi à la merci du premier venu et privé de tout moyen de répondre, de me défendre et de me diriger. Je fermai ma porte à clef et m'étant ainsi mis à l'abri des autres, je me couchai à terre pour attendre que les idées me revinssent.

Je passai ainsi cinq ou six heures, et la bizarrerie de la situation, jointe à l'effet du vin, me donna des impressions si vives et si étranges que je me les suis toujours rappelées. [...] Peu à peu mes idées revinrent, et je me trouvai assez rétabli dans l'usage de mes facultés pour prendre des informations sur les moyens de continuer ma route plus commodément. Elles ne furent pas satisfaisantes. Je ne possédais pas assez d'argent pour acheter un vieux cheval dont on me demandait douze louis. Je repris une chaise de poste, adoptant ainsi la méthode la plus chère de voyager précisément parce que j'avais presque rien, et je fus coucher dans un petit bourg appelé Wisbeach.

Je rencontrai en chemin un bel équipage qui avait versé. Il y avait un monsieur et une dame. Je leur offris de les conduire dans ma voiture. Ils acceptèrent. Je me réjouis de ce que cette rencontre me ferait passer une soirée moins solitaire. Mais à ma grande surprise, en mettant pied à terre, le monsieur et la dame me firent une révérence et s'en allèrent sans dire mot. J'appris le lendemain qu'il y avait une mauvaise troupe de comédiens ambulants qui jouaient dans une grange : et me trouvant aussi bien là qu'ailleurs, je me décidai à y rester pour aller au spectacle. Je ne sais plus quelle pièce on représentait. Enfin, le jour suivant, je pris encore une chaise de poste et j'allai jusqu'à Thrapston, l'endroit le plus voisin de la cure de Wadenho où je comptais trouver M. Bridges. Je pris un cheval à l'auberge et je me rendis tout de suite à Wadenho.

M. Bridges était effectivement curé de ce village, mais il venait d'en partir et ne devait être de retour que dans trois semaines. Cette nouvelle dérangeait tous mes plans. Plus de moyens d'avoir l'argent nécessaire pour aller en Écosse, aucune connaissance dans les environs, à peine de quoi retourner à Londres et y vivre quinze jours, ce qui n'était pas même assez pour y attendre la réponse de mon père. Il ne fallait pas délibérer longtemps, car chaque dînée et chaque couchée me mettaient dans une situation plus embarrassante. Je pris mon parti. Je vis, en calculant bien strictement, que je pouvais arriver jusqu'à Édimbourg en allant à cheval ou en cabriolet, seul, et une fois là, je comptais sur mes amis. Bel effet de la jeunesse, car certes s'il me fallait aujourd'hui faire cent lieues pour me mettre à la merci de gens qui ne me devraient rien, et sans une nécessité qui excusât cette démarche, s'il fallait m'exposer à m'entendre demander ce que je venais faire et refuser ce dont j'aurais besoin ou envie, rien sur la terre ne pourrait m'y résoudre. Mais, dans ma vingtième année, rien ne me paraissait plus simple que de dire à mes amis de collège :

« Je fais trois cents lieues pour souper avec vous ; j'arrive sans le sol, invitez-moi, caressez-moi, buvons ensemble, remerciez-moi et prêtez-moi de l'argent pour m'en retourner. »

J'étais convaincu que ce largage devait les charmer. [...] Le lendemain je me déterminai à retourner à Thrapston dans l'espérance d'engager mon hôte à me trouver un autre véhicule. Quand je lui en reparlai, je l'y trouvai très peu disposé. Une circonstance assez bizarre et que je n'aurais jamais devinée lui avait donné très mauvaise opinion de moi. Depuis mon ivresse de Lynn, j'avais une sorte de répugnance pour le vin et de crainte de l'état où j'avais été pendant quelques heures. En conséquence, pendant tout le temps que j'avais passé à l'auberge de Thrapston, je n'avais bu que de l'eau. Cette abstinence si peu usitée en Angleterre avait

paru à mon hôte un vrai scandale. Ce ne fut pas lui qui m'apprit la mauvaise impression qu'il en avait reçue contre moi, ce fut l'homme qui m'avait précédemment loué un cabriolet, et que je fis venir pour tâcher de renouer avec lui cette négociation. Comme je me plaignis à lui de la conduite de son fils, il me répondit :
— Ah ! Monsieur, on dit de vous des choses si singulières !
Cela m'étonna fort, et comme je le pressais :
— Vous n'avez pas bu une goutte de vin depuis que vous êtes ici, répliqua-t-il.
Je tombai de mon haut. Je fis venir une bouteille de vin tout de suite, mais l'impression était faite, et il me fut impossible de rien obtenir. Pour le coup, il fallut me décider. Je louai de nouveau pour le lendemain un cheval sous le prétexte d'aller à Wadenho voir si M. Bridges n'était pas arrivé. Le malheur voulut que, de deux chevaux qu'avait mon hôte, le plus mauvais était seul au logis. Je n'eus donc pour monture qu'un tout petit cheval blanc, horriblement laid et très vieux.

Je partis le lendemain de bonne heure, et j'écrivis de dix à douze milles de là à mon hôte que j'avais rencontré un de mes amis qui allait voir les courses de chevaux à Nottingham et qui m'avait engagé à l'accompagner. Je ne savais pas les risques que je courais. La loi en Angleterre considère comme vol l'usage d'un cheval loué, pour une autre destination que celle qui a été alléguée. Il ne tenait donc qu'au propriétaire du cheval de me faire poursuivre ou de mettre mon signalement dans les journaux. J'aurais infailliblement été arrêté, traduit en justice, et peut-être condamné à la déportation dans les Îles ; ou tout au moins, j'aurais subi un procès pour vol, ce qui, même en supposant que j'eusse été absous, n'en aurait pas moins été fort désagréable et, vu mon escapade, aurait produit partout où l'on en était instruit un effet affreux. Enfin cela n'arriva pas. Le maître du cheval fut d'abord un peu étonné. Mais il alla alors à Wadenho où par bonheur il trouva M. Bridges qui arrivait, et qui, sur un mot que je lui avais adressé, répondit de mon retour.

Quant à moi, ne me doutant de rien, je fis le premier jour une vingtaine de milles, et je couchai à Kettering, petit village du Leicestershire, autant qu'il m'en souvient. Ce fut alors que commença vraiment et pour la première fois le bonheur d'indépendance et de solitude que je m'étais promis si souvent. Jusqu'alors, je n'avais fait qu'errer sans plan fixe, et mécontent d'un vagabondage que je trouvais avec raison ridicule et sans but. Maintenant j'avais un but, bien peu important, si l'on veut, car il ne s'agissait que d'aller faire à des amis de collège une visite de quinze jours. Mais enfin, c'était une direction fixe, et je respirais de savoir quelle était ma volonté.

J'ai oublié les différentes stations que je fis en route, sur mon mauvais petit cheval blanc ; mais ce dont je me souviens, c'est que toute la route fut délicieuse. Le pays que je traversai était un jardin. Je passai par Leicester, par Derby, par Buxton, par Chorley, par Kendall, par Carlisle. De là j'entrai en Écosse et je parvins à Édimbourg. J'ai eu trop de plaisir dans ce voyage pour ne pas chercher à m'en retracer les moindres circonstances. Je faisais de trente à cinquante milles par jour. Les deux premières journées j'avais un peu de timidité dans les auberges. Ma monture était si chétive que je trouvais que je n'avais pas l'air plus riche, ni plus *gentlemanlike* que lorsque je voyageais à pied, et je me souvenais de la mauvaise réception que j'avais éprouvée en cheminant de la sorte. Mais je découvris bientôt qu'il y avait pour l'opinion une immense différence entre un voyageur à pied et un voyageur à cheval. Les maisons de commerce en Angleterre ont des commis qui parcourent ainsi tout le royaume pour visiter leurs correspondants. Ces commis vivent très bien et font beaucoup de dépense dans les auberges, de sorte qu'ils y sont reçus avec empressement. Le prix de la dînée et de la couchée est fixé, parce que les aubergistes s'en dédommagent sur le vin. J'étais partout considéré comme un de ces commis, et en conséquence reçu à merveille. Il y en avait toujours sept ou huit avec lesquels je causais, et qui, lorsqu'ils découvraient que j'étais d'une classe plus relevée que la leur, ne m'en traitaient que mieux.

L'Angleterre est le pays où, d'un côté, les droits de chacun sont le mieux garantis, et où, de l autre, les différences de rang sont le plus respectées. Je voyageais presque pour rien. Toute ma dépense et celle de mon cheval ne se montaient pas à une demi-guinée par jour. La beauté du pays, celle de la saison, celle des routes, la propreté des auberges, l'air de bonheur, de raison et de régularité des habitants sont, pour tout voyageur qui observe, une source de jouissances perpétuelles. Je savais la langue de manière à être toujours pris pour un Anglais ou plutôt pour un Écossais, car j'avais conservé l'accent écossais de ma première éducation en Écosse.

J'arrivai enfin à Édimbourg le 12 août 1787, à six heures du soir, avec environ neuf à dix shillings en poche. Je m'empressai de chercher mon ami Wilde, et, deux heures après mon arrivée, j'étais au milieu de toutes celles de mes connaissances qui se trouvaient encore en ville, la saison ayant éloigné les plus riches, qui étaient dans leurs terres. Il en restait cependant encore assez pour que notre réunion fût nombreuse, et tous me reçurent avec de véritables transports de joie. Ils me savaient gré de la singularité de mon expédition, chose qui a toujours de l'attrait pour les Anglais.

Notre vie à tous pendant les quinze jours que je passai à Édimbourg fut un festin continuel. Mes amis me régalèrent à qui mieux mieux, et toutes nos soirées et nos nuits se passaient ensemble. Le pauvre Wilde surtout avait, à me fêter, un plaisir qu'il me témoignait de la manière la plus naïve et la plus touchante. Qui m'eût dit que sept ans après il serait enchaîné sur un grabat ! Enfin, il fallut penser au retour. Ce fut à Wilde que je m'adressai. Il me trouva avec quelque peine, mais de la meilleure grâce du monde, dix guinées. Je remontai sur ma bête, et je repartis. J'avais été voir, à Niddin, ces Wauchope qui m'avaient si bien accueilli, quand j'étudiais, et j'avais appris que la sœur aînée était dans une petite ville, un bain, si je ne me trompe, appelé Moffat [...].

Je trouvai Mlle Wauchope, établie solitairement, comme il convenait à son caractère. Elle fut sensible à ma visite et me proposa de retourner à Londres par les comtés de Cumberland et de Westmoreland. Un pauvre homme qu'elle protégeait se joignit à nous, et nous fîmes une course assez agréable. J'y gagnai de voir cette partie de l'Angleterre, que je n'aurais pas vue sans cela. Car j'ai une telle paresse et une si grande absence de curiosité que je n'ai jamais de moi-même été voir ni un monument, ni une contrée, ni un homme célèbre. Je reste où le sort me jette jusqu'à ce que je fasse un bond qui me place de nouveau dans une tout autre sphère. Mais ce n'est ni le goût de l'amusement, ni l'ennui, ni aucun des motifs qui d'ordinaire décident les hommes dans l'habitude de la vie, qui me font agir. Il faut qu'une passion me saisisse pour qu'une idée dominante s'empare de moi et devienne une passion. C'est ce qui me donne l'air assez raisonnable aux yeux des autres qui me voient, dans les intervalles des passions qui me saisissent, me contenter de la vie la moins attrayante, et ne chercher aucune distraction.

Le Westmoreland et le Cumberland dans sa belle partie, car il y en a une qui est horrible, ressemblent en petit à la Suisse. Ce sont d'assez hautes montagnes dont la cime est enveloppée de brouillards au lieu d'être couverte de neige, des lacs semés d'îles verdoyantes, de beaux arbres, de jolis bourgs, deux ou trois petites villes propres et soignées. Ajoutez à cela cette liberté complète d'aller et de venir sans qu'âme qui vive s'occupe de vous, et sans que rien rappelle cette police dont les coupables sont le prétexte, et les innocents le but. Tout cela rend toutes les courses en Angleterre une véritable jouissance. Je vis à Keswick, dans une espèce de musée, une copie de la sentence de Charles Ier avec les signatures exactement imitées de tous ses juges, et je regardai avec curiosité celle de Cromwell, qui, jusqu'au commencement de ce siècle, a pu passer pour un audacieux et habile usurpateur, mais qui ne mérite pas de nos jours l'honneur d'être nommé.

Après m'avoir accompagné, je crois, jusqu'à Carlisle, Mlle Wauchope me quitta, en me donnant pour dernier conseil de ne plus faire de folies pareilles à l'escapade qui lui avait valu le plaisir de me revoir. De là je continuai ma route ayant précisément de quoi arriver chez M. Bridges, où j'espérais trouver de nouvelles ressources, et toujours plus satisfait de mon genre de vie, dans lequel, je m'en souviens, je ne regrettais qu'une chose, c'était qu'il pût arriver un moment où la vieillesse m'empêcherait de voyager ainsi tout seul à cheval. Mais je me consolais en me promettant de continuer cette manière de vivre le plus longtemps que je pourrais. J'arrivai enfin à Wadenho où je trouvai tout préparé pour ma réception. M. Bridges était absent, mais revint le lendemain. C'était un excellent homme, d'une dévotion presque fanatique, mais tout cœur pour moi qu'il s'était persuadé, sans que je le lui dise, être venu tout exprès de Paris pour le voir. Il me retint chez lui plusieurs jours, me mena dans le voisinage, et remit mes affaires à flot. Parmi les gens auxquels il me présenta, je ne me souviens que d'une lady Charlotte Wentworth, d'environ soixante-dix ans, que je contemplais avec une vénération toute particulière, parce qu'elle était sœur du marquis de Rockingham, et que ma politique écossaise m'avait inspiré un grand enthousiasme pour l'administration des Whigs dont il avait été le chef.

Pour répondre à toutes les amitiés de M. Bridges, je me pliai volontiers à ses habitudes religieuses, quoiqu'elles fussent assez différentes des miennes. Il rassemblait tous les soirs quelques jeunes gens dont il soignait l'éducation, deux ou trois servantes qu'il avait chez lui, des paysans, valets d'écurie et autres, leur lisait quelques morceaux de la Bible, puis nous faisait tous mettre à genoux et prononçait de ferventes et longues prières. Souvent il se roulait littéralement par terre, frappait le plancher de son front et se frappait la poitrine à coups redoublés. La moindre distraction pendant ces exercices, qui duraient souvent plus d'une heure, le jetait dans un véritable désespoir. Je me serais volontiers pourtant résigné à rester indéfiniment chez M. Bridges, tant je commençais à avoir peur de me présenter devant mon père ; mais comme il n'y avait plus moyen de prolonger, je fixai le jour de mon départ. J'avais rendu au propriétaire le fidèle petit cheval blanc qui m'avait porté durant tout mon voyage : une passion pour cette manière d'aller me fit imaginer d'en acheter un sans songer à la difficulté que j'aurais à le sortir d'Angleterre. M. Bridges me servit de caution, et je me retrouvai sur la route de Londres, beaucoup mieux monté et fort content de mon projet de retourner de la sorte jusque chez mon père. J'y arrivai, je ne sais quel jour de septembre, et toutes mes belles espérances se dissipèrent. J'avais pu très bien expliquer à M. Bridges pourquoi je me trouvais sans argent chez lui. Mais je ne l'avais pas mis dans la confidence que je serais tout aussi embarrassé à Londres. Il croyait au contraire qu'une fois rendu là, les banquiers auxquels mon père avait dû m'adresser me fourniraient les fonds dont j'aurais besoin. Il ne m'avait donc prêté en argent comptant que ce qu'il fallait pour y arriver.

Le plus raisonnable eût été de vendre mon cheval, de me mettre dans une diligence et de retourner le plus obscurément et le moins chèrement que j'aurais pu au lieu où il fallait enfin que je me rendisse. Mais je tenais au mode de voyager que j'avais adopté, et je m'occupai à trouver d'autres ressources. Kentish me revint à l'esprit ; j'allai le voir, il me promit de me tirer d'embarras, et sur cette promesse, je ne m'occupai plus que de profiter du peu de temps pendant lequel je jouissais encore d'une indépendance que je devais reperdre si tôt. Je dépensai de diverses manières le peu qui me restait, et je me vis enfin sans le sol.

[...] Il fallut donc m'expliquer une dernière fois avec Kentish, et il me prescrivit de vendre mon cheval et d'aller, avec ce que j'en tirerais, comme je pourrais, où je voudrais. Le seul service qu'il m'offrit fut de me mener chez un marchand de chevaux qui me l'achèterait tout de suite. Je n'avais pas d'autre parti à prendre ; et après une scène assez vive où je me serais brouillé tout à fait avec lui s'il ne s'était pas montré aussi insensible à mes reproches qu'il l'avait été à mes prières, nous allâmes ensemble chez l'homme dont il m'avait parlé. Il m'offrit quatre louis de ce cheval qui m'en avait coûté quinze. J'étais dans une telle fureur qu'au premier mot je traitai indignement cet homme qui au fond ne faisait que son métier, et je faillis être assommé par lui et ses gens. L'affaire ayant manqué de la sorte, Kentish, qui commençait à avoir autant d'envie d'en finir que moi, m'offrit de me prêter dix guinées à condition que je lui donnerais une lettre de change pour cette somme, et que de plus je lui laisserais ce cheval qu'il promit de vendre comme il le pourrait à mon profit. Je n'étais le maître de rien refuser.

J'acceptai donc, et je partis, me promettant bien de ne plus faire d'équipée semblable. Par un reste de goût pour les expéditions chevaleresques, je voulus aller à franc étrier jusqu'à Douvres. C'est une manière de voyager qui n'est pas d'usage en Angleterre, où l'on va aussi vite et à meilleur marché en chaise de poste. Mais je croyais indigne de moi de n'avoir pas un cheval entre les jambes. Le pauvre chien qui m'avait fidèlement accompagné dans toutes mes courses fut la victime de cette dernière folie. Quand je dis dernière, je parle de celles que j'ai faites en Angleterre d'où je partis le lendemain. Il succomba à la fatigue à quelques milles de Douvres. Je le confiai presque mourant à un postillon avec un billet pour Kentish, dans lequel je lui disais que, comme il traitait ses amis comme des chiens, je me flattais qu'il traiterait ce chien comme un ami. J'ai appris plusieurs années après que le postillon s'était acquitté de ma commission et que Kentish montrait ce chien à un de mes cousins qui voyageait en Angleterre, en lui disant que c'était un gage de l'amitié intime et tendre qui l'unissait pour toujours à moi. En 1794, ce Kentish s'est avisé de m'écrire sur le même ton, en me rappelant les délicieuses journées que nous avions passées ensemble en 1787. Je lui ai répondu assez sèchement, et je n'en ai plus entendu parler.

Au moment où je mettais pied à terre à Douvres, un paquebot allait partir pour Calais. J'y fus reçu, et le 1er octobre je me retrouvai en France. C'est la dernière fois jusqu'à présent que j'ai vu cette Angleterre, asile de tout ce qui est noble, séjour de bonheur, de sagesse et de liberté, mais où il ne faut pas compter sans réserve sur les promesses de ses amis de collège. Au reste, je suis un ingrat. J'en ai trouvé vingt bons pour un seul mauvais. A Calais, nouvel embarras. Je calculai que je n'avais aucun moyen d'arriver à Bois-le-Duc, où était mon père, avec le reste de mes dix guinées. Je sondai M. Dessin, mais il était trop accoutumé à des propositions pareilles de la part de tous les aventuriers allant en Angleterre ou en revenant pour être disposé à m'entendre. Je m'adressai enfin à un domestique de l'auberge qui, sur une montre qui valait dix louis, m'en prêta trois, ce qui n'assurait pas encore mon arrivée. Puis je me remis à cheval pour aller nuit et jour jusqu'à l'endroit où je n'avais à attendre que du mécontentement et des reproches. (Constant, *Cahier rouge*, 1907.)

LONDRES A PARIS

Il n'est pas nécessaire de prendre la mer; à partir de quelques clichés, quelques signes, quelques repères, l'imagination peut très bien faire passer des réminiscences à l'expérience, permettre l'évasion et créer des souvenirs.

Il suffit d'un peu de bruine ou de brume, de quelques échos, de quelques images pour que Londres s'insinue dans Paris, avec le concours d'enseignes et de décors anglais et l'anglomanie aidant.

Nous pestons volontiers contre le déferlement anglo-saxon dans le Paris de nos jours, mais, il y a cent quatre-vingts ans, le Paris de Louis XVIII, envahi de touristes britanniques, s'était mis à l'heure anglaise, au point qu'un humoriste pour railler l'anglomanie du temps raconte un canular presque vraisemblable transformant Paris en Londres.

Et, voici cent dix ans, il y avait encore, ou déjà, assez d'enclaves londoniennes entre la rue de Rivoli et la gare Saint-Lazare pour que le Des Esseintes de Huysmans pût y prendre un bain d'Angleterre et se satisfaire du dépaysement.

Pain
Une mystification

L'été dernier, en revenant de la campagne, je trouvai chez moi la première lettre que m'adressait, depuis dix ans, mon ancien camarade, établi à Quimper-Corentin. A l'époque où nous faisions ensemble nos études à Rennes, on le regardait comme le bel esprit du collège. Très fort sur la versification française, mais complètement brouillé avec la syntaxe latine, il n'avait jamais pu réussir à déchiffrer un vers d'Horace; d'ailleurs, il était aussi instruit que tel académicien de ma connaissance. Avec tout cela, sans les événements de 1814, il allait entrer au conseil d'État, comme auditeur de troisième classe. A cette occasion, il aurait vu Paris, et il s'y serait distingué comme tant d'autres. Le sort lui aurait permis peut-être de briller du même éclat que notre ami Jules qui, ayant trouvé dans *Le Moniteur* sa nomination à la sous-préfecture de Gorcum, écrivit à la secrétairerie d'État, que son père ne lui permettrait jamais d'accepter cette place, et d'aller en Espagne.

Depuis 1816, mon nom était parvenu quelquefois dans la retraite du cher Kervenadec. Le public, c'est-à-dire l'un ou l'autre camarade complaisant qui rédige avec moi des articles pour certaines feuilles qu'on appelle journaux *littéraires*, avait paru très satisfait de mes traductions de l'anglais. Le bruit courait, et j'avais fait ce qu'il fallait pour cela, que les Richardson et les Adisson de nos jours s'admiraient beaucoup dans la prose française dont j'avais habillé leurs idées britanniques. Ils ne trouvaient chez moi que la quantité raisonnable de contresens, ordinairement alloués et passés en coulage, d'après le tarif convenu pour les importations d'outremer. On m'en avait fait compliment à Londres et à Édimbourg, où je vais passer chaque année trois ou quatre semaines, pour étudier à fond la Grande-Bretagne, et y promener ma gloire en diligence à vapeur,

Or, c'étaient ces voyages de fondation qui m'attiraient l'épître sentimentale du ci-devant candidat-auditeur. Lui aussi, jusqu'alors paisible casanier, il brûlait du désir d'aller voir ces autres Bretons que l'Océan sépare des pâturages de Quimper : « *Et penitus toto divosos orbe Britannos.* »

Il avait lu, je ne sais où, qu'au moyen du patois de sa nourrice, conservé pur dans quelques provinces anglaises, et avec les thèmes qu'il composait depuis la Restauration, sous les yeux d'un capitaine irlandais à la demi-solde, réfugié sur le sol hospitalier du Finistère pour cause de lettres de change, il pouvait se montrer avantageusement dans la société anglaise. En effet, un docte voyageur, né en Gascogne nous assure, dans les trois premiers volumes de son ouvrage, dont le quatrième ne paraîtra jamais, qu'il s'est fort bien tiré d'affaire avec les thèmes seuls, sauf quelques malentendus sur l'histoire littéraire, la législation, l'économie politique et autres bagatelles. Mais, après tout, Kervenadec ne s'y fiait pas trop ; et, pour plus de sûreté, il me priait d'être son guide, son Mentor, de le prendre avec moi, à ma prochaine excursion, et de le présenter à sir Walter Scott.

Le hasard m'avait conduit la veille à l'Odéon, où je ne vais guère, je vous assure. J'y avais vu *Le Voyage à Dieppe*. Une idée aussi folle que celle qui fait le fond de cette pièce vint se jeter entre l'épître de Kervenadec et mes intentions bienveillantes pour lui ; ou plutôt un maudit esprit de critique, toujours porté à trouver peu de vraisemblance à toutes ces mystifications palpables dont les bonnes gens sont dupes au théâtre, m'inspira le projet extravagant d'essayer si un bourgeois de Quimper, membre de la Société d'agriculture, serait aussi facile à berner qu'un badaud mis en scène pour nos menus plaisirs.

Je répondis à Kervenadec que mes affaires m'appelaient à Brest, et cela était vrai ; qu'après les avoir terminées, je partirais de ce port directement, à bord du brick de commerce *le Hoax*, capitaine Blunder, qui se rendait à Douvres ; que, si l'ami de collège voulait venir me trouver, il serait des nôtres, et qu'à Douvres, l'éditeur du *London Magazine* viendrait nous prendre en chaise de poste, pour nous faire les honneurs de la capitale de John Bull.

Je partis pour Brest ; Kervenadec arriva au moment fixé pour notre départ, et, sans respect pour l'innocence, je l'embarquai avec moi sur un bâtiment qui faisait voile pour Le Havre, et que commandait un des plus mauvais plaisants qui aient jamais mangé du biscuit de mer. Le capitaine garda constamment le plus imperturbable sang-froid : dès qu'il était dans la confidence d'un tour pendable, rien ne pouvait déconcerter sa gravité.

Il n'en fallait pas tant pour le pauvre Kervenadec. Il voyageait sur mer pour la première fois de sa vie. Malade comme un conscrit de la Beauce qu'on transporte à la Martinique, il ne quitta pas sa cabane, ne vit rien et n'entendit rien : il se trouva au Havre, bien convaincu qu'on le menait directement, et par le plus court chemin, en Angleterre. Je ne rapporterai pas ici les discours, les questions, les coq-à-l'âne de Kervenadec pendant le trajet.

Je me hâte de vous dire que, sous prétexte de passeports, de douanes, d'*alien bill*, et de mille autres formalités, nous eûmes le temps de le garder à bord jusqu'à la nuit.

Je partis en poste avec lui, nous fûmes accompagnés par un négociant de Hambourg, mon complice, prévenu de longue main, qui ne cessa de parler allemand, et à qui M. Kervenadec ne manqua pas de répondre vingt fois par heure : « *Yes sir, very well* », avec l'accompagnement de toutes les formules qui terminent la grammaire de William Cobbett.

Notre Breton, fatigué de son voyage maritime, dormit profondément dans la voiture, et m'épargna ainsi l'embarras des explications. Je le réveillai cependant à Rouen, pour lui faire admirer la ville épiscopale de Cantorbéry ; et, lorsque de temps en temps il ouvrait les yeux, c'était pour contempler les bords de la Seine, qui ressemble à la Tamise comme deux gouttes d'eau. Des provisions de toute espèce achetées au Havre nous épargnèrent la peine de descendre dans les auberges.

Enfin, Kervenadec aperçut les clochers de Londres. Le dôme des Invalides fut pour lui la majestueuse église de Saint-Paul.

Nous arrêtons devant une grande porte, rue Neuve-Saint-Augustin. Ah ! c'est ici, nous dit le Bas-Breton : *Great Nelson hôtel, furnished*. Il y a une école tout à côté. *School for young ladys*, école pour les jeunes ladys ; et quatre pas plus loin : *To let large and small appartements*. Au premier mot d'anglais que je prononçai, le maître de maison, les domestiques, le portier, tout le monde me répondit en cette langue ; on n'y voit d'ailleurs que des figures anglaises. Rien de plus anglican que le déjeuner qui nous fut servi ; des œufs frais, du jambon et du thé. Un gros joufflu, qui ne sait pas un mot de français, vint faire la barbe à mon Bas-Breton avec des rasoirs larges comme le sabre d'Ali Pacha, et du savon de Windsor, fabriqué dans la rue Culture-Sainte-Catherine, au Marais, enveloppé dans un imprimé rempli de fautes d'orthographe et orné de deux léopards. Si quelque soupçon avait pu s'élever dans cette âme candide, arrivée de Quimper, le moyen de résister à de pareilles preuves !

Notre nouveau débarqué ne prit pas un instant de repos ; il voulait parcourir, sans désemparer, les principales rue de Londres, et faire diverses emplettes. Nous nous habillâmes donc pour l'accompagner. Sa préoccupation était telle, qu'il ne s'avisa pas de chercher à lire les noms des rues : cela était inutile avec un cicérone tel que moi. Nous voilà dans celle de la Paix, qui avec ses larges trottoirs devient le *Strand*. Nous traversons la place Vendôme, que je baptisai du nom de *Portland Square*, et dont la colonne fut le monument élevé en mémoire de la bataille de Waterloo. Kervenadec se récriait sur la largeur des trottoirs, la beauté des rues et l'élégance des boutiques. Son admiration redoubla dans les rues de Castiglione et de Rivoli, où une foule d'Anglais à pied, à cheval et en voiture, nous aidèrent à prolonger l'illusion. Les Tuileries furent facilement métamorphosées, et nous fîmes un tour dans le parc Saint-James. Chemin faisant, je pris mesure d'une paire de bottes chez M. Gay *Bootmaker to this excellency prince Talleyrand* ; le Hambourgeois fit sa provision de thé au grand magasin de la place Vendôme, portant pour enseigne : *The India tea Warehouse* ; notre Bas-Breton acheta tout à côté de la pâte pectorale au *London dispensary, apothecary to the duke of Northumberland*, et nous allâmes tous trois manger de menues pâtisseries chez le *pastry cook et biscuit baker*, rue Neuve-du-Luxembourg. Nous trouvâmes dans ce dernier lieu une société choisie de gentlemen et de ladys, qui mangeaient avec un appétit vraiment contagieux. On nous demanda si nous voulions du *french* ou du *foreign wine*, et les gâteaux furent arrosés avec du Madère fabriqué à Montpellier.

On trouve à Paris plus de deux mille enseignes en anglais ; notre victime ne manqua pas d'en remarquer un certain nombre en français ; nous les mîmes sur le compte de la révocation de l'édit de Nantes, par suite de laquelle beaucoup de réfugiés s'étaient établis dans ce quartier.

Kervenadec n'était pas sourd : aussi n'entendait-il parler qu'anglais dans les rues. C'est une chose incontestable que deux hommes qui font la conversation à haute voix, sur le pavé de Paris, sont nécessairement étrangers : les Français parlent bas. Parcourez tous les quartiers, des Champs-Élysées jusqu'au Jardin des Plantes, et du bassin de la Villette à l'Observatoire, vous pourrez vérifier cette remarque. Aussi notre tympan ne fut frappé d'aucun son bien distinct qui n'appartînt pas au moins à une langue étrangère.

Rentrés à l'hôtel, nous prîmes quelques instants de repos, dont nous avions grand besoin ; mais, vers cinq heures, il fallut penser à se restaurer. L'établissement de Mme Harriot-Dunn, au *Little Garraway*, dans la rue de l'Arcade-Colbert, brillait encore de tout son éclat. On en voit aujourd'hui d'autres du même genre dans les rues du Marché-Saint-Honoré et du Mont-Thabor. Mme Henriette Dunn eut notre première visite. Chez elle un Anglais, parti des bords de la Tamise, et tombé des nues derrière la bibliothèque du roi, se serait cru ramené, par un vent contraire, dans sa taverne habituelle. De petites loges, séparées par une cloison, offraient à peine l'espace nécessaire pour contenir un *alderman* de moyenne taille : notre exigu *trio* ne s'y trouva pas trop à l'étroit. Toutes les autres places étaient prises par de véritables Anglais. Une carte extrêmement variée, sur laquelle on trouvait à choisir entre le *roast veal*, le *roast mutton* et le *roast beef*, mets recherchés, qui s'appellent en français, veau, mouton et bœuf rôti, le tout suivi de *végétables*, autrement dits légumes, lesquels consistaient en pommes de terre cuites à l'eau : tel était le menu. Mais le garçon ne répondait qu'au nom de *waiter*, quoiqu'il fût de Dunkerque ; et, avec cela, on était tout aussi bien servi qu'à Londres. Nous bûmes de la bière délicieuse, de véritable *porter* de Londres, fourni par la grande brasserie des Champs-Élysées. Kervenadec fut enchanté de la bonne chère anglaise. Je lui promis de le mener le lendemain à *La Couronne et l'Ancre*, où se font les pique-nique nationaux, dans lesquels chaque *toast*, bu à la santé d'un bon patriote, est motivé par un petit discours de trois quarts d'heure de lecture.

Nous n'avions pas encore jeté un coup d'œil sur les journaux. Presque en face de l'arcade Colbert, dans la rue Vivienne, on voit briller une lanterne où le n° 18 et les mots : *Reading room* (cabinet de lecture), frappent l'œil du passant. Nous entrons. La Chambre des communes, en masse, a-t-elle reflué dans ces beaux salons ? Quelle cohue ! Et cet amas de feuilles quotidiennes de Londres, des provinces, de toutes les villes des trois royaumes, et de l'Amérique, tout cela trouve d'intrépides lecteurs. Le *Times*, le *Sun*, le *Globe*, sont retenus par vingt compétiteurs : notre tour ne viendra que demain. Ces Anglais, qu'on disait taciturnes, parlent tous ensemble ; on se croirait à la Bourse.

Le choix de notre spectacle ne pouvait être douteux : nous étions à deux pas de *L'Opéra Buffa*. Tout le monde connaît, du moins par les journaux, la belle salle où les bourgeois de Londres se régalent de cette délicieuse musique italienne, qui ne vaudra jamais les chefs-d'œuvre lyriques de Gluck, de Mozart, de Grétry, de Daleyrac et de Boïeldieu, quoi qu'en disent les grands poètes qui alignent de mauvais vers français sous les notes de Rossini. Kervenadec veut voir ce théâtre, avant ceux de *Covent Garden* et de *Drury Lane*, attendu qu'il n'aime pas Shakespeare. D'ailleurs, Mme Pasta venait d'arriver à Londres avec Rubini. Le balcon où nous prîmes nos places était rempli d'Anglais, de Russes et d'Italiens, parmi lesquels notre ami reconnut avec émotion l'accent national. Les loges se garnirent bientôt de ladys et de miss. Le spectacle fut ravissant : on jouait *Otello*, pièce éminemment anglaise. Dans l'entracte, nous allâmes au foyer, où nous fûmes étourdis par un mélange confus de voix et d'idiomes qui rappelaient assez bien la tour de Babel. «C'est singulier, disait Kervenadec ; si je n'étais pas certain de me trouver à Londres, je serais bien embarrassé de deviner à quel pays appartient ce théâtre-ci.»

Mais il faut aller nous coucher ; prenons le plus long chemin, pour jouir du coup d'œil que présente l'illumination générale de cette grande ville de Londres, au moyen du gaz hydrogène.

Quel accident ! une voiture a versé. Il nous semble que c'est une diligence. On crie, on jure ; mais c'est en français ! «Allons, dit le bon Kervenadec, allons au secours de nos pauvres compatriotes qui arrivent de Douvres !» La scène est éclairée par des officieux qui accourent. Mon Bas-Breton s'approche, et il lit sur un panneau de la portière une fatale inscription qui ruine tous mes projets pour le lendemain. Il voit que ces braves gens, dont l'essieu est rompu, arrivent de Versailles.

Kervenadec voulut se fâcher ; mais je n'eus pas de peine à l'apaiser en lui disant d'un air grave et pénétré : «Ingrat ! tu devrais me remercier ; j'ai voulu te donner une importante leçon ; j'ai cherché à t'instruire en t'amusant. Cette petite mystification t'a fait sentir, mieux que tous les discours, le ridicule de notre anglomanie. Les traits caractéristiques de la capitale de la France s'effacent au point qu'un homme d'esprit comme toi a pu s'y tromper et se croire à Londres ! Nous allons passer un mois à Paris, et souvent, pour te croire dans ta patrie, il faudra te rappeler ce malheureux coche de Versailles. Quand nous aurons fini notre nouveau cours d'études, je te mènerai à Londres ; et, sauf un peu de maladresse dans la copie, tu y retrouveras souvent le tableau de Paris. Il faut bien que tout se compense dans ce monde.» (Pain, *Nouveaux tableaux de Paris*, 1828.)

Huysmans

Après un long et périlleux voyage

La pluie entrait en diagonale par les portières ; des Esseintes dut relever les glaces que l'eau raya de ses cannelures tandis que des gouttes de fange rayonnaient comme un feu d'artifice de tous les côté du fiacre. Au bruit monotone des sacs de pois secoués sur sa tête par l'ondée dégoulinant sur les malles et sur le couvercle de la voiture, des Esseintes rêvait à son voyage ; c'était déjà un acompte de l'Angleterre qu'il prenait à Paris par cet affreux temps ; un Londres pluvieux, colossal, immense, puant la fonte échauffée et la suie, fumant sans relâche dans la brume se déroulait maintenant devant ses yeux ; puis des enfilades de docks s'étendaient à perte de vue, pleins de grues, de cabestans, de ballots, grouillant d'hommes perchés sur des mâts, à califourchon sur des vergues, alors que, sur les quais, des myriades d'autres hommes étaient penchés, le derrière en l'air, sur des barriques qu'ils poussaient dans des caves. Tout cela s'agitait sur des rives, dans des entrepôts gigantesques, baignés par l'eau teigneuse et sourde d'une imaginaire Tamise, dans une futaie de mâts, dans une forêt de poutres crevant les nuées blafardes du firmament, pendant que des trains filaient, à toute vapeur, dans le ciel, que d'autres roulaient dans les égouts, éructant des cris affreux, vomissant des flots de fumée par des bouches de puits, que par tous les boulevards, par toutes les rues, où éclataient, dans un éternel crépuscule, les monstrueuses et voyantes infamies de la réclame, des flots de voitures coulaient, entre des colonnes de gens, silencieux, affairés, les yeux en avant, les coudes au corps.

Des Esseintes frissonnait délicieusement à se sentir confondu dans ce terrible monde de négociants, dans cet isolant brouillard, dans cette incessante activité, dans cet impitoyable engrenage broyant des millions de déshérités que des philanthropes excitaient, en guise de consolation, à réciter des versets et à chanter des psaumes.

Puis, la vision s'éteignit brusquement avec un cahot du fiacre qui le fit rebondir sur la banquette. Il regarda par les portières ; la nuit était venue ; les becs de gaz clignotaient, au milieu d'un halo jaunâtre, en pleine brume ; des rubans de feux nageaient dans des mares et semblaient tourner autour des roues des voitures qui sautaient dans de la flamme liquide et sale ; il tenta de se reconnaître, aperçut le Carrousel et, subitement, sans motif, peut-être par le simple contrecoup de la chute qu'il faisait du haut d'espaces feints, sa pensée rétrograda jusqu'au souvenir d'un incident trivial : il se rappela que le domestique avait négligé de mettre, tandis qu'il le regardait préparer ses malles, une brosse à dents parmi les ustensiles de son nécessaire de toilette ; alors il passa en revue la liste des objets empaquetés ; tous avaient été rangés dans sa valise, mais la contrariété d'avoir omis cette brosse persista jusqu'à ce que le cocher, en s'arrêtant, rompît la chaîne de ces réminiscences et de ces regrets.

Il était, dans la rue de Rivoli, devant le *Galignani's Messenger*. Séparées par une porte aux verres dépolis couverts d'inscriptions et munis de passe-partout encadrant des découpures de journaux et des bandes azurées de télégrammes, deux grandes vitrines regorgeaient d'albums et de livres. Il s'approcha, attiré par la vue de ces cartonnages en papier bleu perruquier et vert chou gaufrés, sur toutes les coutures, de ramages d'argent et d'or, de ces couvertures en toiles couleur carmélite, poireau, caca d'oie, groseille, estampées au fer froid, sur les plats et le dos, de filets noirs. Tout cela avait une touche antiparisienne, une tournure mercantile, plus brutale et pourtant moins vile que celles des reliures de camelote, en France ; çà et là, au milieu d'albums ouverts, reproduisant des scènes humoristiques de du Maurier et de John Leech, ou lançant au travers de plaines en chromo les délirantes cavalcades de Caldecott, quelques romans français apparaissaient, mêlant, à ces verjus de teintes, des vulgarités bénignes et satisfaites.

Il finit par s'arracher à cette contemplation, poussa la porte, pénétra dans une vaste bibliothèque, pleine de monde; des étrangères assises dépliaient des cartes et baragouinaient, en des langues inconnues, des remarques. Un commis lui apporta toute une collection de guides. A son tour, il s'assit, retournant ces livres dont les flexibles cartonnages pliaient entre ses doigts. Il les parcourut, s'arrêta sur une page du Baedeker, décrivant les musées de Londres. Il s'intéressait aux détails laconiques et précis du guide; mais son attention dévia de l'ancienne peinture anglaise sur la nouvelle qui le sollicitait davantage. Il se rappelait certains spécimens qu'il avait vus, dans les expositions internationales, et il songeait qu'il les reverrait peut-être à Londres: des tableaux de Millais, la *Veillée de sainte Agnès* d'un vert argenté si lunaire, des tableaux de Watts, aux couleurs étranges, bariolés de gomme-gutte et d'indigo, des tableaux esquissés par un Gustave Moreau malade, brossés par un Michel-Ange anémié et retouchés par un Raphaël noyé dans le bleu; entre autres toiles, il se rappelait une *Dénonciation de Caïn*, une *Ida* et des *Èves* où, dans le singulier et mystérieux amalgame de ces trois maîtres, sourdait la personnalité tout à la fois quintessenciée et brute d'un Anglais docte et rêveur, tourmenté par des hantises de tons atroces.

Toutes ces toiles assaillaient en foule sa mémoire. Le commis étonné par ce client qui s'oubliait devant une table, lui demanda sur lequel de ces guides il fixait son choix. Des Esseintes demeura ébaubi, puis il s'excusa, fit l'emplette d'un Baedeker et franchit la porte. L'humidité le glaça; le vent soufflait de côté, cinglait les arcades de ses fouets de pluie. «Allez là», fit-il au cocher, en désignant du doigt au bout d'une galerie, un magasin qui formait l'angle de la rue de Rivoli et de la rue Castiglione et ressemblait avec ses carreaux blanchâtres, éclairés en dedans, à une gigantesque veilleuse, brûlant dans le malaise de ce brouillard, dans la misère de ce temps malade.

C'était la «Bodega». Des Esseintes s'égara dans une grande salle qui s'allongeait, en couloir, soutenue par des piliers de fonte, bardée, de chaque côté de ses murs, de hautes futailles posées tout debout sur des chantiers.

Cerclées de fer, la panse garnie de créneaux de bois simulant un râtelier de pipes dans les crans duquel pendaient des verres en forme de tulipes, le pied en l'air; le bas-ventre troué et emmanché d'une cannelle de grès, ces barriques armoriées d'un blason royal, étalaient sur des étiquettes en couleurs le nom de leur cru, la contenance de leurs flancs, le prix de leur vin, acheté à la pièce, à la bouteille, ou dégusté au verre.

Dans l'allée restée libre entre ces rangées de tonneaux, sous les flammes du gaz qui bourdonnait aux becs d'un affreux lustre peint en gris fer, des tables couvertes de corbeilles de biscuits Palmers, de gâteaux salés et secs, d'assiettes où s entassaient des mince-pie et des sandwiches cachant sous leurs fades enveloppes d'ardents sinapismes à la moutarde, se succédaient entre une haie de chaises, jusqu'au fond de cette cave encore bardée de nouveaux muids portant sur leur tête de petits barils, couchés sur le flanc, estampillés de titres gravés au fer chaud, dans le chêne.

Un fumet d'alcool saisit des Esseintes lorsqu'il prit place dans cette salle où sommeillaient de puissants vins. Il regarda autour de lui : ici, les foudres s'alignaient, détaillant toute la série des portos, des vins âpres ou fruiteux, couleur d'acajou ou d'amarante, distingués par de laudatives épithètes : « old port, light delicate, cockburn's very fine, magnificent old Regina » ; là, bombant leurs formidables abdomens, se pressaient, côte à côte, des fûts énormes renfermant le vin martial de l'Espagne, le xérès et ses dérivés, couleur de topaze brûlée ou crue, le san lucar, le pasto, le pale dry, l'oloroso, l'amontilla, sucrés ou secs.

La cave était pleine ; accoudé sur un coin de table, des Esseintes attendait le verre de porto commandé à un gentleman, en train de déboucher d'explosifs sodas contenus dans des bouteilles ovales qui rappelaient, en les exagérant, ces capsules de gélatine et de gluten employées par les pharmacies pour masquer le goût de certains remèdes.

Tout autour de lui, des Anglais foisonnaient : des dégaines de pâles clergymen, vêtus de noir de la tête aux pieds, avec des chapeaux mous, des souliers lacés, des redingotes interminables constellées sur la poitrine de petits boutons, des mentons ras, des lunettes rondes, des cheveux graisseux et plats ; des trognes de tripiers et des mufles de dogues avec des cous apoplectiques, des oreilles comme des tomates, des joues vineuses, des yeux injectés et idiots, des colliers de barbe pareils à ceux de quelques grands singes ; plus loin, au bout du chai, un long dépendeur d'andouilles aux cheveux d'étoupe, au menton garni de poils blancs ainsi qu'un fond d'artichaut, déchiffrait, au travers d'un microscope, les minuscules romains d'un journal anglais ; en face, une sorte de commodore américain, boulot et trapu, les chairs boucanées et le nez en bulbe, s'endormait, regardant, un cigare planté dans le trou velu de sa bouche, des cadres pendus aux murs renfermant des annonces de vins de Champagne, les marques de Perrier et de Rœderer, d'Heidsiek et de Mumm, et une tête encapuchonnée de moine, avec le nom écrit en caractères gothiques de Dom Pérignon, à Reims.

Un certain amollissement enveloppa des Esseintes dans cette atmosphère de corps de garde ; étourdi par les bavardages des Anglais causant entre eux, il rêvassait, évoquant, devant la pourpre des portos remplissant les verres, les créatures de Dickens qui aiment tant à les boire, peuplant imaginairement la cave de personnages nouveaux, voyant ici les cheveux blancs et le teint enflammé de M. Wickfield ; là, la mine flegmatique et rusée et l'œil implacable de M. Tulkinghorn, le funèbre avoué de *Bleak House*. Positivement, tous se détachaient de sa mémoire, s'installaient, dans la Bodega, avec leurs faits et leurs gestes ; ses souvenirs, ravivés par de récentes lectures, atteignaient une précision inouïe. La ville du romancier, la maison bien éclairée, bien chauffée, bien servie, bien close, les bouteilles lentement versées par la petite Dorrit, par Dora Copperfield, par la sœur de Tom Pinch, lui apparurent naviguant ainsi qu'une arche tiède dans un déluge de fange et de suie. Il s'acagnarda dans ce Londres fictif, heureux d'être à l'abri, écoutant naviguer sur la Tamise les remorqueurs qui poussaient de sinistres hurlements, derrière les Tuileries, près du pont. Son verre était vide ; malgré la vapeur éparse dans cette cave encore échauffée par les fumigations des cigares et des pipes, il éprouvait, en retombant dans la réalité, par ce temps d'humidité fétide, un petit frisson.

Il demanda un verre d'amontillado, mais alors devant ce vin sec et pâle, les lénitives histoires, les douces malvacées de l'auteur anglais se défeuillèrent et les impitoyables révulsifs, les douloureux rubéfiants d'Edgar Poe, surgirent ; le froid cauchemar de la barrique d'amontillado, de l'homme muré dans un souterrain, l'assaillit ; les faces bénévoles et communes des buveurs américains et anglais qui occupaient la salle, lui parurent refléter d'involontaires et d'atroces pensées, d'instinctifs et d'odieux desseins ; puis il s'aperçut qu'il s'esseulait, que l'heure du dîner était proche ; il paya, s'arracha de sa chaise, et gagna, tout étourdi, la porte. Il reçut un soufflet mouillé dès qu'il mit les pieds dehors : inondés par la pluie et par les rafales, les réverbères agitaient leurs petits éventails de flamme, sans éclairer ; encore descendu de plusieurs crans, le ciel s'était abaissé jusqu'au ventre des maisons. Des Esseintes considéra les arcades de la rue de Rivoli, noyées dans l'ombre et submergées par l'eau, et il lui sembla qu'il se tenait dans le morne tunnel creusé sous la Tamise ; des tiraillements d'estomac le rappelèrent à la réalité ; il rejoignit sa voiture, jeta au cocher l'adresse de la taverne de la rue d'Amsterdam, près de la gare, et il consulta sa montre : sept heures. Il avait juste le temps de dîner ; le train ne partait qu'à huit heures cinquante minutes, et il comptait sur ses doigts, supputait les heures de la traversée de Dieppe à Newhaven, se disant : « Si les chiffres de l'indicateur sont exacts, je serai demain, sur le coup de midi et demi, à Londres. »

Le fiacre s'arrêta devant la taverne ; de nouveau, des Esseintes descendit et il pénétra dans une longue salle, sans dorure, brune, divisée par des cloisons, à mi-corps, en une série de compartiments semblables aux box des écuries ; dans cette salle, évasée près de la porte, d'abondantes pompes à bières se dressaient sur un comptoir, près de jambons aussi culottés que de vieux violons, de homards peints au minium, de maquereaux marinés, avec des ronds d'oignons et de carottes crus, des tranches de citron, des bouquets de laurier et de thym, des baies de genièvre et du gros poivre nageant dans une sauce trouble.

L'un de ces box était vide. Il s'en empara et héla un jeune homme en habit noir, qui s'inclina en jargonnant des mots incompréhensibles. Pendant que l'on préparait le couvert, des Esseintes contempla ses voisins ; de même qu'à la Bodega, des insulaires, aux yeux faïence, au teint cramoisi, aux airs réfléchis ou rogues, parcouraient des feuilles étrangères ; seulement des femmes, sans cavaliers, dînaient, entre elles, en tête à tête, de robustes Anglaises aux faces de garçon, aux dents larges comme des palettes, aux joues colorées, en pomme, aux longues mains et aux longs pieds. Elles attaquaient, avec une réelle ardeur, un rumpsteak-pie, une viande chaude, cuite dans une sauce aux champignons et revêtue, de même qu'un pâté, d'une croûte.

Après avoir perdu depuis si longtemps l'appétit, il demeura confondu devant ces gaillardes dont la voracité aiguisa sa faim. Il commanda un potage oxstail, se régala de cette soupe à la queue de bœuf, tout à la fois onctueuse et veloutée, grasse et ferme ; puis, il examina la liste des poissons, demanda un haddock, une sorte de merluche fumée qui lui parut louable et, pris d'une fringale à voir s'empiffrer les autres, il mangea un rosbif aux pommes et s'enfourna deux pintes d'ale, excité par ce petit goût de vacherie musquée que dégage cette fine et pâle bière.

Sa faim se comblait ; il chipota un bout de fromage bleu de Stilton dont la douceur s'imprégnait d'amertume, picora une tarte à la rhubarbe, et, pour varier, étancha sa soif avec le porter, cette bière noire qui sent le jus de réglisse dépouillé de sucre.

Il respirait ; depuis des années il n'avait et autant bâfré et autant bu ; ce changement d'habitude, ce choix de nourritures imprévues et solides avait tiré l'estomac de son somme. Il s'enfonça dans sa chaise, alluma une cigarette et s'apprêta à déguster sa tasse de café qu'il trempa de gin.

La pluie continuait à tomber il l'entendait crépiter sur les vitres qui plafonnaient le fond de la pièce et dégouliner en cascades dans les gargouilles ; personne ne bougeait dans la salle ; tous se dorlotaient, ainsi que lui, au sec, devant des petits verres.

Les langues se délièrent ; comme presque tous ces Anglais levaient, en parlant, les yeux en l'air, des Esseintes conclut qu'ils s'entretenaient du mauvais temps ; aucun d'eux ne riait et tous étaient vêtus de cheviote grise, réglée de jaune nankin et de rose de papier buvard. Il jeta un regard ravi sur ses habits dont la couleur et la coupe ne différaient pas sensiblement de celles des autres, et il éprouva le contentement de ne point détonner dans ce milieu, d'être, en quelque sorte et superficiellement, naturalisé citoyen de Londres ; puis il eut un sursaut. Et l'heure du train ? se dit-il. Il consulta sa montre : huit heures moins dix ; j'ai encore près d'une demi-heure à rester là; et une fois de plus, il songea au projet qu'il avait conçu.

Dans sa vie sédentaire, deux pays l'avaient seulement attiré, la Hollande et l'Angleterre.

Il avait exaucé le premier de ses souhaits; n'y tenant plus, un beau jour, il avait quitté Paris et visité les villes des Pays-Bas, une à une.

Somme toute, il était résulté de cruelles désillusions de ce voyage. [...]

Ce désenchantement lui revenait; il consulta de nouveau sa montre: dix minutes le séparaient encore de l'heure du train. Il est grand temps de demander l'addition et de partir, se dit-il. Il se sentait une lourdeur d'estomac et une pesanteur, par tout le corps, extrêmes. Voyons, fit-il, pour se verser du courage, buvons le coup de l'étrier; et il remplit un verre de brandy, tout en réclamant sa note. Un individu, en habit noir, une serviette sur le bras, une espèce de majordome au crâne pointu et chauve, à la barbe grisonnante et dure, sans moustaches, s'avança, un crayon derrière l'oreille, se posta, une jambe en avant, comme un chanteur, tira de sa poche un calepin, et, sans regarder son papier, les yeux fixés sur le plafond, près d'un lustre, inscrivit et compta la dépense. Voilà, dit-il, en arrachant la feuille de son calepin, et il la remit à des Esseintes qui le considérait curieusement, ainsi qu'un animal rare. Quel surprenant John Bull, pensait-il, en contemplant ce flegmatique personnage à qui sa bouche rasée donnait aussi la vague apparence d'un timonier de la marine américaine.

A ce moment, la porte de la taverne s'ouvrit; des gens entrèrent apportant avec eux une odeur de chien mouillé à laquelle se mêla une fumée de houille, rabattue par le vent dans la cuisine dont la porte sans loquet claqua; des Esseintes était incapable de remuer les jambes; un doux et tiède anéantissement se glissait par tous ses membres, l'empêchait même d'étendre la main pour allumer un cigare. Il se disait: «Allons, voyons, debout, il faut filer»; et d'immédiates objections contrariaient ses ordres. A quoi bon bouger, quand on peut voyager si magnifiquement sur une chaise? N'était-il pas à Londres dont les senteurs, dont l'atmosphère, dont les habitants, dont les pâtures, dont les ustensiles, l'environnaient? Que pouvait-il donc espérer, sinon de nouvelles désillusions, comme en Hollande?

Il n'avait plus que le temps de courir à la gare, et une immense aversion pour le voyage, un impérieux besoin de rester tranquille s'imposaient avec une volonté de plus en plus accusée, de plus en plus tenace. Pensif, il laissa s'écouler les minutes, se coupant ainsi la retraite, se disant: «Maintenant il faudrait se précipiter aux guichets, se bousculer aux bagages; quel ennui! quelle corvée ça serait!» Puis, se répétant, une fois de plus: «En somme, j'ai éprouvé et j'ai vu ce que je voulais éprouver et voir. Je suis saturé de vie anglaise depuis mon départ; il faudrait être fou pour aller perdre, par un maladroit déplacement, d'impérissables sensations. Enfin quelle aberration ai-je donc eue pour avoir tenté de renier des idées anciennes, pour avoir condamné les dociles fantasmagories de ma cervelle, pour avoir, ainsi qu'un véritable béjaune, cru à la nécessité, à la curiosité, à l'intérêt d'une excursion ? — Tiens, fit-il, regardant sa montre, mais l'heure est venue de rentrer au logis. » Cette fois, il se dressa sur ses jambes, sortit, commanda au cocher de le reconduire à la gare de Sceaux, et il revint avec ses malles, ses paquets, ses valises, ses couvertures, ses parapluies et ses cannes, à Fontenay, ressentant l'éreintement physique et la fatigue morale d'un homme qui rejoint son chez soi, après un long et périlleux voyage. (Huysmans, *A rebours*, 1884.)

FRANCHIR LA MANCHE

Mon cher lecteur, il n'y a que sept lieues de trajet de France en Angleterre. Tu n'auras pas chemin à faire, si tu veux voir cette Isle, qui autrefois a été tenue par les Anciens pour le bout du monde.
Puisque Jules César eut bien autrefois le courage et la curiosité de s'embarquer sur les rivages de Calais, pour aller chercher un monde nouveau au-delà de nos mers [...] notre voyageur ne doit point appréhender de passer en Angleterre et de suivre les vents et la fortune.

COULON, *Le Fidèle Conducteur pour le voyage d'Angleterre*, 1654.

Si le « voyage d'Angleterre » suscite l'appréhension, ce n'est pas à cause de la distance, des difficultés, des dangers, c'est qu'il faut « passer en Angleterre », s'embarquer. Il ne s'agit que de franchir un bras de mer, mais l'obstacle est moins dans les sept lieues du pas de Calais que dans la perspective d'affronter un autre monde. Outre-Manche, l'Angleterre est un ailleurs retranché dans son insularité et qu'on doit aborder sans la familiarité que permet une lente approche à travers marches et marges. Quelques jours de route, quelques heures de mer, et on est bientôt à Londres, en terre totalement étrangère, une semaine après avoir quitté Paris.
Mais que peut écrire le voyageur ayant franchi l'obstacle, surmonté l'épreuve ? La route de Paris à Calais est sans embûches ni surprises, et sans attraits. La traversée, pour beaucoup baptême de la mer autant que franchissement d'une ligne invisible entre deux univers, est parfois agitée, mais sans véritable danger. L'arrivée à Douvres n'a rien de périlleux, ni de pittoresque. La plus habile des plumes ne peut offrir ni du sublime, ni de l'épique. Les mésaventures se limitent à des paquets de mer et des nausées. On peut trousser quelques scènes comiques, croquer quelques caricatures. Les récits, assaisonnés de maigres anecdotes, ne se renouvellent guère d'un siècle à l'autre, en dépit de l'évolution technique et sociale, et l'originalité

ne se manifeste que dans une certaine mise en scène ou la composition de quelques « marines ».

Le passage de la Manche nous a valu le terme paquebot, attesté dès la fin du XVIIe siècle, dérivé de l'anglais packet boat, désignant une embarcation de faible tonnage assurant plus ou moins régulièrement le passage du courrier et des passagers ; les Anglais s'étant assuré le monopole du trafic entre les deux pays, le terme s'imposa en France.

Au XVIIIe siècle le passage se faisait le plus communément par Calais et Douvres, presque toujours sur de très petites unités partant à la demande, en fonction du vent et de la marée. En été, on pouvait passer par Dieppe et Brighton, route plus rapide et surtout moins onéreuse, permettant d'échapper à la rapacité des aubergistes de Calais et de Douvres. Après 1815, la vapeur vint bientôt concurrencer la voile. Dès 1820, la roue à aubes s'imposait sur le pas de Calais. Les paquebots à vapeur, les steamers, de plus en plus puissants et confortables, allèrent chercher les passagers au Havre, à Dieppe, à Boulogne, pour les conduire à Portsmouth, Newhaven, Folkestone, ou directement à Londres. Bientôt, du côté anglais, puis du côté français, le chemin de fer descendit jusqu'aux ports, et, dès le milieu du siècle, le voyageur pouvait faire Paris-Londres tout à la vapeur, et « à toute vapeur ». L'Angleterre avait renforcé son emprise sur le passage de la Manche, comme en témoigne alors A. Pichot : « Par le railway de Paris à Rouen, on peut déjà se croire en Angleterre depuis la rue Saint-Lazare. C'est un railway anglais ; l'ingénieur est anglais ; une partie du fonds social a été souscrite par des Anglais ; les entrées ou sorties des tunnels et les stations sont d'architecture anglaise ; les inspecteurs ont l'uniforme anglais (celui des policemen, frac bleu avec broderie blanche au collet, ceinture de cuir, chapeau noir, etc.) ; enfin les travaux des deux embranchements projetés de Rouen au Havre et à Dieppe emploient plus de quinze mille ouvriers anglais... » (L'Irlande et le pays de Galles, 1830).

Dès cette époque, les compagnies organisèrent des « trains de plaisir » emmenant outre-Manche des foules d'excursionnistes, le terme apparut alors, pour lesquels elles arrangeaient visites, spectacles et attractions, en tout compris. Le voyage devenait simple escapade, banal déplacement, en quête d'un dépaysement de plus en plus aléatoire, même si franchir la Manche était encore perçu comme épreuve initiatique.

AVANT 1789

Grosley

Un sage voyageur

Le jeudi 11 avril 1765, je m'embarquai à Boulogne dans le paquebot du capitaine Mériton, occupé toute l'année à passer en bouteilles, de Boulogne à Douvres, ou à Londres même, le vin français que les Anglais tiennent en cave dans la première de ces villes. Au moyen de cet arrangement, ils ne paient qu'au fur de la consommation, les droits immenses dont ce vin est chargé.

Avant et depuis l'équinoxe, la Manche s'était trouvée dans une tourmente perpétuelle, et cette tourmente avait retenu dans les ports d'Angleterre, les bâtiments anglais prêts à mettre à la voile. Elle avait jeté dans ces mêmes ports et dans ceux de Flandre et de Hollande les bâtiments hollandais, suédois, danois, que le mauvais temps avait surpris en route : enfin, en fermant les ports de France, elle y retenait depuis longtemps un grand nombre de passagers que leurs affaires ou la curiosité appelaient en Angleterre.

Le vent n'étant point encore décidé, le capitaine Mériton s'arrangea sur cette indécision, pour le temps qu'il croyait nécessaire au passage ; mais à peine fûmes-nous en pleine mer, qu'il devint absolument arrière ; ce qui mit dans le calcul du capitaine, trois heures d'erreur que nous passâmes à l'ancre. A la vue des côtes d'Angleterre, sur une mer encore très grosse, nous attendîmes, dans une situation cruelle pour gens peu marins, que la marée nous ouvrît le port de Douvres.

Je vérifiai par moi-même ce que j'avais ouï dire à un capitaine de vaisseau dans la marine royale de France, que les habitants de l'intérieur du royaume sont infiniment plus durs à la mer, que ceux des provinces maritimes. La peur a sans doute quelque part à l'effet de la mer : or, elle doit être très forte dans des gens qui, dès l'enfance, n'entendent parler que de naufrages et d'échouements, dont ensuite ils sont souvent les témoins. Un habitant des provinces méditerranées n'a, au contraire, entendu parler de naufrages que de fort loin, et il les regarde comme des exceptions à l'allure générale de la navigation. Lorsqu'il voit la mer pour la première fois, un bâtiment est pour lui un objet non de terreur, mais de curiosité ; et la vue de l'Océan ne laisse de place dans son âme, qu'à l'admiration qu'y excite l'objet le plus capable de remplir toute l'idée qu'il soit possible à l'homme de se faire de l'immensité.

Dans cette heureuse disposition, fortifié par la résignation à la mort, qui doit être la première cargaison de tous ceux qui entreprennent des voyages de curiosité, je m'occupai moins de la dureté de la mer, que de la manœuvre du pilote et des matelots : courant presque toujours le tillac, je jouis, à la faveur d'une belle nuit, d'un spectacle aussi rare qu'amusant.

Les bâtiments enfermés dans les ports de France, d'Angleterre, etc., avaient profité de la fin de la tourmente pour déboucher et faire route. Nous les coupions pendant que nous voguâmes, et ils défilèrent autour de nous, tout le temps que nous passâmes à l'ancre. La quantité de ces bâtiments de toute espèce était prodigieuse, la Manche en paraissait couverte : je n'étais rassuré que par mon ignorance dans la manœuvre, contre le danger que nous courions à chaque instant d'être heurtés et brisés par les plus grands : ils paraissaient venir sur nous à pleines voiles, mais tout s'arrangeait de leur part et de la nôtre, de manière qu'ils nous côtoyaient ensuite à la portée de la voix, chacun se demandant où il allait, et se souhaitant mutuellement un bon voyage.

Les bâtiments français, qui, depuis plusieurs jours, attendaient à Calais, à Dunkerque, etc., l'instant du passage, arrivèrent avec nous à Douvres, qui se trouva rempli de Français.

J'eus beaucoup à me louer des douaniers anglais. C'étaient deux hommes que je pris, au premier coup d'œil, pour des mendiants : ils avaient l'air de leur état, qui en Angleterre est le dernier et le plus vil de tous les états. Ils vinrent à la rade me demander très humblement la permission de visiter ma malle, l'entrouvrirent et se retirèrent en toute humilité, sans avoir fait mine de mettre la main à mes poches ni même à mon sac de nuit. Il m'en coûta un écu pour retirer mes effets de la douane, où ils avaient été déposés en arrivant à terre mais c'est un ancien droit, et non une exaction de commis : ils l'appellent *droit de vicomté*. L'aubergiste chez lequel je fus logé en était le fermier.

Douvres n'a de fortification qu'un antique château, assis sur un promontoire de craie, coupé à pic dans son centre, par la mer. Elle n'a d'habitants que des matelots, des gens de mer et des aubergistes. Je n'y vis de remarquable que la grandeur démesurée des enseignes d'auberge, la ridicule magnificence des ornements dont elles sont chargées, la hauteur des espèces d'arcs de triomphe qui les soutiennent et dont la plupart traversent la rue. J'y vis partir des chaises de poste sous la conduite de petits garçons de 12 à 13 ans, que l'on me dit être d'excellent postillons. J'y cherchai une église ou temple ; mais dans toute la ville, rien n'annonce un bâtiment de cette espèce, et je ne pus le trouver.

Les auberges étaient entièrement remplies de Français, au transport desquels la poste et les voitures publiques ne pouvaient fournir. Je ne pus avoir à manger qu'en allant moi-même à la cuisine tirer de dessus la braise des tranches de bœuf qui y grillaient : c'était l'unique bonne chère que l'on pût se procurer. Toute l'affaire du cuisinier était de souffler sans relâche le charbon de terre à demi éteint par la graisse des grillades, et d'en substituer de nouvelles à celles que tous les gens de l'auberge venaient successivement lui arracher. Dans la nuit, on vint m'éveiller à trois heures, pour me faire donner mon lit à des arrivants : il est vrai que je l'occupais depuis six heures du soir. Malgré tout le tintamarre que l'on me fit, je tins bon et ne désemparai qu'à cinq heures.

J'étais parti de Boulogne avec une Anglaise, demeurant ordinairement à Boulogne, et qui passait en Angleterre avec une fille très aimable. Cette Anglaise arrangea, avec un grand et vieil Irlandais, qui se disait officier, et qui avait passé avec nous, que je paierais une partie du prix de leur passage : en conséquence ils firent exiger de moi, par le capitaine, le double de ce que je devais payer. Je ne parle ici de ce petit égrefinage, que pour observer, à l'honneur des Anglais, que c'est l'unique que j'aie essuyé en Angleterre. Tout y est très cher, mais c'est autant pour l'Anglais lui-même que pour l'étranger.

L'arrangement entre l'Anglaise, l'Irlandais et le capitaine, s'était fait en anglais, que je n'entends point; mais comme un sens se supplée ordinairement par un autre, je voyais en quelque façon ce que je n'entendais pas. Ainsi, pendant mon séjour en Angleterre, c'est par les yeux que j'ai entendu : un mot me suffisait pour saisir bien des choses qui échappaient le plus souvent à ceux qui n'étaient pas affligés, comme moi, de l'ignorance de la langue anglaise. J'ai vu dans le même embarras plusieurs Français, qu'une étude suivie de la langue anglaise avait mis en état d'entendre les poètes mêmes : ils étaient sourds et muets pour l'anglais usuel. (Grosley, *Londres*, 1774.)

Lacoste
Une victime du mal de mer

Sortant de l'hôtel, j'entendis un matelot dire à son camarade, que sous vingt-quatre heures les vents ne seraient plus à l'est. Je voulais bien céder à ma chère nonchalance, mais non pas être retenu par un pouvoir majeur; et rentrant chez moi, je fis porter mes équipages à bord.

La supériorité acquise aux Anglais par le traité de paix de 1762, était si positive qu'ils s'étaient emparés du passage de Calais à Douvres, sans que la France osât faire la moindre réclamation. Mais l'équilibre ayant été rétabli par le succès de la dernière guerre, les paquebots sont actuellement mi-partie anglais et français; et le seul avantage conservé par les premiers, est le paquebot de malles. D'ailleurs ce recouvrement d'un droit naturel était plutôt un intérêt de décence, qu'un objet d'utilité publique. La manœuvre de ces bâtiments n'occupant qu'un très petit nombre de bras, et la concurrence ne pouvant apporter aucune diminution dans le prix du passage, qui n'était que de douze livres par personne, sans égard au volume des équipages, et de vingt-quatre livres pour les voitures. Ces bâtiments sont à un mât, de coupe très allongée, et en général bons voiliers. La chambre des passagers est garnie de huit lits, de deux pieds et demi de large, placés par deux, l'un sur l'autre, dans des encaissements, et fournie de tous les petits ustensiles d'usage habituel.

Je partis, les vents étaient faibles, mais la mer agitée; et à la nature des angoisses que j'éprouvais, je supposai que le principe inconnu de ce qu'on nomme mal de mer, porte directement sur le genre nerveux. La traversée est de sept lieues, qu'on ne peut faire en ligne droite que pendant les grandes marées, parce qu'il se forme un banc de sable au milieu du canal. Après un trajet de six heures, la mer étant basse, le paquebot mit en travers devant le port, et je fus obligé de me jeter dans une chaloupe, qui vint au-devant des passagers, et qui, pour cent toises à peu près qu'elle avait à parcourir, exigea trois schellings de chacun d'eux.

(Lacoste, *Voyage philosophique d'Angleterre fait en 1783 et 1784*, 1787.)

Mme Roland
Après la plus paisible navigation

Je me suis embarquée dans un bateau, ou diligence d'eau, qui descend d'Amiens à Abbeville par la Somme. Cette voiture, peu dispendieuse, est très lente, et quelquefois ennuyeuse, lorsque la compagnie qui s'y trouve est mal composée ; mais il faut connaître les diverses manières de voyager, et surtout apprendre à s'accommoder de toutes, s'il est possible.

Je ne décrirai pas les pays de France que j'ai traversés. Arrivés à Boulogne, nous montâmes à bord d'un bâtiment qui était demeuré en rade à un quart de lieue en mer ; c'était un paquebot très propre, à deux chambres et six lits, commandé par le capitaine Cornu, brave homme, qui a fait quatre-vingt-six prises dans la dernière guerre, où il a eu deux doigts d'emportés. Le temps était « tel que les dieux l'accordent dans leur sérénité » ; la beauté du ciel, le calme des eaux, la vaste étendue de l'un et de l'autre présentaient un spectacle imposant et doux à la fois. Porté au recueillement, on se sent attiré par l'aimable rêverie ; les ondulations des vagues attachent les regards, balancent, pour ainsi dire, les réflexions, et impriment je ne sais quelle mélancolie dont on ne voudrait pas sortir. Jamais je n'avais été plus séparée de toi ; il semblait que la mer établît entre nous une division plus absolue ; cette idée humecta mes paupières : j'abandonnai le pont où j'étais longtemps demeurée, et j'allai me coucher ; la chaleur et la fatigue m'accablaient et m'endormirent. Je ne ressentis aucune atteinte du mal de mer ; personne de nous n'en fut incommodé. Enfin, après la plus paisible navigation, nous arrivâmes à Douvres à deux heures, du matin ; dix heures de traversée.

Douvres n'est pas une ville considérable, non plus que son port, qui pourtant est meilleur et plus agréable que celui de Boulogne, non seulement par son entrée, mais encore par le bassin qu'il forme, et dans lequel les bâtiments peuvent être renfermés.

Le sol des environs ressemble parfaitement à celui du Boulonnois ; terres légères, maigres, à fond de sable ou de craie ; pays montueux tout sinué de coteaux qui varient singulièrement les aspects : ici et là, c'est absolument la même chose. Mais on a bientôt lieu d'observer la culture la mieux entendue et la plus soignée. Des moutons de la petite espèce erraient sur ces coteaux ; ils sont déjà bien différents des nôtres ; jambes courtes, taille ramassée, beaucoup de laine même sous le ventre, la tête couronnée d'une fraise d'où elle semble sortir comme d'un capuchon, de petites oreilles couchées en arrière dans cette touffe de laine, voilà ce qui les caractérise et les fait distinguer au premier coup d'œil ; leur laine couverte de poussière en avait perdu son éclatante blancheur ; mais aucune saleté adhérente ne la dégrade, et le lavage suffit pour lui restituer le blanc qui lui est propre. La vue des campagnes devient toujours plus agréable ; toutes les possessions sont divisées par des haies vives ; de petites parties de bois sont réservées çà et là au milieu des terres pour faire chemin et bordure ; il en résulte des compartiments qui donnent à l'ensemble l'air enchanteur d'un vaste et magnifique jardin.

Les maisons des villages, bâties en briques ou en charpente, annoncent la propreté, l'aisance ; le plus petit jardin paraît cultivé avec complaisance par son paisible possesseur ; toujours l'agréable y tient à l'utile, et semble ne faire qu'un avec lui ; il n'y a pas un légume qui ne soit accompagné d'une fleur ; chaque chou a son rosier, et tout est tenu dans ce goût. Les chemins, bien entretenus, ne sont pas aussi larges que plusieurs de nos grandes routes ; mais ils sont bordés de haies coupées et tondues avec propreté, et, dans les endroits les moins faciles, on a pratiqué des sentiers, quelquefois relevés en trottoirs, pour la commodité des gens de pied. On sent que l'homme, quel qu'il soit, est ici compté pour quelque chose, et qu'une poignée de riches ne fait pas la nation. Les jardins des maisons de plaisance qui donnent sur les chemins, sont bordés en talus plantés d'arbustes et de fleurs les plus variés, qu'on dirait n'être là que pour l'agrément du voyageur. Ces haies vives, ou de petites barricades en bois, proprement faites, sont les seuls abris des possessions ; mais un homme qui franchirait ces haies de trois pieds, serait aussi sévèrement puni que celui qui, chez nous, escaladerait un mur de douze pieds ; et dans un pays où ce sont les lois qui en imposent, bien plus encore que les supplices ne retiennent, la propriété est respectée. Celui qui possède jouit tranquillement des biens dont la vue n'est interdite à personne ; il ne faut qu'ouvrir les yeux sur ces belles campagnes pour juger de la nature et de l'influence de l'administration et pour dire, en dépit de nos agréables : *heureuse l'Angleterre* ! (Mme Roland, *Voyage en Angleterre [1784]*, 1800.)

APRÈS LA PAIX DE 1814

Lévis

Où l'on commence à parler du tunnel

Presque tous ceux qui vont en Angleterre en temps de paix, ou qui en reviennent, passent par Douvres, ce port étant le point le plus rapproché du continent. La distance n'est que de sept lieues (21 miles) mais la durée du passage n'en est pas moins incertaine ; elle varie depuis deux heures jusqu'à trente-six, et quand elle se prolonge, elle est excessivement fatigante, parce qu'il faut lutter contre les vents dans une mer resserrée où la lame est courte et où on ne peut courir de grandes bordées. On est donc plus malade qu'en pleine mer, et souvent ceux qui ont traversé l'Atlantique sans endurer ces horribles souffrances, les éprouvent dans ce court trajet. Un grand obstacle à cette navigation, c'est que les ports de Douvres et de Calais ont si peu de profondeur, qu'ils restent à sec à la marée basse. On ne peut donc ni entrer ni sortir deux fois par jour, pendant plusieurs heures, et l'on est obligé de louvoyer en dehors quoique le vent favorable; et quelquefois, et cela arrive surtout pendant l'été, un calme plat vous arrête au milieu du canal […]. Au reste si ce passage est souvent pénible et toujours désagréable, il est au moins très sûr; peu de jours se passent en temps de paix sans que plusieurs paquebots traversent le canal, et jamais l'on n'entend parler de naufrages. Le prix ordinaire est pour les maîtres une guinée, moitié pour les domestiques, et le fret du navire entier coûte de cinq à six guinées suivant l'affluence des voyageurs […].

Lorsque l'on songe au chemin entrepris et déjà assez avancé qui doit passer sous la Tamise près de Gravesend, dans un endroit où ce fleuve a plus d'un mille de large et porte des vaisseaux de guerre, on ne saurait regarder comme tout à fait impossible une communication souterraine entre la France et l'Angleterre […]. L'exemple plus direct des mines de charbon du Lancashire exploitées sous l'océan à plus de deux milles de la terre, ne permet pas de reléguer ce projet parmi les idées tout à fait chimériques, surtout dans un âge où l'art triomphant d'obstacles jusque-là insurmontables à la puissance humaine, semble avoir reculé les bornes du possible, où les grandes Alpes offrent des routes commodes et faciles au voyageur étonné, et lorsqu'enfin l'atmosphère est devenue navigable. (M. de Lévis, *L'Angleterre au commencement du dix-neuvième siècle*, 1814.)

Defauconpret
Formalités

J'étais resté cinq mortelles heures sur le paquebot, où une espèce d'espion marin me laissait pourtant la liberté de me promener en long et même en large, car il ne faut pas oublier que j'arrivais sur une terre libre.

« Mais, continua-t-il, c'est un passeport français; et pour que vous puissiez aller à Londres, ou dans quelque autre partie de l'Angleterre, il faut que l'*alien office* (le bureau des étrangers) vous envoie de Londres un passeport.

— Et cette formalité sera-t-elle bien longue?

— C'est l'affaire de trois jours; le temps d'écrire et d'avoir la réponse. Maintenant, monsieur, pourquoi venez-vous en Angleterre?

— Pour le motif qui conduit en France tant d'Anglais à qui on n'a jamais fait pareille question.

— Enfin, monsieur, précisez votre réponse; il faut que je l'écrive.

— Il est vrai, monsieur, qu'elle n'est pas très exacte, car je ne viens ici ni pour me guérir du spleen que je n'avais point, mais que j'ai presque gagné en attendant cinq heures sur le paquebot la permission de débarquer; ni dans des vues d'économie, puisqu'il faut, dit-on, dépenser ici trois fois autant qu'en France, pour y être trois fois plus mal. J'y viens pour admirer les beautés de la ville de Londres; pour donner à ma cervelle française un peu de cet aplomb qui caractérise les têtes anglaises; pour faire une connaissance plus particulière avec votre littérature, à laquelle je ne suis pas tout à fait étranger; pour...

— Bien, monsieur, bien; je vois ce que c'est. »

Et prenant une plume qui était passée derrière son oreille, suivant l'usage adopté par tous les Anglais qui savent écrire, l'interrogateur prononça en écrivant : « Voyage de plaisir et d'instruction. Maintenant, monsieur, ajouta-t-il, qui connaissez-vous à Londres ?

— Personne, monsieur.

— Personne! remettant la plume derrière l'oreille. Eh! mais en ce cas, vous pouvez retourner en France : vous n'aurez pas de passeport.

— Que voulez-vous dire ?

— Qu'il faut, pour que l'on vous délivre un passeport, qu'un Anglais, propriétaire et digne de confiance, aille déclarer à l'alien office qu'il répond de votre conduite morale et politique; et il faut que j'inscrive son nom dans mon rapport. »

Je me souvins qu'un membre de l'Académie française m'avait donné une lettre de recommandation pour lord A***, membre de la Société royale de Londres.

« Monsieur, lui dis-je, quoique je ne connaisse personne à Londres, j'y suis connu, et je compte, en y arrivant, descendre chez lord A***.

— Oh! monsieur, cela suffit. Lors A*** est un homme recommandable, estimé pour ses connaissances, respecté pour ses principes : un mot de lui à l'alien office suffira. »

Et recourant une seconde fois à son oreille, il écrivit : « Connu particulièrement de lord A***. »

« Comptez-vous rester longtemps en Angleterre ?

— Aussi longtemps que je m'y amuserai.

— Mais encore ? trois mois ?

— J'ai bien peur de n'y pas rester si longtemps : le prologue me donne des craintes pour la pièce. Au surplus, mettez trois mois... cela ne m'obligera pas d'y rester tout ce temps ?

— Vous partirez quand vous voudrez. Ce soir même je vais envoyer votre passeport français à l'alien office, et dans trois jours j'aurai la réponse, c'est-à-dire mercredi.

— Maintenant, monsieur, pouvez-vous me faire remettre mes bagages ? Plus heureux que leur maître, ils n'ont pas eu besoin de permis de débarquement, et il y a cinq heures et demie que nous sommes séparés.

— Monsieur, il faut qu'ils soient visités.
— Cela est juste, monsieur, faites faire la visite.
— Impossible ! C'est aujourd'hui dimanche ; on ne fait ce jour-là aucune œuvre servile : il faut attendre demain matin.
— Puis-je au moins prendre un bonnet dans mon sac de nuit ?
— Pas possible : on ne peut rien ouvrir.
— J'ai l'honneur de vous saluer.»
Le lecteur a déjà vu que c'est à la douane de Douvres que la scène se passait. L'alguazil qui veillait sur moi m'y avait conduit aussitôt qu'il m'avait été permis de mettre pied à terre ; car c'est la première visite que vous êtes obligé de faire en débarquant. J'avais fait la plus belle traversée de Calais à Douvres, en moins de trois heures, par un temps superbe ; je n'avais pas eu le plus léger ressentiment du mal de mer, quoique ce fût la première fois que je quittasse la terre ferme ; mais j'avais déjeuné à Calais à neuf heures du matin, il était près de huit heures du soir, et je me sentais vigoureusement travaillé par un appétit que l'air de la mer avait encore augmenté. Je priai donc un de ces hommes utiles et complaisants qu'on trouve, dans tous les pays, les bras croisés et le dos appuyé contre un mur, de me conduire à l'auberge de la diligence. Elle était à deux pas de la douane. Je crus payer généreusement mon cicérone, en lui offrant un demi-shilling (12 sous) ; mais j'appris qu'un Anglais ne se dérange jamais pour moins d'un shilling, et il fallut doubler mon offrande.
(Defauconpret, *Quinze jours à Londres*, 1816.)

Nodier

Une tourmente romantique

Cette navigation, qui se fait ordinairement en dix heures, en a duré trente-deux. Il n'était pas minuit que ce nuage noir qu'on appelle «le grain» s'est montré comme un point dans le sud ; peu à peu il est descendu, développant des formes inégales et fondant sur nous comme un oiseau de proie qui grandit en s'approchant. Il m'a rappelé, dans son accroissement gigantesque et subit, ces bizarres figures d'optique, jeux imparfaits et souvent ridicules de la fantasmagorie, qui se précipitent de la lanterne magique de Robertson, en acquérant successivement des couleurs, des apparences, des figures, et qui finissent par expirer près du visage du spectateur en battant le papier huilé des châssis, de leurs ailes de carton découpé. Malheureusement notre démon était plus réel, et pendant longtemps il nous a fait pirouetter sur les vagues qui montaient jusqu'aux agrès. Tout tournait sur le bâtiment, les ustensiles, les meubles et l'équipage. Le roulis était si fort qu'il nous chassait de nos lits. Joignez à cela le sifflement des cordages, le craquement du vaisseau, les malédictions des passagers français, les «*goddem !*» méthodiques et pour ainsi dire concentrés de nos matelots, les cris convulsifs des voyageurs atteints du mal de mer, les gémissements des dames, qui prient avec toute la ferveur que la crainte peut donner, car il y avait des dames, et de fort jolies, vraiment ; des yeux d'une mélancolie si douce, des traits d'une si chaste pureté, ce mélange de l'idéale perfection du ciel et des passions de la terre dont se compose la physionomie des héroïnes de roman... Mais il est bien question d'héroïnes de roman sur un bâtiment qui va périr ! Tout s'y réduit à cet échange de compassion et de services qui engage le fort à la défense du faible dans un danger commun, et qui est, suivant moi, lorsque ce danger est inévitable, le sceau le plus achevé de la destination immortelle de l'homme. La philosophie si vantée des anciens aboutissait à admirer l'impassibilité d'une brute pendant la tempête.

Au lever du soleil, nous nous sommes aperçus que l'orage nous avait jetés fort loin de notre direction. Il a fallu revenir à Brighton, en louvoyant, et puis attendre le vent, parce qu'il n'y avait plus de vent. Nos matelots avaient beau siffler du côté du sud-est, la brise n'en tenait compte, et il nous restait à voir la morne stupeur de l'atmosphère, l'expectative peu rassurante d'un orage nouveau qui nous remettrait en pleine mer, ou nous briserait sur ces côtes charmantes de la Grande-Bretagne, dont les contours gracieux se développaient si près de nous, chargés de vertes prairies et de bois pittoresques. Le soleil venait de se coucher dans des nuages bien sombres ; la lune s'était levée large et sanglante ; la mer était plus immobile que le bassin des Tuileries, et il nous semblait que du bras étendu nous pouvions toucher Brighton, où un de ces événements qui ne sont pas rares dans l'histoire de la navigation, pouvait empêcher toutefois que nous arrivassions jamais. Il ne tiendrait qu'à moi de dire ici que cette situation a quelque chose de plus terrible que les anxiétés de l'orage. Le cœur de l'homme, ajouterais-je, conçoit plus aisément l'obligation de céder aux bouleversements d'une nature violente, que l'impossibilité de vaincre l'inertie d'une nature immobile. Quand il souffre en résistant, sa vanité le dédommage ; quand il succombe sans combattre, il perd jusqu'aux charmes du péril, et subit un tourment de plus dans l'épuisement de son énergie abattue ; mais ce serait, en vérité, de la philosophie en pure perte à l'occasion d'un calme plat dans la Manche. D'ailleurs, le vent le plus favorable commence à souffler ; le vaisseau cingle ; les côtes fuient, emportant avec elles le fameux champ de bataille d'Hastings. Nous sommes en rade.

A quatre heures du matin, nous avons jeté l'ancre dans la rade de Brighton, car cette ville n'a point de port. La douane expédie aux bâtiments une petite barque qui vient recevoir l'équipage et les effets, et qui elle-même ne peut pas gagner immédiatement le rivage à défaut de fond. On y arrive sur les épaules robustes des matelots, et cet acte de complaisance n'est taxé qu'à la bagatelle de trois schellings par tête. Nous sommes en Angleterre où le signe représentatif de l'existence d'une famille française, pendant deux ou trois jours, ne représente rien.

Ces premiers détails seront sans doute minutieux. Ils le seraient trop pour le lecteur qui n'aurait pas la bonté de se rappeler que j'écris mon journal ; que mon journal est l'histoire de toutes mes impressions ; qu'une des plus vives qu'il me soit encore donné d'éprouver est l'aspect d'un pays nouveau, et que, longtemps voyageur aventureux et forcé dans le reste de l'Europe, je touche la terre de l'Angleterre pour la première fois. (Nodier, *Promenade de Dieppe aux montagnes d'Écosse*, 1821.)

Lescallier
Boulogne, tête de pont anglaise ?

Outre le nombre d'Anglais qui habitent Boulogne, la plupart des gens du pays connaissent leur langue, et ont quelque analogie avec eux, et si quelqu'un tombait des nues en cet endroit il serait embarrassé pendant quelque temps pour décider s'il est en Angleterre ou en France.

Il y a dans ce pays un usage très avantageux, qui existe pareillement à Dieppe et dans les autres ports voisins de l'Angleterre, c'est que les parents des deux nations échangent leurs enfants pendant quelques années pour leur faire apprendre aux uns le français aux autres l'anglais. (Lescallier, *Voyage en Angleterre, en Russie et en Suède, fait en 1775*, an VIII [1800].)

Custine

Boulogne est comme un faubourg de Londres ; six mille Anglais, toujours errants dans ses rues ou sur la grève que je viens de décrire, et se multipliant par le continuel mouvement qu'ils se donnent, paraissent les seuls habitants du pays. Le français n'y est pas aujourd'hui la langue la plus nécessaire, et jusqu'aux servantes picardes, tout le monde y affecte de parler anglais. (Custine, *Courses en Angleterre et en Écosse*, 1830.)

Montulé

La route de Paris à Calais est une des moins intéressantes de France ; elle court tristement au milieu de grandes plaines nues et presque désertes. En partant de Boulogne, jolie petite ville, devenue presque anglaise, puisque ces messieurs d'outre-mer y viennent à peu près comme les ouvriers vont dans les cabarets de la banlieue de Paris pour y boire le vin à meilleur marché, on commence à voir une longue ligne blanche qui s'étend sur la nappe bleue de la mer, comme les nuages qui bordent quelquefois l'horizon. C'est là que se trouve le centre de la civilisation, voilà la côte d'Angleterre. Sa vue rappelle et justifie le nom d'*Albion*. (Montulé, *Voyage fait en Angleterre en 1821*, 1825.)

Michelet

Triste temps, sombres pensées

Il souffle sur cette côte une bise âpre et glaciale. Les femmes s'enveloppent, même l'été, d'une longue mante noire. Au fond du capuchon soigneusement rabattu, on surprend déjà la beauté du sang anglais.

Malgré la violence du vent, j'emploie ma soirée à faire une promenade solitaire sur la jetée en bois. La mer est basse et sans grandeur. Elle a laissé derrière elle une vase immense et fétide, sur laquelle les vaisseaux restent tristement échoués. Nous ne sommes qu'en août, il est sept heures à peine, et déjà la nuit descend. Le ciel gris, la mer grise se confondent. J'écoute le bruit lointain, continu, grondant, de la marée qui se remet en marche.

La concurrence est rude entre les deux paquebots qui font le service quotidien : le *Post* et l'*Estafette*. L'agent de ce dernier me poursuit, et, pour m'attendrir, me conte l'humiliation de nos pauvres marins qui se voient partout préférer les anglais.

Tout assombri, je rentre à mon hôtel. Un monde de pensées m'assiège au moment de m'embarquer sur cette mer houleuse qui bat rudement l'un et l'autre rivage et semble, elle aussi, animée d'un esprit de lutte et de rivalité.

[...] Nous voici en plein océan et sur le *Post*, quoique à regret. L'*Estafette*, chargé de porter à Douvres les dépêches de la France, a dû attendre le courrier de Paris, aujourd'hui en retard. Nous sommes d'ailleurs peu nombreux. Parmi les passagers qui sont restés sur le pont, je remarque deux petits Anglais de douze à quatorze ans qui reviennent de faire seuls, sans mentor, leur tour de France. Telle est la confiance des parents dans la raison précoce de leurs enfants. Ceci n'est pas une exception. On sait qu'à quinze ans, Fox courait l'Europe sans gouverneur. On en dit autant de Francis Burdett, l'ami de Fox et le chaleureux défenseur de toutes les idées libérales.

Il y a grand avantage à recevoir ainsi de bonne heure l'éducation des choses et de l'expérience. Les mères elles-mêmes, se résignent très bien à cela. Les séparations se font sans faiblesse et sans larmes.

Si en France nous n'osons risquer autant, ne devrions-nous, du moins, ménager à nos fils un séjour d'un an ou deux en Angleterre, en Allemagne, et qui sait, plus tard même, jusqu'en Amérique ? Il suffirait, pour rendre la chose facile, d'établir la coutume des échanges entre familles.

Au milieu de ces pensées, la tempête qui s'était apaisée, se réveille avec furie. Nous n'avançons que difficilement sur une mer démontée dont les vagues monstrueuses s'entrecroisent, se heurtent, se combattent et semblent vouloir nous engloutir. — Nous voilà, pour la plupart, dans un piteux état. L'arrivée à Douvres avec une heure de retard, nous semble l'entrée du paradis.

L'Hôtel de Paris où l'on nous mène, blotti prudemment sous les rochers, nous offre pour reposer nos membres brisés de fatigue, de confortables lits, mais pour aliment réparateur, je ne vois sur la table qu'une Bible et quelques cigares. A six heures du matin, un coup violent frappé à notre porte nous tire d'un profond sommeil. « Levez-vous, la diligence va partir. » Chacun prend la place que lui assigne le registre du conducteur, et nous roulons vers Londres avec la pluie pour compagne.
(Michelet, *Sur les chemins de l'Europe [1834]*, 1893.)

Hennequin
De Rouen à Portsmouth

Le lundi 6 octobre 1834, à quatre heures du matin, nous quittâmes cette ville de souvenirs, à bord de la vapeur de *Louis-Philippe*. Rouen est majestueux lorsque des hauteurs de Canteleu on le voit ceint de verdoyants pâturages, orgueilleux de sa flèche, qui, foudroyée trois fois, se relève avec impiété sous le feu du ciel. Rouen est plus majestueux encore lorsqu'il fuit le long des rives de la Seine, et que les brouillards du matin couvrent d'un voile grisâtre les navires pressés dans son port. Bientôt, cependant, le ciel se colore; près de nous se dessinent la goélette aux mâts inégaux, le sloop qui drape si gracieusement sa voile de derrière; les collines et les maisons, peintes de vives couleurs, dont se parent les deux rives, encadrent ce tableau maritime. Déjà le château de la Meilleraye s'enfuit en emportant ses longues allées de marronniers; nous apercevons la rade et le phare de Quillebeuf. Soudain le bâtiment s'arrête : on se dit que le capitaine attend la barre, phénomène assez fréquent dans ces parages. La barre, c'est le flux qui descend dans la Seine, c'est la mer qui se heurte contre le fleuve. A ce récit, une foule avide d'émotions vient se grouper sur l'avant; de jeunes peintres, que l'on reconnaissait à leurs têtes à la Louis XIII, à leurs pipes de porcelaine, à leurs polonaises flétries, se suspendent aux cordages ou s'élancent hardiment sur les roues du bateau, le crayon à la main, l'œil tendu vers la mer, qui paraissait à l'horizon, comme une ligne bleue. Tous attendent une scène grande, biblique. Les flots vont se dresser comme les eaux du Jourdain, en montagnes blanches d'écume... Mais non, la barre fut aussi faible, aussi caressante que l'Océan, lorsqu'aux jours de calme il réfléchit la noire voilure des bâtiments pêcheurs, et que la lame baise en frémissant le sable de Dieppe. A peine le *Louis-Philippe* fut-il soulevé par une moelleuse ondulation, il nous fallut renoncer aux magnificences de la tempête. Après Quillebeuf, la Seine se développa large, limpide, lac de Genève, moins le soleil du midi. Le voyageur parisien, fier d'être balancé par le tangage, humait avec orgueil la brise du nord-ouest. A droite, à gauche de nous, des mâtures de bâtiments naufragés s'élevaient au-dessus des flots comme des menaces du génie des orages; enfin le port du Havre étendit ses deux bras. Le Havre, que nous avions vu de loin comme une décoration d'optique, avec ses moulins à vent, ses toits rouges, ses arbres verts et les banderoles de ses navires, Le Havre ne serait qu'une ville régulière et maussade s'il n'était animé par ces bassins profonds qui enveloppent tous les quartiers de leurs circuits, et vont mêler à l'aspect monotone des maisons des formes élégantes et joyeuses de mâts et de cordages. En faveur de ses ponts tournants, de ses chapeaux cirés, de ses vestes rouges de matelots, de ses brouettes qui roulent, de ses paquebots américains, aussi riches en dorures que la galère de Cléopâtre, je pardonnerais volontiers au Havre ses fossés boueux, ses édifices mesquins, et jusqu'à son peuple criard de perroquets. Il y a là des miniatures qui habituent l'œil aux détails de la vie maritime, et l'empêchent de s'égarer quand il verra se dérouler, plus tard, les tableaux immenses de Londres et de Liverpool.

Avant de quitter la France, il y eut des visas à poser sur nos passeports. Le passeport, cette vexation dont les siècles à venir feront justice ! Nous trouvâmes le commissaire assis entre deux petits voleurs. L'un d'eux, oublié dans sa prison depuis quelques jours, demandait avec larmes qu'on lui donnât à manger et qu'on ne le reconduisît plus au cachot. Son désespoir aurait attendri quelque geôlier novice ; le commissaire, tranquillement assis, interrogeait le petit malheureux d'un regard inflexible. C'était mieux, sans doute ; il est malheureux, toutefois, qu'on ne puisse embrasser aucune profession, suivre aucune carrière sans étouffer quelque sentiment dans son cœur. Le magistrat s'accoutume aux sentences de mort, le prêtre à la confession du mourant, le chirurgien aux cris du malade ; rarement l'homme peut rester complet dans une des spécialités de la vie. Nous ressemblons aux Amazones, qui se brûlaient une mamelle pour tirer de l'arc.

Nous sortîmes des bâtiments de l'administration. La vapeur anglaise, *L'Apollo*, qui devait nous conduire, fumait déjà. Nous sautâmes sur le pont, bariolé de chapeaux gris, de manteaux écossais et d'étroites ombrelles anglaises. Le pavillon rouge flottait à la poupe ; nous étions dans la Grande-Bretagne. Les compagnies françaises ont abandonné la navigation de la Manche aux hardis compatriotes de Wat.

Bientôt la clochette du bâtiment retentit pour la dernière fois. La vapeur, plus épaisse, s'arrondit sur nos têtes en noire arcade ; les bruyantes palpitations de la machine font craquer le plancher qui nous porte, et nous glissons rapidement entre deux files de navires. Le capitaine, armé de son porte-voix, était debout sur l'une des plates-formes qui couvrent les roues, et nous répondions de la tête et du mouchoir aux adieux qui nous poursuivaient de la rive.

Il était deux heures ; un rayon du soleil éclairait une partie de la mer, et venait mourir sur le cap de la Hève. Tous les bâtiments qui se balançaient dans cette zone de lumière étaient éclatants de blancheur, tandis que, sur un autre point de l'horizon, un trois-mâts, faisant voile pour l'Amérique, paraissait bleu comme le ciel.

Le temps était brumeux ; la côte de France fut bientôt voilée. Je conçois l'amertume de cette séparation pour l'exilé, pour le vieillard sur lequel l'habitude appesantit sa main de plomb, et pour qui le déplacement seul est une souffrance. C'est alors qu'on s'appuie sur le bastingage, et qu'on fixe les yeux sur la côte vaporeuse, comme si l'on voulait retenir de ses regards ces rivages qui s'enfuient ; mais, à dix-huit ans, on cherche avec impatience de quel côté se lèvera l'Angleterre ; on ne se retourne pas pour voir la France s'en aller : l'isolement de l'homme entre l'eau et le ciel, loin de contrister l'âme, ne réveille que des idées d'indépendance et de hardiesse.

Le roulis était à peine sensible : j'aurais perdu cette occasion de connaître par expérience le fameux mal de mer, si j'étais resté sur le pont, mais, à l'heure du dîner, la curiosité me conduisit au salon. J'y trouvai une table anglaise, c'est-à-dire on ne servit point de soupe, on ne changea pas les assiettes, on mangea très peu de pain, et l'on ne donna de serviette à personne ; d'énormes pièces de bœuf, de ce bœuf qui reçut les honneurs de la chevalerie, et dont on ne parle jamais sans lui donner le titre de *sir*, étaient placées sur la table ; on y remarquait aussi des espèces d'huiliers, non moins indispensables aux repas anglais que le bouilli national aux tables françaises. Ces huiliers renferment de l'huile, du vinaigre, du sel, du poivre, du poivre de Cayenne et de la sauce aux anchois.

Je ne crois pas ces détails inutiles : la cuisine d'un peuple est une expression étroite, il est vrai, mais naïve de sa manière d'être. Il existe des harmonies entre le climat sévère des Anglais, leur caractère froid et leurs mets chargés d'épices. Lorsque j'entrai dans le salon de *L'Apollo*, l'étrangeté seule de cette pharmacie me frappa ; étourdi par les exhalaisons britanniques, je commençais à chanceler, quand le *steward* m'apporta, dans une bouteille à col étroit, une bière presque aussi forte que l'*ale*. A peine eus-je respiré cette fermentation vigoureuse, que je quittai précipitamment la salle ; j'éprouvais un malaise qui ne se dissipa entièrement qu'en vue de Portsmouth.

Le mal de mer n'est pas dangereux, cependant il envahit l'âme tout entière, et la porte au découragement le plus complet ; alors qu'affaissé sous une souffrance qui n'éveille la compassion de personne, et qui n'échappe au ridicule qu'à grand-peine, on suit de l'œil les flots brisés par les roues de la machine, on se rappelle les imprécations d'Horace contre la marine, et l'on est tenté de voir, dans le mal de mer, un avertissement de la Providence qui nous crie d'abandonner l'Océan à l'esturgeon et à la baleine.

Cependant, que de trésors perdus pour l'humanité, si l'on exauçait les vœux chagrins du poète ! Voyez la France du Moyen Age, avec ses provinces divisées et presque hostiles. C'est un périlleux voyage que d'aller de Normandie en Bretagne ; l'homme de la Champagne est étranger en Poitou. Qui dirait que ces pays divers de lois et de langage finiront par ne former qu'un peuple ? 89 a fait ce miracle. Déjà le besoin d'unité dépasse nos frontières ; la Suisse parle français, la Savoie parle français, la Bavière est constitutionnelle, la Belgique se fait française. L'union se bornera-t-elle au continent ? Non ; il faut qu'elle embrasse aussi l'Angleterre, car l'Angleterre est riche de civilisation ; elle a son contingent à porter dans les idées européennes : assez elle a vécu pour elle seule. N'y a-t-il entre la France et la Grande-Bretagne de communication possible que par les boulets ? Oh, non ; il est nécessaire que ces deux nations se voient, qu'elles se connaissent, qu'elles se parlent. Eh bien ! que *L'Apollo* et *La Camilla* sillonnent la Manche ; bravons le mal de mer et les imprécations d'Horace.

Sur l'Océan, les soirées sont belles ; la lune fait étinceler le sillage des bâtiments comme des chaînes de pierreries.

Soudain une côte grise se détache dans l'ombre, c'est l'île de Wight ; de l'autre côté brillent les phares de Portsmouth. Il est plus de minuit : avant de continuer sa route pour Southampton, *L'Apollo* s'arrête ; nous sommes abordés par plusieurs péniches qui doivent nous conduire à la côte. Chacune de ces embarcations est montée par un homme qui emploie tour à tour la voile, la rame, le gouvernail, et remplit les rôles de tout un équipage. Après avoir navigué une demi-heure dans une de ces barques, nous arrivâmes à la douane, et de là nous fûmes conduits à Blue Post Hotel.

Les escaliers s'y cachaient sous des tapis maintenus, comme au Théâtre-Italien, par des tringles dorées. Nous trouvâmes dans le salon le mobilier le plus commode, un feu de charbon de terre jetait dans la salle ses lueurs rougeâtres ; une longue et blonde Anglaise préparait le thé sur une table d'acajou, et plus loin, pour que la Grande-Bretagne tout entière fût représentée dans ce tableau de genre, le porteur qui s'était chargé de nos malles approchait nos deux shellings d'une lumière pour voir si la tête du roi Guillaume était bien marquée.

Le voyageur est étonné lorsqu'il laisse derrière lui la flèche miraculeuse de Strasbourg, et qu'à l'extrémité du pont de Kelh il entrevoit la capote blanche du factionnaire badois, les toits pointus, les poteaux armoiriés et tout le luxe héraldique de l'Allemagne ; il est plus étonné encore, lorsqu'à peine sorti de ces villages dauphinois, où se dresse, éclatant des trois couleurs, l'arbre de la liberté, il rencontre l'écusson bleu, le peuple brun, le gendarme et le capucin de la Savoie ; mais toutes ces surprises n'égalent pas celle du Parisien qui franchit l'Océan et tombe subitement au milieu de la nature anglaise : s'il regarde autour de lui, ce ne sont, à son lit, que blanches draperies, au lieu des vastes dessins dont se parent grotesquement les rideaux de nos hôtelleries ; au foyer, que larges et brillants ustensiles de fer ; aux lambris, que cartes géographiques, chevaux de pur sang et jockeys vêtus de rouge : si, pour chasser cette hallucination, il va soulever la coulisse de sa fenêtre, il reste immobile en apercevant les maisons de brique au toit plat, rangées en longues files ; les comptoirs où de jeunes femmes aux blonds cheveux pendants, trônent, décolletées comme au bal ; les caractères symboliques dont se dore le vitrage des pharmaciens ; puis, au milieu de ces larges rues, des enfants empanachés, des soldats en habit rouge, des hommes enfermés dans de longs sacs de toile blanche, et le *stage coach* emporté par son fringant attelage, au bruit d'une rauque fanfare.

Les impressions physiques sont toujours les premières : en Angleterre, on s'aperçoit bientôt que le changement n'est pas seulement dans la matière, mais aussi dans ces idées religieuses, morales et politiques dont les couleurs et les formes ne sont que l'expression. Ainsi, le système policier du continent ne passe pas la Manche ; le voyageur dépose son passeport à l'alien office, comme on laisse, en entrant au bal, un manteau qui pourrait nous gêner ; puis, muni d'un papier qui le fera reconnaître à son départ, il traverse les trois royaumes sans craindre le visage maussade et l'interrogation plus maussade encore d'une autorité constituée. Tout acte légal, officiel, répand je ne sais quel parfum d'ennui. Je me souviens que le voyage à l'alien office eut pour nous peu de charmes ; cependant, il faut l'avouer, il est doux de ne jamais rencontrer un homme à baudrier de buffle, qui vienne sournoisement, comme en France, ou brutalement, comme en Autriche, vous demander votre passeport. Ô sagesse anglaise !

Un temps viendra, ce me semble, où tout porteur de passeport sera considéré comme fripon, et où l'on n'ouvrira les portes des villes qu'à l'homme qui se présentera, fort de sa conscience, sans feuille de papier timbré. Avant d'arriver là, nous avons quelques difficultés à résoudre ; de nombreuses passions s'opposent encore à l'unité européenne. (Hennequin, *Voyage philosophique en Angleterre et en Écosse*, 1836.)

Flora Tristan
Vers l'unité européenne

Les chemins de fer de Paris à Calais et de Douvres à Londres seraient féconds en résultats avantageux au bien-être des deux peuples, à leur avancement moral autant que matériel. Des chemins de fer ! des chemins de fer ! Voilà les moyens d'union, de confraternité, contre lesquels viendront expirer de honteux efforts ! Que les peuples se mêlent, se communiquent leurs pensées ; qu'ils fassent échange de talents comme de choses, et les querelles entre nations deviendront impossibles. Ce sont les grands qui toujours les excitent. Les peuples, qui payent les frais de la guerre avec leur sueur et leur sang, ne demandent qu'à vivre en paix. (Flora Tristan, *Promenades dans Londres*, 1840.)

Barbier

L'audace d'un poète

Je m'embarque aujourd'hui sur la plaine brumeuse
Où le vent souffle et, sans repos,
Hérisse les crins verts de la vague écumeuse,
Et bondit sur son large dos.

A travers le brouillard et l'onde qui me mouille,
Les cent voix du gouffre béant,
Je m'en vais aborder ce grand vaisseau de houille
Qui fume au sein de l'Océan,

La nef aux flancs salés qu'on nomme l'Angleterre.
Ô sombre et lugubre vaisseau,
Je vais voir ce qu'il faut de peine et de misère
Pour te faire flotter sur l'eau !

Je vais voir si les mers nouvelles où tu traînes
La flottille des nations
Auront moins de vaincus, de victimes humaines,
Ensevelis dans leurs sillons,

Si le pauvre Lazare est toujours de ce monde,
Et si, par ta voile emporté,
Toujours les maigres chiens lèchent la plaie immonde
Qui saignait à son flanc voûté.

Ah ! ma tâche est pénible, et grande mon audace !
Je ne suis qu'un être chétif,
Et peut-être bien fou contre une telle masse
D'aller heurter mon frêle esquif.

Je sais que bien souvent, ô puissante Angleterre !
Des rois et des peuples altiers
Ont vu leurs armements et leur grande colère
Se fondre en écume à tes pieds ;

Je connais les débris qui recouvrent la plage,
Les mâts rompus et les corps morts ;
Mais il est dans le ciel un Dieu qui m'encourage
Et qui m'entraîne loin des bords.

Ô toi ! qui du plus haut de cette voûte ronde,
D'un œil vaste et toujours en feux,
Sondes les moindres coins des choses de ce monde
Et perces les plus sombres lieux ;

Toi qui lis dans les cœurs de la famille humaine
　　Jusqu'au dessein le plus caché,
Et qui vois que le mien par le vent de la haine
　　N'est pas atteint et desséché ;

Ô grand Dieu ! sois pour moi ce que sont les étoiles
　　Pour le peuple des matelots ;
Que ton souffle puissant gonfle mes faibles voiles,
　　Pousse ma barque sur les flots ;

Écarte de mon front les ailes du vertige
　　Éloigne cet oiseau des mers
Qui tout autour des mâts se balance et voltige ;
　　Et, dans le champ des flots amers,

Quelles que soient, hélas ! les choses monstrueuses
　　Dont mon œil soit épouvanté,
Oh ! maintiens-moi toujours dans les routes heureuses
　　De l'éternelle vérité.

(Auguste Barbier, *Lazare*, 1837.)

Nerval

Du Havre à Southampton

Vers six heures, la mer commençait à moutonner fortement, et il y avait beaucoup de monde sur la jetée pour observer le retour des barques de pêcheurs. C'est un spectacle plein d'intérêt et d'émotion. J'espère que la *Guêpe* de Sainte-Adresse aura regagné la côte sans avarie. Pour moi, je me suis dirigé vers le *steamer*, qui fumait déjà et faisait des manœuvres pour se détacher du quai. Quelques minutes plus tard, nous gagnions le large, ballottés splendidement, mais à peu près sûrs d'arriver en quatorze heures à Southampton.

Il y avait dans les *cadres* trois blondes fort majestueuses qui, au milieu de l'agitation générale, ne songeaient guère à dissimuler leurs bras blancs et à renouer les nappes opulentes de leurs cheveux rougeâtres. On comprend toutefois que le spectacle de leurs convulsions n'avait rien de fort séduisant. Je passai la moitié de la nuit en m'exerçant sur le pont à cette sorte de danse qui consiste à contrarier le tangage du navire en cherchant l'équilibre par des mouvements inverses. Cette polka maritime m'était connue depuis longtemps.

C'est sur ce bateau que j'ai rencontré pour la première fois des Anglais de classe moyenne. A Paris nous ne connaissons que l'ouvrier ou le *milord*. Du moins, l'amour-propre britannique pose toujours au premier rang, tant que l'homme n'appartient pas de toute évidence au dernier. Mais, en approchant de la patrie, ces prétentions s'effacent ; les gentlemen du continent se trouvent n'être plus que des avocats en vacances, des mécaniciens, des négociants de la Cité, et tout au plus de ces provinciaux aisés que l'on comprend dans la qualification de *gentry*. Alors ces fiers insulaires daignent adresser la parole à l'étranger qui a la chance de les rencontrer et de les reconnaître plus tard, ou qui peut même devenir un utile client ; il n'est plus nécessaire de leur *être présenté* pour jouir de leur entretien.

J'ai pu savoir que cette côte blanchâtre et crayeuse qui, dès le point du jour, garnissait l'horizon, était celle du comté de Kent, et que nous avions à gauche l'île de Wight et à droite la langue de terre où est situé Portsmouth.

Bientôt les flots se calmaient ; les maisons et les arbres se laissaient voir distinctement ; notre steamer fendait en paix les eaux vertes du long détroit qui sépare l'île de la terre ferme. Quelques voyageurs descendaient à Portsmouth, l'une des plus fortes cités maritimes de l'Angleterre, et qui, me disait un Anglais, avalerait Le Havre comme un goujon, s'il n'y avait pas la mer entre eux deux.

J'apercevais au loin ces énormes vaisseaux, remparts de bois de la vieille Albion, et des dessins de fortifications et d'arsenaux très compliqués. Mais que feraient ces forces amassées, aujourd'hui que la vapeur permet de débarquer en tout temps et partout ailleurs qu'à Portsmouth ?

Je n'ai nulle envie, d'ailleurs, de pousser qui que ce soit à la conquête des îles Britanniques ; et je partage tout à fait l'opinion de Nestor Roqueplan, qui disait qu'une terre où l'on ne peut pénétrer par aucun point sans subir d'atroces coliques, n'est pas un pays. C'est si peu une patrie, en effet, que ses habitants se font, tant qu'ils peuvent, les citoyens du monde entier. On m'a parlé d'un pair d'Angleterre qui, ayant voulu voir le continent, souffrit tellement d'une traversée orageuse qu'il ne voulut jamais s'exposer à la mer une seconde fois ; — il est venu s'établir près de Boulogne et y passe sa vie, les yeux tournés vers cette côte maternelle, où il veut pourtant que son corps aille reposer quelque jour. Il espère qu'après la mort, on n'a plus le mal de mer. Grave question.

L'île de Wight offre des points de vue charmants. Une foule de yachts pavoisés animait çà et là ce vert rivage semé de châteaux blancs et de villages rouges. Cela tenait à ce que la reine y séjournait dans le moment. Après avoir remonté pendant six heures environ ce riant bosphore qui se rétrécit un peu de l'autre côté de l'île, j'ai aperçu les clochers et les tours de Southampton — qu'il s'agit désormais de prononcer Souzampton, en appuyant la langue contre les incisives pour la formation de ce terrible *th* anglais, le shiboleth des commençants.

Une fois sur le quai, personne ne vous demande de passeport, et vous seriez libre d'aller vous promener, si vous n'aviez la fâcheuse habitude d'emporter soit malle, soit carton, soit valise, toutes choses dont la conséquence est de vous faire passer une heure et demie dans une salle fort triste à hautes fenêtres en tabatière, en proie à une odeur insupportable de charbon de terre, jusqu'à ce qu'on ait appelé votre nom et fait les autres cérémonies douanières. Vous débarquiez gaiement dans une ville propre et charmante, et voilà que vous comprenez déjà les sombres mystères du spleen ; — de plus, le dernier convoi du chemin de fer part pour Londres dans l'intervalle, et vous en avez pour un jour de perdu et trente francs de dépensés dans une ville insignifiante. Les Français ne se persuaderont-ils jamais que toutes les fois qu'on passe la frontière, c'est une excellente occasion de renouveler ses habits et son linge, attendu qu'il n'est point de pays où ces choses ne soient moitié moins chères et beaucoup meilleures que chez nous ?

Souvenons-nous donc que la France ne fournit à l'étranger que des vins, des bronzes d'art et des colifichets de mode. Cette idée est triste pour notre amour-propre ; mais pourquoi, nous autres consommateurs, ne dirions-nous pas à nos seigneurs les fabricants qu'ils abusent singulièrement de ce qu'il leur plaît d'appeler le marché national ? En parcourant la grande rue de Southampton, je rougissais de la mince valeur de ma garde-robe française, comparée aux splendeurs de costume qu'étalait le prix fixe anglais.

J'ai suivi la Grande-Rue jusqu'à une porte gothique, sorte d'arc de triomphe couvert de sculptures, de légendes et de blasons peints et dorés. La cathédrale est dans ce style un peu nu que l'on appelle gothique anglais ; il y a un théâtre et une Bourse, des boutiques peu différentes des nôtres. Toutes les maisons sont en brique avec d'énormes fenêtres, des vitres bien nettes, des boiseries bien peintes, des espèces de *verandas* s'avançant sur la rue, quelque chose des villes de Hollande avec moins de caprice ; — les rues transversales ont cette physionomie calme et provinciale, cette propreté, cette grâce d'intimité et de ménage que l'on rêve en lisant Goldsmith ou Fielding, de verts ombrages çà et là, de charmants enfants bien portants et bien vêtus, d'alertes servantes avec leurs bras nus et leur figure rose et blonde encadrée dans un chapeau de paille étroit ; voilà ce que l'on voit de mieux : le reste est comme partout.

Du reste, on a bien vite satisfait tous les caprices inhérents à la couleur locale, comme de boire un verre de porter, un verre d'ale, un petit verre de gin, de fumer un manille authentique, d'acheter un journal et d'arroser une tranche de rosbif de quelques tasses de *tea* incontestablement chinois.

Mais c'est anticiper sur les plaisirs de Londres et lui dérober la primeur des sensations qu'elle nous garde. Hâtons-nous de gagner le magnifique embarcadère du *south-western-railway*, qui ne mettra guère que six heures pour nous transporter tout près du Vauxhall Bridge de Londres, à travers des campagnes aussi peu pittoresques qu'admirablement cultivées. — Du reste, on sait qu'il n'y a point de paysage pour le voyageur des chemins de fer. (Nerval, « Notes de voyage », *La Presse*, 1846.)

Gautier

Traversée en prose

Le port s'éveille et salue le jour ; les vaisseaux étendent leurs vergues comme des bras fatigués de dormir ; les matelots grimpent aux hunes, et de loin ressemblent, à travers l'enchevêtrement des cordages, à des mouches qui se démènent dans des toiles d'araignée. Les poulies grincent, les câbles se tendent en gémissant ; des cris plaintifs, des mélopées bizarres accentuent et rythment les manœuvres des matelots. Voilà un bâtiment qui lève l'ancre : les voiles se développent comme des nuages blancs, depuis des bonnettes basses jusqu'aux pommes de girouettes ; car il fait peu de vent, et il faut ramasser le moindre souffle de brise. A bord de ce navire, un nègre, vêtu d'une chemise de laine rouge et coiffé d'un petit chapeau de paille, s'agite avec la joyeuse mièvrerie d'un singe en belle humeur. Il va, il vient, en se donnant un mouvement extraordinaire. Est-ce la joie de quitter notre pays, et voit-il déjà le soleil d'Afrique reluire sur sa peau noire ?

Nous allons partir. Que de tuyaux, que de fumées, bon Dieu ! Fumée blanche, fumée noire, fumée rousse, fumée grise ; feu de la première chambre, feu de la cabine du capitaine, feu de la cuisine. On dirait, à voir tous ces tubes de tôles, un toit de maison à la dérive. Ce que les Anglais produisent de fumée est prodigieux, abstraction faite des cigares et des pipes : on dirait qu'ils sont mis au monde pour cela.

Les coteaux d'Ingouville font place à de grandes falaises rousses d'un aspect sauvage et féroce. Par opposition, les côtes de l'Angleterre sont entièrement blanches, d'où lui vient son nom d'Albion. Nous sommes en mer.

Voir la mer a été pour moi un désir presque maladif. Dès l'âge de cinq ou six ans, j'étais un des spectateurs les plus assidus du spectacle mécanique de M. Pierre, où l'on représentait des combats, des tempêtes, des naufrages et autres scènes analogues. Je connaissais le nom et la forme de tous les vaisseaux ; j'aurais pu faire le catalogue qui se trouve dans l'ode de Victor Hugo sur la bataille de Navarin. Tout le monde croyait que je me ferais marin, et mes parents, en cas de mauvaise conduite de ma part, se voyaient privés de la ressource de me faire embarquer en qualité de mousse, car ma joie eût été au comble. Plus tard, j'ai vu la mer, et j'avoue que je l'ai trouvée trop ressemblante au spectacle de M. Pierre ; il me semble que les vaisseaux sont de carton, et glissent sur une rainure ; les vagues me font l'effet de calicot vert glacé d'argent, n'en déplaise à lord Byron et aux descriptions poétiques.

Le temps fraîchit, la lame devient courte, clapoteuse et dure ; le ciel est clair encore du côté de la France ; mais une tenture de brouillard ferme l'horizon du côté de l'Angleterre. L'eau est d'un gris verdâtre ; les *white-horses* (chevaux blancs) commencent à secouer leur crinière d'écume, et accourent au grand galop du fond de l'étendue. Les white-horses sont appelés chez nous moutons, d'où le verbe moutonner, pour exprimer ces barres blanches qui zèbrent la surface de la mer quand elle devient houleuse, et qui, en effet, ont assez l'air de flocons de laine. N'y a-t-il pas là une différence toute caractéristique ? Les Anglais, peuple hippique, toujours occupés de courses, de *races*, voient des chevaux partout ; pour eux l'Océan est un *turf* où galopent des coursiers d'écume ; pour le Français, pastoral et troubadour, la mer représente un tapis de gazon vert où paissent des blancs moutons.

Le bateau s'élève, puis redescend avec une douceur perfide. Nous sommes bien rarement parallèles à l'horizon, situation désagréable à tous ceux qui n'ont pas le pied marin. Horace avait raison de dire que celui qui s'aventura le premier sur les flots devait avoir un cœur de chêne doublé d'un triple airain, et cela au propre encore plus qu'au figuré. Mais éloignons ces idées malsaines.

J'ai déjà fait plusieurs traversées, et le vieux père Océan n'a pas exigé de moi le tribut ordinaire. La Méditerranée, ce ciel liquide, ce grand saphir fondu, a été pour moi d'une clémence rare, et les Anglais de Gibraltar n'ont pas eu la satisfaction de voir un jeune Parisien prendre un teint de citron qui a fait des excès, au roulis d'un steamer britannique ; je suis un débiteur oublié, si tant est que le Léthé existe pour les créanciers.

Cependant j'éprouve une vague inquiétude, et je pense au vers de Lucrèce : «*Suave mari magno...*», hexamètre excellent à débiter du rivage. Ces souvenirs classiques qui me reviennent en foule ne sont pas d'un bon augure ; le vent augmente, les roues nous envoient une poussière salée ; au roulis s'est joint le tangage ; la fumée rabattue par le gros temps nous enveloppe de ses noirs flocons. Si cela continue, il faudra, en arrivant, nous ramoner la figure.

Combien de fois j'ai marché par des chemins qui ne venaient point au-devant de mes pieds, dans des allées sablées, sur des parquets parfaitement tranquilles, et cela sans apprécier mon bonheur ! Aujourd'hui j'imiterais volontiers la naïveté de cette cantatrice italienne, qui, malade du mal de mer, s'écriait au milieu de la Manche : «Descendez-moi, je ne veux pas aller plus loin.»

Pour nous distraire de ces pensées maladives, regardons les yeux de notre voisine, qui est assise sur le pont, groupée dans son manteau de fourrure.

Ce sont de beaux yeux d'une teinte étrange, ni noirs ni bleus, ni gris ni fauves, mais d'un vert d'algue marine, des yeux orageux : «*Procellosi oculi*». Ce n'est peut-être pas un moyen d'éviter ce que je crains. Dans ces prunelles transparentes et profondes, je reconnais les couleurs de l'Océan. Il ne faut pas trop s'y mirer, le vertige pourrait vous prendre.
(Théophile Gautier, *Caprices et Zigzags*, 1852.)

Traversée en vers · Marine : flots verts, yeux verts

Les mouettes volent et jouent,
Et les blancs coursiers de la mer,
Cabrés sur les vagues, secouent
Leurs crins échevelés dans l'air.

La nuit tombe ; une fine pluie
Éteint les fournaises du soir,
Et le *steam-boat*, crachant la suie,
Rabat son long panache noir.

Le cœur brisé, le front livide,
Je vais au pays du charbon,
Du brouillard et du suicide !...
Pour se tuer le temps est bon !

Ma tristesse avide se noie
Dans le gouffre amer qui blanchit,
L'écume danse, l'eau tournoie...
Un plongeon et tout serait dit.

Oh ! je me sens l'âme navrée !...
Les flots gonflent en soupirant
Leur poitrine désespérée !...
Le ciel est noir, l'abîme attend !

Ô chères peines méprisées,
Vains regrets, douloureux trésor,
Ô blessures cicatrisées,
Voilà que vous saignez encor !

Illusions d'amour perdues,
Faux espoirs, folles visions,
Du socle idéal, descendues,
Un saut dans les moites sillons !

Livide, enflé, méconnaissable,
Je dormirai bien cette nuit
Sur l'humide oreiller de sable,
Bercé par le flot qui bruit !

Dans les fourrures de sa mante,
Sur le pont, assise à l'écart,
Une femme pâle et charmante
Laisse flotter son long regard.

Des yeux où le ciel se reflète
M'ont fait souffrir plus qu'en enfer ;
Les siens, sous leur vague paillette,
Prennent les teintes de la mer.

> Les teintes de la mer profonde
> Où gît noyé plus d'un trésor ;
> Peut-être en plongeant dans leur onde
> On trouverait la coupe d'or !
> (Théophile Gautier, *Caprices et Zigzags*, 1852.)

Wey

*Monsieur Prudhomme en voyage
avec les premiers excursionnistes*

Au ton magistral avec lequel il livrait de si fortes impressions, je reconnus mon voisin de la table d'hôtes de Boulogne, et je l'engageai à s'asseoir près de moi sur le pont du navire. Il refusa. « Vous savez, dit-il, que j'ai le pied marin. »

Ce compagnon a cinquante ans, la manie d'être un profond observateur, et de déguiser la Méditerranée, qu'il a vue à Marseille, sous ce titre ambitieux : *les mers du Sud*. Un peu replet, majestueux comme un suisse de cathédrale, il s'efforce de rehausser son regard bénin, d'un certain air de perspicacité. Il jouit imperturbablement d'une supériorité intellectuelle qu'il s'est vu contraint de s'avouer, en dépit d'une modestie à laquelle il livre des combats fréquents. Honteux d'être confondu au milieu d'un de ces troupeaux dociles que l'on promène à forfait en train de plaisir, il a soin de laisser voir combien une pareille façon de voyager est au-dessous d'un homme comme lui. Ce vaniteux scrupule tourmente la plupart des touristes de l'expédition, tous gens d'exception et d'élite : perles égarées parmi des bourgeois.

— Nous voilà, reprit le navigateur du Sud, embarqués pour Londres au nombre de quarante passagers. Combien sont capables de comprendre ce qu'ils verront ? Deux ou trois, peut-être ; et encore... Quant à moi, je me soucie peu des monuments ; on en voit partout. Mon but, durant les huit jours de l'excursion parisienne, c'est d'approfondir les mœurs, afin de savoir enfin à quoi m'en tenir sur l'Angleterre.

Étudier les mœurs en passant une semaine à Londres dans un hôtel garni, la prétention était burlesque assurément. Mais s'il s'abusait quant aux résultats possibles de son voyage, il partait d'une idée juste : ce qu'il y a de plus intéressant à connaître en Angleterre, ce sont les Anglais, c'est la vie particulière des diverses classes de cette société, si différente de la nôtre ; c'est le mécanisme intérieur de cette civilisation qui, du fond d'une île du Nord, rayonne sur les deux mondes. Mais comment espérait-il pénétrer dans une pareille étude en l'espace d'une semaine, attaché à une expédition collective dont le but est de parcourir à la hâte une foule de curiosités ?

Comme s'il avait prévu ces objections, mon homme y répondit d'avance :

— Le temps est bien court, les occasions sont rares ; mais l'objet à étudier se trouvera partout. Pour observer, Monsieur, est-ce du loisir, est-ce un guide, est-ce un livre qu'il faut ? Eh non, vraiment ! Il est des gens qui passeraient vingt ans à Londres, et reviendraient moins édifiés que d'autres au bout de vingt jours. Pour observer, il faut... un observateur ; de même que pour peindre, on choisit un peintre, et, comme a dit un auteur, le temps ne fait rien à l'affaire. D'ailleurs, pour qui sait comprendre, tout raconte et décrit ; les édifices expliquent les institutions ; la physionomie de la rue, l'allure des passants sont comme certains effets dont on rejoint les causes : partout l'œil ne rencontre que les symboles, et les pierres ont un langage.

La confiance de ce bonhomme était faite pour enhardir. Il n'avait que huit jours à dépenser : je pouvais disposer de sept semaines... Je résolus d'épuiser avec lui la première, à parcourir les rues et les monuments principaux, en mettant à profit l'économie, la rapidité des excursions parisiennes. Mais, je me proposais en outre, dès que je serais familiarisé aux allures de Londres, d'y résider seul cinq à six semaines, logé dans une famille anglaise, afin d'examiner à loisir et de voir de plus près. Muni de lettres de recommandation pour des habitants du pays, divers de professions et de fortunes, j'espérais acquérir des notions justes des hommes et des choses et échapper aux exagérations, aux erreurs, aux préjugés si communs parmi nos compatriotes.

Ce plan réalisé m'a prouvé que l'Angleterre, à travers laquelle j'ai fait plusieurs excursions, est vraiment mal appréciée, et, il faut l'avouer, très peu connue chez nous.

Les Français sortent rarement de leur pays, et quand ils s'aventurent au-dehors, ils voyagent trop vite. Tel est le principe de l'unique infériorité qu'ils subissent par rapport aux autres peuples du Nord. Nos habitudes casanières laissent une lacune profonde dans notre éducation. De là des préjugés nombreux, de là les difficultés de nos rapports avec les autres nations, notre maladresse à coloniser, l'extension bornée de notre commerce, les limites étroites de notre érudition historique et la plupart des méprises qui entravent notre politique extérieure. Les hommes d'État de l'Angleterre connaissent le monde habitable, à peu près comme nos agents de police connaissent les quartiers de Paris. S'il est un exemple propre à nous inspirer des goûts plus aventureux, c'est celui de ce peuple qui, doué d'un sentiment national presque superstitieux, a cependant élu le globe entier pour patrie.

Depuis deux ou trois ans, notre nation, troublée par l'invasion des chemins de fer, dans son parti pris d'indifférence à l'égard des pays étrangers, a inventé un moyen de tout regarder sans rien voir. Grâce aux trains de plaisir, on se vantera d'avoir été partout, et de savoir ce que peuvent enseigner des domestiques de place, guides ignorants, démonstrateurs ineptes, débitant à chacun la même leçon, menant tout le monde aux mêmes endroits, et réglant avec une autorité absolue ce que l'on doit voir et ce qu'il convient de négliger. Cette manière de voyager, qui efface la personnalité, bannit l'étude, ne laisse point de prise à la fantaisie, n'admet rien d'imprévu, n'accorde aucun loisir à la méditation, et isole complètement le touriste des populations qu'il va visiter, serait insupportable à des gens libres et aventureux, parcourant le monde pour se sentir vivre ou pour s'instruire.

Le néant de cette méthode, sa déplorable insuffisance sont plus sensibles encore en Angleterre que partout ailleurs ; car c'est dans l'observation des usages et des mœurs, on ne saurait trop le redire, c'est dans la vie intime de la société que l'on est forcé de rechercher les traits de la physionomie du pays. Pour le dépeindre, il est nécessaire d'étudier de très près la nature, de se plier aux difficultés de l'analyse, et de ne pas oublier que, sur ce terrain classique de la vie positive et de la réalité, la vérité est incompatible avec les exagérations poétiques ou les artifices de composition. Ces réflexions annoncent une étude sincère, indépendante, minutieuse même ; mais elle ne peut être nouvelle qu'à ce prix, et, j'ose le dire, intéressante qu'à cette condition.

Pardonnez-moi, lecteur, cette exposition trop franche, en faveur de la bonne foi qui l'a dictée ; et, s'il vous plaît de venir à bord du steam-boat *La Cité de Boulogne*, nous remonterons ensemble la Tamise jusqu'au pont de Londres. La nuit est pâle et clémente, le ciel est sans un nuage et la mer sans une seule ride.

Le navire chemine, laissant derrière lui un sillage bordé d'une frange phosphorescente : sur la gauche, une longue file de lumières, chapelet d'étoiles qui semble danser sur les vagues, annonce que l'on est à la hauteur de Douvres. On voit poindre l'aurore sur un point inattendu du ciel, car chacun est désorienté par les bordées courues pour éviter les bas-fonds, et les premières lueurs vont accuser dans la brume les maisons de Ramsgate, environnées de villas jetées comme des fleurs parmi des touffes d'arbres. Ces cottages se nomment des maisons à thé. Plus loin, c'est Margate, couronnant une falaise lisse et pâle comme un mur, piédestal qui foule un lit de goémons noirs, et porte la ville assise sur un coussin de verdure. Margate étale ses grandes maisons de brique brune percées de fenêtres sans nombre, et son clocher massif à la cime dentelée.

Il n'est plus nuit, il n'est pas jour encore ; la clarté ne découpe pas assez d'ombre pour devenir la lumière, les rives estompées de blanc n'offrent que des plans miroitants et mous, les vapeurs de la nuit floconnent sur l'azur paisible des eaux et éteignent le bleu pâlissant du ciel.

Peu à peu la côte s'aplatit ; sur la droite, un banc de sable, mince ligne de bistre, vient endiguer la mer ; on se croit à l'entrée de la Tamise ; mais derrière cet ourlet de terre, une voile apparaît dans les airs. C'est la mer qui se révèle par-delà. A mesure que le navire incline à l'ouest, l'intérêt se concentre sur la grève anglaise, où l'on voit deux tours d'un aspect triste, *Two Sisters*. Là, dit-on, sont venues échouer deux jeunes filles, en mémoire desquelles on a élevé ce monument. Puis l'on découvre, au revers d'un coteau gris, les maisons blanches et closes d'Herneby, ville de bains, qui se mire tout entière dans l'eau bleue, comme une cité orientale. Un second banc de sable, célèbre par le naufrage de *L'Adélaïde*, marque, dit-on, l'entrée de la Tamise, et comme, néanmoins, on ne voit la terre que d'un côté, il faut accepter l'idée paradoxale d'un fleuve qui n'a qu'un bord.

C'est à la hauteur de Barnstaple, enfoncée dans la côte violette, que l'on voit enfin émerger des flots, l'autre rive dentelée, mince et sombre comme la lame émaillée d'une scie.

Soudain éclatent le mouvement et la vie. Le soleil s'élance et va réveiller la Tamise ; il disperse la brume, et, de ses premiers rayons, fait jaillir une volée de voiles blanches, qui marquent le passage, et s'éloignent sur les eaux, pareilles à un essaim d'alcyons fuyant dans les airs.

Alors tout se ranime à bord, le pont se peuple de figures blêmes, et les passagers de l'expédition française, renaissant à l'activité, se divisent à l'instant en deux classes : ceux qui questionnent sans relâche, et ceux qui veulent déjeuner tout de suite ; les premiers, inquiets et nerveux, restent tels tout le long du voyage ; les autres, insouciants et sensuels, ne songeront qu'à leur bien-être.

Un genre d'attrait particulier à ces sortes d'expéditions, c'est le spectacle de la caravane, composée de gens d'humeur et de conditions diverses, apportant leur fantaisie, leurs manies, leur ébahissement, leurs préjugés et le contingent de leurs observations.

— Enfin, s'écriait sur le pont du navire, un officier de la garde nationale, il faudrait là plus d'ordre, plus de discipline, donner à chacun son numéro, et à chaque repas, à chaque course, faire un appel, un *contre-appel*, et que tout fût réglé *militairement*. On marcherait par pelotons...

— A quelle heure arriverons-nous à Londres ?

— A midi.

— Heure *militaire*, au moins ?

Mais survient un touriste :

— Çà, dit-il, j'espère qu'on ne va pas nous conduire comme un troupeau de moutons et nous aligner comme des écoliers à la promenade ; je n'ai point prétendu aliéner ma liberté...

— Ils ne s'en tireront jamais sans la discipline militaire, Monsieur ; et quand on a servi...

Là-dessus, discussion à perte de vue..., l'esprit militaire rebrousse les annales de l'Empire ; on approche de la patrie de Wellington, et bientôt l'on entend : « Ce sont les Prussiens seuls qui par leur diversion... Ah ! Si Grouchy était arrivé à trois heures ! »

Tandis qu'ils vont bourdonnant, suivons attentifs le cours du fleuve, ce vaste port de l'Angleterre et du monde commercial. Ce n'est pas avant cinq à six heures que l'on arrivera à Londres. (Wey, *Les Anglais chez eux*, 1854.)

Lecomte
Insupportables Français

A peine, Monsieur, a-t-on mis le pied sur le sol britannique, qu'on est frappé des contrastes. Le bateau qui m'apporta contenait une centaine de voyageurs, qui furent sur-le-champ aux prises avec un pareil nombre d'Anglais, marins, douaniers, gens du port et du chemin de fer : le contraste jaillit sur-le-champ, et très vivement, du choc de ces individus. Notons les circonstances, pour mieux saisir le trait. On arrive à Folkestone le long de la jetée de *pierres sèches*, soit dit pour leur agencement, et on sait qu'on a deux heures à attendre pour le départ du railway. On a donc le temps de descendre à son aise, et de grimper tranquillement la rampe qui conduit du tillac au quai. Mais, pourtant, si on allait ne pas arriver à temps ? Aussi, le bateau n'est pas encore en contact avec la jetée, que déjà tous les voyageurs français sont courus au plat-bord, où ils s'entassent armés de tous leurs paquets, sacs de nuit, valises, femmes et enfants. Le bateau s'arrête, les marins qui l'attendent poussent à ceux du bord une longue planche formant pont volant, et à chaque bout de laquelle les contrôleurs de la traversée doivent recevoir le *ticket* qui prouve qu'on a payé son passage. De plus, la douane est là, qui veille à ce que rien ne soit soustrait à son examen, de sorte que tout débarquant doit déposer cartons, paniers, cabas, nécessaires, tout ce qu'il porte. Il faut donc que les voyageurs passent un à un par cette espèce de filtrage d'un double contrôle, et comme on a le temps, tout peut se faire avec ordre. — Le temps, dites-vous ? Est-ce que les Français ont le temps ? Voyez-les un peu ! Dieu quelle mêlée ! quelles poussées ! que de coudes et de parapluies on se fourre dans la poitrine et dans les reins ! Les basques des habits, les pans des châles, tout s'engage et tire dans des pressions contraires ; les chapeaux des femmes sont aplatis ; les pieds écrasés ; les époux égarés ; on s'étouffe, on se décoiffe, on se déchausse, on s'éborgne... Mais il le faut bien, Monsieur, on n'a que deux heures à soi..., et il faut bien dix minutes pour débarquer !

Et notez que par cette furie — qui retarde le débarquement —, on risque de tomber à l'eau, à part les horions formels qu'on attrape ! Mais la planche est enfin franchie, malgré les Anglais se récriant, mais sans trop s'animer, toutefois, contre cette inutile précipitation. Il faut voir, avec quelle ardeur l'escalier du quai est gravi ! Ah ! ce sont bien les Français, moins les Françaises, faits pour l'abordage et l'escalade. Ne dirait-on pas, sauf les parapluies, d'impétueux soldats grimpant à l'assaut de quelques forteresses ? S'il s'agissait de conquérir l'Angleterre, la *furia francese* ne ferait pas mieux qu'elle ne fait, déposée là par ce pacifique train de plaisir! Ah! le plaisir de faire du train, de presser, de pousser, de partir tard, mais d'arriver vite! çà! à la rescousse! à l'escalade! car il s'agit d'être là-haut trop tôt!

Et, en effet, il faut maintenant rester là, sur le quai, parqué entre deux cordes de suspicion douanière, à attendre que tous les bagages soient débarqués, pour que la visite s'ouvre ensuite. J'ai vu des Anglais, des Allemands, rester tranquillement les derniers sur le bateau, le quitter après nous (car moi aussi j'étais instinctivement parmi les impétueux!) et débarquer avec la majesté tout à son aise d'un Turc et de sa pipe. Cette leçon valait bien le bagage, sans doute? Du tout! une demi-heure après ç'a été à recommencer aux portes vitrées du Custom-House, à l'intérieur duquel on voyait les douaniers ranger les colis sur de longs comptoirs. A la vérité, on avait encore plus d'une heure et demie pour le départ... Mais pour qui prenez-vous les Français? Tandis que nous nous promenions (car cette fois j'étais parmi les raisonnables insulaires) sur le quai, regardant, causant, humant un peu de ce pâle soleil anglais du mois de juin, la foule était là recommençant, se pressant, se ruant, s'étouffant, et cassant les carreaux de la porte, trop étroite pour ce flot impétueux!

A la table des passeports, même furie. Il y avait là quatre commis, habits noirs, cravate blanche, proprets, pincés, gourmés, prenant magistralement les feuilles, et les visant majestueusement: ils ont le temps! Mais les Français! Voyez c'est toujours la même et incorrigible impatience. Tous sont précipités, les uns sur les autres, et les bras en l'air, passeport déployé! les cous sont allongés, les regards sont inquiets; comment pourra-t-on arriver à faire enregistrer chacun sa feuille, à ces commis... qui sont là pour cela! Ceux qui ont pu se faufiler près des tables, accablent nos scribes de leurs sollicitations imperturbablement faites en français. Le commis repousse non moins imperturbablement, et en anglais, les feuilles dont on le couvre, et fait sa petite affaire tranquillement, sans se fâcher, ni sans rire, et sans s'activer, devant l'inquiète bourrasque qui gronde et bat autour de lui!

Façonné par l'expérience, je fus visé un des derniers, ayant eu le temps de déjeuner dans la salle voisine, tandis que les autres se bousculaient. Le bagage rendu, ce fut à qui se précipiterait ensuite dans les wagons, comme par crainte que la place y manquât pour gagner Londres. J'allai, avec un autre modéré, visiter le splendide hôtel du Pavillon, puis voir la mer sillonnée de voiles, et les côtes de France, du haut de la colline d'où pend la ville de Folkestone; puis arrivés encore trop tôt à la station, nous prîmes commodément place dans les wagons ajoutés au convoi, tandis que, depuis une heure, l'ardente cohue s'ennuyait, pressée dans ces boîtes, où elle devait rester encore trois heures!

La morale de tout ceci, c'est que les plus inquiets, les plus tracassés, les plus impétueux des Français, n'arrivèrent pas à Londres une seconde plus vite que les Anglais, qui avaient pris confortablement et dignement leur temps pour chaque chose.

Eh bien ! Monsieur, ce que je viens de rapporter là, n'est pas un détail si futile qu'il le pourrait paraître au lecteur léger. C'est, au fond, un incident qui traduit, trahit avec une grande portée philosophique une des causes caractéristiques dont les effets sont les plus sérieux ; — c'est-à-dire que le calme, la mesure que l'Anglais apporte en toutes choses, fait la force, la grandeur du pays, et lui permet de bâtir solidement, et pour l'avenir, là où notre fiévreuse ardeur, notre frivolité impatiente nous porte à construire sur le sable. Les faits viendront peu à peu à l'appui de cette proposition.

Et dès à présent, pour obéir à l'enchaînement logique des impressions que doit éprouver un voyageur qui arrive (tout en restant dans la voie du développement de cette idée), je constaterai quelque chose qui peut sembler bizarre au premier aspect, et qu'un peu de réflexion finit pourtant par expliquer. Cela, je l'ai éprouvé à chacun de mes voyages en Angleterre : c'est qu'en y débarquant, on ne tarde pas à sentir, à ressentir, à penser presque... autrement qu'en France ! Une sorte de mystérieuse transfiguration s'opère en nous. Notre être moral se modifie. Ayant beaucoup voyagé pendant dix ans, et par les contrées les plus diverses, je puis constater que ce phénomène ne se réalise guère qu'en abordant l'Angleterre, si ce n'est pourtant en *parlant* les langues étrangères, ce qui, je le soutiens, amène à *penser* autrement. Il est convenu que, pour bien parler une langue, il faut penser dans cette langue... et non pas confier à ses lèvres un travail de traduction. Eh bien ! tout est là. En pensant en italien, par exemple, vous vous placez dans un milieu d'habitudes, de mœurs, d'impressions locales, de superlatifs, qui sont autant d'atténuations de la *pensée française.* Ainsi, dans cette langue, vous direz à une femme à laquelle vous voulez paraître aimable, des choses tout autres que celles que vous lui diriez en français, car malgré vous, vous pensez autrement. Mais ceci serait toute une thèse, je reviens à l'Angleterre. Je prétends donc qu'ici notre impression, notre pensée, notre jugement presque, toutes choses formant notre être moral selon les conditions de notre éducation, de nos mœurs, de notre climat, tout cela, dis-je, est brusquement non transformé, bien sûr, mais altéré, modifié, passagèrement, c'est possible, mais fort sensiblement. Cela s'explique.

A peine débarqué, tous vos sens sont brusquement saisis d'une façon nouvelle. Ce que vous voyez, ce que vous touchez, ce que vous respirez, ce que vous absorbez, buvez, mangez, tout est différent. Énumérons rapidement ces causes, pour rechercher l'effet.

La vue, le premier sens frappé, perçoit des objets, des formes, des accidents qui portent à *la pensée* ne impression neuve, brusque, originale. Vous êtes surpris. Un travail s'opère dans le cerveau pour reconnaître les raisons, constater, étudier les motifs de ces aspects nouveaux ; vous comparez chaque objet avec ceux de votre pays ; vous louez ou critiquez ; l'impression est agréable ou pénible ; un trouble s'opère dans votre esprit par cette première absorption, cette infiltration que subit votre être moral, par les conduits du regard.

Le climat, si voisin qu'il soit du continent, est presque subitement dissemblable. Vous venez de quitter une température à peu près égale, que l'ordre des saisons ne modifie que par successives initiations. Ici vous trouvez toutes les températures en quelques heures, ce qui justifie si bien la robe de mousseline et le boa de la femme anglaise, bizarrerie dont nous rions, faute de bien juger les causes. Dans la même journée, vous suez, vous frissonnez, vous êtes sec, vous êtes humide. Ajoutez à ces impressions contrastantes qui saisissent votre corps, et pénètrent dans vos poumons, que l'air des villes est chargé d'âcre fumée, de molécules carboniques et fort souvent de méphitiques brouillards. Nier que les vives impressions physiques qui résultent de cet état de choses, de ce malaise subit, soient sans action sur l'être moral, est impossible. La tristesse en est une des conséquences formelles, aidée qu'elle est d'ailleurs par le sombre aspect que cette même atmosphère donne aux villes, perçues par le regard, ouverture directe, si l'on peut dire, de la pensée sur la matière.

Donc, voilà, aussi vite indiqué que possible, pour les deux premiers sens.

Le toucher ne tarde pas non plus à être soumis à des impressions multiples, d'une énumération qui embrasserait l'impossible d'une vie nouvelle, et dont je ne puis qu'indiquer quelques-unes. Il faut, par exemple, admettre que cet étranger dont je parle, touche au pays par les auberges, les logements garnis. Là, sinon dans les demeures aisées, tout est contradictoire à des habitudes quelque peu confortables apportées de chez soi. Les meubles sont durs, anguleux ; et on dirait que cette Angleterre, si essentiellement maritime, donne à ses passagers pour matelas des biscuits de mer ! Pour moi, au risque de passer pour un efféminé et un sybarite, j'avouerai que je me réveille chaque matin aussi fatigué de mon lit, que je le suis le soir de mes courses du jour. Je laisse aux physiologistes le soin d'expliquer quelle nature d'action ce malaise, cette lassitude peut donner à l'esprit.

Quant à l'ouïe, il sera bientôt fait d'indiquer la façon nouvelle et charmante dont elle est affectée par la prononciation gutturale et sifflante du parler et des cris qui vous entourent ; du névralgique fracas des voitures ; des assourdissements de la circulation à laquelle vous prenez part et de l'action pénible de la pensée attentive pour saisir et comprendre cette langue, qui, si bien qu'on la puisse parler, a toujours pour l'étranger des rébellions d'accent, de vivacité, d'abréviations fort difficiles à suivre. De là, une grande fatigue. Restent les sensations du goût.

Celles-là sont les plus impérieuses, les plus puissantes dans leur action sur l'économie animale, sur ces fonctions digestives liées par des rapports si immédiats à la pensée. Votre nourriture est brusquement changée, vos habitudes bouleversées, votre système hygiénique modifié. Les viandes pesantes et généreuses, la bière nourrissante et capiteuse, les noyades de thé, tout cela alourdit, empâte, abêtit et exige un tel emploi de tout notre mécanisme par les fonctions des viscères, que l'esprit, déjà si vivement attaqué par les causes que je viens d'énumérer, ne sait vraiment plus où il en est... ni s'il est !

Vous me direz, Monsieur, qu'on peut s'arranger de façon à se *nourrir* selon ses habitudes, au lieu de se *repaître* à l'anglaise. Je l'ai souvent tenté, et excepté pour ceux qui sont ici dans des conditions de vie sédentaire, et d'entourage dressé, je déclare que cela n'est pas facile. Les vins même, dont on peut substituer l'usage à celui des bières qui alourdissent, et grisent aisément avant qu'on en soit désaltéré, sont arrangés, sophistiqués pour le goût anglais, et les alcools qu'ils contiennent, fertiles en inconvénients nouveaux. Ajoutez à cela le grand usage de condiments mêlés à tout : les piments de l'Inde, les carry, les épices, le feu pilé en poivres de Cayenne, et jugez où l'on en est bientôt, si l'on ne conspire pas contre toutes ces exorbitances, par un complet arsenal de précautions ! (Jules Lecomte, cité par Texier dans *Lettres sur l'Angleterre*, 1851.)

La Bédollière
Aujourd'hui, tout est changé

Autrefois une excursion en Angleterre était pour un Français une affaire grave, à laquelle il ne se décidait qu'après de longues méditations et pour des causes majeures.

L'audacieux aventurier qui avait pris la résolution de franchir le détroit montait dans une lourde diligence, et, après avoir été cahoté pendant vingt-quatre heures, il s'embarquait à Calais sur un paquebot à voiles. Lorsqu'il avait été ballotté sur les flots pendant une demi-journée, il venait se reposer à Douvres, d'où il se rendait lentement à Londres. Le tout exigeait une dépense considérable de temps et d'argent. Arrivé dans la capitale de la Grande-Bretagne, l'infortuné Français s'y trouvait comme perdu ; ses compatriotes y étaient clairsemés, et, s'il n'était porteur de chaleureuses lettres de recommandation, il était livré en pâture à la rapacité des hôteliers et des restaurateurs.

Aujourd'hui tout est changé. Les chemins de fer et la navigation à vapeur ont mis les deux capitales à proximité l'une de l'autre ; trois routes rapides mènent de Paris à Londres : la première par Boulogne et Folkstone ; la seconde par Dieppe et Brighton ; la troisième par Le Havre, d'où un *steamer* vous transporte à Brighton un peu moins vite, mais tout aussi sûrement. Profitant de ces facilités, des milliers de Français partent chaque jour pour la Grande-Bretagne ; l'alliance des deux nations, qu'ont cimentée de communs triomphes, n'est troublée par aucun nuage. Les vieilles rancunes s'effacent des deux parts ; l'antipathie a fait place à un commencement de confiance réciproque. Pourquoi ne se rendrait-on pas visite ? Est-ce que la reine Victoria n'est pas venue à Paris ? Est-ce que Louis-Napoléon, à l'époque où son avènement était fort hypothétique, n'a pas trouvé sur le sol britannique une cordiale hospitalité ? N'y a-t-il pas à Londres, depuis 1848, une colonie française, qui contribue à faire mieux apprécier par nos voisins notre caractère et nos idées ? Aussi l'on se met aujourd'hui en route pour Londres sans plus hésiter que s'il s'agissait de partir pour Nantes ou pour Dijon. Le jour n'est pas loin où les casaniers qui n'auront pas traversé la Manche seront en minorité dans la classe aisée de Paris ; et regardés comme des originaux ; ils entendront souvent retentir à leurs oreilles ce cri de surprise : « Comment ! vous n'êtes pas allé à Londres ! » (La Bédollière, *Londres et les Anglais*, 1862.)

Taine
Un esthète en mer

Juin 1862, en mer. — Il est onze heures ; Boulogne recule et s'amoindrit à l'horizon. Les navires du port, les mâtures grêles se sont d'abord fondus dans la vaste obscurité ; à présent, les feux diminuent, et bientôt ne sont plus au bas du ciel qu'un amas d'étoiles blêmes.

C'est une sensation étrange et profonde ; la mer se tait, et sur elle plane la brume immobile. Tout a disparu ; seul à l'horizon un phare tournant pose de temps en temps son reflet sur un flot qui passe. Il semble qu'on entre dans le royaume du silence et du vide, dans le monde incolore et informe des choses qui ne sont pas. L'ombre est partout, énorme et vague. Le navire s'y enfonce et s'y perd. Tout à l'heure on devinait encore, bien loin, du côté de la poupe, un rebord incertain, la terre lointaine ; maintenant, autour du bateau, il n'y a plus qu'une noirceur mouvante. Ainsi englouti, il avance pourtant, d'un instinct sûr, et fait sa trouée dans l'invisible. Comme un laborieux insecte, il remue infatigablement ses grandes pattes d'acier et soulève autour de sa carène des vagues phosphorescentes. Elles luisent avec des reflets changeants d'opale et de nacre. On suit leur longue ondulation qui va s'enflant, s'abaissant et développe sa clarté molle. Des diamants irisés, des perles bondissantes tournoient dans ses creux, et sa frange d'écume fait une bordure d'argent mat, un cadre ouvragé, tortueux, ondoyant au miroir nocturne.

Dans la Tamise. — Le soleil est levé depuis une demi-heure, mais on ne le voit pas ; il n'y a qu'une faible éclaircie à l'est ; tout le reste est couvert de nuages.

A l'orient, c'est la mer à perte de vue, qui raye de sa barre nette l'horizon clair et calme. A droite et à gauche du bateau, une mince bande lointaine sort de l'eau : c'est la terre, et dans la brume on commence à distinguer sa dentelure verdâtre.

On avance ; mais, dans cet énorme estuaire, la terre si plate, si petite, ne semble qu'une traînée de boue ; l'humidité noie les couleurs ; tous les tons sont détrempés, éteints ; vous diriez d'une aquarelle pâle sur laquelle un enfant, avec le doigt, aurait promené des gouttes d'eau.

Vers la droite, la côte se rapproche ; voici déjà le vrai paysage anglais que j'ai vu de Newhaven à Londres, l'an dernier : des collines d'un vert terne, coupées de haies, parsemées d'arbres isolés ; un pâturage entre des clôtures, puis un autre, puis encore un autre, et des bestiaux seuls, parqués à demeure : une Belgique moins plate et moins unie que l'autre, éclatante au soleil, mais bien triste et bien sombre quand le ciel est pluvieux ; et ce ciel l'est si souvent !

Le fleuve est énorme, mais sali, assombri de teintes blafardes et fausses. Refoulé par la marée montante, il oscille entre des berges de boue que tour à tour il couvre et quitte ; sous la vapeur charbonneuse, ses petits flots hérissés ont un aspect lugubre ; il roule ainsi livide et fangeux, mais utile ; c'est un travailleur et un portefaix unique en son genre. Déjà, sur son dos, les navires commencent à défiler par bandes, la plupart chargés, grands, petits, de toute forme et de toute taille, et les matelots qui grimpent dans les cordages semblent des araignées actives.

Peu à peu les nuages ont disparu et le ciel rayonne. A droite et à gauche passent de petites maisons de campagne, jolies, propres et fraîchement peintes. On voit à l'horizon monter des gazons verts, et çà et là de grands arbres bien posés, bien groupés. Gravesend sur la gauche entasse ses maisons brunes autour d'un clocher bleuâtre. Les navires, les magasins se multiplient ; on sent l'approche de la grande ville. Les petits ponts d'embarquement s'avancent à cinquante pas dans la rivière par-dessus la bourbe luisante que le reflux laisse à sec. A chaque quart d'heure, l'empreinte et la présence de l'homme, la puissance par laquelle il a transformé la nature, deviennent plus visibles : docks, entrepôts, bassins de construction et de calfatage, chantiers, maisons d'habitation, matériaux préparés, marchandises accumulées ; on voit sur la droite la carcasse en fer d'une église qu'on ajuste ici pour la bâtir dans l'Inde. — L'étonnement finit par se changer en accablement. A partir de Greenwich, le fleuve n'est plus qu'une rue large d'un mille et davantage, où montent et descendent les navires entre deux files de bâtisses, interminables files d'un rouge sombre, en briques et en tuiles, bordées de grands pieux fichés dans la vase pour amarrer les navires, qui viennent là se vider et s'emplir. Toujours de nouveaux magasins pour le cuivre, la pierre, la houille, les agrès, et le reste ; toujours des ballots qu'on empile, des sacs qu'on hisse, des tonneaux qu'on fait rouler, des grues qui grincent, des cabestans qui crient. La mer arrive à Londres par le fleuve, c'est un port en pleine terre : New York, Melbourne, Canton, Calcutta abordent ici du premier coup. — Mais ce qui porte l'impression au comble, ce sont les canaux par lesquels les docks débouchent dans la grande eau ; ils font des rues posées en travers, et ce sont des rues de navires ; on les aperçoit tout d'un coup en enfilades qui ne finissent pas ; de Greenwich, où je suis monté l'an dernier, l'horizon est cerné de mâts et de câbles. Les gréements innombrables, indistincts, étendent en cercle une toile d'araignée au bord du ciel. — C'est là certainement un des grands spectacles de notre planète ; pour voir un pareil entassement de constructions, d'hommes, de vaisseaux et d'affaires, il faudrait aller en Chine.

Cependant, sur le fleuve, à l'occident, s'élève une forêt inextricable de vergues, de mâts, de cordages : ce sont les navires qui arrivent, partent ou stationnent d'abord par paquets, puis en longues files, puis en un amas continu, accrochés, mêlés contre les cheminées des maisons et les poulies des magasins, avec tout l'attirail du labeur incessant, régulier, gigantesque. Une fumée brumeuse, pénétrée de lumière, les enveloppe ; le soleil y tamise sa pluie d'or, et l'eau saumâtre, demi-jaune, demi-verdâtre, demi-violacée, balance dans ses ondulations des reflets éclatants et étranges. On dirait l'air lourd et charbonneux d'une grande serre. Rien ici n'est naturel ; tout est transformé, violenté, depuis le sol et l'homme, jusqu'à la lumière et l'air. Mais l'énormité de l'entassement et de la création humaine empêche de songer à cette déformation et à cet artifice, à défaut de la beauté noble et saine, il reste la vie fourmillante et grandiose ; le miroitement des flots brunis, l'éparpillement de la lumière emprisonnée dans la vapeur, les douces teintes blanchâtres ou rosées qui viennent se poser sur tous ces colosses, répandent une sorte de grâce sur la ville monstrueuse ; cela fait comme un sourire sur la face d'un cyclope hérissé et noirci. (Taine, *Notes sur l'Angleterre*, 1871.)

Bourget

Traversée sans histoire

« Avait-il raison ? » pensais-je vingt-quatre heures plus tard et sur le pont d'un vapeur anglais, à l'ancre dans la rade de Cherbourg. La clarté du jour d'été mourait dans le silence du vaste port. C'était une de ces heures de détente de tous les bruits, qui s'accorde si bien avec l'étrange détente de tous les sentiments accomplie en nous, lors d'un départ. Dans le ciel chargé de nuages immobiles, passait à peine un souffle d'air. Sur le quai, les maisons s'allongeaient, muettes et grises. Là-bas, d'énormes vaisseaux de guerre entrecroisaient leurs agrès ténus. Des barques à voiles glissaient sur l'eau sombre, avec une lenteur doucement balancée de leur coque. Des oiseaux de mer aux larges ailes blanches planaient, guettant une proie, et sur le pont, des marins couchés à côté d'une des machines jouaient à lancer des pièces de monnaie, musclés, bronzés, vêtus de costumes bruns, avec cette absence de mouvements précipités que donne l'habitude d'une vie très précise. Cela seulement, et les allées et venues de trois ministres protestants, reconnaissables à la longue redingote noire, au petit collet blanc, et au large chapeau de haute forme ; — cela seulement, et, sortant des profondeurs de l'entrepont, le cliquetis des fourchettes de quelques dîneurs hygiéniquement assis à leur habituel repas du soir ; — cela seulement, et, parmi ces détails indifférents, une impression de solitude amère à la fois et douce, valait-il la peine d'avoir quitté le délicieux Paris d'été, si fécond en longues soirées de causerie avec la coquette campagne de ses environs et ses bois à une heure de chemin de fer?... «Avait-il raison?» pensais-je en regardant ce paysage où l'agonie du jour se prolongeait, de plus en plus alanguie et morne ; et tout à coup éclata, dans l'air calme, le hululement sourd, continu et dispersé avec une étrange mélancolie, du bateau qui appelait ses passagers, et ce fut bientôt, à travers les bruissements de l'eau déchirée, l'entrée dans la nuit du grand dortoir flottant qui nous emportait...

Vers cinq heures du matin, le petit roulis a soudain cessé. Le halètement saccadé de la machine qui remplissait l'entrepont depuis le départ s'achève en une sorte de palpitation à peine perceptible. Entre cet arrêt du bateau et le départ du train, quelques minutes à peine, juste de quoi me sentir engrené dans cette enragée rapidité de mouvements qui fait songer aux pantomimes des Hanlon lees, et qui effare d'une façon si étrange les nouveaux venus dans l'île du travail. C'est un matin voilé de brume, le «matin aux yeux gris» dont parle Shakespeare. Les porteurs déchargent les bagages. L'omnibus file dans un bruit de ferrailles, emporté par deux chevaux qui vont comme le vent. A peine si, par les fenêtres du large véhicule, le regard a le temps de saisir le dessin de la baie de Weymouth, avec une eau basse et verte, un ciel gris et la rangée sur le sable des cabines de bains fermées. Et tout de suite, hommes et bagages s'engouffrent dans le train qui part à toute vapeur. Les vertes prairies défilent dans le brouillard, et les maisons carrées, et les villages réguliers, et les cheminées d'usine qui fument. Dix autres trains lancés comme le nôtre se croisent et se suivent. Parmi ce tapage et dans cette brume, je songe au tableau de Turner qui se voit à Londres et qui s'appelle *Pluie, fumée, vitesse*. Cela représente une locomotive qui court éperdument à travers une noirâtre vapeur de suie et sous une furieuse trombe d'eau fouettée par le vent. C'est tout ce que les nerfs d'un Français ressentent de l'Angleterre, dans les premières heures. (Bourget, *Études Anglaises*, 1910.)

Zola

En fuite

Après discussion, il a été résolu que le meilleur était que je partisse pour Londres, le soir même à neuf heures. Mais ma femme n'était pas prévenue, je ne l'avais pas revue depuis le matin ; et Desmoulin est allé la prévenir. Elle est arrivée fort émue, n'ayant pas osé faire une valise, ne m'apportant qu'une chemise de nuit et d'autres menus objets pliés dans un journal. Et c'est avec tout ce bagage que nous nous sommes rendus, elle et moi, dans un fiacre, à la gare du Nord. Nous étions bouleversés par la rapidité imprévue de ce départ, je lui avais pris une main, que je serrai de tout mon cœur, et nous n'avons échangé que quelques paroles entrecoupées. Charpentier, qui nous suivait dans une autre voiture, a pris mon billet pour Londres, et ma femme et lui m'ont accompagné au train, où, pendant un quart d'heure, ils sont restés, attendant le départ, masquant l'intérieur du wagon, le premier après la locomotive. Quelle séparation brusque ! Ma chère femme, les yeux troubles, les mains jointes et tremblantes, m'a regardé partir.

Jusqu'à Calais j'ai été seul dans mon compartiment. Depuis le matin, je n'avais guère eu le temps de réfléchir, une angoisse me serrait la poitrine et la fièvre brûlait mes mains et mes tempes. J'ai baissé la glace de la portière, j'ai tiré le rideau sur la lampe ; et, dans l'obscurité, dans le vent frais qui entrait, j'ai pu enfin me calmer, me rafraîchir, réfléchir un peu. Et quelles réflexions ! Moi, après ma vie de travail, être obligé de quitter de la sorte mon grand Paris, que j'ai tant aimé et tant célébré ! Chez Charpentier, je n'avais pu dîner, l'amertume m'étranglait à ce point, que pas un morceau de pain n'aurait pu passer. Depuis que je me calmais, une faim atroce me prenait, et j'ai été fort heureux à Amiens de pouvoir acheter un petit pain et une cuisse de poulet. Puis, jusqu'à Calais, j'ai continué mes songeries, sans fermer les yeux. Elles n'étaient pas très gaies, je l'avoue : la tristesse et la colère débordaient de mon cœur.

Enfin, je me suis trouvé sur le bateau, et il s'est éloigné du quai. C'était fait, je n'étais plus en France. J'ai regardé l'heure à ma montre, il était une heure et demie du matin. Le ciel était clair, mais sans lune, et l'obscurité restait profonde. Il n'y avait pas sur le bateau plus d'une trentaine de passagers, tous anglais. Et je suis resté sur le pont, regardant les lumières de Calais s'éteindre dans la nuit. Je confesse que des larmes m'étaient montées aux yeux et que jamais mon pauvre être n'avait encore éprouvé une détresse pareille. Certes, cette patrie, je ne croyais pas la quitter pour toujours, je savais que je reviendrais dans quelques mois, qu'il n'y avait là qu'un départ nécessité par une tactique de procédure. Mais tout de même, quelle abominable chose, n'avoir voulu que la vérité et la justice, n'avoir rêvé devant les autres nations que le bon renom de la France généreuse et libre, et se trouver forcé de fuir ainsi, avec une chemise de nuit pliée dans un journal ! Puis, cette France, elle était à ce point empoisonnée et égarée par la presse immonde, qu'il me semblait encore l'entendre me huant, moi qui n'ai jamais travaillé qu'à sa gloire, moi qui n'ai voulu être que le soldat de sa véritable grandeur parmi les peuples. Et partir ainsi, m'en aller seul, sans une âme bienveillante avec moi, sans un ami à qui je puisse dire l'atroce rancœur qui montait à ma gorge en un flot amer ! J'ai déjà bien souffert dans ma vie, mais jamais mon cœur n'a traversé une crise plus affreuse.

Le vent devenait très violent, je n'avais pas emporté de paletot ; et je suis tout de même resté sur le pont, dans cette fraîcheur vive qui m'apaisait. La mer était à peine houleuse. Pendant la courte traversée le ciel s'est couvert de légers nuages et ces nuages ont blanchi, l'aube s'est levée. Quand je suis arrivé en face de Douvres, le jour grandissait, les becs de gaz du petit port pâlissaient dans la pâle clarté croissante. Je ne sais pas un mot d'anglais, je suis tombé là, comme séparé des hommes, dans un monde lointain. Moi qui ai l'horreur du voyageur, qui suis un sédentaire presque maniaque, à l'aise uniquement dans mes vieilles habitudes, je n'ai pas du tout le sens de l'étranger, je m'y trouve horriblement dépaysé, en proie au malaise de tout ce nouveau que je ne comprends pas et qui me choque. Les premières heures surtout de mon séjour dans n'importe quel pays, au-delà des frontières, sont affreuses : une sorte de révolte, une détresse de ne plus comprendre. Pour m'injurier, on m'appelle l'«étranger». Ah ! grand Dieu ! que ces gens sont bêtes et savent peu ce qu'ils disent !

Et me voilà à Douvres, incapable même de demander une tasse de lait. Je me suis réfugié dans un wagon du train qui doit me conduire à la station de Victoria. Et là, une demi-heure, trois quarts d'heure se passent, une attente mortelle ! Je ne sais pourquoi ce retard. Le jour blafard se lève de plus en plus, sur le port des hommes d'équipage passent, aux pas lourds. Et pas un autre bruit, il me semble qu'il n'y a que moi dans le train. Une immense sensation d'abandon. Enfin, le train part, je sommeille à moitié pendant le trajet, envahi par une fatigue écrasante. Il est près de huit heures lorsque j'arrive à Londres. Il pleut à torrents, la ville paraît sommeiller encore dans un brouillard livide. Et Paris que j'ai quitté si chaud et si ensoleillé. Je me souviens du court voyage que j'ai déjà fait à Londres, il y a quatre ans, lorsque j'y suis venu, invité avec d'autres journalistes français par la presse anglaise. Et quel accueil fraternel et fastueux on nous y fit, réception et discours à la gare, fête offerte par le lord-maire, gala à Covent Garden, banquet au Palais de Cristal, sans parler des déjeuners et des dîners particuliers. Et me voilà descendant seul à Victoria, avec ma chemise dans un journal, et gagnant sous la pluie l'hôtel voisin, Grosvenor Hotel, où je reste un quart d'heure avant qu'on fasse venir un garçon parlant français. Dans le vaste vestibule, une troupe de ces femmes de chambre anglaises, si propres et si avenantes, dans leurs costumes clairs, passaient les dalles blanches à la sciure de bois, à genoux toutes, pareilles à de fines fourmis blondes laborieuses. Mon absence totale de bagages me rendait honteux. On m'accepta pourtant, en me retenant une livre et en me disant que c'était l'usage pour les voyageurs sans bagages. Je m'inscrivis sous le nom de M. Pascal, arrivant de Paris,

chambre au souverain...
... Et revendrai l'âme sereine...
... Quelle étrange ... pour cette douce ...
... architecture à l'ornementation si bizarre que ... c'est
franchement une fenêtre, ...
... surtout pour celles ...
... de cave, à des hublots de navire, à des ...
... des ouvertures ...
... (Verlaine, *Poèmes* 1890 et *Poèmes inédits de Verlaine*) ... autour de
moi. Personne au monde ne me savait là, que quelques bons amis fidèles,
à qui j'avais indiqué, en partant, l'hôtel où je comptais descendre. Cela
me changeait un peu de Paris, où, depuis cinq mois, je ne pouvais faire
un pas sans être reconnu et insulté. (Zola, *Chroniques et polémiques,
Pages d'exil [1898]*, 1970.)

Verlaine

Quand un poète s'embarque

Mon cœur est gros comme la mer,
Qui s'exile de l'être cher !
Gros comme elle et plus qu'elle amer.

Ma tête est comme la tempête,
Elle est folle et forte, ma tête,
Plus qu'elle, effrénée, inquiète...

Furieuse et triste d'avoir
Ce doux et douloureux devoir
De m'exiler au pays noir...

Mais puisqu'il le faut pour ma reine,
Embarquons d'une âme sereine
Et fi de toute crainte vaine !

Ah ! quoi que fasse le bateau
Ivre des colères de l'eau
Qui tantôt s'érige en tombeau,

Tantôt se creuse, affreuse fosse,
Embarquons sans nuls, peu ou prou,
Sans nul regret menteur ! Se hisse

Au ciel ou s'abîme en l'enfer
Le bateau douloureux et fier
Moins que moi... ... qui souffre

Deuxième partie

LONDRES

PREMIÈRES IMPRESSIONS

> « Les Anglais, quand un étranger malmène ou blague leur orgueil, accusent ce rieur ou cet irrité d'être quelque voyageur de passage, qui a jeté, en courant, des notes brèves sur un carnet, ou quelque bohème, qui, ayant perché trois jours dans Leicester Square, croit avoir, du haut de son nid crotté, embrassé l'horizon. »
>
> VALLÈS, *La Rue à Londres*, 1884.

Pas plus au XVIIIe siècle que de nos jours, on ne peut vraiment dire qu'on parte pour l'Angleterre ; on part pour Londres, et l'on sait déjà ce qu'on va trouver, ce que l'on va en penser, et ce qu'il convient d'en dire. Il n'y a pas découverte et les premières impressions sont anticipées et prévues.

Par ailleurs, on sait que les tableaux de Londres sont souvent des synthèses écrites a posteriori, comme une bonne introduction est rédigée à l'achèvement d'un ouvrage, et visant à rassembler des images qui donneront le ton de la relation, un panorama kaléidoscopique, si l'on me permet une telle formule, qui annonce les parcours dans Londres.

Le voyageur exprime son inquiétude, son exaltation, sa déception, son ivresse, dans une approche de Londres qui peut transformer le brouillard en magicien ou en nécromant, la ville en bagne ou en Élysée, les foules en joyeux cortèges ou troupeaux de spectres... La métropole est Rome, Babylone et Carthage ; marbre, brique et boue ; désert, forêt et cloaque ; ombre, brume et lumière ; silence, vacarme et musique...

Chacun amorce le traditionnel parallèle Londres-Paris, tantôt décrivant une cité d'Utopie et tantôt un enfer dantesque. L'un ne veut voir qu'une cité enfumée, embrumée, grouillant d'une populace inquiétante, l'autre se laisse éblouir par une cité radieuse où un peuple heureux vit dans la prospérité et la liberté. Mais pour tous Londres, océan ou labyrinthe, est immensité et foule.

Lacoste

Exaltation

Il était neuf heures lorsque je montai en voiture ; une brume légère couvrait encore la campagne ; mais le soleil la dissipant bientôt, elle démasqua sur ma droite un des plus beaux tableaux de la nature animée par l'art. La terre, assez généralement couverte de pâturages, avait encore, dans le lointain, une apparente fraîcheur ; des haies vives ou des fossés, enfermaient, sur ces tapis de verdure, les troupeaux des nombreuses et opulentes métairies qui se partageaient la culture de ce sol fertile ; quelques bouquets d'arbres placés près des habitations, variaient leur uniformité ; des houblonnières interrompaient la surface unie de cette plaine, faiblement inclinée, sur laquelle le silence du repos répandait un charme doux ; et ce riche paysage était terminé par le cours majestueux de la Tamise, où se croisaient les vaisseaux de toutes les nations qui apportaient à Londres les productions de la terre, et en emportaient celles de l'art. Cette idée doubla mes facultés, grandit mon être ; et mon imagination, rapidement exaltée, me transporta sur les bords du Tibre, au temps où il donnait des lois au monde. Londres, sa puissance, la réalité, ne m'auraient offert qu'un point déterminé ; et c'était un colosse idéal qu'il fallait à mes sens électrisés. (Lacoste, *Voyage philosophique d'Angleterre fait en 1783 et 1784*, 1787.)

Nodier

Déception, admiration

Le premier aspect de Londres a quelque chose de sinistre. Ses maisons, construites en briques noirâtres ou lustrées comme des murs de lave polie, presque généralement dégarnies de toit comme si elles avaient perdu un étage, et que baigne incessamment la lourde vapeur du charbon de terre, font naître l'idée d'un incendie récent. Mais l'œil qui s'accoutume peu à peu au style commun de l'architecture, à la couleur fâcheuse des bâtiments, au ton maussadement triste de l'atmosphère et du ciel, s'étonne de plus en plus de la multitude de ces rues vastes et superbes que suivent de part et d'autre de larges trottoirs, et que décorent des magasins éblouissants de tous les trésors de l'industrie et de toutes les merveilles du luxe ; de l'immensité de ces promenades qui transportent la campagne et jusqu'à la solitude au milieu de l'enceinte des villes ; de ces délicieux enclos de verdure qu'on appelle des *squares*, et qui font l'ornement des places et le charme de leurs habitants. On sent alors qu'il ne manque à Londres, pour être la plus belle ville du monde, que le ciel de Venise ou l'horizon de Constantinople, les antiquités de Rome ou les monuments de Paris. (Nodier, *Promenade de Dieppe aux montagnes d'Écosse*, 1821.)

Custine

Tout ici afflige les yeux

Mon arrivée ici, hier soir, a été peu agréable. Pas une âme qui voulût entendre mon anglais. Les oreilles du pays sont si exigeantes qu'il ne suffit pas de leur dire les mots, il faut encore les leur prononcer du ton qui leur convient. Seul, à onze heures du soir, par un temps digne du mois de novembre, dans une ville au milieu de laquelle Paris se perdrait, et où par conséquent l'appartement qu'on avait arrêté pour moi, tient fort peu de place, je me demandais, avec humeur, pourquoi j'étais venu chercher ces embarras.

Londres me paraît plus désagréable qu'aucune des autres grandes villes de l'Europe; l'uniformité des rues et des maisons n'y produit qu'un effet triste. Sans variété, point d'harmonie, puisque l'harmonie ne résulte que de l'accord de parties diverses réunies pour former un ensemble. On chercherait vainement ici les grands effets d'architecture, tout se ressemble à Londres, et pourtant on ne peut pas dire que cette ville soit bâtie régulièrement, car la régularité supposerait de l'art, et il n'y en a pas dans la mesquine uniformité de ces petites cages brunes qui bordent toutes les rues d'une ville immense. On a beau les appeler des maisons, la manière bizarre dont les toits sont placés sur leurs murailles, sans frises, sans corniches, les fait ressembler à des édifices non achevés, et qu'on couvre de paille ou de planches pour les garantir des pluies d'hiver. Ce singulier manque de goût donne à tout Londres l'apparence d'une ville en projet, plutôt que l'aspect d'une capitale riche et depuis longtemps populeuse. Tout ici afflige les yeux, et les désagréments du climat ne disposent ni l'esprit, ni le corps à jouir des avantages que l'Angleterre n'a acquis qu'à force de civilisation. Assiégé par des colonnes d'air épais, écrasé par un ciel de plomb doublé de fumée, je me crois tout le jour dans un cachot humide et sombre, traversé par des vents d'automne. Rien ne peut distraire l'imagination de la tristesse qu'inspire ce climat, et la curiosité la plus intrépide ne résisterait pas au malaise continuel produit par l'impitoyable monotonie qui préside à l'arrangement de la vie dans ce temple de l'ennui.

Les Anglais sont toujours en mouvement, mais s'ils remuent, on dirait que c'est dans la crainte de se figer, car au fond ils ne s'intéressent à rien de ce qu'ils ont l'air d'aimer; de leurs goûts ils n'ont que l'apparence : ils passent huit mois de l'année à courir sur les grands chemins, c'est là ce qu'ils appellent *la vie de campagne*, et quatre mois à Londres à *voyager* dans les rues, dans les parcs, à certaines heures *fashionables*, et cela quinze heures sur vingt-quatre, c'est là ce qu'ils appellent *la vie du monde*. Cette agitation oiseuse n'est pas particulière aux classes supérieures, c'est un instinct de conservation commun aux hommes de tous les états, dans un pays où ce qui n'est pas continuellement agité *moisit*.

La moitié des marchands de la Cité déménage chaque soir, et Londres, presqu'entier tous les samedis : on laisse alors, pour garder le magasin, un garçon qui, de son côté, enrage de ne pouvoir se secouer comme les autres, pour se défendre contre une atmosphère contraire à la vie. Lorsque le soleil parvient, par hasard, à percer la couche de brouillard et de fumée qui le dérobe habituellement aux yeux des habitants de Londres, il arrive à terre si affaibli, qu'à peine peut-il dessiner les ombres des objets, et ce qu'ils appellent un beau jour est une espèce de crépuscule qui change en un gris clair, également répandu partout, la teinte de noir de fumée, ordinairement dominante dans cette capitale des ténèbres ; notez que *j'écris au mois d'août*. (Custine, *Courses en Angleterre et en Écosse*, 1830.)

Hennequin
Arrivée de nuit

Pendant que les riches domaines passaient avec leurs châteaux à mille fenêtres, le soleil avait disparu ; quelques reflets dorés venaient encore enflammer les vitres, mais le rouge de la brique et le vert des gazons se mêlaient dans la teinte obscure du crépuscule.

Alors scintillèrent les premières lanternes de *Piccadilly* ; les ermitages que nous avions vus isolés se rapprochèrent, s'unirent, et finirent par former des rues, non point étroites et tortueuses comme celles de nos faubourgs, mais droites, immenses, illuminées par une double file de candélabres.

Ce fut un spectacle plein d'enivrement que la vue de ce peuple anglais fourmillant sur les larges trottoirs ; se savoir si près de la tour de Londres, de Westminster, de White Hall ! se dire que cette grille est celle du parc Saint-James, que ces grands murs noirs, mêlés de blanc, supportent le dôme de Saint-Paul ! Une ville est bien belle quand les pieds seuls des édifices se baignent dans une rouge lumière et que les orgueilleux monuments cachent leur tête dans la nuit. Que de colonnades, que de tourelles, que de légers balcons ne se plaît-on pas à créer parmi ces formes gazées par l'ombre ! Hennequin, *Voyage philosophique en Angleterre et en Écosse*, 1836.)

Haussez
Sujets d'étonnement

Peu d'étrangers abordent en Angleterre sans apporter la pensée qu'une différence à chaque instant manifestée existe entre ses mœurs, ses coutumes et celles des autres pays, de la France surtout ; que tout doit être un sujet de surprise et d'étude ; que l'on rencontre sans cesse un sentiment de supériorité nationale auquel on est forcé de se soumettre.

Cette opinion disparaît bientôt lorsque l'on voit que le costume des individus de toutes les classes ne diffère en rien de celui des mêmes classes sur le continent ; que la manière de se présenter et de s'aborder est la même, à un peu moins de civilité près ; qu'il n'existe pas beaucoup plus de différence dans les auberges et dans l'exigence des hôtes. La comparaison s'arrête à l'examen des routes et des voitures qui les parcourent. Là tout est bien, tout est beau ; tout est admirable de tenue, de convenances, de soins. On est contraint de reconnaître une immense supériorité à ce qui existe dans ce genre, quelque part que ce soit.

Le pays que l'on parcourt pour se rendre de la côte de la mer à Londres, a la physionomie de la plupart des provinces maritimes de la France. Ce sont des prairies et des champs entourés de fossés que surmontent des haies : les fermes et les bâtiments qui en dépendent n'ont rien qui les distingue de ce que, dans ce genre, on voit sur le continent, seulement on y remarque plus d'ordre et de propreté. Les *cottages*, habitations destinées à des familles de médiocre fortune, sont assez multipliées et d'un aspect agréable ; leur capricieuse architecture est masquée par des crépissages de fleurs ou de lierre que les Anglais savent employer avec beaucoup de goût. Quelques châteaux se laissent deviner plus qu'apercevoir au milieu de prairies immenses qu'entourent des plantations d'arbres verts.

Les petites villes que l'on traverse reçoivent de l'irrégularité de leurs alignements, de l'alternative de leurs maisons placées immédiatement sur le bord de la route, ou situées à quelques pieds en retraite et précédées d'un petit jardin ou d'une pièce de gazon, l'apparence de grands villages. Aucune promenade publique, rien de ce qui sur le continent donne à une agglomération de maisons le caractère d'une ville, ne se présente aux yeux du voyageur.

Quelque chose de vague, de confus, dont on ne peut se rendre compte ; une espèce d'enveloppe de brouillard d'une vaste étendue, à travers laquelle on croit distinguer des objets de forme conique ; puis une masse imposante qui domine l'ensemble de ce tableau vaporeux, fixent son attention. C'est Londres avec son ciel sombre et enfumé, ses nombreux clochers, et sa majestueuse église de Saint-Paul. Point de ces longues avenues, luxe imposant des abords des grandes villes du continent ; point de ces voies somptueuses et si souvent impraticables qui y conduisent. Pour indices d'une riche capitale, de jolies maisons séparées les unes des autres par des jardins qui vont toujours en diminuant d'étendue à mesure que l'on approche, et disparaissent enfin pour faire place à des habitations contiguës qui forment des faubourgs ; des routes de largeur inégale, de directions contournées, mais bordées de trottoirs commodes, admirables d'entretien, et couvertes d'innombrables voitures, de toute forme, de tout usage, circulant avec une inquiétante rapidité. On est enfin dans Londres !

Là, nouveaux sujets d'étonnement. Chaque objet se présente sous un aspect différent de celui qui en France offre un objet de comparaison : c'est de la foule sans confusion, de l'agitation sans bruit, de l'immensité sans grandeur. Ce sont de larges rues ornées de trottoirs pavés en dalles, et séparés par des grilles en fer de maisons en briques, à deux étages, sans style, sans symétrie, sans rien de ce qui ressemble à de l'architecture. Par compensation à ce que l'art laisse à désirer, des places dont le centre est occupé par des jardins plantés de beaux arbres et embellis par des statues, des fleurs et des gazons ; des ponts multipliés, dont deux surtout peuvent rivaliser avec les plus magnifiques ouvrages de ce genre ; des bassins où, sans confusion, sont rangés des milliers de vaisseaux et les richesses qu'ils transportent ; des églises avec des portiques en colonnes, et des clochers remarquables par leur bizarrerie ou la hardiesse de leur élévation, lorsqu'ils ne le sont pas par leur élégance ; mais peu d'édifices publics qui se distinguent des habitations particulières ; et tout cela animée par le mouvement d'une population innombrable, active et affairée.

Le soir, le spectacle change. Lorsque la scène, dégagée de la cohue des acteurs, est éclairée par ces cordons de réverbères à gaz disposés sur les deux côtés des rues, et qui permettent d'en suivre l'étonnant développement, tout en laissant dans l'ombre les noires façades des maisons qui les bordent, on se croirait au milieu des vastes avenues d'un palais illuminé à l'occasion de quelque grand événement.

Dans la ville, ou au moins enclavés dans les longues ramifications de ses faubourgs, on admire des parcs dont les eaux abondantes et des arbres séculaires font tout l'ornement, et dont, à l'exception d'un chemin de circuit réservé aux chevaux et aux voitures, les gazons offrent le choix d'une promenade qui n'est pas commandée par des routes tracées. On remarque dans ces vastes jardins des points de vue sans cesse variés par le nombre et la diversité des édifices qui les entourent, et par la disposition des massifs d'arbres que le hasard, plus que le calcul, a jetés çà et là sur leurs vertes pelouses.

Londres n'a d'imposant dans ses quartiers neufs, que l'étendue et les belles proportions des rues ; dans la cité, que l'immensité de la population et le cachet de vie que lui imprime son commerce. A l'exception des églises dont, en général, le style, soit grec, soit gothique, est assez pur, peu d'édifices fixent l'attention de l'étranger ; mais un grand nombre peuvent cependant faire une sorte de surprise à son admiration, par la profusion ou la singularité de leurs ornements, surtout par l'heureux choix de leur emplacement. C'est en grande partie à cette dernière cause, que favorise l'irrégularité des alignements, que l'on doit attribuer l'effet produit par les maisons de Pall-Mall, de Waterloo Place, de Regent's Street, et de Regent's Park. Au premier aspect, on se croirait dans les rues d'une ville grecque ou romaine, tant on a mis d'affectation à reproduire l'architecture antique ! Il n'est pas une maison qui n'ait un caractère monumental. Mais, au plus simple examen, de nombreuses imperfections révèlent les fautes choquantes d'une imitation faite sans goût, sans raisonnement et au mépris des règles les plus communes de l'art. (Baron d'Haussez, *La Grande-Bretagne en 1833*, 1834.)

Michelet
Par un temps véritablement anglais

Le climat de l'Angleterre se révèle aussi. Celui qui n'a jamais vu Londres doit y entrer comme je viens de le faire, par un temps véritablement anglais : pluie ou brouillard.

Il n'est que quatre heures, et l'on a peine à distinguer les objets. Ceux qui nous sont les plus familiers, apparaissent, à travers la brume, sous des formes nouvelles étranges.

Nous avançons lentement, retardés par les diligences, les équipages lancés dans toutes les directions. L'impression est grande et triste. De petites maisons en briques, toutes à peu près semblables, se succèdent indéfiniment dans de longues, longues rues de soixante pieds de large. L'océan du peuple y flotte silencieux, sérieux, affairé. A mesure que nous approchons du centre de Londres, la foule augmente et se concentre. Maintenant, nous naviguons à travers les vagues houleuses d'une population immense, fiévreusement agitée, sans regard autour d'elle. Au milieu de cet infini mouvant et dans ce crépuscule, j'éprouve une sensation pénible et bizarre, celle du voyageur qui, tout à coup, se verrait jeté seul sur une mer sans rivage, ou plutôt, se sentirait égaré dans la nuit et la tristesse incommensurable des steppes sans fin du nord de la Russie.

Notre postillon se voit forcé d'allumer bien avant l'heure, ses fortes lanternes, deux énormes yeux jaunes qui nous précèdent et nous éclaircissent les ombres. Je jouis vivement à voir défiler les beaux villages qui se succèdent et se multiplient en approchant de Londres : riches maisons enguirlandées de verdure, charmantes villas où se joue la fantaisie, plusieurs, échiquetées de noir et de blanc, selon la vieille mode flamande. Beaucoup d'églises, riches aussi, d'un gothique moderne, mais qui ont trouvé moyen de se vêtir d'antiquité, en jetant sur elles un ample et sombre manteau de lierre.

Vision rapide, féerique, comme frappée de phosphorescence par les jaunes lueurs de nos lanternes... on se sent rouler dans le *Songe d'une nuit d'été*.

Il aboutit hélas! à la plus triste entrée dans la capitale du royaume. Londres m'accueille par le même temps qu'à mon arrivée, il y a un mois : petite pluie fine, ou, ce qui ne vaut pas mieux, une brume noire et pénétrante. (Michelet, *Sur les chemins de l'Europe [1835]*, 1893.)

Flora Tristan

La ville monstre

Quelle immense ville que Londres ! comme cette grandeur, hors de toute proportion avec la superficie et la population des îles Britanniques, rappelle immédiatement à l'esprit et l'oppression de l'Inde et la supériorité commerciale de l'Angleterre ! Mais les richesses provenant des succès de la force et de la ruse sont de nature éphémère ; elles ne sauraient durer sans renverser les lois universelles qui veulent que, le jour venu, l'esclave rompe ses fers, que les peuples asservis secouent le joug et que les lumières utiles à l'homme se répandent afin que l'ignorance aussi soit affranchie.

Que sera alors la sombre étendue de cette orgueilleuse cité ? Ses proportions gigantesques survivront-elles à la puissance extérieure de l'Angleterre et à la suprématie du commerce anglais ? Ces chemins de fer, qui rayonnent de la ville monstre dans toutes les directions, lui assurent-ils un accroissement sans limites ? Telles sont les préoccupations de la pensée à l'aspect de ces flots de peuple qui s'écoulent silencieux dans l'obscurité de ces longues rues, à l'aspect de ce prodigieux amas de maisons, de navires et de choses ; et l'on éprouve le besoin de se livrer à l'examen des hommes de toute classe et de leurs œuvres de toute espèce, afin de trouver une solution aux doutes dont l'esprit est agité.

A la première vue, l'étranger est frappé d'admiration pour la puissance de l'homme ; puis il est comme accablé sous le poids de cette grandeur et se sent humilié de sa petitesse. Ces innombrables vaisseaux, navires, bâtiments de toute grandeur, de toute dénomination qui, pendant de longues lieues, couvrent la surface du fleuve qu'ils réduisent à l'étroite largeur d'un canal ; le grandiose de ces arches, de ces ponts qu'on croirait jetés par des géants pour unir les deux rives du monde ; les docks, immenses entrepôts ou magasins qui occupent vingt-huit acres de terrain ; ces dômes, ces clochers, ces édifices auxquels les vapeurs donnent des formes bizarres ; ces cheminées monumentales qui lancent au ciel leur noire fumée et annoncent l'existence des grandes usines ; l'apparence indécise des objets qui vous entourent : toute cette confusion d'images et de sensations trouble l'âme — elle en est comme anéantie. Mais c'est le soir surtout qu'il faut voir Londres ! Londres, aux magiques clartés de millions de lampes qu'alimente le gaz, est resplendissant ! Ses rues larges, qui se prolongent à l'infini ; ses boutiques, où des flots de lumière font briller de mille couleurs la multitude des chefs-d'œuvre que l'industrie humaine enfante ; ce monde d'hommes et de femmes qui passent et repassent autour de vous : tout cela produit, la première fois, un effet enivrant ! Tandis que, le jour, la beauté des trottoirs, le nombre et l'élégance des *squares*, les grilles d'un style sévère, qui semblent isoler de la foule le foyer domestique, l'étendue immense des parcs, les courbes heureuses qui les dessinent, la beauté des arbres, la multitude d'équipages superbes, attelés de magnifiques chevaux, qui en parcourent les routes, toutes ces splendides réalisations ont quelque chose de féerique dont le jugement est ébloui ; aussi il n'est point d'étranger qui ne soit fasciné en entrant dans la métropole britannique ; mais, je me hâte de le dire, cette fascination s'évanouit comme la vision fantastique, comme le songe de la nuit ; l'étranger revient bientôt de son enchantement : du monde idéal il tombe dans tout ce que l'égoïsme a de plus aride et l'existence de plus matériel.

Londres, centre des capitaux et des affaires de l'Empire britannique, attire incessamment de nouveaux habitants ; mais les avantages que, sous ce rapport, il offre à l'industrie sont balancés par les inconvénients qui résultent de l'énormité des distances : cette ville est la réunion de plusieurs villes ; son étendue est devenue trop grande pour qu'on puisse se fréquenter ou se connaître. Comment entretenir des relations suivies avec son père, sa fille, sa sœur, ses amis, quand, pour aller leur faire une visite d'une heure, il faut en employer trois pour le trajet et dépenser huit ou dix francs de voiture ? Les fatigues extrêmes qu'on éprouve dans cette ville ne sauraient être conçues que par ceux qui l'ont habitée, ayant des affaires ou tourmentés du désir de voir.

Les courses ordinaires sont d'une lieue et demie à deux lieues ; ainsi, quelque peu d'affaires qu'ait une personne, elle est exposée à faire cinq à six lieues par jour ; le temps qu'elle perd peut facilement s'imaginer : en terme moyen, la moitié de la journée se passe à arpenter les rues de Londres. Si un exercice modéré est salutaire, rien ne tue l'imagination, ne paralyse l'esprit et le cœur comme une fatigue extrême et permanente. Le Londonien, rentré chez lui le soir, épuisé de lassitude par les courses de la journée, ne saurait être gai, spirituel, ni disposé à se livrer aux plaisirs de la conversation, de la musique ou de la danse. Les facultés intellectuelles dont nous sommes doués s'anéantissent par les fatigues corporelles portées à l'excès, de même que la surexcitation de ces facultés frappe d'atonie les forces physiques : c'est ainsi que nous voyons l'homme des champs, rendu chez lui, après douze heures d'un pénible labeur, n'éprouver que le besoin de manger et de dormir pour réparer ses forces, et son intelligence demeurer inerte, quelque puissants qu'en soient les ressorts : tel est le destin des habitants de la ville monstre ! Toujours accablés de fatigue, leur physionomie en a pris l'empreinte, leur caractère s'en est aigri.

Londres a trois divisions bien distinctes : la *Cité*, le *West End* et les *faubourgs*. La Cité est l'ancienne ville, qui, malgré l'incendie arrivé sous le règne de Charles II, a conservé grand nombre de petites rues étroites, mal alignées, mal bâties, et les abords de la Tamise obstrués par des maisons dont la rivière baigne les fondements. On retrouve donc, indépendamment de ses splendeurs nouvelles, quantité de vestiges des temps antérieurs à la restauration, et le règne de Guillaume III s'y lit en entier. On y voit une multitude d'églises et de chapelles appartenant à toutes les religions, à toutes les sectes.

Les habitants de cette division sont considérés, par ceux du *West End*, comme *John Bull pur sang* ; ce sont, pour la plupart, de braves marchands qui se méprennent rarement sur les intérêts de leur commerce et que rien n'affecte, excepté ces mêmes intérêts. Les boutiques, où beaucoup d'entre eux ont fait de grandes fortunes, sont si sombres, si froides, si humides, que l'aristocratie du *West End* dédaignerait de semblables salles pour loger ses chevaux. Le costume, les mœurs, le langage de la Cité se font remarquer par des formes, des nuances, des usages, des locutions que les fashionables du *West End* taxent de *vulgarity*.

Le *West End* est habité par la cour, la haute aristocratie, le commerce élégant, les artistes, la noblesse de province et les étrangers de tous pays ; cette partie de la ville est superbe ; les maisons sont bien construites, les rues bien alignées, mais extrêmement monotones ; c'est là que l'on rencontre les brillants équipages, les dames magnifiquement parées, les dandys caracolant sur des chevaux de la plus grande beauté, et une foule de valets couverts de riches livrées et armés de longues cannes à pommes d'or ou d'argent.

Certains quartiers, dans le nord-est et le sud, sont, en raison du bon marché des loyers, principalement habités par des ouvriers, des filles publiques et cette tourbe d'hommes sans aveu que le manque d'ouvrage et les vices de toutes sortes livrent au vagabondage, ou que la misère et la faim forcent à devenir mendiants, voleurs, assassins.

Le contraste que présentent les trois divisions de cette ville est celui que la civilisation offre dans toutes les grandes capitales ; mais il est plus heurté à Londres que nulle autre part. On passe de cette active population de la Cité qui a pour unique mobile le désir du gain à cette aristocratie hautaine, méprisante, qui vient à Londres deux mois chaque année, pour échapper à son ennui et faire étalage d'un luxe effréné, ou pour y jouir du sentiment de sa grandeur par le spectacle de la misère du peuple !... Dans les lieux où habite le pauvre, on rencontre des masses d'ouvriers maigres, pâles, et dont les enfants, sales et déguenillés, ont des mines piteuses ; puis des essaims de prostituées à la démarche éhontée, aux regards lubriques, et ces brigades d'hommes voleurs de profession ; enfin, ces troupes d'enfants qui, comme des oiseaux de proie, sortent chaque soir de leurs tanières pour s'élancer sur la ville, où ils pillent sans crainte, se livrent au crime, assurés de se dérober aux poursuites de la police qui est insuffisante pour les atteindre dans cette immense étendue.
(Flora Tristan, *Promenades dans Londres*, 1840.)

Barbier

Londres

C'est un espace immense et d'une longueur telle
Qu'il faut pour le franchir un jour à l'hirondelle,
Et ce n'est, bien au loin, que des entassements
De maisons, de palais et de hauts monuments,
Plantés là par le temps sans trop de symétrie ;
De noirs et longs tuyaux, clochers de l'industrie,
Ouvrant toujours la gueule, et de leurs ventres chauds
Exhalant dans les airs la fumée à longs flots ;
De vastes dômes blancs et des flèches gothiques
Flottant dans la vapeur sur des monceaux de briques ;
Un fleuve inabordable, un fleuve tout houleux,
Roulant sa vase noire en détours sinueux,
Et rappelant l'effroi des ondes infernales ;
De gigantesques ponts aux piles colossales,
Comme l'homme de Rhode, à travers leurs arceaux,
Pouvant laisser passer des milliers de vaisseaux ;
Une marée infecte et toujours avec l'onde
Apportant, remportant les richesses du monde ;
Des chantiers en travail, des magasins ouverts,
Capables de tenir dans leurs flancs l'univers ;
Puis un ciel tourmenté, nuage sur nuage ;
Le soleil, comme un mort, le drap sur le visage,
Ou, parfois, dans les flots d'un air empoisonné
Montrant comme un mineur son front tout charbonné ;
Enfin, dans un amas de choses, sombre, immense,
Un peuple noir, vivant et mourant en silence,
Des êtres par milliers suivant l'instinct fatal,
Et courant après l'or par le bien et le mal.

(Auguste Barbier, *Lazare*, 1837.)

Montulé

Immense contour

On parlait l'autre jour devant moi de l'immense contour de Londres ; il me prit envie de le parcourir à pied, afin d'en avoir une mesure approximativement exacte, ce qui est très difficile, parce que cette ville n'a point d'enceinte déterminée, et qu'elle s'étend indéfiniment sur les routes. C'était une sorte de pari ; je tenais à l'exécuter, et je partis de Leicester Square à cinq heures. J'allai prendre l'extrémité d'Oxford Street ; de là je me dirigeai vers Paddington, Islington, Horton, Bethnal Green, Lime House, vers les West India docks. En les quittant je me trompai, et, longeant la rivière, j'arrivai presque à Greenwich : revenant sur mes pas, je passai la rivière sur un des nombreux et charmants bateaux qui la couvrent devant Deptford ; on ne les construit nulle part avec plus de goût et d'élégance qu'aux environs de Londres. Fatigué, j'entrai dans une auberge où je déjeunai, où je m'endormis même. J'allais manquer mon expédition, si l'on ne m'eût réveillé. Je partis alors pour Camberwell, Battersea, où je traversai la rivière sur un pont de bois ; j'arrivai par Chelsea dans Hyde Park et dans Oxford Street, à une heure et demie. Je pense avoir fait près de trente milles en six heures ; beaucoup d'Anglais, j'en suis sûr, auront de la peine à le croire, mais je suis prêt à recommencer ce petit voyage, et je ne demanderais même que cinq heures. Londres a, d'après ce calcul, un quart à peu près de plus que Paris. Dans cette tournée, si je rasai la ville du côté du nord, quand je fus au sud, je laissai entre elle et moi une grande quantité de terrains vagues. Mais combien la végétation est belle ! que ces gazons sont moelleux ! que ces pelouses d'un vert jaunâtre reposent et réjouissent agréablement la vue ! Quels soins minutieux, d'assez bon goût pourtant, dans ces petits jardins compris entre les maisons et es grilles de fer ou de bois qui donnent sur la route ! Il semble que tout cela ne soit fait que pour le plaisir des yeux ; cela paraît aussi très bien convenir à ces hommes proprement vêtus, à ces femmes élégamment mises que je vois sortir de ces jardins. A l'exception des mendiants, je ne trouvai dans Londres que les ouvriers charpentiers, maçons, etc., qui fussent vêtus misérablement ; encore auraient-ils pu échapper à mes regards, si, pour dessiner, je n'avais été obligé de devancer le brouillard et de me lever de très bonne heure. Cette classe d'hommes est la seule qui soit matinale. A Londres, les boutiques s'ouvrent à peu près deux heures plus tard que les nôtres, ce dont les Anglais ne conviendront pas, parce qu'ils ne veulent rien accorder. Ces ouvriers trouvent sur les places, les ponts, etc., de petites boutiques où ils prennent le thé ou le café. Dans tous les pays l'homme de peine mange de bonne heure. (E. de Montulé, *Voyage en Angleterre pendant les années 1821 et 1822*, 1825.)

Esquiros
Cette cité qui finit et recommence toujours

Deux traits me frappent au plus haut degré dans le caractère des Saxons : la force et la grandeur.

Ils ont imprimé ces traits à tous leurs ouvrages, et d'abord à la forme de leurs cités. Jetez les yeux sur Londres, cette ville qui finit et qui recommence toujours. La cataracte du Niagara a moins de flots, elle fait moins de bruit et de fumée que cette marée humaine, la population de Londres. C'est surtout par un de ces jours de brouillard, si fréquents au mois de novembre, qu'il faut voir cette cité colossale, étrange, unique dans le monde. Le fauve brouillard s'épaissit encore de tous les torrents de fumée que dégorgent dans le ciel les immenses tuyaux de briques, les mille fournaises de l'industrie, les cheminées des fabriques et des maisons. Si vous regardez à votre montre, il est onze heures du matin ; si vous regardez au ciel, il est encore nuit. Les becs de gaz flambent, les boutiques du Strand sont éclairées ; des hommes, des enfants, noirs comme des démons, portent des torches qu'ils agitent jusque sous les pieds des chevaux ; mais à quoi bon ? la lumière ne fait qu'accuser la couleur livide du brouillard. Eh bien, dans ce nuage rampant, dans ces ténèbres diurnes, vont, viennent, circulent, se croisent des hommes à figure impassible, affairée, silencieuse, les uns sous les habits de luxe, les autres sous les haillons de la misère. On dirait des ombres qui s'agitent dans un tombeau. Rien n'est pourtant moins fantastique, je vous assure, que le but de leur activité. Chacun, suivant l'ordre de ses idées ou de ses occupations, poursuit dans Londres une ville différente : M. de Rothschild y cherche la banque du monde entier, le négociant le plus grand théâtre d'affaires qui existe, l'éleveur un vaste marché pour le bétail, l'homme d'État le siège du gouvernement et les différentes branches de l'administration, l'homme de plaisir l'affiche des spectacles ou l'entrée des tavernes ; l'artiste y cherche et y trouve tout cela à la fois. Quiconque aime le spectacle des multitudes et des villes immenses abandonne volontiers le désert au voyageur ; il rencontre à Londres, dans cette forêt d'hommes, un sujet de contemplation égal au moins pour la grandeur à toutes les scènes prodigieuses de la nature. Il y a une sorte de charme et de vertige à étudier toutes ces faces de la vie humaine, dont la variété est inépuisable. Et puis, si vous êtes fatigué de la vue d'un peuple qui achète et qui vend, du bruit éternel des roues des machines, des chevaux, du roulement des locomotives et des wagons, qui, même dans les rues de Londres passent au-dessus de vos têtes en sifflant, faites un pas, et, au milieu de cette solitude aride de la foule, vous trouverez l'oasis. Un soir d'été, j'étais dans Hyde Park : autour de moi, tout faisait silence, à l'exception des oiseaux ; des vaches paissaient dans l'herbe, de vieux et grands arbres secouaient au vent leur chevelure négligée, des enfants jouaient, nageaient, barbotaient dans une pièce d'eau, la Serpentine. Au milieu de cet horizon immense, dont rien ne bornait la vue que des lignes de verdure et de ciel bleu, je me serais cru à cent lieues d'une capitale, et pourtant j'étais dans Londres. Mais une des perspectives les plus solennelles que je connaisse, c'est Londres vu à vol de *steam-boat*. Je ne comprends pas de grande ville sans un grand fleuve : c'est l'artère vitale du commerce. La Tamise, elle, a le génie anglais ; elle est sombre, profonde, laborieuse, puissante ; elle porte sur son dos des centaines de bateaux à vapeur, qui font le service d'omnibus et vont d'un bout de la ville à l'autre sous des noms poétiques, *La Nymphe, La Dryade, L'Orgueil de Londres, L'Hirondelle, La Cigogne, La Fleur du soleil*, Ne-

m'oubliez-pas. Il faut voir, monté sur la proue de ces bateaux, les ponts de Londres, les édifices publics, Westminster, Saint-Paul, Somerset House et toute sorte de clochers qui à une grande distance se lèvent dans le brouillard avec des airs de spectres, mais surtout les toits angulaires des vieux *wharfs* avec les grues et les chaînes qui soulèvent vaillamment les massives et obscures richesses du monde entier. (Esquiros, *L'Angleterre et la vie anglaise*, 1859.)

Texier
Tous les clichés en quelques pages, et quelques emprunts

C'est la troisième fois que je visite Londres, et je me rends publiquement cette justice que je n'ai jamais franchi le détroit sans me munir d'un parapluie. A Douvres et à Folkestone, la température est encore assez traitable, le soleil égaie même de quelques rares sourires ces deux petits ports qui regardent la France ; mais à Londres... Des Londoniens m'ont affirmé qu'ils ont assez souvent des journées splendides et des nuits constellées d'étoiles. Je n'ai pas voulu m'inscrire en faux contre ce paradoxe national, mais, si l'on veut savoir ce que sont le soleil et l'atmosphère de Londres, on n'a qu'à se figurer un pain à cacheter rouge collé sur une grande feuille de papier gris.

De la distance de Paris à Londres, il n'en est plus question : c'est à peine si l'on remarque un peu d'Océan entre les deux métropoles ; on dîne le soir à six heures sur le boulevard de Gand, et le lendemain matin à sept heures on peut prendre le thé ou le café dans Regent-Street. Ce qui frappe tout d'abord en arrivant à Londres, c'est cette foule énorme et cette immensité dont le Parisien qui n'a pas franchi la Manche ne saurait se faire une idée. A la première vue, on est dans l'admiration pour la toute-puissance de l'homme ; puis on reste comme accablé sous le poids de cette grandeur. Ces innombrables vaisseaux qui couvrent la surface du fleuve réduit à l'étroite largeur d'un canal, ces bateaux à vapeur qui volent dans tous les sens, hirondelles de la Tamise ; le grandiose de ces arches, de ces ponts qu'on croirait jetés par des géants pour unir les deux rives du monde ; les docks, immenses entrepôts qui occupent vingt-huit acres de terrain ; les dômes, les clochers, les édifices auxquels la vapeur donne des formes bizarres ; ces cheminées monumentales qui lancent au ciel leur noire fumée et annoncent l'existence de grandes usines ; toute cette confusion de tableaux et de sensations vous trouble et vous anéantit. On se rappelle Paris, et, dans ce souvenir évoqué, Paris n'apparaît plus que comme une modeste bourgade. La beauté des trottoirs, larges comme des rues, le nombre et l'élégance des *squares*, les grilles d'un style sévère qui isolent de la foule le foyer domestique, l'étendue immense des parcs, les courbes heureuses qui les dessinent, la beauté des arbres, la multitude des équipages attelés de chevaux magnifiques qui en parcourent les routes, toutes ces splendides réalisations semblent appartenir au monde de la féerie, excitent l'esprit et l'enivrent. Le soir surtout, Londres, avec ces magiques clartés qu'alimente le gaz, est resplendissant. Ses rues, vastes comme des places, se prolongent à l'infini ; des flots de lumières font étinceler de mille couleurs la multitude de chefs-d'œuvre que l'industrie humaine entasse dans ses boutiques. On dirait d'une cité babylonienne enfantée par l'imagination extravagante du peintre Martinn (*sic*). Le premier jour, on est émerveillé, on ose à peine en croire ses yeux, tant ce pandémonium d'hommes et de choses vous surprend et vous exalte ; mais, passez huit jours à Londres, huit jours seulement, et toute cette fantasmagorie disparaît, la fascination s'évanouit comme la vision fantastique, comme le songe de la nuit. Dans cette désolante et merveilleuse accumulation de puissance, on ne voit plus que de la foule sans mouvement, de l'agitation sans bruit, de l'immensité sans grandeur. Londres est moins une ville qu'une agglomération de maisons et d'édifices.

Quand on est fatigué d'admirer les objets, si l'on porte les regards sur cette foule d'hommes et de femmes qui passent et repassent, on est tout de suite frappé de la tristesse empreinte sur les physionomies. L'Anglais continental, l'Anglais qu'on voit à Paris, n'est pas du tout le même homme que l'Anglais en Angleterre et surtout à Londres. Les Anglais ont un masque qu'ils laissent à Douvres au moment où ils s'embarquent et qu'ils reprennent en revenant dans leur pays. Voyez-les en France, ils sont déridés, joyeux et quelquefois aimables ; ils causent, ils rient, ils chantent même à table pour peu qu'on les prie de chanter, et j'en ai connu qui ne craignaient pas d'aborder la contredanse et de figurer dans un quadrille. A Londres, ils sont graves comme des notaires et plus tristes que des croque-morts. Non seulement ils ne chantent plus, ils ne dansent plus, mais ils se gardent bien de rire, de peur de perdre leur considération ou leur crédit. Au théâtre ou en soirée, si une femme se permet de sourire, c'est que la femme est femme partout et qu'il faut bien montrer un peu les perles de sa bouche. Quant aux hommes, l'ennui qui les ronge est si profond qu'il a imprimé son stigmate sur leur visage. Tous leurs traits sont pendants et, le matin ou le soir, on les rencontre toujours avec cet air affaissé qui explique l'étrange maladie du spleen.

J'avais pour cicérone à mon précédent voyage dans la capitale des îles Britanniques un gentleman dont j'avais fait la connaissance à Paris et qui, comme un grand nombre de ses compatriotes, est plus souvent sur le continent que dans sa patrie. Après m'avoir montré avec la plus grande complaisance toutes les curiosités officielles ; après m'avoir promené dans les parcs, dans les quartiers brillants, dans les tavernes, mon guide se plaça en face de moi, et de l'air triomphant d'un homme sûr de son fait.

— Avouez, me dit-il, que Londres est la ville par excellence, la métropole de l'univers.

— Avant de vous répondre, permettez-moi de vous demander pourquoi, vous et les gentlemen riches, vous préférez vous confiner dans ce village qui s'appelle Paris, ou en Italie, ou même dans quelque chef-lieu de la Touraine, plutôt que de vivre au milieu de cette métropole du monde ?

— L'Anglais est né voyageur, me répondit-il entreprenant son air soucieux ; et il changea de conversation.

L'Anglais, par amour-propre national, ne veut pas avouer que le climat de Londres est inhabitable. Aux vapeurs de l'Océan qui voilent constamment les îles Britanniques, se joint, dans les villes anglaises, et surtout à Londres, l'atmosphère lourde, méphitique du charbon de terre. Ce combustible brûle partout et toujours, alimente d'innombrables fournaises, se substitue sur les chemins aux chevaux, et aux vents sur le fleuve qui baigne la capitale de ce gigantesque empire.

A cette énorme masse de fumée surchargée de suie qu'exhalent les milliers de cheminées de la ville monstre, se mêle un épais brouillard. Le nuage noir dont Londres est enveloppé ne laisse pénétrer qu'un jour terne et répand un voile funèbre sur tous les objets.

Rien n'est plus lugubre que la physionomie de Londres par un jour de brouillard, de pluie ou de froid. C'est alors que le spleen vous enlace. Ces jours-là cette immense cité a un aspect effrayant. On s'imagine errer dans une nécropole, on en respire l'air sépulcral. Ces longues files de maisons uniformes aux petites croisées en guillotine, à la teinte sombre, entourées de grilles noires, semblent deux rangées de tombeaux au milieu desquels se promènent des fantômes.

Hier vers quatre heures, j'errai, par le brouillard, dans les rues si correctement alignées et si monotones du *West End*. Comme à l'ordinaire, passaient les brillants équipages, courant vers Hyde Park, les ladies magnifiquement parées, les dandys sur leurs chevaux caracolant vers Kensington, et un peuple de valets armés de longues cannes à pommes d'or ; mais sur tous les visages l'ennui et la tristesse. Près des trottoirs se tenaient, le teint hâve, les yeux creusés par la faim, une foule couverte de haillons noirâtres, qui regardait d'un œil stupide les heureux ennuyés du monde. Il faut venir à Londres pour se faire une idée du haillon. Quiconque ne l'a vu qu'à Paris ou dans les autres villes de France ne le connaît pas. Ici, la loque dont se couvrent les mendiants est quelque chose d'innommé jusqu'à ce jour. Ce sont des apparences d'habits qui ont dû être noirs primitivement et qui n'ont plus de couleur. On devine le linge absent sous ce tissu luisant et aussi hermétiquement fermé que possible. Les pauvresses portent sur la tête des objets sans forme qui ont été des chapeaux autrefois et dont quelques-uns conservent, — dérisoire antithèse, — une vieille plume qui pend comme une guenille. Tous ces malheureux paraîtraient moins nus s'ils n'étaient pas du tout vêtus. Eh bien ! le croirait-on ? ces haillons repoussants ne sont point arrivés à leur dernière phase. A Londres, l'habit noir est universel. Les gentlemen et les marchands portent un habit noir ; cet habit, quand il est défloré, devient, moyennant quelques schellings, la propriété de l'ouvrier, qui l'endosse le dimanche ; lorsque ce frac de seconde main (*second hand*) est complètement usé, le possesseur le revend au mendiant. Ce dernier, après avoir porté cet habit en loques, le vend à son tour au brocanteur, qui l'expédiera en Irlande pour qu'il soit vendu au prix de quelques *pence* aux pauvres de ce pays. Ce n'est qu'après ce dernier relais que l'habit noir façonné dans un magasin de Piccadilly ou du Strand n'existe absolument plus.

Des élégantes calèches, pas un regard de commisération ou de pitié ne tombait sur ces parias de la civilisation. Les dandys bâillaient sur leurs pur-sang, les grandes dames bâillaient dans leurs voitures. Nul, parmi ces représentants de la plus riche aristocratie du globe, ne semblait se douter que toute une population affamée grouillait à ses pieds. Chacun, tout entier à son ennui, n'avait pas le temps de s'occuper de la misère des autres. Dans ces jours néfastes, et ils sont nombreux, l'Anglais, sous l'influence de son climat, est brutal envers tout ce qui l'approche. Il heurte et est heurté sans donner ou recevoir d'excuses, cela va sans dire. Un pauvre tombe d'inanition au milieu de la rue, on l'enjambe et on court à ses affaires ; puis, la tâche terminée, on entre au club, où l'on dîne copieusement, où l'on s'enivre et où l'on oublie dans le sommeil de l'ivresse le pesant ennui de la journée. A Londres, le bonheur n'est pas de se sentir vivre, mais bien au contraire d'oublier qu'on existe. De là ces cruchons de bière, ces bouteilles d'ale, ce gin, ce porter et ces grogs monstrueux absorbés par un seul homme dans une seule soirée. L'Anglais n'est pas plus ivrogne qu'un autre peuple, et s'il s'enivre presque quotidiennement, c'est que le climat le force à s'enivrer. Qu'on ne me fasse pas l'injure de croire qu'en parlant ainsi, j'obéis à un préjugé national ou à une rancune : je ne suis pas, Dieu merci ! de ces gens qui ne peuvent parler de Shakespeare sans penser à la bataille de Waterloo ; je raconte ce que j'ai vu, ce que je vois chaque jour, et je ne demande nullement que la France prenne sa revanche de Trafalgar. (Texier, *Lettres sur l'Angleterre*, 1851.)

Taine

Un spectacle grandiose et horrible

Lorsque je passais la saison à Londres, il m'arrivait souvent, à une heure du matin, de prendre un cab. Le cocher est derrière, invisible, et les grandes jambes du cheval vous emmènent violemment, d'une course mécanique et rigide, sans qu'on sache où ni comment. L'homme avait ordre de ne point arrêter, de ne point parler ; ordinairement je revenais par London Bridge et le Strand. Probablement aucun spectacle au monde n'est si grandiose et si horrible.

La vie s'est éteinte ; il reste un cimetière démesuré. Çà et là, dans une encoignure, un policeman se tient roide et muet comme un gardien des morts ; de loin en loin, une misérable femme errante, quelques spectres en vieil habit noir, glissent vaguement dans l'ombre. Une lune sépulcrale luit toute troublée au-dessus de l'air chargé d'émanations humaines. Ce n'est pas le sommeil d'une cité méridionale voluptueusement reposée entre les bras de la pacifique nature : c'est l'odeur de la créature affaissée après l'angoisse et la fièvre, c'est la veillée malsaine prolongée aux flambeaux à côté de la pesante mort. Incessamment, éternellement, les rues monotones allongent leurs files de maisons monumentales ; rues après rues, encore d'autres, et toujours d'autres ; puis des squares, des places, des croissants, tous inconnus, tous silencieux sous la clarté blafarde, avec leurs péristyles, leurs pilastres, leurs frontons, leurs trottoirs, et le déroulement ou l'enchevêtrement de leurs formes inattendues. Il semble que l'abîme humain aille s'élargissant à mesure qu'on s'y enfonce. Et tout cela est vide. Jamais, à le voir plein et bruyant, on n'avait senti son immensité. En traversant les ponts colossaux, l'horreur redouble : le fleuve luisant et visqueux clapote indistinctement dans la brume, soulevant sur son dos fétide les amas de navires, qui se collent en froissant l'eau. Les jets de gaz tremblotent sur les remous, et leurs reflets, comme des colonnes torses qui s'écroulent, vont se perdant dans l'infini. A droite, à gauche, en haut, en bas, on devine, sous ce catafalque d'obscurité et de lumière, une gigantesque file bossuée d'entrepôts et de fabriques noircies. Tant de pierres et de briques, tant de bâtisses et d'inventions, un tel amoncellement de calculs et de labeurs heurtés les uns contre les autres, infatigablement exhaussés et surexhaussés, sans que jamais trêve ou détente puisse adoucir ou suspendre l'acharnement de leur conflit ! Demain les tarières, par centaines de milliers, vont lâcher leurs fourmilières, et le combat va recommencer plus âpre, pour s'exaspérer encore le jour d'après. Mais la plus noire pensée, c'est que ce combat va se livrer corps à corps, selon des routines fixes, sur un terrain mesuré, divisé et clos, chaque homme dans son compartiment, plié d'avance par le poids de la tradition et de l'apprentissage, aussi mécanique et aussi artificiel que sa monstrueuse prison de briques. (Taine, *Vie et opinions de M. F. Th. Graindorge*, 1867.)

Bourget

Une impression presque terrible

Des maisons et encore des maisons, et, quoique le ciel soit d'un bleu si joli, celui de la dernière heure d'un beau jour d'été, une impression presque terrible s'échappant de cet entassement — la même impression infligée par l'allure des passants, les cris des cochers, l'énormité des ponts, l'effort de la rivière —, quelque chose de surhumainement solide et d'entretenu par un travail surhumainement poussé ; ainsi m'est apparue Londres, comme à tous ceux qui l'ont traversée. Quand on est à deux et que l'on cause de France, le spectacle n'est que curieux. Tout seul et par un jour de brume, on doit le trouver écrasant... (Bourget, *Études Anglaises*, 1888.)

LA TAMISE

Les anglophobes les plus aigris ne peuvent nier que Londres soit le premier port de l'Europe et que la Tamise apporte les richesses du monde entier au cœur de la cité. Personne ne reste indifférent au spectacle du fleuve couvert de vaisseaux, à la forêt de mâts évoquée par tous les voyageurs.

Au XVIIIe siècle le port se présente comme tableau, ou succession de tableaux, et comme démonstration ou leçon : tableaux qui rappellent Claude Lorrain ou les maîtres hollandais, avec effets de lumière et détails pittoresques ; démonstration de ce que le négoce et le commerce apportent à la prospérité et à la force d'une nation. C'est dans un port que la richesse et la puissance d'un pays deviennent visibles et tangibles.

*La Tamise satisfait le lecteur de l'*Encyclopédie *et l'amateur de belles compositions, mais elle est aussi le lieu et le lien de la vie quotidienne à Londres, espace de fête et de rencontre, comme à Venise, avenue triomphale menant de Greenwich à Westminster.*

Au XIXe siècle, les rives de la Tamise maritime se creusent de docks, c'est-à-dire de bassins, se couvrent d'entrepôts, accueillent des manufactures, puis de tristes faubourgs. C'est à la fois l'emporium d'un empire et le lieu de l'architecture industrielle, d'édifices gigantesques, de perspectives piranésiennes se perdant dans la brume ou la fumée. L'activité du port appelle des énumérations, des dénombrements, des inventaires, des chiffres vertigineux. On oublie Venise pour parler de Carthage, de labeur voire d'esclavage au profit de despotes invisibles entassant de monstrueux trésors.

Aux somptueux panoramas de Canaletto succèdent les sombres et hallucinantes gravures de Gustave Doré, et aussi les toiles des impressionnistes et de Whistler, transfigurant la Tamise victorienne.

Au spectacle traditionnel du port les ingénieurs ajoutent des prodiges, comme le tunnel sous la Tamise, négation du fleuve, défi technique, longtemps inutile d'ailleurs, et attraction inévitable. Il y a les premiers vapeurs, et puis le gigantesque Léviathan... *qui, un temps, refusa de prendre la mer.*

Si les flots de la Tamise deviennent noirs et nauséabonds, le fleuve permet encore, au-delà de l'East End perçu comme une zone de criminalité et d'insécurité, l'évasion vers les guinguettes de Greenwich.

D'ailleurs, que ce soit sous George II ou sous Victoria, c'est l'aspect aimable, un peu canaille et populaire, de la Tamise qui séduit les Français. Nous sommes souvent incapables d'apprécier ce qu'exige et apporte le commerce maritime, le port ne nous offre que du pittoresque derrière lequel nous ne percevons que confusément la réalité. Le Français éprouve vertige et envie, malaise qu'il préfère dissiper en jouissant de la Tamise lieu de loisir et livre d'Histoire.

Muralt

Un fleuve commode et agréable

Mais je vous parlerai, si vous voulez, de la *Tamise* qui coule tout auprès. Elle est, après le Parc, ce que je trouve de plus agréable à Londres, aussi bien que de plus commode. Je laisse à part la largeur et la profondeur de ce fleuve, qui, avec son flux et reflux, le rendent propre à recevoir de grands vaisseaux, et qui font de cette ville ce qu'elle est. Ce qui m'en plaît davantage, c'est la douceur de son cours, et mille petites chaloupes qui le couvrent, et qui servent à aller agréablement d'un bout de la ville à l'autre, quand on a des affaires, ou à se promener, quand on n'en a pas. Quelquefois des troupes de hautbois et de violons se trouvent à cette promenade et achèvent de la rendre délicieuse. (Béat de Muralt, *Lettres sur les Anglais*, 1726.)

Saussure

Les bateliers de la Tamise

Il y a encore à Londres un autre moyen de transport très commode. Je veux parler des bateaux. On en compte environ 15 000 munis de numéros tant à Londres, que dans les villages environnants. Les bateliers ont de même que les fiacres un bureau, où on peut en tirer raison, au cas qu'on ait sujet de se plaindre d'eux. Leurs bateaux sont propres et jolis ; ils sont légers et peints ordinairement en rouge ou en vert. On peut y être six à son aise. Lorsqu'il pleut, on les couvre d'une tente forte et grossière, pour que la pluie ne puisse pas la percer, et en été, quand le soleil est ardent, on y met un pavillon dessus, qui est ordinairement de quelque petite étoffe de laine rouge ou verte. Il y a de ces bateaux à deux rameurs qu'on appelle « Oars », et d'autres à un seul qu'on nomme « Sculler ». On peut aller prendre bateau à vingt ou trente endroits qu'on appelle « stairs », c'est-à-dire escaliers, parce qu'il y a une jetée, ou des escaliers pour s'avancer dans la rivière, lorsque la marée est basse. On trouve ordinairement dans ces endroits-là une troupe d'une quinzaine ou vingtaine de ces tritons, mis la plupart d'une façon singulière, vêtus d'une espèce de pourpoint plissé, ou falbalaté par le bas, les uns rouges, d'autres verts, ou bleus, ou jaunes, avec une grande plaque d'argent sur l'estomac, et sur le dos, où les armes de leur maître ou de leur protecteur sont relevées en bosses. Car les uns sont bateliers du roi, d'autres du prince de Galles, de divers pairs du royaume, du lord-maire, de la magistrature de Londres ou encore de telle ou telle corporation de cette ville.

Ce sont des places qu'ils recherchent avec empressement, surtout en temps de guerre, pour n'être pas obligés d'aller servir sur les vaisseaux de guerre, lorsqu'on équipe une flotte. Ces messieurs ont des bonnets particuliers, de velours, de panne noire, ou quelquefois de drap de la couleur de leur pourpoint ; ils ne voient pas plutôt venir quelqu'un de leur côté, pour aller prendre un bateau, qu'ils s'avancent vers lui et lui crient tous à pleine tête, les uns « oars, oars », les autres « scullers, scullers ». Ils continuent cette belle musique, jusqu'à ce que celui qui va s'embarquer montre du doigt ou autrement celui qu'il choisit pour son pilote, alors ils cessent tout d'un coup leur criaillerie et disent ordinairement quelque injure à celui qui a été choisi. On donne six sols pour un bateau à deux rameurs et trois sols pour ceux qui n'en ont qu'un, depuis Westminster jusqu'au Pont ; mais dès qu'on passe le Pont, c'est le double. Lorsqu'on veut faire une partie de plaisir sur l'eau, il est prudent de faire prix avec les bateliers. Car ils sont gens à écorcher leur monde. (César de Saussure, *Lettres et voyages [1742]*, 1903.)

Lacoste
Une rue à la vénitienne

Le ciel était sans nuages, et le soleil, quoique sans chaleur, donnait par la gaieté, un air animé au tableau qu'offrait dans l'éloignement la forêt de mâts que la marée montante faisait balancer sur le fleuve. J'abordai, j'envoyai dire à mon cocher de partir, et je revins à Londres par l'espèce de rue à la vénitienne, que forment, dans une étendue de trois milles, les vaisseaux de toutes les nations, rangés par cinq ou six de front sur les deux côtés de la Tamise. Je ne connaissais point encore ce spectacle ; je ne m'en étais formé nulle idée ; celui des différents ports de mer que j'avais visités n'en était pas même une esquisse. Deux mille navires, variés par leur force, leur coupe, leurs agrès, le costume des équipages, placés avec un ordre presque symétrique, dans un canal d'un mille de large, et sur une lieue de prolongement, une multitude de canots se croisant légèrement pour le service des vaisseaux, les deux rives chargées de navires sur le chantier, ou au radoub, occupant tout un peuple d'ouvriers ; tel fut, pendant près d'une heure, le monde nouveau pour moi, dans lequel s'égara mon imagination exaltée par l'idée d'audace attachée à chacun de ses habitants, et par celle de puissance, empreinte sur son ensemble. (Lacoste, *Voyage philosophique d'Angleterre fait en 1783 et 1784*, 1787.)

Ferri de Saint-Constant
Grandeur sans beauté, richesse sans attraits ?

En voyant tous les avantages que ce beau fleuve assure à l'Angleterre, on se rappelle la fameuse réponse que les citoyens de Londres firent à

Jacques Ier. Ce prince, mécontent de ce que la Cité refusait de lui prêter une somme considérable, la menaça d'établir sa cour ailleurs : « Sire, lui répondit le lord-maire, en nous retirant la faveur de votre présence, nous laisserez-vous au moins la Tamise ». Mais ce beau fleuve qui est la source de la grandeur et de la richesse de Londres, ne contribue pas beaucoup à son embellissement; non seulement il n'y a pas même l'apparence d'un quai, mais il semble qu'on se soit proposé de prendre toutes les mesures imaginables pour dérober les abords et la vue de ce beau fleuve. On ne le voit guère que des ponts et de quelques terrasses, et on n'y communique que par des *stairs*, rampes ou escaliers qui sont mesquins et peu commodes, et qui forment en même temps autant d'égouts pour les eaux et les immondices de la ville.

Les maisons qui occupent les bords du fleuve, bien loin d'offrir quelques décorations, ressemblent à des bâtisses irrégulières que le hasard aurait placées sur ses bords, et ne sont habitées que par des tanneurs, des teinturiers et d'autres manufacturiers. Les rues qui bordent ces maisons sont les plus sales de Londres. Il n'y a guère qu'un siècle que sur la rive droite de la Tamise il n'y avait que le faubourg de Southwark, le village de Lambeth et quelques maisons avec des jardins; mais depuis cette époque, et surtout depuis que l'on a construit les ponts de Westminster et de Blackfriars, la rive droite est couverte de maisons qui sont en général des fabriques très mal bâties, si on excepte les rues voisines des ponts.

Hors de Londres, les bords de la Tamise offrent les points de vue les plus agréables et les plus variés. De tous côtés on aperçoit des maisons de campagne, ornées de jardins, des villages, des plaines bien cultivées, des prairies et des coteaux de la plus riante verdure. La Tamise coule près de Windsor et contribue beaucoup à embellir le paysage le plus beau et le plus étendu qu'offre l'Angleterre. A Richmond, elle anime un paysage plus rapproché, mais peut-être plus agréable; le village de Richmond, par sa position pittoresque, fut appelé autrefois, en langue saxonne, *Shene*, qui signifie *Brillant*. De nos jours, il a mérité le nom de *Frascati* de l'Angleterre. De Greenwich, la Tamise offre une vue encore plus imposante. On y voit une foule de vaisseaux monter et descendre le fleuve, et leur mâture et leurs voiles se confondre agréablement avec le feuillage des grands arbres dont ses bords sont plantés.

Le cours de la Tamise, surtout depuis Hamptoncourt jusqu'à Kew, maisons royales, est peuplé de cygnes. Cet oiseau a toujours été en grande estime en Angleterre. Un acte d'Édouard IV portait que personne, excepté le fils du roi, ne pourrait avoir un cygne, à moins de posséder cinq marcs de revenu. Un autre acte punissait le vol des œufs de cygne par un an de prison et une amende à la volonté du roi. Selon Coke, le vol d'un cygne, légitimement marqué et dans une rivière ouverte et commune, entraînait la peine suivante le cygne était suspendu par le bec et le voleur était obligé de jeter sur la tête de l'oiseau autant de blé qu'il en fallait pour le couvrir entièrement ; ce blé servait de dédommagement au propriétaire. On prend encore de grandes précautions pour conserver les cygnes. A des époques fixes le barge du roi et ceux de deux corporations de la Cité, les teinturiers et les marchands de vin, remontent la Tamise jusqu'à Marlow pour faire marquer les jeunes cygnes : cette cérémonie s'appelle *swan-trapping*.

Il y a cinquante ans, la ville de Londres n'avait qu'un seul pont (*London's Bridge*), mais ce pont existe depuis près de sept siècles. C'est sans doute une des entreprises les plus hardies que l'architecture pût former et exécuter dans le temps où il a été bâti. La construction de ce pont, dont les piles sont fondées sur des pilotis, dura trente-trois ans ; il est composé de dix-neuf arches d'inégale grandeur, et a cent quinze pieds de long sur quarante-cinq de large. L'architecte, nommé Pierre, curé de Sainte-Marie Colechurch, étant mort quatre ans avant que son ouvrage fût achevé, le roi Jean proposa aux habitants de la Cité de Londres de charger de la continuation de cet édifice un autre ecclésiastique nommé Isambert, maître d'école à Saintes ; mais ceux-ci voulurent que des Anglais eussent l'honneur d'achever cet important ouvrage.

London's Bridge, dit autrefois *le pont des Merveilles*, était couvert de maisons ; ce n'a été qu'en 1756 qu'elles furent démolies. Au lieu d'une rue étroite, il présente aujourd'hui une voie pour les voitures, large de trente pieds, avec des trottoirs pour les piétons, et une élégante balustrade. Ce pont a le défaut d'avoir les arches basses et étroites, en sorte que les gros bâtiments ne peuvent y passer, et qu'à la marée descendante il s'y forme une cascade qui en rend le passage très dangereux.

Les habitants de Westminster, se trouvant à plusieurs milles de distance du pont de Londres, résolurent d'en faire construire un dans leur ville ; ils en sollicitèrent la permission au parlement qui la leur accorda, malgré l'opposition de la Cité de Londres, du faubourg de Southwark et de plusieurs corporations. La première pierre fut posée, le 24 janvier 1759, par Henri, comte de Pembroke, connu par son goût pour l'architecture ; et la construction fut confiée à Charles Labelye, français, selon Pennant, et suisse, selon d'autres. Il est composé de quinze arches, dont celle du milieu a 76 pieds de large ; les autres décroissent également de chaque côté dans la proportion de 4 pieds ; la longueur du pont est de 1 225 pieds, et la largeur de 44 ; les piles comme les arches sont entièrement bâties en grandes pierres de Portland. On assure qu'il y a été employé beaucoup plus de matériaux que pour la construction de l'église de Saint-Paul.

Ce pont réunit la solidité, la simplicité et la noblesse, et ne le cède en rien à aucun édifice de ce genre. On ne trouve à blâmer que la hauteur gigantesque des parapets et les cabinets en niche, élevés des deux côtés sur les éperons de chaque pile : mais ce sont des défauts que l'on peut faire disparaître. L'avantage d'offrir un abri contre la pluie ne suffit pas pour justifier ces niches ; et sans doute ce n'est pas sérieusement qu'on a dit que la hauteur des parapets (de 10 pieds) a pour objet d'ôter aux désespérés la facilité de se noyer. L'architecte Labelye, comme étranger, ne jouit pas, en Angleterre, de la réputation qu'il mérite. On ne daigne pas même le nommer dans la plupart des descriptions qu'on a faites du pont. Il en publia une lui-même en 1751 ; s'étant retiré à Paris, où il est mort en 176..., il légua par testament au savant Deparcieux, de l'Académie des sciences, un modèle de ce pont qu'il avait lui-même exécuté : on le voyait dans le cabinet de ce savant.

Le pont de Blackfriars, situé entre le pont de Londres et celui de Westminster, surpasse celui-ci en magnificence de décoration, si ce n'est en beauté réelle ; chacun des éperons des piles, forme, à la hauteur des plus hautes marées, un socle angulaire qui porte deux colonnes ioniques couplées, sur lesquelles vient se reposer une corniche continue très saillante qui règne dans toute sa longueur ; ces colonnes font un bel effet vues de la rivière, mais les maîtres de l'art trouvent que leur application n'est pas assez justifiée. Ce pont, achevé en 1769, est composé de neuf arches elliptiques, dont celle du milieu a 100 pieds d'ouverture. Sa longueur est de 1 100 pieds et sa largeur de 42 ; il est regardé avec raison comme un des plus beaux qui existent par la hardiesse, l'élégance et la grandeur de sa construction. L'architecte qui l'a bâti s'appelle Robert Mylne.

La Cité de Londres donna à ce pont le nom de Pitt, pour témoigner, d'une manière éclatante, l'estime qu'elle avait pour cet homme célèbre. On jeta dans les fondements des médailles avec des inscriptions qui portaient son nom, mais le peuple s'est habitué à donner à ce pont le nom du quartier où il a été bâti (*Black-Friars*, « Moines noirs »), et le vœu de la Cité de Londres n'a pas été rempli.

M. d'Archenolz dit qu'il serait honteux de comparer les ponts de Londres à ceux de Paris, et il cite le Pont-Neuf et le Pont-Royal. Si cet écrivain était moins partial dans le parallèle qu'il fait des deux pays, il aurait réfléchi que ces ponts n'ont pas été faits dans le dernier siècle, et il aurait cité, de préférence, celui de la Concorde, ou du moins celui de Neuilly, et plusieurs autres, qui prouvent que dans ce genre d'architecture, les Français n'ont rien à envier aux autres nations. (Ferri de Saint-Constant, *Londres et les Anglais*, 1804.)

Custine

Une avenue maritime

Il y a quelques jours que j'ai été à Gravesend, à dix lieues de Londres, pour en revenir par la Tamise, sur un bateau à vapeur. Cette excursion est sans doute la plus curieuse de toutes celles qu'on puisse faire en ce pays. On voit là une rivière bordée, pendant quatre lieues, d'édifices qui sont un des principaux arsenaux de la puissance britannique. Londres a fondé sur les rives de la Tamise, comme une colonie destinée à approvisionner le monde. Cet amas de constructions, singulières par leur diversité, par leur immensité, ne peut s'appeler ni ville, ni village; c'est une ligne d'innombrables établissements commerciaux, de magasins, d'ateliers, de mécaniques ingénieuses et d'une force extraordinaire; ce sont des dépôts bâtis si près du l'eau, qu'ils se remplissent et se vident sans transport, par le secours de grues tournantes; enfin, c'est un port de deux lieues de long, et tellement encombré de vaisseaux, que la Tamise, en cet endroit, ressemble à une forêt inondée. Pour la première fois, l'ouvrage des hommes a produit sur moi une impression analogue à l'effet des grandes scènes de la nature. Je n'oublierai jamais ces îles de navires s'élevant majestueusement au milieu des eaux, tandis que les bords de la rivière disparaissent eux-mêmes derrière d'autres groupes de vaisseaux, dont les mâts prolongent à perte de vue leurs pointes à demi cachées dans le brouillard, et font du fleuve entier, comme une vallée profonde tout obstruée de forêts et submergée par un lac.

J'ai traversé ce labyrinthe au moment du coucher du soleil, et l'aspect de tant de bâtiments avec leurs voiles, leurs mâts et leurs cordages, éclairés par les teintes d'un crépuscule orageux, me faisait oublier le plus riche pays du monde; je croyais parcourir une contrée sauvage, ou rêver quelque décoration de théâtre destinée à représenter une scène infernale. Ces doubles, ces triples rangées de bâtiments, effraient l'imagination par l'idée d'une puissance sans mesure; le monde entier paraît à peine suffisant pour faire agir de tels moyens de transport. Figurez-vous, près du Pont-Neuf à Paris, les maisons de la Cité devenues flottantes, et prolongées pendant deux lieues! Celui qui entrerait dans Londres par cette avenue maritime et qui s'en retournerait le lendemain par une des diligences dont j'ai déjà parlé, croirait avoir lu un conte de fées, et emporterait de l'Angleterre une bien plus grande idée que celle qu'on s'en fait après quelques semaines de séjour. Avant d'arriver au port de Londres, on passe devant le magnifique hôpital de Greenwich qui, malgré ses défauts, est un des plus beaux monuments d'architecture de l'Angleterre, j'excepte les églises. C'est aussi le lieu de la naissance d'Élisabeth.

Au-delà de Greenwich, on rencontre trois ou quatre gibets où l'on voit avec horreur des corps agités par le vent. Il y a des gens que la potence raccommoderait avec le gouvernement représentatif; je n'avais pas besoin de cet exemple pour savoir combien la *philanthropie* anglaise est mitigée. Au reste, quelqu'opinion qu'on ait, il me paraît impossible de n'être pas révolté de la barbarie d'un pareil spectacle à l'entrée de la capitale du royaume. (Custine, *Courses en Angleterre et en Écosse*, 1830.)

Mirecourt
Un fleuve silencieux et pestilentiel

Mais que diriez-vous du Cocyte, ce fleuve infernal aux eaux bourbeuses et fétides, s'il avait l'étendue d'un bras de mer ? Ce serait une chose déplorable et hideuse.

Eh bien, le Cocyte et la Tamise c'est tout un.

Figurez-vous une rivière qui, à la marée basse, a pour rives deux nappes immenses de boue nauséabonde. Chaque été, ces plages mortelles propagent l'épidémie aux alentours. Impossible de rester sur le pont du bateau sans avoir constamment un flacon de sels sous les narines. L'aspect du fleuve est ignoble. On frémit à l'idée de faire naufrage dans ces eaux pestilentielles où pas un poisson ne peut vivre.

Et qu'on n'élève là-dessus aucun doute.

Non seulement les poissons meurent dans cette rivière infecte, mais à chaque instant les matelots et les ouvriers qui travaillent sur les bords tombent asphyxiés et ne se relèvent plus.

La Tamise est une calamité publique.

Si Londres n'y prend garde, il périra par ce fleuve maudit.

Oui, sans doute, il y a de magnifiques navires qui remontent le courant, et le voisinage du pont de Londres en est encombré.

Mais j'en ai vu d'aussi beaux dans la rade et dans le port du Havre.
(Eugène de Mirecourt, *Nos voisins les Anglais*, 1862.)

Taine
Toujours des navires, encore des navires...

Entrez à Londres par le fleuve, et vous verrez une accumulation de travail et d'œuvres qui n'a pas d'égale sur la planète. Paris, en comparaison, n'est qu'une élégante ville de plaisir ; la Seine, avec ses quais, un joli jouet commode. Ici tout est énorme ; j'avais vu Marseille, Bordeaux, Amsterdam, je n'avais pas l'idée d'un pareil amas. De Greenwich à Londres, les deux rives sont un quai continu : toujours des marchandises qu'on empile, des sacs qu'on hisse, des navires qu'on amarre ; toujours de nouveaux magasins pour le cuivre, la bière, les agrès, le goudron, les matières chimiques. Les entrepôts, les chantiers, les bassins de calfat et de construction se multiplient et se serrent. Il y a sur la gauche la carcasse en fer d'une église qu'on achève pour la porter dans l'Inde. Le fleuve a un mille de large, et n'est plus qu'une rue peuplée de vaisseaux, un tortueux chantier de travail. Les bâtiments à vapeur, à voiles, montent, descendent, stationnent, par paquets de deux, trois, dix, puis en longs amas, puis en haie serrée ; il y en a cinq ou six mille à l'ancre. Sur la droite, les docks, comme autant de rues maritimes, arrivent en travers, dégorgeant ou emmagasinant les navires. Si vous montez sur une hauteur, vous voyez les bâtiments au loin par centaines et par milliers, posés comme en pleine terre ; leurs mâts alignés, leurs cordages grêles font une toile d'araignée qui ceint tout l'horizon. Cependant sur le fleuve lui-même, du côté du couchant, on voit se lever une forêt inextricable de mâtures, de vergues et de câbles ; ce sont les navires qui se déchargent, accrochés, mêlés parmi les cheminées des maisons, parmi les poulies des magasins, parmi les grues, les cabestans et tout l'attirail du labeur incessant et gigantesque. Une fumée brumeuse, pénétrée du soleil, les enveloppe de son voile roussâtre ; c'est l'air lourd et charbonneux d'une grosse serre ; depuis le sol et l'homme jusqu'à la lumière et l'air, tout est transformé par le travail. Si vous entrez dans un de ces docks, l'impression sera plus accablante encore ; chacun d'eux semble une ville ; toujours des navires, et encore des navires, alignés, montrant leur tête, leurs flancs évasés, leur poitrine de cuivre, comme de monstrueux poissons sous leur cuirasse d'écaille. Quand on descend jusqu'au bas, on voit que cette cuirasse a cinquante pieds de haut ; beaucoup d'entre eux portent trois mille, quatre mille tonneaux ; les clippers longs de trois cents pieds vont partir pour l'Australie, pour Ceylan, pour l'Amérique. Un pont se lève au moyen d'une machine, il pèse cent tonnes, et il ne faut qu'un homme pour le mouvoir. Ici est le quartier du vin : il y a trente mille tonneaux de porto dans les celliers ; ici le quartier des peaux ; ici celui des suifs, celui de la glace. Le réceptacle des épiceries s'allonge à perte de vue, colossal, sombre comme un tableau de Rembrandt, comblé de futailles énormes, peuplé d'une fourmilière d'hommes qui s'agite dans l'ombre vacillante. L'univers aboutit à ce centre ; comme un cœur où afflue le sang et d'où jaillit le sang, l'argent, les marchandises, le négoce, arrivent ici des quatre coins de la planète et coulent d'ici vers tous les bouts du globe. Et cette circulation semble naturelle, tant elle est bien conduite. Les grues tournent sans bruit, les tonneaux ont l'air de se mouvoir d'eux-mêmes, un petit traîneau les roule à l'instant et sans effort ; les ballots descendent par leur propre poids sur les plans inclinés qui les conduisent à leur place. Les clerks, sans se presser, crient les numéros ; les hommes poussent ou tirent sans confusion, avec calme, épargnant leur peine, pendant que le maître flegmatique, en chapeau noir, commande gravement avec des gestes rares et sans prononcer un mot. (Taine, *Histoire de la littérature anglaise*, 1863.)

Vallès

La rue qui marche

Elle commence on ne sait où, elle finit on ne sait comment. Elle n'est pas, ainsi que les autres, inflexible et droite. Ce ne sont pas les Anglais qui l'ont faite, elle est venue au monde telle qu'elle est ; elle s'étirera toujours, comme un serpent galeux, à travers la ville.

Dans cette rue viennent s'engouffrer, à chaque marée qui arrive, des millions en barils et en sacs ; elle rejette elle-même, à chaque marée qui part, des richesses sans fin. Elle vomit du coton, du drap, de l'acier, du fer... Elle s'appelle la Tamise.

Toutes les contrées fameuses ont leur fleuve, le Volga, le Danube, le Tibre, la Seine, avec des rayons de gloire pour dorer leurs flots. La Tamise se contente d'être un chemin ; et, par ce chemin-là, s'avancent, à coups de rames ou voiles au vent, tout l'esprit de la race et toute la fortune de la nation.

En artère énorme qu'elle est, elle coupe Londres en deux branches dont chacune a sa physionomie violente. A droite, la fièvre des affaires et le flamboiement du luxe ; à gauche, les usines tristes, le travail dur, presque la province. Il y a *l'autre côté de l'eau*, comme chez nous.

Par où entre-t-on dans cette rue ?

Par ici.

Montons sur un de ces omnibus à cheminée, qu'à Paris, où il y a un soleil, on appelle des « hirondelles », et qu'ici on nomme simplement *Penny Boats*, bateaux à deux sous.

Le vapeur n'est pas encore là ; je prends mon billet au guichet et j'attends à l'embarcadère.

Les hommes qui font le service ressemblent aux mariniers de Lyon ou de Bercy, mais comme une goutte d'eau de la Tamise ressemble à une goutte d'eau de la Seine. Ils sont encore plus roux, plus muets, plus lents.

Accrochés près d'une corde, j'aperçois de grands ronds jaunes sur lesquels est écrit : *Thames conservancy* (protection de la Tamise).

Le *steamer* ! En route, les voyageurs pour Woolwich !

Nous sommes au large.

Personne ne parle. Quelques amoureux se content tout bas ce qu'ils ont à se dire.

On n'entend que la voix du *call boy* — c'est le moutard de douze à quinze ans qui, placé près du capitaine, suit sa main droite des yeux et, d'après le mouvement des doigts, transmet les ordres à la machine, qu'on peut voir s'essouffler en se penchant. Le mécanicien a la tête honnête et mâle de tous ceux qui travaillent le feu et qui approchent des brasiers.

Le capitaine, vulgaire d'allures, paraît minable ; pas un galon ; pas un bouton qui indique son rang et luise sur un coin de sa redingote râpée. Quand il a le chapeau haut de forme, il ressemble à un clerc en dèche ; quand il a un bonnet de laine, à un conducteur de coucou ; mais il n'a jamais l'allure du marin. Les gens de mer le méprisent et l'appellent *land lubber* (matelot d'eau douce).

Il s'assied tranquillement sur le pont quand tout va bien, et il aime à tourner ses pouces et à se faire les oreilles. Quelquefois, il descend dans la machine pour grilloter un petit beefsteak sur le grand feu. Tandis qu'il retourne sa viande, le bateau arrive au *pier* (le débarcadère) et, mal conduit par un des servants du bord, va donner de la tête dans la proue d'un camarade. L'homme remonte lentement (ce ne serait pas anglais de se presser); mais dès que tout a repris son petit train, après quelques éclats de sapin et quelques éclats de voix, il descend vers le call boy et lui administre une volée. Et ce n'est rien encore. Gare quand il arrivera à Woolwich!

J'ai vu cette scène hier même, et le call boy beuglait comme un veau; cela déridait un peu les passagers. Il n'est pourtant pas facile de les faire rire.

Et comment voulez-vous qu'ils soient gais sous ce ciel, sur ce fleuve?

L'eau de la Tamise est couleur de fange, et le ciel est couleur de tombe.

C'est comique à force de tristesse, vraiment, et si l'on n'était pas forcé de vivre longtemps dans ce pays, qu'on ne fît que passer, on s'amuserait de ces fonds sinistres comme d'un décor bâti par un mystificateur funèbre.

A sa source, la rivière est claire, je l'espère; ici, elle est trouble et vile comme si l'on avait lavé dedans toute la vaisselle d'une armée, comme si l'on y avait vidé les rinçures de tous les hôpitaux de la chrétienté, les ordures de tous les bagnes du monde.

Elle est sale de toutes les crasses des pauvres qui descendent le soir nettoyer leurs pieds, noyer leurs poux; elle est sale de la sueur des mâles qui travaillent à pousser les barques ou à empiler les docks.

Le flot a des reflets jaunâtres comme de l'or brut et, en effet, il charrie des millions; sous la lueur oblique du soleil, qui s'accroche à des cuivres, il a des teintes rougeâtres comme en aurait, le soir, une rivière longée par une bataille, et dont le lit serait fait de charbon pétri de sang.

La rame entre dans cette glu comme une cuillère dans une soupe au jambon. Quand un suicidé s'y jette, cela fait *flou* et non *flac*!... un bruit d'huile creusée par la chute d'un fils de la libre Angleterre.

Merry England! Britannia for ever!

Cette eau ne reflète rien : elle est comme le visage des Anglais.

Elle a aussi l'épaisseur de la bière, et l'on ne voit jamais des maisons laver gaiement leur tête, ni des arbres danser en zigzags dans un coin de Tamise, comme on voit des bouts de campagne et de ville dans le miroir vert du Rhône ou le miroir bleu de la Loire!

Qui y tombe y reste. — On a peu d'exemples de suicidés qui, ouvrant les yeux dans cette eau boueuse, aient eu le désir ou la force de remonter vers la vie; ceux qui ont reparu sur cette graisse ont regardé le ciel, et n'ont rien vu que du brouillard et de la fumée, — du noir encore! Oh! ils en avaient plein le cœur, et ils sont redescendus dans l'abîme. *Merry England!*

Du brouillard et de la fumée! — N'y a-t-il pas mille cheminées qui jettent leurs vapeurs impures vers la nue, en boucles lourdes, en nattes épaisses; c'est la couleur sombre de la rivière, c'est la chevelure triste de la Tamise — du vieux père Tamise : *Old father Thames*.

J'ai vu une tête sculptée dans la pierre, l'œil mort, les moustaches

tombantes comme des herbes trempées d'eau, un air de Gaulois hypocrite.
« C'est le vieux père Tamise ! » m'a dit avec fierté un Anglais.

Tant mieux ! j'en aurais voulu à leur fleuve de ressembler à nos bons fleuves de France, à qui le sculpteur fait des barbes bonasses en paquets d'escargots ou en queue de vache.

Comment Gustave Doré a-t-il pu songer à donner à ce bonze sournois un aspect à la Michel-Ange, une face héroïque et noble ?

Il n'a probablement pas entendu le *flou* des suicidés, et n'a jamais vu les pauvres trembler contre les pierres verdâtres ; il n'a pas entendu discuter dans les Bateaux-Morgues les colères de Plimsoll.

La rivière ne sent pas le *tar*. Le parfum du goudron est noyé dans une senteur âcre qui vient des brasseries et des fabriques : on dirait presque de la chair brûlée.

Quant aux berges, si l'on y jette les yeux, la mélancolie ne diminue pas ; elle devient plus poignante peut-être.

La marée vient de se retirer, laissant des bateaux dans la vase comme des coquilles de moule ou de grands poissons crevés.

Quelques gamins crient et demandent qu'on leur lance un penny, qu'ils se disputeront dans ce mou de la fange, où ils peuvent crever comme des rats d'égout qui auraient les narines bouchées.

En France, on leur jetterait des sous dans l'eau claire, et l'on voudrait les voir frétiller dans le flot vif ; ici, on est content que ce soit dans le limon qu'ils barbotent — on est content et on est fier. Ce n'est pas Gavroche qui aurait le courage de s'exténuer et de se souiller ainsi !

Que les pauvres et les bouffons soient obligés au supplice pour gagner leur pain, soit ; qu'ils fassent pitié : c'est ce qu'ils veulent — mais que ceux qui travaillent, que les ouvriers du rivage, que ceux qui ont un état et un métier fassent pitié aussi, c'est ce qui ne devrait point être, et c'est ce qui est... Regardez plutôt ce que sont les maisons à travail et les travailleurs des quais !

Pour se les figurer, ces quais et ces maisons, on est forcé de penser aux châteaux rongés par la misère, aux demeures marquées, dans le fond des campagnes ou des provinces, par le doigt de la malédiction ou du malheur. Il faut s'imaginer une fabrique dépecée par la révolte, calcinée par le feu, démantelée, déchiquetée, hachée, avec des arêtes de fer ou de bois pointant dans l'air comme des os de monstres rongés par les vautours et faisant saillie dans la plaine. — Seulement, sur les bords de la Tamise on croit entendre les vautours... il y a le bec des grues qui grince. Puis on voit se balancer dans l'air des sacs mous qui oscillent au bout des poulies avec des pesanteurs et des gigotements de pendus. On pend ici ; c'est laid et sourd : cela plaît bien.

Et dire que ce sont encore les usines actives, en pleine fièvre, dans leur coup de feu, qui ont cet aspect-là !

Les travailleurs, eux, ne disent rien, ne chantent pas, sont vêtus de gris.

En les voyant se pencher sur la corde qui descend vers le béant du fleuve, on songe aux bâillonnés que le Moyen Age rangeait au bord des oubliettes et qu'on poussait ensuite. Quelques-uns de ceux-là au moins jetaient un cri ; ici, c'est le silence.

Ces salariés ressemblent à des condamnés à qui on aurait arraché la langue.

Quant aux maisons fermées ou abandonnées, elles ont la mine criminelle.

On en compte ainsi des douzaines qui ont l'air d'une rangée d'aveugles, fenêtres noires, prunelles crevées, comme si l'on y avait jeté des pierres ou envoyé du plomb.

Quel est le secret de ce mutisme ? que veut dire cette désolation ? Où faut-il chercher la raison de ce chômage, et pourquoi cet aspect de ruine en ce pays qui se dit si riche, toutes ces portes closes, tous ces écriteaux qui mendient la location ?

Par-delà Lime House, au lieu d'entrepôts, il y a des ateliers ; aussi lugubres que les entrepôts, tous ces ateliers-là ! Quelques-uns sont noirs, absolument noirs, comme le drap le plus noir que puissent trouver les couvreurs de cercueils, sans même la gaieté d'une larme blanche. Et l'on salue comme une clarté, un sarrau de toile bise qui, sur l'épaule d'un enfant pieds nus, fait tache joyeuse dans l'horreur bête du paysage !

Les bruits qui sortent de là-dedans, qui flottent sur l'eau, sont des bruits maigres et ne portent pas, arrêtés qu'ils sont par l'ouate de la fumée, l'étoupe du brouillard.

On entend seulement, comme une palpitation de cymbales ou comme un frisson de hache sur la meule, le bruit de la vapeur qui chante et les battements du pouls de la machine. La cloche même ne griffe pas la brume des pointes de son carillon. Il faut que le capitaine s'y prenne à deux fois pour être entendu de la barque qui passe et qu'il va couper en deux de sa proue. Ohé ! du bateau !

Mais le ciel, qui était, tout à l'heure, comme du vieux plomb, est devenu jaune comme une plaque de cuivre — il faut, pour se faire comprendre, quand on parle, dans ce pays, du cœur des hommes ou de la couleur du ciel, prendre toujours des comparaisons de métal.

L'obscurité vient... et si l'on a oublié, dans quelque souci ou quelque rêve, la place où l'on est, le morceau de bois sur lequel on vit, on croit se réveiller dans la fumée d'un incendie qui meurt : l'incendie d'une tourbière qui pue et qui n'a pas d'éclairs.

On va lentement sur ce fleuve sans écume, frôlant les chalands de houille qui, à toute minute, descendent comme de grosses mouches noyées, capitaine et timonier tâtant l'air d'un coup d'œil aigu comme un coup de couteau. (Jules Vallès, *La Rue à Londres*, 1884.)

Simonin

Les docks

Rappelons que, pour les Anglais, un dock est un bassin artificiel fermé par une porte d'écluse, qui s'ouvre à la marée haute pour laisser entrer les navires avec le flot et se ferme à la marée basse pour maintenir l'eau dans le bassin à la hauteur voulue. (L. Simonin, *Les Ports d'Angleterre*, 1881.)

Custine

Un monde habité par des êtres plus grands que les hommes

Pour achever ma matinée, j'ai fait encore une lieue dans la Cité, au-delà de la Tour, et je suis arrivé aux West India docks, situés à l'extrémité orientale de la ville. Ce sont deux bassins parallèles, longs chacun d'un demi-quart de lieue, et bordés dans toute cette longueur d'une double rangée de hangars et de magasins à trois et à quatre étages. C'est là que se déposent toutes les marchandises apportées d'Amérique. Dans un de ces bassins, les vaisseaux arrivant, se déchargent; et dans l'autre, on charge ceux qui sont prêts à partir. Les descriptions poétiques de Carthage et de Salente peuvent seules donner quelqu'idée de cet établissement; le gouvernement, qui n'a pas contribué à sa fondation, ne se mêle pas non plus de son administration, et la police en est confiée uniquement à ses créateurs. Ici l'on n'étouffe pas l'industrie sous prétexte de la protéger, et on la laisse parvenir au dernier degré de développement, en paraissant n'y pas penser. Quand on livre à lui-même un peuple de négociants, il acquiert bientôt le degré de lumières nécessaire pour bien connaître ses véritables intérêts; mais tant qu'on prétend les entendre mieux que lui, on le rend aussi bête qu'on le suppose. Grâce à la sage réserve du gouvernement, les efforts de l'industrie anglaise sont hors de toute proportion avec ce qui se fait ailleurs. Pour le commerce, liberté ou encouragement sont synonymes. Aussi, dans l'Angleterre manufacturière et commerçante, tout est-il gigantesque, on se croit au milieu d'un monde habité par des êtres plus grands que les hommes: des machines intelligentes y remuent des poids et des masses énormes avec une facilité, je dirais presque, avec une adresse effrayante. J'ai vu des arbres d'acajou, plus gros que nos plus vieux chênes, enlevés de leurs places, et portés, par-dessus ma tête, jusqu'à l'autre extrémité d'un magasin très vaste, avec un chariot mécanique qui remuait ces blocs aussi légèrement que vous retourneriez une bûche dans votre foyer. J'ai vu des galeries couvertes, longues d'un demi-quart de lieue, et destinées à mettre à l'abri d'innombrables barils de sucre, *en attendant* seulement qu'on les transporte dans les magasins adjacents; au-dessous de ces dépôts, on a creusé des villes souterraines où se roulent les tonnes de rhum, qu'on retire des vaisseaux arrivant de la Jamaïque. Je voudrais vous décrire les formes bizarres des machines variées à l'infini, et dont les ressorts multipliés et les mouvements ingénieux, entretiennent la vie de ce monde tout factice. Je voudrais vous peindre l'activité de ces petits êtres, qui s'agitent comme des fourmis autour des instruments, créations de leur génie, et dont les rouages monstrueux sont mis en mouvement par la volonté de leur petite cervelle. Mais je me suis tellement fatigué à contempler ce spectacle, que je n'ai plus la force d'en parler davantage ; j'ajouterai seulement que tous ces prodiges sont le résultat d'une association formée, il y a vingt ans, par quelques négociants. Ce qu'il y a de plus extraordinaire en fait d'industrie, dans ce pays, date de trente années ; d'après cela, qu'on se fasse, si l'on peut, une idée de la richesse toujours croissante de l'Angleterre. (Custine, *Courses en Angleterre et en Écosse*, 1830.)

Gautier
Une œuvre de cyclopes et de titans

C'est là que sont creusés les docks de la compagnie des Indes Orientales. Les docks des Indes occidentales, beaucoup moins considérables et moins fréquentés, se trouvent sur la droite, un peu avant et dans le fond de la courbure que décrit le fleuve.

Les docks des Indes orientales sont quelque chose d'énorme, de gigantesque, de fabuleux, qui dépasse la proportion humaine. C'est une œuvre de cyclopes et de titans. Au-dessus des maisons, des magasins, des rampes, des escaliers, et de toutes les constructions hybrides qui obstruent les abords du fleuve, vous découvrez une prodigieuse allée de mâts de vaisseaux qui se prolonge à l'infini, un inextricable fouillis d'agrès, d'espars, de cordages, à faire honte, pour la densité de l'enlacement, aux lianes les plus chevelues d'une forêt vierge d'Amérique ; c'est là que l'on construit, que l'on radoube, que l'on remise cette innombrable armée de navires qui vont chercher les richesses du monde, pour les verser ensuite dans ce gouffre sans fond de misère et de luxe que l'on nomme Londres. Les docks de la compagnie des Indes orientales peuvent contenir trois cents vaisseaux. Un canal, tracé parallèlement aux docks, qui coupe la presqu'île des Chiens, et qu'on appelle le canal de la Cité, raccourcit de trois ou quatre milles le chemin que l'on est obligé de faire pour doubler la pointe.

Les docks du Commerce, sur la rive opposée, les docks de Londres, ceux de Sainte-Catherine, avant d'arriver à la Tour, ne sont pas moins surprenants. Au bassin du Commerce se trouvent les plus énormes caves qui existent au monde : c'est là que sont entreposés les vins d'Espagne et de Portugal. Tout cela sans compter les bassins et les docks particuliers. A chaque instant, au milieu d'un groupe de maisons, vous voyez se prélasser un vaisseau. Les vergues éborgnent les croisées, les antennes pénètrent dans les chambres, et les guibres semblent battre en brèche les portes des magasins, comme des béliers antiques. Les maisons et les vaisseaux vivent dans l'intimité la plus touchante et la plus cordiale ; à l'heure de la marée, les cours deviennent des bassins et reçoivent des barques. Des escaliers, des rampes, des cales de pierre, de granit, de briques, montent et descendent de la rivière aux maisons. Londres a les bras plongés jusqu'aux coudes dans son fleuve ; un quai régulier gênerait la familiarité du fleuve et de la ville. Le pittoresque y gagne, car rien n'est plus horrible à voir que ces éternelles lignes droites prolongées en dépit de tout, dont s'est engouée si bêtement la civilisation moderne.

L'Angleterre n'est qu'un chantier ; Londres n'est qu'un port. La mer est la patrie naturelle des Anglais ; ils s'y plaisent tellement, que bien des grands seigneurs passent leur vie à faire les voyages les plus périlleux dans de petits bâtiments équipés et gouvernés par eux. — Le club des yachts n'a pas d'autre but que d'encourager et de favoriser ce penchant. — La terre leur déplaît tellement, qu'ils ont un hôpital installé au milieu de la Tamise, dans un gros vaisseau rasé, qui sert aux marins qui se trouvent malades dans le port de Londres. L'avis de Tom Coffin, dans le roman du *Pilote*, de Cooper, à savoir que la terre n'est bonne que pour se ravitailler et prendre de l'eau fraîche, ne doit pas paraître une exagération en Angleterre.

La façade de toutes ces maisons est tournée vers le fleuve, car la Tamise est la grande rue de Londres, la veine artérielle d'où partent les rameaux qui vont porter la vie et la circulation dans le corps de la ville. Aussi quel luxe d'écriteaux et d'enseignes ! Des lettres de toutes couleurs et de toutes dimensions chamarrent les édifices de haut en bas : les majuscules ont souvent la hauteur d'un étage. Il s'agit d'aller chercher la vue d'un côté à l'autre d'une nappe d'eau qui est sept ou huit fois large comme la Seine. Votre œil s'arrête sur l'acrotère d'une maison bizarrement découpée à jour ; vous cherchez à quel ordre d'architecture appartient ce genre d'ornement. En vous approchant, vous découvrez que ce sont des lettres de cuivre doré, indiquant un magasin quelconque, et qui servent à la fois d'enseigne et de balustrade. En fait de charlatanisme d'affiche, les Anglais sont sans rivaux, et nous engageons nos industriels à faire un petit tour à Londres pour se convaincre qu'ils ne sont que des enfants auprès de cela. Ces maisons ainsi bariolées, placardées, zébrées d'inscriptions et de pancartes, vues du milieu de la Tamise, présentent l'aspect le plus bizarre.

Je ne fus pas peu surpris d'apercevoir intacte, du moins à l'extérieur, la Tour que je croyais, d'après les descriptions des journaux, brûlée et réduite en cendre. La Tour n'a rien perdu de son antique physionomie ; elle est encore là, avec ses hautes murailles, son attitude sinistre et son arcade basse (la porte des Traîtres), sous laquelle un bateau noir, plus sinistre que la barque des ombres, apportait les coupables et venait reprendre les condamnés à mort. La Tour n'est pas, comme son nom semblerait l'indiquer, un donjon, un beffroi solitaire ; c'est une bastille en règle, un pâté de tours reliées entre elles par des murailles, une forteresse entourée de fossés alimentés par la Tamise, avec des canons, des ponts-levis ; une forteresse du Moyen Age, aussi sérieuse pour le moins que notre Vincennes, où se trouvent une chapelle, une ménagerie, un trésor, un arsenal, et mille autres curiosités. — Si je tenais à allonger cette lettre outre mesure, mon cher Fritz, je pourrais te donner là-dessus une infinité de détails que tu sais mieux que moi, et que tout le monde peut apprendre en ouvrant le premier livre venu.

Je pourrais m'attendrir sur le triste sort des enfants d'Édouard, de Jane Grey, de Clarence, et surtout de la pauvre Anne de Boleyn, que j'ai toujours beaucoup aimée à cause du joli réseau de veines bleues qui s'entrelacent sous la blonde transparence de ses tempes, dans le délicieux portrait caressé avec tant de patience et d'amour par le précieux Hans Holbein. Il m'eût été facile de déployer une science que je n'ai point, et de remplir une page ou deux de noms propres et de dates ; mais je laisse cette besogne à de plus érudits et de plus patients que moi.

Nous approchions du terme du voyage ; encore quelques tours de roue, et le bateau à vapeur allait toucher à la cale de Custom House (la douane), où les malles des voyageurs ne devaient être visitées que le lendemain, car le dimanche est célébré à Londres aussi scrupuleusement que le sabbat des Juifs à Jérusalem.

Jamais je n'oublierai le magnifique spectacle qui s'offrit à mes yeux : les arches gigantesques du pont de Londres traversaient la rivière de leurs cinq enjambées colossales et se détachaient en sombre sur un fond de soleil couchant. Le disque de l'astre, enflammé comme un bouclier rougi dans la fournaise, descendait précisément derrière l'arche du milieu, qui traçait sur son orbe un segment noir d'une hardiesse et d'une vigueur incomparables.

Une longue traînée de feu scintillait en tremblant sur le clapotis des vagues ; des fumées et des brumes violettes baignaient l'espace jusqu'au pont de Southwark, dont on apercevait les arches vaguement ébauchées. A droite, un peu dans l'éloignement, on voyait briller les flammes de bronze doré qui surmontent la colonne gigantesque élevée en mémoire de l'incendie de 1666 ; à gauche jaillissait au-dessus des toits le clocher de Saint-Olave ; des cheminées monumentales, qu'on pourrait prendre pour des colonnes votives si les chapiteaux ioniens ou doriens étaient dans l'usage de vomir la fumée, brisaient heureusement les lignes de l'horizon, et par leurs tons vigoureux faisaient encore ressortir les tons orange et citron clair du ciel.

En se retournant, l'on avait derrière soi une vraie ville navale, avec des quartiers et des rues de vaisseaux ; car c'est à ce pont, le premier de Londres, que s'arrêtent les navires. (Théophile Gautier, *Caprices et Zigzags*, 1852.)

Vallès

Les forçats des Docks

Quatre cent cinquante acres de superficie, des bassins pour douze cents navires, des magasins pour cinq cent trente mille tonnes de marchandises — voilà ce que représentent les docks de Londres, sur la rive gauche du fleuve.

Pauvre rive gauche de la Seine, comme elle fait pitié avec ses méchants bateaux, transporteurs de corres et de pommes, quand on la compare au père Tamise !

De l'autre côté de la rivière triste, s'allonge encore toute la file de vaisseaux empilés dans les Surrey, les Commercial, et les East Country Docks. Encore des richesses innombrables dans des coques de bois et de fer.

Mais c'est vers les bassins voisins de la Tour et voisins de la Monnaie qu'il vaut mieux tourner les yeux si l'on veut voir, éparpillées, les entrailles du monde, et entendre grogner les entrailles de Londres. Là viennent se placer en rang d'oignons, chaque matin, tous les spécimens de la désolation et de la famine, tous les échantillons de la faune humaine qui rôde, le jour, la nuit, dans les antres de la ville noire, qui rôde sans mugir !

Terribles à voir, roulés dans leurs guenilles et adossés contre les murs, ces silencieux à qui il ne sert à rien d'être des mâles, qui n'ont jamais tenu une guinée à eux, bien à eux, dans leurs mains, et qui promènent leur cadavre entre le *Mint* où l'or ruisselle, et ces docks qui s'appellent du nom de la sainte qui ne veut pas d'hommes, Sainte-Catherine : ceux qui rôdent dans son voisinage sont si laids et si décharnés !

On a écrit des dithyrambes en l'honneur de ces entrepôts qui, dit-on, font penser à Sidon et à Tyr. Ils me font songer, moi, aux grandes famines de l'Antiquité, aux sièges affreux, aux lendemains des déroutes jonchées de blessés, sur la poitrine desquels passent les chariots ou les canons, sans qu'ils jettent un cri, parce qu'ils sont épuisés et las de se plaindre — à quoi bon !

Je suis entré dans ces docks prêt à l'admiration sur la foi des autres ; j'en suis sorti éreinté, des souvenirs mornes dans l'œil, et comme de la colère dans le cœur !

Je n'ai pas plus l'amour des vaisseaux au repos que des énergies humaines en sommeil. Un navire qui croupit dans le port m'attriste comme le déchargeur qui chôme et piétine dans la boue auprès d'un public-house.

La forêt des mâts sans voiles est triste comme un bois de sapins sans feuilles et sans murmures ! Il faudrait là-dedans la grande musique du vent.

Et je ne sais rien de mélancolique comme les bruits lents qui flottent au-dessus de l'eau endormie : bruit de pompe ou de sabot vidant les écoutilles ; bruit de chaîne qui s'étire et qui grince ; fredon d'un marin qui chante un refrain du pays ; juron étouffé d'un homme de peine qui ne peut éventrer ou traîner un sac — sanglot du fleuve, soupir de l'être ! Des oiseaux pilleurs de crottin effleurent de leurs ailes les mâts contre lesquels les grands traverseurs d'océans, albatros et goélands, ont tournoyé dans la tempête.

Cuvette de pierre, coffre de briques auxquels l'on est tenté de montrer le poing quand on a fini l'expédition !

Eh ! quoi, voilà ce qu'ils font de leurs travailleurs, ce qu'ils demandent à leurs laborieux, ce qu'ils obtiennent des affamés !

On se croirait dans une maison centrale où les habits de geôle n'ont pas encore été déballés et livrés, où la soupe est en retard, où le choléra est venu, où le tortionnaire a passé ! Tous ces remueurs de colis ont des mines de condamnés, mis au pain et à l'eau depuis un mois, à qui l'on fait prendre l'air pour qu'ils ne meurent pas dans leur cachot.

A travers les croisées on aperçoit la flotte débraillée et sale.

Dans les ateliers, on coudoie des hommes à l'œil éteint, au geste lâche, qui font leur besogne à regret et ne dépensent de sueur que juste ce qu'il faut pour que le contremaître, en flairant, sente qu'ils sont là.

Jamais un entrain, une fièvre, jamais !

Ceux qui n'ont qu'à déplacer les choses n'ont pas la vitalité de ceux qui les métamorphosent ou les créent ; et il faut au roulier et au charretier les hasards du chemin, le claquement du fouet, le grand air, l'amour de sa bête — avec sa part de responsabilité, le brutal, il va en avant sur les routes !

Le portefaix du dock, lui, ne fait pas plus de chemin que le cheval qui tourne, les yeux voilés. Il n'a pas un bandeau de cuir sur les prunelles, mais il a sur toute la face le masque de poix de la misère, et il fait mal à voir, ce lent, ce maigre, ce résigné !

Puis ce qu'il éventre, ce qu'il cloue, ce qu'il descend, ce qu'il monte, est terne et laid comme lui : c'est la plante avec son fumier, la graine avec sa boue ; les parfums, le sang et la sève du monde en cailloux et en grumeaux, liés de cordes, cerclés de fer, et qu'il faudra casser ou éplucher comme on casse les pierres, comme on épluche l'étoupe au workhouse.

Le produit vaut l'homme comme habit ; il a, dans sa camisole, sous son écorce, le même aspect que l'autre, dans sa souquenille, avec sa peau tendue et raidie par la faim !

La chambre d'indigo est curieuse peut-être.

On dirait des éclats du ciel dur qui coiffe Londres de son bonnet d'acier par les jours sombres. On dirait aussi une rivière de diamants noirs.

Un des ouvriers nous dit que les gens qui travaillent dans cette chambre salivent bleu.

Nous voyons une bague précieuse au doigt d'un homme vêtu d'un habit fané. C'est un riche négociant, qui vient de changer sa redingote neuve contre ce paletot usé, dans une salle voisine où il retournera se décrasser et trouvera brosse, peigne et savon, quand il aura fini de tourner et de retourner, de lorgner et de mirer les morceaux d'indigo qu'il a là, devant lui, sur un plateau où vient tomber un jour ménagé exprès — il lui faut la même franchise de lumière qu'au peintre pour fixer les nuances sur son tableau.

A côté de l'indigo, la gomme; à côté des dattes, les amandes; à côté de ceci, cela! Des chiffons dans ce coin, avec un corset d'acier pour leur tenir les côtes.

Le café, le thé!

Et après?

C'est la grandeur bête de l'entassement, un cimetière de sacs, une nécropole de fruits, un Mazas de parfums et de couleurs. Les produits, d'abord prisonniers du navire, puis déshabillés, fouillés, flairés, portés enfin dans le panier à salade des intermédiaires et expédiés aux grands négriers blancs, compromettent le champ et la forêt dont ils ont l'air d'être l'ivraie et la scorie.

La fleur d'un penny que je viens d'acheter à une fillette en haillons, qui l'a ramassée dans les déchets de Covent Garden, embaume plus que tous ces arômes des îles, étouffant dans les tonneaux, se cognant dans les caisses — et le cœur de cette rose-thé fait, dans le noir de la chambre du dock, l'effet d'un rond de soleil dans une grande cellule.

Nous sommes seuls.

Il est une heure, les *labourers* sont descendus pour manger. Ils ont trente minutes à eux. C'est assez de temps pour boire le thé qui est dans le vieux bidon de fer, pour manger le morceau de pain fourré dans le mouchoir.

Ils peuvent, s'ils ont des *coppers* de reste, acheter un gâteau d'un sou, dans cette boutique qui a l'air d'une chaire à prédicateur, et où s'est abattue, mouette aux ailes blanches, une sœur de charité qui a la permission de dresser là sa pâtisserie et son convertissoir.

C'est presque insolent, ne trouvez-vous pas, l'installation de cette religion fainéante dans cet enfer avec cadeau de simagrées et vente de sucreries à ces avaleurs de boue, buveurs de larmes, à ces martyrs, à ces parias? Bénir leur brioche à ceux qui n'ont pas, la moitié du temps, ce maudit morceau de pain sans lequel on meurt!

La demi-heure est passée.

Ils remontent aux ateliers. Nous en suivons un qui est employé au sucre, à la cassonade, dans la mélasse — ah! oui! dans la mélasse jusqu'au cou! Il a chez lui, dit-il, quatre petits, qui n'ont pas de souliers et l'attendent pour manger.

— Ce n'est pas vrai, *humbug, humbug*, nous souffle un officier de l'entrepôt. Ne vous y laissez pas prendre... ne vous laissez pas poisser non plus!

Il nous écarte du mélassier et de son tonneau, nous allions y laisser des shillings et salir nos basques.

Essuyons nos larmes et nos semelles. (Jules Vallès, *La Rue à Londres*, 1884.)

Une attraction : le tunnel
Walsh

Nous allâmes admirer ce que le génie d'un de nos compatriotes a osé tenter, le chemin sous la Tamise (the Tunnel). Certes la pensée d'essayer un pareil ouvrage était hardie ; mais ce qui est plus hardi, plus surprenant encore, c'est d'avoir lutté avec le fleuve, et de l'avoir vaincu. Déjà l'ouvrage était poussé à plus de moitié ; la patience, la prudence et le génie avaient poursuivi leur œuvre sans rencontrer d'autres obstacles que ceux qui avaient été prévus : tout à coup l'eau pénètre dans le souterrain, d'abord comme le jet d'une fontaine, bientôt comme un torrent ; les flots roulent, mugissent, s'élèvent, les ouvriers fuient épouvantés, plusieurs périssent. Les ennemis de M. Brunel (un homme supérieur en a toujours) triomphent, lui n'est point abattu, il a déjà conçu la pensée de regagner le terrain qu'il vient de perdre ; il refoulera la Tamise dans son lit, il saura l'empêcher de rentrer dans ses ouvrages ; mais lui seul a cet espoir. Ses anciens ouvriers, effrayés du danger qu'ils ont couru, et de la mort de leurs camarades, ne veulent plus reprendre leurs travaux. A la fin il en retrouve plusieurs et l'œuvre est reprise : d'immenses toiles goudronnées chargées de pierres et retenues au fond des eaux, forment un vaste tapis dans la profondeur du fleuve, au-dessus du souterrain ; et nous avons marché à pied sec dans cette admirable galerie, tout illuminée de la brillante lumière du gaz. A l'endroit où les travaux sont arrêtés, d'immenses glaces sont placées, de manière que ceux qui visitent le *Tunnel* en s'avançant sous ses voûtes d'où ne découle aucune humidité, croient voir venir d'autres visiteurs au-devant d'eux. Je fus dupe de cette illusion, je voyais venir vers nous deux jolies femmes : c'étaient celles que j'accompagnais.

Pendant que, frappés d'étonnement, nous admirions tous le génie de notre compatriote, trente pieds d'eau étaient au-dessus de nos têtes, avec les innombrables vaisseaux qui couvrent la Tamise.

Au milieu de notre admiration, quelque chose nous attristait : les travaux sont suspendus, ce n'est plus la frayeur qui empêche de les poursuivre, chose étonnante ! (en Angleterre) *c'est le manque d'argent*. Espérons que M. Brunel vaincra ce nouvel obstacle ; s'il était anglais ce serait déjà fait ; mais l'orgueil national souffre peut-être de devoir une *merveille* à un étranger.

M. Brunel a vaincu les flots de la Tamise ; vaincra-t-il les intrigues de l'envie ? (Walsh, *Lettres sur l'Angleterre*, 1830.)

Wey

Sous le Tunnel, où l'on descend par un trou rond de près de cent pieds, orné de peintures claires, et flanqué de deux escaliers, le besoin de vivre donne lieu à de douloureuses industries.

Dès qu'on pénètre dans la double galerie dont les voûtes décrivent les trois quarts d'un cercle, l'air s'épaissit et se glace ; une vapeur humide et froide, chargée de miasmes sépulcraux, borne à vingt pas l'horizon, éclairé vainement par cent vingt-six becs à gaz. Il semble qu'on mourrait si l'on passait deux heures dans ces hypogées, qui distillent goutte à goutte une eau qui s'amoncelle dans des flaques noires et glissantes.

Entre chaque pilier il y a des boutiques, tenues par de toutes jeunes filles ensevelies vivantes. Souriantes et pâles, elles offrent de la verroterie, des lunettes enchantées, des panoramas de Londres, et quantité de menue quincaillerie et de babioles foraines. On montre les marionnettes ; on joue de l'accordéon et de la serinette dans ce souterrain ; enfin l'on y vit dans le séjour de la mort. Quelles maladies inconnues sur la terre du soleil doivent germer là ! La bonne serre froide pour faire éclore des raretés morbifiques ! La liberté s'oppose à la clôture de ces échoppes, qui justifieraient la sollicitude du gouvernement à un double titre : dans l'intérêt de la santé publique et de la moralité ; car le commerce y déguise la prostitution.

Quand on aura pratiqué, aux issues du Tunnel inutile à cette heure, des chemins à voitures, il sera vraiment d'un service avantageux. (Wey, *Les Anglais chez eux*, 1854.)

Gautier

L'autre jour, j'allai visiter le tunnel, bien qu'en général je me soucie assez peu des curiosités. — Quand on est en voyage, il faut bien faire quelque chose pour ses amis. — J'avais déjà séjourné en Angleterre sans éprouver le besoin de voir le Tunnel ; mais à mon retour, les Béotiens de tout sexe et de tout pelage m'avaient tant de fois, abusant de ce signe bossu qu'on nomme point d'interrogation, demandé d'un air méditatif et capable : « Avez-vous vu le Tunnel ? » que je résolus cette fois-ci de m'exécuter courageusement ; car rien ne peut peindre le regard de mépris écrasant que les susdits Béotiens laissaient tomber sur moi lorsque je répondais :

« Non, je n'ai pas vu le Tunnel.

— Et Westminster ?

— Non plus.

— Et Saint-Paul ?

— Encore moins.

— Alors qu'avez-vous fait à Londres ?

— Je me suis promené à travers la ville pour voir des Anglais et surtout des Anglaises, dont on ne trouve la description dans aucun Guide du voyageur ; ce qui me paraît aussi intéressant que des pierres posées l'une sur l'autre d'une certaine façon. »

[...] Mon *patent-safety* parcourait les petites rues qui longent la Tamise avec cette rapidité qui distingue la locomotion à Londres, lorsque tout à coup il fit un soubresaut violent et manqua de verser. C'était un vaisseau qui, soulevé par la marée, étendait nonchalamment sa guibre à travers la rue. — Un cabriolet accroché par un vaisseau, cela ne se voit qu'à Londres.

Nous arrivâmes enfin au Tunnel, dont l'entrée provisoire n'a rien de monumental à l'extérieur. Cependant, cet immense puits, éclairé par un jour d'en haut et contourné d'un léger escalier, a quelque chose de grandiose. C'est dans l'intérieur de cette hélice qu'on doit construire les rampes dont les pentes adoucies permettront aux voitures d'arriver au niveau du Tunnel. Notre intention n'est pas de dire combien le Tunnel a de mètres, ni à quelle profondeur il pénètre dans le lit du fleuve ; cela se trouve partout : nous dirons seulement notre impression. Au premier abord, ces deux voûtes parallèles et communiquant ensemble par des arcades latérales, n'ont rien qui frappe l'imagination ; elles sont peintes en blanc, éclairées au gaz, et ne diffèrent en rien d'un passage ordinaire ; il faut un effort d'esprit assez violent pour se représenter que l'on visite un des prodiges de la volonté humaine : aucune forme sensible ne traduit cette idée, et vous avez beau dire que des vaisseaux à trois ponts voguent à toutes voiles au-dessus de votre tête, vous ne vous sentez pas touché d'une admiration bien vive. Certainement cela est étonnant, miraculeux, prodigieux, mais rien ne vous en avertit. Le moindre morceau de marbre grec, gardant encore l'empreinte du ciseau de Phidias, vous produit une impression bien plus forte de puissance et de grandeur ; et cependant ce qu'il a fallu de peine, de science, de calcul, de persévérance, pour mener cette œuvre à bout, est vraiment fait pour effrayer. Cette galerie, c'est l'existence tout entière d'un grand homme, d'un de ces hauts esprits qui ont la fièvre de l'impossible, la plus noble passion qui puisse brûler un cerveau. — Qu'y manque-t-il donc ? Peu de chose : la beauté. (Théophile Gautier, *Caprices et Zigzags*, 1852.)

Esquiros
Un colosse de la Tamise : le Leviathan

Quand je vins, en 1856, de Hollande en Angleterre, j'entrai de nuit sur un bateau à vapeur par la bouche de la Tamise. Toute une flotte marchande dormait ferme sur ses ancres et détachait au clair de lune ses cordages, ses agrès, ses mâts, auxquels pendaient, comme autant d'étoiles, de petites lanternes allumées. A mesure que vous remontez le fleuve et que vous approchez de Londres, ces groupes de vaisseaux deviennent plus nombreux, plus serrés; ils forment de véritables bois de haute futaie, dont la masse ombrage le fleuve, l'encombre, et ne laisse à la circulation qu'un étroit passage. Il semble que la Grande-Bretagne veuille frapper l'imagination du voyageur en lui disant : « Regarde, je suis la reine des eaux ! » Nous avions passé devant plusieurs villes indiquées sur le fond uniforme de la nuit par la lumière du gaz, qui coule ici à flots jusque dans les villages. Gravesend, Woolwich, Greenwich avaient apparu et s'étaient évanouis comme des rêves. Déjà il était huit heures du matin, et le jour se levait autant que le jour peut se lever sur la Tamise au mois de février. Le soleil ressemblait à un vieux louis d'or enveloppé dans de l'ouate, et Londres se faisait pressentir à l'horizon comme une grande ville bâtie dans un nuage. Nous étions à la hauteur de Milwall : tout à coup, les regards des passagers qui se trouvaient à côté de moi sur le pont se dirigèrent vers la rive droite du fleuve. Là gisait sur un chantier de travail l'immense carcasse d'un bâtiment en construction, et dont les flancs à jour, la charpente dénudée ressemblaient au squelette d'une baleine antédiluvienne échouée sur le sable. Un de mes voisins me dit : « C'est le *Grand-Oriental* (*it is the Great-Eastern*). »

Le *Great-Eastern*, comme on l'appelait alors, est la propriété de l'Eastern steam navigation Company. Depuis plusieurs années, on avait conçu l'idée de construire un bâtiment à vapeur assez spacieux pour contenir la provision de charbon de terre nécessaire à la consommation du plus long voyage. L'exécution de ce projet fut l'œuvre combinée de M. Brunel et de M. Scott Russell, deux ingénieurs et constructeurs célèbres. Les travaux commencèrent le 1er mai 1854 : aujourd'hui, le grand vaisseau est achevé. Cette magnifique création de l'architecture navale est un monument caractéristique du génie saxon, destiné à porter sur les mers les plus lointaines l'image de l'Angleterre et le témoignage de son prodigieux commerce. Le *Great-Eastern* contiendra quatre mille passagers ; transformé en *steamer* de guerre, il pourrait, dit-on, transporter dix mille soldats. Ce n'est plus, on le voit, un vaisseau, c'est une ville, une cité flottante sur l'abîme, et cette cité est doublée de fer pour briser les flots, défier les tempêtes, vaincre les éléments et les distances. Aux sept merveilles du monde dont se vantaient les anciens dans leur ingénuité, les Anglais opposent déjà en imagination cette masse relativement légère volant sur les eaux avec les ailes de la vapeur, et déployant une vitesse supérieure à celle de tous les navires connus.

J'ai revu dernièrement le *Great-Eastern*. Malgré ses proportions exorbitantes, ce bateau n'a rien de difforme ; la quille est, au contraire, d'une coupe svelte et élégante, comme celle d'un *yacht*. Immobile sur le sable, il regardait passer à ses pieds les autres bateaux à vapeur qui fendaient la Tamise, et dont les plus gros étaient à ce colosse ce que sont les mouettes au plus grand albatros. L'intérieur n'est pas moins saisissant : en descendant du pont, vous trouvez toute une série de chambres à coucher et de salons qui s'étendent sur un espace de trois cent cinquante pieds. Un de ces salons, long de soixante pieds sur quarante pieds de large, est destiné à donner des fêtes ; là, les passagers pourront charmer les ennuis d'un long voyage, sans souffrir du mal de mer, tant la base étendue du véhicule posera solidement, on l'espère du moins, à la surface mouvante de l'abîme. Les différents organes d'impulsion se trouvent en harmonie pour la force et la grandeur avec la taille de ce Caliban des mers. Le gaz destiné à éclairer toutes les parties de la ville flottante sera produit à bord, et le *Great-Eastern* portera, en outre, avec lui une lumière électrique, laquelle se répandra comme un clair de lune perpétuel autour du vaisseau. Le baptême du monstre eut lieu le 6 novembre 1857 : ce fut un événement. La population ouvrière de Londres et des environs, les hommes de science anglais, français, américains, allemands, russes, les curieux affluèrent sur toutes les rives qui bordent ou qui avoisinent l'île des Chiens (*isle of Dogs*). Les ambassadeurs siamois étaient là avec toute leur suite et en robe de drap d'or. Les maisons d'alentour qui avaient vue sur le chantier de travail étaient surmontées d'échafaudages et noires de têtes. Tous les yeux étaient fixés sur le héros de la fête, le grand vaisseau, cette gloire nationale, cette épopée de fer, de bois et de vapeur, fille de l'industrie saxonne. Il était environ midi et demi, lorsqu'une bouteille de vin décorée de fleurs fut portée et suspendue vers la proue du navire. Miss Hope, la fille du président de la Great-Eastern Company, lança ensuite la liqueur sacramentelle sur l'avant du vaisseau, en lui souhaitant bonne chance. Mille cris de joie répondirent et saluèrent la naissance morale du néophyte. Depuis cette cérémonie, il n'est plus permis d'appeler le grand vaisseau le *Great-Eastern* ; son nom est le *Leviathan*.

Ce n'était pas tout que de construire le *Leviathan*, il fallait le mettre à flot. Ici même commençait la partie la plus difficile et la plus laborieuse de la tâche. Ce nouveau théâtre de faits va mettre en relief d'autres qualités du génie saxon, l'énergie, la persévérance, le courage indomptable contre les choses. Cette montagne de fer semblait dire comme le rocher de Prométhée : « Qui osera me mouvoir ? » Les Anglais osent tout. Aussitôt après la cérémonie du baptême commença la première tentative de lancement, *launching*. On avait ménagé un double système de machines, dont les unes étaient calculées pour donner l'impulsion et les autres pour retenir, dans le cas où les mouvements du monstre deviendraient trop rapides. D'abord des ouvriers travaillèrent à attirer, au moyen de cordes fortement tendues, cette masse vers la rivière ; mais cette première manœuvre n'eut d'autre effet que d'arracher au vaisseau un sourd grondement, pareil à celui d'un tonnerre lointain. Cela dura environ dix minutes. La curiosité de la foule, l'inquiétude, toutes les émotions étaient excitées au plus haut degré, lorsqu'on entendit le sifflement des presses hydrauliques destinées à pousser le *Leviathan*. Bientôt un immense cri s'éleva de la multitude : « Il s'ébranle, il s'ébranle !

she moves, she moves ! » En effet, il glissa de trois ou quatre pieds en quelque secondes ; mais, tout à coup, des ouvriers furent frappés et enlevés en l'air par le mouvement des manches des roues destinées à servir de frein, comme par une explosion. Quatre d'entre eux, grièvement blessés, furent transportés à l'hôpital ; un cinquième reçut des secours dans le chantier. Ce mélancolique accident répandit une sorte de consternation dans la foule et fit suspendre les travaux. On les reprit néanmoins le jour même ; mais le soleil déclinait déjà, et un nouvel accident, survenu cette fois dans les machines, fit remettre à des temps plus heureux le succès de cette dangereuse entreprise. La foule s'écoula en murmurant.

Le *launching* du *Leviathan*, ce travail d'Hercule, fut repris ou plutôt continué à divers intervalles durant tout le mois de décembre 1857. Ce vaisseau offrant la pesanteur presque fabuleuse de 12 000 tonnes, multipliée encore par la friction, consentait quelquefois à glisser de quelques pouces ; puis il s'arrêtait ferme et inébranlable comme une église, défiant du haut de sa majestueuse immobilité les efforts combinés des hommes et des machines. Il fallait voir alors sur le chantier abandonné cette masse insolente, qui semblait triompher ainsi que Sébastopol ou Delhi après un assaut infructueux. Chaque semaine, nouveaux essais, insuccès nouveaux, et la dépense était énorme ; on estime que, pour avancer le monstre seulement de quelques pieds vers la Tamise, cela coûtait chaque fois à la compagnie la somme de plus de 1 000 livres sterling. J'assistai avec un intérêt extrême à deux de ces héroïques tentatives : rien ne donne une idée du caractère national comme cette armée d'ouvriers forts contre la force, au cœur inébranlable ainsi que l'obstacle, aux bras de fer servis par des machines, revenant sans cesse à la charge contre un ennemi dont l'écrasante grandeur était encore rendue plus sensible par la taille des pygmées acharnés à ses flancs. L'intelligence agite la masse, dit le poète : soit, mais je déclare, par l'exemple du grand vaisseau, qu'elle l'agite lentement. Des sinistres nouveaux, les brouillards d'hiver, le mouvement périodique des hautes et des basses marées avec lesquelles il fallait compter, tout cela retarda, interrompit encore les efforts des travailleurs. La critique commençait à n'épargner ni M. Brunel, l'ingénieur en chef, dont la constance méritait pourtant un meilleur sort, ni le *Leviathan* lui-même. Après un intervalle motivé par la destruction presque entière des appareils, usés, brisés dans ces derniers temps à remuer le *Leviathan*, les travaux recommencèrent le 5 janvier 1858.

Cette fois, ce fut un siège en règle ; vingt et une presses hydrauliques devaient attaquer le grand vaisseau. Parmi elles se distinguait un monstrueux bélier d'une force et d'une pesanteur inconnues jusque-là. La gelée contraria d'abord le jeu des machines ; mais, vers onze heures du matin, l'assaut fut livré : le géant résista, gémit, céda, mais seulement de huit pieds, puis il fallut cesser ; il était cinq heures. Chaque jour cependant, le grand vaisseau faisait un pas, jusqu'au moment où l'on jugea à propos de cesser le jeu des machines et d'attendre les hautes marées de la saison. Le 30 janvier était un des deux jours fixés pour le mettre définitivement à flot : soulevé par les eaux du flux, qui l'entouraient à une hauteur considérable, le *Leviathan* donna des signes de vie ; mais le vent soufflait avec violence, et le capitaine Harrison, qui commandait les manœuvres, ne pensa point qu'il fût prudent de lutter contre un si rude adversaire. Le lendemain 31, le temps était beau et calme : je me rendis sur les lieux, non sans craindre, je l'avoue, un nouveau mécompte. De midi à une heure, le fleuve s'enfla ; la marée courait avec une puissance très grande ; une machine hydraulique se mit en devoir de pousser pour la dernière fois, ou mieux de conduire le *Leviathan* vers le milieu du fleuve, car déjà il obéissait au mouvement. Peu à peu la grande nouvelle se répandit de bateau en bateau et de rive en rive. « Il flotte ! il flotte ! » Il fallait maintenant que le nouveau-né se dégageât de son berceau, *cradle*. Ce berceau était formé d'immenses poutres, dont le monstre se délivra en nageant. C'était un spectacle vraiment curieux et imposant que de voir, à la surface du grand fleuve, cette forêt de lourdes charpentes qui erraient de tous côtés. Aujourd'hui, le *Leviathan* n'attend plus que ses agrès et ses voiles pour s'élancer vers New York, terme marqué pour son premier voyage. (Esquiros, *L'Angleterre et la vie anglaise*, 1859.)

LA TAMISE ET LA FÊTE

Defauconpret

Un siècle après Voltaire

« Il y a demain une espèce de fête à Greenwich, me dit, le jour de Pâques, une dame française qui était depuis peu de temps à Londres : on dit qu'elle est curieuse à voir. Ma sœur et moi, nous avons dessein d'y aller. Voulez-vous nous y accompagner ?

— Très certainement, répondis-je ; et je me charge même de vous trouver un second écuyer. »

J'allai sur-le-champ chez M. C. pour lui proposer cette partie. Il connaissait les deux dames, et cependant il ne parut pas l'accepter avec autant de plaisir que je m'y attendais.

« Savez-vous bien, me dit-il en secouant la tête, que c'est la fête de la populace, et qu'il n'est pas trop prudent de nous y montrer avec deux Françaises ?

— Et comment reconnaîtrait-on leur patrie ? Elles n'écriront pas sur leur front : Je suis française.

— Mais ces mots seront écrits dans leur tournure, dans leur air, dans leur démarche. Une Française en Angleterre est aussi aisément reconnue qu'une rose au milieu d'un champ de fleurs sauvages. »

Il consentit pourtant à braver ce danger ; et le lundi matin nous nous rendîmes ensemble chez nos aimables compagnes.

Nous louâmes une barque au pont de Westminster, et ayant traversé toute la largeur de Londres sur la Tamise, nous arrivâmes vers deux heures au but de notre voyage.

Ce fleuve, que les Anglais appellent une rivière, parce que leur langue n'a pas d'expression pour distinguer l'un de l'autre, était couvert de barques remplies de navigateurs qui, comme nous, avaient pris cette voie pour se transporter au rendez-vous des badauds de Londres ; car on en trouve en tout pays. La vue en est véritablement agréable. Les vaisseaux qui bordent la Tamise, presque sans interruption, depuis cette ville jusqu'à Greenwich ; les champs bien cultivés qu'elle traverse ; les maisons de campagne qui s'élèvent en grand nombre sur ses rives ; les points de vue variés et pittoresques qui animent un paysage enchanteur : tout concourt à présenter aux yeux un des spectacles les plus délicieux qu'on puisse imaginer.

La foule commençait seulement à arriver, et comme nous désirions voir le parc lorsqu'il serait bien garni de monde, nous allâmes d'abord visiter l'hospice établi pour les marins. On l'a comparé aux Invalides : il y ressemble comme la butte de Montmartre ressemble aux montagnes de la Suisse. Je n'entends pourtant pas dire qu'il soit dépourvu de toute beauté. Du côté de la rivière, ce monument offre un coup d'œil imposant. Les deux principaux corps, séparés par une spacieuse terrasse, au centre de laquelle se trouve la statue de George II ; deux autres, moins considérables, séparés aussi par des terrasses d'une moindre étendue ; enfin d'autres bâtiments ajoutés du côté du sud et du nord, et sur deux desquels s'élèvent deux dômes supportés par des colonnes d'ordre composite, présentent de loin un aspect majestueux, qui séduit par une apparence de régularité. Mais lorsque vous approchez de cet édifice et que vous l'examinez dans ses détails, vous êtes surpris de reconnaître que les différents ordres d'architecture y sont mêlés et confondus, et que les lignes ont été si mal tracées, que certains bâtiments excèdent l'alignement des autres d'une longueur de plusieurs pieds. On vante les peintures de la chapelle et quatre statues en pierre représentant la *foi*, l'*espérance*, la *charité* et la *douceur* ; j'avoue que je n'y vis rien au-dessus du médiocre, et j'admirai davantage deux anges en marbre qui sont l'ouvrage de Bacon, l'un des meilleurs statuaires que l'Angleterre ait produits. Nous visitâmes encore différentes salles, qui n'offrent rien de remarquable. On se fait un plaisir d'y recevoir les étrangers et de leur montrer tout ce qui peut flatter leur curiosité et faire sortir un shilling de leur poche à chaque porte qu'on leur ouvre. Le nombre des invalides reçus dans cet asile est de 2 400, parmi lesquels il se trouve environ 250 enfants de marins, à l'éducation desquels on pourvoit.

Après avoir passé plus d'une heure à visiter cet établissement, où nous ne rencontrâmes qu'un très petit nombre de curieux, malgré la multitude qui abondait à Greenwich, nous pensâmes au but principal de notre voyage, qui était la promenade du parc. Nous voulûmes d'abord voir ce qu'on peut appeler la *foire*. En passant dans la principale rue, nous vîmes arriver un équipage qui amassait une foule de spectateurs, et qui excitait les cris et les risées de la populace. C'était un petit char attelé de six ânes, dans lequel étaient deux jeunes gens et deux demoiselles qui me parurent de la classe de celles qu'on nomme à Londres les *demoiselles de la ville*. Un enfant revêtu du costume de ramoneur remplissait l'emploi de postillon. Des rubans verts servaient de guides, et les coursiers arcadiens étaient surchargés d'une profusion de violettes et de primevères.

Pendant qu'on s'extasiait sur ce spectacle, nous avancions vers l'endroit où la foire se tient. C'est une rue assez étroite, bordée des deux côtés par des boutiques de jouets pour les enfants, d'étoffes communes, de quincaillerie, de pain d'épice dont on a soin de dorer différentes pièces pour mieux attirer les yeux ; enfin on y trouve tout ce qu'on voit dans les foires de France. Elle était tellement remplie de monde, que nous fûmes un quart d'heure à la parcourir, tandis que deux minutes auraient pu nous suffire, un jour ordinaire. Mais, grâce à l'excellente police d'Angleterre et au respect qu'on y professe pour la liberté individuelle, les voitures passaient dans cette rue malgré la foule qui l'encombrait, et la presse était telle en ces moments, que nous nous y trouvions fort mal à notre aise. C. avait pris des précautions extraordinaires pour qu'on ne lui volât pas sa montre. Il en avait entrelacé le cordon dans les boutonnières de son gilet, de manière qu'il était impossible de l'arracher. Elle disparut pourtant. Lorsque nous fûmes sortis de presse, il voulut voir quelle heure il était, et ne trouva plus que le cordon. Une incision cruciale avait fait sortir la montre du gousset, et un coup de ciseaux l'avait séparée du cordon, au bout duquel le cachet et la clef restaient comme deux fiches de consolation. Cette rue aboutit à une petite place, dans laquelle étaient établis des spectacles forains et des marionnettes, des ménageries d'animaux et des tréteaux de charlatans.

Jusqu'ici tout ressemble à ce qu'on voit en France ; mais une autre rue sur la gauche nous offrit un spectacle qui, sans être nouveau pour moi, ne laissa pas de m'intéresser un instant. Elle était entièrement bordée dans toute sa longueur par des escarpolettes en gondoles, attachées par des chaînes à des charpentes plus ou moins élevées. J'en comptai plus de cinquante. Toutes marchaient en même temps, et l'on y voyait presque autant de voltigeurs que de piétons. J'y remarquai des femmes vieilles et laides qui avaient pris la sage précaution d'attacher leurs jupons avec une corde ou un ruban, noué au-dessus de la cheville du pied, tandis que d'autres, jeunes et jolies, permettaient aux zéphirs de les agiter doucement, à la grande satisfaction des spectateurs d'en bas, quoique en vérité le pied et la jambe des Anglaises ne soient pas en général ceux de leurs attraits qui attirent le plus l'admiration.

Enfin nous entrâmes dans le parc, et nous y vîmes un autre genre d'amusement que je crois particulier à l'Angleterre. Des espèces de quilles sont dressées par terre ; chacune d'elles est surmontée d'une orange, d'un citron, ou de quelque *bijou* dont la valeur n'excède pas deux sous de France. Pour la moitié de cette somme vous achetez le droit de lancer de la distance d'environ trente pas deux gros bâtons d'environ dix-huit pouces de longueur, contre ces quilles, qui sont toutes rangées sur une même ligne à environ deux pieds de distance les unes des autres. Si vous abattez celle que vous désignez, vous devenez propriétaire de l'objet précieux qui la couronne. Il y avait au moins trois cents de ces jeux intéressants établis de tous côtés dans le parc ; malheur aux jambes du promeneur distrait qui n'apportait pas une attention continuelle à se garantir des bâtons qui volaient de toutes parts.

On y voyait aussi un grand nombre de tables, sur lesquelles des enfants, faisant tourner une aiguille roulant sur un pivot, essayaient leur fortune pour gagner un jouet ou un morceau de pain d'épice ; mais j'en remarquai une qui était entourée par un plus grand nombre de personnes. Le marchand avait toujours les yeux en l'air, et jetait de tous côtés des regards inquiets. Je m'en approchai, et je vis sur sa table des dés et de l'argent. Mais à l'instant même un officier de police s'avança vers lui, saisit les dés, n'oublia pas l'argent, brisa la table, et s'empara de sa personne, la loterie était le seul jeu de hasard que les lois permettent en Angleterre.

Le parc de Greenwich est très grand et planté de beaux arbres qui en rendent la promenade fort agréable dans la belle saison, qui dans ce pays arrive fort tard et s'en va de très bonne heure. Il est coupé par de nombreuses collines, d'où l'on découvre plusieurs beaux points de vue sur la Tamise et sur la capitale. Sur l'une d'elles s'élève un observatoire, où l'on ne peut entrer, même en payant, qu'avec la permission de l'astronome en chef. Quelques-unes de ces collines sont assez escarpées, et l'un des grands plaisirs de ceux qui en ont atteint le sommet, est de pousser quelque jeune fille, qui, une fois tombée, roule jusqu'au bas sans pouvoir s'arrêter. Mais comme le terrain est couvert de gazon, la chute ne peut avoir d'autre inconvénient que d'amuser un instant les curieux placés au pied. Nous invitâmes nos compagnes à y monter pour admirer la belle vue dont on y jouit, mais nous ne pûmes les déterminer à risquer l'aventure.

Trente mille personnes au moins peuplaient ce parc sans le remplir, quand nous en sortîmes. Nous étions très fatigués, et l'appétit commençait à se faire sentir. Nous entrâmes dans une de ces maisons mal à propos nommées cafés, et où, excepté souvent ce breuvage, on trouve tout ce qui est nécessaire pour chasser la soif et la faim. On nous y servit d'excellent poisson qu'on nous fit payer quatre fois sa valeur. J'ignore si cette coutume a passé de Saint-Cloud à Greenwich, ou de Greenwich à Saint-Cloud ; mais elle est la même des deux côtés. Il nous fut impossible d'obtenir une chambre particulière : nous fûmes obligés de nous placer dans une salle contenant dix ou douze tables, autour desquelles étaient rangés des convives des deux sexes, de tout âge et de toute condition. C. n'était pas à son aise ; il voyait que nous étions l'objet de l'attention générale ; la manière dont on regardait nos compagnes lui déplaisait, et chaque coup d'œil qu'on jetait sur elles lui paraissait l'avant-coureur de quelque insulte. Il n'en fut pourtant rien ; nous dînâmes très paisiblement ; et comme une jolie Française n'est jamais fâchée d'attirer les regards, nos dames ne se trouvèrent nullement offensées de devenir l'objet de la curiosité anglaise.

On a imprimé bien des fois que les étrangers ne peuvent faire un pas à Londres sans y être insultés par le peuple. L'impartialité dont je fais profession me porte à saisir cette occasion pour déclarer que ce reproche est de toute injustice. Vous n'avez pas à craindre plus d'insultes en cette ville qu'à Paris, et mon expérience me porte à croire que ceux qui se plaignent d'en avoir essuyé se les étaient attirées par quelque imprudence.

Nous montâmes en voiture pour reprendre par terre le chemin de Londres, qui, dans une longueur de près de sept milles, semble former une grande rue dont les maisons ne sont interrompues que par deux intervalles peu considérables. La route était encore couverte de piétons, de charrettes et de voitures, qui se rendaient à Greenwich, où l'on passe une partie de la nuit ; mais nous avions vu tout ce que nous voulions voir, et quelques-unes des scènes nocturnes dont nous aurions pu être témoins n'auraient peut-être pas été fort agréables pour les yeux de nos compagnes.

Cette fête, qui a lieu tous les ans, les lundi et mardi de Pâques et de la Pentecôte, n'est véritablement que le rendez-vous de la populace, à laquelle se mêlent quelques bons bourgeois, un grand nombre de filous, et toute la horde des filles du plus bas étage de la capitale. C'est un de ces objets que l'observateur aime à voir une fois pour les connaître, mais sur lesquels il se promet de ne pas reporter les yeux, et qui ne laissent dans son imagination aucun souvenir agréable. (Defauconpret, *Six mois à Londres en 1816*, 1817.)

Gautier
Dimanche à Greenwich

Et cependant ce jour si morne, si glacial, si funèbre, semble encore trop gai aux dévots, aux puritains. Tous les ans, un évêque ou un archevêque, fait au parlement la proposition de fermer les restaurateurs, de défendre aux omnibus et aux bateaux à vapeur de circuler le saint jour du repos ; il est probable, vu les progrès du *cant* et de l'hypocrisie, que cette loi passera dans un temps donné.

En attendant, le peuple de Londres se précipite hors de la ville avec l'empressement le plus vif. Les uns vont à Blackwall, les autres à Greenwich ou à Gravesend, ceux-ci à Richmond, ceux-là à Hampton Court, en voiture, en omnibus, en bateau à vapeur, en canot à rames et à voiles, en wagon, par toutes les voies d'eau, de terre ou de fer, à pied même ; l'important, c'est de ne pas rester.

Le spectacle de la Tamise est alors vraiment merveilleux ; c'est un mouvement, une cohue dont on n'a pas d'idée ; les populations descendent par théories le long des rampes, sur les escaliers et les embarcadères ; des familles de douze personnes, demoiselles en brodequins verts, garçons de quinze à dix-huit ans en veste à la matelote, se succèdent sans interruption ; tout cela, propre, bien tenu, parfaitement lavé et frisé, ganté dru et haut cravaté ; les Anglais, il faut leur rendre cette justice, peuvent souvent avoir l'air gauche et désagréable, mais ils n'ont jamais l'air commun. Cela tient à un certain orgueil intime, et au sentiment de la puissance nationale.

Ce dimanche-là, il faisait un temps aussi beau qu'on peut le désirer à Londres : il ne pleuvait pas ; aussi la Tamise, toute large qu'elle est, disparaissait sous un encombrement d'embarcations de tout genre ; il y avait bien, sans exagération, cent mille voyageurs sur le fleuve.

Les bateaux à vapeur de la compagnie des watermen se suivaient presque sans intervalle, chargés de monde à couler. *L'Ariel*, *Le Lutin*, *Le Papillon*, *La Perle*, *L'Émeraude* et les autres petits steamboats des entreprises rivales, filaient rapides comme l'éclair, se croisant, s'évitant d'un mouvement de gouvernail avec une prestesse de poisson ; leurs sillages, réunis et contrariés, formaient dans la Tamise comme une espèce de tempête et faisaient misérablement danser ces nacelles d'Esquimaux que conduisent, à l'aide d'une pagaie, les intrépides canotiers de Londres : l'eau, battue par des milliers de palettes, moussait comme une omelette fouettée ; un dais noir, provenant de la fumée dégorgée par tous ces tuyaux, flottait au-dessus du fleuve, et les sujets britanniques pouvaient s'asseoir sur les tillacs à l'ombre d'un nuage de fabrique anglaise : un délicieux parfum de houille délectait les narines utilitaires ; de toutes parts s'élevait un concert de bruits aigres, stridents, rauques, affreux ; c'était la vapeur qui sifflait, râlait, crachait, éternuait, grognait, glapissait, ronflait, tonnait, détonnait, geignait, poussait des han de saint Joseph et se livrait à cette foule de vacarmes incongrus par lesquels l'eau bouillante proteste contre les rudes travaux dont l'homme la surcharge. Jamais charivari plus étrange et plus discordant n'a déchiré l'oreille ; on dirait une symphonie de musiciens savants.

Pendant que les chaudières faisaient la conversation à haute voix, les

Anglais gardaient le plus profond silence. Aucune rumeur ne se dégageait de cette foule ; les femmes même ne disaient rien. Le fer seul était bavard ; au milieu de cette loquacité de machines, l'homme se taisait — sans doute parce qu'il n'était pas chauffé.

Il y avait pourtant assis, côte à côte, sur les bancs du bateau, de beaux jeunes gens et de jolies jeunes filles, des amants, des fiancés peut-être ; pendant tout le trajet, ils n'échangèrent ni un mot, ni un regard ; des groupes, évidemment composés d'amis allant ensemble à la même taverne, avaient l'air d'un collège de prêtres d'Harpocrate. Si la parole, comme l'a dit un diplomate célèbre, a été donnée à l'homme pour dissimuler sa pensée, ces gens-là devaient être diablement sincères. — Un pauvre mulâtre, armé d'une guitare nègre, essaya de fredonner l'air favori de Lucy Neal ; mais il n'eut pas le moindre succès, et bientôt, comme effrayé du son de sa voix, il s'arrêta de lui-même. Un enterrement français est plus joyeux et plus folâtre que cette gaieté anglaise. De pareils amusements donneraient le spleen aux gaillards les plus décidés à rire.

Nous nous souvenons surtout d'une jeune fille en robe vert pomme, en chapeau rose, qui avait des gants de l'azur le plus vif, des gants teints dans le bleu de la Méditerranée ou du ciel de Cadix, et dont cette réunion de nuances joyeuses n'éclaircissait en rien la mélancolie ; elle était seule et allait sans doute rejoindre son galant ; mais rien ne scintillait dans son œil de nacre, son corsage se soulevait à peine, et dans le trajet du pont de Westminster à Greenwich elle ne changea pas une seule fois de position.

[...] Arrêtons-nous à Greenwich, à la taverne du Vaisseau, ainsi nommée de son enseigne, et qui passe parmi les raffinés pour un des bons endroits. Pendant qu'on mettra le couvert, nous aurons le temps de jeter un coup d'œil à l'hôpital des invalides de la marine, chef-d'œuvre d'Inigo Jones ; n'ayez pas peur, nous n'allons pas vous faire une description surchargée de festons et d'astragales. Vu de la Tamise, l'hôpital de Greenwich produit un bel effet ; ses deux pavillons, un peu trop écartés peut-être, laissent librement jouer l'air sur un fond de belle verdure. Le musée de Greenwich se compose de portraits d'amiraux et de marines représentant des batailles navales. Cette galerie n'est pas très agréable à regarder pour des Français : outre que les tableaux sont pour la plupart très mal peints, ils portent des inscriptions qui ne sont pas en notre honneur ; la bataille du Nil, Trafalgar et autres noms semblables y reviennent trop souvent. La principale curiosité de la galerie, c'est l'habit que portait Nelson le jour de son combat suprême.

N'oublions pas cette charmante façade sculptée, ancienne maison de plaisance de la reine Élisabeth, habitée aujourd'hui par un riche négociant, et conservée avec un soin religieux.

La portion de Greenwich qui avoisine la rivière est coupée d'étroites ruelles et conserve des vestiges de l'ancien style architectural anglais.

Les enseignes de taverne, les écriteaux de chambres d'*accommodation* pour le thé, les petits gâteaux et autres choses (*accommodation* a un sens très élastique en anglais) diaprent les murs de leurs formes et de leurs lettres bizarres.

La plupart de ces maisons sont bâties moitié de briques jaunâtres, moitié de planches enduites de bitume ou peintes en noir, et, malgré la simplicité de leur extérieur, ne manquent, en dedans, d'aucune des recherches du luxe et du confortable.

La chambre où nous devions dîner donnait sur la Tamise. A peu de distance étaient à l'ancre les yachts de lord Fitz Harding et de lord Chesterfield. Ces petits bâtiments sont des merveilles de coupe, de solidité et de légèreté ; le bois de teck, le bois de cèdre, l'acajou, l'érable d'Amérique, entrent seuls dans leur construction. L'équipage est fait de marins éprouvés et les meilleurs du monde assurément. C'est un luxe qui revient à une quarantaine de mille francs par an, sans compter l'achat du yacht. Ces vaisseaux en miniature portent deux, trois ou quatre canons, et peuvent supporter les plus longs voyages. Le club des *Yachts* compte un assez grand nombre de membres recrutés, vous le pensez bien, parmi la plus haute aristocratie et les plus grandes fortunes.

N'est-ce pas charmant de pouvoir partir un matin sur un charmant navire où vous régnez en roi, pour le pays qui vous plaît, surtout si on n'a pas le mal de mer, circonstance qui rendrait maussade le séjour du yacht le plus coquettement aménagé ?

Les vitres des fenêtres à guillotine — il n'y en a point d'autres en Angleterre — de la chambre où notre table était servie, disparaissaient sous des milliers de rayures faites par des carres de diamants. La plupart des couples heureux ou des convives en belle humeur qui ont passé là ont écrit leurs noms sur le verre ; jamais carreaux n'ont été plus égratignés ni labourés que ceux de la taverne du Vaisseau. — On lit des signatures et des dates qui donneraient lieu à de singulières remarques. Parmi les noms de femmes, il y en a beaucoup de français et qui appartiennent à des célébrités du théâtre et de la galanterie.

Plusieurs de ces autographes sont d'une authenticité incontestable. Nous en avons copié quelques-uns avec le nom de l'Arthur contemporain, et du *for ever* inséparable d'une inscription de ce genre. Heureusement nous avons égaré cette note dont la publication pourrait troubler quelques jolis petits ménages morganatiques.

La moralité que nous avons tirée de la compulsation de cette fenêtre étamée de griffonnages, c'est que les Estelles de tous ces Némorins français ou britanniques avaient des diamants — puisque le diamant est la seule plume avec laquelle on puisse écrire sur les carreaux. (Théophile Gautier, *Caprices et Zigzags*, 1852.)

A LA DÉCOUVERTE DE LONDRES

> « On pourrait appeler Londres la Babylone noire. Lugubre le jour, splendide la nuit. Voir Londres est un saisissement. C'est une rumeur sous une fumée. Analogie mystérieuse ; la rumeur est la fumée du bruit. Paris est la capitale d'un versant de l'humanité, Londres est la capitale du versant opposé. Magnifique et sombre ville. L'activité y est tumulte et le peuple y est fourmilière. On y est libre et emboîté. Londres est le chaos en ordre. »
> V. HUGO, *William Shakespeare*, 1864.

Le touriste de notre fin de siècle suit des itinéraires déjà parcourus voici deux siècles et demi. Comme sous George II, il faut visiter la Tour de Londres, Saint-Paul, l'abbaye de Westminster, les parcs ou, comme sous la reine Victoria, il faut voir le Parlement et Big Ben, Trafalgar Square et Piccadilly Circus, Buckingham Palace. Au XVIIIe siècle, on tenait aussi à voir prisons, hôpitaux et hospices, et on allait se détendre au Ranelagh et à Vauxhall. Au XIXe siècle, on se laisse éblouir par l'éclairage au gaz qui fait de Londres, dès 1815, une ville-lumière, on découvre les bazars, qui sont en fait des galeries marchandes, on fait du shopping, le mot passe alors en français, dans Bond Street et Regent's Street, en louant l'honnêteté des boutiquiers ou en dénonçant leur rapacité. On s'étonne de découvrir des champs et des moutons, des sous-bois et des daims en plein cœur de la ville. Après 1850, on remarque une police efficace, discrète et omniprésente à la fois, remplaçant les watchmen *surannés. Les expositions universelles de 1851 et 1862 attirent des foules d'étrangers. Plus tard, après avoir parcouru Londres en* cab *ou en* omnibus, *on s'aventure sous terre pour emprunter l'*underground railway.

À chaque époque, on trouve des visiteurs qui se hâtent pour tout voir en une semaine, et parfois en un jour, et qui n'en sont que plus péremptoires. Même s'il s'accorde un mois, le voyageur est rarement flâneur, tant il est vrai qu'il est difficile de musarder à Londres et que les distances imposent un pas rapide. Certes, les parcs permettent une détente, mais il faut toujours repartir pour remplir ses obligations : c'est-à-dire qu'il faut avoir tout vu et ensuite qu'il faut avoir tout décrit, et en trouvant le détail pittoresque ou l'anecdote insolite qui assaisonne les poncifs, ou renouvelle les images. On sent trop souvent que parcourir Londres est moins jouissance que devoir.

AU DÉBUT DU XVIIIe SIÈCLE

Impressions défavorables

Miège

La vilaine, épaisse et puante fumée du charbon, et le pavé pointu dans la plus grande partie de la ville sont deux autres reproches qu'on fait à Londres. J'avoue qu'il n'y a point de remède au premier, mais bien au second, si l'on voulait. On peut ajouter encore les clameurs des mendiants dans les rues, principalement dans la Cité et dans les faubourgs de Westminster.

Si l'on aime le bruit, c'est un des lieux du monde où il y en a le plus. Car on n'y entend que trop de bruit et de tintamarre, par les charrettes et carrosses qui roulent tout le jour, par les cris de la ville qui frappent toujours les oreilles ; particulièrement les crieurs de nouvelles qui courent les rues et crient à plein gosier. Les cloches d'un côté, et les tambours de l'autre, et souvent même les canons de la Tour, remplissent les oreilles. Ici, l'on trouve une foule, à pousser les gens à mort ; là on rencontre un malheureux portefaix, qui heurte les allants avec son fardeau, et la canaille en hiver tirant avec des bâtons à des crocs, ou jouant au ballon dans les rues. (Guy Miège, *L'État présent de la Grande-Bretagne*, 1708.)

Montesquieu

Il n'y a rien de si affreux que les rues de Londres ; elles sont très malpropres ; le pavé y est si mal entretenu qu'il est presque impossible d'y aller en carrosse et qu'il faut faire son testament lorsqu'on va en fiacre. (Montesquieu, *Notes sur l'Angleterre*, 1899.)

Muralt

Les *carrosses de louage* sont ici en grand nombre, à bon marché, et on en a partout dans le moment ; tous les carrefours en sont pleins, et presque tous les coins de rue. Les cochers se tiennent sur leur siège, attentifs aux personnes qui passent, et ils accourent au moindre signal : c'est, à mon avis, un des avantages que Londres a sur Paris. Aussi, sans cette commodité des carrosses, on ne serait ici guère agréablement ; il y pleut ordinairement en hiver, et alors cette ville, mal pavée, est comme impraticable. Souvent un brouillard épais la couvre, et une fumée puante et malsaine se mêle au brouillard ; ainsi, quand ce ne serait pas pour se garantir de la boue, il y a des temps où il faut s'enfermer dans un carrosse, pour n'être pas noirci et infecté de la fumée. Avec cela les rues sont mal éclairées pendant la nuit ; on y met des lanternes depuis quelque temps, mais outre qu'il n'y en a pas en assez grand nombre, elles sont faites de manière que dans le seul endroit où elles jettent de la lumière, on en est plutôt ébloui qu'éclairé.

A la boue de l'hiver succède la poussière de l'été, et cela dans une quantité insupportable. Elle pénètre partout, et de très belles maisons en sont quelquefois rendues inhabitables. Alors on se retire à la campagne. (Béat de Muralt, *Lettres sur les Anglais*, 1726.)

Saussure

L'air de Londres est beaucoup plus épais que celui de la campagne, soit parce que cette grande ville est bâtie dans un fond au bord de la

Tamise, qui exhale souvent des brouillards épais, surtout en automne et en hiver, soit parce qu'on y brûle du charbon de terre qui jette une fumée si pesante et si épaisse qu'elle a beaucoup de peine à se dissiper, de sorte qu'en hiver, lorsqu'il ne fait point de vent, cette fumée forme au-dessus de la ville des nuées obscures, qui cachent entièrement le soleil. Il se passe souvent plusieurs semaines sans qu'on l'aperçoive à Londres, tandis qu'à quelques milles hors de la ville on a parfois un temps fort beau et un ciel serein. Cet air est malsain pour certaines personnes, surtout pour celles qui sont atteintes de la consomption, espèce de phtisie fort ordinaire en Angleterre. D'un autre côté, les médecins disent que la fumée du soufre et du nitre incorporés dans le charbon de terre fait du bien. (César Saussure, *Lettres et Voyages [1742]*, 1903.)

Laporte
La rue à Londres

Les rues de Londres seraient inabordables. Si, pour la facilité des allants et des venants, elles n'avaient pas, de chaque côté, un trottoir de quatre à cinq pieds de large, et pour la communication de l'un à l'autre, de petites chaussées en dos d'âne, qui les traversent. Il est aisé d'imaginer de quelle incommodité sont ces chaussées pour les voitures. Le milieu de ces mêmes rues est constamment enseveli sous des flots de boue, qui éclaboussent les passants, et couvrent tout le bas des maisons. Aussi chaque matin les apprentis sont-ils employés à laver les façades de leurs boutiques. Le pavé est formé de morceaux de roches, qui roulent et se heurtent sans cesse dans cette boue. Tout l'art du paveur consiste à placer l'un auprès de l'autre, de manière qu'indépendamment de la saleté qui y règne il est presque impossible d'y tenir en carrosse. Les chars même les mieux suspendus ont toute l'incommodité des charrettes, soit par le cahotement qu'occasionnent, à chaque pas, l'inégalité et l'instabilité du pavé, soit par le danger continuel d'être éclaboussé, si l'on ne tient pas toutes les glaces levées. On parle de paver toute la ville en pierres de grès, qu'on doit faire venir à grands frais des extrémités de la Grande-Bretagne ; et les Anglais se flattent qu'à cet égard, elle pourra l'emporter sur Paris même.

Malgré la pesanteur et la longueur démesurées des voitures, qui vont sans cesse de la ville au port, et du port dans les magasins, on ne rencontre cependant pas de fréquents embarras, par la raison que marchant en sens contraire sur deux rangs, elles ne se croisent ni ne se coupent presque jamais. Le meilleur attelage, dès qu'il s'y trouve engagé, est obligé de suivre la file, quelque motif qu'il ait de faire diligence ; ou si l'on est absolument pressé d'arriver, on quitte le carrosse ; et l'on se jette parmi la foule qui remplit les trottoirs. Les plus grands seigneurs voudraient en vain se prévaloir du poids de leur nom ou de la dignité de leur rang.

Pour se garantir de la malpropreté et de l'embarras, on trouve des allées, des cours ou des passages couverts, garnis de boutiques, comme à Paris le quai de Gèvres, et indiqués par la multitude qui y passe continuellement. Le choix, l'arrangement, le brillant des étalages en étoffes, en bijoux, en diverses sortes de marchandises, et surtout en jolies filles de boutique, suffiraient seuls pour déterminer les gens de pied à s'y jeter de préférence, indépendamment de la propreté et de la sûreté. Ces boutiques, et surtout celles du Strand, qui est la rue la plus passagère et la plus commerçante, sont fermées de grandes glaces, et offrent, par leur élégante disposition, un coup d'œil auquel notre rue Saint-Honoré même n'a peut-être rien de comparable.

Cet avantage perd infiniment de son prix par l'incommodité de la fumée, qui, mêlée avec un brouillard perpétuel, couvre et enveloppe toute la ville. Les vapeurs, dont est chargée son atmosphère, entraînent dans leur chute les parties les plus pesantes, et forment des pluies d'encre qui abîment les habits. Aussi Londres est-il rempli de boutiques de dégraisseurs, occupés à une lessive continuelle. Les bâtiments mêmes ne sont point à l'abri de ce dommage. Les plus considérables, comme la cathédrale, quoique bâtis de pierre de Portland, qui ressemble assez à la nôtre par sa blancheur et la finesse de son grain, ont pris la couleur du charbon. Les meubles des maisons sont également affligés par les parties les plus subtiles de la fumée. Les livres surtout ont à souffrir de ses ravages : les reliures les plus soignées y perdent bientôt tout leur éclat, si l'on n'a soin de les enfermer hermétiquement sous glace ; encore faut-il les essuyer très souvent. J'ai vu, en été même, faire du feu dans les bibliothèques, pour les mettre à couvert des atteintes de l'humidité.

Les nouveaux quartiers de Londres ne ressemblent à l'ancienne ville que par les trottoirs, qui sont dans toutes les rues. Insensiblement formées depuis la révolution, ces rues s'étendent et s'accroissent tous les jours ; et ce qui n'était anciennement qu'un amas de petites boutiques est maintenant un assemblage des plus belles maisons de cette capitale. Les bâtiments alignés, uniformes et construits de brique, n'ont que deux ou tout au plus trois étages, non compris une espèce de souterrain qu'occupent les cuisines et les offices. Ces pièces basses ont jour sur un fossé de trois pieds de large, qui sépare la maison de la rue ; et le trottoir qui le borde porte sur une voûte. Au moyen d'une pierre qui se lève, on y introduit tout le charbon nécessaire, soit pour la cuisine, soit pour les appartements : commodité très importante pour la propreté, dans un pays où l'on ne brûle presque pas de bois. Ce trottoir est séparé du fossé par un grillage de fer, d'où sortent deux espèces de pilastres de même matière, qui font une sorte d'avant-porte. (Laporte, *Le Voyageur français*, 1775.)

Mme Roland
Une journée à la découverte de Londres

Du Parlement, nous sommes allés au palais Saint-James, où le roi se rend chaque jour, donne les audiences, tient sa cour, reçoit les ambassadeurs, et fait toute la représentation de la royauté. Ce triste édifice n'a rien de remarquable, tout y est simple, antique et austère, autant qu'il soit possible de l'imaginer.

De ce palais au cabinet de M. Townelet, le passage est brusque et l'opposition frappante. C'est une maison située sur le parc, de l'autre côté du palais Saint-James; elle est simple, comme la plupart des maisons de Londres, dont les dehors ne se font remarquer que par l'extrême propreté; mais l'intérieur est décoré avec le meilleur goût et enrichi d'une belle collection d'antiques très précieux. Nous y avons reconnu plusieurs des morceaux que Winkelmann et Lens ont cités ou décrits; nous en avons admiré beaucoup d'autres qui portent tous, malgré des restaurations, ce caractère inimitable du ciseau des artistes grecs. Salons, cabinets, vestibule, tout est rempli de leurs ouvrages arrachés aux outrages de l'ignorance, soustraits à la faux du temps: des vases, des statues, des bustes, des bas-reliefs, des inscriptions, sont distribués avec intelligence dans ces appartements, dont les plafonds en arabesques frais et légers, les cheminées incrustées en morceaux antiques, les colonnades en stuc imitant le porphyre, correspondent à la beauté des choses dont on les a meublés, et que M. Townelet s'est procurés en Italie, où le goût des beaux arts lui a fait faire plusieurs voyages.

Nous avons terminé la journée par Ranelagh, où nous nous sommes transportés avant neuf heures, afin de pouvoir examiner les jardins; la foule ne s'y rend qu'entre onze heures et minuit; tout le monde se retire vers trois heures. Les jardins de Ranelagh, quoiqu'agréables, sont peu de chose, et ne font pas l'essentiel de ce lieu charmant, dont la pièce principale est une rotonde de forme élégante et des mieux ornées. La musique anime singulièrement le spectacle que forme le concours d'un nombre considérable de personnes; elle est entièrement dans le goût italien, quoique les paroles des ariettes soient anglaises. Les femmes y sont parées, elles s'y tiennent généralement, l'une l'autre sous le bras, et s'y promènent ainsi, plusieurs ensemble, sans cavaliers. Tout y respire l'air de la liberté, le ton de la décence et de la plus grande tranquillité; point de bruit, de foule, de cahots: il en est ainsi dans tous les lieux d'assemblées, même parmi le peuple et dans les marchés. Ce peuple montre partout un caractère sage; il jouit paisiblement et avec volupté: la chaleur, l'énergie, l'emportement, ne se manifestent que dans les élections, ou contre les actes injustes.

Le parc Saint-James, que j'avais vu les soirs dans son brillant, présente le matin des agréments d'un autre genre; on s'y rend pour prendre le lait qu'on fait tirer devant soi aux animaux qui paissent sur les gazons ; on y trouve aussi le thé et du beurre dans la petite et propre maison d'une des portières. Après nous y être reposés, nous avons été voir Sommerset House [Somerset], édifice considérable, qui n'est point encore fini, qu'on peut comparer à notre Louvre, quoique la masse de celui-ci soit plus considérable, et que sa belle colonnade ne soit pas imitée.

Sommerset House, situé dans le Strand, sur la Tamise, est la réunion de toutes les écoles des beaux-arts, des Académies des sciences et autres. Une cour carrée, flanquée de quatre corps de bâtiments d'une architecture analogue à celle de l'intérieur du vieux Louvre, mais plus légère, offre l'ensemble de cet édifice, dont la partie du fond, élevée sur le bord de la Tamise, servira de dépôt général à toutes les marchandises de la Compagnie des Indes. On a pratiqué, à cet effet, des souterrains considérables, à voûtes très élevées, de manière que les marchandises sortant des bâtiments, seront déposées dans ces magasins.

Newgate est le nom des prisons, ou plutôt de la prison de Londres ; c'est un grand bâtiment carré, si solidement bâti, si exactement fermé, qu'il doit faire perdre à ceux qui s'y voient conduire, l'espérance d'en sortir jamais. Nous avions dessein d'en examiner l'intérieur ; nous n'avons été admis que dans la chambre d'entrée, dont la sentinelle garde la porte : des chaînes, des menottes, des poids, des fers, lui servent d'ameublement, et doivent porter l'effroi dans l'âme du criminel qui y met le pied. Le concierge, homme d'une stature colossale, fort et fier, vrai Anglais, nous a dit qu'il ne pouvait nous laisser aller plus loin, parce qu'il y avait des prisonniers qui n'étaient point aux fers et qui pourraient nous jouer de mauvais tours : il nous a offert de revenir à une heure où ils seraient renfermés plus étroitement, et où il lui serait possible de nous conduire lui-même : j'en avais assez vu de cet appareil terrible, pour ne plus me soucier d'y retourner. Nous sommes allés à Session House, tribunal où sont jugés les criminels, et qui tient immédiatement à la prison, par une galerie en pierre, absolument fermée, qui sert de passage aux coupables que l'on conduit de la prison au tribunal, *et vice versa*.

La salle des juges, que préside le *lord-maire*, est divisée en bancs de gradins, faisant siège à dossier, surmontés d'une galerie tournante où se tient le public. Les criminels sont amenés au milieu, dans une sorte de banc élevé, entouré de balustres à hauteur d'appui ; et comme le jour vient derrière eux principalement, on a ménagé, à l'espèce de bureau devant lequel ils s'avancent, deux montants portant une glace tournante, qu'on dispose de façon à lui faire réfléchir le plus grand jour possible sur la face du criminel qu'on interroge. Ainsi, le juge éloigné, mais en face du coupable, le voit distinctement, peut juger des moindres altérations de son visage, tandis que celui-ci, libre dans l'espace qui lui est laissé, répond aux questions qu'on lui fait. C'est là que l'homme, abandonné à sa conscience et aux lois, est jugé par elles seules. Les témoins sont reçus, entre les juges et le coupable, au-devant de celui-ci qu'ils ne peuvent voir. Cette salle a un air auguste et austère, propre à en imposer.

On exécute maintenant sur la place au-devant de la prison, d'où les criminels sortent par une fenêtre, et vont de plain-pied à l'échafaud : celui-ci est mobile, et on le fait tomber quelque temps après que les condamnés sont attachés ; de manière que leur propre poids achève leur supplice et leur vie.

Lorsque les exécutions se faisaient à Tiburn [Tyburn], place à l'une des extrémités de la ville, on permettait aux parents de venir, un quart d'heure après, enlever le corps, et de chercher à rappeler en eux la vie, si elle n'était pas éteinte entièrement ; j'ai vu un pauvre qui a été ainsi sauvé de la mort : aujourd'hui, on rentre les corps dans la prison, et on ne les abandonne aux parents que le soir du jour où l'exécution a été faite.

Nous avons été distraits de ces détails de justice et de police, par la fête brillante de Wauxhall [Vauxhall], où nous sommes allés à dix heures du soir. Les jardins font la partie essentielle de Wauxhall ; ils sont grands, très agréable, et illuminés admirablement ; des arbres, d'une hauteur extraordinaire, forment les allées, coupées de bosquets et ornées de fleurs ; perspective en transparent, obélisque, cascades, lumières cachées dans le feuillage, tout y est ménagé avec un art d'autant plus grand, qu'il s'éloigne moins de la nature. De vastes galeries, faites par de légers piliers qui soutiennent un toit commun, règnent à l'entrée des jardins où elles forment un carré immense, au milieu duquel est placé l'orchestre, dans un pavillon ou kiosque très élevé, très élégant ; des arbres, des tables remplissent l'espace des côtés au cintre, sans gêner les communications, les passages. Au-delà des galeries, le contour est fermé par des cabinets ouverts, garnis chacun d'une table toute servie. Lorsqu'il pleut, on se retire dans une grande rotonde, fort brillante, précédée d'une pièce carrée, ornée de beaux tableaux, dont le sujet, honorable pour la nation, rendu avec chaleur, est bien propre à nourrir, dans chaque individu, l'enthousiasme patriotique. L'un de ces tableaux représente le général anglais, auquel les malheureux habitants de Québec viennent montrer leur misère : ce général les accueille avec la bonté d'un généreux vainqueur, et leur fait distribuer des vivres. Des sujets analogues pour l'Inde, etc. font pendant à celui-ci : l'exécution en est vigoureuse et correcte. C'est le don d'un particulier ; circonstance remarquable, et qui se retrouve fréquemment ici dans les plus beaux établissements.

La musique qu'on exécute à Wauxhall est comme partout à Londres, absolument dans le genre italien ; les paroles du chant sont de l'anglais, et l'on est étonné de la souplesse et de la facilité avec laquelle cette langue se plie à la musique ; plus accentuée que la nôtre, ayant une prosodie plus marquée, peut-être y est-elle réellement plus propre ; ce qu'il y a de constant, c'est que les Anglais, n'ayant pas comme nous la prétention d'avoir une musique à eux, en ont adopté plutôt la musique italienne, et ils y ont gagné. Cet art enchanteur est singulièrement cultivé parmi eux ; ils ont des docteurs en musique, dont le corps forme une faculté. Handel, leur plus célèbre compositeur, a obtenu les honneurs d'un monument à Westminster. On a célébré l'anniversaire de ses funérailles, il y a près d'un mois, avec un éclat et un concours des plus grands : le nombre des musiciens exécutants, réunis pour cet objet à Westminster, était de six cents : la Cour et la Ville étaient présentes ; on avait travaillé longtemps d'avance, pour dresser, dans l'église, tous les échafauds et gradins nécessaires pour cette cérémonie.

Dans tous les lieux d'assemblées publiques, pour fêtes ou récréations, il y a de la musique ; des voix, des instruments et toujours des orgues. Malgré le concours, à Wauxhall comme ailleurs, tout se passe avec autant de tranquillité que de décence ; l'œil d'une femme honnête n'y est point choqué de ces agaceries, de ces scènes libres qui se passent à notre Redoute chinoise et dans les autres lieux semblables. Toutes les femmes ici, même celles de l'ordre le plus méprisable, conservent le ton de leur sexe ; celles qui cherchent à séduire, semblent le faire encore avec un air de pudeur ; et quoique beaucoup d'entre elles ne se couvrent la gorge que d'une manière propre à la faire remarquer, aucune ne la montre sans voile.

La foule ne fait jamais une presse incommode, et n'occasionne aucun accident ; on va plus doucement, on s'arrête, on se dégage tout naturellement, sans contrainte et sans désordre. Il y a bien des Watchmans répandus dans les endroits publics ; mais ils ne marquent pas, et sont là par prévoyance bien plus que pour en imposer, si ce n'est aux filous, très communs partout.

Ce ne serait pas voir une nation, que de négliger les spectacles où les dernières classes se rassemblent, et où le peuple doit se montrer ce qu'il est : nous avons donc été à Saddler Wells, spectacle qui répond à celui de nos Boulevards, le vrai Nicolet de Londres. On donne de petits opéras-comiques du bas genre ; on chante des couplets, puis on fait danser des chiens, et l'on finit par des danseurs de corde et des sauteurs. On croit bien que la composition des premiers ne vaut pas grand-chose, et que les acteurs ne valent pas mieux ; mais la musique est facile, chantante, et les couplets sont quelquefois agréables, toujours très gais : l'air de Malboroug, l'ouverture de notre *Déserteur*, la marche des Avares, accompagnent la danse des chiens, où, par-ci par là, on voit de petites allusions aux folies françaises. Les danseurs de corde ont toute la grâce, le talent, la force et la souplesse des nôtres. Le peuple se livre au rire avec une énergie, une franchise singulières ; c'est ici que doivent l'examiner ceux qui le croient si triste ; mais les transports de sa joie ne sont suivis d'aucune dispute, ni de rien de semblable, et les derniers de ce peuple, des matelots même montrent beaucoup d'égards pour les étrangers : partout nous l'avons trouvé honnête, et tous jugeaient bien que nous étions français. (Mme Roland, *Voyage en Angleterre [1784]*, 1800.)

Cambry

Scènes quotidiennes

Je ne sortis que tard de London Tavern. L'ancienne loi du couvre-feu établie par Guillaume le Conquérant, qui forçait les Anglais d'éteindre toute lumière à neuf heures, n'existe plus; mais les boutiques sont fermées de bonne heure. Les Anglais veillent peu, et cependant se lèvent tard; il est assez ordinaire de ne voir ouvrir chez les marchands qu'à huit heures et demie, même dans les beaux jours; mais dès le crépuscule, les rues sont traversées par des brasseurs, des marchands de charbons de terre, par les chariots de la campagne, qui ne peuvent étaler leur paille et leur foin que pendant les premiers temps de la matinée. Les voitures de louage arrivent aux places assez tard, parce que le grand cours des affaires ne commence guère qu'entre neuf et dix heures, pour durer jusqu'à quatre, où l'on se met à table.

La matinée de Londres semble destinée à la propreté : vous remarquez partout des hommes, des femmes et des enfants essuyant, lavant, frottant les boutiques et les fenêtres, tandis que des voitures enlèvent les immondices rassemblées la veille, et qu'une eau salutaire achève de nettoyer les rues; elle sort de pompes rasées à la surface de la terre, et recouvertes de plaques de fer; dont l'extrémité plonge dans les canaux de bois qui circulent sous toute la ville.

Dès qu'un cocher, quel qu'il soit, n'est pas en course, ou s'arrête un moment, il s'occupe à donner à ses chevaux des poignées de foin qui leur rafraîchissent la bouche, à les flatter de la main, à lustrer leur poil, à visiter leurs pieds, à voir si les harnais, trop fortement bouclés, ne gênent pas leur marche, si les mors ne les blessent pas : de ses chevaux il passe à sa voiture; l'intérieur, l'impérial, le marchepied, les roues, tout est visité, nettoyé, paré; il attend celui qui l'emploie, lui parle avec un intérêt, un zèle entièrement opposé à la grossièreté de nos cochers, passée en proverbe : la même honnêteté règne chez lui pour ses confrères; deux cochers aux carrefours se croisent, s'arrêtent, se parlent avec douceur, raisonnent sur les moyens d'éviter les embarras, et prennent, en se remerciant, la route qu'ils se sont indiquée; au détour des rues, quand les trottoirs se coupent, l'impatience de l'homme en voiture respecte les pas du public; aussi les accidents sont-ils infiniment rares, et coûtent cher à celui qui les occasionne.

Les scènes de nuit sont en petit nombre; quelques filles, des matelots ivres, quelques filous en troublent de temps en temps le silence. Les Watchmans nuisent au sommeil de ceux qui ne sont pas accoutumés à leurs cris multipliés. Ces hommes armés de petits bâtons, munis d'une lanterne, se promènent, établissent la police, préviennent les incendies, indiquent les heures, se rassemblent, quand ils ont besoin d'être en force, à l'aide de signaux convenus.

Je vis un soir des bouchers, des enfants, des vieilles attroupés frapper sur des poêlons avec des couteaux, des couperets, des pincettes, sous les fenêtres d'un Juif qui se remariait ; cet usage existait jadis en France ; il se pratique encore dans quelques provinces, en Bretagne entre autres, sous le nom de charivari. (Jacques Cambry, *De Londres et de ses environs*, 1788.)

Ferri de Saint-Constant
Londres la nuit

On remarque, par rapport à la manière d'éclairer la ville, la même différence avec ce qui se fait ailleurs. On n'a pas adopté à Londres les lanternes à réverbères, qui seraient plus économiques, parce qu'on les croit dangereuses à raison de la rapidité avec laquelle la foule des piétons marche et se croise sur les trottoirs ; on laisse ces lanternes aux boutiquiers qui veulent fixer les regards des passants sur leur étalage et les éblouir. L'illumination des rues, étant d'une utilité commune à tous, est à la charge de l'ensemble des citoyens. Les locataires sont obligés d'entretenir devant leur porte une ou deux lampes, selon l'étendue de la façade de leurs maisons : ainsi elles se trouvent placées à vingt ou trente pieds au plus d'intervalle de chaque côté de la rue ; la clarté qu'elles donnent est très égale et très douce, mais dans les rues larges, les plus fréquentées par les voitures, la lumière de ces lampes suffit à peine pour éclairer et diriger leur marche.

Un voyageur, faisant un parallèle très brillant de l'illumination de Londres avec celle de Paris, dit que là elle a lieu dans toutes les saisons de l'année ; qu'on n'y attend pas pour allumer les lanternes que la lune disparaisse et que la mesure qui verse l'huile ne se proportionne pas chaque soir aux phases de cette planète. « Les lanternes semblent s'allumer, ajoute-t-il, moins pour remplacer le soleil que pour lui indiquer qu'on peut se passer de lui ; elles brillent à huit heures en été et à trois heures en hiver, le soleil qui les a vues éclairer son départ les retrouve encore brillantes à son retour. » Linguet se serait peut-être épargné ces figures de rhétorique s'il s'était rappelé que les brouillards couvrent presque toujours Londres, et que l'obscurité qu'ils répandent hâte et prolonge la nuit : voilà pourquoi la police a prescrit d'allumer les lanternes une heure avant le coucher du soleil. (Ferri de Saint-Constant, *Londres et les Anglais*, 1804.)

Le gaz d'éclairage
Defauconpret
Passant un soir dans Pall Mall, je m'aperçus qu'un côté de cette belle rue était parfaitement illuminé, tandis que l'autre semblait plongé dans

une obscurité profonde. Je remarquai que cette clarté extraordinaire était produite par les lanternes qui garnissaient les murs du palais du prince régent. Elles étaient placées trop haut pour que je pusse les examiner à mon aise ; mais je vis qu'il en sortait un gros jet d'une flamme brillante qui faisait pâlir de honte les lanternes vulgaires suspendues de l'autre côté de la rue, et qui semblaient d'humbles veilleuses placées dans la chambre d'un malade.

J'étais avec C. « Que signifie cette illumination ? lui dis-je.

— Vous en verrez autant, me dit-il, sur le pont de Westminster et dans plusieurs quartiers de Londres. Cette lumière est produite par le gaz extrait du charbon de terre, et une seule lampe éclairée par ce procédé donne plus de clarté que dix de nos anciens réverbères. C'est une nouvelle invention faite en Angleterre.

— Permettez-moi de vous faire observer qu'il y a plus de douze ans que j'en ai vu faire l'essai à Paris sous le nom de thermolampe, pour éclairer un passage public.

— Et pourquoi y a-t-on renoncé ?

— Parce que, ce passage étant voûté, la combustion de ce gaz y répandait une odeur désagréable.

— Eh bien, l'on a trouvé ici le secret de le dépouiller de cette odeur, et on l'emploie pour éclairer non seulement les rues, mais même l'inférieur des maisons. »

Effectivement, dans la plupart des rues marchandes, dans Leicester Square, dans Coventry Street, dans toute la Cité, je vis une infinité de boutiques éclairées de cette manière, et il y régnait une clarté plus brillante que dans celles dont elles étaient voisines, quoiqu'elle fût produite par un nombre de luminaires beaucoup moins considérable. J'entrai dans quelques-unes, et dans aucune la moindre odeur ne frappa mon odorat. Le foyer partait d'un tube cylindrique dont le haut s'élargissant lançait un jet de flamme circulaire, semblable à celui que produisent les quinquets. Dans quelques endroits, on avait accordé davantage à la décoration extérieure. Je vis des chevaux et des dragons vomissant le feu par la bouche et les naseaux. J'appris même qu'on était parvenu à renfermer une portion de ce fluide dans des chandeliers construits exprès, qu'on peut transporter d'une chambre à l'autre, et dont la flamme s'éteint moins facilement par le vent ou par quelques gouttes d'eau quand on traverse une cour.

En tournant plus ou moins le robinet qui donne passage au gaz, vous augmentez ou diminuez la lumière à volonté ; vous pouvez même la réduire à ne vous donner pour la nuit que la clarté d'une veilleuse. Calculez maintenant tous les avantages qui en résultent. Vous êtes à l'abri des taches de toute espèce auxquelles vous exposent tous les autres luminaires ; de l'inconvénient d'avoir à moucher à chaque instant une chandelle dont quelques portions de la mèche s'échappant quelquefois, salissent tout ce qu'elles touchent ; du désagrément d'avoir votre appartement rempli d'une odeur infecte, si un verre de quinquet vient à se briser ; enfin du danger qu'une bougie, placée sur votre table de nuit, ne change votre lit en un brasier ardent, si vous avez assez peu de goût pour vous endormir en lisant les vers de M. M*** ou la prose de M. de C***.

Une compagnie s'est formée à Londres pour fournir ce nouveau genre d'éclairage, et les fonds des associés montent déjà plus de cinq millions de notre monnaie. Elle a établi trois grands foyers pour séparer le gaz du charbon de terre ; et de là partent des tuyaux souterrains qui distribuent ce fluide dans toutes les maisons qui adoptent cette manière de s'éclairer, et dont le nombre augmente tous les jours.

La vaccine a eu ses ennemis. Pourquoi cette nouvelle découverte n'aurait-elle pas les siens ? Tous les fabricants et marchands d'huile, de chandelle, de bougie, de quinquets, etc., se sont ligués pour la décrier. Un des principaux motifs qu'ils mettaient en avant, parce qu'il semblait appuyé sur l'intérêt public, était la crainte que la quantité de charbon qui serait employée pour la production de ce gaz, ne vînt à épuiser les mines qui produisent ce combustible, le seul qu'on puisse se procurer dans toute la Grande-Bretagne. Mais M. Accum y a répondu victorieusement, en prouvant, par des calculs sans réplique, que, parmi les nombreuses mines de charbon que possède l'Angleterre, il en est deux qui suffisent seules pour fournir son chauffage pendant près de quatre siècles.

Une objection plus sérieuse, et qu'on ne paraissait pas avoir prévue, s'est présentée d'elle-même il y a peu de temps. Un soir, toutes les maisons qui, dans un quartier de Londres, étaient éclairées par ce procédé, se sont trouvées tout à coup, et au même instant, plongées dans une obscurité profonde, un accident ayant éteint le foyer qui leur fournissait le gaz. La compagnie a pris un moyen bien simple, et qu'elle aurait peut-être dû employer d'avance, pour empêcher le retour d'un pareil événement. Elle a établi un tuyau de communication entre les maîtresses branches des trois foyers ; de manière que si la négligence, la malveillance, ou un accident imprévu venait à en éteindre un, ou à mettre un obstacle à la sécrétion du fluide illuminateur, les deux autres en fourniraient encore en assez grande quantité pour alimenter tous les conduits. (Defauconpret, *Six mois à Londres en 1816*, 1817.)

Montulé

A dix heures nous étions dans les faubourgs de Londres. Tout semblait illuminé : le gaz hydrogène brillait des deux côtés des rues dans des lanternes élégantes, et s'échappait en larges flammes dans une infinité de boutiques. Cet emploi général du gaz en Angleterre est bien, comparativement avec la France, l'expression de l'industrie la plus grande.

Le peu d'empressement qu'on a mis en France à adopter les bateaux à vapeur et l'éclairage par le gaz, devrait diminuer chez nous l'orgueil de cet âge que quelques-uns appellent le siècle des lumières. On a peine à concevoir cet éloignement que montrent les Français pour la nouveauté dans les arts. Est-ce parce qu'ils ont trop ou trop peu d'imagination ? Nous traiterons cette question plus tard. (Montulé, *Voyage en Angleterre pendant les années 1821 et 1822*, 1825.)

Courir les boutiques de Londres
Ferri de Saint-Constant

Ce que Londres offre de plus frappant aux yeux d'un étranger, c'est la magnificence des boutiques et des magasins. Ils étonnent d'abord par leur grandeur : car ils occupent tout le rez-de-chaussée des maisons qu'habitent les marchands. La partie qui donne sur la rue est fermée par de grandes glaces, derrière lesquelles ils étalent avec art tous les objets les plus frais, les plus agréables et les plus précieux de leur commerce ou de leur trafic. Comme la mode les oblige à changer souvent, cette variété et cet arrangement symétrique procurent aux passants le coup d'œil le plus brillant. On voit dans quelques villes du continent, et surtout à Paris, des boutiques qui, pour la richesse et le goût, ne le cèdent pas à celles de Londres ; mais c'est leur multitude innombrable qui étonne dans cette dernière ville et dont aucune autre ne peut donner d'idée.

Ce qui contribue, à Londres, à orner les boutiques, et particulièrement celles où l'on étale des objets de luxe, c'est le grand nombre de femmes qu'elles attirent. Un des grands plaisirs, comme une des grandes occupations des Anglaises, est ce qu'elles appellent *shopping*, de *courir les boutiques*. Il y en a qui ne passent pas de jour sans visiter quelques magasins ; elles demandent à voir le plus grand nombre d'objets possibles sans l'intention, et souvent sans avoir les moyens, d'en acheter aucun ; elles exercent la patience des marchands, qui sont en général d'une grande complaisance. Ce n'est pas seulement l'amour de la toilette ou la simple curiosité qui les motive. On y donne souvent des rendez-vous : c'est là que les femmes voient les hommes qu'elles ne peuvent recevoir chez elles ; elles s'entretiennent librement avec eux, et le marchand croit que ce sont des personnes de connaissance qui se rencontrent par hasard. (Ferri de Saint-Constant, *Londres et les Anglais*, 1804.)

Lévis

C'est autant à la curiosité excitée continuellement par les nouveautés de ces boutiques, qui d'ailleurs offrent chacune dans leur genre un aspect agréable, qu'à la commodité des trottoirs que l'on doit attribuer la préférence donnée par les oisifs de Londres à certaines rues sur les promenades des parcs. Celle qui est depuis assez longtemps le plus à la mode se nomme Bond Street, et elle communique de Piccadilly à la rue d'Oxford. Quand il fait beau, c'est le rendez-vous général de la bonne compagnie : ainsi dans les romans et les pièces de théâtre les petits-maîtres sont-ils appelés *Bond-street Compers*. Cette dernière dénomination vient des boutiques à manger, *eating shops*, où l'on trouve le moyen d'attendre plus patiemment le dîner en prenant ce léger repas que les Anglais nomment *lounge* [*lunch*], et qu'ils placent vers une ou deux heures : elles sont toujours garnies d'une grande variété de pâtisserie, dans lesquelles le raisin de Corinthe domine; les rafraîchissements sont de la limonade ou de l'orgeat, et en été des glaces fort médiocres. (M. de Lévis, *L'Angleterre au commencement du dix-neuvième siècle*, 1814.)

Defauconpret
New Bond Street

Tous les jours, excepté le dimanche, cette rue, depuis deux heures jusqu'à cinq, est le rendez-vous du beau monde de Londres. Comment a-t-elle acquis cette vogue, c'est ce qui serait difficile à expliquer, car elle n'est certainement pas une des plus belles de cette capitale, quoiqu'elle soit à peu près aussi longue, aussi large et aussi droite que la rue Saint-Honoré à Paris. Elle conduit d'Oxford Street à Piccadilly en traversant un espace d'environ les deux tiers d'un mille. Le rez-de-chaussée des maisons qui la bordent est occupé exclusivement par de belles boutiques, et c'est au premier étage que se trouvent les marchands de modes et les couturières les plus renommées; car ces deux états qui n'en font qu'un à Londres n'ont pas d'étalage extérieur, et rien n'annonce un magasin de modes que le nom du marchand gravé sur une plaque de cuivre. C'est le seul état à Londres qui compte assez sur les attraits qu'il possède pour se dispenser de chercher à séduire les yeux par les apprêts du charlatanisme. Cependant, on aperçoit souvent, à travers les croisées, une robe ou un chapeau qui semblent dire au passant : « Montez, c'est ici. »

Plusieurs de ces boutiques servent de rendez-vous pour en préparer d'autres. Celles des pâtissiers et des marchands de fruits sont surtout commodes pour cet objet, parce que les dames, qui pour rien au monde ne voudraient entrer dans un café, ne se font pas scrupule de s'attabler chez ces marchands. L'usage le permet, et l'usage est le maître du monde.

Deux files d'équipages garnissent fréquemment cette rue d'un bout à l'autre. Les uns s'arrêtent à quelques boutiques, les autres ne font que se promener lentement, pour que ceux qui s'y trouvent puissent voir et surtout être vus. Le cocher portant une perruque ronde dont les boucles poudrées sont serrées contre sa tête, et couvert d'un énorme chapeau, de l'un des coins duquel pend une houppe en soie ou en or, et un laquais à figure insolente portant une grande canne, annoncent les grands personnages, ou du moins ceux qui, dans le langage du monde, passent pour tels, parce que le hasard leur a donné un nom et de la fortune ; l'humble fiacre qui les suit, le brillant cabriolet qui veut les devancer, les cavaliers qui parcourent le milieu de la rue, et qui cherchent à découvrir dans les équipages quelques figures de leur connaissance, tel est le tableau qu'on a sous les yeux. Les trottoirs présentent une autre scène ; on y trouve toutes les conditions. La femme qui a un domestique ne manque pas de le faire marcher à trois pas derrière elle, et se retourne de temps en temps pour lui parler, afin que les passants n'ignorent pas qu'elle est sa maîtresse. Elle porte invariablement déployée une ombrelle en soie verte, rouge ou jaune, souvent bordée de gaze ou de dentelles. C'est un parasol ou un parapluie suivant les occasions, et quand il ne fait ni pluie ni soleil, ce petit meuble tient la place de l'éventail, il sert de contenance, et l'on n'est plus embarrassé que d'un bras et d'une main. Il cache celle qui le porte à celui qu'elle ne veut pas voir ; et il sert à ne montrer à celui dont elle veut être remarquée qu'une portion suffisante de charmes pour lui inspirer le désir d'en voir davantage. Des beautés faciles s'y promènent solitairement ou deux à deux, et cherchent à découvrir le provincial ou l'étranger dont elles pourront faire leur dupe. Le bruit de deux patins en fer vous annonce la femme qui veut marcher à pieds secs dans la boue dont ces trottoirs sont couverts les trois quarts de l'année. (Defauconpret, *Une année à Londres*, 1819.)

Bazars et charlatanisme

« Quelles sont donc ces boutiques que, depuis quelque temps, je vois annoncer dans tous les journaux sous le nom de *bazars* ?

— C'est un nouveau genre d'établissement, me dit C., une miniature des bazars de l'Orient, une invention récemment sortie du cerveau fécond des spéculateurs britanniques. Ils ont pensé qu'un nom turc, un local disposé d'une nouvelle manière pourrait attirer la foule, et, jusqu'à présent, ils ne se sont pas trompés ; car tout ce qui est nouveau est en possession du droit de plaire à Londres comme à Paris. Mais ce genre de boutique se multiplie à un tel point, que chaque rue offrira bientôt la sienne. »

Je fus curieux de voir un de ces bazars. Nous étions à deux pas de Leicester Square, et nous entrâmes dans celui qui est établi en cet endroit. Quinze à vingt équipages étaient à la porte, et une foule immense en remplissait l'intérieur.

Je vis une très grande salle dans laquelle des marchands de tout espèce étalaient ce qu'ils avaient à vendre. De grandes tables étaient rangées le long des murs, ne laissant que l'intervalle nécessaire pour que le vendeur pût se placer entre la muraille et son magasin. Deux autres rangs de tables garnissaient l'intérieur, et l'on n'avait réservé dans le milieu que l'espace indispensable pour les marchands. On se promenait donc tout autour de la salle entre deux rangées de comptoirs couverts de marchandises de toute nature. Ici un parfumeur vous offrait son essence de rose, et le cordonnier son voisin, ses bottes ou ses souliers ; là, vous trouviez des bijoux du plus grand prix, et des jouets d'enfants à deux sous. La marchande de modes et le dégraisseur, le chapelier et le marchand de soieries attiraient tour à tour votre attention. Mais parmi la foule qui remplissait la salle, je vis beaucoup de curieux et très peu d'acheteurs.

« Vous ne trouveriez pas moins de monde dans les autres bazars, me dit C. Depuis midi jusqu'à cinq heures, les portes en sont assiégées par de brillants équipages, et les élégantes s'y rendent plutôt par ton que par envie d'acheter. Cependant les anciens marchands ont pris l'alarme ; ils craignent que la facilité dont on jouit ici de trouver réunies toutes les espèces de marchandises dont on peut avoir besoin, ne fasse déserter leurs boutiques. Ils colportent donc dans ce moment une pétition qu'ils comptent présenter à la Chambre des communes pour demander la suppression de ces nouveaux établissements qu'ils cherchent à représenter comme ruineux pour le commerce.

— Leurs inquiétudes me paraissent peu fondées, lui dis-je : qu'ils laissent passer le moment de la nouveauté, ils verront bientôt le public déserter les bazars et revenir dans leurs magasins. Chaque marchand n'ayant ici à sa disposition qu'un espace de quatre à cinq pieds, il en résulte qu'il ne peut offrir ce variété dans les objets qu'il présente. Or, quelle est la femme qui, désirant acheter un chapeau, par exemple, voudra se contenter de le choisir entre dix ou douze ? Elle aimera certainement mieux aller dans une boutique où elle aura la satisfaction d'en voir, d'en toucher, d'en essayer une cinquantaine. Il n'existe qu'un seul véritable bazar dans toute la chrétienté ; c'est le Palais-Royal de Paris. »

Nous sortîmes du Bazar. C. alla à ses affaires, et le nouveau genre d'établissement que je venais de voir, me conduisit aux réflexions suivantes.

On a remarqué que les hommes que la nature a doués d'une taille qui excède les proportions ordinaires, ont ordinairement le dos voûté et la tête courbée. Mais il est bien plus commun encore de voir un nain s'élever sur la pointe des pieds pour tâcher d'enrichir d'un pouce ou deux la petitesse de sa stature. Le désir de paraître plus qu'on n'est véritablement est encore plus frappant au moral qu'au physique, et c'est ce qui a donné naissance au charlatanisme dont les bazars anglais venaient de me donner un nouvel exemple. C'est une plante que tous les climats produisent ; mais nulle part elle n'a poussé des racines aussi profondes, et n'a acquis un si prodigieux développement que sur le sol des îles Britanniques.

Examinez les boutiques des marchands de Londres ; ils ont l'art d'en parer l'extérieur, de manière que la plus pauvre a un air de richesse, d'élégance et de propreté qui plaît aux yeux. Dût le magasin rester vide, il faut que *la montre* soit bien garnie, et que tous les objets les plus précieux y soient en étalage. Il faut que les marchandises y soient tellement serrées, que le passant, en les voyant, trouve un problème à résoudre, en cherchant s'il serait possible d'en placer davantage dans le même espace. Le nombre n'en est-il pas suffisant ? On y supplée par l'art avec lequel on les arrange. Les pièces d'étoffes sont placées sur leur longueur, afin qu'elles occupent plus de place ; d'autres sont déployées, en apparence pour leur donner plus de grâce, mais en réalité pour remplir le vide qui existerait si l'on n'avait pas recours à cet innocent artifice. Il m'est arrivé plusieurs fois d'entrer dans une boutique du second ordre, dont l'extérieur était garni de marchandises aussi nombreuses que brillantes, et d'être tout surpris de l'état de nudité qu'elle offrait intérieurement. C'est un homme qui a un jabot de dentelles sur une chemise de toile à torchons ; une femme dont les gants d'une blancheur éclatante couvrent des mains qu'elle n'a pas lavées.

Dans la plupart des boutiques, chaque objet mis en étalage est ordinairement accompagné d'un petit papier sur lequel sont écrits le prix et la qualité. (Defauconpret, *Six mois à Londres en 1816*, 1817.)

OPINIONS DIVERGENTES

Kervigan

Tous des voleurs

Ce ne sont pas, comme en France, les femmes qui président ici au comptoir de l'épicier, du bonnetier, du mercier, etc., mais des hommes en habit ou redingote noire, dont les faces fleuries s'encadrent dans de longs cols de chemise d'une irréprochable blancheur. Ils sont si bien peignés, cravatés et parés de toutes pièces, qu'on dirait autant de gentlemen allant en soirée. Avec une gravité affable ils montrent à l'acheteur les objets désirés, en vantent la qualité, en disent le prix, et ne manquent jamais de faire cette question : N'avez-vous pas besoin d'autre chose ?

La bonne tenue de ces boutiquiers, leurs manières engageantes donnent à l'étranger une favorable opinion de leurs personnes et de leur manière de faire par le commerce une honnête fortune. Quatre-vingt-quinze sur cent font fortune, quand des imprudences quelconques ne déroutent point les calculs de leur habileté. Mais cette première et favorable impression qu'ils donnent d'eux-mêmes s'efface sous une autre impression toute différente chez l'acheteur qui connaît les secrets de cette habileté boutiquière.

Ce gentleman, si plein d'aménité dès qu'il sait le genre d'article que vous voulez, vous montre d'abord et invariablement les qualités les plus inférieures de son magasin, et les vante comme les meilleures. Bien entendu, il en demande aussi les meilleurs prix. Vous désirez voir plusieurs articles du même genre, vous voulez faire un choix : le marchand avec un gracieux sourire, une complaisance infatigable, étale maint objet à vos regards et si vous choisissez le meilleur, il loue votre goût, et vous le fait payer un très haut prix. N'importe ! votre amour-propre est flatté d'entendre dire que vous emportez le meilleur, le plus bel article du magasin. Que cet article se vende au poids ou à l'aune vous ferez bien, croyez-moi, de le faire peser ou mesurer plutôt deux fois qu'une. Sur ces deux points la négligence étudiée du *shopkeeper* anglais est une des plus fécondes sources de profits. Trois onces ou vingt centimètres de moins, ne sont pas seulement chez lui une habitude, c'est un élément essentiel de succès, un devoir professionnel, un droit acquis. Si vous en jugez autrement, si croyant votre droit lésé par ce droit-là, vous réclamez juste poids et pleine mesure, alors tenez-vous sur vos gardes. Ce boutiquier-gentleman, aux manières tout à l'heure si séduisantes, vous lance un regard menaçant, et vous demande si vous avez l'intention de l'insulter ; il vous prie de quitter à l'instant sa boutique ; vous menace d'appeler un agent de police, à qui vous serez dénoncé comme un *shop-lifter* (voleur qui exerce son industrie dans les magasins).

Si nul agent de police ne se trouve aux environs et que vous insistiez pour avoir votre dû, le marchand, aidé de ses commis et garçons, vous prend au collet et vous jette à la porte.

Un moyen non moins sûr, mais plus discret de faire un profit extra-légal, est celui-ci. Pendant que le chaland regarde quelque marchandise, ou prend dans sa bourse le prix de son emplette, un article analogue à celui qu'il a choisi mais d'un prix et d'une qualité bien inférieurs, est vite et proprement enveloppé et ficelé en un paquet qu'il reçoit avec toute confiance.

Arrivé chez lui, il voit que ce qu'il a payé vingt shillings en vaut bien quinze ou seize. Ses réclamations, s'il en fait, seront accueillies comme je l'ai dit plus haut. Quant aux recours en justice, ils ont les résultats tels que celui que je vais vous conter.

Un de mes amis porte à un horloger de Londres une très belle montre en or, toute neuve et achetée à Paris, pour être réglée. Huit jours après, quand il va la reprendre, le premier commis ou l'associé de la maison lui remet une vieille montre anglaise, ne valant pas un tiers du prix de la sienne. Il réclame, accuse, s'emporte, menace d'une action en justice. Le chef de l'établissement, le même qui avait reçu en mains la montre réclamée, s'avance alors de derrière une porte d'arrière-boutique où il se tenait caché, et dit à G. : « Ma femme que voilà et mon commis sont témoins que cette montre qu'on vous rend est la même que celle laissée ici par vous. Sortez d'ici, ou j'appelle la police. » (Kervigan, *L'Angleterre telle qu'elle est*, 1860.)

Wey

Quelle honnêteté !

On se met quelquefois en tête une puérilité, dont on se fait une affaire. A Londres, chacun marche armé d'une canne. Me voilà résolu d'en acheter une ; mais aucune canne n'est à ma fantaisie. Je m'étais fait arrêter à Fleet Street en la Cité, variété anglaise de la rue Saint-Denis, et je lorgnais les bâtons groupés en faisceaux à la porte des boutiques. A la fin, j'entre et me fais montrer un stick assez joli de loin. De près, il me déplut ; j'articulai laconiquement « *No* », et j'attendis qu'on m'en présentât d'autres.

A ma grande surprise, le marchand retourna à ses affaires ; j'errais dans le magasin, il n'y fit aucune attention, et je sortis sans qu'il fît rien pour me retenir. A Londres, on ne fait pas l'*article*. Je voulus m'en assurer davantage et je franchis le seuil d'une autre maison, où je furetai dix minutes, touchant à tout sans rien demander. Pas un mot, point d'offres, ni de questions. Je m'éloignai sans desserrer les lèvres, ce qu'on parut trouver tout naturel.

Ailleurs, je me fis montrer vingt cannes, et à mesure que je les maniais, il me venait une grande envie d'aller acheter des aiguilles. Je remerciai donc le boutiquier d'un signe ; il me salua poliment, et je restai émerveillé.

Un coutelier était près de là, qui plaça devant moi des aiguilles, ce qui m'inspira le désir d'acheter un couteau. Il m'en offrit un, un seul. J'en voulus plusieurs, il les aligna, m'indiqua les prix et me laissa en repos. Alors je m'assis, et en regardant au plafond, je chantonnai, comme dit Méry, un petit air qui n'existe pas. L'artisan reprit sa lime et son ouvrage commencé. Au bout de quelques minutes, il me dit qu'il faisait bien chaud, et je répondis avec beaucoup d'à-propos : « *Yes* ».

Tout en jouant avec les couteaux, j'en choisis un ; le marchand l'examina, me dit : « Il n'est pas bon », le posa et se remit à l'œuvre.

Présumant qu'il serait opportun de me relever d'un choix inhabile, j'en fis un autre avec discernement, et le coutelier, à son tour prononça : « *Yes* ».

Il me fallait un canif, et je le demandai excellent. Le débitant chercha dans un rayon dont il tira un seul canif, qu'il mit devant moi. Et comme je demandais de quoi choisir, il me dit : « Cela est *very good, very good !* »

Sans me refuser, il ne bougeait point et me claquemurait dans son éternel *very good*. Ma foi, j'achetai le canif.

La monture en est soignée, et l'acier très fin je le suppose ; mais il ne coupe pas du tout.

En quittant cette boutique, je me vis accosté par une bouquetière en haillons, qui m'offrait moyennant deux pence, une touffe de roses mousseuses d'une fraîcheur admirable. Dans la belle saison, Londres est littéralement jonché de roses mousseuses. De petites pauvresses les colportent par brassées. Deux objets sont à très bas prix dans cette contrée : les fleurs et les bonnets de coton.

Cette dernière observation, je la fis en achetant des gants dans un magasin où l'on ne vous en montre guère à la fois qu'un ou deux doigts. Il y avait là quantité d'objets de fantaisie. Il est inutile d'ajouter que les commis se gardèrent de m'achalander. Dans les maisons importantes, le patron reçoit votre argent comme ferait un commissaire du bureau de charité, et il vous remet l'objet vendu, avec un sourire digne et courtois, comme s'il vous faisait un petit cadeau.

Quelquefois ils sont si peu empressés d'étaler les babioles dont vous avez fantaisie, que l'on craint, par une sorte de discrétion, d'en priver le marchand. C'est ce qui m'advint chez un mercier parfaitement assorti en aiguilles, en petits portefeuilles, en boîtes à ouvrage. Il dissimulait tout cela de son mieux. Ce bonhomme avait une fille charmante, précieux auxiliaire chez nous, quand il s'agit d'entraîner la pratique. Dès que je parus, elle fit mine de se retirer, je la retins en lui adressant directement la parole.

Après avoir choisi quelques objets, et assorti environ quarante paquets d'aiguilles, je les indiquai au père, qui ajusta ses lunettes, et lut avec attention les adresses collées sur ces petits papiers ; il en sépara quelques-uns et me fit observer qu'ils coûtaient le même prix que les autres, mais qu'ils étaient inférieurs en qualité. Il les remplaça donc et me remit le tout. Comme je m'éloignais, on me rappela ; j'avais oublié mon bouquet de roses sur le comptoir. Je le pris donc et l'offris à la fille du marchand qui me remercia en français ; le père me remercia aussi, et quand je fus sur le seuil, il se leva pour me saluer très cordialement.

La connaissance était faite ; ce magasin devint mon bureau de renseignements dans le quartier . j'y retournai deux ou trois fois sans rien acheter. Quand j'arrivais, le bonhomme appelait : « Amely, Amely ! », et la jeune fille venait me recevoir.

Ces bonnes gens ne m'ont jamais adressé une seule question. Je m'enquérais souvent de bien des choses, en étranger qui veut s'instruire, et c'est toujours miss Amely qui répondait. Là-bas, parler est un gros ouvrage, et les jeunes filles soulagent leurs vieux parents. A ma dernière visite, miss Amely me dit : « Vous savez mon nom, et je voudrais connaître le vôtre pour causer de vous avec mon père, quand vous serez parti. »

Voilà la seule fois qu'on m'ait questionné, et cette intention délicate fut exprimée d'un ton si naturel, qu'elle eut toute la grâce d'une aimable vérité. On me dit adieu, je leur serrai la main, et en me désignant par mon prénom, ils me souhaitèrent un bon voyage, après m'avoir obligeamment affirmé qu'il faut voir Londres plus d'une fois pour le bien connaître.

Telles sont les allures des honnêtes et francs bourgeois de la Cité, qui eurent jadis la douce Flandre pour berceau.

Dans ces diverses maisons, j'essayai, suivant notre habitude française, de marchander les prix. En pareil cas, le détaillant ne comprend pas tout d'abord, et croit que l'on se trompe sur le chiffre indiqué. Dès qu'il a saisi votre pensée, sa surprise est visible, et de l'air d'un galant homme que l'on humilie faute de le connaître, ou que l'on soupçonne par méprise d'une action peu honorable, il vous fait entendre avec netteté, mais d'une manière polie, que le commerce, étant trop loyal pour surfaire jamais, n'a rien à rabattre de ses prétentions. Tout cela est dans un geste, un sourire, une exclamation; mais si clairement énoncé, qu'un sot oserait seul insister.

Les marchands ambulants, ceux des marchés alimentaires, ceux qui se tiennent en caves ou dans des échoppes, les étalagistes de bimbeloteries et les cochers, sont les seuls gens que l'on puisse, que l'on doive même énergiquement marchander. La valeur de la plupart des objets que l'on rencontre chez nous dans les boutiques à prix fixe, est discutable à Londres. Tout ce qui se vend à Paris dans de grands magasins où l'on obtient des rabais, est, là-bas, tarifé à un taux immuable. En d'autres termes, chez eux, plus la hiérarchie commerciale s'élève, plus le trafic est digne et consciencieux. Le contraire a lieu ici; je préfère leur usage au nôtre. (Wey, *Les Anglais chez eux*, 1854.)

CE QU'EST UN SQUARE

Muralt

Il y a à Londres plusieurs places carrées, dont quelques-unes sont belles et entourées de palissades et de barrières, mais qui, généralement, ne sont pas ce qu'elles pourraient être : elles ne sont guère ornées, et l'on ne voit pas beaucoup de monde s'y arrêter, ce qui siérait tout à fait bien à cette grande ville, et ferait voir le nombre, l'opulence, et le loisir de ses habitants. Je crois bien que c'est le parc qui fait négliger ces places, et que, pour des gens qui marchent vite en se promenant, l'espace des carrés serait trop petit. Je crois aussi que le grand nombre des maisons à café, où ils se voient commodément, les empêche de s'arrêter et de s'entretenir dans ces endroits. Quoi qu'il en soit, souvenez-vous, comme d'une chose remarquable, que Londres a plusieurs places qu'on appelle *Carrés*, où l'on peut se promener et où peu de gens se promènent. (Béat de Muralt, *Lettres sur les Anglais*, 1726.)

Grosley

Les nouveaux quartiers de Londres sont coupés et se communiquent par des places carrées, dont plusieurs sont d'une fort grande étendue : les Anglais les appellent *Squares*. Fermées la plupart, comme la place Royale l'est à Paris, elles ont au milieu ou des boulingrins, ou des pièces d'eau. Celle de Grosvenor a un jardin distribué en allées. Quelques-unes ont des statues équestres des derniers rois. Celle de Red Lyon est décorée d'un obélisque tronqué. (Grosley, *Londres*, 1770.)

Ferri de Saint-Constant

Presque toutes ces places renferment dans leur enceinte un tapis de gazon, semé de bouquets d'arbustes, qui repose agréablement la vue ; plusieurs sont décorées de statues, dont aucune ne mérite de fixer les regards de l'amateur. Ces enceintes sont entourées d'une grille de fer, et servent de promenade aux habitants des maisons voisines. (Ferri de Saint-Constant, *Londres et les Anglais*, 1804.)

Gautier

Les squares, qui sont en grand nombre, corrigent heureusement la fétidité de ces cloaques. La place Royale de Paris est ce qui peut donner la plus juste idée d'un square anglais ; un square est une place bordée de maisons d'architecture uniforme, dont le milieu est occupé par un jardin planté de grands arbres, entouré de grilles, et dont le gazon d'un vert d'émeraude repose doucement les yeux attristés par les teintes sombres du ciel et des édifices. — Les squares communiquent souvent les uns avec les autres, et occupent des espaces immenses. — L'on vient d'en bâtir de magnifiques du côté de Hyde Park, pour être habités par la noblesse ; aucune boutique, aucun magasin ne trouble la quiétude aristocratique de ces élégantes thébaïdes. — Il serait bien à désirer que l'usage des squares se propageât à Paris, où les maisons tendent à se rapprocher de plus en plus, et d'où la végétation et la verdure finiront par disparaître complètement. — Rien n'est plus charmant que ces vastes enceintes, tranquilles, vertes et fraîches. — Il est vrai de dire que jamais je n'ai vu personne se promener dans ces jardins si attrayants, dont les locataires ont chacun une clef : il leur suffit d'empêcher les autres d'y entrer. (Théophile Gautier, *Caprices et Zigzags*, 1852.)

MONUMENTS

Nodier

Sanctuaires

Les révolutions d'Angleterre, aux époques dont il s'agit, étaient dirigées contre certaines institutions anciennes, et spécialement contre le culte romain ; mais la nouvelle religion avait besoin de temples, et il était de son intérêt bien entendu de conserver ceux qui existaient. Voilà qui en a sauvé quelques-uns, et ceux entre autres qui jouissaient d'une grande renommée, et qui attiraient à l'Angleterre l'admiration des peuples.

Toutefois, le plus grand nombre de ces monuments a été détruit. Ce qui a trompé les voyageurs, et parmi eux quelques artistes, c'est la multitude d'églises de style ancien dont l'Angleterre est couverte, et qui, sans être gothique d'âge, sont gothiques de caractère. Les architectes anglais ont eu en effet le tact admirable de sentir que ce genre de construction était, comme on dit, éminemment chrétien, et que le sanctuaire du saint des saints ne pouvait ressembler, sans une sorte de profanation, à la maison de marbre des idoles. On continue à construire en Angleterre des églises gothiques, et j'ai vu s'élancer des ogives modernes, j'ai vu tailler des roses et historier des chapiteaux dans des pierres qui sortaient du chantier, comme on le faisait il y a six cents ans, au goût, à l'esprit et à l'imagination près, qui ne sont pas allés en se perfectionnant, sous ce rapport, dans ce siècle de perfectionnement. Je ne suis pas éloigné de croire que c'est à la conservation respectueuse de ce système d'architecture, ancien pour eux comme la première prédication du christianisme, que les Anglais doivent, en grande partie, la conservation du sentiment religieux lui-même, garantie puissante et infaillible de celle de l'ordre social.

J'ai très mal vu Westminster qui était obstrué par les préparatifs du couronnement, mais qui serait un édifice admirable en France même, où il ne tiendrait cependant pas la première place dans nos basiliques du premier ordre.

On peut se faire une idée de la supériorité relative de l'architecture gothique sur l'architecture classique, dans cette application spéciale, c'est-à-dire, quant à l'expression poétique et à l'harmonie des effets, en comparant cette vieille cathédrale de Westminster avec le célèbre temple de Saint-Paul, car j'ose à peine donner un autre nom à cette belle église païenne. Saint-Paul impose par la grandeur, mais, si l'on peut s'exprimer ainsi, par une grandeur physique et matérielle, par une grandeur vide qui n'a ni recueillement ni tristesse, ni obscurité ni mystères. Il y a dans la moindre chapelle gothique une profondeur, un vague, un infini dont rien ne donne l'idée sur cette aire majestueuse, mais uniforme, qu'inonde une lumière égale, et dont l'exactitude parfaitement symétrique ne laisse rien à deviner à l'imagination, rien à désirer à la pensée. Demandez à un homme passablement organisé ce qu'il y remarque, il vous parlera de l'immensité des dimensions, de la hardiesse du dôme, de la pureté des proportions, de la beauté des lignes. Demandez à un homme qui n'est que simple et sensible ce qu'il y a éprouvé ?... C'était cependant la question.
(Nodier, *Promenade de Dieppe aux montagnes d'Écosse*, 1821.)

Montalembert
Le nouveau Parlement

Le monument répond à la majesté de sa destination. Il est à coup sûr le produit le plus magnifique de la renaissance de l'architecture au

XIXe siècle. On pourrait désirer un style moins fleuri, une richesse moins monotone dans les décorations de ce splendide édifice. On regrette que l'architecte ne se soit pas laissé inspirer par la noble simplicité de l'abbaye de Westminster, plutôt que par le voisinage trop immédiat de la chapelle de Henri VII, ou par le style flamboyant de l'ancien cloître des chanoines de Saint-Étienne, qu'il a bien fait de conserver scrupuleusement au centre de son œuvre moderne, mais dont il pouvait se dispenser de faire le type et le motif dominant du palais régénéré. Mais n'importe : l'ensemble est incomparable. Cette masse énorme découpée à jour, cette forêt de pignons, de créneaux, d'arcs-boutants, cette profusion de sculptures au-dehors et au-dedans, ces tours colossales, ces innombrables clochetons, cette façade sur la Tamise avec sa double terrasse baignée par les flots du fleuve qui viennent jeter aux pieds du législateur la grandeur navale et commerciale de l'Angleterre, tout cela mérite bien le cri d'admiration que jeta l'empereur Nicolas à la vue du monument encore inachevé : « C'est un rêve en pierre. » (Montalembert, *De l'avenir politique de l'Angleterre*, 1856.)

Wey

Dans la Cité

Laissons là Westminster où nous reviendrons, et n'oublions pas que des compagnons nous attendent à la grille de Saint-Paul, impatients de voir du nouveau, et contemplant toutefois avec admiration ce vaste monument romain déshonoré par la suie et la poussière du charbon, qui le salissent sans lui donner ce sombre aspect de vétusté qu'apprécient les âmes romanesques. Ici, la teinte est d'un noir vitreux, froid, faisant tache et se répandant par longues traînées parmi des détails qui perdent la vivacité de leur relief. Rien ne convient plus mal à cet horizon brumeux, à cette atmosphère d'usine, qu'une architecture qui fait penser au ciel bleu du Parthénon et aux marbres éclatants de l'Archipel.

De Saint-Paul à la Tour de Londres, on traverse un labyrinthe de petites rues étroites, proprettes, dallées comme des églises et bordées de petites maisons de brique hermétiquement closes. C'est là que sont établis les comptoirs, les agences d'affaires, les dépôts de marchandises, les bureaux du commerce, les banques particulières, etc. Ce quartier, d'un aspect monacal, dévolu aux chanoines de la Bourse et de la Banque, fermente et travaille comme l'intérieur d'une ruche d'abeilles. Chaque porte, peinte en bois des îles, est ornée d'un marteau de cuivre luisant, d'un judas et d'une plaque de métal portant le nom du chef de la maison. Là rien d'extérieur, point d'amorces pour les yeux. Ces petits comptoirs de la Cité, où l'on escompte des millions, ont leur clientèle assurée depuis des siècles ; les fils millionnaires succèdent à des pères plus riches que des nababs ; les héritiers de ces dynasties n'abandonnent pas plus leur commerce, que les fils aînés des lords ne renoncent à la pairie. Ce quartier fourmille jusqu'à cinq heures du soir, après quoi il reste désert, car on n'y fixe point sa demeure.

La journée finie, les négociants regagnent d'un air modeste et paterne leurs splendides hôtels de Portland Place, de Regent Street, de Pall Mall, de Burlington ou de Grosvenor Square; il en est qui vont se reposer aux environs de Londres dans de magnifiques villas, pour reparaître le lendemain avec leur humble extérieur de petit marchand de la Cité. Autant, chez nous, l'on s'adonne à l'affectation *de paraître*, autant, là-bas, on s'ingénie à disparaître dans la médiocrité commune. Ce genre d'hypocrisie, même, a ses maniaques. On cite de gros banquiers qui, chaque matin, vont en personne acheter à la boucherie des côtelettes, qu'ils portent ostensiblement dans quelque taverne de Cheapside ou de Fleet Street, où ils tiendront à les faire griller eux-mêmes. Puis ils achètent pour trois pence de pain de seigle, et grignotent en public un déjeuner de Spartiates, tout en recevant là leurs premières audiences. Et le bon peuple boutiquier d'admirer en eux la simplicité des antiques mœurs. Quels braves gens!

Il en est de cette médiocrité comme du sac de laine sur lequel siège le chancelier. On a mis *du d'or* dessus, et la balle a disparu sous les plis du velours. Le bonhomme a déjeuné avant cette austère communion, et un souper de Lucullus l'attend à son palais. C'est un de ces sycophantes du dieu Mercure, qui me parlant un jour d'une baignoire antique en marbre de Paros, illustrée de bas-reliefs érotiques et posée sur quatre lions accroupis, me disait: «L'empereur de Russie la faisait monter, contre moi, à la vente de..., il y tenait et il a fait ce qu'il a pu; mais sa bourse ne pesait pas assez, il a dû me céder la main.»

Telle est, en affaires, la méthode de ces hommes habiles: ils s'efforcent de conclure à des prix exorbitants s'ils vendent, dérisoires s'ils acquièrent; dans cette intention, ils emploient tous les pièges, et abusent des circonstances: vous risquez donc d'être fourvoyé sur les prix; mais sur la qualité des articles, jamais. Attendez-vous à toutes les subtilités de l'agio; mais convenez avec soin de la nature, de la valeur d'une marchandise, et recevez-la les yeux fermés. C'est tout l'opposé chez nous.

En flânant dans ces quartiers, on est frappé de la confiance qui préside aux transactions. A la Banque, point de sentinelles, pas de corps de garde; tout est ouvert, on pénètre partout; plus de ces cages où l'on emprisonne, en nos comptoirs, les caissiers avec leurs écus. Là, des tables basses, accessibles à tout venant, sans treillis ni grillages, et l'on y pèse l'or que l'on manie avec de petites pelles de confiseur, absolument comme chez nous on pèse du sel ou des clous de girofle chez un épicier. (Wey, *Les Anglais chez eux*, 1854.)

Hennequin
Visite à la Tour de Londres

Du monument nous nous dirigeâmes vers la fameuse Tour. Presque toutes les villes européennes possèdent une métropole ceinte de murs autour desquels la ville moderne s'est formée. C'est dans ce centre antique que l'on saisit le mieux le caractère local, et que les souvenirs historiques se pressent en plus grand nombre. Paris a sa vieille cité. A la vue de cette île qui s'avance en triangle, des tours noires et pointues du Palais de justice on peut traverser le Moyen Age et remonter à l'attaque de Paris par les Normands. A Londres, quand vous dépassez Saint-Paul, il semble que vous vous enfonciez par degrés dans l'histoire de la Grande-Bretagne. Loin derrière vous, le bruit de la ville nouvelle, Pall Mall, Oxford Street, riche de bazars et d'étalages somptueux; devant, la ville ancienne. Là les souvenirs de Shakespeare vous envahissent, vous n'arrivez à la Tour qu'escorté des fantômes du duc de Clarence et de Richard III.

La Tour est un fort entouré de dépendances considérables. Le bâtiment principal est flanqué de quatre tourelles; on le dit commencé par Guillaume le Conquérant et terminé par Guillaume le Roux. La mousse et les lézardes qui serpentent le long de ces vieux murs feraient croire à cette vénérable origine. Avant d'entrer dans la forteresse, nous en fîmes le tour pour juger de l'ensemble de l'édifice; nous nous présentâmes ensuite à la principale entrée. Là nous trouvâmes un poste de gardiens coiffés de toques en velours noir; les armes d'Angleterre brillaient sur leurs poitrines et par-derrière des fleurs de lis d'argent s'enlaçaient sur leurs casaques rouges. La Tour est consacrée tout entière aux souvenirs historiques; édifice, costumes, les Anglais ont voulu que tout fût d'accord, et que dans ce vieux monument rien ne pût troubler la pensée de l'observateur qui voudrait se reporter à l'époque de Henri VIII.

Qu'importe, en effet, à la civilisation moderne que le culte du passé puisse se réfugier dans cet asile? Il est nécessaire sans doute que le XIXe siècle monte sur le XVIIIe, qui lui-même s'était édifié sur les ruines de tant d'autres; peu à peu les nouvelles idées balaient les anciennes formes; mais il est bien que le passé revive dans la littérature, dans les arts, il est bien qu'il existe des lieux où l'homme puisse se retremper dans les anciennes mœurs et dans les anciennes croyances. C'est en voyant quel était l'esprit de l'humanité dans Rome, sous les Césars, quel il fut dans l'Angleterre de Henri VIII, que nous devinons la direction qui nous reste à suivre, que nous apprenons à ne pas laisser dépérir notre héritage de travail et de progrès.

Un des gardiens se présenta pour nous conduire dans la Tour, mais d'abord il prit solennellement son épée, épée longue et pesante, épée à vaste poignée de fer. Nous laissâmes de côté la ménagerie; elle nous parut manquer d'à-propos dans un pareil lieu. On nous conduisit d'abord dans une salle hérissée de haches et de pertuisanes dentelées, de massues garnies de pointes, armes d'une époque sans pitié. Au fond de cette galerie noire de fer, un mannequin couvert d'oripeaux chevauche sur un coursier de bois; c'est la reine Élisabeth; un page la conduit par la bride. [...]

Nous quittâmes enfin cette forteresse où respire toute la férocité des annales anglaises, les plus sanglantes de l'Europe. Au milieu des souvenirs pénibles de la Tour, je croyais trouver une idée mesquine : les joyaux de la couronne exploités, donnés en spectacle à prix fixe. Cette spéculation est-elle digne d'une monarchie ? Quand depuis quelque temps on vit sur le sol anglais, quand on s'est pénétré de cette atmosphère, on s'accoutume par degrés à des mœurs qui nous révolteraient peut-être si nous les considérions du point de vue français. Répétons-le, d'ailleurs, ces idées mercantiles ne sont plus comme autrefois répandues dans toutes les habitudes anglaises. Le prix d'une visite à la Tour, exorbitant naguère, a sensiblement diminué; il est à Londres des édifices entièrement publics; et si nous réfléchissons de combien de monuments il faut à Paris acheter l'entrée, sous la forme d'un livret qu'on paie, d'un gardien qu'il n'est pas convenable de laisser sans récompense, nous deviendrons plus réservés dans nos attaques contre la cupidité britannique. (Hennequin, *Voyage philosophique en Angleterre et en Écosse*, 1836.)

Gautier
Par les rues et les places

Ne sachant pas un mot d'anglais, je ne laissais pas d'être inquiet sur la manière dont j'allais m'y prendre pour trouver la personne à laquelle j'étais adressé. J'avais écrit fort correctement sur une carte le nom de la rue et le numéro de la maison; je montrai le tout à un cocher qui heureusement savait lire, et partit pour l'endroit indiqué avec la rapidité de l'éclair. Les plaisanteries, fort bonnes à Paris, sur la lenteur des chevaux de fiacre et de cabriolet, seraient fort mauvaises à Londres, où les voitures de place vont aussi vite qu'ici les équipages les mieux attelés. La voiture dans laquelle j'étais assis, et qui répond à peu près à nos citadines, avait la forme la plus à la mode maintenant à Paris : des roues très basses, une portière droite et carrée comme un battant d'armoire, toute la physionomie d'une chaise à porteurs montée sur roulettes. Ce genre de voitures, qui est le suprême de l'élégance chez nous, n'est affecté à Londres qu'aux voitures de place. L'intérieur en est garni tout simplement de toile cirée. Le cocher donne un sou au pauvre diable qui ouvre la portière, ce qui n'a pas lieu en France, où c'est le voyageur qui paie le valet de place. La course se calcule sur le pied d'un schelling par mille, et se rétribue selon la longueur. Pour en finir avec les voitures de place, ce que j'ai vu de plus singulier ce sont des cabriolets très bas, où le conducteur n'est pas placé à côté de vous, comme dans nos cabriolets de régie, ni par-devant, comme dans nos cabriolets à quatre roues, mais bien par-derrière, à l'endroit où sont assis ordinairement les domestiques : les guides passent sur la capote, et le cocher conduit par-dessus votre tête. Ces petits détails paraîtront sans doute fort mesquins aux amateurs de dissertations esthétiques, aux admirateurs jurés de monuments, aux commissaires-priseurs d'antiquités ; mais c'est tout cela qui constitue la différence d'un peuple à un autre, qui fait qu'on est à Londres et non pas à Paris.

Pendant que la voiture parcourait avec vélocité les rues qui séparent la douane de High Holborn, je regardais par la vitre, et j'étais dans un profond étonnement de la solitude et du silence qui régnaient dans les quartiers où je passais. On eût dit une ville morte, une de ces cités peuplées d'habitants pétrifiés dont parlent les contes orientaux. Toutes les boutiques étaient fermées, aucun visage humain ne paraissait aux carreaux des fenêtres. A peine quelque rare passant qui filait comme une ombre en longeant les murs. Cet aspect morne et désert contrastait si fort avec l'idée d'animation et de bruit que je m'étais faite de Londres, que je ne revenais pas de ma surprise ; enfin je me souvins que c'était dimanche — et l'on m'avait vanté les dimanches de Londres comme l'idéal de l'ennui. — Ce jour-là, qui est chez nous, du moins pour le peuple, un jour de joie, de promenade, de toilette, de festins et de danse, de l'autre côté de la Manche se passe dans une tristesse inconcevable. Les tavernes ferment la veille à minuit, les théâtres ne jouent pas, les boutiques sont closes hermétiquement, et, pour qui n'aurait pas fait ses provisions la veille, il serait très difficile de trouver à manger ; la vie semble être suspendue. Les rouages de Londres cessent de fonctionner, comme ceux d'une pendule lorsqu'on met le doigt sur le balancier. De peur de profaner la solennité dominicale, Londres n'ose plus faire un mouvement, c'est tout au plus s'il se permet de respirer. Ce jour-là, après avoir entendu le prêche du pasteur de la secte à laquelle il appartient, tout bon Anglais se claquemure dans sa maison pour méditer la Bible, offrir son ennui à Dieu, et jouir devant un grand feu de charbon de terre du bonheur d'être chez lui et de n'être ni français ni papiste, source de voluptés inépuisables. A minuit, le charme est rompu ; la circulation, figée un instant, reprend son niveau, les maisons se rouvrent, la vie revient à ce grand corps tombé en léthargie, le Lazare dominical ressuscite à la voix de cuivre du lundi et se remet en marche.

Le lendemain, d'assez bonne heure, je me lançai à travers la ville, tout seul, comme c'est ma coutume en pays étranger, ne haïssant rien comme d'avoir un guide qui me fait voir tout ce dont je ne me soucie pas et me fait passer à côté de ce qui m'intéresse. — Nous professons tous les deux, mon cher Fritz, les mêmes théories sur les voyages ; nous évitons les monuments avec soin, et en général tout ce qu'on appelle *les beautés* d'une ville. Les monuments sont ordinairement composés de colonnes, de frontons, d'attiques et autres architectures que les gravures et les dessins représentent avec beaucoup de fidélité. Je puis dire que je connais tous les monuments de l'Europe comme si je les avais vus, et même beaucoup mieux. Je sais par cœur les églises et les palais de Venise, où je n'ai jamais mis les pieds, et même j'ai écrit une description de cette dernière ville tellement exacte, qu'on ne veut pas croire que je n'y suis pas allé. Les *beautés* d'une ville consistent dans des rues ou des places trop larges, bordées de maisons neuves et régulières : c'est toujours ce que l'on m'a fait voir en pareille occasion.

Ce qui me frappa d'abord, c'est l'immense largeur des rues, côtoyées de trottoirs où vingt personnes peuvent marcher de front. Le peu d'élévation des maisons rend encore cette largeur plus sensible. La rue de la Paix de Paris ne serait là-bas qu'une rue assez étroite ; le pavé de bois, dont on a fait chez nous un essai de quelques toises, est généralement adopté à Londres, où il résiste parfaitement à une circulation de voitures trois fois plus nombreuse et plus active que celle de Paris. Les roues tournent sur ce parquet de sapin, muettes et sourdes, comme sur un tapis, et épargnent aux habitants des rues fréquentées le tapage assourdissant que font les voitures sur des pavés de grès. Mais il est vrai de dire qu'à Londres le développement des trottoirs permet aux piétons d'abandonner la chaussée aux chevaux et aux véhicules, ce qui prévient les accidents nombreux que ne manquerait pas de causer l'absence de bruit. Les rues qui ne sont pas parquetées en bois sont macadamisées.

Me voilà donc prenant au hasard les rues qui se présentaient devant moi, et marchant d'un pas délibéré comme un homme sûr de son chemin. Les boutiques s'ouvraient à peine. Paris se lève plus tôt que Londres : ce n'est que vers les dix heures que Londres commence à s'éveiller : il est vrai qu'on s'y couche beaucoup plus tard.

Les servantes en chapeau, car le chapeau ne quitte jamais la tête des femmes, lavaient et frottaient les marches des escaliers.

Puisque les habitants ne sont pas encore levés, occupons-nous des habitations ; décrivons le nid avant l'oiseau. Les maisons anglaises n'ont pas de portes cochères ; presque toutes sont privées de cour : un fossé recouvert de barreaux ou garni de grilles les sépare du trottoir. C'est au fond de cette tranchée que sont placées les cuisines, l'office et les dépendances. Le charbon de terre, le pain, la viande, que l'on porte sur des espèces de planches creusées, enfin toutes les provisions de bouche se descendent par là sans causer aucun dérangement au maître ; les écuries sont habituellement placées dans d'autres bâtiments, quelquefois assez éloignés ; la brique est la base ordinaire des constructions. Les briques anglaises sont assez souvent d'une couleur d'ocre d'un ton jaunâtre et faux qui ne vaut pas à mon avis les tons rouges et chauds des nôtres. Les maisons construites avec des briques de cette couleur ont une physionomie malade et malsaine désagréable à l'œil. Les étages ne dépassent guère le nombre de trois, et ne comportent que deux ou trois fenêtres de front, car une maison n'est ordinairement habitée que par une seule famille. Les fenêtres affectent cette forme connue chez nous sous le nom de châssis à guillotine. Un perron de pierres blanches, jeté comme un pont-levis sur le fossé où se trouvent les offices, relie la maison à la rue, et la porte, peinte en chêne, est souvent ornée d'un écusson de cuivre où sont écrits les noms et qualités des propriétaires. Tels sont les traits caractéristiques d'une vraie maison anglaise.

Une chose qui donne à Londres un aspect tout particulier, outre la largeur de ses rues et de ses trottoirs et le peu de hauteur des maisons; c'est la couleur noire uniforme qui revêt tous les objets. Rien n'est plus triste et plus lugubre; ce noir n'a rien des teintes rembrunies et vigoureuses que le temps donne aux vieux édifices dans les contrées moins septentrionales : c'est une poussière impalpable et subtile qui s'attache à tout, qui pénètre partout et dont on ne peut se défendre. On dirait que tous les monuments sont saupoudrés de mine de plomb. L'immense quantité de charbon de terre que l'on consomme à Londres pour le chauffage des usines et des maisons est une des principales causes de ce deuil général des édifices, dont les plus anciens ont littéralement l'air d'avoir été peints avec du cirage. Cet effet est particulièrement sensible sur les statues. Celles du duc de Bedford, du duc d'York au bout de sa colonne, de George III sur son cheval, ressemblent à des nègres ou à des ramoneurs, tellement elles sont encrassées et défigurées par cette funèbre poussière de charbon quintessencié qui tombe du ciel de Londres. — La prison de Newgate, avec ses bossages et ses pierres vermiculées, la vieille église de Saint-Sauveur, et quelques chapelles gothiques dont les noms ne me reviennent pas, semblent avoir été bâties en granit noir plutôt qu'assombries par les années. Je n'ai vu nulle part cette teinte opaque et morne qui prête aux édifices, demi-voilés par la brume, l'apparence de grands catafalques, et suffirait pour expliquer le spleen traditionnel des Anglais. En regardant ces murailles teintes par la suie du charbon, je songeais à l'Alcazar et à la cathédrale de Tolède, que le soleil a revêtus d'une robe de pourpre et de safran.

Le dôme de Saint-Paul, lourde contrefaçon de Saint-Pierre de Rome, édifice de la famille du Panthéon et de l'Escurial, avec sa coupole bossue et ses deux clochetons carrés, souffre cruellement de l'influence de l'atmosphère de Londres. Malgré les efforts que l'on fait pour le tenir blanc, il est toujours noir, au moins par un côté; on a beau l'empâter de peinture, l'imperceptible poussière de charbon que tamise le brouillard va plus vite que la brosse du badigeonneur. Saint-Paul est un exemple de plus pour prouver que la forme de la coupole appartient à l'Orient et que le ciel du Nord demande à être déchiqueté par les aiguilles et les angles aigus de l'architecture gothique.

Le ciel de Londres, même lorsqu'il est dégagé de nuages, est d'un bleu laiteux où le blanchâtre domine ; son azur est plus pâle sensiblement que celui du ciel de France ; les matins et les soirs y sont toujours baignés de brumes, noyés de vapeurs. Londres fume au soleil comme un cheval en sueur ou comme une chaudière en ébullition, ce qui produit dans les espaces libres de ces admirables effets de lumière si bien rendus par les aquarellistes et les graveurs anglais. Souvent, par le plus beau temps, il est difficile d'apercevoir nettement le pont de Southwark du pont de Londres, qui cependant sont assez rapprochés l'un de l'autre. Cette fumée, répandue partout, estompe les angles trop durs, voile les pauvretés des constructions, agrandit la perspective, donne du mystère et du vague aux objets les plus positifs. Avec elle, une cheminée d'usine devient aisément un obélisque, un magasin de pauvre architecture prend des airs de terrasse babylonienne, une maussade rangée de colonnes se change en portiques de Palmyre. La sécheresse symétrique de la civilisation et la vulgarité des formes qu'elle emploie s'adoucissent ou disparaissent, grâce à ce voile bienfaisant. (Théophile Gautier, *Caprices et Zigzags*, 1852.)

CIRCULER A LONDRES

Mirecourt
Numéros de rues

Il est d'usage, à Londres, que les numéros de chaque rue soient disposés à la suite l'un de l'autre, sans classification de pairs et d'impairs ; ils commencent à un bout de la rue, n'importe lequel, suivent un côté dans toute sa longueur, traversent ensuite pour prendre le coin qui fait face, et remontent l'autre côté dans le même ordre.

Comme l'étranger ne connaît ni cette disposition, ni les distances, il fait souvent le tour d'une rue avant de trouver la maison qu'il cherche, exercice désagréable, au point de vue de la fatigue d'abord, et qui absorbe un temps précieux dans une ville où les affaires cessent brusquement et sans rémission à l'heure du dîner, c'est-à-dire à six heures du soir.

Vous dites à un habitant de Londres :

— Pourquoi ne pas adopter le système parisien, numéros pairs d'un côté, numéros impairs de l'autre, et direction uniforme pour chaque rue dans le sens du cours du fleuve ? Jamais on ne se trompe. Ce système est simple, clair pour tout le monde ; on ne fait pas de course inutile, et l'on arrive où l'on veut aller sans le moindre tâtonnement.

Notre homme hausse les épaules et répond :

— *We do not change anything, it has always been so* («Nous ne changerons rien, cela a toujours été de la sorte»). (E. de Mirecourt, *Nos voisins les Anglais*, 1862.)

La Bédollière
Des milliers de roues

Le mouvement de Paris, sur le boulevard Montmartre, à l'heure des spectacles, est à peine comparable à la prodigieuse activité qui règne éternellement dans les principales artères de la capitale des trois royaumes. On ne voit jamais, comme chez nous, sur les trottoirs, des promeneurs qui s'arrêtent sans respect pour la liberté d'autrui et qui barrent le passage avec une impassibilité et une résolution dignes d'une meilleure cause. Les habitants de Londres semblent avoir la fortune en perspective au bout de leur course échevelée. Ils vont, viennent, se croisent, se heurtent, se coudoient; ils n'arriveront jamais assez vite. Sur la chaussée, les omnibus, les cabs, les équipages, les voitures des brasseurs, les véhicules employés par le commerce, sont entraînés en sens divers par des chevaux d'une vigueur et d'une beauté remarquables. Malheur à qui tenterait, pour traverser la chaussée, de s'aventurer dans ce labyrinthe mouvant au risque d'être écrasé! Aussi, par intervalles, voyant que la foule s'entasse sur une rive et qu'elle est dans l'impossibilité de gagner la côte opposée, un policeman intervient. Il lève son *staff*, qui produit le même effet que la baguette avec laquelle Moïse sépara les flots de la mer Rouge. A la seule sommation du modeste représentant de l'autorité, tous les attelages s'arrêtent et forment pour ainsi dire deux murailles entre lesquelles défilent rapidement les piétons. Le policeman abaisse ensuite son bâton, et le sentier improvisé s'efface sous des milliers de roues. (La Bédollière, *Londres et les Anglais*, 1862.)

Texier
Policeman ou sergent de ville

On a souvent parlé des *policemen*, ces sergents de ville du pays. Tandis qu'en France notre esprit de rébellion fait de ces hommes quelque chose d'antipathique, là-bas l'esprit d'ordre produit un résultat contraire. Chez nous, le sergent de ville, qui sait que la population le voit avec défiance, agit envers elle sous l'empire instinctif d'un sentiment de réciprocité hargneuse, brutale. Là-bas, au contraire, où le *policeman* se sait bien vu, appuyé par l'opinion, il se conduit de façon à augmenter toujours l'heureuse efficacité de devoirs dans l'exécution duquel chacun l'aide. En France la police agit en quelque sorte malgré les populations, en Angleterre elle opère avec leur concours même.

Aussi le policeman est obligeant, prévenant, poli; on l'interroge, on l'interpelle, on le consulte. Il est le renseignement vivant, l'appui naturel de tous. Il est propre et de bonne mine ; son aspect a une sorte de dignité. J'ignore si, comme le sergent de ville parisien, il est parfois recruté dans des catégories suspectes ; mais, certes, à le voir, rien ne le fait penser.

Le service de ces hommes est organisé avec un ordre admirable. Il couvre à toute heure et en tous lieux l'immense ville de Londres d'un réseau de surveillance, de secours, qui est un des côtés les plus précieux du positivisme anglais. Reliés les uns aux autres par une limite calculée, par un signal avertisseur, rien ne leur échappe sinon dans certains quartiers où, dit-on, l'autorité juge à propos de laisser un peu faire. La nuit, par exemple, ouvrez votre fenêtre, appelez : il accourt. Il vous dit l'heure, et le temps qu'il fait ; pour un incendie, il avertit son monde ; pour un malade, il va chercher le médecin. Vers onze heures du soir, il commence ce qu'on appelle la ronde de sûreté, c'est-à-dire qu'il s'assure si toutes les maisons sont bien fermées. Il va éprouvant chaque porte, et si un oubli, une négligence a fait oublier le verrou, il sonne, vous réveille et signale le danger. Ajoutons qu'il est incorruptible et qu'il joue sa place à l'infraction. Tout ce qu'il se permet, c'est d'accepter la pinte de bière que lui passent, le soir, à travers les barreaux des grilles, les cuisinières sensibles à son habit bien brossé. Pour moi, j'ai toujours très volontiers interrogé les policemen, — jamais je n'ai parlé à un sergent de ville. — L'un attire, l'autre repousse... bien qu'il aime énormément à retenir !
(Texier, *Lettres sur l'Angleterre*, 1851.)

JARDINS ET PARCS

Muralt
La campagne dans la ville

Le palais de Saint-James est une autre maison royale, vieille, et fort irrégulière ; mais assez commode et d'une grande étendue. Son seul agrément consiste dans le voisinage et dans la vue du parc. Échappons-nous dans ce parc, pour nous délasser de la description de trois maisons royales.

Pour savoir ce que c'est que le *Parc*, figurez-vous une grande étendue de terrain, des allées d'arbres qui l'entourent, et qui forment des promenades très agréables. Au milieu il y a un canal bordé d'arbres, où l'on voit nager quelques canards ; le reste est un pré, où paissent des daims et des vaches. La grande beauté de ce lieu consiste en ce qu'il fait entrer, pour ainsi dire, la campagne dans la ville. On m'a dit qu'il prit envie au roi Charles Second de l'embellir davantage, et que, pour cela, il fit venir de Paris un très habile homme ; le même qui avait fourni le dessin des Tuileries. Cet homme, après y avoir bien regardé, trouva que cette simplicité naturelle, cet air champêtre, et en quelques endroits même désert, avait quelque chose de plus grand que tout ce qu'il y pourrait faire, et persuada le roi de n'y pas toucher. Ainsi le parc est demeuré ce que nous le voyons, c'est-à-dire un endroit champêtre et très beau, et celui, je crois, dont on se dégoûte le moins, par cela même qu'il n'y a ni art ni régularité. C'est où l'on va oublier agréablement la boue, l'embarras et le bruit de cette grande ville, et où, dans les beaux jours, on peut voir les dames étaler toute leur parure. Elles sont magnifiques, comme je vous ai dit, et leur magnificence surprend d'autant plus, à cette promenade, qu'il semble que c'est à la campagne qu'on les voit. (Béat de Muralt, *Lettres sur les Anglais*, 1726.)

Laporte
Des vaches et des nymphes

Nous nous promenâmes hier matin, M. Brossier et moi, au parc Saint-James ; et après dîner nous fîmes quelques courses dans les environs. Ce parc est, comme le jardin des Tuileries, à une des extrémités de la ville, dans le quartier de Westminster, entre le palais de Wittehall [Whitehall] et celui dont il porte le nom. Le Green Park et Hyde Park en sont une continuité, comme, par rapport à ces mêmes Tuileries, les Champs-Élysées et le petit Cours, avec cette différence que nos promenades sont plus ornées, mieux tenues, et peuplées d'un monde plus choisi. A Saint-James, c'est une prairie irrégulièrement coupée, arrosée par des canaux, plantée de saules et de peupliers jetés au hasard. On y voit quelques allées d'ormes et de tilleuls, un jeu de mail, un grand canal et plusieurs autres pièces d'eau. Cet air agreste et champêtre est ce qui en fait la beauté. Si l'on en croit les Anglais, Charles II eut envie de l'embellir davantage, et fit venir de Paris le célèbre Le Nôtre, qui avait fourni le dessin des Tuileries. L'artiste, après avoir bien examiné la simplicité naturelle de cette promenade, conseilla au roi de n'y pas toucher.

Green Park offre de grands étangs, pleins de poissons, et des plants d'arbres qui conduisent à Hyde Park, terrain plus vaste, et propre pour la course des chevaux. Dans ces prairies, dans celles même qui sont le rendez-vous de la Cour et du beau monde, les boulingrins sont couverts de vaches et de chèvres ; lesquelles, avec les personnes qui s'y promènent, réunissent, sous un même coup d'œil, avec la simplicité champêtre, la foule et le luxe d'une grande ville. A midi et le soir, ces vaches se rendent à une des portes du parc, où elles abreuvent les passants de leur lait tiré sur-le-champ, et servi assez proprement à un sou la tasse.

L'heure ordinaire pour la promenade est à midi dans les beaux jours d'hiver, et le soir fort tard en été. Les dames y marchent comme des nymphes ; et le mail est leur retraite favorite. L'habit juste à leur taille, le tablier blanc, le joli chapeau de paille leur sied à merveille. Ce vêtement du matin relève bien mieux la beauté que leurs robes à la française, destinées aux assemblées du soir, à la Cour et aux spectacles. Les fêtes et les dimanches, le peuple se promène en foule ; et dans aucun temps le parc Saint-James n'est fermé à la populace. Pendant les trois quarts de l'année, il est couvert de brouillards, de fumée et de pluies qui permettent à peine de distinguer les objets à quatre pas, mais le goût des Anglais pour la promenade leur fait braver tous ces désagréments. (Laporte, *Le Voyageur français*, 1775.)

Mercier
Prairies et palais

Saint-James Park [...] là on oublie qu'on est près d'une grande ville, et à côté d'un palais de roi. Des allées d'arbres au milieu desquelles est une vaste prairie toujours couverte de chevaux et de vaches, avec un lac à côté : voilà tout ce qui compose ce lieu champêtre, dont la simplicité naturelle et la grande étendue fait la beauté.

De là on passe au parc vert, c'est un autre espace, couvert de gazon en forme de colline, et à côté duquel il y a un petit bois qui fait un charmant effet. Au bout d'une autre prairie vous sortez par une porte en face de laquelle, en traversant la rue de Piccadelli [Piccadilly], vous entrez dans Hyde Park ; c'est une vaste prairie entourée d'arbres, et qui aboutit à un bois par lequel on va à l'ombre jusqu'à Kensington. (L. S. Mercier, *Parallèle de Paris et de Londres [1780]*, 1983.)

GUINGUETTES POUR LE BEAU MONDE

Ferri de Saint-Constant
Vauxhall

Ces jardins qu'on a souvent imités sur le continent, mais dont on n'a jamais égalé la magnificence, furent ouverts au public il y a plus de soixante ans, et ont été depuis considérablement embellis. Ils sont situés à un mille et demi de Westminster, sur le bord de la Tamise, en sorte qu'on peut s'y rendre par eau ; c'est un vaste terrain planté d'arbres, qui forme d'agréables promenades, et des paysages tels qu'on en voit dans les beaux jardins de ce genre. La promenade du Druide ou des Amants, le paysage représentant des ruines, le désert où l'on voit la statue de Milton, etc., forment la partie champêtre du jardin. Celle qui sert de scène aux plaisirs bruyants, offre un vaste espace circulaire, fermé par des loges, décorées chacune d'un grand tableau et garnies de sièges et d'une table. Au centre est un amphithéâtre où se place un nombreux orchestre, et sur la gauche, une immense rotonde et un pavillon, où se réfugient les spectateurs en cas de pluie. La rotonde et le pavillon sont éclairés par de beaux lustres ; et les loges, l'emplacement circulaire et la partie des allées du bois, sont éclairés par des lanternes de différentes couleurs. Il y a des allées couvertes, pavées en dalles de Flandres, pour éviter l'humidité que contracte le sable. Les loges ont une colonnade en front, large de sept pieds, qui garantit de la pluie : sans ces précautions, le Vauxhall ne serait fréquenté que pendant très peu de temps. Les peintures des loges sont assez mauvaises, mais les tableaux du salon, peints par Hayman, ont beaucoup de mérite ; ils représentent des sujets propres à flatter l'orgueil national. On remarque aussi près du pavillon, la statue de Händel, représenté en Orphée, par Roubiliac.

L'entrée du Vauxhall ne coûte que deux schellings ; mais le thé, les rafraîchissements et les soupers y sont d'un prix excessif. Il n'est pas rare de voir toutes les tables placées sous les loges ou dans les bosquets, occupées par des personnes de toutes les classes ; tout le monde mange : le Vauxhall ressemble alors a une immense guinguette. Ordinairement le nombre des personnes rassemblées dans ce jardin est de cinq à huit mille ; mais quand on donne des fêtes extraordinaires, il est beaucoup plus considérable : on y en a compté plus de quinze mille. Comme dans les spectacles et dans tous les lieux d'assemblées publiques, on n'y voit ni garde, ni moyens de police ; le citoyen est sous la sauvegarde du citoyen ; et ordinairement nul trouble, nul tumulte n'en fait désirer l'emploi.

Ranelagh

Le jardin de Ranelagh, situé également sur la Tamise, mais sur la rive opposée, près de Chelsea, n'est ni aussi grand ni aussi varié que celui de Vauxhall. Le principal édifice est une rotonde qui a quelque ressemblance avec le Panthéon de Rome. Il a cent cinquante pieds de diamètre ; le pourtour du rez-de-chaussée est divisé en loges, décorées de peintures, et séparées par des colonnes qui supportent l'étage supérieur ; chaque loge contient une table et des sièges pour se reposer et prendre des rafraîchissements. Le second étage, décoré de pilastres, est également divisé en loges, dont des treillages ferment à volonté le devant ; et le troisième est un attique formant galerie. A l'un des points de la circonférence est un amphithéâtre pour l'orchestre ; il occupait autrefois le centre de la rotonde, mais on a mis à la place une immense cheminée qui touche au plafond et sert en même temps à le soutenir. Une partie de l'aire de la rotonde est occupée par des chaises et des tables placées de manière à ne pas gêner les allants et les venants qui se promènent comme au manège, en tournant sur place. L'aire est couverte de tapis, afin de ne point entendre marcher.

L'illumination intérieure, formée de lustres et de cordons symétriques, la musique en général assez bonne, le monde qui remplit les loges, ou qui se promène, forment un beau spectacle. Il a cependant quelque chose de monotone et de mélancolique ; on s'y arrête rarement plus de deux heures ; on y va moins pour y être que pour y avoir été. La compagnie au Ranelagh est plus choisie qu'au Vauxhall. Il est en général fréquenté par les gens du bon ton, et les personnes riches. On y observe plus de décence, parce qu'on n'y sert que du thé, du café, etc. Ceux qui veulent boire du vin doivent sortir de la rotonde et passer dans d'autres appartements.

Les jardins de Ranelagh sont peu spacieux, mais agréables et très variés. Sur une éminence, à une des extrémités, est un temple circulaire élevé au dieu Pan, dont la statue est sous un dôme supporté par huit colonnes ; à la droite du jardin est un canal où l'on trouve une grotte. Pendant la nuit les allées sont éclairées par un grand nombre de lampes de couleur, qui font un effet très pittoresque.

Le billet d'entrée est d'une demi-couronne. Le jardin n'est ouvert que depuis Pâques jusqu'en juillet, époque à laquelle les nobles, et ceux qui les imitent, vont à la campagne.

Jardins à thé

Il y a dans Londres, et dans les environs, un grand nombre de lieux publics, qu'on appelle « Jardins à thé » [*Tea Gardens*], et dont quelques-uns retracent en petit le Ranelagh et le Vauxhall. Les plus remarquables par la beauté du local sont Bermondsey-Spa, Bagnigge-Wells, Hornsey-Wood-house, White-Conduit-house, etc. Dans plusieurs de ces jardins il y a concert et feu d'artifice ; dans tous il y a un orgue dans la salle principale, mais on n'en joue pas le dimanche, quoique ce soit le jour où les assemblées sont plus nombreuses. Ces sortes de jardins ne sont en général fréquentés que par des gens de moyenne classe ou du commun. Il y a plus de gaieté et plus de bruit que dans ceux fréquentés par les gens du bon ton. On y voit des familles entières de la classe laborieuse qui se délassent le dimanche des travaux de la semaine. C'est là que les jeunes gens conduisent leurs maîtresses. Ces jardins sont un des lieux où l'on peut le mieux observer les mœurs du peuple, parce qu'au milieu des plaisirs, il se relâche un peu de cette réserve qui lui est ordinaire. (Ferri de Saint-Constant, *Londres et les Anglais*, 1804.)

Une prophétie... démentie
Michelet

Le West End, qui est la demeure du beau monde et de l'aristocratie, produit moins qu'il ne consomme. Les prairies couvrent une grande partie de ce quartier. Les moutons paissent l'herbe sous l'ombre de White Hall et de Westminster. Ainsi, de la ville, vous passez insensiblement dans la campagne.

Charmante gradation, mais qui ne pourra plus durer longtemps. Londres, devenant de plus en plus industrielle et commerçante, voit sa population s'accroître chaque jour. Qu'il lui vienne encore quelque cent mille âmes, ce qui, pour un pareil centre d'action n'aura rien d'exagéré, sa physionomie, son caractère aristocratique surtout, disparaîtra rapidement. Les parcs immenses qui occupent le cœur même de Londres, auront vécu. A la place où croît, en ce moment, l'herbe des prairies, s'élèveront, dans un demi-siècle peut-être, de gigantesques cités ouvrières. Ainsi se transforment les plus solides empires. Leur durée n'est possible qu'à cette condition. (Michelet, *Sur les chemins de l'Europe [1834]*, 1893.)

Haussez

Dans la ville, ou au moins enclavés dans les longues ramifications de ses faubourgs, on admire des parcs dont les eaux abondantes et des arbres séculaires font tout l'ornement, et dont, à l'exception d'un chemin de circuit réservé aux chevaux et aux voitures, les gazons offrent le choix d'une promenade qui n'est pas commandée par des routes tracées. On remarque dans ces vastes jardins des points de vue sans cesse variés par le nombre et la diversité des édifices qui les entourent, et par la disposition des massifs d'arbres que le hasard, plus que le calcul, a jetés çà et là sur leurs vertes pelouses. (Baron d'Haussez, *La Grande-Bretagne en 1833*, 1834.)

Guizot

Prédicateurs en plein vent

Quand j'étais las de conversations diplomatiques, de dépêches, de visites et d'isolement dans ma maison, j'allais me promener seul, dans les parcs de Londres, ou plus loin, aux environs de la ville. Regent's Park surtout me plaisait ; il est loin des quartiers populeux ; l'espace est immense, la verdure fraîche, les eaux sont claires, les massifs d'arbres encore jeunes. Je trouvais là réunies deux choses qui vont rarement ensemble, l'étendue et la grâce. Je n'y rencontrais, je n'y apercevais presque personne. Dans la complète solitude et en présence de la nature, on oublie l'isolement.

Les dimanches, Regent's Park était un peu plus animé ; assez de promeneurs, presque constamment silencieux ; des prédicateurs de plein vent, entourés de trente ou quarante auditeurs, commentant un texte de la Bible ou un précepte de l'Évangile, et mêlant à leurs commentaires des récits familiers ou d'étranges dissertations métaphysiques, mais toujours dans un dessein pratique, pour régler la pensée et la vie. Je m'arrêtai un jour à deux de ces groupes. Dans l'un, le prédicateur tenait un livre, un voyage en Afrique, et lisait l'histoire d'un missionnaire qui s'était guéri d'une longue maladie en vivant sobrement et buvant de l'eau : « Vous voyez bien par là, concluait-il, que boire de l'eau n'est pas du tout mauvais pour la santé. » L'autre orateur, calviniste rigoureux, soutenait, contre un interlocuteur qui le lui contestait, que l'homme n'est pas libre, n'a point de libre arbitre : « Regardez cet arbre, disait-il, vous voudriez croire que c'est une maison ; vous ne le pouvez pas ; vous n'avez donc pas de libre arbitre. » Le bon sens de ses auditeurs s'étonnait, mais ne cessait pas d'être attentif. Ce ne sont pas là, bien s'en faut, tout le peuple de Londres et tous ses plaisirs ; mais il y a dans ce peuple, et en grand nombre, des familles dont ce sont là les plaisirs. (Guizot, *Mémoires pour servir à l'histoire de notre temps*, 1862.)

Montulé
De véritables jardins anglais

De tout ce que Londres renferme, les choses, à mon avis, les plus salutaires et les plus agréables sont les parcs, qui semblent de vastes campagnes au milieu de la ville. Qu'on ne se figure pas voir seulement des promenades spacieuses pareilles à celles des autres pays, régulières comme elles, froides comme elles. Ce sont de véritables jardins anglais ; c'est-à-dire qu'on n'y met point la régularité dans l'irrégularité, ou, pour m'exprimer plus clairement, on n'y adopte point exclusivement une loi régulière dans l'irrégularité, un désordre feint et non motivé dans les lignes... Pour en donner une idée, je vais décrire les trois parcs qui sont dans Londres, d'après l'effet qu'a produit sur moi leur premier aspect, car je ne les ai point mesurés. L'œil et le sentiment doivent seuls juger de ces choses.

Saint-James Park prend son nom du palais de Saint-James, qui n'a rien de remarquable, ce dont les Anglais sont fiers. Un peuple esclave doit seul avoir un roi logé superbement. C'est un des hochets dont on amuse ce peuple si grave, si triste, mais si disposé à penser qu'une chose est bien alors qu'elle est anglaise. Qu'on ne croie pas que je mette en cela la moindre partialité ; j'en appelle à la postérité, et d'abord aux étrangers, qui sont, si je puis m'exprimer ainsi, la postérité du présent. Mais rentrons dans Saint-James. C'est une promenade beaucoup plus longue que large, dont le centre est occupé par un canal ; ses rives en talus, se prolongeant en deux belles prairies, lui donnent l'aspect d'une petite rivière. Leur verdure est soutenue de deux ou trois rangées d'arbres touffus. A l'une des extrémités du parc, du côté de la ville, est l'Amirauté, monument bizarre peut-être, mais d'un bon effet. On voit en avant une couleuvrine prise en Égypte, et un mortier enlevé, je ne sais où, aux Français. Quoi qu'il en soit de leur état actuel de tranquillité, deux sentinelles veillent auprès. Ces sortes de jactances permanentes, que dédaignent nos compatriotes, ne sont peut-être pas inutiles. Ceux qui ont étudié l'homme savent combien les masses sont faibles, combien elles ont besoin d'être continuellement soutenues dans leurs opinions.

Saint-James peut avoir la longueur du jardin des Tuileries ; on y jouit de la vue des tours de Westminster. Le matin ce parc est le rendez-vous des malades ou des gens qui croient l'être ; le nombre en est grand en

Angleterre, surtout avant le dîner. Chacun à ce moment semble être au régime. C'est aussi là que se rencontrent les gens forcés de ne pas se rencontrer autre part ; ils sont moins nombreux ici qu'ailleurs. Le soir on y voit beaucoup de personnes à cheval, mais peu de beau monde à pied. Ici, comme ailleurs, on aime souvent mieux rester chez soi que de se montrer sans un équipage.

J'oubliais l'ameublement le plus intéressant et le plus curieux de ce parc, ce sont des espèces de comptoirs où l'on reçoit l'argent de ceux qui veulent boire du lait chaud ; ils sont sûrs qu'il ne sera pas mélangé, car la vache est là pour prêter sa mamelle. Au reste ces vaches sont en pleine liberté dans le parc ; et le climat d'Angleterre adoucit tellement le tempérament des animaux qu'il n'arrive jamais d'accidents. Saint-James est le soir le point de départ des gentlemen à cheval ou en voiture ; cependant, comme il faut passer par la cour du palais, beaucoup de personnes sont repoussées auprès d'une certaine grille qui ne s'ouvre qu'à la vue d'un shilling. Accompagné des remerciements serviles du portier, je me vis bientôt au centre des gentlemen. Qu'on ne cherche point ici ces Anglais si bruyants, si brillants dans les fêtes, et qui courent l'Europe pour s'y distinguer par une mise et des habitudes extraordinaires. Ne pouvant en imposer à ses compatriotes, l'Anglais, chez lui, rentre dans sa sphère, il est sage et modéré. Presque tous les cavaliers se promènent au pas, laissant négligemment flotter les rênes ; les maîtres, qui se balancent nonchalamment, sont vêtus avec simplicité, tandis que leurs jokeis, couverts de riches livrées, caracolent ou restent derrière pour montrer les *moyens* de leurs montures.

Engagé par le beau temps, je traversai Saint-James, et me trouvai vis-à-vis Green Park, autre prairie montante et triangulaire du meilleur effet. Les animaux à cornes sont encore ici mêlés avec la population, sans lui causer la moindre crainte. De là vous tombez dans Piccadilly, rue très populeuse. Un autre guide vous aurait déjà fait voir la maison du *héros* de notre siècle et celle de sir Francis Burdett, champion de l'opposition. La façon dont j'ai entendu faire l'éloge du premier me dispenserait d'en dire autre chose, lors même que j'en aurais envie. Mais, au milieu des coches et des voitures de toute espèce, nous avons traversé Piccadilly, et nous sommes dans Hyde Park. Le dimanche, il est, à deux et trois heures, le rendez-vous d'une grande partie de la gentry ; à cinq, c'est celui de la noblesse. Ne distinguez-vous pas les brillants équipages de celle-ci ? Les laquais, en grand costume, sont montés derrière les voitures, et, la canne haute, ils semblent commander aux vils piétons qui les entourent. Je crois néanmoins à propos de faire remarquer, en faveur du caractère anglais, que j'aime mieux cette fierté qui maintient, il est vrai, une grande distance entre la noblesse et la bourgeoisie, qui ne laisse point à celle-ci l'espoir d'obtenir, par des moyens plus ou moins avilissants, un rang dans lequel elle n'est point née, que j'aime mieux, dis-je, cette fierté que le sot orgueil qui, en France, prit un tel essor, qu'on vit nobles en un instant tous ceux qui désiraient obtenir des lettres de noblesse. Cette distinction remonte bien haut, et, quoi qu'on fasse, elle existera toujours évidemment ou implicitement dans tous les pays où l'hérédité de propriété sera fondamentale.

Hyde Park est très vaste ; on y voit plusieurs allées, une plaine immense, quelques bouquets d'arbres, un bassin superbe et comme suspendu sur un plateau. L'extrémité ouest du parc est bornée par les jardins du palais de Kensington, bâti par Guillaume III. Il n'a rien de bien remarquable dans ses formes ; mais les jardins, tout couverts de grands arbres touffus, sont majestueux. Dessinés par Le Nôtre, ils ne sont pas dans le goût actuel, et plaisent cependant aux Anglais : c'est là que les gens comme il faut descendent de voiture pour se promener à pied.

Au nord de ce parc on en voit un autre, Regent's Park, qu'on n'a pas encore ouvert au public : il est dominé par une colline, Primrose Hill, d'où la vue est immense et superbe, surtout lorsque le vent, chassant le brouillard qui pèse sur Londres, permet d'apercevoir la sommité de ses édifices. Cette espèce de vaporeux qui règne sur la ville lui donne un aspect plus étendu. De ce côté elle semble véritablement la capitale du monde ; les rues sont larges, et chaque maison est un palais. (Montulé, *Voyage en Angleterre pendant les années 1821 et 1822*, 1825.)

Gautier
Un air romantique et naturel

Les squares et les parc sont un des grands charmes de Londres. Saint-James Park, tout près de Pall Mall, est une délicieuse promenade. On y descend par un escalier énorme, digne de Babylone, qui se trouve au pied de la colonne du duc d'York. L'allée qui longe la terrasse égyptienne de Carlton Palace est fort large et fort belle. Mais ce qui m'en plaît surtout, c'est la grande pièce d'eau peuplée de hérons, de canards et d'oiseaux aquatiques. Les Anglais excellent dans l'art de donner aux jardins factices un air romantique et naturel ; Westminster, dont les tours s'élèvent par-dessus les touffes d'arbres, termine admirablement la vue du côté de la rivière.

Hyde Park, où vont parader les voitures et les chevaux de la fashion, par l'étendue de ses eaux et de ses boulingrins, a quelque chose de tout à fait rural et champêtre. Ce n'est pas un jardin, c'est un paysage. (Théophile Gautier, *Caprices et Zigzags*, 1852.)

Wey
Équipages et amazones

Ayant pénétré dans Hyde Park, notre voiture prit la file et bientôt forma l'un des grains de ce double collier d'équipages qui embrasse la circonférence du parc. Au milieu de l'allée galopaient quelques cavaliers rendant visite aux attelages ; car l'équitation a son champ sablé, large et aussi bien approprié que le turf d'un manège. D'ordinaire, ces écuyers se réunissent en groupes ; on trotte avec sa société. On voit plus de femmes que de cavaliers ; parfois, charmant spectacle ! un escadron d'amazones, dont les jupes traînent jusqu'à terre, passe comme une vision sous vos yeux éblouis de tant de gracieux visages, de la souplesse, de l'aisance, de la hardiesse de ces belles personnes et de la finesse de leurs chevaux.

Tandis que nous nous rendions au petit pas à Kensington Garden, un jeune homme nous accosta, salua miss B***, et prenant l'amble, se tint quelques minutes à côté de la portière. Après quoi, il nous quitta par discrétion, un peu à regret, si je ne m'abuse. Au profond respect qu'il témoignait à miss Mary, à l'aisance de cette dernière, j'ai cru deviner un fiancé, et quelques indices m'ont confirmé dans cette supposition. Il s'éloigna pourtant, sans témoigner aucun déplaisir, et c'est à peine s'il regarda le compagnon de sa future.

On arrêta la voiture au pied du pont élevé sur la Serpentine que sillonnait une flottille de yoles et de batelets. Là nous descendîmes ; miss Mary accepta mon bras et nous nous perdîmes dans la foule.

J'ai entendu évaluer à quarante ou cinquante mille le nombre des personnes qui, les jours où l'on fait de la musique, peuplent Hyde Park et le jardin de Kensington. Il serait difficile de trouver une meilleure occasion de passer en revue les éléments dont se compose la société élégante. Deux à trois mille femmes se pressaient sur la pelouse et circulaient sous ces larges tilleuls, sous ces hêtres et ces chênes dont les rameaux, vierges de la serpe, plafonnent très bas sur la tête des passants. Çà et là des groupes étaient assis sur des chaises ou accroupis dans l'herbe. Un troupeau de moutons d'un embonpoint inconnu chez nous tondait la prairie, et des vaches ruminaient d'un air philosophe, mêlées à la foule des promeneurs. Les bouchers de Londres possèdent de nombreux troupeaux et afferment, jusque dans les jardins de la reine, des portions de pâturages où ces bêtes s'engraissent tout en améliorant le sol qui, constamment fumé, reverdit sans cesse. Rien de plus singulier que de se sentir au milieu d'une grande ville, de s'égarer parmi des prés-bois, et d'embrasser dans le même coup d'œil les équipages à la Daumont et le rustique bétail, les brebis, les chèvres, et les belles promeneuses chamarrées de soie et de dentelles.

De cinq à six heures, Kensington est très brillant, et l'amour des nuances claires, qui s'étend à toutes choses, donne aux toilettes un air de fête. Beaucoup de robes blanches ; le blanc est un luxe recherché dans ce pays de fumée, où le linge roussit en trois heures. Du reste, le goût a fait des progrès sensibles. On rencontre des femmes parfaitement mises, en dépit des fantaisies audacieuses qu'elles se permettent à l'endroit des oppositions de nuances ; tendance dont les résultats ne sont pas toujours heureux. Ce qui donne aux Anglaises une démarche un peu bizarre, c'est l'usage où elles sont de renfler leurs jupes, du haut en bas, en les garnissant de cercles de baleine, parfois même de fil de fer. Ces robes se balancent comme des cloches en branle. On n'a rien dit d'exagéré à propos de la beauté des femmes ; une assemblée d'Anglaises réalise le paradis de Mahomet : je marchais d'admirations en surprises, très fier de ma compagne qui rivalise avec les plus accomplies. Autant les Anglais ont l'air modeste et réservé, autant les jeunes filles ont le regard assuré, bien que l'expression en soit douce. Leurs beaux yeux se fixent avec aplomb sur les passants qui vont la paupière baissée, en apparence indifférents à tant d'attraits. « Qu'est-ce qui vous a le plus frappé à Londres ? me demandait miss B***.

— La froideur de vos compatriotes à l'égard du beau sexe, et la vivacité de leur passion pour les chevaux. »

Autour des musiciens stationnaient, rangées en ordre de bataille, cinq à six cents amazones à cheval, et des jeunes gens papillonnaient auprès d'elles ; la fanfare terminée, tout s'envolait, et tout revenait à son poste aux premières mesures du morceau suivant. Oncques ne vit cavalerie plus meurtrière. L'équitation est le plaisir de tous ; on voit passer sur des chevaux de race, fringants et pleins d'ardeur, des octogénaires, des enfants de dix à douze ans, et des mères de famille suivies à distance de leur fille avec son prétendu. (Wey, *Les Anglais chez eux*, 1854.)

La Bédollière
Ébats à Kensington

De ce palais dépendent des maisons récemment bâties pour y loger des employés et des jardiniers. L'orangerie, dont Wren a dessiné les plans, offre un aspect assez grandiose ; mais le palais de Kensington est surtout renommé pour ses pelouses et ses massifs ; si le bâtiment en lui-même est d'un aspect sombre et lugubre, en revanche, rien n'est plus gai que les jardins, d'où les voitures sont bannies, et dont les ombrages abritent pendant les beaux jours d'innombrables promeneurs.

Il a été proposé, au commencement de l'année 1862, en vue de l'accroissement de circulation qu'amènerait l'Exposition universelle, d'ouvrir une route carrossable à travers les jardins de Kensington ; mais ce projet a été vivement combattu. Les Londoniens, qui se délassent en paix sous les vieux arbres, et dont les méditations ne sont point troublées par le roulement des voitures, protestent contre toutes transformations qui viendraient couper en deux les jardins de Kensington, où la musique du régiment logé à la caserne de Knightsbridge attire la foule plusieurs fois par semaine. La rivière de la Serpentine est comme une frontière entre les jardins de Kensington et Hyde Park, elle fut créée par les ordres de la reine Caroline, femme de George II, et elle est célèbre à plus d'un titre, quoique ce ne soit en réalité qu'un cours d'eau plus insignifiant que la rivière du bois de Boulogne. Les canotiers les plus distingués, les membres du Rowing Club, ne dédaignent pas de s'y exercer pendant l'été, et les baigneurs y affluent. En hiver, aussitôt que le thermomètre de Fahrenheit a suffisamment baissé, des milliers de patineurs et de glisseurs circulent sur la Serpentine. Par la même occasion, la glace reçoit des tentes, sous lesquelles s'installent des loueurs de patins, des marchands de comestibles et des débitants de boissons. Loin de suspendre cette fête hivernale, le soir la complète : les patineurs s'arment de flambeaux ; des milliers de lumières dessinent en se croisant des sinuosités fantastiques ; deux ou trois orchestres, en jouant des airs entraînants et rapides, surexcitent l'ardeur des troupes agiles qui rasent gaiement la surface solidifiée des eaux. Parfois des troupes s'organisent, conduites par des chefs expérimentés, et la régularité de leurs évolutions émerveille le public entassé dans les galeries couvertes élevées le long des rives. Parfois encore, une petite guerre est simulée, les pétards et les fusées crépitent, des sillons de feu coupent les ténèbres ; des pluies d'étincelles tombent sur la glace, sur les vêtements des jouteurs, et un peu sur les crinolines de quelques dames, qu'un excès de curiosité amène trop près du champ de bataille. (La Bédollière, *Londres et les Anglais*, 1862.)

Taine

Le besoin de grand air

Même impression quand on visite les parcs ; le goût, les dimensions sont tout autres que chez nous. Saint-James Park est une vraie campagne, et une campagne anglaise vieux arbres énormes, prairies véritables, large étang peuplé de canards et d'oiseaux nageurs, des vaches, des moutons parqués broutent l'herbe toujours fraîche. Il y a des moutons jusque dans l'étroite bordure verte qui encadre Westminster Abbey ; ces gens aiment de cœur la campagne. Il n'y a qu'à lire leur littérature, de Chaucer à Shakespeare, de Thompson à Wordsworth et Shelley, pour en avoir la preuve. Quel contraste avec les Tuileries, les Champs-Élysées, le Luxembourg ! En général, le jardin français, celui de Louis XIV, est un salon ou une galerie en plein air pour se promener et causer en compagnie ; dans le jardin anglais, tel qu'ils l'ont inventé et propagé, on est mieux seul ; les yeux et l'âme font la conversation avec les choses naturelles. Nous avons construit un parc sur ce modèle au bois de Boulogne, mais nous avons fait la faute d'y composer un groupe de rochers et de cascades ; l'artifice paraît tout de suite et choque : des yeux anglais l'auraient senti.

A Regent's Park : celui-ci est plus grand que le Jardin des Plantes et le Luxembourg mis ensemble ; j'ai souvent remarqué que notre vie leur semble claquemurée, étriquée ; ils ont plus que nous besoin d'air, d'espace ; des Anglais que j'ai connus à Paris laissaient en tout temps leur fenêtre ouverte pendant toute la nuit ; de là, leur besoin de mouvement, leurs courses à cheval et à pied dans la campagne. Stendhal disait justement qu'une jeune fille anglaise fait plus de chemin à pied en une semaine qu'une jeune Romaine en un an ; il faut à l'homme du Nord, au tempérament athlétique, la respiration libre et l'exercice. — Ce parc est dans un quartier retiré ; on n'y entend plus le roulement des voitures, on y oublie Londres, c'est une solitude. Le soleil luisait, mais l'air était toujours chargé de nuages moites, arrosoirs ambulants qui, tous les quarts d'heure, se fondaient en pluie. Les grandes prairies mouillées avaient une douceur charmante, et les verdures s'égouttaient avec un petit bruit monotone sur l'eau dormante des étangs. Je suis entré dans une serre ; orchidées splendides, les unes avec le velouté opulent de l'iris, d'autres couleurs de chair, de ce ton inexprimable, délicieux, fondu, tout pénétré de lumière, dont palpite une chair vivante, un sein de femme ; la main a peur et envie de s'y poser ; tout à côté, des palmiers dressent leur fût dans une atmosphère tiède. — Chose singulière pour nous, il n'y a point de gardiens ; entre qui veut, et nul dégât ; je comprends qu'ils se moquent de nos établissements et fêtes publiques avec leur accompagnement de municipaux. (Taine, *Notes sur l'Angleterre*, 1871.)

UNE ATTRACTION EXCEPTIONNELLE :
L'EXPOSITION UNIVERSELLE

Texier

Exposition et exploitation !

Londres ne songe qu'à l'exposition, n'agit qu'en vue de l'exposition et ne parle que de l'exposition. Les vitrines des étalagistes, les omnibus, les cabs étalent aux regards du passant des lithographies coloriées représentant la grande *exhibition*. Hyde Park est rempli de visiteurs qui accourent de toutes les extrémités de la ville. On compte tellement sur un immense concours d'étrangers qu'en ce moment Londres est littéralement à louer. L'inévitable *to be let* apparaît derrière toutes les vitres. Où se logera la population quand elle aura abandonné ses maisons aux locataires du continent et de l'Amérique ? Je n'en sais rien. A moins qu'elle ne descende dans les caves, ce qui pourrait bien arriver, tant on est toujours prêt ici à faire les plus grands sacrifices en l'honneur du dieu *money* ! Les suppositions qui ont été avancées par les journaux français sur le prix fabuleux des logements ne sont pas très exagérées. La moindre petite chambre vaut 10 schellings par jour (12 fr. 50 c.), et il est impossible d'aborder un appartement composé de deux pièces si l'on ne consent à le payer une livre (25 fr.). J'ai visité avec un de mes amis, dans Cavendish

Square, une petite maison très modeste dont le propriétaire demandait 360 livres (9 000 fr.) pour trois mois. Les indigènes trouvent les prétentions du loueur très raisonnables, et cela est vrai quand on songe que deux Français, dont l'un est un des plus riches imprimeurs de France, ont loué dans Trafalgar Square un logement à raison de six livres par jour. Tout le reste est à l'avenant. Le prix des denrées va augmenter dans une proportion considérable, aussitôt que l'exposition sera ouverte. Un Anglais me disait ce matin : « La livre sterling, qui représente vingt-cinq francs de France et qui en réalité ne vaut à Londres que dix-huit francs, ne vaudra plus que douze francs à partir du premier mai. » *Rule Britannia !*

Cérémonie et féerie

J'arrive à la grande solennité d'aujourd'hui. Dès sept heures du matin, Hyde Park, cet immense jardin quatre fois vaste comme nos Champs-Élysées, est encombré : dans toutes les avenues, la foule, mais une foule britannique, une foule calme et silencieuse, qui attend pour voir passer les équipages et le cortège. On pourrait croire que tous les haillons de Londres se sont donné rendez-vous aux abords du palais de Cristal. Des femmes pâles, maigres et à peine vêtues, traînant par la main des enfants déguenillés, se tiennent, comme les spectres de la misère et de la faim, sur les chemins que piétineront tout à l'heure les chevaux de l'aristocratie. A neuf heures, les voitures commencent à défiler. Piccadilly n'est plus une rue, c'est un fleuve qui charrie des équipages et des omnibus. Un si formidable rassemblement causerait à Paris des accidents sans nombre ; ici, on n'a pas le plus petit malheur à déplorer. Personne ne se presse : chacun suit celui qui le précède sans chercher à passer avant son voisin. Si quelque agitation se manifeste dans un groupe, tenez pour certain que ce groupe est composé d'étrangers. Et pour veiller au maintien de l'ordre, quelques *policemen* seulement échelonnés à cent pas de distance. Pour nous autres Français impatients, qui tenons tous de Louis XIV, c'est là un spectacle magnifique que ce calme et ce bon ordre du peuple anglais, peuple véritablement fait pour la pratique de la liberté. J'entre à mon tour dans le gigantesque édifice qui, par la magnificence de sa conception, par l'effet féerique de son architecture intérieure, répond admirablement à sa solennelle destination. Les drapeaux de tous les peuples, les oriflammes de toutes les nations se déroulent à perte de vue. On dirait, mais sur une plus vaste échelle, de la salle des drapeaux de Westminster Abbey ou de la grande salle des Invalides.

Toutes les merveilles de l'industrie apparaissent dans un magnifique ensemble : statues colossales, larges fontaines lançant leurs gerbes de diamants sur les arbustes et les fleurs, gigantesques télescopes, machines monumentales qui semblent dans la perspective des monstres antédiluviens. Il y a dans ces vitrines richement décorées, dans ces montres tapissées de velours, dans ces estrades surchargées d'objets précieux, des échantillons de toutes les industries du globe ; de même que, dans cette foule, des représentants de tous les peuples, depuis le Hollandais flegmatique jusqu'au Chinois dont l'œil sourit toujours. Voici les trois couleurs de France, le lion de Néerlande, la licorne britannique, la lyre d'Irlande, le croissant turc, l'aigle à deux têtes d'Autriche, l'aigle blanche de Russie, l'aigle noire de Prusse, et tous les pavillons bariolés d'Amérique. Tous ces drapeaux, qui ne s'étaient encore rencontrés que sur les champs de bataille, flottent pacifiquement réunis pour la première fois dans la basilique industrielle. Il y a loin de Waterloo à la cérémonie de Hyde Park, qui voyait s'élever, il y a trente ans, cette grotesque statue de Wellington représenté sous les traits et dans la pose mythologique du fils de Pelée ! *Dios Achilleus*, comme dit Homère. Sous les voûtes de cet édifice, la parole humaine coule dans tous les dialectes. L'antique rêve de Babel est réalisé avec cette différence que Babel était la confusion des langues, et que le palais de Cristal est la fusion des intérêts et des esprits.

Au milieu du palais, dans cette partie appelée le transept, on a élevé une vaste plate-forme où est placé le trône surmonté de l'écusson britannique. La partie nord du transept qui fait face au trône est garnie de fleurs et de verdure. Ce n'est pas un simple parterre, c'est un jardin ; les palmiers, les citronniers, les plantes tropicales, s'élancent dans toutes les directions sous cette haute coupole qui abrite des arbres séculaires.

Un palais bâti par des géants pour des géants.

A onze heures précises, les commissaires royaux, suivis du comité exécutif et des commissaires des nations étrangères, font leur entrée dans le palais au milieu des hourras de l'assistance. Quelques-uns sont en uniforme, les autres en habit habillé, ce que l'on nomme ici, dans le langage de cour, en toilette du soir. Une demi-heure après, Sa Grâce l'archevêque de Cantorbéry, les ministres de la reine, lord Palmerston en tête, les grands officiers de l'État, les ambassadeurs étrangers et les ministres en costume de gala, prennent place à gauche et à droite du trône. C'est M. le baron de Brunow, ambassadeur de Russie, qui ouvre la marche du corps diplomatique.

A midi précis, la reine, qui vient de quitter avec toute sa suite Buckingham Palace, entre dans le palais de l'exposition par l'entrée du nord. Elle est escortée de son cortège officiel, des ladies en grande robe à queue, et entourée de toute la famille royale et de ses invités étrangers parmi lesquels on remarque le prince royal de Hollande et le prince de Prusse.

Un hourra s'élève de toutes les parties de l'édifice ; et, aussitôt que Sa Majesté, montée sur la plate-forme, a pris place sur son trône, un chœur entonne le *God save the Queen*. (Texier, *Lettres sur l'Angleterre*, 1851.)

En dehors des festivités
Berlioz

Je pris le parti, bien qu'il fît à peine jour, de sortir et de m'acheminer vers le palais de l'Exposition où m'appelaient dans quelques heures mes fonctions de juré. Londres dormait encore ; aucune des Sara, des Mary, des Kate, qui lavent chaque matin le seuil des maisons, n'apparaissait son éponge à la main. Une vieille Irlandaise *aginée* fumait sa pipe, accroupie seule dans un coin de Manchester Square. Les vaches nonchalantes ruminaient, couchées sur l'épais gazon de Hyde Park. Le petit trois-mâts, ce jouet du peuple navigateur, se balançait sommeillant sur la rivière Serpentine. Déjà quelques gerbes lumineuses se détachaient des vitraux élevés du palais ouvert à *all people that on earth do dwell*.

La garde qui veille aux barrières de ce Louvre, accoutumée de me voir à toutes sortes d'heures indues, me laissa passer, et j'entrai. C'était encore un spectacle d'une grandeur originale que celui de l'intérieur désert du palais de l'Exposition à sept heures du matin : cette vaste solitude, ce silence, ces douces lueurs tombant du faîte transparent, tous ces jets d'eaux taris, ces orgues muettes, ces arbres immobiles, et cet étalage harmonieux des riches produits apportés là de tous les coins du monde par cent peuples rivaux. Ces ingénieux travaux fils de la paix, ces instruments de destruction qui rappellent la guerre, toutes ces causes de mouvement et de bruit semblaient alors converser mystérieusement entre elles, en l'absence de l'homme, dans cette langue inconnue qu'on entend avec *l'oreille de l'esprit*. Je me disposais à écouter leur secret dialogue, me croyant seul dans le palais ; mais nous étions trois : un Chinois, un moineau et moi. Les yeux *bridés* de l'Asiatique s'étaient ouverts avant l'heure, à ce qu'il paraît, ou peut-être, comme les miens, ne s'étaient-ils pas fermés. A l'aide d'un petit balai de plume, il époussetait avec soin ses beaux vases de porcelaine, ses hideux magots, ses laques, ses soieries. Puis je le vis prendre un arrosoir, aller puiser de l'eau dans le bassin de la fontaine de verre, et revenir désaltérer avec tendresse une pauvre fleur, chinoise, sans doute, qui s'étiolait dans un ignoble vase européen. Après quoi il vint s'asseoir à quelques pas de sa boutique, regarda les tam-tams qui y étaient appendus, fit un mouvement comme pour aller les frapper ; mais réfléchissant qu'il n'avait ni frères ni amis à réveiller, il laissa retomber sa main qui tenait déjà le marteau du gong, et soupira. « *Dulces reminiscitur Argos* », me dis-je. Prenant alors mon air le plus gracieux, je m'approche de lui, et supposant qu'il entend l'anglais, je lui adresse un *good morning, sir*, plein d'un intérêt bienveillant auquel il n'y avait pas à se méprendre. Pour toute réponse, mon homme se lève, me tourne le dos, va ouvrir une armoire et en tire des sandwiches qu'il se met à manger sans me regarder et d'un air assez méprisant pour ce mets des *Barbares*. Puis il soupire encore... Il pense évidemment à ces succulentes nageoires de requin frites dans de l'huile de ricin dont il se régalait dans son pays, à la soupe aux nids d'hirondelles, et à ces fameuses confitures de cloportes qu'on fait si bien à Canton. Pouah ! les pensées de ce gastronome impoli me donnent des nausées, et je m'éloigne.

En passant près d'une grosse pièce de canon de 48, fondue en cuivre à Séville et qui avait l'air, en regardant la boutique de Sax placée auprès d'elle, de le défier de faire un instrument de cuivre de son calibre et de sa voix, j'effarouche un moineau caché dans la gueule de la brutale Espagnole. « Pauvre échappé du massacre des innocents, ne crains rien, je ne te dénoncerai pas ; au contraire, tiens !... » — Et tirant de ma poche un morceau de biscuit que le maître des cérémonies de Saint-Paul m'avait forcé d'accepter la veille, je l'émiette sur le plancher. Lorsqu'on construisit le palais de l'Exposition, une tribu de moineaux avait élu domicile dans l'un des grands arbres qui ornent à cette heure le transept. Elle s'obstina à y rester malgré les progrès menaçants du travail des ouvriers. Il n'était guère possible, en effet, à ces bêtes d'imaginer qu'elles fussent prises dans une pareille cage de verre au treillis de fer. Quand elles eurent la conviction du fait, leur étonnement fut grand. Les moineaux cherchaient une issue en voletant de droite et de gauche. Dans la crainte des dégâts que leur présence pouvait causer à certains objets délicats exposés dans le bâtiment, on résolut de les tuer tous, et on y parvint, avec des sarbacanes, vingt sortes de pièges et la perfide noix vomique. Mon moineau, dont je découvris ainsi la retraite, et que je me gardai de trahir, était le seul qui eût survécu. C'est le Joas de son peuple, me dis-je, « Et je le sauverai des fureurs d'Athalie ».

Comme je prononçais ce vers remarquable, à l'instant même improvisé, un bruit assez semblable au bruit de la pluie se répandit sous les vastes galeries : c'étaient les jets d'eau et les fontaines auxquels leurs gardiens venaient de donner la volée. Les châteaux de cristal, les rochers factices, vibraient sous le ruissellement de leurs perles liquides ; les policemen, ces bons gendarmes sans armes, que chacun respecte avec tant de raison, se rendaient à leur poste ; le jeune apprenti de M. Ducroquet s'approchait de l'orgue de son patron, en méditant la nouvelle polka dont il allait nous régaler ; les ingénieux fabricants de Lyon venaient achever leur admirable étalage ; les diamants, prudemment cachés pendant la nuit, reparaissaient scintillants sous leur vitrine ; la grosse cloche irlandaise en *ré bémol mineur*, qui trônait dans la galerie de l'est, s'obstinait à frapper un, deux, trois, quatre, cinq, six, sept, huit coups, toute fière de ne point ressembler à sa sœur de l'église d'Albany Street, qui donne une résonance de *tierce majeure*. Le silence m'avait tenu éveillé, ces rumeurs m'assoupirent ; le besoin de sommeil devenait irrésistible ; je vins m'asseoir devant le grand piano d'Erard, cette merveille musicale de l'Exposition ; je m'accoudai sur son riche couvercle, et j'allais m'endormir, quand Thalberg me frappant sur l'épaule : « Eh ! confrère ! le jury se rassemble. Allons ! de l'ardeur ! nous avons aujourd'hui trente-deux tabatières à musique, vingt-quatre accordéons et treize bombardons à examiner.» (Hector Berlioz. *Les Soirées de l'orchestre*, 1852.)

Mérimée

Le palais de Cristal est une grande arche de Noé, merveilleux pour la singularité des objets qui s'y trouvent, très médiocre d'ailleurs au point de vue de l'art; en résumé, on y passe une journée très amusante. (Mérimée, *Lettres à une inconnue [1851]*, 1873.)

La Bédollière

Clôture

Du 1er mai au 11 octobre 1851, l'Exposition universelle de Londres reçut 6 630 000 visiteurs, dont 270 000 étrangers de divers pays, et 108 000 Français. Le dernier jour, favorisé par un temps admirable, avait attiré des milliers de curieux. Les orgues, les pianos, les instruments de cuivre ébranlaient l'édifice de leurs derniers accents. A quatre heures, ils accompagnèrent le *God save the Queen*, que des choristes chantaient. A cinq heures vingt minutes, des cloches et des gongs donnèrent le signal du départ; mais avant de se séparer, les assistants crièrent à plusieurs reprises: «Vive le prince Albert!», «Vive la commission royale!», «Vive Paxton!», «Vive l'Angleterre!», «Vive la France!», «Vive l'alliance de toutes les nations!»

D'une exposition à l'autre

«En 1851, écrit M. John Lemoine au *Journal des débats*, le palais de l'Exposition était lui-même une nouveauté. L'architecture de verre était une création, et c'était peut-être le plus beau produit de cette industrie qu'elle était destinée à abriter. Cette fois, si le nouveau palais s'appelle Palais de Cristal, je dois croire que c'est en vertu du dicton: *Lucus a non lucendo*. On fait un kilomètre autour d'une grande muraille en maçonnerie qui ressemble à un pénitencier, et dans laquelle on trouve avec peine des ouvertures. L'architecture de cristal consiste dans deux dômes en verre situés aux deux extrémités du bâtiment, et qui ont l'air de deux immenses couvercles en toile métallique posés sur des plats pour empêcher les mouches d'entrer. Il ne faut donc pas s'arrêter à l'extérieur du bâtiment; on n'y trouvera pas matière à admiration. Pour trancher le mot, c'est très laid. Depuis le commencement du monde, on a cherché à concilier l'utile avec le beau, et l'on a bien rarement trouvé l'un sans l'autre.

«Heureusement le ramage est mieux que le plumage. Quand on a pénétré dans l'intérieur, l'impression change, la lumière se fait; et il n'est pas douteux que, comme Exposition industrielle, celle de 1862 ne soit très supérieure à celle de 1851.»

L'appréciation de M. Assollant, de *La Presse*, est presque identique:

« Ce palais, qui a coûté si cher, est un monument des plus médiocres. L'idée première est empruntée au Palais de l'Exposition des Champs-Élysées ; mais l'exécution est détestable. Il est lourd, massif, sans grâce, sans ampleur ; il n'a même pas cet air imposant que devraient lui donner sa longueur et sa hauteur. Le dôme qui le surmonte est le cousin germain (excusez ce blasphème) d'une cloche à melon. Les murs sont en briques d'un rouge grisâtre, comme toutes les maisons de cet heureux pays, où la pierre est plus rare que le fer. L'intérieur vaut mieux. Il est bien éclairé, et tout à l'heure, pendant l'inauguration, l'apparence générale de la grande salle où se faisait la cérémonie était fort belle. Il est vrai que le soleil, qu'on dit très rare à Londres, était alors dans tout son éclat. »

Écoutons maintenant la poésie du feuilletoniste du *Moniteur*, Théophile Gautier : « Le nouveau Palais de l'Exposition internationale ne présente pas au premier coup d'œil cet aspect aérien, vaporeux et féerique du palais précédent, où n'entraient comme matériaux que du cristal et du fer. Cette extrême translucidité avait des inconvénients qu'on a reconnus. Le verre n'est ici employé que pour la toiture ; les murailles sont en briques de couleur jaunâtre. Quand on arrive par Piccadilly et Brompton, la masse générale de l'édifice rappelle assez les bazars d'Orient. Les hauts murs qui l'entourent n'ont de baies qu'à la zone supérieure, et leur décoration consiste en longues arcades engagées. Des pavillons en forme de tours massives où s'ouvrent des porches, et percés d'œils-de-bœuf, s'élèvent de distance en distance : les deux principaux, indiquant les pieds et le chevet de l'immense nef, qui est la ligne génératrice du monument, se reconnaissent à leur dimension plus grande et à deux gigantesques coupoles vitrées que le jour traverse avec des effets de lumière tout à fait magiques. Le bleu du ciel transparaît bizarrement derrière ces énormes bulles de cristal qui nous ont paru pouvoir englober sous leur coupe le dôme du Panthéon ou de Saint-Isaac. A quel style d'architecture appartient l'édifice ? Nous ne saurions le désigner par aucun nom classique. L'industrie moderne a des besoins si imprévus par l'Antiquité qu'il faut y satisfaire en dehors des types consacrés. Le Palais de l'Exposition internationale est donc de cet ordre que nous appellerons mécanique, en attendant une meilleure dénomination, et qui réunit dans un type commun la gare, la halle et la serre. — C'est évidemment dans cette direction que les artistes de l'avenir doivent chercher la nouvelle architecture. Les constructions de ce genre leur en donnent les lignes nécessaires ; c'est à eux de les épurer, de les rectifier, de les ramener à l'art et d'en trouver la régulière ornementation. »

Avant l'inauguration

Tous les théâtres que nous venons d'énumérer ont rafraîchi leurs décorations, complété leur personnel, recruté des danseurs et des danseuses pour se rendre dignes des hôtes innombrables qu'attirera nécessairement l'Exposition universelle, ouverte le 1ᵉʳ mai 1862. Déjà, pendant les quinze derniers jours d'avril, les bateaux à vapeur qui font le service de Boulogne à Folkestone ont amené régulièrement de trois à quatre cents personnes par jour.

Pendant cette même quinzaine, l'opinion générale a été, jusqu'au dernier moment, qu'il serait de toute impossibilité d'ouvrir le palais à l'heure désignée. La plupart des produits n'étaient pas déballés, et, l'eussent-ils été, ils n'auraient pu trouver place dans les cours et galeries. Des milliers d'ouvriers travaillaient jour et nuit, même le dimanche, au milieu des caisses, des poutres, de la paille et du foin, des grues et des bigues ; un grand nombre d'exposants attardés essayaient de rattraper le temps perdu à force de précipitation.

« Malheur, a écrit M. John Wilks, à qui n'avait pas l'œil prompt, le pied et la main lestes! Quelque solive maniée par des ouvriers ahuris frappait le visiteur distrait ; quelque excavation, résultat d'une fracture du plancher, amenait une entorse ou une plus grave blessure. Pendant le mois d'avril, pas un seul jour ne s'est passé sans un homme tué ou blessé. Le domaine inerte a eu sa bonne part de sinistres. Une statue d'Achille, qui appartient, je crois, à l'exposition prussienne, a été brisée en trois morceaux. Plusieurs autres marbres ont été mutilés, avariés ; enfin, la grande et magnifique glace de Saint-Gobain, véritable tour de force comme dimension et pureté, n'est plus qu'un amas de fragments. L'inepte ingénieur anglais, à qui le soin de la pose avait été confié, s'est servi d'un cordage qui aurait été insuffisant pour un poids trois fois moindre. En s'abattant et en jonchant le sol de ses débris, le colosse de cristal n'a fait sortir de la poitrine de son impassible meurtrier que l'interjection nationale, que le *Oh!* prononcé avec un calme parfait et tout philosophique. »

Ces accidents n'ont rien qui puisse surprendre, lorsqu'on songe à l'effrayante quantité de produits qu'embrasse une exposition universelle.

[...] Les insignes de la Jarretière et du Bain devaient figurer au nombre des ornements de la séance d'inauguration : car il était expressément recommandé par le programme officiel à toutes les personnes faisant partie du cortège d'être en costume de cour, en costume académique ou en uniforme. Les emblèmes de ces vieux ordres, qui sont réellement des hochets de la vanité, complètent les ajustements bizarres de l'aristocratie anglaise dans les réunions d'apparat. Elle exhume pour cette circonstance tous les oripeaux du Moyen Age : les simarres fourrées d'hermine ; les perruques poudrées, les crevés, les pourpoints, les manteaux de nuance orange bordés d'étoffes de couleur disparate. Sous ces déguisements, les pairs et les magistrats, les membres du cabinet et les personnes attachées à la maison de la reine, les représentants de la noblesse et de la bourgeoisie, tous marchent avec gravité, sans se douter qu'ils sont ridicules ; et leur bonne foi est si imposante, qu'elle désarme les railleurs.

Outre les recommandations faites aux membres du cortège, le programme du 24 avril désignait les portes par lesquelles devaient entrer ceux qui s'étaient munis de billets de saison. M. Richard Mayne, commissaire de police de la métropole, siégeant en ses bureaux, White Hall place, numéro 4, publia un long arrêté pour aviser au moyen de prévenir l'encombrement, de diriger les porteurs de billets, de régler la marche des carrosses, d'écarter des abords du palais les voitures vulgaires et les omnibus.

Et cependant rien n'était prêt, le 28 avril, tout n'était encore que chaos ! le 29 même, les Autrichiens avaient encore deux mille caisses à déballer, et les Français cinq mille ; les camions et les charrettes jetaient aux portes des colis de toute espèce. Des milliers d'ouvriers de diverses nations se démenaient avec une vertigineuse activité. Un journaliste belge, M. Hymans, écrivait, dans la soirée du 30 avril : « A cette cohue d'étrangers, frottant, martelant, déballant, fourbissant, ajoutez les myriades d'Anglais qui travaillent pour la commission directrice, et qu'assistent encore des escouades de soldats mis à la disposition du comité par le département de la guerre ; faites marcher, courir, parler, crier, tout ce monde dans dix langues différentes, au milieu d'un indescriptible chaos d'objets de toutes les formes et de toutes les catégories, prestigieux bazar de tous les produits du globe jetés au hasard sur un plancher qui s'effondre à chaque pas ; et vous pourrez vous faire une idée vague de ce qu'est l'Exposition le 30 avril au matin. Elle sera splendide dans quinze jours, dans son majestueux et solennel étalage, mais bien certainement moins curieuse et d'un aspect moins pittoresque qu'au milieu de ce coup de feu qui précède toutes les inaugurations et qui prend ici des proportions titaniques.

« J'ai parcouru pendant plusieurs heures ces galeries immenses, où l'on circulait avec autant de peine que sur London Bridge à quatre heures de l'après-midi. J'allais me heurter ici contre une ancre gigantesque, là contre un télescope monumental ; ici des canons et des panoplies ; là des orgues, des pianos, des voitures, des litières de porcelaine, des bronzes, des pyramides de fromages, des temples construits en bougies ; bref une macédoine étrange, qui fait de ces superbes coupoles la calotte d'un monstrueux vol-au-vent. J'ai vu et entrevu beaucoup de choses, mais je n'oserais rien signaler encore à votre attention. La salle des machines, qui mesure mille pieds de long sur une largeur de deux cents pieds, divisée en quatre galeries de cinquante pieds chacune, présente un coup d'œil fantastique. Il y a là de quoi faire mouvoir le monde. Une petite grue à vapeur, un vrai bijou, circule sur des rails au milieu de cette forêt d'engrenages, tenant dans son bec des poids de 10 000 kilogrammes, et les déposant le plus doucement du monde à la place qui leur est désignée. Cette petite grue, c'est l'idéal de la force alliée à la grâce. »

Tout finit par prendre un faux semblant de régularité. Sous le dôme oriental fut construite une estrade pour les commissaires de la reine ; on y dressa un trône enjolivé d'armoiries, qui se dessinait sous un lambrequin de velours ; de chaque côté du dais, des piédestaux portaient les bustes de la reine et du prince Albert. En face était un orchestre disposé de manière à contenir deux mille quatre cents instrumentistes ou choristes.

Tout le monde redoubla de zèle, les feuilles de Londres purent annoncer avec lyrisme l'ouverture de l'Exposition universelle : « Le moment est solennel, disait le *Morning Post*, soit que nous considérions ce grand spectacle pour les garanties qu'il peut donner à la paix de l'Europe, et comme un indice de l'abandon et de l'oubli des mesquines jalousies entre les nations, soit pour la preuve qu'on peut y trouver de la puissance de l'art et de l'industrie modernes, dans ses conquêtes du beau et du bien. » « Dans la cérémonie du 1er mai, s'écriait le *Daily News*, on verra briller avec éclat l'histoire de ces dernières années. Durant ce court espace de temps, qui n'est qu'une seconde dans l'existence d'un peuple, mais qui marque dans la vie d'une génération, la face de l'Europe a bien changé. La Russie a gagné la paix, les idées libérales s'y sont fait jour. L'Autriche s'est débarrassée des entraves de la vieille alliance ; la Prusse s'est constitutionnalisée ; l'Italie s'est reconstituée comme nation. De l'autre côté de l'Atlantique, une puissante nation cherche à se racheter d'une malédiction désastreuse. La Chine a comparu à la barre de la civilisation chrétienne ; le mystérieux empire du Japon a ouvert ses ports à l'industrie et aux vaisseaux européens. Leurs ambassadeurs se promènent à Hyde Park, et nous avons parmi nous de royaux visiteurs de Prusse, d'Espagne et de Suède. » (La Bédollière, *Londres et les Anglais*, 1862.)

CONTRASTES FIN DE SIÈCLE

Bourget

Un parc, une société, un monde

Six heures du soir, en juillet, c'est le meilleur instant pour venir dans le parc à la mode. Il fait un joli ciel anglais, tout bleu et clair, mais comme ouaté d'une brume vague. Il faut renoncer à rendre avec des mots la douceur molle et fondue de ce jour qui veloute les massifs des arbres, opalise les eaux et noie la ligne de l'horizon dans une vapeur de rêve. Il y aura demain un meeting contre la Chambre des lords dans ce Hyde Park doucement éclairé, à travers ce brouillard bleuâtre, par la lumière du soleil tombant ; mais, que la procession politique dirigée contre les pairs compte 20 000, 50 000, 200 000 citoyens, il n'y a pas dans Londres entier une seule personne qui soit inquiète sur l'issue immédiate de cette démonstration, et comme la «Saison» n'est pas encore finie, comme l'air est tiède et frais tout ensemble, pourquoi les voitures ne rouleraient-elles pas paisiblement entre l'Albert Gate et l'entrée de Kensington, sur le sable de cette allée, que pas un fiacre ne déshonore? Pourquoi les cavaliers ne galoperaient-ils pas le long de la Serpentine, accompagnant des amazones dont beaucoup portent sur leurs cheveux massés un petit chapeau rond? Et pourquoi les simples spectateurs ne viendraient-ils pas, comme d'habitude, s'asseoir sur une des chaises disposées le long du gazon? Les chevaux piaffent, les devises anciennes décorent les portières blasonnées, les cochers, dont plusieurs sont en grande livrée et en perruque poudrée, se tiennent droits sur les sièges à côté des «tigres» minuscules, et à quelques centaines de pas dans l'intérieur du parc, des hommes en haillons sont couchés sur l'herbe. C'est un des coins du monde où doit le plus souffrir un partisan de l'égalité, tandis que tout y réjouit un cœur atteint de snobisme. — Quel autre mot employer pour définir cette naïve maladie de la vanité qui se développe surtout ici et qui consiste dans un culte superstitieux pour toute supériorité sociale, de naissance, de fortune ou de renommée? — Le voyageur désintéressé trouve à ce coup d'œil un double plaisir: d'abord, quelques-uns des visages de femmes qui passent et repassent dans la gracieuse lumière sont d'un charme unique, puis, des réflexions de tous ordres sur la physiologie de la classe riche ne sont-elles pas suggérées par ce spectacle? Or, pour juger de la valeur animale, si l'on peut dire, d'une société, n'en faut-il pas surprendre ainsi les représentants au cours d'une de leurs distractions coutumières? Une rue, c'est le raccourci de toute une ville. Deux mille promeneurs dans une allée, c'est le raccourci de tout un monde.

En « hansom cab »

A deux jours de distance, deux sensations contraires, et cependant si justes!... — Je suis en *cab*, par un beau matin de ce mois d'août dans Piccadilly. De la brume traîne dans l'air, mais toute bleue, toute trempée de soleil, juste de quoi velouter les pelouses du grand parc, le long duquel court la légère voiture. Elle va, silencieuse et preste, sur le pavé de bois. Le cocher qui me conduit est juché par-derrière; je ne le vois pas, mais je le sais pareil à ceux que je regarde aller et venir, juchés sur le siège des autres voitures. Avec leur costume de drap brouillé, leur chapeau rond, l'épingle de leurs cravates, leurs gants de cuir brun, ils ont tous une physionomie de *gentleman*. Le fringant cheval qui traîne le cab à deux roues, cabre sa tête busquée en mâchant son mors, et les deux roses qu'il porte à ses œillères tremblent à ce mouvement. La coquette voiture est, à l'intérieur, lustrée et parée, comme le cocher, comme le cheval, comme la rue, comme les passants et les passantes. De chaque côté, une petite glace, deux boîtes en métal blanc, l'une qui sert de cendrier, l'autre qui contient la boîte d'allumettes, sont appendues, avec cette inscription : « Veuillez ne pas endommager le cab. » Les coussins se creusent doucement sous le poids du corps ; le tapis est épais sous les pieds ; la brise arrive, fraîche et tiède à la fois, du feuillage des grands arbres qui ondoient par-delà les grilles. Qui donc a parlé de la sombre tristesse de Londres ?...

Je suis en cab de nouveau, le surlendemain, par un après-midi de pluie battante. La voiture, couverte de boue, est garnie à l'intérieur d'un tapis de paille tout humide des pieds qui s'y sont posés. La pluie me coupe le visage par-devant, et lorsque le cocher abaisse la vitre, pliée deux fois sur elle-même, il faut se rejeter en arrière pour qu'elle ne vous frappe pas. Il est vêtu de caoutchouc des pieds à la tête, ce cocher, comme tous ses confrères qui fuient dans la pluie, le vent et le brouillard noir, pareils à de vagues fantômes. Le cheval piétine dans les flaques d'eau, glisse et agite sa tête avec douleur. Des balayeurs en loques attendent, abrités sous un bouquet d'arbres tristes, que l'ondée soit moins forte, avant de recommencer le vain labeur de repousser la boue qui englue les pavés. Je gagne une gare, à travers un quartier pauvre. Les maisons succèdent aux maisons, uniformément petites, malpropres et suintantes. Les haillons qui garantissent de la pluie les lamentables passants me serrent le cœur ; et intarissable, et sinistre, et noire, la pluie tombe toujours, toujours. Comment peut-on vivre à Londres sans y être contraint par la force ?...
— C'est toute la vie anglaise, que ce contraste !

L'under-ground

Sous la terre — c'est de ce nom sinistre qu'on appelle le chemin de fer métropolitain, — et la chose est sinistre autant que le nom... Au détour d'un square, le bâtiment d'une des stations apparaît, tout bas et simple. L'escalier descend. Quelque cinquante marches, puis cinquante encore, et encore cinquante, et nous voici dans la gare souterraine, qu'un vitrage recouvre et que termine à chacune de ses extrémités une embouchure de tunnel, béante et noire. C'était, au-dehors, la jolie et frissonnante lumière d'un soleil du matin. De cette lumière il filtre seulement ici trois rais qui arrivent par des soupiraux, et une population d'atomes de charbon danse dans ces trois barres de clarté. Ils s'exhalent du tunnel, ces atomes de charbon, ils flottent dans l'air, vous prennent à la gorge, se posent sur le journal que vous tenez à la main, revêtent tous les objets d'une couche sombre. C'est ici le pays de l'étouffement, de la vitesse, — et de la réclame. De toutes parts, sur les murs, les affiches multicolores annoncent des produits incomparables. On y voit une lady Macbeth qui frotte sa main tragique et s'écrie : « Tous les parfums de l'Arabie ne laveraient pas cette petite tache... » — « Non, répond sa servante, mais si vous vous serviez de ce savon ?... » — et l'adresse d'un fabricant accompagne cette offre. Des programmes de théâtre, des sommaires de journaux où éclatent ces mots terribles : « Cannibalisme en mer », s'entremêlent à ces invitations industrielles. A peine si le voyageur a le temps de jeter un coup d'œil à cette gare. Une bouffée d'un vent froid et fumeux jaillit de la bouche d'un des tunnels, et un train apparaît, précédé d'une courte locomotive, à laquelle sa cheminée aplatie donne comme une physionomie mafflue de bouledogue. Les portières s'ouvrent, se referment. Des gens sautent sur le trottoir, d'autres dans les wagons, bousculés par l'employé qui court au long des voitures, et le train repart, engouffré de nouveau dans un tunnel, puis dans un autre, et un autre derechef. Il traverse ainsi des quartiers énormes de l'immense ville, sans que le voyageur puisse comprendre où il se trouve, autrement qu'au cri hâtif des serre-freins à chaque halte : *Victoria, le parc de Saint-James, Westminster, Charing cross...* Les syllabes de ces noms passent dans l'entre-deux des tunnels. *Mansion House...* C'est la station finale. Un nouvel escalier à gravir et j'émerge à la clarté retrouvée du jour, hors de ce domaine des ténèbres qui laisse une impression d'un cauchemar méphitique et dantesque. Il y a un quart d'heure je gagnais la gare à travers le délicieux quartier du Sud-Ouest, avec ses petites maisons parées de verdure et peintes en rouge, en brun, en violet, en jaune, dont chacune abrite une seule famille. Je suis dans la Cité maintenant, où des casernes gigantesques de pierres grises dressent leurs cinq et sept étages, — chacun de ces étages contenant plusieurs « offices ». Toutes les affaires du monde aboutissent ici. Le nombre des fils de télégraphe qui se croisent au-dessus de la rue est tellement grand que ces fils, aperçus d'en bas, forment comme une énorme toile d'araignée où il semble qu'un oiseau se prendrait. La foule ondoie sous le regard des hommes de police en uniforme sombre. Les omnibus et les cabriolets la traversent indéfiniment et, sur ce tumulte des gens d'affaires, au plus haut point d'une des plus hautes maisons, des lettres de métal, placées là par quelque corporation religieuse, dessinent cette formidable question : « *Are you saved ?* » Êtes-vous sauvés ? (Bourget, *Études Anglaises*, 1910.)

Verlaine

Fountain Court

à Arthur Symons

La « Cour de la fontaine » est, dans le Temple,
Un coin exquis de ce point délicat
Du Londres vieux où le jeune avocat
Apprend l'étroite Loi, puis le Droit ample :

> Des arbres moins anciens (mais vieux, sans faute)
> Que les maisons d'aspect ancien si bien
> Et la noire chapelle au plus ancien
> Encore galbe — aujourd'hui... table d'hôte !
>
> Des moineaux francs picorent joliment
> — Car c'est l'hiver — la baie un peu moisie
> Sur la branche précaire, et — poésie !
> La jeune Anglaise à l'Anglais âgé ment...
>
> Qu'importe ! ils ont raison, et nous aussi,
> Symons, d'aimer les vers et la musique
> Et tout l'art, et l'argent mélancolique
> D'être si vite envolé, vil souci !
>
> « Et le *jet d'eau* ride l'humble bassin »
> Comme chantait, quand il avait votre âge,
> L'auteur de ces vers-ci, débris d'orage,
> Ruine, épave, au vague et lent dessein.
>
> Londres, novembre 1894.
> (Paul Verlaine, *Dédicaces*, 1894.)

FAÇADES ET DÉCORS

> Il me semble que Paris est une belle ville où il y a des choses laides. Londres, une vilaine ville où il y a de très belles choses.
>
> MONTESQUIEU, *Notes sur l'Angleterre.*

Non seulement les Anglais sont différents des Français, mais Londres ne ressemble pas à Paris, et même les maisons sont construites autrement outre-Manche ! A partir du milieu du XVIIIe siècle, pas un voyageur qui ne détaille la rue et la maison de Londres. Le climat, le régime de la propriété, la santé et les mœurs font que l'on construit à l'anglaise, que l'on se loge à l'anglaise, selon des principes uniformes qui, d'ailleurs, évolueront peu pendant un siècle et demi.

Il s'agit moins d'architecture et de décor que de simplicité à l'extérieur ; de confort, de commodité à l'intérieur. Les Anglais innovent en tout, aménagement, ameublement, équipement et vocabulaire, ce que découvre un visiteur bientôt séduit par les mots, les choses et un mode de vie.

Les vastes quartiers élégants et aisés qui se construisent à l'ouest font paraître indigent un Paris qui restera médiéval au moins jusqu'au deuxième tiers du XIXe siècle.

Après avoir innové pour l'habitat urbain, les Anglais inventent la banlieue résidentielle, avec la villa et le cottage, et un mode de vie suburbain. Après le modèle des grands alignements et des colonnades répétées à l'infini, Londres offre l'exemple de fraîches demeures sous de riches frondaisons.

Longtemps les Français se gausseront du mauvais goût des bâtiments de Londres, mais ils envieront au West End un urbanisme permettant le bien-vivre.

Misson
Avant et maintenant

Depuis quinze ou vingt ans, et même depuis le grand embrasement, on bâtit à Londres d'une manière assez galante. Avant ce temps-là leurs maisons étaient la plus vilaine chose du monde, comme cela est assez visible encore dans des quartiers tous entiers. Ce n'était que bois et plâtre ; de méchantes petites fenêtres dont une seule se pouvait ouvrir. Les étages étaient bas, et allaient en élargissant les uns sur les autres ; tout cela de travers, et paraissant prêt à trébucher.

Présentement les maisons se bâtissent de brique, et s'élèvent avec un front égal, sans magnificence, ni rien qui en approche, mais avec symétrie et propreté. Tout est bien percé et bien éclairé, les fenêtres grandes et faites en châssis. Les planchers universellement plafonnés ; et les appartements du rez-de-chaussée et du premier étage partout boisés : quelquefois même ceux du second le sont aussi. Ils font un grand usage de balcons. On couvre de tuile, et les faîtes sont assez élevés. (Misson, *Mémoires et observations faites en Angleterre*, 1697.)

Grosley
Bien périssables demeures

L'air humide et presque toujours embrumé qui enveloppe Londres exige la plus grande propreté ; et à cet égard, les habitants de Londres peuvent entrer en comparaison avec les Hollandais. La vaisselle, les foyers, les meubles, les appartements, les portes, les escaliers, les portes mêmes de la rue, leurs serrures et leurs grands heurtoirs en cuivre jaune, tout est, chaque jour lavé, écuré, frotté. Dans les maisons même dont les appartements sont au louage, le milieu de l'escalier est couvert d'un tapis destiné à recevoir, à la décharge de l'escalier même, la boue que l'on apporte du dehors. Tous les appartements ont de pareils tapis, dont l'usage a passé en France depuis quelques années.

Mais ce qui était de nécessité en Angleterre n'est en France que de somptuosité. Les maisons de Londres sont toutes bâties en sapin ; les escaliers et les planchers sont de la même matière.

Les loyers sont un autre objet de dépense très considérable. Excepté quelques maisons au centre de la cité, toutes les maisons de Londres appartiennent à des entrepreneurs, qui bâtissent sur un terrain pris à bail pour 40, 60, 99 ans, à condition de remettre, à fin de bail, au propriétaire du terrain, le bâtiment en l'état où il se trouvera : la convention faite, la solidité de la construction se mesure sur la durée du bail, comme la chaussure sur un pied.

Celles qui sont aux moindres termes n'ont, pour ainsi dire, que l'âme : *de canna straminibusque domos*. Il est vrai que le parement extérieur est en brique ; mais il n'est que d'une seule brique, et ces briques, faites de la première terre qui tombe sous la main, et seulement présentées au feu, valent à peine les carreaux de terre pétrie et séchée au soleil, qui, dans certains pays, tiennent lieu de pierre pour les bâtiments. Dans les nouveaux quartiers de Londres, la brique se fait souvent sur le terrain même, et l'on y emploie la terre que fournissent les fouilles pour les souterrains et pour les fondements. On mêle à cette terre, en manière de phlogistique, les cendres ramassées dans Londres, par des voituriers distingués des boueurs : on m'a même assuré que les vidanges des privés entraient, à certaine dose, dans la composition de cette brique.

L'intérieur de ces bâtiments est traité avec la même légèreté que l'extérieur : des brins de sapin tiennent lieu de poutres ; toute la menuiserie est de la même matière et de tout ce que l'on a pu trouver de plus mince. En gagnant du terrain, on diminue d'autant la dépense. Les appartements sont lambrissés aux deux tiers de leur hauteur, et le lambris creux, qui accompagne les fenêtres, reçoit des contrepoids, au moyen desquels elles se lèvent et s'abaissent par la plus légère impulsion. Dans des maisons ainsi construites, il est aisé d'imaginer quels progrès et quels ravages doivent faire des incendies presqu'inévitables.

Au moyen des arrangements avec les entrepreneurs, les propriétaires des terrains assurent et renouvellent les fonds très considérables que leur produisent ces terrains ; les entrepreneurs ne laissent point dans leurs familles des semences à ces discussions interminables, qui naissent des actions en garantie et en hypothèque ; les citoyens trouvent à se loger au meilleur compte que puisse le permettre l'excessive cherté des foyers en général : enfin, les Anglais trouvent dans leurs maisons, ainsi que les Orientaux, de quoi se rappeler à chaque instant que l'homme n'a de domicile fixe et certain que dans le tombeau.

Toutes les maisons de Londres, soit solidement, soit légèrement bâties sont *assurées* contre les incendies. Le prix de l'assurance se règle sur celui du loyer, et les dangers de feu sont au compte des assureurs. Indépendamment de l'esprit de calcul qui régit, pour ainsi dire, l'Angleterre, cet établissement doit son origine à l'impression très profonde que produisit dans les habitants de Londres le grand incendie de 1666.

Les locataires ont le même avantage pour les meubles, que des compagnies leur assurent au pied d'un inventaire fait entre eux et ces compagnies.

Ces expédients, qui assurent l'éternité à la ville de Londres, n'ont point encore gagné celle de Paris.

J'ai dit qu'à Londres les loyers étaient d'une excessive cherté. Pour s'en assurer, il suffit de savoir que la maison où j'avais un appartement, bâtie sur un terrain irrégulier, en forme de clavecin, de 60 pieds de profondeur sur 14 de large, dans sa plus grande largeur, n'ayant que trois étages, y compris la cuisine et quelques offices en souterrain, était louée 38 guinées : le locataire était encore chargé de payer une guinée pour l'eau qu'ont toutes les maisons, deux pour la taxe des pauvres, et trois pour l'impôt sur les fenêtres, balayeurs et *ouachmen* [*watchmen*]. (Grosley, *Londres*, 1770.)

Lacoste
Simplicité et perfection

La simplicité des façades des maisons que j'avais regardées, au premier aperçu, comme un résultat des idées générales d'égalité, n'est réellement que le produit d'un calcul d'économie, qui, tôt ou tard, cédera à la préférence que l'amour-propre donne aux objets de luxe ; vérité qu'offrent déjà les quartiers nouvellement construits, ou, comme dans celui d'Adelphy, bâti par les frères James et Robert Adam, architectes. Plusieurs maisons ont été décorées de pilastres en arabesques ; genre mesquin, sans grâces, ni idées, qui prouve à quel point l'architecture en Angleterre, et le goût national, tiennent encore au premier état de barbarie, malgré les monuments dignes des beaux siècles de la Grèce, que les Inigo Jones y ont laissés, et les modèles que produisent, par intervalles, les artistes formés à Rome, comme sir William Chambers, à qui Londres doit le grand et superbe édifice de Somerset House, destiné aux Académies des sciences et de peintures, et aux différents bureaux des offices publics.

Mais la simplicité qui règne dans les maisons a une raison physique, et conséquemment ne peut éprouver de modifications, comme celle de l'extérieur. Cette raison est l'usage du charbon de terre, dont la fumée abondante en phlogistique, dépose une poussière grasse, qui non seulement s'insinue et se fixe dans les matières poreuses, mais altère les couleurs et corrode les corps dont on ne peut l'enlever par le frottement. Et vous serez, ainsi que moi, persuadée que cette cause de la simplicité des décorations intérieures, est bien strictement la seule, lorsque vous verrez ces ornements si simples, être cependant d'un luxe de recherche et de fini, qui le dispute à notre délicate magnificence.

L'entrée des maisons, celle des hôtels exceptés, et ils sont en très petit nombre, est un corridor de huit ou neuf pieds de large, qui se termine ordinairement par une petite cour ; à droite et à gauche, ou d'un côté seulement, selon l'étendue de la maison, est une sorte de salon, nommée *parloir* ; et à quelques pas de cette porte, un escalier très léger, de trois ou quatre pieds de large au plus, et couvert au milieu d'un tapis de dix-huit pouces. Le parloir est une chambre planchéiée, dont les murs sont recouverts en menuiserie de sapin, ou en stuc grossier. Les châssis de fenêtres à grands carreaux sont brisés à demi-hauteur, et se lèvent à contrepoids, ainsi que les rideaux, communément à l'italienne. La bouche de la cheminée, toujours de forme carrée, a un manteau, presque sans saillie, de marbre gris ou blanc, et dont la tablette, élevée de cinq ou six pieds, et souvent en bois peint de la couleur du marbre, est toujours garnie de quelques objets d'ornement, plus ou moins précieux. La garniture du feu est une grille de fer, exhaussée d'un pied, dans un encadrement de fonte ou d'acier, dont le travail porte quelquefois la valeur à quarante et cinquante guinées; une pelle et des pincettes à charnières, presque inutiles; un tisonnier, seul employé, et une longue grille de cuivre ou d'acier, de cinq à six pouces de haut, placée à terre devant la cheminée, pour retenir les charbons ardents qui tombent par intervalles de la grille, et pourraient rouler sur le tapis qui couvre le plancher. Les tapis sont tirés de la Turquie, ou fabriqués en Angleterre, et bien inférieurs à ce qui sort des Gobelins, de la Savonnerie, de Beauvais, etc. Les manufactures de tapis anglais sont établies à Londres et à Axminster, et le prix courant de ce qu'elles fabriquent de mieux, est vingt-quatre schellings la verge carrée, mesure qui équivaut à trois quarts d'aune de France. Les meubles, tous en bois d'acajou, sombres à l'œil, mais d'un très beau poli, et infiniment solides, consistent en une table à thé brisée; et des sièges dont le placet est couvert d'une étoffe de crins noirs, satinée. Les serrures sont en cuivre, et les clous, soit pour attacher les cordons des rideaux, soit pour suspendre les cannes, les chapeaux ou les mantelets, sont à larges rosettes en plâtrerie, cuivre doré ou émail : enfin, les miroirs, car ils font ornement, ne sont que de petits ovales de deux ou trois pieds au plus, les Anglais n'ayant encore qu'une seule manufacture de glace, et dans l'enfance de cet art.

La vue de ce parloir, qui est celui du petit-bourgeois, du marchand et de l'homme aisé, vous donnant en même temps une exacte idée des chambres à coucher, qui n'offrent de plus que des lits et des meubles d'utilité, je passerai au détail de ces meubles. Les lits sont composés d'un cadre à sangles, presque carré, peu élevé du plancher, et couvert d'un ciel de même forme, supporté par quatre colonnes fort minces; un lit de plumes, rarement un matelas; une couverture de laine sous les draps, etc.; point de tapis sur le plancher; mais trois pièces de deux pieds de large, qui font le pourtour du lit. Les meubles de commodité, sans nulle espèce de goût, sont extrêmement multipliés, d'une grande perfection de fini, et calculés pour tenir le moins de place possible, soit par leurs brisures, soit par l'emboîtement de plusieurs les uns dans les autres.

Les maisons étant en général peu spacieuses, les chambres y sont en petit nombre, et sans entente de distribution. Point d'appartements complets ; les antichambres pour les gens, les premiers salons, les cabinets, les décharges, les dégagements, sont absolument inconnus ; le tout se réduit à un parloir au rez-de-chaussée, pour les visites courantes ; un salon au premier étage, quelquefois une salle à manger, et des chambres à coucher. Quant aux cuisines et dépendances, caves à vin, à bière, charbon, etc., elles sont dans les étages souterrains, qui, comme je vous l'ai déjà dit, sont éclairées par les tranchées ouvertes sur la rue.

Quant aux ameublements des gens de qualité, ou en jouant le personnage, et à la décoration de leurs appartements, ils portent le même caractère, malgré leur luxe excessif : les murs, recouverts en stuc, sont, ainsi que le plafond, décorés d'arabesques en relief, et colorés ; les tapis sont, ou de fabriques françaises, ou ce qui sort de plus recherché de la manufacture d'Axminster ; les meubles d'un poli qui le dispute à celui de l'acier le mieux travaillé, sont ornés de bronze doré, du plus parfait fini ; les appartements sont éclairés avec des lustres de flint-glace, dont la blancheur et le feu le rapprochent du cristal ; enfin, les ouvrages originaux ou copies, enlevés, plus par la vanité que par un goût éclairé, à la patrie des grands maîtres romains, français ou flamands, complètent l'idée d'opulence que présente l'intérieur de ces demeures, en apparence si simples, et qui se transformeraient bientôt en palais somptueux, à raison de l'orgueil constitutionnel de l'individu anglais, et des fortunes énormes que forme le commerce, si la crainte d'exciter les murmures de la populace, dont il n'est point de citoyens, point de grands qui ne soient forcés de cultiver la bienveillance, n'était un frein pour la magnificence extérieure. Et vous trouverez l'évidence de cette vérité dans la comparaison que je vais vous mettre à portée de faire entre la modestie des villes, et le luxe effréné des campagnes, dont aucune section du globe ne peut offrir ni le modèle ni l'imitation. (Lacoste, *Voyage philosophique d'Angleterre fait en 1783 et 1784*, 1787.)

Simond
Snug and comfortable

On sera curieux en France de savoir comment on est logé à Londres. D'abord, il faut savoir que chacun y a sa maison, à moins qu'il ne soit fort pauvre. Il en résulte des avantages et des inconvénients. On est certainement plus complètement chez soi ; on n'est pas à la merci du bruit, de la saleté, des maladies contagieuses, et surtout du feu de ses voisins. D'un autre côté, quand chaque famille occupe un grand étage, on a une suite de pièces de plain-pied, qui ont certainement un bien plus bel effet, et sont bien plus commodes. Les petites maisons de Londres sont bien étroites et bien hautes, avec un nombre de petits étages, l'un pour manger, l'autre pour dormir, un troisième pour recevoir la compagnie, un quatrième sous terre pour la cuisine, un cinquième tout en haut pour les domestiques ; et l'agilité, la rapidité et l'aisance avec lesquelles toute la famille monte, descend et se perche sur ces différents étages, me donne l'idée d'une cage avec ses bâtons et ses oiseaux.

La construction de ces sortes de maisons est fort simple et uniforme. Il y a deux chambres à chaque étage ; l'une sur la rue, éclairée de deux ou trois fenêtres ; l'autre sur une cour, souvent fort petite. L'escalier est derrière, et pris sur la largeur de l'arrière-chambre, ou bien, dans les maisons plus modernes, entre les deux chambres, dans le centre de la maison, et éclairé d'en haut par un vitrage dans le toit. En voici le plan, couvrant un terrain de 20 à 25 pieds de large sur 40 à 50 pieds de long. Le rez-de-chaussée est élevé de 2 ou 3 pieds au-dessus du niveau de la rue, et en est séparé par une espèce de fossé appelé *area* ou aire, de 3 à 6 ou 7 pieds de large, bordé d'une grille de fer, profond de 5 à 6 pieds, et donnant du jour aux fenêtres de la cuisine. Il y a trois ou quatre marches, et une plate-forme de pierre, servant de pont à travers ce fossé pour arriver à la porte.

Quoiqu'il y ait dans une maison de cette espèce beaucoup de place, le tout est certainement fort mesquin ; mais on n'a pas plutôt passé la porte, qui est toujours tenue fermée, que l'ordre et la propreté vous frappent : le plancher de l'entrée couvert d'un tapis, les murs peints à l'huile ou tapissés de papier, une lampe dans sa cloche de verre, suspendue au plafond par une poulie ; tout est uniforme, complet, retiré et indépendant. En anglais, on dit tout cela par *snug and comfortable*. J'ai déjà expliqué ce que c'est que *comfortable* ; *snug* est un autre mot qui n'a pas son équivalent en français. Des oiseaux, qui se tapissent dans leur nid sous l'aile de leur mère, y sont *snug* ; on est *snug* au lit en hiver, on est *snug* chez soi lorsqu'on s'y tient clos et couvert. *Snug* est un mot familier ; il n'est pas noble d'être *snug*, ni d'être *comfortable* non plus.

Sur le trottoir, devant chaque maison, on voit un trou rond de 15 ou 18 pouces, couvert d'une petite grille de fer ; c'est le caveau au charbon de terre : les charbonniers viennent y vider leurs sacs, sans salir la maison, et ce caveau a une porte qui s'ouvre dans l'aire et correspond à celle de la cuisine aussi dans l'aire. Les latrines sont dans la cour, et, communiquant avec les conduits ou égouts souterrains qui passent le long de chaque rue, elles n'ont jamais besoin d'être vidées ; opération qui empoisonne l'air de Paris pendant la nuit, et y produit souvent des effets funestes. Les maisons opulentes ont ce que l'on appelle *water-closets*. On pratique, dans le haut de la maison, une citerne entretenue par la pluie, et, par un mécanisme fort simple, un tour de robinet vide et lave le vase de faïence, qui a une ouverture dans le bas, et, dans le même instant, le remplit d'eau propre. Le loyer d'une maison, telle qu'elle vient d'être décrite, et c'est la plus basse classe, varie, suivant les quartiers, de 80 à 200 livres sterlings par an, y compris les taxes, qui sont de 20 à 50 livres. (Simond, *Voyage d'un Français en Angleterre pendant les années 1810 et 1811*, 1816.)

Blanqui
Bow-windows

Une population active circule sans confusion sur de larges trottoirs en pierre de taille (*pavement*) ; les maisons sont basses en général, et bâties en briques, mais d'une fraîcheur et d'une élégance remarquables ; les portes d'entrée, sur la plupart desquelles est écrit le nom du propriétaire, sont éclatantes de propreté ; le rez-de-chaussée est toujours élevé de plusieurs pieds au-dessus du trottoir, avec lequel il communique par un petit escalier de quelques marches. Les Anglais se tiennent plus habituellement dans cette partie de leurs appartements : aussi est-elle entretenue avec un très grand soin. Assez souvent la façade extérieure, au lieu de présenter une surface plane, s'avance dans la rue en forme de rotonde : les fenêtres de ces rotondes sont fort larges et partagées en trois divisions, dont une seule, celle du milieu, s'ouvre de bas en haut, et non point de droite à gauche ou de gauche à droite comme en France et dans presque toute l'Europe. Je note cette particularité parce qu'elle est devenue universelle en Angleterre et en Écosse, et qu'elle donne une originalité remarquable aux monuments. (Blanqui, *Voyage d'un jeune Français...*, 1824.)

Gautier
Colonnades et frontons

L'architecture des maisons, ou plutôt des palais qui forment ce quartier, habité par les classes riches, est tout à fait grandiose et monumentale, quoique d'une composition hybride et souvent équivoque. Jamais l'on n'a vu tant de colonnes et de frontons, même dans une ville antique. Les Romains et les Grecs n'étaient pas si romains et si grecs assurément que les sujets de Sa Majesté britannique. Vous marchez entre deux rangs de Parthénons ; c'est flatteur. Vous ne voyez que temples de Vesta et de Jupiter-Stator, et l'illusion serait complète si dans les entrecolonnements vous ne lisiez des inscriptions du genre de celles-ci : *Compagnie du gaz. Assurances sur la vie*. L'ordre ionique est bien vu, le dorique encore mieux ; mais la colonne pestumnienne jouit d'une vogue prodigieuse : on en a mis partout, comme la muscade dont parle Boileau. Ces colonnades et ces frontons ne manquent pas, au premier coup d'œil, d'un certain aspect splendide ; mais toutes ces magnificences sont pour la plupart en mastic ou en ciment romain, car la pierre est fort rare à Londres. C'est surtout dans les églises de construction nouvelle que le génie architectural anglais a déployé le cosmopolitisme le plus bizarre et fait la plus étrange confusion de genres. Sur un pylône égyptien se déploie un ordre grec entremêlé de pleins-cintres romains, le tout surmonté d'une flèche gothique. Cela ferait hausser les épaules de pitié au moindre paysan italien. A très peu d'exceptions près, tous les monuments modernes sont de ce style.

Coquets cottages

Londres n'est pas comme Paris entourée d'un mur d'enceinte qui la cercle et qui lui gêne la taille comme un corset trop serré. La transition de la ville aux faubourgs et des faubourgs à la campagne est insensible. Seulement, à Londres, à mesure que l'on s'éloigne du centre, tout devient élégant, propre, soigné, fleuri, pittoresque ; — c'est le contraire à Paris, où les extrémités de la ville sont dans un état de délabrement hideux, où les maisons chassieuses, lézardées, ignobles, portent l'empreinte de la misère et de l'incurie, et ressemblent plutôt à des tanières de Hottentots qu'à des habitations d'êtres civilisés.

On ne peut rien imaginer de plus charmant, de plus coquet, de mieux tenu, que cette longue suite de maisons, de cottages, de parcs, de serres, de jardins pépiniéristes, qui commence au-delà de Hyde Park pour ne jamais s'arrêter.

L'architecture anglaise, qui n'a rien de commun avec l'art, et où tout est sacrifié au confortable, obtient, par cela même, des effets originaux, surtout à la campagne. Là, les prétentions corinthienne, ionienne et dorique, qui font ressembler les maisons de la ville à des monuments grecs malades, n'existent pas, ou du moins n'existent que dans des proportions modérées. La maison anglaise, en briques jaunes, ou quelquefois rouges, mais rarement, rejointoyées de la manière la plus précise, sans saillie sur la façade qu'un petit vestibule peint en blanc, qui fait marquise ou véranda avec ses angles droits, purs, que rien n'ébrèche, ses fenêtres coupées comme à l'emporte-pièce, présente au bout de sa pièce de gazon, vrai velours végétal, entre ses touffes d'arbres et de rhododendrons aux fleurs roses et violettes, une physionomie de bien-être et de fraîcheur, d'honnête loisir, de vie heureuse et tranquille, tout à fait séduisante.

Il est difficile, en passant devant ces charmantes habitations, de ne pas commettre le péché d'envie, surtout lorsque la façade, un peu trop précise pour nous, est égayée par un lierre, une brindille de houblon ou de vigne vierge, un rosier palissé ou un chèvrefeuille en fleur. Cette verdure mêlée de rose produit le plus joli effet. Plus d'une fois, du haut de notre diligence, plongeant dans ces frais asiles, sans vouloir le moins du monde porter atteinte à la propriété britannique, nous sommes-nous choisi en idée une retraite pour reposer notre vie fatiguée du tourbillon parisien — surtout lorsqu'à la fenêtre se penchait dans un cadre de fleurs une de ces têtes de *keepsake* popularisées en France par le burin des Robinson et des Finden !

Cependant il paraît que ces nids, quelque charmants qu'ils soient, n'ont pas la puissance de retenir les Anglais chez eux, car il n'est pas de nation plus voyageuse. Contraste bizarre : le Français, qui n'a pas le moindre confortable dans son logis, n'en sort jamais ; l'Anglais, entouré de toutes les aises imaginables, habite sur les chemins. Explique qui voudra cette logique inverse.

Quelle admirable route, unie, sablée comme une allée de parc, sans caillou ni ornière, où les voitures volent sans secousse, sans cahot, où les chevaux n'ont qu'à donner l'impulsion et ne perdent rien de leur vitesse, et quelle verdure fraîche ! veloutée, vivace, dans les arbres des jardins et des parcs qui la bordent ! (Théophile Gautier, *Caprices et Zigzags*, 1852.)

Taine
Comme on comprend l'habitant d'après sa coquille

Paris est médiocre à côté de ces squares, de ces *crescents*, de ces cercles et de ces files de maisons monumentales en pierres massives, à portiques, à façades sculptées, de ces rues si larges ; il y en a cinquante aussi vastes que celles de la Paix ; certainement Napoléon III n'a démoli et rebâti Paris que parce qu'il a vécu à Londres. Dans le Strand, dans Piccadilly, dans Regent Street, aux environs du pont de Londres, en vingt endroits roule une foule, un bruissement, un encombrement que notre boulevard le plus affairé et le plus fourmillant n'atteint pas. Tout est ici sur un plus grand module ; les clubs sont des palais, les hôtels sont des monuments ; la rivière est un bras de mer ; les cabs vont deux fois plus vite ; les mariniers et les conducteurs d'omnibus avalent toute une phrase en un mot, on économise les paroles et les gestes, on tire tout le parti possible de l'action et du temps ; l'homme produit et dépense deux fois autant que chez nous.

Du pont de Londres jusqu'à Hampton Court, il y a huit milles, presque trois lieues de bâtisses. Après les rues et les quartiers construits d'un jet, d'un bloc, par massifs, comme une ruche sur un modèle, viennent d'innombrables maisons de plaisance, cottages entourés de verdure et d'arbres, dans tous les styles, gothique, grec, byzantin, italien du Moyen Age ou de la Renaissance, avec tous les mélanges et toutes les nuances des styles, ordinairement par files ou paquets de cinq, dix, vingt semblables, et visiblement de la main du même entrepreneur, comme autant d'exemplaires du même vase ou du même bronze. Ils manient les maisons comme nous manions les articles-Paris. Quelle multitude de vies aisées, confortables et riches ! On devine des gains multipliés, une bourgeoisie opulente, dépensière, tout autre que la nôtre, si gênée, si resserrée. Les plus modestes, en briques brunes, sont jolies à force de propreté, on y voit des carreaux luisants comme des glaces, presque toujours un parterre vert et fleuri, sur la façade un lierre, un chèvrefeuille, une glycine. — Tout le pourtour de Hyde Park est couvert de maisons semblables, mais plus belles, et qui, au milieu de Londres, gardent un air de campagne. Chacune est à part, dans son carré de gazon et d'arbustes ; deux étages d'une correction et d'une tenue parfaite ; un portique, une sonnette pour les fournisseurs, une sonnette pour les visiteurs, un sous-sol pour la cuisine et les domestiques, avec un escalier de service ; très peu de moulures et d'ornements ; pas de persiennes extérieures ; de grandes fenêtres claires qui laissent bien entrer le jour : des fleurs sur les rebords et au péristyle ; des écuries dans un renfoncement distinct, pour que l'odeur et la vue soient écartées ; tout le dehors enduit d'un stuc blanc, luisant, vernissé ; pas une tache de boue ni de poussière ; les arbres, les gazons, les fleurs, les domestiques sont soignés comme pour une exposition de produits modèles. — Comme on comprend l'habitant d'après sa coquille ! C'est d'abord le Germain qui aime la nature et qui a besoin d'un semblant de campagne ; c'est ensuite l'Anglais, qui veut être seul chez lui, dans son escalier comme dans sa chambre, à qui la promiscuité de nos grandes cages parisiennes serait insupportable, et qui, même à Londres, arrange sa maison en petit château indépendant et fermé. Simple d'ailleurs et sans besoin d'étalage extérieur ; par contre, exigeant en matière de tenue et de confortable, et séparant sa vie de celle de ses inférieurs. — Quantité étonnante de maisons pareilles dans le West End. — Environ six mille francs de loyer, de cinq à sept domestiques ; le maître dépense de trente à soixante mille francs par an. Il y a dix de ces fortunes et de ces vies en Angleterre contre une en France.

Home sweet home !

B., mon hôte, qui s'est marié depuis un an, a voulu avoir son cottage à lui. Ce cottage est charmant, élégant même, muni de tous les raffinements de la propreté, du bien-être et du luxe, en briques brunes, à plusieurs pignons, à toits aigus, presque tout enveloppé de lierre. Alentour est un petit parc avec des gazons de velours que tous les jours on passe au rouleau, deux ou trois superbes massifs de rhododendrons fleuris, hauts de dix pieds, longs et larges de trente ; sur les gazons, des guirlandes de fleurs exotiques aux couleurs vives, des groupes d'arbres bien disposés, une charmille couverte pour la promenade intime de deux jeunes époux ; puis, au-delà des haies, un horizon de grands arbres et des échappées de vue sur la verdure éternelle. — Un vrai nid de mariés : au-dedans, des tentures roses et blanches, des peintures claires, lilas, ou d'un jaune doux ; un carrelage fin et beaucoup de fenêtres à petits vitraux qui rappellent le Moyen Age. Dans le salon, un bon piano, et plusieurs beaux livres qui sont des cadeaux de mariage, Tennyson, un livre de prières, d'autres encore reliés en velours bleu, en bois gothique sculpté, en maroquin doré, illustrés avec ce soin, avec cette propreté de crayon qui est particulière aux artistes anglais, quelques-uns ornementés à chaque page de peintures et d'arabesques coloriées. Pas un objet qui ne porte la marque de la recherche exquise et même méticuleuse. Partout, des jardinières remplies de fleurs rares ; au-dedans, au-dehors, les fleurs foisonnent ; c'est le plus joli détail du luxe, et ils l'entendent en vrais gourmets.

Cette entente et ce soin s'appliquent à tout ; il n'y a pas un objet qui ne dénote la prévoyance et le calcul du confortable. Tapis et longues toiles cirées du haut en bas de la maison ; le tapis vert à tenir chaud, l'*oil-cloth* sur lequel on marche peut être lavé et maintient la propreté des tapis. Dans ma chambre à coucher, table en bois rare ; sur cette table, un carré de marbre, sur ce marbre, un rond de jonc, le tout pour porter une carafe ornementée et coiffée de son verre. On ne pose pas simplement son livre sur une table : sur la table est un petit casier disposé pour le recevoir. On n'a pas un simple bougeoir qu'on souffle lorsqu'on veut dormir : la bougie est dans une large chemise de verre, laquelle est munie d'un éteignoir automatique. — D'autres détails sont encore plus frappants ; il faut réfléchir un instant pour en comprendre l'usage. — Parfois tout cet appareil gêne ; c'est trop d'embarras pour être bien. (Taine, *Notes sur l'Angleterre*, 1871.)

Simonin
Le West End

L'argent n'en est pas moins le nerf de toutes les affaires, et c'est parce qu'on le trouve à Londres en plus grande abondance et à meilleur marché qu'ailleurs, que toutes les affaires aboutissent à Londres, que toutes les affaires s'y font. C'est là que se créent toutes les entreprises maritimes, toutes les exploitations lointaines, minières, métallurgiques, coloniales. Ces hommes ont de l'argent pour tout, acceptent toutes les combinaisons, même les plus hardies. En aucune place on ne trouve tant de sang-froid et de patience, unis à tant de courage et à tant d'audace. Et cet argent, que ces hommes gagnent souvent par millions, les rend-il plus fiers et moins travailleurs ? Point du tout. Le prince-marchand, le nabab de la finance, le magnat des armateurs travaille encore plus que les autres ; et tel qui remue les millions à la pelle, qui a les docks bondés de ses denrées ou compte sa flotte de navires par milliers et milliers de tonneaux, c'est celui-là qui donne à tous l'exemple de l'assiduité au travail, de la modestie, de la simplicité. S'il y a beaucoup de parvenus dans tout ce monde, des *self-made*, des gens qui se sont faits tout seuls, partis de très bas, arrivés très haut, on ne s'en aperçoit pas, ils ne vous éclaboussent point d'un luxe d'emprunt, et ce sont eux qui font le meilleur emploi de leur fortune, en créant généreusement avec leurs deniers, même de leur vivant, quelque fondation utile, quelque établissement philanthropique ou d'éducation populaire.

C'est généralement aux environs de Londres que vivent tous ces richards, dans des villas somptueuses, pleines d'ombre, entourées de parcs et de jardins en fleurs. Le chemin de fer les emmène le matin, les ramène le soir, aux mêmes heures, par les mêmes trains. Il y a dans ce va-et-vient journalier une ponctualité qui serait pour d'autres désespérante, mais qui ne lasse point un Anglais. Tel de ces fortunés marchands habite à cinquante milles de la Cité, en pleine campagne ou au bord de la mer, et fait tous les jours le voyage. Les villages répandus autour de Londres, et que Londres absorbe peu à peu dans son extension continue, abritent aussi bon nombre des trafiquants et des financiers de la Cité. Les commis eux-mêmes demeurent dans les faubourgs, où ils vont chercher un peu d'air et de calme ; et c'est tous les jours, sur le chemin de fer métropolitain et suburbain, sur les nombreux railways qui aboutissent à Londres, sur les *mouches* qui sillonnent la Tamise, un mouvement de navette incessant, dont nous n'avons qu'une faible reproduction à Paris pendant les mois les plus chauds de l'été.

Le West End, le quartier élégant de Londres, à l'ouest de la ville, endroit silencieux et paisible, est aussi habité par quelques-uns des princes-marchands et par toute l'aristocratie. Au mois de mai les grands propriétaires terriens abandonnent leurs châteaux et viennent séjourner à Londres pendant deux ou trois mois. C'est la saison la plus favorable de l'année, dans cette ville brumeuse et humide. Tous les parcs sont verts, toutes les villas, tous les cottages se décorent. Le matin et l'après-midi, à Rotten Row, dans Hyde Park, les jeunes *misses* blondes et roses font leur promenade à cheval. Plus d'une, parmi ces sveltes amazones, appartient non à l'aristocratie nobiliaire, mais à l'aristocratie de l'argent, qui détrône peu à peu la première. Ces familles de princes-marchands, pour le luxe des toilettes et des équipages, pour la somptuosité des demeures, vont aujourd'hui de pair avec les familles historiques, et tel palais, telle superbe maison du West End, sont occupés richement par eux. Dans ces maisons, qui ont généralement le défaut de se ressembler à l'extérieur et de se suivre par files uniformes, toutes bâties sur le même modèle, se trouvent réunis toutes les élégances, tous les objets d'art qui peuvent tenter un millionnaire, exciter la convoitise d'un connaisseur. Au milieu de tout cela existe ce confort, ce bien-être intérieur que recherchent partout les Anglais ; mais on y rencontre aussi, il faut bien le dire, une sorte de décorum quelque peu guindé, des conventions, des formules auxquelles se plie aisément la gent britannique, mais qui font sourire tous les Français.

Telle est la Londres marchande, financière et maritime, la métropole commerciale par excellence, en même temps la capitale des trois royaumes, dont tous les Anglais sont fiers à juste titre. Aucune ville, ni dans le passé, ni dans le présent et peut-être même dans l'avenir, fût-ce aux États-Unis, n'a pu et ne pourra le disputer à celle-ci pour l'étendue topographique occupée et pour le chiffre de la population. Dans l'Antiquité, ni Memphis ou Thèbes en Égypte, ni Babylone ou Ninive en Assyrie, n'atteignirent jamais le chiffre de la population actuelle de Londres et n'arrivèrent certes point à cette suprématie commerciale. Rome non plus n'eut jamais autant d'habitants, même à l'époque du complet développement de la puissance impériale. (Simonin, *Les Ports d'Angleterre*, 1881.)

Zola
Ma petite maison anglaise

Pendant les longues journées que je passe dans la petite maison, je m'amuse à l'étudier, à noter les différences qui existent entre nos maisons de campagne françaises et ces maisons anglaises. Je parle des maisons de la petite bourgeoisie et du commerce, qui pullulent autour de Londres. Ce qui me frappe avant tout, c'est le besoin de s'agglomérer, de se serrer les uns contre les autres. Pour les maisons pauvres, les maisons d'ouvriers de la banlieue, rien n'est plus typique que cette formation par essaims, par juxtaposition de cellules toutes semblables. Des rues, des quartiers entiers sont ainsi faits de petites maisons collées les unes aux autres, identiques. On dirait le phalanstère réalisé, la mise en pratique du rêve de nos communistes. En France, jamais ces cités ouvrières n'ont pu réussir. On a tenté plusieurs fois de bâtir ainsi des maisons, à bon marché, pour nos ouvriers, et toujours la tentative a échoué. Je n'ai vu, dans le Nord, que les corons des ouvriers mineurs, qui rappelassent les quartiers ouvriers anglais ; et encore, les mineurs grognent, disant qu'on les parque comme des bestiaux. Autour de Paris, ce serait une révolte générale, nos ouvriers crieraient qu'on les emprisonne, qu'on les caserne. Cette uniformité leur semble une réglementation, un joug qui leur interdit toute fantaisie, toute individualité. Ils préfèrent être plus mal logés, et n'être pas logés comme le voisin. Cela ferait donc supposer dans la classe ouvrière anglaise un sentiment plus pratique et plus résigné du communisme, de ses bienfaits du moins. Ce qui gêne un peu cette explication, c'est qu'on nous affirme que nulle part l'individualisme n'est mieux senti, ni mieux pratiqué qu'en Angleterre. Mais je reviens à la petite maison anglaise, celle qui se multiplie par millions dans les anciens grands parcs morcelés. Sans doute, la cherté du terrain est pour quelque chose dans le groupement dense de ces maisons. Mais il y a aussi ce besoin de se coller les uns aux autres, que je signalais. Dès qu'il s'en bâtit une dans un endroit désert, on est certain que d'autres vont pousser à côté. Elles ont l'air d'être bâties très économiquement, de briques et de plâtre. Les murs sont comme en carton, et c'est ce qui fait que, pendant les courtes semaines de brûlant soleil, on y cuit comme dans des rôtissoires. D'autant plus que les grands vitrages prodigués, le manque absolu de volets et de persiennes, les transforment en véritables serres chaudes. Ajoutez que, de tant de panneaux vitrés, quelques-uns s'ouvrent seulement, ce qui empêche de les aérer suffisamment. On y bout, et je ne sais pas si, l'hiver, les cheminées suffisent à les chauffer. Ensuite, j'ai remarqué que rarement les pièces communiquent entre elles : toutes s'ouvrent sur le vestibule ou le palier toujours vaste et commode. Il n'y a généralement pas de cabinet de toilette indépendant, chaque chambre à coucher a sa toilette dans un coin, et il y a dans chacune une glace psyché posée sur une table. Je trouve là le confort anglais en défaut, car le moindre cabinet pour se débarbouiller débarrasserait heureusement la chambre à coucher, la rendrait plus saine et plus propre. Ce qui est fort bien agencé, ce sont les cabinets d'aisance et les chambres de bain. Le tout-à-l'égout y est général et il y a presque partout dans les maisons neuves des thermosiphons qui fournissent d'eau chaude la cuisine, la baignoire et un lavabo. En outre, des détails m'ont plu, la solide épaisseur des portes d'une menuiserie parfaite, la qualité excellente de la serrurerie, des clés réduites au minimum de volume possible, des pênes claquant exactement dans les gâches, des verrous puissants et d'un fini remarquable. La petite maison que j'habite a toutes ses pièces peintes en couleurs claires, des verts tendres, des roses tendres, des jaunes tendres; et les boiseries, au contraire, s'enlèvent en vigueur sur ces fonds pâles; des verts paon, des bruns vifs, des oranges foncés. C'est très agréable à l'œil. Il y a des tapis partout, une moquette monte dans l'escalier, à rampe de pitchpin. Mais en dehors de quelques vieux meubles, des acajous solides, tout le reste de l'ameublement est déplorable; et les bibelots, surtout, sont à pleurer. C'est l'enfantillage dans la laideur. Jamais goût n'a été plus affreux. Il y a là des gravures anglaises, d'un métier admirable, mais dont les sujets sont bien extraordinaires. Les animaux jouent un rôle d'une sentimentalité excessive. J'aime bien les chiens, mais ils me gênent quand ils aident à la mélancolie de leurs jeunes maîtresses avec lesquelles ils échangent des regards rêveurs. On abuse du chien, le chien avec l'enfant, le chien avec le grand-père, le chien avec la mendiante. Puis ce sont les chevaux, mêlés eux aussi à tous les sentiments humains, humanisés jusqu'à exprimer les drames les plus complexes. Il y a là, au mur devant moi, trois têtes de chevaux à l'abreuvoir, presque grandeur nature, qui me hantent depuis mon entrée ici. Puis ce sont encore des écureuils qui croquent des noisettes, des moineaux qui volettent dans la neige, des papillons posés sur des roses. En somme, il n'y a là qu'une aimable sensiblerie, et je veux croire que ce peuple a bon cœur. (Zola, *Chroniques et polémiques, Pages d'exil [1898]*, 1970.)

SINISTRE MÉTROPOLE ET SOMBRES DIMANCHES

Qui n'a entendu, naguère, l'antienne sur les dimanches à Londres, en hiver ? Sur le purgatoire dominical subi par les continentaux dans une cité morte et de surcroît noyée dans le brouillard ? Chaque voyageur nous propose son morceau d'anthologie, attendu et convenu, dénonçant la tyrannie de la Bible et les intempéries, décrivant la métropole comme une nécropole.

Nous n'avons retenu que quelques pages de ces innombrables diatribes contre un puritanisme, de surcroît hypocrite, contraignant les Français à errer comme des âmes en peine dans un désert gris et froid.

Il est bien vrai que, au XIXe siècle, les lois sur l'observance du Sabbat devinrent de plus en plus rigoureuses, dans une capitale qui pouvait paraître de plus en plus inhumaine et que, effectivement, le brouillard envahissait de plus en plus. Mais pour le Français, volontiers anticlérical, le dimanche à Londres représentait tout ce qu'il y avait d'intolérable dans la vie de l'exilé.

Grosley
Fumées et brouillards

Malgré ces précautions les belles rues de ces nouveaux quartiers ont été, pendant tout mon séjour à Londres, au même degré de saleté, malgré le travail continuel d'énormes tombereaux pour l'enlèvement des boues.

En joignant à l'incommodité de la boue, la fumée qui, mêlée avec un brouillard perpétuel, couvre Londres et l'enveloppe exactement, on trouvera dans cette ville, les choses qui frappaient le plus Horace dans celle de Rome.

Cette fumée est occasionnée, pendant tout l'hiver, qui est environ de huit mois, par le charbon de terre, unique aliment du feu dans les cuisines, dans les appartements et dans les salles mêmes de parade ; et par celui que consomment des manufactures de verre, de faïence, de poterie, d'armes, les ateliers de teinturiers, etc., le tout établi au cœur même de Londres, sur l'un et sur l'autre bord de la Tamise. La commodité qu'offre le fleuve, pour distribuer le charbon dans ces ateliers ; la facilité que procure leur situation, pour répandre tout ce qui s'y fabrique dans les magasins et dans les boutiques, sans être obligé de l'emballer et de l'encaisser, ont procuré à Londres, et lui assurent à perpétuité, toutes les incommodités qui résultent de pareils établissements dans son sein. Celle de la fumée s'accroît tous les jours : si l'accroissement de Londres va jusqu'où il peut aller, il faudra se résoudre à n'y jamais entrevoir le soleil.

Cette fumée, chargée de parties terrestres, roulant dans une atmosphère pesante et humide, forme un nuage qui enveloppe Londres comme un manteau, un nuage que le soleil ne perce que très rarement, un un nouvel office, ou la fin du jour, sans autre amusement que celui de regarder tristement les passants. Le jeune officier anglais qui suivait le carrosse de Paris à Calais nous refusa, un dimanche, de chanter un air anglais, par la raison que ce n'était pas le jour, et un cantique, par la raison que ce n'était pas le lieu.

Les grandes fêtes de l'année apportent un renfort de tristesse. Excepté l'heure des offices, l'église de Westminster est fermée à la curiosité nationale et étrangère : cette curiosité est, dit-on, une espèce d'affection mondaine, qui ne doit rien prendre sur les exercices d'une journée entièrement consacrée à de pieux soliloques.

Ainsi accoutumés à voir d'un œil sombre la religion, les Anglais sont disposés à tous les excès qu'ils imaginent devoir les conduire à la perfection, par quelque route que ce soit. Il n'est point, en ce genre, d'absurdité dont une tête anglaise ne soit susceptible, ainsi que nous le verrons dans l'examen des diverses sectes qui partagent l'Angleterre. (Grosley, *Londres*, 1770.)

Faujas de Saint-Fond
Une belle soirée dominicale

La soirée était de toute beauté, le temps calme et doux, le ciel brillant d'étoiles ; la route aussi soignée, aussi unie que l'avenue d'une promenade publique, était bordée de haies vives, la plupart en fleurs, servant de clôtures à de charmants jardins, à des parcs enrichis d'arbres étrangers, au milieu desquels des maisons simples, mais délicieuses, semblaient se disputer le terrain.

Cette route était couverte alors de nombreuses cavalcades d'hommes et des femmes courant sur des chevaux qui fendaient l'air, avec beaucoup de domestiques à la suite. Des voitures de toute espèce la plupart d'une grande élégance, mais toutes solides et commodes, traînées par les plus superbes attelages, se succédaient sans interruption et avec une telle rapidité, que ce tableau avait l'air magique, et annonçait une opulence et une population dont on n'a pas d'idée en France ; partout de l'action, du mouvement, de la vitesse, et, par un contraste qu'on ne voit que là, partout du calme, du silence, de l'ordre, partout un respect tacite et inviolable pour les individus, partout, au milieu de ce tourbillon impétueux, qui se dirigeait sur le même point, une sorte de silence religieux si extraordinaire qu'une pareille scène, faiblement éclairée par la lueur mystérieuse des astres de la nuit, transporte involontairement celui qui en est témoin pour la première fois, au milieu des champs fortunés de l'Élysée.

Mais l'Élysée n'est qu'une fable, et ce que je rapporte ici est fondé ; car c'est ce que j'ai vu, c'est ce que j'ai éprouvé, c'est ce que les Anglais, et ceux qui connaissent cet étonnant pays, trouveront exact.

D'où peut donc venir ce calme, au milieu de tant d'agitation ? De l'esprit public qui est formé, de l'éducation qui est bonne, de la pensée sans cesse en action, du culte même, qui, dégagé de toute vaine superstition, consacre le jour du repos à un pieux recueillement, et à la loi qui, venant à l'appui, défend sévèrement les jeux bruyants, et ces orgies tumultueuses qui, ce jour-là, abrutissent ou dégradent l'homme chez presque tous les peuples catholiques. (Faujas de Saint-Fond, *Voyage en Angleterre, en Écosse et aux îles Hébrides*, 1797.)

Defauconpret
C'est aujourd'hui dimanche

« Qu'est-il donc arrivé cette nuit à Londres ? dis-je le lendemain matin à C. que j'étais convenu d'aller prendre chez lui.

— Ce qu'il y est arrivé ? mais ce qui y arrive toutes les nuits, je pense.
— Les *watchmen*, qui sont la seule police apparente de Londres, ont été fort exacts à crier l'heure de demi-heure en demi-heure. — Ils ont ramassé une vingtaine d'hommes de toute condition, trouvés ivres morts dans les rues. — Quelques jeunes imprudents se sont laissé voler leur bourse et leur montre par des filles ou par des filous. — De nouveaux débarqués ont été tentés par l'or étalé sur un tapis vert, et y ont laissé leur argent. — Peut-être quelqu'un s'est coupé le cou dans son lit, s'est pendu dans son grenier, ou s'est noyé dans la Tamise. — Des voyageurs arrivant auront, comme vous, payé leur bienvenue à Londres dans un de nos beaux hôtels. — Enfin…

— Enfin, enfin, ce n'est pas tout cela que je vous demande. Londres a l'air ce matin d'une ville déserte ; on ne voit personne dans les rues, toutes les portes sont fermées ; il me semble que je suis dans le palais du roi du silence, et si je n'avais vu les porteurs de bière et de lait aller à l'ordinaire de porte en porte, j'aurais cru que tous les habitants de Londres en étaient partis cette nuit.

— Vous avez donc oublié que c'est aujourd'hui dimanche ?

— Non vraiment ; et c'est ce qui me fait paraître plus étonnant cet air de tristesse et de solitude. N'est-ce donc pas, comme en France, le jour de récréation du peuple ? » (Defauconpret, *Quinze jours à Londres à la fin de 1815*, 1816.)

Montulé
Le dimanche me semble encore un peu fastidieux

Plus je connaissais cette ville, plus je m'apercevais qu'elle exigeait beaucoup de temps pour être entièrement connue, et je ne m'étonne point du jugement qu'en portent mes compatriotes. Accompagnés, embarrassés de toute leur *étrangeté*, ils ne doivent trouver que l'ennui dans la ville la plus déterminée dans ses habitudes, et qui diffère essentiellement de toutes celles du monde civilisé. Quant à moi, j'avoue franchement que déjà je me suis identifié avec elle ; le dimanche seul me semble encore un peu fastidieux. Cette immense population qui se transporte lentement sur les trottoirs n'inspire point des idées gaies, on dirait presque qu'elle marche à une cérémonie funèbre. Je n'aime point non plus, je l'avoue, à trouver les théâtres fermés ce jour-là, ce qui m'oblige à me délecter d'un verre de bière dans quelque taverne enfumée ; car il ne faut pas penser à faire des visites, elles ne seraient pas de bon ton. Le dimanche est consacré aux promenades, à l'église et à la lecture de la Bible. Chacun veut que l'on croie qu'il s'occupe de ces œuvres pies, ou du moins il ne veut pas que quelqu'un puisse avoir la preuve du contraire.

[...] Je commençais à m'habituer à Londres. Après un court séjour dans cette capitale, on est fatigué de sa monotonie, on croit la connaître ; restez-y plus longtemps, vous vous identifierez avec ce qui vous entourera, vous vous accoutumerez aux usages anglais, et vous finirez même par passer le dimanche sans rien faire et sans vous ennuyer ; vous ne trouverez plus extraordinaire qu'étant un repos pour le travail il le soit pour le plaisir. Qu'on ne croie pourtant pas que j'approuve la rigide tristesse observée en Angleterre pendant ce jour consacré partout ailleurs à l'oubli des peines et aux démonstrations de la joie. Je me promenais aux environs de Londres un dimanche ; j'entrai, en fredonnant quelques paroles, dans un jardin où l'on vendait des fruits. La marchande, en s'approchant de moi, s'arrêta tout à coup et s'écria : « Comment ! vous chantez le dimanche, monsieur ? » A peine voulut-elle nous montrer sa marchandise, dont elle demanda et reçut cependant un prix exorbitant sans la moindre difficulté, sans le moindre remords. Les Anglais sont fanfarons sur bien des choses, mais surtout sur la religion, sur la liberté, et sur la valeur physique et morale de l'Angleterre. (Montulé, *Voyage en Angleterre pendant les années 1821 et 1822*, 1825.)

Flora Tristan
A Londres on respire la tristesse

Les différences morales peuvent s'expliquer par la diversité des climats. Dans le Midi, la vivacité des aperçus, le brillant éclat de l'imagination, c'est une vie rapide, interrompue par de longs moments de rêverie ou de vague. Dans le Nord, les perceptions des sens n'arrivent qu'une à une à l'intelligence ; l'investigation est calme, ne néglige rien, et l'action lente, monotone, a plus de constance ; mais, du nègre au Lapon, l'échelle est graduée : en allant vers le nord, l'empire des besoins s'accroît, les peines et les récompenses corporelles deviennent presque les seuls mobiles de l'homme, tandis qu'au midi la nature, prodigue, laisse à l'âme la jouissance d'elle-même ; aussi le sentiment des biens et des maux de ce monde est-il moins vif et les peuples sont-ils plus accessibles que dans le Nord à l'influence des pensées mystiques.

Aux vapeurs de l'Océan, qui voilent constamment les îles Britanniques, se joint, dans les villes anglaises l'atmosphère lourde, méphitique, de l'antre des cyclopes. Les forêts n'alimentent plus le foyer domestique, c'est le combustible de l'enfer, arraché des entrailles de la terre, qui en tient lieu ; il brûle partout, nourrit d'innombrables fournaises, se substitue sur les chemins aux chevaux, et aux vents sur les rivières et les mers qui baignent cet empire.

A cette énorme masse de fumée surchargée de suie, qu'exhalent les milliers de cheminées de la ville monstre, se réunit un brouillard épais, et le nuage noir dont Londres est enveloppé ne laisse pénétrer qu'un jour terne et répand sur les objets comme un voile funèbre.

A Londres, on respire la tristesse ; elle est dans l'air, elle entre par tous les pores. Ah ! rien de plus lugubre, de plus spasmodique, que l'aspect de cette ville par un jour de brouillard, de pluie ou de froid noir ! Quand on est atteint par cette influence, la tête est douloureuse et pesante, l'estomac a peine à fonctionner, la respiration devient difficile par défaut d'air pur, l'on éprouve une lassitude accablante ; alors on est saisi par ce que les Anglais appellent le *spleen* ! On ressent un désespoir profond, une douleur immense, sans pouvoir en dire la cause ; une haine acariâtre pour ceux qu'on aimait le mieux ; enfin un dégoût pour tout et un désir irrésistible de se suicider. Ces jours-là, Londres a une physionomie effrayante ! On s'imagine errer dans la nécropole du monde, on en respire l'air sépulcral, le jour est blafard, le froid humide ; et ces longues files de maisons uniformes, à la teinte sombre, entourées de grilles noires, aux petites croisées à guillotine, paraissent deux rangées de tombeaux se prolongeant à l'infini, et au milieu desquelles se promènent des cadavres attendant l'heure de leur sépulture.

Dans ces jours néfastes, l'Anglais, sous l'influence de son climat, est brutal avec tous ceux qui l'approchent ; il est heurté et heurte sans recevoir ni donner d'excuse ; un pauvre vieillard tombe d'inanition dans la rue, il ne s'arrête pas pour le secourir ; il va à ses affaires, peu lui importe le reste ; il se hâte d'en finir avec sa tâche du jour, non pour se rendre dans son intérieur, où il n'aurait rien à dire à sa femme ou à ses enfants, mais afin d'aller à son *club*, où il dînera très bien et tout seul, car parler est pour lui une fatigue ; puis il s'enivrera et oubliera, dans le sommeil de l'ivresse, le pesant ennui et les peines de la journée. Beaucoup de femmes ont recours au même moyen. Ce qui importe avant tout, c'est d'oublier *qu'on existe* ; l'Anglais n'est pas plus ivrogne de nature que l'Espagnol, qui ne boit que de l'eau ; mais le climat de Londres ferait de l'Espagnol le plus sobre un ivrogne.

L'été, à Londres, n'est guère plus agréable que l'hiver ; la fréquence des pluies froides, la nature lourde d'une atmosphère surchargée d'électricité, cette continuelle variation de température provoque des rhumes, des coliques, des maux de tête, en sorte qu'il y a au moins autant de malades en été qu'en hiver

Le climat de Londres a quelque chose de si irritant qu'il est beaucoup d'Anglais qui ne peuvent s'y habituer ; aussi est-ce le sujet permanent des plaintes et des malédictions. (Flora Tristan, *Promenades dans Londres*, 1840.)

Gautier

La mort à Londres

C'était le dimanche ; il tombait une pluie fine et pénétrante comme les aiguilles anglaises. — (A propos, je me souviens maintenant d'avoir oublié d'en rapporter quelques paquets en France.) — Le ciel était peut-être plus crotté que la terre, car l'on n'a pas la ressource d'y faire promener les traîneaux-balayeurs ; il faisait un temps de dimanche britannique ; le spleen suintait le long des murs de briques jaunes ; l'ennui descendait tamisé, impalpable comme la poussière du charbon de terre, noircissant l'âme, de même que le charbon noircit le linge ; en ces moments-là, l'on désirerait avoir une petite pharmacie portative composée d'opium, d'acide prussique, d'acétate de morphine. La pensée du suicide naît dans les esprits les plus fermes ; il n'est pas prudent de jouer avec ses pistolets ou de se pencher sur la balustrade des ponts. Un froid humide vous pénètre jusqu'à la moelle des os ; vous vous sentez moisir comme une armoire au rez-de-chaussée ; la fumée que vous respirez vous remplit le cerveau de suie et vous teint les idées en bistre ; vous mouchez noir. — Il n'y a qu'une seule ressource, c'est de se griser abominablement, de se faire dans l'estomac un soleil en flamme de punch, et de se composer un climat torride à force de porto, de sherry et de madère ; mais il faut être anglais pour cela, et avoir tété de l'alcool.

J'avais pris un *patent-safety*, espèce de cabriolet bizarre dont le cocher s'établit par-derrière, à la place où montent ordinairement les domestiques, et conduit à grandes guides par-dessus votre tête. Toutes les boutiques étaient fermées, et une seconde peste semblait avoir frappé la ville. L'on ne voyait guère dans les rues que les enfants de paroisse, revêtus de leur casaque bariolée de bleu et de jaune. Je me trompe, l'on rencontrait aussi des foules de convois, car Londres garde ses morts de la semaine pour les enterrer le dimanche. C'est là le seul divertissement qu'il se permet en ce jour solennel. Les corbillards anglais ressemblent à des tapissières ; les croque-morts sont vêtus de longs manteaux de deuil et portent de grands éventails en plumes d'autruche.

Puisque nous en sommes à ce sujet lugubre, faisons quelques réflexions sur les habitudes funéraires britanniques. A Londres, l'on enterre encore les morts dans les églises, et chaque paroisse a son cimetière, ainsi que cela était à Paris avant la Révolution. Il est impossible de rien voir de plus nu, de plus aride, de plus triste à l'œil et à l'âme, qu'un cimetière de Londres ; c'est à donner envie de vivre. Ni clôture, ni jardins, ni couronnes, ni fleurs ; un oubli glacial, un abandon navrant. Les tombes, de pierre noirâtre, gardent, comme les caisses des momies, une vague apparence de corps humain tout à fait lugubre. On sent la mort là-dessous. Comment les Anglais, ce peuple si ami du *home* et du *comfort*, peuvent-ils se résigner à être si mal à leur aise dans l'autre monde ? On reconnaît bien là une nation pour qui l'utile est la première pensée. A quoi bon s'occuper des morts, qui ne servent à rien et ne rapportent pas d'intérêt ? — Il est étrange que ce soit en France, pays léger et frivole par excellence, que la religion des morts soit le mieux observée. Le Père-Lachaise n'a pas son pareil au monde : il n'est pas rare d'y trouver des tombes de dix ans qui ont des fleurs de la veille.

Un jour, en passant près de Westminster, je vis un jeune garçon qui creusait une fosse. Il était dans le trou jusqu'à mi-corps ; il avait une tête blonde, bouclée et charmante, et l'animation du travail lui rendait la figure toute rose ; il mettait à sa besogne sinistre une activité joviale, chantonnait le *Rule Britannia*, et échangeait des quolibets avec les spectateurs. Parmi la terre brune qu'il jetait derrière lui, il amena un os tout mignon, et qu'à son arcure il était facile de reconnaître pour un fémur de femme. Des enfants s'en emparèrent aussitôt, et se mirent à jouer avec. Les passants allaient et venaient, emportés par le tourbillon de la vie, marchant sur les tombes pour abréger le chemin. Et moi, je songeais à la scène des fossoyeurs d'*Hamlet*, et au grand Shakspeare (*sic*) qui dormait là, tout à côté, à Westminster, dans le *coin* des poètes — car l'Angleterre, il faut lui rendre cette justice, tout industrielle qu'elle soit, a su trouver dans son vaste empire un coin pour les poètes. — Il est vrai que ce coin est pour les poètes morts, mais c'est toujours cela. Les rois doivent se trouver bien honorés de reposer à côté de Shakspeare. (Théophile Gautier, *Caprices et zigzags*, 1852.)

Blanc

Désert estival

18 août 1861. — La ville se meurt, la ville est morte. Adieu le Parlement et l'Opéra ! Adieu les splendeurs du West End et les brillantes cavalcades de Rotten-Row, et les beaux attelages qui aiment tant à se presser le long de la Serpentine dans Hyde Park ! Londres voyage, Londres est aux bains de mer, à Brighton, à Spa, au lac Katrine, en Suisse, en Italie, sur les chemins, un peu partout, excepté à Londres. Lord Palmerston jouit de l'aurore de ses vacances à Walmer Castle, dans le comté de Kent. Lord Granville, qui doit accompagner la reine aux lacs de Killarney, quitte Londres aujourd'hui même, je crois. Est-ce pour se

singulariser que le duc de Somerset n'est pas encore parti, quand tous les autres membres du cabinet ont pris leur vol ? Non, jamais la cité pétrifiée du conte de fées que vous savez n'eut l'aspect désolé que présente Belgravia. Voici le moment, même pour ceux que leur mauvaise étoile cloue sur place, de bien clore leur porte, de fermer soigneusement leurs volets, de changer à la lettre leur maison en tombeau. Car si l'on allait croire *qu'ils ne sont pas absents !* N'être pas absent, au mois d'août ! Fi donc !

Demandez au dernier de ces merveilleux de contrebande qui forment ici l'intéressante classe des « swells » s'il aurait le front de s'aventurer dans la rue ? Il vivrait plutôt dans sa cave. Il n'y a pas jusqu'aux hommes de loi qui ne sentent qu'il y va de leur honneur de s'enfuir. Allez, allez, bonnes gens ! Allez vous faire traiter par les aubergistes comme vous traitez vos clients, et apprenez ce que c'est que d'avoir la main d'autrui dans sa poche.

Inutile de dire qu'avant de se séparer, les ministres ont fait à Greenwich le fameux « whitebait dinner », ce dîner caractéristique, où chaque plat est un présent des divinités marines.

Ce qui est sûr, c'est que le « whitebait dinner » ministériel ayant eu lieu, la saison en Angleterre est finie, et la capitale ne reprendra décidément à la vie que lorsque le printemps nous rendra les feuilles et les fleurs, que nous allons perdre. Car c'est une des singularités apparentes de ce pays, qu'on y habite la campagne à l'époque du froid et des neiges, et qu'on la quitte juste au moment où elle devient verte, souriante, adorable. Il est vrai qu'il n'y a que les riches qui se passent cette absurdité, et, de la part de ceux-là, elle s'explique mieux qu'on ne croirait au premier abord. Ne sont-ils pas armés de pied en cap contre l'hiver ? Madame n'a-t-elle pas, à la campagne, tous les conforts de la vie de château, et monsieur tous les plaisirs de la chasse ?

Aussi bien, lorsque les fleurs et les feuilles reviennent, ce n'est pas leur tourner tout à fait le dos que de regagner la ville. Les innombrables jardins que Londres renferme, les squares qu'on y a prodigués, les parcs immenses que son enceinte embrasse, tout cela, sans être la campagne, sert du moins à la rappeler et absout en partie les Anglais du crime d'avoir divorcé avec elle.

Je dis plus, je prétends, dût-on m'accuser de courir après les paradoxes, que les habitants de Londres ont un faible prononcé pour la nature. Oui, monsieur, la ville des banquiers, des « shopkeepers », des « money-making-people », est, à tout prendre, une ville à préoccupations pastorales, à tendances idylliques ; elle a des parcs qui ressemblent à des prés ; elle aime à voir s'étendre entre des rues pleines de bruit et de mouvement de grands espaces calmes où paissent les brebis et les vaches. Voyez-vous (je ne parle pas de la Cité) cette impasse, si sombre et si sale ? Armez-vous de courage et pénétrez là : je parie que, devant la fenêtre de ces taudis, où la misère habite, vous allez apercevoir des pots de fleurs.

Mais la Cité ? Ah ! pour le coup, j'avoue que la Cité, à Londres, c'est la ville dans toute son agitation fébrile, toute sa puissance, toute son activité féconde et toute son horreur. Mais, remarquez que ceux qui y ont leurs *bureaux* n'ont garde d'y avoir leurs *maisons*. On y est *homme d'affaires*, mais on se réserve d'être *homme* quelque autre part. On y *gagne de l'argent*, mais on a bien soin de n'y pas *vivre*. On a conséquemment, dans les environs de Londres, une retraite agreste où est le foyer domestique, et que l'on quitte le matin pour y revenir le soir, sauf à perdre deux, trois ou même quatre heures par jour à voyager en chemin de fer. Je connais des marchands de la Cité qui habitent Brighton, c'est-à-dire une ville à quatre-vingts kilomètres de Londres ! Ce qui n'empêche pas l'Angleterre d'être le pays où l'on a trouvé cette définition : « *Time is money*. — Le temps est de l'argent. »

Je vous ai dit que Londres est désert en ce moment. Eh quoi ! n'y a-t-il pas le Londres des ouvriers, des commis, des petits marchands, des hommes de lettres sans le sou ? Hélas ! hélas ! ce Londres-là, monsieur, est en ce moment aussi peuplé que jamais. Mais ce Londres-là, les heureux du monde le comptent pour rien. Est-ce juste ? S'il est vrai que *Janot devienne un pauvre sire lorsqu'il travaille toujours et ne s'amuse jamais — all work and no play makes Jack a dull boy*, pourquoi cela ne serait-il pas aussi vrai de celui qui a bâti votre château que de vous-même, milord ?

Mais, à notre tour, soyons justes. Parmi ces grands, ces riches, ces lords, il y a de rudes travailleurs aussi, et qui ont d'autant plus de mérite à ne pas prendre leurs vacances que cela dépend d'eux seuls. (Louis Blanc, *Lettres sur l'Angleterre*, 1867.)

La Bédollière
Le jour du Seigneur

A Paris, le dimanche, les danses les plus décolletées se déchaînent sous des ombrages verts ou dans de vastes enceintes somptueusement ornées, éclairées *a giorno*. Les promenades, les chants joyeux se prolongent jusqu'à une heure avancée. A Londres, au contraire, la vie est comme suspendue ; le samedi, aussitôt que minuit sonne, la toile de tous les théâtres doit tomber ; tous les lieux publics doivent être fermés ; il est interdit aux boulangers et aux bouchers, aux marchands de bière ou de vin de vaquer à leurs occupations quotidiennes ; et si la ville n'avait pris soin de s'approvisionner, elle serait exposée à mourir de faim. Les voitures vont au pas. Les marchands ambulants et les mendiants eux-mêmes se cachent dans leurs repaires ; il est même interdit de faire de la musique chez soi, car les sons de la flûte ou du piano pourraient s'entendre au-dehors et scandaliser les gens scrupuleux.

Une proclamation royale, publiée au mois de juin 1860, défend de jouer le dimanche aux dés, aux cartes, et à tout jeu quelconque dans les maisons publiques ou particulières, enjoignant aux juges, maires, shérifs, juges de paix et à tous autres officiers et ministres ecclésiastiques et civils de veiller à la poursuite et punition effective de toutes personnes coupables d'actes dissolus ou désordonnés, et de faire fermer et supprimer toutes les maisons de jeu et tous les lieux publics, les maisons de débauche, etc., et de supprimer et prévenir tous jeux quelconques dans les maisons publiques ou particulières, le jour du Seigneur. Ils devront empêcher toute personne, tenant cabaret ou autre maison publique, de vendre du vin, de la bière ou autres boissons, de recevoir des consommateurs, ou de leur permettre de stationner dans leurs maisons au moment du service ordinaire le jour du dimanche.

Un éditeur parisien, bien connu par la magnificence de ses publications religieuses, nous a souvent raconté que, étant à Londres un dimanche avec quelques amis, il avait proposé comme remède à l'ennui une promenade à Greenwich. Le projet fut réalisé par un soleil magnifique; mais quand les voyageurs arrivèrent au débarcadère, un orage épouvantable venait d'éclater.

Heureusement l'hôtellerie était à quelques pas. Ils y coururent, mais la porte en était fermée. Un ministre d'une secte quelconque prêchait dans le vestibule, et il était interdit de l'interrompre. A travers la porte vitrée, l'auditoire regarda avec la plus grande placidité les infortunés qui recevaient l'averse; mais il n'ouvrit que lorsque le service fut fini. (La Bédollière, *Londres et les Anglais*, 1862.)

Taine

Sous la pluie

Un dimanche à Londres par la pluie: boutiques fermées, rues presque vides; c'est l'aspect d'un cimetière immense et décent. Les rares passants, sous leur parapluie, dans le désert des squares et des rues, ont l'air d'ombres inquiètes qui reviennent; cela est horrible.

Je n'avais pas l'idée d'un pareil spectacle, et l'on dit qu'il est fréquent à Londres. Petite pluie fine, serrée, impitoyable, à la voir, il n'y a pas de raison pour qu'elle ne dure jusqu'à la fin des siècles, les pieds clapotent, il y a de l'eau partout, de l'eau sale, imprégnée d'une odeur de suie. Une brume jaunâtre, épaisse, emplit l'air, rampe jusqu'à terre; à trente pas, une maison, un bateau à vapeur semblent des taches sur du papier brouillard. Dans le Strand surtout, et dans le reste de la Cité, après une heure de marche, on a le spleen, on conçoit le suicide. Les hautes façades alignées sont en briques sombres; le brouillard et la suie y ont incrusté leurs suintements. Monotonie et silence; mais les adresses en cuivre et en marbre, parlent, indiquent le maître absent, comme dans une grande manufacture de noir animal fermée pour cause de décès.

Quelque chose d'affreux, c'est, dans le Strand, l'énorme palais qu'on nomme Somerset House. Massive et pesante architecture dont tous les creux sont passés à l'encre, portiques barbouillés de suie, simulacre de fontaine sans eau dans un trou au milieu d'une cour vide, flaques d'eau sur les dalles, longues rangées de fenêtres closes : que peuvent-ils faire dans ces catacombes ? Jusque dans les parcs, il semble que le brouillard livide et charbonneux ait sali la verdure. Mais ce qui afflige le plus les yeux, ce sont les colonnades, péristyles, ornements grecs, moulures et guirlandes des maisons, toutes lessivées à la suie ; pauvre architecture antique, que vient-elle faire en pareil climat ? Sur les façades du British Muséum, les cannelures des colonnes sont encrassées, comme si on y avait fait couler une boue gluante ; Saint-Paul, une sorte de Panthéon, a deux étages de colonnes, celles du bas, toutes noires, celles du haut, récemment raclées, encore blanches, d'un blanc blessant, où déjà la fumée charbonneuse a plaqué sa lèpre.

Ces taches sont lugubres, c'est la pourriture de la pierre. Et ces statues déshabillées en souvenir de la Grèce ! ce Wellington en héros combattant, nu sous les arbres ruisselants du parc ! ce hideux Nelson planté sur sa colonne, avec un cordage en forme de queue, comme un rat empalé au bout d'une perche ! — Toute forme, toute idée classique est ici un contresens. Un pareil marécage est un lieu d'exil pour les arts antiques. Quand les Romains y ont débarqué, ils ont dû se croire dans l'enfer d'Homère, dans la contrée des Cimmériens. L'énorme espace qui, dans le midi, s'étend entre la terre et le ciel, manque aux yeux qui le cherchent ; plus d'air, rien que du brouillard coulant ; dans cette fumée blafarde, les objets ne sont plus que des fantômes effacés, la nature a l'air d'un mauvais dessin au fusain, sur laquelle quelqu'un aurait frotté sa manche. — Je viens de passer une demi-heure sur Waterloo Bridge ; Parliament House émoussé, indistinct, ne semble dans le lointain qu'un pauvre amas d'échafaudages ; rien de perceptible, et surtout rien de vivant, sauf les petits bateaux à vapeur qui courent sur le fleuve, noirs insectes fumeux, infatigables ; à voir leurs passagers qui embarquent et débarquent, un Grec eût pensé au Styx. Il aurait trouvé que vivre ici, ce n'est pas vivre ; en effet, on vit ici autrement que chez lui ; l'idéal a changé avec le climat. L'âme se retire du dehors, rentre en elle-même, s'y fait un monde. Il faut avoir ici un *home* soigné, bien rangé, des clubs, des associations, beaucoup d'affaires, quantité de préoccupations religieuses et morales ; surtout, il faut ne pas s'abandonner aux impressions extérieures, fermer la porte aux suggestions tristes de la nature hostile, combler le grand vide où se logeraient la mélancolie et l'ennui. Pendant la semaine, on a le travail, le travail assidu, acharné, par lequel on se défend et on pourvoit contre l'inclémence des choses. — Mais que faire le jour du repos ? Le cabaret ou l'église, l'ivresse ou le sermon, l'étourdissement ou la réflexion ; pas d'autre emploi pour un dimanche comme celui-ci ; de cette façon, soit en pensant, soit en s'abrutissant, on s'abstrait, on oublie. Je vois quantité de portes entrebâillées dans les celliers à spiritueux ; des figures mornes, éteintes ou sauvages, en sortent ou y entrent. (Taine, *Notes sur l'Angleterre*, 1871.)

Vallès
Tristes dimanches

A une heure, un peu de mouvement : Londres étire une patte, risque un œil.

Les public-houses s'entrouvrent ; on faisait queue depuis dix minutes, cruchon en main. Il n'y a pas à dire, on ne peut point changer l'heure de son repas suivant l'appétit ou le caprice, pour aller plus tôt ici ou là, par monts ou par vaux, par les rues ou les bois... On doit attendre que le publicain ait le droit de servir ; cela dure d'une heure à trois.

Les trottoirs sont pleins de fillettes qui viennent chercher le pot de *stout* ou de *six-ale*.

Il faut les voir se dresser sur la pointe des pieds pour se hausser jusqu'au comptoir, puis retourner à la maison en essayant de ne rien verser, surveillant la bière qui danse, se cognant avec les autres en route...

Minute gaie, avec un grain de naïveté, une saveur de famille !

C'est le moment où l'on va reprendre le plat cuit au four chez le boulanger, qui n'a fait qu'entrebâiller sa boutique. On entre sans bruit, on part sans bousculade. Pas de mitrons en chemise, avec de petits yeux noirs comme des grillons dans la farine ou des barbiches blondes comme de la croûte, qui filent avec des airs de vieilles en camisole, pour s'offrir le vin blanc sur le zinc.

Au moment réglementaire, le cuiseur ouvre sa porte, lâche les rôtis, referme vite, et l'on ne renifle ni le pain chaud ni la braise.

Défense d'enfourner, remarquez ! On doit manger la miche de la veille sur laquelle, ce soir, on se cassera les dents. Il n'est permis que de déposer des morceaux de viande, dans un vase en terre ou en fer-blanc, sur la pierre brûlante, comme on couche une soupe sous un édredon.

Les gamines ou les grand-mères emportent, en trottinant, le *roastbeef* carré qui a l'aspect d'un pavé de barricade, ou le gâteau de rhubarbe qui, avec ses bosses et ses gonflements, ressemble à un ventre bourré de hernies. Cela fait tout de même passer un peu de France devant les yeux, rappelle un coin de province — mais comme ça sentait *plus bon* chez nous !

Ceux qui n'ont pas de « chez eux » mangent dans quelque trou. On arrive à être parfois quatre ou cinq qui oublient Londres pour parler de Paris ; mais la pendule sonne ; il est trois heures. A trois heures, le service du temple commence et le service de la gargote finit. On vous rejette dehors, les barres de fer glissent sur la devanture, et vous voilà de nouveau errant en chien perdu.

Pas une maison ouverte, ni qui veuille s'ouvrir !

Un jour qu'une bourrasque avait emporté mon chapeau dans la Tamise, je dus revenir tête nue, comme pour une procession, et courir de l'est à l'ouest, du sud au nord, pour découvrir un magasin qui voulût me vendre une toque ou un gibus. Je n'en trouvai pas. J'avais ameuté toute une population en hélant des chapeliers.

Il fallait retourner au quartier français, j'en étais à deux lieues. J'appelai un cab ; mais on n'a jamais vu un homme sans couvre-chef dans une rue de Londres, et pas un cocher ne m'accepta. Pendant deux heures, je marchai en pèlerin. Ceux qui me rencontraient croyaient que j'étais un échappé de Bedlam, ou que j'avais fondé une secte et que j'allais, découvert devant le Dieu de mon cœur, prêcher ma religion.

Que la coiffure s'envole, que la culotte craque, que l'on ait la pépie ou la fringale, qu'il faille un parapluie ou un parasol, des jarretières ou des bretelles, un boisseau de charbon, une feuille de papier, une plume, un timbre, rien, *rien*, RIEN !... Tout est en quarantaine, comme dans une ville qu'aurait ravagée un fléau.

La voilà donc, cette capitale ! Elle est étendue dans son silence comme un grand sphinx perdu dans les sables ; avec un tas de croix qui reluisent à faux sous le ciel blafard au-dessus de cet amas de pierres.

Partout la désolation biblique !

Sur les murs qui encaissent des rues semblables aux chemins de ronde des centrales, on lit en grosses lettres blanches : « POUVOIR DE LA PRIÈRE. »

Sur des tablettes noires, plus hautes que des potences, on affiche aussi aux portes des chapelles des recommandations pieuses. Les mots ont l'air de larmes de catafalque ou d'épitaphes de cimetière.

Elles sont sinistres à voir, les casernes où ils emprisonnent leur Dieu.

Restent debout, à côté des églises, devant les monuments, les statues de leurs illustres, — ces endimanchés de la gloire — la plupart en bronze, quelques-uns en marbre.

Cette sculpture fait saillie, dans la platitude du jour sacré, comme un dolmen dans une lande désolée de Bretagne ; mais toujours des érysipèles de boue, des eczémas de suie, des gales de moisi ravinent ces visages, qui gardent d'ailleurs, sous ce masque de crasse, les grands angles et les grands reliefs du type anglais.

On remarque bien, dans certains quartiers, un peu de mouvement et de bruit, mais ce sont les domestiques et les voyous qui font tapage — filles de cuisine, garçons d'écurie, empestant le graillon ou le crottin, et vous lapidant de leurs plaisanteries obscènes et de leurs jurons crapuleux.

Et si l'on tombe, par hasard, aux abords d'une gare, dans un lot de braves gens qui reviennent de la campagne en famille, ils ne vous apportent point, avec l'odeur des champs où ils ont couru, la gaieté du verre qu'ils ont vidé. Ils n'ont pas lampé le sang rouge des vignes, mais le jus pisseux du houblon.

Leur arrivée est morne ou violente. Ils sortent du wagon grillé, qui n'a pas d'impériale comme sur les lignes babillardes de Joinville-le-Pont ou de Chaville-les-Bois !

Où donc êtes-vous, faubouriennes, qui revenez en chantant gaiement ? L'homme porte le moutard sur l'épaule et l'on rit à pleine gorge, avec des cerises en pendants d'oreilles et des moitiés d'arbres en fleurs, paralunes de feuilles.

On se bouscule dans les salles d'attente, on se perd sur le quai, on s'interpelle d'un train à l'autre ! « *Ohé ! Lambert !* » « Vive Paris !... » Entends-tu, joyeuse Angleterre !

Au lieu d'une cacophonie bruyante, d'une scie en chœur — « Tous au refrain ! » — c'est la psalmodie d'un cantique nasillé en plein air, qui, soudain, vous attriste comme la lamentation d'un pauvre.

Tout le monde a entendu parler des prêcheurs qui s'installent au tournant des rues, sur le pavé, et qui se mettent à commenter et à chanter leur Dieu pendant ce saint jour du dimanche !

Ils ont une tribune à roulettes qu'ils promènent aux bons endroits, chaire ambulante du haut de laquelle ils versent la parole de vie sur les têtes alourdies par l'ivresse, fêlées par la boxe, ou grosses du vent des superstitions. Les faces des prédicants sont dures ; mines d'employés consciencieux, ou de convaincus qui ont pour tout de bon la *maladie de foi*. Chez nous, le croyant a des airs de médaille, et, parfois, on dirait son profil coupé dans une hostie. Ici, l'Église a les favoris et la barbiche, l'aspect brutal.

La simplicité crue du protestantisme m'effraie plus que la grâce enivrante et enflammée du catholicisme. Les clergymen ont plutôt le masque sec de l'homme d'affaires que le masque bistré ou pâle du visionnaire.

L'encens et les bouquets font presque oublier Dieu dans les chapelles embaumées de France, — et mieux vaut encore, aux yeux de l'impie, la religion mondaine avec ses extases qui touchent à la passion, ses parfums qui rappellent ceux de la vie d'amour, que cette religion anguleuse et rigide. Les cultes les plus redoutables sont ceux qui assemblent les gens dans les hangars et n'accrochent pas de fleurs au front de leurs idoles.

Tristes dimanches, ces dimanches de Londres, pendant lesquels il est défendu de travailler et de gagner son pain, comme il est défendu de rire et de danser — où tout un peuple est sous le verrou de la Bible !...
(Vallès, *La Rue à Londres*, 1884.)

CONTRASTES DOMINICAUX

Verlaine

Sonnet boiteux

A Ernest Delahaye

Ah ! vraiment c'est triste, ah ! vraiment ça finit trop mal.
Il n'est pas permis d'être à ce point infortuné.
Ah ! vraiment c'est trop la mort du naïf animal
Qui voit tout son sang couler sous son regard fané.

Londres fume et crie. Ô quelle ville de la Bible !
Le gaz flambe et nage et les enseignes sont vermeilles.
Et les maisons dans leur ratatinement terrible
Épouvantent comme un sénat de petites vieilles.

Tout l'affreux passé saute, piaule, miaule et glapit
Dans le brouillard rose et jaune et sale des Sohos
Avec des *indeeds* et des *all rights* et des *haôs*.

Non vraiment c'est trop un martyre sans espérance,
Non vraiment cela finit trop mal, vraiment c'est triste :
Ô le feu du ciel sur cette ville de la Bible !

(P. Verlaine, *Jadis et Naguère*, 1884.)

Londres

… un grave Anglais correct, bien mis, beau linge.
[Victor Hugo.]

Un dimanche d'été, quand le soleil s'en mêle,
Londres forme un régal offert aux délicats :
Les arbres forts et ronds sur la verdure frêle,
Vert tendre, ont l'air bien loin des brumes et des gaz,

Tant ils semblent plantés en terre paysanne.
Un soleil clair, léger dans le ciel fin, bleuté
A peine. On est comme en un bain où se pavane
Le parfum d'une lente infusion de thé.

Dix heures et demie, heure des longs services
Divins. Les cloches par milliers chantent dans l'air
Sonore et volatil sur d'étranges caprices,
Les psaumes de David s'ébrouent en brouillard clair.

Argentines comme on n'en entend pas en France,
Pays de sonnerie intense, bronze amer,
Font un concert très doux de joie et d'espérance,
Trop doux peut-être, il faut la crainte de l'Enfer.

L'après-midi cloches encore. Des files d'hommes,
De femmes et d'enfants, bien mis glissent plutôt
Qu'ils ne marchent, muets, on dirait économes
De leur voix réservée aux amen de tantôt.

Tout ce monde est plaisant dans sa raide attitude
Gardant, bien qu'erroné, le geste de la foi
Et son protestantisme à la fois veule et rude
Met quelqu'un tout de même au-dessus de la loi.

Espoir du vrai chrétien, riche vivier de Pierre,
Poisson prêt au pêcheur qui peut compter dessus,
Saint-Esprit, Dieu puissant, versez-leur la lumière
Pour qu'ils apprennent à comprendre enfin Jésus.

Six heures. Les buveurs regagnent leur buvette,
La famille son home et la rue est à Dieu :
Et dans le ciel sali quelque étoile seulette
Pronostique la pluie aux gueux sans feu ni lieu.

(P. Verlaine, « Poèmes 1873-1890 », inédits en recueil.)

Bourget

Plaidoyer pour le dimanche anglais

Je voudrais plaider ici pour toi, ô dimanche anglais, toi, si moqué, si calomnié, — si délicieux pourtant ! Je voudrais dire la douceur de ton vaste silence et comme l'âme de repos qui flotte dans ton atmosphère immobile. N'es-tu pas réellement une bienfaisante mort de chaque semaine, comme le sommeil, dit quelque part Shakespeare, est une bienfaisante mort de chacun de nos jours ?... Pas un bruit ne trouble la quiétude endormie de la rue. A peine si, de temps à autre, le roulement d'une voiture qui passe au lointain atteste que la ville est encore vivante. Mais plus de cris d'enfants qui jouent, mais plus d'appels de marchands ambulants, plus de sonneries du garçonnet qui apporte les dépêches, et c'en est fini aussi des deux coups de marteau brefs et réguliers par lesquels le facteur, après avoir glissé les lettres dans la boîte, marque son passage de maison en maison. La poste et le télégraphe s'abstiennent, ce jour-là, de rappeler au commerçant ses affaires maudites, au voyageur ses lointains devoirs. La béatitude du parfait loisir tombe du ciel avec la lumière gaie de cette journée d'été. Une fois seulement, depuis le matin jusqu'au soir, cette somnolence de la petite rue est troublée par le passage de l'Armée du Salut. Parmi les ronflements des cuivres les fidèles de cette secte populaire défilent, et sur leur visage exalté rayonne l'ardeur des obscurs fanatismes, tandis qu'ils chantent éperdument et indéfiniment : « L'Agneau qui saigne ! l'Agneau qui saigne ! » Ils s'éloignent et de nouveau la petite rue aristocratique des environs de Hyde

Park reprend sa quiétude, avec ses coquettes maisons, que des jardinets bien tenus précèdent et que des jasmins revêtent de leurs branches fleuries. Du fond de la chambre où le soleil entre clairement, qu'il est doux de s'abandonner à la détente délicieuse de tout l'être dans le néant de ces heures vides ! Ah ! ceux qui t'ont maudit, adorable dimanche anglais, ceux-là n'ont jamais connu les surcharges de l'activité, les fièvres lassantes du travail pressé, la hâte effrénée de l'existence des villes... De quart d'heure en quart d'heure, sur ce trottoir désert, passent des dames en toilette, des hommes et des garçons en chapeau haute forme, qui vont au service ou qui en reviennent. Pour celui qui a la tristesse de ne point prier avec les autres, c'est le moment de se recueillir, de s'abandonner à la volupté rare de sentir que les heures sont des heures et non pas des instants, rapides comme l'éclair et brûlants comme lui. — C'est le moment de goûter cette sensation, supplice des âmes vaines, délice des âmes songeuses : la longueur du temps. (Paul Bourget, *Études Anglaises*, 1910.)

L'AUTRE LONDRES

La lecture de Moll Flanders, *entre autres romans de De Foe, nous a fait découvrir le Londres de la prostitution et de la délinquance, les gravures de Hogarth nous ont révélé les ravages de la débauche, l'œuvre de Charles Dickens nous a souvent entraînés dans les bas-fonds et nous avons tous pleuré sur les malheurs d'Oliver Twist, les saisissantes gravures de Gustave Doré nous ont fait connaître l'enfer des pauvres de Londres, nous ne sommes donc pas surpris de trouver chez les voyageurs de nombreuses pages sur ce qui est, non la face cachée, mais l'autre face de Londres, celle de l'ombre, de la nuit et de la misère.*

Au XVIIIe siècle on ne se scandalise guère de l'abondance des filles de joie à la tombée de la nuit, l'audace des courtisanes n'appelle pas de propos moralisateurs.

Au XIXe siècle, la prostitution est bientôt perçue comme un désordre et un péril, symptôme de dérèglement de la société, plaie purulente de l'orgueilleuse Angleterre. Chacun a des anecdotes ou des témoignages personnels qu'il présente parfois sur le mode plaisant, mais le plus souvent avec une gravité qui dissimule mal le plaisir pris à se scandaliser en citant des chiffres et des faits. Le voyageur a beau jeu de se gausser d'un puritanisme rigoriste tolérant une prostitution qui ne se limite ni à la nuit ni à certains quartiers.

Pendant le règne de la vertueuse Victoria, le séjour à Londres va très souvent comporter une enquête sociale, au moins des incursions dans les bas-fonds. La capitale, devenue immense métropole, inquiète ; sa richesse a attiré, ou suscité, des foules d'indigents, de misérables dont on peut tout redouter. N'oublions pas le succès en 1844 des Mystères de Londres, imaginés par Paul Féval, qui n'avait pas été en Angleterre, mais répondant assez bien aux phantasmes des Français.

Le voyageur va se faire un devoir, sinon de fréquenter les lieux de débauche, du moins de s'aventurer dans le cloaque des bas quartiers, en suivant un circuit de la misère aux étapes inévitables. Chacun y va de sa relation de l'excursion, sous escorte, dans les abîmes de la détresse du quartier judéo-irlandais de Saint-Giles, habilement mise en scène, complaisamment détaillée, indispensable morceau de bravoure sur les immondices, les loques et les épaves.

Quelles sont les parts de la compassion et du voyeurisme dans ces exercices de style sur la détresse? Quelle sincérité dans les discours sur les parias de Londres? Le mot est nouveau et vient des Indes et souligne le statut d'intouchables de ces nouveaux pauvres qui ne sont ni pittoresques ni picaresques.

Certains voyageurs vont réussir à donner aux nuits de Londres un caractère fantastique, onirique; d'autres vont s'attacher à peindre des scènes d'orgie ou tout simplement d'ivresse vulgaire dans les Public Houses. Certains choisiront d'insister sur l'insécurité et la criminalité qui semblent atteindre un sommet dans les années 1860.

Dans le dernier tiers du XIXe siècle, avec le développement des docks, la ville s'étend vers l'est où elle devient l'East End, vite surpeuplé par une immigration totalement incontrôlée. Ce n'est pas la cour des miracles de Saint-Giles, mais c'est une sinistre immensité de dénuement. Là encore l'excursion s'impose, à White-chapel et dans les divers ghettos, pour découvrir l'affligeant spectacle d'une déchéance, due à l'alcoolisme et à l'ignorance, que combattent tant bien que mal les sociétés de tempérance, les organisations philanthropiques et les églises, et où va naître l'Armée du Salut au succès spectaculaire et inespéré.

Louis Hémon va dépeindre, avec sympathie, une société dans laquelle il s'est immergé pendant quelques années. Il est sans doute le seul à avoir vraiment vécu dans l'autre Londres. Flora Tristan et Jules Vallès, quels qu'aient été leurs efforts sincères pour comprendre, sont restés des observateurs extérieurs, et la plupart des autres n'ont vu dans les foules abruties par la misère et l'alcool que d'inquiétantes hordes de yahoos.

LES NUITS DE LONDRES

Laporte

Honni soit qui mal y pense

A la chute du jour, on voit les filles de joie garnir les trottoirs des grandes rues de Londres, la plupart fort honnêtement mises. Les boutiques à bière leur servent de refuge et d'atelier dans un arrière-cabinet consacré à leur exercice. Souvent elles attaquent en plein jour les passants, surtout les étrangers, et se cachent si peu, que l'on débite publiquement la liste de celles qui font ce métier avec le plus de distinction. On y lit leurs noms, leurs adresses, et les détails les plus précis sur leur figure, leur taille, et les talents qu'elles savent le mieux faire valoir. Ce catalogue se renouvelle chaque année, et se vend à l'entrée des spectacles, avec le nom de l'auteur au frontispice.

Ce qu'on appelle *Bagnos* en Angleterre, sont des endroits où l'on arrange des parties de débauche, soit avec les femmes publiques, soit avec celles qui en ont les mœurs, sans en avoir tout à fait le renom. Ces lieux sont aussi d'un grand secours pour les amants gênés et contraints. La maîtresse s'y rend avec mystère à l'insu de ses parents ou de son mari ; et là, dans le plus grand secret, elle peut se livrer à toute sa tendresse, sans craindre ni curiosité ni indiscrétion. Les chambres occupées sont également respectées, et par les gens de la maison et par ceux du dehors. On y boit, on y mange, on y couche même ; et jamais le maître du *Bagnos* ne se plaint d'un trop long séjour, pourvu qu'on paie bien tout ce qu'il fournit. Le prix de la chambre, du lit et du bain est fixé ; mais celui de la bonne chère et du vin est arbitraire : il faut donner tout ce qu'on demande. Chaque *Bagnos* a un certain nombre de filles dont il peut disposer. Des valets vont les chercher, et les prennent de l'âge, de la taille, de la couleur, de la figure, et de la nation qu'on les désire ; car il en est de tous les pays, dont ils savent le nom et la demeure. Si celles qu'on amène ne conviennent pas, on paie la chaise à porteurs, et on les renvoie. D'autres leur succèdent, et peuvent être renvoyées de même, sans que ces petites humiliations occasionnent le moindre murmure. On sait ce qu'on donne à celles qu'on retient ; le messager est convenu de prix avec elles ; le maître de la maison n'a rien à y voir, et ne se mêle point de ces sortes de marchés. Si la proposition ne plaît pas à la demoiselle, ou même si quelque chose la rebute dans celui pour lequel on l'a fait venir, elle a également la liberté de se retirer, sans qu'on puisse user de violence à son égard. On s'exposerait à de mauvaises affaires si on se permettait la moindre insulte.

Quoiqu'en général les filles publiques paraissent inquiéter assez peu la police de Londres, cependant les magistrats sont attentifs à ce qui se passe dans les *Bagnos* ; et il y a peu de jours qu'un propriétaire d'une de ces maisons fut mis au carcan, pour avoir souffert des scènes trop scandaleuses. Les Anglais ont une façon singulière de punir les femmes qui donnent dans ces excès. Ils les attachent sur une chaise à bras, placée à l'extrémité d'une solive, sur un pivot en forme de bascule, et les plongent plusieurs fois dans l'eau, pour amortir en elles les feux trop violents de la concupiscence.

On remarque, à l'honneur de la Cité de Londres, qu'elle n'a jamais permis, dans son district, l'établissement de ces lieux de débauche, tandis que dans le quartier de Westminster, ou séjourne la Cour, on en compte jusqu'à dix sur une seule paroisse. Avant Henri VIII, il y avait déjà des maisons de cette espèce, appelées étuves publiques. Ce monarque les abolit, ordonnant que les femmes de mauvaises mœurs fussent privées des sacrements pendant leur vie, et de la sépulture après leur mort. Ces étuves appartenaient anciennement au lord-maire qui les donnait à ferme à des matrones. Ces mêmes lieux avaient des marques qui les faisaient reconnaître : c'étaient des figures peintes sur le mur, telles qu'une cloche, des clefs en sautoir, un chapeau de cardinal, etc.

Les filles entretenues n'ont jamais été aussi nombreuses en Angleterre, ni la débauche montée sur un ton aussi ruineux qu'elles le sont présentement. Les gens du grand monde se piquent de ne point vivre avec leurs femmes ; et l'on ne veut voir ses maîtresses que dans des palais. Celles-ci dédaignent tout autre spectacle que l'opéra, et n'y paraissent qu'en grande loge. Leurs équipages sont lestes et brillants : on les distingue à l'élégance, à la richesse de leur train et de leur parure. Une d'entre elles eut, au commencement de l'hiver, un petit rhume qui l'empêcha de voir le monde. On compta sur la liste de son portier, en un seul jour, six pairs du royaume, et autant de membres de la Chambre des communes qui s'y étaient fait écrire. Une autre a depuis peu introduit la mode de se faire apporter le thé au spectacle. Cette innovation causa d'abord une petite rumeur, qui fut bientôt étouffée par des applaudissements ; et l'on s'y est enfin accoutumé. Cette même fille désira de manger des fraises, au mois de février ; il ne s'en trouva que chez un jardinier qui possédait d'excellentes serres chaudes ; mais il n'y en avait que pour un petit panier dont on demanda vingt guinées. On les donna sur-le-champ pour satisfaire la belle miss ; et ce fait fut aussitôt rendu public par la voie des gazettes. Lorsqu'elle va se promener au parc Saint-James, elle est toujours parée comme une des première princesses de l'Europe. (Laporte, *Le Voyageur français*, vers 1775.)

Defauconpret
Aimables demoiselles

J'avais été invité un soir à aller prendre le thé (car on invite à prendre du thé à Londres, comme on vous engage à dîner à Paris) dans Leaden Hall Street, c'est-à-dire à une lieue et demie de ma demeure. Je ne craignais pourtant pas de me perdre, parce que dans toute cette longueur je n'avais qu'un seul coude à tourner pour regagner mon logis. J'étais sorti à dix heures et demie du soir et je cheminais paisiblement pour rentrer chez moi, quand tout à coup, comme j'entrais dans la rue nommée Cheapside, trois demoiselles, jeunes et jolies, me barrèrent le passage : l'une d'elle m'adressant la parole, me dit que j'avais l'air d'avoir froid, et me proposa fort honnêtement d'aller me réchauffer chez elles, où je trouverais très bon feu. Je leur dis que j'étais trop pressé pour pouvoir répondre à leur gracieuse invitation ; mais déjà deux d'entre elles s'étaient accrochées à chacun de mes bras, et la troisième, celle qui portait la parole et qui n'était pas la moins jolie, restait toujours en face de moi, et insistait.

« Eh ! mon Dieu, mesdemoiselles, savez-vous que j'ai quarante-cinq ans ? que voulez-vous ?...

— Allons, allons, dit l'une d'elles, entrons dans ce café ; nous y demanderons une chambre, vous nous paierez un bol de punch, et nous rirons un moment.

— Nous rirons ! Ah ! miss, vous me tentez violemment : je n'ai pas encore ri depuis que je suis en Angleterre ; mais... »

Eh ! bien, lecteur, que fallait-il faire ? Qu'auriez-vous fait contre trois ?
— Oui, je vous entends ; mais chut ! Ne voyez-vous pas deux grands yeux noirs qui, devinant comme moi votre réponse, se baissent modestement vers la terre ? Ils se dérobent à vos regards ; mais je vais vous procurer le plaisir de les revoir. On m'avait averti de quelle manière on pouvait se débarrasser des prévenances des demoiselles de Londres. Je fouillai dans ma poche, j'en tirai une pièce de trois shillings, que je les priai d'employer à boire à ma santé et à la leur ; et, sans attendre les excuses que j'allais leur faire de ne pouvoir partager leur écot, elles disparurent à l'instant.

Dans tout Cheapside, et dans la longue rue d'Holborn, je rencontrai une immense quantité de leurs compagnes, qui paraissaient disposées à me faire de semblables offres ; mais je marchais avec tant de rapidité, qu'aucune d'elles n'entreprit de m'arrêter.

La scène changea quand je fus dans Broad Saint Bloomsbury. La quantité des demoiselles de la même trempe ne diminuait pas, mais la qualité n'était plus la même ; elles étaient moins bien mises, et leur teint enflammé, leurs yeux égarés, le son rauque de leur voix, annonçaient l'état d'ivresse dans lequel presque toutes se trouvaient. Un homme ivre offre un aspect dégoûtant ; rien n'est aussi révoltant que la vue d'une femme prise de vin ; mais le spectacle le plus hideux que puisse vous présenter l'ivresse, c'est quand elle se montre à vos yeux sous les traits de jeunes filles de quinze à vingt ans.

Enfin, j'arrivai dans Oxford Street, et là je marchai d'un pas plus tranquille : j'étais sur un terrain que je connaissais. Dans cette rue, comme dans toutes celles de Londres, sans exception, on rencontre, dès que les lanternes sont allumées, un grand nombre de jeunes demoiselles qui marchent seules, ou deux à deux ; elles vont toujours très vite, comme si une affaire importante les pressait. Quand elles passent près de vous, elles fredonnent un petit air, vous poussent du coude, vous demandent l'heure, ou le chemin d'une rue ; assez souvent même elles attendent que vous leur adressiez la parole ; mais jamais elles ne s'emparent de vous de vive force, comme cela m'était arrivé dans la Cité.

Le nombre de ces créatures est infiniment plus considérable à Londres qu'à Paris. On serait tenté de croire qu'elles forment un quart de la population femelle de cette ville. Mais malheur à l'étranger qui, saisi de froid, se laisse persuader d'aller se réchauffer à leur feu ! Les dangers sont encore plus grands qu'à Paris, et il sera bien heureux si, en sortant de chez elles, il n'a à se plaindre que de la perte de sa bourse ou de sa montre.

Celles d'entre elles qui sortent de la classe commune et qui peuvent faire des frais de toilette, vont s'étaler aux spectacle. Leur nombre est prodigieux ; elles remplissent presque exclusivement la dernière banquette de chaque rang de loges. La jeune fille, assise à côté de sa mère sur le premier ou second banc, peut voir leur manège, entendre leurs entretiens avec des jeunes gens souvent à moitié ivres, et recevoir ainsi des principes de dépravation.

La plupart n'y arrivent qu'entre les deux pièces, parce qu'alors on ne paie plus que moitié prix pour entrer au spectacle. (Defauconpret, *Quinze jours à Londres à la fin de 1815*, 1816.)

Méry

Fantastique réalité

La nuit est le jour de l'été ; les péripatéticiens l'ont prouvé avant moi, eux qui ont inventé l'art de vivre aux étoiles. En été, ils ne connaissaient d'autre midi que minuit ; la chaleur n'existe pas, disaient-ils, c'est un mot vide de sens. Ces grands philosophes n'assistaient qu'au lever et au coucher du soleil ; ils aimaient mieux avoir mille et vingt-deux soleils sur la tête qu'un seul ; c'était plus riche et plus frais. Chez eux, on déjeunait à huit heures du soir avec des figues sèches, des raisins de Corinthe, du miel d'Hybla, du vin de Crète, sous les platanes de l'Académie, ou sur l'escalier d'une colonnade, au pied de la statue de quelque dieu ; on dînait à trois heures du matin, avec des rôtis succulents et du cytise fleuri, arrosé d'huile. Ils se promenaient avant et après le repas, devisant des choses du ciel et de la terre, se proposant des énigmes, se contant leurs voyages en Sicile, où ils avaient appris la sagesse par principes, de la bouche des rhéteurs en renom : existence douce, silencieuse, étoilée, insoucieuse du grand jour et du soleil, sa vogue ne pouvait tenir devant le progrès des lumières ; noble secte qui s'est éteinte sans retour peut-être dans les zones du Midi, et qui jette quelques lueurs encore à Londres ; où la police complaisante protège toutes les opinions qui fuient le tumulte et l'éclat.

La chaleur de l'été est intolérable dans le Nord ; ce n'est pas la chaleur franche et expansive des contrées méridionales ; c'est une oppression qui refoule la respiration dans la poitrine, comme si l'on présentait les lèvres à la bouche d'un four. A Londres, les jours d'été sont pleins de poussière, de fracas, de rosée, de suie, et d'étouffements ; mais les nuits y rachètent merveilleusement les vices du jour. J'ai vu des nuits dans bien des pays ; elles se ressemblent toutes ; le peuple dort, il ne reste dans les rues que les maisons. La seule capitale de l'Angleterre a une existence nocturne à part ; c'est un spectacle inouï qui produit l'effet d'un rêve de vingt lieues de circuit, éclairé au gaz. Il est possible que l'Anglais indigène n'ait jamais remarqué Londres sous cet autre aspect ; en général, personne ne connaît plus mal un pays que celui qui l'habite ; mais l'étranger saisit aisément toutes les nouveautés saillantes qui échappent aux nationaux.

Il n'est point de ville au monde comparable à Londres, pour la sécurité de ses nuits ; toutes les rues y sont illuminées comme des galeries de palais ; on marche dans un éclair de gaz hydrogène, et l'esprit s'effraie à calculer ce que coûte à fonder et à entretenir ce prodigieux travail souterrain d'artères et de veines qui rallument le jour et la vie dans cette cité immense. Toute l'Angleterre est ainsi soignée pour ses nuits, villes, bourgs, ponts, grandes routes, c'est partout la même et opulente illumination. Dans les pays où le soleil n'est à peu près connu que de réputation, où la lune et les étoiles sont des auxiliaires inutiles, il n'est pas étonnant qu'on ait multiplié ces myriades d'astres factices, afin de prouver à la nature avare, qu'on peut se passer de ses dons, quand on s'appelle l'Angleterre et qu'on a des mines de houille sous la main. Dieu veuille que les mines ne s'épuisent pas ! Albion s'éteindrait.

Rien ne favorise les promenades nocturnes, comme cette clarté qui vous environne et assure vos pas. L'étranger, qui a toujours entendu parler des voleurs de Londres, traite de fables tout ce qu'on lui a conté. On ne peut passer d'un trottoir à un autre sans se croiser avec un sergent de ville ; une armée d'hommes de police s'éparpille en éclaireurs et garde la ville en détail. Ces *policemen* sont graves, inoffensifs, silencieux et mélancoliquement observateurs : la tolérance qu'ils accordent aux péripatéticiens des deux sexes est admirable. Ils ne vous demandent jamais « *Où allez-vous* » ?, comme à Paris, parce qu'on leur répondrait : « Je me promène », et que la grande charte ne défend à personne de préférer la lune et les étoiles au soleil. Cependant, si le piéton nocturne portait atteinte au repos de la majorité diurne qui juge à propos de dormir, un *policeman* conduirait le péripatéticien en prison ; cela est de stricte justice sur une terre constitutionnelle, où la majorité a toujours raison, même lorsqu'elle a tort.

A Londres, le peuple qui dort se couche vers les deux heures du matin ; celui qui ne dort pas ne se couche qu'après le soleil levant ou quelque chose qui ressemble au soleil. Jusqu'à deux heures, les théâtres jouent, les voitures roulent, le peuple boit du *ginger beer* qui est fort mauvais, les passants mangent des homards et des crevettes, les jeunes gens fument dans les divans, et les marchandes de fleurs offrent des bouquets aux promeneurs affligés d'insomnie. La prostitution la plus étonnante qui fut jamais et devant laquelle M. Parent-Duchâtelet mourrait de douleur une seconde fois, s'il revenait au monde ; la prostitution du Bas-Empire, enrégimentée par centuries, marchant comme une seule femme, mêlant le satin à la bure, le chapeau de fleurs à la dentelle jaunie, depuis le sérail éblouissant de Drury Lane, jusqu'au chantier sombre et pierreux de Charing Cross; la prostitution à cent mille bras, enlace tout le nouveau Londres, le Londres des colonnes peintes, des péristyles de carton, des hôtels d'argile, des palais de brique, des temples peints à l'huile et au vernis; elle se roule comme un monde fou de femmes ivres, devant cette architecture majestueusement mesquine qui ne s'émeut de rien et qui n'a des croisées que pour ne rien voir. Dans toutes ces demeures vivent les plus nobles philanthropes qui travaillent à régénérer le monde, à faire refleurir la morale, à rendre à la vertu son culte, à l'homme sa dignité, à la femme sa pudeur; qui envoient des missionnaires protestants et des Bibles aux anthropophages de Bornéo et de Van-Diémen, aux païens d'Otahiti et des îles Sandwich; qui préparent une truelle pour poser la première pierre d'une *maison de conversion*, où quatre-vingt mille Aspasies errantes seront changées en Madeleines par la grâce de Luther et de Calvin; philanthropes de haute vue, qui rêvent l'amélioration des mœurs polaires et laissent polluer le seuil de leurs maisons, qui défrichent le champ de la morale sur les limites du monde et laissent la jeune fille mendier une insulte, avant sa puberté, sous le péristyle du Quadrant, ce gracieux trait d'union qui lie les souillures ténébreuses des deux Regent Street.

A deux heures la scène change: le monde qui reste sur la place ne semble pas appartenir à ce monde; une lèpre vivante coule le long des maisons; des êtres sans nom, sans sexe, sans voix, sans formes, vaguent au hasard, comme ces ombres qui attendent une obole pour passer de l'autre côté du fleuve. On assiste à des festins étranges, préparés aux carrefours sur des tables qui tremblent et font trembler des chandelles et des plats de mets hideux. D'autres êtres, qui sans doute sont des hommes, passent devant, par groupes muets, et achètent avec du cuivre imperceptible, d'énormes colimaçons crus et des débris hachés d'animaux antédiluviens. Tout autour règne une ligne d'hôtels opulents, dont le gaz fait ressortir le luxe ironique. Quel cadre et quel tableau! Le policeman se promène, et voyant que tout est bien, il laisse en paix les convives. Une succession d'âmes en peine défile silencieusement sur les trottoirs qui descendent à Carlton House. Les portes du parc Saint-James ouvrent l'Élysée de Londres à ces fantômes: le long des haies, sous les arbres, sur les banquettes du parc royal, apparaissent des masses confuses de haillons qui flottent sur des squelettes, des chapeaux de paille en putréfaction, ornés du crêpe du deuil de Guillaume, des robes tourmentées, des visages monstrueux avec des yeux sans regard, des liasses de guenilles qui se tiennent par les mains; le joyeux gaz hydrogène éclaire tout cela tranquillement avec sa flamme sereine, et trahit les ombres courtisanes rôdant autour de graves et chastes sentinelles qui gardent l'ombre du roi mort. Aucune voix, aucun cri, aucune plainte ne se fait entendre sous ces bocages; ceux qui veillent respectent le sommeil des hôtels de Carlton

Terrace, c'est une promenade en pantomimes, où la licence est grave et ne rit pas de ce qu'elle fait ; c'est un badinage mélancolique, une espièglerie sérieuse, qui ressaisit son innocence devant le policeman, et ne prend de ses plaisirs ou de ses peines que ce que lui permettent les lois du pays.

Dans toute l'étendue de ce parc circule la même population. Au milieu de ces incroyables scènes, on trouve souvent des Anglais austères qui lisent les papiers publics, sous le gaz, comme dans un cabinet littéraire, et qui ne sont jamais distraits de leur lecture par le tourbillonnement des ombres, nombre de sages péripatéticiens traversent toutes ces souillures flottantes, comme la douce Aréthuse les flots amers, ils ne causent pas entre eux, ils se promènent courbés sous une méditation muette, ils sont assis sur les banquettes, et regardent les arbres ; ils dorment au frais sur la foi de l'hospitalité royale qui leur fait ce doux sommeil. Chacun pense pour soi, parmi ces philosophes errants, et personne n'est assez prodigue de ses idées pour les communiquer à ses voisins. Rien de morne comme ce silence, qui n'est interrompu, par intervalles, que par un léger sifflement d'aspiration gutturale, sorti d'une lèvre invisible, et semblable au susurre de la sauterelle dans les nuits tièdes du Midi.

Mêmes scènes se répètent devant le palais neuf de Saint-James, triste et désert comme une ruine d'Égypte ; devant l'arc de triomphe, qui s'abaisse si lourdement sur la terre, n'ayant rien à porter vers les cieux, et même encore devant la vénérable abbaye de Westminster. Le cimetière est envahi ; des ombres dissolues folâtrent sur la pierre des tombes, et insultent à la majesté des deux chambres et des reines ensevelies, dans les hangars et les sépulcres voisins. Westminster élève aux cieux ses deux tours, comme deux bras pour demander vengeance : le ciel n'écoute point le monument apostat ; il faut que les sacrilèges se consomment : est-il quelque chose de saint depuis la papauté d'Henri VIII ? A défaut du ciel vengeur, il y a une sentinelle qui n'a pas reçu dans sa consigne la répression des sacrilèges, et l'éternel policeman, qui a mission de protéger le sommeil des vivants, ne s'inquiète pas du sommeil des morts.

Si l'on se jette dans le faubourg immense, de l'autre côté de Westminster, on voit les mêmes accidents nocturnes, aux lueurs délatrices de ce gaz impitoyable qui poursuit le crime partout et l'éclaire comme une bonne action. Il y a des grilles de fer ornées de têtes immobiles qui vous regardent et ne rient jamais ; il y a des portes ouvertes qui conduisent à des repaires mystérieux et interdits au soleil hydrogène ; il y a des perrons où sont assis des hommes et des femmes comme un groupe de statues sur un tombeau ; et toujours le long des trottoirs, toujours la fourmilière d'ombres déguenillées, en chapeau de paille, avec le crêpe royal, marchant avec des intermittences d'allure pudique ou folle selon qu'elles voient paraître ou s'éclipser le *waterproof* luisant et rond qui couvre la tête du policeman. C'est partout le même tableau, le même décor, les mêmes acteurs ; on marche toujours dans la rue qu'on vient de quitter ; on revoit ce qu'on vient de voir. A droite et à gauche, de belles maisons, dont les portes étincellent de cuivre et de vernis ; des trottoirs doux comme de l'acier poli, des *squares* qui dorment à l'ombre dans leur prison de fer ; des rues qui suivent le cordeau, avec leur régularité désespérante ; une profusion inouïe de fanaux où le gaz joue avec le vent du haut de ses candélabres ; et partout aussi une misère vivante et fluide, une lèpre intarissable, une volupté en putréfaction, un cynisme élevé à toute sa bassesse ; partout l'or et le granit brodant des vignettes anglaises sur un fond d'immondices.

En traversant Westminster Bridge, on marche entre deux rangées de niches peuplées de cénobites qui dorment ou attendent quelque chose ; et comme on ouvre la bouche pour respirer la Tamise, après avoir respiré tant d'air infect, on demeure confondu d'étonnement devant le magnifique spectacle de Londres endormi sur les haillons de Londres qui veille : géant de la création humaine qui n'a pas de pain à jeter à tous ses enfants, et les regarde gisants sur le fumier, du haut de l'église Saint-Paul, ce beau corps sans âme, ce cadavre du soleil de Rome, ce dôme de glace, qui refroidit la tête et le cœur, et ne peut se donner à lui-même qu'une couronne de charbon éteint.

L'aube laisse tomber sa pâle tristesse sur toutes ces âmes en peine qui vaguent et prennent un corps aux premières lueurs du jour, mais quel corps ! Elles affrontent l'aurore ; elles feraient reculer le soleil s'il y avait un véritable soleil à Londres. Il faut voir avec quelle gravité les sentinelles de Saint-James regardent passer ces échappées de la nuit ! Où vont-elles subir le jour ? personne ne le sait ; elles l'ignorent elles-mêmes. A cette heure, c'est vraiment un admirable tableau, qu'une vue de Londres, prise de l'arc de triomphe, devant Hyde Park ou de Carlton Terrace. Les vapeurs du crépuscule matinal se mêlent aux lueurs expirantes du gaz hydrogène, et font ressortir sur un ciel d'opale les cimes des arbres les plus gracieusement dessinés du monde, et les hautes colonnades des parcs. Tout ce que l'impitoyable clarté du jour fait saillir de faux, de servile, de guindé, de massif, dans la fastueuse indigence de l'architecture anglaise, est encore perdu dans les complaisantes demi-teintes de l'aube ; on croirait voir ressusciter d'entre les ténèbres, Palmyre et Babylone. La lourde et fade colonne du duc d'York profite du moment pour jouer la colonne Antonine et se faire gracieuse à peu de frais. Sur Waterloo Place et à Regent Street, toutes les pierres s'élèvent avec une majesté imposante ; les portiques des clubs oublient qu'ils sont de carton, et prennent des airs de temples ; les ordres toscan, ionique, corinthien, qui demandent humblement pardon au soleil de s'être déguisés à l'anglaise, affectent des attitudes monumentales à tromper l'œil de Phidias. Sur la place de Trafalgar, le Musée s'enveloppe d'un aspect grandiose ; le palais du duc de Northumberland se couvre d'un domino vénitien, et le lion qui le surmonte ressemble quelques minutes à un lion ; la statue équestre de Charles Ier ne fait plus rougir l'ombre de Van Dyck, et double heureusement le Marc Aurèle du Capitole. C'est de toutes parts une grandeur, une richesse, une profusion de portiques, de colonnades, de basiliques, de péristyles, comme leur grand artiste Martin les a rêvés, dans une nuit d'orage, avec un éclair livide pour soleil.

A mesure que l'aurore aux doigts de brume glisse à travers cette succession monumentale de merveilles ténébreuses, la majesté de leur architecture s'humilie ; et dès que le jour arrive, il ne reste que la plus soignée, la plus correcte, la plus habitable ville du monde, où l'industrie et la richesse ont fait triompher tout ce qui est utile, sans appeler l'art et la grâce à leur secours. (Méry, *Les Nuits de Londres*, 1840.)

Flora Tristan
Regards de femme

Cependant, il n'existe que peu d'emplois pour les femmes qui ont reçu quelque éducation ; ensuite les fanatiques préjugés de sectes font repousser de toute maison, souvent même du toit paternel, les filles qui ont été séduites et trompées ; et la plupart des riches propriétaires de la campagne, des manufacturiers et des chefs d'usine se font un jeu de les séduire et de les tromper. Ah ! que ces capitalistes, que ces propriétaires du sol, que les prolétaires rendent si riches par l'échange de quatorze heures de travail contre un morceau de pain, sont loin de balancer, par l'usage qu'ils font de leur fortune, les maux et désordres de tous genres qui résultent de l'accumulation des richesses dans leurs mains ! Ces richesses presque toujours alimentent l'orgueil et fournissent aux excès de l'intempérance et de la débauche ; en sorte que le peuple, perverti par son affreuse misère, est encore corrompu par les vices des riches.

Les filles nées dans la classe pauvre sont poussées à la prostitution par la faim ; les femmes sont exclues des travaux de la campagne et, quand elles ne sont pas occupées dans les manufactures, elles n'ont pour toute ressource que la servitude ou la prostitution !

> Allons, mes sœurs, marchons la nuit comme le jour ;
> A toute heure, à tout prix il faut faire l'amour ;
> Il le faut, ici-bas le destin nous a faites
> Pour garder le ménage et les femmes honnêtes*.

Les filles publiques à Londres sont si nombreuses qu'à toute heure on en voit partout ; elles affluent dans toutes les rues ; mais à certaines époques de la journée elles se rendent des quartiers éloignés, où la plupart demeurent, dans les rues où la foule se rencontre, aux prome-

---

* Auguste BARBIER, « Le Minotaure », *Lazare*, 1837 (Flora Tristan a interverti une ligne de la première strophe avec une ligne de la dernière strophe).

nades et aux théâtres. Il est rare qu'elles reçoivent les hommes chez elles ; les propriétaires des maisons presque toujours s'y opposent, et puis les logements qu'elles occupent sont trop mesquinement meublés. Les filles amènent leurs *captures* dans des maisons destinées à leur métier ; maisons qui existent de distance en distance dans tous les quartiers, sans exception, et sont, d'après ce que rapporte M. le docteur Ryan, aussi nombreuses que les boutiques de *gin*.

Je suis allée comme observatrice, accompagnée de deux amis armés de cannes, visiter, entre sept et huit heures du soir, le nouveau quartier auquel aboutit le pont de Waterloo et que traverse la large et longue rue de Waterloo Road. Ce quartier est presque entièrement peuplé de prostituées et de suppôts de la prostitution. Ce ne serait pas sans courir d'imminents dangers qu'on le parcourrait seule le soir. Nous étions en été, et la soirée était très chaude ; les filles se tenaient aux fenêtres ou assises devant leurs portes, riant et jouant avec leurs *souteneurs*. Demi-vêtues, plusieurs *nues jusqu'à la ceinture,* elles révoltaient, provoquaient le dégoût, tandis que l'expression de cynisme et de crime qu'on lisait sur la figure des souteneurs faisait naître l'effroi.

En général, ces souteneurs étaient de très beaux hommes, jeunes, grands et forts ; mais à leur air commun et grossier on croyait voir ces animaux qui n'ont que leur appétit pour instinct.

Plusieurs nous accostèrent en nous demandant si nous voulions une chambre... Comme nous leur répondions négativement, un, plus effronté que les autres, nous dit d'un ton menaçant : « Que venez-vous donc faire dans ce quartier, si vous ne voulez pas de chambre pour y faire entrer *votre dame* ? » J'avoue que je n'aurais pas voulu me trouver seule en face de cet homme.

Nous parcourûmes ainsi toutes les rues adjacentes de Waterloo Road, et nous vînmes nous asseoir sur le pont pour observer un autre spectacle. Nous y vîmes passer les filles du quartier de Waterloo Road, qui, le soir entre huit et neuf heures, vont par *bandes* dans le West End de la ville, où elles font leur métier pendant la nuit et reviennent chez elles vers huit ou neuf heures du matin.

Les filles parcourent toutes les promenades et les rues où la foule se porte ; celles qui aboutissent à la Bourse, aux heures où l'on s'y rend, les abords des théâtres et autres lieux publics ; à l'heure du demi-prix, elles envahissent tous les spectacles et s'emparent des foyers dont elles font leur salon de réception. Après le spectacle, les filles se rendent aux *finishes* : ce sont d'ignobles cabarets ou de vastes et somptueuses tavernes où l'on va finir la nuit.

Les *finishes* se lient aux mœurs anglaises comme l'estaminet aux habitudes allemandes et l'élégant café aux usages français. Dans les uns, le clerc de procureur, le commis marchand boivent de l'*ale*, fument du mauvais tabac et ribotent avec des filles salement vêtues ; dans les autres, la *fashion* boit du punch au cognac, du vin de France et du Rhin, du *sherry* et du *porto* : elle fume d'excellents cigares de La Havane, rit et joue avec des filles jeunes, belles et richement vêtues. Mais, dans ceux-ci comme dans ceux-là, l'orgie s'y montre dans toute sa brutalité, dans toute son horreur !

On m'avait raconté, au sujet des finishes, des scènes de débauche que je me refusais à croire. Je me trouvais à Londres pour la quatrième fois, et j'étais venue avec la ferme intention de tout connaître. Je me décidai donc à surmonter ma répugnance et à aller moi-même dans un de ces finishes, afin de juger du degré de confiance que je devais accorder aux diverses peintures qui m'en avaient été faites. Les mêmes amis qui étaient venus m'accompagner à Waterloo Road s'offrirent encore de me servir de cicérone.

C'est un spectacle à voir, et qui fait mieux connaître l'état moral de l'Angleterre que tout ce qu'on pourrait dire. Ces tavernes splendides ont une physionomie toute particulière. Il semble que les habitués de ces palais soient voués à la nuit ; ils vont dormir lorsque le soleil commence à éclairer l'horizon, et se réveillent après son coucher. A l'extérieur, ces palais-tavernes (*gin palaces*), soigneusement fermés, n'indiquent que le sommeil et le silence ; mais à peine le portier vous a-t-il ouvert la petite porte par où entrent les initiés que vous êtes ébloui par les vives et brillantes lumières s'échappant de mille becs de gaz. Au premier est un immense salon divisé en deux dans sa longueur. Dans l'une des divisions est une rangée de tables séparées par des cloisons en bois, comme dans tous les restaurants anglais ; aux deux côtés des tables sont des bancs en forme de sofa ; en face, dans l'autre division, est une estrade où des filles de joie, en grand costume, se tiennent en *montre*. Elles agacent les hommes du regard et de la parole. Lorsqu'on leur répond, elles mènent le galant gentleman à une des tables qui sont toutes chargées de viandes froides, de jambons, de volailles, de pâtisserie et de toute espèce de vins et liqueurs.

Les finishes sont les temples que le matérialisme anglais élève à ses dieux ! Les domestiques qui desservent ceux-ci sont richement vêtus ; les industriels propriétaires de l'établissement saluent humblement les convives *mâles* qui viennent y échanger leur or contre de la débauche.

Vers minuit, les habitués commencent à arriver. Plusieurs de ces tavernes sont les rendez-vous de la haute société, où l'élite de l'aristocratie se rassemble. D'abord les jeunes lords se couchent sur les bancs en forme de sofa, fument et plaisantent avec les filles ; puis, après plusieurs libations, les vapeurs du champagne, l'alcool du madère exaltent leur cerveau ; les illustres rejetons de la noblesse anglaise, les très honorables du Parlement quittent leur habit, dénouent la cravate, ôtent le gilet et les bretelles. Ils établissent leur *boudoir particulier* dans *un cabaret public*. Pourquoi se gêneraient-ils ? Ne payent-ils pas très cher le droit d'imposer leur mépris ? Et quant à celui qu'ils inspirent, ils s'en moquent. L'orgie va toujours *crescendo* ; entre quatre et cinq heures du matin, elle atteint son apogée.

Oh ! alors, il faut avoir une certaine dose de courage pour rester là, muet spectateur de tout ce qui se passe !... Quel digne emploi ils font de leurs immenses fortunes, ces nobles seigneurs anglais ! Comme ils sont beaux, comme ils sont généreux lorsqu'ils ont perdu l'usage de leur raison et qu'ils offrent cinquante, cent guinées à une prostituée, si elle veut se prêter à toutes les obscénités que l'ivresse enfante...

Dans les finishes, il y a toutes sortes d'amusements... Un des plus goûtés est de *soûler* une fille jusqu'à ce qu'elle tombe morte ivre ; alors on lui fait avaler du *vinaigre* dans lequel de la *moutarde* et du *poivre* ont été délayés ; ce breuvage lui donne presque toujours d'horribles convulsions, et les soubresauts, les contorsions de cette malheureuse provoquent les rires et amusent infiniment l'*honorable société*. Un divertissement fort apprécié aussi dans ces fashionables réunions, c'est de jeter sur les filles qui gisent mortes ivres sur le plancher un verre de *n'importe quoi*. J'ai vu des robes de satin qui n'avaient plus aucune couleur ; c'était un mélange confus de souillures ; le vin, l'eau-de-vie, la bière, le thé, le café, la crème, etc., y dessinaient mille formes fantasques — écriture diaprée de l'orgie : oh ! la créature humaine ne saurait descendre plus bas !

L'aspect de cette débauche méphistophélique révolte, épouvante, et ses exhalaisons viennent soulever le cœur ; l'air est chargé de miasmes infects : l'odeur des viandes, des boissons, de la fumée de tabac et d'autres odeurs plus fétides encore... toutes ces émanations vous saisissent à la gorge, vous serrent les tempes et vous donnent le vertige : oh ! c'est horrible !!!... Cependant, cette vie, qu'elles recommencent *chaque nuit*, est pour les filles publiques leur seule espérance de fortune, car elles n'ont aucune prise sur l'Anglais *à jeun*. *L'Anglais à jeun est chaste jusqu'à la pruderie.*

C'est ordinairement vers sept ou huit heures du matin qu'on se retire du finish. Les domestiques vont chercher des fiacres ; ceux qui se tiennent encore sur leurs jambes cherchent leurs vêtements, les ramassent et se retirent chez eux ; quant aux autres, les garçons de la taverne les rhabillent comme ils peuvent, avec les premiers habits qui leur tombent sous la main, les portent dans le fiacre, et indiquent au cocher l'adresse du *paquet* qu'ils lui donnent. Très souvent, il arrive qu'on ignore la demeure de ces individus ; alors ils sont déposés dans une salle au fond de la maison, où on les couche tout bonnement sur la paille. Cette salle s'appelle le *trou des ivrognes*. Ils restent là jusqu'à ce qu'ils aient recouvré leurs sens assez pour pouvoir dire où ils veulent être conduits.

Il est inutile de dire que les objets consommés dans ces tavernes se payent à d'énormes prix ; ainsi les nobles lords en sortent-ils la bourse entièrement vide, heureux si la cupidité de leur sirène leur a fait grâce de la montre, du lorgnon aux branches d'or, ou de toute autre chose de prix.

(Flora Tristan, *Promenades dans Londres*, 1840.)

Nerval
Une ville où la nuit est plus amusante que le jour

Je m'étais endormi sur le *south western railway*, et en me réveillant, je me trouvai emporté par la foule, le long de la chaussée du débarcadère ; tout engourdi encore, je me demandais si je ne venais pas de débarquer à Versailles ou à Saint-Germain. Une rangée d'omnibus attendait au bout de la galerie ; on lisait sur la caisse, en lettres blanches : Piccadilly, Strand, Pall-Mall, Kent Road, etc. Il s'agissait de choisir. Je ne choisis pas — je pris la première voiture, jugeant bien que ce devait être celle qui me conduirait aux quartiers du centre ; — très heureux, du reste, de ne rencontrer là ni commissionnaires, ni garçons d'hôtel, ni personne qui tînt à m'indiquer quoi que ce soit.

Quel bonheur ! n'être pas obligé d'aller à un hôtel désigné, d'y prendre une chambre, d'y commander à dîner, d'y faire arranger mes effets, de payer trois ou quatre estafiers ; — et tout cela grâce à la précaution de n'avoir apporté qu'un paquet fort simple, que je pouvais laisser au dépôt de l'omnibus ! — Je descends où je veux, je suis maître de la ville. Je puis m'arrêter au premier restaurant venu, où l'on me servira selon ma fantaisie ; ensuite aller au café, au théâtre, sans me préoccuper d'un hôtel, que je choisirai, comme j'ai fait de l'omnibus, en entrant à l'heure que je voudrai dans le premier qui se présentera sur ma route... Voilà les délices dont je me berçais, regardant Londres comme une capitale ordinaire. Je n'étais pas au bout. — On traversait d'immenses quartiers silencieux, des ponts d'un quart de lieue ; peu à peu le gaz s'allumait, de vastes espaces plantés d'arbres s'éclairaient de nombreux candélabres ; c'étaient Privy Garden, Saint-James Park et cette large rue de Whitehall qui fait penser au Cromwell de Victor Hugo. Enfin le conducteur crie : Charing-Cross ! L'endroit me paraît très central, très animé ; je fais signe d'arrêter, et je me trouve sur une place immense avec des palais, des colonnades dans le goût de Pæstum, une colonne triomphale, des portiques, des escaliers, des statues ; le tout dans ce goût gigantesque et dans ce style grandiose que les Anglais appellent *babilonian*.

« Celui, disait Byron, qui s'est vu sur l'Acropolis, qui a navigué dans le détroit de Constantinople, — celui qui a vu Tombouctou, ou qui a pris son thé dans la métropole en porcelaine des Chinois, — ou encore qui s'est assis sur les briques de Ninive, peut bien ne pas faire beaucoup de cas du premier coup d'œil de Londres... »

Si j'avais su, en effet, que ce que je voyais là était le plus bel endroit, le plus beau coup d'œil à jeter dans cet *enfer*, j'aurais réservé mon admiration pour les merveilles citées plus haut, dont j'ai vu au moins la moitié ; — mais j'avoue qu'au premier moment j'ai trouvé que cela était bien. La lumière m'attirait comme les papillons ; j'ai remonté une rue, à gauche du grand édifice qui formait le fond de la place, et qui n'est rien moins que le musée national, et j'ai rencontré un passage fort beau, d'une grande hauteur, avec des coupoles de vitres, et où l'on ne vend pourtant que des jouets d'enfants et des poteries de faïence. A l'autre bout, je me suis trouvé engagé dans une foule de petites rues qui communiquaient à des marchés. C'était aux environs de Drury-Lane. J'arrivai enfin à ce théâtre illustre ; mais il était fermé, on y attendait la troupe d'opéra de Bruxelles. — Après tout, je sentais le besoin de dîner ; rien ne se présentait sous l'aspect d'un restaurant, et je regrettais déjà d'avoir quitté Charing-Cross dont l'aspect était beaucoup plus hospitalier.

Enfin j'aperçus un établissement sur les vitres duquel était écrit *beef-house*, ce que je traduisis par bœuf-maison. Il était clair qu'on devait y manger. J'entrai dans la salle, divisée par une foule de ces compartiments trop connus pour être décrits, où s'incruste l'Anglais amant de la solitude. Il y avait un assez grand nombre de ces ermites dîneurs, — et quelques dames bien mises partageaient le repas de gentlemen proprement couverts. L'endroit était donc *honorable*. Je m'assis ; je ne trouvais aucune carte, et je fis signe à un garçon qui me répondit : *yes*. J'attendis cinq minutes en lisant le *Sun*, et je vis enfin reparaître mon homme avec un très grand plat d'étain recouvert d'une cloche qu'il posa devant moi. Je demandai du pain, ce qui parut le surprendre, et de la bière, qu'après quelque hésitation il promit de me procurer.

En effet, on envoya un garçon chercher de la bière au-dehors, et je pus me livrer enfin à un repas de la plus grande simplicité. Le bœuf était bouilli à la sauce piquante, avec beaucoup d'épices et d'aromates qui en relevaient fortement la saveur. Il était impossible d'avoir grand-faim après avoir consommé ces condiments de haut goût, — mais, en effet, il fallait bien s'en contenter : on ne servait pas autre chose, je demandai la carte ; on me dit que c'était *six pence* (soixante centimes) ; ce qui me rassura, touchant la cherté de la vie à Londres, dont j'avais tant de fois entendu parler.

Je lus sur les assiettes et les moutardiers que ce *bœuf-maison* avait été fondé en 1768 ; et je me dis que probablement il y avait tout un passé dans ce souvenir. Je suis sûr que c'était là le lieu de réunion des écrivains exilés de France, des philosophes, poursuivis par les foudres du parlement ; — plus tard les émigrés ont dû s'y rassembler et y rêver des cuisines abolies, sans cependant mépriser trop ce modeste et économique bœuf à la sauce piquante, qui peut être de grande ressource à Londres assurément.

Mais, s'il n'avait été déjà tard, j'aurais regretté ce soir-là le peu de variété d'un tel repas. Quand je fus sorti, je ne tardai pas à me fatiguer dans les mille détours de ce quartier populaire, et je songeai sérieusement à me mettre en quête d'un hôtel. Je vous avouerai, mon ami, que, sachant un certain nombre de langues, je les sais néanmoins très imparfaitement. Les ayant apprises surtout dans les livres et les journaux, *l'accent* me déroute et m'intimide, m'empêche de reconnaître les mots... Mettons même, si vous voulez, que je ne sais pas l'anglais, vous allez en être convaincu. Je lis sur une vitre : *chambers to let* : je me dis : Ce sont sans doute des chambres à louer, j'entre et trouve, au rez-de-chaussée, une charmante dame à laquelle je ne puis faire comprendre ce que je voulais. Elle finit par aller chercher un monsieur tout de noir habillé, qui, de son côté, était censé parler français ; nous nous entendons très bien sur les premières phrases, mais, arrivé à l'objet de ma demande, impossible de faire entendre que je voulais une chambre pour la nuit.

Ennuyé sans doute de ce dialogue à bâtons rompus, il me dit : « Êtes-vous franc-maçon ? — Non, lui répondis-je en riant », et il fit claquer sa langue avec quelque impatience. Enfin sa bienveillance tenta un dernier effort. « Avez-vous servi sous Napoléon ? me dit-il. — Diable non ! » (Cette supposition était insultante pour mon âge.) « Sous Louis-Philippe ? reprit-il. — Pas davantage. »

Voyant décidément qu'il n'y avait nulle raison de s'intéresser à moi, l'Anglais tourna sur ses talons et m'abandonna à mon sort.

Parbleu ! me dis-je, je suis bien bon de me préoccuper d'un hôtel. Londres a la réputation d'être une ville où la nuit est plus amusante que le jour, je trouverai bien à me coucher demain, fût-ce dans l'herbe de ces parcs que j'ai entrevus ce soir en passant. Allons devant nous au hasard et fions-nous à notre étoile ; c'est le moment de la consulter.

Il faisait en effet un de ces temps, rares à Londres, où les astres scintillent comme aux *noces d'or* d'Obéron et de Titania. La soirée n'était pas très avancée ; je continuai à me diriger vers les quartiers les plus populeux, avec cette intelligence des localités diverses d'une grande ville que donne l'habitude des voyages. Il était clair que j'avançais peu à peu vers cette vieille Cité tant de fois célébrée dans les romans et les mélodrames où se pressent tous les contrastes, où s'amassent l'or et la boue, où luttent la lumière et l'ombre. Après avoir traversé des passages couverts, un square noir et silencieux, je me trouvai tout à coup dans une rue éblouissante croisée par une rue plus courte au bout de laquelle on apercevait un pont. J'allais me diriger de ce côté lorsque je remarquai que cette rue et ce pont étaient remplis d'une foule compacte de femmes parées qui marchaient toutes dans le même sens et qui, une fois arrivées dans la rue où j'étais, se répandaient à droite et à gauche et disparaissaient dans les rues transversales.

Je me souvins alors de cette fameuse *descente* des courtisanes de Londres, que Méry a décrite et qui s'effectue par le pont de Waterloo. Ces dames sont reléguées en effet dans la partie méridionale de Londres où elles habitent, et le soir seulement, vers huit heures, la police leur permet de se répandre dans les quartiers brillants et aux abords des théâtres, ce qu'elles font naturellement toutes à la même heure et en débouchant toutes par cet illustre pont de Waterloo qui fait la gloire et l'orgueil de l'Angleterre, — comme s'il fallait que la honte et l'opprobre participassent en quelque sorte à ce grand souvenir.

Je laissai de côté ce flot intarissable de satin, de plumes et d'attraits impurs, qui envahissait à l'heure fixe le cœur de la grande Babylone, — et je ne tardai pas à apercevoir une porte monumentale, percée de trois arches et dont le style remontait évidemment à la Renaissance. C'était Temple-bar, l'entrée de la Cité; et la rue qui venait ensuite, bordée des boutiques les plus brillantes, me laissait apercevoir dans le lointain le dôme connu de Saint-Paul.

Arrivé à cette église, qui est tout bonnement notre Panthéon augmenté de deux petits clochers latéraux à la façade, je tournai à gauche et je me trouvai dans cette fameuse rue Cheapside qui aboutit au Royal Exchange : c'est la Bourse, c'est le centre des affaires. Mais déjà tout ce quartier commençait à se fermer et à s'obscurcir. J'entrai dans la partie pauvre de Londres, et d'énormes débits de gin et de petite bière rayonnaient seuls aux encoignures des rues : c'était le quartier de White Chapel; — le centre animé des mystères célébrés dans les romans de Bulwer, de Ainsworth et de Frances Trollope. Je m'attendais à voir des haillons du plus grand style : je ne rencontrai que des gentlemen en habit noir et cravate blanche, — l'un très râpé il est vrai, l'autre très sale, — et des *dames* en chapeau, avec des châles et des robes simplement passés. Tout ce beau monde était la canaille de l'endroit. Il y avait çà et là beaucoup de gens ivres mais silencieux. C'était pourtant ce qui chez nous représenterait la Courtille ou plutôt le boulevard du Temple. Une foule de petits théâtres et de cabarets-théâtres étalaient à droite et à gauche leurs affiches démesurées.

Je vis là dans le nombre des pièces annoncées le nom glorieux d'*Hamlet*. J'entrai dans une petite salle grande comme les Funambules; mais on y jouait une autre pièce intitulée *Le Charpentier de Rouen* : *Hamlet* n'était que pour le lendemain. Je n'eus pas besoin de voir deux scènes du *Charpentier* pour reconnaître *Gaudinot roi de Rouen* de M. Scribe. Je sortis et j'entrai un peu plus loin; on donnait sous un titre quelconque *Les Deux Grivet* du Palais-Royal. Je me rejetai sur un troisième dont l'affiche portait *Génie et Pauvreté* : c'était *Le Chef-d'œuvre inconnu* de Lafont. Enfin je vois sur une autre affiche une pièce annoncée comme *la perle* de la saison; j'entre pour le dénouement : c'étaient *Les Deux Serruriers* de Pyat. Seulement la scène de la prison, où l'un des serruriers tente de tuer l'autre, donnait lieu à une scène de boxe qui durait un quart d'heure, aux grands applaudissements de l'assemblée. — Tous ces théâtres avaient pour vestibule un débit de bière et de gin; la contremarque se soldait en consommation.

Après tout, n'est-il pas fatigant de ne pouvoir juger les acteurs anglais qu'à travers des pièces françaises ? Il y avait du reste beaucoup de feu et d'ensemble dans ces représentations.

Je ne tardai pas à regagner les quartiers du centre. Tout était fermé, excepté une grande quantité d'*huîtres-maisons*, — où toute la nuit l'on peut consommer du poisson et des huîtres mais pas autre chose.

Je finis par un tableau complet des plaisirs nocturnes de Londres, dont je n'ai pas toutefois recueilli moi-même les traits principaux.

Voici ce qu'on peut dire de certains bals de Londres, — qui semblent en effet avoir un avantage marqué sur les nôtres. On n'y rencontre ni Pomaré, ni Mousqueton, ni Mogador, ni les quatre sœurs Chausson ; — les célébrités y portent des noms moins fantasques. Ces lieux de plaisir, sous des dehors de luxe et d'élégance, sont le rendez-vous de la partie la plus dissolue et la plus dangereuse de la population. Ils prennent néanmoins le titre fastueux de *salons*, qu'ils justifient d'ailleurs par la richesse, le confort et le brillant éclairage de la salle principale, sinon par la distinction et la moralité des habitués. Des becs de gaz qui s'allument passé dix heures les signalent à l'attention publique et les distinguent des autres lieux de réunion. Les plus recommandables de ces établissements sont : *the Albert* et *the Victoria saloons* et l'*Elysium*, situés à la proximité des grands théâtres ; on peut y joindre *the Waterford arms, the Saint-Albans, the Regent* et *Goodered's saloons*, situés tous les quatre dans le voisinage d'Haymarket.

Ces salons exercent leur attraction sur les viveurs, les roués, les boxeurs et sur quelques étrangers, curieux de contempler dans toute sa brutalité l'effervescence britannique. Ces individus composent le fond de cette société à part, mais ne la constituent pas tout entière : de vaines apparences de luxe sont un appât suffisant pour attirer dans la société d'escrocs et de fainéants, des étourdis dont le seul but est de se procurer une excitation artificielle en prenant part à des plaisirs fastueux et réprouvés.

Pour un étranger, l'aspect de ces établissements est aussi extraordinaire que séduisant. Après avoir déposé sa canne au vestiaire et monté un escalier recouvert d'un épais tapis, il est introduit dans une salle splendidement éclairée par des lustres et des candélabres, élégamment décorée, et remplie d'une foule de femmes somptueusement parées, toutes ruisselantes de soie, de velours et de satin, les épaules, les bras et le sein nus ou couverts de pierreries. Il foule un moelleux tapis de Turquie, il aspire un air imprégné de parfums et de volupté ; il prête l'oreille à des sons enivrants ; des femmes en grand costume, ou plutôt en grand déshabillé de bal, passent sans cesse devant ses yeux, s'abandonnent aux mouvements hardis et provocants de la polka, ou, fatiguées, haletantes, se laissent tomber sur le damas des sofas. — Le plaisir brille sur tous les visages, éclate dans tous les mouvements, étincelle dans tous les yeux, rendus ardents surtout par les brûlantes vapeurs alcooliques. — L'étranger se trouve pris par tous les sens à la fois ; les passions, personnifiées par la mythologie antique, s'attachent à lui comme à leur proie ; le plaisir lui sourit sur les joues fardées des danseuses ; la joie l'appelle du fond des bouteilles de porto, de xérès, de champagne. — Transporté, hors de lui, il ne tarde pas à se joindre au groupe des danseurs, et disparaît dans les évolutions de la polka ou de la valse à deux temps.

La folle orgie continue ainsi toute la nuit et ne cesse qu'au moment où le soleil, filtrant à travers les fissures des volets, jette un regard de douleur et de reproche sur ces pompes de la nuit.

Tous les jours de la semaine, le samedi excepté qui est le sabbat des juifs, durant les heures consacrées au sommeil, la même scène se renouvelle dans les salons que nous avons nommés. Les heures calmes et paisibles de la nuit y sont employées à courtiser les reines de la fête, à suivre les mouvements que leur imprime la danse, à valser avec elles, à se quereller avec d'incommodes voisins, à faire d'abondantes libations de vins capiteux, à se livrer à toutes les excitations de l'âme et des sens, jusqu'à ce que, si on est assez honnête pour n'avoir pas d'amis dans ces lieux, l'on en soit expulsé pour le bruit ou pour le scandale que d'autres auront causé.

Il n'est pas rare de rencontrer, dans ces *salons*, des jeunes gens imberbes, élégamment vêtus, aux traits efféminés, aux yeux grands et veloutés, aux cheveux soigneusement bouclés sous un chapeau de la forme la plus nouvelle, qui s'informent de l'état de votre santé avec la plus gracieuse sollicitude. Ce sont encore des femmes, un peu mûres ou généralement peu chargées d'embonpoint, qui ont pris ce déguisement dans le seul but de relever leurs attraits. Les Cliffords, les Sinclairs, les Fitzroys, les Lovels, vous coudoient à chaque pas ; quelques dames adoptent là les noms des actrices célèbres, et plus d'un visiteur est contraint d'accepter la carte de quelque soi-disant *Nesbitt*, *Vincent*, *Waylett* ou autre prétendue artiste en renom. — Mais, ce qui fait honneur aux lorettes parisiennes, les noms français sont en ce moment les plus en vogue dans ces établissements.

Quel étrange panorama est la vie, et combien les hommes sont aisément gagnés par les apparences, puisque la maigre mort elle-même peut jouer le rôle d'une belle lady ou d'un beau gentleman, et être prise pour la réalité, si elle fait un abondant usage de faux cheveux, de fausses dents, d'élégants habits, de cosmétiques et de parfumeries ! Dans notre pays du moins le vice ne revêt pas ces formes fallacieuses ; en général, il ne dispose pas des merveilleux produits de la civilisation, et, condamné à garder sa figure naturelle, il se cache et ne trompe personne. (G. de Nerval, « Notes de voyage » *La Presse*, 1846.)

Bourget

Filles des rues

« Où vas-tu, jeune soldat ? » dit le poète, et moi, je dis : « Où vas-tu, fille des rues, *girl* anglaise de dix-huit ans, avec tes yeux clairs comme de l'eau, avec tes cheveux blonds coupés court par-derrière, avec ta bouche de rose et tes joues d'enfant ? Où vas-tu, petite *girl*, sur ce trottoir de Piccadilly, lorsque l'horloge du palais de Saint-James, là-bas, au bout de la rue, marque plus de dix heures et que les maisons vertueuses commencent à éteindre leurs fenêtres ? Avec ta robe claire, ton large chapeau, tes mitaines rouges, tu souris au passant d'un sourire presque ingénu, et ce que tu cherches, c'est de quoi vivre demain sans travailler. Si tu n'arrives ici qu'à dix heures, c'est que tu viens à pied, de loin, de très loin, d'un quartier dans les faubourgs où les maisons coûtent meilleur marché. Tu vis là-bas avec quelqu'une de tes camarades d'école qui s'en est allée en chasse de son côté. Demain matin, une de vous, les manches retroussées, un chapeau à fleurs sur la tête, nettoiera les vitres de la maisonnette, tandis que l'autre préparera le thé, les morceaux de viande rôtie et les tartines sur la table de votre salon où un Shakespeare se heurte à des romans illustrés. Mais ce soir ? De passants en passants, tu erres quasi candide, point effrontée, point brutale, et à celui qui te renvoie moins durement que les autres, tu demandes de quoi boire une gorgée d'eau-de-vie. Tout à l'heure je pourrai te voir debout auprès du comptoir d'un bar, au milieu d'autres filles, jeunes et douces comme toi, parmi des hommes en haillons, et ton visage d'ange exprimera un plaisir naïf, tandis que tu videras un large verre de brandy. Puis tu reprendras ta marche sur le trottoir de plus en plus vide. Où t'en vas-tu, petite *girl* ?... Vers quelle fin lamentable de débauche et d'ivrognerie ? Et cependant, le vice et toi, vous n'avez rien de commun, que l'argent qu'il te donne. Quelque petite rente et un fiancé, tu serais heureuse. La corruption ne t'a pas marquée au visage comme ta sœur maudite des boulevards de Paris, dont la bouche carminée sourit dans un masque de céruse, dont les yeux aigus brillent entre les cils mangés de crayon. Et cependant, jeune fille de Londres, pour le songeur qui te suit du regard, comme ta promenade est plus triste que celle de ta sœur de là-bas !... » (Paul Bourget, *Études Anglaises*, 1888.)

DANS LES BAS-FONDS

Mme Roland
D'un siècle à l'autre

On rencontre peu de pauvres à Londres, ils n'y demandent l'aumône qu'en fraude, en présentant des bouquets ou autres petites choses ; ou bien des femmes allaitant leurs enfants, sollicitent la pitié du public par leur silence et avec une sorte de patente qu'elles portent sur la poitrine, ou qu'elles attachent sur leurs enfants. (Mme Roland, *Voyage en Angleterre [1784]*, 1800.)

Flora Tristan

Chez les parias

A Londres, la population juive est considérable ; elle se trouve répandue dans tous les quartiers, mais elle est tellement agglomérée dans la paroisse Saint-Gilles que les rues qu'elle habite sont désignées sous le nom de *quartier des Juifs*

Avant de pénétrer dans le quartier des Irlandais, si j'étais allée dans celui des Juifs, l'abaissement du peuple de Moïse m'eût paru extrême ; mais, comparativement aux Irlandais que j'avais vus, les Juifs me parurent jouir à Londres d'une position florissante.

Les Juifs, en général, savent mieux vendre et acheter que les commerçants d'aucune nation ; mais le prix qu'ils demandent ou qu'ils offrent est toujours proportionné non à la valeur des choses, mais aux connaissances des gens avec qui ils ont affaire : c'est ce qui souvent les fait passer pour fripons. Convenons-en, il est peu de marchands qui n'agissent de même quand ils le peuvent, à moins qu'ils n'aient intérêt à achalander la boutique par le bon marché des objets. Tous les Juifs sont très industrieux, très habiles et fort actifs ; ceux du quartier Saint-Gilles sont cordonniers ou marchands de vieux habits.

Les rues de Monmouth, Saint-Gilles, etc., sont remplies de boutiques où s'étalent, en montre, de mauvais souliers, de vieux chiffons et de vieux habits ; des marchands de bric-à-brac, des chaudronniers, etc., occupent les autres. Oh ! la vue de ces milliers de *savates*, de ces haillons et de tout ce fatras, l'objet d'une aussi grande branche de commerce donne une idée plus vraie de la misère de la ville monstre que tous les rapports d'enquête et mémoires qu'on pourrait faire. Cela fait frémir ! l'imagination effrayée se demande qui pourra acheter de pareilles loques ! Qui ? Oubliez-vous donc que le peuple d'Irlande est entièrement nu ? Qu'il n'a jamais mis de *souliers*, jamais mis de *chemise* ?

Mon Dieu, quelle misère ! Comment y arrêter sa pensée ?...

Tous les rez-de-chaussée des vieilles masures de ce quartier sont autant de boutiques, en sorte que les pauvres marchands habitent les cuisines placées dans les *caves* ; pour y descendre, on a pratiqué sur la rue un *escalier-échelle*, qui est perpendiculaire à un tel point que je n'en ai jamais vu de semblable à bord du plus mauvais bâtiment marchand. Lorsqu'on passe sur les trottoirs étroits de ces rues, la vue de ces escaliers-échelles vous donne le vertige. Toutes les caves sont autant de *chenils* où s'entasse pêle-mêle le malheureux peuple d'Israël. Dans chacune on voit six, sept ou huit marmots sales, maigres, hâves, gisant à terre parmi les vieux souliers, les dégoûtants haillons, et se traînant sur l'échelle, comme on voit les limaces se traîner le long des escaliers des caves. Par quel miracle ces enfants ne se brisent-ils pas la tête en montant et descendant ces escaliers cent fois par jour ? C'est ce qu'on ne peut concevoir. Pauvres créatures ! Il y a dans ces caves des milliers d'êtres humains, sujets anglais, parlant anglais, et auxquels personne ne fait attention. On se contente de dire avec mépris : « Ce sont *des Juifs*... »

Ah ! comme en Angleterre l'égoïsme se trouve à l'aise lorsqu'il peut cacher sa cruauté sous un préjugé religieux !

Cependant, quoique ce quartier soit bien sale, bien pauvre, bien désolant à voir, ce n'est rien comparativement à Petticoat Lane, le vrai quartier des Juifs, et où se tient le marché aux vieux habits.

Je me souviens que, cherchant l'entrée de Petticoat Lane, nous nous adressâmes à un *policeman* qui, tout effrayé, nous dit : « Gardez-vous bien d'entrer dans cette rue... les policemen n'y vont jamais, et si l'on vous attaquait personne ne pourrait aller à votre secours. » Je n'ai pas oublié l'expression d'inquiétude qui se peignit sur les traits de cet honnête policeman lorsqu'il nous vit persister dans notre projet et entrer dans Petticoat Lane.

Nous parcourûmes quatre ou cinq rues entièrement dépavées et remplies de fange ; la plupart sont si étroites qu'une voiture ne peut y passer. Mais l'aspect de ce quartier est entièrement différent de celui des Irlandais ; chez les Irlandais, tout est désert, triste et silencieux ; chez les Juifs, la foule est si compacte qu'on ne peut circuler. L'air manque, on étouffe ; puis tout ce monde de marchands est en mouvement ; tous, hommes, femmes et enfants, ont la même expression, une cupidité active. Tous parlent à la fois, l'un pour vanter la marchandise qu'il veut vendre, l'autre pour déprécier celle qu'il veut acheter : ce sont des cris, des disputes, des apostrophes grossières, un vacarme à ne pas s'entendre.

Nous vîmes là des monceaux de vieilles hardes ! Ces guenilles exhalent une odeur tellement forte que nous sortîmes de ce cloaque avec un mal d'estomac qui nous faisait soulever le cœur.

Cependant je souffris moins, en visitant ce quartier, que je n'avais souffert dans celui des Irlandais. La misère extérieure des Juifs est extrême, mais elle n'est pas pénible à voir comme celle des Irlandais ; on voit que les haillons sales qui les couvrent n'affectent en rien leur moral. Le Juif, en général, aime l'argent *pour l'argent*, et non pour en faire parade en objets de luxe ; peu lui importe d'être mal couvert, mal logé, mal nourri, pourvu qu'il ait par-devers lui un *petit magot* caché ou à l'abri des banqueroutes et des révolutions : cela suffit pour sa satisfaction intérieure. Il est heureux non qu'on le croie riche, mais de savoir qu'il l'est réellement ; c'est pourquoi ces Juifs, tout misérables qu'ils paraissent, sont pleins de courage, d'activité et de contentement.

Non loin de ce marché, il y a une rue habitée par les filles publiques juives ; son aspect est si dégoûtant et si hideux que j'avoue, dût-on me taxer de faiblesse, que je ne me sentis pas le courage d'y pénétrer. J'aperçus aux fenêtres cinq ou six femmes presque nues... Oh ! c'était par trop repoussant !

Pas un policeman ne circule dans ce quartier : les pauvres parias sont abandonnés à eux-mêmes Il s'y commet souvent des vols et des assassinats. (Flora Tristan, *Promenades dans Londres*, 1840.)

Gautier
Guenilles

La population a l'apparence plus misérable que celle de Paris. Chez nous, les ouvriers, les gens des basses classes, ont des habits faits pour eux, grossiers il est vrai, mais d'une forme particulière, et qu'on voit bien leur avoir toujours appartenu. Si leur veste est déchirée aujourd'hui, on comprend qu'ils l'ont portée neuve autrefois. Les grisettes et les ouvrières sont fraîches et propres, malgré la simplicité de leur mise. A Londres, ce n'est pas cela : tout le monde porte un habit noir à queue de morue, un pantalon à sous-pieds et un *qui capit ille facit*, même le misérable qui ouvre la portière des voitures de place.

Les femmes ont toutes un chapeau et une robe de *dame*, de sorte qu'au premier coup d'œil ont croit voir des gens d'une classe supérieure tombés dans la détresse, soit par inconduite, soit par revers de fortune. Cela vient de ce que le peuple de Londres s'habille à la friperie ; et de dégradation en dégradation, l'habit de gentleman finit par figurer sur le dos du récureur d'égout, et le chapeau de satin de la duchesse sur la nuque d'une ignoble servante ; même dans Saint-Gilles, dans ce triste quartier des Irlandais, qui surpasse en pauvreté tout ce qu'on peut imaginer d'horrible et de sale, on voit des chapeaux et des habits noirs, portés plus souvent sans chemise, et boutonnés sur la peau qui apparaît à travers les déchirures : — Saint-Gilles est pourtant à deux pas d'Oxford Street et de Piccadilly. Ce contraste n'est ménagé par aucune nuance. Vous passez sans transition de la plus flamboyante opulence à la plus infime misère. Les voitures ne pénètrent pas dans ces ruelles défoncées, pleines de mares d'eau où grouillent des enfants déguenillés, où de grandes filles à la chevelure éparse, pieds nus, jambes nues, un mauvais haillon à peine croisé sur la poitrine, vous regardent d'un air hagard et farouche. Quelle souffrance quelle famine se lit sur ces figures maigres, hâves, terreuses, martelées, vergetées par le froid ! Il y a là des pauvres diables qui ont toujours eu faim à partir du jour où ils ont été sevrés ; tout cela vit de pommes de terre cuites à la vapeur, et ne mange du pain que bien rarement. A force de privations, le sang de ces malheureux s'appauvrit, et de rouge devient jaune, comme l'ont constaté les rapports des médecins.

Il y a dans Saint-Gilles, sur les maisons des logeurs, des inscriptions ainsi conçues : *Cave garnie à louer pour un gentleman célibataire*. Cela doit vous donner une idée suffisante de l'endroit. J'ai eu la curiosité d'entrer dans une de ces caves, et je t'assure, mon cher Fritz, que je n'ai jamais rien vu de si *dégarni*. Il paraît invraisemblable que des êtres humains puissent vivre dans de pareilles tanières ; il est vrai qu'ils y meurent, et par milliers.

C'est là le revers de la médaille de toute civilisation ; les fortunes monstrueuses s'expliquent par des misères effroyables ; pour que quelques-uns dévorent tant, il faut que beaucoup jeûnent ; plus le palais est élevé, plus la carrière est profonde, et nulle part cette disproportion n'est plus sensible qu'en Angleterre. — Être pauvre à Londres me paraît une des tortures oubliées par Dante dans sa spirale de douleurs. Avoir de l'or est si visiblement le seul mérite reconnu, que les Anglais pauvres se méprisent eux-mêmes, et acceptent humblement l'arrogance et les dédains des classes aisées ou riches. Les Anglais, qui parlent tant des idoles des papistes, devraient bien ne pas oublier que le veau d'or est l'idole la plus infâme et qui exige le plus de sacrifices. (Théophile Gautier, *Caprices et zigzags*, 1852.)

Wey

Haillons

Quand on a vu des haillons à Londres, Callot ne semble plus qu'un dessinateur du *journal des modes*. Un homme entre, la tête la première, par un trou quelconque dans un réseau de guenilles, cherche une issue pour ses quatre membres, et le voilà accommodé. Il ne reste parfois, de tout un pantalon, qu'une boutonnière ; on s'en revêt avec philosophie : la peau de ces misérables est si bronzée, si épaissie, si tannée, qu'elle les habille pour les yeux et fait illusion aux passants. Dieu, qui mit en ce pays-là un lingot d'or dans tant de poitrines, y a revêtu ses enfants d'une peau de bure. Tout mortel accoutré de la sorte, et montrant sa chair, croirait déroger s'il se coiffait d'une toque ou d'un bonnet. Ils sont couronnés d'un peu de chapeau. Il en est ainsi des femmes, des mendiantes même.

Admirez, sur les coussins de cet équipage à quatre chevaux attelés à la Daumont et conduits par un postillon de soie, admirez cette jeune duchesse, radieuse d'élégance ; un rapide coup d'œil sur cette capote de velours épinglé, chef-d'œuvre parisien... Dans quinze jours, la capote passera sur la tête de l'institutrice des enfants. Quatorze mois après, la cuisinière la conduira au marché : l'objet engraisse en devenant populaire. Une marchande en plein vent la retournera et la fera briller à l'envers. La voilà défleurie, cassée, dépenaillée, et les ailes pantelantes comme un oiseau blessé ; c'est alors qu'une mendiante la ramassera dans le ruisseau, et reviendra, en tendant les mains, la montrer à la duchesse, qui ne la reconnaîtra pas.

Mais la pauvresse a rapporté trois pence ; voilà du pain : non, voilà du gin, et le soir on verra les enfants, nus et grouillant sur un tas d'ordures, grignoter des épluchures de légumes, des carottes crues, des tronçons de choux ; puis, tout ira dormir en un monceau sur quelques brins de paille pulvérisée.

La délicatesse nationale relègue ces scènes faméliques à l'ombre des quartiers perdus. Remède insuffisant.

Avant de pénétrer dans le *Tunnel*, ce pont souterrain de la Tamise, nous entrâmes dans une taverne pour nous refroidir au-dehors, et nous réchauffer à l'intérieur, de quelque cordial. On buvait debout autour du comptoir, et, çà et là, circulait une femme, offrant dans le même panier, en manière de rafraîchissements, de petites oranges de Malte, ainsi que des pieds de mouton froids, à demi crus, qu'elle présentait au bout d'une fourchette de fer, avec un peu de sel dans du papier. Ces légers passe-temps de l'estomac ont pour but de charmer l'intervalle des repas ; jugez par là des souffrances que doit infliger la faim à de si magnanimes appétits ! (Wey, *Les Anglais chez eux*, 1851.)

La Bédollière

La mendicité est interdite

C'est un des traits caractéristiques de l'immense capitale ; on y compte environ cinquante mille mendiants de profession, la plupart irlandais, et les asiles ouverts par l'État reçoivent, chaque année, cent cinquante mille vagabonds. [...]

On a dit, avec raison, qu'il fallait aller à Londres pour se faire une idée de ce que c'était qu'un haillon ; les plus favorisés des pauvres sont affublés d'habits qui, après avoir été portés par des gentlemen, ont été vendus et revendus par les fripiers. D'autres n'ont que des loques dont il serait impossible de deviner l'étoffe, et la plupart marchent pieds nus. Les mendiantes sont coiffées de vieux restes de chapeaux, car le bonnet est entièrement inconnu en Angleterre ; elles ont sur le corps des débris de châles et de robes qui cachent à peine leur nudité ; quelques-unes pourtant sont jeunes et belles, mais dans cette ville, où l'on attache tant de prix à l'apparence, à la décence du costume, elles n'ont pas même la honteuse ressource de la prostitution.

Cette ressource pourtant est permise en Angleterre, mais la mendicité y est interdite. Il est défendu au malheureux d'importuner les passants de ses plaintes. Aussi voit-on parfois des hommes à demi nus, à la figure pâle et amaigrie, s'accroupir contre une muraille après avoir tracé, avec de la craie ou du charbon sur le trottoir ces mots : « J'ai faim. » La formule peut varier ; il en est qui écrivent : « Je meurs d'inanition » (*I am starving*). D'autres emploient cette sentence métaphorique : « La faim est une cruelle épine » (*Hunger is a sharp thorn*).

Ils ne mendient pas, puisqu'ils ne disent rien. Tous les jours, en Angleterre, il est avec la loi de pareils accommodements ; on en invoque le texte afin de l'éviter.

Par exemple, il y a des règlements prescrivant de fermer à une heure déterminée les grilles de tel jardin public. A l'heure dite, les portes se ferment, mais ceux qui sont emprisonnés passent tranquillement par-dessus les murs, et les gardiens les laissent faire : ces règlements ne portent pas qu'il est défendu de passer par-dessus les murs.

[...] De notre temps, le tribunal de Bow Street ou de Marylbone [Marylebone] peut condamner tout individu en flagrant délit de mendicité ; mais la loi n'est pas applicable à celui qui a écrit sur une dalle : « J'ai faim ! »

Le mendiant de cette espèce adopte généralement un poste fixe, où il se tient la tête basse, les jambes croisées, avec une expression de désespoir, et il attend sa proie, aussi patient que le héron ; mais l'échassier, qui guette en embuscade au bord d'un étang, passe brusquement de la torpeur à la prestesse pour surprendre le poisson qui frétille, le saisir et s'envoler dans les airs. Le *street beggar* n'a point de ces mouvements. Si vous lui jetez un penny, il allonge lentement la main, prend la pièce de monnaie comme s'il n'en avait jamais eu besoin. Vous vous êtes peut-être imaginé qu'il allait courir immédiatement chez le boulanger pour assouvir sa fringale ; ce serait quitter son ouvrage et manquer sa recette, il reste dans la même attitude jusqu'à la fin du jour, et vous pouvez le retrouver, pendant plusieurs années de suite, à la place qu'il a choisie ; il ne parvient à vivre qu'en mourant de faim régulièrement pendant douze heures : l'inanition est son gagne-pain.

Beaucoup de mendiants errent par les rues en famille ; ils se donnent pour des ouvriers sans travail, déclassés par l'adoption d'une machine nouvelle, ou pour des cultivateurs ruinés par les exigences d'un avide propriétaire ; deux ou trois enfants grelottent autour d'eux, et c'est habituellement la mère qui, lorsqu'elle ne craint pas d'être observée par le policeman, implore, d'une voix plaintive, la commisération publique. Ces groupes se distinguent, quelquefois, par une affectation de rigoureuse propreté ; l'habit du chef de famille a été brossé avec le plus grand soin, des épingles remplacent les boutons absents, et la chemise déchirée, qui s'étale sur la poitrine du suppliant, est d'une blancheur immaculée. Il est rasé de frais, peigné avec soin. Sa femme, dont la toilette n'est pas moins irréprochable, tient d'une main une boîte d'allumettes et de l'autre main un petit garçon, dont la blonde chevelure est frisée et dont le collet est artistement rabattu ; c'est le tableau vivant de la misère imméritée, un de ces drames dont l'attrait consiste moins dans le dialogue que dans la mise en scène. Trop souvent l'homme à la craie et le père de famille sont au même niveau ; la détresse est devenue pour eux un métier, il a fallu des répétitions pour étudier les poses, draper de haillons, grimer la physionomie. Trop souvent aussi la misère est réelle, profonde, invétérée, et pourtant le Londonien passe indifféremment devant elle, il a tant de fois été dupé par de faux-semblants ! Et, d'ailleurs, ne paye-t-il pas pour la taxe des pauvres ? (La Bédollière, *Londres et les Anglais*, 1862.)

Texier
Variations sur un thème

Ce ne fut pas sans un certain sentiment d'effroi que je pénétrai dans l'étroite et sombre ruelle de Bainbridge. Cette ruelle, entièrement occupée par un vaste magasin de charbon, est à peu près impraticable ; l'atmosphère manque pour respirer, le jour pour se conduire ; dans la plupart des rues de ce misérable quartier, on ne voit pendus aux fenêtres et devant les portes que les haillons qui sèchent comme ils peuvent, dans ce trou où il n'y a pas d'air. Puis, dans ces cloaques improprement appelés des maisons, des hommes, des femmes, des enfants, pieds nus, piétinant dans la fange ; je vis plusieurs femmes allaitant leurs enfants : elles n'avaient qu'une chemise qui tombait en lambeaux et laissait voir leur corps nu presque en entier ; des jeunes filles de seize à dix-huit ans portaient en guise de robe *un vieux paillasson* ! L'extérieur et l'intérieur de ces masures s'accordent avec les loques de la famélique population qui les habite. Tous ces malheureux que je ne puis consentir à appeler des hommes et des femmes, tous ces êtres dégradés par la misère couchent pêle-mêle dans la même chambre, j'allais dire dans le même chenil, père, mère, fils, filles et amis. Ils ont des amis. L'expression de leur figure est un des plus désolants spectacles qu'il soit donné à un homme de contempler. En les voyant si pâles et si maigres, si malingres et si étiolés, je me demandais pourquoi tous ces infortunés qui meurent de faim, qui souffrent tous les maux de la terre et de l'enfer, ne commettent pas un crime pour se faire jeter en prison. Il me semble que l'entrée de ces parias à Cold-Bath devrait être pour eux un jour heureux. Je causai avec quelques-uns, comprenant à peine ce qu'ils me disaient et me faisant encore plus difficilement comprendre. Autant qu'il m'a été donné de saisir le sens de leurs paroles, je n'ai surpris dans leurs réponses aucune mauvaise pensée d'envie : ils ne se plaignent pas, ils sont même convaincus qu'ils n'ont pas le droit de se plaindre, ils sont irlandais ! Ce mot « irlandais » sonne à Londres comme le mot chrétien à Constantinople.

Sur ce sol protestant, devant ces ilotes de la civilisation protestante, il n'est pas un enfant de ce siècle, pas un fils de Voltaire, qui, dans un tel moment, ne sente se rallumer le flambeau de la croyance éteinte. Pour moi, je l'avoue, quel que soit mon dégoût pour les déclamations, dans ces hommes affaissés, dans ces femmes livides, je ne voyais ni des mendiants ni des mendiantes, mais des martyrs, et je constatai avec orgueil que ces êtres qui disputent aux chiens errants leur nourriture n'avaient oublié ni la foi persécutée ni l'*Érin* maternelle.

« Êtes-vous anglais ? demandai-je à un de ces malheureux dont la prononciation me semblait moins rude que celle de ses compagnons de misère. — Oh non ! répondit-il avec une sorte de fierté et une profonde tristesse, je ne suis pas anglais, je suis de la pauvre et catholique Irlande. *I am not English ; I am from poor and catholic Ireland.* » Je vivrais cent ans que je me rappellerai toujours l'expression désolée de cet homme quand il prononça ces quatre mots : *poor and catholic Ireland*.

Je sortis du quartier Saint-Gilles par la ruelle de Bainbridge, et je me retrouvai bientôt dans Oxford Street, sillonnée en ce moment par les magnifiques équipages qui se dirigeaient probablement vers Hyde Park. A l'aspect de ce luxe insolent, je pensais que si nous n'avions pas à Paris cette foule de voitures armoriées, de valets galonnés et armés de grandes cannes, nous n'avions pas non plus un quartier tout entier, un quartier immense voué à la misère, à la honte et à la dégradation !

La philanthropie, cette fausse vertu qui a remplacé une vertu divine, la charité chrétienne, est d'origine anglaise. Il n'est pas un Anglais qui ne fasse partie d'une société de bienfaisance. Mais presque toutes ces associations sont plutôt destinées à satisfaire l'amour-propre des honorables membres qui les composent qu'à soulager de véritables infortunes. J'en dirai autant de ces magnifiques hôpitaux bâtis à grands frais dans les plus riches quartiers de la ville et qui portent tous cette inscription gravée en lettres d'or : *Supported by a volontary subscription*... Que l'étranger, à la vue de ces fastueux monuments, se persuade que Londres est la cité charitable par excellence, qu'il ne saurait exister un seul pauvre dans ses murs, et le but de la philanthropie sera atteint ; mais la véritable charité se serait moins attachée au luxe et aux décorations extérieures : elle aurait multiplié ces asiles de la souffrance en les établissant dans des quartiers moins *fashionables*, moins fréquentés par les visiteurs, mais sur des terrains d'un prix moins élevé, et elle serait peut-être parvenue à assainir tout à fait la paroisse Saint-Gilles et les autres cloaques qui pullulent dans cette immense capitale de l'orgueil britannique.

Le soir de ce même jour, je résolus d'aller faire une visite à la ruelle de Field Lane.

Les costumes ne sont pas seulement motivés par le climat, les croyances et les mœurs ; une foule de circonstances viennent encore les modifier. Si le burnous de l'Arabe témoigne, dans un pays chaud, des habitudes nomades de ce peuple ; si la constante uniformité des costumes de l'Orient atteste l'immobilité de ses mœurs, de sa croyance, de sa pensée, on pourrait en Europe suivre la mobilité des idées, la brièveté ou la longueur de leur règne par la durée des modes qui les reflètent. L'abandon de l'épée, l'usage universel du frac annonça en France le triomphe de l'égalité avant que ce principe se traduisît dans les institutions. Le costume peut encore faire connaître jusqu'à un certain point les maux physiques et moraux qui affligent un pays. Le choléra a doublé la consommation de la flanelle, et en Angleterre toutes les poches sont placées en dessous de l'habit ou de la redingote.

C'est que l'Angleterre est par excellence le pays de l'escamotage. Nos détrousseurs parisiens, qui sont cependant assez habiles, pâlissent devant les *pick-pockets* de Londres. Quand on se hasarde dans certains quartiers, on n'est jamais bien certain, quelque précaution qu'on prenne, de revenir chez soi avec sa bourse, sa montre ou son mouchoir. La subtilité de doigts des pick-pockets est telle que Gavarni, cet intrépide observateur, qui connaît tous les endroits souterrains de Londres, ayant résolu un jour de se faire voler pour voir de quelle façon s'y prenait le voleur, mit quelques schellings dans la poche de son gilet et alla dans une taverne où il fut dévalisé au bout de dix minutes sans s'être aperçu de rien.

On m'a raconté un vol de lunettes d'or dont l'exécution est vraiment ingénieuse. Un monsieur est dans une foule ; un individu lui prend le bras droit comme par mégarde et lui adresse force excuses ; un autre lui prend le bras gauche de la même manière, et pendant qu'il est ainsi empêché, un troisième lui enlève délicatement ses lunettes, qui passent de main en main et disparaissent avec le voleur. Si l'on va se plaindre au bureau de police, on vous répond qu'il n'est qu'un seul moyen de retrouver l'objet volé, c'est de faire insérer dans le *Times* ou dans tout autre journal une annonce par laquelle on promet de remettre la valeur intrinsèque de l'objet à celui qui le rapportera ; mais dans ce cas, le voleur ne saurait être poursuivi. Comme il n'a pas été pris en flagrant délit, il est impunissable, et l'avis placé dans le *Times* n'est plus qu'une convention commerciale passée avec un inconnu.

Il n'existe pas à Londres de monts-de-piété : aussi le prêt sur gages est-il une des plus lucratives industries. Aucune police n'en surveille l'exercice. Le *pawn-broker* ne s'inquiète nullement de la nature de votre droit de propriété. Vous lui apportez un objet, il en examine la valeur, et si dans l'année vous ne payez ni capital ni intérêt, le nantissement lui appartient sans que vous puissiez réclamer de *plus-value*. Une foule d'individus s'occupent spécialement à *faire le foulard*, et la moisson est tellement abondante que la revente de ces foulards forme une branche de commerce très importante, ainsi qu'on va le voir.

Tout près de Newgate, dans une petite ruelle donnant sur Holborn Hill et nommée Field Lane, ruelle interdite aux voitures, on ne voit absolument que des mouchoirs d'occasion (*second hand*). Les boutiques, en forme d'échoppes, ont leur étalage avançant sur la rue, où les foulards sont exposés. Ils pendent, attachés à une tringle, afin que les acheteurs puissent reconnaître les foulards qu'on leur aurait dérobés. Les marchands et les marchandes se tiennent sur la porte de leurs boutiques et se disputent les chalands qui viennent à la faveur de la nuit acheter à vil prix les vols de la journée. Cette ruelle était encombrée d'allants et de venants, et il régnait dans tous ces repaires du recel une activité qui n'est jamais troublée, à ce qu'il paraît, par l'intervention de la police. En Angleterre, on poursuit vigoureusement les crimes dont l'effet est de compromettre le crédit, comme le faux, ou la sécurité des personnes, comme le meurtre, l'incendie et le vol commis avec violence ; mais quant aux auteurs de filouteries et d'escroqueries, ils ne sont guère arrêtés que dans le cas de flagrant délit. L'administration sent-elle l'impuissance des lois pour réprimer les vols nombreux qui résultent de l'état social, et ferme-t-elle les yeux sur le recel pour ne pas rencontrer trop de coupables ? J'ai vu dans cette ruelle de Field Lane de magnifiques foulards abandonnés à l'acheteur pour deux schellings et qui le matin avaient peut-être été vendus au prix de neuf schellings dans un magasin du Strand. J'ai pénétré dans plusieurs de ces boutiques immondes ; dans toutes j'y ai vu des créatures à demi vêtues, la robe ouverte par-devant, et qui ne se contentent pas, si je dois m'en rapporter à leurs gestes, à leur mine et à leurs paroles, de l'honnête métier de receleuses, la plupart de ces femmes sont juives. Quelques-unes au milieu de leur abjection réalisent cependant ce type de beauté méridionale plus estimée en Angleterre que partout ailleurs. Une de ces femmes cherchait à escroquer la montre d'un ami qui m'accompagnait, et elle lui disait en tâchant d'occuper son attention. « *You have blue eyes, what a Frenchman are you? are you German?* » (« Vous avez des yeux bleus, quel Français êtes-vous ? êtes-vous allemand ? ») Celui-ci retint une main qui s'égarait vers la poche de son gilet et nous sortîmes. Dans la rue mon ami s'aperçut que l'habile receleuse était parvenue malgré notre surveillance à lui voler une demi-livre. On m'a assuré que la plupart des honorables négociants de Field Lane parviennent après dix ans de leur lucratif commerce à se retirer dans les frais cottages qui égaient les environs de Londres. (Texier, *Lettres sur l'Angleterre*, 1851.)

Taine
En trente ans, rien n'a changé

Il est six heures, et nous revenons par les quartiers pauvres. Quel spectacle ! Aux environs de Leeds Street, il y a quinze ou vingt rues tendues de cordes en travers, où sèchent des haillons et des linges. Sur chaque escalier grouillent des troupeaux d'enfants, échelonnés par cinq ou six sur les marches, l'aîné portant le plus petit ; figures pâles, cheveux blanchâtres ébouriffés, guenilles trouées, ni bas, ni souliers, tous ignoblement sales ; le visage et les membres semblent encroûtés de poussière et de suie. Il y a peut-être deux cents enfants qui se vautrent et se battent ainsi dans une seule rue. — On approche, et l'on voit, dans le demi-jour du couloir, la mère, une grande sœur accroupie, presque en chemise. Quels intérieurs ! On aperçoit un morceau râpé d'*oil cloth*, parfois une coquille marine, une ou deux chinoiseries de plâtre ; la vieille grand-mère

idiote est assise dans un coin ; la femme essaye de raccommoder les pauvres hardes, les enfants se bousculent. L'odeur est celle d'un magasin de chiffons pourris. Presque toutes ces maisons ont pour rez-de-chaussée un sous-sol dallé, humide. Se figure-t-on la vie, dans ces caves, en hiver ?
— Quelques enfants tout petits sont encore frais et roses, mais leurs grands yeux bleus font mal à voir ; ce beau sang va se gâter ; plus âgés, ils s'étiolent : la chair devient flasque et d'une blancheur malsaine ; on voit des visages scrofuleux, de petites plaies recouvertes d'un morceau de papier. — Nous avançons et la foule augmente. De grands garçons, assis ou demi-couchés sur le trottoir, jouent avec des cartes noires. Des vieilles barbues, livides, sortent des boutiques à gin ; leurs jambes flageolent ; leur regard morne et leur sourire hébété sont inexprimables ; il semble que les traits aient été lentement corrodés par le vitriol. Les haillons tiennent à peine et montrent par place la chair crasseuse ; ce sont d'anciens habits élégants, des chapeaux de dame. — Détail horrible, ces rues sont régulières et paraissent assez nouvelles ; probablement c'est un quartier réformé, aéré par une administration bienfaisante ; voilà ce qu'on a pu faire de mieux pour les pauvres. La file uniforme des maisons et des trottoirs s'allonge des deux côtés, encadrant de ses lignes mathématiques cet amas fourmillant de laideurs et de misères humaines. L'air est trouble et pesant, le jour blafard et terne ; pas une couleur, pas une forme à laquelle les yeux puissent s'arrêter avec plaisir ; les gueux de Rembrandt étaient plus heureux dans leurs taudis pittoresques.

[...] Les mères immobiles, d'un air éteint, regardent par la porte. On aperçoit l'étroit logis, parfois la pièce unique où tout cela s'entasse dans le mauvais air. Les maisons sont le plus souvent d'un étage, basses, étriquées, un taudis pour dormir et mourir. Quel séjour en hiver quand, dans les semaines de pluie et de brouillard continus, la fenêtre reste close ! Et, pour que cette couvée ne meure pas de faim, il faut que le père ne boive pas, ne chôme jamais, et ne soit jamais malade !

Çà et là, un dépôt d'ordures. Des femmes y travaillent pour faire le détri. L'une, vieille et fanée, avait un brûle-gueule à la bouche ; elles se sont redressées du milieu de leur fumier pour me regarder : figures abruties, inquiétantes de yahous femelles ; peut-être cette pipe et un verre de gin est la dernière idée qui surnage dans leur cervelle idiote. Y trouverait-on autre chose que les instincts et les appétits d'un sauvage et d'une bête de somme ? Un misérable chat noir, efflanqué, boiteux, ahuri, les épiait du coin de l'œil avec crainte, et quêtait furtivement dans un tas de débris ; il avait peut-être raison d'être inquiet ; la vieille l'a suivi d'un regard aussi fauve que le sien, en rognonnant ; elle avait l'air de penser qu'il y avait là deux livres de viande.

Je me souviens des ruelles qui débouchent dans Oxford Street, de leurs *lanes* étouffantes, encroûtées de vapeur humaine, de leurs troupeaux d'enfants pâles accroupis dans les escaliers boueux, des bancs de

London Bridge où des familles grelottent la nuit serrées et la tête basse, surtout de Haymarket et du Strand le soir. Sur cent pas, on heurte vingt filles; quelques-unes vous demandent un verre de gin; d'autres disent: « Monsieur, c'est pour payer mon terme. » Ce n'est pas la débauche qui s'étale, mais la misère, et quelle misère ! La déplorable procession dans l'ombre des rues monumentales fait mal au cœur; il me semblait voir un défilé de mortes. Voilà une plaie, la vraie plaie de la société anglaise. (Taine, *Notes sur l'Angleterre*, 1871.)

Kervigan
Délinquance juvénile

Étrange patrie que cette Angleterre où la police fait afficher l'avis suivant au public, un jour de réjouissance nationale, avis unique sans doute dans les annales de la police des nations civilisées :

« Attendu qu'il y aura aujourd'hui une foule immense dans les rues de cette capitale, le public est prévenu de ne point porter de bourses, de bijoux ni d'objets précieux pouvant tenter les malfaiteurs. » (Juin 1856, le jour des réjouissances publiques à l'occasion de la prise de Sébastopol.)

Quel doit être le nombre, l'audace des voleurs et le degré de misère qui les jette dans le crime, pour que dans la capitale d'un grand empire un pareil avis au public soit donné par l'autorité ?

Au nombre des pièces curieuses dont lecture a été donnée au congrès, se trouve la statistique que voici :

Dans l'espace de neuf mois, dix-neuf mille trois cent trente-six enfants ont été arrêtés par la police. Un petit garçon de huit ans a été solennellement condamné par une cour de justice à six ans de travaux forcés pour vol avec effraction dans une maison habitée. Un autre garçon, âgé de douze ans, et sa sœur de dix, ont été traduits en justice pour le vol d'un cheval.

Voilà, entre autres, un exemple du progrès que font les classes ouvrières, sous l'empire d'institutions les mieux calculées, dit-on, pour élever la condition des masses.

La dépravation juvénile (*juvenile depravity*), comme on dit ici, choque la pudeur publique à un point qui n'est plus tolérable. Des milliers d'enfants sont dressés au crime et servent d'auxiliaires aux filous émérites.

Ces petits Arabes de la civilisation sont répandus par centaines de mille sur le sol de la riche et fière Angleterre. Selon un évêque, seize mille d'entre deux infestent Londres, qui le matin ne savent ni où ils dîneront le jour ni où ils coucheront le soir.

Les uns sont par la misère et l'égoïsme expulsés sans retour du toit paternel qui, à vrai dire, n'est guère moins rude, guère moins froid que la rue où on les jette.

Les autres, flibustiers de carrefours, sont envoyés par leurs respectables parents en expéditions diurnes et nocturnes, avec injonction de ne revenir que chargés d'un butin indispensable à la tribu. Les maladroits, que la perspective d'une correction empêche de revenir au logis les mains vides, passent la nuit à la belle étoile. Les heureux, à qui un précoce exemple enseigna qu'il faut songer d'abord à soi, se réunissent dans des bouges affreux, appelés cafés, dans des garnis à deux sous et maisons de nuit, et là consomment dans des orgies le fruit de leurs déprédations du jour.

Si le désir de partager le butin met le père ou la mère à la recherche des jeunes Bédouins, il n'y a nulle chance de les trouver. Le garni du pauvre, non plus que l'hôtel du riche, n'est obligé de tenir un livre où sont inscrits le nom, la profession, le dernier domicile des locataires. Le malfaiteur qui se cache, la jeune fille séduite et abandonnée sont toujours sûrs d'un introuvable refuge.

En vertu de cette fameuse maxime, si chère à la perversité et à l'inexpérience abusée, que la *maison d'un Anglais est sa forteresse*, il est des établissements spéciaux, tenus par des gens qu'on peut appeler les receleurs du crime, où vont se retrancher en commun tous les genres de malfaiteurs.

Les maisons de nuit, ainsi appelées, parce qu'en effet elles sont fermées le jour, se remplissent de filous et de courtisanes qui viennent entre minuit et trois heures du matin, y supputer et dépenser ensemble ce qu'ils ont séparément piraté sur la badauderie flâneuse et le vice éhonté. Un de ces nocturnes *pandemoniums*, situé dans le Haymarket, à l'entrée de l'aristocratique Piccadilly, avait, il y a quelque temps, pour enseigne ces mots terribles ! Café du Diable. Un autre, non loin de la Chambre des lords, affichait le nom même de la reine ; on lisait sur sa porte : Hôtel Victoria ; et je crois qu'il porte encore ce nom.

Mais cette vie nomade a ses chances et ses périls. Ceux qui n'ont point fait de butin, ont pour dortoir le seuil des portes, les arches des chemins de fer et ces horribles arcades d'Adelphi, situées au milieu de la ville, et que les anciens eussent prises pour l'entrée du Ténare.

Mais c'est pendant le jour qu'il faut voir à l'œuvre ces précoces criminels. Couverts de haillons, hideux à voir, ces petits malheureux ont presque tous la même expression de visage, celle d'une résolution arrêtée dans le mal. Ce sont eux qui dans les rassemblements, aux promenades, aux portes des théâtres, font la *razzia* des mouchoirs, des bourses et des montres ; qui prélèvent un tribut forcé sur l'étalage des marchands ; qui, sous prétexte de lui vendre des crayons ou des allumettes, arrêtent le passant, tandis qu'un complice, armé d'une baguette se terminant par un hameçon presque invisible, pêche par-derrière dans la poche du confiant acheteur tout ce qui s'y rencontre.

Cette race, qu'attendent la prison et le bagne, se compose de sujets dont l'âge varie de neuf à quinze ans.

Le nombre des filles égale à peu près celui des garçons, et à la déplorable industrie de ces derniers en joignent une autre plus déplorable encore. La nuit, garçons et filles remplissent pêle-mêle les garnis de bas étage dont j'ai parlé, au nombre parfois de vingt à trente dans une même chambre.

Voilà, monsieur, quelques-unes des plaies d'une nation arrivée à l'extrême limite de la richesse et de la civilisation.

Que de crimes précoces seraient prévenus, si l'on consacrait à l'éducation des enfants du pauvre l'argent des pensions considérables payées encore aujourd'hui aux sinécuristes qui rongent le budget. (Kervigan, *L'Angleterre telle qu'elle est*, 1860.)

Blanc
Insécurité. Déjà!

Comment sortir le soir ? Telle est l'étrange question que chacun s'adresse ici, tant les violences nocturnes se multiplient ! quand je dis chacun, je veux parler de ceux qui n'ont pas voiture et laquais, je veux parler des infortunés piétons, doublement infortunés quand ils ont sur le corps un habit décent et peuvent être soupçonnés de porter une montre.

En vérité, le mal a maintenant atteint des limites qui élèvent le fait des vols commis dans les rues (*street robberies*) à l'importance d'une question d'État. Londres, en plein XIXe siècle, devenant ce qu'a cessé d'être la forêt de Bondy, ne voilà-t-il pas une chose incroyable ? C'est pourtant ainsi. Oui, dans cette ville pleine de vie et pleine d'hommes ; dans cette ville où la civilisation a, plus qu'en aucun autre lieu du monde, accumulé ses ressources et ses moyens de défense ; dans cette ville qu'on s'était jusqu'à ce jour accoutumé à regarder comme ayant résolu, par une savante et merveilleuse organisation de la police, le problème de la sûreté publique, chacun en est à se demander, la nuit venue — et Dieu sait qu'elle ne tarde guère à venir dans cette saison ! — s'il se lancera dans cette grande aventure : sortir le soir ! adieu le spectacle ! adieu le club ! adieu les plaisirs ! adieu les affaires ! aussitôt que le jour n'est plus là pour protéger les rues de sa lumière.

Et encore !... Croiriez-vous que, tout dernièrement, à deux heures de l'après-midi, une femme, passant dans un des quartiers les plus fréquentés et les plus fashionables de Londres, fut arrêtée, devant une cour d'écurie, par un misérable qui, malgré les cris perçants de la victime désignée, l'entraîna dans un coin où l'attendaient deux autres, l'un mâle, l'autre femelle ! On était en train d'arracher à cette pauvre femme ses boucles d'oreilles, et on se disposait, faute de mieux, à lui couper les cheveux pour les vendre, lorsque des passants accoururent. Ceci, je le répète, au centre de Londres, à deux heures de l'après-midi. Que vous semble de ce trait ? Voulez-vous un nouvel exemple d'audace ? Un Français cheminait, avant quatre heures du soir, dans Hyde Park. Quatre de ces aimables gentlemen connus sous le nom de *garotters* se jettent sur lui. Ce que c'est que d'avoir été zouave! Notre homme, par bonheur, était dans ce cas, et possédait à fond la science de la *savate*. En un clin d'œil, il eut étendu par terre, étourdis et meurtris, deux des assaillants; les deux autres prirent la fuite. Fort bien! Mais tout le monde n'a pas servi dans les zouaves. Une circonstance curieuse, c'est que lorsque, à la sortie du parc, le vainqueur raconta au premier policeman qu'il aperçut ce qui venait de lui arriver, celui-ci s'écria: «Mais aussi, quelle imprudence de traverser le parc, à quatre heures du soir!» Absolument comme on aurait pu dire à un voyageur dévalisé en Allemagne: «Mais aussi, quelle imprudence de traverser la forêt Noire, à minuit!»

Vous pensez bien, d'après cela, que les becs de gaz sont un luxe inutile. Ce vieux dicton «Les méchants craignent la lumière» a décidément cessé d'être vrai à Londres. Je ne sais si messieurs les *garrotteurs* visent à l'héroïsme et mettent de l'enthousiasme à braver la potence; mais ce qui est sûr, c'est que, dans la guerre aux passants, ils semblent choisir de préférence les champs de bataille où ils sont parfaitement en vue. Eux, avoir peur du gaz? Allons donc! c'est dans Oxford Street, c'est dans Regent Street, s'il le faut, qu'ils nous montreront ce qu'ils savent faire, en nous prenant notre bourse après nous avoir cassé la tête.

Car, une chose à noter parmi le reste, c'est la façon péremptoire dont ils vont en besogne. Autrefois on vous criait: «La bourse ou la vie!» et c'était beaucoup, puisqu'on pouvait, en offrant l'une, sauver l'autre. Mais c'est pour le coup que Sganarelle dirait, s'il avait à parler de ces messieurs: «Nous avons changé tout cela.» Leur raisonnement est: «Essayons de prendre la vie, la bourse ira de soi.» Et, pour avoir les deux dans cet ordre de succession, ils se servent, les mauvais plaisants, de l'arme qu'on nomme en anglais *life preserver*, c'est-à-dire arme destinée à *préserver la vie*! Les traditions de politesse que rappellent les noms de Cartouche et de José-Maria sont, vous le voyez, ou perdues, ou jugées en désaccord avec le progrès des idées modernes. On commence par vous assommer, sauf à vous dépouiller ensuite.

Et n'allez pas croire que ces crimes se rapportent à des inspirations solitaires, personnelles. Non. Les cas portés, chaque jour, devant les tribunaux de police, prouvent que les meurtriers et voleurs qui, en ce moment, désolent Londres et l'épouvantent, sont enrégimentés, obéissent à des règles disciplinaires, agissent par bandes et en vertu de combinaisons savantes. Le principe d'association s'en mêle!

Inutile d'ajouter que la sensation est générale, profonde. Ces attentats répétés sont le sujet de toutes les conversations; les gazettes sont noires de récits qui en montrent le nombre et l'abominable caractère; les journalistes écrivent sur cette question sombre des tirades sans fin; chaque matin, l'autorité est interrogée sur les mesures qu'elle a prises ou compte prendre, et, comme elle ne répond rien, l'anxiété devient de plus en plus vive.

D'un autre côté, loin de s'effrayer du bruit qu'on fait de leurs atroces prouesses, les malfaiteurs semblent y puiser un redoublement d'audace. Plus on les dénonce, plus les tentatives de meurtre se multiplient. Ce n'est pas tout. Une sorte d'affreuse contagion semble se répandre. Le crime tourne à la manie. L'autre jour, on a arrêté deux petites filles de onze ans, pour s'être essayées, sur une vieille femme, à l'art de la *garrotte* — à propos de quoi le *Times* s'écrie avec amertume : « Un Roscius enfant peut être un objet fort intéressant sur la scène ; mais c'est là un genre de phénomène qu'il n'est pas bon d'encourager en matière criminelle. »

Où s'arrêtera le développement de cette peste morale ? Les journaux, sans se croire tenus à aucune circonlocution, engagent les citoyens à pourvoir à leur propre sûreté, en se munissant de bonnes armes et en prenant la ferme résolution d'en faire, à la première occasion, bon usage ; ils enregistrent, avec force éloges, tout ce qui se rattache au droit de légitime défense énergiquement exercé ; ils encouragent chacun à se faire justice lui-même, jusqu'à ce que la société trouve moyen de se défendre, comme telle. Aussi y a-t-il des gens chez qui l'anxiété a fini par se changer en fureur. [...]

Macaulay raconte que, lorsque Guillaume III acheta au comte de Nottingham le palais de Kensington et alla s'y installer, l'aristocratie anglaise prit la chose en fort mauvaise part, et cela pour une raison assez curieuse. Aujourd'hui « Kensington House » fait, en réalité, partie de Londres ; mais, du temps de Guillaume III, c'était un château rural. Et le moyen d'y arriver sans péril ! On n'avait pas encore imaginé l'éclairage au gaz. Il y avait disette de lanternes. La route de Piccadilly à Kensington, cette route que, moi qui vous parle, j'ai parcourue chaque nuit, pendant deux ans, sans jamais m'inquiéter de l'heure, et les mains dans mes poches, c'était, du temps de Guillaume III, un grand chemin plus infesté de brigands que jadis notre fameuse forêt de Bondy ; et les lords, les ladies de la fin du XVIIe siècle trouvaient naturellement fort désagréable de ne pouvoir se rendre à la cour, le soir, sans courir risque d'être assassinés.

Je me souviens qu'en lisant, il y a quelques années, le passage de Macaulay auquel je fais allusion, je me mis à bénir la civilisation qui nous a donné le gaz et les policemen. Mais, hélas ! voici que je commence à douter de tout, et de la civilisation, et des policemen, et de l'efficacité du gaz. Ouvrez un journal au hasard, vous n'y lisez plus que récits d'attaques nocturnes. Ici, c'est une femme qu'on a dévalisée en pleine rue d'Oxford, à la clarté des lampes qui inondent de lumière les abords d'une salle de musique très fréquentée ; là, c'est l'imprudent possesseur d'une montre dont il laissait voir la chaîne, qui a été aux trois quarts étranglé en passant de Bond Street dans Piccadilly. Tous les matins, madame, à son déjeuner, a la satisfaction de lire une belle histoire de voleurs, plus les commentaires furieux du journal où elle s'étale; car c'est une vraie panique parmi les journalistes, classe d'hommes qui ont des montres et qui rentrent tard. Ce qui est à remarquer, c'est que messieurs les voleurs semblent se piquer d'être gens de courage. Au lieu d'aller piètrement guetter leur proie dans l'ombre, au lieu de choisir pour théâtre de leurs exploits « Quelque endroit écarté ! / Où d'être un assassin l'on ait la liberté », ils affectionnent les quartiers populeux, par esprit de chevalerie, et les quartiers bien éclairés n'ont rien qui leur déplaise. Il est à noter, en outre, qu'ils ne procèdent pas par compromis; ils ne vous crient pas: « La bourse ou la vie! » ce qui rendrait une transaction possible. Allons donc ! Un coup de casse-tête est le seul avertissement auquel ils se croient tenus.

Cet aimable état de choses, comme bien vous pensez, a fini par devenir le sujet d'une telle préoccupation, qu'il n'en est pas, en ce moment, d'aussi absorbante. Il s'agit bien de savoir pourquoi le général Mac-Clellan a été destitué par le gouvernement fédéral! ou en quoi la médiation doit consister! ou quelle espèce de roi les Grecs se donneront! La grande question est de savoir si l'on pourra sortir, à la nuit tombante, sans avoir affaire à un coupe-jarret?

Vous me demanderez ce que fait l'autorité pendant ce temps-là, et ce qu'est devenue cette police de Londres, qu'on disait la mieux organisée qui fût au monde. Il paraît que personne n'en sait rien; car c'est ce que les journaux ne cessent de demander, et ils n'en sont pas plus avancés pour cela. Sir Richard Mayne a augmenté le nombre des policemen; mais le malheur veut qu'ils ne se trouvent jamais là où leur présence est désirée. Il est assurément d'un bon naturel, de la part de l'autorité, de faire placarder des *Avis au public*, pour que chacun ait à pourvoir lui-même à sa sûreté; mais convenez que le conseil n'est pas rassurant ! Il a, en tout cas, le défaut de prouver que les taxes sont bien lourdes, eu égard au profit qu'on en retire. Si chacun doit être à lui-même son propre policeman, pourquoi contribuerait-il à payer des policemen?

Quoi qu'il en soit, le conseil désespéré : *Aide-toi, le ciel t'aidera*, est celui que sont réduits à donner, au point où en sont venues les choses, mille journaux exaspérés. On nous assure de toutes parts que, si nous ne nous armons pas d'un bon *revolver*, avec la ferme résolution de nous en servir, le cas échéant, nous sommes des hommes morts. Vous n'avez pas d'idée de l'ardeur avec laquelle certaines feuilles ont recommandé à quiconque veut vivre, l'exemple donné par mistress Norman, à Horwichend, Whaley Bridge, dans le Derbyshire. Cette dame était occupée, pendant la nuit, à soigner son enfant, lorsqu'elle entend soudain dans le parloir de sa maison un bruit inaccoutumé. Sans réveiller son mari, qui était malade, elle s'arme d'un revolver, descend, aperçoit dans la pièce d'où le bruit était parti, un homme qui tenait une chandelle allumée, vise, fait feu, et atteint le voleur en pleine poitrine. Il avait un compagnon, qui l'attendait au-dehors, et qui parvint à emporter le corps sanglant ; mais justice était faite. Reste à savoir s'il faudra que désormais les dames portent des pistolets de poche dans leurs sacs à ouvrage, des poignards à leurs jarretières, et que chaque maison soit défendue par une Jeanne d'Arc de salle à manger ? D'ailleurs, le procédé qui consiste à se faire justice à soi-même a ses inconvénients. L'autre soir, un de mes amis fut abordé poliment, au détour d'une rue, par un homme qui lui demanda quelque chose qu'il n'entendit pas bien. Sans plus de retard, et sous l'empire de la panique, il répondit par un coup de poing terrible qui envoya l'homme rouler sur le pavé. En me racontant le fait, mon ami m'avouait que, la première impression passée, il avait eu regret de la vivacité de sa réplique : le malheureux n'était coupable que d'avoir demandé son chemin. Supposons que la réponse, au lieu d'être un coup de poing, eût été un coup de pistolet ? On frémit à l'idée des erreurs meurtrières que seraient exposées à commettre des personnes nerveuses, une fois qu'elles seraient armées jusqu'aux dents. (Louis Blanc, *Lettres sur l'Angleterre*, 1867.)

Esquiros
Musiciens des rues

Londres est la ville des contrastes : à côté de l'excessive misère s'étalent la richesse, le luxe, toutes les splendeurs merveilleuses et accablantes du commerce ; de sombres ruelles, où penchent des huttes de brique, débouchent dans de larges rues où les maisons deviennent des palais ; et, dans le voisinage des quartiers étouffés, s'étendent des parcs immenses qu'on a bien nommés les poumons de la ville, car la ville respire par ces tissus de feuillage. Au sein de cette grande Babel, il y a place pour tous les bruits, pour tous les théâtres, pour tous les divertissements, depuis les plus raffinés jusqu'aux plus simples. Vers neuf heures du matin, au moment où la foule se répand et s'enfle dans les rues comme une marée, la grande armée des chanteurs et des musiciens ambulants s'avance de Spitalfields, de Leather Lane, de Holborn, de Wapping et de Clerkenwell vers les régions du West End. On peut alors rencontrer sous les murs des grands théâtres, Covent Garden ou Drury Lane, un Paganini aux cheveux blancs qui joue depuis un demi-siècle le même air sur la même corde.

Je ne dirai point que cette musique des rues, souvent plus bruyante que mélodieuse, soit un divertissement pour tout le monde. Hogarth, ce grand peintre de mœurs, dans une gravure publiée en 1741, nous représente les tribulations d'un maître de musique dont les fenêtres se trouvent assiégées par une bande de musiciens enragés. Le charivari est complet : une femme braille une ballade ; un aveugle joue du hautbois ; des enfants chantent, battent du tambour ou agitent une crécelle ; un perroquet jase à tue-tête ; la laitière jette son cri matinal : « *Milk! ho !* » ; un chien aboie ; le gagne-petit fait grincer la lame d'un couteau contre sa meule ; le *dustman* brandit sa lourde sonnette, et la poissonnière annonce à pleine voix sa marchandise : « *Mackerel alive! alive, o !* » Les choses, Dieu merci, ont un peu changé depuis le temps de Hogarth ; il s'en faut pourtant de beaucoup que les bruits et les cris du Londres moderne conviennent aux oreilles délicates ; mais tout le monde n'est point le docteur Arne, le célèbre maestro anglais. Comme la société tout entière s'appuie sur un échange de concessions, il faut que le repos de quelques-uns se sacrifie à l'utilité du commerce et aux plaisirs du plus grand nombre. Ce qui est un enfer pour le dilettante ou pour l'homme d'études est un paradis pour les servantes, les gardes-malades et les nourrices, qui ont besoin d'apprendre un air pour endormir leur nourrisson. Plus d'une jeune Anglaise écoute à la fenêtre entrouverte l'écho de ses rêves dans les mélodies qui passent.

Et puis ne nous montrons pas trop sévères pour ce que les Anglais appellent, non sans un certain charme, *street-minstrelsy*. L'exécution, je l'avoue, n'est pas toujours irréprochable ; mais que fait à l'ensemble du concert le caractère plus ou moins discordant de ces sons que balaye le vent, qu'emporte la roue foudroyante des chars, que broie, pour ainsi dire, le pic du paveur ? Ce divertissement en plein air se distingue par d'autres qualités qu'il serait injuste de méconnaître : il se fait accessible à tous et ne taxe point le prix de ses services. C'est l'opéra, le concert du pauvre. Et puis la musique des rues de Londres répond à des harmonies qui sont dans l'âme humaine, mais surtout à trois cordes qu'on fait aisément vibrer dans le cœur des Anglais : la tradition, la famille, la patrie.

De temps en temps, cette musique nomade se compose de vieux airs et de vieilles ballades que chantaient les grand-mères de la génération actuelle : *Il y avait un savetier qui vivait dans une échoppe* (*A cobbler there was and he liv'd in a stall*), *Le Fantôme de Cock Lane*, *Les Enfants dans la forêt*, *Barbara Allen*, etc. Or, la voix du chanteur ou de la chanteuse exposée à la bise rappelle volontiers en passant la voix tremblante de l'aïeule, glacée qu'elle était par le froid des ans. D'autres fois, ces airs appartiennent aux différentes provinces du Royaume-Uni : aux Bretons du pays de Galles, ils parlent de la montagne ; aux Irlandais, des lacs de la verte Érin ; aux Anglais du pays plat, ils rappellent les bruyères, les humides prairies et les feux follets, *the will o' the wisp*, ces esprits de la nuit qu'ils ont vus dans leur enfance courir à la surface des marécages. Il y en a d'autres qui sont des chants nationaux, des hymnes de victoire ou de deuil : *La Mort de Nelson*, *Ô Bretagne, L'orgueil de l'Océan* (*O Britannia, the Pride of the Ocean*), *Le Drapeau croisé de rouge* (*The Red Cross Banner*). Les musiciens ambulants connaissent, d'ailleurs, leur terrain ; dans le port de Londres, ils font surtout entendre des ballades dont l'air et les paroles se rapportent à la vie des matelots : *Loin, loin sur la mer!*, *Poor Joe the Mariner*, *Les Vieux Escaliers de Wapping*, *My Mary-Anne*, *La Jolie Fille à laquelle il faut dire adieu*, etc. On pense bien que l'amour, cette «grande mine du cœur humain», comme dit John Dryden, est aussi exploité dans les romances populaires, telles que : *Oh! seras-tu ma fiancée, Kathleen? Kitty Tyrrel, qui est fraîche comme la rosée du matin, Annie Laurie, dont le front a la blancheur d'une couche de neige, Kate Kearney, qui vit près des lacs de Killarney et dont le sourire est fatal*, etc.

Comme Londres sert de rendez-vous à tous les peuples, à toutes les races de la terre, la musique des rues reflète ce caractère cosmopolite. On y voit des Indiens qui chantent quelque chose en langue hindoue et qui battent du *tom-tom*, instrument monotone, mais dont la sourde tristesse exprime bien le mal de la patrie absente ; je dois avouer qu'ils sont tombés en défaveur depuis la dernière guerre des Indes. Des Chinois égratignent les cordes d'une espèce de mandoline, et récitent d'une voix grelottante un air aussi étrange que les paroles. Enfin, des Éthiopiens, connus sous le nom de *serenaders*, jouent du tambourin et du *banjo*. La vérité m'oblige pourtant à dire que ces derniers n'ont du nègre que la couleur, et cette couleur, ils la doivent à un mélange de graisse et de noir animal.

La première bande de ces *nigger-melodists* qui se fit entendre à Londres venait d'Amérique. C'étaient des descendants de la race anglo-saxonne, et ils étaient aussi blancs que les Anglais, ce qui n'est pas peu dire ; mais, avant de paraître en scène, ils donnaient à leur visage et à leurs mains la couleur du charbon. Ils jouèrent du banjo sur plusieurs des théâtres de Londres et de la province, faisant profession de répéter les airs originaux qui allègent les travaux des Noirs sur la terre de la captivité. C'étaient en somme des artistes habiles qui représentaient au naturel la vie et le langage des nègres. Leur succès fut contagieux : d'autres bandes de musiciens qui n'avaient sans doute jamais été en Amérique suivirent l'exemple donné, mais non avec le même talent. Aujourd'hui, une telle branche d'industrie est tombée très bas : c'est pourtant encore une des plus fructueuses dans ce genre de spéculation, la musique des rues. Les mélodistes nègres de fabrication anglaise courent les rues en costume extravagant, avec un habit bleu à longue queue d'hirondelle, un col de chemise qui leur cache presque la tête et un énorme lorgnon qui leur pend sur la poitrine. Je dois ajouter, pour en finir avec la musique éthiopienne en Angleterre, qu'un vocaliste estimé, M. Henry Russel, qui a demeuré en Amérique, contrefait les manières des nègres et chante quelques-unes de leurs mélodies avec un talent comique et une fidélité très remarquables.

[...] Je les ai vus plus d'une fois s'engager dans des labyrinthes de rues les plus emmêlées, dans les *lanes* pauvres et solitaires, les sombres *courts*, les allées étroites, les passages tortueux et inconnus même des habitants de Londres. Tout cela leur est aussi familier que l'est à l'oiseleur la partie de la forêt où il fait parler ses pipeaux. Ils savent les murs qui ont des oreilles et ceux qui n'en ont pas ; ils se rendent compte, en outre, des airs qui conviennent à chaque quartier, à chaque rue, souvent même à chaque maison. En général, ils recherchent les endroits calmes, et profitent des heures de la journée où la population ouvrière du lieu jouit d'un instant de loisir. Leur grande ennemie est la cloche des écoles ou des fabriques, laquelle, quand elle vient à sonner en plein concert, leur enlève le meilleur de l'auditoire. Le plus souvent ils sont décemment vêtus, et se distinguent, par leurs manières, du commun chanteur de ballades, avec lequel ils n'ont peut-être qu'un trait de ressemblance, l'amour de la boisson. C'est un axiome parmi eux que le cuivre altère.

Quoique moins atteints dans leur industrie que le poète de ballades populaires, les musiciens des rues se plaignent avec amertume du développement des concerts dans les *music-halls*. « Ces concerts, me disait l'un d'eux, nous enlèvent notre pain. Les amateurs y deviennent d'année en année plus difficiles. Il n'y a pas un flâneur des rues de Londres (*street-idler*) qui s'arrêterait aujourd'hui cinq minutes pour écouter saint Dastan lui-même jouant de son orgue, car vous savez que ce saint était un musicien ambulant comme nous (*a perambulating musician*), et qu'il avait inventé de ses propres mains un instrument, père de l'orgue actuel de Bararie. »

La plupart des musiciens ambulants — comme d'ailleurs toutes les classes errantes ou demi-errantes — témoignent une grande indifférence en matière de religion. Il y a pourtant des exceptions curieuses. J'ai connu, il y a trois ans, dans Wapping, un ouvrier écossais qui, incapable de nourrir ses enfants par son travail, avait eu plusieurs fois l'idée de les envoyer faire de la musique dans les rues. Le barde écossais est une spécialité : son costume théâtral, la rude originalité de ses airs nationaux, le son rauque, mais primitif, de sa cornemuse (*bagpipe*), tout chez lui attire les yeux et les oreilles des passants. Et puis il n'y a guère de rue, surtout dans les anciens quartiers de Londres, où il ne se trouve au moins une famille écossaise. Or, pour un vrai cœur calédonien, ces airs-là valent mieux que tous les plus beaux airs d'opéra : c'est l'écho de la montagne, c'est la voix du pays. Le projet de suivre cette carrière d'aventures apparaissait donc à la pauvre famille comme un rêve de fortune. Cependant le père lutta et résista longtemps. Sévère presbytérien, il redoutait, et avec raison, pour ses deux enfants, — un garçon de douze ans et une fille de sept ans, — les mauvaises influences de la rue. Les circonstances se montrèrent, hélas ! plus fortes que sa volonté, et le départ des enfants fut résolu. La mère, qui devait les accompagner, tira un jour d'une vieille armoire un double costume de jeune garçon et de jeune fille *highlanders*. L'aîné revêtit avec l'insouciance et l'orgueil de son âge les bas à carreaux verts et rouges, le *kilt* qui protège sans les voiler les jambes nues, la veste collante, le *plaid* attaché sur l'épaule par une broche en argent représentant la fleur emblématique de l'Écosse, le chardon (*thistle*). Il devait jouer de la cornemuse, et sa sœur devait danser une des danses caractéristiques du pays (*highland-fling*). Quand ces apprêts de toilette furent terminés, le père ouvrit gravement une vieille Bible, dont il lut un chapitre à haute voix, donna d'excellents conseils à sa femme et à ses enfants, les bénit, puis se détourna pour dévorer une larme. Le jeune *itinerant musician* et la petite danseuse parcoururent une grande partie du sud de l'Angleterre et s'embarquèrent même pour l'île de Jersey. Je ne sais si ce fut un effet des ferventes bénédictions du père, mais la mère et les enfants revinrent, six mois après, avec une bourse bien garnie, et qui arriva fort à propos, car le pauvre homme était malade depuis deux semaines dans son lit.

Le fléau de l'alcoolisme

Pour décrire le caractère, le personnel et les habitués des différents *public-houses*, il faudrait embrasser toute la vie de Londres, depuis le haut jusqu'au bas de l'échelle, depuis le West End jusqu'à Wapping. Quelques-uns de ces établissements sont considérables, et affectent des somptuosités de bon goût. Le comptoir est tenu par des femmes belles, froides et ornées, les princesses du commerce, telles qu'il ne s'en rencontre peut-être qu'en Angleterre, à l'abri des séductions humaines derrière un calme imposant et la majesté olympique des affaires. Les vastes caves se vident et se remplissent tous les huit jours de gros tonneaux cerclés de fer. Les chevaux de brasseurs, malgré leur grande force, ont été entraînés plus d'une fois par le poids des larges tonnes dans l'embouchure de ces souterrains. Le publicain préside solennellement à tout, aidé par les garçons (*pot-boys*), entre les mains desquels circulent jour et nuit les coupes d'étain bordées d'une frange d'écume. Ici, tout est lumière, joie tranquille, confort mêlé d'élégance.

Dans les quartiers populeux, au contraire, la figure extérieure des *public-houses* se rembrunit. Quelques-uns de ces établissements conservent bien encore un air de luxe, mas de luxe sale et enfumé, qui annonce les palais de l'orgie. Là, de pauvres gens cherchent aux maux habituels d'une vie incertaine d'âpres consolations. La loi abandonne à la conscience du publicain le soin de tempérer des excès qu'il a malheureusement tout intérêt à encourager. L'un de ces cabarets, connu sous le nom de *Dirty Dick*, à la porte sombre et étroite duquel se presse dans Bishopsgate une population étrange, hommes et femmes en haillons, refuse néanmoins de servir à chacune de ses nombreuses pratiques plus d'un verre de liqueur enivrante. Une aventure tragique explique, dit-on, cet usage ; un homme tomba mort près du comptoir à la suite de plusieurs libations copieuses et répétées. Je dois dire que cette limite, quoique bonne et morale en elle-même, n'arrête point les excès. Les gens altérés, et qui craignent, comme disent les Anglais, qu'une « toile d'araignée ne s'attache à leur gosier sec », en sont quittes pour sortir de la maison et pour y rentrer plusieurs fois de suite.

Dans Wapping et Shadwell, quartiers des marins, les tavernes présentent un aspect singulier : la confusion de toutes les langues, la réunion de tous les costumes plus ou moins tachés de goudron, l'assemblage de toutes les couleurs de la peau humaine. Une reine d'Afrique, descendue à Londres il y a deux ans, avait choisi pour palais de sa majesté noire un cabaret situé dans la voisinage de Saint-Catherine's Dock. Quelques public-houses touchent de près aux mystères de Londres, dont on a trop abusé dans ces derniers temps pour que je m'y arrête. Les allées sombres et tortueuses de certaines maisons à la porte desquelles éclate une joie sinistre conduisent trop souvent aux abîmes de la prostitution, de l'ivresse et de la misère. Passant une fois, très avant dans la nuit, à travers ces rues alors désertes, je n'avisai pas sans tristesse, en face d'un cabaret dont les voix et les lumières commençaient à s'éteindre, un groupe d'hommes sombres et déguenillés qui se passaient les uns aux autres une écuelle de fer maintenue par une chaîne à une fontaine publique. Je m'éloignai ; mais, au milieu des ténèbres, le bruit répété de cette écuelle de fer retombant à temps égaux sur le pavé, et destinée à étancher la soif du pauvre ou à rafraîchir l'ivresse, était d'un effet glacial qui serrait le cœur.

Les statistiques dénoncent à Londres cent cinquante mille ivrognes de profession (*habitual drunkards*). Il y a quelque chose de plus triste que l'ivresse elle-même, c'est le désir de l'ivresse. Il n'est pas rare de rencontrer dans les rues de Londres, à la porte d'un *public-house*, un vieillard pâle, d'une quarantaine d'années, aux yeux dilatés par la convoitise, aux mouvements épileptiques, aux vêtements en haillons, qui regarde d'un air morne et fasciné les pots de bière auxquels d'heureux mortels, ses frères, suspendent avidement leurs lèvres. On dirait le spectre de Tantale. Il y a des temps de l'année où l'ivresse est périodique, car l'Anglais se montre réglé jusqu'à dans ses excès. Cette épidémie règne surtout pendant la semaine de Noël et pendant la semaine de la Pentecôte. Les *policemen* de Londres ont alors fort à faire, ne fût-ce que pour lier et enlever sur des civières des femmes ivres mortes, le plus souvent des Irlandaises, dont quelques-unes présentent, sous la flétrissure de l'abrutissement, les traits de la jeunesse, et parfois une beauté qui attriste à voir. Le policeman est le héros, le martyr, le bon génie de l'ordre public. On ne saurait dire avec quelle grandeur d'âme stoïque il supporte les injures du délire, avec quelle patience, quelle douceur, il manie ces cadavres de l'ivresse.

Les ravages d'un tel fléau social n'affligent pas seulement la rue, ils désolent la famille. On a vu dans de grandes villes industrielles, comme Liverpool, des pères, des mères, engager entre les mains du prêteur sur gages (*pawnbroker*) les habits de leurs enfants et les boire. La bière, il faut le dire, n'est pas seule responsable de ces excès ni de ces tragédies domestiques ; il faut rapporter le plus grand nombre des cas d'ivresse au *gin* et au *whisky*, deux liqueurs fortes, perfides comme l'onde, dont elles ont la transparence, et qui noient la raison. Lorsque le whisky fut introduit en Écosse, on ne s'en servait d'abord que comme d'un remède pharmaceutique. Les médecins du temps le tenaient sous clef, et avaient seuls le privilège de le vendre aux malades. Aujourd'hui, cette *rosée de la montagne* coule à larges gouttes sur le comptoir des publicains, et répand le feu de la fièvre dans les veines d'une population ouvrière qui s'altère en buvant. Le remède est devenu poison, un poison général et attrayant, qui fait plus de victimes, à coup sûr, que l'emploi de cette liqueur en médecine n'a produit de guérisons. L'ivrognerie n'est point un vice qui soit particulier à la Grande-Bretagne. Je dois pourtant faire observer que les peuples du Nord se montrent plus portés vers l'usage des liqueurs fortes que les peuples du Midi. Ce besoin déterminé par le climat, touche de près à l'abus. Tous les public-houses n'ont pourtant pas le droit de vendre des liqueurs spiritueuses ; il faut pour cela une patente (*license*) toute spéciale qui ne s'accorde que sur un certain nombre de signatures recueillies dans le voisinage par le publicain.

Un vice qui tue l'âme et le corps, qui peuple les hospices d'aliénés, qui frappe de stérilité toutes les tentatives faites pour relever le moral des classes laborieuses, devait attirer l'attention des législateurs anglais. On a cru combattre, sur une certaine échelle, les fureurs de l'intempérance en faisant fermer les public-houses le dimanche, durant les heures du service religieux. Cette mesure a passé, sous ce rapport du moins, à côté du but qu'on se proposait d'atteindre : les habitués des cabarets regagnent à leur manière, durant la soirée, le temps qu'ils ont été forcés de perdre pendant le jour. Il y a lieu de se demander, avec les moralistes du *Sunday league*, si l'ouverture de certains établissements publics, les musées royaux et le Crystal Palace, ne combattrait pas plus victorieusement l'ivrognerie, fille de l'oisiveté, en lui opposant de puissants moyens de diversion dans la vue et l'étude, même superficielle, des objets d'art, qui élèvent l'âme. En Écosse, quelques restrictions partielles ont été apportées, dans ces derniers temps, au commerce des liqueurs fortes, et cette limite légale paraît avoir exercé une influence assez heureuse sur les mœurs de la population. Les Anglais, au contraire, repoussent tout ce qui leur semble gêner la liberté individuelle, et vous auriez de la peine à les convaincre qu'on puisse rendre un peuple sobre par un acte du parlement. Le gouvernement connaît le mal, il en gémit ; mais il ne se croit ni le droit ni peut-être la force de le réprimer, et il laisse aux sociétés de tempérance le soin d'intervenir dans une question de moralité publique.

Les *teetotallers* constituent une confrérie qui a dans chaque ville ses centres de réunion, ses statuts, ses moyens de propagande, tels que livres et journaux. J'ai suivi quelques-uns de leurs *meetings* au thé : ce sont des séances intéressantes, dans lesquelles on entend certaines confessions publiques faites par d'anciens ivrognes convertis. Ils racontent, avec une simplicité qui ajoute au caractère dramatique de tels aveux, les sensations d'un homme poussé, les yeux ouverts et la volonté enchaînée, vers un précipice sans fond ; l'espèce de stupeur avec laquelle ils assistaient à leur propre ruine ; la nature de leurs songes, dans lesquels, à la suite des ardeurs de la fièvre, ils s'imaginaient se désaltérer pendant la nuit à un courant d'eau pure ; enfin, leur lutte impuissante contre le démon des habitudes invétérées, suivie d'un état de ténèbres, de trouble et d'anéantissement moral, où *la raison ne les visitait plus que pendant l'ivresse*. Ces révélations ouvrent de sombres perspectives sur l'intérieur de certains ménages anglais, les enfants qui pleurent parce qu'ils n'ont point de pain, la mère comptant dans la nuit avec les battements de son cœur les minutes, les heures que l'homme passe au cabaret, les vêtements et le linge, fruits des épargnes de la femme, impitoyablement jetés au feu par les mains du délire aveugle. A ces sombres tableaux on oppose, comme contraste et comme motif d'encouragement, les exemples d'ivrognes rachetés, délivrés, régénérés par la société de tempérance. De malheureux ouvriers bien connus, dont la vie n'était que dissipation, misère et accablement d'esprit, ont retrouvé dans des habitudes nouvelles la force, le bien-être, la paix du foyer, l'estime du monde. Quelques-uns d'entre eux sont maintenant établis, dirigent des ateliers, des fermes, et placent à la caisse d'épargne ou achètent de la terre. Les membres de ces confréries libres prêtent le serment de ne jamais toucher aux boissons fermentées, si ce n'est dans le cas de maladie et sur l'ordre du médecin.

Les sociétés de tempérance ont sans doute jugé qu'il fallait dépasser le but pour l'atteindre : il n'en est pas moins vrai que cette extrême austérité nuit au développement de telles institutions. Plusieurs moralistes anglais, sans rejeter les services de cette propagande utile, comptent avant tout sur les progrès de l'éducation pour combattre un vice destructeur de la dignité humaine. Il est reconnu dans la Grande-Bretagne que l'ivrognerie est le plus souvent le fruit amer de la misère et de l'ignorance. La diffusion des lumières et du bien-être extirperait donc, il est permis de le croire, l'abus des liqueurs spiritueuses et fermentées sans en proscrire l'usage.

Les teetotallers, qui sont d'ailleurs d'origine américaine, enlèveraient — s'ils réussissaient jamais complètement — aux mœurs anglaises le cachet qui les distingue. La bière confirme les amitiés par un signe visible, elle aide et sanctionne les transactions commerciales ; enfin, elle n'est point même étrangère aux affaires de l'État. Dans les temps d'élection, les public-houses revêtent les couleurs d'un des deux ou trois candidats entre lesquels hésitent les suffrages. Il est curieux de voir alors ces maisons couvertes de bas en haut par des bandes de papier et des affiches peintes sur lesquelles s'épanouit en grandes lettres le nom de l'homme politique adopté par la taverne. (Esquiros, *L'Angleterre et la vie anglaise*, 1859.)

O'Rell
Basses classes

Il n'est point ici de si petit métier qui ne nourrisse son maître.

Le plus triste spectacle que, dans sa dégradation, l'homme ait encore donné au monde, c'est un cordon de sandwichs. On flanque à l'homme sandwich deux planches, l'une sur le dos, l'autre sur la poitrine, et on l'envoie promener par la ville les annonces les plus bizarres, les plus grotesques. Pour le vil salaire de quelques sous, il lui faut, toute la journée, par tous les temps imaginables d'un climat froid et humide, se traîner clopin-clopant dans les ruisseaux des principales rues. Je dis dans les ruisseaux, car il ne faut pas qu'il s'en écarte, afin de ne gêner la circulation ni du trottoir ni de la chaussée. J'en ai vu, de ces malheureux, traîner leurs pas appesantis par la fatigue, enfermés dans d'immenses malles cubiques qui les couvraient des genoux au cou. La tête et les bras étaient libres ; encore les bras ne l'étaient-ils qu'à moitié, car ils avaient à distribuer aux passants les circulaires du fabricant de malles. Nos chiffonniers sont des princes auprès de ces pauvres bêtes de somme.

Le langage des rues est au-delà de tout ce que le dictionnaire poissard français pourrait mettre à la disposition du traducteur ; il faut renoncer à en donner même une idée. Autant le langage des classes bien élevées est choisi, exempt de toute expression de mauvais goût, euphémique au plus haut degré, autant le langage du peuple est cru et obscène.

La basse classe semble n'avoir qu'un adjectif à sa disposition, c'est l'adjectif *sanguinaire* (*bloody*). Ce mot, qui correspond à notre juron *sacré*, fait frémir en Angleterre ; il ne peut que nous paraître ridicule. Un ouvrier anglais dira par exemple : « J'ai dit à mon *bloody* patron qu'il ne me donnait qu'un *bloody* souverain toutes les *bloody* semaines, qu'il me fallait cinq *bloody* schellings de plus. Il m'a répondu qu'il n'avait pas le *bloody* temps d'écouter mes *bloody* plaintes », etc., ça roule ainsi tout le temps. Ce mot cependant, qui se trouve épelé comme l'adjectif *sanguinaire*, n'est autre, croyons-nous, que l'expression *by'r lady* (*by our Lady*, « par Notre-Dame »), expression que l'on rencontre plusieurs fois dans Shakespeare. (Max O'Rell, *John Bull et son île*, 1883.)

Vallès

Amertume

Ah! ce n'est pas la rue de France! — cette rue bavarde et joyeuse, où l'on s'aborde à tout instant, où l'on s'arrête à tout propos. On suit les femmes, on blague les hommes; il y a du tapage, des rires, des rayons et des éclairs; il y a des pétillements d'ironie, une odeur de plaisir, des souvenirs de poudre.

La rue de Londres est ou énorme et vide, — muette alors comme un alignement de tombeaux — ou bourrée de viande humaine, encombrée de chariots, pleine à faire reculer les murs, bruyante comme la levée d'un camp et le torrent d'une déroute. Mais ce sont des bruits sourds, un grondement d'usine, le tumulte animal — point une explosion de vie et de passion.

On entend grincer les roues, hennir les chevaux; mais on n'entend pas *parler* les hommes : ni parler, ni rire!...

Ils vont, ils viennent comme des *pistons* de machines, ils passent comme des courroies se mêlent, comme des trains se croisent; ils ne se disent jamais qu'un mot : « Jolie matinée... Vilain temps », suivant qu'il fait beau ou mauvais — et ils reprennent leur fonction, court, droit et dru. Allez, le piston!

Tous se ressemblent.

Par esprit de patriotisme, parce qu'ils ont le Derby et la mer, ils ont tous des têtes de cheval ou de poisson. Cette similitude de physionomie, cette monotonie du type, tue d'avance l'originalité de la rue. Pas un visage qui tranche brusquement sur le reste; quelques-uns ont l'air un peu plus hypocrite ou un peu plus brutal que d'autres, voilà tout!

Les femmes — ce parfum de la rue française — se divisent crûment, là-bas, en deux espèces : celles en sucre et celles en corne; celles qui ont des profils d'anges et celles qui ont des profils de bêtes; celles qui ont seize ans et celles qui en ont cent : des joujoux ou des magots.

Quand elles ne sont pas des jeunes filles, elles sont tout de suite des vieilles — sans transition — elles se gâtent en un clin d'œil comme du gibier. On avait une gazelle hier, on a une girafe demain; et le Français qui fouille la rue ne rencontre que des bébés montés en graine ou des caricatures à cheveux gris et à dents jaunes.

La femme de trente ans, comme nous l'aimons, grasse et blanche, ou souple et dorée, appétissante comme un fruit mûr, irritante comme une odeur sauvage, on ne la frôle point, on ne la sent pas sur le pavé de Londres.

A partir de vingt-deux ou vingt-cinq ans — sauf hasard — l'Anglaise est finie; et, même quand elle est jeune, elle n'a jamais ce *je-ne-sais-quoi* qui fait qu'une Parisienne vous ramasse le cœur d'un geste et laisse tomber le désir de sa jupe; soit que la pluie l'oblige à montrer sa cheville, soit qu'elle vire le cou au soleil ; il y a les éclairs, noirs des yeux, les traînées de jupons blancs, la cambrure du pied et le jeu des hanches.

Ici, les femmes marchent comme des soldats, ont toutes la taille trop longue, le pied bête, et il y en a des tas qui portent des lunettes.

Le jeune garçon, chez nous, est vif, sympathique et crâne. Chez eux, il est vieillot et grave.

Est-il rien de plus affreux, à vrai dire, que ce gamin de douze à quinze ans qui a un col immense, une jaquette toute petite, un gros parapluie et un chapeau tuyau de poêle ? Il ne rit pas, n'ayez peur !

Il ne flâne pas — ah ! fichtre non ! — il siffle !

A Londres, on siffle partout, sur le trottoir, sur la banquette d'omnibus ou la chaise du restaurant, dehors, chez soi, chez les autres, en face des dames surtout.

Quand on ne siffle pas, on fait autre chose...

Ce gamin veut bien se contenter de siffler. Il vient de chercher une lettre de crédit à la Banque, il passe manger un *sandwich* et va partir pour faire le tour du monde. Il pense que son père sera au bateau, il n'en est pas sûr, il y avait beaucoup à faire hier à l'Office, dans la Cité. Il va raide, muet, grave, gonflé d'argent ; il ne donnera pas un sou à un pauvre en chemin.

Y a-t-il des types qui se détachent, des nez ou des regards qui trouent cette banalité : porte-crochets, vendeuses de fleurs, meneurs de chevaux, des grotesques ou des gracieuses ? Rien, rien !

Pas de commissionnaires.

Cet Auvergnat ou ce Savoyard, ces favoris gris, ce nez rouge, cette culotte rapiécée, ce qui s'appelle à Paris le « père Ugène » ou le « vieux du coin », qui vous indique votre chemin pour rien et qui, pour vingt sous, sait glisser une lettre, attraper une réponse ; qui cache un bouquet dans sa casquette et un rendez-vous dans son sourire ; qui fait campagne avec vous, sous le drapeau de l'amour ou de la misère ; qui, un jour d'insurrection vous reconnaîtra et vous prêtera sa veste de velours pour remplacer votre paletot de vaincu plein de sang, ce brave homme-là est inconnu dans ce Londres qui n'a pas pour deux liards de fantaisie.

Les décrotteurs sont ou des voyous à qui on ne peut pas confier un penny, ou des gamins que je ne sais quelle société chrétienne a habillés de rouge, marqués d'un chiffre. Ils n'ont pas le droit de quitter leur sellette — surveillés au nom du Christ.

Les bouquetières sont sales, ont le nez crotté, les souliers crevés, la jupe en lambeaux, et des cous pleins de crasse.

Elles portent leur marchandise sur un éventaire, comme les poissonnières portent leur marée, et sentent si mauvais qu'on ignore si leurs fleurs sentent bon.

Presque toutes sont grêlées, il y en a pas mal qui sont borgnes, et j'en ai vu une qui me montrait — avec un sourire mutin — qu'elle était bossue. On semblait bien jaloux d'elle dans cet amas de guenilles.

Elles coupent les tiges frêles et les remplacent par des bouts de bois, puis elles ajoutent des fils de fer. C'est que l'Anglais n'aime un bouquet que s'il est solide — si le laiton lui entre dans les doigts, s'il peut passer la queue de la touffe, sans qu'elle se casse, dans les ouïes d'un maquereau ou le croupion d'une volaille.

Ô bouquetières de France, au fichu dérangé, au chignon crâne, qui emportez la boutonnière à l'arme blanche, qui êtres plus fraîches que vos roses et avez la voix plus chaude que le parfum de vos œillets; comme l'on se souvient de vous — avec le frisson de Paris — en face de ces rangées d'oignons humains d'où sortent, salies et empoisonnées, ces fleurs aux yeux bleus, aux lèvres rouges, au cœur d'or !...

Ni commissionnaires pour porter les billets doux, ni jolies bouquetières pour donner du prix au muguet et du ton au désir !...

Les cochers ? — Ils ne s'injurient pas et ne font point claquer leurs fouets ! Ceux des cabs ressemblent tous à Robert Macaire. Ceux des omnibus visent au gentleman, ont des gants et le chapeau à haute forme.

L'omnibus, bariolé de couleurs criardes, a l'aspect d'une roulotte de saltimbanques. On n'ose pas y monter, quand on n'est pas un phénomène.

Pour arriver à l'impériale, il faut faire des exercices de clowns; pour pouvoir tenir dans l'intérieur, il faut des poumons de fer, en été.

Les vitres ne s'abaissent pas. Il est défendu d'avoir de l'air !...

Il n'y a pas de bureaux où, par les chaleurs ou les averses, on puisse s'abriter en attendant, prendre son ticket, demander la correspondance.

On monte sa faction sur le pavé, et l'on est forcé de saisir au vol les renseignements que le conducteur jette en se tenant pendu à sa courroie, comme un singe attaché par la queue.

Tant que l'omnibus trotte, ce conducteur se cache des encoffrés; il ne s'occupe plus que de ceux à cueillir; il faut qu'on lui tire les pans de son habit et qu'on le bourre de coups de canne ou de parapluie, pour qu'il veuille bien se montrer aux captifs, lâcher les gens, verser les colis à destination. Il vous regarde, et se contente de crier : *Bus ! bus !* dans les oreilles des passants, dont il accroche les chapeaux, dont il saisit les poignets.

C'est de l'enlèvement ! Joli garçon, montez chez moi...

Perdu sur la chaussée, bousculé par ce tas de muets sinistres, étonné des grognements, ahuri par la rumeur, menacé par les chevaux, frôlé par les voitures, le Français perd la tête; il cherche un café, un coin où il pourra s'asseoir, réfléchir, écrire... Mais il n'y a que quatre cafés à Londres, et pas un qui ait l'œil sur la rue, et des tables jaunes sur des trottoirs où il fasse frais et d'où l'on voie rouler la foule.

Pas de cafés, et toutes les maisons fermées ainsi que des tombeaux ! Ni portes cochères ni allées. S'il arrive un orage, qu'on soit éreinté ou malade, pas d'autre asile que le *public-house* ignoble.

Le long du ruisseau, dans l'entrebâillement des portes, les ivrognes titubent et hurlent. C'est la saoulaison noire, point l'ivresse rose — l'écume du haut mal, point la mousse de la gaieté.

Chose horrible ! — Ce sont les femmes surtout qui salissent le pavé de leurs vomissements et qui battent les murs avec leurs têtes ; non pas seulement celles en haillons, mais aussi celles en chapeau frais et en robe neuve ; non pas seulement les vieilles, mais les jeunes. Celle qui vous a heurté tout à l'heure était la sœur d'un avocat ou la fille d'un révérend, elle sortait du temple ou elle y allait ; elle s'est arrêtée à un *bar* pour siffler du whisky ou du gin — et elle festonne et elle chante ! Les seuls éclats de voix humaine qui crèvent le brouillard de Londres sortent des poitrines brûlées par le poison des public-houses. Ce peuple ne parle fort dans les rues que quand il est saoul.

N'est-il donc rien qui, au lieu de blesser le Français égaré dans ce chaos, l'émeuve et le frappe ? — Ah ! certes si !

Les rues n'ont point l'air des avenues d'un camp, comme dans le Paris rayé de garance et étoilé de hausse-cols. On n'entend pas éternellement le *taratata* des clairons.

C'est un événement que le passage d'un bataillon, et c'est à peine si l'on rencontre des soldats. En tout cas, ils ont l'air plus comique que menaçant, sous leur petite veste et leur bonnet de police, rond et rouge avec une frange d'or, comme une tranche de citron sur un grog au vin. Ils sortent sans armes.

Les officiers n'apparaissent jamais en uniforme. Un décoré fait retourner les têtes.

C'est bien. Mais s'il n'y a pas de pioupious en tenue de campagne, ni de capitaines l'épée au côté, il n'y a pas non plus d'ouvriers en casquette et en blouse.

On ne connaît pas la blouse à Londres.

Les artisans, n'ont point la fraternité du costume, une livrée de travail, qui peut devenir un drapeau au bout d'un bâton. Ils n'ont pas du bleu sur les épaules ; ils passent près de vous sans qu'on les distingue, habillés de tons neutres, dans des vêtements qu'ils portent comme des mannequins portent des frusques.

Le peuple n'a pas sa physionomie à lui, les corps d'état ne se devinent point, les ouvriers n'ont pas leur couleur ; tout au plus ressemblent-ils à ces manœuvres qui traînent seulement des fardeaux, qui n'ont que la force et le courage de la bête, et que nous appelons en France de ce nom navrant : hommes de peine.

Où donc la gaieté du peintre d'enseignes aux cheveux longs, du peintre en bâtiment à bonnet de pêcheur, où donc la barbiche à la chasseur et le pantalon à côtes du charpentier ?

Où donc la chanson du bâtiment, la *scie* de métier ?

C'est triste, vous voyez, une rue de Londres ; on se demande, on cherche quel est le fond d'une nation, quelle est l'âme d'une cité qui fait ce bruit terrible et qui parle si peu ; où rien ne s'accuse en traits nets et logiques, où il n'y a pas de décorations aux revers d'habits, mais où les masques suent la morgue ; où les sergents de ville ont l'air poli et où les gentlemen ont l'air féroce ; où les boueux sont bégueules et les enfants solennels.

N'y a-t-il pas une voie, dans le nombre, sur les murailles de laquelle soit écrite avec de la poudre, telle qu'un tatouage sur le bras d'un marin, quelque devise de liberté ?

Toutes les villes qui ont dominé l'histoire et commandé l'humanité, Athènes, Rome, Paris, ont de ces chemins par où le sang s'est échappé à pleins flots de leurs veines trop fortes.

C'est par ici qu'a passé Cléon ; c'est par là qu'arrivèrent les Gracques ; sur cette place est mort Delescluze !

Les peuples à cerveau puissant ont, chaque quart de siècle, de ces apoplexies qu'on nomme des révoltes ; et il reste, dans les façades, des trous cernés de rouge, mais par où jaillissent des fusées de lumière.

Oui, il y a White-Hall et le souvenir de Charles Ier. Mais des années se sont usées depuis ce matin-là, et la fenêtre est clouée...

On trouve marque de chauvinisme égoïste et violent, mais point trace d'inondation populaire et de convulsions civiles : ils n'ont pas senti le tremblement social.

Autant la rue d'affaires est bourrée et violente, avec ses trépidations affreuses, comme si un parc d'artillerie courait au secours d'une bataille, avec ses bourdonnements dans l'air, comme si d'un massacre de ruches s'échappait un essaim d'abeilles enragées, — autant la rue de famille est déserte et silencieuse.

Oh ! je n'aurais pas besoin de voir passer ceux qui habitent ces logis pour savoir ce qu'ils valent, et, en pleine nuit, sous la lueur oblique de la lune, aussi bien que sous le rayon louche de leur soleil, je devinerais l'Angleterre. A l'heure où les chaussées sont vides et les trottoirs abandonnés, à Paris de même qu'à Londres, la tournure des bâtisses, l'architecture des rues suffiraient pour m'indiquer ce qu'il y a au fond des âmes... et le caractère de la race sort des murailles, comme un crapaud.

Quand le *business* est fini, quand les *offices* ferment, c'est dans cette rue qu'on vient se reposer, c'est une de ces maisons qui est l'intérieur, qui est le foyer, le *home, sweet home* — il y a une chanson là-dessus !

Gardé par des grilles, hérissé de crocs, protégé autant qu'une boulangerie contre les famines de 93, ce *home* et ce foyer ! Entre la façade et le trottoir, bâille un hiatus sale, un creux profond, un trou grillé, comme pour mettre un loup. Partout du fer noir ou des pierres d'un gris de tombe, semblables aux ossements lavés par la pluie. Au haut des marches, visage de bois d'une porte qui ressemble à celle d'une prison ou d'un couvent.

De ce côté-ci, une fenêtre — œil terne qui s'ouvre en long, dont la paupière se retrousse et se tord ainsi que celle d'une paillasse ou d'un fou — *à guillotine*. Il ne faut point passer sa tête là-dessous, le couperet pourrait tomber ! Aussi ne voit-on jamais s'allonger, à travers les fleurs, un cou de jeune fille. Il n'y a, en Angleterre, que les femmes perdues — de vice ou de misère — que les étrangers, ignorants ou cyniques, qui osent mettre le nez à l'air, tendre le front et regarder ceux qui vont et viennent...

On dirait qu'il règne une consigne de mort !

Il est tard, c'est le soir ; mais le jour c'est de même ; c'est toujours ainsi !

Demain, quand le soleil — ce qu'ils appellent le soleil — luira sur cet amas de tristesse, il ne fera pas tomber les barreaux, il n'ouvrira pas les croisées, il ne forcera pas les serrures !

Les gens vivent là-dedans, isolés comme des malades ou des aliénés ; si l'on a besoin de frapper à l'une de ces portes pour demander de l'ouvrage, un conseil ou du pain, on ira avec terreur soulever ce marteau — les âmes sont froides quand les murs sont si nus, et les cœurs s'ouvrent si mal dans les demeures si bien fermées. Ce n'est peut-être pas qu'ils soient féroces, ils sont seulement orgueilleux.

Quiconque veut entrer dans ces maisons à tournure d'enfer doit faire une station aussi longue que pour entrer au paradis... Qu'il attende !

— Je suis chez moi et je suis anglais (*I am an English man*), dit entre ses dents le locataire.

Et il ne daignera aller un peu plus vite, que si le battant est manié d'une main hardie, avec une impertinence qui sente son gentleman, une désinvolture qui indique le maître. L'homme se pressera alors, au nom de la servilité nationale qui court lécher le pied des hiérarchies.

Mais voyez le temps que passe devant la porte close, comme un pénitent aplati contre un confessionnal, le visiteur inconnu, modeste ! On l'a entrevu, du fond du creux où l'on peut mettre un loup, et on le laisse se morfondre et piétiner, jusqu'à ce qu'on ait fini de raccommoder un bas ou d'achever le thé à petits coups.

Pays hostile, race murée ! Ces habitations qui s'ouvrent avec tant de crainte et de fatigue, c'est à peine si on peut les découvrir et les distinguer, une par une, dans ce tas de moellons qui s'appelle la rue. L'Anglais vit chez lui — ne va pas chez les autres — et n'a pas besoin d'écrire le nom de ses voies en lettres qu'on puisse lire de loin.

Dans chaque quartier, il y a le tiers des chemins qui n'ont pas leur marque visible sur l'oreille ; ou bien cette marque est noyée et perdue dans le noir de la pierre, ainsi que l'initiale d'un boucher dans le gras d'une toison sale. On ne distingue rien — l'Anglais en rit dans sa barbe jaune : il aime à voir souffrir les gauches et barboter les pauvres.

Il n'a pas même pris la peine de donner à chaque rue un nom particulier. Il y en a vingt qui s'appellent «Charles», trente qui s'appellent «Charlotte» — et il faut chercher le Road, le Square — que sais-je !

On devine vite qu'il leur manque les habitudes d'amitié, la gaieté de la vie d'échange !

Il importe peu à des gens qui ne se voient point entre eux, qui vivent en ours, qu'à l'angle de l'avenue soit le n° 29, et au milieu le n° 1 — ce qui se présente à chaque instant, au grand étonnement des Français, que ces méthodiques traitent de brouillons, mais qui, au moins, peuvent se reconnaître et se retrouver dans les carrefours de leur pays.

Non seulement le chiffre quitte sa place, joue aux quatre coins, se mord la queue, mais il disparaît totalement et se laisse chasser par un mot. On demeure : *Manor Place* ou : *Hope Cottage*, sans numéro : on semble devenu un châtelain, vous comprenez.

C'est de l'orgueil, cette fois, sur toute la largeur d'une façade, cela vous a un air *householder* — chef de bail — qui fait le bonheur des Anglais.

Avec leurs titres, lisibles ou non, les rues de Londres sont des labyrinthes le soir, car, à part quelques corridors sur les vitres desquels le gaz détache les numéros, il est impossible de démêler les chiffres — s'il y en a — sur la peau des murs ou des portes, que rien n'éclaire.

Ajoutez, en outre, que les voies sont droites, longues, sans fin. Il faut abattre son kilomètre avant de pouvoir s'échapper de côté ; si l'on se trompe à l'entrée, on marche, on marche, comme le Dante ou le Juif errant, entre deux haies de pierres sans jours et sans issues. — Laissez toute espérance, vous qui vous aventurez ici !

Quelle sinistre impression donnent ces rangées de bâtisses, rongées par le brouillard et par la pluie ! Quand les maisons à Londres n'ont pas le reflet lugubre d'un linceul sali, elles ont la couleur du tuffat de Mazas ou du bois de justice — ces tons de prison ou d'échafaud. C'est affreux ! je ne m'en dédis pas : on dirait un peuple de maudits ou de détenus.

Puis il y a tant d'églises ! Toutes les villes qui ont beaucoup d'églises sont mornes. Les temps protestants — nus sous le ciel noir, sans l'odeur de l'encens, sans les vitraux qui saignent — paraissent avoir été bâtis avec des blocs arrachés au déluge, boueux de sa fange et roulés à cette place par un troupeau de flagellés.

Quelques petites chapelles semblent faites de cailloux ramassés, au bas des murs croulants, par des mendiants de campagne ; on dirait des cathédrales de coquilles. La religion réformée met sur les monuments, toujours, la marque d'implacable tristesse.

Il n'y a presque pas de soldats, disions-nous ; mais, en revanche, le pasteur abonde. On voit, à chaque moment, glisser sa silhouette sombre guillotinée de blanc. Sa cravate couleur d'hostie le signale. Son chapeau rond, à larges bords, continue l'uniforme, et les pans de sa lévite rappellent les vendeurs de bibles qui, en France, courent comme des cafards dans les villages. Ils font moins peur ici, ils portent la barbe, ont des enfants; mais, tout de même, au nombre de taches noires que je remarque dans la foule, à l'aspect sournois des églises, je devine que le peuple anglais est, lui aussi, cousu par sa morgue ou ses guenille au surplus du prêtre.

Partout on lit des avis de prêches et des recommandations chrétiennes. — La Bible, la Bible toujours! Elle est dans la devanture de l'échoppe, dans la vitrine de la gargote, de même qu'à la porte du temple. Le Christ traîne ses pieds meurtris dans la poix et la friture; les gueux bouchent leurs carreaux avec des feuillets du livre saint. (Jules Vallès, *La Rue à Londres*, 1884.)

Deiss
L'Armée du Salut

J'avais aperçu sur l'impériale des omnibus, au milieu des affiches de M. Nestle et de M. Cadbury, une grande pancarte portant ostensiblement, en manchette, les mots *Salvation Army Exhibition*. Une exposition, l'Armée du Salut! *What is it?* Je me demandais ce que la célèbre société pouvait bien exposer, et il me fallait avoir le mot de cette énigme. Je gravis, le 3 août, jour de Bank Holiday, les hauteurs d'Islington pour me rendre à l'*Agricultural Hall*, où le général Booth avait installé sa *great exhibition*. L'entrée était ornée de fleurs et de drapeaux salutistes; sur le seuil du monument stationnait un groupe de jeunes gens en costume bleu marine, au jersey de même couleur ou rouge, portant les armes de l'Armée, imprimées en blanc... et de jeunes filles en costume sombre, la tête recouverte de ce chapeau évangéliste que Mlle Biana Duhamel a popularisé dans son rôle de miss Helyett, et qui seyait si bien à sa gentille frimousse.

Le long couloir menant au hall central était garni, sur ses côtés, de bureaux couverts d'affiches: *The Salvation Army Architect's Office*, un bureau d'architectes, l'Armée du Salut!? — *Farm Colony Produce*, l'Armée du Salut vendant des pommes de terre ou des choux!? — une exposition d'objets en fer-blanc, théières, seaux, objets de cuisine, etc., et de meubles, l'Armée du Salut quincaillière et ébéniste!? — *The Salvation Army Bank*, l'Armée du salut banquière et coulissière!? J'étais absolument abasourdi, et les choses prenaient à mes yeux l'apparence d'une foire commerciale, «l'air d'une petite manufacture», comme dans un conte charmant d'Alphonse Daudet, *L'Élixir du révérend père Gaucher*.

J'eus le plaisir, en pénétrant dans la grande nef, vaste comme notre Galerie des Machines, de faire la connaissance du major R. Gréville-Thonger, qui voulut bien être mon cicérone pendant la longue visite que je fis à l'exposition et me donner le motif de cette entreprise « commerciale ». Le général Booth présentait au public les résultats obtenus dans les cinq dernières années par son œuvre sociale, créée à la suite de la publication de son fameux ouvrage : *In Darkest England and the Way Out* (octobre 1890). Mais il est nécessaire de donner des explications sur la formation et l'organisation de l'Armée du Salut.

William Booth est né à Nottingham, en 1829, et de bonne heure il se destina à la carrière religieuse. Il exerça comme ministre de la secte wesléyenne, de 1851 à 1851, date à laquelle il se sépara des méthodistes pour se consacrer à l'évangélisation des masses déshéritées. En 1865, il fonda, 272, Whitechapel Road, la *Christian Mission*, dont les débuts furent pénibles. Il eut à subir les quolibets et les insultes de la foule, lorsqu'il prêchait dans la rue, monté sur une borne, expliquant les maximes du Christ et son divin enseignement. Il reçut un jour le surnom de *King of Ranters*, « le roi des extravagants », et ce ne fut pas la moindre des épithètes dont on décora son nom. Cependant les indifférents s'intéressèrent peu à peu à son œuvre, constatant les services rendus par le petit nombre de convertis qui s'étaient rangés autour de lui. En 1879, la nouvelle société prit son nom actuel, la Salvation Army, et elle se consacra, à partir de 1885, à l'établissement d'œuvres de charité. [...]

L'Armée du Salut est organisée comme une armée régulière et on peut dire comme une véritable armée, puisque ses membres sont au nombre de 200 000 dans le monde entier. Le poste inférieur est celui de soldat et, pour le devenir, le néophyte doit accomplir une « retraite » de plusieurs mois dans une des œuvres. Une fois établie la sincérité de sa conversion, il est reçu soldat, mais il ne reçoit aucune paye et il peut disposer de son travail. Il est libre de porter le costume salutiste ou de s'habiller en civil. Les grades inférieurs sont ceux des hommes de troupe, sergent et sergent-major.

Un soldat désirant se vouer entièrement à l'œuvre fait une demande pour devenir « cadet », le premier grade des officiers, et si elle est agréée, il entre à l'école de guerre de l'Armée. Il est alors initié pendant quelques mois à l'art de former de nouveaux adeptes : on lui explique l'Évangile et la manière d'en présenter les vérités le plus clairement possible. Une fois nommé officier, il touche une paye minime : au shelter de Charles Street, le lieutenant reçoit cinq shillings par semaine et le capitaine sept shillings, tous frais payés, hormis ceux de vêtements. Les officiers mariés — leurs femmes sont le plus souvent salutistes — ont une solde plus importante, permettant l'entretien d'un ménage. Les grades sont : cadet, lieutenant, capitaine, capitaine adjudant-major, brigadier, colonel. Le nombre actuel des officiers est de 13 000.

Le grade immédiatement au-dessus est celui de commissaire : il correspond à celui de général des armées régulières. Il est très important, et les attributions de cette fonction englobent un département des quartiers généraux ou la direction de l'œuvre dans un grand pays. [...]

Le chef de la Salvation Army est le général Booth, dont la fille aînée, Mrs Booth-Clibborn, a le rang de maréchale, à titre de pure déférence. Il est veuf. Ses pouvoirs sont illimités : il dispose à sa guise des dons reçus en espèces et il n'en doit compte à personne. Les premières sommes recueillies à la City Bank, Limited, de Londres au nom de William Booth, Social Account, furent déposées plus tard, à la Banque d'Angleterre, sous la même dénomination. Le général peut aliéner les biens considérables de la société, comme chef suprême, mais, bien entendu, pour le plus grand bien de tous. Il a d'ailleurs une fortune personnelle lui permettant de vivre à l'aise.

Les quartiers généraux, *International Headquarters of the Salvation Army*, sont logés à Londres, 101, Queen Victoria Street. E C, dans une vaste construction, située au cœur même de la ville et appartenant à l'Armée ; cette dernière possède encore les numéros 103, 105 et 107 de la même rue. — Au rez-de-chaussée, est installée une librairie où, dans une vitrine extérieure, sont exposées les œuvres de William Booth et des écrivains salutistes, les publications — *The War Cry, The Social Gazette, All The World, The Deliverer, The Young Soldier* —, les photographies du général et des principaux commissaires, des objets de dévotion, etc. Aux étages supérieurs, éclairés à l'électricité, se trouvent les bureaux de la comptabilité générale et ceux des grands départements : affaires étrangères, intérieur, émigration, colonie de Hadleigh, etc. Les quartiers généraux présentent un aspect curieux pour un étranger, à voir passer, affairés, les jeunes gens et les jeunes filles, la plume à l'oreille, ... à regarder les bureaux, les salutistes-employés avec leurs manches de moleskine, les cartons verts, les grands tableaux des sociétés de navigation, ... à entendre la sonnette du téléphone et les Allô ! Allô !... à assister à tout ce brouhaha d'une ruche d'abeilles. On se croirait dans un grand ministère ou dans la maison de commerce la plus importante de Londres. Bizarre, bien bizarre, cette alliance des choses sacrées avec les louches compromissions de la « business », ce mélange des sublimes paroles du Christ avec les affreux boniments du dieu Mercure !

[...] Nous parcourons lentement l'exposition, où règne un fouillis complet, comme dans toutes les exhibitions anglaises à grand fracas. Nous nous arrêtons devant une vitrine remplie de vêtements salutistes — l'habit complet pour la somme de 32 fr. comprenant un pantalon, un tricot, un veston et une casquette, et pour les femmes un habillement coûtant 31 fr. 25 ; — un atelier de solides chaussures ; un autre où sont confectionnés les chapeaux-cabriolet, genre miss Helyett ; un autre enfin servant à la fabrication des instruments de cuivre, les trombones, les trompettes... de Jéricho de l'Armée, ornées, en écusson, de la fameuse devise : *Blood and fire*. Je demande à mon compagnon le véritable sens de ces mots incendiaires qui, en langue anglaise, signifient : Sang et Feu. « Ce sont des mots symboliques, me répondit-il, *Blood* évoque l'idée du sang de Notre Seigneur Jésus-Christ, versé pour la rédemption des hommes, et *Fire* celle du Saint-Esprit. » La formule interprétée de cette manière fleure l'encens, s'embaume des vertus chrétiennes : Escobar ne l'eût pas désavouée.

Un groupe de salutistes jouant leurs instruments de cuivre arrive à produire des sons infernaux où l'art sublime des Beethoven et des Mozart est absolument méconnu. « Fen de brut ! » dit le « doux » héros tarasconnais ; « faisons du bruit », répètent les pauvres « saved », et quel bruit ! un millier de forgerons frappant leurs enclumes, une centaine de marteaux-pilons retombant lourdement sur les blocs d'acier ne feraient pas un plus grand vacarme que les quelques milliers de salutistes réunis sous le dôme de l'*Agricultural Hall*. Les explosions de gaieté factice de ces pauvres gens qui s'efforcent d'être « rigolos », laissent une impression indéfinissable de gêne. « Nous voulons être gais, me dit M. Gréville-Thonger, car nous désirons que les habitants des bouges noirs trouvent dans notre société une existence agréable pour les distraire un peu des dures réalités de leur vie. Notre musique n'a rien de raffiné, nous en convenons, mais pensez-vous que nous serions écoutés si nous jouions les airs des grands maîtres ? Non, il faut que l'on nous remarque, et pour cela nous cherchons à intriguer par nos musiques retentissantes, par nos costumes étranges, par notre devise même : « Blood and Fire ». L'armée veut combattre l'indifférence des gens, et le meilleur moyen d'arriver à ce but est de les intriguer et de les forcer à nous écouter. Dieu fera le reste. » Mangin mettait, en vendant ses crayons, un panache à plumes sur son casque mirifique !... Je voulus répondre à mon cicérone qu'à forcer son talent on peut tomber dans l'absurde et qu'en matière de religion, la fin ne justifie pas toujours les moyens ; que le mélange de trémolos de guinguettes et de choses divines peut étonner un instant, mais ne pas convaincre ; que ce système bruyant, qui a valu à la célèbre société le surnom irrespectueux d'« Armée du Chahut » convient peut-être à un peuple aussi peu musicien que le peuple anglais, mais qu'il court le risque de faire discréditer l'œuvre dans un pays de mœurs plus pures — comme cela est arrivé en France — ; que... mais les gens ont des oreilles et ne veulent pas entendre. En 1897, le commandant en chef des salutistes américains, M. Frederick de La Tour Booth-Tucker, a été envoyé par le grand jury de New York, devant la cour criminelle de cette ville pour tapage nocturne ! Un des témoins, M. Smith, a déclaré que, sur une estrade, il avait vu deux cent cinquante salutistes, « les uns jouant du cornet à piston, du trombone, du tambourin et de la grosse caisse ; les autres, chantant à tue-tête, pendant que deux mille assistants les accompagnaient en battant des mains et en frappant les pieds sur le parquet »... et quels chants ! Les airs les plus vulgaires servent à accompagner les hymnes sacrées, et, en Angleterre, on peut entendre un cantique de la Salvation Army roucoulé sur les airs suivant : « Ta-ra-ra-boum-de-ay », « En revenant de la Revue », « Une contrebasse ayant pris sa retraite »... et avec quel sérieux ! Tout cela justifie l'épithète de « Christianisme corybantique » décochée par Huxley, à ce mélange de choses sérieuses et de choses grotesques qui constitue le fond des cérémonies salutistes.

[...] Huit jours après cette exposition, je me rendis aux quartiers généraux de Queen Victoria Street, où je fus présenté par M. Gréville-Thonger au colonel Baker, une des personnalités les plus en vue de l'Armée du Salut, chargé plus spécialement des rapports de cette dernière avec les pouvoirs publics et les membres du Parlement. Il fut décidé, dans cette entrevue, que le commissaire G. S. Railton, ancien délégué de l'œuvre dans toutes les parties du monde, serait mon cicérone.

Le 14 août, vers deux heures, nous partîmes pour Whitechapel, où se trouvent les établissements de l'Œuvre sociale. M. Railton avait arboré un jersey flamboyant sur lequel se détachait une grande croix jaune, couvrant presque toute la poitrine, et il avait sur la tête la casquette des salutistes. J'avoue que je fus un peu décontenancé à voir les gens s'arrêter derrière nous et à surprendre sur leurs lèvres, un regard de dédain, à l'adresse de mon compagnon. J'ai souvent observé, à Londres, cette profonde indifférence du public pour les membres de l'Armée, et j'ai entendu les gens critiquer leurs institutions, bien souvent sans connaissance de cause. Un omnibus part de la Mansion House pour Whitechapel. Il nous conduisit jusqu'à Houndsditch où commence le fameux quartier de la grande ville.

Whitechapel est bien changé, et on ne reconnaîtrait pas, à le parcourir, les rues infâmes et les repaires des criminels qui lui ont fait une triste réputation dans le monde. Une multitude de juifs venus de la Russie, lors des persécutions dont ils furent l'objet dans ce pays, ont émigré dans l'est de Londres, et il en est venu jusqu'à dix mille par année. Une ville nouvelle s'est formée — probablement la plus grande cité juive du monde, — avec ses synagogues, ses boutiques aux noms de Levi, de Jacob et d'Abraham, ses journaux, ses livres et ses affiches en langue hébraïque. Les Israélites, avec leurs qualités d'économie à outrance, ont amené un bien-être relatif dans cette partie du East End, et un grand nombre de maisons neuves ont remplacé les bicoques d'autrefois, dans Wentworth Road, par exemple, où de vastes maisons en briques, véritables ruches ouvrières, abritent une population de travailleurs sérieux : Osborne Street, jadis la rue des filles publiques et des voleurs, est devenue, grâce aux juifs, parfaitement habitable. Les criminels, cette tourbe des grandes villes, chassés de leur Cour des Miracles ont quitté leurs taudis, et ils se sont réfugiés sur les bords de la Tamise, dans les quartiers « maritimes » de Shadwell et de Bermondsey.

Nous arrivons à un petit marché, celui de Went Road, où les maisons sont délabrées, où les couettes intérieures sont sales, humides, couvertes d'immondices, remplies de marmots aussi pouilleux que le héros de Murillo. Une puanteur s'exhale du sol, sur lequel les feuilles de choux et les détritus de poissons constituent un véritable matelas. Les ménagères, en costume sordide, se pressent autour de petites voitures, traînées par des juifs à la barbe longue et sale, au nez de tapir et aux yeux en «chapeau de gendarme». Un gamin crie des chaussures à 2 pence la paire! Le costume de mon compagnon ameute les gens; ils nous suivent avec un regard malveillant, et ils se demandent ce que nous sommes venus faire au milieu de leurs misères. (Deiss, *Un été à Londres*, 1898.)

Verlaine
There

A Émile Le Brun.

«Angels»! seul coin luisant dans ce Londres du soir,
Où flambe un peu de gaz et jase quelque foule,
C'est drôle que, semblable à tel très dur espoir,
Ton souvenir m'obsède et puissamment enroule
Autour de mon esprit un regret rouge et noir:

Devantures, chansons, omnibus et les danses
Dans le demi-brouillard où flue un goût de rhum,
Décence, toutefois, le souci des cadences,
Et même dans l'ivresse un certain décorum,
Jusqu'à l'heure où la brume et la nuit se font denses.

«Angels»! jours déjà loin, soleils morts, flots taris;
Mes vieux péchés longtemps ont rôdé par tes voies,
Tout soudain rougissant, misère! et tout surpris
De se plaire vraiment à tes honnêtes joies,
Eux, pour tout le contraire arrivés de Paris!

Souvent l'incompressible Enfance ainsi se joue,
Fût-ce dans ce rapport infinitésimal,
Du monstre intérieur qui nous crispe la joue
Au froid ricanement de la haine et du mal,
Ou gonfle notre lèvre amère en lourde moue.

L'Enfance baptismale émerge du pécheur,
Inattendue, alerte, et nargue ce farouche
D'un sourire non sans franchise ou sans fraîcheur,
Qui vient, quoi qu'il en ait, se poser sur sa bouche
A lui, par un prodige exquisement vengeur.

C'est la Grâce qui passe aimable et nous fait signe.
Ô la simplicité primitive, elle encor !
Cher recommencement bien humble ! Fuite insigne
De l'heure vers l'azur mûrisseur de fruits d'or !
« Angels » ! ô nom *revu*, calme et frais comme un cygne !

(Paul Verlaine, *Amour*, 1888.)

L'EAST END

Hémon

Au turbin, et après le turbin

La belle saison était bien arrivée. Le printemps de l'East End, le printemps sur les ruelles étroites qui bordent les entrepôts, ne ressemble guère au printemps des romances ; ce n'est, au mieux, qu'une alternance de soleil furtif et de pluie tenace, une humidité tiède succédant à l'humidité froide, une suite de matinées prometteuses et de journées lamentables ; mais de l'autre côté des entrepôts il y a la rivière qui vient lécher leurs murs, et le printemps sur la rivière est une bonne chose, une chose faite de soleil doux sur l'eau clapotante, de pluies bienfaisantes qui lavent l'air gris et les vieilles pierres enfumées, de grands souffles frais qui montent avec la marée et qui sentent la vase et le sel. Ce printemps-là n'est pas de ceux qui portent à la tête et qui grisent, mais il gonfle les poumons, il rend joyeux et fort, et donne à tout le vaste monde une âme d'enfant.

L'entrepôt où travaillait Mike O'Brady était semblable à tous les autres ; six étages encombrés de caisses, de ballots et de futailles, où régnaient des relents curieux qui changeaient d'un jour à l'autre, au hasard des cargaisons. La muraille qui donnait sur la rivière était percée de panneaux qui s'ouvraient au-dehors et quand ces panneaux étaient baissés et assujettis avec des chaînes, il suffisait de faire un pas pour sortir d'un seul coup de toutes les bâtisses sombres et se trouver en plein vent au-dessus de l'eau profonde.

Au-dessous de soi les vapeurs amarrés le long des berges allongeaient leurs ponts ; des chalands solitaires s'en allaient à la dérive, toujours de travers, et chargeant imprudemment les remorqueurs : en amont Tower Bridge basculait majestueusement toutes les demi-heures, et sans cesse quelque navire nouveau levait ses câbles et s'en allait en faisant hurler sa sirène, fanfaron, pour apprendre aux sédentaires qu'il retournait sur les mers périlleuses avec la marée qui était venue le chercher. Mais par-dessus tout cela il y avait le vent. Il soufflait avec le flux pendant des heures et des heures sans varier ni faiblir, si fort, si direct, si chargé d'odeurs marines, qu'il était difficile de croire que la vraie mer fût à cinq heures de voile : sûrement les collines de Greenwich, qui se dessinaient à l'est, étaient de hauts promontoires, du sommet desquels on devrait voir l'étendue des eaux profondes, la ligne libre de l'horizon d'où venaient ces souffles neufs qui n'avaient pas encore passé sur des villes.

Le premier jour, Mike travailla jusqu'au soir de l'autre côté de l'entrepôt, au-dessus de la ruelle étroite dans laquelle les murailles descendaient comme la paroi d'un puits, où les chevaux des camions piétinaient malaisément au milieu des jurons et du grincement des poulies. Il était de belle humeur et le temps passa assez vite ; d'abord parce que le maniement de ballots et de futailles dans un espace restreint est une besogne d'artiste, qui exige, non seulement de la force, mais encore le sentiment *correct* du poids et de la distance, l'instinct des mouvements qui font levier et ne coûtent que peu d'effort, de l'à-propos et du sang-froid, sous peine de catastrophe ; et puis il se présentait forcément quelques occasions de délassement inoffensif : des commentaires vitrioliques, égrenés par une trappe du quatrième étage, sur le physique, les mœurs probables, les antécédents et les capacités réelles d'un charretier maladroit, ou des libations de bienvenue, à l'heure du déjeuner, sur le comptoir du « pub » voisin, histoire de faire connaissance ! L'après-midi le travail continua comme le matin, juste assez dur pour occuper tout son temps et lui donner la joie de faire jouer ses muscles forts, assez simple pourtant pour lui éviter l'humiliation d'un noviciat gauche ; une bonne journée de travail, qui le laissa satisfait sans trop de fatigue, conscient d'avoir accompli sa tâche en homme libre, sans zèle servile ni surmenage.

Ce ne fut tout à fait que vers le soir qu'on envoya Mike de l'autre côté de l'entrepôt donner un coup de main aux équipes de déchargement ; et, par une trappe abaissée, le vent le frappa soudain en pleine figure, soufflant en lui une force glorieuse et peu à peu une sorte d'exaltation sauvage. Les bâtiments de l'autre côté de la rivière étaient assez loin pour laisser libre tout le vaste ciel aux couleurs tendres. Le repos du soir éteignait l'un après l'autre sur l'eau tous les bruits de travail des hommes, et les sifflets des remorqueurs répétaient toutes les minutes que le jour était fini, bien fini, et qu'il fallait s'en aller chacun chez soi et vivre à sa guise. Mais le vent venait en rafale clamer que c'était un sacrilège de s'enfermer entre des murailles et d'obéir à des lois mesquines et à des coutumes piètres alors que le monde était plein de vie qui attendait, et qu'à tous ceux qui voulaient vivre et être forts, il soufflerait la force sans compter.

Mike avait la curieuse habitude de s'énumérer parfois mentalement, l'une après l'autre, et avec une attention scrupuleuse, toutes les raisons qu'il avait d'être heureux. Au bord de la trappe ouverte qui donnait sur l'eau il se sentit heureux tout d'abord parce qu'il était en bonne santé, fort et bien nourri ; parce que son sang galopait dans ses veines, riche et chaud, pour lutter contre le froid du vent. Il se sentit heureux ensuite de penser que, s'il était sage, il n'aurait ni faim ni froid d'ici longtemps ;

heureux d'avoir à travailler souvent près de l'eau et à l'air libre, et heureux de songer qu'il venait d'arriver dans une grande ville inconnue dont il pourrait arpenter les rues à sa guise, prêt à profiter de toutes les chances, les mains à fond dans les poches, promenant au milieu des ennemis héréditaires une âme de barbare !

Trois quarts d'heure plus tard il s'en allait en effet par les rues, repu, et en quête de nouveau ; il avait tout Londres à sa portée, et voulait voir quelque chose de plus brillant que les rues étroites entre des maisons basses. Il remonta donc Leman Street jusqu'à Aldgate, où il s'arrêta. Ceci était déjà mieux. Les boutiques étaient encore ouvertes et leur clarté illuminait le trottoir, la rue était large et droite ; la tour qui surmontait le grand magasin de nouveautés était pittoresque et grandiose, et parmi la foule des passants qui s'acheminaient tous dans le même sens, venant de la Cité et rentrant chez eux, il était nombre de gens bien vêtus et gras. [...]

Et que trouvait-il de l'autre côté de ces espaces sans gaieté ? Il trouvait Charing Cross, Leicester Square et Piccadilly Circus, où chaque minute lui confirmait l'impression insultante qu'il n'avait guère d'excuse d'être là. Les rues étaient trop somptueuses, les lumières trop vives, les gens trop bien habillés !

Au seuil d'Aldgate il pouvait s'installer sur le trottoir, les épaules ouvertes et les pieds écartés, pour toiser et détester à son aise les plus luxueusement mis des passants, conscient qu'il représentait une vaste humanité proche et sympathique, qui partageait sa pauvreté et aurait dû partager ses haines ; mais ici il se sentait isolé parmi les oppresseurs, égaré sur le domaine, et il ne pouvait se défendre d'un malaise obscur, de la crainte instinctive qu'il ne s'exposât aux rigueurs d'une de leurs lois, rien que pour s'être mêlé à eux !

Il comprit donc que ces régions étincelantes étaient en dehors de son univers, mais cet univers, à mesure qu'il apprenait à le connaître mieux, se révélait de plus en plus vaste et divers, et riche de tout ce qu'il pouvait chercher. Au centre de tout, il y avait Cable Street, avec le restaurant obscur où il mangeait matin et soir, et la maison où il dormait la nuit ; Cable Street qui s'étendait de l'ouest à l'est comme un continent, passant par degrés de la Palestine à l'Irlande, qui se touchaient sans se fréquenter ni se comprendre, pleins d'une méfiance et d'un mépris réciproques.

Les soirs ternes où l'on n'avait envie de rien, que de paix et de bière bien tirée, il faisait bon descendre la rue paresseusement en faisant étape à des « pubs » connus ; passer par échelons de Shadwell à Leman Street, et s'en retourner paisible, satisfait de retrouver les figures et les scènes familières : une passante, des gens assis au seuil de leur maison, une courte rixe à la porte du « Joyeux Marinier » ou l'interminable querelle de deux voisines soumettant à l'aréopage de la rue des griefs cuisants.

Quand cela ne lui suffisait pas, il avait devant lui tout Commercial Road et plus loin Whitechapel, un monde de grandes rues, de petites rues et de ruelles dont chacune avait sa vie propre et distincte, qui changeait selon le jour et oscillait selon l'heure.

Aldgate était un isthme, un défilé par où passaient le matin et repassaient le soir tous ceux que leur travail appelait en d'autres contrées. D'un côté la gare du Métropolitain ; de l'autre le restaurant allemand à la porte duquel, l'estomac plein, on pouvait lire avec une curiosité amusée les noms de mets barbares ; un peu plus loin les cinématographes, devant lesquels stationnaient des groupes composites attirés à la fois par l'élégance raffinée de la façade blanc et or, et par l'attrait des scènes comiques ou sanglantes, que peignaient les affiches aux couleurs crues. Puis c'était le confluent de Commercial Road, de Whitechapel Road et de Leman Street, carrefour vaste auquel la tour du grand magasin de nouveautés prêtait une majesté spéciale ; plus loin encore on trouvait la bibliothèque publique, et, de l'autre côté, Wonderland, deux lieux importants. Après cela le trottoir de gauche offrait encore le «Pavilion», un théâtre, et le «Paragon» un music-hall ; celui de droite n'avait à montrer que le «London Hospital», et ces deux derniers points indiquaient l'extrême limite des zones intéressantes ; au-delà il ne restait plus que l'interminable ligne droite qui s'en allait à travers Mile End vers Bow Bridge et Stratford, régions déshéritées.

Et d'Aldgate à Mile End chacune des petites rues qui donnaient dans Whitechapel Road était encore une porte ouverte sur l'inconnu, le seuil d'un univers de quelques maisons qui ne ressemblaient à aucune autre : Middlesex Street, où se tient le marché du dimanche matin, Osborn Street, qui mène à Brick Lane, et Old Montagne Street qui est la plus curieuse de toutes, celle qui se rapproche le plus de ce qu'était l'ancien Ghetto ; une artère étroite où déborde la vie des maisons trop pleines, où des négoces minuscules se poursuivent tout le jour en d'âpres marchandages. Même les rues qui semblaient au premier abord les plus ternes et les plus communes cachaient souvent des révélations inattendues ; un passage étroit laissant la vision rapide d'une cour sale entre des maisons lézardées, encombrée de linges tendus, grouillante de bambins multicolores et de femelles débraillées. (Louis Hémon, *Colin-Maillard*, 1924.)

Huard

East End

Passé Bishopsgate Street, Londres change totalement d'aspect et est une autre ville vivant sa propre vie avec d'autres mœurs, d'autres habitudes, d'autres coutumes, d'autres ambitions que celles que nous avons entrevues dans l'Ouest. C'est une habitude de s'apitoyer sur le sort des habitants de l'East End et de déclarer ces quartiers lointains tristes et laids, à la grande indignation des cockneys, qui tirent honneur d'être nés dans le cercle où s'entendent les cloches de Bow. Il y a dans Mile End

Road — le Bond Street et le Piccadilly de ce côté — de jeunes personnes qui, tout en sacrifiant le luxe de leurs bottines à celui de leur chapeaux, ne s'en estiment pas moins de «perfect cadres», le prouvent par leurs plumes et leurs franges et dédaignent Mayfair et Belgravia.

Quoi que l'on puisse vous dire de l'Est, allez-y, et bientôt vous découvrirez qu'il abonde en coins inattendus, en reliques du passé, en groupes et scènes pittoresques, en tableaux passionnants, en ombres et lumières du plus attrayant caractère.

On y trouve de ces auberges à la vieille mode, avec leur enseigne se balançant au haut d'un mât — beaucoup de vieilles maisons sont encore debout, comme Butcher's Row dans Aldgate, rangée de petites boutiques du XVIIe siècle, depuis ce temps occupées par les étals de bouchers — ou bien la Trinity Almhouses, un carré de petites maisons datant de la même époque, destinées aux vieux marins ou aux veuves de marins au nombre de soixante. La chapelle est à un bout et au milieu est un gazon avec des bancs où les loups de mer viennent, je pense, se conter leurs aventures, leurs voyages et leurs naufrages.

Dans Whitechapel, de fameuse réputation, les juifs prédominent. C'est le ghetto de Londres. Traqués de Pologne, de Russie, ils apportent ici leur ruse héréditaire.

Réfléchis, tenaces, rapaces, ils pullulent et leurs profils crochus ou aplatis, leurs tignasses noires, leurs yeux profonds et bridés d'Orientaux contrastent dans la foule avec le type normand ou saxon, aux yeux bleus, haut et blond, batailleur et imprévoyant. Il est certaines rues aux alentours de Petticoat Lane où vous pouvez vous croire n'importe où, excepté en Angleterre : les types sont étrangers, les femmes se drapent dans des loques multicolores; des enfants aux tignasses crépues, au teint olivâtre jouent dans les ruisseaux; il ne se prononce pas un mot d'anglais et pas une affiche, pas une enseigne n'est compréhensible à celui qui ignore l'hébreu. La plupart de ces juifs sont brocanteurs, trafiqueurs de toute espèce de vieilles choses, et particulièrement de vieux habits. Il y a, chaque dimanche matin, dans Middlesex Road, un marché à la brocante, où se vendent les choses du monde les plus extraordinaires et les plus imprévues. C'est une foule, une cohue sans nom, où les types abondent; écoutez les boniments des vendeurs, juchés en haut d'échelles, offrant avec force lazzis des défroques démodées, usées, finies, portées déjà par un bon nombre d'individus et qui, rapiécées encore, passeront sur les épaules de pauvres et tristes bougres; comme leurs devanciers, ils les engageront pour quelques pennies, chez le Pawnbroker, le prêteur sur gages, lequel les remettra sur le marché un prochain dimanche! A Houndsditch — in Phil's Buildings — est le marché central de ces piteuses loques; le droit d'entrée coûte un penny, c'est peu et je crois que vous donneriez de grand cœur un louis pour en sortir, une fois pris dans la foule des chalands.

Il faut visiter l'East End à toute heure et à des jours différents, car il renouvelle sans cesse ses aspects.

Par une matinée d'hiver, allez voir l'armée des travailleurs en marche sur les usines, les docks et les chantiers.

La rigueur du climat, une vie dévorée de travail, la dure lutte parmi les foules affamées pour chaque croûte de son pain, donne ce regard dur et usé aux visages pauvres des ouvriers londoniens.

Si les plus jeunes sifflent, la plupart ont l'allure lourde de bêtes de somme passives et abruties par un labeur surhumain.

L'exploitation de ces juifs venus de Pologne ou de Russie est quelquefois scandaleuse : les entrepreneurs les traitent comme des esclaves, pratiquant sur eux le révoltant « sweating system », le travail manuel réduit au plus bas prix possible.

Les législateurs, les congrégations religieuses, le clergé, la presse s'en indignent. Il s'est fondé une ligue pour réprimer ces manœuvres, elle publie des chiffres, des statistiques, cite des cas désolants.

Une femme coud des pantalons à quatre sous la paire et a souvent travaillé jusqu'à quatre heures du matin pour attraper une croûte de pain.

Des familles vivent à huit ou dix dans une seule chambre, travaillant du matin au soir, ne prenant que quelques heures de repos, sans feu, dénuées de tout, vivant de rogatons et de thé faible.

Les cas de décès par excès de travail sont fréquents, surtout chez les jeunes filles : il n'y a rien d'étonnant à cela, quand on pense qu'à Woolwich de pauvres femmes font des chemises à douze sous (six pence) la douzaine !

Ceci est le résultat d'une situation économique inquiétante, d'un état de choses réglé par la loi de l'offre et de la demande, et par le *struggle for life*, terrible en ce pays.

Mais je m'écarte ici de mon sujet, et m'empresse d'y revenir. Le samedi soir montre l'East dans toute sa splendeur et aussi toute son horreur. Les rues resplendissent de lumière, les victuailles débordent sur le pavé, les foules inondent la chaussée. Jusqu'à plus de minuit c'est un marché ouvert à tous vents, de longues files de petites charrettes envahissent les rues. C'est alors une profusion extrême, désordonnée, de légumes et de fruits, de viandes et de poissons, de bas morceaux et de rogatons, plats bon marché dont raffole le peuple, poissons frits, pâtés d'anguilles, moules au vinaigre ou pieds de mouton, à côté d'étalages de brocanteurs, de tas de vieux chapeaux, de vieux outils, de vieilles chaussures.

Tous ces vendeurs, crient, hurlent, glapissent, vocifèrent sur tous les tons, mènent un tapage d'enfer ; la scène est fortement éclairée par les jets de lumière farouche que lancent les torches au pétrole.

Parmi la foule houleuse, des centaines de camelots passent et repassent, proposant des journaux, des chansons, des boutons ou bien des bibelots d'un penny, de ces jouets de pauvres faits de riens, de ficelles, de fer-blanc, de carton ou de papier argenté. Puis au coin des rues, des pianos mécaniques moulent des airs populaires aux sons desquels dansent la gigue toutes les petites filles et tous les bébés du quartier, un petit monde en loques et haillons, poussant dans le ruisseau. Un peu plus loin vous pouvez assister à une rixe de femmes : les assistants rient, s'amusent, battent des mains en cadence, forment le cercle autour de deux mégères qui se déchirent la face à coups de griffes, mettent leurs nippes en lambeaux, s'injurient, s'égosillent à en perdre le souffle. Le sang coule, l'assistance trépigne. De grosses femmes en traditionnel costume — châle à carreaux, tablier blanc, chapeau à plumes et canotier — sont prises d'un rire hystérique qui secoue toute leur graisse malsaine comme un paquet de gelée.

L'arrivée seule du policeman met une fin à ce hideux spectacle.

Des chants s'élèvent, vous vous dirigez vers le bruit. C'est un mission-naire laïque prêchant au coin du trottoir. Il commente un verset de la Bible pour une vingtaine d'assistants qui l'écoutent gravement, ce sont des ouvriers, des dockers, des matelots, des rôdeurs, un soldat. De sa voix monotone l'homme explique le texte sacré, exhorte l'auditoire à songer à sa fin prochaine, à la vie future : il parle longtemps sans paraître fatiguer ses catéchumènes, et quand il a fini, à bout d'arguments, il fait le tour de l'assistance, distribue des recueils d'hymnes et entonne un cantique : tous reprennent en chœur, accompagnés par un petit harmonium que tient une vieille dame aigre ou une jeune fille d'aspect agréable. Des passants se rapprochent, quelques-uns pressés, chargés de paquets : ils sortent un livre d'hymnes de leur poche, chantent avec les autres, écoutent quelques minutes le prêcheur et disparaissent en courant, heureux sans doute d'avoir attrapé quelques bribes de la Bonne Parole.

Après cela, ne les croyez pas des petits saints ! Nulle part le vice n'est plus horrible, ce ne sont partout que hideux tableaux de débauche et de dépravation. L'ivresse lourde du whisky ou du gin rend ces malheureux semblables aux brutes, les femmes s'enivrent aussi bien que les hommes, et l'on a des apparitions d'enfer à contempler ces affreux visages de vieilles, abrutis, le regard vide, la peau couleur de cendre, marqués de tous les stigmates des dernières abjections. Je ne puis chasser de mon esprit la triste et hideuse vision que j'eus en décembre dernier d'une jeune femme couchée par terre, ivre morte, dans une mare de whisky. Son petit enfant, tombé avec elle, dormait bleui par le froid, un peu de sang coulait le long de sa joue. Des policemen secouèrent la misérable créature, elle ouvrit des yeux stupides et retomba : il fallut l'emporter sur une charrette.

L'ivrognerie, voilà la grande tare. L'alcool est presque nécessaire sous ce climat, par cette pluie continuelle, dans ce brouillard glacial. L'homme s'y habitue vite, s'en fait une nécessité et retombe dans le fossé, fatalement. Les églises, les pasteurs de toutes religions, les associations de toutes sortes luttent pied à pied de tout leur pouvoir, et il faut l'avouer, souvent avec un succès inespéré. L'œuvre de l'Armée du Salut dans le East End est admirable, et on peut dire que la physionomie des lointains quartiers a sensiblement changé depuis vingt ans, grâce à son influence.

Je suis frappé, pour ma part, de voir que chez ce peuple soucieux avant tout des droits de l'individu, l'action collective ait tant de prise sur les particuliers ; je ne sache pas qu'en France où l'« homme libre » est toujours prêt à se laisser mettre en tutelle, on ait chance d'obtenir des cures semblables par un enseignement d'État ou par tel autre moyen de propagande. Les conférences ou les affiches anti-alcooliques ont-elles corrigé beaucoup de buveurs invétérés ? Je le souhaite, mais il faut bien avouer que, de ce côté-ci du détroit, la prédication morale ou religieuse, les tentatives les plus respectables et les plus utiles, ont le plus souvent connu l'indifférence ou la raillerie.

Mais ne noircissons pas à l'excès le tableau de notre faubourg londonien : il a aussi ses lumières, et par un jour de Bank Holiday le East End est joyeux et agréable à voir. Par les beaux après-midi d'été le Mile End est couvert de voitures qui se dirigent vers Wanstead et Epping, les Champs-Élysées, le Paradis du Londres de l'Est, — équipages populaires bien entendu — les cockneys méprisent les Mail coach et se contentent fort bien de leurs charrettes, wagonnettes, tapissières et même de leur véhicule favori, la voiture à ânes. Le dimanche venu, le *coster-monger* entasse sa famille dans la charrette sur laquelle toute la semaine il a promené les légumes de saison. L'élue de son cœur en occupe le centre, paradant en ses atours d'été, fière de ses boucles d'or et de son faramineux chapeau. Les petits se groupent autour, le père a sa place sur les brancards, les jambes pendantes, et « Jack » le bon bourricot s'en va à son allure habituelle vers le grand air, les pelouses, les petits sentiers, les ruisseaux et la mousse.

Ce ne sont plus les manières du West End, comme vous le pensez bien, et les formalités de l'étiquette sont d'une autre nature. Ici tous se connaissent ou semblent se connaître, on s'accueille chaudement, les gens en voiture ou sur les « bus » sifflent les amis qu'ils reconnaissent sur le trottoir. Ceux-ci répondent par des hurrahs et des « cheers » prolongés.

Tant de cordialité fait naître une gaieté générale et le dimanche, si triste dans l'Ouest, se passe dans l'Est sans mélancolie aucune ; si l'Angleterre s'intitule quelquefois « Merry England », joyeuse Angleterre, c'est ici qu'elle mérite son surnom.

Cette bonne humeur, vous la constaterez dans les County Courts, les justices de paix où se jugent les contraventions, les cas peu graves : les grands journaux de Londres en publient quelquefois des comptes rendus, dont la saveur comique ne le cède en rien aux fameuses audiences que sténographia notre Jules Moinaux avec tant d'humour.

Les théâtres et les « music-halls » de l'Est vous renseigneront mieux d'ailleurs, sur les goûts et les coutumes du peuple que ne le fera ce palais de Whitechapel, où pour l'éducation des masses l'élite de Londres expose chaque année ses plus beaux tableaux, ses meilleurs meubles, ses plus splendides tapisseries, ce qui ne va pas sans une légère ironie, n'est-ce pas ?

Le parc Victoria est aussi donné comme une preuve de la sollicitude des pouvoirs publics pour la classe ouvrière : rien n'y manque, pas même les cygnes et les gondoles sur les deux étangs ! Il faut le voir aux jours de repos, le samedi soir ou le dimanche en belle saison : jeux ici, là, danses en plein air, et ripailles dignes d'un Téniers !

Malgré tout, jamais on ne revient gai de l'East End : tant de grosse joie bruyante tombe vite ; c'était l'emportement factice de gens qui veulent oublier le dur labeur de la semaine, et qui, le soir venu, se sentent guettés et ressaisis par l'usine ou les docks. Si la fête continue, c'est l'ivresse brutale, la sale débauche, la rixe souvent mortelle.

Échappons-nous et revenons vers l'aristocratique et riche West End.

Peut-être n'y trouverons-nous plus autant de charme, car l'image nous poursuivra de gens qui ne connaîtront jamais les vraies joies de la vie, celles qui la font digne d'être vécue. Dans ce Londres aux violents contrastes, celui-ci est peut-être le plus fort de tous, et plus d'un étranger s'en indigne. Mais quoi ? Chacun ici semble y être fait : rien n'est moins anglais que la récrimination inutile ou que la vaine pitié. Malheur à ceux que broie le « moulin social », dont nous parle Taine, dans ses *Notes sur l'Angleterre*. L'extrême misère n'est-elle pas ici, plus qu'ailleurs, la rançon nécessaire de tant de force et de richesse ? (Huard, *Londres tel que je l'ai vu*, 1908.)

Troisième partie

D'UNE ANGLETERRE A L'AUTRE

> C'est dans les provinces reculées, où il y a moins de mouvement, de commerce, où les étrangers voyagent moins, dont les habitants se déplacent moins, changent moins de fortune et d'état, qu'il faut aller étudier le génie et les mœurs d'une nation. Voyez en passant la capitale, mais allez observer au loin le pays. Les Français ne sont pas à Paris, ils sont en Touraine ; les Anglais sont plus anglais en Mercie qu'à Londres [...]. C'est à ces grandes distances qu'un peuple se caractérise et se montre tel qu'il est sans mélange ; c'est là que les bons et les mauvais effets du gouvernement se font mieux sentir.
>
> ROUSSEAU, *Émile*, livre V, « Des voyages », 1762.

DES STAGE COACHES AUX RAILWAYS

Quoi de plus révélateur des réalités économiques et sociales, des mentalités et des politiques que les moyens de transport et les réseaux de circulation ! Dès qu'il prend le chemin de Londres, le visiteur français découvre la route anglaise, ses diligences, ses relais, ses auberges et fait très vite un parallèle détaillé qui n'est pas en faveur de la France.

Sans ingénieurs ni services des Ponts et Chaussées, sans ingérence de l'État, s'est établi un réseau de voies sûres, desservant tout le pays. Partout le voyageur trouve des voitures le menant à destination à peu de frais, et à chaque étage l'attendent des auberges, onéreuses certes, mais accueillantes et presque opulentes.

Il n'est guère de relation qui ne propose les postes et grands chemins d'Angleterre comme le fruit d'une sage politique du « laisser faire » et un exemple à suivre. On fera même l'éloge de la ligne courbe et des routes sinueuses. Mais, que rapporter de ces parcours sans histoire alors que la diligence suit sans encombre la route qui serpente sagement à travers des campagnes prospères, des paysages riants, qu'on y rencontre ni bandits ni gendarmes, que l'accident y est bien rare et que les terreurs en sont absentes, que l'on y circule sans entraves, n'étant exposé ni à des avanies ni à des exactions... ?

On peut bien décrire le pittoresque spectacle des lourdes diligences surchargées de passagers insistant pour voyager sur l'impériale... On peut essayer de faire plaindre le pauvre Français juché là-haut, exposé aux averses, coincé entre John Bull et Mr Pickwick... En fait, nos voyageurs deviennent les contemporains de Dickens et ne savent pas qu'ils sont les compagnons de figures que la gravure anglaise immortalisera, dans des décors qu'on évoquera avec nostalgie une génération plus tard.

Mais déjà le railway inquiète et fascine. Le 15 septembre 1830 a été inaugurée la première liaison ferroviaire à vapeur publique : Liverpool-Manchester. Il y aura bientôt Londres-Southampton, Londres-Bristol, et, en 1844, 3 600 km de voies ferrées sillonnent l'Angleterre où le voyageur circule à plus de 50 km à l'heure.

Après le vocabulaire de la diligence et de la route à l'anglaise, voici le vocabulaire des chemins de fer qui s'impose, avec les techniques nouvelles arrive le franglais, les mots changent, et les mentalités aussi.

Grosley

Sur la route un dimanche !

La quantité de passagers dont Douvres se trouvait surchargé fut une raison pour rompre une loi inviolable de police, qui défend en Angleterre aux voitures publiques de se mettre en route le dimanche. Je partis un dimanche, moi huitième, dans deux voitures qu'ils appellent *Machines Originales* ou *Volantes*. Ces voitures à six chevaux font en un jour les 28 lieues de Douvres à Londres, pour le prix d'une guinée. Les domestiques ont leurs places à moitié prix, ou sur l'impériale ou sur le siège du cocher, qui est à trois places. Un vaste magasin ménagé sous ce siège très élevé porte les hardes, qui se paient à part. Les cochers, dont nous changions, en changeant de relais, étaient de gros hommes de bonne mine et vêtus d'une bonne panne. Lorsqu'ils partaient ou voulaient animer leurs chevaux, j'entendais un bruit périodique, semblable à celui d'un bâton qui aurait battu sur le moyeu d'une des roues de l'avant-train. J'ai su et vu depuis que c'est l'usage des cochers d'Angleterre, en frappant du pied en mesure sur leur marchepied, de donner à leurs chevaux, par ce battement, le signal de partance : ils l'emploient aussi pour les exciter à doubler le pas. Le fouet, qui est une très longue baleine recouverte de crin et terminée par une cordelette, n'est entre leurs mains que ce qu'est en hiver l'éventail dans celles de nos dames : il ne leur sert que de contenance, et leurs chevaux ne le sentent presque jamais. J'entrerai ailleurs dans un plus grand détail sur les attentions et sur les ménagements des Anglais pour leurs chevaux.

Comme, ainsi que je l'ai dit, il n'arrive presque jamais que les voitures publiques soient en route le dimanche, nous fîmes spectacle dans les villes et dans tous les lieux que nous traversâmes, et il en résulta pour nous des avantages et des inconvénients.

1) Nous ne trouvâmes point de commis dans les lieux où ils ont leurs postes ordinaires ; ce qui nous épargna des fouilles et des visites.

2) Il y avait à parier que nous ne verrions point de ces voleurs de grand chemin, qu'ils appellent *Gentilshommes des chemins*, et qui sont très répandus sur cette route : en effet, nous ne vîmes de gens de cette espèce que ceux qui étaient accrochés à des potences, le long du chemin : ils figurent là en perruque et habillés de pied en cap.

Ces avantages furent balancés par deux inconvénients.

1) Vu l'absence des commis, que l'on prévoyait, on avait rempli les coffres de nos voitures de barillets d'eau-de-vie, que nous répandions dans les auberges de la route, ce qui nous arrêtait fort souvent. Nous en étions consolés par le plaisir de faire innocemment la contrebande, et par la bonne humeur que répandait ce petit trafic parmi les cochers et les postillons.

2) Entre Cantorbéry et Rochester, les habitants d'un village qui borde le grand chemin avaient choisi ce jour-là, où la route devait être libre, pour transférer un moulin à vent, de la gauche à la droite du chemin, dans un lieu qui leur paraissait plus avantageux. Or, vu la nature du pays très boisé, le corps de ces moulins est une espèce de cage très élevée qui va prendre le vent au-dessus des arbres : cette cage, très ressemblante à une grande ruche, est composée d'un châssis circulaire de bois, recouvert d'un treillis crépi en chaux. Celle qu'il s'agissait de transférer, sous la forme d'un cône de 30 pieds d'élévation sur 12 à 15 de diamètre, cheminait dans une voie creuse où nous nous trouvions engagés et qu'elle remplissait : vingt ou trente hommes, dont une partie la tirait avec des cordes et l'autre la poussait à la main, avançaient lentement ; et 20 toises de chemin qu'elle avait encore à parcourir, ne nous promettaient pas d'en être bientôt débarrassés : cochers, postillons, passagers, tout le monde mit pied à terre et se joignit à ceux qui tiraient ou poussaient. Après un quart d'heure de travail, on gagna un endroit du chemin où le talus, qui le bordait d'un des côtés, se trouvait moins escarpé : on rabattit, on prolongea ce talus à coups de pic : enfin les deux voitures gagnèrent la crête du chemin, par le secours de cordes passées dans le corps de chaque voiture et dans le siège du cocher. Tout ce qu'il y avait là de Français riait à gorge déployée de l'aventure, qui ne prit rien sur le flegme des Anglais : jeunes et vieux, ils raisonnèrent longtemps et froidement sur les moyens de se débarrasser de nous : ils mirent ensuite la main à l'œuvre, hissèrent nos voitures et reprirent leur besogne avec tout le sérieux de gens qui auraient passé leur vie à promener des moulins à vent.

Les grands chemins d'Angleterre

Les grands chemins, ainsi que tous ceux d'Angleterre, ruinés sous les guerres civiles, entièrement abandonnés jusqu'au règne de George II, ont été, sous ce règne, pris en considération par le parlement. Ferrés de silex concassé, ils sont bons et bien tenus, quoiqu'on ne connaisse en Angleterre ni corvée, ni Génie des Chaussées !

Il est vrai que l'entretien n'en est pas aussi considérable qu'ailleurs : l'Angleterre n'a point de rouliers, la mer fournit suffisamment aux transports de toute espèce. L'entretien des chemins est aux frais de ceux qui en usent : chaque village a une barrière qui se ferme devant chaque voiture, et l'on y paie le prix réglé par un tarif affiché, suivant le nombre des chevaux qui forment l'attelage. Il n'est ni rang ni dignité à l'abri de ces péages : le roi lui-même y est soumis, et la barrière se fermerait devant son équipage si quelqu'un de ses officiers ne payait à l'avance. De Londres à Richemont [Richmond], lieu ordinaire de sa résidence, il est abonné par grâce spéciale : encore ne lui fait-on pas celle de l'abonner à l'année : il paie par quartier. Ces péages, établis dans les premiers temps de la monarchie, avaient été depuis inféodés, ainsi que ceux de France, et ils n'existaient plus qu'à titre lucratif ; mais le parlement les a rendus à leur destination, et il en établit tous les jours de nouveaux sous le nom de Turn Pike. On a été en France au même but par une autre voie.

Les chemins ont, dans toute leur longueur, une banquette élevée sur deux à trois pieds de large, et cantonnée de piquets dont le sommet est blanchi, pour qu'il soit aperçu dans la nuit par les conducteurs de voitures. Ce trottoir est pour les gens de pied. Dans les endroits où le terrain trop étroit n'a pu se prêter à cet arrangement, les propriétaires des héritages limitrophes sont obligés de donner passage par leurs champs, tous fermés de haies vives très fortes. Les communications de ces passages, ainsi que de ceux qui abreuvent les villages, sont formées par des claies d'environ quatre pieds de haut : moitié grimpant, moitié sautant, on les franchit. L'habitude a formé les villageoises à cet exercice, qu'elles font avec autant de grâce que de prestesse.

Cette attention des Anglais pour les gens de pied a plusieurs causes : 1) Ils ont la vie des hommes en une estime très singulière, et ils sacrifient à cette estime une infinité de choses d'agrément et de commodité. 2) Leurs lois n'ont pas uniquement pour auteurs et pour surveillants des gens à carrosse. 3) Comme les voitures anglaises sont aussi vites en campagne que lentes à la ville, la rencontre des piétons et la crainte de les écraser ne ralentissent ni ne croisent leur allure impétueuse.

Il s'en faut de beaucoup que les grands chemins soient alignés et tirés au cordeau : non que l'Angleterre manque d'ingénieurs assez habiles pour tirer une ligne droite à travers champ ; mais outre que l'extrême cherté du terrain demande quelques ménagements, la propriété est en Angleterre une chose sacrée que les lois ont mise à l'abri de tout attentat, non seulement de la part des ingénieurs, inspecteurs et autres gens de cette espèce, mais de la part du roi lui-même : d'ailleurs, ainsi que nous le verrons à l'article des jardins, la ligne droite n'est point dans le goût anglais.

Les fermes et maisons de paysans qui bordent les chemins ou les avoisinent, bâties en brique et couvertes de tuiles, sont ouvertes par des croisées vitrées, très proprement tenues. Les granges sont aussi en tuiles : on n'aperçoit que quelques halliers couverts de chaume. L'aisance intérieure répond à ce qu'annonce l'extérieur. Nous rencontrâmes grand nombre de voitures chargées de blé ou de foin que l'on conduisait aux ports. Chacun de leurs conducteurs, presque tous laboureurs et métayers, vêtu de beaux draps, une bonne redingote sur le dos et des bottines très propres aux jambes, montait un petit bidet, d'où, une grande baleine à la main, il dirigeait son attelage formé de chevaux vigoureux, très soignés et portant de bonnes chaînes au lieu de traits. L'Angleterre n'a cependant point de gens occupés par état du bien-être des peuples : la richesse des campagnes est l'ouvrage d'une aisance industrieuse. L'autorité publique se contente de l'animer et de l'encourager : elle croirait la détruire, en la gênant, si elle entreprenait de la diriger. (Grosley, *Londres*, 1770.)

Lacoste

A l'auberge

La distance de Douvres à Londres est de soixante et onze milles, divisés en cinq relais, dont trois sont établis dans des villes : Cantorbéry, premier siège archiépiscopal, quartier d'un régiment de dragons ; Rochester, située à un mille au-dessous de Chatam [Chatham], port considérable à l'embouchure de la Medway, sur la Tamise, et où la marine royale a son premier chantier ; enfin, d'Hertfort [Dartford], très jolie petite habitation, dont les rues, comme celles des deux premières, sont larges, alignées et flanquées de trottoirs. Je comptais aller coucher à Londres ; mais le peu de sûreté des grands chemins, pendant la nuit, me détermina à m'arrêter dans cette dernière ville.

Trop incommodé, lorsque j'étais entré dans l'auberge de Douvres, mi-partie anglaise et française, je n'y avais rien observé ; il n'en fut pas de même à d'Hertford ; accoutumé à la malpropreté des auberges de France, aux dégoûtantes criailleries de ceux qui les desservent, et au peu d'égards qu'on y a pour les voyageurs, j'éprouvais une jouissance délicate dans celle où je passai la nuit. La maison, bâtie, comme toutes les autres, en briques jaunes, et sans aucune décoration, n'était remarquable que par la grandeur et le luxe de son enseigne. Mais sa propreté extérieure indiquait celle des appartements, tous planchéiés en bois de sapin, et soigneusement lavés ; les murs couverts en boiseries peintes, ou en stuc grossier, n'offrent point, comme en France, les noms crayonnés ou gravés de ceux qui les ont momentanément habités. Les meubles, en bois d'acajou, avaient le brillant du vernis ; les lits sont entourés de rideaux de toile peinte, dont la fraîcheur, renouvelée par de fréquents blanchissages, invite au repos ; le service fait par de jeunes gens très proprement vêtus, est prompt, respectueux et agréable ; la cuisine seule est desservie par des femmes qui y entretiennent une propreté dont le charme réel supplée à la médiocrité de leurs talents pour l'apprêt des mets, tous très simples, et qui sont servis dans des plats et avec des ustensiles, soit en argent, soit en flint-glace, dont le coup d'œil réveille la sensualité. Les sens satisfaits de cet agréable aperçu, je descendis de mon appartement, et je parcourais les cours, les remises, les écuries, lorsque j'entendis une voiture qui entrait dans l'hôtel. Je m'en approchai, et j'en vis descendre deux hommes, qui furent éclairés et conduits dans un parloir avec un empressement tranquille et respectueux. La porte de ce parloir était restée ouverte ; je les observai quelques minutes ; et leur ton d'honnêteté me donna l'explication de celui des garçons d'auberges, dont il était le diapason.

Cette soirée d'observations avait mis de l'équilibre dans mes humeurs, et mon sommeil fut un parfait et restaurant repos, qui ne contribua pas peu à l'insouciance bienveillante avec laquelle je payais quatorze schellings pour un repas dont, sur le continent, on n'eût certainement pas osé me demander six francs. Je me rappelle même que souriant sans amertume, en lisant les nombreux articles de la carte, je fus au moment de dire à celui qui me la présentait : « Vous avez oublié d'évaluer le plaisir que m'ont fait l'ordre de cette maison, sa propreté, son ton de décence, et surtout les soins empressés qu'on y a pour les voyageurs. » (Lacoste, *Voyage philosophique d'Angleterre fait en 1783 et 1784*, 1787.)

Pillet

Un réseau exemplaire

L'Angleterre est parfaitement coupée de grandes routes dans tous les sens ; aucune n'est pavée, toutes sont ferrées en cailloutages et très bien entretenues. La facilité qu'ont les Anglais de faire par eau une grande partie des gros transports ne contribue pas peu à cet entretien. Le non pavage, remplacé par le ferré en gros cailloux brisés, achève le reste ; car le pavage, à raison des chocs, des cahots continuels qu'il cause, brise les voitures et les marchandises, étonne et fait fendre la corne des chevaux. Les rues des grandes villes sont seules pavées.

L'activité du commerce exigeant une grande facilité dans les communications, il n'est pas de pays où les voitures publiques soient aussi multipliées, aussi propres, surtout aussi commodes. Lorsqu'on a voyagé en Angleterre, l'on a honte des voitures publiques de France : l'on n'entre plus dans celles-ci qu'avec répugnance, et frappé d'un danger dont le gouvernement français ne s'est jamais occupé de garantir les voyageurs.

En Angleterre, un voyageur est un homme ; en France il n'est qu'une marchandise. A Londres, le citoyen voyage commodément, et la marchandise est transportée de son côté ; à Paris, le citoyen est subordonné à la cargaison de la diligence, et il doit courir, sans se plaindre, tous les périls que l'avidité de l'administration des postes lui fait courir, en surchargeant de poids et de volume la masse informe, la charrette commerciale dans laquelle l'administration le force d'entrer.

Chaque jour, à chacune des vingt-quatre heures de la journée, il part de Londres pour toutes les extrémités du royaume, dans toutes les directions, deux cents voitures publiques, sans comprendre dans ce nombre les voitures de la banlieue, qui ne dépassent pas les petites villes, les villages environnants, à la distance de dix-huit milles. La même quantité de voitures vient aboutir au centre commun, à la capitale, dans le même espace de temps.

Le droit de tenir des voitures publiques n'est point vendu, ou affermé ; il n'appartient à aucune compagnie privilégiée : ce droit est celui de chacun. Un impôt fixé sur chaque voiture, est déterminé en raison de sa capacité et des places qu'elle peut contenir, en raison du nombre de chevaux qui doivent y être attelés, et de l'espace qu'elle doit parcourir : cet impôt laisse à tout spéculateur la faculté d'établir autant de voitures qu'il le veut, en payant au fisc la somme taxée. Le public retire certainement un grand bénéfice d'une disposition semblable, par la multiplication des voitures, par leur propreté, leur solidité, l'activité dans le service, et la modération dans les prix. La rivalité des entrepreneurs établit ces avantages ; le public choisit ce qu'il y a de meilleur, il en profite, et le fisc y gagne. Voilà la bonne administration. Il en est des voitures publiques, comme des restaurateurs, des théâtres, des journaux ; les mauvais se ruinent, et les bons s'enrichissent. L'État prélève toujours son droit, et plus il y a de mouvement ou de consommation, plus le Trésor public reçoit.

La poste aux lettres est, en même temps, la première entreprise de voitures publiques. Une caisse commode, disposée pour quatre places, reçoit ce nombre de voyageurs : une caisse suspendue, qui fait prolongement de la première, et sert de siège au cocher, contient sur le devant une partie des lettres et paquets ; le reste est déposé dans une troisième caisse, prolongée sur le derrière, et sur laquelle est assis un gardien armé. Cette disposition donne à la voiture la forme d'une longue dormeuse. Le cocher et le gardien peuvent placer, chacun, deux personnes à côté d'eux ; huit personnes montent sur l'impériale, et ces voyageurs du dehors paient moitié du prix établi pour le dedans.

Le gouvernement reçoit net la presque totalité du produit des lettres et paquets, les dépenses et les frais d'administration étant à peu près couverts par les voyageurs.

Les autres voitures publiques sont construites sur le même plan que celles de la poste aux lettres ; seulement leur caisse est plus large et renferme six places en dedans. Toutes sont attelées de quatre chevaux conduits par un seul cocher. La forme de la voiture, les garnitures, la beauté du vernis, les attelages et la sellerie, ont la beauté, le fini des attelages et des équipages de maîtres.

Tous les entrepreneurs de ces voitures paraissent faire également bien leurs affaires. Quelque courte que soit la distance, personne ne voyage à pied en Angleterre, parce que l'on est sûr de trouver des voitures à toute heure et sur toutes les routes. Le prix est calculé sur le nombre de milles à parcourir, et ce prix est très modéré pour les voyageurs qui se placent en dehors de la voiture.

Les Anglais voyagent sans attirail, sans bagage. Un voyageur prend son meilleur habillement, il met dans ses poches un paquet de linge ; il est sûr de rencontrer partout les mêmes ressources que chez lui ; il revient avec les mêmes facilités dont il a joui en allant. Un Anglais ne prend jamais de ces précautions ridicules auxquelles s'assujettit le voyageur français, précautions qui donnent à ce dernier l'apparence d'un homme qui va faire le tour du monde.

Les postes aux chevaux ne sont pas le privilège d'un individu ; le relais n'est point placé à une distance marquée. Tout aubergiste qui tient une grande maison, est maître de poste moyennant un droit de licence annuel, droit calculé sur le nombre de chevaux et de voitures qu'il tient ; il accrédite ainsi son auberge. Les routes sont exactement marquées de bornes militaires : les frais de poste se paient selon la quantité de milles parcourus.

On trouve à toutes les postes, ou plutôt dans toutes les auberges des chevaux et des voitures ; ce sont généralement des coupés à trois places de fonds et sans devant. On attelle deux ou trois chevaux conduits par un postillon. Les frais de route, lorsqu'on voyage seul, reviennent à peu près au double du prix de France ; mais, à deux personnes et à trois, ces frais diminuent et sont même moitié moins chers qu'en France, parce que le prix reste le même. Trois personnes peuvent n'avoir que deux chevaux, et ne paient pas plus qu'une seule. Une diligence à quatre places ne paiera que quatre chevaux, quoique vous puissiez placer encore deux domestiques à côté du cocher, et un troisième, en arrière, sur un siège suspendu entre les ressorts.

Dans aucune contrée de l'Europe, ces voitures, les chevaux et les harnais, ne dépareraient pas les écuries et les remises du plus riche propriétaire : elles sont conduites avec rapidité ; et l'on n'a pas, comme sur le Continent, les oreilles écorchées par les claquements de fouet d'un postillon salement vêtu, et qui fatigue sans cesse des haridelles attachées avec des cordes.

Les auberges, sans avoir la richesse et la beauté des hôtels des grandes villes d'Allemagne, de l'hôtel de Dessain à Calais, les auberges sont beaucoup plus propres ; infiniment mieux tenues que les plus belles auberges de France. Le service intérieur en est fait par des domestiques des deux sexes : tous sont décemment vêtus ; tous ont les formes et les habitudes des laquais et des femmes de chambre des grandes maisons. L'ameublement des chambres à coucher est simple, mais très propre ; partout un tapis de pied. Celui des salles à manger qui servent à la fois de salons ou de parloirs, est toujours de la plus grande propreté. La vaisselle, la verrerie, le linge de table, ne présentent point ces formes grossières qu'on remarque dans les auberges de France ; point de linge taché, quoique blanc ; des nappes ouvrées fines, d'une blancheur éblouissante, des tables d'acajou du plus beau poli ; de l'argenterie en petite quantité, mais présentant le brillant qu'elle a lorsqu'elle sort des mains de l'orfèvre. Les Anglais se prêtent, généralement, au maintien de cette propreté qu'on retrouve dans toutes les maisons ; jamais ils ne salissent inutilement, ou par défaut de précaution, l'appartement dans lequel ils se trouvent ; et ils nous sont très supérieurs, à tous égards, dans tout ce qui concerne les articles de ce chapitre.

Non seulement les grandes routes sont parfaitement entretenues, à peu près comme M. de Turgot dont les Français n'ont jamais assez apprécié les services, fit entretenir les nôtres après la suppression de la corvée, mais même les plus petites routes de traverse ne sont pas tenues avec moins de soin ; chaque propriétaire, chaque fermier, entretenant à ses dépens devant sa propriété, parce qu'il sent que, quoiqu'il entretienne pour l'usage du voisin, ce voisin entretenant à son tour pour lui, ils regagnent les uns et les autres au-delà de leurs dépenses, par l'économie des chevaux beaucoup moins fatigués, souvent même estropiés dans de mauvais chemins, et par le ménagement d'équipages beaucoup moins brisés.

Pour cette sorte d'amélioration, le gouvernement n'a d'autres moyens que ceux de la persuasion, et le bon exemple donné par les grands propriétaires. De sages administrateurs, des administrateurs intelligents et sans morgue, qui sachent se mettre à la portée de leurs administrés, les convaincre que c'est dans leurs intérêts qu'ils les administrent, et non pas dans les intérêts du gouvernement seulement, ou plutôt leur persuader que ces deux intérêts n'en font qu'un, qu'ils sont inséparablement unis, produiront ce genre d'amélioration si désirable. (Pillet, *L'Angleterre vue à Londres et dans ses provinces*, 1815.)

Blanqui

Vive le « laisser-faire »

L'étranger est surpris de voir atteler aux diligences publiques des chevaux d'une valeur de cinq et six mille francs, d'une taille, d'une élégance et d'une vitesse incomparables. Je ne puis m'empêcher de le redire encore, c'est ce qu'on devrait imiter en France, où la terre, les arts et les hommes ne manquent point, et semblent attendre, pour enfanter des prodiges, le signal d'une administration bienveillante. Il suffirait de laisser faire : car en Angleterre les canaux, les ponts et les routes sont l'œuvre des particuliers. Le gouvernement n'a pas la manie de tout diriger, comme si la lumière devait émaner de lui seul : les communes ne lui demandent que de rester dans l'ombre, et de ne rien *gâter*, si je puis m'exprimer ainsi. Les routes à barrières (*Turnpike roads*) sont payées par les voyageurs à cheval ou en voiture, c'est-à-dire par ceux qui les usent ; les canaux par ceux qui les fréquentent, les ponts par ceux qui les traversent : chacun de ces impôts, sagement réparti, dédommage amplement les fondateurs, encourage l'industrie, ouvre de nouvelles voies à la prospérité publique, malgré son apparence fiscale. C'est une vérité reconnue.

Je suis bien loin, toutefois, de comparer les routes anglaises aux nôtres pour la largeur. Elle sont moins imposantes, sans doute ; mais quelle différence dans le système qui préside à leur entretien ! Les nôtres sont vastes, régulières, grandioses ; on les reconnaît dans nos plaines à leurs alignements indéfinis, à leurs bordures inutiles de grands arbres ; et pourtant, après quelques jours de pluie, souvent elles deviennent impraticables. Le pavé, sans parler de ses nombreux inconvénients dans la saison des glaces et du verglas, suffit à peine à la circulation, tandis que l'on perd à droite et à gauche un terrain précieux qui pourrait être rendu à l'agriculture. Les Anglais se sont montrés bien moins prodigues ; et ils n'ont élargi les routes qu'aux environs de la capitale, où l'affluence des voitures a rendu cette disposition nécessaire. Encore, est-ce avec les plus grandes précautions qu'ils ont procédé à l'agrandissement de la voie publique. (Blanqui, *Voyage d'un jeune Français...*, 1824.)

Walsh

Un exemple pour nos ingénieurs

Un de mes amis qui est *éminemment français*, me disait : « Si j'étais directeur général des Postes, j'enverrais de mes inspecteurs *étudier* le matériel des Postes anglaises ; si j'étais directeur des Ponts et Chaussées, j'enverrais mes ingénieurs apprendre à faire ces chemins qui n'ont ni cahots, ni ornières, ni fossés ; et mieux encore j'irais avec eux.

Les poètes vont s'inspirer sous le beau ciel d'Italie ; les administrateurs chargés de la confortabilité de la France devraient aller chercher des inspirations *dans le pays classique des trottoirs, des belles grandes routes, et des mail coaches*. J'aimerais à être chargé d'une telle mission, car je la croirais profitable à la France ; mes réminiscences seraient des améliorations. » (Walsh, *Lettres sur l'Angleterre*, 1830.)

Dupin

Éloge de la route sinueuse

Dans l'hiver de 1817, où la cherté des vivres réduisait à la dernière misère une multitude d'ouvriers inoccupés, on a fait de grands travaux de ce genre ; ils ont eu le double avantage d'améliorer les voies publiques et d'arracher des indigents aux horreurs de la famine. C'est tirer parti du malheur même des temps les plus adverses, pour préparer des moyens nouveaux et durables d'aisance et de prospérité.

Il faut maintenant considérer la direction des routes dans le sens horizontal, c'est-à-dire, en faisant abstraction de leurs montées et de leurs descentes. Même alors, on trouve que les routes d'Angleterre offrent beaucoup de sinuosités ; les unes fortement prononcées, les autres faiblement ondulées. Des tournants courts et dangereux les déparent en beaucoup d'endroits. Une partie de ces inconvénients tient au caractère même de l'organisation sociale du peuple britannique.

On sait à quel point l'Angleterre est divisée par grandes propriétés. Leurs possesseurs les habitent durant une partie considérable de l'année. Dans ces résidences, ils remplissent la plupart des fonctions municipales et judiciaires. Ils ont ainsi la double influence de la richesse et de la magistrature : ils s'en servent pour leur propre intérêt que, trop souvent, ils font passer avant l'intérêt général. Ils apportent sans doute une louable sollicitude à ce que les routes soient parfaitement entretenues ; attendu qu'ils doivent, avec leurs équipages et ceux de leurs fermiers, les parcourir très fréquemment. Mais leur patriotisme va rarement jusqu'à permettre qu'en les traçant on traverse leurs vastes clôtures ; et souvent il faut que la voie publique fasse un long détour, commandé par l'influence du grand propriétaire dont les champs se trouvent situés sur l'alignement direct qu'il importerait de suivre. Depuis quelques années, le parlement s'est occupé du soin de remédier aux abus dont nous parlons.

Les Anglais, avons-nous dit, seraient fâchés d'avoir des routes qui, partout, fussent exactement horizontales. Des routes parfaitement droites, quelle qu'en fût la pente, leur déplairaient encore davantage. Il est facile de justifier cette aversion, que les Français ont peu partagée jusqu'à ce jour. Tant qu'une route sinueuse ne forme pas avec sa direction générale, un angle considérable, la route directe est de fort peu plus courte que la route sinueuse. Par conséquent, celle-ci n'occasionne qu'un petit excès de dépense pour sa construction et pour son entretien ; elle n'exige qu'un faible surcroît de temps et de force, pour opérer les transports. On peut d'ailleurs faire servir ces légères déviations, à l'agrément des paysages : de manière à ce que la route devienne un embellissement pour le pays ; et que le pays lui-même soit montré, dans tout son avantage, au voyageur que le tracé de la route conduit habilement vers les points d'où la vue est la plus séduisante. Pourquoi négligerions-nous ces innocents plaisirs de la nature, au milieu de nos campagnes ; lorsqu'au milieu de nos villes, nous dépensons des sommes si grandes, à des plaisirs bien plus futiles, et à des jouissances moins pures et moins réelles ?

Ajoutons, enfin, qu'en donnant aux routes une légère sinuosité, l'on évite au piéton, au cavalier, au voyageur en voiture découverte, la fatigue et l'ennui d'apercevoir sans cesse le but éloigné d'une marche qui semble interminable. (Dupin, *Voyage dans la Grande-Bretagne*, 1824.)

Montulé
Voyage en Eldorado ?

Figurez-vous dans les villes la plus grande propreté, le meilleur goût dans l'exposition des boutiques, des auberges, où tout est prêt, où tout est bien. L'hôte vous ouvre obligeamment la portière de la voiture, vous présente le bras pour descendre ; les domestiques cherchent dans vos yeux ce dont vous pouvez avoir besoin ; et tous ces gens-là sont si bien mis qu'on leur sait meilleur gré encore de leur obligeante servilité.

Qu'on se figure, s'il est possible, des routes, non point aussi larges que les nôtres, non point pavées ni ornées de rangées d'arbres réguliers, mais doucement tournantes dans un pays de collines ombragées, de vallons cultivés, de gazons verdoyants ; des routes sans ornières, sablées ainsi que des allées de jardin, accompagnées d'un trottoir ; joignez à cela une verdure précoce, des chaumières où l'agréable embellit l'utile, des châteaux où l'on a tout sacrifié à l'élégance et à la perspective. Tout cela passe rapidement sous vos yeux, car les diligences ne sont point, ainsi qu'en France, lentement et péniblement traînées au relais. Les chevaux parcourent l'espace avec une ardeur soutenue ; le fouet du cocher, toujours suspendu sur leurs têtes, n'a que très rarement besoin de les avertir d'une manière plus sérieuse. Tout ceci ne vous donne encore qu'une faible idée de la manière de voyager dans ce pays, et du riche aspect qu'il présente. (Montulé, *Voyage en Angleterre pendant les années 1821 et 1823*, 1825.)

Nodier
Autre regard sur l'Eldorado

J'ai continué mon voyage par un chemin sans ornières, sans embarras, sans cahots, dans une voiture commode, élégante, ornée avec goût, que traînaient, ou plutôt qu'enlevaient quatre chevaux superbes, tous pareils, tous du même pas, qui dévoraient l'espace en rongeant des mords d'un poli éclatant, et en frémissant sous des harnais d'une simplicité noble et riche. Un cocher à livrée les dirigeait ; un jockey, d'une figure et d'une tournure charmantes, excitait leur ardeur. De deux lieues en deux lieues, des postillons attentifs, point grossiers, point impertinents et point ivres, venaient remplacer l'attelage par des chevaux frais, toujours semblables aux premiers, et qu'on voyait de loin frapper la terre, comme pour solliciter la carrière promise à leur impatience. Quoique le trajet ne soit pas long, il n'est point de prévenances délicates dont les enchanteurs qui me conduisaient ne se soient avisés pour l'embellir. A moitié chemin, un majordome officieux m'a introduit dans un salon magnifique, où étaient servis toute sorte de rafraîchissements : un thé limpide qui perlait dans la porcelaine ; un porter écumeux qui bouillonnait dans l'argent ; et, sur une autre table, des mets choisis, copieux, variés, qu'arrosait le porto. Après cela, je me suis remis en route, et les coursiers empressés... Mais il est peut-être temps de reprendre haleine, et de dire, en termes plus positifs, que l'Angleterre est le premier pays du monde pour ses chevaux, ses voitures publiques, et ses auberges. L'équipage magnifique dont je viens de parler, c'était le coche ; et ce caravansérail des *Mille et Une Nuits*, c'était un café sur le grand chemin. On comprendrait facilement, aux environs de Londres, l'erreur de Don Quichotte qui prenait les hôtelleries pour des châteaux.

De Brighton à Londres, il n'y a au fait qu'une rue de vingt lieues, bordée de parcs, de jardins, de riantes métairies, de jolies maisons de campagne, de charmants pavillons, tapissés du haut en bas d'une tenture de roses, et précédés de cours ou de terrasses toutes couvertes de frais ombrages sous lesquels dansent de jeunes filles qui donneraient des regrets à Raphaël. Le premier âge est charmant partout. Il est ravissant en Angleterre. C'est presque une rareté qu'une beauté médiocre au-dessous de seize ans. (Nodier, *Promenade de Dieppe aux montagnes d'Écosse*, 1821.)

Custine
En attendant la vapeur

Jusqu'ici l'aspect des routes et des rivières est ce qui m'a paru le plus surprenant, en Angleterre. C'est là qu'il faut admirer le génie d'une nation voyageuse. Il y a des villes qui chaque jour sont traversées par cent cinquante et deux cents voitures publiques, allant à Londres ou en revenant ; les fleuves, les golfes, les embouchures de rivières, les bras de mer sont couverts de vaisseaux de toutes grandeurs qui, poussés par un pouvoir magique, s'avancent vers leur but sans voiles ni rames, apportant aux rois de la mer les tributs de la terre entière. L'inconstance des vents ne peut plus arrêter la marche de ces étonnantes machines, au moyen desquelles on obtient, pour les communications par mer, la régularité exigée sur les routes de poste du continent. Des vaisseaux, assujettis à un autre empire qu'à celui de leur ancien élément, traversent les mers comme des courriers, et les nuages de vapeur qu'ils laissent derrière eux, en fendant les flots, ont changé jusqu'à l'aspect de l'Océan. A les voir de loin fumer sur l'eau, on les prendrait pour des chaumières au milieu d'une plaine. Ces machines auront une influence incalculable sur les destinées du genre humain, et pourront devenir redoutables dans les guerres maritimes ; avec des bâtiments à vapeur, on parviendra à remorquer des flottes malgré les vents et les courants, et les nations qui ne s'empresseront pas d'adopter ce nouvel instrument de guerre, seront nécessairement dans la dépendance des autres. On m'a déjà parlé de chariots à vapeur, que je verrai sur la route d'Écosse. Ce génie de la mécanique, qui préside ici à la société humaine, a quelque chose d'effrayant : il *supplée* la vie, mais il ne la donne pas. C'est l'homme qui veut singer le Créateur, et, selon l'expression d'une femme d'esprit, ce pouvoir mécanique, substitué presque partout, en Angleterre, à la force vivante, est *l'algèbre appliquée au ménage*.

Les diligences anglaises, qu'on appelle *stages*, sont un des principaux ornements des routes de ce pays. Copiées en petit, elles feraient de charmants joujoux d'enfants. On les voit fuir sur une allée de jardin, *emportées* avec la vitesse du vent par quatre chevaux superbes et élégamment harnachés. Elles sont chargées de femmes dont la toilette, sans être de bon goût, est presque toujours soignée, et d'hommes dont les manières froides, mais polies, sont en général moins vulgaires que celles de nos bourgeois français ; cette société, qu'on pourrait croire choisie, tant le ton qui y règne est décent, se groupe d'une manière bizarre *autour* de la voiture qui la transporte, et à laquelle elle donne la forme d'une pyramide renversée car la quantité de personnes dont l'impériale est surchargée, fait paraître ces chars beaucoup plus larges d'en haut que d'en bas. On y voit quatorze figures, suspendues comme à des crochets, devant, derrière, de côté ; et, sans le soin avec lequel on entretient les chemins, cette manière de voiturer les hommes, à douze pieds de terre, causerait de fréquents accidents. Mais les grandes routes d'Angleterre, qui ne sont guère plus larges que des allées de parc, sont aussi unies. On ne les trace pas en lignes droites, et elles serpentent dans le pays, en suivant avec grâce toutes les sinuosités du terrain.

Le goût des Anglais pour les voyages au grand air étonne les étrangers ; la pénétrante humidité de l'atmosphère, l'âpreté du vent, la triste couleur du ciel, la pluie presque journalière, n'engagent pas toujours, les femmes mêmes, à monter dans l'intérieur d'une voiture. Depuis que j'ai mis le pied sur la terre d'Angleterre, j'éprouve la sensation d'un homme enfoncé dans une cave ; et c'est d'un pareil climat que les Anglais ont la prétention de *jouir* de même que de la température la plus douce. On voit des hommes âgés grimper, comme au mât de cocagne, afin d'atteindre le sommet des voitures ; et les personnes trop peu agiles, pour réussir à cet exercice, se servent d'échelles au moyen desquelles les femmes, même les plus pesantes, escaladent les roues et l'impériale d'une montagne ambulante. J'ai été singulièrement frappé du peu d'état que tout le monde faisait d'un temps dont le désagrément me paraissait insupportable.

[...] Nous n'avons repris haleine que pour changer de chevaux, ce qui se fait en moins d'une minute. Les conducteurs de stages mettent leur amour-propre à passer la poste, et, pour y réussir, le cocher fait prendre le galop à ses quatre chevaux, qu'il mène toujours à grandes guides, et qu'il pousse jusqu'à ce qu'ils aient laissé bien loin derrière eux tout ce qui se trouvait devant. Quand cette course se continue à la descente d'une côte, on perd la respiration : on voit du noir devant ses yeux, on se sent enlevé de sa place, et l'on recommande son âme à Dieu ; car si les chemins n'étaient pas unis comme des allées de jardin, on n'y ferait pas deux lieues de ce train sans accident. Le moment de relayer est le plus amusant : on voit arriver quatre chevaux fougueux, et qui se cabrent sous la main des palefreniers ; à peine attelés, pour peu que le mors offense leur bouche délicate, ces superbes animaux se cabrent encore ; enfin, ils prennent le galop, et leur course ne se ralentit pas jusqu'au relais suivant. [...]

Nous étions quatorze sur l'impériale, sans compter six personnes dans l'intérieur de la voiture qui nous a conduits à Shrewsbury ; et j'ai été surpris de l'agrément de la conversation qui s'est établie très naturellement entre tant d'inconnus.

Quand une de ces monstrueuses voitures vient à verser, c'en est fait de toute la population qu'elle transporte. Depuis peu de jours, l'Angleterre a été effrayée par divers événements de ce genre ; trois stages ont versé, et à chaque accident, deux ou trois personnes sont restées mortes sur la place, et toutes les autres ont eu quelques membres fracturés.

Quand on voit la vitesse des chevaux et la hauteur des voitures, on n'est plus étonné de ces boucheries. (Custine, *Courses en Angleterre et en Écosse*, 1830.)

Hennequin
Inside *ou* outside

Nous déjeunions lorsque le bruit du stage fit craquer les vitres. A ce roulement soudainement interrompu, succéda l'appel criard de la trompette. Je vois encore la salle à manger de Blue Post Hotel, les rideaux rouges, les séparations d'acajou entre chaque table, le jambon rose, l'huilier éternel ; cette ale qui nous tournait la tête et recommençait pour nous en terre ferme tous les balancements de l'Apollo.

Emporté par quatre chevaux ardents, j'entrevis pour la dernière fois ces rues de Portsmouth, dont pour moi la nouveauté n'était pas encore épuisée. Partout une foule de marins et de soldats ; partout une foule encore plus pressée de femmes, toutes en chapeaux, toutes le col et les bras nus. Les mœurs de Portsmouth sont peu recommandables, mais il ne faut pas juger la moralité d'un pays sur celle d'un port militaire ; si la populace de nos faubourgs engloutit dans les cabarets toutes ses économies, la bourgeoisie parisienne n'est pas responsable de ces désordres ; pour une plaisanterie de matelot, je ne ternirai pas la couronne de chasteté qui brille au front de la société anglaise.

Les derniers maisons, puis les derniers remparts de verdure ont disparu ; mais un nouveau spectacle se présente : de toutes parts la campagne anglaise, plus près la voiture qui nous porte et les compagnons de voyage qui nous entourent.

La voiture est légère, étroite et ne peut recevoir dans ses flancs que quatre voyageurs *inside*, mais devant et derrière les caisses destinées au bagage supportent des banquettes où se hissent, non sans peine, douze *passengers outside* ; le tout, voiture, caisses, banquettes et harnais, peint de couleurs vives, orné des armes d'Angleterre et de grosses lettres dorées.

Sur le devant s'assoit gravement le cocher. Derrière, un homme en redingote jaune, à gros boutons de nacre, largement nourri, comme les milords de la caricature française, embouche une longue trompette de cuivre rouge. Voilà les fonctionnaires, les représentants de l'administration. Quant au public, il s'aligne sur les banquettes, boutonné jusqu'au cou et le chapeau sur la tête. Les Anglais ne connaissent pas ce que nous appelons toilette de voyage ; un voyage est chose si naturelle pour ce peuple qu'il ne se croit pas obligé, parce qu'il a vingt ou trente lieues à faire, de changer ses vêtements ordinaires contre une robe de chambre, de remplir ses poches de morceaux de pâté et de pattes d'oiseaux, de cacher sous les coussins de la voiture une bouteille d'orgeat qui se cassera et tachera les pantalons du voisinage, d'entourer ses jambes de bottes fourrées, son cou de cravates rouges, sa tête de bonnets de soie noire et d'oreillers ; non, si vous êtes enfoui dans les foulards, si vous avez des cannes, des parapluies ; des échaudés, des bonnets de fourrure ou des calottes grecques, fussiez-vous russe, prussien ou espagnol, on vous prendra pour un Français, et l'on trouvera votre accoutrement fort ridicule. [...]

On jouit d'autant mieux d'un voyage outside, que la route anglaise n'est pas, comme la nôtre, d'une rectitude inflexible ; c'est une étroite allée qui serpente : point de fossés symétriques, point de rangées d'arbres à perte de vue, pour vous menacer sans cesse du chemin qui reste à parcourir. Entouré d'ombrages, de haies verdoyantes et de champêtres habitations, vous pouvez abandonner au coachman le soin de prévoir la route, et laisser errer vos regards sur cette riante nature.

[...] Nous fîmes ce voyage de douze heures inside. La pluie et le vent nous avaient chassés du véritable point de vue pour le paysage, l'impériale. Inside, les genoux éprouvent une véritable torture ; décidément, quoique le stage coach reluise, que ses chevaux soient fringants, sa trompette éclatante, et qu'il produise de loin un joli coup d'œil, les

Anglais n'ont pas encore trouvé l'idéal de la voiture. (Hennequin, *Voyage philosophique en Angleterre et en Écosse*, 1836.)

Flora Tristan
De l'inconfort des diligences anglaises

Les diligences anglaises ont de beaux attelages, sont très légères, ne portent presque aucun bagage ; tout est prévu pour atteindre la plus grande rapidité ; mais, dans leur construction, on ne tient aucun compte de la commodité, du confort, je dirai même de la sûreté des voyageurs. Je ne crois pas qu'il existe au monde une manière de voyager plus désagréable et plus fatigante que par les diligences anglaises.

Le coffre de ces diligences contient quatre places, et les banquettes de l'impériale douze ou seize. Les places de l'intérieur coûtent double ; elles ne sont ni meilleures ni moins bonnes que celles des voitures du continent. On monte sur l'impériale au moyen d'une échelle, et, quand on y est perché, il faut subir le froid ou la chaleur dans toute leur intensité, être exposé au vent, au brouillard, à la pluie, à la grêle, au soleil, à la poussière, et courir incessamment le risque de tomber si, le jour ou la nuit, le sommeil vient vous surprendre. Je ne vois rien d'égal à l'inconfortabilité de ces places que le dos du chameau dans le désert.

J'ai fait plusieurs voyages dans l'intérieur de l'Angleterre ; je me bornerai à raconter un seul de ces voyages, afin d'éviter de lasser par la monotonie de mes descriptions ; car l'aspect de la campagne est d'une accablante uniformité.

C'était en 1839, à la fin d'août ; le temps était lourd, orageux, et d'heure en heure il tombait des ondées comme en France au mois de mars. Vers onze heures je me rendis avec mes bagages dans Piccadilly ; toutes les malles, sacs, paniers, etc., furent chargés sur la diligence, et nous montâmes ensuite. Je fus placée, moi troisième, sur la dernière banquette de l'arrière, et j'avais trois personnes en face : les banquettes du devant étaient entièrement garnies. Nous faisions des vœux pour que les deux places à prendre sur nos banquettes restassent vacantes jusqu'à Brighton ; car nous étions très à l'étroit. Deux messieurs se présentèrent ; mais, voyant si peu d'espace, ils ne voulurent pas monter. Nous avions laissé Londres à plus d'un mille derrière nous, quand la diligence s'arrêta devant une jolie petite maison, et deux dames, dont l'une était énorme, vinrent occuper les deux places vacantes. Oh ! alors je pus juger complètement du charme d'un voyage sur une diligence anglaise ! ! !

Nous étions tellement *entassés* que les quatre personnes occupant les coins se trouvaient obligées de passer la cuisse par-dessus la petite rampe de fer qui termine chaque banquette. De plus, les cartons, les paquets et paniers nous envahissaient de toutes parts. A chaque ondée, quatre parapluies s'ouvraient ; alors un concours de gouttières venait encore ajouter à la calamité. Le soleil ne nous donnait pas moins d'embarras pour nous en garantir ; cette position était intolérable ! Cependant, sur le devant de la voiture nos compagnons se plaignaient encore plus fort ; le vent leur chassait la pluie avec violence dans la figure, et une pauvre dame enceinte se trouva tellement incommodée qu'elle perdit connaissance entièrement.

J'atteste la vérité du fait que je vais raconter, quoiqu'il puisse paraître *incroyable*, autant par l'inhumanité qu'il suppose que par le respect de la propriété porté à ce point de la part de ceux qui le souffrirent.

La voiture s'arrêta, et les voyageurs, aidés du conducteur, descendirent la malade pour lui donner des secours. Nous profitâmes de la circonstance pour descendre aussi ; la pauvre dame se trouvait dans un état très alarmant. Le conducteur nous dit : « Dans l'intérieur de la voiture il n'y a que deux vieilles dames ; elles ont payé les quatre places, dont deux sont occupées par leurs *deux chiens* ; peut-être, si on le leur demandait, permettraient-elles à la malade d'entrer. »

Le conducteur ni personne n'osait faire cette démarche, tant en Angleterre l'homme s'isole de l'homme, tant le respect pour la propriété l'emporte sur le respect pour l'humanité ! Un monsieur pensa que, si j'allais adresser la demande aux deux vieilles, je courrais moins de risque, en ma qualité d'étrangère, d'être refusée ; ce monsieur espérait que, par amour-propre national, elles n'oseraient pas montrer l'égoïsme anglais dans toute sa nudité ; cependant, les deux dames, ayant vu tout ce qui se passait et très bien entendu ce qu'on disait, avaient retiré leurs deux chiens de la portière, fermé les glaces, et faisaient semblant de dormir. Depuis le commencement de cette scène, je les avais suivies de l'œil et n'avais pas perdu un seul de leurs mouvements. J'étais sûre de la réponse qu'elles allaient me faire ; toutefois, je ne balançai pas et j'allai frapper au vasistas : je frappai plusieurs coups et très fort ; à la fin, une vitre se baissa à moitié, et on me demanda d'un ton sec ce que je voulais. « Madame, lui dis-je en français, je viens vous prier de vouloir bien rendre un service à une pauvre dame qui est bien malade ; elle est tout à fait incapable de se tenir sur la banquette d'en haut ; permettez-lui d'occuper auprès de vous une des places restées vacantes. — Madame, me répondit-elle d'un ton encore plus sec, nous avons payé les quatre places parce que nous ne voulions pas être *gênées*, et ce que vous nous demandez est tout à fait impossible. » En achevant ces mots, elle referma brusquement la glace et se rejeta dans le fond de la voiture. Tout le monde fut indigné de cette inhumanité ; mais chacun répétait : « Elle est dans son droit, elle a *payé*. »

Malheureuses gens ! comme si le précepte de charité n'était pas au-dessus de *tous les droits* et de *toutes les lois* ! En les entendant parler ainsi, ne croit-on pas lire dans un des livres de Moïse « qu'il ne sera rien fait à l'homme qui aura tué son esclave, parce qu'il l'a acheté de son argent »?

Cet accident tourna bien pour moi ; car, ayant cédé ma place à la malade, je me trouvais mieux à la sienne, quoique j'y souffrisse du froid et du vent, mais au moins je pouvais allonger les jambes et m'adosser à une malle, ce qu'il m'était impossible de faire à la place que j'occupais d'abord. Vers trois heures la pluie cessa, le temps devint clair et frais, et je pus jouir d'un superbe coup d'œil.

Les campagnes, en Angleterre, offrent l'aspect d'une riche fertilité ; les arbres sont d'une beauté remarquable, les haies touffues et vivaces, les prairies d'une admirable verdure ; ce qui m'a toujours frappée, c'est la multitude de haies dont les terres sont entourées et qui, vues d'une certaine distance, donnent à la campagne l'aspect d'un jardin potager, divisé en petites plates-bandes symétriquement encadrées de buis ; je sais que des écrivains, auteurs de voyages pittoresques, ont prodigué les éloges à ces verdoyantes clôtures.

Cependant, si on prend la peine d'analyser l'impression qu'elles produisent, on reconnaîtra qu'elles réduisent, par leur uniformité, un grand royaume aux proportions d'un parterre ; ensuite, elles privent la culture d'une immense étendue de terre, et dans un pays où le blé, les aliments de toute espèce sont toujours chers, où tant de personnes meurent de faim, dans un pays où les parcs des riches propriétaires et la nourriture de leurs chevaux de luxe enlèvent à la culture une grande portion du territoire, la perte de terrain qu'occasionnent les haies me paraît être, en économie rurale, une faute très grave. C'est ainsi qu'après avoir savouré quelques instants de cette fraîcheur suave répandue généralement sur la campagne, fraîcheur qui est, certes, achetée bien cher par l'humidité du climat, je ne pus m'empêcher de reporter ma pensée sur la situation du peuple d'un pays dont tout le sol est enfermé de haies impénétrables, qui tiennent sous clef blé, pommes de terre, navets, et jusqu'à l'herbe ! Si le peuple ne mourait pas de faim, les champs seraient libres, et les récoltes sur pied, ainsi que les meules de foin et de blé, seraient sans clôture et sans crainte exposées à la foi publique, comme on le voit en France.

Lorsque, pour la première fois, je parcourais les campagnes d'Angleterre, la vue des villages me fit d'abord croire qu'ils venaient d'être bâtis ; mais, en poursuivant la route, je reconnus bientôt que les maisons de tous les villages étaient également *neuves*, et je compris que les paysans anglais devaient avoir pour règle de faire blanchir et peindre leurs maisons tous les ans, ou tous les deux ans au moins. Sans doute cette propreté est très louable, et j'approuve ce soin pour les murs, les contrevents, les portes et les grilles ; mais il en résulte une monotonie bien fatigante. A voir toutes ces maisons *neuves*, le voyageur croit parcourir un pays qui ne date que de *vingt-cinq ans* ; il se dit : les gens qui habitent ces villages n'y sont pas nés ; et, s'il rencontre un vieillard courbé sous le poids des ans, il cherche en vain où peut être né cet homme. Du reste, cette propreté extérieure des maisons est encore une *apparence* à laquelle l'intérieur est loin de répondre.

Enfin, à six heures du soir nous arrivâmes à Brighton : d'après tout ce que j'avais souffert, je songeais à la peine et à la fatigue que devaient endurer ceux qui partent de Londres à sept heures du soir, pour n'arriver qu'à cinq heures du matin à Brighton. (Flora Tristan, *Promenades à Londres*, 1840.)

L'ÈRE DES RAILWAYS

Haussez
Douze lieues et demie en quatre-vingts minutes !

Les *railways* ou routes à ornières de fer sont devenues un utile auxiliaire des canaux peut-être même seront-elles substituées, dans un grand nombre de localités, à ces communications, sur lesquelles elles ont, à quelques égards, un avantage marqué. Leur dépense d'établissement est moins considérable ; elles entraînent moins de préjudice pour les propriétés qu'elles traversent ; elles exigent moins de travaux accessoires et moins de réparations ; elles n'éprouvent de chômage ni par la sécheresse qui fait tarir les canaux, ni par le froid qui les congèle. Au moyen de l'application de la vapeur aux machines à roues, des poids plus considérables peuvent être plus rapidement transportés. Tout est donc à l'avantage des railways, dans un pays où le fer et le charbon sont à très bas prix, et il est présumable qu'ils prévaudront, au moins dans les communications projetées.

L'entreprise la plus importante qui ait été faite dans ce genre est le railway construit entre Manchester et Liverpool. Des montagnes percées, des vallons traversés par des levées énormes, des canaux et des ponts surmontés par la nouvelle voie et présentent le phénomène de la superposition de trois modes de transport opérés par des principes différents ; une distance de trente-deux milles (douze lieues et demie) parcourue en quatre-vingts minutes. tels sont les prodiges créés par cette entreprise toute récente. Le succès qu'elle obtient ne peut manquer d'en faire surgir du même genre sur bien des points, aux environs de Londres surtout, où la célérité dans la circulation est la condition la plus appréciée. (Baron d'Haussez, *La Grande-Bretagne en 1833*, 1834.)

Michelet
Comme un boulet de canon

De Rochedale à Liverpool, la route n'est plus qu'une longue rue bordée de maisons toutes pareilles en hauteur, largeur, et de couleur identique. Uniformité monotone à donner vite le spleen, si les hommes, une fois sortis de ces silencieuses demeures, ne réveillaient autour d'elles l'animation par une débordante activité.

Celle des machines tient du prodige. Je viens d'en faire l'épreuve sur le railway qui mène à Liverpool. Cinquante lieues en quatre heures!... Rien ne peut donner l'idée de la foudroyante vitesse avec laquelle se déroule, comme en un conte de fées, ce surprenant panorama. Nous ne courons pas, nous volons au-dessus des champs, des rochers, des marais, par des ponts suspendus, des aqueducs dont l'étonnante hardiesse et la solidité rappellent, à chaque instant, les constructions étrusques ou romaines. Nous planons sur les abîmes.

D'autres voitures, lancées avec la même raideur, celle d'un boulet de canon, viennent à notre rencontre. Les deux convois se croisent, l'air siffle, comme sifflerait un gigantesque reptile que couperait en deux l'énorme serpent de fer. Cette perçante clameur des éléments vous avertit seule de la prodigieuse rapidité qui vous emporte, car le mouvement reste très doux. Vous allez en ligne droite, avec une force incalculable et fatale que rien ne semble pouvoir arrêter ni lasser. Et pourtant, tout finit. Le monstre grondant, sifflant, plonge sous une longue voûte ; il stoppe : vous êtes dans Liverpool.

Cette concentration terrible de force, cette accélération désespérée en ligne droite, c'est ce que vous retrouvez partout dans la vie anglaise. Tous les ressorts sont ici tendus à l'excès. Machines, chevaux, vaisseaux, les hommes même, sont lancés avec le maximum de vitesse. Pour se soutenir, s'entraîner dans ce continuel effort, nos insulaires usent, comme nous l'avons vu, de la nourriture la plus simple, mais qui, sous le moindre volume, contient le plus de substance nutritive. Ils se traitent eux-mêmes, comme leurs machines à vapeur qu'ils chargent d'un riche charbon, en mettant le plus possible, pour leur faire produire le plus haut degré d'action et le plus rapide. (Michelet, *Sur les chemins de l'Europe [1834]*, 1893.)

Hennequin
Chaudières roulantes

Nous nous fîmes conduire par un omnibus à l'entrée du chemin de fer ou *railway*. Déjà devant le bureau se pressait une multitude bruyante ; des billets numérotés pleuvaient sur la foule ; précaution indispensable dans un établissement qui voiture à chaque instant les voyageurs par centaines. Du bureau nous passâmes dans la cour, nous y vîmes une longue file de voitures jaunes déjà placées sur la rainure ; en un instant toutes furent remplies avec ordre. Plus loin nous apercevions les espèces de chars à bancs qui attendent les voyageurs de la seconde classe, les cages roulantes où l'on enferme les bestiaux, les wagons destinés aux marchandises et que l'on a fidèlement copiés sur le chemin de fer de Saint-Étienne, chemin incomplet, j'ose le dire en passant, chemin boiteux où naguère encore le voyageur se voyait tantôt remorqué comme un bateau de charbon par des chevaux de halage, tantôt poussé par-derrière comme les gondoles des montagnes russes.

Devant nous fumaient des machines montées sur deux roues. Ce sont elles qui bouillonnent, lancent la vapeur par leurs tuyaux, et tirent après elles tout le train des voitures. Toutes portent un nom analogue à leur fonction vulcanienne : c'est *le Tonnerre*, c'est *Jupiter*, c'est *la Furie*. A chacune de ces chaudières roulantes s'adapte un wagon plein de charbon de terre ; deux hommes s'occupent à entretenir le feu.

Ces machines seules actives, seules dévorées d'un feu intérieur, entraînant dans leur course la foule inerte des voyageurs, remplissent sur le railway le rôle de l'homme de génie dans le monde. Remarquons cependant une différence : les voitures se laissent traîner, elles sont même armées de roues qui rendent le mouvement plus facile ; la société au contraire résiste longtemps à l'impulsion du génie, tout homme qui se hasarde dans une carrière nouvelle, est accablé par le ridicule ou la haine ; on l'accuse de présomption et d'audace. Quelques vieillards disent encore : faire de l'art dramatique après Racine !

Vers le progrès, à toute vapeur

Avant le départ j'eus le temps d'admirer la largeur des voitures, les séparations d'acajou qui faisaient de chaque place un fauteuil ; bientôt nous nous sentîmes doucement ébranlés, on nous attachait à la machine. Le frottement presque insensible de la roue sur la barre de fer lisse et polie, ce glissement qui ne ressemble pas plus aux balancements du bateau qu'aux cahots de la voiture, ne manquent pas d'émouvoir ceux qui font un pareil voyage pour la première fois. Tous les yeux étaient ouverts, l'attente d'un spectacle inusité faisait battre tous les cœurs, quand le mouvement devint de plus en plus rapide ; la clarté du jour s'affaiblit par degrés. Aux lueurs du gaz une large voûte s'arrondit sur nos têtes : nous entrions dans un tunnel. Plus loin le soleil reparut ; des champs entourés de haies, des villages et des carrières remplies d'ouvriers défilaient des deux côtés de la route ; on voyait les bestiaux effrayés par le bruit de la machine bondir dans les pâturages. Au milieu de ces tableaux divers nous suivions une ligne inflexible ; avions-nous un marais à traverser, une digue s'élevait comme par enchantement pour nous soutenir ; se creusait-il une vallée, un pont s'allongeait devant nous ; les montagnes se fendaient à notre approche. Le lointain du paysage se mouvait lentement, mais les plans les plus rapprochés de la route passaient avec la rapidité de l'ouragan. Un train de voitures lancé dans une direction contraire à la nôtre venait-il à passer près de nous, un voile couvrait la nature : le noir, le gris, le rougeâtre se succédaient comme l'éclair, et lorsque ce brouillard avait disparu, il eût été impossible de dire quel objet étrange avait passé devant nos yeux.

Nous jouissions de cette fantasmagorie depuis cinq quarts d'heure lorsque la ville de Manchester vint à notre rencontre ; nous avions fait près de douze lieues.

Liverpool et Manchester représentent bien les deux principales directions de l'esprit anglais ; Liverpool est la ville du commerce maritime, la ville des flottes et des magasins ; Manchester la terre de l'industrie manufacturière. Les relations entre l'atelier qui fabrique et le navire qui transporte sont journalières, incessantes ; c'est là que le premier railway devait être construit. Dans un temps où la fureur guerrière s'est ralenti, où les pays riches de science éprouvent le besoin de répandre leurs trésors ; où les races ignorantes demandent à grands cris la civilisation ; où la nation la plus barbare réclame au moins des fusils, des pantalons et des fourchettes, quelle belle réponse au vœu de l'humanité que cette machine qui fait tomber toutes les barrières, rapproche la France de la Perse, l'Espagne de la Tartarie ! Quand tous les cœurs éprouvent un besoin, le satisfaire est un but vers lequel les intelligences se dirigent presque à leur insu ; nous inventons ce qui nous est utile, nous oublions ce qui n'a plus d'application dans nos mœurs ; nous devions trouver le chemin de fer, nous devions perdre la peinture sur verre et le masque des acteurs antiques.

Querelle esthétique

Les avis furent partagés sur la beauté de ce site ; l'un vantait sa variété, il trouvait dans le chemin de fer un symbole de la Grande-Bretagne, de l'industrie, et contemplant au nord la mer furieuse, il se réjouissait de voir en présence d'un côté l'homme et de l'autre Dieu.

Un second trouvait que le chemin de fer coupait le paysage comme une longue balafre, déplorait les progrès d'une science destructive de toute beauté matérielle, et disait combien la nature alignée et régulière que fait l'industrie est inférieure aux monts agrestes, aux forêts majestueuses des temps homériques.

Un troisième avouait que les barres de fer, les wagons uniformes qu'on y voyait rouler étaient d'une raideur choquante pour l'œil ; mais il ajoutait que la vapeur allait répandre dans le monde entier des perfectionnements matériels et des idées concentrées en Europe ; que le soleil des intelligences, au lieu de former sur l'occident différents jeux de lumière, allait enfin luire sur le monde entier ; qu'il était heureux de cette pensée et qu'il la trouvait plus belle qu'un paysage.

Le quatrième répliqua : le chemin de fer nous déplaît parce qu'il est nouveau, qu'il blesse nos habitudes ; un jour il sera beau. C'est l'ancienneté qui rend les objets poétiques. Naguère on était choqué de la couleur sombre, des formes indigentes du bateau à vapeur ; on aimait mieux peindre les rouges banderoles, les cordages qui se détachent légèrement sur le fond verdâtre des eaux, les voiles blanches gonflées par le vent ; de nos jours, on admire le bateau à vapeur, sa colonne de fumée, ses roues qui font bouillonner l'onde ; de la rive on se plaît à le suivre de l'œil lorsqu'il emporte sa foule bariolée de passagers et trace un long sillage blanc d'écume. (Hennequin, *Voyage philosophique en Angleterre et en Écosse*, 1836.)

Joseph Prévost
D'une mer à l'autre

Entre toutes les voies de fer qui concourent à la prospérité du pays, la plus belle, la mieux servie et l'une des plus utiles est sans contredit celle qui conduit de Londres à Bristol ; on la nomme *Great Western Railway* (« Le grand chemin de fer de l'Ouest »), parce qu'en effet elle dessert la partie occidentale de l'Angleterre. Montons donc dans un de ces élégants wagons qui sont symétriquement divisés en huit bons fauteuils mollement rembourrés et recouverts de drap de velours gris tendre.

Nous saluerons d'abord sur notre route Windsor, le plus magnifique des châteaux royaux et la résidence favorite de la reine Victoria. Déjà nous apercevons, à une distance de plus de six milles, les tours crénelées du vieux manoir bâti par Guillaume le Conquérant. L'étendard national flotte au milieu des nues : c'est le signal auquel on reconnaît la présence de la reine. Nous voici arrivés à la base de la montagne qui sert de piédestal à la forteresse des rois normands ; nous voyons distinctement les parois grisâtres de la grosse tour ronde, les ogives longues et sveltes, les remparts convertis en jardins ; mais la locomotive, ce fougueux coursier à la bouche enflammée, ne nous laisse pas le temps d'examiner ; elle nous entraîne impitoyablement, et bientôt nous aurons perdu de vue Windsor, ses hautes murailles et les sombres masses des grands chênes aussi vieux que les murailles, aussi vieux que la monarchie. Nous dévorons l'espace ; nous parcourons à vol d'oiseau un pays fertile et bien cultivé. Cette ville élégante, splendidement bâtie et qui semble toute neuve, c'est Reading, cité opulente, séjour préféré de l'aristocratie. Puis nous traversons une foule de bourgs et de villages dont nous n'avons pas même le temps de demander les noms ; au moyen d'un pont hardiment suspendu, nous passons au-dessus d'un hameau dont les habitants nous regardent ébahis, nous prenant sans doute pour un de ces bataillons aériens dont parle l'Écriture ; plus loin le convoi s'engage dans un tunnel ténébreux, long tube percé dans le flanc d'une montagne, et qui se prolonge sous les fondations de plusieurs bourgs et jusque sous le lit d'un fleuve. Enfin nous sortons des entrailles de la terre, nous respirons. Et bientôt nous touchons à Bath, ville épiscopale, ville de bains, c'est-à-dire ville de luxe et de plaisirs. Nous apprenons en passant que Bath possède un beau théâtre, un somptueux bazar, de vastes squares et des ruines romaines assez importantes. Mais peu nous importe ; nous ne pensons qu'à aller en avant et qu'en peu d'instants nous arriverons à Bristol. En effet, déjà nous distinguons des clochers et de longues cheminées semblables à des obélisques : c'est Bristol, la grande, l'active, l'industrieuse cité, Bristol, la quatrième ville de l'Angleterre et qui à elle seule forme un comté. La machine ralentit peu à peu sa course, des coups de sifflet grincent à nos oreilles, des ordres s'échangent et se croisent ; des commis en uniforme, des domestiques en livrée s'empressent de toutes parts ; nous sommes au débarcadère, nous sommes à Bristol. Ainsi, nous avons fait plus de cent trente milles en moins de cinq heures, nous avons parcouru l'Angleterre dans toute sa largeur, de l'est à l'ouest ; nous avons volé d'une mer à l'autre avec une promptitude merveilleuse, et tout cela sans peine ni fatigue. (Joseph Prévost, *L'Irlande au XIXe siècle*, 1845.)

Enault

Pour gens pressés...

L'Angleterre est aujourd'hui le pays du monde où il est le plus facile de voyager. Si vous êtes pressé, si le temps vous est mesuré d'une main avare, si vous avez le malheur d'être obligé de regarder à votre montre, prenez ses chemins de fer. Leur admirable réseau couvre la Grande-Bretagne tout entière, et leurs mailles sans nombre, qui s'abattent sur les principales villes, mettent dans une communication — que l'on pourrait dire électrique, tant elle est rapide ! — tous les centres importants. C'est à peine si l'on a le temps de prendre son billet et de jeter son sac de nuit dans un wagon ; le coup de sifflet du machiniste déchire l'air et vos oreilles. On part, on est parti, on est arrivé ! Par malheur, l'organisation de ces chemins est loin de répondre à leur merveilleuse célérité. De ce côté-ci de la Manche, nous sommes trop administrés ; de l'autre, on ne l'est point assez. A peine avez-vous foulé le sol de l'Angleterre que vous vous sentez dans la patrie du laissez-faire et du laissez-passer. Nulle part le mot du poète n'est plus vrai : « Le monde est une foule où chacun tire à soi ! »

C'est là surtout qu'il n'est meilleur ami ni parent que soi-même, et que vous devez commencer par vous aider, si vous voulez que le ciel vous aide ; car personne ne prend garde à vous, et vous êtes livré à vos propres forces et au *self-government* de votre individu. Qui a vu un railway anglais les a tous vus, dit un spirituel touriste. Ils ne diffèrent entre eux que par la longueur de leurs tunnels ou l'élévation de leurs viaducs, ou la profondeur de leurs tranchées. Ce sont, sur toutes les lignes, voitures à peu près semblables, administration analogue, vitesse égale. Patriotisme

à part, nos chemins de fer sont de beaucoup préférables aux railways anglais ; d'abord si, chez nous, on a le grand tort de tenir trop longtemps enfermés dans une salle d'attente les voyageurs qui vont faire, je ne dirai pas une promenade, mais un voyage, ce qui occasionne quelquefois des accidents et toujours une confusion déplorable, en Angleterre on commet, en général, l'imprudence de laisser toutes les portes ouvertes. Avant le départ du train, vous vous promenez librement sur ce qu'on appelle la plate-forme, sans qu'aucun des employés vous demande ce que vous désirez et où vous allez : il en résulte pour vous, étranger, ce grave inconvénient, qu'étant obligé de faire vous-même votre petit service, vous courez la chance d'aller à York, par exemple, quand vous croyez partir pour Liverpool ; de plus, et c'est ce qui assure notre supériorité, nous traitons avec quelques égards nos voyageurs de seconde classe ; nous les asseyons sur des coussins suffisamment garnis et recouverts de drap ou de coutil ; nous rembourrons soigneusement la place où ils doivent appuyer leurs épaules et reposer leurs têtes ; nous leur donnons de la lumière et de l'air autant qu'ils peuvent en désirer. Les administrateurs anglais ne sont, ma foi, ni aussi polis ni aussi humains.
— Un banc de bois pour siège, une planche de bois pour dossier, tel est le régime très fatigant auquel ils soumettent les honnêtes pères de famille qui, pensant à l'éducation de leurs fils ou à la dot de leurs filles, se refusent à payer les prix exorbitants des premières classes ; et ce n'est pas tout, non contents de martyriser ainsi leur corps, ils leur ôtent même les petites satisfactions morales qui pourraient les indemniser de leurs souffrances physiques : ils ne leur laissent voir ni la campagne ni le ciel. Ces horribles cellules ne sont éclairées que par deux petites lucarnes, une de chaque côté ; on y étouffe dans un demi-jour qui ne permet même pas de lire, pour peu que le brouillard soit plus épais que d'habitude ; et deux barreaux de fer vous empêchent, est-ce insulte ? est-ce prudence ? de passer la tête par cette insuffisante ouverture.

Déjà vous n'êtes plus un homme, vous êtes une chose, un paquet, un colis, un objet de spéculation. Lisez plutôt les affiches qui tapissent les gares ! ce ne sont qu'assurances proposées aux voyageurs par toutes sortes de compagnies contre les accidents possibles — un peu plus, et l'on dirait probables — sur le rail où vous allez courir. Tant pour un bras, tant pour une jambe, tant pour un œil, tant pour la tête !... Le tout bien entendu reversible sur les pauvres orphelins, la veuve plus ou moins éplorée, et les coquins de neveux. (Enault, *Angleterre, Écosse, Irlande*, 1859.)

PAR LES CHAMPS ET PAR LES VILLES DE LA VERTE ANGLETERRE

> Ta campagne, Angleterre, est un parc de chênes paternels et de vieux ormes. Tes pelouses sont faites pour les bonds des jeunes filles ; les fiancés se cueillent sous les arbres. Tes clairs ruisseaux sont pleins de cygnes. Et tes maisons, dans le lierre et le gazon sont pareilles à de fraîches jeunes femmes qui se reposent.
> André SUARÈS, *Angleterre*, 1916.

Nombreux sont les voyageurs qui n'ont connu de l'Angleterre que ce qu'ils ont pu voir en été, au long de la route du port à Londres, au mieux ont-ils suivi l'itinéraire menant à Bristol et à Bath par Oxford, avec parfois une pointe dans le Warwickshire vers Stratford. Cela suffisait pour déclarer que la campagne et les provinces anglaises étaient bien telles qu'elles devaient être : prospères, riantes, paisibles et vertes. L'Angleterre devenait uniformément bucolique, tout y témoignait d'un bonheur quotidien, ou du moins rien n'y attristait le regard. Rares étaient ceux qui osaient remarquer des friches, des landes, des masures ou des haillons dans ce jardin bien tenu qu'était l'Angleterre.

Ainsi se répètent les tableaux d'une nature féconde et généreuse, ornée des vestiges d'un passé glorieux ou des témoignages de la prospérité présente, qui composent des paysages harmonieux, apaisants, qui proposent des promenades délicieuses. Cela n'est pas inexact en ce qui concerne l'Angleterre à l'ouest et au sud de Londres, mais cela réduit le pays à quelques traits idylliques retrouvés à chaque détour.

A peine y remarque-t-on le petit peuple des campagnes. Peut-on d'ailleurs parler de paysannerie, tant les cultivateurs de ces heureux terroirs manquaient de pittoresque, n'apportant rien à la couleur locale, et refusant d'être rustiques.

Quant aux villes, sont-elles habitées ? Elles semblent surtout des décors silencieux, sans figurants. Difficilement identifiables, elles somnolent autour de leurs cathédrales.

Même les voyageurs qui s'aventurent loin de Londres ne cherchent guère à identifier les divers terroirs et les traits régionaux, ou à percevoir le caractère particulier à chaque ville. Les périples d'exploration systématique de l'Angleterre ne débouchent le plus souvent que sur des croquis, des vignettes, de fraîches aquarelles compatibles avec l'image élégiaque du pays, parfois relevés par de noires gravures des secteurs industriels.

Seuls ceux qui s'aventurent dans les marches et les franges du pays, en Cornouailles et Devon, dans le Northumberland, au pays des Lacs, peuvent découvrir types et paysages, mœurs et décors plus âpres et farouches.

A la fin du XIXe siècle, la province anglaise semble même devenue le refuge d'une bonne vieille Angleterre s'assoupissant dans ses traditions, s'enlisant dans le passé, ignorant les cités modernes, se complaisant dans un bon vieux temps, mi-médiéval mi-XVIIIe siècle ! De fait, le parcours dans l'Angleterre rustique et provinciale entraîne hors du temps, dans un ailleurs quasi irréel et idéal.

COUPS D'ŒIL DE-CI DE-LA, D'UN SIÈCLE A L'AUTRE

Coulon

Une Arcadie

Ses collines sont couvertes de forêts et de troupeaux, ses vallées abondantes en pâturages, ses campagnes chargées de blé, ses bois remplis de venaison et de gibier, et ses rivières qui l'arrosent de tous côtés peuplées d'une infinite de poissons. Son air est si tempéré et son terroir si fertile, qu'il semble que le ciel et la terre aient conspiré ensemble pour mettre les habitants dans la possession d'une parfaite santé et d'une félicité publique. (Coulon, *Le Fidèle Conducteur pour le voyage d'Angleterre*, 1654.)

Le Blanc

Un vrai paradis

La campagne ici me paraît toujours riante, parce que je la vois toujours verte ; à la vérité elle n'est pas aussi variée qu'elle l'est en France. On ne voit en Angleterre, excepté dans quelques provinces, ni vastes plaines, ni hautes montagnes. Rien n'y étonne les regards, mais tout les satisfait. Ce ne sont de tous côtés que des collines dont la pente est aussi douce que l'aspect en est agréable. Si les forêts qui couvraient autrefois ce pays-ci ont presqu'entièrement disparu, les petits bois dont ces collines sont couronnées, et les haies dont les prés et les champs sont partout environnés, font peut-être plus de plaisir à la vue, et sont une preuve et de la richesse du terrain, et de l'industrie de ceux qui le cultivaient. Ce vaste pays qu'on découvre du haut de Richemont a moins l'air d'une campagne que d'un jardin immense. Il offre en quelque sorte aux yeux une image du Paradis terrestre. (Abbé Le Blanc, *Lettres*, 1751.)

Saussure

Les campagnes sont belles

Pendant mon séjour à Hertford, j'ai fait plusieurs courses dans cette province aussi bien que dans celles de Buckingham et de Bedford qui sont voisines de la première. Je n'y ai rien vu qui mérite que je vous en fasse part. Les campagnes sont belles, les terres bien cultivées, les possessions fermées de haies vives, épaisses, bien entretenues et aussi fortes que des murailles. On trouve dans ces provinces des plaines longues de plusieurs milles, où il n'y a ni maisons, ni terres labourées, on n'y voit que des arbres, des bruyères et de la verdure, où paissent toute l'année un nombre infini de moutons. Comme ceux-ci ne craignent pas les loups, puisqu'il n'y en a point en Angleterre, on les laisse passer la nuit dans ces plaines sans jamais les retirer dans des étables ; on prétend que cela contribue à la bonté et à la finesse de leur laine, qui forme une des branches les plus considérables du commerce de ce royaume, par la quantité immense employée dans toutes sortes de manufactures, et par celle qu'on exporte dans les pays étrangers, en dépit des interdictions du parlement. (César de Saussure, *Lettres et voyages [1742]*, 1903.)

Cambry

Un pays de féerie

Je ne suivis pas la route commune pour me rendre à Londres ; je traversai la digue du Diable, haute barrière que la mer baigne, et me trouvai dans un pays de féerie. C'était dans les plus beaux jours de l'année. Les arbres portaient tout leur feuillage. A des terres cultivées avec art succédaient des terrains abandonnés à la nature ; des monticules couverts d'arbrisseaux à des prairies, d'un vert que le pinceau de Rubens ou de Paul Potter essaierait en vain d'imiter, et qui manque au reste du monde. Les troupeaux rassasiés dormaient couchés sur une herbe de soie. Là, le fier taureau des campagnes ressemble à ceux qu'on entretenait dans les parcs consacrés de la Sicile et de la Bétique, et que les soins respectueux des prêtres destinaient à l'autel de Jupiter ou de Cérès. Petits ruisseaux, ponts à la chinoise, haies vives autour des héritages, maisonnettes champêtres asiles du repos, de l'abondance et de la propreté ; pas un voyageur à pied, pas un pauvre, pas un soldat ; chemins variés sans routes royales, quelques temples ruinés, où le pavillon de la sûreté publique appelle les habitants des environs ; de bons vieillards à l'ombre de vieux chênes, des enfants jouant autour d'eux, blancs et colorés comme les roses ; beaux comme ceux du Guide ou de l'Albane, tels sont les objets qui vous font craindre d'être trop tôt frappé de l'imposant aspect du dôme de Saint-Paul : je l'aperçus au milieu d'un nuage, qui ne nuisait point à sa majesté ; mais qui me permit de me livrer, sans distraction, au sentiment délicieux que j'éprouvais. Dans la campagne, où l'air est pur, où sa circulation n'est pas gênée, où le terrain est si précieux, vous voyagez sur des chemins étroits. Dès qu'on arrive dans les longs faubourgs de Londres, la distance des maisons permet à chaque particulier, sans exception, d'avoir sur les bords de la route qui s'élargit un joli tapis de verdure, coupé d'étroits rubans de sable, orné de bosquets, d'arbrisseaux, coloré des fleurs les plus belles. Le cyprès isolé y rappelle les passants à des idées mélancoliques, au souvenir de l'ami qui n'est plus, au temps de superstition ou d'amour, où sa vue présageait un malheur à nos pères ; le chêne à la tranquillité que le chef de famille offre à sa femme, à ses enfants ; la lavande au travail ; l'aubépine au baiser ; et le romarin à l'amour éternel : car le peuple breton a conservé dans ses romances et ses vieux contes le sens de mille emblèmes, qu'il ne doit qu'à ses pères, et qu'il ne peut avoir reçu des Romains, des Saxons, des Danois, de cette multitude de barbares qui ravagèrent son île. C'est au fond de ces petits Éden, dans une maisonnette de brique, ornée de tapis, de tables d'acajou, de théières argentées, de vases, de chaises solides et commodes, de gazettes et de la Bible, que le simple artisan travaille à côté de sa femme, qui file et voit du coin de l'œil ses beaux enfants jouer, sauter ou se battre sur le gazon. (Cambry, *De Londres et de ses environs*, 1788.)

La Tocnaye
Et quelques friches

Nous prîmes la route de Windsor, à travers une vaste lande couverte d'ajoncs, comme en Basse-Bretagne ; ce qui surtout surprit mon camarade, qui, enthousiaste de l'anglomanie, s'imaginait qu'aucune terre n'était inculte, et que les plus mauvaises étaient rendues fertiles par le génie des Anglais ; depuis, j'ai appris qu'il y avait un grand nombre de ces communs aux environs de Londres, comme dans la Bretagne appartenant aux paysans, qui y envoient leurs bestiaux, et que l'on ne peut cultiver par cette raison. (La Tocnaye, *Promenade d'un Français dans la Grande-Bretagne*, 1795.)

Custine
Campagnes ou jardins

Je retrouve avec satisfaction des villes populeuses, des campagnes riantes, des arbres qui n'ont pas l'air malheureux et des hommes qui ne sont pas sales. La première impression que fait éprouver l'Angleterre est toujours extrêmement agréable. Cette parfaite propreté, ce soin des petites choses, cette élégance de ménage, annoncent un peuple sage, économe et attaché aux lieux qu'il habite. [...]

Le pays qu'on traverse de Londres à Oxford est joli par moments, et monotone le reste du temps. J'attends l'Écosse avec impatience pour trouver une nature rebelle à l'homme ou plutôt pour retrouver la nature, car un parc n'en est que l'imitation, et tout ce pays ressemble à un parc où l'art serait bien déguisé. Des bouquets de grands chênes, dispersés sur le penchant des prés, dont la verdure est d'une fraîcheur peu commune ; des chemins dessinés avec grâce, et qui conduisent à des maisons élégantes, toujours entourées de quelques massifs d'arbres très beaux et très vieux : telles sont les scènes qui m'attendaient de ce côté de Londres, et qui m'ont rappelé exactement celles dont j'avais été frappé sur la route de Douvres. Des étangs *à la Ruysdaël*, des landes, des champs de fougères, et quelques arbres de haute futaie clairsemés, enfin des vallées sans caractère, dans le genre des vallées de Basse-Normandie, mais moins jolies : tels sont les seuls objets qui varient un peu l'aspect de cette contrée, l'une des plus fertiles de l'Angleterre. Et cette terre monotone, balayée par un vent glacé, qui nous a soufflé au nez tout le jour, supporte presque continuellement une voûte pesante et grise, qu'on appelle ici le ciel. Tout ce qu'il y a de bon dans ce pays a été créé par l'homme, et, sans des prodiges d'art, l'Angleterre serait inhabitable pour un peuple civilisé. Mais les tours de force, loin de charmer l'imagination, l'affligent. Ce qui lui plaît, c'est ce qui n'a rien coûté ; tout effort la décourage, elle aime à pressentir, l'inattendu la déconcerte, et de toutes les manières d'être affectée, celle qui lui convient le moins c'est l'étonnement. L'Angleterre *m'étonne* à chaque pas, mais je n'y ai encore éprouvé que de la surprise, et ce n'est pas assez pour qu'un pays nous attache.

[...] Nous avons traversé, par une pluie battante, des campagnes parfaitement soignées, et toutes parsemées de maisons arrangées avec cet ordre et cette élégance qui paraissent *la nature* en Angleterre. Aussi a-t-on bientôt épuisé la surprise que produit, au premier coup d'œil, un monde si bien ordonné ; ce pays doit son caractère et son plus grand agrément au goût et à l'industrie de ses habitants ; la nature l'avait rendu plat, sombre et monotone ; les hommes en ont fait un jardin élégant, et la première impression que son aspect a produite sur moi est cette espèce de satisfaction froide que font toujours éprouver les efforts de l'art.

[...] La route de Chester à Shrewsbury n'est qu'une allée tracée dans un joli jardin. Aujourd'hui, ce chemin était couvert de monde : c'était le marché de Shrewsbury, et je ne me lassais pas de voir les fermières anglaises revenir de la ville, dans le costume des belles dames qui se promènent chez nous au bois de Boulogne. Il faut qu'une femme soit élégante, en France, pour monter à cheval ; mais ici il ne faut pour cela qu'être paysanne de Chestershire.

On voit avec un plaisir toujours nouveau des amazones campagnardes monter *à l'anglaise* des chevaux d'un grand prix, qu'elles font trotter légèrement sur des routes magnifiques : c'est ainsi qu'elles reviennent à la ferme, tenant d'une main leur cravache, et de l'autre leur panier, comme les bergères de l'Opéra portent leur houlette.

Ce mot de ferme veut dire autre chose en Angleterre qu'en France. Un fermier de ce pays est un *monsieur* qui bien souvent a des domestiques en livrée, et dont les filles font galoper des chevaux de race sur les routes égayées par la rapidité de leur course. En général, les femmes de ce pays montent à cheval avec hardiesse et sûreté ; et malgré toute cette élégance, l'Angleterre se dit ruinée ! [...]

On traite ici les arbres avec autant de respect que des chefs-d'œuvre de l'art ; j'ai vu, entre autres, un chêne de quatre cents ans. [...]

L'Angleterre n'est qu'un jardin bien arrangé, où il semble que la même allée vous conduise vers la même maison, à travers le même gazon ombragé par les mêmes arbres, et où votre promenade peut se prolonger ainsi pendant deux ou trois cents lieues ; mais en Écosse le *jardin* finit et la campagne commence. [...]

Me voici parvenu à peu près au centre de l'Angleterre, et je n'y ai encore vu qu'une immense prairie coupée de distance en distance par des vallons qui forment quelques ondulations plus ou moins profondes dans cette mer de verdure. [...]

Les lacs du Cumberland sont comme un jardin, où l'on aurait cherché à représenter la Suisse. (Custine, *Courses en Angleterre et en Écosse*, 1830.)

Michelet

Idylle anglaise

Rentrez dans la nature, c'est toujours la riante idylle anglaise, quand le soleil veut bien être de la partie, chose malheureusement trop rare. Nous allons mettre un long jour à franchir la distance qui sépare Manchester de Londres. Aucune autre distraction, que cette vue d'une campagne très riche en arbres, en pâturages. Entre Derby, la patrie de Richardson, et Northampton, qui fabrique des souliers pour le monde entier, dans ce riche centre de l'Angleterre, les prairies deviennent des parcs magnifiques toujours peuplés de nombreux troupeaux. Mais voici le brouillard... Il tombe si bas, qu'il supprime toute perspective. En même temps, le coloris de la végétation s'efface, et la plus verte verdure n'est plus qu'une terne grisaille. (Michelet, *Sur les chemins de l'Europe [1834]*, 1894.)

Enault

Une bucolique

L'aspect de la campagne est celui d'un beau parc — un parc anglais, bien entendu —, admirablement cultivé, avec des fabriques arrangées pour le plaisir des yeux : ici la ferme, là le château, plus près le cottage, et plus loin l'église ; de grands bouquets d'arbres sont jetés çà et là sur le gazon, que broutent des troupeaux de moutons, si gras qu'ils peuvent à peine porter le poids de leur chair et de leurs longues toisons. L'Angleterre est une bucolique en une seule idylle, qui ne finit point.

De nombreux cours d'eau entretiennent la fraîcheur de ce paysage auquel de petits lacs, d'une forme exquise, ajoutent encore je ne sais quelle grâce pleine de charme et de mélancolie. (Enault, *Angleterre, Écosse, Irlande*, 1859.)

Mandat-Grancey

Dans les Cotswolds

Il y a une foule de chênes dont la vigoureuse végétation et le feuillage bien vert témoignent de la bonté du sol où pivotent leurs racines. Comme aspect et comme formation géologique, ce pays-ci a beaucoup de rapports avec les confins de la Champagne et de la Bourgogne, où je suis né. Mais les terres y sont infiniment meilleures, et le climat est aussi bien moins rude, car ici nous ne sommes pas loin de la mer. Je croyais qu'il n'y avait qu'en Bourgogne qu'on couvrît les maisons en laves, c'est-à-dire avec des pierres de nature calcaire, très plates, qu'on trouve dans des carrières spéciales et qu'on emploie en guise de tuiles ou d'ardoises. J'ai constaté qu'il y a aussi des laves dans ce pays-ci. Je vois un certain nombre de vieilles maisons qui en sont couvertes. On les emploie aussi à la construction de murs à sec qui servent de clôture à beaucoup de champs. Ces murs ont quatre ou cinq pieds de haut. Et on m'a expliqué qu'ils constituent un attrait spécial des chasses au renard dans ce pays, parce que les Anglais trouvent extraordinairement amusant d'avoir à franchir vingt ou vingt-cinq obstacles de ce genre, dans une chasse. Chacun son goût ! Si je suis jamais invité à en suivre une, je suis bien décidé à ne pas quitter les routes. (Mandat-Grancey, *Chez John Bull*, 1895.)

Verlaine

Tableau agreste

L'échelonnement des haies
Moutonne à l'infini, mer
Claire dans le brouillard clair
Qui sent bon les jeunes baies.

Des arbres et des moulins
Sont légers sur le vert tendre
Où vient s'ébattre et s'étendre
L'agilité des poulains.

Dans ce vague d'un dimanche
Voici se jouer aussi
De grandes brebis aussi
Douces que leur laine blanche.

Tout à l'heure déferlait
L'onde, roulée en volutes,
De cloches comme des flûtes
Dans le ciel comme du lait.

(Verlaine, *Sagesse*, XIII, 1880.)

Simond

Détails révélateurs

Les villages à travers lesquels nous avons passé ne sont en général ni beaux ni pittoresques. Les habitations ont l'air de la pauvreté, et tout est vieux et usé ; mais les fenêtres sont propres, en bon état, et on voit rarement un vieux chapeau, ou un paquet de guenilles rebouchant le trou d'une vitre cassée, objets très communs dans le Nouveau-Monde, où l'on bâtit, mais où l'on ne répare point. A travers une porte ou une fenêtre entrouvertes, nous voyons en passant que les planchers sont pavés de petites pierres rondes ; quelques sièges en forme de banc, une table ou deux, un rouet à filer, et le long des murs, ou suspendus dans le milieu de la chambre, quelques ais en tablettes chargés de pain, de fromage, et d'ustensiles divers, et des rameaux verts, fichés partout, à cause des fêtes de Noël, le tout fort bien arrangé et fort propre. Les habitants ont l'air de la santé, et sont bien vêtus ; mais ils ne sont pas de forte taille ; les femmes ont l'air plus robuste, en proportion, que les hommes. Nous rencontrons très peu de mendiants, et ce sont des vieillards infirmes. Les fermes sont entourées des divers bâtiments et constructions que l'agriculture requiert, et d'un grand nombre de meules de foin et de blé, de dimensions prodigieuses, ressemblant à d'immenses colombiers ronds et couverts d'un toit de chaume pointu ; ce toit est recouvert d'une espèce de réseau, ou filet fait de paille, ou de ficelle à très grandes mailles, qui empêche que le vent ne le dérange ; la circonférence ou mur du colombier, forme une surface parfaitement unie et régulière ; l'industrie, la méthode et le bon ordre sont visibles partout. La plus grande partie du pays est en prairies, et en champs de raves énormes : il y en a d'aussi grosses que la tête d'un homme. Le bétail n'est pas fort différent du nôtre ; mais on rencontre plus de chevaux *pittoresques* qu'en Amérique, avec de grosses jambes, à longs poils, et des têtes pesantes. (Simond, *Voyage d'un Français en Angleterre*, 1816.)

Pillet

Une humidité générale et continuelle

Il suffit de parcourir un coin de l'Angleterre pour convenir qu'il serait difficile de trouver partout ailleurs une végétation plus brillante dans le mois de mai : nulle part la verdure ne se conserve aussi belle, pendant aussi longtemps. Rien n'est comparable à la beauté d'un boulingrin ; l'herbe rase, égale, d'un vert foncé, offre à l'œil, pendant neuf mois de suite, le spectacle d'un tapis parfaitement uni ; nos prairies émaillées de fleurs sont, à l'égard de ces boulingrins, ce qu'un beau tapis de Turquie est à une serge verte. Mais si cette verdure tant vantée est une grande beauté, quel est le pays qui voudrait l'obtenir au même prix ?

Un ciel constamment triste et brumeux, jamais un beau jour dans la belle saison ; rarement, il est vrai, de ces pluies d'orages qui déracinent et entraînent avec elles l'espérance du cultivateur ; rarement, pendant l'hiver, de ces froids piquants qu'on éprouve dans des contrées beaucoup plus méridionales ; mais des frimas qui se renouvellent tous les mois de l'année ; quelquefois les quatre saisons dans les jours d'été ; des brouillards éternels plus ou moins denses ; une humidité générale et continuelle dans l'atmosphère ; enfin, de petites pluies pendant toute l'année : telles sont les causes de la verdure anglaise.

Quelle en est aussi la conséquence ? Jamais une plante n'arrive à sa maturité. Excepté les légumes de l'espèce des racines, la pomme de terre, la carotte, le navet, le radis ; les autres légumes se mangent en vert ; ils pourriraient sur pied, plutôt que de se conserver jusqu'à l'état que nous appelons légumes secs. Le haricot se mange vert et en gousse, et rarement ce légume arrive à l'état de maturité qui permet de le manger en graine. Le pois vert se mange aux trois quarts mûr. (Pillet, *L'Angleterre vue à Londres et dans ses provinces*, 1815.)

Taine
Les beautés d'un pays humide

Il y a pourtant ici des beautés charmantes et touchantes, celles du pays humide. Lorsque, par un jour demi-serein, on sort dans la campagne et qu'on arrive sur une hauteur, les yeux éprouvent une sensation unique et un plaisir qu'ils ne connaissaient pas. A perte de vue, aux quatre coins de l'horizon, dans les prairies, sur les collines, s'étend la verdure éternelle, plantes fourragères et potagères, luzerne, houblon, admirables prairies toutes regorgeantes d'herbes hautes et serrées ; çà et là un bouquet de grands arbres ; des pâturages enclos de haies, où ruminent à genoux, paisiblement, des vaches alourdies. La brume monte insensiblement entre les intervalles des arbres, et les lointains nagent dans une vapeur lumineuse. Il n'y a rien de plus doux au monde, ni de plus délicat que ces teintes ; on s'arrêterait pendant des heures entières à regarder ces nuages de satin, ce fin duvet aérien, cette molle gaze transparente qui emprisonne les rayons du soleil, les émousse, et ne les laisse arriver sur la terre que souriants et caressants. Des deux côtés de la voiture passent incessamment des prairies toujours plus belles, où les boutons d'or, les reines des prés, les pâquerettes s'entassent par traînées avec des teintes fondues ; une suavité presque douloureuse, un charme étrange, s'exhalent de cette végétation inépuisable et passagère. Elle est trop fraîche, elle ne peut durer ; rien n'est arrêté, stable et ferme ici, comme dans les pays du Midi ; tout est coulant, en train de naître et de mourir, suspendu entre les pleurs et la joie. Les gouttes d'eau roulantes luisent sur les feuilles comme des perles ; les têtes rondes des arbres, les larges feuillages étalés chuchotent sous la brise faible, et le bruit des larmes laissées par la dernière ondée est incessant sur leur pyramide. Comme ils vivent opulemment dans les clairières, étalés à plaisir, toujours rajeunis et abreuvés par l'air moite ! Comme la sève monte dans ces plantes rafraîchies et abritées contre le ciel ! Et comme le ciel et le pays semblent faits pour ménager leurs tissus et aviver leurs couleurs ! Au moindre soupçon de soleil, elles sourient avec une grâce délicieuse ; on dirait de belles vierges timides et frêles sous un voile qu'on va lever. Que le soleil un instant se dégage, et vous les verrez resplendir comme dans une parure de bal. La lumière s'abat par nappes éblouissantes ; les pétales lustrés, dorés, éclatent avec un coloris trop fort ; les plus magnifiques broderies, le velours constellé de diamants, la soie chatoyante couturée de perles n'approchent pas de cette teinte profonde ; la joie déborde comme d'une coupe trop pleine. A l'étrangeté, à la rareté de ce spectacle, on comprend pour la première fois la vie du pays humide. L'eau multiplie et amollit les tissus vivants ; les plantes foisonnent et n'ont point de suc ; la nourriture surabonde et n'a pas de goût ; l'humidité enfante, mais le soleil n'élabore pas. Beaucoup d'herbe, beaucoup de bétail, beaucoup de viande ; la grande mangeaille et la grosse mangeaille ; ainsi se soutient le tempérament absorbant et flegmatique ; la pousse humaine, comme toute la pousse végétale et animale, est puissante, mais lourde. (Taine, *Histoire de la littérature anglaise*, 1863.)

CURIOSITÉS PROVINCIALES

Walsh

A Shrewsbury

En passant sur le pont, nous fûmes frappés de l'aspect du paysage, des arbres, de vieilles murailles, des fabriques modernes, d'antiques tours crénelées ; tous ces objets commençaient à se confondre dans les ombres naissantes, et se dessinaient en noir sur le fond gris perlé du ciel.

Le cœur de la vieille ville est tout à fait gothique. Les maisons n'ont sur la rue que des pignons étroits et pointus, tout chargés d'ornements sculptés en bois ; des monstres, des dragons ailés servent de gouttières, et des caryatides peintes supportent les fenêtres arquées (*bow-windows*) du premier étage.

La propreté du pays rajeunit toutes ces vieilleries et les entretient. L'extérieur des maisons dit le temps de nos pères ; l'intérieur, par sa confortabilité, nous révèle le nôtre.

Nous couchâmes au Lion, et y fûmes à merveille. Le lendemain nous entendîmes de bonne heure le bourdonnement de la foule sous nos fenêtres. C'était une foire qui se tenait dans les rues : bœufs, vaches, chevaux et cochons y étaient pressés, sans être confondus. Comme en France, nous voyions se conclure les marchés en se frappant dans la main, et comme en France, tous les cabarets nous semblaient remplis. Ce qui nous paraissait nouveau, c'était la mise de tous ces fermiers (demi-messieurs) en habit bleu ou gris, boutonné et croisé sur la poitrine ; une grosse cravate blanche ; culotte de velours, bottes à revers et chapeau de castor.

Dans une de nos petites villes de Bretagne, nous eussions vu des vestes de bure, de larges pantalons bruns rayés, et des chapeaux à formes arrondies et à larges bords. *Nos messieurs campagnards*, nos électeurs à cent écus, auraient eu la tenue *des fermiers* que je viens d'essayer de vous peindre. En Angleterre, les gens de campagne, les *paysans*, n'ont point un costume particulier à eux ; on les dirait habillés avec les restes des villes ; les femmes surtout sont loin d'avoir l'air cossu de nos fermières. Au lieu de ces hauts bonnets de mousseline ou de ces *calines* en frise, qui distinguent les paysannes de nos différentes provinces (et qui ont conservé le type d'une haute antiquité), dans les divers comtés de l'Angleterre, les femmes que nous avons rencontrées à travailler dans les champs, avaient de vieux chapeaux de paille, plus souvent encore des capotes de soie noire, passées et jaunies par le temps, des robes d'indienne et des châles, qui semblaient avoir été achetés aux friperies de Londres. Dans ces champs si riches, une seule chose a l'air misérable, c'est ceux qui les cultivent.

Dans des descriptions que l'on vous fera sur l'Angleterre, on vous dira que les paysannes n'y portent pas de ces lourds et grossiers vêtements de nos femmes de campagne, de ces coiffes antiques, de ces jupons qui ne laissent voir aucune forme, et de ces corsages haut montés. Alors vous vous figurerez que les filles des villages anglais doivent être bien mieux que les nôtres ; vous vous les représenterez avec des chapeaux de paille, semblables aux bergères de Florian ! Détrompez-vous, mon cher ami ; les paysannes que j'ai vues sur notre route, et les jours ouvrables et même les dimanches, me mettaient en mémoire les vivandières qui suivent nos régiments.

J'avais fait la même remarque à Londres, où tout est si riche ; le peuple n'y a pas de mise à lui. [...]

Adieu, en voilà bien long ; mais je vous ai promis de laisser courir ma pensée et ma plume, et j'ai voulu vous redire combien nous avons tous été frappés de cette absence *d'un costume paysan et campagnard*. Dans quelques-unes de nos provinces, vous aurez souvent trouvé ce costume laid ; mais cela vaut mieux encore, et va mieux dans les champs et sur le seuil des chaumières, qu'un habit usé et flétri. (Walsh, *Lettres sur l'Angleterre*, 1830.)

Maurois
Permanence de la vieille Angleterre

Ce fut, pour Andrée et moi, une surprise que de lire dans le guide : « Remarquez à Dunsfold l'hôtel de l'Horloge, qui est une des meilleures maisons géorgiennes de l'Angleterre » et de voir une maison assez ordinaire dont le porche, fait d'un fronton triangulaire, reposait sur deux colonnes blanches, tandis que la façade rouge était relevée en son sommet d'un étroit bandeau de pierre à peine sculptée. Or, huit jours plus tard, nous étions tous deux fous de cette architecture si simple et trouvions plaisir à attirer chacun l'attention de l'autre sur la justesse des proportions ou sur la grâce parfaite de telle fenêtre à guillotine, sur l'éventail qui surmontait une porte ou sur la couleur de telle brique rouge à demi vitrifiée qui évoquait l'éclat opaque et lumineux des plus beaux bijoux égyptiens.

Autour d'Ashby Hall était un vaste gazon tondu, dont le tapis bien tiré semblait coulé contre les murs mêmes de la maison et qu'ornaient quatre ifs centenaires, taillés en forme de boules géantes dont l'intérieur eût formé comme une sombre chambre de repos, si l'œil n'y avait découvert les monstrueux lacis des tiges épaisses et tordues, sordide armature de cette luxueuse, presqu'immatérielle et verte surface du bosquet. Au-delà d'une barrière blanche s'étendaient des prairies au milieu desquelles coulait un ruisseau et qui, étant aussi sauvages et libres que la pelouse semblait artificielle, formaient avec celle-ci un contraste plaisant. Ce terrain était sans doute un vaste marécage, car les herbes qui le couvraient avaient cet air chevelu, onduleux et déjà presque liquide des végétations aquatiques, mer de joncs et de longues tiges gladiolées qui venait battre, dès que le vent agitait sa molle surface, la digue unie et forte de la pelouse. A quelques milles d'Ashby Hall étaient les hautes collines de Hindhead, couvertes de jaunes ajoncs et de bruyères dont j'aimais les couleurs éteintes, le rose mauve craquant et le vert terne, cet air à la fois de bois mort et de parterre fleuri, qui donne à ces landes (comme à celles d'Écosse) un charme équivoque et fin. Plus loin la route traversait une petite ville ancienne et fleurie ; une horloge noire aux chiffres dorés s'avançait en porte-à-faux au-dessus de la Grand'Rue ; l'hôtel blanc aux poutres noires portait encore le même nom qu'au temps où la diligence de Portsmouth arrivait au grand trot sous son porche, le postillon claquant du fouet. Les petites maisons de pierre grise, aux fenêtres jumelles et gonflées, avaient conservé leurs petits carreaux cernés de lamelles de plomb. Andrée s'étonnait de voir qu'aux façades anciennes se mêlaient sans ridicule ces devantures en série qui semblent, en Angleterre, les leitmotives de la vie urbaine, le fronton rouge, effacé et pourtant éclatant de Woolworth, la vitrine arrondie, multiple et si peu pharmaceutique de Boots et le bandeau de faïence vernissée de MM. W.-H. Smith, libraires, mais j'essayai de lui montrer que le génie propre de l'Angleterre est d'incorporer une vie toute moderne dans un décor très ancien, et qu'une petite ville comme Guildford est très exactement l'image d'une âme de jeune Anglais, telle que la construisent Oxford et Cambridge, car dans cette âme comme dans les charmantes maisons de cette Grand'Rue escarpée, on trouverait une charpente du XVe ou du XVIe siècle occupée par un Woolworth ou un Boots intellectuel, qui serait Freud ou Einstein Limited, caractère qui fait la High Street anglaise très différente de la

Main Street américaine parce que, dans cette dernière, les succursales commerciales ou intellectuelles n'ont pas trouvé pour s'y encadrer un cadre préexistant et pittoresque, et forment à elles seules le décor moderne, rigide et monotone. (Maurois, *Du côté de Chelsea*, 1925; © Héritiers André Maurois, Paris.)

Gourbillon et Dickinson
En quête de sites romantiques

Les Anglais ont encore une autre ressource pour tuer le temps durant la plus belle saison de l'année. Depuis quelque temps, la manie des sites romantiques semble avoir tourné toutes les têtes; et un voyage d'été est devenu ici une chose aussi indispensablement nécessaire que l'était jadis, au printemps, un traitement quelconque, pour une maladie imaginaire ou réelle. Tandis qu'une foule de voyageurs, de tout sexe et de tout âge, se précipitent vers les ports de mer, une autre dirige ses pas vers les montagnes du pays de Galles, ou les lacs des provinces septentrionales, ou même, enfin, vers l'Écosse; les uns, pour s'occuper de minéralogie; les autres pour herboriser; d'autres, enfin, pour dessiner les plus beaux aspects du pays.

Cette manie des sites romantiques est devenue, pour ainsi dire, un nouveau sens chez les Anglais; car, ni la manie, ni le sens, ne semblent avoir été connus de leurs pères : ce qui n'empêche pas, toutefois, que l'étranger ne soit forcé, en quelque sorte, de se conformer à l'une, et de paraître partager l'autre. Me voilà donc forcé moi-même de parcourir un peu le pays; et, s'il faut en convenir, je commence à éprouver cette démangeaison nationale, qui se réduit, peut-être, au désir d'être où l'on n'est pas. Ce désir n'est pas cependant le seul motif de ma détermination à cet égard : les éloges que j'entends faire, sans cesse, de la beauté de ces mêmes sites; les descriptions piquantes que j'en trouve dans tous les livres, et surtout les superbes gravures coloriées qui me les représentent dans toutes les maisons, et dans toutes les boutiques, me décident à imiter l'exemple, et à parcourir le pays.

Je me dispose donc à partir pour les lacs; notre ami Jennings doit être du voyage. Nous nous proposons de passer, en allant, par Oxford, Birmingham et Liverpool; et de revenir par la route d'Yorck [York] et Cambridge; nous prendrons d'abord la voie des diligences pour parcourir les provinces les moins intéressantes; et une fois rendus dans le pays des lacs, nous voyagerons à pied, avec le havresac sur le dos. Je vois d'ici votre étonnement, à l'égard de cette manière de voyager; mais c'est la seule convenable, dans un pays de montagnes, pour celui qui veut observer et voir. (Gourbillon et Dickinson, *L'Angleterre et les Anglais*, 1817.)

Hennequin
Uniformité ?

L'aspect de villes anglaises n'est pas varié ; Portsmouth, si on le sépare de cette mer qui fait sa richesse et sa beauté, présente de grandes analogies avec York, avec Preston, avec Newcastle, avec Carlisle, avec tout ce qu'il existe, dans la Grande-Bretagne, de *places*, de *towns* ou de *cities*. La France a presque autant d'aspects, et d'aspects entièrement différents que de provinces ; Rouen et Lyon sont deux villes commerçantes, mais qui confondra jamais cette Normandie brumeuse avec les horizons enflammés du Midi, la Seine avec le Rhône, les dômes et les façades de Soufflot avec les portails gothiques ? Grenoble, cette savoyarde au milieu de ses montagnes, a-t-elle la physionomie de Strasbourg, la ville badoise ? En Angleterre, chaque lieu a bien sa destination, son caractère distinctif. Portsmouth est un port militaire, Manchester une ville de manufactures, Liverpool un port marchand ; mais cette spécialité est un accessoire qui vient s'ajouter à un fond toujours uniforme de rues bien alignées, de petits jardins carrés et de maisons d'un rouge noir. En France, on sent que l'unité n'est pas dans la nature, et ces grandes routes droites, inflexibles, qui rayonnent de Paris, pour couper avec une rectitude impitoyable et officielle les vignobles de la Champagne, les âpres rochers du Dauphiné, ou les falaises crayeuses de la Normandie, nous présentent bien l'image d'une volonté ferme, dont les efforts soutenus ont triomphé de la diversité du sol et de la répugnance des mœurs. En Angleterre, je ne parle ni de l'Écosse, ni de l'Irlande, les différences de provinces ne paraissent pas aussi tranchées ; partout la campagne est la même, le costume est le même, la manière de vivre est la même, et rien n'empêche de se croire dans le *High Street* ou dans le *Broad Street* de Birmingham, lorsqu'on se promène dans le High Street ou dans le Broad Street de Portsmouth. (Hennequin, *Voyage philosophique en Angleterre et en Écosse*, 1836.)

Bardoux
Wells

Les murailles l'enserrent de leurs créneaux. Les trois portes, l'Œil du Doyen, l'Œil de l'Évêque, le porche des Chaînes, s'ouvrent toujours sur la vaste prairie, au milieu de laquelle se dresse la cathédrale. Elle constitue le centre du bourg religieux. Masqué par les cloîtres, que rebâtit partiellement Beckington, s'élève, isolé, entouré de ses fossés et de ses murs, le palais épiscopal de Jocelin Troteman. De l'autre côté de l'église, au nord et à l'est, s'étendent les habitations des archidiacres, des chanoines, du maître de chapelle. Elles portent toutes, aujourd'hui encore, l'empreinte des XIVe et XVe siècles.

Ce cadre est bien anglais. Tandis que la plupart de nos cathédrales, Amiens, Chartres, Reims, s'agenouillent au milieu de la ville, non loin des marchés et des magasins, encerclées par des maisons, qui frileusement se serrent au pied des grandes tours, Exeter, Salisbury, Canterbury, Chester se dressent à l'écart, au centre d'une cité ecclésiastique, entourées de tombes et de prairies, dans un isolement voulu. Bâties rapidement, souvent en moins d'un quart de siècle, elles ne sont point une œuvre anonyme, collective. Un nom leur reste attaché. Elles portent la marque d'une ou deux personnalités. Cet individualisme, autant que cette solitude leur donnent je ne sais quoi d'artificiel, d'étranger, d'aristocratique.

La cathédrale de Wells, conçue par deux hommes, Fitz-Jocelin et Jocelin Troteman, bâtie loin de la ville bourgeoise, close de murs, entourée de palais et de tombes, évoque la même impression d'isolement hautain. Rien qu'à regarder, on devine que ces édifices ont été bâtis pour un peuple farouche et inculte, grâce à de précieuses richesses, par une minorité de prêtres et de moines, formés à l'école des artistes européens. L'histoire confirme cette intuition.

Mais Wells a une originalité particulière. Les bâtiments, qui encadrent de loin, à distance, avec respect, par-delà des arbres séculaires, la cathédrale de Salisbury, sont sans unité : ils rappellent tous les types de l'architecture domestique. A Exeter, à Canterbury, à Chester, le temps a fait son œuvre. Il ne reste plus que des ruines ravagées ou bien des maisons banales. Il n'en est pas de même à Wells. La ville ecclésiastique est à peu près intacte. Non seulement les hommes et les années l'ont respectée, mais elle a été bâtie tout entière en un siècle et demi et dans le même style. Wells, c'est la cité du gothique. Sur les murs de ses édifices, de sa cathédrale, on retrouve tous les exemples nécessaires pour caractériser les trois périodes du gothique anglais. Mais on ne trouve que ceux-là. (Bardoux, *Croquis d'outre-Manche*, 1913.)

Nodier

Cantorbéry

Tous les environs de l'église conservent des parties de l'ancienne abbaye et de ses nombreux bâtiments. Ce sont de grandes archivoltes, des groupes de fûts élancés, des frises, des ornements qui restent enclavés dans des murailles plus ou moins modernes. On remarque parmi ces beaux restes une tour admirable de style roman, autour de laquelle courent deux tores énormes du travail le plus riche, et non loin de là un petit escalier dont l'effet est enchanteur. Les environs du temple sont couverts de superbes tapis de verdure, et ombragés de tilleuls magnifiques dont les cimes imposantes complètent l'harmonie de ce grand tableau. L'imagination aime à placer les secrets du sanctuaire à l'abri des forêts, et c'est pour cela qu'elles étaient sacrées chez les Anciens. La vue des églises ne porte jamais à l'esprit un sentiment plus profond de recueillement que lorsqu'elles sont entourées d'arbres, et si l'architecture gothique a un caractère plus éminemment religieux, comme on ne saurait en douter, que l'architecture classique, c'est peut-être parce que l'élévation de ses flèches, l'angle aigu de ses ogives qui représente le point d'union de deux branches croisées, le volume et la forme de ses colonnes pressées comme des tiges voisines qui se confondent dans la perspective, la ténébreuse fraîcheur de ses voûtes et le murmure doux de ses échos, rappellent la grandeur et la solitude des bois. Au reste, le tact le plus fin a présidé presque partout à ce genre d'embellissement. On remarque en général que le décorateur inspiré des environs des temples a contrasté d'une manière infiniment ingénieuse les plantations avec les édifices. Les pyramides légères de l'architecture gothique et ses profils anguleux sont presque toujours opposés aux masses cintrées des arbres à larges rameaux qui se couronnent d'une espèce de dôme de feuillage, comme le châtaignier et le tilleul ; les minarets pointus de l'Asie ont l'air d'être portés sur les bras horizontaux des cèdres ou de jaillir du front rayonnant des palmiers. Les coupoles de l'architecture grecque et le temple circulaire qu'elles couvrent s'arrondissent au contraire dans des bosquets de pins et de peupliers qui se perdent dans la nue. Les hommes simples qui ont créé ces harmonies ne s'en sont probablement pas rendu compte ; mais elles sont très naturelles, très bien entendues, et je ne conseillerais pas à l'art de s'en éloigner.

Je ne ferai mention d'un fragment colossal des ruines du monastère de Saint-Augustin, monument d'un bel âge et d'un bon style dont les derniers vestiges paraissent près de périr, que pour regretter qu'on ne s'occupe pas plus de leur conservation qu'on ne le ferait en France. (Nodier, *Promenade de Dieppe aux montagnes d'Écosse*, 1821.)

Ruines

Simond

Nous avons repris notre voiture à Southampton, et nous nous sommes remis hier matin en route pour Portsmouth, nous détournant seulement de quatre milles pour visiter l'abbaye de Netley, vaste et vénérable, enveloppée d'un bocage de frênes hauts et touffus, qui occupe tout l'intérieur des ruines, comme le dehors. En entrant dans le cloître, nous fûmes surpris de la fraîcheur malgré la chaleur extraordinaire du jour ; de là, à travers quelques arcades, on pénètre dans la chapelle ; les deux grandes fenêtres gothiques, à l'est et à l'ouest, encore entières, sont couvertes de lierre ; l'une des ailes est renversée, l'autre debout ; dans le centre, on voit un monceau de ruines sur lequel croissent des arbres qui ont évidemment plus d'un siècle. Ces ruines sont peut-être ce que nous avons vu de plus beau dans ce genre en Angleterre. Le dessin qui se trouve ici donne quelque idée des détails. Pendant que nous étions occupés à admirer et à dessiner, un convoi de provisions est arrivé avec un train de domestiques, et bientôt après deux élégantes voitures. La compagnie et leurs gens se sont répandus de tous côtés parmi nos ruines, sans respect pour la solitude et le silence, et les échos ont retenti d'exclamations vulgaires et bruyantes. Les jeunes personnes ont été sentimentales et pittoresques ; les hommes ont eu le mot pour rire, ont parlé du dîner qui se préparait, et les mères ont déploré tout haut la témérité de leurs bambins grimpant parmi les pierres. (Simond, *Voyage d'un Français en Angleterre*, 1816.)

Walsh

Tout en visitant ces écuries, je pensais à Kenilworth, et je trouvais que nous restions bien longtemps à Stoneleigh-Abbey, dont le parc nous a paru peu remarquable. Je ne sais, si avant l'admirable roman de Walter Scott (*Le Château de Kenilworth*), les ruines qui portent ce nom, avaient la réputation qu'elles ont aujourd'hui ; mais lorsque nous y arrivâmes, nous y trouvâmes plusieurs autres visiteurs. Si j'en crois l'effet qu'elles ont produit sur moi, je penserais qu'elles ont toujours dû être citées et admirées par ceux qui aiment l'*historique* et le *pittoresque*. L'âme est aussi occupée que les yeux quand on entre dans cette vaste enceinte ; à travers les pans tombés des hautes murailles, on voit la campagne : elle a l'air désolé comme les ruines. Jamais je n'avais vu un tel luxe de lierre ; à Kenilworth cette plante devient arbre. Sous sa verdure des parties entières du bâtiment ont tellement disparu, qu'on n'y voit plus une pierre ; on dirait alors des arbres taillés roides et immobiles. Au cœur de ces énormes touffes de verdure vous trouvez ou une salle de banquet, ou une prison, ou une chapelle, et la lumière ne pénètre plus dans ces intérieurs, qu'à travers les feuilles luisantes du lierre, dont les rameaux se sont tendus devant les fenêtres à ogives, comme un sombre rideau. Les douves qui ceignaient de toutes parts cette imposante et forte demeure, sont à moitié comblées par le temps. Des arbres poussent avec vigueur dans cette terre, que l'on ne retourne pas sans rencontrer des ossements blanchis. (Walsh, *Lettres sur l'Angleterre*, 1830.)

Ferri de Saint-Constant

Les plus vastes abbayes furent les premières exposées à la fureur des fanatiques ; ils ne se contentèrent pas de renverser les autels, ils commencèrent à démolir les églises et les couvents qu'on aurait pu réserver à des usages publics. La solidité de ces édifices opposa une grande résistance au vandalisme, mais les ravages du temps ont continué son ouvrage. Nombre de ces abbayes en ruines attirent la curiosité des voyageurs ;

elles l'intéressent non seulement comme monuments historiques, mais comme ouvrages d'architecture et comme objets pittoresques. Les plus célèbres de ces édifices ruinés sont les abbayes de Tintern, de Netley, de Fountains, de Glastonbury, de Kirkstall, de Lenercost, etc. On a donné un grand nombre de descriptions de ces ruines imposantes par leur masse et leur magnificence gothique. On voit encore dans la plupart, parmi les herbes et les débris, les tombeaux de plusieurs grandes familles existantes, et ceux de quelques hommes célèbres.

Les progrès de l'architecture *domestique* n'ont pas été proportionnés à ceux de l'architecture *religieuse*. Pendant que le système féodal subsista dans toute sa force, les demeures des barons étaient des châteaux construits pour la défense plutôt que pour la commodité. Ils n'offraient rien de régulier, rien de remarquable comme ouvrages d'architecture militaire. Lorsque les seigneurs féodaux cessèrent d'être indépendants et de se faire la guerre entre eux, ils continuèrent à donner à leurs châteaux la forme militaire, parce qu'elle annonçait la puissance et la dignité. Ces châteaux servirent cependant de places fortes pendant les guerres civiles, et la plupart furent détruits ou abandonnés. Dans toutes les parties de la Grande-Bretagne, on voit les débris de ces édifices, dont la grandeur étonne, et que leur situation rend encore plus pittoresques. Tous ces châteaux gothiques n'étaient pas assez ruinés pour qu'on ne pût les réparer et les rendre habitables. Plusieurs ont été restaurés avec beaucoup d'art, et montrent toute la grandeur de l'architecture gothique. Les plus célèbres sont ceux d'Arundel, de Warwick et d'Alnwick. Ce dernier, que le duc de Northumberland a fait rebâtir en partie sur l'ancien plan, fut jadis la demeure du fameux guerrier le comte de Percy, dont la mort a fait le sujet des meilleures anciennes ballades, de la langue anglaise. On cite encore parmi les châteaux qui joignent à une apparence militaire, la magnificence et les commodités d'une maison privée, Thornbury, dans le comté de Gloucester, bâti par le duc de Buckingham, sous Henri VII; Mount Surrey près de Norwich, que Henri Howard, comte de Surrey, fit construire à son retour de la cour de Médicis. Il en traça lui-même le plan, et l'on y distingue quelqu'imitation du style italien; Hampton Court, que le cardinal Wolsey fit élever sur ses propres dessins; le château de Nonsuch, commencé par Henri VIII, et que Fitzalan, comte d'Arundel, fit achever avec magnificence; Penshurst, qui appartient aux Sidneys, etc. Tous ces châteaux et plusieurs autres ont été réparés ou rebâtis en partie. Les architectes anglais de nos jours entendent mieux le style gothique que leurs prédécesseurs, sans excepter les célèbres Jones et Wren. L'ouvrage d'Horace Walpole sur les beaux-arts a beaucoup contribué à fixer des règles pour juger du bon gothique, et les mémoires des sociétés des antiquaires ont aussi donné des lumières sur ce sujet, en offrant la description des plus beaux monuments de ce genre d'architecture. Bentham et Essex de Cambridge sont les premiers qui aient montré de la précision et du goût dans les restaurations gothiques. M. Wyatt n'a rien laissé à désirer dans celles des cathédrales de Salisbury, de Lichfield et d'Hereford.

Les Anglais ne se sont pas bornés à restaurer et rebâtir les anciens édifices gothiques, ils en ont construit de nouveaux, qu'on croirait du Xe ou du XIIe siècle. On dit, pour justifier ce goût bizarre, que ces édifices rappellent les idées de chevalerie qui tiennent à la bravoure, à la galanterie et à la loyauté. Mais ils renouvellent aussi le souvenir de l'orgueil et de la tyrannie des seigneurs féodaux, de l'oppression et des malheurs des peuples. Ces châteaux figurent bien au milieu des bois et aux pieds des montagnes, mais ils attristent, pour ainsi dire, les plaines fertiles et les collines riantes. Le plus vaste de ces édifices gothiques modernes est le château d'Inverary, en Écosse, qui n'offre aucune des beautés de ce genre d'architecture. Le célèbre Horace Walpole s'est proposé de les réunir toutes dans sa maison de Strawberry Hill, qu'il a fait construire sur ses propres dessins, et l'on peut dire qu'il a réussi. L'originalité, l'harmonie des diverses parties, leur étonnante variété, en font un tout digne de fixer l'attention de l'amateur des beaux-arts. (Ferri de Saint-Constant, *Londres et les Anglais*, 1804.)

L'ANGLETERRE EN ZIGZAG DU SUD AU NORD

Bardoux
Pêcheurs de Cornouailles

L'industrie de l'étain, à laquelle la Cornouailles a dû sa période la plus prospère, est en pleine décadence. Les hauts fourneaux jalonnent de leurs ruines les plateaux, dont ils brûlèrent les forêts. Et les mineurs vont chercher fortune aux antipodes. L'agriculture est condamnée à végéter. Les labours sont rares, les pâturages pauvres, les fermes sales. La terre est monopolisée par une poignée de landlords, d'ailleurs généreux. Et leurs tenanciers n'aspirent pas à devenir propriétaires. Tandis que la proportion de la superficie, exploitée par des agriculteurs-propriétaires, est de 10,9 % dans le Devonshire, de 24,4 dans le Hampshire, de 33 dans le Surrey, elle n'est que de 9,7 en Cornouailles. La concentration de la terre, la crise de l'industrie expliquent à n'en pas douter la fidélité de cette province pauvre et rude à l'idéal démocratique.

Jusqu'à ces dernières années, les 4 000 pêcheurs que compte cette Bretagne d'outre-Manche, étaient mieux partagés que les 23 000 agriculteurs et les 13 000 mineurs. L'océan était plus généreux que la terre. Il fournissait sans compter, et depuis des siècles, les sardines et les maquereaux. Pour exploiter ces richesses se formèrent de petites agglomérations, unies par les liens d'associations nettement égalitaires, et qui, depuis les temps lointains de l'Armada, ont conservé intact leur cadre fruste et archaïque.

Il est impossible d'en rêver de plus simple dans les lignes, de moins coloré dans les tonalités. Tout, ici, les paysages, les hommes, les choses, les idées, paraît avoir été taillé dans un granit gris, à grands coups de ciseaux, par je ne sais quel artiste inachevé...

Je revois par la pensée ces petits ports de Newlyn, de Mousehole et de Saint-Ives, tous les trois étagés en demi-cercle autour d'une rade étroite, artificielle et inhospitalière, tous les trois marqués de la même empreinte et inséparables de la même histoire.

Le pittoresque de Newlyn a été gâté par le progrès. Pour abriter les flottilles croissantes de chalutiers à vapeur, qui, hiver comme été, tournent autour des îles Britanniques, suivies de leurs cortèges de mouettes, il fallut doubler le port et bâtir un môle. Pour réparer les dégâts que causa une tempête, la municipalité dut démolir le vieux barrage formé de pieux grossiers et de rocs bruts, raser quelques cottages anciens, couper d'une digue la berge en pente rapide. Mais dès qu'on a franchi le marché au poisson trop modernisé, escaladé les premiers contreforts, on retrouve le Newlyn d'autrefois. Un chemin étroit et sinueux grimpe à mi-côte. Une barre de fer grossière, maintenue par des pieux informes, sert de parapet. La route est bordée de vieilles bicoques, aux murs cabossés, aux étroites fenêtres à guillotine. Quelques-unes de ces maisons, qui n'ont qu'un et rarement deux étages, ont conservé le toit triangulaire. Les intérieurs sont propres, les murs peints à neuf. Aux fenêtres brillent quelques fleurs. Mais rien, ni dans les lignes, ni dans la couleur, pas une poutre sculptée, pas un rinceau esquissé ne vient retenir le regard. Les chaumières sont sans art et les femmes sans grâce. Coiffées d'extraordinaires casquettes, empruntées à la défroque de leurs maris, uniformément habillées d'un tablier blanc et parfois d'un châle gris, elles regardent les hommes qui, là-bas, au pied de la colline, s'embarquent pour la haute mer.

Tandis que les petits bateaux pour la pêche à la sardine sommeillent, soigneusement alignés dans la vase, dominés par les carcasses géantes de trois-mâts condamnés à être démolis pièce par pièce, les goélettes, leurs voiles brunes déployées, passent lentement devant les chalutiers rouges, qui soufflent et qui fument.

[...] Ce décor ne me rappelle que de bien loin les petites Bretonnes, en jupes noires et en coiffes blanches, assises au pied du vieux calvaire, pour suivre des yeux les barques qui gagnent le large.

Mousehole, comme son nom l'indique, n'est qu'une simple anfractuosité, taillée dans un banc de sable et dans une falaise de rochers. Autour de ce trou à rats, les hommes bâtirent, il y a quelque quatre cents ans, un quai élevé et circulaire, une digue grossière, qui laisse ouvert un étroit goulet. Rien n'est changé, ou presque. Sur le môle est planté le pot à feu, destiné à guider les barques. Plusieurs maisons ont vu le bombardement de 1595. La vieille auberge de Keigwin Arms dresse encore, sur des piliers de bois massif, l'auvent disgracieux, au fronton triangulaire, qu'écorna un boulet espagnol.

L'Armada brûla Mousehole et pilla Newlyn. Son souvenir survit, presque aussi précis que celui des corsaires de Napoléon Ier, qui rançonnaient les pêcheurs et enlevaient les caboteurs. Ces deux grandes « terreurs » ont laissé une empreinte ineffaçable sur ces âmes, à qui cependant la mer n'a jamais fait peur.

Une autre période de l'histoire locale revit dans le cadre de Saint-Ives, un petit bourg de la côte septentrionale.

De tout temps, cette anse, abritée contre les tempêtes de l'ouest et du sud, fut habitée par les Celtes. Sur le promontoire, on devine encore les traces de fortifications primitives. Saint-Yvo, un évêque persan, vint, affirme la légende, d'Irlande pour prêcher l'Évangile aux habitants de la Cornouailles. Il construisit, ici, la première église chrétienne. Sur ses ruines fut édifiée une vaste chapelle qui, démolie, reconstruite et remaniée, ne conserve que de vagues souvenirs de sa splendeur : des fonts baptismaux archaïques, des stalles grossièrement sculptées. Tandis que les autres bourgs restaient fidèles à Charles Ier, Saint-Ives arbora le drapeau républicain. Cromwell chargea un farouche puritain, l'amiral Peter Ceely, de le représenter dans la région. Il commença par détruire toutes les sculptures de l'église de Saint-Ives. L'orgue lui-même ne put échapper à sa fureur. Un puits sacré attirait dans les environs les pèlerins. La légende païenne avait été respectée par le catholicisme. Elle ne trouva point grâce aux yeux du farouche protestant. Le puits et l'église de Madron furent rasés par l'amiral républicain.

J'ignore si ces souvenirs ont exercé une influence sur mon jugement. Mais il m'a semblé que le décor de Saint-Ives était plus austère encore que celui de Newlyn et de Mousehole. Les maisons, protégées contre les rafales du nord-est, qui cinglent les murs, par des revêtements d'ardoises plates et noires, ont accentué leur tonalité sombre et leur physionomie revêche. Autour du petit port, les barrages ont conservé leurs poutres non équarries et leurs blocs de pierres brutes. Je ne sais quelle tristesse, farouche et silencieuse, pèse et opprime.

Mais, Saint-Ives n'en reste pas moins proche parent de Newlyn et de Mousehole. Ces trois petits ports sont baignés de la même lumière, une lumière si étrange, qu'il s'est formé, pour en étudier les effets, toute une école de peintres.

Par un étrange phénomène, même par les beaux jours de printemps, quand aucune nuée épaisse n'obscurcit le ciel, le soleil paraît obscur. La lueur, qui éclaire le paysage, n'est pas projetée du firmament : elle émane des objets eux-mêmes. La lumière est diffuse. Les tonalités rouges, bleues, dorées, violettes sont proscrites. Un gris chatoyant enveloppe toutes choses. Mais ce gris est nuancé avec une telle variété de teintes, que la plume est incapable de les rendre : seule une palette arrive à traduire quelques-uns des effets, toujours changeants, de ces draperies de soie moirée. Et dans cette lumière grise et diffuse tourbillonnent, croassent, sans trêve ni repos, les mouettes blanches.

Au milieu de ces décors, d'un art si simple, vit une population de pêcheurs très spéciale. Les gars de Mousehole, de Newlyn, de Saint-Ives peuvent se distinguer par la couleur bleue, blanche ou brune de leurs sarrauts de toile : l'empreinte, qui les caractérise, n'en est pas moins identique. Sur les quais, on découvre les mêmes types : — le « vieux », petit, carré, aux lèvres rasées et au collier de barbe grise ; — le « Jack Tar », qui, hier encore, appartenait à la marine royale. Il en a conservé le visage imberbe, les agréables rondeurs, le pantalon à pont, évasé sur les pieds. A côté d'un Celte, à la moustache rousse, d'une taille moyenne, se dressent de grands colosses saxons, bien en chair, forts en muscles, immobiles et silencieux.

Ces hommes naviguent sur les mêmes mers, pêchent les mêmes poissons, vivent la même vie. Le marché de Newlyn est plus achalandé que les deux autres. Mais les chargements des barques se vendent partout suivant des rites semblables. Pas de marchandes criardes, « fortes en gueule », « le poing sur la hanche ». Un appariteur sonne la cloche. Des négociants, les uns guêtrés comme des fermiers, les autres drapés dans le cache-poussière des épiciers, se réunissent sur le carreau. Du bout des lèvres, tout bas, ils lancent une enchère. L'huissier répète rapidement le chiffre. Les marins n'ouvrent pas la bouche. Et le poisson est vendu silencieusement, sans une clameur, sans une injure.

Ces communautés de marins constituent des groupements profondément démocratiques et passionnément religieux.

Chacune des barques, qui l'hiver pêchent le maquereau, l'été la sardine, forme une république coopérative. Pas un marin qui n'ait contribué à l'armement. Les uns ont payé la coque, les autres la voiture. Celui-ci apporte les filets. Celui-là, qui tient le gouvernail de manœuvre et le sifflet de commandement, n'apporte que sa connaissance de la mer et sa science de la pêche. Des coutumes traditionnelles divisent les bénéfices en un certain nombre de parts. Elles sont réparties suivant des règles immémoriales. Les propriétaires de la coque, de la voilure, des filets prélèvent un nombre déterminé de *shares*. Le reste va au pilote et aux mousses. Depuis des siècles, ces groupements autonomes vivent et durent, réalisant, inconsciemment, l'idéal d'un Secrétan. Et comme j'exprimais mon admiration à un pêcheur de Mousehole, celui-ci de me répondre, avec un orgueil démocratique, qui n'avait rien d'anglo-saxon : « Oui, monsieur : il n'y a rien à faire ici pour les *gentlemen*. »

Ce brave homme se trompait. Le « capitalisme » est venu bouleverser, chaque jour plus profondément, le fonctionnement de ces coopératives, gréées en goélettes. Les chalutiers à vapeur ont fait leur apparition. Ils appartiennent à deux ou trois compagnies puissantes. Ils sortent par tous les temps. Ils ne craignent ni la grosse mer, ni le calme plat. Ils peuvent aller plus loin au large et atteindre plus bas sous les flots. Les voiles ne sauraient résister à la concurrence de la vapeur. Les jeunes marins préfèrent être payés au mois, à bord d'un chalutier, que de courir après la part d'une pêche hypothétique, partagée suivant les règles d'une équité démocratique. Le nombre des barques diminue peu à peu. Nombre d'entre elles pourrissent, déjà, sur la grève.

Et les vieux hochent la tête avec inquiétude. Ils redoutent une transformation générale. Ils prévoient une crise prochaine. Sur le promontoire de Saint-Ives, accoudé aux ruines de la forteresse, un pêcheur regardait les voiliers rentrer au port.

« La saison s'annonce-t-elle comme bonne ? lui demandai-je.

— Non, monsieur. Le poisson devient rare. C'est tout naturel. Les chalutiers ne le laissent pas se reposer le dimanche » (*sic*).

Ce mot, saisi sur le vif, éclaire la mentalité religieuse de ces puritains ardents. Leur piétisme est intransigeant. Récemment, à Newlyn, une grave émeute éclata. Des chalutiers prétendaient débarquer leur charge de poisson, le jour du Seigneur... Ils durent regagner le large, sous une pluie de pierres. Un peintre, qui s'était permis, à Saint-Ives, de dresser son chevalet un dimanche, faillit être « passé à tabac ». Il perdit dans la bagarre ses toiles et ses couleurs.

Ces exagérations sont peut-être condamnables, mais pour les excuser complètement, il suffit de se promener dans un de ces villages, les jours de fêtes. Les cabarets sont fermés et les rues silencieuses. Les hommes sont de neuf vêtus et les enfants proprement habillés. Pas d'ivrognerie, pas de débauche, pas de grossièretés. J'ai cherché en vain, sur les murs des urinoirs, quelques-unes des inscriptions et des dessins qu'on retrouve au Palais de justice ou à la Sorbonne. Je n'en ai pas découvert une seule. La tenue de ces villages tient du prodige.

Évidemment, la tenue de la Bretagne française laisse davantage à désirer. Les ivrognes sont nombreux et les querelles fréquentes.

Mais les villes possèdent d'incomparables calvaires, des églises ouvragées et des demeures pittoresques. Les légendes sont encore contées, le soir, au coin du feu. Les bardes n'ont point perdu leur don d'improvisation. Les femmes portent des châles, des bijoux et des coiffes. La beauté n'est point proscrite. L'art vit encore.

Serai-je prêt à acheter la vertu de la Cornouailles puritaine et radicale, au prix d'un pareil rétrécissement de la sensibilité et de la pensée ? Il m'est impossible d'étouffer l'hymne ensoleillé, qui chante dans mes veines de Celte latin.

Les falaises du Devon

Dans une haute falaise de terre rouge, recouverte de chênes et de châtaigniers, d'arbres séculaires, un ruisseau braillard a taillé une étroite fissure. Un village a pu s'y nicher. A droite et à gauche d'une étroite et rapide ruelle, dont les ânons peuvent seuls franchir les escaliers en galets, les chaumières se serrent étroitement. La pente est si raide que les toits d'une maisonnette sont au niveau des fondations du cottage qui la suit. La place est si mesurée, que chacune de ces demeures est recroquevillée comme une petite vieille. Les façades rentrent ou ressortent, les toits surplombent ou reculent, les escaliers grimpent extérieurement ou s'enfoncent sous des voûtes, suivant les caprices de la falaise ou du ruisseau.

Au pied de la colline, la ruelle, après un coude brusque, aboutit au port. Une digue, aux blocs disjoints par le temps et usés par les lames, le protège mal contre la houle de l'océan. Les arbres du parc seigneurial descendent jusqu'à la berge. Une chaumière, ceinturée d'une rustique véranda, un hangar, aux murs effrités et aux portes grossièrement goudronnées, encadrent ce port pauvre et farouche. Lorsque le soleil perce, par une journée de printemps, le décor rude et sévère s'anime, se colore. A la verdure opaque de la forêt séculaire, qui se détache sur la terre écarlate, la mer met un ourlet bleu frangé d'argent. La masse sombre du feuillage donne aux cottages, blanchis à la chaux, un vigoureux relief. Abritées contre les vents du Nord et de l'Est, baignées par les pluies de l'Ouest, toutes les fleurs ont choisi pour asile cette fissure, taillée dans la lourde et riche terre du Devon. Fuchsias et chèvrefeuilles recouvrent les murs. Jasmins et camélias ornent les fenêtres. Les rhododendrons accaparent les jardinets. Clovelly est embaumé et coloré comme un coin de la Riviera, lorsque le soleil veut bien réveiller sur cette terre chaste et grise les teintes et les parfums.

Certes, le cadre du village est aussi intact qu'au temps où le père de Charles Kingsley évangélisait ses paroissiens. Sur le quai se dressent encore, pour amarrer les barques, les canons de l'Armada, souvenirs d'une épopée commune et témoignages des héroïsmes locaux. Les chaumières ont gardé leurs silhouettes tourmentées et la ruelle a conservé ses galets marins. Par-delà le port, sur le plateau dominant la mer, Clovelly-Court est toujours debout avec sa couronne de créneaux, à côté de l'église au porche roman. Et sur ses murs, on lit encore les épitaphes élevés à la mémoire de William Cary, Esq., «qui servit son Roi et son pays», et de sir Robert Cary, dont Charles Kingsley tint à rappeler le nom dans *Westward Ho* ! Le décor n'a pas disparu.

Mais il lui manque quelque chose. Une seule goélette était ancrée au port. Elle portait bien la voile brune des chalutiers du Devon. Mais une propreté excessive, des couleurs fraîches montraient que son propriétaire affrontait plus souvent les touristes que les vagues. Il pose les héros de Kingsley. Il s'offre pour faire connaître, dans des conditions de propreté, de sécurité, de confort absolu, les émotions de la pêche et de la mer, le Devon, ses plages, ses mœurs et ses gars. Clovelly ressemble aujourd'hui à cette barque.

Le village donne l'impression d'une vie artificielle. C'est un décor truqué. Les façades sont trop blanches, les jardins trop fleuris, les toits trop corrects. Les chaumes moussus ont disparu. La patine du temps est effacée. Les lecteurs de Kingsley viennent, par cargaisons ou par bandes, verser quelques larmes sur le village d'Amyas. Mais les sentimentalités bourgeoises et puritaines méprisent la saleté et aiment le confort. Il leur faut des rues balayées, des maisons propres, des *tea-rooms* et des *grill-rooms*. Vides de leurs marins, les chaumières de Clovelly n'offrent plus que des appartements meublés, des repas rituels et de faux bibelots : casques et boucliers, bougeoirs et chaudrons. De ce village, décor pour lectrices pieuses et émotives, se dégage je ne sais quoi d'artificiel, de mièvre, de fade.

Heureusement que l'océan vient de temps en temps enlever les annonces, arracher les drapeaux, noircir les murs, chasser les touristes. Il rend alors à ce cadre, déformé par les exigences de la sentimentalité et de la respectabilité britanniques, les caractères solitaires, farouches et rudes qu'il avait au temps où Clovelly était un nid de marins-corsaires et non un asile pour vieilles filles. (Bardoux, *Croquis d'outre-Manche*, 1913.)

Simond

Aimable Devon

1er janvier 1810. — De Bodmin, où nous avons couché, nous avons voyagé tout le jour pour faire 32 milles, à travers un pays très montueux, mais assez agréable ; un brouillard nous a caché plusieurs belles vues. Le *furze*, ce genêt épineux des bruyères (*ulex Europœus*), relève de ses jolies fleurs jaunes papillionacées le feuillage vernissé du houx en haie qui borde le chemin ; le lierre enveloppe de sa draperie sombre le toit de chaume des *cottages* et le tronc des arbres qui croissent à l'entour. Nous n'avons point de lierre toujours vert en Amérique ; nos plantes rampantes perdent leur verdure en hiver, et cette belle décoration est très frappante. Nous apercevons peu de maisons neuves, peu de jeunes arbres ; tout est âgé, tout passe aux formes et aux teintes pittoresques. Il n'y a point d'arbres sans mousses ; les plus petites branches en sont couvertes ; ce qui est sans doute occasionné par l'humidité du climat : sa douceur est tout à fait surprenante ; les géraniums, et autres plantes de serre, passent l'hiver sans feu. Les violiers (*wall-flowers*) sont en fleur. Nous avons vu de loin plusieurs maisons de campagne sur une belle pelouse, abritées par des plantations de sapin et d'autres arbres toujours verts, qui forment un fond obscur derrière l'habitation ; des massifs d'arbutus et de laurier, sont jetés çà et là, verts comme au printemps.

Sur le soir, nous avons traversé le port de Plymouth, en passant au milieu de ses forteresses flottantes : l'une d'elles porte 90 canons. Nous irons voir demain Mont Edgecumbe, si le temps le permet. La ville de

Plymouth ressemble à Philadelphie, et non pas à la partie la plus moderne de Philadelphie ; mais les habitants, loin d'être Quakers, sont la plupart militaires ou marins.

2 janvier. — Pourvus de parapluies et de redingotes, nous nous sommes acheminés ce matin vers Mont Edgecumbe, au milieu d'une bruine assez forte ; nous avons traversé la baie à *Crimble Passage*, et abordé sur une grève de sable caillouteux, vis-à-vis de la loge du concierge ; ce n'était pas le jour où le public est admis, et nous avons trouvé qu'il fallait écrire un billet à lord Mont Edgecumbe ; la permission a été obtenue, et on nous a remis une clef qui ouvre toutes les barrières, et des instructions pour nous guider ; personne ne nous a accompagnés, ce qui est un raffinement de politesse.

Une pente douce de gazon, bordée d'ormes et de vieux châtaigniers, conduit à la maison : car en Angleterre on n'appelle pas une grande maison un château : c'est un édifice simple, demi-gothique, d'une couleur grisâtre, se détachant sur un fond obscur de grands arbres qui s'élèvent derrière avec la colline. (Simond, *Voyage d'un Français en Angleterre*, 1816.)

Esquiros
Le regard du géologue : les carrières de Portland

L'île de Portland s'élève à une hauteur considérable au-dessus du niveau de la mer, et présente vaillamment, du côté du port, une citadelle de récifs. A l'ouest, s'étend une ligne horizontale de cailloux, morne, désolée, sans herbe, sans arbre, sans maison, sans habitants, le *Chesil bank*, qui relie cette île à l'Angleterre. Les carrières sont situées au nord de l'île. Il y en a au moins une cinquantaine. Les couches qui occupent le sommet de l'oolithe sont d'une couleur sombre et jaunâtre ; on les brûle pour faire de la chaux. Le lit suivant est d'une couleur plus blanche, plus gaie à l'œil : on l'exploite pour l'architecture. Le portique de la cathédrale de Saint-Paul à Londres et plusieurs bâtiments érigés sous le règne de la reine Anne ont été construits avec cette pierre. Les géologues anglais ont fait observer que les anciens édifices étaient bâtis avec des pierres très supérieures à celles de nos édifices modernes, au moins sous le rapport de la durée. On n'épargnait alors ni le travail ni la dépense pour vaincre la dureté de ces matériaux bruts qui assurent la vie aux ouvrages d'art. Les carrières de Portland sont pourtant encore le théâtre d'un commerce considérable : en 1855, la quantité de pierres voiturées sur le railway a été de 22 995 tonnes.

Il est curieux de suivre sur place la transformation de ces blocs sous la main de l'homme, depuis le moment où, extraits de la couche en vastes masses par les explosions de la poudre, ils reçoivent une première taille en rapport avec la place qu'ils doivent occuper dans les édifices, jusqu'à l'heure où, disposés sur des chariots de pierre à fortes roues de bois et tirés par des chevaux, ils sont conduits vers un chemin de fer dont la pente naturelle les roule au bord de la mer pour être chargés sur des navires. Les ouvriers de ces carrières se distinguent par des formes athlétiques ; leurs cheveux noirs et abondants, leur teint orange, leurs traits réguliers et hardis, leurs yeux noirs aux paupières demi-closes (conséquence de l'éclat de la pierre qu'ils travaillent), leurs membres musculaires, conformes aux modèles antiques de la force et de la beauté, leur air doux et intelligent, tout donne à cette population laborieuse un caractère remarquable. Leur costume de travail est aussi particulier : un chapeau de paille grossière rabattu sur les yeux et recouvert d'une toile peinte en noir, une chemise à raies bleues et des pantalons de toile blanche. Leurs maisons sont bâties de manière à défier les intempéries locales du climat. Les murs construits en gros blocs de la plus rude matière, les cheminées de brique, les toits à pignon recouverts en larges et fines tablettes de pierre, quelquefois en tuiles et en ardoises, mais protégées et reliées en ce cas contre les coups de vent par une triple rangée de dalles, les portes défendues par des porches carrés et à sommets angulaires, tout annonce dans ces habitations massives et solides une vie dure, exposée aux injures des éléments. La profession de carrier est assez lucrative, mais exposée à de fréquents chômages. S'il pleut le matin avant neuf heures, la journée est perdue ; si le vent est haut, la poussière chassée dans les carrières est si dangereuse pour les yeux des ouvriers, qu'il faut cesser les travaux. Si un enterrement a lieu dans l'île, un usage immémorial veut qu'on s'abstienne de manier la pierre pendant le reste du jour.

Ces carrières de Portland, où l'homme livre aux puissantes roches une guerre productive, sont encore intéressantes à un autre point de vue que celui de l'industrie : on y trouve un exemple des formidables changements que paraît avoir subis le niveau de la terre dans les anciens âges.

La craie du Kent

Il existe dans le Kent un grand nombre de carrières ou de fosses, *chalk-pits*, d'où l'on extrait la craie. Ce produit naturel sert dans certains endroits à améliorer les terres ; on le cuit aussi dans des fours pour faire de la chaux. La simplicité des moyens d'extraction contraste avec les procédés qu'on emploie dans les carrières de pierre. A quelque distance de Woolwich, un petit bois se groupe agréablement sur une colline, dont la base déchaussée laisse voir, sous une bande de sable, des masses de craie qui s'enfoncent à des profondeurs inconnues. Dans ces roches blanches et friables se creusent des grottes, des cavernes, où les bohémiens allument des feux. Au pied du bois est une carrière qu'exploite un seul ouvrier. Il entame, semaine par semaine, les couches de craie, dont il jette au four les fragments divisés au marteau. Presque à chaque coup, sa pioche heurte les débris d'un ancien monde : il recueille les fossiles les mieux conservés et les met dans une corbeille. Cet ouvrier est une espèce de philosophe ; dans une sorte de chambre qu'il a creusée à travers l'épaisseur du massif, il fait sa toilette de travail ; il s'y retire dans les grosses pluies, quelquefois il y couche. Il y a néanmoins à Charlton et à Greenhithe des puits à chaux beaucoup plus considérables, et qui emploient un assez grand nombre d'ouvriers. Ces ouvriers logent à côté de la carrière dans de petits *cottages*, dont l'intérieur est orné par des moulures naturelles, des empreintes de ce qui a vécu, des figures du temps passé de la création, bien préférables à ces figures de plâtre qu'on rencontre d'ordinaire dans la maison du pauvre. Si un amateur se présente, ils vendent quelques-uns de ces fossiles : ce sont leurs petits profits. L'aspect ruineux des carrières elles-mêmes ne manque point de caractère : ces grossiers pilastres, ces excavations, ces blocs arrachés et renversés, les murs de sable mis à nu, le mouvement des wagons chargés de craie sur les rubans de fer, les ouvriers blancs de la poussière des siècles, tout cela forme une scène curieuse à laquelle s'ajoute un intérêt scientifique.

Comment se sont accumulés ces prodigieux entassements de craie qui entourent aujourd'hui le sud de l'Angleterre, et présentent une ceinture de remparts contre les eaux et les vents ? Nous avons encore sous les yeux le lit d'une ancienne mer. C'est comme si une masse de deux mille pieds d'épaisseur s'élevait aujourd'hui du fond de l'Atlantique.

Calcaires et paysages

C'est surtout dans le Kent, surnommé le jardin de l'Angleterre, qu'il faut étudier les beautés de ce paysage harmonieux. Je me souviens d'une promenade du soir sur les hauteurs d'Abbey Wood, une ancienne abbaye et un ancien bois, dont les derniers arbres s'élèvent sur le dos d'une petite montagne. Le soleil couché avait laissé à l'horizon une large tache de sang dans l'endroit du ciel où il venait de s'engloutir. La Tamise, le père *Thames*, comme disent les Anglais, ce grand et large fleuve sur lequel flottaient, voiles au vent, des apparitions de vaisseaux, coulait lentement vers la mer. Plus loin, dans la brume qui commençait à monter, bondissaient comme un troupeau de collines les hauteurs boisées du comté d'Essex. Au milieu de cette majesté de l'espace, un serpent de fumée déroulait moelleusement sur l'autre rive ses anneaux blanchâtres, et le mouvement de la locomotive rappelait au sein de la solitude l'idée d'une grande ville : c'était Londres qui passait. Si vous suivez la route jusqu'à Gravesend, la scène gagne encore en variété : sur votre droite s'enflent comme d'énormes champignons des protubérances crayeuses dont le dôme ou le chapeau supporte des bois, des villages, des habitations d'été ; à gauche s'étendent des champs de houblon, ces vignes du Nord, ces thyrses saxons, mêlés à des forêts de cerisiers ou d'autres arbres à fruits, entrecoupés de prairies, dans lesquelles des jeunes filles aux bras nus, de petits chapeaux rabattus sur la figure, fanent l'herbe fauchée. Sur tout le chemin s'élèvent des églises, des écoles, des *cottages*, les uns rustiques et blancs de craie, les autres bâtis avec des briques, ou, mieux encore, avec des cailloux ronds, encadrés dans des reliefs en bois, selon le style du temps d'Élisabeth. De distance en distance, le bourrelet de terre qui cache la Tamise se déchire, et, entre les ouvertures, vous découvrez de vastes plaines vertes et plates, d'anciens marais, qui rappellent les polders de la Hollande avec leurs troupeaux de bœufs. A Gravesend, un jardin de plaisir, Rocherville Gardens, a été planté dans une ancienne carrière de craie ; les roches blanches, fouillées autrefois par le marteau, se dressent fièrement comme les murs d'une citadelle en ruine au milieu d'une forêt d'arbres. De ces hauteurs, la vue domine un horizon magnifique : le fleuve qui approche de son embouchure se contourne en une sorte de golfe dans lequel les navires ouvrent, comme de grands oiseaux de mer leurs ailes tissées par la main de l'homme. De Gravesend à Rochester et de Rochester à Maidstone, la scène change de caractère : elle était gracieuse, elle devient grandiose. La ville de Rochester, ainsi que son vieux château normand — un des plus beaux monuments historiques de la Grande-Bretagne — s'élèvent sur les bords de la Medway, auxquels s'adosse un groupe de montagnes d'une allure plus décidée, qui sortent, pour ainsi dire, de la rivière, et dont les flancs blanchâtres sont revêtus d'une végétation amaigrie ; mais c'est surtout vers les côtes de la Manche que les masses de craie solide se développent en une chaîne de falaises, auxquelles la vieille Albion doit d'être ainsi appelée. Ces roches, d'un aspect neigeux, visibles à une distance considérable, ont servi, depuis un temps immémorial, de point de mire pour guider les marins vers les côtes de l'Angleterre.

Margate, où l'on prend les eaux de mer, et dont les salles de bain, *clifton baths*, ont été creusées dans la masse de craie, avec des passages caverneux et des chambres souterraines, est déjà un type de cette formation qui s'étend de montagnes en montagnes, entrecoupées par de brusques ravins. C'est par un jour d'orage qu'il faut voir ces entassements de craie, blancs sous le ciel noir et de temps en temps effleurés par le dard de la foudre. De la mer surtout, le spectacle est sublime. A Douvres, c'est par un clair de lune qu'on doit contempler du rivage le mont sur lequel est bâti le vieux château, Dover Castle, à l'est de la ville, et qui se dresse perpendiculairement du sein des eaux sombres et agitées à une hauteur de plus de trois cents pieds. Séparé des autres montagnes voisines par de profondes vallées et par d'abruptes déclivités, il forme un hardi promontoire, d'où la vue s'étend à l'infini. Au-dessous se découvre dans une sorte de précipice le récif de Shakspeare, Shakspeare-cliff (*sic*), debout sur la mer comme le génie du vieux poète dramatique sur l'abîme des âges. De Douvres à Folkstone, les escarpements de craie se continuent, et ces masses perlées sous certains jeux de lumière produisent un effet merveilleux, quelquefois formidable. (Esquiros, *L'Angleterre et la vie anglaise*, 1859.)

Les mystères de Stonehenge

Laporte

Au nord de cette province sont situés les comtés de Somerset et de Wiltshire. Dans ce dernier, dont Salisbury est la capitale, on me montra un arrangement de pierres singulier, qui étonne les naturalistes. Ces pierres brutes et inégales, qui composent deux enceintes circulaires, sont rangées trois à trois, à égale distance les unes des autres, et ressemblent à des portes de maison. L'enceinte intérieure contient des masses de vingt pieds de haut, larges de sept, et de trois et demi d'épaisseur; ce sont les latérales. Celles qu'on voit au-dessus, posées de travers, ont depuis douze jusqu'à seize pieds de long. Les latérales ont en haut des gonds, et les transversales des mortaises qui s'emboîtent de manière qu'on dirait qu'elles sont suspendues avec art. L'enceinte extérieure contient des pierres plus petites, mais aussi remarquables par leur situation uniforme. Elles sont toutes si énormes et si pesantes qu'il n'y a point d'apparence qu'on ait pu transporter, dans les plaines de Salisbury, des masses si prodigieuses. D'où viennent-elles donc, et qui les a ainsi arrangées? C'est un problème que personne ne peut résoudre. (Laporte, *Le Voyageur français*, 1775.)

Montulé

Nous louâmes une voiture pour aller aux Stonehenges, à quelques milles de là; c'est le plus vaste monument druidique que l'on connaisse. Quel que soit l'oubli de l'histoire au sujet des druides, on ne doit pas désespérer de remplir un jour cette lacune; le voyageur ne doit pas se fatiguer de visiter ces édifices.

Au milieu d'une plaine déserte s'élève une quantité de pierres de vingt-deux pieds de hauteur, elles forment trois enceintes; celle qui se rapproche du centre est faite de pierres beaucoup plus petites. Quelques-uns de ces énormes blocs ont été légèrement équarris, et ceux qui forment l'enceinte extérieure sont couverts ou, pour mieux dire, joints l'un à l'autre par d'énormes traverses en pierres équarries, ce qui donne à la masse un aspect égyptien. Pour le rendre plus solide, on avait taillé les pierres perpendiculaires, de façon à y conserver un piton, destiné à entrer dans une ouverture pratiquée à la partie inférieure des traverses. Le dessin donnera, plus que mon explication, une idée juste de ce monument extraordinaire. Le travail que l'on voit sur les pierres a beaucoup embarrassé les savants. S'il n'avait servi qu'aux druides, il serait encore brut comme tout ce que nous ont laissé ces prêtres-rois ; on a donc pensé, et à juste titre, que les Romains ou les Saxons en avaient profité pour en former un temple.

Plusieurs des grandes pierres sont tombées, d'autres sont chancelantes et témoignent n'avoir été placées que d'aplomb ; on n'avait rien employé pour assurer la solidité de leurs bases. Les grandes pierres sont toutes de grès ; quelques-unes, parmi les petites, sont d'un calcaire grisâtre qu'on ne trouve point dans les autres monuments des druides. Quoi qu'il en soit des discussions qui se sont élevées sur cet édifice circulaire ; qu'il appartienne, ainsi que l'ont dit quelques-uns, aux Phéniciens, ou bien aux druides, ce qui est l'opinion la plus commune, il est un des endroits les plus curieux à visiter en Angleterre. La plaine déserte qui l'entoure est semée d'une infinité de monuments tumulaires qui servirent autrefois de tombeaux ; tous ont été fouillés. Il est assez difficile de se rendre compte et de déterminer par des expressions les idées qu'on éprouve dans cette solitude. Elle semble être, elle est bien en effet le séjour de la mort, et ce temple, dont le soleil éclaire depuis si longtemps les ruines, voudrait lui être consacré. Les rayons pâles et craintifs de l'astre des nuits traversant cette enceinte, jaillissant sur les arêtes des pilastres pour se réunir au centre du temple, produiraient pourtant un bien bel effet dans un ouvrage romantique ; il n'y manquerait que le frémissement des arbres et le bruit plaintif d'un ruisseau. Je sais qu'un ouvrage des hommes à la naissance duquel nous ne pouvons remonter, l'histoire à la main, est froid pour les savants ; mais il me plaît par la confusion même qu'il présente à mon esprit. Sûr de son antiquité, je le regarde comme un témoin de tout ce que ma mémoire me rappelle et de tout ce qu'elle ne peut se rappeler. S'il appartient aux Phéniciens, l'Égypte dans ce temps élevait ses colosses, ses temples et sa gloire ; la Grèce et l'Italie sommeillaient dans la barbarie ; s'il appartient aux druides, de quelles cérémonies barbares n'a-t-il pas été le témoin ? Les cris des victimes humaines sacrifiées à l'ambitieuse superstition des prêtres ont retenti dans cette enceinte ; après trois mille ans les échos funèbres de ces lieux me les répètent encore. S'il appartient aux Saxons, je vois ces valeureux fils du Nord déposer leurs épées, remercier l'Éternel de leurs brillantes conquêtes... Avouons qu'un monument dont la naissance est bien précisée ne présente point à l'imagination cette suite de tableaux, vagues à la vérité, mais sur lesquels cette fille du ciel, cette brillante expression de notre liberté et de notre intelligence, se promène avec plaisir.

En revenant des Stonehenges nous passâmes par le Vieux-Sarum. C'était autrefois une ville très importante : elle n'a plus que trois ou quatre maisons ; mais elle conserve encore les restes d'un ancien camp romain sur lequel, dans les temps modernes, on avait élevé la citadelle.

Quelques débris d'une porte et de fortifications sont pourtant d'une construction romaine ; le ciment est d'une solidité surprenante. Peut-être les Saxons ou les rois d'Angleterre ont-ils profité de la première forteresse ; tout le reste a été enlevé presque dans la fondation, et des moutons paissent librement là même où jadis les soldats s'agitaient en tumulte, où des généraux commandaient, où la force se croyait éternelle. Nous achetâmes quelques médailles romaines trouvées dans ces ruines. Ô Romains ! que votre gloire fut grande, universelle, puisque tout l'ancien monde conserve encore les traces de votre domination. (Montulé, *Voyage en Angleterre*, 1825.)

Rémusat
Une si jolie petite ville : Winchester

Nous partîmes à pied, M. Norris, M. B. et moi, pour Winchester, que je me proposais de visiter, car cette ville conserve bon nombre de monuments du Moyen Age et du XVe siècle. Côtoyant la jolie rivière dont les eaux vives et limpides, distribuées en canaux fertilisent d'immenses prairies, nous approchâmes bientôt de l'antique métropole des rois saxons, célèbre encore de nos jours par sa belle cathédrale. L'Angleterre n'a pas eu, comme d'autres pays, à souffrir des guerres féodales ; encore moins a-t-elle eu, depuis la conquête normande, à se défendre contre l'invasion étrangère. Ses villes ne se sont donc pas converties, comme les nôtres au Moyen Age, en places fortes, dans l'enceinte desquelles les populations se resserraient. Au lieu d'être bâties, sur une montagne, au pied de la citadelle féodale, les villes d'Angleterre s'étendent insoucieusement dans de fertiles vallées autour de leur cathédrale. Winchester est un exemple de cette sécurité des populations ; sa position, au milieu d'un bassin traversé par une petite rivière, est des mieux choisies ; elle offre, outre l'agrément d'un joli paysage, celui d'une pêche encore aujourd'hui renommée. Les maisons, au lieu d'être d'immenses hôtels solidement construits en pierres, sont de petites demeures, les unes simplement de planches, avec un toit en tuiles, les autres construites avec des pièces de bois en croix dont les intervalles sont remplis par des briques. On trouve de ces maisons qui remontent au règne d'Élisabeth et qui ont presque autant de caractère que celles de Nuremberg. Dans quelques rues, le premier étage est soutenu par des piliers de bois formant colonnade. Des arbres, des jardins interrompent souvent l'alignement de ces constructions. L'impression que donne ce lieu est celle d'un calme sans tristesse. Chaque habitation a ce cachet particulier qui fait comprendre ce qu'on entend par le *home* anglais.

Dans la rue principale de cette ville toute bourgeoise, on remarque un monument du XIVe siècle que les habitants appellent *la Croix*. C'est une sorte de châsse en pierre destinée à contenir l'image d'un saint et à consacrer quelque pieux souvenir. Il offre un spécimen charmant du gothique fleuri. Sa flèche délicate s'élance au-dessus des maisons qui l'entourent. A quelques pas est la cathédrale qui, au lieu d'être étouffée comme le sont nos églises par un amas de maisons ou d'échoppes attachées à leurs flancs, se dresse majestueusement au milieu d'une belle verdure. Une allée de vieux tilleuls bordée de gazon conduit à la façade, chef-d'œuvre du XIVe siècle, chargée d'ornements de la plus exquise délicatesse. J'avoue que toute cette verdure, ces beaux arbres et les admirables découpures en pierre qui ornent la façade produisirent sur moi une impression plutôt agréable que solennelle. Il n'en fut pas de même de l'intérieur de l'édifice, je fus frappé de sa beauté sévère. Là, l'ornementation est des plus sobres ; ce sont des faisceaux de colonnes s'élevant à une grande hauteur, et supportant un réseau de nervures qui se détache sur la voûte. Comme la plupart de nos cathédrales, celle de Winchester a été construite à diverses époques. La tour et le transept datent du XIe siècle. (Rémusat, *La Vie de village en Angleterre*, 1863.)

Michelet
Derrière l'idylle...

L'Oxfordshire va me continuer la révélation de la primitive Angleterre. Les hommes ont eu beau exhausser par-delà les brouillards, de hautes cheminées flamboyantes et bâtir partout des usines, la nature n'a pas moins fait de cette île, presque tout entière, un vaste pâturage sur lequel se joue un soleil douteux, pâlissant.

Telles de ces pentes, dans les nuances les plus douces, égayées par la présence des nombreux troupeaux qui s'échelonnent jusqu'aux dernières limites de l'horizon vaporeux ; ces vertes prairies, sans autre beauté que le velouté de leur gazon, donnent au voyageur qui passe, je ne sais quel rêve du paradis.

Et pourtant, au milieu de cette poésie, il faut bien revenir à l'histoire, en suivre le cours et se dire : que ces adorables prairies qui semblent faites uniquement pour le plaisir des yeux ; que ces bêtes innocentes qui leur prêtent le charme de l'idylle, ne sont, en réalité depuis de longs siècles, qu'une immense manufacture de viande.

A quelque époque que l'on remonte, on trouve en ce pays, une race d'éleveurs et de vendeurs de laine en Flandre. Le plus grand nom de l'Angleterre, Shakespeare, a commencé par là. L'Anglais fut jadis, un peuple guerrier faute d'industrie. La Flandre lui filait alors toute la laine de ses moutons.

Éleveurs et mangeurs de viande... Je ne dis pas cela pour déprécier une si grande nation. Le climat de son île, les brouillards de l'Océan dont elle est couverte, submergée, lui ont commandé, sans doute, cette forte alimentation. Quelle que soit, à l'origine, la raison de ce vigoureux régime, il est certainement la cause prépondérante de la puissante énergie de ce peuple. Il a fait une race de plus en plus avide, entreprenante. Surabondamment approvisionnée de force et de vie, elle s'est attaquée aux autres nations; elle s'est lancée sur la France, puis sur les Indes, d'abord pour les piller. De nos jours, ce régime de chair et de sang lui donne la froide énergie d'action et de travail qui ne s'évapore pas comme la vivacité des pays vineux. (Michelet, *Sur les chemins de l'Europe* [*1834*], 1893.)

La Tocnaye
En suivant la Severn

La Severn arrose sans contredit le meilleur, le plus riche, et le plus agréable pays de toute l'Angleterre. Il n'a pas le désavantage d'être aussi généralement, que celui près de la Tamise, bas, marécageux, et malsain. On voit de tous côtés des villages propres et florissants, la terre cultivée dans la dernière perfection, et couverte d'arbres fruitiers, croissant avec la plus grande vigueur; des prairies immenses, où l'on peut compter des milliers de bestiaux, dont en voyant l'état, il est impossible de douter de la bonté du pâturage.

Il y a un point de vue, près d'une petite ville entre Gloucester et Worcester, qui ressemble assez à l'idée qu'on nous donne de la Terre promise; c'est près de Tewksbury, petite ville assez nette, il y a une colline de sable et de gravier, dont la Severn a rongé une partie, la hauteur perpendiculaire peut être à présent d'une centaine de pieds; de là, on domine les vastes plaines du Gloucestershire, la vallée, dans laquelle la rivière coule, et dont on aperçoit tous les détours, pour plus de trente milles couverts de bateaux montant ou descendant; le paysage est animé par la culture la plus recherchée et par la vie et le mouvement qui paraît de toutes parts.

Worcester est la ville la plus agréable de ce beau pays; elle est médiocrement grande, bien bâtie; les rues bien pavées, et a des promenades charmantes tout autour. La cathédrale est digne de la remarque du voyageur, quoiqu'elle ne soit pas si considérable, que beaucoup d'autres en Angleterre. (La Tocnaye, *Promenade d'un Français dans la Grande-Bretagne*, 1795.)

Blanqui
Worcester

Sa cathédrale est un petit chef-d'œuvre de légèreté, de fraîcheur et de conservateur; et son hôtel de ville, bâti par la reine Anne, un des plus jolis monuments de ce genre, quoique trop surchargé d'ornements coloriés, selon le goût anglais. La Saverne [Severn] coule à l'ouest de la ville, où elle reçoit le canal de Birmingham, dans un bouquet de grands arbres. Toujours des trottoirs, un pavé uni, des carreaux de vitres bien nettoyés, des pots de fleurs aux fenêtres, des maisons rouges et blanches, quelquefois de petits balcons : la ville a un air de parure qui annonce un ciel plus heureux. (Blanqui, *Voyage d'un jeune Français...*, 1824.)

Trabaud
Shrewsbury

Nous avions laissé derrière nous les pics neigeux pour les fraîches sinuosités de la vallée de la Dee, avec ses rampes rapides, et en peu d'instants nous entrions dans un bourg important, dans le chef-lieu industriel de cette contrée, dans Llangollen. Il faut voir, dans le voisinage, Wynnstay, la demeure du roi de Galles, monarque en tout pareil à notre roi d'Yvetot. Puis, comme il y a une ville ou un hameau dans toute localité où la nature prend un caractère déterminé, nous trouvions un asile dans Oswestry, centre civilisé qui sépare la montagne de la plaine et qui est à Shrewsbury, chef-lieu de la plaine, ce que Suze au pied des Alpes est à Turin. Llangollen ou mieux Lanrwst serait le Briançon de cette contrée alpestre. Quant à Shrewsbury, en Shropshire, pris abstractivement, je ne saurais mieux le comparer qu'à l'un des chefs-lieux de nos anciennes provinces de l'intérieur.

Cette ville, de plus de vingt mille âmes, heureusement située sur une presqu'île formée par la Severn, peuplée de propriétaires agriculteurs et de bourgeois retraités, me rappelle, en effet, les capitales de l'Anjou, de la Touraine, du Bourbonnais, du Nivernais et à peu près toutes les capitales de second ordre de nos anciennes provinces. Là rien n'est moderne : les rues, les maisons, les habitants eux-mêmes, appartiennent tous au passé et paraissent se complaire dans un séjour où l'air est naturellement très pur, très salubre, et la vie paisible, lente et à bon marché. Les quartiers qui avoisinent le Hall, n'offrent que des rues peu spacieuses, avec des boutiques basses, sombres, ne recevant la lumière que par des vitraux, et des maisons de bois avec pignons en encorbellement sur la rue, sculptées de la façon la plus grotesque. Le Hall, lui-même, date de 1590, et ses sculptures, ainsi que celles de l'horloge, illusionnent encore assez pour donner une idée du règne d'Élisabeth. Le séjour de Shrewsbury me plut infiniment, en ce sens que j'appris, en quelques jours, une notable portion de l'histoire de l'Angleterre, et il me suffit, pour acquérir cette science facile, de réfléchir un peu sur ce que je vis. Il n'est peut-être pas au monde de satisfaction plus douce que d'apprendre l'histoire en voyageant, par la vue et la méditation. Le nom de Shrewsbury me ramena à celui des Talbot, descendants du grand capitaine de Guillaume, à qui le Conquérant dut laisser, en fief, le pays au milieu duquel je me trouvai. La famille des Talbot Shrewsbury subsiste encore et forme, de nos jours, un des plus nobles débris de la vieille Angleterre. On sait que le dernier lord Shrewsbury était, avec les lords Arundel et Lovat, à la tête du parti catholique et, comme chef de parti, qu'il occupait une position élevée au Parlement et dans la société anglaise.

Je me séparai à regret de Shrewsbury. En quittant cette ville, il me semblait que je disais un éternel adieu à l'Angleterre, non pas à l'Angleterre de Bentham, de Malthus et de Cobden, mais à l'Angleterre de Guillaume, de Richard ou du vicaire de Wakefield. (Trabaud, *D'Inverness à Brighton*, 1853.)

Simond
Tourisme éclectique dans le Peak District

L'Angleterre, comme je l'ai déjà remarqué ailleurs, donne l'idée d'un pays que l'on cultive pour s'amuser, tant il est propre et orné. Partout, les demeures de l'opulence et même celles de la pauvreté s'y distinguent par une sorte de luxe ; l'apparence générale de bien-être n'est nulle part tout à fait effacée. Il y a des pauvres, sans doute, à deux schellings et demi par jour tant qu'on en veut, et les quatre ou cinq sous pour livre dans la *taxe des pauvres* ne se payent pas pour rien ; cependant on ne voit point de ces pauvres-là, et si ce n'était les écriteaux fulminants à l'entrée des petites villes et villages contre les gens sans aveu et les vagabonds (*vagrants, found loitering*, etc. etc.), on ne soupçonnerait seulement pas qu'il en existe. Le grand Frédéric s'avisa de faire donner la bastonnade aux dragons qui tombaient de cheval. « Je ne sais comment cela se fait, disait-il, mais ils ne tombent plus. » Peut-être que la peur des inspecteurs (*overseers*) empêche les Anglais de se laisser devenir pauvres.

Parmi les arbres qui croissent dans les intervalles des champs, ce qui s'appelle *hedge rows*, nous voyons avec regret abattre les plus beaux, et cependant s'ils n'eussent dû tomber ainsi sous la hache du charpentier, ils n'auraient jamais été plantés, et il en reste toujours un assez grand nombre qui n'ont pas encore atteint les dimensions de bois de charpente, pour donner à tout le pays cet aspect boisé particulier à l'Angleterre.

Une grande pièce de bois est une mine, et l'on voit souvent une petite cabane ou appentis, dressée tout auprès pour l'exploiter économiquement et sans en rien perdre, surtout si c'est un frêne. Chaque partie du tronc et des branches a sa destination particulière, elle est coupée sur certaines mesures pour servir de monture aux outils, ustensiles et ouvrages divers, qui sont souvent dégrossis sur la place.

La vallée de Matlock où nous voici arrivés, est renommée pour ses beautés pittoresques ; elle présente de grandes faces verticales de rochers calcaires, usés, brisés et caverneux, frangées d'arbres au sommet et à la base. Un torrent impétueux roule ses eaux parmi les débris, dans la partie la plus basse de la vallée ; plusieurs sources minérales coulent à mi-côte.

C'est ici un de ces rendez-vous d'amusement et de santé si généralement fréquentés en Angleterre et qui sont organisés en conséquence ; mais comme ce n'est pas la saison, nous avons le choix d'hôtels qui sont tous vides. Celui où nous sommes, a deux bains tièdes, ou du moins qui ne sont pas tout à fait froids dans des bassins couverts, chacun de 20 pieds de large, 40 de long et 4 pieds de profondeur. Le bouillonnement du milieu indique une grosse source qui renouvelle l'eau incessamment ; elle est toujours à 68 ou 69 degrés de Fahrenheit (36 à 37 Réaumur) et parfaitement claire et pure.

Tout le pays d'alentour est percé de mines de plomb, de charbon et d'autres minéraux ; leurs galeries ont fait découvrir un grand nombre de grottes et de cavernes curieuses. Nous avons pénétré 300 ou 400 toises dans l'une d'elles : elle s'étend au loin par maints détours et passages qui se croisent, et dont quelques-uns ont été murés par précaution ; autrement ils eussent pu être funestes pour les *touristes* emportés par une belle ardeur. Nous sommes ici sur la trace qu'ils ont frayée, et nous n'avons rien vu et rien décrit qui ne soit vu chaque jour par une douzaine de ces curieux les uns après les autres, pendant six mois de l'année. Notre dernière caverne est beaucoup plus menaçante que celle de Castleton : elle est crevassée de précipices, et encombrée de masses détachées en équilibre sur vos têtes ; elle est d'ailleurs très sèche et très propre, et toute resplendissante de cristaux (spath calcaire), qui réfléchissent la lumière des flambeaux de vos guides. La voûte est si basse dans quelques endroits, que l'on court risque d'attraper d'honorables blessures, si l'on néglige de baisser la tête.

Parmi les curiosités de Matlock, la fontaine pétrifiante n'est pas une des moins remarquables, et les voyageurs obtiennent à juste prix un nid avec ses œufs, ou bien une vieille perruque changée en pierre, ainsi que des plantes ou des insectes. Cette métamorphose n'est au reste qu'apparente ; c'est une croûte fine et dure, une incrustation calcaire. Le bois et probablement les substances animales, ainsi incrustés, disparaissent avec le temps et laissent l'enveloppe vide.

Nous avons observé quelques apparences de goitres depuis que nous sommes arrivés parmi ces alpes centrales de l'Angleterre. Les montagnes du pays de Galles, de Cumberland, ou de l'Écosse, n'offrent rien de semblable.

16 mars. — De Matlock à Ashborn, 12 milles. En partant, on remarque à la gauche de l'autre côté de la rivière, une maison agréablement située. C'est la demeure de sir Richard Arkwright, l'ingénieux inventeur des machines à filer le coton. La route s'élève ensuite rapidement vers la droite, d'où la vue domine bientôt sur la vallée de Matlock, ensevelie dans ses bois et ses rochers, et sur une campagne riche et bien cultivée. Cette route, comme celle de Castleton, est couverte de cristaux rhomboïdaux de spath calcaire qui brillent au soleil ; tenté par la beauté de ces

fragments, on en remplit ses poches, jusqu'à ce que leur multiplicité et leur poids vous oblige à les rendre à la poussière d'où vous les avez tirés.

Ilam, près d'Ashborn, est un de ces beaux lieux de parade (*showplace*), que les voyageurs sont dans l'habitude de visiter, et dont nous n'attendions pas grand-chose : nous avons été surpris agréablement ; les rochers, les bois, les eaux, tout en est admirable. (Simond, *Voyage d'un Français en Angleterre*, 1816.)

Nisard

Au pays de Robin des Bois

Une aimable hospitalité m'avait amené dans un des plus beaux comtés de l'Angleterre, celui de Nottingham. Il touche au Derbyshire, qui passe pour être le plus beau. Cette beauté est celle du paysage anglais. Pour les étrangers, elle est un peu uniforme ; mais je ne m'étonne pas qu'elle plaise aux Anglais : elle est à l'image de leur esprit. Le paysage a plus ou moins la physionomie de l'homme qui l'habite. Dans le paysage anglais, je reconnais les principaux traits du caractère anglais ; c'est le pays où tout le monde ressemble le plus à tout le monde : leur mot *excentric* le dit assez : excentrique, ou qui sort du centre, qui ne ressemble pas aux autres, qui diffère du patron commun ; c'est parce que la chose fait scandale, que le mot a été imaginé. La terre porte l'empreinte de cette uniformité : ce sont partout des prairies ou des champs enclos de haies ; mais la prairie domine. Ces champs répondent au travail admirable qui les cultive ; ces prairies nourrissent le plus beau bétail du monde. Les formes de la terre sont aussi fécondes que celles de la société : pourquoi l'Angleterre les changerait-elle ? Aussi est-ce comme étranger que je remarque cette uniformité du paysage anglais. Il n'a pas les grandes lignes du paysage classique, ni cette variété piquante qu'imprime au paysage français, par exemple, la liberté capricieuse du peuple qui lui donne sa forme. Notre sol est comme notre société : il a beaucoup de physionomie ; on y reconnaîtrait la diversité des caractères et des conditions. La routine, l'esprit novateur, l'activité, la nonchalance, la richesse, la médiocrité, la pauvreté, y sont représentés. Il est plus remué, plus travaillé et aussi plus agité : c'est le séjour d'un peuple agriculteur et révolutionnaire.

Le pays qu'habitent mes hôtes est situé au nord de Nottingham, sur le bord d'un plateau qui domine la vallée et la jolie petite ville de Mansfield. La maison est bâtie sur la lisière d'une vaste lande qui fit partie de la célèbre forêt de Sherwood ; l'orgueil local lui en donne le nom. Tout près de la maison, un petit bois et plus loin quelques bouquets de sapins sont la dernière conquête du travail sur la lande. A quelque cent pas cessent les filons de terre végétale qui les nourrissent, et commence le désert. Une plaine immense, onduleuse, couverte et comme tapissée de bruyères, s'étend fort au-delà de l'horizon. Çà et là, quelques buissons de genêt épineux, des houx rabougris, un pin à qui le sol n'a pas donné assez de nourriture pour s'élancer et qui rampe plutôt qu'il ne s'élève, ou bien, mais plus rarement, un chêne solitaire, trapu et robuste, le seul ombrage de ce désert, se détachent du milieu de ce tapis et y dessinent des figures gracieuses. Des chemins creux, où les chariots s'enfoncent dans le sable, conduisent dans le Derbyshire. Ailleurs, des allées d'un sol ferme, couvertes de ce fin gazon anglais dont le marcher est si doux, permettent la promenade à travers la lande, au milieu des moutons paissant, des deux côtés du chemin, le peu d'herbe savoureuse qui pousse entre les bruyères. Quand le soleil est voilé, ou le soir, quand la chaleur est tombée, il n'y a rien de plus charmant qu'une promenade sur cette pelouse : c'est le plaisir mélancolique de la solitude dans le voisinage et sous la protection de la nature cultivée.

La bruyère de Sherwood était une des nombreuses clairières de cette forêt de Sherwood qui, au temps de Richard Cœur-de-Lion, couvrait toute cette partie de l'Angleterre. Elle était alors infestée de braconniers, *outlaws*, qui s'y nourrissaient aux dépens du gibier du roi. Walter Scott en a fait le théâtre de quelques scènes d'*Ivanhoe*. Il y a placé la cellule où le plus joyeux des compagnons de Robin Hood, sous le nom et le capuchon du saint ermite de Copmanhurst, défiait les gardiens des forêts royales. C'est là que se passe cette scène si plaisante où Richard, sous le déguisement du Chevalier Noir, vient demander l'hospitalité au faux ermite. Il frappe ; l'ermite fait semblant de ne pas entendre ; il ouvre enfin, et il offre à Richard, affamé par une longue route, une assiette de pois chiches, et pour boisson une cruche d'eau. Mais Richard est plus avisé que les gardes-chasses de Sherwood : il soupçonne que l'ermite doit sa belle santé à un autre régime ; il demande quelque chose de plus substantiel, et voici qu'aux pois chiches succède un pâté de daim, à la cruche d'eau une grande bouteille de cuir pleine d'un vin généreux.

Où est le rocher tapissé de lierre et couronné de touffes de houx auquel s'appuyait la cellule de l'ermite de Copmanhurst ? Où est cette fontaine de Saint-Dunstan, où il allait remplir sa cruche pour le maigre repas qui devait avoir pour témoins les gardes-chasses ? Où est la fraîche clairière à travers laquelle courait la fontaine avant de disparaître dans le bois voisin ? Les archéologues les chercheraient en vain dans ce qui reste de la forêt de Sherwood. C'est un des mille paysages sortis de l'imagination de Scott. Il l'a tiré de ce trésor d'impressions vraies, de souvenirs d'enfance, de vif amour de la nature, qui lui a fourni tant de descriptions agréables. Les paysages de Walter Scott sont, comme ceux de Fénelon, non pas une description d'après nature, mais un choix de ce que nous avons vu ou rêvé de frais, de lumineux, de pittoresque et de charmant. Il est tel paysage pris sur les lieux que la copie la plus fidèle ne réussit pas à nous rendre présent. Nous faisons mieux que voir ceux de Walter Scott et de Fénelon, nous en respirons la fraîcheur, nous croyons y être de notre personne. Je ne sache pas de livres qui fassent plus cette illusion que les romans de Walter Scott ; on y éprouve toutes les sensations, on y a toute la plénitude d'activité et de vie de ses personnages : imagination aimable et bienfaisante, qui n'a jamais été inspirée que par le désir d'entretenir la simplicité des sentiments et la vérité des sensations, sans une ombre d'effort pour exalter notre sensibilité et nous dégoûter des choses qui sont à notre portée !

Quand je visitai le Nottinghamshire, on était au mois d'août. La bruyère de Sherwood était en fleurs. Le rose foncé, le rose tendre, le violet, mêlant leurs nuances à celles de la feuille, tantôt vert pâle, tantôt argentée comme la feuille de l'olivier, formaient comme un fond rose gris d'où se détachaient les bouquets d'or du genêt épineux. Ces bruyères sont délicates comme celles de nos serres ; elles donnent ce plaisir mêlé de surprise qu'on éprouve à voir des plantes rares à profusion.

En quittant les bruyères pour se rapprocher de la vallée, on a une vue charmante. Sur les deux revers, à mi-côte, s'étendent de vastes pelouses au-devant de jolies maisons de campagne. Sur la hauteur, aux endroits les plus découverts, des moulins propres et élégants ouvrent leurs ailes pour recevoir la brise qui souffle de la plaine. Les jours où il ne fait pas de vent, la machine à vapeur y supplée. A quelques pas du moulin est la maison du meunier. Tout autour, dans le verger enclos de haies, des vaches, le cheval du meunier, paissent au milieu des poules. Tout cela sent le travail prospère et la paix. On craint Dieu dans ces modestes demeures, et on espère en lui. Tous les jours, sauf le dimanche, des amis viennent faire visite, et le feu, toujours allumé dans la principale pièce, permet de leur offrir le thé ; mais le dimanche chacun reste chez soi, et Dieu est le seul hôte. On le rend présent par la prière et par de pieuses lectures.

Il manque, comme je l'ai dit, une certaine liberté à ce paysage. Tout y est parqué, fermé de clôtures. Les animaux ne s'éloignent pas de la maison. Ce n'est pas en Angleterre que le cerf aurait pu dire aux bœufs auxquels il demande l'hospitalité : « Je vous enseignerai les pâtis les plus gras. » Ils ne connaissent qu'un pâtis, c'est le pré qui est autour de la maison. Pourtant je ne les plains pas : ils doivent avoir un peu du caractère des gens, et, comme ceux-ci, aimer leur *home*.

Il semble aussi, au premier aspect, que le voyageur ne puisse pénétrer dans ces prairies : il ne voit que haies et barrières ; mais ces barrières se lèvent, et ces tourniquets ne sont faits que pour les bestiaux. On peut faire d'agréables et longues promenades d'une prairie à l'autre. On est averti qu'on passe sur le terrain d'autrui, mais on passe. Le paysage est comme la société ; c'est la liberté au milieu des formes et des lois. Y en a-t-il de meilleure ? y en a-t-il une autre qui puisse durer ?

De Sherwood Hall, nous faisions des excursions dans le voisinage. Nous allions visiter tantôt une ruine, tantôt un château historique, tantôt quelque chêne contemporain de la conquête, ou plus ancien qu'elle. C'est par les chênes que commencent les excursions. Les Anglais en sont très curieux. Ces nobles arbres sont leur passé debout et vivant, et puis le chêne anglais est le bois par excellence : il est incorruptible à l'eau, et lutte d'éternité avec la mer. On vous en montre à l'Amirauté des échantillons parmi toutes les autres sortes de chêne employées dans la marine. Il occupe la place d'honneur sur le rayon ; l'étiquette vous l'indique : *English oak*, et ce n'est pas sans un sourire de fierté que le gardien vous le fait regarder et peser. — Ils devaient être les maîtres de la mer, pensent-ils, puisque leurs forêts produisent le bois qui lui résiste le plus.

C'est dans la forêt de Sherwood qu'on voit, me disait-on, les plus vieux chênes d'Angleterre. Ils sont à quelques milles autour de Mansfield. L'authenticité de ces chênes n'est pas suspecte : l'Angleterre est le pays de la tradition et des formalités légales qui la constituent. Toutes les familles y savent leurs sources. Deux choses protègent et perpétuent les souvenirs, le respect du passé et le respect de la loi. Cependant je n'ai pas vu la preuve qu'un des chênes de Sherwood, le premier qu'on me montra, ait abrité le roi Jean donnant audience à ses sujets. Ce chêne est sur le bord d'un chemin, dans un enfoncement en forme de carré. Du côté des champs, il est protégé par les haies des propriétés limitrophes ; du côté du chemin, par le respect public. Son tronc, à demi rongé, se couronne encore chaque année d'un feuillage abondant ; mais les siècles ont abattu les hautes branches, et les feuilles ne s'éloignent guère du tronc qui les nourrit. On ne voit pas sans émotion un arbre qui devait compter déjà plusieurs siècles au temps du roi Jean, puisque son ombre suffisait pour abriter l'audience royale. Or la grande charte du roi Jean est du commencement du XIIIe siècle. Le même esprit a respecté les premières libertés de l'Angleterre et l'arbre sous lequel s'assit le prince à qui l'Angleterre les arracha.

Les souvenirs de Robin Hood consacrent plus d'un autre de ces grands chênes. Tous ont leur nom. En voici un dont le tronc fendu offre comme une niche assez large pour contenir un homme assis ou debout. Il se nomme le *Shambles* ou l'Abattoir. C'est de là que Robin Hood présidait au dépeçage et à la distribution des daims du roi entre ses joyeux compagnons. Un autre, plus célèbre, est le *parliament oak*, ou *the Trysting tree*, le chêne du parlement, l'arbre du Rendez-vous, ainsi appelé parce que Robin Hood y tenait ses assemblées. Le plus ancien est le *Green dale oak*, le chêne du Vert-Vallon, dont le tronc aurait pu recevoir à l'aise tout le conseil de Robin Hood. Ce tronc semble s'être formé, comme nos montagnes, par la loi des soulèvements. Ses bosses énormes montent les unes sur les autres comme les couches d'un terrain soulevé. L'écorce a la couleur des vieilles pierres. On dirait un roc d'où jaillit un arbre vigoureux. J'ai vu, dans les Pyrénées, d'énormes rochers d'où sortaient des hêtres plus nourris d'air et de brouillard que de terre, moitié rochers, moitié arbres. C'est une image du *Green dale oak*. La crevasse qui partage son tronc en deux moitiés est assez large et assez haute pour laisser passage à une voiture. Un voyageur égaré qui arriverait là de nuit, voyant dans l'ombre ces deux énormes assises, prendrait ce chêne pour une vieille porte de ville surmontée d'une tour. Un appareil en menuiserie sert à empêcher que la crevasse ne s'étende et à lui conserver la forme d'une porte. Nous appellerions cela du mauvais goût; mais ce mauvais goût est aussi ancien que la crevasse, et il en est devenu respectable. Le chêne du Vallon-Vert dépend d'un fermage particulier, dont une clause porte expressément que chaque année, à une certaine époque, le fermier doit faire passer un chariot à travers la crevasse. On a voulu conserver à la fois l'antiquité de l'arbre et la singularité du fait.

Ces chênes sont des buts de promenades et même de voyages. On vient les voir de tous les points de l'Angleterre; les cavalcades s'y donnent rendez-vous; les enfants mesurent les troncs avec leurs petits bras. On en prend le plus grand soin; on les respecte comme ces rares vieillards, plus heureux ou plus malheureux que les autres hommes, qui ont vécu au-delà de la mesure commune. Les têtes les plus vives, en venant s'abriter sous leur ombre, semblent recevoir, avec la fraîcheur que verse leur feuillage, le respect pour les œuvres et pour les souffrances des siècles écoulés.

Chez nous, on fait du bois avec les vieux chênes: ils s'appellent, en termes forestiers, des *anciens*, et tombent à l'heure marquée par les règles de l'aménagement. Qu'est devenu le chêne de Vincennes? et pourquoi a-t-il moins vécu que celui du roi Jean? Le nom d'un mauvais roi a conservé le chêne de Sherwood; le chêne de Vincennes n'a pas pu être sauvé par le souvenir populaire du plus grand prince du XIIIe siècle, du saint rendant la justice à ses sujets et défendant les faibles contre les forts. Est-il étonnant que là où les arbres n'ont pas la permission de vieillir, on ne souffre pas de vieilles lois? Cependant la France compte quelques vieux arbres; on en rencontre dans certains villages que protège l'antique croix dont ils abritent de temps immémorial la pierre grise et rongée. D'autres doivent leur conservation à la routine: c'est la forme que prend le respect chez nous. Nous sommes à la fois contempteurs du passé et routiniers, deux défauts dont l'un implique l'autre, tout comme l'esprit de sédition implique l'esprit de servitude.

Le sentiment religieux se mêle au respect pour le passé dans le soin que l'Angleterre prend des vieilles églises. Le pays de Nottingham en compte de très vieilles. Dans celle-ci, l'archéologie a noté un arceau roman; dans celle-là, une fenêtre saxonne; dans une autre, une tour normande: c'est la date du monument. Les Anglais viennent les voir pour cette marque d'antiquité nationale, et ils savent tous assez d'archéologie pour la reconnaître. Les étrangers admirent surtout l'état de bon entretien de ces églises; les réparations sont en général exécutées dans le style de l'édifice : le présent s'y ajuste respectueusement au passé. Tel est le caractère de l'architecture en Angleterre ; c'est dans cet esprit qu'a été construit l'édifice le plus national de ce pays, le nouveau palais du parlement. Les gens qui aiment mieux le nouveau dans les arts que la perpétuité dans les nations se récrient : « Quoi ! l'Angleterre du XIXe siècle ne fait que copier l'architecture du XIIIe ! Chaque siècle doit avoir son art ; l'imitation est une preuve de stérilité. » Oui, si l'art n'a en vue que lui-même ; non, s'il est, comme ici, l'auxiliaire de la politique. Croit-on que l'Angleterre manque d'architectes, pour faire, comme chez nous, des églises dans le style équivoque de notre temps ? Mais la nation qui conserve toutes choses n'aurait pas voulu que son vieux parlement fût logé, comme un parvenu, dans quelque construction à la mode : on n'oserait pas bâtir un monument public où la vieille Angleterre, *old England*, si elle revenait au monde, ne se reconnût pas. (Nisard, *Souvenirs de voyages*, 1855.)

Étapes à York

Bombelles

Après avoir passé la Wharfe à Tadcaster, le pays s'améliore et les clochers d'York s'élèvent au milieu d'un territoire uni assez bien cultivé, mais jusqu'à cette heure je n'ai rien vu encore qui mérite les éloges données, à la superbe et florissante culture du Comté d'York.

Un vieux gentilhomme campagnard qui n'a pas fait fortune et dont le château dépérit, se console en arrêtant les passants pour leur dire qu'il est bien plus noble, et d'une plus ancienne chevalerie que ses voisins. Les habitants de la ville d'York sont un peu dans le même cas ; ils vantent l'antiquité de leur cité, ils se plaisent à raconter qu'elle fut chère aux Romains, que deux Empereurs y habitèrent et y moururent, que Constantin le grand y naquit, et que la sixième légion si recommandable par sa valeur nommée la victorieuse, avait pour quartier la ville d'York ; alors ses murs servaient d'asile aux peuples qui fuyaient devant les bandes des barbares. Depuis ils offrirent à la religion et surtout à ses ministres de nombreux établissements que la Réforme a enlevé à l'Église romaine et que la dépopulation de York laisse tomber en grande partie en ruine.

Le commerce, l'industrie des villes voisines ont attiré un nombre d'habitants d'York et cette ville ne compte plus que dix-sept mille âmes dans son enceinte de trente mille qu'elle renfermait sous le règne d'Henri V, mais son maire a comme celui de Londres le titre de lord, mais elle a pour elle et tout son territoire de grands privilèges, mais il lui reste une belle cathédrale peut-être le plus beau des temples gothiques, et Francis Drake, un de ses citoyens, a énuméré dans le plus grand détail, en un gros volume in folio tout ce qui de temps immémorial, comme plus récemment, a pu illustrer sa patrie.

York n'est point mal bâti, et réunit en hiver une assez nombreuse noblesse, dont les maisons sont apparentes. Une salle de spectacle, une redoute, de belles promenades, quelques rues larges et fort étendues, plusieurs autres bâtiments publics, et la rivière qui sépare cette ville, en rendent l'habitation agréable. (Marquis de Bombelles, *Journal de voyage [1784]*, 1989.)

Taine

York, le matin. Une rivière gracieuse et limpide luit doucement entre des lignes de tours gothiques ; plus loin est un pont, un amas de bateaux noirs ; on traverse l'eau dans un bac ; personne dans les rues ; l'air arrive aux joues aussi frais que dans la campagne. On longe d'antiques maisons dont chaque étage surplombe l'étage inférieur ; on voit des arcatures basses, des portes cintrées et bosselées de gros clous. L'herbe pousse entre les pavés ; sur une place, auprès de la cathédrale, des arbres séculaires étendent leurs dômes de feuillage. Tout est vert, propre, paisible, imprégné d'antiquité, comme dans une ville flamande. L'énorme et vénérable cathédrale ajoute encore à la ressemblance. Intact au-dehors, le colosse gothique se dresse plus haut et plus large que Notre-Dame, avec une puissance massive, sous les trois tours qui le chargent, Au-dedans, les iconoclastes de la Réforme l'ont dépouillé ; il est blanchi à la chaux, nu et triste. De l'ancienne ornementation, il ne reste que la clôture du chœur, un labyrinthe de dentelures, de statuettes, de pendentifs, de petites chaires sculptées, qui enchevêtrent leurs formes avec une fantaisie délicate et prodigue. Que ces vieilles villes reposées sont charmantes ! — Mais, dans la rapidité du voyage, tous ces spectacles passent devant l'esprit comme autant de décors... (Taine, *Notes sur l'Angleterre*, 1871.)

Custine

Chester

Les rues de Chester. Ici les passages ne sont pas au rez-de-chaussée comme partout ailleurs, c'est le premier étage des maisons dont on a pris la chambre de devant, pour former une galerie ouverte au public ; et c'est dans ces galeries supérieures que se trouvent des boutiques qui donnent à cet étage de la ville, l'apparence d'une foire en permanence. Elle est toute construite de la même manière ; ainsi, dans chaque rue, les piétons ont trois passages, par lesquels ils peuvent circuler en liberté. On arrive aux rues latérales par une multitude d'escaliers, et à chaque carrefour, il faut redescendre et remonter pour continuer son chemin.

Les maisons de cette ville extraordinaire sont d'une architecture ancienne, et elles ont un caractère plus imposant que la plupart des édifices du reste de l'Angleterre. La campagne des environs de Chester est pittoresque ; la position de cette ville rappelle celle de Berne, les jours où les glaciers des Alpes sont cachés par des nuages. (Custine, *Courses en Angleterre et en Écosse*, 1830.)

Blanqui
En remontant vers l'Écosse

Après avoir traversé deux fois le canal de Leeds sur de petits ponts en pierre, dont le calcul serait curieux à faire pour tous les canaux de l'Angleterre, nous entrons dans Ormskirk. Tandis que j'admire l'exactitude des postillons, leur propreté, le soin qu'ils ont de leurs chevaux, la rapidité de leur marche, soutenue comme l'allure la plus tranquille, nous volons déjà sur les bords de la Ribble, et Preston a paru sur une hauteur avec ses maisons rouges, sa verdure et ses tours. La rivière semble l'envelopper dans son cours sinueux, et la quitter à regret pour aller se perdre dans la mer d'Irlande. Le paysage des environs est sévère, couvert de bois touffus, qui s'éclaircissent de temps en temps, pour faire place à une pelouse inclinée dans la vallée avec de vieux chênes à grands bras, des saules pleureurs à longues chevelures : le manoir du gentilhomme est jeté avec négligence dans leurs intervalles. Les Anglais cachent l'art autant qu'ils peuvent dans le dessin des jardins de plaisance : mais ils ont beau tourmenter et fléchir la ligne droite, en dépit des paraboles, des spirales, et de toutes les courbes géométriques, la main de l'homme paraît toujours. La nature a des traits plus larges, plus hardis, plus sauvages ; il est rare qu'elle aligne dans aucun sens, excepté sur le bord des rivières, et les hommes alignent partout. Dans le désordre même, je ne sais quoi de méthodique et d'affecté trahit leur impuissance, et il y a cent fois plus de pittoresque dans la tête chenue d'un sapin des Alpes ou d'Écosse, que dans toutes les plantations de nos jardins.

De Preston à Lancaster, le long du canal qui joint ces deux villes, les villages et les manufactures sont tellement rapprochés qu'on a de la peine à se croire en rase campagne. En entrant dans Garstang, un bruit confus de marteaux et de roues annonce le travail et l'industrie, les habitants sont presque tous couverts du duvet et de la poussière des filatures. Le passage de la voiture les attire aux fenêtres, et il se fait un échange d'observations souvent très plaisantes entre les voyageurs et ces curieux.

Nous étions dans Lancaster à la chute du jour. J'avoue que je n'ai pas aperçu sans un peu de trouble, à la lueur du crépuscule, cette ville célèbre dont le nom a servi pendant si longtemps de mot de ralliement, dans les guerres civiles. Toutes les fureurs de la rose rouge et de la rose blanche, avec leurs déplorables épisodes, se sont représentées à ma pensée comme une catastrophe récente ; et la ville m'a paru triste. Cependant, il y a du mouvement dans les rues, de l'éclat, de l'affluence dans les boutiques, et un air de propreté qui rappelle Salisbury, Bath et Worcester. Le pont de la Loyne est remarquable par la belle couleur jaune des pierres dont il est bâti, et par son élévation hardie au-dessus de la rivière : on le prendrait pour un belvédère. En le traversant pour gagner la route de Kendal, la ville de Lancaster reparaît, comme par enchantement, sur la rive gauche de la Loyne, qui la réfléchit tout entière. Cette surprise est magique.

Le canal de Preston que nous avons passé et repassé cinq fois avant sa jonction à la Loyne, se prolonge dans le Westmoreland jusqu'à Kendal, habitée par des quakers et par des tanneurs. La ville est arrosée par la petite rivière Ken, qui coule dans une vallée profonde, et qui emporte dans son cours rapide les immondices des nombreuses tanneries établies sur ses bords. Depuis Kendal jusqu'à Penrith, nous voyageons de nuit dans un pays très pittoresque. Les plaines ont disparu, nous ne passons plus ni rivières ni canaux ; nous cheminons dans des montagnes généralement peu cultivées, et les accidents du terrain, qui est difficile, nous forcent souvent de mettre pied à terre. Pendant un espace d'environ vingt-cinq milles, on ne rencontre que de misérables villages. Il y en a un, au-delà de Gateside, près duquel tous les voyageurs sont descendus ; la nuit était très obscure ; nous montions péniblement une côte assez rude, éclairés seulement par les deux énormes flambeaux de la voiture. Un torrent coulait avec fracas sur notre gauche dans un lit de cailloux, et la colline s'élevait presque perpendiculairement devant nous. Nous n'apercevions pas un seul arbre, pas un buisson, pas un abri : tout était noir, profondément noir. De petites sources descendaient sans bruit du sommet de cette colline, traversaient la route presque sans la mouiller, et couraient se jeter dans le torrent. Les voyageurs, enveloppés dans leurs manteaux, les uns en bonnet de nuit, les autres affublés de leurs capotes blanches, gravissaient lentement la hauteur ; le froid était très vif, et les forçait de frapper des pieds et des mains pour se réchauffer. Quelques coups de fouet retentissaient de temps en temps, et se perdaient dans ces longues vallées, après avoir été répétés par un écho d'abord faible, puis tout à fait sonore et bruyant. Il semblait que tous les objets, dans cette marche nocturne, eussent pris une teinte romantique, jusqu'à de larges poteaux blanchâtres plantés de distance en distance pour indiquer la route, et qui simulaient de véritables fantômes, lorsque la voiture, en passant devant eux, les éclairait subitement de ses flambeaux. J'ai quelquefois éprouvé dans les Alpes, au milieu de leurs épaisses forêts de sapins, de ces émotions lugubres que le docteur Young appelle des émanations de la nuit ; mais elles n'avaient rien de commun avec la sombre tristesse qu'inspirent les vallons du Westmoreland. J'ai cru voir une décoration de la tragédie de Macbeth, et, quoique peu sensible aux horribles beautés de Shakespeare, ici, j'ai dû leur rendre hommage, en les trouvant dans la nature.

Au point du jour, la vue de Penrith nous a tous soulagés de notre promenade dramatique. Cette jolie ville est embaumée par l'odeur des jasmins, des myrtes et des résédas que les habitants cultivent sur leurs fenêtres, avec un soin extrême, comme des amis de la maison. Que n'ont-ils le beau ciel de Nice et de Gênes! mais la providence n'a pas voulu sans doute que le ciel d'un pays libre fût toujours pur, puisqu'elle a mis des brouillards en Écosse, et la fièvre jaune en Amérique. Par une compensation cruelle peut-être, elle a fait naître des moines sous les riants ombrages de Valence et de l'Andalousie; elle a permis que la terre de Virgile et d'Horace fût souillée par des Autrichiens, et le tombeau de Léonidas, par des Turcs. Il fallait bien que Dieu donnât quelques consolations aux Espagnols et aux Italiens, puisqu'il leur a toujours refusé le courage d'être libres.

La plaine de Penrith à Carlisle, triste et monotone comme l'esclavage, ne présente aucun point de vue qui puisse nous distraire. Si l'on excepte ses lacs, que nous n'avons pas vus, ce comté de Cumberland est bien stérile pour le voyageur : vingt-huit terribles milles, sans qu'un objet intéressant attire ses regards! Les chevaux ont beau avoir des ailes, ils ne vont plus assez vite à notre gré, et tout le temps que nous passons à parcourir cette plaine bourbeuse, nous semble un temps perdu. Le soleil, qui nous a souri jusqu'à ce jour, s'est caché derrière un mur de brouillard; le froid devient aigu; quelques sapins jetés çà et là nous avertissent de l'approche du nord, et nous soufflons dans nos doigts tandis qu'on cherche l'ombre à Paris. Carlisle, lugubre ville de briques, ne nous offre que ses vieilles tours enfumées et son inutile citadelle. (Blanqui, *Voyage d'un jeune Français...*, 1824.)

Bourget
A la rencontre de Wordsworth

Du fond de ces villes qui gisent comme un gouffre de suie, l'Anglais aperçoit pourtant des matins de ciel clair, et cette demi-vision redouble en lui l'inévitable nostalgie d'un repos après le labeur, dans un horizon d'idylle. C'est pour cela que nulle part, comme en Angleterre, le voyageur ne rencontre l'étonnante alternance des paysages d'industrie et des paysages de loisir romanesque. Londres, avec ses énormes parcs encastrés dans ses énormes quartiers, est comme le raccourci de tout ce pays. L'île de Wight est un des parcs de l'Angleterre. Le district des Lacs en est un autre. Et tout l'annonce, à mesure que le train s'en va de Manchester à Lancastre, puis de Lancastre à Windermere. Même, si j'avais comme l'infortuné Keats, le poète d'*Endymion*, la foi profonde aux dieux païens, j'eusse remercié un génie complaisant de ce qu'au moment du départ, il m'accordait un de ces jours bleus d'une si étrange impression après tant de jours noirs. Il courait dans l'air du matin, tandis qu'un *cab* m'emportait dans les rues de la sombre ville vers Victoria Station, le joli frisson d'une lumière qui se débarrasse de ses nuages. Seulement c'était encore, entre cette lumière et Manchester, une buée immobile de charbon. Une vapeur à la fois transparente et presque palpable, d'une nuance violette, se glissait jusque dans les sculptures des hautes maisons de pierre rouge. Un peu de gaieté physique filtrait à travers ce dôme de poussière et de brouillard, et une caresse du soleil se posait sur les promeneurs des places publiques. Cette même caresse traînait sur les allants et venants qui, dans la gare, attendaient la mise en mouvement d'un des dix ou quinze trains en partance. Les voitures arrivaient, enlevées au trot des chevaux rapides qu'un mors trop sévère forçait de relever leur tête et de crisper leur bouche avec douleur. Des hommes en chapeau de soie, et leur billet dans la main, faisaient cirer leurs bottes. Des porteurs roulaient des brouettes, déposant les bagages du voyageur qui les suivait, dans le compartiment destiné à une localité précise. A travers cette cohue libre de tout contrôle, aucun tumulte même dans la hâte, aucun désordre même dans la complication. Les plus menus détails montrent les peuples. Ces gens-ci se rangent eux-mêmes. Il suffit de rappeler une de nos gares pour constater que, dans nos voyages comme dans notre politique, nous autres Français, toujours une administration nous range.

Heureuse manie philosophante ! Et quelle compagne pour les minutes d'ennui d'un trajet ! Le train est en marche, et je lis des journaux. C'est un signe encore que le peuple est autre. Ces gazettes de huit pages, et de combien de colonnes ? sont pourtant de province. Les faits s'y pressent, serrés comme les grains de raisin dans un pudding. Il y a des renseignements circonstanciés sur la guerre d'Égypte, sur une exploration en Afrique, sur le prix des marchandises à tous les coins de la terre, sur la grève des policiers d'Irlande, sur un concours de joueurs de cricket. Que nous voilà loin des fines chroniques et des légers feuilletons de nos articliers du boulevard, ou de leurs imitateurs départementaux ! Aussi bien, l'homme d'environ cinquante ans, au visage carré, qui est assis en face de moi et qui, de sa large main, tient un de ces journaux anglais, ses larges pieds fortement posés à terre, cet homme aux épaules massives, aux fortes bottines lacées, au visage pourpre, aux vêtements solides, ce personnage chez lequel tout respire la certitude, n'est-il pas le lecteur qui convient à ce répertoire de réalités ? — Heureuse manie philosophante ! Qu'aurais-je fait pendant les trois heures qu'il m'a fallu passer à Lancastre, si je n'avais pas interprété en idées générales ni tout à fait vraies, ni tout à fait fausses, de menus détails d'observation ? Au pied du vieux château, reconstruit à la moderne mais crénelé toujours, une fois de plus je constate que l'aspect des constructions nouvelles s'harmonise ici merveilleusement avec l'aspect des constructions anciennes et gothiques — éternel symbole d'une civilisation dans laquelle le présent se relie sans cesse au passé. Devant ce château, un cimetière est placé qui sert de jardin public. Le gazon pousse entre les pierres des tombes dont les enfants rieurs effacent avec leurs pieds les inscriptions. Une petite fille passe, ses cheveux blonds sur ses yeux, avec cette douceur d'ange, propre aux visages anglais dans la toute jeunesse. Si les morts qui dorment sous la pierre pouvaient s'éveiller de leur sommeil sans songes, ils retrouveraient leur Angleterre dans l'Angleterre vivante — et les nôtres, hélas ! nos morts reniés, qui ont créé pourtant notre France avec la bonne volonté de toutes leurs heures, que retrouveraient-ils de leur œuvre, s'ils revenaient promener leur fantôme à la place où leur effort s'est dépensé ?

Et le train m'emporte de nouveau. Je suis enfin à Windermere, dans ce district auquel se rattachent les noms de Wordsworth et de Samuel Coleridge, de Southey et de Quincey, de Tennyson aussi, puisqu'il vécut longtemps sur le bord du lac de Coniston, à Tent Lodge. C'est vraiment une entrée dans un délicieux jardin de plaisance, que ce premier abord du pays des lakistes. L'eau du lac de Windermere s'aperçoit de la voiture, sur la route conduisant au petit village d'Ambleside, à l'autre extrémité. Cette eau apparaît grise et bleuâtre, parmi les arbres, sous un coucher de soleil tout blanc, qui argente un ciel ouaté de brumes, et ces molles brumes vaporisent les caps boisés de l'autre rive. La route longe ainsi le grand lac qu'elle laisse à sa gauche, et sur la droite ce ne sont que maisons garnies de lierres et fleuries de roses. La fenêtre d'en bas — en forme d'*oriel* — fait saillie sur la façade et bombe ses carreaux sur une pelouse comme feutrée de gazon vert...

Pèlerinages poétiques

J'ai fait plusieurs de ces pèlerinages poétiques à la recherche des souvenirs du premier des lakistes, du seul même qui mérite véritablement ce nom. Car Coleridge et Southey ont bien vécu parmi les lacs, et Quincey pareillement, mais Wordsworth seul a vécu des lacs. De ces divers pèlerinages, le plus caractéristique peut-être est celui qui m'a conduit, moi vingtième, d'Ambleside aux vallées du petit et du grand Langdale, en revenant par les bords du lac de Grasmere et du lac de Rydal.

Dès neuf heures, c'est devant l'hôtel, une mêlée de voyageurs qui envahissent les banquettes des grands chars à bancs au timon tendu : jeunes filles serrées dans leur waterproof, pasteurs en longue redingote noire, jeunes gens chaussés de bas de laine avec la culotte courte et bouffante. Les chevaux ne sont approchés que cinq minutes avant le départ et lorsque les voitures sont toutes garnies. Le cocher donne un coup de fouet, rassemble les guides de ses cinq bêtes, crie : «*Pull up !*» et l'énorme machine s'ébranle, traînée lestement le long des pentes, précipitée hardiment sur les rampes des descentes, emportant sa troupe de curieux en costumes de toutes formes et de toutes nuances. Avec des gens qui s'occuperaient les uns des autres, cette façon de voyager serait odieuse. Mais pour l'Anglaise dont le coude touche mon coude sur le haut de la voiture, je suis exactement ce que la paroi de son coupé peut bien être pour la Parisienne qui remonte les Champs-Élysées.

A peine éloignée d'Ambleside, la route contourne la tête du lac de Windermere et passe au pied de Loughrigg fells, collines dentelées et violettes, où des nuages blanchâtres s'échevellent. Entre le lac, dont l'eau est toute bleue et cette route grise, c'est une prairie d'une verdure comme appauvrie. Les meules de foin sont coupées, la rivière Brathay coule tout au ras de l'herbe courte — rivière transparente et sombre à la fois, qui passe lentement dans l'intimité de sa rive, qu'elle va noyer. Bientôt la route a quitté le lac et court dans un défilé de collines plantées, à mi-hauteur, d'arbres sombres dont la verdure noire contraste avec la verdure pâle des prairies qui remplissent l'intervalle. Puis cette route monte, et ce ne sont plus, des deux côtés, que bois de chênes et de bouleaux. Les grandes digitales croissent en abondance au rebord de ces bois. Comme trop lourdes, les clochettes rouges se laissent pendre à la pointe de la tige grêle ; et, à un moment, Colwith-force apparaît, cascade magnifique et large qui, de bassin en bassin, descend avec un frémissement de toute son écume blanche. L'eau se précipite, et, sur les rochers qui font bordure, de minces fougères se dressent qui ne tremblent pas. L'eau bondit, l'eau rejaillit, l'eau gronde et tonne. Puis c'est une mort de cette eau furieuse dans le dernier bassin, remué encore, mais translucide, qu'un rien d'écume blanchit à peine. Si les beautés de la nature ont leur correspondance morale, rien de plus candide et de plus naïf, si l'on peut dire, que ces inoffensives colères des chutes d'eau et ces bouillonnements, suivis de tels repos...

La route monte encore jusqu'à un col dénudé, d'où se découvre la vallée du petit Langdale, étroite et toute en pelouses mamelonnées. Parmi ces pelouses, avec un rideau noir de sapins sur son bord, repose un *tarn*. C'est le vieux mot islandais pour désigner ces gouttes d'eau, jetées dans les montagnes — étangs qui miroitent, et que, dans certaines de nos provinces, les paysans appellent du nom sinistre de « gourres », à cause, sans doute, de leurs engouffrantes profondeurs. Pas une toiture à l'horizon. Des moutons à mufle et à jambes noirs paissent sans berger, l'herbe drue, dont la verdure s'éclaire, par place, de mousses moins sombres. L'eau du tarn repose, à ce point immobile que les joncs s'y reflètent en entier, et cela produit une impression de chose sans contour. On dirait d'une lumière sans forme, où des fils magiques se trouveraient pris — brindilles d'émeraude dans de la clarté d'argent. Car le ciel est si blanc que, reflété dans ce lac, il le nuance des plus blanches couleurs. C'est le paysage que Wordsworth décrit dans son *Excursion* : « ... Regarde./A tes pieds une vallée petite et obscure,/si petite et pourtant si élevée/parmi les montagnes, comme si cette place/avait été ainsi de tout temps, par son propre vœu,/exilée en dehors du reste du monde./Elle a d'une urne la forme gracieuse et la profondeur,/... et, dans ce réduit tranquille, parmi les vertes prairies,/l'eau d'un étang brille au soleil...»

Aussi bien, c'est par des ciels voilés qu'il convient de voir ces paysages du Nord, dont le charme réside moins dans les lignes définies de l'horizon que dans la tache tremblante et le fondu de la couleur. Un peu après cette retraite du petit Langdale, il y a une hauteur d'où trois autres lacs s'aperçoivent, endormis chacun dans sa vallée : Elterwater, Grasmere et Rydal. Les arbres qui cerclent ces lacs sont feuillus et verts, mais d'un vert que la brume adoucit. Les eaux sont bleues, mais d'un bleu vaporeux et que cette brume appâlit. Du ciel, que sa langueur fait automnal, une buée molle descend. Elle enveloppe les montagnes souples, les eaux reposées, l'horizon silencieux. Comment résister à cette morte douceur des choses? Les Anglais s'y efforcent et luttent contre le rêve avec une débauche d'énergie physique. Près de Grasmere, des propriétaires de la contrée ont installé un cirque en plein air, où des hommes de la meilleure société, vêtus de maillots blancs, se prennent à bras-le-corps et luttent devant des gradins chargés de toilettes et cent voitures de maîtres. «Quelle belle place pour un *lawn-tennis*!» s'écrie une des mes compagnes de voyage devant une large étendue de gazon. Mais ce n'est point la règle générale. D'autres ouvrent leur cœur à cette poésie rêveuse du paysage, et c'est pour eux qu'écrit Wordsworth, — ce sonnettiste si naturel à la fois et si raffiné, ce moraliste si tendrement troublé par la vue de la plus petite fleur. Il dort aujourd'hui dans le cimetière de Grasmere, derrière l'humble église où il n'a jamais manqué de venir le dimanche. C'est dans ce paysage encore qu'il faut lire ses vers pour en bien comprendre la sérénité sérieuse, la grâce familière, l'innocence aussi et l'exaltation religieuse.

Bruyères et feuillages

Je quittai donc Ambleside, presque avec tristesse, pour aller à Keswick — la ville où Southey et Coleridge vécurent longtemps. La pluie tombait, drue et dure, lorsque je me hissai sur le haut de la voiture qui fait le service entre les deux endroits. La route passe à côté des lacs de Rydal et de Grasmere. Elle contourne la haute montagne d'Helvellyn, rejoint le lac de Thirlmere, puis celui de Derwentwater, auprès duquel est situé Keswick. Il y a bien une façon de coupé fermé dans le corps de l'énorme char à bancs, mais personne ne songe à s'y emprisonner, malgré la persistance cinglée d'eau, qui fait fumer les croupes des cinq chevaux, et enveloppe, de son voile mouvant et glacé, les vallées et les montagnes. Vieillards et jeunes filles prennent place sur des banquettes découvertes, le torse drapé dans le manteau de caoutchouc, les jambes serrées dans le plaid de voyage, et le coup de fouet du vent mouillé avive seulement les couleurs des joues de ces mangeurs de viande rouge. A l'auberge où la voiture fait halte, ils descendent et boivent du lait brûlant coupé de rhum. L'alcool est ici nécessaire au sang comme l'air aux poumons. La voiture roule sur le bord des lacs, dont l'eau, d'un gris de fer, frémit sous la pluie. Une dernière fois, je regarde le gracieux Rydal, semé d'îles, Grasmere et son église ancienne. Puis c'est une montée continue. Des gorges sauvages se creusent à droite et à gauche, et Thirlmere apparaît, beau lac tout mince entre les montagnes, et qui donne l'impression d'un fleuve. Des vallées se coupent les unes les autres, dénudées et roses de bruyère, ou bien boisées et vertes de feuillage. Voici enfin, du haut d'un col, trembler sous l'ondée les taches lumineuses d'un nouveau lac et se profiler les toits ardoises d'une petite ville. C'est le Derwentwater et c'est Keswick.

L'après-midi avance. La pluie a cessé. Comment résister au plaisir d'errer dans la petite cité provinciale et le long des rues, dont les maisons à un étage, toutes identiques et rangées avec symétrie les unes à côté des autres, représentent à la fantaisie qui songe une série de mondes juxtaposés, comme ceux où nous introduit Dickens? Qui ne se rappelle, dans *David Copperfield*, les pages consacrées à Yarmouth, et comme chaque intérieur est évoqué avec une infinie minutie de détails? Un paysage de montagnes se dessine au détour de ces rues de Keswick. Il est quatre heures à peine, mais les nuages se sont épaissis jusqu'à ne laisser flotter dans le ciel qu'une lumière de crépuscule. Des enfants jouent et crient au sortir d'une école. Une impression d'étrange mélancolie se dégage pour moi de ces clameurs d'enfants mêlées à la tombée du jour. (Bourget, *Études Anglaises*, 1910.)

Esquiros

Le grand jubilé rural

De par ordre du Parlement, la bière anglaise ne peut être faite qu'avec de l'orge et du houblon. Il faut donc s'occuper d'abord de ce dernier produit agricole.

La récolte des houblons commence, selon les années, à la fin d'août ou au commencement de septembre. Les routes du Kent, du Sussex et du Surrey — les trois comtés de l'Angleterre qui se partagent plus ou moins cette culture — se couvrent alors d'une multitude de piétons qui se rendent aux *hop gardens* (jardins de houblon). Des groupes de femmes, d'enfants, de vieillards, quelquefois des familles isolées, s'avancent d'un pas inégal, non sans charmer la longueur du chemin par des chansons et des saillies. C'est, de distance en distance, un spectacle animé et pittoresque qu'on chercherait en vain dans les autres saisons de l'année. Quelques-uns de ces groupes voyageurs viennent de loin; on distingue, dans le nombre, des familles du pays de Galles et surtout des femmes irlandaises qui se font remarquer à leur accent, à leur désinvolture, à leur gaieté bruyante et trop souvent, il faut le dire, à leurs pieds nus. Ce dénuement contraste avec le chapeau de lady plus ou moins fané qu'elles ont sur la tête, et qu'elles ajustent avec un air de coquetterie, de façon que cette coiffure retombe sur les yeux pour les préserver sans doute des rayons du soleil. Hommes et femmes portent généralement sur le dos quelques bagages, et de temps en temps avec les bagages un objet plus cher, un enfant. La cueillette des houblons (*hop-picking*) est considérée par la classe malheureuse comme le grand jubilé rural. A cette époque de l'année, le vagabond secoue sa paresse, l'étameur ambulant éteint son fourneau, le mendiant cesse de tendre la main, le ménestrel quitte son violon, le garçon laboureur dit pour quelque temps adieu à la charrue ; tous vont à la fête des houblons. Là se rencontrent le pauvre en habits décents et le pauvre en guenilles, l'ouvrier à figure ouverte et l'aventurier à la mine peu rassurante, l'honnête homme et le voleur ; seulement, ce dernier ne vole plus, il travaille. Parmi les femmes, ce sont les mêmes contrastes : la misère sordide et la misère coquette, l'adolescence et la vieillesse, la vertu et le vice, mais le vice sanctifié maintenant par une occupation utile. Tout cela se mêle, se coudoie, s'interpelle en riant le long de la route. D'étape en étape, les caravanes s'arrêtent pour faire le thé en plein vent. Les hommes, assis près du feu et de la chaudière, fument gaiement leur pipe, ou dorment la figure couverte de leur chapeau, tandis que les jeunes filles folâtrent au bord des haies, cueillent des noisettes ou détellent l'âne qui traîne dans une petite charrette une vieille femme et quelques ustensiles de ménage.

Tout le monde ne va point à pied, c'est trop cher : plusieurs des immigrants ont reconnu que le chemin de fer était le moyen de locomotion à la fois le plus rapide et le plus économique. L'année dernière même, à l'ouverture de la moisson de 1858, sur la ligne du South-Eastern Railway, le train du dimanche matin, quoique d'une longueur inusitée, ne put suffire à la foule des voyageurs qui allaient s'engager dans les houblonnières. Il fallut y joindre un second, puis un troisième train à bon marché, pour transporter les essaims de cueilleurs de houblon (*hop-pickers*) sur le théâtre des travaux. Ce dimanche seul, le nombre des *hoppers* ainsi transportés, et allant pour la plupart de Londres et de Gravesend vers Maidstone, s'élevait à plus de trois mille. On peut, par là, se faire une idée de l'affluence d'ouvriers nomades et, comme disent les Anglais, de *mains extra* que la récolte des houblons attire sur certains comtés du sud de l'Angleterre à la fin de l'automne. La migration de ces ouvriers continuent pendant plus d'une semaine.

Quand la récolte des houblons vient à manquer, — ce qui n'arrive encore que trop souvent, — une sombre détresse s'étend non seulement sur les districts du Sud, où cette plante croît en abondance, mais encore sur les provinces du Nord les plus éloignées. Ces hivers-là, dans les campagnes, la misère est grande, et les jeunes filles disent, en montrant leurs vêtements usés : « Que voulez-vous ! les houblons ne prospèrent pas toujours. » Un mois avant que commence la moisson, les houblons sur pied ont déjà donné lieu, dans le Kent, le Sussex et le Surrey, à de nombreuses gageures entre les paysans, les fermiers, les artisans, les gentilshommes campagnards (*country gentlemen*). Ces gageures portent sur la valeur probable de la récolte. C'est un véritable jeu. On parie sur les houblons dans certains districts comme dans d'autres on parie sur les chevaux de course. D'immenses sommes d'argent se trouvent ainsi gagnées ou perdues chaque année dans ces transactions. Des dîners ont lieu, appelés dîners de houblon (*hop-dinners*), dans lesquels on fait de nouveaux paris et l'on solde les anciens. Il arrive assez souvent, grâce à ces gageures, que le riche d'hier devient le pauvre d'aujourd'hui, et que le pauvre se réveille tout à coup maître d'une fortune considérable. On cite un facteur de houblon qui a réalisé, en 1857, plus de 60 000 livres sterling dans ces aventures aléatoires.

Choisissons pour notre théâtre d'observation le Kent, ce district surnommé à juste droit la grande houblonnière (*great hop growing*) du Royaume-Uni. Les premiers jardins de houblon se montrent un peu au-delà d'Erith, joli village assis au bord de la Tamise, et qui se distingue par une vieille église fière de son clocher, de son manteau de lierre et de ses tombes éparpillées sur l'herbe. Les jardins de houblon se développent vers Rochester et Chatham, petite ville curieusement située au bas d'une colline nue, et qui se découvre dans l'enfoncement comme un nid d'oiseau. Enfin ils s'étendent magnifiquement, et sur une échelle encore plus considérable, dans les environs de Maidstone.

Au moment où vont commencer les travaux du *hop-picking*, la face de la nature présente dans le Kent, cette province si fertile, des traits particuliers. Les champs de blé ont perdu leur blonde chevelure, qui vient de tomber sous la faux ; des groupes de meules de paille, souvent au nombre de dix-huit ou vingt, et semblables à des huttes de sauvages, élèvent, au milieu d'espaces vides et rasés, leur toit conique, autour duquel rôdent par instants des nuées de moineaux pillards. Les arbres n'ont déjà plus l'éclat verdoyant ni la riche uniformité de l'été : leur feuillage revêt une nuance foncée que je n'ai vue qu'en Angleterre, et qui sert comme de fond sombre à une broderie dessinée par de jeunes branches, lesquelles ont toute la fraîcheur d'une verdure printanière. A l'exception de quelques fruits d'hiver qui pendent lourdement aux arbres des vergers (*orchards*), la nature a donné tout ce qu'elle avait promis. Au milieu de ce paysage, devenu plus sévère avec le progrès de l'année, sur lequel s'étendent déjà quelques légères teintes de mélancolie, et dont les beautés touchent à la décadence, les jardins de houblon se détachent avec une grâce et une jeunesse merveilleuses.

Ces plantations sont entourées de haies vives, composées le plus souvent de grands arbustes, et qui les enferment comme un mur impénétrable. Le houblon est par lui-même une noble plante au port délicat et hardi, qui grimpe à une hauteur considérable le long des soutiens qu'on lui ménage. J'ai vu en Angleterre de charmants berceaux tapissés de *hops*, et sous lesquels, aux chaudes heures du jour, on allait prendre le thé. Un pied de houblon est quelquefois l'orgueil et la joie d'une pauvre mansarde, dont il cache les cicatrices sous des pampres qui feraient envie à la vigne elle-même. Cependant la vue d'un champ de houblon (*hopfield*) est bien autrement imposante : ces hautes plantes, mariées à des perches dont elles atteignent le faîte, et d'où elles pendent quelquefois en vertes girandoles, ces allées étroites et mystérieuses qui s'alignent entre une double rangée de feuillage, ces fortes oppositions d'ombre et de lumière qui luttent et finissent par se confondre au pied des *vignes* dans une sorte de clair-obscur ravissant, ces belles grappes, vertes d'abord, mais qui jaunissent en mûrissant, et qui, agitées par la brise, répandent vers le soir une forte odeur amère, tout cela donne à cette culture, et à ce qu'on pourrait appeler les *vendanges saxonnes*, un vif caractère de poésie rustique.

Le houblon à l'état sauvage est originaire de la Grande-Bretagne. Je l'ai rencontré plus d'une fois dans les haies qui serpent le long des *lanes* solitaires, sur la lisière des bois, ou même parmi les saules qui penchent au bord des rivières. Il fleurit en juin, et ses grappes mûrissent en septembre. Les pauvres gens cueillent, au printemps, les jeunes pousses du houblon sauvage, et les font bouillir en guise d'asperges sous le nom de *hop-tops*. Un fait singulier, c'est que la plante cultivée ne descend point en Angleterre, comme on serait porté à le croire, de la plante indigène. Un ancien distique anglais veut que le dindon, la carpe et le houblon soient venus la même année dans la Grande-Bretagne. Il faut entendre par là le houblon perfectionné par l'art. Ce dernier fut, en effet, importé des Pays-Bas vers le règne de Henri VIII. Cette culture, une fois introduite, se développa, mais lentement. Comme toutes les innovations, elle avait trouvé des adversaires. Des pétitions furent adressées plus d'une fois aux rois et au parlement d'Angleterre contre cette plante étrangère, qu'on accusait de toute sorte de méchancetés, *wicked weed*. Le parlement tint bon, et se montra plus sage que la nation elle-même en refusant de sévir contre une branche de culture qui fournit aujourd'hui à l'État des revenus considérables, tout en accroissant la prospérité individuelle et le bien-être des classes ouvrières.

La grande migration des *hop-pickers*, que nous avons vue s'avancer par toutes les routes dans l'intérieur du Kent, ne s'arrête point aux premiers jardins de houblon qui s'élèvent du côté de Crayford. La population locale des femmes et des enfants suffit dans ce village à la nature des travaux, qui sont peu étendus. Il nous faut donc suivre la masse des voyageurs jusqu'aux environs de Maidstone, jolie ville, agréablement située sur la belle rivière Medway, que traverse un pont à plusieurs arches, ancien, mais retouché. Autour de l'église se groupent des restes d'architecture historique. Un débris de l'ancien palais du primat, Primate Palace, construit sous le roi Jean, pend d'un côté du cimetière sur la rivière toujours jeune, malgré les rides que le vent grave et que le courant efface. Là, j'ai vu aussi une vieille maison qu'on appelle le château, les ruines du collège de Courtenay et les restes d'un prieuré. Un air calme d'antiquité règne sur cette partie de la ville, qui, dans d'autres endroits, affecte l'élégance moderne ; mais ce sont surtout les environs qui donnent à Maidstone un caractère pittoresque. Les riches vergers, les taillis, les anciens châteaux, la surface ondulée et boisée des collines, les opulentes cultures, les villages propres et tranquilles, les jardins de houblon avec leurs festons gracieux groupés autour des perches hardies, les vignes qui laissent pendre leurs tresses blondes comme une Anglaise coquette, tout cela forme un type de paysage qui ne se rencontre point ailleurs, et qui explique bien ces mots : l'heureuse Angleterre, *happy England*.

Le premier jardin de houblon dans lequel je m'arrêtai, à une lieue de Maidstone, était surveillé par un contremaître, *superintendent of the picking*, jeune homme blond, aux bras nus et vigoureux, qui, parmi les guirlandes naturelles, se tenait fièrement sur le théâtre des travaux, avec des airs de Bacchus saxon.

« Un beau temps ! me dit-il (c'est toujours par là qu'un Anglais engage la conversation). Vous venez voir le *hop-picking*. C'est un spectacle auquel on n'assiste pas tous les jours, et qui doit intéresser un étranger ; car je reconnais, à votre figure et à votre accent, que vous êtes français. Le houblon est le fleuron (*gem*) de la culture anglaise : une belle plante, mais délicate et capricieuse ! Le terrain qui lui convient le mieux est celui-ci : une surface profonde et grasse, avec un sous-sol de marne et de terre à brique. Tout le monde n'est, d'ailleurs, pas à même de former une plantation : cela exige des dépenses considérables. On évalue les frais de 70 à 100 livres sterling par acre. Et puis cette plante se montre sujette à tant de maladies, elle souffre de tant d'accidents, elle fait payer si cher la moindre négligence, que les rêves d'or de l'agronome s'évanouissent bien souvent en une nuit. Aussi devez-vous regarder comme une erreur l'opinion, généralement répandue dans les livres, qui veut que les fermiers du Kent consacrent tous leurs soins aux houblonnières. Le résultat est trop chanceux pour qu'on s'appuie entièrement sur cette culture. Il est vrai qu'elle produit quelquefois des bénéfices énormes : j'ai vu une acre de houblon donner par récolte un profit clair de 30 et même de 50 livres sterling ; mais il faut, pour s'aventurer dans cette entreprise, des fermiers qui aient à la fois de grands capitaux et le caractère spéculateur. Quand elle réussit, une houblonnière est l'orgueil et l'amour (*love*) de l'agriculteur enthousiaste. Ce jardin dans lequel vous êtes a été planté il y a sept années : il est beau, je l'avoue ; mais, en le voyant, vous ne vous doutez guère, je suis sûr, des peines ni des dépenses qu'il a coûtées. Une grande affaire, quand le terrain a été fouillé, épierré, enrichi d'engrais, quand les jeunes plants ont été disposés avec art et symétrie, c'est l'achat des perches. Il est nécessaire à la santé des houblons que l'air et la lumière jouent librement dans toutes les directions ; aussi vous remarquerez que ces hautes perches sont placées de manière à laisser vers le midi de plus larges ouvertures, par lesquelles s'introduisent les rayons du soleil. Il a fallu ensuite lier les vignes aux perches : c'est une branche de travail qui emploie beaucoup de personnes, surtout des femmes. On attache les tiges avec des joncs, mais de manière à ne point gêner le mouvement de croissance. Le houblon veut être soutenu, protégé ; il ne veut point être gouverné. Plus tard, quand les houblons ont atteint le sommet des perches, des ouvriers viennent avec des échelles pour retenir celles des vignes qui paraissent d'humeur à s'égarer. Il se passe ainsi de deux à trois années avant qu'un schelling soit entré dans la poche du fermier. Il y en a, je le sais, qui veulent tirer des produits de leurs houblons dès la première année ; mais c'est au grand détriment des récoltes futures, et ces gens-là mangent leur bien en herbe. Je ne songe pas, d'ailleurs, sans tristesse que, d'ici à quelques années cette plantation si riche, qui a demandé tant de soins, dont les vignes se couronnent chaque été de si belles grappes, subira la loi du temps. Les plantations de houblon vivent de quinze à vingt ans dans les bonnes terres ; mais elles commencent à décliner après la dixième année. Heureusement, la récolte de 1858 sera belle, et vous voyez que les bras ne manqueront pas à l'ouvrage. » (Esquiros, *L'Angleterre et la vie anglaise*, 1859.)

Blanqui
L'agriculture de l'avenir

Je suis allé, en compagnie de mon savant ami Michel Chevalier, professeur d'économie politique au Collège de France, dans une des fermes les plus remarquables du Shropshire, dirigée par un des cultivateurs les plus distingués de l'Angleterre. Nous avons trouvé cet habile agriculteur inébranlable comme un roc dans sa confiance en l'avenir de l'agriculture.

[...] Il venait de découvrir une nouvelle mine de richesses dans la multiplication des cochons. Nous en avons compté quatre ou cinq cents dans sa ferme. Au lieu de produire du blé, W. produisait de la viande, et il ne doutait pas que l'abolition des lois céréales *ne donnât de l'esprit* à une foule d'agriculteurs qui s'étaient endormis depuis tant d'années sur l'oreiller de la protection.

C'est là, monsieur, que nos cultivateurs pourront voir la différence qui existe entre leur immobilité séculaire et l'application des procédés de l'industrie à l'agriculture. J'avais été très frappé, en parcourant les galeries de l'Exposition universelle, de la variété singulière des instruments d'agriculture anglais, dont la plupart sont inconnus, même de nom, en France. Nous nous étions fait expliquer souvent, mon collègue et moi, à quels usages pouvaient servir, par exemple, de jolies petites machines à vapeur agricoles de la force de cinq ou six chevaux : nous le savons maintenant. Nous avons vu tout le long de notre route plusieurs de ces machines dans les basses-cours des villages. Elles servent à dépiquer le blé, à hacher le foin pour les bestiaux ; on les emploie à labourer, en les établissant à poste fixe sur divers points des champs, d'où elles font mouvoir les charrues. W. ne désespère pas de les appliquer à une foule d'usages nouveaux, et il a eu l'obligeance de faire fonctionner devant nous deux modèles de machines destinées à sarcler et à *bêcher* à la vapeur. Cette dernière est vraiment ingénieuse, et il est impossible d'imiter avec plus d'exactitude le mouvement des bras de l'homme. « Avant peu, disait W., toute l'Angleterre sera bêchée et passée au râteau comme mon jardin. »

Pour bien comprendre la justesse et la réalisation probable de cette pensée, il suffit d'observer avec quelque attention les mœurs de ce pays. Le fermier qui nous a donné l'hospitalité possède trois mille arpents de terre, et il vit avec une simplicité qui n'est pas sans grandeur. Il demeure sur le terrain de ses exploitations, il les surveille, il anime tout de son exemple. Il ne dédaigne aucun détail important. Il fait recueillir avec une sollicitude extrême la moindre parcelle de fumier solide ou liquide. Il parcourt les logements de ses nombreux cochons, s'informe de leur santé, veille à tous leurs besoins. C'est sa Californie à lui. Quinze mois suffisent pour voir naître et mourir ces utiles animaux, qui donnent des profits énormes à sa ferme. Mais quel ordre, quelle hiérarchie dans tous les travailleurs de cette ferme !

[...] Chacun ici respecte son semblable, le maître ses serviteurs, les serviteurs leur maître. Point de familiarité ni de hauteur. On parle peu de part et d'autre, mais on agit beaucoup.

W. nous a conduits, à travers champs, dans toutes ses cultures. Invitez, monsieur, les agriculteurs de vos amis à faire ce voyage. Ils verront ce que c'est que l'agriculture ici, quel art admirable, méthodique, raisonné, plein de charme ; comment la terre se maintient exempte d'extrême humidité et d'extrême sécheresse par le *drainage* ; comment les engrais pulvérulents, tels que le *guano*, sont déposés par une machine autour de chaque grain de blé qui descend dans la terre, au moyen du semoir ; comment le fourrage est pressé pour éviter la fermentation ; comment on mêle la paille et le foin ; comment on broie les os pour employer le phosphate de chaux qu'ils contiennent. Sur d'immenses surfaces, tous les carrés de cultures spéciales sont environnés de leur clôture ; partout de petites barrières en fer ou en bois, fermant bien à l'aide de loquets ingénieux et économiques, des mangeoires à deux fins, des râteliers, des étables, des écuries, des laiteries d'une propreté admirable ; les carreaux de vitres lavés tous les jours. *On daigne résider* ici, monsieur ; on sait trouver le profit et le bonheur aux champs, et les champs ne sont pas injustes. Pour nous, Paris est tout ; nous y sommes cloués par les deux influences les plus irrésistibles, par celle de la politique et par celle des femmes. Que Dieu le leur pardonne ! mais j'espère bien que l'agriculteur n'a pas encore dit son dernier mot, et que la République rendra le séjour des villes tellement haïssable, que nous serons forcés d'aller chercher la paix et les douces émotions à la campagne.

Un autre trait des mœurs anglaises, c'est que la plupart des hommes qui s'occupent de culture sont généralement instruits et éclairés sur toutes les matières économiques. M. W. n'a pas seulement une rare collection d'instruments d'agriculture, il possède une excellente bibliothèque. Tous les fermiers de ce pays se tiennent au courant des progrès de la chimie, de la botanique, de la mécanique, de l'horticulture. (Blanqui, *Lettres sur l'Exposition universelle de Londres*, 1851.)

Trois regards contradictoires

Nisard

On s'incline, non devant une personne qui a l'avantage d'être lord, mais devant la pairie représentée par une personne ; non devant l'individu, mais devant l'institution utile à tous. De là, dans l'inférieur, une politesse respectueuse et non obséquieuse, et, dans le supérieur, nul besoin du dépit des petits pour mieux goûter l'hommage qu'il en reçoit. L'âne portant les reliques ne s'y trompe pas ; il voit bien que le salut s'adresse aux reliques, et, s'il en est secrètement chatouillé, il ne paraît pas du moins qu'il se *carre*, « Recevant comme siens l'encens et les cantiques ».

Les étrangers curieux font souvent de sottes questions. C'est ce qui m'arriva, une fois entre autres, avec un petit fermier du Nottinghamshire. Je lui demandais si les vastes domaines du duc de Portland ne lui faisaient pas des envieux : il ne parut pas me comprendre. Je refis la question. « Et pourquoi aurait-il des envieux ? dit-il. L'Angleterre a autant besoin de grands propriétaires que de petits tenanciers ; le duc de Portland n'a rien qui ne soit à lui ; le pays gagne à ses grandes dépenses. Qui pourrait trouver mauvais qu'il ait de quoi les faire ? » J'insistai : je voulais voir s'il parlait de conscience ou par ce soin qu'ont les Anglais de cacher aux étrangers les plaies de leur pays. « Toutes ces choses-là d'ailleurs, ajouta-t-il, sont de l'ordre de Dieu. » Je cessai mes questions. Cette dernière réflexion me donnait l'air d'un tentateur venant jeter dans un esprit simple et droit les tristes doutes que j'avais rapportés de mon pays.

C'est en faisant une promenade à travers ces magnifiques cultures que la route nous amena dans une petite gorge étroite et fraîche dont les bords sont boisés et au fond de laquelle coule un ruisseau. Entre le ruisseau et la colline s'élèvent deux rangées de maisons de construction uniforme, mais propres et riantes. En ce moment, les rayons du soleil couchant, pénétrant par la gorge, enfilaient la rue et faisaient reluire tout ce groupe de maisons au milieu des premières ombres, du soir qui descendaient déjà dans la vallée. Le silence du lieu, à peine interrompu par le murmure du ruisseau, ajoutait à l'air de santé et de propreté un air de tranquillité qui me charma. A gauche des maisons, au pied de rochers escarpés et verdoyants, se dressait sur une aire de sable une gymnastique au complet, attendant les joyeux enfants de la petite colonie. Je me demandais si, parmi ses autres singularités, l'Angleterre n'offrait pas là quelques honnêtes fous réunis sous la loi d'attraction de Fourier. Dans ce moment, des enfants sortirent des maisons, et vinrent en courant, les uns se pendre aux cordes à nœuds, les autres grimper aux mâts. Leur costume annonçait des enfants de la classe ouvrière : cette colonie dépend, en effet, d'une fabrique voisine que nous dérobait un pli de la vallée. Voici, pensai-je, un industriel comme je les aime ; il ne s'est pas contenté de loger ses ouvriers en un lieu charmant où les moines d'autrefois auraient bâti leur couvent ; il a pensé aux amusements de leurs enfants, et celui qu'il leur procure est presque aristocratique.

Je voulais savoir, de la bouche de quelque habitant, les sentiments de la colonie pour un chef d'industrie si paternel. Une femme, le témoignage le moins suspect nous apprit que ces maisons avaient été récemment bâties par la fabricant, que les ouvriers y étaient *confortablement* — en Angleterre, que dire de plus ? —, qu'il leur donnait le feu, le feu presque aussi nécessaire que le pain. « Nous sommes contents », dit-elle, et elle ajouta sans efforts : « Nous sommes reconnaissants. » Je marche de nouveauté en nouveauté, me disais-je à moi-même. Voilà des fermiers qui n'envient pas les propriétaires, et des ouvriers qui parlent avec gratitude du fabricant ! Heureux pays, même avec tout ce qu'il a de maux à réparer et de maux irréparables. (Nisard, *Souvenirs de voyages*, 1855.)

Kervigan

Le philosophe anglais cité plus haut appelle son compatriote rural une énigme morale, et il a raison. Il aurait deux fois raison s'il en donnait le mot. Il devait, pour l'instruction, sinon pour l'édification du genre humain, dévoiler la science mystérieuse qui a fait de l'homme la pauvre *chose* qu'il décrit ; car c'est à n'y pas croire ! Quoi ! l'homme tombé presque au rang de l'animal, dans le pays où le chien, le bœuf, le cheval, le porc et le mouton, la poule et le canard sont, chacun selon son espèce, portés au plus haut degré de perfection ! A tel point que le monde en admiration est jaloux de cette supériorité des bêtes anglaises sur celles des autres contrées. Qui ne désire vivement posséder dans son écurie un cheval anglais pur-sang, dans son étable un taureau de Durham ou une brebis de Sussex ? Un chien d'arrêt du Westmoreland ou une poule de

Dorking ? Mais qui voudrait voir ramper sur sa ferme un laboureur du pays de Galles, ou du comté de Lincoln, ou même de Sussex ?

Avant d'expliquer cette énigme vivante, disons que l'auteur n'a rien exagéré dans l'idée qu'il en donne. On en a vu des spécimens à Paris, pendant l'Exposition universelle de 1855, dans la personne des bergers anglais chargés de la garde des animaux perfectionnés de leur pays. Leur air timide ou effaré, l'humilité de leur posture, leur figure inerte, leur pauvre costume : chapeau de feutre à bords étroits, blouse de toile semblable à une chemise ouverte devant et derrière, guêtres de cuir grossières et peu propres, faisaient dire aux gens de toutes nations : Est-ce bien là le citoyen de la riche et fière Albion ? et n'a-t-elle point quelque vergogne d'envoyer ce triste produit national à une exposition universelle ? Quel contraste faisaient ces paysans délabrés à côté des bergers de l'Espagne, au visage expressif, au costume pittoresque ? du Tyrol, aux membres vigoureux, à l'air martial ? de l'Italie, aux traits nobles, à l'œil vif et intelligent ? de la Russie, offrant dans la personne de ses serfs des hommes à l'extérieur grave et mâle, à la mine pleine de santé, aux vêtements confortables ? Dans ce pêle-mêle de types nationaux, ils faisaient très bonne figure aussi, nos gars bretons, au visage fleuri, à l'air résolu, avec leurs longs cheveux, leur cinq ou six vestes de toile superposées et l'ample habit de toile blanche serré au milieu par une ceinture rouge... La triste, la très triste figure était celle des pastoureaux britanniques ; et plus d'un gentleman des bords de la Tamise, en les voyant, en fut humilié dans son âme anglaise. Le *Times* jeta quelques phrases balsamiques sur l'orgueil national blessé, et chercha des circonstances atténuantes à ce... délit de lèse-humanité commis par l'oligarchie de la Grande-Bretagne et à son profit. Vous avez vu, monsieur, au commencement de cette lettre, quelle sorte d'être est intellectuellement et physiquement le paysan anglais. Je vais vous dire maintenant où gîtent ses joies, ses défauts ; quel est son genre de vie domestique, quelles sont ses notions de dignité comme homme et comme citoyen. Vous allez voir quelles récompenses sont l'espoir, l'ambition, le but de sa vie.

Septembre vient de finir ; c'est en septembre qu'il reçoit ces récompenses, et pour les mérites que vous allez juger. S'il est resté quarante ans au service du même maître ; s'il ne s'est point enivré — ostensiblement du moins ; s'il a élevé dix à douze enfants avec l'énorme somme de 8 shillings 6 pence par semaine (10 fr. 60 cent.), prix de 72 heures de travail ; s'il n'a jamais demandé ou reçu le plus petit secours de la paroisse, John Scrogghinss reçoit l'enviable et glorieux prix de sa longue et vertueuse carrière. C'est une pièce d'argent, valant 3 fr. 60 centimes, une culotte de peau, plus une pancarte à placer sur sa cheminée et destinée à transmettre à sa postérité le souvenir de ses rares vertus. Elle lui apprendra aussi quel jour ses vertus ont été publiquement couronnées par les grands de ce monde.

Betsy, sa vieille ménagère, en récompense des miracles d'économie domestique qu'elle a dû faire pendant un demi-siècle, reçoit un jupon de flanelle pour la garantir des rhumes et de la froidure. Elle l'a bien gagné !

Parmi tous les mérites de Scrogghinss, le principal, l'unique, qui lui vaut de si hautes faveurs, pourrait bien être celui de n'avoir jamais demandé ni reçu le plus petit secours de la paroisse. Cette modeste abstinence de Scrogghinss a été une économie toute faite de quelques shillings, qu'eussent eu autrement à payer à ladite paroisse les deux ou trois riches du canton. Ils lui témoignent donc leur reconnaissance en lui décernant, comme prix de vertu, à peu près un centième de ce qu'il n'a pas voulu leur coûter.

Est-ce bien le citoyen d'un pays libre, de la fière Angleterre, qu'on fait le héros de cette farce solennelle, ou un être rompu à toutes les servilités et trop vide d'intelligence pour comprendre la dégradation d'un pareil triomphe ? Sa main tremble non de honte, mais de crainte, en recevant cette pièce de monnaie qui tombe des fières mains que la sienne ne touchera jamais. Il se croit trop honoré d'incliner ses cheveux blancs devant les augustes personnages qui ne dédaignent pas de l'appeler par son nom pour recevoir ce beau prix. Enfin, et pour tout dire, cet écu de trois francs, cette culotte de peau et ce jupon de flanelle valent bien le prix de deux semaines de son rude travail, et telle est son extrême pauvreté, qu'il se réjouit dans son cœur de se voir en possession subite de tant de richesses. Il se verrait bien plus riche encore, Scrogghinss, si, au lieu d'avoir élevé avec si peu de pâture douze enfants maigres, il avait engraissé un couple de *hogs* (pourceaux), cinq à six moutons, un taureau ou une génisse. Pour prix d'un pareil succès d'utilité nationale, il recevrait une médaille d'or ou 50 à 60 guinées, avec la gloire de voir son nom dans tous les journaux. Telle qu'elle est, pourtant, la récompense décernée à sa paternité est l'espoir, le couronnement de sa longue vie. Au coin de son feu, au bout de son sillon, en revenant à sa hutte, la bêche sur l'épaule, il y songe. Un homme qui borne là son ambition n'est pas, on en conviendra, bien difficile à gouverner. Il y a peu de chances qu'il se prenne de querelle, politique surtout, avec les grands du voisinage. Et puis, que de terreurs lui tiennent la tête et l'âme courbées sous le joug d'une obéissance absolue ! Au plus léger signe de rébellion, Scrogghinss verrait tomber sous la hache sa vieille chaumière, ce qui le réduirait, avec sa femme et sa nombreuse lignée, à coucher sous la voûte du ciel, fût-ce au mois de décembre. Il pourrait même payer de l'exil la velléité de vouloir quoi que ce soit contre la volonté de son seigneur. Celui-ci, possesseur de toute la contrée, sol et maisons, en fait franchir les limites, et sans retour, à quiconque lui déplaît. Je vous en citais naguère de nombreux exemples.

Ce n'est donc que par une soumission absolue que Scrogghinss restera attaché, sa vie durant, à la même glèbe, au même district, à la même misère, et qu'il recevra, vers la fin de ses jours, la récompense que vous savez.

Scrogghinss a pour ses enfants une ambition unique, encore plus élevée que la sienne ; c'est de les voir domestiques du château dont la façade blanche s'aperçoit là-bas à travers les gros arbres. Sa jeune Sarah, femme de chambre de mylady, son William, groom à boutons dorés de mylord ; voilà pour Scrogghinss le sommet de la grandeur, le dernier terme de la félicité. Quelquefois, pour un ou deux des siens, cette haute destinée s'accomplit, ce à quoi les rend tout à fait propres l'ordinaire éducation donnée aux enfants des campagnes. Les habitudes de complète sujétion que leur inculquent l'exemple de tous, la tradition locale et ce sévère précepteur — la nécessité — les forment bientôt à cette servilité qui est empreinte dans leurs traits et dans leurs actions. La servilité est la condition de leur existence. Jamais, depuis l'extinction de l'esclavage antique sous le souffle puissant du christianisme, n'exista un plus complet système d'aplatissement de l'homme par l'homme, ni qui commençât de meilleure heure au matin de la vie.

La chaumière où naît l'enfant, la pomme de terre qu'il mange, les champs, bois, prairies et montagnes qu'il parcourt appartiennent à un seul et même homme. L'église où il prie — selon le rituel —, l'école où on lui fait lire la Bible, et rien que la Bible, sont en grande partie soutenues par cet homme. Il en est propriétaire, comme de toutes choses dans le pays, corps et âmes.

Cet homme est souvent lord-lieutenant ou shériff du comté, ou du moins toujours juge de paix. Hors de sa famille, il se tient à une infranchissable distance de tous les gens de la contrée. On le voit rarement, on lui parle plus rarement encore, et avec cette frayeur rentrée dont on peut faire une maladie.

Voilà ce que gens et choses apprennent à l'enfant dès qu'il peut apprendre. Si quelques-unes de ces notions sont un peu abstraites, deux sensations, auxquelles nul être ne se méprend — le froid et la faim — achèveront au besoin l'éducation des jeunes générations villageoises, et leur seront communiquées par la volonté de ce même homme, de ce même propriétaire, qui s'appelle un lord. Ce lord est pour elles l'horizon physique et moral de leur existence ; il n'y a rien ici-bas de plus grand, de plus redoutable ni de plus redouté. Le monde finit à lui, c'est-à-dire, au bout des quinze ou vingt lieues où finit son domaine.

Cependant, il a du bon, ce diminutif d'un César, cette doublure d'un despote indien ; il tient dans sa puissante main l'unique joie des enfants du village, comme il y tient l'objet de l'ambition de toute la vie de leurs pères. Cette main, il l'ouvre une fois annuellement.

Au mois de septembre, temps des vacances, l'aumône d'un dîner est faite aux enfants des écoles du district. C'est le seigneur (lord) qui traite dans son parc ses petits vassaux. Ils s'y rendent en carriole ou à pied, portant de petits drapeaux de toutes couleurs, enjolivés de mots découpés en papier doré, exacts emblèmes d'une misère travestie qui s'oublie pendant tout un jour de gala.

On imagine aisément si les petits affamés, pour qui la viande est une rareté, font honneur au *roastbeef* et au *plumpudding*. Mais ce que personne n'imaginera c'est le motif qui, outre leur appétit, et plus que leur appétit, les fait manger. Monsieur, vous qui ne connaissez pas le bel et noble ordre social où se sont maintenus intacts le respect des hiérarchies et la crainte des puissants, cherchez, devinez ce motif, je vous le donne en mille, et... vous ne le trouverez point. — Ce motif, c'est *la crainte du châtiment*!

Un témoin oculaire m'a raconté le fait que voici : « Je me promenais avec le noble propriétaire, sa famille et ses amis, autour des longues tables dressées dans le parc de *** et c'était plaisir de voir les petits convives dépêcher les morceaux qui emplissaient leurs assiettes. Ce plaisir, toutefois, était le seul qu'offrît cette scène que je m'étais d'avance figurée si intéressante. Sur les bords du Rhin ou de la Seine, les rires, les propos joyeux, les visages épanouis, les gestes et les espiègleries des petits mangeurs eussent été le véritable assaisonnement du festin. Ici, les enfants mangeaient, mangeaient, mangeaient, la tête baissée, le regard furtif, l'air plutôt occupé que content ; le seul bruit qu'on entendît était le bruit de leurs fourchettes. Deux ou trois cents enfants ! C'était triste à voir.

« J'en aperçus plusieurs au repos, les yeux fixés sur leur assiette ou tournant la tête de temps en temps pour s'assurer si on les regardait. D'autres, à mon grand étonnement, pleuraient à chaudes larmes, apparemment en proie à quelque forte appréhension. Je m'approchai d'eux et leur demandai la cause de ces larmes. "Hélas ! monsieur, dirent-ils, nous ne pouvons plus manger. — Eh bien ! enfants, ne mangez plus, leur dis-je. — Mais, monsieur, nous serons grondés, punis peut-être, puisque c'est pour manger qu'on nous a fait venir." »

Dans cette réponse faite par des enfants de dix à douze ans, se trouve le mot d'énigmes de plus d'un genre. Elle fait comprendre comment de jeunes esprits, ainsi cultivés, deviennent un jour des catalepsies intellectuelles ; comment des enfants façonnés à ce point à la crainte et ayant une telle notion de l'obéissance, seront plus tard, comme hommes, des énigmes morales ; comment enfin la politique qui fait de l'homme ce scandale physique, est elle-même un scandale aristocratique au milieu de la civilisation.

C'est pourtant ce scandale qu'on ose appeler le miracle de l'art de gouverner, le secret, propre à la seule Angleterre, de maintenir les vieilles institutions.

Pour ceux qui jugent ainsi, l'Angleterre est une montagne au sommet lumineux, où brillent quelques roches éparses, reflétant au loin l'éclat du jour, et qui doivent leur brillant à leur dureté. Voilà tout ce qu'ils en savent ou veulent en voir. Les sombres cavernes, les marais fétides, les brouillards délétères, la végétation ligneuse et rabougrie qui se trouvent à la base, forment une scène trop triste et trop repoussante pour fixer le regard des visiteurs. On jette un coup d'œil en passant ; souvent même on passe sans le jeter, et pourtant l'on dit ensuite connaître la montagne.

Où donc est le peuple ? demandaient, en 1814, les souverains alliés passant devant les parcs et les palais de Piccadilly. A cette question un peu naïve des souverains, et répétée depuis par bien des gens moins illustres et non moins naïfs, il faut répondre : Le peuple ? cherchez-le, car nul Anglais ne vous le montrera. Et quand vous l'aurez trouvé, étudiez-le, interrogez-le, car ce n'est que par lui que vous connaîtrez l'Angleterre. Après quoi vous comprendrez qu'il n'y a rien de miraculeux à gouverner un peuple qui, souffrant la faim pendant une moitié de sa vie, n'a guère le temps d'apprendre à penser, enchevêtré qu'il est d'ailleurs, au moral et au physique, comme une mouche dans les mille fils savamment ourdis d'une toile d'araignée. (Kervigan, *L'Angleterre telle qu'elle est*, 1860.)

Taine

Il reste pourtant encore une de ses portions à explorer, la culture ; du wagon, on en voit assez déjà pour la comprendre. Une prairie avec une haie, puis une autre prairie avec une autre haie, et ainsi de suite ; parfois d'immenses carrés de raves ; tout cela aligné, nettoyé, lisse ; point de forêts, çà et là seulement un bouquet d'arbres : la campagne est un large potager, une fabrique d'herbe et de viande ; rien n'est laissé à la nature et au hasard ; tout est calculé, aménagé, tourné vers le produit et le profit. Si vous regardez les paysans, vous ne trouvez pas non plus de vrais paysans ; rien de semblable à nos campagnards, sortes de fellahs, parents de la terre, défiants et incultes, séparés des citadins par un abîme. L'homme de la campagne ici ressemble à un ouvrier ; et en effet, un champ est une manufacture avec un fermier pour contremaître. Propriétaires et fermiers, ils prodiguent les capitaux à la façon des grands entrepreneurs ; ils ont drainé, assolé ; ils ont fait un bétail, le plus riche en rendement qu'il y ait au monde ; ils ont importé les machines à vapeur dans la culture et dans l'élevage, ils perfectionnent les étables perfectionnées. Les plus grands seigneurs y mettent leur gloire ; quantité de gentlemen de campagne n'ont pas d'autre emploi ; le prince Albert, a près de Windsor, une ferme modèle, et cette ferme rapporte de l'argent ; il y a quelques années, les journaux annonçaient que la reine avait découvert un remède pour la maladie des dindonneaux. Sous cet effort universel, la production agricole a doublé en cinquante ans, l'hectare anglais a reçu huit ou dix fois plus d'engrais que l'hectare français ; quoique de qualité inférieure, on lui a fait produire le double ; trente personnes ont suffi à cette œuvre, quand il fallait en France quarante personnes pour obtenir la moitié de cette œuvre. Vous entrez dans une ferme, même médiocre, de cent acres par exemple ; vous trouvez des gens décents, dignes, bien vêtus, qui s'expliquent clairement et sensément, un grand bâtiment sain, confortable, souvent un petit péristyle avec des fleurs grimpantes, un jardin bien tenu, des arbres d'ornement, les murs intérieurs blanchis tous les ans à la chaux, les carreaux du sol lavés tous les huit jours, une propreté presque hollandaise ; avec cela un assez grand nombre de livres, des voyages, des traités d'agriculture, quelques volumes de religion ou d'histoire, au premier rang la grande Bible de famille. Même dans les plus pauvres chaumières on trouve quelques objets de confortable et d'agrément : un large poêle de fonte luisant, un tapis, presque toujours un papier de tenture, un ou deux petits romans moraux, et toujours la Bible. Le cottage est propre ; il y a là des habitudes d'ordre ; les assiettes à dessins bleuâtres, régulièrement rangées, font un bon effet au-dessus du buffet brillant ; les carreaux rouges ont été balayés, il n'y a pas de vitres cassées, ni salies ; point de portes disjointes, de volets dépendus, de mares stagnantes, de fumiers épars, comme chez nos villageois ; le petit jardin est purgé de toutes les mauvaises herbes ; souvent des rosiers, des chèvrefeuilles encadrent la porte, et, le dimanche, on voit le père, la mère assis près d'une table bien essuyée, avec du thé et du beurre, jouir de leur *home*, et de l'ordre qu'ils y ont mis. Chez nous le paysan, le dimanche, sort de sa cabane pour aller voir *sa terre* ; ce qu'il souhaite, c'est la possession ; ce que ceux-ci aiment, c'est le confortable. Point de pays où l'on soit plus exigeant à cet endroit. « Notre vice, me disait un d'eux, c'est la passion exagérée de toutes les choses bonnes et commodes ; nous avons trop de besoins, nous dépensons trop ; nos paysans, sitôt qu'ils ont un peu d'argent, au lieu d'acquérir un bout de terre, achètent le meilleur sherry, les meilleurs habits. » (Taine, *Histoire de la littérature anglaise*, 1863.)

VILLES D'EAUX

L'usage du mot spa *pour désigner en Angleterre une ville d'eaux indique bien que ce ne sont pas les Anglais qui ont découvert le thermalisme ou élaboré les pratiques sociales que suscite la fréquentation des eaux. Le modèle se trouvait sur le Continent lorsqu'il y eut dans la haute société d'Angleterre un très vif engouement pour les eaux dès le XVIIe siècle, d'abord à proximité de Londres, à Tunbridge Wells, puis à Bath et Bristol.*

Très rapidement le traitement ne fut plus, pour beaucoup, que prétexte à villégiature en bonne compagnie, à la recherche de plaisirs plus ou moins innocents, plus ou moins onéreux, loin des embarras de la capitale. Le succès de Bath avait été tel que des entrepreneurs avisés avaient édifié toute une ville nouvelle conçue pour l'agrément des visiteurs privilégiés. Un urbanisme raffiné s'organisant autour de la Pump Room et des bains favorisait non seulement des assauts d'élégance, mais une vie sociale et culturelle intense, sans les contraintes d'une cour ou les obligations d'un rang. Pendant la saison, de novembre à mars, l'aristocratie, attirant autour d'elle artistes et gens de lettres, jouissait de concerts, de spectacles, de bals. Bath fut la capitale de la société anglaise tous les hivers jusqu'à ce que s'impose le thermalisme marin : les bains de mer.

Là, il s'agit bien d'un phénomène anglais. En 1754, un docteur préconisa les bains de mer à titre thérapeutique et recommanda Brighthelmstone, assez proche de Londres. La bourgade devint une petite ville qui supplanta Bath quand le prince de Galles en 1783 décida de fréquenter les rivages de la Manche et de s'y faire construire une résidence fastueuse.

Autant les Français avaient pu être séduits par Bath, autant restèrent-ils perplexes devant la rapide croissance de Brighton (comme on l'appela ensuite), à laquelle ils ne trouvaient aucun attrait. Progressivement, la mode suscita d'autres villes d'eaux, d'autres stations balnéaires, parfois éphémères, parfois populaires, au sens péjoratif du terme, mais dans aucune la vie de société ne connut l'éclat qui avait été celui de Bath au XVIIIe siècle.

Pavillon
La plus charmante médecine qu'on puisse prendre

> Enfin dans ce climat on voit que tout abonde,
> Et sans exagérer, pour tout dire à la fois,
> Quiconque, par malheur, ne peut être français,
> Est ici beaucoup mieux qu'en aucun lieu du monde.

C'est même un plaisir que d'y être malade ; car, sitôt qu'on l'est, ou qu'on croit l'être, ou qu'on veut l'être, on vous envoie aux eaux de Tunbridge. Or, ce Tunbridge est la plus charmante médecine que l'on puisse pendre. C'est une fontaine au bout d'une foire aussi magnifique que celle de Saint-Germain. Il faut avoir la complaisance de croire que ceux qui y vont boivent de ces eaux, et qu'ils en ont besoin.

> Ce qui m'en fait douter, c'est que ceux qui les prennent,
> Sont à jouer assidûment,
> Caquettent sans cesser, ou toujours se promènent,
> Et ne pissent que rarement.
> Mille fraîches beautés parent la promenade.
> Et l'on trouverait en ce lieu
> Plus malaisement un malade
> Qu'un homme sain à l'Hôtel-Dieu.

(Pavillon, *Œuvres*, Lettre XXV [v. *1670*], 1715.)

Abbé Prévost

Prendre les eaux... et du bon temps

La saison des eaux minérales de Tumbridge [Tunbridge] étant arrivée, nos amis nous conseillèrent d'y aller passer quelques jours. Ils nous parlèrent de ce lieu comme d'une des plus agréables choses du monde. Toutes les personnes qui aiment le plaisir ne manquent point de s'y rendre, parce qu'il s'y en trouve de toutes les sortes ; et l'on nous fit espérer d'y voir, en raccourci, tout ce qu'il y a de rare et de curieux en Angleterre. De si grandes espérances nous firent prendre avec joie le chemin de Tumbridge. Il n'est qu'à une journée de Londres. Le premier coup d'œil nous en plut infiniment. Ce n'est ni une ville ni un village. C'est une multitude de jolies maisons, qui sont répandues sans ordre de côté et d'autre, et qui sont presque toutes séparées, quoiqu'à peu d'éloignement. Il y en a de grandes, de petites, de magnifiques et d'autres qui ne le sont pas. Les unes sont sur le penchant de plusieurs petites collines, les autres dans le fond où est le puits des eaux minérales. La plupart sont sans jardins ; quelques-unes en ont de fort propres, avec un petit bois qui les fournit d'ombre. Il se forme de tout cela un paysage charmant, qui surprend d'autant plus que les abords en sont sauvages et déserts. Ce lieu n'est habité que dans la saison des eaux ; ce qui fait que les maisons s'y louent fort cher. Nous prîmes un appartement de trois chambres seulement, qui nous revinrent à quatre guinées par semaine. Il s'était déjà rendu à Tunbridge un nombre infini de personnes de distinction. Nous n'entendîmes, en entrant, qu'un bruit confus de carrosses, d'instruments de musique et de cris de joie qui s'élevaient de toutes parts. Je me répondis bien que la tristesse du marquis et la mienne allaient recevoir une grande diminution. Nous reconnûmes la scène, dès le premier soir de notre arrivée. Nous nous fîmes conduire à la promenade publique, qui est près du puits. C'est une longue rue dans laquelle on entre en montant quelques degrés ; elle est pavée de pierres larges et unies, comme l'est une église. Au long des maisons, sur la droite, est une voûte soutenue par des piliers, sous laquelle on se promène à couvert, lorsqu'il fait mauvais temps. Il n'y a point d'autres maisons que des cafés, de grandes salles pour le jeu, des boutiques remplies de bijoux, et d'autres lieux de plaisir, où l'on voit entrer et sortir continuellement une foule de personnes de toutes les conditions. Au milieu de cette rue, qu'on appelle le Walk, est un orchestre élevé, d'où cinq ou six violons et quelques hautbois, se font entendre depuis le matin jusqu'au soir.

Voici l'ordre que les personnes de condition observent à Tumbridge. On vient le matin sur les sept heures, en déshabillé, pour prendre les eaux, et l'on se promène une heure ou deux sur le Walk. On déjeune ensuite avec du thé ou du chocolat dans les maisons de café : on s'invite les uns les autres à déjeuner. Ce sont les hommes qui régalent, chacun à leur tour, les dames de leur connaissance. La dépense n'est que de six sous par tête. C'est un prix fait. On se trouve quelquefois cinquante ou soixante d'une même bande à déjeuner dans une même salle, parce qu'on n'a pas passé deux jours à Tunbridge qu'on ne connaisse tout le monde et qu'on n'en soit connu. Après le déjeuner, on recommence à se promener. Quelques-uns jouent aux jeux de hasard. La prière sonne vers midi ; et les dévots vont à l'église, qui est bâtie exprès au bout du Walk. Chacun se retire ensuite à son logement pour s'habiller et pour dîner. Vers les quatre heures, on voit revenir tout le monde en foule, mais dans un ajustement bien différent du matin. Les dames sont ornées de tout ce qu'elles ont de plus précieux, et les hommes dans leurs habits les plus riches et les plus galants. On se promène quelque temps pour se faire voir, jusqu'à l'heure de prendre le thé ; ce qui se fait avec la même méthode que le déjeuner. Au thé succèdent les jeux de toute espèce, cartes, dés, etc. Toutes les salles sont remplies de tables et de commodités. Ceux qui n'ont pas de goût pour le jeu se promènent de salle en salle, et jouissent du plaisir d'observer les autres. Plusieurs vont à la comédie ou à d'autres spectacles, dont la diversité donne lieu de choisir. Il y a, trois fois la semaine, un bal public dans une grande salle, qui n'est que pour cet usage. Là, tous les rangs sont confondus ; car on y voit les grisettes à côté des duchesses, sans que personne ait droit de s'informer d'où l'on vient ni qui l'on est. On danse jusqu'à la pointe du jour. Je ne sais si cela retarde ou accélère l'effet des eaux minérales ; mais on ne les prend pas le lendemain moins régulièrement, et l'on ne remarque pas que personne s'en trouve plus mal. Je m'exposerais à ne pouvoir finir si j'entreprenais de rapporter toutes les aventures d'amour et de plaisir qui naissent tous les jours à Tumbridge. Si cet aimable lieu avait subsisté du temps des Anciens, ils n'auraient pas dit que Vénus et les Grâces faisaient leur résidence à Cythère. Nous y demeurâmes quinze jours, dont il ne se passa pas un seul sans quelque nouvelle scène qui diversifiait nos plaisirs. Je ne conseille point aux cœurs tendres d'aller à Tumbridge, à moins qu'ils ne soient défendus, comme moi, par la froideur de l'âge. Les belles femmes y sont si communes qu'elles se nuisent ; l'une détruit l'impression de l'autre. Si l'on se sauve de ce dangereux pays, il semble qu'on n'ait plus rien à redouter, après avoir résisté à tout ce qu'il y a de plus enchanteur et de plus séduisant sur la terre. (Abbé Prévost, *Mémoires d'un homme de qualité*, 1731.)

Laporte
Comment ruiner sa santé

Nous arrivâmes dans le comté de Somerset, pendant la saison des eaux de Bath. Cette ville, fameuse par ses bains chauds, et même par sa beauté, est bâtie dans un fond environné de collines, d'où sortent ses eaux minérales, déjà connues des Romains. Le grand abord des personnes distinguées, des femmes surtout, qui y arrivent au printemps et en automne, en attirent quantité d'autres qui s'y rendent par nécessité ou par plaisir. C'est le lieu de l'Angleterre où le sexe se plaît le plus, et cherche le plus à plaire ; celui où l'on se porte le mieux, et l'on tire le meilleur parti de sa santé, celui où les maris sont le moins jaloux, et les femmes le plus accessibles. Pendant la dernière saison, il y eut deux souscriptions ouvertes, l'une pour des exercices spirituels, l'autre pour une assemblée de jeu. Douze personnes se présentèrent pour la première, et quatre cents pour la seconde : ce qui fit dire qu'il y avait quatre cents contre douze à parier pour l'Enfer contre le Ciel.

La ville de Bath, comme Barèges, Plombières, et la plupart des lieux où se trouvent des bains chauds, est située entre des montagnes, au milieu desquelles est une source d'eau minérale, où une foule bizarre de gens malades et désœuvrés viennent, deux fois par an, se regarder les unes les autres pendant deux mois. Vous savez ce que c'est que des Académies de jeux ; vous avez été à des bals ; vous avez entendu rouler des dés ; vous avez vu des filous, des aventuriers, des catins et des salles remplies de monde mal assorties ; eh bien, Bath n'est que cela. C'est, comme tous les lieux publics, une infirmerie de malades et de sots, et une pépinière de gens qui vivent à leurs dépens, c'est-à-dire, de médecins, d'apothicaires, de joueurs et de nourrices. Les hommes y viennent pour déraisonner, les femmes pour les entendre ; les uns voulant se faire guérir de leurs incommodités par les eaux, les augmentent par le jeu ; les autres y arrivent le corps sain, la bourse pleine, et s'en retournent malades et ruinés ; tous abandonnent leur argent à qui peut l'attraper. La ville s'entretient par la bonne compagnie qui y arrive, et reste pauvre par le même moyen ; car les habitants prennent le goût du luxe, aiment les plaisirs, et dépensent leur argent, à l'exemple de ceux avec qui ils l'ont gagné. (Laporte, *Le Voyageur français*, vers 1775.)

Bombelles

Quelques jours dans la bonne société de Bath

Tant de voyageurs ont écrit sur la ville de Bath, ses agréments ont été si exaltés, le petit livre intitulé le nouveau guide de Bath en détaille si minutieusement les beautés qu'en l'indiquant je puis me dispenser de répéter ce que les autres ont dit ; mes enfants trouveront ce petit livre dans ma bibliothèque et ne le liront j'espère que dans le cas où ils viendront ici, sans quoi cette lecture serait du temps perdu. Je me bornerai à parler de Bath en général comme de la plus jolie ville qui existe. Ses places publiques, le Croissant, le Cirque, la place de la Reine, ce qui s'appelle la parade du Nord et la parade du Sud, seraient des ornements pour les premières villes de l'Europe. D'autres places moins considérables servent encore à embellir et à donner de l'air dans tous les quartiers. Les trottoirs sont de la plus belle proportion, nombre de superbes rues sont pavées en larges dalles et ne servent qu'aux gens de pied. Les différentes fontaines où l'on va boire les eaux salutaires sont toutes commodément et proprement bâties. La principale nommée la Pump Room a une grande salle où est une assez bonne musique pendant les heures que les buveurs d'eau la fréquentent. Tout est calculé pour la plus grande aisance des gens malades, et tout ce qui les environne est si riant qu'un tel séjour doit beaucoup contribuer à accélérer leur rétablissement, mais Bath qui a dû sa première réputation à l'efficacité de ses eaux est bien plus habité aujourd'hui par les oisifs de tous les pays que par les gens que leur santé y amène. L'Anglais plus désireux de s'amuser qu'ingénieux dans les moyens de se procurer les vraies jouissances d'une bonne société va où la foule se rassemble et fait surtout un cas particulier de la vie de cabaret. Des seigneurs des trois royaumes, qui ont de superbes campagnes, qui pourraient dans ce temps-ci revenir habiter leurs belles maisons de Londres, de Dublin, d'Édimbourg, préfèrent de venir se loger pour plusieurs mois dans des bicoques qui n'ont que de l'extérieur et qui faisant partie de l'ensemble de beaux bâtiments, sont chacune séparément très insuffisantes. Le commerce a fondé les grandes villes de l'Angleterre, et Bath qu'on peut ranger dans cette classe doit toute sa splendeur au besoin que les oisifs ont de se réunir en cohue. Une autre classe d'habitants est celle de vieillards qui viennent chercher en bon air des quartiers tranquilles et d'Anglais qui, n'étant pas assez riches pour vivre dans la capitale, se retire à Bath où ci-devant on vivait à fort bon marché, mais le concours de monde et les progrès du luxe renchérissent journellement tant les denrées que l'habillement et les autres objets de dépense, cela à tel point qu'on calcule qu'en très peu de temps Bath sera aussi cher que Londres.

Après avoir passé la matinée soit à courir la ville, soit à grimper sur les montagnes pour en voir l'étendue, j'ai dîné chez milord Collville et ma soirée s'est passée à un concert où malgré les talents du célèbre Fischer je me serais fort ennuyé par le choix de la musique si je n'avais trouvé dans milady Harris la femme du chevalier Harris, ministre d'Angleterre à La Haye, une conversation aimable et assez piquante.

Bien m'en a pris d'apporter des lettres de recommandation pour plusieurs personnes. Milord Nugent, pair d'Irlande et ci-devant président du commerce à Londres, est un vieillard honnête autant qu'enjoué, qui s'est occupé de moi depuis mon arrivée d'une manière charmante. Ce matin, il m'a mené chez une demoiselle Cristie, d'une famille ancienne et distinguée en Irlande, grande, belle fille qui touche du clavecin à merveille, qui a de l'esprit, de la grâce et de l'instruction. Elle est ici chez une tante qui lui sert de mère. Son grand-père a perdu une fortune brillante par son attachement pour la maison des Stuarts. Que de victimes le plat Jacques II n'a-t-il pas fait !

Un dîner gai et bon chez milord Nugent nous a occupés jusqu'à l'heure du bal. Tous les jeudis, il y a ce qu'on appelle bal de cotillons parce qu'on y danse nos cotillons français, et nos airs oubliés depuis vingt ans ont ici le mérite de la nouveauté. A ce bal de cotillons, il y avait au moins trois cents femmes dont nombre de jolies ; cela promet de l'enjouement à l'étranger qui trouve cette réunion dans une superbe salle, et jamais je n'ai vu bal plus triste. Avant qu'il ne commence, les femmes assises sur trois rangs de hauteur sont graves et rangées comme les Pères du concile de Constance ; au haut de la salle sont les banquettes pour les pairesses et les femmes qualifiées. On se range par rang de création de pairie pour danser, et comment danser des menuets, dans ce pays où la liberté semble devoir, surtout à un bal de cotillons, établir plus d'égalité ? Une petite fille de quinze ans me disait : « Je ne puis pas danser à cette place ; cherchez-moi le maître de cérémonies pour qu'il me fasse rendre le rang qui m'appartient comme fille d'évêque. » Ce maître de cérémonies est un personnage à Bath, il est élu à la majorité des souscrivants pour les plaisirs, et souvent la société de Bath a été troublée en cas d'élections ; il a fallu même que cette importante place fût divisée ; il y a aujourd'hui deux maîtres de cérémonies, un pour la vieille salle, l'autre pour la nouvelle, chacun porte une médaille en sautoir attachée à un ruban et cette décoration inspire un respect que méritent peu ceux qui la portent. Leurs profits vont à près de trente mille livres de notre monnaie, le tout pour faire ce qu'un maître à danser fait dans un de nos bals avec la différence que l'un est poli, et que Mrs les maîtres de cérémonies ne le sont pas plus qu'il ne faut. Ils ont inspection sur la toilette des hommes et des femmes, celles-ci ne peuvent pas avoir de chapeaux et cette règle quelquefois ignorée par des étrangères leur a valu le désagrément ou de se décoiffer, ou de sortir du bal. On ne danse, on ne prend du thé, quoiqu'on l'ait payé d'avance à la porte, que lorsque l'ordonne le maître de cérémonies, et les Anglais si fanatiques de la liberté, si licencieux au spectacle, obéissent comme des moutons à un polisson qui, après s'être mal conduit le plus souvent, vient quêter ici un emploi que tout homme de bonne compagnie refuserait.

On fait du matin au soir de la musique et généralement de la mauvaise musique à Bath, mais il s'agit d'y tuer le temps et pour cela tout est bon. On m'a mené ce matin chez l'évêque de Rochester pour entendre chanter sa fille qui a une petite voix assez drôle ; là deux ou trois dames avec une confiance vraiment édifiante nous ont ennuyé, au moins moi, complètement. Le soir, autre concert. Trois laiderons, sœurs du duc d'Atholl, qui sont ici avec leur mère la duchesse douairière, se sont mis autour d'un mal peigné qui est et le chapelain et le musicien de la maison. Ces quatre figures nous ont chanté des canons et puis tous les airs les plus tristes de Haendel, quinze femmes rangées en cercle, de cinq minutes en cinq minutes disaient : « Charming, Charming ».

Si on reproche à nos abbés de se mêler un peu trop avec la société des mondains, on peut faire avec bien de raison ce même reproche aux ecclésiastiques anglicans, ils sont de toutes les parties gaies, on les voit au spectacle, au bal, et ils y dansent comme des capitaines de dragons, ce qui les distingue c'est en général le ridicule de leur maintien. (Bombelles, *Journal de voyage [1784]*, 1989.)

Simond

Coup d'œil sur Bath

Nous arrivâmes hier soir à Bath. La chaise de poste s'arrête à la porte du White Hart ; un coup de cloche retentit sur l'escalier ; deux laquais bien mis ouvrent la portière, et présentent un bras de chaque côté. On accourt avec des lumières, et nous sommes conduits à un salon élégamment meublé, où il y a un excellent feu, et un sofa placé auprès ; bientôt une femme de chambre propre et accorte, avec son grand tablier blanc comme la neige, se présente pour offrir ses services aux dames, et les conduire dans leurs chambres à coucher. Puis le maître d'hôtel avec sa carte : il y a du poisson, du gibier de toute espèce, etc. En moins d'une demi-heure le maître d'hôtel et quatre laquais poudrés à blanc entrent portant le dîner (trois plats), et deux restent pour servir. Tel est le ton de luxe des premières auberges. Il nous en a coûté 2 livres 11 shillings (à peu près deux louis et demi) pour le dîner de trois personnes, le thé, le coucher, et le déjeuner avant de partir. Les domestiques n'ont point de gages fixes ; ils les tiennent de la générosité des voyageurs, et sont par conséquent empressés à les contenter. Les domestiques nous coûtent environ 5 shillings par jour.

Ce matin nous avons parcouru la ville, qui est certainement fort belle, et bâtie en pierres de taille d'un jaune pâle ; il y a plusieurs bâtiments publics de très bon goût. On nous a conduits à une belle place circulaire, entourée de maisons régulières, puis à une autre place en forme de croissant. Toutes les rues sont belles et neuves. C'est une ville qui a l'air d'avoir été jetée au moule d'un seul coup, et qui vient d'en sortir toute jeune et toute fraîche. Le bâtiment où l'on prend l'eau médicinale et où l'on se baigne, laisse voir des objets très différents ; c'est la nature humaine, vieille, infirme, et tombant en ruines, ou bien ennuyée et désœuvrée.

Bath est une sorte de grand couvent ; il est peuplé de célibataires surannés des deux sexes, et surtout de femmes. Il n'y a ni commerce, ni manufactures, ni occupations d'aucune espèce, excepté celle de passer le temps, qui est la plus laborieuse de toutes. La moitié des habitants ne fait rien, et la seconde moitié fournit des riens à la première. Il y a une multitude de boutiques brillantes de tout ce que le luxe peut désirer, et arrangées avec coquetterie. (Simond, *Voyage d'un Français en Angleterre pendant les années 1810 et 1811*, 1816.)

Ferri de Saint-Constant
Les maladies de bon ton

Il y a deux saisons dans l'année, à Londres, où les gens du bon ton deviennent malades ; c'est la mode alors d'être indisposés tout exprès pour aller prendre les eaux minérales à Bath, à Tunbridge, à Scarborough, etc. Un lord qui oserait se bien porter pendant ces deux saisons, passerait pour un homme qui ne sait pas les usages du beau monde. On compte quelquefois dans la première de ces villes cinq à six mille de ces malades volontaires.

On a remarqué que la crainte de la consomption produit en Angleterre des effets très avantageux. C'est elle qui entretient de magnifiques routes, sur lesquelles les beaux équipages, les *curricles*, les chevaux les plus fins, peuvent marcher d'un bout de l'année à l'autre ; c'est elle qui occupe ces milliers de *stages* qui traversent le royaume dans tous les sens, à tous les moments du jour ; qui établit de bonnes et belles auberges dans les plus petits villages ; enfin et les cabanes de pêcheurs en lieux de plaisance. Les Anciens élevaient des autels aux divinités malfaisantes : en Angleterre on élève des villes, des monuments publics à la consomption.

Ceux qui fréquentent les bains sont en général attaqués d'une maladie incurable, l'ennui. Comme ils ne se suffisent pas à eux-mêmes, et qu'ils ne craignent rien tant que de se rencontrer tête à tête avec leur personne, ils se fuient continuellement. Pour cet effet, ils galopent toute l'année de Londres à Scarbourough, de Scarbourough à Tunbridge, de Tunbridge à Bath, de Bath à Margate, à Brighthelmstone, etc. ; mais l'ennui ne les quitte pas ; il entre dans leur chaise de poste, ou monte en croupe avec eux. La plupart de ces coureurs de bains sont des rentiers, qui n'ont d'autre affaire que celle de dépenser un revenu portatif. Les marchands et ceux qui tiennent à une profession n'ont pas besoin de cette ressource. Plusieurs, qui n'ont pas de rentes, fréquentent ces bains pour s'en faire ; telle salle leur tient lieu de patrimoine. D'autres y vont pour oublier leurs chagrins domestiques ; beaucoup par habitude, et d'autres enfin par tradition. A l'égard des femmes, il entre plus de réflexion dans ces voyages. Quelques intrigues d'amour, la liberté, le jeu, la danse et l'idée des divertissements les y amènent.

Les bains de Bath sont les plus fréquentées. Les Anglais s'y rendent pour avoir du plaisir ; voici comment ils s'amusent : on va le matin se gorger à une fontaine d'eau chaude ; on se promène ensuite pour en faire la digestion ; on dîne à trois ou quatre heures, souvent en compagnie de gens qu'on ne connaît pas. On s'habille et on se rend dans une grande salle qui ressemble à une place publique où l'on joue aux cartes jusqu'à minuit, et le lendemain on recommence le même train de vie. « Je n'ai jamais tant bâillé de ma vie, disait un voyageur, que depuis que j'ai goûté les plaisirs de Bath ; il est impossible de se divertir plus ennuyeusement.

Quoiqu'on y soit plus libre qu'à Londres, on y est plus gêné dans les amusements ; ils sont tout d'une pièce ; la dose d'uniforme est trop forte. On y fait aujourd'hui ce qu'on y fit hier, et on y fera demain ce qu'on y fait aujourd'hui. Je comparerais volontiers la compagnie de Bath à des moines qui sont en récréation à la campagne. »

Il y a à Bath, bal deux fois par semaine. Un maître des cérémonies dirige la danse et maintient la police du bal. Pour bien s'acquitter de ses fonctions, il lui faut de l'intelligence ; il faut qu'il connaisse les intrigues des baigneurs, pour mettre un tel lord avec une telle lady dont il est amoureux, ou pour joindre une miss avec un certain gentleman qu'elle voudrait épouser. Des arrangements différents feraient des dissonances. Il est aimé ou haï des femmes selon qu'il leur donne un partenaire agréable ou désagréable. On dit qu'autrefois les eaux de Bath avaient une vertu singulière : elles étaient admirables pour faire des mariages ; mais aujourd'hui elles ont beaucoup dégénéré, elles ne produisent que des aventures galantes.

Depuis un certain nombre d'années, les bains de mer sont plus fréquentés. « Je ne sais, dit M. Keate, si les maladies qui affligent l'humanité se sont multipliées, ou si on a découvert depuis peu des vertus médicinales dans les eaux de la mer ; il est certain que ses bords sont fréquentés pendant l'été. Toutes les petites villes qu'elle baigne fourmillent d'une si grande quantité de nouveaux habitants, que les anciens sont obligés de changer leurs modestes demeures en des maisons plus spacieuses, pour recevoir tous les émigrés étrangers. Cette circonstance leur est avantageuse en un sens, puisqu'elle leur procure du profit, mais le mal qui en résulte c'est que leurs mœurs ni leurs manières ne sont plus ce qu'elles étaient. Les incursions des hommes opulents ou corrompus troublent leurs paisibles habitations. L'exemple qu'ils donnent excite des désirs qu'on ne sentait pas, et qui étant sentis aujourd'hui ne peuvent être satisfaits qu'aux dépens de l'honnêteté. Les anciens habitants prennent leur revanche, en mettant à contribution les étrangers, autant qu'ils le peuvent ; mais quel triste dédommagement pour la perte des mœurs et de la vertu ! »

Cette émigration de tous les habitants aisés, non seulement des grandes villes, des petites, des villages, mais même des campagnes, au bord de la mer, est un des phénomènes les plus curieux que présente aujourd'hui l'Angleterre. « Chacun fuit, à l'approche de l'automne, comme si une peste malfaisante allait s'étendre sur le pays ; le roi donne l'exemple, la cour le suit, puis les ministres, puis les commis, puis les bourgeois : il ne reste personne. Une armée qui s'emparerait soudainement des côtes de Sussex, de Kent et de Hampshire, prendrait, d'un coup de filet, tout ce qu'il y a de considérable en Angleterre. Cette manie a transformé des bourgs en villes superbes, et des huttes de pêcheurs en lieux de plaisance. Hastings, Brighton, Margate, Ramsgate, et dix autres lieux, autrefois à peine connus, lui doivent leur grandeur et même leur existence. Telle est la rage dominante depuis quelques années, pour ce genre de plaisir, qu'il n'est pas d'été qu'on n'entende parler de quelque nouvel endroit *fashionable* (à la mode), qu'on a découvert pour le beau monde, et qui possède des avantages *absolument particuliers*. D'abord il s'y établit un aubergiste, et chaque propriétaire de maison, meuble, avec un peu de soin, ses appartements, se loge au grenier, et loue le reste ; puis, on bâtit une petite bibliothèque, où l'on s'abonne pour la saison et qui forme un lieu de rassemblement ; ensuite une salle de concert et de bal. Si les visiteurs sont nombreux, l'été suivant on bâtit quelques maisons dans des situations aérées, et peu à peu, un village composé de cabanes de pêcheurs et de mauvaises habitations de contrebandiers se transforme en une petite ville propre, aisée, bien construite et puis riche. Pendant huit mois de l'année, il est vrai, ces endroits sont à peu près déserts ; mais les quatre mois de mode compensent largement les frais des propriétaires. Les aubergistes ont soin d'envoyer régulièrement aux journalistes de Londres des paragraphes bien payés, dans lesquels on parle des délices du lieu dont ils font les honneurs ; et toutes les semaines on imprime les noms des arrivants et des partants, espèce de gloriole dont les Anglais font assez de cas. »

Il est assez simple que les personnes qui n'ont point de terres ni de maisons de campagne aillent dans ces lieux à la mode pour respirer, pendant deux mois, un air plus sain ; mais il n'y a que la mode la plus ridicule, ou le besoin le plus impérieux de changer de place, qui puisse engager un Anglais, père de famille, maître d'un superbe parc, d'une habitation propre et commode, possesseur de chevaux, de bestiaux, etc., à quitter sa terre, pour aller s'enfermer dans une petite maison, à deux ou trois croisées de face, exposée à l'ardeur du soleil, entourée d'autres maisons, située sur un sable aride, et où sa famille est mal logée, afin de faire briller son équipage sur une promenade élégante, et de voir son nom dans la gazette. Combien d'Anglais font cependant cette folie. (Ferri de Saint-Constant, *Londres et les Anglais*, 1804.)

Lévis

Bains de mer

Il paraît que l'eau de la mer a des propriétés spécifiques qui rendent ce genre de bains froids plus salutaires que les autres [...]. Aussi, dès que les chaleurs commencent, toutes les côtes, surtout celles du sud, se remplissent de baigneurs. Les riches propriétaires quittent leurs belles maisons de campagne pour aller habiter un mois ou deux des villages, ou plutôt des bourgades bâties exprès pour les recevoir, tandis que les bourgeois de Londres s'embarquent modestement sur le paquebot de Margate, et vont prendre les bains quelques jours. (M. de Lévis, *L'Angleterre au commencement du dix-neuvième siècle*, 1814.)

Custine

Cheltenham éclipse Bath

Cheltenham est le Spa de l'Angleterre : cette ville a succédé à Bath, qui n'est plus à la mode, et en entrant dans ses rues, on se retrouve subitement entouré des brillants équipages de Londres et d'une foule de *dandies* qui promènent sur les trottoirs leur élégance et leur ennui. L'auberge où nous logeons est la principale de la ville, elle ressemble assez au vestibule d'un théâtre, les jours de représentations extraordinaires. La cour de cette immense maison est remplie de voitures élégantes et de gens en livrée dont le mouvement continuel fait l'effet d'une fourmilière. Ce spectacle peut être divertissant, mais pour un jour, car la vie qu'on mène ici me paraît insupportable. Des fêtes, des bals, comme à toutes les eaux ; mais ces plaisirs obligés sont réglés par l'étiquette anglaise, qui rend tout froid et insipide, sous prétexte d'arranger tout d'une manière convenable. Le *comfort* au-dedans, le *fashion* au-dehors ; tels sont les deux ennemis mortels du bonheur et du repos des Anglais. S'ils fuient la fatigue que leur cause l'un de ces tyrans, ils ne peuvent échapper aux soins qu'exige l'autre, et c'est ainsi que leur vie se perd à chercher les moyens de vivre commodément ou d'inspirer de la jalousie à leurs voisins. La passion de la mode n'est que le désir d'être envié ou admiré, ce qui deviendrait synonyme dans le langage des gens du monde, s'ils étaient sincères.

On ne saurait nier qu'à force de recherche, les Anglais ne soient parvenus à acquérir une sorte d'élégance nationale qui paraît naturelle chez eux, parce qu'elle est générale. Le perfectionnement des choses usuelles leur a valu, du moins dans ce qui frappe les yeux, une supériorité marquée sur tous les autres peuples. De là leur éternel mépris pour nous, et la plupart des défauts de leur caractère comme de leur esprit ! Le dédain qu'ils affectent pour tout ce qui n'est pas anglais, leur impose des bornes rarement franchies par les hommes même les plus spirituels de leur nation.

J'ai repassé par Londres pour y faire une foule d'emplettes obligées, quand on a eu l'imprudence d'avouer qu'on venait dans ce pays.

Je ne vous parlerai de Brighton que pour le nommer. C'est une ville toute nouvellement née. Elle doit son existence au séjour du roi qui y a un palais chinois, où il passe beaucoup de temps. Sa présence a fait en peu d'années, d'un village, une ville de soixante mille habitants : il faut convenir que s'il y a sur la terre un pays plein de sève et de ressort, c'est celui-ci. (Custine, *Courses en Angleterre et en Écosse*, 1830.)

Blanqui

Apogée de Brighton

Brighton paraît une ville de l'Orient transportée sur les bords de la Manche. Ses environs, découverts et arides dans un rayon d'une demi-lieue seulement, sont en harmonie avec le style méridional des édifices.

Le vent souffle avec une extrême violence, et déjà nous entendons le mugissement de la mer qui se brise aux pieds des falaises. Bientôt nous arrivons sur un quai magnifique, dont le mouvement a quelque chose de vif, d'élégant et d'animé : déjà nous sentons le voisinage de la France ; les habitants sont pleins d'égards et de politesse pour les étrangers, qui accourent en foule dans leurs murs.

L'intérieur de la ville mérite un souvenir. Les maisons, dont la façade est presque toujours dirigée vers la mer, sont ornées d'une ligne de balcons ou de pavillons verts, fermés par de jolis rideaux et par des persiennes. Leur alignement est principalement remarquable sur le quai, promenade favorite des élégants de Londres, qui viennent prendre les bains de mer. Là circule depuis le matin jusqu'au milieu de la nuit, quand le temps est beau, une suite continuelle d'équipages, d'hommes et de femmes à pied et à cheval, dont le plaisir consiste à parcourir cent fois le même site : mais ce site a toujours l'attrait de la nouveauté. L'air qu'on y respire est d'une vivacité prodigieuse. En effet, la terrasse est élevée de plus de deux cents pieds au-dessus du niveau de la mer. Le rocher qui la supporte, présente de si grandes difficultés à l'abordage, qu'on a été obligé de construire un embarcadère de onze cent quinze pieds de long, soutenue par des chaînes de fer attachées au rivage. Cet ouvrage hardi, qu'on prendrait pour le commencement d'un pont jeté sur le détroit, présente un coup d'œil admirable dans les jours de tempête : la mer se brise avec fureur autour de lui, et c'est alors surtout qu'on s'y rend pour l'admirer.

Le roi d'Angleterre vient souvent à Brighton, où il possède un petit palais, moitié chinois, moitié turc, surmonté de plusieurs aiguilles inégales et bizarres, auxquelles il n'est impossible de donner un nom. Les unes sont terminées par une boule, les autres ont une boule pour base ; il en est qui ressemblent à une pagode, il en est qui ne ressemblent à rien. C'est une véritable débauche d'architecture. Du reste, l'édifice manque d'élévation et d'air ; il est écrasé par les maisons voisines, qui sont construites avec bien plus de goût. (Elanqui, *Voyage d'un jeune Français*, 1824.)

Haussez
Comment une bourgade de pêcheurs devient une ville somptueuse

Les Anglais, même les plus occupés et les moins riches des classes élevées de la société, ont toujours du temps et de l'argent dont l'emploi les embarrasse. La raison pourrait s'en trouver dans l'importance et en même temps dans le petit nombre des affaires qu'ils traitent, et dans l'ordre qui préside à leurs dépenses. Quoi qu'il en soit, après qu'ils ont passé l'hiver à la campagne et le printemps à la ville, il leur faut trouver le moyen de tromper le désœuvrement de l'été. Les plus riches voyagent. Les plus pauvres vont sur le continent chercher une place où ils puissent vivre économiquement tout en se donnant l'air de voyager. La classe intermédiaire s'établit, sous le prétexte de prendre des bains, sur le bord de la mer, dans des lieux où le caprice de quelques familles *fashionables* promène une vogue de courte durée. On doit à cette manie la création de quelques villes du littoral que leur éloignement de la capitale, la privation de moyens d'abri pour les navires, l'absence de toute espèce d'industrie, semblaient condamner à une perpétuelle nullité. Parmi ces villes, Brighton peut être citée comme une preuve de la puissance d'une fantaisie chez un peuple qui ne se pique pas d'exclure la bizarrerie de ses habitudes et de ses déterminations. Sur une plage aride, sur une terre qui se refuse à la végétation d'un seul arbre, une bourgade de pêcheurs et de contrebandiers a tout à coup été transformée en une ville étendue et somptueuse. Une population sédentaire de trente mille âmes, qui se double pendant certains mois de l'année, est venue se fixer dans des maisons superbes construites autour du palais qu'avait fait bâtir un souverain qui ne se laissait pas voir. Afin de faire croire à une exception, à l'éloignement que, dans les dernières années de sa vie, George IV avait pour la société de ceux qu'il aurait dû admettre dans sa familiarité, la noblesse allait passer quelques jours, puis quelques semaines dans la ville où il faisait sa résidence favorite. Plusieurs seigneurs s'y créèrent des habitations ; d'autres en louèrent. Il devint de bon ton d'avoir au moins un pied à terre à Brighton. Des maisons s'élevèrent en plus grand nombre que ne le réclamaient les besoins de la noblesse. La classe qui venait après les occupa ; et en peu d'années, sans que l'on pût bien se rendre compte des causes de ses rapides progrès, on vit cette ville se classer parmi les plus riches et les plus fréquentées de l'Angleterre. Que deviendrait-elle si la mode qui a favorisé son développement, s'avisait de porter ailleurs ses faveurs capricieuses et de créer une autre cité ? Si surtout la population qui vient momentanément y promener son ennui, reconnaissait qu'un pays sans arbres, une mer sans vaisseaux, une plage sans port, une cité sans établissements publics, sans promenades, sans autres moyens de distraction qu'une continuelle agitation, en un mot, *une ville sans causes*, offrent un mauvais emploi à l'argent que l'on y dépense, et qu'il est une foule d'autres lieux où le temps serait moins pénible à supporter ? On pourrait lui prédire la désertion complète de ses maisons, que dédaigneraient le commerce et l'industrie, et le retour à son ancienne pauvreté, dont l'interruption momentanée serait constatée par des ruines de briques et par l'herbe qui croîtrait dans l'intervalle des pierres de ses trottoirs déserts.

Avant Brighton, Margate et Ramsgate avaient, par leur position à l'embouchure de la Tamise et par l'agrément de leur situation, attiré la foule des riches qui n'avaient rien de mieux à faire. Désertées pour Brighton, ces villes n'ont plus vu reparaître les brillants équipages qui y circulaient. Quelques voitures de place traînées par un seul cheval, quelques chaises à trois roues poussées par un homme, promènent dans leurs rues inclinées les habitants de la cité de Londres qui veulent singer les grands seigneurs; et la valeur de leurs maisons, le produit de leur industrie décroissent dans la proportion de l'importance et de la richesse de leur population de passage.

D'autres villes, telles que Hastings, Eastbourne, Weymouth, Sidmouth, ont cherché des moyens de fortune dans le goût d'imitation qui appellerait dans leur enceinte la population aisée qui les environne, et qui peut-être déciderait quelque illustre fantaisie, quelque royale prodigalité. Cette tentative réussit, au moins quant à la première partie de la spéculation. Ces villes ont une population mobile moins nombreuse, moins titrée, moins riche, mais tout aussi embarrassée de son oisiveté, tout aussi peu habile à créer du mouvement et des distractions que celle des villes rivales. On y voit des familles parcourir silencieusement les mêmes promenades, sans aborder, sans saluer même d'autres familles tout aussi ennuyées qu'elles. On y remarque des femmes, un livre à la main, sur leur balcon, tandis que, placés derrière elles, leurs maris promènent au-dessus de leurs têtes les télescopes dont ils suivent les navires qui passent à la vue de la côte; des berceuses et des gouvernantes surveillant des enfants; et sur toutes les figures, une sorte de lassitude et de désœuvrement que personne ne cherche à dissimuler.

On ne connaît pas ici, comme en France, ces réunions si gaies qui, sautant au son d'un violon de village, improvisent un bal au milieu d'un bois ou dans le coin d'une prairie, ou dont l'intérêt est tour à tour excité par le jeu, par des lectures, par des parties collectives, par des spectacles, par des promenades dans des sites pittoresques, par des conversations qu'alimentent l'anecdote la plus frivole comme la controverse politique la plus ardue. A Dieppe, à Plombières, dans les Alpes, dans les Pyrénées, on s'amuse : ici, on se baigne, on mange, on boit, on marche, on dort; et quand l'ennui devient trop pesant, on le promène ailleurs, dans l'espoir d'en perdre un peu sur la route, et on finit par le reporter chez soi.

Quelques exceptions doivent être faites dans cette peinture peu attrayante, mais vraie, des habitudes des lieux de passage fréquentés par les classes riches de l'Angleterre. On cite quelques villes où il est de mode de s'amuser. Lémigton [Leamington], Cheltenham, Brighton, sont de ce nombre. Mais en échappant à un excès, on tombe dans un autre. On ne sait pas se réunir, s'égayer dans certaines places : ailleurs, tout est bruit, foule, tumulte; les plaisirs y affectent de la prétention à s'emparer de tous les moments; mais ils s'y montrent en même temps solennels et exigeants. Il faut toujours être en représentation pour les goûter; il faut aussi s'y laisser entraîner sans pouvoir se soustraire à un seul. Sous peine d'être mis à l'index, on ne peut se dispenser de monter à cheval, de se promener à pied ou en voiture, de suivre une chasse au renard, de faire partie d'un pique-nique dans la matinée, et le soir d'accepter un dîner et de paraître dans deux bals. On s'amuse au point que de tant de jouissances on finit par ne plus en apprécier qu'une : c'est celle d'en voir la fin. (Baron d'Haussez, *La Grande-Bretagne en 1833*, 1834.)

Blanc
Londres au bord de la mer

Brighton, comme vous savez, est au nombre des villes gaies et prospères de ce pays. Située au bord de la mer, qui se montre là sous son plus imposant aspect, la ville de Brighton lui fait vaillamment face sur une ligne à perte de vue. Jolies maisons, hôtels que l'opulence recherche, boutiques étincelantes, rien n'y manque à la beauté du « Cliff » ; et c'est merveille d'y voir galoper, dans l'après-midi d'un beau jour d'automne, des régiments entiers de cavalerie féminine.

Comme tout ce qui est puissant ou charmant, Brighton a ses détracteurs. Les uns vous diront qu'au lieu d'y venir caresser une plage de sable fin, les flots s'y brisent sur des cailloux ; les autres, que la mer y est sans vaisseaux et la campagne sans arbres ; ceux-ci, que le « pavillon » bâti par Georges IV est une des hontes de l'architecture ; ceux-là… je ne me rappelle plus quoi. Telle dame de ma connaissance ne pardonnera pas à Brighton le luxe de toilette qu'il faut déployer pour y vivre, comme si la toilette qu'il faut déployer n'était pas le péché mignon des dames et leur tourment favori ! En général, ceux qui se piquent de goûts agrestes reprochent à Brighton de n'être, après tout, que *Londres au bord de la mer*. Voilà la grande accusation : *Londres au bord de la mer !* Mais la mer le long de Regent Street serait-elle donc chose si fort à dédaigner ?

En dépit de tout, Brighton est une ville de luxe, de plaisir, la ville à la mode. Elle se venge de ses détracteurs, en les attirant eux-mêmes. On médit d'elle tant qu'on peut, et le moment venu d'y aller, on y va. C'est surtout dans les mois doux et ternes qui conduisent de l'été à l'hiver que Brighton resplendit, rayonne et fait fortune. Il faut voir de quelle affluence de baigneurs, de baigneuses, d'oisifs appartenant aux deux sexes, se grossit alors sa population ! Les hôtels regorgent de visiteurs ; on est obligé de marcher, bourse en main, à l'assaut des appartements à louer ; on s'y dispute le plaisir de vivre.

Mais à cause de cela même, y passer deux mois, un mois, quinze jours, n'est pas donné à tout le monde ; et tout le monde, à Londres, se sent, qu'il le confesse ou le nie, un faible pour Brighton. La pauvre lady Morgan, quand elle vivait, faisait hautement profession de détester la mer, qu'elle appelait un *monstre monotone* : ce n'est pas de la sorte qu'on en parle, je vous l'assure, dans le monde des commis de magasin, des boutiquiers du Strand, des femmes de chambre en congé, et des nombreuses variétés de la classe des *cockneys*. Pour tout ce monde-là, une visite à Brighton est devenue, depuis l'invention des chemins de fer, une nécessité hebdomadaire. Cela fait tant de bien, d'échapper à l'air épais et à la fumée de Londres ! Brighton voit donc arriver, chaque dimanche, des nuées d'hôtes de passage, voyageurs de troisième classe qui sont attendus le lendemain dans Londres, où un *return ticket* leur permettra de revenir à peu de frais. (Louis Blanc, *Lettres sur l'Angleterre*, 1867.)

D'UN CHATEAU A L'AUTRE

> La liberté de la campagne, dès qu'ils peuvent se dérober aux affaires, leurs jardins, leurs parcs, l'équitation journalière, la chasse, la lecture, la prospérité de leurs possessions, c'est dans tout cela qu'ils cherchent leur bonheur.
>
> Abbé COYER, *Nouvelles observations sur l'Angleterre*, 1779.

Au français château *les dictionnaires anglais opposent une demi-douzaine de termes, mais même lorsque l'on a retenu un équivalent, celui-ci n'exprime pas une correspondance absolue. La* country house *est une* campagne *dans le sens très souvent utilisé au XVIIIe siècle pour désigner une demeure où l'on va résider une partie de l'année, aux portes de la ville ou « aux champs ». Mais les visiteurs découvriront que les « campagnes » anglaises sont bien différentes de celles de France, et que la « vie de château » prend un sens nouveau outre-Manche.*

C'est que, en France, vivre loin de Versailles et de Paris est un exil au désert. En Angleterre, c'est loin de la capitale que se vit la vraie vie, plus de six mois par an. C'est là que s'épanouit librement la culture anglaise.

Les voyageurs les plus curieux et les mieux introduits fréquenteront la gentry *dans ses terres, seront admis à séjourner dans les grandes demeures, et partageront les divertissements de leurs hôtes. Mais les sentiments des Français resteront toujours ambigus et contradictoires. On envie l'aisance, voire l'opulence, de la noblesse anglaise, on apprécie le luxe et le confort de ses grandes demeures ou de ses simples gentilhommières, mais sans souhaiter partager un mode de vie.*

Au XIXe siècle, la noblesse française jalouse le train de vie d'une aristocratie britannique ayant conservé fortune et pouvoir et forte d'un double enracinement dans la tradition et dans le terroir. Les touristes s'extasient devant les trésors de Blenheim, Chatsworth, Warwick..., et s'étonnent de voir tant de châteaux gothiques rénovés ou tout neufs..., de trouver tant de confort moderne dans des cadres médiévaux. Le château anglais au XVIIIe siècle avait paru la demeure de la liberté, au XIXe siècle il semblait être l'asile d'une féodalité encore toute-puissante. Si bien que se multipliaient les « cottages » où dans un décor rustique on pouvait jouir à l'aise des charmes de la campagne sans se soumettre aux obligations de la vie de château.

LES « CAMPAGNES »

Muralt
Un petit tour à la campagne

La *campagne* s'étend ici en plaine, mais sans avoir l'ennuyeuse uniformité des pays plats. Des collines s'élèvent par-ci par-là, et empêchent la vue de se perdre. On y voit serpenter de petites rivières ; on y découvre des bois de plusieurs sortes, des parcs et des maisons de plaisance. Ce qu'il y a de beau, surtout, c'est une verdure plus vive qu'ailleurs, et qui se soutient davantage ; mais outre qu'ils la payent un peu cher, puisque ce même air humide, qui l'entretient, les empêche d'avoir de beaux jours, c'est qu'ils n'ont que des feuilles, pendant que d'autres ont des fruits. Les leurs ont peu de goût, du moins, si on en excepte une sorte de pommes reinettes, qu'ils appellent *Golden pepins*, et dont je crois vous avoir parlé. Leurs fleurs ont peu d'odeur ; leur gibier est insipide, et je ne sais s'ils ont partout de fort bonne eau ; mais, surtout, pour la mortification de ce pays, ils n'ont point de vin. Vous savez qu'il n'y a point de vignes en Angleterre, et que s'ils font venir du vin d'ailleurs, ils n'ont pas, du moins, le plaisir de manger du raisin, qui est, à mon avis, le grand inconvénient des pays qui manquent de vignes.

Telle que je viens de vous dépeindre la campagne, les Anglais en font un cas extrême ; ils ne sauraient se lasser d'en faire l'éloge, et ils la préfèrent à toutes les campagnes du monde, comme ils se préfèrent à toutes les nations. Je voudrais pouvoir vous raconter la vie qu'ils y mènent ; mais je n'ai jamais osé m'en bien instruire. On me dit qu'ils se font des visites fréquentes et longues, qui se passent à la chasse et à table ; que leur chasse consiste à bien courir, et leurs repas à bien boire, avec cette circonstance, entre autres, qu'il y a des occasions où les gens qui se piquent de faire les choses dans les formes, ne s'enivrent avec le maître du logis qu'à demi, pour aller ensuite s'achever de bonne amitié avec les domestiques. Ils doivent avoir quelques autres usages assez particuliers, que je ne mets pas ici, à cause que je ne les sais que sur le rapport qu'on m'en a fait : je me suis contenté de cette connaissance incertaine, parce que j'ai craint que ce ne fussent de ces mystères, dont on ne peut approcher impunément.

J'ai bien fait tout fraîchement un petit tour à la campagne mais, excepté la retraite de monsieur le *Chevalier Temple*, et une autre maison moins solitaire, je n'ai rien vu à cette promenade qui mérite de vous être raconté. Je me trouvai, par hasard, dans le voisinage de ce célèbre négociateur et philosophe, et en même temps, il me vint dans l'esprit ce que j'avais lu, peu de jours auparavant, dans un de ses livres : que l'Angleterre n'était décriée dans le monde que parce que les étrangers qui y venaient ne la connaissaient le plus souvent que par leur auberge, et par des gens de néant ; eux-mêmes manquant peut-être de mérite, de naissance, ou de fortune, pour se mêler parmi les honnêtes gens. Je crus qu'un homme qui faisait ce reproche aux étrangers ne pouvait pas se défendre de bien recevoir ceux qui iraient chez lui, et qu'avec cela, je n'y avais pas à craindre des plaisirs fort violents. J'y allai et j'y reçus toute sorte d'honnêtetés, mais qui, ce me semble, ne tirent pas tout à fait à conséquence pour le général de la nation ; outre qu'on trouve peu de *Chevaliers Temple* en Angleterre, comme ailleurs, c'est que les gens faits comme lui ne concluent rien pour leur pays ; on trouve en eux toutes les bonnes qualités des nations qu'ils ont connues. Je lui parlai de ses ouvrages ; il me demanda si je les avais lus en anglais ou en français ; et sur ce que je lui dis que c'était en français, il se plaignit de la traduction qui en avait été faite, et il me dit qu'on « l'avait cruellement meurtri ». Ce fut chez lui que je vis le modèle d'une agréable retraite : assez éloignée de la ville pour se mettre à l'abri des visites, l'air sain, le terroir bon, la vue bornée mais belle, un petit ruisseau qui coule près de là, et qui fait le seul bruit qu'on y entend ; la maison petite, commode, et proprement meublée, le jardin proportionné à la maison et cultivé par le maître même ; lui sans affaires, et selon toutes les apparences, sans desseins ; peu de domestiques, et quelques personnes raisonnables pour lui tenir compagnie, un des plus grands agréments de la campagne, pour qui est assez heureux de l'avoir. Je vis aussi l'effet de tout cela ; je vis Monsieur *Temple* sain et gai, qui, quoique goutteux et dans un âge assez avancé, me lassa à la promenade, et qui, sans la pluie qui survint, m'aurait, je crois, réduit à lui demander quartier. Vous croyez bien que je ne vis pas tout cela sans soupirer plus d'une fois, ni sans me demander à moi-même, ce que je faisais là, pourquoi je venais troubler la retraite des autres.

Ce bon vieillard crut que je n'étais pas assez récompensé de ma peine, en ne voyant que sa petite maison, et quoique je l'assurasse que j'étais plus curieux d'hommes que de bâtiments, et qu'il me suffisait d'avoir eu l'honneur de le voir, il voulut qu'avant que de retourner à Londres j'allasse à Petworth, maison de campagne du duc de Somerset ; il me donna des chevaux et des gens pour m'y conduire, et craignant que le duc ne fût allé à Londres, il fit écrire à la duchesse par madame Temple. Le duc de Somerset me reçut aussi fort obligeamment. Il vit le plus souvent retiré à sa campagne, si on peut nommer retraite un genre de vie magnifique, où il se trouve plus de cent domestiques, un palais plus beau que celui du roi, et une table aussi bien servie. Pour moi, je crois la modicité du revenu essentielle à la retraite, comme la retraite est essentielle au bonheur de la vie, et qu'un homme extrêmement riche a une trop grande tâche à remplir. Dans ce magnifique palais, la maison retirée et le petit jardin de monsieur Temple se présentaient à moi sans cesse, et me faisaient rêver au plaisir d'une vie cachée et tranquille. (Béat de Muralt, *Lettres sur les Anglais*, 1726.)

Dutens
C'est à la campagne qu'il faut voir les Anglais

Le degré de considération dont chacun peut espérer jouir dans la nation est mesuré sur celui qu'il a dans sa province ; c'est donc là qu'il vit et tient un état ; c'est là que, pour acquérir un crédit politique à la cour, le riche se ruine sur ses terres ; que pour avoir part au gouvernement, le plus fier fait la cour au paysan franc-tenancier, et invite le fermier à sa table. C'est donc enfin dans sa province, à la campagne que tout Anglais, grand seigneur, gentilhomme, bourgeois, négociant, est bien logé, bien meublé, tient table ouverte. C'est à la campagne qu'il a son établissement, il ne fait que camper à Londres. [...]

La manière de vivre à la campagne est plus ou moins aisée selon l'humeur des maîtres de la maison. En général la compagnie déjeune, dîne et soupe ensemble : ceux qui s'en abstiennent font exception à la règle. Au déjeuner on fait sa partie pour la promenade, à pied, à cheval, ou en carrosse ; on est assez libre à cet égard. On revient dîner, et après le dîner on cause, on joue jusqu'au souper. Les heures sont plus réglées qu'en ville ; et comme on n'a point d'affaires, c'est à la campagne où l'on voit le mieux les Anglais dans leur humeur naturelle : elle n'est pas si sombre qu'on l'imagine ; au contraire, il règne à la campagne un air et une suite de gaieté, qui étonnerait fort ceux qui ne connaissent la nation anglaise que par les romans écrits par des étrangers qui n'ont jamais mis le pied en Angleterre. (Dutens, *L'Ami des étrangers qui voyagent en Angleterre*, 1787.)

Bombelles
Chez un grand seigneur

Pendant trois heures et demie de temps, lord Dudley menant à côté de lui en calèche, Mme Blair nous a montré comme des merveilles les choses les plus ordinaires ; un bois d'assez belle venue qu'il a fait percer et des parties supérieures d'où l'on découvre avec étendue plusieurs riches contrées ; mais on revient dix fois vers le même tableau en ne changeant de place que de quelques pas. Lord Dudley montre non seulement ce qui est fait mais ce qu'il compte faire, et c'est dans toute la force de cette phrase comme l'homme qui ne vous fait pas grâce d'une laitue. Ce qu'il y a de mieux chez lui, c'est la situation de sa maison ; quoique dominée par une colline qui la presse, elle a suffisamment de vue sur un joli bassin et une pièce d'eau dont l'emplacement ainsi que les accessoires sont dignes du fameux Brown, qui les a ordonnés. La colline est charmante ; derrière la maison elle offre à sa base quelques rochers surmontés de magnifiques arbres ; en avant de la maison elle s'abaisse graduellement jusqu'au bord de la pièce d'eau, et sa pente est si douce, le gazon qui la couvre si beau, les arbres qui la mettent à l'abri de l'ardeur du soleil si touffus que cette seule partie du parc mériterait qu'on vînt de loin pour la voir. Après un dîner parfait, Milord nous a mené voir ses potagers et ses serres ; tout cela est taillé dans le grand et fort bien tenu. J'ai rarement mangé soit en Italie soit en France un aussi bon ananas que celui qui nous a été servi entre autres excellents fruits.

On m'avait parlé avec éloge du goût de lord Dudley pour la bonne musique, et des beaux instruments qu'il avait chez lui. Le soir étant venu, nous sommes rentrés dans un salon que huit bougies éparses n'éclairaient guère mieux que ne le sort les rues de Londres un jour de brouillard. Au fond de ce grand et triste salon s'élève, en face d'une cheminée de marbre blanc d'une monstrueuse et mauvaise proportion, un buffet d'orgue en bois de mahagoni. Les préparatifs du concert ressemblaient assez à ceux d'une prière nocturne dans un temple luthérien. Un monsieur qu'on dit avoir été l'élève favori de Haendel s'est avancé sérieusement et bientôt s'est servi du clavier de l'orgue, comme s'il en eut juré la destruction. Ce qu'Haendel a composé de plus savamment triste a passé successivement sous la main de fer, de ce vigoureux athlète. Milord Dudley paraissait enchanté des merveilles qu'il entendait, et je conciliais la politesse avec la vérité, en lui disant que son monsieur avait une exécution diabolique. Ce n'était pas la faute de l'orgue, je crois qu'on n'en peut pas faire un meilleur. A côté de ce bel instrument sont un clavecin et un forte-piano, mais tous deux étaient trop discords pour que je pusse accompagner le chant de Mme Blair ou qu'elle pût s'accompagner elle-même. On n'a plus une plus jolie voix, ni une plus charmante méthode ; hélas ! jamais un si agréable talent ne fut mis à une plus rude épreuve ; faute d'accompagnement, Milord a proposé de chanter des canons, et Mlle Blair, écrasée par la voix rauque du maître de la maison, et celle du fameux organiste, ressemblait un peu au rossignol qui rend des sons plaintifs à l'approche de deux oiseaux de proie. Enfin à minuit on est allé se coucher et la musique du soir m'a fait trouver presque bonne celles que des coqs matinaux se sont plu à faire, longtemps avant l'heure où j'aurais voulu me réveiller. (Bombelles, *Journal de voyage [1784]*, 1989.)

Ferri de Saint-Constant

Les mœurs à la campagne

Le nombre des maisons qu'on peut appeler hôtels est singulièrement petit à Londres ; telle rue de Paris, ou telle ville d'Italie du troisième ordre, en contient un plus grand nombre que cette immense capitale. On est d'autant plus surpris de voir les lords et les riches particuliers habiter des logements ordinaires, qu'on sait qu'ils ont des maisons de campagne d'une belle architecture et d'une grande magnificence ; mais cela tient, dit-on, à des causes morales et politiques. Les grands en Angleterre ne le sont que dans leurs terres ; c'est là qu'ils sont magnifiques et qu'ils se distinguent de ceux avec qui ils sont confondus à Londres ; c'est là qu'ils étalent un luxe et une splendeur qui, dans les autres pays, ne se voient que dans la capitale. Ils laissent dans leurs châteaux, à la campagne, leur train et leur grandeur, pour n'apporter avec eux que le simple titre de citoyen, et habiter des maisons ordinaires et quelquefois garnies, qu'ils ne louent que pour quelques mois.

Presque tous les voyageurs s'accordent à dire que les Anglais dépensent beaucoup à la campagne, qu'ils y montrent un luxe, une splendeur que dans les autres pays on ne voit que dans les capitales ; que, lorsque leur fortune est dérangée, ils vont se cacher à la ville, ou ils voyagent, car les voyages sont pour eux une véritable économie. Un observateur, de beaucoup de mérite, non seulement adopte ces fausses idées sur l'existence des Anglais à la campagne, mais il y ajoute encore, par un injuste parallèle : « En Angleterre, dit-il, la noblesse ne se montre au peuple des provinces, que pour y répandre l'abondance et le bonheur. En France, on ne l'y voyait que pour chercher des ressources, et quelquefois avec toute l'injustice et toute l'humeur que donnent les embarras et l'ennui de la mauvaise fortune. »

Il faut observer d'abord qu'en tout pays les grands seigneurs sont toujours hors ligne, et que ce n'est pas eux qu'il faut citer pour donner une juste idée de la manière d'être d'une nation. Il est certain que la plupart des lords étalent une grande magnificence à la campagne, mais en général elle n'est nullement habituelle ; elle ne dure que quelques jours, et ces jours sont préparés et annoncés longtemps d'avance. L'appareil de l'opulence, la prodigalité même, n'ont point ce caractère d'aisance qui indique un ton soutenu. Ces dépenses extraordinaires n'ont nullement pour objet de *répandre l'abondance et le bonheur* ; elles sont l'effet du calcul et de l'intérêt ; elles sont indispensables au crédit et à la considération. Les lords lieutenants des comtés, qui sont, comme on sait, les pairs les plus considérables par leur fortune, sont dans l'usage de donner plusieurs dîners publics, annoncés par les gazettes, auxquels sont invités tous les *gentlemen*, propriétaires du comté. Ces dîners entraînent, sans doute, de grands frais, mais on n'en donne que deux ou trois dans l'année, et la dépense serait bien plus considérable si l'on tenait toujours table ouverte. L'objet de ces repas n'est pas d'étaler la grandeur dans toute sa magnificence ; ils ont un objet politique, c'est de réunir tous ceux qui ont quelqu'influence dans les élections, et de s'assurer les voix. Si quelqu'un des convives votait pour d'autres que pour les candidats du lord lieutenant, il manquerait à une espèce d'engagement : aussi n'y a-t-il que ceux qui sont *dans ses intérêts parlementaires* qui aillent à ces repas.

Les autres lords, et grands propriétaires, ont aussi quelques jours fixes *de la saison*, où ils traitent les écuyers, les *gentlemen* du voisinage qui sont *dans leurs intérêts politiques*. Ce sont ordinairement les jours de naissance, la fête de Noël, l'époque de quelque foire, etc. On étale, dans ces trois ou quatre jours, le plus grand luxe, mais le reste de l'année c'est la même simplicité, la même sobriété qu'à la ville, à moins qu'on n'invite des amis, des connaissances à dîner ou à passer quelques jours au château; mais l'invitation est indispensable pour tout le monde, sans en excepter les parents les plus proches, et les propres enfants établis.

Ce n'est pas ainsi que les ci-devant grands seigneurs de France vivaient à la campagne. Il pouvait y en avoir, dans le nombre, qui s'exilaient dans leurs châteaux, après s'être ruinés, et qui y vivaient avec économie, mais, en général, ils y tenaient un grand état comme à Paris. On leur reprochait même de transporter à la campagne le luxe et les plaisirs de la capitale. Ils avaient toujours table ouverte pour leurs vassaux et leurs voisins. Ils réunissaient constamment dans leurs châteaux un certain nombre de maîtres, et presque tous les ans leurs proches parents et leurs principales connaissances allaient passer quelques jours avec eux. Cette manière d'exister à la campagne n'était point l'effet du calcul, mais du désir de vivre d'une manière convenable à leur rang et à leur naissance, et de jouir de tous leurs avantages.

Les baronnets, les écuyers, et en général les propriétaires de la seconde et de la troisième classe, suivent les mêmes principes que les pairs; ils ont aussi quelques jours d'étalage et de magnificence. Quelques-uns entretiennent des chevaux et des chiens pour la chasse, dans l'idée de paraître plus riches qu'ils ne le sont en effet, et dérangent par là leur fortune; mais, en général, ils vivent dans une économie que l'habitude rend facile, et qui, pour la plupart, est indispensable. Elle ne leur est pas imposée par des lois somptuaires, mais par la multitude des taxes et des contributions, qui enlèvent la plus grande partie de leurs revenus. Plusieurs de ces écuyers vivent d'une manière indépendante; mais, d'ordinaire, ils font leur cour aux grands seigneurs du comté, et rampent devant sa *grâce*, car le personnage de courtisan, dénué de noblesse dans l'individu anglais, a un ton d'abaissement qui paraîtrait incompatible avec le caractère républicain, si l'empire de l'intérêt était moins connu. Le gentleman rampant devant sa *grâce*, car le personnage de courtisan, dénué de noblesse dans l'individu anglais, a un ton d'abaissement qui paraîtrait incompatible avec le caractère républicain, si l'empire de l'intérêt était moins connu. Le gentleman rampant devant sa *grâce*, et conséquemment protégé, en impose au cultivateur par le reflet de cette protection. Beaucoup sont en querelle avec leurs pasteurs et en procès avec les paysans leurs voisins.

On peut dire que la campagne est pour les Anglais du haut rang, un séjour de dissipation sans gaieté, où ils se délassent de la tension d'esprit qui les use dans les villes, en se livrant à une suite d'occupations dénuées d'intérêt. Les véritables plaisirs dont les Anglais jouissent dans leurs terres, ce sont les plaisirs domestiques et ceux qu'offrent les scènes champêtres. Ces plaisirs valent bien, sans doute, ceux que procure l'étalage du luxe et de la magnificence. (Ferri de Saint-Constant, *Londres et les Anglais*, 1804.)

Haussez
Les plaisirs de la vie de château ?

C'est à la campagne, c'est dans de vastes et magnifiques châteaux, que les Anglais riches déploient tout leur luxe. C'est là que la tenue des domestiques, la beauté des équipages, la profusion de la table se font principalement remarquer.

Au moins de juillet, Londres est abandonné par la portion de la société qui se pique de donner le ton et de diriger la mode. Ceux de ses membres qui ne peuvent obéir à cet usage, prennent une espèce d'incognito, sortent rarement, ne reçoivent pas, et font même fermer les fenêtres de leurs hôtels du côté de la rue, afin qu'on ne puisse soupçonner qu'ils sont encore à la ville.

Les deux premiers mois du séjour dans les terres sont consacrés aux affaires. On invite peu d'étrangers, et on se borne à l'échange de quelques visites avec ses voisins les plus rapprochés. Ce n'est qu'au moins d'octobre que les réunions commencent. Une société nombreuse qu'accompagne une grande suite de domestiques et de chevaux, encombre les châteaux des grands seigneurs. Tout en affectant du laisser-aller, tout en proclamant une liberté absolue, elle traîne après elle l'observation minutieuse d'une sévère étiquette. Chacune de ces réunions est une fraction de la cour avec ses coutumes, ses lois, ses prétentions.

Les journées anglaises sont coupées par de fréquents repas. Ainsi, à neuf heures, on prend le thé. Il est convenu que pour ce premier repas on n'attend personne, à peine les maîtres de la maison. L'heure sonnée, les premiers arrivés se placent autour de la table, préparent le thé, en servent à leurs voisins, et se distribuent, sans beaucoup de cérémonie, le pain, le beurre, les œufs, qui composent seuls le service. Sur un buffet sont placées des viandes froides. Les convives qui veulent en prendre se lèvent, coupent les morceaux qui leur conviennent, et reprennent leurs places. On ne sert ni vin, ni eau, ni bière, à ce repas. On n'a pour se désaltérer que du thé ou du café, que l'on est souvent obligé d'aller demander aux personnes qui les servent. L'usage exclut la présence des domestiques ; et les convives, ordinairement occupés de la lecture des journaux ou de leur correspondance, ne songent pas à suppléer à l'absence des laquais par la transmission de main en main des objets dont les autres ont besoin.

Entre une et deux heures, un second repas réunit à peu près toute la société. Celui-ci, mieux entendu que le premier, est servi comme les déjeuners de France.

A six heures, on se rassemble dans les salons. La toilette des hommes doit être très soignée. Les femmes, parées comme pour les soirées les plus brillantes de la capitale, font étalage de leurs diamants et des modes, que, pour cette époque, elles font venir de Londres et même de Paris.

Dans la pièce qui précède la salle à manger, les domestiques sont rangés sur deux haies. Les maîtres de la maison occupent des fauteuils à chaque extrémité de la table. Les convives se placent, en observant sans affectation leurs rangs respectifs.

Vers minuit, un quatrième et dernier repas, servi sur des plateaux dans un des salons, est mis à la disposition des personnes dont l'estomac trop exigeant ne se serait pas contenté des réfections de la journée. Ce repas se compose de viandes froides et de volailles grillées, et couvertes d'une couche de clous, de poivre, de piment et de sel. Quelques verres de vin chaud, ou de madère, ou de xérès, en facilitent la digestion.

Les intervalles des repas sont consacrés à des promenades à cheval ou en voiture, à la chasse à courre ou au tir, à des visites dans le voisinage, à des lectures auxquelles fournissent amplement les immenses journaux de la capitale, et des bibliothèques d'un très bon choix.

Il est certaines occasions où les habitudes de supériorité disparaissent, et où toutes les classes se confondent. Telles sont les circonstances d'un mariage, d'une naissance, d'une guérison. Tout ce qui appartient à la maison est admis à prendre part à une réunion commune, depuis le lord jusqu'au dernier *groom*.

Après le dîner, la société, rendue ce jour-là plus nombreuse par les invitations adressées à des voisins mêmes que l'on ne fréquente pas habituellement, passe dans la pièce la plus vaste du château, où sont déjà rassemblés les fermiers et les domestiques. Le personnage principal parcourt la foule et parle à tout le monde. Puis il vient se placer à une des extrémités de la salle avec sa société particulière qui se range sur deux files. A la suite et dans le même ordre s'alignent les domestiques, sans en excepter ceux affectés aux derniers emplois. Les hommes sont en livrée ; les femmes ont leurs habits les plus propres. On danse une *colonne*. Grâce au mélange qui en résulte, tous les rangs se confondent, et le gant de la maîtresse de maison, celui de la dame la plus dédaigneuse, se salit dans la main d'un garde-chasse ou d'un aide de cuisine. A minuit, la société se retire, et laisse la place libre aux domestiques, qui prolongent le bal et leur égalité d'un moment jusqu'à l'heure où ils reprennent leurs habitudes de service et d'infériorité.

En résumé, l'existence que l'on trouve dans les châteaux ne présente pas tout l'agrément que devraient procurer la dépense très considérable qu'elle entraîne, et l'apparente liberté qui en résulte. On n'échappe pas toujours à l'ennui dans ce qui s'y pratique, aux repas sans ordre de la matinée, aux promenades isolées qui les suivent, dans les salons où il est à peu près d'étiquette de ne se réunir et même de n'avoir l'air de se connaître que le soir, aux interminables dîners qui achèvent la journée. Comme étalage de fortune, comme faste d'une grande position, la vie de château, en Angleterre, a tout l'éclat, toute la pompe que la vanité peut désirer. Elle ne saurait être comparée à celle de France sous le rapport de la liberté, de l'agrément, de l'aisance. Après un séjour de quelques mois, on a dépensé son temps et son argent ; mais on n'a obtenu en échange que du mouvement et peu de plaisir, du bruit et peu de gaieté, des réunions nombreuses et peu d'affections réelles ; en un mot, du luxe et peu de véritables jouissances. (Baron d'Haussez, *La Grande-Bretagne en 1833*, 1834.)

La Bédollière
L'aristocratie anglaise

A Londres, plusieurs milliers de maisons appartiennent au duc de Bedford, et le marquis de Westminster, dont on porte le revenu à 25 000 fr. par jour, soit 9 125 000 fr. par an, est seul maître du riche terrain de West End, propriété dont on peut se faire une idée en concevant un habitant de Paris possesseur du faubourg Saint-Germain, de la rue de la Paix et d'une partie des Champs-Élysées. Entre plusieurs immenses domaines, le duc de Devonshire à 96 000 acres dans le seul comté de Derby. Le duc de Richmond en a 40 000 autour de Goodwood et 300 000 autour du château de Gordon. Les revenus de cinq, six et même sept millions ne sont pas rares dans les familles des lords ; aussi l'aristocratie anglaise est-elle la plus remarquable de l'Europe et même du monde entier, sous le rapport de la somptuosité. A Londres comme dans leurs châteaux, dans le West End comme au fond d'une province, elle est environnée d'un personnel nombreux de domestiques en livrée. Les ladies et leurs filles, types de grâce et d'élégance, ne se montrent que parées des plus coûteuses étoffes, et suivies de laquais poudrés et en culotte courte. Si le hasard veut que vous receviez l'hospitalité d'un lord dans le domaine de ses ancêtres, vous serez transporté dans une sphère idéale, où les misères du monde sont inconnues. Rien n'y semble pouvoir interrompre le cours rapide des heures consacrées au plaisir ; tout respire l'aisance, tout a des charmes : la maison du lord est le paradis de son hôte. Un cheval ou une voiture est à vos ordres. Si vous avez du goût pour la chasse, voici un fusil, dans le cas où vous n'en auriez pas à vous, et il vous est permis de vous réunir à la société pour faire une battue, ou d'errer dans les réserves et d'abattre ce que vous pourrez atteindre. Vous pouvez encore prendre votre carabine et rapporter un chevreuil. Au déjeuner, les beefsteaks, le gibier, les poulets froids, les œufs, les marmelades, couvrent la table d'une salle à manger splendide dont les murailles sont garnies de tableaux et dont les fenêtres ouvertes donnent sur des massifs de fleurs. Les dames, aimables et belles, paraissent, suivies ou précédées de leurs petits chiens favoris, épagneuls, bassets, carlins, lévriers, danois, chiens écossais. Des parties de plaisir s'organisent pour la journée ; vous êtes libre d'aller visiter les environs, de retourner à la chasse, de jouer au billard, de mettre à contribution la bibliothèque, ou d'errer simplement dans un parc accidenté.

Le lord n'a jamais su ce que c'était que d'être coudoyé par la vile multitude, il n'a pour ainsi dire foulé que des tapis. Tout ce dont il peut se plaindre, c'est de manquer d'appétit et d'avoir la goutte. Malgré les préjugés héréditaires qui lui ont été transmis, le lord est souvent un homme éclairé, qui apprécie avec sagacité la politique européenne, se tient au courant des innovations, et sait, au besoin, faire des concessions à l'esprit public. (La Bédolière, *Londres et les Anglais*, 1862.)

Mérimée

A en devenir socialiste

Je crains de devenir tout à fait socialiste en mangeant de trop bons dîners dans de la vaisselle plate de vermeil, et en voyant des gens qui gagnent 14 000 livres sterling aux courses d'Epsom. Mais il n'y a pas encore de probabilité qu'une révolution éclate ici. La servilité des pauvres gens est étrange pour nos idées démocratiques. Chaque jour nous en voyons quelque nouvel exemple. La grande question est de savoir s'ils ne sont pas plus heureux. (Mérimée, *Lettres à une inconnue [1850]*, 1873.)

Taine

Le confort des grandes demeures

La maison est un gros hôtel, assez médiocre, d'apparence massive, arrangée à la moderne ; le mobilier du rez-de-chaussée et du premier étage, renouvelé récemment, a coûté quatre mille livres. Trois salles ou salons, longs de soixante pieds, hauts de vingt, sont garnis de grandes glaces, de bons tableaux, d'excellentes gravures, de bibliothèques. Sur le devant est une serre vitrée, où l'on passe l'après-midi quand le temps est mauvais, et où, même en hiver, on peut se croire au printemps. — Chambres pour les jeunes filles qui viendront en visite : fraîches, claires, virginales, tendues de bleu et de blanc, avec un assortiment de jolis objets féminins et de fines gravures, elles conviennent bien à leurs aimables hôtes. — Au reste, le sentiment pittoresque de la décoration et de l'ensemble est moins vif que chez nous ; par exemple, les objets et les tons sont plutôt juxtaposés qu'accordés. Mais il y a du grandiose et de la simplicité ; nul goût pour l'entassement et le bric-à-brac. Ils acceptent volontiers les grands plans nus, les espaces vides : l'œil est à l'aise, l'on respire bien, on peut se promener, on n'a pas crainte de se heurter contre les meubles. —

L'attention s'est reportée sur le confortable, notamment en ce qui concerne tous les détails du coucher et de la toilette. Dans ma chambre, grand tapis général, toile cirée devant la table à laver, nattes le long des murs. Deux tables de toilette, chacune à deux tiroirs, la première pourvue d'une glace mobile, la seconde munie d'une grande cruche, d'une petite, d'une moyenne pour l'eau chaude, de deux cuvettes en porcelaine, d'un porte-brosse, de deux porte-savons, d'une carafe avec son verre, d'un bol avec son verre. Au-dessous, une troisième table de toilette fort basse, un seau, une autre cuvette, une grande cuve plate en zinc pour les ablutions du matin. Dans un cabinet, un porte-serviettes avec quatre serviettes d'espèce différente, l'une épaisse et pelucheuse. — Autre cabinet indispensable dans la chambre, et qui est une merveille. — Serviettes sous tous les vases et ustensiles ; pour défrayer un tel service dans une maison habitée, il faut une blanchisserie en permanence. — Trois paires de bougies, l'une fichée dans une petite table portative. Allumettes de cire, allumettes de papier dans de jolis petits tonneaux, pelotes d'épingles, éteignoirs de porcelaine, éteignoirs de métal. Blancheur, perfection, tissus moelleux de toutes les parties du lit. — Le domestique vient quatre fois par jour dans la chambre : le matin pour tirer les stores et les rideaux, ouvrir les persiennes intérieures, emporter les chaussures et habits, apporter un grand broc d'eau chaude avec une serviette laineuse sur laquelle poseront les pieds ; à midi et à sept heures du soir, pour apporter l'eau et le reste, afin que l'hôte puisse se laver avant le déjeuner et le dîner ; à la nuit, pour fermer les fenêtres, arranger le lit, préparer la cuve, renouveler le linge, le tout avec gravité, silence et respect. — Pardon de ces détails si minces ; mais il faut les toucher du doigt pour se figurer les besoins de l'Anglais d'après la direction de son luxe ; ce qu'il dépense en service et en confortable est énorme, et on a pu dire en riant qu'il passe un cinquième de sa vie dans sa cuvette.

Plusieurs de ces châteaux sont historiques ; il faut les voir pour comprendre ce que l'hérédité dans une grande famille peut entasser de trésors. — On m'en cite où, par une clause de l'institution, le possesseur est tenu d'acheter chaque année pour plusieurs mille livres sterling d'argenterie ; après avoir encombré les buffets, on a fini par faire une rampe d'escalier en argent massif. — Nous avons pu contempler à l'Exposition rétrospective tout un musée de curiosités précieuses et d'objets d'art, envoyé par lord Hertford. En 1848, il disait à un Français de ses amis, fort inquiété et un peu inquiet : « J'ai un château dans le pays de Galles, je ne l'ai jamais vu, mais on le dit très beau. Tous les jours on y sert un dîner de douze couverts, et la voiture est attelée devant la porte, au cas où j'arriverais. C'est le butler qui mange le dîner ; allez-y, installez-vous, vous voyez que cela ne me coûtera pas un centime. » — Naturellement, les belles choses s'accumulent dans ces mains opulentes. Miss Coots, lord Ellesmere, le marquis de Westminster ont des galeries de tableaux qui feraient honneur à un petit État. (Taine, *Notes sur l'Angleterre*, 1871.)

Cottage ou château ?

Vous voilà à Newhaven ou à Douvres, et vous courez sur les rails, en regardant autour de vous. Des deux côtés passent des maisons de campagne ; il y en a partout en Angleterre, au bord des lacs, sur le rivage des golfes, au sommet des collines, sur tous les points de vue pittoresques. Elles sont le séjour préféré ; Londres n'est qu'un rendez-vous d'affaires ; c'est à la campagne que les gens du monde vivent, s'amusent et reçoivent. Que cette maison est bien arrangée et jolie ! S'il s'est trouvé à côté quelque vieille bâtisse, abbaye ou château, on l'a gardée. L'édifice nouveau a été raccordé avec l'ancien ; même seul et moderne, il ne manque point de style ; les pignons, les meneaux, les grandes fenêtres, les tourelles nichées à tous les coins ont dans leur fraîcheur un air gothique. Ce cottage même, si modeste, bon pour des gens qui n'ont que trente mille livres de rentes, est agréable à voir avec ses toits pointus, son portique, ses briques brunes vernissées, toutes recouvertes de lierre. Sans doute la grandeur manque le plus souvent ; aujourd'hui les gens qui font l'opinion ne sont plus les grands seigneurs, mais les gentlemen riches, bien élevés et propriétaires : c'est l'agrément qui les touche. Mais comme ils s'y entendent ! Il y a tout autour de la maison un gazon frais et soyeux comme du velours, qu'on passe au rouleau tous les matins. En face, les rhododendrons énormes font un bouquet éblouissant où murmurent des volées d'abeilles ; des guirlandes de fleurs exotiques rampent et tournoient sur l'herbe fine ; des chèvrefeuilles grimpent le long des arbres, les roses par centaines, penchées au bord des fenêtres, laissent tomber sur les allées la pluie de leurs pétales. Partout les beaux ormes, les ifs, les grands chênes, précieusement gardés, groupent leurs bouquets ou dressent leurs colonnes. Les arbres de l'Australie et de la Chine sont venus orner les massifs par l'élégance ou la singularité de leurs formes étrangères ; le copperbeech étend sur la délicate verdure des prairies l'ombre de ses feuilles noirâtres à reflets de cuivre. Que la fraîcheur de cette verdure est délicieuse ! Comme elle étincelle, et comme elle regorge de fleurs champêtres lustrées par le soleil ! Que de soin, quelle propreté, comme tout est disposé, entretenu, épuré pour le bien-être des sens et pour le plaisir des yeux ! S'il y a une pente, on a ménagé des rigoles avec de petites îles au fond de la vallée, toutes peuplées par des touffes de roses ; des canards d'espèce choisie nagent dans les bassins, où les nénuphars étalent leurs étoiles satinées. Il y a dans l'herbe de grands bœufs couchés, des moutons aussi blancs que s'ils sortaient du lavoir, toutes sortes de bestiaux heureux et modèles, capables de réjouir l'œil d'un amateur et d'un maître. Nous revenons à la maison, et avant d'entrer je regarde la perspective ; décidément ils ont le sentiment de la campagne ; comme on sera bien, à cette grande fenêtre du parloir, pour contempler le soleil couchant et le large treillis d'or qu'il étale à travers la futaie ! Et comme adroitement on a tourné la maison pour que le paysage paraisse encadré au loin entre les collines et de près entre les arbres ! Nous entrons. Que tout y est soigné et commode ! On y a prévu, devancé les moindres besoins ; il n'y a rien que de correct et de perfectionné ; on soupçonne tous les objets d'avoir eu le prix, ou du moins une mention à quelque Exposition d'industrie ; et le service vaut les objets ; la propreté n'est pas plus méticuleuse en Hollande ; proportion gardée, ils ont trois fois plus de valets que chez nous ; ce n'est pas trop pour les détails minutieux du service. La machine domestique fonctionne sans une interruption, sans un accroc, sans un heurt, chaque rouage à son moment et à sa place, et le bien-être qu'elle distille vient en rosée de miel tomber dans la bouche, aussi vérifié et aussi exquis que le sucre d'une raffinerie modèle lorsqu'il arrive dans son goulot. (Taine, *Histoire de la littérature anglaise*, 1882.)

Mandat-Grancey
Grands châteaux et maisons de campagne

J'ai visité au moins une douzaine de châteaux parmi ceux qui sont réputés les plus beaux de l'Angleterre. J'ai même séjourné dans quelques-uns. On nous y offre des chasses admirables et un confort merveilleux : on y voit des collections de tableaux comme on n'en voit nulle part ailleurs, si ce n'est dans cinq ou six capitales de l'Europe ; des bibelots historiques mille fois plus intéressants que ceux qu'on trouve dans les musées, parce qu'on les voit dans leur cadre, à l'endroit même où se sont passés les événements dont ils rappellent le souvenir, et qui les rendent intéressants : mais au point de vue architectural, tous ces châteaux sont vraiment horribles. J'ai tort de dire tous ces châteaux : il serait plus prudent de dire tous ces châteaux, moins un ! afin que si un de leurs propriétaires réclame, je puisse lui répondre que mon exception visait précisément le sien. Mais elle ne vise pas un certain château que j'ai visité dans le pays de Galles, une construction immense bâtie sur le modèle d'un tombeau égyptien, qui n'a presque pas de fenêtres extérieures, et dans laquelle on entre par une toute petite porte dissimulée dans un coin ; ni un autre, celui-là, c'est S...-House, le château des ducs de B. La porte de ce dernier ne se dissimule pas ! On la voit au beau milieu d'une immense colonnade circulaire, pareille à celle de Saint-Pierre de Rome, et guère plus petite ; seulement les colonnes sont peintes en jaune vif. Du reste, l'architecte qui a construit S...-House avait le goût des colonnades. Il en a placé une autre sur la seconde façade, qui a évidemment l'intention d'imiter celle du Louvre ; et puis, sous cette colonnade, dans des niches, il a logé les statues en marbre de grands bonshommes extraordinairement musclés et tout nus, qui représentent, du moins on me l'a affirmé, tous les ducs de B., depuis les temps les plus reculés jusqu'à nos jours. La princesse Pauline Borghèse s'est fait faire la sienne dans le même costume, par Canova : ce qui procure à tous ses descendants la satisfaction d'être très renseignés sur son compte, du moins au point de vue physique. Les ducs de B. auront sans doute eu une idée analogue. J'avoue que je préfère des portraits de famille dans une tenue moins académique.

J'ai tout lieu de croire, d'ailleurs, que la collection de S...-House est unique en son genre, en Angleterre, et je ne suis même pas très convaincu de la vérité de l'histoire qui a cours dans le pays, à ce sujet. Mais ce que je sais, c'est que S...-House est vraiment une bien étrange habitation, et que la plupart des grands châteaux que j'ai vus en Angleterre ne me plaisaient guère davantage. Dans mon humble opinion, j'estime que nous en avons en France d'infiniment plus beaux. Mais en revanche je trouve que les petites maisons de campagne anglaises sont à cent piques au-dessus des nôtres. Quand on traverse, en chemin de fer, la banlieue parisienne, on voit des deux côtés la voie bordée d'une foule de petites villas qui sont presque toutes hideuses. La banlieue de Londres, elle aussi, est couverte de petits cottages. Mais ce qui la caractérise, c'est que tous ces petits cottages sont charmants. Et ce qu'il y a de plus extraordinaire, c'est que pas un ne ressemble à son voisin. D'ailleurs, ces petites maisons anglaises sont vraiment bien déconcertantes. On a beau les regarder sous toutes leurs faces, on se dit toujours que si on avait à en dessiner le plan, on serait bien embarrassé. A l'extérieur, on voit des pignons se dresser de tous les côtés, flanqués de pans de mur qui disparaissent sous les plantes grimpantes. Chez nous, si on a le malheur de laisser un lierre grimper le long d'un mur, on est sûr qu'en attendant de le démolir, il y entretient une humidité épouvantable. Comment se fait-il que dans un pays aussi humide que celui-ci, toutes ces plantes qu'on voit partout ne pourrissent pas les murs qu'elles recouvrent ? Je ne le sais pas ; mais ce que je sais bien, c'est que l'effet produit est charmant ! Seulement je me figure que, chaque année, on doit avoir à payer des notes formidables chez les maçons, les couvreurs et les plombiers.

Quelles que soient ces notes, elles ne me concernent pas ; c'est donc sans la moindre arrière-pensée désagréable que je me suis laissé, hier matin, aller au plaisir d'admirer la jolie maison de mon ami B., où je venais de passer la nuit. C'est un ravissant cottage qu'une fantaisie de son arrière-grand-père a recouvert en chaume, ce qui lui donne un petit air rustique tout à fait engageant. Seulement, ce chaume avait l'inconvénient d'attirer tous les pierrots du pays qui venaient, chaque printemps, y faire leurs nids, et y abriter leurs amours et leurs conséquences. Il a fallu tendre un grand filet par-dessus le chaume pour se défendre contre leur indiscrétion. Mais ce sont les seuls oiseaux qu'on éloigne. Tous les autres semblent se donner rendez-vous dans les gros buissons de roses qui encadrent les fenêtres ou autour des petits abreuvoirs qu'on leur ménage sur le *lawn* ; car la maison est entourée d'une de ces pelouses comme il est bien inutile à nous autres Français de chercher à en avoir, parce qu'il faut le climat de l'Angleterre pour leur donner l'élasticité et le velouté qu'ont celles-ci. Mais il ne faut pas se figurer que le climat de l'Angleterre suffise à leur donner tout cela : il faut encore beaucoup de soins. Il faut d'abord renouveler le gazon assez souvent ; ensuite, il est bon de le rouler, avec un rouleau très lourd, au moins une fois par semaine et de le tondre à la tondeuse presque aussi souvent. Justement, hier matin, deux hommes étaient en train de procéder à cette opération avec une tondeuse attelée d'un poney. J'ai remarqué que le poney avait une bien singulière manière de marcher. Je me suis approché et j'ai constaté qu'il avait les pieds garnis de sorte de souliers de cuir, avec des semelles de bois très larges et arrondies sur les bords, de façon à ne pas abîmer le gazon !

Pendant que j'admirais les chaussures du poney de mon ami B., j'ai entendu qu'on sonnait le gong pour le déjeuner. Il était neuf heures du matin ; mais dans ce pays-ci il est d'usage que tout le monde prenne ensemble, et dans la salle à manger, le premier déjeuner, qui, du reste, est un repas tout à fait différent de celui que nous prenons en France à la même heure. En Angleterre, il se compose toujours d'un plat chaud, d'œufs, de viande froide et de confitures ; le tout accompagné du sempiternel thé. Lestés d'un déjeuner pareil, des Français iraient jusqu'au soir sans rien manger. Mais les estomacs anglais sont d'une capacité inépuisable, comme ceux des autruches ou des canards. A deux heures, on se remet à table pour le lunch, qu'on appelle aux Indes *tiffin*, qui est un second déjeuner plus copieux que le premier. A quatre ou cinq heures, les femmes avalent encore du thé avec des tartines de beurre. A ce moment-là, les hommes se contentent généralement d'un verre de *sherry* et d'un biscuit ; mais aux chasses, par exemple, on apporte toujours de la viande froide entre deux battues, et on voit les chasseurs la dévorer comme s'ils étaient à jeun depuis la veille. Ce qui ne les empêche pas de faire honneur au dîner qu'on sert à huit heures, et quelquefois même, à Londres, ces quatre ou cinq repas ne leur suffisent pas ! Et en sortant du théâtre, ils vont aussi souper ! Quels beaux estomacs que ces estomacs anglais ! Mais pourquoi faut-il tant de *pills* et de drogues extraordinaires pour les maintenir en bon état ? Pour un Géraudel qui encombre la quatrième page de nos journaux de l'annonce de ses pilules digestives ou stomachiques, il y a en Angleterre dix Holloways qui font des fortunes colossales en vendant à leurs compatriotes des produits pharmaceutiques destinés à combattre la fâcheuse pléthore ! (Mandat-Grancey, *Chez John Bull*, 1895.)

GRANDES DEMEURES (STATELY HOMES)

Custine
Warwick

Figurez-vous le théâtre d'un roman de chevalerie, non pas ruiné comme tant d'édifices célèbres, mais occupé, même encore aujourd'hui, par un maître dont le nom historique est entièrement d'accord avec l'aspect seigneurial de son château.

Près de ce moulin, le comte de Warwick a fait bâtir un pont d'une seule arche, au-dessus de laquelle on aperçoit des bois et des villages ; tel est le pays ! Il n'est pas différent du parc, car ce qui fait le grand mérite de ce beau lieu, c'est l'artifice avec lequel l'art est masqué ! (Custine, *Courses en Angleterre et en Écosse*, 1830.)

Walsh
Comme au temps de la chevalerie

A Stowe nous aurions pu nous croire en Italie ; le palais, les monuments du parc, tout était pur et classique ; et pour compléter l'illusion, nous avions eu pendant notre exploration un ciel bleu et un beau soleil.

Au château de Warwick que nous venons de visiter ce matin, c'était tout un autre aspect : ici plus de toits plats ornés de balustres et surmontés de vases, mais de hautes tours déchirant la nue avec leurs couronnes de créneaux.

Ici plus de pelouses verdoyantes s'étendant mollement autour du manoir, mais des rochers à pic, et une rivière bouillonnante à deux cents pieds au-dessous des fenêtres.

Pour avoir une idée juste et exacte de Warwick Castle, figurez-vous, mon cher ami, une demeure féodale du XIIIe siècle, à laquelle on dirait que l'on n'a rien changé, et qui a, cependant, toutes les recherches, tous les *comforts* du temps actuel.

Comme pour préparer le visiteur au noble et sévère aspect que le château va lui offrir, l'avenue n'a rien de riant ; elle est taillée dans le roc. A droite et à gauche, s'élèvent deux hauts pans de rochers granitiques, ornés de plantes avec leurs branches projetées, ou leurs festons appendus. Pendant quelque temps le voyageur marche ainsi dans ce chemin creux et resserré ; mais parvenu à un détour, tout à coup l'espace s'élargit, et le noble manoir apparaît avec toute la majesté des jours de chevalerie. Rien de moderne n'est là pour affaiblir l'impression que vous éprouvez en face de ces vieilles murailles ; cela devait être exactement ainsi au temps de Guillaume le Conquérant, ou de Henri de Neubourg, premier comte de Warwick ; car déjà un château avait remplacé la tour qu'Ethelfrida, fille d'Alfred, avait fait élever dans ce lieu. Les douves ne sont plus remplies d'eau, mais un luxe de plantes, d'arbustes et d'arbres a remplacé le flot qui battait les murailles. Ces masses de verdure se dessinent bien sur la couleur grise des remparts. Ciceri ne pourrait rien inventer de plus pittoresque et de plus imposant que cette scène qui se déploie subitement comme une immense toile de fond, au débouché de l'avenue.

Après avoir entendu les chaînes du pont-levis résonner, après être passés sous un double porche et sous la herse à longues pointes de fer, nous entrâmes dans la dernière enceinte. Cette cour entourée de toutes parts par de hautes murailles, n'est pas triste : des massifs d'arbres au feuillage varié, des bouquets d'arbustes à fleurs, y sont dispersés avec art ; les lignes crénelées qui tranchent sur le ciel, ne sont pas nues ; le lierre a poussé où marchaient les hommes d'armes. Une vaste nappe de gazon s'étend entre tous les bâtiments ; le soin, le bon goût, se montrent dans cette antique demeure avec un charme tout particulier. Si j'étais poète, je comparerais ce gothique manoir si bien entretenu, à un vieux chevalier couronné de roses.

Du côté de la cour, le château n'a que deux étages ; du côté de la rivière, il en a cinq. C'est du bord opposé de l'Avon qu'il faut prendre une vue de Warwick Castle : ses hautes murailles ne semblent faire qu'un avec les beaux rochers qui les portent ; et ces grandes masses de granit dominent elles-mêmes de magnifiques cèdres qui croissent sur le bord des eaux. Un pont à balustres, une cascade, une ville en amphithéâtre, complètent le paysage. Je n'en connais qu'un que l'on puisse y comparer, Clisson... ; mais à Clisson, la demeure du connétable est en ruines ; à Warwick, pas une pierre ne manque ; le mouvement de la vie l'anime, et quand vient la nuit, on voit briller des lumières à toutes ces nombreuses croisées !

Pour que tout fût bien en harmonie, un vieil invalide fut notre guide dans la partie réservée du parc. L'âge et les infirmités l'empêchaient d'aller vite. Nous lui demandâmes de parcourir le *pleasure ground* sans lui ; il nous le permit et alla s'asseoir au soleil, à côté d'un porche en ogive. C'était une figure à peindre, que ce bon vieillard, avec son long bâton, assis entre une touffe de lilas et d'ébéniers, et cet arceau, surmonté d'un écusson et d'un casque gothique.

Les jardins sont bornés d'un côté par la rivière, de l'autre par les vieilles fortifications. Ils ont peu d'étendue : c'est là que nous avons vu les plus beaux cèdres de l'Angleterre. (Walsh, *Lettres sur l'Angleterre*, 1830.)

Michelet
Un sanctuaire de l'art et de l'antiquité

Comme on ne peut visiter le château que le matin, de sept à dix heures, j'ai dû, ce soir, me contenter de tourner autour, de le contempler d'en bas, des bords de l'Avon. Le prince Muskau, dans sa description fort belle, compare sa masse imposante au Colisée de Rome.

Au bord de la rivière se dresse encore le moulin féodal crénelé, et les arches d'un pont rompu, sans doute dans les guerres de Cromwell.

C'est de là qu'un rocher se dresse à cent pieds de haut, et sur ce rocher, un mur à pic, une montagne de pierre sur un roc, et, sur cette montagne, la masse prodigieuse, le château lui-même, large comme un des côtés du Louvre, et presque aussi haut, au centre, que les tours sombres des angles, dont chacune, détachée, ferait à elle seule un château. Ossa sur Pélion, Olympe sur Ossa. Pour édifier ce prodigieux ensemble, ce ne fut pas trop de tout l'argent que les Anglais avaient pris à la France : le tribut de Charles V, de Charles VI, de Louis XI.

Cette façade immense regarde l'Avon à ses pieds, par une double ligne d'ouvertures gothiques grandes comme des fenêtres de cathédrale. Plusieurs de ces croisées sont des portes ouvertes sur l'abîme.

Tout autour de ces vieilles murailles titaniques, une jeune et verte ceinture de feuillages, buissons et arbustes ombragés eux-mêmes, d'ormes et de chênes géants, ceux-ci, vénérables contemporains de Cromwell, peut-être même de Warwick.

Lui-même, le « faiseur de rois », quand il eut assis cette Babel, la montagne sur la montagne, et le roc sur le roc, il dut se croire inébranlable... Où sont-ils maintenant les constructeurs de ces châteaux forts, devenus trop grands pour des rois ?... Où sont les Warwick, les Northumberland, les Percy ?... L'Avon continue de couler, sans souci de l'histoire. Par-dessus la rivière et par-dessus le château, s'agitent et croassent des nuées de corbeaux. Nulle part je ne les ai rencontrés plus bruyants. Le maître actuel du château aime, dit-on, et épargne ces antiques hôtes des demeures féodales. Ce qui déroute, c'est de voir des hommes habiter ces bâtiments gothiques, et des rideaux blancs aux fenêtres qu'encadre la sombre verdure du lierre, vrai possesseur actuel du manoir.

Les Beauchamp, par mariage, le prirent vers Édouard III. A la mort du « faiseur de rois », une fille des Beauchamp-Warwick le transmit à son mari, le duc de Clarence. Il est aujourd'hui à l'un de ses fils.

Inscrit ce matin le premier sur le registre des visiteurs, j'entre, et mon impression est moins forte que celle du prince Muskau, sans doute parce qu'il a vu l'intérieur du château le soir. Il est certainement plus beau à l'extérieur, qu'au temps de Warwick, étant aujourd'hui paré, tout à la fois, de vieillesse et de jeunesse, tout vêtu de ce lierre robuste, particulièrement la façade, qui est taillée dans le roc. Une femme de chambre a été chargée de me conduire à travers l'admirable Baronial Hall. Je jette un coup d'œil rapide sur les portraits de Spinola, dur tacticien ; de Strafford, bilieux, violent, malheureuse figure, en grand contraste avec celle de Montrose, si belle de jeunesse, de force, de grâce, de plénitude et d'alacrité militaire. On conçoit l'enthousiasme des clans.

Dans le musée d'armes, figure le sabre destiné aux exécutions. De ce côté, on circule dans l'intérieur du château, par des couloirs taillés dans le roc. Ils conduisent à la chapelle, touchante, religieuse dans sa simplicité. Cette portion du manoir plongée dans une sombre obscurité, contraste fortement avec le Hall illuminé, à cette heure, comme pour une fête. Des fenêtres, la vue s'étend immense, très douce, sous le gai soleil du matin que réfléchit l'Avon dans ses replis nombreux.

Ce qui me touche et m'embarrasse, c'est de pénétrer dans le boudoir et même dans la chambre à coucher de la comtesse. Elle vient de sortir visiblement, laissant ses journaux et ses lettres ouvertes sur la table. Le portrait de Napoléon, de la duchesse de Dino, d'autres encore, sont épars sur des chaises. Je n'entre qu'avec hésitation. Il me semble que c'est violer la sainteté du foyer domestique. Le jeune fils du lord passe devant moi. Des couleurs, une palette sont restées sur la croisée. Sans doute il peignait ce riche paysage.

La gazette que la comtesse était en train de lire, est le *Standard*. Ce journal tory me rappelle celui des Wighs que j'ai lu ce matin même : le *Warwick*, très vif pour la Réforme, violent et dérisoire pour les lords. Sur les murs de l'église, j'ai vu aussi affichés, les noms des électeurs qui ont reçu de la nouvelle loi le droit de vote. Ainsi, de toutes parts, les corbeaux de la démagogie planent et croassent sur ce grand cadavre féodal. L'écho de la presse perce et mine ces puissantes tours. J'ai presque pitié de cette grandeur mourante.

Nulle part, l'aristocratie ne m'a paru plus vénérable que dans ce sanctuaire de l'art et de l'antiquité.

Là, toute l'histoire a été accueillie. A côté de la cuirasse de Warwick et de la cotte de mailles d'Élisabeth, on voit un superbe bas-relief antique, et le vase gigantesque rapporté de Tibur.

La conservation de ce château coûte à son propriétaire des sommes énormes et il en jouit bien moins que le public. C'est un sacerdoce de l'art. Le noble lord ouvre sa maison tous les jours aux étrangers. Ils se succèdent sans interruption.

Du Hall, on descend au jardin qui d'abord domine des prairies couvertes de troupeaux, puis, déroule majestueusement jusqu'à l'Avon ombragé, de ce côté, par deux cèdres monstrueux dont la vieillesse vénérable est soutenue par de grands bras en fer.

Retournez-vous, le colossal manoir se dresse à pic sur la rivière, comme le Capitole sur le *Forum romanum*. Mais ici, c'est le Colisée qui occupe la colline du Capitole. Vue moins sublime, mais douce et consolante de jeune vie, près de cette sombre antiquité.

Les fenêtres d'inégale grandeur qui plongent sur l'abîme, donnent mille idées de féerie, d'amour hasardeux, d'escalade titanienne ; c'est un chant lyrique de Shakespeare, adossé à l'un de ses drames historiques. C'est à la fois *Richard III*, et le *Songe d'une nuit d'été*.

Shakespeare est né sur l'Avon, à Stratford.

En sortant du jardin, je revois l'extérieur du manoir, d'abord la tour du

Nord, celle que commença, sans doute, Richard III. A mi-ceinture, elle se rattache aux deux tours de la porte d'entrée, par un parapet sans garde-fou du côté de la cour. La vue n'en est que plus saisissante. Vous la voyez de là, cette cour ovale, aussi grande, plus grande peut-être, que l'enceinte du Colisée.

Au Midi, la partie habitée est relativement basse. Au couchant, ce n'est qu'un amas de constructions inachevées. Sur une tour énorme, a monté une svelte petite tour à demi perdue dans des buissons aériens. Au nord, rien que le vide, et, par-dessus, un pont qui conduit au jardin, à la serre où se dresse le beau vase de Tibur, sous l'ombre légère des palmiers.

Ils ont raison, les possesseurs de ce château, de l'entretenir soigneusement. Ce respect du passé est l'argument le plus fort en faveur du génie de conservation et de perpétuité des demeures féodales. Qu'ils en jouissent longtemps, ceux qui comprennent si bien les devoirs qu'imposent à la fois une si grande fortune et les droits de l'histoire. Puisse le flot niveleur qui monte, respecter cette arche, ne la point submerger. (Michelet, *Sur les chemins de l'Europe [1834]*, 1893.)

Trabaud
Chatsworth

Je n'ai jamais si bien senti cette différence qu'un jour où je quittai Chatsworth Palace pour me rendre à Sheffield. Chatsworth est la plus belle de ces fastueuses résidences où les chefs de l'aristocratie déploient un luxe de roi. Un parc immense, de plusieurs lieues de tour, tout peuplé de cerfs, de daims, de moutons et de vaches qui paissent pêle-mêle, entoure de ses pelouses et de ses ombrages un palais magnifique. Des eaux jaillissantes, des cascades artificielles, des bassins ornés de statues, qui rivalisent avec les décorations célèbres de Versailles et de Saint-Cloud ; une serre immense en fer et en verre, qui a servi de modèle pour le palais de l'Exposition universelle, et où les arbres des tropiques forment une haute forêt ; un village entier, construit par le maître pour loger ses ouvriers, et composé d'élégants cottages pittoresquement groupés ; une véritable rivière, la Derwent, traversant le parc avec des contours gracieux qu'on dirait dessinés par l'art, et autour de ce tableau déjà si grand, les montagnes du Derbyshire, formant comme à souhait une ceinture de merveilleux horizons. — Tout dans ce lieu respire le loisir opulent et la puissance satisfaite. Vous franchissez le faîte aride qui vous sépare du comté d'York, et vous arrivez à la ville voisine ; tout change : ce ne sont que fourneaux allumés, marteaux frappant sur l'enclume, cheminées vomissant des flots épais ; un peuple de forgerons noirs et ruisselants s'agitent comme des spectres au milieu de ces flammes ; on dirait l'enfer à la porte du paradis. (Trabaud, *D'Inverness à Brighton*, 1853.)

DEMEURES PLUS MODESTES

Simond

Gentilhommières

7 juillet. Après avoir parcouru Stourhead, ce matin, pour la seconde fois, nous sommes partis pour Bristol, à 37 milles de là et par le plus beau pays. C'est un jardin continuel, semé de *gentlemen's houses*. J'ai déjà expliqué le sens du mot *gentleman*. *Gentleman's house* est littéralement «maison de monsieur», ce qui serait une expression ridicule; «maison de campagne» semble désigner seulement maison de plaisance, demeure pour la belle saison; château est trop fort de beaucoup; enfin, a gentleman's house veut dire la résidence *habituelle* d'une personne aisée et polie. Je les appellerai à l'avenir *gentilhommières*. En Angleterre, il y a un nombre prodigieux de personnes qui vivent à la campagne toute l'année, et dont la résidence a toutes les commodités d'une demeure habituelle, et tous les ornements recherchés du dedans et d'alentour. Cela n'est presque pas connu en France, où la campagne ne présente, loin des grandes villes, que des chaumières de paysans, ou des châteaux, rares, vieux et négligés; la bourgeoisie de campagne habitant la petite ville la plus prochaine du lieu où ses biens de campagne sont situés. Les gentilhommières de ce pays-ci ont chacune leurs tapis de verdure, leurs beaux arbres, leurs allées propres et unies, pour lesquelles on se sert de gravier, non de sable; de jolies chaumières, de tous côtés isolées ou réunies. Le pays, trop bigarré de clôtures pour le pittoresque, a toute l'apparence de l'abondance et de la prospérité. La route est montueuse, mais en bon état, et les chevaux excellents, comme partout, excepté en Cornwall et dans le Devonshire.

Le retour du gothique

Cowes est une jolie petite ville. Les maisons de campagne dans ses environs visent en général au gothique : nous en avons remarqué une absolument hérissée de petits tours. C'était un véritable château du XIIe siècle, dont le mortier est à peine sec. Non loin de ce manoir, un voisin plus humble s'est *gothisé* en paille; il a construit sa chaumière ainsi, et certainement elle vaut mieux que le château. Le genre gothique est considéré ici comme une sorte de propriété nationale; on en use librement et comme du sien. Horace Walpole contribua beaucoup à répandre ce goût et la fausse application qu'on en a faite. (Simond, *Voyage d'un Français en Angleterre...*, 1816.)

Blanqui

Partout des maisons de plaisance

La vue des campagnes britanniques fait naître aussi plus d'un pénible retour sur la terre natale. Nous sommes encore loin de la perfection où les Anglais sont parvenus dans la disposition de leurs maisons de plaisance : nos allées droites conduisent toujours à un château bien sévère, quoiqu'il n'ait ni mâchicoulis, ni voûtes en ogives ; nos parcs sont parcourus par de petits sentiers, embarrassés de broussailles impénétrables, ou coupés à angles droits par des alignements à perte de vue, de manière que leur petitesse devient souvent ridicule, et leur grandeur monotone. Les *cottages* anglais sont beaucoup mieux entendus. Leurs avenues n'ont rien de symétrique et de compassé ; elles courent en serpentant sur des gazons, dont la verdure est idéale pour les Méridionaux, et elles se déploient avec une grâce remarquable sur les coteaux et dans la plaine, au sommet des hauteurs ou dans le fond des vallées. On peut s'y promener en tilbury : leur surface, parfaitement nivelée par le cylindre, est recouverte d'un sable fin, qui permet d'y courir comme dans une arène. La nature ici, n'est point assujettie à des formes géométriques : la main humaine s'est contentée de l'embellir. Je n'hésite point à le déclarer, sans crainte d'être démenti : les habitations champêtres des Anglais sont de véritables élysées. (Blanqui, *Voyage d'un jeune Français...*, 1824.)

Qu'est-ce qu'un cottage ?

Lami et Monnier

Le mot *cottage* signifie chaumière ; mais il ne faut pas s'arrêter au nom ni à l'architecture extérieure : c'est ici un des pavillons élégants que les riches propriétaires aiment à se faire construire dans une situation pittoresque, la couverture en chaume de ces prétendues chaumières n'est qu'un contraste piquant de plus. On trouve dans l'intérieur tout ce que les Anglais appellent le *confortable* de la vie, et souvent même le luxe s'est amusé à imiter les formes rustiques dans le mobilier de ces cottages. Il en est dont la construction est dans le goût indien et d'autres dans le goût des chalets de la Suisse. (Lami et Monnier, *Voyage en Angleterre*, 1829.)

Blanqui

Tout le monde se *gothise*. En Écosse, nous avons vu plusieurs superbes maisons de campagne bâties l'année précédente avec leurs tours prismatiques, leurs voûtes en ogives et leurs mâchicoulis : pour les vieillir, on a planté du lierre au pied des murs, et le lierre croît avec une vigueur complaisante, comme pour se prêter à la supercherie. (Blanqui, *Voyage d'un jeune Français...*, 1824.)

Ducos

Le manoir gothique ou moderne apparaît dans le lointain, tantôt au sommet d'une colline pittoresque, tantôt au centre d'une pelouse fleurie, ou bien ombragé de bouquets de chênes, de hêtres et d'arbres verts. (Ducos, *Itinéraire et souvenirs d'Angleterre et d'Écosse*, 1834.)

Simond

Un vieux château tout neuf

La première vue du château d'Alnwick cause de la surprise, les murs sont défendus par une garnison de figures en pierre qui se montrent parmi les créneaux dans des attitudes menaçantes. Quelques-uns de ces guerriers sont équipés de toutes pièces, et d'autres sont tout nus, armés à l'antique ou à la moderne indifféremment. On voit Hercule avec sa massue, et Apollon avec ses flèches côte à côte avec des arbalétriers et des arquebusiers anglais. Les valets du château jettent des pierres sur la tête des assaillants. La première impression est moitié imposante et moitié ridicule. Nous visiterons demain plus à loisir ce château de marionnettes.

28 février. — Nous nous sommes rendus au château, de bonne heure, ce matin : on ne pouvait pas voir les appartements, je présume qu'ils doivent être assez tristes, le château étant au milieu d'une grande cour environnée de hautes murailles ; il contient lui-même une petite cour. On nous a conduits à la chapelle, où il y a trop de jour et trop de dorure. La généalogie des Percy est orgueilleusement inscrite sur la muraille de cette maison de Dieu, commençant par Charlemagne en l'an 800, Guillaume le Conquérant en l'an 1066, etc. Non loin de cette brillante chapelle sont les cachots, auxquels un soupirail grillé sert de porte et de fenêtre. Dans une niche de la muraille, nous observâmes une roue à dents de fer avec des chaînes : nous tressaillîmes à la vue de cet instrument de torture, et nous questionnâmes notre conducteur avec une sorte d'effroi ; il nous rassura bientôt : cela sert à sonner la cloche du dîner. Le château, aussi bien que la grande muraille, est surmonté de ces figures menaçantes dont j'ai déjà parlé ; elles sont de toutes sortes de grandeurs, de formes et d'attitude très variées, mais toujours activement employées à la défense des murs. Surpris de voir quelques-uns de ces combattants absolument défigurés par le temps, et leur substance réduite de moitié, tandis que d'autres paraissaient frais et bien conservés, nous découvrîmes que ce prétendu vieux château est en effet tout neuf, ayant été rebâti, il y a soixante ans seulement, sur le modèle de l'ancien. Tous ceux des vieux invalides qui pouvaient se tenir debout ont repris leur poste sur la muraille. Le ciseau d'un maître *tailleur de pierre* du voisinage a fourni des recrues, et mis la garnison au complet. Les Percy du XVIIIe siècle ont fait voir qu'ils n'avaient point dégénéré de ceux du IXe en fait de goût dans les beaux-arts.

Le parc et les jardins ont été plantés par *one Brown*, nous dit le jardinier. D'un ruisseau qui serpentait dans la vallée il a fait, par le moyen de digues, une jolie pièce d'eau qui passe sous un beau pont de pierre et se perd derrière les inégalités du site ; les bords s'élèvent en pente douce, couverts de la belle pelouse ordinaire, irrégulièrement plantée d'arbres qui ne sont pourtant ni d'une belle venue, ni assez nombreux. Le revenu territorial du duc de Northumberland se porte, à ce que l'on assure, à 150 000 livres sterling par an. (Simond, *Voyage d'un Français en Angleterre*, 1816.)

Élie de Beaumont
Les grâces de Blenheim ?

Je ne m'étendrai pas sur Blenheim, M. Le duc eut la bonté de m'en permettre très civilement l entrée, quoiqu'il ne l'accorde pas le dimanche pour n'être pas assailli de monde. Sa sœur, la comtesse de Pembroke, est charmante à cheval, en amazone. Tout pesant qu'est cet édifice, il a des beautés de détail qui plaisent et frappent. Le vestibule et la grande salle, qui va jusqu'au faîte, suivant le goût anglais, sont d'une grande beauté. Il y a dans le vestibule, à gauche, au fond, un lutteur romain en bronze, de grandeur naturelle, à qui il ne manque rien de tout ce qui peut faire présumer sa force. J'ai trouvé la même liberté dans la statue qui est au milieu du bassin de la grande cour de Christ Church, à Oxford, et une jeune personne n'a pas besoin, pour éclaircir ses idées, de voir deux pigeons se becqueter ! Les Anglais soutiennent que cela est bien.

Les murs de Blenheim ont plus de huit pieds d'épaisseur, ceux de refend environ six pieds, et pas une seule porte à deux battants ; ce qui a la plus mauvaise grâce. Le salon du coin à gauche n'est qu'en simple papier bleu, avec des tableaux dessus, ce qui n'est assurément pas épargne dans une telle maison, mais c'est le goût anglais, ainsi que je l'ai aperçu dans plusieurs autres. La bibliothèque est très bien. La chapelle, avec le cénotaphe du grand Marlborough, est digne d'un souverain. Les jardins sont fort ordinaires, sans cascade ni jets d'eau, comme tous les jardins anglais. A tout prendre, Blenheim est un très beau monument national. (Élie de Beaumont, *Journal [1764]*, 1895.)

SEIGNEURS ET CHASSEURS

Defauconpret
De la défense du droit de chasse

Un homme de lettres, dont j'avais fait la connaissance dès mon premier voyage à Londres, m'avait invité à aller passer quelque temps à sa campagne, située au nord de l'Angleterre, dans le comté de Northumberland. La nature y a un aspect bien différent de celui qu'elle offre dans les environs de Londres. Un peintre en paysage y trouverait les points de vue les plus pittoresques ; et les montagnes, les bois, les collines, les vallées, les ruisseaux, la Tyne, un des plus grands fleuves de l'Angleterre, pourraient me fournir des tableaux comparables à ceux qu'ont offerts à un fameux écrivain les bords de l'Orénoque, et les forêts des Illinois. Mais je me suis promis d'endormir mes lecteurs le moins qu'il sera possible, et le genre descriptif m'a toujours paru très propre à provoquer le sommeil.

Je ne donnerai donc aucun détail sur la situation qu'occupait la maison de mon ami. Qu'importe à mes lecteurs qu'elle fût sur une colline à mi-côte ou dans le fond d'une vallée, près d'un ruisseau ou dans une plaine aride ? la chaumière où l'amitié vous accueille est toujours un palais, et il n'en est aucun que j'eusse préféré à la modeste habitation où je me trouvais momentanément. Elle était située tout au bout du village, à cent pas de distance d'un superbe mais lugubre château, bâti dans le genre antique, et presque caché dans les arbres, parce que les Anglais aiment moins à se faire voir qu'à savoir qu'on parle d'eux.

Sir Arthur H., propriétaire de ce castel, y menait bien la vie d'un gentilhomme campagnard, et je pus me faire une idée de la manière dont les seigneurs anglais passent le temps dans leurs terres. Il avait trois meutes de vingt-quatre chiens chacune, sans compter quelques chiens favoris qui le suivaient quand il ne voulait faire qu'une partie de chasse solitaire. L'une était pour le renard, l'autre pour le blaireau, la troisième pour le lièvre. Il avait souvent pour société des amis qui partageaient ses goûts, et alors tous les jours, vers onze heures du matin, on se mettait en campagne avec une des meutes, pour forcer un lièvre, chasser un renard ou déterrer un blaireau ; et la manière dont l'animal avait défendu sa vie fournissait ensuite à l'entretien de la soirée.

Comme presque tous les seigneurs anglais, il était très jaloux de ses plaisirs. De nombreux gardes-chasse veillaient à la conservation de son gibier, et les braconniers n'avaient à attendre ni grâce ni commisération. Ils étaient impitoyablement livrés à la justice, et les lois anglaises sont si sagement conçues que, tandis qu'elles ne condamnent qu'à une courte détention un boxeur qui a tué son adversaire dans le combat, elles prononcent la déportation à Botany-Bay contre le paysan coupable du meurtre avec préméditation d'un lièvre ou d'une perdrix. Un de ces gardes-chasse, poursuivant un jour un braconnier qu'accompagnait un enfant chargé d'un lièvre, et n'étant pas aussi habile qu'eux à la course, leur lâcha un coup de fusil qui atteignit l'enfant et le blessa assez dangereusement. Cette affaire fit du bruit dans le canton, mais quelque argent donné aux parents l'étouffa dès sa naissance, et je n'ai pas ouï dire que le garde-chasse ait été puni.

Ce genre de surveillance ne paraissait pas encore suffisant à sir Arthur, et il prenait, contre ce qu'il appelait les pirates de village, des précautions qui sont d'un usage assez général en Angleterre. Il faisait creuser dans les bois des fosses semblables à celles qu'on prépare en certains pays pour y prendre des bêtes sauvages ; qu'on couvre de branchages et de gazon, et dans le fond desquelles se trouve un piège dont la détente retient captif quiconque a le malheur d'y tomber. Une pauvre femme, qui ramassait du bois mort dans un bois ouvert et traversé par plusieurs sentiers, était tombée il y a environ un an dans un de ces pièges, et avait été grièvement blessée aux bras et à la poitrine. Quelques guinées suffirent encore pour arranger cette affaire. Enfin il plaçait dans le taillis et le long des haies des fusils à ressort dont la détente, partant au moindre mouvement, peut blesser ou tuer l'imprudent qui s'en approche. Cet usage barbare a donné lieu à grand nombre d'accidents. Deux enfants qui coupaient un bâton il y a quelques mois dans une haie furent blessés de cette manière, et un garçon jardinier, nouvellement entré au service d'un lord qui avait fait disposer dans son parc de ces armes meurtrières, perdit la vie en s'occupant des travaux de son état. Mais ces exemples funestes sont donnés en pure perte ; l'abus n'en subsiste pas moins, et les plaisirs des gentilshommes campagnards sont plus précieux que la vie des hommes.

Dans une des dernières sessions du parlement, une voix amie de l'humanité s'éleva pour demander la révision et la réforme du Code des chasses, et y proposa divers changements : mais les chasseurs de renards jetèrent de telles clameurs qu'elle ne put se faire entendre, et la réforme, qui arrivera nécessairement quelque jour, fut encore ajournée.

Comme on sait que les braconniers tuent le gibier plutôt pour le vendre que pour s'en régaler, on a multiplié les entraves à cette vente. Elle est prohibée sous peine d'une forte amende, et par une de ces contradictions assez fréquentes en tous pays dans le système des lois, on punit le pauvre vendeur, et le riche acheteur n'est soumis à aucune peine, ce qui laisse subsister un attrait puissant qui porte à la contravention. Des inspecteurs ont le droit de faire des visites journalières chez les marchands de volaille, pour voir s'il ne s'y trouve pas de gibier, et si quelqu'un vous fait présent d'un lièvre, l'animal porte sur le front un cachet en cire empreint des armes du donateur, pour prouver le droit qu'il avait de le tuer. (Defauconpret, *Une année à Londres*, 1819.)

Haussez
Chasses insolites : le steeple-chase

Parmi les goûts nationaux, le goût des courses de clochers, ou, pour parler plus juste, des courses vers les clochers, occupe un rang distingué. Par les dépenses qu'il entraîne, il est nécessairement réservé aux classes riches. Par l'absence de tout intérêt accessoire, il rentre dans les habitudes anglaises. Par les paris dont il est le prétexte, il est au nombre des amusements favoris. On ne doit donc pas s'étonner qu'il ait pris le caractère d'une passion, et qu'un *steeple-chase* soit un événement dont on parle à l'avance, dont on s'entretient après, et dont tous les détails sont saisis avec avidité.

Au jour indiqué, les routes sont couvertes de cavaliers qui se dirigent vers le lieu indiqué pour la course. On ignore cependant la direction qu'elle aura, laquelle n'est déterminée qu'au moment même, et par une espèce de jury nommé par les concurrents. Les conditions générales sont que l'on atteindra un point désigné, par une ligne à peu près droite, et de laquelle on ne pourra s'écarter de plus de cent pas ; qu'aucune barrière ne sera ouverte ; que les cavaliers ne pourront mettre pied à terre pour franchir un obstacle.

La ligne, qui ordinairement a quatre à cinq milles d'étendue, est jalonnée par des petits drapeaux.

Au signal donné, les concurrents s'élancent. Haies, fossés, barrières, ravins, rivières (et le pays qui réunit le plus de ces obstacles est choisi de préférence pour le théâtre de la course), tout est ou doit être franchi. De fréquents accidents réduisent le nombre des coureurs. Deux ou trois parmi les plus hardis, ou les plus fous, ou les mieux montés, arrivent au terme ; et celui qui l'a atteint le premier gagne, outre les paris qu'il a faits, la réunion des sommes que chaque concurrent a déposées pour être admis à courir. Un dîner, que suivent d'abondantes libations, restaure, console et sèche ceux qui se sont épuisés de fatigue, ont perdu leur argent, ou sont tombés dans les fossés ou les ruisseaux, dont la largeur a trompé la vigueur de leurs chevaux.

Le goût des steeple-chases ne sera pas compris, et sera encore moins partagé chez les autres nations. Mais ce doit être un plaisir bien vif et bien attrayant en Angleterre, puisque tant de gens y compromettent leurs membres et leur argent.

La chasse aux lévriers

Heureux le pays où la vitesse d'un cheval, le régime d'un chenil et la mort d'un renard sont des affaires tellement importantes, qu'elles absorbent en grande partie le temps et les méditations d'hommes qui auraient tous les moyens possibles pour en faire un meilleur emploi ! Telle est l'Angleterre. Après les courses de chevaux, auxquelles on consacre des sommes considérables, viennent les courses de lévriers, qui relativement n'en font pas dépenser de moindres, et qui étendent la manie des paris aux classes subalternes de la société. A Newmarket, intercalées avec les courses de chevaux, elles occupent les loisirs des grands seigneurs. Ailleurs elles sont le divertissement favori de la gent riche, des habitants aisés des campagnes. Voici dans quel ordre on procède à ces dernières courses.

Afin de se concilier l'esprit des fermiers qui sont très amateurs de ce genre d'amusement, et de leur faire supporter avec moins d'impatience les dégâts occasionnés aux récoltes par le gibier, les propriétaires des grandes terres consentent à y laisser faire quelques chasses aux lévriers. Au jour indiqué, les chiens sont amenés. On réunit par couples ceux qui doivent courir ensemble. Cette disposition prise et les paris engagés, les chasseurs se placent fort rapprochés les uns des autres, et marchent à la suite d'un homme à pied, lequel tient en laisse deux lévriers et les lance sur le premier lièvre qui se lève. Les chasseurs partent, sans se laisser arrêter par les champs cultivés qu'ils traversent, ni par les haies et les fossés dont ils ne tiennent aucun compte. Ils arrivent à la prise du lièvre.

Deux autres chiens sont substitués aux premiers, et on continue de la même manière jusqu'à la fin de la chasse.

Le prix est adjugé, non au chien qui prend le lièvre, mais à celui qui, l'ayant dépassé le plus souvent, est considéré comme le plus vite. Le jugement est prononcé par un juge étranger au pays, envoyé par le *Grey-Hounds club* («club des lévriers»), et très chèrement payé par les parieurs.

Afin de conserver aux lévriers leur vigueur et leur légèreté, on les nourrit presque exclusivement avec des espèces de consommés faits avec de la chair de mouton; et comme la température humide, froide et variable du climat pourrait exercer une influence nuisible sur leur santé, on les enveloppe dans des couvertures appropriées à la saison. On leur donne pour lits des matelas en laine, et on les fait voyager dans des voitures. Des bains tièdes les attendent au retour de la chasse et en dissipent la fatigue.

Les courses de lévriers ont moins pour objet le plaisir de la chasse que la fureur des paris. C'est un moyen de risquer de fortes sommes. Ces courses entraînent, indépendamment de la perte des paris, des dépenses assez considérables. A la nourriture des chiens se joint le salaire des hommes qui les soignent. A chaque course est attaché un juge, qui, à l'exemple de ses collègues d'un ordre plus relevé, met un prix très haut à la justice qu'il distribue; et comme il serait inconvenant de se séparer sans un repas, le bill de l'aubergiste vient grossir les sommes déjà très fortes que ce genre de plaisir a coûté à ceux qui se le sont procuré. Les parieurs heureux se réjouissent; les perdants rêvent des revanches dont l'issue leur sera plus favorable. Les joueurs sont les mêmes dans tous les pays.

La chasse au renard

Par un temps brumeux et froid, avec un sol imprégné d'eau, et dans lequel les jambes des chevaux enfonçaient jusqu'aux jarrets, nous partîmes de H.-House pour nous rendre à douze milles plus loin, au lieu assigné pour une chasse au renard. La route se fit avec une grande rapidité, sur des chevaux que nous échangeâmes contre des *hunters* qui nous attendaient. Une soixantaine de chasseurs en habits rouges, un nombre à peu près égal de fermiers dans leur costume habituel ; deux piqueurs, que distinguaient leur casquette en cuir bouilli et un cornet fixé dans un étui à l'arçon de la selle ; et quarante ou cinquante chiens de formes très communes et à oreilles écourtées, composaient, avec le renard qui fut immédiatement lancé, le matériel de la chasse.

A peine l'animal fut-il sur pied, que les chasseurs prirent le galop de course, afin de tenter de suivre une meute d'une prodigieuse vitesse, et à laquelle les haies et les fossés qui séparent les champs donnaient un grand avantage. La rapidité de leur course ne permettant pas aux chiens de faire entendre leur voix, ce n'était qu'à l'aide de la vue, et par une sorte d'instinct, que l'on pouvait se porter dans la direction qu'ils avaient prise. Après dix minutes, la chasse ne présentait plus qu'une confusion de cavaliers cherchant à se dépasser, franchissant les haies, les barrières, les fossés qu'ils rencontraient, avec une résolution qui faisait honneur à l'étonnante vigueur des chevaux et à l'intrépidité de ceux qui les montaient.

Lorsque l'on n'a pas suivi une chasse anglaise, on ne saurait se former une idée de tout ce que l'abnégation de sa conservation personnelle peut porter un homme à demander à la force et à l'adresse d'un cheval. Presque toutes les haies sont séparées des champs qu'elles enclosent, par deux fossés de deux pieds de largeur chacun. Le cheval doit traverser d'un même saut les deux fossés et la haie. Malheur au cavalier, si, calculant mal son élan, l'animal met les pieds de devant dans le second fossé ! Il en résulte une chute terrible. Lorsque les fossés sont trop larges pour être franchis d'un même bond, le cheval arrive sur la crête qui les sépare, marque un temps d'arrêt, et de lui-même et sans hésitation, atteint le sol, toujours en contrebas dans lequel le second fossé est creusé. Ces sauts de haut en bas sont fréquents, et donnent lieu à peu d'accidents.

Lorsqu'une haie est trop élevée, on cherche un endroit où les branches moins rapprochées présentent une sorte de passage. On y dirige son cheval, sur le cou duquel on s'étend, et on s'abandonne à l'instinct de l'animal, qui se démène avec une admirable adresse au milieu des difficultés qui embarrassent cette voie étrange. Le double fossé, la haie, les broussailles qui se croisent, rien ne l'arrête. L'effet de ce genre de saut étonne le spectateur qui le voit pour la première fois, soit par l'habitude et la sorte de raisonnement qu'il fait supposer chez le cheval, soit par la promptitude avec laquelle le cheval et le cavalier disparaissent.

Après une course d'une heure, et sans que la sagacité et le talent des piqueurs eussent été mis à contribution, le renard fut pris. Deux ou trois chasseurs, que le hasard ou la vitesse de leurs chevaux, plus que leurs combinaisons, avaient favorisés, étaient présents à la mort. Les sons aigus des cornets des piqueurs appelèrent les autres ; et ce ne fut qu'un quart d'heure après que la masse des amateurs fut réunie. On offrit la queue du renard au chasseur qui s'était le plus distingué. On récapitula les hauts faits et les accidents : on rit des larges taches de boue qui révélaient les chutes que l'on aurait voulu cacher. Quelques personnes prirent la direction des lieux où elles avaient vu tomber ceux de leurs amis qui n'étaient pas présents et allèrent leur offrir une aide, qu'emportés par l'ardeur de la chasse elles n'avaient pas songé à leur proposer au moment où elle eût été la plus utile. On se sépara, et chacun retourna chez soi.

Ce que je viens de dire de la chasse au renard s'applique à la chasse au cerf, qui n'a lieu qu'aux environs des parcs royaux et avec des meutes appartenant au roi.

Soumis à un régime à peu près semblable à celui au moyen duquel on dispose les chevaux à la course ; comme eux nourri et exercé d'une manière spéciale, le cerf qui doit être chassé, est mis en liberté dans un pays qui lui est inconnu. Effrayé par la voix et par l'approche des chiens, il fuit jusqu'à ce que la lassitude le force à chercher asile dans une cour ou dans un bâtiment, avec la vue et l'usage desquels ses habitudes toutes domestiques l'ont familiarisé. Les chasseurs arrivent avant que les chiens aient pu l'atteindre, et une voiture toujours prête le reporte dans le parc d'où il avait été tiré. Là, des soins appropriés lui rendent la force nécessaire pour fournir de nouveau à un amusement dont il finit par être victime.

La chasse est, en Angleterre, la passion de toutes les classes. Depuis le grand seigneur, qui y consacre des sommes considérables, et presque tout son temps et ses pensées jusqu'au fermier qui, non content de dételer un des chevaux qui traînent sa charrue, et d'augmenter le nombre des chasseurs, trouve encore très bon que ses champs cultivés soient traversés dans tous les sens par une centaine de chevaux, tout le monde s'enthousiasme pour ce genre de plaisir. Les femmes écoutent les récits de chasse avec intérêt, et on ne regarde pas comme perdu le temps que les enfants mêmes donnent à cet amusement.

Si l'on considère la chasse comme un moyen d'éprouver la vigueur des chevaux, on doit reconnaître qu'en aucun pays elle n'atteint ce but mieux qu'en Angleterre. Si l'on n'y cherche qu'un plaisir raisonné, qu'un amusement soumis à du calcul et des combinaisons, on placera la manière de chasser de la Grande-Bretagne fort au-dessous de ce qui se pratique ailleurs. Ici aucun talent n'est exigé de la part du chasseur. Aucune des connaissances pratiques qui mêlent de l'amour-propre au plaisir n'est nécessaire. L'harmonie provenant de la réunion et de la concordance des voix des chiens et du son des cors, est inconnue. Tout, jusqu'aux membres des chasseurs, est sacrifié à la vaine manie d'une course sans terme fixe et sans calcul. A proprement parler, on ne chasse pas, puisque rarement on voit l'animal poursuivi, que presque aussi rarement on aperçoit les chiens et qu'on ne les entend jamais, et que l'on se borne à courir dans la direction où l'on remarque des chasseurs, que l'on suppose être dans celle de la chasse.

Je conçois qu'un étranger suive une chasse anglaise pour en constater la folie et acheter quelques-uns des admirables chevaux qui y figurent. Je ne concevrais pas qu'il fût tenté de la recommencer. (Baron d'Haussez, *La Grande-Bretagne en 1833*, 1834.)

Maurois
Décadence

La maison que les H. ont choisie pour nous est un petit manoir qui appartient à un colonel en retraite. Style Queen Élizabeth, très simple. Un gazon vert l'entoure et va jusqu'aux murs, sans allée, comme un tapis cloué. Au-delà d'une barrière blanche, un golf privé, sur lequel paissent des troupeaux de moutons, parmi des chênes à la Gainsborough. « Neuf trous seulement » me dit le colonel en s'excusant. Je le rassure. Dans le parc une longue allée, dite Promenade des Moines, un petit temple antique (trois colonnes, fronton), une rivière sous des saules, puis une colline longue et droite, curieuse épine de chaux qui divise la plaine et que l'on appelle *the Hog's Back*, « Le Dos du Porc ».

L'histoire de la maison : depuis sa construction jusqu'à la guerre, c'est-à-dire pendant quatre siècles, elle avait appartenu à la même famille, gentilshommes campagnards de ce comté. Les murs de la salle à manger sont couverts de leurs portraits, juges, soldats, ambassadeurs. Après la guerre, impôts et mauvais placements ont contraint ces *squires* à vendre. (Ils habitent maintenant un cottage, plus petit, tout près d'ici.) C'était le temps où l'armée britannique, passant de quatre millions d'hommes à deux cent mille, avait besoin de se débarrasser d'un grand nombre d'officiers supérieurs. Notre colonel, qui venait de toucher une assez belle indemnité, quitta l'armée et acheta ce château. Il y reçut ses camarades de guerre, créa les tennis, entretint le golf, puis, l'an dernier, se trouvant ruiné, décida de prendre des « hôtes payants ». Aujourd'hui, gentleman-hôtelier, il s'occupe de ses pensionnaires avec sollicitude et autorité, un peu comme s'ils étaient les chevaux de son régiment. (Maurois, *Mes songes que voici. Angleterre 1928*, 1933 ; © Grasset.)

DE PARCS EN JARDINS

> Aux environs, on a le choix des promenades. Soit dans des prairies charmantes, soit dans les bois, soit dans des jardins à l'anglaise, moins peignés, mais de meilleur goût que ceux des Français.
> ROUSSEAU, *Correspondance*, 1767.

Tout voyageur français connaît le rôle éminent que les jardins jouent dans la vie des Anglais. S'il ne le savait pas, Londres lui révélerait non seulement la place que tiennent jardins et parcs dans le tissu urbain, mais aussi qu'il s'agit de nature plus encore que de verdure. Ayant parcouru les parcs de la capitale, il tient à visiter les grands domaines que la monarchie et l'aristocratie ont aménagés dans la vallée de la Tamise, non pour aller admirer de grandes demeures et leurs trésors mais pour découvrir un nouvel art des jardins, rejetant le modèle français, classique, symétrique, régulier, au profit de ce que l'on appelle le genre irrégulier, moderne, pittoresque, voire romantique, que les Français affectent de croire d'origine chinoise.

Pendant plus d'un siècle les touristes français, après avoir admiré le spectacle de l'activité de la Tamise en aval de Londres, iront en amont s'abandonner aux charmes de sites enchanteurs, de jardins féeriques, de campagnes édéniques. Les témoignages se succèdent, évoquant tous l'exaltation ou l'émotion éprouvée au cours de longues promenades dans la vallée de la Tamise, autour de Richmond, devant des paysages, dans des cadres, dans une atmosphère que l'Île-de-France ne pouvait pas offrir.

Certains voyageurs entreprennent d'analyser leurs sensations et leurs sentiments, d'autres de définir les principes du jardin à l'anglaise et de fournir des règles ou des recettes, d'autres encore révèlent qu'il s'agit moins de climat et de terroir que de respect de la nature et d'amour de la liberté.

Pour ceux qui ne se contentent pas d'un séjour dans la région de Londres, l'itinéraire de découverte passe par quelques domaines très célèbres, en particulier Blenheim et Stowe, au nord d'Oxford, chefs-d'œuvre de Capability Brown, le véritable maître du jardin paysager auquel on doit plus de deux cents parcs qui définissent les caractères du paysage anglais. D'autres pousseront vers les Midlands et visiteront Hagley et le Leasowes. D'autres iront voir quelques grandes créations autour de Bristol et Bath, descendront jusqu'à Stourhead inspiré des plus belles œuvres de Claude Lorrain, Wilton et Longleat. Certains organiseront tout un parcours d'étude voire d'enquête, assurés de trouver presque partout un accueil généreux, ou du moins le libre accès. Les plus fortunés d'entre eux retireront des enseignements de ces visites qui permettront un aménagement de leurs domaines au retour. Les autres rapporteront des souvenirs ineffaçables, et ineffables pour certains, de ces promenades dans les paradis retrouvés d'outre-Manche.

Pavillon

Avant...

Je ne vous dirai rien des dehors ; ils sont faits comme il plaît à Dieu, qui en fait bien plus que M. Le Nôtre.

> La Nature en ce lieu, de mille attraits pourvue,
> Pour se faire mieux admirer,
> Semble tout exprès se parer
> En s'exposant à notre vue.
> Incessamment le Ciel y rit,
> Et la Terre qu'il embellit
> D'un vert qui peint ses prés, ses coteaux, ses bocages,
> Tout vous enchante, et l'Art humain,
> Respectant de si beaux ouvrages,
> N'ose pas y mettre la main.

(à propos de Windsor)
(Étienne Pavillon, *Œuvres, Lettre XXV [vers 1670]*, 1715.)

Saussure

Ces lieux enchantés

Les grands jardins anglais consistent principalement en pelouses, dont l'herbe est toujours fauchée fort près de terre, ce qui la rend épaisse et unie, de sorte que ces parterres ressemblent à de grands tapis verts. Ils sont coupés en compartiments par de larges allées, couvertes d'un gravier jaunâtre qui est fort commun ici. On passe sur ces allées qui sont faites un peu en dos d'âne un gros cylindre de marbre ou de fer, qui affermit et durcit le gravier, de façon qu'on y peut marcher et même le balayer sans qu'il se dérange ; la pluie coule par-dessus et l'on peut s'y promener à sec dès qu'il cesse de pleuvoir. Les étrangers ne peuvent s'empêcher d'admirer ce beau gravier. On voit encore dans les grands jardins plusieurs avenues de charmes, de marronniers et de tilleuls ; des bosquets et des labyrinthes entretenus avec soin, des houx, des ifs, des lauriers et des cyprès, taillés avec art et formant toutes sortes de figures. Les Anglais aiment beaucoup dans leurs jardins les statues, les pièces d'eau et les étangs, ils s'en procurent autant qu'ils peuvent, mais on y voit peu de fleurs. Il y a aux environs de Londres quantité de beaux et grands jardins qui appartiennent à des jardiniers, il y en a qui contiennent plusieurs poses de terrain. On y cultive toutes sortes de légumes, de jardinages et d'arbres fruitiers, le tout dans un ordre charmant. Ce qu'il y a de plus joli, c'est qu'ils y entretiennent de grandes allées et des bosquets de toute sorte, de jeunes arbres, qu'ils élèvent pour vendre à des particuliers. On peut facilement se procurer le plaisir de se promener dans ces lieux enchantés. (César de Saussure, *Lettres et Voyages [1742]*, 1903.)

Le Blanc

Les jardiniers ne sont pas les seuls ici qui s'adonnent au jardinage, ou plutôt les Anglais le sont tous plus ou moins. Le paysan aisé et le bourgeois opulent aiment également à planter, les grands de l'État, beaucoup de philosophes même comme vous, en font leur occupation favorite.

Plusieurs Anglais tâchent de donner à leurs jardins un air, qu'ils appellent en leur langue, *Romantic*, c'est-à-dire à peu près pittoresque, et le manquent, faute de goût (Abbé Le Blanc, *Lettres*, 1751.)

Laporte

De l'art des jardins à l'amour de la nature

On voit encore quelques charmilles dressées et taillées comme en France, et que ces peuples conservent comme un échantillon de notre mauvais goût. Ils préfèrent à nos eaux jaillissantes leurs eaux plates comme plus naturelles, une ravine qui se trouve par hasard dans un parc à une cascade faite à grands frais, et les promenades tortueuses aux allées droites, dont l'œil aperçoit trop tôt la fin. Ils font même serpenter les canaux pour leur donner un air de vérité, et en ombrageant inégalement les bords, revêtus de gazons par des arbres courbés, tels que la nature en produit.

Des sites pittoresques aux jardins pittoresques

Il est rare qu'une même perspective réunisse plus de variété et de merveilleux, qu'un lieu nommé Dovedale, dans la même province. C'est encore un vallon dont les deux côtés sont bordés de rochers, et où la rivière de Dove, en le traversant, change perpétuellement de cours, de mouvement et de forme. Elle n'a jamais moins de trente, ni plus de soixante pieds de largeur, et n'en a que quatre de profondeur : mais elle est transparente jusqu'au fond, excepté dans les endroits où ses cascades, aussi diversifiées que nombreuses, la couvrent d'écume. Quelquefois elles se frayent rapidement un passage à travers les ouvertures des rochers ; quelquefois elles sont repoussées, et reviennent en tournant sur elles-mêmes. Le vallon est, en quelques endroits, si resserré que la rivière y passe difficilement ; et alors l'agitation, la fureur, le mugissement, l'écume des eaux, tout annonce la grandeur de l'obstacle qu'elles ont à vaincre.

Les rochers qui bordent le vallon varient autant dans leur structure, que la rivière dans ses mouvements. Ici, c'est une large masse qui diminue par degrés, depuis sa base jusqu'à sa pointe. Là, un sommet très lourd, par une saillie des plus hardies, couvre de son ombre les objets qui sont au-dessous. Enfin c'est un mélange confus de structures bizarrement diversifiées, qui par l'inégalité et l'aspérité de leurs surfaces, varient les teintes de lumière ; et souvent l'éclat le plus vif est à côté des plus épaisses ténèbres. Dans les passages étroits, les rochers se joignent presque à leur sommet ; et l'on ne voit le ciel qu'au travers du petit intervalle qui les sépare ; mais au sortir de cette voûte ténébreuse le vallon n'est nulle part plus étendu, plus clair, plus vert, plus agréable. Plusieurs de ces rochers sont percés à jour ; d'autres se terminent en cavernes profondes ; d'autres charment la vue par une suite d'arcades et de colonnes rustiques. Le bruit des cascades, réfléchi dans les cavités, forme des échos qui seuls troublent le silence de cette solitude. Tous ces objets réunis frappèrent mon imagination, et la transportèrent dans ces régions merveilleuses, qu'on croit n'exister que dans la féerie.

La maison de Hagley, dans le comté de Worcester, offre des scènes d'un autre genre. Une colline se divise en trois éminences, dont l'une est couverte de bois ; l'autre n'est qu'un passage pour les troupeaux, avec un obélisque au sommet ; sur la troisième s'élève hardiment et avec majesté, au milieu de deux précipices et au-devant d'une forêt de sapins, le portique du temple de Thésée, construit sur le modèle de celui d'Athènes. Du haut de ces éminences, on voit la maison sous le jour le plus avantageux ; et tous ses côtés dominent sur quelque belle perspective. La ville de Stourbridge, très peuplée et très marchande, est précisément au pied de ces éminences. Les ruines du château de Dudley s'élèvent dans le lointain. Tout le pays des environs brille par la culture et la population ; et une portion de marais, qui termine l'horizon, ajoute la variété à la beauté du paysage. C'est dans le nombre et la diversité de ses tapis verts et des parties de bois qui les séparent que consistent la singularité et le mérite de cette maison. Il n'y en a pas deux qui se ressemblent dans les dimensions, la forme et le caractère. Le terrain ne présente jamais une surface plate. Tantôt ce sont des descentes rapides et profondes, tantôt des pentes douces ou des hauteurs escarpées. Un bâtiment octogone, consacré à l'auteur du poème des Saisons, est élevé sur le bord d'un précipice. Une prairie serpente le long du vallon qui est au-dessous, et va se perdre derrière des arbres qu'elle environne. D'un autre côté se présente une tour obscure et antique, dont le milieu est orné d'un péristyle appelé le Temple de Pope. Non loin de là est un bocage délicieux, où l'on est agréablement frappé par une urne du choix de ce poète, qu'il a lui-même placée dans un endroit écarté, qu'on a depuis consacré à sa mémoire.

Les jardins de Stowe & de Denbigh, dans les comtés de Buckingham et de Surrey, méritent une attention particulière. Stowe appartient à Richard Grenville, lord Temple, qui en est le créateur. Le terrain compris dans l'enceinte est de trois ou quatre cents arpents. La maison, quoique fort belle, n'égale ni Blenheim, ni quelques autres châteaux d'Angleterre. On compte quatre-vingt-dix pieds de l'extrémité d'une aile à l'autre. Toutes les pièces sont meublées magnifiquement, et ornées à la manière anglaise, c'est-à-dire de quantité de tableaux, de bustes, de vases et de statues des plus grands maîtres. La galerie est la plus belle partie de la maison ; l'or et le marbre y sont répandus avec profusion.

Toutes les scènes de la nature sont rassemblées dans les jardins ; et l'imitation de ses irrégularités, de ses désordres, de ses caprices y produit les plus grands effets toujours dus à l'inégalité du terrain, à la variété des plantations et des bâtiments. On blâme la multiplicité de ces derniers ; et il faut convenir qu'ils doivent paraître trop nombreux à quelqu'un qui passe en revue, en deux ou trois heures, vingt ou trente édifices du premier ordre, mêlés avec quelques autres moins considérables ; mais les arbres qui croissent tous les jours font insensiblement disparaître ce défaut. Chaque bâtiment sert à décorer une scène qui lui est propre ; et lorsqu'on les considère séparément, il est difficile de déterminer celui qui est superflu. Il est vrai que des maisons si multipliées détruisent toute idée de silence et de retraite. Stowe n'est caractérisé que par la magnificence et la splendeur. Il est comme ces lieux célèbres de l'Antiquité consacrés à la religion, et remplis de bocages mystérieux, de fontaines sacrées et de temples érigés en l'honneur de plusieurs divinités. Parmi les nombreux monuments qui décorent ce beau jardin, je ne parlerai pas du temple de l'Amitié, dont l'intérieur offre une suite de dix bustes de marbre blanc, qui représentent lord Cobham et ses amis. Sur le plafond est peinte la Grande-Bretagne assise, ayant à ses côtés les emblèmes des règnes qu'elle regarde comme les plus glorieux et les plus honteux de ses annales ; tels sont, d'une part, ceux d'Édouard et d'Élisabeth, de l'autre celui de Jacques II, qu'elle semble vouloir couvrir de son manteau, et rejeter avec dédain.

Les jardins de Denbigh sont placés sur le penchant d'une montagne couverte de taillis épais et de jeunes arbres. On y trouve plusieurs routes qui la coupent et forment un labyrinthe. Dans quelques endroits, elles sont faciles, agréables, unies ; dans d'autres, rudes, montueuses, difficiles : c'est un emblème de la vie humaine. On trouve presqu'à chaque tour d'allées des toiles suspendues à des arbres, où sont tracées plusieurs sentences, plusieurs avis moraux, qui peuvent servir d'instruction. (Laporte, *Le Voyageur français*, vers 1775.)

AUX PORTES DE LONDRES, EN REMONTANT LA TAMISE

Grosley

Imiter la nature

La régularité symétrique introduite dans cette science est aujourd'hui totalement abandonnée par les Anglais. On ne la retrouve plus, même dans les maisons royales, qu'à Hampton Court, qu'habitaient les Stuarts. Les rois de la maison de Hanovre se sont approchés de Londres : George II habitait Kensington ; le roi actuel, élevé à Richmond, y a choisi, pour son séjour, une petite maison située au milieu d'un parc très vaste, faisant partie de la confiscation du duc d'Ormond : le parc n'est encore fermé que de palissades. Charles II avait planté les jardins de Hampton Court ; et le roi Guillaume ceux de Kensington, sur les dessins du fameux Le Nôtre. Dans ceux-ci, le dernier de ces princes avait ajouté un boulingrin tout en ifs et en cyprès, environné de portiques en arbres de même espèce, le tout exactement taillé, et triste comme le plus triste cimetière. Cette pièce existe encore, sous les fenêtres mêmes du château, et on l'appelle *la Citadelle du roi Guillaume.*

Ce goût n'est plus de mode en Angleterre. Dans tous les jardins, dans tous les lieux de plaisance que j'ai parcourus, je n'ai rencontré qu'une seule allée de charmille, dressée et taillée comme le sont encore les nôtres : on ne la conservait que comme un échantillon du mauvais goût qui règne en France.

Le goût anglais n'est pas moins éloigné de nos salles modernes en tilleuls, dont la cime, exactement aplatie au ciseau, donne ces portiques continus qui n'offrent à l'œil qu'un ouvrage de menuiserie peint en vert.

C'est dans les forêts abandonnées à la nature que les Anglais vont aujourd'hui chercher leurs modèles. Les grandes allées de leurs parcs les mieux tenus sont des routes de forêts formées au hasard, d'arbres de toutes espèces et de toutes grandeurs. Les allées destinées à la promenade imitent les petits sentiers de forêts, et par leurs sinuosités et par la manière dont elles se coupent ou se communiquent.

L'art se montre à peine dans la composition des massifs qui les séparent et les masquent : il gît dans le choix des arbres et arbustes qui forment ces massifs. Des marguerites, des violettes, jetées en apparence au hasard, en forment la bordure. A ces fleurs succèdent des arbustes nains de leur nature, tels que rosiers, myrtes, genêts, houx, etc. Les étages suivants sont remplis par des cèdres, des pins de diverses parties de l'Amérique, et autres arbres qui ne s'élèvent qu'à une hauteur graduée, où dont la croissance est très lente : les derniers étages conduisent aux arbres qui peuvent former les tiges les plus hautes et les mieux fournies. Au moyen de cette disposition, ces massifs offrent dans tous leurs âges la forme pyramidale, c'est-à-dire la forme la plus agréable à l'œil.

Les sentiers qu'ils séparent et qui les côtoient sont des petites allées tortueuses, et qui ne courent jamais l'espace de deux toises sur la même ligne, si sur le même plan. En formant ces jardins, le premier travail a pour objet l'inégalité du terrain, que l'on obtient dans le terrain le plus plat et le plus uni, par la fouille et par le déplacement des terres.

Tel est l'arrangement des jardins de la maison de lord Burlington à Chiswick. Un terrain très plat de sa nature, fouillé et renversé, a donné des terrasses et des collines, dont chacune est couronnée par un petit temple à l'antique ; enfin une rivière fort large, dont le cours tortueux, côtoyant ou coupant les principales pièces du parc, multiplie les points de vue du château. La grande allée qui fait le premier point de vue, plantée en cyprès mêlés d'urnes et de monuments funéraires à l'antique, a tout l'air d'un cimetière : elle semble former l'avenue du temple de la mélancolie. J'ai depuis vu en France une fontaine qui semblait faite pour cette avenue. Récemment construite dans le goût dit « à la grecque », elle occupe le centre d'un vaste bosquet. Son plan octogonal, distribué en étages, a pour ornement à chaque encoignure un vase très lourd par lui-même, et chargé de couronnes ou de festons de cyprès : ce qui n'offre à l'œil que la décoration d'un catafalque de la première distinction.

Les jardins et le parc que la princesse de Galles a depuis peu formés à Kiow [Kew], dans le voisinage de Richemont [Richmond], réunissent tout ce que le goût anglais pouvait produire de plus riche et de plus varié.

Tout est en bosquets très étendus, disposés de manière que chaque bosquet forme un tout, d'où l'on passe à un autre sans le savoir, sans se douter même qu'il y ait rien au-delà.

Dans un de ces bosquets est cette chapelle gothique dont j'ai parlé et qui forme un salon aussi vaste que singulier. Dans un autre, à la cime d'une colline factice, s'élève un temple en rotonde, dans le goût le plus pur de l'architecture grecque : ce temple consacré à la Victoire, fut élevé en 1741. Un bosquet de communication a pour ornement un portail antique, appuyé sur des restes de maçonnerie, le tout en ruine et d'autant plus dans la nature que les joints des blocs et les crevasses de la maçonnerie sont chargés de ces plantes et de ces arbustes dont la nature se plaît à couvrir de véritables ruines.

Le principal de ces bosquets a une tour octogone entièrement construite à la chinoise, sur 300 pieds d'élévation, et distribuée dans sa hauteur en neuf étages distingués par des toits saillants ornés de sonnettes, de dragons et autres ornements chinois.

Le milieu du parc, autour duquel sont distribués ces bosquets, forme une esplanade immense, dont le terrain inégalement taillé est arrosé par une rivière factice. Au-delà de cette rivière, on trouve un grand pont en bois, construit au milieu de la prairie, sans autre raison que la variété du coup d'œil. Cette variété ne peut résulter que de ces objets étrangers et de l'inégalité artificielle du terrain qui n'offre dans toute son étendue qu'un gazon continu : le milieu, en nature de pâturage, en est abandonné à des troupeaux de vaches, de brebis et de chèvres, dont l'embonpoint et la propreté, en annonçant la maison à laquelle ils appartiennent, ajoutent infiniment à la richesse du paysage. Les bordures de ce pâturage forment des allées aussi en gazon, mais en gazon roulé et taillé. L'opération que cela demande fait l'occupation capitale et presque continue des jardiniers anglais, dont le temps est très chèrement payé : dans les mois de mai et juin, elle se renouvelle chaque semaine ; dans les autres saisons, elle laisse quinze jours de repos. On y procède de cette manière. A la chute du soleil, on promène sur l'herbe d'énormes cylindres de fonte de fer. Ils sont creux, et portent 4 à 5 pieds de longueur, sur un pied environ de diamètre. Le passage de ces cylindres, en battant et aplanissant le terrain, couche les pointes de l'herbe que le poids de la rosée maintient dans cette situation. Dans la matinée suivante, avant que le soleil en dissipant la rosée ait mis l'herbe en état de se relever, on la coupe en la prenant par le contre-poil que lui a donné le passage du cylindre. Avant que la faux ait ébarbé les plus larges allées que le cylindre a parcourues, en partageant en sens contraire, leur largeur par sa longueur, ce qui les divise en lez, ces allées offrent à l'œil de grandes pièces de moire blanche et verte. Leur vert est le plus beau vert qui soit dans la nature : à mon départ de Paris, le célèbre La Tour, bon connaisseur en couleurs, m'avait spécialement recommandé de faire attention à la richesse de ce vert, qui la doit moins à l'opération que je viens de décrire qu'à la bonté du terrain et à l'abondance des rosées.

Autant ces gazons continus sont agréables à l'œil, autant sont-ils incommodes pour les pieds. Nous en fîmes l'expérience en parcourant dans le mois de mai, à onze heures du matin, le parc du duc de Cumberland : n'y trouvant aucune plate-bande où nous puissions mettre le pied à sec, nous en sortîmes avec les pieds aussi parfaitement trempés que si nous eussions employé notre matinée à une chasse au marais. Dans les après-dînées mêmes, ces beaux gazons sont très rarement sans humidité.

Les petites allées ou sentiers qui forment les vraies promenades sont garanties de cette incommodité par ce beau sable dont j'ai parlé : bombé et roulé aussi par les cylindres, il a l'uni et tout la consistance d'un beau ciment.

Parmi les belles choses que réunissent les jardins de Kew, il ne faut pas oublier une collection aussi nombreuse que bien tenue de plantes étrangères de toute espèce, auxquelles, dans le voisinage du palais, est assigné un canton qui réunit toutes les commodités et tous les arrangements nécessaires à un jardin de botanique.

Plusieurs de ces plantes ou arbustes qui ne peuvent soutenir le plein air en France et en Italie même, sont en pleine terre dans les jardins anglais, qui doivent cette heureuse température à la mer qui environne l'île.

Et le parc de la princesse de Galles, et celui du duc de Cumberland, et le parc de Richemont, et plusieurs parcs qui leur ressemblent par les distributions et par les plantations, n'ont point de bâtiments qui répondent à cette magnificence : les jardins ont absorbé la dépense et toutes les attentions.

Kew communique à Richemont qu'habite le roi, à Hammersmith où le lord Butte a fixé sa résidence, et à une maison aussi simple qu'agréable située, où a été élevée la famille royale actuelle, et qu'habitent encore les frères du roi. Brandfort fait partie de cette riche campagne. Le duc de Northumberland y a un palais accompagné de jardins : c'était originairement une maison de religieuses qui portait le nom de Sion : ces religieuses, chassées d'Angleterre, passèrent en Portugal : elles y bâtirent un monastère, où elles conservent encore la clef de Sion qu'avaient emportée leurs mères. Lord Perceval, grand-maître des postes, le comte de Holderness qui joint à la solidité anglaise tout l'agrément des mœurs françaises, et d'autres lords ont leurs maisons de campagne dans ce canton, où l'art n'a presque rien à ajouter à la nature.

Lord Temple mit le comble aux bontés dont il m'avait honoré pendant mon séjour en Angleterre en m'invitant d'aller passer avec lui le mois de juillet à sa maison de Stowe. Cette maison, commencée par lord Arlington, est aujourd'hui la pièce la plus magnifiquement complète que l'Angleterre ait en ce genre. Des bâtiments très vastes et du meilleur goût, tant à l'extérieur que dans leurs distributions, donnent la main à une foule de salons, de pavillons, de grottes, de temples, tous de différentes manières, et chacun enrichi de tous les ornements propres à chacune de ces manières : parmi les édifices, un des plus remarquables est le temple consacré aux illustres de la Grande-Bretagne.

Plusieurs parcs anglais doivent leur principale beauté à l'étendue et à la richesse des points de vue.

Après ceux de Greenwich, de Richemont et de Windsor, qui réunissent tout ce que le paysage peut offrir de plus vaste, de plus riant et de plus varié, on doit placer celui de la campagne de M. Lincoln à Weybridge.

Assise sur une hauteur escarpée, elle domine, à vue d'oiseau, une riche prairie que côtoie la Tamise. Dans le dernier siècle, l'escarpement avait été bordé d'une terrasse, et cette terrasse avait coûté un million. Le possesseur actuel a pensé qu'une pente douce et inégalement profilée imiterait davantage la nature. D'après cette réflexion, la terrasse a été renversée et les terres qu'elle soutenait, couvertes d'un gazon continu, n'offrent plus qu'un plan légèrement et inégalement incliné. La destruction de la terrasse, le remuement des terres et leur distribution ont coûté un autre million.

Par ces dépenses comparables à celles qu'Horace reprochait aux Romains de son siècle, toute la campagne des environs de Londres *« Sentit amorem / Festinantis heri »*.

Au reste, rien n'annonce mieux que ces dépenses la richesse et la splendeur d'une nation, lors surtout que toutes les classes de l'État ont un droit égal à de pareilles fantaisies.

La prairie que domine la campagne de M. Lincoln est arrangée dans la même intention que l'escarpement qui y conduit. Inégalement bordé par des bouquets de bois de différents feuillages, sans fuite, sans ordre ni symétrie, le fond en est planté d'arbres d'inégales grandeurs et de différents âges, jetés en apparence au hasard, et qui conduisent l'œil à une futaie qui termine la décoration. Le total et les détails de cette décoration semblent offrir en grand, sur un terrain de l'étendue des Tuileries, l'original des Champs-Élysées de l'opéra de Castor et Pollux que j'avais vu à Paris, avant mon départ pour Londres. Outre l'avantage de la grandeur, la vue de Weybridge avait, lorsque j'en jouis, celui d'être éclairée par un soleil dont les rayons, glissant à travers le ciel légèrement embrumé, donnaient une lumière douce, et qui semblait participer à la fraîcheur de la rosée répandue comme un léger vernis sur toutes les parties de la décoration.

Ce goût actuel des Anglais pour l'arrangement de leurs parcs et de leurs jardins, est le goût chinois, c'est-à-dire le goût qui, comme tous ceux de cette nation, est établi chez elle de toute antiquité.

Il parut ridicule aux jésuites français, dont l'œil était accoutumé à la disposition symétrique des jardins des maisons royales de France. « Les Chinois, disait le P. le Comte, ne s'appliquent ni à ordonner leurs jardins, ni à y ménager de véritables ornements : cependant ils s'y plaisent et y font de la dépense. Ils y pratiquent des grottes, ils y élèvent de petites collines artificielles, ils y transportent par pièces des rochers entiers, qu'ils entassent les uns sur les autres : le tout sans autre dessein que d'imiter la nature. »

Les Français auraient prévenu les Anglais dans l'adoption du goût chinois s'ils étaient entrés dans les vues que le célèbre Dufresny leur avait ouvertes en ce genre. (Grosley, *Londres*, 1770.)

Abbé Coyer
Composer des paysages

Dans l'art des jardins, les Anglais partent de la nature qui ne symétrise rien, mais qui se joue dans une riche variété. Quels sont les objets qu'un voyageur découvre d'un point de vue élevé dans un pays anciennement habité par une nation florissante ? Des champs, des prairies, des troupeaux, des eaux qui coulent en liberté, des ponts endommagés, d'autres bien conservés, des collines, des buissons, des forêts qui n'ont que leur parure naturelle. Quoi encore ? des hameaux, des édifices modernes et des ruines d'antiquité.

Telles sont les beautés que l'Angleterre s'efforce de rassembler dans ses jardins. Vous jugez bien que, pour remplir cette intention, il faut travailler sur un grand terrain, sans quoi tout serait confus, mesquin et ridicule. De tels jardins demandent beaucoup d'art ; et le plus grand consiste à le cacher, point d'allées en ligne droite, point de charmilles dressées ou taillées, point d'arbres moulés en pilastres, en portiques ou en plafonds, point de ces berceaux où la vue et la respiration se trouvent gênées, point de ces salles vertes, où l'on voit le léché, l'apprêté et la marque du ciseau, point d'eaux plates, ni jaillissantes.

Les allées grandes ou petites sont formées d'arbres de toute espèce et de toute hauteur ; elles se coupent et se communiquent par des sinuosités, semblables aux chemins que le bûcheron ou le voyageur ont tracés dans les forêts. Les massifs composés de plusieurs étages d'arbustes et de grands arbres, indigènes ou exotiques, se terminent en forme pyramidale, la plus agréable à l'œil. Une profusion de fleurs qu'on prendrait pour un pur don de la Nature s'offre à chaque pas. Dans le terrain le plus plat et le plus uni des collines s'élèvent, par la fouille et le déplacement des terres, différents édifices : belvédères, temples, cabanes, laiteries, ruines d'antiquité se montrent çà et là. Une rivière factice serpente et murmure par la rencontre des chutes que le hasard semblent avoir formées. L'entrée et la sortie de la rivière sont masquées par des buissons, en sorte que l'imagination se porte bien au-delà. Des ponts établissent la communication de toutes les parties, quelques-uns sont rompus et l'ont toujours été. Au centre du parc est une prairie où paissent des troupeaux. (Abbé Coyer, *Nouvelles observations sur l'Angleterre*, 1779.)

Mme Roland
Promenade à l'ouest de Londres

Chiswick, maison du duc de Devonshire, est la première à visiter en sortant de Londres par la route d'Oxford ; elle est petite, d'une architecture lourde et maussade ; l'intérieur se ressent de ce mauvais goût ; on est accablé des richesses entassées dans ce *cassin*, qui, d'ailleurs, est vraiment recommandable par la superbe collection de tableaux des meilleurs peintres qui s'y trouve renfermée. Nous n'avons pu y donner qu'un coup d'œil, par une réunion de circonstances qui ne permettaient pas un examen plus détaillé. Les jardins sont réguliers et ornés d'un grand nombre de statues : mais c'est à Kiew [Kew], maison de plaisance du roi, que nous nous sommes arrêtés avec le plus de complaisance. Les bâtiments ne sont rien ; simples et propres, ils sont comme les maisons ordinaires des particuliers aisés, et ne méritent pas d'être visités. Les jardins, vastes et admirablement tenus, dans le genre anglais, sont les plus intéressants que j'aie jamais vus : on ne peut mieux déguiser l'art le plus ingénieux ; tout respire la nature et la liberté ; tout est grand, noble et gracieux. Les gazons étendent de toutes parts leurs tapis élastiques et doux ; des arbres vigoureux s'élancent et les couvrent, çà et là, sans leur nuire. Les allées, rarement en droite ligne, isolent parfaitement le promeneur de tout ce qui l'environne. Dans chacune, on croit être en un canton favorisé des dieux, inconnu au reste de l'univers ; elles sont formées, de part et d'autre, d'arbres très variés, à cinq ou six de profondeur sur les lignes qui décrivent l'allée ; les moins élevés d'entre eux, sont les plus près du bord que terminent des arbustes entremêlés de fleurs ; le sapin et l'acacia, le chêne et le tilleul, le houx et le tulipier, le frêne et le cyprès entremêlent leurs branches ; tandis que le platane et le pin élèvent leur cime au rang le plus reculé, le petit cytise et le cornouiller fleurissent sur les bords à côté du rosier, et dominent les plantes herbacées qui terminent la plate-bande toujours un peu plus élevée que le milieu de l'allée : celui-ci est en dos d'âne, avec des pertes d'eau sur les côtés, sous les plates-bandes ; il est fait d'un gravois battu et tassé, de manière que le chemin est uni et ferme, praticable en tout temps, sans boue ni poussière. Ces belles allées, qui se croisent de cent façons, conduisent à ces beaux gazons où la vue s'étend, se repose et saisit des échappées charmantes, qu'embellissent des canaux d'eau vive. Combien nous avons maladroitement et ridiculement imité les jardins anglais, avec nos petites distributions, nos ruines, qui ont l'air de jeux d'enfants, notre affectation de sombre, cet entassement de choses contradictoires et de monuments pour rire ! J'ai vu le célèbre Ermenonville avec sa petite tour de Gabrielle ; son temple, où six personnes debout tiendraient à peine ; ses eaux noirâtres, ses aspects qui présentent souvent des solitudes mélancoliques et attachantes, sans distraire jamais par une nature riante ; et je m'étonne plus que jamais, que dans ce lieu, d'une immense étendue, on ait fait si petitement tous les édifices qu'on a voulu figurer. Kiew a des temples, mais ils ne choquent pas la vraisemblance par leur petitesse ; Kiew a une tour, mais elle a cent quatre-vingt-dix pieds de hauteur ; cette tour a cinq ou six étages ; c'est du dernier qu'il faut voir les magnifiques campagnes des environs ; on découvre l'horizon entier jusqu'où la vue peut s'étendre, jusqu'à Windsor, à dix ou douze lieues de distance d'un côté, et ainsi du reste. On ne voit qu'un superbe jardin, arrosé par la Tamise, où la terre ne se repose jamais, et dont on ne perd pas le plus petit espace : après avoir considéré ce superbe tableau, parcourez-en les parties ; vous n'y trouverez pas une maison misérable, où le chaume et la boue, le fumier, l'indigence, s'amassent et attestent, comme dans la plus grande partie de nos villages, l'état du peuple et la nature du gouvernement sous lequel il gémit. Mais je reviens à Kiew, dans la partie de ses jardins particulièrement consacrée à la botanique ; richesse de fonds, beauté d'ordonnance, tout cela est bien au-dessus du Jardin du Roi, à Paris. Il est vrai qu'il n'est point destiné à des cours que fasse faire un professeur, en se promenant régulièrement autour de plates-bandes où les plantes sont mises pour quinze jours ou trois semaines ; on ne suit aucun système dans leur ordonnance au jardin de Kiew ; on rapproche seulement celles dont la réunion peut faire à l'œil un plus bel effet, en même temps qu'un semblable terrain leur convient. On a formé pour les *sedum*, des plates-bandes toutes semées de cailloux et de pierres, parmi lesquels ce genre de plantes croît ordinairement : ces pierres, demi-enfoncées dans la terre, servent à soutenir les plates-bandes élevées, et même contribuent à l'agrément de l'effet.

Les arbres sont à part dans un grand espace circulaire qu'ils environnent en amphithéâtre ; le milieu est en gazon, coupé de bosquets d'arbustes : les serres ont une propreté élégante, dont nous n'avons pas d'idée ; de grandes caisses de plomb, remplies d'eau, contiennent toutes les plantes aquatiques : les variétés des *magnolia*, l'*acuminate*, le *tulipifera*, le *grandifolia*, etc., croissent et fleurissent en pleine terre ; les orangers sont jetés, de part et d'autre, dans des caisses de forme ronde, d'où ils s'élèvent très haut. Le *grenadier*, le *myrte*, les arbres les plus délicats sont rangés en espalier, sur les murs du jardin de botanique. Nous avons admiré une variété de cyprès, inconnue en France, d'un effet charmant par la finesse et la couleur de son feuillage, qu'il perd toutes les années ; beaucoup de plantes rares nous ont agréablement arrêtés ; mais il faudrait passer des jours à Kiew pour tout voir, et des semaines pour en faire notes. Le jardinier en second, homme honnête et instruit, nous a tout fait voir avec autant d'exactitude que d'aménité. Je n'oublierai de ma vie ce lieu enchanté. On sent que c'est au milieu de cette nature majestueuse, que le génie des auteurs anglais s'est élevé à ces hautes conceptions ; que leur âme s'est abandonnée à ces élans sublimes que nous admirons dans leurs écrits. La beauté de ces jardins tient à un sentiment profond du beau et du grand ; celle des nôtres tient plus à l'esprit, à ses agréables saillies : nous sommes jolis, délicats, réguliers ou plaisants dans ce genre de décoration ; les Anglais sont fiers et ravissants.

A quelques milles au-dessus de Kiew, on va voir Richemont [Richmond], autre maison royale, dont les jardins sont dans le même goût ; mais c'est la vue que donne la situation du lieu qu'on y admire particulièrement, et nous en avons joui avec délices.

Hampton, au-delà de Kiew, attire les voyageurs à qui les ouvrages ou le nom de Shakespear [*sic*] ne sont pas indifférents. Le célèbre Garrick avait à Hampton sa maison de campagne, dans le jardin de laquelle il a élevé un monument à Shakespear. La veuve de Garrick occupe encore cette maison charmante, où l'art semble avoir multiplié le terrain par des distributions qui ont l'air d'avoir tout laissé faire à la nature. C'est le goût des jardins de Kiew, le goût anglais, mais dans un petit espace. La Tamise borde ce jardin ; on l'ignore pendant longtemps, puis on l'aperçoit sous l'arcade d'une grotte ; on croit ne pouvoir en considérer qu'un point, on s'avance, on passe sous cette prétendue grotte qui n'est qu'une arcade, on se voit avec surprise sur un gazon charmant, que terminent, d'un côté, des saules pleureurs, dont les branches antiques s'avancent, se courbent sur la rivière, frisent sa surface par leur feuillage ; de l'autre, une masse de pins, de cyprès, d'autres arbres toujours verts, près d'un temple de forme circulaire, précédé d'un péristyle ionique. On entre ; la statue de Shakespear (debout, d'un air méditatif, une main appuyée sur une table où il écrit et tenant la plume, le regard élevé, tourné d'un autre côté), placée sur un piédestal, occupe seule ce temple, dans une niche pratiquée vis-à-vis de l'entrée. On regrette que Mme Garrick n'ait pas élevé le pendant de ce temple à son mari.

Cette journée est la plus agréable de mon voyage, par la vivacité, le renouvellement des sensations heureuses que m'ont procuré tant d'objets intéressants : tour à tour transporté par les chefs-d'œuvre des arts, ou les productions de la nature, j'ai cru que mon goût pour elles était encore augmenté.

[...] En sortant du palais de la reine, nous avons été voir Kensington ; c'est une maison de plaisance, située à quelques milles de Londres, qui appartient au roi. La maison est vaste, commode, propre et simple ; les jardins sont grands et beaux, non pas à la manière des nôtres bien découpés, dessinés, peignés, mais dans le genre anglais où tout sent la nature libre, noble et belle. Ce sont partout des gazons frais, verts, doux, élastiques, fins et courts, qui s'étendent sous les arbres comme dans les places à découvert : de grandes allées d'arbres vigoureux de différentes espèces ; l'orme, le marronnier, les pins, le châtaignier, peu de chênes et moins d'érables ; quelques bosquets d'arbustes très variés ; de larges pièces d'eau ; des troupeaux de moutons et de daims aussi familiers, couvrent certaines parties, et animent le tableau. (Mme Roland, *Voyage en Angleterre [1784]*, 1800.)

Dutens
Une définition nécessaire

On appelle parc en Angleterre un grand terrain entouré de murs, ou de palissades, bien planté d'arbres variés, isolés, et en bosquets, où l'on a pratiqué des promenades gravelées et sapées ; d'autres en gazon, des routes pour aller à cheval et en carrosse ; où l'on entretient des troupeaux nombreux de daims, de moutons, et des pâturages pour des chevaux, vaches, etc. Dans ce sens il y a fort peu de parcs en France et ailleurs et beaucoup en Angleterre, cette définition était nécessaire pour entendre ce que je voudrai dire quand je parlerai d'un parc. (Dutens, *L'Ami des étrangers qui voyagent en Angleterre*, 1787.)

Nodier
Une multitude d'arbres superbes

Avec une petite péniche à porter sous le bras, le bon vent, la marée, tant soit peu de courage et beaucoup d'équilibre, on s'embarque sur la Tamise, et, l'oreille charmée des récits d'un spirituel et savant ami comme Hulmandell, on sillonne rapidement la surface d'un fleuve sans joncs, sans vase, sans grèves, qui meurt de tous côtés sur des rives verdoyantes, belles comme les fraîches inventions du peintre le mieux inspiré. Vous laissez à votre gauche le château à l'antique, de nouvelle construction, qui a prêté longtemps au séjour du vieux roi le silence et la retraite de ses murailles gothiques. Plus loin, c'est Twickenham où l'on vous montre la maison de Pope, et, en jetant vos yeux du côté opposé, vous respirez la fraîcheur ténébreuse de Windsor qui lui a inspiré les plus doux de ses chants. Monseigneur le duc d'Orléans a demeuré à Twickenham, et nous y avons cherché avec un intérêt bien vif l'habitation de M. le colonel Atthalin dont le nom est ici cher à la gloire et aux arts, et à qui nous devons personnellement tant de reconnaissance. Il est malheureusement vrai que dans les sentiments les plus naturels et les plus francs de notre pauvre espèce, il entre toujours un peu d'égoïsme.

On a comparé la terrasse de Richmond à celle de Saint-Germain. Cette dernière ne peut toutefois souffrir aucune concurrence sous le rapport de son étendue, de sa majesté imposante qui en fait une sorte de monument, et même de l'immensité de sa perspective et de la variété de ses aspects. La terrasse de Richmond est une allée courte, étroite, peu régulière, sur le revers d'une colline, au pied de laquelle se développe un riche et admirable vallon, couvert de magnifiques ombrages, qui sont entrecoupés çà et là de gazons délicieux, ou se divisent d'espace en espace pour laisser suivre à l'œil le cours romantique de la Tamise. Le grand avantage de ce point de vue, peut-être unique dans la nature, consiste dans la multitude de ces arbres superbes qui ont fait autrefois aussi l'orgueil de nos campagnes, mais dont nous n'avons pas su respecter la vieillesse solennelle, et dont l'absence laisse chez nous à découvert un sol blanc, calcaire, pauvre de couleur, d'effet, de végétation, désagréable au regard et à la pensée. Les Anglais se plaisent à entretenir, pour le seul ornement de leurs paysages, de vastes plantations de grands arbres sans rapport, mais dont les épais feuillages ne cessent de verser dans l'atmosphère embaumée une fraîcheur abondante et salutaire. Nous avons même vu quelques-uns de ces arbres à demi calcinés par le temps, et soigneusement restaurés par la main de l'homme ; tant est vive et profonde la sollicitude religieuse qu'ils inspirent ! Le respect de ce peuple pour les animaux domestiques lui épargne le spectacle des scènes dégoûtantes et cruelles qui déshonorent trop souvent nos villes. Son respect pour les plantes même contribue, plus que tout autre chose, à l'ornement et à la prospérité de son territoire. Les sentiments tendres et affectueux ne font pas seulement le bonheur de l'homme privé : ils influent sur le bien-être des nations comme sur celui des familles. (Nodier, *Promenade de Dieppe aux montages d'Écosse*, 1821.)

Custine

Un paradis des arbres

Il faut comparer les deux parties de la rivière, au-dessus et au-dessous de Londres. Les vaisseaux ne remontent pas au-delà du pont de Londres ; ainsi, tout le cours de la Tamise qui s'étend de la ville jusqu'au coteau de Richmond et plus loin, ne semble destiné qu'à l'embellissement du paysage. C'est une campagne de luxe, une partie de terrain réservée à l'agrément, dans ce grand parc dont Londres fait le château. A Richmond on oublie le commerce et les scènes qui se succèdent de l'autre côté de la ville. Là, tout vit dans une fatigante activité, tout crie, tout s'agite ; tout est animé par le démon du gain ; ici tout est calme, silencieux, tout se repose, même la cupidité. Des arbres inclinant leurs antiques branches, effleurent la surface des flots ralentis. Quand le reflux se fait sentir et refoule le courant, l'eau paraît s'élever un peu au-dessus de la terre abaissée, et l'on dirait qu'une force mystérieuse peut seule empêcher le fleuve d'inonder ses rivages. Des troupeaux semblent placés pour faire effet dans les pâturages ; les bateaux de la Tamise conduisent à tous les sites de ce parc immense un grand nombre d'hommes et de femmes élégamment vêtus ; l'onde soumise à ce peuple marin, porte avec complaisance les esquifs et leurs insouciants conducteurs. Cette scène, qu'on découvre quelques milles après avoir quitté le pont de Londres, est d'un effet surprenant. En s'avançant au milieu de ces barques chargées de passagers qui ont l'air délivrés de tous les soins de la vie, on croirait retrouver les âmes de ceux dont on vient de laisser les corps sur la terre. Je connais peu de sites que je préfère à la vue dont on jouit sur la terrasse de Richmond. Les sinuosités de la rivière, les arbres qui s'élèvent comme des dômes de verdure, et qui se succèdent à perte de vue dans une plaine verte comme eux, en formant jusqu'à l'horizon une multitude de plans distincts ; le repos, le silence, et, cependant, la vie, la richesse de ce paysage, les vapeurs de la terre qui, vers le soir, montent du fond des prairies et vont se joindre dans le lointain aux nuages du ciel ; tout rappelle à ses vrais plaisirs l'homme fatigué du monde. Le grand charme de la nature, c'est qu'elle nous ramène à Dieu, en nous rendant à nous-mêmes, tandis que le monde nous isole en prétendant nous associer à nos semblables.

Je ne trouve qu'un reproche à faire aux bords de la Tamise, entre Londres et Twickenham : ces villages si bien groupés, ces parcs avec leurs gazons si ras, ces arbres si grands, si soignés, qu'on peut dire qu'ils ont l'air heureux, ces rives, dont les pentes sont si faciles et si gracieuses, me font le plaisir d'un jardin dont la magnificence ne m'empêche pas de regretter l'indépendance un peu négligée de la simple nature. Dans ce paradis des arbres, c'est toujours sur des parties de parc que ma vue s'étend, et je me surprends presqu'à chercher quelques terres arides, quelques coins de pays mal cultivés, quelques maisons abandonnées pour pouvoir me persuader que tout ce que je vois est réel, et que cette *décoration* si soignée, si bien peinte, si bien vernie, ne va pas disparaître comme toutes celles de l'Opéra. En un mot, les sites de l'Angleterre ont cette espèce d'agrément que peuvent acquérir les gens qui ne sont pas naturels ; c'est bien, mais en jouissant de la victoire, on ne peut oublier ce qu'elle a coûté. (Custine, *Courses en Angleterre et en Écosse*, 1830.)

Stendhal
Richmond

Le jour, j'errais dans les environs de Londres, j'allais souvent à Richmond.

Cette fameuse terrasse offre le même mouvement de terrain que Saint-Germain-en-Laye. Mais la vue plonge de moins haut peut-être, sur des prés d'une charmante verdure parsemés de grands arbres vénérables par leur antiquité. On n'aperçoit, au contraire, du haut de la terrasse de Saint-Germain, que du sec et du rocailleux. Rien n'est égal à cette fraîcheur du vert en Angleterre et à la beauté de ses arbres : les couper serait un crime et un déshonneur, tandis qu'au plus petit besoin d'argent, le propriétaire français vend les cinq ou six grands chênes qui sont dans son domaine. La vue de Richmond, celle de Windsor, me rappelaient ma chère Lombardie, les monts de Brianza, Desio, Como, la Cadenabbia, le sanctuaire de Varèse, beaux pays où se sont placés mes beaux jours. (Stendhal, *Souvenirs d'égotisme [1832]*, 1893.)

Delacroix

Il faut convenir que c'est un coup d'œil délicieux que ces belles campagnes vertes et les bords de la Tamise qui sont un jardin continuel, mais cela a l'air de joujoux. Ce n'est pas assez nature. Je ne sais par quel caprice la nature a fait naître Shakespeare dans ce pays-ci. (Delacroix, *Correspondance* [Lettre du 1er août 1825], 1935.)

Simonin

On arrive à Richmond, et plus haut à Windsor, à Oxford. Là sur les deux rives du fleuve on est en plein paysage anglais, verdoyant, humide, où la lumière se réfracte à travers un voile de vapeur. (Simonin, *Les Ports d'Angleterre*, 1881.)

Wey
Un petit Éden

A neuf heures et demie, nous montâmes en omnibus à Piccadilly que nous parcourûmes dans toute sa longueur, et je me vis avec plaisir hors des barrières de Londres.

Cependant les villages multipliés continuent la ville, destinée à les absorber dans son enceinte ; les cottages se succèdent, frais et coquets, au fond de leurs petits jardins. Parfois on entrevoit la Tamise, que ses rives étreignent de plus en plus, et, au bout d'une heure et demie, l'on entre dans la grande rue montueuse de Richmond. La résidence des anciens rois d'Angleterre y avait fait naître un village ; le voisinage du Parc en a fait une petite ville. A mesure que nous gravissions le coteau par une route large et animée, l'horizon gagnait en étendue. Parvenus en face de *the Star and Garter*, magnifique hôtel à la grille du Parc, où résida le roi Louis-Philippe, nous entrevîmes un beau point de vue, et nous le contemplâmes dans toute sa splendeur, au bord de la terrasse ombragée de très gros arbres. Ce point de vue célèbre rappelle la situation de Saint-Cloud : un vaste horizon, borné de coteaux bas et planturaux ; dans la vallée, la Tamise qui serpente dans l'herbe en reflétant le ciel, disparaît çà et là sous des massifs de tilleuls, d'ormes et de chênes. Partout de riches prairies, peuplées de nombreux troupeaux ; sur la droite, Richmond se déroule en amphithéâtre jusqu'à la rivière, animée de constructions capricieuses et de coquettes embarcations. Ce petit Éden respire le calme champêtre, et la vie de la cité s'étend jusque-là.

On se coucha sur l'herbe, moins longtemps que je ne l'aurais souhaité, et l'on remonta dans les omnibus, qui furent dirigés sur Hampton Court. En route, on passa devant la maison de Pope, hérissée de solives peintes à neuf en couleur de chêne ; et plus loin, devant un petit cottage, un peu lourd, mais d'un style ancien et sévère, qui, dit-on, fut habité par Cromwell.

Rien de plus magique que le premier aspect de Hampton Court, à l'extrémité d'une grande avenue de marronniers, de tilleuls et d'ormes, bruns de santé et tout ronds d'embonpoint. Sur les contre-allées, ténébreuses tant le feuillage est épais, des daims, des cerfs, des chevreuils en liberté, se groupent autour des énormes troncs, et viennent, jusqu'au bord de la route, regarder passer, d'un œil étonné et doux, les voitures qui circulent.

Ces animaux, qui n'ont jamais eu peur, ne sont pas sauvages ; on sait qu'Alfred le Grand a détruit les loups jusqu'au dernier. Quant aux hommes, la liberté leur a si profondément inculqué sa religion, que le bénéfice du respect envers chacun s'étend jusqu'aux bêtes. L'Anglais, qui ne veut pas sembler subordonné aux événements, ne court jamais : se hâter, s'est se soumettre ; faire du bruit, c'est attirer une gênante attention. On observe le silence et l'on chemine à pas comptés : où les animaux s'instruiraient-ils à craindre ?

Rien n'égale donc leur sécurité, et même ils participent du caractère taciturne des hommes. Ceux-ci s'abstiennent de crier, de parler ; imitant leur silence, les chiens de Londres n'aboient jamais ; les oiseaux mêmes se groupent sur les arbres en clubs silencieux, et si parfois l'un d'eux risque un petit cri, il s'arrête étonné du son de sa voix. Les moineaux vont, sans babiller, à leurs affaires ; ils piétinent, familiers, entre les voitures et les trottoirs, réservés à d'autres piétons. Rien ne ressemble à une plaisanterie comme cette vérité ; chacun autour de moi fit pourtant la même observation. En la trouvant aussi fondée qu'elle est bizarre, j'ai cherché la cause du fait dans la nature triste, sombre, humide, épaisse et brumeuse du climat, dont l'influence agit à la fois sur les hommes et les animaux.

L'Angleterre produit trois objets qui se rencontrent partout, mais qui, dans cette île, sont remarquables entre tous par leur merveilleuse beauté : les femmes, les arbres, les chevaux. Au surplus, tout lieu qui nourrit une race de chevaux digne d'admiration est peuplé de jolies femmes. Pourquoi ? je l'ignore ; mais cette étrange corrélation n'en est pas moins réelle. La Géorgie élève les meilleurs chevaux de l'Orient ; les plaines de la Camargue, voisines d'Arles aux belles filles, conservent à l'état sauvage le sang des coursiers mauresques ; l'Andalouse grandit auprès des plus fins coursiers de la Péninsule ; on admire au Mecklembourg le plus beau sang de l'Allemagne, et, quand une phalange d'amazones mesure au galop les avenues des parcs de Londres, l'œil ébloui ne peut se fixer sans distraction, ni sur l'écuyère, ni sur sa monture.

Qu'une jeune fille arrête son cheval sous la voûte verdoyante d'un grand arbre, et vous contemplerez, groupées dans un seul tableau, les trois merveilles de l'Angleterre.

Les marronniers, les tilleuls, les sycomores, les hêtres, et surtout les ormes de l'avenue de Hampton Court, font songer aux contes de fées ; on s'attend à trouver au-delà un château enchanté. L'aspect, du moins, en est enchanteur, et l'on y est heureusement préparé par ces arbres d'une vigueur antédiluvienne, et d'un feuillage si dru, si serré, si foncé, que les ténèbres tombent des rameaux sur l'herbe pâlie. L'orme surtout est surprenant ; il foisonne si généreusement, qu'il apparaît rond comme une boule, et qu'on ne le reconnaît pas tout d'abord.

A la suite de cette avenue, que bordent de chaque côté, sur quatre rangs, ces géants des forêts, on rencontre des parterres éblouissants, des murs, du haut en bas desquels se précipitent, sur des lits de verdure, des cascades de fleurs ; on pénètre, ainsi qu'au royaume des féeries, dans ce château dont l'histoire débute comme un conte du temps de *Peau d'Ane*. (Wey, *Les Anglais chez eux*, 1852.)

Guizot

Sion et Chiswick

Hors de Londres, dans les vallées et sur les collines qui l'entourent, à Richmond, à Hampstead, à Norwood, la nature est charmante, aussi charmante qu'elle peut l'être par ses propres agréments bien ménagés et soignés par la main de l'homme. Il lui manque la grandeur des formes et l'éclat de la lumière ; elle plaît et attache, sans émouvoir ni saisir. Les châteaux, les parcs, les villas, les cottages élégants sont semés en si grand nombre dans cette campagne que la nature semble n'être là qu'au service de l'homme et pour ses seuls plaisirs. Je visitai les principales de ces habitations ; deux surtout me frappèrent, Sion House, qui appartient au duc de Northumberland, et Chiswick, au duc de Devonshire. Sion House rappelle les maisons royales ; ses serres ont passé longtemps pour les plus riches de l'Angleterre ; la salle à manger est soutenue par douze colonnes de vert antique, les plus belles, dit-on, qui existent, et qui furent trouvées, il y a un siècle, dans le Tibre. Le grand-père du duc de Northumberland actuel les acheta et les fit transporter en Angleterre. Des vaches superbes paissaient dans une superbe prairie, sous les fenêtres de cette salle à manger ornée de ces colonnes, et dans laquelle on roulait, sur son fauteuil, le duc de Northumberland goutteux et impotent. Chiswick ne ressemble en rien à Sion House. C'est une charmante maison italienne, sans le soleil, sans la Brenta, sans toute cette nature brillante et chaude qui anime et embellit, en Italie, la plus petite architecture. Et au bas de l'escalier, dans un coin, une statue de Palladio assis qui a l'air de grelotter. Chiswick est trop orné, trop joli. Le joli ne convient qu'au Midi. Les femmes de l'Espagne ou de la Provence se bariolent de rubans de toutes couleurs, de bijoux d'or et d'argent de toute espèce. Cela va à leur tournure fine et légère, à la vivacité de leurs mouvements, à leurs airs d'esprit et de corps. Lady Clanricarde était à Chiswick toute enveloppée de mousseline blanche, avec une seule pierre au milieu du front. Elle était belle et en harmonie avec sa patrie. Les maisons sont comme les personnes ; pas plus au point de vue de l'art que pour les usages de la vie, il ne leur convient d'être étrangères à leur climat. Le parc de Chiswick, voilà l'Angleterre. Je n'ai vu nulle part des gazons si épais, si égaux, si fins. C'est du velours qui pousse. (Guizot, *Mémoires pour servir à l'histoire de mon temps*, 1862.)

Simond
Pour avoir un beau gazon

La beauté du gazon anglais m'a fait examiner avec attention les soins que l'on y donne. Toutes les grandes inégalités sont d'abord nivelées autant que possible : le cylindre ou rouleau fait le reste. On s'en sert principalement au printemps, lorsque la surface est devenue assez ferme pour ne pas s'enfoncer, et pourtant ramollie à une assez grande profondeur pour s'aplatir. Quand l'herbe devient mousseuse, la cendre ou le fumier la rétablit ; mais cela se fait très rarement, car on ne veut pas que l'herbe croisse forte et dure, mais basse et menue. On fauche, ou plutôt on rase cette planimétrie parfaite, toutes les semaines une fois, même deux dans les temps chauds et pluvieux : dans les temps secs, une fois par mois suffit. Cette opération se fait pendant que l'herbe est mouillée par la pluie ou la rosée ; la faux doit être bien aiguisée, à large lame, et emmanchée de manière à poser à plat sur le gazon. Le cylindre est généralement de fer jeté au moule, creux en dedans ; ceux à la main ont environ 18 à 20 pouces de diamètre, et 2 pieds et demi à 3 pieds de long ; ils pèsent environ 500 livres; ceux qu'un cheval met en mouvement ont deux ou trois fois ce poids; et enfin, j'en ai vu dont le diamètre était de 7 à 8 pieds, et du poids probablement de 5 000 à 6 000 livres, tirés par quatre chevaux. (Simond, *Voyage d'un Français en Angleterre pendant les années 1810 et 1811*, 1816.)

Taine
Ce qui me plaît le mieux, ce sont les arbres

Beaucoup de visites et quelques promenades. Ce qui me plaît le mieux, ce sont les arbres. Tous les jours en sortant de l'Athenæum, je vais m'asseoir une heure dans Saint James Park. Le lac miroite doucement sous la brume qui l'enveloppe, pendant que les feuillages obscurs se penchent sur les eaux tranquilles. Les arbres arrondis, les grands dômes verts font une sorte d'architecture, bien plus délicate que l'autre. L'œil se repose sur ces formes effacées, sur ces tons affaiblis. Ce sont là des beautés, mais tendres et touchantes, celles des pays brumeux, de la Hollande. — Hier, à huit heures du soir, de Suspension Bridge, quoique le temps fût beau, toutes les choses semblaient vaporeuses; les dernières clartés se perdaient dans une fumée blanchâtre, à droite, un reste de rougeur; sur la Tamise et dans le reste du ciel une teinte d'ardoise pâle. Il y a de ces tons dans les paysages de Rembrandt, dans les crépuscules de Van der Neer. La lumière noyée, l'air peuplé de vapeurs, les changements insensibles et continus de la vaste exhalaison qui amollit, bleuit, émousse les contours, tout cela laisse l'impression d'une grande vie, vague, diffuse, mélancolique, celle de la contrée humide.

Je l'ai encore mieux sentie à Richmond. De la terrasse, on voit plusieurs lieues de pays, la Tamise qui n'est pas plus grosse que la Seine, et tournoie dans des prairies, entre des bouquets de grands arbres. Tout est vert, d'un vert doux, presque éteint par la distance. On sent la fraîcheur et la paix de la végétation infinie; le ciel grisâtre lui fait un dôme mat et bas; à l'horizon, par assises flottantes, sont des brouillards blanchâtres, çà et là une nue noircissante, ou la tache violacée d'une averse. De tous les fonds monte une brume lente; on la suit comme une mousseline qui traîne entre les interstices des arbres, et, par degrés, la gaze flottante de la terre vient rejoindre le voile uniforme du ciel. — Quel silence dans le parc! Des troupeaux de daims paissent dans la fougère humide; les biches viennent contre les barrières regarder le passant, et ne s'effrayent pas. Se peut-il une campagne mieux disposée pour détendre les nerfs de l'homme qui lutte et travaille? Les chênes, les tilleuls, les marronniers épanouis, énormes, sont de nobles créatures qui semblent parler à voix basse, avec majesté et sécurité; à leurs pieds le gazon dru et haut, l'herbe où la pluie a laissé ses larmes, sourit avec une grâce tendre et triste. De l'air, du ciel et des choses se dégage une sorte de quiétude affectueuse;

la nature fait accueil à l'âme lassée, endolorie par l'effort. Comme on sent que leur paysage leur convient et pourquoi ils l'aiment ! — Sans doute, leur climat est meilleur pour les arbres, et, en outre, ils n'ont point eu d'invasions, de révolutions populaires, pour les mutiler ou les abattre. Mais le goût national a contribué à les préserver ; lord B. est *ranger* de ce parc, il y a une maison par droit d'office. Voilà un vieux souvenir des usages féodaux ; les choses antiques ont été plus respectées, mieux conservées qu'en France, et parmi elles il faut compter les arbres.

Ceux de Windsor et de Hampton Court sont aussi beaux. De Kew Gardens à Hampton Court se développe une allée de gigantesques marronniers dont les grappes roses et blanches semblent des girandoles. Les feuillages sont si touffus qu'il y fait frais en plein soleil. Sur le velours des gazons constellés de fleurs et bordés de glycines, bombent des massifs de rhododendrons, hauts comme deux hommes, tout chargés de fleurs roses où les abeilles bourdonnent. Il y en a tant, elles sont si magnifiques, d'un tissu si frêle et d'un ton si fin, elles s'entassent avec une telle prodigalité en un seul bouquet tout imprégné de lumière, qu'on demeure ébloui ; cela est délicieux, enivrant, presque au-delà de la nature. Un peu plus loin, dans une serre énorme, des palmiers grands comme des chênes étendent leurs végétations étranges, et des bananiers ouvrent des feuilles qui couvriraient un enfant de douze ans. Voilà un de leurs talents ; ils entendent admirablement l'architecture des arbres, des gazons et des fleurs ; je n'ai pas vu un palais même classique, un cottage même pauvre, où elle ne fût comprise. Parfois l'impression est trop vive ; au soleil, elle est excessive ; l'incomparable verdure prend alors des tons si riches et si intenses qu'on ne saurait les transporter sur la toile ; ils choqueraient, ils seraient trop crus. C'est avec l'âme qu'il faut les sentir, non avec les yeux ; ils sont une fête et comme une explosion de joie. Pour les préparer et les entretenir, pour gonfler et épanouir les tissus, il a fallu l'humidité surabondante, la caresse et la protection de la vapeur molle ; sous un ciel plus ardent, de telles fleurs se seraient durcies et séchées. Elles ne sont point habituées au plein soleil ; c'est pour cela qu'aujourd'hui, sous sa flambée, elles éclatent. Leur teint est celui d'une belle lady ; elles aussi, elles sont des patriciennes développées, préservées, embellies par tous les raffinements de l'art et du luxe. J'ai eu la même impression dans une matinée d'apparat, devant un escalier rempli de bas en haut de jeunes dames rieuses en robes bouffantes et traînantes de tulle ou de soie, la tête chargée de diamants, les épaules nues ; il y avait là comme ici une sensation unique, celle de la splendeur et du lustre portés au comble, toutes les fleurs de la civilisation et de la nature en un seul bouquet et en un seul parfum.

Hampton Court est un grand jardin à la française, arrangé au temps de Guillaume III ; alors notre style régnait en Europe. Mais le goût anglais s'y retrouve ; on a peuplé les plates-bandes de rosiers qui montent serrés le long d'espaliers minces et font des colonnes de fleurs. Des canards, des cygnes nagent dans toutes les pièces d'eau ; des nénuphars y ouvrent leurs étoiles satinées. Les vieux arbres sont étançonnés avec des tiges de fer ; quand ils meurent, pour ne pas les perdre tout entiers, on fait, avec le reste de leurs troncs, des sortes de grandes urnes. Visiblement on les respecte et on les aime. Point de grillages ; je vois des pensions de petites filles qui se promènent et jouent sur les gazons ; mais elles ne cueillent pas une fleur ; il suffit pour garantir le jardin de l'inscription suivante : « On espère que le public s'abstiendra de détruire ce qui est cultivé pour l'agrément public. » J'ai vu des gens du peuple par familles faisant des petits dîners sur les pelouses de Hyde Park ; ils n'arrachaient ni ne gâtaient rien. — Cela est parfait ; le but dans toute société est que chacun soit toujours son propre constable, et finisse par n'en avoir d'autre que celui-là. (Taine, *Notes sur l'Angleterre*, 1871.)

Cambry
Un itinéraire initiatique

La terrasse de Windsor a 1 870 pieds de longueur ; c'est une des plus belles promenades de l'Europe. Elle est sur une colline élevée. La grande vallée, qui s'étend au pied de cette colline, est ornée de prairies verdoyantes, de champs cultivés, de grandes allées de vieux arbres qui se perdent dans la forêt. Les jeux de la Tamise, l'église gothique d'Eaton [Eton], où l'on a compté jusqu'à sept cents élèves ; la ville, le petit parc, entouré d'un mur de brique de quatre milles de circonférence ; la promenade d'Élisabeth, où la meilleure compagnie se réunit dans les soirées d'été, forment le paysage le plus riche et le plus imposant de l'Angleterre. [...]

Une pluie douce embellit et para de perles et de diamants le joli chemin qui conduit de Windsor à Weybridge, où je devais aller coucher. Vous côtoyez presque toujours les eaux limpides de la Tamise ; car, à cette hauteur, la mer ne leur donne pas la teinte sale et jaunâtre qu'elles acquièrent sous les ponts de Londres. Un calme délicieux régnait dans la campagne ; toutes les idées de guerre, de combats, d'infortune, que les canons, les pavillons et les armes de Windsor avaient répandues dans mon esprit, se dissipaient insensiblement ; je ne voyais sur mon passage que des îles cultivées, garnies de fleurs, d'arbrisseaux et de saules, des filets de pêcheurs et quelques maisonnettes ; je vis un sage lisant sur le bord de la rivière, le dos appuyé sur un chêne, dont les branches énormes et chargées de feuillages gênaient le cours des eaux en excitant leur doux murmure ; des jeunes gens une ligne à la main ; plus loin des pépinières d'arbres de toute espèce, des coteaux, des vallons et quelques jolis villages remplis de bons vieillards, de vierges et d'enfants, tout semblait fait pour préparer aux idées simples et champêtres qu'inspire Woburn Farm. Cette terre, de cent cinquante arpents, appartient à mylord Loughborough ; trente-cinq de ces arpents sont abandonnés à ces ornements que les Anglais seuls savent placer avec intelligence ; une église gothique, couverte de lierre, dont les fondements paraissent ébranlés par de gros arbres placés dans l'enceinte de ses murailles ; des temples à colonnes, etc. ; les points de vue, qu'on a su ménager avec un art infini qui se cache, vous laissent apercevoir le pont de Chessy [Chelsea], sur la Tamise, qui, par ses longs détours, semble former plusieurs rivières ; Windsor qui se perd dans les nuages ; un énorme amas de collines couronnées d'arbres qui, vues à travers un brouillard, m'offraient un immense tapis d'un bleu noir, coupé de sommets de collines éclairées de couleur hyacinthe, et dominées encore par le chêne de sainte Anne, arbre énorme qui, doré par le soleil couchant, éblouissant des feux que des globes de cristal lançaient de son feuillage, semblait le dieu de ces belles contrées.

Ces objets lointains, ce vaste cintre de coteaux et de montagnes renfermait des bosquets, des prairies, des eaux et de nombreux troupeaux. Chaque champ cultivé dans Woburn Farm est entouré d'une ceinture de gazon et d'une enceinte de vieux arbres qui, réunis par des arbustes, en défendent l'entrée aux animaux et le protègent contre l'orage.

Philip Southcote, auteur de ce jardin, avait voulu donner l'idée de ce que pourrait être la ferme d'un grand seigneur, s'il préférait les grands tableaux de la nature et son utile fécondité aux vains ornements du caprice et aux folies ruineuses de la mode.

J'allai coucher à Weybridge, joli village bâti sous l'ombre de grands ormes ; une enceinte que je voyais de mes fenêtres renfermait une multitude d'épitaphes en vers, gravées sur la pierre ou sur le marbre. Je copiai celle-ci parmi vingt autres aussi ingénieuses, frappé du respect que le moindre paysan conserve en Angleterre pour la mémoire de ses parents, de ses amis ; de la quantité de vers de Shakespeare, de Pope, de Johnson, et de pensées délicates ou morales que je trouvais dans le cimetière d'un hameau : « *Weep not for me / My friend most dear / I am not lost / But gone before.* »

[Ne pleurez pas, mon ami, je ne suis pas perdu... Je vous ai devancé.]

Oatlands, terre du duc de Newcastel [Newcastle] — que je vis dans la matinée —, peu éloignée de Woburn Farm, offre à peu près les mêmes points de vue dans le lointain, mais varie dans ses ornements de détails ; la Tamise, qui féconde, enrichit et pare toute l'Angleterre ; des arbres de toute nature, un temple entouré de colonnes, des asiles propres au repos, à l'étude, ornent ce beau séjour. On y remarque surtout une vaste grotte, devant laquelle est un bassin garni de coraux, de mousse et de rocailles. Cette grotte, qui coûta dit-on 15 000 guinées, est ornée de stalactites, de cailloux du Derbyshire, de coquillages, de cristal, de miroirs placés avec art, de mille productions du règne minéral, dont l'assemblage serait proscrit peut-être par un goût sévère, mais qui plaît par sa variété, par ses couleurs et sa bizarrerie. Elle rappelle à la mémoire la brillante description de l'asile du bon ermite, où furent reçus, pendant une nuit, Ubalde et le chevalier Danois, quand ils allaient arracher Renaud aux charmes du palais d'Armide.

Jusqu'à présent j'ai parlé des objets qui se sont trouvés sur ma route ; je me suis permis quelques descriptions champêtres ; mais je n'ai pas fait connaître l'ensemble d'un jardin anglais : je vais essayer de décrire Painshill et de suivre pas à pas les routes que j'ai parcourues, avec une variété de plaisirs, d'idées et de sensations que je ne me flatte pas de communiquer à mes lecteurs.

Painshill est un des premiers jardins à la chinoise qu'on ait exécutés en Angleterre ; il fut commencé il y a près de soixante ans par Charles Hamilton. Benjamin Bond-Hopkins, esq., le possède à présent ; mais il ne l'habite plus depuis la mort d'une fille unique qu'il adorait. L'étendue de Painshill est d'environ trois cent cinquante arpents. Le terrain sur lequel il est assis est couvert de bruyère et de sable ; les soins d'Hamilton ont su féconder ce sol ingrat, le revêtir de tous les ornements de l'art et de la nature, le couvrir de gazon, d'arbres, de fleurs et arbrisseaux, y faire naître des forêts épaisses, et toutes les productions étrangères que l'industrieuse Angleterre a naturalisées dans son sein.

Quand la barrière de Painshill vous est ouverte, vous errez sur un tapis vert semé de fleurs, répandues en bouquets, au milieu d'ormes, de frênes et de tulipiers jusqu'à la maison principale bâtie par M. Hopkins. Elle est grande et décorée de six colonnes ; sa vue principale donne sur les plaines et sur les montagnes du comté de Surrey, dans lequel elle est située. Le lointain est riche et bien couronné. La Mola ou la Taupe, rivière ainsi nommée parce qu'elle se perd pour reparaître après avoir erré sur terre l'espace de trois milles, coule lentement au bas du coteau. Vous êtes environné partout de lièges, de lauriers de Portugal, de sapins américains, dont les branches tombent jusqu'à terre, pour y prendre racine comme le manglier de Saint-Domingue, et l'arbre des fakirs aux Indes ; le gazon que vous foulez est souple et bien soigné. Notre conducteur s'excusa d'avoir négligé de faire enlever des feuilles mortes et quelques branches de bois sec qui le déparaient à ses yeux. Nous vîmes au milieu de ces bosquets une vigne qui couvrait la pente d'un joli coteau ; le raisin n'en mûrit pas, et le vin qu'on en recueille est détestable. Un assez riche paysage de là se déploie à vos yeux ; mais le bois même de Painshill, qui paraît à une grande distance, quoiqu'il soit renfermé dans le parc, fixe principalement vos regards. Vous serpentez encore au milieu de jolis bosquets qui bornent votre vue et vous conduisent à un bâtiment gothique, placé sur le sommet d'un monticule ; il domine un lac artificiel dont vous ne pouvez, d'un coup d'œil, embrasser toute l'étendue ; de jolis ponts le traversent en tous sens ; les saules pleureurs plongent leurs rameaux délicats dans l'onde transparente qui réfléchit leur image ; un gazon, prolongé jusqu'à ses eaux, cache partout l'aridité du sable. Le fond de la vallée vous présente l'extérieur d'une grotte garnie de pierres trouées en forme de clochers, apportées à grands frais de Gloucester; en face est un pavillon turc, placé sur un monticule; sur la gauche le temple de Bacchus, un ermitage, et dans le lointain une tour élevée. Remplissez l'intervalle qui sépare ces objets d'un gazon qui leur sert de base, d'arbres isolés, de bois et de forêts, où dominent les cèdres du Liban; les myrtes de Cantorbéry, le chêne rouge à longues feuilles, des sapins énormes et des lauriers de Portugal, disposés avec l'art de Paul Potter et des Carrache, et vous aurez l'idée d'un des plus beaux points de vue de Painshill.

Vous arrivez par une pente douce à la belle grotte que vous aperceviez; elle est moins riche, mais plus agréablement disposée que celle d'Oatland; son intérieur, ses voûtes, la partie même qui se prolonge sur le lac, sont chargés de stalactites du Derbyshire, de pierres de Bristol, de cristaux de mine de cuivre; on y voit une hache de fer pétrifiée, des matrices de minéraux, et des fossiles de toute espèce, ses sinuosités sont si bien pratiquées, ses routes distribuées avec tant d'art que, conduit par un guide habile, vous passez le pont, vous vous trouvez au-delà du lac sans vous en être aperçu, sans pouvoir deviner comment s'est fait ce voyage magique. Je ne vous peindrai pas les divers points de vue qu'on a disposés pour les diverses sorties de la grotte; ils offrent, sous tous les aspects, une île, des ponts et les principaux points dont nous avons déjà parlé. Les îlets de Painshill et les bords de son lac nourrissent les plus beaux arbres que j'aie vus, mais que peut-être aussi l'enchantement de ce lieu augmentait à mes yeux. Je fus surpris surtout de la grosseur d'un cyprès de la Virginie et d'un magnolia-gloca que je remarquai dans un des ces îlets. Après mille détours, vous arrivez au mausolée, dont il n'existe qu'une arcade; le reste est détruit par le temps. Ce mausolée renferme de petits tombeaux vraiment antiques, des urnes, plusieurs épitaphes : il est d'une architecture hardie; l'intérieur est tapissé de lierre qui mêle sa verdure à celle du porphyre, au marbre, au jaspe qui le décore.

Les épitaphes que vous venez de lire, les idées du tombeau, qui ramènent si naturellement l'homme à la mélancolie, vous disposent aux impressions sombres qu'augmente bientôt un affreux bois de sapin : il couronne une montagne. Vous y pénétrez par des routes de sable et de bruyère; là l'oiseau cesse de chanter; la verdure disparaît; le sifflement aigre du feuillage se mêle au croassement des corbeaux; le frisson vous saisit, le soleil et la voûte du ciel se cachent; le bruit de la Mola qui tombe en cascade dans le voisinage, et des rouages qui fournissent l'eau du lac, augmentent encore cette lugubre musique; la tristesse bientôt pénètre chez vous par tous les sens, et sans le guide qui vous accompagne, vous vous croiriez perdu dans des déserts, sans espoir de revoir la lumière, la verdure et des hommes.

Cependant le voyage est pénible ; rien n'annonce la fin de la forêt ; la route disparaît ; les arbres se rapprochent ; les ronces commencent à gêner votre marche ; il faut se frayer un sentier ; l'obscurité redouble ; enfin un petit ermitage vous offre un asile et le repos : il est de bois couvert de chaume ; ses meubles sont un chandelier cassé, une gourde, un banc et quelques chaises ; on pénètre dans une pièce plus vaste ; elle est octogone ; une table, un lit, un oreiller de jonc, des fenêtres gothiques en sont les seuls ornements. Les fenêtres s'ouvrent : quel spectacle ! le plus riant, le plus beau paysage, le plus agréable lointain, la lumière et la vie se saisissent de vous, blessent un moment vos organes, et vous permettent, après les plus vives sensations, de jouir des douces impressions de détail qui font le charme de la vie.

On eut peine à m'arracher à cet ermitage ; j'en dessinai toutes les coupes pour en mieux conserver le souvenir, et je n'oubliai pas la porte secrète qui permet à l'ermite de se dérober à la visite des curieux pour aller méditer dans un joli bocage, sur les scènes de sa vie, sur la vanité des honneurs, sur le commerce des esprits, sur le rêve enfin qui l'occupe ; car, loin de l'amour et de l'amitié, l'homme n'a plus qu'à rêver sur la terre.

En quittant l'ermitage, la stérilité du site continue ; mais les arbres commencent à se séparer ; quelques buissons reparaissent de temps en temps ; la tour carrée qu'on aperçoit de presque tous les points de Painshill se trouve sur votre passage. Elle a soixante pieds d'élévation ; ses différents appartements renferment de beaux bustes de marbre. La vue de la plate-forme est d'une grande étendue ; c'est de là qu'on peut juger des efforts qu'Hamilton a dû faire pour établir en grand, sur du sable et de la bruyère, un des plus beaux jardins de l'Angleterre. Le parc de Richemont [Richmond], Hampton Court, la colline de Saint-George, où César, dit mon guide, avait établi son camp et fait quelques retranchements dont on voit encore des vestiges ; le palais de lord Gallway, Hamstead, et les contours de la Tamise, sont les points de vue du nord-est.

On m'indiqua, au sud-est, à vingt-deux milles de Painshill, la bole du Diable. De ce côté, le terrain n'offre que de vastes bruyères, des sables, quelques lacs, le chemin de Portsmouth, une tour blanche consacrée à la mémoire d'un mendiant qui, quêtant dans cinq villages, leur légua la fortune considérable qu'il avait amassée ; mais cette surface aride contraste en grand dans la vaste étendue que l'œil peut embrasser, et que la plus riche nature embellit de tous ses présents.

Je vis dans le lointain le sommet de Saint-Paul, les drapeaux de Windsor et le chêne respectable de Sainte-Anne, auquel, comme à l'ancienne divinité de ces lieux, je rendis encore mes hommages ; et j'obéis à mon guide, qui me fit descendre, en protestant qu'il n'avait jamais vu de voyageur plus questionneur que moi. Je le suivis au joli hameau du Berger, au temple de Bacchus, dont les alentours, chargés de fleurs, d'arbrisseaux et de vignes, annoncent le séjour heureux de cette aimable déité. J'admirai la noble architecture de ce temple, copié de l'antique, et la statue colossale de Bacchus, que je souffris de voir défigurée par la barbarie d'un Anglais, qui n'a pas rougi d'unir son marbre, mal dégrossi, au marbre animé par un Grec; qui force votre œil à parcourir les lignes qu'il a tracées, et vous empêche de suivre celles que, sans sa maladresse, l'antique indiquerait à des yeux exercés.

Je quittai ce temple avec humeur. Je me consolai sur les coussins du pavillon turc; je revis, en suivant une autre route, sous de nouveaux aspects et dans le lointain, tous les objets que j'avais vus de près, et le lac et le temple gothique, la tour, l'ermitage, de jolis ponts, des gazons, la grotte, des rochers, des prairies, quelques terres labourées; je quittai Painshill bénissant la mémoire du bon M. Hamilton, et le remerciant de m'avoir fait passer une des plus agréables matinées de ma vie.

Je dînai à Hampton Court, bâti sur les bords de la Tamise par le cardinal Wolsey. Les cartons de Raphaël en faisaient autrefois le plus bel ornement. Ce château royal est d'une architecture noble, sévère, plus majestueuse, que soumise aux règles du bon goût; il contient, dit-on, sept cents chambres, que je ne vous ferai point parcourir: ses jardins sont dans le goût français.

Je suivis la route de Richemont, où je devais coucher; je ne pus voir que l'extérieur gothique de la bizarre maison de M. Walpole; mais je m'arrêtai longtemps dans la maison de Pope à Twitnam [Twickenham]. Elle est simple; son jardin, dont le propriétaire actuel conserve la forme et les dessins peu recherchés, est tel qu'il fut quand Pope s'y promenait. Sa grotte, faite des mains de ce grand poète, offre encore le petit amour couché sur des joncs, de petits tombeaux antiques, des urnes qu'il avait sous les yeux quand il composait ses écrits immortels. Son buste, en plâtre, est placé dans une niche dont on respecte jusqu'à la poussière, par un sentiment pieux qui va jusqu'à l'idolâtrie. — Le grand chemin passe au-dessus de cette grotte; sa principale entrée offre un long soupirail, qui permet à l'œil d'apercevoir les eaux de la Tamise, un gazon et deux énormes saules pleureurs, dont les branchages sont étayés. Sans doute si j'avais séjourné quelques heures dans cette grotte, le génie de Pope m'eût inspiré des vers à sa louange. Je me serais rappelé les descriptions ingénieuses de sa boucle de cheveux enlevée, j'aurais vu passer les originaux qu'il a si plaisamment décrits dans sa *Dunciade*. Mais malgré l'influence de son génie et les sophismes de sa muse captieuse, il n'eût jamais assez étourdi ma raison pour me faire croire que tout est au mieux sur la terre.

Alphonse et Garro sont mes maîtres, et je pense comme eux sur le grand œuvre des sept jours. Ce qu'on appelle proprement le jardin de Pope n'offre rien de très curieux. C'est la simplicité de la nature abandonnée à elle-même sur une terre humide, où les joncs, les gazons, les glaïeuls se mêlent aux buis, aux ronces, aux ormeaux. Pope a fait de sa propre main, selon mon guide, un sentier en talus, qui s'élève jusqu'au sommet d'un monticule; là, sur un banc de bois, au milieu des myrtes et des lauriers, au chant du rossignol, dans le calme des nuits, il adressa sans doute des hommages à la lune, des vers à l'Éternel, ou des madrigaux à sa maîtresse. Je cueillis quelques branches de myrte, quelques feuilles de laurier consacrés par ses chants : je les conserve ; elles me rendent à la poésie, comme une lettre d'Abélard rendait Héloïse à toutes les extases, à toutes les fougues de son amour : elles me ramènent à la modestie comme la boîte du père Laurent ramenait Sterne à la charité.

La nuit qui s'approchait précipitait mes pas ; je voulais errer au hasard, et mon guide m'obligeait à suivre le chemin, que comme une machine, il est dans l'usage de tracer aux voyageurs ; il avait tant d'envie de me montrer la serre et les potagers de M. E., qui joignent celui que je parcourais, que sans le hasard qui me servit, je passais devant le champêtre mausolée de la mère de Pope sans l'apercevoir ; il est entouré de cyprès et d'urnes disposées avec symétrie : c'est un obélisque consacré par la piété filiale. On y lit cette inscription simple et touchante : «*Ah editha! matrum optimæ, mulierum / Amantissima : vale...*» Je laissai tomber quelques feuilles de laurier sur cette terre sacrée ; ce fut le seul hommage que mon guide me permit de lui rendre. Il fallait voir les bustes de Chesterfield, de Stanape [Stanhope], et les ananas de M. Ellis.

Je sortis mécontent du guide le plus stupide de l'Angleterre, et j'arrivai fort tard à Richemont. On achevait la comédie, que je trouvai parée de fort jolies femmes. La salle est propre, assez jolie ; sa forme est celle d'un carré long ; assurément l'architecture théâtrale en Angleterre est plus négligée que celle de ses hôpitaux, de sa marine et de ses arsenaux.

Je n'essaierai pas de décrire la vue dont on jouit de la terrasse de Richemont ; qu'on rapproche les différents tableaux que j'ai tracés dans cet ouvrage ; qu'on y mette l'âme et la vie que je n'ai pu leur donner, on n'aura qu'une faible idée de ce riche et grand paysage. (Cambry, *De Londres et de ses environs*, 1788.)

PRINCIPES DU JARDIN ANGLAIS

Ferri de Saint-Constant
Une analyse bien acerbe

Painshill est presque le seul jardin qui offre une espèce de création. Il a été planté dans un terrain qui n'était couvert que de bruyères. Il y a quelques points de vues agréables, mais en général la qualité du sol donne au jardin un caractère triste. Le cadre est aussi trop petit pour les nombreuses scènes qu'il renferme, et les fabriques sont trop multipliées et en général d'assez mauvais goût. Le jardin royal de Kew est justement célèbre par sa collection d'arbres et de plantes exotiques, mais il réunit d'ailleurs tous les défauts qu'on reproche aux jardins anglais. On y trouve beaucoup de bosquets indépendants les uns des autres ; et, au milieu, une vaste esplanade dont le terrain inégalement taillé, est arrosé par une rivière factice ; mais nulle part il n'offre des aspects riants et pittoresques. Les fabriques grecques, gothiques, chinoises, arabes, turques, quoique belles, pêchent toutes par leur disconvenance avec le site où elles sont placées. Le jardin de Richmond, qui communique à celui de Kew, a une belle partie, c'est la promenade au bord de la Tamise, mais elle ne doit pas beaucoup à l'art. La vue de ces jardins artificiels, qu'est-elle, comparée à celle de Richmond Hill, d'où les sinuosités de la Tamise, des villages, des bois, des champs et des prairies ravissent l'œil du spectateur ? Celle-ci offre les véritables *jardins de la nature* ; l'autre, les ouvrages imparfaits de l'art. Il y a en Angleterre plusieurs jardins qui présentent de beaux paysages ; tels sont ceux de Park Place et d'Oatlands ; mais ces paysages, c'est la nature qui les a faits. Park Place, quand l'art n'aurait pas travaillé à l'orner, n'en jouirait pas moins des aspects variés et riants des rives de la Tamise. Oatlands a été embelli par la rivière qu'on a fait serpenter au bas du coteau, mais c'est sa position et ses perspectives qui en font l'agrément et la beauté.

On pourrait encore citer plusieurs jardins célèbres, où les règles de la nouvelle théorie ne sont nullement observées, et qui doivent leur célébrité à la magnificence des fabriques qu'ils renferment, c'est-à-dire, aux décorations de l'art : tels sont les jardins de Wilton, de Hagley, de Chiswick, de Wanstead, etc. « Il est peu de ces fabriques, dit M. Morel, qui, par leur genre, leur caractère et leur objet, ne soient déplacées dans un jardin. Loin d'embellir les scènes auxquelles elles sont associées, elles les affaiblissent ou les contrarient : aussi est-on plus surpris que flatté de les y rencontrer. Il est peu de jardins en Angleterre où l'on ne voie des temples somptueux, des églises gothiques ; qui ne présentent des obélisques, des ponts à colonnes, des reposoirs ornés de péristyles : dans presque tous on rencontre des grottes, des rochers factices, des tours antiques, des arcs de triomphe, et surtout des ruines. » Shenstone a voulu justifier ces édifices d'un genre si disparate, entassés contre toute vraisemblance dans un terrain très circonscrit : « *La surprise*, dit-il, *ajoute à la grandeur.* » Mais la propriété et la convenance en souffrent. Un édifice magnifique paraîtra sans doute plus magnifique, lorsqu'on aura vu une chaumière ; mais où est le rapport entre une laiterie et un temple chinois, entre une maison rustique et un autel grec ? L'homme de goût ne serait pas plus choqué de voir la statue d'arlequin placée dans un temple d'une belle architecture grecque ou romaine, que de voir un kiosque ou un pavillon chinois s'élever sur un beau gazon où la nature simple étale ses grâces négligées.

La plupart des jardins anglais déplaisent par leur ostentation mélancolique et leur affectation devotieuse; on y sème à pleines mains les couvents, les abbayes, les chapelles, les ermitages; on croirait que ce sont des *ex-voto* faits par des malades, ou des fondations faites par des moines. « Dans un siècle éclairé, dit M. de Marnesia, les Anglais ont trop souvent tracé leurs jardins, comme Shakespeare écrivit la tragédie dans un siècle barbare. Au sublime ils ont mêlé le bas, l'abject au noble, le minutieux au grand, et quelquefois le hideux au terrible; ils ont prodigué, entassé, exagéré; et en voulant tout rassembler, il leur a manqué le talent d'unir. »

Quels que soient les avantages du nouveau genre adopté par les Anglais, il serait absurde de prétendre qu'avant eux l'art des jardins n'était pas connu. Les Grecs et les Romains, qui ont aimé et étudié la belle nature, eurent des jardins du genre régulier; ils savaient les embellir non seulement par les décorations des arts, mais encore par tout ce qu'une culture savante peut ajouter de beautés à la nature. S'ils n'imaginèrent jamais de créer des paysages, c'est qu'ils savaient que l'art ne peut égaler la nature; ils aimèrent mieux l'embellir que la contrefaire. L'art des jardins renaquit en Italie, comme tous les beaux-arts, et paraît avoir pris pour modèle ceux des anciens; il est probable que cet art, tenant à l'agriculture et à l'architecture, ne s'y était jamais perdu; les autres nations policées suivirent l'exemple de l'Italie. Le célèbre Le Nôtre se forma à l'école des artistes italiens, et perfectionna le genre régulier, en lui donnant plus de simplicité.

Les partisans du nouveau genre reconnaissent que la régularité et les ornements de l'art ne doivent pas toujours être exclus. Ils les admettent dans les jardins renfermés dans l'enceinte ou aux environs des villes, dans les jardins publics, dans ceux que circonscrivent d'étroites limites; mais ils prétendent que ce ne sont pas là proprement des jardins. Ceux qui dépendent des hôtels ne sont, suivant eux, que des cours décorées; les jardins publics, que des places plantées d'arbres; les jardins de la médiocrité, que des potagers et des vergers. Ils ne voient de jardins que dans les paysages créés ou embellis par l'art, dans ce qu'on appelait autrefois la campagne. Ne serait-on pas en droit de conclure, d'après leurs opinions, que le nouveau genre n'est pas l'art des jardins? Tout système exclusif conduit à des idées fausses et bizarres. Autant la symétrie déplaît dans un grand espace où la liberté, la variété et l'air doivent être les premières beautés, autant elle est nécessaire dans un terrain borné. « Autant la régularité déplaît dans la campagne, dit lord Kames, autant elle est nécessaire dans cette partie du jardin qui environne la maison. » Walpole n'approuve pas non plus qu'on laisse la maison nue et isolée au milieu d'un parc; il conseille de conserver de l'ancien goût non seulement les ornements, mais encore les promenades abritées et même fermées.

Admettons le nouveau genre, car il n'est que l'art d'embellir la campagne ; mais n'ayons pas la prétention de créer les *jardins de la nature*. Louons les Anglais d'avoir cherché à produire des effets grands et variés, et surtout d'avoir enrichi le sol européen des végétaux de l'Asie, de l'Afrique et du Nouveau Monde ; mais ne leur envions ni leurs paysages artificiels, ni leurs paysages naturels. « Les contrées du nord, dit M. Knox, ne sont en aucune manière propres aux véritables jouissances des scènes champêtres. Nos printemps, que les poètes célèbrent avec un si grand luxe de descriptions, sont ordinairement froids et *non confortables*. Ils ont emprunté leurs images du printemps des poètes d'Italie, qui les ont prises de la nature. Un beau jour d'avril est parmi nous un sujet de félicitation générale. Tandis que le lilas fleurit, et que le *laburnum* ouvre ses fleurs, le possesseur de ces plantes, tremblant de froid, est forcé de chercher la chaleur auprès de son foyer. Les Anglais doivent à cette température de climat, ce beau gazon qu'on ne voit pas dans les jardins des pays chauds. » Cette belle verdure, effet d'un climat toujours humide, ne dédommage pas des inconvénients qu'il entraîne. Les paysages anglais sont frais, mais en général monotones et très peu pittoresques. Si dans les pays chauds on ne peut pas avoir constamment un beau gazon, on a l'avantage d'y réunir une plus grande variété d'arbres, comme de cultures ; on peut s'y promener sous des berceaux de vignes et dans des bosquets d'orangers ; on y jouit dans toutes les saisons, du parfum des fleurs et des fruits les plus délicieux. C'est là que les Lorrain, les Salvator Rosa, les Poussin ont trouvé les modèles de leurs tableaux. S'il est vrai que la nature même n'offre pas en Angleterre de beaux paysages, comment l'art pourrait-il les retracer dans les jardins ? (Ferri de Saint-Constant, *Londres et les Anglais*, 1804.)

Haussez
De l'espace, des arbres, de l'eau

Un espace immense, entouré de murs ou d'une palissade en planches, au milieu duquel se trouve une maison ordinairement située dans la partie la moins élevée du terrain, et de manière à ne pouvoir être aperçue du dehors, voilà ce qu'en Angleterre on appelle un parc. La clôture est masquée par une zone de mélèzes, de pins et d'autres arbres résineux, dans laquelle est pratiqué un chemin de promenade. La disposition de ces plantations est telle, que, soit de l'intérieur, soit de l'extérieur, elle intercepte la vue, et donne un aspect uniforme, triste et monotone à tous les parcs.

On profite avec assez de bonheur des inégalités du terrain et de la présence des sources, pour créer des pièces d'eau, non en creusant l'emplacement qu'elles doivent occuper, mais en élevant une digue à l'extrémité inférieure du vallon : moyen excellent, qui diminue la dépense, et donne une forme naturelle et gracieuse à ces vastes réservoirs, dont les bords sont ornés de beaux arbres.

Rarement des fabriques semées avec trop de profusion dans les jardins de France, se font remarquer dans les parcs anglais, plus rarement encore des chemins se présentent pour favoriser la promenade. De l'espace, des arbres, de l'eau, voilà ce qu'on a sous les yeux. Mais cet espace, qu'en fait-on ? Un vaste pâturage, où paissent tranquillement et sans gardiens des chevaux, des vaches, des moutons des daims, et qu'interrompent des massifs de taillis. Des groupes de dix, de vingt, de cent arbres, ornés de tout le luxe d'une végétation dont la hache n'a jamais tenté d'arrêter l'élan, sont jetés çà et là, selon que l'a voulu le caprice qui, un siècle avant, a présidé à leur distribution. Pour de la combinaison dans l'effet, n'en cherchez pas davantage ! Une route sablée conduit de la porte d'entrée à l'habitation : c'est à peu près la seule. Si l'on veut promener, on foule le gazon sur lequel, dans les parcs les plus soignés, on trace des chemins à la faux.

On doit reconnaître cependant que de ce désordre, de ce *laisser-faire*, il résulte quelque chose de grand, d'imposant, mais aussi de peu gracieux et de souverainement incommode. Il y a pour les dessinateurs de jardins d'utiles études à faire dans le système des parcs anglais. Entre la recherche prétentieuse des effets que se propose un paysagiste français, et l'absence complète de calcul du planteur anglais ; entre cette multiplicité de routes, de fabriques, de *scènes*, dont le premier fait abus, et l'affectation de s'abstenir de ces moyens que l'on peut reprocher au second, il y aurait un parti moyen à prendre. Ainsi, j'emprunterais à l'un de la combinaison dans l'effet produit par les arbres sous le rapport de leur forme, de la nuance de leur feuillage, de leur distribution. Je couperais par des routes moins répétées qu'elles ne le sont dans le système français, ces immenses espaces dont le système anglais paraît ne pas s'occuper. Je tirerais parti des aspects que me présenteraient les objets intérieurs et extérieurs. Je demanderais au mode anglais l'étendue qui en fait la principale beauté, le genre de distribution des eaux, les massifs d'arbres et d'arbustes toujours verts qu'il groupe autour des bâtiments, et qui servent si bien à masquer ce que l'on veut dérober à la vue ; la ceinture de plantations qui marque la limite du parc ; les fabriques pleines de goût et d'originalité qui forment l'habitation des portiers et des gardes ; les taillis qui offrent une si précieuse ressource pour la chasse ; ces alternatives de grand jour et d'obscurité, de perspective ouverte et de vue bornée, qui donnent de la variété à la promenade et du mouvement à l'imagination ; les procédés qu'il emploie pour l'entretien des gazons, et les clôtures mobiles en fer, qui ont le double avantage d'arrêter la circulation des bestiaux et de ne pas contrarier la vue.

Ce que je ne manquerais pas d'emprunter encore au genre anglais, ce sont ces espaces de quelques arpents consacrés à la culture des fleurs, qu'un cadre d'arbres majestueux ou un courant d'eau liquide sépare du reste du parc. Sur un gazon entretenu avec soin et parsemé d'arbustes précieux, sont découpées des corbeilles de fleurs qui varient par leur forme et leur composition. Des débris d'architecture, le tronc d'un vieil arbre, des quartiers de rochers, des vases qu'une double chaîne tient suspendus aux branches de deux ormeaux, tout est mis à contribution pour recevoir des fleurs et diversifier l'effet qu'elles produisent. Quelquefois, au coup de sifflet d'un gardien, des centaines de pintades, de faisans dorés ou argentés, de paons, de pigeons des espèces les plus rares, viennent mêler l'éclat brillant de leurs couleurs à celui des fleurs qui embellissent ces lieux de prédilection, et leur donnent un mouvement, une vie dont le charme ne saurait se définir.

De la combinaison de ces divers procédés il devrait résulter quelque chose de plus naturel que ce que nous voyons dans nos jardins de France, quelque chose de plus riant que ce que nous présentent les parcs d'Angleterre, et un tout plus rationnel que ce que l'on obtient de l'un et de l'autre de ces systèmes. (Baron d'Haussez, *La Grande-Bretagne en 1833*, 1834.)

Dupin
La voie la plus séduisante

Il est une partie essentielle à l'art de composer les jardins anglais, c'est-à-dire, à l'art d'ajouter aux ornements de la nature par des plantations et des cultures variées, pour donner au spectacle de la campagne, ou la pompe, ou la simplicité, ou la grâce, ou la majesté des aspects. C'est le talent de tracer des sentiers et des routes dont les faciles contours, et les directions en apparence naturelles, dérobent tour à tour et déploient aux regards du voyageur, le contraste et l'harmonie de toutes les beautés que peut offrir un grand et riche paysage. Dans les sites admirables où les jardins, les parcs et les bois, les possessions les plus rapprochées et les campagnes les plus lointaines, sont si bien mariés dans leurs effets, qu'ils semblent ne former qu'un seul et vaste héritage, sans barrières comme sans disparates, rien ne doit présenter des formes arrêtées par le compas d'une froide géométrie, ni des contraintes imposées par une main capricieuse en sa régularité même.

Il s'agit ici, pour le voyageur, d'arriver au but non par la voie la plus rapide, mais par la plus séduisante. Il faut se garder aussi de paraître forcer les détours de la voie par laquelle on veut conduire le spectateur oisif qui cherche, dans la promenade, un exercice doux, un délassement varié, plutôt qu'une fatigue continue. Lorsque nous errons au milieu d'un beau paysage, sans même nous rendre compte d'un vague désir d'en visiter les sites les plus attrayants, notre route n'est pas arbitraire et tout à fait capricieuse, comme on serait tenté de le penser. Ordinairement, de chaque nouveau point de vue où nous sommes parvenus, quelqu'autre point se fait entrevoir à nos regards, qui semble nous promettre des sensations nouvelles, ou plus vives ou plus délicieuses. C'est vers cet endroit que notre imagination nous attire ; c'est vers cet endroit que le sentier, adroitement préparé, doit s'offrir à nos pas. Coordonner les aspects d'un vaste terrain, ménager leurs effets de manière à ce que tour à tour ils tentent notre curiosité, en laissant dans notre âme des impressions riantes ou sévères, imposantes ou gracieuses ; mettre son artifice à produire ainsi d'heureux contrastes, voilà le talent d'orner et de montrer la nature ; et, ce talent, je n'hésite pas à le classer parmi les beaux-arts, puisqu'il a pour moyen l'imagination, et pour objet l'idéal de la beauté.

Les Anglais n'ont pas seulement des sentiers et d'étroites allées pour visiter, à pied, leurs jardins et leurs parcs. Ils ont pour parcourir, avec leurs chevaux et leurs voitures, les principales parties de leurs vastes possessions, des chemins plus larges appelés promenades (*walks*), sablés soigneusement, ou consolidés avec un menu cailloutage. D'énormes cylindres en fer sont roulés souvent sur ces promenades, pour les rendre moins tirantes, plus compactes et plus unies.

Veut-on jouir délicieusement de ces promenades parfaites ? Il faut visiter la campagne dans les beaux jours d'automne ou d'été, sous un ciel qui, même en la saison des fruits, conserve aux fleurs, comme à la verdure, la fraîcheur de leur printemps et la suavité de leur premier parfum. Tantôt à l'abri d'un épais ombrage, tantôt sur le bord d'un coteau dont le penchant se marie avec la plaine, en déployant un magnifique amphithéâtre de guérets et de jardins, de prairies et de forêts, lorsqu'assis sur un char découvert et léger et mollement élastique, on se sent entraîné d'une extrême vitesse par des coursiers, qu'Olympie eût enviés pour l'arène de ses jeux, et lorsqu'on est transporté, sans la moindre secousse fatigante, sur une autre arène préparée encore avec plus de soins, polie encore avec plus d'art que le sol de l'hippodrome ; alors, mille sensations diverses et pourtant harmonieuses, du repos dans le mouvement et de la sécurité dans une course où l'on semble ne plus toucher à la terre, font qu'un doux frémissement de volupté pure, pénètre à la fois toutes nos facultés ; et c'est à l'instant même où la beauté de la nature sourit de toutes ses grâces à notre imagination qu'elle ravit d'enthousiasme. Ah ! je conçois que les plus riches habitants des trois royaumes désertent avec empressement les capitales les plus éblouissantes et les plus fastueuses, pour venir goûter, dans le silence et la paix, des plaisirs si pleins de charme et d'innocence.

En rappelant ces plaisirs à ma pensée, je sens qu'ils me séduisent encore d'un attrait irrésistible ; et pourtant, lorsque je les goûtais, il leur manquait à mes yeux un enchantement qui manquait aux jardins même d'Armide, pour Renaud épris d'amour : c'est le bonheur qu'on éprouve à la vue des beautés de la terre natale, à cette vue qui rappelle aussitôt les nobles souvenirs de la patrie, et les doux souvenirs de nos jeunes années. Aspects sublimes de l'Angleterre et de la Calédonie, je n'éprouvais donc pas à vous contempler, ce qui doit donner sur vos patriotiques habitants, le plus de puissance à votre charme !

Le poème des *Jardins* du célèbre Delille, en nous offrant une idée des embellissements de la campagne, en Albion, n'a guère enfanté chez nous que des imitations maussades et maladroites. Nos décorateurs ont pensé que le propre des jardins anglais était d'offrir des routes bien tortueuses, et des terrains bien fatigués. Ils ont voulu produire de grands effets sur les plus petits théâtres, ils ont produit de ridicules caricatures.

Jamais, dans la Grande-Bretagne, une avenue tirée au cordeau ne met en communication la voie publique avec ces jolis et modestes manoirs qu'on nomme des *cottages*, et qui tiennent un rang intermédiaire entre la chaumière et le château. Les avenues alignées ne servent pas même pour annoncer ces maisons ou plutôt ces palais de plaisance, dans lesquels tout le luxe de l'architecture et de la sculpture, semble rivaliser avec le luxe de la nature elle-même. Au lieu de s'étudier à nous étaler du plus loin possible, les beautés de l'art, l'Anglais s'étudie à les dissimuler. Il regarde en pitié ces allées longues et tristes qui nous montrent, d'un quart de lieue, la façade au-devant de laquelle on déploie un fastueux appareil de plantations compassées ; tandis qu'à droite et à gauche de ces rangées de grands arbres bien égaux, l'œil attristé n'aperçoit que des champs dépouillés d'ombrage, et le spectacle désolant de la plus hideuse nudité. Au contraire, un de ces chemins que les Anglais appellent promenades, conduit, au milieu des bosquets et des tapis de gazon, vers l'habitation britannique. En approchant, vous découvrez par intervalles les diverses parties de la champêtre fabrique ; mais vous n'apercevez tout l'édifice qu'en arrivant au point de vue d'où son ensemble peut être embrassé d'un regard, avec assez de détail pour qu'aucune beauté ne soit affaiblie ni perdue par l'effet de la distance.

On me pardonnera sans doute cette digression sur les jardins et sur les routes de plaisance. Il faut offrir à nos concitoyens, non seulement ce qui peut être utile, mais encore ce qui peut ajouter à l'ornement du sol français. La patrie des beaux-arts doit être belle jusque dans la culture de ses champs et dans le soin de ses plantations, comme dans le tracé des voies publiques ou privées qui traversent, en tous sens, un territoire favorisé du ciel. Il ne suffit point que nos villes soient le centre de la raison et du bon goût. Faisons en sorte qu'on retrouve, au milieu de nos campagnes, décorées par d'heureux ombrages et par nos élégantes fabriques, tantôt une beauté mâle et libre, tantôt une grâce naïve et touchante, images variées et toujours vraies d'un peuple qui s'élève aux plus hautes conceptions de la science et des arts, sans être pour cela moins sensible aux plus doux plaisirs de la nature. (Dupin, *Voyages dans la Grande-Bretagne*, 1824.)

LOIN DE LONDRES

Simond

De Wilton à Stourhead

Trois milles au-delà de Salisbury, nous visitâmes Wilton, qui appartient à lord Pembroke : c'est un vieux château de bonne apparence, bâti en partie par Inigo Jones ; toute une aile a été démantelée, ouverte et à moitié démolie, il y a dix ans, pour faire une galerie d'antiques. Les planchers, exposés aux injures du temps, sont à moitié pourris, et les pauvres antiques, renversés pêle-mêle, sans nez, sans doigts, et privés la plupart de leurs autres membres saillants, forment une sorte de champ de bataille de marbre, moitié triste et moitié ridicule, dont la vue me désolerait si j'en étais possesseur. Sancho eût bien dit de ceci : «*Qui trop embrasse, mal étreint.*» Si l'on se fût contenté d'arranger le long des murs ce tas de chefs-d'œuvre, sans arracher portes et fenêtres, on eût fait une galerie intéressante et respectable dont le possesseur et le public auraient joui depuis dix ans. Le site est bas et plat : un immense tapis de gazon s'étend en face, uni comme une glace, et ressemblant à une pièce d'eau ; il se confond avec une véritable pièce d'eau qui le termine, également immobile, artificielle, pas fort claire, et cependant d'un assez bon effet. Les arbres, répandus çà et là, sont véritablement anglais ; c'est-à-dire, tels qu'on n'en rencontre nulle part dans le monde que dans les *parcs* anglais.

Un jeune et vigoureux sujet, planté tout seul dans un bon terrain, simplement protégé pendant les premières années par un entourage, et du reste abandonné à lui-même, forme bientôt une pyramide régulière et jolie des grâces de la jeunesse, quoique trop symétrique et *formel*. Peu à peu, d'année en année, cet embonpoint, cette rondeur, *s'angularise* et se prononce. Les plus fortes branches étouffent d'abord les faibles ; puis les plus basses, entraînées par leur propre poids, et cherchant l'air et la lumière, s'élancent horizontalement, s'inclinent même vers la terre, qu'elles vont balayer à quarante ou cinquante pieds du tronc ; au-dessus, d'autres branches, chacune suivant sa position particulière, se jettent à angle droit vers l'espace. De plus haut en plus haut, les branches s'éloignent moins du vertical, jusqu'à ce qu'enfin au sommet un reste de forme conique se discerne encore. Au-dehors, à l'entour, des masses exubérantes de feuillage, en lits inclinés, s'unissent, se croisent, se séparent, laissant entre elles des espaces irréguliers d'obscurité caverneuse, à travers desquels on aperçoit de grands bras nus qui s'avancent pour soutenir toute cette magnificence. Pendant des siècles, ces beaux arbres croissent en beauté, en force et en majesté ; pendant d'autres siècles, les extrémités commencent à maigrir et à se dessécher ; ils deviennent chauves ;

le cœur est encore fort, mais les membres s'affaiblissent ; ils se paralysent, ils meurent, et le tronc seul continue à végéter, pendant que des générations humaines naissent et meurent autour de lui. Ce dernier état est le meilleur à peindre ; l'âge moyen est préférable à voir, car les beautés de l'art ne sont pas précisément celles de la nature ornée, gaie et florissante.

Je mesurai un chêne vert, qui n'est pas naturellement un grand arbre ; il couvrait un espace de 17 pas en diamètre, et le tronc avait 12 pieds de circonférence ; un orme avait 16 pieds, et un grand nombre d'autres paraissaient aussi gros. Derrière la pièce d'eau, qui, avant de former un lac stagnant, est naturellement un beau ruisseau d'eau vive, est une colline isolée, couverte de bois, et d'où l'on a une belle vue ; le château eût été bien mieux placé sur la pente de cette éminence. Les daims viennent brouter un rameau de feuillage à la main ; ils sont jolis, mais perdent leur beauté caractéristique. J'aimerais mieux les voir alertes, inquiets, le nez au vent, les oreilles dressées, prêts à fuir au moindre bruit : ainsi privés, ce n'est plus que du bétail pour la boucherie. Les daims ne sont plus si à la mode qu'autrefois ; ils ont fait place aux troupeaux de moutons, dans beaucoup de parcs.

De Wilton, nous fûmes visiter Stourhead. On arrive à l'auberge, qui est tout auprès, par un petit chemin creux, dans un recoin tout enveloppé de lauriers et de beaux arbres, au milieu desquels une petite église gothique, grise et mousseuse, fait un très bon effet. Après dîner, nous nous fîmes mener à la maison de sir Richard Hoare. On entre par un nombre de marches (trop de moitié), dans un grand vestibule, qui conduit en face, à un beau salon de 60 sur 40 pieds, et de chaque côté du vestibule, une aile contient une galerie et un salon. Tout cela est plein de tableaux, dont aucun n'est fort remarquable. C*** et moi nous nous assîmes un moment pour mieux voir un tableau ; une jeune fille, qui nous conduisait, nous dit le plus poliment qu'elle put que ses ordres étaient de ne pas permettre de s'asseoir. C'est une manière de faire savoir que l'on est maître chez soi ; le propriétaire de cette maison (riche banquier) a tout le mérite de l'invention. Je ne sache pas que l'on s'en soit avisé ailleurs. Il n'est pas probable qu'à cette distance de toute grande ville, et hors de la route directe de Londres à Bath, le nombre de curieux soit assez grand pour rendre nécessaire un règlement si désobligeant.

A quelque distance de la maison, et vers le milieu de la terre, commence une vallée couverte de pâturages, et bordée de bois ; elle se creuse petit à petit, et reçoit un nombre de ruisseaux qui forment à la fin la source de la rivière de Stour. L'extrémité de cette belle vallée, barrée par une digue irrégulière et masquée par des plantations, se trouve transformée en une nappe d'eau d'environ 20 ou 30 arpents, d'où la petite rivière s'échappe par une chute d'environ 20 pieds. Les bords de ce petit lac sont naturellement découpés de promontoires et de baies qui en déguisent l'étendue, et il a deux ou trois petites îles. En quelques endroits, de beaux tapis de verdure descendent doucement des sommets boisés jusqu'aux bords de l'eau ; en d'autres endroits plus escarpés, les bois s'élèvent directement du bord de l'eau qu'ils ombragent. Quelques sentiers commodes vous conduisent aux plus beaux points de vue, auprès desquels un petit temple grec, un autre sur le modèle d'un temple du Soleil à Balbec, et un troisième temple qui n'imite rien, se montrent avec assez d'avantage à travers les bois. Dans différents endroits, ces mêmes sentiers passent auprès de plusieurs belles fontaines, qui s'échappent claires et fraîches du sein de la montagne.

Tout cela est certainement fort beau, mais le serait bien davantage, si l'eau du lac n'était pas trouble, sale et pleine de plantes aquatiques, qui en marquent la stagnation ; et si les plantations de laurier, qui réussissent si bien en Angleterre, n'avaient pas été multipliées à un tel excès dans les endroits découverts, qu'ils détruisent tout l'effet des *lawns* ; déjà assez peu étendues, elles ne gagnent pas à être morcelées et masquées de ces touffes éternelles de lauriers. Les arbres des bois sont aussi trop pressés, et par là maigres et droits. On ne rencontre ici aucun de ces beaux arbres, si communs ailleurs ; enfin, il me semble que l'art a eu autant de part à gâter qu'à embellir ce beau lieu. Je n'ai pas encore vu une pièce d'eau artificielle, excepté celle de Hyde Park, appelée Serpentine River, qui ressemblât le moins du monde en clarté et en pureté à un véritable lac ; et cependant la plupart des lacs sont tout aussi stagnants, et l'eau en est aussi peu renouvelée. Peut-être que si la surface d'une vallée (généralement riche et fertile), que l'on veut inonder, était premièrement enlevée, c'est-à-dire, la terre végétale, qui a rarement plus de 6 pouces de profondeur, avec toutes les racines, tous les vers et tous les insectes dont elle est toujours remplie, l'eau ne trouverait plus sur le fond aride les mêmes principes de corruption, et se conserverait pure.

La partie la plus élevée de la terre de Stourhead est marquée, par tradition, comme le lieu où le grand Alfred planta son étendard en 867 pour rassembler ses forces contre les Danois ; et un des ancêtres du présent possesseur y a bâti une tour triangulaire de 150 pieds sans planches, c'est-à-dire, tout ouverte comme un puits. Un escalier dans le mur conduit au sommet, où vous pouvez vous donner le plaisir d'un étourdissement en regardant du haut en bas, et admirer à loisir un lointain immense. Ce lieu, qui n'a été gâté par aucun embellissement (car on n'y a mis que la tour, et elle est à sa place), fait naître un sentiment profond d'intérêt et de respect.

Du Leasowes à Hagley

Nous avons consacré ce jour à voir le Leasowes et Hagley, lieux que la poète Shenstone et le bon lord Littleton ont rendu célèbres. Le premier de ces lieux est situé à 6 milles de Birmingham, et le second 6 milles plus loin : le Leasowes occupe un fond entouré de hauteurs, sans étendue de vue : le pays est agréable et fertile plutôt que pittoresque. Les jardins (*grounds*) contiennent à peu près 150 acres ou arpents ; la surface est variée de petites collines et de vallons qui les séparent ; elle est agréablement boisée. On entre par un chemin creux et ombragé qui aboutit à une pièce d'eau enveloppée de grands arbres, et aussi verte qu'eux ; un pont la traverse, on suit le bord de l'autre côté, et on arrive bientôt à une plus grande pièce d'eau de 6 à 8 acres, sans beauté. La maison se découvre ici vers la gauche, sur un tapis de verdure qui descend jusqu'au bord de l'eau ; c'est un manoir seigneurial plutôt que poétique. Nous trouvâmes en effet que cette maison a été bâtie depuis Shenstone ; un joli sentier vous conduit ensuite vers un pavillon rustique, construit de racines entrelacées et couvert de chaume, négligé et humide. Le jardinier nous joignit ici ; c'est un petit vieillard, maigre, malade, déguenillé, et les cheveux couverts de duvet comme s'il sortait d'un lit de plumes ; peu capable de nous accompagner, il nous remit le passe-partout, et nous indiqua notre route ; puis, d'une voix triste et basse, et le chapeau à la main il dit : « ce qu'il vous plaira pour le pauvre jardinier. » Il y avait dans son air quelque chose qui s'accordait avec l'état de décadence du Leasowes, nous crûmes que cette triste figure avait pu voir les temps poétiques, et que nous trouverions en lui, « *The sad historian of the pensive plain* ».

Il n'y avait pourtant que dix ans qu'il était là, mais dans cet intervalle il avait eu successivement treize maîtres, la plupart ruinés, et dont aucun n'avait, suivant toute apparence, été fort généreux à son égard. Avant de nous quitter, notre conducteur s'éloignant de quelques pas nous lâcha la cataracte, qui, sortant assez bizarrement du creux d'un vieux arbre, vint en roulant parmi de petits rochers postiches qui formaient son lit, passer sous notre pavillon, balayant dans son cours toutes les impuretés accumulées depuis la dernière représentation. Le réservoir peut fournir deux heures de chute. Enfin, quoique le Leasowes soit une jolie ferme ornée, il ne mérite pas sa réputation.

Hagley se présente à l'extrémité d'une avenue de beaux ormes, qui conduit à un château de bonne apparence. C'est un carré flanqué d'une sorte de tour à chaque angle. En tournant à gauche par un massif de lauriers et de houx qui masque la maison du jardinier, nous avons porté nos pas, dirigés par le guide, vers une colline en pente douce, couverte de vieux chênes, non pas dans le genre des arbres d'un parc, espacés et balançant à l'aise leurs belles masses de feuillage, mais plutôt semblables à ceux d'une forêt, à troncs gigantesques, à bras tortueux et couverts de mousse, décharnés et la tête chauve, et soulevant à moitié hors de terre la vaste protubérance de leurs racines. Un grand nombre de ces arbres avaient 12 à 15 pieds de circonférence à 4 pieds de terre. En montant toujours parmi les rochers, le lierre et les arbres, nous nous sommes trouvés sur une esplanade, à l'entrée des ruines d'un monastère ; le sentier les traverse : ce qui reste de l'édifice à l'entour des cours est brisé, lézardé, renversé, et drapé de lierre dans toutes les règles du pittoresque. L'esplanade forme un vaste promontoire en avant des ruines, laissant la pente boisée par laquelle nous étions venus à notre droite, et une autre pente également boisée à notre gauche. De ce côté-là, les arbres plus rares, laissaient voir dans le fond une vallée verte et solitaire, où l'on distinguait quelques grands cèdres du Liban. L'esplanade est couverte de gazon sans arbres ; la vue est très étendue, et peut-être plus belle qu'en été, le sommet des arbres laissant percer l'œil à travers le réseau de dentelle que forme dans cette saison le branchage nu de leur sommet. L'on voit d'abord un pays riche, cultivé et habité, et dans le lointain, des montagnes se dessinant en ondes bleues sur l'horizon.

Les ruines sont, à ce que j'apprends, factices, mais c'est à s'y tromper, et je dois remarquer ici que ces imitations de ruines sont rarement introduites dans les *jardins anglais* d'Angleterre ; ceux auxquels on donne ce nom en France en sont une véritable caricature, ou l'étaient de mon temps. L'art ne fait guère ici que protéger simplement la nature, et lui assurer sa liberté. A l'entour de la maison, on nivelle, il est vrai, quelques acres ; le gazon y est rasé et roulé, et traversé d'allées sablées ; mais plus loin on ne fait que planter judicieusement et rendre les plus beaux endroits accessibles par des sentiers propres et commodes : la nature, aidée des daims et des moutons, fait tout le reste.

L'extrémité de l'esplanade domine sur le château et ses alentours, polis et ornés, et sur la belle avenue qui en orne l'approche. Une jolie chapelle gothique et la maison presbytérale s'aperçoivent dans un bosquet tout auprès. Il n'est pas croyable que le possesseur de ce beau lieu, du temps de Shenstone, ait pu être jaloux du Leasowes si inférieur en avantages naturels. On n'a là-dessus que le simple rapport de Johnson, qui était assez disposé à la médisance. (Simond, *Voyage d'un Français en Angleterre pendant les années 1810 et 1811*, 1816.)

Walsh

Nous allions étudier les parcs et les jardins

Nous avions vu à Londres un grand mouvement, beaucoup de monde, beaucoup de richesses, une immense quantité de chevaux, de voitures, quelques monuments, plusieurs améliorations, d'innombrables embellissements ; mais ce n'était pas pour toutes ces choses que nous étions venus. Le but de notre voyage était de voir les belles campagnes de l'Angleterre et ses plus beaux châteaux ; un homme de goût nous avait tracé un itinéraire parfaitement entendu, depuis Londres jusqu'à Édimbourg.

Le 6 mai, nous quittâmes avec grand plaisir l'hôtel où nous étions malencontreusement descendus, et où nous avions trouvé toute la malpropreté d'une auberge d'Espagne, jointe à la cherté d'un hôtel d'Angleterre. Nous allions *étudier les parcs et les jardins* les plus remarquables, et nous avions avec nous un homme bien capable de les apprécier, M. Chatelain aîné, architecte paysagiste, dont le talent est trop connu en France pour qu'il me soit nécessaire de le vanter. Dans notre grande voiture, nous avions tout ce qu'il faut pour voyager avec fruit, des livres pour nous décrire les lieux que nous allions parcourir, des calepins et des crayons pour aider nos souvenirs. Afin de mieux voir le paysage, le landau était découvert, il ne nous manquait qu'un ciel bleu et un peu plus de chaleur. [...]

Nous étions, comme je vous l'ai déjà dit, partis de Londres avec un itinéraire tout tracé et fait de main de maître ; nous savions ce qu'il y avait de plus beau et de plus curieux à voir dans toute l'Angleterre, et nous croyions avoir la certitude que nous serions admis partout ; nous savions que les grands seigneurs des trois royaumes, fiers de la noble existence qu'ils ont dans leurs terres, aiment à ce que les étrangers voyageurs en aient un aperçu. On nous avait assuré que toutes les barrières des avenues et des parcs s'ouvriraient devant nous ; on nous avait dit *toutes*, une seule nous est restée fermée, c'est celle de Park Place, appartenant à M. Maitland. Son régisseur, d'après des ordres exprès, nous a refusé l'entrée de ce délicieux domaine. Je les dénonce tous les deux aux voyageurs, c'est en vain qu'ils s'arrêteront à la jolie *lodge* qui domine la hauteur de Henley : ils auront beau, comme nous, envoyer leurs noms et un billet bien poli, ils n'obtiendront qu'un refus. Comme nous, ils s'en irriteront ; car ce que l'on peut apercevoir de Park Place semble ravissant, et donne grande envie d'être au-delà des palissades qui bordent la gauche du chemin.

Le château à l'italienne est bâti sur le haut d'un coteau, dont la pente douce descend vers la Tamise qui ceint la montagne, et qui se dessine au loin dans la plaine comme un ruban d'argent ; un vallonnement dont les parties les plus élevées sont couronnées de massifs, forme pelouse en face des fenêtres de cette jolie demeure ; de beaux cèdres sortent du gazon de cette vallée, dont la pente incline vers la rivière.

Sur le pont qui la traverse, nous sommes descendus de voiture, et, pour voir cette terre de délices où il ne nous était pas permis d'entrer, nous avons longé pendant longtemps le bord de la Tamise qui ne dépend pas de M. Maitland ; enfin, en face d'une ruine gothique d'un charmant effet, et que je m'amusais à dessiner, nous rencontrâmes un pêcheur qui nous offrit de nous faire voir de plus près les beautés de Park Place : la rivière coule pour tout le monde, nous prîmes place dans son bateau, et les longs rameaux des saules qui croissent sur les terres de M. Maitland, malgré lui nous abritèrent quelques instants ; nous n'étions pas chez lui, mais nous avions son ombre, et la brise nous apportait le parfum de ses fleurs.

Un chemin public coupe son parc en deux, avec un art infini : il a su, ou plutôt on a su avant lui, masquer cet inconvénient ; on passe sous ce chemin qui appartient au public, sans s'en apercevoir, sous une arche qui forme point de vue et du château et de la rivière.

Le visiteur qui ne fait que d'arriver, qui ne connaît point encore le parc, et qui est venu s'asseoir sous cette arche, entend tout à coup comme un tonnerre, c'est une voiture à quatre chevaux qui roule rapide comme l'éclair à quelques pieds au-dessus de sa tête. Du haut de cette arche nos regards ont plongé dans cette vallée en pente, que j'ai cherché à vous décrire tout à l'heure.

Le soleil penchait vers son déclin, et les ombres des massifs s'allongeaient sur le gazon, un grand calme régnait dans tout ce paysage; une petite fille portant du lait dans des vases de fer-blanc bien poli, vint à passer; elle chantait. A sa voix, des centaines de lièvres et de lapins se mirent à bondir sur la pelouse, s'arrêtèrent accroupis, la regardèrent et s'enfuirent encore.

D'une petite chaumière perdue dans les arbres, on voyait s'élever une fumée bleuâtre, la villageoise y portait son lait : sous ce chaume on allait prendre le thé. En France, à la même heure, la ménagère aurait été occupée à préparer la soupe aux choux, ou la galette de blé noir.

Un peu consolés de n'avoir pas été admis à Park Place, nous fîmes un excellent dîner à Henley. Il nous restait peu de temps, et nous voulions voir avant la nuit le château de Nuneham appartenant au comte Harcourt. Malgré que la soirée fût fort avancée, la grille du parc s'ouvrit et notre voiture suivit les beaux et gracieux détours de l'allée qui sert d'avenue (*the approach*). Il y a quelques siècles qu'à la nuit tombante nous ne fussions pas arrivés si près de la demeure d'un sir Harcourt; des fossés, de hautes murailles d'enceinte, des ponts-levis, nous auraient tenus à distance; grâce au genre actuel rien ne nous empêcha de parvenir jusqu'au château. Une vaste pelouse l'entoure de toutes parts. Nous ne vîmes aucune lumière à travers les fenêtres, les maîtres étaient absents; quelques chiens aboyèrent, et un palefrenier nous cria : « Qui va là? » Nous avions laissé la voiture un peu plus loin. A cette heure avancée, on pouvait nous prendre pour toute autre chose que pour des visiteurs; nous regrettâmes beaucoup d'être venus si tard, et de ne pouvoir visiter l'intérieur du château, rempli de beaux tableaux. Le parc a six mille et demi de tour, ses arbres sont d'une beauté remarquable, et en grande abondance; le *pleasure ground* a trente-huit acres, et une profusion de fleurs, une grotte, un temple et des statues. L'antique nom d'Isis vient se mêler à toutes les beautés de Nuneham, c'est ainsi que s'appelle la jolie rivière qui baigne ses gazons.

Voilà mon oubli réparé ; j'aurais dû vous parler et de Park Place et du château de Harcourt avant ma description d'Oxford; mais je vois tant de choses, que j'ai de la peine à mettre un peu d'ordre dans cette suite de lettres que vous m'avez demandée. Si, en vous redisant tout ce que je vois, je vous donne envie de visiter ce pays, mes lettres auront atteint leur but. En France, on regarde trop à se mettre en route ; le moindre voyage fait peur ; nous, *si légers et si actifs*, nous sommes, par un étrange contraste, un peuple casanier.

Croyez-moi, mon cher ami, le *détroit* n'est pas large, et vous ne serez pas perdu, quoique votre sous-préfet ne veille plus sur vous. N'allez pas craindre d'aimer moins la France, parce que vous aurez vu l'Angleterre ; on revient au pays toujours avec plaisir, et l'on y rapporte des souvenirs et des améliorations. Celui qui veut embellir un château doit venir étudier ceux de ce pays-ci ; celui qui n'a qu'une maisonnette doit le visiter encore, et il apprendra à orner son cottage. A son humble demeure il n'aura ni pilastres, ni colonnes ; mais il aura, pour ainsi dire, sur les murs de sa maison, une architecture de fleurs et de verdure. Rien de plus joli que ces légers treillis, que ces portiques champêtres que les Anglais savent mettre au-dessus de leurs seuils ; les fleurs, le chèvrefeuille, le lierre y grimpent ; et là où un Français mettrait une corniche ou un cordon de pierre de taille, l'Anglais fait courir une guirlande de roses et de jasmin.

Dans le moindre village nous admirions le bon goût de ces petites demeures ; on ne pouvait les voir sans les désirer ; en sortant de tous les grands châteaux, j'emportais de l'admiration ; et quittant les cottages, c'était des regrets : le bonheur veut si peu de place ! et dans tous ces palais dorés l'envie et la méchanceté ont leurs coudées si franches !

Mais je prends mal mon moment pour faire ces réflexions, car nous approchons de Woodstock, et je vais voir Blenheim, l'orgueil des trois royaumes...

Il y avait à peine une heure que nous étions sortis des murs d'Oxford, que déjà nous commencions à remarquer sur la droite du chemin les plantations du parc. Nos yeux étaient constamment fixés de ce côté : nous cherchions à apercevoir de loin le château ; mais la campagne est si boisée, les ombrages sont si beaux, qu'il faut avoir traversé le joli village de Woodstock, avant d'entrevoir la merveille de la Grande-Bretagne.

En France, quand il y a quelque lieu célèbre ou curieux à voir près d'une ville ou d'un village, on a mille peines pour pouvoir s'y rendre ; la route n'est pas une route de poste, et vos postillons ne peuvent vous y mener ; les chemins sont mauvais ; on ne sait pas si l'on sera admis... En Angleterre, aucun de ces obstacles ; partout où il y a quelque chose à voir, tout a été prévu d'avance ; le voyageur sait ce que ses postillons pourront demander et pour le temps et la distance qu'exigera *l'exploration* qu'il va faire : ainsi toutes les épines sont ôtées du chemin.

Les *post-boys*, accoutumés à ces visites, sont devenus des espèces de guides ou de cireroni à cheval : sans que vous leur disiez, ils prennent les routes les plus pittoresques et s'arrêtent où il y a des aspects remarquables. Chez nous, fiez-vous donc au goût d'un postillon !

A Woodstock, nous trouvâmes à acheter plusieurs livres qui expliquent toutes les magnificences de Blenheim : phrases ampoulées, citations de poètes, détails minutieux, gravures, rien n'y manque : aussi on les vend très cher.

Enfin nous vîmes un arc de triomphe : c'est la porte d'entrée du parc [...]. Oh! alors quelle magnifique scène! le château apparaît d'ici dans toute sa gloire. Sur un coteau, dont vous êtes encore séparé par une rivière, vous le voyez déployer sa façade et ses ailes ; à gauche, s'élève au-dessus des masses d'arbres, la tour de Woodstock ; à droite, vous plongez sur une profonde vallée, où des eaux abondantes brillent au milieu des ombrages ; réunissant les deux coteaux, un pont est jeté sur la rivière. J'ai entendu admirer ce pont et le comparer au Rialto de Venise. Son arche, de cent pieds de large, a de la hardiesse ; mais son architecture m'a semblé lourde et massive. Les hommes qui sont chargés de faire voir toutes les beautés de Blenheim, ont grand soin de vous dire que, dans les deux piles qui ont trop de saillie, il y a des logements pour deux familles : tant mieux pour les familles, mais tant pis pour le pont.

La grande avenue (*the grand approach*) passe sur ce pont et, remontant ensuite la pente du coteau qu'elle tourne un peu pour adoucir la montée, elle arrive de côté au château.

Les hôtes illustres de ce palais descendent sous un magnifique péristyle d'ordre corinthien ; c'est de ce point que l'on a le plus bel aspect de tout Blenheim. On chercherait en vain à se figurer une scène plus grande, plus imposante. De dessous ce péristyle l'œil s'empare de tout le pays, le parc n'a plus de bornes, on dirait que la nation anglaise a donné toute la contrée à son héros. Une pelouse d'une immense étendue part du château, s'étend en descendant vers la rivière. Rien ne papillote sur ce vaste tapis vert : d'imposants massifs le bordent, mais pas un objet ne le coupe ni ne l'interrompt ; la déclivité du coteau n'empêche pas de voir le lac qui sépare les deux collines. Sur celle qui est de l'autre côté du pont, s'élève, droit en face de la grande porte du palais, une colonne triomphale de cent trente pieds de haut : elle est surmontée d'une statue du fameux duc de Marlborough.

Le parc de Blenheim contient plus de deux mille acres de terre, et s'étend sur un pays qui n'a aucun caractère prononcé, ce n'est ni plaines ni montagnes, mais une réunion de charmantes collines à pentes douces, à dos arrondis, à cimes boisées et verdoyantes, et tous ces aspects entrecoupés et embellis par les eaux des vallées. On ne peut plus deviner comment était cette contrée avant que le génie des jardins s'en fût emparé ; toutes les beautés y sont si naturelles que l'on ne pense point à l'architecte paysagiste : on ne s'enquiert point de son nom, on croirait que c'est Dieu qui a fait tout cela.

Un architecte, comme notre fameux Le Nôtre, ne perd pas sa peine ; ses travaux se montrent au-dehors ; on voit bien que c'est le génie de l'homme qui a fait les superbes jardins de Versailles, mais les ouvrages de Kent, de Brown, de Loudon et autres dessinateurs de jardins anglais, se fondent pour ainsi dire avec les campagnes. Voulant vous écrire sur tout ce que je voyais à Blenheim, je demandai au guide qui nous conduisait, par qui le parc et les jardins avaient été primitivement tracés. Il n'en savait rien. Je compulsai les livres que nous avions achetés à l'auberge de Woodstock, et je vis que «*le chef-d'œuvre de Brown était les embellissements* (improvements) *de Blenheim ; qu'il avait eu un beau champ pour déployer ses talents, et qu'il avait trouvé, dans le noble possesseur de ce lieu magnifique, un goût pur qui avait secondé le sien*». Malgré ce mot : *embellissements, improvements*, qui ferait supposer qu'il y avait eu un plan antérieur au sien, je vois que c'est lui qui a dessiné les lignes gracieuses qu'on y admire aujourd'hui.

Dans le *pleasure ground*, ou cette partie que les Anglais commencent à appeler *gardens* ou *plaisance* et qui, à Blenheim, n'a que deux cents acres de terre, ce goût pur disparaît peu à peu : le duc actuel travaille beaucoup et d'après ses propres plans. Nous sommes fâchés de le dire, mais le génie des jardins ne s'y montre pas ; du reste, le descendant d'un homme célèbre, après tout, n'est pas obligé d'être un célèbre jardinier ; ce n'est pas là ce que la société lui demande.

Ce Brown, devenu fameux en Angleterre, avait été garçon jardinier ; souvent ses maîtres le grondaient, souvent il suspendait tout à coup son ouvrage ; et, s'appuyant sur le manche de sa pelle ou de son râteau, on le voyait regarder les campagnes, et puis dessiner sur le sable des traits que lui seul comprenait. C'était alors qu'il étudiait son art : son œil poétique s'emparait du pays, sa jeune imagination créait des paysages, élevait des collines et faisait serpenter des rivières ; à Kiddington où il était jardinier, il dit un jour à ses maîtres : Vous n'avez point de vue, votre château est resserré dans d'étroites limites ; et bien, laissez-moi faire, je vais l'entourer de si jolis aspects, que l'on ne voudra plus en sortir pour aller en voir d'autres. Il mit la main à l'œuvre, son coup d'essai fut un coup de maître, et l'on croirait aujourd'hui que les entourages de Kiddington ont toujours été charmants.

L'auteur qui rapporte cette anecdote ajoute : «Il est fâcheux que Brown ait été jardinier ; car aujourd'hui tout homme qui est attaché à quelque jardin, qui a tenu la pelle ou le râteau dans un potager, s'est cru en droit de quitter sa sphère, et, à l'exemple de Brown, de s'élancer dans le genre paysagiste.»

Voilà quels étaient, d'après ce que j'ai vu, les grands principes de Kent, de Brown, de Loudon, de Wise et de Repton :

1) D'encadrer les premiers plans par des *scènes de côtés*, de manière à joindre les distances, et à les lier avec les principaux points de vue ;

2) De créer des scènes élevées pour donner du relief aux sites les plus plats ;

3) De cacher tout objet désagréable à l'œil ;

4) De donner plus d'étendue aux objets qui plaisent, en cachant sous

des masses de verdure le point où ils finissent, de manière à ce que l'imagination les prolonge plus loin que l'œil ne les voit ;

5) De donner d'agréables contours aux lacs, aux rivières, aux bois ;

6) D'éviter la raideur des lignes droites, mais de ne pas jouer avec les détours ; d'imiter dans les courbes celles que l'on retrouve dans la nature.

Toutes ces premières règles ont été bien observées dans le grand parc de Blenheim ; tout le pays, comme je vous l'ai déjà dit, se rattache au château. Les campagnes ont l'air d'avoir été créées pour le palais, et le palais élevé pour la contrée. De cent points divers on l'aperçoit, tantôt avec sa grande façade du nord et ses deux ailes avancées, tantôt du côté du sud ; plus loin l'on ne voit qu'une des ailes ; d'un autre endroit la scène est si resserrée, que l'œil n'entrevoit que le noble péristyle ; le même bâtiment offre ainsi cent aspects différents. Descendu dans les vallées sur les bords du lac, on ne pense plus à la gloire ; la demeure du héros n'est pas en vue, on rêve de bonheur et de paix, et fait-on encore quelques pas, au détour d'un coteau ou d'un massif, Blenheim reparaît tout à coup comme le soleil, sortant de dessous un nuage. Quelques parties du parc sont tout à fait sauvages. Les routes seules qui s'y dessinent en longs rubans jaunes sur la verdure des prairies, vous redisent que l'homme a travaillé là ; un autre soin vous le montre encore, c'est que sur toutes ces vastes pelouses, vous ne voyez ni ronces ni épines. Dans ces lieux retirés on rencontre souvent de nombreux troupeaux de daims : tantôt couchés sur l'herbe, ces jolis habitants des bois ne se dérangent pas à votre approche, seulement ils relèvent la tête pour vous voir passer ; tantôt ils bondissent devant vous, descendent la colline, ou montent le coteau ; rien ne donne un aspect plus noble à un parc.

Auprès de ces animaux de luxe, vous voyez de superbes bestiaux et d'innombrables moutons à toisons blanches ; le troupeau de Blenheim monte à plus de mille.

Le parc est ainsi divisé : *the gardens or pleasure ground*, touchant au château ;

The sheep park, parc des moutons, séparé de la partie des fleurs par un saut de loup imperceptible à l'œil ;

Et le *deer park*, le parc des daims, encore séparé de la région pastorale. Toutes ces divisions ne paraissent pas dans le paysage ; l'unité n'est pas détruite, toutes les scènes se tiennent et se lient merveilleusement ensemble. (Walsh, *Lettres sur l'Angleterre, ou voyage en Grande-Bretagne en 1829*, 1830.)

Vastes ombrages
Rémusat

Le parc de K. répondit à notre attente. Les hautes futaies que nous traversâmes en y entrant étaient de toute beauté. Sous la futaie tantôt s'enchevêtraient des taillis vigoureux et désordonnés, et tantôt s'étendaient des tapis de mousse et de verdure diaprés d'ombre et de lumière ; on voyait que la hache du bûcheron n'avait jamais retenti au milieu de ces arbres séculaires. Des daims mis en émoi par le bruit de notre voiture s'élançaient de toute part du sein des fougères, puis reprenant courage, s'arrêtaient pour nous regarder, et à notre approche, s'enfuyaient de nouveau pour se perdre dans le bois. La partie découverte du parc n'était pas moins pittoresque. Là, le terrain ondulé s'élevait quelquefois en de verts mamelons couronnés de bouquets de hêtres, puis s'abaissait et s'ouvrait sur de vaporeux lointains où la rivière se laissait deviner. Des groupes paisibles de vaches et de bœufs étaient couchés à l'ombre d'arbres magnifiques parmi lesquels, en approchant du château, nous remarquâmes des cèdres du Liban, dignes d'être célébrés par le chantre d'Israël.

Je ne sais si ce sont les souvenirs bibliques, auxquels ces arbres se rattachent, qui les font tant aimer en Angleterre, mais leur caractère sombre et sévère, n'empêche pas d'en entourer volontiers les châteaux et j'ai vu de gais et féeriques jardins protégés des regards indiscrets par une immense ceinture de ces géants de la Judée. Ce n'est pas seulement dans les grands parcs et près des habitations somptueuses qu'ils se trouvent, j'en ai souvent remarqué à côté de modestes villas, abritant toute une joyeuse famille sous leurs vastes ombrages. (Rémusat, *La Vie de village en Angleterre*, 1863.)

Esquiros

Le Saxon abandonne la nature à elle-même, et la nature s'en montre reconnaissante. Les arbres des parcs et des promenades, le chêne royal surtout, *royal oak*, ont un port hardi et une beauté inculte qui se trouve en harmonie avec l'ensemble des mœurs, des institutions et des faits. (Esquiros, *L'Angleterre et la vie anglaise*, 1859.)

Taine
Une magnifique et éclatante symphonie

Nous avons visité sept ou huit parcs, grands ou moyens, presque tous beaux, et deux ou trois admirables. Les prairies intactes et soignées étincellent au soleil et regorgent de marguerites et de boutons d'or. Les chênes sont antiques, souvent énormes. Dans le fond des vallées, les ruisseaux aménagés forment de petits lacs où nagent des canards exotiques ; çà et là, dans une ceinture d'eaux luisantes, un îlot couvert de rhododendrons bombe sa touffe rose. Le long des futaies, les lapins partent sous nos pieds, et, à chaque détour du chemin, la plaine onduleuse, semée de bouquets d'arbres, développe ses verdures nuancées, attendries, jusqu'en des lointains bleuâtres. — Quelle fraîcheur et quel silence ! On se sent reposé ; cette nature vous accueille avec une caresse suave, discrète, intime ; elle est quelqu'un, elle a son accent, l'accent affectueux du bonheur domestique, comme une belle épouse qui s'est ornée pour son mari et vient au-devant de lui avec un doux sourire. Toute œuvre originale, un jardin, comme un livre ou un édifice, est une confidence qui dévoile des sentiments profonds. A mon gré, celle-ci, mieux que toute autre, montre le rêve poétique d'une âme anglaise. — Il n'en est pas de même de leurs habitations, grosses machines, un peu italiennes ou un peu gothiques, sans caractère net ; on voit qu'elles sont spacieuses, confortables, bien tenues ; rien de plus. Ce sont des maisons de riches qui entendent leurs aises, et qui parfois, assez malencontreusement, ont eu des velléités architecturales ; beaucoup de cottages élégants, coiffés et encombrés de pignons, semblent des jouets en carton vernissé. Toute leur imagination, toute leur invention nationale et propre s'est dépensée dans leurs parcs.

Celui de sept cents acres a des arbres que deux et même trois hommes n'embrasseraient pas de leurs bras étendus, chênes, tilleuls, platanes, cyprès, hêtres, qui ont développé librement l'ampleur et la plénitude de leurs formes. Isolés ou par groupes sur la molle et riche prairie, leurs pyramides opulentes, leurs vastes dômes s'espacent à plaisir et descendent jusque sur l'herbe avec une largeur d'épanouissement qu'on ne se figure pas. Ils ont été soignés comme des enfants riches ; ils ont toujours eu toute leur liberté et tout leur contentement ; rien n'a diminué leur luxe ou gêné leur pousse ; ils respirent l'air et usent du sol en grands seigneurs à qui le sol et l'air appartiennent de droit. — Au centre de tant d'émeraudes vivantes est un joyau plus précieux encore, le jardin. Des massifs de rhododendrons hauts de vingt pieds s'y étalent, toutes fleurs ouvertes ; leurs pétales rouges ou d'un violet pâle luisent doucement au soleil, sous des volées bourdonnantes de frelons. Des buissons d'azalées, des touffes de roses épanouies, des lits de fleurs nacrées, azurées, aux tons de velours ou de chair, de mignonnes et sinueuses bordures font cercle à perte de vue ; on marche environné de senteurs et de couleurs. Un art savant a disposé la succession des plantes, en sorte que les tardives remplacent les précoces, et que, d'un bout de la saison à l'autre, la vaste corbeille est toujours fleurie. De distance en distance, quelque sycomore au port noble, un hêtre étranger au feuillage de cuivre, soutiennent de leur note grave ou de leur subite dissonance ce concert trop prolongé d'impressions délicieuses. Véritablement c'est un concert pour l'œil et comme une magnifique et éclatante symphonie de tons pleins que le soleil, ce puissant maître d'orchestre, fait vibrer ensemble sous son coup d'archet. — Jusque dans les lointains du parc, au-delà encore dans la forêt, parmi les *commons*, on sent leur voisinage ; les belles plantes ont sauté par-dessus les murs, et, tout d'un coup, au milieu

des sapins sauvages, on rencontre un rhododendron rose et souriant, comme une Angélique de l'Arioste au milieu de la forêt des Ardennes.
— Tous ces lointains sont suaves ; le sol monte et descend sous un épais vêtement de bruyères ; çà et là la fougère, de son vert vif et charmant, relève leur teinte uniforme ; en plusieurs endroits, elle foisonne, et on la voit serpenter, s'enrouler, dessiner des rosaces sur le grand tapis roussâtre. — Tout au bout, la ligne des pins ferme l'horizon, et les ondulations du terrain se développent par étages insensibles, dans une brume pâle, tiède, transpercée de lumière. (Taine, *Notes sur l'Angleterre*, 1871.)

L'AUTRE ANGLETERRE : VILLES NOIRES ET GUEULES NOIRES

> Fille du mouvement qui emporta le XVIIIe siècle, cette révolution émane du matérialisme : pour elle il s'agit de dompter les éléments, de rapprocher les distances, de créer des produits, de filer beaucoup, de forger beaucoup, d'employer l'air, l'eau et le feu, d'enrichir l'homme.
>
> CHASLES, *Études sur les mœurs en Angleterre*, 1850.

Depuis nos années de lycée, nous associons « Grande-Bretagne » à « Révolution industrielle ». Mais il faut bien souligner qu'il s'agit d'une expression formulée tardivement pour expliquer les bouleversements sociaux et économiques assurant la puissance de l'empire de Victoria.

Dès le dernier tiers du XVIIIe siècle, les visiteurs remarquent de nouveaux moyens de production et de distribution, liés à une nouvelle force motrice et à l'exploitation du charbon. Les plus éclairés tiennent à enquêter et à observer, mais aucun ne sera encore capable d'un regard d'ensemble et ne percevra la nature et l'ampleur du phénomène, et encore moins son avenir.

L'esprit philosophique et encyclopédique exige une attention portée à tous les aspects de l'activité, une curiosité pour les techniques et les procédés, mais ne permet pas d'aller au-delà des faits et des choses. Les voyageurs visitant ateliers et fabriques restent souvent au niveau de l'anecdotique, admirent un esprit inventif, de multiples astuces techniques ou d'ingénieuses mécaniques.

Même dans le premier tiers du XIXe siècle, en dépit d'une volonté de s'informer et de comprendre, le regard reste surtout attiré par l'insolite ou le pittoresque. Les citations restent classiques : la sidérurgie appelle Vulcain et les Cyclopes, on s'aventure au royaume des ombres ou chez les Titans. Les sombres gravures de John Martin, détaillant des décors babyloniens ou des scènes d'apocalypse, sont la référence obligée pour de grands tableaux des cités industrielles ou minières, tableaux qui peuvent viser au fantastique ou à l'épique.

On sera peut-être surpris, mais au XVIIIe siècle les ouvriers semblent heureux, la manufacture les a libérés du dur labeur paysan et procure une relative aisance, les cités nouvelles semblent plus prospères et mieux bâties que les villes anciennes. L'industrie, qui va asservir les travailleurs, en faire les prolétaires décrits par Engels, à l'origine les a affranchis des contraintes du monde rural. Au XIXe siècle, les visiteurs exprimeront quelque compassion à l'égard des silhouettes noires entrevues dans la pénombre, s'activant autour des machines, mais les hommes ne sont guère que des figurants dans un décor. Implicitement, nous sommes invités à admirer le narrateur ayant courageusement pénétré dans l'antre des Titans, ayant affronté les dangers des ténèbres, plutôt qu'à nous apitoyer sur le sort de l'ouvrier ou du mineur, sur les victimes du Moloch moderne. Face à la machine, le visiteur est partagé entre admiration et crainte, parce que tout est devenu possible aux créatures d'acier qui font de l'homme un esclave, mais il y a surtout fascination devant ces monstres au service de leurs maîtres, et vertige devant les dimensions colossales de l'univers industriel.

« Il faut avoir vu ce pays des machines pour connaître toute la fécondité du génie de l'homme, même lorsqu'il s'applique à ce qu'il y a de plus stérile dans la civilisation : à la recherche du bien-être physique » (Custine, Courses en Angleterre et en Écosse, *1830*).

Il serait facile de railler ces témoins du passage de l'Angleterre à la civilisation de la houille, ces touristes de l'industrie, plus émerveillés des conquêtes de la vapeur qu'indignés des souffrances des travailleurs. Ils eurent le mérite de quitter la verte Angleterre pour les sombres métropoles de Manchester, de Birmingham, de descendre dans les mines de Newcastle après avoir visité châteaux et cathédrales. S'ils ne rencontrèrent pas le Minotaure, ils entrèrent dans le labyrinthe maudit.

AUX DÉBUTS DE LA RÉVOLUTION INDUSTRIELLE

Bombelles

Idylliques manufactures ?

Il y a dans le voisinage d'ici, à Broomsgrove, une filature de coton qui n'est montrée aux étrangers qu'avec beaucoup de difficultés et que grâce à M. Blair je suis parvenu à voir aujourd'hui. Le coton par le moyen de machines ingénieuses passe de son état brut à un degré de finesse qui lui donne l'air, d'un de ces fils de soies qui forment les cocons. Les diverses machines que j'ai vues chez M. Holcker dans sa belle manufacture du faubourg Saint-Sever de Rouen sont très inférieures à celles de Broomsgrove, et ne suppléent pas à beaucoup près autant à la main-d'œuvre, ce qui n'exige ici que cent quarante ouvriers payés à peu de frais parce qu'il leur faut peu de talent, en demanderait peut-être six fois autant sans les moulins que je viens de voir, et jamais un travail fait à la main n'aurait la perfection et l'égalité de celui qui sort de dessous des cylindres combinés dans leur pression réciproque avec une justesse extrême. Le coton qui en sort par l'attraction que lui donnent des bobines dans un mouvement de rotation égale s'allonge, se resserre et devient propre à être ouvragé dans les étoffes les plus fines. Les bobines tournent sur elles-mêmes trois mille fois dans une minute. Un seul ouvrier en a à son atelier de quarante à cinquante. Si le coton se rompt en quelque partie de quatre en quatre bobines, il a de quoi arrêter celle qui tourne à faux sans suspendre le travail des autres et le mal est réparé aussitôt qu'aperçu.

Des cent quarante ouvriers qu'occupe la filature de Broomsgrove, près de quatre-vingt-dix sont des enfants de huit à douze ans. Le travail qu'ils font doit leur être sain à en juger par leurs physionomies, je n'en ai pas vu un qui n'eut l'air de la plus belle santé et beaucoup d'entre eux sont jolis ; ils travaillent avec une assiduité charmante, rien ne semble les distraire et tout annonce qu'ils tirent vanité de se sentir utiles dans un âge où souvent on ne tire aucun parti de leurs contemporains. J'ai déjà eu occasion de vanter l'adresse des enfants en parlant des manufactures de Birmingham, ceux de Broomsgrove ne sont pas moins intéressants à voir travailler. Les plus essentiellement employés gagnent jusqu'à trois schellings par semaine, les nouveaux n'ont qu'un schelling et on les augmente en raison de ce qu'ils méritent. On n'a aucune peine à les contenir dans les bornes de leur devoir. L'enfant, ainsi que l'homme occupé, est rarement tenté de mal faire. Il est fort rare qu'il se commette quelque désordre entre les soixante mille âmes qui composent la population de Birmingham et comme je l'ai déjà dit cette ville n'est soumise à aucun établissement de police, mais comme tout le monde y est continuellement en action et les jours de fêtes n'offrent qu'un repos indispensable dont l'artisan profite sans trop en abuser.

En sortant du moulin à coton nous avons été voir une manufacture d'aiguilles. La maison où elles se travaillent est presque aussi curieuse par sa propreté que les ouvrages qu'on y voit commencer et terminer ; même au sein de l'Angleterre, on est surpris de la netteté charmante qui est entretenue dans les moindres parties de cette maison. La fréquentation de dix-huit ouvriers, celle des personnes que la curiosité attire, ou qui viennent pour faire emplette d'aiguilles, ne dérange pas l'ordre satisfaisant qui règne dans ce joli établissement. Une femme qui paraît douce et honnête, aidée d'une seule servante, maintient cette propreté, en aidant en même temps son mari dans la direction de sa manufacture. Elle et lui ont l'air du bonheur, leurs enfants qu'ils font travailler participent à la bonne tenue de la maison et leur père fait plaisir à voir par le contentement qui est peint sur sa physionomie. Fort satisfait des justes éloges que nous avons donné à l'arrangement de son manoir, il s'est empressé de nous montrer son jardin, ses espaliers, la petite tonnelle où il se met à l'ombre avec sa famille, son cellier, le lieu où sont renfermées les provisions de la semaine, tout nous a été ouvert ; enfin il nous a parlé de son cheval, il vaut à ses yeux plus de cent guinées. Le cheval est fort médiocre, mais il en est enchanté, et il nous a su très bon gré de lui avoir dit du bien de sa monture. Après avoir acheté des aiguilles, afin de pouvoir reconnaître d'une manière convenable les attentions de ces bonnes gens, nous les avons quittés fort satisfaits d'eux, et eux fort contents de nous. Le mari en se séparant de moi m'a donné la main et me l'a secouée en pressant la mienne avec une cordialité qui m'a fait grand plaisir ; ce sont encore pour la plupart des enfants qui travaillent dans cette manufacture.

Industrie et pittoresque

La Severn y a traité M. Withmore en ami et se montre bien mieux encore ici que près des jardins de Dodmeston. Des bâtiments à voile suivaient les détours de cette rivière au moment où nous les contemplions, et il fallait être aussi pressé que nous l'étions, par nos projets pour la journée, afin de se déterminer à ne donner que des instants aux différents sites que nous avons parcourus. Peu après nous en être éloignés, un nuage épais d'une fumée noire nous a averti que nous approchions de Coalbrook-Dale. Au fond d'un vallon et près d'un petit lac, que sans être poète on peut comparer pour la couleur de ses eaux à l'Achéron, sont, en grand nombre, des forges, où dans la moins considérable il se fabrique chaque semaine quarante milliers pesant de fer. Les montagnes qui resserrent ce triste mais précieux vallon ont été soignées par les maîtres de forges et leur forment de jolies promenades ; une entre autres qui n'est encore qu'indiquée par les routes aura deux points de vue dont le contraste ne laissera pas d'être agréable, parce qui si d'un côté l'on considère avec une sorte d'effroi le vallon dont je viens de parler l'œil se repose avec plus d'agrément sur celui qui est arrosé par la Severn. Sur la droite sont toujours en grand nombre les bâtiments qui transportent le fer et le charbon qui s'exploitent sur ses bords ; sur la gauche est un pont de fer dont l'élégance fait honneur aux ouvriers de Coalbrook-Dale et de Madeley qui ont entrepris cet ouvrage en 1778, et l'ont terminé en 1780. Madeley, quoique séparé de Coalbrook-Dale, est aujourd'hui en quelque sorte confondu avec ce dernier endroit dont l'importance augmente de jour en jour. Le pont d'une seule arche formée par cinq énormes demi-cercles de fer a cent pieds d'ouverture sur quarante-cinq d'élévation. Les culées en pierre n'ont pas aussi bien réussi que ce qui est fait en fer, ces culées sont lézardées de partout ; cependant il paraît que l'arche est suffisamment contenue et se soutient bien de son propre ensemble. Il est dit, avec vérité, dans une inscription, que ce pont a été fondu ici ; après l'avoir admiré, après avoir vu ce qu'il y a de plus curieux dans les quatorze forges qui l'avoisinent, j'ai pris congé de M. et de Mme Blair. (Bombelles, *Journal de voyage [1784]*, 1989.)

Dutens

Visitez les Midlands !

Leurs produits, ainsi que ceux des manufactures de Staffordshire, sont transportés à Chester et à Liverpool par des canaux de navigation intérieure ; et, en général, c'est la partie d'Angleterre qui mérite le plus d'attention, de soins et de temps, de la part des voyageurs. Nulle part il n'y a tant d'industrie, d'activité et de génie dans le commerce. On voit avec la plus douce satisfaction qu'une aisance, et une prospérité générale en est la suite naturelle ; et il est aisé de la remarquer dans toutes les classes d'habitants et de manufacturiers. (Dutens, *L'Ami des étrangers qui voyagent en Angleterre*, 1787.)

Bombelles

Birmingham : un grand village ?

J'arrive d'une tournée qui m'a fait voir le premier et le plus beau village de l'univers puisqu'il est reçu qu'une ville n'a ce titre qu'au moyen d'une administration municipale, et que Birmingham n'a ni magistrats ni bailli, ni aldermans, enfin aucune corporation.

Une industrie qui longtemps n'a reçu d'entraves a fait d'un vrai village la troisième ville de fait de l'Angleterre après Londres et Bristol. On regarde Birmingham comme la cité la plus florissante et la plus peuplée de ce royaume. Le nombre de ses habitants était évalué à cinquante mille en 1781 et certainement il est augmenté depuis, ainsi que celui des maisons qu'on portait alors à huit mille. La religion dominante a deux paroisses, trois succursales, sans compter les églises des non-conformistes. Quoique Birmingham n'ait pas été bâtie avec le soin qu'on apporte dans la construction des villes nouvelles de l'Angleterre, c'est encore dans l'ensemble une belle ville. Le marché de la nouvelle halle, le square, et les bâtiments autour de l'église de Saint-Philippe forment trois places agréables. Une des promenades publiques est le cimetière de cette église, le choix d'un pareil lieu pour aller prendre l'air et se recréer fait peu d'honneur à la délicatesse et à la sensibilité des habitants de Birmingham. Mais ils ne sont pas les seuls qui aient pris un aussi triste emplacement pour s'y promener. La plate-forme de Berne fut longtemps un cimetière ; le cimetière planté de beaux arbres est une promenade à Zurich et à Lausanne, les Turcs plantent aussi leurs cimetières et vont s'y promener au mépris des vapeurs dangereuses que ces lieux exhalent.

Il faudrait être au moins huit jours à Birmingham pour bien voir toutes les manufactures, et on y parviendrait pas avec la simple qualité de voyageur curieux de s'instruire. Les Anglais chefs de manufactures sont peu communicatifs et font tant qu'ils le peuvent des secrets de tout. Par exemple leurs propres compatriotes ne voient pas travailler des tableaux qui au moyen d'une mécanique ingénieuse sont imprimés et retouchés ensuite par de bons peintres. Cette nouvelle invention avait pour but de procurer dans une égale perfection des copies des tableaux des plus grands maîtres à un prix plus modique que celui des originaux, mais ce qui s'est fait jusqu'à présent n'a pas répondu à l'attente des inventeurs. J'ai vu plusieurs de ces tableaux, et les mieux exécutés coûtent beaucoup plus cher qu'ils ne valent. On croit aussi généralement que le mystère profond dans lequel on laisse les opérations de cette manufacture naît en grande partie de ce que ses entrepreneurs sentent eux-mêmes qu'ils n'ont pas le succès qu'ils s'étaient promis.

Ma curiosité quant au reste de ce qui se fait à Birmingham n'a pas éprouvé ces gênes établies. Grâce à M. Blair, un de ses amis, M. Kire, nous a fait entrer partout où nous pouvions le désirer. Quoique l'on fabrique à Birmingham une infinité d'objets différents, celui dont le commerce y est le plus considérable est le bouton, on en fait de toutes les sortes et ceux de papier mâché ont un débit immense. J'ai vu dans tous ses détails la principale des fabriques où ce papier consolidé par une préparation bien entendue acquiert en conservant une grande légèreté, une solidité que n'a pas le bois le plus dur. On fait des choses charmantes dans cette manufacture indépendamment des boutons, comme des plateaux pour mettre des tasses, des panneaux de voitures, des boîtes de toute espèce. Cette manufacture entretient outre des peintres pour les choses communes des artistes plus distingués qui exécutent de très agréables tableaux, mais les prix de ces objets de luxe sont d'autant plus exorbitants que l'entrepreneur de cette manufacture jouit encore du privilège exclusif.

Lorsque quelqu'un invente dans quelque art que ce soit de quoi en améliorer le produit, et que son invention est constatée comme utile et réellement nouvelle, il obtient un privilège exclusif pour être le seul pendant un certain nombre d'années à faire fabriquer ce que son génie lui a fait enfanter ; mais il n'obtient son privilège qu'à la charge de consigner dans l'espace de quatre mois le secret qui le lui a valu et de l'exposer avec une suffisante clarté pour qu'après la révolution des années accordées chaque personne puisse travailler aux mêmes objets d'après cette invention ; alors la concurrence des différents ouvriers, rend les prix plus modiques et l'inventeur, ayant joui d'un bénéfice assez considérable, devient lui-même intéressé à baisser ses prix pour se conserver du débit et un débit de préférence.

Cet encouragement donne l'essor au génie inventif et ses avantages portent sur les plus petits objets. Il y a un homme de Birmingham qui, au moyen d'une machine que j'ai vue, tresse le crin dont les fouets sont garnis, le travail de trois heures se fait en une et un enfant, en donnant du mouvement à la machine, opère ce qui exigeait de talent et de l'habitude ; le même artiste vient de trouver une nouvelle manière de filer la laine qui, en simplifiant beaucoup ce travail, doit influer sur la diminution du prix des draps et par conséquent en accroître la vente. On prétend qu'on vient de découvrir en Écosse une qualité de laine qui vaut celle d'Espagne. J'ai peine à le croire, mais si cela était, cette découverte et celle d'une filature plus facile seraient deux atteintes majeures portées à nos manufactures de drap.

J'ai vu avec étonnement et plaisir le service qu'on tire à Birmingham de l'âge le plus tendre. Des enfants de dix ans sont déjà d'excellents ouvriers, et travaillent avec une rapidité et une justesse dans leurs mouvements qui se trouvent rarement dans les opérations d'artisans plus âgés.

Si presque toutes les manufactures de Birmingham offrent des objets d'intérêt, il en est une a deux petits milles de cette ville qui seule par son importance et la variété des travaux mériterait qu'on vînt de bien loin pour la voir. C'est celle de M. Bolton et de son associé. Ici on peut suivre tous les degrés par lesquels un bouton passe pour devenir d'un morceau de cuivre brut au point du plus grand poli et du travail le mieux soigné. L'histoire du bouton de métal est aussi complète chez M. Bolton que celle du bouton de papier mâché dans la manufacture dont j'ai fait mention. Mais ce n'est pas à ces seuls ouvrages que M. Bolton s'est borné. Peut-être y eût-il trouvé son compte, mais doué de cette ambition qui veut embrasser l'universalité des objets sa manufacture renferme des travaux d'industrie qu'on ne trouve pas quelquefois dans une ville considérable. C'est chez lui que s'est travaillé en premier lieu ce nouveau genre de vaisselle, qui n'est qu'une plaque d'argent sur du cuivre, plaque qui reçoit les différences du mat et du bruni, les ciselures et la gravure comme l'argent massif. M. Bolton a aussi entrepris des ouvrages en or moulu, mais quoiqu'il en soit sorti de fort beaux de sa manufacture, il est resté très en dessous de ce qui se fait en ce genre à Paris, et la cherté de la main-d'œuvre anglaise le fera renoncer vraisemblablement à un travail d'autant plus ingrat qu'il paraît démontré que la qualité du charbon de terre en Angleterre s'oppose à la beauté parfaite de la dorure, et que les ouvriers sont quoique on puisse en dire bien loin du goût qui en distingue un petit nombre en France. Les vases étrusques envoyés par le chevalier Hamilton, qui les a tirés des ruines d'Herculanum, de Pompéi et d'autres parties du royaume de Naples ainsi que de la Sicile, sont des modèles d'après lesquels toutes les manufactures d'Angleterre en porcelaine, en poterie, en bijouterie et en orfèvrerie travaillent. Nombre de ces vases étaient du temps de leur formation fort différents dans le goût qui y présidaient. Alors comme à présent, le talent plus ou moins heureux d'un ouvrier dotait ou privait d'élégance son ouvrage ; les Anglais, en adoptant sans beaucoup de discernement toutes les formes antiques, en ont encore souvent altéré les vraies beautés. C'est ainsi qu'en général ils donnent des anses grêles à un vase d'une bonne proportion, qu'ils font des colonnes hors de proportion aussi pour s'en servir de flambeaux. Enfin, en voyant en détail tous leurs ouvrages, il est plus ordinaire d'en admirer le fini que le dessin qui les a guidés. Malgré ces observations que j'ose croire dénuées de toute prévention, la fabrique de M. Bolton n'en est pas moins un des plus magnifiques établissements qu'il soit possible de voir dans son ensemble; longtemps ses profits n'ont pas répondu à ce qu'il fallait pour l'indemniser d'avances immenses, mais la découverte de nouvelles pompes à feu remplace amplement le déficit dont il a eu à souffrir. Ces pompes à feu lui sont non seulement d'un secours surprenant pour toutes les opérations premières de ses différents travaux, mais par la manière dont son associé est parvenu à les simplifier elles épargnent un tiers de dépense partout où elles sont employées; ce qui fait que M. Bolton, en ayant donné aux divers exploiteurs de charbon en Angleterre le tiers du profit qu'il s'est stipulé sur le tiers du bénéfice en économie, lui rapporte, dit-on, de la part de ces entrepreneurs de mines ou des propriétaires, près de dix mille livres sterling annuellement.

Après avoir vu dans tous leurs détails les différentes fabriques réunies dans les vastes bâtiments de M. Bolton, nous avons été dîner dans une campagne voisine chez M. Kire, et en revenant à Clent M. Blair a bien voulu encore se détourner pour me reconduire à Birmingham afin d'y voir le port où s'embarquent les marchandises qui ne vont point par terre et où l'on débarque la prodigieuse quantité de charbon qui se consomme tant à Birmingham que dans les environs. Le canal qui part de ce port remonte en recevant en chemin différentes branches jusqu'à Wolverhampton et par le canal de Wolverhampton on remonte ou jusqu'à Liverpool par la Mersey ou jusqu'à Manchester comme on resdescend à Glocester et à Bristol par Stourport et la Severn. Sous peu l'ouverture d'un nouveau canal de Birmingham à Tamworth établira par Oxford et la Tamise une navigation non interrompue entre Londres et Birmingham. (Bombelles, *Journal de voyage [1784]*, 1989.)

La Tocnaye

L'atelier de Vulcain

La scène change terriblement de Worcester à Birmingham. Comme cette dernière ville semble être l'atelier de Vulcain, aussi les pays qui en approchent ont-ils quelque peu de ressemblance avec ceux qui approchaient le Tartare. A dix ou douze milles nord-est de Worcester et de la Savern [Severn], on traverse une bruyère longue de quatre à cinq milles, et ce n'est qu'à cinq ou six de Birmingham que l'on retrouve la terre cultivée. On vend indifféremment partout ce pays, la bière, le cidre, ou le perré, à peu près au même prix.

Birmingham est une grande ville, pouvant contenir soixante mille habitants, à en juger par l'immense étendue qu'elle occupe, et le mouvement qui y règne. Il n'y a guère d'autres bâtiments remarquables que l'établissement pour les orphelins des pauvres ouvriers, qui est vaste et bien entretenu. La ville est entourée de canaux, qui joignent d'un côté avec la Severn, et que l'on s'occupe à joindre de l'autre avec l'Humber, et ainsi traverser l'île.

On aperçoit aussi de tous côtés de petits jardins avec une petite cabane, c'est là que les ouvriers fatigués de leurs travaux viennent se délasser d'une manière utile ; en outre de l'amusement et de l'occupation agréable qu'ils y trouvent, ils jouissent encore du fruit de leur industrie en recueillant autant de légumes qu'il leur en faut pour eux et leur famille ; je cite ce petit article avec grand plaisir, parce que je le crois très utile, et que même je penserais de l'humanité et de l'intérêt de tous les manufacturiers possibles d'établir et d'encourager la même chose.

Cependant, cette nouvelle ville que l'industrie a créée et soutient n'a rien de bien agréable pour l'étranger, on n'y voit que des ouvriers noircis par la fumée de leurs ateliers. On n'y entend que le bruit du marteau et des chariots chargés de ferraille ou de charbon. Tous les bâtiments sont noircis par la fumée, et couverts d'une poussière brune, qui s'attache et pénètre partout ; là, en se lavant le visage trois fois par jour, on est sûr de rendre l'eau presqu'aussi noire que de l'encre.

J'arrivai le soir à Shrewsbury, à travers les mines d'or d'Angleterre (je parle de son charbon). Le nombre des puits est si considérable qu'il semble de loin, un grand camp. Chaque puits a une pompe à feu qui sert à tirer l'eau et à amener le charbon ; il y a certainement dans cet endroit beaucoup plus d'habitants dessous la terre que dessus. Les ouvriers travaillent jour et nuit, et se relèvent, les uns les autres. (La Tocnaye, *Promenade d'un Français dans la Grande-Bretagne*, 1795.)

Tocqueville
Une vaste boutique

Birmingham, 25-30 juin 1835. — Nous trouvons ici autant de bienveillance qu'à Londres ; mais ce sont deux sociétés qui ne se ressemblent guère. Ces gens-ci n'ont pas un moment à eux. Ils travaillent comme s'ils devaient devenir riches ce soir et mourir demain. Ce sont, en général, des hommes très intelligents, mais à la manière des Américains. La ville elle-même n'a aucune analogie avec les autres villes de province d'Angleterre ; elle se compose tout entière de rues semblables aux rues du Faubourg Saint-Antoine. C'est un immense atelier, une grande forge, une vaste boutique. On n'y voit que des gens affairés, des visages noircis par la fumée. On n'y entend que le bruit des marteaux et le sifflement de la vapeur qui s'échappe de la chaudière. On dirait l'intérieur d'une mine du Nouveau Monde. Tout y est noir, sale et obscur, quoiqu'il s'en échappe à chaque instant de l'argent et de l'or. (Tocqueville, *Voyage en Angleterre [1835]*, 1957.)

Blanqui
> *Tout est feu et fumée, enclumes, marteaux et fonderies...*

Le temps est superbe, nous continuons notre promenade jusqu'à Birmingham ; ce n'est pas *voyager* que de parcourir en voiture découverte une suite de jardins et d'habitations sans cesse renaissantes. — Une pension de jeunes demoiselles occupe le trottoir de la route, car près des villes les grands chemins ont leurs trottoirs ; elles s'avancent dans la campagne deux à deux, vêtues de blanc. Leur démarche n'est pas sans grâce : on ne leur a pas encore appris à se tenir mal. Elles regardent les passants du coin de l'œil, sans détourner la tête, d'une manière tout à fait singulière. Le sang est beau ; les yeux vifs, souvent bleus, avec des cheveux noirs ; l'embonpoint abonde, et disparaît bientôt. On peut attribuer à l'abus du thé, aux brouillards et à la fumée du charbon de terre, toujours un peu chargée d'hydrogène, les révolutions qui troublent si promptement la santé des jeunes personnes, et qui donnent à tant de figures, naguère fraîches et brillantes, une physionomie languissante et lymphatique.

A peine sortis de la petite ville insignifiante de Broomsgrove, sur la route qui mène à Birmingham, les conducteurs ont ralenti le pas pour nous laisser gravir à pied une côte assez rapide, où le plus admirable spectacle attend les voyageurs. Du sommet de cette côte, la vue plongeait sur une plaine immense, qui forme le comté de Worcester, dont presque toutes les villes reparaissaient à nos regards comme dans un panorama ; les feux du soleil couchant éclairaient ce tableau, que l'imagination ne saurait embellir. Tous les clochers avec leurs flèches, la Saverne [Severn], les canaux, les villages, les routes, les objets saillants pouvaient se distinguer facilement, embrasés par des torrents de lumière ; tandis que, sur le versant opposé de la colline, la plaine entière de Birmingham, déjà couverte par les ombres du soir, ne laissait voir que les tuyaux noirâtres de ses mille fournaises et de ses fonderies. Je recommande ce point de vue à tous ceux qui aiment les grands effets de paysage et toutes les scènes qui élèvent l'âme, en la forçant de se recueillir profondément. Il m'a semblé qu'un petit nombre de souvenirs de cette nature devaient suffire dans les différentes circonstances de la vie, pour rafraîchir l'imagination la plus sombre et la plus attristée.

[...] Birmingham n'a pas, comme Bristol, la physionomie caractéristique d'une ville de commerce. Ses constructions, d'une régularité classique, ses rues larges et aérées, et la propreté qui y règne, annoncent plutôt une cité consacrée aux arts et aux plaisirs. Elle est bâtie sur un terrain inégal, au point de réunion de plusieurs canaux, qui lui apportent sans cesse les productions des comtés voisins, le plus souvent du fer en barre, du cuivre, de l'argent en lingots : ces matières premières sont soumises à l'action des cylindres, des ciseaux et des meules, d'où elles sortent en feuilles, en bandes, en fils de toutes les grandeurs. Les principales manufactures sont consacrées à la quincaillerie ; on y taille l'acier et le verre sous mille formes différentes, et la plupart de ces travaux, d'un fini exquis, sont l'ouvrage des machines auxquelles on est parvenu à donner assez d'esprit pour remplacer des hommes. Les pompes à feu remplacent les chevaux, et animent des marteaux épouvantables, dont les coups violents et précipités, semblables aux monstres de la fable, paraissent dévorer le fer au lieu de l'aplatir. Ces fabriques opulentes méritent le plus sérieux examen, aujourd'hui surtout, que les principes de l'économie politique, plus répandus parmi nous, ont indiqué la véritable cause de la décadence et de la prospérité des nations.

Aucun bruit cependant ne s'entend dans la ville, excepté celui des nombreuses diligences qui se croisent en tous sens dans les rues et sur les places publiques. Ce mouvement est à peine interrompu pendant quelques heures de la nuit ; car il arrive à chaque instant des voitures de Londres, éloigné de plus de cent milles. Les auberges sont toujours encombrées, et le service s'y fait avec une promptitude qui prouve l'affluence et la crainte de perdre du temps.

Les places publiques ne répondent point à la beauté des rues. L'une des plus remarquables, celle qui entoure l'église de Saint-Philippe et son cimetière, n'a d'intéressant qu'un édifice simple, orné de l'inscription si touchante et si aimable de l'Évangile : *Sinite parvulos venire ad me* ; c'est l'hospice des Enfants-Trouvés, qu'un auteur appelle, avec trop de raison peut-être, des enfants perdus. L'église de Saint-Philippe n'est pas gothique : cet écart en architecture passe pour une hérésie, et les hérésies de ce genre ne sont pas pardonnées qu'à Christophe Wren, pour avoir bâti Saint-Paul de Londres. Les autres monuments de la ville sont tous très médiocres, excepté celui qui a été consacré au fameux amiral Nelson. Il est situé, comme l'église Saint-Philippe, au milieu d'une place entièrement irrégulière, ressemblant à un trapèze, rapidement inclinée au midi, mal pavée, bordée de maisons peu apparentes, et terminée par une chétive église en briques, à peine digne d'un hameau ; le cimetière n'y manque point, selon l'usage. La statue de Nelson s'élève sur un socle de forme cylindrique, entourée de reliefs allégoriques du plus mauvais goût ; l'amiral est debout, dans le costume de son grade, le bras gauche appuyé sur une ancre. On a eu l'heureuse idée de le représenter privé du bras droit, qu'il avait perdu dans un combat. La pose et l'expression de la figure m'ont paru convenables, malgré son air dédaigneux et maussade. L'inscription est simple : « A l'amiral Nelson, la ville de Birmingham. » Il est à regretter que le piédestal de cette statue, dont l'ensemble n'est pas d'un grand effet, soit entouré de misérables échoppes, où l'on vend des guenilles et des légumes : une telle profanation ne serait pas tolérée en France.

C'est à Birmingham que l'on prépare les feuilles de cuivre qui servent à doubler les vaisseaux. On y fabrique des ressorts de parapluies et de voitures, des armes blanches, des coutelleries fort estimées, des boucles d'acier, des tuyaux de conduite pour les eaux et pour le gaz hydrogène, dont la lumière éclaire aujourd'hui toutes les villes de la Grande-Bretagne. Il y a quinze ans que ce système a commencé à s'établir dans les ateliers : l'odeur du gaz était alors insupportable ; mais, à mesure que l'on a perfectionné les moyens d'épuration, les répugnances ont disparu, et l'éclairage par l'hydrogène n'a plus trouvé que des approbateurs. Les mines de charbon, ce trésor précieux que la nature a prodigué à nos voisins, en ont acquis une valeur nouvelle, et l'Angleterre s'est trouvée affranchie tout à coup de la nécessité de tirer ses huiles de l'étranger.

La richesse et l'industrie de Birmingham s'expliquent par le voisinage de la plaine de Wednesbury et de Wolverhampton, qu'on pourrait appeler, sans métaphore, la plaine des Cyclopes. La terre n'offre plus aux regards qu'une végétation stérile et sauvage, et le ciel, qu'un aspect nébuleux et noirâtre. Le sol est tout cicatrisé par les mines, et dominé par des milliers de hideuses pyramides quadrangulaires, d'où sortent, pendant le jour, des nuages de fumée, et des torrents de flammes pendant la nuit. Les routes sont pavées de scories et couvertes d'une poussière noire, qui, s'attachant au linge, aux vêtements et à la peau, donne aux habitants du pays une physionomie désagréable. La plaine est entrouverte de distance en distance, par des fosses profondes, bordées de charbon et de produits d'une apparence volcanique. De longues colonnes de fumée se balancent comme des vagues, au milieu d'une atmosphère calme et vaporeuse : si quelquefois un vent léger s'élève, ces colonnes sont balayées sur-le-champ, et alors on n'aperçoit plus qu'une aigrette blanchâtre à la cime des pyramides. Tout est feu et fumée, enclumes, marteaux, pompes et fonderies ; et les cyclopes de cette plaine valent bien ceux du mont Etna ; car on les a vus, pendant vingt ans de guerre, fabriquer à toute l'Europe des armes contre nous. Quinze mille fusils par mois sortaient de leurs terribles fournaises, sans compter les bombes, les boulets et les armes blanches. Les enfants et les femmes y travaillaient jour et nuit, et multipliaient innocemment les instruments de destruction qui produisent tôt ou tard l'esclavage des peuples. Au milieu de cette brûlante activité, dont le spectacle sévère n'est pas sans tristesse, les habitants semblent ignorer qu'il est des douceurs dans la vie ; qu'un petit jardin, une pelouse, des fruits, une maison propre et commode font le bonheur de leurs compatriotes à dix lieues de distance ; ils respirent sans cesse un air embrasé, et, tout entiers à leurs mines, ne songent guère si la surface de la terre est bonne à quelque chose.

Pour la première fois, dans cette plaine, j'ai commencé à comprendre l'industrie anglaise. Depuis l'île de Wight jusqu'à Broomsgrove, Bristol excepté, tout semble annoncer plutôt un peuple de pasteurs, un peuple ami des champs et des jardins : on a beau regarder autour de soi, on n'aperçoit que des détails, que des habitations de riches consommateurs, sans concevoir quelle puissance invisible travaille à l'œuvre continuelle de la production. Mais ici disparaît l'incertitude sur la nécessité de ce commerce immense d'exportation, qui force les Anglais à couvrir la mer de leurs vaisseaux ; et les milliers de pyramides qui hérissent la campagne de Wednesbury révèlent une partie du secret de cette nation rivale de la nôtre. Nulle part, en France, les exploitations ne sont fondées sur une base aussi large ; nulle part l'horizon n'est limité dans un espace de cinquante lieues carrées par un appareil aussi vaste et aussi imposant. Dans le silence et l'obscurité des nuits, l'incendie qui rayonne de tous les points de la plaine, produit sur le voyageur français une impression profonde : à la vue de ces lieux où l'on forgeait naguère des foudres contre sa patrie, il maudit les vicissitudes de la fortune, qui a fait succomber un grand empire sous les efforts de quelques millions d'insulaires ; et, ramené par la pensée sur la terre natale, s'il se rappelle des feux plus terribles..., les larmes succèdent à l'admiration, et le besoin de la vengeance à la douleur des souvenirs. (Blanqui, *Voyage d'un jeune Français...*, 1824.)

Custine

L'univers de la mécanique

On rentre ici dans l'empire du commerce : Birmingham, ainsi que les nombreuses fabriques établies dans les environs de cette ville, sont une des créations les plus étonnantes des marchands de Londres. Il y a cinquante ans que le nom du bourg de Birmingham était inconnu dans le reste de l'Angleterre. Aujourd'hui ses manufactures servent à l'approvisionnement du monde entier, et sa population excède quatre-vingt mille âmes. On fabrique ici tous les ustensiles de ménage, dont le luxe de la civilisation moderne a fait des objets de première nécessité, et cent mille personnes, tant dans la ville qu'aux environs, vivent de ce commerce. Depuis le fameux vase de Warwick, que je retrouve copié en bronze dans ses dimensions exactes, jusqu'aux boutons de livrée des laquais, depuis les cristaux, les bronzes, le plaqué, l'argenterie la plus riche, jusqu'aux ouvrages en fer et en cuivre les plus communs : tout se trouve dans le magasin de M. Thomasson, tout se fabrique dans ses ateliers. On y fait jusqu'aux outils nécessaires à la construction des machines employées ensuite dans les divers travaux de l'établissement même. La maison de commerce de M. Thomasson est une des merveilles de cette ville ; c'est un petit monde dont il est roi ; mais parmi le peuple qu'il commande, les hommes m'ont paru ce qu'il y avait de moins intéressant, et je leur préfère de beaucoup les mécaniques. Ces ingénieux enfants, d'un esprit inventif, semblent animés par une pensée mystérieuse : ils suppléent à l'adresse et au temps des hommes, et poursuivent leur muet travail avec une variété, une précision de mouvements qui épouvantent l'imagination.

J'ai passé sept mortelles heures à visiter en détail les divers ateliers de M. Thomasson, et je me sens plus fatigué de cette revue que si j'avais fait une course de douze lieues dans un pays de montagnes. Le mouvement des mécaniques m'a toujours inspiré une sorte d'étonnement pénible ; il me semble voir une intelligence restreinte à une seule pensée : c'est l'emblème de la folie, qui n'est qu'une idée fixe. Ces rouages, qu'on dit sans vie, me paraissent des êtres animés, mais dégradés, et qui cherchent à rivaliser avec la nature, dont ils ne reproduisent qu'une copie imparfaite. L'emploi capricieux des forces de ces monstrueux animaux de création humaine, qu'on désigne par le nom générique de machines, me cause d'abord un mouvement de curiosité qui ne me laisse bientôt qu'un malaise indéfinissable. Je me crois soustrait à la libre influence du Créateur, enchaîné à côté de la nature dans l'empire de la magie, et prisonnier dans un monde secondaire, image imparfaite et affligeante, misérable singerie des œuvres de la Providence.

Tout est triste à Birmingham. Le ciel, l'air, la couleur des maisons et les bruits singuliers produits par le mouvement continuel d'une multitude d'ateliers, de forges et de machines, rendent ce séjour curieux sans doute, mais tellement désagréable que si ses habitants vont en enfer, ils n'y apprendront rien.

M. Thomasson m'a fait examiner en détail une machine étonnante par la promptitude et l'adresse de ses mouvements ; elle est extrêmement compliquée, et destinée uniquement à former cette petite partie des boutons qui ressemble à une agrafe, et qui sert à les coudre aux habits. J'ai vu beaucoup d'autres machines très singulières, et une, entre autres, inventée par M. Thomasson pour tresser des cordes autour des manches de fouet. La promptitude du travail de ces génies prisonniers, qu'on s'obstine à nommer ici du nom vague de *mécanique*, passe ce que la parole peut exprimer.

Si l'on veut pénétrer dans l'empire des gnomes, il faut aller à Horseley, chez M. Manby, fabricant de fer, à deux lieues de Birmingham. Une demi-heure avant d'arriver dans ce lieu de désolation, vous êtes saisi par l'odeur d'une fumée épaisse, que vous voyez s'élever à la fois de plusieurs points de la plaine, et qui, s'étendant progressivement dans le ciel, finit par l'obscurcir entièrement. Plus vous avancez, plus vous vous enfoncez dans un monde inconnu. Toute la nature vous paraît fantastique. Des arbres pauvres, presque sans feuilles, et le peu qui leur en reste noircies et calcinées ; des chemins noirs, des maisons noires, des hommes noirs ; enfin tout est de fer. Vous arrivez dans une vallée, ou plutôt dans une plaine un peu enfoncée ; vous y trouvez un canal dont l'abord est défendu par des ombres, noirs habitants de ce noir séjour. Ce peuple hideux apporte en foule, au bord de l'eau, du fer et du charbon qu'on embarque à la fois, et qui disparaît à vos yeux dans des nuages d'épaisse fumée. De quelque côté que vous portiez vos regards, vous découvrez une vaste contrée, toute parsemée d'édifices bizarres, et dont les formes singulières ne vous révèlent pas d'abord la destination. Les uns sont ronds et finissent en pain de sucre, comme les huttes des nègres dans le désert ; les autres sont plats et surmontés d'obélisques, d'où l'on voit sortir, comme d'autant de cratères, une flamme pesante et sombre.

J'étais plongé dans l'étonnement que produit ce spectacle, vraiment infernal, lorsqu'on m'a arrêté devant la porte fraîchement peinte d'un petit jardin anglais, qu'on traverse, et qui vous conduit à la maison de M. Manby, modeste habitation, élégante et propre comme toute autre maison anglaise ; car on a beau priver un Anglais d'air et de lumière, il pense toujours à décorer son *cachot* avec ce genre de luxe particulier à l'Angleterre : luxe des choses commodes, qui naît de l'excessive prévoyance des hommes, combinée avec l'extrême désagrément du climat. Au reste, la vie active du négoce est absolument nécessaire pour résister à l'influence délétère d'une pareille température. Les marchands doivent être un peu moins sujets au spleen que les autres Anglais. Après un court déjeuner, le maître de la maison m'a conduit lui-même à ses forges.

A une petite lieue de ces immenses ateliers, on trouve dans la même mine, et en égale abondance, des couches de charbon et de fer, et cette singularité qui a permis de recueillir en même temps la matière à travailler et la matière nécessaire à ce travail, est, sans contredit, la principale cause de l'accroissement extraordinaire qu'ont pris, en peu d'années, les établissements de M. Manby.

Parmi les merveilles d'industrie qu'on admire chez lui, j'ai surtout été frappé de la facilité avec laquelle on y travaille le fer à froid. Sous les ciseaux qui le coupent, ce métal ne paraît plus qu'une cire molle qu'on manipule avec des instruments d'acier. Ceux-ci sont encore mis en action par la vapeur, par cette âme toute puissante des manufactures anglaises ; les leviers qu'elle fait mouvoir, dans ces forges, sont d'une force et d'une dimension effrayantes. On voit là des barres très grosses, des morceaux de fer très épais, taillés, ployés, façonnés avec une facilité qui tient de l'enchantement ; et c'est de ces ateliers miraculeux que vient de sortir le premier bâtiment tout de fer que la mer aura porté. J'en ai vu commencer un second qui, dans quatre mois, remontera la Seine jusqu'à Paris, où, sans doute, il ne produira pas même assez d'effet pour qu'on demande d'où il est venu. (Custine, *Courses en Angleterre et en Écosse*, 1830.)

Trabaud
Spectacle grandiose et misérable

Nous voici aux pieds de Birmingham, qui occupe le sommet d'une colline et en suit les pentes douces. L'amphithéâtre que mesurent nos yeux, est d'une teinte sombre, lugubre, enfumée comme une usine, une fabrique, et ces milliers de tuyaux, vomitoires des épaisses couches de fumée qui planent sur Birmingham, nous apprennent qu'une ville manufacturière est moins une ville, qu'un assemblage monotone d'ateliers, de machines à vapeur, de patrons et d'ouvriers, de matières premières et d'objets transformés. L'aspect des villes industrielles est maussade et sinistre ; si ce n'était l'intérêt qui s'attache fatalement aux vicissitudes du commerce et de l'industrie civilisée, j'engagerais l'étranger à se détourner des comtés industrieux du centre de l'Angleterre, dont le spectacle est à la fois grandiose et misérable, par une de ces bizarreries dont nos petits neveux sauront peut-être le secret. Birmingham, Liverpool, Manchester, Leeds et tant d'autres villes ne devraient se décrire, car elles sont exactement façonnées sur le même modèle. On ne saurait signaler une particularité, tandis que les traits généraux abondent. Après cela, si, faisant bon marché de l'existence mécanique et délétère de l'ouvrier, on ne considère que les résultats de la richesse publique, le pitoyable tableau de l'atelier vu de près se transformera en grand et magnifique panorama. Quoi de plus surprenant que ces agglomérations où s'élabore tout ce qui est nécessaire à notre luxe et à nos besoins ; où cinq millions d'hommes secondés par de puissantes machines, convertissent tout ce qu'ils touchent en objets utiles, et dont le résultat définitif est une production annuelle de quatre milliards et demi de francs !

Cependant on nous débarque à Swan hôtel, et là devant le *landlord* et quelques personnes de sa suite, le conducteur me rappelle, avec cette ténacité que l'épervier met à poursuivre sa proie, que je dois un shilling d'étrenne à un de ses collègues, et qu'il faut sur-le-champ acquitter cette dette, sous peine de laisser en gage tous mes effets. Évidemment une telle cupidité et de tels moyens étaient peu propres à la conciliation. Le maître d'hôtel se liguait, comme c'est l'usage en tout pays, contre son hôte, et tout mon bagage allait disparaître, lorsque la force et la grossièreté capitulèrent devant ma négative persistance. Je ne demeurai qu'un jour à Swan hôtel, et il est probable que le bill présenté en fin de compte comprenait le shilling en question, passé à l'article lits, thé, dîners ou service.

Birmingham, que les vieux nomment encore Bermingham, de son ancien nom, s'est approprié le fer du Staffordshire pour en produire des milliers d'objets. Le fer, le cuivre et l'acier jouent le principal rôle dans cette fabrication de Birmingham. Ses produits ordinaires sont les clous, les aiguilles, les boutons, les armes à feu, puis la quincaillerie fine, puis la sellerie, les fouets, les tabatières, les jouets d'enfants, la bijouterie, le plaqué, la tôle, l'émail, les garnitures de cheminée, enfin, les sièges à étui, les parasols de poche, des marchepieds à ressort, des yeux de poupée, et par-dessous tout, des plumes en acier. Depuis quelques années les imitations de laque de la Chine et les meubles et ustensiles de papier mâché ont pris une grande extension. J'ai eu l'occasion de vérifier le fait, chez Thomason, où l'on me montra un encrier destiné au duc de Devonshire, d'une coupe simple, commode et élégante, brillant comme de l'ébène noire polie. Chez le même Thomason, comme chez plusieurs manufacturiers, se trouve un salon ou magasin de détail, dans lequel l'étranger est admis à acheter certains objets d'utilité domestique. Comme j'avais fait emplette d'une provision de ciseaux, boutons et autres articles, on me pria de visiter les ateliers et probablement le guide fut à mon égard d'une circonspection qui approchait de la défiance ou du mauvais vouloir, car tout le spectacle se réduisit à deux ou trois salles ; puis un ouvrier suivant les ordres du même guide s'empressa de laminer sous mes yeux un morceau d'étain, de le découper circulairement et l'ayant placé sous le lourd balancier qu'il agita deux ou trois fois, il me remit, comme fiche de consolation, une médaille qui présentait d'un côté l'effigie de Napoléon, de l'autre un millésime quelconque. Cette galanterie à l'endroit du vainqueur de l'Europe, remua bien un peu ma fibre française et me laissa un instant convaincu de la haute importance de mon pays. Peut-être n'était-ce qu'une illusion.

Quand on a fait quelques tours dans High Street, qu'on a paradé devant la statue de Nelson, que ce peuple de marchands a élevée au héros de Trafalgar, moins pour honorer le génie militaire que pour témoigner sa reconnaissance d'une victoire qui amenait un ordre de choses paisible, favorable au commerce ; quand on a étudié les mœurs des rues habitées par les ouvriers et que l'on a contemplé avec douleur combien la race dégénère dans la fabrique, alors qu'elle s'ennoblit au milieu des champs, il convient de quitter Birmingham. (Trabaud, *D'Inverness à Brighton*, 1853.)

Bombelles
Le canal qui fit la fortune de Liverpool et de Manchester

Mon hôte m'avait annoncé comme détestable la route de Prescot à Warington afin de colorer de ce prétexte toutes ses demandes. Cette route est belle, roulante et unie dans toute son étendue, Warington est un bourg considérable près duquel est une grande verrerie. La Mersey, qu'on passe sur un pont de pierre, sépare Warington d'un joli faubourg, à un mile et demi plus loin est le canal du duc de Bridgewater. Ce seigneur obtint en 1759 un acte du Parlement qui l'autorisait à faire à ses frais un canal de Worsley, où il a d'immenses puits de charbon, jusqu'à Manchester. Le succès de cette entreprise engagea à l'étendre et le duc de Bridgewater en ouvrit un autre de Manchester à Runcorn. Ce canal établit une communication commode et journalière entre Manchester et Liverpool, quoique le pays qu'il traverse dans une étendue de près de trente miles soit d'une surface assez plane, il n'en a pas fallu moins d'une dépense très considérable pour construire au-delà de trente ponts de pierre, afin de laisser subsister les communications des riverains, pour revêtir en nombre de parties ce canal, pour le tailler dans d'autres au milieu d'un roc vif et pour le faire passer en plusieurs endroits au-dessus de rivières, de ruisseaux et de chemins creux. Il a aussi fallu vaincre de bien plus grands obstacles entre Manchester et Worsley, comme de passer sous terre, dans une immense voûte d'une longueur prodigieuse et d'avoir élevé le canal par un pont de trois arches à assez de distance du lit de l'Irvel pour que les bateaux qui naviguent sur cette rivière ne soient gênés par rien. Cette dernière partie du canal est vraiment curieuse parce que souvent les navigateurs de l'Irvel voient passer au-dessus des arches sous lesquelles vont être leurs bateaux ceux du duc de Bridgewater qui semblent ne passer que sur un pont comme le ferait une voiture. Un autre mérite de ce canal c'est qu'il fut le premier entrepris en Angleterre et que ce n'est qu'à son imitation, que d'autres compagnies ont employé leurs fonds dans de pareilles entreprises, qui aujourd'hui ont tourné au grand profit du commerce intérieur de l'Angleterre, cependant ce royaume à cet égard est bien inférieur à ce qui se voit en France et le canal de Languedoc vaut à lui seul tout ce que ces canaux ne rapportent pas. Celui du duc de Bridgewater a longtemps gêné ses finances et ne lui vaut au plus aujourd'hui que l'intérêt de son argent au denier cinq.

 Je me suis embarqué à une heure après midi, dans un des bateaux qui vont et viennent journellement de Manchester à Liverpool. Ils sont spacieux et propres comme les yachts en Hollande. J'ai eu une chambre séparée, où j'étais fort bien. La vue est peu variée de Warington jusqu'à Manchester. Le seul joli objet est une campagne qui appartient à milord Stempford, le même dont j'ai vu la campagne qu'il a à Envile, dans le comté de Stafford. Près de Manchester, les eaux du canal sont teintes du noir qui se perd de toutes les teintureries aux environs de la ville. Il était sept heures lorsque nous sommes entrés dans le port qui termine le canal du duc de Bridgewater. (Bombelles, *Journal de voyage [1784]*, 1989.)

Michelet

Vapeurs et fumées

 On met un long jour de douze heures pour aller d'York à Liverpool. Triste matinée. Jusqu'à midi, un brouillard épais nous dérobe complètement le paysage. Lorsqu'il se dissipe, nous sommes en face de Leeds. Elle monte en amphithéâtre au-dessus de sa rivière, la grande tisseuse de l'Angleterre. Véritable ruche humaine, elle monte avec son essaim pressé de cheminées gigantesques. Tous ces obélisques dressés et lançant au ciel, à torrents, leurs noires fumées, étouffent la cathédrale. Israël, voilà vos dieux !...

 Ce brûlant creuset qui vous présente, dans ses usines, ses machines, tous les raffinements de l'industrialisme anglais, n'a pourtant rien changé au caractère primitif de la contrée. Partout, jusqu'aux limites les plus reculées de l'horizon, de gras pâturages, des arbres robustes, et les sites les plus agrestes. Contraste frappant, mais qui s'harmonise mieux qu'il ne semble au premier regard.

Ainsi, le gazon de la prairie boit la pluie, la rosée, il en fait une herbe succulente. Le bœuf, la vache, le mouton mangent l'herbe; l'homme, à son tour, boit le lait, le sang surtout. C'est en lui qu'il puise l'exubérante force de production qui se manifeste en ce pays sous toutes les formes. La viande est l'aliment indispensable de cette race faite, elle aussi, de chair et de sang. Privez-la de ce régime essentiellement réparateur, vous la voyez, sous ce climat humide, faiblir vite, et présenter le tableau d'une misère hâve et cadavérique.

De Leeds à Halifax, c'est la continuation d'une ville qui s'allonge, bordée de trottoirs en belle dalle pour la facilité des piétons. Elle tourne tout à coup, la jolie route, elle tourne, et plonge dans l'entonnoir de la profonde vallée, rappelant au voyageur qui a vu la Suisse, la descente rapide du Simplon. Ici, ce n'est pas Brieg, mais Halifax, qui semble dormir, en bas, noyée à demi dans de flottantes et blanches vapeurs.

Je n'ai jamais été aussi frappé de ce brouillard mobile qui change, à chaque instant, l'aspect des choses, du paysage, et vous trompe sur la valeur des distances. En réalité, l'Angleterre nage entre deux mers. Son ciel est encore une mer où tout flotte dans la molle douceur d'un pâle soleil d'automne.

Les paysages anglais restent presque toujours ainsi, à l'état mixte, moitié peinture, moitié gravure. Indécision rêveuse, d'un grand charme, mais qui rend d'autant plus surprenante l'activité prodigieuse de ce peuple — le milieu où elle se développe — ne servant pas du tout à l'expliquer. Il y faut, je le répète, la viande saignante, les alcools, peut-être aussi l'action du fer sous toutes ses formes. Le fer, on le sait, aimante la grande île dans toute sa longueur.

En sortant d'Halifax, le sol brusquement se redresse pour s'élargir en vastes plateaux complètement déserts, que recouvrent des champs entiers de bruyères. La seule animation de cette profonde solitude, lui vient de mignonnes cascades qui tombent des hauteurs pour rejoindre à notre droite, un charmant petit lac.

Mais voici Rochedale... vous devinez tout de suite un pays de houille à la couleur des moutons, aussi noirs de suie que des mineurs.

Le railway de rapidité foudroyante — vrai symbole de l'Angleterre — m'a emporté ce matin de Liverpool à Manchester. Inutilement. Tout ici est rigoureusement fermé. Concurrence, jalousie, mystère. Alors je me suis mis à errer tristement dans la boue, sous la pluie, à travers un dédale de rues qui ne m'offrent, pour toute étude, que leurs noires murailles. Mais si épaisses qu'elles soient ces murailles, on ne peut empêcher que le regard les perce, et qu'il pénètre au-dedans.

Les pâles visages des ouvrières que je vois sortir des ateliers, mal abritées sous un mauvais chapeau de paille, me racontent déjà quelque chose de ce qu'on tient tant à cacher, ceci, par exemple : C'est que si la classe bourgeoise et l'aristocratie gardent toujours la même exubérance de force sanguine, la classe ouvrière, en revanche, semble de plus en plus minée aux sources mêmes de la vie.

Nulle autre part ailleurs, vous ne rencontreriez ces pâleurs de spectres que j'ai vus errer sur une place de Londres, la nuit, à la lueur du gaz, et dans la fantasmagorie du brouillard. (Michelet, *Sur les chemins de l'Europe [1834]*, 1893.)

Tocqueville

De Liverpool à Manchester

Liverpool [4 ou 5 juillet 1835]. — Ville destinée à devenir le centre du commerce anglais. Havre de pêcheurs, il y a trois siècles. Petite ville, il y a soixante ans. Le commerce des esclaves, source de sa grandeur commerciale. Elle transporte des esclaves dans les colonies espagnoles à meilleur marché que toutes les autres. La fondation des États-Unis, le développement des manufactures de Manchester et de Birmingham, l'extension du commerce de l'Angleterre dans toutes les parties du monde ont fait le reste.

Liverpool, belle ville. La misère est presque aussi grande qu'à Manchester, mais elle se cache. Cinquante mille pauvres vivant dans des caves. Soixante mille Irlandais catholiques.

L'enfer de Manchester

2 juillet 1835. Caractère particulier de Manchester. — La grande ville manufacturière des tissus, fils, cotons... comme Birmingham l'est des ouvrages de fer, de cuivre et d'acier.

Circonstance favorable : à dix lieues du plus grand port de l'Angleterre, lequel est le port de l'Europe le mieux placé pour recevoir sûrement et en peu de temps les matières premières d'Amérique. A côté, les plus grandes mines de charbon de terre pour faire marcher à bas prix ses machines. A 25 lieues, l'endroit du monde où on fabrique le mieux ces machines. Trois canaux et un chemin de fer pour transporter rapidement dans toute l'Angleterre et sur tous les points du globe ses produits.

A la tête des manufactures, la science, l'industrie, l'amour du gain, le capital anglais. Parmi les ouvriers, des hommes qui arrivent d'un pays où les besoins de l'homme se réduisent presque à ceux du sauvage, et qui peuvent travailler à très bas prix ; qui, le pouvant, forcent les ouvriers anglais qui veulent établir une concurrence, à faire à peu près comme eux. Ainsi, réunion des avantages d'un peuple pauvre et d'un peuple riche, d'un peuple éclairé et d'un peuple ignorant, de la civilisation et de la barbarie.

Comment s'étonner que Manchester qui a déjà 300 000 âmes s'accroisse sans cesse avec une rapidité prodigieuse ?

Autres différences entre Birmingham et Manchester. — Police plus imparfaite à Manchester qu'à Birmingham. Absence plus complète de gouvernement, soixante mille Irlandais (au plus cinq mille à Birmingham), une foule de petits locataires entassés dans la même maison. A Birmingham, presque toutes les maisons occupées par une seule famille ; à Manchester, une portion de la population dans des caves humides ou trop chaudes, puantes et malsaines : treize ou quinze individus dans la même. A Birmingham, chose très rare. A Manchester, eaux stagnantes, rues mal pavées ou non pavées. Lieux d'aisance insuffisants. Toutes ces choses presque inconnues à Birmingham. A Manchester, quelques grands capitalistes, des milliers de pauvres ouvriers, peu de classe moyenne. A Birmingham, peu de grandes manufactures, beaucoup de petits industriels. A Manchester les ouvriers réunis par mille, deux mille ou trois mille dans les manufactures. A Birmingham, les ouvriers travaillent chez eux ou dans de petits ateliers en compagnie du maître lui-même. A Manchester, on a surtout besoin des femmes et des enfants. A Birmingham, particulièrement des hommes, peu des femmes. De l'aveu des habitants de Manchester, la population ouvrière de Birmingham est mieux portante, plus aisée, mieux réglée et plus morale que celle de Manchester.

Aspect extérieur de Manchester. — Une plaine ondulée, ou plutôt une réunion de petites collines. Au bas de ces collines, un fleuve de peu de largeur (l'Irwell), qui coule lentement vers la mer d'Irlande. Deux ruisseaux (le Medlock et l'Irk) qui circulent au milieu des inégalités du sol et, après mille circuits, viennent se décharger dans le fleuve. Trois canaux, faits de main d'homme, et qui viennent unir sur ce même point leurs eaux tranquilles et paresseuses. Sur ce terrain aquatique, que la nature et l'art ont contribué à arroser, sont jetés comme au hasard des palais et des chaumières. Tout, dans l'apparence extérieure de la cité, atteste la puissance individuelle de l'homme ; rien, le pouvoir régulier de la société. La liberté humaine y révèle à chaque pas sa force capricieuse et créatrice. Nulle part ne se montre l'action lente et continue du gouvernement.

Trente ou quarante manufactures s'élèvent au sommet des collines que je viens de décrire. Leurs six étages montent dans les airs, leur immense enceinte annonce au loin la centralisation de l'industrie. Autour d'elles ont été semées comme au gré des volontés les chétives demeures du pauvre. Entre elles s'étendent des terrains incultes, qui n'ont plus les charmes de la nature champêtre, sans présenter encore les ornements des villes. La terre y est déjà remuée, déchirée, entrouverte en mille endroits, mais elle n'est point encore couverte des demeures de l'homme. Ce sont les landes de l'industrie. Les rues qui attachent les uns aux autres les membres encore mal joints de la grande cité présentent, comme tout le reste, l'image d'une œuvre hâtive et encore incomplète ; effort passager d'une population ardente au gain, qui cherche à amasser de l'or, pour avoir d'un seul coup tout le reste, et, en attendant, méprise les agréments de la vie. Quelques-unes de ces rues sont pavées, mais le plus grand nombre présente un terrain inégal et fangeux, dans lequel s'enfonce le pied du passant ou le char du voyageur. Des tas d'ordures, des débris d'édifices, des flaques d'eau dormante et croupie se montrent çà et là le long de la demeure des habitants ou sur la surface bosselée et trouée des places publiques. Nulle part n'a passé le niveau du géomètre et le cordeau de l'arpenteur.

Parmi ce labyrinthe infect, du milieu de cette vaste et sombre carrière de briques, s'élancent, de temps en temps, de beaux édifices de pierre dont les colonnes corinthiennes surprennent les regards de l'étranger. On dirait une ville du Moyen Age, au milieu de laquelle se déploient les merveilles du XIXe siècle. Mais qui pourrait décrire l'intérieur de ces quartiers placés à l'écart, réceptacles du vice et de la misère, et qui enveloppent et serrent de leurs hideux replis les vastes palais de l'industrie ? Sur un terrain plus bas que le niveau du fleuve et dominé de toutes parts par d'immenses ateliers, s'étend un terrain marécageux, que des fossés fangeux tracés de loin en loin ne sauraient dessécher ni assainir. Là aboutissent de petites rues tortueuses et étroites, que bordent des maisons d'un seul étage, dont les ais mal joints et les carreaux brisés annoncent de loin comme le dernier asile que puisse occuper l'homme entre la misère et la mort. Cependant les êtres infortunés qui occupent ces réduits excitent encore l'envie de quelques-uns de leurs semblables. Au-dessous de leurs misérables demeures, se trouve une rangée de caves à laquelle conduit un corridor demi-souterrain. Dans chacun de ces lieux humides et repoussants sont entassés pêle-mêle douze ou quinze créatures humaines.

Tout autour de cet asile de la misère, l'un des ruisseaux dont j'ai décrit plus haut le cours, traîne lentement ses eaux fétides et bourbeuses, que les travaux de l'industrie ont teintées de mille couleurs. Elles ne sont point renfermées dans des quais ; les maisons se sont élevées au hasard sur ses bords. Souvent du haut de ses rives escarpées, on l'aperçoit qui semble s'ouvrir péniblement un chemin au milieu des débris du sol, de demeures ébauchées ou de ruines récentes. C'est le Styx de ce nouvel enfer.

Levez la tête, et tout autour de cette place, vous verrez s'élever les immenses palais de l'industrie. Vous entendrez le bruit des fourneaux, les sifflements de la vapeur. Ces vastes demeures empêchent l'air et la lumière de pénétrer dans les demeures humaines qu'elles dominent ; elles

les enveloppent d'un perpétuel brouillard ; ici est l'esclave, là le maître ; là, les richesses de quelques-uns ; ici, la misère du plus grand nombre ; là, les forces organisées d'une multitude produisent, au profit d'un seul, ce que la société n'avait pas encore su donner ; ici, la faiblesse individuelle se montre plus débile et plus dépourvue encore qu'au milieu des déserts ; ici les effets, là les causes.

Une épaisse et noire fumée couvre la cité. Le soleil paraît au travers comme un disque sans rayons. C'est au milieu de ce jour incomplet que s'agitent sans cesse 300 000 créatures humaines. Mille bruits s'élèvent incessamment du milieu de ce labyrinthe humide et obscur, mais ce ne sont point les bruits ordinaires qui sortent des murs des grandes villes.

Les pas d'une multitude *affairée*, le craquement des roues qui frottent les unes contre les autres leur circonférence dentelée, les cris de la vapeur qui s'échappe de la chaudière, les battements réguliers des métiers, le roulement pesant des chars qui apportent, tels sont les seuls bruits qui frappent incessamment votre oreille dans ces rues sombres et à demi éclairées. Nulle part vous n'entendrez le pas des chevaux entraînant le riche habitant vers sa demeure ou ses plaisirs. Nulle part, les élans de la joie, les éclats du plaisir, l'harmonie des instruments qui annoncent un jour de fête. Nulle part vous ne verrez l'oisive aisance promenant ses loisirs au milieu des rues de la cité ou allant chercher de simples jouissances dans les campagnes environnantes. Une multitude parcourt sans cesse dans tous les sens Manchester, mais ses pas sont brusques, ses regards distraits, son aspect sombre et rude. Le bruit des roues fait retentir jour et nuit les échos de la cité. Mais ce sont des chars pesamment chargés que traîne d'un pas tranquille et lourd...

C'est au milieu de ce cloaque infect que le plus grand fleuve de l'industrie humaine prend sa source et va féconder l'univers. De cet égout immonde, l'or pur s'écoule. C'est là que l'esprit humain se perfectionne et s'abrutit ; que la civilisation produit ses merveilles et que l'homme civilisé redevient presque sauvage. C'est au milieu...

Manufactures. — Le mouvement qui pousse les hommes des champs dans les manufactures ne paraît pas avoir jamais été plus vif qu'à présent. Le commerce prospère et l'agriculture est en souffrance. On nous dit à Manchester qu'une multitude de gens des campagnes commence à arriver dans les environs. Les gages, [si] peu élevés qu'ils [soient], leur paraissent encore une amélioration à leur état présent.

Average des wages : 11 shillings par semaine. Ces gages suffisent, disent messieurs Connel, pour donner de l'aisance à l'ouvrier industrieux, mais en général, l'ouvrier est imprévoyant. A 6 shillings par semaine, il a grand-peine à vivre.

Dans cette manufacture, les gages ont une tendance à baisser. On invente sans cesse des procédés qui rendent le travail de l'homme moins nécessaire et, augmentant la concurrence des ouvriers, diminuent le prix du travail. Les trois quarts des ouvriers, dans la manufacture de messieurs Connel, sont des femmes et des enfants : système destructif de l'instruction et dangereux pour la moralité des familles, mais nécessairement amené par cette circonstance que ces manufactures n'exigent pas un grand déploiement de forces matérielles et que le travail des femmes et des enfants suffisant, il est moins coûteux de se le procurer que celui des hommes. (Tocqueville, *Voyage en Angleterre [1835]*, 1957.)

Méry

Une Venise du Nord

A la lueur d'un candélabre, je lus, sur l'angle d'une rue, *rue du Port*. Cette inscription me sembla toute de fantaisie ; il ne me paraissait pas probable que ce chemin, situé sur une montagne, conduisît au port de Manchester. A tout hasard, je m'y lançai, insoucieux, comme je le suis toujours, du but de mes courses dans les villes que je ne connais pas. A l'extrémité de cette rue, j'en vis une autre, longue et large démesurément ; son nom, je l'ignore. Je pris à droite, et à l'odeur du goudron qui remplissait l'air, je reconnus le voisinage d'un port. Quel port ! Ce n'est ni le bassin de Marseille qui s'allonge comme l'ellipse d'un cirque, ni la belle rivière de Liverpool, qui donne une lieue de sa rive droite aux navires qui lui viennent de l'Océan voisin. Manchester est au milieu des terres, et c'est bien glorieux à lui d'entretenir commerce avec la mer par ses écluses et ses canaux. De ce côté, Manchester ressemble à une Venise passée à la suie. Il y a des *rialtos* enfumés, des *ponts des soupirs* vernissés au charbon, des canaux bordés de palais noirs qui sont des arsenaux de commerce ; de longs quais gluants jalonnés d'anneaux de fer où s'amarrent les coches : c'est encore un spectacle unique au monde, surtout la nuit, quand on contemple cet amas prodigieux d'usines, ces ponts d'ébène, jetés sur une eau plombée, comme les ponts du Cocyte ; ces forêts d'antennes, chargées de voiles sombres, comme les ailes colossales d'oiseaux de ténèbres ; ces gouffres mystérieux, où s'abîment des torrents ; ces fabriques à mille croisées, portant sur leurs toits d'énormes moulins de fer ; toute cette autre ville flottante, qui est le centre des besoins industriels du globe, et qui se montre comme un ouvrier robuste et laborieux, non pas sous le vêtement soyeux du Sybarite, mais avec la noble livrée du travail.

Le voyageur oisif et inutile à la société, le voyageur désœuvré qui arrive devant un pareil tableau, se trouve confondu de surprise et d'admiration : il reconnaît une race d'hommes supérieurs à ceux qu'il a vus, et il s'humilie au pied de ces hautes œuvres qui rendent l'humanité digne de Dieu. Pour moi, qui tiens la première place parmi ces voyageurs, je ressentis profondément ces impressions ; je demeurai longtemps en extase devant ce culte du travail, dont chaque maison était le temple. La nuit donnait à la pensée ce recueillement solennel qui lui est refusé par le fracas étourdissant du jour. Qu'il me paraissait sublime, ce repos de cette forte ville, placée entre les fatigues de la veille et les devoirs du lendemain ! Ils étaient là, autour de moi, cent mille qui dormaient à la hâte, pour être debout à l'aube, et interroger devant la forge le génie inépuisable des grandes inventions. Ces œuvres qui s'accomplissaient, dans leur perfection incomparable, étaient destinées à cet univers anglais, presque aussi grand que la terre ; elles allaient, à travers l'Océan, retentir sur quelques rochers de la mer du Sud, ou dans quelque massif d'ombrage, aux comptoirs coloniaux des archipels et des continents indiens ! Ce Manchester, que je voyais dormir au bord des canaux, était l'atelier du monde ; c'est à lui qu'on a recours quand il faut creuser une route à travers les montagnes, emprisonner un volcan dans un vaisseau, amollir le fer comme de la cire, lancer un bloc de roche équarri au sommet d'un édifice, ourdir les tissus, cuirasser les navires contre les écueils. Quand il faut servir l'homme dans ses besoins, ses plaisirs, son luxe, ses caprices, ses travaux, adressez-vous à la Venise de marbre, à la Venise des poètes, à l'amante de Byron, ce désœuvré sublime : demandez-lui un clou pour fixer une plaque de cuivre à la coque d'un navire, elle vous chantera une barcarolle, elle ne vous donnera rien ; demandez tout à la Venise enfumée de Manchester, elle vous donnera tout. Allez la troubler dans son sommeil, la Venise de marbre ; implorez l'aide de ses bras, pour quelque rude travail dans les lagunes ; elle retombera dans sa mollesse, en vous disant d'attendre le soleil. Donnez un coup de marteau, à minuit, sur l'enclume de la Venise de Manchester, dites aux cent mille cyclopes de ce Polyphème anglais que le Gange, l'Oronte, l'Euphrate attendent ses chaudières de fer, vous allez voir étinceler les vitres aux fronts de ces monuments innombrables ; vous allez voir ces lourdes voiles frissonner au souffle des forges, ces barques creuser l'onde épaisse du canal, ces écluses rouler sur leurs gonds, ces façades de briques reluire au reflet des flammes, ces moulins de fer tourner comme des girouettes de château, toute cette immense fournaise bouillonner et vomir les feux par mille cratères ; vous verrez éclater, dans son magnifique travail, le volcan de l'industrie et de la civilisation.

    L'aube me surprit dans ces pensées. Les premiers et pâles rayons du jour glissèrent sur les eaux du canal sans leur ôter la teinte sombre qui les couvre. Le brouillard, refoulé par la chaleur supérieure, se fondit en rosée, et découvrit, comme un rideau de théâtre qui se lève, toute cette partie navale du vieux Manchester. Déjà les mariniers apparaissaient sur le pont des barques ; les travailleurs du port débouchaient de toutes les issues. Le laborieux géant se réveillait et saisissait avec tous ses bras le marteau, la scie, la navette, le soufflet de forge, le lingot de fer. Un cri tombé d'en haut semblait avoir appelé Manchester à son œuvre puissante de tous les jours. En longeant la ligne des édifices, j'entendis le fracas intérieur qui ébranle le plancher de brique ; ces grands corps d'architecture avaient une âme, et se renvoyaient, par leurs croisées ouvertes, le cri du réveil. Les herses, en se levant, découvraient des magasins béants comme des gouffres ; les becs de fer se tordaient sur les quais pour saisir les marchandises ; de tous côtés surgissait quelque ingénieux mécanisme qui venait en aide à la main de l'homme et allégeait le fardeau. Aux éruptions lointaines des trombes de fumée, on devinait déjà que la furie industrielle courait des rives du port jusqu'au hangar du *rail-way*, et que tout Manchester avait entonné l'hymne du travail qui ne devait cesser qu'avec le jour.

Il n'est pas de ville, sans contredit, plus intéressante en Angleterre et au monde : aujourd'hui, Manchester n'est que le laboratoire de l'univers, il ne se fait admirer que par la rudesse de ses labeurs et ses inventions cyclopéennes ; eh bien ! un jour viendra qui lui donnera d'autres destinées, l'or après le fer. Ce sera l'Athènes du Nord, bien mieux qu'Édimbourg, qui n'a su se faire qu'une architecture d'emprunt et qui a servilement copié l'art grec, impuissant qu'il était à créer un art national. Jusqu'à présent, le peuple de Manchester a fait preuve d'une imagination incomparable dans l'œuvre de l'industrie ; c'est aux découvertes utiles qu'il a toujours appliqué ses étonnantes facultés de création ; mais on s'abuserait étrangement si l'on croyait que ce génie s'est révélé sous toutes ses faces ; il y a chez lui un foyer d'enthousiasme qui doit porter d'autres fruits. J'ai vu ce peuple au théâtre, le peuple de l'usine, étalant ses bras de fer sur les quarante banquettes qui lui sont réservées, et laissant tomber du cintre un tonnerre d'applaudissements avec une intelligente précision d'à-propos ; je l'ai vu aux meetings électoraux, et bien plus ardent, bien plus orageux, bien plus jaloux de ses droits d'homme que ne le fut jamais un peuple méridional, échauffé au soleil de Rome ou d'Athènes. J'en ai conclu que les climats et les latitudes devaient être mis hors de cause dans la question de l'art, ou bien que les climats opposés amenaient des effets identiques. Il m'est prouvé que dans cette immense agglomération d'ouvriers, on trouverait des architectes et des statuaires, de grands artistes inconnus et qui attendent l'heure de la révélation pour donner à Manchester un art national. On voit déjà, dans cette partie de l'Angleterre, surgir une architecture jeune et timide qui s'essaie par l'imitation et marche à l'originalité. On a déjà compris que la forme et la matière des monuments devaient s'harmoniser avec le ciel ; que le marbre de Carrare ou la pierre blanche frissonnaient dans le nord, que la colonne d'Ionie, les chevelures d'acanthe, les fûts gracieusement cannelés avaient horreur de la pluie et des brouillards. Ainsi, à Liverpool, autre ville qui s'avance vers un grand avenir, avec ses richesses, son commerce prodigieux, son intelligence et ses admirables femmes ; à Liverpool, on achève en ce moment le palais de la douane, palais cent fois plus beau que la Bourse à paris. La douane de Liverpool n'a pas visé à la coquetterie ; elle ne s'est pas coiffée à la grecque, avec des aiguilles de fer à la Franklin ; elle ne s'est pas percée à jour avec des croisées infinies ; elle n'aura pas besoin d'écrire son nom, en lettres d'or, sur le fronton, pour se faire reconnaître du passant. La douane de Liverpool est un édifice de la première ville commerçante du monde ; elle est d'un marbre à grains sombres, veiné de noir, matière admirablement choisie ; elle a trois colonnades d'un ordre imposant et sévère, et sa magnifique façade regarde la rivière et l'Océan ; c'est le portique du commerce universel. L'autre voisin de Manchester, Birmingham, est artiste comme Florence sous le premier des Médicis. Birmingham copie et crée ; encore quelques années, il ne copiera plus, ses deux récentes œuvres sont empreintes d'un caractère de grandeur qui fait deviner un glorieux avenir ; ce sont deux palais magnifiques et qui laissent bien loin en arrière l'architecture cartonnée de Londres, à l'exception, toutefois, de Saint-Paul : Grammar School et Town Hall, dans New Street, à Birmingham, révèlent un véritable sentiment d'artiste. Manchester n'a rien encore à opposer à la douane de Liverpool et aux deux nouveaux édifices de Birmingham ; mais le jour que ce géant de l'invention prendra l'équerre et la truelle, il créera du premier coup un système d'architecture étonnant. Ce sera un jeu pour Manchester de remuer la pierre, de la ciseler, de l'équarrir, de la porter aux nues. J'ai vu bâtir des maisons à Manchester ; l'architecte s'inventait pour lui-même ses outils et ses machines ; il simplifiait son œuvre, à l'aide d'un petit atelier à vapeur qu'il improvisait pour la circonstance, ou d'un mécanisme à rouages légers qui voltigeaient le long des corniches supérieures, en apportant à l'ouvrier la pierre et le ciment. A Manchester, toute exigence du travail est satisfaite sur l'heure ; l'instrument est toujours là pour répondre au besoin. Confiez donc les œuvres d'art à ces intelligences douées de la double organisation du calcul froid et de l'exécution vive, et vous verrez ce qui sortira de leurs mains.

A Manchester, je n'ai rien trouvé de ce qu'on aime dans les villes, ni la beauté du ciel, ni la verdure des jardins, ni le bruit des fontaines, ni le sourire du soleil, ni l'éclat des promenades, ni la gaieté des rues, rien de ce qui charme dans notre Midi. En descendant du wagon de Birmingham, lorsque je mis le pied sur le pont de ce canal qui baigne bourbeusement les prairies noires du faubourg de Manchester, je fus saisi d'un ennui profond. Je voyais cette ville énorme qui couvre des collines et des vallées dans son atmosphère triste, froide, brumeuse ; je contemplais avec mélancolie cette vaste forge cyclopéenne qui donnait au ciel sa fumée, et ce ciel qui lui rendait la pluie en échange ; je n'avais pour me consoler que la vue d'une superbe église gothique, perdue à droite dans un lointain sombre, aux limites de la cité. Alors me revenait à l'esprit le souvenir de ces émotions de voyage, lorsqu'on entre, par une belle soirée de printemps, à Florence, à Rome, à Naples, et que tout vous fait fête : le ciel, les collines, les bois, la mer. Il me semblait que Manchester, tout entier à ses forges, à ses manufactures, n'avait pas un asile à donner au voyageur qui venait la visiter par désœuvrement. Une rue interminable se déroulait devant moi : je n'y remarquai qu'une église neuve, de style gothique, isolée sur une place ; à gauche et à droite, les éclaircies des carrefours me laissaient entrevoir les deux ailes de la ville, qui s'étendaient à des profondeurs infinies mais sans m'offrir une de ces enseignes d'auberge qui attirent gracieusement l'étranger. On m'avait indiqué Albion Hotel, mais je désespérais de l'atteindre, car j'avais déjà fait deux lieues sans le rencontrer ; enfin on me désigna mon gîte sur la place de Piccadilly. Triste apparence d'hôtel ! maison basse ; bâtie à nu de briques rouges, au coin d'une rue étroite et sombre. J'entrai pourtant, et je commençai à me réconcilier avec Manchester. Cet Albion Hotel, qui n'a rien sacrifié à l'extérieur est à coup sûr un des meilleurs hôtels de l'Europe. On y trouve le confortable anglais jusque dans ses moindres détails : chambres, repas, service, tout est aux souhaits du voyageur. Insensiblement je m'habituai à cette ville extraordinaire ; après quelques jours je l'aimai. Maintenant, c'est de toutes les villes d'Angleterre celle qui reste dans mes affections de souvenir. En la quittant, je lui ai dit : « Au revoir. » (Méry, *Les Nuits anglaises*, 1840.)

Taine

Une Babel de briques

Paysage plat et terne pendant les cent premiers milles ; au-delà les collines commencent, et la campagne prend une expression. Ces hautes collines onduleuses nagent dans la brume ; parfois, quand le soleil affleure, une clarté faible vient, comme un sourire, se poser sur leur vert pâle ; ce sourire fugitif, dans le deuil universel des champs mouillés, est si touchant et si triste !

Nous entrons dans le pays du fer et de la houille ; partout les traces de la vie industrielle ; les débris de minerai font des montagnes ; le sol est disloqué par les excavations ; les hauts fourneaux flamboient. Nous approchons de Manchester. Dans le ciel cuivré du couchant, un nuage de forme étrange pèse sur la plaine ; sous ce couvercle immobile, des cheminées hautes comme des obélisques se hérissent par centaines ; on distingue un amas énorme et noirâtre, des files indéfinies de bâtisses, et l'on entre dans la Babel de briques.

Promenade dans la ville ; vue de près, elle est plus lugubre encore. L'air et le sol semblent imprégnés de brouillard et de suie. Les manufactures alignent l'une après l'autre leurs briques salies, leurs façades nues, leurs fenêtres sans volets, comme des prisons économiques et colossales. Une grande caserne à bon marché, une *work-house* pour quatre cent mille personnes, un pénitencier de travail forcé, voilà les idées qui viennent à l'esprit. Une de ces bâtisses est un rectangle à six étages, chacun de quarante fenêtres ; c'est là que sous la lumière du gaz, au roulement assourdissant des métiers, des milliers d'ouvriers, parqués, enrégimentés, immobiles, tous les jours, tout le jour, poussent machinalement leur machine ; se peut-il une vie plus violentée, plus contraire aux instincts naturels de l'homme ? — Vers six heures, les ateliers dégorgent dans les rues une foule agitée et bruyante ; hommes, femmes, enfants, on les voit grouiller dans l'air trouble. Leurs vêtements sont salis ; beaucoup d'enfants vont nu-pieds ; les figures sont tirées et mornes ; plusieurs s'arrêtent aux boutiques de gin ; les autres s'éparpillent et regagnent leurs tanières. — Nous les suivons ; quelles tristes rues ! Par la fenêtre entrouverte, on voit la pauvre chambre, au niveau du sol, souvent plus basse que le sol humide ; des tas d'enfants blancs, charnus, malpropres sont sur le seuil et respirent le mauvais air de la rue, moins mauvais que celui de la chambre. On aperçoit un reste de tapis, un linge suspendu qui sèche. — Nous poussons plus loin, du côté du faubourg ; là, dans un espace plus libre, des files de petites maisons économiques ont été bâties par entreprise. La rue noire est pavée de scories ferrugineuses ; les toits bas allongent leurs files rouges sur le gris universel du ciel ; mais chaque famille est chez elle, et le brouillard qu'elle respire n'est pas trop impur. Voilà les favorisés, les heureux. Et nous sommes en été, aux plus beaux jours de l'année ! Là-dessus, on se demande quelle peut être leur vie en hiver, lorsque le brouillard noie, étouffe, engloutit toute la nature visible, et l'on sent de quel poids ce climat inhumain, ce régime industriel pèsent sur l'homme.

Courses et visites dans le quartier riche. Ici et à Liverpool, comme à Londres, le caractère anglais se marque dans les constructions. Le citadin fait tout ce qu'il peut pour cesser d'être citadin ; il tâche d'avoir dans un coin de la ville son château et sa campagne ; il a besoin d'être chez lui, de se sentir seul, roi de sa famille et de ses domestiques, d'avoir à lui et autour de lui un coin de parc ou de jardin qui le délasse de la vie artificielle et des affaires. De là d'immenses rues sans boutiques, silencieuses, où chaque maison, entourée d'un carré vert, est isolée et ne contient qu'une famille. En outre, au-delà de Manchester, s'étend Bowdon, sorte de villa générale, avec un superbe parc à lord Stamford, qui en donne la jouissance au public : magnifiques arbres, riches gazons, troupeaux de daims familiers, couchés dans les fougères. Au sortir de l'atelier ou du bureau, comme on doit sentir la douceur et le calme de ces beautés naturelles ! — Car ici il n'y en a point d'autres ; même dans le quartier riche, la promenade attriste. Dix, quinze, vingt maisons de suite ont été bâties sur le même patron, et se suivent comme des dames sur un damier, avec une régularité mécanique. Les gazons corrects, les petites grilles, les façades vernissées, les compartiments exacts font penser à des ménageries peintes, à des jouets bien propres. L'ornement est de mauvais goût, chapiteaux, colonnes grecques, balustres, toits gothiques et autres formes empruntées à des siècles ou à des lieux lointains, le tout frais et disparate, luxe équivoque et de pacotille, comme celui d'un enrichi qui s'attife en croyant se parer. — Il est bien de travailler, il est bon d'être riche ; mais ce n'est pas assez que de travailler et d'être riche.

Ils sont puissants, voilà la compensation. La vie de ces chefs de maisons industrielles ou commerciales peut être comparée à celle d'un petit prince. Ils ont les capitaux, les grandes visées, la responsabilité, les dangers, l'importance, et, à ce que l'on dit, l'orgueil d'un potentat. Comme lui, ils ont leurs délégués et leurs représentants aux quatre coins du monde ; ils sont tenus de connaître au jour le jour l'état et les ressources des pays environnants ou lointains ; ils risquent leur acquis en entreprises énormes ; ils ont à discipliner et à contenter un peuple d'ouvriers ; ils peuvent être des bienfaiteurs pour des milliers d'hommes ; ils sont les généraux et les gouverneurs du travail humain. Un quart de million sterling, un demi-million sterling, voilà les mots qu'on entend répéter à propos de leurs entreprises, achats et ventes, valeurs des navires nolisés ou des produits emmagasinés. Ils envoient reconnaître tel ou tel district du globe ; ils découvrent des débouchés ou des approvisionnements au Japon, en Chine, en Australie, en Égypte, en Nouvelle-Zélande ; ils poussent à l'élevage des moutons, à l'acclimatation du thé, à la culture du coton dans une contrée nouvelle. Dans cette façon d'entendre les affaires, toutes les facultés ont tout leur jeu.

Les magasins de tissus sont des monuments babyloniens ; l'un d'eux a cent deux mètres de façade ; une machine à vapeur monte les ballots. Telle manufacture de coton contient trois cent mille broches. Selon un de mes amis, ingénieur, et d'après les relevés authentiques du coton brut qui entre et du coton manufacturé qui sort, le district de Manchester a gagné pendant deux ans cinq cents millions de francs par mois ; aujourd'hui il en gagne encore deux cent cinquante. — Nous visitons les ateliers de Shaw et de Platt, l'un filateur, l'autre constructeur de machines à filer. Platt fabrique vingt-trois mille broches par semaine ; il en a fabriqué jusqu'à trente-cinq mille ; il a quatre mille huit cents ouvriers ; il fait pour trente millions d'affaires par an, et l'on dit que l'an dernier il a gagné cinq millions. Quand on entre dans ces ateliers on demeure stupéfait ; c'est un pêle-mêle gigantesque et ordonné, un labyrinthe de roues, d'engrenages, de rubans de cuirs roulants, un édifice vivant et agissant, qui, du sol au plafond et d'étage en étage, travaille avec une vitesse vertigineuse, comme un automate infatigable et acharné. Dans un vaste hangar, dix-huit forges flamboient, chacune flanquée de deux petites ; une fourmilière d'ouvriers s'agite dans l'ombre traversée de rougeurs ardentes. — Chez un autre, Sharp, constructeur de locomotives, sept à huit cents ouvriers font cent locomotives par an, chacune de soixante-quinze mille francs. Il faut venir ici pour sentir la puissance de l'eau et du feu ; ce ne sont que piliers de fonte semblables à des troncs d'arbres, machines à entailler qui font sauter des copeaux de fer, machines à forer qui, dans des plaques de fer épaisses comme le pouce, percent des trous aussi aisément que dans du beurre ; pilons de cinq cents kilos dont le jeu est si précis qu'ils cassent une noisette sans entamer l'amande ; cisailles monstrueuses, forges colossales. Huit hommes, rangés en file, poussaient dans une de ces gueules de feu un arbre de fer rougi, gros comme le corps. — Mais l'homme, ici, est un insecte ; l'armée des machines prend toute l'attention. A la vue de ces créatures d'acier, de forme bizarre, si laborieuses, si industrieuses, parmi les grincements et le tonnerre de leur hâte furieuse, on pense aux nains et aux géants souterrains de la mythologie scandinave, aux monstres déformés qui, dans les cavernes des montagnes, forgeaient pour les dieux des colliers et des armures. Aujourd'hui, c'est pour l'insecte qu'ils travaillent ; il leur commande ; et parfois, en voyant la disproportion des serviteurs et du maître, on oublie à quel prix il leur commande. (Taine, *Notes sur l'Angleterre*, 1871.)

DES HOUILLÈRES DES MIDLANDS
AUX HOUILLÈRES DE NEWCASTLE

Montulé
Considérations techniques et sociales, économiques et politiques...

Nous louâmes une voiture avec deux chevaux, et nous partîmes pour Dudley, à neuf milles de la ville. On voit à Dudley un vaste château en ruine et sur une montagne. Du sommet de la tour on aperçoit partout la fumée qui couvre six ou huit lieues d'étendue ; on croirait qu'un feu souterrain enflamme les entrailles de la terre, et qu'elle se soulève de tous côtés.

Dudley et ses environs sont véritablement les forges du monde. Ses innombrables machines à vapeur, qui tirent le charbon au moyen d'une roue portée à quinze ou vingt pieds du sol, les nuages qui s'en échappent et roulent sur la terre, les immenses cheminées qu'on prendrait pour des obélisques, le mouvement des ouvriers, les chariots en fer qui courent avec fracas sur des routes en fer ; au milieu de ce tumulte, de cette fumée. Le soleil qui paraît de temps en temps, tout cela ne sortira jamais de ma mémoire.

Je voulus descendre dans une des nombreuses mines de houille qui l'entourent. Le directeur des travaux crut longtemps que je plaisantais ; il m'assura même qu'un prince allemand avait renoncé à l'entreprise en voyant l'appareil dont il fallait se servir. Je ne sus alors que penser de son embarras, des questions réitérées qu'il me faisait, et des figures charbonnées qui, sortant d'un puits, nous regardaient avec étonnement. Après avoir en vain cherché en Angleterre des brigands, des tapageurs, de ces gens en qui l'énergie vitale est forte, de ces gens qui pensent que leur fortune est entre les mains des autres, allais-je enfin les trouver au fond de cette ouverture d'où provenait un bruit sourd, confus, sombre comme la vapeur qui s'en exhalait ?

Revêtu d'un gros sarrau de laine à peu près blanc, je pris avec un guide la place de la dernière charge de charbon de terre qui venait de monter, sur un plateau de deux pieds de largeur, attaché par trois chaînes à l'extrémité d'une sangle très épaisse qu'une machine à vapeur fait continuellement mouvoir. Dépendant de son mouvement, nous arrivâmes doucement à plus de quatre cents pieds de profondeur, par un puits large de neuf ou dix. Tout en descendant, on ne peut se défendre de quelque crainte ; on réfléchit malgré soi que l'existence ne tient plus qu'à une simple corde ; elle est forte, à la vérité, mais enfin elle peut casser. La cessation de cette existence ne dépend plus de la réunion nécessaire de plusieurs fractions de l'unité, mais de cette unité qu'un instant seul peut détruire. En portant les yeux au-dessus de soi, on aperçoit l'ouverture qui se rétrécit infiniment plus que toutes les idées de perspective ne le feraient présumer ; et, quoique les yeux ne se trouvent qu'à six ou huit pouces de l'axe, le cône qui vous couvre paraît fortement incliné. Mais nous avons touché le fond ; me voilà dans un autre monde ; de vastes galeries s'étendent autour de moi. Je juge de leur étendue par les voix rauques et prolongées des hommes souterrains qui les habitent ; j'en juge aussi par les lumières qui paraissent faiblement dans un lointain obscur dont elles franchissent à peine les ténèbres épaisses. Qu'on joigne à tout cela les figures surprises de ces cyclopes modernes, et le bruit d'une chaîne énorme qui roule incessamment ses anneaux sonores, et l'on pourra me suivre avec une partie des sentiments qui m'animaient. La chaîne dont je parle est mue par la vapeur ; elle amène le charbon du fond des galeries jusqu'au pied du puits. Dix chevaux, descendus dans ce séjour des ombres, sont destinés à vivre et à mourir loin du sol qu'ils devraient fouler, loin de la lumière bienfaisante du soleil ; ces victimes de l'avare industrie des hommes ramènent les chariots qui ont apporté le charbon de terre. Il me semble que la machine à vapeur pourrait facilement suppléer à leur usage. Les chariots, larges de quatre pieds, sont en fer, et portés sur quatre roues qui tournent dans des rainures de fer imbriquées dans le sol. Ces sortes de chemins sont fort commodes, et d'un usage très répandu en Angleterre. C'est un de ces perfectionnements auxquels l'industrie devrait le plus s'attacher ; il exige une première mise de fonds qui paraît considérable d'abord, mais qui l'est beaucoup moins que celle que l'on emploie à l'entretien des autres routes ; il a de plus l'avantage de diminuer le frottement, et par conséquent le travail.

Je suivis mon guide dans un vaste corridor creusé dans la houille ; il est en pente parce que la couche, qui a trente pieds d'épaisseur, est inclinée.

Ce corridor tournant est éclairé par un assez grand nombre de lumières. On voit sur ses côtés des excavations remplies de foin et de paille destinés à prolonger la triste existence des chevaux. Nous avions à peine fait quelques centaines de pas lorsque le corridor s'ouvrit tout à coup ; une galerie de trois cents pieds d'étendue, de quarante de largeur et de vingt-cinq de hauteur, se présenta devant nous. C'est sous la portée de sa voûte que sont enfoncés les misérables que l'ordre social, que la nécessité de vivre, obligent de suer chaque jour à plus de quatre cents pieds de la surface qu'ils devraient habiter. Condamnés à ne jamais voir le soleil, ils ne sortent que la nuit ; enfouis dans des grottes où rarement ils se peuvent tenir debout, vous voyez chacun d'eux, muni d'une lumière, s'efforcer d'arracher des entrailles de la terre ce qu'elle ne cède qu'au travail le plus opiniâtre. C'est pour deux ou trois francs par jour qu'une sueur noire ruisselant sur leurs corps blafards pour y tracer de longs sillons de charbon, témoigne la fatigue qu'ils éprouvent. Je n'ai jamais vu un ouvrage plus pénible, je n'ai jamais vu des hommes travailler avec plus d'ardeur. La vue d'un étranger ne les troublait point, et même ils ne me demandèrent rien : le guide seulement réclama à la sortie un pourboire pour lui et pour les ouvriers.

Ces malheureux, ainsi que tant d'autres en Angleterre, n'étant point légalement forcés d'adopter cet état, les Anglais ne les plaignent point. Chacun d'eux peut aller où bon lui semble ; oui, mais où ? comment ? sa femme, ses enfants, de quoi vivront-ils en attendant un autre établissement ? quel état connaît-il ? Étranger à ce qui se passe sur la terre, coudoyé, pressé par l'industrie des autres, le besoin, la faim, le ramèneront dans cet enfer dont il tire au moins sa subsistance. Que dans dis ans je descende encore dans ces mines, et de cent ouvriers que j'y ai vus, il en restera quatre-vingt-dix-neuf, abstraction faite de ceux que le temps, un travail opiniâtre, les miasmes, le mauvais air, une nourriture détestable, auront emportés ; je veux dire qu'un seul aura pris le bon parti, celui d'aller en Amérique, d'y cultiver la terre à la face du soleil, d'y voir sa famille s'élever dans les deux seuls biens réels de l'homme, la santé et la liberté ; tous les autres, arrêtés par la difficulté de changer d'état, seront encore enfoncés là où je les vois à présent. Cette difficulté d'un changement d'état est bien sentie par les paresseux qui remettent tout au lendemain, par les marins qui ne savent rien de ce qui se fait sur la terre : ils voudraient bien y vivre, en abandonnant pour toujours les dangers et les incertitudes de leur condition ; mais en quelques jours ils ont dépensé les appointements d'une campagne : ils ne connaissent que la mer, et le besoin les oblige à la parcourir encore. Transportez en Amérique les gens dont je parlais, donnez-leur des terres à cultiver, et vous verrez s'ils regretteront leur pays, une terre à la surface de laquelle ils ne pouvaient trouver place. Dans leur reconnaissance, ils béniront votre nom, et leurs enfants conserveront votre mémoire comme celle d'un bienfaiteur. Un Anglais croira, ou plutôt voudra donner à croire que j'exagère cette condition, que je la couvre d'une teinte sombre qu'elle n'a point : il aura tort, et je certifie que l'existence d'un nègre dans les colonies est moins pénible cent fois que celle de ses hommes libres. La voilà donc enfin la conséquence de cette perfection d'industrie, de cet accroissement de population si vantés : apprendre à se soutenir au milieu d'une masse qui cherche à vous étouffer ! La position de l'homme dans un pays trop peuplé est celle d'un individu dans un parterre debout : il faut qu'il coudoie ses voisins, qu'il tienne sa place, ou bien il tombe écrasé dans la foule. Heureuses les nations qui, grandes en territoire, ne travaillent que pour elles ; l'esprit national sera vrai chez elles ; elles trouveront dans tous les cas des défenseurs de leurs libertés.

Continuons. Au fond de cette vaste galerie est une ouverture descendante ; on y voit le terme de la couche de houille ; elle repose sur une mine de fer qu'on espère exploiter. J'en arrachai un morceau de bois tout à fait *minéralisé*. Du bois à quatre cents pieds sous terre ! Cette usine est d'autant plus avantageuse, qu'un canal navigable passe auprès. N'est-ce pas au fait, et raisonnablement parlant, le mouvement perpétuel ? La vapeur apporte le charbon, le charbon chauffe la chaudière, l'effet de celle-ci amène l'eau, et cela ne finira qu'avec la couche de houille et la volonté de l'homme.

Les environs de Dudley et de Birmingham présentent un aspect bien curieux ; mais que serait-il si ces usines, ces immenses cheminées fumantes, ce bruit d'instruments de fer, se réunissaient dans les gorges sonores de montagnes arides et désertes, puisque tout cela est presque effrayant au milieu de belles campagnes, au sein d'une nature qui s'efforce de sourire sous l'épaisse vapeur qui la voile ? (Montulé, *Voyage fait en Angleterre*, 1825.)

Buzonnière

En approchant de Newcastle

Mais l'aspect du pays a changé tout à coup. Un sol noir et friable vole en poussière sous les pieds des chevaux, et couvre d'une croûte épaisse les toits des hameaux, les vêtements et la figure des habitants. Les beautés de la nature ont disparu devant les merveilles de l'industrie ; les campagnes ne sont peuplées que d'artisans ; des routes en fer traversent le pays dans toutes les directions ; des files de chariots montés sur de petites roulettes en fonte, s'avancent lentement traînées par un seul cheval, ou bien, obéissant à leur propre poids, se précipitent du sommet des collines. Partout règne une activité dont il serait difficile de se faire une idée, et cependant le sol cache à nos yeux ce que cette contrée recèle de plus intéressant, les travaux souterrains de ces mines de charbon de terre qui fournissent à la consommation de la plus grande partie de l'Angleterre.

L'atmosphère commençait à se charger de vapeurs, et le soleil, couvert d'un voile rougeâtre, s'était déjà caché derrière les montagnes. Du sein des brouillards argentés, qui peu à peu s'étaient étendus sur la plaine, s'élevaient, comme d'antiques obélisques, les noires cheminées des usines, et tandis qu'à leur base brillait le feu des fourneaux, les flots d'une fumée pesante s'échappaient de leurs sommets et formaient des zones obscures sur la teinte orangée des nuages. (Buzonnière, *Voyage en Écosse*, 1832.)

Faujas de Saint-Fond
Les bienfaits de l'industrie

Cette belle rivière de Tyne offre, sur l'un et l'autre de ses bords, une foule de manufactures, qui rendent son aspect très piquant. Ici ce sont des briqueteries, des poteries, des faïenceries, des verreries, des fabriques de céruse, de minium, de vitriol ; là, des manufactures de tôle, de fer-blanc, de toutes sortes d'outils, des filatures de laiton, des lamineries, etc.

Ces établissements divers et multipliés, en opposition les uns aux autres, répandent de toute part tant d'activité, tant de mouvement, et, pour ainsi dire, tant de vie, que l'œil en est agréablement étonné, et que l'âme éprouve une vive satisfaction en contemplant ce magnifique tableau, où l'on voit tant d'hommes utiles trouver l'aisance et le bonheur dans le travail, contribuer en même temps à celui des autres, et faire prospérer en dernier résultat le gouvernement qui veille à la sûreté de tous.

Que l'on compare ensuite cette honorable industrie avec la paresse ignoble et la dégoûtante misère de cette foule d'hommes qui, se disant catholiques romains, assiègent les portes des églises et des maisons de moines dans les pays régis par de mauvaises lois, et l'on verra si les gouvernements n'influent pas sur le bonheur des hommes.

Les mines de charbon sont si abondantes et si multipliées dans les environs de Newcastle, qu'on peut les regarder non seulement comme un des grands magasins de l'Angleterre, mais encore comme fournissant au commerce extérieur un objet de vente et de profit considérable.

Il part journellement d'ici, et, pour ainsi dire, à toute heure, des vaisseaux chargés de charbon, soit pour Londres, soit pour divers ports de l'Europe ; et il en résulte, outre le commerce, un avantage incalculable pour la marine ; c'est là que se forme la grande pépinière des matelots, et qu'en temps de guerre plus de mille vaisseaux charbonniers arment en course et font un mal considérable au commerce ennemi.

C'est dans cette école pratique de la marine qu'on trouve des hommes aguerris à tous les dangers ; le célèbre Cook avait d'abord servi en qualité de matelot sur un vaisseau charbonnier de Newcastle : son intelligence et un génie actif l'eurent bientôt élevé au grade de capitaine ; il loua alors pour son compte un navire, et sut si bien, dans les occasions périlleuses, maîtriser, pour ainsi dire, les éléments, qu'il acquit, quoique jeune encore, une grande réputation parmi les marins : elle lui mérita dans la suite la juste confiance du gouvernement anglais ; et cet étonnant navigateur fit trois fois le tour du monde, et enrichit la géographie, l'histoire naturelle et la navigation des plus grandes découvertes. L'on conserve avec vénération, dans les environs de Newcastle, la maison modeste où il est né.

Les mines de charbon des environs de Newcastle sont dans une position si heureuse que le sol qui les couvre est formé par de beaux pâturages couverts de chevaux, et par des terres de labour d'un grand produit. Au-dessous de ce sol fertile, on trouve un grès d'une qualité parfaite pour les meules à aiguiser : cette seconde richesse de la terre, fournit encore à l'industrie des habitants de Newcastle un objet de travail et de commerce d'une grande étendue. Ces meules sont d'une si bonne qualité qu'elles sont transportées dans tous les ports de l'Europe. La première mine que je visitai appartient à un simple particulier ; elle est éloignée de deux milles de la ville.

Son exploitation occupe cent hommes, dont trente pour le service extérieur, soixante-dix pour les puits et les galeries souterraines ; vingt chevaux habitent ces fosses profondes et y traînent le charbon, quatre font les ouvrages à l'extérieur pour la machine qui l'élève des puits ; quelques autres sont employés à des travaux accessoires.

On trouve à cette profondeur de cent deux pieds, le charbon ; la couche en a cinq d'épaisseur dans quelques endroits, elle varie dans d'autres ; mais elle est, en général, d'une bonne exploitation, et l'on en tire beaucoup en gros morceaux, ce qui est un avantage ; car celui-ci est toujours d'un transport plus facile, et propre d'ailleurs aux cheminées : ce qui l'élève à un prix plus haut.

Lorsque l'on perce la couche d'argile noire et bitumeuse, on trouve le charbon qui y est adhérent ; mais ceci n'est pas général, car il y a d'autres mines dans le voisinage de celle-ci où le toit est un grès qui dans ses points de contact avec le charbon, est mélangé jusqu'à l'épaisseur de deux ou trois pouces, de charbon en éclat implantés dans le grès même : ces brins de charbon ont une apparence ligneuse, lorsqu'on les examine avec attention.

On voit, dans la mine dont je parle, une grande et belle machine à feu, destinée à l'épuisement des eaux ; elle fait agir en même temps un ventilateur pour purifier l'air.

Premières voies ferrées

La machine à molette est commode et le service s'en fait avec aisance, à l'aide de deux forts chevaux. Les seaux à monter le charbon, au lieu d'être en bois, sont en osier, mais solidement construits ayant une anse en fer ; ils contiennent au moins douze cents livres de charbon chacun ; et comme l'un monte à mesure que l'autre descend, il arrive un de ces paniers, au jour, de quatre en quatre minutes. Un seul homme le reçoit, le place sur-le-champ et pendant qu'il est encore suspendu, sur un traîneau attelé d'un cheval, le décroche, en remet un vide à la place, et conduit le traîneau sur un emplacement voisin un peu élevé, où l'on renverse le panier sur un toit à claire-voie au-dessus d'une espèce de hangar ; la poussière passe par les vides et tombe dessous, et les morceaux roulants sur le plan incliné, qui avance vers la terre, se déposent en tas au-dehors du hangar ; là, des chariots, dont je vais parler, le reprennent pour le porter au bord de la mer sur le lieu de l'embarquement.

Le transport par terre d'une quantité de charbon aussi immense exigerait des équipages et des chevaux sans nombre, ce qui coûterait fort cher ; mais l'industrie y a suppléé. L'on est donc parvenu à s'en passer : voici de quelle manière.

On a construit, pour cet objet, des chemins sur lesquels l'on a ménagé, avec beaucoup d'art, à l'aide du niveau, une pente presqu'insensible, qui se prolonge jusqu'au terme où le charbon doit arriver pour être embarqué ; cet espace à parcourir excède souvent plusieurs milles.

Cette première opération, qui exige des soins, étant terminée, on trace, dans toute la longueur du chemin, deux lignes parallèles, qui doivent avoir la distance exacte de la voie des chariots à quatre roues destinés au transport du charbon.

Alors on ajuste bout à bout sur ces deux lignes parallèles de fortes solives de bois dur, qu'on fixe solidement sur la terre à l'aide de plusieurs chevilles.

On a eu soin de ménager sur la surface extérieure de ces solives une espèce de moulure saillante de forme arrondie taillée dans la pièce. Le calibre de ce boudin doit être conforme à la grandeur des bandes creuses des roues des chariots, qui sont en fer fondu et coupées en gorge comme une poulie de métal.

Ces roues sont coulées d'un seul jet dans un moule où la bande sort évidée : cette grande cannelure a plusieurs pouces de profondeur et une largeur proportionnée ; c'est par là que la roue s'emboîte sur la solive saillante dont elle ne peut plus sortir ni dévoyer ; et comme cette partie est bien graissée et que le frottement la polit, des chariots à quatre roues, portant huit milliers de charbon, se meuvent par les lois du plan incliné et de la pesanteur, et marchent comme par magie à la file les unes des autres jusqu'au bord de la mer ; arrivés là, une charpente solide et artistement faite prolonge la route encore de plusieurs toises en avant, au-dessus de l'eau, et à une hauteur qui permet aux navires de passer dessous, en baissant leurs mâts. Un homme, en station sur cette plate-forme, ouvre une trappe ; une espèce de grande trémie en bois s'y présente, et se dirige sur le vaisseau dont les ponts sont ouverts. Le chariot arrive, s'arrête au-dessus de la trappe ; son fond conique s'ouvre et tout le charbon coule en un instant par la trémie, et vient tomber dans le bâtiment. Le chariot étant vidé passe sur une seconde route parallèle à la première ; les autres chariots suivent la même marche après s'être débarrassés de leur poids, et dans un court espace de temps le vaisseau se trouve chargé. Quelques chevaux suffisent pour remonter, par la seconde route, les chariots vides, qui reviennent bientôt avec du nouveau charbon ; cette manœuvre, aussi expéditive qu'économique, dédommage amplement des avances que coûtent de semblables chemins.

Je ne donne ici qu'un aperçu rapide de ces chemins extraordinaires, qu'on a variés encore de plusieurs manières ; il me faudrait entrer dans des détails trop longs et que la nature de cet ouvrage ne comporte pas, si je voulais faire connaître tous les moyens heureux que l'industrie et l'art ont employés pour opérer des espèces de prodiges en ce genre ; car lorsque les circonstances locales l'ont permis, on est parvenu à combiner le poids des charges, ainsi que l'action du mouvement accéléré, de manière que des files de chariots descendant par les plans inclinés, à l'aide de l'impulsion que leur donne la charge, font remonter en même temps, par cet excès de force, les chariots vides sans chevaux, sur une route parallèle à la première, et dont la pente est pratiquée en sens contraire de l'autre.

Cette grande économie produite par des machines aussi ingénieuses, et qui suppléent aux bras et à l'emploi des chevaux, permet aux Anglais de vendre les charbons qu'ils transportent en si grande abondance dans tous les ports de l'Océan et de la Méditerranée, à un prix inférieur à celui de nos propres mines, toutes les fois que nous avons un trajet seulement de trois à quatre lieues à faire par terre. Marseille offre un exemple de ce que j'avance : cette ville, qui consomme pour ses grandes manufactures de savon des quantités immenses de combustibles, a des mines abondantes de charbon, à quatre à cinq lieues de distance. Ce charbon qui est de qualité inférieure, est employé malgré cela avec avantage dans les fourneaux des savonneries ; croirait-on que celui d'Angleterre, qui est excellent et produit une chaleur ainsi qu'une durée double, rendu dans le port de Marseille, lorsqu'il est exempt de droits, coûte encore moins que le premier. Ces exemples sont faits sans doute pour nous donner de grandes leçons.

L'industrie des habitants de Newcastle est si active que, accoutumée à tirer parti de tout, elle met à profit jusqu'aux pyrites qui nuisent à la qualité du charbon, et qu'on trouve en très grande abondance dans quelques-unes des mines. On en fait le triage avec soin et l'on est dédommagé avec usure des peines que peut occasionner cette main-d'œuvre, par les avantages que présentent ces pyrites dont on extrait le vitriol. Les procédés qu'on emploie sont d'une simplicité et d'une économie qui honorent l'intelligence de ceux qui les ont mis en pratique les premiers. (Faujas de Saint-Fond, *Voyage en Angleterre et en Écosse*, 1797.)

Simond
Enquête au fond

Le nom de Newcastle est identifié avec le charbon de terre, ses environs renfermant d'immenses lits de ce minéral, qui fait l'objet d'un très grand commerce. Une compagnie vient d'affermer une de ces mines, c'est-à-dire, le droit d'exploiter le charbon de terre supposé exister sous une étendue de pays d'environ 5 000 acres. La superficie du sol, affermé séparément à des cultivateurs, n'est point comprise dans le marché. Cette compagnie donne au propriétaire du sol une certaine redevance par tonneau de charbon exploité, qui pourra aller à plus de 7 000 livres sterling par an, et, à tout événement, 3 000 livres sterling. Il est remarquable que la terre où cette mine est située fut vendue, il y a trente ans, sans la mine. L'acheteur refusant de payer un prix un peu plus élevé pour obtenir le droit de miner, ce droit pour lequel l'ancien propriétaire reçoit maintenant de 3 000 à 7 000 livres sterling par an, lui fut réservé. Ce n'est pas que l'on ignorât l'existence du charbon, mais la pompe à feu n'avait pas alors été mise en usage pour le travail des mines, et l'art de l'exploitation n'était pas arrivé à sa perfection actuelle. La consommation du charbon était beaucoup moindre; enfin on ne voulait rien donner, il y a trente ans, d'une propriété qui rend annuellement 3 000 à 7 000 livres sterling par an.

J'ai accepté avec plaisir la proposition qui m'a été faite de descendre dans une mine qui joint celle dont j'ai parlé. C'est une opération un peu effrayante : le bout du câble qui sert à tirer le charbon de la mine, est retroussé en un grand nœud ou boucle; vous y passez la jambe, et ainsi à califourchon, tenant bien le câble entre vos bras, vous êtes poussé hors de la plate-forme et restez suspendu au-dessus d'un abîme dont l'obscurité cache l'effrayante profondeur. Un mineur enjamba la corde à côté de moi, et nous descendîmes. Le mur de rocher à l'entour de nous paraissait monter rapidement, comme le mouvement apparent des bords d'une rivière rapide que l'on descend en bateau. L'entrée de ce grand puits n'était plus qu'un point lumineux; je fermai les yeux de peur d'étourdissement, et bientôt nous touchâmes la terre à 378 pieds de profondeur. Deux autres personnes descendirent après nous. Un surtout de grosse laine par-dessus nos habits, et chacun une chandelle à la main, nous nous avançâmes par une longue rue, ayant le roc au-dessus, le roc au-dessous, et un mur noir et brillant de chaque côté. Deux tiges de fer assujetties le long de la rue, recevaient les roues des chariots de charbon. Ces chariots emploient cinquante à soixante chevaux, qui ont une grande écurie, et sont abreuvés par un filet d'eau qui coule auprès. Leur poil est fin, doux et lustré, comme celui d'une taupe. Quoiqu'ils vivent presque toujours dans ce souterrain, on les en tire quelquefois, et assez aisément, dans un grand filet ou sac. Les chariots portent huit grands paniers de charbon, qui sont amenés à la rue principale un à un sur d'autres petits chariots tirés ou poussés par des enfants le long des rues de traverse qui coupent la grande à angle droit : celles-ci n'ont que la hauteur du lit de charbon, c'est-à-dire, 4 pieds 1/6 (la rue principale a environ 18 pouces de plus coupés dans le plafond du roc pour le passage des chevaux); par conséquent il faut marcher courbé et se reposer souvent. Les rues ont 24 pieds de large, et sont à 36 pieds de distance les unes des autres. D'autres rues, parallèles à la grande, traversent les premières, et comme elles ont la même largeur et le même intervalle, il en résulte que toute la mine est divisée en blocs de 36 pieds en tous sens. Il se dégage continuellement du charbon une grande quantité de gaz hydrogène, avec une sorte de sifflement très sensible, et il est de la plus grande importance que ce gaz soit emporté par le moyen d'un courant d'air extérieur. Afin d'établir ce courant, on divise de haut en bas l'ouverture ou puits par une cloison de planches. L'air descend d'un côté et monte de l'autre. Cette cloison est continuée le long des rues, jusqu'à ce qu'il y en ait une qui revienne au pied de l'ouverture, car alors la circulation s'établit d'une rue à l'autre, sans revenir par la même ; lorsque l'on fait un second puits à l'autre extrémité de la mine, le courant d'air descendant par l'un remonte par l'autre. Quelques-unes de ces mines sont plus étendues que Philadelphie, et leurs rues sont aussi régulières que les siennes. Il y a beaucoup d'art à faire circuler l'air partout, sans oublier aucune rue, et la moindre erreur à cet égard produit quelquefois de grands accidents par l'inflammation du gaz hydrogène. Les rues sont tracées par le moyen de la boussole, et mesurées avec tant d'exactitude, qu'une nouvelle ouverture commencée à la surface du sol vient aboutir à un point donné de telle rue ou galerie à plusieurs centaines de pieds au-dessous. La mine ainsi percée en tous sens, il ne faut pas supposer que les blocs ou piliers de 36 pieds soient abandonnés. Commençant par l'extrémité la plus éloignée de l'ouverture, on les enlève les uns après les autres, et ce n'est qu'après avoir laissé un espace de 2 ou 300 pieds en carré, sans soutien, que le plafond commence à éclater et craquer horriblement en s'affaissant peu à peu jusqu'à toucher le plancher. Les ouvriers ne s'en inquiètent point ; se fiant eux-mêmes aux piliers auprès desquels ils travaillent, ils continuent à les enlever successivement, et le plafond à s'affaisser derrière ces piliers, jusqu'à ce qu'arrivés au pied de l'ouverture, il ne reste plus de charbon dans la mine, et l'espace même qui le contenait a disparu. Cependant les habitants de la terre au-dessus ne sentent rien de ce qui se passe au-dessous d'eux ; les maisons (bâties en pierre) n'en sont point affectées ; l'affaissement est assez uniforme pour être imperceptible, ou même il n'y a point d'affaissement, et les espaces vides que la rupture des rochers laisse entre eux, compensent l'enlèvement du charbon. Les lits de charbon sont généralement un peu inclinés, et le travail se dirige en remontant, de manière à ce que les rues ou galeries descendent du côté du puits ou de l'ouverture de la mine, ce qui facilite le charroi du charbon et le dessèchement de l'eau. Le charbon est enlevé et l'eau pompée par la force de la pompe à feu.

Les mineurs savent, par la nature du rocher qu'ils percent en creusant leur puits, reconnaître quand ils approchent du charbon ; à l'ardoise noirâtre succède une couche de pierre de sable blanche, qui couvre celle du charbon, et au-dessous du charbon se trouve une autre couche de pierre blanche. Ils percent à peu près deux toises de puits par semaine en profondeur.

La consommation de Londres est augmentée d'un quart depuis quelques années : elle va annuellement à un million de *chaldrons* [*cauldrons*] ou 1 200 000 tonneaux de charbon, formant 6 000 cargaisons de navires de 200 tonneaux chacun. Ils font neuf voyages par an. C'est par conséquent 666 navires employés dans cette seule branche de commerce, entre Newcastle et Londres. L'équipage se compose de deux vieux marins, l'un pour capitaine et l'autre pour second, et de huit jeunes matelots ou apprentis, tous exempts de la presse pour la marine royale. Le capitaine et son second reçoivent environ 9 guinées chacun par voyage : les apprentis n'ont que leur entretien. Voilà une école pour plus de cinq mille jeunes matelots, et un objet d'ambition et de récompense pour mille vieux marins. Le célèbre navigateur Cook avait fait son apprentissage dans un vaisseau charbonnier.

Le charbon tiré de son souterrain et arrivé à la surface du sol, est transporté au bord de la rivière dans des chariots à quatre petites roues, roulant sur deux verges de fer fixées parallèlement et de niveau sur le chemin. Les roues sont de fer, elles ont été jetées dans le même moule ; leur essieu tourne avec elles, ainsi leur mouvement est parfaitement égal : la circonférence de ces roues est évidée en rainure, de manière à les maintenir dans leur situation sur les verges ou barres de fer. Ces chariots portent chacun 92 boisseaux de charbon, pesant deux tonneaux et demi outre le poids du chariot ; ils sont tirés par un seul cheval avec tant de facilité, qu'à la moindre descente, le conducteur est obligé d'appuyer un levier sur la roue, afin de diminuer le mouvement par le frottement, et d'empêcher que le chariot n'emporte le cheval. Le charbon est versé dans des bateaux plats d'environ 15 tonneaux, appelés *keels*, pour le transporter à bord des navires.

Les hommes employés dans la mine sous terre jouissent généralement d'une meilleure santé que ceux qui sont sur la terre, la régularité de température les garantissant de beaucoup de maladies, et l'air étant d'ailleurs constamment renouvelé. (Simond, *Voyage d'un Français en Angleterre*, 1816.)

Custine
Tourisme au royaume des ombres

Sans attendre ma réponse, il m'engage à prendre la poste pour aller voir les mines de charbon. Je remercie beaucoup l'obligeant mari, en lui disant que je suis forcé de renoncer au plaisir qu'il me propose. Il me demande alors si ce n'était pas uniquement par curiosité que j'étais venu à Newcastle. Je réponds qu'à la vérité je voyageais pour voir le pays, mais qu'ayant mal calculé les frais de ma route, il ne me restait tout juste que ce qu'il me fallait pour arriver à Édimbourg, en partant à l'instant même (c'était me vanter). Aussitôt dix louis tirés de la poche du mari breton me sont présentés. Je les accepte, promettant de les renvoyer d'Édimbourg, et j'appelle l'inconnu qui me valait cette protection, et dont l'amour-propre dut être plus flatté que le mien de *la bonhomie* de son compatriote. Il me parut charmé de consacrer un jour à cette espèce d'aventure. Nous partîmes pour les mines avec notre *cicerone*, qui nous a ramenés dîner chez lui : et mon compagnon y retourne encore ce soir, prétendant que la bienséance l'oblige à aller remercier la femme de la politesse du mari. Cette scène n'est-elle pas digne du vaudeville ? Mais voici qui tombe dans le mélodrame.

C'est aux mines de charbon de Newcastle qu'on emploie ces fameux chariots à vapeur, qui descendent et remontent comme par enchantement, une pente de sept quarts de lieues. J'en ai vu un tout chargé partir seul, et je suis resté stupéfait d'étonnement. Je ne m'accoutume pas à ces machines qui ont de l'âme ; et j'étais tenté de saluer celle-ci, comme quelque personnage mystérieux, qui voyage *incognito*. Tout est extraordinaire dans ce séjour : les amas de charbon qu'on voit brûler jour et nuit dans la campagne, donnent à toute la contrée l'aspect d'une plaine volcanique ; c'est au commerce, ce n'est pas à la nature que ce pays doit les grands traits de sa physionomie ; les hommes noirs que l'on rencontre sur de petits chars qui s'avancent dans tous les sens, sans qu'on voie comment ils marchent, ressemblent à des légions d'esprits infernaux, et les triples rangs d'ornières de fer qui maintiennent l'ordre parmi cette fourmilière de mécaniques intelligentes, paraissent autant de routes ouvertes pour communiquer avec l'empire des ténèbres. On arrive enfin à l'entrée de la mine qui est l'ouverture d'un puits de mille pieds de profondeur.

Après s'être affublé du costume de mineur, uniforme requis pour se présenter à la cour infernale, on entre dans un panier suspendu au-dessus de cet abîme dont l'obscurité effraie l'imagination. On se tient debout dans cette corbeille dont les bords ne vous vont qu'à la moitié du corps, et l'on s'accroche comme on peut à la chaîne qui vous supporte au-dessus du puits. Arrêtez-vous un moment, pour me voir en équilibre sur cette frêle machine, avec l'inconnu de la nuit, et un mineur qui s'était placé en troisième dans notre panier ; quant au mari obligeant, il avait refusé de nous accompagner sous terre. Étourdis de notre hardiesse, nous nous sentions vaciller au-dessus de l'abîme, et je disais tout bas à mon compagnon, que peut-être le mari jaloux avait pris ce moyen détourné de se débarrasser et de se venger de nous, quand un bruit de roues et de chaînes se fait entendre sur nos têtes ; en même temps, nous nous sentons tomber avec la promptitude de l'éclair. Il me semble que désormais j'éprouverai cette sensation quand je voudrai m'endormir. Je ne savais pas que c'était la machine à vapeur qui nous faisait descendre si vite, et pendant deux secondes mes cheveux se sont dressés sur ma tête, parce que la rapidité inattendue de notre chute me paraissait l'effet de quelque accident qui ne pouvait manquer de devenir funeste. Je me rassurai bientôt, en voyant notre mineur tranquille ; mais nous descendions toujours comme une pierre qui tombe, et je me figurais que, si nous continuions à nous enfoncer avec la même violence, nous serions brisés au bas du puits.

Nous traversions des zones d'air froid, comme les vents qui s'élèvent sur les glaciers, tandis que d'autres courants étaient brûlants, comme les vapeurs de l'eau bouillante. Par moments, nous entendions de l'eau couler près de nous, et nous nous sentions inondés de grosses gouttes de pluie qui ruisselaient le long des murs. On m'a dit depuis que cette eau qui découle souvent des parois de la mine, est retirée du fond par une machine à vapeur. Je voudrais appeler cette puissance invisible, l'âme de l'Angleterre, car tout s'y meut, tout s'y fait par elle. Notre *chute* a duré *deux minutes et demie*, et c'est bien long. Nous éprouvions des secousses après lesquelles nous nous sentions enfoncer plus vite ; enfin, nous nous sommes ralentis, et nous avons atteint le fond du puits à mille pieds sous terre, sans accident, mais non sans quelqu'émotion.

Mon compagnon d'aventure, entièrement exempt de cette espèce d'amour-propre qui produit les *rodomontades*, m'a avoué depuis qu'au moment d'entrer dans le panier, il aurait reculé, s'il eût été seul, et qu'il attendait avec anxiété que je montrasse aussi quelqu'hésitation pour m'engager à abandonner l'entreprise. Cette confidence m'a fait sourire. La bonne foi qu'elle révèle est bien préférable aux gasconnades convenues qui, trop souvent, en France, rendent la société des hommes insipide et fatigante. Le décousu de la vérité intéresse plus que l'arrangement théâtral des qualités artificielles, même les plus brillantes. Ce seul mot, si naturel, prononcé par un homme que je ne connais que depuis hier, m'a bien disposé pour lui, tandis qu'une phrase à effet, loin de m'éblouir, ne m'aurait causé que de la gêne mêlée de pitié. En général, l'erreur des sots, c'est de prendre les autres pour des bêtes ; de là vient qu'ils cherchent si souvent dans l'affectation un moyen de succès. Je suis très disposé à croire à l'amour du danger, mais je crois aussi que ce sentiment, comme tous ceux qui ne sont point vulgaires, porte avec lui sa pudeur, et que les hommes qui l'éprouvent le plus vivement sont ceux qui en parlent le moins.

Nous avons été reçus avec empressement par le singulier peuple qui nous attendait au fond de ces régions obscures. La mine est vaste, et nous avons fait plus qu'un quart de lieue dans une galerie spacieuse, avant d'arriver à l'endroit d'où les ouvriers tirent actuellement le charbon. De distance en distance nous rencontrions des lampes de gaz à peine assez lumineuses pour guider nos pas ; la première chose qui frappa mes regards sur cette route souterraine, ce fut une porte exactement fermée. On m'inspira beaucoup de respect pour ses verrous, en me disant qu'elle était destinée à arrêter le mauvais air. Si ce gaz s'introduisait dans la galerie, il prendrait feu à la première lampe qu'il rencontrerait, et consumerait la mine entière avec tous les mineurs. De distance en distance nous apercevions des espèces de ronds-points ou d'élargissements formés sur les côtés de la galerie. Tout à coup, on nous arrête dans une de ces demi-lunes pour laisser passer un tonnerre roulant que nous avions entendu gronder de très loin, et qui s'approchait rapidement, sans que nous pussions deviner ce qui produisait un bruit si extraordinaire. Enfin, avec un étonnement difficile à exprimer, je vois défiler des chevaux traînant *au grand trot*, un convoi de chars pareils à ceux que nous avions laissés sur terre. Ils voituraient rapidement des hommes, ou plutôt des ombres, qui s'en allaient chercher le charbon à l'extrémité de la galerie, pour l'apporter, du même train, au bas du puits par lequel on le hisse jusque chez les vivants, au moyen du même panier qui avait servi à nous descendre dans le fond du souterrain. Entre autres singularités, on y trouve des familles de chevaux qui vivent là depuis douze ans, sans en être jamais sorties ; les hommes n'y couchent pas, de crainte d'être asphyxiés. J'ai visité l'écurie de ces chevaux infernaux, et j'ai vu leur abreuvoir toujours rempli d'eau, au moyen d'un conduit de plomb. Il y a un endroit où la mine passe sous une rivière, et d'où l'on entend couler l'eau au-dessus de sa tête. Toutes ces merveilles, aussi singulières aux yeux du poète, qu'à ceux du simple curieux, avaient produit sur mon imagination une impression qu'il ne m'est pas donné de rendre de mémoire.

J'ai traversé cette nation ténébreuse, toujours inquiété par le passage brusque des chevaux, frappé de la crainte du mauvais air, étouffé par la pesanteur de celui que je respirais et qu'on appelait bon, parce qu'il y en a de pire. Je ne pouvais m'accoutumer au son de voix sépulcral des hommes noirs que je rencontrais ; ils chantaient des airs de mineurs, et leur figure était extraordinaire aussi bien que celle des enfants et des ânes qui les accompagnaient. J'avais oublié de faire mention de ces derniers hôtes de la mine, qui ne m'y semblaient pas moins dépaysés que les humains.

Après une heure de marche dans des galeries souvent trop basses pour s'y tenir debout, après avoir été presque suffoqués par un air méphitique et avoir vu avec une profonde pitié des hommes à demi nus piocher le charbon à l'extrémité de la mine, nous avons regagné le bas du puits, seul chemin par lequel nous pouvions retrouver la terre et le ciel.

Mais, selon le proverbe chinois, quand on a dix pas à faire, les neuf premiers ne comptent que pour un. Arrivés à cette place d'où nous devions remonter comme nous étions descendus, il a fallu attendre, inondés de pluie, qu'on eût *précipité* jusqu'à nous, une nouvelle victime dévouée pour toujours aux travaux de ce Tartare des vivants. Cette pauvre bête, d'aussi loin que j'ai pu l'apercevoir, ne m'a paru d'abord qu'un petit chien, mais elle grossissait à mes yeux en s'éloignant de l'ouverture du puits, et quand elle fut près d'en atteindre le fond, je reconnus un bel et bon cheval garrotté de tous ses membres par des cordes, et qui gémissait piteusement en se voyant enterré vif.

Malgré la pitié que nous inspirait ce malheureux animal, il a fallu l'abandonner et songer à nous tirer nous-mêmes des ténèbres où nous le laissions plongé pour toujours. Le retour est plus désagréable que la descente, car la direction du mouvement qui est tout aussi rapide dans ce sens que dans l'autre, vous exposerait à avoir la tête brisée contre les rochers, si le panier, en remontant, ne suivait pas une ligne parfaitement droite. A six pieds du point de départ, j'ai manqué d'équilibre ; nous étions enlevés vers la terre avec une vélocité extrême, et l'effort que j'ai fait pour me remettre debout dans le panier en m'attachant de toutes mes forces à la chaîne qui le portait, a donné un faux mouvement à toute la machine, qui, du bas jusqu'en haut, n'a plus fait que battre contre les murs. Le mineur avait soin de nous faire courber la tête vers le milieu de la corbeille, et il la garantissait avec ses bras ; dans cette position pénible, il se croyait obligé, pour nous rassurer, de nous répéter que *presque jamais la corde* ne cassait ; mais que chaque fois que ce malheur si *rare* était arrivé, les hommes avaient péri ; ce qui est facile à croire, quand on se représente la profondeur de la mine.

Mon compagnon de voyage m'a dit que de sa vie il n'avait éprouvé une plus grande joie qu'en revoyant le jour ; c'est un moment admirable, mais j'étais trop étourdi pour en jouir ! (Custine, *Courses en Angleterre et en Écosse*, 1830.)

Barbier

Les mineurs de Newcastle

    Que d'autres sur les monts boivent à gorge pleine
    Des vents impétueux la bienfaisante haleine,
    Et s'inondent le front d'un air suave et pur ;
    Que d'autres, emportés par des voiles légères,
    Passent comme les vents sur les ondes amères,
    Et sillonnent sans fin leur magnifique azur ;

Que d'autres, chaque jour, emplissent leur paupière
Des rayons colorés de la chaude lumière,
Et contemplent le ciel dans ses feux les plus beaux ;
Que d'autres, près d'un toit festonné de verdure,
Travaillent tout le jour au sein de la nature,
Et s'endorment le soir au doux chant des oiseaux :

Ils ont reçu du ciel un regard favorable,
Ils sont nés, ces mortels, sous une étoile aimable
Et sous le signe heureux d'un mois splendide et chaud :
Et la main du Seigneur, qui sur terre dispense
La peine et le plaisir, la mort et l'existence,
Leur a fait large part et donné le bon lot.

Quant à nous, prisonniers comme de vils esclaves,
Nous sommes pour la vie enfermés dans des caves,
Non pour avoir des lois souillé la majesté,
Mais parce que, du jour où nous vînmes au monde,
La misère au cœur dur, notre nourrice immonde,
Nous marqua pour la peine et pour l'obscurité.

Nous sommes les mineurs de la riche Angleterre ;
Nous vivons comme taupe, à six cents pieds sous terre ;
Et là, le fer en main, tristement nous fouillons,
Nous arrachons la houille à la terre fangeuse ;
La nuit couvre nos reins de sa mante brumeuse,
Et la mort, laid hibou, vole autour de nos fronts.

Malheur à l'apprenti qui dans un jour d'ivresse
Pose un pied chancelant sur la pierre traîtresse !
Au plus creux de l'abîme il roule pour toujours.
Malheur au pauvre vieux dont la jambe est inerte !
Lorsque l'onde, en courroux de se voir découverte
Envahit tout le gouffre, il périt sans secours.

Malheur à l'imprudent, malheur au téméraire
Qui descend sans avoir la lampe salutaire
Qu'un ami des humains fit pour le noir mineur !
Car le mauvais esprit qui dans l'ombre le guette,
La bleuâtre vapeur, sur lui soudain se jette
Et l'étend sur le sol sans pouls et sans chaleur.

Malheur, malheur à tous ! car même sans reproche
Lorsque chacun de nous fait sa tâche, une roche
Se détache souvent au bruit seul du marteau ;
Et plus d'un qui rêvait dans le fond de son âme
Aux cheveux blonds d'un fils, à l'œil bleu de sa femme,
Trouve au ventre du gouffre un éternel tombeau.

Et cependant c'est nous, pauvres ombres muettes,
Qui faisons circuler au-dessus de nos têtes
Le mouvement humain avec tant de fracas ;
C'est avec le trésor qu'au risque de la vie
Nous tirons de la terre, ô puissante industrie !
Que nous mettons en jeu tes gigantesques bras.

C'est la houille qui fait bouillonner les chaudières,
Rugir les hauts-fourneaux tout chargés de matières,
Et rouler sur le fer l'impétueux wagon ;
C'est la houille qui fait par tous les coins du monde,
Sur le sein écumant de la vague profonde,
Bondir en souverains les vaisseaux d'Albion.

C'est l'œuvre de nos bras qui donne au diadème
Cet éclat merveilleux, cette beauté suprême
Qu'on ne voit nulle part ; enfin c'est notre main
Qui produit à foison les richesses énormes
De ces quatre cents lords aux insolentes formes,
Qui souvent sans pitié nous voient mourir de faim.

Ô Dieu ! Dieu tout-puissant ! pour les plus justes causes
Nous ne demandons pas le tumulte des choses,
Et le renversement de l'ordre d'ici-bas ;
Nous ne te prions pas de nous mettre à la place
Des hommes de savoir et des hommes de race,
Et de remplir nos mains de l'or des potentats :

Ce dont nous te prions, enfants de la misère,
C'est d'amollir le cœur des puissants de la terre,
Et d'en faire pour nous un plus solide appui ;
C'est de leur rappeler sans cesse, par exemple,
Qu'en laissant dépérir les fondements du temple,
Le monument s'écroule et tout tombe avec lui.

(Barbier, *Lazare*, 1837.)

Trabaud

Pangloss au pays noir ?

En sortant d'York, après une campagne bien cultivée, après les gras pâturages du Durham, où les vaches malgré leur réputation fondée, m'ont paru ne pas différer beaucoup des races que j'ai remarquées dans les autres comtés, après la charmante station de Darlington où j'ai bu un verre de *ginger-beer*, sans le payer, faute de temps, à partir du temple grec érigé sur la droite de la route, pour perpétuer le souvenir d'un Waterloo quelconque, jusqu'à la frontière d'Écosse, c'est le pays des cyclopes et des cyclopes muets. A chaque pas, ce sont des puits de houille, ou bien des fourneaux qui brûlent la houille pour la convertir en coke. Ces fourneaux projettent au loin la lumière de leurs feux, et la nuit ils illuminent la campagne qui paraît ravagée par l'incendie. Du haut de la terrasse du faubourg Gateshead on distingue sur l'autre rive de la Tyne dont on est séparé par un pont de pierre de neuf arches, la sombre et monumentale Newcastle, si justement surnommée la capitale du charbon. Si ce n'était l'humidité de l'atmosphère et la fumée du charbon qui assombrissent l'air, au point que l'hiver on n'y voit pas quelquefois en plein midi et que l'éclairage des rues dure nuit et jour, Newcastle serait un des séjours les plus beaux et les plus agréables. Comme chacun sait, le principal commerce de Newcastle est le charbon que l'on extrait des houillères des environs, et le mouvement de ce port si riche et si animé est produit en grande partie par les vaisseaux charbonniers qui vont exporter sur différents point de l'Angleterre et du continent, ces masses de charbon de qualité supérieure qui valent tant de millions. Notez que le gouvernement dont le génie politique est prévoyant, a ordonné que la houille ne pourrait être transportée que par mer à Londres et sur tout le littoral. De cette manière, la marine a une industrie de plus ; la marine trouve un moyen de richesse et l'État accroît le nombre de ses marins.

On aurait tort cependant de se figurer une ville sale, parce qu'elle est enfumée et noircie, ou bien délabrée, parce qu'elle est le centre d'une grande industrie qui exige une agglomération d'ouvriers. Loin de là, Newcastle, presque tout construit en pierres, a la juste prétention d'avoir des rues et des hôtels qui défient en grandeur ceux de Londres et de Paris. Grey Street, par exemple, qui s'étend de la rivière jusqu'au haut de la ville, terminée par une colonne surmontée de la statue du noble comte Grey, est tout un chef-d'œuvre d'architecture urbaine. Son style varie selon les maisons et les palais qui la bordent ; mais cette variété charme les yeux. En général, la colonnade domine et la sévérité du genre favorise la perspective. Là, se trouvent les cercles, les hôtels, les palais publics, des boutiques luxuriantes les comptoirs et la demeure des nababs du charbon. Que de réflexions m'a inspirées cette grandeur monumentale ! Pourquoi l'Angleterre qui dit-on, a mauvais goût et néglige les beaux-arts, parce qu'elle ne les comprend pas, m'offre-t-elle un spectacle si grandiose ? Est-ce le contact de la France ? Est-ce le rapprochement de l'Italie ? Mais non. Plusieurs journées de marche séparent Newcastle de ces contrées où le goût est, dit-on, natif, inhérent. Serait-ce une colonie d'artistes, de nouveaux Bramante, Pisano, Palladio, qui aurait fondé la nouvelle ville ? Mais non. Ce sont des négociants de charbon. Sont-ce des ouvriers étrangers soldés par l'or anglais pour apporter le beau et l'ornement là où les ouvriers anglais n'auraient su appliquer que le simple et l'utile ? Non encore. Les noms de ces maçons académiciens sont d'essence britannique. Peut-être ces œuvres datent, comme celles de l'Italie, des siècles où l'art florissait et dominait toutes les préoccupations de l'esprit humain? Un siècle à peine s'est écoulé depuis la fondation de ces merveilles. Donc, il y a, chez les Anglais, un sentiment quelconque du goût, et cette application contemporaine de l'art prouve à quel degré éminent s'élève leur civilisation. (Trabaud, *D'Inverness à Brighton*, 1853.)

LA RÉVOLUTION INDUSTRIELLE ANGLAISE

Say
Au commencement, il y eut la vapeur

Enfin le travail humain, que la cherté des objets de consommation a rendu si dispendieux, n'est dans aucune circonstance remplacé aussi avantageusement que par les *machines à vapeur*, improprement appelées par quelques personnes pompes à feu.

Il n'y a pas de travaux qu'on ne soit parvenu à leur faire exécuter. Elles font aller des filatures, des tissages de coton et de laine; elles brassent de la bière, elles taillent des cristaux. J'en ai vu qui brodaient de la mousseline et qui battaient le beurre.

A Newcastle, à Leeds, des machines à vapeur ambulantes traînent après elles des chariots de houille; et rien n'est plus surprenant, au premier abord, pour un voyageur, que la rencontre, dans la campagne, de ces longs convois qui s'avancent par eux-mêmes, et sans le secours d'aucun être animé.

Partout les machines à vapeur se sont prodigieusement multipliées. Il n'y en avait que deux ou trois à Londres il y a trente ans; il y en a des milliers à présent. Elles sont par centaines dans les grandes villes manufacturières; on en voit même dans les campagnes. (Say, *De l'Angleterre et des Anglais*, 1815.)

Blanqui
Un exemple pour la France

A Resford, nous traversons le canal de Chesterfield, qui se jette plus loin dans la Trent, qu'on passe à Newark. Grantham est une bourgade: mais c'est là que Newton apprit l'arithmétique. Les habitants le savent, et nous le disent. Honneur aux peuples qui connaissent leurs grands hommes! A Rouen, Corneille a vu le jour dans une maison ou plutôt dans un réduit à deux étages, et cependant on montre sans orgueil cette chaumière que les Anciens auraient changée en un temple. La rue *de la Pie* attend encore un nom poétique plus digne de l'auteur des Horaces.

Le canal de Grantham communique avec celui de Nottingham. Partout des canaux; et l'on sait que l'Angleterre n'en possédait aucun, pendant toute la première moitié du XVIIIe siècle. Leur développement actuel, d'après M. Charles Dupin, présente une ligne qui surpasse *mille* lieues de longueur, sur une portion de territoire qui n'est pas égale au quart de la France. Mon plan n'est point d'offrir ici le tableau de ces créations gigantesques ; une pareille tâche serait au-dessus de mes forces, et je m'incline avec respect devant celui de mes concitoyens dont le talent, la patience et le patriotisme nous ont dévoilé le secret de tant de richesses et de prospérité. Si quelque jour le dépôt sacré de notre gloire industrielle tombe en des mains plus éclairées, si nous devons échapper aux derniers efforts de l'ignorance et de la routine, ses ouvrages deviendront le sujet des plus profondes méditations ; la France, baignée par deux mers, traversée par de grands fleuves, riche en forêts, en mines, en productions de toute espèce, et surtout en lumières, s'élèvera au plus haut rang des puissances de la terre. Nous aurons des bassins à Paris comme on voit des *docks* à Londres : nous vengerons par notre industrie les coups terribles que l'industrie anglaise nous a portés.

Jetons les yeux sur une carte de la Grande-Bretagne. Presque toutes les rivières sont accompagnées de canaux parallèles à leurs cours, et qui ne s'en écartent que pour aller vivifier l'industrie des villes voisines, ou pour les unir entre elles. Ce sont les veines de ce corps brûlant d'activité. Un canal porte à Liverpool les produits de Manchester ; un autre amène à Birmingham les fers de la plaine de Wolverhampton ; un troisième à Édimbourg les toiles de Glasgow : la richesse coule par tous ces conduits. Voyez les comtés de Worcester, de Stafford, de Warwick et de Lancaster ; comme la vie circule dans leurs plaines ! comme la main de l'homme y est forte et savante ! Les canaux passent au-dessus des vallons, pénètrent dans le flanc des collines, s'élancent quelquefois par des écluses hardies jusqu'au sommet des montagnes, ou les enveloppent de leurs bras bienfaisants. La houille, à peine extraite du sein de la terre, donne le gaz, le coke et le goudron ; elle anime les pompes à feu, les machines à vapeur, qui centuplent la force de l'homme, et qui rapprochent tous les jours les deux mondes. Les cotons bruts de l'Inde se changent en tissus qui vêtiront bientôt les habitants d'un autre hémisphère ; le fer, traité par des procédés plus économiques, leur offre un agent nouveau, simple et puissant ; ils le jettent sur les rivières en courbes élégantes ou en immenses anneaux, et ils voient avec orgueil leurs flottes passer à pleines voiles sous leurs ponts, comme sous des arcs de triomphe. Combien de fois ces belles conceptions ont fait palpiter mon cœur du désir de les voir un jour réalisées sur la terre de France ! Combien de fois, reportant mes regards vers ma noble patrie, j'ai senti des larmes amères s'échapper de mes yeux ! « Pendant que l'Angleterre avance et nous déborde, me disais-je ; en France on se dispute sur des mots, capable de ressusciter de vieux ferments de discorde ; on s'occupe, avec lenteur, des choses réellement utiles. Beaucoup de villes manquent encore des communications nécessaires à la prospérité de leur commerce, et peut-être on pourrait désirer, sans paraître exigeant, que, dans un pays connu pour son humanité, les prévenus en prison fussent mieux traités que les condamnés. Peut-être aussi nos conseils généraux de département devraient ressembler un peu plus aux associations patriotiques de l'Angleterre : la voix des citoyens n'en serait pas moins respectueuse pour être plus libre, et le gouvernement, plus habitué à entendre la vérité, trouverait du plaisir à la dire. On apaiserait ainsi bien des plaintes, on calmerait bien des ressentiments, et j'ose dire qu'on satisferait à des besoins impérieux. » (Blanqui, *Voyage d'un jeune Français…*, 1824.)

Chasles
Ce que fut la révolution industrielle

Avant de revenir au socialisme, j'ai à montrer deux phénomènes étranges que le dernier siècle a vus éclore et qui dominent celui où nous sommes.

Voici d'abord un pauvre barbier du Lancashire, comté situé vers le nord de l'Angleterre. Sa situation sociale, comme on dit maintenant, n'avait pas grande importance ; il rasait pour la moitié d'un penny, c'est-à-dire pour deux liards, les barbes les plus épaisses et les plus poudreuses des trois royaumes. Constamment triste, parlant peu, l'œil fixé en terre, le ventre énorme, les épaules arrondies, l'encolure épaisse, le regard terne, il ne faisait autre chose du matin au soir que de rêver en rafraîchissant ses rasoirs et en contentant ses pratiques. Sa femme, dont le caractère n'était pas bon, le tourmentait fort. Dans ses rares moments de loisir il avait inventé un certain moyen mécanique de filer le coton ; la ménagère craignit que cette distraction ne nuisît aux profits du ménage, à l'assiduité du mari, au talent spécial du barbier ; elle brûla le petit modèle de la machine. Le barbier mit son épouse à la porte ; puis il continua paisiblement à rêver tout en savonnant et à combiner, tout en rasant, ses roues, ses rouages, ses engrenages, ses moteurs, ses bobines et ses pistons. Après bien des rêveries, il parvint à réaliser une machine. Pauvre homme ! Ses concitoyens se fâchèrent ; chacun de le huer, puis de le lapider. Il y eut une émeute contre le barbier mécanicien. On criait dans les rues qu'il allait diminuer les salaires, diminuer les travaux et réduire les ouvriers à la besace. Tuiles et briques cassèrent les vitraux de sa boutique ; on brisa ses meubles, et il se sauva. Nul n'est apôtre dans son pays. La machine, qui n'avait pas réussi dans la ville natale du barbier, s'établit ailleurs. Elle fournit de coton filé tous les pays du monde. Elle enrichit d'abord Richard Arkwright (notre barbier), ensuite l'Angleterre, et versa bientôt des torrents d'écus monnayés dans les caisses de l'Europe armée, qui guerroyant contre Napoléon Bonaparte et la révolution française, ne pouvait se passer de beaucoup d'argent.

Tel est le premier phénomène, qui se nomme dans l'histoire Richard Arkwright.

Il venait de laisser à ses enfants trois millions sterling (soixante-quinze millions de francs). Les cinquante millions annuels que donnait auparavant la manufacture de coton en Angleterre s'étaient transformés sous sa main en neuf cents millions, quand un autre homme, ingénieur, fils d'ingénieur, peu héroïque, d'une mauvaise santé, appartenant aussi aux classes populaires, entra en scène et opéra un second prodige.

Celui-ci est Watt, le héros de la vapeur, comme Richard est le héros de la filature. Longtemps, le front baissé, la main plongée dans l'eau et la suie, il chercha son secret fatal, la pierre philosophale du mouvement. Longtemps encore, quand il l'eut trouvé, il chercha le possesseur d'argent, le capitaliste, indispensable instrument de sa découverte. Enfin capitaliste et inventeur se rencontrèrent. Watt réussit, comme l'autre, à travers mille épreuves.

Arkwright et Watt trouvèrent un aide inattendu et involontaire : Robert Clive, teneur de livres, qui prit l'Inde.

Avec ce dernier secours, Watt le physicien et Arkwright le mécanicien accomplirent leur triomphe de coton filé et d'eau bouillante. Aussitôt toute la race saxonne d'Angleterre, si active, si énergique, si fière, si tenace, si dure à la fatigue, si avide, et qui avait progressivement conquis la liberté religieuse et la liberté civile sous la protection et la direction de son aristocratie, se mit à la suite du barbier et de l'ingénieur. Elle voulut conquérir sous leurs ordres le sol, les eaux, les mines, la houille, le feu, le fer, la richesse, et par conséquent le pouvoir. On s'enrôla pour cette croisade contre les forces élémentaires, comme on s'était enrôlé pour les croisades contre l'Orient. Il s'éleva vers le ciel un bruit effroyable de marteaux qui battaient toujours, de cuviers qui bouillaient sans cesse, de métiers éternellement sifflants, et une immense vapeur de flammes et de fumée qui pesa sur ce champ de bataille nouveau. Des générations s'y ruèrent et s'y usèrent. Le fer exhuma le charbon ; le charbon pétrit le fer ; le sillon d'acier courut d'une ville à l'autre et anéantit le temps avec l'espace. On chercha le bitume dans son lit au fond des rocs. Birmingham et Wolverhampton sortirent de terre, comme des géants de bronze, aux cents gueules enflammées, forgeant de l'or avec du fer et du fer avec de l'or. Le chimiste et le barbier avaient préparé ce dont je vous parle. Il en résulta quelque chose d'aussi excessif que le fut la féodalité dans son premier établissement, que le sont toutes les conquêtes dans leur première ardeur. Celle-ci dure encore ; si vous allez à Manchester, levez-vous de bonne heure, un lundi matin, et écoutez. Est-ce une cataracte qui tombe ? non, l'industrie s'éveille. Dix mille fois dix mille broches tournent ; mille roues de moulin gémissent. Poussière et fumée sortent en tourbillons de la ville ; la bataille se livre ; elle continuera jusqu'au soir et recommencera demain. C'est l'homme contre la nature, et l'homme reste vainqueur. J'ai nommé tout à l'heure les généraux de l'armée conquérante, Arkwright et Watt.

L'effort est sublime comme tous les grands efforts conquérants. Aujourd'hui que la victoire est assurée, les masses lancées contre l'ennemi commencent à compter leurs blessés. Voici la réaction venir : « L'industrie est belle, sans doute, le triomphe glorieux ; mais moi, ouvrier qui fais le triomphe, soldat de cette campagne, resterai-je écrasé, mutilé, haletant, pour que l'industrie soit conquérante ? Moi qui chaque jour deviens plus misérable à mesure que la machine devient plus puissante, souffrirai-je toujours que la machine écrase l'homme ? Le combat que l'on m'impose n'est-il pas assez dur ? Ne déployé-je pas assez de courage, de patience, d'adresse, de vigueur et de grandeur d'âme pour que l'industrie ma suzeraine me respecte, m'honore et me fasse vivre ? »

Ainsi parlait l'homme des mines de Cornouailles ou le filateur de Birmingham. Qu'a fait l'Angleterre ? Elle a d'abord donné du pain à l'ouvrier, puis resserré le lien social et affermi le lien religieux. Aussi n'a-t-elle pas succombé à la révolution qui la menaçait ; au contraire, elle en a profité. (Chasles, *Études sur les mœurs et les hommes au XIXe siècle*, 1850.)

Taine
C'est la houille qui a fait pousser tout cela

A présent, prenez un chemin de fer et allez à Glasgow, à Birmingham, à Liverpool, à Manchester, voir l'industrie. A mesure que vous avancez dans le pays houiller, l'air s'obscurcit de fumée ; les cheminées, hautes comme des obélisques, s'entassent par centaines et couvrent la plaine à perte de vue ; les files multipliées, entrecroisées, de hauts bâtiments en briques rouges et monotones, passent devant les yeux, comme des rangées de ruches économiques et affairées. Les hauts fourneaux flambaient dans la brume ; j'en ai compté seize en un seul tas ; les débris de minerais s'amoncellent comme des montagnes ; les locomotives courent, semblables à des fourmis noires, d'un mouvement automatique et violent ; et tout d'un coup on se trouve engouffré dans la ville monstrueuse. Telle usine à cinq mille ouvriers, telle manufacture contient trois cent mille broches. Les magasins de tissus sont des édifices babyloniens, larges et longs de cent vingt pas, à six étages. A Liverpool, il y a cinq mille navires rangés le long de la Mersey et qui s'étouffent ; d'autres attendent pour entrer ; les docks ont six milles d'étendue, et les entrepôts de coton qui les bordent allongent à perte de vue leur énorme rempart rougeâtre. Toutes les choses semblent ici bâties dans des proportions démesurées et comme par des bras de colosses. Vous entrez dans une usine : ce ne sont que piliers de fer épais comme des troncs d'arbres, cylindres larges comme un homme, arbres de locomotives qui ressemblent à de grands chênes, machines à entailler qui font sauter les copeaux de fer, laminoirs qui plient la tôle comme une pâte, volants qui disparaissent dans l'essor de leur vitesse ; huit ouvriers, commandés par une espèce de colosse paisible, poussaient et retiraient de la forge un arbre de fer rougi gros comme mon corps. C'est la houille qui a fait pousser tout cela : l'Angleterre en produit deux fois autant que le reste du monde. Ajoutez la brique, les grands schistes qui affleurent, et les estuaires des fleuves où la mer entre pour faire un port naturel. Liverpool, Manchester et une dizaine de villes de quarante à cent mille âmes germent comme une végétation sur le bassin du Lancashire ; jetez les yeux sur la carte, et voyez les districts teintés de noir, Glasgow, Newcastle, Birmingham, le pays de Galles, toute l'Irlande, qui n'est qu'un bloc de charbon. Les vieilles forêts antédiluviennes, en accumulant ici les aliments du feu, y ont emmagasiné la puissance qui remue la matière, et la mer fournit le vrai chemin sur lequel la matière peut être transportée. L'homme lui-même, esprit et corps, semble fait pour mettre à profit ces avantages. Ses muscles sont résistants et son esprit peut supporter l'ennui. Il est moins sujet à la lassitude et au dégoût qu'un autre. Il travaille aussi bien à la dixième heure qu'à la première. Nul ne manie mieux les machines ; il a leur régularité et leur précision. (Taine, *Histoire de la littérature anglaise*, 1863.)

Bourget

Villes maudites

Rencontrerez-vous ailleurs qu'en Angleterre de ces énormes villes noires qui s'éveillent le matin sous un ciel fuligineux, où de la poussière de suie semble diffuse ? C'est de la brume sans ce veloutement des objets, sans cette éclosion de la tâche lumineuse dont le contour tremble, comme en Hollande. Ici le contour des maisons reste net et précis à travers ce *fog*. La tristesse des gazons des parcs est infinie sous cette pesée de l'air dense et âcre. Avec un ciel de cette épaisseur de brouillard la libre expansion de la vie animale, seule source de volupté, est impossible. Aussi bien, la volupté dans le sens où nous autres Méridionaux interprétons ce terme, n'existe pas en Angleterre. Même le caractère de l'architecture indique cette absence du sentiment du bonheur, rien que par la sèche et dure arête des lignes. L'énorme effort, la réflexion continue et solitaire, l'entraînement, par les exercices violents et la nourriture trop forte, de la machine qui sans cela se briserait, la barricade du *home* contre la brutalité du dehors, ces traits essentiels de la vie anglaise sont comme rendus palpables par cette brume.

Pluie, fumée, vitesse... et dur labeur ! J'ai ce sentiment une fois de plus, en errant, dans l'intervalle de deux trains, le long des rues de Bristol qui s'éveille. Il est neuf heures. Toujours ce ciel livide et d'où cette éternelle pluie dégoutte par saccades. Et toujours, dans cette atmosphère de suie et d'eau, la même construction anglaise se détache : les petites fenêtres à guillotine sont d'une précision de lignes qui vaut la précision de contour des maisons et la précision des lettres des affiches. Parallèle à la rivière Avon, le *floating harbour* («le port flottant») supporte des quantités de barques à l'amarre. Les édifices gothiques, d'une pierre grise, triste à voir dans cet air suintant, dressent leur masse au dessin sévère, et attestent que des hommes, morts depuis longtemps, ont subi l'influence assombrissante de ce climat, meurtrier à la sensation du plaisir. Un marché se rencontre sur ma route, couvert et débordant de peuple. Des femmes en haillons et en chapeau, vendent des fruits, les pauvres fruits aigrelets de ce ciel noyé : de toutes petites prunelles violettes et des poires grosses comme des noix. — A côté, les énormes tranches de saumon, fendues au couperet, étalent leur épaisseur sanguinolente, et les quartiers de bœuf garnis de leur graisse jaune attendent les appétits vigoureux des rudes travailleurs de ce pays d'effort...

Et puis le train de nouveau m'emporte, vers Manchester, cette fois, traversant avec son habituelle rapidité des villes énormes, bâties en briques rouges. Aux approches de Birmingham, quinze lignes de rails filent, parallèles les unes aux autres. A la porte d'une fabrique de bière je compte vingt et un wagons, chargés de barils qui s'amoncellent en pyramides. Les tuyaux d'usine, serrés en forêts, poussent leur suie noire sur le fond déjà si noir de ce ciel. Les tunnels se succèdent, et Manchester apparaît, sinistre dans la nuit tombante. Les boutiques se ferment dans cette grande ville, plus travailleuse encore que Bristol. Les ouvrières rentrent de l'atelier, sanglées dans leur manteau de drap brouillé. Leur bouche a presque toujours ce pli contracté qui achève en un sourire à demi douloureux tant de physionomies de femmes anglaises. On dirait que le pesant labeur héréditaire de la race laisse quelque chose de sa peine sur les visages énervés de ces femmes. Des haillons passent, des figures affamées, des pieds nus. De l'un des ponts du vieux quartier, on peut voir l'eau de la rivière couler, lente et noire, serrée entre des maisons humides, chargée de toute l'impureté des usines, et transformant ce coin de cité manufacturière en une ignoble Venise, sans gondoles, sans palais et sans soleil!... Décidément le vieux laird — comme nous appelons d'Aurevilly — n'avait pas raison. Et il vaudrait la peine de venir ici, ne fût-ce que pour avoir, par contraste, la sensation dans le souvenir, d'une France calme et paresseuse, d'un Paris gai, joli, méridional, d'un Paris abandonné au doux rien faire sur les rives de la Seine, voluptueuse et bleue. Naples, Marseille, Paris, les villes anglaises, ce sont les barreaux de l'échelle qui va de la vie nonchalante à la vie presque tragique à force de travail, et du ciel d'azur au ciel de bitume.
(Bourget, *Études Anglaises*, 1910.)

Cazamian

Deux Angleterres

Aujourd'hui, le voyageur qui parcourt les régions à peine accidentées du Midi et du Centre, et remonte le long de la côte orientale jusqu'aux approches de l'Écosse traverse des campagnes que la nature du sol et l'humidité du climat entretiennent toujours vertes, coupées de haies, semées de bouquets d'arbres ; l'aspect en est riant, agréable, mais la culture fait défaut et les habitations sont rares. De vastes domaines réservés au gibier, des bosquets, d'immenses prairies, entourent les châteaux, les manoirs ou les fermes ; de loin en loin pointe, derrière les chênes à la puissante froncaison vert sombre, le clocher gris d'un village.

Toute autre est l'impression au voisinage des régions industrielles, des grands ports, de Londres enfin, l'énorme ville qui résume en elle l'activité économique anglaise ; une vie intense, bourdonnante, succède au calme endormi des campagnes et des bourgades ; sur le ciel embrumé se détachent par vingtaines les hautes cheminées, en tous sens courent les rails ; les rangs pressés des petites maisons de briques, rouges ou jaunes, toutes pareilles, entourent d'une ceinture sans cesse élargie les centres grouillants et noirs des affaires. Des provinces entières forment ainsi de vaste agglomérations urbaines, à peine coupées de jardins et de maigres verdures ; la fumée ne s'y dissipe jamais complètement, la trépidation des machines ébranle toujours le sol.

Prophétie

Pays de richesse accumulée et ancienne, d'industrie prospère mais menacée, d'agriculture en léthargie, elle paraît s'orienter vers la destinée dangereuse d'un peuple aristocratique et vieilli, nourri par le monde, fort encore de ses trésors et du rempart de nations jeunes qu'il a élevé autour de lui, mais n'arrachant plus aux victoires économiques l'aliment d'une puissance naturelle et morale toujours renouvelée. Dans le jardin de ses vertes campagnes, où les usines éteintes ne mettront plus de flamme et de fumée, des prophètes résignés ou anxieux imaginent déjà la paix recueillie et douce de sa prochaine décadence. (Cazamian, *L'Angleterre moderne*, 1911.)

Quatrième partie

TERRES CELTIQUES

LE PAYS DE GALLES OUBLIÉ

> Le pays de Galles est hérissé de plusieurs chaînes de montagnes entrecoupées de ravins et de précipices. Ses rochers, ses grottes, ses cascades, tous les accidents d'une nature sauvage et romantique y créent des sites enchanteurs.
>
> Ducos, *Itinéraire et souvenirs d'Angleterre et d'Écosse*, 1834.

Si des Londoniens épris de pittoresque ou de sublime s'aventurèrent dans les vallées du pays de Galles dès les années 1760, attirés par les guides signalant châteaux et abbayes en ruines ou sommets impressionnants, les visiteurs français restèrent fort peu nombreux, le pays étant trop à l'écart des itinéraires habituels.

Les rares témoignages sont ceux de voyageurs traversant le pays à la hâte, au retour d'Irlande, ou longeant les collines galloises en remontant de Bristol vers Liverpool.

Cendrillon des îles Britanniques, perçue comme une Helvétie celtique ou une Armorique d'outre-Manche, la principauté galloise n'avait pas aux yeux des Français de traits suffisamment spécifiques et originaux pour justifier un voyage hors des sentiers battus, dans ses rudes montagnes mal desservies par les réseaux de transport.

Sans passé prestigieux, sans sanctuaires culturels ou historiques justifiant un pèlerinage, surtout privé de toute référence littéraire, le pays de Galles ne pouvait concurrencer l'Écosse, et son image restera limitée à quelques modestes clichés, ou ne sera illustrée que par quelques rapides croquis.

Laporte

Premières images

Je passai dans la principauté de Galles, qui, comme vous savez, forme l'apanage des fils aînés des rois de la Grande-Bretagne. Ce pays, quoique montagneux, n'est point stérile : la multitude de ses troupeaux répare la sécheresse du sol. On y voit des vallées fertiles, plusieurs rivières ; et la beauté de quelques aspects ne le cède point à nos plus belles vues. Cascades naturelles, palais ruinés, forêts, plaines, fleuves, montagnes, tout contribue à y former des paysages dignes de l'attention des meilleurs peintres. Les paysans, aussi indépendants que ceux d'Angleterre, n'ont conservé qu'un faible reste de cette soumission qu'ils avaient pour leurs anciens nobles ; et en général, les personnes riches y sont plus fières même que les Anglais.

Les gens de la campagne ne marchent que pieds nus, et se croiraient réduits à un esclavage humiliant si on les obligeait à porter des sabots ; les idées de sabots, de servitude et de France sont liées indivisiblement dans leur esprit. La manie de se croire libre est leur bien suprême au milieu de leur misère. Ils s'irritent aisément, plaident volontiers, et sont comme les Manceaux de la Grande-Bretagne. La mémoire du prétendant est encore précieuse à leur souvenir ; et l'on y boit souvent à sa santé.

Un usage particulier aux Gallois est d'encourager, parmi les domestiques et le peuple, les mariages. On détache des espèces de crieurs publics, qui vont, de porte en porte, en habit de fête, inviter tout le monde à la noce. Chaque convié contribue d'une petite somme à la dot des époux, qui, par ce moyen, se mettent promptement et facilement en ménage.

Les Gallois descendent des anciens Bretons, qui se retirèrent dans la partie occidentale de l'île pour se soustraire à l'autorité des Anglo-Saxons, lorsque ceux-ci en firent la conquête. Ils y vécurent dans l'indépendance jusqu'à la fin du XIIIe siècle, qu'Édouard Ier les soumit enfin ; mais ils conservent leur ancien langage, qui est à peu près celui de nos Bas-Bretons, c'est-à-dire le celtique. (Laporte, *Le Voyageur français*, vers 1775.)

Deux rameaux d'une même race
La Tocnaye

Shrewsbury est sur la frontière du pays de Galles, et son nom en gallois est Sallop ; qui à dire le vrai n'est pas joli en français. On parle encore anglais ici, à quelques milles plus loin c'est le gallois. C'est une ancienne ville, dont les maisons sont mal bâties, mais [...] on y distingue le bâtiment de l'hôtel de ville, sur lequel on voit une statue de Levellyn [Llewelyn], le dernier prince de Galles, avec quelques mots dans la langue galloise. C'est ici que j'ai regretté de ne pas savoir le bas breton, que l'on parle dans trois évêchés de la province où je suis né ; certainement alors n'eusse été que pour savoir s'il est vrai que le gallois est un idiome du même langage, j'aurais fait entièrement le tour du pays ; pourtant afin d'en voir au moins un échantillon, je passai par ce coin du pays de Galles qui borde le Cheshire, et dont les collines me semblèrent peu élevées et assez productives. (La Tocnaye, *Promenade d'un Français dans la Grande-Bretagne*, 1795.)

Montulé

La principauté de Galles, que je traversai rapidement, est un pays montagneux, mais très pittoresque ; on s'occupe beaucoup de rendre ses routes faciles. [...]

Les Gallois sont, comme tous les peuples de montagnes, très jaloux de leur liberté. L'esclavage et l'industrie sont dans les plaines ; quelque matérielle que puisse en paraître la raison, elle est juste. Leurs mœurs ont conservé une sorte de rudesse sauvage. Ils sont en Angleterre ce que les Bretons sont en France ; ils parlent une langue presque entièrement semblable à celle des Bas-Bretons, avec qui même ils s'entendent parfaitement. Les femmes me parurent généralement assez bien, quoiqu'un chapeau d'homme, qu'elles portent presque toutes, les déguisât au premier coup d'œil. (Montulé, *Voyage en Angleterre*, 1825.)

Bombelles
Impressions d'Haverford à Chepstow

Tout le petit peuple de Haverford West parle le gallois qui avec des différences qu'ont les patois chez toutes les nations, est foncièrement le celtique que les Écossais et les Irlandais ont conservé. J'ai vu avec plaisir depuis Hulberston jusqu'ici des maisons de paysans proprement et solidement bâties. J'étais bien ennuyé du triste aspect des chaumières de l'Irlande.

Nous avons été depuis la pointe du jour jusqu'à quatre heures du soir en voiture pour faire fort peu de chemin dans une contrée montueuse où les routes sont peu soigneusement entretenues. Ce pays sans être remarquable par sa fertilité ou sa culture l'est pour de jolis paysages, Salvator Rosa aurait tiré un grand parti du vallon où l'on passe le pont de Cannaston [Canaston Bridge]. La situation de Caermarthen n'est pas moins agréable, la rivière de Towy baigne ses murs et y amène du canal de Bristol par la baie de Caermarthen des vaisseaux d'un port considérable. Le charbon qu'on brûle dans cette ville étant à peu près de la même qualité que celui de Kilkenny ne la couvre pas de cette épaisse et noire fumée qui enveloppe les autres villes de l'Angleterre, mais l'abondance de ses parties sulfureuses augmente beaucoup l'incommodité de l'odeur qu'a en général le charbon de terre. Les montagnes du comté de Caermarthen renferment des mines d'un excellent plomb qui se fond ici et qui s'exporte partie à Bristol partie à Londres et en Allemagne. Près de cette fonderie est une forge de fer-blanc et de liens de fer pour la construction des vaisseaux. Dans les faubourgs de Caermarthen sont un grand nombre de tanneries : cette ville, la plus considérable de celles qui se trouvent dans la partie sud du pays de Galles, est assez bien bâtie, et contient une vingtaine de maisons construites avec dépense, et décoration. L'hôtel de ville est un bâtiment considérable et fort orné. Depuis Henri VIII, le pays de Galles est gouverné par les mêmes lois que celles de l'Angleterre, mais les villes de cette principauté n'envoient qu'un membre de Parlement au lieu qu'en général les villes et les bourgs de l'Angleterre se font représenter par deux membres. La ville de Caermarthen envoie un député à la Chambre des communes et joint à ce privilège devenu lucratif par la corruption qui a prévalu l'honneur d'avoir la Chancellerie et la Trésorerie de la partie sud du pays de Galles.

J'ai déjeuné où j'aurais couché et l'auberge est si mauvaise que je me suis su fort bon gré d'être resté à Caermarthen, où pour égayer notre soirée nous avons eu un joueur de harpe en vérité fort passable. Cet instrument est fort en vogue dans le pays de Galles, mais les pédales au moyen desquelles on peut jouer et moduler dans tous les tons n'y sont pas connues.

La route de Caermarthen jusqu'au bourg de Llanymdovry [Llandovery] dans une étendue de vingt-six mille côtoie presque toujours la rivière de Towy et plus on approche du comté de Brecknock plus les aspects sont agréables. Il y avait une foire de bestiaux lorsque nous avons relayé à Llanymdovry, ce qui m'a mis à même de voir que décidément l'espèce des bœufs, comme celle des chevaux, est beaucoup plus petite dans ce pays qu'en Angleterre et même qu'en Écosse, mais les petits chevaux gallois ont généralement plus de figure que ceux des montagnes d'Écosse. La foire se tenait dans un pré entre une belle ruine d'un ancien château et l'auberge qui est certainement la meilleure du pays de Galles.

De Llanymdovry jusqu'à Brecknock, la route ressemble plutôt à une charmante promenade dans un parc varié qu'à un simple grand chemin.

[…] La ville de Brecknock est bâtie au confluent des rivières de Hodney et d'Usk, cette ville a un assez bon commerce de draperie ; elle envoie un député au Parlement mais son plus grand relief à mes yeux est d'être la capitale du plus joli petit pays qu'il y ait peut-être sur la surface du globe, les belles vallées de Suisse ne présentent pas une culture plus soignée, les montagnes n'y sont pas mieux habitées que tout ce qui se voit depuis Brecknock jusqu'à Crickhowel [Crickhowell], le dernier bourg de ce comté avant d'entrer dans celui de Monmouth ; dans un trajet de quatorze milles quelque part où la vue se porte on ne voit pas un pouce de terre négligée : c'est bien ici que le voyageur pouvait dire il y a deux mois : « dans cet heureux canton partout on voit éclore / et les dons de Pomone et les présents de flore. »

Même en ce moment si peu favorable pour jouir des agréments d'une belle campagne, la vallée qu'arrose l'Usk et toutes les montagnes des environs sont moins dépouillées des ornements de l'été que les terres que je parcours depuis un mois, un grand nombre de chênes ont encore des feuilles assez vertes, le pin de Weymouth, le laurier, le houx, enfin ce que les Anglais appellent les *evergreen*, («toujours verts») trompent agréablement l'œil sur la saison où nous sommes, une immense quantité d'arbres quoique dépouillés de leurs feuillages sont embellis par le lierre qui en enveloppe le tronc et les branches, c'est dit-on nuisible à ces arbres mais c'est fort joli à rencontrer. Passé Crickhovel, le pays toujours également bon prend un aspect plus sérieux : les montagnes s'élèvent, de leur sommet on découvre les plus beaux vallons et ces sommets ne sont point frappés de l'aridité des montagnes d'Écosse, des forêts de bois taillis les couvrent, et ce sont les premières forêts considérables que j'aie vues depuis que je voyage dans les trois Royaumes. (Bombelles, *Journal de voyage en Grande-Bretagne [1784]*, 1989.)

Simond
Croquis d'un touriste curieux et consciencieux

Ce penchant à la mendicité s'observe dans tous les lieux remarquables, particulièrement fréquentés par les voyageurs (*tourists*, du mot français «tour») : le Wye et tout le pays de Galles sont de cette espèce. Nous sommes sur la voie, et nous les rencontrons à chaque auberge, en bateau sur la rivière, auprès de chaque ruine, à chaque beau point de vue, chacun d'eux avec son Gilpin, ou son Cambrian Guide à la main ; et il est assez probable que chacun d'eux écrit un journal. L'idée a quelque chose de ridicule et de décourageant.

Goodrich Castle est une ruine très bien ruinée. L'intérieur de l'abbaye de Tintern, autre ruine sur le Wye, est d'un grand effet ; le toit de l'église a disparu, mais les groupes de colonnes gothiques, hautes et légères, et une partie des voûtes restent sur pied, ainsi que les murs et les belles fenêtres ouvragées en pierre. Le temps a nivelé les décombres, et les a recouverts d'une belle pelouse verte et unie, dont la teinte jeune et fraîche fait ressortir la sombre grandeur du squelette gothique, et de sa chevelure de lierre, qui pend en masses épaisses des points les plus élevés. Je joins ici deux vues de ces ruines. A tout prendre, les beautés du Wye ne répondent pas tout à fait aux descriptions de Gilpin et des autres voyageurs.

[...] De grands frênes croissent parmi les débris, et s'élèvent par-dessus les ruines gothiques de Valle Crucis, troncs, racines et ruines, si intimement unis et entremêlés, que les pierres semblent en quelques endroits sortir du corps des arbres autant que les arbres des pierres. Quelques familles de paysans habitent encore ce qui reste du cloître ; les vaches et les cochons, les poulets et les enfants gravissent et perchent parmi tout cela, et l'on voit une paire de cornes, une hure ou une petite tête mal peignée, se montrer çà et là à la fenêtre, au milieu des ciselures gothiques et du feuillage vert. Cromwell et le temps sont de grands paysagistes. Le ruisseau passait par la cuisine de cette grasse abbaye, et formait un vivier encore entier, et qui a du poisson.

14 juillet. — Nous voici à Cowbridge, comté de Glamorgan, 40 milles aujourd'hui, par Newport, Cardiff, Llandaff. Le pays est justement assez inégal pour donner des points de vue étendus sur une immense continuité de culture, qui se perd dans le bleuâtre de l'horizon. Le paysage n'a rien d'agreste, ni proprement de pittoresque ; mais tout est riant et florissant, et a l'apparence de la prospérité. Le pays de Galles paraît plus peuplé et certainement plus parsemé d'habitations isolées, ou de villages, qu'aucune autre partie de l'Angleterre que nous ayons vue ; et cela est d'autant plus visible, que toutes ces maisons sont blanches à éblouir ; la cheminée, le toit, et jusqu'aux pierres du grand chemin près de la maison, sont reblanchies ; chaque *cottage* a ses roses et chèvrefeuilles, et son cep de vigne et son joli petit sentier couvert de gravier, qui conduit à la porte. Cette attention générale donnée à des objets de simple plaisir, sinon de luxe, est certainement une indication d'aisance, et d'une situation au-dessus de la pauvreté. Il est impossible de regarder autour de soi, sans être convaincu que ce peuple est un des plus heureux qui existe. La même classe, en Amérique, a de bien plus grands moyens d'aisance, et pourrait être plus riche ; mais l'industrie et la sobriété de ceux-ci font plus que compenser leurs désavantages.

Les femmes sont plus belles ici qu'aux environs de Londres. Nous ne comprenons pas un mot du langage des habitants, mais dans les auberges on parle anglais.

16 juillet. — Tenby. Nous avons fait 91 milles en deux jours, à travers un pays montueux, mais riche, bien cultivé, tacheté de maisons blanches, les champs divisés par des haies vives et des arbres. Ces objets en détail, et vus de près, sont sans grande beauté ; mais la distance enrichit et accorde tout, et la plupart des vues, que chaque hauteur présentait à nos regards, sans bois, sans rochers, sans montagnes et sans eau, avaient pourtant beaucoup de magnificence, et quelques-unes approchaient de la sublimité. Le peu de bruyères que nous avons rencontrées étaient couvertes de troupeaux de moutons et de jeunes ânons au pâturage ; ceux-ci, avec leurs longues oreilles, leurs petits corps et leur vivacité, avaient l'air de lapins dans une garenne : « *And they would toss their heels in gamesome play / And frisk about, as lamb or kitten gay !* » (Coleridge).

Près de Swansea nous visitâmes des fonderies de fer et de cuivre. On venait d'ouvrir un fourneau d'où le métal en fusion coulait le long d'un petit canal vers un réservoir plein d'eau ; nous le vîmes s'en approcher avec frayeur, nous attendant à une explosion : au lieu de cela, les deux liquides se joignirent fort amicalement, l'eau et le feu ne montrant ici aucune incompatibilité. Les malheureux qui travaillent le cuivre ont l'air très souffrant, et cependant leur salaire n'est guère plus haut que pour d'autres métiers. Il n'y a rien que la généralité des hommes consulte moins, dans le choix de leur profession, que la salubrité, comme si la vie ou la santé étaient des considérations d'une importance secondaire.

La mer s'est montrée plusieurs fois aujourd'hui sur notre gauche ; il faisait du vent, et cependant elle ne se brisait pas beaucoup sur la côte. Les arbres isolés, particulièrement les chênes, se courbent en demi-cercle, comme s'ils cherchaient à échapper à l'air de la mer, et cependant les feuilles sont toutes tournées vers elle. Dans les bois, les arbres semblent se protéger l'un l'autre, et croître assez droits, particulièrement sur le penchant d'une colline, soit qu'elle soit tournée vers la mer ou non.

Nous avons passé aujourd'hui près de plusieurs chemins de fer (*iron rail-roads*) ; ce sont deux longues rainures de fer posées sur la terre, ou plutôt sur un fondement de pierre ou de bois ; ces rainures reçoivent les quatre petites roues de fer de chariots faits exprès, portant chacune deux tonnes, ou quarante quintaux de charbon. Nous avons vu cinq de ces chariots attachés ensemble, et ainsi tirés par trois chevaux ; ils en tirent ordinairement six. C'est quatre tonnes pour chaque cheval, outre le poids du chariot, c'est-à-dire, cinq à six fois autant qu'ils auraient pu tirer sur un chemin ordinaire. Lorsqu'il y a une petite montée, les chariots sont séparés, et tirés un à un, ou deux à deux. En général, au lieu de placer la rainure sur la terre, c'est la roue elle-même qui est en rainure, et repose sur une simple barre de fer ; par ce moyen, la rainure n'est jamais exposée à être obstruée de pierres ou d'autres corps étrangers.

Les rochers de Tenby sont calcaires, usés et creusés par la mer, en toutes sortes de formes fantasques et bizarres. Le sable est si ferme, qu'il résiste non seulement au pied des marcheurs, mais aux roues des voitures qui s'y promènent, aussitôt que la mer s'est retirée. La ville ou village est bâtie le long du bord d'un escarpement, au pied duquel la mer vient battre. Dans cette magnifique situation, les bonnes gens de Tenby, tournant le dos à l'une des plus belles vues qui soit au monde, ont placé leurs maisons face à face, le long d'une petite rue étroite et sale, d'où l'on ne se doute seulement pas de cette belle vue. Pas une seule fenêtre de ce côté-là, elles sont toutes sur la rue, et l'on n'approche le bord du rocher que pour le souiller par toutes sortes d'ordures. Les baigneurs qui se rendent ici pendant l'été, habitent un endroit plus bas, en moins belle vue, et plus propre.

19 juillet. — Cardigan. Nous quittâmes Tenby hier avec de si mauvais chevaux, que tout ce qu'il fut possible d'en obtenir, fut de traîner la voiture à vide et fort lentement. Nous arrivâmes à Pembroke avant eux : dix milles à pied. Ce matin nous avons traversé Milford Haven, qui est une baie étroite et profonde, formant un excellent port à l'abri de tous les vents. Je ne comprends pas pourquoi on en fait si peu d'usage. Un tel port en France, où il y en a si peu en proportion, ne serait pas ainsi négligé. Les environs ont un aspect solitaire, paisible et agréable. Notre premier

relais a été Haverford West, 11 milles, puis 30 milles tout d'une traite pour arriver ici par une route fort montueuse, qui nous a obligés de prendre quatre chevaux.

20 juillet. — Aberystwyth. Encore 40 milles tout d'une traite et avec quatre chevaux, en dix heures, sans changer. Il y a si peu de voyageurs dans ce recoin de l'Angleterre, que les maisons de postes sont à de grandes distances les unes des autres, et les chevaux employés communément aux travaux de l'agriculture. Le pays est rude et montueux, mais bien cultivé et florissant, quoique moins fertile qu'auparavant. Le granit et l'ardoise ont succédé aux rochers et aux terres calcaires. Nous rencontrons certainement un plus grand nombre de jolies personnes ici qu'en Angleterre (le pays de Galles est distingué ici de l'Angleterre ; c'est une principauté à part). Les gens de la campagne nous saluent en passant d'un mouvement de tête et d'un air de bon naturel ; mais nous ne les entendons point, et nous sommes obligés de parler par signes. Il me semble distinguer des mots ressemblant au français, tels que *dua sols* (*two shillings*). La route est bordée de riches touffes de fougère de la plus belle verdure, surmontée des hautes tiges de la digitale en pleine fleur qui croissent parmi elles et semblent lui appartenir. Le serpolet et la bruyère jettent un reflet de pourpre foncé sur le beau vert des pâturages qui couvrent le flanc des montagnes. La mer, sur la gauche, nous a suivis tout le jour, unie comme une glace et marquée de longues rayures d'un vert vif et violet foncé, alternativement ; les nuages y étaient réfléchis avec la plus grande exactitude. Des hauteurs, nous nous sommes plusieurs fois imaginés que nous apercevions la côte d'Irlande.

22 juillet. — Dolgelly, Merionethshire. La route d'Aberystwith ici (37 milles), traverse une suite de vallées riches et fertiles, bordées de hauteurs agrestes, que nos livres appellent « *tremendous mountains, shook into every possible form of horror* » ! Cader Idris (« la chaise d'Idris »), mérite seule le nom de montagne, et s'est montrée hier dès le matin au-dessus de tous les autres. Nous nous sommes arrêtés à sa base pour voir une jolie chute d'eau, et nous avons continué notre route par un défilé entre deux escarpements fort raides, formés par les avalanches de pierres, roulantes ou glissantes du sommet. Cette région désolée nous a conduits à Dolgelly, où nous avons couché.

Ce matin, pourvus de quatre petits bidets de montagne et d'un guide (nous n'avons eu qu'à tourner la baguette, et tout cela a paru comme par enchantement), nous nous sommes acheminés vers Cader Idris, retournant d'abord sur nos pas quelques milles, et en trois heures de travail, partie à cheval et le reste sur nos pieds, et un peu sur nos mains, en zigzag parmi les éclats de schiste, courant tous les dangers usités en pareil cas, mais auxquels nous avons eu le bonheur d'échapper sains et saufs ; nous avons atteint un pinacle décharné, formé du tranchant des lits de ce même schiste, fort inclinés et presque verticaux, avec çà et là de grosses pièces de ce qui m'a paru feldspath ; et dans mon ignorance, je me hasarderais à dire que ce schiste, d'une nature porphyrique, est probablement ce que les minéralogistes allemands appellent *brescia* et *graue-wache*. Quoi qu'il en soit, le plus jeune de mes compagnons de voyage s'est amusé à graver sur sa surface les lettres initiales de nos noms à côté des autres noms illustres qui nous ont précédés dans la carrière des voyages, et qui ont ainsi rendu cette cime sourcilleuse dépositaire de leur gloire.

Je n'étais pas employé si utilement pendant ce temps-là, car je passai une heure à essayer en vain un dessin circulaire en Panorama, des principaux objets déployés sous nos yeux. C'était une sorte de mer orageuse de montagnes, avec maintes vallées retirées, vertes et profondes, couchées dans leur berceau étroit, chacune avec son petit ruisseau argenté, ses champs, ses troupeaux, ses chaumières, dans l'infiniment petit. Le cours de la petite rivière Maw, qui se rend de Dolgelly à la mer le long d'une vallée que nous savions avoir dix milles de longueur, se voyait d'un seul coup d'œil dans toute son étendue comme si elle eût été dessinée sur une feuille de papier ; chaque objet était séparé et distinct, et nous ne nous serions pas imaginés que la longueur de l'ensemble excédât un mille. Le véritable Océan occupait environ la moitié de l'horizon. En descendant, ce qui nous prit deux heures, à mesure que la vue devenait moins étendue, elle était plus belle, et au lieu de débris de rochers, nous n'eûmes plus autour de nous que les beaux plumets verts de la fougère et le pourpre des bruyères. La forme générale de la montagne est un peu comme une selle ; les deux extrémités semblent s'être détachées de la masse, et le milieu s'être affaissé. Sa hauteur perpendiculaire est de 2 850 pieds. (Simond, *Voyage d'un Français en Angleterre fait en 1810 et 1811*, 1816.)

Montalembert
En courant la poste, comme tant d'autres

Dimanche 24 octobre. — Après avoir couché à Holyhead, à 6 heures du matin je suis monté sur le haut d'une diligence qui doit me conduire à Londres. J'ai heureusement une belle journée pour traverser le beau pays de Galles. L'île d'Anglesea dont j'ai traversé toute la largeur, 25 milles, n'offre rien de frappant jusqu'à ce qu'on arrive au détroit qui la sépare du continent. Ici s'élève le magnifique pont de Menai, en fil de fer, de 600 pieds de long et suspendu dans les airs par d'immenses chaînes à une hauteur de 100 pieds au-dessus de la mer qui roule ses flots entre les c[om]tés d'Anglesea et de Caernarvon. Ce pont avec ses piliers massifs, ses chaînes qui de loin n'ont l'air que de fils, les barques qui passent à pleines voiles au-dessous, la colonne érigée en l'honneur de lord Anglesea, et la beauté du paysage et des [*sic*] qui l'environnent, tout cela produit un effet vraiment magnifique et qui n'égale rien de ce que j'ai encore vu.

Tout auprès du détroit se trouve la charmante ville épiscopale abbatiale de Bangor, où nous avons déjeuné. Sa cathédrale est fort gentille, et sa position sur la mer, au pied d'une côte rocailleuse, délicieuse. A partir de Bangor et jusqu'à la nuit tombante, j'ai traversé le pays le plus pittoresque et le plus charmant du monde ; je ne conçois rien de plus complet dans le genre pittoresque que le North Wales ; malheureusement la diligence allait fort vite ; je n'avais point de *guide-book*, et point de compagnon au fait du pays, de sorte qu'une foule de beautés et de célébrités m'ont échappé ; mais j'ai admiré avec enthousiasme Pensyn Castle, château gothique et moderne de M. Fenant, la longue et enchanteresse gorge d'Oqwen qui m'a rappelé toutes les beautés les plus éclatantes de Killarney et de Wicklow et qui peut-être les surpasse, puis Capel Curig, dans le distant Snowdon, la plus haute montagne de l'Angleterre complètement couverte de nuages, la délicieuse cascade de Rhaim-a-Widdol, les beaux domaines de lord Gwydir, et enfin Llangollen, bourg situé dans la position la plus délicieuse sur le Dee, et célèbre par l'antique abbaye de Valle Crucis, dont je n'ai aperçu qu'une tourelle, par le vieux château de Caractacus qui le domine, et en dernier lieu par le séjour qu'y firent si longtemps les deux amies, lady E. Butley et miss Buterby. A Llangollen, la nuit et la pluie m'ont empêché de voir et d'admirer davantage. J'ai fait de là un voyage très *incomfortable* jusqu'à Shrewsbury, où j'ai pris du thé et où j'ai passé deux heures ; puis à dix heures, remontant sur le haut de ma diligence, par un assez beau temps, je me suis remis en route pour Londres.

[...] Londres, où je suis arrivé à 9 heures du soir, après un fatigant et humide voyage de 270 milles, fait en 39 heures. (Montalembert, *Journal intime [1830]*, 1990.)

Michelet

Cambrie ou Armorique ?

De Warwick, je passerai en Irlande, sans me laisser distraire par les villes industrielles que je rencontrerai sur ma route. Je les verrai plus utilement à mon retour.

De Birmingham à Wolverhampton et au-delà, tout le pays n'est qu'une plaine dont aucune description ne saurait donner l'idée : terrains bouleversés, arbres pâlissants, flammes tantôt dardées en langues sombres, du haut des cheminées dressées en obélisques ; tantôt basses, rampant à terre, et brûlant lentement, en dessous, ses entrailles. Image terrible de la passion de la nature sous la main de l'homme. Ici, l'Angleterre halète de combats.

La population, vouée à l'industrie, est aisée visiblement. Les maisons d'ouvriers s'échelonnent sur la route, toutes soignées. Parfois même quelques fleurs. Les vêtements des femmes, très propres, sont en bonne étoffe anglaise. Et pourtant, population malheureuse au total. Beaucoup d'hommes ont le bras en écharpe. Cette guerre contre la nature a aussi ses blessés.

De Shrewsbury à Holyhead où je prendrai ce soir le bateau pour Dublin, le paysage se présente admirablement varié. Le cheval est souvent remplacé par l'âne, ce qui annonce l'approche d'une région accidentée. Peu à peu, les noms des lieux deviennent étranges. Les enfants, ce que je n'avais pas encore rencontré sur ma route, saluent le voyageur au passage.

Mais voici l'ardoise qui partout apparaît. Je reconnais un coin de ma Bretagne. Nous entrons dans le pays de Galles. Solitude pittoresque, pays d'élection, ce semble, pour les ermitages et les ermites. Forêts épaisses qu'on croirait vierges, et où l'on entend avec surprise, retentir sur l'enclume le marteau de forge.

Pour passer d'une vallée à l'autre — elles sont nombreuses et étroites — pour conduire les eaux, des ponts, des aqueducs, jetés hardiment sur l'espace. Ces voies aériennes qui s'entrecroisent, ces arcades à travers lesquelles se joue la lumière, ennoblissent singulièrement la contrée. Ce qui l'harmonise, c'est que la vie agricole se mêle à l'industrie. A mi-côte, les champs ; en bas, les hauts fourneaux, les puits des mines, les moulins utilisant les moindres chutes d'eau, et, tous les bruits du travail répercutés par les échos des montagnes. Au sommet, solitaire et sombre, l'altier manoir féodal.

Ce pays vaut mieux que notre Bretagne. Il se garde bien de plonger tout entier dans la mer, mais sagement, il évite ses fureurs ne s'offrant aux flots que de côté, et regardant plutôt vers l'intérieur, vers le Midi, d'où ne lui vient que la paix.

Notre vieille Armorique, au contraire, se porte d'Orient en Occident. Intrépide, elle fait front au courroux des vagues amoncelées que poussent contre elle, les vents d'ouest. La pointe du Finistère en est littéralement écrasée. A ces remous terribles, à ces assauts formidables, aux détonations souterraines qui ébranlent sans cesse en dessous le sol, on pourrait craindre qu'un jour, tout le pays ne s'écroule aux abîmes de l'Enfer de Plogof. Elle résiste pourtant, notre vaillante presqu'île.

Si séparées que soient aujourd'hui, par l'Océan, ces deux sœurs, vous reconnaîtriez leur proche parenté à bien des traits de ressemblance. Le comté de Galles, dans les oasis de ses grands déserts où la pierre se cache sous la verdure, a certainement plus de fraîcheur que notre Bretagne. Mais sur la lande pierreuse, c'est bien la même végétation mélancolique : bruyères, fougères, et l'ajonc épineux. Les parties basses, chez nous donnent la tourbe. La riche Angleterre a de plus la houille.

Ce qui rappelle encore les liens de parenté entre ces deux rivages, ce sont les toutes petites vaches noires qu'à distance vous prendriez pour des moutons. Elles paissent, par troupeaux, le désert rude et solitaire. Les vaches sont les armes du pays de Galles.

A l'approche des monts Cambriens qui traversent l'intérieur du comté, la sombre végétation du Nord apparaît en sapinières immenses. Ailleurs, des terres qu'on dirait frappées à jamais de stérilité, ce qui étonne sous un climat si humide. Ici et là, le granit se dresse sauvagement en pointes acérées. Je retrouve mon menhir breton. Au total, paysage animé, pittoresque, mais sans atteindre, nulle part, au grandiose des sites alpestres. Le Snowdon qui est le mont le plus élevé de la chaîne, n'a guère que 3 000 pieds. Ce qui égaye d'une façon charmante, ce coin si original de l'Angleterre — une petite Suisse en miniature — ce sont les eaux que je vois partout en marche : torrents, cascades pressées d'arriver à un joli petit lac que côtoie notre route.

Toute cette population galloise, très active, est visiblement plus heureuse que notre population bretonne. Elle semble aussi plus poétique. Dans les moindres auberges, vous entendez les accords d'une harpe. La plupart des hôtelleries l'ont prise pour enseigne.

Sur la route, notre diligence embarque un paysan du comté. C'est un fermier aisé, un homme en qui la misère n'a point étouffé le génie actif. Il se livre à ses impressions avec la vivacité d'un enfant, bien qu'il ait dépassé la cinquantaine. Ceci est un trait de la race. Très vert d'ailleurs, des mains et des jambes énormes. Je suis, je l'avoue, embarrassé, déconcerté de sa grosse jovialité. Ses prévenances ne sont pas non plus d'un Anglais.

A chaque instant il s'échappe, mais pour retomber dans ses rêveries. Alors, il chante, les yeux à demi fermés. Ce sont des chants bas, graves, uniformes, distincts cependant des chants d'église ; quelque chose de vaste et de sonore, comme l'écho d'une grande et sauvage nature de montagnes. Il regarde avidement les beaux points de vue que la vallée de Llangollen déroule sous nos yeux. Mettant la main sur son cœur pour me faire mieux comprendre ce qu'il ressent, il s'écrie : « *It heartily please! heartily please!...* »

J'essaye de le faire causer sur l'antique poésie de cette terre celtique. En vain. A toutes mes questions, il répond : « *Yes, yes.* » Alors, je cherche à réveiller du moins les souvenirs que lègue la tradition. Même insuccès. Il ne sait absolument rien du passé.

La vieille ville de Bangor — sa cathédrale date du VIe siècle — marque au nord, la pointe extrême de ce pays de Galles. Nous passons le détroit de Menai sur le pont tubulaire de Beaumaris, haut de cent pieds, long d'un quart de lieue. Puis, nous traversons la triste petite île d'Anglesey, sanctuaire du druidisme. C'est la tristesse du soir, mais aussi la tristesse des bruyères, la tristesse de l'Océan dont le voyageur se sent de partout enveloppé. (Michelet, *Sur les chemins de l'Europe [1834]*, 1893.)

Trabaud

Un touriste ravi

Ses habitants, isolés par les limites naturelles et longtemps dépourvus de relations avec la civilisation britannique, ont toute l'originalité d'un caractère mixte. Ils ne sont ni irlandais, ni écossais, pas même anglais, ils veulent être gallois et dépendre de la province de Galles.

On sait très bien que la province de Galles (*Wales*), attenante à l'Angleterre, a toujours eu quelque velléité d'indépendance, et c'est en vue de cette indépendance fictive, qui touche tant le cœur des Gallois, que les souverains d'Angleterre, d'Écosse et d'Irlande, ajoutent, à la prérogative de leur triple couronne, celle de régner sur le pays de Galles, à condition qu'il en sera question dans l'énoncé de leurs titres de royauté. Ainsi l'on dit : le roi ou la reine d'Angleterre et du pays de Galles. Les bons habitants de cette contrée, à la vérité un peu reléguée, ont toujours consenti à dépendre de l'Angleterre, à condition de ne pas paraître exclusivement anglais. On se ferait, néanmoins, une fausse idée de ce pays, si on le supposait hostile à l'Angleterre, ou tout à fait étranger à ses mœurs, à ses habitudes. Les dissemblances portent principalement sur la configuration géologique qui est montagneuse, plus accidentée que celle de l'Angleterre proprement dite, sur le langage qui est un dialecte spécial où l'anglais pur est confondu avec les débris du vieil idiome celte, enfin sur le costume et les habitudes domestiques où se maintiennent encore une certaine naïveté primitive et une certaine honnêteté proverbiale. La religion y est protestante et semble tourner de plus en plus au méthodisme, le culte favori de la petite bourgeoisie et du peuple.

Dès que l'on a atteint le revers oriental de l'île, le coup d'œil change soudain et l'on assiste à l'un des plus nobles spectacles de la nature et de l'art combinés ensemble. Le point de vue dont on jouit du haut des coteaux sur le bras de mer appelé le Menai, qui sépare l'île d'Anglesea de la Grande-Bretagne, puis à gauche sur le golfe de la mer d'Irlande et les villes de Bangor et de Beaumaris situées à l'entrée du golfe, ensuite à la droite sur une verte campagne, à la fois gracieuse et pittoresque, sur Plas Newydd le château du marquis d'Anglesey, qui domine légèrement le bras de mer, constitue un panorama que l'on chercherait vainement dans les îles Britanniques. On voit en voyageant des positions aussi gracieuses, mais on n'en voit pas de plus heureuses. Le génie ordinaire de l'homme qui tend à réformer la nature et à lui ravir ses charmes, ses fantaisies, ses irrégularités qui le choquent et l'embarrassent, a contribué ici à modifier en beau l'œuvre première du créateur. Le pont de fer et de fonte (Menai bridge), élevé sur la passe qui divise les deux coteaux et sert à les faire communiquer l'un avec l'autre, est un de ces ouvrages que les Titans modernes pouvaient seuls mener à bonne fin, avec cette audace, cette rage entreprenante qui est le fond de leur race. Qu'on juge de l'ouvrage par les dimensions, 550 pieds de portée, 30 pieds de largeur et 100 pieds au-dessus des plus hautes marées. Quand le coche traverse le tablier du pont, et qu'au même instant un navire avec ses hauts mâts et ses voiles déployées, vient à passer dessous, il est permis au voyageur le moins crédule de douter de la réalité d'une œuvre aussi prodigieuse. Rien n'a été ménagé dans ce travail gigantesque, pour unir dans une même proportion la sécurité, le beau artistique et l'intérêt général de la civilisation. A une solidité éprouvée, l'ingénieur a su allier un luxe de commodité abusif, s'il est possible d'exagérer les avantages d'une construction d'utilité publique. Ainsi deux voies ont été pratiquées sur le pont, une pour les allants, l'autre pour les venants, et tout à côté de ces voies charretières sont des passages d'un mètre pour les piétons. Menai chain bridge date de 1825, et il y avait du mérite à élever un tel monument, alors que l'Europe ne s'était pas encore illustrée par ces grands travaux d'art et d'utilité publique, qui signaleront le mouvement civilisateur contemporain. Non loin de là, par exemple, à quelques milles vers le nord, à Conway, l'administration du chemin de fer vient d'achever un pont de fonte recouvert comme un tunnel, le pont tube, percé de jours de distance en distance, pour le service des trains, en vue de prévenir les terribles conséquences d'un déraillement.

Une fois le pont franchi, on appartient à la Grande-Bretagne, et l'on peut en se retournant jouir d'un coup d'œil égal en grandeur et en gentillesse à celui que l'on avait de la rive orientale d'Anglesea. Ici le terrain monte insensiblement : nous descendons alors du coche pour alléger les chevaux, et contempler à notre aise le site pittoresque, animé par les nombreux *cottages* qui bordent la route et semblent autant de blondes jeunes filles montrant un visage riant à travers l'épais feuillage du bosquet. On entre dans Bangor qui domine tout du haut de ce plateau charmant et l'on y déjeune comme l'on peut, et pour se servir de l'expression vulgaire, sur le pouce, avec un morceau de pain et de jambon, que l'on emporte en lambeaux, à moitié dépecés, pour être mangés ensuite. Toutefois, malgré les souffrances de l'estomac, l'imagination s'exalte de nouveau, et le Galles du Nord se montre dans tout son éclat. De la chapelle de Bangor il faut considérer encore une fois la mer au loin, le détroit de Menai, plus proche et dans le fond, puis des milliers de voiles blanches et deux petites villes situées l'une vis-à-vis de l'autre, se mirant dans les eaux.

Maintenant, la nature sans cesser d'être aimable, va s'assombrir singulièrement et nous montrer un de ses aspects les plus saillants, la grandeur, la preuve exacte de son origine, le sceau de la création divine et la nécessité démontrée de l'existence de l'Être suprême qui, dans sa sagesse infinie, a présidé à un tel ouvrage. Nous voici dans le pays montagneux. Alors viennent les torrents, les cascades, les rocs menaçants, les arbres abattus, les ardoisières, les troupeaux paissant le cytise, les longues vallées, les moulins avec leurs énormes roues hydrauliques, les brouillards couronnant les cimes, le rouge-gorge et le rossignol (*robin and nightingale*) fuyant de buisson en buisson, tout un paysage alpestre, majestueux comme une nouvelle Suisse. Ici, sur la droite, s'élève le fameux pic Caern-y-David ; là, derrière celui-ci se montre le géant Snowdon haut de 3 579 pieds.

Rien n'égale la vertu, la bonté des hommes qui vivent sous l'autorité d'une si rude nature. Quelle discipline que celle des éléments abruptes et sans cesse menaçants ! Rien ne fait plus aimer Dieu aux hommes, naturellement pécheurs, que la crainte qu'ils ont de sa justice, de cette justice dont les effets sont d'autant plus redoutables que le châtiment est plus imminent. Plusieurs fois mes souvenirs se reportèrent vers mes anciens pèlerinages dans les Alpes. Au lieu de l'honnête pasteur, je croyais entrevoir le bon curé descendre le sentier, tête nue, les yeux fixés sur le bréviaire ; je comparais les sages et industrieux Gallois aux Valaisans non moins sages, et les femmes de cette contrée primitive avec leurs casaques rouges et leurs chapeaux de feutre, tels que nous autres hommes les portons chaque jour, aux femmes de la bourgade de Martigny avec leur drap vert et leur couvre-chef aplati en forme de fromage.

Malheureusement

Nous prîmes le coche de Birmingham ; nous aurions préféré prendre celui de Montgomery, de Radnor et de Landaff, celui qui mène au Galles du Sud, si pittoresque et si original, à ces provinces éditées sur le type de la Bretagne française, sorte de contrefaçon et dernier refuge des débris de la race celtique ; mais le temps est un despote, et nous revînmes, en toute hâte, au point de départ du grand voyage. (Trabaud, *D'Inverness à Brighton*, 1853.)

Esquiros
Déchiffrer les pages du livre des montagnes

Le pays de Galles (*Wales*) est, chaque année, le rendez-vous des touristes. Ces excursions commencent en mai et se prolongent quelquefois jusqu'aux premiers jours de novembre. Il est difficile de trouver une région plus romantique : des lacs, des forêts, des chutes d'eau, des précipices, un horizon de montagnes qui ressemblent à un groupe de nuages pétrifiés. Ces montagnes font partie de la grande chaîne qui court à l'ouest, depuis le Cumberland jusqu'à l'extrémité du pays, jusqu'à Land's End, et dans laquelle plusieurs rivières de l'Angleterre prennent leur source. On dirait un énorme entassement de masses angulaires et brisées, mais unies par la base, excepté quand elles sont séparées par des lacs. Les montagnes du pays de Galles forment les alpes de cette grande chaîne :

quelques-unes d'entre elles présentent vaillamment à la mer leur front ardu et rugueux ; d'autres groupes détachés dominent des cours d'eau. Tantôt revêtues d'une végétation sauvage, — des bruyères, des broussailles, — tantôt nues et désolées, elles s'élèvent les unes sur les autres en menaçant le ciel avec la sublime tristesse des Titans. Devant ces beautés et ces harmonies farouches, qui éclatent au milieu du désordre solennel des éléments, le voyageur reste comme accablé. De telles scènes ne frappent pas seulement les yeux et l'imagination ; elles font penser. Ces montagnes, dans le goût de Salvator Rosa, ont un autre intérêt que celui de l'art : ce sont les plus anciennes roches sédimentaires qui existent sur notre globe.

Un tel paysage est un livre : ici se trouve écrite l'histoire des antiquités de la Grande-Bretagne ; je ne parle pas de ces antiquités d'hier qui se rapportent à l'homme, je parle des antiquités de la nature qui se perdent dans la nuit des âges. Le voyageur se rappelle ici à chaque pas ce vers de Byron : « Arrête : ce que tu foules est la poussière d'un monde ! » Les roches de différents âges qui déchirent le sol et qui s'entassent pêle-mêle au sommet de ces formidables élévations contiennent des caractères que la science a déchiffrés : les annales du temps sont ensevelies là. Ces montagnes à mine sévère, et qui semblent rêver dans la nue, sont des historiens. Au milieu de ces ruines, au milieu de ces gorges et de ces précipices, dans la profondeur desquels se creuse le mystère de la Création, ainsi qu'un abîme à côté des abîmes, l'annaliste géologue, celui qui rappelle à la lumière les siècles et les êtres évanouis, participe jusqu'à un certain point aux joies du Créateur ; il assiste par la pensée à la naissance des choses : savoir, c'est préexister. Lui aussi peut s'écrier : « Avant que le monde fût, j'étais. »

Il y a quelques années, l'ensemble des couches brisées, tordues, contournées, qui s'élancent en montagnes, ou qui retombent en abîmes dans le nord du pays de Galles, ne présentait encore qu'un chaos scientifique. Les plus habiles géologues les considéraient comme un labyrinthe de ruines dont le fil d'induction était perdu. Enfin, un homme vint qui porta l'ordre au milieu de cette sublime confusion des éléments ; sir Roderick Murchison établit que cette masse de roches sédimentaires, déchirées çà et là par des couches d'origine ignée, formait un système unique, auquel il donna le nom de *silurien*, parce que les roches qui en déterminent le type se développent surtout dans la région occupée du temps des Romains par les Silures. Ces roches historiques peuvent d'abord se diviser en deux groupes : les unes ne contiennent aucune trace de vie ; les autres renferment les plus anciens vestiges d'êtres organisés que l'œil humain ait pu découvrir.

Sur la lisière du pays de Galles, non loin de Shrewsbury, dans le Shropshire, s'étend une région stérile et insignifiante, si ce n'est pour l'œil qui cherche les origines de la Grande-Bretagne. Là s'élève une montagne, le Longmynd, ou plutôt une agglomération de monticules qui atteignent à peine la hauteur de seize cents pieds au-dessus du niveau actuel de la mer. De profondes crevasses, des ravins aux pentes roides et recouvertes d'herbe, des précipices presque angulaires occupés par quelques faibles cours d'eau, entaillent cette masse d'un aspect antique. C'est ici qu'a commencé l'Angleterre.

Le Longmynd constitue avec d'autres groupes montagneux situés dans le pays de Galles, notamment au nord de la baie de Cardigan, la base de toute la région silurienne. Ces sombres roches sont les premières qui se soient soulevées du sein de l'Océan sans limite connue, sous lequel gisait, à une époque incroyablement reculée, ce qu'on appelle aujourd'hui la vieille Albion. Contre ces roches, situées maintenant à l'intérieur du pays, ont écumé les premières vagues qui aient rencontré une résistance. Vous avez là sous les yeux le plus ancien boulevard qui ait défié la mer, la citadelle de rochers qui préludait à la construction de cette grande île, dont la puissance s'étend maintenant jusqu'aux extrémités du monde. Tout Anglais enthousiaste des antiquités de sa nation doit saluer, dans ce vieux morceau de l'Angleterre, le berceau de sa terre natale.

[...] Parcourir le Shropshire et le pays de Galles, si fertiles en scènes grandioses, c'est, on le voit, parcourir le champ primitif de la Création. Ces deux districts, qui se confondent dans une même province géologique, représentent une époque de la nature, époque incommensurablement longue. Trente mille pieds de couches au moins, en y comprenant les roches ignées, ont été reconnus, dans le pays de Galles seulement et sur les bords de cette région, pour appartenir à la série silurienne. Or, le temps durant lequel les roches se sont déposées et soulevées s'évalue ici par l'épaisseur de la masse.

Quoique le Shropshire et le pays de Galles soient la terre typique du vieux règne silurien, des roches de la même composition, de la même date, et contenant les mêmes débris organiques, se rencontrent sur d'autres parties du Royaume-Uni. En Écosse, elles occupent une étendue considérable. Là aussi, elles s'enflent en montagnes marécageuses, d'un caractère sauvage et désolé, qui ont été appelées les *highlands* du Sud. Ces masses, séparées maintenant par des distances considérables, racontent la même histoire : ce sont les pages bouleversées de la genèse britannique. Partout, en Irlande, en Écosse, en Angleterre, les montagnes siluriennes présentent un aspect formidable. Ces vieilles couches sédimentaires s'interrompent, trouées de temps en temps par des roches d'origine ignée, plus anciennes encore ; on voit sortir de leurs prodigieux amas de porphyre, le gneiss, enfin le fier granit, qui s'élance vers le ciel en s'écriant : « *Dinanzi a me non fur cose create se non eterne !* » D'autres fois, ces montagnes, filles aînées de la terre, s'associent de distance en distance à d'anciens monuments historiques, des châteaux démantelés, de vieilles abbayes en ruine, ou bien à de furieuses chutes d'eau, des lacs mélancoliques, des forêts déchirées, dont les arbres, ceux ou trois fois centenaires, sont encore les plus jeunes antiquités de cet horizon qui se perd dans les nuages.

Je crois avoir indiqué l'influence de la formation silurienne sur le paysage ; il me reste à montrer par quelques traits l'empire qu'elle exerce sur les mœurs. Le pays de Galles, malgré de nombreuses communications, malgré la bande élégante et joyeuse des touristes qui le traversent chaque été, est resté, ainsi que certaines parties de l'Écosse, séparé de l'Angleterre par les habitudes, par les traditions, par la langue. Là, comme sur un promontoire, s'est arrêtée l'arche des anciennes coutumes. Il est à remarquer que sur les terrains plats, meubles et sablonneux, résident des populations mouvantes, effacées, peu attachées aux usages et aux institutions qui forment en quelque sorte le pays moral. Au contraire, sur les roches solides, qui abondent en traits heurtés, s'appuient des populations scellées au sol, des caractères granitiques, des mœurs tenaces. Les montagnes de l'ouest de l'Angleterre qui défient l'art des ingénieurs et des constructeurs de *railways* — car il faudrait y bâtir des chemins de fer aériens — ont servi de retranchement à l'esprit de localité. Derrière ces remparts, des groupes de pasteurs habitent les mêmes districts que leurs ancêtres ont habités depuis un temps immémorial. Ils sont tous parents à un degré plus ou moins éloigné. Sous ces humbles toits qui penchent au flanc des montagnes comme des nids d'oiseaux, vous rencontrez mille tableaux touchants de la vie de famille : les enfants qui réjouissent les vieillards et les vieillards qui sanctifient la maison.

Sobres, économes, simples et endurcis à la fatigue, ils grimpent, pieds nus, pendant l'été, les rochers âpres et sévères ; humains et hospitaliers, ils accueillent volontiers le voyageur. Quiconque a traversé le pays de Galles a remarqué, au milieu des montagnes, les beautés du soleil couchant ; de même que le Snowdon retient longtemps les rayons de l'astre disparu, au moment où toute la contrée d'alentour se trouve déjà ensevelie dans l'obscurité, ainsi la population de ces hauteurs a conservé un reflet des vertus antiques. Les habitants de cette région sont les descendants des anciens Kimris qui, balayés par l'invasion des Saxons, ont demandé aux montagnes, ces forteresses naturelles, de couvrir leur caractère national. N'est-il pas intéressant de retrouver ainsi sur les plus anciennes roches la plus ancienne race de l'Angleterre ?

Un autre rapprochement m'a frappé : les paysans gallois parlent, comme nos paysans bretons, avec lesquels ils ont, d'ailleurs, tant d'autres traits de ressemblance, la vieille langue celtique. Il y a quelques années, on fit venir six hommes des côtes de l'Armorique et on les mit en rapport avec les habitants de l'ancienne Cambrie. Les uns et les autres furent d'abord interdits ; mais ils se mirent bientôt d'accord sur la prononciation de certains mots qui avaient varié, et la conversation s'engagea comme entre de vieilles connaissances. Ces deux rameaux d'une même race s'étaient retrouvés à travers les révolutions de l'histoire et de la nature. Il est, en effet, à remarquer que le pays de Galles, cette Bretagne de l'Angleterre, se trouve assis sur les mêmes roches siluriennes qui servent de base à la Bretagne française, en sorte que les montagnes des deux pays, séparées maintenant par des abîmes, ont été le lit de la même mer.

La masse uniforme des anciennes roches sédimentaires a donné lieu à quelques industries locales, notamment à l'extraction des ardoises, dont on se sert dans le pays de Galles, non seulement pour couvrir les toits des maisons, mais aussi pour faire des monuments funèbres et d'autres ouvrages d'art. Parmi les carrières les plus étendues et les plus célèbres, nous citerons celles de Penrhyn. Les explosions retentissant de montagne en montagne, le groupe des ouvriers suspendus par des cordes sur la face des anciens récifs ou accrochés au rebord étroit des rochers, les rangées de galeries creusées les unes sur les autres, le mouvement des pompes, des moulins et des scies, tout, dans ces lieux, donne une grande idée de la puissance de l'homme, qui a su ouvrir, au flanc des montagnes arides, une source de travail et de prospérité.

Les montagnes de l'immense chaîne qui traverse le nord du pays de Galles s'avancent vers le sud de cette province et vers le Devonshire en s'abaissant. Nous entrons dans un autre âge de la nature, l'ère dévonienne. Ici le théâtre des faits va changer avec la nature du paysage et avec la couleur des roches.

On peut suivre à l'œil nu, dans le sud du pays de Galles, le passage entre les roches siluriennes, d'un aspect grisâtre, et les dépôts de vieux grès rouge. D'abord la limite est difficile à fixer entre ces deux formations, car les couches passent d'une époque à l'autre par des nuances graduées ; mais bientôt le changement se prononce, et rien ne forme un contraste plus tranché que les masses jaunes et rougeâtres superposées à la base sombre des masses siluriennes. Quiconque est curieux de jouir de ce contraste, quiconque aime la poésie des ruines, doit suivre, entre Ludlow et les Clee Hills, une succession de faits qui donne encore au paysage un attrait nouveau. Cette différence dans la couleur des roches est la conséquence d'un changement survenu dans le lit des anciennes mers. Durant l'époque qui vient de s'écouler, le fond de l'océan silurien était occupé par des dépôts d'une boue noirâtre auxquels succédèrent, vers la fin de la période et surtout dans l'âge suivant, des dépôts sablonneux, le plus souvent colorés en rouge par une infusion d'oxyde de fer. Ces changements furent accompagnés par la disparition graduelle des anciens habitants et par l'apparition d'autres animaux mieux assortis aux conditions nouvelles des mers.

Quoique moins abrupte que la précédente, la formation dévonienne se distingue encore par des traits imposants et hardis. Les faces grandioses du système apparaissent en Angleterre dans les escarpements des plus hautes montagnes, situées au sud du pays de Galles, les Brecon Beacons, dont la double tête se cache dans les nuages, et le Grongar Hill, près de

Caermarthen, d'où l'œil decouvre un ensemble admirable d'eaux, de bois, de rochers et de ruines. Le groupe énorme des roches dévoniennes, qui semblent porter sur leur front la rouille des siècles, se développe ensuite dans le Devonshire (d'où le nom), dans la Cornouaille et dans le comté de Herefordshire ; mais c'est surtout en Écosse que ces entassements de vieux grès rouge revêtent un caractère religieusement beau. A l'est des côtes des *highlands* s'élèvent, au milieu de la mer, trois rochers isolés. Surmontées d'un cône plus ou moins tronqué, battues par les convulsions de la sombre vague, debout sur l'abîme, ces trois masses ossianiques ressemblent aux fantômes des âges. Au nord de l'Écosse, le vieux grès rouge est le cadre dans lequel les roches cristallines se trouvent enserrées, ou, pour mieux dire, c'est le rude manteau jeté sur les épaules de ces géants. Une telle association d'antiquités donne à cette contrée un aspect saisissant. A l'est et à l'ouest des côtes, la région présente, dans certains endroits, un ensemble sauvage et désolé : à voir ces montagnes brisées, fracassées, séparées par de sombres et profonds ravins, on dirait les déchirures et les crevasses d'une planète en ruine. Si l'on interroge l'âge de ces montagnes, l'intérêt que présentent les scènes merveilleuses de la nature s'associe bientôt à la contemplation historique des temps. La chaîne du Grampian, une des montagnes de l'Écosse, composée de gneiss et de granit, mais entourée d'une ceinture de vieux grès rouge, est plus ancienne que la chaîne des Alpes, des Apennins, des Pyrénées et des Carpathes. A l'époque où elle fut soulevée, la plus grande partie de l'Europe n'était encore qu'un vague océan. (Esquiros, *L'Angleterre et la vie anglaise*, 1859.)

Walsh
Entre le pays de Galles et l'Écosse

Irions-nous dans le pays de Galles, voir une des merveilles du monde ; le fameux pont de fer jeté sur le bras de mer, qui sépare l'île d'Anglesea du continent britannique ?

A Chester, tout vous parle de ce pont ; dans notre salon nous en avions une belle et grande gravure, et notre hôte, homme de goût et d'instruction, nous conseillait fort de l'aller voir. Moi, je l'avoue, je penchais, pour aller sans détour et sans délai à Édimbourg. J'avais l'espérance de voir Walter Scott : j'étais porteur d'une lettre qui pouvait me procurer accès auprès de l'homme de mon admiration.

Un pont de fer d'une étendue immense, d'une hardiesse extrême, jeté sur un bras de mer, et sous lequel des vaisseaux de haut bord passent sans incliner ni leurs mâts ni leurs voiles, est une merveille sans doute bien digne d'être admirée... Mais approcher un homme de génie, un homme aussi historien que poète, et aussi poète qu'historien ; un homme qui vit de nos jours, et que l'on croirait contemporain des siècles passés, eût été pour moi un indicible bonheur ; et puis cette vieille Écosse qu'il a si bien chantée était aussi toute pleine d'attraits pour moi. Wallace, j'aurais voulu voir ton berceau ; Marie, j'aurais voulu voir ta prison et ton palais ; Holyrood, j'aurais voulu visiter tes grandes salles pleines d'anciens et de modernes souvenirs. Français, j'aurais demandé à ces échos s'ils se souvenaient encore du nom d'un Bourbon ! Stuartiste, j'aurais cherché dans Édimbourg des descendants de ceux qui avaient combattu avec Charles-Edward. Je me serais fait raconter son entrée triomphale dans la capitale de l'Écosse... Oh ! comme mon cœur battait à toutes ces pensées ! Et comme si ce n'était pas assez encore que tous ces enchantements, Ossian me revenait dans l'esprit ; je brûlais de gravir ces monts escarpés, tout recouverts de bruyère ; de voir la pierre élevée au guerrier, et d'entendre mugir le torrent. Après toutes les beautés recherchées et soignées de la civilisation, j'avais soif de quelques beautés rudes et sauvages. (Walsh, *Lettres sur l'Angleterre*, 1830.)

ROMANTIQUE ÉCOSSE

> L'enthousiasme qu'excita l'apparition des poésies ossianiques et les succès qu'ont obtenus plus tard les romans de Walter Scott ont jeté un grand intérêt sur tout ce qui s'attacha à l'histoire, aux mœurs et à l'aspect de l'Écosse.
>
> BUZONNIÈRE, *Voyage en Écosse*, 1832.

L'Écosse fut longtemps une terre mal connue dont le nom n'évoquait que les malheurs d'un peuple héroïque mais barbare, les tragédies d'une dynastie maudite. Certes, les Français savaient qu'une antique alliance avait uni les monarchies écossaises et françaises, mais l'Écosse restait un royaume quasi légendaire, perdu dans les brumes du Nord. Les Anglais eux-mêmes n'avaient guère montré de curiosité pour leurs turbulents voisins, et l'Écosse, en dépit de l'Acte d'union de 1707, fut terra incognita *jusqu'à la fin des années 1760.*

Il avait fallu la rude « pacification » qui avait suivi la rébellion de 1745 et la défaite de Culloden pour imposer une ouverture au siècle et au monde, pour faire naître l'Écosse moderne, l'Écosse des Lumières, faire d'Édimbourg l'Athènes du Nord, et pour rendre enfin accessible l'univers farouche des Hautes Terres et des Îles. Le fameux voyage de Samuel Johnson et Boswell en 1773 mit à la mode le « tour » en Écosse, à la découverte de sites sublimes ou pittoresques, d'une humanité fidèle à des traditions ancestrales et primitives. Par ailleurs l'engouement suscité par les poèmes d'Ossian appelait les visiteurs les plus audacieux vers les cantons reculés et inhospitaliers.

Cependant très peu de Français montèrent jusqu'en Écosse avant 1789. On ne relève guère que Faujas de Saint-Fond, le premier de ces minéralogistes qu'attirent les curiosités géologiques du pays. Bien que le comte d'Artois et une petite cour d'émigrés aient séjourné à Édimbourg de 1796 à 1810, l'émigration ne nous laisse qu'un seul récit, correspondant, il est vrai, à une véritable exploration, mais celui-ci ne fut pas diffusé en France.

Il faudra attendre 1815 et la paix, et surtout l'énorme succès des romans de Walter Scott, pour que les Français prennent nombreux la route d'Écosse. Ils se pressèrent en pèlerinage sur les lieux hantés par les héros d'Ossian et de Scott — « le Rossini de la littérature » (Custine).

En fait, les Français ne viennent pas parcourir l'Écosse dont ils veulent ignorer la réalité quotidienne, ils s'aventurent hors du temps, loin du monde moderne, dans un espace mythique, dans un passé fabuleux. Ils s'enfoncent dans les landes et les brumes, dans un univers archaïque, élaboré à partir de pages romanesques et nostalgiques... quitte à manquer de périr dans une tempête ossianique...

Une histoire sombre et sanglante inscrite partout dans des ruines croulantes ou des sites farouches s'imposait au voyageur alors même que les temps troublés avaient définitivement disparu devant la paix et le progrès. Les montagnards, jadis tant redoutés, étaient devenus les figurants indispensables, témoins pittoresques d'un passé tumultueux et tragique savamment exploité et mis en scène dans des décors grandioses et désolés.

Les Français comprirent-ils jamais vraiment la celtitude des Hautes Terres ? Ils vénéraient Ossian, mais ne saisissaient pas dix mots de gaélique et se contentaient de décliner ben, loch et glen. Les plus honnêtes avouaient détester la cornemuse, et prenaient le pibroch pour une musette.

Nos compatriotes qui se succédèrent sur les routes et chemins des Hautes Terres se rendaient vite compte que les solitudes et les déserts comportaient des étapes inévitables et des circuits obligés où tout s'organisait pour les visiteurs de la belle saison. Pouvait-on échapper à Staffa, au Ben Lomond... et à Abbotsford, demeure de sir Walter Scott ? Pouvait-on être autre chose qu'un touriste ? Par ailleurs, il devenait évident, du moins pour les plus lucides ou les plus sincères que, même si les élites restaient fidèles au patrimoine du passé, l'Écosse romantique était condamnée, l'antique Calédonie abolie, d'où des pages nostalgiques ou ironiques.

Vers la fin du XIXe siècle, l'Écosse, tout en conservant ses sombres beautés, ses paysages majestueux ou terribles, s'était tristement banalisée, ou du moins ne pouvait plus inspirer que des banalités, des naïvetés ou des sarcasmes. Le voyageur accablé avouait être incapable de retrouver la magie de l'Écosse du début du siècle, ou d'en renouveler l'image, et il se réfugiait dans la parodie ou les lieux communs. L'Écosse pouvait-elle encore exister si elle n'était plus romantique ?

EN ROUTE POUR ÉDIMBOURG

Simond

Premiers constats, premiers contrastes

Aujourd'hui nous couchons à Hawick en Écosse (42 milles, par Longtown et Langholm). Environ 12 milles au nord de Carlisle, notre postillon nous a fait voir un arbre qui sépare les deux royaumes. Cette division nominale rappelle les temps malheureux où cette frontière était un désert appelé *debateable lands*, barrière insuffisante contre les déprédations réciproques des sauvages habitants, et cela, il y a moins d'un siècle.

L'Écosse se présente bien de cette entrée ; rien ne peut être plus riant et plus agréable que le paysage le long de la rivière Esk, que nous avons côtoyée pendant plusieurs milles, et ensuite traversée sur un beau pont de pierre, qui unit ses bords élevés, et s'appuie dans le milieu de son lit sur un rocher isolé. De ce pont, nous avons observé sur la gauche une rive de bois et de rochers, trop belle, et même trop *naturelle*, pour ne pas devoir quelque chose à cet art protecteur, sans lequel la nature est sujette à des accidents qui la déparent quelquefois. L'art des jardins, en Angleterre, comme l'art de son gouvernement, n'ôte que la liberté de nuire. Attirés par les charmes de ce beau lieu, nous sommes descendus de voiture, et avons suivi un petit chemin à travers les arbres, qui nous a conduits à un bâtiment rustique. Pendant que nous en examinions l'extérieur, une petite Écossaise, pieds nus et tête découverte, est accourue une clef à la main. Nous avons entendu ou deviné que ce bâtiment rustique était *the Duke of Buccleugh's bower* ; c'est-à-dire, le berceau ou la chambre de verdure du duc de Buccleugh. Elle s'est empressée de l'ouvrir, et nous nous sommes trouvés dans un petit appartement dont les murs, le plancher, le plafond, les sièges et le sofa étaient couverts de mousse, si unie, si fine et si fermement assujettie, qu'elle ressemblait à une belle étoffe. Les pieds des sièges et la table étaient formés de racines et de branches noueuses. Une autre chambre voisine contenait tout le petit ménage rustique ; des assiettes de terre de la manufacture la plus commune, des jattes de bois, des salières de racines creuses, etc. ; enfin tout ce qu'il faut à de grands enfants élevés au sein du luxe et de l'abondance, pour s'amuser un moment à faire les pauvres. Nous suivîmes à la hâte pendant quelques instants le cours de l'Esk, qui est quelquefois, à juger par son grand lit de rochers, un torrent furieux, et maintenant un beau ruisseau rapide et murmurant, d'une eau parfaitement pure et transparente, quoique fortement teinte de brun, comme du café bien clair.

Nous avons ensuite traversé un district fort différent, 15 ou 20 milles de montagnes et de vallées, c'est-à-dire, de renflements et d'enfoncements profonds, couverts d'un tapis uniforme de gazon bien vert, sans arbres ou arbrisseaux quelconques, pierres ou rochers. Le silence de cette vaste solitude n'est interrompu que par le murmure des ruisseaux qui coulent le long des vallées, et les moutons qui paissent sur le flanc des montagnes, avec çà et là un petit berger enveloppé de son *plaid*, qui est une draperie nationale d'un bon effet. A mesure que cette surface est devenue moins inégale, nous avons rencontré des champs cultivés et des prairies encloses, et de grandes plantations de larix et de sapin d'une belle venue. Ici nous avons commencé à découvrir les demeures des habitants du pays, non pas des riches, comme en Angleterre, mais du peuple, des paysans, des pauvres enfin, et bien pauvres, il faut en convenir. Que l'on se figure un toit de chaume, bien épais et bien écrasé, plein d'inégalités et de trous mal rebouchés avec du gazon ; une ouverture laisse passer la grosse fumée de tourbe à travers ce tas de paille : les plus soigneux ont un vieux baril fiché dans l'ouverture, en guise de cheminée. Bêtes et gens, tout gît sous ce toit, qui n'a souvent qu'une seule porte ; et tout près de cette porte un énorme fumier, puis un tas de tourbe, et l'eau noire qui découle de ces deux tas passe sous le plancher, ou même dessus. Des enfants en cheveux blonds et en guenilles, gais, sales et bien portants, fourmillent de ces tanières. Tout cela vit de patates et de gâteaux d'avoine, dont nous voyons des champs de tous côtés.

On rencontre sur la route de petites charrettes légères à la file les unes des autres, chacune tirée par un seul cheval et un seul conducteur pour le tout, ce qui est bien mieux entendu que les pesants chariots de l'Angleterre.

Les hommes sont vêtus de leur *plaid* jetée sur les épaules et autour d'un bras. Quelques-uns s'en enveloppent comme d'un manteau à l'espagnole, ou d'une draperie antique : si ce n'était le chapeau et les souliers, ce seraient des figures tout à fait romaines. Les femmes ont leurs extrémités plus classiques, car elles vont pieds nus et tête nue, mais elles pèchent par le milieu qui est recouvert d'un corps vulgaire de jupe. On les voit passer les ruisseaux à gué, ayant de l'eau jusqu'au-dessus du genou, levant fort innocemment leurs jupons, sans s'embarrasser de l'œil des passants.

Édimbourg, 10 août. Par Selkirk, 47 milles.

Nous avons passé aujourd'hui plusieurs des rivières célébrées par le chantre moderne de l'Écosse, Walter Scott, la Tweed, l'Ettrick et l'Yarrow. Il y a un charmant recoin dans Tweedale, agreste et presque sauvage, au milieu duquel un homme de goût a étendu son tapis vert et planté sa jolie maison. M. Scott demeure dans ces environs. (Simond, *Voyage d'un Français en Angleterre pendant les années 1810 et 1811*, 1816.)

Blanqui

En entrant en Écosse

Je ne puis pas me l'expliquer, mais en entrant en Écosse, je me sentais chez un peuple ami. Ces masures chargées plutôt que couvertes d'un chaume inégal et rongé par la mousse ; ces enfants vifs et contents, errant nu-pieds autour de leurs huttes percées à jour ; ces petites filles, avec leurs yeux bleus, leurs cheveux blonds et leur air d'innocence, m'intéressaient comme des compatriotes. Un sentiment de peine indéfinissable se mêlait au plaisir de les voir, et, malgré moi, je transportais ces figures de Raphaël sous le ciel d'Italie. Cependant rien ne rappelle moins l'Italie que leur sauvage patrie ; rien ne ressemble moins aux vallons de Florence et de Tivoli que ces landes stériles. L'image de la pauvreté se montre partout, attriste tout, arrache des larmes. Le fumier entassé à la porte des habitations noyées dans une vase infecte, des chevaux maigres qui partagent l'avoine avec leurs maîtres, des moutons entassés pêle-mêle avec des enfants, une bêche, une charrue, des pierres, de la tourbe, un horizon grisâtre et toujours le même, voilà ce qu'on aperçoit à la frontière de l'Écosse. On se demande s'il n'y a point d'erreur de la part des guides, s'il vous conduisent véritablement dans la patrie de Walter Scott, ou si cette affreuse avenue n'est que l'entrée des jardins d'Armide ; et, tout à coup, un lieu célèbre dans l'histoire des amours rend la supposition vraisemblable : c'est le village de Gretna Green.

Une maison blanche, que sa couleur distingue parfaitement du petit nombre de celles qui l'entourent, a le privilège immémorial de servir de temple à la Cythère écossaise. (Blanqui, *Voyage d'un jeune Français en Angleterre et en Écosse*, 1824.)

Premiers mirages

Custine

Quand j'aperçus de loin les lignes irrégulières que dessinent sur le ciel les montagnes ossianiques dont je vais parcourir les solitudes, je ne puis contenir mon impatience. Il me semble que je retrouve ma patrie en mettant le pied sur une terre, dont, grâce à Walter Scott, je connais si bien l'histoire et les habitants. (Custine, *Courses en Angleterre et en Écosse*, 1830.)

Buzonnière

Nous traversions fréquemment des nuages, ou plutôt des régions de vapeurs qui s'élevaient du fond des vallées. Ce n'étaient pas des brouillards opaques comme ceux de nos climats, mais une rosée légère, suspendue dans l'atmosphère, et reflétant les rayons du soleil, un voile de gaze jeté sur la nature, et répandant sur tous les objets une indécision de couleur et de forme qui plongeait l'âme dans une douce mélancolie.

Tel est le beau côté des vapeurs ossianiques. Je dois ajouter qu'elles sont extrêmement froides et pénétrantes. Nous étions transis, et nos compagnons de voyage, malgré leurs doubles manteaux de serge et les épaisses cravates qui leur montaient jusqu'aux yeux, commençaient à grelotter, lorsque le coachman se tourna solennellement vers nous, et nous dit d'un ton grave : « L'Écosse, messieurs ». (Buzonnière, *Voyage en Écosse*, 1832.)

Hennequin

Déjà l'Écosse selon Walter Scott

J'aurais oublié le bourg de Wakefield, s'il ne portait le même nom que le lieu célébré par Goldsmith. Le paysage anglais est toujours invariable ; un chemin étroit, des cottages, de petits arbres et de verdoyants enclos. Sur toutes les enseignes que le vent balance à la porte des hôtelleries, nous retrouvons le lion rouge et le lion blanc. La fidélité à ces deux symboles est remarquable ; un lion était peint sur la poitrine d'Irmansul ; le lion décorait les armures saxonnes quand la Grande-Bretagne fut envahie. Si les enseignes des *Inns* remontent en effet à cette origine reculée, ce trait est celui qui caracterise le mieux la persévérance britannique.

Lorsqu'on avance vers l'Écosse, on voit les maisons se couronner de créneaux. Newcastle sur la Tyne est une ville dont nous n'entrevîmes les édifices qu'à la clarté jaune du gaz, ou bien à la rouge lueur du matin. Nous y entrâmes à neuf heures du soir ; le lendemain nous la quittâmes dès l'aurore. Le Northumberland est couvert de vastes plaines ; cependant, en marchant vers le nord, on voit naître des éminences, les glens deviennent sauvages, le ciel est gris ; on aperçoit dans la campagne quelques plaids jetés en écharpe sur l'épaule des bergers ; la brique disparaît ; on retrouve le blanc sale des villages de France. Un autre signe annonce l'Écosse, c'est la dégénérescence progressive des attelages. Dans les environs de Londres les chevaux du stage sont souples de jarrets et splendidement harnachés ; à mesure qu'on s'éloigne de la capitale leur fierté s'efface ; chaque relais enlève une plaque de leur harnais étincelant ; près d'Édimbourg il ne reste de ce brillant équipement que des œillères aux armes d'Angleterre ; plus loin ce dernier insigne disparaît ; vous ne voyez plus que des haridelles retenues par de vulgaires courroies. L'auteur de *Waverley* certifie qu'il existe en Écosse des relais de chiens pour mordre les jambes des chevaux et servir d'auxiliaires au fouet du cocher.

Tant de signes devaient nous annoncer que l'Angleterre s'enfuyait pour faire place à de nouvelles mœurs ; cependant aucune limite ne marque la frontière des deux royaumes, et nous ne savions pas encore si nous étions réellement en Écosse, lorsqu'un voyageur nous montra du doigt une petite chapelle.

C'est là que reposent les restes de Walter Scott.

Les Écossais saluent encore avec amour le nom de leur romancier. Un homme assis près de nous, fort empressé comme tous les habitants des trois royaumes à servir aux étrangers les lambeaux de français qu'il avait recueillis dans ses voyages, nous dit en caressant le poil fauve hérissé de son chien, que cet animal avait appartenu *au grand poète*. Les Écossais ont raison de bénir sa mémoire ; par lui leur pays fut révélé au monde ; il a fait sortir des chevaliers et des fantômes de toutes les bruyères, dressé des châteaux sur toutes les collines et fait un pays plein de charmes d'une terre âpre et sans ombrage.

Dans le voisinage de l'Angleterre, l'Écosse est nue comme le rivage de la mer; on y voit croître une espèce de mélèze particulière au pays; cet arbre s'élève rarement à une grande hauteur. Le bon Écossais qui nous avait montré le chien de Walter Scott, et qui poussait la complaisance jusqu'à parler gaélique pour nous donner une idée du rauque dialecte de ses montagnes, nous avertit à l'entrée d'une vallée que nous allions apercevoir un site affreux : il ne me parut pas plus aride, plus désolé que les autres. La précaution oratoire nous fit sourire. Partout se retrouve le besoin de parer pour l'étranger son pays natal, de cacher ses défauts comme des infirmités de famille. Sur le continent, dans une capitale balayée sans cesse par l'ouragan, j'entendais répéter : « Il fait aujourd'hui un vent extraordinaire ! » c'était le vent de la veille et celui du lendemain. (Hennequin, *Voyage philosophique... en Écosse*, 1836.)

Blanqui
Un visiteur consciencieux... et perspicace

A quelques lieues de Glasgow, la route est si triste, le paysage si nu et si monotone, que je me croyais encore dans le désert, entre Moffat et Lanark. De petits lacs isolés de distance en distance sur une plaine de tourbe, des collines basses et mal cultivées nous semblaient les limites de quelqu'empire sauvage. Le temps était affreux, et nous recevions sur les hauteurs de l'*outside*, de ces torrents de pluie qui refroidissent le zèle des plus ardents observateurs, lorsque le vent, après avoir soufflé toute la journée du nord-est, s'est dissipé soudain; un rayon de soleil a lui sur Édimbourg, pendant que nous traversions les jolies villages qui lui servent d'avenue, et la ville était toute rayonnante des feux du couchant à notre arrivée dans Prince's Street. Depuis longtemps nous apercevions au-dessus des cimes des arbres la pyramide svelte et brillante qu'on nomme le Château : derrière lui, les rochers de Salisbury (*Salisbury Craigs*) élevaient leur tête pittoresque et décharnée. La ville n'a paru qu'après avoir été annoncée par ces collines célèbres, qui ne sont point déparées, comme celle de Montmartre, par des guinguettes et des moulins à vent.

Édimbourg est partagée en deux villes distinctes par une prairie vaste et profonde, qui fut jadis un lac. La vieille ville, toute gothique, toute noire, s'élève en amphithéâtre sur une éminence à pente douce, couronnée d'une foule de vieux clochers très bizarres; ses rues sont généralement étroites, sales, plus ou moins escarpées : on pourrait l'appeler le quartier féodal. La ville neuve, fille de la civilisation, est riche, élégante et somptueuse comme elle. On est frappé de l'air de grandeur qui y règne. Elle est toute bâtie en pierres de taille; ses trottoirs sont larges comme des rues, ses édifices réguliers comme des palais. Un pont hardi, jeté d'un bord à l'autre de l'ancien lac, réunit ces deux cités. Les comptoirs, le collège, l'industrie, les hôpitaux, les marchés, le château qui protège et menace tout cela, sont dans la vieille ville. Les belles églises, les belles rues, les grandes places, les hôtels, et Calton Hill, avec le monument de Nelson, se trouvent dans la ville nouvelle. Un grand village, réuni à ces deux villes par une chaussée de plus d'un mille de longueur, leur sert de communication avec la mer : c'est le faubourg de Leith, ou plutôt le Pirée, car Édimbourg a des ressemblances frappantes avec Athènes.

En y entrant par la route de Glasgow, mes regards ont été étonnés de sa magnificence. Nous suivions la rue du Prince (Prince's Street), qui domine ce grand fossé appelé North Loch, le Lac du Nord. Le château, perché sur un roc de 380 pieds d'élévation, formait de ce côté un précipice épouvantable ; la cathédrale, dédiée à saint Gilles, se faisait remarquer au-dessus des plus hautes maisons, par son clocher terminé en couronne ; plus près, l'église Saint-Jean, véritable chef-d'œuvre de gothique moderne, fraîche, propre et toute neuve, paraissait sortir du moule, et avoir été déposée provisoirement sur le gazon de la prairie. A l'extrémité orientale de la rue, on apercevait de loin sur Calton Hill la colonne de Nelson et la place de Waterloo ; mais ces différents objets sont séparés par de si grands espaces, que leurs proportions en acquièrent un effet surprenant. Rien de semblable ne se retrouve, je pense, dans aucune ville d'Europe, et ce tableau m'a fait une telle impression, que je pourrais le peindre de mémoire, si j'étais peintre.

Fidèles au respect dû à l'âge, nous avons traversé le pont du Lac, pour examiner d'abord la vieille ville, en laissant à l'angle du pont, dans la nouvelle, la salle de spectacle, qui ne vaut pas la peine d'être nommée. Tout à coup la scène a changé. Au silence de la ville neuve ont succédé le bruit et le mouvement d'une cité populeuse. Les boutiques sont rapprochées les unes des autres, la foule circule dans tous les sens, les plaids, les robes quadrillées sont très nombreuses, les physionomies sont plus caractérisées, plus écossaises qu'à Glasgow, où le commerce attire un grand nombre d'Anglais du midi. Les maisons de cette vieille Édimbourg sont fort remarquables par leur hauteur et par leur physionomie délabrée ; il en est quelques-unes, tout près du château, qu'on croirait bâties par des barbares, tant leur construction est extravagante, incommode et mal entendue. Elles se soutiennent mutuellement par leur propre masse ; mais j'en ai vu de si inclinées, que la chute d'une seule suffirait probablement pour entraîner celle de beaucoup d'autres. C'est là vraiment qu'on peut reconnaître surtout l'ancienne Écosse, les rues tortueuses et les petits soupiraux des maisons du Moyen Age, sans avoir besoin de lire la date de leur construction, qui est écrite sur la porte de quelques-unes d'elles. Aucun plan, aucun ordre ne se fait sentir ; on a bâti à droite, à gauche, en haut, en bas, suivant le hasard, le caprice ou la nature du terrain ; et il est résulté de cette insouciance, que plusieurs rues sont véritablement *à cheval* les unes sur les autres. De temps en temps un arc de voûte réunit les deux extrémités d'une rue supérieure, traversée par une rue inférieure ; de telle sorte que les voitures, dans celle qui est la plus élevée, passent au-dessus des toits de la rue la plus basse.

Lorsqu'on est arrivé au pied des murs de la cathédrale, on rencontre presque sur le même point la Bourse, la banque, la bibliothèque des avocats, l'hôtel et la place du Parlement, avec une mauvaise statue équestre de Charles II. Tous ces monuments ne sont pas dignes d'un grand intérêt. Le château communique avec la rue Haute (High Street) par une jetée entièrement dégarnie, sur laquelle plongent toutes ses batteries. Nous l'avons visité dans le plus grand détail. C'était le *Castrum alatum* des Romains. Aujourd'hui, on peut le regarder comme une petite ville de guerre isolée sur son rocher. Le chemin qui conduit à la plate-forme du sommet est une spirale à pente assez douce pour permettre la circulation des voitures et du matériel nécessaire à l'artillerie. Une simple palissade, défendue par quelques pièces d'un petit calibre, en interdit l'entrée. A mesure qu'on s'élève, le spectacle devient plus formidable : on rencontre des pyramides de boulets, des pièces de dix-huit et de vingt-quatre, des magasins, des réservoirs, des baraques, une chapelle même, pour prier Dieu au milieu de tout cet appareil de destruction. Ce château, dont l'origine se perd dans la nuit des temps, a servi, selon les événements, de résidence ou de prison aux rois d'Écosse. La reine Marie y est accouchée en 1566, d'un fils qui fut depuis roi d'Angleterre sous le nom de Jacques Ier. Pendant les dernières guerres, on y avait renfermé beaucoup de prisonniers français. En regardant la ville par une des embrasures de la forteresse, il est impossible de n'être pas effrayé de cette puissance de destruction : il suffirait qu'un parti de furieux s'en emparât, pour qu'il dépendît d'eux de renverser tous les palais, toutes les colonnes, tous les édifices d'Édimbourg ; rien ne pourrait échapper aux ravages des batteries, dont les feux s'étendent jusqu'à la mer : et ces tristes réflexions ôtent tout le plaisir de la vue.

La ville neuve, ou du moins la grande portion de cette ville, actuellement terminée, peut être considérée comme un parallélogramme de quatre mille pieds de long, sur onze cents de largeur. Ses deux plus longues bases, formées par Prince's Street et Queen's Street, dominent d'un côté le Lac du Nord, ou la vaste prairie dont nous avons parlé ; de l'autre, les édifices d'une seconde ville neuve qui s'élève au-dessous de la première. La rue Georges, parallèle aux deux autres, est terminée d'un côté, au couchant, par la place Charlotte, et au levant, par la place Saint-André, ornée du monument de lord Melville. C'est cette rue qui excite principalement l'admiration des étrangers. Sa largeur est de cent quinze pieds, sa longueur de près d'un mille ; mais ces grandes dimensions sont fatigantes, et je ne les cite avec exactitude que pour donner une idée positive du luxe qui s'est introduit depuis un demi-siècle dans les constructions anglaises. Malheureusement, la population semble fuir ces rues somptueuses, dont le pavé, tout en dalles immenses, paraît aussi intact qu'une statue sortant de l'atelier du sculpteur. On ne voit personne aux fenêtres de ces superbes palais, et les portes, qui en sont constamment fermées, pourraient faire croire que la ville vient d'être ravagée par une épidémie. Cette solitude est surtout frappante le dimanche, si religieusement observé, comme on sait, en Écosse. Il nous est arrivé d'y marcher pendant plus d'une heure sans rencontrer personne. Tout le monde est enfermé ce jour-là dans les temples ou dans l'intérieur des maisons, tandis qu'en France, dans nos cités et dans nos villages, la foule se précipite au-dehors, entraînée par un mouvement irrésistible.

Aussi n'avons-nous pas manqué d'entrer dans plusieurs églises, puisque là seulement nous pouvions trouver réunie la population tout entière. Nous y avons remarqué une décence et un recueillement auxquels nos yeux n'étaient pas accoutumés. Nulle part le son de l'orgue ne se faisait entendre, et c'est dommage ; point d'ornements, point de cérémonies, personne entre Dieu et les hommes. De temps en temps, quelques hymnes suivies d'un profond silence s'élevaient jusqu'à lui : tous les assistants y prenaient part, et du mélange de mille voix résultait une harmonie douce, paisible, sans éclats, sans monotonie, assurément préférable à l'insipide accompagnement de nos *serpents* d'Église. Une propreté remarquable règne dans chaque temple ; des tapis y sont étendus, des foyers nombreux y sont entretenus pendant l'hiver, pour préserver la santé des citoyens ; car Dieu ne veut pas sans doute qu'il y ait du danger à lui rendre hommage, et qu'un temple consacré à son culte devienne pernicieux à ceux qui le fréquentent. Il est des églises où plusieurs sectes se rassemblent à la même heure pour adorer l'Éternel, chacune suivant ses principes ; image touchante et respectable de l'union qui doit régner un jour parmi les hommes quand l'expérience et les lumières les auront suffisamment dégoûtés du fanatisme et de l'intolérance. Après l'office, je me suis tenu pendant quelque temps sur le perron de l'église Saint-Georges pour voir sortir les fidèles : les physionomies sont encore pensives et recueillies ; les filles accompagnent leurs mères ; de grands laquais assis à la porte s'emparent de la bible de leurs maîtres, et font signe aux cochers d'avancer ; la foule s'écoule lentement et en silence. Toutefois une élégance un peu fastueuse se fait remarquer dans les costumes ; les robes de satin sont trop nombreuses. Dans un lieu où tout doit respirer la modestie, où tout annonce la plus incontestable égalité, celle des hommes devant Dieu, peut-être la richesse devrait se couvrir de quelques voiles : la vanité reprend bientôt ses droits dans le monde.

Les belles rues de la ville neuve sont un instant ranimées par la foule qui tout à l'heure inondait les temples, mais après quelques minutes, tout rentre promptement dans le silence accoutumé. Le monument de lord Melville, un instant environné, reparaît bientôt dans tout son isolement au milieu des bosquets du square ; sa statue, que je cherche des yeux, n'est pas encore placée au sommet de la colonne : on dit qu'elle est dans les ateliers d'un sculpteur célèbre, à Lanark. Une nation qui sait honorer ainsi la mémoire de ses grands citoyens ne doit jamais désespérer de son salut ni de sa gloire.

Sir Walter Scott demeure près de là, dans Castle Street, n° 39. La maison de cet illustre écrivain nous intéressait plus que tous les palais de la ville neuve. Quand les étrangers visitaient Athènes, ils couraient voir tout d'abord Socrate et Platon : notre première visite était due à l'auteur des *Puritains* et de *Waverley* ; mais il venait de partir pour la campagne. Nous n'avons pas eu besoin de guides pour trouver sa maison, et, quoique tout le monde la connaisse, le nom du maître est modestement écrit sur la porte : *sir Walter Scott, baronet*. Au premier coup de la sonnette que nous avons agitée d'une main émue, une femme est accourue, fidèle gardienne de la demeure du poète ; son air honnête et doux nous a semblé d'un bon augure, car j'ai souvent entendu dire qu'on pouvait juger sans erreur de l'accueil du maître par celui des domestiques. Elle nous a introduits dans le salon de réception avec un sourire de remerciement et de joie pour cet hommage que nous venions de si loin rendre à son maître ; elle a répondu à toutes nos questions avec une sagacité et un à-propos remarquables, comme si elle prenait sa part de notre visite à sir Walter Scott. Un volume de *Guy Mannering* était ouvert sur la table au milieu d'une foule de papiers qu'il nous en a coûté beaucoup de respecter : sur le revers de l'un d'eux, nous avons exprimé le regret que nous causait l'absence de l'auteur. La bonne servante nous engageait vivement à faire le voyage d'Abbotsford, où nous devions trouver sir Walter Scott au sein de sa famille, dans un charmant hermitage. « Allez, Messieurs, disait-elle ; mon maître est toujours enchanté de recevoir des Français : vous lui ferez plaisir, et vous verrez que ses filles parlent aussi bien votre langue que la leur. » Le projet était séduisant, mais le temps nous manquait.

La ville nous a paru plus déserte en sortant de la maison déserte de sir Walter Scott. Les belles églises de Saint-André, de Saint-Paul, de Saint-Georges, l'hôtel des Archives, l'un des édifices les plus remarquables d'Édimbourg, le cirque royal et la place de Moray ont perdu quelque chose de leur prestige à nos yeux ; et, pour retrouver des émotions dignes d'Édimbourg, il a fallu monter sur Calton Hill, et nous remettre en présence de tous ses monuments. Calton Hill s'élève sur une base plus large que le château, et sa vue embrasse un horizon bien plus étendu. La ville entière se dessine au-dessous de lui comme sur un plan ; vers le nord, on aperçoit les montagnes du Fifeshire, au levant l'embouchure du Forth, qui ne manque pas de ressemblance avec celle de la Seine au Havre ; au midi, le Bridewell ou la nouvelle prison, qui n'a plus rien de commun avec l'ancienne, et le vieux faubourg de Canongate terminé par le palais d'Holyrood. Tous ces objets saillants sont accompagnés d'une telle variété d'objets secondaires que la vue en est éblouie. Le vent, qui souffle sans cesse avec une violence extrême dans ces parages, débarrasse la ville des nuages de fumée qui tendent à l'envelopper jour et nuit, et ce phénomène est un privilège qui garantit pour longtemps la fraîcheur et la conservation de ses monuments.

Calton Hill est un des plus beaux sites du monde. Ces montagnes qui se perdent dans les nues, ce golfe qui s'avance dans les terres, cet horizon qui ne finit point, ces deux villes si différentes par leur construction, cette citadelle unique, ce lac desséché, cette chaussée de Leith qui rappelle Athènes, forment assurément la plus étonnante réunion d'objets qu'on puisse voir. La colonne de Nelson apparaît au-dessus de tout comme la récompense d'une gloire qui domine toutes les autres, celle d'avoir sauvé son pays. L'observatoire occupe sur le penchant de la colline la portion qui regarde le nord, et l'on parle beaucoup depuis quelque temps d'élever au sommet du plateau un monument national sur le plan du parthénon d'Athènes ; de nombreuses souscriptions sont déjà ouvertes à cet effet : mais on n'est pas encore d'accord sur la destination du nouvel édifice.

Toute cette vaste enceinte est entourée par un torrent qui se jette dans la mer près de Leith, et qui porte le nom du faubourg, Water of Leith. La nature, si prodigue pour Édimbourg de beautés pittoresques, n'a pas voulu que ce ruisseau fût indigne d'elle : elle lui a donné un cachet d'originalité qui en fait un des objets les plus intéressants pour le voyageur. Son lit est creusé au fond d'une petite vallée qui semble créée pour lui seul ; ses bords, tantôt escarpés, tantôt gracieusement évasés, sont parsemés de pavillons, de jolis temples, de troupeaux, de maisons de campagne ; lui-même se précipite en petites cascades, roule paisiblement sur un fond de cailloux, s'arrête quelquefois pour arroser des jardins ; animer des manufactures, et finit sa course en bouillonnant, après avoir passé sous une infinité de petits ponts en bois ou en pierre, d'une ou de plusieurs arches. A mesure qu'on approche de son embouchure, on remarque beaucoup de nouveaux édifices qui s'élèvent, et qui formeront bientôt de larges rues, des places circulaires et demi-circulaires, connues sous le nom de *croissants*, formes antiques et élégantes pour lesquelles les Anglais témoignent beaucoup de prédilection. Lorsque ce plan immense sera terminé, lorsque les deux côtés de la grande chaussée de Leith se seront couverts de monuments, dont les fondements sont déjà jetés, la ville d'Édimbourg n'aura plus de rivale en Europe. Fière de ses trois collines, réunie à la mer par une suite de palais, bornée au couchant par un torrent mille fois plus limpide et plus gai que le Tibre, et au midi, par une des plus magnifiques plaines qu'ait pu embellir la main des hommes, rien ne lui manquera des beautés de Rome et d'Athènes. Et si elle n'a point, comme ces deux illustres métropoles, des souvenirs dignes de traverser les siècles, il lui restera du moins les traditions du Moyen Age, et la gloire d'avoir enfanté presqu'instantanément une foule de grands hommes, l'honneur de la littérature et des arts. (Blanqui, *Voyage d'un jeune Français en Angleterre et Écosse*, 1826.)

Michelet
Promenades à travers les siècles

Je suis entré dans la capitale de l'Écosse par une pluie battante. Mais mon avidité de voir est si grande que, sans respirer, j'ai poussé une première reconnaissance de la haute ville.

Édimbourg est assise sur une triple montagne. De là, ces rues, ces précipices, ces maisons à dix étages, ces ponts sur des abîmes habités. Plus de monuments que d'actes et de souvenirs ; des pastiches habiles de tous les siècles.

Ce n'est pas qu'il n'y ait ici une histoire, mais sauf Marie Stuart, rien qui intéresse l'Europe entière. Et pourtant, à voir ces édifices, cette ville prodigieuse, cette Athènes du Nord, comme ils veulent qu'on l'appelle, on serait tenté d'y placer des grands faits du genre humain : la bataille de Salamine ; la fondation de l'Empire ou la Révolution française... Au lieu de cela, vous avez une histoire locale plus curieuse que grandiose. Cette beauté colossale, cette pompe *martynienne* qui fait de la sage et sobre Édimbourg, une autre Ninive, c'est une œuvre d'hier, née de l'attachement de l'Écosse pour l'existence locale. Si économe qu'elle soit, du jour où, par sa littérature du dernier siècle, par sa Revue, et surtout par Walter Scott, elle a pris le goût de l'art, de ce jour, étant devenue riche, elle a voulu à tout prix, orner sa vieille ville, et elle l'a ornée, sans proportion avec ses destinées et son avenir.

Plusieurs monuments, par cela même, sont restés inachevés, par exemple, son Université et le monument national qui devait être élevé à la mémoire des Écossais morts à l'étranger, sur les champs de bataille. C'eût été un Parthénon en miniature. L'Université devait reproduire les Propylées.

De la ville neuve où je suis logé, on passe dans la vieille ville en traversant un pont jeté sur le North Loch, marais jadis profond, aujourd'hui desséché. Un autre pont mène à Calton Hill, l'une des trois montagnes. Celle-ci concentre tout un monde architectural et le plus divers : tours, colonnes, statues, mausolées, temples grecs... Tous ces édifices ont monté en face de la mer. Le plus curieux est pourtant à vos pieds, au labyrinthe des rues, des cours, des maisons de la basse ville, où votre œil plonge : on pourrait y suivre les investigations du *Diable boiteux*.

Il est à regretter qu'une position si superbement dominante, soit trop souvent sans aucun profit pour la vue. Dans cette portion de l'Écosse, le ciel est fréquemment nébuleux, brumeux, pluvieux, peut-être à cause du voisinage du Gulf Stream. Un déluge d'eau m'a forcé de regagner mon hôtel.

Dans le quartier que j'habite et quelques autres de la nouvelle ville, commencée au milieu du dernier siècle, les rues sont comme à Londres, ridiculement larges. Comparez, par exemple, Prince's Street à la *Via Sacra* de Rome que suivait le char du triomphateur, celle-ci, à côté, n'est qu'une ruelle.

Les squares aussi sont immenses, de véritables parcs. Quelques-uns, dans leur forme ovale et par leur position élevée, semblent dresser en l'air de gigantesques corbeilles de verdure et de fleurs.

Le château d'Holyrood, merveilleusement haut et hardi, occupe l'extrémité du faubourg de la Canongate (la porte des Chanoines). Une grande partie de ce vieux quartier est aujourd'hui habitée par les pauvres, et n'en est peut-être que plus pittoresque. La nature a d'ailleurs le don de tout parer. Il ne lui faut pour cela, qu'un peu de verdure et quelques accidents de lumière. Les jeux variés du brouillard ou du soleil à travers les portiques à jour, et ces vallées, ces ponts aériens, ces escaliers gigantesques, ces maisons surexhaussées dont les toits fumants pavent l'abîme, tout ce chaos piranésien, de fantaisie orientale et biblique, plane au-dessus des misères humaines et du petit monde des romans de Walter Scott.

Plus haut encore qu'Holyrood, domine le vieux château fort : Edinburgh Castle où l'Écosse garde la couronne de ses rois. De cette montagne, la ville entière apparaît en échappées magiques, à travers les brumes à chaque instant déchirées par la furie des vents contraires.

Le château fort est devenu une vaste caserne remplie de troupes anglaises, de femmes et d'enfants.

A côté d'Holyrood, l'antique abbaye des augustins dresse encore ses tours et ses ogives du XIIIe siècle. Selon la légende, David Ier, roi d'Écosse, en posa la première pierre.

Un jour qu'il chassait le cerf, la bête furieuse, tout à coup se retournant, le chassa à son tour. Le roi, dans ce grand péril, dut son salut à une croix de feu qui apparut soudainement, marcha sur le cerf, l'éblouit et désarma son courroux. En reconnaissance de ce secours miraculeux, le petit-fils de Guillaume le Conquérant, fonda la noble abbaye dont les ruines appellent un toit protecteur. Rongées par la pluie, la mousse ; sans cesse ébranlées par l'assaut furieux des vents de tempêtes qui ont établi ici leur royaume, il est impossible, si l'on n'y prend garde, qu'elles résistent longtemps.

Mieux vaudrait bâtir moins de temples grecs, et réparer ces vénérables reliques du passé.

Autour du château d'Holyrood s'étend le cimetière. Là, dorment les antiques chefs des clans : les Campbell, les Douglas, les Macdonald... L'un de ces tombeaux porte la sphère du monde où se lit inscrite, cette belle épitaphe : *Spes ultra*. En écartant la mousse épaisse qui recouvre toutes ces pierres tombales, je déchiffre sur l'une d'elles, le nom de

Bothwel, l'évêque qui maria Marie Stuart à Darnley. Chacune de ces dalles est peut-être un feuillet où se lit la vieille histoire nationale d'Écosse, émouvante, lorsqu'elle n'est pas héroïque.

Toute la façade du château et le carré qui en forme la partie principale, ont été bâtis par Charles II. A l'intérieur, je vois un objet funèbre, le lit tendu d'un gris de deuil, où a couché son père Charles Ier. Les appartements qu'occupait Marie Stuart sont toujours pleins d'elle. Mille choses racontent sa vie intime. Dans sa chambre à coucher, son lit cramoisi entre quatre colonnes. Près de la cheminée, son fauteuil encore recouvert de la tapisserie que ses mains ont brodée. Plusieurs autres sièges également à son usage, délicats de sculpture, sont disposés ici et là. L'un d'eux, surmonté de petits bronzes dorés, porte la devise : *Honni soit, qui mal y pense*. C'est que Marie s'intitulait, aussi bien qu'Élisabeth, reine d'Angleterre. Tous ces meubles féminins, négligemment épars, semblent l'attendre. A côté de sa table de travail parée d'une tapisserie du temps, son miroir ovale, les bords à facettes. Involontairement, les yeux y cherchent une image à jamais évanouie. Ce qu'on voit, ce qui s'impose, c'est le portrait d'Élisabeth !... Henri VIII y est aussi, et, comme à Warwick, peint par Holbein. De Marie, rien qu'une miniature charmante qui nous la garde dans sa beauté française, anglaise, délicate sans fadeur, puissamment attractive, l'air moins reine que dans les gravures partout étalées dans la ville, aux vitrines des marchands d'estampes. Moins reine, mais plus humaine, c'est-à-dire plus touchante.

Un peu dans l'ombre, peint sur marbre, le portrait de la Vierge brisé par Knox, le fougueux réformateur.

Attenant à la chambre à coucher de Marie, le tout petit cabinet où elle soupait en tête à tête avec son favori Rizzio. On conçoit la fureur de Darnley. L'autre cabinet où son heureux rival, poursuivi par les assassins, se réfugia, est fort sombre. J'ai vainement cherché, dans le passage où il fut atteint et tué, les taches de sang dont parle la légende.

On croit qu'il repose sous une pierre à la porte même du château. J'ai trouvé là, en effet, une croix, mais sans aucun nom, aucun signe. Est-ce elle qui l'aurait voulu ainsi ?

Charles X dans son premier et dernier exil, est venu vivre ici. Les appartements qu'il habitait, simples et tristes, regardent les prairies, la solitude. De ce côté s'allonge la longue galerie peuplée de tous les rois d'Écosse : Fergus, Macbeth, Marie, moins belle que dans la miniature, et fatiguée, pâlie. A côté, Jacques Ier, tête basse et vulgaire, véritable maître Jacques. Charles II, un peu grossier sous son énorme perruque à la Louis XIV. Jacques II, grand et insignifiant. C'est le dernier de la sombre galerie qui fut sans doute le promenoir de Charles X et de sa famille, dans les longues pluies de ce triste et rude climat.

Après cette funèbre halte dans l'histoire, je trouve bon de rentrer dans la nature, et je monte au Salisbury Craig qui domine fièrement le château, la ville et la mer. De ce roc élevé, les vaisseaux n'apparaissent plus que des points sur l'espace. Par l'effet d'un mirage ossianique, l'océan et le ciel, à chaque instant, se superposent ou se confondent; le rivage semble à la fois nager dans l'eau et flotter dans l'air. Ce dialogue homérique entre les éléments, au milieu du chaos tumultueux des noires nuées, bientôt vous fascine. Je serais resté là, je ne sais combien d'heures, si le vent et la pluie ne m'eussent fait une guerre impitoyable.

A mes pieds, un brouillard mobile me révélait par la profondeur de ses replis, celle des vallées qui coupent la ville. Malgré les lourdes averses dont j'étais trempé, j'ai voulu revoir Calton Hill, ce prodigieux musée en pierre que s'est fait en plein air Édimbourg. A mi-côte, le monument du poète des légendes : Burns, et celui de son philosophe, Dugald Stewart, l'un des maîtres de ma studieuse jeunesse.

Ces villes du Nord gardent, dans leur opulence, quelque chose du caractère primitif de la contrée. De même que Londres a conservé ses prairies et qu'elle fait paître ses moutons sous l'ombre de Westminster ; — de même, Édimbourg, née au fond de ses torrents desséchés, par ses escalades, en rappelle la physionomie abrupte. Vous verriez dans la vieille ville, des maisons de dix, quinze étages, comme accrochées aux parois du ravin. Elles semblent s'être surhaussées ainsi, pour atteindre à la splendide ville neuve qui plane fièrement au-dessus de leurs fumées.

Ces maisons de la vieille Édimbourg, dans leur ambition titanienne, ont résolu d'insolubles problèmes. Telle, à votre insu, est un pont. Petits ponts jetés d'une maison à l'autre. Le premier étage de l'une, est le rez-de-chaussée de l'autre : boutique dans la cave, et cave dans le grenier.

La sociabilité écossaise, si justement en renom, éclate ici. Elles se soutiennent entre elles, depuis des siècles, ces maisons vénérables où tant de familles ont vécu et vivent encore ensemble. Elles sont solidaires. Chacune est intéressée à la conservation de sa voisine. C'est la forte unité du clan antique. Elle semble indestructible.

Ce qui éveille encore les souvenirs du passé, c'est de rencontrer dans les rues, au milieu de cette haute civilisation, ces pieds nus, ces jambes nues... L'aisance croissante n'a pu porter atteinte à la simplicité des mœurs et des habitudes. Pour soi, c'est toujours la dureté, l'économie patiente de la vieille Écosse. Quand je vois toutes ces femmes, de tenue correcte, s'en aller pieds nus, portant le linge à laver sur leur tête, je me crois encore aux temps lointains où le North Loch était un lac, où de nombreux troupeaux paissaient au lieu même où est assise aujourd'hui la splendide Édimbourg. Tout au moins je cherche, parmi les laveuses, la bonne Jeanie Deans à laquelle Walter Scott nous a si vivement intéressés.

Chaque jour, après quelque nouvelle escalade vertigineuse, je fais, pour mon repos, une halte aux archives, moins pour y travailler, que pour me rendre compte des ressources que j'y pourrais trouver. Ici et partout, des hommes obligeants, érudits, se sont offerts pour être mes correspondants. Ces amitiés littéraires que je noue ainsi sur ma route, seront le fruit principal de ce trop rapide voyage. (Michelet, *Sur les chemins de l'Europe* [1834], 1893.)

IMAGES DE GLASGOW

Blanqui
Les rives de la Clyde

Hier, j'ai parcouru pour la dernière fois la ville de Glasgow, et j'ai salué les rives de la Clyde avec leurs minarets élégants et leurs édifices modernes, bâtis sur des fondements gothiques. Je suivais de l'œil, le long des superbes trottoirs d'Argyle Street, les femmes en robes quadrillées de mille couleurs, et ces flots de soldats écossais qui se pressaient sous les arcades de Tontine Room, au pied de la statue équestre de Guillaume III. Il y a là un point de vue comparable à celui de la rue de Tolède à Naples, ou d'Oxford Street à Londres. La variété des costumes, la beauté des constructions, la richesse des magasins amuse, étonne, éblouit; et par-dessus tout, l'idée consolante que cette splendeur est due à l'esprit de tolérance et de liberté, suffit pour exalter le voyageur. J'admire avec quelle légèreté les Écossaises parcourent, nu-pieds, des rues immenses, et il me semble que mes yeux s'accoutument déjà à ce spectacle, qui m'a si désagréablement frappé dans les campagnes. Après tout, il n'y a que la classe inférieure du peuple qui persiste à conserver, je ne sais pourquoi, l'usage étrange dont je parle et l'on peut croire que bientôt les pieds nus seront pour les Écossais eux-mêmes un objet de curiosité, comme les jupons des Highlanders le sont depuis longtemps pour les étrangers. La civilisation trouve moins de résistance dans les traditions de la féodalité écossaise que dans celles de l'Angleterre : on y renonce de bonne grâce à un abus et à un ridicule, quoiqu'ils soient vieux; et c'est par là que ce peuple se rapproche de nous.

[...] Le faubourg, situé sur la rive opposée, se déploie magnifiquement en arrière d'un quai, ou plutôt d'une large pelouse, souvent couverte de troupeaux, tandis que, près du quai voisin, une flotte innombrable de petits bâtiments se joue sur les eaux de la Clyde, déjà traversée par deux ponts. Le plus léger de ces deux ponts, ouvert seulement aux gens de pied, ressemble de loin à un arc-en-ciel; il est soutenu, comme par autant de cariatides, sur des têtes de pilotis, qui sortent un à un du sein de la rivière.

En arrière du pont, une immense pelouse, appelée *the Green*, s'étend sur la rive droite de la Clyde. C'est au milieu de ce champ de verdure qu'on a construit l'obélisque de Nelson, frappé par la foudre en 1810, d'une manière si singulière, que le sommet du monument paraissait menacer de sa chute les ouvriers qui tenteraient d'établir des échafaudages pour le relever. Il demeura dans cet état pendant dix ans, sans qu'on osât en approcher, et il n'a été réparé qu'en 1820. Son isolement lui donne un caractère très imposant, auquel rien ne saurait être comparé, si ce n'est peut-être celui du même monument situé sur Calton Hill, à Édimbourg. La Clyde, en coulant à deux cents pas de cette superbe colonne, ajoute encore à son effet tout le prestige de ses eaux. Il s'élève dans l'âme du spectateur un mouvement inexprimable d'admiration, lorsqu'il associe par la méditation ces idées de grandeur, de gloire et de simplicité champêtre, que font naître tour à tour l'aspect du monument, le souvenir du héros et la solitude du lieu. (Blanqui, *Voyage d'un jeune Français en Angleterre et en Écosse*, 1824.)

Les pieds nus de Glasgow

Faujas de Saint-Fond

Je fus fort étonné de voir, dans un climat aussi froid et aussi humide que celui de Glasgow, la plupart des femmes du peuple, celles même qui sont dans l'aisance, aller pieds nus et tête nue, le corps couvert d'un corset, d'une jupe et d'un manteau d'étoffe rouge, qui descend jusqu'à mi-jambe, avec de longs et beaux cheveux pendants, sans autre ornement qu'un simple peigne recourbé qui retient ceux qui pourraient retomber sur le front. Ce costume des femmes, tout simple qu'il est, n'est pas sans grâce ; et comme rien ne gêne leurs mouvements, elles ont une élégance et une légèreté, dans la démarche, très piquantes, d'autant plus qu'elles sont, en général, élancées, bien faites et d'une figure charmante : elles ont un teint éclatant et des dents fort blanches ; il ne faut pas croire que, quoiqu'elles marchent jambes nues, elle négligent la propreté ; il paraît qu'elles lavent aussi souvent, et avec la même facilité, leurs pieds que leurs mains. En tout, les femmes de Glasgow seront toujours vues avec plaisir par les amis de la belle nature. Les enfants et les jeunes gens vont aussi pieds nus.

Le voisinage des montagnes attire dans cette ville un assez grand nombre d'*Highlandais* : leur costume antique, très rapproché de celui des soldats romains, forme, avec celui des femmes et des autres habitants, un contraste remarquable ; je parlerai ailleurs de cet habillement extraordinaire qui remonte à des temps très reculés. (Faujas de Saint-Fond, *Voyage en Angleterre, en Écosse et aux îles Hébrides*, 1797.)

Bombelles

En sortant de Perth, comme hier en y entrant, nous avons vu sur les rues et dans les chemins un grand nombre de femmes nues jambes et couvertes d'un manteau brun avec un capuchon qui leur donnent, à la barbe près, parfaitement l'air de nos capucins. En général les femmes du peuple en Écosse, surtout celles qui sont au-dessous de quarante ans, vont continuellement pieds nus. (Bombelles, *Journal [1784]*, 1989.)

Nodier

Les femmes de Glasgow ont généralement et judicieusement gardé l'ancienne cape écossaise, qui est on ne peut mieux appropriée au rigoureux climat du pays. Cette robe qui ressemble exactement au domino de Venise est assez ordinairement d'une laine cendrée de peu d'apparence. Les plus élégantes sont de cette jolie étoffe quadrillée que nos Parisiennes ont affectionnée quelque temps. Les plus communes sont d'un rouge éblouissant dont l'effet produit par un rapprochement d'idées que je n'ai pas besoin de faire sentir, m'a paru horrible au-dessus de deux jambes nues. Les femmes du peuple, presque toutes les femmes de la classe intermédiaire, et un assez grand nombre de femmes de la classe élevée, marchent à pieds nus. Quelques-unes ont adopté les souliers seulement. Les dames à la mode qui ont emprunté les vêtements des Parisiennes, ont aussi emprunté leur chaussure, ou plutôt la nôtre, car elles sont chaussées en hommes ; mais cette partie de leur accoutrement est celle qui les incommode le plus, et dont elles se défont le plus volontiers quand elles sont libres. A peine une brillante Écossaise a épuisé l'admiration des *fashionables* de Glasgow, elle cherche la solitude ; et la première pensée qui l'occupe dans un sentier écarté, dans un jardin solitaire, dans l'ombre mystérieuse de son appartement, ce n'est pas, comme chez nous, le souvenir du dernier homme qui l'a regardée en soupirant, ou de la dernière femme qui a éclipsé sa toilette ; c'est l'impatient besoin d'ôter ses souliers et ses bas, et de courir à pieds nus sur ses tapis, sur la pelouse de ses pièces de verdure, ou sur le sable roulant des chemins. L'aspect de ces pieds nus n'a presque jamais rien de repoussant, même dans le peuple, jamais rien de pénible pour la sensibilité, quand on les voit se déployer sur les dalles polies des larges trottoirs de Glasgow. Les pieds chaussés ont beaucoup plus de désavantage. La forme plate et ample des souliers à boucles ou à cordons qui les enveloppent, ne dissimule pas du tout leur grosseur, qui est très conforme sans doute aux proportions naturelles, surtout chez un peuple où rien n'a gêné pendant une longue suite de siècles la liberté des développements, mais qui est choquante pour nos yeux accoutumés à l'exiguïté forcée du pied des Françaises, qui sont, sous ce rapport, une espèce d'intermédiaire entre les Écossaises et les Chinoises. Le pied des montagnards, destiné à s'appuyer sur des espaces étroits, glissants, escarpés, devait être nécessairement large et fort. Les pieds dont la petitesse est hors de toute proportion sont une beauté de boudoir, dont l'avantage ne peut être apprécié que des personnes qui sont condamnées par leurs infirmités ou réduites par leur propre choix à ne voir la terre que par la fenêtre et à ne la parcourir qu'en carrosse. (Nodier, *Promenade de Dieppe aux montagnes d'Écosse*, 1821.)

Buzonnière

Je commençais à étendre à toutes les dames de Glasgow l'opinion peu favorable que j'avais conçue de celles qui, le dimanche vont, entre les deux offices, étaler leurs parures dans les allées du *Green*, lorsque, continuant ma promenade dans la campagne, je vis toutes ces ladies d'un moment s'asseoir au sortir de la ville sur un tronc d'arbre, sur une pierre, dans un fossé, se débarrasser de leurs bas et de leurs souliers, s'envelopper de leurs schalls [châles] comme d'un plaid montagnard, et, quittant avec leur costume ces prétentions, cet air guindé qui m'avaient paru si ridicules, reprendre avec leur liberté les grâces naïves d'une vive Écossaise. (Buzonnière, *Voyage en Écosse*, 1832.)

Nodier

La sombre poésie des tombeaux

La cathédrale de Glasgow, élevée au-dessus de la rue grimpante appelée High Street, mais sur le revers du coteau qui la domine, échappe souvent aux recherches du voyageur, qui s'attend peu d'ailleurs à trouver un monument aussi ancien et aussi imposant dans une ville dont la prospérité est si récente et dont l'accroissement date de si peu de temps. C'est, à la vérité, le seul édifice qui atteste que la ville de Glasgow jouissait déjà des souvenirs d'une antique prospérité à l'époque où elle a commencé à s'agrandir par son commerce et par ses manufactures. On en fait remonter la construction à la première moitié du XIIe siècle, et le style de son architecture qui est celui de l'âge où l'introduction de l'ogive a eu lieu, et où ses angles depuis si élancés n'exprimaient encore qu'un faible brisement dans le cintre, semble effectivement ne pas indiquer une époque plus rapprochée de nous. La vaste étendue de ses bâtiments l'élévation hardie de sa pyramide, le ton noir et solennel de ses murailles, le caractère noble et simple de ses masses lisses et de ses lignes sans ornements, doivent une expression plus majestueuse encore au hasard de cette localité solitaire dont j'ai cherché à donner l'idée. L'aspect de cet édifice presque étranger à la cité dont il n'est pas aperçu, rappelle celui de ces temples anciens, bâtis au temps où l'enceinte profane des villes ne paraissait pas digne de se fermer sur la maison du Seigneur, et où l'église n'avait pour hôtes de ses parvis sacrés que le peuple silencieux des morts. Des tombes plus ou moins anciennes, plus ou moins décorées qui varient de la forme de la simple pierre sépulcrale jusqu'à celle du sarcophage et de l'obélisque, dont quelques-unes sont entourées de barrières de fer, dont le plus grand nombre sont encloses de bandes de fleurs et couronnées de frais ombrages, couvrent de toutes parts le sol du cimetière qui n'en contiendra plus davantage. Quand on voit ce spectacle pendant la nuit, tous ces marbres d'un blanc de neige qui dressent leur front encore éclatant sur le vert obscurci des gazons et sur le fond noir des murailles, ressemblent à des fantômes convoqués par la cloche de minuit, et qui attendent le lever du soleil pour retourner dans leurs cercueils. Derrière la cathédrale se déploie une longue colline, contre laquelle elle paraît appuyée, et qui ajoute encore à la sévérité de ce tableau par la couleur triste de sa verdure et la figure pyramidale de ses arbres d'hiver, qui s'élancent vers le ciel comme d'autres obélisques à la mémoire des trépassés, et prolongent dans une perspective profonde l'image et la pensée des tombeaux. Deux bâtiments de belle apparence placés aux environs ne diminuent pas cette impression. Ils sont déserts ; l'espace entier qui les environne est inhabité, et on les prendrait pour des sépultures particulières érigées seulement par une vanité plus fastueuse. Il faut faire quelques pas du côté de Glasgow, arriver au sommet de la hauteur et voir fumer les longues cheminées des manufactures, pour rentrer dans le domaine de la vie. Là tout s'occupe d'exister, de travailler, de jouir, et un temps viendra cependant où le voyageur qui cherchera sur les bords de la Clyde les souvenirs poétiques qui m'y ont appelé, ne retrouvera ni Glasgow, ni ses manufactures, ni ses tombeaux, car tout meurt de l'homme sur la terre, jusqu'aux vestiges de sa mort. (Nodier, *Promenade de Dieppe aux montagnes d'Écosse*, 1821.)

Simonin
Réalités quotidiennes

Dix chemins de fer aboutissent à Glasgow, entrent jusqu'au cœur de la ville, y étalent leurs gares gigantesques, traversent fièrement la Clyde dans des viaducs à jour ou descendent jusque sur les quais. Comme partout dans la Grande-Bretagne, ces chemins de fer sont en concurrence entre eux ; ainsi il n'y a pas moins de trois lignes ferrées qui se dirigent de Glasgow sur Édimbourg. Enfin les canaux qui viennent aboutir à la Clyde sont aussi en rivalité avec le rail, et tout cela assure le bon marché des transports et par suite le bon marché de la vie.

La population de Glasgow, en y comprenant les faubourgs, est de 750 000 habitants ; on n'en comptait pas plus de 80 000 au commencement de ce siècle. Après Londres, c'est la ville la plus peuplée de la Grande-Bretagne ; Manchester et Liverpool ne viennent qu'au troisième rang. Après Dublin et Belfast, c'est la ville qui renferme le plus d'Irlandais. Il ne faut pas s'attendre à trouver ici la vie aimable et paisible et les délicatesses d'Édimbourg, l'Athènes du Nord. C'est une place affairée où ne se rencontrent que des marchands, des marins, surtout des ouvriers. A l'heure où l'on sort des fabriques, Trongate, la rue principale de

Glasgow, voit circuler sur ses trottoirs une armée de travailleurs, notamment les ouvrières des filatures, citées pour la brutalité de leur maintien et la rudesse de leur langage. Elles s'en vont en rangs serrés, les bras nus, la tête nue, les pieds nus, la poitrine ouverte, le nez en l'air, provoquant le passant. A cette foule déjà si compacte se mêle celle des chercheurs d'aventures, des gens sans abri, qui ont faim et qui ont soif, les émigrés en haillons, venus des plaines marécageuses, des *bogs* de l'Irlande, ou descendus des *Highlands* écossais.

Glasgow a ses quartiers pauvres comme Londres, et ils ont été longtemps redoutés. Un poète glasgowien parle quelque part de ces forces qui battent « au cœur tragique des cités ». Les embellissements récents de la ville ont fait de profondes trouées dans ces cloaques, en ont chassé les malheureux habitants que minaient le vice et la fièvre. Celui qui visite aujourd'hui ces asiles du désespoir et de la misère ne les reconnaît plus, en les comparant à ce qu'ils étaient hier. Néanmoins on peut encore assister, surtout pendant la nuit, fût-ce dans Trongate ou dans les ruelles qui s'en détachent et descendent vers la Clyde, à plus d'une scène saisissante. Des groupes d'hommes et de femmes, en proie aux fumées de l'alcool, gisent sur le pas des trottoirs, ou s'en vont en chancelant, battant les murs, puis tombent lourdement sur le sol, n'en pouvant plus. De pâles jeunes filles, les cheveux défaits, nu-pieds, un maigre châle troué et graisseux jeté sur les épaules, obsèdent le piéton attardé, et dans quelque cul-de-sac tout noir, des réverbères allumés à des portes qui jamais ne se ferment indiquent où l'on couche à la nuit. Les habitués de ces bouges ne vont guère au lit avant deux heures du matin. Ils sont obligés, pour gagner leur taudis, de piétiner sur le corps d'ivrognes étendus de tout leur long sur les marches et ronflant bruyamment. La police paterne veille sur tout ce monde, en respectant autant que possible, suivant l'usage, l'entière liberté de chacun. Les gens pris d'eau-de-vie, de *whisky* ou de *gin*, elle les suit d'un œil vigilant, mais ne les arrête guère, à moins qu'ils ne nuisent à autrui. Après tout, n'est-ce pas au nombre des gens ivres qui encombrent Trongate que l'on peut juger de la façon dont les affaires prospèrent à Glasgow ? disait naïvement un de ces braves *policemen*.

Le Glasgowien est renommé pour sa finesse, sa perspicacité, son esprit d'invention, ses aptitudes financières, son amour de l'ordre et de l'économie. Il parle une langue à lui, avec des termes et un accent particuliers. C'est un Écossais, non un Anglais ; mais rien ne révèle ici l'Écosse, pas même le costume. C'est à peine si, dans les rues, on rencontre par hasard, de loin en loin, un *highlander* les jambes nues et porteur de la jupe nationale, le *kilt*. Les mauvais plaisants le montrent alors aux étrangers, et prétendent que c'est un Londonien qui a voulu faire honneur aux habitants de la grande cité écossaise. (Simonin, *Les Ports d'Angleterre*, 1881.)

ÉTAPE CHEZ VULCAIN

La Tocnaye
Industrie et poésie

Les bords du canal y forment des promenades agréables, qui conduisent à quelque distance de Carron Works qui ne pouvait être mieux nommé, car c'est un des principaux ateliers de guerre de la Grande-Bretagne, et qui fournit en effet de l'ouvrage au bon vieux batelier.

L'établissement est immense ! à quelque distance on est suffoqué par l'odeur du souffre et de la fumée, mais lorsque parvenu dans l'intérieur, lorsqu'assourdi par le bruit de l'enclume, les sifflements des vents, comprimés dans des machines énormes, qui excitent avec fureur les brasiers, où des Cyclopes d'un bras nerveux et nu, font voir. « *Quod fieri ferro liquidove potest electro, / Quantum ignes animumque valent* », on se croit chez Vulcain, et il n'est pas étonnant que l'on pense à Virgile pour exprimer ses idées.

Cet atelier est situé sur une petite rivière, nommée Carron, très célèbre dans les poèmes d'Ossian, qui chante souvent la beauté de ses bords et les héros qui y ont combattu. (La Tocnaye, *Promenade d'un Français dans la Grande-Bretagne*, 1795.)

Faujas de Saint-Fond
Du titanesque au prosaïque

Il existe une si grande suite de ces ateliers d'épurement, pour fournir à tant de consommations, que l'air en est échauffé au loin, et que la nuit tout est resplendissant de feu et de lumière ; de manière que lorsqu'on aperçoit à une certaine distance tant de masses de charbon embrasées d'une part, de l'autre les gerbes de feu qui s'élancent à une grande hauteur au-dessus des hauts fourneaux, et qu'on entend le bruit des lourds marteaux qui frappent sur les enclumes retentissantes, mêlé au sifflement aigu qui sort des pompes à air, l'on ne sait si l'on est au pied d'un volcan en éruption ou si l'on a été transporté, par quelqu'effet magique, sur les bords de l'antre où Vulcain avec ses Cyclopes s'occupe à préparer la foudre.

Je voudrais que le peintre du Vésuve, que Volaire, qui a si bien rendu les effets terribles de ce volcan dans ses plus fortes éruptions nocturnes, vînt exercer ici ses pinceaux sur cette espèce de volcan artificiel, non moins piquant que l'autre par ses effets.

L'on doit croire que ce n'est qu'à force d'essais, qu'à force de tâtonnements et de dépenses, souvent infructueuses, qu'on est parvenu à porter cet établissement à un tel état de perfection ; aussi tout s'y ordonne, tout s'y exécute avec une précision exacte, et on n'y livre rien à la routine et au hasard.

Le minerai est mélangé avec ordre, pesé avec soin, placé dans des paniers d'un calibre égal ; les mêmes soins sont observés pour le charbon. Tout est placé avec méthode à portée de la main des fondeurs, sous les hangars destinés à ce service. Les paniers pour chaque charge sont comptés ; une pendule qui sonne l'heure à côté des hauts fourneaux, détermine le temps précis des charges ; il en est de même des coulées, la cloche annonce l'instant où l'on va procéder à cette opération ; chaque employé vole alors à son poste.

Nous vîmes les ateliers où l'on raffine la fonte dans des fourneaux à réverbères, pour la couler ensuite en canons, en mortiers, en obusiers, en bombes, en boulets ; d'autres où l'on fait les moules, d'autres où on les sèche.

On nous conduisit ensuite dans un très vaste atelier qui rappelle des idées plus douces, puisqu'on prépare ici des ustensiles d'agriculture, d'économie et d'arts ; l'on fondait des chaudières de cinq pieds de diamètre pour la fabrication du sucre dans les îles, des poêles en forme d'urne antique montés sur des socles, des cheminées de toutes les sortes et du goût le plus pur pour l'usage du charbon, des cheminées de cuisine avec tous leurs assortiments, des bouilloires, des théières, des casseroles, des poêlons proprement et solidement étamés, des bêches, des pioches de diverses espèces pour la culture de la canne à sucre, dont on rendait le taillant tranchant en l'aiguisant sur de grandes meules ; des bas-reliefs faits d'après d'excellents modèles pour les plaques de cheminées ; en un mot, jusqu'à des charnières et des fiches en fer fondu, pour la ferrure des portes ; et la plupart de ces derniers ouvrages sont à un prix si modique que l'homme qui n'a qu'une fortune très bornée peut se procurer ici plusieurs objets de nécessité, et même d'agrément, qu'il n'aurait pas ailleurs à un prix triple ; mais l'on a suppléé ici aux bras et à la main-d'œuvre par des machines et des procédés ingénieux qui accélèrent et perfectionnent l'ouvrage. (Faujas de Saint-Fond, *Voyage en Angleterre et en Écosse*, 1797.)

PÈLERINAGES LITTÉRAIRES

Pichot

L'Écosse fille de ses poètes

Aujourd'hui l'Italie, avec son beau ciel et ses monuments, n'attire guère plus de voyageurs oisifs, de peintres et de poètes, que la pauvre Écosse, avec ses brouillards et ses pierres druidiques. Le pays de Guillaume Tell, avec l'imposant amphithéâtre des Alpes, a trouvé un rival dans le pays de Wallace ; l'auberge des Trossachs a son album comme l'hospice du

Mont-Anvers, et la Dame du lac voit son île visitée par des pèlerins aussi nombreux que ceux qui cherchent, sur le lac de Genève, les traces de Saint-Preux et de Julie. Cette révolution de curiosité, on ne peut le nier, ce sont les poèmes et les romans de Walter Scott qui seuls l'ont produite. Ce ne sont plus uniquement les fantômes épiques d'Ossian qui occupent l'attention des littérateurs, ni la pompe didactique de Thomson, ni l'élégante inspiration de Beattie, mais aussi les pastorales d'Allan Ramsay, les chansons tour à tour spirituelles et naïves de Burns, et les ballades populaires dans le dialecte national! (Pichot, Introduction à *L'Écosse pittoresque*, 1826.)

Chasles
Le vrai Walter Scott

Walter Scott, tant qu'il n'eut pas disparu de la scène du monde, fut soumis, comme tous les hommes de génie, aux jugements les plus contradictoires et les plus absurdes. Le contemporain est le pire de tous les juges. Il trouve ordinairement sublime le poète qui a composé des vers pour l'album de sa femme et avec lequel il a fait une partie d'écarté; il a de la haine et du mépris pour l'homme qui n'applaudit pas sans réserve le dernier drame écrit par son parent : il est surtout inexorable en fait de politique ou de religion. Quant à l'écrivain qui vit dans sa solitude rêveuse et austère, le contemporain le frappe généralement d'une amère réprobation; c'est sur celui-là que le public se met en frais de contes pour rire et de plaisantes anecdotes; c'est aux dépens de ce pauvre ermite de la pensée que le contemporain s'amuse : le contemporain écrase Milton du regard et du geste, daigne à peine accorder au vieux Corneille le passage libre et la place au soleil, marche sur le manteau de Cervantès, et regarde J.-J. Rousseau par-dessus l'épaule. Vienne donc la mort, pour réhabiliter ces belles et courageuses intelligences et les venger!

Walter Scott est mort après une vie bien remplie. Si l'on recueillait tout ce qui a été débité pour ou contre lui, il faudrai le prendre à la fois pour un antiquaire à l'intelligence ossifiée; et pour un greffier écossais, qui demande une sinécure la harpe gaélique à la main. Quand on lui a fait l'honneur de le croire poète, il a passé pour le diffus imitateur des vieux ménestrels, copiste sans imagination des formes gothiques, rhapsode ridicule; enfin il a eu la réputation d'acheter ses romans tout faits. Voilà ses diverses renommées.

Plus un homme est supérieur, plus la complexité et la bizarrerie qui résultent de cette supériorité même présentent de difficultés à l'appréciateur vulgaire. Les manières, l'apparence extérieure ne sont des révélations que pour un petit nombre de juges exercés; souvent, chez le personnage supérieur, tout cela est plus gauche, plus faible, plus ridicule que chez le personnage subalterne. Vous auriez pu vivre avec Cervantès,

Molière ou Montesquieu, sans vous douter que c'étaient là Montesquieu, Cervantès ou Molière.

Quelle est, au milieu des rochers qui surplombent, dans ce beau paysage triste et voilé que la nuit attriste encore, parmi les mille fantômes de ces collines inégales qui se dessinent vaguement sur un ciel gris, l'étincelle rougeâtre qui flamboie et tremble sur le lac ? elle roule sans bruit dans les replis boisés qui le festonnent, elle rougit la vague endormie, et par intervalle elle s'éclipse. C'est une barque de pêcheurs nocturnes qui portent un fanal à leur petite proue ; un chien aux longues soies hérissées et irrégulières laisse passer au-dessus du bord sa tête intelligente, son œil attentif et ses longues oreilles pendantes. Près de lui, debout, se trouve un homme dont le front est nu et qui dirige les rameurs ; les carreaux violets et pourpres de son manteau écossais brillent à la clarté du fanal ; il lance le filet, il commande le jet de l'épervier ; il entre dans l'eau jusqu'aux genoux pour chercher des écrevisses ; c'est le plus habile et le plus actif de la bande ; sans doute quelque fermier d'Écosse, un bon manant des Basses-Terres qui n'a que ce plaisir dans le monde et dont le robuste corps a besoin d'exercice et de fatigue. Vous ne devinez pas ? C'est Walter Scott tout simplement ; en 1820 il a déjà publié six romans en vers, un roman en prose, deux volumes de biographie, huit ou dix tomes de mélanges. Son dernier ouvrage anonyme vient de paraître chez Ballantyne ; il va en publier un nouveau : et il aime encore mieux pêcher ses écrevisses que composer ses volumes.

Quelques jours plus tard, vous rencontrez dans un petit sentier tortueux du même pays (la poésie y germe sous les pieds de l'homme, et le dernier croquant la respire avec l'odeur du genêt et de la bruyère), dans ce petit sentier mousseux, rocheux, encaissé dans un double rempart verdoyant, vous rencontrez au moment où le soleil paraît à l'horizon deux campagnards d'assez mauvaise mine, montés sur de petits chevaux des *hautes terres*, bien armés, et dont l'un est encore vêtu de la cotte gaélique et du tartan héréditaire. Ce dernier sert de guide sauvage au second voyageur, homme aux larges épaules, aux tempes chauves et à la tête carrée ; le second voyageur n'est autre que Walter Scott.

Encore quelques mois ; si vous êtes domicilié à Édimbourg, vous trouvez occasion de vous asseoir à la table de quelque vieil avocat de la ville, subtil comme un avocat, subtil comme un Écossais, subtil comme un vieillard, trois fois subtil. On ne parle chez lui que de plaidoiries. Vous reconnaissez là de bonnes physionomies procureuses, huissières, greffières, militantes, taquines, chicaneuses, ricaneuses, plissées, ridées, tracassières, à faire peur. Toutes ces qualités-là se développent admirablement en Écosse, où l'on est très poète, très théologien, très entêté, très économe et très processif. Si la conversation tombe sur quelque point obscur de la chicane écossaise, sur la date d'un statut au sens équivoque, sur les faits d'un antécédent mal éclairci, et qu'une voix d'autorité commence à exposer le fait, à discuter le droit, à guider les convives dans l'étroit labyrinthe des fins de non-recevoir et des moyens dilatoires ; si celui qui parle ainsi vous semble plus fin qu'un casuiste, plus habile et plus versé dans cette science d'arguties que le plus habile avoué, ne doutez pas que ce ne soit encore Walter Scott.

Après ces trois épreuves, si vous allez visiter Abbotsford, le château-féerie créé par le poète, vous ne vous étonnerez plus, comme ces touristes français qui l'ont récemment inspecté, des contrastes qui se trouvent entre les mœurs du grand écrivain, ses habitudes domestiques, ses goûts particuliers, et l'idéal poétique dont votre imagination s'est nourrie. Il vous montrera ses vieux miroirs de Venise à demi brisés qui ont appartenu au duc de Guise ou au duc de Buccleugh ; il éloignera de la conversation les sujets pédantesques, dogmatiques, érudits, la critique et l'esthétique ; il vous parlera peu de lui, beaucoup de sa fille, assez longuement de ses chiens, de ses curiosités et de la nouvelle galerie d'Abbotsford. Il ne vous viendra plus dans l'esprit de vous récrier contre la simplicité rustique de ce bon seigneur écossais, vivant dans sa solitude au milieu de ses livres, de sa famille et de ses antiquailles.

Tel était, en effet, le Walter Scott réel, l'un des deux hommes qui ont servi de guides intellectuels à l'Europe au commencement du XIXe siècle. (Chasles, *Études sur la littérature et les mœurs de l'Angleterre au XIXe siècle*, 1850.)

Trabaud
Le pèlerinage d'Abbotsford

A peine descendus à l'auberge de la Toison, *Fleece's Inn*, nous convenons de 7 shillings prix d'une course en *gig* pour visiter Abbotsford, la demeure chérie de sir Walter Scott et les environs.

En peu de temps, notre jeune automédon nous conduit de Selkirk à Abbotsford.

La demeure du poétique baronnet est située du côté midi, à quelques pas de la route qui va de Selkirk à Melrose, et présente sa façade nord sur la vallée de la Tweed qui baigne, en quelque sorte, les pieds du château. Le style et l'ordonnance du bâtiment n'appartiennent à proprement parler, à aucune époque et ne sont pas d'une correction exemplaire. Cependant l'effet général est heureux et rappelle cette masse de constructions d'un gothique capricieux si fort à la mode dans la Grande-Bretagne. Les proportions ne sont pas plus celles d'une villa que celles d'un château. Au total, c'est une habitation qui emprunte son style essentiellement mixte au grand comme au petit genre, au beau, au joli, au gracieux et plus encore à la fantaisie. L'entrée du manoir de sir Walter est très modeste, c'est celle d'un bosquet. Du bosquet, l'on passe dans une cour peu spacieuse et l'on est introduit dans les appartements par une dame âgée environ de quarante ans (de notre temps du moins), toujours en habit de deuil, comme pour respecter la mémoire du dernier chantre de l'Écosse, et prouver que le temps, qui fait tout oublier, ne saurait exercer son empire délétère sur la mémoire de l'auteur de *Old Mortality*, de *Quentin Durward*, d'*Ivanhoé*, etc. Le vestibule est riche en boiseries sculptées, ses murs sont tapissés d'armures et de drapeaux. A propos de drapeaux, je ne manquai pas de réitérer, à la respectable gardienne de ces lieux, la question que M. Le vicomte d'Arlincourt lui avait adressée, quelques années auparavant, question consignée dans son ouvrage intitulé *Les Trois Royaumes*. Voici : Le mur de gauche, en entrant, est consacré à la panoplie, principalement aux dépouilles opimes de Waterloo, dont les Écossais aiment le souvenir, probablement à cause des succès du régiment Scotsgrey ; et après les casques et les cuirasses de nos braves cavaliers est appendu un certain drapeau tricolore en soie, vierge de l'atteinte des balles, au centre duquel se lisent ces mots : *Le 105 th Reg^t. etc.* La désinence *th*, après le chiffre 105, certifie naïvement que l'étendard est de fabrique anglaise et n'a jamais été surpris aux armées françaises. Maintenant, je ne sais comment accorder le récit de M. Le vicomte, qui prétend avoir fait la découverte de cette supercherie britannique avec les paroles de notre dame noire qui m'a assuré la connaissance qu'avait môsieur Scott (telle est la manière dont elle le nomme en français), de cette erreur volontaire, et qu'il n'avait jamais été dupe d'une plaisanterie, à la vérité, fort mauvaise, qu'il faisait aux vainqueurs de l'Europe. — A droite, en entrant, se trouve sur une mauvaise table, le livre d'inscription des nombreux pèlerins à l'abbaye d'Abbotsford, et, de plus, un chiffon de papier sur lequel le fils Scott a écrit à peu près ceci : « Veuillez ne pas toucher aux objets et curiosités dans les appartements. » Du vestibule, on procède à gauche dans un étroit cabinet où sont rangés les cannes et les bâtons de vieillesse de M. Scott, puis d'antiques fusils auxquels on a assigné une origine souvent douteuse ; ainsi la carabine de Rob Roy ne diffère pas trop de l'arme dont nos pères se servaient pour chasser les lièvres et les perdreaux.

Les murs sont toujours surchargés d'objets plus ou moins dignes d'intérêt. C'est là une mode d'Angleterre, c'est encore une mode en Écosse ; et, déjà, en France, nous commençons à ne pas mal en abuser. Robert Bruce, Marie Stuart reviennent souvent dans ces oripeaux du bon vieux temps, tantôt le crâne de l'un (*scull-bone*), tantôt la cassette d'aumône de l'autre (*alms coffret*). Des caricatures, de spirituels dessins à la plume, m'ont fort diverti, entre autres celui où la reine Élisabeth danse un menuet assez drolatique, ou bien cette partie de *gaillarde* qu'elle fit avec le duc de Nevers, à l'âge de soixante-neuf ans.

Il me semble que je vois le bon Walter Scott, heureux de son emplette en riant aux éclats devant les gambades de *Queen Lisbet*. Dans l'encoignure d'un petit oratoire, sont suspendus les souliers à guêtres ainsi qu'une canne de M. Scott, et, au-dessous, dans une caisse vitrée, comme dans une châsse, est renfermé le vêtement qu'il portait avant sa mort, consistant en un feutre blanc à forme plate, un habit vert dragon et des pantalons gris et noirs, petits carreaux. Ici le cabinet de travail et la bibliothèque fournie de livres précieux. Quelle simplicité ! Quelle austérité dans le mobilier ! Puis, à terre, comme un accessoire, auprès du bureau où furent composés tant de chefs-d'œuvre littéraires, une large peau sur laquelle reposait ordinairement le dernier chien de sir Walter, car sir Walter eut deux chiens qu'il aimait passionnément. De ses meilleurs amis, et je comprends cette amitié, l'un mourut avant lui, la bonne Maida, et l'autre, objet de sa vive sollicitude à ses derniers moments, lui a peu survécu. Enfin, nous pénétrons dans la salle à manger où se voient quelques tableaux et quelques gravures, puis dans le grand salon (*hall* ou *drawing-room*) par une petite porte en cèdre non verni qui répand partout une odeur saine et agreste. Cette salle est surtout éclairée par le pavillon ou rotonde vitrée que l'on retrouve dans les halls anglais et écossais ; de cette rotonde on va aux jardins, situés au nord, sur les bords de la Tweed.

Quelques portraits ornent cette salle qui ne manque pas de grandeur et surprend d'autant plus que les autres pièces du château sont d'une modestie toute bourgeoise ; au centre, on distingue le jeune colonel Scott, le fils unique de sir Walter, l'héritier fragile d'un nom immortel, peint en costume de hussard bleu et de toute taille. Ce grand et beau jeune homme, à la figure brune et décidée, tenait alors garnison dans les Indes Orientales, à Madras, où, selon la chronique, peut-être menteuse, il menait joyeuse vie et oubliait un peu ces charmantes leçons, ces naïves recommandations semées d'esprit et de raison, que nous avons tous lues dans le journal de son illustre père. Malheureusement cette tige si frêle s'est brisée au contact de l'air des tropiques et l'*India News* ainsi que toutes les gazettes de l'Europe, retentissaient naguère de la mort prématurée du fils du dernier des Écossais. M. Lockhart, le gendre de sir Walter, serait-il aujourd'hui l'héritier d'Abbotsford abbey ?

Deux autres portraits attirèrent mon attention.

Le premier, peint par Lawrence avec esprit et vérité, représente sir Walter en tenue ordinaire, assis en pleine campagne, caressant son chien fidèle, un de ces hauts-courants à longs poils dont la race est connue sous le nom de *Greyhound*, parce qu'ils revêtent une certaine teinte grise.

Quant à l'image reproduite de Mme Scott, née Carpenter ou Charpentier, elle ne rappelle pas la figure piquante et quelque peu virile de cette brune Lyonnaise, au teint pâle et aux yeux noirs. Cette tête coiffée d'un turban, surmonté du classique oiseau de Paradis, a été mal traitée par un peintre inconnu. Là se borne notre tournée dans la demeure de sir Walter Scott ; il ne nous fut pas accordé de parcourir le parterre et l'appartement des étages supérieurs. Il me souvient qu'en sortant d'Abbotsford, une pauvre centenaire vint à nous, et, sur son affirmation qu'elle avait connu Walter

Scott, qu'elle avait béni maintes fois le nom d'un *laird* ou seigneur si charitable, nous nous empressâmes de la gratifier du denier du voyageur.

Notre intention étant de reprendre le soir même à Selkirk la malle qui porte les dépêches à Édimbourg, nous profitâmes encore un peu de notre gig et du jour qu'il faisait pour aller prodiguer notre enthousiasme aux ruines de l'abbaye de Melrose et rendre hommage à Dryburg, lieu de sépulture de sir Walter Scott.

Melrose Abbey, située au milieu du village de ce nom, ne peut être goûtée que par ceux qui l'ont vue. Il est de ces choses terrestres que la description la plus minutieuse, semée de détails plaisants ou scientifiques ne saurait rendre exactement. Et l'enthousiasme, qui l'inspire, si ce n'est la présence réelle de l'objet? La pieuse fondation du roi David séduit l'âme et l'enchante. Quel ravissement pour l'homme qui a une âme honnête! Car il faut une belle âme pour aimer les productions de l'art chrétien. Toute l'histoire d'un peuple dans un temple en ruines, quel livre délicieux! Walter Scott, qui s'y entendait, en fait d'émotions sentimentales et religieuses, conseillait le pèlerinage à Melrose Abbey par le clair de la lune, l'astre aux rayons d'argent. Moins heureux que lui, je l'ai admiré par un soleil éclatant, légèrement distrait par les sons de la cornemuse d'un pauvre montagnard en haillons (*piper*) dont la voix et les geste excitaient l'hilarité des enfants accourus de toutes parts.

Pour se rendre à Dryburg, il faut tourner les monts Eildon, trois pics isolés au milieu d'une contrée encore peu montagneuse; mais, ô douleur! le pont suspendu qui mène à la sombre retraite de sir Walter avait été rompu par la violence des eaux. Les vagues se heurtaient sous nos yeux contre les débris du pont. Cet orage dont nous avons déjà parlé, semblait nous avoir compris dans les désastres qu'il avait causés partout. Il ne nous fut permis que de saluer d'une rive à l'autre la dépouille d'un grand homme.

Pour compléter cette tournée, il faudrait pousser jusqu'aux abbayes de Jedburg et de Kelso.

Toute cette contrée arrosée par la Tweed, qui s'offre à l'étranger comme la porte de l'Écosse, m'a laissé un souvenir agréable de la nature de ce pays. On ne peut traverser l'Écosse sans l'aimer ; à la seule condition qu'on aimera la nature libre, accidentée, ou tranquille comme une nuit sereine, ou agitée comme le vent qui tord les arbres de la forêt et le torrent qui lutte et mugit sans cesse. La simple description est d'ailleurs impuissante à peindre les beauté de l'Écosse. Ce charmant pays que j'appellerai volontiers une solitude animée, doit être chanté. L'Écosse est incontestablement la perle des pays de touristes; ils y trouvent de grandes et royales villes élevées au centre d'une contrée pleine de souvenirs historiques et offrant les vues les plus pittoresques, celles qui touchent le cœur et l'imagination.

Selkirk est une petite ville dont le mérite est d'avoir élevé une modeste statue à Walter Scott, qui avait été trente-deux ans shériff du comté de ce nom, et c'est en cette qualité qu'il figure avec un habit et une robe de magistrat, lui connu du monde entier comme l'historien-poète de l'Écosse. Au lieu de reliefs, le piédestal porte d'un côté cette inscription bizarre : *Reparabit cornua Phœbe* ; et de l'autre : *Watch wheel*, qui devait être la devise de cet homme, qui avait été trop souvent éprouvé de la fortune, pour ne pas s'appliquer à en surveiller les desseins changeants. Sur le devant on a sculpté une lyre supportée par deux ailes. Un jeune papetier-libraire de l'endroit (*stationer bookseller*), avec lequel je m'entretins un instant, me décrivit la physionomie de M. Scott qu'il avait été assez heureux de connaître, et m'assura que sa nature était si parfaite que sa spirituelle bonhomie ne s'altérait pas plus chez le pauvre que chez le riche, et qu'on ne lui connaissait pas un ennemi. Heureux mortel, vertueux et illustre ! (Trabaud, *D'Inverness à Brighton*, 1853.)

Faujas de Saint-Fond
Présence d'Ossian ?

« Je pourrai avoir votre affaire, et vous procurer un homme savant dans plusieurs langues, qui vous servira d'interprète et même de guide, car il a déjà visité quelques-unes des îles où vous vous proposez d'aller ; c'est un de mes meilleurs amis : il faut savoir seulement si l'emploi qui l'occupe ici pourra lui permettre de s'absenter ; je vais m'en informer tout de suite. »

Il partit en disant cela, avec une vivacité et une pétulance qui m'étonnèrent dans un homme de son âge. Je n'ai rien vu de si obligeant, de si gai que ce bon Écossais.

Il revint un demi-quart d'heure après, amenant avec lui un homme âgé d'environ vingt-huit ans, d'un maintien modeste et doux, qu'il nous présenta sous le nom de Patrick Fraser, maître d'école à Dalmally. Nous eûmes bientôt fait connaissance avec lui. Cet homme avait fait de bonnes études à l'université d'Édimbourg ; il savait fort bien le latin et le grec, il parlait anglais, et il possédait à fond sa langue naturelle, la celtique, qu'il regardait comme une des plus riches et des plus harmonieuses.

Patrick Fraser était passionné pour les vers d'Ossian ; il faisait souvent des tournées chez les habitants des hautes montagnes, pour aller à la recherche de quelques fragments nouveaux de ces antiques poésies ; il avait déjà de quoi augmenter considérablement le recueil de Macpherson, et faisait souvent des découvertes heureuses en ce genre, par les peines extrêmes qu'il prenait pour cela. La médiocrité de sa fortune l'obligeait à faire le métier de simple maître d'école.

Les enfants du lieu se réunissaient dans une espèce de hutte construite en pierres sèches ; là le pauvre Patrick Fraser leur apprenait à épeler les mots celtiques ou erses, écrits en caractères vulgaires ; car il paraît que les caractères originaux de cette langue sont perdus [...].

Patrick Fraser vint me tirer de mes tombeaux et de mes rêveries, pour m'annoncer que nous avions à voir un homme très intéressant, qui possédait des monuments d'un autre genre.

« Nous avons à marcher pendant un quart d'heure pour nous rendre chez lui, me dit Patrick Fraser; cet homme s'appelle MacNab; il est possesseur d'un manuscrit précieux qui renferme plusieurs des poèmes d'Ossian en langue celtique. Vous aurez, ajouta-t-il, le plaisir de les lui entendre chanter, car la déclamation des vers sublimes de cet ancien poète a toujours été une sorte de chant que les habitants des montagnes et ceux des îles Hébrides ont conservé et se sont transmis de race en race. » (Faujas de Saint-Fond, *Voyage en Angleterre et en Écosse*, 1797.)

Blanqui
Pittoresque et poésie

La Clyde, à quelques milles de Glasgow, se développe avec toute la majesté d'un bras de mer. Ses bords cessent d'être escarpés et sauvages, comme aux environs de Lanark : elle commence à appartenir tout entière à la civilisation. Des flottes nombreuses en sillonnent jour et nuit les eaux limpides, et ce mouvement n'est interrompu que dans la saison des glaces.

Il y a quelque chose de bien poétique dans l'atmosphère qui plane sur cette belle rivière. On voit quelquefois se former à l'horizon de gros nuages d'un blanc pâle, séparés par de légères couches rougeâtres; insensiblement ils s'avancent en se précipitant les uns sur les autres, et ils couvrent toute l'étendue du ciel. Tantôt des points très noirs paraissent comme des îles au milieu des masses blanches; tantôt ces masses elles-mêmes prennent une teinte azurée, et se balancent sur la Clyde sous mille formes bizarres, réellement comparables à des êtres animés. Je ne m'étonne point que la mythologie d'Ossian ait pris naissance dans cette contrée pittoresque; rien n'agit plus singulièrement sur les âmes, que l'aspect sans cesse varié des atmosphères de l'Écosse. Je dis singulièrement, faute de trouver une expression qui rende plus exactement ma pensée. Ce n'est point, en effet, une émotion vive ou tendre que ces changements continuels de décoration inspirent au spectateur; c'est plutôt un sentiment d'étonnement et de surprise. Il n'est pas invraisemblable qu'un peuple doué de beaucoup d'imagination, à force d'observer ces régions aériennes, leur ait supposé une destination conforme à ses sentiments, en les assignant pour séjour aux mânes de ses aïeux. Peut-être alors devons-nous aux brouillards de la Clyde les beaux chants d'Ossian et les célestes figures de ses vierges, créées par le génie de Girodet. (Blanqui, *Voyage d'un jeune Français en Angleterre et en Écosse*, 1824.)

Nodier

Les lacs noirs d'Ossian

Le premier point remarquable que m'indiquait mon itinéraire était Dun-Fion, ou la montagne de Fingal, qui conserve quelques vestiges d'un ancien campement de ce héros. Plus loin s'étend Rushy Dale ou la Vallée des Roseaux, célèbre par la sanglante mêlée des Colquhouns et des Macgregors, vers le commencement du XVIIe siècle. Le lac Lomond commençait à se découvrir à ma droite et décorait un horizon immense de l'incroyable variété de ses aspects. Qu'on n'attende pas de moi l'impossible effort de le peindre. Qui pourrait faire passer avec une encre froide, avec des mots stériles, dans l'esprit et le cœur des autres, des émotions dont on s'étonne soi-même, et qu'on ne se croyait plus la force d'éprouver ! Qui pourrait décrire cette méditerranée des montagnes, chargé d'îles toutes variées dans leurs formes et dans leur caractère, les unes graves, majestueuses, couvertes de noirs ombrages qui se confondent avec la couleur des eaux, car les lacs de Calédonie sont toujours les lacs noirs d'Ossian ; les autres plus tristes, plus austères encore, dressant çà et là sur leur surface quelques rochers dépouillés à peine frappés de tons bizarres par les reflets de la lumière ou quelques touffes de fleurs saxatiles ; le plus grand nombre déployant de frais rivages, des bocages ravissants, des bouquets de futaies élevées, placés comme de grandes masses d'ombres sur le vert soyeux de la pelouse : jardin délicieux où l'âme se transporte avec ravissement, et dont l'éloquente beauté parle au cœur de tous les hommes ! J'ai vu un paysan immobile devant le lac, les yeux fixes, l'esprit absorbé à ce qu'il paraissait dans une méditation profonde. Je me suis approché de lui. Je l'ai détourné de sa contemplation. Il m'a regardé un moment, et m'a dit en soupirant et en élevant les mains vers le ciel : « *Fine country !* » (« superbe pays ! »)

Le lac Lomond peut être regardé en élégance, en grandeur, en variété de sites et d'effets, dit l'excellent itinéraire de Chapmann, comme le plus intéressant et le plus magnifique de la Grande-Bretagne. Je le regarde, moi qui ai parcouru beaucoup de pays, comme un des spectacles les plus intéressants et les plus magnifiques de la nature, et je me flatte de faire adopter cette appréciation au lecteur le moins sensible à ce genre de beautés, sans me servir d'aucun des prestiges de l'hyperbole. Qu'il se représente un lac sur lequel on compte trente-deux îles dont un grand nombre ont plusieurs milles de longueur, et qui a son horizon borné de tous côtés par une chaîne de montagnes dont quelques-unes ont plus de cinq cents toises d'élévation. Qu'il joigne à cette simple donnée topographique l'effet d'une végétation variée, mais toujours charmante ou sublime, celui des accidents du jour et de l'ombre dans les circuits de ces gorges profondes où le soleil paraît et disparaît à tout moment, en passant derrière les montagnes qui les embrassent ; les apparences bizarres des vapeurs qui pendent à leurs sommets, dans ce pays qui a consacré, si l'on peut parler ainsi, la mythologie des nuages ; les bruits singuliers des échos qui se renvoient à des distances infinies la moindre rumeur du moindre flot, et qui finissent par vous apporter je ne sais quel frémissement harmonieux, comme celui qui expire dans la dernière vibration d'une corde de harpe ; la tradition des premiers temps, et avec elle les noms d'Ossian, de Fingal, d'Oscar, qui sont parvenus avec la mémoire de leurs faits et de leurs chants à tous les habitants de ces rivages presque aussi vivement que ceux des héros d'une époque plus rapprochée, et de ce Rob Roy lui-même par lequel le Calédonien, ému d'une forte surprise ou d'un profond sujet de crainte, jure encore aujourd'hui comme les Latins juraient par Hercule. Enfin, je n'ai pas compté, dans cette énumération, trois merveilles du lac Lomond, que les bateliers n'oublient jamais de faire remarquer : les îles flottantes, les vagues sans vent, et le poisson sans nageoires. [...]

Les anciens donnaient au lac Lomond le joli nom de Lyncalidor, formé du gallique *llyn-celydd-dur* («eaux des montagnes ombragées»). Son nom de Lomond lui vient de la plus haute et de la plus singulière de ses montagnes, le Ben Lomond, remarquable par le cône entièrement nu qui le couronne. *Llwmonwy* signifie « la montagne chauve ». Sir Walter Scott a été heureusement inspiré par ces paysages délicieux, mais quel poète n'aurait pas été inspiré par le Lyncalidor, et quel site pittoresque n'aurait pas inspiré le brillant Ossian de l'Écosse moderne ? Il n'y a qu'une telle nature qui puisse donner naissance à une telle poésie.

[...] Je ne doutais plus que ce pays n'eût conservé des chants traditionnels du genre héroïque. Il est vrai que l'acquisition de cette idée avait été pour moi aussi nouvelle qu'importante, car j'apportais de France la conviction très profonde que l'Ossian de Macpherson était tout simplement la plus heureuse et la plus magnifique des supercheries littéraires ; et ma misérable vanité elle-même m'intéressait beaucoup à cette erreur que j'avais fait valoir d'une manière assez spécieuse dans une brochure oubliée. Or j'allais partir de Calédonie non moins convaincu que Macpherson a réellement recueilli des poèmes de tradition fort répandus, et que s'il les a quelquefois enrichis dans sa traduction de couleurs vives et brillantes qui lui appartiennent, il en a du moins très peu changé le caractère. Il n'importe guère en effet que l'Ossian de Macpherson, ou plutôt les nombreux poèmes galliques dont les rhapsodes des montagnes font honneur à ce barde célèbre, par une synthèse ou une agrégation de personnes qui est d'ailleurs commune à toutes les littératures primitives, et qui a eu lieu également pour Lockman, pour Ésope et pour Homère ; il importe fort peu, disais-je, que ce poète nous soit parvenu dans toute son originalité, ou que le génie d'un poète moderne se soit approprié ses compositions en les ornant de nouvelles beautés. Ce qui est fort intéressant et fort agréable selon moi, c'est de s'assurer de l'existence positive de cette imposante et austère mythologie, de ces histoires héroïques et guerrières des temps anciens, de ces chants certainement mesurés qui paraissent très figurés et très pompeux, et qui se conservent depuis quinze siècles dans la mémoire des hommes. Cette mémoire nominale est même si vive et si précise, qu'on ne concevrait pas ce qui peut la stimuler de génération en génération, s'il n'existait pas de chants traditionnels. Il est surprenant sans doute que ces chants aient traversé une durée si considérable d'années ; mais il serait plus surprenant peut-être qu'ils se fussent perdus chez un peuple épris de ses souvenirs, qui les rattache à tous les objets, à tous les événements, à toutes les scènes naturelles, et dans une langue qui a le privilège si rare parmi les langues connues de subsister depuis un temps immémorial sans modifications. On ne fait presque pas un mille dans les montagnes d'Écosse sans trouver une des salles d'Ossian, une des grottes de Fingal, la trace de leur passage ou la place de leurs tombeaux. Enfin le vague même qui enveloppe le berceau de cette littérature extraordinaire ajoute encore au charme de ses effets.

[…] Je me suis égaré après cela parmi ces vertes collines qu'on appelle les Bowling-green d'Argyle, cherchant avec peu de succès des insectes sur la terre et des inspirations poétiques dans les nuages, mais heureux jusqu'au délire de retrouver dans mon cœur tout le charme et toute la puissance de ses premières illusions, et d'en pouvoir jouir au bord des lacs de Fingal et à la porte de ses palais ; car c'est bien là que Fingal a régné et que fleurit la milice héroïque des demi-dieux d'Ossian. Ces idées m'absorbaient tellement que je sentais un secret plaisir à m'éloigner de la demeure de l'homme, et à me détourner des chemins qu'il a tracés, pour éviter des distractions triviales, et me soustraire aux habitudes de la vie prosaïque du vulgaire. Je pouvais croire du moins parmi ces rochers austères, au bord de ces précipices dont l'aspect glace le sang, dans ces tristes solitudes où rien n'appelle le voyageur, je pouvais, dis-je, m'imaginer que nulle voix n'y avait retenti que la mienne, depuis que les chants de Selma ont cessé. Ce n'est qu'à la jonction du lac Long et du lac Goyle que j'ai repris la route qui devait me conduire sur les bords de ce dernier, jusque vers ceux du lac Fine, dont la seule largeur me séparait d'Inverary ; mais que m'importait Inverary et son château gothique, ses pêcheurs et ses bateliers ? Il y a plus : non seulement je craignais de descendre de mes sensations, mais j'aurais craint de les échanger contre des sensations du même intérêt et de la même grandeur : je cherchais à les entretenir ; je voyais plus de danger que de plaisir à les multiplier. J'aurais imprimé mon pied sur la grève de tous les lacs de l'Écosse, et sur le sommet de toutes ses montagnes, sans rien ajouter à l'immensité de mes souvenirs, et je me serais exposé peut-être pour tout résultat, à surcharger ma mémoire ou à blaser mon cœur. J'étais comme un homme qui assiste à un spectacle séduisant, et qui s'éloigne avant que la toile soit baissée ; pour ne pas perdre le prestige de la représentation. (Nodier, *Promenade de Dieppe aux montagnes d'Écosse*, 1821.)

Custine
Les lieux chantés par le barde

D'une petite auberge au bord du lac Achray, à une demi-lieue du lac Katherine, ce 8 septembre 1822. — Me voici logé dans une maison charmante, tenue par un Stuart, soi-disant de la famille royale, comme tous les paysans du même clan. En Écosse, tout le monde est fils de roi, et la vérité est si bizarrement confondue avec la fable qu'on n'y peut plus distinguer la poésie de l'histoire. Mais cette incertitude même est une des causes du vif intérêt qu'inspirent ces contrées. Quand on n'est pas d'accord sur les lieux, les noms ni les époques, et que cependant il s'est passé quelque chose de grand dans un pays, le charme des souvenirs s'étend à tout ce qu'on y rencontre : chaque pierre, chaque ruisseau rappelle un nom célèbre, une action fameuse, et ce qu'on ignore prête à ce qu'on sait, tout le charme de la fabuleuse rêverie.

Hier, sur le chemin de Killin à Callender, on m'a montré le tombeau d'Ossian, qui n'est qu'un peu de terre honorée d'un nom poétique. Il est vrai que les Irlandais disputent ce monument aux MacGregors, et que les critiques disputent Ossian, même à ses admirateurs. Mais que m'importent ces oiseuses discussions ? Cette question historique établit un rapport de plus entre le Barde écossais et le père de toute poésie ; l'Homère du Nord a pour jamais confondu son nom avec celui de la contrée qu'il a chantée ; son esprit y demeure, tout y est rempli de son souvenir, et le doute attaché à sa mémoire, comme le vague qui caractérise ses chants font qu'il occupe l'imagination du voyageur au pied de toutes les montagnes, sur toutes les bruyères, au bord de tous les torrents. Il a rendu cette terre essentiellement poétique, ou ce qui est la même chose, *ossianique*.

La nature, telle qu'elle se montre en Écosse, a pu seule inspirer les chants du barde ; il y avait une correspondance inévitable entre une telle poésie et de tels paysages ; on sent bientôt que cette mythologie ne pouvait naître que là, et toute la sagacité de la critique s'efforce en vain d'ébranler une conviction pour ainsi dire intuitive. En parcourant cette terre rêveuse, personne ne se demandera si Ossian a existé, personne n'écoutera le savant qui lui prouvera irrésistiblement que Macpherson aurait eu la démence de cacher à toute la terre un génie poétique plus étonnant que celui d'Homère ; car, encore une fois, l'auteur de l'*Iliade* n'a pas créé une mythologie Peut-être le personnage d'Ossian est-il fictif, mais qu'importe aux poèmes publiés sous ce nom ? ils sont, du moins pour le fond, nationaux et anciens, l'imagination ne demande rien de plus.

La maison d'où j'écris est aussi élégamment meublée que les habitations des environs de Londres. Elle est située au fond d'une vallée solitaire, et près d'un lieu illustré par un poème déjà célèbre, quoique bien moderne encore : *La Dame du Lac*. J'ai été voir son île et son lac par un temps affreux, mais les ouragans et les rafales sont si ordinaires en Écosse, ils sont reçus avec tant d'indifférence par les habitants du pays, qu'on finit par n'en plus être importuné ; c'est une condition de la vie dans ces contrées. Le brouillard peut passer pour le fard de la Calédonie ; et comme on ne vient ici que pour y chercher de la solitude et de la tristesse, on n'est pas trompé dans son attente. Auprès des bruyères de l'Écosse, les Alpes sont un désert de théâtre. Vous avez beau vous élever dans leurs labyrinthes glacés et tenter de vous perdre au fond de leurs solitudes, franchissez un champ de neige, tournez un roc, gravissez un pic, et vous découvrez soudain à vos pieds le monde civilisé dans toute sa richesse et toute sa variété. Ici, rien de semblable ne vous attend, et l'imagination, en se représentant incessamment la position reculée de cette contrée, accroît l'impression de tristesse que cause son aspect. Les solitudes d'Écosse sont de vrais déserts, sans autres bornes que des mers encore plus désastreuses que la terre.

J'ai choisi cette route à cause des cascades de la Clyde, célébrées par Ossian, et parce que je désirais aussi visiter l'établissement philanthropique de M. Owen. Le commerce me poursuit, même sur cette terre poétique.

Les sombres montagnes d'Écosse avec les sommets perdus dans les brouillards m'apparaissent à l'horizon comme un portique de nuages, et je me retrouve bien loin de la Grèce dans le vestibule du palais de quelque héros d'Ossian. Néanmoins cette poésie du Nord, si forte, si originale, si inspirée, a, comme tout ce qui est vrai, un charme particulier ; et, en visitant les lieux chantés par le barde, je ne regrette aucune contrée de la terre.

Des nuages, des torrents, des rochers, des joncs desséchés, des bruyères flétries, des daims sauvages, quelques souvenirs à demi effacés d'une gloire fabuleuse et encore disputée par les savants, voilà tout l'héritage des derniers enfants d'Ossian. (Custine, *Courses en Angleterre et en Écosse*, 1830.)

Romantiques voyageurs
Pichot
Il y a vingt ans, une fantasmagorie plus attrayante que celle de la mythologie irlandaise, et qui n'avait pas encore été décolorée par les imitateurs de celui qui l'évoqua le premier, attirait le touriste en Écosse. Walter Scott venait non seulement de repeupler les montagnes et les lacs

de leurs fantastiques féeries, mais son souffle y avait ressuscité les morts historiques. Le magicien vivait et écrivait encore dans toute la verve de son inspiration. En pénétrant sur ses traces dans le défilé des Trossachs, en suivant un itinéraire indiqué par lui, je sentais encore ma main frémir de l'encourageante étreinte de la sienne, et dans mon oreille bourdonnait la dernière phrase de son adieu. (Pichot, *L'Irlande et le pays de Galles*, 1850.)

Custine

Les poètes font plus pour les lieux que les lieux ne font pour eux, et si quelquefois un nom patriotique se place heureusement dans leurs vers, plus souvent leur imagination créatrice attache la renommée à des contrées et à des hommes qui seraient demeurés obscurs, si la poésie ne les eût désignés à la postérité ! (Custine, *Courses en Angleterre et en Écosse*, 1830.)

Buzonnière

Nous sommes, au rapport de tous les voyageurs, dans un des lieux les plus romantiques de l'Écosse. Recueillons-nous un instant et cherchons à nous rendre compte de ce que nous éprouvons. Le romantique, en fait de paysage, ne serait-il pas la *coquetterie d'une nature sauvage* ? Peut-être aura-t-on de la peine à bien saisir mon idée ; mais on avouera que ce serait méconnaître la distinction des genres en littérature que de forcer un auteur à s'énoncer clairement lorsqu'il traite du romantisme. Quoi qu'il en soit, nous sommes entourés de plusieurs petites montagnes fort sauvages, fort jolies ; à nos pieds le torrent obligé roule ses flots écumeux parmi les rochers dont les débris encombrent le ravin ; le fracas des cascades se mêle au bruit des marteaux d'une usine qui se cache au fond de la vallée ; tous les objets qui nous entourent, quoique dans un désordre apparent, se groupent de la manière la plus heureuse ; les ruines, les rochers, malgré leur aspect bizarre, sont suaves de forme et de couleur ; enfin cette solitude est aimable et porte à la mélancolie, et voilà ce qu'on appelle un site romantique.

[...] Ces vastes et noirs rochers qui semblent menacer le village d'une chute prochaine, et sur le sommet desquels sont épars quelques bouleaux que la brise agite comme des cheveux blancs sur le front d'un vieillard ; ce torrent mugissant au fond d'un ravin dont l'œil n'ose mesurer la profondeur ; la physionomie de notre guide, qui sous ses vêtements déchirés, sous les années qui sillonnent son front et appesantissent sa marche, conserve quelque chose de ce caractère ossianique qu'il est plus aisé de comprendre que de définir, tout répand dans notre âme cette impression profonde, ce recueillement respectueux que l'on éprouve en pénétrant dans un antique sanctuaire. (Buzonnière, *Voyage en Écosse*, 1832.)

AVEC LES PREMIERS TOURISTES

Faujas de Saint-Fond
L'hospitalité écossaise

La même pièce, quoiqu'elle ne fût pas bien grande, renfermait, ainsi que le cabinet, les ustensiles simples et modestes de la laiterie, et la provision de tourbe, très artistement arrangée contre l'un des murs. Les moindres recoins de ce petit local étaient mis à profit, et tout occupait une place convenable : l'on voyait que le frère de MacNab aimait l'arrangement.

La seconde pièce paraissait être la chambre d'honneur ; les parents s'y étaient rendus et nous y attendaient pour nous recevoir avec cérémonie.

Un feu de tourbe, allumé sur une grande pierre ronde, élevée de dix pouces au-dessus du sol, et placée au milieu de la pièce, était destiné à la réchauffer ; la fumée s'élevait verticalement, par une ouverture pratiquée au milieu du toit. Une boiserie rustique, faite en manière de trémie renversée, partait de l'ouverture du toit, et s'abaissait, en s'élargissant, à trois pieds de distance du mur de la hutte, et à quatre pieds au-dessus de la terre ; de manière qu'il fallait se baisser pour entrer dans la pièce, ou plutôt dans la cheminée ; car l'on peut dire que le salon où la famille nous attendait était dans la cheminée même. Cette construction est très propre à garantir de la fumée, en même temps que du froid ; l'on est très chaudement dans cette espèce d'enveloppe en bois qui retient bien la chaleur. Le jour vient de la cheminée, par deux petites lucarnes qui y sont pratiquées. Une banquette, ou plutôt des bancs en bois, règnent tout autour de la pièce, dans la partie intérieure, c'est-à-dire, dans la cheminée même ; les parents de MacNab, gravement assis sur ces bancs, se levèrent lorsque nous entrâmes, s'inclinèrent, et nous firent signe de prendre place : ils ne parurent point embarrassés. Patrick Fraser fut notre interprète et leur présenta nos compliments.

Lorsque nous fûmes assis, un jeune homme ferma la fenêtre ; un second alluma une lampe particulière qui jetait une très grande flamme, accompagnée d'une fumée résineuse. Cette lampe économique consistait en une espèce de pelle de fer coudée vers le bas et suspendue par un long manche dans un angle de la cheminée à portée des spectateurs ; des morceaux de bois résineux bien secs, tirés du *pinus taeda*, étaient allumés, et répandaient une flamme très vive, mêlée de beaucoup de fumée : celui qui est chargé de l'entretien de la lampe a auprès de lui des provisions de ce bois réduit en éclats, pour remplacer au fur et à mesure celui qui se consume.

Ce fut à la lueur de cet étrange luminaire que MacNab, donnant la main à une jeune personne douce et modeste, que je présumai être sa fille, nous la présenta ; elle portait une jatte de bois fort propre et remplie de lait, qu'elle offrit à un de nous, en faisant une révérence avec timidité et un peu d'embarras ; mais, son père l'encourageant, elle but la première, selon l'usage, et remit la jatte à celui à qui elle l'avait présentée ; elle passa de main en main, ou plutôt de bouche en bouche, jusqu'à ce que chacun en eût goûté, et revint ensuite à MacNab, qui fit la clôture du cérémonial avec beaucoup de gravité. Il faut observer que nous étions tous debout dans ce moment et que nous ne nous assîmes qu'après. Il y a dans cet usage hospitalier une sorte de gravité religieuse qui tient au désir de bien recevoir les étrangers ; cet acte est considéré parmi eux comme un devoir sacré.

On nous présenta ensuite du beurre, des galettes faites avec de la farine d'avoine, et un petit verre de whisky. Nous fîmes nos plus tendres remerciements à cette bonne famille, qui voulut absolument nous accompagner jusqu'à notre hôtellerie.

L'Hospitalité... au château

On a de la peine à se persuader qu'un château si ancien en apparence ait pu parvenir à cet âge sans éprouver la plus légère dégradation ; car tout est si bien appareillé, les angles sont si purs, si parfaits, la couleur de la pierre est si égale et d'un ton si soutenu, qu'il semble que ce bâtiment sort de la main de l'ouvrier.

Je ne tardai pas à revenir de mon étonnement à ce sujet, lorsqu'après avoir traversé les fossés sur des ponts-levis, et être entré par une porte aussi gothique que du temps de Charlemagne, je parvins dans un beau vestibule qui conduit à un escalier à l'italienne à double rampe, du meilleur genre et de la plus parfaite architecture.

Ce vestibule est orné de grands vases bronzés de forme antique placés sur leurs socles entre des colonnes ; ces vases servent en même temps de poêles pour échauffer l'atmosphère du vestibule et de l'escalier.

La cage est magnifique, décorée avec goût, éclairée avec art, les marches sont couvertes de tapis élégants, tout y annonce les recherches de l'extrême propreté ; l'on a voulu rappeler encore ici quelques réminiscences du gothique, et pour y parvenir l'on a placé en perspective du bel escalier, et dans une grande niche ornée de faisceaux de colonnes gothiques, un grand buffet d'orgue, qui a quelque chose d'imposant et de religieux. Ce contraste peut paraître un peu bizarre en théorie ; mais il a dans l'exécution un certain charme qui n'est pas sans mérite.

Le reste de la maison est distribué d'une manière aussi élégante que commode, et peut contenir une nombreuse société ; l'on y a beaucoup plus recherché le luxe de la simplicité et de l'extrême propreté, ainsi que cela doit être à la campagne, que le faste des dorures et des ameublements somptueux.

Ce château, malgré son apparence ancienne, est de construction très moderne : on a choisi le genre gothique de préférence, en l'associant aux meilleures formes pour l'intérieur, parce que les bâtiments du Xe siècle figurent bien au milieu des bois et aux pieds des collines ; ils rappellent des idées de chevalerie qui tiennent à la bravoure et aux aventures galantes de ces temps de loyauté. Ces ressouvenirs répandent une sorte de charme sur la scène ; ils l'embellissent et la rendent touchante.

Voici la vie douce et aimable qu'on mène dans le château d'Inverary ; qu'on la compare avec celle des villes.

Chacun se lève le matin à l'heure qui lui plaît ; les uns peuvent monter à cheval, d'autres aller à la chasse ; je partais au lever du soleil pour faire quelques excursions d'histoire naturelle dans les environs.

A dix heures, la cloche avertit qu'il est temps de déjeuner : on se rend alors dans une grande salle, ornée de tableaux de famille historiés, parmi lesquels il y en a du Batoni, de Reynolds, et autres habiles peintres italiens et anglais.

L'on trouve plusieurs tables à thé, couvertes de bouilloires, de crème fraîche, de beurre excellent, de petits pains de plusieurs sortes, et au milieu de tout cela, des bouquets de fleurs, des gazettes et des livres ; un billard, des pianos et autres instruments de musique sont dans la même pièce.

Après le déjeuner, les uns vont à la promenade, les autres s'occupent à lire, à faire de la musique, ou rentrent dans leurs appartements jusqu'à quatre heures et demie ; la cloche se fait entendre, et annonce le dîner ; l'on arrive à la salle à manger, où l'on trouve une table de vingt-cinq à trente couverts ordinairement. Lorsque chacun est placé, l'aumônier fait, selon l'usage, une courte prière, et bénit les mets qu'on mange avec plaisir ; car ils sont de la façon d'un excellent cuisinier français ; tout est servi ici comme à Paris, à l'exception de quelques plats préparés à la manière anglaise, pour lesquels on conserve encore une certaine prédilection ; mais cela répand de la variété, et peut satisfaire les friands de tous les pays.

J'avais grand plaisir surtout de voir des serviettes sur la table, ainsi que des fourchettes ; je n'aime point à me piquer la bouche ou la langue avec ces petits tridents d'acier bien aigus, en forme de dard, fixés sur un manche, dont on se sert ordinairement en Angleterre, même dans les maisons où l'on donne de fort bons dîners. Je sais que ces espèces de fourchettes qu'on place quelquefois dans le manche d'un couteau ne sont guère destinées qu'à saisir et à fixer les morceaux lorsqu'on les coupe, et que les couteaux, étant fort larges et recourbés par le bout, font le même office que les fourchettes en France ; c'est-à-dire, servent à porter les mets à la bouche ; mais j'avoue que je suis fort gauche à employer le couteau à cet usage : cependant comme il est bon de se rendre à soi-même un peu compte des usages, je trouve que les Anglais, à table comme ailleurs, calculent mieux que nous.

En effet, la petite fourchette, soit d'acier, soit même d'argent, est irrévocablement attachée, chez eux, au service de la main gauche, et le couteau à celui de la droite ; la fourchette saisit, le couteau coupe ; la main qui tient ce dernier s'en sert sur-le-champ pour porter le morceau à la bouche. La manœuvre est précise ; elle est preste ; il n'y a pas un temps de perdu : c'est une vraie tactique prussienne.

En France, la première manœuvre se fait bien de la même manière ; mais lorsque les morceaux sont coupés, l'on pose l'arme bas, le couteau reste du côté droit, mais oisif ; la fourchette passe, au contraire, de gauche à droite, premier temps de perdu ; la main s'en saisit, la porte sur le morceau, de là une triple manœuvre. La manière anglaise vaut mieux, mais il faut des couteaux bien obtus larges et arrondis par le bout. Eh bien ! quel mal y a-t-il ? C'est une arme de moins dans la main des fous ou des scélérats.

En effet, combien d'hommes malades ou au désespoir s'en sont servis contre eux-mêmes ? Combien de monstres en ont fait un cruel usage contre les autres ? La liste en serait longue sans doute, et il est probable que si ce meuble utile n'eût pas eu la forme d'un stylet, en France, en Italie, en Espagne et ailleurs, il se serait beaucoup moins commis de crimes ou de malheurs. Il y a longtemps que l'on sait que de grandes causes tiennent souvent à de petites circonstances.

Mais j'oublie que les fourchettes et les couteaux servent à manger de très excellentes choses à la table du duc d'Argille [Argyll]. Les entrées, le rôti, les entremets, tout est servi comme en France, avec la même variété et la même abondance, et si la volaille n'est pas aussi succulente qu'à Paris, l'on mange ici en revanche des gelinottes et des coqs de bruyère au-dessus de tout ; du poisson parfait, et des légumes qui répondent à la réputation des jardiniers écossais qui les font croître.

Au dessert, la scène change ; tout disparaît, nappes et serviettes ; le bois d'acajou se montre à nu dans tout son éclat ; mais la table est bientôt couverte de flacons brillants remplis des meilleurs vins, de confitures dans de beaux vases de porcelaine ou de cristal, et des fruits de diverses espèces dans des corbeilles élégantes ; l'on distribue des assiettes, beaucoup de verres, et l'extrême propreté rivalise avec l'extrême élégance. Je fus étonné, dans un climat aussi froid que celui-ci, de voir sur la même table et vers le milieu du mois de septembre, de très belles pêches, de fort bons raisins, des abricots, des prunes, des figues, des cerises et des framboises ; à l'exception des figues qui n'étaient pas bien succulentes, surtout pour une personne née dans le midi de la France, tous les autres fruits étaient très bons ; mais il faut croire aussi que la plupart étaient venus à force de soins et de dépenses dans des serres chaudes.

Vers la fin du dessert, les dames se retirent et passent dans la pièce destinée à prendre le thé. Je conviens qu'on les y laisse seules un peu trop longtemps. Le duc d'Argille me prévint qu'il avait conservé cette habitude à la campagne pour ne pas déplaire aux personnes du pays accoutumées de tout temps à cet ancien usage ; mais quoique la cérémonie des *toasts* dure au moins trois quarts d'heure, on ne gêne personne et boit qui veut ; cela n'empêche pas qu'on ne porte mainte et mainte santé avec plaisir et de très bonne grâce. Les vins sont le grand luxe de la table en Angleterre, où l'on boit les meilleurs et les plus chers qui croissent en France et en Portugal.

Si, pendant les libations, le champagne mousseux fait ressentir son influence apéritive, le cas est prévu, et sans quitter la compagnie, on trouve dans de jolies encoignures, placées dans les angles de la salle, tout ce qui est nécessaire pour satisfaire à ce petit besoin ; l'on y fait même si peu de cérémonie que l'on n'interrompt pas sa phrase pendant l'opération. Je présume que c'est là une des causes qui, de tout temps, a engagé les dames anglaises, qui sont extrêmement modestes et réservées, à quitter la partie avant les *toasts*.

Enfin, l'on se rend dans le salon de compagnie, où le thé et le café abondent ; les dames en font les honneurs avec beaucoup de grâce et de cérémonial. Le thé est toujours excellent ; il n'en est pas tout à fait de même du café. Or, lorsqu'il n'est pas bon dans une maison comme celle-ci, où rien n'est épargné, et où je présume qu'on est dispensé de faire venir du café rôti et en poudre de la ville la plus voisine, pris chez des débitants privilégiés, comme à Londres, il ne doit l'être nulle part ; j'ai lieu de croire que les Anglais n'attachent aucune importance au parfum et au goût du bon café ; car celui qu'on leur présente leur est à peu près égal, pourvu qu'ils en prennent quatre à cinq tasses...

Après le thé, ceux qui veulent se retirer dans leurs appartements en ont la liberté, ceux qui préfèrent la conversation, ou la musique restent dans le salon, d'autres vont à la promenade. A dix heures, on sert le souper, et y assiste qui veut. (Faujas de Saint-Fond, *Voyage en Angleterre et en Écosse*, 1797.)

Simond

Chez les Highlanders

Nous avons pénétré dans les montagnes par une suite de vallées étroites et profondes, comme de grands berceaux de verdure. A mesure que nous montions, de beaux lointains se découvraient par échappée derrière nous. Pendant 10 milles nous n'avons vu autre chose que des murailles de gazon qui se perdaient dans les nues, versant leurs cascades innombrables en longs sillons d'écume blanche.

A la fin, quelques traces humaines ont animé ce désert ; nous avons aperçu des maisons, les murs en étaient bâtis en pierre sèche ; les toits couverts d'un chaume d'herbe grossière ou jonc, pour plancher la terre ; des tas de fumier et des tas de tourbe amoncelés à l'entour, confondant leurs noirs écoulements en un cloaque commun ; les femmes et les enfants pieds nus au milieu de toute cette saleté, et pourtant l'air sain et robuste : les hommes, le corps enveloppé de leur draperie nationale (*plaid*), les cuisses nues, chaussés du brodequin, ont l'air de soldats romains, mais sont plutôt des sauvages américains. La même fierté fainéante, la même insouciance, la même indépendance de tous besoins, le même courage, la même hospitalité, et malheureusement, à ce que l'on dit, le même penchant pour les liqueurs fortes. Chaque famille a sa vache à lait, son petit champ de patates, et de la tourbe à brûler tant qu'il en peut couper. Je suis surpris de ne pas voir des cochons parmi toutes les saletés qui environnent ces bonnes gens, celle-là serait la plus excusable. Nous venons de voir passer un troupeau de chevaux nains, gros comme des veaux de quatre mois, mais forts pour leur taille, et très actifs.

Les terres du comte (Earl) de Breadalbin s'étendent de Tyndrum, où nous sommes, 25 milles du côté de l'ouest, et plus loin vers l'est ; elles consistent principalement en pâturage pour les moutons ; leur revenu annuel est de 40 000 livres sterling, et quelques fermes sont louées 1 200 livres sterling, et nourrissent 7 000 moutons. Le nombre d'acres ne se compte point, et ne pourrait l'être, à cause des rochers, des précipices et des lieux inaccessibles ; mais l'étendue s'estime par le nombre de moutons qu'elle peut nourrir. Les baux sont assez généralement de dix-neuf ans. Il est à peine nécessaire de prendre aucun soin des moutons en hiver ; la neige reste rarement plus d'un jour sur la terre, et au défaut d'herbe, ils broutent la bruyère (*heather*), dont les rochers sont couverts. […]

On se demande naturellement, en voyant ces vastes solitudes, où sont les hommes, où sont les highlanders et si l'on sait que les moutons ont chassé les anciens habitants, on se demande alors où sont ces moutons ? car on en voit peu ; l'herbe est haute, et en quelques endroits à peine broutée. Nous avons pourtant rencontré plusieurs habitations, et nous sommes entrés dans quelques-unes ; un petit présent a été reçu volontiers, et a servi de passeport à notre curiosité. L'entrée est, comme je l'ai déjà remarqué, sale et boueuse, étant commune à la famille et aux bestiaux ; du seuil, on voit d'un côté une petite étable, ce qui ne semble pas nécessaire, puisque dans le climat bien plus rigoureux de l'Amérique septentrionale, les bestiaux n'ont point d'abri ; l'autre côté est séparé par une cloison grossière ; on y trouve, non pas une cheminée, mais un foyer formé de quelques pierres ; la marmite, avec sa chaîne et son crochet, est suspendue à un bâton ; quelques morceaux de viande (du mouton) pendent dans la fumée, qui s'échappe par un trou dans le toit de chaume ; on a pour plancher la terre durcie. Nous avons vu de plus une table, puis la planche sur laquelle on prépare les gâteaux d'avoine ; une vieille armoire, un baril à saler le mouton ; sur une tablette contre le mur, quelque vaisselle de terre ; sur d'autres, un nombre de fromages, et quelques livres.

J'en ouvris un, dont le titre était : *Searmona le M. Eobhanu Mac Diarmud, ministeir ann in glascho, agus na Dheigh sin an Cornu ; Duneidin du Bhuaiste le islenau* 1804. Je remarquai un Catéchisme, également en langue erse, ou gallique, et une Bible en anglais. Le lit était un matelas bien sale, sur la terre, ou peut-être y avait-il quelques planches sous le matelas ; une couverture aussi sale, point de draps ; l'unique fenêtre, composée de quatre petites vitres dont aucune n'était entière : tel est l'intérieur de toutes ces chaumières, et, pour finir la description, chacune a son échelle dressée contre le toit, soit pour arrêter le progrès du feu sur ce toit de chaume, ou celui de l'eau à travers les trous, quand il pleut, ce qui se fait avec un morceau de gazon. Malgré cette pauvreté, les habitants ont l'air de la santé, mais ils paraissent plutôt agiles que forts : c'est, au reste, une pauvreté de choix, ou plutôt de paresse, et elle ne s'étend pas aux aliments. Leurs lacs et leurs rivières fournissent du poisson en abondance ; le saumon, la truite, l'anguille, etc. Le mouton ne saurait être rare auprès de si grands troupeaux. Nous avons aperçu aujourd'hui des cochons. Moins d'un acre de terre en patates suffirait seul pour le soutien d'une famille ; un fort petit champ d'avoine également. La tourbe est partout à leur porte ; ils peuvent gagner 2 shillings 6 pence ou 3 shillings en travaillant à la journée : avec de tels moyens de subsistance, il est difficile de concevoir pourquoi de telles gens vont chercher fortune en Amérique.

A moitié chemin, nous rencontrâmes une troupe de highlanders, habitants du haut pays, hommes et femmes, qui descendaient, marchant à la file, les pieds en dedans ; les femmes nu-pieds et nu-tête, un fardeau sur les épaules, et ressemblant exactement à nos *squaws*, ou femmes de sauvages en Amérique. Une vieille femme conduisait la marche en chantant un air plaintif, répété en chorus. Le langage est sans doute, ainsi que la musique, purement gallique : notre approche ne les interrompit pas. (Simond, *Voyage d'un Français en Angleterre*, 1816.)

La Tocnaye
Comme les Indiens d'Amérique

Le pays près du petit village d'Aberfail me parut très extraordinaire, et peut donner une idée de la manière dont vivent les Indiens en Amérique. Les habitants de ces montagnes, qui en général ne produisent presque rien, vivent dans des huttes fort basses, et couvertes de terre, d'un côté sont les bestiaux, les hommes de l'autre. Le feu est au milieu de la cabane, dans la terre, ou appuyé contre une pierre. La fumée s'échappe par un trou fait au toit, et par la porte, car quand il y a des fenêtres, elles ne s'ouvrent jamais ; tous leurs meubles sont couverts d'une suie épaisse et reluisante. Il est inconcevable comment les bestiaux peuvent s'accoutumer à être ainsi *jambonnés* (pour ainsi dire) tout vivants, quant aux hommes, ils y semblent très habitués, quoique l'étranger qui n'y est pas fait, soit suffoque, et après une ou deux minutes est presque aveuglé, et pleure abondamment. Ils sont assis sur des sièges fort bas, afin à ce que j'imagine d'éviter d'avoir la tête dans le plus épais de la fumée, qui s'élève toujours, et pour comble, ils ne brûlent guère que de la tourbe, dont l'odeur infecte peut être aisément devinée. Ils vivent absolument de laitage, de pommes de terre, et de quelque peu d'un pain d'avoine, qu'ils appellent *cakes*, faits en galette, ronds, épais d'une ligne, très secs, et où le son est entièrement. J'ai eu depuis occasion de voir que cela n'était pas particulier aux montagnards ; tous les Écossais en général font usage de cette sorte de pain, et j'en ai mangé si souvent que je m'y suis accoutumé, et suis loin de le trouver mauvais.

Ces bonnes gens sont extrêmement hospitaliers, et reçoivent l'étranger qui les visite avec complaisance, sans paraître aussi surpris de le voir, que l'on pourrait se l'imaginer d'après le pays. Deux ou trois fois, j'ai eu occasion d'entrer chez eux, soit pour éviter la pluie, pour me reposer, ou même par pure curiosité, pour causer avec eux, et voir leur établissement. Sans me faire d'impertinentes questions, on me proposait de m'asseoir autour du feu, on m'apportait du petit lait, qui est leur seule boisson, avec quelque peu de leurs *cakes*, des pommes de terre, ce qu'ils avaient enfin ; et en me retirant, c'était toujours avec beaucoup de peine que je parvenais à leur faire accepter quelque chose. Dans tous pays, le pauvre est toujours bien plus prêt à faire part de son nécessaire que le riche de son superflu.

Les mœurs des gens de ce pays sont en tout semblables à ceux des autres montagnards d'Écosse ; cependant le *philibeg* n'est pas si commun, et il y a peu de personnes qui parlent *Gaelic* ; ce n'est qu'à une vingtaine de milles plus loin que l'on se trouve réellement dans les montagnes, ou du moins parmi les vrais montagnards.

Ben Lomond

Suivant le cours du Forth, le long de quatre ou cinq lacs qu'il traverse, au travers d'un pays très romantique, mais très peu habité, j'arrivai au pied de Ben Lomond, que je distinguai aisément des autres montagnes par l'élévation de sa cime. Il a plus de trois mille pieds de haut, et est presque entièrement couvert de tourbe, du moins par le côté où je l'ai gravi ; aussi était-ce avec une peine incroyable que je pouvais avancer, enfonçant presque à chaque pas jusqu'à la ceinture, et ayant beaucoup de peine à me tirer de la place où j'étais tombé. J'étais pourtant arrivé près du sommet, et commençais à être dédommagé de la fatigue de quatre heures de marche par une vue très étendue, lorsqu'un nuage épais est venu fondre sur moi ; je me vis environné de ténèbres, et ne savais plus où diriger mes pas. Dans cette extrémité, j'aperçus un mouton qui, effrayé de l'orage, se glissait avec peine sous une grosse pierre. Instruit par son exemple, j'eus la cruauté de le chasser de sa retraite et, ayant réussi à m'y loger, je tirai mes provisions de ma poche, et attendis en patience l'orage, qui ne tarda pas à tomber avec la dernière violence. Combien de grâces je rendis à la Providence de m'avoir procuré le couvert au sommet d'une telle montagne si loin de toute habitation ! Pourtant après une heure de repos, je fus fort aise de voir que l'orage ayant presque cessé, le temps était redevenu assez clair pour pouvoir se conduire. Prenant pour guide le premier ruisseau que je rencontrai, je me trouvai conduit du côté du lac, et arrivai à une petite auberge sur ses bords. Dans ma course j'avais perdu ma montre, m'en étant bien vite aperçu, après mon arrivée, je suis retourné sur mes pas, et ce que je regarde comme peu commun, je l'ai retrouvée à un ou deux milles de la maison.

Le lendemain, des jeunes gens de Glasgow étant venus visiter Ben Lomond, je leur demandai la permission de les accompagner, et ai remonté la montagne. Rien n'égale l'immensité de la vue ; d'un côté Stirling à trente milles de l'autre Dumbarton à vingt-cinq, distants l'un de l'autre de plus de quarante ; l'étendue du lac Lomond, les îles qui le couvrent dans la partie du sud, qui a près de neuf milles de large, les hautes montagnes qui en rétrécissent la tête, la quantité de petits lacs qui se rencontrent sur le cours du Forth depuis sa source, et ceux qui sont au sommet des montagnes, dont l'aspect sauvage offre une confusion inexprimable, qui étonne l'imagination, et agrandit les idées.

Questions linguistiques

Les habitants du sud de l'Écosse ont un patois anglais qu'ils appellent écossais ; mais ceux des montagnes ont une langue absolument différente, qu'ils appellent gaelic du côté de Ben Lomond, et quelquefois erse ou celtique dans cette partie. Ils prétendent qu'ils entendent le gallois, l'irlandais, et même le bas breton.

Quoique les habitants de la campagne aux environs d'Inverness parlent celtique ou gaélic, portent un jupon très court, un bonnet bleu avec un bouton rouge, les habitants de la ville ont presque tous des culottes et un chapeau ; ils parlent très pur anglais, et peut-être beaucoup mieux que dans beaucoup de comtés en Angleterre ; on attribue cela au long séjour que les troupes anglaises y ont fait à différentes époques. Ce qu'il y a de sûr c'est que je n'avais point de peine à m'y faire entendre, avantage dont j'ai souvent été privé dans certains comtés.

Gaélique, whisky et tabac

Quoique le pays semblât pauvre et les maisons misérables, j'étais cependant étonné de l'apparence de satisfaction et d'aisance que je rencontrais partout ; ce qui surtout me frappa c'était de ne point leur voir à mon aspect cet air étonné que souvent dans les pays les plus fréquentés les gens du commun témoignent à la vue d'un étranger, particulièrement quand son habillement et son langage diffèrent du leur ; ici, quoique j'eusse des culottes et un chapeau, que je ne dis pas un mot de gaelic, ils me virent passer sans rire, et sans paraître surpris de me voir, tandis qu'à Londres un étranger dont les bottes ne seraient pas faites à leur mode, ou qui aurait un chapeau à trois cornes avec une bourse risquerait d'être couvert de boue s'il passait dans certains quartiers.

Ma tabatière m'ayant servi d'introduction auprès d'un bon paysan qui, quoiqu'il n'entendît pas un mot d'anglais, paraissait comprendre mes gestes, et y répondait de même, je cheminai un ou deux milles avec lui, et appris un grand nombre de mots de sa langue par les choses que je lui désignais ; ainsi lui ayant montré le soleil, il me dit *grian*, la terre, *talhman* ; ayant tiré quelques miettes de pain de ma poche, il l'appela *arran* ; et lui ayant fait sentir ma bouteille, qui était vide malheureusement, l'odeur le frappa, parut lui faire plaisir, et il prononça *uisge-bea* [whisky]. Là-dessus je lui fis entendre que je désirais en avoir encore, et il me mena à une petite maison, où prononçant *arran* et *uisge-bea*, on me fit cuire sur-le-champ un *cake* sous la cendre, et on remplit ma bouteille, dont je donnai un grand verre à mon interlocuteur, qui parut enchanté de ma manière de faire, et me baragouina des remerciements auxquels je n'entendis pas un mot.

Traversant par un chemin superbe un pays assez pauvre, mais étonnant par la hauteur des montagnes, la multitude des lacs qui le coupent et le diversifient aussi bien que par l'habillement, le langage et les manières des habitants. A la lumière de la *yallack*, c'est-à-dire la lune, j'arrivai fort tard, et fatigué comme un misérable, à Fort Augustus, où mon premier soin fut de me reposer, remettant au lendemain mes informations sur le pays : trente-quatre milles de marche dans un jour et un dîner de noisettes n'inspirent guère d'autre désir de voir, ou de connaître autre chose que son lit.

J'ai demeuré dans Fort Augustus, et y ai appris assez de gaelic pour demander les choses de première nécessité, commençant, comme à mon ordinaire, par *thair dhan b pog* [« Donnez-moi un baiser »], avec quoi je me faisais entendre partout, particulièrement des jeunes filles.

Dirigeant ma course vers Fort William, j'ai eu deux ou trois fois occasion de faire usage de ma bouteille, de ma tabatière, et de quelques mots de gaelic avec les habitants. Il est inimaginable comme les efforts que je faisais pour dire quelque chose dans leurs langage leur plaisait ; mon tabac aussi y était bien pour quelque chose : si jamais je refais le voyage, j'adopte leur *philibeg* et le bonnet bleu, et je suis sûr d'y être reçu comme un frère. On m'a cité au sujet de leur goût marqué pour le tabac et le whisky qu'un homme riche demandait un jour à un d'eux ce qu'il pensait qui dût le rendre heureux à jamais? A quoi le montagnard, après avoir rêvé quelque temps et s'être bien frotté la tête, répondit dans le patois écossais: «*A kirk fu'o' sneeshin an' a well o' whisky* [Une église pleine de tabac et un puits de whisky]. — Mais si vous aviez cela, que désireriez-vous encore? — *Mair sneeshin an' mair whisky* [Encore du tabac, encore du whisky].»

Les gens du commun près de Stonehaven sont réputés être de terribles buveurs de whisky. Ils en boivent m'a-t-on dit, une ou deux bouteilles par jour, et se ruinent tellement la santé, que communément ils ne meurent pas vieux [...]. J'appris qu'avec une prise de tabac et un peu de whisky on était presque sûr de gagner le cœur des montagnards [...]. Quant au whisky il a toujours été mon compagnon de voyage, et il m'a quelquefois attiré des remerciements et des compliments gaelic des plus élégants.

Traditions populaires

Depuis Loch Earn, j'ai quitté les *mosses* éternelles du Black Mount, et traversant un pays assez fertile, et bien couvert de bois, le long d'un lac charmant, qui forme un coude au milieu des montagnes élevées qui le couronnent, j'ai rencontré une noce, précédée d'une musette et d'un violon; aussitôt je me suis cru transporté dans mon pays, car c'est ainsi que nos bons paysans de Bretagne conduisaient la mariée à l'église, et la ramenaient chez ses parents; poussé par un instinct de curiosité et de plaisir, je me suis mêlé à la bande joyeuse; un paysan m'a présenté un ruban, et j'ai tâché de faire connaître que je prenais part à leur joie, en regardant leur danse, et mêlant mes cris, à leurs chansons d'allégresse. Dans les pays peu fréquentés, l'instinct de l'homme est le même, on le trouve toujours bon, humain et l'ami de l'homme lorsque des motifs de haine ou de vengeance ne l'animent pas. Mon habillement ici n'était plus extraordinaire; grand nombre de paysans n'avaient pas de *philibeg*, et parlaient anglais, c'est-à-dire, leur patois écossais.

Le langage commun des montagnards, le gaelic, dont j'ai déjà eu souvent occasion de parler, est absolument différent d'aucune langue existante en Europe, et n'a de rapport bien apparent qu'avec les différents idiomes celtiques, épars, tant dans les îles Britanniques que sur le continent. [...]

J'ai cependant commis une erreur dans le cours de cet ouvrage, en disant que les habitants des différents pays où elles sont parlées pouvaient s'entendre entre eux. Ceux de Galles, de Cornouailles, et de Basse-Bretagne le peuvent faire, m'a-t-on dit, avec quelque peine; mais ceux des montagnes d'Écosse et d'Irlande ne peuvent pas les comprendre.

Ayant prié, dans une maison aisée des montagnes, que l'on voulût bien chanter une chanson gaélique afin de pouvoir m'en former une idée, la dame de la maison engagea un jeune homme qui jusqu'alors m'avait paru enfoncé dans ses rêveries, à me satisfaire, et sur un ton des plus mélancoliques, il chanta une chanson assez longue, dont voici le dernier couplet.

> *Ge do leibhin dhuib gach cruaigh-chas*
> *Fhuair mi on a bha mi'm phaiste*
> *Air leam fheia nach 'eil ni's truaighe*
> *Na gaol a thoirt is fuadh ga phaigh.*

« J'ai bravé les dangers, j'ai vu de près la mort,
J'ai connu tous les maux que peut donner le sort,
Mais rien ne m'a causé si grande peine
Que de voir mon amour repayé par la haine. »

Retour au plat pays

Ce n'est qu'à Callender, une assez jolie petite ville, que l'on retrouve la terre constamment cultivée, et que l'on laisse entièrement les montagnes, qui quoique très agrestes et très misérables, sont l'asile d'un peuple fidèle, brave, intelligent et industrieux ; accoutumé au besoin dès son enfance, le montagnard sait le supporter sans se plaindre. Il a pour son pays un amour sans bornes ou plutôt pour les parents qu'il y a laissés, et qu'il trouve moyen de soulager souvent même sur les épargnes qu'il peut faire sur sa paye de soldat, qu'un Anglais trouve à peine suffisante pour son existence. Comme leur moisson se fait plus tard que dans la plaine, on les y voit descendre en foule à cette époque pour la faire, et s'en retourner dans leur famille avec le mince produit de leur travail. J'avoue qu'après avoir vécu quelque temps parmi ce peuple, il m'a paru extraordinaire d'apprendre que leurs voisins plus riches, et plus instruits, avaient fait des dépenses énormes pour établir la religion parmi eux. Je l'y ai trouvée tout établie, et peut-être mieux observée qu'au sud. (La Tocnaye, *Promenade autour de la Grande-Bretagne*, 1795.)

Blanqui

Les chutes de la Clyde

La vallée devient plus profonde et plus sauvage ; la route, tracée à mi-côte, est ombragée par de grands arbres, arrosée par des milliers de ruisseaux qui descendent en murmurant dans l'abîme de la Clyde. Lorsqu'on pénètre dans les larges sillons que leur lit a creusés, la voûte céleste paraît s'élever brusquement, telle qu'on la voit du fond d'un puits ou d'une mine ; l'horizon décroît tout à coup et s'obscurcit ; et cette illusion rappelle la sombre horreur des bois sacrés. A Lanark, où nous avons éprouvé quelques difficultés pour trouver des chevaux, à cause du dimanche, la belle vue des montagnes nous est rendue ; nous planons sur tout le cours de la rivière, après avoir lentement parcouru une longue spirale qui mène au sommet du plateau. Cette portion de route ressemble à l'escalier d'une tour gothique : on ne cesse de tourner sur soi-même sans rien voir, jusqu'à ce qu'on parvienne sur le faîte, d'où l'on voit tout. A peine attelés, les chevaux nous ont emportés à deux milles de la ville, dans un sentier connu de *maint touriste*, et nous avons mis pied à terre ; Le temps était pluvieux, le sol humide : nous rencontrions avec étonnement des Écossaises fraîches et robustes, marchant nus-pieds sur le gazon, avec un parapluie, un chapeau de paille ou d'étoffe, et des gants. Elles allaient à l'office à Lanark : chacune d'elles portait son livre de prières sous le bras, selon l'usage du pays, circonstance qui aura sans doute échappé à M. Charles Nodier pendant sa *promenade en Écosse*, lorsqu'il a cru s'apercevoir que, dans ce pays, presque *personne ne savait lire*. [...]

Mais déjà un bruit lointain s'entend dans la vallée ; ce bruit augmente, et semble venir d'un souterrain : nous approchons de Stonebyres, la première chute de la Clyde. A travers une forêt d'ormes, de noyers et de chênes, et par un chemin hérissé de genêts et de buis, nos guides nous conduisent au bord du précipice, le plus beau précipice du monde. Un nuage d'écume blanchâtre s'élève au-dessus de lui, et tout à coup la cataracte elle-même, jaune et semblable à de la limonade, s'élance comme un trait. Au premier aspect, on recule d'effroi ; l'œil ose à peine sonder cette immense profondeur ; mais peu à peu on s'avance, on examine, on se familiarise, et l'admiration ne se lasse pas un instant. M. Gray parle d'une seconde et d'une troisième cataracte ; la dernière surtout, *corralyn*, l'emporte sur les autres par ses magnifiques dépendances. En effet, le paysage reprend de la sévérité ; les sapins se mêlent parmi les ormes et les frênes ; la couleur des bois se rembrunit, les rochers sont plus noirs, et leurs saillies plus prononcées, le bruit devient plus sourd et plus terrible ; prolongé par l'écho des montagnes, il imite les roulements du tonnerre ; il fait trembler le sol où nous marchons, et nos voix ne sont plus entendues. Un sentier frayé par des enfants et des curieux couronne la crête de cet abîme : le vent y pousse avec violence des flocons écumeux qui se jouent dans les airs comme la neige ; et derrière eux, une masse énorme, lisse, brillante, s'élance avec la rapidité de l'éclair ; c'est la Clyde. Son lit est très étroit dans cette partie, et l'on dirait qu'elle se resserre pour jaillir avec plus de force : aussi passe-t-elle plus prompte que la foudre. Une branche que nous avons jetée sur l'eau dans ce trajet a disparu sur-le-champ à nos yeux. La rivière se développe alors comme une gerbe sur le rocher inférieur, qui la rejette écumante et furieuse au fond de la vallée. C'est là que la nature a creusé un bassin pour la recevoir : il est de forme circulaire, et ses bords sont taillés à la hauteur de cent cinquante pieds. Des frênes attachés au rocher laissent pendre leurs branches au-dessus de ce cratère d'où s'exhalent sans cesse des nuages de vapeur ; tandis que les chênes, plus vigoureux, avancent leurs rameaux de chaque rive, et forment sur la Clyde un berceau de verdure.

Les heures s'écoulent aussi rapides que les eaux devant cet admirable spectacle. On n'en peut plus détacher ses regards, dès qu'une fois ils y sont fixés ; on veut descendre jusqu'au fond du cratère, le danger n'est compté pour rien ; on se confie au plus léger buisson, et l'un de nous a manqué payer de la vie cette excusable témérité. Un instant, j'ai cru le voir englouti pour jamais dans le gouffre de Rob Roy, et suspendu comme lui aux fragiles tiges d'un lierre, j'ai senti que mes genoux tremblants se dérobaient sous moi. Nous nous sommes soutenus par une sorte d'instinct machinal, et ce n'est qu'en arrivant au lit de la rivière que nous avons pu mesurer de sang-froid toute la profondeur de cet abîme. Les crêtes des deux rochers nous ont paru s'incliner l'une vers l'autre, et les vieux sapins qui les couronnent leur donnaient une physionomie singulièrement originale. Le propriétaire de la cataracte a fait bâtir un petit observatoire sur la pente du roc : on y déjeune en présence de la Clyde.

Loch Lomond

Si le lac Lomond était situé sous le ciel d'Italie, c'est dans une de ses îles que je voudrais finir mes jours. Sa vue m'a rappelé tous les souvenirs de la Méditerranée ; son archipel m'a semblé une image des Cyclades au sein de la mer Égée ; le paysage d'alentour une superbe imitation des Alpes ; l'ensemble, un des plus beaux chefs-d'œuvre de la nature. Les anciens Écossais l'appelaient le Lyncalidor. En arrivant sur ses bords, j'ai été frappé de leur physionomie originale ; j'ai senti qu'il était impossible d'en retracer le magnifique spectacle avec les expressions qui nous servent à peindre nos fleuves, nos rochers, nos campagnes. L'horizon du lac n'a point de limites vers le nord ; sa tête se cache dans le sein des montagnes ; ses flancs sont inégalement recouverts par des masses d'arbres vertes, noires ou bleues, que le soleil varie à chaque instant, pour le désespoir des peintres. Ses îles, véritables échantillons des différents climats du monde, sont tantôt couronnées de hautes futaies, tantôt hérissées de rochers, couvertes d'un gazon uni comme du velours, parsemées de bocages riants ou d'un gravier stérile. Il y en a de grandes, de petites, de plates, d'escarpées, d'habitées, de désertes. Quelquefois, elles sont assez rapprochées pour que l'écho répète successivement dans chacune d'elles les aboiements des chiens, les cris de l'oiseau de proie, ou les coups de fusil du chasseur ; ailleurs, elles sont tellement éloignées qu'on peut les prendre pour de petits continents. A mesure qu'on s'enfonce vers les nord, les rives se rapprochent, et le lac présente l'aspect d'une belle rivière. Puis viennent les phénomènes : les îles qui flottent, les ondes qui bouillonnent, les côtes qui se retirent, s'avancent, se relèvent, s'abaissent comme pour multiplier les illusions et les surprises du voyageur. C'en dut être une terrible que celle de l'agitation éprouvée par le lac en 1755, au même jour et à la même heure que Lisbonne tombait, renversée par un tremblement de terre !

Soirée au château : romanesques Écossaises

Nous avons fini la journée au château de Cochmey, au sein d'une famille alliée de M. Gray. Il y a dans l'accueil des Écossais un ton si parfait de bienveillance et de délicatesse qu'on se sent tout d'abord un penchant involontaire à les aimer. Chez eux, rien d'affecté, rien de fier ou de prétentieux ; un étranger est un ami. On lui fait sans doute avec luxe les honneurs de la maison ; mais c'est le cœur qui les fait ; la vanité du gentilhomme se montre rarement, l'orgueil encore moins. Il y avait à Cochmey une réunion de charmantes Écossaises, excellentes musiciennes, qui nous ont joué les airs chéris des montagnards, et donné un échantillon de leurs danses. Ces danses sont d'une vivacité extrême, tandis que les chants, presque toujours tristes et lents, paraissent empreints d'une langueur voisine de la monotonie. Toutefois, ce royaume, qui n'a jamais produit de grands compositeurs, est le pays du monde où l'on cultive le plus la musique, où cet art excite le plus de transports et d'enthousiasme. Nous en aurons bientôt des preuves convaincantes à York. Il est peu de maisons qui ne possèdent un de ces longs clavecins dont le son large et plein dispose l'âme aux émotions religieuses.

On nous a demandé beaucoup de nouvelles de France, et du sort des Françaises, et de leurs grâces tant vantées. Hélas ! le sort des Écossaises est bien différent du leur. L'abominable droit d'aînesse est pour la plupart d'entre elles un arrêt d'exil irrévocable. Aussi voit-on beaucoup de femmes que cette loi fatale condamne pour toujours au célibat, passer leurs jours dans la solitude et le silence, rêvant le bonheur d'être mères, et mille autres délices qui ne perdent rien à être imaginées. Leur vie s'éteint sans avoir brillé, rarement sans avoir été utile ; et, quoique le monde les repousse, quoique jamais peut-être un cœur ami n'ait battu près du leur, elles sont restées bonnes et tendres pour l'infortune, indulgentes et calmes envers l'injustice des hommes et les rigueurs du sort. C'est pour elles surtout que l'étude a des charmes, que les beaux-arts ont des consolations : à force de cultiver leur esprit, et d'occuper leurs loisirs par des talents ou des lectures, elles se sont élevées au-dessus des misères de l'existence ; elles ont vécu dans un monde meilleur, aimable, idéal, romanesque ; et lorsqu'elles ont écrit, nous leur avons dû ces peintures souvent flattées d'une société qu'elles jugeaient d'après leur âme.

Quelquefois l'amitié fraternelle sème des fleurs dans leur carrière, et les dédommage, par une tendresse pure et sans orages, des illusions qui coûtent si souvent le repos. J'ai vu des frères attentifs auprès de leurs sœurs comme de jeunes époux auprès de leur compagne ; et cette douce intimité les consolait des ennuis d'un isolement si dangereux au printemps de la vie, quand le cœur a besoin de s'épancher sans cesse. Ce n'était point comme membres déshérités d'une même famille qu'ils partageaient leurs peines : malgré l'absurdité du droit d'aînesse, ils ne voient point d'un œil d'envie la fortune de leur père accumulée sur une seule tête ; ils sont tellement pénétrés du préjugé nobiliaire, que cette iniquité leur semble une chose naturelle. Tant il est vrai que les plus grands abus acquièrent avec le temps une telle autorité, que la sagesse des réformateurs trouve toujours, lorsqu'il s'agit de les détruire, de grands obstacles dans ceux mêmes qui en étaient les victimes !

Pendant que nos aimables hôtesse dansaient le pas des montagnes, je m'étais glissé dans l'embrasure d'une fenêtre de leur château gothique, et mes regards s'étendaient sur tout le cours de la Clyde, alors éclairée par les rayons de la lune. Le rocher de Dumbarton s'élevait au milieu de ses eaux comme une pyramide noire ; dans le lointain, quelques vaisseaux immobiles attendaient le retour de la marée, tandis que, près de nous, de vieux sapins étendaient leurs longues ombres sur le penchant des collines. Malgré la clarté de la lune, les étoiles se détachaient avec éclat de la voûte céleste ; l'air paraissait chargé d'une vapeur mobile et bleuâtre : le silence de la campagne, et l'absence du vent, si commun dans ces contrées, ajoutaient encore leur charme à la sombre harmonie de cette belle nuit, dont nos climats ne peuvent retracer qu'une imparfaite image. Tout entier à une aussi grande scène, je repassais dans mon esprit les annales de l'Écosse, ses héros, ses historiens, ses poètes et sa riante mythologie. De quelle profonde allégresse, dans ce moment d'extase, le son d'une harpe eût rempli mon cœur ! Je prêtais l'oreille avec avidité, je croyais entendre le bruit d'un concert angélique ; un sentiment indéfinissable dominait tout mon être : jamais la nature ne m'avait paru si sublime et la Providence plus présente. Oui, tu dis vrai, Platon ; l'homme a reçu quelque chose du ciel : il n'y a pas de climat pour l'athéisme ! (Blanqui, *Voyage d'un jeune Français en Angleterre et en Écosse*, 1824.)

LE SPLEEN EN VOYAGE

Custine

Les contrées n'ont pas encore été complètement envahies par les oisifs en *landau* ; leurs habitants conservent quelque chose de la rudesse et de l'ignorance des anciens temps, et c'est là ce qui les recommande à tout voyageur curieux d'observer la nature primitive.

Ce qui ajoute à l'intérêt d'un voyageur dans ces étonnantes solitudes, c'est qu'il y a peu de temps qu'elles sont accessibles aux curieux. Les *Highlands* étaient, pour ainsi dire, une terre fabuleuse, une île enchantée où l'imagination seule pouvait aborder, et les habitudes sauvages des montagnards et de leurs chefs ajoutaient alors aux horreurs de la nature tout le prestige du danger.

Des contrées désolées

Je n'ai pas encore lu de voyages sur mer, sans qu'on y parlât de naufrages ; je n'en ai pas fait sans avoir eu mauvais temps, et le mal que me cause la tempête, change en une affreuse agonie le plaisir qu'on s'attend ordinairement à éprouver dans une courte traversée.

Atteint, en quittant Glasgow, de ce double mal de mer, *moral* et *physique*, je n'ai pu m'occuper tout le jour que des pensées les plus sérieuses. La tranquillité parfaite des passagers qui faisaient le même voyage que moi, le temps passable, quoiqu'incertain, n'ébranlèrent pas un instant ma conviction, et quelquefois l'envie de rire me gagnait, quand je comparais les pensées qui m'occupaient, avec la physionomie calme et sereine de tous les hommes, et même des femmes dont j'étais entouré. Je ne doute pas qu'un peu d'habitude ne me guérît entièrement de cette espèce de maladie d'imagination, mais jusqu'ici la mer ou la mort m'ont toujours paru synonymes.

Les côtes occidentales de l'Écosse sont un admirable théâtre de naufrages. Des montagnes sombres et déchirées qui forment une multitude de baies sombres et profondes, un ciel sombre comme la nature qu'il éclaire, une suite d'écueils qui s'étendent à perte de vue, avec quelques échappées, sur la haute mer, d'où l'on sent souffler le vent tout-puissant qui laboure l'océan Atlantique : telle est, dans ces contrées sauvages, la scène offerte aux regards et aux méditations du voyageur. La nature n'y a plus qu'une couleur : le noir, dont les nuances, plus ou moins foncées, servent à rendre distinctes les diverses formes des objets ; l'eau est noire, le montagnes sont noires, le ciel est noir, et, dans ce paysage *à l'encre*, tout se détache en noir, car les voiles teintes qu'on aperçoit à l'horizon ressortent elles-mêmes en noir sur un fond grisâtre.

Nous avons passé entre l'île de Bute et la côte d'Écosse, puis nous avons doublé une pointe fameuse par la perte de maints bâtiments ! Au-delà de ce formidable promontoire, nous sommes entrés dans ce qu'on appelle le lac Beau (*Loch Fine*), qui n'est qu'un golfe profondément avancé dans les terres.

Les différents points de la côte que la pluie me permettait d'apercevoir m'ont présenté une suite de plans de montagnes élevés les uns sur les autres, et dont l'aspect redoutable et solitaire rappelle tout ce qu'on a vu de dessins de la Laponie et du cap Nord. S'il y faisait jour, cette partie des côtes d'Écosse ressemblerait aussi à quelques lacs de Suisse ; mais le brouillard et l'absence de lumière rendent ce pays entièrement différent des contrées plus méridionales ; on ne peut oublier un instant que c'est *la patrie d'Ossian* qu'on parcourt. Quand les ténèbres du soir se répandent sur ces paysages désolés, le cœur de l'homme s'ouvre à la tristesse, et la poésie la plus mélancolique devient l'expression naturelle de ses sentiments intimes. Le deuil de la nature semble appeler du fond de son âme les pensées douloureuses ; il s'établit entre lui et le désert une vague harmonie qui peut inspirer le poète, mais qui décourage l'homme vulgaire !

L'ascension du Ben Lomond : une expérience dantesque

Rien que des nuages et de la bruyère pour colorer ces sites si grands par leur nudité : tout cela compose au moins des tableaux fort tristes et fort singuliers. J'en ai vu de plus beaux, je n'en ai jamais vu de plus extraordinaires ni de plus difficiles à oublier : ils s'impriment dans la mémoire de la manière la plus sûre : par la tristesse !

L'esprit élevé par la contemplation de ce grand spectacle, je suis arrivé à l'endroit marqué pour mon débarquement, sans m'être aperçu du moment de danger qu'on me dit que nous avions couru. Alors, je quittai mon domestique que j'envoyai par un autre chemin, m'attendre au bord du lac Lomond, et je suivis le guide, à qui j'avais fait remarquer que ma bourse était légère, car on m'avait recommandé de ne garder sur moi que quelques shillings.

Une maison, la première que nous eussions aperçue sur le lac, se trouvait près du sentier que nous suivions ; nous nous en approchâmes pour y acheter une bouteille de whisky : liqueur excellente et dont nous pensions avoir besoin sur la montagne. Il était deux heures après midi, tant nous avions perdu de temps pour faire trois lieues sur le lac. J'en avais encore quatre pour arriver au sommet de la montagne, et deux pour en descendre, et parvenir jusqu'au bord du lac Lomond, à l'endroit où l'on devait laisser un bateau pour me transporter à l'auberge de Tarbet.

Cette course de six lieues m'avait paru fort peu redoutable, mais aux premiers pas que je fis dans des bruyères de deux pieds de haut, entièrement trempées d'eau, je commençai à craindre la fatigue d'une aussi longue marche sur un sol glissant et tourbeux, tout fraîchement détrempé par trois jours de pluies continuelles. Cependant accoutumé à trouver des forces quand il en faut, je ne voulus pas me laisser décourager et je suivis mon guide d'un pas assez rapide.

Nous avions à franchir deux montagnes et deux vallées, avant d'arriver au pied du Ben Lomond proprement dit : la plus grande difficulté de notre route venait des torrents débordés que je ne voulais pas traverser à pied, de peur que le froid glacial de l'eau ne me fît mal.

J'avais un manteau de toile cirée qui me garantissait des ondées passagères, et mon guide me portait sur ses épaules à travers les ruisseaux que je ne pouvais sauter. Je vous donne ces détails pour vous montrer plus tard combien tant de précautions étaient inutiles.

Nous marchions sans suivre aucun sentier car, passé la première montagne, il n'y a plus dans ce désert aucune trace de pas humains, et la fatigue d'une course si difficile m'avait mis en nage au bout d'une lieue.

La première fois que je m'étais laissé porter par mon guide, je l'avais senti chanceler, et au second ruisseau j'hésitais à monter sur ses épaules, mais il m'assura qu'il me ferait passer sans accident; en disant cela, il tombe avec moi au milieu du torrent qui, heureusement, n'était pas assez large pour que je ne pusse me jeter sur le bord en me débarrassant des épaules de ce pauvre homme.

Cette manière de voyager nous retardait, mais le ciel s'éclaircissait et semblait nous promettre une belle soirée. Arrivés à la dernière vallée, nous y trouvâmes un torrent si large, si profond, si rapide, qu'il me parut impossible de le franchir sur le dos de mon conducteur; retourner était également impossible; nous avions le lac Katherine derrière nous; et comment retrouver un bateau pour le traverser? Nous cherchions avec anxiété le gué le moins dangereux où j'allais me déterminer à marcher à la suite du guide, quand le ciel nous envoya un secours inattendu. C'était un berger menant paître quelques petites vaches de peu d'apparence, comme toutes celles que j'ai vues en Écosse. Cette race de bestiaux est cependant très bonne, mais en général, les pâturages des hauteurs ne conviennent qu'aux moutons.

Le berger que nous apercevions de loin, descendait lentement la pente d'une montagne opposée à celle que nous venions de passer. Il avait autour du corps son *plaid* de tartane, noué à la manière du pays. C'est une espèce d'écharpe qui sert de manteau quand on la déroule, et qui, lorsqu'elle est rejetée par-dessus l'épaule, retombe avec une grâce particulière. Cet homme ne me paraissait pas faire la moindre attention à notre embarras, et continuait sa route en nous regardant de temps en temps sans curiosité ni intérêt. Je dis à mon guide de l'appeler: il accourut, et dès que je lui eus demandé du secours, il se montra serviable; il entra dans l'eau jusqu'à la moitié du corps, et me porta légèrement sur la rive opposée: il ne voulut pas nous quitter, sans nous avoir montré le côté par lequel il fallait attaquer la montagne; mais il me conseilla de renoncer à cette course pour ce soir-là, dans la crainte du vent. Il voulait me faire coucher dans sa cabane, et me conduire lui-même sur le Ben Lomond au point du jour, si le temps le permettait; mais je refusai l'offre de cet obligeant berger.

Au moment de le quitter, je lui présentai de l'argent, qu'il refusa sans fierté, en me disant simplement qu'il était fermier du duc de Montrose. Je reconnus au désintéressement de cet homme, que j'avais abandonné la route ordinaire des voyageurs, et je m'applaudis d'être venu chercher les Écossais loin des auberges et des grands chemins. Nous bûmes, le berger, le guide et moi, chacun un coup de whisky dans le même verre, et je m'apprêtai gaiement à gravir la montagne.

De ce côté, la pente est extrêmement rapide, aucun sentier n'y facilite la marche des moutons et des curieux, les seuls êtres qui se rencontrent dans ces contrées sauvages ; et, après avoir déjà marché péniblement pendant plus de deux heures, j'appris avec tristesse qu'il m'en fallait encore autant pour arriver au sommet du pic le plus élevé. Un pieu nous le faisait reconnaître de loin au-dessus des pentes couvertes de bruyères et de couches d'ardoise qui nous en séparaient encore, et ce but de nos efforts semblait fuir devant moi à chaque pas que je faisais pour m'en approcher. Je n'ai jamais éprouvé une aussi violente fatigue, jamais l'âpreté de l'air ne m'a rendu la respiration plus courte, plus difficile ; enfin, jamais efforts ne m'ont paru plus pénibles que ceux que je faisais de minute en minute pour ne pas tomber à terre et renoncer à mon entreprise. La bruyère, moins haute que dans la vallée, était mêlée à une mousse épaisse qui glissait avec moi sur les couches d'ardoises humides, et me forçait à faire trois pas pour un.

Malgré tant de difficultés, malgré la sueur qui ruisselait sur tout mon corps, et la pluie qui recommençait à nous voiler les montagnes, j'admirais de moments en moments dans le lointain de sombres sommets élevés les uns au-dessus des autres, avec une régularité semblable à celle des vagues de la mer, et présentant comme elles, l'image de l'infini. La grandeur seule de ces flots immobiles, les ferait paraître différents de la véritable mer.

Je ne me trouvais plus dominé que par la dernière pointe du Ben Lomond où j'allais parvenir, et je voyais la terre sous mes pieds ; des lacs sans noms remplissaient des ravins inconnus, les rayons du soleil répandaient le jour sur des plaines éloignées ; des arcs-en-ciel mouvants encadraient des déserts, des montagnes, des villes, et paraissaient un ornement fantastique du tableau que le Créateur avait composé dans ces solitudes. La lumière, les ténèbres, les nuages, le bruit, tout ce qui appartient à la vie semblait partir de dessous mes pieds, et je me croyais parvenu, comme le Dante, dans son paradis, au-delà de la région des phénomènes terrestres. Il est rare que les Alpes présentent un pareil spectacle, parce qu'on n'y monte presque jamais au-dessus de toutes les autres montagnes.

Combien je me félicitais de mon opiniâtreté ! Comme je méprisais ces voyageurs qui, sous prétexte d'être prudents, ne sont que vains et paresseux, et se contentent de parler des beautés dont ils n'ont pu jouir ! Encore un dernier effort, et dans dix minutes mon guide me promettait d'atteindre avec moi ce terme si désiré, et que nous avions perdu de vue depuis assez longtemps, parce que nous en étions trop rapprochés pour l'apercevoir.

Je gravissais douloureusement les derniers rochers qui me séparaient de ce sommet, quand j'entendis au-delà d'un précipice que je longeais, un bruit d'une force effrayante et semblable à celui de l'éboulement d'une partie de la montagne. Le guide me dit, sans paraître se troubler, que c'était le vent qui s'engouffrait dans les rochers. J'étais loin de prévoir la scène que me présageait cet étrange phénomène.

Cinquante pas plus haut, nous atteignîmes enfin le sommet de la montagne, qui est fort étroit et tout entouré de précipices. Il me serait impossible de trouver des mots pour dire ce que j'y ai vu, ni ce qui s'est passé autour de moi, pendant le temps que j'y suis resté : une telle scène m'avait guéri de ma curiosité : je croyais cette passion plus énergique en moi. Je ne pensais plus à voir des objets nouveaux, je ne pensais qu'à mourir. Ce qui m'occupait, c'était la mort qui se montrait sous la forme d'un nuage, si puissant, que la terre semblait s'ébranler à son passage, et ce passage ne finissait pas : c'était la mort sous toutes les figures : sous l'apparence du bruit, des ténèbres, du froid, de la grêle qui nous assaillait de bas en haut avec une violence inexprimable !

Après peut-être cinq minutes de suffocation, d'étourdissement, de délire, je me trouvai transporté à quelques pas de ma place, au milieu d'une nuit profonde qui s'était élevée soudainement. J'entendis en même temps la voix de mon guide qui me criait d'enfoncer mon bâton dans la terre, et de m'en servir pour résister à la violence de la tempête. Je ne sais si je suivis ce conseil, mais dans un moment de relâche, je fus saisi au bras par quelque chose de moins fort que ce coup de vent qui venait de m'enlever de terre : c'était la main de mon guide. En m'entraînant vers un banc de pierre dont est entouré le pieu planté sur la pointe du Ben Lomond, cet homme me dit qu'il venait de me retirer du bord d'un précipice de plusieurs centaines de pieds.

Ayant un peu repris nos sens, nous nous demandâmes ce qu'il y avait à faire ; le guide m'avoua qu'il ne pourrait, dans l'obscurité des nuages, trouver le sentier qui devait nous conduire à Tarbet, où j'avais donné rendez-vous à mes gens ; que d'ailleurs, ce côté de la montagne étant entièrement exposé au vent, nous y serions infailliblement précipités dans les abîmes dont nous nous trouvions environnés, et que son avis était d'attendre que l'orage fût passé pour prendre le chemin de Rowardennan, petite maison isolée sur le bord du lac Lomond, à deux lieues au-dessous de l'endroit où je devais m'embarquer pour Tarbet.

Je me décidai à prendre sans délai ce dernier chemin, qui était le seul par lequel nous pouvions espérer de nous sauver ; mais le guide s'obstinait à attendre. Je m'aperçus alors qu'il n'avait plus sa tête ; la tempête et le whisky l'avaient enivré, et je reconnus dans son délire une cause de mort plus certaine que toutes les autres. Je lui dis qu'il fallait marcher ou périr, car si je restais encore cinq minutes exposé tout en sueur et sans remuer, à la grêle dont le froid pénétrait jusqu'à la moelle de mes os, je mourrais infailliblement ; alors il s'éloigna de dix pas pour reconnaître notre chemin, et tout à coup je le vis précipité à terre par le vent, comme je l'avais été moi-même un moment plus tôt. Je courus à lui, je le relevai, et il m'arracha mon manteau, en me disant que je risquais ma vie si je le gardais. Je la risquais en l'ôtant ; cependant, comme la fluxion de poitrine était plus loin que le précipice, je me déterminai à renoncer à ce dernier rempart, et à exposer mes membres inondés de sueur aux torrents d'eau glacée qui traversaient, pour ainsi dire, notre corps avec la puissance de la foudre.

En me privant de ce moyen de salut, je bus d'un trait un quart de la bouteille de whisky, et c'est, sans doute, à cette précaution que je dois la vie ; il fallait penser à tout : au milieu d'une légion de démons qui nous assaillaient de plusieurs côtés à la fois, nous suivions une pente très dangereuse que nous descendions avec des torrents d'eau, de grêle et de pierres qui se précipitaient sur nous du haut de la montagne. D'épaisses ténèbres causées par les brouillards avaient avancé la nuit pour nous ; nous rencontrions dans notre marche des zones de nuages montant vers le sommet, et ballottés par des vents opposés ; alors le combat devenait terrible : la terre s'ébranlait, nous glissions, nous nous précipitions, nous roulions, nous tombions à travers l'infernale armée des tempêtes qui escaladait le ciel, et nous nous retrouvions cent pieds plus bas, presque évanouis de fatigue et de saisissement ; quand je sentais mes genoux fléchir ou mon sang se glacer, je recourais toujours au whisky, et les forces me revenaient pour quelques centaines de pas.

Une fois hors des précipices, nous nous mîmes à fuir avec la rapidité du vent qui nous poussait, et nous avons traversé une bruyère d'une lieue en moins de vingt minutes, nous tenant par le bras, volant plutôt que courant et perdant haleine, sans pour cela nous arrêter. Nous franchissions d'un saut des ruisseaux, des fondrières, des pentes de rochers que je ne passerais pas aujourd'hui, avec la meilleure volonté du monde, sans bien des précautions, mais nous étions comme insensés, et la rapidité *de notre vol* me faisait l'illusion d'un songe. Je me croyais mort, et il me semblait que je voyageais dans les nuages avec ces esprits d'Ossian qui vont porter aux vivants la guerre et la tempête.

La nuit, la vraie nuit, et non celle des nuages, était venue ; mes membres se raidissaient et me refusaient le service, ma tête se perdait entièrement, et je demandais au guide s'il pleuvait encore, tandis que le ciel, comme acharné à notre poursuite, nous envoyait des torrents d'eau, de bruine, et de grésil. J'avais aperçu le lac Lomond fort loin sous mes pieds, et je croyais la mort plus près que le gîte qu'on me promettait depuis si longtemps. Cependant je ne voulais pas m'abandonner moi-même, et je résolus de disputer jusqu'à mon dernier souffle aux puissances infernales qui m'assaillaient. J'étais soutenu par un orgueil d'enfant, en pensant que j'avais vu l'ouragan sur son trône, et que j'avais bravé la tempête jusque dans son empire. Encouragé par cette folle pensée, j'arrivai enfin, à huit heures du soir, dans la maison où l'on me faisait espérer la fin de tous mes maux. En entrant dans une cuisine enfumée, je m'approchai du feu. J'étais ivre de whisky, de froid, de chaud, de terreur, de fatigue et de vent.

On s'empressa de m'arracher mes habits collés sur mon corps, et de me faire boire une liqueur brûlante, précaution que je regardais comme superflue, car la sueur qu'un vent glacé avait depuis longtemps séchée sur ma poitrine me semblait le présage d'une maladie inévitable. Revêtu d'habits écossais, réchauffé par le rhum, et par le charbon de terre, je ne pouvais demeurer assis, et, dans le délire de la fièvre et de l'inquiétude, je parcourais la maison demandant à grands cris un bateau pour me conduire vers le gîte où l'on m'attendait : on me répondit que par la tempête qu'il faisait personne ne voudrait s'exposer sur le lac avec moi ! Je me résignai et, le lendemain matin, j'envoyai chercher mes gens à Tarbet.

Ils arrivèrent à midi, et me trouvèrent dans mon lit avec une fièvre violente ; mais cet accès, ayant provoqué une transpiration très forte, m'a peut-être sauvé la vie. J'ai été quitte de tout pour une courbature, un peu de malaise, des maux de cœur, et quelques ressentiments de fièvre. Depuis deux jours je suis à me reposer à Dumbarton, d'où je compte partir demain pour Glasgow.

Le lendemain de ma terrible course, le guide m'assura qu'il s'était cru perdu ; ce que j'avais très bien vu, et il ajouta qu'il était monté au Ben Lomond plus de deux cents fois sans jamais avoir éprouvé une pareille tempête. Moi, assurément, je n'ai jamais couru un aussi grand danger, ni ressenti une telle fatigue. Quelle lettre vous auriez pu recevoir au lieu de celle que je vous écris ! Je dis comme vous, qu'il ne faut pas se quitter volontairement ; c'est se rire du malheur, qui n'aime pas qu'on le joue, et qui arrive bien vite lui-même quand on s'avise de le contrefaire.

Tristes solitudes

Cette contrée est la plus sauvage et la plus inhabitée de l'Écosse.

C'est ici qu'il faut venir apprendre comment la nature se passe de couleurs pour faire des paysages. Un ciel gris, un lac gris, des montagnes noires, des torrents noirs, un premier plan, noir comme tout le reste, mais où la bruyère en fleurs répand quelques faibles teintes de lilas : tels sont les monotones objets qui composent les tableaux exposés ici par le Grand Peintre, aux regards du voyageur. On voit encore dans l'intérieur de ces montagnes quelques marais où des joncs d'un vert sombre croissent dans des eaux corrompues, dont ils varient la couleur brune ; quelques petites pièces d'avoine d'un jaune sale, quelques profonds sillons inondés d'eau saumâtre, annoncent de loin en loin que des hommes ont la prétention de trouver de quoi vivre en ce désert.

Les montagnes d'Écosse, entièrement dépouillées d'arbres, ne sont pas d'une hauteur bien imposante ; mais elles ont la grandeur de la mort. Tout paysage solitaire et silencieux conserve quelque beauté ; des rochers, même décharnés, ont toujours un aspect majestueux. A la vérité, on ne trouve point ici, comme dans les Alpes, ces pics hardis, ces groupes d'arbres, ces chalets pittoresques qui soutiennent la curiosité et les forces du voyageur : on n'y aperçoit que de petites montagnes, pour la plupart arrondies, nues, et dont l'aspect régulièrement triste n'a rien de pittoresque ; mais dans le silence des déserts, la nature abandonnée de l'homme, travaille sur elle-même ; et l'âme du poète s'enthousiasme encore devant ce simple et sublime spectacle. Aujourd'hui, j'ai fait douze lieues, et j'ai rencontré trois maisons qui étaient trois auberges entretenues par les seigneurs du pays. Les superbes chemins qui traversent ces solitudes, sont également l'ouvrage des nobles héritiers de la féodalité écossaise.

L'aspect du terrain, dans ces contrées, est extraordinaire. J'ai marché tout le jour sur une terre qui semblait avoir été refroidie subitement au moment d'entrer en ébullition. Les flancs des plus hautes montagnes comme le fond des vallées sont couverts de ces boursouflures formant une suite de petits tertres qui ressemblent de loin à des cloches d'eau bouillante, subitement changées en une matière solide. L'aspect singulier que ces espèces de tombeaux naturels donnent au sol d'une partie de l'Écosse, a fait naître bien des conjectures et causé bien des discussions. Les savants physiciens d'Édimbourg, divisés d'opinion comme partout, ont bâti plus d'un système, également ingénieux et insuffisant pour expliquer ce mystérieux phénomène.

Toutes les vallées que j'ai parcourues sont marécageuses ; j'y ai vu partout la bruyère croître à côté du jonc, sur un fond de tourbe. La partie mitoyenne des montagnes est spongieuse comme leur base et produit également ces deux plantes, qui sont comme les livrées de la stérilité ; mais le caractère de tristesse qu'elles impriment à la terre de l'Écosse, laisse du moins aux sites de ce pays une grandeur sauvage, dont la culture seule peut priver la nature : ce sont des paysages à la manière de Salvator Rosa ou du Dominiquin. Cependant on s'attendrait en vain à trouver ici un des plus grands charmes des pays des montagnes : celui qui naît du contraste de sommets arides et de vallées fertiles. Les vallées de l'Écosse ne me paraissent remarquables que par leur sombre nudité ; mais si les tableaux qu'elles offrent aux regards, sont trop uniformes pour exciter l'admiration, leur aspect produit sur l'âme une impression lente et profonde : la tristesse causée par le spectacle de la nature a toujours quelque chose de poétique qui élève l'esprit et vivifie l'imagination.

Ce matin, en tournant l'extrémité d'un lac couleur de fer, j'ai aperçu sur un promontoire isolé les restes d'un ancien château ; j'ai demandé le nom de ce vieil édifice : mon guide m'a répondu que c'était le château de Stromnagachan, et, ma curiosité étant satisfaite, j'ai continué mon chemin avec un respect silencieux pour ce nom, que les Écossais rendent encore plus barbare, en le prononçant de la gorge, comme presque tous les mots de leur patois, qu'ils appellent le *gaelic*.

Depuis mon départ de Glasgow, j'ai aperçu bien peu d'Écossais, car ces montagnes sont désertes. Le peu d'hommes que j'y ai rencontrés, sans être beaux, ont le teint frais, des traits fins et une expression de figure spirituelle. Les femmes ont des physionomies vives, mais elles ne sont ni jolies ni propres.

Voici la description d'une véritable chaumière écossaise, qu'on juge de la saleté des gens qui l'habitent ! C'est un très petit tas de pierres posées les unes sur les autres, sans ciment ni mortier, et la fumée de tourbe qu'on brûle dans cette étroite tanière, choisit ordinairement la porte pour issue, de préférence à un trou, pratiqué dans le toit : le plus souvent, ce toit est fait de bruyère ; lorsque l'édifice est bâti avec luxe, on lui donne une couverture de paille d'avoine : et c'est là que pour tout un peuple, la vie, la société sont renfermées.

Cet état de barbarie ne m'a que trop rappelé le mot que j'ai déjà cité de lord***, mais au lieu de comparer ses vassaux à ses moutons, il eût été plus digne d'un grand seigneur de s'efforcer de rendre sensible, dans ses immenses domaines, la différence que Dieu avait établie entre l'homme et la brute.

C'est devant ces loges d'animaux qu'on est conduit, par une allée de jardin, à une auberge excellente. Il y a de l'égoïsme dans les efforts que les seigneurs écossais et les voyageurs anglais ont faits jusqu'ici pour civiliser ce pays : il semble qu'on n'ait pensé qu'aux étrangers ; car on ne s'est occupé que des moyens de se déplacer. Tout est arrangé pour ceux qui passent par le pays ; on n'a presque rien fait encore pour ceux qui y vivent, et j'éprouve une sorte de malaise en jouissant chez ce peuple de tous les avantages d'une civilisation, à laquelle il ne prend, pour ainsi dire, aucune part, parce qu'elle n'est pas sortie de lui. On croit voir de modernes Lucullus, blasés par la richesse, essayer de se distraire des ennuis de la civilisation, en dressant leurs tentes chez les Scots pour s'y donner commodément le spectacle de la vie sauvage. L'Écosse est, je crois, aujourd'hui le seul pays de l'Europe où l'on puisse observer ce contraste dans toute sa singularité.

En passant par le loch Ness

On n'a que faire de lettres de recommandation pour voir l'Écosse ; ce pays est peuplé de personnes si obligeantes que sur tous les chemins, dans toutes les auberges, dans les voitures, sur les paquebots on trouve *des amis* qui se chargent de vous procurer tous les secours qu'à peine vous oseriez attendre ailleurs des gens avec lesquels vous passez votre vie. Il est vrai que le nom Français est encore cher aux peuples d'Écosse.

Ce que j'ai pu recueillir de la conversation de mes connaissances de grands chemins, c'est qu'une des prétentions des Écossais est d'habiter un pays chaud et hérissé de forêts. J'ai beau demander où sont ces bois, on me répond que j'ai mal vu le pays ou mal choisi mes chemins. Pour faire honneur à leur climat, les Écossais ne se servent jamais de poêles ; dès qu'ils aperçoivent le soleil, ils disent qu'ils étouffent et que la chaleur est insupportable. Ils ne vous parlent que des maladies causées par l'été de telle année ; des fatigues que l'ardeur de leur soleil leur a fait éprouver à telle époque de l'automne ; ils vous nomment avec emphase les fruits qui croissent dans leurs jardins, et qui n'ont guère que le nom de ceux de France ; enfin ; si vous apercevez sur le penchant d'une montagne un maigre bouquet de pins d'Écosse rabougris, ils ont soin de vous avertir que *cette forêt* est naturelle, parce qu'ordinairement, ce que vous rencontrez d'arbres dans leur stérile pays, est dû aux soins des seigneurs qui les ont plantés.

J'ai passé ce matin devant l'habitation d'un de ces bienfaiteurs de l'Écosse : c'est le château de Glengarry, situé au bord d'un lac sans rives, comme tous ceux que j'ai vus dans ces montagnes ; car ces mers intérieures sont encaissées entre des rocs, dont les pans presqu'à pic, descendent comme d'énormes murailles jusque dans le fond des eaux qu'ils resserrent. Près des ruines de l'antique manoir de Glengarry, on voit la maison actuelle du *chef du clan* : Macdonald Glengarry. Ces anciens maîtres du pays sont maintenant des souverains détrônés, et soumis aux lois communes de la police et de la propriété.

Il y a quelques années, que celui-ci a fait construire sur la grande route un monument singulier : c'est une petite pyramide bâtie en pierres blanches et couronnée d'une espèce de chapiteau formé de sept têtes d'hommes, avec une longue histoire écrite en quatre langues. Cette inscription raconte qu'au commencement du XVIe siècle, un assassinat fut commis par sept malfaiteurs, et que les têtes de ces meurtriers furent aussitôt abattues et offertes au chef du clan, dont l'arrière-petit-fils a voulu, par un monument durable, honorer la prompte justice, et immortaliser la vertu de féodale mémoire.

En partant de Fort Augustus, j'ai quitté pendant quelques lieues les bords du lac Ness, afin de gravir un rocher très élevé, d'où j'ai découvert un pays plus extraordinaire que beau : c'est comme une mer de montagnes ; des sommets semblables à des vagues agitées par l'orage, s'élèvent à perte de vue, les uns au-delà des autres, et les vallées creusées dans cet océan pétrifié, sont occupées par des lacs ; et ressemblent à des bas-fonds submergés. Ces bassins remplis d'eau, séparent les divers plans des rochers et s'appellent des lacs, dès qu'ils ont quelque étendue ; il y a de ces lacs à tous les étages de la grande chaîne de montagnes, car on aperçoit des flaques d'eau jusque sur les cols les plus rapprochés des dernières sommités. Cette côte est entièrement déchirée par la mer, dont les golfes tortueux ont tant de profondeur, qu'ils pénètrent jusque dans le cœur du pays. Le lac Ness a l'avantage d'être d'eau douce ; il a huit lieues de longueur, et c'est le moins triste de tous ceux que j'ai traversés en Écosse. La marche lente et régulière de notre bateau à vapeur, les admirables teintes des montagnes éclairées par un beau coucher de soleil, les ruines pittoresques dont le temps a couronné quelques-uns des sommets fabuleux qui font la gloire de cette contrée, les sons de la musette, instrument national que le musicien du paquebot nous faisait entendre, surtout dans les moments où l'écho pouvait lui répondre ; toute cette scène, enfin, si nouvelle pour moi, m'a laissé un souvenir que le temps n'effacera point. En Écosse, l'orchestre obligé des bâtiments à vapeur n'est composé que de musettes, dont je préfère le son champêtre à celui des clarinettes dissonantes qu'on entend sur les paquebots anglais.

Inverness est le dernier amas de maisons du nord de l'Écosse qui mérite le nom de ville. Elle est vivifiée par un prodige d'industrie : le canal de Calédonie, qu'on vient d'achever. Il a fallu pour creuser ce fleuve artificiel des travaux qui effraient l'imagination ; il joint le nord de l'Écosse au midi, et multiplie les moyens de communication dans un pays déjà percé de tous côtés, par des routes magnifiques. On a peine à croire en voyant l'aspect sauvage de ces campagnes, qu'on puisse accéder aux parties les plus reculées de l'Écosse, aussi facilement que nous allons de Paris à Versailles. Trois fois par semaine, une malle-poste part d'Inverness pour Dunroby, château de la marquise de Stafford, et de là, pour les dernières pointes de l'Écosse, où se trouvent encore quelques *villes*, ou plutôt quelques hameaux inconnus, mais qui communiquent entre eux par des routes plus faciles que celles qui conduisent à beaucoup de villes de France ; et quand on pense que ces merveilles de civilisation s'opèrent sous un gouvernement qui ne s'en mêle pas, on se sent forcé au respect pour une société où les individus sont si éclairés sur leurs véritables intérêts. Là, chacun remplit son rôle, et personne n'en sort. Le pouvoir sait tout ce qu'il faut *laisser faire*, le citoyen, tout ce qu'il *faut faire* ; et de cette parfaite connaissance que chacun a de son devoir et de son droit, il résulte une harmonie, un calme, et en même temps une activité qui sont la source de la prospérité des États.

Grands seigneurs et tourisme

J'ai été coucher hier à Perth, en passant par Dunkeld, et je retourne aujourd'hui dans cette ville, pour rentrer dans l'intérieur des montagnes, d'où je me rendrai à Glasgow par les lacs Tay, Katherine et Lomond. J'ai traversé le champ de bataille de Culloden où se décida la fortune des

Stuarts, et la forêt de Birnam, nom célèbre depuis le *Macbeth* de Shakespeare. Les poètes font plus pour les lieux que les lieux ne font pour eux, et si quelquefois, un nom patriotique se place heureusement dans leurs vers, plus souvent leur imagination créatrice attache la renommée à des contrées et à des hommes qui seraient demeurés obscurs, si la poésie ne les eût désignés à la postérité.

A une demi-lieue de Perth, j'ai vu Scone, magnifique château de lord Mansfield; il était désert; j'en avais laissé les maîtres à Édimbourg. Cette habitation, rebâtie sur les ruines du palais des rois d'Écosse, m'a paru une des plus belles de l'Angleterre moderne.

J'ai eu pendant tout le voyage des Highlands « pays haut », un temps fort beau, quoique froid.

Depuis que je parcours les montagnes d'Écosse, j'y cherche des vallées, et je me plains de n'y trouver que des lacs qui séparent les différentes chaînes de rochers, ou des bas-fonds pleins de tourbières où rien ne console les yeux de l'aridité des pics qui environnent ces espèces de fondrières stériles; mais je suis enfin arrivé dans une véritable vallée, c'est celle de Blair Atholl et de Dunkeld. Cette dernière ville appartient aussi au duc d'Atholl; et la route qui traverse ses immenses domaines, fait découvrir au voyageur des paysages variés et pittoresques.

On n'a pas d'idée, en France, de l'étendue des *États* d'un grand seigneur d'Écosse. Je viens de parcourir une petite partie du parc de Dunkeld. Si je vous dis qu'il y a cinquante-cinq jardiniers uniquement occupés à entretenir dix-sept lieues d'allées sablées, et vingt lieues d'allées de mousse ou de gazon, me croirez-vous ? Ce parc a bien d'autres avantages que son étendue. Il renferme la plus belle vallée de l'Écosse, on y voit des montagnes, des abîmes, et, ce qui est plus rare en Écosse, des forêts magnifiques, grand luxe des ducs d'Athol, car ce sont eux qui les ont plantées. Le duc actuel possède encore hors de son parc, un bois qui a douze lieues en tous sens, et qu'il a créé.

Une des fabriques de son jardin, est la vieille cathédrale de Dunkeld, qui, avant la Réforme, était un des plus anciens évêchés de l'Écosse. Ce monument gothique tombe en ruines, mais plusieurs parties de la nef et toute la tour sont encore bien conservées et soigneusement entretenues; elles produisent un effet admirable au milieu des groupes d'arbres et des pentes de gazon du parc. Non loin de cette ruine coule le Tay, qui, quoique fort large en cet endroit, semble se souvenir encore de son origine sauvage, et précipite ses flots avec la rapidité d'un torrent alpestre : de vastes échappées de vue, des lointains de forêts et de rochers, des cascades naturelles sont les ornements de cette habitation où tout est grand, excepté la maison qui n'est pas digne du reste. On dit que le duc actuel veut faire bâtir pour son parc, un de ces châteaux gothiques de construction moderne, qui ne sont pas toujours d'aussi bon goût que celui de lord Mansfield à Scone.

La magnificence des grands seigneurs de ce pays tient de la féerie, et quand on voit à la porte de leur palais des hommes nichés dans des huttes enfumées, on a peine à croire à ce gouvernement dont la force se fonde sur la liberté. Mais l'étonnement augmente quand on entre dans les taupinières obscures des paysans, presque toutes bâties en mauvaises mottes de terre, couvertes de bruyère ; et qu'on trouve là des hommes éclairés, attachés à leur pays, à leurs magistrats, à leur religion ; on ne comprendrait plus d'où vient la puissance d'une société qui repose sur de telles contradictions, si l'on refusait de reconnaître que ce n'est pas seulement par le bien-être physique que les souverains s'attachent leurs peuples, mais qu'un des meilleurs moyens de gouverner les hommes, est de s'occuper de leur dignité morale : il y a autre chose dans les États comme dans les individus que ce qui tombe sous les sens.

Vous croyez peut-être que peu de gens voyagent en Écosse ? mais les routes y sont couvertes de belles dames et de messieurs élégants ; et il n'y a pas de village si reculé dont on ne trouve les auberges encombrées et les lits retenus d'avance. L'Écosse est le *Tivoli* des Anglais ; c'est le *jardin naturel* de ces rois de la mer qui viennent y promener, tous les étés, l'ennui de la richesse et les dégoûts de l'orgueil.

[...] Mais, si l'on oublie d'amener sa voiture pour voyager sur leurs magnifiques routes, on est réduit à les parcourir en charrette, les seuls équipages qu'on puisse se procurer dans un pays où la civilisation n'a pas de racines plus profondes que n'en ont ces arbres qu'on voit pousser subitement au milieu des décorations de théâtre. (Custine, *Courses en Angleterre et en Écosse*, 1830.)

Montulé
L'inévitable excursion à la grotte de Fingal

Nous avions une lettre pour le maître de l'auberge ; il nous reçut très bien, et si je puis le dire, avec une franchise tout à fait américaine. En effet, comme ceux de l'intérieur des États-Unis, il n'est pas seulement aubergiste, il cultive la terre et jouit d'une grande réputation dans le pays. A peine étions-nous arrivés que la cheminée fut largement chauffée d'une charge de tourbe (le feu que ce combustible produit est plus éclatant et plus agréable que celui du charbon de terre), et la table couverte d'un potage, d'œufs frais, de jambon, et du meilleur saumon que j'aie jamais mangé. Il paraît que le climat convient parfaitement à ce poisson ; il acquiert, dans les golfes nombreux et peu profonds que la mer vient former dans ces contrées, une délicatesse qu'il n'a nulle part ; sa graisse ne se forme point sous la peau, mais bien entre les chairs.

Au lever du soleil, nous traversions un pays peut-être plus romantique, peut-être plus pittoresque que les pinceaux hardis et gracieux du peintre de l'Écosse ne nous l'ont transmis. Mais je me trompe : ce n'est pas au

milieu de la régularité froide de nos appartements, c'est à la chute de
cette colline, appuyée sur ce roc, que les premiers rayons du soleil
viennent frapper, sur les bords de ce lac qui reflète les bouleaux qui
l'avoisinent, les montagnes qui l'enceignent, au milieu du silence de
cette nature sévère que le seul chant du coucou réveille par intervalles,
c'est là, dis-je, qu'il faudrait lire certaines pages de Walter Scott ; on
croirait tenir un miroir réfléchissant tous les objets.

A huit heures nous étions dans Oban ; c'est une petite ville très propre,
assez vivante, qu'on est surpris de trouver tout à coup au pied des
montagnes, sur le bord de la mer et de voir succéder aux pauvres
chaumières qu'on aperçoit semées çà et là sur les flancs des collines, ou
dans les vallons rocailleux qui les séparent. Oban est le port occidental de
ces contrées ; cette ville en forme l'enceinte, fait face à l'île de Mull et à
la terre de Morwen, qu'on voit sur la rive opposée d'un canal de dix
lieues de largeur.

M. Douglas, ce beau nom appartient à un marchand d'étoffes d'Oban ;
il est aussi propriétaire d'un bateau à deux mâts, qu'il nous loua très cher,
parce que, ainsi qu'il nous le fit très bien observer avec franchise, c'était
le seul qui fût disponible dans le port. Nous nous embarquâmes à l'instant ;
la mer était belle, le vent favorable, et tout nous présageait que le petit
voyage de vingt lieues que nous avions à faire se terminerait sans
accident. Mais bientôt ce vent changea ; des nuages sombres et cendrés
commencèrent à rouler et parfois à s'affaisser sur les sommets couverts
de neige qui nous environnaient ; une grêle abondante nous assaillit, et
nous n'entrâmes que difficilement dans le canal que forme l'île de Mull
et la terre de Morwen. La mer alors devint dangereuse pour notre frêle
embarcation ; en vain courions-nous des bordées d'une rive à l'autre,
nous n'avancions point. Impatientés enfin de lutter contre le vent, nous
réussîmes à jeter l'ancre dans une petite baie que forme l'île de Mull, à
sept ou huit milles d'Aross, port où nous devions arriver. Un petit
village, un rassemblement de cahutes bâties avec des pierres sèches et
couvertes en chaume, était situé près du lieu de notre débarquement ;
j'entrai dans plusieurs de ces habitations sans trouver personne qui entendît
l'anglais. Elles sont toutes remplies d'une fumée épaisse qui ne peut
sortir que par une ouverture ménagée dans le milieu du toit. Ce toit de
chaume repose sur une muraille de pierres sèches, de gros cailloux
arrondis qui ne s'élèvent pas à plus de trois pieds de terre ; pour le mettre
à l'abri des coups de vent, on le charge d'autres pierres qui tiennent entre
elles avec des cordes de paille et qui l'entourent entièrement ; on en voit
ainsi trois ou quatre rangées, quelquefois davantage. Un jeune homme,
tout fier de savoir quelques mots anglais, se présenta enfin pour nous
guider. Nous quittâmes sans peine ce misérable village, ces cabanes
inondées de fumée, et leurs habitants les plus vraiment sauvages que j'aie
jamais vus. Nous longeâmes la côte septentrionale de Mull et, sans notre

impatience qui nous attirait vers Staffa, nous nous serions arrêtés plus longtemps, ici, sur la pointe de ce cap, d'où l'on voyait notre bâtiment qui avait remis en mer, lutter contre les vents et les flots; nous nous y serions arrêtés pour visiter une belle grotte que la mer vient baigner, et dont la forme me rappelle celle de Calypso à Malte. Ici nous aurions examiné en détail et peut-être enlevé un morceau de basalte où se trouve la trace d'un pied : c'est celui de Fingal, s'il faut en croire notre guide ; il est couvert de caractères celtiques bien dessinés et profondément gravés. Plus loin nous aurions vu les ruines d'une église catholique tapissée de verdure et de la plus haute antiquité ; elle possède une quantité de tombeaux curieux par les figures des guerriers et les armures bizarres qui y sont sculptées.

Aross est un village où se trouvait jadis un château ; on en voit encore les murailles déchirées et pendantes sur les bords escarpés d'une petite rivière. Nous arrivâmes longtemps avant notre bâtiment, et nous descendîmes chez M. Maclean, pour qui nous avions une lettre de recommandation. Il est aubergiste, marchand, et, je crois, cultivateur. Le premier personnage que nous aperçûmes était un Italien, placé comme en sentinelle sur un petit pont ; une longue-vue à la main, il nous regardait venir, et, dans cette pose, il se détachait singulièrement sur l'horizon. Que venait-il faire en ce pays ? Un naufrage l'y avait-il jeté ? Venait-il y vendre des soieries, etc. ? Non : il y vendait des lunettes ; je ne l'aurais pas deviné. Le fait est qu'il partagea de bon cœur notre dîner, mêla sa gaieté méridionale à la franchise écossaise, joua sans se faire prier des contredanses, et que nous dansâmes avec les belles des environs jusqu'à minuit.

A deux heures nous étions sur pied ; dans ces climats et dans cette saison il fait presque jour à cette heure. Nous nous fîmes accompagner d'un de nos marins d'Oban, de trois matelots et d'un pilote de Mull qui devait nous conduire à Staffa. L'île de Mull forme un croissant, large seulement de quatre milles dans son centre. Nous la traversâmes dans cette partie. A quatre heures nous étions sur les bords d'un golfe très prolongé, à l'entrée duquel est Staffa, qui ne paraissait point encore ; douze milles nous en séparaient. Le temps était superbe, le vent léger, mais favorable ; tout nous présageait enfin la plus heureuse réussite. J'avais cependant si souvent entendu dire que l'approche de l'île était difficile, que nombre de curieux avaient été forcés d'abandonner l'entreprise au moment de la voir couronnée de succès, que je n'osais encore l'espérer pour nous. Je sentais vivement alors combien il est désagréable et cruel de dépendre d'autre chose que de sa volonté et de son propre pouvoir, du temps, de la mer, et d'une infinité d'autres puissances.

Mais quoi ! cette coupe perpendiculaire qui tombe sur la mer, qui se couronne par une espèce de fronton grec, c'est Staffa ! Est-il possible que cette régularité n'appartienne point aux hommes ? Non, elle est toute à la nature. Le vent est tombé, et le mouvement lent de nos rames nous permet d'admirer successivement toutes les parties de l'édifice. Je sens ici que les expressions vont fuir ma plume, ou qu'elles pourront paraître exagérées ; elles seront certes au-dessous du spectacle qui se présente à mes yeux surpris.

Je ne m'adresse point à ceux qui ne voient, comme le docteur Johnson, dans cette décoration naturelle, qu'un assemblage fortuit, qu'une régularité de hasard : c'est ainsi que Volney restait froid devant les masses monumentales de l'Égypte. Qu'y aurait-il alors d'admirable dans le monde ? L'homme de génie se confondrait lui-même dans le vulgaire ; car s'il est remarquable par la profondeur de quelques pensées, il l'est bien plus par le classement de ses idées, et c'est peut-être à cela seul qu'il doit les premières (celles qui sont à lui). Je ne me hasarde à écrire que pour ceux-là que le beau satisfait, qui se plaisent dans la contemplation des grands accidents de l'univers, et qui se réjouissent en reconnaissant le doigt de Dieu plus ou moins imprimé sur chacun d'eux.

Qu'on se figure donc une mer calme, un soleil radieux, et devant soi l'île de Staffa, doucement arrondie d'un côté et perpendiculairement coupée de l'autre, au-dessus du tout un énorme bourrelet, un entablement saillant et qui repose sur des colonnes angulaires, droites et régulières. Arrivé devant le portique, en effet c'en est un véritable, mon enthousiasme fut à son comble, je l'avoue : une île entière assise sur une innombrable quantité de pilastres de quarante-cinq pieds d'élévation ; une entrée majestueuse de trente pieds de largeur, soixante de hauteur, et qui se termine en ogive ; un amphithéâtre de piliers rompus servant de perron à ce singulier et sauvage édifice... Que dirai-je, enfin ? des flots tranquilles, quoique majestueusement gonflés, nous portent en murmurant dans la grotte, à cent soixante pieds de profondeur. Homme ! créature faible, mais orgueilleuse, où sont tes monuments ? admire cette voûte en ogive qui s'échappe avec le regard ; ce portique, ce fronton, ces pilastres, tout n'est-il pas dans les rapports que tu demandes ? si l'Éternel n'a pas fait la grotte de Fingal pour servir de modèle aux temples qu'on lui doit élever, il est au moins bien probable que l'architecture gothique, si éminemment religieuse, en a tiré quelque utilité.

La nature est belle, elle est grande, a dit l'homme, mais elle est désordonnée, je la surpasserai par la régularité ; mes lignes droites, mes colonnes bien également filées, mes voûtes solides, mes formes bien dessinées ; le tout proportionné me donnera sans contredit l'avantage. Eh bien ! devant Staffa tout cela s'anéantit ; les pilastres sont réguliers et formés par assises ; quoique différents par leurs diamètres et le nombre de leurs côtés, ils coupent tous la lumière d'une façon uniforme, et les efforts de la mer en ont brisé, enlevé précisément ce qu'il fallait pour creuser cette grotte, ce temple que les anciens auraient probablement dédié à Neptune. Les débris, ou les tronçons des pilastres restés en place, forment véritablement un perron qui permet de le parcourir au-dedans comme au-dehors. En avant, et du côté du nord, est une longue chaussée qui semble formée de pilotis, et qui doit être à sec lorsque la marée est basse : vous la croiriez placée là pour rompre les flots de l'océan et préserver le corps de l'édifice.

Assis presque au fond de la grotte où les piliers bien égaux représentent un buffet d'orgues, j'admirais, tout en le dessinant, son ensemble extraordinaire. Les hautes montagnes, les grands fleuves, les volcans, les chutes d'eau célèbres, tous les grands accidents de la nature que j'avais visités, venaient se retracer à mon esprit, pour me révéler ce Dieu créateur dont l'image eût si bien figuré dans cet enfoncement religieusement éclairé par quelques rayons que laissait échapper l'ouverture, et qui n'arrivaient qu'en glissant sur les angles des colonnes humides, ou bien en tremblant et jaillissant sur la surface de l'eau. Le flot qui tantôt vient en mugissant se briser sur le fond de ce sanctuaire, ou qui s'amortit sur ses piliers, semblerait porter à ses pieds le tribut des mers. Mais je m'égare, et je suis bien loin peut-être d'avoir décrit le spectacle qui me ravissait. Faut-il, ainsi que dans un temple grec, compter les colonnes, mesurer la hauteur de ce beau monument ; ne vais-je point le déshonorer en le détaillant ?

L'île de Staffa n'a pas deux milles de circonférence ; au sud, elle offre un petit port ; partout ailleurs elle est escarpée. Jadis elle nourrissait deux familles, maintenant elle est inhabitée ; ce qui ne laisse pas d'être fort désagréable et même dangereux pour les voyageurs. Il n'y a pas longtemps que l'un d'eux fut obligé de vivre, pendant deux jours orageux, avec ses quatre matelots, du déjeuner dont il s'était muni. Les colonnes sur lesquelles repose l'île sont elles-mêmes portées sur un lit de basalte massif, tant soit peu incliné vers le nord. Sans cette inclinaison le monument n'existerait pas ; car les colonnes formées d'assises irrégulièrement épaisses, plongeant dans la mer, ont laissé à celle-ci la facilité d'en détacher successivement les blocs et d'y creuser cette grotte merveilleuse, qui, véritablement, semble une géode. Que ceci pourtant ne laisse pas un champ trop libre aux partisans exclusifs de la cristallisation : quelques pilastres sont courbés et contournés comme s'ils avaient éprouvé une fusion, et qu'ils eussent faibli sous le poids de la masse supérieure, ce qui, dans plusieurs endroits, est de la plus grande évidence.

Quelques autres caves, ainsi que les appellent les habitants, ont été creusées par la mer, vers le sud, dans la couche inférieure et compacte, qui, de ce côté, s'élève à douze ou quinze pieds au-dessus du niveau de l'eau. Elles étaient remplies de canards et de poules d'eau ; mais leur étendue n'est pas considérable. La partie supérieure de l'île est entièrement formée de petits prismes réguliers, mais confusément mêlés et couverts de mousses et de bruyères. Les prismes ou pilastres de Staffa sont de quatre, cinq, six et sept côtés : j'en vis un de trois, et quelques-uns de huit. Les angles de tous ces pilastres sont parfaitement déterminés, et leurs articulations bien marquées. J'emporte avec moi une des assises. Mais elle est restée longtemps, peut-être pendant des siècles, exposée à l'action de l'air; ses angles se sont tant soit peu émoussés. Celles de l'intérieur de la grotte sont mieux formées; cependant, comme elles ont de deux à quatre pieds de diamètre, autant de hauteur, elles se trouvèrent trop pesantes pour que j'osasse entreprendre d'en transporter une.

Ce qui ne peut manquer de frapper le voyageur, c'est que ces articulations, ainsi que des vertebres, sont souvent concaves d'un côté et convexes de l'autre. Je me figurai d'abord que tout cela n'était qu'un soulèvement volcanique, une île tout à coup sortie des flots; et je crus me rendre raison de cette formation régulière par le refroidissement subit et le poids des assises supérieures déjà plus dures. Les divers dessins que j'ai pris à Staffa éclairciront, j'espère, la description que je viens d'en faire. Voici, du reste, les proportions telles que je les ai prises : tous les voyageurs nous en ont déjà donné; mais le vieux pilote de notre barque, qui les conduit tous depuis nombre d'années, nous assura que nous étions les seuls à qui il les eût vu réellement prendre. La profondeur de l'eau à l'ouverture est seule restée douteuse; quoique la mer fût calme et que ma corde fût armée d'un gros anneau de fer, elle était pourtant fortement entraînée; et je ne conçois pas comment ceux qui ont visité Staffa dans des temps orageux, et tous avouent avoir ainsi vu cette île; je ne conçois pas, dis-je, comment ils ont pu mesurer cette profondeur avec exactitude. La grotte a trente-deux pieds de largeur, soixante-cinq d'élévation à la voûte, cent soixante d'étendue, et le fronton vingt-cinq pieds d'épaisseur. Près de Staffa, et dans le nord-est, est une petite île entièrement formée d'aiguilles basaltiques presque toutes courbées, et cependant parfaitement unies les unes aux autres. Elle est peut-être plus curieuse que la grande île elle-même pour les partisans de la cristallisation : elle rend tout à fait impossible l'application de leur système, qui n'admet que des axes et des arêtes droites.

Le savant Faujas de Saint-Fond a voulu retirer à ce monument naturel le nom poétique de Fingal que M. Banks lui donne; je suis fâché que son opinion ait toute l'apparence de la vérité : nos matelots ne la nommaient point ainsi; mais cette dénomination lui semble si bien convenir, la prononciation des sauvages habitants de ces contrées est si difficile à saisir, qu'il est, je crois, prudent de ne rien déterminer à ce sujet. Je désire que le nom de l'antique héros de l'Écosse reste toujours au monument le plus bizarre que la nature ait dessiné; on le doit à la mémoire de M. Banks, au compagnon de Cook.

Le soleil avait disparu, les matelots nous appelaient, et nous fûmes forcés de quitter un lieu que mon imagination se représentera souvent. Je le répète, c'est le monument le plus extraordinaire que la nature ait élevé; ailleurs elle ne semble qu'avoir amoncelé les matériaux qui doivent servir à l'érection d'un édifice ; à Staffa, la construction elle-même lui appartient. (Montulé, *Voyage en Angleterre*, 1825.)

Enault
Une génération plus tard

Je rejoignis mes compagnons de voyage à l'entrée de la grotte de Fingal. J'avais jusque-là côtoyé le bord, deux coups d'aviron me placèrent en face de ce spectacle inattendu.

Ce qui s'offrit alors à moi dépassa tout ce qu'avait rêvé mon imagination, excitée par les récits enthousiastes de nos matelots.

Elle-même, et dans ses conceptions les plus grandioses, l'architecture religieuse était surpassée ; ni Reims, ni Strasbourg, ni Cologne ne m'ont causé une plus profonde émotion. Je me trouvais à l'entrée d'un temple magnifique.

Le portail, surmonté d'une arche majestueuse, rejette de chaque côté, sur les murs extérieurs, de longues files de colonnes dont la simplicité robuste et la grandeur calme me rappelaient l'ordre dorique ; elles épuisent toutes les combinaisons de disposition et d'arrangement trouvées jadis par les architectes grecs, tantôt elles sont engagées dans la muraille de basalte, tantôt doublées par couples égales, tantôt flanquées entre deux demi-pilastres, enfin isolées, liées, accouplées et nichées ; tantôt les groupes sont rares, et tantôt serrés.

Le portail est surmonté d'une immense ogive dont les deux bras se rencontrent à quatre-vingts pieds au-dessus de la mer, et se réunissent, comme pour former l'arc de triomphe de quelque conquérant barbare.

J'entrai enfin.

A l'intérieur, la cave est entièrement faite de piliers — le souverain artiste n'a daigné admettre aucun autre élément dans sa construction —, les murs — si je puis employer cette expression — ne sont autre chose qu'une série de piliers non interrompue. Ces piliers presque tous perpendiculaires, présentent une légère concavité ; leurs saillies inégales rompent à chaque instant la monotonie des lignes droites ; le regard s'arrête à chaque angle ; les points d'intersection sont nettement indiqués à l'œil par de brillants filets de spath ; la voûte audacieuse, d'un seul jet, lance d'un mur à l'autre sa vaste courbe que rien ne soutient ; mais cette voûte elle-même est formée d'une agglomération de colonnes brisées qui descendent à des hauteurs inégales, comme des pendentifs capricieux.

Une large crevasse sillonne la voûte dans toute sa longueur : mais la nature, habile comme une femme, trouve une grâce dans ses défauts et fait un charme de ses erreurs.

La goutte d'eau, lentement distillée à travers le filtre de la terre, se cristallise au lieu de tomber, et sous la forme incessamment variée des stalactites, brode le bord de la longue fissure de ses fragiles fantaisies, dorées comme l'ambre, étincelantes comme le diamant. Des têtes de colonnes, qui pointent de l'abîme, dessinent les mosaïques d'un pavé gigantesque, dont on découvre les carrés, les cubes et les losanges allongés dans la verte transparence des flots profonds.

Autour des parois intérieures circule une corniche dont les appoggiatures ont des saillies aventureuses et de brusques retraits. Cependant un pied hardi peut les escalader pour pénétrer jusqu'au fond de la grotte qui va se rétrécissant toujours ; la voûte elle-même s'abaisse graduellement : les colonnes diminuent de volume dans une proportion harmonieuse. Le fond de la grotte est comme le sanctuaire du temple.

Les effets de lumière varient suivant l'heure du jour. Tantôt, quand le soleil est tombé derrière les montagnes de Mull, c'est l'obscurité religieuse et grave de nos vieilles cathédrales ; tantôt, quand le rayon matinal glisse sur les flots, ce sont des lueurs argentées et tremblantes. Mais dans les beaux jours, quand le voile des nuages se déchire et que le soleil de midi inonde l'Océan de ses clartés radieuses, on aperçoit au fond de la grotte de magnifiques resplendissements et des gammes de couleurs incendiées ; les filons de spath brillent dans le basalte sombre, et aux endroits où le feu et la mer ont successivement tourmenté la roche volcanique, à côté des reflets ardents du porphyre, on aperçoit les nuances changeantes de l'iode, glacées par des teintes pâles de vert antique.

Cependant, quand on se retourne vers le portail, on voit passer et repasser les vagues, pareilles à des chevaux bondissants, dont le vent soulèverait la blanche crinière.

Le retentissement des flots produit dans cette caverne un véritable fracas. Les Gaëls l'ont nommée la cave musicale. Est-ce que les Gaëls prendraient le bruit pour le son, et confondraient-ils, comme les Anglais, jouer juste et jouer fort ?

Découverte du « gaelic »

Oban a la réputation d'être une ville de bains. Je dois dire, en toute conscience, que c'est une reputation usurpée. On va à Oban mais on s'y baigne fort peu. Je n'y ai vu, pendant tout mon séjour, qu'un couple de baigneurs. Deux hirondelles font-elles le printemps ? La baigneuse — car sur ces deux baigneurs, il y avait une baigneuse — la baigneuse nageait fort bien : je me plais à le reconnaître, elle pratiquait la coupe et tirait la brasse avec une précision remarquable et une grâce parfaite ; chez les femmes, rien n'est bien sans la grâce, avec elle, tout est bien.

Un jeune Écossais, familier avec la poésie de Walter Scott, appelait cette baigneuse la Sirène du Nord ; elle en avait le charme, les longs cheveux dénoués et ruisselants et la pâleur glauque, quand elle quittait le sein de sa mère Amphitrite... (il faut me pardonner la métaphore en faveur de la Sirène). Entre autres perfectionnements inconnus aux sirènes antiques, la Sirène d'Oban avait sur ses sœurs antiques l'avantage d'une ombrelle-marquise en moire blanche, dont elle ne se séparait jamais, même au bain... elle la portait toujours au-dessus de sa tête blonde et charmante, dont un rayon trop amoureux eût terni la délicate fraîcheur de rose du Bengale. Elle la portait donc — alternant souvent — de la main qui ne nageait pas. C'était une difficulté ajoutée à tant d'autres mérites. C'est la seule ombrelle que j'aie vue en Écosse, où les parapluies, quoique plus prosaïques, me semblent mieux appropriés aux besoins du pays.

Cette ombrelle, entre nous, m'a toujours paru une provocation à l'adresse du soleil.

L'heureuse situation d'Oban, au milieu de la côte d'Écosse, à égale distance d'Inverness et de Glasgow, en face des Hébrides, les plus pittoresques et les plus fertiles, a été la cause de son incroyable accroissement depuis quelques années. C'est aussi un port de retraite pour les navires surpris par la tempête ou fatigués par la mer : on n'a pas besoin d'attendre l'heure et le flux pour entrer. L'entrée est toujours libre ; la marée n'y peut rien. Ce port, taillé par la nature en plein Océan, ne refuse jamais son abri. Il était vide le matin, il est plein le soir. On y accourt de toute part, dès qu'on a le pressentiment d'un gros temps ou d'un coup de vent. Les marins croient toujours leurs pressentiments.

La population indigène d'Oban est toute gaélique. Il y a bien là un peu de toutes les nations, comme il arrive toujours dans les ports de mer, où chacun a le droit de mettre un pied, mais les vrais habitants d'Oban sont des Gaëls. Ceux que leur vie intérieure et leurs occupations domestiques ont tenus étrangers à la circulation journalière et au va-et-vient de ce monde de commerçants et de matelots, n'entendent pas un seul mot d'anglais. Souvent, parmi les cinq ou six domestiques d'un hôtel, il y en a deux ou trois qui vous laisseront mourir de faim plutôt que de comprendre que *some bread* veut dire du pain.

Oban, comme centre de population gaélique, m'offrait le plus vif intérêt... Il faut bien l'avouer, ce qu'on voit le moins dans cette partie de l'Écosse, ce sont les Écossais. Les campagnes sont dépeuplées. Souvent j'ai parcouru de longues lieues — des lieues de pays — sans rencontrer un être humain, ou le moindre vestige qui pût me rappeler la vie et la civilisation d'une race. Oban, où je trouvais tout cela, et assez abondamment, était donc accueilli par moi avec tout l'empressement d'une bonne fortune. Ici tout a pour un Français l'attrait du nouveau. Le nouveau, cette chose rare, cette bonne chose !...

C'est tout d'abord une sensation assez étrange, celle qu'on éprouve au milieu d'un peuple dont la langue vous est complètement étrangère. Cette sensation, la Flandre me l'avait déjà fait connaître ! Je ne savais pas, quand j'y arrivai, un seul mot de ce patois qu'on appelle le flamand, et qui n'est autre que le produit bâtard de l'anglais et de l'allemand.

Grâce aux enseignes de boutiques, à je ne sais quelle mauvaise traduction interlinéaire, et surtout à mes relations antérieures avec le père et la mère de l'enfant (je veux dire l'allemand et l'anglais), je me fis bien vite un dictionnaire flamand, — de la monnaie de poche suffisante pour mon usage personnel, et que je jetai par la portière, à la dernière ville, sans demander mon reste.

Je voulus faire la même chose avec le gaelic. J'avais compté sans mon hôte. Je pris une Bible anglaise et une Bible gaélique, et je comparai... Autant vaudrait comparer du chinois avec du français. Cela n'était pas encourageant. J'allai trouver un prêtre de l'Église libre (*free church*), auprès duquel j'étais accrédité, et je lui demandai quelques leçons... « Bien volontiers, me dit-il, c'est une belle et riche langue, que vous serez heureux d'avoir apprise ; et puisque vous avez du loisir, beaucoup de loisir, ajouta-t-il en appuyant sur ces derniers mots...

— Mais, mon Révérend, vous me faites trop d'honneur, je n'ai pas beaucoup de loisir... Je ne veux pas du reste apprendre la langue à fond... Combien me faut-il de temps pour savoir quelque chose ?

— Mais, en travaillant beaucoup, dans six mois vous ne saurez rien... ou à peu près rien...

— Alors j'aime mieux ne rien savoir sans avoir appris.

— C'est plus sage. »

Et voilà comment je n'ai pas appris le gaelic !

Je le regrette. C'est une langue sonore, qui tire bien parti de ses consonnes, et qui ne ménage pas les voyelles éclatantes. L'A s'y trouve multiplié par une foule de combinaisons. Il y a des phrases qui vous sonnent de vraies fanfares aux oreilles. Le peuple est partisan de sa langue, ce qui est toujours un bon signe pour le peuple et pour la langue. J'ai entendu chanter par d'assez jolies voix des chansons gaéliques ; elles ne m'ont paru manquer ni de grâce, ni de sentiment, ni même d'un certain tour heureux. Mais c'est surtout aux pensées sérieuses, à la grande poésie, à la musique religieuse et aux Écritures sacrées, que convient cette langue grave et sévère.

Les anciennes poésies gaéliques, dont la tradition conserve et chante les fragments, font bien voir tout ce qu'il y a de rythme puissant dans cette langue vraiment originale. Répétés avec l'accent qui leur convient, coupés à la césure de déroulés avec la strophe, ces fragments poétiques ont toujours, même pour l'oreille qui ne comprend pas le sens des mots, le charme d'une mélodie sans parole.

On rencontre parfois de ces choses étranges dans l'étude comparée des idiomes humains. Ainsi, les Gaëls comprennent parfaitement la langue populaire de l'Irlande, tandis que les Irlandais ne comprennent pas le gaelic sans étude. Cependant on assure que les paysans bretons du Haut-Léon comprennent également le gaélic d'Irlande et d'Écosse. Ces paysans sont de grands clercs... sans qu'ils s'en doutent.

Les habitants des Highlands sont incontestablement d'origine celtique ; ils n'ont pas pris le nom de Gaëls : ils l'ont reçu. Le nom de Gaëls, en effet, comme celui de Celtes, comme celui de Gaulois, veut dire étrangers. On ne donne ce nom-là qu'aux autres : on ne se le donne pas à soi-même. Les Gaëls des Highlands descendent de ces Calédoniens dont parle Tacite, et dont le nom a la même signification que le mot anglais *Highlander*, habitant des hautes terres.

Plus tard, les Danois, souvent les Norvégiens, quelquefois même des Normands (où n'y en a-t-il pas ?), vinrent s'établir dans les Highlands, mais ils se mêlèrent aux Gaëls, et furent absorbés par eux : ils se perdirent dans la nationalité commune.

Cependant l'arrivée des étrangers, animés d'un esprit nouveaux, chez ce vieux peuple immobile, l'altéra et le corrompit peu à peu. L'influence des Normands et des Saxons, c'est-à-dire la violence et la ruse, introduisit un élément nouveau dans cette race étrangère à la civilisation du reste du monde, contre laquelle ses montagnes la défendaient.

Avant d'être ce qu'ils sont aujourd'hui, les Gaëls d'Écosse ont successivement passé par divers États.

Aux premières époques dont l'histoire s'occupe, les tribus gaéliques qui portaient alors le nom de *Scotts*, « la nation errante » erraient en effet de bruyères en bruyères, de glens en montagnes, traînant leurs familles et chassant leurs troupeaux ; et dans ces vastes solitudes, toujours ouvertes devant leurs pas, cherchant de nouveaux pâturages après ceux qu'ils avaient dévorés. Les forêts — car l'Écosse a été aussi un pays de forêts, on ne le dirait pas aujourd'hui —, les forêts leur offraient une proie facile et abondante, toujours chère aux peuples qui plongent encore à demi dans la barbarie. Les guerres, qui n'étaient, à vrai dire, que des combats et des rencontres, étaient fréquentes. On ne respectait pas toujours ce droit du premier occupant, la seule constitution possible d'une population toujours debout. Il n'y a que les civilisations assises qui aient le temps de se donner des lois... et de les violer. L'Écosse, dans ce premier âge des développements humains, c'était moins peut-être que la tribu. Ce n'était que la famille — la famille patriarcale — mais des patriarches à main armée.

Le clan, qui vint ensuite, a la famille pour principe et pour base ; il est lui-même une grande famille, étendue aux arrières-petits-cousins, si loin, si loin, qu'entre les membres du clan il n'existe plus, à vrai dire, qu'une parenté civile, l'agnation romaine dont le lien ne se sent plus par le cœur. Le clan est une nation au petit pied. Quand les Gaëls errants commencèrent à se rencontrer trop souvent dans leurs migrations, ils se fixèrent : chacun prit son glen, son ruisseau, sa montagne, c'était une géographie naturelle, la meilleure de toutes. C'était aussi la division politique de l'Écosse, division si heureusement trouvée et si vraie, que le fer et le feu n'ont pu l'effacer du sol, ni la persécution de l'âme du peuple ; elle existe encore aujourd'hui, non pas dans des traités qu'on déchire, mais dans des souvenirs qu'on n'altère point.

Cette organisation prit place lorsque les Romains abandonnèrent la Grande-Bretagne, vaincue et non soumise. La monarchie gaélique porta son trône vers le Sud. Le Nord et l'Ouest se formèrent, par agglomérations sympathiques, en fédérations indépendantes. Chacune avait son roi — ou plutôt son chef — le chef de son sang. A vrai dire, ces rois-là n'avaient pas de sujets, ils n'avaient que des cousins.

Le roi plaçait son palais — quel palais ! — au milieu de la vallée, sur le bord du ruisseau, dans le *Strath*, comme on dit encore aujourd'hui : le Strath c'est l'endroit fertile et souriant du Glen : autour du palais — je maintiens bravement le mot — se groupaient les chaumières du royaume : les Gaëls n'ont jamais brillé par le luxe de leur architecture. Le roi, agitant son sceptre sur le seuil de sa porte, était aperçu des dernières limites de ses États. Ces États ne franchissaient jamais la montagne voisine. Une lande de bruyères en était la Sibérie redoutée.

Fiançailles écossaises

J'arrivai bien : la maison était en fête ; on dansait devant la porte. Un jeune homme en costume de Gaël (ce qui est assez rare aux Hébrides, où l'on se met fort mal) sautait d'un pied sur l'autre, portant un panier suspendu à son cou par un nœud coulant. Chaque femme jetait un caillou dans le panier ; la corde se serrait toujours... Le pauvre garçon était d'un bleu violet ; ses yeux s'injectaient de sang, et si je n'avais pas été rassuré par le voisinage du docteur (que peut-on craindre près d'un médecin ?) j'aurais conçu les plus sérieuses inquiétudes. Enfin, une jeune fille, qu'on cherchait vainement à contenir depuis un instant, s'avança résolument, le couteau à la main... Je crus qu'elle allait lui donner le coup de grâce... elle se contenta de couper la corde... le panier tomba. Le jeune homme respira bruyamment, prit la jeune fille, et, passant un bras autour de sa taille, lui donna sur les joues deux baisers retentissants, et chacun de rire et d'applaudir, et le piper de jouer ses *reels* les plus entraînants.

Tout cela s'était passé en un clin d'œil... Il ne faut pas beaucoup de temps pour étouffer un homme, — et l'on n'avait pas encore pris garde à moi, au milieu de ces vives préoccupations du plaisir. Je priai cependant qu'on m'indiquât M. Mac Allistar. On me montra un homme d'une cinquantaine d'années, habillé à l'anglaise, l'air tout à fait *gentleman*, et qui suivait les jeux d'un œil complaisant, l'œil d'un maître qui serait un père. Je me nommai et je remis mes lettres. Le docteur les parcourut rapidement, me tendit la main et me dit : « Vous êtes chez vous ! »

— Vous nous surprenez en liesse, ajouta-t-il ; nous venons d'accorder une de nos jeunes fermières, et nous soumettons le fiancé aux *épreuves*... Il subissait, comme vous arriviez, l'épreuve du panier.

— C'est une épreuve dangereuse ! Si la jeune fille ne coupait pas la corde ?
— Oh ! elle coupe toujours, dit le docteur. L'épreuve serait beaucoup plus douteuse si elle avait lieu après le mariage... mais avant !...
Les médecins sont de grands moralistes, comme chacun sait.
— Si le fiancé défaillant met lui-même la main au panier, avant que la jeune fille ait coupé la corde, le mariage est rompu. La fiancée qui veut se dégager laisse le futur s'étrangler tout à son aise, c'est une manière comme une autre de dire non ; mais, reprit le docteur, la fiancée dit presque toujours oui, comme aujourd'hui, en coupant la corde. Il faudrait être bien cruelle pour vouloir la mort d'un pauvre garçon dont le plus grand tort est de vous aimer. Si vous y prenez quelque intérêt, poursuivit-il, je vous demanderai la permission de faire continuer les jeux, car toute espèce d'interruption est considérée comme un mauvais augure pour le mariage qui va suivre, et vous ne voudriez pas faire le malheur de ces jeunesses. Ici, mon cher hôte, nous croyons encore aux augures... et nous nous regardons sans rire.

Je pus, en effet, remarquer la physionomie inquiète de ces braves gens, qui se tenaient à distance, m'épiant du coin de l'œil et, du fond du cœur, envoyant, j'en suis sûr, le trouble-fête à tous les diables.

J'insistai pour que l'on ne changeât rien au programme.
— A la prairie ! mes enfants, dit le docteur.

Il passa son bras sous le mien, et nous descendîmes tous ensemble vers le lac. Le piper nous précédait, en jouant ses plus beaux airs sur la cornemuse rebondie.

— Vous retrouvez ici, me dit M. Mac Allistar, les mœurs homériques. Si nous avions un plus beau ciel, ajouta-t-il en soupirant, vous pourriez vous croire dans l'île de Crète, le jour de quelque fête de Jupiter. Nous avons de la musique partout. Nous ne faisons point un pas sans être accompagnés de notre cornemuse danoise. Nos yeux eux-mêmes ont un cachet antique. L'enfance des peuples est la même sous toutes les latitudes. Il y a du reste des habitudes d'enfance qu'il est bon de prolonger le plus possible ; et les Grecs de Périclès, dans leur culte intelligent et harmonique du corps, de l'esprit, de l'âme et de la beauté, étaient beaucoup plus près du vrai que les Parisiens ou les Londoners de 1852 !

Les Hébridiens ont en effet maintenu en grand honneur les jeux agonistiques des anciens. Ils renouvellent les luttes olympiques. Le *clochneart* auquel on me conviait est le disque barbare. Il est vrai que les discoboles de l'île de Skye ne font pas ruisseler l'huile de Minerve sur leurs membres nus, il est vrai que leur disque n'est pas soigneusement poli, et qu'on ne l'a pas creusé pour recevoir le pouce et les doigts — c'est un détail ; les Hébridiens se contentent des pierres du rivage, choisies sur l'heure et laissées là quand les jeux sont finis.

Le docteur me fit malicieusement offrir la *pierre de force*, un vrai rocher, que les plus robustes seuls peuvent manier. Je ne l'aurais pas soulevée.

Le fiancé se débarrassa de son kelt, montra des bras puissants et des épaules vigoureuses, saisit le disque, le balança trois fois, et le lança sans effort à une distance qu'aucun rival n'atteignit.

— Eh! voilà, dis-je à mon hôte, le meilleur de tous les augures pour un mariage : une belle fille et un robuste garçon ! (Enault, *Angleterre, Écosse, Irlande*, 1859.)

Mérimée
Chez le marquis de Breadalbane

Je mène cependant une vie douce, allant de château en château, partout hébergé avec une hospitalité pour laquelle je désespère de trouver un adjectif et qui n'est praticable qu'en cet aristocratique pays. Je prends de mauvaises habitudes. Arrivant ici chez de pauvres gens qui n'ont guère plus de 3 000 livres de rente, je me suis trouvé méconnu en voyant qu'on me donnait à dîner sans instruments à vent et sans un joueur de cornemuse en grand costume. J'ai passé trois jours chez le marquis de Breadalbane, à me promener en calèche dans son parc. Il y a environ deux mille daims, outre huit à dix mille autres dans ses bois non adjacents au château de Taymouth. (Mérimée, *Lettres à une Inconnue [1856]*, 1873.)

Trabaud
Encore un visiteur chez le marquis de Breadalbane

Voyez sur la droite Murthly Castle, comme il est perché sur la colline, à la façon d'un nid d'aigles; il défiait les assaillants au temps des batailles. A Dunkeld, le coche ne s'arrête pas, c'est au retour de l'expédition de Kenmore seulement que nous aurons l'occasion de séjourner dans le bourg d'Ossian et de Macbeth. Plus l'on avance, plus le site est pittoresque et original; les montagnes s'élèvent, se couvrent de bois, et les bois semblent se baigner jusque dans les ondes noires de la Tay. C'est une série de vallées enchanteresses pour le coup d'œil. Là, l'Écosse est animée d'une couleur toute locale. Quoi de plus écossais que ces noms de villages qui n'ont de barbare que le nom? Dalmarnock, Ballalachan, Kinnaird, Balnaquard, Logierait, Grandtully, illustré dans le roman de Waverley; puis Aberfeldie où se montrent partout les armes et la devise *Follow me* («suivez-moi») du marquis de Breadalbane, l'heureux possesseur de ces domaines infinis, l'un des derniers types du seigneur féodal, dans ce siècle où l'on ne compte plus les vassaux par milliers et les domaines par cantons ou par lieues carrées.

Je ne sais pas au juste combien d'hectares de terrain possède le noble marquis, mais ce doit être une étendue considérable, puisqu'il vient, dans l'ordre des grands propriétaires fonciers, après le duc de Sutherland dont les domaines couvrent plus de 300 000 hectares. — A la vérité, dans ces parties abruptes et septentrionales de l'Écosse, l'hectare ne vaut en moyenne que 50 francs.

Kenmore est un hameau avec une hôtellerie, Walker's Inn and Hotel, tenue par un ancien serviteur de table de Charles X, pendant l'exil du roi à Holyrood. Dans la belle saison, l'auberge est souvent pleine et l'on y trouve difficilement un souper et un lit ; il se pourrait que j'eusse passé la nuit sur une chaise. La grille du château de Taymouth donne sur la place même du hameau, et du milieu de la place et mieux encore du milieu du pont jeté à la jonction de la rivière et du lac, l'œil se repose agréablement sur tout ce qu'il découvre. La petite chapelle, la grille du château avec ses gardiens highlanders, en costume du clan Campbell, noir, vert et blanc, le mouvement des coches qui vont et viennent, puis les bords de la rivière et ceux du lac, enfin les hautes montagnes qui resserrent le paysage et mêlent à la fumée des maisonnettes du hameau leur brumes blanches, ce brouillard d'Écosse si vaporeux, contribuent à répandre une grâce charmante sur ce petit coin du monde.

Taymouth Castle se présente comme une des plus majestueuses résidences nobiliaires de l'Écosse. Comme le château est situé dans la vallée, il élève fièrement sa tête pour la montrer de loin à tous les passants, vassaux ou étrangers, qui s'aventurent en ces lieux. L'édifice est construit dans le style ordinaire des châteaux, et son ensemble conçu dans des proportions énormes est cependant harmonieux ; il s'approche du donjon pour la tournure et ressemble un peu plus à un manoir que la plupart des châteaux dont j'ai fait mention jusqu'à présent. J'ignore précisément la date du monument actuel, mais avec un style antique sa pierre ne manque pas de fraîcheur et indique qu'il est l'objet de tous les soins du noble marquis, son maître. Extérieurement, ses façades à quatre étages sont flanquées de tours, avec un pavillon central. Quant aux appartements, ils m'ont paru en général d'une splendeur princière, et j'avoue avec grand regret qu'ils ne m'ont pas été tous montrés, attendu qu'ils étaient alors occupés. Je me suis seulement aventuré dans l'escalier, qui est vaste, aéré et très orné en sculptures, dans la chambre occupée par la reine Victoria, à l'époque de sa tournée triomphale à travers les Highlands, la salle d'armes et la salle de billard, où j'ai lié connaissance avec le buste en marbre du marquis de Breadalbane et sa collection de vieux chapeaux, originalité assez banale, si elle n'était compensée par une autre collection de tableaux, superbe galerie où, pour mon malheur, je n'ai pas mis les pieds. Je demande par avance au noble marquis la permission d'être admis dans ce sanctuaire des arts, si jamais je revois sa lointaine demeure. Alors je lui pardonnerai volontiers ses bustes de Wellington et de Blücher, ces vieux adversaires de la France, placés sur les piliers du perron de l'escalier, et tous ces animaux empaillés, cerfs, daims, chevreuils, renards, couronnés de bruyères, qui garnissent l'entrée de Taymouth Castle et l'ornent médiocrement. Ma visite s'est étendue à tout ce qu'il était possible de voir dans le château et ses alentours, depuis la laiterie, qui est un monument d'ordre et de propreté, jusqu'au sapin planté par la reine Victoria, au milieu d'autres arbres qui, au dire des connaisseurs, n'ont de rivaux que ceux des domaines d'Atholl. Non seulement les arbres sous lesquels on promène sont les plus beaux de la Grande-Bretagne, et l'on sait que ce pays est la patrie des arbres aux proportions gigantesques et harmonieuses, mais encore le gazon sur lequel se posent les pieds est d'une souplesse toute sensuelle qui rivalise avec celle de nos tapis de laine.

Quelques personnes de goût nous ayant engagés à une tournée sur les bords du lac Tay, de Kenmore à Killin, nous cédons de nouveau à cette partie dont les agréments paient amplement la fatigue. Je dirai seulement qu'à force d'admirer on déclame un peu et l'on exagère beaucoup. Les Anglais font un tel abus du *beautiful scenery* qu'ils l'appliquent indistinctement à tout. Ainsi, je ne comprends pas encore le cas que l'on fait des cascades d'Acharn, Acharn's Falls, alors que la plus misérable cascade suisse dépasse en grandeur beaucoup de chutes d'eau des Highlands. Celles de Moness méritent cependant une bonne mention. Killin et Auchmore forment un des points les plus suaves de l'Écosse pittoresque et la nature a été certainement prodigue en y confondant le gracieux et le sublime dans le paysage ; mais écoutez le docteur Macculloch, il vous dira que c'est la plus extraordinaire collection de sites extraordinaires dans l'Écosse, *the most extraordinary collection of extraordinary scenery in Scotland.*

A propos des mérites pittoresques de l'Écosse, il a souvent été discuté et l'Écosse en général comparée à la Suisse a pu tenir un rang honorable dans le rapprochement qu'on a fait des beautés de ces deux pays. En somme, les merveilles de la Suisse ont été louées pour leur grandeur et leur majesté, alors que celles de l'Écosse primaient spécialement par leur délicatesse et leurs traits gracieux. Cependant à tout prendre, villes et campagne, pays pour pays, il est permis de trouver dans l'un et dans l'autre d'amples compensations. L'Océan avec ses avantages commerciaux et ses sublimes horreurs, les magnifiques cités monumentales, les châteaux, les grands arbres, beaucoup de suavité dans la nature manquent à la Suisse en général. En revanche, elle a de très hautes montagnes où les neiges sont éternelles ; ces lacs dont l'eau est d'une limpidité sans rivale, et quelquefois d'un bleu turquoise qui semble le reflet du ciel de l'Italie ou de la Grèce. Mais si l'Oberland, les glaciers, la chute du Rhin, Zurich et Genève manquent à l'Écosse, la Suisse ne peut s'enorgueillir de villes comparables à Édimbourg, Glasgow et même à Aberdeen, elle n'a ni Océan, ni grotte de Fingal.

La mauvaise saison commençait malheureusement à exercer ses

rigueurs et il tomba une telle quantité d'eau à notre retour à Dunkeld, qu'il nous fallut comparaître devant un feu de broche et nous rôtir à la façon des poulets que nous devions absorber. Tels sont les charmes de l'outside, qu'on y mourrait plutôt que de céder au mauvais ton. La pluie persévéra tellement dans sa violence, que nous désertâmes la place sans avoir vu toutes les merveilles ossianesques dont M. Fisher, l'hôtelier de notre excellent hôtel Royal, nous entretenait. Je dois dire que la physionomie de Dunkeld a le grand mérite d'être originale, malgré tout ce qu'on peut avoir vu depuis l'entrée en Écosse. Cette physionomie concorde parfaitement avec les tableaux que rêve notre imagination du pays des montagnards écossais. Partout de rudes collines couvertes des bois les plus sombres, partout des ruisseaux qui se précipitent en torrents avec un fracas étourdissant. La ville plus calme et plus sage que la nature semble pressée par le paysage et montre timidement sa tête gothique, la tour de sa cathédrale dont le sommet atteint à peine le pied des hauteurs qui dominent tout. Quelques hommes, et c'est, hélas ! le plus petit nombre, portent ce ravissant costume écossais que toute l'Europe connaît, et qui ne figurera bientôt plus que sur les tapisseries de nos salons, ou dans les bals déguisés. C'est bien dommage que la civilisation exige de telles rigueurs, n'aurait-on pas le droit de se fâcher contre elle, alors qu'elle ravit à l'homme ce qui le console d'une existence trop positive, d'une vie si animale et si fragile, le sentiment varié des beaux-arts avec leurs sympathiques inspirations ?

A loch Leven, foi et reliques

Le château n'est plus qu'une ruine dépourvue d'architecture ; il est si délabré qu'il peut servir, tout au plus, de souvenir. Les indications des guides exigent une certaine bonne volonté, et il faut croire, sur parole, voir, avec la foi aveugle d'un croyant, l'appartement de la reine, le cachot, sa chambre et la fenêtre par laquelle elle s'est évadée, la chambre du jeune Douglas qui facilita l'évasion et, au-dessus, celle du gouverneur. Au milieu de tous ces décombres, mes yeux ne rencontrent que la ciguë qui souille cette demeure empoisonnée. Je n'emporte, de ces maudites ruines, qu'un clou arraché à une fenêtre, un brin d'aubépine et quelques feuilles de l'érable gigantesque et séculaire, que, selon la chronique, la reine avait planté.

Un peu de toponymie

Glen Farg, étroit défilé dont les roches escarpées et les bois touffus retiendraient des brigands, s'il pouvait en exister dans l'Écosse, la patrie des bonnes gens. Les mots *glen, ben, loch, moor* ou *muir*, qui sont si multipliés sur la carte d'Écosse, signifient passage ou gorges, élévation, sommet d'une montagne ou montagne même, lac, landes ou bruyères, et se lisent suivis d'un nom d'indication, comme Glen Ogle, Ben Nevis, Loch Katrine, Moor of Drummond, Tippermuir. Les Highlanders se servent mieux de *strath* pour désigner les âpres vallées, ainsi Strath Spey, Strath Nairn ; ils emploient aussi le mot *carses* pour nommer les terres grasses et productives, au milieu de leur pays stérile et sauvage, ainsi les *carses* de Stirling, de Gowrie. (Trabaud, *D'Inverness à Brighton*, 1853.)

Bourget

L'émotion abolie

Je viens de faire l'excursion, obligée et d'ailleurs facile, imposée par la mode à quiconque voyage en Écosse. Elle consiste à passer d'Oban à Inverness par quatre lacs successifs que relie le Caledonian Canal, étroit et profond. Du pont du vapeur, le touriste peut contempler à loisir, durant douze heures d'une lente traversée, ces gorges des hautes terres où vivaient jadis les farouches clans des guerres d'indépendance. Çà et là, un château ruiné atteste d'un repaire de hardis soldats surplombait le lac. Ailleurs, une pierre commémorative rappelle un égorgement des temps anciens. Je n'ai pas l'intention de reproduire les détails d'histoire et de paysage très exactement donnés par le guide Murray, voici simplement quelques notes personnelles, prises dans la marge de ce livre de guide.

Une impression désagréable et qui accompagne le voyageur à travers cette Écosse si sauvage encore d'aspect et jadis de mœurs, c'est l'organisation comme mécanique du voyage. Avec leur pratique entente des choses, les Anglais ont comme déchiqueté en excursions fixes cet admirable pays. Chemins de fer, bateaux et voitures sont organisés avec une parfaite intelligence de la fatigue et de la commodité, mais aussi pour la plus complète destruction du plaisir original et solitaire. Pour aller d'un lac à un lac ou d'une montagne à une montagne, nul moyen que le véhicule public, où les touristes s'entassent par fournées. Il faudrait, à mon sens, pour jouir de ce paysage, y marcher seul — ce qui est impossible à un étranger —, ou bien y trouver des moyens de transport privés — luxe interdit à l'écrivain qui n'a pas les quatre mille livres de revenu de lord Byron. Et encore ne suis-je pas sûr, tant les compagnies ont mis la contrée en coupes réglées, que les moyens de transports individuels soient aisés à prendre, même à prix d'argent. Force est donc au simple homme de lettres de se mêler à la cohue et de se voiturer comme un colis en compagnie d'autres colis humains qui parlent, s'agitent et contrastent si étrangement avec le paysage que cette rude ligne de montagnes, auprès desquelles frémit doucement l'eau brune, finit par ressembler au décor ironique d'une pantomime paradoxale. Deux noms de célèbres romanciers rendront plus sensible cette curieuse opposition de deux mondes pourtant jetés l'un dans l'autre. Les personnages qui encombrent le pont du bateau, avec leurs types et leurs tics, semblent sortis tout vifs du roman de Dickens, et le paysage au milieu duquel ils prononcent leur éternel « *very fine, indeed* », est précisément celui des épopées de Walter Scott. C'est un exemplaire de *Rob Roy* interfolié avec les pages de *Pickwick*, la plus perceptible, la plus indiscutable attestation que tout est fini du monde décrit par le grand conteur écossais et que les hautes terres sont devenues, elles aussi, une des pièces du musée cosmopolite que l'étranger vient regarder du bout de sa lorgnette, comme au Louvre les parures portées par des princesses à présent mortes, ou les portraits des madones dévotement implorées en des siècles pieux.

C'est Wordsworth qui a écrit sur les grottes de Staffa ces vers, d'une forme à la fois philosophique et familière : « Nous l'avons regardée, mais parmi cette foule/pas un n'a *senti* la vue renommée au loin./Et comment l'aurait-il *sentie*, chacun appelant l'autre, poussé, poussant?.../C'est *un seul* qu'il faut se tenir,/contemplant et recueillant dans son esprit et son cœur,/avec une vénération non troublée, l'effet,/de ces proportions, œuvres de la Toute-Puissante Main... » Ces paroles sont vraies surtout des lacs et de leur beauté tout intime. La mer, avec le retentissement de ses houles et la démesurée grandeur de son horizon, réduit l'homme à néant, et du coup, elle abolit pour ainsi dire les petitesses des créatures qui déshonorent son rivage. Il n'en va pas ainsi des lacs, dont le doux silence, dont l'horizon rétréci, dont le charme comme à portée de l'âme, encadrent l'homme sans l'écraser. La laideur ou la trivialité des êtres ressort davantage dans ces horizons d'eaux reposées et de bois verts, et l'effort est rude pour aller jusqu'à l'exquise beauté des choses par-delà les bérets, les waterproofs et les knicker-bockers des compagnons de route.

N'importe, la poésie visible de ces montagnes et de ces lacs finit par l'emporter sur l'énervante sensation du voisinage, et la pensée a raison des nerfs, comme toujours. La structure du pays rend plus aisée à comprendre l'histoire de ceux qui, l'ayant habité, ont façonné leur âme d'après les nécessités qu'il leur imposait. La distribution en *clans* distincts et rivaux qui explique la sujétion de l'Écosse à l'Angleterre n'est-elle pas écrite comme avec la main, dans la distribution des hautes terres en longues vallées ou *glens* qui s'étendent à perte de vue et s'isolent les unes des autres par de hauts sommets, des lacs profonds, des ravins déchirés? D'autre part, la végétation si pauvre, les pluies continuelles, jusqu'à ne pas avoir eu un jour bleu de tout ce mois d'août, la vision non interrompue du plus âpre pays n'ont-elles pas comme préparé ces montagnards à la sombre et austère religion de la Réforme? Si un dimanche, en Angleterre, apparaît à un continental comme une des plus sévères tyrannies qui soient, un dimanche, en Écosse, procure l'impression de deux dimanches anglais. Et cependant la bonhomie dont les récits de Walter Scott sont empreints n'est-elle pas aussi le résultat fatal des mœurs simples, de la saine et robuste allure de vie des hôtes de ces montagnes presque sans neige? (Bourget, *Études Anglaises*, 1910.)

La Tocnaye

Chanter un dimanche!

Comme j'étais dans ma chambre assez tranquille, la jambe tristement étendue sur un tabouret, maudissant le jour et le moment où je m'avisai de grimper Ben Lomond, pour prendre patience plus gaiement, sans songer à rien, je me suis avisé de fredonner, et de siffler par distraction. Tout à coup je vois entrer dans ma chambre ma vieille hôtesse, qui d'un air effaré me dit : « *Fy for shame, you sing.* » Cette femme assurément n'aime pas la musique, me dis-je en moi-même, comme Sosie dans l'*Amphitryon* de Molière ; puis, après un moment de silence assez surpris de l'apostrophe : « Mais, lui dis-je, quel mal y a-t-il à chanter? — *But Sir*, répondit-elle, en fermant la fenêtre, *God forbid to sing on the Sabbath.* » Ayant une très modeste opinion de mon chant, et n'ayant aucune connaissance des usages du pays, je m'imaginai qu'elle avait pris une tournure honnête pour me dire que je chantais mal, et que je l'importunais, ce qui au fait aurait fort bien pu être, et j'expliquai ainsi son dicton « Dieu défend de chanter aussi mal » ; et me le tins pour dit, dans la crainte qu'il n'y eût des malades dans la maison.

J'ai appris depuis que le dimanche en Écosse on ne peut ni chanter, ni siffler, ni danser, ni jouer, mais on peut boire, bâiller, et dormir ; et j'ai toujours tâché de me conformer à l'usage du pays, depuis ce moment. Quelques moments après, j'ai prié ma bonne hôtesse de me prêter un livre, et elle m'a mis dans les mains *La Vie des Saints* du presbytérianisme, qui étant à peu près aussi somnifère que la nôtre, ne m'a pas été d'une grande utilité. Pour lui faire voir que je savais tout aussi bien qu'elle ce que c'était que le dimanche, je lui ai demandé s'il n'y avait pas dans la ville, une chapelle catholique. « *Catholique* !, a-t-elle répété, *Catholique* !, en faisant une grimace comme si elle eût vu le diable, *Catholique* ! » et elle est sortie de ma chambre sans dire un mot. Cela m'a donné un plus grand désir que jamais de savoir s'il y avait réellement une chapelle dans la ville, et en conséquence je suis sorti, et sans beaucoup de peine on m'en a indiqué une, où j'ai eu le plaisir d'entendre un sermon éloquent en *gaelic*, dont malheureusement je n'ai pas compris d'autre mot que la Vierge Marie. (La Tocnaye, *Promenade d'un Français dans la Grande-Bretagne*, 1795.)

Stendhal

L'enfer sur terre

Il est impossible de ne pas apercevoir un fond de mélancolie chez les femmes écossaises. Cette mélancolie est surtout séduisante au bal où elle donne un singulier piquant à l'ardeur et à l'extrême empressement avec lesquels elles sautent leurs danses nationales. Édimbourg a un autre avantage, c'est de s'être soustraite à la vile omnipotence de l'or. Cette ville forme en cela, aussi bien que pour la singulière et sauvage beauté du site, un contraste complet avec Londres. Comme Rome, la belle Édimbourg semble plutôt le séjour de la vie contemplative. Le tourbillon sans repos et les intérêts inquiets de la vie active avec ses avantages et ses inconvénients sont à Londres. Édimbourg me semble payer le tribut au malin par un peu de disposition à la pédanterie. Les temps où Marie Stuart habitait le vieux Holyrood, et où l'on assassinait Riccio dans ses bras, valaient mieux pour l'amour, et toutes les femmes en conviendront, que ceux où l'on discute si longuement et même en leur présence, sur la préférence à accorder au système neptunien sur le vulcanien de... J'aime mieux la discussion sur le nouvel uniforme donné par le roi à ses gardes ou sur la pairie manquée de sir B. Bloomfield, qui occupait Londres lorsque je m'y trouvais, que la discussion pour savoir qui a le mieux exploré la nature des roches, de Werner ou de...

Je ne dirai rien du terrible dimanche écossais, auprès duquel celui de Londres semble une partie de plaisir. Ce jour destiné à honorer le ciel est la meilleure image de l'enfer que j'aie jamais vue sur la terre. Ne marchons pas si vite, disait un Écossais en revenant de l'église à un Français son ami, nous aurions l'air de nous promener.

[...] En Écosse, il y a la stricte observance le dimanche, mais le lundi on danse avec une joie et un abandon inconnus à Londres. Il y a beaucoup d'amour dans la classe des paysans en Écosse. La toute-puissance de l'imagination a francisé ce pays au XVIe siècle. (Stendhal, *De l'amour*, 1822.)

Custine
Pharisaïsme et obscurantisme ?

L'exactitude avec laquelle on observe le dimanche en Angleterre, et surtout en Écosse, paraît extraordinaire aux *simples* catholiques. Bien des choses qui, habituellement, ne sont que difficiles, deviennent impossibles ce jour-là ! Nous avons eu aujourd'hui un exemple frappant de ces entraves *sabbatiques* imposées par les soi-disant ennemis de toutes superstitions à un peuple dont les mœurs et le caractère ne penchent déjà que trop vers un rigorisme peu éclairé.

On ne voit jamais rien en Angleterre ni en Écosse, qu'avec des permissions ; mais le dimanche on n'a pas la permission de voir. Édifices publics, spectacles, jardins, cabinets de curiosités, galeries de tableaux, châteaux, palais, cabarets, tout est fermé à ce pauvre peuple, excepté les grands chemins et les mauvais lieux. Aussi est-ce pendant *ce saint* jour, si *scrupuleusement solennisé*, qu'il se commet le plus de vols et de mauvaises actions.

A Édimbourg, on vient d'arrêter deux hommes pour avoir sifflé dans une rue le dimanche, et à Glasgow on a emprisonné un perruquier parce qu'il avait consenti à faire, ce même jour, la barbe à trois hommes ! Grâce au zèle de cette police pieuse, on voit, tous les dimanches, le peuple, chassé des maisons par l'ennui, se répandre sur les trottoirs, comme si quelque calamité publique forçait les citoyens à quitter leurs foyers. Ce n'est pas seulement le travail lucratif que lui défendent ses docteurs, c'est la distraction, de quelque genre qu'elle soit. Ailleurs, au jours de fête, si le peuple se porte en foule dans les lieux publics, c'est pour s'amuser ; mais en Écosse on ne voit que des bandes de promeneurs, religieusement désœuvrés, errer autour des villes et rentrer, à la fin d'un long jour de repos, bien heureux de penser, en retrouvant leurs maisons, que le travail y recommencera le lendemain. On a rendu le *délassement* si pénible, qu'il fait aimer la fatigue. Mais cette politique est de la duperie, c'est la sagesse des pédants qui se tourmentent toujours, parce qu'on ne peut éviter d'être souvent contrarié. Je ne puis m'empêcher de comparer cette prudence à celle d'un personnage que je n'ose nommer, que tous les petits enfants connaissent chez nous, et qui se cachait dans l'eau de peur de la pluie !

Une comparaison si noble me rappelle la conversation d'un marchand de vin, de Bordeaux, que j'ai rencontré sur un *stage*, en arrivant à Londres. Cet homme me disait plaisamment, dans son accent gascon : « Quelque avantageux qu'il soit d'être anglais, quand on fait le commerce, je ne voudrais pas de la fortune du plus riche négociant de Londres, pour passer tous les dimanches de ma vie dans son pays. Le riche y est, ce jour-là, aussi malheureux que le pauvre, au lieu qu'à Paris c'est justement le contraire. » Alors, je trouvais ce Gascon exagéré dans ses invectives, aujourd'hui je dis comme lui.

A Londres, par exemple, le samedi est un jour d'opéra, mais si le spectacle se prolonge jusqu'à minuit *une minute*, l'évêque fait baisser la toile devant le chanteur ou les danseuses, fût-ce pendant l'air le plus pathétique ou le ballet le plus charmant, et les spectateurs s'en vont apparemment pleins d'admiration pour cette ponctualité *pharisaïque*. L'évêque a grand soin aussi de fixer la longueur des jupes des danseuses, et décide gravement l'importante question du costume théâtral, comme un colonel arrête l'uniforme que doit porter son régiment.

Il y a certainement un amour de l'ordre respectable et touchant dans l'observance scrupuleuse des préceptes religieux ; mais, si le Christ revenait au monde, ne dirait-il pas à cette nation si étrangère au sentiment des arts, et que la liberté publique a rendue si ennemie de toute liberté particulière : *La lettre tue et l'esprit vivifie* ?

Je vous ai promis un nouvel exemple de la *pédanterie sabbatique* des Écossais ; le voici : J'ai découvert ce matin que l'approche des cascades était un des plaisirs défendus chez eux le dimanche. La chute la plus fameuse de la Clyde, est celle appelée Cora Linn, nom qu'elle tire du château de Cora, chanté par Ossian ; on la voit ordinairement d'un jardin situé près de Lanark, village où nous avions couché ; mais l'entrée de cette enceinte, trop profane pour être ouverte le dimanche à des chrétiens réformés, m'a été refusée, à moi-même, misérable idolâtre ; et j'ai été forcé de faire deux lieues pour aller chercher un pont et m'approcher de la cataracte par l'autre rive du fleuve. Je me suis trouvé bien dédommagé de ma peine, par l'effet de la cascade vue de ce côté. Après toutes celles des Alpes et d'Italie, celle-ci m'a encore paru une des plus imposantes du monde, et par le site qui l'environne, et par l'énorme masse d'eau *s'écroulant*, pour ainsi dire, du haut d'un roc qui semble près de tomber avec les flots qui l'ébranlent. On aperçoit sur une des pointes de rochers qui dominent le fleuve, les restes du château de Cora, qui s'élèvent entre les aiguilles grisâtres d'une jeune forêt de pins. Ce nom ossianique est d'un effet magique, quand on l'entend répéter au bord d'un torrent. Mais on est affligé de trouver à côté de cette scène poétique, une habitation arrangée avec le goût mesquin des maisons modernes, et l'on s'indigne de descendre à la Cora Linn par une petite allée tortillante bordée de bancs, qui rappellent le jardin de Mouceaux.

J'ai vu cette belle cascade dans un moment très favorable, car les eaux de la Clyde avaient été considérablement grossies par les dernières pluies. Cette rivière est couleur de café, comme tous les torrents de l'Écosse qui prennent leur source dans des tourbières. Des eaux teintes en brun rendraient les rivières ordinaires peu agréables, mais elles embellissent les cataractes. A voir ces flots si sombres tomber dans les précipices, on dirait qu'ils viennent de se frayer à l'instant même le passage à travers lequel ils s'élancent ; la terreur se mêle à l'admiration, et l'on croit assister à quelqu'une de ces grandes catastrophes qui changent la face de la terre.

J'ai si souvent reproché aux Écossais leur respect judaïque pour le repos du dimanche qu'il me paraît juste de convenir de ce que cette discipline religieuse a d'utile et de touchant. Ce n'est pas sur les places publiques, qui ce jour-là ressemblent à des cimetières, ni dans les rues qui représentent une ville abandonnée, ni dans les salles de spectacle qui sont fermées, ni aux cafés, ni dans aucun de ces lieux qui, ailleurs, sont ouverts à la curiosité ou consacrés au plaisir, qu'il faut aller le dimanche, pour y trouver le peuple écossais. Ce n'est pas même dans les promenades publiques, car elles sont désertes pendant toutes les heures consacrées au service divin : c'est dans les temples. On peut dire, presqu'à la lettre, que toute la population des villes d'Écosse se rassemble matin et soir dans les églises pour y écouter, avec un recueillement profond, des conversations morales et raisonnables sur l'Évangile, et des cantiques pieux dont les airs disposent l'âme à la contemplation ; les hommes de ce pays sont ennuyeux quand ils s'amusent, mais ils sont touchants quand ils prient.

Je suis trop catholique d'habitude et de conviction pour que les éloges que je donne au culte presbytérien puissent être suspects de partialité, mais aussi je suis de trop bonne foi pour ne pas avouer le respect que m'inspire toute communion chrétienne, dont les préceptes sont observés consciencieusement par la société tout entière.

La première prévention défavorable qu'on reçoive contre une doctrine, vient ordinairement de la tiédeur de ceux qui la professent. Sous ce rapport la religion presbytérienne, et même la religion anglicane, se recommandent à l'estime des étrangers. On se demande avec étonnement quelle est l'autorité qui sait si bien se faire obéir. Ici ce ne sont pas, comme chez certaines nations du continent, quelques femmes plus sensibles, plus faibles ou plus fortes que le commun du monde, qui conservent la tradition de la vraie piété ; c'est tout un peuple sans exception, qui s'empresse de confesser publiquement sa soumission à la croyance publique !

Les Anglais, si jaloux de leurs libertés, n'ont cependant pas encore abrogé une ancienne loi, par laquelle toute personne qui ne peut donner une raison légitime d'exception, est obligée d'assister au service divin. Cette loi peut être mise en vigueur dans les Trois-Royaumes, et quiconque l'enfreint, encourt une peine.

A quels cris, et surtout à combien de sophismes une semblable contrainte ne donnerait-elle pas lieu chez nous ? Ici, le sentiment religieux n'en paraît pas moins sincère pour être protégé par la force civile. Aussi, en apercevant une chaire écossaise, je n'ai pu me défendre d'une profonde émotion, et je me suis incliné avec vénération comme devant la source d'où découlent toutes les vertus que j'avais admirées dans une nation essentiellement conséquente et consciencieuse.

Au premier pas qu'on fait dans un temple presbytérien, on reconnaît que les fondateurs de ce culte réformé ont voulu donner pour unique base à la piété, la raison. Cette religion, rigoureusement spirituelle, dédaigne l'appui des facultés dont l'homme ne doit le développement qu'à ses rapports avec le monde visible. Les réformateurs écossais se sont gardés avec soin d'appeler à leur secours, l'imagination et la sensibilité : rien, dans leur austère doctrine, ne parle aux sens ; rien ne séduit le cœur, tout y veut subjuguer l'esprit par l'esprit seul : c'est un culte tout intérieur, tout de conviction ; c'est l'abstraction de la piété ; c'est le langage sévère que parle la raison, dégagée de toute autre obéissance que celle qu'elle croit se devoir à elle-même !

Quel est le philosophe qui pourrait observer sans intérêt une nation, dont la vie morale repose tout entière sur un système où la raison fait un si grand abus d'elle-même !

[...] Ces réflexions ne me sont venues qu'en écrivant, car elles étaient loin de moi quand je suis entré dans la principale église de Glasgow. Le recueillement de tout ce peuple, ses chants graves et harmonieux m'ont inspiré le désir de m'unir à lui, d'esprit et de cœur. J'ai chanté, j'ai prié, je me suis attendri, en pensant à l'unanimité de la foi chrétienne ; et je ne m'occupais guère des nuances qui séparent nos croyances, quand le prêtre qui exhortait ses ouailles, quand cet ennemi des superstitions et des préjugés, cet apôtre des lumières et de la tolérance modernes, a fait entendre du haut de la chaire de la raison, de charitables prières pour la conversion des idolâtres, à la tête desquels il a placé les pauvres catholiques.

Alors, j'ai apprécié à leur juste valeur ces grands mots de croyance raisonnée, de culte éclairé, et j'ai vu à découvert le ressort secret qui anime les disciples de cette doctrine, moins forte de sa vérité, que de l'ignorance de ses sectateurs ; de simple chrétien, je suis devenu, malgré moi, théologien, dialecticien ; et, à force de raisonner et de discuter, je me suis retrouvé catholique.

Le fanatisme et le mensonge sont des ennemis auxquels nulle secte religieuse ne saurait échapper : elles les portent en elles-mêmes, et les plus aveugles sont les plus puissantes, car le fanatisme maîtrise les hommes, par ce qu'il leur cache, bien plus que par ce qu'il leur enseigne.

[...] Je vantais tout à l'heure les lumières répandues dans le peuple écossais ; mais je dois à la vérité de dire qu'une telle culture d'esprit n'élève pas cette nation au-dessus des préjugés religieux les plus ridicules. Les lumières des nations sont comme les jours des peintres, toutes factices ! (Custine, *Courses en Angleterre et en Écosse*, 1830.)

Mérimée
Mieux vaut en rire

On vient de me conter une histoire qui me réjouit et dont je veux vous faire part. Un Anglais se promène le long d'un poulailler, dans un château d'Écosse, un samedi soir. Grand bruit, cris de coqs et de poules. Il croit que quelque renard est entré et il avertit. On lui répond que ce n'est rien, et qu'on sépare seulement les coqs des poules pour qu'ils ne polluent pas le *Lord's day*. (Mérimée, *Lettres à une inconnue [1856]*, 1873.)

INITIATION A LA MUSIQUE ÉCOSSAISE

Faujas de Saint-Fond
Un maudit joueur de cornemuse

Ayant avec moi quelques instruments de physique et de minéralogie, je partais dès la pointe du jour, un havresac sur le dos, accompagné d'un domestique, mon fidèle compagnon, qui portait de son côté une bouteille de vin et quelques viandes froides, auxquelles nous ne devions toucher qu'après plusieurs heures de travail.

C'était alors que nous prenions notre repas frugal, mais excellent ; tantôt sur le sommet d'une roche escarpée, tantôt dans quelque caverne abritée, au bord de la mer, dont les flots, se brisant à nos pieds, nous donnaient le spectacle d'une mer en courroux, sur laquelle nous nous applaudissions de ne pas nous trouver.

Le soir, chargé de pierres et de notes instructives, je rentrais dans ma paisible habitation : j'étalais sur une table toutes mes richesses ; je les mettais en ordre, je les admirais même ; mais je ne les contemplais pas à la manière de l'avare, car j'en faisais d'avance la distribution à mes correspondants et à mes amis, et j'étais heureux.

Je soupais avec délice, et bientôt le sommeil, appesantissant mes paupières, me faisait désirer mon lit : il était dur, mais propre ; la fatigue le convertissait en duvet.

On ne peut guère jouir de tous les bonheurs à la fois dans ce bas monde. Croirait-on qu'une musique d'un genre nouveau, mais bien terrible pour mon oreille, troublait dans ce moment un repos qui m'était si nécessaire ? A peine étais-je couché qu'un maudit joueur de cornemuse venait à point nommé se placer sous ma fenêtre ; il m'attendait chaque soir au passage pour me régaler d'un air ; il s'établissait ensuite devant la maison, sans qu'il y eût moyen de le faire taire, et il jouait de ce bruyant instrument jusqu'à onze heures du soir, dans l'intention de m'être agréable, et de me rendre une sorte d'honneur dont je m'efforçais vainement de me déclarer indigne.

Le jour de notre arrivée, cet homme vint se promener d'un pas égal, d'une contenance fière et martiale, devant notre logement, et nous étourdit par des sons, par des roulades perpétuelles, qui n'exprimaient ni air, ni intention. Nous crûmes d'abord que ce personnage était une espèce d'insensé, qui gagnait sa vie à ce métier ; mais Patrick Fraser nous assura que non seulement ce bon montagnard était raisonnable, mais qu'il avait la réputation d'un excellent musicien de l'école *highlandaise* ; que sa principale intention, en faisant briller son talent, était de nous manifester toute la joie qu'il éprouvait en voyant des étrangers dans un lieu où il en vient si rarement. Touché de ce motif hospitalier, je lui prodiguai des applaudissements, et le priai d'accepter quelques schellings, qu'il refusa d'abord, et qu'il sembla ne recevoir que pour ne pas me déplaire. Il ne jouait jamais que le même air, si l'on peut appeler de ce nom, une sorte de composition inintelligible pour des étrangers, mais qui rappelle aux montagnards et aux Hébridiens des événements historiques qui ont le plus grand intérêt pour eux. Comme il avait vu partir mes compagnons, il se persuada que je restais pour l'entendre, et croyant que ses concerts me seraient plus agréables dans le silence de la nuit, il venait jouer jusqu'à onze heures sous ma fenêtre : rien n'était capable de l'en dissuader. Je me levai un soir d'impatience, et ne pouvant me faire entendre, je le pris par la main pour l'entraîner au loin; il revint au même moment, comme quelqu'un qui dispute de politesse, me donnant à entendre qu'il n'était point fatigué, et qu'il jouerait toute la nuit pour me plaire, et il tint parole. Le lendemain, je le forçai de recevoir encore un petit présent, en lui faisant signe que je ne voulais plus l'entendre, et le soir même il me força à son tour de l'endurer jusqu'à minuit, jouant sans discontinuité le même air. (Faujas de Saint-Fond, *Voyage en Angleterre et en Écosse*, 1797.)

Bombelles
Comment dormir ?

La plus grande partie de notre voyage d'hier s'était faite sur les mauvaises rosses qui montent nos gens depuis Édimbourg et dont nous nous emparons souvent. J'étais hier soir rendu de fatigue, et j'avais grand besoin de dormir la grasse matinée ; c'est ce que m'a permis le calme qui a régné dans le château jusqu'à près de dix heures. On se lève tard en Écosse comme en Angleterre, dans les villes les boutiques ne s'ouvrent qu'après huit heures. A la campagne on n'est guère plus matinal. Le premier bruit qui s'est fait entendre aujourd'hui à Taymouth m'aurait surpris si à Blair je n'avais entendu une pareille musique. C'est celle d'un instrument chinois fait comme le couvercle d'un de ces grands cartons qui renferment les chapeaux des dames : on frappe cet instrument avec un bâton garni par le bout d'une boule de toile ficelée, les premiers coups se donnent doucement, les autres doivent être plus forts par degrés, et le bruit qui en résulte est aussi singulier que sonore. On a cherché à imiter cet instrument en Angleterre mais on n'y a pas pu parvenir, soit parce qu'il entre dans la composition de son métal quelque partie inconnue en Europe, soit qu'il faille une précision que les ouvriers chinois possèdent seuls.

Un domestique battant de cet instrument commence à parcourir les corridors de la maison puis en fait le tour extérieur. Chaque pays a ses usages. On sonne de la cloche dans la plupart des maisons de campagne en France. On sonne de la trompe en Allemagne chez les grands seigneurs allemands, ici on avertit comme je viens de le dire qu'on va déjeuner, dîner ou souper.

Lord Breadalban est arrivé à sept heures du soir, nous avons soupé avec lui. Avant de nous mettre à table, le meilleur ménétrier de l'Écosse qui habite Dunkeld en été et Édimbourg dans le temps des bals nous a régalés de danses écossaises. Mes compagnons de voyage n'ont rien négligé pour me faire sentir les beautés, l'originalité de ce genre de musique. Je crois qu'il faut le doux amour de la Patrie, et des oreilles particulièrement organisées pour s'accommoder de cette discordante mélodie.

Malheur à qui a le sommeil léger lorsqu'il doit passer la nuit à Girvan.

J'avais au-dessus de moi des servantes qui ont parlé et chanté fort longtemps, au-dessous un petit enfant qui a pleuré presque continuellement. Ses cris étaient accompagnés par ceux de plusieurs chats qui couraient sur les gouttières du voisinage. Enfin au bas de l'escalier une chienne en disposition de galanterie répondait aux aboiements de trois soupirants qui malgré la pluie et le froid restaient à la porte de la maison. Le besoin absolu de dormir surmontait ces obstacles lorsque la cornemuse m'a appris qu'il était cinq heures du matin.

L'aubergiste de Paisley est aussi raisonnable que la maison qu'il loue est belle et commode : j'y ai été réveillé à cinq heures du matin par une perfide cornemuse, qui chaque jour se fait entendre à la même heure et à huit heures du soir. Dans tous les plus petits bourgs d'Écosse, on bat du tambour ou un homme joue de la musette pour avertir les habitants de penser à se retirer chez eux le soir, et à se lever le matin. Il en est peu qui obéissent à l'avertissement du matin, avant huit heures vous ne voyez sur la rue que la plus basse classe du peuple et encore en fort petit nombre ; les boutiques ne s'ouvrent que longtemps après cette heure, et jusqu'à dix on y trouve guère qu'un petit garçon qui répond aux demandes ; le maître de la maison ne descend ordinairement qu'après son déjeuner qui dure fort longtemps. (Bombelles, *Journal [1784]*, 1989.)

Custine
L'héritier des bardes

Il a fait tout le jour un temps affreux ; ce soir, le ciel s'étant éclairci et le vent apaisé, je voulus parcourir les environs de l'auberge ; la nuit était presque venue, quand je rencontrai sur une bruyère d'où l'on entendait le murmure lointain d'une cascade, un vieillard qui marchait lentement, et chantait des paroles que je ne pouvais comprendre, sur un air semblable à une *psalmodie* religieuse. Ces vers me parurent coupés par stances, car je remarquai qu'à des distances égales le vieux berger s'interrompait et jouait sur sa musette une espèce de ritournelle analogue à son chant. Après avoir suivi quelque temps en silence cet agreste héritier des bardes, je m'approchai de lui ; et, pensant que ses vers étaient aussi vieux que sa musique, je fus curieux de me les faire expliquer. J'engageai donc l'antique ménestrel à me suivre jusqu'à l'auberge, et là, après avoir fait boire le *whisky au successeur d'Ossian*, je le priai d'expliquer à mon hôte, *le descendant des Stuarts*, les paroles qu'il avait chantées sur la bruyère ; alors l'aubergiste me traduisit en anglais les vers gaelics que le vieux berger lui répéta devant moi. Cette traduction était sans doute imparfaite, cependant je la préfère encore à l'imitation que j'ai tâché d'en faire en vers français. C'est une espèce de ballade dont je n'ai pu rendre la naïveté. Cependant je ne la crois pas d'un temps très reculé, on y trouve déjà quelques idées qui se ressentent de l'afféterie moderne, et j'avoue, à ma honte, que ce sont celles qui m'ont le moins coûté à exprimer. (Custine, *Courses en Angleterre et en Écosse*, 1830.)

Buzonnière
L'expression naïve d'un peuple à demi sauvage

Nous entendîmes encore le chant simple et sublime de Wallace, et plusieurs autres airs dont la facture extraordinaire nous causa d'abord plus d'étonnement que de plaisir. Les chants écossais nous parurent composés de deux parties d'un style diamétralement opposé : d'abord c'est une mélodie douce et monotone, ce sont de longs soupirs qui semblent apportés par l'aile des vents, ou répétés par les échos ; puis tout à coup retentissent des éclats bruyants, des accents barbares, un assemblage incohérent de notes disparates, dont l'oreille la plus exercée peut à peine comprendre le rapport et saisir la mesure. Le motif de ces airs est fort court et se répète un grand nombre de fois, avec de légères variations. On y remarque toujours une note dominante, comme dans les airs de cornemuse. Il est aisé de voir qu'ils sont d'une haute antiquité ; on y trouve l'expression naïve d'un peuple à demi sauvage : c'est la musique de la nature ; elle est simple et sans art ; mais elle cause des impressions plus fortes et laisse des traces plus profondes que les œuvres étudiées de nos savants compositeurs. Ainsi les Écossais, qui ne peuvent entendre sans une émotion remarquable leurs airs nationaux, sont insensibles aux charmes de la musique italienne.

[...] Deux aveugles tirèrent des violons d'un vieux sac de cuir et se mirent à jouer des airs nationaux, tantôt d'une lenteur monotone, tantôt d'une fatigante rapidité. On les entoure, et le plaisir que causaient aux auditeurs leurs accords un peu barbares se peignit sur toutes les physionomies. Combien j'aimais l'enthousiasme qui brillait sur le front des montagnards lorsqu'ils reconnaissaient le chant du hameau qui les vit naître !

[...] Les sons d'une musique plutôt barbare que guerrière frappèrent subitement nos oreilles, et le pont-levis livra passage à une compagnie de la garde écossaise.

A l'aspect de ces guerriers dont le costume élégant et bizarre a traversé les siècles sans rien perdre de son originalité primitive, je crus voir s'avancer les ombres des braves compagnons de Fergus, les immenses bonnets et les plumes ondoyantes qui descendent de leur sommet, ces petites jupes d'étoffe quadrillée qui ne couvrent que la moitié des cuisses, ce sac de peau de chèvre qui sert à la fois de giberne et de panetière, la tartane flottant sur l'épaule, les piques dont le fer brille au-dessus des rangs, la figure de ces jeunes montagnards, à la fois martiale et jolie, tout prêtait à mon illusion, et déjà j'errais en idée dans les régions ossianiques, lorsque je me surpris au milieu d'une populace sale et hideuse, qui était accourue sur le passage de la troupe.

Les fanfares cessèrent, et quatre *pipers* jouèrent sur la cornemuse des airs montagnards qu'accompagnait le battement monotone d'un petit tambourin.

Le son de ces instruments champêtres répété par les échos d'une ville riche et populeuse, ces airs de bergers qui conduisent des bergers aux combats, me firent réfléchir sur la nécessité de conserver aux peuples leurs usages et leurs institutions primitives. Les accents de la cornemuse consolent l'Écossais sur la terre étrangère, et raniment son courage au milieu des combats. Les chants dont il fit si souvent retentir ses montagnes le transportent aux lieux que chérit son enfance. (Buzonnière, *Voyage en Écosse*, 1832.)

Trabaud
Des mélodies qui émeuvent l'âme

Comme j'avais à cœur de représenter le savoir-faire des Français en société, je fredonnai deux romances écossaises que j'avais apprises à Paris et mon succès ne fut pas équivoque, à cause du choix de la musique, qui parut une galanterie aux gentlemen et aux ladies ici présents.

Banks and Braes est une de ces romances ou ballades légendaires connues de tous les Écossais, sans en excepter un seul. C'est un air favori, comme en Irlande *Kathleen Mavourneen* de Th. Moore, comme en suisse le Ranz des vaches ; c'est en quelque sorte un chant national, bien adapté à la nature de la bonne Écosse, à la fois souriante et sauvage. Le rythme en est large et rempli d'une suave mélodie. Le langage un peu gaélique est le plus souvent accompagné par la cornemuse ou le chalumeau (*bagpipe, pebrock*), mais il supporterait aisément l'accompagnement de l'orgue et atteindrait à la hauteur des chants les plus nobles d'une musique religieuse. Un homme seul n'a pas composé ce chant, la nature l'a aidé. — Ainsi de toutes les mélodies qui émeuvent l'âme. (Trabaud, *D'Inverness à Brighton*, 1853.)

PORTRAITS EN PIED DU HIGHLANDER

Faujas de Saint-Fond
Leur costume est très singulier

En effet, nous savions que les montagnards écossais, très zélés presbytériens, sont sévères observateurs du culte ; qu'ils ne se permettraient pas, ce jour-là, le plus léger divertissement. Ils arrivaient de la prière, et se reposaient un moment avant de se retirer chez eux ; leur air grave et recueilli formait un singulier contraste avec l'éclat et les couleurs tranchantes de leur parure militaire.

Leur costume est très singulier : il consiste en une veste militaire à revers et à parements, d'une étoffe de laine à grands carreaux, rouges, verts, bleus et blancs ; ils donnent à cette veste le nom de *fillibeg* ; en un grand manteau de la même étoffe retroussé et noué sur l'épaule gauche, c'est le *plaid* ; en une espèce de jupe courte et plissée comme le bas de la cotte d'armes de l'habillement romain, qui leur tient lieu de culottes, mais qui ne descend qu'à moitié de la cuisse ; la jambe est aussi en partie nue et chaussée d'un demi-bas en laine, rehaussé de couleurs vives et à bandes croisées qui imitent fort bien un brodequin antique ; leur tête est couverte d'un bonnet bleu, avec une petite bordure autour, de couleur rouge, bleue et verte ; une seule plume longue et flottante le décore. Ils ont toujours un poignard et souvent deux pistolets à la ceinture ; ce poignard porte le nom de *durk* ou *dirk*. Leurs souliers, qu'ils savent faire, en général, eux-mêmes d'une manière assez grossière, mais solide, sont attachés avec des courroies ; *brogues* est le nom qu'ils leur donnent.

Leur argent est renfermé dans une ceinture de peau de loutre, qui leur sert en même temps d'ornement ; elle est faite de manière que la peau de la tête de l'animal se trouve placée par-devant ; les yeux sont bordés d'un ruban de laine rouge, et la tête est entourée d'une multitude de petits cordons de diverses couleurs : elle recouvre une pochette qui sert à placer l'argent en guise de bourse.

Tel est l'habillement que portent les montagnards écossais, ainsi que les habitants des îles Hébrides, depuis des temps très reculés. L'ont-ils copié des Romains, à l'époque où ces maîtres du monde vinrent faire de vains efforts pour les conquérir ? Ou le tiennent-ils plus anciennement de leurs aïeuls les Celtes ? Cette question n'est pas facile à résoudre.

Ce qu'il y a de très certain, c'est que ces descendants modernes des anciens Calédoniens sont si attachés à cette forme de vêtement, qui leur retrace leur antique valeur et leur indépendance, que le gouvernement anglais, ayant fait plusieurs fois des tentatives pour les engager à le quitter, n'a jamais pu y parvenir, quoique cet habit soit certainement celui qui convient le moins à un peuple qui habite un climat froid et aussi humide que celui-ci. (Faujas de Saint-Fond, *Voyage en Angleterre et en Écosse*, 1797.)

Bombelles

Sans culotte

On dit que, lorsque la bruyère est en fleur, ces montagnes présentent un aspect plus riant, je crois que je ne reviendrai pas pour vérifier cette assertion. Ce que j'ai vu de plus misérable depuis que je voyage en Europe, ce sont les maisons des montagnards écossais, un amas informe de grosses pierres à la hauteur de six pieds est couvert d'une terre mêlée d'herbes ou de genêts. La fumée du peu de cuisine qui se fait sous ces huttes, après avoir circulé dans l'intérieur, sort ou par la fenêtre qui est un trou de deux pieds en carré ou par une porte qui même en hiver est rarement fermée. La plupart des hommes, tapis sous ces tanières, préfèrent dit-on d'y vivre au milieu de la fumée que d'avoir une cheminée dont le tuyau passe par le toit. Malgré la défense faite il y a nombre d'années d'être sans culotte, plus de la moitié des montagnards ne sont couverts qu'avec le petit jupon qui leur vient jusqu'au-dessous du genou. Le genou est à découvert absolument, et le bas ne vient qu'au-dessous du gras de jambe, ces bas ainsi que les tabliers sont ordinairement d'une étoffe de laine teinte en carreaux de différentes couleurs. Ces teintures sont l'ouvrage des femmes de ce pays en général beaucoup plus laborieuses que les hommes. Elles savent se servir du suc de diverses plantes pour former de bonnes couleurs. Le rouge vif et beau est le résultat d'une espèce de mousse dure et blanche qui croît sur la surface des rochers. En la faisant bouillir, elle donne une teinte écarlate qu'on dit de durée, depuis quelques années il est des manufactures d'Écosse et d'Angleterre qui emploient du monde à la récolte de cette espèce de mousse. (Bombelles, *Journal [1784]*, 1989.)

Nodier

Ils méprisent le haut-de-chausses

Les derniers moments de notre séjour concouraient avec une circonstance heureuse. Ce n'était cependant ni l'époque du bal gallique [gaélique], ni la distribution du prix de la cornemuse. Un autre motif que je ne connais point avait amené à Édimbourg une dizaine de chefs de clan ou de tribu dans la pompe de leur admirable costume. Quand on parle aux Parisiens des montagnards écossais, ils ne voient qu'un soldat rouge qui n'a point de haut-de-chausses, et qui campe au bois de Boulogne. Ce n'est pas là qu'il faut voir les Écossais, Dieu nous en garde ! c'est en Écosse. Le chef de la tribu écossaise, avec son poignard et ses pistolets de flibustier, son bonnet de cacique, son manteau drapé à la grecque, ses brodequins quadrillés qui rappellent, comme toutes les étoffes du pays, le tatouage des anciens habitants qu'elles leur ont fait oublier, son bâton de cytise recourbé en signe de commandement, sa demi-nudité sauvage, et avec tout cela son air noble et doux, est une tradition vivante, peut-être unique en Europe, de nos âges de force et de liberté. Quoique fiers et très fiers de l'éblouissante beauté de leurs parures, ils ne marchent pas, ils volent, sans rien regarder, sans s'arrêter à rien, et traversent les villes comme des lions égarés. Ils doivent y éprouver, à la vérité, quelques sentiments pénibles. Ce peuple fut libre comme eux, et il est venu se précipiter sous le joug des convenances et des lois dans l'intérêt de sa paresse et de sa cupidité. Je comprends bien que les montagnards des Highlands méprisent les hauts-de-chausses de l'homme civilisé. Il y a des chaînes après. (Nodier, *Promenade de Dieppe aux montagnes d'Écosse*, 1821.)

Esquiros

Une tribu primitive

La famille celtique, intelligente du reste, témoigne généralement peu d'attrait, dans la Grande-Bretagne, pour les conquêtes pratiques de l'industrie ; elle en est restée plus volontiers aux travaux de la pêche, à la vie pastorale et agricole, quelquefois à l'exploitation des mines : encore y est-elle le plus souvent suivie et remplacée par des colonies d'ouvriers anglais. Le Celte n'aime point les métiers, il aime la terre.

Précisons mieux le théâtre des faits, en choisissant une des localités où le groupe celtique s'est le mieux conservé. Il est, en Écosse, des montagnes et des îles où la population se distingue par des traits fortement tranchés : ce sont généralement celles où la main de la nature imprime à la contrée une physionomie plus étrange et plus sauvage. J'ai surtout en vue le groupe des Hébrides et la chaîne du Grampian. Si vous choisissez pour point de vos excursions le château de Braemar, dans lequel la reine Victoria se retire durant la saison d'été, et que vous étendiez vos courses sur un rayon d'une dizaine de lieues, vous découvrez de tous côtés le beau idéal d'un paysage écossais : des chutes d'eau fumante au milieu des rochers, des rivières tortueuses et encaissées dans des abîmes, de sombres ravins couverts de pins et de bouleaux, quelques débris d'antiques forêts calédoniennes, des têtes de granit dont la masse obscurcit l'air et répand au pied de la montagne, en plein midi, une sorte de crépuscule. Là vit une tribu primitive, qui n'a presque rien perdu de ses caractères. Ce sont pour la plupart des bergers, et à côté d'eux se groupent, sur des espaces clairsemés, les plus anciennes races de bétail. Vous diriez au milieu des scènes romantiques une apparition des premiers âges, les revenants de l'histoire. Les hommes sont d'une taille haute et athlétique, un peu enclins à l'embonpoint ; leur force physique correspond à la structure de leurs membres puissants et musculeux. Qu'on attribue ce changement à l'évolution des siècles, à un degré plus élevé de culture morale ou à tout autre cause, ces Celtes modernes ont, toute proportion gardée, le crâne plus volumineux et mieux construit que celui de leurs ancêtres. On y distingue néanmoins les traits de la race ; ils ont la tête un peu allongée, le front étroit, le sourcil bas, droit et épais, les cheveux en broussaille, les yeux d'une couleur claire, la bouche large, le menton relevé ; le contour général de la figure est anguleux et l'expression hardie. Leurs mœurs sont simples, hospitalières, douces au fond sous des dehors farouches. La boisson favorite des *highlanders* est le wiskey [*sic*], qu'ils appellent la rosée de la montagne. (Esquiros, *L'Angleterre et la vie anglaise*, 1859.)

Enault
Des spécimens de la race écossaise

Les gens de sir Ewen poseraient très avantageusement, dans une exhibition, comme spécimen de la race écossaise : ils sont tous grands, maigres, secs, élancés ; une ossature puissante, qui crève la peau et fait saillie partout ; de longs bras et de longs pieds, de longues mains aussi, dont la paume vaste et dure indique plus de force que de délicatesse, et dont les doigts lisses, élargis en spatules, annoncent le goût des exercices violents, la passion des courses et des chasses, l'amour des chiens et des chevaux, en un mot, de tout ce qui est violent, rapide et bruyant : ils mènent la vie au galop, avec des fanfares. Comme chez le duc d'Argyll, comme chez le marquis de Breadalbane, tous portent le costume du clan, qui reconnaît sir Ewen pour chef du nom et des armes. Il ne me fallait pas un grand effort de volonté pour me croire transporté à quelques siècles en arrière ; c'est un voyage que ma pensée a du reste l'habitude de faire. (Enault, *Angleterre, Écosse, Irlande, voyage pittoresque*, 1859.)

Hennequin
La décadence de l'antique vêtement

On serait déçu si l'on venait chercher à Édimbourg les brogues, le tablier de peau et le tartan bariolé des Caméroniens. Ce tartan qui couvrait autrefois l'Écosse tout entière, a fini par se déchirer ; il a pris les formes que la civilisation moderne imprimait aux vêtements ; il s'est changé en robes, châles, pantalons, cravates et gilets. Quelques patriotes portent encore les couleurs de leur clan en tabatière.

Nous étions tentés de croire que les anciennes mœurs subsistaient dans les Highlands ; là nous pensions retrouver dans leur pureté les usages décrits par Walter Scott, ces Highlanders pillards qui se font payer *le denier noir* par les riches propriétaires et brandissent en signal de guerre *la croix de feu*. Nous ne pûmes éclaircir la question par nous-mêmes ; mais nous apprîmes que la civilisation anglaise s'avançait jusqu'aux limites de l'Écosse ; que partout on ouvrait des grandes routes, que des bateaux à vapeur sillonnaient jusqu'au lac de la Dame Blanche, et que dans ces régions nébuleuses s'établissait un service de malle-poste. Cette nouvelle nous fit comprendre que les Highlanders renonçaient à leur ancien costume, mais qu'ils renonçaient en même temps à leurs brigandages, à leurs vengeances atroces, et qu'ils allaient jouir des bienfaits de l'industrie. Toujours la même question : choisissez entre le bonheur d'un peuple et la coupe de ses vêtements.

Il est une classe où s'est conservé l'ancien costume écossais, c'est l'armée ; cinq ou six régiments portent encore le kilt de tartan, le tablier de fourrures, les bas blancs croisés de rouge. Les officiers sont armés du dirk et de la claymore ; leur tête, comme celle des sauvages de l'Ambigu-

Comique, est couronnée d'un diadème de plumes noires; mais là même le costume national n'existe pas dans toute sa rigueur; sur l'antique vêtement des Duncan et des Macbeth brille la veste écarlate, à galons blancs de l'Angleterre. Ces soldats couvrant de l'uniforme anglais l'habit traditionnel de leur pays, sont bien l'image de l'Écosse moderne.

Si l'ancien costume ne se retrouve jamais à Édimbourg dans toute son intégrité, *Waverley, Rob Roy* l'ont rendu populaire jusque sur le continent; il brille dans les bals de Londres. C'est un Écossais ceint de son écharpe et chaussé de souliers à boucles qui sert d'enseigne à tous les débitants de tabac. A Londres, on semble attribuer à l'Écossais pour le tabac la passion que nous supposons au gendarme pour la réglisse. Les Calédoniens sont fiers, ils n'ont pas accepté cette plaisanterie; à la porte de leurs *tobacconists*, ils ont remplacé le montagnard par un priseur en costume turc, et c'est peut-être le principal trait qui sépare les deux contrées.

L'Angleterre joue avec l'Écosse comme l'Autriche avec le Tyrol. Le Tyrolien, c'est le bouffon de Vienne; il faut qu'il monte avec son chapeau vert et sa plume blanche, son gilet rouge, ses bottines, sa ceinture plaquée d'argent sur le théâtre de Léopoldstadt, qu'il danse en passant les pouces sous ses bretelles, qu'il répète ses chansons qui, si douces dans les échos de la montagne, semblent honteuses de se produire à la clarté du lustre, devant un public indifférent. Pour baladin, Londres prend l'Écossais; qu'il paraisse dans la comédie, dans le drame, sur la caricature et déploie au sein des mascarades son armure bigarrée. (Hennequin, *Voyage philosophique en Angleterre et en Écosse*, 1836.)

Mandat-Grancey
Les malheurs d'un petit jupon !

Je me souviens même qu'à Aberdeen, nous étions les hôtes permanents, « a standing invitation », du « gallant 42th », un régiment écossais qui a une grande réputation, parce qu'il paraît qu'il s'est couvert de gloire dans une foule de circonstances !

Et cependant, nos rapports avec lui avaient débuté d'une façon bien fâcheuse ! Notre commandant était un gros Breton, de Lesneven, autant qu'il m'en souvient qui était le plus brave homme du monde, mais qui justement avait l'horreur des Anglais, sous prétexte qu'ils lui avaient laissé tuer trois oncles et un grand-père à Quiberon. Mais il savait faire taire à l'occasion ces tristes souvenirs de famille, quand le besoin du service le commandait, et il était allé naturellement porter sa carte chez l'officier commandant le 42e, le jour même de notre arrivée en rade. Deux heures après, celui-ci, un lieutenant-colonel ou un major, vint lui rendre sa visite, en grande tenue. J'étais justement de quart à ce moment-là. Lorsque la baleinière qui l'amenait fut signalée, je pris naturellement toutes les dispositions prévues par les ordonnances pour lui rendre les honneurs qui lui étaient dus. Un mousse se tint prêt à lui tendre une tireveille pour l'aider à descendre sur le pont ; quatre fusiliers furent rangés sur le bord pour le saluer, et le maître d'équipage se prépara à l'accueillir par les trois coups de sifflet auxquels il avait droit. Malheureusement, ce programme fut dérangé par un incident bien fâcheux ! Sur ce bateau-là, l'*Averne* il n'y avait pas de coupée : la lisse du plat-bord se prolongeait de bout en bout. De sorte qu'on ne pouvait pas entrer à bord de plain-pied. Il fallait escalader par l'extérieur la muraille du navire, et puis redescendre sur le pont par une petite échelle. Quand nous vîmes cet Écossais apparaître en haut de cette échelle, ce fut un éblouissement. Il était vraiment superbe ! Il avait un grand bonnet sur la tête, surmonté d'une touffe d'énormes plumes d'autruche blanches qui flottaient au vent ; et il flamboyait comme une châsse, au soleil, tant il était couvert de broderies et de topazes. De ces topazes, il en avait partout : une énorme à la poignée de sa claymore, d'autres tout du long du fourreau, et puis, sur le fermoir de son *sporran*, une espèce de sac, en peau de bique blanche, qu'ils portent pendu devant eux. Il en avait même une très grosse sur son mollet, au pommeau d'un petit poignard passé dans sa jarretière. Il nous a expliqué depuis que c'était un privilège réservé aux officiers du 42e, de porter un poignard à leur jarretière, comme les danseuses espagnoles, privilège dont ils sont très fiers. Il paraît qu'autrefois, à la cour des rois d'Écosse, les officiers de garde auprès du roi étaient obligés de laisser leurs claymores au vestiaire quand ils se mettaient à table, ce qui, par parenthèse, étant donné les habitudes écossaises, était une mesure très sage. Au moins, grâce à cette précaution, quand ces messieurs avaient trop fêté le whiskey de Sa Majesté, ils ne pouvaient pas se battre, ou du moins, s'ils se battaient, ils ne se massacraient pas les uns les autres. Seulement, il arriva qu'un beau jour où le clan qui a formé, depuis, le 42e, était de service, les officiers d'un clan rival profitèrent du moment où leurs collègues étaient à table chez le roi, et par conséquent désarmés, pour les massacrer tous ! Alors, depuis ce temps-là, pour éviter que pareille mésaventure n'arrive à leurs descendants, ceux-ci ont été autorisés à conserver à leur jarretière, en tout temps, un petit couteau !

Nous fûmes donc tous pétrifiés d'admiration, lorsque ce brillant militaire nous apparut debout, avec ses jambes nues et tout son étalage de bijouterie, en haut de l'échelle. Il s'aperçut très bien de l'impression qu'il produisait et n'en fut pas mécontent, car les Anglais sont toujours très sensibles à ce genre de succès. Il n'y a pas de gens qui tiennent autant à leur *personal appearance*, comme ils disent. Aussi, quand le mousse lui tendit la tireveille pour redescendre, au lieu de la prendre, il s'avisa qu'il compléterait son petit effet en sautant sur le pont, au lieu de descendre tout doucement l'échelle. Les hommes de garde avaient déjà leur main droite à leur bonnet, le maître d'équipage avait lancé un premier coup de sifflet long et cadencé, et moi, je m'avançais vers lui, la casquette au poing, quand il mit ce beau projet à exécution. Seulement le malheur voulut que son petit jupon s'accrochât au taquet de la drisse du pavillon ! Et, se sentant retenu par-derrière, il se retourna pour se dégager. Mais alors ce fut un désastre. Les Écossais ne portant ni pantalon ni caleçon, il se trouvait tout à fait dans la position de la fameuse statue du musée de Naples, connue sous le nom de la Vénus Callypige : posture qui peut être gracieuse pour une statue représentant une jolie femme, mais qui enlève tout prestige à un colonel ! Il s'en rendait compte, et tirait frénétiquement sur son kilt ; mais l'étoffe tenait bon, et, pendant ce temps-là, la débâcle s'accentuait. Le mousse, stupéfait, lâcha sa tireveille et se sauva à l'avant, ce qui lui valut même, autant qu'il m'en souvient, trois coups de garcette sur les doigts que lui donna le caporal d'armes, jaloux de lui inculquer le respect des principes de haute courtoisie qui doivent régner entre les armées des différents pays. Les hommes de garde n'avaient plus la main à leurs bonnets, parce qu'ils n'avaient pas trop de leurs deux mains pour se tenir le ventre, tant ils riaient. Le maître d'équipage lui-même n'avait pas pu achever ses trois coups de sifflet. Le commandant, lui aussi, qui était arrivé au beau moment de l'incident, se tordait de rire à ce point qu'il était obligé de s'appuyer contre la batayole du panneau. Et, depuis, il a avoué qu'il pardonnait Quiberon aux Anglais, à cause du bon moment qu'il a passé ce jour-là. Mais, au fond, nous nous demandions tous comment cela allait se terminer, et si ce diable de colonel, quand nous reverrions sa figure, ne nous demanderait pas compte du manque d'égards de nos hommes ! Mais, heureusement, il n'en fut rien. C'était un homme d'esprit ! Il fut le premier à rire de sa mésaventure, ne réclama pas les deux coups de sifflet qui lui restaient dus, et, pendant tout le temps de notre séjour à Aberdeen, il n'y a pas de politesses que lui et ses officiers ne nous aient faites. (Mandat-Grancey, *Chez John Bull*, 1895.)

Adieux à l'Écosse

Custine
Me voici sorti de l'empire de la monotonie pour rentrer dans celui de l'uniformité, car telle est, ce me semble, la nuance qui distingue la sauvage Écosse de l'Angleterre civilisée : dans l'un de ces pays, la nature n'a rien varié ; dans l'autre, la société a tout taillé sur le même patron ; et un jour passé dans chacun des deux, suffit pour vous faire penser ce que vous en penserez au bout de deux mois. Quand vous avez vu Londres et ses environs, vous voyagez en Angleterre pour des noms ; et, après avoir parcouru Édimbourg, traversé le premier lac bien encaissé, admiré la première vue de côtes bien stériles, descendu dans la première vallée marécageuse, gravi la première montagne couverte de bruyères, vous avez vu toute l'Écosse.

Je respire avec plaisir un air moins âpre que celui de cette poétique

Calédonie, dont les froids paysages perdent tant de leur prix à être admirés de près : je puis, en deux mots, résumer mes jugements sur l'Écosse ; j'étais ravi de passer la frontière de ce pays, je suis bien aise de la repasser ! Sans contredit le plus beau point de vue de l'Écosse est pris du coin de votre feu, vis-à-vis d'Ossian et de Walter Scott. (Custine, *Courses en Angleterre et en Écosse*, 1830.)

Trabaud

Enfin, après une charmante excursion en Lanarkshire, au château du duc d'Hamilton, à la cascade de Stonebyres, et à Paisley, la ville des gazes, des tartans de soie et de coton, des crêpes de Chine et autres articles de ce genre recherchés à notre époque, nous prenions place sur la *Sainte-Colombe* qui se rendait à Londonderry, en Irlande, avec une forte cargaison de colis et de malheureux Irlandais.

A peine nous eûmes perdu de vue la colonnade de la douane de Greenock, que des rafales de pluie et de vent debout soulevèrent une houle formidable qui ralentit toute la nuit la navigation de notre paquebot, sale, détraqué et mauvais marcheur ; de plus mon système nerveux s'irrita tellement que je fus remis par le capitaine sur un rocher de la côte de Ballycastle, comme un cadavre naufragé, presque sans vie et dans une telle prostration que je demeurai quelque temps malade et épuisé.

— Ainsi, nous avions eu notre tempête.

— La vie humaine a des circonstances forcées ; quel voyageur n'a pas été le jouet de la fureur des flots ? quel littérateur n'a pas commis une tragédie ?

— Adieu donc terre hospitalière d'Écosse, adieu majestueuses cités qui conservez ensemble la naïveté gothique et la grandeur de l'antique Grèce, adieu riants coteaux où paissent des milliers de jolis petits moutons blancs à tête noire, adieu impétueux torrents, forêts de pins et de mélèzes embaumés, adieu lacs aux eaux noires et superbes châteaux qui témoignent d'un passé illustre et embellissent encore une contrée si attrayante par elle-même, adieu chansons inspirées par l'écho des montagnes, adieu bérets et tartans, cornemuses et chalumeaux, adieu bon peuple d'Écosse, dont la pureté du cœur égale la transparence du teint, adieu mes amis que je crains de ne plus voir !

Nous passerons dans la vie comme nous avons passé ensemble dans les sentiers des montagnes ; puis la trace des sentiers se perdra et les montagnes seules resteront (Trabaud, *D'Inverness à Brighton*, 1853.)

Faujas de Saint-Fond

Je songerai souvent à Tarbet, même au milieu de la belle Italie, de ses orangers, de ses myrtes, de ses lauriers et de ses jasmins. (Faujas de Saint-Fond, *Voyage en Angleterre*, 1797.)

L'IRLANDE, LE VERT ET LE NOIR

> L'Irlande n'est connue en France que par ses malheurs. Parmi nos compatriotes il en est bien peu qui aient visité ce pays, que la nature s'était plu à embellir, et qui pendant plus de six siècles a subi les plus dures tyrannies, les persécutions les plus cruelles et les plus raffinées que le génie du mal ait jamais suggérées à des vainqueurs, à des bourreaux. Cependant, au milieu de ses ruines, l'Irlande est belle encore ; ses maîtres n'ont pu lui enlever ses ravissants paysages, ses prairies toujours vertes, ses montagnes pittoresques, ses plaines si fécondes, et ses lacs magnifiques parsemés d'îles fraîches et embaumées. L'Irlande mérite toujours d'être appelée la *première fleur de la terre*, la *première perle de la mer*.
>
> Joseph PRÉVOST, *L'Irlande au XIXᵉ siècle*, 1845.

Si au XVIIIᵉ siècle l'Irlande est pratiquement ignorée des voyageurs français, au XIXᵉ siècle elle s'inscrit dans le périple de tout enquêteur au Royaume-Uni. C'est à qui apportera son témoignage sur le martyre d'un peuple, se prononcera sur la question irlandaise. Un chapitre sur l'Irlande, l'autre île de John Bull, s'imposait donc. Il aurait pu constituer le tiers du volume. Toutefois, si la matière était abondante, elle était peu variée, et toutes les relations convergent : les beautés de la verte Érin ne peuvent faire oublier le drame de l'Irlande.

D'ailleurs, on va alors en Irlande parce que cette île est le miroir où s'inscrit, odieux et hideux, le visage d'Albion ; parce que c'est le lieu où l'on prend l'Angleterre en flagrant déni des valeurs britanniques ; on vient y assister à l'agonie d'une nation et à l'échec d'une autre : spectacle qui permet tous les apitoiements, toutes les indignations, les objurgations et les anathèmes. L'anglophobie s'exacerbe en évoquant la haine inexpiable des Celtes et des Saxons. Les plus honnêtes des visiteurs admettent que l'obstacle de la langue et l'horreur du dénuement ne leur ont laissé voir les problèmes que de l'extérieur, en étrangers ne pouvant prodiguer qu'une commisération condescendante. Faut-il avouer qu'on est venu jouir des souffrances des Irlandais en même temps que de la honte des Anglais ?

Il y a certes l'excuse de la découverte de sites magnifiques, d'une Irlande pittoresque. Mais chaque étape rappelle une histoire sanglante et confuse dont témoignent des ruines. Joseph Prévost a beau dire : « Non seulement chaque château, mais chaque village, chaque chaumière a ses chroniques merveilleuses, ses légendes qui se transmettent de génération en génération. Il n'y a pas de prairie, de montagne, de forêt, il n'est pas de rivière, de lac, de fontaine, de cascade, qui n'ait ses nymphes, ses génies, ses hôtes mystérieux », le voyageur aura surtout le sentiment du crépuscule des Celtes. Il est peu de hauts lieux qui n'évoquent des tragédies, il n'y a guère de grands noms, seulement un long martyrologe. La seule personnalité, qui appelle d'ailleurs un pèlerinage respectueux, est celle de Daniel O'Connell, messie mais non rédempteur des Celtes.

Au long de la route, guenilles et masures viennent rappeler la déchéance d'un peuple. La découverte des plus belles campagnes est gâchée par les cris des mendiants ou, pire encore, par le silence des terroirs désolés. Quand il s'avise que le charme de l'Irlande naît de ce qu'une malédiction séculaire, issue des fanatismes et des égoïsmes, interdit toute mise en valeur, repousse le pays dans les ténèbres du passé et entretient cet abandon si favorable au pittoresque et à l'archaïque, le touriste sait qu'il jouit en esthète des décors nés d'un désastre.

Tout au long du XIXe siècle, le voyageur français en Irlande cherchera à se donner bonne conscience, tout en sachant qu'il ne peut aller au-delà des bonnes paroles et des bons sentiments.

L'ÎLE D'ÉMERAUDE

Saint-Thomas

Qu'elle est verte, l'Irlande !

Ce pays d'Irlande est tellement varié dans son pittoresque que les plus difficiles amants de la nature pourraient y réaliser leurs rêves ; ceux qui aiment la nature l'aiment généralement sous toutes ses formes. Assurément il faut mettre à part de cela les spécialistes enragés, tels que les marins malgré tout, ou les montagnards quand même ; mais, cela fait, on peut dire que quiconque aime la mer aime également les grandes plaines et les montagnes, et réciproquement.

Or, à mon sens, cela est un grand ennui pour les gens posés qui veulent planter leurs choux — ou une partie de leurs choux, leurs choux d'été par exemple — dans un endroit à leur convenance. Leurs goûts variés les rendent d'abord indécis, puis malheureux, ou tout au moins dissatisfaits, car il est certain que s'ils adorent également l'Océan et les Alpes, le château de leurs rêves ne peut être à la fois en Normandie et en Savoie.

Dans ce cas embarrassant, je leur conseille simplement de le placer en Irlande.

Ils n'auront que l'embarras du choix sur toute la ligne de contour de l'île de Paddy, depuis le nord jusqu'au sud, depuis Belfast jusqu'à Cork, de quelque côté qu'ils fassent le chemin, pour jeter la fondation de leur ville.

En la bâtissant sur le penchant de la colline, ils auront derrière eux la montagne avec ses ravins, ses précipices et leur accompagnement de torrents et de cascades, et peuplée d'un gibier d'un intérêt non médiocre pour le chasseur.

Derrière s'étendra la plaine, ici fertile comme la Beauce, là aride et marécageuse comme la Sologne, où le cavalier, perché sur le dos de son poney irlandais, le premier sauteur du monde, pourra galoper à son aise ou franchir des obstacles juste assez difficiles pour donner du piquant à la promenade.

Autour de son castel il trouvera sans doute une vieille tour ronde plus ou moins décoiffée, un monastère en état de ruine très suffisant, et enfin l'emplacement historique où saint Patrick tua six dragons. Des six églises, à vrai dire, il y a beaucoup de chances pour qu'il ne reste rien.

Par-devant, au pied de la colline, s'étendra un joli lac enjolivé encore d'une île touffue et peuplée de truites dont n'ont pas idée nos bourgeois parisiens fervents de la ligne, voire même de saumons très précieux. Car le lac, cela va sans dire, communiquera par un bout de rivière avec la mer d'Irlande ou l'Atlantique lui-même. Et dans un de ces profonds, majestueux estuaires qui sont la caractéristique de cette côte si capricieusement découpée de l'île d'Émeraude, rien n'empêchera un joli yacht de s'abriter, à quelques portées de fusil de la demeure du maître.

Enfin, comme le maître ne sera pas un Anglais, il sera sûr de rencontrer dans les paysans, ses voisins, non pas des « sauvages » ni même des « boycotteurs », mais de braves, ouverts, hospitaliers et joyeux Paddy.

Car il est brave et honnête, Paddy, et généreux avant tout, quelque mal que lui ait fait l'invasion étrangère. Ce sont ses qualités indiscutables. Si franc, si généreux, qu'on a pu dire de lui que ses qualités lui étaient propres, tandis que ses défauts lui venaient des autres.

Quel aimable peuple ne ferait-il pas dans son île délivrée du joug!

Et joyeux donc! Ne faut-il pas qu'il le soit de nature, pour que sa gaieté ait survécu à des épreuves telles que pas un autre peuple, sauf les Juifs, n'eut jamais à en subir de pareilles?

Nous voilà en pleine campagne de la verte Érin, de l'île d'Émeraude, comme il vous plaira de l'appeler; chaque dénomination est juste qui rappelle la couleur éternelle de l'île de Paddy.

C'est qu'elle est réellement bien verte, complètement verte, l'île. Et pour poétiques qu'ils soient, les noms qu'on lui attribue ne sont pas menteurs.

Bien verte est l'île.

Verte dans ses ravins, verte jusqu'au faîte de ses montagnes. Je ne veux pas dire que ses prairies ou ses arbres soient plus verts que ceux de l'Angleterre, par exemple. Les prairies anglaises sont d'un vert immuable qu'on peut égaler, mais dépasser non. Ainsi de ses arbres qui restent verts quand les nôtres sont déjà rouillés. L'Irlande, sous ce rapport, n'emporte point la palme sur sa voisine ennemie. Les deux contrées, — ce qui est simplement la conséquence de leur climat constamment humide, — les deux contrées sont également belles sous leur verdure intense. En un mot, l'Irlande n'est pas d'un vert plus vert que celui de l'Angleterre, sa verdure s'étend plus loin, voilà tout, et c'est là sa particularité. Sa verdure s'étend jusqu'à la mer.

Le rocher de l'Irlande est vert.

La dune n'existe pour ainsi dire pas dans ce pays; le rocher partout surplombe la vague, et ce rocher, jusqu'à l'endroit où le flot le baigne, est vert de shamrock. Que si le roc est fort élevé sur le flot, la verdure s'est fait place sur son flanc. Le rocher est habituellement un mamelon vert qui présente à la mer son côté le plus vertical. Mais dans le cas où le granit s'avance escarpé, tailladé, rongé par l'eau, dans les fissures, dans les éboulis, dans les escarpements, le vert shamrock et l'herbe courte et serrée font encore des taches verdoyantes. Et sur cette grandiose côte du nord, vers la Chaussée des Géants, sur ces falaises immenses, à pic à vous donner le vertige même quand vous les regardez du bas, vous découvrez à moitié chemin du précipice des vaches tranquilles, qui semblent fort occupées à leur herbe, de véritables troupeaux de moutons qui paissent à deux cents pieds sur votre tête, et à la distance semblent de gros chats.

Et quand on approche de la côte, venant de la mer avec la marée montante, le regard, en de nombreux points de la côte, ne distinguera autre chose que l'écume de la vague venant mouiller l'herbe du pré, juste à côté des bêtes bêlantes.

C'est bien l'île d'Émeraude la bien nommée. (Saint-Thomas, *Le Rêve de Paddy*, 1886.)

Feuillide

Des ruines et des hommes

Entre tous les lieux renommés en Irlande pour ces pittoresques aspects que les Anglais appellent *scenery*, mot qui manque à nos descriptions, il en est un qui m'a offert le type des principaux traits caractéristiques de toute cette nature irlandaise, formée par les harmonies physiques et morales qui lient entre eux le sol, les souvenirs et la race, et lui constituent une indélébile nationalité. Il a été pour moi comme un panorama où se sont groupés tout ensemble, l'aspect mélancolique des ruines, les beautés d'une création forte, la popularité des antiques souvenirs, le merveilleux des légendes, la simplicité des croyances, l'amour de la terre natale, le caractère, l'intelligence et l'esprit des *paddies*. Pour toutes ces causes, j'ai pensé que si je donnais le récit de l'excursion que j'y fis, on me pardonnerait une digression qui rompt, momentanément peut-être, ma synthèse sur l'état social et politique de l'Irlande, mais qui se rattache à l'ensemble de mon livre par bien des aperçus, et qui, si elle met en saillie quelques parties de la nature irlandaise déjà éclairée, fait arriver la lumière sur quelques autres parties, sans lesquelles mes tableaux resteraient plus incomplets encore.

Le comté de Wicklow offre la réunion des genres divers de beautés, de misères et de souvenirs que l'Irlande tient de Dieu et de l'Angleterre : de Dieu qui lui a prodigué toutes les magnificences de la nature, de l'Angleterre qui l'a écrasée de désolations.

[…] Les ruines sont en si grand nombre qu'elles tirent de ce nombre même un intérêt plus attachant que celui qui peut se prendre aux monuments antiques dans toute leur belle conservation. Ceux-ci ne séduisent que le regard, celles-là attirent le cœur. On voit les uns avec les seules impressions du moment ; pour voir les autres il faut faire un retour sur le passé. Alors la pensée fermente, elle remet sur pied ce qui fut, et elle peut le rééditier aussi beau que possible. Devant ce qui est, au contraire, la pensée reste froide, parce que l'âme humaine est ainsi faite, qu'elle ne s'illumine que de l'espérance ou des souvenirs ; elle n'a des ailes que pour plonger dans le passé qui est profond, ou pour s'élancer dans l'avenir qui est immense : le présent est étroit et borné, elle en touche trop vite les parois, auxquelles elle se heurte pour retomber à terre.

Aussi arrive-t-il d'ordinaire que les beautés architectoniques des anciens monuments restés intégralement ne sont un objet d'admiration passionnée que pour les hommes de l'art, on peut même dire du métier, alors surtout que ces monuments, tels que les belles et vieilles églises de l'Angleterre, forment, par les pompes et les magnificences de leur architecture si bien appropriée aux pompes et aux magnificences du catholicisme d'autrefois, un contraste glacial avec la raideur, la sécheresse et le terre à terre du culte protestant d'aujourd'hui, qui grouille inaperçu à travers l'immensité des nefs et la hauteur des voûtes, dont la nudité les fait paraître encore plus immenses et plus hautes. Pour les autres voyageurs, ces monuments n'ont guère qu'un intérêt de curiosité. Et qu'est-ce que cela ? Les monuments en ruine, au contraire, alors surtout que, comme en l'Irlande, leur destruction se rattache à de grands événements qui appellent des sympathies religieuses ou de commisération humaine, sont un objet d'étude, de vénération et de regrets, d'abord pour les hommes d'art eux-mêmes, ensuite pour tous les voyageurs qui visitent les ruines, et qui, en définitive, n'ont besoin que d'avoir une âme et un peu d'intelligence.

C'est de l'ensemble des souvenirs de l'infortune séculaire qui a pesé sur toute l'Irlande, que les ruines de ce pays tirent le charme indéfinissable de tristesse vague qu'elles inspirent. Isolées de cette masse incommensurable de désolations, elles ne seraient plus que des pierres tombées, car il en est bien peu qui portent le souvenir et l'individualité d'une catastrophe. Aussi les fureteurs de dates précises, qui, avant de se lamenter, veulent savoir tous les détails d'un événement, ont mauvais jeu en Irlande. Que voulez-vous ? d'Élisabeth à Cromwell, les destructions d'églises, d'abbayes et de châteaux, ont été si rapides et si souvent renouvelées, qu'aujourd'hui il y a confusion et impossibilité de savoir auquel des deux, règne ou protectorat, on en doit faire honneur. Cet ensemble, cette confusion de souvenirs et d'époques, sont commandés par l'aspect même de quelques-unes des principales ruines de l'Irlande, dont ils sont ainsi inséparables. Bien souvent les restes du paganisme, pierres druidiques et tours rondes, les manoirs féodaux, constructions quadrangulaires flanquées de hautes tours, les églises saxonnes et gothiques, les abbayes avec leurs cellules voûtées, les ogives de leurs chapelles et les colonnettes de leur cloître se trouvent jetées, empilées presque les unes sur les autres, dans quelques mille pieds carrés. Tant la haine politique et religieuse des Anglais était prompte à démolir ! tant, après chaque dévastation, la piété des Irlandais était prompte à réédifier !

Cette désolation, répandue ainsi à la surface de tout un pays, donne à l'Irlande un caractère tout particulier, et jette sur ses plus pittoresques beautés quelque chose de grave et de sacré qui saisit le cœur, et force l'intelligence à interroger ou à se souvenir. L'Irlande peut en toute vérité être appelée la Palmyre de l'Europe ; elle est le pays des ruines. Les ruines y sont le complément des traditions, des poésies et des annales. C'est l'inexorable page de pierre qui, renversée, broyée, enfouie sous les herbes, vient en aide à la page de papier muette, déchirée ou perdue ; c'est le témoignage porté aux récits de la veillée, dans les cabanes, et aux chants des pêcheurs sur les grèves ; c'est le livre rebelle où, de siècle en siècle, les races milésiennes lisent l'histoire de leur patrie, la date de leur oppression, et les preuves de leur ancienne indépendance... Et les Irlandais ne peuvent faire un pas dans leur île sans se heurter à une ruine !

Au fond de ces bois, ces masses élevées de pierres qui se mêlent et s'appuient aux troncs mousseux des chênes, ce sont des ruines : dans leur vigoureuse verdeur, les grands arbres ont lié avec leurs racines, et protègent aujourd'hui de leurs rameaux contre les derniers coups du temps, le mur croulant d'une chapelle ou d'une abbaye, comme, lorsqu'il était debout et fort, ce mur avait lui-même abrité leurs premières années contre les vents et les orages. Aux flancs des monts, cette bande de dentelures, qui se confond dans les brouillards avec les angles tranchants et les cimes hérissées des rochers, c'est une ruine : le cri de l'aigle y a remplacé le cri de guerre du *chieftain*. C'est une ruine qui s'appuie, là-bas, à ces deux montagnes, éternels piliers qui se regardent ; elle semble étendre ses longs arrachements comme les bras d'un géant, pour fermer encore l'entrée de cette vallée sombre, territoire d'un clan qui n'est plus. Encore une ruine, que cette tour rasée qui assombrit ainsi à ses pieds l'azur de ce beau lac. Jadis elle s'y mirait haute et superbe, avec les longs cheveux, le visage riant des dames, et la verte bannière d'Érin sur ses créneaux ; aujourd'hui, le séculaire miroir ne réfléchit plus que l'onduleux manteau de lierre que les âges ont jeté sur sa décrépitude, et que menace chaque jour d'emporter un coup de vent. A l'angle des verdoyantes pelouses, dans les grands parcs, au milieu des massifs fleuris, en face même de l'orgueilleuse maison qui lui a ravi souvent ses antiques sculptures, la ruine se dresse comme un avertissement et une menace, comme l'esclave arrogant et importun qui, sous ses haillons, rappelait aux triomphateurs de Rome les vanités de la gloire et les retours de la fortune.

Aussi le voyageur, en Irlande, ne sait-il guère ce qui a le plus d'attraits pour ses regards et pour sa pensée, ou de ces débris eux-mêmes avec leurs pieux et nobles souvenirs, ou des sites qui les enveloppent de leur pittoresque magnificence. Il se demande alors si les uns et les autres peuvent plus être séparés, dans ses descriptions, qu'ils ne le sont sous ses yeux ; si le charme mélancolique qui se prend à ceux-là n'est point pour ceux-ci la seule et éternelle source de leurs attachantes beautés ; et si ce mélange de vie et de mort n'est point toute la nature de l'Irlande elle-même.

C'est qu'en vérité toute l'Irlande elle-même semble n'être qu'une ruine ; la ruine laissée sur l'Atlantique, comme preuve de leur ancienne existence, par les vastes continents où l'Océan roule aujourd'hui ses flots.

Ce sol humide et gras que, seules, des immersions de chaux pulvérisée réchauffent et fertilisent ; cette terre dont les entrailles recèlent les troncs pourris de forêts tout entières, et où se renouvellent incessamment les racines parasites de la tourbe incessamment exploitée.

Cette végétation même, si envahissante qu'elle grimpe jusqu'à la cime des montagnes, à travers tous les espaces où arrive un rayon du midi ; si vivace que, déchirée, pelée, nue, elle lutte, durant des années, contre la dévorante âpreté des vents du nord ; si puissante qu'elle fend et soulève les blocs de granit et de basalte, et qu'elle se cramponne à toutes les anfractuosités de rochers, où les orages ont détrempé quelques grains de poussière.

Ce lierre surtout, si luxuriant que, de la base aux combles, il tapisse les édifices même bâtis d'hier, et que, boa de cette végétation si forte, ainsi que les lianes dans les forêts vierges, il enlace les arbres les plus robustes, depuis le jour où ils naissent jusqu'au jour où ils meurent, grandissant avec eux, se déployant avec eux, roulant à leurs troncs énormes les nœuds énormes du sien ; leur envieux jumeau, se tordant dans les anguleuses sinuosités de leurs branches, mêlant chacune de ses feuilles à chacune de leurs feuilles, ne leur laissant point pousser un jet, un bourgeon après lesquels il ne coure, qu'il n'étreigne et au-dessus desquels il ne darde ses rameaux flexibles, comme ces langues de feu que le vent allonge au-dessus des incendies, comme ces têtes de serpents qui se dressent et s'agitent sur la proie qu'étouffent leurs anneaux.

Tout ce qui rend l'Irlande si verdoyante, si ombreuse, et lui donne son aspect sombre et mélancolique en harmonie avec les souvenirs de son histoire et les misères de sa population.

Toute sa nature, enfin, si inutilement féconde, si stérilement fleurie, semble ne lui venir que des débris entassés à sa surface, en couches séculaires, par plus de trois mille années de subversions du sol, de guerres d'invasion, et d'extinctions violentes de races. Ainsi, dans les plaines où de formidables batailles ont couché de grandes armées, bien des années encore après le carnage, les herbes, plus épaisses et plus hautes, indiquent les lieux où la terre a bu le plus de sang, et s'est le plus engraissée d'humaines dépouilles.

En remontant le Shannon

Je doute d'ailleurs qu'à cette heure il pût y avoir sur l'*Avon-more* d'autre regard, d'autre pensée, que pour la belle et imposante nature dont les perspectives variées s'en allaient dans un lointain immense se confondre avec le bleu du ciel.

Sur chaque rive, des prairies, émaillées de pâquerettes et de *shamroc* [trèfle], s'étendaient au pied de coteaux, colorés tour à tour du vert sombre des sapins, mêlés au vert reluisant des houx, de la blancheur grisâtre des rochers et du jaune éclatant des genêts en fleurs qui se dressaient parmi les bruyères pourprées. C'était dans le fond de la perspective, loin, bien loin, par-delà le pays de Limerick, les cimes échelonnées de la grande chaîne de montagnes des comtés de Kerry et de Cork, et les blanches vapeurs qui, montant des vallées, marquaient les degrés de cet amphithéâtre. Puis, dans ce bassin immense, sur un lit profond de tourbes et d'herbages, semblaient dormir les vastes et noires eaux du fleuve, où le soleil reluisait comme sur des plaques d'acier bruni. On n'en pouvait distinguer ni le courant ni les détours. Puis, voyant toujours à l'horizon se dresser devant soi les montagnes, oubliant d'où il venait et où il allait on se demandait si le Shannon était autre chose qu'un lac immense, formé par d'autres lacs immenses, qui auraient dévoré leurs rives pour se réunir et marcher ensemble contre ces montagnes qui les séparaient de l'Atlantique, mais aux pieds desquelles ils se seraient brisés, comme à leurs revers se brise l'Océan.

Si, fasciné par cette dévorante perspective, le voyageur cherchait à se reprendre à des objets un peu plus rapprochés et dont il pût saisir quelques détails, il voyait sur les rochers lointains de la rive gauche se dresser encore, hautes et menaçantes, les ruines de Cromwell Castle, toutes verdoyantes du lierre qui liait les pierres ébranlées de ses murs, et s'élançait en jets vigoureux au-dessus des tours rasées, comme s'il en eût cherché dans l'espace les créneaux pour les étreindre. Plus loin, deux tours jumelles, unies par des étages d'arcs-boutants rompus en quelques endroits, laissaient passer à travers leurs meurtrières le jour, sur lequel se découpait leur masse noire. On eût dit les deux supports d'une échelle de briques, dressée pour escalader le ciel, et dont les barreaux s'étaient écroulés sous les pieds des géants.

Sur la rive droite, en regard de ces grandes ruines, dans les prairies qui s'étendaient des bords du fleuve jusqu'aux flancs des coteaux, un château moderne se mirait coquettement dans les eaux avec ses deux tourelles, ses pelouses et ses corbeilles de fleurs groupées le long de ses allées tortueuses. Le voyant ainsi modestement assis dans la plaine, je me disais que, s'il devait tomber quelque jour, sa chute serait moins rude. Je louais surtout le propriétaire d'avoir jugé qu'un isolement farouche, au milieu de rochers arides, n'avait pas été pour ses formidables vis-à-vis une garantie d'éternité, et de s'être donné l'appui et l'entourage de deux fermes, où le travail et le bien-être sont, en effet, le meilleur obstacle à opposer aux passions haineuses devant lesquelles s'écroulent les créneaux et les grilles des châteaux forts. Ainsi, je laissais flotter mon âme et mes regards dans la contemplation des tableaux qui remplissaient l'espace ; et, rêveur, j'aimais à chercher et à suivre, dans la profondeur des eaux, les sillons des grandes bandes lumineuses qui coupaient, le long des rivages, les ombres projetées des prairies, des bois et des collines.

— Oh ! dis-je alors à M. Fitz-Gerald, m'abandonnant à mon enthousiasme et à l'amour qui m'avait pris au cœur pour l'Irlande ; oh ! si j'étais aux beaux jours de la jeunesse, alors que toutes les pensées se parfument d'espérance et de poésie ; si les déceptions sans nombre, auxquelles je me suis heurté, n'avaient pas tué en moi la muse qui berce et qui console avec des chants et des rêves... si j'étais un enfant d'Érin, un barde de votre île, c'est au milieu de ces merveilles de la Création que j'aimerais à évoquer le génie de la vieille Irlande !

— Eh ! jeune homme, qui, ayant une patrie grande et libre, et une famille que la persécution n'a point décimée, vous plaignez des déceptions qui ont suivi des passions folles peut-être, que diriez-vous au génie de l'Irlande, qui ne lui ait été dit par nos bardes ? Et lui, que vous répondrait-il, qu'il ne leur ait déjà répondu ? Vous parlez des chants et des rêves qui bercent et qui consolent ! Oh ! nos bardes ont été visités par eux aussi ; mais, avant la fin de leurs hymnes, le rêve, hélas ! s'était enfui, et le chant, commencé avec des paroles d'espérance et d'amour, se perdait en ces clameurs dont parle l'Écriture, et qui, du fond des abîmes, montent vers le ciel. C'est qu'à travers les cordes de la harpe, leurs yeux, au milieu de ces merveilles où votre âme se plonge, avaient vu ce que les vôtres ne savent pas encore y apercevoir : sous ces arbres si verdoyants, des familles errantes, sans lit et sans foyers ; au pied de ces rochers si pittoresques, des cabanes qui se confondent avec les cavernes, et où la nudité, le découragement, la faim, sont les seuls héritages légués aux enfants par les pères.

Celui qui voudrait succéder aux bardes d'Érin devrait renoncer à la gloire ; il ne serait compris que des pauvres, et le monde ne le lirait pas : il chanterait dans une langue accusée de rudesse, méprisée, proscrite ; et, sur la foi de ceux qui l'ont méconnue, honnie et tuée, le monde croirait qu'il est seulement ce que, disent-ils, ont été tous les bardes d'Érin : *rude, rural rhymsters*, de grossiers rimailleurs de campagne, bons tout au plus à charmer l'ignorance et le tympan du *paddy* en haillons.

Et cependant, monsieur, vous apprendrez et vous direz, j'espère, que notre langue méritait de vivre, aussi bien que celle d'Écosse et du pays de

Galles qu'on encourage. Vous apprendrez et vous direz aussi que nos bardes ont enfanté des œuvres que ne désavouerait nulle littérature ancienne ou moderne. (Feuillide, *L'Irlande*, 1839.)

Saint-Thomas
Sur le lac de Killarney

Quelques coups de rames, et nous voici au milieu du lac, laissant derrière nous le groupe des petites îles ; quelques coups de plus, et nous débarquons dans la plus grande île du lac, dans l'île vénérée d'Innisfallen.

Innisfallen a été l'île sainte par excellence dans l'île des saints, et le monastère dont les ruines aujourd'hui ne sont pas beaucoup au-dessus du niveau du sol, a été fondé au XVIe siècle par saint Finhian — de qui les *Fenians* ont pris le nom — habité pendant près de dix siècles par des moines puissants dans la contrée et savants.

Je n'ai pas encore vu de monastère qui n'ait pas été placé juste à la meilleure place que l'on pût choisir, et sous ce rapport, celui d'Innisfallen emportait la palme. Que pouvait-on trouver de mieux pour la méditation que cet îlot au milieu des lacs reculés de Killarney, entourés eux-mêmes de montagnes ?

La puissance de la végétation et la variété des arbres qui couvrent Innisfallen, redevenue aujourd'hui sauvage et inhabitée, ont été le sujet d'admiration de tous les touristes, de tous les écrivains qui ont passé par là. C'est en effet là que la richesse de la forêt irlandaise atteint son plus haut degré : le vert noir de l'arbutus, qui est ici chez lui, se mêle à celui du chêne, pendant qu'au-dessous d'eux les arbustes poussent en fouillis inextricables. Il y a là un frêne énorme qui doit être un des plus vieux que possède le monde ; entre l'écartement de ses premières branches, à six ou huit pieds de hauteur, un houx vigoureux et un rosier sauvage se sont mis à croître comme en pleine terre, et le vieil arbre qui nourrit ces deux parasites à ses dépens ne semble pas s'en porter plus mal. Un autre arbre pousse sur un pan de mur restant du monastère et y paraît fort à son aise ; à l'extrémité d'un promontoire, un arbutus très grand s'arrondit en dôme sur une ouverture en forme de couche, creusée avec régularité par la nature dans le roc qui surplombe l'eau et qu'on appelle le « lit d'honneur ». On retrouve encore toutes les bizarreries que peuvent se permettre des arbres de toutes sortes dans un coin de forêt isolé du monde, et qu'ils habitent depuis mille ans.

Le sol est en même temps couvert partout où un brin d'herbe a pu trouver place et jusque entre les fentes et sur les pierres mêmes des tombeaux des moines — car là, à la porte de leur abbaye, sont enterrés des moines et des princes irlandais — le gazon pousse tel, qu'il a rendu légendaire les pâturages d'Innisfallen, et que l'on ne doit laisser que deux mois dans l'île les moutons qui le paissent, sous peine de les voir devenir gros à ne plus pouvoir marcher qu'avec des roulettes sous les pieds comme les petits moutons de Nuremberg. Ces moutons sont les seuls habitants de l'île, et ils vont brouter jusque sur ce petit promontoire où s'élèvent les ruines de ce qui était une annexe au monastère, une bibliothèque où ont été trouvés les très célèbres manuscrits connus sous le titre de « Annales de l'Irlande », écrits moitié en latin, moitié en langue celtique, contenant une histoire générale du monde jusqu'en l'an 430, et après cela une chronique d'Irlande jusqu'au XIIIe et XIVe siècle, avec une interruption d'un siècle et demi.

Les moines d'Innisfallen ont été les premiers historiographes de l'Irlande ; leur bibliothèque, au coin de l'île, a contenu les premières archives du pays.

Innisfallen, l'île sainte, semble un coin du paradis terrestre, tombé par hasard au milieu du grand lac de Killarney — Longh Leane pour lui donner le plus connu de ses noms — mais un paradis sans le serpent, car il faut ajouter aux mérites de l'île de Paddy que les reptiles y sont absolument inconnus.

Innisfallen est un type de paysage sylvestre du genre tranquille. Un type de paysage sylvestre du genre bruyant se trouve à un mille plus loin sur la côte opposée du lac, sur le flanc de la montagne de Tommies où nous débarquons pour un instant.

Là, en effet, est la cascade de O'Sullivan, ainsi nommée de l'antique famille irlandaise des princes de Desmond. C'est une cascade tapageuse à trois étages et qui rebondit tout en écume sur des masses de rochers qui dérobent une partie de l'effet ; cela est infiniment plus sauvage, et si à Innisfallen on pouvait se croire dans une silencieuse forêt monacale des premiers âges chrétiens, ici on s'imagine aisément être à côté d'un torrent du Nouveau Monde où l'homme n'a jamais touché que pour y prendre dans le creux de la main une gorgée d'eau à boire. Il n'y manque même pas le sapin tombé en travers de la cascade, ce qui forme un pont trop périlleux pour qu'on puisse l'employer à cet usage. Une petite troupe de bateliers, assis en rond sur le rivage à l'entrée du bois, presque au pied du torrent, fumant silencieusement leurs pipes, et se passant à intervalles une gourde de *potheen*, me rappellent, sans grand effort d'imagination les *trappeurs* de l'Arkansas de Fenimore Cooper ou de ce pauvre Gustave Aimard, braves trappeurs sympathiques qui font tant de tort aux versions latines sur les bancs des collèges français, — cependant que la cascade continue son bavardage assourdissant. (Saint-Thomas, *Le Rêve de Paddy*, 1886.)

Enault

Pèlerin malgré lui

Le Shanon [Shannon] est un des plus beaux cours d'eau de l'Europe : tour à tour ruisseau, rivière, torrent, lac et fleuve, il ne manque à sa gloire qu'un poëte pour le chanter ; avec un poëte, il serait bientôt aussi célèbre que le Rhin, le Rhône ou le Danube, qui n'ont ni plus de grandeur ni plus de majesté.

Le Shanon prend sa source au nord de Limerick, dans les montagnes du comté de Leitrim ; il forme bientôt un beau lac, appelé lough Allyn ; puis, continuant sa course vers le sud, il sert de limite aux comtés de Longford et de Roscommon. Ses ondes, calmes et dormantes, s'élargissent peu à peu et deviennent le lac Ree. A Athlone, au contraire, il se précipite avec force. Il roule avec impétuosité, jusqu'à ce qu'il se transforme encore une fois en un lac spacieux entre les comtés de Tipperary et de Galway ; il s'appelle alors lough Derg. Il reprend son cours à Killaloc ; c'est là qu'il apparaît dans toute sa majesté ; mais en même temps il devient inaccessible à la navigation, et jusqu'à Limerick il n'offre pour ainsi dire qu'une série de cataractes.

A partir de Limerick, le Shanon change complètement d'aspect ; là commence une de ces vastes embouchures, comme celle de la Tamise et de la Clyde, et qui ressemblent bien plus à des lacs qu'à des fleuves.

Je pris passage à bord d'un des paquebots de Limerick qui devait me porter au fond de la baie de Clare, où vient aboutir une excellente route de terre conduisant à Galway.

Il y avait foule sur mon joli steamer, et comme en rivière on ne craint pas le mal de mer, on se livrait sans contrainte au plaisir d'une navigation rapide, au sein d'une nature enchantée. Rien n'est splendide comme l'Irlande dans une belle matinée d'automne.

J'eus le malheur de parler, on vit bientôt que j'étais étranger. Ah ! l'accent ! l'accent !!! Mais l'hospitalité n'est pas moins cordiale en Irlande qu'en Écosse, et la présentation n'est plus, comme à Londres, de rigoureuse nécessité. Ce fut bientôt à qui me ferait les honneurs du pays ; et les questions d'aller leur train ! L'Irlandais est grand causeur de sa nature : cela remonte plus haut qu'O'Connell. On me demanda où j'allais ; je répondis que je n'en savais rien, et chacun de rire.

Je ne mentais qu'à moitié ; car, dans tous mes voyages, j'ai toujours fait une large part à l'imprévu, et bien m'en a pris. Ce jour-là même j'étais parti pour Galway, et ce ne fut point à Galway que j'allai.

« Eh bien ! me dit une femme assise auprès de moi, et qui aurait été blonde... si elle n'eût été rousse, puisque vous n'avez aucun plan de voyage, venez avec nous.

— Je ne demande pas mieux ; mais encore faut-il savoir...

— Où nous allons ?

— Sans doute !

— Cela ne vous semblait pas nécessaire tout à l'heure, mais je veux bien vous faire une concession... pour vous engager. Sachez donc que nous allons... en purgatoire... Me suivez-vous jusque-là ? ajouta-t-elle en minaudant.

— Je vous conduirais plus loin, si vous le permettiez », répondis-je à mon tour avec une galanterie dont je reconnais maintenant le mauvais goût.

Elle eut l'esprit de ne pas comprendre. Il y a des cas où c'est, pour une femme, la meilleure manière de répondre.

Cependant les aubes rapides tournaient, tournaient toujours, et les paysages changeants se déroulaient sur chaque rive, si rapidement qu'on n'avait même pas le temps de les voir !

Enfin le steamer s'arrêta et nous descendîmes du bateau pour remonter bientôt dans un immense chariot découvert, où vingt-quatre voyageurs purent s'asseoir dos à dos, douze sur chacun des deux longs bancs parallèles au timon, qu'on juche au-dessus des roues à quatre pieds du sol. Une troupe plus nombreuse suivait à pied nos quatre chevaux, qui marchaient au pas, péniblement, par une route défoncée.

Deux cahots et un *heurt* me jetèrent sur les genoux de ma voisine. C'était toujours la petite femme aux yeux verts et aux cheveux à peu près blonds.

Elle serait tombée si je ne l'eusse retenue.

— C'est votre purgatoire qui commence, lui dis-je en souriant.

— Pas encore ! me répondit-elle. Je remarquai bientôt qu'elle devenait plus sérieuse. Elle ne répondait guère à mes questions, et mes compagnons assombris imitaient son silence. Bientôt un homme à cheveux grisonnants, qui semblait le chef de la troupe, prit son chapelet, se découvrit, fit un signe de croix, et dans cette belle langue gaélique, harmonieuse et retentissante, il commença des prières auxquelles la foule répondait pieusement.

Sans m'en douter, je me trouvais en plein pèlerinage ; je me rappelai mon voyage de Terre sainte, et je fis bonne contenance. L'Irlandais est mobile comme l'onde : à la pétulance du matin succédait le recueillement du soir.

Comme le chapelet finissait, nous arrivâmes au bord d'un de ces grands marais connus sous le nom de *bogs*, comme on en rencontre fréquemment en Irlande.

Le bog ne ressemble à rien de ce que vous avez pu voir en France, ni dans la Sologne, ni dans la Camargue. Le bog appartient à l'Irlande, comme le fjord à la Norvège, comme les steppes à la Tartarie.

Vaste détritus des forêts renversées de la vieille Irlande, amas de végétations qui s'embarrassent et s'étouffent, réservoir profond où s'écoule l'excédent des lacs, lit sans rivages des torrents débordés, le bog est tour à tour une carrière, une prairie ou un précipice. Le voyageur s'y perd, les troupeaux noirs s'y livrent aux joies vagabondes de la vaine pâture, et le paysan en découpe le tuf [turf] pour se chauffer l'hiver.

Maintenant que vous connaissez le bog, — entrons !... Nous allons doucement et en regardant à nos pieds. Ici la précaution n'est jamais inutile. Un faux pas pourrait nous perdre ! Tout le monde descendit du *car* (c'est ainsi que les Irlandais prononcent le mot voiture), le plus léger attelage serait un trop lourd fardeau pour le bog. Les guides marchaient devant, sondant avec leurs longs bâtons le terrain mobile, nous venions après eux, tous à la file, comme ce vol de grues qui traversent parfois le ciel d'automne.

C'était vraiment un curieux spectacle et que je ne saurais plus oublier. Quarante à cinquante personnes, hommes, femmes, enfants, s'avançaient silencieusement dans la plaine muette et déserte. De temps en temps, le chef levait son bâton blanc... c'était l'indice qu'il avait perdu la trace. — Tous s'arrêtaient, l'inquiétude dans l'âme ; bientôt, le bâton s'abaissait de nouveau ; les anciens vestiges étaient retrouvés, et l'on repartait, la joie dans les yeux.

Le vent courbait la tête des grandes herbes ; une femme qui enfonçait dans l'eau jusqu'aux genoux poussait un petit cri ; un héron se levait d'une flaque d'eau, faisait claquer son bec, secouait lentement ses ailes paresseuses, tournoyait dans l'air bleu avec un gémissement rauque : c'étaient tous les incidents de la route. Nous n'en connûmes point d'autres.

Cependant, à mesure que nous avancions dans le marais, d'autres petites troupes pareilles à la nôtre apparaissaient au loin et suivaient la même direction : on voyait bien que nous marchions vers un même but. Bientôt cependant le sol se raffermit sous nos pieds, et nous entrâmes dans une lande déserte, toute fleurie de bruyères roses, au milieu desquelles, çà et là, de grandes pierres grises arrondissaient leur dos de chameau bossu. Tout à coup le terrain s'abaissa devant nous, et par un pli rapide nous amena jusqu'au bord d'un petit lac, que votre géographie ne connaît point, mais qu'on appelle ici le loch Derg. Sa rive était nue et triste ; un horizon de collines rapprochées, arides et pierreuses, l'entourait comme une ceinture de granit. Deux ou trois cents personnes — plus de femmes que d'hommes — étaient assises par petits groupes sur la terre froide ou sur des quartiers de roche. Toutes tenaient leur regard fixé sur une petite île que l'on apercevait dans la distance, à peu près au milieu du lac.

Bientôt une large barque se détacha de l'île et, à force de rames, s'approcha du bord où nous étions. A sa vue, tout le monde se leva, et une grande clameur fut entendue jusque sur les montagnes ; les femmes se jetèrent à genoux, les hommes s'avancèrent dans l'eau jusqu'à la ceinture. La barque accosta, et déposa sur le rivage une trentaine de personnes qui venaient d'accomplir leur pénitence. Autant d'autres montèrent dans la barque à leur place. Je voulus tenter l'abordage.

— Où est votre ordre ? me demanda le batelier.
— Je n'en ai pas.
— Qui êtes-vous ?
— Français !
— Catholique ?
— Apostolique et romain.
— Qui répond de vous ?
— Moi.
— Ce n'est pas assez, fit-il en riant.
Je lui glissai une demi-couronne dans la main...
— Diable ! dit-il comme se parlant à lui-même, si encore vous étiez connu de quelqu'un ?
— Saint Patrick connaît tout le monde !
— Oui, répondit-il en clignant de l'œil, mais j'entends quelqu'un de vivant...
Je tirai de ma poche une lettre adressée à l'archevêque de Tuam.
— Oh ! fit-il en s'inclinant, avec une expression de profond respect, vous connaissez l'ami du *Libérateur*, le pape de l'Irlande, le lion de Juda ! montez !

Deux coups d'aviron nous mirent en pleine eau. Le vieux nocher, sorte de Caron en tartan, se fit donner par tous les pèlerins l'obole du passage, et, un quart d'heure après le départ nous abordions sur l'île de Saint-Patrick. La plupart de mes compagnons n'attendirent point que l'on eût fait barre : ils sautèrent dans l'eau, coururent vers l'île bienheureuse et, se jetant à genoux, touchèrent de leur front sa terre sacrée.

L'île n'est pas grande. Elle peut avoir trois cents pas de long sur deux cents pas de large. Elle était littéralement couverte de monde. Vous avez vu, sur nos côtes, quand le flot commence à se retirer, des troupes d'oiseaux de mer guetter le moment où quelque coin de roche va se trouver à sec, ils l'effleurent de leur vol, s'abattent dessus, l'enveloppent de leurs ailes frémissantes : le rocher disparaît sous ce manteau vivant... Ainsi, de l'île de Saint-Patrick : pas un pouce de terrain qui soit inoccupé. (Vingt mille personnes le visitent chaque année, et nous sommes au fort de la saison !) Presque tous les pèlerins étaient à genoux, quelques-uns prosternés ; tous avaient le chapelet à la main ; çà et là, parmi les groupes, on apercevait un prêtre qui récitait tout haut des prières. Quand on passait derrière les rochers, on entendait des schlagues de pénitents qui se déchiraient les épaules à coups de discipline... (28 septembre 1857 ! 35° de latitude nord !) Allez ce soir rire aux Variétés ou pleurnicher au Gymnase !

A grand-peine, et en fendant la foule, j'arrivai jusqu'au centre de l'île.

Là, dans le cœur même de la roche, on avait creusé jadis une caverne qui recevait dans ses flancs profonds les martyrs les plus exaltés de la pénitence volontaire. Que se passait-il dans ces mystères de l'expiation chrétienne ? Nul ne le sait aujourd'hui. Les gouverneurs de l'Irlande firent fermer la caverne en 1631 ; Jacques II le Catholique, la fit rouvrir ; le clergé lui-même la condamna de nouveau en 1780, et elle est remplacée aujourd'hui par une petite chapelle, sous l'invocation de saint Patrick, et dont les murailles nues voient s'accomplir chaque jour les dernières épreuves du pèlerinage.

— Il y a encore une place, voulez-vous entrer ? me demanda, en me voyant venir à lui, un excellent prêtre, debout près de la porte, un trousseau de clefs à la main, comme saint Pierre au seuil du paradis.

Je m'excusai sur le peu de temps dont il est permis de disposer à un voyageur, qui a beaucoup à voir et beaucoup à dire aussi.

— Qu'est-ce que le temps, me répondit-il en levant son doigt au ciel, qu'est-ce que le temps auprès de l'éternité !

— Que fait-on là-dedans ? lui demandai-je, sans rien répliquer à son apostrophe éloquente.

— On y jeûne ! me répondit-il.

— Eh mais ! lui répondis-je, c'est ce qu'on fait dans toute l'Irlande.

La chapelle ou la prison (car les paysans lui donnent également les deux noms), est une sorte d'*in pace*, dans lequel on subit la dernière épreuve du pèlerinage, c'est-à-dire la privation de nourriture et de sommeil pendant un jour ou deux. Du reste, la diète du loch Dergh est toujours assez sévère. Un morceau de gâteau d'avoine, un peu d'eau et un certain nombre de coups de martinet, bien cinglés sur les épaules, voilà ce qu'on accorde aux pénitents pour se soutenir pendant vingt-quatre heures.

— Mauvais régime ! dis-je à mon interlocuteur, et qui doit leur creuser l'estomac...

— C'est le vin qui les ranime ! reprit-il avec un sourire mystique.

— Ah ! ils ont du vin ! repris-je à mon tour ; alors tout s'explique, et je m'étonne moins du nombre de vos pèlerins.

— Oh ! fit le saint homme, le vin des enfants de Dieu n'est point fait avec le jus de la vigne... Tenez, continua-t-il, voici qu'on apporte le punch du soir...

Deux hommes, en effet, placèrent devant lui une immense marmite fumante, et tous les paysans s'approchèrent pour recevoir leur ration de vin de Saint-Patrick. J'y voulus goûter à mon tour... et j'avalai une cuillerée d'eau bouillante !

Le vin de Saint-Patrick est du même cru que le vin de Cana... avant le miracle... — Mais les pèlerins lui reconnaissent toutes sortes de vertus... expiatoires, et ils s'échaudent la gorge à le boire à plein verre.

— Vous pouvez, me dit le bon prêtre, quand la foule des buveurs se fut écartée quelque peu, vous pouvez vous établir vers l'ouest de l'île ; il y a, je pense, quelques places encore vacantes. Vous savez que la station est de trois, six ou neuf jours à volonté.

Je dois aussi vous prévenir que le régime est moins dur pour les étrangers. Au lieu de gâteau d'avoine, vous pouvez manger des pommes de terre !...

Je répondis que je serais désolé de faire la moindre exception à la règle... mais que j'étais obligé de partir le soir même pour Galway.

— Nous ne forçons personne, reprit l'apôtre, l'esprit souffle où il lui plaît. Les pèlerins ne nous manquent point ; j'en ai vu plus de dix-sept mille cette année !... Mais voici l'heure du dernier départ : allez vous joindre à la troupe sanctifiée, on va vous remettre sur la terre ferme.

La grande barque, en effet, s'emplit jusqu'aux bords ; le nocher aligna son troupeau à coups d'aviron ; c'était un surcroît de grâce... mortifiante, que l'on recevait avec bonheur.

Quand nous fûmes chargés à couler bas, nous prîmes le large.

C'est la foi qui sauve ! a-t-on dit ; tous ces pauvres diables avaient la foi ; ils s'en retournaient chez eux allégés de leurs fautes, la paix dans l'âme, la joie au cœur, le rayonnement de l'extase dans les yeux ! Malheur à celui qui voudrait souffler sur ce bonheur des simples ! car, ainsi que le disait un jour l'archevêque de Tuam, ce lion de Juda dont je vous parlais tout à l'heure, — si vous prenez la foi de mes pauvres Irlandais, qu'est-ce qui leur restera ? (Enault, *Angleterre, Écosse, Irlande : voyage pittoresque*, 1859.)

Deux regards sur Belfast

Joseph Prévost

Les bords de la magnifique baie de Belfast sont couverts de villages florissants, de manufactures et d'élégantes habitations. Le spectacle du bien-être, du travail et de l'aisance qui règnent dans tout ce district forme un contraste frappant avec les scènes de misère que l'on a vues dans tant d'autres parties du pays, le voyageur ne reconnaît plus l'Irlande ; il se croit transporté au sein des luxuriantes campagnes du Yorkshire... (Joseph Prévost, *L'Irlande au XIXe siècle*, 1845.)

Montulé

L'Irlande se divise en quatre grandes provinces. Je ne parlerai que de celle du nord parce que c'est la seule que j'aie visitée, encore très rapidement. Je voulais seulement voir Dublin et la Chaussée des Géants. Je m'embarquai à cet effet sur un steam-boat qui fait régulièrement la traversée de Glasgow à Belfast, port situé au fond d'un golfe et dans le nord de l'Irlande. Je pus voir dans ce petit voyage combien était peu réfléchi tout ce qu'on a dit dans la vieille Europe, et surtout en France, contre les bateaux à vapeur. La mer était grande, et le plus souvent une seule de nos roues plongeait dans l'eau ; nous arrivâmes cependant, sans le moindre accident, en dix-huit heures à Belfast ; nous avions fait soixante lieues.

A peine avions-nous touché les quais que la population la plus misérable que j'aie encore vue se précipita sur notre bateau. Tous nous offraient leurs services ; mais leur physionomie, leurs vêtements déchirés, la succession étonnamment rapide de leurs paroles, me les aurait, dans tout autre endroit, fait prendre pour des brigands. On dit que les Irlandais descendent des Phéniciens ou des Espagnols ; ce que je croirais d'autant plus que leur ensemble a véritablement quelque chose de méridional. Leur taille n'est pas très élevée ; leurs cheveux, leurs yeux et leur peau sont bruns ; leur regard a cette activité inquiète qu'on trouve toujours dans le Midi et jamais dans le Nord. En voyant leurs vêtements déchirés, je dis en plaisantant que probablement ils se couvraient des vieux habits des Anglais ; un capitaine qui allait en semestre dans sa famille m'assura qu'il en était ainsi ; qu'on vendait à Londres tous les mauvais effets, qu'une partie était dirigée sur l'Irlande et l'autre sur la Norvège. (Montulé, *Voyage fait en Angleterre*, 1825.)

Montulé
Une périlleuse excursion minéralogique

Tout cela s'est formé dans l'endroit même où il se trouve, et n'est point sorti perpendiculairement des entrailles de la terre. Mais je ne donnerai une explication étendue que lorsque j'aurai vu le cap de Fairhead à quinze milles du Causeway (Chaussée des Géants) ; j'y dois trouver des basaltes encore plus étonnants par leurs énormes dimensions. Je parcourus longtemps les cavernes que la mer a creusées dans toute cette partie de la côte. Il en est une très curieuse par son étendue ; un coup de fusil que nous tirâmes y retentit d'une façon véritablement effrayante. A quelques milles de là demeure, dans un joli château, M. Montgomery, pour qui j'avais une lettre. J'allai la lui porter, et je ne fus pas peu surpris, je l'avoue, de trouver au milieu de ce pays sauvage une habitation charmante, une famille aimable, dont presque tous les membres parlaient ma langue avec facilité. On attend peut-être ici une description du château, des jardins, une galerie de portraits, où je réunirai tout ce que j'aurai jamais pu apprendre sur le cœur humain : comme ceci se trouve en mille autres endroits, je continue ma route.

On m'indiqua là le chemin de Balley Castle, qui n'est qu'à quatre milles de Fairhead. Je traversai, pour y arriver, un pays tantôt montagneux et difficile, tantôt marécageux, et toujours misérable ; à peine distinguait-on les maisons des habitants au milieu des tourbières qu'ils exploitent. En arrivant à Balley Castle, je me hâtai d'aller voir le capitaine Samson, officier retiré, à qui j'étais adressé. Je trouvai chez lui un chapelain qui parlait le français. Il me donna beaucoup de renseignements sur l'endroit que j'allais visiter, me dit que MM. Gay-Lussac et Humphrey Davy y étaient venus, mais qu'ils n'étaient point montés sur le sommet de la montagne. Je me promis bien de n'avoir pas à me reprocher la même négligence. Je fis avertir un guide pour le lendemain à quatre heures, et j'allai me disposer à la promenade la plus fatigante que j'aie jamais faite.

Nous partîmes à quatre heures de Balley Castle ; nous marchâmes jusqu'à onze heures, sans prendre la moindre nourriture ; nous n'avions même pas trouvé de wisky (sic) dans notre auberge : c'est une espèce d'eau-de-vie qu'on fait avec du grain ; celle d'Irlande est renommée. Nous montâmes par un chemin assez facile jusque sur le sommet d'une montagne qui tombe à pic de quatre cents pieds sur la mer ; il est tout formé d'énormes pilastres de cinquante à cent pieds de longueur. Je montai sur l'un d'eux, qui, détaché des autres d'environ trois pieds, semble un immense obélisque placé au premier rang pour braver les efforts de la mer. Malgré les instances du guide, je descendis du côté du nord par une pente aussi rapide qu'il est possible de l'imaginer, et j'arrivai dans les propriétés du docteur Macdonald. La mer était haute et forte ; elle battait incessamment sur les tronçons des colonnes qu'elle arrache à ce gigantesque promontoire ; nous n'avancions qu'en gravissant sur ces vastes débris angulaires que le temps, les vents et la mer ont descendus de leur position primitive.

Forcés de marcher dans ces ruines de la nature, repoussés par la mer d'un côté, par la muraille perpendiculaire qui se présentait de l'autre, nous n'avancions que très lentement, en courant à chaque instant le danger d'être engloutis dans les crevasses. Mon guide, assez peu leste, tombait à chaque pas ; maintes écorchures ou contusions le punirent de sa maladresse ; ses souliers l'abandonnèrent, son pantalon tout déchiré semblait vouloir en faire autant : nous n'étions pas à moitié chemin, qu'exténué de fatigue, de soif et de faim, il se désespérait. Cette souffrance, plus forte chez lui que chez moi, me soutenait : tel serait brave en société des faibles, qui souvent serait faible en société des forts. Bientôt j'aperçus les débris couverts d'un tapis de mousse et de bruyères, ce qui me fit espérer un chemin plus facile. Combien je fus désappointé ! Plus nous nous croyions loin des dangers, plus ils étaient à craindre pour nous. Jusque-là nous avions pu voir les crevasses, nous avions pu sonder les abîmes dans lesquels un faux pas nous aurait précipités ; maintenant une mousse touffue, une herbe haute et chevelue nous invitaient à poser les pieds là même où nous pouvions trouver un tombeau.

Plusieurs renards que nous aperçûmes, deux aigles habitants de ces lieux sauvages, du plus beau rocher qui peut-être existe, nous annoncèrent que depuis longtemps nous avions quitté les sentiers battus par les hommes. Nous aurions bien voulu remonter sur le cap ; car, je dois l'avouer, nulle part je n'ai trouvé la nature aussi grandement désordonnée ; au pied même du Niagara, elle présente un chemin facile en comparaison ; mais nous ne trouvions partout qu'un énorme rempart inaccessible à nos efforts. J'aperçus enfin de loin une ouverture pratiquée entre les pilastres ; elle semblait une immense cheminée dont le temps et quelques accidents auraient détaché une partie. Mon guide me dit qu'il l'avait autrefois vue de la mer, qu'on l'appelait, il ne savait pourquoi, « la crevasse de l'homme » ; mais qu'il était impossible d'y monter. J'en voulais une preuve plus certaine, et nous essayâmes, en nous servant de nos pieds et de nos mains, de la gravir. Au bout de quelque temps nous étions sur le sommet. Il nous restait quatre milles à faire ; mais la connaissance que nous avions du chemin nous rassurait, et nous nous reposâmes avec plaisir sur ces pointes avancées d'où nous pouvions considérer l'épouvantable route que nous avions faite, et celle que nous aurions pu parcourir encore. La mer s'étendait à l'horizon. A deux milles de terre était une petite île appelée Rathlin. On dit que les canaux d'une mine de houille pénètrent sous la mer, de l'Irlande en cette île, mais que des éboulements les ont obstrués depuis peu ; ce qui m'empêcha de faire cette promenade sous-marine, qui n'eût pas laissé d'être curieuse. Quelques voiles se faisaient voir sur la mer ; un schoner s'approchait du rivage, un petit bateau orné d'un pavillon allait à sa rencontre. Un coup de fusil parti de ce dernier fit arrêter l'autre, qui changea subitement de direction ; un second coup le fit mettre en travers, et les hommes du bateau montèrent à son bord ; il reprit bientôt une autre direction, celle de Belfast, je pense. C'était un contrebandier que les douaniers avaient surpris. Voilà bien un des plus grands exemples de la force des lois, de la vigueur sociale. Quelle autre chose que la crainte des punitions qu'elles imposent faisait rendre ce bâtiment, cet équipage nombreux à une frêle embarcation, à quatre hommes à peine armés ? C'est ainsi que, dans la civilisation, le faible est devenu l'égal du fort. Qu'on imagine, s'il est possible, combien les tracasseries de l'ordre social paraissent misérables alors qu'on est assis sur un des grands monuments de la nature, et que les regards se perdant sur l'Océan, semblent comme lui envelopper l'univers.

Le capitaine Samson m'attendait depuis longtemps pour déjeuner : je me plaisais à croire que, présumant une partie de la fatigue que j'avais éprouvée, il aurait pour un jour interrompu ses habitudes anglaises. J'étais vraiment exténué. Que trouvai-je, hélas ! sur la table ? des œufs, des rôties bien sèches, du beurre et du thé. Si c'était là du *confortable* anglais, ce n'était pas, je puis l'assurer, un confortatif pour moi. Je demandai un verre de wisky, ce qui parut si surprenant à la femme du capitaine, qu'elle crut d'abord que je plaisantais, et que ce ne fut qu'à ma demande, très sérieusement réitérée, qu'elle m'en fit apporter. La veille elle nous avait vu prendre du punch ; mais les Anglais semblent accorder le soir à la débauche, et le matin au régime et à la tisane ; car le thé n'est guère autre chose, n'en déplaise aux gens comme il faut de mon pays ; en Angleterre, il est devenu déjà d'un usage si vulgaire, qu'il ne faudrait qu'une autre invention pour le faire abandonner. Un autre verre d'eau-de-vie que je demandai à la fin du repas mit le comble à la surprise générale ; et je suis sûr que cette famille, en parlant de moi, dira : « Ce voyageur français qui mangeait du pain comme un ouvrier, et ne buvait que de l'eau-de-vie à son déjeuner. » Je dois ajouter que la bière, le cidre et le vin ne sont pas plus tolérés dans la matinée.

C'est sur le sommet de Fairhead que j'ai vu se confirmer l'idée que, depuis longtemps, j'avais conçue des formations basaltiques. Ce cap est une montagne dont la mer a emporté le talus dans une de ses moitiés ; celle qui reste comprend une immense ouverture semblable au cratère de l'Etna. On y voit deux lacs sans fond, et dont les niveaux sont différents. Je trouvai sur leurs bords des boulets volcaniques ; ces bords eux-mêmes sont, bien évidemment, de la lave. Fairhead était donc un volcan dont les cratères se sont remplis d'eau ; mais Fairhead est entouré d'une charpente basaltique ; c'est le seul volcan connu dont la mer ou quelques accidents aient montré le squelette à nos regards. N'avons-nous pas bien des raisons de penser que les basaltes doivent leur naissance au voisinage des volcans, et que l'explosion du feu, causant un appui dans l'horizontale, a nécessité, concurremment avec la pesanteur, ces subdivisions de la masse qui nous présentent des pilastres réguliers ? (Montulé, *Voyage fait en Angleterre*, 1825.)

Pichot
Méditations sur les basaltes

Le séjour à l'hôtel de la Chaussée du Géant serait peu coûteux, y compris le pourboire d'un géant, si vous pouviez supprimer la voiture qui vous ramène à Cushendall ou à Coleraine, le batelier qui vous fait doubler les caps, celui qui vous conduit à l'île de Rathlin, les marchands d'échantillons minéralogiques, dont l'un s'avisa d'arracher la serrure de ma malle, pour venir me la restituer *par pure obligeance* sur le faîte du cap Fair Head ; une druidesse ou sorcière qui change miraculeusement en whisky l'eau de la source du géant, les guides enfin qui vous montrent le pupitre du géant, les cheminées du géant, le métier du géant et l'orgue du géant, bizarre colonnade basaltique, disposée sous un précipice comme l'immense buffet d'un orgue de cathédrale, etc., etc.

La Chaussée du Géant, proprement dite, est une jetée qui plonge jusque sous la mer, et reparaît à deux milles environ pour former l'île de Rathlin ; jetée qu'on ne peut s'empêcher de prolonger par la pensée jusqu'à la côte occidentale d'Écosse, où des formations analogues composent l'architecture de la fameuse grotte de Staffa.

Pour le géologue, c'est le plus vaste et le plus magnifique spécimen des formations basaltiques de l'univers, le plus souvent cité à l'appui des diverses théories du phénomène. Je ne crois pas que la science ait dit son dernier mot sur l'origine de cet inexplicable assemblage de pilotis pétrifiés, figurant un faisceau de colonnes élégantes là où elles se dressent sur la plage, et un trottoir monumental ne laissant plus voir que leurs têtes de pavés prismatiques hexagones, là où elles sont tronquées au niveau de la mer. La Chaussée du Géant est-elle le produit incomplet d'une création de la nature, interrompue au milieu de son œuvre ? Est-ce la ruine d'un édifice de cet artiste mystérieux, architecte-chimiste, dont les creusets et les moules sont les cratères des volcans ? Ces basaltes si régulièrement assemblés ne seraient-ils que les scories de quelque fonte grandiose, ou la matière elle-même tout entière refroidie dans les flots du golfe, semblable au plomb fondu que, écoliers, nous nous amusions à faire couler dans un vase plein d'eau ? N'est-ce enfin que le dieu Hasard qui a proposé ce problème à la science, ce texte de conjectures à l'imagination des poètes, à la superstition des peuples ? Oh ! alors ils ont raison ceux qui préfèrent admirer le génie architectural dans les chefs-d'œuvre de la Grèce et de l'Italie antique, ou dans les cathédrales du Moyen Age. Qu'est-ce que la grotte de Fingal à Staffa, auprès du cloître de Saint-Trophyme d'Arles ? Que sont les longs tuyaux de l'orgue de Fingal, auprès de la colonnade du Louvre ? Qu'est l'amphithéâtre de la Chaussée tout entière, auprès du Colisée ? S'il m'était prouvé qu'une pensée d'art ou une pensée d'utilité ne présida pas au monument basaltique, j'aurais honte d'avoir rêvé des heures entières, à l'âge de cinquante ans, devant cette grandiose cristallisation de l'Irlande, comme je le fis à l'âge de vingt-cinq, en Écosse, sous les voûtes froides de la grotte des Hébrides, où je pris un rhume qui me fit tousser quinze jours de suite ; mais je ne puis déserter ainsi ma conviction. Pour moi, ce monument fut le produit d'une combinaison préconçue, et avec un but déterminé qui échappe à notre intelligence, après les révolutions séculaires auxquelles sa ruine seule a survécu. Que de monuments dirigés par le compas de l'homme, à une date relativement peu éloignée, et qui ne sont plus qu'une énigme pour la science moderne ! Une des œuvres colossales de l'architecture romaine est le pont du Gard. A-t-on parfaitement déterminé si c'était un pont ou un aqueduc ? A-t-on même tranché la question, en disant que c'était l'un et l'autre ? Dans mon enfance, les pêcheurs du Rhône retiraient encore des fragments de tubes en plomb, avec la marque des fontainiers romains. Les antiquaires mes compatriotes ont-ils bien établi comment et pourquoi les empereurs ou les proconsuls amenaient à Arles on ne sait quelle eau, à travers le lit d'un fleuve dont l'onde, certes, a toujours réuni toutes les conditions de la meilleure eau potable ? Ceux qui veulent que le basalte britannique soit une cristallisation plutonienne plutôt qu'aquatique ou neptunienne, sont-ils bien sûrs que l'Océan coulait entre l'Écosse et l'Irlande, lorsque le *géant* pava en prismes fusibles le trajet d'une côte à l'autre ? Et pourquoi serait-ce une chaussée *antique*, analogue aux longues voies romaines dallées en laves, plutôt qu'un tunnel moderne, analogue à celui que sir Isambard Brunel a creusé sous la

Tamise ? Pourquoi encore n'aurait-ce pas été un tunnel aérien, comme celui que Robert Stephenson jette en ce moment même sur le bras de mer du Menaï, au pays de Galles ? Les esprits forts de la géologie riront sans doute de me voir supposer une chaussée ou un pont en basalte qui avait un embarcadère dans l'île de Mull, un autre dans le comté d'Antrim, une première pile d'arches à l'île de Rathlin, et les autres sur des îles aujourd'hui recouvertes par les flots comme l'est encore, sous la grosse mer, une moitié de la chaussée existante. Les esprits forts de la mécanique auraient bien ri, il y a cinquante ans, si un des précurseurs ignorés de Stephenson avait prédit que, pour laisser courir des locomotives mues par la vapeur, on étendrait deux lignes de fer parallèles depuis Londres jusqu'à Holy Head. Ces esprits forts auraient-ils compris, je ne dis pas le principe d'impulsion, mais la possibilité du parcours, en voyant sur la carte les montagnes et les ravins, les rivières et les bras de mer, reliés par près de cent lieues de rails ?

Certes, c'est un beau spectacle qu'offre à l'œil matériel la Chaussée du Géant ; mais, encore une fois, il serait bientôt vu, s'il n'inspirait pas cette admiration curieuse qui plonge sous la mer avec les basaltes inaperçus, et en suit la voie hypothétique jusqu'à la côte opposée. (Pichot, *L'Irlande et le pays de Galles*, 1850.)

Bourget
Découverte d'un autre univers

Duras (comté de Galway), juillet 1881. — Le domaine écarté d'où je date ces quelques notes, les premières d'un voyage en Irlande que les loisirs de l'été me permettent d'entreprendre, est situé sur les bords d'une anse, repli elle-même de la vaste baie de Galway que ferme le brise-lames des îles d'Aran chantées par Moore. La route qui conduit ici n'est ni très longue, ni mal commode. Le voyageur, parti de Paris le matin, arrive à Londres le soir. Il prend aussitôt un train qui le mène à Holyhead, puis un paquebot qui le porte à Dublin. Le tout demande vingt-quatre heures. Six heures de chemin de fer de nouveau et deux heures de *car*, et voici qu'à trente-six heures seulement de Paris c'est un autre univers, aussi lointain que l'Afrique, aussi particulier, pas beaucoup plus visité par les touristes qui aiment les voyages classiques et les émotions notées d'avance dans le guide.

Un autre univers, et d'abord un paysage d'une âpreté austère, qui fait songer à ces autres paysages qu'un fort télescope découvre dans ce cadavre de planète qui est la lune. Au trot de son bidet court sur pattes, le car file le long des routes. Ce car irlandais est, comme on sait, une voiture à deux roues dont les banquettes, au lieu d'être de face, sont de côté et adossées l'une à l'autre. — La première impression est celle d'une monstrueuse carrière éventrée, dont les débris encombrent jusqu'à l'horizon. Ce ne sont, en effet, que pierres. Les champs étalent un maigre gazon, chargé de ces pierres énormes et grises, entre des clôtures de ces mêmes pierres posées les unes sur les autres, sans ciment. Des maisons ruinées dont il ne reste que les quatre murs, bâtis eux aussi avec ces pierres, attestent que la misère a chassé de leur asile les quelques pauvres cultivateurs de ce dur pays. Dans les champs nettoyés, des moutons paissent l'herbe courte, sans berger. Une lanière de paille tressée va d'une de leurs jambes à l'autre et les empêche de courir. D'autres maisons, couvertes en chaume, apparaissent, habitées par les créatures d'une saleté si prodigieuse que la page célèbre de La Bruyère n'est ici que juste : « On voit dans les campagnes certains animaux noirs... » Ce sont des paysans irlandais. La première sensation de sauvagerie s'augmente encore à se ressouvenir des cruautés de la Land League, et à surprendre l'obscur regard de ces yeux clairs. Ce sont vraiment les rudes enfants de ce rude sol, qu'ils n'exploitent qu'en le débarrassant de sa lèpre de rochers. Quelques-uns, les vieux, portent l'habit à boutons de métal, le chapeau haut de forme, les culottes guêtrées, le tout dans un si prodigieux état de délabrement qu'ils semblent promener sur eux une misère de soixante années. Voici des femmes pieds nus, la tête enveloppée d'une étoffe jaunâtre, puis des enfants aux prunelles d'un bleu encore candide : « Les villages sont pleins de ces petites filles, / Roses avec des yeux rafraîchissants à voir... ».

La grâce de l'âge n'est pas enlaidie, même par les loques. Il en est de ces enfants comme des frêles églantiers qui, de place en place, et le long de ces routes, ont poussé par la fente d'un mur et qui épanouissent leurs pâles roses que le premier vent disperse. C'est une fleur de vie, bientôt effeuillée, mais une fleur.

Dans cette âpreté de la contrée, les parcs des landlords s'étendent comme des oasis de végétation libre et riche. J'ai visité trois de ces parcs aux environs de Duras, entendez par là quatre ou cinq heures de car. — Une fois la grille franchie, c'est vraiment comme si la baguette d'une fée vous ouvrait un paradis de verdure au milieu du désert de pierres. Les immenses pelouses piquées de pâquerettes blanches et de renoncules jaunes, développent le vert tapis de leur herbe épaisse. Des arbres d'une plénitude de sève incomparable, tilleuls parfumés, frênes délicats, hêtres noirs, poussent à distance les uns des autres dans ces larges pelouses. A l'extrémité de l'allée, le château découpe ses tourelles, derrière les fenêtres desquelles on devine le confort solide qui est la marque propre de la grande existence anglaise. Et de fait, c'est ici, en pleine Irlande Pétrée, la même installation seigneuriale que dans le Devonshire ou le Norfolk. Par-derrière le château s'ouvrent les futaies. Les cerfs vivent dans leur enclos particulier, et c'est par douzaines que les gracieux animaux bondissent à l'approche du visiteur. Dans le château, la bibliothèque, aménagée pour les longues soirées d'hiver, est pleine de livres d'érudition qui prouvent que le maître a étudié à Oxford ou à Cambridge, comme le choix des volumes de poésie posés sur la table témoigne que la maîtresse ou les filles du logis gardent ce goût des belles lectures qui est l'exception en France et la règle ici, goût si délicat et si répandu qu'il a permis au plus raffiné des poètes, Alfred Tennyson, d'obtenir une gloire populaire.

Seulement — car il y a un seulement à cette félicité d'une civilisation comblée — à la nuit tombante, il faut fermer les volets pour que le tenancier en révolte n'ajuste pas le landlord aperçu, lisant ou causant, derrière la vitre. Seulement, l'entretien négligé des pelouses qui entourent le château atteste que le landlord est en détresse, et que ses huit mille livres de revenus ne lui sont plus payées. Puis, quand le landlord est en promenade, le salut du paysan se fait rare, ce salut féodal qui ploie le genou en même temps qu'il incline la tête. J'imagine que, vers 1790, la situation d'un seigneur terrien était à peu près pareille en France, lorsque la Révolution avait commencé d'éclater et que cependant la vie continuait, elle continue toujours, avec ses habitudes de petits plaisirs quotidiens, et le tragique n'y est jamais que l'exception. Ce qui rend d'ailleurs inexacte par d'autres points cette comparaison, c'est que l'Angleterre, si voisine de grands bouleversements sociaux pour l'observateur, est cependant très solide encore, et l'Irlande participe, même malgré elle, à cette solidité de l'île voisine. Puis tous les landlords irlandais n'ont pas été, uniquement, comme trop de seigneurs en France au XVIIIe siècle, de dangereux ou inutiles extorqueurs d'argent. Beaucoup ont ces deux qualités maîtresses de l'aristocratie anglaise, la première du monde : le respect de soi et la forte culture. Des fondations de toute nature attestent leur bienfaisante présence. Ici, c'est une jetée qui se construit en un coin perdu de la baie, parce que le landlord a obtenu des fonds à Londres. Ailleurs, c'est une maison de sœurs dotée par l'aïeule du landlord actuel. Les sœurs soignent les malades, tiennent une école. Leur couvent encadré de fleurs est pour un peuple catholique un témoignage charmant de la bonté pieuse des maîtres. Le malheur est que la bonté des grands n'est jamais un titre à la reconnaissance, lorsqu'il y a révolution. Les pauvres voient dans cette bonté la preuve d'une supériorité qu'ils exècrent, et qui les humilie davantage en les accablant de ses dons.

Pas très loin du dernier des trois parcs où je me suis promené et dans l'intérieur des terres, se dresse la tour de Kilmacduagh, qui mérite d'être mentionnée comme le type d'étranges édifices, spéciaux à l'Irlande, à l'Écosse, et, paraît-il, à la Sardaigne. Qu'on se représente, construite avec des blocs énormes et montant d'un jet à la façon d'un obélisque, une tour ronde, haute comme un grand phare, et qui mesure une circonférence d'environ douze mètres. La porte est taillée à six mètres au-dessus du sol. Manifestement, on n'accédait à cette tour qu'au moyen d'une échelle. Quelques fenêtres sont creusées par places. Tout à fait en haut, elles se multiplient au-dessous du toit en forme de cône. Ni cette porte, ni ces fenêtres n'ont une apparence qui permette de ranger cette tour, non plus que ses pareilles — celle de Killala ou de Clonmacnoise — parmi les édifices du style gothique ou roman. Quelques archéologues ont supposé que les moines s'étaient ainsi ménagé un refuge où se cacher durant une incursion des Normands ou des Danois. D'autres ont voulu voir là un clocher séparé de toute église, d'autres un simple poste d'observation, d'autres, s'appuyant sur le caractère cyclopéen de la construction, considèrent ces sortes de tours comme l'ouvrage des Celtes anciens et le symbole coupable de quelque obscure religion. Quoi qu'il en soit d'une origine encore discutée, l'effet de cette tour solitaire est puissant sur l'imagination, à côté des abbayes ruinées qui l'entourent et du cimetière qu'elle surplombe. L'incurie des paysans irlandais pour les morts est telle que pas un des tombeaux n'est entretenu. Les dalles anciennes se distinguent des dalles plus récentes par la noirceur moussue de la pierre. Les églises aussi sont abandonnées, mais la nature s'est chargée du soin de parer ces restes vénérables d'une foi antique. De beaux lierres font courir leurs feuilles lustrées autour des fenêtres en ogive que la délicate fragilité de leurs meneaux rend toutes coquettes. Il y a ainsi deux abbayes à trente pas l'une de l'autre. Il semble qu'en Irlande ce fût une coutume d'élever à la fois plusieurs églises sur le même terrain. L'élégance du style gothique achève de donner à ces décombres une physionomie presque jolie, et une impression de tristesse encore plus grande se dégage des landes pierreuses que le *car* doit de nouveau traverser, pour regagner Duras et le bord de la mer, doucement violette sous la lande orangée d'un ciel du couchant.

Killarney, juillet 1881. — Difficilement imaginerait-on la lenteur et la laideur des wagons du chemin de fer qui fait le service du nord au midi de l'Irlande. Une sorte de drap à carreaux jaunes et noirs habille comme d'un «complet» les planches mal jointes. Ce ne sont sur les quais des stations que paysans sordides, vêtus de ce haillon particulier à l'Angleterre, où la blouse est inconnue et le chapeau haut de forme d'un usage universel. Les constables aux tailles gigantesques se promènent, serrés dans leur uniforme sombre. La jugulaire de leur mince casquette leur tombe sur la moustache. Leur bras écarté tient une baguette. Des hommes passent vêtus de longues redingotes noires à collet droit sur un col de chemise sans échancrure. Ce sont des prêtres catholiques. A les voir aller sans soutane, presque pareils à des pasteurs, causant avec celui-ci, puis celui-là, le regard vif, le teint allumé, on devine un clergé voisin du peuple, vivant réellement avec lui, et par conséquent plus capable d'une influence directe sur ce peuple. En réalité, les prêtres irlandais font si bien commerce avec le peuple que la Land League n'a pas eu de plus hardis soldats. Nous assistons ici à un phénomène, assez inintelligible pour nous autres continentaux, d'un clergé enrégimenté dans un parti révolutionnaire. La rigueur protestante de la politique anglaise, l'origine rustique de presque tous les desservants, et aussi le fait que ces desservants sont payés directement par leurs ouailles, voilà de quoi expliquer cette attitude unique. Parfois un de ces hommes noirs porte un plastron violet sous son gilet. C'est un évêque, accompagné de son clerc. Les *gentlemen*, mêlés à ces prêtres et à ces paysans, ne se distinguent pas beaucoup du type connu de l'Anglais mangeur de viande, buveur d'ale, lourd, athlétique et délibéré. Vers dix-huit ans, souvent une fraîcheur du sang éclate sur les joues, qui, cinq années plus tard, s'épaissira en rougissements pléthoriques. Tout cela donne l'impression d'une race peu entamée, mais sans beauté. Même la face aplatie de beaucoup d'enfants du peuple, le nez court, les pommettes saillantes, font songer à quelque atavisme finnois, et à une infiltration du sang des races jaunes. La rareté des jolis visages de femmes et l'absence de costumes originaux achève d'enlever au spectacle de cette foule tout caractère de grâce, et de station en station, cependant, le train, parti d'Ardrahan, a déjà quitté l'Irlande pierreuse pour entrer dans l'Irlande herbue. Ennis, la vieille cité du comté de Clare, est dépassée. Le Shannon a roulé son eau noire sous les arches du pont. Nous stoppons à Limerick, dont la capitulation fameuse revient encore dans la conversation de ces insulaires qui ne savent pas oublier. Puis c'est Mallow, et l'Irlande boisée commence. Les montagnes vertes s'arrondissent sur un ciel clair, et le nom de Killarney se lit sur les murs de la gare où nous descendons.

Killarney est célèbre par son lac, ou mieux par ses lacs, car il y en a trois : le Lower Lake, qui est le plus considérable, et qu'un mince détroit sépare du second, le Muckross Lake. Un long chenal conduit de ce dernier au lac supérieur, le Upper Lake, semé d'îles. La vaste étendue de ces belles eaux, la variété des sites qui les environnent, les légendes qui enveloppent comme d'une vapeur romantique les rochers, les cascades et les bruyères, autant de caractères qui font de la promenade à Killarney un des attraits d'un voyage en Irlande, attrait maintes fois tourné en déception. Car le ciel capricieux de cet entonnoir de montagnes se brouille durant des semaines, et c'est alors, sur la nappe du lac, toute brune, la pesée lourde des nuages qui s'effilochent aux pointes des arbres. C'est des sautes de vents qui frangent d'écume les vagues noirâtres. C'est la pluie encore, fine et continue, qui donne à ce lac, moucheté d'innombrables gouttelettes, l'aspect fantastique d'un parquet mouvant de point de Hongrie. Et c'est surtout la perspective cruelle du journal à seize pages désespérément feuilleté dans la salle commune d'un hôtel, traversée par des tribus d'Anglais et d'Anglaises d'une dignité implacable. Toutes tortures qui parfois, et ce fut mon cas, ne durent qu'une journée. Leur souvenir rend plus aimable encore le vagabondage, à force de rames, sous le ciel nettoyé de son brouillard, et sur l'eau, rendue à sa franche couleur naturelle d'un noir frais et souple qui se transforme en bleu vaporisé vers l'horizon.

La barque glisse donc sur une des baies du Lower Lake. L'abondance des îlots est une des originalités de ce lac. Beaucoup sont des rochers sur lesquels une touffe de bruyères allume un incendie rose. D'autres, comme Innisfallen, sont des oasis immobiles d'une verdure presque surnaturelle, tant elle est opulente. C'est vers cette île que la barque se dirige, doublant une pointe sur laquelle surgit, parmi un bosquet fleuri, le château de Ross, jadis habité par un des O'Donoghue.

Cette île gracieuse d'Innisfallen a été chantée en des vers gracieux comme elle, par le poète Thomas Moore : « Suave Innisfallen, adieu. / Calme et ensoleillée puisses-tu être longtemps ! / Combien belle tu es, que d'autres le disent. / Mais le *sentir*, combien tu es belle, n'appartient qu'à moi.

« Suave Innisfallen, adieu, / et longtemps puisse la lumière sourire autour de toi / tendre comme elle était dans ce soir tombant, / où pour la première fois je t'ai vue, toi, l'île féerique... »

Elle est d'une impression étrange en effet, au soir tombant, cette Innisfallen plantée de frênes aux feuilles tremblantes et de houx aux feuilles lustrées. Sur l'herbe épaisse qui grandit parmi les pierres, ruines d'un cloître, l'imagination évoque le tournoiement des pâles fées au clair de lune, et dans les clochettes tachetées des rouges digitales s'abrite sans doute un peuple de farfadets nocturnes qui dorment le jour, tandis que les brebis broutent cette herbe, et que les visiteurs troublent du bruit de leurs pas le silence enchanté de l'île. Le cap étroit qui la termine résonne à peine du clapotis des houles menues. Un if, battu des vents, a grandi sur cette pointe, et la ligne des montagnes qui entourent le lac se teinte en violet dans la clarté adoucie qui agrandit encore l'ombre des grands arbres. (Bourget, *Études Anglaises*, 1910.)

UN PEUPLE MARTYR

Chasles

La déchéance d'une race

Le génie irlandais offre donc un des plus singuliers mélanges que la civilisation et les migrations des races aient produits. Celtes-Milésiens, ces Gascons du Nord, jetés par les chances politiques dans les cadres du teutonisme anglo-normand, gardent du génie oriental l'indolence sujette à de terribles réveils, et du vieux celtisme la rapidité d'action. Comme nous, ils passent vite de la pensée à l'acte. A la véhémence, à la crédulité, à l'apathie orageuse et ardente de l'Asiatique l'Irlandais joint la souplesse et la versatilité du Celte. L'amour et la guerre lui sont nécessaires. Sa nullité politique et son infériorité commerciale le repoussent souvent dans l'ivresse et l'orgie, qui sous un autre soleil et dans une autre situation ne le séduiraient pas. Un éternel combat lui sert de distraction et de soulagement. Quand il ne se bat pas, il crie et simule ainsi la lutte dont il ne peut pas jouir. La conversation des gens du peuple est un drame et un tapage perpétuels. Jusqu'aux enfants qui sortent du collège et vont à la promenade trouvent l'occasion d'attaquer les passants ; le peuple s'en mêle ; on s'attaque, on se défend à coups de pierres. Sans but pour son activité et étouffant sous sa destinée, l'Irlandais reste fidèle à sa triste patrie ; c'est le beau côté de son caractère. Le sillon irlandais ne s'efface pas ; il est partout reconnaissable dans les sphères de l'art, de la poésie et de la politique. La jeune fille d'Irlande, aux yeux bleus et aux cheveux noirs, pleine de séductions et de caprices, chante ses mélodies nationales, folâtres et farouches, mélancoliques et joyeuses, qui des mouvements lents et douloureux s'élancent sans transition aux rythmes les plus vifs. Enfin, une vieille civilisation du Midi se cache au fond de cette barbarie du Nord, un rayon de soleil apparaît sous les nuages, un éclat de poésie orientale sourit à moitié sous les larmes et les haillons. Étrange et triste grandeur ! la politique même est un peu folle en Irlande, ce dont personne en France n'a droit de s'étonner ; tout en prenant ses grelots et secouant sa marotte, elle excite les émeutes, casse des têtes, affame gaiement des populations, met les villages au niveau du sol et se perd en frais d'éloquence qui ruinent le pays et enrichissent le pays voisin. Ce n'est pas à nous, hélas ! qu'il appartient de la blâmer.

Telle est l'infortunée Irlande qui représente deux races mortes : le celtisme, écrasé et étouffé par les Teutons et les Romains, et les vieux Phéniciens ou Ibères. On dirait que les Irlandais, dans leur extravagance désespérée, comprennent leur situation, et qu'ils entendent le *bannchie* (*banshee*) planer en gémissant sur l'île Verte et lui annoncer la mort. Quand le *bannchie* se lamente au-dessus d'une maison, quelqu'un y mourra ; le bannchie est le génie des races anciennes, l'âme totale de la famille et du clan.

Cette désolation semble respirer même dans le paysage irlandais, qui ne ressemble à aucun autre. Les lignes des montagnes y sont bizarres et brisées. Dans les cavités profondes de ses blocs superposés, le granit fait place aux bruyères de couleur écarlate et à la verdure sombre des fougères. Sur les flancs des collines serpentent et tombent à plis sinueux des milliers de cours d'eau qui écument sur les arêtes des rocs, et vont se réunir en gémissant, dans le creux des vallées. Le long des côtes, il y a des *glens* ou ravines de plusieurs lieues de longueur, où vous ne rencontrez d'autres êtres vivants que quelques moutons qui n'ont pas même de bergers. La plainte éternelle des vents, le long murmure des vagues et la hutte sauvage du paysan cachée sous les yeuses, ajoutent encore à ce caractère douloureux. Il semble impossible qu'un être humain habite sous ces morceaux de granit placés debout sans ciment, ou qu'il se contente de ces murailles de torchis surmontées d'un toit de paille, et qui n'ont pas coûté 10 shillings. Du côté de l'Océan, au sommet du promontoire, la silhouette d'un enfant qui garde une ou deux chèvres, et dont les membres nus sont à peine garantis par un mauvais morceau d'étoffe trouée, se dessine sur le bleu du ciel ; il chante quelque vieil air gaélique dont il ne sait pas les paroles, ou quelques paroles dont il ignore le sens. Depuis sa naissance, il n'a vu que les nuages qui passent dans le ciel, les lueurs errantes sur le marécage et les rêves superstitieux que sa mère lui a répétés. Tout ce qu'il connaît de la civilisation, c'est qu'il y a là-bas une petite chapelle, et plus loin entre deux murailles de rochers à pic, une cabane couverte de chaume adossée au granit, et dont l'enseigne se balance sous l'orage : c'est une *chebîne* [*shebeen*] ou auberge qui n'est guère visitée que par les contrebandiers, et dont l'unique chambre est à la fois cuisine et salon, salle à manger et chambre à coucher. On s'y réunit pour maudire les Saxons et chercher le moyen de les battre. Souvent une galerie souterraine pratiquée dans les flancs du roc sert de réceptacle à des barriques d'eau-de-vie, à des ballots de dentelles, à des fusils et à de la poudre que l'on vend dans l'intérieur, ou qui alimentent les insurrections périodiques du pays. La maîtresse du lieu, Irlandaise de race pure, se laisserait tuer plutôt que de trahir ses complices, matelots et pirates, maquignons et repris de justice, unis par un lien commun, la haine de l'Anglais : « L'Irlandais vaut son pesant d'or / Et le Saxon n'est bon qu'à pendre ! »

Ce refrain, rédigé depuis des siècles en deux vers gaéliques et chanté en chœur dans la *chebîne* par les buveurs de whiskey, n'a pas cessé de retentir d'un bout de l'Irlande à l'autre. Vous l'entendez dans les rues de Dublin et au milieu des *bogs* qui couvrent les parties centrales de l'île : c'est le résumé complet du sentiment national, la pensée indélébile de l'Irlande et tout son code politique.

Si vous faites quelques lieues de plus et qu'il vous soit permis d'entrer dans ce château féodal, reconnaissable à ses deux tours carrées et crénelées que rejoignait autrefois une muraille maintenant détruite, vous y trouvez exactement les mêmes mœurs : même animosité, même étourderie, même fureur impuissante contre l'étranger et le Saxon. Toutes les misères morales et matérielles s'y montrent sur une plus grande échelle. Manoir délabré, ferme dilapidée et forteresse en ruine, ce singulier château est ouvert de toutes parts ; tout y parle de négligence séculaire et d'indolence invétérée. Une forêt d'ormes inégaux a poussé sans culture sur les parapets et dans les fossés. Un ou deux bâtiments à toits pointus, couverts d'ardoises brisées, s'élèvent, plantés de travers, à la place de la tourelle du centre ou de la salle de réception. Des charrues en mauvais état et des herses rouillées sont jetées pêle-mêle au milieu des écussons armoriés et des débris d'ogives ; moutons, bœufs et chiens de chasse se promènent lentement le long des terrasses écroulées qui descendent vers la mer ; les bassins et les viviers sont encombrés de plantes parasites qui répandent au loin leurs miasmes putrides. Enfin si vous pénétrez sous la voûte dont les pierres se détachent et tombent, vous ne trouverez personne pour vous recevoir, et vous pouvez traverser sans encombre une vaste cour aux dalles brisées, obstruée de ronces et de débris. De grands corridors déserts vous montrent à droite et à gauche les portes ouvertes d'appartements abandonnés et qui n'ont plus même de meubles. Toute la famille, qui porte un nom plus antique que celui des Coucy, s'est réfugiée dans une tourelle à demi conservée. Là elle vit *sans nul pensement*, comme dit La Fontaine, sur les débris de sa gloire et de sa fortune. Le feu brille dans la grande cheminée ; souvent le chorus de l'orgie se mêle au bruit de l'océan voisin ; le patriarche goutteux, dont la veste brodée et fanée a vu de meilleurs jours, et dont l'œil pétille encore sous son front large couronné de boucles blanches, n'est pas le dernier à maudire le Saxon ; demi-paysan et demi-gentilhomme, il porte des bas de laine noire, une vieille culotte de velours tanné, des boucles qui simulent le diamant, le jabot du temps de Louis XV et l'habit à la française. Il a passé sa vie à vendre bon marché et acheter cher, et à « brûler la chandelle par les deux bouts », comme dit Panurge. Son jeune fils, lieutenant de cavalerie, et son fils aîné, qui doit hériter du titre, marchent dans la même voie. Le patrimoine ayant disparu tout entier, on n'a plus souci de rien, et il y a cent à parier contre un que tous conspirent ensemble ou isolément contre les oppresseurs. Bien que le domaine et le château en ruines soient hypothéqués ou engagés pour le double de leur valeur, et que l'inextricable labyrinthe des créances usuraires qui ont englouti le patrimoine remonte à six générations au moins, personne n'ose faire déguerpir la famille. Ses vassaux, tout aussi pauvres qu'elle, chasseraient les envahisseurs à coups de fusil ou de bâton. La nécessité ou le hasard amènent-ils un Anglais dans ces parages déserts, on ne lui indique pas sa route ; des essaims de mendiants déguenillés l'entourent en pleurant et en riant pour lui demander l'aumône, et le dernier paysan de la montagne est mieux accueilli que cet étranger saxon.

En redescendant vers la partie centrale de l'île, vous trouverez les *bogs*, terrains marécageux et incultes, dont l'aspect plus triste et plus sombre n'est pas moins sauvage. Plus loin encore de vastes domaines sont semés de tanières qui renferment une population innombrable de bêtes à figure humaine et à deux pieds, presque nues, toujours placées entre l'ivresse et la faim, entre le sommeil de la brute et le combat sanguinaire.

Dublin, celle des capitales de l'Europe que l'on visite le moins, n'est pas moins étrange. Des équipages aussi splendides et aussi élégants que ceux de Londres et de Vienne circulent dans les rues, et des quartiers tout entiers sont remplis de cette population affamée dont j'ai parlé tout à l'heure. Il y a des caves peuplées de gueux et de mendiants plus pittoresques que ceux dont la cour des Miracles se remplissait autrefois. C'est là que les moteurs de troubles vont recruter leurs soldats, et que, pour

1 ou 2 shillings, on enrégimente des bataillons formidables. Les jours ou plutôt les nuits de grande assemblée, quand il s'agit d'élire un chef d'émeute ou de faire marcher ces troupes du désordre, on suspend devant le repaire un transparent qui représente une demi-lune et que l'on éclaire de l'intérieur : ce signe vénéré défend aux profanes l'accès de la taverne. Cependant les bals du château, les séances des clubs, les courses de chevaux, les paris extravagants continuent ; les intrigues et les conspirations politiques ne cessent pas, et le bonheur de l'une des races les plus intéressantes qui soient au monde se perd dans ce dédale de luxe et de douleur. (Chasles, *Études sur les mœurs et les hommes au XIXe siècle*, 1850.)

Pichot
Le cauchemar de la gueuserie irlandaise

Soit par égard pour l'honorable membre du Parlement, soit que cette courtoisie s'adressât indistinctement à tous les voyageurs du magnifique hôtel de Waterford où nous étions descendus, la diligence vint nous chercher à la porte, et nous nous y installâmes, après avoir vu soigneusement placer nos bagages dans le *puits*. Ce mot, par lequel je traduis le mot anglais *well*, embarrasserait peut-être un jour mes commentateurs, si je ne disais que la diligence de Waterford à Cappoquin était une des variétés du *jaunting-car*, voiture particulière à l'Irlande, et dont le nom signifie char suspendu, chariot de promenade, autre traduction qui ne dispense pas de le décrire ; car ce n'est ni le *coricolo* de Naples, ni le *char de côté* de Lyon, ni le *char à bancs*, ni l'*omnibus*, quoique le *jaunting-car* tienne un peu de tous ces *carrosses* populaires. Il en est de trois espèces, la plus ordinaire étant un char à bancs découvert à deux roues, le char de Lyon double, où l'on est assis dos à dos, sur deux banquettes parallèles séparées par cette longue et profonde caisse, le puits, où l'on entasse les bagages entre les deux rangs de voyageurs. Un large marchepied mobile en fer se relève quand les banquettes sont inoccupées, et les recouvre alors comme un couvercle. Un tablier en cuir protège les jambes contre les éclaboussures de la boue. Si deux chars s'engagent dans la même ornière, le prolongement du marchepied, au-delà des roues, empêche un contact dangereux, en vous donnant le temps de vous redresser sur ce point d'appui. Le cocher a son siège sur l'avant-train ; mais s'il ne conduit qu'un voyageur, il abandonne ce siège exhaussé, et s'assoit sur une des banquettes pour faire contrepoids. Dans ces chars, pour peu que le bagage forme un rempart au lieu du vide entre les deux banquettes, il n'y a guère de conversation possible qu'entre les voisins qui se sentent les coudes. La seconde variété du jaunting-car est un char couvert au moyen d'un baldaquin ou dais à rideaux porté par quatre poteaux, comme un ciel de lit. Malgré la fréquence de la pluie, c'est la variété la plus rare. La troisième a ses banquettes retournées en dedans, le puits aux bagages recevant les pieds des voyageurs, qui se trouvent assis en vis-à-vis, comme dans un omnibus. Ces deux variétés n'appartiennent guère qu'à des particuliers, dont le caprice seul modifie ainsi le type primitif. Le carrosse ordinaire, le *coach* anglais, sous toutes ses formes, berline, coupé, landau, tandem, brougham, tilbury, cab, etc., n'est pas inconnu en Irlande; et plusieurs diligences, même de celles qui ne sont pas élevées à la dignité de malles-postes, ont la forme anglaise et desservent les routes royales, attelées de deux ou de quatre chevaux : mais ce sont des importations exotiques, et le jaunting-car roule fièrement dans les mêmes ornières, changeant de chevaux et quelquefois de cocher aux mêmes relais, portant également voyageurs, dépêches postales et bagages, jusqu'à ce que les locomotives des futurs chemins de fer viennent ruiner à la fois, en Irlande comme en Angleterre, les maîtres de poste et les postillons, les voitures importées et les voitures nationales.

Cette inévitable révolution dans le système des *voies* et *moyens* de la communication intérieure ne frappera en Irlande qu'un seul entrepreneur; car aux mains d'un seul, si je puis hasarder cette métaphore, aboutissent les rênes de treize à quatorze cents chevaux qui parcourent régulièrement les routes du royaume, où, avant 1815, le voyageur était forcé de se pourvoir d'une nouvelle voiture ou d'un nouveau cheval de louage à chaque étape.

Voilà quarante et quelques années que le Gévaudan des messageries irlandaises vint s'établir de Milan à Clonmel, ville principale du comté de Tipperary. M. Bianconi (c'est son nom) était un pauvre brocanteur de tableaux, faisant son commerce avec de minces ressources, et qui, sans la guerre continentale, aurait repassé bien vite la mer pour retourner en Italie; mais lorsque la paix fut rendue à l'Europe en 1814, s'étant acclimaté en Irlande, il eut l'idée d'établir une première diligence entre Clonmel et Cahir, puis une seconde et une troisième sur Limerik et Thurles.

Fidèles à leur indépendance routinière, les Irlandais suivirent d'abord à pied ces voitures, qui, souvent parties vides, revenaient vides. Mais on finit par comprendre leur utilité et calculer le prix du temps. Une fois la routine vaincue, elles se remplirent, elles se multiplièrent, et aujourd'hui le pauvre brocanteur de Milan est riche; il a une belle collection de tableaux, qu'il n'a nulle envie de vendre; il est proclamé un des bienfaiteurs du pays, qu'il a adopté pour le sien. Lorsqu'en 1843 l'Association britannique pour le progrès des sciences tint un de ses congrès annuels dans la ville de Cork, M. Bianconi, convoqué à ses séances, y fut accueilli comme un *civilisateur*, comme un citoyen éminemment utile; et, invité à donner quelques détails sur son vaste établissement, il fournit à la statistique une de ses pages les plus curieuses, en énumérant simplement les cent cinquante villes que ses voitures traversent tous les jours de la semaine, excepté le dimanche; en disant le chiffre de ses chevaux, de ses cochers, de ses palefreniers, de ses diligences, de tout ce monde enfin qui lui doit en quelque sorte la vie et le mouvement. Grâce à M. Bianconi, une fameuse caricature de Gilray, représentant un *Voyage en Irlande*, peut seule donner aujourd'hui l'idée de ces misérables moyens de transport qui, jusqu'en 1815, mettaient la messagerie irlandaise au-dessous du traîneau des Esquimaux, avec leur attelage de chiens.

Je ne sais ce que l'Irlande pourra devoir tôt ou tard aux inventeurs de ce chemin de fer atmosphérique sur lequel nous allons faire, dans quelques jours, la course de Kingstown à Dalkey ; mais en attendant, si j'étais irlandais, je voterais au modeste brocanteur de Milan un arc de triomphe surmonté d'un quadrige de bronze, comme celui qui orne à Paris la place du Carrousel.

Le jaunting-car sur lequel je pris place à côté du membre du Parlement appartenait à l'entreprise de M. Bianconi. Il était parfaitement suspendu, attelé de trois chevaux, faisant sept milles à l'heure, et portant quatre voyageurs sur chaque banquette. J'avais à ma droite le membre du Parlement, et à ma gauche une jeune Irlandaise, tête charmante aux yeux bleus, une tête de vierge, à laquelle il ne manqua bientôt plus rien pour réaliser un portrait de madone ; car, au premier cahot de la voiture, de dessous le manteau qui drapait pittoresquement ses épaules et sa taille, sortit tout à coup un cri d'enfant... Ma vierge cachait un nourrisson, dont la secousse avait brusquement détaché les petites lèvres avides du sein maternel. Le manteau s'ouvrit. Hélas ! quelqu'un l'avait prêté sans doute pour le voyage à la pauvre mère, tant il était peu assorti à ses autres vêtements, tant il était nécessaire pour abriter le petit malheureux à moitié nu, qui se révélait à moi comme un joli petit Jésus proscrit, né, hélas ! lui aussi, sur la paille d'une crèche : première apparition de la population indigente de cette Irlande, où l'on rencontre partout cette beauté de la femme et cette beauté de l'enfant, comparables aux modèles italiens qui inspirèrent Raphaël, mais beauté qu'il faut découvrir sous les haillons les plus abjects. A la vue de tant de misère, au contact immédiat de cette jupe en lambeaux, de ces langes qu'un chiffonnier ne ramasserait peut-être pas au bord du ruisseau, tout ce qu'il y avait de virginal et de divin dans la tête de la mère et celle de l'enfant ne me préserva pas d'une mauvaise pensée contre mon autre voisin, le membre du Parlement !... Il s'était empressé, avec une sorte de courtoisie, de me laisser la place à côté de cette vierge raphaélique, pour laquelle j'avais, avant de monter en voiture, exprimé, il est vrai, toute mon admiration avec la spontanéité française... L'Irlandais *malgré lui* avait parfaitement deviné la mendiante déguenillée sous le manteau de la madone. Un malicieux sourire me parut traduire sa secrète pensée, et il affecta, chaque fois que notre conversation revint au texte de la misère locale, de me représenter la classe indigente comme dévorée par la vermine. Heureusement, lorsque toute la poésie de mon premier mouvement d'admiration commençait à s'évanouir, la vierge à l'enfant, qui devait à sa parenté avec le cocher d'avoir fait cinq à six milles en voiture, descendit pour gagner un cottage voisin de la route. D'autres vierges avec d'autres enfants, non moins beaux et plus déguenillés peut-être, nous apparurent encore de temps en temps mais à une distance convenable... de manière à pouvoir être admirées en toute sécurité. Hélas ! à toutes sans exception, combien eût été utile le manteau qui m'avait un moment dissimulé cette livrée uniforme de la population des champs ! Je dois dire aussi que dans le nombre de ces femmes, vierges ou mères, plusieurs avaient depuis longtemps cessé d'être belles, si elles l'avaient jamais été. La souffrance et les privations de l'indigence altèrent si rapidement les plus fraîches, les plus saines, les plus robustes ! Mais quant aux enfants, je déclare que les plus déguenillés étaient souvent les plus ravissants de physionomie et de formes. En les regardant jouer dans les fosses de la tourbière ou au milieu de l'ornière du chemin, je croyais voir de petits anges tombés du ciel dans la boue ou sur le fumier. Ni en Angleterre, ni en Italie, ni en Suisse, je n'ai rencontré un si grand nombre de jolis enfants, avec des physionomies plus intelligentes et plus fines.

Un mille ou deux après Waterford, les habitations éparses dans le voisinage de la route ont encore un air de maisons ; mais bientôt commencent les cottages, où vivent les paysans, et d'où vous n'êtes plus surpris de voir sortir des hommes, des femmes et des enfants également déguenillés. Ces huttes de terre n'ont généralement d'autre ouverture que la porte, comme si le jour faisait peur à la misère qu'elles recèlent. On peut avoir une idée de leur distribution intérieure, car dans le nombre il en est que l'émigration a laissées désertes, et où le regard du passant peut plonger librement par la toiture affaissée, ou à travers la large brèche d'un pan de mur. Celles qui sont encore habitables ou habitées ont pour dépendance une loge à pourceau ; mais il en est aussi où cet animal partage familièrement le domicile commun, plus heureux alors que son maître ; car si les débris des aliments de l'homme ne lui suffisent point, comme c'est généralement le cas, il a ses libres allures, et va chercher fortune sur les bords de la route. A en juger par le conducteur de notre jaunting-car, qui n'en manquait pas un, le pourceau vagabond attrape quelques coups de fouet ; mais il y répond par une leste gambade et un grognement qui prouve qu'il est fait à ce jeu, dont il court volontiers les risques, parce qu'il y a aussi pour lui quelques bonnes aubaines sur la trace des voitures publiques. Nous entrerons, un jour d'excursion pédestre, dans ces chaumières... Pour aujourd'hui, j'ai dit que nous faisions sept à huit milles à l'heure, et nous ne pouvons jeter qu'un coup d'œil rapide sur le paysage, qui n'a rien de très pittoresque. Je me demande seulement pourquoi tous ceux que nous rencontrons ne tendent pas la main ou le chapeau à notre aumône, comme leur costume semblerait les y autoriser. Au contraire, ils restent debout ou cheminent comme nous, d'un air indifférent et quelquefois gai, ceux-là mêmes qui ont le teint le plus blême, le chapeau le plus déformé, l'habit le plus rapiécé... Quand je dis le chapeau, c'est le chapeau rond, de castor ou de soie ; quand je dis l'habit, c'est le frac à basques... costume de *monsieur* ou de gentleman, qui rend d'autant plus remarquables les solutions de continuité ou le rapiéçage, mais auquel le paysan irlandais tient, à ce qu'il paraît... aimant à se persuader peut-être qu'il vaut mieux avoir l'air d'un gentillâtre ruiné que d'un pauvre paysan, avec la veste courte, la blouse gauloise et le bonnet phrygien... en mailles de coton. Les marmots eux-mêmes portent cette noble défroque, et jouent, parmi les sangliers domestiques, avec ce qui fut autrefois une petite redingote, un petit habit et un petit chapeau. Ce qu'il y a de plus rare en Irlande, à ce qu'il paraîtrait, ce sont les vieux souliers. Paddy va sans façon pieds nus, malgré ses haillons d'apparat.

Je commençais donc à croire, en dépit de l'avertissement du membre du Parlement, que les *mendiants* d'Irlande ne mendiaient plus, lorsque nous arrivâmes à Dungarvan, seconde ville du comté par le chiffre de sa population. La diligence s'arrêta sur une grande place où est situé le coach-office (le bureau). Ce fut là que tout à coup nous fûmes cernés enfin par une trentaine de vrais mendiants irlandais. Je dis une trentaine ; mais quoique leur prisonnier pendant une longue demi-heure, je n'eus ni le temps ni le courage de les compter ; et si je m'en rapportais à mon imagination plutôt qu'au calcul fait de sang-froid par l'honorable M. G...ths, je soutiendrais qu'ils étaient cent plutôt que trente. J'ai encore devant les yeux cet horrible spectacle, j'entends encore ces cris lamentables, je sens encore cette exhalaison puante : tantôt il me semblait être entouré de hideuses têtes d'une hydre plus terrible qu'aucun des monstres de n'importe quelle mythologie, de n'importe quel enfer virgilien ou dantesque, tant cette agglomération de figures grimaçantes se faisait compacte autour de nous ; tantôt, au contraire, toutes ces têtes livides, tous ces corps disloqués se multipliaient par l'effet de l'empressement rapide avec lequel ils se séparaient et se croisaient pour faire le tour de la voiture, et tendre leurs mains du côté où ils avaient entendu le tintement d'une pièce de monnaie. Oh ! oui, certes, ils étaient plus de trente ; car je me rappelle très bien une femme qui avait trois têtes sur ses épaules, la sienne et celles de deux enfants, dont l'un louchait affreusement et l'autre roulait des prunelles blanches, en se disant aveugle. Je me rappelle deux bras vigoureux qui soulevaient aussi haut que possible un squelette de paralytique, à la face blafarde. Je me rappelle un cul-de-jatte qui rampait entre les jambes des autres, et qui resta seul à geindre, lorsqu'une poignée de gros sous, lancée au loin, fit un moment tourbillonner dans le milieu de la place cet essaim de harpies difformes. Ils étaient plus de trente, puisque leur ayant jeté un shilling et six pences, c'est-à-dire trente-six sous de France, en leur criant de se les partager, je fus personnellement apostrophé par dix de ces misérables, qui, successivement, m'attestèrent n'avoir pas reçu une seule fraction de mon aumône. J'avoue que j'avais donné par dégoût plutôt que par charité ; car il est de ces sensations physiques qui refoulent la pitié dans le cœur. Ce dégoût fut plus pénible encore lorsque, ayant deviné sans doute mon impression, les réclamants, qui avaient épuisé le vocabulaire et les intonations de la plainte, essayèrent d'une variante qui réussit tout aussi bien en Irlande — et voulurent *m'amuser* par des lazzis et des provocations joviales. La fausse gaieté révolte encore plus que la fausse tristesse sur de pareils visages ; et je ne ris pas ce jour-là, quoique le membre du Parlement prétendît que les mendiants bouffons de Dungarvan étaient réellement en verve.

Cette scène burlesque, après la scène lugubre, durait encore, lorsque l'employé du bureau vint nous annoncer que, comme nous n'étions plus que quatre voyageurs, on allait substituer, à notre jaunting-car à huit places, un jaunting-car à quatre. J'étais resté assis sur ma banquette, comme dans une citadelle en état de siège. Ce ne fut pas sans trembler que je mis pied à terre au milieu de toutes ces mains tendues vers moi comme celles des sorcières de Macbeth, dans la scène des conjurations autour de la marmite. Par bonheur le cocher avait laissé son fouet sur le siège : je m'en emparai, et, pour me frayer un passage, je fis de mon mieux le moulinet. A peine en place sur la banquette de notre nouvelle diligence, nous étions déjà cernés de plus belle, et il fallut, pendant qu'on attelait, subir une seconde scène de drame et une seconde parade ; c'est le privilège des mendiants de jouer leur tragi-comédie à l'arrivée et au départ des voyageurs, et ils ne nous firent pas grâce. Enfin nous partîmes poursuivis d'une dernière acclamation générale, où l'éclat de rire se mêlait à la lamentation, la bénédiction pieuse à l'adieu ironique.

J'ai dû chercher à rendre mes impressions avant de faire de la statistique. Comme ces mêmes scènes se renouvelèrent plus d'une fois dans cette excursion, lorsque j'eus parcouru quelques-uns des *cercles* de cet enfer déguenillé qui se déroule de distance en distance sur la terre d'Irlande, je finis par fortifier mes nerfs ; mais pendant quelques jours les chiffres eux-mêmes eurent pour moi des têtes grimaçantes sur ces tableaux où les statisticiens et les économistes les alignent avec tant de précision pour défendre ou combattre la loi des pauvres d'Angleterre, appliquée depuis quelques année seulement à l'Irlande, et dont plus d'un canton s'est affranchi jusqu'ici.

La ville de Dungarvan appartient presque tout entière au duc de Devonshire, qui y a dépensé, dit-on, des sommes considérables en travaux publics et en améliorations de toute sorte ; mais il n'a pu en extirper la mendicité. A Dungarvan, comme ailleurs, aucun métier, aucun travail assidu n'équivalent, pour une famille, à l'*heureux* accident d'une infirmité ou d'une difformité qui permet d'aller tendre la main et chanter sa complainte dans la rue. Les maisons pauvres s'envient leur estropié, leur paralytique, leur cul-de-jatte, leur enfant rachitique, leur vieillard aveugle : ce sont là les membres les plus utiles de la famille... Le nouveau-né que Sparte eût noyé dans l'Eurotas est, à Dungarvan, élevé avec un soin particulier. Mais réservons ces détails pour un chapitre spécial.

Déjà le pays prend un aspect plus riant, grâce à une rivière navigable, et puis à un canal qui lui succède. C'est encore au duc de Devonshire qu'on attribue le bon aménagement de ces eaux, je veux dire les ouvrages d'art nécessaires pour les utiliser : que sera-ce à Lismore, où est le château de ce seigneur, dont le nom est ici sur toutes les lèvres, comme celui du marquis de Carabas dans le conte de Perrault ? Un clocher se dresse à l'horizon : c'est le clocher de Cappoquin. Je comptais d'abord m'arrêter cette nuit à Cappoquin, mais le jaunting-car allant jusqu'à Lismore, je me décidai en route à mettre encore un relais de plus entre moi et les mendiants de Dungarvan.

Une tanière d'Irlande

Glengariff n'a guère que deux ou trois maisons à la suite de son auberge ; mais le village a certainement la situation la plus pittoresque, adossé comme il est à un rocher couronné d'arbustes et d'arbres même, parmi lesquels se distingue le feuillage lustré de l'arbousier, appelé en Irlande l'arbre à fraises ; c'est l'*arbutus unedo* de Pline, d'origine méridionale comme l'Irlandais lui-même, et qui s'est acclimaté si bien, depuis Glengariff jusqu'à Killarney, qu'il y acquiert le port d'un arbre.

J'avais encore plus d'une heure d'avance sur la voiture de Bantry. Après une courte halte à Glengariff, je poursuivis mon chemin en philosophe péripatéticien, ayant soin de me faire escorter par un petit garçon que je plaçais en vedette sur la grand-route chaque fois que je m'en écartais, afin qu'il pût arrêter la diligence si elle venait à m'atteindre, et me rappeler par un signal convenu. Ce signal m'était fait au moment où je sortais d'une cabane que j'avais demandé la permission de visiter de fond en comble. Le sauvage d'Amérique sous son wigwam, que dis-je ? le portier du vieux Paris dans sa soupente, ont plus d'air et d'espace que la nichée de petits Irlandais que je trouvai dans cette tanière, en l'absence du père et de la mère. Tout l'édifice pouvait avoir trente pieds de longueur sur vingt de large ; c'était donc une des grandes huttes du pays, car, dans un rapport de statistique adressé à la Société irlandaise en 1836, je lis qu'une cabane d'Irlande n'a généralement que dix-huit pieds sur quatorze. Il y avait trois pièces, c'est-à-dire que de chaque côté de la pièce du milieu une moitié de cloison conduisait à deux compartiments subsidiaires, dans l'un desquels je vis un lit vide et une façon de berceau avec un enfant de quelques mois, occupé à téter un de ses doigts en attendant sa mère. Dans l'autre compartiment était une litière de joncs, où deux poules grattaient de leurs pattes la fiente que le pourceau avait déposée pendant la nuit. Deux chaises, une table de sapin et une armoire, composaient tout l'ameublement de la pièce principale ; plus, un second lit, avec le luxe d'une paire de draps et d'une couverture de laine : je dis le *luxe*, car le rapport que je viens de citer assure encore que la plupart des paysans se contentent de s'enfoncer entre deux couches de bruyères sèches, pour toute literie. Un chaudron en fer était suspendu sur le feu de tourbe allumé dans la cheminée, et une petite fille achevait de nettoyer quelques pommes de terre entassées dans une corbeille plate, d'où elles devaient passer dans le chaudron pour y subir la cuisson. Le feu allumé, ou plutôt la fumée qui remplissait la hutte, me fit examiner la structure de la cheminée ; et je vis qu'elle se terminait non par un tuyau, mais par un trou à mi-hauteur du mur. On aurait probablement étouffé sans la porte ouverte, unique issue qui vînt au secours de la cheminée. Une seconde petite fille, qui laissait à sa sœur tous les soins du ménage, lisait dans un coin, assise sur l'une des deux chaises : heureuse enfant ! c'était justement le conte de *Cinderella* (*Cendrillon*), et, sous cette hutte misérable, elle assistait en imagination au bal du prince Milliflor (si je me rappelle bien son nom), coiffait ses cheveux ébouriffés d'un diadème en or, et chaussait de la pantoufle merveilleuse son pauvre petit pied nu. Tous les autres enfants déguenillés de cette chaumière avaient d'ailleurs l'air riant, le teint vermeil, y compris le petit poupon qui tétait son doigt, pour s'accoutumer de bonne heure à dîner par cœur, comme cela arrive quelquefois aux enfants de l'Irlande.

En visitant une pareille demeure, dont le lugubre demi-jour vous a fait bientôt perdre de vue et oublier le magnifique horizon de la mer à Glengariff, on n'a aucune peine à croire qu'une pensée d'émigration puisse s'y emparer tôt ou tard de la famille condamnée ainsi à croupir, douze heures sur les vingt-quatre, avec ces animaux à si bon droit, ici, appelés domestiques. Mais où iront-ils, les malheureux, quand un excès de misère les chassera de leur hutte ? Cette question arrête celui qui les a vus aussi à Londres, à Liverpool, à Manchester, colonisant des quartiers entiers auxquels ils donnent leur nom, tels que la *Petite Irlande* de cette dernière ville. Si, séduits par les prospectus d'une des nouvelles républiques du nouveau monde, ils s'embarquaient pour faire connaissance avec le soleil du climat des aloès, des bananes, des palmiers, etc. ; ou s'ils allaient dans l'Amérique du Nord chercher le double Eldorado de la liberté et d'un don gratuit de terre à défricher, je le comprendrais, moi, enfant du Midi et écolier des idées libérales, qui ai quelquefois en France même rêvé cet exil au-delà de l'Atlantique. Mais quitter le sol natal sans changer de ciel ; mais quitter le brouillard marécageux de la campagne pour la fumée de la ville, l'atmosphère de la hutte au bord de la tourbière pour l'atmosphère méphitique qui attend l'Irlandais dans la capitale et dans les foyers de l'industrie cotonnière ; quitter la tourbe détrempée par la pluie d'hiver pour les fanges mêlées de l'égout et du cloaque, c'est une alternative qui vous révèle toute la fatalité à laquelle est vouée l'Irlande pauvre. Quels cris de regrets et de désespoir doit répéter l'écho de ces horribles sentines des villes d'Angleterre, où il fut attiré par l'espoir d'un salaire plus élevé ! Que de regards mourants doivent y chercher l'étroite masure de la province de Kerry ! Ici du moins les enfants du paysan ont encore le teint vermeil et la joyeuse vivacité du premier âge, soit que les émanations du bog n'aient rien de délétère, soit même (car on l'a prétendu) qu'il s'exhale réellement un arôme fortifiant de ce marais à l'état mou.

Églises rivales

Mais, quelque charmants que soient les bords de la rivière, il s'éleva un vent qui gâtait un peu le plaisir de cette navigation, et je revins pédestrement à Lismore, après avoir visité en bateau les sites les plus rapprochés seulement, dans un trajet de deux ou trois milles. D'ailleurs, avant de continuer ma route jusqu'à Cork, il me restait à voir la cathédrale, dont je ne connaissais encore que le clocher en aiguille. Quoique sur les trois ou quatre mille âmes de population de Lismore il y ait tout au plus cinq à six cents protestants, la vieille cathédrale, édifice catholique, appartient au culte de la minorité. Aussi, reléguée dans le quartier le plus solitaire de la ville, a-t-elle l'air de bouder derrière quelques grands arbres qui cachent une partie de son portail. Lorsque le sacristain m'y introduisit, il me fit l'effet d'un geôlier qui ouvre une prison. Je n'y remarquai qu'un tombeau antique et quelques détails d'architecture, qui doivent remonter au Xe siècle. Je me rendis ensuite à la chapelle des catholiques, dans un quartier opposé. Ici, c'était la véritable église de village, avec un porche plus qu'ordinaire ; et quant au vaisseau intérieur, rien de plus misérable : l'autel seul, orné de petites images, d'un calendrier romain, de cierges à cire jaune, et d'*ex-voto*, disait que vous étiez dans une église. Mais Dieu n'était pas là sous clef comme dans une prison. De temps à autre une pauvre femme entrait, faisait le signe de la croix près du bénitier, allait s'agenouiller aux marches de l'autel, et se retirait après une courte prière. Je ne pus m'empêcher de penser que, chez un peuple dans la misère comme le peuple de la pauvre Irlande, cette libre communication entre la créature souffrante ou affligée et Dieu, représenté lui aussi sur sa croix, vaut peut-être mieux que la porte toujours fermée du temple protestant. L'église catholique est moins bien balayée que la triste cathédrale ; ses ornements sont d'assez mauvais goût, et ce n'est pas un spectacle à récréer l'œil que ce lourd crucifix, dont la figure blafarde exprime l'angoisse du moment suprême ; mais ce Christ rustique, dont les plaies saignent éternellement, semble encourager d'une sympathie plus intelligente ceux qui viennent pleurer avec lui. Le Christ catholique de Lismore est aussi celui qui disait : *Sinite parvulos venire ad me* (« laissez les enfants venir à moi »). Son église sert d'école : je vis tout à coup entrer dans l'église un essaim de petits Irlandais, chacun armé de son catéchisme... Comme ils devançaient leur maître, ils furent d'abord un peu bruyants, et quelques-uns même se mirent à jouer dans les bas-côtés ; mais le maître entra, et ils s'assirent alors sur leurs bancs avec une sagesse édifiante, attentifs au petit discours qui précéda leur exercice, et que j'eus sans doute tort de ne pas écouter jusqu'à la fin, en dédommagement du sermon inutile que j'avais subi chez les méthodistes de Carmarthen. J'espère bien qu'à force de chercher ainsi la religion par l'attrait du sentiment poétique, j'entendrai quelque jour la voix qu'Augustin entendit au milieu des séductions de Rome. J'en suis déjà à dire : « Heureux ceux qui l'ont entendue ! »

C'est d'ailleurs une ville sainte que Lismore, dans l'histoire du vieux catholicisme irlandais. L'église cathédrale fut fondée dans le septième siècle par saint Carthag le jeune, surnommé *Mochuda* ou le *Matinal*, qui en devint le premier évêque. Non loin du couvent actuel des trappistes, le même saint, forcé par la persécution d'abandonner son monastère de Ratheny dans le Westmeath, avait transporté sa colonie religieuse, et établi aussi un collège où la tradition prétend que le roi Alfred vint plus tard étudier. Aujourd'hui la cathédrale de Lismore n'a plus qu'un doyen, l'évêché ayant été réuni à celui de Waterford.

L'heure du passage de la diligence approchait. Je désirais en profiter pour être à Youghall avant la nuit. Il restait heureusement une place vacante ; il y en avait même deux, une dans l'intérieur, l'autre sur l'impériale (ce n'était plus un jaunting-car) ; et comme, malgré le vent, je choisis celle-ci, le cocher parut fort surpris. « Je tiens à voir le pays, lui dis-je. — Ah ! me répondit-il en secouant la tête tristement, vous voulez voir la *misère* du pays ! »

Pendant un parcours de plusieurs milles, en effet, avant et après Dumana, j'aurais pu regretter la route par eau, si je n'avais voyagé qu'à la recherche du pittoresque gracieux. Le vent ne courbait là ni une branche d'arbre, ni un épi de seigle, ni un brin d'herbe fourragère. C'était une lande stérile, une de ces natures marâtres qui auraient besoin, pour être domptées par la culture, de toute une armée de sombres laboureurs comme les moines du mont Melleray. Heureusement la diligence traversa rapidement ce désert. (Pichot, *L'Irlande et le pays de Galles*, 1850.)

Esquiros

Beautés incultes

A ces rudes Calédoniens, il est bon de comparer un autre rameau de la même race, plus remarquable encore par le développement des formes athlétiques : je parle des paysans irlandais de Connemara. Là, dans un site pittoresque, mais d'un style moins sublime, au milieu de lacs, de tourbières, de montagnes nues, de ponts jetés sur des abîmes, nous trouverons la femme celtique avec des traits qui gardent l'empreinte de la vigueur originelle. Le costume est particulier : un jupon rouge, un manteau ou une couverture bleue ramenée sur la tête, qui se trouve entièrement cachée, à l'exception de la figure. Trop souvent, il faut le dire, ces habits ne sont que des haillons. Ces femmes ont, en général, les cheveux noirs et les yeux bruns ; elles se distinguent par leur grande taille, leurs membres robustes, leur physionomie ouverte, non sans un air de grâce demi-sauvage et négligée. De jeunes filles d'une beauté inculte, les cheveux répandus sur les épaules, dans un parfait état de nature, découvrent en marchant des pieds nus et des chevilles bien nouées. (Esquiros, *L'Angleterre et la vie anglaise*, 1859.)

Saint-Thomas
Innocente coquetterie

Quand ce n'est pas pour se recueillir qu'on arrange ainsi coquettement son châle devant son visage, soit qu'on marche sur les trottoirs de la ville ou sur la route boueuse qui conduit à la bourgade où c'est jour de marché, je pense que c'est pour jeter un coup d'œil sans être vue à quelque galant Paddy du même âge qui passe par là, ou peut-être pour cacher une émotion furtive, ou encore pour attirer le regard du voisin sur tel point plus favorisé de la figure, en laissant caché le reste que l'on suppose moins gracieux. Enfin, il doit y avoir pour jouer ainsi du châle une foule de bonnes raisons que j'ignore naturellement, n'étant point dans les secrets féminins.

Après cela je suis d'avis que s'il existait un pays où les belles filles de vingt ans ne fussent pas coquettes, il ne vaudrait pas la peine de se déranger pour aller y voir.

Car mademoiselle Paddy est incontestablement « un beau brin de fille ».

Les filles de Paddy sont quelquefois remarquablement belles, presque toujours jolies.

Il me souvient d'un groupe de fillettes, dans un grand village de l'Ouest, assemblé devant un orgue mécanique dont une famille italienne tournait la manivelle, chaque membre à son tour. Elles étaient là une vingtaine depuis trois ans jusqu'à dix ans, avec des figures un peu plus barbouillées que de raison, avec leurs quarante pieds nus et leurs vingt châles, et il n'y en avait pas une qui ne promît de devenir une belle femme.

Soyez sûr qu'elles tiendront parole comme ont fait leurs aînées, ainsi qu'on peut s'en assurer à chaque pas dans l'île de Paddy.

La figure est large, ce qui peut être un point de critique pour quelques-uns, mais le front large compense le défaut — si cela en est un — par l'expression d'intelligence et de franchise qu'il donne au visage, expression rehaussée en général par une bouche fermement dessinée et un menton bien accusé.

Les diverses teintes du châtain jusqu'au noir parfait se rencontrent communément avec l'œil bleu, tandis que le roux semble dominer, peut-être parce qu'il frappe davantage, avec l'œil brun qui lui assortit si bien. Rendons justice à ce roux, que, quoiqu'il affecte toutes les nuances depuis le rouge par trop étincelant, il est presque toujours assez foncé pour rappeler cette couleur tant vantée, particulière, dit-on, aux belles Vénitiennes.

Les belles rousses Irlandaises aux yeux bruns, et même leurs camarades les belles châtain clair aux yeux bleus, n'échappent pas à ces petites taches sur le visage qui accompagnent les peaux blanches et délicates, et qui — comme tout en ce bas monde — sont un attrait ou un défaut selon qu'on en use avec modération ou qu'on en abuse.

Les dents, généralement courtes et bien coupées, des filles d'Érin, se distinguent de celles d'une bonne partie des filles d'Albion, en ce qu'elles restent tranquilles et modestes dans leurs bouches, au lieu de chercher tout le temps à s'allonger pour en sortir et faire éventail par-dessus la lèvre.

Un autre point de contraste enfin entre les deux îles *sœurs* est que dans l'île de Paddy on trouve partout, chez les hommes comme chez les femmes, des pieds, des vrais pieds, des jolis pieds, au point que quelquefois on pourrait les croire nus par pure coquetterie.

Qu'on ne se trompe pas surtout à l'innocente coquetterie des filles de Paddy, car fières, fières avant toute autre chose, d'une dignité presque sauvage, sont ces nobles femmes élevées à l'école du malheur : leur vertu simple est reconnue même par leurs oppresseurs. Les soldats anglais qui ont eu charge de réprimer par le massacre le dernier grand effort armé de l'Irlande pour secouer le joug, savent qu'il n'y a que le sang qui paye un ignoble outrage sur une fille d'Érin, tant qu'il reste un souffle aux parents de la victime ou à la victime elle-même.

Dame, ouvrière, paysanne ou pauvresse, les vraies filles d'Irlande sont unies dans ce même sentiment de fierté. En cela je ne veux pas établir un contraste avec les filles de l'Angleterre, quelle que soit l'étendue du scandale qui démolit chaque jour l'orgueil pudibond et aveugle — de bonne foi ou non — de nos voisins. Mais le malheur est le grand promoteur de la vertu fière chez les races bien trempées. Filles, femmes, sœurs et mères de malheureux qui luttent contre la misère, et de patriotes qui cherchent le relèvement de la patrie, les femmes d'Irlande ne s'attardent guère aux petites vanités qui, chez leurs voisines, rendent la tentation dangereuse pour les pauvres et l'oisiveté pernicieuse pour les riches.

En Irlande, peut-être plus qu'ailleurs, la beauté de la jeune femme de pauvre condition passe vite ; la misère, les chagrins et les durs labeurs en ont promptement raison.

Elle n'a certainement pas trente ans, cette paysanne qui nous sert du lait au seuil de sa chaumière ; on voit qu'il y a quelques années à peine elle devait être réellement belle, aujourd'hui ses traits tirés ne respirent plus que la fatigue, et dans une couple d'années elle semblera une vieille femme. (Saint-Thomas, *Le Rêve de Paddy*, 1886.)

Feuillide

Maître et esclaves

La campagne de la verte Érin ne doit pas, ne peut pas être vue autrement que Dublin, la ville monumentale. La verdure est à la première ce qu'à la seconde sont les beautés de l'architecture grecque : toujours le manteau troué de la pauvresse de Kingstown ! Lorsqu'un voyageur a un œil attaché sur les édifices de la capitale de l'Irlande, il est impossible, comme on sait, qu'il ne laisse pas l'autre errer tristement sur les haillons vivants qui se traînent à leur base. Quel que soit le comté qu'il visite, quelles que soient les magnificences au milieu desquelles il est placé, il lui est impossible aussi de détourner ses regards des misères qui sont d'un côté de sa route, pour ne les attacher qu'aux richesses qui se dressent en face de l'autre côté. Il n'a jamais la ressource de leur tourner le dos, car ce contraste est tellement éparpillé sur tous les points de l'Irlande, qu'il y forme une ordonnance symétrique, et qu'il fait de cette île une espèce d'échiquier, divisé en carrés réguliers, dont la misère et la richesse, la fertilité verdoyante et la sombre stérilité nuancent les deux couleurs.

Ce contraste, qui fait le caractère distinctif de toute la nature d'Irlande, âme et matière, sol et nation, est résumé par deux mots, en deux êtres vivants, *Landlord* et *Paddy* ; deux individualités, types des deux classes d'hommes qui forment dans ce malheureux royaume les deux extrémités de l'échelle sociale, dont le milieu, inaperçu, existe à peine. Landlord et Paddy ! c'est-à-dire celui qui possède la terre et qui en retire tous les fruits, et celui qui la cultive et qui n'en obtient pas même de quoi vivre ! le spoliateur et le spolié ! le riche et le pauvre ! l'Anglais et l'Irlandais ! celui à qui vont toutes les folles et orgueilleuses joies de la vie, et celui à qui vont toutes les douleurs et toutes les humiliations ! A l'un tous les droits, toutes les protections ! à l'autre tous les devoirs, tous les actes arbitraires, un complet ilotisme ! Landlord et Paddy ! c'est-à-dire le maître et le serviteur ; pire que cela, le seigneur et le serf ; pire encore que cet état de la société féodale aux premiers temps du Moyen Age ; pire même que l'état de la société païenne avant l'Évangile ; pire aussi que les relations établies entre les Blancs et les Noirs dans la société coloniale. Oui, les relations qui, sous l'autorité et la protection des lois anglaises, existent entre le landlord et le paddy sont plus inhumaines que celles qui ont constitué l'esclavage du paganisme, le servage de la glèbe pendant la féodalité, et l'esclavage des Noirs.

D'un côté, pour le paddy, ce sont toutes les obligations sur lesquelles reposait l'esclavage antique, moins le mot, il est vrai, mais aussi moins les garanties d'existence et de secours qui en étaient la conséquence. D'un autre côté, pour le landlord, ce sont tous les avantages que les lois sur l'esclavage attribuaient au maître, mais aussi avec les obligations de moins. C'est un contrat synallagmatique dont le paddy n'a conservé que la plus méchante portion, et le landlord la meilleure. A l'un tous les devoirs de l'esclave, sans les droits; à l'autre tous les droits du maître, sans les devoirs. Ce ne sont donc pas les esclaves et les serfs qui ont gagné à l'abolition de l'esclavage et de la servitude, ce sont les maîtres et les seigneurs. Et ceci malheureusement n'est point un paradoxe, c'est la déduction infaillible et logique de l'état de landlord et de paddy, qui va passer sous nos yeux.

Bien que les descendants orgueilleux de toutes les bandes fanatiques, venues à la suite des égorgeurs et des pillards de l'Angleterre, forment aujourd'hui, selon le chancelier Clare lui-même, la haute noblesse, la pairie d'Irlande, cachant la roture de ses noms primitifs sous le nom féodal de terres usurpées, les châteaux seigneuriaux sont en fort petit nombre en Irlande. Il est peu de manoirs rappelant les premières époques de la féodalité, qui, avec leurs épaisses murailles flanquées de tours et de tourelles, avec leurs créneaux et leurs fossés, aient résisté aux démolitions successives des conquérants, des pacificateurs et des religionnaires, plus emportés par le fanatisme, les terreurs politiques et les haines rapaces, que par l'amour de la conservation qui était uni à celui de la possession chez les Anglo-Normands des premiers siècles. Un seul château, je crois, celui qui a nom Kilruddry House — encore même, comme on le voit, par le modeste mot *house* («maison»), évite-t-il de prendre le nom seigneurial de *castle* («château») — rappelle en Irlande l'architecture du règne d'Élisabeth, ce style fleuri que Catherine de Médicis a prodigué, en France, à Chenonceaux.

Il semble que, dans tous les temps, les détenteurs de l'Irlande aient eu à cœur de ne pas étager sur le sol des pierres qui, par le genre de leur architecture, auraient servi à préciser l'origine de leurs richesses et l'époque de leur usurpation. Peut-être, calculateurs aussi habiles qu'avides spoliateurs, ont-ils pensé qu'il serait imprudent de dépenser des sommes énormes à bâtir, pour l'éternité de leur race, sur cette terre qui, gonflée de misère et de despotisme, se soulève à chaque siècle pour rejeter de son sein tout ce qui lui est oppression et ruine. Ils ont toujours cru qu'au lieu d'édifier de fortes maisons qu'on ne retrouve pas au retour, il leur valait mieux posséder de vastes domaines qu'on peut retrouver en tout temps, et où il n'y a guère qu'à renverser les bornes rebelles qui en attestent le morcellement nouveau, pour les remettre à l'état de vastes domaines, sans solution de continuité. Peut-être aussi ont-ils craint que les belles proportions architectoniques ne fussent, en regard des misères qui les entourent, un contraste trop effronté, et ne devinssent chaque jour, dans le vase où s'amassent les haines, la goutte d'eau qui le fait déborder.

Toujours est-il, qu'à voir l'extérieur modeste du plus grand nombre des habitations de landlords, on peut croire que le landlord, soit crainte, soit calcul, ne se regarde en Irlande que comme un possesseur viager, toujours prêt à déguerpir. Ainsi que l'homme des tribus nomades, il n'a dressé qu'une tente dans les solitudes d'Érin, un pied-à-terre, auquel il a donné le nom de *cottage*, pour en dissimuler le plus possible l'origine et l'emploi, en le nivelant, au moins par ce nom générique, avec toute habitation rurale irlandaise, dont la hauteur ne dépasse guère le rez-de-chaussée ou l'entresol. Que cette habitation soit pétrie de boue et recouverte de paille, ou bâtie en moellons, avec une toiture d'ardoise ; qu'elle abrite la tête d'un landlord ou la tête d'un paddy, le nom est le même, sans contredit ; mais quelle différence on trouvera dans la chose quand on aura pénétré dans le cottage du landlord et dans le cottage du paddy !

Le cottage du landlord n'a de modeste, en effet, que le nom et l'extérieur, lequel est bien loin d'en laisser deviner la destination, alors surtout que par la pensée on ne l'isole pas de ses alentours, avec lesquels il offre aussi un singulier contraste.

Ainsi, quand vous cheminez en Irlande, vous traversez en bien des comtés des terrains nus, blanchis par le soleil qui les brûle, ou noirs de l'eau des tourbières qui les noient ; pas un arbre vert le long de la route ! aussi loin que l'œil peut s'étendre, pas une tige féconde sur la crête des guérets, dont, après bien des années de jachère, on voit encore la trace, et que couvrent toutes les herbes parasites et rampantes des terrains abandonnés ! à peine, de loin à loin, au milieu des bruyères et des ronces, poussés sur un amas de plâtre et de pierres, une rose, une fleur odorante de jardin se balancent-elles sur leur tige oubliée par les démolisseurs, qui ont changé en solitude aride et nue ce qui fut autrefois un jardin riant. La route — route de Royal Mail, pardieu ! — est effondrée en mille endroits, et votre *car* ou votre *poney* se sont heurtés ou agenouillés à plus d'un énorme quartier de roche roulé au milieu du chemin ; c'est que, voyez-vous, les grandes routes de l'Irlande sont loin d'être ce que sont, non seulement les grandes routes, mais même les chemins de vicinalité en Angleterre ; si bien qu'on peut être certain qu'il n'y aurait pas de routes en Irlande, si l'Angleterre n'en avait besoin pour faire voyager ses régiments et ses constables.

Vous apercevez, çà et là, et des huttes de terre, aux toits de chaume, tout émaillés d'herbes jaunissantes, où les oiseaux viennent becqueter le mouron, et quelques pieds carrés de terrain où rampe la fleur étiolée de la pomme de terre. Bientôt une longue muraille blanche, qui, de loin, frappée du soleil, se confondait avec les chaudes vapeurs qui montent d'un sol calciné, s'étend dans la plaine, grimpe au flanc des coteaux et longe la route. L'œil, fatigué de la stérilité poudreuse ou humide qu'on a traversée, se repose amoureusement sur un rideau élevé de massifs verdoyants, qui se dresse à l'horizon, jetant au loin des ombres épaisses et mystérieuses, d'où s'échappent des cris plaintifs d'oiseaux et des brises balsamiques qui remplissent l'espace de fraîcheur, de tristesses et d'harmonies. La route alors devient plainière, droite, bien entretenue, avec un trottoir le long de la muraille tant qu'elle dure, l'espace de trois et quatre milles, presqu'une route anglaise, pour reprendre au dernier angle du mur, à la dernière pierre, tous les accidents désordonnés d'une route d'Irlande. C'est que la route passe devant le domaine d'un landlord ; c'est que cette muraille est celle qui entoure un domaine de landlord, oasis de verdure et de prospérité jetée de distance en distance, au milieu du désert nu et désolé qui s'appelle l'Irlande.

Enfin vous arrivez à une belle grille en fer, artistement ouvrée entre deux bandes au milieu, et dorée au triangle allongé des flèches qui lui servent de couronnement et de défense. La grille s'appuie, des deux côtés, à deux colonnes en rocaille qui s'appuient elles-mêmes à deux bâtiments carrés, dont les fenêtres sont garnies de barreaux de fer sur la route ; le tout ombragé par les immenses branches de gros chênes. Devant vous, à travers la grille, vous voyez s'étendre, loin, bien loin, des pelouses vertes et belles, toutes parsemées de massifs d'arbres et de fleurs. A droite et à gauche le regard se perd sous les vastes ombres de forêts séculaires, aux troncs noueux, au branchage luxuriant et tout revêtu de lierre et de lianes fleuries. Il est difficile de résister à la tentation de fouler ces herbes si verdoyantes, de rêver sous ces bois si ombreux.

Vous tirez hardiment la chaîne qui agite une cloche de bronze suspendue à l'un des piliers, et la cloche répond par un tintement aigu à chaque mouvement saccadé de votre bras, comme il convient à toute cloche anglaise qui, par la qualité de ses sons, va annoncer au loin la qualité de la personne qui la met en branle. Donc sonnez fort et vite ; ce sera le moyen, avant de vous montrer, de vous préparer un accueil plein de déférence. Il n'est pas dit cependant que la grille s'ouvrira toujours devant vous. En un lieu, par ordre du maître, officier dans l'armée de terre, permission de parcourir le domaine n'est accordée qu'aux visiteurs officiers de l'armée de terre ; en un autre lieu, ne seront admis que les officiers de mer, parce que le maître est officier de mer ; ailleurs le maître est pair d'Irlande ou membre du Parlement, son domaine n'est ouvert qu'à ses collègues. Par hasard, ou par bonheur, vous n'êtes rien de tout cela, pas même dans votre patrie, et en Irlande, vous n'apportez avec vous que votre qualité d'étranger : c'est précisément cela qui peut vous servir le plus, car le *foreigner* est la seule classe de visiteurs dont le landlord n'ait point parlé à ses gens.

[...] Vous ne parcourriez pas l'Irlande, vivant de sa vie, touchant à toutes ses misères, couchant sur ses bruyères séchées, priant de sa prière, pleurant de ses larmes, affamé de sa faim, ivre de son whisky, croyant de sa foi, poète de sa poésie, jetant votre manteau de voyage aux belles épaules nues de ses femmes et prenant dans vos mains les pieds transis de ses petits enfants pour les réchauffer de votre haleine, que vous en apprendriez, j'imagine, autant que moi sur le peuple irlandais. Il suffit pour cela de visiter un de ces lieux, célèbres à quelque titre que ce soit, dont l'Irlande abonde, ruines, montagnes, lacs ou vallées. Là, le voyageur aura beau s'en défendre, s'il ne veut pas aller au peuple d'Irlande, c'est le peuple d'Irlande qui ira au voyageur, comme sa misère vint à moi sur la jetée de Kingstown. Il s'attachera à ses pas, il lui montrera sa route, il l'enlacera de ses prévenances et de ses paroles, et une demi-journée ne se sera pas écoulée, que le voyageur, s'il est venu pour s'instruire afin d'instruire les autres, aura pu voir à l'œuvre les différentes saillies du caractère irlandais que je viens d'indiquer. C'est que le voyageur se sera trouvé en contact avec la portion de la *peasantry* irlandaise, en qui ces saillies sont le plus fortement accusées. Il aura eu affaire au paddy qui a conservé la seule chose qu'on n'a pu lui ravir, celle qu'il partage avec les oiseaux du ciel, les bêtes fauves et les insectes, sur cette terre d'Irlande qui lui appartenait autrefois, dont la propriété est passée aux Anglais, et dont l'usufruit, moyennant lourde redevance, est affermé encore à des Anglais, ou à des Irlandais qui peuvent, c'est-à-dire qui croient pouvoir le payer. Ce paddy est celui qui n'est ni propriétaire, ni tenancier, qui a sa cabane pendue aux flancs de quelque roche escarpée, où ne savent la trouver ni les constables, ni les collecteurs de dîmes, ni les receveurs de rentes et de fermages ; où il vit lui et sa famille, qu'il nourrit avec quelques pommes de terre venues entre deux crevasses de rocher, dans lesquelles Dieu a mis deux pouces de poussière humide, avec le lait de quelques chèvres errantes nuit et jour à travers les montagnes, avec le whisky de contrebande qu'il fabrique lui-même au risque d'une prison perpétuelle, qu'il devrait échanger contre une amende impossible à payer, si pour lui échapper il ne livrait aux agents du fisc une guerre à outrance, jusqu'à ce qu'il ait tué ou qu'il soit tué. C'est là le paddy qui, en Irlande, n'a plus que le droit de parcours, et qui se fait le cornac de son pays, quand il a eu le bonheur de naître, et qu'il a celui de vivre dans quelqu'un des mille endroits renommés pour des beautés topographiques ou archéologiques.

Du moment qu'il met les pieds dans quelqu'un de ces lieux célèbres, le voyageur n'est plus son maître ; il n'a le droit ni de se souvenir de ce qu'il a su, ni de voir par ses yeux, ni de laisser aller son âme aux seules impressions qui lui arrivent par les sens. Il faut qu'il se résigne à entendre auprès de lui une voix qui lui parle, quand il voudrait rêver, à trouver toujours une main tendue qui lui montre à droite un point de vue, quand, à gauche, il est attaché à la contemplation d'un autre. Le voyageur appartient de droit au paddy. Le paddy est fort enthousiaste des beautés de sa terre natale, et, par esprit national, il ne veut pas qu'on la voie autrement que lui et ses ancêtres l'ont vue.

Il ne faut cependant pas confondre le *guide* d'Irlande avec le cicérone d'Italie. En Italie c'est presque une corporation avec privilège royal, ducal ou apostolique. Le cicérone italien est bavard, vantard, grand faiseur de forgeries, d'anachronismes, de célébrités et d'antiques ; presqu'un homme lettré, moins la plume, presqu'un orateur, moins la barre ou la tribune ! En Irlande, tout paddy, homme, femme, enfant, jeune fille, vieillard est en état de servir de guide : il n'en est pas un qui ignore des moindres détails, touchant le lieu où il vit depuis son enfance, et où ses pères ont vécu avant lui. Le paddy a même une grande probité d'instruction ; il ne fera pas d'emprunts aux célébrités de son voisinage pour augmenter celles de son coin de terre natal ; mais il parle de celui-ci avec tant d'amour, il s'en exagère tellement l'importance, qu'on voit bien que cette probité vient de la conviction que rien ne lui est comparable. Il vous racontera les légendes, il vous chantera les *lament* et les *song* composés en l'honneur des lieux célèbres et des hommes qui les ont illustrés. Ce seront peut-être des puérilités pour vous quelquefois, mais il y aura toujours dans le récit, en lui-même, tant de naïveté, et chez le paddy tant de bonne foi, on y saisira toujours si bien quelques traits du caractère national, qu'on éprouve à l'entendre autant de charme et un intérêt de curiosité aussi grand que si les lieux étaient réellement ce qu'il vous les peint, et les événements et les hommes aussi célèbres que le donne à entendre l'emphase de son récit. De la sorte, le guide irlandais est, à tout prendre, un assez amusant compagnon de route. Il s'impose, il est vrai, par mille obséquiosités par lesquelles il est plus que difficile de ne se point laisser séduire, bon gré, mal gré ; mais où iriez-vous ? que pourriez-vous savoir, vous étranger arrivé d'hier, dans un pays dont on parle si peu sur le continent ? Vous vous en retourneriez sans avoir rien vu, rien appris, si le paddy ne vous racontait ce qui est su parmi les paddies, de père en fils, depuis des siècles, ce que le paddy parcourt et étudie depuis qu'il est né, ayant à donner à chaque ravin, à chaque pierre le nom qui lui a été transmis.

Force est donc au voyageur de faire le choix d'un guide parmi les dix ou douze personnages du groupe de vieillards, de jeunes hommes, de femmes vieilles et de belles filles, qui stationnent à l'entrée des lieux qu'il veut visiter, et pour lesquels il est un objet de concurrence empressée. Son choix arrêté, pour consoler les exclus et ne les pas avoir à ses côtés, en sous-œuvre, tant que durera l'excursion, il fera bien de distribuer quelques shillings dans le groupe animé, qui en retour lui enverra des reconnaissants et hospitaliers *cead mile faite* (« cent mille bienvenues »). Pour se montrer généreux, moins que cela, compatissant, il suffira au voyageur de songer à la catégorie du peuple irlandais à laquelle ces gens-là appartiennent : pauvres paddies qui ne récoltent à la surface de leur terre natale que ce que leur jettent la commisération et la curiosité du voyageur, leur providence printanière, qu'ils ont attendue tout l'hiver, grelottant auprès de leurs feux de tourbe, redoutant, si la saison rigoureuse se prolonge, que les aumônes de l'été dernier ne les poussent pas jusqu'à l'été nouveau ; rêvant aussi peut-être que, dans la présente année, les Anglais auront un peu moins que l'année d'avant calomnié l'Irlande ; que dans le petit nombre d'étrangers déjà venus, il s'en sera trouvé un qui aura fait de l'Irlande une peinture fidèle, et qu'alors les artistes, les poètes, les touristes, les riches de l'Europe auront déserté les éternelles routes de l'Italie et de la Suisse, pour essayer un peu de la verte Érin !

Comme stimulant à la générosité, on doit aussi faire entrer en ligne de compte les éloges dont les paddies exclus ne manquent jamais de saluer *sa grâce*, *son honneur* voyageuse, quand ils rencontrent l'étranger généreux durant l'excursion dans laquelle ils guident les visiteurs venus après lui. D'ailleurs il y aura, je vous assure, un moment où vous aurez chaud, où vous aurez soif, et où il vous sera infailliblement défendu de boire de l'eau des sources des montagnes, parce que cette eau sera si froide qu'elle pourrait être funeste ; et alors, comme par enchantement, aux bords mêmes des fontaines traîtresses, une de ces belles jeunes filles, levant sur vous ses grands yeux et vous faisant sa plus humble révérence, vous offrira un verre de whisky dans une tasse de lait de chèvre. Il y aura aussi, croyez-le bien, plus d'un endroit où, perché sur le bord d'un abîme, ayant à franchir quelque sentier étroit aux flancs d'une roche glissante, vous aurez, outre votre *shilelah*, besoin d'une main puissante pour retenir votre main comme à un crampon de fer, d'un pied ferme et exercé pour étayer votre pied inhabile et chancelant, et à point nommé vous rencontrerez la main et le pied de l'un de ces jeunes hommes, qui vous rendra les services dont vous lui aurez seulement donné le prix d'avance.

Enfin s'il y a quelques détails d'anecdote ou de localité que la raison par hasard supérieure de votre guide dédaigne de vous donner, vous les recevrez de l'une de ces vieilles femmes qui se trouvera devant vous, à l'instant opportun, et qui, ayant plus souffert, ayant eu besoin de plus de consolation durant sa longue vie d'épouse et de mère, possède à un plus haut degré l'instinct merveilleux des choses qui s'apprécient moins avec la raison qu'avec le cœur. (Feuillide, *L'Irlande*, 1839.)

Saint-Thomas

La revanche des pauvres

Boycotté !

Avec le boycottage nous entrons dans l'un des points les plus discutés de la Question irlandaise, celui qui passionne le plus aujourd'hui les politiciens anglais comme une preuve palpable, actuelle, vivante de la gravité de la lutte engagée.

Il n'y a plus à dissimuler ni à ignorer. La Question irlandaise est la *première* aujourd'hui en Angleterre : Russie, Égypte, Inde ou Zululand sont à cent lieues au-dessous d'elle. C'est le poignard au flanc d'Albion : faut-il l'y garder et soigner la plaie suppurante qui s'aggrave, s'enflamme chaque jour et menace de la gangrène le corps entier ? Faut-il l'arracher et cicatriser ensuite la blessure ?

L'Irlande, Anglais, l'Irlande telle que vous l'avez réduite est votre châtiment. Vous êtes tous *boycottés* par elle ! Ne riez pas... vous ririez jaune !

Boycotté ! Cela n'a l'air de rien, et cependant ce n'est autre chose que cette force gigantesque des vaincus qui finit par faire reculer le vainqueur, et fait demander grâce aux oppresseurs. C'est la résistance passive, la force d'inertie organisées ; c'est ce qui a fait chasser d'Espagne les soldats de Napoléon, et ce qui les a fait périr de froid et de faim, ensevelis dans la neige par milliers, par armées, peut-on dire, dans les plaines de la Russie vaincue.

Boycotté ! Au collège nous appelions cela « mettre à la quarantaine » — ni plus ni moins qu'un vaisseau infesté du choléra — quand il s'agissait de *faire un exemple* sur l'un de nous coupable « d'avoir mouchardé au pion qu'un tel avait fumé ».

Et nous étions inflexibles sur ce chapitre à la cour des grands ! On a vu des « quarantaines » durer jusqu'à deux jours et ne se terminer que par une amende honorable du pestiféré, accompagnée d'une distribution grandiose de cigarettes aux juges.

Mais comme nos collégiens d'aujourd'hui sont hommes de progrès, surtout dans la « cour des grands », je suis sûr qu'ils ont mis au rebut la « quarantaine » de leurs anciens, et que le « boycottage », grâce au rapide chemin qu'il a fait, a dû arriver jusqu'à eux. Dès lors, il est à supposer qu'on ne met plus « à la quarantaine » dans nos lycées, mais que, tout comme dans l'île de Paddy, on « boycotte » les coupables. Mais dans le cas où ils ignoreraient l'étymologie du mot, rappelons-leur que c'est le capitaine Boycott — un agent impitoyable d'un grand propriétaire anglais en Irlande — qui fut le premier boycotté de façon à attacher son nom à la chose.

La ferme et le propriétaire « boycottés » sont donc mis en interdit en Irlande. Et si, malgré tout avis, un fermier prend à ferme la terre boycottée, c'est lui à son tour qui est boycotté par la Ligue.

C'est-à-dire que ses voisins n'ont plus de communications avec lui, qu'ils ne lui parlent pas, qu'ils ne le connaissent plus. S'il est malade ou en détresse, il ne trouvera pas d'amis ; si sa maison brûle, il n'aura pas de secours ; son cheval ne sera ferré ni pour or ni pour argent par le maréchal du village, ni sa charrue réparée par le charron ; si sa charrette s'embourbe, elle restera embourbée ; sa vache, sa jument et ses brebis resteront stériles faute de l'étalon, du taureau ou du bélier qu'on lui refusera.

Dans ces bourgs d'Irlande, souvent privés de communication et où tout le commerce est forcément local, le boycotté qui ira à la foire n'y trouvera pas d'auberge pour se restaurer, ni d'écurie pour loger son bidet, pas plus qu'il n'y trouvera à vendre son foin, son grain, ses légumes, sa volaille, son bétail.

Il faut faire des provisions quand on retourne à la ferme isolée. Le boycotté ne trouvera pas de magasins où acheter son pain, sa boisson, ses épices, ses conserves, son bois, ses allumettes, ni même son tabac, car il est boycotté et signalé partout.

Sa ferme est-elle assez importante et est-il assez riche pour se subvenir à lui-même, pour récolter sa nourriture et être son propre boucher ? Peut-il faire venir directement d'Angleterre les objets indispensables à la vie journalière ? Est-il assez habile pour réparer ses instruments de travail et ferrer ses chevaux ? Assez entreprenant pour avoir ses taureaux et ses étalons ? Mais alors c'est que sa ferme est trop importante pour qu'il puisse l'exploiter seul ou avec sa famille, et dans ce cas, soyez-en sûr, il ne trouvera point d'ouvriers pour labourer ses champs, et encore moins pour les récolter quand l'ouvrage pressera, et que, faute d'être coupées à temps, les moissons pourriront sur pied.

Le boycotté est-il assez tenace et a-t-il assez de moyens pour tenir tête à l'interdit, il lui faudra pourtant bien, à lui Irlandais dévot, conduire sa famille à l'église du village le dimanche. Et alors, à son entrée dans le lieu saint, il verra tous les assistants se lever et quitter paisiblement, mais fermement, l'office.

Et savez-vous ce que lui dira le prêtre ? Le prêtre — le fait s'est passé il y a huit jours —, le prêtre lui dira tristement ceci :

— Mon ami, tous mes paroissiens viennent de quitter l'église à cause de vous. Si vous le désirez, je continuerai le service pour vous seul, car j'y suis obligé, mais ne croyez-vous pas que, privant ainsi vos frères du culte, vous fassiez mal, et que ce soit à vous à leur céder la place ?

Et le boycotté sortira la tête basse.

Ni larmes, ni prières, ni exhortations, ni promesses n'y pourront rien faire, car quiconque travaille pour un boycotté, lui vient en aide, lui vend ou lui achète, — est boycotté lui-même.

Quant aux menaces adressées aux boycotteurs et aux appels à la police anglaise, ils sont infructueux et rendent pire la chose, car en cas de rencontres, la force répond à la force, et en face de quatre millions d'habitants qui ont la haine de l'oppresseur, les trente mille soldats, transformés en policiers, que le gouvernement anglais maintient en Irlande, sont impuissants.

Et quand le boycotté, qui le plus souvent se trouve d'un autre côté exposé aux exigences, aux brutalités de la loi et du propriétaire, abandonne la ferme maudite et vient se joindre à la Ligue, il y retrouve un refuge et des amis, car cette Ligue de patriotes n'a ni haines ni préjugés par elle-même, et n'agit de vigueur que dans l'intérêt commun. L'ancien boycotté devient un de ses fervents adeptes.

Se rend-on une idée de ce qu'est terrible le boycottage pour les particuliers dans ces campagnes irlandaises où l'homme isolé ne peut rien pour son bien-être ?

Qu'on juge alors de ce qu'il est lorsqu'il est pratiqué presque par une nation entière, et dans des conditions qui semblent invraisemblables.

A l'époque des compétitions électorales, les journaux anglais de chaque jour ne dérageaient pas en enregistrant les progrès que fait le boycottage, en constatant l'importance colossale que prend la Ligue et par-dessus tout la discipline merveilleuse qui préside à son fonctionnement.

Que la Ligue boycottât des ouvriers agricoles, des fermiers, des marchands, de puissants propriétaires, soit ! Les Anglais n'étaient qu'individuellement touchés par ces procédés. Mais boycotter des marchés entiers, des foires, des compagnies de transport ! Refuser des marchandises à de grands paquebots, détourner de leurs cales des troupeaux entiers, suspendre les revenus de puissantes compagnies, menacer jusqu'aux chemins de fer anglais qui transportent les bestiaux boycottés, ceci est d'une audace à terrifier John Bull ! C'est son commerce qu'on lui vole, et sur ce point-là il ne plaisante pas. L'affaire des steamers boycottés de Cork le rend plus que soucieux.

Quand je vous disais que les Anglais ne rient plus du boycottage !

Le boycottage est-il légitime ?

Légalement, c'est lord Salisbury lui-même, l'ex-Premier ministre anglais, qui répondait à la question dans son programme électoral, disant que le boycottage n'est qu'un ensemble d'actes légaux en eux-mêmes.

Lord Salisbury était bien aimable de nous apprendre cela, — c'était évidemment une amabilité électorale vis-à-vis de la puissante Ligue, dont les représentants avaient renversé son prédécesseur sans plus de difficulté qu'ils viennent d'en avoir pour le renverser lui-même — mais nous savions sans lui qu'un forgeron n'est pas obligé de ferrer un cheval quand cela ne lui plaît pas, et ainsi de suite.

Moralement, le boycottage est-il légitime ?

Il faut être très anglais et même très intéressé dans la question, pour contester à qui que ce soit au monde le droit de détourner la tête de celui qu'il considère comme son ennemi, de lui être étranger, de refuser tout rapport avec lui. Le boycottage est le plus sacré des droits, et sur celui-là la force n'a pas prise. (Saint-Thomas, *Le Rêve de Paddy*, 1886.)

Feuillide
La déchéance d'une ville

A voir quelques rues de Dublin, larges comme de grands fleuves et bordées de trottoirs larges eux-mêmes comme des rues, on dirait que cette ville est faite pour qu'une foule immense et parée l'encombre, jour et nuit, de ses flots majestueux sans se heurter, et de ses beaux carrosses sans les briser. Lorsqu'arrêté devant ces maisons de briques, si jaunes parfois qu'on les dirait peintes, l'œil est fasciné par l'éclat des vitres qui, dans la hauteur des trois étages, étalent leur poli d'acier; lorsqu'il s'égare dans les barreaux des longues et hautes grilles de fer, ornant les rez-de-chaussée, certes on s'attend à voir ses fenêtres s'abaisser, comme des grilles de loges de théâtre, pour laisser passer des festons de fleurs, de regards, de sourires.

C'est qu'en vérité Dublin a des édifices où colonnes et frontons, chapiteaux et corniches ont été jetés à la base et au couronnement, avec une profusion athénienne. Le collège de la Trinité, et en face la Banque, dans College Green; l'hôtel de la Poste dans Sackville Street, et la Douane, sur le port, forment, sur une étendue de moins de deux milles carrés, le spécimen le plus complet qui se puisse bâtir de l'architecture grecque et romaine.

Mais quand il passe à travers le labyrinthe des longues colonnades qui se touchent et se pressent comme si l'espace avait dû leur manquer, l'étranger doit être un peu déconcerté. Il se demande si les Irlandais ne sont pas un peu comme les Juifs de l'Orient; en guenilles et larmoyants devant les étrangers ou sous le bâton spoliateur du maître : magnifiques et sybarites dans leurs somptueuses demeures. Et la pauvresse de Kingstown, cette mère si pâle, si triste, et pourtant si belle avec son petit enfant frais et rose, ne vous apparaît-elle pas comme un de ces êtres surnaturels et repoussants que les enchanteurs plaçaient au seuil des palais de porphyre, pour éprouver la persévérance des voyageurs et le courage des preux chevaliers ?

Hélas! non. la pauvresse de Kingstown n'est qu'une image trop fidèle de son pays. Je vous le dis, moi; avec ses larges rues, avec ses maisons propres et luisantes, avec ses monuments grecs. Dublin n'est qu'une outrageuse ironie imposée à l'Irlande : contraste taillé en frontons, allongé en colonnes, déchiqueté en feuilles d'acanthe, que les Anglais ont élevé un jour pour que le peuple d'Irlande pût comparer éternellement sa nudité à ces magnifiques revêtements d'architecture ; sa misère, à l'or perdu dans ces amas orgueilleux de pierres inutiles.

A quoi bon, en effet, tant et de si vastes monuments? Ils sont vides.

L'hôtel de la Poste est fait pour recevoir, au débotté, tous les courriers de l'Europe à la fois, et l'Irlande ne correspond avec l'Europe que sous le couvert de Londres, qui lui distribue les paquets à ses heures, comme à toutes les autres villes du Royaume-Uni. Allez à la Douane ; il y a là de la place pour peser, jauger et fouiller le même jour tous les ballots venus de Cachemire et de Madras, tous les vins venus de France et de Madère, toutes les pelleteries venues de la mer Noire. Passez et repassez un mois entier devant ces larges et hauts péristyles ; jamais bureaucrate n'étalera devant vous son importance affairée. A la Douane, toute l'année c'est jour férié. Eh ! je le crois bien ; il n'entre pas, dans six mois, trois navires dans le port.

L'Angleterre a poussé la plaisanterie jusqu'à donner à Dublin un Zoological Garden. Là, je vous le demande, donner un jardin des plantes à l'Irlande, qui est elle-même un jardin gracieux et verdoyant, une magnifique émeraude, comme l'ont appelée ses bardes et ses poètes. Si encore, il y avait là de ces choses rares et belles qui intéressent la curiosité ou servent la science ! Mais non, rien d'utile, de précieux, rien qui ne soit partout ; force canards dans les bassins, une infecte multitude de lapins et de renards ; pas la plus petite variété de roses et d'œillets, pas la moindre collection de dahlias ; pas une fleur, pas un arbre exotique ; de minéralogie, pas le plus petit fragment ; partout l'aspect d'une ferme de Picardie ou de la Beauce.

Et puis jamais l'Angleterre, le pays des chemins de fer, des ponts de fer, des machines de fer, n'a fait à l'Irlande une mystification de plus mauvais goût, qu'en jetant à Dublin, sur l'étroit Liffey, un pont en fer d'une seule arche. Imaginez une seule arche, dont le dessus a gardé la forme demi-circulaire du dessous, une arche dont les bases reposent sur les deux rives, sans que l'on trouve, aux deux extrémités, les culées qui, nivelant son milieu avec le sol auquel elle s'appuie, rendraient insensibles la montée et la descente. En sorte que, pour franchir cet arc de fer, il faut gravir avec effort une côte à pic et courir le risque, pour descendre l'autre, de rouler et de se tordre le cou. Si Mahomet y avait songé, il aurait pu donner à un pont semblable, pour conduire à son paradis, la préférence sur le fil de fer dont il impose le passage aux croyants : celui-ci n'est certes pas plus difficile à traverser que celui-là.

Presque tous les monuments de Dublin sont de fondation moderne. Ils ne remontent pas au-delà du règne d'Élisabeth, qui éleva le collège de la Trinité sur le monastère d'All Hallows ; la plupart ont été, comme ce collège, superposés à tous les anciens édifices publics ou religieux du Moyen Age que la ville possédait. Ces démolitions étaient un moyen de tuer tout souvenir de la vieille nationalité irlandaise. L'Angleterre a pensé que, déshéritée d'histoire et d'historiens, l'Irlande, ne trouvant plus de dates certaines sur d'antiques murailles, finirait par ne pas pouvoir faire remonter son existence au-delà du millésime gravé sur les murailles nouvelles.

Dans toute l'Irlande, pas une pierre debout qui consacre la mémoire d'une gloire irlandaise ! pas une où soient inscrits les noms de ses vieux bardes, dont les pêcheurs de l'ouest répètent encore les vers ! pas une statue pour honorer le souvenir des saints évêques qui, dans une époque d'ignorance et de barbarie, firent de l'Irlande un foyer de science, de poésie, de civilisation et de foi.

Au faîte d'une colonne de pierre qui domine tous les édifices de Dublin, le duc de Richmond plaça dans Sackvill Street, en 1808, la statue de Nelson. A tout prendre, Nelson a été un grand homme de mer, et les Irlandais peuvent se réjouir de ce qu'à sa place ou en regard, on ne leur ait pas imposé la gloire plus que problématique du duc d'York, de ce prince dont la mémoire n'est pas encore réhabilitée, et auquel cependant, dans sa gloriole, Londres a élevé une statue.

L'Irlande ne pouvait certes pas espérer que l'Angleterre lui ferait grâce de l'accouplement fanatique des noms de Wellington et Waterloo. Comme Londres, Dublin a ses rues, ses places, et je crois aussi ses ponts de Waterloo et de Wellington. Du moins cette ville a eu le bonheur de ne pas recevoir le fac-similé de la statue d'Achille que Londres possède dans Hyde Park.

Le Wellington Testimonial de Dublin est un lourd obélisque en maçonnerie, dont la large base repose sur l'une des prairies élevées qui conduisent au Zoological Garden, et que, pour le protéger, il a fallu entourer de sauts-de-loup très profonds et flanquer jour et nuit d'une sentinelle. Ainsi, à Londres, en face de la statue d'Achille, l'hôtel du noble lord a besoin d'être défendu par des palissades de bronze, hérissées de piques de fer jusqu'à la hauteur du premier étage, et par des contrevents doublés et chevillés en cuivre.

Quand on leur parle des beautés monumentales de Dublin, les Irlandais hochent tristement la tête sans répondre ; si on insiste en s'étonnant de leur indifférence, oh ! alors, leurs pensées intimes s'échappent : « Il se peut, vous disent-ils, que les hommes de l'art ne voient une ville que sous un seul aspect, et se passionnent pour un fronton ou pour une cariatide. Mais en pleine civilisation européenne, on ne peut couper ainsi une ville en deux parties, et s'attacher à n'en voir qu'une seule pour l'admirer dans son isolement. Nous autres Irlandais, nous ne séparons pas ainsi les murs de notre capitale de la population qui les habite. Vous voulez admirer nos pierres, soit, admirez ! Mais ensuite, pour ne pas traverser les cités comme un voyageur borgne, tournez-vous, ramenez un peu vos regards de la hauteur des chapiteaux et des dômes, au niveau des dalles qui en pavent la base ; voyez quelles générations passent depuis des siècles sous ces merveilles et ces richesses de l'architecture. Et après cela, dites-nous si nous avons de quoi nous gonfler de vanité ; dites-nous ce que nous avons dû faire de nos admirations, et de ce qu'un étranger, homme de cœur, fera des siennes. »

Oh ! les Irlandais ont raison. Honte éternelle à ces portiques audacieux, à ces voûtes ciselées, à ces colonnes coiffées d'acanthe. Tout cela est à l'Irlande ce que le manteau était à la pauvresse de Kingstown. A travers les déchirures du manteau apparaissait le nu des chairs de la pauvresse ; à travers les larges interstices des colonnes, vous voyez la nudité de l'Irlande. Comme alors Dublin, cette ville si vaste, si aérée, est triste et déserte ! Où donc est le peuple joyeux, nombreux et paré fait pour elle ? Est-ce que la veille les pestes des XIVe, XVe, XVIe et XVIIe siècles, qui l'ont dépeuplée quatre fois, sont venues la visiter encore ! non, mais il plane sur elle un mal cent fois pire, une peste plus tenace, qui a des racines plus profondes, qui consume plus lentement et qui va grandissant toujours de génération en génération : c'est la misère. La voilà qui se traîne hâve et souffreteuse sur les dalles de ces trottoirs que vous avez trouvés si larges ; la voilà qui fait la pyramide humaine, étayée sur les marches des hauts péristyles de ces hôtels où le marteau de cuivre est trop brillant pour qu'elle ose toucher ; la voilà qui se suspend en grappes livides, aux portiques de ces édifices que vous avez trouvés si gigantesques !

Vous diriez l'Italie, où les *lazzaroni* s'étalent au soleil sur les marches des palais vides ; vous vous croiriez aussi transportés à ces époques du Moyen Age, où des troupes de bohémiens et de *mauvais garçons* restaient en possession d'une cité dépeuplée par la peur. Mais non, ce n'est point l'Italie, car il n'y a ni soleil, ni transparence de l'air, car le vent froid du nord souffle dans ces haillons flottants, car la pluie glacée tombe sur ces fronts nus. Ce ne sont pas des bandits victorieux, car ils sont timides et sans murmures ; ils s'éloignent devant les riches et les heureux du jour. Oh ! non, ce n'est point l'Italie, car les palais ne sont pas vides. Voyez, poudrée, bien vêtue, en bas de soie, la livrée survient, qui, de la voix et du geste, balaie à certaines heures ces rebuts de la civilisation, dont l'aspect blesserait l'œil du maître.

Oh ! oui, Dublin est pauvre ; mais sa misère ne pense même pas que l'étranger puisse prendre garde à son accoutrement si délabré. Elle ne s'en aperçoit elle-même, que pour lui céder le trottoir, évitant ainsi de le heurter et de lui rappeler qu'elle est là. (Feuillide, *L'Irlande*, 1839.)

LA QUESTION D'IRLANDE

Trois diagnostics

Stendhal
On croirait l'Irlande assez malheureuse, ensanglantée comme elle l'est depuis deux siècles par la tyrannie peureuse et cruelle de l'Angleterre ; mais ici fait son entrée dans l'état moral de l'Irlande un personnage terrible : le PRÊTRE...

Depuis deux siècles l'Irlande est à peu près aussi mal gouvernée que la Sicile. Un parallèle approfondi de ces deux îles, en un volume de cinq cents pages, fâcherait bien des gens, et ferait tomber dans le ridicule bien des théories respectées. Ce qui est évident c'est que le plus heureux de ces deux pays, également gouvernés par des fous, au seul profit du petit nombre, c'est la Sicile. Ses gouvernants lui ont au moins laissé l'*amour* et la volupté ; ils les lui auraient bien ravis aussi comme tout le reste, mais grâce au ciel il y a peu en Sicile de ce mal moral appelé loi et gouvernement.

Ce sont les gens âgés et les prêtres qui font et font exécuter les lois, cela paraît bien à l'espèce de jalousie comique avec laquelle la volupté est poursuivie dans les îles Britanniques. Le peuple y pourrait dire à ses gouvernants, comme Diogène à Alexandre : « Contentez-vous de vos sinécures et laissez-moi, du moins, mon soleil. »

A force de lois, de règlements, de contre-règlements et de supplices, le gouvernement a créé en Irlande la pomme de terre, et la population de l'Irlande surpasse de beaucoup celle de la Sicile ; c'est-à-dire l'on a fait venir quelques millions de paysans avilis et hébétés, écrasés de travail et de misère, traînant pendant quarante ou cinquante ans une vie malheureuse sur les marais du vieil Érin, mais payant bien la dîme. Voilà un beau miracle. Avec la religion païenne, ces pauvres diables auraient au moins joui d'un bonheur ; mais pas du tout, il faut adorer saint Patrick.

En Irlande on ne voit guère que des paysans plus malheureux que des sauvages. Seulement au lieu d'être cent mille comme ils seraient dans l'état de nature, ils sont huit millions, et font vivre richement cinq cents *absentees* à Londres et à Paris. (Stendhal, *De l'amour*, 1822.)

Michelet

Ils savent bien, ceux qui l'exploitent cette race celtique, ce qu'elle peut donner. Si malheureuse qu'elle soit aujourd'hui, et déprimée par les privations d'une part, les mauvais alcools de l'autre, elle puise dans l'indomptable sève qui la gonfle, une puissance prolifique effrayante. Elle pousse comme l'herbe, elle croît, multiplie toujours et toujours, au grand effroi de l'Angleterre. Que celle-ci pourtant se rassure. En dehors de l'émigration, il y a quelqu'un qui veille sur cet accroissement prodigieux et se charge de le restreindre. Bien avant que la moisson ne soit mûre, elle passe et repasse le fer sur les épis, l'impitoyable faucheuse... En Irlande, la mortalité des enfants est aussi effrayante que leur multiplication. Cette mortalité excessive tient surtout à l'alimentation. Ce n'est pas le bon pain de blé qui nourrit, ici, l'enfant du pauvre ; c'est la pomme de terre, tout à fait impropre à assurer la première nécessité de la vie, j'entends la solidité des os. La charpente reste faible et la lymphe prédomine.

Qu'il survienne une épidémie — en ce moment le choléra sévit dans l'île —, le plus grand nombre de ces enfants, nés dans la misère, doit fatalement disparaître.

Il serait pourtant facile de les mieux nourrir. L'Irlande est couverte de troupeaux. Oui, mais le fermier obéré trouve plus lucratif d'embarquer ses bêtes pour Liverpool. Pour supprimer les petits fermiers, insolvables dans les mauvaises années, et favoriser la multiplicité du bétail, les grands tenanciers de l'Irlande ont transformé leurs champs en prairies. C'est la suppression du paysan ; celui-ci, dès lors, a émigré, d'abord en Angleterre. Autrefois, les Irlandais passaient couramment le détroit, au temps de la moisson. Ils travaillaient plus fort et à meilleur marché que les moissonneurs anglais. Ceux-ci, voyant baisser leur salaire par suite de la concurrence, ont élevé de si vives réclamations, qu'il a bien fallu prendre des mesures pour empêcher l'invasion périodique de l'Irlande. Comme l'immigration persistait malgré des formalités déjà gênantes et multiples, on a fini par exiger des certificats d'une perfection absolue. Au moindre doute — il n'est que trop facile d'en faire surgir — renvoyés impitoyablement. (Michelet, *Sur les chemins de l'Europe [1834]*, 1893.)

Mandat-Grancey

Il y a quelques années, j'étais allé en Irlande pour tâcher de comprendre quelque chose à la question irlandaise. On me racontait toujours que la misère des Irlandais était due à des causes politiques et religieuses, et que c'était en leur donnant un parlement qu'on y remédierait ! Cela me semblait bien extraordinaire, car je ne crois guère à l'influence bienfaisante des parlements ! J'étais convaincu que cette misère devait tenir, avant tout, à des causes économiques. Tout ce que je vis en Irlande me confirma pleinement dans cette opinion. Tant qu'il avait été très difficile, à cause de la longueur des transports, aux Anglais d'acheter du beurre et de la viande, ailleurs qu'en Irlande, ils avaient payé aux Irlandais le prix de revient de leur beurre et de leur viande. Dès qu'ils avaient pu en acheter ailleurs, il avait bien fallu que les Irlandais se contentassent de ce qu'on leur offrait de leurs produits ; or ce qu'on leur offrait représentait bien le prix de revient de denrées similaires dans des pays plus riches ou ayant un climat moins mauvais, mais ne représentait pas ce prix de revient en Irlande, où le sol est exécrable et où il pleut trois cent soixante-cinq jours par an. De sorte que les Irlandais mouraient de faim. L'oppression anglaise, l'absentéisme, la différence de races pouvaient ou avaient pu, à certains moments, aggraver la situation : mais au fond la question irlandaise n'était nullement politique ; elle était purement économique. La culture du sol, qui n'avait jamais été très avantageuse, était devenue impossible depuis qu'on faisait venir de la viande d'Amérique et de France, et par conséquent la majeure partie des Irlandais occupés à cette culture n'avaient aucune raison d'être. Il ne leur restait qu'à émigrer, à moins que l'Angleterre ne consentît à s'entourer d'une ligne de douanes uniquement à leur profit. (Mandat-Grancey, *Chez John Bull*, 1895.)

Saint-Thomas

Qui sont les sauvages ?

Ils ne sont pas rares, les Anglais qui appellent les Irlandais des « sauvages ». Je ne parle pas seulement de l'immense majorité ignare qui prend pour de l'argent comptant les niaiseries cosmopolites mises au compte de Paddy par les éditeurs d'almanachs. Ces plaisanteries, qu'un gamin de chez nous trouverait âgées, font périodiquement les délices de la foule. Mais j'entends aussi les Anglais instruits, ou du moins censés l'être, ceux qui ont lu à leurs écoles des histoires de l'Irlande — histoires tronquées, à vrai dire, ou arrangées *ad usum Delphini*.

Et le pire, c'est que beaucoup de ceux qui parlent ainsi sont de bonne foi.

Combien, cependant, y en a-t-il parmi eux qui aient eu l'honnêteté de se renseigner en conscience ? Qu'ils refusent de lire les historiens irlandais, cependant très précis et généralement modérés à mon sens, sous prétexte qu'ils sont partiaux, soit ; il n'y a qu'à retourner le compliment, et avec plus de raison, aux historiens anglais. Mais du moins ne peuvent-ils pas lire les documents qui font l'histoire indiscutable ? Dix visites à la bibliothèque du British Museum, sans aller chercher plus loin, les édifieraient plus que dix ans de discussions saugrenues dans leurs propres journaux.

En toute conscience ils reconnaîtraient alors que les seuls sauvages sont eux, les Anglais civilisés — auteurs de sauvageries telles « que pas un homme honnête parmi eux ne saurait regarder l'Irlande sans rougir ».

Cette dernière phrase n'est pas de moi : elle est simplement de M. Gladstone lui-même dans ses dernières confessions — je veux dire dans son dernier manifeste — à ses électeurs de Midlothian.

De plus, combien y a-t-il d'Anglais qui aient visité l'Irlande ?

Ne vous récriez pas... j'ai pris mes informations. Je dis que la proportion est insignifiante des Anglais pouvant le faire, qui aient pris la peine d'aller dans l'île sœur, voir de près les « sauvages ». Combien de ces Anglais dont la fierté est d'être touristes, et qui connaissent assez bien les rivières de la Norvège et les montagnes de la Suisse, ont séjourné en Irlande ou, s'ils l'ont fait, se sont dérangés de leur hôtel de Killarney pour aller rencontrer « un sauvage » dans son champ ?

Vous prenez d'abord à un homme la moitié du patrimoine de ses ancêtres par la violence et sans autre raison que celle du plus fort, puis, morceau par morceau, toute l'autre moitié, mais alors *légalement* et parce qu'il se refuse d'obéir à des lois qui violentent sa foi religieuse — et vous l'appelez *voleur*.

Vous lui donnez à rente à un prix exorbitant sa propre terre afin qu'il la cultive, et, comme il se trouve ensuite et inévitablement dans l'impossibilité de vous payer, vous saisissez sa récolte, le chassez hors de sa chaumière, et lui jetez pour la forme une méchante aumône que d'ailleurs il ne demandait pas, et vous l'appelez *mendiant*.

Vous ruinez son industrie par des lois de votre façon ; il n'a plus d'ouvrage et refuse de travailler pour vous le champ que vous lui avez volé et qui ne peut plus le nourrir, et vous l'appelez *fainéant*.

Comme il pousse l'audace jusqu'à se plaindre pendant des siècles, sans se lasser, à réclamer son bien et à menacer de le reprendre, vous forgez de nouvelles lois honteuses contre lui, le jetez dans un cachot, et vous l'appelez *brigand*.

Comme lui, sa femme, ses enfants, sont mourants de faim, abrutis de misère, couverts de haillons, couchant faute de mieux dans la boue du fossé, vous l'appelez *sale*.

Voilà ce qu'ont fait effrontément les Anglais d'autrefois et ce que continuent tranquillement les Anglais d'aujourd'hui : la différence est que les premiers ont commis le vol, et que les seconds n'ont qu'à continuer d'en recueillir les fruits.

Et quand, preuves en main, on montre à ceux d'aujourd'hui leur ouvrage, ils répondent ce qu'ont constamment répondu avant eux des générations qui se contredisent ainsi l'une après l'autre :

— Tout cela a pu être vrai jusqu'à présent, mais ce ne l'est plus à l'heure actuelle.

Or, tout cela n'est pas de l'histoire ancienne, et M. Gladstone n'a pas à regarder loin derrière lui pour « rougir », c'est de l'histoire de l'heure où j'écris, qui se déroule lugubre dans les champs irlandais.

J'ajoute que — à part ceux qui mentent ainsi pour les besoins de leur cause, hommes politiques et Anglais d'Irlande — la plupart des Anglais d'Angleterre le font par indifférence ou par ignorance. Voleurs, fainéants, sales, brigands et mendiants, cela constitue les « sauvages » ; l'Anglais l'a entendu dire à son père et le répète à son fils ; si l'on écoutait les réclamations de Paddy, on n'en finirait plus ; il y a autre chose à faire que de s'occuper de ces « sauvages » autrement que pour les insulter en bloc quand on apprend une explosion de dynamite dont on ignore les auteurs ; enfin notre Anglais est tellement conservateur de nature que cela le dérangerait de discuter en lui-même sa bonne vieille opinion sur la matière.

L'Anglais ignore peut-être plus Paddy et son île d'Émeraude que nous l'ignorons en France — et ce n'est pas peu dire.

Cette histoire, cette situation sociale et politique du malheureux pays, cette extermination légale d'une race par une autre, nous y reviendrons par force, car il n'est pas en Irlande une place où poser le pied qui n'ait été le théâtre d'une scène de lutte et de désolation. (Saint-Thomas, *Le Rêve de Paddy*, 1886.)

DANIEL O'CONNELL : LE TITAN FOUDROYÉ

Feuillide
Un tribun

Il faudrait avoir vu [...] O'Connell, l'homme grand et fort, le front large et élevé, la poitrine effacée, haut de près de six pieds, les bras nerveux, la bouche dédaigneuse, l'œil menaçant, carré par la base et par le faîte, taillé pour la lutte à mort qu'il a engagée avec la vieille Angleterre, égoïste, oppressive, orgueilleuse, sans entrailles et sans intelligence ; il faudrait avoir entendu sa parole rouler, railleuse, tonnante, plaintive ou provocatrice, sur les têtes de tout un peuple sans linge et sans coiffure, et faire courir le frisson de l'enthousiasme sur toutes ces chairs dont le nu paraît à travers les déchirures des vêtements. (Feuillide, *L'Irlande*, 1839.)

Montalembert
Le triomphe du vieux lion

Je m'arrête ici pour raconter en passant un épisode trop oublié de la noble histoire qui se déroule depuis des siècles dans l'enceinte du palais de Westminster.

En 1843, O'Connell, que le succès de l'Émancipation catholique, dû surtout à son éloquence et à son audace, avait rendu l'idole et le maître de l'Irlande, présidait à un immense mouvement populaire, qu'il appelait lui-même l'Agitation, et qui avait pour but avoué le Rappel de l'Union, c'est-à-dire l'abrogation de l'acte par lequel Pitt, en 1800, avait fait voter par les Chambres anglaises et irlandaises la réunion des deux parlements en un seul. C'était vouloir porter à la politique et à la puissance de l'Angleterre le coup le plus sensible ; c'était, en outre, toute une révolution historique, et, comme le dit un jour M. Canning, autant aurait valu demander la restauration de l'heptarchie saxonne. Cependant on le laissa user en toute liberté des forces prodigieuses que le droit illimité de parler, d'imprimer et de s'associer mettait à la disposition d'un homme tel que lui.

Catholique notoire, sincère et zélé, chef d'une entreprise qui avait pour résultat nécessaire d'assurer la prépondérance politique et sociale aux catholiques, lesquels forment, comme chacun sait, la très grande majorité du peuple irlandais, il eut soin de rester fidèle aux doctrines qu'il avait professées toute sa vie, en abjurant solennellement toute intention de profiter de l'ascendant inévitable des catholiques dans le parlement restauré de Dublin, pour user de représailles envers la minorité protestante, et pour établir une inégalité quelconque à son détriment. Sauf cette unique précaution, il ne négligea rien de ce qu'il fallait pour braver la puissance britannique, pour alarmer le sentiment national et religieux de l'Angleterre. Il tenait en plein air des meetings, qualifiés par lui-même de *meetings monstres*, où l'on vit *deux* et *trois cent mille* hommes amoncelés autour du lieu d'où il faisait entendre, à tous ceux que sa voix de stentor pouvait atteindre, des paroles enflammées qui, dès le lendemain, étaient répandues à plusieurs millions d'exemplaires dans tout l'empire britannique. Ces champs-de-mai populaires se renouvelèrent plusieurs fois par mois, et même par semaine, pendant une année entière, sous les yeux de la force publique, de la police armée et soldée par le gouvernement anglais, mais qui n'intervenait que pour maintenir l'ordre dans cet immense assemblage d'ennemis. Il ne s'arrêta pas là. Il organisa une souscription annuelle destinée à pourvoir aux frais de l'Agitation, et qui rapporta en 1842 seulement, la somme de 260 000 francs. Il alla même jusqu'à instituer des tribunaux d'arbitres destinés à remplacer la justice ordinaire, et il les fit fonctionner en sa présence. Légiste habile, en même temps que tribun audacieux, il se vantait de pouvoir conduire à grandes guides une voiture à quatre chevaux à travers le dédale de la législation anglaise; et fort de cette science de jurisconsulte, ou peut-être désireux lui-même de voir mettre un terme éclatant à une situation dont l'issue devenait chaque jour plus menaçante, il provoquait, dans chacune de ses harangues, le gouvernement à le poursuivre en justice. Le 20 septembre, dans un banquet public, il se livre à ces grossièretés de langage qui lui étaient trop habituelles, et termine son discours par cette apostrophe au gouvernement absent : «*Je vous attends; attaquez-moi, si vous l'osez.*» Et en même temps il convoque pour le 8 octobre, à Clontarf, dans un faubourg de Dublin, un meeting plus colossal que tous ceux qui l'avaient précédé.

Sir Robert Peel était alors premier ministre. Cédant aux excitations pressantes de l'opinion anglaise, il sentit qu'il était temps d'intervenir. Le 7 octobre, une proclamation du vice-roi d'Irlande interdit le meeting commandé pour le lendemain, comme attentatoire à la paix publique. O'Connell ordonne aussitôt à la foule d'obéir : il envoie son principal lieutenant, une branche de feuillage à la main, au-devant des flots du peuple qui s'amassaient déjà au lieu indiqué : il se porte lui-même à leur rencontre. A sa voix, tout le monde obéit et rentre chez soi. Le 14 octobre, il est cité à comparaître devant la justice, comme prévenu de conspiration contre la souveraineté de la reine et de la loi, et d'usurpation de la prérogative royale. Mis aussitôt en liberté sous caution, il est décrété d'accusation par le grand jury le 8 novembre. Pendant six mois, à force d'incidents, il parvient à retarder le jugement définitif : et pendant ces six mois il continue à tenir ses meetings, non plus en plein air pour ne pas violer la lettre de la proclamation royale, mais dans des enceintes publiques; il continue aussi à toucher sa liste civile et à faire fonctionner son organisation antibritannique. Il fait plus : déclaré coupable par le jury de Dublin le 12 février, il élève une nouvelle difficulté qui oblige la cour à ajourner l'arrêt relatif à la pénalité qu'il avait encourue ; et il profite du délai pour passer le détroit et aller à Londres siéger et parler à la Chambre des communes et constater ainsi l'incomparable sécurité que donne la scrupuleuse légalité d'un pays libre aux plus redoutables adversaires de sa puissance.

Enfin, le 30 mai 1844, la sentence est prononcée, il est condamné à un an de prison, à 50 000 francs d'amende, et à fournir un cautionnement de 250 000 francs pendant sept ans, comme garantie de ce que pendant cet espace de temps il s'abstiendra de troubler *la paix de la reine*. Six de ses coaccusés sont condamnés à des peines analogues.

Le même soir il publie une proclamation au peuple pour annoncer qu'il en appelle à la Chambre des pairs et pour prescrire, au nom de la religion, à tous les bons Irlandais de se tenir tranquilles et de respecter la chose jugée. « C'est maintenant, disait-il, que je saurai et que le monde saura si vous m'aimez et si vous me respectez ou non. »

L'appel n'étant pas suspensif, il fut aussitôt incarcéré, et dans sa prison il reçut les députations de toutes les provinces et de toutes les villes d'Irlande. D'innombrables visiteurs y affluèrent pendant toute la durée de sa captivité. (Montalembert, *De l'avenir politique de l'Angleterre*, 1856.)

Pichot

Visite au « Libérateur »

— « *Chez M. O'Connell* », dis-je au cocher.

Depuis deux mois que le Libérateur était logé à la prison, tous les cochers de Dublin savaient sa nouvelle adresse. Celui-ci n'en demanda pas davantage ; et voulant me donner, sans doute, une idée de l'empressement avec lequel on courait à Richmond Penitentiary, il mit son cheval au galop. Si nous n'avions pas eu deux barrières de péage sur notre chemin pour ralentir notre course, nous aurions franchi en huit minutes la distance de trois kilomètres qu'on compte de College Green au faubourg où est située la prison : nous y arrivâmes en dix. Je crois, Dieu me pardonne, que le petit cheval irlandais avait entendu, lui aussi, ce nom magique d'O'Connell qui lui donnait des ailes. Cent pas avant d'arriver, il fallut aussi forcément suspendre cette vitesse... Il y avait une queue de voitures ! ! ! Quand j'eus mis pied à terre, je trouvai les marches du perron encombrées par un groupe de plus de trente personnes... Mon cocher ne s'était-il pas trompé ? Était-ce bien la porte d'une prison qu'assiégeait un concours pareil, ou celle du palais de Phenix Park, résidence dont le nouveau lord lieutenant avait pris possession depuis peu de jours ? Je levai la tête : on ne pouvait s'y méprendre, c'était bien la façade de la Newgate de Dublin, une façade sombre, avec des barreaux de fer à toutes les croisées, et au frontispice ces mots bibliques : *Cesse de faire le mal, et apprends à faire le bien.* Les personnes en voiture, la foule empressée sur l'escalier, venaient comme moi pour voir les martyrs du rappel. J'ignore le plaisir ou l'ennui de ceux qui font antichambre dans les vestibules des palais royaux (non que je refuse orgueilleusement d'y aller, mais parce que je n'ai jamais eu l'honneur d'y être invité) ; tout ce que je veux dire, c'est qu'il m'est bien permis de douter qu'on trouve dans les vestibules de la royauté un spectacle plus intéressant que celui qui occupa ma curiosité de touriste au milieu de cette foule impatiente des courtisans de l'illustre prisonnier, auprès duquel il ne nous fut possible de parvenir qu'à notre tour, après une heure d'attente plus longue pour eux que pour moi. C'était vraiment un *epitome* de l'Irlande, une députation de son clergé catholique, de ses propriétaires, de son barreau, de son commerce, de ses journalistes, de ses hommes de lettres, de ses industriels ; car si trente à quarante personnes entrèrent avant moi, elles remplaçaient dans la prison le même nombre de visiteurs qui sortaient à mesure par un, par deux, par trois, et qui ne remontaient dans leurs voitures, ou qui ne s'éloignaient à pied, qu'après avoir échangé quelques paroles au moins avec ceux qui attendaient que le guichet s'ouvrît pour eux.

Trente à quarante Irlandais ne restent pas debout à une porte, même à une porte de prison, sans causer tout haut ; je n'avais rien de mieux à faire que d'écouter, et j'entendis discuter toutes les questions à l'ordre du jour : Que fera le gouvernement ? que fera la Chambre des lords ? que pense la reine ? que pensent les ministres ? Sur tous ces textes, sur toutes ces personnes plus ou moins augustes et sacrées, on s'exprimait avec une liberté qui prouvait que cette prison n'épouvantait aucun des interlocuteurs ; liberté piquante en pareil lieu toutefois. De temps en temps un geôlier interrompait la discussion en entrouvrant la porte massive, et celui qu'il appelait se précipitait vers lui, oubliant qu'il venait peut-être de se permettre une diatribe peu constitutionnelle, et devant un témoin officiel : ce témoin officiel était un sergent de ville (policeman), en frac bleu, qui écoutait tout, et probablement plus accoutumé que moi aux paroles séditieuses en Irlande, ou n'ayant aucune consigne qui l'autorisât à intervenir ; son impassibilité était admirable. J'ai dit qu'il y avait là des visiteurs de toutes les classes ; je dois ajouter qu'il y avait aussi des visiteuses, de fort jolies vraiment ; dans le nombre, et parmi celles-ci, une dont la tête me rappela la figure de l'ange qui délivre saint Pierre de la prison Mamertine, dans les fresques du Vatican : ce devait être la femme, la sœur ou la fille d'un des prisonniers ; une autre avait un air à la fois moins distingué et moins chaste, quoiqu'elle fût très jolie aussi. Cette seconde jolie visiteuse fit passer un billet par l'entremise du geôlier, qui recevait tout consciencieusement et n'interceptait rien, car, un quart d'heure après, la piquante grisette entra comme était entrée la dame que j'ai comparée à l'ange. J'interrogeai vainement tous les regards ; je ne pus même surprendre sur aucun visage le sourire d'une médisance muette.

Le grave policeman resta aussi impassible qu'il l'avait été cinq minutes auparavant lorsque était entré un gentleman en habit noir à collet droit, qu'on m'avait désigné pour un prélat catholique. J'en fus pour ma mauvaise pensée, dont je demande pardon à la piquante inconnue et à celui qu'elle venait charitablement consoler.

Outre les consolations morales que porte avec elle une épouse, une sœur, une amie, les prisonniers recevaient aussi certaines consolations plus matérielles. Je comptai au moins six bourriches qui franchirent le seuil fatal, garnies de provisions solides, pâtés, fruits, etc., et le même nombre de paniers qui laissaient passer, à travers leurs couvercles mal ajustés, les têtes cachetées de ces bouteilles au goulot effilé, bien connues des amateurs des vins de Bordeaux, de Champagne et autres vins de France. Le policeman suivait de l'œil toutes ces offrandes avec une expression qui disait assez qu'il n'avait pas plus reçu le *pledge* d'abstinence du père Matthieu que ceux à qui elles étaient adressées. Je ne sais plus quelle autre observation je faisais à part moi, lorsque enfin le geôlier, montrant pour la trentième fois depuis une heure sa face sévère, demanda le *gentleman* qui avait envoyé une lettre et sa carte au docteur Gray. C'était moi ; et je fus introduit dans une première cour, où je me trouvai en présence d'un jeune homme de taille moyenne, à la figure presque enfantine, à l'œil intelligent et doux, au sourire prévenant, qui tout d'abord me serra cordialement la main et me dit : « Je suis le docteur Gray ; vous désirez voir le Libérateur : nous allons guetter le moment où il sera moins entouré, pour que je vous présente à lui. Et en attendant venez faire un tour de jardin. »

Une prison au guichet de laquelle j'avais fait antichambre avec des évêques, des maires, des avocats, des dames à têtes d'ange raphaélique ou à têtes de lutin d'opéra ; une prison que je savais approvisionnée de bourriches et de paniers de vins de France ; une prison enfin où, à peine entré, j'étais invité à faire un tour de jardin ! pouvais-je donc être surpris de l'air riant et heureux de l'aimable docteur Gray ? Je le fus encore moins en me trouvant avec lui dans un enclos assez vaste pour faire un Tivoli, planté ici d'arbres fruitiers, là d'arbustes en fleurs, et au milieu duquel s'élevait une grande tente de toile qui avait l'avantage de garantir tour à tour du soleil et de la pluie sous le ciel variable de la verte Irlande. Le docteur Gray me fit les honneurs de ce salon militaire et du jardin, en me disant : « Je suppose que rien ne vous est indifférent dans une prison qui sera désormais historique, étant consacrée par la détention du Libérateur. » Il me fit monter à un petit pavillon vitré formant belvédère, des fenêtres duquel on dominait Dublin et une partie de la campagne au sud.

« Cette butte, me dit-il, a été nommée Tara Hill par le Libérateur, en mémoire d'un de nos meetings monstres de l'année dernière. »

J'admirai la vue.

Ah ! si Napoléon captif, puisque l'Irlande lui compare O'Connell, avait eu le diorama de Paris sous ces pieds !

« Venez, me dit le docteur Gray ; je crois que le Libérateur n'a plus une compagnie aussi nombreuse que tout à l'heure. »

Nous descendîmes du belvédère et rencontrâmes en effet M. O'Connell, qui n'était plus entouré que de deux visiteurs. Je fus présenté. Le fameux portrait m'avait fait un O'Connell septuagénaire, et réellement O'Connell était entré il y avait deux jours dans sa soixante-dixième année ; mais, soit qu'il fût rajeuni depuis deux mois de martyre comme il le prétendait, soit que son dernier peintre ou le graveur l'eussent vieilli de dix ans, O'Connell me parut en avoir tout au plus soixante ; sa taille droite, sa tête haute, son œil vif, sa démarche assurée, son geste, tout en lui avait quelque chose du militaire plutôt que de l'homme de loi. Ajoutez l'effet de son costume : redingote bleue façon de capote, et une toque de drap à visière de cuir. Je ne me serais pas figuré autrement un colonel de la brigade irlandaise en petit uniforme.

J'avais débité ma première phrase en anglais au Libérateur ; mais il m'interrompit : « Non, non, me dit-il, vous êtes français, parlons français ; j'ai été élevé en France. » Ambassadeur, j'aurais pris cette interruption pour un compliment diplomatique à l'adresse *du roi mon maître* ; simple fraction du peuple souverain, je ne nie pas que j'éprouvai un petit mouvement de vanité nationale ; et, tout ennemi de la flatterie et des coups d'encensoir que je suis, je me crus obligé de rendre un compliment qui équivalait à dire que l'Europe entière (l'Europe indépendante, libérale et catholique), se regardant comme complice du Libérateur de l'Irlande, avait suivi toutes les phases de son procès comme une cause personnelle, et se sentait frappée par la sentence... Le Libérateur sourit comme avait dû sourire Bonaparte, Premier consul, quand quelqu'un lui dit : « Général, vous êtes grand comme le monde. » (Pichot, *L'Irlande et le pays de Galles*, 1850.)

Saint-Thomas

Chant d'espoir

C'est bien un poème que cette vieille harpe d'un ancien grand roi irlandais, presque aussi vieille que la harpe d'or emblématique que l'Irlande porte sur son drapeau vert. Par quel concours de circonstances est-elle revenue de Rome dans sa première patrie ?

Elle n'est pas magnifique, la harpe de Brian Boru.

Elle n'est pas grande non plus, elle n'a guère qu'un mètre de longueur : c'est le format très portatif qu'avaient adopté les anciens bardes irlandais.

Elle n'est pas riche, elle n'est incrustée que d'une pierre de cristal sans valeur ; de plus, le bois est bien usé, de la harpe de Brian Boru.

Enfin, ce qui n'étonnera personne, elle est veuve de ses cordes, la harpe de Brian Boru.

Elle est muette depuis longtemps... tout comme la harpe nationale d'Irlande qui s'est tue devant l'étranger.

Rassure-toi, vieille Irlande ! Patriotisme et Persévérance sont deux vertus qui ont fait bien d'autres miracles que de remettre des cordes aux vieilles harpes — et si tu leur adjoins cette autre force, l'Union, tu entendras quelque jour retentir de nouveau ta harpe d'or sous les doigts de la Liberté. (Saint-Thomas, *Le Rêve de Paddy*, 1886.)

Cinquième partie

ÉTRANGES INSULAIRES

GENS ET MŒURS

> On se tromperait également si on refusait de reconnaître l'influence du climat. S'il ne fixe pas à lui seul le caractère général des nations, il en forme la base. L'Angleterre en offre un exemple frappant. Un climat nébuleux, changeant, humide, un air épais que le soleil perce rarement, y affectent fortement le physique et le moral, et y forment un caractère fortement prononcé, caractère commun à tous les Anglais, quoiqu'ils n'aient pas tous la même origine. Ce caractère est sombre, brusque et réfléchi. Des circonstances le modifient, l'adoucissent ou le fortifient ; mais il est impossible de ne pas reconnaître l'action constante et uniforme du climat.
>
> FERRI DE SAINT-CONSTANT,
> *Londres et les Anglais*, 1804.

Les Anglais n'étant ni pittoresques ni insolites, les Français, faute de pouvoir s'esbaudir, s'interrogent. L'humanité outre-Manche ne peut être semblable à la nôtre, en dépit des apparences. Il y a un mystère qu'il faut éclaircir après avoir mis en évidence les différences foncières qui opposeraient Français et Anglais.

Le climat est, bien sûr, mis en avant pour justifier la morosité qui dégénère en spleen, *affection typiquement anglaise, comme Voltaire le signalait dès 1733. Mais, dès le début du XVIIIe siècle, on soulignera que la race anglaise, pratiquement sur le plan animal, est ainsi faite que, dans tous les domaines, elle ne peut réagir que d'une manière propre et surprenante.*

D'ailleurs, les mots manquent au Français, même pour la vie quotidienne. Il faut expliquer et paraphraser longuement comfortable, *tant cela correspond à un mode de vie différent, donc à des mentalités différentes, donc à une autre humanité.*

Pendant deux siècles, l'élite française cherchera à définir le gentleman, *avant d'y reconnaître un modèle individuel autant que social, l'aboutissement heureux d'une évolution quasi darwinienne.*

La femme anglaise, ignorant tout de la féminité à la française, a longtemps fait rire ou scandalisé avant d'imposer un nouveau type de beauté virginale et athlétique, et surtout une nouvelle féminité, une élégance nouvelle.

Chaque voyageur essaiera de discerner, derrière les façades et les masques, les usages et les modes, ce qui fait l'intimité de l'Anglais, mais peu de Français s'avéreront capables d'envisager l'altérité autrement que comme infériorité.

MÉLANCOLIE, HUMOUR...

Saint-Amant

> Bref, l'Anglais est un oison
> Si fait à la Pendaison,
> Qu'au premier mal qu'il se forge,
> Il se pèse par la gorge
> Aux poutres de sa Maison.
>
> (Saint-Amant, *Albion*, 1644.)

Le ton lugubre

Grosley

Malgré tous les efforts involontaires ou prémédités des Anglais pour dissiper la mélancolie qui les domine, «*Post equitem sedet atra cura*», et elle produit chez eux mille effets tant particuliers que généraux, que j'examinerai par la suite.

Avant que d'entrer dans cet examen, me serait-il permis de rechercher les causes de cette triste affection ?

Les brouillards dont Londres et les trois royaumes, dont elle est la métropole, sont perpétuellement environnés, l'humidité constante, la variété dans la température qu'y entretient l'air de la mer, en donnant dans toutes les saisons, aux campagnes et aux végétaux qui les revêtent, une verdure d'un éclat et d'un brillant que l'on ne voit point ailleurs et que les plus grands soins n'y peuvent procurer, agissent nécessairement sur le tempérament des habitants.

Dans le détail des denrées de consommation en Angleterre, j'ai parlé ci-dessus et de la disette de vin que l'on y souffre, et du vin que l'on y boit. L'un et l'autre ne contribuent pas peu à entretenir la mélancolie. Sans adopter tous les éloges qu'Horace et presque tous les Anciens donnent à cette liqueur, sans vouloir autoriser l'adage qui en permet l'excès une fois par mois, on ne peut se dissimuler que nous lui devons presque toutes les choses d'agrément, qui sont comme la fleur de l'esprit, dans les Anciens et chez les Modernes. Celui des Grecs avait toutes les qualités de leurs vins : vivacité, chaleur, légèreté. Ces vins leur offraient une agréable diversion contre l'amour et contre toutes les passions qui participaient de l'ardeur de leur tempérament et de leur caractère.

La fumée de charbon de terre, qui remplit l'atmosphère de Londres, peut entrer en compte parmi les causes physiques de la mélancolie de ses habitants. Les parties terrestres et minérales, dont cette fumée est imprégnée, passent dans le sang de ceux qui les respirent sans cesse, l'appesantissent et y portent de nouveaux principes mélancoliques.

Les causes morales, résultantes en partie des causes physiques, aggravent et perpétuent ce que celles-ci ont commencé.

L'éducation, la religion, les spectacles, les ouvrages les plus répandus, semblent n'avoir pour but que d'entretenir le ton lugubre de la nation.

Au reste, vous saurez que les Anglais se donnent la mort aussi facilement qu'ils la reçoivent : il n'est point rare d'entendre parler ici de personnes, de l'un et de l'autre sexe, qui se dépêchent, comme ils disent, le plus souvent pour des raisons qui nous paraîtraient une bagatelle : les hommes, peut-être, pour la cruauté ou l'infidélité de quelques belles, et les femmes pour l'indifférence des hommes. (Grosley, *Londres*, 1770.)

Le Blanc

C'est aux brouillards dont leur île est presque toujours couverte, que les Anglais doivent et la richesse de leurs pâturages, et l'affectation mélancolique de leur tempérament. (Abbé Le Blanc, *Lettres*, 1751.)

Lacoste

Désespoir

Je connaissais son ami ; organisé pour les affections tendres, sa physionomie, l'habitude de son corps, les différents sons de sa voix, la tournure de ses idées, ses principes, tout en lui indiquait une âme douce, réveillait le besoin d'aimer, et en offrait l'objet. Mais il se débattait, depuis longtemps, contre cette affreuse maladie à laquelle les seuls Anglais ont été dans le cas de donner un nom, le *splin* (*sic*) ; et je n'arrêtai sur lui que le triste regard qu'on jette sur un bel édifice, condamné, par un vice intérieur, à une prochaine destruction... Quelquefois cependant, ramené par cet intérêt vague qu'inspire un malheureux courbé sous une infirmité particulière, je l'observais en silence... Quel spectacle ! Je voyais toutes les ramifications du besoin se flétrir successivement en lui ; l'indéfinie série des désirs se réduire à celui d'en avoir, et tous rapports cesser entre la nature et ses sens. La nature même se refusait à l'avertir de son existence ; et ses sensations n'étant exercées que par la seule lime du mal-être, dans l'impuissance d'assigner la cause, la nature et le siège du principe destructeur auquel il cédait, non seulement il était privé de la dernière ressource du misérable, la consolante pitié ; mais il ne pouvait se replier, soupirer sur lui-même, sans encourir, à l'instant, les reproches de sa raison... Et on ose prononcer sur des déterminations prises sous le serrement de pareilles angoisses!... Ah! peut-on imprimer le sceau de la double réprobation sur la mémoire d'une faible créature qui, ayant usé la somme entière des facultés nécessaires à supporter une telle existence, s'est réfugiée dans le néant? (Lacoste, *Voyage philosophique d'Angleterre en 1784*, 1787.)

Ferri de Saint-Constant

Spleen

C'est une opinion généralement établie depuis longtemps, que les Anglais sont sombres et mélancoliques, et l'on a regardé ces qualités comme l'effet de l'influence du climat. Cette opinion a été combattue depuis par plusieurs voyageurs, et il s'est trouvé même un écrivain qui a soutenu que les Anglais sont le *peuple le plus gai de l'Europe*. Il devait ajouter pour soutenir son assertion, que selon les Anglais, *le rire gâte la gaieté*, comme le *parler gâte la conversation*. Nous croyons que l'ancienne opinion est très fondée, mais qu'on l'a exagérée en la généralisant trop. Les Anglais sont amis du plaisir. Ils ont un proverbe qui dit: «Une courte vie, mais joyeuse. *A short life and a merry one.*» et beaucoup d'entre eux mettent ce principe en pratique.

On a dit que les Anglais ont une grande prédilection pour la tragédie, qu'ils préfèrent le spectacle des crimes et des malheurs de l'humanité à celui des folies et des ridicules, et de là on a conclu qu'ils ne sont pas amis de la gaieté. Cette observation, si elle a été juste autrefois, ne l'est plus aujourd'hui. Les tours et les lazzi d'Arlequin, qui n'est point encore banni de la scène anglaise, amusent beaucoup les classes inférieures de spectateurs; la véritable comédie n'amuse pas moins les spectateurs des autres classes. Les Anglais sont si peu ennemis du rire qu'il n'est point rare d'entendre la Chambre des communes retentir d'éclats de rire.

Ce qui prouve que ce penchant à la mélancolie n'est pas si grand, si général qu'on le suppose, c'est qu'il y a beaucoup de personnes qui ont le goût des modes et des frivolités. On peut voir à Londres un grand nombre de *fine gentlemen* (de «beaux messieurs»), comme ils les appellent, qui s'occupent de frivolités et en font leur grand amusement. Le continuel changement de modes, surtout dans le beau sexe, l'ostentation de beaux équipages montrent assez que les Anglais, malgré leur sérieux, ont aussi du goût pour les frivolités et les bagatelles.

Les Anglais ont beaucoup changé dans le dernier siècle: ils sont devenus plus gais, et par la même raison plus civils et plus polis dans leurs manières; ce qui prouve que la tristesse à laquelle ils sont sujets est en partie l'effet de l'éducation et des institutions sociales. Le climat et le tempérament y ont aussi part, mais il ne s'ensuit pas que le sang des

Anglais soit plus noir et plus épais que celui des autres nations. Il est certain qu'ils sont plus gais au mois de mai qu'au mois de novembre, et que si les beaux jours étaient moins rares, si les brouillards et l'humidité (*cold damps*) ne couvraient pas l'île pendant si longtemps, leur corps et leur esprit ne s'en ressentiraient pas tant, et ils seraient moins sujets à la mélancolie.

L'habitude de la mélancolie produit le *spleen*, maladie à laquelle les Anglais sont particulièrement sujets, et dont le nom a passé dans les autres langues de l'Europe. « Le spleen est si général dans certaines conditions, dit M. Aikin, que je le regarde comme le grand niveleur de la vie humaine : c'est lui qui rend inutiles au bonheur tous les avantages du rang, de la fortune, des talents ; c'est lui qui, sous les lambris dorés et à une table somptueuse, nous fait envier la cabane, les travaux et le pain noir du pauvre ; c'est lui qui nous donne la preuve la plus convaincante qu'il est insensé de se flatter de vivre heureux en vivant seulement pour les plaisirs. »

Cette maladie a été le sujet d'un grand nombre d'ouvrages sérieux et plaisants, de morale et de médecine. On peut citer entre autres le poème de Green sur le spleen, ouvrage rempli d'esprit, d'images et d'observations piquantes sur les mœurs, et un des plus originaux de la langue anglaise. Green prêche l'épicurisme. Il peut amuser et distraire, mais il n'offre pas de véritable remède au spleen. L'indifférence pour tous ces objets, qui sont les plus propres à élever l'âme et à exercer ses plus nobles facultés, n'est pas le meilleur moyen d'écarter cet abattement, cette langueur qui produisent le spleen.

Quelqu'influence qu'ait le climat sur cette maladie, il est certain que le régime, c'est-à-dire l'intempérance et la paresse, en a une plus grande. C'est la classe des riches qui en est presque exclusivement attaquée. Les médecins ont beau leur conseiller la tempérance et l'exercice ou le travail, il leur semble qu'une bonne chère journalière est parfaitement compatible avec un plan d'exacte tempérance. S'ils font tous les matins une promenade à cheval pour gagner de l'appétit, ils croient avoir fait tout ce qu'on peut faire pour conserver la santé, et ne pas tomber dans les *low spirits*. Si la goutte et l'hypocondrie les surprennent, ce n'est pas leur règle de vie qu'il faut blâmer : l'une est héréditaire et l'autre constitutionnelle. « Un homme tempérant de cette espèce, dit M. Aikin, n'a pas plus de droit de prétendre à des *esprits égaux et calmes*, qu'un ministre d'État à une réputation sans tache, et à une conscience pure. »

Le moyen le plus efficace pour prévenir le spleen, c'est l'occupation et le travail. C'est là la grande panacée pour le *tædium vitæ*, et tout le cortège de maux imaginaires, qui sont plus insupportables que les maux réels. Cette médecine peut être présentée sous mille formes, toutes également efficaces. Elle peut être composée de toutes les différentes proportions d'exercice de l'esprit et du corps; elle peut même être seulement l'un ou l'autre, pourvu qu'elle soit occupation et travail.

Ceux qui peuvent se livrer à la paresse, s'ils le veulent, trouvent difficilement une occupation convenable, et, encore plus difficilement, assez de résolution pour faire un travail volontaire. C'est pour cela que la majorité de cette classe est condamnée au spleen, dès que le plaisir actif ou les occupations ne les préservent pas de ses attaques. Mais ce n'est là qu'une conséquence nécessaire de ces genres de vie totalement artificiels, et qui ne font pas partie du plan primitif de la vie humaine. (Ferri de Saint-Constant, *Londres et les Anglais*, 1804.)

Muralt
Houmour

Ils ont ce qu'ils appellent *houmour*, qu'ils prétendent leur être singulier, et qu'on pourrait leur abandonner, sans que pour cela ils en fussent là où ils croient. Cette *houmour* est à peu près ce que fait le diseur de bons mots chez les Français, et précisément ce que nous appelons *Einfall*. Mais sans nous arrêter à la signification du mot, il me paraît qu'ils entendent par là une certaine fécondité d'imagination, qui d'ordinaire tend à renverser les idées des choses, tournent la vertu en ridicule, et rendent le vice agréable. Je suis fort trompé si c'est là ce qui fait une bonne pièce de théâtre, c'est-à-dire, qui corrige autant qu'elle divertit. (Béat de Muralt, *Lettres sur les Anglais*, 1726.)

Grosley
Humour

Aussi les Anglais, écrivains et lecteurs, préfèrent-ils le don de faire penser, au talent de faire rire. Quel plus beau champ pour ce talent que les pamphlets, dont Londres est tous les jours inondé, par les partis opposés qui essaient mutuellement de se couvrir de ridicule? La bile la plus âcre, le fiel le plus amer, d'atroces vérités y tiennent lieu du badinage et de la gaieté, que le maître du goût exigeait pour ce genre de composition : *Ridiculum acri*, etc. : cependant les Anglais appellent cela *Humour*, terme emprunté du mot français, *belle humeur*. (Grosley, *Londres*, 1770.)

Laporte
Être original

L'Angleterre est le pays de l'Europe où l'on se pique le plus d'être original. L'un, avec cent mille livres de rente, affecte de se couvrir d'un drap plus grossier que celui de ses valets; l'autre, d'une naissance distinguée, aime à se confondre avec les porteurs de chaise, et se vante d'en connaître mieux qu'eux la langue et les usages. Des habits recherchés, un équipage leste, des bijoux de toute espèce, de l'ambre, des mouches, un ton précieux, peu d'esprit, beaucoup de jargon, tel est, à peu près, un petit maître français. On croit communément que ceux de Londres ne sont que de ridicules copies des nôtres ; c'est tout le contraire. Une perruque courte et sans poudre, un mouchoir de couleur autour du cou, une veste de matelot, un bâton fort et noueux, un ton et des discours grossiers, l'affectation des airs, et l'imitation des mœurs de la plus vile populace : voilà ce qui constitue le petit maître anglais. (Laporte, *Le Voyageur français [1756]*, vers 1775.)

Lacoste
Aspects de la vie quotidienne

Les Anglais, ma bonne amie, ne diffèrent pas moins de nous par l'existence privée que par la forme et la décoration de leurs demeures. Généreux et magnifiques, lorsqu'ils croient être observés, ils sont, derrière leurs murs, d'une économie qui approche de la lésine. Une ou deux servantes chez le bourgeois ; un lourd valet de plus chez le particulier aisé ; et un cocher chez l'homme opulent : voilà, en général, la composition des maisons, dans laquelle, autant qu'on le peut, on donne la préférence aux femmes, non, comme je l'avais supposé au premier aperçu, pour ne pas enlever à l'agriculture, à la marine et aux ateliers de manufactures, des bras dont le nombre total est insuffisant ; mais à raison : 1) de la proportion des gages, moindres pour les femmes, que d'ailleurs il ne faut point habiller ; 2) de la nourriture, plus coûteuse pour les hommes ; 3) d'une taxe d'une livre sterling imposée sur chaque domestique mâle. Ce dernier motif, au surplus, ne sera pas de longue durée ; on parle déjà d'étendre l'impôt sur l'un et l'autre sexe ; et la motion qui en a été faite passera en bill dans la prochaine session.

La cuisine n'est pas soumise à un calcul moins sévère : on n'y connaît point les mets composés ; la marmite, le gril et la broche, sont à peu près les seuls ustensiles à l'usage des cuisinières ; et le menu d'un repas de cérémonies ne va guère au-delà de deux plats de résistance, et quelques assiettes volantes, qui sont des poudings et des légumes, relevées par un dessert qui consiste, selon la saison, en fromage ou en fruits.

Enfin, le costume, aussi économiquement raisonné que tout le reste, n'admet, pour les hommes, que le simple habit de drap ; point d'étoffes de soie, point de galons, point de broderies ; et si l'artisan est distingué par les déchirures, les taches et la malpropreté qui tient à son travail, le commis de magasin, marchant sur les trottoirs à côté d'un lord ou du Premier ministre, peut être pris pour l'égal de sa seigneurie, si la nature lui a donné un physique heureux. L'habillement actuel est donc, pour tous, un frac à longs revers étroits, un gilet croisé, dont l'ouverture des poches est placée sous l'estomac, pour garantir ce qu'on y met de l'incroyable adresse des filous; des culottes noires ou de couleur ambiguë; des bas jaspés, du très beau linge, et un chapeau dont la forme varie à l'instant où elle est adoptée en France; car, je vous le répète, l'antipathie des Anglais pour leurs voisins est telle que la crainte d'avoir quelque chose de commun avec eux est toujours une raison suffisante pour abandonner ce qui est reçu, quoique souvent reconnu d'une utilité réelle et non remplaçable. D'ailleurs, il n'en est pas de même pour les femmes; le désir de plaire, coexistant dans ce sexe avec sa faiblesse physique et sociale, lui fait adopter nos modes; mais pour ce qui est de parure seulement : tout ce qui n'est pas en vue est encore soumis au calcul économique, comme les jupons piqués, qui sont en étoffes de soie et de couleurs pour éviter les frais de blanchissage; les souliers qui, hors les grands jours, sont en peau de chèvre; les gants qu'on porte en toile, pour qu'ils puissent être savonnés, etc.

Les Anglais sont dormeurs, non à raison d'un grand exercice de corps, mais de la densité spécifique de l'atmosphère qui les enveloppe. Ils se lèvent assez tard, et déjeunent en famille, avec du thé extrêmement fort, adouci par quelques gouttes de crème froide, et des tartines de beurre. Les hommes sortent ordinairement après ce premier repas, pendant lequel un ou deux papiers-nouvelles les ont mis au courant des événements et de la situation du moment des affaires générales, objet unique de la conversation; ils se promènent, font des visites, ou vaquent à leurs affaires jusqu'à trois heures. Les femmes sortent aussi à pied, pour prendre l'air, courir les boutiques et les ventes; mais beaucoup moins que les hommes, étant retenues chez elles par les occupations domestiques, dont les ouvrages d'aiguilles remplissent les moments d'intervalles, peu employés à lire, si ce n'est les papiers publics, ou les romans, lecture qu'elles goûtent infiniment, à raison, je crois, de cette affection mélancolique, qu'on peut regarder comme inséparable de leur nature. (Lacoste, *Voyage philosophique d'Angleterre en 1784*, 1787.)

Mme Roland

Modes et mœurs

Le parc Saint-James est très brillant le dimanche sur le soir; trois allées principales, triples au moins de celles des Tuileries pour la longueur, sont remplies d'un peuple aisé, de femmes proprement mises : ce sont, en général, tous marchands et bourgeois; les hommes sont vêtus avec la plus grande simplicité, en habit de drap tout uni, veste blanche, le chapeau toujours sur la tête. Les femmes portent beaucoup de robes blanches, en mousselines très belles, faites absolument comme celles que nous avons empruntées d'elles, mais ordinairement relevées en draperies par des cordons qui passent dans le bas de la robe en dessous et qui la soutiennent un peu au-dessus du bord de la jupe ; elles ont toutes des bonnets grands ou petits, sous le chapeau ; celui-ci est très varié dans sa forme et souvent surchargé de beaucoup de rubans ; on ne trouve que dans le très petit nombre une élégance et une légèreté approchante de la nôtre ; mais c'est souvent une raison de ce que nous soyons tels, pour qu'on soit autrement dans ce pays ; et si la vanité de quelques femmes les fait courir après nos modes, l'esprit général de la nation les dédaigne et affecte de s'en éloigner. On a tancé vigoureusement dans les papiers publics, il y a peu de jours, une duchesse qui s'est montrée avec des dentelles de France, et on lui fait une honte de chercher des objets de parure chez l'étranger, au mépris des manufactures nationales. J'avais remarqué dans les provinces que les femmes se couvraient scrupuleusement la gorge ; la capitale est moins austère ; on ne s'y découvre pas encore, mais le voile est si léger que l'œil voit tout et peut faire sûrement juger.

L'espèce est assez vigoureuse ; les enfants sont charmants avec leur blancheur, leur poitrine découverte, leur tête nue, ornée de beaux cheveux bouclés naturellement, tombant négligemment sur leur col que la poudre n'a jamais sali. Les femmes, bien élevées, ont un air virginal et touchant ; leur teint blanc, mais un peu pâle, un air doux et mélancolique, inspirent un intérêt fort différent de la sensation qu'excitent nos figures vives et notre air éveillé ; celles-ci agacent, les autres attendrissent : on serait tenté de s'amuser des unes et d'aimer les autres. Les femmes au-dessus de l'état moyen sont en très petit nombre à cette promenade ; elles se distinguent par des laquais, par leurs robes plus longues et toujours traînantes.

[...] En général, les femmes en Angleterre s'occupent beaucoup de leurs enfants et mènent une vie très intérieure. Les deux sexes y vivent beaucoup plus séparés qu'en France ; les mœurs y gagnent et le bonheur des familles en est plus assuré. Les hommes forment entre eux ce qu'on appelle des *clubs*. Il y en a de lords et de portefaix, de savants et de gens de loi ; la Société royale a le sien, ainsi du reste. Lorsque les hommes ont veillé à leurs affaires, ils se rendent au club, ils y lisent les papiers publics ; on s'y entretient de politique d'abord, c'est la chose de l'intérêt le plus général, les affaires de l'État étant aussi celles de chacun ; puis on y traite des objets qui sont plus particulièrement du ressort des personnes qui composent le club. Les femmes demeurent donc plus ordinairement seules ; elles se voient entre elles, jouent peu, se promènent et ne sont point détournées du soin de leur famille ; le ménage et les enfants, c'est leur partage : elles s'y tiennent. Les garçons sont envoyés dans les écoles publiques, les universités ; les filles ne quittent guère leur mère et ne paraissent que fort tard dans le monde. Jusqu'à quinze et dix-huit ans, elles demeurent avec leurs cheveux sans poudre, tombant en boucles naturelles et recouverts d'un simple chapeau, leurs souliers plats, sans talons, et la robe ordinairement blanche ; elles ne font aucune visite et ne paraissent point en cérémonies. C'est durant ces années de retraite qu'elles se forment auprès d'une mère tout adonnée au soin de les instruire dans les choses de leur compétence et dans les connaissances agréables qu'on peut y ajouter. Comme les femmes sont peu distraites, elles lisent assez, elles ont de l'instruction et n'en font aucun étalage ; car elles ne sont pas gâtées par les vains éloges d'un tas d'oisifs, et tout nourrit en elles des goûts sérieux et sages.

La liberté, la propreté, voilà les deux lois du premier âge : on lave les enfants, tous les jours, de la tête aux pieds, on les laisse faire ce qu'ils veulent, dans tout ce qui ne nuit point aux autres : on serait tout étonné de voir à la table d'un duc et pair ses enfants, de huit ou dix ans, pousser leur assiette en avant sur la table, y mettre leurs coudes et s'appuyer la tête dans la main pour se reposer, ou autrement. On ne fait point attention à ces misères ; on sait que, plus tard, l'enfant remarquera que personne ne fait ainsi, et se corrigera de lui-même par l'envie d'être bien. Il résulte de cette méthode, prise en grand, que les enfants sont devant leurs parents tout ce qu'ils sont en effet ; ils ne se sentent pas gênés par leur présence, et leurs parents les en connaissent mieux. Il en résulte encore pour les enfants je ne sais quoi de dégagé, de libre et d'assuré dans leurs mouvements, dans leur contenance, qui s'imprime à jamais et s'allie heureusement avec la fierté d'un républicain et l'indépendance d'un homme. Les enfants des grands ne sont pas très poussés aux sciences ; mais on s'attache à les bien instruire des lois de leur pays, à bien manier leur langue, à leur inspirer les vertus sociales, à en faire des hommes, des patriotes et même des héros. Le peuple est généralement instruit. Il y a des écoles bien tenues, où l'on apprend et sa langue et le français, et où l'on donne les notions des choses les plus importantes : jusqu'aux femmes savent très bien leur langue par principes, la parlent et l'écrivent correctement. (Mme Roland, *Voyage en Angleterre [1784]*, 1800.)

Guizot
Les Anglais ne sont pas froids

[*1840*]. — Précisément parce que l'Angleterre a été, depuis des siècles, un pays de liberté, les résultats les plus divers de la liberté s'y sont développés avec tous leurs contrastes ; la sévérité puritaine s'y est maintenue à côté de la corruption des cours de Charles II et des premiers George ; des habitudes presque barbares ont persisté au milieu des progrès de la civilisation ; l'éclat de la puissance et de la richesse n'avait point banni des hautes régions sociales les excès d'une intempérance vulgaire ; l'élévation même des idées et des talents n'entraînait pas la délicatesse des goûts, et l'on pouvait ramasser ivre dans la rue M. Sheridan

qui venait de ravir le Parlement par son éloquence. C'est de notre temps que ces choquantes disparates dans l'état des mœurs en Angleterre se sont évanouies, et que la société anglaise est devenue une société aussi polie que libre, où les habitudes grossières sont contraintes de se réformer ou de se cacher, et où la civilisation se montre de jour en jour plus générale et plus harmonieuse. Deux progrès divers, et qui marchent rarement ensemble, se sont accomplis et se développent, depuis un demi-siècle, en Angleterre ; les lois morales s'y sont raffermies et en même temps les mœurs y sont devenues plus douces, moins mêlées de violents excès, je dirai volontiers plus élégantes. Et ce n'est pas seulement dans les régions élevées et moyennes, c'est aussi dans les classes populaires que ce double progrès est sensible ; la vie domestique, laborieuse et régulière, étend chez ces classes son empire ; elles comprennent, elles recherchent, elles goûtent des plaisirs plus honnêtes et plus délicats que les querelles brutales ou l'ivresse. L'amélioration est, à coup sûr, très incomplète ; les passions grossières et les habitudes désordonnées fermentent toujours au sein de la misère obscure et oisive, et il y a toujours, dans Londres, Manchester ou Glasgow, ample matière aux descriptions les plus hideuses. Mais à tout prendre, la civilisation et la liberté ont tourné en Angleterre, dans le cours du XIXe siècle, au profit du bien plutôt que du mal ; les croyances religieuses, la charité chrétienne, la bienveillance philanthropique, l'activité intelligente et infatigable des classes élevées, le bon sens répandu dans toutes les classes ont lutté et luttent efficacement contre les vices de la société et les mauvais penchants de la nature humaine. Quand on vit quelque temps en Angleterre, on se sent dans un air froid mais sain, où la santé morale et sociale est plus forte que les maladies morales et sociales, quoiqu'elles y abondent.

Quand je dis qu'en Angleterre l'air est froid, dans la société comme dans le climat, je n'entends pas dire que les Anglais soient froids ; l'observation et ma propre expérience m'ont appris le contraire. On ne rencontre pas seulement chez eux des sentiments élevés et des passions fortes ; ils sont très capables aussi d'affections profondes qui, une fois entrées dans leur cœur, deviennent souvent aussi tendres que profondes. Ce qui leur manque, c'est la sympathie instinctive, prompte, générale, cette disposition qui, sans motif ni lien spécial, sait comprendre les idées et les sentiments d'autrui, les ménager ou même s'y associer, et rendre ainsi les rapports sociaux faciles et agréables. Ce n'est pas que les Anglais ne tiennent beaucoup aux rapports sociaux, et ne soient très curieux de ce que sont ou pensent les autres hommes ; mais il faut que leur curiosité s'arrange avec leur dignité et leur timidité. Par gaucherie et embarras, autant que par fierté, ils ne montrent guère ce qu'ils sentent. Il en résulte, dans leurs relations et leurs façons extérieures, un défaut d'aisance et d'onction sociale qui refroidit et quelquefois repousse. Même entre eux, ils sont peu ouverts et peu bienveillants ; ils ont presque constamment un air d'observation dédaigneuse et caustique qui respire et inspire un secret et petit déplaisir. Au fond, ils ont grand besoin et grande envie de mouvement d'esprit et d'amusement ; ils aiment beaucoup la conversation, et quand elle s'offre à eux animée et variée, ils y prennent grand plaisir ; mais d'eux-mêmes, et sauf quelques brillantes exceptions, ils y portent peu d'entrain et d'initiative. Ils ne savent pas faire ce qui leur plaît, ni jouir à leur aise de l'esprit qu'ils ont. Le feu est là, mais couvert ; il faut que l'étincelle qui l'allumera vienne d'ailleurs.

Dans les solitaires loisirs que me laissaient souvent les affaires de l'ambassade et les soins obligés du monde, j'observais avec un profond intérêt cette grande société si fortement constituée en même temps que si libre, où tant de contrastes ne détruisent pas l'harmonie de l'ensemble, et où la nature humaine se développe si largement, bien que contenue par des freins et des contrepoids qui empêchent que ses prétentions et ses égarements ne se portent aux derniers excès. J'ai beaucoup appris dans cette étude morale et sociale qui m'ouvrait, à chaque pas, des horizons nouveaux, et ne me faisait pourtant pas oublier ma solitude domestique. Les Anglais ont raison d'attacher le plus grand prix à leur vie intérieure, à leur *home*, et surtout à l'intimité de la relation conjugale ; ils ne trouveraient pas chez eux, dans la vie mondaine, ce mouvement, cette variété, cette facilité, cette douceur de toutes les relations qui, ailleurs et pour beaucoup de gens, tiennent presque lieu de bonheur. Un étranger, homme d'esprit et qui avait beaucoup vécu en Angleterre, me disait un jour : « Si on est bien portant, heureux chez soi et riche, il faut être Anglais. » C'était trop exiger, et il y a en Angleterre, au moins autant qu'ailleurs, beaucoup de vies heureuses à des conditions plus modestes ; mais il est certain que, pour être heureux dans la société anglaise, il faut tenir au bonheur sérieux et intime plus qu'au laisser-aller et à l'amusement. (Guizot, *Mémoires pour servir à l'histoire de mon temps*, 1862.)

Rémusat
Une société unie

Les Anglais sont de leur nature peu expansifs, le peuple est souvent gauche et grossier, le seigneur froid et réservé, les inégalités sociales sont immenses, pas de propriété pour le paysan, des fortunes colossales pour le riche, tout enfin semblerait devoir fractionner la société, et pourtant elle est unie. (Rémusat, *La Vie de village en Angleterre*, 1863.)

COMFORTABLE : UN MOT DESTINÉ A UN BEAU SUCCÈS

Bombelles
Ce terme ne se traduit pas en français

L'ancien château d'Aberdower a été brûlé à l'exception des écuries et le grand-père de milord Morton se logea alors dans une maison qui avait ci-devant appartenu à un gentilhomme son vassal. Cette maison n'est pas analogue à la terre, milord se propose de bâtir un château dans un excellent emplacement et jusqu'à ce moment il peut être logé fort commodément, ainsi que plusieurs amis, dans une maison que les Anglais nomment *very comfortable*. Ce terme ne se traduit pas en français et rend mieux que « commode » l'idée d'une maison ou d'un appartement où l'on ne manque de rien. (Bombelles, *Journal de voyage [1784]*, 1989.)

Simond
Une expression tout anglaise

3 janvier. — Nous avons couché à Ivy Bridge (« le pont au lierre »). C'est un joli nom, et un joli endroit, avec une petite rivière vive, claire et bruyante ; des violiers en pleines fleurs croissent entre les pierres des murailles. L'auberge, extrêmement *comfortable* : tant d'empressement à vous recevoir, tant de promptitude à remplir, à prévenir vos désirs, des appartements si propres, si bien meublés, et ce que l'on vous sert si bon et si bien apprêté ! On peut bien appeler ceci le pays des commodités ; et je ne conçois pas comment les Anglais peuvent s'accommoder des auberges étrangères après les leurs. Toute cette politesse, toutes ces prévenances, ont un motif sordide : on vous caresse pour votre argent ; mais pourquoi y regarder de si près ? Le simulacre de la bienveillance trompe comme les vêtements, qui ne couvrent pas toujours une belle peau ; il est bon d'ignorer un peu la laideur du corps comme celle de l'esprit, c'est assez de s'en douter.

Je cherche en vain un mot français qui rende celui de *comfortable* : « avoir toutes ses aises, toutes ses commodités, en jouir en paix et sans contrainte », rend à peu près l'idée, mais affaiblie par la périphrase. *Home* est un autre mot expressif qui se rend assez bien par un « chez soi », ou par le mot « logis », qui a vieilli ; *a comfortable home* est une expression tout anglaise, qui appartient naturellement à un peuple domestique : la disposition casanière n'est pas commune en France, ses jouissances n'ont pas besoin de nom. (Simond, *Voyage d'un Français en Angleterre*, 1816.)

Defauconpret

Tout est comfortable

Le peintre vint donc manger avec moi une assiette de *roasted beef* et une portion de pudding au riz, et convint qu'on pouvait faire à Londres un dîner *comfortable*.

On voit déjà qu'un dîner dont on est satisfait, en un mot un bon dîner, est un dîner comfortable.

J'étais un jour dans une maison où se trouvait une jeune demoiselle pleine d'esprit, de grâces, de talents et d'amabilité. « Savez-vous, me dit mon voisin, que cette jeune personne ferait une petite femme bien comfortable ? »

Une autre fois on me questionnait sur tout ce que j'avais vu à Londres ; on me demandait mon opinion sur différentes choses, et j'avais grand soin de répondre à tout avec Horace ; «*pulchrè, benè, rectè*» ; car, aux yeux d'un véritable Anglais, les brouillards de la Tamise valent mieux que le beau ciel de l'Italie, et les murs enfumés de leurs maisons sont préférables à la colonnade du Louvre. « C'est bien dommage, me dit une dame, que le Vauxhall ne soit pas ouvert dans cette saison, et que vous n'ayez pu le voir ! De tous les lieux publics où se réunit la bonne société, c'est sans contredit le plus comfortable. »

« Si vous pouviez venir passer quelques jours dans le Derbyshire, me disait un lord, vous verriez mon parc, mon château : j'ai planté l'un, j'ai planté l'autre, j'ai tout créé moi-même ; il n'existe pas de séjour aussi comfortable. »

J'avais une de ces redingotes ouatées couvertes en soie, telle qu'on en porte en France. « C'est dommage, dit un jeune homme, que ce vêtement ne soit pas à la mode à Londres, car il me paraît bien comfortable. »

Voulez-vous faire bâtir à Londres ce qu'on y appelle une belle maison ? une maison qui réunisse l'agréable à l'utile ? qui soit bien distribuée ? dont les croisées et les portes ferment bien, chose assez rare ? enfin qui soit construite dans le meilleur style d'*architecture anglaise* ? Vous faites venir un architecte ; mais en un seul mot, vous lui faites comprendre tout ce que vous désirez. Il ne faut que lui dire que vous voulez être logé comfortablement.

Rien d'aussi triste que le feu de charbon, unique espèce de chauffage connue en Angleterre. La fumée noire et épaisse qu'il produit, et les particules qui s'en détachent continuellement vous obligent à vous savonner le visage et les mains cinq à six fois par jour, à peine de passer pour un charbonnier au bout de vingt-quatre heures. Il faut un talent tout particulier pour allumer ce feu et pour l'entretenir : si vous y mettez trop de charbon, vous l'étouffez. N'en mettez-vous pas assez ? il périt faute d'aliments. Le remuez-vous trop souvent ? il se noircit et s'éteint. Ne le remuez-vous pas assez ? il finit par s'encroûter et par disparaître, comme cela arrivera quelque jour au soleil, s'il faut en croire certain astronome.

Eh ! bien, quand la grille qui contient ce misérable feu est remplie d'un charbon bien embrasé, cela s'appelle encore un feu bien comfortable.
Si vous voulez... « Hé bien, qu'y a-t-il ? »
« Je viens savoir, monsieur, si vous sortirez ce matin, me dit mon hôtesse ; je voudrais profiter de votre absence pour secouer les tapis, nettoyer les vitres, laver le plancher, frotter les meubles, enfin rendre votre appartement comfortable. » (Defauconpret, *Quinze jours à Londres*, 1816.)

Custine
Un mot magique

L'Angleterre est sans contredit, de tous les pays de l'Europe, celui qui souffre le moins de cette division opérée entre les idées et les choses par les progrès d'une civilisation qui marche toujours au milieu de gouvernements stationnaires. Mais il est difficile de prévoir la durée d'une prospérité due à l'adresse des individus, plus qu'à l'accord des institutions avec l'esprit actuel des peuples. S'il arrivait un jour que ces vieux instruments fussent maniés par des hommes moins habiles, on en reconnaîtrait toute l'insuffisance : on voudrait alors toucher aux fondements de l'édifice social, et la révolution, effectuée dès longtemps dans les habitudes, ne manquerait pas de s'étendre jusqu'aux institutions.

Je ne veux pas terminer ces réflexions, sans dire un mot de l'influence des gens de lettres sur l'esprit public ; elle est aujourd'hui moins grande que nous ne l'imaginons. Fatiguée d'écrits et de paroles, l'Angleterre a passé l'époque où les plaisirs de l'esprit sont le premier intérêt des nations ; et cette société, tout occupée de son bien-être physique, de ses avantages matériels ou de ses vanités publiques, n'est peut-être plus susceptible des jouissances désintéressées de l'imagination. Le goût des arts, excepté celui de la poésie, n'a jamais été naturel à cette nation, et le mot *comfortable*, qu'heureusement nous ne pouvons traduire dans notre langue, dénote la principale occupation de la plupart des Anglais : appliqué dans toutes les circonstances, répété à propos de tout, il exprime un soin continuel d'augmenter le bien-être physique. Un établissement comfortable est ici le but des efforts de chacun. Ce mot magique, qui règle la direction de la vie, légitime chez les Anglais l'attachement aux jouissances matérielles, et devient un principe d'égoïsme domestique, de même que celui d'*utilité* sert trop souvent d'excuse aux injustices politiques. Des hommes, comme lord Byron et Walter Scott, illustrent sans doute l'esprit humain et ennoblissent leur nation, mais ils sont les derniers enfants des vieux Bretons, et j'ai peine à croire que la génération actuelle, héritière de quelques habitudes et de quelques vanités, mais non des vertus nationales, voie sortir de son sein des talents pareils à ceux dont l'Angleterre s'enorgueillit encore aujourd'hui. (Custine, *Courses en Angleterre*, 1830.)

Haussez

Un mot de convention

Les Anglais sont très fiers de ce qu'ils appellent leur *confortable*. Ce mot leur sert à définir l'aisance dont ils jouissent, et les aises dont ils croient jouir. Il est employé aussi pour faire valoir la supériorité de fortune à laquelle le peuple anglais affecte une grande prétention à l'égard des autres nations ; car, s'il est un peu revenu de l'opinion qu'en France on mange des cuisses de grenouilles au lieu de filets de bœuf, il ne se persuade pas encore que l'on y connaisse les jouissances et les douceurs de la vie.

Pour les étrangers qui ne veulent pas prendre la peine d'observer, confortable est un mot de convention, une espèce de lieu commun au moyen duquel ils analysent et résument tout leur séjour en Angleterre.

Chez les Anglais riches, le confortable est un grand luxe, un état de maison dispendieux. Dans la classe moyenne, les frais en sont faits par un grand fauteuil bien rembourré, bien large, bien lourd, dans lequel le maître de la maison s'endort après son dîner. On croira que je plaisante ! non, c'est la vérité bien exacte. A côté de ce fauteuil, il n'y a rien qui justifie cette idée d'une aisance générale que le mot semble indiquer.

Une table couverte de poisson bouilli et de légumes cuits à l'eau, destinés à être mêlés, par forme d'assaisonnement, à tout ce que l'on mange ; un roast-beef dont, par préférence, on sert le morceau le plus dur et le moins savoureux ; pour tenir lieu de serviettes, les bords de la nappe ; pour tout dessert, des noix, du fromage et des raisins secs ; dans l'appartement, des chaises en jonc, quelquefois recouvertes d'un coussin non fixé, que le moindre mouvement fait tomber ; dans les chambres, de vastes lits à colonnes avec un matelas de plume, à travers lequel on atteint immédiatement une paillasse disposée de manière à produire l'effet d'une table mal unie ; point de pendules, et partout un feu de charbon de terre dont la poussière et la fumée salissent tout ; des croisées à coulisses, sur lesquelles s'abaissent des stores en percale, et quelquefois des rideaux mal drapés en toile peinte de couleur foncée ; mais en revanche, une grande propreté dans la tenue des appartements et des meubles : voilà ce que l'on appelle du confortable.

Dans les classes inférieures, le mot même n'est pas prononcé. (Baron d'Haussez, *La Grande-Bretagne en 1833*, 1834.)

Flora Tristan

Confort ou bonheur

A voir le confort élégant dont le Londonien riche jouit, on pourrait croire qu'il est heureux ; mais, si l'on veut se donner la peine d'étudier l'expression de sa physionomie, on reconnaît à ses traits, qui portent l'empreinte de l'ennui et de la lassitude, à ses yeux, où la vie de l'âme est éteinte et la souffrance du corps manifeste, que non seulement il n'est point heureux, mais qu'il est placé dans des conditions qui lui interdisent d'aspirer au bonheur. (Flora Tristan, *Promenades dans Londres*, 1840.)

Texier
Adopté chez nous

Il me semble, par exemple, que ce *confortable* anglais dont on parle tant qu'on a adopté chez nous le mot, dont l'Académie s'arrange comme elle peut; il me semble, dis-je, que ce confortable n'est pas très mathématiquement prouvé. (Texier, *Lettres sur l'Angleterre*, 1851.)

Vallès
La légende du confortable

Je n'ai passé que neuf ans sur le pavé de Londres, mais, avant d'avoir achevé mon bail d'exil, je savais une chose que je vais apprendre aux Anglais : c'est que, parmi les légendes qui courent le monde, qui dansent sur les lèvres des banalistes ou sous la plume des gazetiers, la plus effrontément fausse est la légende du *confortable anglais*.

La vérité, la voici :

L'Angleterre est le pays du mal-vivre, du mal-loger, du mal-manger, du mal-s'asseoir, et du mal-dormir.

Si je n'avais qu'une ligne pour indiquer les tendances de cette nation dans un Dictionnaire qui traduirait le caractère essentiel en cinq mots, je dirais : « L'ANGLETERRE A L'HORREUR DU CONFORTABLE ».

Une horreur obstinée, comique sans relâche.

Le *confortable anglais* !... S'il est quelque part, c'est là où ils naissent, où ils vivent, où ils meurent — dans leur coquille, dans leur foyer ? (Vallès, *La Rue à Londres*, 1884.)

Lévis
L'invention de la douche

On a imaginé une machine d'une construction fort simple, dont on se sert beaucoup aujourd'hui : elle se nomme *shower-bath*, « bain d'ondée ». C'est une guérite pareille à celle qui abrite les sentinelles ; elle est fermée par un rideau, et le plafond est percé, comme un crible, d'une infinité de petits trous. Au-dessus est placé un assez grand vase rempli d'eau, porté par un axe horizontal, sur lequel il tourne librement. Une corde y est attachée de manière à lui faire faire la bascule. Celui qui prend le bain se place dans la guérite, ferme le rideau, tire la corde et reçoit à l'instant sur la tête une forte ondée, qui le mouille aussi complètement que s'il s'était plongé dans une cuve. Cette modification des bains froids ordinaires produit de très bons effets ; elle est d'un usage fort commode, puisque la guérite tient moins de place qu'une baignoire. Je suis persuadé que lorsqu'elle sera connue en France, elle y deviendra bientôt d'un usage commun. (M. de Lévis, *L'Angleterre au commencement du dix-neuvième siècle*, 1814.)

Bombelles
Lieux à l'anglaise

Ces petits réduits si malpropres en France, et qui s'annoncent de si loin par une odeur qui souvent infecte toute la maison, sont dans les auberges anglaises d'une netteté extérieure et d'une recherche fort agréable. J'ai vu aujourd'hui un de ces cabinets bâti en rotonde gothique, trois sièges gothiques intérieurement annonçaient qu'on se trouve là parfois en compagnie. Cet édifice, entouré d'un joli bosquet, est une dépendance d'un cabaret placé dans un petit village. (Bombelles, *Journal de voyage en Angleterre (1784)*, 1989.)

Montulé
Périphrase

Je dois même ajouter qu'un lieu, négligé dans presque tous les pays, et surtout en France, où l'on semble l'oublier dans la construction d'une maison, est soigné partout en Angleterre. Au moyen d'une pompe sur laquelle il faut simplement appuyer la main, les marques de l'usage qu'on en a fait disparaissent aussitôt. Il en est même qui, par le manque de l'appui qu'on vient de leur donner, se lavent d'eux-mêmes. La décence ne permet point en ce pays, ainsi qu'en France, de s'arrêter indifféremment dans toutes les parties d'une rue ; il faut absolument chercher quelque endroit retiré. (Montulé, *Voyage en Angleterre*, 1825.)

Ferri de Saint-Constant
Les peuples libres sont les plus propres

La propreté a des causes morales et physiques. On a remarqué que les peuples libres sont les plus propres : la liberté produit l'aisance et l'aisance la propreté. Aristote met la propreté au nombre des *demi-vertus*. On peut dire que les Anglais, comme les Hollandais, la regardent comme une vertu entière. Mais chez eux cette vertu est nécessaire. L'air humide et presque toujours embrumé qui enveloppe Londres exige la plus grande propreté. De là vient que la vaisselle, les foyers, les meubles, les appartements, les portes, les escaliers, etc., tout est chaque jour lavé, écuré, frotté. De là vient qu'au moins une fois par semaine on lave les appartements, dont les planchers sont de sapin pour que l'eau absorbe l'humidité que l'air porte et dépose partout.

Ce genre de propreté est incommode, et les Anglais eux-mêmes s'en plaignent. « Les samedis particulièrement, dit le *Connaisseur*, nous sommes obligés de renoncer à notre maison. C'est le jour du déluge universel. On ne consulte pas le temps pour faire cette opération aquatique : qu'il gèle ou qu'il neige, qu'il fasse sec ou humide, il faut que ce jour-là la maison soit inondée. Point de raisons qui vaillent : il faut nager ou se noyer, il n'y a pas de milieu. Il y a des femmes qui répètent ce nettoiement presque tous les jours de la semaine. On entend tous les matins battre les tapis, frotter les parquets, essuyer tous les meubles. Le maître est chassé de chambre en chambre, et vit toujours dans la malpropreté afin que sa maison soit propre. Il n'y a aucune différence entre une maison qui est toujours malpropre et une maison qu'il faut toujours nettoyer. » (Ferri de Saint-Constant, *Londres et les Anglais*, 1804.)

QU'EST-CE QU'UN GENTLEMAN ?

Muralt
Entre nobles et roturiers

Au reste la noblesse, dont cette chambre est composée, semble être ce qu'il y a au monde de plus heureux : j'entends cette espèce de noblesse qu'ils appellent *gentry*, à qui le titre de noble ne convient pas entièrement, selon l'idée ordinaire qu'on en a, comme aussi leur genre de vie ne répond pas tout à fait à celui de la noblesse des autres pays. Ce sont des gens riches, que leur naissance n'oblige à aucun scrupule incommode, et qui peuvent gagner du bien par le négoce, lorsqu'ils en manquent ; roturiers par là. Mais, d'un autre côté, la débauche et la chasse sont leurs occupations les plus ordinaires ; en cela autant gentilshommes qu'on l'est ailleurs. Pour ce qui est des autres exercices, le manège, la danse, les armes, ils les négligent assez ; ils négligent, de même, certaines manières honnêtes et polies, qui, en d'autres pays, sont particulières à la noblesse. Ce que je vous dis là regarde principalement les jeunes gens qui n'ont pas voyagé, et ce n'est pas une chose si généralement vraie, qu'elle ne souffre de grandes exceptions, comme il en est de tous les caractères généraux qu'on donne aux nations. (Béat de Muralt, *Lettres sur les Anglais*, 1726.)

Pas de mot correspondant dans la langue française

Ferri de Saint-Constant

Sous le nom collectif de *gentry*, on comprend tous ceux qui ne jouissent pas des privilèges de la noblesse, et qui vivent de leurs rentes d'une manière indépendante sans exercer de profession. On appelle *gentlemen* ceux qui appartiennent à cette classe. Il est difficile de déterminer avec précision jusqu'où l'on peut étendre cette dénomination, surtout depuis que tout le monde, jusqu'aux boutiquiers et aux artisans, prend le titre de *gentleman*, mais il paraît que lorsqu'il y a lieu d'observer une certaine étiquette, on admet aussi comme gentlemen les négociants, les avocats, les médecins, les ecclésiastiques, et même quelques artistes d'un mérite distingué. On voit par cette explication que le mot *gentleman* ne répond point à celui de « gentilhomme », et qu'il n'y a pas de mot correspondant dans la langue française. C'est ce qui nous a engagés à faire usage des mots *gentry* et *gentleman*; nous croyons qu'il sera plus aisé de se former une juste idée de leur signification dès qu'on ne les confondra pas avec d'autres auxquels on est accoutumé à attacher des idées différentes. Le titre de gentleman répondait autrefois à celui de gentilhomme. La nourrice de Jacques Ier, qui l'avait suivi d'Édimbourg à Londres, le suppliait un jour de faire un gentleman de son fils : « Ma bonne, lui dit le roi, c'est ce que je ne puis faire ; mais j'en ferai un lord. »

Les principales familles de la gentry, dont plusieurs descendent des familles de pairs, se confondent avec la noblesse à laquelle elles s'allient souvent ; elles ont d'abord l'influence que donnent de grandes propriétés et ensuite celle que donne l'*intérêt parlementaire*, c'est-à-dire, la facilité de siéger à la Chambre des communes ou d'y porter des candidats de leur choix. Sans être pairs, on peut dire qu'ils ont une part héréditaire à la législature, puisque de père en fils ils disposent d'une ou de plusieurs places au Parlement. Il s'est trouvé de ces gentlemen qui ont refusé la pairie, aimant mieux être les premiers de la gentry que les derniers des pairs. De ce nombre est sr Williams Vynn, d'une ancienne famille du pays de Galles, qui dispose de cinq voix à la Chambre des communes. (Ferri de Saint-Constant, *Londres et les Anglais*, 1804.)

Staël-Holstein

La première condition pour obtenir des égards dans une classe quelconque en Angleterre c'est d'être ce qu'on appelle un *gentleman*.

Un gentleman est l'homme qui réunit à quelques avantages de naissance, de fortune, de talent ou de situation, des qualités morales assorties à la place qu'il occupe dans la société, et des manières qui indiquent une éducation et des habitudes libérales. (Auguste de Staël-Holstein, *Lettres sur l'Angleterre*, 1829.)

Taine

Un mot essentiel

Je cherche à bien comprendre ce mot si essentiel, *a gentleman* ; il revient sans cesse, et renferme une foule d'idées, tout anglaises. La question vitale à propos d'un homme se pose toujours ainsi : « Est-il un gentleman ? » Pareillement à propos d'une femme : « Est-elle une lady ? » Dans ces deux cas, on veut dire que la personne en question est de la classe supérieure ; cette classe est reconnue en fait ; un ouvrier, un paysan, un boutiquier n'essaye pas de franchir la ligne de démarcation. Mais à quoi reconnaît-on qu'une personne est de la classe supérieure ? En France, nous n'avons pas le mot parce que nous n'avons pas la chose, et ces trois syllabes, dans leur sens d'outre-Manche, résument l'histoire de la société anglaise. Les gentilshommes, les squires, les barons, les chefs féodaux ne sont pas devenus, comme sous Louis XV, de simples privilégiés, des parasites d'ornement, à la fin nuisibles, impopulaires, odieux, proscrits, puis mal restaurés, d'esprit suranné, désormais sans influence, et maintenus dans l'État plutôt comme un mémorial toléré, que comme un ressort efficace. Ils sont demeurés en communication avec le peuple, ils ont ouvert leurs rangs aux talents, ils se sont adjoints comme recrue l'élite de la roture ; ils sont restés les personnages commandants, ou dirigeants, ou du moins influents de la commune et de l'État. Pour cela, ils se sont accommodés à leur siècle et à leur rôle ; ils ont été administrateurs, patrons, promoteurs de réformes, bons gérants de la chose publique, hommes appliqués, instruits, capables, les citoyens les plus éclairés, les plus indépendants, les plus utiles de la nation.

Sur ce patron s'est formée l'idée de gentleman, toute différente de celle de gentilhomme. *Gentilhomme* éveille des idées d'élégance, de finesse, de tact, de politesse exquise, de point d'honneur délicat, de tournure cavalière, de libéralité prodigue, de valeur brillante ; c'étaient les traits saillants de la classe supérieure en France. De même *gentleman* rassemble les traits distinctifs de la classe supérieure en Angleterre, d'abord les plus visibles, ceux qui frappent les yeux grossiers, par exemple une fortune indépendante, un train de maison, une certaine tenue extérieure, des habitudes de luxe et d'aisance ; bien souvent, aux yeux des gens du peuple, surtout aux yeux des valets, ces dehors suffisent. Joignez-y, pour des esprits plus cultivés, une éducation libérale, des voyages, de l'instruction, de bonnes façons, l'usage du monde. Mais, pour les vrais juges, l'essentiel du personnage est le cœur. En me parlant d'un grand seigneur diplomate, B. me disait : « Ce n'est pas un gentleman. » Thomas Arnold, voyageant en France, écrivait à ses amis : « Ce qui me frappe ici, c'est le manque total de gentlemen, et de toute personne ayant l'éducation et les sentiments d'un vrai gentleman... il y a ici bien peu de personnes qui en aient l'apparence et les manières... Un véritable gentleman anglais, chrétien, de cœur viril, d'esprit éclairé, c'est plus, je crois, que Guizot ou Sismondi ne pourraient comprendre ; aucun autre pays ne pourrait, je pense, fournir un si beau spécimen de la nature humaine. » Défalquez ces exagérations de l'amour-propre national, il restera un document instructif. Pour eux, un vrai gentleman est un vrai noble, un homme *digne de commander*, intègre, désintéressé, capable de s'exposer et même de se sacrifier pour ceux qu'il guide, non seulement homme d'honneur, mais homme de conscience, en qui les instincts généreux ont été confirmés par la réflexion droite, et qui, agissant bien par nature, agit encore mieux par principe. Dans ce portrait idéal, vous reconnaissez le chef accompli ; ajoutez-y les nuances anglaises, l'empire de soi, le sang-froid continu, la persévérance dans l'adversité, le sérieux naturel, la dignité des manières, la fuite de toute affectation ou jactance ; vous aurez le modèle supérieur qui, copié à peu près ou vaguement entrevu, rallie ici les aspirations ou les obéissances. Un romancier l'a mis en scène sous le nom de *John Halifax gentleman* ; il s'agit d'un pauvre enfant abandonné qui finit par devenir le *leader* respecté de son district. Un seul mot pour donner le ton du livre : quand, après de grandes traverses, John arrive à l'aisance, achète une maison et prend une voiture, son fils s'écrie : « Enfin, nous voilà des gentlemen ! — Nous l'avons toujours été, mon enfant. » (Taine, *Notes sur l'Angleterre*, 1871.)

Un véritable esprit public

Comment se gouverne la fourmilière ? A mesure que le wagon avance, vous apercevez, parmi les fermes et les cultures, le long mur d'un parc, la façade d'un château, plus souvent quelque vaste maison ornée, sorte d'hôtel campagnard, de médiocre architecture, avec des prétentions gothiques ou italiennes, mais entouré de belles pelouses, de grands arbres soigneusement conservés ; là vivent les bourgeois riches ; je me trompe, le mot est faux, c'est *gentlemen* qu'il faut dire ; *bourgeois* est un mot français et désigne ces enrichis oisifs qui s'occupent à se reposer et ne prennent point part à la vie publique ; ici, c'est tout le contraire ; les cent ou cent vingt mille familles qui dépensent par an mille livres sterling et davantage gouvernent effectivement le pays. Et ce n'est point là un gouvernement importé, implanté artificiellement et du dehors ; c'est un gouvernement spontané et naturel. Sitôt que des hommes veulent agir ensemble, il leur faut des chefs ; toute association volontaire ou involontaire en a un ; quelle qu'elle soit, État, armée, navire ou commune, elle ne peut se passer d'un guide qui trouve la voie, y entre, appelle les autres, gourmande les retardataires. Nous avons beau nous dire indépendants, dès que nous marchons en corps, nous avons besoin d'un chef de file ; nous jetons les yeux à droite et à gauche, attendant qu'il se montre. La grande affaire est de le démêler, d'avoir le meilleur, de ne pas suivre un autre à sa place ; c'est un grand bonheur qu'il y en ait un, et qu'on le reconnaisse. Ceux-ci, sans élection populaire ni désignation d'en haut, le trouvent tout fait et tout reconnu dans le propriétaire important, ancien habitant du pays, puissant par ses amis, ses protégés, ses fermiers, intéressé plus que personne par ses grands biens aux affaires de la commune, expert en des intérêts que sa famille manie depuis trois générations, plus capable par son éducation de donner le bon conseil, et par ses influences de mener à bien l'entreprise commune. En effet, c'est ainsi que les choses se passent; tous les jours des centaines de gens riches quittent Londres pour passer un jour à la campagne; c'est qu'ils ont convocation pour les affaires de leur commune ou de leur Église; ils sont *justice, overseers*, présidents de toutes sortes de Sociétés, et gratuitement. Tel a bâti un pont à ses frais, tel autre une chapelle, une maison d'école; plusieurs établissent des bibliothèques qui prêtent des livres, avec des chambres chauffées ou éclairées, où les villageois trouvent le soir des journaux, des jeux, du thé à bon marché, bref des divertissements honnêtes qui les détournent du cabaret et du gin. Beaucoup d'entre eux font des *lectures*; leurs sœurs ou leurs filles tiennent des écoles de dimanche; en somme, ils donnent à leurs frais aux ignorants et aux pauvres la justice, l'administration, la civilisation. J'en ai vu un, riche de trente millions, qui le dimanche, dans son école, enseignait à chanter aux petites filles; lord Palmerston offre son parc pour les *archery meetings*; le duc de Marlborough ouvre le sien journellement au public « en priant (le mot y est) les visiteurs de ne pas gâter les gazons ». Un ferme et fier sentiment du devoir, un véritable esprit public, une grande idée de ce qu'un gentleman se doit à lui-même, leur donne la supériorité morale qui autorise le commandement; probablement, depuis les anciennes cités grecques, on n'a point vu d'éducation ni de condition où la noblesse native de l'homme ait reçu un développement plus sain et plus complet. Bref, ils sont magistrats et patrons de naissance, chefs des grandes entreprises où il faut hasarder des capitaux, promoteurs de toutes les largesses, de toutes les améliorations, de toutes les réformes, et, avec les honneurs du commandement ils en prennent les charges. Car remarquez qu'à l'inverse des autres aristocraties, ils sont instruits, libéraux, et marchent à la tête, non à la queue, dans la civilisation publique. Ce ne sont point des délicats de salon, comme nos marquis du XVIIIe siècle: un lord visite ses pêcheries, étudie le système des engrais liquides, parle pertinemment du fromage, et son fils est souvent meilleur rameur, marcheur et boxeur que ses fermiers. Ce ne sont point des mécontents arriérés comme les nôtres, occupés à jouer au whist et à regretter le Moyen Age. Ils ont voyagé par toute l'Europe, et souvent plus loin; ils savent des langues et des littératures; leurs filles lisent couramment Schiller, Manzoni et Lamartine. Par les revues, les journaux, les innombrables volumes de géographie, de statistique et de voyages, ils ont le monde sur le bout du doigt. Ils soutiennent et président les Sociétés scientifiques; si les libres chercheurs d'Oxford, au milieu du rigorisme officiel, ont pu expliquer la Bible, c'est parce qu'on les savait soutenus par les laïques éclairés et du premier rang. Il n'y a pas de danger non plus que cette élite tourne à la coterie; elle se renouvelle; un grand médecin, un profond légiste, un général illustre reçoivent la noblesse et fondent des familles. Quand un industriel ou un marchand a gagné quelques millions, sa première pensée est d'acquérir une terre ; au bout de deux ou trois générations, sa famille a pris racine et participe au gouvernement du pays : de cette façon les meilleurs plants de la grande forêt populaire viennent recruter la pépinière aristocratique. (Taine, *Littérature anglaise (IV)*, 1880.)

Ferri de Saint-Constant
Manières de gentleman ?

La manière de frapper désigne la qualité de celui qui se présente. Frapper un coup de moins serait se dégrader, et un coup de trop, une usurpation, une insolence. Un seul coup annonce le laitier (*milkman*), le charbonnier, un domestique de la maison, un mendiant : il signifie « je voudrais bien entrer ». Un double coup indique le facteur de la poste, un porteur de billets de visite et d'invitation, ou tout autre messager. Il exprime qu'on est pressé, qu'on vient pour affaire, et signifie « il faut que j'entre ». Un triple coup dénote le maître ou la maîtresse de la maison, ou des personnes qui la fréquentent ordinairement. Il dit d'un ton impératif « ouvrez ». Quatre coups bien frappés annoncent une personne de bon ton, immédiatement au-dessous de la noblesse, qui arrive en chaise à porteurs ou en voiture. Il signifie « je veux entrer ». Les quatre coups répétés deux fois, dans le style vraiment *staccato* et ferme, annoncent mylord, milady, un nabab d'Arcot, un prince russe, un baron allemand ou quelqu'autre personnage extraordinaire. Ils signifient « je vous fais beaucoup d'honneur en venant chez vous ».

Ces manières bruyantes de frapper, qu'on appelle en anglais « tonner à la porte » (*door-thundering*), peuvent flatter quelquefois la sotte vanité de ceux qui reçoivent les visites, mais elles sont bien incommodes et bien impolies. Ne peut-on aller voir son voisin, son ami sans s'annoncer par une espèce d'insulte ? Ne peut-on entretenir le commerce social sans livrer un assaut à l'habitation de celui avec qui on souhaite passer une heure ou deux en bonne harmonie, et dans l'épanchement de la confiance ? Cet usage de tonner à la porte est d'une pratique universelle. Tout domestique qui frapperait un coup de moins qu'il n'appartient au rang ou aux prétentions de son maître serait aussitôt renvoyé. Certes de toutes les manières de faire du bruit dans le monde, celle-ci n'est pas la moins absurde, et on devrait bien la défendre, comme perturbatrice de la tranquillité publique. (Ferri de Saint-Constant, *Londres et les Anglais*, 1804.)

Sauvan
Gentlemen ?

La langue anglaise est, il faut en convenir, d'une grande richesse sous certains rapports. Pour rendre le mot *petit maître*, les Anglais se servent tour à tour des expressions suivantes : *corinthian, ruffian, exquisite, dandy, swell, blood, go, fashionable*, etc. : chacune de ces dénominations a une signification particulière.

Le corinthian est le petit maître par excellence ; également recherché dans ses manières et dans son habillement, il s'attache à ce que chacun de ses gestes et chaque partie de sa toilette se distinguent par une perfection marquée. Il a une manière particulière de prendre une tasse de thé, de monter à cheval, d'entrer et de s'asseoir au parterre du théâtre du roi, qui est le rendez-vous de la bonne compagnie ; son extérieur, en un mot, offre la même recherche que le caractère du chevalier Grandison ; et ce que celui-ci était naturellement dans toute sa conduite et dans les actions les plus importantes de sa vie, le corinthian le devient par le calcul et dans les circonstances graves comme celles de danser un quadrille ou de se promener à Hyde Park.

Par le mot ruffian on désigne l'amateur de chevaux de chasse et de combats à coups de poing ; le ruffian affectionne les exercices violents et les combats de coqs ; il a le premier donné l'exemple d'usurper la place de son cocher et de conduire sa propre voiture ou celle d'une dame à laquelle il rend ses soins. Le ruffian a un organe très fort : dans la conversation il se sert fréquemment de termes de chasse et d'écurie ; parfois même il jure. On cite à Londres un ruffian par excellence qui s'est fait casser une dent pour pouvoir, étant sur son siège, et sans se déranger, cracher de côté avec grâce, comme le font les cochers de bon ton. Il est au reste difficile de deviner par quel motif on désigne une classe d'hommes à la mode sous le nom de ruffian, car ce mot en anglais signifie «brigand».

L'exquisite, qui vient ensuite, est en tout l'opposé du ruffian ; l'exquisite parle d'une manière affectée, et par conséquent ridicule ; sa voix est flûtée, il ne prononce pas les *r* ; on croirait entendre un enfant qui bégaie les mots et qui ne peut encore articuler. La toilette de l'exquisite suffit pour le faire reconnaître ; il porte des corsets, des cravates empesées ; il ne tourne pas sa tête ; dans la rue, sa principale occupation est de savoir où il posera son pied, et d'éviter le contact de tout ce qui pourrait déranger sa toilette ; il ne quitte jamais ses gants ; il porte dans la poche de son gilet un peigne pour sa chevelure et un petit instrument pour nettoyer ses ongles. On remarque quelque chose de féminin dans toute sa personne ; il craint le vent, le soleil, ou le brouillard ; en un mot, l'exquisite tient le milieu entre l'homme et la femme.

Le dandy, qui appartient ordinairement à la classe moyenne, n'est souvent que la copie maladroite de l'exquisite, il ressemble à l'âne de la fable qui veut imiter le petit chien. Pour ne pas trop étendre ce chapitre, je ne dirai pas à quels signes particuliers on reconnaît le swell, le blood, le go, et le fashionable, et je fais grâce au lecteur d'une érudition qui pourrait bien lui paraître aussi futile que l'objet que je traite. (Sauvan, *Diorama anglais*, 1823.)

Lévis
Fashionable, expression emphatique dont on se sert pour désigner tout ce qui est à la mode dans le grand monde. (M. de Lévis, *L'Angleterre au commencement du dix-neuvième siècle*, 1814.)

Bourget
Mondain... et sportif

Oui, ce sont les jeunes athlètes d'Oxford, ces « chrétiens musclés », comme les appelle un grand essayiste, qui me reviennent en mémoire devant les cavaliers de Hyde Park. Je les admirais, eux, les élèves des vieux collèges, d'associer les supériorités de l'énergie physique aux supériorités du développement intellectuel. Il faut bien constater que, pareillement, les oisifs de la grande vie peuvent revendiquer avec la suprématie de l'élégance celle de la force corporelle. Le secret de la durée de la haute société anglaise ne réside-t-il pas en ce point surtout que la richesse est ici un instrument d'amélioration de la race et non pas, comme trop souvent chez nous, de destruction ? Hyde Park est, en ce moment de l'année et de la journée, peuplé de *mashers*, terme intraduisible qui vient du verbe *to mash*, « écraser », et par lequel l'argot mondain de ces tout derniers temps désigne ceux qui se sont tour à tour appelés chez nous des noms trop significatifs de « petits crevés » et de « gommeux ». Mais que le masher de Piccadilly reproduit donc peu le type étriqué de son confrère des Champs-Élysées ! Sa construction de corps, d'ordinaire massive, son teint coloré, l'ampleur de son être témoignent de la vie au grand air. Le masher est accoutumé de chasser au renard — on sait, du reste, que cette chasse fait le fond de l'existence pour la *gentry* anglaise —, de tirer en Écosse le daim et le grouse, de monter en yacht, de jouer à tous les jeux violents qui se résument sous le nom de sport. Entre l'homme du peuple et le cavalier à la mode, s'il devait y avoir une bataille à coups de poing, je ne parierais pas pour le second. De fait, des tempéraments fortifiés par le constant entraînement d'une gymnastique violente peuvent seuls résister à ce qu'on appelle ici « les plaisirs de la saison ». Il se fait, durant près de trois mois, une si exorbitante et si quotidienne dépense de force que beaucoup soupirent après la fin de cette époque de fêtes comme les écoliers après les vacances. Mais le masher se doit à sa mission. Il est un des dix mille d'en haut, des *upper ten thousands*, comme on dit encore en Angleterre, et il le prouve en suffisant à toutes les exigences du rôle.

Tous les jours, en effet, l'homme à la mode a été sous les armes depuis que la Saison a commencé. Il a pris tous les jours son lunch au-dehors, c'est-à-dire qu'il a fait un second repas à la fourchette, après le premier, et, dans l'entre-deux, il a sans doute monté un cheval. Entre le lunch et le dîner, il a dû assister à quelque partie, c'est-à-dire le plus souvent se rendre à la campagne, soit trois quarts d'heure de chemin de fer pour aller et autant pour revenir, à moins qu'il n'ait fait quelques visites, et avec l'extension démesurée du Londres d'aujourd'hui, quatre visites dans un après-midi, mises bout à bout, font un voyage. Tout à l'heure l'homme à la mode ira dîner. Il est entendu que ce dîner est un dîner en ville. Les invitations se lancent trois, quatre, cinq semaines à l'avance, et l'homme à la mode est prié ainsi, tant à Londres que hors de Londres, pour une période qu'il n'oserait mesurer, s'il n'avait un estomac d'airain, comme les entrailles du Scoliaste de la tradition grecque. Après le dîner, le théâtre ; après le théâtre, le bal ; après le bal, le souper, souvent le jeu, sans compter le reste et le masher n'est pas vaincu. Que dis-je, il est innombrable autant qu'invincible. Ce qui le distingue de l'ancien dandy, c'est que ce dernier était solitaire. L'élégance de Brummel n'était pas celle de Byron, qui n'était pas celle que pratiqua plus tard le spirituel comte d'Orsay, lequel se battit, prétend-on, en duel pour la sainte Vierge, contre un impie qui s'était permis de mal parler d'elle. « Je ne saurais souffrir, dit d'Orsay, qu'on manque à une femme devant moi. » La marque propre de l'élégance, telle qu'elle se pratique aujourd'hui à Londres, réside dans une correction poussée jusqu'à la plus complète uniformité. Mais il est vraiment prodigieux de constater le nombre de personnes qui se soumettent à cette discipline de la vie mondaine. Le *gentleman* est ici légion. Entre sept heures et demie et huit heures, lorsque ce parc se videra de ses promeneurs, ce sera d'un bout à l'autre du quartier riche, entre Regent's Street et Kensington, le plus étonnant défilé de légères voitures à deux roues, important, avec leurs cochers juchés haut par-derrière, un peuple d'hommes en costume de soirée. Ce ne seront que plastrons de chemises tendus comme des cuirasses, cols droits et raides, luisants comme de la porcelaine, nœuds de cravate ayant la rigidité du marbre, chapeaux noirs lustrés comme du métal, boutonnières fleuries de bouquets blancs où verdoiera un brin de fougère. De ces habitudes rigoureuses de tenue, le satirique peut sourire ; le moraliste, lui, ne saurait les négliger sous peine de méconnaître un signe, frivole si l'on veut, mais bien caractéristique de la grande vertu anglaise : cette capacité d'exiger beaucoup de soi-même, qui fait qu'un gentleman, ici, vit et meurt en tenue, comme un soldat. Qui peut dire que l'étiquette n'est pas une arme comme une autre dans le conflit entre les classes ? Ainsi l'ont pensé Louis XIV et l'Empereur, lesquels s'entendaient pourtant à gouverner les hommes... Et, de fait, comment se croirait-il l'égal d'un gentleman de cette perfection de mise, le malheureux qui demain matin, couvert d'indescriptibles débris de vêtements, poussera la boue avec un balai sur les pavés en bois de Piccadilly et sous un ciel couvert de bitume ? N'en ai-je pas vu un l'autre jour, qui avait sur ses épaules, en guise de manteau, comme le personnage de Charles Dickens, une pièce de toile d'emballage où se lisait un fragment d'adresse d'un magasin de nouveautés ? Et ce n'était pas une réclame ! (Bourget, *Études Anglaises*, 1910.)

Bardoux

Clubman in clubland

Me voici au coin de Pall Mall et de Regent's Street. C'est le quartier des grands clubs de Londres. Ils dressent leurs masses monumentales de tous les côtés. Le portique de l'*Athenæum*, avec sa statue de Minerve, regarde la façade du club militaire, le *United service*, à travers la porte entrouverte duquel l'on peut apercevoir, appendus aux murs, de grands portraits de généraux en uniformes rouges ; et plus loin c'est le club des gardes, c'est le *Reform*, où fréquentent les libéraux, le *Carlton*, où sont les conservateurs ; le *Marlborough*, composé de nobles ; l'*Oxford et Cambridge*, réservé aux élèves d'une des deux universités ; le *Traveller's* dont nul ne saurait être membre, s'il n'a fait un voyage à plus de cinq cents milles de Londres. Les énormes bâtiments tout noirs font songer aux palais de Florence, et ce sont aussi des citadelles contre la rue, contre la promiscuité des rencontres, contre le climat. Par cet après-midi d'été, il ne pleut pas, mais il pèse sur Londres un brouillard jaune qui noie de mélancolie tous les édifices. Il ne faut pas songer aux délices de la flânerie à pied, ce charme de notre adorable, de notre méridional Paris. Et puis, flâner serait presque une honte sur ces trottoirs où les passants vont vite, se rendant chacun à leurs affaires, tandis que les cabs filent lestement et que les petits omnibus appellent à eux les retardataires par la voix et le geste de leurs conducteurs. J'entre dans un de ces clubs sur les livres duquel un ami m'a fait inscrire pour un mois. Qu'il est calme, cet asile, au sortir de la rue bruyante ! Qu'il est confortable, après ces sensations du jour froid et triste ! Le vaste escalier est garni de statues. Des tapis assourdissent le bruit des pas et la sensation du home s'empare de l'arrivant, qui sait que nulle personne étrangère au club ne peut y pénétrer, même pour une visite. Quelle salle choisir pour s'y installer et y passer un paisible après-midi ? A droite, c'est la chambre dite du matin, qui communique avec une autre chambre réservée à la correspondance. Ce ne sont que divans profonds, fauteuils renversés, tables petites et chargées de tous les journaux du monde ou de casiers avec du papier de toute dimension. A gauche, c'est le salon où l'on mange, immense pièce dont toutes les tables s'acossent à des fenêtres ouvertes sur le gazon d'un vert jardin. Quand viendra le soir, sur chacune de ces tables une bougie sera posée, munie d'un abat-jour vert, éclairant d'une lumière discrète le repas préparé, le visage des dîneurs et le verre où blondira le vin du Rhin, où pétillera le champagne. En haut de l'escalier s'étendent les salles de lecture, avec l'énorme bibliothèque, et dans le sous-sol s'abrite le fumoir auquel on accède par un couloir que la collection du *Times* remplit à elle seule... Par ce mois d'août, Londres est vide enfin de toute existence sociale. D'un jour à l'autre, la Saison a fini. C'est l'époque où l'Anglais qui aime son club en jouit véritablement, comme d'une chose à lui et faite à son usage. Il arrive vers les neuf heures, et il déjeune de thé, de poisson, de viandes froides. Il faut le voir se promener lui-même, la fourchette à la main, l'assiette de l'autre, autour du vaste buffet où sont disposées les pièces énormes de bœuf rôti, les jambons, les volailles, les morceaux de saumon conservés dans la glace, les tartes dans leurs petits pots à qui la croûte fait comme un dôme. Le clubman lit ensuite les grands journaux, et cela le conduit jusque vers une heure, moment auquel il pense à son second repas, qui est le lunch. Un peu de viande rôtie lui suffira cette fois, quelques légumes, quelques pâtisseries et un ou deux verres de sherry. Il descend au fumoir, allume un cigare, écrit ses lettres ; les journaux de l'après-midi sont arrivés déjà. Il est cinq heures. Notre homme se montre au seuil de la porte du club. Le brouillard se fond en bruine. A quoi bon sortir, et il monte jusqu'à la salle de lecture, reprend un livre commencé, dont il continue à tourner les pages, couché sur un divan, avec une petite table auprès de lui, sur laquelle repose une tasse de thé parmi les tartines. La nuit tombe. Le clubman passe dans le salon de toilette d'où il sort lavé, peigné, brossé, habillé, bref prêt à faire honneur au repas du soir, qui se terminera par une séance nouvelle dans le fumoir, à jouer au poker, pousser la bille du billard ou causer en buvant de l'eau-de-vie coupée de soda... Y a-t-il une vie au-dehors ? Y a-t-il un monde ? Et le clubman, qui est un vieux garçon, rentre dans sa maison vers minuit, avec le seul regret qu'on n'habite pas la maison du club la nuit aussi. (Bardoux, *Croquis d'outre-Manche*, 1913.)

LA FEMME ANGLAISE

Abbé Prévost
Une créature toute divine

La manière de danser des Anglais est fort agréable. Ils commencent ordinairement leurs bals par des menuets ; et puis, viennent les contre-danses du pays. Ils se joignent, sur deux lignes, quinze ou vingt hommes avec autant de femmes ; ils pourraient être en plus grand nombre si les salles étaient plus grandes ; et sans la moindre confusion, ils tournent, sautent et se croisent en mille façons. Les airs sont d'une vivacité qui émeut l'âme. Les dames sont les plus intrépides danseuses que j'aie vues de ma vie. Elles ne paraissent point se lasser, quoiqu'elles soient dans un mouvement continuel pendant quatre ou cinq heures consécutives. C'est là qu'elles font briller tous leurs appas. Leur taille a quelque chose de si remarquable qu'elle frappe un étranger d'admiration ; et cet avantage est si commun parmi elles qu'on a peine à distinguer celles qui le possèdent au plus haut degré. Leur teint et leurs yeux sont des choses ravissantes. Une femme estimée belle en Angleterre est une créature toute divine. Si je n'étais pas né Français, j'en parlerais avec plus de réserve, pour n'être pas accusé de flatterie. Mais on sait combien nous sommes prévenus en faveur de nos dames, et mes éloges ne peuvent être suspects. (Abbé Prévost, *Mémoires d'un homme de qualité*, 1731.)

Grosley
Gorges à l'anglaise

La vie de la campagne que mènent ces dames pendant la plus grande partie de l'année, l'air et le ton de liberté qui font l'apanage de cette vie, les entretiennent dans cette négligence dont personne ne se plaint. Aux séances du procès du lord Byron, je ne vis qu'un petit nombre de dames mises et coiffées à la française. Toutes les autres, couvertes de dentelles, de diamants et d'étoffes aussi riches que fraîches, n'avaient, pour parure de tête, qu'un ruban qui réunissait et soutenait les cheveux surmontés d'un chapeau assez plat, diversement garni et festonné.

Il faut avoir suivi le jeu de ce chapeau pour en concevoir tous les détails : il donne à celles qui le portent cet air fripon que donne à Mercure son chapeau ailé : il jette dans leur physionomie une vivacité qui n'y est point naturellement. Au milieu de ces chapeaux qui, dans un mouvement perpétuel, remplissaient la salle de Westminster, les têtes coiffées à la française paraissaient des bâtiments désemparés. Aucune de ces têtes n'était rougie : le rouge que les Françaises ont sans doute emprunté des anciennes Pictes n'a point encore repassé la mer.

La richesse de la taille est la partie la plus frappante de la beauté anglaise qu'elle accompagne presque toujours : elle la doit à la manière libre, aisée et dégagée d'entraves dont, depuis deux ou trois générations, on forme en Angleterre le corps des enfants. Au lieu de ces cuirasses de baleine encore usitées en France pour gêner la nature, la forcer et souvent l'étouffer, on n'emploie en Angleterre qu'un corset piqué de baleine à claire-voie, et qui, n'excédant pas la naissance de la poitrine, n'a d'effet que de tenir le ventre dans une légère compression. Deux rubans, traversant chaque épaule de l'arrière à l'avant, maintiennent le corset, sans assujettir les épaules, et sans les brider. Dans le déshabillé, ces rubans retombant le plus souvent dans les bras, la partie supérieure du buste, dégagée de tout vêtement et de toute ligature, reçoit et profite en liberté de l'excédent de nourriture que lui renvoie la compression de la partie inférieure, d'où résulte la richesse et l'aisance de la taille.

Ce corset est précisément le *ceste* qui fait partie de la parure des déesses et des filles grecques dans plusieurs monuments antiques : c'était la fameuse ceinture de Vénus. Les ornements à l'aiguille dont ce ceste était communément enrichi offraient tout ce que l'art peut ajouter à l'ouvrage de la nature le plus parfait et le plus séduisant.

Les gorges anglaises, n'étant ni gênées ni comprimées, jouissent, dans leur croissance et dans leur développement, de tous les avantages de la liberté ; mais elles en abusent par degrés ; et cet abus va d'autant plus loin qu'elles sont en général taillées sur le modèle de celles de Picardie : dans l'un et dans l'autre état, elles remplissent également la destination de la nature. (Grosley, *Londres*, 1770.)

Pillet

Du beau linge

L'habitant de la ville de province, grande ou petite, la plus enfoncée dans l'intérieur, l'habitant même du village ne diffèrent en rien par le costume ou les habitudes du citadin de Londres. Partout on retrouve similitude de mœurs, uniformité de mise : tout se confond dans un même système, dans une même couleur ; et déjà les différents idiomes, les nuances dans la prononciation qui distinguaient le provincial de l'Ouest de celui du Nord, s'effacent : ils sont au moment de disparaître. La femme du cordonnier, du boucher, celle de l'artisan d'une paroisse de campagne, sont, comme celles de Londres, des *ladys*. On les voit le dimanche habillées de mousselines brodées, qu'un œil exercé peut à peine distinguer des étoffes portées par les femmes des *squires*, si ce n'est par de légères différences qui ne sont même pas à l'avantage de ces dernières. La différence qu'offre la toilette des femmes des gentlemen, des ladys, consiste dans plus de négligence ; leur fortune leur permettant de renouveler plus souvent leurs parures. La gaucherie dans la tenue et la manière de se présenter étant la même, on aurait tort de chercher à reconnaître les classes, les rangs de la société, dans les manières nobles ou aisées. Généralement, les femmes anglaises, n'importe la condition, sont dépourvues de grâces, de goût, de ton : on peut dire, à la lettre, qu'une femme anglaise a deux mains gauches.

Une couturière, une petite ouvrière à la journée sont, comme la fille d'un baronnet ou d'un lord, vêtues de blanc : la tête couverte d'un chapeau de paille ou de velours posé sans grâce, orné, ou plutôt rattaché par un ruban étroit, et disposé avec beaucoup d'économie, toutes ont l'air d'être de la même famille, lorsqu'on les voit dans une promenade le dimanche.

Il en est de même de la mise des hommes ; elle est généralement simple ; et depuis que tout le monde porte les cheveux coupés, depuis qu'une coiffure plus élégante ou plus soignée ne distingue plus l'homme d'un certain goût, d'un certain rang, il faut bien connaître les habitants pour ne pas commettre de méprises, pour distinguer, à la première vue, le lord, l'homme riche, de l'artisan. Cette espèce d'égalité sociale n'est peut-être pas un mal, quoiqu'en disent les orgueilleux partisans de l'ancienne étiquette. Pour mon compte, je ne serais pas fâché de voir la même chose en France. La distinction des rangs, effacée en public par une mise simple, qui n'humilie, qui ne choque personne, qui donne à tous l'air de l'aisance, de la propreté et de l'honnêteté, donne au bas peuple plus d'estime pour lui-même, l'attache à sa famille, qu'il peut présenter sans rougir.

Si, comme je l'ai dit, tout le monde en Angleterre a l'air d'être de la même famille à l'église ou à la promenade, il n'en est pas tout à fait ainsi dans les salons. L'orgueil des nobles et des riches s'y est réfugié avec plus de véritable tenue peut-être que chez nous, quand ce sont toutefois de simples assemblées ou des *visites*, et non pas des après-dîners, encore moins des *routs*. Dans les salons anglais règne un véritable luxe, un luxe bien entendu. A Londres, la tenue des salons caractérise l'éducation des personnes bien nées. Des habits pour les hommes, toujours de la plus grande fraîcheur, des bas, des culottes de soie, jamais de bottes, du très beau linge, quelques bijoux en or, distinguent l'homme comme il faut. Les dentelles de France, la batiste, la soierie, quelques diamants en petite quantité, annoncent la femme riche. L'esprit parcimonieux, naturel à cette nation, lui fait préférer des revenus à l'orgueilleux emploi de capitaux sacrifiés à de pareilles bagatelles. Le luxe des maisons riches d'Angleterre n'excite aucune envie dans la basse classe; elle ne le voit jamais; et ce luxe ne fait pas, ainsi que je l'ai remarqué ailleurs, la ruine des gens de la classe aisée, qui pour satisfaire leur amour-propre et celui de leurs femmes, pour les faire paraître de grandes dames, sont enchantés de les voir affublées de ridicules *pierrailles*, qu'on devrait rougir de porter.

Si les Anglaises ne l'emportent pas sur nous pour l'élégance dans la coupe des habits, dans la disposition de leurs vêtements; si nous jouissons, avec une sorte d'orgueil, de notre meilleur goût dans ce genre, qui est la première et la plus forte passion d'une femme, la vérité doit obliger tous ceux de nos compatriotes qui ont longtemps vécu en Angleterre, de convenir que le peuple anglais est, à l'œil du voyageur, plus proprement, plus richement vêtu que le nôtre; quoiqu'en réalité il soit bien plus pauvre en quantité d'habits et en linge. Les plus élégantes femmes de chambre anglaises peuvent emporter tout leur avoir dans un petit carton, sous le bras, tandis que la plus mince de nos servantes ne déménage pas de condition sans se faire suivre par des coffres, où tout n'est pas magnifique si l'on veut, mais où on ne laisse pas de trouver des croix d'or, des boucles d'oreilles d'or, des chemises d'une toile grossière, mais en quantité, des jupes, des déshabillés d'été, d'hiver, etc.; tandis que l'inventaire d'une jolie *miss* anglaise se compose, presque toujours, d'une chemise sur elle, et d'une seconde dans le carton ; de deux jupes de basin, de deux paires de bas de coton ; de deux petites robes, une blanche et l'autre de toile peinte ; de trois fichus, servant alternativement de mouchoirs de poche et de col ; de quelques chiffons de mousseline, de quelques tresses de cheveux, d'un petit chapeau qui se renouvelle quand il est sale ou usé, et d'une seule paire de souliers aux pieds, que l'usage de porter des patins préserve de l'humidité, comme de la malpropreté. Avec ce léger inventaire, je préfère, je ne balance pas à le déclarer, la mise d'une jeune fille anglaise à la grossière surabondance des vêtements de nos filles du commun. Il n'est pas en Angleterre jusqu'à la fille de basse-cour de la campagne la plus reculée qui ne vienne les jours de marché apporter son beurre et ses œufs, élégamment vêtue comme l'est la fille de ses maîtres, la tête parée d'un petit chapeau, les mains proprement gantées, la jambe couverte d'un bas de coton, toujours parfaitement blanc. (Pillet, *L'Angleterre vue à Londres et dans ses provinces*, 1815.)

Gautier
Des chefs-d'œuvre

On se rappelle le portrait du jeune Lambton, de Lawrence, qui, envoyé à l'exposition du Louvre à Paris, produisit il y a quelques années une si prodigieuse sensation : cette carnation de camélia, ces cheveux si soyeux et si brillants, ce regard nacré si sombre et si clair qu'il faisait penser au regard de Byron enfant, cette précoce rêverie étonnèrent beaucoup les Parisiens, qui crurent avoir devant les yeux une création due à la fantaisie d'un pinceau poétique. L'idéal n'était qu'un portrait ressemblant ; car ce type est fréquent en Angleterre, où l'élève des enfants est entendue d'une manière merveilleuse. Bakwell, le Prométhée des bestiaux, ne réussit pas mieux à faire ces bœufs chimériques pour nous, qui ne sont que d'énormes beefsteaks enveloppés d'une peau lustrée comme du satin. A force de brosses, d'eau tiède, de savon, de pierre ponce, de peignes fins et de cold-cream, on tanne les enfants tout vifs, et on leur rend l'épiderme d'une pureté, d'un grain, d'une transparence inimaginables. Le papier de riz, la feuille pulpeuse du magnolia, la pellicule intérieure de l'œuf, le vélin sur lequel les miniaturistes gothiques traçaient leurs délicates enluminures, ne sont que des tissus rêches et rugueux à côté de la peau d'une petite Anglaise de sept ou huit ans, appartenant à une famille aristocratique. Sur de pareilles épaules, l'hermine et le cygne paraissent noirs, la neige tourne à la suie.

Un soir, j'étais à Drury Lane. On jouait *La Favorite*, accommodée au goût britannique, et traduite dans la langue de l'île, ce qui produisait un vacarme difficile à qualifier, et justifiait parfaitement le mot d'un géomètre, qui n'était pas mélomane assurément : « La musique est le plus désagréable et le plus cher de tous les bruits. » Aussi j'écoutais peu, et j'avais le dos tourné au théâtre.

J'aperçus dans deux loges différentes deux petites filles charmantes, blondes toutes deux, mais aussi dissemblables entre elles que peuvent l'être une négresse et un albinos.

La première et la plus jeune avait des cheveux d'un blond opulent, presque châtains aux places moirées d'ombre, roulés en spirales nonchalantes ; son œil gris, plein de résolution, comme celui d'un enfant gâté à qui rien ne résiste, et qui ne se doute pas de la misère et de la souffrance, se promenait fièrement autour de la salle, et de temps à autre elle allongeait sur le velours rouge de la loge sa petite main rose, gantée d'une mitaine noire ; des couleurs de pomme d'api luisaient sur ses joues rebondies. Sa bouche, teintée par un sang pur et vivace, avait des coins arqués en dedans et une expression délicieuse de bouderie mutine.

L'autre était pâle, et ses joues ressemblaient à des pétales de rose thé tombés dans du lait ; ses sourcils se distinguaient à peine de son front aux tempes veinées, transparent comme une agate ; ses cheveux minces et faiblement bouclés avaient des tons d'or vert tout à fait singuliers, des cheveux d'elfe ou d'ondine ; la première semblait éclairée par le soleil, et celle-là par la lune ; ses mains fluettes étaient si délicates, qu'elles laissaient pénétrer la lumière. Ses prunelles, d'un azur tendre comme celui de la pervenche sous la neige, se dessinaient à peine sur la nacre onctueuse du cristallin ; de longs cils, palpitants comme des ailes de papillon, adoucissaient encore son regard mélancolique et velouté.

On aurait dit deux pages de keepsake détachées du livre, et animées par un pouvoir merveilleux. (Gautier, *Caprices et zigzags*, 1856.)

Esquiros

La vraie Saxonne

Mais, si l'on veut se former une idée de la beauté du type saxon, il faut regarder la femme. Elle se signale par des cheveux blonds, des yeux bleus, des lèvres vermeilles, des joues roses comme la fleur à laquelle elles ont été si souvent comparées, une peau aussi blanche et aussi transparente que l'albâtre, des traits délicats, des bras admirablement modelés, une contenance et une taille parfaites, un buste fin, un air de santé florissante et pourtant distinguée. Qui ne reconnaît surtout une vraie Saxonne à sa démarche ? Cette démarche est toute une révélation, *incessu patuit dea*. On y distingue le mouvement d'une race fière, indépendante, maîtresse d'elle-même et de tout ce qu'elle veut soumettre. Ici se fait moins sentir qu'ailleurs la compression de la mode et de l'artifice : les individus croissent, comme les arbres, dans toute la vigueur de la liberté. (Esquiros, *L'Angleterre et la vie anglaise*, 1859.)

Taine
Laideurs et beautés

Je disais à une dame : « La toilette est plus *showy* ("éclatante") chez vous qu'en France. — Mais c'est de Paris que viennent nos robes ! » Je me suis bien gardé de répondre : « C'est vous qui les choisissez. »

Sauf dans la très haute classe, elles se fagotent à plaisir. On devine des corps sains, bien bâtis, parfois beaux, mais il faut les deviner. La physionomie est souvent pure, mais aussi souvent monotone. Beaucoup sont de simples *babies*, poupées de cire neuve, avec des yeux de verre, et qui semblent parfaitement vides de toute idée. D'autres figures ont rougi et tournent au bifteck cru ; il y a un fond de bêtise ou de brutalité dans ces chairs inertes, trop blanches ou trop rouges. Quelques-unes vont à l'extrême de la laideur et du grotesque, pattes de héron, cous de cigogne, et toujours la grande devanture de dents blanches, la mâchoire saillante du carnivore. En revanche, d'autres vont à l'extrême de la beauté. On voit là des figures d'anges ; les yeux de pervenche pâle sont doucement profonds, le teint est celui d'une fleur ou d'un enfant, le sourire est divin. Ces jours-ci, vers dix heures du matin, près de Hyde Park Corner, je suis resté planté sur mes jambes, immobile d'admiration, devant deux jeunes filles : seize ans et dix-huit ans, en toilette bruissante de tulle blanc et dans un nuage de mousseline, grandes, sveltes, agiles, la taille aussi parfaite que le visage, d'une fraîcheur incomparable, pareilles à ces fleurs étonnantes qu'on voit dans les expositions choisies, une blancheur de lis ou d'orchis ; par-dessus tout cela, une gaieté, une innocence, une surabondance de sève intacte et d'expansion naïve, des rires et une démarche d'oiseau, la terre ne les portait pas. Quantités d'amazones sont charmantes ; si simples et si sérieuses, pas un grain de coquetterie ; elles viennent ici, non pour être regardées, mais pour prendre l'air ; le geste est franc, sans prétention ; la poignée de main toute loyale, presque virile ; aucune fanfreluche dans la toilette ; la petite veste noire, serrée à la taille, montre la bonne pousse, la structure saine ; à mon sens, le premier devoir d'une jeune fille est de se bien porter. Elles manient leur cheval avec une aisance et une sûreté complète. Parfois, le père ou le frère s'arrête, cause d'affaires ou de politique avec un ami ; elles écoutent, et s'habituent ainsi aux idées graves. Ces pères et ces frères eux-mêmes font plaisir à voir : figures expressives, décidées, qui portent ou ont porté le poids de la vie, moins usées que chez nous, moins promptes aux sourires et au manège de la politesse, mais plus rassises, plus arrêtées, et qui laissent souvent dans le spectateur une vague impression de respect, tout au moins d'estime, et parfois de confiance. Peut-être est-ce parce que je suis informé de leur condition ; il me semble pourtant que l'on ne peut guère se méprendre : nobles, députés, propriétaires, leurs façons et leur physionomie montrent des hommes habitués à l'autorité et qui ont agi. (Taine, *Notes sur l'Angleterre*, 1871.)

Bourget

Fleurs ou athlètes

En dépit des pronostics pessimistes, il n'offre aucun signe d'une décadence prochaine, ce grand monde anglais, du moins jugé ainsi, au hasard des yeux. L'impression totale qui se dégage du défilé des promeneuses et des promeneurs est, au contraire, celle d'une race très solide et très bien portante. C'est par la santé presque athlétique et intacte que se distinguent ces femmes élégantes qui, étendues sur les coussins de leur calèche, qui, assises sur la selle de leur monture, qui, suivant à pied la contre-allée, vont et viennent dans leurs toilettes de cheval, ou dans celles de ville, volontiers intenses de couleur. Pour qui les regarde seulement à la tête, cette santé n'est pas aussitôt perceptible. Il est rare qu'une Anglaise, lorsqu'elle est jolie, n'ait pas dans les yeux cette candeur grave, sur les lèvres ce pli sérieux, sur le front ce vague songe, et dans la ligne du menton cette volonté, qui disent une certaine profondeur de la vie morale, difficilement compatible, d'après nos préjugés, avec l'allégresse physique. Devant ces physionomies d'une idéalité de Keepsake, on songe plutôt à des êtres frêles, l'on se souvient de l'Imogène de Shakespeare, de la dame que Shelley évoque dans ce jardin où palpite la plante sensitive, de la Mariana de Tennyson.

[...] On dirait que par une mystérieuse analogie, les grands poètes dessinent leurs vers à la ressemblance des yeux des femmes de leur pays... Mais après avoir goûté le charme presque immatériel de ces profils et de ces sourires, on regarde mieux et l'on s'aperçoit que ces têtes suaves reposent sur des corps d'une évidente robustesse. Les épaules souvent trop larges, les pieds longs comme ceux d'un jeune homme, les mains d'une énergie masculine, tous les gestes enfin, et jusqu'à l'assurance de la démarche bien soutenue par la bottine à talon plat, révèlent chez ces femmes au visage rêveur le continuel exercice, les longues excursions dans la campagne, le mouvement de la raquette au jeu du *lawn-tennis*. Demain, sans doute, cette jeune fille revêtira la robe de flanelle, passera des souliers à semelle de caoutchouc, et renverra la balle sur la pelouse de quelque jardin entouré de grands arbres. Au lieu de se perdre dans ses imaginations souffrantes, comme Mariana ou Imogène, elle se mariera, et, si elle est mère, ses enfants seront de jeunes athlètes, semblables à ceux que je voyais l'an dernier, à Oxford, manœuvrer les canots sur l'Isis ou nager dans le Cherwell. Quel peuple a su depuis la Grèce réaliser mieux que celui-ci l'équilibre heureux de l'âme et du corps ? (Bourget, *Études Anglaises*, 1910.)

Defauconpret
Femmes à vendre

Je dînais un jour à Paris avec plusieurs jurisconsultes aussi instruits qu'aimables, qui, suivant un usage renouvelé des Grecs et des Romains, ainsi que je pourrais le prouver longuement si je me trouvais en humeur de faire étalage d'une érudition qui ne coûte pas cher à acquérir, s'amusaient au dessert à se proposer différentes questions de droit dont la solution n'avait d'autre but que d'égayer la compagnie. On vint à parler de la distinction des biens en meubles et immeubles.

— Dans laquelle de ces deux classes placerons-nous les femmes ? dit l'un d'eux.

— Parbleu, dit un autre, la chose parle d'elle-même. Dans celle des biens meubles.

— Et pourquoi, s'il vous plaît ?

— Parce qu'elles sont *possessio occupantis*.

Je vous engage, mes belles lectrices, à ne pas vous faire expliquer ces deux mots latins : je vous préviens que vous n'y trouveriez pas un madrigal.

J'étais bien loin de penser alors que je verrais cette solution badine confirmée à Londres par une pratique très sérieuse.

C. arriva chez moi un matin d'un air fort empressé. « Voulez-vous, me dit-il, venir voir un spectacle qu'aucun autre pays du monde ne pourrait vous offrir ?

— Vous n'en pouvez douter.

— Eh bien, partons sur-le-champ. »

Je le suivis, et il me conduisit dans Smithfield, espèce de grande place où est établi le plus fameux marché de Londres pour la vente des bestiaux sur pied.

— M'amenez-vous ici, lui dis-je, pour que j'y apprenne le prix des bœufs et des moutons ?

— Patience ! me répondit-il, vous y verrez vendre autre chose.

En effet, à peine y étions-nous depuis dix minutes que je vis arriver un homme que son extérieur annonçait comme appartenant à cette classe du peuple qui, sans descendre jusqu'à la populace, ne s'élève pas jusqu'à la bourgeoisie. Il tenait en main le bout d'une corde dont l'autre était attachée au cou d'une femme qui l'accompagnait. Elle paraissait avoir de vingt à vingt-deux ans ; elle était assez jolie, mais elle avait une de ces physionomies décidées qui annoncent une *virago* à qui des culottes conviendraient mieux qu'un cotillon. Quelques personnes les suivaient, et semblaient destinées à servir de témoins à la scène qui allait se passer. Ils s'avancèrent dans le marché, et là, au milieu des troupeaux de bêtes à cornes qui l'entouraient de toutes parts, le mari (car c'était un mari) se mit à crier à haute voix : « A quinze shillings ma femme ! Qui veut ma femme pour quinze shillings ? »

— Que veut dire cela ? dis-je à C., sommes-nous à Constantinople, ou sur la côte de Guinée ? Ou bien les Anglais, si ardents pour abolir en Afrique le commerce des esclaves noirs depuis que leurs colonies en sont plus qu'abondamment pourvues, permettent-ils chez eux la vente des femmes blanches ?

— Pourquoi tant vous étonner ? me répondit-il : le même trafic n'a-t-il pas lieu en Géorgie, en Circassie, en Mingrélie... ?

— Et en bien d'autres pays, ajoutai-je, sauf quelques légères différences.

Pendant ce temps, le pauvre mari s'égosillait à crier : «A quinze shillings ma femme ! » Il voyait disparaître autour de lui les troupeaux de bœufs, de veaux, de moutons ; et sa marchandise lui restait sur les bras. Il avait l'air de se désespérer, de ne savoir s'il devait rester ou partir ; enfin il semblait plus embarrassé qu'un prédicateur qui a oublié le texte de son sermon, qu'un nageur qui est surpris par une crampe, qu'un avare qui veut faire la charité, et qu'une veuve de six maris qui prétend se faire passer pour fille. Sa femme au contraire était fort tranquille, et l'on aurait cru qu'elle était étrangère à ce qui se passait.

Enfin un amateur se présenta. Il examina la femme comme il avait examiné quelques instants auparavant une jument que je l'avais vu marchander. Il s'approcha du mari, et lui offrit le prix demandé. Celui-ci répéta encore ses cris pendant quelques instants pour tâcher d'attirer des enchérisseurs ; mais voyant qu'il n'en arrivait aucun, il reçut les quinze shillings, se retira avec ses amis, et l'acquéreur ayant donné le bras à la femme qu'il venait d'acheter, partit avec elle d'un autre côté.

— Expliquez-moi cette scène bizarre, dis-je à C.

— L'usage de vendre sa femme, me dit-il, n'est pas avoué par les lois, mais il est établi en Angleterre depuis un temps immémorial ; et, quoiqu'il commence à tomber en désuétude, on en voit encore de temps en temps quelques exemples.

— Mais que devient la femme ainsi vendue ? est-elle donc esclave de celui qui l'a achetée ?

— Nullement. Il n'a sur elle que les droits qu'elle veut bien lui donner ; mais il est convenu que le mari perd les siens. Ce n'est pourtant pas un divorce légal ; c'est une espèce de séparation volontaire.

— Et connaissez-vous l'origine et la cause d'une coutume si singulière ?

— Son origine remonte si haut, qu'il serait fort difficile de la fixer avec précision. Quant à sa cause, il me paraît probable qu'on a voulu donner aux maris un moyen sommaire pour se débarrasser d'une femme galante ou dépensière, et se mettre à l'abri de la responsabilité des dettes qu'elle peut contracter.

— Quelle est donc cette responsabilité ? Je ne vous conçois pas bien.

— Telle est la jurisprudence anglaise. Un mari est ici responsable de toutes les dettes de sa femme, antérieures ou postérieures à son mariage, quelle qu'en soit la cause, et à quelque somme qu'elles puissent monter, sans qu'elle ait besoin d'aucune autorisation pour les contracter. Or toutes les dettes qui excèdent quinze livres (360 fr.), engendrent la contrainte par corps ; et si vous avez le malheur de devoir sept à huit livres, la chicane, en trois jours de temps, trouve le moyen de faire assez de frais pour vous rendre débiteur d'une somme nécessaire pour obtenir contre vous une prise de corps. La sentence qui l'ordonne est rendue à l'instant même, sur la simple demande du créancier, accompagnée de son serment, qu'il lui est dû une somme de quinze livres. L'exécution peut s'ensuivre sur-le-champ. On vous emprisonne d'abord, et vous vous expliquez ensuite. Les filles sont soumises à cette loi comme les hommes ; mais du moment qu'une femme justifie qu'elle est mariée, quoiqu'elle ne vive pas avec son mari, quoiqu'elle ne puisse dire où il est, ses créanciers n'ont plus aucun droit sur sa personne, et ils sont obligés de chercher son mari pour exercer leurs poursuites contre lui. C'est ce que les lois anglaises appellent le privilège de *femme couverte*.

— On ne pouvait en imaginer une plus favorable au beau sexe. Ainsi donc, une femme qui veut se débarrasser de la surveillance d'un mari jaloux n'a d'autre soin à prendre ici que de lui créer des dettes véritables ou supposées pour une somme qu'il lui soit impossible de payer. Elle est sûre de le voir bientôt dans une de ces maisons de plaisance ouvertes aux débiteurs insolvables.

— De même une jolie fille qui a contracté des dettes qu'elle ne peut acquitter et qui craint pour sa liberté n'a autre chose à faire que de trouver un benêt qui, séduit par ses charmes, ne songe pas qu'en l'épousant il court le risque d'aller passer dans une prison la première nuit de ses noces. Il en est même qui, voulant jouir des privilèges du mariage sans perdre les agréments du célibat, se font épouser par quelque vagabond qu'elles paient bien, à condition qu'une fois le mariage célébré elles ne le reverront jamais. Alors munies d'un acte de mariage en bonne forme, elles peuvent braver les poursuites de tous leurs créanciers.

— Vous conviendrez, lui dis-je en le quittant, que tout cela sent bien les siècles d'ignorance et de barbarie ; mais au moins me voilà bien convaincu qu'on calomnie l'Angleterre en soutenant que toutes les denrées y sont plus chères que partout ailleurs. Qu'on me cite donc un pays où l'on pourrait acheter une femme pour moins de quinze shillings ! (Defauconpret, *Six mois à Londres*, 1817.)

Taine
Pour conclure, une race solide et énergique

L'homme est amplement charpenté, mais à gros coups ; la machine est solide, mais elle roule lentement sur ses gonds, et le plus souvent les gonds grincent et sont rouillés. Lorsqu'on regarde les gens de près, il semble que leurs diverses pièces sont indépendantes, du moins qu'elles ont besoin de temps pour se transmettre les chocs. Leurs idées n'éclatent pas d'abord en passions, en gestes, en actions. Comme chez le Flamand et l'Allemand, elles s'arrêtent d'abord dans la cervelle, elles s'y étalent, elles y déposent ; l'homme n'est point secoué, il n'a point de peine à demeurer immobile ; il n'est point entraîné ; il peut agir sagement, uniformément ; car son moteur intérieur est une idée ou une consigne, non une émotion ou un attrait. Il sait s'ennuyer ; ou plutôt il ne s'ennuie pas ; son train ordinaire, ce sont les sensations ternes, et l'insipide monotonie de la vie machinale n'a rien qui doive le rebuter. Il y est fait, sa nature y est conforme. Quand on a mangé toute sa vie des navets, on ne regrette pas les oranges. Il se résignera aisément à écouter quinze discours de suite sur le même sujet, à demander vingt ans de suite la même réforme, à compulser des statistiques, à étudier des traités moraux, à faire des classes le dimanche, à élever une douzaine d'enfants. Le piquant, l'agréable ne sont point un besoin pour lui. La faiblesse de ses impulsions sensibles contribue à la force de ses impulsions morales. Son tempérament le fait raisonnable ; il peut se passer de gendarme ; les chocs de l'homme contre l'homme n'aboutissent point ici à des explosions. Il peut discuter sur la place publique, et tout haut, à propos de religion et de politique, avoir des *meetings*, faire des associations, attaquer rudement les gens en place, dire que la Constitution est violée, prédire la ruine de l'État ; cela n'a pas d'inconvénient ; il a les nerfs calmes ; il raisonnera sans s'égorger, il ne fera pas de révolutions, et peut-être fera-t-il une réforme. Considérez les passants dans la rue ; en trois heures vous verrez tous les traits sensibles de ce tempérament : les cheveux blonds, et, chez les enfants, la filasse presque blanche ; les yeux pâles, souvent bleus comme une faïence, les favoris rouges, la haute taille, les mouvements d'automate, et avec cela d'autres traits plus frappants encore, ceux que la forte nourriture et la vie militante ont ajoutés à ce tempérament. Ici l'énorme soldat des gardes, au teint rose, majestueux, cambré, qui se prélasse une petite canne à la main, étalant son torse et montrant sa raie claire entre ses cheveux pommadés ; là, le gros homme surnourri, courtaud, rougeaud, semblable à un animal de boucherie, à l'air inquiétant, ahuri, et pourtant inerte ; un peu plus loin, le gentilhomme de campagne, haut de six pieds, gros et grand corps de Germain qui sort de sa forêt, avec un mufle et un nez de dogue, des favoris disproportionnés et sauvages, des yeux rouants, la face apoplectique ; ce sont là les excès de la sève et de l'alimentation brutales ; ajoutez-y, même chez les femmes, la devanture blanche de dents carnivores, et les grands pieds d'échassiers, solidement chaussés, excellents pour marcher dans la boue. En revanche, voyez les jeunes gens dans une partie de cricket ou de campagne ; sans doute l'esprit ne pétille pas dans leurs yeux, mais la vie y abonde ; il y a dans tout leur être quelque chose de décidé, d'énergique ; sains et actifs, prompts au mouvement, à l'entreprise, voilà les mots qui à leur endroit reviennent involontairement aux lèvres. Plusieurs ont l'air de beaux lévriers élancés, humant l'air et en pleine chasse. La vie gymnastique et hasardeuse est en honneur ici ; ils ont besoin de remuer leur corps, de nager, de lancer la balle, de courir dans la prairie mouillée, de ramer, de respirer en canot la vapeur salée de la mer, de sentir sur leur front les gouttes de pluie des grands chênes, de sauter à cheval les fossés et les barrières ; les instincts animaux sont intacts. Ils goûtent encore les plaisirs naturels ; la précocité ne les a point gâtés. Rien de plus simple que les jeunes filles ; parmi les belles choses, il y en a peu d'aussi belles au monde ; sveltes, fortes, sûres d'elles-mêmes, si foncièrement honnêtes et loyales, si exemptes de coquetterie ! On n'imagine point, quand on ne l'a point vue, cette fraîcheur, cette innocence ; beaucoup d'entre elles sont des fleurs, des fleurs épanouies ; il n'y a qu'une rose matinale, avec son coloris fugitif et délicieux, avec ses pétales trempés de rosée, qui puisse en donner l'idée ; cela laisse bien loin la beauté du Midi et ses contours précis, stables, achevés, arrêtés dans un dessin définitif ; on sent ici la fragilité, la délicatesse et la continuelle poussée de la vie ; les yeux candides, bleus comme des pervenches, regardent sans songer qu'on les regarde ; au moindre mouvement de l'âme, le sang afflue aux joues, au col, jusqu'aux épaules, en ondées de pourpre ; vous voyez les émotions passer sur ces teints transparents comme les couleurs changer sur leurs prairies ; et cette pudeur virginale est si sincère, que vous êtes tenté de baisser les yeux par respect. Et pourtant toutes naturelles et naïves comme les voilà, elles ne sont point languissantes et rêveuses ; elles aiment et supportent l'exercice comme leurs frères en cheveux flottants ; à six ans, elles courent à cheval et font de grandes marches. La vie active fortifie en ce pays le tempérament flegmatique, et le cœur s'y conserve plus simple en même temps que le corps y devient plus sain. Encore un regard ; car au-dessus de toutes ces figures un type surnage, le plus véritablement anglais, le plus saillant pour un étranger. Plantez-vous une heure durant, vers le matin, au débarcadère d'un chemin de fer, et considérez les hommes au-dessus de trente ans qui viennent à Londres pour leurs affaires : les traits sont tirés, les visages pâles, les yeux fixes, préoccupés, la bouche ouverte et comme contractée ; l'homme est fatigué, usé et raidi par l'excès du travail ; il court sans regarder autour de lui. Tout son être est tendu vers un seul but ; il faut qu'il fasse effort incessamment, le même effort, un effort profitable ; il est devenu machine. Cela est surtout visible dans les ouvriers ; la persévérance, l'opiniâtreté, la résignation sont peintes sur leurs longs visages osseux et ternes. Cela est encore plus visible dans les femmes du peuple ; beaucoup sont amaigries, étiques, les yeux caves, le nez effilé, la peau rayée de marbrures rouges ; elles ont trop pâti, elles ont eu trop d'enfants, elles ont l'air éteint, ou opprimé, ou soumis, ou stoïquement impassible ; on sent qu'elles ont supporté beaucoup et qu'elles peuvent supporter encore davantage. Même dans la classe moyenne ou supérieure, cette patience et cet endurcissement morne sont fréquents ; on pense, en les voyant, à ces pauvres bêtes de somme déformées par le harnais, qui demeurent immobiles sous la pluie sans songer à s'en garantir. Certainement la bataille de la vie est plus âpre et plus obstinée ici qu'ailleurs ; quiconque fléchit, tombe. Sous la rigueur du climat et de la concurrence, parmi les chômages de l'industrie, les faibles, les imprévoyants périssent ou s'avilissent ; le gin arrive alors, et fait son office ; de là ces longues files de misérables femmes qui s'offrent le soir dans le Strand pour payer leur terme ; de là ces quartiers honteux de Londres, de Liverpool, et de toutes les grandes villes, ces spectres déguenillés, mornes ou ivres, qui encombrent les échoppes d'eau-de-vie, qui emplissent les rues de leur triste linge et de leurs haillons pendus aux cordes, qui couchent sur un tas de suie, parmi des troupeaux d'enfants pâles ; horribles bas-fonds où descendent tous ceux que leurs bras blessés, paresseux ou débiles n'ont pu soutenir à la surface du grand courant. Les chances de la vie sont tragiques ici et la punition de l'imprévoyance est atroce. L'on comprend vite pourquoi, sous cette obligation de lutter et de s'endurcir, les sensations fines disparaissent, pourquoi le goût s'émousse, comment l'homme devient disgracieux et raide, comment les dissonances, les exagérations viennent gâter le costume et les façons, pourquoi les mouvements et les formes finissent par être énergiques et discordants à la façon du branle d'une machine. Si l'homme est germain de race, de tempérament et d'esprit, il a dû à la longue fortifier, altérer, tourner tout d'un côté sa nature originelle ; ce n'est plus un animal primitif, c'est un animal *entraîné* : son corps et son esprit ont été transformés par la forte nourriture, par l'exercice corporel, par la religion austère, par la morale publique, par la lutte politique, par la perpétuité de l'effort ; il est devenu de tous les hommes le plus capable d'agir utilement et puissamment dans toutes les voies, le travailleur le plus productif et le plus efficace, comme son bœuf est devenu la meilleure bête à viande, son mouton la meilleure bête à laine, et son cheval le meilleur coureur. (Taine, *Littérature anglaise (V)*, 1882.)

MANGER ET BOIRE

> Bien des gens hésitent à convenir qu'ils mettent du prix aux jouissances de la table. Longtemps la langue française a manqué d'une expression qui rendît l'idée d'un homme exerçant avec discernement l'exquise faculté du goût ; et jusqu'à ce que l'on eût inventé le mot de *gastronome*, on était contraint de flétrir de l'ignoble nom de *gourmand* celui qui, dans l'action de dîner, cherche autre chose qu'un moyen d'apaiser sa faim, ou de satisfaire une grossière insatiabilité.
>
> Baron d'HAUSSEZ,
> *La Grande-Bretagne en 1833*, 1834.

Point de voyageur français qui ne détaille dédaigneusement la chère des autres. Pour le Parisien, ailleurs, c'est d'abord l'absence des mets et des rites familiers. Nous jugeons une société à sa table, à ses menus et à ses manières. Surtout depuis que nous nous flattons d'avoir inventé la gastronomie qui nous donne une supériorité sur toutes les autres nations, nous avons le plaisir de triompher des Anglais, au moins dans nos casseroles, nos assiettes et dans nos verres : outre-Manche, ils boivent et mangent, ils se nourrissent ; chez nous, nous dégustons... et nous nous tenons bien à table.

On pourrait décupler ce chapitre en reprenant l'antienne sans cesse entonnée par les visiteurs ravis de constater que leurs préjugés correspondaient à des réalités, que leurs craintes étaient fondées. On retrouverait les mêmes clichés inlassablement répétés, dont le seul intérêt serait de souligner l'insupportable chauvinisme de nos compatriotes. Les lecteurs attendaient ces pages où sarcasmes mêlés à quelques compliments condescendants les confortaient dans leur prudhommesque béatitude culinaire.

En fait, la muflerie gastronomique de la plupart des Français, et ce jusqu'à nos jours, cristallise sur les repas une hostilité qui n'ose pas trop s'avouer par ailleurs. Dénoncer un café imbuvable console de Waterloo, un pudding indigeste permet de renvoyer les Anglais dans les ténèbres de la barbarie. Quitte à apprécier le punch, le grog, en attendant l'engouement pour le whisky...

Déjà

Saint-Amant

> Ce n'est pas que j'en médise,
> Mais, point de bœuf, point d'Anglais.
> (Saint-Amant, *Albion*, 1644.)

A table

Misson

Cafés : en anglais *coffee houses*. Ces sortes de maisons dont le nombre est fort grand à Londres sont extrêmement commodes. On y a les nouvelles, on s'y chauffe tant qu'on veut ; on y boit une tasse de café ou de quelque autre chose ; on s'y rencontre pour négocier des affaires ; et le tout pour un sou, si l'on ne veut pas dépenser davantage.

Il n'y a rien de semblable à Londres à nos hostelleries de France ; ce n'est pas l'ordinaire que les voyageurs logent dans les maisons où arrivent les carrosses, coches, messages et autres voitures publiques... Il n'y a point non plus d'auberges où l'on puisse coucher et manger à heures réglées et à tant par repas. On ne sait ce que c'est à Londres qu'une auberge : cela est absolument impratique. Il y a mille et mille cabarets, où l'on peut se faire traiter comme on veut.

Ordinairement quatre broches l'une sur l'autre enfilent chacune cinq ou six morceaux de viande de boucherie, bœuf, mouton, veau, porc et agneau. On s'en fait couper tant et si peu qu'on veut : du gras, du maigre, du plus cuit, du moins cuit ; avec cela, un peu de sel et de moutarde sur le bord de l'assiette ; la bouteille de bière et le petit pain mollet, et voilà le festin. (Misson, *Mémoires et observations faites par un voyageur en Angleterre*, 1697.)

Muralt

En écrivain exact, je vous dois un article sur les cabarets, et je suis surpris que ces maisons, étant peut-être la chose que nous autres voyageurs connaissons le mieux, soient celles dont nous parlions le moins. Il y fait excessivement cher ; mais cela est assez égal pour tout le monde. On y fait meilleure chère en poisson qu'à Paris ; pour le reste on n'en approche pas ; surtout, on n'y est pas si bien servi, aussi faut-il avouer que c'est dans un cabaret que les manières empressées se trouvent en leur place. Une particularité importante, et que j'étais sur le point d'oublier, c'est que les enseignes des cabarets sont d'une grandeur et d'une magnificence tout extraordinaire. J'en ai vu dans des bourgs qui ne valaient guère moins que les cabarets mêmes.

Il y a à Londres un nombre prodigieux de maisons à café, dont le dehors n'a rien de remarquable, ni qui puisse fournir à la moindre description ; aussi je ne vous parlerai que de leur usage, qui est considérable, puisque c'est là que la plupart des hommes vont perdre leur temps dans cette Ville. Ces maisons sont les rendez-vous réglés, et des gens d'affaires et des fainéants, de manière qu'on demande plutôt quel est le café de quelqu'un que la maison où il loge. Outre le café, on y prend plusieurs sortes de liqueurs, qu'on ne trouve bonnes que lorsqu'on y est accoutumé. On y fume, on y joue, on y lit les gazettes, et souvent on y en fait.

[...] On fait valoir ces cafés aux étrangers comme le plus grand agrément de Londres, et ils sont regardés sur ce pied-là par la plupart d'entre eux. Il me paraît que ce sont des endroits commodes pour trouver les gens à qui on a à faire, et pour avoir moins de fâcheux à craindre chez soi ; mais, du reste, fort dégoûtants, puants, pleins de fumée, comme des corps de garde, et autant farcis de monde. (Béat de Muralt, *Lettres sur les Anglais*, 1726.)

Laporte
Ce que mangent et boivent les sujets de George II

Nous entrâmes dans une auberge voisine du parc, où l'on nous servit un dîner à l'anglaise. Malgré tout ce qu'on a pu vous dire de l'excellente qualité de la viande de ce pays, je ne lui trouve ni la fermeté, ni la finesse, ni le suc de celle de France. Le veau est moins fait et moins délicat ; le bœuf et le mouton dégoûtent par trop de graisse. Les Anglais commencent déjà à s'éloigner un peu de cette simplicité, et à se nourrir à la française. On observe même, dans quelques maisons, l'ordre des services ; et tous les termes de la cuisine anglaise sont aujourd'hui tirés de notre langue. On vous a dit que ces insulaires ne mangent ni soupe ni bouilli : il est vrai qu'on en sert peu dans les petits ménages ; mais j'en ai vu dans toutes les bonnes maisons. On en fait même parmi le peuple pour les malades ou pour les étrangers qui ne sauraient s'en passer. Mais le bœuf, totalement dépouillé de ses sucs, ne paraît jamais sur la table. Celui qui sert de bouilli ne passe sur le feu que le temps nécessaire pour le cuire ; et l'on en jette le bouillon. Si on l'y laissait plus longtemps, ce bouillon pourrait servir ; mais la viande ne serait pas mangeable. La chair étant moins compacte, moins solide, moins succulente qu'en France, il faut opter entre le bon bœuf ou la bonne soupe, et se résoudre à perdre ou la viande ou le bouillon. La volaille est aussi d'une qualité très inférieure à la nôtre.

Le pain qui se fait à Londres est bon et délicat. Les Anglais ont imaginé les premiers d'user de la levure de bière au lieu de levain. Le beurre et le thé, dont ils font leur déjeuner ordinaire, occasionnent plus de consommation de pain que leurs autres repas. La quantité qu'un Français en mange chaque jour pourrait suffire à quatre Anglais. Ces gens ne vivent presque que de viande. Le bœuf est leur nourriture la plus ordinaire ; et ils l'estiment à proportion de la graisse dont il est chargé. D'après ce goût national, les médecins regardent le pain comme le moins digestif de tous les aliments. C'est ce qui met ces insulaires en état d'exporter cette prodigieuse quantité de froment, qui prouve moins la surabondance que le défaut de consommation. Aussi la cherté du grain fait-elle ordinairement peu de sensation, même parmi le peuple, qui se passe plus aisément de pain que des autres denrées ; et si quelquefois elle excite des clameurs, jamais elle ne cause de famine. Le Parlement ne s'en occupe que sur de longues et vives instances de la part de la populace ameutée ; et toutes les mesures qu'il prend à cet égard se réduisent à fermer les ports au blé du pays, et à les ouvrir pour quelques mois aux grains étrangers.

Le pain vaut à Londres six sols la livre, la viande dix sols, le lard vingt, le beurre vingt-six, etc. ; mais cette cherté est moins l'effet de la disette des vivres que de l'abondance de l'argent, de sa prodigieuse circulation, de l'énormité des impôts, et de l'avarice des monopoleurs. Les Anglais, qui murmurent du prix excessif des denrées, seraient les premiers à crier à la tyrannie si le ministère entreprenait de limiter le gain des marchands, en les assujettissant à une police rigoureuse, qui réprimerait leurs vexations.

Les artisans de Londres, plus réglés dans leur conduite, et se faisant mieux payer que ceux de Paris, seraient aussi beaucoup plus riches si les vivres étaient moins chers. Ils sont d'ailleurs mieux vêtus, se nourrissent mieux et multiplient davantage. Ainsi, s'ils gagnent plus, ils dépensent à proportion. Il est d'usage parmi eux, comme dans les autres classes de citoyens, de prendre du thé deux fois le jour avec de petites tranches de pain fort minces, entre lesquelles ils étendent du beurre frais. Ce goût est si généralement répandu dans les trois royaumes qu'on ne peut, pour ainsi dire, louer un valet de charrue sans convenir avec lui qu'il aura son thé matin et soir, à moins qu'il n'aime mieux le recevoir en argent.

Ce fut en 1666 que les lords Arlington et Ossory introduisirent cette boisson en Angleterre. Ils apportèrent du thé de Hollande ; et leurs femmes le trouvèrent délicieux. C'était une nouveauté ; toutes les autres les imitèrent. On vendait alors trois guinées la livre de thé, qui ne coûtait aux Hollandais qu'une pistole. Ce breuvage devint si commun qu'on en fit une branche de commerce. La Compagnie des Indes en acheta à la Chine même, d'où la Hollande le tirait par Batavia. Les Chinois, voyant la grande consommation qui s'en fait aujourd'hui en Europe, prennent moins de précaution pour empêcher qu'il ne s'y mêle d'autres herbes, et ne l'épluchent avec soin que pour l'empereur et les seigneurs du pays. Le thé commun de la Compagnie coûte à Londres neuf francs la livre. Il s'en consomme plus en Angleterre et en Hollande que dans le reste de l'Europe, peut-être même que dans toute la Chine, quoique, comme je l'ai dit, plusieurs domestiques le prennent en argent.

Leurs gages sont au moins le double de ce que les nôtres gagnent en France. On paie une servante ordinaire cinquante écus et une cuisinière médiocre douze guinées. Les Anglais, à qui toute sorte de dépendance est insupportable, sont les gens les moins propres que je connaisse pour le service : aussi leurs valets ont-ils l'air gauche et les manières maussades. On tire mieux parti des étrangers, et spécialement des Français, qui sont fort nombreux dans ce pays, où l'on se plaît à parler notre langue, à imiter nos mœurs, à copier nos usages.

A la santé de...

Au reste, les Anglais s'assemblent moins pour s'entretenir avec la liberté que donne la table que pour boire tristement à la santé les uns des autres. Ils appellent *tostes* ces santés de personnes absentes, qu'ils se portent réciproquement, et dont nul ne peut se dispenser sans impolitesse. Le jeune homme boit à sa maîtresse, le négociant à son correspondant, le prêtre à son évêque, le partisan de la Cour à celle du roi ; et dans le parti contraire, on boit à la santé des seigneurs qui sont opposés aux ministres. Il est aussi d'usage de porter celle des femmes à la mode, quand même on ne les connaîtrait que de vue ; un petit maître se donne, par là, l'air d'un homme à bonnes fortunes. Cet hommage qu'on rend à leurs charmes est une preuve de leur célébrité ; et pour faire l'éloge d'une jolie personne, on dit que c'est une des premières Tostes du royaume.

Le mot de toster, et la cérémonie qu'il exprime, viennent d'une maîtresse de je ne sais quel roi d'Angleterre, qui se baignait en présence des courtisans ; un d'entre eux avala par galanterie une tasse d'eau du bain de la déesse ; et chacun en but à son tour. Le dernier dit : « Je retiens la rôtie », pour faire allusion à l'usage du temps, de boire avec une rôtie au fond du verre ; car toster veut dire rôtir.

Les santés à la ronde ne finissent que lorsqu'on n'a plus la force de les continuer ; et tant qu'elles durent, on boit au bonheur de ses amis, à la prospérité de ses alliés, à la perte, à la ruine, à la damnation de ses ennemis. Il n'est aucune extravagance dont on ne s'avise, pour s'exciter à tous les excès de la débauche.

C'est en buvant ensemble que les Anglais se communiquent cet esprit patriotique qui les rend si attentifs aux affaires du gouvernement. Sans être unis par l'amitié, ils le sont par l'habitude ; et de la communication de leurs idées naît toujours le dessein formé de soutenir la Constitution nationale. Le plus timide prend à la taverne un renouvellement de zèle qui anime son courage ; et s'il a du penchant pour le parti de la Cour, la crainte d'être méprisé de ceux de sa coterie le porte à rejeter les offres qu'on lui fait pour le séduire. En renonçant au cabaret, l'Anglais perdrait bientôt cet esprit de faction auquel est attachée peut-être la conservation du gouvernement actuel. (Laporte, *Le Voyageur français [1755]*, vers 1775.)

Saussure
La vraie recette du punch

On boit ici beaucoup de *punch*. Il y a apparence que vous en avez ouï parler ; mais peut-être que vous ne savez pas ce que c'est. Le punch est un composé d'aigre, de doux, de faible et de fort. Pour faire du bon punch, il faut le jus de quatre citrons et de deux oranges amères pour une jatte d'environ trois pots (car on fait toujours le punch dans de grandes jattes de porcelaine), un morceau de sucre de la grosseur du poing, suivant qu'on l'aime doux, plus ou moins, et de la vieille eau-de-vie de Nantes à proportion qu'on veut avoir le punch fort ou faible ; mais il faut que l'eau-de-vie soit extrêmement douce. Le meilleur punch se fait avec deux liqueurs qui viennent des Indes : le rhum et l'arack. Le rhum est une espèce d'eau-de-vie faite dans les Indes occidentales, avec les lies et les rebuts des cannes de sucre. Il en faut un peu moins dans le punch que d'eau-de-vie, parce qu'il est plus fort. L'arack vient des Indes orientales ; on l'extrait du riz. C'est une liqueur si douce qu'il en faut dans le punch presque autant que d'eau de fontaine. Celui qui est fait avec cette dernière liqueur est une boisson fort agréable. Un étranger qui ne le connaît pas le trouvera si bon et si doux qu'il en boira sans croire qu'il puisse l'incommoder, jusqu'à ce qu'il le soit effectivement. Le punch léger est délicieux en été, parce qu'il rafraîchit, et désaltère beaucoup mieux que le vin. En hiver on le boit chaud. (César de Saussure, *Lettres et voyages [1742]*, 1903.)

Ferri de Saint-Constant
Tables anglaises

On croit que les Anglais sont grands mangeurs et donnent beaucoup au luxe de la table sans en connaître les délicatesses : rien de plus faux que cette opinion. En général, leur manière de se nourrir est d'une économie très marquée et très uniforme. Dans presque toutes les familles de toutes les classes de la société, si on excepte les opulentes, on mange toute la semaine des viandes rôties le dimanche, jour qu'un pouding distingue : des sauces achetées toutes faites, des légumes cuits à l'eau, pommes de terre, navets, carottes, choux, fèves, etc. en forment l'assaisonnement ; du fromage, quelquefois une tarte qu'on envoie chercher chez le pâtissier voisin, tiennent lieu de dessert à ce repas frugal, qu'arrose une grande quantité de bière.

Ordinairement on ne sert pas de soupe ; si on en sert, par déférence pour un étranger, c'est un grand plat de bouillon dans lequel chacun trempe du pain sur son assiette. Le couvert consiste ordinairement en une fourchette à manche rond avec deux pointes d'acier, et un couteau dont la lame longue et arrondie remplace la cuiller ; la nappe tient lieu de serviette et pend jusqu'à terre. La table, qu'on découvre lorsqu'on met le dessert, est ordinairement de bois d'acajou du plus beau poli.

On n'aura pas de peine à croire, d'après ce qu'on vient de dire, que l'on ne va dîner nulle part si on n'est invité. Il n'y a pas de ville en Europe où l'on puisse moins tomber, à l'heure du dîner, chez un ami, qu'à Londres ; on courrait risque de trouver qu'il a une compagnie assortie ; il aura recours à toutes sortes de subterfuges plutôt que de vous admettre à son petit couvert, et de se laisser prendre au dépourvu. La simplicité de la table est l'effet de la grande cherté des denrées. Sans cette cause les Anglais feraient une chère plus recherchée, car, pour eux, bien manger (*good eating*) est un point très essentiel. Point de plaisirs chez eux si l'estomac n'en est pas ; point d'assemblée publique sans table. Les fêtes en Angleterre ne sont fêtes qu'autant que l'on boit et que l'on mange.

Si la plus grande économie règne dans les repas ordinaires, la profusion, par une conséquence nécessaire, règne dans les dîners d'apparat. Il y a abondance et variété de mets, apprêtés au goût des Anglais, mais qui en général ne plaisent pas aux étrangers. Dans ces occasions on se procure, à grands frais, de la tortue, du daim, mets fort recherché des Anglais ; les plus beaux poissons, la primeur des légumes, les fruits les plus rares, venus dans les serres, qu'on achète au poids de l'or. Quelques personnes, d'une grande fortune, ou occupant les premières places, ont des cuisiniers français, mais ils ne s'en servent que les jours où ils donnent à dîner, et surtout à des étrangers. Ces repas, où règne le luxe, sont tellement d'apparat, qu'il en est souvent question dans les papiers publics, qui donnent des détails sur les mets et les convives.

Le maître et la maîtresse de maison se placent toujours aux extrémités opposées de la table pour en faire les honneurs. Celle-ci découpe presque toutes les viandes ; elle s'empresse, si elle n'est pas prévenue par la personne la plus distinguée de la compagnie de lui proposer un verre de vin ; après s'être réciproquement salués, ils boivent communément, à la ronde, à la santé de tous les autres convives qui répètent à leur tour cette cérémonie. La bière se sert dans de grands verres, qu'un laquais porte successivement aux personnes qui en demandent, car cette communauté de verre n'a rien de répugnant en Angleterre, et dans les maisons qui ont conservé les mœurs antiques, c'est le pot qui passe ainsi.

Avant d'ôter la nappe, on présente à chaque convive une jatte de verre, pour se laver les mains, et une petite serviette carrée ; cette cérémonie achevée, on enlève la nappe, on place devant chaque convive deux verres à patte et deux carafes de cristal, remplies de vin et étiquetées : c'est alors qu'elles circulent avec rapidité et que l'on fait les toasts générales.

Un vase placé dans un coin de la chambre, quelquefois derrière les rideaux, sert à satisfaire les demi-besoins qui doivent naturellement survenir dans ces longues séances.

La vaisselle d'argent qui fait partie du luxe de table dans les autres pays est très rare en Angleterre. On y a très peu d'argenterie quoiqu'on l'étale, avec une puérile ostentation, sur une table de marbre, dans la salle à manger. Dans beaucoup de maisons, ainsi que dans toutes les auberges, on n'a que des fourchettes de fer à deux ou trois pointes, dont le commun des Anglais ne se sert que pour couper les viandes, mangeant avec un couteau dont la lame est arrondie par le bout. Une loi, passée sous Guillaume III, défendait aux aubergistes d'avoir d'autre argenterie que des cuillers, mais elle a été rapportée en 1769.

En France, ce qu'on appelle tenir table est encore moins une jouissance qu'une preuve de distinction. Un homme en place y est condamné par état ; la manière dont il régale les importuns qui l'accablent, souvent les ennemis qui conspirent sa perte, règle le degré de considération qu'il mérite. En Angleterre, il n'y a point de table ouverte ; les gens en place sont dispensés de recevoir personne à la leur. On a vu, sans surprise, des ministres manger habituellement à la taverne, et y traiter, à un écot réglé, les étrangers à qui ils veulent faire politesse. (Ferri de Saint-Constant, *Londres et les Anglais*, 1804.)

Lacoste

Maisons publiques

Il était quatre heures ; n'ayant pas eu le projet de promener aussi longtemps, je n'avais point donné d'ordre pour mon dîner ; et je me fis jeter à la porte d'un café : indépendamment des tavernes, qui sont en très grand nombre, un tiers des cafés de Londres donne à manger, et à toutes heures, comme les restaurateurs de Paris. Il y a plusieurs raisons de cette multiplicité de cuisines publiques : la première, locale, est la longueur des distances, qui ne permettent pas toujours à l'homme qu'ont entraîné ses affaires, et que le besoin presse, d'attendre, pour le satisfaire, qu'il soit rentré chez lui ; d'où, d'ailleurs, il serait, peut-être, obligé, deux heures après, de revenir dans le quartier qu'il quitte ; la seconde, économique, est l'excessive cherté des denrées, qui engage les célibataires, même aisés, à ne point avoir de maison montée et, conséquemment, à prendre leurs repas dans les tavernes ; la troisième, morale, est ce sentiment général de liberté qui, à défaut de réalité, dans le vrai sens de l'expression, s'attache à tous les accessoires. Un Anglais éprouve-t-il le besoin de manger ? Il a la volonté absolue de le satisfaire, entre dans la taverne ou le café de la rue dans laquelle il se trouve ; et s'il ne se dit pas, fièrement ou ridiculement, « je suis un être libre, car j'ai voulu manger, et je mange », il a du moins, en lui, le sentiment confus dont cet assemblage de sons est le signe représentatif.

Vous trouverez, peut-être, que ceci a l'air du sarcasme ; et cependant, c'est une vérité ; la très exacte vérité, dont vous reconnaîtrez le coin jusque sur les moindres actes, les actes les plus indifférents de leur vie privée. D'ailleurs ces tavernes, ou cafés-tavernes, sont encore d'une utilité immédiate pour les Anglais ; premièrement, par l'usage d'y former, sous la dénomination de *clubs*, des associations particulières, dont l'objet est de se réunir, entre hommes, pour dîner, parler politique, s'entretenir des débats parlementaires, unique aliment, pour ainsi dire, des conversations anglaises ; quelquefois pour y jouer, et toujours pour y fuir un intérieur de maison, qui est, en général, le sanctuaire des bonnes mœurs, mais, en même temps, le séjour du vaporeux ennui ; secondement, parce qu'elles sont le point du ralliement le plus convenable pour le succès des convocations tumultuaires que chaque citoyen peut faire sous les yeux du roi et du Parlement, enchaînés par la Constitution.

Là, l'orateur, à défaut d'une éloquence persuasive, a sous la main les arguments irrésistibles que contiennent les jattes de *punch*; et une délibération, pour être prise au sein de l'ivresse, n'en étant pas moins bonne, l'objet du déclamateur est rempli. Je vis sortir, il y a quelques jours, de la taverne de Shakespeare, les électeurs de Westminster, convoqués par M. Fox, l'un des deux représentants de la Ville-Neuve : en vérité, la majeure partie de cette canaille ne pouvait que balbutier le cri du jour : « *Vive Fox ! point d'influence secrète !* »

Ces maisons publiques sont donc d'une telle utilité que leur nombre ne doit pas vous paraître extraordinaire ; au surplus, elles ne sont point des ressources pour la bonne chère ; on peut même dire qu'elles n'offrent que la satisfaction du strict besoin ; puisque, à moins d'y faire commander dès la veille le repas qu'on veut y faire, on n'y trouve que de la viande de boucherie, rôtie ou grillée ; du poisson commun, cuit à l'eau ou frit ; et des légumes arrosés de beurre. D'ailleurs, au gibier et à la volaille près, c'est ce qui compose la cuisine anglaise, que la cherté, toujours croissante, des denrées retiendra constamment dans son cercle actuel. Le prix de ces mets, si simples, est cependant exorbitant.

Quant aux objets qui sont spécialement du ressort du limonadier, il n'y a guère d'un usage fréquent que le thé et le punch ; la consommation du café, du chocolat et de la limonade est si peu considérable, qu'il est rare d'en trouver de préparés. D'ailleurs, il y a une autre espèce de déjeuner, dont il me paraît que les Anglais sont très partisans ; c'est la pâtisserie : les pâtissiers sont également en grand nombre ; et indépendamment des pièces de fours, qui sont très proprement étalées sur des caisses d'étain, remplies d'eau chaude, on trouve dans leurs boutiques de la limonade et de l'orgeat.

Enfin, les cafés ne sont point, comme en France, le rendez-vous bruyant des désœuvrés du mauvais genre, et des joueurs de dames et de dominos ; il y règne un morne silence ; et l'occupation de ceux qui les fréquentent se réduit à lire les volumineuses productions du jour, ou à politiquer pesamment et à demi-voix ; ce qui donne un air vraiment lugubre à ces maisons publiques. (Lacoste, *Voyage philosophique d'Angleterre fait en 1783*, 1787.)

Defauconpret
Un dîner tout à fait à l'anglaise

Après avoir laissé dans l'antichambre nos chapeaux, nos cannes et nos redingotes, on nous introduisit dans un salon où plusieurs convives étaient déjà rassemblés. Sir Robert nous présenta à sa femme et à sa fille, jeune personne de dix-huit ans, fort jolie, et nous présenta ensuite à chaque personne de la compagnie, en nous disant son nom et sa qualité et en lui apprenant les nôtres. La même cérémonie se renouvela chaque fois qu'un nouveau convive entra. C'est un usage généralement reçu à Londres. Dans quelque cercle que l'on arrive, le maître de la maison vous prend par la main, et fait votre présentation en forme à chaque individu de sa société que vous ne connaissez pas encore.

Indépendamment de sa fille, sir Robert a un fils âgé de dix-sept ans ; mais il était en Italie, avec son gouverneur, faisant sur le continent le voyage que doit y faire tout Anglais bien élevé ; ce qui n'est pas trop d'accord avec le souverain mépris que ce peuple affecte pour tout ce qui n'est pas anglais. Mais l'inconséquence n'est pas leur partage exclusif, et peut-être aurions-nous mauvaise grâce à la leur reprocher.

Le temps était très froid ; je n'avais garde de l'oublier ; car chaque personne qui entrait avait soin de nous le rappeler. Toutes les fois que vous rencontrez un Anglais, la première parole qui sort de sa bouche, est : « Comment vous portez-vous ? » La seconde, « Une belle matinée ! » « Une triste après-midi ! » « Une soirée bien froide ! » « Une nuit bien obscure ! », de manière que rencontrer un Anglais ou consulter un baromètre, c'est exactement la même chose.

Enfin nous nous trouvions au nombre de quatorze personnes, cinq dames et neuf hommes, quand on nous avertit que le dîner était servi.

La plupart des Anglais riches ont à présent des cuisiniers français ; car presque tous ceux qui ont été en France conviennent que notre cuisine est infiniment supérieure à la leur. Mais sir Robert D. est un Anglais de la bonne roche, qui tient aux usages de sa patrie, et qui, pour rien au monde, ne voudrait en déroger. Ce fut donc un dîner tout à fait à l'anglaise qui nous fut présenté : pour satisfaire le lecteur gastronome, je vais lui en donner le menu.

Le milieu de la table était occupé par une énorme pièce de bœuf salé, bouilli. Aux deux bouts étaient deux rôtis, l'un de veau, l'autre de mouton. Deux plats de poisson garnissaient les flancs, et aux quatre coins étaient des pommes de terre, des choux, des carottes et des haricots verts conservés, le tout cuit à l'eau. Le second service fut composé d'une oie rôtie pour plat du milieu, un lièvre et deux poulets dans les bouts, deux salades, l'une de céleri et l'autre de chicorée sur les flancs, et aux coins deux tourtes aux pommes et aux raisins secs, un plumb-pudding, et un pudding au riz. On servit alors du fromage tout seul. Enfin on leva la nappe, on plaça sur la table quelques assiettes de pommes et de pâtisserie, et on servit le vin ; car à l'exception de quelques santés portées pendant le cours du dîner, on s'en était tenu jusque-là à la bière.

Le vin n'est pas servi en bouteilles comme en France ; on le transvase dans une carafe de cristal, que l'on place devant le maître de la maison. Il se verse à boire, la passe à son voisin, la carafe fait ainsi le tour de la table, et l'on a soin de la remplir chaque fois qu'elle se vide.

La conversation avait été fort languissante pendant tout le dîner, qui n'avait pas été fort long. Elle avait roulé sur les sujets intéressants d'un rôti fort tendre, d'une viande cuite à propos. Pas une attention, pas un compliment pour les dames. On n'aurait pas cru qu'il y en eût cinq à notre table, dont trois auraient pu passer pour jolies en tous pays, et dont la plus âgée, la maîtresse de la maison, n'avait que trente-sept ans et ne les paraissait pas. Après le premier verre de vin, elle se leva, invita les dames à la suivre, et nous restâmes attablés autour de la carafe de vin de Porto, qui faisait assez souvent sa ronde, et qui, quelques heures après, fut remplacée par du vin de Madère.

Oui, lecteur, quelques heures après. Nous nous étions mis à table à cinq heures ; les dames nous avaient quittés avant six, et il était neuf heures et demie quand nous nous rendîmes dans le salon où nous devions prendre le thé. Mais nous n'en sommes pas encore là. Après le départ des dames, la conversation s'anima un peu. Moi dont la présence d'une jolie femme a toujours délié la langue, je trouvais fort étonnant que la même cause produisît un effet contraire sur celle des Anglais. Mais je m'aperçus bientôt que le flacon en circulant contribuait à la vivacité de l'entretien. Cependant, à force de le caresser, la chaleur du débit s'apaisa par degrés, les langues semblèrent s'épaissir, et le vin de Madère nous replongea dans notre première taciturnité.

Je remarquais que, de temps en temps, quelqu'un des convives se levait de table, allait derrière un rideau, y restait deux ou trois minutes, et revenait ensuite reprendre sa place. Je ne concevais rien à ce manège : enfin C., à côté duquel j'étais placé, y ayant été, comme les autres, faire sa visite, je lui demandai à voix basse ce que cela signifiait. « Allez-y, me dit-il, vous le verrez ; et peut-être n'en serez-vous pas fâché. » Je me levai donc ; je me glissai derrière le rideau, et j'y trouvai...! Mais comment désigner à des lecteurs aussi délicats que le sont les Français sur le choix des expressions l'objet qui frappa mes regards? Il n'est pourtant pas une petite maîtresse qui ne se serve de cet instrument tous les jours, qui ne grondât sa femme de chambre si elle ne le trouvait pas près de son lit en se couchant, et qui ne le lui demandât par son nom. Je crois donc que je puis risquer de dire que je trouvai là... un énorme pot de chambre. Et en effet, « tant va la cruche à l'eau qu'enfin... elle s'emplit », dit Figaro : et on ne peut pas boire constamment pendant quatre ou cinq heures, sans que la nature ne veuille user de ses droits. Pourquoi donc ne satisferait-on pas un besoin aussi naturel que celui de boire et de manger, sans perdre de temps, sans s'exposer au froid, sans changer de place ? Je crois pourtant que cet usage peut être perfectionné. Après une longue séance, le trajet de la table au rideau paraît encore long à certains convives. J'en remarquai un qui trébuchait pour regagner sa place, et qui n'y revint pas par la ligne la plus courte. J'espère donc qu'avec le temps qui améliore toutes choses, grâce à la *perfectibilité* de la nature humaine, les Anglais mettront un de ces vases utiles ou, pour mieux dire, nécessaires, sous la chaise de chaque convive, comme on met devant lui un verre sur la table.

L'un est l'appendice indispensable de l'autre. Mettre à la mode ce nouvel usage serait une excellente spéculation... pour un marchand de pots de chambre.

Nous allâmes enfin rejoindre les dames, à l'exception d'un convive qui s'était endormi à table et qu'on n'avait pas jugé à propos de réveiller. Le café et le thé furent prêts en un instant. Le café était semblable à celui dont j'avais déjà goûté à Londres ; mais on était amplement dédommagé, par la force du thé, de celle qui manquait au café. Il en était amer, au point que je fus obligé de le sucrer à triple dose, pour pouvoir l'avaler. Le thé était accompagné de pain et de beurre, et de différentes pâtisseries. On m'en versa une seconde tasse, sans me demander si j'en désirais. Je me dépêchai d'avaler la médecine, et à peine ma tasse était-elle vide, qu'on la remplit une troisième fois. Je me rappelai une ancienne manière de donner la question, qui consistait à faire boire à l'accusé dont on voulait tirer quelques aveux une certaine quantité d'eau. Je me crus destiné à subir la même opération, et je demandai tout bas à C. s'il pouvait m'indiquer un moyen pour me sauver du déluge. « Tant que vous laisserez votre cuiller dans la soucoupe, me dit-il, on vous versera du thé. Placez-la dans la tasse, on ne la remplira plus. » Je me hâtai de saisir la planche qui seule pouvait m'empêcher d'être noyé, et effectivement elle me conduisit au port : ma tasse demeura vide pendant tout le reste de la soirée.

On causa beaucoup de chasse et de politique, sujets fort intéressants pour les dames, auxquelles on n'accorda pas beaucoup plus d'attention qu'à table. Enfin à onze heures on annonça le souper.

C'était un ambigu composé d'huîtres, de viandes froides et de quelques pâtisseries ; et, à ma grande surprise, on y fit honneur comme si l'on n'eût pas dîné ni goûté.

On apporta alors de l'eau-de-vie, du gin, du rhum, de l'eau chaude et du sucre : chacun fit le mélange qui lui convenait. Enfin nous nous séparâmes vers une heure du matin, ayant tous plus ou moins besoin de notre oreiller.

Quand je dis *tous*, ayez bien soin, lecteur, de n'y pas comprendre les dames. Elles sont, presque sans exception, d'une sobriété d'autant plus admirable sur l'article du vin et des liqueurs, que l'exemple des hommes pourrait leur devenir contagieux. L'écrivain français qui a imprimé en 1815 que les dames anglaises se grisent tous les jours comme leurs maris les a volontairement calomniées.

De taverne en cabaret

La voiture que nous avions prise nous conduisit dans l'endroit où C. prenait ordinairement ses repas. C'était ce que l'on appelle en Angleterre *chop-house* ; mais comment traduire ce mot en français ? dirai-je restaurateur ? le terme est trop noble et ne convient nullement ; dirai-je cabaret ? j'en donnerais une idée trop basse ; ce n'est pas une auberge, puisqu'on n'y donne qu'à manger, et non à coucher ; nommons-le donc une taverne ; et si ce mot n'en donne pas une idée tout à fait juste, c'est au moins le plus convenable que puisse fournir la langue française.

Là, plusieurs chambres garnies de tables, où l'on tient quatre et quelquefois davantage, se remplissent et se vident successivement depuis trois heures jusqu'à sept. Dès que vous êtes assis, un garçon vient vous mettre au courant de la carte du jour. Le fond en est toujours : bœuf rôti, mouton rôti, veau rôti, porc rôti, avec quelques variations, comme bœuf et mouton bouillis, pâté chaud de veau, haricot de mouton (et pourquoi donc, à propos, en Angleterre comme en France, nomme-t-on *haricot* un ragoût dans lequel jamais un haricot n'est entré ?) On m'a aussi quelquefois offert du *cœur rôti* ; mais je n'ai jamais eu assez de cœur pour y goûter. En général toutes les viandes rôties sont très bonnes en Angleterre, tendres, succulentes, et c'est une erreur de croire qu'on les mange à moitié crues ; j'y ai plus souvent reconnu un excès qu'un défaut de cuisson. Mais les ragoûts, mes chers compatriotes, les ragoûts, gardez-vous d'y toucher si vous allez jamais en Angleterre. L'empoisonneur Mignot dont parle Boileau y serait un artiste distingué. Le seul goût que l'on puisse y reconnaître est celui du poivre, que l'on y prodigue tellement que, quoique noyé dans une grande quantité d'eau, il emporte la bouche.

Comme on ne mange pas de viandes sans légumes en Angleterre, vous avez à choisir entre des pommes de terre, des carottes, des navets, des choux, des épinards, le tout tel que la nature l'a produit, c'est-à-dire cuit dans l'eau.

Enfin vous avez, suivant la saison, des tourtes aux prunes, aux pommes, aux poires, aux raisins secs, et des puddings de différentes sortes. On donne ce dernier nom à tous les entremets sucrés et formés en espèce de gâteau, comme nos pains au riz qu'ils appellent puddings au riz. Le *plumb-pudding* (*sic*) est une espèce de gâteau sucré où il entre beaucoup de raisins secs, et dont les Anglais sont fort friands, quoique ce soit un mets assez médiocre. On le mange chaud ; les uns y ajoutent du beurre, d'autres de l'eau-de-vie, quelques-uns du poivre et de la moutarde.

On vous offre du pain de deux espèces, l'un anglais, et l'autre qu'on appelle français, et qui est véritablement un peu moins lourd et moins mat que le premier. J'ai remarqué que, malgré l'antipathie nationale, les Anglais donnaient la préférence au pain étranger, et qu'ils avaient l'œil très exercé à le distinguer, et la main très leste à le saisir, quand il n'en restait qu'un morceau ou deux dans la corbeille.

Les maîtres de tavernes (*chop-houses*) n'ont pas le droit de vendre de liquides ; ils ne peuvent donc vous offrir pour boisson que de l'eau, et comme l'eau est un liquide et qu'il leur est défendu d'en vendre, ils ont la générosité de vous en fournir gratuitement. Mais un garçon cabaretier du voisinage est à poste fixe dans la maison, et vous fournit de la bière de telle qualité que vous le désirez, et que vous lui payez directement.

Oui, messieurs les Français, de la bière de telle qualité que vous le désirez. Vous êtes fiers de vos vins de Bordeaux, de Bourgogne et de Champagne, mais les Anglais ont aussi trois principales qualités de bière à vous opposer. 1) *La petite bière*, qu'ils préfèrent nommer *bière de table*, parce que le mot « petite » ne sonne pas bien aux oreilles de gens nés pour de grandes choses ; c'est la boisson du peuple, et elle ne coûte que quatre sous de France la pinte. 2) L'*ale* qui se vend neuf à dix sous, et qui est véritablement fort bonne, incomparablement meilleure que nos meilleures bières françaises. 3) La *porter*, qui tient le milieu entre elles, et qui coûte six sous. C'est la seule qui puisse se garder, quand elle est mise en bouteille ; alors elle devient meilleure avec le temps, et se vend plus cher. Enfin ces différentes espèces de bières se subdivisent en différentes branches, comme nous avons en Bourgogne les vins de Pomard, de Beaune et du Clos-Vougeot.

Au surplus, personne n'en fait de provision, et les meilleures maisons prennent journellement dans un cabaret voisin ce qui leur est nécessaire pour leur consommation. Pendant toute la journée, on voit dans les rues de Londres force garçons cabaretiers portant leurs pintes de bière de maison en maison. Ils laissent la pinte pleine, et reprennent vide celle qu'ils y ont portée la veille. Ils ont ordinairement une courroie passée en bandoulière autour du corps, et sont ainsi décorés sur le dos et sur l'estomac d'une guirlande de pintes vides. C'est de cette manière qu'il faudrait peindre le Bacchus anglais.

Tel est le dîner que l'on peut faire dans les tavernes anglaises. On y trouve aussi quelquefois du poisson frit ou bouilli, et toujours des côtelettes de mouton et du *beef-steak*. Ce dernier mets a considérablement changé à son avantage en passant la mer, et celui qu'on mange en France est infiniment meilleur que tous ceux que l'on m'a servis en Angleterre. C'est un des cas, rares à la vérité, où la copie vaut mieux que l'original.

Mais j'oublie l'important, la pièce fondamentale du dîner pour un Français, la soupe. Nous finirons donc par là ce chapitre gastronomique, dont elle aurait dû faire le commencement ; mais je conseille aux Français qui iront à Londres d'oublier d'en manger, comme j'allais oublier d'en parler.

La soupe n'est pas dans ce pays, comme en France, la base essentielle d'un dîner. Le plus souvent on n'en sert pas. On en connaît pourtant de plusieurs espèces, dont j'ai voulu goûter. Celle qui se rapproche le plus des nôtres est ce qu'ils appellent *soupe au jus*. C'est une espèce de bouillon dans lequel vous jetez, si bon vous semble, de petits morceaux de pain grillé. Mais ce bouillon ne ressemble en rien au nôtre. C'est une sorte de jus âcre qui ne sent que le poivre et (que l'on me pardonne ce terme, c'est une expression technique) le graillon. Une soupe maigre, qu'ils nomment *soupe aux pois*, est un peu moins mauvaise : ce n'est autre chose qu'une purée fort claire. La *soupe à la tortue* ne se compose que de morceaux de cet amphibie, servis dans l'eau dans laquelle on l'a fait cuire, ordinairement assez durs ; et il faut un goût tout particulier pour la trouver bonne. Enfin il y a aussi une *soupe aux abattis*, qui n'est qu'un mauvais ragoût nageant dans une immense quantité d'eau poivrée.

On trouve aussi à Londres quelques restaurateurs français ; mais leur cuisine ne ressemble nullement à celle de nos *Véri* et de nos *Beauvilliers*. La seule différence qu'elle offre avec celle des cuisiniers anglais, c'est qu'elle fait sortir de votre poche encore quelques shillings de plus.

« Voulez-vous venir prendre un café ? me dit C., en sortant de la taverne où nous avions dîné.

— Je n'en prends pas habituellement ; mais je serai charmé de voir un des cafés de Londres.

— Nous n'irons pas loin pour cela ; on en trouve à chaque pas. Je crois que les tavernes, les cafés et les cabarets occupent le quart des rez-de-chaussée de Londres. Mais je veux vous conduire dans un des plus achalandés. Quelque idée que vous puissiez vous en former, attendez-vous à être surpris.

— Il y a vingt-cinq ans que vous avez quitté Paris, mon cher monsieur ; vous ne connaissez pas le luxe qui s'est introduit dans nos cafés depuis ce temps. Je serai véritablement surpris si vous m'en faites voir un qui soit plus beau, mieux orné que les nôtres.

— Je vous assure que vous serez étonné. »

Je le fus effectivement, et on ne peut davantage, quand il m'eut fait entrer dans une grande salle au rez-de-chaussée, où mon odorat fut régalé d'une odeur de fumée de tabac, qui n'est pas ce que j'aime le mieux au monde. Ma vue ne fut pas plus agréablement flattée en voyant quinze à dix-huit tables rangées le long des murs, et couvertes de nappes extrêmement sales (c'était le samedi soir). Mais mon ouïe n'eut pas à se plaindre ; car on aurait entendu une mouche voler. Chacun était occupé très sérieusement de l'affaire qui l'appelait en ce lieu ; et le mot « garçon », prononcé de temps en temps par ceux qui désiraient quelque chose, était presque le seul son qui se fît entendre dans ce palais du silence. Quant au goût, nous en parlerons dans un moment.

Ne vous attendez pas à voir une jolie limonadière dans un élégant comptoir. Rien de cela. Un garçon et une servante paraissaient tour à tour dans ce paradis terrestre, servaient les convives et recevaient le paiement. Ils ne manquaient pas d'ouvrage. Toutes les tables étaient occupées, une seule exceptée, et nous nous en emparâmes promptement.

Pendant que le garçon préparait notre café, je jetai les yeux sur la compagnie qui nous environnait. A ma gauche, un homme de moyen âge, assez bien vêtu, porteur d'une large figure, la bouche fendue jusqu'aux oreilles, entassait coup sur coup, dans son gosier, d'énormes bouchées de bœuf et de pommes de terre, à peu près comme on jette des bottes de foin dans un grenier. A ma droite, un homme plus jeune, vêtu d'un habit noir qui montrait la corde, le visage deux fois plus long qu'il n'était large, et d'une maigreur qui aurait pu le faire passer pour un squelette habillé, si ses mains et son visage n'avaient été couverts d'une peau blême et livide, était en tête-à-tête avec une pinte de bière *à deux pence*, dans laquelle il buvait de temps en temps une gorgée avec économie. Oui, lecteur, il buvait dans sa pinte, et cela ne doit pas vous étonner : un grand nombre d'Anglais, et je ne parle pas seulement du peuple, boivent de cette manière. N'ont-ils pas raison ? On ne craint pas de casser son verre, et l'on n'a besoin de personne pour le rincer.

En face de moi, trois jeunes gens étaient assis autour d'un grand bol de punch. Rien n'annonçait en eux la gaieté, la vivacité, si naturelles à cet âge. Ils restaient sérieux, taciturnes, et avaient l'air de dire ou du moins de penser : « Buvons ; que pourrions-nous mieux faire ? » Auprès d'eux, d'un côté un gros homme bourgeonné, dont les yeux annonçaient quelque disposition à se fermer, s'occupait alternativement à enfoncer une grosse prise de tabac dans ses larges narines et à s'humecter la gorge d'un verre de vin de Porto, n'oubliant pas, chaque fois qu'il buvait, d'approcher la bouteille de la chandelle qui l'éclairait, afin de voir à quel point elle se trouvait, tant il craignait d'arriver à sa fin. De l'autre, un homme en redingote, ayant un paquet sur la table à côté de lui, et que je jugeai avoir un rendez-vous dans ce lieu par le soin qu'il prenait de regarder à sa montre à chaque instant, trempait dans du thé, dans lequel il versait la quantité de lait justement suffisante pour en changer la couleur, un morceau de pain à peu près de la même épaisseur que le beurre qui le couvrait, et qui, se fondant en grande partie dans sa tasse, finissait par la couvrir d'une couche de graisse qui faisait plaisir à voir.

Trois hommes en vestes bleues, pantalons bleus, et qui semblaient des marins, étaient installés au fond de la pièce ; c'étaient eux qui, la pipe à la bouche, avaient l'attention de parfumer l'appartement. Chacun avait devant soi un verre de *gin* (genièvre), et lorsqu'il était vide, c'était en sifflant qu'ils avertissaient le garçon de le remplir.

A côté d'eux était un homme qu'un reste de pain et une pinte de bière à demi vide annonçaient être à moitié de son dîner. Effectivement, à peine étions-nous assis que le garçon plaça devant lui une assiette de *plumb-pudding* qui paraissait bien chaud ; mais il était tellement enfoncé dans la lecture du *Morning Chronicle*, qu'il ne s'aperçut pas de l'arrivée du mets favori, pendant tout le temps que nous restâmes au café.

Un homme d'assez mauvaise mine était seul à une autre table ; il ne mangeait pas, ne buvait point ; mais ses yeux se portaient alternativement sur toutes les tables, et deux longues oreilles dont il était porteur semblaient se dresser, pour mieux entendre, à chaque mot que quelqu'un prononçait. Je le pris pour une de ces honnêtes personnes, comme on en voit dans tous les pays, dont le métier est d'écouter aux portes, de regarder par le trou des serrures, et qui, à la fin de la journée, n'ayant rien vu, rien entendu, et voulant pourtant se donner le mérite de faire un beau rapport, se jettent à corps perdu dans la calomnie, faute de pouvoir être médisants.

J'allais continuer la revue des autres tables, quand on apporta sur la nôtre le café que nous avions demandé. On n'est que trop porté à oublier ses voisins quand il s'agit de penser à soi. Un sucrier largement rempli, deux tasses, un très petit pot au lait qui n'était qu'à demi plein, et une énorme cafetière, qui aurait suffi en France à huit amateurs de café ; telle était la garniture du plateau qu'on avait placé devant nous. Je me souviens qu'un gourmet a dit que le café, pour être bon, doit réunir trois qualités ; être clair, fort et chaud. Je m'aperçus, en versant celui-ci, qu'il était trouble, qu'il n'était que tiède, et mon odorat y cherchait en vain cette saveur qu'exhale le moka et qu'on trouve au moins en partie dans le café le plus commun. Enfin, je porte en tremblant la tasse à ma bouche ; et ce n'était véritablement qu'une teinture dans laquelle on aurait eu peine à reconnaître le goût du café, si l'on n'avait pas été prévenu que c'en était.

« C'est sans doute une méprise ?, dis-je à C.

— Pas du tout ; tel est le café que l'on boit ici ; vous n'en trouverez pas d'autre en Angleterre : seulement il pourrait être un peu plus chaud. En boirez-vous une seconde tasse ?

— Je ne finirai pas même la première. Mais peut-on avoir un verre de liqueur, pour effacer le goût de ce breuvage ?

— Sans doute. Voulez-vous du *rhum*, du *gin*, du *brandy*, du *wiskey* (*sic*) ?

— Un instant, s'il vous plaît : je connais les deux premières ; mais que sont les deux autres ?

— Le brandy est de l'eau-de-vie de France ; le wiskey est une espèce d'eau-de-vie faite avec de l'avoine fermentée, et qui se fabrique particulièrement en Écosse.

— Et n'y aurait-il rien un peu moins dur que tout cela ?

— Ah ! vous êtes pour la douceur ! je vois ce qu'il vous faut. Garçon, deux verres de *grog* !

— Grog ! Voilà un nom qui ne me paraît pas de bon augure. Et qu'est-ce que le grog ?

— Je vous le dirai quand vous l'aurez goûté. »

On apporta les deux verres de grog ; j'y goûtai avec précaution d'abord, et le bus ensuite avec plaisir. La liqueur me parut agréable. J'appris que c'était un mélange de rhum, d'eau et de sucre, et je pardonnai, en sa faveur, au mauvais café dont on avait voulu m'abreuver. (Defauconpret, *Quinze jours à Londres*, 1816.)

Du grog au thé

J'étais un soir chez mistress G., l'une des Anglaises les plus aimables que j'aie jamais connues, et qui pourrait passer pour telle, même en France. J'étais arrivé à l'heure du thé, et je la trouvai occupée à en faire les préparatifs. Or, ne croyez pas, mes chers lecteurs, que ce soit une petite besogne : c'est un art, une science qui n'est bien connue qu'en Angleterre ; et telle femme est citée pour sa manière de faire le thé, comme tel poète pour ses vers, et telle marchande de modes pour ses bonnets.

Et pourquoi hésiterais-je à initier mes aimables concitoyennes dans ce secret important ? Les détails auraient pu en' devenir plus intéressants sous la plume de l'auteur de la *Gastronomie* ; mais ne voulant pas lutter avec un tel rival, je les prie de trouver bon que je ne leur offre ici que de l'humble prose.

C'est à la demoiselle de la maison qu'est dévolue la fonction importante de préparer cette boisson si chérie dans les îles Britanniques, quand elle a atteint l'âge compétent pour s'en acquitter. Elle est assise devant une table couverte de nombreux ustensiles nécessaires pour la préparation. L'eau bouillante est versée dans la théière pour l'échauffer, et elle passe de là successivement dans toutes les tasses, afin de leur communiquer aussi une portion de calorique. La théière étant vide, elle y met avec profusion du thé de deux espèces, qu'on nomme *thé noir* et *thé vert*, et dont la proportion se combine suivant le goût de ceux qui vont le prendre. On la remplit alors d'eau bouillante, mais seulement à moitié, et pendant que la feuille chinoise infuse, l'eau des tasses est jetée dans un vase destiné à cet usage. Le sucre est placé dans l'une d'elles, et le contenu de la théière y est versé par portion égale, de manière que toutes aient leur part de cette première cuvée. L'eau bouillante tombe encore dans la théière, et l'on achève de remplir les tasses. Enfin, il ne reste plus qu'à y verser la quantité de lait nécessaire pour altérer la couleur du breuvage qu'elles contiennent, et de les présenter à chaque convive, avec les tartines, les rôties et les gâteaux qui l'accompagnent ordinairement. (Defauconpret, *Six mois à Londres*, 1817.)

Ferri de Saint-Constant

Première mention du luncheon

Les Anglais aiment beaucoup la pâtisserie. On ne fait pas cent pas dans les rues sans rencontrer une ou deux boutiques de pâtissiers, où l'on étale, dans le plus bel ordre et avec la propreté la plus recherchée, des tartelettes de mûres, de groseilles, de crème, du pain d'épice, des gâteaux piqués de raisin de Corinthe, etc. Des hommes et des femmes de tout âge et de toute condition vont le matin dans ces boutiques, et sans quitter la place, mangent de ces tartelettes par demi-douzaine. On y trouve aussi de la limonade et de l'orgeat. C'est un second déjeuner que les Anglais font assez généralement, et souvent chez eux avec de la viande froide. Ils l'appellent *longing*. (Ferri de Saint-Constant, *Londres et les Anglais*, 1804.)

Gautier

A Greenwich, the Ship Tavern

La soupe à la tortue, *turtle-soup*, est une soupe éminemment anglaise ; elle figure bien à Paris, pour mémoire, sur la carte de quelques restaurateurs ; mais quand par hasard vous en demandez, l'on vous sert une mixture apocryphe et noirâtre, assez abominable au goût et à l'œil. La soupe à la tortue authentique est d'un brun verdâtre, et d'une consistance gélatineuse rappelant le tapioca très épais : quelques morceaux de la chair même de l'animal nagent confusément sous la demi-transparence du bouillon. Toutes les épices de l'Amérique et de l'Inde se réunissent dans le turtle-soup, de manière à produire un ragoût des plus véhéments. A la première cuillerée, un honnête Parisien, qui n'a pas l'habitude de ces cuisines transcendantes, se croit empoisonné, et regarde son convive insulaire avec inquiétude, pour voir s'il ne va pas éclater comme une bombe ; à la seconde, il commence à discerner quelques saveurs à travers l'incendie général du palais ; les houppes nerveuses, les papilles, trop vivement excitées d'abord, reviennent de leur effroi en appréciant mieux les émanations qui viennent les titiller ; à la troisième, il est tout à fait habitué, et trouve la soupe à la tortue ce qu'elle est réellement, un héroïque et moelleux potage.

Quelques gourmets y ajoutent le jus d'un citron pressé. Ayant usé de l'une et de l'autre, nous déclarons que la première manière est la meilleure ; en cuisine comme en tout, le mieux est l'ennemi du bien.

Après la soupe à la tortue on sert du punch glacé — *iced punch* — c'est le seul breuvage capable de dissiper la forte et persistante saveur de cette soupe énergique.

Sans cette précaution, l'on ne pourrait discerner le goût des mets qu'on vous servirait ensuite.

Le poisson prédomine naturellement dans un dîner fait à Greenwich ; la rivière est là ; il n'y a qu'à se baisser pour en prendre ; de la croisée vous pourriez pêcher à la ligne.

Le premier service se compose de petites soles ou limandes cuites au court-bouillon et assaisonnées de menthe ; de tronçons d'anguilles monstrueuses, de côtelettes de saumon au piment — par côtelettes de saumon il faut entendre des tranches arrangées dans cette forme — et de *white-baits*, ce qui est la friandise locale et suprême, comme les royans de Bordeaux et les clovisses de Marseille.

Les white-baits (littéralement «amorces blanches») sont de petits poissons argentés, d'une petitesse microscopique. Ceux qui ont plus de trois ou quatre lignes de long passent pour les monstres de l'espèce. Figurez-vous une friture de goujons réduite à l'échelle de Lilliput, une pêche miraculeuse à l'usage de Tom Pouce — il faut, pour remplir une cuiller, des bancs entiers de ces imperceptibles animalcules; aussi un plat de white-baits coûte-t-il assez cher. Le goût de ce poisson miniature a du rapport avec celui de l'éperlan.

L'habitude, en mangeant ce service, est de boire du vin de la Moselle ou du Rhin, frappé, sucré et parfumé d'herbes aromatiques. Cet hypocras n'a d'autre inconvénient que de griser très vite, car sa feinte douceur cache beaucoup de force.

Le second service consiste en poulet, gigot d'agneau, jambon d'York, légumes de toutes sortes, cuits à l'eau, qu'on saupoudre de poivre rose de Cayenne, qu'on arrose d'Harwey-sauce, d'essence d'anchois, de carri et autres ingrédients hindous et diaboliques, toujours sous prétexte d'horreur des ragoûts et d'amour de la cuisine simple. Le vin de Champagne frappé, ou quelque cru supérieur de Bordeaux, servent à éteindre, tant bien que mal, la soif produite par ces méthodes incendiaires. Il est bien entendu que ces carafes pleines de sherry ou de porto figurent inamoviblement sur la table, dans le but de représenter l'eau. Pour dessert, des cœurs de laitue ou des pieds de céleri, des fraises magnifiques, d'une grosseur énorme, sur lesquelles on verse de la crème glacée, toutes les variétés de fruits rouges, du fromage de Chester, des oranges, des ananas — très communs à Londres —, et de petites pâtisseries croquantes, ressemblant en général à du biscuit de mer. La séance se termine par du café, de l'eau-de-vie de Cognac et du thé.

Ce dîner, plus ou moins développé ou restreint, suivant le nombre ou l'appétit des convives, peut être pris pour moyenne caractéristique des parties fines qui se font à Greenwich. (Gautier, *Caprices et zigzags*, 1856.)

Zola
Une querelle qui n'en finira pas...

J'avoue que je m'habitue moins aisément à la cuisine. Certes, ma cuisinière n'est qu'une brave femme, qui n'a jamais cuisiné que chez de petites gens. Mais cela m'indique au moins comment les petites gens mangent ici. Jamais de sel dans rien. Tous les légumes bouillis à l'eau et servis sans beurre ni graisse. Les grosses pièces de viande rôtie sont bonnes, les côtelettes et les biftecks cuits à petit feu et lavés d'eau sont immangeables. Je me défie tellement des sauces que je les ai absolument proscrites. Et le pain, grand Dieu, ce pain anglais à peine cuit, tout en mie, pareil à une éponge. Ils en mangent d'ailleurs à peine. En vivant de viandes rôties, de jambon, d'œufs, de salade, je vis du reste parfaitement bien. Et ce n'est pas pour me plaindre que je parle de la cuisine, mais pour m'étonner philosophiquement de l'abîme qu'il y a entre le pot-au-feu français et la soupe à la queue de bœuf anglaise. On finira peut-être par faire s'embrasser les peuples, mais on ne les réconciliera jamais sur la cuisine. Quand nous serons tous frères, nous nous battrons encore sur la question de savoir s'il faut servir les pommes de terre sans beurre ou avec beurre. (Zola, *Chroniques et polémiques, Pages d'exil [1898]* ; 1970.)

FÊTES ET FASTES

> Dans toutes les familles, on fait à Noël un fameux pâté, qu'on appelle le pâté de Noël (*Christmas pie*). C'est une grande science que la composition de ce pâté : c'est un docte hachis de langue de bœuf, de blanc de volaille, d'œuf, de sucre, de raisins de Corinthe, d'écorce de citron et d'orange, de diverses sortes d'épiceries, etc. On fait aussi une certaine sorte de potage avec des raisins qui ne cède point au pâté, cela s'appelle *plum porridge*.
> MISSON, *Mémoires et observations faites par un voyageur en Angleterre*, 1697.

Pas de récit de voyage sans ces temps forts, ces étapes obligées que sont les fêtes. Il y a le plaisir de vivre la fête et le plaisir, plus grand encore, de l'écrire. Malheureusement l'Angleterre des XVIIIe et XIXe siècles ignore la fête. Nation protestante et de plus en plus rigoriste, elle refuse aussi bien les belles cérémonies sacrées, les processions que les carnavals et les fêtes patronales, kermesses et pardons. Certes, en province, le visiteur pouvait encore rencontrer quelques festivités paroissiales ou les survivances de traditions médiévales mais présentant peu de pittoresque et appelant peu de couleur locale.

Mais Christmas ! L'atmosphère, les accessoires et les décors que nous associons au Noël anglo-saxon ne se sont définis et mis en place qu'après 1840 grâce autant aux coutumes allemandes favorisées par le prince Albert qu'aux Christmas Carols *de Dickens.*

Ce qui est vraiment antérieur et quasi immémorial, c'est une recette assez complexe qui évoluera vers deux mets distincts : les mince pies *et le* Christmas pudding *(que les Français tiendront à appeler* plum pudding*) accompagnés de quelques vestiges de coutumes et de couplets pré-élisabéthains.*

Mais, même sentimentalisé et ritualisé, après Dickens, Christmas reste essentiellement le temps des agapes familiales, dont l'étranger ne perçoit que des apprêts et des échos.

Il n'y a guère de festivités publiques. La Saint-Georges, fête nationale, n'est pas l'occasion de liesse populaire ou de cérémonies officielles. L'Angleterre ignore les fastes. La maison de Hanovre mène fort petit train ; et la cour de Saint-James n'a aucun éclat. Il faudra attendre le règne de Victoria pour voir se mettre en place, progressivement, un cérémonial, des pompes qui finiront par passer pour séculaires et dûment britanniques. De toute façon, à Londres, plus que sur Buckingham c'est sur la Cité que l'on compte pour des spectacles mémorables au Guild Hall ou à Mansion House, où les fastes du lord-maire éclipsent ceux de la Cour. Dans la seconde moitié du siècle, la procession du lord-maire, au début de novembre (jusqu'en 1856 elle comportait aussi un cortège sur la Tamise), étonne les visiteurs par son caractère hétéroclite, surarmé et somptueux.

En fait, c'est hors des cités que le voyageur trouvera, sans patronage religieux ni civique, la vraie fête, celle qu'on raconte encore, tout étourdi.

Defauconpret

Pauvre chère et tristes fêtes...

Pourquoi un mouvement involontaire force-t-il ma mâchoire inférieure à s'éloigner momentanément de celle supérieure, en se rapprochant de ma poitrine? Ce mal est, dit-on, contagieux; et ne dois-je pas craindre qu'il ne se communique à mes lecteurs? c'est sans doute l'effet du titre que je viens d'écrire. Les plaisirs de l'Angleterre sont si piquants par leur nature, si attrayants par leur nouveauté qu'il suffit d'y penser pour faire ce que l'Académie française appelle *respirer en ouvrant la bouche extraordinairement et involontairement.*

Il est rare que les cris des marchands se fassent entendre dans les rues avant huit heures du matin. Un jour, dès avant six heures, j'en entendis un dont l'harmonie était toute nouvelle pour mon oreille, et qui fut répété à chaque instant, toujours sur le même ton, jusqu'à l'instant où mon hôtesse m'apporta mon déjeuner, c'est-à-dire vers neuf heures du matin. Je lui demandai ce que signifiait le cri qui continuait encore.

« Monsieur, me dit-elle, ce sont des *hot cross-buns.*

— Il est bien singulier que je n'aie pas encore remarqué ce cri dans lequel je trouve plus d'harmonie que dans bien des airs anglais.

— Cela n'est pas étonnant, monsieur; le vendredi saint est le seul jour de l'année où l'on crie des hot cross-buns.

— Et quelle est la marchandise qui porte ce nom?

— Des pains chauds pour déjeuner. Monsieur en désire-t-il? »

Quoique je n'eusse pas une grande vénération pour les talents des cuisiniers et des pâtissiers anglais, je voulus pourtant goûter une friandise qu'on ne peut se procurer qu'une fois par an, et je m'en fis apporter quelques-uns. C'étaient des petits pains chauds pétris avec du beurre, d'une pâte mate et mollasse, et presque seulement à moitié cuits. Je les trouvai détestables, n'en déplaise à messieurs de la Tamise. S'ils frémissent d'horreur en songeant au Kamtchadale qui boit avec délices l'huile rance de la baleine, ils doivent pardonner à un Français de n'avoir pas un goût bien prononcé pour tout ce qui flatte les palais britanniques.

Je m'informai ensuite d'où venait l'usage de manger des hot cross-buns le vendredi saint. J'appris que ce jour étant fêté en Angleterre, on s'y donne le seul plaisir permis les jours de fête, celui de la promenade.

Beaucoup de monde va à Chelsea, joli village, contigu à Londres, situé sur les bords de la Tamise. Un boulanger, dont l'esprit de spéculation était plus inventif que celui de ses confrères, y imagina ce nouveau genre de friandise, et en vendit une grande quantité. L'année suivante, son débit fut encore plus considérable, et une foule de petits marchands vinrent en faire provision chez lui pour en revendre à Londres. Mais que de mauvais poèmes en prose le Télémaque n'a-t-il pas produits ! Les boulangers de Londres voulurent imiter leur confrère de Chelsea, et la capitale fut inondée de détestables hot cross-buns. Cependant les successeurs de l'inventeur ont conservé la réputation de sa maison, et tous les ans, le jour du vendredi saint, la route de Londres à Chelsea est couverte de gens qui vont s'y régaler à bon marché ; car deux de ces petits pains ne coûtent qu'un sou d'Angleterre.

Il est encore une autre espèce de friandise qui ne s'y mange que dans un certain temps de l'année, sans que personne ait pu m'en dire la cause. Dans la quinzaine de Noël on trouve chez tous les pâtissiers des tourtes qu'on appelle *minced-pies*, c'est-à-dire pâtés hachés. La croûte en est moins compacte que ne le sont ordinairement les pâtisseries anglaises, et le dedans se compose de raisins secs, d'écorces de citrons confits, de viande hachée, de moelle de bœuf, d'épices de toute espèce, de sucre, et d'autres ingrédients dont l'assemblage est très bizarre, et dont la réunion n'est cependant pas désagréable au goût.

Les fêtes de Noël sont une époque immémoriale de gaieté dans toute l'Angleterre ; mais cette gaieté est tout intérieure ; rien ne s'en répand au-dehors, et son théâtre est dans chaque famille. Le pauvre double alors sa dose de bière et de gin, l'artisan met à la broche le dindon ou l'oie grasse, et l'homme riche, qui à cette époque est encore dans sa terre, y invite ses parents, ses amis, ses connaissances, et y donne des bals et des fêtes. — Fêtes où il ne manque souvent que le plaisir et la gaieté.

Si l'on en croit les anciens auteurs, il n'en était pas ainsi autrefois ; depuis Noël jusqu'aux Rois, ce n'était qu'une suite de fêtes non interrompue ; toutes les maisons étaient décorées intérieurement et extérieurement de branches de laurier et d'autres arbres verts ; les vassaux étaient invités à partager les plaisirs du seigneur ; les chants joyeux et le son des instruments se faisaient entendre de toutes parts ; partout on voyait des jeux et des divertissements publics. Chacun se parait de fleurs et de ses plus beaux habits. « Mais alors, dit un auteur anglais moderne, nous étions une nation bouquetière, et non une nation boutiquière. » Et il attribue la perte de la gaieté anglaise à deux causes principales : d'une part, la soif du gain qui tient lieu de tout autre plaisir ; de l'autre, la sombre dévotion et la superstition farouche des méthodistes et des autres sectes à principes outrés, qui se sont propagées en Angleterre, et qui regardent les amusements les plus innocents comme des crimes impardonnables.

Le jour de l'An n'est pas une fête comme en France ; on ne rend pas de visites ; on ne fait pas de présents, on ne donne pas d'étrennes ; mais tout cela s'observe à peu près à Noël. C'est à cette époque que se font les donations rémunératoires ou amicales ; on ne se rend pas de visites, mais quand on se rencontre, on se souhaite réciproquement *de joyeuses fêtes de Noël et une heureuse année*, ou l'on s'offre encore plus simplement *les compliments de la saison.*

Le jour des Rois s'appelle en Angleterre le 12e jour, parce que c'est le 12e après Noël. L'usage de tirer les rois y existe comme en France, mais on se sert pour cela de billets qui déterminent le grade de chaque convive. On y voit pourtant aussi des gâteaux des rois, ils sont de la même forme que nos gâteaux de Savoie, de pâte ferme, sucrés, excessivement épicés, garnis intérieurement de raisins secs et d'écorce de citrons confits, et revêtus d'une croûte de sucre blanc glacé, sur laquelle on met souvent divers ornements en amidon coloré. On vante beaucoup l'illumination qui a lieu la veille au soir dans toutes les boutiques de pâtissiers. Elle consiste en quelques chandelles ou lampes additionnelles placées dans chaque boutique ; mais, quand on n'est pas riche, il faut bien faire valoir le peu qu'on possède, et c'est un soin qu'on n'oublie jamais en Angleterre.

Le lundi et le mardi de Pâques on donne régulièrement aux deux grands théâtres, Drury Lane et Covent Garden, une tragédie intitulée *George Barnevelt*. C'est une pièce très morale dont le héros, qui est ce que nous appellerions à Paris « un courtaud de boutique », doué de bonnes dispositions, est perverti par la mauvaise compagnie qu'il fréquente, et finit par être pendu au dénouement. La bonne compagnie ne va guère à ce spectacle, parce qu'il est toujours fréquenté par le peuple : on y envoie tous les jeunes gens de la classe mitoyenne pour leur faire sentir le danger des liaisons suspectes, et les désordres où elles peuvent entraîner.

Les foires sont encore un des plaisirs du peuple ; mais tous les ans on tâche d'en réduire le nombre, sous prétexte qu'elles sont le rendez-vous des voleurs et des fripons, comme si le devoir de la police n'était pas de veiller sur eux et de les réprimer ; j'ai donné ailleurs une description détaillée de celle de Greenwich, et je ne pourrais que me répéter si j'en parlais encore ; pour la même raison, je ne dirai rien ici de la fête des ramoneurs et des laitières qui se célèbre le même jour. (Defauconpret, *Un an à Londres*, 1819.)

Esquiros

Merry Christmas

A une nation aussi agitée par la tempête des affaires que la nation anglaise, il fallait une ancre, et cette ancre est la famille. L'intérieur tient une grande place dans la vie britannique. J'aime surtout le mot qui sert à le désigner : le *chez-soi* est égoïste ; le foyer n'embrasse qu'un détail des mœurs domestiques ; le *home* des Anglais exprime, lui, ce qu'il y a de plus complet, de plus délicat, de plus touchant dans le temple de la famille et des vertus privées. Il existe en Angleterre toute une littérature du coin du feu, littérature à bon marché, qui consiste en *magazines*, en *miscellanies*, en nouvelles et en romans. Cette bibliothèque de la maison n'a pas, je l'avoue, au point de vue de l'art, une très grande valeur, et je m'explique fort bien que les critiques l'aient généralement dédaignée ; mais elle présente au moraliste un intérêt particulier.

L'Anglais est chez lui ce qu'il est dans son île, peu accessible, réservé, froid : il ne subit pas ses relations, il les choisit ; mais, quand la glace se rompt, il laisse voir un cœur grand, bon et généreux. Il en est de même des rapports entre les membres de la famille : le tutoiement banni de la langue (en anglais, on ne tutoie guère que Dieu) répand, à première vue, sur les liens du sang une certaine teinte d'indifférence ; mais on ne tarde point à reconnaître sous ces formes plus sévères un attachement à racines profondes. Cette vie d'intérieur est enchaînée, du reste, à l'ordre religieux. Le protestantisme anglican a, pour ainsi dire, transporté le culte de l'église dans la maison. Les grandes fêtes du christianisme sont en même temps des fêtes de la famille. L'Anglais se montre en tout un peuple traditionnel : pour lui, c'est surtout la coutume qui est sainte. De ces solennités religieuses, la plus profondément gravée dans les mœurs est Noël (*Christmas*).

On s'y prépare plusieurs semaines à l'avance. D'immenses troupeaux d'oies s'acheminent gravement du nord de l'Angleterre, par toutes les routes, vers la ville de Londres. Les grands bœufs annoncent leur arrivée sur les chemins de fer ou les bateaux par de sombres beuglements. Les étalages de viande s'amoncellent en pyramides devant l'échoppe des bouchers. C'est surtout le soir, dans les quartiers populeux de Londres, par exemple dans White Chapel, qu'il faut voir, au milieu d'une foule tumultueuse, ces montagnes de comestibles à la lueur des mille becs de gaz, dont la flamme libre oscille sous le vent. On s'occupe en même temps d'orner l'intérieur des maisons : les murs de chaque *parlour* sont tendus de guirlandes de laurier, de lierre et de houx ; c'est le houx qu'on préfère, car il détache en vigueur sur son feuillage vert foncé des baies rouges qui couronnent agréablement, disent les vieilles chansons, la tête du sombre hiver. Une branche de gui, souvenir des anciennes superstitions celtiques, attachée au plafond, pend au milieu de la chambre, quelquefois même à l'entrée de la porte. Le gui (*mistletoe*) ne se distingue pas seulement par ses feuilles délicates et ses jolis fruits blancs, il donne à chaque homme admis dans la maison le privilège d'embrasser toute femme ou toute jeune fille attirée — par mégarde sans doute — sous le rameau sacré.

Noël est arrivé. « Sois le bienvenu, vieux père Noël, avec ta barbe blanche !» C'est le cri des enfants, et, si matinal qu'il soit, ce cri a été précédé dans les campagnes par le chant du coq. On croit encore, dans quelques villages de l'Angleterre, que le coq mêle, cette nuit-là, sa voix aux mystères de la fête, et qu'il salue depuis dix-huit cents ans l'aube d'une ère nouvelle. La barbe blanche de Noël, c'est la neige ; il y a pourtant des exceptions, selon les années ; mais les Anglais n'aiment point les Noëls verts. «Noëls verts, cimetière gras», dit le proverbe.

Je me souviens de la figure de Londres le matin de Noël 1856. Au tonnerre lointain des roues sur le pavé ou sur le macadam, à l'agitation hâtive de la foule, qui, la veille encore, allait, venait, se croisait en mille courants, avaient succédé tout à coup un silence religieux et le repos. On n'entendait que la voix d'un millier de cloches qui se répandait dans l'air sec et froid. Les ombres de la nuit tombaient du ciel à larges pans, comme les tentures noires se détachent de la voûte d'une église après une cérémonie funèbre. Il était huit heures, et les rues n'étaient encore que solitude : on eût dit une cité dont les habitants s'en étaient allés au ciel. Le rideau de la brume matinale commençait pourtant à s'entrouvrir, ainsi que celui d'une dévote paresseuse. Une neige précoce avait blanchi les rues : c'était la robe de la fête, et sur cette neige on découvrait enfin quelques pas d'hommes et de femmes marqués dans la direction des églises. Toutes les boutiques étaient fermées, à l'exception des boulangeries ; des femmes, des enfants, des ouvriers apportaient gravement des *pies*, des *puddings*, des quartiers de viande crue, des volailles dans de grands plats recouverts d'une serviette blanche. De petits balayeurs des rues, pieds rouges sur la neige blanche, soufflaient dans leurs doigts, et, malgré tout, un sourire aux lèvres, amusaient de leurs grimaces, de leurs pirouettes, de leurs culbutes, le passant, qu'ils poursuivaient en lui demandant un petit sou (*a half penny*) pour garnir leur *Christmas box*. Le service religieux est terminé dans les églises, et le four des boulangers a fait son devoir. Il est une heure : vous voyez alors sortir du temple les femmes, les enfants en toilette, les jeunes filles aux mains chaudement pelotonnées dans leur manchon ; des boulangeries sortent aussi peu à peu les *joints*, les pâtisseries, les gâteaux portés triomphalement par des mains laborieuses, et laissant entrevoir sous le voile avec coquetterie un teint doré par l'action du feu.

Cependant les rideaux des plus humbles fenêtres sont éclairés par un soleil intérieur : la bûche de Noël (*Christmas log*) est dans l'âtre ; elle brûle en illuminant de joyeux visages. Un foyer propre, un bon feu qui flambe et une bonne femme qui sourit, c'est, dit le proverbe anglais, la richesse d'un homme pauvre : or, il y a bien peu de cheminées qui ne pétillent et bien peu de femmes qui ne sourient en Angleterre le jour de Noël. L'heure du repas est le moment solennel de la fête. Pas de bons Noëls sans enfants : c'est la couronne de la table. Parfois, surtout dans les campagnes, une vieille chaise vide préside ; sur cette chaise siège un souvenir de la famille. Le fameux *plumpudding* national apparaît bientôt, accueilli par le bruit des jeunes voix, l'applaudissement des yeux, le trépignement des petits pieds sous la table. L'aïeul même sourit sous ses lourdes lunettes à la vue des belles flammes bleues et rouges que jette à la surface du mets l'eau-de-vie brûlante; il sourit à sa jeunesse, qui a duré ce que dure cette flamme; il sourit surtout à la jeunesse qui le remplace. Au dessert paraît l'arbre de Noël : nouvelle joie, nouveaux cris. Enfin commencent les jeux, la danse. Les jeux consacrés par l'usage, surtout dans les antiques manoirs, sont ce jour-là le colin-maillard, *blind man's buff*, et cache-cache, *hide and seek*. Au milieu des éclats de rire retentit, comme un sombre écho du passé, la légende de la belle fiancée du jeune Lovel. C'était dans un vieux château : la fille du baron se cacha pour intriguer ses compagnes; mais elle se cacha si bien, que les jours, les semaines, les années se passèrent sans que, malgré les recherches les plus actives, ses parents et Lovel lui-même pussent la découvrir. Enfin, après plusieurs années, on ouvrit un lourd bahut, meuble antique du château, et l'on y trouva un squelette avec une couronne de roses blanches fanées : c'était elle. Vraie ou fausse, cette légende est devenue le sujet d'une romance qu'on chante debout et avec une solennité triste.

Les chansons accompagnent toujours un gai Noël, *a merry Christmas*, sans parler des *carols*, sorte de cantiques sur la naissance de Jésus-Christ que les enfants et les vieillards entonnent à toute voix dans les rues pour ramasser des sous. Les *carols* sont aussi vieux que la vieille Angleterre. La nuit de Noël se termine par une libation de vin fait avec les baies du sureau, *elderberry wine*, et qu'on boit bien chaud, bien épicé, bien sucré, pour se procurer des rêves agréables. La fête n'est point enterrée : elle renaît avec le jour suivant, et se prolonge, malgré la reprise des travaux quotidiens, durant six semaines. Le théâtre avec ses pantomimes, le Crystal Palace avec ses divertissements d'hiver, les salles de concerts, les bals, tout concourt à retenir longtemps ce vieil hôte bien-aimé de la Grande-Bretagne, le père Christmas, à la tête couronnée à la fois de glace et de feuillage. Il y a toute une littérature de Noël qui consiste en contes, en poésies, en lectures morales. Noël est, en dépit du 1er janvier, le vrai jour de l'An de l'Angleterre. J'écarte le point de vue religieux; mais les Anglais trouvent bon que l'année commence sur un berceau, quand ce berceau a régénéré le monde. (Esquiros, *L'Angleterre et la vie anglaise*, 1859.)

Blanc
Une fête essentiellement anglaise

Voilà huit jours que l'Angleterre est au pouvoir d'une grande armée d'invasion, composée de héros dont le plus grand n'a pas trois pieds de haut. Elle est souriante, elle est charmante, l'armée envahissante dont je parle ; mais jamais les hordes d'Attila et de Gengis Khan ne l'égalèrent en rapacité. Dieu sait quel tribut elle a déjà levé sur le pays conquis ! Mais quand vient cette admirable fête que nous nommons Noël, et que les Anglais nomment *Christmas*, le moyen de résister aux enfants ! Ce jour-là, le magister jette au loin sa férule ; les livres ennuyeux se ferment d'eux-mêmes ; le cabinet du *pater familias*, ce sanctuaire inviolable, est saccagé en triomphe ; la maison est mise sens dessus dessous, et chacun de rire.

Les enfants, voilà les tyrans, ce jour-là. Leur despotisme est d'autant plus sûr de son fait, que chacun semble ravi de s'y soumettre. Pour eux les marchands de joujoux étalent leurs plus brillants trésors, les pâtissiers et les confiseurs leurs plus succulentes richesses ; pour eux les libraires se trouvent posséder à point nommé des myriades d'estampes et d'enluminures, et de jolis petits livres où la pensée humaine ne se montre vêtue que de velours et d'or ; pour eux on improvise, en ces heures suprêmes, toutes sortes de jeux, de contes, de charades et de chansons ; pour eux le misanthrope se déride, et les barbons se font enfants.

Et les pantomimes donc ! Et les belles fées dont la baguette ouvre des cavernes de diamant ! Et Arlequin, Paillasse, Pantalon, Colombine ! Pour qui toutes ces merveilles, je vous prie ? Les pantomimes, c'est là le domaine incontesté des enfants, à Christmas. Mais il faut voir avec quelle générosité ces bons chers petits princes nous admettent, nous autres qui avons cessé d'être enfants, hélas ! à partager leurs plaisirs ! Grâce à eux, la pantomime fait le bonheur du papa, de la maman, de l'oncle, de la tante, que dis-je ? des grands-pères, des grand-mères, de tout le monde. Citez-moi un théâtre à Londres qui, à l'époque de Christmas, soit assez osé pour ne pas donner une pantomime ! Et quel prodigieux luxe de décors ! Comme il s'entend bien, ce peuple qu'on dit brouillé avec l'art, à faire passer sous nos yeux toutes les magnificences du monde des fées ! Quel argent prodigieux dépensé en lacs enchantés, en rivières fantastiques, en paysages splendidement impossibles, en figurantes à visage de déesse suspendues dans les airs ! Ce que je prise fort aussi, quant à moi, c'est ce génie de la mascarade qui, en aucun pays de la terre, ne se déploie avec autant de puissance qu'en Angleterre — à l'époque de Christmas, bien entendu. Il y a là des hommes-lions, des hommes-coqs, des hommes-cruches, des hommes-bouteilles, des hommes-dindons, que c'est à faire frémir. Les masques sont d'une grandeur démesurée. Celui de Tartufe pouvait être mieux attaché, mais il n'était certes pas de cette dimension. Pour ce qui est de la pièce qui sert comme d'introduction aux pirouettes de Colombine, aux farces dont le vieux Pantalon rend le passant victime, et à celles dont Paillasse rend victime le vieux Pantalon, et à celles dont Arlequin rend victime Paillasse, c'est, il faut bien l'avouer, à peu près la même chose partout et toujours. Il n'est pas jusqu'aux variantes qui ne soient monotones. Bête, la pantomime l'est à un degré absolument inconcevable. Mais n'importe ! Les pantomimes sont les comédiens ordinaires de leurs majestés les enfants. L'essentiel est donc qu'il y ait force processions de masques gigantesques, force changements à vue, maint échange de coups de pied ou de coups de poing, et nombre de culbutes. Seulement, et c'est là un point sur lequel j'appelle l'attention des philosophes, il se trouve que les grandes personnes, en Angleterre — pays grave — s'amusent autant, j'allais dire plus, Dieu me pardonne ! que les enfants eux-mêmes. A chaque coup de pied que Paillasse administre à Pantalon, ce sont des trépignements de joie, des accès de rire homérique dont on n'a pas idée dans les contrées sans brouillards et sans *spleen*. Qui n'a pas vu les Anglais assister à une pantomime, ou revenir d'une course d'Epsom, ne saura jamais ce que c'est que l'Angleterre. On parle des « Folies-Dramatiques », à Paris, et de la « descente de la Courtille ». Allons donc ! Pour voir bien rire, et comprendre jusqu'où peut s'emporter le débraillé d'une grande foule en état d'ivresse, c'est ici qu'il faut venir.

Mais ce que je viens de rappeler ne présente qu'un côté du tableau. Il en est un autre que je ne dois pas omettre, d'autant que c'est, j'en ai peur, le plus important. Christmas est une fête essentiellement anglaise ; et ce qui la rend telle, c'est que c'est la fête de la « bombance ». Le matin de Christmas, il n'est pas un Anglais qui ne soit en belle humeur ; et s'il vous plaît de savoir au juste pourquoi, parcourez Londres, la veille. Tout ce qui s'adresse à l'estomac par l'intermédiaire des yeux est étalé le long des rues avec une complaisance vraiment nationale, depuis l'oignon d'Espagne couleur de feu jusqu'à ces énormes quartiers de viande qui ne se voient qu'en Angleterre et semblent offerts à l'appétit de Gargantua. De fait, le dîner par excellence ici, c'est le dîner de Christmas, celui où figurent sur la table ces mets traditionnels et vénérés : le dindon, le mince-pie, et le plum pudding.

Il va sans dire que les joies de Noël ne se bornent point là. Il y a les danses caractéristiques du moment, les baisers dérobés sous le *misletoe*, les bols de punch flambant, les longues histoires que le grand-père raconte à sa famille groupée autour de lui devant un bon feu. Avez-vous lu les romans de Charles Dickens ? M. Pickwick peut être considéré comme le type du véritable gentleman anglais à Christmas : il embrasse les jeunes dames, et il est embrassé par elles ; il prête une oreille patiente à des contes sans fin ; il se carre auprès de l'âtre ; il boit autant de punch qu'il est possible.

A la vérité, certains moralistes grondeurs prétendent qu'aujourd'hui les choses ne se passent pas tout à fait de la sorte. Ils assurent que la fameuse « bûche de Noël » est une tradition pure. Ils affirment qu'en ce qui les concerne, ils n'ont jamais ni pris ni reçu le moindre baiser sous le « misletoe ». Sans nier — leur audace ne va point jusque-là — le culte rendu, à Christmas, au dindon et au plum pudding, ils déclarent que les indigestions de Noël sont beaucoup plus rares qu'on ne le croirait, à lire les romans et les descriptions dont se compose ce qu'on appelle la « littérature de Christmas ». Bref, ils semblent rougir de ce qui, aux yeux du chantre immortel de Gargantua et de Pentagruel, serait la gloire de l'Angleterre. Pour moi, ce que je puis vous dire, c'est que j'ai vu, à Noël, depuis que j'habite l'Angleterre, beaucoup de choses qui ressemblent assez bien à ce que décrit la « littérature de Christmas », et j'ajoute qu'on voit partout annoncées des pilules digestives à l'usage de ceux qui célèbrent encore Christmas comme faisaient leurs ancêtres.

Quoi qu'il en soit, il n'y aurait pas lieu de se réjouir, si l'homme, quelquefois, au milieu de ses plus amères tristesses, n'était conduit à contempler la vie par son côté le moins triste. L'année qui vient de finir a été dure à beaucoup de gens, et l'année qui s'ouvre n'est pas sans inspirer des inquiétudes. La guerre qui ensanglante le Nouveau Monde a été pour l'Ancien une épreuve terrible et qui dure encore. Le cœur se serre quand on songe à ce qu'ont dû être, dans le Lancashire, les réjouissances de Noël ! Quand je disais qu'à Christmas les enfants sont rois, j'oubliais les enfants du pauvre... Oh ! qu'ils doivent souffrir, ceux-là ! Mais, à Noël, il y a quelqu'un qui souffre plus que l'enfant du pauvre : c'est celle qui pleure à cause de lui. (Louis Blanc, *Lettres sur l'Angleterre*, 1867.)

O'Rell

Le roi de la fête est le plum-pudding

Le roi de la fête est encore cependant le *plum-pudding*. Il faut voir les figures s'épanouir de plaisir et le bec des enfants s'allonger, quand arrive le majestueux monarque, couronné d'une branche de houx, et exhalant une fumée qui, en s'engouffrant dans le nez des convives, y apporte la joie. Je n'ai jamais, je l'avoue, apprécié le plum-pudding à sa juste valeur, mais j'y ai toujours fait honneur. Refuser une tranche de plum-pudding, ce serait jeter du froid sur cette scène de famille, ce serait jouer le rôle d'un fâcheux ou d'un profane : autant vaudrait refuser le pain et le sel de l'hospitalité russe. Les Anglais sont le seul peuple qui semble aimer ces gâteaux de toutes sortes dont les raisins de Corinthe sont la base. C'est la Grèce qui produit ces précieux petits grains noirs. « Si la France, la Russie et l'Amérique, dit M. About, dans *La Grèce contemporaine*, étaient possédées du même amour, la consommation de ce produit serait illimitée, et la Grèce aurait dans ses vignes la source d'un revenu inépuisable. »

Ce n'est pas une petite affaire que de faire un plum-pudding. Jugez-en vous-même, voici la recette : prenez une livre et demie de raisins secs, enlevez les pépins et coupez-les en deux, ajoutez une demi-livre de petits raisins de Corinthe. Hachez une livre de suif, et une livre d'écorces d'oranges et de citrons confits, et mêlez-y dix onces de croûtes de pain râpées, une livre de farine, une cuillerée de poudre pour faire lever, dix onces de sucre, une demi-livre d'amandes, huit œufs battus, du sel et des épices, une demi-pinte de pale-ale et un décilitre d'eau-de-vie. Mêlez bien et faites bouillir pendant huit heures. Si vous ne trouvez pas votre pudding assez relevé comme cela, ajoutez une décoction de 20 centimes à fumer, il sera parfait. — Dans les classes vulgaires, la quantité de bière, d'eau-de-vie et d'épices que l'on fait entrer dans ce pudding le transforme en véritable brûle-gorge : il faut se tenir à quatre et se cramponner à la table pour en avaler quelques morceaux. (Max O'Rell, *John Bull et son île*, 1883.)

Vallès
Noël à Londres et Français voltairien

Noël ! Noël ! voici le Rédempteur !

Je vois encore la cathédrale de ma petite ville pleine de paysans à grands chapeaux et de paysannes à grandes coiffes, qui apportaient dans l'odeur de l'encens celle des étables, plus sainte, ce jour-là, que les senteurs d'église. N'est-ce pas dans une étable que la légende fait naître celui qu'elle appelle le Fils de Dieu ? C'est avec du fumier que le catholicisme — habile flatteur du peuple — a doré les pieds du berceau. Il y a un bœuf, un âne, des moutons, les bêtes des champs, devant la crèche où dort le Jésus de cire : une cire qui a un peu fondu depuis Voltaire !

C'est presque une fête de la nature, à laquelle la religion romaine ajoute son luxe à demi mondain ; comme si, à côté du berceau, elle voulait faire apparaître les joies du paradis, plein de musique et de lumière.

Le temple réformé est froid et nu à l'heure solennelle : (*Minuit, chrétiens*). On ne va pas enivrer sa piété de mélodie et de parfum, sous l'œil strié de rouge de grands vitraux.

En France, on part en bandes, par un ciel plaqué de noir ou criblé d'étoiles, et au retour, commencent les joies des ripailles.

Les protestants anglais ne plantent pas la bougie du réveillon dans le chandelier tout chaud de l'agonie des cierges.

Leur Christmas n'en a pas moins la gaieté d'une noce et l'éclat d'une cérémonie.

C'est d'abord la fête des enfants — à Londres aussi bien qu'à Paris — et l'Angleterre, qui a tant de défauts, les rachète tous d'un coup, à mes yeux, par son respect de la liberté et de la gaieté de l'enfance.

Au jour de Noël, la *respectability* et le *cant* abdiquent devant la souveraineté des marmots, avec une belle humeur et une bonne grâce qu'on ne soupçonnerait pas chez ces mamans qui ont l'air si insignifiant et si froid, chez ces papas qui aiment tant à avoir le menton scié par leur col, les dents crispées, l'air grave — les dauphins sont rois !

Les Anglais aiment la marmaille, petits garçons, petites filles, à la bonne manière ; on les laisse jouer, crier, s'empiffrer, se battre : tant pis pour eux ! On ne leur fait pas la leçon et on ne les gronde pas (dans leur intérêt) comme en France.

Race charmante, cette race de moutards élevés sans entraves, depuis le berceau, où nul n'est emmailloté, jusqu'au *school-room*, où l'on reste si peu, qui a toujours la porte ou la fenêtre ouverte pour laisser s'envoler leur jeunesse. Ils sont gracieux d'allure, francs de geste, ouverts, hardis — la liberté les fait ainsi ! Les fillettes sont aussi diables que les garçonnets, et l'on n'en voit pas qui jouent à la *grande dame*. Jusqu'à quinze, seize, dix-huit ans, elles sont enfants, étourdies et vives, rieuses et ravissantes. Il y en a qu'on pourrait marier, mais qu'on ne peut empêcher de monter sur les tables ou de grimper aux arbres.

Quelle fête autour des cadeaux de Christmas devant les belles gravures, et sous le dangereux *mistletoe* !

Le noir de la vie anglaise, l'inconfortable douloureux ont disparu pour tout le temps de la Noël joyeuse.

On a collé des images, jeté du bleu, semé du rose ; et l'aspect minable qui caractérise les intérieurs bourgeois — là même où l'on a dix mille francs de rente — cet aspect s'efface ; il pleut des couleurs et des bouquets ; sur les canapés durs, sur les tables à tapis râpés, sur les commodes de bois blanc, il traîne des paillettes de gourmandise et des étincelles d'or. *Merry England* ! Oui, *Merry England* !

Où trônaient hier la tristesse vraie et la gaieté fausse, règnent aujourd'hui le tapage et l'abandon, bon teint, avec des redondances et des explosions de bonheur.

Il n'y a pas que les enfants qui aient des images, ce jour-là ! Depuis bien longtemps fleurit une littérature, dite la littérature de Christmas, qui jette, comme un cadeau dans les familles, un livre à sensation.

C'est un éditeur aventureux qui, un matin, eut l'idée de ce qu'on appelle aujourd'hui *Christmas Number* — un numéro de Noël — et le succès répondit si bien à la tentative, qu'aujourd'hui les recueils périodiques qui ont un nom publient tous, ou presque tous, une nouvelle burlesque ou touchante, écrite dans le ton de la maison, et qu'on savoure dans le silence, après que les enfants ont beaucoup sauté et beaucoup crié, qu'ils se reposent ou qu'ils sont loin — les demoiselles près de leurs mères, madame près de monsieur.

La couverture est bariolée, tachetée de vert, d'indigo, piquée d'or, lamée d'argent ; on a songé d'abord à attirer les yeux, à se faire remarquer, dans le cadre des affiches, aux devantures de boutiques, ou sur les murs.

Le titre fait la roue en paon qui étale sa queue, et il y a une gravure significative, caricature ou médaillon, tête de gnome ou de jeune fille, masque de clown ou face de baby, qui surgit à travers la porte ou se met à la fenêtre et sourit au passant ; l'humour pétille, comme un feu de sarment, tisonné à coups de crayon et à coups de plume.

Le crayon s'y brûle le bec, la plume s'y roussit la barbe ; car cette littérature prend les revenants par le pan du linceul et se plaît à hanter les endroits déserts où glissent les lanternes sourdes, où zigzaguent les éclairs ; il y a des bruits de grelots ou de tonnerre dans le fond... On voit, tout au moins, des cavernes de fées, peuplées de génies qui ont des diamants partout — comme des verrues ou des cors aux pieds — et qui battent des ailes dans une apothéose.

C'est Dickens qui a mis ce fantastique à la mode, et quelques-uns ont, après lui, dans ces journaux de fête, laissé tomber des gouttes d'encre fines autant que des perles, tièdes autant que des larmes.

J'ai feuilleté plus d'une histoire où l'on n'entendait pas le vol des esprits, mais le battement des cœurs. Devant la lampe mourante, on lisait le conte avec un frémissement doux : il y avait à rire et à pleurer.

Mais le *Christmas Number* de tout le monde, celui que tous regardent, qu'on cherche derrière toutes les vitrines et qu'on rencontre sur toutes les tables, ce *Christmas Number*-là sort de la maison du *Graphic* ou de l'*Illustrated London News*.

C'est le numéro de l'étranger aussi bien que celui de l'Anglais. Le dessin parle aux yeux bridés du Chinois, comme aux yeux en amande du Catalan. Aussi traverse-t-il les mers et va-t-il au bout de l'Europe, au bout du monde !

Le *Graphic* a fait plus : il a voulu que son envoi de Noël parût en Amérique le jour de Christmas même. Affaire d'orgueil, direz-vous. Génie de commerçant, répondrai-je. L'administration vend son numéro original, vierge encore, et l'on assure que les frais énormes que nécessite ce tour de force sont déjà couverts par cette opération au-delà de l'Océan.

Quant à ceux qui ne regardent pas l'image et ne se soucient pas du roman, ils n'ont qu'à se tourner du côté des porcs, des dindes, des moutons, des bœufs. Cela grogne, coincoine, bêle, mugit aux portes de la ville ! Il en arrive par milliers ; le sang va couler à torrent sous le coutelas des bouchers et gicler dans la rigole du boudin.

Effrayante, la statistique des hécatombes !

Je ne vois que des oies jaunes sur la roche Tarpéienne des étalages ; on dirait des ventres de gens malades, et les becs ont l'air de vieux bouts de flageolet. Je suis tourmenté par des souvenirs de croupions en l'air qui ressemblent à des bouches faisant la moue.

Aussi vénérables que la tête de saint Jean dans le plat de Salomé, des têtes de veaux bleuâtres regardent passer les faméliques, l'œil morne, avec du persil dans les narines et un citron aux dents, comme un mauvais rire.

Partout des colis de mangeailles qu'on traîne par les intestins, les oreilles, le cou, la queue...

Le repas de Christmas ! — Il y a des plats de fondation, le *pudding* célèbre, le *mince-pie* moins connu.

C'est de l'honnêteté mise au four, la sollicitude de la mère penchée, avec des airs de statue antique, sur le plat qui cuit. Une mère qui *rate* un pudding descend, quoi qu'on en dise, dans l'amour de ses enfants ; le respect subsiste, mais l'admiration s'envole. En revanche, celle qui sait garder au *mince-pie* son caractère presque sacré, celle-là prend un empire qu'on ne renverse point. Les gendres mêmes s'y soumettent.

Pour faire fondre ces loupes de graisse, pour faire glisser ces lots de viande, il faudra boire.

On boira !

Les *public-houses* ont leur père Christmas bon enfant et leur mère Grégoire bonne fille qui, le verre en main, appellent le buveur à travers la vitre.

A côté, traîne encore l'écriteau jaune collé il y a six mois et qui porte en grosses lettres noires : *Notre Club de Noël est ouvert*.

Voici ce que cela veut dire :

Les pauvres ne sont pas sûrs d'avoir, tout d'un coup, ce qu'il faut pour la gaieté du grand jour : les besoins ou la soif de chaque soir dévoreront les sous à mesure qu'ils arriveront. Mais le maître du cabaret est là ; et il recevra pièce par pièce, penny par penny, de quoi faire un fonds, pour bâfrer à en éclater, pour se saouler à en crever, la nuit de Christmas.

Assurance pour l'indigestion et l'ivrognerie !

Il y a, disons-le, en dehors des pochards, de braves gens qui prennent leurs précautions par misère. Laissez-les passer, et qu'ils aillent porter à cette caisse d'épargne pour quelques centimes de joie à venir ! On décrottera une carcasse d'oie, et les petits s'en pourlécheront les babines comme des fils de lords.

Passez, Jack ! Passez, Nelly !

On n'a pas oublié ceux du *workhouse*, les orphelins, les vieux, ceux qui vont souffrir, ceux qui vont mourir. Par la voix des journaux, on demande pour eux un bon dîner, du pudding, des oranges… J'espère qu'on ne leur fera pas sentir trop durement cette charité.

Mais voici que l'on prépare les fourches fleuries du *mistletoe* ; le mistletoe aux baies rouges, sous lequel on embrasse toutes celles qui passent — tant pis, tant mieux ! C'est charmant comme une légende slave, et coquin comme une idée de France. (Jules Vallès, *La Rue à Londres*, 1884.)

Defauconpret

La Saint-Valentin

Dans les différentes courses que j'avais faites le 13 février, peu de jours après mon arrivée à Londres, j'avais remarqué un mouvement extraordinaire parmi les facteurs de la petite poste : car, en cette ville comme à Paris, il y a une petite poste pour les lettres de l'intérieur. Je les voyais courir de maison en maison, d'un air pressé et affairé, et à peine existait-il une porte à laquelle ils n'allassent frapper leurs deux coups, signal qui annonce leur arrivée. J'avais vu aussi un assez grand nombre de domestiques et de commissionnaires portant de grandes lettres, toutes sous enveloppes, et paraissant pliées et cachetées avec soin.

J'avais vu tout cela des yeux du corps seulement ; des facteurs, des commissionnaires et des domestiques portant des lettres, ne m'avaient pas semblé pouvoir offrir un sujet d'observation, quoique la multitude que j'en avais trouvée partout m'eût véritablement étonné ; mais mon attention ne tarda pas à être plus particulièrement appelée sur cet objet.

Il était presque nuit quand j'entrai dans la superbe rue d'Oxford pour prendre ensuite celle de Portland et regagner mon logement. Non loin de moi cheminait un domestique tenant à la main une lettre semblable à celles dont j'avais déjà vu un grand nombre. Au détour d'une rue, un jeune polisson la lui arracha, et disparut en courant à toutes jambes, tandis que ses camarades, poussant des cris de joie, entouraient le domestique, qui s'écria : « Le coquin ! voilà ma *valentine* perdue ! » Il se mit à la poursuite du voleur : l'attrapa-t-il ? ne l'attrapa-t-il pas ? C'est, je crois, ce qui est aussi indifférent à mes lecteurs que cela me le fut à moi-même.

Je réfléchissais à cette aventure qui me paraissait devoir être liée par quelque rapport à la distribution extraordinaire des lettres dont j'avais été témoin, quand j'arrivai à mon logis. Ma propriétaire n'avait qu'une fille assez jolie et âgée de dix-huit ans. Elle habitait le rez-de-chaussée de la maison, dont j'occupais le premier étage. J'entrai chez elle, suivant mon usage, pour y prendre une lumière, et je trouvai la charmante Fanny occupée à lire une lettre de format petit in-folio, au haut de laquelle je distinguai une gravure en couleur représentant un berger la main placée sur son cœur, fléchissant un genou devant sa maîtresse.

— Vous avez là une jolie image, ma chère demoiselle, lui dis-je.

— Monsieur, c'est une valentine.

— Encore une valentine ! pensai-je. Et pourriez-vous m'apprendre ce que c'est qu'une valentine ?

— Monsieur, me dit-elle en rougissant, voici mon père qui arrive ; il vous répondra beaucoup mieux que moi.

Je réitérai ma question au papa.

— Vous ne savez donc pas, monsieur, me dit-il, que c'est aujourd'hui la veille de Saint-Valentin ?

— Et, qu'est-ce que saint Valentin a de commun avec la lettre que tient mademoiselle votre fille, et probablement avec toutes celles que j'ai vu distribuer aujourd'hui en si grande profusion ?

— C'est que saint Valentin est le patron des amoureux. La veille de la fête, tous les amants écrivent à leurs maîtresses ; toutes les maîtresses à leurs amants. C'est un usage suivi en Angleterre depuis un temps immémorial.

— Il faut donc qu'il se fasse à Londres une prodigieuse consommation d'amour ; car il est inconcevable combien de lettres ont passé aujourd'hui sous mes yeux dans tous les quartiers que j'ai parcourus.

— Oh ! mais il n'est pas nécessaire d'être véritablement amoureux pour envoyer une valentine. C'est une galanterie sans conséquence, qui ne signifie rien, qui n'oblige à rien, et à laquelle on ne pense plus le lendemain.

— A la manière dont miss Fanny lisait la sienne, je serais tenté de croire qu'elle y attache plus d'importance.

— Mais aussi c'est une autre affaire. Elle est de son prétendu ; elle doit l'épouser dans deux mois ; c'est le fils de mon plus ancien ami ; ils se connaissent depuis leur enfance, et leur amitié a fini par devenir de l'amour... Allons, ma fille, montrez votre lettre à monsieur, qu'il voie ce que c'est qu'une valentine.

Elle me présenta l'épître, qui contenait une chanson.

— Monsieur, me dit mon hôte quand j'eus fini ma lecture, je ne sais ce que vous penserez de la chanson ; mais ce n'est pas le vrai style d'une valentine. Le dernier vers doit toujours se terminer par le mot « valentine » ou « valentin ». Au surplus, vous voilà instruit de ce que vous désiriez savoir. Je vous dirai seulement encore que, quelques jours avant cette fête, toutes les boutiques de nos papetiers sont garnies de grandes et belles feuilles de papier décorées d'emblèmes d'amour, et destinées à recevoir les productions des poètes amoureux ; car toutes les valentines doivent être en vers.

— Grand merci de l'explication. Je n'ai qu'un mot à ajouter à la chanson. C'est que lorsque l'amitié s'est changée en amour, il est possible que cette divinité reparaisse un jour sous sa première forme ; mais on n'a pas à craindre qu'elle prenne jamais les traits de l'indifférence.

Ma curiosité n'était pourtant pas pleinement satisfaite, et je résolus d'achever de la contenter. Mon libraire demeurait à deux pas. Tous les libraires en Angleterre sont en même temps papetiers. Je courus chez lui, et le priai de me montrer des valentines. Il m'en donna un paquet énorme. Je remarquai, en le feuilletant, que plusieurs d'entre elles étaient déjà remplies de vers écrits à la main. Je lui en demandai la raison.

— Tous les amoureux ne sont pas poètes, me dit-il, et avec un assortiment de valentines faites d'avance, nous ne laissons à l'amateur que l'embarras du choix.

Sa réponse me rappela notre abbé Pellegrin ; et la lecture que je fis de quelques-unes de ces pièces me convainquit qu'elles étaient dignes de figurer à côté des devises qu'on trouve dans nos bonbons de la rue des Lombards. On en jugera par cet échantillon : « Comblez mes vœux, beauté divine, / Je vous jure un amour sans fin. / Daignez être ma Valentine, / Et prenez-moi pour Valentin. »

Je vis avec plus de surprise encore que, parmi les vignettes très variées qui ornaient les différentes feuilles que j'avais sous les yeux, il se trouvait des sujets burlesques et ridicules. Ici, un Amour affublé d'une large perruque et armé d'un trait sans pointe, conduisait un jeune homme sec et efflanqué vers une grosse douairière assise dans un fauteuil à bras ; là, Mercure présentait une nymphe agaçante à un vieillard dont la jambe goutteuse, enveloppée de flanelle, était étendue sur un tabouret, tandis que l'Amour, un doigt sur la bouche, montrait la belle à un jeune homme placé derrière le pauvre podagre ; ailleurs une vieille femme à sa toilette cherchait « A réparer des ans l'irréparable outrage » ; mais son miroir, au lieu de lui montrer des charmes qui n'existaient plus que dans son souvenir, lui offrait l'image du Temps qui semblait la menacer de sa faux.

— Que signifient de pareils emblèmes, dis-je au libraire, et quel rapport peuvent-ils avoir avec une lettre d'amour ?

— Pas le moindre, répondit-il ; mais, indépendamment des véritables valentines, on envoie aussi à pareil jour des lettres de plaisanteries, qui paraissent souvent fort mauvaises à ceux qui les reçoivent, et dont les auteurs ont soin de garder l'anonyme. On écrit à une femme galante que ses rigueurs font le désespoir de vingt amants ; à une vieille, qu'on voudrait être aimé d'elle, parce qu'on ne craindrait pas d'en être mordu dans une rage d'amour ; à un vieillard, qu'on lui envoie le portrait d'une jeune beauté qui meurt d'amour pour lui, et il ne voit que la figure de la mort qui entrouvre un tombeau. Ce sont surtout celles-là dont les écoliers sont avides : aussi sont-ils aux aguets toute la journée, pour tâcher d'escamoter aux porteurs peu attentifs quelques valentines, dont ils s'amusent ensuite entre eux.

C'était précisément ce qui venait de se passer sous mes yeux.

Je remerciai le libraire, et lui achetai trois de ses plus belles valentines. Je me propose de les adresser, le 13 février prochain, à trois des beautés de Paris le plus en vogue ; et qui sait si je n'aurai pas la gloire de mettre à la mode en France un des plus antiques usages de l'Angleterre ? (Defauconpret, *Six mois à Londres*, 1817.)

Misson
Effectivement, un des plus antiques usages

La veille du 14 février, jour de Saint-Valentin, et temps auquel toute la Nature vivante tend à l'accouplement, les jeunes gens en Angleterre, et en Écosse aussi, par une coutume fort ancienne, célèbrent une petite fête qui vise au même but. Nombre égal de garçons et de filles se trouvent ensemble : chacun et chacune écrivent leurs vrais noms ou des noms d'emprunt sur des billets séparés, roulent ces billets et tirent au sort. Les filles prenant les billets des garçons et les garçons les billets des filles. De sorte que chaque garçon rencontre une fille qu'il appelle sa Valentine, et chaque fille rencontre un garçon qu'elle appelle son Valentin. De cette manière, chacun a double Valentin et double Valentine ; mais le Valentin s'attache plus à la Valentine qui lui est échue qu'à la Valentine à laquelle il est échu. Le sort ayant ainsi associé la compagnie en divers couples, les Valentins donnent bals et cadeaux, portent pendant plusieurs jours sur le cœur ou sur la manche les billets de leurs Valentines, et assez souvent l'Amour s'y boute. (Misson, *Mémoire et observations faites par un voyageur en Angleterre*, 1697.)

Defauconpret
La fête des ramoneurs

Je devais aller voir, le premier mai, avec C., le jardin royal de Kew, qui est le plus beau de tout l'univers, s'il faut en croire les Anglais, mais qui, en retranchant de cet éloge ce qu'il a d'exagéré, mérite certainement d'être vu.

Je venais de déjeuner chez lui ; nous étions sur le point de nous mettre en route après ce préliminaire indispensable, quand un grand bruit que j'entendis dans la rue me fit courir à la fenêtre.

« Quelle est donc cette mascarade ? m'écriai-je. »

Il s'approcha de la croisée.

— Ce sont les ramoneurs de cheminées, me dit-il. Tous les ans, pendant les trois premiers jours de ce mois, ils se divisent en différentes troupes, dont chacune n'est guère composée que de sept à huit personnes, et parcourent ainsi les divers quartiers de la ville. Voyez-vous le plus âgé d'entre eux, revêtu d'un habit galonné sur toutes les coutures avec de larges bandes de papier doré, portant un grand chapeau à trois cornes bordé de galons de la même espèce, et tenant en main un bâton, qui est le signe du commandement ? Il figure *le lord du Mai*. Il marche en tête de la troupe, donnant le bras à *la dame du Mai*, et cette dame couronnée de fleurs, et dont les vêtements sont chamarrés de papier de diverses couleurs, est aussi un ramoneur déguisé.

— Et qu'est-ce que cette pyramide de verdure ambulante que j'aperçois ?

— C'est ce qu'on appelle *Jack on the green* ou *Jacques sous la verdure*. C'est un ramoneur placé sous un grand panier d'osier en forme de pain de sucre entièrement couvert de feuillage et de guirlandes de fleurs, de manière que cette pyramide a l'air de marcher seule sans qu'on voie celui qui la fait mouvoir.

Quelques ramoneurs suivaient ces trois personnages, et portaient comme en triomphe les attributs de leur profession. Leurs habits étaient couverts d'ornements de papier doré ou de couleur, et leur visage noir était tellement barbouillé de rouge et de bleu, qu'on les aurait pris pour des orang-outans. Quant aux deux chefs de la bande, ils avaient eu soin d'effacer, à force d'ablutions, autant qu'ils l'avaient pu, les traces que leurs occupations journalières impriment sur leur figure et sur leurs mains, et ils paraissaient aussi blancs qu'il leur était possible de le devenir. Le cortège était précédé par un musicien qui jouait du violon, et il y avait même accompagnement de tambour. Tous les vingt pas, ils exécutaient une danse, dans laquelle on voyait même figurer le *Jack on the green* sous le panier qui le couvrait. La danse était suivie d'une quête que *la dame du Mai* faisait sous toutes les croisées où elle apercevait des curieux, et elle recevait avec assez d'adresse les pièces de monnaie qu'on lui jetait, dans une espèce de grande cuiller à pot qu'elle tenait en main, et dont je n'avais pas compris l'usage jusqu'à ce moment.

— Cette quête est sans doute le but de la cérémonie, dis-je à C.

— Je le crois comme vous, mais ne reprochons pas à ces malheureux enfants trois jours de plaisir, les seuls qui leur soient accordés dans tout le cours de l'année. Savez-vous bien que leur profession les expose en ce pays à plus de dangers que partout ailleurs? Les cheminées y sont si étroites, qu'à peine un enfant peut y passer; on est obligé de calculer le diamètre du corps de celui qu'on veut charger de les nettoyer, et l'on se trompe quelquefois. Tout récemment, un enfant de dix ans se trouva tellement engagé dans un de ces tuyaux qu'il lui fut impossible de monter plus haut ou d'en descendre. Il fallut qu'un maçon vînt faire une ouverture à la cheminée : on l'en retira sans connaissance; et le premier chirurgien qui le vit déclara qu'il était mort. Un autre voulut essayer sur lui les effets de l'électricité et, après une demi-heure de soin, il fut assez heureux pour le rappeler à la vie.

— Et comment se trouve-t-il des parents qui consentent à placer leurs enfants dans un état qui les expose à de tels accidents?

— Ces malheureux n'ont point de parents : ce sont des enfants trouvés ou abandonnés qui sont à la charge des paroisses. A l'âge de sept ans, on les engage comme apprentis à un maître ramoneur pour un certain nombre d'années; et pendant ce temps, ils en sont véritablement les esclaves, et ne peuvent le quitter, quelques mauvais traitements qu'ils en reçoivent. Ils sont mal nourris, mal vêtus, et souvent même chargés de coups. Un maître ramoneur et sa femme furent traduits en justice, il y a peu de temps, parce qu'un de ces enfants était mort des suites des coups qu'il en avait reçus. Le mari fut condamné à une détention dont je ne me rappelle pas le terme; la femme fut acquittée, mais peu s'en fallut qu'elle ne fût déchirée par le peuple quand elle sortit de l'audience. Ces exemples se sont renouvelés assez souvent; la punition d'un maître n'empêche pas les autres d'en faire autant, et la situation de leurs apprentis n'est pas améliorée.

— Et les Anglais, qui s'apitoient tellement sur le sort des nègres d'Afrique, ne font rien en faveur des petits esclaves noirs de leur pays?

— Pardonnez-moi. On a inventé une machine, au moyen de laquelle on peut nettoyer les cheminées sans y monter. Mais les inventions les plus utiles ne prennent faveur qu'avec le temps, et celle-ci est encore bien loin d'être généralement adoptée. Cependant il s'est formé une société, dont le but est de faire connaître l'utilité et de propager l'usage de cette invention ; et il faut espérer que ses efforts seront couronnés de succès. (Defauconpret, *Six mois à Londres*, 1817.)

O'Rell

Bank Holidays

Le dimanche n'étant pas en Angleterre un jour de fête, mais bien un jour de deuil, un jour de mort, on a songé à donner au peuple quelques jours de repos, ou plutôt de plaisir. Sir John Lubbock fit passer, il y a quelques années, un acte de Parlement par lequel il est enjoint aux banques de fermer quatre fois par an : le lendemain de Noël (*boxing day*), le lundi de Pâques, le lundi de la Pentecôte, et le premier lundi du mois d'août. Ces jours s'appellent *Bank Holidays*. Le peuple anglais, fêteur de Saint-Lundi s'il en fut jamais, a pris l'occasion aux cheveux : toutes les boutiques suivent l'exemple des banques ; les usines, les manufactures, les ateliers dégorgent leurs milliers d'ouvriers et d'ouvrières ; les bouges et les cloaques de Londres vomissent leur contenu immonde. Les jours où se tiennent ces saturnales populaires, il faut rester chez soi et s'y calfeutrer avec soin.

Cette basse classe anglaise est fort curieuse à observer. Elle seule conserve les traditions de la vieille joyeuse Angleterre (*old merry England*). Insouciante de l'avenir, vivant au jour le jour, bohémienne dans l'âme, bruyante et grossière, elle forme un contraste des plus frappants avec le reste de ce peuple de fourmis, morose, glacial, et qui conserve encore contre le bonheur et la joie la même haine qu'au temps de John Knox.

C'est la même différence que celle qui existait, au XIe siècle, entre les Saxons et les Normands, alors que, la veille de la bataille de Hastings qui mit l'Angleterre aux pieds de Guillaume le Conquérant, les Normands passèrent la nuit à prier, et les Saxons à boire et à hurler.

A huit ou neuf heures du matin, les *public houses* sont prêts, les animaux sont lâchés, la ripaille commence. Les robes bleu ciel, vert pomme, rouge cramoisi, apparaissent, braillant, dansant au son des accordéons : les cigares d'un sou sont allumés, toute la populace est en branle. La fête commence par la boisson, continue par la boisson, se termine par la boisson ; c'est, toute la journée, une lutte acharnée entre le contenant et le contenu, dans laquelle le dernier cède souvent et évacue le terrain. Peu ou point de jeux. On abat des noix de coco avec de gros bâtons courts, on joue à pile ou face, ou l'on monte sur les chevaux de bois ; on ne sort pas de là. Pas de spectacles, la basse classe anglaise ne sait pas ce que c'est. Le peuple se rend en masse dans les plaines, y boit, y danse et s'y couche. Les plus furieux se battent et vont terminer au violon cette fête nationale. Le lendemain et le surlendemain, les rues sont pleines de traînards ; c'est une semaine de perdue. (Max O'Rell, *John Bull et son île*, 1883.)

Saussure

Fastes civiques

Les fonctions de lord-maire ne durent qu'une année. Les bourgeois ou free-men de toute la cité le choisissent dans le corps des aldermen. Ordinairement, ils élisent le plus ancien alderman qui n'a pas encore été maire. Il s'est vu quelquefois des exemples du contraire, mais ils sont rares. Le lord-maire de Londres a beaucoup de privilèges. On lui donne le titre de lord. Le roi le fait toujours chevalier avant que son année soit écoulée, s'il ne l'est pas déjà. Son train est des plus somptueux. Il tient table ouverte. Il a plusieurs officiers à son service, qui ont de gros appointements ; entre autres le gentilhomme qui porte devant lui l'épée de cérémonie lorsqu'il paraît en public a mille livres sterling. Lorsque le trône est vacant, il est le premier officier de la Couronne. Le jour du couronnement, il est le premier échanson du roi. Son autorité, qui est fort grande, s'étend sur toute la ville de Londres, sur une partie de ses faubourgs, et sur la Tamise à plus de 25 milles au-dessus et au-dessous du pont.

Le jour de son installation, le lord-maire se rend avec tous les aldermen et un nombreux cortège au bord de la rivière, où il trouve une douzaine de barges qui sont des espèces de demi-galères. Celle de milord maire est des plus magnifiques, enrichie de dorures, de sculptures, et de peintures fines. Elle est ornée de quantité de banderoles, de flammes et de petits pavillons. Elle est tirée par quarante rameurs, tous vêtus d'une même livrée, avec de petits bonnets de velours noir. Les autres barges sont aussi fort belles et fort décorées. Il y en a une qui a une bande de fort bons musiciens. Un grand nombre de bateaux ordinaires mais bien ornés les suivent, ce qui forme une flotte des plus jolies. Ils remontent la rivière, rangés en ordre au son des instruments, et viennent aborder à l'échelle, ou au quai de Westminster, et vont à pied à la grande salle de Westminster. En tête figurent nombre de bas officiers de police, qu'on appelle ici constables, portant à la main un grand bâton, où sont peintes les armes du roi, qui est la marque de leur emploi, marchant deux à deux. Ensuite paraît une députation de quinze ou vingt personnes, de chacune des douze principales corporations des marchands tous en manteaux bleus, quatre marchaient ensemble. Puis venaient plusieurs juges de paix, qui sont des magistrats subalternes, comme les commissaires de quartiers à Paris, ils marchaient deux ensemble. Ensuite paraissent les vingt-cinq aldermen, vêtus d'une longue robe écarlate, bordée d'une pelisse de martre. Ceux qui ont été lord-maire portent au col une longue et grosse chaîne d'or, pendante sur l estomac. Ils sont suivis de deux shérifs, dont j'ai oublié de vous parler, qui sont deux magistrats au-dessus des aldermen, l'un est pour la cité de Londres et l'autre pour la province de Middlesex; ils sont annuels comme le lord-maire, et vêtus comme les aldermen lorsqu'ils paraissent en cérémonie. Après eux venaient plusieurs officiers du lord-maire, gentilshommes et écuyers tous richement mis; le dernier et le plus distingué porte devant lui une grosse et riche épée de cérémonie. Le lord-maire le suit, il marche seul, vêtu d'une robe à l'antique de velours cramoisi bordée d'hermine, dont la longue queue est soutenue par deux gentilshommes. Il a au col une chaîne d'or qui lui tombe sur l'estomac. Plusieurs officiers de milice ferment la marche.

Le lord-maire va dans cet ordre au tribunal de l'Échiquier prêter le serment de fidélité, ensuite il fait le tour de la grande salle, où il invite le lord chancelier et tous les juges à son festin de cérémonie. Après cela, il s'en retourne par eau, avec tout son cortège, à Fleet Street, où les shérifs, les aldermen et les autres personnes de distinction qui sont à sa suite montent ainsi que lui sur de beaux chevaux richement harnachés. La marche recommence à peu près dans l'ordre ci-dessus, excepté qu'elle est précédée et fermée par quelques compagnies de milice de la Cité ; elle se termine à Guild Hall, où un magnifique repas clôt la cérémonie. Le roi, le prince et la princesse de Galles, les ministres étrangers, les principaux seigneurs et les premières dames de la Cour y sont toujours invités. Charles II y allait souvent. Le roi régnant y a été deux ou trois fois, de même que le prince et la princesse de Galles.

Vous ne sauriez croire le monde qu'il y a aux fenêtres, aux balcons et dans les rues où la procession passe. Le jour de l'installation de milord maire est un grand jour de fête dans la Cité, surtout pour le peuple, qui est ordinairement alors d'une insolence extrême, tournant en libertinage la liberté dont il jouit. Il est quelquefois dangereux dans ce temps-là, pour un honnête homme et surtout pour un étranger un peu bien mis, de se trouver dans ces rues-là ; car il courra risque d'être insulté par la populace, qui est bien la plus maudite engeance du monde. Non seulement elle l'invectivera, mais elle lui jettera de la boue, des chats ou chiens crevés, dont elle fait provision pour en jouer à la paume les uns contre les autres ce jour-là. (César de Saussure, *Lettres et voyages [1742]*, 1903.)

Gautier

Un siècle et demi plus tard...

Un ami officieux nous avait procuré une fenêtre dans la Cité pour voir passer à notre aise le cortège du lord-maire. Par un heureux hasard, le temps était magnifique, et, quoiqu'il ne fût encore qu'onze heures du matin, l'on y voyait clair sans bougie et sans gaz. Le cortège tardait à paraître ; mais, comme c'est déjà un plaisir de regarder une rue où il doit passer quelqu'un ou quelque chose, j'étais accoudé au balcon, examinant toutes ces figures anglaises aux fronts carrés, aux mentons carrés, aux nez carrés, aux yeux carrés, enveloppées de tweeds, de mackintosh, et autres préparations imperméables. Pour nous autres Français, accoutumés à l'expansion et à la facilité parisiennes, c'est un spectacle surprenant que ce flegme imperturbable, que cet oubli profond du voisin et ce culte du moi qui respirent sur les physionomies anglaises. Personne ne s'occupe de personne ; chacun se rend à lui-même les soins les plus touchants ; tout individu est à la fois son dieu et le prêtre de ce dieu ; et il faut avouer, à l'honneur de l'égoïsme, que les Anglais sont sans comparaison plus corrects dans ces détails d'arrangement et d'ajustement que tous les autres peuples ; car, ainsi que le dit le vieil adage : Il n'y a pas de meilleur serviteur que le maître.

Quoique la rue fût pleine de monde, on n'entendait pas le moindre bruit ; une pareille réunion de Français sur le même lieu aurait produit un bourdonnement perpétuel ; un nombre égal de Napolitains aurait donné pour résultat un vacarme effroyable.

Parmi toute cette foule morne, au milieu de ces chapeaux bizarres, à forme écrasée, de ces *qui capit ille facit*, si plaisamment décrits par Méry, je vis s'agiter au loin un rouleau de mousseline blanche et reluire deux prunelles : c'était un pauvre Indien de Calcutta ou de Bénarès, qui vendait je ne sais quel papier relatif à la cérémonie du lord-maire. Il s'approcha de la fenêtre, et je pus le considérer tout à mon aise.

[...] La présence de ce pauvre Indien au milieu de la Cité de Londres fit faire à ma pensée un saut de quelque mille lieues, et je vis monter dans une brume enflammée des minarets étincelants, des coupoles d'or, des colonnades monstrueuses, et toutes les énormités des illustrations de Daniell. Je regardais passer le rajah de Lahore, assis sur le dos d'un éléphant, à côté de sa maîtresse aux dents peintes en bleu, au front plaqué de feuilles d'or ; j'entendais sonner les petits talons des bayadères et tinter les grelots de leurs chevilles. Ramalingam se préparait à souffler avec son nez dans sa flûte de bambou, et Devandasira promenait son pouce fauve sur son tambour de papier de riz. Enfin un mouvement dans la foule annonça l'approche du lord-maire ; car tout arrive, même un cortège qu'on attend.

Des constables et des policemen en grande tenue ouvraient la marche ; puis suivaient les corporations avec leurs bannières, les enfants des différentes écoles, des députations du corps des marins de la Tamise en costume, des timbaliers et des trompettes à cheval, des détachements de la garde écossaise, tout l'attirail obligé d'un cortège. Mais ce qui donne à la procession un caractère tout particulier, c'est le héraut d'armes de la Cité de Londres, vêtu comme au Moyen Age, avec un tabart historié du blason d'Angleterre : ce sont des chevaliers couverts de pied en cap d'armures d'or et d'acier, suivis de leurs pages portant la lance et l'écu, qui marchent isolés, de distance en distance, entre les divers pelotons. Cette apparition me surprit, et je levai les yeux pour voir si je n'apercevais pas bleuir au second plan la décoration de la ville de Constance, si merveilleusement peinte par ces messieurs de l'Opéra, et la tête chauve de M. Habeneck, se balançant avec un mouvement rythmique plus majestueux encore que les ailes de pigeon poudrées de la perruque de Haendel ; car je croyais assister à une représentation *sub Jove crudo* de *La Juive* de M. Halevy. C'était bien le cortège de l'empereur Sigismond ; il n'y manquait que l'honnête Quériau. Un instant convaincu de la réalité de ce spectacle, je me crus rajeuni de cinq ou six cents ans et transporté en pleine féodalité ; mais en prenant ma lorgnette je m'aperçus que les nez qui passaient à travers ces visières étaient des nez anglicans, presbytériens, protestants, réformistes ; que des ventres constitutionnels bombaient ces pourpoints mi-partis, et, *proh pudor !* que ce champion à l'air farouche avait des moustaches peintes à l'encre de Chine ! car, pour une raison que j'ignore, personne ne porte moustache en Angleterre, et l'absence de cet insigne viril préoccupe dès les premiers jours l'étranger, qui ne peut se rendre compte de la différence de ces visages lisses aux mines hérissées du continent.

Dans de magnifiques voitures dorées, peintes dans le genre rocaille, se prélassent les aldermen, les différentes autorités et le lord-maire. Il est impossible de rien voir de plus riche, de plus galant et de plus beau que les attelages de ces carrosses, de plus correct que ces cochers énormes, à perruque de laine, à face écarlate, gantés de blanc, galonnés sur toutes les coutures et fleuris d'énormes bouquets ; que ces laquais en bas de soie, dont les mollets tremblent légèrement aux cahots de la voiture. A travers les larges glaces des portières, on entrevoyait des profils singuliers, des têtes hétéroclites coiffées de bonnets et de perruques fantastiques, insignes de quelque dignité ou de quelque office.

Enfin parut, traîné par six chevaux superbes, dans un carrosse extravagant de sculptures, de dorures et d'ornements contournés, le lord-maire de l'année, l'honorable sir William Magnay. Aux fenêtres de la portière se tenaient deux graves personnages, vêtus de grandes robes, et portant l'un la couronne, et l'autre l'épée.

A Paris, cette cérémonie, exécutée religieusement, avec l'étiquette d'un autre âge, eût excité chez les badauds, sinon une hilarité ouverte, du moins un sourire ironique, une curiosité inconvenante. John Bull regardait tout cela d'un air parfaitement débonnaire et paisible. Chose remarquable ! l'Angleterre, malgré son excessive civilisation matérielle, a gardé infiniment plus d'usages féodaux que la France : le Moyen Age respire encore et palpite sous le vernis moderne. Chez nous, les polissons suivraient comme le cortège du bœuf gras, en poussant le refrain consacré, une promenade semblable à celle du lord-maire dans la Cité.

La procession passée, un mouvement extraordinaire s'opéra tout de suite dans la foule, et tout le monde se mit à courir dans la direction de la Tamise, pour voir l'embarquement du lord-maire au pont de Southwark. Cette course au clocher à pied, car la circulation des voitures était interdite, était des plus curieuses et des plus amusantes. Les femmes essoufflées se faisaient remorquer par leurs cavaliers, le sexe le plus léger étant fort lourd à la course. En prenant par les rues détournées, nous arrivâmes bien avant le cortège au débarcadère du pont de Southwark, où nous attendait notre barque ; voulant suivre le cortège jusqu'au bout, nous nous étions assuré d'un patron.

Le ciel était d'un bleu laiteux presque blanc, rappelant certains reflets d'opale ; un soleil argenté souriait dans des vapeurs d'un rose transparent, qui rendaient la lumière visible en la réfractant. La Tamise miroitait comme une rivière de théâtre lamée de paillons d'étain ; des embarcations de toute forme et de toute grandeur, depuis la gondole vénitienne jusqu'à la pirogue de l'Esquimau, se croisaient joyeusement en tous sens avec une animation sans pareille. L'Anglais, si morne et si morose à terre, devient tout à coup vif, allègre, jovial, dès qu'il est sur l'eau, de même que certains animaux amphibies, qui, à la vérité, peuvent bien vivre sur le rivage, mais s'y traînent lourdement, l'air empêché et malheureux, et ne jouissent que dans l'élément humide de la liberté et de la franchise de leurs allures.

L'embarcation du lord-maire rappelle, par ses dorures et son château-gaillard, sculpté dans le goût des galères de Della-Bella, le fameux *Bucentaure*, sur lequel le doge de Venise allait autrefois épouser la mer Adriatique. Tout autour de la barque maîtresse, comme des poussins autour d'une poule, se pressait une foule de chaloupes, de felouques, d'yoles et de canots ; les plus importantes de ces embarcations portaient des orchestres de musique qui, à l'arrivée du cortège sur le débarcadère, se mirent à jouer chacun une ouverture différente avec un aplomb sans égal. Il vous est facile d'imaginer l'éclatant charivari que produisaient Rossini, Meyerbeer et Donizetti exécutés en même temps. On n'aurait jamais cru qu'il pût résulter un pareil vacarme de tant d'harmonies. Mais l'effet baroque ajoutait peut-être par sa discordance à la gaieté de l'ensemble. Le lord-maire, remorqué par un canot manœuvré par des rameurs en grand costume et la plaque au bras, commença à descendre majestueusement vers le pont de Westminster, suivi de sa flottille. Lorsqu'il passa près de notre barque, nous le saluâmes d'une détonation de bouchons de vin de Champagne, et nous bûmes joyeusement à sa santé ; après quoi nous jetâmes nos verres dans le sillage de l'embarcation, aux grands applaudissements des barques voisines. (Théophile Gautier, *Caprices et zigzags*, 1856.)

Vallès

Un autre regard sur ce cortège...

On applaudit. Ce lord-maire est le représentant de la Cité — la Cité qui a ses liasses de papiers et ses bank-notes pour faire échec aux parchemins de l'aristocratie ; qui est une ville dans la ville ; et qui est plus maîtresse des colonies lointaines, d'où elle tire de quoi emplir ses magasins et sa bourse, que n'en est maîtresse la reine avec sa couronne et ses soldats.

On applaudit. C'est que c'est de la Cité que sortirait l'or qu'il faut pour acheter les consciences et pour équiper navires et régiments, si jamais on en venait aux armes. « Vive le lord-maire ! » quel qu'il soit, fût-il un soliveau, cela veut dire : « Vive le commerce ! Vive la banque ! Vive le génie de l'Angleterre ! »

Et, parmi tous ceux qui crient ainsi, il y en a qui font peine à voir. C'est qu'on n'a pas dans ce pays l'instinct de la révolte. Mais que dis-je ? A côté de moi un homme hâve, en haillons, lève son chapeau et crie : « Hip ! hip ! hip ! hurrah ! » Je le regarde.

Il est pieds nus, pieds nus dans la boue gelée ; il n'a pas de chemise, et je vois la toison de son poitrail à travers la guenille qui lui sert de cache-viande. Il a la peau toute bleue de froid, et il cligne des yeux comme un animal arraché d'un trou et jeté tout estropié à la lumière. Il crie encore : « Hip ! hip ! hip ! hurrah ! » et il se frotte les épaules dans ses haillons, avec un geste d'aise et d orgueil qui veut dire : « Comme je suis heureux d'être anglais ! »

Musulmans sans soleil, ces fils de la Grande-Bretagne ! Ils ont la résignation muette des Orientaux, sous leur ciel de fer. Ils sont fiers d'être anglais, c'est assez — et ils se consolent de n'avoir pas de chemise en regardant flotter un lambeau de drapeau : l'Union Jack ; et ils se consolent de n'avoir pas de souliers en regardant la patte du lion britannique posée sur la boule du monde... (Jules Vallès, *La Rue à Londres*, 1884.)

DES CHEVAUX ET DES HOMMES

> La noblesse d'Angleterre se plaît extrêmement aux courses de chevaux. Les plus fameuses se font d'ordinaire à Newmarket ; et alors, on voit là beaucoup de personnes de la première qualité, et presque tous les gentilshommes du voisinage. Il est assez commun qu'il se fasse des paris de deux mille livres sterling entre deux seigneurs sur une de ces courses. J'ai vu un cheval qui après avoir fait dix milles en cinquante-cinq minutes, en pays moins uni que celui dans lequel se font les courses de Newmarket, et avoir fait gagner la gageure à son maître, aurait recommencé sans reprendre haleine, si celui qui avait perdu eût voulut risquer de nouveau. Il se fait aussi des courses d'hommes. Il y a de bons coureurs qui au grand trot font quatre milles en seize minutes : communément, en vingt.
>
> MISSON, Mémoires et observations faites par un voyageur en Angleterre, 1697.

Depuis la fin du XVIIe siècle, les visiteurs français soulignent la place du cheval dans la société anglaise et le rôle des courses de chevaux dans les rites sociaux d'Angleterre. Les grands événements hippiques de Newmarket, Ascot et Epsom ont attiré les voyageurs et suscité de nombreuses relations. Certes, il y a un intérêt pour le cheval et les Français emprunteront très tôt le vocabulaire et les pratiques du turf, *mais pendant longtemps l'engouement tiendra autant de l'anglomanie que de l'hippomanie et l'adoption restera limitée à certains milieux.*

La plupart des observateurs témoignent d'admiration devant les prouesses des chevaux, mais surtout de perplexité devant ce qui deviendra, au XIXe siècle, un phénomène de masse, unissant populace et aristocratie dans un même culte du cheval, dans un même enthousiasme hippique, et dans une même orgie de paris, une même folie du jeu.

En fait, ce qui entraîne le Français vers ces landes proches de Londres, où se déroulent en mai et juin les courses qui attirent les foules, c'est le spectacle de l'Angleterre en liesse, c'est la fête qui entoure les solennités hippiques, le jour du Derby d'Epsom (depuis 1780), de la coupe d'Ascot (depuis 1807).

Le Français vient voir l'Anglais libéré, déchaîné. Pour une fois puritain, le Parisien, qui ne peut opposer à ce qu'il appellera Kermesse *ou* Saturnale *que des souvenirs du Carnaval, du cortège du bœuf gras, de la descente de la Courtille, observe avec une vertueuse réprobation des débordements divers et témoigne une évidente satisfaction à prendre le Londonien en flagrant délit de débauche. Les Anglais offrent, enfin, des scènes pittoresques, permettent des croquis savoureux, des portraits hauts en couleur, des anecdotes plaisantes concernant aussi bien les gentlemen que le populaire. Chaque voyageur profitera de cette occasion, d'une part, de rédiger un morceau de bravoure, d'ailleurs attendu des lecteurs, et d'autre part de triompher des Tartuffes d'Angleterre (je soupçonnerais même certains auteurs privés de Derby d'avoir tenu à composer « leur Derby », de chic avec l'aide des récits précédents), pour mieux dénoncer les dépravations de ses contemporains ;*

Swift, dans le Quart-Livre des Voyages de Gulliver, *avait opposé les Houyhnhnms, chevaux doués de raison, aux Yahoos, créatures simiesques, humanité dégénérée. Les témoins français nous montrent les Anglais n'exaltant les exploits hippiques que pour redevenir Yahoos. La victoire de l'aristocratique cheval libérant la bête insulaire et donnant le signal d'une gigantesque bacchanale...*

Saussure
Au grand galop

Il y a plusieurs de ces courses que l'on appelle royales, parce que le roi donne des prix. De ce nombre sont celles de New-Market, de Bristol, de Blackheaths et plusieurs autres. Elles durent ordinairement deux ou trois jours. La première course que l'on fait est pour le prix du roi ; les autres sont pour des prix particuliers ou pour des gageures, que les propriétaires de chevaux font les uns contre les autres. Les chevaux de course sont d'une espèce particulière ; on ne les emploie à aucun autre usage ; les meilleurs sortent de juments anglaises, qui ont été couvertes par des étalons arabes. Il y en a qui valent jusqu'à deux cents livres sterling et même plus. Ce sont des chevaux extrêmement fins, déliés et souples. Il faut en avoir un soin tout particulier, et même les nourrir différemment des autres à de certains égards, parce qu'ils sont fort délicats.

Les courses se font dans de vastes plaines, où sont marqués des circuits de deux milles, au moyen de poteaux, plantés de distance en distance. Dans un endroit de ce circuit, il y a deux piliers vis-à-vis l'un de l'autre, qui sont plus hauts que tous les autres ; sur chacun d'eux est établi un siège où se placent les deux juges des courses, devant lesquels passent les chevaux qui courent. C'est là que les courses commencent et finissent. Avant que de commencer, on pèse les selles des chevaux qui sont autant que possible du même poids. On ne met aux chevaux que de petits bridons fort légers. Les postillons qui les montent sont des jeunes gens à peu près de la même taille. Ils sont habillés d'une camisole et d'une culotte étroite, de drap rouge, bleu, vert ou jaune ; comme coiffure ils portent de petits bonnets de chasse de velours noir, ou quelquefois de la même couleur que la veste. Lorsque tout est prêt, on fait aligner les chevaux qui doivent courir ensemble près des piliers où sont assis les juges et cela de façon à ce que la tête d'un cheval ne dépasse pas celle de l'autre. A un certain signal, ils partent trois ensemble et courent en dehors des piliers qui forment le rond de deux milles.

Les postillons s'étudient au commencement à retenir le feu et la vivacité de leurs montures, mais sur la fin de la course, ils les poussent et les pressent autant qu'ils le peuvent. Le prix d'une course est souvent gagné par l'adresse d'un postillon, et par son habileté à conduire et à manier son cheval. Ils courent deux fois à l'entour de ce rond, c'est-à-dire qu'ils font quatre milles sans se reposer. C'est ce que les Anglais appellent *a heat*, une course. Pourriez-vous bien croire que la plupart de ces chevaux font cette course de quatre milles en dix ou douze minutes, et qu'il y en a même plusieurs qui la font à moins ? Vous pouvez penser que pour cela il faut qu'ils aient une allure extraordinairement accélérée ; aussi lorsqu'ils passaient devant moi, il me semblait qu'ils partaient comme un trait d'arbalète. Ils ne s'étendent pas beaucoup, mais ils se relèvent avec une agilité inconcevable. Lorsqu'ils ont fini une course, comme ils sont tout en eau et extrêmement essoufflés, chaque postillon met pied à terre, couvre son cheval, et le fait promener à petits pas pendant environ une demi-heure. Ensuite ils recommencent à courir comme auparavant, ce qu'ils font à trois différentes reprises. Le cheval qui aura gagné deux heats de trois qu'ils auront courus remporte le prix.

Il se trouve à ces courses un monde infini, de tout sexe, de tout rang et de toutes conditions, les uns en carrosses, les autres en chaises roulantes, d'autres en phaétons, et la plus grande partie à cheval. Rien n'est si plaisant que de voir les paysans des environs qui s'y trouvent en foule, tous bien montés, et faisant quelquefois des gageures considérables pour leur état. Le plaisir qu'ils prennent à cette espèce de divertissement, le zèle et l'ardeur qu'ils ont pour le cheval pour lequel ils ont gagé m'ont souvent amusé, de même que les disputes et les querelles qu'ils ont quelquefois ensemble à ce sujet. Il faut savoir se mêler à eux, leur parler familièrement et se faire en quelque façon pair et compagnon avec eux. Il est certain que leur manière de parler, d'agir et de s'énoncer est tout à fait particulière ; ils s'expriment avec naïveté et franchise, mais en même temps avec une fermeté et une assurance qui plairaient, si vous pouviez en retrancher les jurements qu'ils ont à tout moment à la bouche. Leur conversation n'a rien de servile ni de rampant, au contraire, elle vous apprend (sans qu'ils vous le disent) qu'ils sont dans l'aisance et qu'ils vivent sous l'heureuse domination anglaise. Mais laissons là les paysans anglais, et revenons à leurs chevaux ; j'ai encore quelques particularités à relever.

Les chevaux anglais sont partout renommés, surtout ceux de course et ceux de chasse. Il est certain qu'en général les chevaux de ce pays sont excellents, on ne peut s'empêcher de les admirer. Leur allure est le grand trot, ou galop. Les Anglais ne savent pas ce que c'est que d'aller au pas. Vous pouvez bien penser que de cette façon on fait beaucoup de chemin en peu de temps. Cinq ou six mois après mon arrivée ici, j'eus à faire à Guildford, qui est à trente milles [soit dix lieues] de Londres. Je voulais louer un cheval pour deux jours, le maquignon qui me le fournit me dit que si je n'avais pas des affaires qui m'y retinssent, je pourrais fort bien revenir le même jour. Il me donna un pauvre *Locati* qui ne paraissait pas valoir deux écus, en me disant de le laisser faire, de ne le point presser, mais aussi de ne le point arrêter tant qu'il voudrait aller. Effectivement, j'arrivai de bonne heure à Guildford, j'y fis mes affaires, j'y restai quelques heures et je fus de retour à Londres sur les sept heures du soir. Pour cet effet, mon cheval ne cessa de prendre le petit galop tout le long de la route, soit en allant, soit en revenant, excepté sur les pierres et sur le pavé, où il me fut impossible de marcher autrement qu'au petit pas. Mais dans les chemins je n'eus besoin ni du fouet ni d'éperons pour le faire galoper, il se mettait de lui-même à cette allure sans y être incité. Ce petit voyage me surprit, ne connaissant pas encore bien les chevaux anglais.

Les carrossiers, généralement noirs, sont grands, forts et vigoureux, aussi bien que les chevaux de cavalerie, qui sont à peu près de la même espèce. Ce que les uns et les autres ont de frappant, c'est qu'ils ont tous la queue coupée fort près On ne leur en laisse qu'un petit tronçon long de quelques pouces, dont on a même grand soin de couper le poil et le crin. Les chevaux de selle et de charrette ont aussi la queue coupée, mais pas aussi courte que celle des carrossiers, on leur laisse ordinairement un petit tronçon de la longueur d'un pied et demi, ou de deux pieds. Je n'ai pas vu un seul cheval anglais qui ait une queue longue et bien fournie. Ils sont heureux de vivre dans un pays où il y ait aussi peu de mouches qu'en Angleterre. Une autre remarque assez particulière qu'il y a à faire sur les chevaux de ce pays, c'est qu'ils sont en général faciles à ferrer, à telle enseigne qu'un seul homme les ferre, il tient le pied du cheval entre ses deux cuisses, et adapte le fer tout à son aise sans que le cheval remue. (César de Saussure, *Lettres et voyages [1742]*, 1903.)

Élie de Beaumont

Parieurs en redingote

J'ai été, à Newmarket, voir les courses ; la maladie du duc et le froid de ce jour-là les rendirent peu brillantes. Ces courses consistent à faire parcourir quatre milles à deux ou plusieurs chevaux, dans le moins de temps possible. D'ordinaire, la course se fait entre huit et neuf minutes. Il y a, à un demi-mille de la barrière, une loge à deux cheminées et percée de fenêtres en entier sur les trois faces, que le duc a fait bâtir pour voir commodément les courses.

A ces courses se trouvent beaucoup de parieurs en redingotes bleues, sur leurs chevaux, et fort attentifs à connaître les différents chevaux et leurs vitesses respectives ; mais on ne permet pas d'entrer dans les écuries, et c'est à la montre, ou aux courses mêmes qu'il faut savoir les juger pour déterminer ses paris.

La montre se fait tous les jours après la course, à un mille hors la ville, à l'extrémité opposée. C'est là que les palefreniers mènent les chevaux, richement vêtus, les font marcher, trotter, galoper, en présence de deux mille spectateurs et plus, qui, après cela, se décident à parier pour le jour de la course annoncée. Tout parieur paie sur-le-champ, c'est une affaire d'honneur, et l'homme le plus mal mis ira vous démêler dans la foule pour vous porter cinq cents ou mille guinées, que vous lui aurez gagnées dans un pari verbal fait seul à seul. Un acte du Parlement défend les paris au-delà de dix guinées, législation impossible, lorsque le tribunal d'honneur en ordonne autrement.

Le duc de Cumberland a monté ces paris sur un ton mineur pour la noblesse anglaise et, quoiqu'il soit dans l'opposition, il ne pouvait assurément mieux servir le despotisme, car un seigneur anglais, comme je l'ai dit à plusieurs d'entre eux, ne peut savoir s'il aura du revenu pour l'année que le lendemain des courses finies, nouvelle raison de se vendre à la Cour, si elle a le moyen d'acheter ; il y avait une course annoncée pour le vendredi suivant, entre le *Roi Hérode*, au duc de Cumberland, et l'*Antinoüs*, au duc de Grafton.

Les paris entre les deux ducs étaient de cinq mille pièces, les paris accessoires montaient à plus de quatre-vingt-quinze mille pièces, et toute l'Angleterre était attentive.

Je tiens toutes ces explications du comte de Northumberland, vice-roi d'Irlande, qui parle très bien français et qui me les fit avec beaucoup de politesse, dans la loge du duc, pour laquelle M. le duc de Richmond avait eu la bonté de m'envoyer deux billets. Il m'avoua, en parlant de la rapidité des chevaux anglais, avoir fait, lui-même, dans sa chaise de poste, quatre-vingt-cinq milles en cinq heures.

Le matin, milord Bolingbroke me fit l'honneur de me confier la vue de son écurie, dans laquelle il avait douze beaux chevaux qu'il faisait panser lui-même et qui avaient un palefrenier chacun. Il avait refusé six cents guinées de l'un, nommé le *Prophète*, qui lui en a fait gagner plus de mille, mais, avec ces beaux gains, il est presque ruiné, et il vient de vendre sa dernière terre, qui était, depuis quatre cents ans, dans sa famille : nouvelle preuve de la justesse de mon observation ci-dessus.

Le comte de Northumberland me fit l'honneur de m'inviter à l'aller voir, à sa maison de Sion à Isleworth, ce que je promis de faire mon possible pour accepter. Il a, de plus, une maison de jeu à Newmarket, où l'on joue un jeu d'enfer, nouveau moyen de se ruiner. J'y vis, le matin, le duc de Richmond, le duc de Grafton, le duc de Lancastre, milord Albemarle, milord Northumberland et quelques autres, mis horriblement mal, et qui, en même temps, arrangeaient une très forte partie. On conserve très soigneusement à Newmarket les généalogies des chevaux et leurs succès et des almanachs de courses imprimés tous les ans. Les parieurs et les propriétaires étudient profondément ces almanachs pour leur servir de guides. On pèse, à l'entrée de la course, les chevaux et le courrier ou jockey, pour rendre de chaque côté le combat égal, en ajoutant des poids, à moins que le pari ne donne plus ou moins de poids à un côté qu'à l'autre.

Il y a aussi des combats de coqs. La salle que j'ai vue est un grand amphithéâtre octogone, au bas duquel est une grande table carrée, siège du combat, et, en face, un fauteuil pour le président. Enfin, on conserve à Newmarket, avec le plus grand soin, les chevaux qui se sont rendus célèbres par leurs victoires, on en perpétue la race, et leurs faveurs coûtent huit fois celles de nos demoiselles parisiennes, c'est-à-dire deux guinées. On cloue sur la porte de leurs écuries autant de fers à cheval qu'ils ont gagné de courses. (Élie de Beaumont, *Journal [1764]*, 1895.)

Grosley
La course d'Epsom

Il est d'autres plaisirs auxquels les Anglais se livrent tout entiers, et qu'ils prennent aussi tristement : les combats de coqs et les courses de chevaux. Ces plaisirs sont une espèce de fureur qu'anime l'intérêt aiguillonné par des gageures immenses. Plusieurs bons gentilshommes se ruinent à ces plaisirs, dont je partageai la vue à Epsom, où ils avaient attiré une grande partie de Londres et toute la noblesse des campagnes voisines. Je vis, avec le plus grand étonnement, l'intérêt que marquaient tous les spectateurs pour les combats de coqs, qui ne paraissent que jeux d'enfant.

Les courses de chevaux sont plus intéressantes pour des hommes, et surtout pour des hommes qui, comme les Anglais, aiment beaucoup ces animaux, en font une étude particulière, et vivent, pour ainsi dire, avec eux. Ce goût illustra l'ancienne Grèce ; il fut l'objet des chants de ses premiers poètes ; il faisait une partie capitale de ces fêtes qui contribuèrent à fixer dans la Grèce cette supériorité de lumières et de bravoure, qui l'a si longtemps distinguée des autres pays de l'Europe.

La course d'Epsom se fit au milieu de landes coupées dans leur longueur par trois collines parallèlement prolongées : la crête et les vallons de ces collines furent la lice où l'on courut. Les carrosses qui avaient amené les spectateurs, arrangés sur trois ou quatre files, en paix, sans tumulte, sans fracas et sans prétention de préséance, occupèrent la première de ces hauteurs sur le point le plus élevé de laquelle était une baraque pour les juges du prix ; cette baraque était le but de la course ; le point de départ était à la tête du vallon extérieur de la seconde colline. Quatre chevaux, partis de là, coururent dans ce vallon la longueur d'un mille environ, revinrent par la colline suivante à la hauteur du point de départ, et gagnèrent enfin la colline de la baraque, où le premier arrivé acquiert droit au prix. Il ne s'adjuge qu'après trois courses, à celui qui, dans ces trois courses, est arrivé deux fois le premier au but. S'il y arrive dans les deux premières courses, la troisième n'a pas lieu : c'est ce qui arriva à la course que je vis.

Il n'y a là pour ces courses ni lices ni barrière : les chevaux courent au milieu de la foule, qui ne s'écarte qu'autant qu'il est nécessaire pour leur livrer passage, en les animant du geste et de la voix. Le vainqueur, arrivé au but, peut à peine se tirer de cette foule qui le félicite, le caresse, le baise avec une effusion de cœur, dont il faut avoir été témoin pour l'imaginer.

Elle ne se borne pas à ces hommages passagers. Toutes les maisons des gentilshommes campagnards, toutes les auberges sont tapissées de portraits de chevaux peints ou gravés sous diverses attitudes de force ou de souplesse, avec l'indication des victoires qu'ils ont remportées, leurs noms, ceux des piqueurs qui les ont formés, ceux enfin des seigneurs à qui ils appartiennent et chez qui ils trouvent toutes les attentions auxquelles peuvent prétendre des enfants chéris.

Au moyen de la foule qui couvrait le lieu de la course, je ne vis les chevaux courir que sur la crête de la seconde colline. Ils couraient en s'allongeant, sans s'élever ni s'élancer, et ils me paraissaient comme des chevaux de bois qui, dans tout l'allongement possible, auraient été fixés sur le bord d'un grand cercle horizontal, mû sur son axe avec toute la rapidité imaginable.

Ces chevaux, semblables, à cet égard, à beaucoup de gens de mérite, n'annoncent point par leur extérieur ce qu'ils valent : ils sont absolument efflanqués, et la tête, qu'ils portent en avant, au bout d'un col très allongé, leur enlève toutes les grâces dont la première, dans un cheval, est de bien porter sa tête.

Cette race de chevaux fournit les coureurs anglais si estimés. On en doit la conservation et la multiplication à des lois de Henri VIII, mais spécialement à des prix établis en différents endroits de l'Angleterre pour les courses : cette race est à l'espèce chevaline ce qu'étaient, chez les Grecs et chez les Romains, les gladiateurs à l'espèce humaine.

Ces courses ne se font point comme celles des barbes à Rome et en d'autres villes de l'Italie. Chaque coureur est monté par un piqueur ; c'est le plus souvent un simple palefrenier, qui n'a aucune part à l'honneur de la victoire : cet honneur se partage entre le cheval et le maître à qui il appartient. Ces chevaux sont quelquefois montés dans les courses par des seigneurs, qui veulent bien en courir les risques. Ils sont moins exposés à tomber, à se meurtrir ou à se disloquer quelque membre, ainsi qu'il venait d'arriver à un jeune seigneur dans la première course de Newmarket, qu'à perdre la respiration par la rapidité de la course. Pour couper l'air, l'écuyer, presqu'entièrement penché sur le col du cheval, tient le manche du fouet fixe en avant, ou il le remue devant sa bouche.

Avant la course, l'écuyer, la selle et tout l'équipage du cheval sont pesés sous les yeux des juges, et tout s'arrange de manière que la charge soit égale entre tous les chevaux admis à la course.

La victoire est due souvent à la connaissance qu'a l'écuyer de son cheval, et à la direction qu'il lui donne, en le poussant ou le ménageant à propos. Dans les deux courses qui décidèrent du prix d'Epsom, le cheval qui arriva le premier au but était devancé lorsque je les aperçus sur la hauteur.

En général, les Anglais ont pour les chevaux une amitié, une affection que l'on ne trouve pas dans tous les hommes à l'égard de leurs semblables. Il arrive peu qu'ils les frappent ; et la grande houssine de baleine, dont sont armés les cochers et les charretiers, leur sert à les diriger, plutôt par des signes que par des coups : ils ne leur parlent même que doucement et d'un ton d'amitié.

Les chevaux des gens aisés à la ville et à la campagne meurent la plupart dans l'écurie où ils sont nés : ce sont de vieux amis dont on reconnaît les services par les soins que l'on prend d'eux dans leur vieillesse. On ne voit à Londres que de bons chevaux : les carrosses même de place sont assez bien attelés. Mais c'est dans l'opération pour les ferrer que se montre, surtout à la campagne, toute l'attention que l'on a pour eux. Un laboureur amène son cheval chez le maréchal, il l'attache de long à un anneau, le caresse, ôte son habit, le lui met sur la tête de manière que ses yeux soient bouchés et, le tenant par la tête, continue à lui parler et à le caresser tant que dure l'opération. Le maréchal n'est pas moins caressant que le maître, il flatte aussi le cheval, cause avec lui. (Grosley, *Londres*, 1770.)

Haussez

Un spectacle donné à une grande capitale

La production des chevaux en Angleterre est exclusivement livrée à l'industrie particulière. Le gouvernement n'entretient pas de haras. Les étalons appartiennent à des individus qui en font un objet de spéculation. Le choix en est toujours fait avec une attention minutieuse et très raisonnée. Leur généalogie, consignée sur des registres spéciaux, est indiquée avec autant et souvent plus d'exactitude que celle de leurs possesseurs.

Les Anglais s'entendent mieux que quelque peuple que ce soit à faire usage du cheval. Ils l'emploient à la selle pour la promenade et pour la chasse, rarement pour le voyage. Ils se font traîner dans des voitures commodes et dont les plus belles routes du monde rendent la circulation facile, dès que la distance qu'ils ont à parcourir occasionnerait de la fatigue. Tous les âges, tous les sexes, font entrer l'équitation dans leurs habitudes. Depuis l'enfant de six ans qui galope sur un *pony* de l'île de Man, jusqu'au vieillard qui se confie aux allures modérées et sûres de son cheval favori ; depuis l'élégant qui fait admirer à Hyde Park sa hardiesse et la légèreté de son cheval, jusqu'au marchand de la Cité qui loue une rosse pour aller à la campagne passer le dimanche avec sa famille, tout le monde monte à cheval, et tout le monde paraît s'en bien trouver. Car si la longévité n'est pas plus grande en Angleterre que dans les parties les plus saines de l'Europe, on l'atteint certainement avec moins de maladies accidentelles et d'infirmités prématurées.

Les Anglais ont le très grand talent d'appliquer les chevaux à tous les usages, sans s'embarrasser si la nature les a créés pour ces usages. Ils attellent les *ponys* les moins élevés, et ils ne se font pas une affaire de monter les plus lourds chevaux de carrosse. Le *hunter* sur lequel ils ont pris la veille un renard leur fait parcourir le lendemain quarante milles en tilbury ; et telle est la perfection de leurs races, que les chevaux ne sont jamais impropres au genre de service que l'on en exige, quelles que soient d'ailleurs leurs formes et leurs habitudes.

Le travail qui leur est demandé est presque toujours forcé, quant à la vitesse. Un exercice constamment entretenu les dispose à le supporter ; mais il ne prévient pas les infirmités précoces qui, bornant leur vigueur à un petit nombre d'années, les fait rapidement passer de l'écurie d'un grand seigneur où ils ont été successivement employés à la selle et au harnais, dans celle d'un maître de poste ou d'un entrepreneur de diligences.

[…] On parie pour un cheval qui n'a jamais couru, mais dont on connaît la généalogie ; on parie pour l'animal qui naîtra de l'accouplement de tel cheval avec telle jument. Ce n'est au plus tôt que trois années après que la course doit avoir lieu, mais le pari n'en a pas moins son effet. Il arrive cependant souvent ce que disait l'homme de la fable : « Le roi, l'âne ou moi serons morts. »

A trois époques différentes de l'année, et pendant trois semaines consécutives à chaque époque, les courses de Newmarket appellent dans cette petite ville un concours nombreux d'amateurs de ce genre de plaisir, et elles impriment à la contrée déserte qui l'entoure une vie et un mouvement qui contrastent avec son aspect triste et morne. Le reste de l'année, l'œil ne rencontre que des files de chevaux soigneusement couverts, dont l'allure lente et cadencée provoque l'impatience du spectateur qui voudrait les voir déployant la vitesse que promettent leurs formes sveltes et élancées.

Le voisinage de Londres donne une physionomie toute différente aux courses d'Epsom. Les routes qui y conduisent sont couvertes de voitures de tout genre, de cavaliers montés sur des chevaux de toute espèce. C'est un spectacle curieux que cet amas de voitures se croisant, se dépassant, sans égard pour l'élégance des chars ou la qualité de ceux qu'ils transportent ; la charrette du boucher coupant le gig d'un merveilleux ; le fiacre opposant sa lourde masse au passage du landau à quatre chevaux, conduit par un lord en costume de cocher, le bouquet au côté, le chapeau gris sur l'oreille ; la toilette à prétention d'une belle dame, couverte de poussière ou de boue par la grossière plaisanterie d'un homme du peuple. Arrivé sur le champ de course, il n'est pas moins plaisant de voir les nombreux expédients auxquels on a recours pour former un établissement pour le repas qui doit faire attendre avec moins d'impatience le commencement des courses, lesquelles n'ont lieu qu'à deux heures et demie.

Le terrain destiné à la course présente l'aspect d'un vaste champ de foire de campagne. Sur les deux côtés du chemin que les chevaux doivent parcourir, sont alignées sur plusieurs rangs les milliers de voitures qui ont apporté les curieux. Les intervalles sont occupés par des bandes de Bohémiennes, qui vont disant la bonne aventure, mendiant, prenant tout ce qu'on leur donne, volant tout ce qui leur tombe sous la main. Lorsque entraîné par l'espoir d'obtenir une meilleure place, quelque spectateur tente de traverser le chemin de course, il est ramené à grands coups de poings à sa place primitive par les *policemen*. Ce genre d'épisode excite parmi l'assistance une hilarité qui s'exprime par des cris et des applaudissements universels.

Les curieux qui n'ont pu trouver place près de la ligne sont groupés sur le versant d'un mamelon, à une centaine de pas en arrière. Le reste de la scène est occupé par des tentes et par un magnifique pavillon réservé aux personnages de distinction.

Le terrain que les chevaux parcourent a une forme demi-circulaire ; il présente des ondulations assez prononcées ; le point de départ varie suivant l'usage et la force des chevaux. Le point d'arrivée est toujours le même. On peut jouir du spectacle de la course beaucoup mieux qu'à Newmarket, beaucoup moins bien que dans les hippodromes de France.

Les courses d'Epsom offrent un spectacle amusant aux curieux qui, dans une réunion nombreuse, ne cherchent que du mouvement, du bruit, de la foule et ses inconvénients. Elles présentent un autre genre d'intérêt aux gens qui spéculent sur la plus ou moins grande vitesse d'un cheval, le plus souvent sur leur adresse et la sottise des autres, sur l'intelligence de leurs jockeys et la complaisance de ceux de leurs antagonistes.

A Newmarket, les courses n'ont lieu que pour de véritables amateurs ; à Epsom, c'est un spectacle donné à une grande capitale, et vraiment digne d'elle. (Baron d'Haussez, *La Grande-Bretagne en 1833*, 1834.)

Texier

Un vrai morceau de bravoure

C'est demain que commencent les courses d'Epsom. Tous les *sportsmen*, tous les *stewards* du Jockey club de Newmarket font leurs préparatifs. Les courses d'York ont eu lieu la semaine dernière, et le Great-Northern railway a transporté de Londres à la métropole du nord de l'Angleterre deux cent mille voyageurs. Un nombre presque égal d'individus a payé un shilling pour s'asseoir dans le grand stand où sont les tribunes et les places gardées autour des limites de l'hippodrome. Plusieurs milliers ont donné une demi-couronne (3 francs 2 sous) pour entrer dans l'enceinte réservée. Vingt-trois mille voitures publiques, ou particulières, stage-coaches, mail-coaches, carriages, flies, cabs, ont été remisées, soit dans la ville, soit dans les environs, et dix-sept steam-boats ont transporté des visiteurs. Eh bien ! tout cela n'est rien, York n'est que la préface d'Epsom. Les courses d'Epsom sont la grande solennité de l'Angleterre et offrent le plus curieux et le plus étrange des spectacles. Je me dispose à faire comme tout le monde et à suivre la foule, je veux dire Londres tout entier, sur le plus célèbre turf de la Grande-Bretagne. Toutes les voitures publiques sont retenues depuis huit jours, et c'est avec la plus grande difficulté que je suis parvenu à trouver une place dans un omnibus qui me conduira, moi trentième, et me ramènera pour la modique somme de une livre sterling.

Après Sa Très Gracieuse Majesté Victoria Ire, le personnage le plus admiré, le plus adulé et le plus renommé de la Grande-Bretagne, c'est le cheval. John Bull est encore plus fier de son pur-sang que de son rosbif. Les grands *meetings* de la nation anglaise ont lieu à York, à Epsom, à Newmarket et à Ascot, et tout ce que l'Angleterre compte de leaders et de femmes à la mode se fait une loi d'assister à ces solennités hippiques. Quand un étranger de distinction arrive en ce pays, l'honneur le plus grand que puisse lui faire un lord, c'est de lui ouvrir à deux battants les portes de ses écuries. A Constantinople, un fils du Prophète ouvrirait à cet étranger la porte de son harem. Les chevaux, je parle des nobles combattants du sport, habitent des palais. Leur râtelier est en bois de palissandre, et leur mangeoire en marbre blanc. Un peuple de palefreniers est à leur service, et ils reçoivent chaque jour la visite des plus illustres personnages. Ici le cheval vaut plus que l'homme, et bien des gens, à la vue du luxe et des soins qui entourent le pur-sang, doivent accuser le sort de ne les avoir pas fait naître quadrupèdes.

A Londres, le cheval de luxe jouit d'une telle *respectabilité* en sa qualité de *gentilhomme*, que les cochers croiraient déshonorer leurs chevaux s'ils les conduisaient dans des quartiers qui ne fussent pas fashionables. Il existe en ce moment deux théâtres italiens, le théâtre de Sa Majesté et celui de Covent Garden. Ce dernier théâtre a l'irrémédiable inconvénient d'être situé près du marché aux fleurs et aux fruits ; aussi est-il peu fréquenté par la nobility. Cependant, quand un lord, attiré par le talent de Mario et la voix de la Grisi, consent à abandonner, pour un soir, sa loge de Her-Majesty's-Theatre, il se rend en cab à Covent Garden. Il veut bien s'encanailler de sa personne, mais, pour rien au monde, il ne compromettrait l'honneur de son attelage. Le premier pur-sang historique a été *Incitatus*, ce cheval patricien dont Caligula, ce sportsman couronné, avait fait un consul.

On comprend quelle passion, quelle fureur, quelle rage doit exciter dans la ville de Londres et dans toute l'étendue des îles Britanniques l'annonce d'un derby. Depuis huit jours il n'était plus question que d'Epsom.

Epsom avait fait oublier l'exposition et ses merveilles. Les hommes-affiches qui sillonnent la ville depuis Piccadilly jusqu'à Blackwall portaient d'immenses pancartes sur lesquelles on lisait : *Great Derby, Epsom races*. Toutes les voitures étaient prêtes, tous les omnibus étaient retenus ; les merveilleuses avaient dévalisé les magasins, car c'est un usage immémorial que toute femme à la mode doit inaugurer une nouvelle toilette au derby d'Epsom. Aussi, quand ce grand jour de mercredi 21 mai est arrivé, tout Londres était-il sur pied dès six heures du matin. Le ciel était gris, l'air humide et l'horizon menaçant. Mais ce jour-là, qu'il pleuve, qu'il vente, qu'il grêle ou qu'il neige, peu importe : on court au turf comme le soldat au champ de bataille. D'ailleurs l'Angleterre ne compte jamais sur son soleil pour donner des fêtes, et elle a bien raison. A huit heures, nous nous installons au nombre de trente et un (on aurait pu tenir seize à la rigueur sans être trop gênés) sur l'impériale d'un carriage traîné par quatre chevaux enrubannés et ornés de cocardes roses, et nous partons de Trafalgar Square en compagnie de cinquante autres carriages et omnibus qui chargeaient en même temps que le nôtre.

Charing Cross, une rue aussi large que le boulevard, est déjà encombrée, et la file des voitures est telle que nous restons un quart d'heure dans Parliament Street, juste en face de White Hall. Un Anglais profite de cette halte forcée pour me montrer la fenêtre à la hauteur de laquelle a été dressé l'échafaud de Charles Ier. Salut, sombre souvenir ! Mais en ce moment un autre Anglais m'invite à admirer Westminster, dont les clochetons et les ogives se reflètent dans le miroir de la Tamise. Nous repartons enfin et nous sommes sur le quai. C'est de ce point que Londres apparaît dans toute sa splendeur monumentale. Les ponts, la Tour, la Cité, Saint-Paul, les mâts pavoisés des navires, tout cela resplendit quand le brouillard le permet, mais le brouillard ne le permet jamais. Au pont du Vauxhall, une foule de piétons est assemblée pour voir le défilé des équipages ; toute voiture à quatre chevaux reçoit en passant les honneurs d'un hourra énergique, auquel on s'empresse de répondre en agitant les chapeaux en l'air. Sur tous les visages éclate une animation extraordinaire ; on dirait que l'Angleterre court à un combat qui va décider des destinées de la patrie. Après le passage du pont, deux routes se présentent qui conduisent également à Epsom, et dans chacune trois files de voitures s'établissent aussitôt. A partir de cet instant, les chevaux impatients peuvent enfin prendre le galop ; les deux côtés du chemin sont bordés d'hommes, de femmes et d'enfants auxquels succèdent d'autres hommes, d'autres femmes, d'autres enfants. Nous parcourons ainsi un espace de trois milles, et si les maisons qui se pressent et s'entassent les unes sur les autres n'étaient plus blanches et plus souriantes que celles de Londres, on pourrait se croire dans une rue de Londres : c'est la ville des cottages, et cette ville-là vous la retrouvez tout autour de la métropole dans une circonscription de plusieurs lieues ; ces fraîches demeures semblent échappées d'une décoration d'opéra. Les plantes grimpent contre les murailles et encadrent les fenêtres dans des touffes de feuillages et de fleurs. On aperçoit en passant, attablée auprès de la croisée, toute la famille qui prend le thé : le père, la mère et des nuées de jeunes filles, visages riants, têtes blondes qui égaient le foyer. L'Angleterre gagne à être vue à la campagne. Chaque cottage est précédé d'une miniature de jardin ; dans ces jardinets se promènent des jeunes femmes en robes blanches, en écharpes roses ; malgré le froid et en dépit d'un ciel brumeux parsemé de nuages noirs, elles tiennent au-dessus de leur tête une ombrelle ouverte. Flatterie perdue adressée à un soleil apocryphe. Elles regardent passer les cavaliers et les voyageurs avec un sourire mélancolique. Hélas ! c'est qu'elles ne quitteront pas l'*home* ; elles n'assisteront pas aux splendeurs du derby. Ces cottages des environs de Londres sont les Tiburs de la bourgeoisie. Ils sont généralement habités par des négociants, lesquels ont dans la Cité un office où ils passent la journée à gagner des millions et qu'ils se hâtent d'abandonner aussitôt après la fermeture de la Bourse, pour aller respirer, à quelques milles, un air moins chargé de vapeurs, de charbon et de suie.

Mais pendant que je regarde et que je cause, les équipages se pressent sur la route. C'est un triple ruban d'attelages. Dans des calèches conduites à la Daumont, les ladies, paresseusement couchées, contemplent à travers le verre de leur lorgnon ce pittoresque spectacle d'omnibus et de malles-poste couronnées de grappes humaines. Les broughams, les flies, les cabs, les berlines roulent de conserve sans se heurter, pendant que les tandems, traînés par deux chevaux en flèche, glissent à travers cette forêt de voitures et disparaissent dans un ouragan de poussière. Et pour veiller au maintien du bon ordre, pas d'escouades de sergents de ville comme chez nous, pas de gendarmes à cheval. De loin en loin on rencontre sur le bord de la route un policeman immobile, qui semble la statue de la loi en frac bleu. A moitié chemin, toutes les voitures publiques font halte à l'auberge de l'Ancre et de la Couronne. On descend, on se précipite dans la cour, où l'ale, le gin et le porter sont distribués, et chacun, avant de vider son verre, pousse trois hourras à la gloire du derby et de la vieille Angleterre (*to old England*). Sur les murailles de l'auberge est tracé en lettres majuscules le cri de guerre du moment : *No popery* (à bas le papisme), et des milliers de poitrines répètent *No popery !* Je lis aussi l'inscription suivante : *The pope and the French bayonets, for ever John Bull can't* (« Le pape et les baïonnettes françaises, John Bull ne les supportera jamais »). Il n'y a rien à dire à cela : John Bull est parfaitement dans son droit en donnant carrière à son patriotisme ; mais où John Bull a-t-il vu qu'il était menacé par les baïonnettes françaises ? Un Anglais m'explique le sens de cette inscription, qui n'est, à ce qu'il paraît, qu'une protestation contre l'expédition et l'occupation du territoire romain par nos soldats. On remonte à l'assaut des voitures, on part, et au bout de quelques minutes, nous sommes enfin au beau milieu de la campagne. Des tapis verts émaillés de boutons d'or, des bouquets d'arbres plantés de distance en distance pour reposer la vue, des collines savamment accidentées, des vallons fleuris, et sur ces vastes pelouses, soignées et peignées comme le gazon de nos jardins, les grands bœufs qui paissent et les poulains qui bondissent; illuminez cette verte nature d'un tout petit rayon de soleil, et vous aurez le paysage de convention des peintres du XVIIIe siècle. On dirait que les campagnards de ces contrées ont copié nos toiles Pompadour. Wateau est le grand horticulteur et le grand sylviculteur de l'Angleterre, de ce pays qui a transformé son sol rebelle en un immense jardin peuplé d'arbres, de fleurs, de gazon, et sillonné de petites rivières dont les rubans se déroulent à perte de vue et se tordent, serpents argentés, sur des nappes vertes et odorantes.

Voici le village d'Epsom, un village comme il ne s'en trouve qu'en Angleterre et à l'Opéra-Comique, des maisonnettes en bois dressées tout le long d'une rue garnie de larges trottoirs. Les villageoises ont des robes de soie, des chapeaux à plumes et des bottines en satin turc. Les villageois offrent un spécimen du parfait notaire. C'est au village d'Epsom que s'arrête le railway. A dix heures il a déjà transporté pour sa part trente et quelques mille voyageurs. Nos chevaux, excités par le bruit des locomotives, redoublent d'ardeur, et leur sabot fait jaillir des étincelles en guise d'épigrammes; les gens qui sont venus par le chemin de fer ont encore deux milles à parcourir pour arriver à l'hippodrome. Quant à nous, rien qu'un coup de fouet, et nous sommes dans les plaines de l'Élide.

Toute le monde a vu, étalées dans la vitrine des marchands d'estampes, ces gravures babyloniennes de Martin, où de petits points noirs habilement groupés représentent des émigrations de peuples; l'aspect de ce gigantesque amphithéâtre d'Epsom, où sont entassés des hommes, des femmes, des enfants, des chevaux, des voitures, une foule sans limites, *omnia pontus*, le crayon de Martinn seul pourrait le reproduire. De tous les côtés, au nord, au midi, à l'est, à l'ouest, sur la colline, dans la vallée, aussi loin que peut s'étendre le regard de l'aigle, la foule, toujours la foule. Les collines ont dépouillé leur robe verte, et elles apparaissent dans le lointain comme des masses noires; la vallée est submergée par un océan dont les flots sont des têtes. Grimpez sur l'impériale de votre carriage, hissez-vous sur la pointe des pieds, tâchez de découvrir un nouvel horizon, et au bout de cet horizon vous apercevrez encore une ligne d'habits noirs, de chevaux et d'équipages. Ce cirque cyclopéen, dans lequel se pressent ces centaines de mille d'individus, donne une idée de cette vallée de Josaphat où se trouveront réunies, au dernier jour du monde, les générations des générations. Quiconque n'a pas vu ce grandiose meeting, cette cohue sans pareille, ce tohu-bohu sans nom, ne peut se figurer l'effet imposant que produit cette masse d'êtres qui grouille dans un espace quatre fois plus vaste que le Champ-de-Mars. Cela ébahit, exalte, épouvante ; au bout de trois minutes, j'avais le vertige.

Des baraques en bois que l'on nomme des *booths*, ornées de l'écusson de Saint-Georges et surmontées de l'étendard britannique, bordent le plateau dans toute sa circonférence ; au centre est le grand stand où se tiennent les *gentlemen riders* et les fanatiques du derby. L'entrée du grand stand est de cinq shillings. Un des côtés du plateau est réservé aux omnibus, aux carriages, et en général aux voitures publiques. Sur le versant opposé sont rangés les équipages de maître. Chaque voiture paye une livre d'entrée dans le premier compartiment et deux livres dans le second ; mais le piéton, toujours privilégié en Angleterre, n'a pas un penny à débourser pour circuler dans toutes les parties de l'hippodrome. C'est le cheval qui fait les honneurs du turf, lui seul paie. Tous les lords, toutes les ladies, toute l'aristocratie des trois royaumes attend le signal des courses. J'aperçois au milieu d'un groupe de *sportsmen* M. le duc de Nemours accompagné de M. Paul Daru ; à quelques pas, se promène, un stick à la main, et en toilette irréprochable, Sa Grâce sexagénaire le vicomte Palmerston. Il a abandonné le foreign-office pour venir jeter un regard mélancolique sur le premier théâtre de ses exploits. *Dulces reminiscitur Argos.* Cependant la trompette sonne, voici le signal ; aussitôt chacun se précipite vers l'impériale des voitures, et les femmes elles-mêmes ne reculent pas devant cet assaut hasardeux. Mais il ne s'agit que d'une petite course de quatre chevaux, et c'est tout au plus s'il y a cent mille livres engagées sur ces coureurs préliminaires. On se réserve pour la grande course de trente-deux pur-sang, parmi lesquels on compte dix *favoris*. Quelque incroyable que puisse nous paraître ce fait, à nous peuple continental, qui ne comprenons pas cette bourse du derby où se font et s'engloutissent les fortunes, chacun de ces *favoris* représente au moins un demi-million sterling de paris (douze millions cinq cent mille francs). L'intervalle qui sépare la petite course de la grande est consacré au dîner : c'est l'heure pittoresque ; la table se dresse dans les calèches ; chaque impériale d'omnibus se transforme en salle à manger. Le sherry, le porto, et surtout le champagne, coulent à flots. Le vin de Champagne est obligatoire ce jour-là, et l'on porte à deux cent mille le nombre des bouteilles qui vont être vidées en l'honneur des victorieux. Je dois ajouter que jamais encore je n'avais vu boire avec un pareil enthousiasme ; hommes, femmes, enfants, tout le monde fait son devoir. L'Angleterre est une grande nation !

Dans la partie réservée au *high life*, tout se passe de la même façon ; seulement, la nappe est plus blanche, le service plus splendide. Des domestiques en grande livrée, poudrés et enrubannés, servent leurs maîtres dans de la vaisselle plate. A cette solennité, le luxe met toutes voiles dehors ; il faut bien que les mendiants qui rôdent autour des équipages comme des chiens qui attendent un os puissent contempler une fois dans l'année cet amas de richesses, ces coupes festonnées, ces couvercles ciselés, ces surtouts armoriés, ces montagnes d'assiettes d'or et d'argent. Quand la fashion aura dîné, elle fera jeter par ses valets la desserte de son repas aux affamés. Il faut voir aussi quels sinistres regards lancent en passant les troupes de bohémiens et de bohémiennes, ces éperviers qui se montrent par bandes dans toutes les fêtes de la Grande-Bretagne. Dans ces gypsies, qui portent sur la tête une torsade en calicot rouge, et dont quelques-unes sont remarquablement belles, vous ne retrouverez plus la poétique création de Goethe. Mignon ne regrette plus les citronniers de la patrie; elle vole les montres et les bourses sous le prétexte de dire la bonne aventure. Le soir, quand le turf sera désert, elle ne dansera pas sur la pointe du gazon, au clair de la lune, mais elle fouillera chaque brin d'herbe, dans l'espoir de trouver quelque shilling égaré, quelque débris de vaisselle oublié dans l'emballage. « Connais-tu la contrée où, sous les verts ombrages, / Brille comme un fruit d'or le fruit des orangers ? »

— Que me font vos orangers ? répondra la fille du soleil; les fruits d'or, ce sont les guinées. Je suis sans affections, sans enthousiasme et sans patrie, et si je parais à vos fêtes, c'est que j'y suis attirée par l'appât du vol, comme le corbeau par l'odeur du cadavre.

Cependant, sur un signe des policemen, la foule qui encombrait le turf est rentrée dans ses limites; les trente-deux pur-sang, montés par les jockeys à casaques et à toques bariolées, paraissent dans la lice; une animation extraordinaire resplendit sur tous les visages; l'anxiété se reflète même sur les traits de ces ladies qui étaient toutes au champagne quelques instants auparavant : c'est qu'elles-mêmes sont engagées dans des paris considérables. On me montre, parmi les concurrents qui vont disputer la couronne olympique, *Lamartine* et *Louis-Napoléon*. Un Anglais placé sur l'*outside* d'un carriage voisin du nôtre me demande si je veux parier pour *Louis-Napoléon*. Sur mon refus, il me dit : « Vous n'avez donc pas confiance dans le succès de Louis-Napoléon ? » Et tous ces compatriotes de rire à gorge déployée de ce bon mot, qui passe pour une des plus fines plaisanteries de la journée. Mais les hourras retentissent de chaque côté de la haie des spectateurs. Voici *Teddington*, le favori des favoris, le roi, l'empereur du derby.

Des spéculateurs ont une telle foi dans son triomphe, qu'ils ont fait imprimer son portrait sur cent mille foulards qui seront vendus chacun dix shillings s'il est vainqueur. Si, au contraire, il est vaincu, tous les exemplaires réunis ne vaudront pas six pence. C'est encore une manière d'engager un pari. Le propriétaire de *Teddington*, sir Henry Hawley, a hasardé pour sa part cent mille livres (deux millions cinq cent mille francs) sur les jambes de son coureur. Que la sagesse des nations vienne nous dire, après cela, que l'argent ne se trouve pas sous le pied d'un cheval! Depuis huit jours, dans tous les clubs de Londres, de Dublin, d'Édimbourg, de Manchester, de Liverpool, dans tous les public-houses de la métropole et des capitales de comtés, des paris dans la proportion de un contre cinq ont été tenus en faveur de *Teddington*. Dans cette dernière minute qui précède le départ, les paris sont doublés, triplés, quadruplés ; des millionnaires jettent toute leur fortune sur ce coup de dé. Les trente-deux coureurs sont en ligne ; combien sont opulents, enviés, admirés, parmi ces impassibles *gentlemen* qui, dans trois minutes, ne posséderont plus un shilling ! En attendant l'arrêt du destin, un dernier verre d'ay aux dieux inconnus, le coup de l'étrier de la fortune.

Sur un signe, l'escadron s'ébranle, et le turf palpite comme la foule. Un hourra formidable, échappé de deux cent mille poitrines, déchire l'air et salue le départ. Tous ces chevaux, pressés les uns contre les autres, glissent avec une telle rapidité qu'ils semblent à l'horizon un train de chemin de fer. *Teddington* suit quatrième ; il s'est laissé couper par trois rivaux. Puis, pendant cinq secondes qui pèsent comme un siècle, tout l'escadron disparaît derrière un monticule. Mais voici les casaques rouges, bleues, blanches, vertes, jaunes, qui pointent dans le lointain. *Hourra!* *Teddington* est second, et nous ne sommes qu'à la moitié de la course. Dans cet instant solennel, tout fait silence. Ces deux cent mille spectateurs sont autant de statues. On n'entend que le hop ! hop ! des jockeys et le bruit du tourbillon. *All'right* (« tout est bien »), comme on dit ici. Les trente-deux coursiers passent devant nous comme trente-deux éclairs. En un clin d'œil ils sont au poteau. Sir Henry Hawley a gagné ses deux millions cinq cent mille francs, et le marchand de foulards ses cinquante mille écus. *Teddington* est vainqueur ! J'ai bien fait de ne pas tenir pour *Louis-Napoléon*. Il arrive dernier. *All'right*.

Vous croyez que tout est terminé ; c'est alors que tout commence. Des volées de pigeons sont aussitôt lancées dans l'air ; des milliers de courriers sont expédiés dans toutes les directions. Ces pigeons vont annoncer la victoire de *Teddington* dans toutes les villes des trois royaumes et jusqu'à Bruxelles ; ces courriers sont attendus dans tous les endroits où ne fonctionne pas encore la télégraphie électrique. Une presse, placée au milieu de l'amphithéâtre, imprime des milliers de bulletins qui sont vendus, moyennant six pence, par des *boys*, lesquels se répandent dans toute l'étendue du *meeting* en poussant des cris de cormorans effarouchés. Le bouchon des bouteilles de champagne recommence à sauter, les verres s'emplissent et se vident pour s'emplir et se vider encore, et le triomphateur *Teddington* est amené en face du grand stand, devant les gentlemen riders, qui se découvrent et saluent. Hommage d'autant plus grand qu'il est moins prodigué. En Angleterre, on n'ôte pas son chapeau même devant les femmes ; cet honneur n'est accordé qu'aux chevaux.

Je suis persuadé qu'à part les étrangers, il n'y avait pas dix personnes sur cet immense terrain qui ne fussent intéressées dans cette course. Les gens du peuple parient comme les lords ; toute la différence est dans la valeur du pari. J'ai été témoin d'un fait qui prouve combien est profondément enracinée dans le caractère national cette fureur de risquer des sommes exorbitantes. Un jeune gentleman que j'avais rencontré dans une des grandes librairies de Saint-James Street, Chez Sam, me dit, quelques instants avant la course, qu'il voudrait bien hasarder quelques guinées en faveur de *Teddington*, mais que tout le monde étant engagé, il ne pouvait parvenir à trouver un *tenant*. Au moment où il me parlait, passait un des rois du sport, lord Spencer, à qui il fit part de sa mésaventure, et qui lui répondit : « J'ai votre homme, attendez quelques instants. » En effet, cinq minutes n'étaient pas écoulées que se présentait, de la part de lord Spencer, un homme assez mal vêtu et dont les formes rudes et le langage grossier annonçaient un ouvrier anglais. C'était un maçon. Le gentleman lui proposa un pari de quarante livres, mais le maçon répondit avec dédain : « Ce n'était pas la peine de me déranger pour si peu ; je ne parie pas moins de cinq cents livres », et il s'en alla. On m'apprit alors que ce maçon était le représentant de tous ses camarades, qui avaient fourni chacun quelques shillings pour constituer une somme dont le chiffre se montait à trois mille livres sterling (soixante-quinze mille francs). Il en est de même pour les autres corporations d'ouvriers ; toutes ont leur représentant sur le turf, et elles s'entendent pour lutter contre les lords. L'année dernière, les corporations avaient réalisé un gain considérable, mais elles ont eu le dessous au derby de cette année. On m'a cité un membre du club de Newmarket, M. Davis, autant que ma mémoire est fidèle, qui a perdu pour son compte soixante-quinze mille livres : et, chose inadmissible au premier abord, des gens très au courant du sport m'ont affirmé que le déplacement monétaire qui se faisait chaque année aux courses d'Epsom pouvait être raisonnablement évalué à trois cents millions de francs. Quelques-uns poussaient leur évaluation jusqu'à un demi-milliard.

Évidemment les courses anglaises sont le résultat d'une sorte de pléthore de guinées. Il existe en ce pays des gens si riches qu'ils ont besoin pour se sentir vivre d'éprouver les fortes émotions de la perte ou du gain. Au fond de toutes ces folies, cependant, il y a un but sérieux. Je n'ai pas, pour ma part, une admiration excessive pour le cheval anglais, ce cheval factice, aux jambes grêles, au corps allongé, fabriqué par la main de l'homme et qui ressemble à un grand lévrier, mais l'Angleterre le voit d'un œil plus favorable, et, d'ailleurs, il est incontestablement le premier coureur de l'univers. Ces courses, pour lesquelles on déploie tant de pompe et de magnificence, ont excité l'émulation des éleveurs, et cette émulation se répandant de proche en proche, a gagné les propriétaires de bestiaux et profité à l'agriculture. On peut dire que le peuple anglais a tout refait dans son pays, en commençant par le sol. Dieu lui avait donné un bœuf étique, il en a fait le roi des pâturages européens. Ainsi pour les autres bestiaux, qui sont superbes et innombrables. L'Angleterre est le pays où la consommation de la viande est la plus grande, et où cette viande, de qualité excellente, se vend à meilleur marché. Si nous mettons de côté les paris et les autres excentricités du turf britannique, il faut reconnaître que nos courses du Champ-de-Mars et de Chantilly ne sont que de misérables contrefaçons. En France, on est sportsman par ton, ici par croyance. Chez nous, l'hippodrome est une mode ; chez nos voisins, c'est un devoir et une passion. L'amour du cheval, pour tout dire, est une des religions de l'Angleterre.

A six heures du soir, les courses de cette grande journée étaient terminées. Aussitôt les chevaux sont amenés et attelés. Les cavaliers partent les premiers pour n'être pas arrêtés par l'encombrement des carriages. Cette précaution n'est pas inutile. Toutes ces voitures s'ébranlant à la même minute, dans la même direction, sont forcées de stationner des heures entières. Trois rubans s'établissent, et l'on ne peut aller qu'au pas. Des voyageurs d'un carriage passent tranquillement sur l'impériale d'un omnibus voisin, au risque de se rompre le cou. On se fait des visites d'une voiture à une autre voiture. Mais on a bu beaucoup dans la journée, et en Angleterre comme ailleurs, il y a un Dieu pour les gens qui ont fêté la vigne. On compte deux sortes d'ivresse de ce côté de la Manche : l'ivresse causée par l'ale, le porter, les liqueurs fermentées, et l'ivresse qui résulte de l'absorption des vins de France. La première est taciturne, la seconde gaie et bruyante. Or, ce sont, on se le rappelle, les coteaux d'Ay et d'Épernay qui ont fait presque tous les frais de la journée. Aussi la gaieté est-elle communicative. On chante, on cause, on se livre à des plaisanteries qui doivent être d'excellent aloi, si j'en juge par les gros rires qu'elles provoquent de toutes parts. Les *Frenchmen* servent de point de mire aux traits des loustics. « Monsieur le Français, avez-vous perdu beaucoup d'argent au derby ? » Et tout le monde d'éclater. D'autres, qui n'ont pas encore pénétré aussi avant dans les arcanes de notre langue, se contentent de nous dire en passant, avec l'accent que vous savez : « Bonjour, monsieur le Français, comment vous portez-vous ? » Et les rires recommencent de plus belle. Des gentlemen qui, le matin, étaient graves comme des procureurs au Châtelet ont troué leur chapeau pour y planter au sommet des poupées à ressort et des coqs en pain d'épices. Grattez le gentleman, vous trouverez Falstaff. Le coq en pain d'épices est un produit particulier du terroir, il est au derby d'Epsom ce qu'était autrefois le mirliton à la fête de Saint-Cloud. Toutes les faces sont illuminées, tous les yeux brillent comme des escaboucles. L'Angleterre est gaie, l'Angleterre est heureuse, l'Angleterre se demande s'il y a un spleen au monde, et il n'a fallu que deux cent mille bouteilles de vin de Champagne pour opérer ce prodige !

Des femmes passent dans des calèches conduites à la Daumont, et de l'impériale des omnibus on leur jette de la farine. Je suppose qu'elles vont se fâcher ; au contraire, elles prennent part à l'hilarité générale et ripostent par des quolibets. Il est dix heures, et nous sommes à peine à la moitié du chemin ; nous avons mis quatre heures pour faire trois lieues. Mais les carriages, les cabs, les tandems, les flies, les malles-poste, les calèches elles-mêmes ont une soif de damnés, et l'on s'arrête à toutes les tavernes. La joie va *crescendo*, comme la soif. Tous ces gens qui avaient quitté le turf avec des habits noirs ont maintenant des paletots blancs. Cette métamorphose est causée par les nuages de farine qui pleuvent de tous les côtés. Se jeter réciproquement des poignées de farine et même de poussière quand la farine vient à manquer, c'est le comble de la gaieté anglaise. Les cochers ronflent sur leur siège comme des toupies. Dans toute cette foule les seuls êtres raisonnables ce sont les chevaux. Enfin, après six heures de cris, de contorsions, de rires, de chansons et de hourras modulés sur tous les tons, nous entrons dans Londres. Tel est, en résumé, le spectacle de cette journée qui commence comme une procession et qui finit comme une descente dans la Courtille.

En France, le gouvernement se serait cru obligé de déployer tout le luxe de sa force armée pour veiller au bon ordre ; tous ses escadrons de gendarmes, toutes ses escouades de sergents de ville ne lui auraient pas suffi : il aurait encore échelonné des piquets de troupes de ligne sur la route. A cette solennité d'Epsom, il n'y avait pas cinquante policemen et l'on n'a pas eu un accident à déplorer. (Texier, *Lettres sur l'Angleterre*, 1851.)

Mérimée

Événements mémorables

Je ne sais quel a été le plus grand effet produit ces jours derniers par deux événements mémorables : l'un, la défaite des deux favoris au Derby, par un cheval inconnu ; l'autre, la défaite des torys à la Chambre des communes. Cela a semé Londres de figures lamentables, toutes très plaisantes à voir. Une jeune dame qui se trouvait dans une tribune s'est évanouie en apprenant que *Marquis* était battu d'une longueur de tête par un rustre sans généalogie, *Pedigree*. M. Disraeli fait meilleure contenance, car il se montre à tous les bals ! (Prosper Mérimée, *Lettres à une inconnue [1862]*, 1873.)

Blanc

« *The great event* »

Les courses d'Epsom !

Comment pourrais-je vous entretenir d'autre chose, vivant comme je fais en pleine ville de Londres, et respirant l'air qu'on y respire ! Qui donc s'est avisé de savoir qu'il y a eu, cette semaine, une nouvelle passe d'armes entre l'opposition et le ministère ; que l'interminable question de l'impôt sur le papier a été reprise de plus belle ; que l'existence du cabinet a été un moment en suspens, mais que le conservatisme, pesé dans la balance parlementaire, s'est trouvé trop léger de quelque quinze voix ? M. Gladstone et son budget, M. Disraeli et ses prétentions, les chances de ceux qui veulent arriver, les dangers de ceux qui veulent rester, la Chambre des lords, la Chambre des communes, l'intérêt des contribuables, le sort de la Constitution, la politique... Ah ! il s'agit bien de tout cela, vraiment ! Ce qui est à l'ordre du jour, c'est ce qui a donné la fièvre aux Anglais tous ces jours-ci ; c'est ce qui a fait qu'un de mes amis est venu me voir du fond de l'Irlande ; c'est ce qui a fait qu'un autre de mes amis m'a écrit de Manchester : « Louez-moi, coûte que coûte, une place sur le haut d'un omnibus » ; c'est ce dont je ne saurais conséquemment me dispenser de parler ; c'est ce qu'on nomme ici « le grand événement : THE GREAT EVENT » ; c'est, pour tout dire en un mot, le derby !

Mardi dernier, un homme en haillons parut à ma porte. Il portait quelques fleurs dans un panier et me supplia de les lui acheter. L'air de ce pauvre homme me toucha. Son visage était si pâle, sa voix était si émue, ses yeux priaient si bien ! Il avait sans doute laissé au logis une vieille mère malade, une femme enceinte, des enfants en peine de leur pain de la journée : qui pouvait savoir ? Il me dit : « Vrai, monsieur, je n'ai pas un farthing, et demain, c'est la course. » Le moyen de résister à un aussi tragique appel ?

Le derby, en effet, est en Angleterre la fête universelle, la fête par excellence, la fête éternellement la même et éternellement nouvelle, qui fait vivre d'une seule vie, pendant un jour, les grands et les petits, les lords et leurs laquais, les grandes dames et la fruitière du coin, les hommes d'État, les procureurs, les mendiants, les éclopés, les dévots et les libertins, les sages et les fous, « tout le monde et sa femme », comme on dit ici, « *all the world and his wife* ». Adieu les affaires ce jour-là, et les travaux, et les soucis, et les querelles, et les ambitions, j'allais ajouter, je crois, et les amours ! Le Parlement chôme ; en thèse générale, ainsi fait la Cité, ainsi fait la Banque, ainsi fait la boutique ; l'homme de lettres laisse là sa plume, le peintre ses pinceaux, Janneton son balai, et milady son roman à peine commencé ; le solliciteur abandonne momentanément sa proie, les politiques consentent à ce que le globe tourne sans qu'ils s'en mêlent, et les pasteurs d'âmes envoient leurs ouailles au diable.

J'aime assez le mot de lord Palmerston invitant la Chambre des communes à se donner un jour de vacances, à cause de la célébration des *jeux Isthmiques*, et je m'assure que les Grecs de l'Antiquité n'attachaient pas aux jeux qui se célébraient à Corinthe plus d'importance que les Anglais n'en attachent aux courses d'Epsom. Toutefois, autres temps, autres mœurs. Aux jeux Isthmiques, les compatriotes de Périclès allaient voir des hommes disputer le prix de la lutte, du saut, du disque, du javelot, de la musique et de la poésie : les compatriotes de lord Palmerston vont voir courir les chevaux en mangeant du veau froid, car, quel que soit mon désir d'idéaliser la description, je ne saurais négliger cet inévitable détail. Il est trop vrai que le vin de Champagne, le soda-water, l'ale, le gin, les comestibles, et, après le doux embarras de les transporter, l'agréable fatigue de s'en défaire, jouent le principal rôle dans les plaisirs de la journée. Pour dire la vérité, les Anglais ne professent en rien la théorie de l'art pour l'art ; et ce qui leur plaît surtout, j'en ai peur, dans les courses de chevaux, c'est le prétexte qu'elles leur fournissent de boire nationalement et de se donner des indigestions patriotiques. Ceci, en réponse à un certain journal ultra-saxon qui, avant-hier, non content de reprocher aux Français leurs revues militaires, et aux Espagnols leurs combats de taureaux, félicitait l'Angleterre de n'être accessible qu'à des passions nobles, et de montrer jusque dans le choix de ses amusements sa supériorité sur les autres peuples.

Quoi qu'il en soit, elle était attendue avec fièvre, cette heure suprême ! Depuis plus de huit jours, pas de boutique de bonnetier devant laquelle ne s'étalassent les voiles bleus et les voiles verts destinés à sauver des atteintes de la poussière et du soleil le teint des fashionables du comptoir ; depuis plusieurs jours, les costumes de rigueur pour les courses étaient une des tentations offertes par Nichols au regard des promeneurs de Regent's street.

Enfin, le soleil de mercredi s'est levé. Jusqu'à lundi, le temps avait été admirable ; mardi, il était devenu menaçant ; même mercredi matin, le ciel apparaissait chargé de nuages d'assez mauvais augure. Mais il y a une providence pour les courses ; et, longtemps avant midi, le peuple anglais respirait à l'aise, se sachant à l'abri de cette effroyable calamité nationale : un derby pluvieux.

Londres, le jour des courses, n'étant plus dans Londres, je suis naturellement allé où il était, c'est-à-dire à Epsom, qui se trouve à 22 kilomètres de la ville-monstre.

Plus d'un chemin mène à Epsom : c'est absolument comme à Rome. Ceux qui font de l'art pour l'art, qui aiment les courses pour les courses, et ne sont pas en état d'apprécier les délices du grand pèlerinage national, ceux-là prennent le chemin de fer jusqu'à Kingston pour 7 shillings 6 pence, et de là gagnent à travers champs la terre promise, soit en équipage, s'ils ont un équipage qu'ils aient envoyé les attendre là, soit dans un *véhicule* quelconque à la condition de le payer cher, soit à pied si un peu d'exercice convient à leur santé ou à leur bourse.

C'est à Kingston que les voyageurs des deuxième et troisième classes descendent, pour faire bravement à pied deux lieues et plus, sur un chemin battu, d'abord, et ensuite, à travers champs. Vaillante entreprise en effet, quand le soleil et la poussière sont de la partie ! Sans compter que, pendant près d'une lieue, on est arrêté à chaque pas et mis en joue par d'inexorables petits gars qui, la main grande ouverte, viennent vous lâcher à bout portant le traditionnel : *Remember the races !* Une fois dans les champs, on n'est pas encore au bout de ses peines. Là veillent, des deux côtés du sentier, de rudes sentinelles en guêtres et armées de longues gaules, gens absolument inaccessibles aux séductions de votre sourire, et qui opposent aux traits légers que la foule leur décoche en passant les callosités d'une peau de vieux tenancier. N'allez pas vous écarter de la ligne, à la recherche d'un pissenlit, ou malheur à vous !

Aussi, pour jouir de cette journée sans égale, pour en savourer l'ivresse, pour en comprendre la grandeur, est-ce par la bonne vieille route qu'il faut aller, par celle où roulent pêle-mêle, à travers un océan de poussière et sous un ciel de mai, tout ce qui se meut et tout ce qui a peine à se mouvoir sur des roues : équipages à quatre chevaux, cabriolets, omnibus, fiacres, tilburys, phaétons fringants, charrettes boiteuses, boutiques ambulantes du marchand de gingerbeer, lourdes pataches, mobiles magasins de comestibles, tapissières remplies de lurons à face épanouie et de jeunes commères en goguette.

Et il faut voir comme tout ce monde-là vit, chante, jure, agace le voisin, se moque de tout, oublie tout, se sent heureux ! C'est pour le coup que la démocratie triomphe. Dans l'échelle des niveleurs, je m'assure que le derby tient la troisième place, après l'amour, qui n'est qu'un niveleur d'occasion, et la mort. Sur la route d'Epsom, le char à bancs et la calèche sont en de tels rapports de bon voisinage, et il y a quelque chose de si commun à tous les voyageurs et à toutes les voyageuses dans le spectacle qui les absorbe, qu'en passant à côté de cette plébéienne aux joues vermeilles, qui, du haut de son trône roulant, la salue d'un geste familier, la duchesse de** va sourire. Deux choses, en ce bas monde, enseignent l'égalité : les grandes douleurs d'abord, et ensuite les grandes joies.

En pareille circonstance, le concours est toujours immense : cette année, on peut dire qu'il était formidable. Rien de plus imposant que l'aspect de la plaine, passé midi. Je ne me rappelle pas avoir jamais vu, dans un endroit donné, une pareille fourmilière d'êtres humains. Le nombre des têtes qui se pressaient des deux côtés du champ de course défiait tout calcul. Un droit d'entrée de 10 shillings à payer pour être admis dans le brillant sanctuaire connu sous le nom de *Grand Stand* étant une barrière trop faible, les salles de rafraîchissements avaient été de bonne heure envahies et regorgeaient de gastronomes, tandis qu'à l'extérieur les gradins pliaient sous le faix des spectateurs et des spectatrices. En face, sur la colline, c'était une masse de voitures telle, qu'il me serait difficile de vous en donner une idée. Contemplé à distance, le tout était d'un pittoresque étrange et véritablement grandiose.

J'étais sur les gradins supérieurs du Grand Stand lorsqu'a eu lieu la première course, dans laquelle le vainqueur a été *Wedding*. « Le cheval du baron Nivière ! » me suis-je écrié avec une faiblesse patriotique que vous comprendriez si vous viviez à l'étranger. « La France ! vive la

France ! » Les Anglais dont j'étais entouré se sont mis à sourire et m'ont félicité avec une politesse pleine de cordialité, ni plus ni moins que si j'eusse été le propriétaire du cheval vainqueur.

Cette première course n'était, du reste, que la petite pièce en attendant la grande. Je suis descendu dans la plaine ; et, tandis que les dilettanti du lieu se pressaient en groupes serrés vers l'enclos où l'on venait d'amener les chevaux appelés à concourir pour le grand prix, je suis allé rôder, comme un curieux désintéressé que j'étais, sur la colline opposée au Grand Stand, le long des files de voitures qui la couvraient. Sur ces voitures, dételées, découvertes pour la plupart, et déjà transformées en petites salles de banquet, des essaims de blondes filles d'Albion, servies par d'élégants cavaliers, se livraient déjà, pour se fortifier contre les émotions de la course prochaine, à cette consommation pantagruélique de volaille froide, de pâtés de pigeon, de jambons, de salade, qui est un des traits caractéristiques des courses d'Epsom ; c'était merveille de voir avec quelle rapidité se vidait partout le panier aux provisions, le fameux « hamper » ; merveille de voir avec quelle intrépidité la beauté attaquait le vin de Champagne.

Autour de vous, pêle-mêle avec les chevaux en vacances, l'inévitable bohémienne épiait, la tête enveloppée dans son mouchoir jaune et rouge, le moment où miss telle désirerait savoir le jour de son mariage et combien elle aurait d'enfants. Ici un aveugle — était-ce par manière d'épigramme ? — lisait l'Écriture sainte ; là un faiseur de miracles avalait sans qu'il y parût des rames de papier : délicate allusion au récent sujet des débats du Parlement ; plus loin, deux boxeurs pour rire rappelaient, par un furieux échange de coups de poing, cette lutte de Sayer et d'Heenan, qui, il y a quelque temps, passionna d'une façon si scandaleuse l'Angleterre et l'Amérique.

Pas de courses d'Epsom possibles sans un épouvantable charivari ; c'est la règle. Cette fois, le vacarme d'instruments divers était aussi assourdissant qu'on pouvait le désirer dans la circonstance. J'ai vu de pauvres petites filles, âgées de sept ans tout au plus, souffler dans des clarinettes, et cela à rendre l'âme. Être si jeunes et être obligées de gagner sa vie ! Un des sports favoris de l'endroit, en réalité le sport fashionable, consiste à jeter des bâtons à d'autres bâtons plantés en terre et surmontés d'une figure hideuse : cela s'appelle *Aunt Sally*. Malheur à qui passe trop près de ceux qui s'adonnent à cet aimable divertissement ! Mon chapeau a dû d'y recevoir un coup terrible, et j'avais naturellement la tête près du chapeau.

Parmi les personnes auxquelles j'ai pu serrer la main en passant, je citerai Thackeray, l'illustre auteur de *Vanity Fair*. Que venait faire, dans ce tohu-bohu, le grand satiriste ? Observer ? Dans ce cas, la matière ne saurait lui avoir manqué ; car toutes les variétés de notre espèce se trouvaient là, rapprochées, rassemblées sous le regard, comme confondues, depuis le jeune lord, admiré pour son attelage, jusqu'au jongleur, admiré pour ses tours de force ; depuis la grande dame, étalant ses dentelles, jusqu'à la bohémienne, étalant ses haillons ; depuis le parieur, tremblant de ne pas se coucher millionnaire, jusqu'au mendiant, heureux d'avoir fait une fortune de quelques pence ; depuis la femme galante à la joue fardée, jusqu'au nègre faux teint ! Et la matière n'aurait pas manqué, non plus, pour les réflexions douloureuses, si c'eût été le moment de philosopher, tant se montraient là en relief tous les poignants contrastes que présente la civilisation moderne !...

Mais voici que la cloche sonne. On a pesé les jockeys. La grande course va commencer. Les concurrents se sont dirigés, de l'enclos où il ont été passés en revue par les amateurs, vers le point de départ. Ils sont au nombre de dix-huit, parmi lesquels *Royallien*, un cheval français, appartenant au comte de Lagrange. Mais, hélas ! *Royallien* n'est ni le premier ni le second favori. C'est à *Dundee*, c'est à *Diophantus*, à *Dundee* surtout, que le suffrage des connaisseurs et les sympathies de la foule assignent d'avance la victoire. C'est *Dundee*, c'est *Diophantus*, qui sont les deux acteurs en vue dans le drame des paris.

Une immense rumeur s'élève. Les policemen s'en vont chassant devant eux, pour faire place nette, l'incommode troupeau de flâneurs répandus sur le champ de course. On crie de toutes parts « *Hats off !* » (« Chapeau bas ! »). Tous les regards s'attachent à un seul point. Le signal est donné. Les voilà qui partent ; ils sont partis.

Je ne vous dirai pas les divers accidents de cette course mémorable ; mais il en est un que mon amour-propre national me défend de taire. Pendant une partie de la course, notre compatriote *Royallien* avait figuré parmi les plus agiles et soutenu vaillamment l'honneur de la France, lorsque tout à coup, ô fatalité ! à je ne sais quel tournant, *Atherstone*, un de ses compagnons, le heurte, lui fait perdre pied, et le rejette sur *Dundee*, qui suivait. Est-ce par suite de cette mésaventure que *Royallien* n'est pas arrivé le premier ? Je n'oserais aller jusqu'à prétendre cela, mais il n'y a aucune exagération patriotique à supposer que, sans cet accident, *Royallien* ne serait pas arrivé le sixième. Au reste, le vainqueur a été... *Dundee* ? Non. *Diophantus* ? Pas davantage. Les deux favoris ne sont venus qu'après un cheval, très vigoureux et très beau, ma foi, mais qui avait été coté fort bas dans l'échelle des parieurs. Telle est la fortune de la guerre !

La surprise a été grande quand on a su que la palme n'était pas à *Dundee* ; mais, le premier moment de stupeur passé, le nom de *Kettledrum* a été dans toutes les bouches, et le colonel Towneley, propriétaire de *Kettledrum*, a reçu des félicitations d'autant plus méritées que, nouveau venu dans la carrière du « turf », il s'y est distingué, entre tous les éleveurs, par l'ardeur et le désintéressement de son zèle dans l'amélioration de l'espèce chevaline. Le fait est que le colonel Towneley n'a jamais parié que très peu de chose, le gain n'étant pas son but.

L'enjeu le plus fort qu'il ait jamais hasardé est celui que *Kettledrum* vient de lui faire gagner, et cela ne dépasse pas 2 000 livres sterling, ce que les habitués du turf regardent comme une misère.

Une particularité intéressante à noter, c'est que cette course a duré seulement deux minutes quarante-cinq secondes, deux secondes de moins que la célèbre course de 1857. Dans ce siècle des inventions, dont le but est de dévorer le temps et de supprimer l'espace, les chevaux, comme vous voyez, ne restent pas en arrière, et promettent de dignes émules à la vapeur.

Parmi les spectateurs de marque étaient le roi des Belges, le comte de Flandre, son second fils; le duc de Chartres, le duc de Cambridge, etc. Quant à la reine, qui est très friande des courses d'Ascot, il y a longtemps qu'elle a retiré, j'ignore pourquoi, son patronage aux courses d'Epsom, bien que celles-ci soient les seules qui aient un caractère vraiment national, et presque l'importance d'une institution.

Telle est, monsieur, l'histoire de ce « jour des jours », *day of the days*. Mais combien elle serait incomplète, si je ne vous disais pas deux mots du retour! Aller à Epsom, c'est admirable; en revenir, c'est bien autre chose encore! Une descente de la Courtille anglaise, voilà comment je définirais le retour d'Epsom, si une définition était possible. Que ceux qui croient les Anglais un peuple rare, froid, flegmatique, viennent donc en ce moment-là voir ce qui se passe sur la route, et ce que sont venus regarder tous les visages curieux collés aux vitres des maisons qui la bordent.

Quelle exubérance de vie! quels tonnants éclats de gaieté! Quel débraillé prodigieux! Quelle aptitude à suivre les inspirations les plus hardies du vin de Champagne ou du *mild ale*! On vous bouscule, on vous montre au doigt, on vous apostrophe, on vous jette fraternellement à la tête brocards et navets; on est absurde quand on n'est pas abruti, on est charmant quand on n'est pas ivre mort.

Ah! j'allais oublier ce que j'aurais dû commencer par dire: il y a cela de remarquable dans les courses d'Epsom, qu'elles disposent tout le monde à la bienveillance, et qu'elles ouvrent les cœurs comme les bourses. En rentrant chez moi, je me suis rappelé tout l'argent que j'avais vu donner aux damnés de la terre, et je me suis endormi avec cette pensée que, ce soir-là du moins, beaucoup de pauvres diables auraient eu de quoi souper! (Louis Blanc, *Lettres sur l'Angleterre*, 1867.)

Taine
De la course à la kermesse

Courses à Epsom: c'est aujourd'hui le derby, jour de liesse; le Parlement fait relâche; depuis trois jours, on ne parle que de chevaux et de leurs éleveurs.

Nous partons par Waterloo Station. Le ciel est sans nuages, sans brouillard; mes voisins anglais disent qu'ils n'ont jamais vu une telle journée à Londres. Partout des cultures vertes, des prairies entourées de haies, et souvent la haie est parsemée d'arbres. La splendeur de ce vert, l'entassement et la sève des fleurs lustrées, dorées, regorgeantes sont extraordinaires. Les velours constellés de diamants, les soies moirées, les plus magnifiques broderies n'égalent pas cette teinte profonde. La couleur est excessive, au-delà des moyens de la peinture; mais jamais la floraison et l'épanouissement des plantes, le luxe et la joie de la terre parée, ne m'ont ébloui d'un si vif éclat.

Le derby est une grande plaine verte, un peu onduleuse; sur un flanc montent trois échafauds publics et plusieurs autres plus petits. En face, des tentes, des centaines de boutiques, des écuries improvisées sous la toile, et un pêle-mêle incroyable de voitures, de chevaux, de cavaliers, d'omnibus particuliers; il y a peut-être ici deux cent mille têtes humaines. — Rien de beau ni même d'élégant; les voitures sont des véhicules, et les toilettes sont rares; on ne vient pas ici pour se montrer, mais pour regarder; le spectacle n'est intéressant que par sa masse. Du haut du *Stand*, l'énorme fourmilière grouille, et sa rumeur monte. Mais au-delà, sur la droite, une ligne de grands arbres, derrière eux les ondulations bleuâtres, indistinctes de la campagne verdoyante font un cadre magnifique au tableau médiocre. Quelques nuages blancs comme des cygnes voguent dans le ciel, et on voit leur ombre courir sur l'herbe; une brume légère, pleine de soleil, plane dans les lointains, et l'air illuminé enveloppe comme une gloire la plaine, les collines, l'immense espace et toute l'agitation de la kermesse humaine.

C'est une kermesse, en effet; ils sont venus pour s'amuser avec fracas. Partout des bohémiennes, des chanteurs et danseurs grotesques déguisés en nègres, des tirs à l'arc et à la carabine, des charlatans qui à coups d'éloquence débitent leurs chaînes de montre, des jeux de quilles et de bâton, des musiciens de toute espèce, et la plus étonnante file de cabs, calèches, droskis, four-in-hands, avec pâtés, viandes froides, melons, fruits, vins, surtout du champagne. On déballe; on va boire et manger, cela refait l'animal et l'exalte; la grosse joie et le franc rire sont l'effet de l'estomac rempli. — Devant cette ripaille toute prête, l'aspect des pauvres est pénible à voir; ils tâchent de vous vendre des poupées d'un sou, des mémoriaux du derby, de vous faire jouer au jeu du bâton (*aunt Sally*), d'obtenir le cirage de vos bottes. Presque tous ressemblent à de misérables chiens affamés, battus, lépreux, qui attendent un os sans l'espérer beaucoup. Ils sont venus à pied pendant la nuit et comptent pour dîner sur les miettes de la grande ripaille. Beaucoup sont couchés par terre entre les pieds des promeneurs et dorment béants, la face en l'air. Les figures ont une expression d'hébétement ou d'âpreté douloureuse. La plupart sont pieds nus, tous horriblement sales, et de plus ridicules; la cause en est qu'ils ont de vieux habits de gentlemen, d'anciennes robes élégantes, de petits chapeaux jadis portés par de jeunes filles. Cette défroque, qui a passé sur trois ou quatre corps, en se délabrant au passage, me fait toujours mal à voir. Elle avilit ; par elle, l'être qui s'en affuble se déclare ou s'avoue le rebut de la société. Un paysan, un ouvrier, un manœuvre est, chez nous, un homme différent, non pas un homme inférieur ; sa blouse est à lui comme à moi mon habit ; elle n'a servi qu'à lui. Cet usage des haillons est plus qu'une singularité : il dénote un manque de fierté ; les pauvres ici se résignent à être le marchepied d'autrui.

Une de ces femmes, avec un vieux châle qui semblait avoir traîné dans le ruisseau, avec un ci-devant chapeau bossué, lessivé par la pluie, avec un pauvre bébé sale et blafard dans les bras, vient rôder autour de notre omnibus, ramasse une bouteille jetée et boit la dernière goutte. Sa seconde petite fille, qui marche, ramasse aussi et grignote une croûte de melon. On leur donne un shilling, des gâteaux. Impossible de décrire leur sourire humble de reconnaissance. Elles ont l'air de dire, comme le pauvre âne de Sterne : « Ne me battez pas, je vous supplie ; cependant vous pouvez me battre si vous voulez. » Figures brûlées, tannées par le soleil ; la mère a une cicatrice à la joue droite, comme d'un coup de botte ; toutes deux, l'enfant surtout, sont des créatures ensauvagées et rabougries. Le grand moulin social écrase et broie ici la dernière couche humaine sous son engrenage d'acier.

Cependant une cloche sonne, et la course se prépare. Les trois ou quatre cents policemen font vider la piste ; les échafauds sont comblés, et en face d'eux la prairie n'est plus qu'une grosse tache noire. Nous montons à nos places ; rien de grandiose. A cette distance, les foules sont des fourmilières ; les cavaliers et les voitures qui avancent et se croisent ressemblent à des scarabées, à des hannetons, à de gros bourdons sombres éparpillés sur un tapis vert. Les jockeys en rouge, en bleu, en jaune, en couleur mauve, font un petit tas à part, comme un vol de papillons posés. Probablement je manque d'enthousiasme, mais il me semble assister à un jeu d'insectes. — Trente-quatre coureurs ; après trois faux départs, ils partent ; quinze ou vingt font masse, les autres sont par petits paquets, et on les voit avancer le long de la piste. Pour l'œil, la vitesse n'est pas très grande ; c'est celle d'un chemin de fer vu à une demi-lieue ; en ce cas, les wagons ont l'air de petits chariots d'enfant qu'un enfant traîne au bout d'un fil, certainement, ici l'impression physique n'est pas plus forte, et il ne faut pas parler ni d'ouragan, ni de tourbillon. — Pendant plusieurs minutes, la tache brune, semée de points rouges et clairs, chemine régulièrement sur le vert lointain. Elle tourne, on sent venir le premier groupe. « Chapeaux bas ! » et toutes les têtes se découvrent, et tout le monde se lève ; un hourrah étranglé court sur les échafauds. Les figures froides ont pris feu, des gestes courts, saccadés remuent subitement les corps flegmatiques; en bas, dans l'enceinte des paris, la secousse est extraordinaire, comme d'une danse de Saint-Guy universelle; imaginez un tas d'automates qui reçoivent une décharge électrique et gesticulent de toutes leurs pièces comme des télégraphes fous. — Mais le spectacle le plus curieux est celui de la marée humaine qui, tout de suite et tout d'un coup, s'épand et roule sur la piste derrière les coureurs, pareille à un flot d'encre; la masse noire immobile a fondu subitement et coule; en un instant, elle s'étend énorme, à perte de vue, et la voici devant les échafauds. Sur deux ou trois rangs, les policemen font digue, et boxent au besoin pour protéger le carré où ils reçoivent chevaux et jockeys. On va peser et vérifier.

Il y a un moment grandiose, celui où les chevaux ne sont plus qu'à deux cents pas; en un instant la vitesse devient tout d'un coup visible, et le peloton de cavaliers et de chevaux fond en avant, cette fois comme une tempête.

Un cheval peu connu, *Caractacus*, a gagné, et de très peu; on ne pariait pour lui que 1 contre 40; au contraire, on pariait 1 contre 3, ou 2 contre 9 pour deux autres très renommés; partant, mécomptes et débâcle. Le prix avec les accessoires est de 6 775 livres sterling, avec les paris, le propriétaire gagnera près d'un million de francs. On nous parle de pertes énormes, 20 000 livres, 50 000 livres sterling; l'an dernier, un colonel s'est tué après la grande course, parce qu'il se voyait insolvable; s'il eût attendu l'issue des suivantes, il gagnait assez pour s'acquitter. Le propriétaire d'un des échafauds particuliers a crié au moment du départ: «Tout ce que je viens de faire d'argent pour *Buckstone*!» — Plusieurs cabs ont perdu leurs chevaux et leurs voitures, qu'ils avaient pariés.

A mon sens, ces paris sont pour l'esprit ce que l'eau-de-vie est pour le palais, un excitant nécessaire à des machines lourdes et rudes; il leur faut des impressions violentes, la sensation d'un risque énorme; ajoutez-y l'instinct militant et hasardeux; tout pari est un duel, et tout gros pari est un danger. — Quant aux raisons qui rendent si universelle et si nationale la passion des chevaux et des courses, il me semble qu'il faut les chercher dans la vie gymnastique et rustique: les gens aisés ou riches vivent une grande partie de l'année à la campagne; dans un pays boueux, on ne se promène bien qu'à cheval; leur tempérament a besoin du grand mouvement physique; toutes ces mœurs aboutissent au derby, qui est leur fête spéciale.

Nous descendons; on s'encombre et on s'étouffe dans les escaliers, dans les buffets; mais la plupart des voitures ont apporté leurs provisions, et les gens festinent en plein air, par petits groupes. Bonne humeur et joie expansive: les classes se mêlent; un des nôtres, P., a rencontré son cocher ordinaire attablé avec un gentleman, deux dames et un enfant. Le gentleman avait employé, puis invité son cocher; le cocher présente P., qu'on oblige amicalement à boire du porto, du sherry, du stout et de l'ale.

— Bref, aujourd'hui, on est tout à tous ; mais ce n'est qu'un jour, à la façon des saturnales antiques. Demain, les distinctions du rang seront aussi fortes que jamais, et le cocher sera respectueux, *distant*, comme d'habitude. — Un autre de nos amis aperçoit un gentleman qu'il connaît et qui est venu avec un omnibus, amenant ses filles et ses voisines, en tout huit dames ; arrêtés au passage, nous sommes tous obligés de boire et de manger ; l'accueil est franc, jovial et cordial ; ce gentleman, qui ne m'a jamais vu, m'invite à venir chez lui à la campagne. — Cependant, sur toute la plaine, les mâchoires travaillent, les bouteilles se vident, et vers le soir, la kermesse est dans sa fleur. Vingt-quatre gentlemen rangent triomphalement sur leur omnibus soixante-quinze bouteilles, qu'ils ont bues. Les groupes se bombardent avec des os de poulet, des pelures de homard, des mottes de gazon. Deux compagnies de gentlemen sont descendus de leur omnibus et se boxent dix contre dix ; l'un a deux dents cassées. Il y a des incidents grotesques ; trois hommes et une dame sont debout sur leur voiture, les chevaux font un mouvement, tout le monde tombe, la dame les jambes en l'air ; éclats de rire. — Peu à peu les fumées du vin montent dans les têtes ; eux si corrects, si délicats, ils se permettent des actions étranges ; des gentlemen viennent à une voiture où sont des dames, des jeunes filles, et là, debout contre la roue, ils sont sans vergogne ; la mère essaye de les repousser avec son parapluie. Un des nôtres, qui est resté jusqu'à minuit, a vu plusieurs énormités que je ne puis écrire : l'animal est lâché ; il n'y a rien d'exagéré dans la kermesse de Rubens au Louvre : ce sont les mêmes instincts, débridés de même. Seulement, au lieu de chairs amples, débordantes, rougeaudes, imaginez des figures qui restent graves et des habits modernes bien coupés. Le contraste est grotesque entre l'homme artificiel et l'homme naturel, entre le gentleman qui, par habitude et mécaniquement, reste digne, et la bête qui fait éruption.

Au retour, la route disparaît sous la poussière ; des morceaux de champ ont été rongés par les pieds ; chacun revient horriblement sale et blanc de poudre. Il y a des ivrognes sur tout le chemin ; encore à huit heures du soir, à Hyde Park Corner, on en voyait qui trébuchaient et qui étaient malades ; leurs camarades les soutenaient en riant, et les figures des spectateurs n'exprimaient pas le dégoût. Aujourd'hui, tout est permis : c'est un débouché pour une année de contrainte. (Taine, *Notes sur l'Angleterre*, 1871.)

La Bédollière
Autre regard sur la même course

Les courses de 1862 ont été magnifiques. Trente-sept chevaux étaient entrés en lice ; il y avait des paris énormes sur les deux favoris, et le prix, qui s'est monté à 7 000 livres sterling (175 000 francs), a été gagné par un cheval peu remarqué, qui avait couru précédemment avec des chances très diverses et dont le propriétaire n'avait aucune situation sur le turf britannique.

Le propriétaire du cheval vainqueur, *Caractacus*, tenait, il y a deux ans, une petite taverne à Londres, et, depuis son entrée dans les affaires hippiques, était en relation avec la partie la moins élevée des nombreux amateurs qui vivent sur ce terrain. Lui et ses amis connaissaient parfaitement cependant, dit-on, les qualités éminentes du cheval triomphateur, et le peu de succès qu'il a obtenu dans les courses précédentes était dû, prétendent ceux qui ont perdu leur argent contre lui au Derby, à ce que le propriétaire avait pour tactique de ne pas révéler à la foule des parieurs le mérite hors ligne de son cheval.

Si cette assertion est fondée, le succès a couronné l'audace du propriétaire, car au moment même du départ les paris sur *Caractacus* étaient quarante contre un. Il n'est pas douteux pourtant maintenant qu'il était le meilleur cheval engagé, et, en dehors du prix, son heureux possesseur a gagné l'énorme somme de 50 000 livres sterling (1 250 000 francs). Les personnages des hautes classes de la société, qui font des paris ou engagent de l'argent à cette occasion, ont perdu des sommes considérables. C'est l'aristocratie qui a soldé les frais de la course ; les petits parieurs ont réalisé d'énormes bénéfices ; aussi disait-on dans les clubs que cette course avait été une course de *blackguards* au lieu d'être une course de *gentlemen* ; ce qui veut dire, non qu'il y ait le moindre soupçon que la course n'ait pas été franchement courue, mais simplement que les *sportsmen* de grand ton ont été battus par les sportsmen d'un ordre inférieur. Le mot est une petite vengeance que les vainqueurs acceptent en riant et en empochant l'argent.

Le cheval a été monté par un jeune garçon de moins de dix-huit ans, et si léger qu'il a fallu ajouter quatre poids pour rétablir l'équilibre. (La Bédollière, *Londres et les Anglais*, 1862.)

Vallès
Un Français trouble-fête

Oui, ce jour-là, le peuple anglais dénoue son masque et casse à coups de canne, à coups de bouteille, à coups de botte, le grand miroir de l'Étiquette, dans lequel il aime à regarder sa tête blême.

Toute l'année, ils sont restés le pied dans les entraves de la *respectability*, me rappelant, en leur impassibilité voulue, les groupes de cire qui se contemplent, avec des yeux ronds et le geste figé, chez les Curtius de foire : les Anglais ont le même air raide et empalé. Mais ils se désempalent le matin du Derby.

Le spectacle est curieux en diable, parce que l'Angleterre s'y montre la tête en bas, les pieds en l'air, et qu'il est toujours réjouissant de voir une prude faire la culbute ; d'entendre un muet dont le filet se coupe tout d'un coup, et qui lève les bras, criant à vous rendre sourd : « *Two to one against the Field* » et allant, avec des sauts de grenouille en délire, chercher dans les paniers ou sous les roues des fonds de bouteilles à sherry ou à champagne, pour y tremper sa langue déchaînée et qui lui cuit.

Cette inondation de la foule, cette éruption de volcan, dans ce pays de cellules sociales et de mutisme pénitentiaire ; cette gaieté de mandrilles, ce débraillé de vagabonds, déployé comme un étendard par cette ville qui, d'ordinaire, arbore avec ostentation sa couronne de tristesse et son cilice d'hypocrisie ; ce massacre du *qu'en dira-t-on*, cette furie de belle humeur, cette boulimie de fraternité — tout cela donne le vertige comme une descente de la Courtille au Champ des Navets ! C'est à se demander s'ils sont devenus fous subitement, s'ils ont été piqués par la tarentule, ou bien s'ils n'ont pas, dès le berceau, la cervelle fêlée sans le savoir, eux qui, ayant une rate capable de se dilater ainsi, rentreront demain dans leur existence sourde, étouffée, cruelle. Ils galoperont au-devant de la mort, ayant toujours vissée à la tête ou collée aux reins la casquette sombre ou la casaque noire, dans le dur sport de la vie.

On se rend de trois façons à Epsom : par le railway, par la route, ou par la campagne, en filant alors sous les arbres, loin de la foule et loin du bruit.

Ce sont les gens tranquilles, les bons bourgeois, les vieux rentiers, qui choisissent cette voie ombreuse et discrète. C'est quelquefois aussi un guide qui, ayant sa bonne amie sur le parcours, a engagé un peloton d'étrangers en quête de joies violentes, dans cette expédition à la Paul de Kock.

Cette promenade champêtre et sentimentale est bien ce qu'il y a de plus bête et de plus assommant au monde.

Durant trois heures, on n'entend d'autre cri que celui des petits oiseaux et le bavardage des ruisselets, alors que sur le vrai chemin le torrent siffle, hurle, bondit, et roule, dans son flot brisé, les cabs et les omnibus.

C'est sur l'omnibus qu'il faut grimper, quand on a l'envie de dominer le spectacle, quand on veut être à la fois acteur et observateur dans la pièce.

Le cab est une prison à deux, le wagon une prison à trente — quand on a le bonheur de n'être que trente ce jour-là, dans le compartiment où l'on doit tenir seize ; on y suffoque, et l'on ne voit, par la portière, défiler que des plaines désertes et muettes.

L'omnibus, lui, entre dans le branle, comme à Athènes ou à Rome les grands chars entraient dans le cirque olympique.

Un de ceux qui d'ordinaire font le service d'une ligne importante, de Victoria Station au Red-Cap, par exemple, se détache du roulement, et donne rendez-vous aux clients devant un public-house célèbre.

Il est attelé à la Daumont, et fait riche figure, cet équipage plébéien, avec son cocher à *Billycock* gris, en gants rouges, qui se tient sur le siège, droit comme un I, un sourire aux lèvres, une rose à la boutonnière.

La place coûte seize ou dix-huit francs, — douze shillings ou quinze. Pour ce prix-là, on a droit à sa sellette sur l'impériale. Si l'on s'y est pris à temps, et moyennant quelques sous de plus, on a l'honneur d'être assis à côté du *driver* lui-même ; on a l'air d'être de l'état-major.

C'est gai, ce quadrige jaune, bleu ou vert, chargé de belle humeur et bourré d'intentions bruyantes. Il y règne une jovialité grasse et chaude.

Rien que des hommes sur le dessus. A l'intérieur, hommes et femmes ; mais il flotte autour du véhicule un cordon de liberté qui resserre les voyageurs et étrangle un tantinet le vieux cant et la vieille pudeur. C'est comme une kermesse entre quatre planches et sur quatre roues.

La voiture a ses couleurs, son cheval de prédilection. Si le cocher est un fervent, le fouet porte un nœud violet, orange ou cerise, suivant la casaque de jockey du favori.

Clic, clac ! « Gentlemen, êtes-vous prêts ? »

Chacun se tasse, rangeant entre ses jambes un cabas ou un panier ; rajustant la bandoulière qui retient la lorgnette ; ou bien tassant au fond des poches les munitions : pois à sarbacane, sac de farine, boîtes à mitrailles, œufs pourris.

Quelques-uns enroulent au chapeau des voiles de gaze verte qui feront turban comme à La Mecque, et protégeront les yeux et les oreilles contre les tourbillons de poussière.

C'est fini ! Hurrah !

Les pavés de la rue, plus vide que d'ordinaire, sonnent et tremblent ; aux fenêtres, les moutards trop pauvres ou trop jeunes pour être de la fête se penchent pour voir ceux qui s'y rendent : les uns restent muets et tristes, boudeurs et désolés ; les autres s'étourdissent et se consolent, en se démenant comme des diables, avec des airs d'électeurs nains, qui accompagnent de huées ou de saluts la voiture du candidat.

Dès qu'on est sorti du cœur de la ville, on est encore la proie de la marmaille ; mais, cette fois, les mômes sont sur la chaussée et exercent une profession.

Ils pirouettent sur les mains jusqu'à ce qu'il tombe un peu de monnaie.

Ils se jettent alors sur les *coppers* et se les disputent.

Et la roue vivante continue à tourner, toujours en louchant du côté de l'omnibus, qui se montre assez ladre quand il n'est occupé que par des Anglais, mais généreux, quand il y a quelques étrangers dans cette grappe d'indigènes. On n'est pas charitable avec les isolés en Angleterre : il y a tant de taxes à payer pour la loi des pauvres ! L'enfant lui-même ne reçoit pas son salaire d'histrion, et souvent il a gagné plus d'ampoules que de shillings, le soir du Derby.

Plus on s'éloigne de Londres, et plus le voyage est curieux.

Il y a des haltes forcées. Il est de tradition de s'arrêter à tel Lion Rouge ou à tel Cheval Blanc, déjà entouré de musiciens ou de boxeurs ambulants, qui, pendant que les voyageurs lampent le brandy ou sifflent le Bass, leur donnent une séance en plein air, prenant pour théâtre ce qu'il y a d'espace entre le cabaret et l'abreuvoir.

Des nègres au bouchon brûlé se dandinent, et rient comme des macaques. Ce sont des hommes qui gaminent ou saignent, maintenant, pour faire rire ; quelques nez qui ont faim vont au-devant du coup de poing.

Tout le long de la route défilera la légion des gagne-petit, qui ont pris position dans la nuit, se sont installés le long des fossés dès l'aube : ceux-ci avec un seau, ceux-là avec une éponge à naseaux, les autres avec un stock de poupées ou de seringues à senteurs.

Ils ont fait le chemin à pied, sans boire autre chose que de l'eau, n'ayant pas un penny, ayant dû vider leur boursicot dans la poche des marchands qui ont garni l'éventaire.

Ils ont mal dormi sur le gazon, si éreintés qu'ils fussent, parce qu'ils avaient peur qu'on leur volât leur outil ou leur pacotille.

Quand on était en famille, on s'est relayé, le gosse a veillé comme le père, chacun a monté la garde autour de ce qui est le pivot et l'assiette de leur vie pour un jour, peut-être pour une semaine, si le commerce marche bien.

Quelques-uns sont venus avec un petit âne, parce qu'il y avait un tonneau à traîner ; et la bonne bête broute l'herbe foulée et brûlée, brayant de temps en temps sur le passage d'un frère aux longues oreilles, qui ne s'arrête pas, lui, parce que la place est occupée, et qui, au milieu des énormes voitures, tire son fardeau héroïquement — fouetté à coups de branche fraîche par les filles qui sont dans le char voisin, encouragé de « *hue* » et de « *han* » comiques, qui font un drôle d'effet dans cette atmosphère où rayonnent et retentissent les noms des grands pur-sang sur lesquels l'Angleterre a parié.

On s'engage enfin dans le dernier sentier au bout duquel est le terrain des courses.

Ceux qui sont arrivés par le train avancent en flots rapides, muets ; ils n'ont pas eu l'occasion de s'échauffer en route, et ils sont encore les Anglais d'hier. Ils ne sortiront de leur coque, ne se débarrasseront de leur carcan que quand ils seront près de la piste et perdus dans la foule. Alors, la fièvre commune les saisira.

En attendant, quelques-uns s'arrêtent au tir improvisé, saisissent une carabine et visent la boule de verre qu'un geste du patron fait jaillir et monter. Des gars au cuir tanné, aux doigts poilus, coiffés de chapeaux à larges ailes, font balle à tout coup. Ils ont chassé l'homme, ceux-là, dans le Far-West, et le buffle dans les pampas. Ils ont cassé des crânes comme on casse des bouteilles dans les pulquerias des pays chauds, ex-chercheurs d'or ou ex-corsaires, qui ont le matin dénoué la ceinture où ils tiennent serrée leur fortune, sentant encore la poudre du revolver chargé de la défendre. Ils ont pris la part du Derby, c'est-à-dire tout, ou presque tout, et ce soir ils seront peut-être à la tête du revolver — pas davantage — avec dix sous de plomb dans les canons.

Tant pis !... on aura du moins joué un jeu d'enfer, comme là-bas, par-delà l'Océan, les lendemains de pépites trouvées ou volées. S'il faut repartir, aller se perdre à nouveau dans le *Bush*, ou rentrer dans la brousse, on ira !

Mais on peut gagner aussi — et ferme ! Un *lad* d'une grosse écurie leur a soufflé à l'oreille le nom d'un *outsider* qui a des chances. On les a prévenus que le favori toussait, ou que son rival avait reçu un coup de sabot dans le jarret : affaire de hasard ou trahison, malchance ou crime !

On s'arrête. Nous sommes arrivés.

Quelle foule ! Quel murmure !

Mais comme tout cet espace est plein de contrastes affreux, et quelles iniquités éclaire le soleil !

Oui, la plaine et le coteau sont tout émaillés de femmes jolies, fleurs vivantes qui font bouquet sur les voitures. On entend tinter les flûtes de cristal, les gobelets d'argent, et les rires sonores ! Les plumes de chapeaux, les glands des éventails, les franges des ombrelles frissonnent à la brise qui passe et courbe les cimes d'herbe, lesquelles prennent, en se baissant, des miroitements de satin vert.

On ne respire que le luxe ; on n'enveloppe du premier coup d'œil qu'un horizon de bonheur.

Mais, baissez les yeux, cherchez à terre, regardez en bas... c'est la curée des chiens, c'est le déjeuner des chacals !

Entre ces équipages sur lesquels les mondains s'agitent et s'amusent, comme sur la galère d'Alcibiade jonchée de roses, rampe et grouille tout un peuple qui se jette sur les déchets, les ordures mâchées, pétries, vomies, et trie son dîner dans l'indigestion de Lucullus !

Voilà ce qui frappe si l'on ne veut pas s'en tenir aux apparences, si l'on épluche la foule comme elle épluche les restes.

Tout à l'heure, on a salué la confusion des classes, parlé de camaraderie soudaine, et signalé la détente de la hiérarchie anglaise au jour des saturnales chevalines. On se demande maintenant comment on a pu être si naïf et se laisser ainsi surprendre.

La plaine d'Epsom est, avant tout, un grand champ de mendicité. Permis de mendier aujourd'hui. On a le droit de tendre la patte et d'ouvrir la gueule pour recevoir six pence, un croupion qu'on happe au vol, comme un dogue qui attend les bouchées, le museau en l'air.

Eh bien ! ce qui paraissait une communion des cervelles n'est qu'une trinquade des abdomens gras et des ventres maigres : l'abdomen plein abandonnant au ventre vide ce dont il ne veut plus. Souvent, l'homme qui donne crache exprès sur l'aumône qu'il fait, et la salit avant de la jeter.

Le mépris de l'Anglais qui mange pour l'Anglais qui ne mange pas, de l'Anglais bien mis pour l'Anglais en loques, s'affiche là comme ailleurs, plus insolent même, et plus cruel, avec son faux entrain et sa fausse bonhomie.

J'ai vu, sur ce Derby, ridiculiser la famine et avilir la douleur.

La richesse se frotte à la pauvreté, soit ! Mais elle ne manquera pas une occasion d'écorcher les plaies des misérables, et de faire grimacer leurs blessures comme des lèvres de bouffon.

J'ai entendu un de ces fraternisants crier à une malheureuse qui pleurait :

— Fais-nous rire, et tu auras ce morceau de pâté.

Elle put ricaner, la misérable !

— Pleure de nouveau !

Elle ne put pas pleurer, cette fois : les larmes lui venaient bien malgré elle, mais elle ne savait pas les faire jaillir à volonté, malgré son petit qui la tirait par les déchirures de sa jupe, lui qui se serait si bien régalé ! Elle n'y arriva pas, et on la chassa, la fainéante !

Voilà comment ils font la charité à cette populace qui leur fait crédit.

Elle fait crédit de ses chansons et de ses danses, de sa souffrance et de sa fatigue. L'Écossais aux jambes nues qui joue du *Bag-pipe*, l'Irlandais qui jongle avec son *Shellalah*, le gamin qui se disloque, l'hercule qui soulève un essieu à la force des crocs, commencent par fournir leur effort, et font l'avance de leur spectacle.

Les Christy-Minstrels qui raclent du tambourin, ou battent des castagnettes, en uniformes de Soulouque ; le musicien de contrebande qui siffle des airs de romance dans une cafetière, celui qui imite un carillon de cathédrale avec des sonnettes fêlées, tous ces malheureux peinent et s'éreintent, sans savoir s'ils seront payés.

Quand ils tendent leur bonnet, plus d'un avaleur de truffes fait mine de ne pas voir l'avaleur de sabres, ou même lance au hasard un mot d'injure, après avoir joui gratis de la musique baroque ou du frétillement comique.

Cela me gâte tout votre Derby, cette humiliation imposée au nom de l'orgueil, subie au nom de la détresse, le dédain du pauvre planant au-dessus de cette multitude.

C'est que le vice des âmes anglaises se trahit au milieu de ce débordement d'insouciance et dans ce jeu de grande bohème, en même temps que la vigueur de la race s'affirme à cette descente d'Epsom, dont rien ne peut donner une idée dans le monde.

La course est finie.

Les grooms de profession, les grooms de hasard, les palefreniers en livrée, les palefreniers en haillons sont allés détacher les bêtes qu'une corde retenait à un pieu ; on a donné le dernier coup d'étrille, distribué la dernière provende, les harnais sont en place, les guides sont en main. La

Valetaille paye la Débine, par qui elle a fait faire sa besogne. Les maîtres jettent quelques poignées de cuivre et s'offrent une dernière goujaterie :
— A l'œil, je parie ! dit l'un d'eux, en visant un déguenillé.
— Cent livres que je lui casse le nez ! crie un autre.

Les cocottes s'en mêlent, et l'on tire avec du billon sur ces faces de misérables qui s'offrent aux coups, paupières fermées, narines battantes, la bouche ouverte en tirelire dans un horrible ricanement !

N'es-ce pas que vous monteriez à l'assaut des équipages, et que vous casseriez tout ce monde-là sur vos genoux, populaciers de Vincennes, ouvreurs de portières d'Auteuil ?

Le soleil est tombé.

L'heure est bonne pour les vigoureux, et leur brutalité est à l'aise dans la fraîcheur du soir. Allons ! les enfants d'Angleterre, payez-vous-en !

La bataille, mal engagée ce matin, recommence entre les voitures qui se défient, entre les gens qui se bombardent. Tantôt, on avait le souci de la cote, et la fringale des nouvelles : « Qu'avait dit Archer ?... Et le galop d'essai du favori ? Un tel... se présenterait-il au poteau ? »

On tâtait du regard le sol humidifié par l'ondée de la nuit ; même, on descendait du siège, pour le tâter aussi de la main. La mollesse de la piste, indifférente pour quelques sabots, est fatale à quelques autres. Si la terre ne séchait pas avant le coup de cloche du *starter*, il serait impossible à *Nana* de gagner, tandis que *Flamboyant*, un cornard, était capable de prendre la tête et de la garder !

It is over now (« Il n'est plus question de cela maintenant »).

Il s'agit de profiter de son reste, de rapporter du grand Mercredi des souvenirs de gaieté pour les cinquante et un autres qui vont suivre, et de dépenser avant minuit tout ce qu'on a amassé, en douze longs mois, d'envies de débraillé et de sans-façon !

Non ! rien ne peut être comparé à ce retour d'Epsom, dans l'histoire des fêtes antiques, dans l'almanach des foires modernes. Nulle part, jamais, il n'y eut ce pêle-mêle, cet encombrement, cette verve sauvage, cette fureur de casse-cou !

Les autres foires, les autres fêtes marchent d'après un ordre connu, une règle imposée, le plaisir suit une route tracée par les commissaires comme la promenade du bœuf gras. On lui fixe son itinéraire, à ce bœuf, et le cortège a passé à la censure, qui a bien voulu permettre les bottes à retroussis, les fraises fanées, les pourpoints pisseux.

Au Derby, pas de censure, pas de règle, pas d'ordre ! La place est laissée à qui veut la prendre, sans police et sans soldats. Chacun pour soi : débrouillez-vous !

Et ils se débrouillent, en effet, et ils s'amusent, sans qu'il y ait plus de trente cochers ou de quarante cabs qui reviennent de là estropiés, ou qu'on ramasse, le caisson cassé !

On a passé dans la ganse des chapeaux les poupées de bois, accroché aux pifs le nez de carton, on s'est déguisé pour la mascarade, c'est-à-dire qu'on a affublé de fantaisies de carnaval son franc appétit de *fight*, son sournois amour de combat.

Les courtes sarbacanes de fer-blanc montrent leur bec, on place entre ses genoux, comme une cartouchière, le sac de pois secs, et l'on commence à tirer sur tous et sur toutes. On cingle de ce petit plomb le dépit ou la colère des jeunesses, qui ripostent par un feu nourri que soutient l'amoureux ou le galant. Parfois, une graine fait balle ; et les querelles deviendraient meurtrières, si les aventures des attelages, aux galops hardis, aux audaces féroces, ne sabraient les fureurs, et ne cassaient les mailles du filet où l'on frétille l'un près de l'autre dans cet enchevêtrement barbare et fou. Tout se divise, s'émiette, et parfois s'effondre. Il passe des courants nouveaux qui font échec à l'inondation et la cravachent en zigzag. Et voilà comment les irritations se noient — sans compter qu'elles tombent vite au fond des pots qu'on lape à chaque visite d'adieu aux public-houses, où l'on retrouve, enroués et baveux, la tête bouffie et la trogne molle, les chanteurs et les boxeurs frais à l'aurore. Mais le cocher crie de remonter ; il est lancé, le bonhomme, ayant partagé entre lui et ses chevaux une des bouteilles de champagne qu'ont offertes ceux qui ont gagné des poules sur la crête de notre omnibus.

On court dans un nuage de poussière, et à voir tout ce monde coiffé de gris, et les épaules sablées, on dirait presque une fuite sous la neige, ou tout au moins une cavalcade de figurants, avec leurs habits semés de flocons d'ouate dans la scène d'hiver d'une vieille féerie.

Mais voici qu'on prend la vessie d'étain qui, pressée, envoie un jet d'eau comme une flèche de glace dans la nuque, l'oreille, les yeux bleus des commères et des jolies filles ; les gouttes roulent dans le dos, filent dans la gorge, donnent des frissons, arrachent des cris ; et c'est joli de les voir se secouer comme des oiseaux qui viennent de se baigner, et lissent leurs ailes sur le bord d'un bassin.

— Mais vous saignez, Jack !

C'est une blonde, au rire éclatant, qui, tout d'un coup, a vu du rouge s'étaler en plaques sur la chemise de son fiancé !

— Ils m'ont fendu le front, dit une voix chevrotante.

Et, c'est vrai ! le père, un vieux à cheveux blancs, a reçu sur la tempe une bouteille de soda vide, lancée à toute volée, qui a entamé l'occiput.

Le promis a reçu en pleine frimousse, comme un caillou envoyé par une fronde, un sac de sable tassé, pressé, qui a fait pierre.

On profère bien quelques murmures, mais c'est à voix basse et sans conviction. (Jules Vallès, *La Rue à Londres*, 1884.)

JEUX DE MAINS, JEUX DE VILAINS ?

> Si j'osais, je dirais volontiers qu'il y a de la conformité en bien des choses entre les Anglais et leurs dogues. Les uns et les autres sont taciturnes, têtus, paresseux, ne pouvant supporter la fatigue, nullement querelleux, mais intrépides, s'acharnant au combat, paraissant insensibles aux coups, et ne pouvant se séparer. Il y a des gens qui prétendent y trouver cette différence que, hors d'Angleterre, les dogues sont plus mauvais, et les hommes plus traitables.
>
> Béat de MURALT, *Lettres sur les Anglais*, 1726.

On n'imagine pas d'évoquer l'Angleterre sans parler de sport, *mais, si le mot est ancien dans la langue anglaise, avec des sens divers d'ailleurs, les sports, tels que la France les pratique depuis la fin du XIXe siècle après les avoir découverts outre-Manche, ne sont guère apparus qu'au cours du XIXe siècle. Ce que l'Anglais appelle alors sport relève surtout de la chasse ou de loisirs rustiques, que le voyageur ne remarque guère et qui n'appellent aucun commentaire révélateur.*

D'ailleurs, ce qui intéresse le témoin français, c'est moins la pratique d'une activité physique — qui souvent n'a rien de pittoresque ou d'insolite — que ce qui tient aux mœurs. Le spectacle de la rue, les divertissements de la place publique offrent des comportements correspondant à des mentalités.

D'où l'intérêt porté aux combats singuliers à poings nus, que l'on appellera la boxe, que pratiquent toutes les classes de la société. Ce spectacle fascine et révolte le Français, qui découvre la brute sous les habits du lord ou les guenilles de la canaille. Symboliquement les torses nus des combattants révèlent le sauvage Saxon. Même lorsque le visiteur en vient à admettre qu'il s'agit d'une école d'endurance et de courage, indispensable aux bâtisseurs d'empires, il n'en voit pas moins le mufle de la bête et « pugilat » reste un terme péjoratif.

Les sports, qui — venus des divertissements du monde rural — s'introduisent dans les collèges et les universités et contribuent à la formation du gentleman, ne sont perçus que tardivement par des voyageurs qui, il est vrai, ne peuvent être que des observateurs assez perplexes. Nos Français apprécient ce qui semble apporter un équilibre et un bien-être physiques chez les élites anglaises, ce qui correspond à de nouveaux modes de vie et de nouveaux rites sociaux, mais qu'ils n'arrivent pas à partager sans ennui, en dépit de quelques plaisirs esthétiques.

Misson
Coups et blessures, plaies et bosses

Outre les jeux et les divertissements communs à la plupart des nations de l'Europe, comme la paume, le billard, les échecs, le trictrac, la danse, la comédie, etc., les Anglais en ont qui leur sont particuliers, ou du moins qu'ils aiment et qu'ils pratiquent plus qu'on ne fait ailleurs. Voir jouter des coqs est un plaisir royal en Angleterre. Leurs combats de taureaux et de chiens, d'ours et de chiens ; et quelquefois de taureaux et d'ours, ne sont pas des combats à outrance comme ceux des coqs. Tout ce qui s'appelle *fighting*, c'est-à-dire en général « combat », est une chose délicieuse à un Anglais. Si deux petits garçons disputent dans une rue, les passants s'arrêtent, font en un moment un cercle autour d'eux, et les animent, afin qu'ils en viennent aux coups de poing. Faut-il se battre, chacun ôte sa cravate et son justaucorps, et le donne à garder à quelqu'un de la compagnie ; alors commencent les coups de poing, dans le visage s'il est possible, les coups de pied dans les os des jambes, les tirailleries aux cheveux, etc. Celui qui a terrassé l'autre lui peut donner un coup ou deux à terre, mais pas davantage ; et toutes les fois que le terrassé se veut relever, il faut que l'autre lui prête le collet de nouveau tant qu'il lui plaira. Pendant le combat, le cercle de spectateurs encourage les combattants à la grande joie de leur cœur, et ne les sépare jamais, tant que les choses se font dans les règles. Et ces spectateurs ne sont pas seulement d'autres enfants, et des portefaix, ce sont toutes sortes d'honnêtes gens, dont les uns fendent la presse, afin de voir de près, les autres montent sur les boutiques ; et tous loueraient des places, si des échafauds pouvaient se faire en un moment. Le père et la mère des petits enfants qui se battent les regardent faire comme les autres, et encouragent celui qui recule, ou qui manque de force. Ces sortes de combats sont moins fréquents entre les hommes faits que parmi les enfants, mais ils ne sont pas rares. Si un cocher de fiacre a dispute pour le paiement avec un gentilhomme qu'il a mené, et que le gentilhomme lui offre de se battre avec lui pour vider la querelle, le cocher y consent de bon cœur. Le gentilhomme ôte son épée, la met dans quelque boutique, avec sa canne, ses gants, et sa cravate, et se bat de la manière que j'ai tout à l'heure représentée. Si le cocher est bien battu, ce qui arrive presque toujours, le voilà payé ; mais s'il est *battant*, il faut que le battu paie ce qui était en question, et ce qui a causé la querelle. J'ai une fois vu le feu duc de Grafton aux prises en pleine rue avec un pareil cocher qu'il étrilla d'une terrible manière. En France, nous traitons ces sortes de gens-là à coups de bâton, et quelquefois à coups de plat d'épée ; mais en Angleterre cela ne se pratique nullement ; on ne se sert ni d'épée ni de bâton contre un homme qui n'en a point ; et si quelque malheureux étranger (car jamais cela ne tombera dans l'esprit d'un Anglais) s'avisait de frapper de l'épée quelqu'un qui n'en aurait point, il est certain qu'en un instant, cent personnes lui tomberaient sur les épaules, et le mettraient peut-être en état de ne s'en relever jamais, comme je crois l'avoir déjà dit. La lutte est encore un des divertissements des Anglais, surtout dans les provinces du Nord. Sonner les cloches est un de leurs grands plaisirs, surtout à la campagne : il y a manière de le faire, mais leur espèce de carillon n'a rien de commun avec les carillons de Hollande et des Pays-Bas. En hiver le *football* est un exercice utile et charmant : c'est un ballon de cuir gros comme la tête et rempli de vent : cela se ballotte avec le pied dans les rues par celui qui le peut attraper : il n'y a point d'autre science. Exposer un coq dans une place, et le tuer à la distance de quarante ou cinquante pas, avec un bâton comme pour jeter aux noix, est encore une chose divertissante ; mais ce plaisir n'est que d'une certaine saison. Il en est de même des danses des laitières, des balles de paumes que les filles s'entrejettent, et de divers autres petits exercices. Le premier mai et les cinq ou six jours suivants, toutes les jeunes et jolies paysannes qui ont accoutumé d'apporter du lait à vendre en ville s'habillent fort proprement, et empruntent quantité de vases et de vaisselle d'argent, dont elles font une pyramide qu'elles enrichissent de rubans et de fleurs, et qu'elles portent sur la tête, au lieu du pot au lait ordinaire. Dans cet équipage, et accompagnées de quelques-unes de leurs camarades, et d'une musette ou d'un violon, elles vont danser de porte en porte chez leurs chalands, au milieu des enfants et des jeunes gens qui les suivent par troupes ; et partout, on leur fait quelque petit présent. Il n'y a que peu d'années qu'on voyait assez souvent certains gladiateurs, qui marchaient dans la rue en chemise jusqu'à la ceinture, le bras retroussé, l'épée à la main, et précédés d'un tambour pour amasser des spectateurs. On donnait tant par tête pour voir le combat, et ce jeu se faisait à coups de taille d'épée, avec la défense d'une espèce de bouclier. Le tranchant de l'épée était un peu émoussé, et le soin des athlètes était plus de ne se pas blesser que de se faire du mal. Néanmoins, comme ils étaient obligés de se battre jusqu'à ce qu'il y eût du sang répandu, sans quoi personne n'aurait voulu donner son argent, il était à la fin nécessaire de badiner un peu plus rudement. J'ai une fois vu une estafilade plus longue et plus profonde que l'intention n'avait été de la faire. Ces sortes de combats se font rarement depuis huit ou dix ans. Les apprentis et d'autres tels jeunes garçons ont toujours leurs *cudgels*, ce qui est à peu près la même manière, excepté que le cudgel n'est qu'un bâton ; et qu'un petit corbillon d'osier dans lequel la poignée de ce bâton est passée, comme dans une garde d'épée à l'espagnole, tient lieu d'arme défensive au combattant. (Misson, *Mémoires et observations faites par un voyageur en Angleterre*, 1697.)

Grosley
Par forme de récréation

Tout ce qui n'attente directement ni à la paix publique, ni à la liberté ou à la vie du citoyen est étranger à la police, qui, en conséquence, laisse un champ libre aux combats particuliers, très fréquents à Londres entre les gens du peuple, et quelquefois entre d'honnêtes gens, qui, par forme de récréation, veulent rosser ou être rossés.

La canaille est le juge né de ces combats, qui ont des règles traditionnelles, dont la première est que le combat dure jusqu'à ce que l'un des champions s'avoue vaincu, soit en demandant la paix, soit en restant à terre sans se relever, et se refusant aux secours des spectateurs, toujours prêts à remettre le vaincu sur ses pieds.

Ces combats se font à coups de tête et à coups de poing. Les athlètes, en s'y présentant, quittent leurs habits, souvent la chemise même : il est de la politesse d'en user ainsi de la part d'un Anglais à l'égard d'un étranger. On prouve par là et que l'on ne craint point les coups, et que l'on n'a rien sur soi qui puisse en parer ou en amortir l'effet. (Grosley, *Londres*, 1770.)

Simond
Athlète blanc, athlète noir

C'était hier le jour du grand combat en champ clos entre Molineaux, nègre américain, et un jeune pugiliste anglais, nommé Rimmer. Voulant voir une fois le spectacle national d'un véritable combat à coups de poing, je me suis rendu de bonne heure sur le champ de bataille, Molesey Hurst, près de Hampton Court (quinze milles de Londres), avec S., qui a bien voulu m'accompagner.

Il y avait un grand cercle tout formé, une sorte de retranchement de chariots et de charrettes arrangés les uns auprès des autres, sans chevaux : c'est une spéculation des gens de la campagne, qui louent ces postes élevés aux amateurs Nous avons donc fait notre marché et pris nos places. Une foule immense remplissait le cercle, et l'on voyait au centre une barrière de pieux et de cordes de quarante ou cinquante pieds de diamètre. A environ midi et demi, Rimmer est entré dans la barrière. C'est un grand jeune homme de bonne mine, haut en couleur. Bientôt après le noir a paru, enveloppé d'une redingote à grands collets, monté sur un char à quatre chevaux, mené par quelques jeunes gens du bon ton, probablement membres du *four in hand club*. Ici a commencé une scène tout à fait imprévue. Il s'agissait de faire évacuer la barrière. Tous les pugilistes présents, professeurs et amateurs, ont chargé le peuple à la fois. La foule a reculé en désordre, formant un cercle en dehors de la barrière, pas assez grand pourtant. Ces champions ont continué à travailler la populace à coups de fouets, à coups de bâtons appliqués sans cérémonie, la refoulant sur elle-même et élargissant le cercle. Je m'attendais à chaque instant à voir le ressentiment produire un engagement général : point du tout, ce traitement a été pris de fort bonne part, et j'apprends qu'il est reçu et d'usage ordinaire en pareil cas. Il est vrai que les coups étaient dirigés principalement par-dessus les premiers rangs, de manière à tomber sur ceux de derrière qui, atteints ainsi d'une main invisible, n'avaient d'autre ressource que de reculer. A la fin, les premiers rangs se sont accroupis sur le gazon pour ne pas intercepter la vue ; l'ordre et la tranquillité ont paru renaître, et il y a eu une sorte de silence général. Les combattants ont bientôt quitté leurs habits, le noir exposant aux regards du public les membres carrément prononcés, et la petite tête d'Hercule, «*Scarce more extensive than the sinewy neck*».

Son adversaire, plus grand, les épaules larges, mais plus jeune et bien moins musclé, paraissait ferme et résolu, et son visage n'avait rien perdu de ses couleurs. Après s'être pris la main en signe d'amitié, ils se sont mis en garde; ils ont passé quelques minutes à s'observer poing à poing, œil à œil. Je ne sais qui a porté le premier coup, instantanément rendu: au second assaut, Rimmer est tombé à la première atteinte sous les coups de son adversaire; au troisième, il l'a saisi corps à corps, et quoiqu'ils soient tombés ensemble, l'athlète blanc était sur le noir; mais l'on ne frappe point à terre, et ce n'est rien faire que d'avoir ainsi le dessus. Deux autres fois, le blanc chercha encore à saisir et terrasser le noir, mais celui-ci le recevait toujours avec un coup bien planté, qui l'étendait par terre: son œil gauche était tout à fait clos, et le sang coulait de plusieurs endroits. Il n'était pas aisé d'apercevoir les blessures sur la peau du nègre, on voyait seulement qu'il était plus hors d'haleine. «C'est un plaisir de les voir se baisser, / Se relever, reculer, avancer, / Parer, sauter, se ménager des feintes, / Et se porter les plus rudes atteintes» (Voltaire).

A chaque assaut (*round*), terminé généralement par une chute, les seconds relèvent l'athlète, essuient son sang, lui lavent le visage et particulièrement les tempes avec une éponge trempée, je crois, dans de l'eau et du vinaigre. Celui qui n'est point tombé s'assied sur le genou de son second, qui met l'autre genou à terre; il se penche sur lui et prend tout le repos qu'il peut. Le combat durait depuis une demi-heure, lorsque la foule immense, pressée sans doute par ceux de derrière qui ne voyaient pas, a fait une éruption soudaine à travers les rangs accroupis. Cette manœuvre une fois commencée, le cercle a été rompu de toutes parts, et en un instant la barrière et les combattants ont été enveloppés dans le débordement. En vain le corps des pugilistes a tâché de le repousser derrière ses digues: on voyait les poings, les fouets et les bâtons se lever, mais il n'y avait pas de place pour frapper. Après vingt minutes de clameurs tumultueuses et de vacarme, on a paru enlever les cordes et les piquets, comme s'il n'y avait plus de possibilité de continuer le combat, ou que l'on voulût aller le terminer autre part. Le peuple a vu ce qu'il allait perdre, il a paru honteux de son manque de savoir-vivre, et il s'est fait un peu de place. Les pugilistes ont habilement profité du moment, et tombant sur cette masse ébranlée, l'ont repoussée de tous côtés. De nouveau le cercle a été formé; les premiers rangs ont repris leurs sièges sur le gazon, et les suivants se courbant à moitié pour laisser voir ceux de derrière, il y a eu une sorte de tranquillité et de silence.

Au milieu du cercle, on voyait les combattants, chacun appuyé sur ses seconds (ceux du nègre étaient l'un noir et l'autre blanc), et leurs habits jetés sur les épaules. Ils ont bientôt reparu dans leur nudité athlétique. Le blanc paraissait encore fort et alerte ; mais dès le premier assaut, il a été facile de voir que ce long repos lui avait fait perdre son seul avantage, le défaut d'haleine du noir. Celui-ci, frais et reposé, lui était trop supérieur et le culbutait à chaque coup ; il ne se relevait que pour retomber comme un bœuf sous la masse du boucher : cela faisait horreur. Il n'était plus question de victoire ; c'était combattre pour montrer ce que le courage (*bottom*) peut endurer. Enfin il n'a pu se soutenir, sa tête est tombée sur sa poitrine ; il était visiblement hors de combat, et le temps prescrit pour faire face à son adversaire étant expiré (deux ou trois minutes), les partisans de l'Africain ont fait retentir le cri de victoire et jeté leurs chapeaux en l'air. J'ai aperçu le barbare, contemplant avec un sourire le corps étendu de son adversaire, et triomphant en héros d'Homère. Nous n'avons pas cherché à en voir davantage, et retrouvant notre voiture, nous sommes retournés à Londres sur-le-champ.

Suivant les amateurs, ça été un mauvais combat : le jeune Rimmer a mal connu ses forces et a reçu la leçon que méritait sa témérité. Le nègre ne trouvera pas beaucoup de pugilistes qui aient autant de *muscle* que lui, mais il manque d'haleine et de sang-froid ; il se met en colère, et il sera battu par les professeurs, s'il s'y joue.

Une seule réflexion tempérait l'impression de brutalité de ce spectacle, c'était l'impartialité avec laquelle toute cette populace observait la loi du combat ; elle voyait un étranger, une espèce de sauvage, un nègre, assommer un de ses compatriotes, et le laissait jouir de son triomphe sans molestation. L'interruption du combat avait été accidentelle, un simple excès de curiosité et d'intérêt. Quand je désigne ce rassemblement par le nom de populace, il ne faut pas entendre qu'il ne fût composé que de bas peuple ; on ne voyait pas de guenilles, et le tiers au moins de ce que j'appelle populace était composé, sinon de *gentlemen*, au moins de messieurs. (Simond, *Voyage d'un Français en Angleterre*, 1816.)

Defauconpret
Un ignoble et dégoûtant combat à coups de poing

Mais il faut avouer aussi que le hasard, en dérangeant nos projets, nous sert quelquefois beaucoup mieux que nous ne l'aurions fait nous-mêmes ; et quiconque voudra jeter avec bonne foi un coup d'œil en arrière sur sa vie reconnaîtra qu'il doit au hasard une grande partie des succès que l'amour-propre voudrait attribuer à la sagesse de ses plans.

C'est donc à cette divinité que je fus redevable de voir un spectacle, peu amusant à la vérité pour un Français, et qui ne peut guère intéresser que ceux qui préfèrent les sorcières de Macbeth ou les fossoyeurs du roi Lear, à la douleur intéressante d'Iphigénie, aux douces larmes que fait couler l'amour maternel d'Andromaque. Mais l'observateur est forcé quelquefois de reposer ses yeux sur des objets dont il les détournerait avec horreur, comme l'anatomiste étudie sur des cadavres les moyens de soulager l'humanité souffrante.

J'étais sorti de chez moi un matin de bonne heure, par désœuvrement, et je me proposais d'aller voir les plantations que l'on fait à Regent's Park, et qui ne sont pas encore terminées. J'étais arrivé à New Road, mais en passant près d'un endroit nommé Primrose Hill, je vis de loin dans la campagne un grand attroupement d'hommes et de femmes, et un grand nombre de personnes, traversant précipitamment New Road, couraient du même côté. Je me souvins que j'étais comme elles un des descendants de notre bonne mère Ève; j'oubliai le but de ma promenade, et le démon de la curiosité m'entraîna du même côté.

La foule se composait de gens de toutes conditions; des dames très bien mises, des femmes en guenilles, des élégants, des portefaix. Tous formaient un grand cercle, et au milieu un homme d'une taille athlétique venait d'ôter cravate, habit, gilet; la chemise eut le même sort; le gilet de flanelle qu'elle couvrait la suivit à mon grand étonnement, et je ne savais si la partie inférieure de l'habillement allait aussi disparaître; mais il en resta là. Les yeux des modestes *ladies* qui assistaient à ce spectacle ne parurent nullement effarouchés de la vue d'un homme nu jusqu'à la ceinture. Elles eurent double plaisir le moment d'après; car un autre champion, qui avait fait sa toilette hors du cercle, ne tarda pas à y pénétrer dans le même costume. Chacun d'eux était accompagné de deux hommes qui se placèrent en avant à chacune des extrémités du cercle. Le dernier venu était beaucoup moins grand que le premier; mais les muscles et les nerfs, fortement prononcés sur ses bras, annonçaient que la nature, en lui refusant une taille avantageuse, l'en avait dédommagé en le douant d'une vigueur peu commune.

J'étais parvenu à me placer au premier rang des amateurs, à côté d'un Anglais d'un certain âge qui paraissait fort attentif à ce qui se passait; je lui demandai l'explication de ce spectacle.

— Vous êtes étranger, me dit-il; votre question me l'apprendrait, si je ne l'avais déjà reconnu à votre accent. Vous allez voir boxer : mais je crains que nous n'ayons pas grande satisfaction; ce ne sont pas des célèbres. Ce sont deux artisans qui se sont pris de querelle hier, et qui se sont donné rendez-vous ici pour la vider. Mais, attention; ils vont commencer.

« Je parie dix guinées contre sept pour Tom », cria un jeune homme qui était à quelques pas de nous.

Tom était celui qui avait l'avantage d'une haute stature.

« Je tiens les sept guinées pour Dick », dit l'Anglais à côté duquel je me trouvais.

Et au même instant les deux antagonistes, serrant les poings, s'avancèrent l'un vers l'autre, et, pendant environ cinq minutes, cherchèrent à se donner des coups qu'ils paraient tous deux avec beaucoup d'adresse.

— Ce sont les enfants de la nature, me dit mon voisin ; il n'y a ni science ni art dans leur manière de se battre.

— Est-ce que l'on a réduit en principes l'art de se battre à coups de poing ?

— Sans doute. Il y a des professeurs pour cette science comme pour l'escrime ; et il est aisé de voir que ces deux hommes ne l'ont pas étudiée, ou qu'ils ont eu de mauvais maîtres.

En ce moment Dick allongea à Tom un coup de poing sous la dernière côte, si vigoureusement appliqué, que celui-ci en fut renversé.

Pendant que les seconds de Tom l'aidaient à se relever, « voilà votre pari gagné ! » dis-je à mon voisin, croyant le combat fini par la chute de l'un des combattants.

— Gagné ! s'écria-t-il, oh ! nous n'en sommes pas là. Tom ne cédera pas la victoire à si bon marché ; le combat ne finit que lorsqu'un des deux hommes se reconnaît vaincu.

— Et pourquoi Dick n'a-t-il pas profité de son avantage pour forcer son adversaire à avouer sa défaite ?

— Parce que ce genre de combat a ses lois comme tout autre, et qu'il n'est pas permis de donner un coup à son ennemi quand il est à terre.

Mais déjà Tom était sur ses jambes, et renouvelait son attaque. Quelques instants après, un coup de poing tombant d'aplomb sur la mâchoire de Dick le renversa à son tour, crachant le sang et quelques-unes de ses dents.

Après une courte interruption, le combat recommença : Dick, semblant menacer encore les côtes de son antagoniste, lui porta, par une feinte assez adroite, un coup si violent sur l'œil droit qu'il en devint enflé au point de ne pouvoir plus l'ouvrir.

— Pas mal ! s'écria mon voisin, pas mal !

Mais, presqu'au même instant, Tom asséna sur le nez de Dick un si rude coup, qu'il tomba couvert du sang qui coulait à grands flots de ses narines. Ses seconds s'approchèrent de lui, étanchèrent le sang avec des éponges, et ne tardèrent pas à le remettre sur ses pieds.

Je remarquai alors que tous les efforts de Dick tendaient à mettre l'œil gauche de son adversaire dans l'état où le droit se trouvait déjà. Il semblait insensible aux coups qu'il recevait, ne faisait aucune attention au sang qui lui sortait par la bouche et les narines, et il réussit enfin à lui fermer le second œil, terme consacré dans la noble science des boxeurs, à l'instant même où un coup dans l'estomac le renversait lui-même pour la troisième fois.

Je croyais pour le coup le combat bien fini. Tom, ne pouvant ouvrir les yeux, me semblait hors d'état de se défendre, et surtout d'attaquer ; et Dick, étendu par terre et respirant à peine, ne me paraissait pas capable de renouveler le combat ; mais je me trompais encore.

Les seconds de Dick s'approchèrent de lui, l'épongèrent de nouveau, lui versèrent dans la bouche et sur le nez le jus d'un citron, lui remontrèrent qu'avec un peu de courage il ne pouvait manquer d'être victorieux, puisqu'il avait fermé les deux yeux à son antagoniste ; enfin ils parvinrent à le remettre sur ses jambes, animé d'une nouvelle ardeur.

Pendant ce temps, les seconds de Tom n'étaient pas restés dans l'inaction. Un coup de lancette donné sous chacun de ses yeux, faisant sortir le sang, en avait diminué l'enflure, et lui permettait de les entrouvrir.

Ils s'attaquèrent donc avec une nouvelle fureur ; quelques coups de poing donnés et reçus de part et d'autre firent couler le sang avec une telle abondance que les deux champions en étaient couverts.

Et des femmes fixaient avidement sur ce hideux spectacle des yeux qui ne devraient jamais s'ouvrir que sur des scènes de douceur et de plaisir ! « Hélas ! disais-je en moi-même, sont-ce bien des Anglaises, des Européennes que je vois ici ? Ne sont-ce pas plutôt des femmes de quelqu'une de ces hordes sauvages, qui dansent autour du poteau auquel est attaché le malheureux captif dont elles dévorent les membres palpitants à demi consumés par le feu qui l'entoure ? »

Mais, tandis que je faisais cette réflexion, Tom, renversé par un dernier coup de poing dans la poitrine, vomissait le sang à gros bouillons ; tous les efforts qu'on fit pendant quelques minutes pour le remettre sur pied s'étant trouvés infructueux, le champ de bataille resta à son adversaire qui, avec quelques dents de moins dans la bouche, un œil poché et le nez fracassé, fut emmené par ses amis, victorieux et triomphant.

Ce n'est pas toujours une querelle qui fait naître l'occasion de boxer, il existe des boxeurs de profession, qui se battent pour de l'argent. Une bourse de vingt, de trente, de cinquante guinées est proposée pour le prix du vainqueur. Quelque grand seigneur ouvre aux combattants un champ clos dans son parc ; une enceinte est disposée pour eux avec des pieux et des cordes ; des paris considérables ont lieu, et bienheureux les élus qui peuvent avoir place dans la compagnie distinguée qui assiste à ce divertissement, comme les souverains présidaient jadis aux tournois.

Et l'on accuse de barbarie les Romains qui repaissaient leurs regards des combats de gladiateurs ! Mais ce peuple belliqueux ne voyait là qu'une image de la guerre, et tout citoyen était soldat. Les combattants mêmes étaient animés par l'amour de la gloire. Quand l'un d'eux, après s'être vaillamment défendu, était sur le point de recevoir la mort, les spectateurs, en baissant le pouce, en agitant un voile blanc, quelquefois même en poussant de grands cris, témoignaient souvent le désir qu'il fût épargné. Mais quel intérêt peut donc présenter un ignoble et dégoûtant combat à coups de poing, pendant lequel les spectateurs ne semblent occupés que des moyens d'entretenir l'ardeur des combattants jusqu'à ce que l'un d'eux reste sans mouvement sur l'arène ? Voilà pourtant un des amusements favoris du peuple *penseur* ! (Defauconpret, *Quinze jours à Londres*, 1816.)

Vallès

L'école de l'aristocratie

C'est là, vous dis-je ! Cette grandeur repose sur le crâne de bouledogue des pugilistes ; elle est attachée à la plante des pieds des coureurs ; elle flotte à la surface des mers, portée par des nageurs qui défient les tourbillons.

De même, en haut du mont Blanc, les champions de la marche entonnent le *Rule Britannia*, et les échos de leur cantique chauvin roulent comme une salve dans les glaciers !

Ne les raillons pas : envions-les !

Si nous avions reçu, tout jeunes, cette éducation robuste ; si nous avions ôté nos chemises pour descendre publiquement dans le *ring* ou plonger dans l'Océan ; si nous avions donné et encaissé des coups de poing, sans nous arrêter à la première dent qui branle, au premier œil qui pèle, nous serions une nation de résistants comme nous sommes une nation d'audacieux. Et cela ne nous ferait pas de mal à nous, vieux attaqueurs à la baïonnette, maintenant que la baïonnette est une arme émoussée, et que l'artillerie a bêtement raison contre toute la chevalerie gauloise et la *furie française*

L'Anglais doit ce sang-froid à la pratique des violents exercices ; au lieu d'être élevés comme des métaphysiciens ou des poètes, les adolescents sont dressés comme des fils d'hercules ou de maîtres de natation. Et cette gymnastique, qui semble abaisser l'esprit des individus, fortifie et exalte l'âme de la race ; tous ces ressorts bien solides et bien graissés, soudés à chaque bras et à chaque vouloir, servent au jeu puissant de la vie commune — les nerfs et les muscles de ces athlètes se ramassent ou se détendent suivant les nécessités de la politique et à l'appel de la patrie !

Oui, l'Angleterre domine le monde et le dominera, parce que les écoliers de Cambridge et d'Oxford sont plus fiers d'arriver premiers, à force de rame, devant celui qui tient le drapeau des régates, que de tenir la tête de leur classe, dans les cours d'humanité ou de philosophie. Certains membres du Parlement ne se souviennent plus si c'est le prix de thème ou de version qu'ils remportèrent autrefois, tandis qu'ils conservent et affichent, dans leur salon, leurs insignes de canotier à bord du *boat* qui arborait le bleu pâle ou le bleu foncé.

Le peuple anglais est colonisant et envahisseur, parce qu'il n'y a pas que les ouvriers qui, chez lui, soient capables de suer, de geler, de saigner, et de soulever des fardeaux ; parce qu'il n'y a pas que les marins qui sachent grimper aux mâts et bondir dans les hunes. Ils ont fait l'apprentissage de plus d'une besogne pénible, ces rejetons de la noblesse ou de la bourgeoisie, et ils ont d'ailleurs, dès le berceau, été forcés d'être braves.

La rage de la boxe sévit chez les gamins aux mains blanches tout comme chez les *roughs* aux paumes calleuses. Il faut s'aligner et se cogner, pour vider les querelles, jusqu'à ce que les arbitres, choisis parmi les copains, aient décidé que le combat était fini, parce que l'un des combattants ne pouvait ou ne voulait plus se défendre. La fierté est de tenir jusqu'à ce que l'autre se lasse, ou jusqu'à ce qu'on tombe d'épuisement, mais sans demander grâce.

En France, le surveillant s'opposerait à ces rencontres, essaierait de tordre le cou à cette coutume, et pourchasserait les amateurs de ces rixes, traités de brutes ou de goujats.

En Angleterre, on fait cercle autour des boxeurs dans l'école ou dans la rue.

J'assistai un jour à un *fight* en règle, dont les héros n'avaient pas vingt-quatre ans à eux deux, et qui y allaient de tout cœur, comme s'ils n'avaient fait que ça toute leur vie.

Deux hommes aux favoris gris, très tranquilles, très graves, surveillaient la partie, criaient « en avant ! » et criaient « halte ! », épongeant les visages, frottant les tempes, et mouchant les petits nez quand ils pissaient rouge.

Les jeunes frimousses étaient en compote et commençaient à faire pitié ; les personnages à côtelettes poivre et sel ne paraissaient pas s'en douter. Je crus devoir leur faire observer que l'honneur me semblait satisfait, et que l'on pouvait, sans honte pour chacun des bambins, jeter l'éponge, et les renvoyer à leurs mamans, pour qu'elles leur fissent des lotions d'arnica et appliquassent des compresses sur leurs visages fracassés.

— Nous sommes les pères, répondirent ensemble les deux hommes.

Et ils replantèrent sur leurs jambes, en face l'un de l'autre, les deux moutards qui n'y voyaient plus clair.

Il y eut encore deux *rounds*, et ce fut fini — fini pour les fils, toujours ! Les *governors* dirent alors : « A nous maintenant ! » Ils se rendirent sous la voûte d'un *Mews* voisin, suivis de leur progéniture qui marchait comme à tâtons, et dix minutes après on les reconduisait à domicile, comme des aveugles, eux aussi, chacun dans sa maison, où l'on eut de la peine à les reconnaître.

La mère était bien fière et les amis bien contents. Il y avait de quoi !
(Jules Vallès, *La Rue à Londres*, 1884.)

Delacroix
Canotage

J'ai été hier avec six jeunes gens, dont étaient les Fielding, à Richmond, par la Tamise. Nous avons fait pour aller six lieues et plus en deux heures un quart, et de même en revenant, dans un bateau à six rames qui mérite à lui tout seul qu'on fasse le voyage pour le voir. Figure-toi un violon d'Amati : tout ce qu'il y a de plus délicat en construction, en grâce, en vitesse, enfin inimaginable. (Delacroix, *Correspondance* [lettre du 27 mai 1825], 1935.)

Pichot

Aux origines du foot-ball

L'origine de cette coutume est inconnue, comme celle de la plupart des jeux populaires. On croit que c'était un des amusements de la populace, sous le règne de Henri II. Dans les jours gras, dit Fitz-Stéphen, après dîner, les jeunes gens de la ville se rendent dans les champs pour jouer à la balle. Les écoliers, dans chaque pension, ont leurs balles ainsi que les précepteurs. Les vieillards viennent à cheval pour voir les jeux de la jeunesse ; ils se sentent renaître à l'aspect de tant d'adresse et de gaîté.

Plusieurs rois défendirent par un édit public le jeu du *foot-ball*. Jacques Ier, dans le *Basilicor Doron*, dit au prince Henri : « Je bannis de cette cour tous les exercices violents et rudes, comme le foot-ball, qui est plus propre à estropier ceux qui le jouent, qu'à les rendre habiles. »

L'usage du foot-ball était jadis très répandu dans les jours gras ; il existe encore au Nord. Dans le Northumberland, la musique de la ville vient tous les ans au château d'Alnwick, à deux heures de l'après-midi ; alors on jette par-dessus les fossés une balle à la populace.

En Écosse, dans la paroisse d'Inverness, il y a le mardi gras une partie permanente de foot-ball entre les hommes mariés et les garçons. Les premiers sont toujours vainqueurs.

Il y a quarante ans encore, les écoliers de Broomfield, dans le Cumberland, avaient coutume de mettre, mardi gras, à la porte de chez lui, leur maître d'école, pendant trois jours ; au bout de ce temps, s'il n'était parvenu à rentrer chez lui, soit par force ou par ruse, on faisait une petite capitulation, dont les principales clauses étaient toujours la célébration d'un foot-ball solennel ; on composait des chansons à la louange des vainqueurs.

Dans le Cheshire, les cordonniers, depuis des siècles, avaient coutume de donner aux marchands de drap, en présence des maires de Chester, une balle de cuir, nommée foot-ball, de la valeur de trois shillings quatre deniers, qu'il leur fallait pousser de là jusqu'aux maisons de ville. Cette pratique entraîna quelques inconvénients ; on convint donc, de part et d'autre, en 1540, qu'en place de la balle, on donnerait six sabres d'argent au vainqueur des courses à pied.

Au nord de l'Angleterre, les marchands de charbon ont coutume de guetter les nouveaux mariés au sortir même de l'église, pour leur demander l'argent du foot-ball ; ce qui ne se refuse jamais.

On choisit, pour le foot-ball, les jeunes gens les plus robustes et les plus actifs. Ils s'assemblent dans une large plaine ou champ en friche ; on marque les bornes et le jeu s'ouvre. D'abord on jette la balle au milieu des combattants ; d'autres fois, le sort décide quels joueurs donneront les premiers coups de pied. Le combat commence donc. C'est à qui se donnera des coups violents sur les talons, sur les jambes, s'entrechoquera, se culbutera. Le plaisant du jeu est de faire tomber sur le nez, sur la tête, une grande quantité d'amateurs. La lutte dure jusqu'à ce que la balle soit enfin poussée à l'une ou l'autre borne. Alors la victoire est décidée.

Une des parties les plus mémorables de foot-ball, dont les annales d'Angleterre feront jamais mention, a eu lieu le 4 décembre 1815, dans la vaste plaine de Gatter Haugh, en Écosse, près de la jonction des rivières d'Ettrick et d'Yarrow. Les habitants de Dale Yarrow étaient d'un côté ; de l'autre, ceux de Selkirk. Le duc de Buccleuch et ses fils, le comte de Dalkeith, le lord John Scott, la comtesse de Home et plusieurs autres grands personnages s'y trouvaient. Le duc jeta la balle en l'air ; après une heure et demie de combat, les habitants de Selkirk gagnèrent la première partie ; la seconde fut disputée avec acharnement pendant trois heures. Enfin les gens d'Yarrow furent vainqueurs. On ne put jouer la belle avant le déclin du jour ; mais on convint, avant de se séparer, qu'on choisirait de chaque côté cent hommes pour faire une autre partie au profit des pauvres de la paroisse dont les habitants seraient vainqueurs. (Pichot, *Voyage pittoresque en Angleterre et en Écosse*, 1825.)

Pillet
Avec une espèce de battoir

En 1813, deux jeunes garçons, de dix ans et de huit, jouaient à la *criquette* ; ce jeu consiste à renvoyer une balle de cuir fort, avec une espèce de battoir ; elle doit atteindre un but ; l'adversaire, également armé d'un battoir, attend la balle et la détourne s'il peut. (Pillet, *L'Angleterre vue à Londres et dans ses provinces*, 1815.)

Rémusat
Onze joueurs de chaque côté

Mais peut-être faut-il, avant d'aller plus loin, que j'essaye de donner quelque idée de ce jeu de *cricket* qui excite un si grand enthousiasme, non seulement chez les gens de la campagne, mais aussi chez ceux de la ville ; qui passionne les jeunes gens, les vieillards et même les femmes, et unit dans une sympathie commune le fils du chaudronnier au jeune lord le plus orgueilleux.

L'explication de cette grande popularité, c'est que le jeu de cricket, étant toujours un défi entre deux troupes rivales, entretient l'émulation, excite l'esprit de parti qui, quoi qu'on en dise, est un des stimulants essentiels de la vie publique, puisque, pour s'identifier avec un parti, il faut, jusqu'à un certain point, faire le sacrifice de sa personnalité. Le jeu de cricket exige onze personnes de chaque côté, et chacun des joueurs sent qu'il est solidaire avec ses camarades, dans la défaite comme dans la victoire.

Près de toute ville ou village, on consacre à ce jeu un terrain uni et fermé ; à Lynmore, il était pris sur le *common*. Le gazon est entretenu avec soin, arrosé et passé au rouleau. Sur ce terrain, lorsqu'on se prépare à jouer, on dresse à une distance convenue deux barrières, formées, chacune, de trois pieux alignés et légèrement enfoncés, et de deux pièces de bois placées en travers. Près d'une des barrières se tient un *bowler*, ou celui qui jette la balle ; près de l'autre est un *batter*, ou celui qui avec une longue palette défend sa barrière contre les coups de la balle. L'art du bowler consiste à lancer la balle contre les pieux d'en face pour les renverser ; celui du batter consiste à recevoir cette balle avec la palette, en la frappant de côté pour la détourner de son but et la renvoyer le plus loin possible. Les dix *fieldsmen*, qu'on pourrait nommer les aides de camp du bowler, se précipitent à la poursuite de la balle, et, pendant ce temps, le batteur court rapidement d'une barrière à l'autre. C'est du plus ou moins grand nombre de ces courses que dépend la victoire. La balle vient-elle à être remise au bowler par ses aides avant que le batteur ait regagné sa place, celui-ci doit céder sa palette à un autre de sa bande. Le batteur a contre lui le bowler et ses dix aides de camp ou fieldsmen. Lorsque les onze batteurs ont tenu la palette, ils deviennent à leur tour bowler et fieldsman.

Voilà pour l'idée générale de ce jeu, qui n'est pas tout à fait aussi simple qu'il le paraît, puisque le code du cricket ne compte pas moins de trente-huit articles. Chaque parti nomme un arbitre chargé de prononcer sur les points contestés. Ce qui fait l'attrait de ce jeu, c'est l'habileté qu'il faut déployer, l'activité incessante, l'attention soutenue et surtout cette solidarité qui existe entre tous les partenaires. Lorsque le nombre des cricketers, dans une localité le permet, on forme un club dont les membres sont admis au scrutin et moyennant une souscription, pour l'entretien du Cricket ground. Le club reçoit-il un défi, il choisit avec soin ses deux bowlers parmi les plus expérimentés ; ceux-ci nomment leurs capitaines, qui se chargent d'organiser le reste du parti. Ces clubs sont innombrables ; ils portent les noms les plus divers, tels que Zingari, Gentlemen of England, d'Oxford, Cambridge, Harrow, Eton, etc. Non seulement les villes et les villages sont en rivalité entre eux, mais les comtés se défient les uns les autres : le nord de l'Angleterre défie le sud ; des cricketers traversent l'Océan pour défier les clubs du Canada ou de l'Amérique. Les plus grandes parties sont celles qui ont lieu dans le voisinage de Londres, en présence de milliers de spectateurs. Ce jeu, qui est entré si profondément dans les mœurs de la population, excite à un tel degré l'intérêt public, qu'il a ses journaux, ses revues, ses almanachs.

Une dame, qui n'a cependant pas le goût de cette sorte d'amusement, m'avoua qu'elle était restée deux jours de suite, pendant cinq heures, assise sur un petit banc, en plein soleil, à regarder jouer l'un contre l'autre les clubs de Harrow et d'Eton, sans s'apercevoir de sa fatigue ; il est vrai que son fils était d'Eton et que son cœur de mère battait à l'unisson de celui de son fils. Toute l'aristocratie de Londres assistait à ce *match*.

Notre partie de Lynmore, pour être plus modeste, n'inspira pas aux acteurs et aux spectateurs un moindre intérêt. La belle Mme Acton, en calèche découverte, la comtesse dans son fauteuil roulant, car l'aimable dame aimait à se mêler à la vie du village; Leslie, Mme Woodland accompagnée de son impassible mari, toutes les familles des environs y assistaient, et une grande foule de paysans, de fermiers et de villageois remplissaient l'enclos. Aussi les hourras, les bravos, les bons mots d'un côté, les moqueries de l'autre étaient bruyants et continuels. Rose et les demoiselles Acton suivaient le jeu en amateurs accomplis et battaient des mains à chaque coup d'adresse de notre parti. C'était surtout vers la fin que l'intérêt devint vif; nos adversaires comptaient cent quarante courses, nous n'en avions que cent vingt et nous étions à notre dernier palletteur. Les gens de notre village suivaient avec inquiétude chaque coup de balle et chaque course. (Rémusat, *La Vie de village en Angleterre*, 1863.)

Bourget
Par un bel après-midi

Août 1880. — Sur tous les murs, des affiches annoncent une journée de fête au profit du *Cricket club* de la ville. Durant l'après-midi, *match* public entre les champions du club de Shanklin et ceux d'une société de Londres, venus exprès. Le soir, à l'*Institute* — sorte de bâtisse à toutes fins qui tient du théâtre et du temple —, représentation, par une troupe d'amateurs, d'une comédie célèbre de Tom Taylor: *Still waters run deep*. C'est notre proverbe français: «Il n'est pire eau que l'eau qui dort». Tout en marchant le long d'un sentier bordé de haies fleuries, nos amis nous content que la moindre petite cité de province a ainsi son *Cricket club*, dont même les dames font partie, en leur qualité de joueuses de tennis. Durant la saison, il y a réunion du club chaque semaine. On joue, on cause, et une des dames offre le thé aux acteurs comme aux spectateurs du tournoi. Le club possède un terrain soigneusement entretenu. A Shanklin, c'est une pelouse sur une hauteur. L'encadrement est composé de prairies fraîches et de collines boisées. Une corde entoure un espace carré dans lequel sont les joueurs. Ils ont le costume blanc, les sandales, la toque de rigueur. Quelques-uns portent sur les tibias une cnémide fabriquée en lamelles de bois, et à l'épreuve de la balle. Ils vont, ils viennent, lancent cette balle, la rejettent avec un flegme qui dément, en apparence, l'intérêt passionné qu'excite le résultat de la lutte. Il semble, à qui ne connaît point les arcanes du jeu de cricket, que ce soient là des préparatifs de la partie et non la partie même. Parfois un coup très adroit est salué par les applaudissements des spectateurs. Ceux-ci se tiennent dans un rond-point ménagé en dehors de la corde, qui constitue comme un salon en pleine campagne. Les dames s'assoient sur des pliants, les hommes sur des bancs. C'est un joli contraste que celui des toilettes de l'un et de l'autre sexe. Les dames sont mises comme pour une visite, en chapeaux, en gants, en robe parée. Beaucoup d'hommes sont en costume de jeu, même s'ils ne doivent pas prendre part à la partie. Il y a là d'incroyables audaces de vareuses et de casquettes. Des raies jaunes ou rouges, violettes ou vertes, bariolent les étoffes. Des enfants, chaussés de bas de soie noire à coins bleus ou oranges, en souliers découverts, charmants de grâce agile avec leurs cheveux d'or roussâtre, courent parmi les groupes. Un orchestre de musiciens, en costume bourgeois, attaque de temps à autre avec force notes fausses, un air d'opérette française, et sur cette assemblée pétille un joli soleil d'après-midi, ici incendiant une étoffe déjà d'une couleur trop chaude, là ravivant encore les teints déjà presque vifs, ailleurs luisant sur la verdure épaisse des feuillages et des gazons; puis, très au loin, une buée de vapeur estompe le contour de la colline plus sombre. N'est-ce pas un tableau tout posé pour le pinceau d'un Nittis ? Tableau bien anglais par les plus menus de ses détails ; car où trouver ailleurs cet horizon de jardins confortables ? où cette scène de vie au grand air ? où ces toilettes d'un goût singulier ? où ces hommes du monde athlétiques ? où, dans une réunion élégante de ville d'eaux, cette absence évidente de demi-mondaines en quête de galanterie ? (Bourget, *Études Anglaises*, 1910.)

Mandat-Grancey
Tous ces jeux assommants

L'auberge, à l'enseigne du Soleil levant, paraît même très fréquentée, bien qu'il n'y ait pas de courses aujourd'hui, et fréquentée par des gens très élégants, car il y a notamment à la porte, au milieu d'autres voitures, un grand landau dont le siège est embelli par la présence d'un cocher et d'un valet de pied en culottes courtes et en bas de soie. Ce qui me semble assez singulier à la campagne, d'autant que ce qui motive toutes ces élégances, c'est qu'il y a une grande partie de golf engagée sur le champ de courses. C'est encore un nouveau jeu que les Anglais ont inventé dernièrement. Il paraît que le besoin s'en faisait sentir ! Ils n'avaient pas assez des autres ! Celui-là se joue avec une foule de petits outils en bois, qui servent à taper une malheureuse boule après laquelle on court avec une ardeur extraordinaire, les uns voulant la faire aller dans un sens, et les autres dans un autre ! Il paraît qu'il faut une plaine d'au moins une lieue de long pour pouvoir jouer à ce jeu-là, aux règles duquel je n'ai d'ailleurs rien compris. Seulement, il m'a paru que les joueurs avaient si chaud que cela m'en a donné soif, et que j'ai demandé un verre de bière à l'hôtelier du Rising Sun ; celle qu'il m'a donnée était excellente ! et je l'ai bue avec une vive satisfaction, en souhaitant bien du plaisir aux Anglais vêtus de flanelle blanche que je venais de voir courant comme des dératés sur le champ de courses.

C'est encore pour lutter contre la fâcheuse pléthore que les Anglais ont inventé tous les jeux assommants, comme le cricket, le polo et le lawn-tennis, que nous avons la bêtise d'acclimater chez nous, et qui tuent la conversation ! (Mandat-Grancey, *Chez John Bull*, 1895.)

Morand
Autres temps, autres mœurs

Il y a huit palais de glace à Londres, dont le plus élégant et le plus récent est construit sur l'emplacement de Grosvenor House.

Le Londonien nage dans les piscines municipales, qui, moins luxueuses que les piscines allemandes, sont beaucoup plus anciennes. Il peut en outre se baigner en plein air, un peu partout, notamment dans la Serpentine ; les plus belles piscines privées sont celles de l'Automobile Club et du Bath Club.

L'univers reproche à l'Angleterre qui a inventé les sports de ne pas y exceller, de se faire battre au polo, au tennis, au football, aux concours hippiques, de ne pas même participer aux jeux Olympiques, de subir les leçons que lui infligent de nouveaux venus nés aux antipodes. Les Anglais répondent que seuls ils ont conservé le véritable esprit sportif pour qui le sport est un exercice, un jeu, un entraînement aux vertus morales, et non un massacre de records, que seuls ils défendent l'amateurisme désintéressé contre l'âpreté ou la brutalité des professionnels, que seuls ils ne permettent pas à un vaniteux et mesquin nationalisme d'envahir les stades et de fausser les résultats, et qu'enfin partout au monde, sauf chez eux, le champion a tué le sportsman. Ajoutons que le gazon anglais est propice au sport, il le protège contre cette rapidité excessive, cette précision mathématique, cette brutalité que lui donnent la terre battue ou la brique pilée. Le gazon laisse une place au hasard, à l'imprévu. Épais et élastique, doux aux pieds comme aux narines, il se maintient en Angleterre frais et vert tout l'été, tandis que roussissent ou grisonnent les pelouses étrangères.

Sur ce moelleux tapis, dans un cadre d'épais feuillage, de branches énormes et tourmentées, de haies vives, de rideaux de houblon, les sports s'épanouissent sous les nuages et sous les averses, parfois même au soleil, pendant deux ou trois après-midi par semaine, et lorsque arrivent ce que l'on est convenu d'appeler les beaux jours, tous les soirs de six heures à neuf heures. On me dispensera de les décrire en détail. L'âge n'est plus où Taine nous communiquait son étonnement de voir tant de jeunes garçons jouer à la « balle au pied ». Ces spectacles sont trop mondains pour qu'on y insiste. (Paul Morand, *Londres*, 1933 ; © Plon.)

ANGLAIS EN UNIFORME

> En général, rien de militaire ne choque la vue à Londres, il n'y a des sentinelles que là où il en faut : au palais du roi, du prince régent, au musée et à la banque. Le pauvre officier qui va monter la garde à la banque est souvent, dit-on, criblé de lardons par les marchands qui se trouvent sur son passage depuis Temple-bar ! « Voilà un homme rouge à qui son dîner ne coûtera pas cher », ou : « Voilà deux guinées et demie que nous allons payer pour le dîner de cet homme-là ». Nous concevons fort bien que Paris doit sembler en état de siège aux Anglais.
> STENDHAL, *Journal de Londres (1817)*, 1888.

Les Français, naguère encore cocardiers et amateurs de fanfares, se sont toujours étonnés de ne rencontrer outre-Manche ni places fortes ni citadelles ; quant aux rares troupiers, ils avaient l'allure fort peu militaire et les officiers étaient bien peu martiaux, à l'exception des fiers Highlanders.

Vivant sur les souvenirs glorieux et douloureux du premier Empire, les visiteurs ne comprenaient pas comment la nation qui avait gagné la bataille de Waterloo pouvait être si peu guerrière et refuser tout appareil et apparat militaire.

Certes, bien que l'accès aux arsenaux soit interdit, on pouvait visiter le Victory, consacré au souvenir de Nelson et de Trafalgar, symbole du patriotisme britannique, mais la Royal Navy semblait installée dans la tradition.

Après avoir longtemps ignoré les uniformes, les Anglais ne se passionnèrent pour la défense du royaume qu'à partir de 1862, quand on s'imagina outre-Manche que Napoléon III préméditait une descente. On leva des troupes, on forma des milices, on construisit des forts, on fondit de l'artillerie, et on modernisa la marine. Ce fut le début d'une course aux armements jusqu'à la tragédie de 1914.

Lacoste

Simples citoyens

Les seuls pairs du royaume étant *nobles-mans*, « hommes nobles », et tout le reste *commoners*, « plébéiens », les militaires anglais n'ont aucun droit à la distinction civile accordée à la noblesse ; et constamment aperçus par leurs compatriotes sous le point de vue de simples citoyens, sont sans influence quelconque sur l'opinion et la manière d'être imitative. Assemblés en corps d'armée, chacun d'eux, il est vrai, chef, subalterne et soldat, est un atome faisant partie de l'arme offensive et défensive, dont le prince se sert contre les ennemis de l'État ; et, comme tel, adopte l'esprit, obéit à la loi du corps auquel il est identifié. Mais rentré dans sa patrie, et quoique encore enrégimenté, l'esclave du despotisme des camps reprend ses droits, redevient partie du souverain effectif, renonce à l'esprit de licence, inséparable d'une vie agitée et précaire ;

abjure la dépravation de mœurs qui en est le résultat; reprend le mode national, n'est plus qu'un citoyen, exerçant une profession lucrative; et, confondu, circulant passivement dans le tourbillon commun, y recevant le ton du plus grand nombre; il est anglais sous tous les rapports généraux, et le citoyen n'est militaire sous aucun. Telle est la manière d'être des stipendiaires nationaux en Angleterre, trop peu nombreux, d'ailleurs, pour faire objet dans le cercle d'existence privée; l'État, en temps de paix, ne soudoyant que de vingt-quatre à vingt-cinq mille hommes de garnison, pour l'Europe, l'Amérique et l'Inde; et de vingt à vingt-deux pour la marine. (Lacoste, *Voyage philosophique en Angleterre en 1784*, 1787.)

Ferri de Saint-Constant
Soldats et marins

Les Anglais regardent avec raison les armées permanentes comme des instruments dont un prince porté au despotisme peut se servir pour attaquer la liberté d'une nation. C'est pour cela que les militaires, selon la rigueur des lois anglaises, ne doivent pas être considérés comme une classe distincte et séparée de la commune. La constitution britannique ne reconnaît pas l'état de soldat permanent: un citoyen et un soldat ne sont qu'un même homme, comme dans les beaux temps de la république romaine. Les rois même d'Angleterre, avant Henri VII, n'avaient pas de gardes du corps.

Il y a maintenant une armée permanente dans la Grande-Bretagne, quoiqu'on ne la considère pas ainsi. Les rébellions qui ont eu lieu en faveur des Stuarts, et l'existence d'armées nombreuses chez les autres puissances, ont fait adopter ces troupes permanentes. Les Anglais ont cherché les moyens de mettre la liberté de la nation en sûreté contre les entreprises hostiles de ces troupes. Le Parlement accorde tous les ans, pour entretenir l'armée, les sommes requises sans lesquelles elle se dissoudrait; il passe aussi chaque année un autre acte, nommé *mutiny bill*, pour punir la désertion et pour assigner des logements. Sans cet acte, aucune loi militaire ne pourrait être établie, et personne ne serait dans l'obligation de fournir des logements pour les troupes. On peut aussi considérer comme un moyen de prévenir les entreprises hostiles des troupes permanentes, l'établissement des milices nationales, dont les individus ne peuvent cesser d'être citoyens.

Il est facile de sentir combien ces moyens sont insuffisants. D'abord c'est une fiction bien gratuite que celle qui considère le soldat anglais comme un citoyen armé, puisqu'étant enrôlé à vie, il ne conserve aucun droit de citoyen et devient l'esclave de ses chefs. Le refus des subsides par le Parlement ne préviendrait pas les attentats d'un roi, qui, maître de l'armée, attaquerait la liberté nationale; car avec cette même armée, il saurait bientôt se faire donner des subsides. La difficulté de trouver des logements n'offre pas un obstacle plus réel, puisque presque partout on a formé des casernes, en sorte que les particuliers ne sont plus obligés de loger les soldats.

Le service de terre n'est pas estimé en Angleterre ; mais ce n'est pas seulement parce qu'il n'est pas aussi important que celui de mer, et parce que les flottes et non l'armée sont le véritable boulevard de la Grande-Bretagne. Plusieurs autres causes contribuèrent à cette opinion. D'abord la vénalité des charges d'officier, usage barbare, diamétralement opposé à tous les principes d'honneur de l'état militaire ; les commissions d'officiers se vendent et se négocient comme les trois pour cent, et sont de même sujettes à des hausses et des baisses qui déterminent les placements ou les translations dans d'autres corps : en second lieu, l'engagement à vie, qui avilit le soldat en le dégradant de la qualité de citoyen, et le rend l'objet du mépris de ses compatriotes. Le mépris s'étend jusqu'aux dernières classes. Il n'est personne qui n'ait pu être témoin des insultes que les femmes du peuple et souvent même les femmes publiques faisaient aux *habits rouges*. La composition de l'armée anglaise contribue aussi à entretenir cette opinion : elle est composée de gens sans ressource et qui ne sont pas propres à autre chose. Cependant depuis la dernière guerre, le service de terre jouit de plus de considération. On a senti qu'on pourrait avoir besoin de troupes pour défendre l'île même d'une invasion ou des suites d'une invasion, et l'on s'est attaché à en relever l'esprit en leur témoignant plus d'estime et en faisant des règlements qui obligent les officiers à s'instruire.

Les troupes anglaises ne cèdent point en bravoure à celles des autres nations, surtout lorsqu'elles sont bien nourries et ne manquent pas de bœuf et de bière forte. On a remarqué que les régiments composés d'Écossais et d'Irlandais sont en général plus propres à la guerre, et produisent les meilleurs officiers. Il n'y a pas de troupes dont l'entretien coûte autant que celui des troupes anglaises. Cependant, la paie du soldat est légère, si on considère la cherté des denrées, surtout dans les environs de Londres. La discipline allemande est introduite dans les troupes anglaises, mais le soldat n'y est pas traité avec autant de dureté et de brutalité de la part des officiers. Il semble que ceux-ci respectent dans leurs soldats la qualité de Bretons.

L'armée britannique, avant la dernière guerre, se montait à quarante mille hommes, et l'on comprenait dans ce nombre les garnisons d'Irlande, de Gibraltar et des Indes occidentales. Pendant la guerre, les forces de terre ont été prodigieusement augmentées. En 1800, l'armée était de cent quarante mille hommes, non compris divers corps en Irlande, aux Indes et aux Îles, et les soixante mille hommes de milices supplémentaires.

L'Angleterre avait de nombreuses milices avant que l'usage se fût établi d'entretenir en temps de paix des troupes de ligne. Sous Jacques Ier, elles se montaient à cent cinquante mille hommes. Depuis elles étaient presqu'entièrement désorganisées et n'étaient d'aucun usage. Les milices, telles qu'elles existent aujourd'hui, furent créées en 1761, au moment où l'Angleterre fut menacée d'une invasion de la part des Français. La Grande-Bretagne dut à lord Chatham cet important établissement, qui a pour objet de défendre et de protéger l'État pendant l'absence de l'armée ou de concert avec elle, mais qui peut aussi servir à défendre la patrie contre les entreprises du gouvernement.

L'organisation de ces milices est une des meilleures que l'on connaisse. Elles forment différents régiments composés de volontaires des différents comtés, qui ne peuvent être recrutés que dans le pays même. On exerce ces régiments chaque semaine, pendant quelques heures; et chaque année tout le corps se rassemble pendant un mois, pour concerter et exécuter les grandes manœuvres. La solde de ces troupes est considérable; mais soit en temps de paix, soit en temps de guerre, elles ne la reçoivent que lorsqu'elles sont sous les armes. Les places d'officiers sont données par le roi, à des propriétaires de biens-fonds. Les colonels sont toujours les hommes les plus considérables du royaume; mais les généraux sont pris dans l'armée de ligne. Il n'y a pas de différence marquée pour la discipline et la précision des manœuvres et du maniement des armes, entre cette milice nationale et les troupes réglées; la première l'emporte même sur l'armée, par son activité et son amour pour le service. Il est naturel que ceux qui servent l'État par choix, le servent avec plaisir et avec zèle.

On sent que ces milices, instituées pour veiller à la défense de la patrie, sont un des plus grands boulevards de la liberté nationale. Pendant la guerre d'Amérique, la crainte d'une invasion en Irlande engagea le gouvernement à y établir des milices organisées comme celles d'Angleterre. Dès que les volontaires irlandais furent armés, ils réclamèrent hautement plusieurs de leurs droits, et le gouvernement fut obligé de les leur accorder.

Avant la dernière guerre, les milices nationales se montaient à trente mille hommes, mais elles ont été depuis considérablement augmentées. Elles ont rendu de grands services. Non seulement elles ont été employées en Irlande contre les insurgents, mais encore en pays étranger. Ces milices ont beaucoup contribué à réveiller ou à former l'esprit militaire, et ont appris au peuple de Londres à considérer l'état de soldat. En voyant en uniforme et dans l'exercice de simple soldat des citoyens des classes les plus distinguées, il a senti combien est absurde le préjugé qui leur faisait mépriser un état si nécessaire.

Quelqu'utiles que soient les milices, beaucoup d'Anglais craignent que leur gouvernement, qui tend au pouvoir absolu, ne cherche à les détruire ou à diminuer leur nombre et leur influence. Son grand objet est depuis longtemps d'augmenter l'armée de terre, de lui donner le même esprit qu'elle a dans d'autres pays; et d'en faire «Des esclaves guerriers, instruments d'esclavage» (Thomas). Il doit voir avec crainte des troupes qui ont l'esprit de civisme, et qui, loin de servir aux entreprises du despotisme, défendront l'indépendance nationale. Ce sont ces motifs qui ont fait refuser jusqu'à nos jours une milice nationale à l'Écosse. Pour priver les Écossais du droit de s'armer pour leur propre défense, on alléguait qu'ils pourraient en abuser et tenter encore de rétablir les Stuarts sur le trône d'Écosse. Mais ce danger n'avait pas l'ombre de vraisemblance. On craignait que les Écossais, une fois armés, ne demandassent qu'on annulât les clauses de l'acte d'*union*, qui sont onéreuses pour eux, et qui les rendent les sujets plutôt que les concitoyens des Anglais.

Tel était l'état des milices dans la Grande-Bretagne avant la guerre actuelle.

La marine anglaise se recrute de deux manières, par l'engagement volontaire et par la *presse*. Ceux qui s'engagent reçoivent un prix d'engagement, les autres sont enlevés par force. Ce second moyen n'est autorisé par aucune loi, et il est si odieux, que le despote le plus absolu n'oserait l'employer. Une bande de dix hommes, ou davantage, avec un officier à leur tête, tous attachés au service de la marine, parcourent les rues, armés de bâtons et de coutelas. Ils entrent dans les maisons publiques et dans les mauvais lieux, soit de jour, soit de nuit, ils arrêtent et enlèvent toutes les personnes qu'ils y rencontrent, s'ils les jugent propres à devenir des matelots. Des gens d'un état très honnête, et qui n'a aucun rapport avec la marine, sont souvent enlevés de nuit au milieu des rues. Le dernier chancelier, lord Loughborough, fut pressé étant jeune. On peut cependant réclamer auprès des capitaines qui dirigent la presse, ou auprès des lords de l'amirauté, si les personnes pressées ne sont pas propres au service de mer. Les amis de ces mêmes personnes peuvent, *s'ils savent où elles sont, et s'ils ont les moyens de faire les frais nécessaires*, les faire conduire par un *writ d'habeas corpus* devant les juges qui ont la faculté d'exempter de la presse, si les pressés n'ont pas été à la mer, s'ils ne *sont pas propres* à ce service.

La presse entraîne souvent des violences et même des meurtres, parce que ceux qu'on veut enlever jouissent de leur droit naturel de se défendre, mais les *presseurs* sont des meurtriers privilégiés, qui n'ont point à craindre l'animadversion des lois. Quand la presse est *chaude*, les recruteurs parcourent la Tamise dans des bateaux, et enlèvent les équipages des vaisseaux marchands. Les matelots préfèrent toujours de servir sur ces vaisseaux, parce qu'ils y ont plus de liberté que sur ceux de la marine royale, parce qu'ils n'y courent pas les mêmes dangers, et qu'ils y reçoivent une paie plus forte.

Cette manière de recruter les matelots ne s'accorde guère avec cette liberté et cette sûreté personnelle, dont les Anglais se vantent. S'il n'y avait que des vagabonds ou des hommes non mariés qui fussent pressés, peut-être on pourrait trouver quelque prétexte spécieux pour excuser cette violation des droits les plus sacrés ; mais lorsque des hommes laborieux sont arrachés à leur famille, dont ils sont le soutien, lorsque des mères, rendues ainsi veuves par la presse, restent avec trois ou quatre enfants, et sont obligées d'aller mendier pour vivre, comment une nation ose-t-elle parler des droits de la liberté ? Les cris des opprimés s'élèvent de toutes parts ; les patriotes plaident pour eux au tribunal du public ; des amis de l'humanité proposent des plans pour faire cesser ce fléau, et il continue encore ! Il ne faut point comprendre parmi ceux qui ont réclamé contre cette odieuse tyrannie l'auteur des fameuses lettres de *Junius*. Il a montré, sur l'article de la presse, cet esprit de partialité qui paraît l'avoir animé plus que l'amour de la patrie. Il prétend la justifier comme *nécessaire et inévitable*, et nie la possibilité de pourvoir à la défense de la Grande-Bretagne, sans employer des moyens aussi odieux.

Sous le règne de Guillaume III, un acte du Parlement autorisa à *conscrire*, ou *classer* trente mille matelots : ils devaient jouir de quelques avantages, mais être sujets à de sévères punitions, si, en temps de guerre, étant appelés, ils ne se présentaient pas immédiatement. Ce mode de recrutement, qu'on emploie avec succès en Danemark, fut révoqué sous le règne de la reine Anne, sous prétexte qu'un pareil engagement était une espèce d'esclavage, comme si l'enrôlement à vie pour les troupes de terre n'était pas mille fois plus contraire à la liberté, comme si une conscription à laquelle seraient soumis tous les gens de mer n'était pas plus équitable et moins onéreuse que ces presses violentes dont toutes les classes du peuple peuvent être victimes ! On a proposé plusieurs moyens pour faire cesser la presse, entr'autres, celui d'obliger chaque paroisse, par un acte du Parlement, de donner, tous les ans, un nombre fixe de garçons, pour être distribués sur les vaisseaux marchands, où ils se formeraient, et pour passer ensuite sur ceux de la marine royale.

Ceux qui sont pressés par force sont conduits à bord d'un *tender*, qui n'est en effet qu'une prison flottante, où ils sont gardés jusqu'à ce qu'il soit si plein, qu'ils soient en danger d'être suffoqués ; de là ils passent sur des vaisseaux de guerre. Plus des deux tiers des matelots qui ont servi dans les deux dernières guerres avaient été recrutés par la presse. Si les contradictions dans la conduite de l'homme étaient moins fréquentes, on aurait de la peine à croire que des hommes, ainsi enrôlés contre leur volonté, et par des moyens si violents, pussent se conduire avec tant de bravoure. Le gouvernement anglais ne doit pas oublier cependant que la presse était la véritable cause du mécontentement qui a éclaté sur les flottes pendant la dernière guerre, et qui a failli entraîner sa perte. (Ferri de Saint-Constant, *Londres et les Anglais*, 1804.)

Lalande

Où l'on découvre le Victory

Le 10 juin 1763. — Le 10 à six heures du matin parti de Westminster Bridge, passé le long du parc de Greenwich et de la Shooter's Hill à huit milles d'où l'on voit toute la ville à découvert.

A onze heures et demie nous sommes arrivés à Chatham qui est à trente milles. On y bâtit un vaisseau de cent seize appelé la *Victoire*, et quatre de quatre-vingt-dix. Nous y avons changé de carrosse. (Lalande, *Journal de voyage [1763]*, 1986.)

Hennequin

Sur le Victory

Mais laissons là le continent et revenons à Portsmouth.

Cette ville est composée de trois bourgs, Portsmouth, Port-Sea et Gos-Port; du côté de la terre elle est défendue par une triple enceinte de redoutes verdoyantes et de canons noirs; mais c'est du côté de la mer qu'elle présente l'aspect le plus imposant. Dans la rade, triangle immense, se pressent les mâtures hardies, les lignes menaçantes de sabords, et ce tableau guerrier est adouci par le jardin de l'Angleterre, l'île de Wight, dont on aperçoit les frais ombrages. Tout s'imprégnait à nos yeux d'une grandeur inattendue. On ne saurait croire combien l'Anglais étonne, dépaysé, méconnu peut-être sur le continent, s'ennoblit et gagne en stature sous le drapeau rouge : à ce blond insulaire il faut, pour être compris, le ciel du Nord, la mer bleue, puis, à l'horizon, un majestueux vaisseau de guerre.

Bientôt une voile et deux rames nous firent voguer le long des énormes bâtiments; nous nous arrêtâmes à l'escalier du *Victory*, beau vaisseau de ligne rayé de noir et de blanc; un mousse d'une physionomie intéressante, mais défiguré par l'explosion d'une arme à feu, nous conduisit dans toutes les parties de cette caserne flottante. Nous marchâmes dans les étroits étages la tête penchée, craignant à chaque instant, novices que nous étions, de heurter les longues et blanches solives, là où le soldat anglais passait fièrement le shako sur la tête. Des groupes de femmes et d'enfants circulaient autour de nous; on écrivait, on préparait la soupe, on faisait de la musique; plus loin, on montait la garde, et quand l'officier de marine traversait, avec son habit bleu, cette foule d'uniformes rouges, à voir le silence qui l'accueillait et le respect craintif que son approche imprimait à tous les visages, vous eussiez dit Napoléon passant dans un bivouac.

Hommage à Nelson

L'endroit même de sa chute est désigné par une plaque de cuivre du diamètre d'un boulet; on y lit ces mots, prononcés par Nelson, à

Trafalgar : « *England expects every man to do his duty* » (« L'Angleterre attend que chaque homme fasse son devoir »).

Il se rencontre souvent dans la bouche des hommes historiques de ces phrases heureuses qui les peignent tout entiers. Louis XIV disait : « L'État, c'est moi. » Newton définissait le génie une patiente attention. L'Angleterre attend que chaque homme fasse son devoir, c'est bien Nelson. Il y a des têtes de guerriers plus ou moins intelligentes, pour Nelson le dévouement à la patrie effaçait tout autre sentiment, toute autre idée. Cet homme servit à l'Angleterre comme d'un bras de fer ; il n'est pas d'affection qu'il ne fût prêt à s'arracher du cœur pour son pays, et celui-là le connaissait bien mal, qui disait à l'époque de son mariage : « Voilà un officier perdu pour notre marine. » Pendant toute sa vie il n'eut d'autre but qu'un tombeau à Westminster ; ce but, il y marcha avec une constance invincible, laissant en route sa famille et la moitié de son corps, mais soutenu dans cette dure carrière par une haine aveugle, instinctive, une haine presque animale du nom de Français ; puis il mourut tranquille en répétant plusieurs fois qu'il avait bien fait son devoir.

On ne peut refuser à ce caractère une âpre et sauvage grandeur ; il ne démentit pas un instant son froid courage, cet homme qui, dès cinq ans, demandait à son père ce que c'était que la peur ; aussi, quels que soient les cris qui s'élèvent contre sa mémoire, on ne peut lire sans émotion, sur le pont du *Victory*, cette expression si simple de l'esprit généreux qui l'animait. Pour le matelot anglais dont elle frappe les yeux chaque jour, Nelson doit revivre avec ses nombreuses blessures, son regard calme, mais inflexible ; le *Victory* est un vaisseau consacré. Il est impossible de quitter ce bâtiment sans être pénétré de respect pour la marine anglaise ; pour que l'esprit national ne souffre pas, on a besoin de se rappeler qu'en France aussi il existe une armée navale, des marins intrépides et de glorieux souvenirs.

En retournant à terre nous longeâmes plusieurs pontons. Le cœur se serre à la vue de ces carcasses noires et démâtées qui ne renferment aujourd'hui que des voleurs, mais qui, dans les guerres contre la France, ont englouti nos plus braves officiers. Espérons que le temps est venu où la France et l'Angleterre, oubliant de trop longues querelles, s'uniront pour guider l'Europe entière dans des voies de science et d'industrie.

Des plumets, mais pas de panache

Ce qui caractérise le mieux Portsmouth, c'est la foule de soldats de terre et de mer qui remplissent ses rues. La force armée, si peu apparente en Angleterre, éclate ici de toutes parts ; quittions-nous ces quartiers encombrés d'habits rouges, pour visiter les remparts, du haut des bastions nous voyions de rouges bataillons se développer dans la plaine. L'Angleterre est le pays de l'Europe qui donne à ses troupes l'uniforme le plus brillant ; c'est aussi celui qui accorde à l'armée le moins d'influence. Les Anglais agissent avec leurs soldats comme nous avec nos femmes. Ne semble-t-il pas que nous leur disions : « A vous, madame, la première place au concert, à vous, dans le bal, la banquette de velours à franges d'or, à l'Opéra, le devant de la loge, à vous les plumes sur la tête et les fleurs dans la main... », et cependant il existe encore entre les deux sexes des inégalités humiliantes à rayer de nos mœurs et de nos codes. Quand la femme fera-t-elle comprendre à tous la dignité de sa mission ? C'est quand elle-même sentira l'ironie des pompons dont on la couvre, quand elle ne ramassera plus les pommes d'or qu'on lui jette pour l'arrêter dans sa course.

La moquerie de l'homme à la femme, John Bull l'adresse à son soldat : « Tiens, mon fusilier, pare-toi d'une aigrette blanche ; tiens, mon hussard, mêle des tresses d'or à tes fourrures noires, ayez des vestes d'écarlate, des gibernes nacrées, des claymores à poignée d'argent ; je veux équiper chacun de vous avec un luxe capable de défrayer deux Français et trois douzaines d'Autrichiens, mais je mettrai vos demeures hors des villes, et si, par hasard, vous traversez une rue, c'est un à un, en longue file, qu'il vous faudra suivre les maisons, car le bourgeois est votre maître, et vous ne devez pas obstruer sa voie. Gardez-vous surtout d'oublier un instant la discipline ; vous apprendriez bientôt que le fouet d'un peuple libre enlève la peau des épaules tout aussi bien que la verge d'un caporal allemand : alors n'espérez pas le secours de la foule ; cette foule si fière et si jalouse de ses droits de citoyen, s'inquiétera peu si elle entend les hurlements d'un pauvre soldat sortir du fond d'une caserne. » Toutes ces idées m'assaillirent à la vue du premier factionnaire anglais ; malgré son plumet et ses galons je ne pus m'empêcher de le regarder avec pitié.

L'affection tenace de l'Angleterre pour son indépendance explique comment ce peuple, dont la bravoure est ferme et solide, dont les expéditions militaires sur le continent furent loin d'être sans gloire, voit avec défaveur, en temps de paix, ce que nous appelons la force armée ; ce qu'il est plus difficile de justifier, c'est la détestable composition de ces troupes. Elles sont détestablement composées, puisqu'on les bat, puisqu'on juge utile de les soumettre encore à des punitions contre lesquelles, dès le XVIIIe siècle, l'armée française se révoltait avec une indignation d'honnête homme.

L'Angleterre a de ces taches que son penchant pour l'habitude a conservées au milieu d'une civilisation d'ailleurs si brillante. C'est ainsi que l'homme de génie tient toujours à l'humanité par quelque passion, que le diable, sous ses plus beaux déguisements, est obligé de montrer la griffe, et que la hache, frottée sur la pierre, conserve des traces de rouille à côté du poli le plus étincelant.

En mettant le pied sur l'escalier du *Victory*, nous avions entendu les sons d'une musique militaire sortir de l'intérieur du bâtiment ; triste musique, hélas ! et qui nous remit sur-le-champ en mémoire le tympaniste Basserot, si connu dans les environs de Paris, avec son brevet de tambour-maître, ses baguettes d'honneur et son costume de cacique. Le même jour nous remarquâmes un grand mouvement dans les rues de Portsmouth ; la joie des enfants, le bruit des tambours, les stridulations du fifre et les cris enroués de la trompette semblaient annoncer un lapin savant ou une danse de corde. Qui l'eût cru ? c'était un bataillon qui défilait au son de cette déplorable fanfare. Soudain, au milieu d'une mesure, le commandant imposa silence aux six artistes, la plupart grosses caisses, et nous devons lui en savoir gré. A n'écouter que le fifre, on eût cru qu'il s'agissait de la *Walse du duc de Reichstadt*, mais le cor de chasse et le trombone ne démordaient pas du *Galop de Gustave*. Le soir, à Blue Post Hotel, récréation du même genre : des mousses s'étaient réunis pour chanter sous nos fenêtres je ne sais quelle vieille ballade. Certes, le *Menteur* lui-même n'aurait pas dit : « Et tour à tour, dans l'air, poussaient des harmonies / Dont on eût pu nommer les douceurs infinies. »

Ces chants n'étaient pas sans rapport avec le hurlement rythmé que font entendre les matelots en tirant un cordage ; mais ces enfants avaient une heureuse idée de chercher un délassement dans la musique, après les fatigues de leur journée. Le goût, s'il n'est pas spontané, peut se développer par le travail, l'habitude. J'avoue que je ne renoncerais pas sans chagrin à l'espérance de voir un jour l'Angleterre musicienne. La Grande-Bretagne, sans les arts, c'est un guerrier dont l'armure est d'or ; mais il manque à son casque un panache.

Flonflons

Nous allâmes nous asseoir à la table hospitalière de W. Après le déjeuner où le thé circula suivant l'usage depuis le commencement jusqu'à la fin du repas, notre hôte nous conduisit au parc Saint-James. Ce jardin commençait à s'animer ; des groupes endimanchés se rassemblaient sur le chemin de la garde montante annoncée de loin par le retentissement des cymbales. A Londres il est rare de voir des armes dans les rues. La garnison est composée de trois régiments de cuirassiers, deux rouges ou *Life guards*, un bleu nommé *Horse guards*, et de trois régiments de grenadiers à pied. Ces six corps, peu nombreux, forment la garde royale ; ils envoient tour à tour une compagnie au palais ; c'est plutôt un ornement qu'une défense. Les *barracks*, ou casernes, s'étendent derrière le jardin ; pour se rendre au château la troupe ne traverse que des allées. A Paris nous faisons précéder notre infanterie par une double rangée de porte-haches, notre cavalerie par une avant-garde, le mousquet au poing ou la lance baissée. Quand un régiment français se dirige, en pleine paix, vers le Carrousel ou les Champs-Élysées, on croirait qu'il s'agit d'enfoncer un carré ou de briser la porte d'une ville ; les Anglais dédaignent ce menaçant appareil, ils prétendent que les sapeurs sont rarement utiles, si ce n'est comme *jalonneurs* ; ils allèguent le guidon écarlate qui surmonte la carabine du sapeur bavarois. Tandis que nous agitions cette question stratégique, nous vîmes paraître les aigrettes rouges des grenadiers de Coldstream ; derrière les musiciens marchaient les tambours et les fifres grotesquement couverts de galons blancs et bleus.

En France, pays tapageur, le tambour jouit d'une importance toute locale ; aucun soldat de l'Europe n'égalera sa verve oratoire et l'agilité prestigieuse de ses baguettes. Il est encore un caractère commun aux armées étrangères, c'est la considération qu'on y accorde aux sous-officiers. Un sergent allemand est un personnage respecté. En Angleterre, le sergent, ou l'*officier non commissionné*, porte l'écharpe, il fut le dernier de toute l'Europe à quitter la hallebarde ; dans la garde, deux épaulettes d'or, plus brillantes que celles de nos capitaines, sont le signe de son grade. Cette importance du sergent tient probablement à la nullité de l'officier. Dans un pays où les commissions s'achètent, où le sous-lieutenant n'est pas obligé, comme chez nous, de prouver sa capacité dans les examens, et de passer à Saint-Cyr par tous les détails de la vie militaire, il n'est pas étonnant que l'expérience du sergent soit utile, son autorité sur le soldat salutaire, et que son grade s'élève en dignité.

Nous connaissions depuis Portsmouth la pauvreté, disons mieux, la discordance horrible des orchestres militaires. Dans les trois régiments de la garde à pied, la musique est une réunion d'artistes allemands ; la grosse caisse, le triangle et les cymbales sont tenus par des nègres en costume oriental. Ces hommes noirs, vêtus d'écarlate, galonnés d'or et coiffés de turbans blancs, rappellent les colonies du Midi, du Levant, toute la partie asiatique et africaine de la puissance anglaise. Laissant la foule se précipiter sous la porte étroite de Saint-James, nous pénétrâmes dans l'intérieur du palais. Nous aperçûmes par une fenêtre les grenadiers alignés dans la cour. On voyait briller dans les rangs quelques-unes de ces médailles d'argent qui furent distribuées aux combattants de Waterloo.

Au moment où le drapeau bleu, coupé d'une large croix rouge, fut planté dans le sol, la musique exécuta l'ouverture de Gustave avec un goût et un ensemble admirables. Artistes germains, musique française, reste à l'Angleterre l'honneur du choix. (Hennequin, *Voyage philosophique en Angleterre et en Écosse*, 1836.)

Mirecourt
Héroïques boutiquiers ou soldats pour rire ?

Entre les deux diplomaties il y a répulsion complète, absence de tout lien sympathique : l'une est noble, généreuse, confiante ; l'autre est pleine de restrictions, d'égoïsme et de fourberie.

Cette haine contre la France, les Anglais ne la cachent même pas.

Elle éclate à tout propos et sous le prétexte le plus frivole. On n'a pas oublié les insultes de la Grande-Bretagne et de ses aimables journalistes au sujet des fortifications de Cherbourg. A les entendre, la France organisait contre l'Angleterre une vaste conspiration maritime.

On construisait dans tous nos ports des frégates blindées, et (jugez de l'indélicatesse !) on employait à la cuirasse de ces navires un métal inconnu, d'une force de résistance telle, que le fameux boulet conique du *canon Armstrong* s'y aplatissait comme une balle vulgaire.

Nous percions l'isthme de Suez, autre crime ! Quel pouvait être notre but, sinon d'anéantir le commerce britannique ?

Et, pour comble de trahison, la France soutenait l'Espagne dans sa guerre contre le Maroc, afin d'arriver, un jour ou l'autre, à escamoter Gibraltar à ses trop *confiants* voisins.

J'ai vu de mes propres yeux la prise d'armes universelle destinée à combattre une prétendue descente sur les côtes anglaises, à laquelle nous ne songions même pas. Ces curieux insulaires m'ont affligé personnellement de leur sottise martiale et de leurs grotesques manœuvres, moi, pauvre Français perdu dans les rues de Londres, sans le moindre sabre au côté.

Leurs *riflemen*, ces soldats pour rire, ces régiments de carton peint, ce ramassis de polichinelles armés de carabines, se plaisaient à outrager nos compatriotes, à les menacer, à les narguer, à les huer sur tous les tons.

Ils paradaient devant nous de la façon la plus ridicule, mais en même temps la plus insolente.

Vous entriez dans un magasin, on vous reconnaissait pour Français : tous les commis aussitôt de se lever, de prendre un fusil et de faire l'exercice, au lieu de vous auner de la toile.

Un épicier — *proh pudor !* — croisa la baïonnette, un soir, devant deux Parisiennes qui venaient lui acheter quelques onces de cassonade.

Oh ! si c'eût été de l'enthousiasme national, rien de mieux !

Mais c'était de la forfanterie pure, une farce burlesque de la haine et de la peur. Les chefs de ces jolies troupes exerçaient beaucoup moins leurs soldats au maniement des armes qu'à l'injure, et vous auriez pu les entendre, dans leurs banquets, outrager la France en buvant les vins de France. (Mirecourt, *Nos voisins les Anglais*, 1862.)

Blanc
Armés jusqu'aux dents

Un des motifs qui, au temps de la Révolution française, conduisirent Wilberforce à rompre avec la politique belliqueuse de son grand ami William Pitt, fut que l'embrasement du monde, entretenu si obstinément par le fils de Chatham, tendait à donner au peuple anglais des habitudes et des préoccupations militaires, incompatibles avec la nature de sa puissance et contraires à son génie, fils, l'un et l'autre, du travail et de la liberté.

Si Wilberforce vivait encore, que dirait-il en voyant les rues de Londres, les squares, les parcs, traversés, soir et matin, par des bandes de volontaires de toute couleur et de toute profession : volontaires gris, bruns, verts ; volontaires bottés ou non bottés ; volontaires avec ou sans lunettes, tous marchant d'un pas résolu, musique en tête, mousquet en main ?

Il est curieux de voir avec quelle ardeur juvénile ce peuple grave s'est mis à jouer au soldat en pleine paix. Avocats, médecins, procureurs, boutiquiers, garçons de magasin, que sais-je ? chacun se tient prêt à mettre flamberge au vent, et veut apprendre à tuer dans les règles. Peu s'en faut, je crois, que les révérends ne s'en mêlent. Ce ne sont que revues, marches et contremarches, batailles simulées. Rien n'égale la facilité avec laquelle ces guerriers impromptus taillent en pièces des ennemis imaginaires. Il va sans dire que les engagements terribles qui ont lieu sont toujours suivis d'une grande effusion de *porter* et d'*ale*. Le courage met naturellement en appétit ; et quoi de plus attrayant que des combats qui ne coûtent aux combattants qu'une obéissance fidèle aux lois de l'hygiène ? C'est la théorie du bon marché appliquée à l'héroïsme.

J'ignore si jamais les hommes arriveront à avoir assez de bon sens pour renoncer à l'aimable science de s'entr'égorger ; mais, en attendant, que de rudes démentis donnés aux espérances des optimistes ! On a eu beau inventer la machine à vapeur, sillonner le sol de chemins de fer, donner, par l'application de l'électricité à la transmission des nouvelles, les ailes d'Ariel à la parole humaine ; on a eu beau faire le monde si petit qu'on ne peut plus y être éloigné de personne, les nations n'en sont pas pour cela plus disposées à marcher vers leur but commun, bras dessus bras dessous.

Leur rapprochement matériel ne semble avoir que bien peu contribué à leur rapprochement moral. Russes, Français, Anglais et Italiens ont engraissé de leur sang les plaines lointaines de la Crimée ; l'Italie a vu des batailles qui, pendant des journées entières, ont mis la mort en mouvement. A l'heure où j'écris, une guerre fratricide est déclarée — et pour quelle cause, grand Dieu ! — par les États du Sud aux États du Nord, dans cette république du Nouveau Monde que le génie de Washington avait faite si unie et si grande. Est-ce assez de besogne pour l'ange exterminateur ? Pauvre M. Cobden ! Pendant que vous vous félicitez d'avoir si bien mené à fin un traité de commerce qui doit nouer entre la France et l'Angleterre les liens d'une impérissable amitié, j'entends le bruit du tambour, je cours à ma fenêtre, et je vois passer dans la rue nombre de vos compatriotes armés jusqu'aux dents, et cela en vertu du vieil adage, rabâché sans cesse par les sages et par les fous : *Si vis pacem, para bellum !*

Ouvrons ici le premier journal venu, nous y lirons :

« Que les *riflemen* de la Cité de Londres ont été passés en revue, lundi dernier, par le colonel M. Murdo, à Primrose Hill, et que leur tenue était on ne peut plus martiale ;

Que samedi, à Hampstead, il y a eu une admirable guerre d'escarmouches ;

Que mardi, le duc de Newcastle, dans la forêt de Nottingham, a fait manœuvrer dix compagnies, en présence d'une foule immense de spectateurs ;

Que lundi, à Pontipool Park, dans le comté de Monmouth, on a donné une grande fête militaire, avec présentation de deux clairons d'argent ;

Que samedi, les volontaires des *Inns of court* (collèges d'avocats et de jurisconsultes) à Londres sont allés rendre visite à leurs compagnons d'armes, les volontaires de l'université de Cambridge, à la suite d'un fraternel défi envoyé par les belliqueux étudiants aux belliqueux hommes de loi, etc. »

S'il faut en croire maint témoin, les résultats, dans cette dernière circonstance, ont été dignes de remarque. Les volontaires des Inns of court surtout ont prouvé qu'il y avait en chacun d'eux l'étoffe d'un soldat, et qu'au besoin ils auraient aussi bonne mine sous le shako que sous la perruque poudrée. Le prince de Galles était là, accompagné du général Bruce, et il s'est retiré ravi de ce qu'il avait vu. Le premier journal d'Angleterre ne se sent pas d'aise à l'idée que le temps est passé où la guerre n'appelait à elle, pour en faire la matière première de ses triomphes, que de pauvres diables sans feu ni lieu ; il y a chance désormais que l'honneur d'être « chair à canon » soit partagé par des gens ayant pignon sur rue. C'est par là, faute de mieux, que le monde s'achemine vers l'égalité !

Et notez bien, je vous prie, que tout cela se passe dans un pays qui, jusqu'ici, s'était toujours vanté de n'être pas militaire, même après avoir produit tant de soldats d'élite, tant d'illustres généraux, et avoir pu enregistrer tant de victoires dans ses annales. Quoi ! toutes ces revues, toutes ces évolutions, toutes ces parades, toutes ces fêtes du vieux Mars, là où le soldat de profession ne se montre jamais qu'armé d'une badine, et où le policeman porte, au lieu d'une épée, une lanterne ! Voilà donc où en est le monde en l'an de grâce 1861, dans le siècle des traités de Sainte-Alliance, des congrès européens, des arbitrages diplomatiques, et de tout ce qu'avait rêvé le génie de ce bon abbé de Saint-Pierre. (Louis Blanc, *Lettres sur l'Angleterre*, 1867.)

Kervigan

Pauvres vétérans

On vient de trouver un nouveau genre d'emploi, unique peut-être en Europe, pour les invalides de l'armée et de la marine. C'est celui de commissionnaires publics. On leur assigne plusieurs stations dans les quartiers de Londres, et leurs fonctions, comme celles de nos commissionnaires savoyards, limousins et auvergnats à Paris, consistent à porter des paquets, à tenir des chevaux de selle, enfin à faire tous les pénibles et très humbles services de domestiques publics. Ces hommes cependant sont pensionnés, mais si modiquement qu'ils demeurent dans la détresse. De là, nécessité pour eux d'adopter ce moyen d'existence peu propre à relever le service de terre et de mer aux yeux de la nation, et peu fait pour engager les jeunes hommes à entrer dans l'un ou l'autre service.

Ce qui choque toutes nos idées françaises, c'est de voir ces braves vétérans porter sur leurs habits de commissionnaires les médailles et décorations qu'ils ont gagnées au service de la patrie.

Inaugurée à Londres récemment, cette profession nouvelle va, dit-on, s'étendre à toutes les grandes villes du royaume, principalement dans les gares de chemins de fer, qui deviendront ainsi des hôtels des invalides d'un nouveau genre. J'ai vu plusieurs fois des marins décorés demander l'aumône. (Kervigan, *L'Angleterre telle qu'elle est*, 1860.)

Deiss

Beau soldat ou pauvre diable?

Le soldat est une des physionomies les plus curieuses de la rue. Il marche fièrement, ce mercenaire, la tête couverte de sa petite toque, crânement posée sur sa chevelure bien peignée, bien pommadée, coupée d'une raie fine : raide en son costume étroit et tenant à la main une badine sifflant au vent. Le vêtement est d'une propreté parfaite et la botte cambrée apparaît reluisante. Il a cure de l'utilité de sa fonction et des services qu'Albion peut lui demander.

J'ai entendu souvent raconter, à Londres, l'enfantement pénible de ce beau soldat, ce pauvre diable d'hier, enrôlé sous le harnais, souvent par surprise, en ces heures d'affreuse misère où l'esprit est hanté par les idées de suicide, terrassé par l'horrible fatalité qui pèse si lourdement sur une grande partie de la population londonienne. Il importe peu que l'accouchement soit laborieux, si le nouveau-né est vigoureux. Il a bonne mine ce *life-guard*, dans son costume de parade aux couleurs flamboyantes, avec ses effets de torse ; ce *highlander* revêtu du costume pittoresque cher aux héros de Walter Scott et un petit air bellâtre ne messied pas à un visage hâlé et fier.

Un des attraits des badauds est la parade des *horse-guards*, dans la cour de la caserne de Whitehall : sentinelles à pied ou montées vaquent à leur service avec l'automatie d'un jouet de Nuremberg. A midi, la garde montante se range d'un côté, devant celle qui l'a précédée. Le son d'un clairon à l'étendard couvert de broderies, poussé par un trompette — beau comme un héraut de Meissonnier — retentit, commandant le sabre au clair, et tous les gens en ce moment communient dans une unique pensée de dévouement à la patrie et au chef de la couronne. La garde d'hier se met en branle, précédée d'un officier, le buste bien corseté, très «chic», très «anglais»; elle s'engouffre sous la porte basse conduisant à Saint-James's Park, faisant cliqueter les mille brimborions d'acier attachés aux harnais des chevaux, au bruit sourd des pas, répercutés sous la voûte. La parade ne manque pas d'une certaine grandeur, et elle est bien faite pour évoquer le mystérieux passé de ces lieux.

Un samedi, le 25 août, j'assistai en ces lieux à une revue de *volunteers*, passée par le duc de Cambridge. Le volunteer est le soldat amateur, le garde national d'un peuple de marchands. Ce spectacle m'a causé une des joies les plus douces, de celles ressenties pendant mon séjour à Londres. Le centre de la grande place était désert, seulement bordé par une foule affriolée, venue pour admirer qui un frère, qui un gendre, sous le costume sévère de ce corps de guerriers. Un bruit de clairon se fit entendre et le régiment apparut à un coin de la *Parade*, aux sons d'un air cher à Paulus : «C'est nous qui sommes les gardes municipaux».

J'avoue que cette comparaison avec nos soldats d'élite parisiens me parut empreinte d'une certaine exagération. La troupe, arrivée sur la place, fit rapidement une conversion, mise en gaieté par la «scie» bien connue : «Une contrebasse ayant pris sa retraite».

Le colonel Olivant, très en forme, grimpa sur son coursier, et le régiment s'ébranla, entraîné cette fois par la musique de Mozart, le chant de maître Figaro. (Deiss, *Un été à Londres*, 1898.)

Vallès
Nouvelles recrues

Après l'abolition de la «presse», le shilling forcé continua à avoir cours. Aujourd'hui, on le prend encore, mais on n'est décidément soldat qu'après avoir passé devant le magistrat. Si l'enrôlé repentant peut prouver qu'il était ivre, l'enrôlement est annulé. S'il n'était point saoul, mais s'il regrette ce qu'il a fait, c'est 21 shillings d'amende pour recouvrer la liberté.

Une fois son consentement légalisé, tout est fini. Durant un chiffre d'années convenu, il doit son sang à la patrie; il lui faut vivre et mourir pour la gloire d'Albion.

Entre la démarche du recruteur et l'interrogatoire du juge a lieu la visite du médecin.

Le sergent payera une tournée demain si le malheureux trop court a paru assez grand sous la toise implacable du docteur. Il offre, pour le moment, un *gin* à un garçon en blouse de paysan qui, admis hier par la Faculté, a dit le oui suprême tout à l'heure devant la Loi.

C'est 25 shillings que le sous-off gagne, la mère Chose l'affirme, mon voisin Jack aussi, l'intéressé ne dit mot — et moi je ne garantis rien.

— John, vous allez avoir un nouveau maître, fait quelqu'un.

— Il me nourrira, au moins, celui-là, dit le campagnard ; mais chez nous il aurait fallu manger des pierres. Il y a beau temps que je n'avais vu une demi-couronne.

John a reçu une demi-couronne, en plus du shilling.

Dès que le contrat est terminé, l'argent est compté.

C'est donc 3 shillings 6 pence (4 francs 35 centimes) que touche, comme prime sonnante, le recruté anglais, mais on lui réserve 2 pence par jour jusqu'à la dernière minute de son service. On les lui payera d'un coup quand il quittera l'uniforme.

John et Tom (s'il est admis) feront de bons pioupious.

Manger des pierres, *diminuer* de fatigue, ce n'est pas une vie !

Mais de moins misérables, même des engagés riches, des volontaires mobilisés — si un jour on devait recourir aux volontaires ! — seront aussi bien fidèles à la discipline et dévoués à la Reine, enfants ennuyés du pays du spleen !

Et la mère Chose avait raison : les soldats ne manqueront pas !

Les bataillons anglais sortiront de terre demain, au premier appel. Point n'est besoin de la conscription ! Il n'est pas nécessaire non plus que les officiers s'affublent d'épaulettes d'or, piaffent à cheval, ni qu'on les bombarde de croix.

Les soldats peuvent porter la barbe ou les moustaches, au choix, sans que le duc de Cambridge, commandant en chef, y regarde. Ils se promènent sans giberne et sans armes, avec une badine seulement à la main. Que le Français ne rie pas de cette liberté du poil, ni de ce bourgeoisisme d'allures — de cette armée qu'on ne voit pas et qu'on n'entend point !

Les colonels anglais, qui ont honte de s'exhiber en uniforme dans la vie civile, demanderont à entrer en grande tenue au cœur de la mêlée, dans leurs habits couleur de sang qui servent de point de mire.

C'est un peuple de fiers, et, par conséquent, un peuple de braves. Prenez garde aux nations qui se préparent au combat, victoire ou défaite, ruine ou triomphe, derrière le manteau du silence ! (Jules Vallès, *La Rue à Londres*, 1884.)

Bourget

D'un siècle à l'autre

Portsmouth, 25 août 1880. — Les journaux annoncent qu'à Portsmouth doit avoir lieu un embarquement de troupes pour l'Afghanistan. La reine y passera une revue. Nous nous mettons en route pour le Toulon anglais, en compagnie d'un de nos amis, étudiant à Cambridge. De Shanklin à Ryde, puis de Ryde à Portsmouth, il y a bien deux heures, mi-chemin de fer et mi-bateau. Peu d'endroits au monde sont plus favorables à la causerie gaie que le pont d'un paquebot quand le ciel est bleu, le vent tiède, la mer à peine ridée de vagues. Nous amusons beaucoup notre compagnon, en lui racontant notre dialogue du matin avec un Irlandais. Vêtu d'un habit rouge, qui jurait terriblement avec le reste de son costume et le faisait ressembler à quelque roi nègre en tenue de cérémonie, cet Irlandais nous accoste sur la plage. Il nous offre des programmes de régates que nous lui refusons. L'homme ne se décourage pas, et, souriant, il nous demande de quoi boire une pinte d'ale à notre santé, sous le prétexte que les Irlandais aiment la France. Il empoche bravement l'argent et avec majesté nous force d'accepter un de ses programmes... « pour nous régaler ».

Tandis que nous discutons à ce propos sur l'Irlande et ses difficultés politiques, autour de nous se dressent les tours sur pilotis, qui révèlent l'approche du formidable port. Nous doublons la jetée, et la rade dessine son enceinte tranquille. Des barques courent des bordées sous un petit vent frais qui se lève. Les bateaux de transport, les canonnières apparaissent, et de-ci de-là d'énormes vaisseaux de ligne, des vétérans à la retraite, dressent les trois étages de leurs ponts superposés. Les gueules des canons n'aboieront plus par les sabords, et, à leur place, des croisées, pareilles à celles des appartements, attestent que les paquets de mer ne briseront plus là contre. Notre paquebot passe joyeusement devant ces invalides, avec cet air coquet des moineaux libres du Jardin des Plantes qui traversent la cage d'un aigle enchaîné. Nous descendons sur le quai pour gagner l'entrée des docks. En attendant l'heure de la revue, nous visiterons les chantiers des constructions navales, et les ateliers des machines de guerre. L'administration n'est pas plus facile de ce côté-ci de la Manche que de l'autre. Le factionnaire nous arrête pour nous demander nos noms et qualités. Nous sommes étrangers, nous ne saurions entrer dans les docks sans une autorisation de l'amiral commandant le port, et cette autorisation ne saurait être donnée que sur une demande venue de l'ambassade. Ces formalités indignent le policeman qui nous conduit au secrétariat, puis nous ramène à la porte. Il dit que les Français sont les amis des Anglais, et qu'on devrait tout leur montrer. Vaine formule polie, mais qui nous console mal de notre déconvenue. Puis, d'après le conseil de ce brave homme, nous prenons une barque et filons sur les vaisseaux de guerre dont l'abord est autorisé.

[...] A tour de rames notre barque sillonne l'eau clapotante, cette eau verte, presque noire, du port. Nous longeons les flancs du bateau de transport sur lequel s'empilent les soldats envoyés en Afghanistan : huit cents *rifles* ou fusiliers. Le bateau s'appelle *Jumma*, du nom d'une rivière de l'Indoustan. Il est de la longueur d'un transatlantique. D'en bas, nous apercevons le haut du corps des soldats penchés sur le bastingage. Leur torse est serré dans une tunique bleue, leur tête couverte d'un bonnet vert. C'est toujours ces faces insouciantes d'hommes du peuple naturellement fatalistes, comme nous en avons tant vu, au commencement de la guerre de 1870, à Paris. Un d'entre eux, à la petite ouverture d'un des entreponts, s'est accoudé seul. Il contemple le ciel anglais avec une infinie mélancolie. Le temps de saisir ce détail touchant, de le rêver peut-être, et notre barque est déjà sous les flancs du vapeur *Sérapis*, qui a porté le prince de Galles durant son voyage aux Indes. De là, nous arrivons devant le *Glatton*, navire de guerre d'un nouveau modèle, qui peut, en cas de danger, plonger sous la mer et ne laisser à la surface qu'un seul de ses trois ponts : le *hurricane-deck* ou pont de l'ouragan. La forme de ce monstre d'industrie meurtrière est par elle-même sinistre. Il est semblable à un gigantesque instrument de physique. Ses trois ponts s'étagent comme des terrasses et reposent les uns sur les autres au moyen de colonnes. A l'arrière se dresse la tour mobile. Nous abordons. Un matelot, pieds nus, maigriot et musclé, qui donne l'impression d'une sorte d'orang à vareuse, nous montre le détail de ces trois terrasses. Deux canons attendent dans la tour, parés et lustrés comme les pièces d'argent sur la table à toilette d'une jolie femme. Ils tournent avec la tour en une minute et demie. Des obus, gros comme des corps d'enfant, sont rangés le long de l'entrepont. Canons et obus sont d'un petit calibre, nous dit le matelot, à côté de ceux de *la Dévastation*, autre bâtiment du même genre. C'est bien là le vaisseau de guerre scientifique. Ni pittoresques sculptures, ni enjolivements : juste ce qu'il faut d'hommes, de bois et de fer pour le service d'un canon flottant !

Combien diffère de cette machine à tuer le vaisseau qui eut l'honneur de porter Nelson à Trafalgar, la *Victory*, et que nous visitons au sortir du *Glatton* ! Ici la colossale figure de la proue, la forme monumentale, les trois mâts emmêlés de vergues et de cordages, le nombre des canons, tout révèle l'époque d'une guerre plus humaine, où le courage individuel comptait parmi les atouts du jeu sanglant, temps lointain des héroïques croisières, des abordages, des combats corps à corps. La *Victory* est aujourd'hui comme un musée consacré à la gloire de Nelson. Une plaque de cuivre marque sur le pont l'endroit où l'amiral tomba frappé d'une balle qu'un soldat lui tira du haut d'une des vergues du vaisseau ennemi. Sur le gouvernail sont inscrites les paroles qu'il prononça avant la bataille, et qui sont d'une éloquence bien anglaise : «*England expects every man to do his duty*» («L'Angleterre s'attend à ce que chaque homme fasse son devoir»). Un portrait du temps représente ce cruel adversaire de la fortune de Napoléon. C'est une face maigre, fine et rouge d'invincible entêté. Une chaloupe joliment peinte, et qui fut la sienne, se fane dans un des entrepons — celle sans doute qui balançait sur la mer de saphir des côtes italiennes cette lady H. de laquelle il était fou, étrange femme dont Latouche a dessiné le dangereux profil dans son roman de *Fragoletta*. Un tableau, dont chaque figure est un portrait, met sous nos yeux la scène de cette mort dans la victoire, pas très loin de la place même où l'amiral expira. Les canons qui servirent dans la lutte sont là encore, avec les amas de boulets préparés pour eux. Après quelques minutes d'une telle promenade, et avec de l'imagination, l'idée que ces choses de bois et de fer ne sont pas un décor, mais qu'elles ont été les outils réels d'un drame réel, fait battre le cœur. (Paul Bourget, *Études Anglaises*, 1910.)

Bardoux
Rule Britannia

S. S. Eskimo s'engage dans l'allée centrale, longue de plusieurs kilomètres, formée par les croiseurs et les cuirassés de la flotte britannique. L'alignement est parfait. Les distances sont respectées. Et cette avenue tracée dans les flots qui clapotent, par ces mastodontes d'acier, trapus et noirs, que n'ébranlent ni la houle, ni le vent, a une extraordinaire majesté. Ces masses d'acier, ces organismes, en réalité si complexes et en apparence si simples, ces carapaces grises, chargées d'un millier d'hommes et bâties à coups de millions, qui ne rappellent plus que de bien loin la silhouette des nefs antiques, ces engins de destruction, qui restent des écoles de volonté et de discipline, ont la beauté d'œuvres d'art. La force est belle.

Des voisins inconnus, mais toujours accueillants et hospitaliers, me signalent au passage les navires, dont le type est particulièrement intéressant.

Voici *Skirmisher*, un *scout*, un de ces vaisseaux intermédiaires entre le contre-torpilleur et le croiseur protégé, dont la marine anglaise a conservé le monopole. Ces lévriers de haute mer, rapides et effilés, reconnaissables à leur proue élevée et à leur arrière bas, ont une silhouette hargneuse et méchante. Là, c'est le *Dreadnought*, l'ancêtre récent et déjà démodé des cuirassés géants. Il n'a pas cinq ans de service et il est le plus ancien soldat de la première escadre de la *Home Fleet*. Sur mer, dans cette armée de forteresses mouvantes, les navires vieillissent plus vite que les hommes.

Tous les regards se portent sur le *Neptune*, le vaisseau amiral de la *Home Fleet*. Ce benjamin des cuirassés anglais jauge 19 900 tonnes, dispose de 25 000 chevaux-vapeur, porte dix canons géants : il ne date que de 1909. Il se distingue de ses collègues par les deux ponts suspendus, qui, accrochés aux mâts et aux cheminées, permettent aux tourelles centrales de tirer des deux côtés. Les croiseurs du type *Invincible* et *Indéfatigable* ont également un vif succès de curiosité. Ils le doivent aux 43 000 chevaux-vapeur, aux 18 750 tonnes, aux huit grosses pièces, qui en font de véritables *Dreadnought*, autant qu'à la disposition de leurs cheminées accolées et de leur petite artillerie à cheval sur les tourelles.

Arrivée à l'extrémité de la grandiose avenue, l'*Eskimo* vire de bord et longe la ligne formée par les vaisseaux étrangers, venus pour représenter leurs gouvernements au sacre de George V. Quelques-uns de ces navires attirent spécialement le regard de mes voisins. La *Rossia* est le seul des bateaux présents sur rade, qui ait subi le baptême du feu. L'empire slave, en envoyant à Spithead ce glorieux survivant des luttes récentes, s'est donné ainsi une émouvante originalité. Le *Delaware*, qui représente le pavillon étoilé, est supérieur aux cuirassés anglais les plus récents, comme le *Neptune*, par son tonnage et par sa force motrice. Il porte le même nombre de grosses pièces et, autour de moi, les parlementaires approuvent sans réserve la résistance de ses mâts de treillis et la disposition de ses tourelles superposées.

Notre *Danton* n'a pas eu tout le succès qu'escomptait M. Delcassé. Bien qu'il sorte de nos ateliers, il date déjà de 1906. Ce conscrit est un vétéran. Ce cuirassé récent n'est même pas un *Dreadnought*. Il est inférieur aux mastodontes britanniques, lancés depuis 1906, et par la force de ses machines et par son tonnage de déplacement. Il ne porte que quatre grosses pièces, au lieu des dix de rigueur ; et l'on ne trouve pas autour de moi que le nombre extraordinaire de ses cheminées compense le petit nombre de ses tourelles. En revanche, tous les regards se portent sur le *Von der Tann*.

Ce croiseur cuirassé, frais émoulu des arsenaux allemands, paraît nettement supérieur à ses rivaux anglais par l'élégance de la coupe, l'agilité de la silhouette, l'extraordinaire puissance de la machine : 55 000 chevaux-vapeur ! Avec un patriotisme orgueilleux et tenace, digne d'admiration, l'Empire allemand saisit chaque occasion de révéler sa force. Hier, les délégations de hussards et de dragons prussiens excitaient l'admiration de la foule londonienne. Aujourd'hui, ce navire d'un dessin inédit, ces marins blancs et noirs, comme leur étendard, et jusqu'à ce canot automobile rapide et élégant, qui remplace les chaloupes à vapeur démodées, font à bord du yacht des parlementaires les frais de toutes les conversations. L'Allemagne ne se laisse pas oublier.

Bien que l'*Eskimo* soit ancré presque en face du yacht royal — placé, par une délicatesse que les Français apprécieront, à la droite du *Danton* —, bien qu'un soleil radieux éclaire l'Armada britannique, il m'a été difficile de suivre les péripéties de la revue navale. J'ai à peine entrevu George V, debout sur la passerelle de son yacht, grand et noir. Le vent couvrait les hourrahs. Les vaisseaux masquaient l'horizon.

Néanmoins, de ce spectacle militaire je conserve quelques visions émouvantes. Quand, à midi, sur un signal parti de Portsmouth, les 160 navires présents sur la rade hissèrent à la fois le grand pavois, ces milliers d'étendards claquèrent au vent sous le soleil avec un frissonnement joyeux, que je n'oublierai pas. A six heures, le yacht royal fit demi-tour, redescendit l'allée majestueuse pour gagner Portsmouth. Aussitôt les équipages reprirent leurs postes d'honneur sur les ponts. Les canons crachèrent des flammes courtes et des volutes de fumée. Le soleil descendait déjà à l'horizon et dorait les nuages de poudre. Le yacht noir, aux cheminées jaunes, disparut dans une apothéose de lumière. Et près de moi un député murmura le nom de Turner, rappela le tableau célèbre, où le *Téméraire* se détache sur un horizon chargé de lourdes nuées et coloré par le soleil couchant.

L'*Eskimo* leva l'ancre à son tour et regagna Southampton.

Nous repassâmes rapidement devant cette flotte de 160 navires, dont 32 cuirassés, qui cube un million de tonnes, porte cinquante-cinq mille hommes et plusieurs centaines de canons. Cette Armada ne forme cependant qu'une partie des ressources navales du Royaume-Uni. A l'heure où j'écris, 295 unités — dont 21 cuirassés et 75 croiseurs — montent la garde ailleurs qu'à Spithead, sur les routes de l'Empire, 79 vaisseaux — dont 10 cuirassés et 14 croiseurs — sont en construction. Britannia n'est pas à la veille de laisser choir de ses mains le Trident, symbole de la maîtrise des mers.

Puissent cependant ces chiffres prodigieux ne point donner aux députés, que porte l'*Eskimo*, une confiance excessive dans la sécurité nationale ! Ces navires géants, qui coûtent dès maintenant 75 millions de francs, dont chaque obus vaut 2 500 francs, qui brûlent par heure 17 tonnes (325 francs) de charbon, constituent des organismes d'une extraordinaire fragilité. Ils restent à la merci d'un boulet, d'une tempête, d'un brouillard, d'une avarie. L'Angleterre n'a point eu de guerre navale depuis cent ans. Les combats récents ne suffisent pas à éclairer cette formidable inconnue. Devant cette incertitude, une flotte énorme ne peut être pour le Royaume-Uni qu'un boulevard insuffisant. Certes, l'Angleterre a d'innombrables navires et de merveilleux marins, mais il lui faut encore des alliés et des soldats. Trafalgar ne vaut pas Waterloo. (Bardoux, *Croquis d'outre-Manche*, 1913.)

LES ARTS ET LES LETTRES

Jusqu'à une époque bien récente, on n'employait pas le mot culture *pour désigner les diverses manifestations intellectuelles et artistiques appréciées par une élite éduquée. On parlait de belles-lettres, de beaux-arts, de grande musique, et on évoquait des institutions prestigieuses où se formait le goût. Le rayonnement d'une nation dépendait autant de ses musées, de ses opéras, de ses théâtres que de sa puissance économique ou du succès de ses armes.*

Lorsque la Grande-Bretagne s'affirma comme l'arbitre de l'Europe et la maîtresse des mers, les Français s'en consolèrent en dénonçant la pauvreté des arts outre-Manche.

Certes, les Anglais savaient penser et écrire, et ils lisaient beaucoup, mais ils n'avaient ni musique, ni peinture, ni architecture ; quelques maîtres étrangers ne compensant pas la pénurie locale. Pas d'opéra, pas de théâtre digne de ce nom, puisque même Shakespeare était travesti ou défiguré. Pas de grandes collections avec de vrais chefs-d'œuvre. Il est certain que longtemps les seuls trésors du British Museum furent les marbres du Parthénon, volés, disaient les Français, par lord Elgin.

Cependant les Français les plus honnêtes devaient admettre qu'ils avaient connu leurs plus belles émotions musicales en Angleterre, et que, même en l'absence d'institutions officielles, il y avait une vraie vie artistique et intellectuelle, et que celle-ci n'était pas limitée à la capitale.

Par ailleurs, le voyageur qui s'aventurait au-delà de Londres découvrait Oxford et parfois Cambridge, véritables villes musées pouvant rivaliser avec celles d'Italie. Comparés à Oxford, le quartier Latin et la montagne Sainte-Geneviève faisaient bien triste figure. De surcroît on s'avisa, vers la fin du XIXe siècle, que le contraste n'était pas seulement au niveau des vieilles pierres et que le modèle était aussi intellectuel : l'éducation donnée à Oxford formait des hommes et donnait des élites.

Nous avons tenu à donner de larges témoignages de cet engouement, qui ne se limite pas aux vertes pelouses et aux tours Tudor des collèges, mais s'étend à une atmosphère culturelle unissant l'athlétique et l'intellectuel, car longtemps les universités firent partie des hauts lieux qu'un voyageur devait visiter, et car l'éducation à l'anglaise a véritablement convaincu les visiteurs parisiens de la faillite de l'instruction à la française.

Muralt
Les Anglais pensent

Je ne dois pas oublier de vous dire que les Anglais réussissent dans les sciences, et que sur toutes sortes de sujets, il y a de bons écrivains parmi eux. Cela ne me paraît pas surprenant : ils se sentent libres ; ils sont à leur aise ; ils aiment à faire usage de leur raison, ils négligent cette politesse dans le discours, et cette attention aux manières, qui dissipe et rend l'esprit petit, et enfin leur langue est riche et claire ; difficilement un rien y paraît-il quelque chose. Quoi qu'il en soit, ils prétendent avoir devancé les autres nations dans les sciences, de pas moins d'un siècle : prétention si propre à troubler le Parnasse, et à mettre aux prises le peuple colère des savants, qu'en prononçant ces mots, je crois sonner la charge et les voir courir aux armes. Une autre de leurs prétentions, c'est qu'il doit se trouver chez eux plus d'esprit, ou de l'esprit d'une meilleure sorte, que partout ailleurs. Je crois que ce qu'il y a de vrai en cela, c'est que, parmi les Anglais, il y a des gens qui pensent plus fortement, et qui ont de ces pensées fortes en plus grand nombre, que les gens d'esprit des autres nations. Mais il me paraît que d'ordinaire le délicat et le naïf leur manquent, et je crois que vous trouveriez leurs ouvrages d'esprit surchargés de pensées.

[...] La preuve de bon sens dans leur conversation, c'est le silence dont ils l'entremêlent, et je pense même qu'il ne serait pas difficile de justifier leur «*How d'ye do?*» réitéré de temps en temps, dont les Français se moquent et qu'ils regardent comme un manque d'esprit pour soutenir la conversation. Les Anglais se sont fort bien aperçus que, quand on ne parle que pour parler, on ne manque guère de dire des sottises, et que la conversation doit être un commerce de sentiments et non pas de paroles ; et comme, sur ce pied-là, on n'a pas toujours de quoi s'entretenir, il leur arrive quelquefois de se taire assez longtemps ; alors, ils ont coutume de rompre ce long silence par des «*How d'ye do?*» (Comment vous portez-vous?) qu'ils s'adressent de temps en temps ; honnêteté qui signifie qu'ils s'occupent des personnes avec qui ils se trouvent, mais qu'ils n'ont rien à leur dire. Mais le fatigant verbiage de la plupart de ceux qui se moquent d'eux, et qui sont les spirituels et les agréables dans la conversation, justifie la taciturnité anglaise beaucoup mieux que tout ce qu'on pourrait dire en sa faveur.

Les écrits des Anglais, plus connus que leurs conversations, sont fameux par le bon sens qui s'y trouve ; et, en effet, il n'est pas jusque aux épîtres dédicatoires, où le plus souvent, il n'y en ait ; car il faut vous dire en passant que les Anglais aussi dédient leurs livres ; mais ils savent dédier sans louer, et louer sans bassesse. On trouve dans ce qu'ils écrivent beaucoup de raisonnement et peu de citations ; c'est-à-dire qu'ils méprisent les autorités et que parmi leurs libertés, ils comptent pour beaucoup celle de la raison et se plaisent à la faire valoir. (Béat de Muralt, *Lettres sur les Anglais*, 1726.)

Ferri de Saint-Constant
Les Anglais lisent

Après les gazettes, rien n'a autant contribué à répandre le goût de la lecture parmi les Anglais que les bibliothèques circulantes. Il n'y a même pas de village où l'on ne trouve un ou plusieurs de ces cabinets de lecture où l'on s'abonne. Un homme peut avoir passé sa vie dans l'étude, sans connaître aucun des livres qu'on demande dans ces bibliothèques. La première question de tous ceux qui y entrent, est «Qu'avez-vous de nouveau?» On est tenté de croire que les livres qui ont paru l'année précédente méritent ce nom ; mais on ne regarde comme nouveaux que les ouvrages qui viennent d'être annoncés, et qui sont encore humides de la presse. La curiosité est le grand mobile des souscripteurs, et elle cherche à se satisfaire indépendamment de tout désir d'augmenter le fonds de ses connaissances, et de perfectionner son goût.

On a donné le titre de dévoreur de livres (*helluo librorum*) à des érudits qui dévoraient un grand nombre de volumes ; ce titre est bien mieux mérité par une foule de souscripteurs des bibliothèques circulantes. J'ai connu plusieurs femmes, qui lisaient vingt volumes dans une semaine ; ils n'étaient pas à la vérité de la taille de ceux qui ont fait dire qu'un gros livre est un grand mal, mais le nombre compensait bien la taille.

Cette manie pour la lecture est sans doute blâmable, quand elle fait négliger des devoirs d'état, comme il arrive trop souvent, et lorsqu'on ne lit que des livres frivoles; mais si on a de la modération et du choix, la lecture forme une occupation aussi utile qu'agréable; elle offre particulièrement des avantages au beau sexe, dans un pays où il vit assez retiré et séparé de la société des hommes.

On a aussi formé en Angleterre beaucoup de clubs de lecture : chaque membre de la société fournit une somme ; on achète des livres en commun, et quand chacun les a lus, on les vend au plus offrant parmi les associés, pour en acheter d'autres avec le produit de la vente. Ces clubs étendent infiniment le cercle des lecteurs.

Lorsqu'on imagina les cabinets de lecture, les libraires se crurent tous ruinés ; mais l'expérience a prouvé que ces établissements, loin de nuire à la vente des livres, l'a considérablement augmentée. Plusieurs milliers de familles se sont trouvées fournies de livres par ces magasins, tandis qu'elles en auraient été privées. (Ferri de Saint-Constant, *Londres et les Anglais*, 1804.)

Simond
La vraie culture de l'esprit

Je crois m'apercevoir que la société est plus agréable hors de Londres que dans Londres, probablement parce qu'il y a plus de loisir, au moins autant d'instruction, et le même usage du monde ; car personne n'est *provincial* dans ce pays-ci ; on ne rencontre point de ces personnes qui ne sont jamais sorties du lieu de leur naissance, et dont toutes les habitudes sont absolument locales ; il n'y a personne au-dessus de la pauvreté, qui n'ait visité Londres une fois dans sa vie, et s'il peut, une fois tous les ans, *to go up to town* (« aller en ville ») de 100 ou 200 milles de distance, c'est une chose qui s'arrange du soir au matin. En France on faisait autrefois son testament avant d'entreprendre une pareille expédition. La culture de l'esprit et l'élégance des mœurs, se remarquent, à ce qu'il me semble, beaucoup plus parmi les femmes que parmi les hommes ; la supériorité du sexe est plus décidée ; il y a plus de différence entre les femmes de ce pays et celles que j'ai vues autre part, qu'entre les hommes des mêmes pays respectivement. Il me semble que les hommes cherchent moins à savoir un peu de tout, sont moins universels qu'en France, ou du moins qu'en France autrefois, mais qu'ils savent bien mieux ce qu'ils savent ; ils disent moins tout ce qui leur passe par la tête, ils ont moins de vanité et plus d'orgueil ; cela est sage et respectable, mais forme peut-être un état de société moins amusant. Les femmes ont bien aussi leur retenue et leur réserve ; mais c'est la réserve de la timidité et de la modestie, au lieu de celle de l'orgueil ; elle n'est pas volontaire et insurmontable, comme celle de l'autre sexe.

L'esprit, comme le commerce, a ici des moyens de communication nombreux et faciles ; les connaissances solides, les anecdotes, la politique, les modes les plus frivoles, tout a son canal particulier, qui jour par jour, semaine par semaine, quartier par quartier, ramifie son cours régulier jusque dans les recoins les plus éloignés de la campagne comme des villes. Chacun trouve sur sa table, à jour nommé, l'ouvrage périodique auquel il a souscrit ; et si ses moyens ne le lui permettent pas, à deux pas de chez lui, et à très peu de frais, il peut voir tout ce qui se publie de cette nature dans un cabinet de lecture. Il n'est donc personne qui ne puisse, dans la situation la plus retirée et la plus solitaire, savoir aussi exactement ce qui se passe dans le monde, et même mieux que ceux qui y vivent, ou qui ne soit du plus au moins au courant des découvertes scientifiques et des nouveautés littéraires. Les romans, comme on peut bien croire, entrent pour beaucoup dans les habitudes de cette lecture générale ; et cette branche méprisée des ouvrages d'imagination a pris, dans ces derniers temps, un caractère très respectable ; de futile ou dangereuse qu'elle était, miss Edgeworth et quelques autres écrivains modernes de son sexe en ont fait le cadre le plus heureux de la morale pratique et de la saine philosophie, comme de la plus vive et de la plus pure sensibilité. La poésie a pris un essor plus libre et plus aventureux, et semble avoir pénétré dans de nouvelles régions ; les images qu'elle présente et les sentiments qu'elle inspire sont devenus de plus en plus familiers. Les femmes, avec plus de loisir, de curiosité et de sensibilité que les hommes, prennent un intérêt plus vif à toutes ces choses-là, et cette teinture de science et de littérature, et de toutes choses, est en général sans mélange de pédanterie, parce qu'elle est commune à tous, et forme un état habituel. C'est le vêtement de tous les jours, dans lequel on est à son aise, et qui n'empêche pas de vaquer aux soins journaliers de la vie. Je ne sais pas si ce régime léger, facile et doux, est propre à former des constitutions d'esprit fortes et originales ; mais celles-là ne se forment point, ou plutôt se forment toujours, et en dépit de tout, lorsque la nature en a donné le germe.

Il y a de plus, presque partout, des « sociétés de livres » (*book-societies*) diversement constituées ; elles sont communément composées de dix à douze personnes, contribuant pour une somme annuelle. Chacune d'elles peut proposer l'achat d'un ouvrage quelconque : après un certain temps suffisant pour que chacun des associés puisse le lire, il est mis en vente au plus offrant parmi eux ; mais le proposant est obligé de le prendre à moitié prix, si personne n'y met davantage. La contribution annuelle est d'une à trois ou quatre guinées. On lit ici très avidement les ouvrages de biographie, et les recueils posthumes des lettres de personnes illustres, ou qui ont eu, pendant leur vie, une certaine réputation. La littérature française abonde en *mémoires* ; la littérature anglaise en *vies et lettres*. C'est le commérage des gens d'esprit ; mais il faut convenir que ce commérage a un grand charme : on lève un coin du voile qui couvre le cœur humain, et il n'y a personne qui ne soit curieux de voir si ce qui se passe dans celui d'un autre ressemble à ce qui se passe dans le sien. On ne se borne point à publier les lettres et les vies anglaises : voilà, par exemple, les Lettres de Mme du Deffand, publiées à Londres en français ; et les Mémoires du prince Eugène (vrais ou non, fort intéressants) aussi en français. Nous sommes bien fiers en France, de ce que notre langue est la langue polie de l'Europe et la langue diplomatique, et même de ce que nous n'en savons point d'autre, comme si un aveugle s'enorgueillissait de ce que tout le monde le regarde, tandis qu'il ne regarde personne. Les Anglais de leur fenêtre et de l'autre côté de la Manche, voient tout ce qui se fait, ce qui se dit, ce qui se publie sur le Continent, sans traduction et dans sa forme originale ; et ils sont plus au fait de notre littérature ancienne et moderne, qu'on ne l'est dans les provinces de France. (Simond, *Voyage d'un Français en Angleterre...*, 1816.)

Defauconpret

Plus de cinquante journaux

Il n'est aucun pays où les journaux soient en aussi grand nombre qu'en Angleterre. On en compte plus de cinquante ; les uns paraissent tous les jours, excepté le dimanche ; les autres le dimanche seulement ; ceux-ci sont publiés trois fois par semaine, ceux-là une fois par mois. Tous ces journaux sont d'une telle taille, que le *Moniteur* de Paris n'est auprès d'eux qu'un *Lilliputien*.

La politique... Eh bien ! pourquoi mon encre s'épaissit-elle ? Pourquoi ma plume refuse-t-elle d'obéir à mes doigts ? Je n'ai pas oublié que j'ai juré de ne jamais parler ni écrire sur des matières politiques ; je ne veux pas enfreindre mon serment... Bien ! l'encre devient plus fluide, et la plume plus docile. — Je disais donc que la politique fait l'objet principal des journaux anglais ; mais comme elle ne pourrait leur fournir de quoi remplir tous les jours *vingt énormes colonnes*, imprimées en très petits caractères ; après avoir rendu compte des nouvelles vraies ou fausses de tous les pays, les journalistes font un nouvel article, où ils répètent, en forme d'analyse, tout ce qu'ils ont déjà dit, et que chacun d'eux assaisonne de réflexions convenables au parti qu'il a embrassé. Ils trouvent ainsi des matériaux suffisants pour occuper la moitié de leur journal. Un troisième quart est consacré aux objets intéressants que contiennent les Petites Affiches de Paris ; et pour remplir le superflu de leur feuille, ils vous donnent un long détail de tous les procès qui se jugent dans les tribunaux de Londres ; vous apprennent que lord *un tel* est arrivé dans la capitale ; qu'un autre vient d'en partir pour sa campagne ; que lady *une telle* a eu la veille douze personnes à dîner, et qu'un chien, en courant dans la rue, a renversé le seau d'une laitière.

Les journaux se distinguent en deux classes, ceux du parti ministériel et ceux de l'opposition. Il en est qui ne traitent que de sujets littéraires, comme le *Monthly Review* et le *Critical Review* ; cependant, par la manière dont ils sont rédigés, on voit que le premier est favorable aux ministres, et que le second a embrassé les principes contraires. Quand un journal a adopté l'un de ces deux partis, il y est invariablement fixé. On ne voit pas à Londres de ces journalistes foulant aux pieds aujourd'hui l'idole qu'ils adoraient hier, et qu'ils encenseraient encore demain si elle était replacée sur son autel. Ils ne sont pas comme dans bien d'autres pays, obligés de publier une nouvelle fausse, ou d'en taire une véritable ; forcés de louer un mauvais ouvrage parce que l'auteur est en crédit, et d'en déchirer un estimable parce que son père est persécuté. Littérature, politique, tout leur est ouvert ; leur plume est aussi libre que leur pensée ; ce n'est qu'aux tribunaux qu'il appartient de réprimer les abus qu'ils peuvent faire de la liberté de la presse.

« Bravo ! » me dit M. C***, qui était entré dans ma chambre sans que je m'en aperçusse, et qui lisait par-dessus mon épaule ce dernier paragraphe à mesure que je l'écrivais : « Bravo ! voilà enfin un chapitre qui contient, en faveur de l'Angleterre, des éloges sans restriction.

— Je rapporte des faits, et je voulais laisser au lecteur le soin d'en tirer des conséquences ; mais vous me faites craindre que je ne sois pas bien compris, et qu'on ne prenne une narration pour un panégyrique. Croyez-vous donc que si j'étais journaliste, je n'aimerais pas mieux qu'un censeur vînt me dire : "Vous n'imprimerez pas tel article", plutôt que de me voir le lendemain traduit devant un tribunal pour l'avoir inséré dans ma feuille ? Croyez-vous que j'estime celui qui, uniquement parce qu'il est du parti de l'opposition, croit devoir blâmer les opérations les plus sages du ministère ; ou celui qui voudra justifier les actes les plus attentatoires aux libertés de l'Angleterre, parce qu'il est attaché au parti ministériel ? Voilà pourtant ce que vous voyez tous les jours dans vos journaux anglais. Je voudrais qu'un journaliste fût impartial ; qu'il jugeât les ouvrages, et non les auteurs ; qu'il parlât de politique avec réserve, mais toujours avec vérité ; du gouvernement avec respect, mais sans bassesse ; qui m'envoyât un journal de trois pages quand il aurait de quoi les remplir, et qui ne me condamnât pas à dévorer vingt colonnes de fadaises, quand il n'a rien d'intéressant à m'apprendre ; qui...

— Vous demandez un homme qui n'a jamais existé, et le pays où il pourrait écrire n'est pas encore découvert. Votre journaliste mourrait de faim ; il n'aurait pas un lecteur. C'est l'esprit de parti et la malignité qui font lire les journaux ; aussi chacun à Londres en a-t-il deux, parce que l'on veut juger des différentes couleurs sous lesquelles le même événement est représenté, et c'est en les décomposant, à l'aide du prisme de la raison, que...

— Que l'on reconnaît souvent que les deux peintres ont pris les couleurs de la passion pour celles de la vérité, et qu'ils n'ont produit qu'une caricature, au lieu de composer un tableau. » (Defauconpret, *Quinze jours à Londres*, 1816.)

Malot
Un seul désir : lire les journaux

Au premier abord, le pays tout entier paraît un immense cabinet de lecture, où chacun n'obéit qu'à un seul besoin, qu'à un seul désir : lire les journaux. Avant d'être descendu de wagon, des enfants, des gamins se jetant à la portière vous fourrent sous le nez et souvent dans les yeux des journaux de toutes les grandeurs ; et ils accompagnent leur pantomime de vociférations très engageantes : le *Daily Telegraph*, le *Morning Star*, le *Punch*, le *Sun*.

Dans la rue, les offres continuent ; seulement elles viennent de gamins un peu plus jeunes et surtout beaucoup plus déguenillés. Aux cris s'ajoutent en même temps d'autres moyens de tentation. Tout à coup sur le trottoir, délicatement posée au milieu de la boue noire, une affiche blanche, retenue par quatre cailloux, vous barre le chemin et vous arrête court [...] ceci, qui se renouvelle partout, où les gamins s'accrochent en grappes, et au coin de chaque boutique, produit un certain étonnement sur les étrangers ; mais il ne faut pas longtemps pour que de l'étonnement on passe à l'admiration, ce qui arrive assez souvent dans ce pays. La presse est une des forces de l'Angleterre, le journalisme est une de ses gloires. (Hector Malot, *La Vie moderne en Angleterre*, 1862.)

LES ANGLAIS ET LA MUSIQUE

Muralt
Premiers concerts

Ils dansent moins bien que les Français ; mais, en échange, ils dansent moins souvent et peut-être plus à propos. On en peut dire autant de leur chant : ils ne chantent que les airs, et récitent le reste. Ces airs ont quelque chose de singulier et d'agréable ; mais qui est, je crois, plutôt du goût des personnes mélancoliques que des autres.

Ils ont des concerts établis pour certains jours de la semaine, qu'on va entendre pour de l'argent, et dont la musique vaut mieux, ce me semble, que celle de leur opéra ; peut-être parce que les musiciens ne sont pas gênés dans leurs compositions par le poète. Les gens de qualité de l'un et de l'autre sexe ne manquent guère de s'y trouver, et ils y portent un goût qui leur est particulier : ils sont charmés du bruit des trompettes et des timbales. Du moins les musiciens se justifient par là, quand on leur demande pourquoi ils se servent de ces instruments retentissants dans des lieux enfermés et étroits. Ce qui m'a diverti quelquefois à ces concerts, c'est l'embarras de la plupart des hommes, qui paraissent tout étonnés de se voir dans un lieu où on ne peut ni jouer ni boire, et où il n'y a que d'honnêtes femmes, avec qui ils n'oseraient prendre des libertés, et à qui ils ne trouvent rien à dire. Les femmes, de leur côté, n'étant accoutumées à rien de meilleur, se contentent du plaisir de s'attirer du respect, et de se regarder les unes les autres. Il résulte un bien de tout cela : on écoute le concert avec silence. (Béat de Muralt, *Lettre sur les Anglais*, 1726.)

Grosley
Naissance de la musique anglaise

Le goût de la reine Élisabeth pour la musique fit faire à cet art quelques progrès en Angleterre, en lui communiquant une partie de ceux qu'il avait déjà eus en Italie.

Dans ce siècle, Haendel, Allemand de nation, a produit en Angleterre la révolution que l'Italien Lully fit en France au siècle dernier. Depuis cette révolution, les Anglais se flattent d'avoir une musique nationale : musique qui n'est qu'une sorte de dialecte de la musique allemande, laquelle elle-même en est une de la musique italienne.

Le très grand concert donné à Saint-Paul pour attirer les aumônes en faveur des enfants des pauvres ministres, les concerts de Fax-Hall [Vauxhall], et de Rénélag [Ranelagh], et des concerts particuliers auxquels j'ai assisté, roulaient sur des compositions anglaises. Toute la symphonie était moitié allemande, moitié italienne ; quant à la partie vocale, des Anglais m'ont assuré que la langue et la prosodie anglaises y étaient aussi maltraitées que le sont la langue et la prosodie françaises dans les ariettes italiennes de nos opéra-bouffons, imitées ou parodiées de l'italien.

L'opéra de Londres est pur italien, et pour les paroles et pour la musique. Il est beaucoup moins fréquenté que les autres spectacles. On n'y épargne rien pour les voix, on n'y économise que sur les machines et sur les ballets. Relativement à ces deux objets, il est beaucoup moins fourni que ne l'est aujourd'hui la Comédie-Française de Paris.

Les débuts d'une tradition

L'état des enfants de ministres est sans doute très commun, puisque les très abondantes charités dont ils sont l'objet ne suffisent pas pour les en tirer.

La ville de Londres fournit chaque année, pour ces enfants, une contribution qui prouve la grandeur du mal par celle du remède et par son insuffisance. Cette contribution est volontaire. Elle se lève dans l'église de Saint-Paul sur les âmes pieuses ou curieuses qu'y attire un motet exécuté par tout ce que Londres a de supérieur en musique, soit vocale, soit instrumentale. Le motet est coupé par un sermon d'une demi-heure, et le tout ensemble dure plus de deux heures. Le chœur de Saint-Paul est le lieu de la scène qui, n'ayant lieu qu'une fois par an, attire une foule prodigieuse de tout état et de tout sexe.

L'entrée de l'église est, dès le matin, barricadée de manière qu'on ne peut entrer qu'à la file, entre trois poutres que l'on parcourt dans leur longueur, et à l'extrémité intérieure desquelles, sont placés de grands bassins pour recevoir les aumônes.

Le 8 mai, jour de cette cérémonie, passant d'aventure vers l'église Saint-Paul, je suivis la foule qui y entrait, sans rencontrer personne qui pût m'expliquer ce qui l'attirait. Arrivé à l'extrémité intérieure des poutres, je m'y trouvai entre deux bassins à demi remplis de guinées : là étaient quelques ministres qui arraisonnaient les gens au débouché. (Grosley, *Londres*, 1770.)

La tradition continue

Simond

Le jour suivant nous avons encore été à Saint-Paul entendre un grand *oratorio* au profit des *enfants du clergé* : il y a quelque chose d'un peu scabreux pour une oreille française dans le mot *d'enfants du clergé*. On a de la peine à s'accoutumer à l'idée que ces hommes de Dieu puissent avoir des enfants en conscience. Quoi qu'il en soit, la musique de Haendel m'a paru former une belle harmonie, sans chant, sans mélodie ; une suite de beaux sons, qui n'expriment, ou plutôt n'inspirent rien, et dont j'ai été bientôt fatigué. Haendel est considéré ici comme le fondateur d'une espèce d'école nationale ; et c'est un sacrilège que de ne pas reconnaître son mérite. Je ne veux pas me hâter d'en juger, mais ce n'est pas la première fois que j'ai eu le malheur d'être ennuyé de sa musique. « Le plaisir de l'harmonie, dit J.-J. Rousseau, n'est qu'un plaisir de pure sensation, et la jouissance des sens est toujours courte ; la satiété et l'ennui la suivent de près. Mais le plaisir de la mélodie et du chant est un plaisir d'intérêt et de sentiment qui parle au cœur, et que l'artiste peut toujours soutenir et renouveler à force de génie ». (Simond, *Voyage d'un Français en Angleterre...*, 1816.)

Blanqui

On dit pourtant que la grande cérémonie musicale du mois de mai, dans laquelle on chante le *Te Deum* de Haendel et plusieurs motets de Tallis et de Purcell, attire un auditoire considérable, et que l'effet est sublime. Le produit de cette fête est destiné au soulagement des veuves et des orphelins du clergé. (Blanqui, *Voyage d'un jeune Français en Angleterre...*, 1824.)

Berlioz
Sublime apogée

J'étais en effet à Londres dans les premiers jours de juin, l'an dernier, quand un lambeau de journal, tombé par hasard entre mes mains, m'apprit que l'*Anniversary meeting of the Charity Children* allait avoir lieu dans l'église de Saint-Paul. Je me mis aussitôt en quête d'un billet, qu'après bien des lettres et des démarches je finis par obtenir de l'obligeance de M. Gosse, le premier organiste de cette cathédrale. Dès dix heures du matin, la foule encombrait les avenues de l'église ; je parvins, non sans peine, à la traverser. Arrivé dans la tribune de l'orgue destinée aux chantres de la chapelle, hommes et enfants, au nombre de soixante-dix, je reçus une partie de basse qu'on me priait de chanter avec eux, et *un surplis* qu'il me fallut endosser, pour ne pas détruire, par mon habit noir, l'harmonie du costume blanc des autres choristes. Ainsi déguisé en homme d'Église, j'attendis ce qu'on allait me faire entendre avec une certaine émotion vague, causée par ce que je voyais. Neuf amphithéâtres presque verticaux, de seize gradins chacun, s'élevaient au centre du monument, sous la coupole et sous l'arcade de l'est devant l'orgue pour recevoir les enfants. Les six de la coupole formaient une sorte de cirque hexagone, ouvert seulement à l'est et à l'ouest. De cette dernière ouverture partait un plan incliné, allant aboutir au haut de la porte d'entrée principale, et déjà couvert d'un auditoire immense, qui pouvait ainsi, des bancs même les plus éloignés, tout voir et tout entendre parfaitement. A gauche de la tribune que nous occupions devant l'orgue, une estrade attendait sept ou huit joueurs de trompettes et de timbales. Sur cette estrade, un grand miroir était placé de manière à réfléchir, pour les musiciens, les mouvements du chef des chœurs, marquant la mesure au loin, dans un angle au-dessous de la coupole, et dominant toute la masse chorale. Ce miroir devait servir aussi à guider l'organiste tournant le dos au chœur. Des bannières plantées tout autour du vaste amphithéâtre dont le seizième gradin atteignait presque aux chapiteaux de la colonnade, indiquaient la place que devaient occuper les diverses écoles, et portaient le nom des paroisses ou des quartiers de Londres auxquels elles appartiennent. Au moment de l'entrée des groupes d'enfants, les divers compartiments des amphithéâtres, se peuplant successivement du haut en bas, formaient un coup d'œil singulier, rappelant le spectacle qu'offre dans le monde microscopique le phénomène de la cristallisation. Les aiguilles de ce cristal aux molécules humaines, se dirigeant toujours de la circonférence au centre, étaient de deux couleurs, le bleu foncé de l'habit des petits garçons sur les gradins d'en haut, et le blanc de la robe et de la coiffe des petites filles occupant les rangs inférieurs. En outre, les garçons portant sur leur veste, les uns une plaque de cuivre poli, les autres une médaille d'argent, leurs mouvements faisaient scintiller la lumière réfléchie par ces ornements métalliques, de manière à produire l'effet de mille étincelles s'éteignant et se rallumant à chaque instant sur le fond sombre du tableau. L'aspect des échafaudages couverts par les filles était plus curieux encore ; les rubans verts et roses qui paraient la tête et le cou de ces blanches petites vierges faisaient ressembler exactement cette partie des amphithéâtres à une montagne couverte de neige, au travers de laquelle se montrent çà et là des brins d'herbe et des fleurs. Ajoutez les nuances variées qui se fondaient au loin dans le clair-obscur du plan incliné où siégeait l'auditoire, la chaire tendue de rouge de l'archevêque de Cantorbéry, les bancs richement ornés du lord-maire et de l'aristocratie anglaise sur le parvis au-dessous de la coupole, puis à l'autre bout et tout en haut les tuyaux dorés du grand orgue ; figurez-vous cette magnifique église de Saint-Paul, la plus grande du monde après Saint-Pierre, encadrant le tout, et vous n'aurez encore qu'une esquisse bien pâle de cet incomparable spectacle. Et partout un ordre, un recueillement, une sérénité qui en doublaient la magie. Il n'y a pas de théâtre si grand et si riche qu'il soit, pas de décorations, pas de mise en scène, si admirables qu'on les suppose, qui puissent jamais approcher de cette réalité que je crois encore avoir vue en songe à l'heure qu'il est. Au fur et à mesure que les enfants, parés de leurs habits neufs, venaient occuper leurs places avec une joie grave exempte de turbulence, mais où l'on pouvait observer un peu de fierté, j'entendais mes voisins anglais dire entre eux : « Quelle scène ! quelle scène ! !... » et mon émotion était profonde quand, les *six mille cinq cents* petits chanteurs étant enfin assis, la cérémonie commença.

Après un accord de l'orgue, s'est alors élevé en un gigantesque unisson le premier psaume chanté par ce chœur inouï : « *All people that on earth do dwell / Sing to the Lord with cheerful voice.* » (« Le peuple entier qui sur la terre habite / Chante au Seigneur d'une joyeuse voix. »)

Inutile de chercher à vous donner une idée d'un pareil effet musical. Il est à la puissance et à la beauté des plus excellentes masses vocales que vous ayez jamais entendues comme Saint-Paul de Londres est à une église de village, et cent fois plus encore. J'ajoute que ce choral, aux larges notes et d'un grand caractère, est soutenu par de superbes harmonies dont l'orgue l'inondait sans pouvoir le submerger. J'ai été agréablement surpris d'apprendre que la musique de ce psaume, pendant longtemps attribuée à Luther, est de Claude Goudimel, maître de chapelle à Lyon au XVIe siècle.

Malgré l'oppression et le tremblement que j'éprouvais, je tiens bon, et sus me maîtriser assez pour pouvoir faire une partie dans les psaumes récités *sans mesure* (*reading psalms*) que le chœur des chantres musiciens eut à exécuter en second lieu. Le *Te Deum* de Boyce (écrit en 1760), morceau sans caractère, chanté par les mêmes, acheva de me calmer. A l'antienne du couronnement, les enfants se joignant au petit chœur de l'orgue de temps en temps, et seulement pour lancer de solennelles exclamations telles que : « *God save the king ! / Long live the king ! / May the king live for ever ! / Amen ! Hallelujah !* », l'électrisation recommença. Je me mis à compter beaucoup de pauses, malgré les soins de mon voisin qui me montrait à chaque instant sur sa partie la mesure où on en était, pensant que je m'étais perdu. Mais au psaume à trois temps de J. Ganthaumy, ancien maître anglais (1774), chanté par toutes les voix, avec les trompettes, les timbales et l'orgue, à ce foudroyant retentissement d'une hymne vraiment brûlante d'inspiration, d'une harmonie grandiose, d'une expression noble autant que touchante, la nature reprit son droit d'être faible, et je dus me servir de mon cahier de musique, comme fit Agamemnon de sa toge, pour me voiler la face. Après ce morceau sublime, et pendant que le lord-archevêque de Cantorbéry prononçait son sermon que l'éloignement m'empêchait d'entendre, un des maîtres des cérémonies vint me chercher, et me conduisit, ainsi tout *lacrymans*, dans divers endroits de l'église, pour contempler sous tous ses aspects ce tableau dont l'œil ne pouvait d'aucun point embrasser entièrement la grandeur. Il me laissa ensuite en bas, auprès de la chaire, parmi le beau monde, c'est-à-dire au fond du cratère du volcan vocal; et quand, pour le dernier psaume, il recommença à faire éruption, je dus reconnaître que, pour les auditeurs ainsi placés, sa puissance était plus grande du double que partout ailleurs. En sortant, je rencontrai le vieux Cramer, qui, dans son transport, oubliant qu'il sait parfaitement le français, se mit à crier en italien : « *Cosa stupenda ! stupenda ! la gloria dell' Inghilterra !* » (Berlioz, *Les Soirées de l'orchestre*, 1852.)

Simond

Un auditoire attentif

Tous les matins, sur les onze heures, la musique des gardes s'assemble dans la cour de ce misérable palais de Saint-James, et joue pendant trois quarts d'heure, doucement, lentement, dans ce beau médium, le *sotto voce* des Italiens, qui pour les instruments, ainsi que pour la voix, est si plein, si riche, si favorable aux grands effets de la musique. Les musiciens sont la plupart allemands. L'auditoire est en général composé de gens du peuple ; les gens de qualité ne sont pas levés. J'ai souvent été frappé de l'attention profonde, à l'œil fixe où tremble une larme, que l'on surprend çà et là dans la foule. Il y a un sixième sens pour la musique, que l'on peut cultiver, mais qui ne se supplée point ; et il est aussi inutile de chercher à en donner une idée à ceux qui ne l'ont pas, qu'à un aveugle-né des couleurs. (Simond, *Voyage d'un Français en Angleterre*, 1816.)

Hennequin
De bonnes dispositions

Si la musique en Angleterre obtient peu de succès, ce n'est pas que la race britannique manque entièrement de goût pour la mélodie et l'harmonie. Londres a ses *glees* et ses *catches* ; des larmes coulent aux sons mélancoliques de la harpe du pays de Galles ; la cornemuse d'Écosse a ses chants traditionnels, et des mélodies originales retentissent sur le fifre d'Irlande. L'imperfection des Anglais sous le rapport musical n'est que relative ; des efforts soutenus finiront par en triompher. (Hennequin, *Voyage philosophique en Angleterre et en Écosse*, 1836.)

Berlioz
Musiques dans la rue

Il n'y a pas de ville au monde, j'en suis convaincu, où l'on consomme autant de musique qu'à Londres. Elle vous poursuit jusque dans les rues, et celle-là n'est quelquefois pas la pire de toutes, plusieurs artistes de talent ayant découvert que l'état de musicien ambulant est incomparablement *moins pénible et plus lucratif* que celui de musicien d'orchestre dans un théâtre, quel qu'il soit. Le service de la rue ne dure que deux ou trois heures par jour, celui des théâtres en prend huit ou neuf. Dans la rue, on est au grand air, on respire, on change de place et l'on ne joue que de temps en temps un petit morceau ; au théâtre, il faut souffrir d'une atmosphère étouffante, de la chaleur du gaz, rester assis et jouer toujours, quelquefois même pendant les entractes. Au théâtre, d'ailleurs, un musicien de second ordre n'a guère que 6 livres (150 francs) par mois ; ce même musicien, en se lançant dans la carrière des places publiques, est à peu près sûr de recueillir en quatre semaines le double de cette somme, et souvent davantage. C'est ainsi qu'on peut entendre avec un plaisir très réel, dans les rues de Londres, de petits groupes de bons musiciens anglais, blancs comme vous et moi, mais qui ont jugé à propos, pour attirer l'attention, de se barbouiller de noir. Ces faux Abyssiniens s'accompagnent avec un violon, une guitare, un tambour de Basque, une paire de timbales et des castagnettes. Ils chantent de petits airs à cinq voix, très agréables d'harmonie, d'un rythme parfois original et assez mélodieux. Ils ont de plus une verve, une animation qui montre que leur tâche ne leur déplaît pas et qu'ils sont heureux. Et les shillings et même les demi-couronnes pleuvent autour d'eux après chacun de leurs morceaux. A côté de ces troupes ambulantes de véritables musiciens, on entend encore volontiers un bel Écossais, revêtu du curieux costume des

Highlands, et qui, suivi de ses deux enfants portant comme lui le plaid et la cotte à carreaux, joue sur la cornemuse l'air favori du clan de MacGregor. Il s'anime, lui aussi, il s'exalte aux sons de son agreste instrument; et plus la cornemuse gazouille, bredouille, piaille et frétille, plus ses gestes et ceux de ses enfants deviennent rapides, fiers et menaçants. On dirait qu'à eux trois ces Gaéliques vont conquérir l'Angleterre. (Hector Berlioz, *Les Soirées de l'orchestre*, 1852.)

Blanqui

A York, voûtes gothiques et Requiem *de Mozart*

Je m'étais hâté d'en sortir pour visiter la ville, qui est fort laide, et la cathédrale (*minster*), qui surpasse tout ce qu'on peut voir de plus fini dans le genre gothique. Ses longues fenêtres travaillées en dentelle, ses tours ciselées avec une extrême délicatesse, la régularité parfaite des ornements et l'élégance de toutes ses proportions, lui ont assigné le premier rang parmi les basiliques de l'Angleterre, si riche en basiliques. Sa façade principale est flanquée de deux tours immenses, auxquelles le ciseau du Moyen Age a donné je ne sais quoi de transparent et d'élancé !

[...] Et quelle majestueuse harmonie dans l'ensemble de cette auguste métropole ! quelle grâce séduisante dans les détails ! on ne peut se défendre d'une émotion religieuse en pénétrant dans son enceinte. Là, comme au-dehors, tout est frais, gracieux, élégant, conservé ; les colonnes du temple paraissent projetées vivement vers le cintre, et s'épanouissent tout à coup comme la cime d'un palmier. Les portraits des rois d'Angleterre, rangés autour du chœur, ajoutent la majesté des souvenirs à la majesté du sanctuaire ; et l'immensité de l'édifice force l'âme à fléchir devant l'immensité de Dieu.

Mais déjà les roulements harmonieux de l'orgue retentissaient sous ces voûtes sonores, et préludaient à de plus admirables accords. C'est un ancien usage en Angleterre de célébrer, chaque année, dans les principales villes, une fête à la musique pendant la vacance des grands théâtres de Londres : cette circonstance permet aux artistes les plus distingués d'apporter leurs talents à la solennité. Chanteurs et cantatrices, musiciens nationaux et étrangers, bourgeois et grands seigneurs accourent de toutes parts pour acheter du plaisir ou pour en vendre ; et on le vend fort cher, témoins ces deux guinées pour un grabat. Le programme est ordinairement rempli des chefs-d'œuvre de la musique sacrée de Mozart, Haydn, Haendel ou Beethoven. Le nombre des réunions se borne à cinq ou six : on se garde bien de les appeler des concerts, surtout quand elles ont lieu dans une cathédrale, en présence du clergé anglican.

Qu'on se figure donc dans un des plus beaux vaisseaux de l'Europe, un orchestre de cinq cents musiciens, l'élite de l'Angleterre, de la France et de l'Italie ; une assemblée de gens de goût accourus de la capitale et des provinces pour entendre les créations des plus grands maîtres : tout à coup, au milieu d'un profond silence, cette masse d'instruments s'ébranle et retentit ; les hautbois, les cors, les flûtes magiques, les harpes mélodieuses, les basses *rimbombantes* (pour me servir d'une expression italienne) unissent leurs voix à celles des chœurs, et nous envoient de ravissantes ondulations d'harmonie. Je ne sais quel fluide voluptueux circule dans l'auditoire avec la rapidité d'un courant électrique : on se sent transporté dans une région toute céleste, où s'oublient les désirs, les besoins, les plaisirs et les peines. Cet effet est surtout remarquable pendant qu'on exécute des fragments de Mozart. Quel génie que celui de cet homme ! avec quel art il a réuni toutes les parties d'un orchestre innombrable, pour en faire comme une seule voix mélodieuse, imposante et sévère ! un verset de son *Requiem* a ravi tous les suffrages, arraché des larmes de tous les yeux. Il semblait qu'on entendît une prière adressée du fond de l'abîme, et qu'au milieu du fracas de la résurrection, le genre humain demandât grâce. Puis la trompette a sonné : *tuba mirum spargens sonum*... Le chanteur qui a récité ces paroles est un artiste achevé ; sa voix profonde, son accent italien, sa physionomie mélancolique, en ont merveilleusement exprimé le sens funèbre.

Haydn paraît plus travaillé, ses ritournelles sont plus régulières, plus élégantes, plus variées ; mais je ne lui trouve pas l'accent irrésistible de Mozart. C'est un Orphée que ce Mozart. Il a du coloris comme un peintre, et du sublime comme Racine. Ô dignes enfants de l'harmonie ! si quelque chose sur la terre pouvait faire douter d'un avenir, c'est vous qui toucheriez les incrédules ; c'est vous qui prouvez Dieu, qui seuls parlez sa langue, et méritez l'honneur de l'enseigner aux hommes ! Un Anglais assis près de moi me serrait la main sans me connaître, pendant que ces accords descendaient à nous comme d'en haut. Il croyait que je partageais son enthousiasme, et il avait raison. Nous étions dans un monde meilleur, dans une patrie commune : l'admiration nous avait rendus frères.

Il faut avoir vu la foule qui se pressait aux barrières de l'église, aux fenêtres et dans les rues, pour se faire une idée de la passion des Anglais pour la musique. La ville entière était en mouvement, les habitants vêtus comme aux plus beaux jours de fête, et la garde à cheval supportée pour la première fois. Jamais elle n'avait été plus nécessaire : ce peuple de mélomanes avait besoin d'être défendu contre lui-même, et rappelait par son tumultueux débordement quelques-unes des images tracées par Dryden dans sa belle ode sur la musique intitulée *La Fête d'Alexandre*. Mme Catalani avait électrisé toutes les âmes. Les environs d'York, dans un rayon de dix lieues, étaient couverts de voitures et d'équipages de toute espèce qui amenaient de nouveaux enthousiastes à la cérémonie du lendemain. Longchamp n'offre rien de plus magique et d'aussi varié : nous avons compté jusqu'à deux cents calèches. (Blanqui, *Voyage d'un jeune Français en Angleterre...*, 1824.)

L'ART EN ANGLETERRE

Simond

Du British Museum...

Il n'y a pas de recoin *classique* qui n'ait été visité par ces riches ennuyés ; ils se jalousent les trésors d'Athènes et de l'Égypte, et achètent les marbres antiques au poids de l'or. Ils vous emballent un temple grec, et l'expédient chez eux avec aussi peu de cérémonie qu'un service de porcelaine. Nous venons de voir les trésors de ce genre, dont lord Elgin, ci-devant ambassadeur auprès de la Porte, a enrichi Londres. La première chose qui nous a frappés a été une tête de cheval colossale, pleine de feu et de vie. Les chevaux antiques tenaient plus du taureau que du cerf ; mais cette tête-ci est svelte et spirituelle, tout nerf et pleine d'expression ; les yeux pourtant sont trop saillants. Puis un groupe colossal de deux femmes, sans têtes, assises et penchées l'une vers l'autre. L'attitude est noble et simple, la draperie belle. On dit que ce groupe a fait verser des pleurs à Mme Siddons ; cela est fort possible, mais il faut attribuer une pareille émotion à ce qu'elle a imaginé plutôt qu'à ce qu'elle a vu, aux idées que le Parthénon et Phidias et tant de siècles suggèrent, plutôt qu'au morceau de sculpture en lui-même, quel que puisse être son mérite. Nous ne nous sommes pas trouvés montés à cette hauteur. Un autre groupe colossal de femmes, aussi sans tête, assises et penchées, et d'une grande beauté. Deux figures d'hommes isolées, toujours colossales ; l'une sans tête, toutes deux fort mutilées, égalant en correction anatomique, en simplicité d'attitude et en beau idéal tout ce qui nous reste de l'Antiquité. Il est assez remarquable que ces figures, prises du fronton, et par conséquent à une trop grande hauteur pour distinguer les détails, sont pourtant finies dans toutes leurs parties avec un soin égal, et ce qui était adossé à la muraille comme le reste. Le Parthénon était à peu près entier il y a cent cinquante ans ; mais les Turcs en ayant fait un magasin à poudre, il y eut une explosion qui en renversa une grande partie : le portique et les deux extrémités du fronton restèrent debout. Les Turcs fouillent les décombres, et convertissent en chaux le marbre qui leur tombe sous la main. Ce qui n'est pas encore tombé doit subir tôt ou tard le même sort, et c'est quelque chose d'apprendre aux dévastateurs musulmans la valeur de leurs marbres. Une statue, un vase ou une colonne que l'on achète, en sauvent cinquante du four à chaux. Cependant les voyageurs qui n'ont pas rapporté de semblables reliques de leur pèlerinage, affectent de crier au sacrilège. Cette collection comprend un grand nombre de bas-reliefs en marbre tirés de l'architrave du temple, et un plus grand nombre de plâtres, tous fort inférieurs aux statues ; plusieurs colonnes ; quelques productions monstrueuses du ciseau égyptien, entr'autres un scarabée gigantesque de porphyre vert. Une partie des trésors de lord Elgin a péri dans un naufrage.

... aux Panoramas

L'art des *Panoramas* est porté ici aussi loin qu'il puisse aller; on ne peut rien imaginer de plus admirable que l'effet de ces tableaux circulaires, surtout de ceux qui sortent du pinceau de M. Parker. Nous venons de voir Malte; la lumière blanche et éblouissante, les ombres fortes et perpendiculaires, les habitants dormant sur des bancs, le pays poudreux, la mer calme : cette vue étouffante de chaleur a tous ces détails finis avec autant de recherche que de force et de vérité. Nous avons appris avec beaucoup de regret que le panorama de Douvres, que nous avons tant admiré il y a un an, était peint sur cette même toile; Malte couvre Douvres, et Douvres une demi-douzaine d'autres chefs-d'œuvre. Je serais presque tenté de spéculer en panoramas, et de les transporter en Amérique, sauvant les toiles de M. Parker, comme lord Elgin les marbres de Phidias. (Simond, *Voyage d'un Français en Angleterre*, 1816.)

Flora Tristan
Copies ou originaux

L'homme riche sent le vide des richesses et envie l'existence agitée de l'artiste et sa gloire. Arrivée à une haute opulence, l'aristocratie anglaise regretta la pensée poétique qui animait la vie de ses ancêtres, et porta ses regards jaloux sur l'Italie, la Flandre et la France.

Depuis le commencement du siècle dernier, l'orgueil des lords et des parvenus a mis l'enchère, en Europe, sur tous les objets d'art. L'Angleterre est le pays où il existe de plus nombreuses et de plus précieuses collections en antiquités et en chefs-d'œuvre des temps modernes; mais, presque toujours inaccessibles aux études des artistes, ces chefs-d'œuvre sont perdus pour le progrès de l'art.

On rencontre fréquemment, dans les galeries des seigneurs anglais, des copies parfois très médiocres, et qui cependant sont inscrites dans le catalogue, avec les grands noms de Léonard de Vinci, Raphaël, Dominiquin, Velasquez, Murillo, Le Sueur, Poussin, Rubens, Teniers, etc. Les propriétaires de ces copies maintiennent avec opiniâtreté qu'elles sont des *originaux*, et se tiennent pour offensés quand on ose élever des doutes sur leur authenticité, soit qu'eux-mêmes aient payé des sommes énormes pour ces croûtes, ou qu'ils en aient hérité de leur pères, comme s'ils sentaient instinctivement que l'intelligence de l'art est le véritable titre de supériorité. C'est alors que les richesses, les grandes distinctions sociales, jointes à l'ignorance, font mal à voir; on souffre pour la gloire des grands hommes dont les œuvres sont séquestrées, privées des hommages du public, et ne peuvent exciter ni l'enthousiasme ni l'émulation de l'artiste. Oh ! alors on éprouve un sentiment de mépris pour ces riches, véritables geôliers du génie. (Flora Tristan, *Promenades dans Londres*, 1840.)

Gautier
L'art leur fera toujours défaut

Les Anglais sont riches, actifs, industrieux ; ils peuvent forger le fer, dompter la vapeur, tordre la matière en tout sens, inventer des machines d'une puissance effrayante ; ils peuvent être de grands poètes : mais l'art, à proprement parler, leur fera toujours défaut ; la forme en elle-même leur échappe. Ils le sentent et s'en irritent, leur orgueil national en est blessé ; ils comprennent qu'au fond, malgré leur prodigieuse civilisation matérielle, ils ne sont que des barbares vernis. Lord Elgin, si violemment anathématisé par lord Byron, a commis un sacrilège inutile. Les bas-reliefs du Parthénon apportés à Londres n'y inspireront personne. Le don de la plastique est refusé aux races du Nord ; le soleil, qui met les objets en relief, assure les contours et rend à chaque chose sa véritable forme, éclaire ces pâles contrées d'un rayon trop oblique, que ne peut suppléer la clarté plombée du gaz. Et puis les Anglais ne sont pas catholiques. Le protestantisme est une religion aussi funeste aux arts que l'islamisme, et peut-être davantage. — Des artistes ne peuvent être que païens ou catholiques. Dans un pays où les temples ne sont que de grandes chambres carrées, sans tableaux, sans statues, sans ornements, où des messieurs coiffés de perruques à trois rouleaux vous parlent sérieusement, et avec force allusions bibliques, des idoles papistes et de la grande prostituée de Babylone, l'art ne peut jamais atteindre à une grande hauteur ; car le plus noble but du statuaire et du peintre est de fixer dans le marbre et sur la toile les symboles divins de la religion en usage à son époque et dans son pays. Phidias sculpte la Vénus, Raphaël peint la Madone ; mais ni l'un ni l'autre n'était anglican. Londres pourra devenir Rome, mais elle ne sera jamais Athènes, à coup sûr. Cette dernière place semble réservée à Paris. Là-bas, l'or, la puissance, le développement matériel au plus haut degré ; une exagération gigantesque de tout ce qui peut se faire avec de l'argent, de la patience et de la volonté ; l'utile, le confortable : mais l'agréable et le beau, non. — Ici, l'intelligence, la grâce, la flexibilité, la finesse, la compréhension facile de l'harmonie et de la beauté, les qualités grecques, en un mot. Les Anglais excelleront en tout ce qu'il est possible de faire, et surtout dans ce qui est impossible. Ils établiront une société biblique à Pékin, ils arriveront à Tombouctou en gants blancs et en bottes vernies, dans un état de *respectability* complet ; ils inventeront des machines qui produiront six cent mille paires de bas à la minute, et même ils découvriront de nouvelles contrées pour écouler leurs paires de bas : mais ils ne pourront jamais faire un chapeau qu'une grisette française voulût mettre sur sa tête. — Si le goût pouvait s'acheter, ils le payeraient bien cher. Heureusement, Dieu s'est réservé la distribution de deux ou trois petites choses sur lesquelles ne peut rien l'or des puissants de la terre : le génie, la beauté et le bonheur. (Gautier, *Caprices et zigzags*, 1856.)

Trabaud
Un regard moins hostile

L'école paysagiste, un peu trop ignorée en France et révélée seulement par des gravures ou des eaux fortes, mérite une attention spéciale. Dans l'étude du paysage, dans cette partie de l'art plus qu'en aucune autre, les artistes anglais ont conservé leur naturel, ils sont restés eux-mêmes, et de l'aveu de tout le monde ils ont souvent réussi. Toujours comme dans tous les genres artistiques, le génie s'est développé tard, au milieu seulement du dernier siècle.

Gainsborough excelle à la fois dans le paysage et dans le portrait ; sa touche est légère, facile, et son coloris transparent. Mais il faut voir Constable et Turner pour juger sainement de la charmante nature anglaise et de l'habileté de ceux qui l'ont reproduite.

Constable, fils d'un meunier, doit à cette extraction la facilité du mécanisme pittoresque de ses moulins. Il rendait le caractère particulier à chaque ciel, les influences variées des heures et des saisons, et sous ce rapport Turner, Calcott, Fielding l'ont peut-être égalé, mais aucun paysagiste ne s'est montré supérieur à lui : il voulait être naturel, il aspirait à l'héritage de Gainsborough qui le premier avait su donner quelque vérité, quelque vie à la reproduction des sites nationaux. Passionné pour le dessin, il étudia tous ses plans et les arbres surtout avec conscience. Dans les Mémoires qui nous restent de lui, il écrit : que la peinture est pour lui le synonyme du sentiment ; puis il ajoute : l'art du peintre est de réaliser et non de contrefaire le site. En véritable anglais, il préférait la fraîche verdure du printemps à la teinte roussâtre de l'automne ; ce qui lui plaisait par-dessus tout, c'était l'étude assidue des effets atmosphériques. Enfin, sa manie du naturalisme exigeait que sa peinture n'éveillât dans l'esprit de celui qui la contemplait, une impression autre que celle qu'on éprouve en face de l'objet représenté.

Pour le mieux apprécier, il faut le rapprocher de Turner, son supérieur en ce qu'il décompose moins. Turner a seulement exagéré son faire et les tableaux de ce merveilleux coloriste de la campagne, n'offrent dans leurs bizarreries que traits confus, chaos de couleurs. Il faut s'éloigner de quelques pas, pour qu'une vision magnifique vous apparaisse. La vérité est presque toujours obtenue avec peu de couleur, mais l'indépendance ou le despotisme du peintre sont tels qu'il métamorphose les points de vue semés sur sa route. Tout en se tenant dans une gamme élevée, il a été d'une fécondité abusive. Enfin, il a eu tort de commencer par où les autres ont fini, c'est-à-dire, par une trop grande liberté de manière et d'exécution, et de n'avoir jamais su être précis. Tout en consultant la nature, il eût fallu éviter l'à-peu-près.

Bonington a l'intelligence des vagues de l'Océan ; l'embouchure de la Tamise semble s'ouvrir pour lui, et sans contredit, la France serait fière d'un tel enfant, malgré l'habileté consommée de Gudin, de Barry.

Landseer a la spécialité des animaux et surtout des chiens, il en est le peintre et le poète ; le grand cerf des Highlands, au bord des lacs, n'a pas de plus spirituel interprète que Landseer. On lui reproche quelquefois les teintes grises dont les Anglais semblent avoir abusé, mais il ne faut pas oublier que le peintre reproduit la nature telle qu'elle s'offre à lui.

Un genre dans lequel excellent les Anglais, c'est l'aquarelle (*water-colour painting*). Les aquarellistes sont devenus si nombreux que depuis l'origine de ce siècle, les salons de l'Académie ne leur suffisant plus, ils ont formé, à cause des rivalités ou de l'exiguïté du premier emplacement, trois sociétés qui ont chacune son exposition annuelle. Comme je me trouvai à Londres à l'époque d'une *exhibition*, je me rendis au sanctuaire de Pall-Mall où se trouvaient réunis les ouvrages *en couleurs à l'eau*. MM. Harding et Duncan me parurent remporter la palme, je demande pardon aux plus habiles, si la rapidité de ma tournée ne m'a permis de les distinguer.

Venons à la gravure, à cet art que nos voisins ont poussé si loin et dans lequel ils semblent avoir versé les prodigieuses ressources de leur génie industriel. Remarquons à leur honneur qu'ils ont rarement cessé d'être graveurs coloristes, ayant cela de commun avec les Hollandais, probablement parce que les graveurs sont coloristes dans les pays où la lumière n'est pas assez vive pour absorber la couleur.

A part les bouffonneries d'Hogarth, indiquées presque toujours par un trait grossier, analogue à la farce ou au drame tout plébéien d'un carrefour, il faut signaler la finesse du contour et la délicatesse du trait buriné chez les graveurs. Ryland l'emporte par la pureté du dessin et meurt singulièrement par l'abus qu'il fait de son art. Avec Strange, je devine la blonde chevelure de Charles Stuart, les chatoyants reflets de son pourpoint de satin, l'air qui se joue à travers un feuillage, le pelage d'un cheval ou d'un chien. Et Berwick, le maître de la gravure sur bois ! Et Hopwood, si habile dans le pointillé ! Et Woollet ! l'aimable Woollet !

Aujourd'hui la gravure de genre, l'intérieur ou le paysage, atteint les bornes du style le plus gracieux. Comme l'Écosse est aimable, ainsi reproduite ; elle vous invite du meilleur ton possible à l'aller voir, à visiter ses lacs, ses montagnes, ses bruyères, ses mélèzes embaumés ! Quel succès ont aussi à l'étranger les Keepsakes où le pointillé du burin nous permet de toucher le tissu velouté de la peau des plus nobles dames du monde ! Quelle vogue ont à Paris les études coloriées de chevaux, d'attelages, de chasses au renard ! Si nous considérons la gravure sur bois, nous constatons des progrès surprenants, et bien que la France opère des merveilles, l'Angleterre n'est point en arrière si elle n'est pas en avant.

La manière noire, dite *aqua tinta*, est d'origine anglaise ; cette manière a pour elle l'économie et un charme particulier dans l'effet du clair-obscur.

Avez-vous pour la statuaire une passion dominante, le moyen le plus certain et le plus expéditif de la satisfaire est d'entrer à Westminster Abbey et à Saint-Paul de Londres, puis d'accorder en passant quelques coups d'œil aux illustrations des parcs et des squares.

[...] Le style anglais, tel qu'on le concevait sous le règne d'Élisabeth, s'est maintenu jusqu'à nos jours, malgré quelques interruptions, et les Anglais ont à cœur de le perpétuer, parce qu'il leur rappelle l'époque de la Réformation, l'origine de leur code politique et religieux, le réveil de leur nationalité. Cependant à partir des luttes sanglantes de la réforme et des guerres civiles qu'elle entraîna, l'architecture nationale ralentit ses progrès, et la pénurie des idées et des architectes fut telle, qu'il fallut évoquer la mode étrangère pour construire un monument. Inigo Jones me représente la parodie de Palladio. Christophe Wren, génie qui atteignait parfois les bornes du grandiose, s'immortalisa par le temple de Saint-Paul dont nous avons la reproduction à Paris, sous l'invocation de sainte Geneviève, auteur Soufflot.

La révolution française à laquelle l'Europe ne fut point étrangère, eut, pour résultat, de réveiller en Angleterre le style national, en même temps qu'elle ravivait tous les autres instincts nationaux hostiles à la France. Le style anglais fut de nouveau mis à la mode, et il se maintint, malgré de légères modifications indiquées par le goût et les circonstances. Ce style rectangulaire, quoique arrondi dans ses angles, crénelé, sans enthousiasme, sans élancement et pourtant léger dans sa forme carrée, à la fois coquet et réfléchi, ennemi de l'ogive et de la renaissance avancée, a le mérite de marquer une époque, de signifier le caractère d'un peuple, de s'adapter aux exigences atmosphériques, de s'harmoniser avec la nature et de plaire aux yeux. Ce style que l'on retrouve dans le palais du Parlement comme dans beaucoup de maisons de ville, dans le château comme dans le cottage, ne manque pas d'une certaine originalité, tandis que la France indifférente se bat les flancs pour produire quelque chose de grand et de neuf, qu'elle puise à toutes les sources ou qu'elle copie, dans son impuissance, le Moyen Age ascétique, si peu en harmonie avec la vie réaliste et égoïste de notre temps. Ce style étudié et reproduit en Angleterre, aussi bien qu'en Suisse et en Prusse, que des auteurs étrangers persistent à nommer le style puritain ou réformé, porte d'ailleurs une appellation plus vraie, moins ridicule que celle de style catholique donné aux monuments modernes français dont la destination pieuse n'implique pas l'idée de la foi de nos architectes et de nos maçons. Ce sera un jour une grave question académique, de savoir laquelle des deux, de la France ou de l'Angleterre, a eu le plus de génie, de tenter la création d'un art nouveau ou de s'en tenir à la reproduction du passé.

M. Barry vient de terminer un des monuments les plus vastes et les plus grandioses qu'il soit possible de contempler dans l'Europe moderne. J'entends parler de *Parliament House*. Pour ma part, je n'ai que des éloges à décerner à l'idée juste d'avoir réuni dans le même local les deux chambres du gouvernement représentatif et constitutionnel, d'avoir ainsi prodigieusement amélioré la Chambre des lords et d'avoir tiré les Communes de cette espèce de hangar où elles siégeaient dernièrement. L'intérieur de l'édifice a été conçu, distribué, orné avec cette méthode anglaise qui sait allier la majesté des lieux avec leur destination la plus convenable, en un mot le *respectable au confortable*. Quant au plan extérieur, il fascine l'œil du spectateur et rend l'étranger jaloux d'une merveille si bien ordonnée pour l'effet et la grâce des ornements, où se mêlent à l'envi la légèreté gothique alliée à la solidité et à la régularité florentine, la Renaissance, le byzantin et l'anglo-saxon. Parliament House doit être vu de la rive de la Tamise opposée à celle où il s'élève. Ses masses de pierre sculptées, ses croisées et ses vitres apparaissent de loin comme un meuble de salon richement travaillé ; ses tourelles et sa grande tour forment un ensemble magique. (Trabaud, *D'Inverness à Brighton*, 1853.)

Bourget

Mauvais goût

Il y a des contrastes de goûts dont vraiment les Anglais seuls sont capables. Dans la cathédrale de Glasgow, je vis un bas-relief qui représentait un *highlander* en costume, tombant sur le bras d'un ange qui, de sa main libre, tenait la trompette de la renommée. Le profil grec et la robe de l'ange étaient d'une exécution tout académique, tandis que le soldat, d'une réalité intacte de carrure et de costume, avait jusqu'au numéro de son régiment inscrit sur son baudrier. Cela me fit souvenir d'un livre, vu par hasard, dans je ne sais quelle gare, dont le frontispice configurait des jeunes filles en costume de bain de mer regardant une sirène peigner ses cheveux. Ces heurts de mondes si divers ne choquent pas plus ces imaginations sans ironie que les heurts de couleurs ne choquent leurs yeux, pas plus que l'éperdue fumée des machines à côté des constructions du Moyen Age n'étonne leur sensibilité. Des villes entières, comme Édimbourg, du haut de la fameuse terrasse, développent ainsi un étonnant horizon de tours gothiques et de gares, de châteaux crénelés et de tuyaux d'usine. La puissance de juxtaposition, qui permet à la politique anglaise de toujours admettre le nouveau sans jamais détruire le passé, même contradictoire, apparaît dans ces détails de physionomie des sculptures, des gravures et des édifices. C'est exactement l'envers de l'esprit français, qui veut l'unité partout et la logique. (Paul Bourget, *Études Anglaises*, 1910.)

AU THÉÂTRE

Abbé Prévost
Les Anglais sont passionnés pour le spectacle

Malgré le désordre de sa conduite, elle [Mme Oldfield] était vue avec plaisir dans les meilleures compagnies de Londres. Les dames de la plus haute distinction se faisaient un honneur d'être en liaison avec elle : et j'ai vu plusieurs fois des duchesses et d'autres personnes du premier rang l'appeler dans leurs loges après la comédie, et s'empresser pour jouir de sa conversation. Il faut convenir, en effet, que c'était une fille incomparable. Elle m'a fait aimer le théâtre anglais, pour lequel j'avais d'abord fort peu de goût. Charmé du son de sa voix, de sa figure, et de toute son action, je me pressai d'apprendre assez d'anglais pour l'entendre, et je ne manquai guère, après cela, d'assister aux pièces où elle paraissait. Le marquis se rendit capable, en fort peu de temps, de goûter le même plaisir. Nous lisions la pièce qui devait se représenter, avant que d'aller au théâtre ; de sorte qu'avec la connaissance médiocre que nous avions de la langue, il ne nous échappait presque rien de la déclamation. Les Anglais sont passionnés pour le spectacle, et je ne sais si la France pourrait fournir autant d'ouvrages en ce genre que l'Angleterre. Il est vrai qu'ils ne sont pas tous d'une égale valeur. Cependant, j'ai vu plusieurs de leurs pièces de théâtre, qui m'ont paru ne le céder ni aux grecques ni aux françaises. J'ose dire même qu'elles les surpasseraient, si leurs poètes y mettaient plus de régularité : mais pour la beauté des sentiments, soit tendres, soit sublimes ; pour cette force tragique qui remue le fond du cœur, et qui excite infailliblement les passions dans l'âme la plus endormie ; pour l'énergie des expressions et l'art de conduire les événements, ou de ménager les situations, je n'ai rien lu, ni en grec ni en français, qui l'emporte sur le théâtre d'Angleterre. Le *Hamlet* de Shakespear, le *dom Sébastien* de Dryden, l'*Orphan* et la *Conspiration de Venise* d'Otway, plusieurs pièces de Congreve, de Farquhar, etc., sont des tragédies admirables, où l'on trouve mille beautés réunies.

Quelques-unes sont un peu défigurées par un mélange de bouffonneries indignes du cothurne ; mais c'est un défaut que les Anglais ont reconnu eux-mêmes, et dont ils ont commencé à se corriger. Ils ne réussissent pas moins dans le genre comique. A la régularité près, je doute qu'on puisse trouver, en aucun pays, rien de plus agréable et de plus ingénieux que leur *Constant couple*, leur *Provoked husband*, le

Recruiting officer, le *Careless husband*, *The Way of the World*, etc., qui sont des ouvrages de leurs meilleurs auteurs, à la représentation desquels j'ai goûté une satisfaction infinie. La déclamation de leurs acteurs paraît d'abord dure et bizarre aux étrangers ; mais on n'est pas longtemps à s'y accoutumer, et l'on trouve à la fin qu'ils atteignent au vrai et au naturel. (Abbé Prévost, *Mémoires d'un homme de qualité*, 1731.)

Grosley

Hommage à Shakespeare

Westminster est le grand dépôt des monuments érigés à la gloire de la nation. Si tous ces monuments, considérés en eux-mêmes, si tous ceux à qui on les a consacrés ne sont pas d'un mérite égal, l'intention en est également louable. On revoit là, comme dans l'Élisée de Virgile, ceux qui, par différents genres de mérite, ont illustré ou servi la patrie. Si tous ces monuments étaient érigés par décret public aux frais de la nation, et non par la famille ou par des amis de chaque illustre, il ne manquerait rien à l'Angleterre pour aller de pair, à cet égard, avec les Républiques les plus distinguées de l'Antiquité. Au moins toute la nation supplée-t-elle à cette formalité, par l'intérêt marqué qu'elle prend à ces monuments. Le temple qui les réunit est sans cesse rempli de gens attentifs à les considérer : le plus bas peuple n'y est point indifférent : j'ai vu des vendeuses d'herbes et de fruits, avec l'inventaire à la ceinture, j'ai vu des laitières, avec leurs seaux pendant des deux épaules, se les faire expliquer, et marquer une admiration non de stupidité, mais du plus vif intérêt. J'ai vu des gens du peuple pleurer à la vue de Sakhespear (*sic*), dont la statue, très belle et parlante, leur rappelait les scènes de ce poète qui leur avaient déchiré l'âme.

Des scènes atroces !

Les spectacles ne sont pas une ressource moins certaine pour entretenir la mélancolie nationale, ou plutôt pour l'exalter. Les tragédies, que le peuple suit le plus, sont un assemblage de scènes atroces qui font frémir l'humanité ; et ces scènes ont au théâtre toute la chaleur qu'y peut jeter l'action la plus vraie : action aussi vive, aussi pathétique, aussi chaude que celle des prédicateurs est froide, languissante et monotone. L'imagination ne se peut rien figurer d'aussi fort que ce que j'ai vu, en ce genre, aux théâtres de Covent Garden et de Drury Lane, où, ignorant l'anglais, *spectabam populum ludis attentiùs ipsis*. Aux représentations de *Macbeth*, de *Richard III*, du *Roi Lawe* (*sic*) et autres pièces de Sakhespear, dont le hasard m'a favorisé, le spectateur a sous les yeux tout ce que peut exécuter, tout ce que peut imaginer la cruauté la plus brutale et la scélératesse la plus raffinée. (Grosley, *Londres*, 1770.)

La Tocnaye
Bouffonnerie et cruauté

Ce mélange inouï de bouffonnerie et de cruauté paraît dégoûtant dans la même pièce ; ces longues processions dans les tragédies, aussi bien que le vide de la scène au milieu des actes, semble être entièrement contre les règles ; ajouter à cela leur terrible noirceur, les appareils d'échafauds, de fossoyeurs creusant une fosse, et le nombre de tués, tout conspire à rebuter celui qui a été accoutumé à plus de régularité. (La Tocnaye, *Promenade autour de la Grande-Bretagne*, 1795.)

Defauconpret
Shakespeare profané

Le grand défaut des acteurs anglais, même de ceux qui ont le plus de talent, c'est de trop songer qu'ils répètent un rôle en présence d'un auditoire. Ils sont toujours occupés des spectateurs, et semblent même vouloir les mettre dans la confidence de leurs secrètes pensées, en leur adressant leurs *a parte*. Ce défaut, au surplus, tient probablement au goût national, car lady Morgan, dans son ouvrage intitulé *La France*, reproche « à la sévérité de la scène française de n'admettre aucune intelligence entre l'acteur et l'auditoire ». Cette intelligence est pourtant le plus sûr moyen de détruire le charme de l'illusion qui constitue le premier plaisir du spectacle, plaisir si difficile à y rencontrer. Un Anglais, assis au parterre à côté d'un de ses amis, à la représentation d'une pièce attendrissante, lui témoignait sa surprise de lui voir l'œil sec et l'air indifférent. « Eh quoi ? lui dit son ami, croyez-vous que je ne sache point qu'il n'y a pas un seul mot de vrai dans tout cela ? D'ailleurs, ajouta-t-il avec une franchise vraiment anglaise, quand ce serait une vérité, ce ne sont pas mes affaires. »

D'après la vénération avec laquelle les Anglais parlent de Shakespeare, je n'imaginais que ses pièces étaient sacrées, et qu'un seul hémistiche changé dans un de ses ouvrages à la représentation ferait mettre le feu au théâtre où l'on oserait se permettre une telle profanation. Quelle fut donc ma surprise de voir que, ni à Covent Garden, ni à Drury Lane, on ne joue aucune de ses pièces telle qu'il l'a composée ! on change, on ajoute, on retranche, on bouleverse l'ordre des scènes, on supprime des invraisemblances, disons mieux, des absurdités : la pièce de Shakespeare à la main je n'y pouvais rien reconnaître. Je suis tenté de croire que le respect religieux affiché pour ce poète ressemble à beaucoup de boutiques anglaises dont l'intérieur est vide, tandis que la montre est pleine de marchandises entassées pour attirer la vue des passants. On reconnaît ses défauts, on cherche à les masquer, mais la vanité nationale ne permet pas d'en faire l'aveu. (Defauconpret, *Une année à Londres*, 1819.)

Custine
Rien de plus pathétique

Édimbourg, ce 23 août 1822. — Enfin, j'ai vu jouer un des chefs-d'œuvre de Shakespeare ! Pour assister sans sourire ou sans s'indigner à la représentation d'une tragédie anglaise, il faut, je l'avoue, commencer par oublier nos principes de déclamation théâtrale, et jusqu'à notre système de poésie dramatique. Mais ce petit sacrifice accompli, nous pouvons nous promettre des émotions profondes et nouvelles ! Ce que nous appelons *noblesse tragique* se nomme ici manière et affectation ; cette dignité, cette égalité de style qui distingue nos chefs-d'œuvre dramatiques, nos gestes peu naturels, notre chant ampoulé feraient sur le public de Londres un effet, dont notre orgueil serait peu flatté ! Les Anglais nous trouvent guindés, nous les trouvons ignobles ; peut-être ont-ils raison et n'avons-nous pas tort : mais tant que le grand procès des littératures nationales ne sera pas jugé irrévocablement, il nous est bien permis d'aller chez nos voisins, nous amuser, sans sacrilège, et nous instruire, sans apostasie ! Ce qui charme toute une nation, devrait toujours nous inspirer un grand intérêt, ne fût-ce que de curiosité, et je ne crois pas qu'un homme de quelque pays, de quelque école qu'il soit, pourvu qu'il ait de l'âme, puisse écouter Kean sans saisissement !

[...] Les Anglais doivent s'enorgueillir en pensant que leur pays a produit un poète aussi grand philosophe que l'Histoire, un peintre aussi poétique, aussi symbolique que la Nature. Les tableaux de Shakespeare sont instructifs comme ceux du Créateur. L'homme qui veut apprendre à se connaître lui-même, qu'il réfléchisse sur Shakespeare ou sur la nature, sera conduit au même résultat ; et ce qui complète la gloire de ce grand poète, c'est que dans ses profondes compositions, la justesse d'observation la plus scrupuleuse ne nuit jamais à l'élan sublime de la poésie, non plus que la verve de l'imagination la plus pittoresque ne lui fait perdre le sentiment de la vérité ; vérité poétique, mais dont les lois sont aussi immuables que celles de la prosaïque réalité. Je n'ai jamais approché d'un lieu nommé dans Shakespeare sans éprouver un sentiment de respect que l'histoire seule ne peut inspirer ; car les récits des grands événements, si la poésie n'a pas consacré les noms des acteurs, sont comme l'esquisse d'un tableau : ils attendent les couleurs. (Custine, *Courses en Angleterre et en Écosse*, 1830.)

Stendhal
Un shakespearomane

Un soir, assis sur le pont qui est au bas de la terrasse de Richmond, je lisais les *Mémoires de Mme Hutchinson* ; c'est l'une de mes passions.

— Mister Bell ! dit un homme en s'arrêtant droit devant moi.

C'était M. B. — que j'avais vu en Italie chez Milady Jersey à Milan. M. B., homme très fin de quelque cinquante ans, sans être précisément de la bonne compagnie y était admis (en Angleterre les classes sont marquées, comme aux Indes, au pays des parias).

— Avez-vous vu lady Jersey?

— Non; je la connaissais trop peu à Milan; et l'on dit que vous autres, voyageurs anglais, êtes un peu sujets à perdre la mémoire en repassant la Manche.

— Quelle idée! Allez-y.

— Être reçu froidement, simplement n'être pas reconnu me ferait beaucoup plus de peine que ne pourrait me faire de plaisir la réception la plus empressée.

— Vous n'avez pas vu MM. Hobhouse, Brougham?

Même réponse.

M. B., qui avait toute l'activité d'un diplomate, me demanda beaucoup de nouvelles de France.

Quand M. B. comprit que je connaissais M. de La Fayette, M. de Tracy :

— *Et*, me dit-il avec l'air du plus profond étonnement, *vous n'avez pas donné plus d'ampleur à votre voyage!* Il dépendait de vous de dîner deux fois la semaine chez lord Holland, chez lady N., chez lady...

— Je n'ai pas même dit à Paris que je venais à Londres. Je n'ai qu'un objet : voir jouer les pièces de Shakspeare.

Quand M. B. m'eut bien compris, il crut que j'étais devenu fou. (Stendhal, *Souvenirs d'égotisme [1832]*, 1893.)

Hennequin
La voix du génie

Nous rendîmes une visite à Covent Garden : par une fortune assez rare, on jouait Macbeth. La gloire de Shakespeare, aujourd'hui proclamée par tous, ne s'est pas établie sans peine. Lorsque Voltaire introduisit chez nous ce nom barbare, il éveilla peu d'attention; le style élégant, périodique de Racine exerçait encore trop d'influence; il était impossible que des écrivains pour qui la forme était plus précieuse que l'idée tolérassent les jeux de mots, les équivoques grossières dont *Roméo* comme *Le Roi Lear* sont parsemés. Dans notre époque plus tolérante, on a reconnu l'homme de génie sous le langage de la cour d'Élisabeth; on a senti qu'il ne serait pas moins injuste de reprocher à Shakespeare ses calembours que son pourpoint et sa fraise; on a compris que, pour ne pas aveugler son public par de trop vifs rayons, il était obligé de cacher son âme sous ce voile comme Molière cachait la sienne derrière ses danses de Turcs, ses intermèdes espagnols et ce sac ridicule tant critiqué du sec Despréaux. C'est que Shakespeare a des qualités devant lesquelles tous ses défauts s'anéantissent. Shakespeare n'est point un de ces auteurs qui créent des personnages, les habillent avec richesse et suivent complaisamment dans les détours d'une intrigue ces pantins qu'ils ont façonnés. Shakespeare ne regarde pas, il agit : son personnage, c'est lui-même ; ce sont des sentiments d'une vérité profonde. On lui a reproché de se baigner dans le sang, d'étaler trop d'horreurs ; mais Shakespeare n'est pas un homme qui se réjouisse dans le mal, qui fasse de l'atroce à plaisir. C'est une âme impressionnable, qui transmet fidèlement les émotions violentes qu'elle éprouve à la vue des crimes contemporains. Celui qui se pénétrera de son esprit ne prendra pas son Coriolan pour un Romain, son Thésée pour un Grec ; ne s'étonnera pas si Brutus attend le signal de l'horloge pour frapper César, et si Cléopâtre propose une partie de billard à ses suivantes. Ce ne sont ni Brutus, ni Cléopâtre ; ce sont des passions fortement senties, passions qu'une idée grave et philosophique domine toujours. Nulle part peut-être cette intention morale n'est plus clairement exprimée que dans *Macbeth*. La scène où ce prince vient consulter les sorcières est pleine d'épouvante. Tandis que la chaudière infernale bouillonne, la foudre gronde ; on entend des chœurs dont les chants lugubres vont bien à la tristesse du tableau. Je le dis avec plaisir, cette musique est anglaise ; et peut-être nul autre qu'un Anglais n'eût si bien rendu la pensée, ne fût entré si avant dans l'âme de Shakespeare : grande âme, qui pour l'étranger a toujours quelque mystère. Cette voix du génie parle à toutes les nations, mais avec l'accent du sol natal.

Il y a des frémissements dans la salle au moment où Macbeth voit passer onze fois devant lui le fantôme du roi qu'il a fait assassiner. Ce n'est pas ici un puéril effet de machine, c'est l'image la plus énergique et la plus terrible du remords.

Malgré ces splendeurs de la pensée, la pauvreté de la mise en scène fait souffrir. Chaque fois que la trompette résonne pour annoncer un acteur, comme à Franconi pour saluer l'entrée de l'Aérienne ou du cerf Coco, on se rappelle ces prologues où le bon William prie les spectateurs de vouloir bien prendre le cliquetis de deux fleurets pour le tumulte d'une bataille, et quatre hommes marchant au son du tambour pour une armée entière. Depuis, l'art du décorateur étend sa draperie sur ces misères ; cependant il a laissé quelques traces de cette indigence de moyens matériels qui tyrannisait l'auteur, l'arrêtait dans la manifestation de sa pensée, et contre laquelle il s'est si plaisamment révolté dans Pyrame et Thisbé, ce curieux épisode du *Songe d'une nuit d'été*.

Les graves émotions que venait de produire Shakespeare furent bientôt effacées par la représentation d'une pièce burlesque. Les Anglais ont un goût décidé pour la plaisanterie ; mais leur plaisanterie, inhérente au sol, ne peut vivre transplantée. Sur la caricature française, l'esprit est dans le mot, dans l'expression des physionomies ; la caricature anglaise s'inquiète peu du mot, quant à la physionomie, elle se contente le plus souvent d'un nez retroussé, d'une bouche fendue jusqu'aux oreilles; le ridicule est toujours emprunté à quelque circonstance physique. Vous verrez un pêcheur tombé dans l'eau, un chasseur qui tue son chien ou se laisse attraper dans un piège à loup. Sur le théâtre, la même opposition se retrouve. En France, la nuance est fine; souvent elle échappe à l'étranger par sa délicatesse même. On rit de M. Jourdain, lorsqu'on lui propose de donner des concerts et qu'il répond: « Les gentilshommes ont-ils des concerts? » L'exclamation d'Orgon: « Le pauvre homme! », le « Vous êtes orfèvre, monsieur Josse » n'arracheraient pas un sourire à tout un parterre britannique. Pour dérider le public anglais, il faut qu'un bouffon tombe dans la farine, ou que les acteurs se donnent des coups de pied. (Hennequin, *Voyage philosophique en Angleterre*, 1836.)

Hugo
Où est la statue de Shakespeare?

Shakespeare est la grande gloire de l'Angleterre. L'Angleterre en politique a Cromwell, en philosophie Bacon, en science Newton; trois hauts génies. Mais Cromwell est taché de cruauté et Bacon de bassesse; quant à Newton, son édifice s'ébranle en ce moment. Shakespeare est pur, ce que Cromwell et Bacon ne sont point, et inébranlable, ce que n'est pas Newton. En outre, il est plus haut comme génie. Au-dessus de Newton il y a Copernic et Galilée; au-dessus de Bacon il y a Descartes et Kant; au-dessus de Cromwell il y a Danton et Bonaparte; au-dessus de Shakespeare il n'y a personne. Shakespeare a des égaux, mais n'a pas de supérieur. C'est un étrange honneur pour une terre d'avoir porté cet homme. On peut dire à cette terre: *alma parens*. La ville natale de Shakespeare est une ville élue; une éternelle lumière est sur ce berceau; Stratford-sur-Avon a une certitude que n'ont point Smyrne, Rhodes, Colophon, Salamine, Chio, Argos et Athènes, les sept villes qui se disputent la naissance d'Homère.

Shakespeare est un esprit humain; c'est aussi un esprit anglais. Il est très anglais, trop anglais; il est anglais jusqu'à amortir les rois horribles qu'il met en scène quand ce sont des rois d'Angleterre, jusqu'à amoindrir Philippe Auguste devant Jean sans Terre, jusqu'à faire exprès un bouc, Falstaff, pour le charger des méfaits princiers du jeune Henri V, jusqu'à partager dans une certaine mesure les hypocrisies d'histoire prétendue nationale. Enfin il est anglais jusqu'à essayer d'atténuer Henri VIII; il est vrai que l'œil fixe d'Élisabeth est sur lui. Mais en même temps, insistons-y, car c'est par là qu'il est grand, oui, ce poète anglais est un génie humain. L'art, comme la religion, a ses *Ecce Homo*. Shakespeare est un de ceux dont on peut dire cette grande parole: il est l'Homme.

L'Angleterre est égoïste. L'égoïsme est une île. Ce qui manque peut-être à cette Albion toute à son affaire, et parfois regardée de travers par les autres peuples, c'est de la grandeur désintéressée ; Shakespeare lui en donne. Il jette cette pourpre sur les épaules de sa patrie. Il est cosmopolite et universel par la renommée. Il déborde de toutes parts l'île et l'égoïsme. Ôtez Shakespeare à l'Angleterre et voyez de combien va sur-le-champ décroître la réverbération lumineuse de cette nation. Shakespeare modifie en beau le visage anglais. Il diminue la ressemblance de l'Angleterre avec Carthage.

Signification étrange de l'apparition des génies ! Il n'est pas né un grand poète à Sparte, il n'est pas né un grand poète à Carthage. Cela condamne ces deux villes. Creusez et vous trouvez ceci : Sparte n'est que la ville de la logique ; Carthage n'est que la ville de la matière ; à l'une et à l'autre l'amour fait défaut. Carthage immole ses enfants par le glaive et Sparte sacrifie ses vierges par la nudité ; l'innocence est tuée ici, et la pudeur là. Carthage ne connaît que ses ballots et ses caisses ; Sparte se confond avec la loi ; c'est là son vrai territoire ; c'est pour les lois qu'on meurt aux Thermopyles. Carthage est dure. Sparte est froide. Ce sont deux républiques à fond de pierre. Donc pas de livres. L'éternel semeur qui ne se trompe jamais n'a pas ouvert sur ces terres ingrates sa main pleine de génies. On ne confie pas ce froment à la roche.

L'héroïsme pourtant ne leur est point refusé ; elles auront au besoin, soit le martyr, soit le capitaine ; Léonidas est possible à l'une et Annibal à l'autre ; mais ni Sparte ni Carthage ne sont capables d'Homère. Il leur manque ce je ne sais quoi de tendre dans le sublime qui fait jaillir des entrailles d'un peuple le poète. Cette tendresse latente, ce *flebile nescio quid*, l'Angleterre l'a. Preuve, Shakespeare. On pourrait ajouter aussi : preuve, Wilberforce.

L'Angleterre, marchande comme Carthage, légale comme Sparte, vaut mieux que Sparte et Carthage. Elle est honorée de cette exception auguste, un poète : avoir enfanté Shakespeare, cela grandit l'Angleterre.

La place de Shakespeare est parmi les plus sublimes dans cette élite de génies absolus qui, de temps en temps accrue d'un nouveau venu splendide, couronne la civilisation et éclaire de son rayonnement immense le genre humain. Shakespeare est légion. A lui seul il contrebalance notre beau XVIIe siècle français et presque le XVIIIe.

Quand on arrive en Angleterre, la première chose qu'on cherche du regard c'est la statue de Shakespeare. On trouve la statue de Wellington.

Wellington est un général qui a gagné une bataille en collaboration avec le hasard.

Si vous vous obstinez, on vous mène à un endroit nommé Westminster où il y a des rois, une foule de rois ; il y a aussi un coin qu'on appelle *coin des poètes*. Là, dans l'ombre de quatre ou cinq monuments démesurés où resplendissent en marbre et en bronze des inconnus royaux, on vous montre sur un petit socle une figurine et sous cette figurine ce nom : WILLIAM SHAKESPEARE.

Du reste, des statues partout ; des statues en veux-tu en voilà ; statue pour Charles, statue pour Édouard, statue pour Guillaume, statues pour trois ou quatre Georges, dont un idiot. Statue Richmond à Huntly ; statue Napier à Portsmouth ; statue Father Mathew à Cork ; statue Herbert Ingram je ne sais plus où. Avoir bien fait faire l'exercice aux riflemen, cas de statue ; avoir bien commandé la manœuvre aux horse-guards, cas de statue. Avoir été le souteneur du passé, avoir dépensé toute la richesse de l'Angleterre à soudoyer une coalition de rois contre 1789, contre la démocratie, contre la lumière, contre le mouvement ascensionnel du genre humain, vite un piédestal à cela, une statue à M. Pitt. Avoir vingt ans combattu sciemment la vérité, dans l'espoir qu'elle serait vaincue, s'apercevoir un beau matin qu'elle a la vie dure, qu'elle est la plus forte et qu'il pourrait bien se faire qu'elle fût chargée de composer un cabinet, et alors passer brusquement de son côté, autre piédestal, une statue à M. Peel. Partout, dans toutes les rues, sur toutes les places, à chaque pas, de gigantesques points d'admiration sous forme de colonnes : colonne au duc d'York, qui devrait, celle-là, être faite en point d'interrogation ; colonne à Nelson, montrée du doigt par le spectre de Caracciolo ; colonne à Wellington déjà nommé ; colonne pour tout le monde ; il suffit d'avoir un peu traîné un sabre. A Guernesey, au bord de la mer, sur un promontoire, une haute colonne, pareille à un phare, presque une tour. Cela est frappé de la foudre. Eschyle s'en contenterait. Pour qui est-ce ? pour le général Doyle. Qui ça le général Doyle ? un général. Qu'a-t-il fait, ce général ? il a percé des routes. A ses frais ? non, aux frais des habitants. Colonne. Rien pour Shakespeare, rien pour Milton, rien pour Newton ; le nom de Byron est obscène. L'Angleterre en est là, un illustre et puissant peuple. (Victor Hugo, *Shakespeare*, 1864.)

Bourget
Shakespeare, si le temps le permet...

Il est une heure de l'après-midi, et sur Londres pèse un ciel de menace, chargé de nuages bas vers lesquels montent de noires fumées. Pleuvra-t-il ou non d'ici à ce soir ? C'est une question que se pose rarement un habitant de la ville anglaise. La vie n'est-elle pas organisée ici de manière à ne jamais compter avec cette pluie toujours attendue ? Aujourd'hui pourtant beaucoup de personnes auront regardé cet horizon brouillé avec inquiétude, et le baromètre avec angoisse. Il s'agit de savoir s'il sera donné suite à une représentation des « Scènes dans la forêt » du *Comme il vous plaira*, de Shakespeare. Songez-y donc, la troupe se compose en partie d'acteurs et d'actrices du plus grand monde. Le nom d'une lady inscrite au livre d'or de la noblesse britannique brille sur le programme, et, détail d'un suprême attrait pour un dévot de Shakespeare, c'est en plein air, sous les arbres d'un vieux parc, que la comédie doit être jouée, avec le décor le plus réel qu'ait jamais pu souhaiter le plus fanatique amateur de la précision dans la mise en scène. Oui, mais la dernière ligne de la lettre d'invitation contient ces deux mots redoutables : « *Weather permitting* » (« Si le temps le permet »). De ce côté-ci de la Manche et même au mois de juillet, les gens chagrins prétendent qu'autant vaudrait dire : jamais.

Il est trois heures et la pluie ne tombe pas encore. Nous voici rendus à l'endroit fixé pour la représentation. Il a fallu prendre un cab, puis monter dans un train, puis derechef dans un landau. C'est presque le trajet de Paris à Orléans par voie rapide, et tous ceux qui auront fait cette expédition comptent bien rentrer à Londres ce soir, assez tôt pour s'habiller et dîner en ville. A des signes pareils, et on ne les compte pas, se reconnaît la faculté que l'Anglais possède d'acheter ses plaisirs par un effort qui, pour un méridional, gâterait d'avance tout plaisir. [...]

Qu'importe, puisque nous sommes arrivés dans le parc où se donnera la comédie, un vaste et paisible parc, planté d'arbres séculaires, et qui fut jadis la dépendance d'une maison seigneuriale. Qu'importe surtout, puisque les nuages semblent moins noirs et moins bas ? Sur une pelouse d'un vert humide et tendre, les groupes s'acheminent vers une sorte d'enclos de toiles, à l'intérieur duquel une estrade est aménagée. Des gradins, garnis de chaises, descendent en pente douce jusqu'à un rideau, tendu en ce moment. Un orchestre caché attaque des airs où le cuivre domine, tandis que les spectateurs, au nombre d'une centaine environ, tous appartenant au même monde et formant comme un salon en plein air, prennent leurs sièges et échangent des signes de reconnaissance. Le signal est donné. Le rideau s'abaisse comme à Bayreuth et découvre le coin du paysage choisi pour servir de cadre à la comédie. Des hêtres aux troncs énormes dressent leurs branches qui mêlent une verdure plus claire à la noire verdure d'un cyprès. Par-derrière, un étang miroite. Des feuillages jonchent le gazon. Une sonnerie de cor éclate et le duc de France apparaît suivi d'Amiens et d'autres seigneurs « en habits de veneurs », ainsi qu'il est écrit dans le livre. Nous sommes dans la forêt d'Arden et au commencement du deuxième acte. Mais la comédie est si joliment fantasque et si capricieusement menée que cette suppression du premier acte, le seul qui ne se passe point dans le décor d'un bois, se remarque à peine, et le duc récite les vers célèbres sur le charme de son exil dans la solitude : « Allons, dit-il, et en chasse, / et cela m'afflige pourtant que ces pauvres bêtes tachetées, / les natifs bourgeois de cette cité sauvage, / doivent ainsi mourir, dans le domaine où ils promenaient leur tête branchue, / le flanc déchiré... »

Oui, la capricieuse, la fantasque comédie ! Il n'en est sans doute aucune à travers laquelle apparaisse mieux l'âme de Shakespeare — cette âme effrénée et maladive, si douloureuse à la fois et si aérienne, âme étrange où la gaieté confine toujours au rêve et la douceur attendrie à la violence. Oui, c'est bien ici une imagination de féerie, le feu d'artifice enivré qu'un poète se tire à lui-même pour éclairer d'un pétillement de lumière les ténèbres de ce dur, de ce rude monde, comme il est dit dans les vingt derniers vers du *Roi Lear* et d'*Hamlet*. Ce sont des personnages de songe qui vont et qui viennent sous les feuillages de cette forêt du Nord, où un duc chimérique a transporté sa cour. D'intrigue dramatique, il n'en est pas trace. Mais demandez-vous à une idylle d'être construite comme une pièce du Gymnase ou du Théâtre-Français ? Et le *Comme il vous plaira* n'est que l'entrelacement de plusieurs idylles d'amour. (Paul Bourget, *Études Anglaises*, 1910.)

DU COLLÈGE A L'UNIVERSITÉ

Grosley
L'éducation à l'anglaise

L'éducation, qui doit avoir pour objet de diriger le caractère, de l'adoucir, de le dresser, a à peine quelque prise sur le caractère anglais. Elle commence par des leçons domestiques sur la lecture et sur l'écriture. L'objet capital de cette première éducation est de ne point gêner les enfants et de n'apporter aucun trouble à l'opération de la nature dans le développement soit du corps, soit de l'âme : ce qui est conforme aux principes posés par Aristote, au dernier livre de ses politiques.

Suivant les mêmes principes, de la maison paternelle, les enfants passent dans des pensions très nombreuses, soutenues et éclairées par l'autorité publique. Après qu'elle y a pris les éléments des langues savantes et des connaissances correspondantes à ces langues, la jeunesse se distribue dans les universités de Cambridge et d'Oxfort (*sic*).

En réunissant tous les états, les pensions et les universités les rapprochent. Il y règne une émulation qu'exclut l'éducation domestique : il s'y forme des liaisons qui sont souvent la base des plus hautes fortunes. Telle était, disent les Anglais, l'éducation de Sparte, qui avait pour objet de former des hommes et non de jolis hommes : telle a été celle de la famille royale actuelle, élevée en société avec tous les enfants qui se trouvaient à portée d'elle et qui partageaient ses divertissements et ses plaisirs. Les princes, frères du roi, y ont contracté cette popularité que les Romains appelaient, dans leurs princes, *civitas* : popularité d'autant plus flatteuse pour un peuple que, en l'honorant, elle ne lui laisse voir dans ses maîtres que des concitoyens et des amis.

J'ai suivi le pensionnat de Westminster, j'ai vu celui d'Eton : ce sont les deux plus grands établissements en ce genre. Les enfants vêtus uniformément et très simplement, tous tondus comme le sont nos frères de la Charité, et le col orné d'une petite fraise, s'y montrent ce qu'ils seront à cinquante ans. Avec des physionomies généralement très jolies, avec l'air de la plus grande douceur, ce sont déjà les moins dociles et les plus entières créatures qui soient sorties des mains de la nature. Dans leur maintien, dans les jeux même, leur physionomie n'a rien de cette souplesse et de ces grâces naïves qui sont ailleurs le partage du jeune âge. Leur âme ne se développe point par ces petites espiègleries, par ces niches dont le résultat est de rire aux dépens de ses camarades. En revanche, ils sont furieux pour les exercices violents, dont ils sentent déjà le besoin : la permission de s'y livrer est la plus grande faveur qu'ils attendent de l'indulgence des maîtres. Si, dans les récréations, ils prêtent l'oreille à la conversation des surveillants, ces conversations, qui ont communément la politique pour objet, ou les ennuient, ou tournent d'avance leur goût, du côté de la politique.

Si l'on suit cette jeunesse dans les universités, sous un principal despote, la vie presque monacale de chaque collège paraît plus propre à raidir qu'à plier des caractères hauts, durs et entiers.

En descendant de Windsor à Eton par la Tamise, à cinquante pas du terrain qu'occupe le pensionnat, nous rencontrâmes, à la tête d'une digue établie pour le service d'un moulin, trois grands pensionnaires, qui, cachés dans les roseaux, avaient établi là un affût : dès que nous fûmes à leur portée, ils nous saluèrent d'une décharge générale, que nous eussions sans doute reçue à travers les oreilles ; s'ils eussent su mieux tirer. Nous leur tînmes compte de la bonne intention, et arrivâmes au collège par une prairie qui le sépare de la Tamise. Le soleil venait de se coucher : au milieu d'un air imbibé de serein, dans une prairie dont l'herbe déjà haute était couverte de rosée, une soixantaine de pensionnaires, en chemise et en sueur, jouaient à une espèce de paume qui demande autant d'adresse que de prestesse et d'action. De cette partie était un très joli enfant, neveu de milord Chesterfield : m'ayant aperçu, il quitta le jeu et me joignit. J'appris de lui, avec étonnement, que lui et ses camarades prenaient cette récréation tous les jours, à la même heure et dans le même lieu. Ces enfants avaient pour unique surveillant un homme qui, hors de leur portée, était assis sur le bord de la Tamise et lisait.

Ayant ensuite visité le collège, distribué en plusieurs cours, dont la principale est ornée d'une statue en bronze de Henri VI, qui avait fondé et bâti là un monastère, nous passâmes dans le bourg, et nous entrâmes dans la boutique d'un mercier pour y attendre une partie de notre compagnie. Dans le peu de temps que nous nous y arrêtâmes, une douzaine de pensionnaires y vint à la file acheter des biscuits, des dragées et autres friandises. Il y avait là une grosse servante, que quelques-uns de ces messieurs cajolèrent et caressèrent sous nos yeux.

J'ai parlé ailleurs des querelles qui s'élèvent entre eux, surtout dans les promenades, et que dès le lendemain, ou à la première commodité, ils vident à beaux coups de poing, avec la bravoure et tout l'acharnement d'athlètes formés. (Grosley, *Londres*, 1770.)

Ferri de Saint-Constant
Une éducation à la Jean-Jacques

Presque tous les enfants, sans excepter ceux de la première classe de la société, sont nourris par leurs mères, ou du moins sous leurs yeux. Nulle part l'enfance n'est plus heureuse et n'éprouve moins de contrainte. Sainement nourris, bien habillés et très à l'aise dans leurs vêtements, toujours proprement entretenus, les enfants ont toute la liberté, tous les jeux, tous les plaisirs qui conviennent à leur âge. Leur caractère n'étant point aigri par la contrariété, ni gâté par des caresses déplacées, ils font rarement entendre ces cris plaintifs, compagnons de l'enfance. On les promène beaucoup, et on les laisse souvent en plein air, quelque humide que soit le climat. Ils courent, ils se roulent sur l'herbe, et sautent en pleine liberté. Ces exercices les fortifient de bonne heure et forment leur physique. On a soin de ne point trop hâter leur éducation morale. On voit peu de ces petits prodiges, qui ne font que des perroquets, et qui la plupart ne sont pas autre chose le reste de leur vie. L'objet de cette première éducation est de ne point gêner les enfants, et de n'apporter aucun trouble à l'opération de la nature dans le développement, soit du corps, soit de l'âme : ce qui est conforme aux principes posés par Aristote, au dernier livre de ses *Politiques*, et si bien développés par Rousseau dans son *Émile*.

La première éducation morale commence par des leçons domestiques sur la lecture et l'écriture, que les mères elles-mêmes donnent avec beaucoup de douceur et de tendresse. Dans les villes, on envoie assez ordinairement les enfants vers six ou sept ans, dans les écoles tenues par des femmes, qui leur apprennent à lire, à écrire, un peu de géographie, les principes de la religion ; et aux jeunes filles à coudre et à faire différents ouvrages à l'aiguille. Au sortir de ces écoles, les filles sont placées dans des pensions, et les garçons sont envoyés dans les écoles de grammaire, où ils apprennent le latin et le grec, et souvent on les met dans les pensionnats où l'on fait à peu près les mêmes études. A l'âge de seize à dix-sept ans, ils passent de ces collèges aux universités d'Oxford ou de Cambridge, où ils restent trois à quatre ans, et où ils sont plus occupés de parties de plaisir et de débauche, que d'études. Plusieurs en sortent avec la connaissance des langues anciennes et des auteurs classiques : mais bien peu avec des notions sur les sciences les plus utiles.

C'est au sortir de ces universités qu'ils commencent à prendre le costume et les manières d'hommes faits. Ils embrassent alors les différentes professions auxquelles ils sont destinés. Les jeunes gens qui veulent se livrer au commerce, vont l'apprendre dans les comptoirs de leurs parents ou des amis de leurs parents : ceux qui se destinent à la robe, vont se faire inscrire dans quelques *Inns* (collèges de droit), et y poursuivent leurs études ; d'autres entrent au service de terre ou de mer ; d'autres vont vivre dans le sein de leur famille. Les plus riches voyagent avec les gouverneurs qui ont surveillé leur éducation aux écoles et aux universités, et ces voyages sont regardés comme le complément de leur éducation. (Ferri de Saint-Constant, *Londres et les Anglais*, 1804.)

Taine
Le respect de la nature humaine

Autre spécimen, les enfants. J'ai vu Eton, Harrow-on-the-Hill. Pour les tout petits, dans les *nurseries*, ce sont des fleurs vivantes, des roses épanouies ; à la campagne surtout, les grosses joues de chérubin, la fermeté et l'ampleur des chairs annoncent la sève opulente qui fera plus tard un gaillard solide. — Vers sept ans et au-delà, ce n'est pas l'intelligence qui domine, mais l'énergie physique et morale. Souvent l'air est boudeur, très peu aimable ; on pense à de jeunes dogues. Par exemple, les petits H et M., fils de grandes familles, semblent et sont de simples rustres rétifs à la culture, bons pour la chasse et les coups de poing de leurs écoles.

« Un petit Anglais, me dit un observateur, est féroce, indomptable ; il y a dans ses veines du sang de *rover* scandinave ; de là l'emploi des verges ; dans nos écoles on ne saurait s'en passer. » — Peu de précocité et de vivacité, mais beaucoup d'initiative et de ténacité. [...] Les instincts animaux sont trop forts en lui, il a trop de santé, les livres lui répugnent, il ne veut ni ne peut apprendre. Il aime mieux manger, boxer, jouer au cricket, aller à cheval.

Par un autre effet des mêmes instincts, il est brave, endurant, hardi, aguerri aux coups et aux risques de toute sorte. « C'est une chose étrange, dit l'auteur de *Tom Brown's School-Days*, que de voir combien presque tous les petits garçons anglais sont amoureux du danger. Vous en trouverez dix pour s'adjoindre à une chasse, grimper à un arbre, traverser à la nage un courant, s'il y a chance de se casser un membre ou de se noyer ; et vous n'en trouverez qu'un pour jouer aux boules, rester tranquille sur le sol uni, ou se baigner où il a pied. » Le petit Tom, allant à l'école, passe une nuit très froide sur l'impériale de la diligence, et, tout gelé qu'il est, il persiste, parce qu'il a le « plaisir silencieux, si cher à tout Anglais, d'endurer, de résister, de lutter contre quelque chose et de ne pas céder. » — J'ai dans la mémoire cinquante petits faits semblables. Au total, il est certain pour moi que l'animal physique, l'homme primitif, tel que la nature le livre à la civilisation, est ici d'espèce plus forte et plus rude.

[...] Le collège de Harrow est administré par un conseil de fidéicommissaires qui se recrutent par élection. Ici ils sont six, grands seigneurs et propriétaires du voisinage, qui ont autorité pour les changements considérables et pour le choix du *head master*. Mais la principale pièce de la machine est la société des professeurs maîtres de pension ; chacun d'eux fait un cours (grec, latin, français, mathématiques, etc.), et, en outre, loge et nourrit chez soi de dix à trente pensionnaires. — Quand il n'en a qu'une dizaine, il les fait manger à sa table, avec sa famille ; parfois, s'il sont plus nombreux, ils mangent à deux tables présidées par des dames de la maison. — Ordinairement, ils sont deux dans une chambre ; les plus grands ont une chambre entière. — Ainsi, l'enfant transplanté dans l'école y retrouve une image de la maison paternelle, d'autant plus qu'en Angleterre les familles sont nombreuses. Il a son logis, il dîne à trois pas d'une dame, il est une personne parmi des personnes ; il vit dans un milieu naturel et complet, et n'est pas, comme chez nous, soumis à un communisme de caserne.

Autre différence : chez nous, un lycée est une grande boîte de pierres où l'on entre par un seul trou muni d'une grille et d'un portier ; à l'intérieur sont quelques cours semblables à des préaux, parfois une pauvre rangée d'arbres, en revanche beaucoup de murs. Comme la boîte est toujours dans une grande ville, le jeune homme qui dépasse la grille ne trouve, au-delà comme en deçà, que du plâtre et des moellons. — Ici, l'école est dans une petite ville avec cent issues libres sur la campagne. A Eton, autour de la vieille cour centrale, je voyais les roses, les lierres, les chèvrefeuilles monter partout le long des bâtiments ; au-delà, sont de riches prairies où des ormes monstrueux étendent leurs branches séculaires ; près d'eux, une rivière verte et luisante ; sur les eaux, des cygnes ; dans les îles, des bœufs qui ruminent ; le courant tourne et s'enfonce à l'horizon dans les feuillages. — A Harrow, le paysage est moins gracieux ; mais la verdure et le grand air ne manquent pas ; une prairie de cinq ou six hectares appartient à l'école, et fournit un emplacement au jeu de cricket. Je rencontre les petits en veste noire, les grands en habit noir, tous coiffés du petit chapeau de paille, non seulement dans la ville, mais hors de la ville, le long des haies, au bord de l'étang ; on voit à leurs brodequins boueux qu'ils sont toujours sur les routes et dans les prés humides. — Ainsi, l'adolescence se passe chez nous sous une cloche artificielle, à travers laquelle suinte l'atmosphère morale et physique d'une capitale ; chez eux, à l'air libre, sans séquestre d'aucune sorte, dans la fréquentation constante des champs, des eaux et des bois. Or c'est un grand point pour le corps, l'imagination, l'esprit et le caractère que de se développer dans un milieu sain, calme et conforme aux sourdes exigences de leurs instincts.

Au total, la nature humaine est ici plus respectée et plus intacte. Sous cette éducation, les enfants ressemblent aux arbres d'un jardin anglais ; sous la nôtre, aux charmilles tondues et alignées de Versailles. — Par exemple, ici, les enfant sont presque aussi libres que des étudiants ; ils sont tenus d'assister aux classes, aux répétitions, au dîner, et de rentrer le soir à une heure fixée, rien de plus ; le reste de la journée leur appartient ; à eux de l'employer à leur guise. La seule charge qui pèse sur ces heures libres est l'obligation de faire le devoir prescrit ; mais ils peuvent le faire où ils veulent et quand ils veulent ; ils travaillent chez eux ou ailleurs. J'en vois qui étudient chez le libraire, d'autres lisent assis sur une balustrade. Ils suivent leur goût, errent où il leur plaît. On les voit dans les rues, chez le pâtissier, chez le marchand de saucisses ; ils vont courir dans la campagne, pêcher, patiner, se baigner, dénicher des nids. Ils sont maîtres de leur temps et aussi de leur argent, se donnent des goûters, achètent pour orner leur chambre. Il paraît que, s'ils font des dettes, on vend aux enchères leur petit mobilier privé. — Initiative et responsabilité ; il est curieux de voir des bambins de douze ans élevés jusqu'à la dignité d'hommes.

Huit heures de travail par jour, au maximum ; le plus souvent, six ou sept ; chez nous onze, ce qui est déraisonnable. L'adolescent a besoin de mouvement physique ; il est contre nature de l'obliger à être un pur cerveau, un cul-de-jatte sédentaire. Ici les jeux athlétiques, la paume, le ballon, la course, le canotage, et surtout le cricket, occupent tous les jours une partie de la journée ; en outre, deux ou trois fois par semaine, les classes cessent à midi pour leur faire place. L'amour-propre s'en mêle ; chaque école veut l'emporter sur ses rivales et envoie au concours des rameurs et des joueurs soigneusement exercés et choisis. Harrow a battu Eton l'an dernier et espère vaincre encore cette année. Aujourd'hui, onze des plus grands et des plus adroits soutiennent l'honneur de l'école contre onze joueurs venus de Londres ; deux porte-drapeaux, l'étendard à la main, marquent les limites ; des centaines de jeunes gens sont sur les flancs, à distance, et applaudissent aux coups heureux. L'affaire est sérieuse : les adversaires appartiennent à un club célèbre de *cricketers*, tous d'une adresse, d'une force et d'un sang-froid admirables ; les jeunes gens ont le droit de se passionner pour un exercice que des hommes faits prennent pour principal objet de leur vie. — Effectivement, il y a dans ce pays des gentlemen dont l'ambition et le régime sont ceux d'un athlète grec ; ils s'imposent une nourriture particulière, ils s'abstiennent de tout excès de table et de boisson ; ils se font des muscles et se soumettent à un savant système d'entraînement. Une fois préparés, ils vont disputer le prix du canotage ou du cricket dans tous les grands jeux de l'Angleterre, même au-delà, en Amérique. On me cite une bande de onze cricketers qui, à cet effet, sont allés en Australie, comme autrefois les athlètes du Pont ou de Marseille allaient à Olympie. — Rien d'étonnant si les adolescents se prennent d'enthousiasme pour des jeux si autorisés ; le chef des onze au cricket, le capitaine des huit rameurs est dans l'école un personnage plus important que le premier *scholar* (humaniste) de la classe. (Taine, *Notes sur l'Angleterre*, 1872.)

Ferri de Saint-Constant
Digne de Rome et d'Athènes

Si les universités d'Oxford et de Cambridge ne méritent ni l'admiration ni l'estime des hommes éclairés comme institutions littéraires et scientifiques, elles n'en sont pas moins dignes de fixer leur attention par les nombreux établissements cu'elles renferment et qu'une réforme peut rendre de la plus grande utilité. La ville d'Oxford, située dans une plaine fertile, arrosée par l'Ise, est décorée d'un si grand nombre d'édifices publics, qu'on doit la citer parmi les belles villes, quoique ses maisons ne soient pas bien bâties, ni ses rues régulièrement percées. Quelques parties où ces monuments sont accumulés donnent une idée des beaux temps de Rome et d'Athènes. Elle a un bel hôtel de ville moderne, un hôpital nouvellement bâti, vingt collèges, quatorze églises, et d'autres édifices publics.

Parmi les vingt collèges d'Oxford, plusieurs sont remarquables par leur grandeur et leur beauté; les uns sont des monuments magnifiques d'architecture gothique, comme All Souls College, Christ Church College, Merton College, etc.; les autres sont d'un assez bon style d'architecture romaine, comme Queen's College, New College, etc.; plusieurs offrent le mélange des deux genres d'architecture, comme Christ Church College, Magdalen College, etc., parce qu'ils sont composés de différents corps de bâtiments élevés en différents temps. Presque tous ces collèges ont leurs jardins particuliers, où l'on trouve des bosquets propres à la méditation. Celui de Magdalen House, plus grand que les autres, ressemble à un parc. L'intérieur de ces édifices est orné de statues des bienfaiteurs et des fondateurs de ces établissements, ainsi que des portraits des savants et des ministres célèbres qui ont étudié dans ces différents collèges. (Ferri de Saint-Constant, *Londres et les Anglais*, 1804.)

Tocqueville
D'immenses richesses

Oxford est maintenant une des villes les plus curieuses qui existent en Europe. Elle donne fort bien l'idée des cités féodales du Moyen Age. On y voit rassemblés sur une surface fort étroite dix-neuf collèges, dont la plupart conservent exactement l'architecture gothique. Ce n'est pas que tous datent de l'époque de la fondation. Il n'y en a même aucun, je pense, qui soit composé des mêmes matériaux qui ont été employés dans le Moyen Age; mais on a eu soin de les réparer toujours dans le même style, de manière que l'illusion est complète. Je dois même remarquer ici, entre parenthèses, que l'architecture gothique me paraît s'appliquer aussi bien aux palais qu'aux églises, et qu'à tout prendre elle me semble bien supérieure sinon à l'architecture antique, du moins à notre architecture moderne. Elle a, de plus, le mérite d'être originale.

Le premier sentiment qu'on éprouve en visitant Oxford est un respect involontaire pour l'antiquité qui a fondé de si immenses établissements afin de faciliter les développements de l'esprit humain, et pour les institutions politiques du peuple qui les a préservés intacts à travers les âges. Mais, quand on examine les choses de près et qu'on vient à percer à travers cette magnifique surface, l'admiration se réduit à peu de chose, et on aperçoit une multitude d'abus que la première vue ne vous avait pas fait découvrir.

Les collèges dont la réunion constitue l'université d'Oxford ont été fondés dans l'origine pour qu'on pût s'y procurer toute l'instruction que les siècles qui les ont vus naître comportaient.

Ils furent richement dotés dans le but d'y fixer les meilleurs maîtres et d'y faire donner gratuitement la meilleure éducation possible. Tels sont évidemment le but et l'esprit de ces fondations dont plusieurs remontent au XIIIe et au XIVe siècle. Suivant la coutume de ce temps, qui ne connaissait guère et ne prisait que la richesse territoriale, une immense étendue de terrain fut accordée aux collèges comme propriété inaliénable. Voyons maintenant ce que tout cela est devenu.

La principale étude à laquelle on s'applique à l'université d'Oxford est celle du grec et du latin, comme dans le Moyen Age. Je ne verrais pas d'inconvénient à cet ordre de choses si aux études du XIVe siècle on joignait celles du XIXe. Mais c'est ce qu'on ne fait que d'une manière fort incomplète. On a introduit, il est vrai, les sciences exactes dans les cours de l'université ; mais je n'ai pas entendu dire qu'elles y soient poussées aussi loin que possible ; l'étude des langues vivantes en est exclue.

Les immenses richesses dont ces collèges sont dotés (on m'a assuré que celui de Madeleine avait lui seul 40 000 pounds de revenus, un million de francs) avaient certainement pour objet, dans l'origine, comme je l'ai dit plus haut, soit de mettre l'université en état de se procurer les meilleurs maîtres, soit de distribuer l'instruction gratuite.

Aujourd'hui, la propriété des collèges n'appartient pas aux maîtres, mais à un corps constitué. Ce corps est composé d'un certain nombre de membres nommés (*fellows*) — le collège de Madeleine en a quarante — et se recrute lui-même par élection. Pour être élu, il faut remplir certaines conditions, comme d'avoir pris les degrés. Le revenu du collège est d'abord employé à l'entretien de l'établissement et au traitement des maîtres. Le reste, qui est extrêmement considérable, est distribué parmi les fellows qui touchent l'argent sans remplir aucun office. C'est absolument l'histoire des abbayes de l'Ancien Régime, dont souvent les titulaires n'étaient pas prêtres. Il y a des fellows qui touchent 500 pounds (12 500 francs) pour leur part annuelle.

Dans l'université, l'éducation n'est point gratuite.

Comme ses propriétés sont restées territoriales, il en résulte qu'elle tient dans ses mains une immense étendue de terrain dont l'industrie particulière ne peut que très incomplètement profiter. Toute la ville d'Oxford et presque tout le comté appartiennent à l'université.

Ainsi tout est abus maintenant dans cet établissement : le mode de produire le revenu et l'emploi du revenu.

Si l'État parvient jamais à se remettre en possession de ces terres (il pourrait le faire légalement et paisiblement en ne permettant pas que le corps des fellows se recrutât et en profitant de chaque extinction), je ne doute pas qu'il ne parvienne à entretenir avec cent fois moins de frais une université bien supérieure en talents et en utilité à celle d'Oxford.

Oxford, avec ses 22 collèges, ne contient annuellement que 1 500 étudiants ; ainsi l'un dans l'autre, chacun de ces immenses collèges n'a pas plus de 68 écoliers. On donne à chacun d'eux plusieurs chambres et on permet à ceux qui sont riches de se procurer toutes les jouissances du luxe. Il y a en tout *six* mois de vacances.

Oxford, à l'heure qu'il est, est menacé par la Réforme. Ainsi tomberont peu à peu tous ces abus secondaires sur lesquels s'appuyait l'aristocratie. L'Angleterre, après sa chute, sera-t-elle plus heureuse ? Je le pense. Aussi grande ? J'en doute. (Tocqueville, *Voyage en Angleterre*, 1833.)

Trabaud

Gothique et Renaissance

Cambridge est une ville bâtie sans régularité et dont l'importance tient uniquement à sa célèbre université, qui comprend dix-sept collèges situés dans différentes parties de la ville.

Ils ont tous été fondés depuis le temps d'Édouard Ier, et sont entretenus au moyen de dotations.

Chaque collège est un corps constitué, régi par ses propres statuts, contrôlés cependant par les lois supérieures de l'université, établie par la reine Élisabeth. Le chef de chaque collège a le titre de *master* (« maître »), excepté le *provost* (« prévôt ») du collège du roi et le président de celui de la reine. Le chancelier est le chef de l'université, mais le vice-chancelier, élu annuellement, le 4 novembre, par les chefs de collèges, en est le chef réel. Les *proctors* (« procureurs »), et les *pro-proctors* surveillent la discipline et la conduite de ceux *in statu pupillari*, et sont choisis parmi les maîtres ès arts qui ont deux ans de stage.

Les collèges sont autant de monuments d'une architecture mêlée de gothique et de Renaissance, et donnent à la ville une physionomie à la fois artistique et monacale, qui la rend très originale. Nous visitons ces collèges, grands et petits; pour l'ordinaire, l'on entre dans une cour, au milieu de laquelle un *green* ou tapis vert de gazon repose la vue, et sur le derrière du corps de bâtiment sont les jardins. King's College m'a paru le plus vaste, le plus orné et le plus gracieux; pourtant quelques personnes lui préfèrent Trinity College. Quel aspect à la fois majestueux et coquet offre la seconde cour de King's College, avec la perspective de son parc, le pont jeté sur le Cam et l'ensemble disposé pour un effet théâtral! Le tableau atteint une certaine suavité que nous ne pouvons obtenir sous notre climat de France. L'art monumental, comme le système des jardins, est ici en parfaite harmonie avec la nature légèrement brumeuse de la Grande-Bretagne, et l'on s'y étonne tout en admirant combien les maisons d'éducation, les collèges, sont des édifices séduisants et pleins d'attraits; en France, nos pensionnats sentent un peu la vulgarité et le pédantisme, tandis que nos collèges ou lycées ne sont que de vieilles prisons restaurées, des casernes ou des couvents. Si nous avons fait des progrès sous le rapport de la propreté, nous n'avons pas amélioré depuis notre fameuse révolution égalitaire, ce qui tient aux besoins absolus de la vie. Nos collèges n'auront des fosses inodores qu'un demi-siècle après ceux de l'Angleterre, et bienheureux les jeunes élèves qui, pendant la saison d'été, ne deviendront pas la proie des punaises, comme c'était de mon temps, dans la seconde ville de France.

King's College réunit plus qu'il n'est humainement possible de désirer pour la jeunesse; la salle à manger est élevée de trente pieds, ses boiseries sont richement sculptées, et partout règne une extrême propreté et un parfum de la plus pure distinction. La chapelle qui en est le pendant de l'autre côté de la cour, date de 1446, de cette époque où domine le style fleuri; sa voûte est d'un gothique très orné, tout dentelé (*carved stone*), genre d'ornement appartenant au style anglo-saxon, fréquemment reproduit en Angleterre, imité de la chapelle d'Henri VII, à Westminster; les orgues sont entièrement dorées et les stalles sont découpées dans le style Renaissance et toujours armoriées. Au fond du chœur (*choir*), se voit une Descente de Croix, prétendue copie de Raphaël, par Daniel de Volterre (Ricciarelli). — Mon doute à cet égard. L'aspect du tableau est peu brillant, roussâtre; une tête sur la droite est bonne à signaler.

La cour de Trinity est spacieuse, mais carrée et fermée de tous côtés par des édifices, aussi manque-t-elle d'horizon. Au milieu de la cour s'élève une fontaine gothique comme une source de Sapience. La bibliothèque dans le second carré, est un beau bâtiment soutenu par des piliers et bâti par Wren; ce qui la rend intéressante, c'est sa collection de livres, de manuscrits et de bustes des savants, tant anciens que modernes. Aux littérateurs et aux paléographes je recommande certains manuscrits de Milton, et à tous ceux qui font des recherches sur les origines de la peinture, un fragment assez volumineux des œuvres du moine Théophile, sur lequel roule la controverse moderne à propos des premiers procédés de la peinture à l'huile, et de la date de son invention.

Admis un instant dans l'appartement du révérend directeur, j'eus lieu de m'apercevoir que les docteurs de Cambridge soignent le corps et l'esprit avec une égale sollicitude.

Je visitai encore le Sénat, magnifique monument d'ordre corinthien, figurant un temple grec, puis je pris quelque repos, je bus une fiole de *ginger-beer* (bière ou mieux limonade au gingembre), et par le premier convoi « descendant », *train down* [en fait : *down train*], je rentrai à Londres. (Trabaud, *D'Inverness à Brighton*, 1853.)

Montalembert
Faire des hommes et non des livres

On a élevé de nombreuses objections contre le système d'éducation que suivent ces puissantes et antiques corporations. On leur reproche d'être trop riches, trop arriérées, trop stériles ; de rester trop étrangères au mouvement des idées modernes, de ne pas publier des écrits assez nombreux ou assez volumineux. A tous leurs détracteurs, les universités anglaises peuvent répondre triomphalement en montrant leurs produits, c'est-à-dire la nation anglaise représentée par ses chefs et ses classes dirigeantes. Elles ont été instituées, selon une belle parole du docteur Pusey, pour faire des hommes et non des livres. Tout observateur impartial conviendra qu'elles ont merveilleusement rempli leur mission.

J'allais oublier l'aspect extérieur de ces universités, et cependant il est au moins aussi frappant et aussi original que leur organisation. Mais comment peindre un spectacle si curieux ? Que l'on se figure, réunies dans le pourtour d'une même ville, et se touchant par leurs enceintes particulières, quinze ou vingt de nos anciennes abbayes, dans toute la grandeur et toute la magnificence de leur époque la plus florissante, telles qu'on peut se les représenter d'après les planches si rares du *Monasticon gallicanum*, ou les vues plus rares encore de Cluny, de Cîteaux et de Clairvaux. Chacune d'elles avec deux, trois et quatre cloîtres à arcades ogivales ou cintrées, avec un réfectoire grand, haut et voûté comme une église, avec une bibliothèque toujours, avec un musée et une galerie de tableaux quelquefois, surtout avec une chapelle où se célèbre deux ou trois fois par jour l'office canonial accompagné de chants d'une beauté antique. Sans doute chacun de ces édifices, pris isolément, n'est pas irréprochable. Il en est cependant bien peu qui n'étonnent par leur grandeur, leur distribution pittoresque et si excellemment adaptée à leur destination ; bien peu aussi qui n'offrent un certain mérite de style ou d'antiquité. Plusieurs sont des monuments du plus haut prix, tels que la chapelle de King's College et la façade de Saint-John's à Cambridge, les cloîtres de Magdalen et de Merton, et l'église de Christ Church à Oxford.

Mais c'est surtout l'ensemble et l'agglomération si rapprochée de ces vastes et curieux édifices qui a quelque chose de prodigieux et d'unique, et qui laisse, comme l'Alhambra à Grenade ou la Piazzetta de Venise, une impression qu'on ne retrouve nulle part ailleurs.

Sous ce rapport, Cambridge est peut-être préférable à Oxford même, parce que ses dix-sept collèges, moins vastes pour la plupart que les vingt-quatre de sa rivale, y sont mieux groupés et plus rapprochés. Presque tous sont disposés les uns à la suite des autres le long d'une limpide et profonde rivière, qui arrose et embellit une série de parcs remplis d'arbres comme on n'en voit nulle part ailleurs. Chaque collège a son parc, et ces parcs ne sont séparés entre eux que par des grilles à jour ou des fossés sans murs, de sorte que leur réunion forme une vaste forêt de haute futaie, au milieu de laquelle on voit surgir les tourelles, les clochers et les toits crénelés des collèges. A Oxford, plus isolés, les préaux, les jardins, les parcs consacrés aux récréations des maîtres et des étudiants, sont encore plus vastes ; les uns vont se confondre avec la campagne environnante : dans les autres, on voit errer sur des pelouses incomparables, à l'ombre de ces arbres séculaires qui sont là comme partout la plus belle parure de l'Angleterre, des troupes de cerfs ou de paons, que l'on entretient respectueusement parce que le fondateur l'a ainsi voulu il y a trois ou quatre siècles. Ce sont les jardins d'Armide, transportés des régions de la féerie dans celle de l'histoire et de l'éducation réelle.

Il faut plaindre l'Anglais dont la jeunesse se passe loin d'un tel séjour. Il faudrait plaindre surtout celui qui, après y avoir vécu, se souviendrait sans émotion de ces voûtes, de ces cloîtres, de ces ombrages, de ces chants religieux, celui qui, appelé dans la suite de la vie et au sein des luttes politiques à discuter ou à juger les idées et les institutions dont Oxford et Cambridge sont les types et les sanctuaires, en se reportant aux plus rayonnantes années de sa vie, ne se représenterait pas à lui-même tel que l'enfant dont parle le poète : «... *Si quid / Turpe paras, ne tu pueri contempseris annos, / Sed peccaturo obsistat tibi filius infans.* » Mais un tel oubli est aussi rare que réprouvé : et tant que la très grande majorité des fils de la classe supérieure sera élevée aux universités, tant que celles-ci conserveront leur indépendance et leur organisation actuelle, on peut être convaincu que la vieille société anglaise conservera aussi une armée de champions énergiques, intelligents et dévoués. (Montalembert, *De l'avenir politique de l'Angleterre*, 1856.)

Taine
Le présent appuyé sur le passé

Depuis vingt ans, une réforme graduelle s'opère et plusieurs traits s'atténuent dans ce tableau. Maintenant, dans la plupart des collèges à Cambridge, les *fellows* peuvent se marier ; on admet aux cours des dissidents et des catholiques. La passion du canotage est un peu moindre ; les étudiants de classes différentes sont moins inégaux ; dans certains collèges, leurs dépenses de table sont surveillées et restreintes. Oxford cesse peu à peu d'être un club aristocratique, un gymnase athlétique, un conservatoire ecclésiastique et anglican ; il est en train de devenir une école moderne, une académie laïque et libérale...

A deux heures, cérémonie dans la grande salle de l'université. Les costumes sont grotesques, comme ceux de nos distributions des prix au grand concours ; discours latin qui rappelle les vieilleries de la Sorbonne ; pièce de vers anglais, composée et lue par l'étudiant lauréat ; il s'agit de sir John Franklin ; ce sont des vers de rhétorique. Cinq ou six étrangers de distinction reçoivent le titre honorifique de docteur en droit, *in jure civili* ; on prononce «*in ioure çaïvaïlaï*». Un Anglais citant le mot de César, *Veni, vidi, vici*, et le prononçant, de cette même façon. *Vénaï, vaïdaï, vaïçaï*, mon voisin lui répond : «Jamais César n'a pu prononcer une pareille phrase.»

Le soir, il y a séance, avec expériences et lectures sur les sciences physiques et naturelles, dans un musæum, vaste bâtiment à peu près gothique, élevé par souscriptions, et encore inachevé. Les dames s'y promènent par troupeaux en toilettes crues, éclatantes ; plusieurs, jeunes et décolletées, ont des lunettes. — Mais il n'y a de désagréable que certains détails ; tout l'ensemble, ville, bâtiments, paysage, est admirable. J'ai déjà parcouru la ville ; j'y erre encore aujourd'hui tout seul à la chute du jour. Tant de collèges, chacun avec sa chapelle et ses grands murs d'enceinte à créneaux, ces architectures diverses et multipliées, de tout âge, en style gothique, en style Tudor, en style du XVIIe siècle, ces larges cours avec leurs statues et un jet central d'eau jaillissante, ces balustres qui découpent l'azur tendre du ciel au sommet des édifices, ces fenêtres treillissées de fines nervures, ou découpées en croix sculptées à la façon de la Renaissance, ces chaires en pierre ouvragée, à chaque détour de rue quelque haut clocher conique, tant de nobles formes en un petit espace ! Il y a là un musée naturel, où se sont accumulés les travaux et les inventions de six siècles. La pierre, usée, exfoliée, n'en est que plus vénérable. On est si bien parmi les vieilles choses ! D'autant plus qu'ici elles ne sont que vieilles, point négligées ou demi ruinées, comme en Italie, mais pieusement conservées, restaurées, et, depuis leur fondation, toujours aux mains de gardiens riches, respectueux, intelligents. Des lierres posent sur les murailles leur ample draperie ; des chèvrefeuilles s'enroulent autour des piliers ; des fleurs sauvages empanachent les crêtes de tous les murs ; de riches gazons, soigneusement entretenus, étendent leurs tapis jusque sous les arcades des galeries ; derrière un chevet de chapelle, on aperçoit un jardin fleuri, des milliers de roses épanouies. — On avance : au bout de la ville, des arbres séculaires font promenoir ; sous leurs branches, deux rivières vives coulent à pleins bords ; au-delà, les yeux se reposent délicieusement sur des prairies qui regorgent d'herbes en graine et en fleur. On n'imagine pas une végétation plus magnifique, une verdure plus opulente et pourtant mieux tempérée par les tons fondus que des boutons d'or, des pâquerettes, des oseilles sauvages, des graminées grisâtres éparpillent sur sa teinte éclatante. La campagne est dans tout le luxe de sa fraîcheur. Pour peu que le soleil se dégage, elle sourit avec une joie charmante ; on dirait une belle vierge timide, heureuse sous son voile qui vient de s'entrouvrir. Cependant le jour tombe, et des blancheurs vagues s'élèvent au-dessus des prairies ; sous leur gaze molle, la rivière luit avec des reflets noirs ; le silence se fait ; sauf les cloches qui tintent mélodieusement dans le clocher de Christ Church, on ne se croirait jamais à cent pas d'une ville. Comme l'étude est ici recueillie et poétique !...

Promenade dans Magdalen College ; je ne me lasse pas d'admirer ces vieux édifices festonnés de lierre et noircis par le temps, ces clochers crénelés, ces fenêtres à meneaux, surtout ces larges cours carrées dont les arcades font un promenoir semblable à celui des couvents italiens. L'après-midi, sauf un ou deux étudiants qui passent, elles sont solitaires ; rien de plus doux que cette solitude architecturale, poétique, intacte, où n'apparaît jamais l'idée de l'abandon, des ruines et de la mort. Des troupeaux de daims paissent tranquillement sous les ormes gigantesques ; une longue chaussée, bordée des plus beaux arbres, tourne entre deux rivières. Oxford est dans un ancien bas-fond ; de là cette mollesse, cette fraîcheur, cette incomparable opulence de la verdure. A Worcester College, une ample nappe d'eau où nagent des cygnes vient mouiller de ses ondulations lentes des pelouses constellées de fleurs. — Partout des cèdres, des ifs monstrueux, des chênes, des peupliers dressent leurs troncs et étendent leurs feuillages ; de branche en branche, les chèvrefeuilles, les glycines se suspendent et s'élancent ; les grands jardins de Saint-John, le petit jardin de Wadham sont des chefs-d'œuvre d'espèce unique, au-dessus de l'art lui-même. Car c'est la nature et le temps qui en sont les ouvriers ; l'art humain peut-il produire une chose aussi belle qu'un groupe d'arbres parfaits de trois cents ans ?

On revient, et l'on se déjuge en regardant de nouveau les architectures ; elles aussi, elles ont trois cents ans, et semblent enracinées au sol du même droit que les arbres ; le ton de leur pierre s'est accommodé au climat ; l'âge leur a communiqué quelque chose de la majesté des choses naturelles. On n'y sent point la régularité mécanique, l'empreinte officielle ; chaque collège s'est développé pour lui-même, chaque âge a bâti à sa façon : ici le grandiose quadrangle de Christ Church avec ses gazons, ses jets d'eau et ses escaliers ; là-bas, près de la bibliothèque Bodléienne, un amas d'édifices, portails sculptés, hautes tours à clochetons, toutes fleuries et brodées, coupoles cerclées de colonnettes. Parfois la chapelle est une petite cathédrale. En plusieurs collèges, la salle à manger, haute de soixante pieds, cintrée d'arceaux, semble une nef d'église. La Hall du conseil, toute lambrissée de vieux bois, est digne de nos vieilles salles capitulaires. Imaginez la vie d'un *master*, d'un *fellow* dans un de ces monuments, sous des boiseries gothiques, devant des fenêtres de la Renaissance ou du Moyen Age, au milieu d'un luxe sévère et du plus grand goût, estampes, eaux-fortes, livres admirables. Le soir, en descendant l'escalier, quand la lumière vacille sur les grandes formes noires, on croit marcher dans un décor vrai...

Rien ne manque ici, ni les beautés de l'art, ni les fraîcheurs de la nature, ni les graves et grandioses impressions de l'histoire. Tout à l'heure, en me promenant dans les collèges, on me citait les noms d'anciens hôtes, étudiants à jamais célèbres, Wycleff, le prince Noir, sir Walter Raleigh, Pym, Hampden, l'archevêque Laud, Ireton, Addison. A chaque bâtiment, le *Guide* indique les dates et les auteurs de la fondation, des embellissements, des restaurations. Tous ces vieux hommes semblent encore vivants ; car leur œuvre leur a survécu et dure. La sagesse des anciens temps subsiste écrite en sentences latines sur les murailles ; sur une horloge, au-dessus des heures, on lit ce mot solennel : *Pereunt et imputantur*. — Et ce n'est point une ville morte, ni endormie ; l'œuvre moderne achève et agrandit l'œuvre antique ; les contemporains, comme autrefois, contribuent de leurs bâtisses et de leurs dons. Quand, à la bibliothèque Bodléienne, on a vu les manuscrits, les livres précieux, des portraits par Van Dyck, Lely et Kneller, on trouve plus loin une galerie récente d'esquisses et dessins originaux par Raphaël et Michel-Ange, où la vitalité, le sentiment du nu, le superbe paganisme de la Renaissance éclatent avec une franchise incomparable ; la collection a coûté sept mille livres sterling ; lord Eldon, à lui seul, en a donné quatre mille. — Je visite deux ou trois maisons de professeurs, les unes semblables à d'anciens hôtels français, les autres modernes et charmantes, toutes avec des jardins, des fleurs, des perspectives nobles ou riantes. Les plus vieilles, sous les portraits des prédécesseurs, rassemblent tout le confortable moderne. Je les compare à celles de nos savants, sorte de cages, au troisième étage d'une grande ville, aux tristes logis de la Sorbonne, et je pense à l'aspect si terne et si étriqué de notre Collège de France. — Pauvres Français si pauvres, et qui vivent campés ! Nous sommes d'hier et ruinés de père en fils par Louis XIV, par Louis XV, par la Révolution, par l'Empire. Nous avions démoli, il a fallu tout refaire à nouveau. Ici, la génération suivante ne rompt pas avec la précédente : les réformes se superposent aux institutions, et le présent, appuyé sur le passé, le continue. (Taine, *Notes sur l'Angleterre*, 1871.)

Bourget

Une joie de vivre

Ah ! cette ivresse de la liberté, à demi farouche, nostalgique à demi, comme je la goûtais à plein cœur dans ces premières journées de mon arrivée à Oxford ! Ce fut aussitôt une de ces jolies semaines du mois de mai anglais, avec des caresses d'une lumière un peu voilée, comme il en faut sur les constructions d'une architecture gothique pour qu'elles aient vraiment leur grâce. Un rien de brume transparente flotte emprisonné dans les découpures des clochetons, autour des meneaux des fenêtres en ogive et dans la dentelure des créneaux. Les vieilles pierres que les longs et froids hivers du Nord ont comme revêtues d'un manteau d'humidité noire, semblent s'éveiller dans le frisson de cette lumière immortellement jeune, et c'est un contraste d'une poésie délicieuse lorsque cet éveil du nouveau printemps s'accomplit dans une ville du Moyen Age demeurée aussi intacte que l'antique Oxford. Depuis Venise, aucun paysage de cité n'a enlevé mon imagination de promeneur à une telle distance de notre époque. Ce ne sont, une fois les faubourgs franchis, qu'édifices anciens, coupoles et tours, beffrois et clochers, se profilant sur les quatre coins de l'horizon. Certaines rues glissent tout entières entre de hautes murailles de couvents, et par l'ouverture des portails garnis de colonnettes, d'espace en espace, un profond jardin s'aperçoit, une verte pelouse, des arbres gigantesques, des fleurs sur le rebord des croisées. Même les maisons modernes qui se pressent autour des collèges anciens et des églises, ces maisons anglaises qui se ressemblent d'une extrémité à l'autre de la grande île, avec leurs carreaux en guillotine et le renflement de leurs fenêtres, ont pris ici un je ne sais quel air pittoresque et vieilli qui s'harmonise avec la physionomie du reste de la ville. De loin en loin, au milieu de la rue et dans l'ombre d'une chapelle, un cimetière s'étend, si intime, si paisiblement funèbre et coquet, j'allais dire si heureux ? Au-dessus des larges dalles, les cytises balancent les pluies d'or de leurs fleurs, les lilas frémissent avec leurs branches chargées de grappes violettes. Des pâquerettes étoilent l'épais gazon. Si les morts qui sommeillent dans cet enclos de silence et de fraîcheur remontaient au jour, et s'ils se mêlaient à la foule de passants qui vont et qui viennent autour de la grille, certes, ils ne trouveraient guère de changements dans la figure des dix-neuf collèges. La tour divine de Magdalen, au sommet de laquelle c'est la coutume de saluer par un cantique l'aube blanchissante du premier matin de mai, se dresse toujours, au bord de la rivière. Le nez de bronze doré n'a pas été arraché de la porte de Brasenose. La grande cloche familièrement surnommée Tom, continue de sonner dans le clocher de Christ Church. Le vieil Exeter n'a pas cessé de faire vis-à-vis à Lincoln, et les jardins de Saint-John de remuer au soleil de l'année renaissante les milliers de feuilles de leurs arbres séculaires. Les pauvres morts, ces acquittés de la vie, ces *défunts*, comme les appelaient si éloquemment les Latins, n'auraient pas à demander leur chemin pour faire un pèlerinage à la place où s'est accomplie leur destinée. Et nous, mon cher ami, combien en avons-nous vu changer de visage parmi ces rues qui servirent de cadre muet aux mélancolies ou aux félicités de notre jeunesse ? Que de maisons nouvelles sont là pour nous jurer que nous datons déjà d'hier, nous qui avons si peu vécu !

Dans ces rues d'Oxford, toutes bordées de constructions gothiques, des étudiants passent, reconnaissables à leur âge, puis à leur costume. Les uns vont subir un examen ou bien accomplir quelque devoir officiel. Ceux-là portent le petit manteau d'abbé qui flotte à l'épaule et sur la tête une toque d'un étrange dessin. Imagine un véritable casque d'étoffe noire qui emboîte le crâne, et par-dessus se développe une sorte de plate-forme carrée de la même couleur. D'autres sont de loisir et se rendent au *club* ou à quelque visite. Ils offrent cet aspect de tenue correcte et traditionnelle qui fait l'envie de tout jeune Parisien de 1883, désireux de s'improviser *gentleman*. En « complet » de nuance grise, le veston ouvert et moulant les reins, le col droit, la cravate épinglée, le chapeau rond et enfoncé droit sur le front sans qu'une boucle de cheveux dépasse, les pieds à l'aise dans la bottine lacée à talon plat, ils marchent par grandes enjambées et d'une seule pièce. Ils tiennent d'une main la paire de gants en peau rougeâtre, de l'autre la canne qu'ils portent par le milieu et à une certaine distance du corps. Cette parfaite et impeccable rigueur est rendue plus sensible par la négligence de ceux qui reviennent d'une partie de paume ou de canotage. Ces derniers ont endossé la veste de flanelle ou blanche ou bleue, et sur leur poitrine sont brodées les armes de leur collège. En pantalons de flanelle aussi, le chef coiffé d'une casquette souple, les bras chargés de raquettes, ils fument la courte pipe en racine de bruyère, et c'est le seul détail qui atteste que voilà le quartier Latin de l'Angleterre... Te rappelles-tu les prodigieuses hérésies de costume que se permettaient nos camarades des alentours du Panthéon ? Mais ce Paris où nous avons eu nos vingt ans, avec sa rivière toujours bleue, avec son ciel tiède, avec la gaieté de ses rues, avec le nonchaloir de ses flâneurs, n'est-ce pas le Midi déjà, par rapport à la brumeuse Angleterre, le Midi facile et ensoleillé, le Midi du laisser-aller et de la familiarité, si heureusement installé dans sa bonhomie volontiers galante, — et le Nord a-t-il jamais connu de ces jours où le fait d'exister est par lui seul un délice ?

La vie de l'étudiant

Tu as froncé le sourcil tout à l'heure en rencontrant du regard ce mot : collège. Il est si vilain en français et le cortège d'idées qu'il évoque si complètement détestable ! Encore, toi qui fus externe, tu ne les connais que par le dehors, ces odieuses prisons. J'y ai, pour ma part, traîné dans l'ennui dix pleines années de mon enfance et de mon adolescence, des années dont je ne voudrais pas revivre une minute, pas une seule. Je revois la cour étroite où nous n'avions pas la place de jouer, la salle d'étude où il nous fallait travailler coude contre coude, dans le silence et l'immobilité, le morne dortoir où nous nous réveillions au son du tambour. J'éprouve à nouveau les souffrances de cette vie de caserne et de promiscuité. Mais un collège d'Oxford ne ressemble pas plus aux nôtres qu'un lycéen, pâle et engoncé dans sa vieille tunique, ne ressemble au jeune athlète que je viens de voir passer sur le trottoir d'en face, souple et musclé dans sa vareuse de bateau. Le collège anglais est quelque chose d'assez indéfinissable, qui tient à la fois du riche couvent et du club aristocratique, comme l'étudiant anglais tient à la fois du sportsman, de l'humaniste et du gentilhomme. Te rappelles-tu le singulier poème de Tennyson : *La Princesse*, histoire romanesque de la fille d'un roi qui fonde sur la frontière des possessions de son père une université virginale pour elle et ses compagnes préférées? Et sous les yeux de la lectrice anglaise un décor s'évoque d'architectures exquises et de fraîches pelouses, si gracieux et si fleuri de roses que la plus élégante idylle s'y développe comme en son décor naturel. Tennyson n'a eu qu'à copier les lignes d'un des édifices d'Oxford, où il s'en rencontre vingt pareils. Que ce soit Merton College ou Trinity, Worcester ou Wadham, c'est toujours le même lacis d'antiques escaliers de pierre qui tournent dans des tourelles ou se brisent à des encoignures. Le long de ces escaliers s'ouvrent les appartements des étudiants. Chaque Oxonien possède deux vastes cellules, quelques-unes ornées d'un plafond en voûte, toutes avec des fenêtres dont les carreaux sont cerclés de lamelles de plomb. Qui ne rêverait ici d'un docteur Faust abîmé dans le gouffre des anxiétés métaphysiques ? L'ameublement de ces pièces d'un autre âge est très moderne cependant et parfois luxueux. D'ordinaire, une table carrée, qui tantôt sert pour le lunch et tantôt pour le travail, occupe le milieu de la chambre d'étude. Quelques fauteuils, un divan, des chaises de toutes formes, une bibliothèque et des gravures achèvent de donner à ce séjour une physionomie de garçonnière confortable. La chambre à coucher est plus petite. Un lit de camp et le bassin de zinc obligatoire pour le bain froid du matin en sont les principaux objets. L'étudiant est le maître chez lui. L'écriteau cloué à la porte et sur lequel est gravé son nom constate une propriété réelle de ce coin de l'énorme ruche. Cela procède tout ensemble du *home* et du couvent, mais un home soumis à quelques règles strictes, comme de ne jamais découcher, et un couvent où la liberté d'aller et de venir, de rentrer et de sortir, de choisir ses moments de travail et ses moments de flânerie, est presque absolue.

Un peu avant huit heures, l'étudiant est debout. S'il est très fervent, il assiste d'abord au service dans la chapelle ; puis, vers les neuf heures, il se trouve assis devant les nombreux plats du déjeuner dans la salle commune, le *hall*, — sorte d'immense réfectoire monastique, sur les murs duquel sont appendus les portraits des fondateurs du collège, des illustres élèves ou des donateurs généreux. Certaines de ces toiles, attachées là du vivant ou aussitôt après la mort des personnages dont elles perpétuent le souvenir, datent de plusieurs lustres. La pinte d'argent, où l'étudiant boit la bière et le cidre, est aussi le plus souvent un cadeau fait au collège par un ancien élève. Un *ex dono*, des armes et le chiffre d'une lointaine année rappellent au possesseur d'aujourd'hui qu'il n'est que le dépositaire d'un bien-être et d'une richesse qui le précédaient et qui lui survivront. Même le plus mince détail contribue ainsi à redoubler l'impression de travail successif et continu qui se dégageait déjà des pierres des murailles. Et quels noms que ceux de ces anciens élèves ! Il traîne cinq ou six siècles de gloires anglaises dans tous les corridors de ces cloîtres laïques. A University College, voici encore les chambres où vécut le poète Shelley ; à Worcester, celles où séjourna Thomas De Quincey, le mangeur d'opium et le grand essayiste. Le portier qui conduit le visiteur raconte qu'on abattit, voici quarante ans, un peuplier dont le feuillage bouchait l'horizon de cette fenêtre. A Merton College, qui date de 1264, étudièrent et le *docteur subtil*, ce Duns Scott qui fut l'adversaire de saint Thomas, et le théologien Guillaume d'Okkam, le *docteur invincible*, et le réformateur Jean de Wickliffe. Une des cours de ce collège, toute sombre au milieu des bâtiments qui le cernent, impose aux moins songeurs la vision des temps évanouis, lorsque la querelle des nominalistes et des réalistes bouleversait les écoles d'Europe. A Oriel fut élevé sir Walter Raleigh, ce héros de tant d'expéditions extraordinaires, qui trouva le loisir, durant sa captivité à la Tour, d'écrire une *Histoire du monde* in-folio. A Queen's College s'instruisit le mystérieux et terrible prince Noir ; à New College, William Pitt ; à Christ Church, le duc de Wellington. On montre dans les jardins de Magdalen l'allée où se promenait Addison ; là il composait d'ingénieux vers latins sur la paix de Ryswick ou sur les marionnettes. A Pembroke se rattache le nom du célèbre docteur Samuel Johnson, cet acharné tory, qui disait de Rousseau : « Je voudrais le voir déporté et travaillant dans les plantations. » Ailleurs passèrent et le philosophe Hobbes, le théoricien du despotisme, et le doyen Swift, l'amer et douloureux insulteur de l'espérance humaine. — Toute l'Angleterre ancienne est représentée, vivante encore, et se reflétant sur l'Angleterre moderne et contemporaine. Depuis Rome, aucun peuple n'a, plus que celui-ci, pratiqué l'art difficile de durer...

Mais l'étudiant a déjeuné. Il travaille jusqu'aux environs d'une heure de l'après-midi. Un lunch hâtif alors, qui se compose d'un peu de viande froide et de marmelade ; puis en route pour la rivière, à moins que ce ne soit le tour du *lawn-tennis* ou du cricket. Vers cinq heures, les exercices du sport sont finis, et l'étudiant passe au club, où il lit les journaux. Il erre dans le High Street et le Corn Street — prononce le High et le Corn —, ou bien il assiste au service du soir dans une des chapelles, et s'il choisit celle de New College et de Magdalen, où sont des écoles de choristes, il entend sous les voûtes anciennes des voix, délicieuses de fraîcheur, chanter quelques phrases de Schumann ou de Mendelssohn. Sept heures arrivent. C'est le moment de revêtir à nouveau la toge flottante et de reprendre le chemin du hall pour y dîner sous la présidence des dignitaires du collège, — les *fellows*, ou les *dons*, ainsi que les appelle la langue d'Oxford —, qui prennent leur repas sur une estrade, à l'extrémité de la vaste salle. Le dîner fini, l'étudiant passe cinq fois sur six sa soirée à quelque *vin*, c'est-à-dire que ses amis et lui se réunissent dans la chambre de l'un d'entre eux pour boire du porto, du sherry, fumer ses pipes et des cigares, chanter au piano ou jouer aux cartes... Ce n'est point, comme tu vois, une retraite de pénitence qu'un collège anglais. La grande affaire paraît être de préserver de la fréquentation des filles une élite de jeunes gens choisis dans la classe riche. Avec leur apparente indépendance, ces étudiants d'Oxford se trouvent tenus de la manière la plus étroite sur le chapitre essentiel du plaisir le plus vif à leur âge. Ils se croient libres. Ils le sont en effet de ramer et de monter à cheval, de boxer et de vider des flacons de vin d'Espagne ; mais, pour le reste, non. Et c'est de ce reste-là que nos étudiants s'inquiètent d'abord. Le malin génie de la nature, comme disent les pessimistes, qui fait flotter un coin de jupe dans les cerveaux de vingt-deux ans, s'applique bien à ne pas perdre ses droits. Il arrive parfois, m'a-t-on raconté, que le train d'Oxford amène à la petite ville d'Abingdon, laquelle n'est pas trop loin, un jeune homme et une jeune femme, qui descendent à l'hôtel pour y prendre le thé dans une salle particulière, et le jeune homme est un des vertueux étudiants de quelque docte collège, et la jeune femme une grisette de la vertueuse ville d'université. Mais l'après-midi est court, le déplacement incommode, la créature intéressée et d'une élégance douteuse. Il faut être rentré avant minuit — et c'est autant de pris sur ce démon de l'amour, à qui tous les déguisements sont bons pour nous boire un peu de notre force et de notre pensée — oui, tous et les plus délicats comme les plus grossiers, depuis le charmant visage, la taille ronde, le joli tour d'esprit et les bas de soie à jour d'une Parisienne jusqu'aux fraîches couleurs, aux formes masculines et aux yeux inexpressifs d'une fille anglaise. Le premier de ces déguisements est plus dangereux que le second. (Paul Bourget, *Études Anglaises [1883]*, 1910.)

Élie de Beaumont
Un siècle auparavant

Le lundi 15, à deux heures, j'ai eu l'honneur d'être reçu docteur en droit honoraire dans une pleine assemblée de l'université, où même se trouvèrent plusieurs des dames d'Oxford et une nombreuse compagnie. On m'a même fait l'honneur de tenir pour moi une séance extraordinaire. La forme de la réception est qu'on vous met dans le théâtre avec le présentant ; on vous fait endosser une robe de drap écarlate doublée de taffetas cramoisi, on vous donne un rabat et, à la main, un bonnet de velours noir, assez semblable à celui de Scapin. Pendant ce temps, le vice-chancelier vous propose à l'université assemblée et, si un seul des docteurs, bacheliers ou maîtres ès arts, dit : *Non placet*, l'honneur n'est point accordé. Quatre bedeaux en robe, avec leurs masses d'argent, viennent prendre le présentant et le présenté dans la salle du théâtre et les conduisent dans la salle d'assemblée (*convocation house*) et là, dans le milieu de la salle, en face du trône du vice-chancelier, le présentant tient dans sa main droite la main gauche du présenté, fait un petit discours latin d'un quart d'heure, plein d'éloges pour présenter son candidat ; à quoi le chancelier répond par un : *Placetne, domini doctores ? Placetne, domini baccalaurei ? Placetne, domini magistri artium ?* qui n'est que de pure forme, quand une fois la réception a été arrêtée. Les ordres répondent par un signe de tête, et le chancelier prononce la conclusion qui vous reçoit *honoris causa* ; il vous invite à venir prendre séance à sa droite, ce que l'on fait en traversant toute la salle, précédé des massiers. Avant que vous vous asseyiez, ils vous font un grand salut ; les ordres vous en font un semblable, vous le rendez tant à droite qu'à gauche et vous prenez séance, après quoi on prononce la dissolution de l'assemblée. Viennent ensuite les compliments et les politesses particulières. J'en reçus surtout de très agréables de M. Blakstone qui, n'ayant pu me présenter, me fit présenter par M. Stewards, second professeur en droit civil. Cela se fait fort noblement à Oxford et sans frais. A Cambridge, l'université ne peut accorder cet honneur qu'en vertu d'un *mandamus* du roi, et il en coûte 50 guinées. A peine pus-je glisser, à Oxford, quelques gratifications aux officiers inférieurs et aux sonneurs de l'église de Sainte-Marie (église attitrée à l'Université), qui sonnaient les cloches durant la cérémonie. J'ai dû être d'autant plus sensible à cette distinction, que je ne connais pas d'autre Français qui l'ait reçue que M. le duc de Nivernois l'an dernier. En Angleterre, on tient que c'est le plus grand honneur qu'on puisse faire à un étranger, et on le préfère à celui d'être membre de la Société royale. (Élie de Beaumont, *Journal [1764]*, 1895.)

Verlaine

Oxford

Oxford est une ville qui me consola,
Moi rêvant toujours de ce Moyen Age-là.

En fait de Moyen Age, on n'est pas difficile
Dans ce pays d'architecture un peu fossile

A dessein, c'est la mode et qui s'en moque fault,
Mais Oxford c'est sincère, et tout l'art y prévaut ;

Mais Oxford a la foi, du moins en a la mine
Beaucoup, et sa science en joyau se termine,

En joyau précieux, délicieux : les cieux
Ici couronnent d'un prestige précieux

L'étude et le silence exigés comme on aime,
Et la sagesse récompense le problème,

La sagesse qu'il faut, cette douce raison
Que la Cathédrale termine en oraison,

Sous les arceaux romans qui virent tant de choses
Et les rinceaux gothiques, fins d'apothéoses

De Saints mieux vénérés peut-être qu'on ne croit,
Et mon cœur s'humilie et mon désir s'accroît

De devenir et de redevenir, loin d'elle,
Cette cité glorieuse d'être infidèle,

Paris ! l'enfant ingrat qui s'imaginerait
Briser les sceaux sacrés et tenir le secret —

De devenir ou de redevenir la chose
Agréable au Seigneur, quelle qu'en soit la cause,

Et par cela même être encore doux et fort,
Ô toi, cité charmante et mémorable, Oxford !

Novembre 1893.
(Paul Verlaine, « Poèmes 1890-1896 », inédits en recueil.)

Mac Orlan
Belles-lettres et idéal sportif

Un professeur coiffé de la célèbre toque et drapé dans la robe universitaire traverse, en lisant une brochure de Bernard Shaw dans la lumière angélique qui baigne les prairies derrière le collège de Corpus Christi, un décor studieux et paisible qui, depuis des siècles, ne peut être interprété qu'avec respect et précaution. Un chêne magnifique isolé au milieu d'une prairie trop belle pour qu'on puisse y supporter la présence d'une brebis, invite les étudiants à la méditation scolastique, comme un bois gravé en cul-de-lampe au bas d'une page d'un *Décaméron* d'édition princeps.

C'est l'université telle que le Moyen Age l'avait conçue. Un paysage infiniment calme et traditionnel s'allie étroitement aux cloîtres vêtus de lierre des vingt-deux collèges, au subtil parfum que l'*Alma Mater* prodigue à vingt-six églises et à plus de trente monuments qui, dans un cercle restreint, confèrent à la ville son universelle réputation.

Et dans les rues d'Oxford, de Saint-Gilles Street à High Street, un jeune peuple d'étudiants, portant le blazer de leur collège, ses armes et ses couleurs, déambule jusqu'à la rivière Isis, qui n'est qu'un délicat hommage de la Tamise à l'université mère.

Sur la rivière, des skifs et des « quatre » égratignent l'eau dans une cadence qui cherche toujours l'amélioration. A bord des pontons qui représentent chacun un collège et que l'on appelle des *barges*, des sportifs, le sweater enroulé autour du cou, surveillent le travail des avirons, montre en main.

Sur la Cherwell, affluent de l'Isis, on aperçoit entre les arbres les plaisantes évolutions des maillots blancs dont beaucoup portent le *blue* ou le *half-blue* honorifique. Les allées qui sertissent le grand quadrilatère de pelouses, derrière Corpus Christi, servent de pistes à ceux qui s'entraînent pour le *cross-country*.

De l'autre côté de la Cherwell, des enfants de chœur jouent au rugby. Et la tour de Magdalen College donne à Oxford, vu de la rivière, sa silhouette caractéristique. Magdalen College (prononcez à la manière réservée pour Oxford seulement : Môdlène), Magdalen où Paul Morand — j'ai pu le constater bien par hasard — a laissé un profond souvenir qui honore la jeune littérature française.

On peut dire de l'université d'Oxford qu'elle est, non seulement l'Alma Mater de la culture intellectuelle en Angleterre, comme Cambridge, d'ailleurs, dont la division en collèges est semblable, mais qu'elle constitue avec sa rivale l'élément le plus pur et le plus dynamique du sport pour les amateurs britanniques. Plus d'un jeune *don* — c'est ainsi que l'on désigne dans le langage des écoles un professeur — a tenu sa place dans un « huit » ou dans une équipe de cricket, ou dans une équipe de rugby. Cependant, il ne faudrait pas croire qu'à Oxford ou à Cambridge, chez les bleu foncé ou les bleu clair, les intellectuels et les sportifs communient devant un idéal commun. Il y a les sportifs, il y a les intellectuels ou les esthéticiens. Ces jeunes hommes diffèrent, non seulement par un léger mépris pour l'idéal de l'autre clan, mais encore par leur façon de se vêtir. Si certains viennent à Oxford et à Cambridge pour y puiser la science ou le goût des belles-lettres, les autres y séjournent afin de préparer un sport et d'obtenir de leurs aptitudes physiques la meilleure utilisation. Ce souci n'est pas poussé aussi loin que dans les universités américaines. Mais il est assez puissant pour imposer de sévères disciplines à des jeunes gens qui sont capables de se les imposer, sans l'intervention d'une puissance étrangère à celle de leur volonté.

La vie à Oxford est calme et, si l'on donne à ce mot une certaine liberté d'attitude dans la rue, presque monacale. Il n'y a pas de femmes à Oxford, j'entends pas de femmes susceptibles de devenir des pécheresses et de se réclamer de l'autorité de cette Mary-Magdalen à qui est dédié le plus noble collège de la ville.

Les sportifs ne connaissent pas la tentation qui torturait saint Antoine et qui l'eût empêché de tenir sa place dans une quatrième équipe de rugby. Les distractions sont ici familiales. Les cloches de la ville célèbrent sans mesure, mais avec une autorité charmante et surannée, l'heure, la demi-heure et les quarts d'heure consacrés soit à l'étude, j'allais dire du Donat, soit à l'entraînement dans les prairies où Virgile lui-même serait tenté de chausser les souliers Mac Gregor qui font d'un jeune trois-quarts ailier, un séraphin rapide de 70 kilos.

Pour les uns Oxford abandonne un paysage charmant à toutes les hypothèses poétiques d'un jeune homme studieux, enthousiasmé par les textes magnifiquement parés de la bibliothèque Bodléienne et, pour les autres, la vieille ville médiévale offre ce même paysage discrètement violenté dans son caractère romantique par les poteaux de rugby, les filets de buts, les bannières blanches des pistes de course à pied et les garages au bord de l'Isis où les skifs, les « quatre » et les « huit » sèchent à l'ombre comme de gigantesques brochets couleur d'acajou clair.

Mais je pense que les deux éléments d'Oxford se complètent, en ce sens qu'ils se communiquent à leur insu le goût du labeur et la soumission aux multiples sacrifices qu'exigent et l'étude de la langue grecque et la manière de se comporter honorablement sur un banc à coulisse.

Dans cette pépinière magnifique d'athlètes, puisque tous les collèges d'Oxford et de Cambridge possèdent leurs équipes, il est aisé de choisir un team d'exception qui puisse porter les couleurs de l'université. Mais le rôle de ces deux universités ne se borne pas à mettre sur pied des teams représentatifs de leur couleur. Elles rayonnent en quelque sorte sur toute l'Angleterre comme le génie même du sport. Leurs éléments aristocratiques, une tradition ancienne, mille petits détails et protocoles que personne n'ignore ici, font des Oxonians et des Cantabs les inspirateurs de l'énergie, de l'élégance et de la discipline sportives pour toute l'Angleterre, depuis le petit *school-boy* émerveillé jusqu'au jeune employé qui travaille derrière les vitres d'une banque du Strand.

Oxford et Cambridge, l'aristocratie du sport, donnent aux sports populaires pour les amateurs, un bon ton sur quoi il est correct de se modeler et dont l'autorité n'est contestée par personne.

Dans un pays infiniment respectueux de ses traditions, la seule évocation du bleu foncé ou du bleu clair, selon le goût de chacun, peut créer une force d'enthousiasme assez puissante pour donner à un jeune garçon, qui désire tenir une place dans une équipe consacrée à un sport quelconque, la volonté nécessaire à l'endurance des privations dont n'importe quel entraîneur bénévole lui procurera la liste complète.

Je suis persuadé que l'amour *sérieux* que les jeunes Anglais offrent en hommage au sport dont ils sont les adeptes, provient de ce fait qu'ils ont devant les yeux un *idéal* sportif, parfaitement établi dans ses détails décoratifs et honorifiques, un idéal pour lequel leur imagination n'a pas à se mettre en peine et qui leur indique *clairement ce qu'il faut faire*.

Il suffit d'errer quarante-huit heures dans les rues d'Oxford, de prolonger sa promenade dans tous les endroits où les jerseys de Brasenose College, de Balliol College ou de Merton triomphent dans une mêlée pittoresque pour lire dans les regards émerveillés des petits school-boys, le désir d'égaler leur admiration, coûte que coûte. Et c'est quelquefois plus qu'on ne serait en droit de le demander à un amateur qui, un jour, endossera peut-être la redingote noire d'un clergyman, dans un joli presbytère aux murs vêtus de lierre où le souvenir d'une belle journée de victoire entre Mortlake et Putney peut dépasser en émotion un souvenir d'amour, en pleine adolescence, dans l'imagination sensible d'un jeune Latin. (Mac Orlan, *Images sur la Tamise*, 1925 ; © Gallimard.)

O'Rell
De la vanité de l'instruction ?

Milord-maire se mit, entre la poire et le fromage, à entamer la conversation sur l'instruction : sujet bien choisi pour les convives qu'il traitait : nous étions à sa table une centaine de publicistes, d'hommes de lettres et de professeurs. « Voyez-vous, nous dit-il, j'admire beaucoup l'instruction ; mais, au fond, je ne crois pas qu'elle rende d'aussi grands services qu'on veut bien le dire, je suis même porté à croire qu'elle fait autant de mal que de bien. Selon moi, tout garçon de douze ans devrait quitter l'école, et être mis à même de gagner sa vie (*his bread and cheese*), c'est-à-dire savoir lire, écrire, compter, un peu d'histoire et de géographie. Le reste ne peut que lui nuire, en lui détournant l'esprit du grand objet de la vie, qui est de faire des affaires. Regardez, moi, j'ai quitté la maison paternelle à onze ans pour entrer dans une corderie. Je n'ai jamais reçu qu'une instruction très élémentaire, et cependant, aujourd'hui, je suis lord-maire de Londres. » Tel est le toast de bon goût que Sa Seigneurie avait jugé à propos de porter devant une assemblée en partie composée de professeurs et de gens de lettres. (Max O'Rell, *John Bull et son île*, 1883.)

PRIER OU BAILLER

Au XVIIIe siècle la primauté du fait religieux est telle qu'il n'est d'ouvrage sur une nation ou une société qui n'accorde la priorité à la présentation de la religion ou des Églises ; tout comme les livres de théologie occupent la première section des catalogues des bibliothèques. Voltaire lui-même consacre ses premières Lettres anglaises *aux questions religieuses. Cela est dû non seulement à l'importance du spirituel dans la société, mais aussi à l'importance de la présence du religieux dans la vie quotidienne de chacun et de la place des Églises dans les structures sociales.*

A l'époque de Voltaire, l'Angleterre offre une double particularité, d'un côté la tolérance de tous les cultes chrétiens et le refus du fanatisme et de la superstition (qui justifie la persécution contre les catholiques anglais) et,

d'un autre côté, l'absence du sacré, la discrétion des pratiques religieuses dans le quotidien et la faible influence des institutions religieuses dans le domaine politique.
Mais qu'attend le lecteur ? De belles pages sur les cérémonies et les édifices, des détails pittoresques sur les mœurs des clergés et des rites et usages insolites ? Le voyageur ne peut guère se satisfaire tant la vie religieuse anglaise est d'essence intime et austère. Il faut se rabattre sur les quakers, secte dont les singularités religieuses et sociales, qui en font une utopie vécue, seront complaisamment détaillées, ou à la fin du XIXe siècle sur la Salvation Army dont l'excentricité et l'efficacité laissent perplexes les Français.
Le clergé de l'Église établie ne présente d'intérêt que dans la mesure où il permet une critique indirecte ou implicite du clergé catholique français. En fait, les visiteurs français ne perçoivent dans l'Église anglicane qu'indolence ou léthargie, sans saisir le grand renouveau méthodiste du XVIIIe siècle ou le mouvement d'Oxford au XIXe siècle, et limitent l'influence de l'Église au respect rigoureux et rigoriste du Sabbat. Les Français qui, même chrétiens, sont souvent un peu voltairiens, se contentent de sarcasmes faciles et de poncifs ressassés ne rendant pas compte de la réalité de la vie religieuse en Angleterre.

HEUREUSE DIVERSITÉ

Muralt
Un pays sans hypocrites

En un mot, dans le mal comme dans le bien, les Anglais me paraissent des gens extrêmes.

En matière de religion, vous diriez presque que chaque Anglais a pris son parti pour en avoir tout de bon, du moins à sa mode, ou pour n'en point avoir du tout, et que leur pays (à la distinction de tous les autres) est sans hypocrites. Si cela n'est pas tout à fait ainsi, du moins le nombre des libertins de profession est-il plus grand ici qu'ailleurs, chose qui ne doit pas faire déshonneur à cette nation, puisqu'il n'y a que ceux-là même, qui seraient ailleurs hypocrites qui sont libertins ici ; il est assez décidé laquelle des deux espèces est la plus mauvaise. On trouve dans ce pays quantité de fanatiques, ou de gens appelés ainsi, ce qui est encore une forte preuve que les Anglais prennent parti et le prennent fortement. Parmi ceux-là, il y en a qui forment des religions tout à fait extravagantes. D'autre côté l'Angleterre, a, je crois, beaucoup de gens de bien dont la piété est solide et raisonnable : cela paraît par le nombre de leurs bons livres de dévotion : c'est sans doute des gens de bien qu'ils nous viennent ; ils contiennent une morale trop simple et trop saine pour n'être que des compositions de savants, outre qu'il y a de ces livres qui sont universellement applaudis et donc néanmoins l'auteur demeure inconnu ; ce qui encore s'éloigne du but que les savants se proposent. (Béat de Muralt, *Lettres sur les Anglais*, 1726.)

Voltaire

Il y a trente religions

Devant un jeune et vif bachelier français criaillant le matin dans les écoles de théologie, et le soir chantant avec les dames, un théologien anglican est un Caton ; mais ce Caton paraît un galant devant un presbytérien d'Écosse. Ce dernier affecte une démarche grave, un air fâché, porte un vaste chapeau, un long manteau par-dessus un habit court, prêche du nez et donne le nom de la prostituée de Babylone à toutes les Églises, où quelques ecclésiastiques sont assez heureux pour avoir cinquante mille livres de rente, et où le peuple est assez bon pour le souffrir, et pour les appeler Monseigneur, votre Grandeur, votre Éminence.

Ces messieurs qui ont aussi quelques Églises en Angleterre, ont mis les airs graves et sévères à la mode en ce pays. C'est à eux qu'on doit la sanctification du dimanche dans les trois royaumes ; il est défendu ce jour-là de travailler et de se divertir, ce qui est le double de la sévérité des Églises catholiques ; point d'opera, point de comédies, point de concerts à Londres le dimanche ; les cartes même y sont si expressément défendues, qu'il n'y a que les personnes de qualité et ce qu'on appelle les honnêtes gens qui jouent ce jour-là. Le reste de la nation va au sermon, au cabaret et chez les filles de joie.

Quoique la secte épiscopale et la presbytérienne soient les deux dominantes dans la Grande-Bretagne, toutes les autres y sont bien venues et vivent toutes assez bien ensemble, pendant que la plupart de leurs prédicants se détestent réciproquement avec presque autant de cordialité qu'un Janséniste damne un Jésuite.

Entrez dans la Bourse de Londres, cette place plus respectable que bien des cours, vous y voyez rassemblés les députés de toutes les nations pour l'utilité des hommes ; là le juif, le mahométan et le chrétien traitent l'un avec l'autre comme s'ils étaient de la même religion, et ne donnent le nom d'infidèles qu'à ceux qui font banqueroute ; là le presbytérien se fie à l'anabaptiste, et l'anglican reçoit là la promesse du quaker. Au sortir de ces pacifiques et libres assemblées, les uns vont à la synagogue, les autres vont boire, celui-ci va se faire baptiser dans une grande cuve au nom du Père par le Fils au Saint-Esprit : celui-là fait couper le prépuce de son fils et fait marmotter sur l'enfant des paroles hébraïques qu'il n'entend point : ces autres vont dans leur église attendre l'inspiration de Dieu leur chapeau sur la tête, et tous sont contents.

S'il n'y avait en Angleterre qu'une religion, le despotisme serait à craindre, s'il y en avait deux, elles se couperaient la gorge ; mais il y en a trente, et elles vivent en paix heureuses. (Voltaire, *Lettres anglaises*, 1734.)

Grosley
Chacun apporte sa religion

Dans les sociétés savantes ou politiques, dans les coteries, aux assemblées publiques, chacun apporte sa religion : le même banc, le même rang de chaises, réunit souvent cinq ou six sectes différentes, mêlées de gens qui ne tiennent à aucune ; et tout cela s'arrange en paix, avec une bonhomie et une cordialité qui ne se rencontrent pas toujours dans une assemblée de théologiens de la même communion.

Dans les rues, le catholique indique au quaker, le quaker au presbytérien, le presbytérien à l'anabaptiste, le lieu où s'assemble sa secte ; et cela froidement, poliment et sans aucun signe d'indignation, de mépris ou de pitié.

Le théâtre met ces sectes à contribution, pour l'amusement du public. Il suit la route que lui a ouverte le fameux Sakespear (*sic*), qui a excédé toutes bornes à cet égard. Les ministres eux-mêmes de la religion anglicane ne sont pas à l'abri de cette licence : si l'on en introduit quelqu'un sur la scène, c'est pour lui faire jouer le rôle de sot, d'ivrogne, de proxénète, etc.

La tolérance a dans la superstition une ennemie que ni la réforme ni la liberté de penser n'ont encore pu bannir entièrement de l'Angleterre. Le vieux préjugé contre la magie et contre les sorciers subsiste dans quelques cantons. En 1750, le peuple du comté de Hertfort brûla solennellement, et à petit feu, une vieille femme qu'il croyait sorcière. (Grosley, *Londres*, 1770.)

Blanqui
Une cité tolérante

Les églises, toutes modernes, sont en grand nombre à Liverpool. Une seule, celle de Saint-Jean, est bâtie dans le genre gothique pur ; les autres se distinguent, en général, par un style simple, élégant et varié, et leur collection lithographique mériterait, je crois, le suffrage des artistes. Je citerai l'église de Saint-Pierre, celles de Saint-Georges, de Saint-Thomas, de Saint-Paul et de Saint-Marc, comme les plus remarquables. La chapelle des presbytériens et des indépendants, la synagogue des juifs, la salle des méthodistes, plusieurs chapelles catholiques et le *meeting house* des quakers, annoncent une cité tolérante, comme toutes les cités devraient l'être. Aussi Liverpool a-t-elle rarement participé aux guerres furieuses de religion qui ont si longtemps désolé l'Angleterre. Il semble que le bon sens de ses habitants ait suppléé aux connaissances qui rendent les hommes indulgents, et qu'ils aient deviné par instinct le ridicule des discussions théologiques dont il faut espérer que la raison humaine nous a pour toujours affranchis.

Cette tolérance philosophique explique le grand nombre d'établissements de bienfaisance qui honorent la ville de Liverpool, et qui lui donnent des droits au respect et à l'estime de tous les hommes. (Blanqui, *Voyage d'un jeune Français en Angleterre*, 1824.)

Hennequin

L'Anglais ne s'est jamais passé de culte

La religion en Angleterre devait participer de l'esprit indépendant de la nation. Le culte n'y conserva pas la même unité que chez les peuples asservis à l'autorité du nombre; il se fractionna pour toutes les opinions et presque pour toutes les individualités. L'esprit anglais d'ailleurs est organisé pour les sciences physiques. L'amour du commerce, la nécessité de la navigation dans un pays entouré de tous côtés par l'Océan développèrent cette tendance. Ces intelligences habituées aux certitudes du calcul se prêtèrent au catholicisme tant que le catholicisme fut la plus rationnelle des formes religieuses, mais la réforme qui restreignit la part du mystère trouva chez elles un immense écho. Le passage des Anglais de la foi romaine à l'examen protestant ne fut pas une preuve de l'inconstance mais de la solidité de leur jugement.

On se demandera sans doute pourquoi cette nation raisonneuse s'est arrêtée dans les voies de l'argumentation, pourquoi, sur certaines matières, elle admet encore un autre témoignage que la raison, une autre autorité que l'évidence. Ici l'habitude exerce une influence salutaire. Quelque nom qu'il donnât à son culte, l'Anglais ne s'est jamais passé de culte; il tient à l'observation du dimanche, aux psaumes, aux prédications des ministres. Ces formalités sont encore des points de ralliement pour les âmes fidèles et rappellent au moins le souvenir de Dieu à ceux qui les observent sans les comprendre. (Hennequin, *Voyage philosophique en Angleterre et en Écosse*, 1836.)

CHEZ LES QUAKERS

Saussure

Une nation particulière

La ridicule secte des quakers ou « trembleurs » a pris naissance dans le temps où l'Angleterre était déchirée par les révoltes, les anarchies, et les différents fanatismes, je veux dire au temps de Cromwell. Un apprenti cordonnier nommé George Fox, esprit un peu timbré, en fut le fondateur. On peut dire que les quakers forment une nation particulière, toute différente des autres Anglais, par son langage, sa manière de se mettre et sa religion.

Je dis par leur langage, parce que les quakers tutoient généralement tout le monde, sans en excepter les grands seigneurs, les princes et les rois. Ils ne savent ni ne peuvent dire vous à qui que ce soit. Ils soutiennent qu'on ne saurait assez se conformer en toutes choses aux usages et aux mœurs des premiers chrétiens, qui très certainement ne faisaient point double, en quelque façon, une simple personne, en lui disant vous, au lieu de toi. Cette manière de tutoyer paraît d'autant plus extraordinaire qu'elle est tout à fait contraire à l'usage de la langue anglaise, dans laquelle un père ne dira point toi à son enfant, deux amis intimes ne se serviront point de cette façon de parler, en un mot, la seconde personne du singulier n'est pas à beaucoup près autant en usage en anglais qu'en français. De plus les quakers disent que si ce n'est pas un péché, du moins c'est un grand mal de donner à un homme les titres de monsieur, de monseigneur, de votre excellence, de votre grandeur, etc., que quelque excellent et éminent que puisse être cet homme par sa naissance, son mérite et ses vertus, cependant ces fastueux honneurs ne lui conviennent point, puisqu'au bout du compte il n'est qu'un vil vermisseau de terre, sur laquelle il ne doit habiter que peu d'années. Leur manière de parler a encore cette singularité qu'ils affectent de se servir du style de la Bible autant qu'ils le peuvent et d'en fourrer des passages jusque dans leurs conversations les plus familières. Cette façon de parler est d'autant plus frappante que, comme on n'a point de Bible anglaise traduite en beau langage moderne, les quakers parlent presque comme l'on parlait il y a deux cents ans.

Leur manière de se mettre les distingue autant que leur langage. Ils portent de grands chapeaux sans ganses, ni boutons, entièrement détroussés. Leurs habits sont des plus simples ; point de plis aux côtés, point de boutons sur les manches, sur les poches et sur les tailles. Ils regarderaient comme un impie celui de leurs frères qui aurait des manchettes à sa chemise, ou de la poudre à ses cheveux. Les plus austères ou les plus zélés ne se servent point de boucles, ils attachent leurs souliers avec des cordons. Leurs femmes ne portent point de rubans, point de paniers, leurs robes sont d'une couleur modeste et peu voyante ; leurs coiffures n'ont presque pas de plis, elles font avancer sur le front leurs coiffes de taffetas et la plissent d'une certaine façon. Il faut reconnaître que cette manière simple et modeste sied parfaitement bien à quelques-unes, et même beaucoup mieux que tous les colifichets d'une coquette. Si les quakers sont d'une grande simplicité dans leurs ajustements, ils se piquent par contre d'avoir des étoffes de premier choix. Leurs chapeaux, leurs draps, leurs linges sont des plus fins. Il en est de même des tissus de soie dont s'habillent les quakeresses. Certaines d'entre elles sont très jolies et plaisent d'autant plus qu'elles ont un air de modestie et de simplicité qui charme.

Les quakers s'appellent tous les uns les autres par les noms de frère et de sœur ; ils donnent aux autres le titre d'ami, au lieu de celui de monsieur. Ils sont ennemis mortels des compliments ; ils ne saluent personne en ôtant leurs chapeaux ou en faisant la révérence parce que, disent-ils, ce serait rendre une espèce de culte aux créatures. Ils trouvent que c'est une infâme flatterie que d'assurer quelqu'un qu'on est son très humble et très obéissant serviteur, quand le plus souvent il n'en est rien.

Tous les quakers sont dans le commerce, ou ont quelque métier. Ils ont pour maxime de ne jamais surfaire leurs marchandises. En voici un trait. Un petit-maître anglais, voulant se faire faire un habit, fut dans la boutique d'un quaker, où il trouva un drap qui lui plut. Il le marchanda, mais, voyant que le drapier ne voulait rien lui rabattre, il lâcha une imprécation et déclara qu'il ne le prendrait pas à ce prix-là. Le quaker, sans répondre un mot, replie son drap et le remet à sa place. Le petit-maître court diverses boutiques, et ne trouve aucune autre étoffe qui lui convienne, ni pour le prix, ni pour la couleur et la qualité, comme celle du quaker, ce qui fait qu'il retourna à sa boutique et lui demanda son drap. Le quaker lui répondit d'un grand sang-froid : « Ami, tu as juré que tu ne prendrais pas mon drap au prix que j'y ai mis, comme il n'y a rien à ôter, je ne veux pas te le donner, pour ne pas être cause que tu aies fait un faux serment. Ainsi va chercher ailleurs un autre drap. » Il y a peu de marchands qui eussent eu cette délicatesse.

On voit peu de quakers qui s'adonnent à l'agriculture. Il n'y en a absolument point qui se voue aux armes. Ils ont en horreur la guerre et ne comprennent pas comment des millions d'hommes peuvent s'égorger les uns les autres, la plupart du temps pour satisfaire l'ambition d'un seul autre homme. Ils sont fort réglés dans leurs mœurs. On n'en voit jamais courir les spectacles, les jeux, les cabarets et les lieux de débauches. Ils détestent toute espèce de jurements, ils poussent cela si loin qu'ils ne prêtent jamais de serment, disant que le nom du Très-Haut ne doit point être profané pour de misérables différends et de vils intérêts. Lorsqu'ils sont appelés devant les magistrats, ils répondent simplement aux questions qui leur sont adressées par un oui ou par un non, et les juges se contentent de leur affirmation. Ils n'ont jamais de procès ensemble. S'il arrive que l'un d'eux tombe dans la misère par des malheurs, ses frères ont soin de lui et lui fournissent les moyens de se relever. En un mot, on ne voit point de pauvres et de mendiants parmi les quakers. (César de Saussure, *Lettres et Voyages [1742]*, 1903.)

Grosley

Tout quaker est prédicateur

Je m'étendrai peu sur les quakers qui sont assez connus. La Bible, qu'ils entendent à leur façon, est leur livre unique ; et le Saint-Esprit promis aux croyants par J.-C. est l'objet capital de leurs dogmes, de leur culte et de leur confiance. Cette confiance est telle qu'ils croient le baptême superflu, excepté dans le cas où l'Esprit inspire aux adultes de le désirer.

Leurs assemblées ressemblent assez aux coteries anglaises, par le silence et par le recueillement qui y règnent. On y entre, on s'y tient le chapeau sur la tête, on y prend place sans donner le moindre salut à l'assemblée ni à ses voisins ; et les deux mains croisées sur le pommeau de la canne, on prie ou l'on médite intérieurement, en balançant le corps de l'arrière à l'avant, ainsi que le pratiquent les juifs allemands dans leurs synagogues. Les femmes occupent un des côtés de la salle dont le fond dans sa largeur, en face de la porte, est occupé par une loge ou tribune. Je crus d'abord que ceux que je vis dans cette loge étaient une espèce de prêtres ou de rabbins ; mais j'appris que l'on s'y plaçait au hasard, et qu'il n'y a là ni prêtre, ni ministre, ni président d'assemblée.

Tout quaker est prédicateur, dès qu'il se sent inspiré : l'Esprit agit sur les femmes mêmes, et alors elles prêchent. Ces inspirations ne sont point réglées : dans deux heures que je passai chez les quakers, la première fois que je me trouvai à une de leurs assemblées, personne ne prêcha. Un seul vieillard se leva, regarda l'assemblée, souffla beaucoup, et se rassit sans rien dire. A la deuxième séance, je fus plus heureux : celui qui était assis vis-à-vis de moi, se trouvant inspiré, se leva, se tourna vers moi en se tournant vers l'assemblée, et après m'avoir longtemps soufflé au visage, il parla pendant une petite demi-heure. Toutes ses phrases étaient coupées par de nouveaux soufflements : les yeux fermés, les mains dans ses manches, il avait l'air et le ton d'un somnambule. Il revint à la charge après un quart d'heure de silence. J'appris en sortant que son discours avait pour objet la sanctification du dimanche, et qu'il était un assemblage des plus maussades trivialités.

A une autre assemblée qui réunissait un grand nombre d'étrangers de toutes nations, un vieux quaker prit pour thème de son discours : 1) l'inutilité et la vanité de tous les cultes imaginés par les hommes pour honorer la divinité ; 2) l'excellence de l'adoration en esprit et en vérité que J.-C. est venu apporter sur la terre.

Je n'ai point entendu de femmes prêcher. La beauté de la plupart, soutenue de toute la propreté anglaise, est encore relevée par la simplicité de l'ajustement : leur linge, leurs robes, leurs chapeaux sont tout unis, sans garnitures, sans falbalas, sans pompons ; ce qui n'exclut point pour celles qui sont riches (et elles le sont presque toutes) la finesse du linge, et le choix des étoffes qui sont cependant des couleurs les plus modestes. En allant la première fois à leur lieu d'assemblée, dans l'enceinte de l'abbaye de Westminster, et embarrassé d'une adresse très compliquée que l'on m'en avait donnée, je fis voir cette adresse à une femme qui se rencontrait sur mon chemin, vers Charing Cross. Elle la lut et me donna à entendre par signes qu'elle y allait elle-même : je lui offris le bras, elle l'accepta, et nous arrivâmes de conserve à l'assemblée où, passant à sa place, elle m'indiqua celle que je pouvais occuper.

On m'avait dit que les quakers ne portaient point de boutons à leur habit ni à leur chapeau, mais j'en vis plusieurs avec cet ornement : je remarquai cependant que ceux que j'ouïs prêcher, et qui vraisemblablement sont les coryphées de la secte, étaient à cet égard dans toute la rigueur de l'institution primitive. La privation de cet ornement n'est sans doute que de devoir étroit.

Ils persistent dans l'horreur que leur ont inspiré leurs anciens, pour l'effusion du sang humain. Ils ont en conséquence longtemps refusé de contribuer dans la Pensilvanie (*sic*), aux levées d'hommes et d'argent qui s'y faisaient dans la dernière guerre, pour la défense de cette colonie : ils ont même obtenu l'exemption de la milice nationale établie en Angleterre. Cependant ce fut un Anglais de cette secte qui forma, en 1758, le projet de la conquête des établissements français dans le Sénégal : il est vrai que l'expédition dirigée par le quaker s'exécuta, suivant le projet, sans effusion de sang.

Quant à la probité et à toutes les vertus sociales qui forment la base de leur religion, les quakers ne se sont point encore démentis, et leur réputation est toujours la même. (Grosley, *Londres*, 1770.)

Faujas de Saint-Fond

Chez un savant quaker

J'aime les quakers, et j'ai beaucoup de plaisir à les voir, dans le particulier, dans la société, et dans leurs assemblées religieuses ; ils m'inspirent une vénération involontaire.

Couverts de tout ce qu'il y a de plus simple, de plus uni, de plus modeste, mais en même temps de plus propre, de plus fini, de plus parfait ; il m'a semblé que leur âme participait de la blancheur de leur beau linge, et qu'elle devait être aussi pure, aussi soignée que leurs vêtements.

[...] Ce médecin célèbre a une collection d'oiseaux, d'insectes et de minéraux dans laquelle on remarque de très belles choses ; mais ce qu'il y a de plus intéressant à voir et à admirer chez lui, c'est, sans contredit, lui-même.

Cet ami de l'humanité, ce vertueux quaker a donné le premier l'exemple d'affranchir ses nègres de l'esclavage, dans les riches possessions qu'il a en Amérique.

Il a trouvé la plus douce récompense de cette offrande à la justice, dans son propre cœur, et dans l'attachement tendre et filial de ceux dont il a brisé la chaîne ; ils n'ont plus voulu se séparer de lui, aussitôt qu'ils ont eu la liberté de le quitter. Heureux celui qui trouve sa félicité dans le besoin de faire le bonheur d'autrui ! on aime à trouver de pareils hommes ; ils consolent de l'injustice et de la dureté de la plupart des autres.

Tout ce qui entoure le docteur Letsson participe de la candeur et de l'amabilité de son caractère : les personnes qui composent sa société sont dans le même genre.

Après avoir employé une partie de la journée à soulager les nombreux malades qu'il va visiter, il vient partager les jouissances de l'amitié, et réunit autour de lui les personnes qu'il aime et dont il est aimé.

Je soupai un soir chez lui avec les plus aimables femmes de Londres ; elles n'avaient, il est vrai, ni poudre, ni parfum, ni plumes sur la tête, comme la plupart des autres dames ; mais leurs beaux cheveux, d'une propreté recherchée, flottaient en boucles naturelles sur des fichus d'une blancheur et d'une finesse que rien n'égalait ; et leurs vêtements simples, mais élégants, tiraient leur principal éclat de la beauté et de la perfection des étoffes, et surtout de la touchante physionomie et de la grâce de celles qui les portaient.

Tout répondait dans cette maison à cette propreté, à cette simplicité recherchée qui caractérisent les quakers. Une jeune veuve, d'une figure charmante, d'un esprit très orné et qui cultivait la poésie, formait, par son agréable vivacité, un contraste piquant avec la douceur et la tranquille sensibilité de plusieurs autres dames, qui avaient toutes de l'instruction et des talents.

Nous soupâmes sans serviette, ce qui se pratique dans plusieurs maisons d'Angleterre ; mais les meilleures espèces de bières, des mets simples et exquis, des légumes choisis, furent servis dans des plats d'une forme élégante. Au dessert, la nappe fut levée, et l'on apporta, sur la plus belle table de bois d'acajou, des fruits, des confitures et autres friandises, et des vins en abondance dans des flacons de cristal ; c'est le luxe des Anglais. Nous bûmes plus d'une fois, avec du champagne et du bordeaux, à la santé de nos aimables convives, et l'on nous répondit avec du madère et du constance. Une gaieté vive, mais décente, animait cette scène, au milieu des prévenances et de la plus franche bonhomie.

Le thé, le punch et les liqueurs fines eurent leur tour ; nous eussions passé la nuit à table si nous avions voulu nous rendre aux invitations pressantes du docteur. Nous quittâmes la partie, malgré ses vives instances, à une heure du matin. Je m'occupai le reste de la nuit à méditer sur la manière dont je pourrais me faire quaker ; car si le bonheur est quelque part sur la terre, il habite certainement chez ces honnêtes gens.
(Faujas de Saint-Fond, *Voyage en Angleterre*, 1797.)

L'ÉGLISE ANGLICANE

Voltaire
L'Église par excellence

C'est ici le pays des sectes. Un Anglais, comme homme libre, va au Ciel par le chemin qui lui plaît.

Cependant quoique chacun puisse ici servir Dieu à sa mode, leur véritable religion, celle où l'on fait fortune, est la secte des épiscopaux, appelée l'Église anglicane, ou l'Église par excellence. On ne peut avoir d'emploi ni en Angleterre, ni en Irlande, sans être du nombre des fidèles anglicans ; cette raison qui est une excellente preuve, a converti tant de non-conformistes qu'aujourd'hui il n'y a pas la vingtième partie de la nation qui soit hors du giron de l'Église dominante.

Le clergé anglican a retenu beaucoup de cérémonies catholiques, et surtout celle de recevoir les dîmes avec une attention très scrupuleuse. Ils ont aussi la pieuse ambition d'être les maîtres.

De plus, ils fomentent autant qu'ils peuvent dans leurs ouailles un saint zèle contre les non-conformistes. Ce zèle était assez vif sous le gouvernement des torys dans les dernières années de la reine Anne ; mais il ne s'étendait pas plus loin qu'à casser quelquefois les vitres des chapelles hérétiques, car la rage des sectes a fini en Angleterre avec les guerres civiles, et ce n'était plus sous la reine Anne que les bruits sourds d'une mer encore agitée longtemps après la tempête ; quand les wigs et les torys déchirèrent leur pays comme autrefois les Guelfes et les Gibelins, il fallut bien que la religion entrât dans les partis. Les torys étaient pour l'épiscopat, les wigs le voulaient abolir, mais ils se sont contentés de l'abaisser quand ils ont été les maîtres.

Du temps que le comte Harley d'Oxford et milord Bolingbroock faisaient boire la santé des torys, l'Église anglicane les regardait comme les défenseurs de ses saints privilèges. L'assemblée du bas-clergé, qui est une espèce de Chambre des communes composée d'ecclésiastiques, avait alors quelque crédit, elle jouissait au moins de la liberté de s'assembler, de raisonner de controverse, et de faire brûler de temps en temps quelques livres impies, c'est-à-dire écrits contre elle. Le ministère, qui est wig aujourd'hui, ne permet pas seulement à ces messieurs de tenir leur assemblée, ils se sont réduits dans l'obscurité de leur paroisse au triste emploi de prier Dieu pour le gouvernement qu'ils ne seraient pas fâchés de troubler. Quant aux évêques, qui sont vingt-six en tout, ils ont séance dans la Chambre haute en dépit des wigs, parce que le vieil abus de les regarder comme barons subsiste encore ; mais ils n'ont pas plus de pouvoir dans la Chambre que les ducs et pairs dans le Parlement.

A l'égard des mœurs, le clergé anglican est plus réglé que celui de France, et en voici la cause : tous les ecclésiastiques sont élevés dans l'université d'Oxford, ou dans celle de Cambridge, loin de la corruption de la capitale ; ils ne sont appelés aux dignités de l'Église que très tard, et dans un âge où les hommes n'ont d'autres passions que l'avarice, lorsque leur ambition manque d'aliments. Les emplois sont ici la récompense des longs services dans l'Église aussi bien que dans l'armée ; on n'y voit point de jeunes gens évêques ou colonels au sortir du collège. De plus les prêtres sont presque tous mariés, la mauvaise grâce contractée dans l'université et le peu de commerce qu'on a ici avec les femmes font que d'ordinaire un évêque est forcé de se contenter de la sienne. Les prêtres vont quelquefois au cabaret, parce que l'usage le leur permet, et s'ils s'enivrent, c'est sérieusement et sans scandale. (Voltaire, *Lettres anglaises*, 1735.)

Muralt

Ces chapelains gras et vermeils

On est surpris d'abord de voir l'air de santé et de prospérité de la plupart de ceux qui le composent, et on considère agréablement tous ces chapelains gras et vermeils. Ces messieurs sont accusés d'être un peu paresseux, et ce grand embonpoint fait soupçonner qu'il en est quelque chose. D'ailleurs, on en trouve dans les cafés, la pipe à la main, et souvent aussi dans les cabarets. D'abord un étranger en conçoit un peu mauvaise opinion, mais comme c'est la coutume du pays et que personne n'en paraît scandalisé, il s'accoutume enfin à les voir là comme les autres. Ils ont cela de commun avec le clergé des autres nations que leurs sermons sont plus respectables que leur personnes : outre qu'ils les font courts, et que par là, déjà, ils sont préférables aux nôtres, ils les lisent, au lieu de les réciter par cœur ; ou, pour mieux dire, en les prononçant ils s'aident de leur papier, sur lequel ils jettent les yeux de temps en temps, et je crois que leur manière ne vous déplairait pas : non seulement ils sont empêchés par là de donner dans cette action de déclamateur, dans cet emportement contrefait, et dans ces gesticulations outrées, si peu convenables à la dignité de la religion ; mais, ce qui n'est pas moins considérable, ils peuvent employer tout leur temps à donner de la force à leurs sermons, sans en perdre une partie à les apprendre par cœur. Aussi ne les entend-on guère débiter des bagatelles, qui ne vaudraient pas, ce semble, la peine d'être écrites, et qu'ils auraient mauvaise grâce de lire. Il semble que leur dessein soit sérieusement de réformer l'Homme, et leurs sermons tendent, par de bonnes raisons, à le rendre sociable et homme de bien ; en quoi, s'ils ne réussissent pas autant qu'il serait à souhaiter, ils ne donnent pas lieu, du moins, par de longues et insipides harangues, aux uns à se moquer du prédicateur, et aux autres à se moquer de la religion.

J'ai considéré quelquefois la différence qui paraît entre les prédicateurs anglais et d'autres qu'on voit dans le monde, les français par exemple. L'Anglais monte en chaire d'un air modeste et timide, vous diriez qu'il ose à peine regarder l'assemblée, à laquelle ensuite, d'un ton posé, il fait un raisonnement court, simple, et où, pour l'ordinaire, il y a du bon sens. Le Français, au contraire, semble monter sur un trône, et en y montant on voit redoubler en lui l'orgueil ecclésiastique : il commence par tourner la tête de tous côtés et regarder fièrement ses auditeurs, comme voulant leur inspirer du respect pour sa présence. Le sermon qu'il leur fait ensuite ne manque guère d'être long et ennuyeux, rempli d'imagination et de fleurs de rhétorique ; le prédicateur s'y démène beaucoup et crie comme un homme qui manque de bonnes raisons pour persuader, ou de dignité pour donner du poids à ce qu'il avance. (Béat de Muralt, *Lettres sur les Anglais*, 1726.)

Grosley

Dissonances

Dans les églises d'Angleterre et dans toutes leurs parties brille la propreté anglaise : elles ont des gagistes occupés sans cesse à laver, balayer, nettoyer, épousseter Le chant de la liturgie anglaise est aussi peu mélodieux que le son des cloches. Chaque église en a deux ou trois d'un très petit volume, toutes discordantes dans l'ensemble, et sonnant faux chacune en particulier. J'avais, tous les dimanches, le déplaisir d'entendre, dès 5 heures du matin, sonner pendant près de deux heures celle de Saint-Martin : le son faux et asthmatique de cette cloche ne me permettait ni de dormir ni de rester au lit. Le défaut d'occasions de travail ne met pas sans doute les fondeurs anglais en état de porter la fonte des cloches à la perfection où elle est portée en France et en Allemagne surtout.

L'extérieur des églises de Londres est aussi chargé d'ornements que l'intérieur en est dénué. Celle de Saint-Martin dont je viens de parler peut, à cet égard, aller de pair avec l'église de la Sorbonne à Paris. Elle a un grand vestibule ou portique construit dans les mêmes proportions que celui du temps de Minerve à Athènes. Londres a cinq ou six églises de cette magnificence presque uniformes ; magnificence peut-être excessive pour des bâtiments, aussi peu élevés que peu étendus, et qu'elle semble écraser.

Chaque paroisse a à sa tête un recteur qui n'en est en quelque sorte que le surintendant. Tout son travail se réduit à prêcher quand bon lui semble : les détails sont abandonnés à un ministre en sous-ordre, qui, avec le titre de curé remplit toutes les fonctions curiales (Grosley, *Londres*, 1770.)

Simond

Une cathédrale vide

Salisbury est une vieille petite ville fort laide, et dont il n'y a rien à dire, si ce n'est que le clocher de sa cathédrale penche à faire peur. La flèche, toute de pierre jusqu'au sommet, est de 20 pouces hors de son aplomb ; il y a là de quoi occasionner des distractions aux fidèles ; et en effet, au service du matin, auquel nous assistâmes, nous n'en vîmes pas un seul. Il n'y avait dans l'église absolument que les officiants et nous. Ce n'est pas la première fois que j'ai été dans le cas de faire la même observation dans d'autres églises de la religion dominante, dont les clochers étaient bien d'aplomb. Cette église semble perdre en zèle ce que les nouvelles sectes gagnent ; et ses prêtres se considèrent un peu comme des bénéficiers *sine cura*. (Simond, *Voyage d'un Français en Angleterre*, 1816.)

Defauconpret
Une église pour le beau monde

— Voilà une charmante salle de spectacle, dis-je à C. en jetant un premier coup d'œil autour de moi, en entrant.

— Chut ! me dit-il, pas un mot, s'il vous plaît. Voyez, examinez ; nous causerons en sortant.

« Je me trompe, dis-je en moi-même, après un instant de réflexion. On ne donne pas de spectacles à onze heures du matin, et d'ailleurs, je ne vois pas ici de théâtre. C'est peut-être une salle de concert. » Un parterre et deux rangs de loges, ou pour mieux dire deux grandes et belles galeries parfaitement décorées, et régnant tout autour de la salle, me confirmaient dans mon opinion en offrant à mes regards une assemblée brillante composée surtout de dames qui semblaient se disputer le prix de l'élégance et de la beauté. Deux bancs circulaires régnaient le long des murs au rez-de-chaussée : de là jusqu'à l'endroit où la compagnie était assise régnait un espace vide assez considérable, une espèce de passage semblable à celui qu'on voit derrière les loges dans quelques-uns de nos petits spectacles, et où peuvent rester debout ceux des spectateurs qui n'ont pas trouvé place dans l'intérieur. C'était là que je m'étais placé, afin de pouvoir circuler et mieux examiner.

Je ne tardai pas à apercevoir au bout de la salle une très belle chaire ornée de velours cramoisi bordé de franges d'or, et je reconnus alors que j'étais dans une église. C'était celle de Mary-le-Bone, corruption de Marie la bonne. Elle est nouvellement construite, et rivalise en splendeur et en richesse avec les salles de Covent Garden et de Drury Lane. D'un autre côté de l'église sont deux autres chaires placées à hauteurs différentes l'une devant l'autre. C'est, si l'on veut, une chaire à deux étages. Le ministre qui fait les prières se place dans la partie supérieure, et celui qui lui répond se trouve dans celle de dessous. La première dont j'ai parlé est destinée au prédicateur. En face de la principale porte d'entrée est un grand tableau en transparent représentant l'ange qui annonce aux bergers la naissance du Sauveur, ornement très rare dans les églises d'Angleterre ; car, le protestantisme est un peu iconoclaste. Au surplus, je ne sais pourquoi j'appelle ce tableau un ornement, car il fait tache dans cette jolie église, et quoiqu'il soit de M. West, c'est-à-dire du peintre le plus renommé de l'école anglaise actuelle, je ne me souviens pas d'avoir vu une plus mauvaise croûte dans aucune église de village de France. Les pauvres bergers durent véritablement être frappés de terreur, si l'ange qui leur apparut avait les traits et la pose de celui qu'on voit sur ce tableau, et qui est le portrait fidèle d'un brigand de mélodrame.

Pour me dédommager un peu, j'y entendis un excellent orgue, parfaitement touché par M. Wesley, parent en ligne collatérale du patriarche des méthodistes.

— Eh bien, comment trouvez-vous ma paroisse ? me demanda C. en sortant.

— Très belle, mais d'un genre de beauté peu convenable à un édifice consacré au culte de la Divinité, et qui n'inspire ni recueillement ni idées religieuses. Vous conviendrez même que ma méprise en entrant n'était pas inexcusable, puisque vous ne m'aviez pas dit où vous me conduisiez. Mais une chose m'a frappé dans toutes les églises protestantes que j'ai vues à Londres. Je n'y ai presque jamais trouvé que ce qu'on appelle du beau monde. Le peuple a-t-il donc en ce pays des églises particulières, ou se dispense-t-il d'y aller ?

— Le fait est qu'il y va fort peu, parce qu'il serait difficile qu'il y allât. Remarquez que tout l'intérieur des églises est divisé en compartiments qu'on nomme en France des bancs, et ici des *pews*, de sorte qu'on pourrait le prendre pour un de ces enclos qu'on forme avec des claies dans nos foires de France pour y placer les moutons qu'on vient y vendre : cela rappelle les vendeurs que Jésus-Christ chassa du Temple. Quoi qu'il en soit, ces places se louent, et se louent fort cher. On paie dans l'église d'où nous sortons une guinée par quartier pour une place dans un de ces pews. Voilà donc une dépense annuelle de vingt-quatre guinées, ou six cents francs, pour une famille composée de six personnes, chose très commune en Angleterre. Encore est-il des pews qui se louent plus cher suivant qu'ils sont plus avantageusement placés pour qu'on puisse voir et être vu, ce qui n'est pas moins important à l'église qu'au spectacle. Vous concevez qu'un artisan, un ouvrier, ne peuvent acheter ce prix-là un sermon par semaine.

— Et voilà pourquoi on en rencontre si peu dans les églises ?

— Précisément, il en est bien quelques-uns qui y sont conduits par un véritable esprit de dévotion. Ils sont obligés de se tenir debout dans l'espace étroit qui sert de passage autour des murs pour arriver au pews. Un grand nombre d'entre eux se réfugient dans les chapelles des méthodistes, des anabaptistes, des frères moraves, et des autres sectes si multipliées à Londres, et qui accueillent avec plaisir les néophytes de tous les rangs, parce qu'elles voient par là s'étendre leur influence, et s'accroître leur espoir de s'élever un jour sur les ruines du culte établi. On commence à prévoir et à craindre cet événement, aussi le ministre actuel de Mary-le-Bone, bon prédicateur, homme instruit et éclairé, ne voulut-il accepter la place qu'il occupe dans cette paroisse, et qu'on lui offrit pendant qu'on bâtissait l'église, qu'à condition qu'on y laisserait un espace plus spacieux et plus commode que de coutume, pour la portion du peuple qui n'est pas assez riche pour acheter le droit d'entendre la parole divine. C'est pour cela qu'on y a placé des bancs le long des murs, et que de là jusqu'au pews, on a laissé vacant un espace plus considérable que dans les autres églises. Mais quoique toutes les distinctions humaines s'anéantissent devant la Divinité, jamais on ne verra en Angleterre les rangs confondus dans les temples, comme ils le sont dans les pays catholiques. L'orgueil anglais s'offenserait de ce mélange. Nulle part l'esprit aristocratique n'est porté à un si haut degré. La noblesse considère ici le peuple à peu près comme les bramins regardent les parias dans les Indes, et le riche se croirait souillé, s'il se trouvait en contact avec le pauvre.

[...] Quoique vous prétendiez que la sainteté du dimanche soit mieux observée chez vous qu'en France, vous ne citeriez pas dans ce dernier pays un prédicateur qui, venant de prêcher un sermon, fasse placer à la porte de l'église un homme armé de plumes, d'encre et de papier, pour proposer à tous ceux qui en sortent de souscrire pour l'impression du discours. C'est une spéculation d'un nouveau genre dont il était réservé à l'Église anglicane de donner l'exemple à l'univers en 1817. (Defauconpret, *Une année à Londres*, 1819.)

Haussez
Les clergymen de bon ton

Qu'est-ce qu'un ecclésiastique en Angleterre ? C'est un homme d'une grande naissance, entouré d'une nombreuse famille, pourvu d'un riche bénéfice, vivant dans le luxe, participant à tous les plaisirs, à toutes les jouissances du monde ; jouant, chassant, dansant, se montrant aux théâtres, ne se piquant pas de gravité lorsque son caractère personnel ne l'y porte pas ; économisant sur ses revenus pour établir ses enfants, dépensant sa fortune en paris, en chevaux, en chiens, quelquefois même avec une maîtresse, lorsque cette prévoyance lui manque ; dans l'un et l'autre cas donnant peu aux pauvres, et laissant le soin de s'en occuper, comme celui de remplir des fonctions qu'il dédaigne, à quelque malheureux d'une classe inférieure, lequel, pour une modique rétribution, est obligé d'avoir des vertus, et d'accomplir des devoirs dont le titulaire se dispense.

[...] Sa carrière est marquée d'avance, il en connaît le terme comme le début, il sait si ses espérances doivent se renfermer dans la possession d'un bénéfice de mille ou douze cents livres sterling de revenu, ou si son ambition peut s'élever jusqu'à l'épiscopat ; mais il sait aussi que dans l'hypothèse la moins favorable, des études sur le résultat desquelles on se montre peu exigeant, suffiront pour lui assurer une position honorable. Sa famille ou ses amis tiennent en réserve pour lui une cure richement dotée, sur laquelle il résidera s'il a le désir et l'espoir de s'élever davantage ; qu'il fera gérer par un suppléant à gages, s'il se décide à sacrifier son avenir aux douceurs de sa situation présente. Une vie grave, une vaste instruction sacrée, par-dessus tout l'éloquence de la chaire, sont des conditions indispensables pour parvenir à l'épiscopat; mais la rigueur dont elles s'accompagnent, est diminuée par de nombreux avantages. Sur chacune des marches qui font monter à cette haute dignité, se trouve un accroissement de richesses, de grades, de considération, et le courage est soutenu par la perspective des honneurs, de l'influence, de l'immense fortune, réservés à celui qui atteint ce terme désiré.

La classe des évêques présente des sujets aussi distingués par leurs talents que par leurs mœurs. Mais trop distraits par leur participation aux affaires politiques, comme pairs du royaume; trop entraînés par leur goût de prédication, ils ne se livrent pas assez à la direction de leurs subordonnés, qui vivent dans une sorte d'indépendance de toute supériorité spirituelle, et qui ne sont guère rappelés à la discipline que lorsque quelque scandale éclatant a rendu indispensable un acte de sévérité.

Les mœurs graves des évêques n'excluent pas cependant des habitudes de dépenses et même de luxe. Outre un palais dans le siège de leur dignité, et un château dans une des plus riantes parties de leur diocèse, ils ont un hôtel à Londres, où les sessions du parlement leur fournissent un prétexte de résidence.

Un costume noir, mais qui, par sa forme, ne distingue en aucune manière celui qui le porte du reste de la société, est affecté aux *clergymen* de bon ton, à ces cadets de grandes familles qui n'appartiennent à l'Église que par les émoluments qu'elle leur procure, et que l'on voit aux courses d'Epsom, de Doncaster et de Newmarket, aux chasses du Norfolk et de l'Yorkshire, beaucoup plus que dans leurs chaires. Ce costume n'entraîne la privation d'aucune des jouissances que présente le monde, et ceux qui le portent n'hésitent pas à figurer dans les bals, dans les routs, et à se faire voir dans une stalle à l'Opera, ou à se placer dans l'angle d'une loge du Delphi ou du théâtre Olympique.

Les pasteurs des paroisses, ceux à qui est réellement dévolu le soin de diriger les âmes, trouvent dans une dotation convenable, et dans leur participation aux plaisirs d'une société moins tumultueuse, des compensations aux fatigues du sacerdoce, et ils en profitent. Il en est peu qui ne se mêlent avec leurs familles, ordinairement très nombreuses, dans les lignes d'une colonne ou dans les figures d'un quadrille, et qui ne paraissaient s'y complaire.

J'ai vainement cherché à concilier la sévérité de principes qui engagent les ministres du culte protestant à proscrire les distractions les plus innocentes pendant les vingt-quatre heures dont se compose le dimanche, avec le goût de plusieurs d'entre eux pour la danse. Ce goût les expose à la familiarité, souvent aux railleries de ceux à qui, par état, ils doivent des exemples graves et des leçons austères; de cette classe surtout à laquelle ils interdisent ce même genre de récréation qu'eux-mêmes prennent avec une sorte de passion. Mieux vaudrait cependant laisser les paysans danser le dimanche, que de les exposer à la tentation presque irrésistible de dépenser leur temps et leur oisiveté dans des cabarets. (Baron d'Haussez, *La Grande-Bretagne en 1833*, 1834.)

Texier
L'inutilité de l'anglicanisme ?

Un des faits qui me frappent le plus, c'est l'impuissance, pour ne pas dire l'inutilité, de l'anglicanisme. La religion anglicane semble avoir été inventée tout exprès pour l'aristocratie anglaise. Là, le sort de l'Irlandais, du juif, du mendiant, n'inspire aucune pitié. Les Romains n'étaient pas plus insensibles aux tortures des gladiateurs qui périssaient dans le cirque. Le prêtre anglican prononcera bien en chaire un discours emphatique sur la charité ; mais, pour ces milliers de malheureux qui meurent chaque jour dans les horreurs de la misère et de l'abandon, il n'a pas une larme, pas un mouvement parti du cœur. (Texier, *Lettres sur l'Angleterre*, 1851.)

L'ARMÉE DU SALUT

Mandat-Grancey
Un effroyable tapage

C'était un dimanche, et, accompagné de l'ami qui avait bien voulu me servir de guide ce jour-là, nous remontions tout doucement la grande rue du village où il habite, lorsque tout d'un coup nous entendîmes un effroyable tapage qui éclatait tout à coup, à quelque distance, dans la direction que nous devions suivre. On entendait une musique enragée où semblaient dominer les cymbales et les grosses caisses, accompagnant des hurlements qui me rappelaient le cri de guerre des Sioux !

— Bonté divine ! qu'est-ce que c'est que cela ? m'écriai-je en tressautant.

— C'est l'Armée du Salut ! me répondit mon compagnon d'un air un peu déconfit. Si vous le voulez bien, nous allons passer d'un autre côté !

Mais je ne voulus pas entendre de cette oreille-là. Bien au contraire, je hâtai le pas, pour voir ce qui allait se passer.

[...] Pour me former une opinion, je désirais vivement avoir l'occasion de la voir à l'œuvre en Angleterre où elle a pris naissance. Et cependant j'avais eu la mauvaise chance de ne jamais voir aucun de leurs corps d'armée mobilisé, pour employer leur langage !

Celui qui avait envahi le village, toujours pour employer leurs expressions, se composait d'une demi-douzaine de vieilles dames, d'une douzaine de jeunes, de quinze ou vingt hommes et d'un gamin qui portait un drapeau. Ce détachement opérait sous les ordres d'un individu d'assez bonne mine vêtu d'une jaquette rouge et d'une casquette d'uniforme anglaise. Il me paraît que dans cette armée-là, tout le monde est dans la musique : car tous, le capitaine compris, étaient munis d'instruments variés, principalement de cymbales et de tambours de Basque. Ils avaient formé le cercle devant la porte du principal cabaret de la localité et se livraient à l'effroyable charivari qui avait attiré mon attention, sous l'œil bienveillant d'un policeman qui les regardait faire, sans manifester la moindre velléité d'intervenir. En quoi je l'approuvais d'ailleurs : car je trouve absolument odieux les Suisses notamment qui, à plusieurs reprises, ont assommé des membres de l'Armée du Salut, sous le prétexte qu'ils n'aimaient pas leur musique ! Comme si celle qu'ils font eux-mêmes en chantant le *Ranz des vaches* était bien agréable !

Quand j'arrivai, on venait probablement de terminer un cantique servant de préliminaire aux opérations, car le capitaine leva son tambour de Basque en l'air, et tout le monde se tut, ce dont il profita pour prendre la parole. Quand je dis qu'il prit la parole, c'est une manière de parler. La vérité est qu'il ne parlait pas. Il hurlait littéralement, à peu près sur le ton des derviches hurleurs qu'on voit au Caire. Les yeux lui sortaient de la tête, son col se gonflait, et ses veines ressortaient sur son front comme si elles allaient crever.

— *Ladies and gentlemen*, s'écria-t-il, mes très chers frères, *my beloved brethren !* savez-vous ce que j'étais avant que le Christ m'ait sauvé ?

Il me regardait en disant cela, et avait l'air de s'adresser à moi. Or j'ai l'infirmité de ne pas pouvoir m'empêcher de répondre aux gens qui me parlent. Machinalement je répondis donc :

— Ma foi ! non ! je n'en ai pas idée.
— Voulez-vous le savoir ? continua-t-il.

Toujours sur le même ton, je répondis :
— Oui.
— Eh bien ! j'étais un ivrogne !

Et tout d'un coup, levant la jambe droite très haut en l'air, il fit passer par-dessous cette jambe son tambour de Basque qu'il tenait de la main gauche et le tapa violemment deux fois avec son poing droit. En même temps le trombone tira de son instrument une plainte déchirante et les six ou sept vieilles dames qui entouraient le capitaine, hochant la tête d'un air grave, s'écrièrent toutes ensemble :

— *So he was !* (Cela est vrai !)

Et elles ponctuèrent cette affirmation en tapant aussi deux coups sur leurs tambours de Basque, mais sans lever la jambe. Il me regardait toujours ; mais comme, cette fois-ci, je ne savais pas trop ce qu'il fallait répondre, je ne dis rien. Du reste, il ne me laissa pas le temps de réfléchir, car il reprit sur le même ton :

— *I was a wife beater !* (Je battais ma femme !)
— *So he was !* répétèrent gravement de nouveau les vieilles dames, toujours avec accompagnement de tambours de Basque et de trombone. J'avais cru remarquer que l'une d'elles, qui se tenait tout contre lui, une grosse petite femme, assez bien mise, avait accentué cette affirmation avec une intensité qui touchait à la férocité. Je pensai qu'elle était peut-être la proche parente de sa femme. Mais je me trompais. Car m'en étant informé à voix basse au trombone qui se tenait à côté de moi, cet artiste me répondit poliment que cette vieille dame était seulement la sœur spirituelle (*in the lord*) de son chef.

Je n'insistai pas, car ce dernier continuait l'énumération de tous les défauts qu'il avait autrefois, et la liste en fut si chargée, il nous donna sur l'état de son âme, à cette époque, des détails si intimes, mais si longs, que mon attention commença à languir un peu. Je me mis à regarder ses soldats. Je ne savais que penser, car vraiment ils me faisaient assister à une vraie scène de folie, et cependant ils avaient tous l'air de très braves gens, parfaitement respectables. C'étaient presque tous évidemment de pauvres gens appartenant à la classe ouvrière. Les vieilles dames seules paraissaient d'une classe un peu supérieure. Elles ressemblaient à nos petites bourgeoises de campagne ; de celles qui ne manquent jamais un office et qui courent à tous les pèlerinages comme au feu. Leur apparence grave faisait paraître d'autant plus étranges les gestes qu'elles faisaient en jouant de leurs tambours de Basque. Les jeunes filles portaient toutes le chapeau de ma petite amie la capitaine. Pour celles-là, il n'y a pas à s'y tromper. C'étaient toutes des hystériques latentes ou confirmées. A voir leur maigreur extrême, leurs yeux brillants et leur teint plombé, on ne pouvait pas en douter. Quelqu'un qui serait passé devant elles en leur montrant à chacune le chaton d'une bague en diamant, élevé à la racine de leurs nez, les aurait toutes fait tomber sur le dos en état de catalepsie. Les hommes n'avaient rien de particulier dans l'apparence. C'étaient des ouvriers endimanchés, évidemment très convaincus.

Le capitaine m'intéressait. Il continuait à hurler toujours sur le même ton, et je me demandais comment il pouvait résister à de pareils efforts. Maintenant il nous parlait de la manière dont Jésus était descendu dans son âme : des charmes de la vertu, du calme et du bonheur qui remplissaient son cœur. Il nous encourageait tous à l'imiter, à nous jeter dans les bras du *beloved Jesus* et à le laisser diriger notre vie. Et il s'exprimait souvent d'une façon très noble et très pathétique, si bien qu'on oubliait tout cet appareil grotesque de cymbales, de tambours de Basque et de trombone, et qu'on se sentait vraiment tout empoigné par l'expression de profonde conviction avec laquelle il s'écriait de temps en temps, en renversant en arrière sa figure convulsée et couverte de sueur : « Et maintenant, mes bien-aimés frères, si vous saviez combien l'amour du Christ me rend heureux ! *I am so happy ! so happy !* »

Je demandai au policeman s'il le connaissait et s'il pouvait me donner des renseignements sur son compte. C'est un ouvrier qui travaille dans une ferme des environs. Il s'appelle Archbold. Voilà déjà plusieurs années qu'il s'est lancé dans le mouvement de la Salvation Army, et personne ne le soupçonne de motifs suspects ou même seulement intéressés. Il vit uniquement de ce qu'il gagne par son travail et ne reçoit rien de l'association. En revanche, il paraît que les cinq ou six filles en uniforme dont j'ai parlé touchent une solde fixe et sont employées d'une manière permanente. Elles circulent dans le pays par petites bandes, logeant successivement dans tous les villages où l'on veut créer ou ranimer le mouvement, pour exalter le zèle des adhérents et en recruter de nouveaux. Celles-là se font souvent embaucher dans les fermes ou dans les ateliers, mais seulement pour avoir l'occasion de se mêler aux ouvriers et de leur porter la bonne parole. Ce qui est, en somme, un mode de propagande très efficace et fort légitime. C'est un peu ce que faisaient les anciens Ordres mendiants, et ce que font encore les nihilistes russes. Le but que poursuivent celles-ci est assurément très noble et très louable. Mais quels singuliers moyens elles emploient ! Les Anglais n'ont pas du tout le sentiment du ridicule, ce qui est une très grande force. C'est pour cela que cette grotesque Armée du Salut peut fonctionner en Angleterre et y faire, incontestablement, beaucoup de bien. Sur ce point, tous les gens que je consulte sont d'accord. L'Armée du Salut fait énormément de bien, paraît-il. Elle combat le vice, et notamment l'ivrognerie, dans des milieux où toutes les autres organisations religieuses n'ont aucun accès, et dans lesquels elle pénètre précisément grâce à ces allures bizarres qui la rendent si répugnante à beaucoup de gens. Seulement j'ai bien peur que, chez nous, elle n'arrive jamais à rien, parce que personne ne voudra jamais la prendre au sérieux. (Mandat-Grancey, *Chez John Bull*, 1895.)

AUTOUR DE WESTMINSTER

Depuis des siècles Westminster est le siège du pouvoir. Le Parlement siégeait dans le vieux palais des rois jusqu'à l'incendie de 1834 et les voyageurs tenaient à assister aux débats et s'étonnaient de l'autorité des Chambres face à une monarchie qui devait composer avec les parlementaires, s'appuyer sur des factions, diviser ou corrompre pour régner. Mais, dans l'Europe des despotes, cela pouvait passer pour un modèle.

Puis, tout au long du XIXe siècle, les visiteurs s'amusèrent du curieux *mélange de pompe archaïque et de laisser-aller moderne, surtout s'inquiétèrent de l'avenir d'un régime qui se réformait tant bien que mal, bon gré mal gré, et qui ne paraissait pas devoir survivre à l'agitation populaire. Les analyses ne manquèrent pas, on disserta sur l'anachronisme des institutions dans l'Europe des révolutions, et beaucoup prophétisèrent un déclin de l'Angleterre.*

Mais l'aristocratie, ou la ploutocratie, anglaise, qui aurait dû être balayée par les grands mouvements du siècle, réussit à conserver, non seulement l'apparence, mais la réalité du pouvoir, et la monarchie trouva de nouvelles forces et devint vraiment britannique, s'appuyant sur des usages et des rituels sauvés de la désuétude pour faire naître une nouvelle conscience patriotique et monarchique, semblant issue d'une tradition ancestrale.

Le lecteur attendait peut-être de longs et savants développements sur les institutions et les mœurs politiques du Royaume-Uni. Ils existent certes en abondance et témoignent de beaucoup de perplexité devant l'exception britannique, mais de telles pages auraient pu s'avérer fastidieuses et n'ont pas été retenues.

Grosley
Un monarque débonnaire

Si cependant jamais roi a mérité l'amour de son peuple, c'est le roi George III : il mène à Richemond [Richmond], maison très inférieure par la magnificence et par l'éclat, à celles de beaucoup de lords, une vie de la plus uniforme simplicité : il la partage tout entière entre la reine et ses livres. S'il vient chaque semaine tenir une ou deux fois sa cour au palais peu brillant de Saint-James, c'est avec la reine, dans une voiture très unie et sous l'escorte de deux gardes. J'ai déjà dit que les cochers, les fiacres et les charretiers ne s'arrêtent ni ne se dérangent à son approche, et qu'ils font gloire de ne le pas saluer : « Pourquoi saluerais-je George ? dit brutalement cette canaille insolente. C'est à lui à me saluer : il vit à mes dépens. »

A sa cour, c'est l'affabilité même. Il joint, en les saluant, toutes les personnes à qui il veut parler, et il n'ouvre la bouche que pour dire les choses les plus obligeantes. Son palais qui alors n'a de garde qu'à la porte, est ouvert à tout Anglais ou étranger qu'y attire la simple curiosité.

La même simplicité accompagne le roi lorsqu'il vient au Parlement se montrer dans tout l'éclat de la majesté : ses cheveux très grands, du plus beau blond argenté, renoués avec un ruban, frisés et arrangés de la main de la reine, sont un de ses ornements les plus frappants : il ne mange en public que dans les occasions les plus indispensables ; et dans ces occasions, on le sert à genoux, suivant l'étiquette de la maison d'Autriche, adoptée par Henri VIII. Cette étiquette eût gagné la France sous la même époque ; mais Louis XII et François Ier, c'est-à-dire, *la bonté* et *la courtoisie* mêmes y régnaient alors : aux yeux de deux hommes de cette trempe, la grandeur d'un roi de France était indépendante d'une vaine étiquette.

L'Angleterre doit l'affabilité de son souverain actuel à la popularité de son éducation et au peu d'apprêt qu'y a voulu mettre le prince de Galles son père. Elle a eu le même effet à l'égard des princes, frères du roi. J'ai rapporté ci-dessus quelques faits qui le prouvent.

Cette popularité a établi, dans l'intérieur de la maison du roi, une réforme qui la met presqu'au pair des maisons bourgeoises. On n'usait que du charbon de bois dans la cuisine du feu roi : on ne brûlait dans son appartement que du bois de cèdre : tous les différents officiers de service auprès de sa personne avaient bouche à cour. La cuisine et l'appartement du roi ne consomment aujourd'hui que du charbon de terre : la Cour n'a de table que celle du roi qui mange avec la reine : la nourriture des officiers de service leur est fournie en argent ; enfin, la table des femmes de la reine est servie de la desserte de celle du roi : le même esprit d'économie règle toute la dépense personnelle de ce prince. (Grosley, *Londres*, 1770.)

Montulé

Un spectacle bizarre

L'édifice où s'assemble le Parlement n'a rien de bien remarquable, si ce n'est qu'en le restaurant on lui a conservé une forme antique qui semble assez lui convenir. La salle des communes est un carré long, mais de peu d'étendue ; les membres siègent sur les deux côtés ; l'une des extrémités est occupée par une grande chaire bizarre sur laquelle est assis un être plus bizarre encore, *le speaker* («parleur»). Sa physionomie grave est enchâssée dans une large perruque latéralement descendante ; vis-à-vis de lui sont assis deux écrivains aussi élégamment coiffés. J'en demande bien pardon à la majesté des représentations nationales, mais je puis dire, sur mon honneur, que la farce du *Malade imaginaire* se présenta de suite à mon esprit. Je sais quelles objections me feront les Anglais à ce sujet ; mais je crois savoir aussi que mes réponses ne seront point difficiles à trouver. Le maintien des ridicules est-il absolument nécessaire à celui des choses raisonnables ? L'exactitude des costumes peut être utile au théâtre, qui représente les mœurs du temps, mais la loi, autant que la vérité, n'a besoin que d'elle-même ; elle est une, elle ne doit emprunter aucun secours, aucun masque pour frapper de son évidence. Devant les deux écrivains est une table chargée de papiers, et sur laquelle on voit de temps en temps le sceptre* exposé aux yeux ; je dis de temps en temps, car on le prend quelquefois pour le glisser sous cette même table. Les députés arrivaient la cravache à la main, dans le plus grand négligé et le chapeau sur la tête ; ils ne se faisaient l'honneur de l'ôter

---

* Ce que Montulé prend pour un sceptre est la masse du speaker, emblème de son autorité. On ôte la masse pour les suspensions de séance [N.d.É.].

qu'au moment de porter la parole. Quelques-uns étaient assis auprès du bureau, les jambes élevées et les pieds appuyés sur ses faces. On va se récrier ; on va me dire que l'Anglais ne posera point ainsi ses pieds auprès du sceptre de son roi : je l'ai vu. Lorsque je parlerai de la Constitution anglaise, je reviendrai sur le Parlement.

La liberté que j'y avais vue me faisait croire qu'à l'Opéra je trouverais chacun à l'aise et mis à sa façon. Je ne fus pas médiocrement étonné lorsque, après avoir pris, pour douze francs, un billet de parterre, deux hommes postés à l'entrée m'enjoignirent d'aller mettre un pantalon noir et des souliers, cette tenue étant de rigueur. Je me conformai à cette singulière ordonnance, et je m'aperçus qu'en effet tous les hommes étaient vêtus ainsi que moi, et les femmes coiffées avec soin.

Custine
Des cérémonies d'un autre âge

J'aurais voulu passer là tout le jour. L'architecture de la chapelle des Chevaliers est d'une beauté achevée ; on m'a montré ensuite la fameuse salle du Couronnement, la plus grande, peut-être, qu'il y ait dans le monde ; de là, j'ai été attendre le roi à la Chambre des pairs, où il devait se rendre pour la clôture du Parlement.

Le seul désir d'assister à cette cérémonie m'avait retenu à Londres. Tout le respect des Anglais pour le passé se réveille dans ces grandes occasions. On évoque alors les souvenirs de la vieille monarchie anglonormande, et le roi George IV appuie encore son trône sur le tombeau de Guillaume le Conquérant. Le cortège de ce roi constitutionnel est symbolique ; au Parlement, le siège de son chancelier est formé de ballots de laine, pour figurer une des principales sources de la richesse de l'Angleterre. Ce prince, héritier d'une puissance toute féodale, et se montrant à son peuple au milieu d'une décoration composée d'emblèmes que la multitude ne peut plus même expliquer, m'a paru plus bizarrement magnifique qu'aucun roi de théâtre. Plusieurs des usages encore observés dans ces cérémonies publiques remontent au temps du héros normand, et les costumes des grands officiers de la couronne, celui du roi, son langage *sacramentel*, son char antique et surchargé de grandes figures sculptées et dorées, tous ces vieux ornements retirés *pour un jour* de dessous la poussière des siècles, produisent une pompe presque barbare, mais que l'attachement de la populace de Londres aux souvenirs nationaux, rend imposante et même touchante. Ce spectacle tout monarchique, au milieu d'un gouvernement devenu sans le savoir, ou du moins sans l'avouer, une oligarchie mitigée par la vieillesse, ou, si l'on veut, par la civilisation, offrirait un digne sujet de méditation au philosophe qui parcourrait le monde pour y observer les diverses manières d'abuser les peuples et les princes.

Le roi, suivi d'un cortège éblouissant, est arrivé à onze heures et demie dans la salle des pairs. Il a écouté du haut de son trône le discours de la députation des communes, et il y a répondu en lisant un autre discours, à la fin duquel un personnage affublé d'une perruque, de je ne sais quel siècle, a prononcé quelques phrases en français, pour rappeler le langage de Guillaume. Ces mots dépaysés ont produit sur moi une impression singulièrement désagréable. L'accent ridicule avec lequel on les prononçait me portait tantôt au rire, tantôt à l'impatience; enfin, la séance a été levée, et après avoir fait un cours de costumes de tous les âges, j'ai vu disparaître cette fantasmagorie politique, où le héraut d'armes du temps de Guillaume de Normandie marchait à son rang, de même que le magistrat coiffé à la Louis XIV, et le courtisan du siècle de Louis XV. Tous les âges ont pour ainsi dire leurs représentants dans les mœurs anglaises, et c'est ce qui les rend si curieuses à observer.

Je me suis précipité dans la rue pour y voir passer ces *masques* à la file et pour entendre les acclamations du peuple de Londres, ivre de joie, lorsqu'il contemple son roi, ses vieux magistrats, et sa voiture nationale. Je dis *sa* voiture, car ce monument roulant, digne du roi Dagobert, est une *propriété* municipale; c'est un coche sculpté, doré, et où l'on aperçoit, entre autres, de fort beaux Tritons *grands comme nature*, d'une forme très singulière, sans compter des figures d'hommes ou d'anges de la même dimension, et dont je n'ai pu savoir les noms. Le roi est assis là-dedans, en perruque à cheveux longs, comme les rois des anciens temps, et sa figure et sa taille disparaissent presqu'entièrement sous sa couronne et sous son manteau. Ce spectacle, ridicule aux yeux, est pourtant fait pour imprimer le respect; il sert à donner foi en l'avenir, en persuadant au peuple que le passé dure encore.

Si cette réflexion ne s'était présentée à mon esprit après la cérémonie de ce jour, j'aurais accusé les Anglais d'une frivolité qui va jusqu'à la profanation; ailleurs, du moins, ce n'est pas par les rois et les magistrats qu'on fait jouer les parades, mais cette comédie politique, bien qu'elle paraisse peu d'accord avec les mœurs actuelles, a un sens profond, et elle ne manque pas son but.

Il en est de même d'une foule d'usages anglais qui nous choquent au premier coup d'œil, mais qu'on trouve motivés quand on se place au point de vue des hommes qui les ont établis : augmenter le profit et diminuer les frais, voilà le but de la vie et des travaux des vieux Anglais. (Custine, *Courses en Angleterre et en Écosse*, 1830.)

Tocqueville
A la Chambre des lords

Le 15 août 1833. — La Chambre forme un parallélogramme assez grand tendu en drap écarlate. Elle est bien éclairée par trois ou quatre beaux lustres remplis de bougies.

Les lords discutaient ce soir-là divers amendements de détail relatifs au bill des esclaves. On ne comptait guère plus d'une cinquantaine de membres présents. Ils étaient rangés autour d'une grande table qui occupe le bout supérieur de la Chambre, ou négligemment établis sur les coussins qui recouvrent tous les bancs. Ils avaient conservé leur tenue du matin. La plupart étaient en redingote et en bottes. Beaucoup conservaient leur chapeau sur la tête. Il ne régnait dans cette assemblée aucun apparat, mais en général un air de bonne compagnie, une aisance de bon goût et un certain *parfum* d'aristocratie. Au milieu de ces pairs si négligemment vêtus se trouvaient plusieurs évêques en grand costume, et lord Brougham enseveli sous une monstrueuse perruque poudrée à blanc. Les secrétaires avaient également la perruque.

Pourquoi les perruques se sont-elles maintenues dans cette assemblée et sur le banc des juges? Je concevrais à la rigueur qu'on ne pût se présenter à la Chambre des lords qu'avec le costume du Moyen Age, afin de manifester la perpétuité et l'immobilité de la constitution anglaise. Mais pourquoi du costume de nos pères n'avoir précisément choisi que la *perruque*, qui certes ne rappelle aucune idée héroïque, et qui, de plus, a l'inconvénient de n'être ni ancienne ni moderne, puisqu'elle ne se rapporte qu'au XVIIe siècle? Mais poursuivons.

Sur une question de détail, lord Wellington se leva. La gloire est entourée d'un si singulier prestige qu'en le voyant se découvrir et ouvrir la bouche, je sentis comme un frémissement parcourir mes veines. Je ne pouvais m'imaginer qu'il n'y eût pas quelque chose d'extraordinaire dans chacune des paroles de cet homme qui avait fait retentir si loin le bruit de son nom; mais j'étais bien loin de compte. Le duc commença son discours avec embarras et hésitation et ne put jamais se remettre complètement. C'était un des plus singuliers spectacles que j'aie eus de ma vie que celui du triomphateur de tant de batailles et du vainqueur de Bonaparte aussi embarrassé qu'un enfant récitant sa leçon devant un pédagogue impitoyable. Le héros de Waterloo ne savait exactement où placer ses bras et ses jambes, ni comment établir l'équilibre de sa longue personne. Il prenait et quittait son chapeau, se tournait à droite et à gauche, boutonnait et déboutonnait sans cesse le gousset de sa culotte, comme s'il eût voulu y chercher ses mots qui, à vrai dire, ne découlaient pas aisément de son intelligence. (Tocqueville, *Voyage en Angleterre [1835]*.)

Flora Tristan
Une scandaleuse scandalisée!

En France, les libertés existent longtemps dans les mœurs avant de s'introduire dans les lois. Napoléon et la Restauration ont en vain abrogé les lois qui avaient commencé l'affranchissement de la femme; cette tyrannie a éveillé partout des résistances : la femme prouve que son intelligence marche de pair avec celle de l'homme, et l'opinion s'éclaire. En Angleterre, le développement intellectuel est sans influence pour étendre la sphère de la liberté ; la liberté n'y a jamais fait un pas qu'appuyée sur la révolte, et, tandis que les femmes auteurs éclairent l'horizon britannique de vives lumières, non seulement les lois et les préjugés font peser sur les femmes le plus atroce esclavage, mais encore la Chambre des communes, elle qui prétend représenter la nation *entière*, sinon réellement, du moins d'une manière fictive, cette assemblée qui reçoit à genoux les ordres d'une reine pousse l'inconséquence jusqu'à *refuser aux femmes* le droit d'assister à ses séances.

Dans ce pays si libre, s'il faut ajouter quelque valeur aux bavardages parlementaires et aux phrases des journalistes, dans ce pays qui se dit libre, la moitié de la nation n'est pas seulement privée des droits civils et politiques, elle est de plus, en diverses circonstances, traitée en esclave : la femme peut être *vendue* sur le marché, et l'Assemblée législative lui *refuse l'entrée* dans son sein. Ô honte ! Honte sur une société qui persiste dans ces usages barbares ! N'est-elle pas vraiment d'un orgueil ridicule, cette société anglaise qui prétend imposer partout ses principes de liberté ! Eh ! quel est donc le pays plus asservi que l'Angleterre ? Le serf russe n'est-il pas plus heureux que le paysan irlandais, que l'ilote des manufactures ? Dans quel lieu de la terre la femme n'a-t-elle pas plus de liberté que dans les îles Britanniques ?

La défense d'assister aux séances des honorables provoqua en moi l'envie d'y pénétrer ; je voyais fréquemment un membre du Parlement, *tory* de parti, du reste raisonnable : il avait beaucoup voyagé et se piquait d'être exempt de préjugés. J'eus la simplicité de croire que sa conduite s'accordait avec ses paroles ; je lui proposai, comme chose toute naturelle, de me prêter des habits d'homme et de m'emmener avec lui à la séance. Ma proposition fit sur lui l'effet que faisait, au bon temps, l'eau bénite sur le démon ! Prêter des habits d'homme à une femme pour l'introduire dans le sanctuaire de la puissance mâle ! Oh ! quel abominable scandale ! quel dévergondage ! quel horrible blasphème ! ! ! Mon ami le *tory* devint pâle d'effroi, rouge d'indignation, prit sa canne et son chapeau, se leva sans me regarder, et me déclara qu'il ne pouvait plus continuer à me voir. Ses derniers mots furent : « Malheur à celui qui scandalise ! » Je lui répondis par le verset suivant : « Malheur à celui qui se laisse scandaliser ! »

Cet incident me révéla l'omnipotence des préjugés en Angleterre ; cependant, je reconnus que les coryphées n'en sont pas dupes, c'est par hypocrisie que les hautes classes s'en imposent le joug ; et c'est ainsi que les dogmes religieux sont pour elles des instruments de domination.

Ce que femme veut, Dieu le veut : ce proverbe se vérifie si fréquemment qu'on doit y voir l'émancipation future de la femme. Ma résolution ne fut en rien ébranlée ; les obstacles ne se montrent à moi que comme un défi, et toujours ils augmentent ma persévérance. Je vis bien que je ne devais plus avoir recours à un membre du Parlement, quelle que fût sa couleur, ni même à un Anglais. Je m'adressai successivement à plusieurs messieurs attachés aux ambassades française, espagnole et allemande ; je rencontrai partout des refus, non par la raison que m'avait alléguée le *tory*, mais par la crainte de se compromettre en choquant l'opinion reçue. Enfin, chose étrange, je trouvai un Turc, personnage éminent, venu à Londres en mission, qui non seulement approuva mon projet, mais m'en facilita l'exécution : il m'offrit un costume complet, sa carte d'entrée, sa voiture et son aimable compagnie. Avec quelle reconnaissance j'acceptai ses offres !

Nous prîmes jour ; je me rendis à sa demeure avec un Français qui était dans la confidence, et je me revêtis d'un riche costume turc ; ces habits étaient beaucoup trop larges et trop longs pour moi, je m'y trouvais mal à l'aise ; mais qui veut la fin doit accepter les moyens.

Londres et ses édifices sont si bien éclairés qu'on y voit mieux la nuit que le jour. Je descends de voiture à la porte de la Chambre des communes. Notre costume attire l'attention sur nous : tous nous regardent, nous suivent, et j'entends chuchoter autour de moi. « *The young Turk appears to be a woman* » (« Le jeune Turc paraît être une femme »). Comme en Angleterre tout est formalités minutieuses, l'huissier demande au véritable Turc sa carte d'admission, la prend pour la montrer à je ne sais qui, et nous fait attendre plus de dix minutes. Nous étions restés là au milieu d'un triple rang de curieux, hommes et femmes, qui venaient dans cette dernière antichambre jouir de l'intéressant spectacle de voir passer leurs représentants. Deux ou trois dames fixèrent leurs regards sur moi et répétèrent assez haut : « *There's a woman in Turkish clothes* » (« Voilà une femme en habits turcs »)!

Mon cœur battait fort ; malgré moi je devenais toute rouge ; j'étais au supplice pendant cette longue attente, parce que j'appréhendais que la rumeur publique ne m'empêchât d'entrer. Cependant ma contenance imposait : je maîtrisai mon agitation et mon apparence était calme ; car telle est l'influence du costume qu'en mettant sur ma tête le bonnet turc j'avais pris cette gravité sérieuse habituelle aux musulmans.

Enfin l'huissier revint et nous dit que nous pouvions entrer.

Vite, nous nous élançâmes dans le petit escalier de gauche et prîmes place sur le dernier banc, afin de n'avoir personne derrière nous ; mais là notre costume devient l'objet de l'attention, et bientôt le bruit court par toute la salle que je suis une femme déguisée. J'appris, dans cette soirée, à connaître les hommes de la haute société anglaise plus que je ne l'aurais fait durant dix ans de séjour à Londres, dans une position ordinaire. Je ne saurais exprimer jusqu'à quel point ils poussèrent envers moi l'impolitesse, la grossièreté, je dirai même la brutalité.

Quoique le Turc et moi eussions, en apparence, la contenance calme comme de vrais Ottomans, il était facile de deviner toute la gêne et l'inquiétude que notre position devait nous donner. Eh bien! sans nul égard pour ma qualité de femme et d'étrangère, et pour mon déguisement, tous ces *gentlemen* me lorgnaient, parlaient de moi entre eux et tout haut, venaient passer devant moi, me regardaient effrontément sous le nez, puis s'arrêtaient derrière nous dans le petit escalier, et, s'exprimant à haute voix, afin que nous puissions les entendre, ils disaient en français : « Pourquoi cette femme s'est-elle introduite dans la Chambre ?
— Quel intérêt peut-elle avoir à assister à cette séance ? — Ce doit être une Française. — Elles sont habituées à ne rien respecter. — Mais, en vérité, c'est indécent ! — L'huissier devrait la faire sortir. » Puis ils allaient parler aux huissiers, et ceux-ci me regardaient ; d'autres couraient le dire à des membres de la Chambre, qui se dérangeaient de leur place pour venir me regarder. J'étais sur des épines ! Quel manque de convenance et d'hospitalité ! Mais je laisse là des souvenirs pénibles pour parler de la Chambre.

L'aspect de la salle est ce qu'il y a de plus mesquin, de plus bourgeois, de plus boutiquier : elle forme un carré long, est petite et très incommode ; le plafond est bas ; les galeries supérieures avancent et cachent en partie les bas-côtés ; les bancs sont en bois peint couleur de noyer. Cette salle n'a point de caractère qui annonce sa destination, elle ressemble à tout ce qu'on veut ; elle pourrait, dans un village, servir de chapelle et ne ferait pas disparate avec une réunion d'épiciers ; elle n'a de dignité ni dans l'architecture ni dans les décors. L'éclairage au gaz est d'une grande richesse, et c'est la seule chose dont on puisse faire l'éloge.

Les honorables s'étendent sur les bancs, en hommes fatigués et ennuyés ; plusieurs sont couchés entièrement et *dorment*. Cette société anglaise, qui se martyrise toujours par la stricte observation des règles de l'étiquette, qui attache une si haute importance à la toilette qu'elle ne s'exempte pas même à la campagne d'en faire trois par jour, ces Anglais si guindés, qui se formalisent pour le plus petit oubli, pour la moindre négligence, affichent à la Chambre un mépris complet pour tous les égards que les usages de la société imposent. C'est du bon ton parlementaire de se présenter à la séance tout crotté, le parapluie sous le bras, en costume de matin, d'arriver à cheval, d'entrer dans l'Assemblée avec des éperons, la cravache à la main et en habit de chasse.

Les êtres insignifiants, si nombreux dans les Chambres britanniques, espèrent ainsi faire croire à leurs grandes occupations ou à leurs fashionables amusements, et quoique, je le présume, aucun de ces messieurs ne se permît de visiter n'importe lequel de ses collègues en gardant le chapeau sur la tête, tous, dans l'Assemblée, affectent de le garder ; à la vérité, ils n'exigent pas plus de politesse des autres qu'ils n'en ont pour eux-mêmes ! Personne dans les tribunes n'ôte son chapeau. En France, on exige cette marque de déférence dans toutes les réunions publiques ; il faut croire qu'en Angleterre la Chambre des communes pense n'y avoir aucun droit.

Lorsqu'un député parle, il ôte son chapeau, s'appuie sur sa canne ou son parapluie, met ses pouces dans son gilet ou dans les goussets de son pantalon. En général, les orateurs parlent très longuement ; ils sont habitués à ce qu'on ne leur prête aucune attention et paraissent eux-mêmes ne pas prendre un vif intérêt à ce qu'ils disent. Certes, il règne là un plus profond silence que dans notre Chambre des députés : la plupart des membres dorment ou lisent leurs journaux. Nous avions passé plus d'une heure dans la salle ; deux orateurs s'étaient succédé sans attirer aucune attention, et je commençais à être très fatiguée. Je n'entendais pas assez l'anglais pour suivre la discussion, et je l'aurais mieux compris que la voix monotone de ces figures de cire ne m'eût pas moins porté sur les nerfs. Nous nous disposions à aller à la Chambre des lords lorsque O'Connell se leva : à l'instant même, tout le monde s'éveilla de sa torpeur parlementaire ; les députés couchés se redressèrent en se frottant les yeux et se tinrent assis, la lecture des journaux fut interrompue et les chuchotements cessèrent. Ces figures pâles et froides laissèrent voir l'expression d'une vive attention.

O'Connell est un homme à l'encolure carrée, à la tournure commune ; sa figure est laide, toute ridée, rouge et bourgeonnée ; ses gestes sont brusques et ont quelque chose de trivial ; son costume est en harmonie avec sa personne ; il porte perruque et chapeau à large bord. A le voir dans la rue, on le prendrait pour un cocher de fiacre endimanché ; mais, j'ai hâte de le dire, Dieu a renfermé sous cette enveloppe grossière un être plein de verve et de poésie ! Entre cet homme, qui marche dans la rue, et le tribun du peuple, il y a une immensité !...

L'orateur du peuple ne se distingue nullement du peuple par l'extérieur, et c'est peut-être une des causes de la puissance qu'il exerce ; car, dans cette société corrompue, l'élégance des manières rend suspectes la pureté de l'âme, la vérité des paroles. Lorsqu'il prend la défense du peuple ou qu'il parle au nom de sa foi religieuse, il est entraînant, sublime ! il fait frémir l'oppresseur !... Sa laideur disparaît, et sa physionomie impressionne comme ses paroles. Ses petits yeux lancent des éclairs, sa voix est animée, claire, sonore ; ses paroles sont bien accentuées, elles vont à l'âme et font naître les plus violentes comme les plus douces émotions ; au *meeting*, il provoque à la fois les larmes, la colère, l'enthousiasme et la révolte !!! Je ne connais rien de si miraculeux que cet homme. Si la reine Victoria s'appuyait sur un aussi puissant auxiliaire... si, sans égard aux distinctions religieuses, elle unissait d'un lien fraternel les prolétaires des trois royaumes, elle pourrait achever dans quelques années ce que Louis XI ne put accomplir dans tout son règne, et son peuple affranchi la bénirait ! Mais, pour réussir dans cette grande tâche, il faudrait qu'un élève de Machiavel occupât le trône !

Nous passâmes à la Chambre des lords ; là aussi on devina mon sexe ; mais les manières de ces messieurs furent bien différentes de celles auxquelles j'avais été exposee dans la Chambre des délégués de la boutique et de la finance : on me regarda *de loin*, on chuchota en souriant ; mais je n'entendis aucun propos inconvenant ou impoli ; je vis bien que je me trouvais en présence de *véritables gentlemen*, indulgents pour les caprices des dames et se faisant même un point d'honneur de les respecter. La noblesse anglaise, toute hautaine qu'elle est, a une urbanité de manières, une politesse qu'on chercherait vainement dans les seigneurs de la finance ou dans aucune autre classe.

Comme nous entrions, le duc de Wellington parlait ; son débit était froid, pâle, traînant : on l'écoutait avec une sorte de déférence, mais ses paroles ne produisaient aucun effet. Lord Brougham débita deux ou trois plaisanteries bouffonnes qui provoquèrent les rires bruyants de leurs seigneuries.

La salle des lords ne vaut guère mieux que celle des communes, elle est bâtie sur le même plan ; architecture de maçon, sans ornement.

Messieurs les lords n'ont pas plus de tenue que les membres de la Chambre des communes : ils gardent aussi le chapeau sur la tête ; mais là ce n'est pas vulgarité de manières, c'est orgueil de rang, et ils exigent que les assistants, dans les tribunes publiques, ou les personnes citées à leur barre, fussent-elles des membres de l'autre Chambre, soient découverts. Après que lord Wellington eut fini de parler, il s'étendit sur son banc dans la position que vulgairement on nomme *les quatre fers en l'air*, c'est-à-dire que ses jambes reposaient sur le dos du banc supérieur, ce qui lui mettait la tête en bas ; cette posture était des plus grotesques.

Je sortis de ces deux Chambres fort peu édifiée du spectacle qu'elles m'avaient présenté, et très certainement plus scandalisée des habitudes de messieurs des Communes qu'ils ne l'avaient été de mon costume.
(Flora Tristan, *Promenades dans Londres*, 1840.)

Hennequin

Une élite ?

La noblesse anglaise a su se garder de cet esprit exclusif qui perdit chez nous l'aristocratie. Tandis qu'en France les gentilshommes résistaient également à l'établissement des communes et à l'unité administrative que voulait fonder la monarchie, qu'ils formaient de leurs écus blasonnés un rempart à travers lequel la royauté et le peuple cherchaient vainement à se rejoindre, les *noblemen* de la Grande-Bretagne se faisaient entre le roi et ses sujets d'actifs dispensateurs de liberté. Deux mille chevaliers marchaient en tête de la foule qui alla près d'Oxford proposer à Jean Sans

Peur [Terre] la grande charte, ce germe de la constitution anglaise. Ainsi ces noires armures, la terreur de l'industrie naissante sur le continent, n'apparaissaient au-delà des mers que comme des symboles d'indépendance. Cette tendance généreuse s'est perpétuée : la noblesse britannique s'est crue l'élite du peuple, elle ne s'est pas placée en dehors de lui. Toutes les opinions, toutes les carrières lui ont paru dignes d'elle ; les whigs et les tories furent représentés par Pitt et Fox, tous deux éclatants de talent comme de naissance ; Melville, issu de l'illustre famille de Dundas, devint le chef du barreau d'Édimbourg ; Byron, le poète, était lord. Faut-il s'étonner si cette aristocratie est demeurée puissante et respectée, s'il est même des abus que son autorité consacre encore, et si le plébéien qui voudrait briser les armoiries recule en voyant des gloires contemporaines protéger ces illustrations antiques ! (Hennequin, *Voyage philosophique en Angleterre et en Écosse*, 1836.)

Montalembert
Quel avenir ?

Que va devenir l'Angleterre ? se demande-t-on partout sur le continent. En Angleterre même, la question doit se poser au fond de plus d'un cœur. Mais en dehors des préoccupations de la politique contemporaine ou du patriotisme alarmé, et pour le petit nombre de ceux qui professent encore le culte de la liberté et de la dignité humaine, il n'y a pas, à l'heure qu'il est, de problème plus vital que celui des destinées prochaines de l'Angleterre.

Nul ne peut se le dissimuler, il s'est formé de par le monde une opinion défavorable à la sécurité de cette grande nation, à la durée de ses glorieuses institutions, et même à sa moralité politique. La confiance sans bornes, l'envie trop légitime, l'admiration passionnée qu'elle inspirait depuis un siècle aux esprits éclairés, aux âmes généreuses, ont fait place peu à peu à des sentiments très différents. Pendant que les anciens et fidèles partisans de l'Angleterre et de tout ce qu'elle représente dans le monde en sont encore à la défiance ou à l'appréhension, ses adversaires, en nombre toujours grossissant, appellent et saluent d'avance la chute de la vieille Angleterre. Là comme ailleurs, absolutistes et démocrates s'entendent au fond, pour former les mêmes vœux, applaudir à la même catastrophe. L'Angleterre a trop longtemps confondu les uns et les autres. Elle a donné un trop éclatant démenti à la fausse logique, à la fausse science et aux passions implacables des esprits absolus ; sa force toujours croissante, sa liberté sans bornes, sa prospérité sans rivale fournissent de trop formidables arguments à la fois contre la démagogie socialiste qui veut tout passer au crible d'une égalité sauvage, et contre cette théorie monarchique qui ne sait préserver les peuples du désordre et de la terreur qu'en les refoulant dans le silence et le néant.

Elle a trop orgueilleusement offert aux honnêtes gens son exemple comme un refuge contre cette honteuse alternative. Depuis l'avortement ou l'abdication du libéralisme continental, elle est désormais seule au monde. Partout s'exhale la secrète impatience de ceux qui se disent : Quand donc le monde sera-t-il débarrassé de ce cauchemar ? Qui nous délivrera de ce nid d'aristocrates opiniâtres et de libéraux attardés ? quand brisera-t-on l'orgueil de ce peuple qui brave les lois de la logique, qui a eu l'audace de croire en même temps à la tradition et au progrès, de maintenir la royauté et de pratiquer la liberté, de repousser la révolution et d'échapper au despotisme ?

Cette impatiente attente du mal d'autrui trouve des organes bien divers. Elle possède à la fois les avocats de la police qui se pratique à Naples, et les panégyristes des spoliations qui se commettent à Madrid. Elle a inspiré à M. Ledru-Rollin son livre sur la *Décadence de l'Angleterre*. Elle enflamme le zèle de tous ces écrivains absolutistes qui entremêlent chaque jour à leurs prophéties funèbres de lourds sarcasmes contre les mœurs et les institutions britanniques.

Tout homme qui a encore quelque souci de l'avenir des idées généreuses et des principes libéraux en Europe doit se demander si ces prédictions sont fondées ; si l'Angleterre pourra échapper aux dangers qui la menacent, survivre seule au naufrage, sortir triomphante de l'épreuve, ou bien si le jour approche où le chœur des courtisans et des démagogues, des esprits fanatiques et des âmes serviles, des partis ruinés et des nations abâtardies du continent pourra crier de loin à ce grand peuple vaincu : « *Et tu vulneratus es sicut et nos : nostri similis effectus es... Quomodo cecidisti de cœlo, Lucifer, qui vulnerabas gentes ?* » (Isaïe, XIV, 10, 12).

Je n'oublie pas qu'en dehors des passions ainsi liguées contre elle, d'autres hommes aussi ont pu, non pas désirer sa ruine, mais lui imputer des griefs trop légitimes, mais douter, comme elle semblait douter elle-même, de sa force et désespérer de sa fidélité aux lois de son histoire. Oui, aux yeux des vrais amis de la liberté, de ceux qui refusent de confondre sa cause avec celle de la révolution et de cette démocratie qui appelle et accepte le niveau du despotisme, l'Angleterre n'est certes pas sans reproche, et le moment peut paraître mal choisi pour faire son apologie. L'insupportable arrogance de la diplomatie anglaise envers les faibles et de la presse anglaise envers tout le monde, a soulevé la juste indignation d'une foule d'honnêtes gens. Bien plus, l'action agressive et dissolvante de la puissance britannique à l'encontre du droit et de la foi des peuples catholiques en Suisse et dans le midi de l'Europe, mérite la réprobation de tout chrétien sincère, et, si je ne devais me borner strictement dans cette étude à la question politique, m'obligerait à renouveler ici les protestations que j'ai fait entendre ailleurs contre cette lamentable aberration d'une race si naturellement religieuse. Enfin, depuis quelques années, l'Angleterre a tellement varié dans son attitude, elle a passé si brusquement des excès de l'invective aux excès de l'adulation, elle a tant oublié, tant dissimulé, tant sacrifié le droit et la liberté à son ambition, à ses craintes, à ses intérêts ! elle semblait abdiquer si complètement l'honneur de ses institutions libres devant la force du principe contraire ! Ç'a été le coup de grâce pour plus d'un noble cœur parmi nous !

Mais dans la vie politique, sous peine de devenir le complice de sa propre ruine et de rendre sa défaite irréparable, il ne faut s'abandonner ni au dépit, ni au découragement. Il ne le faut pas surtout quand il s'agit de juger une nation qui a, comme la France elle-même, d'incompréhensibles et soudaines défaillances et des revirements plus brusques encore. Il ne faut pas oublier ce qu'elle a été pendant deux siècles, ce qu'elle peut redevenir, ce qu'elle redeviendra certainement. Car entre elle et nous, entre elle et ceux qui veulent conquérir et mériter la jouissance de la liberté réglée dont elle a le monopole, il ne peut y avoir que des malentendus, et point de rupture permanente. Nous avons au fond les mêmes besoins, les mêmes devoirs, les mêmes ennemis. Court-elle les mêmes dangers que ceux auxquels nous avons succombé ? Voilà la question, la seule que je veuille traiter.

Je me permets de répondre à ces appréhensions et à ces prophéties par un témoignage impartial et résolu. Non, l'Angleterre n'est pas encore à la veille de périr. Non, elle n'est pas dégoûtée de ses glorieuses et fécondes institutions. Non, elle n'en est pas encore tombée au point de préférer la démocratie à la liberté, et l'égalité dans la servitude à la vie, à la force, à l'indépendance qu'elle puise dans ses traditions aristocratiques. Non, elle ne suivra pas l'exemple du continent, et les ennemis de la libre parole et du *self-government*, les absolutistes et les socialistes, attendront longtemps encore le jour de son abdication et de sa ruine.

Plus ça change...

L'Angleterre ouvrira donc la porte à la démocratie, mais en même temps elle lui opposera des digues. Entre les changements et les institutions qu'implique ce grand mot, ce qu'il y a de sage, de légitime, de nécessaire, sera accordé ; ce qu'il y a de violent, d'excessif, de compromettant pour la liberté politique, pour l'indépendance personnelle, sera longtemps encore refoulé dans le domaine des utopies et des factions. La démocratie arrivera, mais en arrivant elle trouvera à qui parler. Elle reconnaîtra que sur la plupart des points *la place est prise*, et que l'aristocratie anglaise n'est ni assez aveugle, ni assez exclusive pour préparer ces faciles et dangereux triomphes que les aristocraties continentales ont laissé remporter à leurs ennemis.

Pour bien saisir la situation qui se dessine au-delà du détroit, il faut se rendre compte de ce qu'est en réalité cette aristocratie, et surtout de ce qu'elle n'est pas. Malgré tout ce qui a été dit et écrit à ce sujet, on ne doit pas se lasser de l'étudier et de la sonder, car l'histoire politique du monde n'offre pas un second exemple d'une institution aussi bien combinée et aussi durable, d'un instrument aussi souple et aussi énergique.

Il est bon de se rappeler que l'aristocratie anglaise ne forme nullement un corps animé partout du même esprit et incrusté dans les mêmes cadres. Elle est multiple et mobile comme la vie. On raconte que, lors de la révolution napolitaine de 1820, le peuple ameuté criait sous les fenêtres du vieux roi Ferdinand IV : « *Sire, une Constitution ! nous voulons une Constitution !* » Le roi, effrayé, et qui avait pour principe de tout accorder en attendant les Autrichiens, se mit au balcon et leur répondit : « *Oui, mes enfants, vous en aurez une, et même deux, si vous voulez !* » S'il n'y a en Angleterre qu'une constitution, elle-même très modifiée et très modifiable, il y a au moins deux aristocraties. Il y a d'abord celle des deux anciens partis qui vont s'effaçant et se transformant tous les jours, celle des Whigs et celle des Tories. Pendant que l'une gouverne, il y en a une autre de rechange, toujours à l'affût des fautes et des mécomptes de sa rivale ; elle guette toutes les occasions de la remplacer, et toutes les réformes utiles à opérer, tous les mécontentements sérieux à apaiser, lui servent d'autant de moyens stratégiques pour conquérir l'exercice du pouvoir. La satisfaction des vœux légitimes de l'opinion est ainsi en quelque sorte au concours, et le bien général s'opère par l'émulation entre les partis.

Pendant ces dernières années, les Tories ont montré qu'ils savaient tout aussi bien que les Whigs user de cette recette ; et le sacrifice des bourgs-pourris et des lois sur les céréales leur paraissant désormais irrévocable, les plus intelligents se sont mis en quête des questions relatives aux classes indigentes et ouvrières et en ont fait leur apanage spécial. Témoin les efforts de sir John Pakington sur les questions d'éducation, et ceux de lord Shaftsbury, si heureux et si méritoires, pour les logements insalubres, les écoles d'indigents (*ragged schools*), la limitation du travail des femmes et des enfants dans les manufactures et son interdiction absolue dans les mines.

J'aperçois donc toujours quelque aristocrate, quelque oligarque, au premier rang des auteurs ou des auxiliaires de tout mouvement utile ou simplement nouveau. En général ils sont jeunes, mais pas toujours : quelquefois ce rôle est disputé aux débutants de l'aristocratie, par un ministre disgracié, un vice-roi émérite, un chancelier en retraite, ou un duc dans la plénitude de l'âge et de la fortune. Mais on peut être sûr qu'il se trouvera toujours quelque homme d'un grand nom ou d'une grande existence à la tête de toutes les questions d'avenir. Avec une intelligence qui n'est jamais prise en défaut, cette vieille aristocratie, représentée par ses plus jeunes rejetons, sait non seulement céder à propos, mais encore prendre l'initiative des mesures les plus graves et les plus fécondes. C'est ainsi que le jeune Pitt, avant d'être ministre des Finances, à vingt-trois ans, voulut devenir le champion de la réforme parlementaire, et que son rival Fox, issu d'une origine plus aristocratique que lui, resta pendant toute sa vie à la tête des intérêts populaires. Ils changent quelquefois d'opinion ou de drapeau ; mais il y a toujours quelqu'un de leur bord ou de leur ordre pour les remplacer au besoin. Tel est l'art de gouverner ; il exige une vigilance, une activité constantes, mais il comporte surtout cette possession de soi, cette indépendance de la force que la noblesse des autres pays de l'Europe avait si misérablement sacrifiée aux puérilités de l'étiquette et aux jouissances de l'antichambre.

Cette tactique ne réussirait pas, si les deux grandes divisions de l'aristocratie anglaise demeuraient inaccessibles aux talents, aux services, aux ambitions que produisent les rangs inférieurs de la société. Heureusement c'est le contraire qui arrive. Tout le monde connaît, mais personne n'a suffisamment vanté l'admirable mécanisme par lequel la pairie ouvre ses rangs et les vide ; attire à elle les grandes notabilités de la politique, de la magistrature, de l'armée, de la diplomatie et du monde financier, sans aucun souci de leur origine plus ou moins populaire ; et en même temps refoule dans le gros de la nation toutes ses branches collatérales, qui, à partir des petits-fils puînés de tout pair d'Angleterre, demeurent confondus avec le reste des citoyens sans aucun titre, sans aucune marque distinctive. Ce mouvement de va-et-vient qui introduit sans cesse dans les rangs suprêmes de l'aristocratie des éléments jeunes et vigoureux et qui la débarrasse des éléments superflus et inutiles, qui établit comme une sorte de roulement permanent entre la nation et la pairie, est l'œuvre non d'aucun législateur, mais de l'instinct social et politique de ce pays. Cela remonte au Moyen Age, et aussi haut que la pairie elle-même. C'est ainsi que cette grande institution a échappé aux inconvénients inséparables partout ailleurs de toute aristocratie puissante, comme à Venise et en Allemagne. C'est ainsi qu'elle a pu être un véritable patriciat politique et national, non une caste exclusive, étroitement retranchée dans son individualisme, et condamnée à périr d'inanition et d'orgueil stérile. Sans doute, là comme partout où l'âme humaine est exposée aux tentations de l'opulence, du luxe et de l'oisiveté, il a pu se former un certain monde exclusif, dédaigneux et frivole, dont l'influence trop facilement acceptée a rejailli, non sur la direction des affaires politiques, mais sur les relations du monde et les facilités de la vie sociale. Ce mal tend à disparaître de jour en jour. D'ailleurs à aucune époque la morgue ni le dédain aristocratique n'ont affecté les formes humiliantes ou exercé l'action fatale qui, dans d'autres pays, ont déposé d'incurables rancunes dans le cœur de la bourgeoisie. Cela s'explique non seulement par cette fusion permanente, dont on vient de parler, des cadets de la pairie avec le reste de la nation, mais surtout par l'usage qu'ont les seigneurs anglais de ne pas placer l'égalité de naissance au premier rang des avantages qu'ils recherchent dans leurs alliances matrimoniales. On en a souvent agi de même sur le continent, surtout dans la France de l'Ancien Régime, mais jamais sans exciter des murmures ou des moqueries. Dans la langue anglaise le mot de *mésalliance* n'a pas d'équivalent, pas plus que celui de *parvenu*, l'idée qu'il exprime est étrangère aux mœurs du pays. Rien ne s'oppose à ce que le sang des vieilles races se renouvelle, à ce que les classes qui sont le plus intéressées à la durée et à la dignité de l'édifice social se fortifient en se confondant. Les vieilles souches peuvent ainsi étendre leurs racines dans un sol rajeuni, et aspirer une sève nouvelle qui les empêche de dépérir et de s'étioler en pivotant toujours sur elles-mêmes.

Sédition et stabilité

Nous nous sommes tous dit tant de mal de nous-mêmes à nous-mêmes, qu'on a fini par nous prendre au mot, et nous traiter, surtout en Angleterre, comme des gens absolument incapables de produire ou de conserver des institutions libérales. L'Anglais se garde bien de tirer la même conclusion pour lui-même. Il se sent à l'abri des coups de tête et des plongeons. Il sent que la constitution qui le protège n'est point une de ces frêles tentes dont il faut bien se garder de secouer les parois ou de desserrer les piquets, de peur que le premier vent du désert ne vienne l'enlever. Il sait que sa maison n'est pas de verre, et qu'il peut y jeter des pierres impunément. Il sait que l'Angleterre, s'il faut en croire l'expérience du passé, peut se livrer à cette récréation sans danger, car il y a bientôt deux siècles que ses journalistes, ses pamphlétaires, trop souvent même ses orateurs et ses plus grands écrivains, font au grand jour la lessive de sa défroque et la clinique de ses infirmités.

Pour peu que l'on soit familiarisé avec l'histoire politique de l'Angleterre, on ne peut se défendre de sourire en voyant sur quels fondements s'élèvent les arguments de ceux qui annoncent périodiquement la ruine prochaine et inévitable du dernier asile de la liberté moderne. Tantôt c'est un *meeting* où des orateurs plus ou moins inconnus ont tenu un langage séditieux au premier chef. Tantôt ce sont des vitres cassées dans les quartiers aristocratiques. Tantôt c'est l'assemblage tumultueux de cent mille individus, avec accompagnement de cris, de bannières, de processions. Tantôt encore ce sont les invectives de la presse contre les hommes et les choses que l'on supposait le plus en honneur chez le peuple britannique. Mais on oublie que tout cela s'est vu depuis longtemps, s'est toujours vu depuis que l'Angleterre est libre, depuis qu'elle a accepté les infirmités et les inconvénients de la liberté avec ses incomparables avantages. En 1780, aux plus beaux jours du gouvernement aristocratique et de la splendeur oratoire du Parlement anglais, Londres a été au pouvoir d'une horde de brigands qui ouvrirent les prisons et brûlèrent les hôtels de plusieurs des principaux personnages du royaume. En 1830, quinze ans après la bataille de Waterloo, on alla briser les fenêtres du duc de Wellington, qui fit construire à cette occasion ces volets à l'épreuve de l'artillerie populaire, que l'on voit encore à son hôtel. Quelques années plus tard, O'Connell réunissait en plein air cent mille Irlandais frémissant sous sa main, et disposés, selon l'impression générale, à se jeter, sur un signe de lui, dans tous les périls de la guerre civile. Et pendant tout cela, et avant comme après, des voix éloquentes et écoutées dénonçaient les institutions nationales comme des leurres, le Parlement comme un mauvais lieu, l'aristocratie comme une caste d'oppresseurs et d'exploitateurs, le peuple anglais comme un ramas de dupes et d'esclaves, écrasés d'impôts et d'affronts par une oligarchie insatiable. Tout cela s'est dit et répété sur tous les tons, à toutes les périodes ; tout cela peut-être a été cru ; tout cela se dit et se redira encore ; mais tout cela a passé et passera comme une pluie d'orage. L'Anglais n'en demeure pas moins persuadé que son pays est le premier pays du monde. Il ne le dit pas toujours, à moins qu'on ne le contredise ; mais il le croit, et il a pour cela de bonnes raisons qu'il dépend de lui de rendre meilleures encore. (Montalembert, *De l'avenir politique de l'Angleterre*, 1856.)

La Bédollière
Pompes royales

Que d'acclamations retentissent sur le passage de la reine Victoria, lorsqu'elle vient ouvrir en personne la session du Parlement au palais de Westminster ! Quelle foule s'amoncelle sur son passage, depuis son palais de Buckingham jusqu'aux bords de la Tamise ! On peut à peine se figurer le faste que déploie en cette grande occasion la royauté constitutionnelle. La voiture où s'assied la reine avec le premier lord de la Trésorerie est un véritable monument surchargé de sculptures, d'attributs, d'ornements peints et dorés. Les chevaux plient sous leurs harnais massifs. Des hallebardiers revêtus du costume qu'avaient leurs devanciers au XVIe siècle, des hérauts d'armes chamarrés de broderies et d'aiguillettes, environnent le char triomphal, que précèdent et suivent les *horse guards*, les plus beaux cavaliers du monde sous le rapport de la stature.

Les pairs, en robe d'apparat, sont réunis avec les députés dans la vaste salle qui sert aux séances de la Chambre des pairs, et au centre de laquelle on remarque le sac de laine destiné au lord chancelier, car c'est un vieil usage que le président de la Chambre haute ait un siège qui rappelle l'origine industrielle de la prospérité du pays.

A l'extrémité méridionale, sous un dais gothique, s'élève un trône de chêne ciselé, doré, garni d'émaux et d'incrustations ; il est recouvert de velours, et les armes du Royaume-Uni sont brodées sur le dossier.

Le canon annonce l'arrivée de Sa Majesté, qui passe sous la voûte principale de la tour Royale ou tour Victoria. Deux heures auparavant, conformément à une coutume qui a pris naissance en 1605, à la suite de la conspiration des poudres, les caves du palais de Westminster ont été visitées par le lord grand chambellan, l'huissier à la verge noire (*usher of the black rod*), et un détachement des yeomen de la garde.

La reine s'arrête dans la chambre de toilette (*robing room*); elle achève d'y compléter le splendide et lourd costume dont elle est vêtue; puis elle se met en marche par la galerie Royale, dont les murailles sont enrichies de fresques représentant les principaux traits de l'histoire d'Angleterre. Elle traverse la chambre du Prince (*Prince's room*) et entre enfin dans la Chambre des lords. La grande maîtresse de la garde-robe et l'une des dames de la chambre se tiennent à ses côtés. Le lord chancelier, à genoux, lui présente un discours dont elle fait la lecture, et le brillant cortège reprend ensuite la route de Buckingham Palace. (La Bédollière, *Londres et les Anglais*, 1862.)

Bardoux

Le couronnement de George V en 1911

Londres n'a pas sa physionomie habituelle des dimanches. Une fois par semaine, la métropole et ses habitants font provision d'air pur. Dès le samedi soir, les citadins fuient la capitale et gagnent les champs. Trains, *busses*, trams, autos déversent dans la banlieue des milliers d'êtres humains. Les rues de la ville restent désertes toute la matinée: la brise marine peut les balayer, les purifier. La circulation ne reprend que le soir. Les choses, les bêtes, les hommes ont renouvelé leurs forces, avant de fournir six jours de labeur.

Mais, aujourd'hui, pour une fois, le repos dominical n'est qu'imparfaitement observé. Le devoir monarchique justifie cette infraction aux usages. Charpentiers et tapissiers continuent à dresser des estrades, à orner des façades; et les bourgeois endimanchés, qui se rendent au prêche, ne songent point à crier au scandale. Les rues ne sont plus désertes. Par Fleet Street et le Strand, les ouvriers de l'East End descendent vers Trafalgar Square en un flot ininterrompu. Les familles se sont mobilisées au complet: trois, quatre et parfois six enfants sont accrochés aux vêtements, juchés sur les épaules des père et mère. Des industriels ont frété des autobus pour promener leurs employés dans les avenues, par où se déroulera jeudi le cortège impérial. Les fermiers, les boutiquiers de la banlieue ont empilé dans leurs charrettes parents et amis. Des nuées de bicyclistes ont envahi la capitale. Les compagnies d'omnibus ont organisé des services spéciaux. Et ce torrent de véhicules, de piétons coule lentement, silencieusement, sans qu'une clameur, une chanson, des rires viennent couvrir le lourd piétinement de la foule en marche. Les *policemen* sont invisibles. Les bousculades sont rares. Quand Belleville et Suresnes descendent, leur invasion est moins disciplinée et plus bruyante.

[...] Le passage d'une voiture, aux livrées écarlates, fait passer dans les rangs un long frisson. Et quand on aperçoit, derrière les vitres, une femme, un enfant, les *hourrahs !* crépitent et les mouchoirs voltigent.

Le loyalisme monarchique de John Bull est une religion sentimentale. Ce trône est plus solidement enraciné qu'un temple sacré. Et l'affection passionnée et respectueuse, qu'ont su éveiller, entretenir et conserver la reine Victoria et ses enfants, rendrait jaloux bien des souverains pontifes. Il est vrai que si les rois anglais en revendiquent les devoirs, ils n'en réclament plus les droits.

Depuis hier, la circulation est à peu près arrêtée dans le centre de Londres à partir de midi. Pour regagner les quartiers de l'Ouest, il faut passer par Battersea et Chelsea, traverser deux fois la Tamise, faire un crochet d'une dizaine de kilomètres. La foule de Londres est un courant qu'on ne peut ni remonter, ni même couper.

Cette masse donne une impression très spéciale. Ce n'est ni une procession, ni une cohue. Il n'y a ni intervalles, ni à-coups, ni arrêts, ni clameurs. Avec la puissance, la régularité de la marée, le flux humain vient battre les murs. Des députés se sont indignés à la pensée que le peuple souverain serait, en cas de nécessité, parqué derrière de hautes portes, dont l'épaisseur défie toute poussée. Il suffit cependant de se laisser emporter par ce flot vivant, pour comprendre que la police a raison de prévoir des digues.

Le courant est si intense, si constant qu'il rend des catastrophes possibles. Soixante mille soldats, vingt mille policemen, des kilomètres de barrières ne seront point inutiles pour enrayer, canaliser, limiter la marée humaine, que peut déchaîner cette ville de sept millions d'âmes.

La foule, aujourd'hui, est assez différente de ce qu'elle sera demain. Les ouvriers et les employés sont retenus à l'atelier et dans leurs magasins. Les faubourgs ne sont pas descendus. En revanche, la banlieue donne. Des trains spéciaux ont débarqué des villages entiers, groupés par familles. Cette masse est presque entièrement composée de femmes. Il suffit de regarder, autour de soi, pour vérifier les statistiques officielles, qui nous apprennent que le sexe, appelé, bien à tort, sexe faible, dépasse son rival de près de deux millions d'âmes. J'ai vu des breaks, chargés de provinciaux, où l'on eût cherché en vain une silhouette masculine. Cette prédominance des « électrices » de demain — braves et grosses personnes rarement jolies, jamais gracieuses, fagotées à la diable, coiffées de paillassons défraîchis, traînant d'admirables enfants roses, gras et blonds — donne à cette foule une originalité saisissante.

Sa curiosité est intense. Elle regarde tout. Elle admire tout. Pas une tête qui n'ait les yeux écarquillés, la bouche arrondie, les traits tendus.

Le jeudi 22 juin, l'Angleterre a sacré *son* roi, conformément à des rites séculaires, dans un Panthéon noirci par huit cents ans et couvert de tombes illustres. Mes yeux sont encore pleins du chatoiement des soieries et des velours, entrevus sous l'élégante nervure d'une arcade gothique. Il faut avoir assisté à un dîner du Guildhall ou à une réception de la Cour, pour savoir, avec quelle aisance, l'Anglais, qui nous apparaît si guindé et si raide, porte les uniformes du XVIIIe siècle. Le 19 juin, je m'assis à la table hospitalière du lord-maire, qui offrait le banquet annuel aux «juges de Sa Majesté». Tous les magistrats portaient l'habit de velours vert, orné de manchettes et de jabots de dentelles, de boutons de brillants. Ils avaient les culottes courtes et l'épée au côté. Aucun n'était ridicule. Et quelques-uns ressemblaient à s'y méprendre aux modèles de Gainsborough. Comment s'étonner, dès lors, si trois jours plus tard, des gentilshommes authentiques, drapés dans la pourpre romaine, savaient tenir sur un coussin, sans cesser d'être dignes, la couronne d'Édouard ou l'orbe de l'empire? De même si l'on ignore l'empreinte ineffaçable laissée sur l'âme anglaise par un christianisme biblique, on est incapable de comprendre le recueillement avec lequel les députés de la majorité radicale, les pompiers et les policemen de service suivaient, tout là-bas, au milieu du chœur, à côté du tombeau des Pembroke, les gestes de la silhouette royale, revêtue de la courte dalmatique de soie rouge. (Bardoux, *Croquis d'outre-Manche*, 1913.)

MISÈRE ET RÉPRESSION

A XVIIIe siècle, le voyageur français ne trouve en Angleterre que des marques de prospérité, à tout le moins ne rencontre-t-il pas de mendiants ou d'indigents. Après 1815, et de plus en plus alors qu'on avance dans le siècle, s'imposent au visiteur de nombreux témoignages de misère qui annoncent ce qui affligera Dickens, ce que dénoncera Karl Marx. Certains prennent plaisir à constater les haillons au milieu des richesses, les mendiants qui investissent les beaux quartiers, pour mieux stigmatiser les égoïsmes de la ploutocratique Albion.

Il faut bien admettre que l'arrivée de très nombreux travailleurs irlandais et l'emballement du système industriel, grâce à la vapeur, transforment le rythme et la nature du travail, entraînant de graves problèmes sociaux auxquels la workhouse n'apporte pas de solutions acceptables.

Par ailleurs, à une délinquance redoutable, l'Angleterre oppose un système pénitentiaire dont on ne sait s'il est un modèle à suivre ou un exemple effrayant de répression. Le lecteur de la fin du XXe siècle s'étonnera sûrement : au XVIIIe et au XIXe siècle, les prisons et les bagnes font partie des établissements dont la visite s'impose, non seulement pour assouvir une *curiosité malsaine, mais pour étudier les traitements apportés aux diverses classes de délinquants : on rêve de prisons modèles et de châtiments rédempteurs. Les pendaisons exercent une étrange fascination, même lorsqu'elles ne sont plus publiques ; qu'il s'agisse d'exécutions ou de suicides, mourir à l'anglaise paraît relever de cette excentricité propre aux insulaires.*

VERS L'ANGLETERRE DICKENSIENNE

Cambry

A la fin du XVIIIe siècle

Des Anglais même m'ont assuré qu'il existait chez eux autant de malheureux qu'en France ; mais ce qu'ils appellent malheur ferait la fortune de nos paysans, si vous en exceptez ces femmes, espèce de bohémiennes et de sorcières ambulantes qui, par principe, portent des haillons, jamais l'aspect de la misère n'a blessé mes yeux en Angleterre ; des habits larges et de bons draps, sans taches et sans pièces de rapport, couvrent ses habitants de la classe la moins opulente ; des souliers impénétrables à l'humidité les préservent des maux de tête et d'estomac. Envieux, ils peuvent souffrir de l'opulence de leur voisin ; quakers, du peu de conséquence qu'on attache à leurs déclamations inspirées par le Saint-Esprit ; presbytériens, de l'existence des chapelles romaines ; ils sont sujets à tous les autres maux de l'humanité, mais jamais ce qu'on appelle proprement misère ne les assiège ; je parle de celle qui prive d'aliments, d'habits, et d'un asile contre les injures du temps. (Cambry, *De Londres et de ses environs*, 1788.)

La misère ?

Simond

Je conçois parfaitement qu'il y a ici beaucoup de gens qui n'ont point de domestiques, et à peine du pain à manger, et dont l'état habituel est le travail et la pauvreté. Quoique je ne les aie pas fréquentés, j'ai vu nécessairement, en traversant le pays, cette classe de pauvres et laborieux habitants, et j'ai entrevu leurs demeures. Tout ce que je puis dire, c'est que les pauvres ont l'air moins pauvres ici qu'ailleurs, qu'il y a très peu de mendiants, que la misère ne se présente d'elle-même nulle part à vos yeux, et que pour la voir il faudrait la chercher. Toutes les sociétés humaines en sont pleines ; ici elle ne déborde certainement pas. (Simond, *Voyage d'un Français en Angleterre*, 1816.)

Montulé

Nous avions aussi rencontré des pauvres, ce qui doit paraître étonnant dans un pays où la chaumière est décorée avec goût, où la paysanne porte un chapeau garni de rubans ; dans un pays où les manufactures semblent celles du monde, dans un pays d'où l'argent sort à flots pour soutenir ou pour submerger les puissances. (Montulé, *Voyage en Angleterre*, 1825.)

Hennequin

Opulence et misère

Sur le sol britannique, cette patrie de l'opulence, ce pays où les souverains d'or brillent dans toutes les mains, roulent sur tous les comptoirs, la misère est plus qu'ailleurs hideuse et déguenillée. Vous ne verrez pas, comme en France, ces vétérans de la mendicité qui, sans rougir, étalent aux yeux du public toutes leurs souffrances et semblent faire un métier de la misère ; mais vous rencontrerez sur les grandes routes, ou le soir à la clarté du gaz, dans une ville populeuse, une femme aux pieds meurtris, chargée d'enfants, montrant par mille trous de ses haillons des membres amaigris ; c'est un malheur résigné qui ne demande ni n'espère, et s'en va silencieux : affreux contraste du luxe et du désespoir. C'est ainsi que dans l'Angleterre, le pays aux statures élevées, aux nobles formes, au sang pur, la laideur a des dents jaunes, des lèvres avancées, une physionomie étrange, inconnue aux contrées où, comme en France, les visages sont uniformément médiocres. Albion, terre des contrastes, pays de l'intelligence avancée et des lois barbares, de l'aristocratie et de l'indépendance, de la laideur et de la beauté, de l'opulence et de la misère, tu es bien représentée par Byron, le poète à la noble tête, au pied boiteux ! (Hennequin, *Voyage philosophique en Angleterre*, 1836.)

Custine

Un peuple d'esclaves

Malgré l'immense contrepoids de l'aristocratie territoriale en Angleterre, le parti qui favorise l'industrie acquiert chaque jour une nouvelle prépondérance. Les fabricants sont parvenus à créer au milieu d'une société qui se prétend libre, tout un peuple d'esclaves ; et, quand ces hommes, dont la manière de vivre est si contraire à la destination probable de toute créature humaine, sentiront que leur malaise devient tout à fait insupportable, quand ils seront las de se voir réduits à satisfaire dans leurs semblables des besoins factices qu'ils provoquent pour se rendre nécessaires à la société qu'ils dépravent, lorsqu'enfin le nombre de ces *hommes-machines* qui se multiplient nécessairement dans une progression plus ou moins rapide se sera accru outre mesure, l'État qu'ils surchargent en prétendant l'enrichir, s'écroulera sous leur poids, et cette société si fière trouvera sa ruine dans ce qui faisait son orgueil.

Chaque fois que je suis entré dans un atelier, je me suis senti d'autant plus pressé d'en sortir, que les ouvriers qui y travaillaient étaient plus nombreux. On se lasse vite d'admirer les merveilleux résultats de ce geste unique que chaque manœuvre est contraint de répéter imperturbablement pendant sa vie entière ; et l'on s'indigne d'entendre appeler de la prospérité cette impitoyable richesse qui condamne la moitié d'une nation à l'abrutissement pour entretenir la corruption de l'autre.

L'esclavage commercial que l'industrie perpétue dans les sociétés modernes, n'est guère plus consolant aux yeux du vrai philanthrope que l'esclavage guerrier des anciens. Aujourd'hui, nos *ilotes sont forcés de vouloir leur mal*; tel est le seul avantage dû au perfectionnement de l'administration dans les États modernes. Mais l'homme qui consent à rester toute sa vie au-dessous de l'humanité, me paraît doublement à plaindre, car il est dégradé jusque dans sa conscience ; il devient complice de son avilissement, et la soi-disant liberté d'un tel être n'est qu'une dérision.

Les sociétés modernes me semblent trop fières de l'abolition de l'esclavage. Dans le fait, cette réforme tant vantée se borne jusqu'à présent à des délicatesses oratoires ; et si les langues diplomatiques de l'Europe étaient moins perfidement polies, nous ne pourrions guère distinguer un forgeron de Horsley, un mineur de Newcastle, d'un esclave romain. (Custine, *Courses en Angleterre et en Écosse*, 1830.)

Chasles
Une armée de pauvres venus de Dublin

En Angleterre la situation des ouvriers se compliquait par l'affluence des Irlandais qui encombraient le marché. Tout bateau à vapeur arrivant de Dublin ou de Drogheda versait sur la rive anglo-saxonne une armée de pauvres reptiles humains qui n'ayant plus de pommes de terre à manger dans leur pays venaient en demander à l'île voisine. Rétribution juste et terrible. Vous retrouvez la hâve figure et l'œil flamboyant de cette race orientale partout où l'on peut, en travaillant beaucoup et en dormant sur la terre, se procurer de quoi ne pas périr. Jusque dans les jungles de l'Inde et dans les prairies que dominent les Alleghanis, vous revoyez ce spirituel et sauvage regard et ce haillon fièrement porté. Quant à la Grande-Bretagne elle en est couverte ; l'Irlandais chasse les journaliers et ouvriers anglais de tous leurs marchés, non qu'il ait plus d'habileté, d'adresse ou de savoir ; mais il vit à moins de frais, il lui faut un peu d'eau-de-vie et une pomme de terre, il gardera toute l'année son haillon et son sourire. Voici ses muscles, il vous les donne, l'industrie n'a souvent besoin que de cela. (Chasles, *Études sur les mœurs anglaises*, 1850.)

Simonin
Les prolétaires de Liverpool

A Liverpool, comme sur tant d'autres points de la Grande-Bretagne, l'ivrognerie fait un grand nombre de victimes. Comment en serait-il autrement dans cette ville qui est comme le rendez-vous des marins de toutes les nations et de cette masse d'émigrants sordides que l'Irlande envoie chaque année vers les États-Unis ? On a essayé de dompter, ou tout au moins de diminuer ce vice par la création de sociétés de tempérance et de buvettes populaires, où l'on ne sert, aux prix les plus minimes, que des boissons chaudes, du thé, du café, des sirops. Le long des quais de la Mersey, on rencontre beaucoup de ces établissements organisés par des sociétés ingénieuses qui ont tant de peine à faire proscrire par le peuple les enivrantes liqueurs alcooliques.

Les travailleurs ou portefaix du port composent la majeure partie de la population ouvrière de Liverpool. Les *cotton* et les *corn porters*, les porteurs de coton et de céréales, les *docks labourers*, comme on les appelle de leur nom générique, gens aux formes robustes, athlétiques, rudes et grossiers, ne sont pas commodes à conduire, et dans plus d'une circonstance ont organisé des grèves générales. Au commencement du mois de février 1879, je me souviens d'avoir vu un jour tous les docks déserts, gardés par des dragons à cheval. Sur une large esplanade, le long de la Mersey, un orateur pérorait et la foule anxieuse s'était groupée autour de lui. Que disait cet homme à ces milliers d'hommes qui l'écoutaient ? Il engageait, comme toujours, les ouvriers à résister. Une augmentation de salaire et en même temps une diminution des heures de travail, n'était-ce pas le moins qu'on pût demander ? Ne fallait-il pas vivre, soutenir sa femme et ses enfants, avoir dans la journée quelques heures libres pour rester avec les siens ou pour donner cours à des distractions intellectuelles ? C'est l'éternelle plainte du travailleur, dans laquelle il y a tant de vrai. La police laissait dire l'orateur enflammé, auquel les assistants répondaient par des applaudissements frénétiques ; elle ne brusquait personne, veillait seulement à ce que l'ordre fût respecté. Quand le discours fut fini, la foule se dispersa lentement. Quelques jours après, tout rentrait dans le calme, les docks reprenaient leur allure accoutumée, les portefaix accouraient dans les entrepôts ; bref, le travail recommençait de plus belle, si le travailleur n'avait pas obtenu gain de cause dans toutes ses revendications.

On estime à 80 000 le chiffre de la population pauvre de Liverpool. Parmi elle, on ne compte presque que des gens sans abri, qui ne sont pas sûrs du lendemain. Liverpool, en dehors de ses quais et de quelques usines, n'a aucune occupation suivie à fournir à l'ouvrier. Il faut aller dans d'autres villes, à Manchester notamment, pour rencontrer la grande industrie. A ces gens déjà si misérables, vivant à la merci du hasard, se mêle une population flottante d'émigrants presque aussi dépourvus. Les émigrants germaniques et scandinaves affluent. On les reconnaît à leurs cheveux couleur de filasse, à leur haute stature, à des vestes et à des culottes étroites de drap de couleur, ornées de nombreux boutons métalliques. L'émigrant irlandais, *Paddy*, comme familièrement on le nomme, encombre aussi la place. La femme est vêtue d'oripeaux voyants; l'homme a le chef couvert d'un chapeau bosselé et mâchonne entre les dents le tuyau d'une courte pipe. Un troupeau d'enfants, dont quelques-uns sont encore à la mamelle, accompagne ces familles errantes, ces bohémiens d'une nouvelle espèce, qui vont chercher fortune en Amérique, ou au moins un peu de pain et la stabilité.

Toute cette foule se grossit des marins des deux mondes, parmi lesquels le matelot anglais est reconnaissable à première vue. *Jack Tar*, «Jacques Goudron», c'est son nom de roman, va marchant par les rues de ce pas oscillant que le roulis imprime à la démarche des matelots. Il porte une casquette de toile cirée. La barbe ou les favoris, que le peigne visite rarement, sont de ce blond vif caractéristique de la race anglo-saxonne. La figure est empourprée. Toujours prêt à lancer un juron ou à donner un coup de poing à la manière des boxeurs, Jack Tar a pour l'eau-de-vie sous toutes ses formes un culte particulier; sherry, brandy, gin, rhum, whisky, toutes ces liqueurs ardentes sont également douces à son gosier. Il a toujours soif, et le dimanche, n'ayant rien autre chose à faire, s'enivre avec volupté. Des coups, des batailles sanglantes s'ensuivent, les femmes s'y mêlent et la police a fort à faire pour mettre dans tout cela un peu d'ordre et conduire les récalcitrants en prison. (Simonin, *Les Ports d'Angleterre*, 1881.)

Flora Tristan
Travailleurs, travailleuses...

L'horrible oppression que l'aristocratie anglaise fait peser sur les peuples des îles Britanniques, sur les laboureurs et les ouvriers qui créent toutes les richesses, offre une haute leçon que les travailleurs de la terre entière doivent avoir constamment présente à la pensée. Savez-vous comment une poignée d'aristocrates, lords, baronnets, évêques, propriétaires de terres et sinécuristes de toutes sortes, savez-vous comment cette poignée de privilégiés peut pressurer, torturer et affamer une nation de vingt-six millions d'hommes, les conduire avec le fouet et le bâton, les entasser dans les prisons (*workhouses*), les transporter parmi les sauvages et enfin leur refuser jusqu'aux vêtements, et même le pain?... Savez-vous la source de toutes ces énormités? Eh bien, c'est que ces vingt-six millions de créatures humaines sont élevées, comme des esclaves, dans *l'ignorance* et *la crainte*. C'est que *l'école, l'Église* et *la presse* sont *complices* des oppresseurs. Croyez-vous que, si le peuple anglais avait été élevé dans des principes de liberté et d'égalité, s'il avait appris à considérer que la résistance à l'oppression est non seulement le *droit naturel* de l'homme, mais que, bien plus, lorsque le peuple est opprimé, l'insurrection devient un *devoir sacré* ; croyez-vous qu'il souffrirait que des lords, législateurs par *droit de naissance*, que des propriétaires de terres féodales fissent pour lui des *lois de famine* afin de lui vendre leurs grains *plus cher* ? Non, certes ; car alors le peuple anglais sentirait sa dignité et aurait trop d'élévation dans l'âme pour attendre, ainsi plongé dans l'abjection, la mort lente et convulsive de la faim.

Il semble que, sous un gouvernement à demi bien organisé, il devrait suffire, pour acquérir de l'aisance, d'être habile dans sa profession, laborieux et économe. Cependant, l'Angleterre vous montre une foule d'ouvriers de talent sans ouvrage et mourant de faim. C'est que les travailleurs se sont laissé surcharger de plus d'impôts qu'ils n'en peuvent payer : c'est que les produits de leur travail ne peuvent plus se vendre à l'étranger, parce que les hommes de l'aristocratie qui gouvernent l'Angleterre ne veulent pas recevoir les grains, les vins et les bestiaux de l'étranger, afin de vendre plus cher aux travailleurs tout ce qui est objet de consommation indispensable, le pain, la bière, la viande, etc.

En Angleterre, le peuple n'est affranchi que de nom ; vingt-quatre millions de prolétaires portent encore le joug de l'aristocratie. Le peuple anglais n'a pas comme vos pères et comme vous, commencé à conquérir l'égalité et la liberté dans de glorieuses révolutions.

Travailleurs, n'oubliez jamais que, si le règne de la justice, le gouvernement *au profit de tous et de toutes*, ne s'obtient que par le courage des masses, il ne se conserve que par la vigilance la plus active. Le privilège cherche continuellement à se créer une existence à part, à vivre dans le luxe aux dépens de tous. Vous le voyez par l'Angleterre, où les grands propriétaires, qui dominent dans les élections, affament les ouvriers. Lorsque les gouvernants, les membres des assemblées législatives sont élus par le petit nombre, c'est au profit de ce petit nombre que la nation est gouvernée.

Prolétaires, mon ouvrage est l'exposition du grand drame social que l'Angleterre va dérouler aux regards du monde : il vous fait connaître l'impitoyable égoïsme, la révoltante hypocrisie, les monstrueux excès de cette oligarchie anglaise, si puissante et si coupable envers le peuple. Il vous prépare à l'apparition des grands événements de cette lutte terrible qui s'engage entre les prolétaires et les nobles de ce pays. Vous jugerez si la nation anglaise est destinée à s'affranchir du joug, à se régénérer, ou si cette grande nationalité doit finir par une aristocratie cruelle et pourrie et un peuple avili et misérable.

Vous verrez, par l'exemple du peuple anglais, combien est précaire l'existence d'un peuple dont les libertés civiles ne sont pas garanties par des droits politiques et des institutions sociales établies en vue de l'intérêt de *tous* et de *toutes également*. Vous sentirez de quelle importance il est pour vous d'obtenir l'un et l'autre, et de vous rendre capables par l'instruction d'en user convenablement. (Flora Tristan, *Promenades dans Londres*, 1840.)

Montalembert
La charité, un devoir

Les premiers intérêts de tout peuple civilisé, l'enseignement, la charité, la police, plongent leurs racines et puisent leur sève dans l'intarissable réservoir des volontés indépendantes et des sacrifices spontanés de vingt millions d'âmes chrétiennes.

L'Anglais donne son argent, son temps, son nom à une œuvre de charité ou d'intérêt public ; il met sa gloire à ce que l'œuvre qu'il adopte ainsi soit au niveau de tous les besoins et de tous les progrès ; mais pour y parvenir il ne songe pas à invoquer ou à accepter la main mise des agents du pouvoir sur tout ce que ses pères et lui ont fondé. Il garde l'autorité avec la responsabilité, le droit avec le devoir. Il tomberait en pâmoison devant notre système de charité légale, dirigée, surveillée, éduquée, et en fin de compte garrottée ; où depuis 1852 tous les membres de tous les bureaux de bienfaisance de la France entière sont nommés et révoqués par les préfets ; où il en est de même de tous les administrateurs des hospices auparavant électifs.

Supported by voluntary subscription : telle est la fière et noble inscription qu'on lit dans toute l'Angleterre sur la façade de la plupart des hôpitaux, des hospices, des asiles divers de la misère humaine. Alors même que le gouvernement a pris l'initiative, le public est toujours venu revendiquer sa part et son droit : *Condidit rex, civium largitas perfecit*, comme il est dit sur la façade de l'immense hôpital des aliénés de Bedlam. On comprend bien que ces mots : *entretenus par des souscriptions volontaires*, impliquent ceux-ci : *gouvernés par l'autorité des souscripteurs*. C'est toujours le même principe : l'effort, le sacrifice personnel et permanent, puis le droit et le pouvoir naissant du sacrifice et de l'effort. Tant que ce principe sera en force et en honneur, l'Angleterre n'aura rien à craindre : sa gloire et sa vertu pourront résister à la contagion de la servitude continentale.

L'Angleterre échappe ainsi au plus grand ennui et au plus grand danger de la société moderne, à l'uniformité sociale et à la toute-puissance du gouvernement. (Montalembert, *De l'avenir politique de l'Angleterre*, 1856.)

Nisard
Un hospice modèle ?

Je n'ai vu que celle de Liverpool, une des mieux conçues, dit-on, et très certainement une des mieux administrées de toute l'Angleterre. C'est à la fois une maison de travail un hospice et une école publique. L'établissement est situé hors de la ville, sur une des hauteurs qui la dominent, dans un air sain, au moins relativement, car la charité peut tout améliorer en Angleterre, excepté le ciel. Les bâtiments sont vastes, aérés, et paraissent bien tenus ; la propreté anglaise a pénétré jusque dans la maison des pauvres. Les ateliers sont larges et bien clos, les cours dallées, grandes et ouvertes. Ce n'est pas une prison, car la force publique n'y est représentée par aucun soldat ; et à la faiblesse matérielle de l'autorité on peut mesurer la facilité de l'obéissance. Mais c'est encore moins une maison de luxe, car, outre l'air de tristesse et de dénuement que le pauvre répand autour de lui, un bienfaiteur collectif, tel qu'est une société qui se charge de nourrir ses pauvres, ne met guère de grâce dans sa manière de donner, et laisse voir par trop d'endroits que le bienfait est accordé sous la forme d'un impôt. Les intermédiaires entre la société et ses pauvres sont sérieux et froids comme des agents : justes, d'ailleurs, et bons, mais sans ce superflu, qui est la sympathie, et qu'on ne leur demande point. La maison est hospitalière : mais l'hôte n'est pas un ami attendu, à qui l'on garde la meilleure place, la coupe de fête à table et le lit d'honneur : c'est un pauvre qu'on reçoit sur un *bon* de la paroisse, et à qui l'on fait payer, par un certain travail, une place sous un toit commun, peut-être la place restée vide par la mort d'un compagnon de misère récemment délivré de la charité publique et de la vie. On ne peut donc parler de ces établissements que le cœur serré, ni en louer les choses louables qu'avec chagrin ; car l'irréparable est écrit sur toutes les pierres et sur tous les visages.

Le directeur actuel, ancien homme de loi, a été, quoique homme de loi, et pour sa réputation de probité et de fermeté, élu à cette grande fonction par les suffrages des notables de Liverpool. Il succédait à un de ces hommes qui sont la plaie de toutes les institutions de bienfaisance, gens qui exploitent leur place comme une industrie, et qui prélèvent chaque jour une dîme sur la part des pauvres. Il s'était fait, sous un nom analogue à notre mot français *tour de bâton*, un revenu énorme. Ces abus n'étaient pas ignorés : mais telle est, en Angleterre, la force des choses établies, qu'on le maintint dans sa place jusqu'à sa mort, le seul service qu'il ait rendu à la *maison de travail* de Liverpool.

Le premier acte de son successeur fut de rendre aux pauvres tous les indignes profits que cet homme avait faits sur eux, et de se réduire strictement au salaire, du reste très honorable, qui est affecté à sa place. Tout, dans la maison avait été corrompu par l'exemple du chef. Les fournisseurs du dehors, pour se récupérer des pots-de-vin, altéraient les provisions ; le lait était falsifié, les légumes avariés, le pain enflé au moyen de procédés chimiques. A l'arrivée du directeur actuel, tout a changé de face ; les fournisseurs, tenus quittes des pots-de-vin, ont livré des provisions de bonne qualité. La seule différence d'un homme désintéressé à un homme avide a produit des sommes considérables, et a donné une existence nouvelle à la maison de travail, sans augmenter pour la ville les frais de dotation annuelle. Le plus difficile à trouver, après l'argent, c'est l'homme chargé de l'employer : il dépend du choix qu'on a fait qu'un établissement de ce genre soit une maison de bienfaisance ou une ferme des gabelles abandonnée à l'avidité d'un traitant.

Le directeur de la maison de travail de Liverpool paraît être un homme d'environ cinquante ans. C'est un esprit net, adroit, décidé, faisant chaque chose avec la facilité et la confiance que donnent un bon début et la popularité qui s'y attache. Sans avoir, comme on dit, la fibre très tendre, il a pour les pauvres cette austère sympathie de la probité, bien préférable à la condescendance d'un homme qui se montre facile et relâché envers les gens qu'il vole. Il peut être sévère sans paraître dur, car il n'a pas à faire payer à la discipline les infidélités ou les gains honteux de son administration. Les pauvres le craignent sans le haïr, parce qu'ils savent qu'il les défend quand il n'est pas devant eux, et parce qu'il a l'attitude qui convient à une société en présence de ceux de ses membres qui n'ont pas su ou qui n'ont pas pu s'y faire une place. C'est une attitude grave et ferme, ni trop bienveillante pour ne pas amener le relâchement, ni trop sévère pour que devant lui le malheur n'ait jamais l'air d'être un crime. C'est ce qui explique la facilité de ce gouvernement, où un seul homme conduit dix-huit cents à deux mille personnes, dont plus de mille sont valides, et dont aucune, parmi ces mille, n'est sans quelque levain de révolte au fond du cœur ; car quel est le pauvre qui croit ne l'être que par sa faute ?

Il y a là des hommes qui n'ont jamais résisté à une passion, qui ont incommodé tous leurs semblables de leur liberté brutale, et dont l'obéissance même, triste et morose, est toujours frémissante. Eh bien, tous ces hommes se lèvent et se découvrent avec respect quand passe auprès d'eux, avec sa parole brève, son œil vif et pénétrant, ses ordres précis et sans réplique, son geste brusque, son pas rapide, le petit homme, semblable à un clerc de paroisse, qui les gouverne, qui mange de ce qu'ils mangent, boit de ce qu'ils boivent, et n'a pas dans sa poche un *penny* qui aurait dû aller dans la leur. Sa fermeté et sa probité lui tiennent lieu de ce piquet de soldats qui ne sert pas toujours à rendre forts certains fonctionnaires. Ce sont deux forces immenses aux yeux des masses, parce qu'on ne peut pas plus les feindre quand on ne les a pas que les cacher quand on les a.

D'ailleurs, à quoi serviraient des forces matérielles ? La maison de travail n'est pas une geôle : quiconque est las d'y vivre peut s'en faire ouvrir la porte et retourner à la vie précaire et à la liberté nécessiteuse du dehors. La maison ne le rejette pas ; elle lui donne même le viatique de quelques jours, en attendant qu'il trouve du travail. S'il n'en trouve pas, ou si, après avoir été employé quelque temps, il retombe dans le besoin, l'administration le reçoit de nouveau, sans rechercher si c'est le travail qui l'a quitté, ou lui qui a quitté le travail, et sans aggraver sa position dans l'intérieur de la maison. Sa place lui est rendue, sa portion lui est pesée de nouveau, car les portions sont pesées ; mais ce n'est pas le retour de l'enfant prodigue, et au lieu d'un père qui l'accueille et fait tuer le veau gras pour fêter son retour, c'est un chef qui peut-être, en le recevant, ne lui épargne pas quelques éloges ironiques de la maison qu'il a eu tort de quitter.

Du reste, bien peu sont tentés d'essayer de la triste joie d'un jour de liberté dont le lendemain est la misère. La douceur du régime, l'assurance d'avoir le pain de chaque jour, la modération du travail, les amitiés qui se forment dans le travail commun des ateliers et sur les banquettes des chauffoirs, l'habitude, enfin, qui peu à peu confisque à l'homme sa volonté, les retiennent dans la maison de travail, et leur font oublier une liberté dont les seules jouissances sont des soirées passées à la taverne, que suivent des privations intolérables.

La constitution du travail, dans l'intérieur de la maison, est équitable et parfaitement réglée. Tous les pauvres valides (*able bodies*) sont appliqués à des travaux proportionnés à leurs forces, et dont une partie du prix leur est abandonnée, soit pour les petites douceurs du préau, soit pour en aider leurs familles qui habitent au-dehors. Les étoffes de coton et de laine, nécessaires à l'habillement de la communauté, sont fabriquées dans la maison : on vend le surplus à Manchester. Les vieillards, qui n'ont plus assez de force pour un travail fatigant, préparent des cordes de chanvre pour calfater les vaisseaux. Dans une des salles où se font ces cordages, il y avait un vieux marin, jadis compagnon de guerre de Nelson, d'une grosseur énorme, à qui son ventre servait de table à ouvrage. « Voulez-vous voir un de nos élèves ? », nous dit le directeur en nous montrant le bonhomme enseveli sous son chapeau de cuir, peut-être aussi contemporain de Nelson. Il l'appela d'un ton de voix ferme, quoique amical. Le bonhomme souleva d'abord sa tête, puis son ventre, puis ses jambes, et vint à nous d'un pas grave, avec toute la docilité militaire, mais non sans dépit, à ce que nous crûmes voir, d'être montré comme un spécimen du bon régime de la maison. Sa figure, forte et intelligente, était celle d'un homme contrarié. Il salua, mais ne dit pas un mot. Après quelques paroles du directeur, il regagna sa place, et nous sortîmes, moi beaucoup plus malheureux qu'il n'avait pu être blessé, et pensant qu'il faut être un ange ou une femme pour toucher aux plaies du pauvre sans les envenimer. Qui sait si un rayon de la gloire de Nelson, en tombant sur cet obscur matelot, n'a pas mis dans son cœur un sentiment de dignité personnelle que n'ont pu flétrir les malheurs d'une vieillesse recueillie par la charité publique ?

Par une distribution judicieuse du travail, qui tire parti de tout le monde et n'épuise personne, les dépenses de la maison sont presque couvertes par le prix des objets vendus au-dehors. Les frais et les produits se balancent à peu près, ce qui permet à la ville d'étendre à plus de têtes le bienfait de sa taxe des pauvres, et d'admettre même au partage de l'aumône municipale des malheureux qui ne sont pas inscrits sur le registre de la paroisse. C'est ainsi que la maison de travail paye le passage et la nourriture de tous les pauvres Irlandais qui, après avoir fait la moisson en Angleterre, reviennent s'embarquer à Liverpool, plus pauvres qu'auparavant ; car ils n'ont rien économisé de ce qu'ils ont gagné : partis avec des vêtements, ils s'en retournent avec des haillons.

Il n'y a pas de spectacle plus douloureux que celui de ces files d'Irlandais, la plupart pieds nus, sans chemise, les habits en lambeaux, la faucille portée en bandoulière et entourée de foin, un bâton à la main, marchant un à un sur les grandes routes, et regagnant cette *verte Irlande* où l'hiver et ses dernières nécessités les attendent ; vrais ilotes de la Grande-Bretagne, qui semblent habillés de ses guenilles et nourris de ses restes. Quelques-uns de ces malheureux errent sur les quais de Liverpool, attendant que les hommes de police les recueillent et les conduisent devant les officiers compétents ; car c'est par l'intermédiaire de la police et des juges que les pauvres reçoivent l'hospitalité de la ville. On les interroge, on regarde s'ils ont les poches vides, — quelques-uns n'ont pas même de poches, — après quoi on les envoie à la maison de travail. Ils y ont un gîte pour la nuit, la nourriture, et, le lendemain, on les renvoie par le paquebot, où ils sont entassés et parqués sur l'arrière comme les moutons et les cochons expédiés d'Irlande pour l'Angleterre, laquelle reçoit le bétail et renvoie les pauvres. Cette charité qui déporte les pauvres n'est pas celle de saint Vincent de Paul ; mais, quand on regarde les choses froidement, et combien le fardeau des pauvres indigènes est déjà lourd pour chaque ville, on donne des éloges même à cette hospitalité si dure et si avare, qui reçoit le pauvre étranger sans plaisir et le renvoie sans pitié. N'est-ce pas beaucoup déjà que la civilisation soit juste, et que le débiteur reconnaisse sa dette ?

La nourriture de la maison de travail consiste principalement en lait, en pommes de terre et en viande de porc. On nous a fait goûter de ce lait : il est excellent. On ne nous le présenta pas dans un petit pot, écrémé dans le grand, et mis à part tout exprès, pour rassurer la philanthropie des visiteurs et faire dire à quelques heureux : Nous n'en buvons pas de meilleur. On nous mena dans un vaste garde-manger, où nous puisâmes le lait à même dans le tonneau qui contenait la provision du jour. J'ai dit qu'on pesait les portions de pain : ce sont deux femmes qui ont ce soin ; l'une coupe, et l'autre pèse les morceaux dans une balance. Il y a deux qualités de pain : le plus mauvais régalerait nos soldats. On le donne aux valides, aux enfants, aux *able bodies*, nom horriblement matérialiste que la religieuse Angleterre donne à tous ceux qui peuvent travailler. Le pain de première qualité est réservé pour les vieillards, pour les invalides, pour les malades. Le directeur de l'établissement n'en mange pas d'autre. Il fait aussi son ordinaire de l'*ale* qu'on donne aux travailleurs, pour les soutenir, et aux vieillards, pour les réconforter. Quelques vieilles femmes reçoivent une portion de thé et de sucre ; elles prennent le thé trois fois par jour. C'est, de toutes les rares douceurs de la maison, la plus propre à consoler ces pauvres créatures de n'avoir plus de *home*. Enfin, il y a de très bon tabac pour ceux à qui l'usage du tabac, dans des jours moins mauvais, — les seuls jours bons du pauvre, — en rendrait la privation trop pénible. Le directeur de l'établissement est, de droit, le juge de ces besoins et le distributeur de ces petites faveurs. Il peut mettre une sorte de grâce à les accorder. Il est douteux que ce ne soit pas encore là une dette ; mais, du moins, la manière de la payer peut lui donner l'air d'un bienfait : cette fois, la main de la charité publique ressemble à la main d'un ami.

Les enfants des deux sexes, qui sont très nombreux, reçoivent l'instruction première par la méthode lancastrienne. On les tient très sévèrement, peut-être trop sévèrement. Il est vrai qu'il n'y a pas de peuple plus disciplinable que le peuple anglais. A voir ces centaines de petits garçons manœuvrer dans la cour avec la précision des soldats de leur pays, à la voix d'une espèce de pédagogue, chétif et râpé, qui frappe sur un livre pour appuyer sa voix grêle et criarde, on sent que la subordination est le fond de l'esprit anglais et que la loi est le plus obéi des despotes. Ces pauvres enfants vont nu-tête et nu-pieds pendant tout ce qu'on appelle la belle saison en Angleterre, c'est-à-dire, pendant les huit mois de pluie interrompue de brouillards, qu'on décore de ce nom.

Je ne pus me défendre d'en témoigner de l'étonnement au directeur. Il faisait si froid ce jour-là : la bise, qui soufflait depuis le matin, et dont nous sentions les piqûres jusque sous nos vêtements, avait bleui leurs jolis visages et leurs pieds, que raidissait le froid des dalles encore humides d'une averse récente. Ils marchaient courbés, la tête renfoncée dans les épaules, les mains collées contre le corps, tout rétrécis et ramassés, comme pour offrir moins de prise au froid, avec cette tristesse sans imagination de tous les enfants marqués, en naissant, du stigmate de la pauvreté. Ce n'est point par économie, m'a-t-on dit, qu'on les laisse aller ainsi tête nue et sans chaussure, mais de l'avis du chirurgien et du médecin qui le jugent meilleur pour leur santé. Est-ce là le vrai motif ? Un régime hygiénique qui épargne à l'établissement les frais de plusieurs centaines de paires de souliers par mois n'est-il pas ou une parcimonie, ou un reste de barbarie déguisée ? Les docteurs, à qui nous soumîmes ce doute, prirent sérieusement la responsabilité de la mesure, et nous ôtèrent tout soupçon à cet égard. Peut-être, hygiéniquement, ont-ils raison ; peut-être vaut-il mieux pour ces pauvres enfants entrer dans la vie par de rudes épreuves, et n'avoir pas d'enfance à regretter. Mais si les plus valides s'y fortifient, les faibles n'y succombent-ils pas ? Je n'eus pas le courage d'interroger les docteurs sur ce point.

Le directeur nous fit entrer dans la salle des petites filles au moment de la leçon. Il y en avait une cinquantaine environ, rangées en cercle autour d'une petite vieille qui leur apprenait à compter jusqu'à cent, et qui, une baguette à la main, commandait la manœuvre lancastrienne. Je me sers à dessein du mot manœuvre, car les intelligences et les mémoires sont dressées comme des soldats par cette méthode. Elles avaient un geste particulier et une intonation distincte pour chaque dizaine. Tantôt elles croisaient les bras ou les laissaient pendre le long du corps ; tantôt elles en levaient un sur leur tête ou l'étendaient en avant ; tantôt elles battaient des mains, toutes avec une régularité et une précision imperturbables. Arrivées au premier chiffre de chaque dizaine, et au moment de changer de geste, elles enflaient leurs petites voix aiguës et attaquaient la note avec un ensemble tout à la fois musical et mimique, auquel le directeur prenait part. La vieille, debout au centre du cercle, la baguette levée, tournant sur elle-même pour surveiller toutes ses écolières, l'oreille attentive à leurs cinquante voix, criait de temps en temps : « Allons, allons, *make haste, make haste.* » De toute la petite troupe, pas une ne broncha. Comme j'étais alors tout plein de machines, je cherchai involontairement s'il n'y en avait pas une, dans quelque coin de la salle, qui arrêtât et fît partir ces cinquante mémoires à la fois, comme les cinquante roues d'une mécanique. Toutes les voix moururent dans une sorte de cadence au nombre cent. C'était un véritable exercice de vocalisation. Combien peu de ces pauvres filles, me disais-je, auront besoin de savoir compter au-delà du nombre cent !

Le plus touchant de cette scène, c'étaient cinq ou six petites filles de moins de quatre ans, restées assises sur des bancs, et qui répétaient tout bas la leçon avec cette petite voix d'oiseau si fraîche, si gaie, par laquelle les enfants de toutes les conditions se ressemblent au commencement de la vie. L'une d'elles, à peine âgée de trois ans, jolie comme un ange de Murillo, imitait les gestes de la vieille avec ma canne qu'elle m'avait prise. C'était un enfant abandonné. Mon ami et moi, nous nous regardâmes en sortant : nous avions tous deux les yeux humides. « C'est surtout en ma qualité de père, me dit-il, que je ne trouve pas lourde la taxe des pauvres : de tous les impôts que je paye, celui-là me coûte le moins, parce qu'il en revient quelque chose à ces pauvres enfants. — Et c'est par le même motif, lui répondis-je, que j'admire votre maison de travail, et que j'en souhaiterais au même prix de pareilles à mon pays. » [...]

Deux ou trois hommes sont employés à faire des bières pour ceux qui meurent dans la maison et pour les pauvres du dehors auxquels la paroisse fait la charité d'un cercueil. Il y en a un magasin tout plein, que la mort épuise au fur et à mesure qu'on le remplit. Ces bières sont peintes en rouge. C'était un vieillard qui les barbouillait, et qui peut-être barbouillera la sienne. Un homme plus jeune était chargé de raboter les planches et de les clouer, un autre d'y mettre les attaches de fer. Ils faisaient cela avec la même indifférence que ceux qui préparent le dîner. L'établissement fournit des bières à tous les pauvres qui justifient de l'impossibilité de faire enterrer les leurs. J'ai vu deux femmes, probablement deux mères, qui sortaient de la maison par une des portes de côté, emportant sous leurs bras deux petits cercueils d'enfant. Elles pleuraient presque autant de honte que de regret ; car, s'il y a quelque chose que les pauvres redoutent plus que l'hôpital, c'est d'être enterrés dans des planches qui ne leur appartiennent pas.

Ces dons gratuits de cercueils par la maison de travail de Liverpool ont été l'occasion d'une industrie révoltante. De malheureuses femmes, feignant la douleur et les larmes, obtenaient de ces bières, dont elles allaient boire le prix au cabaret ; d'autres, moins coupables, en faisaient du feu, peut-être pour réchauffer leurs enfants. Ce double abus a cessé. On ne délivre de cercueils que sur le bon de la paroisse, dont les autorités ont soin de faire rechercher si ceux qui en demandent ont en effet des morts à faire enterrer. La charité est obligée d'avoir l'œil vigilant du fisc, et c'est une chose pénible à dire qu'elle peut quelquefois corrompre ceux mêmes au profit de qui elle s'exerce. (Nisard, *Souvenirs de voyages*, 1855.)

Vallès

Le droit au pain et à l'abri

Tout Anglais, toute Anglaise de n'importe quel âge, a le droit au pain et à l'abri, de par la loi des pauvres.

Il n'a qu'à donner la preuve qu'il est indigent et qu'il désire travailler : seront tenus de l'empêcher de mourir les administrateurs de la paroisse qu'il habite pour le moment, ou dans le rayon de laquelle il a couché la veille.

S'il a eu là son grabat pendant un an, sans interruption, il est dit *irremovable*, c'est-à-dire qu'il est devenu un immobilisé de l'aumône. En cas de lacunes, d'hiatus, dans ce volontariat d'un an au régiment de la famine, il perd pied. Les *guardians* jouent avec lui comme avec une balle faite de chiffons, et le renvoient à la paroisse qui l'a vu naître, ou à celle qui l'a vu vivre — vivre comme un loyal sujet de la reine, payant bien ses taxes, et imposé au nom des misérables.

Il en est qui, sans être venus au monde avec une cuillère d'argent dans le bec — *silver spoon in the mouth* — ont eu la cuillère d'étain qui suffit à manger la soupe chez les gens qui doivent servir des rentes au gouvernement, mais qui ont, en échange, l'honneur de voter. Ceux-là tombent petit à petit, *down and down*, grâce à la maladie ou à la fatalité.

Maintenant, on leur permet de ronger les miettes des guinées qu'ils ont payées pour le *Poor law* ; ils peuvent frapper à cette porte percée dans le mur sombre : on leur ouvrira. Et les battants se refermeront sur eux pour le restant de leurs jours ; s'ils y tiennent, on les murera tout vivants et, à la dernière heure, on clouera leur cercueil. Si bien que pas un être humain n'est condamné à mourir de détresse sous le ciel de fer de l'Angleterre.

Et pourtant les rues de Londres sont pavées de cadavres, les hospices regorgent d'agonisants, les tribunaux jugent les suicides au tas.

Destitués de leur rang d'hommes : *destitute*, ainsi dit le procès-verbal constatant la situation de ceux qui vont avertir les autorités qu'ils ne savent où dormir ce soir et qu'ils n'ont pas fait un repas depuis une éternité.

Le *relieving-officer*, l'officier de secours, me fait l'effet d'un lieutenant nommé, au lendemain de tempête, par les plus solides et les mieux armés des naufragés, pour distribuer les vivres aux malades et aux saignants du radeau — qu'on n'ose pas fusiller, ni jeter à la mer, parce qu'en entrant au port on serait accusé d'assassinat — mais qu'on nourrit juste assez pour qu'ils ne crèvent point ou n'arrivent pas à la folie de la révolte.

C'est un ponton chargé de canons, mais aussi un radeau qui peut sombrer demain, cette Angleterre ; et je comprends pourquoi ils ont fait cette loi des pauvres qui semble née d'un sentiment de justice et de pitié, et qui n'est qu'un expédient de navigateur en détresse.

Le squelette de cette loi est debout, à l'avant du gouvernail — squelette aux os durs et au geste funèbre ! (Jules Vallès, *La Rue à Londres*, 1884.)

CRIMES ET CHÂTIMENTS

Misson

Mourir à l'anglaise

La *Penderie* est le genre de supplice le plus commun en Angleterre. Ordinairement cette exécution se fait sur un grand chemin, à un quart de lieue hors des faubourgs de Londres. Les assises pour le jugement des criminels ne se tenant que huit fois l'année, on a quelquefois des vingtaines de scélérats à pendre tout d'un coup. On en met cinq ou six dans un tombereau, et on les mène à reculons, la corde au cou, au fatal Tyburn. L'exécuteur fait arrêter le tombereau sous une des poutres traversantes du gibet, et attache à cette vilaine poutre les bouts des cordes dont les autres bouts sont tournés autour du cou des malheureux. Cela fait, il donne un coup de fouet au cheval, le tombereau part, et voilà mes coquins en l'air. Le bourreau ne s'embarrasse pas de leur fouler les épaules ou les bras, afin qu'ils soient plus tôt étranglés ; mais des parents et des amis prennent ce soin : ils vont tirer l'agonisant par les pieds, pour abréger la peine. Les Anglais sont des gens qui se moquent de la délicatesse des autres nations, chez qui on se fait une si grande affaire d'être pendu. Le grand courage anglais regarde cela comme une bagatelle ; et ils se moquent aussi du prétendu déshonneur qui dans l'opinion des autres rejaillit sur la parenté. Celui qui doit être pendu ou exécuté à mort, de quelque manière que ce soit, songe premièrement à se faire raser, et à s'habiller proprement, soit en deuil, soit en habit de noces. Ensuite, il emploie des amis pour avoir la permission d'être enterré, et de faire porter son cercueil avec lui. Quand l'habit, ou la robe de chambre, les gants, le chapeau, la perruque, le bouquet, le cercueil, l'équipage mortuaire de flanelle, et toutes ces choses-là sont achetées et préparées, le principal est fait, son esprit est en repos ; et alors, il songe à la conscience. D'ordinaire il médite un discours, qu'il prononce sous le gibet, et le donne au shérif ou au ministre qui le console, avec prière de le faire imprimer. Quelquefois les filles s'habillent de blanc avec de grandes écharpes de taffetas, portent des corbeilles pleines de fleurs et d'oranges, et répandent çà et là ces faveurs en chemin faisant. Mais pour représenter les choses comme elles sont, il faut ajouter que si parmi ces gens-là il s'en rencontre assez souvent qui s'ajustent ainsi, et qui prennent un air riant, il y en a beaucoup d'autres qui se font pendre en habit fort négligé, et avec une mine fort triste. (Misson, *Mémoires et observations faites par un voyageur en Angleterre*, 1697.)

Muralt

Plaisirs féroces du peuple

Mais voyons dans quelque détail ce que les scélérats ont à craindre ici des lois, ou ce que les honnêtes gens en doivent espérer. Commençons par ce qui regarde les voleurs, qui sont un corps considérable, et qui mériteraient bien qu'on songeât sérieusement à les exterminer. Ce n'est pourtant pas ce qu'on fait ; bien loin de là, ils sont traités de manière à avoir quelque lieu d'être contents, et de ne se pas repentir entièrement d'avoir choisi ce genre de vie. Voici qui semble être fait exprès pour les y engager. Si quelqu'un entre dans un lieu, sans rien rompre ni forcer, de quelque considération que soit le vol qu'il fait, il en est quitte pour une légère amende, ou pour un autre petit châtiment. S'il y va trop lourdement, et qu'il ait le malheur d'être pris et condamné, on fait encore tout ce qu'on peut pour le consoler, et lui rendre sa condition supportable. Il jouit de tout l'argent qu'il a acquis par ses vols ; et si vous demandez la raison d'un usage si extraordinaire, on vous dira que ce malheureux le paie de sa vie, et qu'aussi bien on ne pourrait pas discerner les espèces pour les restituer à chacun de ceux à qui elles appartiennent. Ainsi, ces gens ont de quoi attendre doucement la mort, mangeant, buvant, et se divertissant quelquefois à faire gagner une année de temps aux femmes condamnées et enfermées avec eux. Ici, comme ailleurs, on ne les exécute pas quand elles sont grosses, ou qu'elles se disent telles, et toutes peuvent le devenir ici ; rien n'empêche que les cavaliers qui leur tiennent compagnie ne soient en belle humeur, et prêts à leur rendre service. Ou bien, au défaut de ces messieurs, le geôlier, ou ses gens, sont assez galants pour leur prolonger la vie. Il se commet généralement toutes sortes de débauches et d'infamies dans les prisons et parmi les condamnés, tout comme si, étant une fois en ces lieux, on n'avait plus rien à craindre, ou qu'une mort prochaine et inévitable fût un motif de plaisir et de corruption. C'est ainsi, dira un Anglais, que la liberté nous suit partout, et que nous trouvons moyen d'en jouir jusque à la fin de la vie.

Les courtisanes ne sont pas traitées moins doucement que les voleurs. Il y en a un nombre prodigieux, qui exercent leur métier en toute liberté, et infectent impunément les deux tiers de la jeunesse. Si quelqu'une se trouve grosse, elle peut nommer père qui elle veut, et lui donner l'enfant. Quand on l'a interrogée là-dessus dans le temps qu'elle accouche, on l'en croit, comme si ce qu'on lui demande n'était sujet à aucune méprise, ou qu'il y eût un temps où un mensonge dût coûter beaucoup à une courtisane. Aussi voit-on souvent des gens étonnés de se trouver pères tout à coup, et d'avoir des enfants à nourrir sur qui ils ne comptaient pas. Je connais un gentilhomme français qu'un pareil présent embarrassa beaucoup : la fille qui le lui faisait était extrêmement laide, lui homme fort vain, et qui eût voulu être soupçonné de toute autre chose plutôt que d'une intrigue avec elle. [...]

Je crois qu'on peut mettre l'exécution des criminels parmi les plaisirs féroces de ce peuple ; ce spectacle lui revient ici toutes les six semaines régulièrement, et régulièrement il y accourt. On voit les criminels traverser la ville sur des charrettes, parés de leurs plus beaux habits, avec des gants blancs et des bouquets, si c'en est la saison. Ceux qui se laissent pendre gaiement, ou du moins qui ne font paraître aucune crainte, font dire d'eux qu'ils sont morts en *Gentilshommes* ; et c'est pour mériter cet éloge que la plupart meurent comme des bêtes, sans marquer aucun sentiment, ou comme des fous, ne pensant qu'à divertir les spectateurs. (Béat de Muralt, *Lettres sur les Anglais*, 1726.)

Saussure

Footpads et pickpockets

Les *footpads* ou « voleurs à pied » se tiennent dans les villes, surtout à Londres et aux environs. Lorsqu'ils rencontrent de nuit quelqu'un un peu bien mis, dans quelque rue écartée, ils l'arrêtent, lui mettent le pistolet sur la gorge et menacent de le tuer, s'il fait le moindre mouvement pour se défendre ou s'il crie. Pendant ce temps-là, un autre coquin le dépouille, et lui enlève tout ce qu'il peut avoir de meilleur. On m'a dit qu'il y a eu des hivers où il y avait tant de canailles à Londres qu'il était dangereux de sortir de nuit, surtout dans des quartiers peu fréquentés. On pend aussi sans miséricorde ces sortes de voleurs.

Pour les *pickpockets* ou fouille-poches, ils sont s'il faut ainsi dire sans nombre ici. Ils escamotent avec une adresse infinie les mouchoirs, les tabatières, les montres, et tout ce qu'ils peuvent trouver dans les poches.

Ils exercent leur métier dans les rues, aux églises, à la comédie, surtout dans les endroits où il y a quelque foule. On m'a pris ces jours passés une tabatière de prix, qui était dans ma poche de veste bien boutonnée, mon habit boutonné par-dessus ma veste, et tenant mes mains sur les poches de mon habit. Il est vrai que c'était dans une rue étroite, ou plutôt un passage pour entrer dans le parc, où il y avait une grande foule de monde. Diriez-vous bien que ces coquins poussent l'effronterie si loin que de voler même sous le gibet. Il ne se fait point d'exécution qu'il n'y ait bien des mouchoirs, et autres choses d'escamotés. Lorsqu'on attrape quelqu'un de ces pickpockets et qu'on l'abandonne à la populace, elle le traîne à la fontaine ou au puits le plus près et elle le baigne jusqu'à ce qu'il soit presque noyé. Si on le conduit à un juge de paix, il l'envoie pour la première fois au Bridewell ou maison de correction, dont je vous parlerai une autre fois, mais s'il se trouve qu'il y a longtemps qu'il fait ce métier, et qu'il en ait déjà été puni, on l'envoie aux prisons de New Gate jusqu'aux assises, que l'on lui fait son procès ; il est ordinairement condamné à être transporté en Amérique pour y être esclave. Tous les voleurs de chevaux et tous ceux qui rompent quelque porte ou fenêtre pour s'introduire de nuit dans une maison sont pendus irrémissiblement, quand il ne voleraient que pour la valeur de dix sols.

Vous trouverez que je vous entretiens trop longtemps de ces canailles, mais j'ai cru que tout ce que je viens de vous dire serait curieux pour vous, qui êtes accoutumé à la bonne foi helvétique, car je suis persuadé que dans les treize cantons et leurs alliés, on pend moins de voleurs dans un an que l'on ne le fait à Londres dans une seule assise. (César de Saussure, *Lettres et voyages [1742]*, 1903.)

RÉPRESSION OU RÉDEMPTION

Lacoste

Vous allez voir pendre !

Je courais à pied les artistes et les boutiques ; je rencontrai un jeune lord de ma connaissance ; nous nous arrêtâmes ; et après quelques compliments, quelques questions réciproques sur les nouvelles du jour, il me dit « Je vous quitte, il faut que je me rende à Newgate. — A Newgate ? Eh ! bon Dieu, qu'allez-vous faire là ? — Voir jouer la machine nouvellement inventée pour pendre. » Je le regardai fixement ; ses yeux bleus, ses cheveux blonds, les contours arrondis de son visage, ses joues rosées, la blancheur de son teint, le timbre de sa voix, tout en lui indiquait une âme douce. Je lui dis avec étonnement : « Quoi, Milord ! vous allez voir pendre ? — Oui, me répondit-il, avec simplesse ; si vous voulez y venir, je vous offre une place ; mon valet de chambre a été me louer une fenêtre... » Ce qui se passa en moi je l'ignore, mais je le suivis en silence ; nous arrivâmes, et je vis un vaste échafaud adossé à la façade de la prison. De chaque côté était un poteau de six à sept pieds, supportant une traverse ; au fond, des sièges pour les shérifs ; et autour, une balustrade. « On fait justice dans un lieu peu spacieux, Milord ? — Cela est vrai, il ne contient pas deux dixièmes des spectateurs ordinairement rassemblés à Tyburn, et c'est un inconvénient. — Quel équivalent à l'avantage du lieu a donc pu déterminer le choix d'une rue ? — L'inutilité enfin sentie de prolonger le supplice des coupables, déjà trop rigoureux peut-être, en leur faisant traverser une partie de la ville. — L'humanité est une vertu sans doute, mais prodiguée ou appliquée, si vous voulez, à des scélérats, ne change-t-elle pas de nature ? — Vous devez le penser, car j'ai ouï dire qu'en France on fait une étude sérieuse de l'art d'atteindre au dernier période des douleurs, sans ôter la vie aux criminels, qu'on conduit ainsi par gradation aux portes de la mort, et à qui on fait faire plusieurs fois ce voyage avant de les y précipiter. — Cette image de la torture est une bien sévère censure, Milord. — De la chose, Monsieur, mais non des Français. — Ce sont eux cependant qui exercent cette barbarie inconnue en Angleterre. — D'accord, mais parce qu'ils ne peuvent la détruire qu'à la longue ; il ne suffit pas d'avoir la volonté et de l'énergie, pour entreprendre, avec succès, d'extirper des usages nationaux, dont les racines se perdent sous les cendres de mille générations ; il faut que les circonstances y concourent, qu'elles l'ordonnent, qu'elles... » L'apparition des criminels mit fin à cette conversation. Ils débouchèrent, au nombre de six, par une galerie couverte, pratiquée le long du mur, depuis la porte de la prison jusqu'à l'échafaud. Ils étaient conduits par des gardes qui n'avaient d'autres armes qu'un bâton ; un ministre de la religion les accompagnait, et l'exécuteur les suivait. Leur aspect me fit tressaillir mais leur contenance me rassura ; l'espèce de froissement que fait éprouver la présence d'un être souffrant, est toujours en raison de la somme d'angoisse qu'on lui suppose : or, ceux-ci ressemblaient moins à des scélérats qu'on traîne violemment au supplice qu'à des victimes volontairement dévouées à l'intérêt général. Ils se rangèrent sur une même ligne sous la fatale traverse, et on leur distribua de larges bonnets dans lesquels ils s'enfoncèrent la tête jusqu'au menton. Je regardai le jeune lord. « C'est, me répondit-il, pour ôter à ce spectacle, qui n'est qu'un acte grave de la justice, ce qu'il aurait de dégoûtant, si les spectateurs, qui ne doivent être que les témoins de la rigueur de la loi, apercevaient les convulsions de la mort sur le visage des suppliciés... » Pendant qu'il satisfaisait ma curiosité, l'exécuteur avait accroché à la traverse les cordes passées au cou des patients ; et tout à coup je vis fondre sous eux la partie du plancher sur laquelle portaient leurs pieds... « Bien ! très bien, s'écria Milord, fort ingénieux ! » Il jeta les yeux sur moi, et voyant la pâleur qui couvrait mes joues, il me demanda ce que j'avais. «Ce spectacle m'a fait mal!» Il sourit, et me présenta un flacon de sel poignant. «Je vous entends, Milord, et suis de votre avis, avec une sensibilité française on souffre et on est inutile aux malheureux.» Nous sortîmes. Lorsque nous fûmes sur les trottoirs, je lui demandai ce que c'étaient que les personnes que je voyais s'empresser autour de l'échafaud. «Ce sont les parents, les amis des défunts. — Les parents! Eh! comment osent-ils les avouer! — Eh! pourquoi ne les avoueraient-ils pas? Pourquoi se dispenseraient-ils du devoir sacré des honneurs funèbres? — Oh! je vous en demande bien pardon, Milord, mais je n'entends point, du tout point comment il est possible d'allier des idées d'honneur avec une diffamation aussi publique. — Mais il n'y a point de diffamation, ni pour le supplicié, dont le crime a été lavé et effacé par la peine, ni pour la famille qui en était innocente.» Nous nous remîmes en marche, et à quelques rues de là nous nous séparâmes. (Lacoste, *Voyage philosophique d'Angleterre en 1784*, 1787.)

Cambry

Un édifiant spectacle

Si l'âge d'or exista sur la terre, il ne fut pas produit par le hasard; des sages prévoyants l'établirent par une longue suite de travaux : on commit le mal par instinct; le besoin créa la justice et les lois; la raison seule établit la vertu.

W. par une suite de complaisance, dont je lui saurai gré toute la vie, me proposa de l'accompagner dans la visite de Newgate, que les shérifs sont obligés de faire tous les dimanches. J'acceptai sa proposition; je le suivis d'abord dans une tribune de la chapelle, où sept cent cinquante personnes écoutaient la parole de Dieu. Ceux qui, dans la dernière séance, avaient été condamnés à la mort, étaient placés dans un grand carré, fait en bois, autour d'une table, sur laquelle s'élevait un cercueil de cuir noir. Je demandai la cause de cet usage; W. me répondit : «C'est une innovation; j'ai voulu ramener à des idées graves les prisonniers qui, moins coupables aujourd'hui, peuvent un jour mériter le dernier supplice, et réprimer le désordre qui régnait communément dans le temple. La vue du cercueil en impose à tout le monde, et ne blesse pas les malheureux destinés à la mort, ils savent qu'elle est leur sort, cet accessoire n'ajoute rien à leurs réflexions.»

Je ne perdis pas un des mouvements de ces infortunés; ils étaient bien vêtus, en linge blanc; tous avaient des boucles d'argent à leurs pieds, et des bouquets à leurs côtés. Ces bouquets me rappelèrent l'antique usage qui consacrait aux dieux les criminels, les parait de fleurs, comme des victimes, et les envoyait, purifiés, servir aux différentes divinités qui présidaient à la marche des mondes, ou dont l'empire était placé dans les différentes îles du firmament.

Ces malheureux n'avaient sur la figure aucun caractère de souffrance ou de faiblesse. Souvent leurs yeux s'élevaient vers le ciel avec un mouvement de confiance et d'onction, que l'hypocrisie soudoyée essaie en vain de contrefaire. Leur chant se mêlait à celui de l'assemblée ; car tous avaient en main le livre des cantiques ; ils ne perdaient pas un seul mot de l'exhortation pleine de force et de sentiment que le ministre prononça. Les respectables shérifs, au milieu desquels j'étais placé, paraissaient émus jusqu'aux larmes ; et le public immobile écoutait dans le silence : mais ce qui me frappa surtout, c'est que pas un Anglais, par des regards trop curieux, par une impatience indiscrète et grossière, n'insultait à ces infortunés ; et quand les dernières paroles du prêtre indiquèrent qu'on pouvait se retirer, je vis les amis, les parents des condamnés, sans craindre le soupçon, sans rougir de leurs frères, leur tendre une main consolante, serrer la leur avec attendrissement, et les quitter sans proférer une parole.

Je pénétrai dans toutes les salles de Newgate : elles sont propres, et les hommes y sont libres ; pas un prisonnier n'est privé de l'exercice de ses membres dans l'espace qui lui est assigné ; mais des verrous et des barres de fer s'opposent aux efforts qu'il pourrait faire pour en sortir ; pas un carcan, pas un de ces poteaux à crampons, pas une barre ne blessa mes yeux : les fers qui portent les plus coupables leur permettent la promenade, et ne portent jamais sur leurs bras ; ils sont faits pour les empêcher de fuir, non pour les écraser sous le poids de l'esclavage. Newgate contenait alors 750 prisonniers pour dette, pour vol, etc. Aucun n'avait versé le sang humain. Je devais naturellement trouver 37 malades dans cette prison ; j'en vis cinq à l'infirmerie, trois marchaient, deux étaient couchés, nul n'était en danger de mort ; mon odorat ne fut pas une fois désagréablement affecté dans Newgate ; pas une toile d'araignée, pas un homme nu, pas une barbe longue, ne s'offrit à mon examen minutieux.

W. me précédait partout, interrogeait, écoutait, consolait, rien n'échappait à ses soins paternels. Une grille s'ouvrit enfin, elle fermait l'entrée d'une cour assez grande, parée de grandes dalles de pierre, entourée de murs élevés de 50 pieds, garnis, dans la partie la plus élevée, de crampons et de dards en fer ; là, ceux qui le jeudi suivant devaient expirer sous les coups de la loi, se promenaient en respirant l'air du midi. Ils se rangèrent en haie, saluèrent W. qui, marchant pas à pas, l'œil baissé, la tête nue, semblait s'excuser d'être l'involontaire exécuteur des arrêts de la justice ; tandis qu'un ministre respectable, s'abandonnant à son zèle, à l'humanité, errant de place en place, excitait dans l'âme de ces infortunés l'espoir d'une vie plus heureuse, se chargeait de leurs volontés dernières, et laissait entrevoir aux moins forts que la grâce du roi pouvait les sauver du supplice... (Cambry, *De Londres et de ses environs*, 1788.)

Haussez

Prisons modèles

Les prisons anglaises se font surtout remarquer par l'absence complète de cette odeur infecte qui ajoute tant à la gêne et à l'insalubrité des prisons de France. On doit cet avantage à l'abondance et à la bonne distribution des eaux.

Dans toutes les prisons, les détenus sont assujettis à un travail presque continuel. Dans les unes ce travail est productif; dans les autres il ne l'est pas. Partout il a un caractère particulier: c'est la monotonie la plus accablante et la plus propre à faire perdre l'usage de la pensée. Les hommes sont employés à la mise en mouvement de mécaniques qu'ils ne voient pas, et dont conséquemment ils ne peuvent suivre et raisonner l'action ni les effets. C'est avec les pieds qu'ils opèrent: la face tournée contre un mur, les mains soutenues par une barre horizontale, ils posent les pieds sur une planche qui cède à leurs poids et est remplacée par une autre. Aucun chant ne règle ce fatigant exercice, dont la durée, déterminée par un certain nombre de révolutions de la roue, doit donner un produit de douze mille pas par jour. Aucune distraction, aucune conversation ne sont permises. Les regards même en arrière sont interdits. Pendant les moments de repos, les détenus sont assujettis à des promenades qu'ils font autour de leur cour, rangés sur quatre de front. Le bruit cadencé de leurs pas est le seul qui se fasse entendre. (Baron d'Haussez, *La Grande Bretagne en 1833*, 1834.)

Flora Tristan

Derrière les barreaux

Comme à Londres l'étranger, lorsqu'il n'a pas l'avantage d'être duc, marquis ou baron, et d'être logé dans un des premiers hôtels de la ville, rencontre des difficultés extrêmes pour visiter les choses les plus simples, ce ne fut qu'après beaucoup de démarches et de demandes réitérées que j'obtins une permission pour Newgate, Coldbath Fields et Penitentiary. Indépendamment de ces trois prisons, il en existe huit autres, mais dans lesquelles la vanité nationale ne laisse pénétrer aucun œil étranger, à cause, m'a-t-on assuré, de leur misérable apparence, de leur mauvaise distribution intérieure, et enfin à cause des abus de toute nature et de la confusion qui règne dans ces cloaques de la civilisation anglaise.

Newgate a un aspect des plus sauvages. Ah! c'est bien ainsi que l'imagination se représente la prison des temps barbares. C'est un grand bâtiment carré, formant l'encoignure de la place; les pierres sont d'énormes dimensions, leur couleur est d'un gris noir, leur ciselure imite la peau du tigre; elles donnent à cet édifice une teinte plus sombre que celle d'aucun autre monument de Londres, et l'expression en est terrible.

Quelques fenêtres garnies de gros barreaux de fer se distinguent à peine et se perdent dans l'épaisseur de la muraille. La porte d'entrée peut être citée comme un chef-d'œuvre de geôle ; la quantité de milliers de fer entrée dans sa construction doit être quelque chose de prodigieux ; je voudrais pouvoir la donner à mon lecteur, afin qu'il participât à l'étonnement de stupeur dont cette porte m'a frappée ! Si sa vue suffit pour jeter l'effroi dans l'âme du visiteur, que doit éprouver le malheureux que ses crimes amènent dans la prison, lorsque cette masse de fer s'est refermée sur lui, et qu'il se trouve dans l'*antichambre* de cette affreuse geôle !!! Le grand défaut de Newgate est de manquer de jour, et il est probable que, sous l'empire des idées de vengeance qui poursuivaient les malheureux qu'emprisonnait la justice des hommes, ce défaut a longtemps été considéré comme une *qualité* qui faisait honneur à la morale de l'architecte. Cette pièce d'entrée est un peu moins sombre que les autres ; cependant, c'est lentement qu'à travers l'obscurité on découvre les objets dont on est entouré ; et quels objets horribles ! Et pourquoi les laisse-t-on là ? Dans quelle intention cherche-t-on à terrifier l'imagination du prévenu ? Est-ce pour arracher des aveux à ses craintes ou à son ignorance ? Veut-on qu'il croie qu'il va être livré aux tortures dont les légendes de son village ont impressionné sa mémoire ? Ou bien est-ce un avertissement qu'on lui donne de se mettre en garde contre la justice des hommes, qui, hier encore, faisait usage de pareils moyens pour découvrir la vérité ? N'est-il pas d'une haute importance que le malheureux qui a enfreint les lois reprenne confiance en ces mêmes lois, qu'il ne doute point de la justice des magistrats qui les appliquent ? Voulez-vous le maintenir en révolte contre la société ? Ou avez-vous le projet de le réformer ? Ces objets figureraient très bien dans un musée historique, à côté d'un Henri VIII ou d'un Charles IX ; mais, dans le XIXe siècle, on ne doit pas les rencontrer à l'entrée d'une prison ; c'est là l'arsenal de Newgate !!! Les murs sont ornés de crocs, auxquels sont attachés les instruments de torture mis en usage depuis sa fondation. Ce sont les annales de la prison, les trophées qu'elle expose ! On voit de gros et massifs colliers en fer d'où pendent des chaînes correspondant à des bracelets, des scies pour scier les membres, des tenailles pour briser les os, des massues pour rompre, des haches, des glaives, enfin une collection complète des instruments de torture dont on se servait pour donner la question.

J'avoue que je me suis sentie très mal à mon aise dans cette première pièce. Là, on manque d'air, de jour et d'espace ; le prisonnier entend le bruit de la rue ; il peut voir, au-dessous de la porte, des petites paillettes de soleil reluire sur la place : quel contraste atroce ! quel supplice que le regret de la liberté perdue ! Mais à peine a-t-on dépassé ce vestibule qu'on n'entend plus rien ; l'atmosphère est froide, humide, lourde : on se croit dans une cave ; les corridors sont pour la plupart fort étroits, ainsi que les escaliers qui mènent aux étages supérieurs. On me fit d'abord visiter la partie de la maison destinée aux femmes.

Depuis quelques années, divers changements ont été faits à la destination de Newgate ; quoiqu'elle soit toujours maison d'arrêt, elle ne reçoit plus que les prévenus (aucun condamné n'y subit sa détention), et par cet usage Newgate correspond à la Conciergerie de Paris ; de plus, c'est dans cette prison que la plupart des condamnés à mort sont exécutés.

Le gouverneur eut l'extrême complaisance de m'accompagner dans ma visite ; il me dit que, grâce aux écrits des philanthropes, à l'intervention des personnes dévouées à l'humanité et à leurs réclamations souvent réitérées, Newgate avait reçu toutes les améliorations dont elle était susceptible. Celle que M. Cox appréciait le plus, c'était la *classification des prisonniers*, qui pendant si longtemps avaient été confondus.

La prison de Newgate n'est pas convenablement distribuée et manque d'espace pour qu'on songe à y construire des cellules. Dans chaque chambre, les lits sont établis comme à bord des navires ; ce sont des boîtes de deux pieds de large sur six de long, adossées au mur sur deux et trois étages. Une grande table est placée au milieu de la pièce, avec des bancs de bois à l'entour ; les prisonniers mangent sur cette table, y travaillent, y lisent et y écrivent. En les examinant avec attention, on reconnaît que toutes les chambres sont bien entretenues et très propres ; mais, comme le carrelage en est mauvais, la distribution défectueuse, qu'elles sont sombres et mal aérées, leur aspect en est désagréable.

Presque toutes les femmes que je vis là étaient de malheureuses créatures de la dernière classe du peuple : des prostituées, des domestiques, des filles de la campagne accusées de vols ; quatre étaient prévenues de crimes entraînant la peine de mort, classés par les légistes anglais sous la dénomination de *felony*.

Les enfants sont divisés en deux catégories : l'une pour les premiers délits, et l'autre pour les récidives ; ces petits prisonniers montrent tous une si extrême effronterie que, pour la concevoir, il faut s'être convaincu soi-même de la facilité avec laquelle l'enfance s'accoutume à tout braver, à ne rien craindre, à tout souffrir. La moyenne des enfants qui arrivent dans cette maison, chaque mois, est de *quarante* : on leur apprend à lire et à compter.

Je vis dans une des cours huit de ces malheureux soldats de la liberté canadienne qui sont tombés au pouvoir des troupes de l'aristocratie anglaise : cinq étaient blessés. Ils attendaient depuis deux ans qu'on prononçât sur leur sort. Un d'eux parlait français ; il me dit que toute communication avec le dehors leur était interdite, qu'ils ne pouvaient recevoir ni lettres, ni journaux, ni visite, et que, depuis deux ans, ils étaient sans nouvelles de leurs familles. Le ministère anglais était armé, par la loi, du pouvoir de faire prononcer contre eux des condamnations capitales. Mais la cause du gouvernement n'est plus celle du peuple ; on craignait sans doute que le sang de ces victimes ne s'élevât contre l'aristocratie, et le ministère, par prudence, laissait mourir en prison ces Canadiens dont il redoutait le patriotisme.

J'observai que ces prisonniers étaient traités avec beaucoup de douceur, et même une sorte de déférence. Je signale ce fait, parce que j'y vois un grand progrès. Les Anglais commencent enfin à comprendre que les prisonniers de guerre doivent être considérés comme des *otages*, et non comme des *criminels*. Plût à Dieu qu'ils eussent pensé ainsi pendant la guerre avec la France ! Alors ils n'auraient pas traité nos malheureux prisonniers avec cette infamie et cette cruauté qui ont couvert le ministère des Pitt et les *tories* d'une honte ineffaçable ! J'ai entendu raconter, à cet égard, des choses qui font peur.

Après la condamnation

On lui annonce comme une faveur que, pour cette dernière nuit, il aura une lampe, afin de pouvoir lire sa Bible. Quelle absurdité et quelle cruelle dérision ! Comme si, dans un pareil moment, le malheureux peut lire et comprendre le sens de ce qu'il lit. Comment donc espérer que le condamné conserve assez de liberté d'esprit pour méditer sur les hautes pensées de la Bible, quand à chaque quart d'heure l'horloge de Saint-Paul lui fait mesurer le temps, compter les minutes qu'il a encore à vivre, et fait reparaître constamment sur son cerveau exalté tous les préparatifs de l'exécution ? Si, à l'aube, l'infortuné, accablé de lassitude et de souffrance, est assez heureux pour clore les paupières, il est éveillé à cinq heures du matin par le bruit que font les pieds des chevaux et les roues de la pesante et fatale machine tirée de la cour voisine de son cachot pour son supplice. Quel terrible réveil ! Dès lors, il n'entend plus un seul bruit qui ne lui annonce l'approche du moment suprême. A six heures, on vient le prendre pour le mener dans la cour dite *des derniers instants* ; c'est là que la *toilette* a lieu. Il est dépouillé de tous ses vêtements puis revêtu d'un pantalon et d'une longue blouse de toile grise ; ensuite on lui coupe les cheveux ras. Pendant toute cette opération, il y a auprès de lui un ministre de la religion qui l'exhorte à la résignation. Quand la *toilette* est faite, on le conduit chez le shérif, qui lui-même lie les bras du patient. Tous ces apprêts terminés, le shérif, le sous-shérif, l'aumônier et le condamné se mettent en marche, et cette procession lugubre arrive sur la plate-forme de l'énorme machine qui tient immédiatement à la croisée : là le bourreau et ses valets s'emparent du patient, le placent sur la planche mobile, passent la corde autour de son cou, abaissant un bonnet jusque sur son menton, et lui mettent un mouchoir dans la main. Au signal que donne le condamné en laissant tomber le mouchoir, la planche mobile est enlevée de dessous ses pieds, et alors il est, selon l'expression anglaise, *lancé dans l'éternité*. (Flora Tristan, *Promenades dans Londres*, 1840.)

PERFIDE ALBION

> On ne voyage pas sans un peu d'enthousiasme chez un peuple aussi grand ; sans un peu d'amertume chez d'aussi anciens ennemis.
>
> BLANQUI, *Voyage d'un jeune Français en Angleterre et en Écosse*, 1824.

Qu'il soit sujet de Louis XV ou de Napoléon III, le voyageur français hésite toujours entre l'amertume et l'enthousiasme, l'anglomanie et l'anglophobie, et il ne peut rester neutre : on attend de lui qu'il prenne position, qu'il justifie et renforce les préjugés.

Tandis que les sarcasmes sont accompagnés de protestations de sincérité, l'admirateur est contraint de s'excuser de n'avoir pu constater chez les Anglais les travers qu'on leur reproche. A vrai dire, plus un voyageur s'affirme observateur impartial plus il s'avère hostile. Certains avouent de mauvaise grâce les attentions dont ils ont été l'objet, mais n'en dénoncent que mieux l'hypocrisie anglaise.

Nombreux sont ceux qui arrivent outre-Manche aveuglés par l'antipathie, décidés à percer à jour les menées de la perfide Albion, quels que soient les bons procédés de leurs hôtes Il semble qu'un « patriotisme » français exige de nos compatriotes acrimonie et hypocondrie, surtout quand les rues de Londres rappellent, peut-être un peu trop complaisamment, Trafalgar et Waterloo. Pourraient-ils jamais pardonner à Nelson et à Wellington ? Une fois franchie la Manche, la plupart des Français se font un devoir d'être atrabilaires et de jouer Alceste chez les Bretons.

Il faut beaucoup de courage pour oser être Philinte, nier un antagonisme viscéral et atavique. Rares sont ceux qui témoignent de la cordialité des Anglais et qui appellent à une réconciliation ou du moins à un regard lucide, à une démarche honnête, à chercher la vérité de l'Anglais au-delà de la formule « perfide Albion ».

PRÉJUGÉS OU VÉRITÉS

Misson

Les habitants de cet excellent pays sont grands, beaux, bien faits, blancs, blonds, souples, robustes, courageux, méditatifs, religieux, aimant les beaux-arts, et capables de sciences, autant qu'aucun homme du monde. Je ne sais sur quoi peut être fondé ce que j'ai toute ma vie ouï dire en France, que les Anglais étaient traîtres.

Les autres nations accusent le commun d'entre eux d'incivilité, parce qu'ils s'abordent presque toujours sans mettre la main au chapeau, et qu'ils n'ont pas ce flux de compliment qui sort ordinairement de la bouche des *Français*, des *Italiens*, etc. (*Mémoire et observations faites par un voyageur en Angleterre*, 1697.)

Laporte

On n'a pas encore bien développé l'origine de ce mélange d'estime et d'antipathie que les deux peuples semblent avoir l'un pour l'autre. Aux yeux d'un Français, l'Angleterre est le séjour de la singularité, de la fierté et de la jalousie ; aux yeux d'un Anglais, la France est celui de la frivolité, de l'inconstance et des modes ; aux yeux du philosophe, la France et l'Angleterre sont, comme tous les lieux du monde, le pays des vertus, du mérite, des sottises et des vices.

Le peuple anglais est notre rival de tous les temps : tous les genres, tous les talents qui mènent à la réputation, il les partage avec nous, ou plutôt il nous les envie. Cette rivalité a produit entre eux et nous une émulation dont les bons esprits ont profité ; mais une antipathie violente a toujours prévalu. (Laporte, *Le Voyageur français [1755]*, vers 1775.)

Montesquieu

Les Anglais vous font peu de politesses, mais jamais d'impolitesses (*Notes sur l'Angleterre*).

L'emprise de la mer a toujours donné aux peuples qui l'ont possédée une fierté naturelle, parce qu'ils se sentent capable d'insulter partout. Ils croient que leur pouvoir n'a pas plus de bornes que l'Océan (*Pensées*).

L'Angleterre est agitée par des vents qui ne sont pas faits pour submerger, mais pour conduire au port (*Pensées*).

Fougeret de Montbron

Nous sommes la seule nation de l'univers que les Anglais ne méprisent pas. En revanche ils nous font l'honneur de nous haïr avec toute la cordialité possible. (*Préservatif contre l'anglomanie*, 1759.)

Saint-Amant

Aigreurs

Enfin, ma main se morfont
S'eschauffant sur l'Angleterre ;
C'est le pire des climas ;
La Nue y fait un amas
D'objets tristes et funêbres
Je n'y mange qu'en tenèbres
Et n'y boy que des frimas.
On n'y marche dans les villes
Que sur des Caillous pointus ;
On n'y voit que pas tortus,
Et que Morgues inciviles :
Là, pour le haut du pavé,

> L'un est attaint et grevé
> Par le chocq d'un coude rogue ;
> Et l'autre avec un French dogue
> Est entrepris et bravé.
>
> <div align="right">(Saint-Amant, <i>Albion</i>, 1644.)</div>

Abbé Prévost

On ne les connaît point assez

Quelque préjugé qu'on pût former au désavantage des Français sur la lecture de leur histoire, on n'a pas absolument d'eux les fâcheuses idées que cette lecture peut inspirer. Cela vient de ce que le fond de leur caractère est connu de la plupart des étrangers. Ils sont au milieu de l'Europe, et cette situation les expose à être visités continuellement par les voyageurs. On les voit, on les fréquente, on reconnaît qu'à la légèreté et à la vanité près, ils sont d'un caractère aimable. On leur rend justice. Les Anglais n'ont pas le même avantage. Ils sont séparés du continent par une mer dangereuse. On voyage rarement chez eux ; on ne les connaît point assez. On demeure donc sur leur compte dans le préjugé historique ; et sur une trompeuse apparence, on se fait d'eux un portrait qui ne leur ressemble pas. Pour m'expliquer en un mot, c'est en Angleterre qu'il faut venir prendre le droit de juger des Anglais. C'est là que je les ai reconnus humains, affables, généreux, capables de tous les sentiments qui font les bons naturels et les grandes âmes. Les honnêtes gens d'Angleterre sont tels que je souhaite que soient mes enfants et toutes les personnes qui me sont chères. Pour ce qui regarde les dames, je trouve que celles qui sont aimables, dont le nombre est très grand, le sont infiniment plus qu'en nul autre pays du monde. (Abbé Prévost, *Mémoires d'un homme de qualité*, 1731.)

ANGLOMANIE

Fougeret de Montbron

Chassé autrefois de Paris par l'ennui et la préoccupation, je conçus le désir de visiter les habitants de la Grande-Bretagne, dont quelques bilieux enthousiastes m'avaient conté des merveilles [...].

Chaque Anglais était pour moi une divinité. Ses actions, ses démarches les plus indifférentes me semblaient toutes dirigées par le bon sens et la droite raison. S'il ouvrait la bouche pour parler, quoique je n'entendisse pas un mot de ce qu'il disait, j'étais dans une admiration qui ne se peut exprimer [...].

Je revins à Paris tout à fait Jacques Rosbeef, à la petite perruque près. (*Le Cosmopolite ou le citoyen du monde*, 1750.)

Abbé Le Blanc

Un de nos jeunes gens, après avoir lu le *Spectateur* de M. Addison, et les ouvrages de M. Pope, dit un jour à un de ses amis : « Je pense à présent. » Notre être pensant était vêtu de vert, son habit était sans pli, ses cheveux sans poudre, il avait le chapeau sur la tête. « Hé bien, continua-t-il, comment me trouvez-vous ? N'ai-je pas l'air tout à fait Anglais ? » (*Lettres*, 1751.)

Contant d'Orville

L'Anglais, que j'aime, que j'estime, et que j'imite autant que mes forces peuvent me le permettre, est naturellement sérieux : il est mélancolique à Paris, à Rome, à Constantinople, comme il l'est dans son île. Le milord, le bourgeois, l'artisan, le cultivateur, sont également taciturnes ; c'est une nation de philosophes partagée en différentes classes, et les philosophes ne sont pas gais [...].

Enfin donc, ajouta-t-il, avec une sorte d'enthousiasme, je pourrai m'enivrer des beautés de Shakespeare, admirer l'étonnant Garrick, examiner les fameux combats de coq, assister aux courses de Newmarket, et passer une saison à Bath ! Je veux à mon retour, que toutes mes connaissances me prennent pour un véritable Anglais [...].

Il chassait le renard dans les forêts, faisait des paris extravagants à Newmarket et jouait le whist à Bath. Au bout de nos douze semaines, nous nous rembarquâmes ; moi, très satisfait de mon voyage, et lui, toujours fort aimable, mais pas plus philosophe qu'il était parti de Paris. (*Les Nuits anglaises*, 1770.)

Laporte

« A l'anglaise »

D'un autre côté, ne semblons-nous pas aussi nous-mêmes ne vouloir plus suivre que leurs usages ? Notre goût pour leurs écrits n'est-il pas aujourd'hui plus vif que jamais ? Et comme cette vivacité ne connaît point de milieu, nous avons adopté avec la même fureur leur façon de penser et la forme de leurs habillements. C'était peu de dévorer leurs livres, de les traduire, de les apprendre par cœur, de les imiter, nous ne pouvons plus souffrir que ce qui en porte l'empreinte. Nous pensons, nous écrivons, nous jouons, nous mourons à l'anglaise. Nous avons changé notre caractère national, nos mœurs, notre gaieté, contre quelques réflexions sombres, quelques drames lugubres, quelques romans atroces.

Il n'est pas jusqu'à nos femmes et nos agréables, qui ne soient entichées de cette anglomanie. Le chapeau est devenu la coiffure favorite des petites-maîtresses, et la perruque ronde celle de nos petits-maîtres. Les dames anglaises vont à pied le matin dans les rues de Londres, et se promènent seules au parc Saint-James. Nos femmes de Paris veulent les imiter; et les hommes du bon ton ont tous des chevaux anglais, des voitures à l'anglaise et des fracs. Ils essaient d'établir des courses à l'exemple de celles de New-Market, font des gageures boivent du punch, mangent le rosbif et le pouding, préfèrent le vin de Bordeaux au vin de Champagne, et se battent avec les fiacres. Le ton de dissertateur devient celui de tous les cercles; on y analyse le droit des peuples et des souverains; on y calcule la force des empires; on y pèse les intérêts des nations. L'agriculture, le commerce, la population, sont des objets intéressants pour toutes les sociétés, et les sujets chéris de tous les entretiens. Les femmes mêmes paraissent s'en occuper, et semblent vouloir persuader qu'elles en possèdent tous les principes. Nos politiques, par des critiques outrées, des déclamations violentes, croient seuls mériter le titre de patriotes. Censeurs impitoyables du gouvernement, ils voudraient qu'on réformât le code français sur celui de l'administration britannique; qu'on changeât notre manière de vivre contre celle des Anglais; qu'au milieu de Paris, on ne suivît plus que les mœurs et les usages de Londres; et nos beaux esprits ne font point de difficulté de préférer Shakespeare à Corneille, Otway à Racine, Gay à La Fontaine, et Pope à Voltaire.

On ne peut nier qu'il n'y ait dans les ouvrages anglais beaucoup de génie, d'imagination et de feu; mais il faut convenir aussi que ces qualités brillantes sont obscurcies par le défaut de méthode et de goût. Presque tous ces écrits sont marqués, au coin du désordre et de l'imperfection. (Laporte, *Le Voyageur français [1755]*, vers 1775.)

La paix les mit à la mode

Abbé Coyer

Depuis que ces gens-ci nous ont dépouillés dans les deux Indes et en Afrique, nous avons pris d'eux beaucoup de choses, leurs jardins, leur Vauxhall, leur Ranelagh, leurs drames bien noirs, leurs terribles comédies, leur wisk [whist], leur punch, leurs courses de chevaux, leurs jackets et leurs gageures. (Abbé Coyer, *Nouvelles observations sur l'Angleterre*, 1779.)

Dutens

La paix, glorieuse pour les Anglais, en 1763, les mit à la mode, surtout en France. On vint les voir : on trouva leurs jardins agréables, leur manière de s'habiller commode : on chercha à imiter leurs jardins; et l'on s'habilla à l'anglaise. La guerre, malheureuse pour les Anglais, terminée en 1783, ne leur a pas fait perdre l'estime des nations : au contraire, il me semble qu'elle ait augmenté.

Dès lors le désir de voir cette île singulière a redoublé : aux jardins et aux modes anglaises on a ajouté celui d'apprendre leur langue; et une éducation n'est plus complète à Paris, si l'on n'y fait entrer un maître de langue anglaise.

Depuis cinq ans, on vient en foule en Angleterre. D'un autre côté, on s'est disposé à Londres à bien recevoir les étrangers; ils sont mieux accueillis que jamais parmi la noblesse, les maisons leur sont ouvertes dans les autres classes; le peuple n'a plus ses vieux préjugés contre un Français. (Dutens, *L'Ami des étrangers qui voyagent en Angleterre*, 1787.)

APHORISMES

Delacroix
On dit à tort que *goddam* est le fond de la langue. C'est *One shilling, sir*. Ce qui veut dire « Un schelling, monsieur ». C'est ce qui se trouve au bout de toutes les phrases. (*Correspondance* [Lettre du 27 mai 1825], 1935.)

Auguste de Staël-Holstein
Mais partout où se manifeste un rayon de liberté, là se porte l'attention des penseurs et l'intérêt des hommes de bien. Cet intérêt devient plus vif encore, lorsqu'il s'agit d'un pays qui réunit à la liberté civile une haute culture intellectuelle et une grande prépondérance politique. (*Lettres sur l'Angleterre*, 1829.)

Custine
L'Angleterre avec son orgueil, sa population, ses richesses, ses préjugés et ses cérémonies, est le Japon de l'Europe. (*Courses en Angleterre et en Écosse*, 1830.)

Louis Blanc
Pourquoi faut-il que l'Angleterre soit plus réellement séparée de la France par le soupçon que par la Manche? [...]

Il ne peut exister d'alliance bien sincère, bien franche et durable, qu'entre l'Angleterre libre et la France rendue à la liberté. (*Lettres sur l'Angleterre*, 1866.)

Lacoste
Comme Carthage
Devenu marchand, le peuple anglais ne peut, désormais, avoir d'autre principe animateur que le plus vil des intérêts; et à Londres, comme à Carthage, l'amour de l'or doit trafiquer indifféremment des actions humaines et des vertus morales, comme des productions de la nature et

de l'industrie. Montesquieu l'a dit de la rivale de Rome, et le tableau de l'existence de toutes les sociétés marchandes confirme cette affligeante vérité. (Lacoste, *Voyage philosophique d'Angleterre*, 1787.)

Hennequin

Rule Britannia

C'est un noble peuple que le peuple anglais; et certes, en considérant la part qu'il a dans les destinées du monde, on sent que la critique ne peut se hasarder qu'en tremblant. Pour moi, je l'avoue, les larmes me viennent aux yeux lorsque j'entends le *Rule Britannia*; à ce chant, plein d'une solennelle et courageuse indépendance, il me semble voir se développer sur les mers une flotte immense, joyeuse et pavoisée. C'est l'Angleterre dans sa tranquille confiance en elle-même et dans son imposante majesté. (Hennequin, *Voyage philosophique en Angleterre et en Écosse*, 1836.)

ANTAGONISMES

Grosley

Insolences et prévenances

Il faut bien distinguer dans ce peuple les crocheteurs, les matelots, les porteurs de chaise et tous les journaliers répandus dans les rues, non seulement des honnêtes gens, dont plusieurs vont à pied uniquement par goût, mais même de la dernière classe des marchands tenant boutique.

Les premiers sont la plus insolente canaille que l'on pût rencontrer dans des pays où il n'y aurait ni loi ni police. Les Français, sur lesquels se déploie principalement leur grossièreté, auraient tort de s'en plaindre, puisque les honnêtes gens de Londres n'en sont pas eux-mêmes à couvert. Demandez-leur une rue : si elle est à droite, ils vous l'indiquent à gauche, ou ils vous renvoient de main en main à leurs camarades. Les injures les plus atroces assaisonnent ces politesses. Pour en être assailli, il n'est pas nécessaire de lier conversation avec eux : il suffit de passer à leur portée. Mon air français, malgré la simplicité de mon accoutrement, me procurait, à chaque coin de rue, des litanies d'injures, à travers lesquelles je glissais, louant Dieu de ne pas entendre l'anglais. Les *Kyrie* de ces litanies étaient « *French dog* », « *French B...* » : y répondre, c'était lier partie pour se battre, et ma curiosité n'allait pas jusque-là. Je vis lier une semblable partie entre un crocheteur et un Français qui lui avait craché au visage, ne pouvant répondre autrement aux injures qu'il lui vomissait, sans avoir été provoqué. Le feu maréchal de Saxe, courant Londres à pied, eut, avec un boueur, une affaire qu'il termina en un tour de main, avec l'applaudissement unanime de tous les spectateurs : il laissa venir sur lui son boueur, le saisit par le chignon et le fit voler en l'air, en le dirigeant de manière qu'il retombât au milieu de son tombereau rempli jusqu'aux bords d'une boue liquide.

La politesse, les attentions, les prévenances des honnêtes gens que l'on rencontre dans les rues, de la bourgeoisie et des plus petits marchands en boutique, peuvent indemniser et consoler de l'insolence de la canaille: j'en ai souvent fait l'épreuve.

Quelque pressé que paraisse un honnête homme que l'on rencontre dans la rue, à la première interrogation, il s'arrête, vous répond, se détourne souvent pour vous indiquer ce que vous lui demandez, ou vous mettre sous la conduite de quelqu'un que son chemin paraît conduire où vous voulez aller. Un galant homme me mit ainsi une fois sous la conduite d'une jeune et jolie gouvernante, qui retournait chez elle avec un bel enfant sur le bras. Je fis fort agréablement la route, qui fut assez longue, en donnant le bras à mon guide, et faisant la conversation telle qu'elle peut être entre deux personnes dont l'une n'entend pas un mot de ce que dit l'autre. J'avais fréquemment dans les rues de ces conversations où, malgré tous les efforts que l'on faisait pour m'entendre et ceux que je faisais pour être entendu, je n'y pouvais néanmoins parvenir: je quittais alors mon homme, et lui disais, en riant et lui serrant la main: «*Tour de Babylone!*» Il riait aussi, et nous nous quittions.

Ayant quelqu'un à chercher dans la rue d'Oxford, je présentai son adresse à la première boutique: il en sortit un jeune homme en bas de soie, veste de très beau drap et le tablier à la ceinture. Après avoir essayé si j'étais homme à le suivre, il me fit signe de le suivre, et se mit à courir devant moi. Dans cette course, qui fut d'un bout de la rue à l'autre, c'est-à-dire d'un bon quart de lieue, pensant qu'il y avait dans mon guide quelque vue d'intérêt, je préparai un schelling, que je lui présentai en arrivant à ma destination; mais il le rejeta avec indignation et me saisissant la main, qu'il secoua fortement, il me remercia du plaisir que je lui avais procuré. Je le retrouvai depuis au Tabernacle des méthodistes.

Prendre ainsi son homme par le bras et le secouer au point de démancher l'épaule est un des grands témoignages d'amitié que se donnent les Anglais lorsqu'ils se rencontrent: le tout froidement, le visage ne disant rien, et toute l'âme passant dans le bras qui secoue. Cela tient lieu des embrassades et des révérences de France. Les Anglais semblent avoir pris pour règles de contenance, à cet égard, celles que prescrivait l'empereur Alexandre Sévère à ceux qui l'abordaient.

Je trouvais les mêmes attentions dans toutes les assemblées publiques et particulières, où l'on m'a fait l'honneur de m'admettre. A la Chambre des seigneurs, à celle des communes, tout étranger peut, sans indiscrétion, s'emparer au hasard de quelqu'un qui entend sa langue, et on se fait un devoir de satisfaire à toutes ses questions. A la première séance, pour l'instruction du procès de lord Byron, je me trouvai jeté au milieu d'une famille aussi aimable que distinguée. Hommes, femmes, jeunes gens, tout s'empressa à satisfaire ma curiosité sur tout ce qui formait ce grand spectacle, à m'expliquer tout ce qui se disait, à m'indiquer l'origine des formalités les plus singulières, enfin à me faire part des rafraîchissements dont la longueur de la séance avait demandé que l'on se munît.

A celle du roi dans la Chambre des seigneurs, pour l'édit de régence, un des lords évêques, à la portée duquel je me trouvais, s'offrit de lui-même pour être mon interprète, et il voulut bien en faire les fonctions pendant toute la séance.

Aux audiences des deux bancs et de l'échiquier à Westminster, je me plaçais parmi les avocats, et parlant français à mes deux voisins, si l'un ni l'autre ne l'entendait, l'un d'eux se levait et m'amenait à sa place quelqu'un de ses confrères qui, parlant ma langue, m'expliquait de son mieux tout ce qui se disait et se faisait.

Aux spectacles, j'avais les mêmes ressources. Tout ce qui ne m'entendait pas s'empressait à chercher et à m'amener quelqu'un qui m'entendît; et mon interprète, souvent muni d'une petite bouteille de vin, que la plupart des Anglais portent au spectacle, ne s'y abreuvait point sans me la présenter ensuite : je buvais, parce que, l'ayant refusé au premier qui me l'avait offert, il m'avait expliqué que ce refus était contraire aux lois de la politesse anglaise.

Au reste, ces attentions et ces prévenances sont dépouillées de toutes les démonstrations qui les accompagnent en France. Si un Anglais, ne m'entendant pas, m'allait chercher un interprète, il se levait et me quittait d'un air qui annonçait plus l'humeur que la politesse qu'il me préparait : je ne le revoyais plus.

Je trouvais ces attentions et ces prévenances chez tous les marchands à grande ou petite boutique. Le marchand détachait son fils ou sa fille, qui me servait souvent de guide, après m'avoir servi d'interprète : depuis quelques années toutes les petites écoles de Londres enseignent le français concurremment avec l'anglais, et bientôt le français sera par choix la langue du peuple anglais, comme elle le fut par contrainte et par nécessité sous les rois normands : ce qui prouve que l'antipathie ne s'étend pas à tout ce qui appartient aux Français.

Cette antipathie est, suivant quelques visionnaires, dans le sang anglais : « *Littora littoribus contraria, fluctibus undas.* » (Grosley, *Londres*, 1770.)

Taine
L'Anglais est franchement plus cordial et serviable

Mes amis disent que la politesse française n'est qu'un dehors et un décor, beaucoup d'étrangers s'y méprennent. Vous les avez bien reçus, ils vous croient leur ami, et sont fort étonnés d'être oubliés par vous trois jours après. Nos démonstrations obligeantes ne sont point l'effet d'une sympathie vraie, d'une bonté naturelle ; nous les faisons par éducation, par habitude, par point d'honneur, et même un peu par égoïsme. Elles sont une preuve de notre savoir-vivre ; nous sentons vaguement qu'on nous les rendra ; nous entrons pour un quart d'heure dans une atmosphère agréable de déférences et de gracieusetés mutuelles ; nous saisissons ce joli moment, et nous nous y livrons, sans qu'à nos yeux il tire à conséquence. Une politesse se paye par une politesse, comme une anecdote par une anecdote ; j'ai payé ; l'échange fait, nous sommes quittes ; je m'en vais de mon côté, et vous du vôtre ; aucun de nous n'a plus rien à réclamer de l'autre, sauf, à la prochaine rencontre, un sourire et un coup de chapeau. — L'Anglais est plus franchement cordial et serviable. Il se dérange pour un étranger qui lui est présenté, il fait des courses, il prend de la peine. Autant que j'en puis juger par ma propre expérience, ce jugement est vrai. D'abord, je n'ai jamais trouvé les Anglais égoïstes et mal complaisants, comme on nous les représente. A Londres et à la campagne, j'ai demandé cent fois mon chemin ; tout le monde me l'a indiqué, et plusieurs se sont dérangés, m'ont accompagné assez loin, pour me mettre dans la bonne voie. En omnibus ou en chemin de fer, quand je prie mon voisin de m'avertir, il le fait toujours de bonne grâce ; quand j'essaye de causer, il ne sourit pas de mes fautes de langage, et m'entretient d'un air bienveillant. — Un de ces derniers soirs, comme j'étais à pied, assez loin de mon hôtel, un gentleman que j'accoste veut me reconduire, me parle avec éloge de la France, me demande ce que je pense de Londres, et me serre la main en me quittant. — Un autre, en une occasion semblable, me fait monter dans sa voiture et me conduit à une station de cabs. — Les journaux annoncent l'arrivée de trois mille orphéonistes français, et disent qu'il faut les accueillir le mieux possible, pour qu'ils s'en retournent avec une bonne opinion de l'Angleterre. — En aucune occasion, un policeman, un employé, un cocher ou conducteur, n'a été rogue ou grossier avec moi. — Mais ce qui est tout à fait admirable, et peut-être unique en Europe, c'est leur façon d'entendre l'hospitalité ; je ne puis penser sans un mouvement de gratitude à celle que j'ai reçue. La personne à qui on porte une lettre de recommandation ne se croit pas acquittée par une invitation à dîner ; elle vous renseigne, vous pilote, vous fait votre itinéraire, se charge de vous occuper et de vous distraire ; elle vous mène à son club, vous présente à ses amis, vous conduit chez ses parents, vous introduit dans son monde, vous invite chez elle, à demeure, à la campagne, et vous donne d'autres lettres de recommandation quand vous partez ; on finit par lui dire. « C'est trop, jamais je ne pourrai vous rendre à Paris ce que vous faites ici pour moi. » — Même accueil chez des amis auxquels vous êtes présenté de seconde main, et ainsi de suite ; parfois, après une heure de conversation, le gentleman que vous voyez pour la première fois vous engage à venir passer une semaine dans son *country seat*. Si vous y allez, vous êtes traité comme un membre de la famille. — Ce qui est encore plus frappant, c'est l'ouverture de cœur ; souvent, au bout d'un ou deux jours, un homme ne fait pas difficulté pour vous dire des choses intimes. Je demandais des renseignements sur les intérieurs ; parfois mon hôte, pour préciser, me disait le chiffre de son revenu, de sa dépense, le prix de son loyer, l'histoire de sa fortune, de sa famille, de son mariage, quantités de petits faits domestiques ou personnels. Les gens du monde sont plus boutonnés en France.

Nous cherchons les causes de cette différence ; en voici le résumé. L'Anglais est hospitalier : 1) Par ennui, la plupart des gens du monde vivent huit mois de l'année à la campagne, parfois loin de toute ville, très solitaires ; ils ont besoin de conversation, d'idées nouvelles. 2) Par un effet des habitudes sociales : on se parle à peine à Londres ; on y vit en courant, on y reste trop peu de temps, parfois moins de trois mois, il y a trop de monde et d'affaires ; la maison de campagne est le véritable salon, le lieu des entretiens. 3) Par un effet des habitudes domestiques : beaucoup d'enfants, beaucoup de serviteurs ; dans une grosse maison bien disciplinée, il faut de la tenue, une certaine réserve ; le stoïcisme habituel des caractères et des mœurs pousse aussi dans le même sens. Partant, la présence d'un étranger ne vient pas, comme chez nous, troubler une intimité, arrêter l'élan, la gaieté, le bavardage, forcer les gens à s'observer, à restreindre leur familiarité et leur laisser-aller. Il y a de plus un fauteuil rempli à table, au salon ; rien davantage ; le ton n'a pas changé. 4) Par entente du confort et du service : l'organisation est parfaite et la machine montée ; les domestiques sont exacts, les chambres prêtes, les heures marquées ; il n'y aura rien à défaire ou refaire, ni surtout rien à improviser pour un étranger. 5) Par bonté, humanité et même par conscience ; c'est un devoir d'être utile, et un étranger est tellement perdu, si mal à l'aise dans le pays nouveau où il débarque ! On doit l'aider. (Taine, *Notes sur l'Angleterre*, 1871.)

Haussez

Si vous êtes étranger à Londres

Deux conditions sont indispensables pour l'étranger qui veut passer agréablement son temps à Londres : beaucoup d'argent et une position marquante, une célébrité, un nom qui en tiennent lieu.

Il doit se préparer à payer très chèrement l'hospitalité qu'il est obligé de demander dans des hôtels garnis, et tous les objets dont il n'a pas eu la sagesse de se pourvoir. Le prix, comparativement très élevé, de tout ce qui entre dans la consommation et dans les habitudes de la vie, s'accroît par l'usage, établi partout où l'on vend, de doubler les prix à l'égard de l'étranger qui achète. C'est une condition de tous les pays ; mais dans aucun elle n'est aussi religieusement observée que dans celui-ci.

Un étranger doit se plaire dans la société anglaise, tant les prévenances dont il est l'objet sont délicates et multipliées ! tant on y fait de frais pour obtenir son suffrage en échange des procédés qui lui sont prodigués ! L'agrément qu'il y trouve doit surtout être attribué aux femmes, qui, avec une grâce sans trop de coquetterie, une bonté sans affectation, se chargent de faire les honneurs des salons. Presque toutes parlent la langue française avec facilité, et elles l'emploient exclusivement dans les conversations auxquelles un étranger prend part. Elles savent montrer leur instruction sans pédantisme, et elles ont le talent de soutenir une conversation, quelle que soit la direction qu'elle prenne.

Les hommes sont plus froids, plus réservés, plus pénétrés de leur dignité nationale. Leur politesse n'est ni démonstrative, ni prévenante. On pourrait dire qu'elle consiste à trouver bon qu'on leur demande ce qu'ils ne songeraient pas à offrir.

Aux deux conditions d'une existence agréable, de l'argent et une position élevée, il faut en joindre une troisième : c'est un titre, une qualification qui précède votre nom. On vous recherche alors, on vous prône, on vous montre ; vous devenez un objet de curiosité, que l'on regarde, que l'on étudie, que l'on questionne quelquefois jusqu'à l'importunité. De votre complaisance à vous prêter à cette habitude du caractère national, dépend l'accueil qui vous est fait. Si vous êtes en fonds pour la satisfaire, vous ne devez pas hésiter à vous y prêter, et vous pouvez le faire sans que votre dignité personnelle en souffre, grâce à la délicatesse qui accompagne les questions qui vous sont faites. Les femmes surtout tiennent grand compte de ce genre de complaisance, et des manières polies des étrangers, et elles font beaucoup de frais pour justifier et entretenir l'empressement qu'on leur montre.

Avec les conditions qui viennent d'être établies, on est donc assuré de jouir, en Angleterre, de tous les agréments qui peuvent embellir la vie d'un homme du monde. Mais si ces conditions manquent, il faut fuir un pays où l'on n'est considéré qu'en raison du rôle que l'on peut y jouer, ou de celui que l'on a joué ailleurs, et où l'économie, quelque rigoureuse qu'elle soit ; les privations, quelque multipliées qu'on se les impose, ne sauraient balancer l'énormité des prix et les continuelles exigences qui n'en tiennent aucun compte. (Baron d'Haussez, *La Grande-Bretagne en 1833*, 1834.)

Flora Tristan
Français à Londres

Londres, par son commerce et ses grandes richesses, attire un grand nombre d'étrangers, presque tous industriels : les uns appartiennent au commerce et les autres à l'intrigue.

On m'a assuré que plus de quinze mille Français habitent Londres ; les Allemands et les Italiens y sont aussi en grand nombre ; depuis les derniers événements, les Espagnols et les Polonais y affluent : il me serait impossible de préciser le chiffre de chacune de ces émigrations. N'ayant aucune donnée à cet égard, je ne parle pas des autres nations, qui ont toutes leurs représentants dans la ville monstre ; mais il est à remarquer que jamais, en Angleterre, le peuple n'a désigné l'étranger, de quelque partie du continent qu'il fût, que par l'épithète de « Français » (*Frenchman*). En Orient, également, tous les Européens sont appelés *Francs*, comme si le nom de Français, ou d'homme libre, dût être un jour adopté par toute l'Europe.

A l'exception des réfugiés, tous ces étrangers sont venus *pour affaires* : parmi eux se trouvent un grand nombre d'ouvriers de divers métiers, honnêtes gens qui travaillent laborieusement pour nourrir leur famille ; puis ce sont des négociants attachés aux théâtres, des professeurs voués à l'enseignement, des médecins, le corps diplomatique, et enfin une masse flottante de voyageurs qui ne séjournent dans le pays qu'un mois ou deux. Quant à ceux qui sont *établis* ou *housekeepers* (« maîtres de maison »), l'Anglais le plus ombrageux ne saurait élever aucun doute sur leur *respectabilité*, ils jouissent donc de l'estime qui leur est due ; il en est de même des voyageurs dont le séjour en Angleterre est motivé aux yeux de tous.

Les étrangers sans capitaux ou crédit pour faire du commerce, et qui n'exercent ni profession ni métier, ont, comme les autres, besoin de vivre, et, sans contredit, ce sont ceux qui pour atteindre ce but, déploient la plus grande fécondité d'imagination. Rien de plus ridicule, de plus comique, que les moyens qu'ils emploient pour s'introduire dans les sociétés anglaises ; ayant bientôt découvert la haute importance que non seulement l'aristocratie et la haute finance, mais encore la bourgeoisie et jusqu'aux plus petits boutiquiers, attachent aux titres, vite ils se parent, sans cérémonie, des titres de *baron, marquis, comte, duc, colonel, général, etc.* ; ils ornent leur boutonnière de la *croix d'Honneur* ou de *Saint-Louis* ; et, bien qu'en Angleterre les décorations ne se portent qu'à la cour, les Anglais sont charmés de recevoir chez eux le *chevalier de la Légion d'honneur*. La croix d'Honneur est encore à leurs yeux le signe de la respectabilité. Hélas ! ils ignorent qu'elle a trouvé son Golgotha sur la poitrine des mouchards !

Il est plaisant de voir un commis voyageur, un garçon coiffeur, ou tout autre individu sans la moindre éducation, signer les plus beaux noms de France avec un aplomb et une aisance qui peuvent faire croire qu'il s'est toujours appelé le *chevalier de Choiseul* ou le *vicomte de Montmorency*. Tous ceux qui sont vieux ont été au moins *maréchaux de camp dans la Grande Armée et décorés par le grand homme !* Les jeunes sont invariablement *carlistes* ; ils étaient au moins *colonels* sous Charles X, et ils ne veulent pas habiter la France parce que leur roi en a été chassé.

Enfin, à Londres, la manie des titres est poussée si loin que les *femmes* *entretenues*, et même les *filles publiques*, s'en servent comme *moyens de succès* : ces dames se font appeler Madame la marquise de ***, Madame la baronne de ***, Madame la comtesse de *** ; elles font usage, sans façon, des armes de la famille dont elles ont pris le nom et le titre ; scellent leurs billets doux avec un de ces magnifiques cachets à la forme antique, au riche blason ; leur linge et leur argenterie sont marqués au chiffre de *leur maison* ; enfin leurs laquais, quand elles en ont (ce qui est fort rare), portent une livrée féodale. On conçoit que dans un pays où l'*apparence est tout* une prostituée, ainsi affublée de l'enveloppe aristocratique, doit jouer un certain rôle... et parfois faire fortune. Les Françaises sont fines, et, vivant dans le pays classique de l'*annonce* et de la *réclame*, elles en apprennent bien vite les formes. Vous entendrez des Anglais dire, en vous parlant d'une femme galante : «Oh ! c'est une dame d'une très bonne famille : elle est nièce du comte de La Rochefoucauld», ou «elle est alliée à la famille de M. de Broglie», etc. Il n'y a qu'un Anglais au monde pour croire à de pareilles *blagues* !

J'ai vu là une *collection* de barons, comtes et marquis vraiment curieuse ! Beaucoup d'entre eux sont soupçonnés d'être aux gages du gouvernement français, la police faisant, dit-on surveiller les démarches des réfugiés républicains à Londres ; les autres sont de *fashionable gentlemen*, qui tout bonnement cherchent à vivre...

Ces nobles seigneurs parlent de leurs hauts faits d'armes, font la cour à la fille de la maison, chantent la romance nouvelle, et en même temps cherchent à engrener le père dans une *affaire*. Presque tous ces messieurs possèdent des *secrets* de la plus haute importance pour l'industrie !... Celui-ci métamorphose en tabac *n'importe quelle espèce de feuilles* ; celui-là fabrique du papier superbe avec une pâte *inconnue*, qui ne coûte *presque rien* ; enfin un plus audacieux se présente hardiment, et dit : «Messieurs les Anglais, jusqu'ici vous avez employé, pour obtenir le gaz, les moyens les plus dispendieux ; moi, j'ai été assez heureux pour découvrir de nouveaux procédés qui donneraient à des actionnaires *500 pour cent de bénéfice !* Je fais du gaz avec *rien !!!* un peu de *terre* et de *l'air*, voilà tout.» Puis c'est le *filtre monstre* pour donner de l'eau clarifiée à toute la ville de Londres. Voici de la bière excellente où il n'entre ni *houblon* ni *orge*. Ceux-ci veulent affranchir les Anglais du droit énorme que leur gouvernement, dans son amour pour la liberté commerciale, a mis sur les vins. Ils fabriquent des *vins de Bordeaux* et *de Champagne* à des prix si modérés que le peuple même en pourra boire. Ils font sans vin du vinaigre aussi bon que celui de Bordeaux, et de l'eau-de-vie qui le dispute au cognac. Je n'en finirais pas, si je voulais énumérer les merveilles sans nombre des *secrets* de ces messieurs.

[...] D'ingénieuses découvertes font souvent espérer des résultats que ne réalisent point les premières expériences, sans que la bonne foi du véritable inventeur puisse être en rien suspectée ; de cet inventeur, de ce missionnaire de la Providence au charlatan, il existe autant de distance que de Rossini à un tambour, du style de Walter Scott au *puff* de la réclame du libraire. Si donc *John Bull* se laisse attraper, c'est qu'il lui arrive maintes fois d'avoir trop de confiance en lui-même ; le charlatan ne saurait abuser l'homme instruit dans la science à laquelle la prétendue découverte se rattache. John Bull se décide sans consulter personne, parce qu'on a eu l'adresse de lui persuader qu'il en sait assez pour juger par lui-même ; il a trois mobiles tellement en saillie qu'ils ne peuvent échapper à l'observateur : l'orgueil, la cupidité, la gourmandise. Les intrigants dont je viens de parler, n'ayant pas d'artistes culinaires à leurs ordres, ne peuvent se servir du dernier moteur ; mais ils manient très habilement les deux premiers ; et lorsque John Bull est exploité il jette feu et flamme contre ces *coquins de Français* ! Dans sa stupide colère, il englobe toute la nation, la traite de *canaille*, etc. ; car l'argent de John Bull est toujours si honorablement gagné que c'est véritablement un crime qui crie vengeance devant Dieu que de lui en faire perdre la moindre partie ! Les plaintes des victimes ressemblent assez à celles du « corbeau sur un arbre perché ».

Si John Bull n'attachait aucune valeur aux *titres et décorations*, il ne donnerait jamais sa fille, avec une riche dot, à un intrigant revêtu de titres vrais ou faux, et portant à la boutonnière des rubans de diverses couleurs. Les gentlemen qui ont fréquenté la France ne s'y laissent point prendre ; ils savent très bien que la noblesse française ne ressemble en rien *aux soi-disant nobles* qui battent le pavé de Londres.

Ces considérations m'ont déterminée à écrire ce chapitre *des étrangers à Londres*. J'ai désiré apprendre aux Anglais à nous connaître ; à ne pas être *dupes* de grossières apparences ; à distinguer le savant du charlatan, l'homme véritablement noble de l'intrigant, le duc de son valet, la duchesse de sa soubrette. Je voudrais que John Bull n'exhalât jamais de ces plaintes absurdes, et que, dans son irritation, il n'injuriât pas toute la nation, lorsqu'il ne doit s'en prendre qu'à *lui-même*. (Flora Tristan, *Promenades dans Londres*, 1840.)

Haussez

Ils ne se trouvent bien nulle part

Hors de son pays, un Anglais affiche la prétention d'en conserver les usages ; il les exagère, de peur d'en laisser échapper aucun des détails. Il pousse même la prévention au point de vouloir plier les usages du pays qu'il visite à ceux du sien propre. Il montre de la susceptibilité, du dédain, de la fierté, exige des égards, fait peu de frais pour se les attirer, et se met à l'aise partout.

Entre-t-il dans un salon, il salue à peine, attend, pour commencer une conversation, l'introduction, inusitée ailleurs qu'en Angleterre, de ceux qui doivent être ses interlocuteurs ; s'offense de la moindre négligence dans les procédés dont il croit devoir être l'objet. Il faut que la foule se presse davantage encore, pour donner un libre passage à lui, à sa femme, à trois ou quatre filles qui se tiennent accrochées et s'obstinent à ne pas se séparer. Il se montre enfin inexorable sur la plus légère concession d'usages qu'il fait revivre, dans la pensée qu'ils portent avec eux un caractère de nationalité dont il est fier.

Tel n'est pas l'Anglais chez lui : prévenant envers les étrangers, disposé, pour leur plaire, à exalter, à emprunter les mœurs, les langues même du continent, effaçant les habitudes nationales pour sympathiser davantage avec ses hôtes, il déploie une politesse, une obligeance, un empressement que n'avaient pas fait pressentir les formes toutes différentes qu'il avait affectées hors de sa patrie.

Il faut qu'il y ait un vice quelconque dans le caractère, dans l'organisation domestique, dans les habitudes des Anglais ; car ils ne se trouvent bien nulle part : ils paraissent tourmentés par un besoin de *locomotion* qui les pousse de la ville à la campagne, de leur pays dans celui des autres, de l'intérieur des terres sur les bords de la mer. Peu leur importe comment ils y seront, pourvu que demain ils ne soient plus où ils sont aujourd'hui. Cette variété, cette distraction que les autres peuples demandent à leur imagination, c'est dans un déplacement physique qu'ils les cherchent. Quand ils ne savent plus où aller sur la terre, ils s'enferment dans les étroites parois d'un yacht, et les voilà s'exposant aux inconvénients, aux dangers de la mer, voguant sans but, sans terme fixe, sans perspective de jouissances présentes, sans rien qui promette des souvenirs, sans autre plaisir que la fin de celui qu'ils prétendent goûter.

Cette manie n'est pas particulière à des individus ; elle appartient à un grand nombre de familles de toutes classes, de toutes positions, de toutes fortunes. Sans parler de Brighton, où, par ton, l'on va passer d'une manière fatigante quelques mois de l'hiver, on voit, se croisant sur les routes, des familles qui quittent des habitations commodes, et tous les agréments attachés à la propriété, pour s'établir à loyer dans d'autres terres, et subir tous les inconvénients de la non-possession. Relations, habitudes, affections, amour du sol, tout est sacrifié, sans que l'on s'informe de ce que l'on rencontrera à la place ; car rien ne détermine la préférence. On va en Italie, en Saxe, en Écosse, en France, d'un comté dans un autre, sans motif précis. En partant, on loue sa maison ; et si le bail n'est pas expiré au retour, on en loue une autre pour un mois, pour huit jours, pour un an. Lorsque l'on ne veut ou ne peut pas se livrer à de lointaines émigrations, on change de quartier dans la ville que l'on habite.

Un étranger est tenté de s'informer si ce *confortable* dont on est si vain, est si général qu'il se trouve partout où conduit un caprice irréfléchi, et si, en supposant qu'il existe en Angleterre, les Anglais l'emportent avec eux sur le continent. Dans la nécessité où il est de se faire une réponse négative, il se demande si le confortable est aussi réel et aussi étendu que les Anglais le prétendent ; et, de question en question, il va jusqu'à douter que ce soit chose si précieuse et si nécessaire, puisque l'on en fait si légèrement le sacrifice. (Baron d'Haussez, *La Grande-Bretagne en 1833*, 1834.)

Vallès

Les Anglais chez nous

Celui qui, emportant la patrie à la semelle de ses souliers, est venu patauger dans la boue anglaise et a usé ses talons sur les trottoirs de Londres, le Français que le flot humain qui mugit dans le Strand et la Cité a, pendant des années, roulé comme un galet, ce Français-là ouvre de grands yeux quand quelque compatriote, qui ne connaît que les Anglais de Paris, se prend à s'étonner de l'insolence et de la brutalité qu'ils déploient chez nous.

Elle est voulue, cette insolence ; et voulue, cette brutalité.

Qu'on ne s'y trompe pas ! L'Anglais n'est point vulgaire de naissance, il ne l'est que par intention et de parti pris. Le dernier clerc, même le dernier laquais, semble avoir avalé l'épée de Wellington, et se tient droit autant qu'un duc et pair. Autant qu'un duc, il sait porter le col raide, le vêtement gênant, qui constituent l'élégance classique du high-life.

L'Anglais, toujours un peu homme de cheval et toujours étouffant de la joie d'être Anglais, peut paraître et paraît distingué, quand il lui plaît. C'est fait de vanité et de raideur, la distinction. Or, ils en ont à revendre, de la raideur et de la vanité, les excursionnistes d'Angleterre.

Aussi, ne vous y méprenez pas : ces « complets » défraîchis ou bizarres que les Anglais traînent dans nos rues, l'incivilité qu'ils affichent, leur sans-goût, leur sans-gêne, tout cela est l'expression criarde de leur sourde hostilité.

Ils prennent des mines d'impertinents, voire des tournures de palefreniers, comme des jaloux toussent au théâtre, ou font tomber leur canne pour faire tomber la pièce, en gênant les acteurs ; comme, dans une réunion publique, les adversaires du bureau imitent le chant du coq ou le cri de l'âne. Ils ne veulent pas avoir l'air charmé ou ému ; ils ne veulent pas se noyer dans le torrent de la foule ; ils ne veulent pas faire l'honneur, à leur hôte, d'une marque de reconnaissance ou d'admiration. Et ils se promènent, cocasses et violents, à travers les galeries et les spectacles ; mais ils ne se plaignent point d'être accusés d'impolitesse et de grossièreté. Ils y visent, et demanderaient à être ridicules, si la cabale du ridicule devait troubler, un moment, la marche triomphante de la grande comédie parisienne.

Ils se le disent ou ne se le disent point. Ils ne savent peut-être pas ce qui, tout bas, les pousse à être désagréables ou grotesques. Mais inconsciemment, sinon par volonté, ils affirment ainsi le dédain de John Bull.

Il faut que leur bouderie se trahisse ; il faut que leur réputation de flegme reste intacte ; il faut qu'ils ne semblent pas étonnés ou enthousiastes ; il faut qu'ils écrivent quelque part le *nil admirari anglais*. Et ils l'écrivent sur leurs habits et sur leurs chapeaux, exprès négligés, ainsi qu'un paillasse coupe la solennité de la piste en exhibant une drôlerie au derrière de son maillot. (Jules Vallès, *La Rue à Londres*, 1884.)

Mirecourt
Odieux monuments

La Grande-Bretagne, comme tous les royaumes séparés du catholicisme, a tout perdu dans le domaine moral et n'a plus aucun des sentiments qui élèvent un peuple. La religion, chez elle, couvre d'un voile menteur et pharisaïque les ignominies de l'intolérance. Elle a quitté l'esprit pour la lettre morte. Avec la prétention d'éclairer l'œuvre du ciel, elle ne réussit qu'à mettre la lumière sous le boisseau ; elle jette le peuple dans l'abrutissement et développe chez l'oligarchie la plus odieuse des personnalités, le plus sinistre égoïsme qui ait jamais scandalisé l'histoire. Il n'y a plus du haut en bas de la hiérarchie sociale que l'instinct matériel, la soif du bien-être acquis par toutes les voies, même les plus illicites. C'est un peuple de marchands avides, relégués derrière un comptoir, assis sur une sacoche, indifférents à tout ce qui n'est pas lucre, n'estimant que le bifteck et ne recherchant que ce qui le procure. En un mot, ce n'est plus une nation.

C'est une boutique le matin ; le soir, c'est une cuisine.

Déshéritée du côté du cœur et de la noblesse d'âme, l'Angleterre prend sans doute une revanche éclatante du côté de l'esprit.

Hélas ! j'ai tort, peut-être, mais ce n'est pas mon opinion.

Si, chez nos voisins, l'esprit se cache, il se cache trop ; sa modestie lui est préjudiciable, car je me suis livré aux plus scrupuleuses perquisitions sans le découvrir. Je n'ai pas été plus heureux que si j'avais cherché un rayon dans les ténèbres, une étoile au fond d'une cave, une perle dans les boues de la Tamise.

Je crains, et je vous le dis tout bas entre nous, que, de l'autre côté du détroit, l'esprit, comme le soleil, ne brille que par son absence.

Visitez d'un bout à l'autre cette mère-patrie du brouillard, vous y trouverez une sottise indigène qui prend ses coudées franches et se sent parfaitement chez elle, dans son foyer natal, avec l'égoïsme, les instincts grossiers, l'impolitesse flagrante, l'amour de l'or et l'âpreté du gain, sans parler d'une morgue dont rien n'approche, morgue inouïe, scandaleuse, qui vous donne presque le vertige.

Toutefois le grotesque domine l'odieux, et vous finissez par éclater de rire au nez de ces bizarres insulaires.

Mais la philosophie n'est pas toujours la plus forte, et l'indignation prend le dessus, quand cette morgue britannique se permet d'envahir le domaine de l'histoire et d'y etaler ses arrogances.

Je ne parle pas seulement de l'histoire écrite, je parle de l'histoire architecturale façonnée en airain ou en pierre au sein d'une ville.

A Londres, on érige le mensonge en obélisque, et l'on bâtit effrontément sur l'imposture.

Il y eut un jour — voici de cela cinquante ans bientôt —, jour fatal et sombre, où la gloire du plus puissant génie des temps modernes était à son déclin; où la France, épuisée de sang et d'or, ne pouvait plus se défendre contre de lâches coalitions : ce jour-là, vingt armées s'unirent pour triompher de l'agonisante et furent presque terrassées par son dernier souffle.

Waterloo n'a jamais été une victoire, ce fut un assassinat.

Eh bien, les Anglais ont des trophées à l'infini, qui éternisent le souvenir de ce meurtre commis sur l'héroïsme, de cet écrasement brutal par le nombre !

Çà et là, partout, au nord de la ville comme au midi, sur la rive droite comme sur la rive gauche du fleuve, on rencontre des monuments, des colonnes, des arcs de triomphe, que sais-je encore ? des inscriptions commémoratives, des statues, le tout destiné à traduire en l'honneur de l'armée anglaise et de l'épée de Wellington cette page d'histoire insolente.

Un pygmée a eu l'audace de se dresser un piédestal sur les immenses débris du colosse abattu.

On aperçoit en tous lieux l'Achille britannique coulé en bronze, à pied ou à cheval, de face ou de profil ; ici, drapé dans un manteau romain ; là, coiffé d'un claque hyperbolique. Il vous apparaît sous toutes les formes, dans tous les costumes, et même sans costume...

Voyez-le plutôt à l'entrée de Hyde Park !

Cela n'effarouche point la pudeur des dames anglaises, pudeur qui se blesse des mots et non des choses ; mais il y a dans tous ces Wellington et tous ces Waterloo, de quoi pousser la colère d'un Français jusqu'à l'apoplexie.

Si vous prenez, comme votre serviteur, le paquebot du Havre et la voie de Southampton, vous descendez à la gare de Waterloo ; le fiacre qui vous conduit dans la ville, après avoir chargé votre personne et vos bagages, vous fait traverser Waterloo Bridge, et pour peu que le cocher de ce fiacre baragouine quelques mots de notre langue, il vous signale en passant Waterloo Square, se lance à fond de train dans Waterloo Street, et pousse l'inconvenance et la goguenarderie jusqu'à vous proposer de loger à l'hôtel Waterloo.

On châtie, comme vous pouvez le croire, ce cocher plein de patriotisme et de scélératesse : il suffit, pour cela, de prendre avec une canne la mesure de ses épaules et de dissimuler à l'œil des policemen la volée qu'on lui administre.

C'est une légère consolation.

Mais, en attendant, les Waterloo restent, et demain un autre Français tombera dans le même piège et dans la même colère. (Mirecourt, *Nos voisins les Anglais*, 1862.)

Pichot

Bronzes

Chaque peuple ayant brillé par la guerre, comme dit Mahomet, chaque peuple doit avoir chez lui ses monuments de victoire, ses statues de héros. Le voyageur qui visite l'Europe, rencontre partout des inscriptions, des colonnes, des simulacres de marbre ou d'airain, qui attestent l'héroïsme de toutes les nations.

Les bâtisseurs de la pyramide d'Hochstet avaient vaincu, par hasard, une fois Louis XIV, cela pouvait arriver à tout le monde ; mais il leur était permis de célébrer leur victoire comme bon leur semblait, pourvu toutefois que leur pyramide fût faite selon les règles de l'art égyptien ; il faut même être généreux envers les peuples qui n'ont pas eu, comme nous, la faculté de changer l'Europe en jeu de quilles, il faut laisser le plus pauvre jouir paisiblement de son modeste contingent de gloire. Les Anglais sont tombés dans l'excès contraire ; ils ont de longues annales, et leurs monuments ne sont pas nombreux. On ne rencontre chez eux qu'un nom et un héros : Waterloo et Nelson. Dans toutes les villes, les marchands de bas et de flanelle ont pris l'enseigne de Waterloo : Waterloo House, Waterloo Place, Waterloo Street, Waterloo Bridge, Waterloo Square, voilà ce qu'on lit dans les cités et les bourgs des Trois-Royaumes. En entrant dans une ville, on rencontre infailliblement un monument élevé à Nelson. Tantôt c'est une colonne votive, comme dans Sakeville Street, à Dublin, ou une statue, comme à Birmingham, ou une action dramatique, comme à Liverpool. Colonne, statue ou drame, tout est d'une merveilleuse indigence d'exécution. Les Anglais n'ont jamais voulu que la gloire du sculpteur fît oublier la gloire du héros, et le ministre des beaux-arts, en commandant un Nelson aux Phidias du pays, leur a toujours expressément défendu de faire un chef-d'œuvre. Et il faut être juste, les Phidias ont obéi. Touchante abnégation de l'art ! Ainsi, à Liverpool, il fut décidé qu'on élèverait un monument à Nelson, sur la place de la Bourse. Le sculpteur offrit son plan, et dit : « Je représenterai Nelson frappé à mort sur le tillac du *Victory* ; à côté de lui, je mettrai un matelot, pour montrer que la scène est navale ; par-dessus tout, je ferai descendre une Victoire éplorée, qui suspendra sur la tête de Nelson un chapelet de couronnes ; enfin, j'aposterai dans un coin un grand squelette qui rira dans sa tête de mort, et qui étendra sa main décharnée sur le cœur du héros, pour compter les pulsations et lui laisser tout juste le temps de vivre jusqu'à la victoire. A ce plan, le comité artiste de Liverpool aurait pu trouver beaucoup à blâmer, s'il eût voulu ; mais il se garda bien d'élever la moindre objection. Il laissa faire, persuadé que l'artiste n'éclipserait pas Nelson.

Nelson et Waterloo remplissent donc l'Angleterre : on dirait que, sans ces deux noms, la légende nationale serait toute en blanc.

Au parc Saint-James, on rencontre, chemin faisant, un trophée dédié à Wellington ; c'est un mortier de bronze, sur piédestal, entouré de chevaux de frise. Il y a une inscription en anglais et en latin. Les Anglais ne sont pas forts sur le latin, et l'on ne conçoit pas qu'ils aient eu l'idée de célébrer la gloire de Wellington en prose qui veut être latine. Le latiniste, chargé de créer cette prose, a fait sa besogne assez lestement jusqu'au terrible mot : mortier ; là, il a reculé ; les Romains ne connaissaient pas le mortier. Au XVIe siècle, il y eut un concile de savants qui fut chargé par l'Europe de donner un équivalent latin aux deux mots récemment inventés, *mousquet* et *canon*. Le concile délibéra quinze jours ; enfin la langue de Virgile et d'Horace fut enrichie de deux mots nouveaux ; on adopta *catapulta* pour fusil, et *tormentum bellicum* pour canon. Ce n'était pas heureux ; mais la faute en était aux Latins qui n'ont pas inventé la poudre. Mortier n'ayant pas été compris dans l'ordre du jour du concile, le savant anglais qui avait reçu l'ordre de composer l'inscription du trophée de Saint-James se trouva aussi embarrassé que le concile devant mousquet et canon. Il allait, répétant les premières lignes : « Le duc de Wellington ayant vaincu les Gaulois à la bataille de Salamanque... *devictis Gallis apud Salamancam*... (très bien jusque-là), prit ce mortier qui n'avait jamais fait feu... *adhuc inauditus ! inauditus !...* » Mais mortier !... mortier !.. Quelle idée d'aller faire du latin là-dessus ! aussi à quoi songeait Victor Bellune en abandonnant ainsi ce mortier ! Enfin comme le jour de l'inauguration du trophée approchait, le latiniste officiel se vit contraint d'inventer par décision municipale. Au moment où le désespoir s'emparait de lui, *bombarda* lui tomba dans la tête comme une illumination. Il ne laissa pas échapper le mot, il le saisit à deux mains et le donna au fondeur. Le fondeur prit *bombarda* comme il aurait pris toute autre chose et coula le mot en bronze. Rien n'épouvante comme ce *bombardam*, à l'accusatif, gravement étalé sur son piédestal. Il vaut mieux perdre une bataille de Salamanque dans sa vie, que d'aller sur un chemin de bronze à la postérité, en accolant *bombardam* à son nom victorieux.

On rencontre sur le chemin qui conduit de Saint-James à Hyde Park deux arcs de triomphe muets, lourds et surtout tristes comme de jeunes ruines ; ils ne racontent rien au passant et l'empêchent de passer, on aurait pu mieux employer ces pierres en les macadamisant sur la chaussée voisine. Un encombrement, tout triomphal qu'il soit, gêne toujours la circulation. C'est de l'autre côté du boulevard qu'une grille de fer vous laisse entrevoir la fameuse statue d'Achille, élevée à la gloire de Wellington par les dames anglaises. Cette statue, dit l'inscription, a été *construite* avec les canons pris à Toulouse, à Vittoria, à Salamanque et à Waterloo. Il a fallu à peu près quatre canons pour cette fonte, un par victoire. Nous avons eu nous moins de modestie sur la place Vendôme. A dix pas de cette statue d'Achille, on peut croire que le sculpteur a laissé les quatre canons dans leur état naturel, et que le fondeur ne s'en est pas mêlé. Au reste, ce serait un procédé d'art assez ingénieux, si on l'appliquait aux colonnes votives; mais il me semble que lorsque des dames ont pris la peine de commander une statue de héros, un artiste devrait être assez galant pour faire sa statue à l'image d'un homme. Soyons justes pourtant, lorsqu'on regarde ce colosse de plus près, on admire tout le talent qu'il a fallu pour combiner la pose de quatre canons de manière à y retrouver encore le simulacre humain, comme on découvre tout ce qu'on veut sur des tabatières de buis. Le voyageur, en tournant autour de cette singulière statue, a toujours un instant d'illusion qu'il doit saisir, et qui lui permet de dire : « Oui c'est une statue... » Une fois la statue admise, on arrive à d'autres observations de détail. L'inscription vous annonce que ce que vous voyez là est un Achille. Or, à l'extrémité d'une pièce de canon qui figure le bras gauche, l'artiste a placé une culasse qui figure un bouclier. L'Achille est posé dans l'attitude d'un héros qui se couvre d'un bouclier; cela me fait présumer que l'artiste n'a pas lu Homère, l'inventeur d'Achille, et autres poètes qui ont parlé de ce héros assez connu. Achille méprisait assez le bouclier; il ne se défendait jamais, il attaquait toujours, et sa lance a joui d'une réputation européenne. Mais, en supposant qu'un jour, par distraction, Achille eût pris un bouclier, à coup sûr il ne l'aurait pas mis sur sa tête comme à Hyde Park; mais sous le talon, ce qui est bien différent. Les dames anglaises en commandant un Achille au statuaire, avaient agi un peu légèrement, elles s'exposaient à voir leur œuvre traitée avec ce cynisme d'artiste, qui blesse les yeux, surtout des yeux d'Anglaises. On ne pouvait représenter Achille que dans l'état où il se trouvait habituellement pour rendre une visite à sa mère Thétis. Donc c'était un éternel *shocking* d'exclamation qu'on allait immobiliser à Hyde Park, par ordre exprès du beau sexe de Londres. Hâtons-nous de rendre hommage à la sagesse de l'ouvrier : bien qu'on lui eût remis quatre canons qui n'étaient pas drapés à la grecque, il leur a conservé une nudité décente, et la pudeur la plus ombrageuse peut passer devant cet Achille avec autant de hardiesse que devant une batterie de trente-six qui vient de faire son dernier feu.

Le 18 juin de cette année, à trois heures après midi, j'étais assis sur une banquette, à Hyde Park, dans le voisinage des Quatre-Canons, et j'avais l'honneur de causer avec un Anglais charmant, qui a perdu toutes ses habitudes de susceptibilité insulaire, en vivant sur le continent, dans une atmosphère de civilisation tolérante. Nous parlions de Waterloo, et il me disait avec la nonchalance d'un vieux voyageur, blasé sur notre pauvre monde : « Il y a vingt-deux ans aujourd'hui, à pareille heure, si un Français m'eût rencontré sur le plateau de Mont Saint-Jean, il m'aurait tiré un coup de pistolet, n'est-ce pas ? »

Je m'inclinai poliment pour excuser ce Français.

— Eh bien ! ne vaut-il pas mieux causer tranquillement ici, que de se donner rendez-vous dans quelque champ de blé de la Belgique, pour détruire des hommes et des moissons, et pour arriver à quoi ?

— A bâtir une statue dans ce genre-là ; voilà tout ce que vous avez gagné. Vous conviendrez que ce n'était pas la peine de nous ruiner pendant quinze ans, d'ébranler notre crédit.

— J'en conviens parfaitement : c'est une statue qui vous coûte cher. Et le héros de cette victoire, quel profit en a-t-il retiré ? Regardez là, devant vous, à vingt pas, à côté de la grille du parc ; regardez ce palais, c'est la demeure du duc de Wellington. C'est la seule maison de Londres qui n'ait pas une vitre à ses croisées : le peuple a jeté plus de pierres contre ces murailles que Wellington n'a fait envoyer de balles aux Français de Waterloo. La trace des balles est effacée, la trace des pierres reste. Le noble duc s'est vu contraint de cuirasser de fer tous les volets de sa maison. Ce n'est pas la statue qui a besoin d'un bouclier, c'est le palais du héros.

Comme il parlait, le duc de Wellington sortit incognito de son palais. J'avais admiré la statue et la maison, je voyais le héros ; je n'avais jamais vu de héros de ma vie, comme ils sont faits en Angleterre. Le noble duc montait un cheval alezan ; il était vêtu d'une redingote brune et d'un pantalon blanc ; ses cheveux grisonnaient, son dos décrivait une ellipse. Je ne puis dire l'effet que me produisit cette figure maigre, soucieuse, ce maintien mélancolique d'un homme illustre, qui ne sait plus que faire de sa gloire, de sa plume, de sa vie, de son nom, et qui, l'ennui le prenant, monte à cheval, suivi d'un groom stupide, et s'en va, le 18 juin, passer furtivement devant sa statue, pour la regarder de travers, et faire ensuite un peu de poussière dans l'hippodrome circulaire d'Hyde Park. Je me rappellerai toujours cette heure de l'anniversaire ainsi tristement célébré dans un coin de ce pâle jardin, sous un ciel gris et plat, avec cette statue qui semble parodier la gloire, avec ce palais désert où le peuple a mis des scellés d'airain. La mélancolie qui tombe en rosée dans Hyde Park donnait une teinte tumulaire à la masse d'airain bouleversée sur son sarcophage, aux édifices mornes qui emprisonnent le jardin, aux arbres éplorés comme des saules, et même à ce palais neuf de Saint-James, qui n'ouvre pas une de ses croisées pour respirer un peu d'air. Voilà la gloire.

Mon compagnon regardait ce tableau avec les yeux de l'habitude. Il me proposa une promenade sur la Tamise. « Je veux, me dit-il, vous montrer un monument national dont vous serez content. Allons. »

Nous prîmes un *fli* à Hungherford Market, et nous descendîmes aux docks de la compagnie des Indes. Le dock où nous entrâmes est une de ces merveilles d'industrie comme l'Angleterre en fait. Rarement la puissance de la création humaine s'est révélée avec autant de grandeur. L'Anglais me dit : « Ce dock a été fondé par James Millingham, simple marchand de Londres, et voilà sa statue. » Oh ! cette fois, je vis une véritable statue, une statue dignement posée, un bronze noblement sorti des mains d'un artiste. Le piédestal porte cette inscription : *A James Millingham, marchand de Londres.* Ici toute raillerie expire ; il faut se taire et admirer. Mieux vaut creuser un dock que gagner une bataille. (Pichot, *Voyage pittoresque et littéraire...*, 1838.)

Hennequin
Mémoire nationale

Encore un souvenir de Nelson. Une fois sur le sol anglais on ne vit plus qu'entouré des trophées de ce grand amiral ; nous devions trouver sa statue à Londres, son habit à Greenwich, son tombeau, son image en cire, à Westminster, sans parler de sa tour à Édimbourg, de son obélisque à Glasgow, et du monument à la Louis XIV que lui ont élevé les habitants de Liverpool. C'est que l'Angleterre n'est pas oublieuse ; comme tous les peuples, elle peut méconnaître pour un temps ses grands hommes ; ont-ils triomphé de ces premières épreuves, elle s'empresse de les tailler en marbre et se souvient longtemps de leurs noms. De nos jours, la Grande-Bretagne célèbre par des réjouissances annuelles la découverte de la conspiration des poudres. Elle remonte plus haut dans son histoire, et le roi Alfred jouit encore d'une popularité qu'a perdue depuis longtemps, chez nous, le grand règne de Charlemagne. C'est ainsi que ce peuple marche les yeux toujours fixés sur ses propres annales, et que l'expérience du passé dirige et raffermit ses pas vers l'avenir. Quant à nous, qui, dès demain, ne saurons plus notre histoire d'hier, nous avançons, mais en zig-zag ; nos progrès, s'ils ont quelque chose de plus brillant et de plus rapide, sont aussi moins solidement établis que ceux de l'Angleterre ; c'est que les théories nouvelles et audacieuses sont les seules qui nous séduisent, c'est que nous aimons à douter du passé, à mépriser sa science ; c'est que nous avons toute la témérité de Descartes, tandis que les Anglais ont conservé l'érudition et la froide logique de leur chancelier Bacon. (Hennequin, *Voyage philosophique en Angleterre*, 1836.)

Lacoste
Un monument pour un crime

L'hôtel de ville, nommé Guild Hall, n'offre rien de plus magnifique ; son importance, cependant, aurait dû le soustraire à l'absorbant des idées générales de simplicité : il est le siège de différentes cours de judicature ; le lieu d'assemblée pour l'élection des maires, aldermans et autres officiers de la Cité, ainsi que de ses quatre représentants aux communes, et celui de différentes cérémonies et fêtes publiques. Je ne fus pas plus satisfait de son intérieur que de sa façade ; il n'a de remarquable qu'une très vaste salle, barbarement décorée de deux hideux géants, grossièrement sculptés en bois. On y voit aussi les portraits de quelques lords-maires, et deux monuments en marbre, dont l'un, celui de M. Pitt, mort comte de Chatam [Chatham], me flétrit le cœur. Son époque fut la déclaration de l'avant-dernière guerre, et son motif l'avantage que retira l'Angleterre de la nature de cette déclaration, proposée par M. Pitt. Vous savez que la manière dont elle se fit fut de s'emparer de tous les navires français qui se trouvaient en mer, désarmés sur la foi des traités. Oh ! je vous avoue, que cette sanction donnée par la nation entière à une violation aussi manifeste du droit des gens est, dans ma façon de penser, un trait bien caractéristique. Qu'un ministre se permette de sacrifier ses principes d'équité à l'intérêt général, je le plains, comme une victime dévouée à l'intérêt général ; mais que tout un peuple applaudisse à un manque de foi ; qu'il érige en monument sa coupable reconnaissance, et que par les honneurs rendus à un ministre criminel, il encourage ses successeurs à n'avoir pour mesure de leurs déterminations politiques, que ses seuls intérêts ; c'est ajouter au mépris des lois primitives de l'honneur une insouciance, non moins coupable, de l'opinion des hommes. (Lacoste, *Voyage philosophique en Angleterre en 1784*, 1787.)

Ferri de Saint-Constant
Orgueilleux d'être né anglais

L'orgueil national est la qualité dominante du caractère des Anglais. On le retrouve dans tous les âges, dans toutes les classes de la société. L'enfant le puise dans sa famille : dès l'âge le plus tendre, il entend dire que l'Angleterre est supérieure à tous les autres pays, et qu'aucun ne lui est comparable. Cet orgueil s'augmente aux écoles publiques, et s'accroît dans toutes les circonstances de la vie, dans les voyages, dans les clubs, aux théâtres ; dans les discussions parlementaires, etc. Les Anglais se croient la première nation du monde, la seule libre, ingénieuse, puissante, généreuse et capable de faire de grandes choses. Ils ne trouvent bien que ce qui est chez eux, méprisent tout ce qui n'est pas eux, sans excepter leurs co-sujets les Écossais et les Irlandais. Ils croient toutes les autres nations esclaves et avilies, sans énergie et sans lumières.

Cet orgueil, cette prétention à la supériorité, qu'ils ne cherchent même pas à déguiser chez l'étranger, fait accueillir les opinions les plus extravagantes, et entretient des préjugés odieux et ridicules. Les poètes, les orateurs, les historiens, les auteurs dramatiques, ont pour objet d'inspirer cet orgueil. Les écrivains philosophes, les moralistes ne cherchent point à combattre ce sentiment odieux et les préjugés qu'il entraîne. Ils croiraient manquer de patriotisme, du moins ils en seraient accusés, parce que ces préjugés ont pu contribuer aux succès et à la prospérité de l'Angleterre.

[...] L'orgueil national des Anglais est d'une date plus récente. Il s'est formé lorsque leur liberté s'est assurée, lorsque leur puissance s'est étendue avec leur commerce, lorsqu'ils ont fait dans les lettres, les sciences et les arts, des progrès à pouvoir rivaliser avec les nations les plus civilisées.

On a dit, pour excuser ce que l'orgueil national des Anglais a d'odieux, qu'en général ils ne sont pas orgueilleux de leurs qualités personnelles, mais d'être nés anglais. Un Anglais sensé parle de lui-même, de son rang, de sa dignité avec modestie ; mais il parle de son pays avec orgueil, avec enthousiasme. (Ferri de Saint-Constant, *Londres et les Anglais*, 1804.)

Vallès

Une antipathie instinctive

Mais qu'a donc l'Anglais ? Il est excentrique, point téméraire ; il est froid, point raisonnable ; il est morne, point rêveur.

Encore une fois, quelle est donc leur vertu maîtresse ?

Leur vertu, c'est ce qu'on appelle notre vice à nous, c'est l'amour féroce du drapeau, la fierté d'être anglais, c'est le « chauvinisme » affreux et héroïque. Oui, héroïque, non pas seulement jusqu'au sang, mais jusqu'à l'abnégation monastique. Chez ces buveurs de gin, ces affamés d'excentricité, l'idée de patrie est forte autant que la foi chez les prêtres, et leur ferait faire des miracles, croyez-le, si jamais quelque autre Caton criait, en les regardant : *Delenda Carthago*.

Ils sont capables de tout, au nom de la nation.

Voyez avec quelle prestesse leur brutalité cache tout d'un coup ses poings, rentre ses griffes dans le gant fourré de la diplomatie ! Ces grossiers par nature, ces impolis par orgueil, ces casseurs de nez, ont une politique cauteleuse et rusée.

En vérité, je vous le dis, j'ai peur de leur visage de convention encadré dans les plis de leur étendard !

Ils ont, pour les étrangers, une pitié sans limites, profonde comme les abîmes, large comme l'Océan ; ils regardent le monde entier de la cime de leurs grands mâts, et, voyant flotter leurs couleurs sous tous les ciels, ils crachent leurs dédains sur qui les discute ou les blâme.

Mais, de tous les peuples, celui qui est le plus antipathique à leur génie national, c'est le nôtre.

Qu'on le sache bien, l'Anglais a la haine instinctive, aveugle, de ce qui est français. Chaque habitude de Paris le blesse, et il va contre, prend la chose à rebrousse-poil ou fait le travail à l'envers.

Nos cochers conduisent à droite, les leurs conduisent à gauche ; le bout de nos cuillères est recourbé en dedans, le bout des leurs en dehors ; nos fourchettes ont quatre dents, les leurs n'en ont que trois — et mille autres détails gais ou graves. C'est d'instinct, *dans le sang*, dans ce sang qui ne coule pas comme le sang latin avec des reflets de pourpre au soleil, pour l'honneur ou le châtiment, sur le terrain ou l'échafaud, mais qui s'extravase sous le coup de poing ou sous le bonnet du pendu, dans le ring ou à la potence.

Notre esprit gaulois est leur mortel ennemi ; nous avons l'ironie qui flambe et celle qui calcine, le rire de Beaumarchais et de Proudhon. Nous sommes des trouble-fête, les enfants perdus de l'idée, nous dérangeons les équilibres établis par les siècles.

Aussi nous sont-ils hostiles de toute la force de leur tristesse et de leur patriotisme religieux et glacial. C'est le brouillard furieux qui en veut au soleil ; c'est le rire blême qui en veut au rire clair ; c'est le duel de la bière et du vin ! (Jules Vallès, *La Rue à Londres*, 1884.)

Morand

Rendons grâces à Dieu...

Ivre de soleil, de kultur et de miel attique, Renan a écrit une *Prière sur l'Acropole*. Pourquoi, ivre de brouillard, assis dans cette taverne de *George et le Vautour* — si ancienne que les premiers francs-maçons s'y réunissaient vers 1600, et que M. Pickwick, y déposant sa garde-robe en tapisserie, la trouvait déjà bien désuète, — n'adresserais-je pas, à mon tour, aux mânes de Pepys et de Dickens, du cœur de la Cité, une *Prière sur la Tamise*, afin que tout ce que nous venons de voir et de décrire continue d'exister ?

Comment ne pas remercier l'Éternel de ce que l'Angleterre n'ait jamais cessé d'être un club très fermé ; de ce que la bonté l'emporte sur l'égalité ; de ce que le ricanement de Voltaire y soit devenu le sourire de Mr. Punch ; de ce que le solide et le simple aient vaincu la rhétorique, le pathos, et le prétentieux ; de ce qu'on y sélectionne les semences, les étalons, et les hommes d'État ; de ce que l'hypocrisie soit respectée suivant ses mérites ; de ce qu'il existe au moins un peuple en Occident qui n'exalte pas le travail !

Quand on a vu le vieux cuisinier du *George et le Vautour* à moustaches de viking, le visage rougi par les charbons, le bonnet blanc éclairé par un papillon de gaz, retourner (et jamais plus d'une fois) la côtelette sur le gril, comment ne pas prier, les mains jointes :

pour que les Anglais continuent à laisser à toutes choses et même aux plus bizarres leur autonomie ; pour qu'ils persistent dans leur délicate habitude, déjà notée par Froissart, de s'amuser tristement ; pour qu'ils se refusent à tout expliquer, sinon à tout comprendre ; pour qu'il me soit donné de revoir cette scène dont je fus déjà témoin : en pleine Cité, en plein trafic, deux longues files de voitures s'arrêtant spontanément pour permettre à un chat, qui attendait sur le trottoir, de traverser la rue, tandis que, sur le trottoir opposé, une vieille dame en manteau chinois, mantille espagnole et vieux souliers dorés lui faisait des signes d'amitié avec son parapluie, sans provoquer le moindre sourire.

Je veux une dernière fois rendre grâces à Dieu :
de ce que les Anglais ont su se servir de l'argent, sans que l'argent se serve d'eux ; de ce qu'ils n'ont pas la main sur le cœur, mais le cœur sur la main ; de ce qu'ils vieillissent sans rides, avec des yeux d'enfants, avec cette souplesse que donne le sport et sans cette contraction que donne l'athlétisme ; de ce qu'ils sont les plus anciens hommes libres de l'univers et que, pourtant, ils savent dire merci ; de ce qu'ils font peu de politesses, mais jamais de mufleries ; de ce qu'il leur est bien égal de n'être plus à la mode ; de ce qu'il leur faut dix ans pour fabriquer un technicien, mais dix siècles pour faire un gentleman ; de ce qu'ils ne cherchent pas à transformer les chiens en grandes personnes ni les jardins en salons ; de ce qu'ils ont réussi ce chef-d'œuvre qui s'appelle Londres. (Paul Morand, *Londres*, 1933 ; © Plon.)

Maurois
Ultima verba

Surtout, jouis du spectacle des choses. Tu aimeras les paysages qui semblent dessinés par Constable, par Gainsborough. Tu aimeras les collines, les vallées et les dunes. Tu aimeras les jardins un peu sauvages, les gazons tondus et serrés. Tu aimeras Londres qui, dans sa brume grise et dorée, avec les taches rouges des autobus et les taches noires des policemen, semble un immense Turner. Tu aimeras les théâtres aux fauteuils confortables, aux ouvreuses désintéressées, aux entractes courts. Tu aimeras les librairies, appétissantes et bigarrées comme des magasins de fruits exotiques, et tu aimeras surtout les êtres humains... Mais ne le dis pas trop : tu les effaroucherais. (Maurois, *Conseils à un jeune Français partant pour l'Angleterre*, 1938.)

Sixième partie

ADIEUX

> Adieu, Monsieur, je croirai n'avoir pas fait ce long voyage tout à fait en vain, si mes Lettres vous divertissent, et si elles empêchent qu'étant si près d'ici, vous ne soyez tenté d'y passer, et de faire cette chose ordinaire et inutile, qu'on appelle *un Tour en Angleterre*.
>
> Béat de MURALT, *Lettres sur les Anglais*, 1726.

RETOURS

Que le séjour outre-Manche ait été de quelques semaines ou de quelques mois, rapide excursion ou long périple, il faut bien marquer le retour d'un ailleurs insolite dans un monde familier. Franchir la Manche, c'était aborder l'inconnu ; rentrer à Calais, Boulogne ou Dieppe, c'est retrouver d'un coup, après quelques heures de mer, la France tout entière. Un drapeau claque, un coq chante, un clairon sonne, une chanson retentit : l'émotion est de rigueur et le salut à la patrie réglementaire.

Même s'il est « arraché » à l'Angleterre, un Français se doit d'exprimer toute sa joie de retrouver le sol natal. Il est aussi de bon ton de mettre une dernière fois en parallèle France et Angleterre. Mais c'est aussi pour certains l'ultime éloge, concluant l'adieu avec l'évocation des temps forts de la visite et les grandes leçons reçues outre-Manche.

Abbé Prévost

Heureuse île ! Trop heureux habitants !

Étant satisfaits de ce que nous avions vu à Londres et dans les autres parties de l'Angleterre, nous ne pensâmes plus qu'à retourner en France. Nos adieux se firent régulièrement. La civilité de nos amis se soutint jusqu'à la fin. Plusieurs s'embarquèrent avec nous pour nous conduire jusqu'à Gravesend, où nous devions prendre la poste. Ils se firent accompagner de quelques instruments, pour adoucir, nous disaient-ils, le regret qu'ils avaient de nous voir partir. Nous trouvâmes, à Gravesend, un magnifique souper, qu'ils avaient envoyé préparer. La meilleure partie de la nuit se passa dans la joie, et un reste fort court à dormir. Enfin nous les quittâmes au matin, après mille embrassements, et nous nous mîmes dans notre chaise. Nous fûmes en peu d'heures à Cantorbéry, où nous dînâmes, et nous arrivâmes à Douvres avant le soir. Le vent se trouva si peu favorable que nous fûmes obligés d'y passer la nuit, quoique le bâtiment qui devait nous porter, fût prêt par les soins de Scoti, qui était parti de Londres avant nous. Le temps étant devenu plus commode, nous nous mîmes en mer le lendemain ; et dans un instant nous fûmes éloignés du rivage.

Cependant nos yeux y demeuraient encore attachés : « Heureuse île ! », dis-je au marquis, « trop heureux habitants, s'ils sentent bien les avantages de leur climat et de leur situation ! » Que leur manque-t-il de ce qui peut rendre la vie agréable et commode ? Prenons-les du côté de la nature : la chaleur de leurs étés n'est point excessive, ni le froid de leurs hivers immodéré. Leurs terres produisent abondamment ce qui suffit pour leur usage. Ils pourraient se passer des biens de leurs voisins ; cependant ils ajoutent à leur propres biens ce qui se trouve de plus rare et de plus précieux dans tous les pays du monde. Il semble qu'ils aient mis tout l'univers à contribution. Londres est aujourd'hui une espèce de centre, où les richesses du monde entier viennent aboutir par les lignes du commerce. Elles se distribuent avec proportion dans toutes les parties de l'île. Ce n'est point la force ni l'autorité, ni la naissance qui règlent cette distribution. Chacun y participe autant qu'il en est capable, et qu'il sait les attirer vers lui par son industrie, ses soins et son travail. Sont-ils moins heureux dans l'ordre moral ? Ils ont su conserver leur liberté contre toutes les atteintes de la tyrannie. Elle est établie sur des fondements qui paraissent inébranlables. Leurs lois sont sages et d'une explication facile. Vous n'en trouverez pas une qui ne se rapporte au bien public ; et chez eux le bien public n'est point un vain nom, qui serve de masque à l'injustice et à la violence de ceux qui ont l'autorité en main : chacun y connaît l'étendue de ses droits ; le peuple a les siens, dans lesquels il sait se conserver, comme les grands ont leurs bornes au-delà desquelles ils n'osent rien entreprendre. (Abbé Prévost, *Mémoires d'un homme de qualité*, 1731.)

Lacoste

Regretter le séjour du pays que je quittais

Les vents contraires m'ont fait relâcher à Boulogne, et je serai forcé d'y séjourner quarante-huit heures pour attendre ma voiture, remisée à Calais. En prenant terre sur les côtes de France, j'ai éprouvé, dans toute sa plénitude, le sentiment délicieux que produit le mot patrie. Les yeux vaguement fixés sur l'horizon continental, je jouissais confusément de ce bonheur contemplatif, qu'on suppose être la récompense réservée aux amis de Dieu. Enchanté sous la baguette de l'imagination, je respirais, sur la boue fétide du port, un air qui dilatait, qui grandissait mon être ; le langage grossier, mais français, des matelots avait une certaine mélodie qui vibrait doucement mes fibres ; mon individu était jouissance de l'une à l'autre extrémité. Aussi loin de trouver mauvais que quinze désœuvrés s'emparassent âprement de mes équipages que quatre portefaix eussent facilement transportés, j'aurais voulu, oui, en vérité, j'aurais voulu qu'ils fussent trente, pour avoir, à l'instant du paiement, un plus grand nombre d'heureux à faire...

Il était minuit lorsque je montai en voiture : débarrassé alors des petites inquiétudes d'arrangement de malles, de boîtes, de paquets ; je ressentis quelques peines à quitter Londres ; je baissai une glace ; et à la clarté de ces nombreuses lampes, dont la lumière tranquille repose également sur toutes les parties du pavé et des murs, j'examinai, avec la même attention qu'au jour de mon arrivée, ces rues spacieuses, dont l'aire gémit, pour ainsi dire sans relâche, sous le poids des productions de l'univers, qui s'y croisent en tout sens aux ordres du génie commerçant ; ces trottoirs où le lord, comme l'artisan, n'a en propriété que la portion d'air nécessaire au jeu de ses poumons ; où le portefaix, courbé sous sa charge, marche d'un pas cadencé, sans redouter le choc d'un essieu, dont ne répond pas l'insolent conducteur d'un char blasonné ; ces maisons, sans autre ornement qu'une propreté qui flatte l'œil, et présente à l'esprit la double et douce idée de l'aisance et de l'égalité ; ces conduites souterraines d'une eau amenée par la bienfaisance patriotique pour délivrer le sommeil du souci des incendies ; ces spacieux marchés d'un abord facile, où l'air circule sans obstacles, et entretient la salubrité dans des rues formées par des boutiques alignées qui, sous l'aspect le plus satisfaisant pour les sens, offrent aux besoins la réunion de tous les objets de consommation alimentaire : ces places de formes régulières, destinées à perpétuer la mémoire d'un grand homme, comme celle d'un roi ; ces vastes édifices, consacrés à l'humanité souffrante ou nécessiteuse ; ces constructions imposantes, entreprises pour l'avantage de la société ; ces manufactures, créées par l'industrie étrangère, appelée et naturalisée anglaise, etc.

Le coup d'œil rapide que je donnais à chaque objet était un tribut acquitté au génie politique, civil ou religieux qui en était le créateur ; et mon dernier hommage fut rendu à celui du commerce, en apercevant du pont de Londres, cette forêt de mâts rassemblés de toutes les parties du globe, qui, à la lumière vacillante de la lune et dans le silence du repos des êtres, se balançaient majestueusement au sein de cette nouvelle Carthage. Cette idée était trop grande pour ne pas absorber tout autre intérêt ; je levai la glace baissée, en entrant dans le quartier de Soutwark [Southwark] ; je m'enfonçai dans ma voiture, et je soupirai... Oui, en vérité, je soupirai. Je revenais dans ma patrie, chaque pas que je faisais était en moins dans l'intervalle qui me séparait de vous ; et cependant... oh ! ne m'en voulez pas mal ; cependant le regret pesait sur mon cœur. Par une bizarrerie, trop ordinaire au cœur humain, j'avais totalement oublié les motifs qui, deux heures, une heure, une minute avant mon départ, m'en faisaient désirer si vivement l'instant, et j'en apercevais mille de regretter le séjour du pays que je quittais. Tout ce que j'y avais sentimentalement admiré formait sur la toile de mes souvenirs le tableau le plus intéressant, cette fraternité religieuse, cette bienfaisance expansive, cette éducation en commun, faites, pour l'enfant de l'artisan, aux frais de la nation. L'éducation, exemple donné au second âge dans la maison paternelle; l'existence privée, aussi douce au moral que simple et frugale au physique; cette police, sans code écrit, sans satellites, et calculée par le seul intérêt de l'homme, abstraction faite des rangs, de l'origine nationale, et de la croyance religieuse; ces lois constitutionnelles, dictées par le respect dû à l'homme et aux propriétés; ces lois pénales si humaines, etc.; tous ces objets, dignes de la vénération de tout être sensible, venaient se ranger successivement sur la toile que déroulait lentement le regret.

Les abus, les défauts, les vices ne faisaient point ombre dans ce tableau, dont les parties n'avaient nul besoin du secours des oppositions: je n'apercevais ni l'orgueil maniant l'urne de la bienfaisance, ni la morgue du riche, ni la tendance à s'avilir de l'homme quelconque que presse le besoin, ni la parcimonieuse économie dépouillée dans l'intérieur des maisons du masque de la générosité, ni le génie commerçant dégénéré en esprit mercantile, ni le caractère parlementaire modifié dans le creuset du trésor royal, etc. (Lacoste, *Voyage philosophique d'Angleterre en 1784*, 1787.)

Blanqui
Salut douce terre de la patrie!

La mer, qui était fort mauvaise, nous a retenus ici pendant deux jours, et nous sommes partis le soir du troisième avec un temps superbe. Le grand quai de Brighton nous est apparu comme une ligne de feu, éclairé par ses nombreux réverbères, et le lendemain nous avons aperçu à l'horizon les côtes de France et la ville de Dieppe. Salut! douce terre de la patrie, toi qui portes les êtres que j'aime, et qui me vas rendre une sœur chérie! Nous venons de visiter le séjour de l'industrie et de l'opulence; nous avons parcouru des villes brillantes, des provinces fertiles, des routes magnifiques; mais nous n'avons rien trouvé d'aussi aimable que toi. (Blanqui, *Voyage d'un jeune Français en Angleterre*, 1824.)

Custine
Notre heureux pays

Mes courses et mes écrits sont terminés; je pars demain pour Dieppe. J'ai choisi ce passage, comme plus long que celui de Douvres, pour m'aguerrir; car je ne suis pas encore consolé de mon mécompte de Staffa.

Au moment de quitter l'Angleterre, je me félicite d'avoir vu une société dont la civilisation matérielle a devancé de si loin tous les États voisins, qu'en observant le point où elle est parvenue de nos jours, on pressent en quelque sorte l'avenir de l'Europe. Il faut étudier l'Italie pour savoir ce qu'a été le genre humain, il faut voir l'Angleterre, pour prévoir ce qu'il sera. Au reste, ce spectacle est affligeant, car avec toute leur opulence, et malgré leur industrie commerciale et politique, les Anglais me paraissent peu dignes d'envie ; ils m'inspirent la pitié qu'on éprouve souvent en voyant la manière de vivre de certains hommes riches.

Je sens que je regretterai la verdure, les arbres, les ports, les rivières, les voitures et les auberges d'Angleterre ; mais notre ciel et notre gaieté m'auront bientôt consolé ; et, comme ces hommes obscurs qui ont vu les palais et senti l'ennui qui ronge leurs habitants, je bénirai, en revenant chez moi, la naïveté française et cette facilité de la vie, qui rend notre heureux pays si cher, même à ceux qui n'y sont pas nés. (Custine, *Courses en Angleterre*, 1830.)

Hennequin
Première conclusions

Nous partîmes de nuit. C'est la seule fois que j'ai vu le stage s'aventurer sur les grandes routes au-delà de dix heures, aussi marchions-nous avec une lenteur ridicule. Je dormais depuis longtemps lorsque je sentis un grand mouvement dans la voiture ; en ouvrant les yeux j'entrevis une rue dont les toits étaient bizarrement découpés, pignons carrés, pointus, arrondis : c'était Cantorbéry. Nous arrivâmes de grand matin à Douvres, ville mêlée d'Anglais et de Français. En nous promenant sur la jetée, nous apercevions sur une falaise le château de brique qui domine la ville, à nos pieds une mer houleuse. Les bateaux de pêcheurs, soulevés de l'avant à l'arrière, trempaient dans l'eau leurs longues vergues. Cet aspect ne retarda point notre départ ; nos yeux, sans doute, avaient peine à percer les brouillards qui cachaient l'horizon, mais l'âme, plus pénétrante, découvrait à travers ce voile l'immense jetée de Calais, les routes de France, puis dans le lointain Paris avec ses dômes, ses tours, et surtout les visages amis que nous devions y retrouver.

Nous montâmes enfin sur le bateau à vapeur ; de nombreux voyageurs, presque tous anglais, s'y étaient rassemblés ; on sortit du port. Longtemps mes regards s'attachèrent à la ville, puis elle disparut : je ne vis plus que le château et les falaises éclatantes de cette blancheur que le nom d'Albion a consacrée. A cette distance de la côte le roulis se fit sentir avec force ; nous entendions le grincement des roues qui tour à tour sortaient de l'onde et tournaient bruyamment dans l'air. Chaque fois, une vague soulevée se brisait sur le bastingage et l'écume en retombant formait sur le pont mille ruisseaux. Le matelot parcourait d'un pied ferme ce plancher vacillant, mais les passagers, accrochés à leurs bancs, se regardaient d'un air grave. Quelques-uns affectaient ce sourire que la peur met quelquefois sur les lèvres ; nul ne parlait.

L'Angleterre avait fui ; mes yeux se tournèrent avidement vers le point de l'horizon où devait se montrer la France. Alors tous les souvenirs du voyage se pressaient dans mon esprit ; je me rappelais cette terre humide où l'herbe pousse si verte, le feuillage si frais ; les constructions rougeâtres, les hommes grands et blonds. Puis je pénétrais dans l'âme de ce peuple ; je cherchais à réunir les traits de son caractère que des faits épars m'avaient révélés. Parmi ses inclinations diverses je voyais ressortir l'*amour de la propriété* qui porte à conquérir les richesses ; l'*habitude* qui conserve les biens obtenus en les sauvant des hasards de l'innovation ; la *confiance en soi-même* qui pousse à d'audacieuses entreprises, noble penchant des peuples comme des individus réservés à de hautes destinées ; l'*indépendance* qui préserve l'homme d'un respect aveugle pour les autorités de toute espèce, et peut seule le conduire à des résultats glorieux dans la carrière des sciences ; le *patriotisme* qui comprime le pouvoir dissolvant de l'inclination précédente en associant les individus aux travaux comme à la gloire d'une société tout entière.

Si l'Anglais n'éprouve pas pour se reposer de ces émotions sévères une passion vive pour les arts, la sombre gravité de son caractère est adoucie par l'*amour*, non point fougueux, ardent, mais doux et fidèle. (Hennequin, *Voyage philosophique en Angleterre*, 1836.)

Trabaud
Nous avions perdu quelques préjugés

La cathédrale de Cantorbéry est digne de sa noble réputation, qu'elle doit non seulement à son mérite artistique, mais aux phases de l'histoire de la vieille Angleterre. Ce fut pour nous la dernière merveille du touriste rentrant dans ses foyers, et comme une bonne fortune d'accomplir notre pèlerinage sous les voûtes de ce temple où chaque jour le Dieu des chrétiens est adoré.

Le lendemain matin nous étions à Folkestone, et deux heures après c'était Boulogne.

Quel n'était pas mon étonnement en entendant tout un peuple parler le français ? Je ne savais pas bien à laquelle des deux nations voisines j'appartenais. A l'hôtel de Paris je retrouvais la bonne France dans toute l'acception du mot, une table d'hôte avec des convives bavards, un dîner copieux, varié, depuis la julienne jusqu'aux fruits de toutes qualités. Je me couchais dans un lit de bois d'acajou muni de rideaux blancs ; il y avait des fenêtres à ma chambre, de vraies fenêtres, et j'oubliais ce jour-là de prendre le thé.

Boulogne faisait en quelque sorte partie intégrante du voyage et nous voulûmes voir la magnifique colonne élevée à Napoléon sur le plateau où campèrent ces fameux soldats qui devaient opérer la descente en Angleterre, et qui, prenant une direction opposée arrivèrent à marches forcées sur Austerlitz pour vaincre glorieusement les Russes et les Autrichiens.

Enfin, nous prîmes place dans les classiques messageries, lancés sur cette même route où Sterne avait semé tant d'esprit, et chacun de nous deux put, sain et sauf, se féliciter auprès de ses parents et de ses amis d'une expédition toute pacifique qui comptera parmi les moments heureux de notre existence. Nous étions partis français, nous revînmes français, mais admirateurs impartiaux de la grandeur du peuple britannique. Nous avions perdu quelques préjugés contre l'Angleterre et nous avions acquis certaines tournures d'esprit, certaines modes empruntées à John Bull. Notre geste, notre langage, nos vêtements s'étaient un peu transformés au contact de nos voisins, et ce dont nous ne nous étions pas aperçus, notre visage n'était plus le même. La coupe des cheveux, le défaut de moustaches, la finesse et la transparence du teint (*transparent complexion*), obtenue plus aisément sous le ciel fraîchement brumeux des îles Britanniques qu'au moyen des poudres et des eaux distillées de Chardin et de Farina, nous avaient métamorphosés en gentilshommes grands-bretons. Imitation que nous avions puisée, dans la faculté qu'ont tous les Français de s'approprier de gaieté de cœur les modes des étrangers, et dans la tendance naturelle de copier les allures des peuples qui passent à bon droit pour des originaux et des maîtres en civilisation. (Trabaud, *D'Inverness à Brighton*, 1853.)

Vallès
Ultimes aigreurs

Ce n'est pas sans tristesse que l'on quitte cette cité triste.

Je jetai sur Londres enfumé et lugubre un regard de reconnaissance joyeux et clair en me rappelant l'hospitalité qu'avaient reçue les Français proscrits — dont on n'aimait pas les idées et dont on redoutait le drapeau.

J'ôtai mon chapeau devant la Ville noire, pour remercier ce peuple, qui n'a jamais médit de la reine, de m'avoir appris à moi, d'un pays républicain, ce que c'était que la liberté.

On est si à l'aise dans ces rues immenses, où il n'y a de sentinelles que devant les palais du gouvernement !

En Angleterre, la gare est libre. Les gardiens, en chapeau haut, en tunique à coupe de redingote, ressemblent à des gardiens de musée français qui auraient arraché leurs passe-poils de couleur, leurs soutaches d'argent, leurs galons d'or. Ils n'ont pas un harnachement ridicule ou menaçant, un revolver à la ceinture, et le droit d'arrêter qui ils veulent, ou à peu près. On ne s'embarrasse pas les jambes dans des flamberges d'officier en grande tenue ou dans les bancals des cavaliers. La police et la soldatesque ne montrent pas leur trogne à l'entrée et à la sortie de Londres, pas plus qu'au départ de Folkestone ou de Douvres.

....

Je ne connais rien de plus bête que la mer tranquille. Le silence et le vide !

Je me figure que les admirateurs de la mer, autres que les matelots, ont dans la tête la fumée d'un mysticisme philosophique ou religieux.

Que signifie la largeur de l'étendue, si sur l'horizon, là-bas, je ne vois pas se dessiner le geste d'un animal vivant ; si l'humanité ne crie pas sur le dos de l'Océan qui bouillonne ; si le ciel n'est pas crevé par la foudre, supplié par le lâche, insulté par l'impie !

Pour les Français de notre temps, témoins et acteurs de tant d'aventures tragiques, il faut, dans tous les paysages, la silhouette du danger ou l'écho du combat.

Jetez sur cette eau stupide une barque en détresse ; montrez-moi, collé contre le grand mât, un matelot ou un déporté que le capitaine a donné l'ordre de flageller : alors l'espace s'emplit d'emblée, et c'est mon cœur d'homme qui battra au-dessus de cette immensité, tout d'un coup muée en champ de bataille.

Sans aller si loin, sans réclamer le sinistre, sans avoir besoin de la mort — quoique ce grand cirque mouvant appelle les spectacles terribles, — faute de ces hasards solennels, qu'il y ait au moins le coup de canon ou le cri de joie lâché comme un salut par le vapeur ou le voilier du bout du monde, chargé d'hommes, de femmes, d'enfants que les accidents de la vie ont arrachés ou ramènent à la mère patrie. Mais il faut ce minimum d'émotion-là pour ne pas avoir le spleen, sur la Méditerranée, l'Océan, ou la Manche, sous le couvercle bleu du ciel, sur l'assiette plate des vagues — sinon c'est l'évanouissement de la pensée, quelque chose comme la sottise et l'infécondité d'un dimanche où l'on ne fait rien que bâiller ou prier.

Rien, pas un oiseau qui vienne cogner contre la vergue ou effleurer de ses ailes l'aile du paquebot.

Au loin, quelques barques qui semblent des papillons crevés, collés sur du papier gris. Il n'y a pas même une guenille de fumée qui traîne dans quelque coin, sur nos têtes.

Quand donc serons-nous arrivés ? Quand finira ce bercement monotone ? Quand serons-nous en France ?

Cependant l'Angleterre nous suit, et elle se trahit malgré tout dans les attitudes des passagères ou des passagers.

Appuyée contre le bastingage, une miss rêve à l'ombre d'un parapluie. Elle est vêtue comme une saltimbanque, semble s'être habillée avec la défroque d'un clown. A côté d'elle sont des livres que je reconnais, ces livres anglais surchargés d'une reliure à couleur violente, à filets noirs et sanglants sur fond jaune, aussi mal vêtus que la liseuse. Le mauvais goût de là-bas perce dans la robe des bouquins comme dans celle des femmes.

La caricature au pépin insulte, du regard et des dents, une petite Française qui parle vivement, va de bâbord à tribord et laisse voir, en se penchant, un peu de sa jambe. Ces bottines qui froncent sur la cheville, et ce bas blanc qui colle sur le mollet, tout cela a trotté neuf ans dans le souvenir de ceux qui ont été neuf ans hors de France. Penchez-vous de nouveau, Parisienne !

Devant ce bas blanc, le bas-bleu d'Albion baisse ses yeux sans éclair et murmure *shocking* entre ses lèvres de cheval.

A deux pas de cette miss qui s'indigne de voir ma curiosité monter jusqu'à la jarretière — qui, par bonheur, était tombée tout à l'heure et qu'on a rebouclée devant moi — derrière le dos de ce clergyman coiffé d'un chapeau rond, cravaté de blanc, ensoutané de noir, un couple anglais est étendu, comme un couple de veaux, sur un banc qui leur sert de lit. Ils sont là se tâtant, s'embrassant, se pâmant, esquissant des postures et des caresses à faire rougir les philosophes de Couture.

Ces Anglais gardent leur masque de pudeur quand ils parlent ou qu'ils écrivent, mais ils ôteront tout, en plein bateau, pour mieux caresser leur payse.

Personne ne se fâche ; quelques révérends mettent leurs mains sur leurs yeux : mais c'est pour mieux voir entre leurs doigts.

Près de nous un Byron de vingt-cinq ans, jaune de cheveux, blême de peau, regarde, tour à tour, à la façon de *Childe Harold*, le ciel et les flots.

Et moi, devant ces cyniques, ces hypocrites, ces tristes, je pense au génie si clair et si franc de la terre natale — et mon cœur bondit au-devant d'elle.

La voici, on aperçoit les côtes... et je viens même d'entendre un coq qui, dans un faubourg de Calais, s'égosille et bat des ailes, sonnant au rapatrié, comme un clairon. (Jules Vallès, *La Rue à Londres*, 1884.)

DERNIÈRES IMAGES

> Si j'étais metteur en scène, le premier film que je mettrais en studio s'appellerait *Londres*, comme je l'ai dit plus haut. Il faudrait y mêler le documentaire presque toujours discutable et la fiction qui parfois finit par conclure dans le sens de la vérité.
> Pierre MAC ORLAN, *Villes*, 1928.

Après la « Grande Guerre », voyager c'est traverser l'Atlantique, c'est aller à New York, plutôt que de reprendre la route de Londres. Si l'on franchit la Manche, désormais en avion pour certains, c'est pour voir ce qu'il reste de l'Angleterre d'avant ou déplorer une déchéance.

Certes, on va à Londres pour s'étourdir ou s'encanailler en fréquentant la société affranchie des années folles, ou en s'aventurant dans les quartiers crapuleux des docks, mais on est heureux de découvrir que, dans une Europe en plein bouleversement, l'Angleterre, même affectée par de grandes crises, reste attachée à ses traditions, que le tohu-bohu moderne épargne la campagne anglaise. La Tamise coule toujours à Oxford, Windsor, Richmond, Chelsea et sous London Bridge...

Entre les deux guerres, trois témoins s'imposent : Pierre Mac Orlan, André Maurois, Paul Morand. Le premier n'a découvert l'Angleterre qu'après guerre, pour des reportages. Connu pour ses évocations des bas-fonds et de la pègre, il nous entraîne, bien sûr, à Whitechapel et dans le monde glauque des bars à matelots, mais il est aussi fasciné par une Angleterre garante des vraies valeurs, telles qu'on les vit dans les sports.

Paul Morand, jeune attaché d'ambassade à Londres en 1914, ne peut s'empêcher de rechercher les vestiges d'un passé aboli, et d'une jeunesse évanouie. Il s'amuse à explorer en vain le Londres canaille et sordide, mais pour lui la ville est hantée des fantômes des fastes et fêtes de naguère.

André Maurois, savant et subtil connaisseur de la société et des lettres anglaises, dans un magistral et délicieux pastiche de Marcel Proust évoque une Angleterre quasi onirique, hors du temps, irréductiblement autre, familière et étrangère.

Il y a certes chez ces trois témoins le sentiment d'un crépuscule outre-Manche, où les choses ne sont plus tout à fait comme avant, mais aussi la certitude que cette Angleterre a encore en elle de quoi résister aux maléfices modernes et aux démons éternels.

En effet, la Grande-Bretagne, retranchée derrière la Manche, arc-boutée sur ses souvenirs de gloire impériale ne succombera pas dans l'épreuve...

Mais du Londres « d'entre les deux guerres » resteront surtout les images blafardes d'une métropole réduite à quelques décors et à quelques silhouettes de roman policier ou de film « réaliste ». On a fait un peu trop de Mac Orlan à propos des « bas quartiers populaires où les hauts faits d'une pègre définitivement matée laissent souvent quelques traces purement littéraires » (Mac Orlan, Villes*)*.

Mac Orlan

Londres : lumières et ténèbres

Le printemps à Londres est parmi les plus jolis printemps de l'Europe. Il pare d'agréables couleurs les petites dactylographes qui, chaque matin, envahissent les «bus» rouges, réguliers ou «pirates», qui se dirigent vers la Cité. Le printemps londonien dépouille les régiments de la garde de leurs longues capotes gris violet. Les tuniques rouges des grenadiers réapparaissent entre les arbres de Hyde Park et la grosse caisse rythme joyeusement les ébats des merles et des mouettes.

L'étranger dont la sensibilité est extrêmement bonne conductrice des forces qui animent la vie londonienne doit pénétrer dans la ville, non point comme un étranger, mais comme un ami déjà au courant des petites manies qui différencient les peuples. Il doit être séduit par une discipline urbaine qui n'est pas celle de nos grandes villes. Les différentes scènes qu'il appréciera tout d'abord ne sont pas dédiées au pittoresque facile par quoi une grande ville se révèle tout de suite au jugement de ceux qui ne la connaissent pas.

Les spectacles les plus faciles à assimiler pour dégager l'émotion qu'une ville étrangère ne manque pas de faire naître chez un visiteur sensible sont assez souvent ceux mêmes que la misère impose. Les quartiers populaires deviennent alors les meilleurs gardiens d'un patriotisme purement pittoresque. La misère à Naples, à Londres, à Hambourg, à Berlin, à Paris, à Barcelone et à Anvers, se relève par des détails personnels qui s'impriment profondément dans la mémoire. Il est relativement facile de s'émouvoir et d'écrire sur une ville après avoir pris contact avec le pittoresque de ses quartiers pauvres. La tragédie se mêle souvent aux odeurs familières de la rue. La misère plonge les hommes et les choses dans une brume infiniment mystérieuse qui permet à l'imagination de créer des personnages littéraires plus vrais que les vivants.

J'ai traversé plusieurs fois Londres à des étapes différentes de ma vie, j'y ai toujours rencontré ce pâle personnage que rencontra un soir Guillaume Apollinaire, cette apparence fraternelle qui me parlait amicalement tantôt en utilisant la langue des voyous, tantôt en utilisant celle de Robert Louis Stevenson.

La tristesse lumineuse et froide de Commercial Road à minuit me saisissait aux épaules ou me touchait le haut du bras comme le bâton d'un policeman fantôme. Il n'y avait dans la rue longue et nue, sous l'éblouissante et stérile lumière des lampes à arc, que moi et mon ombre. Celle-ci dansait à mes côtés, tantôt devant moi, tantôt derrière comme un barbet fidèle. J'allais ainsi écoutant mon pas sonore jusqu'à cette bifurcation fatale. A ma droite et à ma gauche, voici Limehouse Causeway et Penny Fields, les filles pâles de la nuit, les Chinois silencieux et les ombres mal dessinées des matelots égarés dans Poplar. J'errais moi-même mélancolique dans ce quartier où flottait une vague odeur d'opium et de gin, en compagnie d'un vieux guide coiffé d'un chapeau melon beige et qui, à part ce détail et peut-être à cause de ce détail, ressemblait à un vieux lord déchu. Il ressemblait aussi à ce personnage légendaire que Faust rencontra dans son cabinet de travail à Mayence, à ce même monsieur qui acheta l'ombre de Pierre Schlemilh. Ce personnage de légendes revient sur la terre à des époques prédestinées. Je l'avais rencontré en 1918 dans la Rheinstrasse à Mayence; en 1925, je l'ai revu à Londres, bombant le dos sous le brouillard qui nous pénétrait lentement. On ne voyait plus les lumières de la rue qu'estompées et troubles comme des yeux de bête marine dans un aquarium recouvert de buée. C'était toujours la nuit que mon bonhomme venait me prendre au «Cecil». Nous évitions les voitures qui s'alignaient devant l'entrée de l'hôtel pour décharger leur cargaison de smoking et de belles épaules. Nous prenions un taxi jusqu'à l'endroit de Whitechapel High Street où commence la Commercial Road. Après quoi nous allions à pied. Mon guide était un vieux ; il avait atteint l'âge de soixante-quatre ans. Il était né à Genève, mais vivait à Londres depuis plusieurs siècles. C'était un contemporain direct d'Ann Radcliff. Il avait connu Shadwell au beau temps des bagarres. Quand on lui parlait de Jacques l'Éventreur, il haussait les épaules, se faisait plus petit : « Nous irons demain. »

Le lendemain à la nuit, cependant que le jazz de l'hôtel Cecil lançait vers le Strand un appel de saxophone, nous reprenions notre taxi aux pneus blancs. Le conducteur, toujours le même, nous souriait avec politesse et nous arrêtait au point que nous avions choisi pour pénétrer à pied dans le quartier des ombres.

Nous nous arrêtions devant la cour fermée par une grande porte en bois au milieu de Worthworth Street. « Là, disait mon homme, la police a trouvé le cadavre mutilé de la cinquième et sixième victime de Jack. »

Il parlait de Jack l'inconnu comme d'un pauvre enfant de sa famille qui eût accumulé sur sa tête les poids additionnés de mille sottises retentissantes. Il soupirait vaguement, car la destinée de ce vieil homme était de soupirer.

Il faut avoir en soi le goût du fantastique et posséder le léger pouvoir de peupler l'ombre pour parcourir Londres la nuit en compagnie d'un vieil homme asthmatique. Au hasard de ces promenades, nous rencontrions la fille déchue, *the good bad girl*, et nous lui offrions un verre de bière dans un drôle de petit bar de l'Île-aux-Chiens, un petit bar qui ne devait pas avoir plus d'importance pour un Britannique affranchi que le *Lapin agile* peut en avoir pour un Français dans ce même état de grâce sociale. Dans cette salle surchauffée qui ressemblait à une cave, des hommes et des femmes suivaient le rythme d'une danse qu'une vieille pianiste débitait comme une mécanique ancienne sur le point de se détraquer. A une table, un jeune homme qui me ressemblait quand j'avais dix-neuf ans tenait sa tête entre ses mains devant une pinte vide.

Mon guide tira de son gousset une énorme montre en acier. Il regarda l'heure et me dit : « A cette heure ci, Monsieur, dans toutes les villes du monde civilisé, un cabaret semblable est ouvert au public. Et dans chacun de ces cabarets, devant une chope d'ale se désespère un jeune homme identique. C'est la réalité ! Ce n'est qu'au moment même où chacun de ces jeunes gens éprouve le besoin de raconter son histoire que tout change : le décor, les évenements, et l'histoire elle-même. Sortons d'ici, Monsieur. »

Nous nous retrouvions dans l'air glacé que l'odeur de la Tamise caractérisait. La même lumière mauve éclairait la rue déserte. Nous rentrions à pied parce qu'il était difficile de trouver une voiture dans ce quartier. La chaleur de l'hôtel, l'élégance robuste des femmes de chambre, le jazz assourdi qui achevait de mourir, tout cela dissipait le sortilège.

Quand j'étais seul, je remontais vers Piccadilly Circus un peu désemparé dans les lumières de minuit. Parfois j'entendais des voix françaises, des voix de femmes qui se perdaient dans les rues obscures du côté de Gerard Street.

Mais cette féerie nocturne n'atteignait point à la turbulence parisienne. Après la fermeture des théâtres, la foule s'éparpillait. Des rondes de policemen occupaient alors la rue ; trois ou quatre policemen qui surveillaient les maisons regardaient si les portes étaient bien fermées et s'inquiétaient de tout avec bienveillance. Peu de monde aux abords du Savoy, les dernières Chrysler roulaient silencieusement vers Mayfair.

C'est au crépuscule de la nuit, aux premières lumières municipales, que la vie londonienne s'apaise et s'anime sur un autre rythme qui n'est pas celui de la journée. Une foule toujours docile et tenace assiège le guichet des théâtres et des music-halls dont les artistes sont surprenants. Une fantaisie incomparable donne de la qualité et toujours de la distinction aux inepties les plus populaires. Acteurs, actrices, chanteurs et comédiennes surpassent les nôtres, mais il ne faut pas oublier que l'élégante miss Delysia, qui est française, chante en anglais. C'est au crépuscule de la nuit que les types londoniens les moins conventionnels et les plus fantaisistes sortent des officines diurnes. Cette rue, honnête, calme, laborieuse, qui sert de cadre à mille détails qui nous échappent, est celle qu'il faut recréer dans ses souvenirs. Chas Laborde, dans son *Londres*, s'est ému devant cette ville, mais sans romantisme.

Il a laissé de côté, dans son œuvre, les ombres de Poplar. Il a choisi la rue anglaise en laissant peu de place aux personnages d'exception. Les scènes de la rue composées et gravées par Laborde ne trahissent point au profit d'un émouvant détail purement littéraire l'âme d'une ville, offerte ingénument et sans défense aux yeux d'un observateur souvent impitoyable. L'œuvre gravée de Laborde est, cette fois, gaie, tendre et toute frémissante d'amitié.

Il n'a pas voulu voir le visage blanc des fêtes de la rue, mais il a tracé d'un crayon léger la petite dactylographe si charmante et si fraîche, cette petite employée londonienne qui est la rose populaire de la Cité.

Et l'Angleterre est le pays des belles servantes.

On les trouve derrière le comptoir du « pub », dans les jardinets réguliers à la porte des petites maisons de Fulham ou de Chelsea. Elles observent silencieusement l'étranger dans les couloirs interminables du Cecil ou du Savoy. Sous le bonnet blanc réglementaire, elles apparaissent, en bonne humeur, comme les vraies filles des belles estampes de Rowlandson. Les femmes du peuple gardent sans mélange le type pur de la race. Ces jolies filles du jour, du square, de la rue, animent les souvenirs du promeneur. Les éléments les plus singuliers de la rue anglaise, soit qu'ils fassent un cadre à peu près unique à un prédicateur du trottoir, soit qu'ils peuplent les gazons d'Hyde Park d'une foule de personnages qui ne se sentent pas observés, constituent l'architecture essentielle du film. Mais c'est peut-être la nuit des docks qui doit séduire un artiste parfaitement sensible à la lecture des visages. Il faut, cependant, se méfier d'un pittoresque peut-être trop facile et, si l'on veut, trop exceptionnel. Pour la première fois, je fus séduit par l'un des vrais visages de Londres : le plus simple et le plus inattendu, sans matelots, sans ivrognesses, sans lieux communs, sans bouquetières.

Alors, la vie londonienne interprétée de cette manière est telle qu'un Anglais un peu flâneur, si ce type existe, pourrait la comprendre et la reproduire. J'ai quelquefois aimé Londres dans la lumière de ses jours heureux où la gaieté triomphe de la lutte quotidienne. Les adolescents qui peuplaient mes souvenirs songeaient à leur club de football ou de cricket ; les jeunes filles des grands magasins rêvaient à cette merveilleuse fin de semaine qui permet tous les espoirs et l'idylle amoureuse sur un « punt » qui descend paisiblement la rivière, cependant que le thé fume sur le réchaud à alcool sans heurts, ni complications. (Pierre Mac Orlan, *Villes*, 1928 ; © Gallimard.)

Chez Charlie Brown, le bar de l'île des Chiens

A quelques pas de Limehouse Causeway et de Penny Fields, les deux rues du quartier chinois, Poplar, — c'est le nom de ce quartier — étend ses ténèbres, que des lampes électrique suspendues très haut ne parviennent à dissiper que pour mieux peupler l'ombre des formes imaginaires de trépassés peu honorables.

C'est ici que viennent mourir tous les souvenirs de l'ancienne Ratcliff Highway, qui, à une époque où Eugène Sue et A. Dumas célébraient à l'envi les tapis francs et les assommoirs de Paris, offrait aux curieux d'une « tournée des grands ducs » des périls non frelatés et des meurtriers bon teint. De vrais bouges accueillaient les matelots et, par l'intermédiaire de sirènes couperosées, les conduisaient vers les petits sentiers de la mort violente.

C'était le quartier obscur et bien vivant des cris dans la nuit. L'homme qui en revenait sain et sauf pouvait tirer vanité de ce succès et le consigner sur son journal de bord, avec ou sans commentaires.

Je savais cela en pénétrant dans West India Docks Road avec le sergent H., et je jouissais franchement de la sécurité de ce coin de Londres assez ignoré des promeneurs, tout au moins la nuit.

— Comme tout est calme, murmurait le policier en soupirant.

Ce soupir pouvait être interprété d'une manière poétique. Je ne crus pas cependant devoir m'arrêter à cette impression.

— Vous semblez le regretter ?...

Mon compagnon ne répondit pas directement à ma question, mais il me demanda :

— Vous dites qu'à Paris il y a souvent des agents de police tués par des malfaiteurs, pendant l'action... Voyez-vous, Paris, c'est une ville... C'est une ville, ça ! Et un agent de la police peut montrer ce qu'il a dans la peau... Tenez... nous y sommes... Regardez bien et dites-moi si cela ressemble à un dancing ?

Nous effleurions de l'épaule un pan de mur qui, certainement, ne devait pas appartenir au palais Saint-James. Cela pouvait appartenir à une boutique délabrée dans ce Limehouse dont je sentais encore l'odeur « venue de Chine par la baie ».

Je tâtai le mur avec précaution. Mes mains rencontrèrent quelques moulures.

— C'est la porte, dit mon compagnon... Entrons.

Il passa le premier, je le suivis et tout de suite je fus ébloui par la lumière, l'étrangeté de l'endroit et la séduisante clientèle qui se pressait vers le comptoir en portant la pinte traditionnelle devant soi, comme un cierge.

Le « pub » de Charlie Brown est remarquable à Londres et, par comparaison, ailleurs, en n'exceptant ni Hambourg, ni Marseille, ni le Ryt Dike, ni Amsterdam. Il mérite une description rapide.

C'est une grande salle dont les parois revêtues de bois verni sont en voûte comme celles d'un quai du Métropolitain.

Sur les parois cintrées sont collés des chromos, des affiches et des gravures découpées dans des journaux déjà anciens. Au plafond sont suspendues des armes exotiques et des armes de l'ancienne marine : tromblons, cuillères à pot, pistolets, etc. Pas de chaise pour s'asseoir. Quelque part près de la porte, un piano, décoloré et modeste. A l'autre bout un comptoir protégé comme un fortin où chacun va faire remplir son verre pour aller le boire ensuite en se promenant négligemment autour du centre de la salle qui est réservé aux danseurs et aux dames de Penny Fields.

Sur le papier cela n'est rien. Mais sur place ça pouvait donner tout de suite un air modeste à un étranger à jeun.

Nous prîmes nos verres au comptoir et nous nous installâmes sur nos jambes, à côté d'une grande vitrine qui renfermait un appareil à dire la bonne aventure, sous une forme à la fois solennelle, coquette et imprévue. Le truchement entre l'avenir et l'amateur était représenté par un buste en cire de jeune femme vêtue en mariée. Elle approchait ses lèvres d'une sorte d'appareil téléphonique monté sur un tuyau d'irrigateur. L'appareil était cassé depuis longtemps ; ce détail, en le ravalant au rang d'un simple objet décoratif, ajoutait, si possible, au sourire mystérieux de la tête de cire, auprès de quoi le sourire de la Joconde n'était qu'un rébus d'enfant.

Autour de nous, des femmes jeunes et flétries, habillées avec une indifférence déconcertante, buvaient leur bière, tout en adressant aux hommes des propos plaisants. Il y avait là un capitaine suédois gigantesque, vêtu d'un pardessus presque rouge et à pèlerine, coiffé d'une petite casquette marine. Un capitaine de cargo américain, brun et jovial, arborait un magnifique pardessus gris à la mode, à deux rangées de boutons et légèrement cintré à la taille.

Une demoiselle, qui s'appelait Francess, comme je l'appris par les acclamations qui saluèrent son geste, prit un chapeau et fit la quête. C'était pour la pianiste, une mesquine créature sans âge qui jouait toute la soirée le même fox-trot. Les couples se formèrent et la danse, durement martelée, créa dans la salle une agitation mécanique, forcenée, sans joie, une sorte de fox-trot macabre interprété par des clowns drogués.

Je n'ai retenu dans ma mémoire que l'étrange silhouette formée par un couple. La femme était grande, molle, jupe courte avec des bas de soie roses. Je n'ai pu voir son visage. Elle se renversait tendrement dans les bras d'un curieux automate coiffé d'un chapeau melon beige posé de guingois sur une tête glabre, rouge et hilare. L'homme sautait sur place, avec dans les jambes des réminiscences de gigue, sans se préoccuper des attitudes surprenantes de sa compagne. De temps en temps, il semblait la lâcher et, au moment où, craignant de la voir s'abîmer sur le parquet, nous jetions tous un cri, il lançait d'une petite voix pointue : « *Move on!* » (« circulez ! »). A toute minute, la porte de la rue s'ouvrait. Une bouffée d'air venue de la Tamise et de la mer pénétrait dans la salle surchauffée. Une fille entrait, allait au comptoir, buvait et sortait.

C'est alors que Charlie Brown, organisateur d'une telle fête, s'approcha de nous. Il serra la main avec effusion à mon compagnon.

— Monsieur est un journaliste français, dit celui-ci.

Ceci ne parut pas émouvoir outre mesure Charlie Brown, qui nous lâcha subitement pour surveiller son comptoir.

Charlie Brown est un homme curieux, encore plus curieux que M. Hamlyn, l'ancien propriétaire, aujourd'hui décédé, du Jamrach's, cet endroit étrange qui se trouve dans le même quartier et où l'on vend des panthères, des serpents pythons et des hyènes fétides. Physiquement, M. Charlie Brown est un petit homme bedonnant à double menton, à la cravate de soie noire nouée négligemment et portant avec ostentation deux jambes courtes surmontées d'un fond de pantalon immense. Son visage est celui d'un homme parfaitement intelligent et qui a su voir beaucoup de choses.

— Savez-vous, me dit le sergent H., que cet homme est fort riche. Il possède une collection d'ivoires qui est peut-être une des plus belles du monde. L'État a voulu lui en acheter certains pour les placer dans les collections nationales. Il a trafiqué avec des matelots qui lui ont vendu des merveilles. Revenez pendant le jour et demandez-lui de vous montrer la salle du premier. C'est magnifique.

Je n'ai pas eu le temps de visiter la collection de M. Charlie Brown, mais je le regrette encore moins que de n'avoir pas eu le temps de causer avec lui. Il doit exister quelque part dans la mémoire de cet homme, dans le coin de la mémoire réservé aux amis des histoires plus belles que tous les ivoires du monde. Je ne pense pas me tromper, mais le bar de Charlie Brown est un de ces havres prédestinés où l'Aventure, après avoir fait le tour du monde, vient échouer. Un jour, un écrivain anglais exploitera cet étrange dancing des quais, dans la nuit de l'Isle of Dogs, et la traduction introduira encore dans notre langue des fantômes exigeants.

La première heure du matin sonnait quand nous nous trouvâmes dans la rue frigorifiée, sous le jaillissement électrique des lampes de West India Docks Road. Il fallut marcher longtemps avant de trouver un taxi.

En somme, la clientèle de Charlie Brown était mêlée, certes, mais ces éléments me parurent peu différents de mes relations de jeunesse, à une époque où je n'étais pas difficile sur le choix de mes camarades. Dans la grande ville courtoise et insensible, le public house de Poplar brûlait avec toute la chaleur d'un cœur symbolique et c'était plus l'expression de la vie populaire, misérable et sentimentale qu'il révélait, que l'image pittoresque du crime ou, si l'on veut, de la brutalité des hommes dans la nuit de Londres. (Pierre Mac Orlan, *Images sur la Tamise*, 1925 ; © Gallimard.)

Dyssord
Sur les pas de Mac Orlan : connaître les bas-fonds

Trois jours auparavant, j'étais débarqué à la gare de Victoria. Mon intention étant de connaître, autrement que par ouï-dire, les bas-fonds de Londres, de me pencher à mon tour sur ce peuple de l'abîme.

Londres. Son soleil couchant d'une pourpre pâle. L'humidité gluante qui s'élève de la Tamise. Les buildings pesant sur leurs colonnes, tels des mammouths sur leurs pattes puissantes. Le troupeau pressé et monotone des maisons habillées de briques, avec leurs ornements de bronze et les cuivres de leurs portes soigneusement astiquées. Le West End, quartier de l'Ouest, aux avenues bordées de riches résidences, aux parcs féeriques avoisinant les *slums* les plus sordides. Le quartier de l'Est, l'East End, passant de la friperie de Whitechapel à la désolation de Poplar où des gosses rachitiques respirent dans des sous-sols un air visqueux sursaturé de suie et de charbon, tandis que déambulent, par les rues mornes, de lamentables groupes de chômeurs. Au cœur de la ville, la Cité, morte après le *business* du jour. Les docks à perte de vue. Une ville ? Non, une contrée : la capitale la plus grande du monde, cinq fois plus que Paris, avec cinq fois plus de misère.

Dans cette étendue hostile et surpeuplée, des groupes épars de chômeurs rôdent depuis des heures. Où passer la nuit ? telle est la question qu'ils se posent.

La bourse aux objets trouvés

Ce fut, dès l'abord, cette odeur intolérable de graillon qui me prit à la gorge. *Fish and chips*, poisson et frites, lisait-on sur les vitres enfumées de la boutique où nous entrâmes dans une rue transversale de Petticoat Lane. Des pauvresses et des enfants loqueteux venaient au comptoir, donnaient quelques pence et emportaient chez eux, dans un papier gras, le repas de la journée. Pas de vaisselle à faire pour la femme, c'est tout bénéfice pour elle, on chercherait en vain une assiette et un couvert dans ces « intérieurs ». La friture une fois expédiée, on jette le papier qui l'enveloppait dans un coin de la pièce et, s'il reste de quoi, on va boire un verre d'ale au prochain *pub ic house*. Le terme de ménagère ferait sourire dans l'East End, le quartier est de Londres.

Mon compagnon poussa une porte dans le fond de la boutique et la referma soigneusement derrière lui. Il paraissait connaître à merveille les aîtres.

Nous traversâmes une cour où mâchefer et épluchures de pommes de terre s'amalgamaient en une boue noirâtre. Puis, m'ayant pris par la main, il me guida à travers un amoncellement indescriptible de vieux cercles de barriques, de tuyaux de plomb, de bidons d'essence, de boulons de fer rouillés et de madriers. Nous entrâmes dans une sorte de garage prenant jour par la verrière sale du toit. Une lumière avare donnait aux visages une coloration glauque. Une trentaine de personnes environ, assises sur des bancs disposés le long des murs, ou debout, semblaient prendre des notes, pendant que, juché sur une lourde table centrale, un gros homme chauve, des lunettes à branches d'or sur un nez couperosé, vociférait des chiffres et des noms.

Personne ne parut faire attention à nous. Du moment que nous étions parvenus sans encombre jusque-là, c'est qu'on avait affaire à des amis...

— Ceci, me dit à voix basse mon compagnon est la bourse aux objets trouvés.

Il eut un sourire pâle :

— ... *trouvés*, en y mettant de la bonne volonté, dans Londres et dans sa banlieue, à l'exception des bijoux qui ont leur bourse à part, en pleine Cité, à une centaine de yards de Saint-Paul. Ces gentlemen que vous voyez écrire sont des receleurs ou leurs commis. Ils n'ont pas besoin de voir les « occasions ». Ils ont confiance en Dickie. Il n'y a pas d'exemple que Dickie ait trompé sur la qualité ou sur la valeur marchande de celles-ci. Dickie est celui qui est sur la table. Il annonce ce qu'il y a sur le marché et le prix. Les noms qu'il emploie sont des noms convenus entre lui et les acheteurs. Ils indiquent les endroits où sont stockées les marchandises et la qualité de celles-ci. Le certificat d'origine aussi a son importance. Des robes et de la lingerie « trouvées » dans les magasins du Strand ne sauraient être comparées à celles de Berwick Street dans le

Soho. On ne fait que le gros ici. Les « occasions » sont réunies en lots. Tout est adjugé aux enchères. Dickie connaît son monde. Il n'y a jamais de contestation. Celui à qui un lot est adjugé inscrit un numéro d'ordre et son prix en regard. Il remet, en fin de séance, sa fiche à Dickie. Il n'a plus à s'occuper de rien.

Chez Charley Brown

Ce fut dans la soirée que je devais visiter le pub le plus curieux du quartier des Docks : ce *Railway Tavern*, tenu par Charley Brown, dont s'entretiennent, dans la solitude de l'Océan, les marins des deux hémisphères...

La réputation du boxeur Teddy Baldock, l'enfant chéri de l'East de Londres, n'est rien à côté de celle de Charley.

Charley, qui a le cuir tanné et la démarche balancée d'un navigateur, a débuté dans la vie comme boulanger. Il fait concurrence maintenant, dans une modeste mesure, au British Museum avec les collections que renferme sa taverne. Il en va de la *Charleys Brown's*, comme de la *Cidrerie* de la rue de l'Hirondelle à Paris. S'il arrive à un amateur de pittoresque de s'y égarer, c'est l'exception. Le fond de la clientèle se compose de la population flottante, dans toute l'acception du terme, des docks.

L'endroit où se trouve la taverne, à l'angle du West India et le North Gate, est particulièrement sinistre. Les policemen n'y vont que par deux, ce qui est plus prudent. Mauvais garçons, matelots ou soutiers débarqués des derniers cargos hantent l'étroit dancing qui fait suite au *Saloon-Bar*. Les oripeaux criards des filles, décharnées sous le plâtre et le rouge ou bouffies d'ivresse et de sommeil, virevoltent dans une musique de bastringue au ralenti. Gin et whisky coulent à flots, les têtes s'échauffent et il ne fait pas bon regarder sous le nez les danseurs portant melon ou casquette. Il faut des prodiges d'habileté pour évoluer dans un espace aussi restreint. Un relent de fauve, de tabac et d'alcool se marie à cette odeur particulière du bois des fûts et du comptoir trempés de bière.

Mon clochard a tenu à me présenter la jeune Bessie. Un chapeau à plumes roses la coiffe. Elle est chaussée de bottines de faux daim trop larges et porte des bas réséda, qui font des plis sur ses mollets d'une maigreur effrayante. Telle qu'elle est, elle lui plaît. C'est, paraît-il, une habituée du lieu. Sa mère déjà le fréquentait. C'est elle qui l'y a conduite la première fois.

La ville chinoise

A la fermeture des pubs (diminutif de public-houses), le refuge classique des rôdeurs et de leurs compagnes est la Ville Chinoise.

Elle occupe deux rues de l'East, à deux pas des docks, dans les secteurs précisément de *Charley Brown's-Pennyfields* et *Lane House Causeway.*

Je dois à la vérité de dire que son aspect est peu engageant, à en juger par les vitres crasseuses des fenêtres à guillotine et l'air de désolation des façades. Des affiches en caractères chinois sont collées sur les murs. On aperçoit d'étroits couloirs, sur lesquels s'ouvrent des portes donnant sur de petites pièces démeublées où, assis à croupetons, des fils du ciel jouent ou mangent. Une odeur forte de poisson pourri, d'oignons, de saumure et d'épices vous prend à la gorge, par bouffées. De petits hommes aux pommettes saillantes, à la peau desséchée, vont et viennent, du pas feutré d'un chat, d'un seuil à l'autre. (Jacques Dyssord, *Londres secret*, 1932.)

Maurois
A Londres par la « Flèche d'Or »

Bien que M. de Norpois eût remporté un grand succès diplomatique en parvenant à quitter cette soirée du Pré Catelan sans m'avoir invité à lui rendre visite à Londres, je fis cependant la traversée quelques jours plus tard. Un nom de train prononcé par Bloch (qui allait, lui, très souvent à Londres où l'on jouait ses pièces avec succès) m'avait brusquement décidé à entreprendre un voyage pour moi si redoutable et si lointain. Ce train s'appelait la Flèche d'Or, ce qui évoquait à la fois le clou d'or symbolique et voluptueux auquel Sainte-Beuve souhaitait accrocher ses amitiés ambiguës, et ce Zénon, « cruel Zénon, Zénon d'Élée » de qui je croyais voir la flèche immobile et rapide unir d'un trait vibrant et doré les dunes sableuses de Calais aux blanches falaises de Douvres. Ne pouvant plus, hélas, emmener Albertine, j'avais obtenu d'Andrée qu'elle voulût bien m'accompagner et nous partîmes ensemble de la gare du Nord par ce beau train de midi, auquel une heure de départ centrale, culminante, majestueuse, installée au milieu du jour comme une loge royale au milieu de la corbeille d'un balcon, confère un prestige qui s'ajoute à celui du blason empenné de ses longues voitures bleues.

On ne pouvait douter que la foule, sur le quai, ne fût déjà une foule anglaise et nous nous demandâmes longtemps, Andrée et moi, ce qui lui donnait cet indéniable et britannique caractère, car les hommes s'habillent maintenant de la même manière dans tous les pays du monde, et les Anglaises sont vêtues de robes achetées rue de la Paix ou aux Champs-Élysées, et pourtant, dans ce train comme un peu plus tard sur le pont du bateau, assis près de nos valises au milieu d'un vaste campement où des familles accroupies veillaient sur les bagages de la tribu, en même temps que nos langues, sur nos lèvres, trouvaient le sel de la mer, notre esprit, absorbant à petits traits ces visages inconnus, goûtait à ne s'y pouvoir méprendre la saveur de l'Angleterre, saveur qui était faite pour une part des types, car les hommes du continent n'ont pas ce teint d'un rose vif sur lequel une moustache blanche se détache, neigeuse et pure, comme parfois sur le ciel rose du couchant la cime friable et lunaire de quelque haute montagne, pour une part des costumes, car il y a dans la négligence même des étoffes bourrues dont peut se couvrir un Continental quelque chose d'apprêté, de voulu, alors que chez les Anglais seuls cette négligence est vraiment négligée et par conséquent élégante. Près de nous, sur le pont, était une vieille dame vêtue d'un cache-poussière gris, coiffée d'un incroyable chapeau de tulle vert, et qui paraissait si misérable qu'Andrée comprit que c'était par erreur qu'elle se trouvait en première, et attendit avec pitié l'arrivée du marin, chargé du contrôle des billets, qui, sans doute, allait avec rudesse renvoyer dans la cale la pauvre mendiante. Je rassurai Andrée et lui conseillai d'aller lire sur les bagages au milieu desquels celle-ci était assise, le nom qui y était peint en lettres blanches. Un instant plus tard, Andrée, un peu confuse, vint me dire que les bagages étaient ceux de la duchesse de Surrey qui, elle le savait, était cousine du roi, et que sans doute la vieille dame était une femme de chambre. Mais je lui dis que je croyais que c'était la duchesse elle-même et, en effet, on verra que j'en eus la preuve plus tard quand je la rencontrai pendant un week-end chez lord Shalford.

A l'arrière la côte française pâlissait et devenait imprécise, dans la mesure exacte où, à l'avant, la côte anglaise prenait du relief et de la netteté si bien que je croyais assister à quelque mystérieuse transfusion de vigueur comme on en peut observer en un de ces films fantastiques et cruels où le savant à longue barbe d'alchimiste vêtu d'une blouse de chirurgien se sert d'une femme vivante pour animer une statue, et où l'on voit le beau corps étendu sur la table devenir flasque et s'évanouir tandis que l'être artificiel, ouvrant les yeux, s'anime et sourit au monde. Ainsi le romantique château qui, vigoureusement dessiné, se dressait, à chaque seconde plus fort sur les blanches falaises de Douvres, semblait fait de la chair et du sang du sémaphore de Calais et du phare du cap Gris-Nez.

Cette foule du bateau différait aussi d'une foule continentale par deux traits un peu plus subtils qui étaient, l'un son relatif silence, et l'autre une bienveillance confuse qui ne se marquait par aucun acte positif et qui pourtant semblait imprégner dans cette mouvante assemblée toutes les relations sociales. Un sourire naissait spontanément sur tout visage rencontré. Par exemple, le fonctionnaire du Pullman qui, circulant sur le pont dans sa redingote bleue, enregistrait les locations de places pour le train anglais, n'avait pas cet air à la fois autoritaire et obséquieux qu'aurait sans doute pris, sur le continent, un homme de fonctions analogues, mais digne, bienveillant et pourtant inexorable, il s'efforçait de satisfaire nos désirs sans aller au-delà de ses droits et acceptait un pourboire d'une demi-couronne avec la dignité surprise d'un amiral et la reconnaissance heureuse d'un pauvre homme, d'un air qui donnait à entendre que le service avait été rendu avant qu'il n'eût été question de la demi-couronne et que par conséquent il l'eût été si vous n'aviez pas été un gentleman et aviez oublié le pourboire.

Nous pûmes, Andrée et moi, grâce à lui, nous retrouver l'un en face de l'autre dans le train de Douvres à Londres, devant un thé servi dans des porcelaines blanches et bleues où des dragons chinois combattaient des moulins à vent hollandais. Tandis que nous jouissions de tout ce qui, dans le wagon, dans les costumes des employés, dans la façon de servir le thé, nous semblait différent de la France (car en voyage nous nous savons gré à nous-mêmes de l'extraordinaire, parce que, conscients au fond de la vanité de tels déplacements et de la faible somme de plaisir réel qu'ils nous apportent, tels des commerçants en mauvaises affaires qui pour gonfler un bilan font figurer à l'actif des marchandises usagées et des premières installations sans valeur, nous portons au compte crédit du voyage les plus minces variations de mœurs, fussent-elles indifférentes en elles-mêmes, le compte débit étant, lui, si lourd de tout le poids de notre mal de tête, de notre fatigue, de notre estomac écœuré, de nos intestins dépaysés et du sentiment d'un jour perdu qu'il faut bien faire état de tout pour équilibrer la balance) le train nous entraînait rapidement à travers des stations auxquelles nous étions reconnaissants d'être anglaises et d'en avoir l'air, de s'appeler *Folkestone-Junction* et non *Embranchement de Louviers*, et d'afficher le Mazawatee Tea plutôt que le Quinquina Dubonnet. Nous traversions des petites villes faites de rangées de cottages identiques et vernissés, gonflés chacun de deux *bow-windows* qui se gonflaient à l'infini comme des lignes de belles filles athlétiques et mameluees dans les frises des Panathénées. Il nous plaisait que les moutons, dans les prés, n'eussent pas l'air de moutons normands mais fussent plus bas et plus laineux que les nôtres, leurs pattes à peine visibles, ce qui leur donnait l'air de jouets mal équarris par un menuisier suisse, que les arbres, s'ils étaient de même essence que les arbres de Tansonville ou de Méséglise, fussent cependant plantés à l'anglaise, et non point en lignes comme chez nous, mais isolés au milieu de vastes pelouses et d'ailleurs plus bas et plus touffus (à cause sans doute, me fit remarquer Andrée, de la nature du sol qui, ne permettant pas aux racines de s'enfoncer profondément, force l'arbre à s'épanouir en largeur plutôt qu'en hauteur) ce qui donne à un chêne, même unique, l'air d'être un paysage de Gainsborough, de Constable, alors qu'il ne pourrait être un chêne de Corot, de Daubigny, et que l'herbe enfin parût d'une texture plus serrée que l'herbe française, ce qui était en effet vrai comme je le vis plus tard en m'étendant sur des gazons anglais et en découvrant combien ce tissu vert s'applique exactement à la terre et masque de ses brins courbés et coupés court la moindre motte de boue originelle comme la chevelure vigoureuse et tondue d'un jeune soldat revêt d'un enduit hermétique et noir le crâne rose de celui-ci.

Andrée qui, à ce jeu des différences, était plus enthousiaste encore que moi me fit remarquer la beauté des cimetières anglais que ne déshonorent point d'affreuses constructions de métal, de verre, mais où des tombes toutes fleuries s'alignent sur un tapis d'herbe et de mousse que coupe seule, çà et là, la masse triangulaire et décorative d'un thuya, d'un cyprès ou la chevelure tombante d'un saule, beauté qui est un des fruits innombrables et touchants de ce besoin anglais de masquer les aspects sordides de la vie, qui explique l'humeur mélancolique de Dickens et de Charles Lamb, la gaieté des soldats anglais pendant la guerre, la grâce de leurs hôpitaux et qui fait que rien au monde n'évoque plus immédiatement le bonheur de vivre qu'une nursery de beaux enfants blonds, nourris de porridge et de chansons dans quelque grande maison de Belgrave Square, ou que serein, souriant et fleuri, le cimetière de Folkestone.

Enfin la nuit tomba ; dans les faubourgs des petites villes traversées par le train, les joueurs de tennis blancs devinrent pâles comme ces coquecigrues dont parle Mme de Sévigné dans la lettre du clair de lune, et, autour de moi, mes compagnons anglais commencèrent à s'agiter silencieusement avec une lenteur digne et méprisante. Aux chapeaux qui descendirent des filets, aux cuirs vénérables chargés d'initiales qui remontèrent des profondeurs du wagon et aux mouvements de l'amiral du Pullman, je reconnus que nous entrions à Londres. Quand je descendis du train, je vis qu'en face de nous et de l'autre côté du trottoir attendait une longue file de taxis, et cette présence, à l'intérieur d'une gare, des voitures, attributs de la ville, me surprit autant qu'aurait pu faire l'entrée d'un autobus dans une cathédrale. Ce mélange de deux éléments me choqua ; il me parut que la méthode française, parquant les trains dans des gares derrière des barrières closes, laissait à ces monstres un prestige nécessaire à notre plaisir et conservait au voyage ce caractère infernal et mystérieux qui en est sans doute le seul charme, puis, liant ce trait à d'autres du caractère britannique, je trouvai dans l'édifice intellectuel que je construisis, une symétrie qui m'enchanta, car les trains, chez ce peuple de marins, accostaient le long d'un quai comme des bateaux et il était naturel que l'entrée du port sur la terre ferme fût libre ; les jeunes hommes en habit, tête nue, accompagnés de jeunes filles d'un blond pâle qui, serrant autour de leur cou le collier de plumes mauves de leur manteau de soir, venaient chercher le vieux général à teint brique, sortaient sans doute du casino voisin, et la station de Victoria se peupla pour moi de mâts légèrement balancés et de feux bienveillants d'un port. Mais quand notre esprit a trouvé une explication qui lui semble ingénieuse, nous en éprouvons un plaisir si vif que nous cherchons à la développer et tout en traversant le quai étroit qui séparait du taxi les wagons amarrés au quai et flottant encore sur les rails, je pensais que ce peuple aime en toutes choses les insensibles transitions et les barrières ouvertes. Comme les flots des voies ferrées pénètrent librement dans la ville par les grands bassins qui se nomment Victoria, Charing Cross, Paddington, ainsi l'aristocratie anglaise se plaît à baigner dans le peuple, non seulement mêlée à lui dans ses jeux mais retournant à lui par ses fils (et l'arrière-petit-fils du roi lui-même est tout simplement M. Windsor) et accueillant les meilleurs des plébéiens sans qu'aucune barrière surveillée par un employé en casquette sépare hermétiquement les deux classes, ainsi encore dans l'histoire d'Angleterre la monarchie s'est transformée en démocratie, non par une révolution sanglante, mais sans qu'on puisse indiquer aucune année qui fût celle du changement, de sorte que comme tel lord, grand seigneur tout-puissant qui avait droit de haute et de basse justice, distribuait des sièges aux Communes et possédait quatre villes, se trouve aujourd'hui sans pouvoir réel et son fils candidat battu à ces mêmes Communes, sans pourtant avoir été humilié et sans éprouver le sentiment que quelque chose a changé, ainsi assis à côté d'Andrée dans une voiture de forme antique, je me trouvai transporté sans le savoir du paisible asile du Pullman au rouge mouvement de Buckingham Palace Road.

Quand en arrivant à l'hôtel je demandai la chambre que j'avais retenue, le portier, qui était un petit homme au visage malicieux semblable à ce vieillard au nez fleuri d'un énorme bouton qui enseigne la lecture à un enfant dans une des salles du Louvre, me répondit avec un sourire particulièrement aimable, mais en français, ce qui à la fois me fit plaisir et me froissa, car, tout en sachant que je parlais l'anglais avec un accent étranger, j'étais incapable d'entendre cet accent. Écoutant Andrée, j'étais aussitôt frappé par le tour étrange de ses phrases anglaises, par le son trop appuyé et trop sifflant de ses articles, mais moi qui parlais plus mal qu'elle, à chaque phrase nouvelle que je prononçais, je croyais que par un miracle phonétique j'allais trouver soudain le son juste, car nous comparons les sons que nous produisons, non point aux sons réels que donnerait aux syllabes un Anglais (et que nous avons oublié) mais à un son conservé par notre mémoire et qui est déjà lui-même inexact, car, s'il était exact, nous saurions l'anglais comme un Anglais, ce qui n'est pas.

Le lendemain matin, après qu'une femme de chambre efficace et muette eut fait remonter les stores de papier noir qui m'avaient séparé de la lumière et m'eut donné cette tasse de thé matinale et toute somnolente par laquelle les Anglais lavent à la fois leur langue toute chargée des digestions de la nuit et leur cerveau où flottent encore les dernières images des songes, je me hâtai d'appeler Andrée et de courir à la fenêtre. Quelle joie ! De nos chambres, situées au sixième étage, nous dominions Hyde Park. Aussi loin que je pouvais voir s'étendaient les vertes vagues des arbres qui, à mesure qu'elles s'éloignaient, devenaient d'un vert plus bleu. De Londres on ne voyait que, sur la rive la plus lointaine du parc, les vaporeuses silhouettes des maisons, telles ces blanches villes imprécises qui, dans les tableaux de Turner (que je ne connaissais alors que par

Ruskin mais auquel j'allais bientôt devoir des joies aussi vives que celles que Swann m'avait appris à goûter devant Vermeer ou Mantegna) abritent les amours d'Armide ou de Didon. Quand, après le breakfast, nous sortîmes dans les rues, nous cherchâmes longtemps ce qui donnait cet air de rêve à une cité que nous avions crue toute commerciale et maritime. Étaient-ce ces rouges autobus qui, tournant en longues files autour du Marble Arch, semblaient obéir comme les fourmis à quelque obscure loi qui leur eût commandé de toujours se suivre sans laisser entre eux d'intervalle, ou les noirs policemen qui, tantôt semblables à des Parques, paraissaient, de leurs mains diligentes, filer sur une quenouille invisible le fil des destinées britanniques, et tantôt, pareils à des danseuses espagnoles, tenaient de leur bras gauche allongé une impalpable et transparente guitare dont leur main droite pinçait la corde unique tandis que fuyaient devant eux les voitures ? Mais non, ce n'étaient ni les autobus, ni les policemen, qui au contraire avaient, les uns comme les autres, une apparence solide, métallique ou charnue. Je me sentais envers cette impression le devoir de l'expliquer comme je l'avais éprouvée jadis devant les trois arbres de Tansonville. Enfin, remontant Whitehall, je fus frappé par le fait que je me promenais, non au milieu d'une ville, mais au milieu du dessin d'une ville, ou plus exactement d'un lavis, ou peut-être d'un de ces dessins à la plume romantiques et violents où Victor Hugo se plaisait à entasser en quelque moyenâgeuse Babel de noires et blanches cathédrales sur des murailles crénelées. Cette idée de dessin à la plume illumina soudain pour moi toute une zone obscure de ma conscience. Londres étant une ville dont l'atmosphère est chargée de poussière, de brouillard et de charbon, chacune des maisons grises qui formaient la rue suivie par nous portait d'étranges ombres, des blancs éclatants dont les formes, sans aucun rapport avec celles de l'édifice, défiguraient celui-ci et lui enlevaient l'aspect d'une construction voulue par un être humain, de sorte que c'étaient les noirs et les blancs déposés là par ces artistes inconscients et géniaux, le hasard et la fumée, qui avaient donné à la ville cet air fantastique, irréel et pourtant émouvant qu'ont seuls les comédies de Musset, certains dialogues de Shakespeare et le hall de la gare Saint-Lazare. (André Maurois, *Le Côté de Chelsea*, 1932 ; © Héritiers André Maurois.)

Morand
Retour à Londres

Des nuages, comme une vapeur d'eau, se dissipent et découvrent des prés ourlés de craie ; à partir de Mantes, à travers l'Artois et la Picardie, court déjà, aperçue en coupe le long des falaises qui bordent la Seine, cette même craie, cette chaux livide qui se prolonge jusqu'à Londres et sur quoi la ville est bâtie. Cette terre que je survole, ce balcon qui surplombe la mer à l'extrémité de la France, c'est le cap Gris-Nez ; voici le phare, et à côté, la tour rouge de la gare de Calais où, pendant la guerre, on attendait parfois pendant un jour entier le départ d'un transport, escorté de torpilleurs. L'avion prend de la hauteur. Je suis maintenant au-dessus d'une petite langue de char, si étroite que je puis embrasser d'un seul coup d'œil la côte de France et les falaises de Douvres, avec son château, cher à Manet, d'où Charles d'Orléans contemplait sa patrie perdue. Après ces lames de parquet que sont les champs français, voici les grosses dalles irrégulières des champs anglais et des tennis, seules figures géométriques, et ces serres qui ont l'air d'être les fenêtres des jardins... Quelques minutes plus tard, me voici au-dessus du Kent, de ses houblonnières et de ses pigeonniers coniques. Un quart d'heure après, l'Aérogare apparaît, que Londres s'est annexé. (En effet, la marche de Londres vers l'ouest, du Londres d'Élisabeth vers le Strand, du Londres de la Restauration vers Oxford Street, du Londres de la Régence vers Hyde Park, du Londres de la reine Victoria vers Kensington, s'est maintenant infléchie vers le sud.)

Ce Londres n'est plus celui de mon enfance, défendu par l'appareil solennel de la mer, par les tempêtes, par les marins en ciré, par un commandant en galons dorés sur sa passerelle, dont le rude aspect emplissait le voyageur de respect pour la puissance navale anglaise, par les agents d'immigration, majestueux portiers d'une Grande-Bretagne où les étrangers n'étaient admis que sur références et où les touristes anglais étaient heureux de se retrouver, après un séjour sur un continent sans hygiène ni moralité. Le Londres d'aujourd'hui, auprès duquel l'avion atterrit et dans lequel l'on débarque de plain-pied, s'apprête à n'être plus qu'une ville d'Europe.

Les fumées que le brouillard aplatit au ras du sol sont plus intenses que jamais ; lourdes fumées d'été, où l'on voit le soleil comme à travers un verre dépoli ; fumées d'hiver, couleur de chlore. « Cette horrible fumée qui obscurcit nos églises et fait paraître vieux nos palais, gâte nos vêtements, corrompt l'eau, et les arbres de Londres n'ont plus de fruits... » ; ainsi se plaint Pepys. Qu'aurait-il dit trois siècles plus tard ? Turner voulait que ses tableaux fussent enterrés avec lui : eût-on accédé à son désir, il aurait emporté dans la tombe le peu qui reste de soleil à Londres, fixé sur ses toiles... Cette fameuse fumée, qui s'attaque aux bronches délicates et les ronge, comme elle ronge la pierre (à l'autopsie, les poumons des Londoniens apparaissent noirs comme des conduits de cheminée), est-ce la cause de tant de jeunes dépouilles anglaises, égarées dans les cimetières d'Italie ? Brouillard pareil à une sépia romantique : il répand sur les nuages son marc de café, sur les murs de la suie et de la fumée de bougie, comme faisait Victor Hugo, dans ses dessins. Mais peut-on imaginer Londres sans ses fumées ? « Chère vieille sale ville », disent les Londoniens. Ville sculptée dans le brouillard comme dans une matière dure, où la nuit et le jour collaborent à créer les plus douces couleurs.

Sous le plafond immuable, voyons combien Londres des années 1920 changea. Les banlieues que je traverse témoignent qu'on a construit beaucoup : à Croydon, Wembley, Golder's Green, et très bien construit : à part Berlin, nulle ville, en Europe, n'a fait mieux. Si ces faubourgs étaient inclus dans les statistiques municipales, Londres serait aussi vaste que le plus grand New York.

En arrivant dans les quartiers du centre, le visiteur superficiel n'apercevra que peu de changement, certainement moins qu'à Paris. Comme chez nous, au temps d'Haussmann, à travers les vieux quartiers, quelques grandes voies, Aldwych, Kingsway, ont été percées ; ailleurs, c'est Regent's Street reconstruit, Oxford Street ou le Strand élargis ; Piccadilly et Park Lane sont devenus des cités hôtelières. Les colonies, orgueilleuses de leur nouvelle importance, hissent jusqu'au ciel, sur le Strand ou à Trafalgar Square, des édifices qui écrasent la métropole. Depuis la guerre, les banques occupent tous les points stratégiques ; dans la Cité, elles ont remployé leurs bénéfices en des immeubles d'un luxe solide ; la Banque d'Angleterre suit leur exemple. Nombre de belles maisons des siècles passés ont disparu : Dorchester House, l'ancienne ambassade des États-Unis, avec son grand escalier et sa façade Renaissance, n'est plus ; Grosvenor House, qui ressemblait un peu à l'hôtel de Massa et où le duc de Westminster donnait des garden-parties célèbres sur des gazons de velours, est maintenant une ruche d'appartements et un vendeur d'autos est installé sur l'emplacement de Devonshire House, le joyau du XVIIIe londonien.

Voilà les ravages les plus notoires de la première après-guerre. Le Londres d'aujourd'hui grandit d'autant plus vite que les architectes anglais, toujours lents à s'adapter, viennent de découvrir le ciment armé et l'acier. Mais pourquoi construire ? Tout est à vendre ou à louer. Les écriteaux se succèdent blanc sur noir, noir sur blanc. *To let, For sale*... Il y a peu de maisons de style moderne ; parfois les urbanistes anglais se forcent ; ils imaginent alors une cage de verre (comme celle du *Daily Express*, dans Fleet Street), ou une maison en forme de bobine, enroulée de rues obliques qui montent en spirales jusqu'aux toits, garages d'avions : mais c'est là du faux Soviet, du faux Berlin et personne n'admire ces hardiesses.

Londres est devenu une ville de cinémas. Greta Garbo et Marlène Dietrich y règnent et projettent leurs noms polychromes, seul joyau sur les haillons des quartiers pauvres. Malgré la lutte que leur livre le clergé les cinémas réussissent à ouvrir le dimanche mais seulement après six heures, pour ne pas faire concurrence aux églises. Au centre, ils sont si rapprochés qu'ils ne forment qu'une nébuleuse, une masse ignée. Par eux s'introduisent les idées étrangères ; ils ont réduit à trois mesures l'hymne national joué obligatoirement à la fin des séances ; ils ne sont pas vraiment anglais. Dans la périphérie, ils distribuent la lumière à des rues tristes. Le music-hall de Londres se défend de son mieux ; il vient d'inventer les *non-stop revues*, c'est-à-dire les spectacles ininterrompus. « L'Amérique détruira l'Angleterre », disait Stendhal. Cependant, l'influence de Broadway me semble avoir moins enlaidi Londres qu'elle n'a enlaidi Paris. Il n'est pas très facile de déteindre sur les Anglais ; ce peuple dénué de gloriole, le moins prétentieux, le moins avide de nouveautés qui soit, le plus indifférent à sa façade, le plus jaloux de son intérieur, le plus épris d'esthétique sans héroïsme ni redondance, de beauté difficile, de luxe invisible, sauvera l'originalité de sa capitale aussi longtemps que lui-même gardera ses vertus. Londres continue à pousser sans préméditation comme une plante, à s'adapter comme une matière molle et plastique, à ne durcir et cristalliser que tard et presque toujours au bon moment.

Pourtant les vieux Londoniens se plaignent que les mœurs aient changé ; le Congrès des tailleurs, qui s'est réuni ces temps derniers, blâmait la négligence des jeunes gens qui gardent toute la journée leur complet de flanelle et leur col mou. Signes de dégénérescence ? Il n'y a de bien mis que les messieurs âgés, et Piccadilly ne voit plus passer ces grandes figures, élégantes comme lord Ribblesdale, ou traditionnelles comme lord Lonsdale. Cependant l'époque brillante et folle de l'après-guerre est révolue ; les *wild parties*, avec mal aux cheveux et aspirine, dont Evelyn Waugh restera l'historiographe, les *rags* de Chelsea où un danseur ayant parié de sauter par la fenêtre, s'empala en habit sur la grille ; les nuits en bateau sur la Tamise où les élégants plongeaient dans l'eau tout habillés ; les recoutes masquées, où un jeune homme en robe de bal recevait au haut d'un grand escalier de Bloomsbury, portant à l'échancrure de son corsage un bouquet d'orchidées qu'il changeait toutes les heures ; les intrigues amoureuses de la haute société qui se dénouaient à coups de revolver dans la *Flèche d'Or* ; les petites soirées gaies auxquelles il était chic d'inviter matelots et chômeurs ; les fêtes bolchevistes dans des salons nus, aux murs blancs crayonnés de poèmes en gros caractères, sont finies, enterrées, oubliées. Comme en Allemagne, comme en Italie, c'est le retour à la morale d'avant-guerre, et les dames osent remettre leurs diadèmes, non plus seulement à l'ouverture du Parlement ou à Covent Garden, mais dans des soirées non officielles. A bientôt le retour du tulle, du corset, des colliers de chien et des coiffures au petit fer, comme celle de feue la reine Alexandra.

Ce Londres n'est plus cosmopolite. Sa devise est : *Buy British !* Le tabac devient « mixture nationale » ; le chien étranger se cache devant le chien de race anglaise ; les bals à la Cour, avec traînes en soie artificielle, plumes d'autruche australiennes, dentelles irlandaises, marquent le triomphe des industries britanniques ; les menus sont rédigés en anglais ; les fromages que vous sert, au restaurant, un garçon anglais, sont surmontés de petits *Union Jacks* et le client qui choisit le brie ou le gruyère au lieu du cheddar ou du cheshire, est mal vu de ses voisins ; le vin s'appelle « jus de l'Empire » ; partout des drapeaux en faisceaux ; parfums anglais, savons anglais et même ténors anglais à Covent Garden. Les Anglaises que l'on rencontre à Saint-Moritz prétendent qu'elles s'y trouvent par erreur, ayant raté le train de Malte, et le duc de Connaught, avant de regagner le cap Ferrat, publie un certificat de médecin autorisant l'usage d'un soleil étranger.

Les Londoniens habitent leur ville de moins en moins. Au cours du XXe siècle, tous les observateurs ont été frappés de cette émigration quotidienne, qui aujourd'hui prend les proportions d'un exode. Londres se vide tous les soirs. Ce n'est plus seulement vers les treize gares, ou vers les chemins de fer souterrains, ou vers les tramways, mais sur les autobus (dont la couleur verte évoque déjà les prés), que tous les Londoniens se ruent, dès cinq heures de l'après-midi. Quand on a visité ces gares régulatrices d'autocars construites en ciment armé, quand on a vu en partir deux mille cinq cents voitures dans une seule journée, vrais paquebots qui déposent désormais, chaque soir, les commerçants de la Cité en pleine campagne (jusqu'à Windsor, à Saint-Albans, à Brighton), on se rend compte que le chemin de fer n'a plus de sens dans un pays si petit, si articulé et pourvu de routes aussi bonnes et aussi larges. Aujourd'hui, les marchandises elles-mêmes, sont transportées par auto à grande vitesse : des légumes partis de Cornouailles le soir, sont vendus le lendemain matin à Covent Garden. Quand les Parisiens possèdent une maison de campagne, ils y vivent en citadins : les Londoniens, au contraire, sont des campagnards condamnés à la ville ; leurs maisons de ville ne sont que des pied-à-terre. Des automobiles basses et rapides, véritables petits avions, qui prennent jour par des hublots, projettent chaque samedi, dans toutes les directions, d'abord vers les banlieues qui voudraient bien créer l'illusion de la nature, avec leurs architectures rustiques, puis vers la grande et vraie campagne, des couples désormais sans enfants. Banlieue immense qui dans sa partie la plus saine a doublé depuis la guerre, qu'il faut une heure pour traverser à vive allure et qui se nomme : Tooting, Battersea, Bethnal Green, Camberwell, Chelsea, Clapham, Fulham, Greenwich, Hackney, Hammersmith, Hampstead, Islington, Kensington, Lambeth, Paddington, Poplar, Putney, Houndsditch, Southwark, Streatham, Woolwich, etc. Londres n'est vraiment plus habité que par les gens qui ne peuvent pas faire autrement. En trente ans, les déplacements de la classe ouvrière ont doublé. Huit millions de voyageurs par jour. Cette ville aimée, on ne pense qu'à la quitter, les pairs y viennent juste le temps de déposer leur vote, les banquiers pour signer un emprunt, les bourgeois pour marier leurs filles, mais personne ne voudrait y rester par plaisir, comme du temps de Pepys.

Depuis la crise, beaucoup de Londoniens quittent la Cité le vendredi, pour n'y revenir que le mardi ; les employés ne pensent qu'à leur jardinet et y rentrent le soir, les poches bourrées d'oignons de jacinthes achetés au bazar. On sait, en outre, que chaque Anglais a sa manie propre, son dada, son *hobby*. Chaque soir, il se réfugie dans son univers de rêve, celui du second métier : ainsi Londres et surtout la banlieue sont l'objet, la nuit tombée, d'une récréation poétique ; l'employé devient alchimiste, oiseleur, éleveur de souris blanches. La solitude champêtre et le silence favorisent la concentration nécessaire à ces évasions. Il ne reste en ville que les fonctionnaires, les étrangers, les policemen, les Israélites de l'East End, les journalistes et les domestiques. Le samedi, vers midi, cela prend les proportions d'une déroute ; la fuite des Londoniens devant le Grand Incendie ou devant la Grande Peste dut être moins précipitée que celle de leurs descendants, valise à la main, pour le plein air. C'est la ruée vers le vrai or : l'oxygène.

Ce printemps, le directeur d'un grand quotidien londonien me faisait visiter tout son immeuble, jusqu'aux sous-sols. Nous accédâmes enfin au toit, d'où nous contemplâmes le beau soir d'or vert qui tombait sur la Cité, après une journée de chaleur. Je prononçai la phrase banale du Parisien : « Comme on serait bien à la campagne... » Le visage souriant de mon interlocuteur se contracta de douleur : « Il ne faut pas parler de ces choses », fit-il.

L'air irrespirable de la ville, l'atmosphère puante des gaz brûlés où les arbres s'étiolent et meurent, l'écrasement, sous le brouillard plein d'acides de coke et de produits chimiques, de six millions d'individus, les précipite vers cette issue de secours : la campagne. C'est le retour à la terre... pour la nuit.

[...] Belgravia est l'archétype auquel toute l'Angleterre s'efforce de se conformer. Les maisons y sont le modèle parfait qu'imitent à des degrés décroissants dans le luxe, l'aisance et jusqu'à l'extrême pauvreté, toutes les autres maisons de Londres. Leur péristyle, fait de deux colonnes à l'antique soutenant le balcon rond aux deux petits ifs noirs, vrais hérissons de ramoneurs, devant le salon du premier étage, sera reproduit un million de fois en pierre, stuc ou ciment. De moins en moins aristocratique sera l'escalier en fil de fer peint qui descend au *basement*, cet étage en sous-sol prenant jour par un soupirail, si caractéristique de la capitale où la limite de construction en hauteur a obligé les maisons à s'enterrer ; la cuisine vous accueille avec sa cage d'oiseaux ou ses pots de fleurs, sa théière éternellement bouillante, ses *scones* et ses toasts qui fument, offrande perpétuelle au dieu du Thé. D'impassibles domestiques, toujours plus nombreux que chez nous, classés suivant une hérarchie si rigide qu'elle les empêche de frayer amicalement entre eux, font leur travail et rien que leur travail et ne conçoivent même pas la possibilité de donner un coup de main à un autre serviteur. Aux rideaux de damas des plus belles demeures succèdent les rideaux en chintz glacé, imprimés de roses, d'algues ou des victoires de Nelson, puis les rideaux de mousseline blanche, enfin les rideaux de dentelle de Nottingham, d'autant plus lourds et vulgaires que la maison est plus pauvre et plus sordide ; le péristyle se réduit, s'efface ; le seuil est lavé chaque matin, non plus par des valets, un foulard blanc au cou, mais par des ménagères, une casquette plantée sur leurs bigoudis ; elles vont faire leur marché, un sac de papier au bras, après avoir rattaché avec des épingle de sûreté, sur leurs enfants, les guenilles multicolores qu'elles ne songent jamais à rapiécer. Mais un seul métal étincelle partout, visible à travers les carreaux toujours sales qui attristent : c'est le cuivre ; chez les riches en réchauds, chez les petits bourgeois en plateaux indiens, chez les pauvres en marteaux de portes, toujours le cuivre reluit ; tout Anglais consacre une partie de sa vie à polir son *brass* et son *copper*, cuivre rouge et cuivre jaune, et les annonces des journaux offrent de bons astiqueurs : «*good brass cleaner*». L'Angleterre est un bateau immense où tout le monde frotte les cuivres.

Belgravia débouche sur Piccadilly, dont le nom vient de *peccadille*, sorte de flot de rubans, de fanfreluches à l'espagnole, que les courtisans du temps de Charles II portaient accrochés un peu partout. Piccadilly est l'endroit le plus brillant d'une ville un peu terne, plus aristocratique que populaire, jamais vulgaire. Il a gardé de son origine une préférence pour la poudre, les rubans et les beaux habits. Piccadilly et sa légende sont une des parures du monde occidental. [...]

Nous voici enfin à Piccadilly Circus, nombril de Londres. Au croisement des grandes artères, les vendeuses de fleurs en châle et canotier de paille noire, vendent des œillets de San Remo et des arums niçois. Au coin du Circus et de Regent's Street, le magasin de *Swan et Edgar*, jadis boutique hideuse, s'est transformé depuis la guerre, a pris du style et a contribué, avec ses hautes et belles fenêtres en XVIIIe anglais, à embellir la place. Piccadilly Circus, chœur de feux d'artifice, bouquet d'enseignes électriques, n'est pas un de ces lieux que l'imagination transforme et dont le souvenir remplit les yeux de larmes ; il n'a connu ni décapitations ni révolutions ; les grandes fêtes historiques et les apothéoses militaires se sont déroulées loin de lui. Son aspect est médiocre ; il accomplit avec simplicité son œuvre, qui est de grouper un moment les Londoniens de toutes les provenances, puis de les répartir dans des directions si opposées qu'ils ne se rencontreront plus de toute la journée...

Que de fois, après le théâtre, me suis-je arrêté sur ce Piccadilly Circus pareil à une grande horloge à six aiguilles, me demandant si je rentrerais à pied chez moi... C'est une promenade délicieuse vers deux heures du matin, lorsque les laveurs municipaux à chapeau de toile cirée, bottés de caoutchouc, lavent Londres comme le pont d'un navire, aspergeant les derniers gentlemen en habit. La fontaine, surmontée d'une statue d'Éros, lance ses flèches aux passants... Des filles fardées sortent de l'ombre et heurtent, comme par hasard, les jeunes gens, au coin de Bond Street ; elles sont nombreuses depuis la crise. C'est l'heure où les noctambules n'ont plus d'autre ressource que d'aller coucher aux bains turcs de l'Impérial, ouverts toute la nuit, et d'où les corps, dans leur suaire, émergent à l'aube, comme au Jugement dernier. Des mendiants vendent leur dernière boîte d'allumettes, avant d'aller louer un lit, les culs-de-jatte, qui ont toute la journée dessiné par terre, sur la pierre des trottoirs, des tempêtes ou des batailles au pastel, s'en vont, emportant leurs sous et laissant leurs chefs-d'œuvre ; de belles voitures démarrent devant l'Embassy Club, et lorsque j'arrive près du *cab-shelter* (qui continue à s'appeler ainsi, bien qu'il n'y ait plus de cabs), je suis surpris d'entendre une voix rauque murmurer en français à mon oreille : « Tu viens, chéri... » Souvent, à l'aurore, je prenais là, au coin de Hyde Park Corner, un café fumant et des œufs au bacon. Sur le banc de bois, je retrouvais des noceurs en habit, des *guards* en civil. Ce kiosque à voitures est devenu maintenant très élégant et le prince de Galles ne dédaigne pas d'y boire un dernier café, avant de rentrer coucher à son palais de Saint-James.

Parfois aussi, à la sortie de *Scott's*, le célèbre restaurant de poisson, je hèle au coin de Piccadilly, le dernier cab de Londres. Il a été tellement repeint que ses panneaux sont tout empâtés ; mais il est authentique et sorti intact des premiers Dickens, les *Sketches by Boz*, ou des romans policiers de mon enfance comme *The Mystery of a Hansom Cab*, où un gentleman est trouvé mort sur les coussins. Jeune homme, j'ai appris que pour faire monter une dame dans un cab, il faut poser le bras contre la roue pour que sa robe ne se salisse pas ! Le cab enfonce sans bruit dans le passé ; on n'entend plus que le grelot sur le cou du cheval ; dans le brouillard du temps perdu, apparaît le sommet des roues hautes comme des roues de vélocipède. Quand vous levez la tête, la glace du plafond renvoie l'image de votre jeunesse, le reflet de votre plastron d'habit. Si pour parler au cocher vous frappez du doigt à un volet, par l'ouverture pratiquée dans le toit, apparaît un bon nez rouge : « *Very good, Sir*. » Tout vous ravit : le vieux nécessaire, avec ses brosses et sa glace d'ivoire jauni, les portes refermées à hauteur de votre poitrine, la pluie qui vous fouette le visage et qui vient frapper les glaces latérales. C'est un grand amusement et une grande tristesse que cette dernière excursion dans l'avant-guerre. Sur votre passage, les jeunes gens rient ou s'arrêtent, étonnés ; les messieurs âgés vous regardent, attendris, en chuchotant :

— Un Américain...

Mayfair est moins un quartier qu'une manière d'être, une façon d'envisager la vie, de savoir tenir son parapluie à la main toute l'année, de ne pas reconnaître quelqu'un qui ne vous a été présenté que quatre ou cinq fois, de garder son chapeau melon jusqu'en juillet, après le match d'Eton contre Harrow, d'avoir l'accent d'Oxford et de ne pas terminer ses phrases. Mayfair est une mode qui date de deux siècles et se fractionne tous les dix ans en une infinité de petits snobismes, depuis ceux des *macaronies* ou membres du *Savoir-Vivre Club*, qui vers 1770, s'y réunissaient pour manger des pâtes à l'italienne, jusqu'aux soirées extravagantes de l'après-guerre.

De Piccadilly à Oxford Street, de Bond Street à Park Lane, Mayfair n'est pas seulement un centre de pied-à-terre élégants, de petites maisons habitées par des cadets, des lieutenants, des veufs, des divorcées, des jeunes filles un peu libres; on y trouve aussi, — notamment dans Curzon Street — de grandes demeures, comme Crewe House, ou Sunderland House, où j'ai assisté à la dernière réception qu'y donna, en 1914, Consuelo Vanderbilt, duchesse de Marlborough.

Du XIIIe au XVIIIe siècle, la fête de la Saint-Jacques, au 1er mai, ou May Fair, se tenait dans ce quartier; les gens de qualité commencèrent à résider dans ce coin paisible que le commerce ne réussit à envahir qu'un peu avant la guerre; aujourd'hui les maison de Fox, des Adams, de Sheridan, sont remplacées par des modistes ou des antiquaires décorateurs. Les noms des propriétaires ont changé. Lord Brougham (celui qui créa Cannes), lord Raglan ou lord Palmerston, ne reconnaîtraient plus ceux de leur Mayfair. Et, pourtant il reste un esprit de Mayfair, sorti tout droit de l'*École de la Médisance*; les potins de société, l'envie mondaine, la beauté considérée comme monnaie d'échange, le mariage riche, les chansons à boire autour du bol de punch, les tableaux d'ancêtres brocantés, l'héritage dissipé d'un oncle, mort aux Indes, tout cela c'est Mayfair; Mayfair est encore habité par tous les Messieurs Surface.

En bordure de Mayfair, Park Lane a perdu ses deux joyaux, Grosvenor et Dorchester House, et toutes ses belles maisons, sauf celles de lord Londonderry et de sir Philip Sassoon.

Dans ces quartiers élégants, ce que je préfère ce sont les ruelles qui se faufilent derrière les grandes résidences, les anciennes écuries ou *mews*, les petits marchés, les bars où les gens de maison viennent parier, parmi les bookmakers et les usuriers, les garages où les chauffeurs de grand style arrivent à l'heure du déjeuner, en gants mousquetaire, pour vérifier si leurs Rolls ont été bien lavées pendant la nuit. Ces anciens communs, que la dureté des temps a fait aménager, peu à peu, en petits meublés, sont recherchés aujourd'hui par les dames seules, les jeunes ménages pauvres, les moins de trente ans; on y donne maints cocktail-parties, honorées parfois de la présence du prince de Galles et du prince George. [...]

Le gentleman-cambrioleur, si commun dans nos villes d'eaux, popularisé par nos pièces de théâtre, est inconnu à Londres, où il est impossible de faire illusion au point de passer pour un gentleman quand on n'en est pas un. Le premier domestique venu s'apercevrait de la fraude. Par contre, les tricheurs sont très nombreux. A Paris, après son forfait, le criminel se fait pincer dans les maisons closes ; à Londres, si l'« oiseau du crime » est pris, c'est parce qu'il n'a pu résister à la tentation de se commander des vêtements neufs... Les femmes se spécialisent dans le vol à l'étalage. Les criminels ont leur snobisme, omis par Thackeray : les escrocs ou *crooks* ne fréquentent pas les pickpockets ; ces derniers ne « rament pas », c'est-à-dire ne travaillent pas avec les éventreurs de coffres-forts ou avec les *voleurs-chats*, c'est-à-dire les monte-en-l'air. Les pillages de châteaux sont fréquents ; les voleurs lisent attentivement dans le *Times* les déplacements de l'aristocratie, qu'ils dévalisent, mais qu'en bons Anglais ils respectent et admirent. Ils se rient des policemen. D'ailleurs le policeman n'est pas plus armé que le malfaiteur ; pour un délinquant, être pincé portant une arme à feu c'est aggraver si lourdement la peine encourue que les cambrioleurs préfèrent se passer de revolver ou brandir pour faire peur un pistolet d'enfant ; si bien qu'il est question de supprimer ces jouets aux arbres de Noël. Les voleurs ne redoutent vraiment que les *D's*, c'est-à-dire les détectives en bourgeois. Tomber sur eux avant d'atteindre l'abri du receleur, c'est être envoyé sûrement fabriquer des sacs postaux à la prison de Dartmoor, au centre d'une lande complètement nue, magnifique et terrible...

Moi, j'en tenais toujours pour un Londres dangereux et mes amis anglais y croyaient comme moi ; de tous côtés on s'offrait à me guider ; des agents de la Sûreté furent mis à ma disposition. Je partis, je marchai des heures sous la pluie pour arriver plein d'espoir à Pennyfields, de sinistre mémoire ; qu'y vis-je ? Un quartier d'un exotisme banal où quelques Chinois peureux, vendeurs de thé vert ou de corne de rhinocéros en poudre nous regardaient passer ; où nous versaient à boire des filles à matelots sur le retour qui viennent là faire une fin en épousant un Jaune. Ces croisements de races donnaient le frisson à mes Anglais (mais tous les jours à Marseille, derrière le vieil hôpital...). Pas un théâtre chinois, pas un vrai hôtel chinois avec fumerie au dernier étage, pas un bouge suspect, rien qui rappelât les quartiers vraiment assez hauts en couleur de San Francisco, de Panama ou de Cholon. Le détective me parlait à voix basse, confidentiellement, mais pour ne rien me dire : « Ici une célèbre fabrique de confitures... », murmura-t-il, et il ajouta en hésitant : « Voulez-vous finir la soirée chez *Charlie Brown ?* »

Charlie Brown : ce nom est célèbre sur toutes les mers du globe. Charlie Brown tenait à Poplar, dans les docks, un bar qui était le rendez-vous de toutes les marines marchandes. Il est mort, l'an dernier, mais de son vivant il protestait déjà contre la réputation imméritée de son quartier dont il rendait responsables les gens de lettres et conseillait aux amateurs de crimes de regarder vers Piccadilly et Mayfair.

[...] Maintenant, dans la nuit noire, nous descendons les escaliers étroits de Wapping, jusqu'à l'eau.

— Garde à vous !

La gaffe à la main, quatre hommes attendent, dans le canot de la police, entre des pieux pareils à ceux des palais du Grand Canal et on croirait sortir d'un bal à Venise. Au centre du fleuve, le brouillard devenu compact, enserre les corps, suspend les plus lourdes masses entre la terre et le ciel...

— Les cambriolages sont rares dans les docks, dit l'inspecteur ; mais quelquefois en plein fleuve, à bord des bateaux...

La Tour sanglante est éclairée par les feux rouges de la Douane. L'eau se retire sur les rives en humant la boue, en clapotant comme un sanglier dans sa bauge. Sur les bateaux, des hommes en sentinelle veillent, hissent un fanal au haut des mâts. Des patrouilles de police sont reconnaissables à la façon tendre et insidieuse dont elles frôlent les bateaux endormis ; elles échangent entre elles des signaux d'intelligence électriques.

Un halo annonce bientôt le Strand. Il est neuf heures ; je me sens perdu au centre de la ville, caché dans l'eau comme au fond d'une tranchée d'ombre. Comme Londres eût été plus beau s'il avait accepté les plans de Wren, si au lieu de ces tristes quais de granit, les palais de la noblesse et les hôtels des Corporations, aux fenêtres toutes éclairées, fussent venus égayer, la nuit, les bords du fleuve.

Au coin du Strand apparaît Somerset House, le dernier des palais de la Tamise, dont l'architecture massive descendrait jusqu'au flot, si le quai Victoria ne l'en séparait. Ses corniches noircies sont soulignées d'un trait de gouache dont le relief accroche la lumière des réverbères ; c'est la fiente qu'ont laissée en s'y perchant des générations des mouettes. L'été, c'est une des belles perspectives londoniennes : Aldwych, le théâtre de la Gaiety, les hommes en habit, sans chapeau, les cheveux laqués, sortant du Savoy, accompagnant des femmes enveloppées de petits boléros d'hermine. Mais l'hiver, cet angle de Waterloo Bridge est d'une tristesse si atroce que les désespérés n'y résistent pas, à la fois attirés dans la mort par la Tamise et rejetés hors de la vie par les lumières luxueuses du Strand ; ils sautent dans l'eau noire éclairée en vert par les réverbères du pont. Un grand cri, puis le silence et le lendemain sur les placards des journaux : *Waterloo Bridge Mystery... extra special...*

Big Ben sort de la nuit. Le fleuve s'est maintenant élargi, a repris son débit constant. Comme c'est samedi soir le Parlement n'est pas éclairé, sauf par deux feux rouges, au bas de l'escalier ; les libertés constitutionnelles du peuple anglais dorment dans le brouillard.

Sous les arches, l'eau fuse comme hors d'une porte d'écluse. A côté de ce pont des Soupirs, un poste de police flottant se couronne de ceintures de sauvetage. De l'autre côté du fleuve, des affiches lumineuses allument le mot OXO. La Tamise s'enfonce, menaçante, collant aux pierres gluantes, piaulant, s'épuisant à ébranler ses quais, dans un combat contre la nuit et l'hiver. L'inspecteur lance le fuseau de sa torche vers un point invisible qui devient un objet noirâtre.

— Un cadavre, dit-il. Ça ne nous regarde pas ; la patrouille de service s'en occupera.

London Bridge est le point de jonction de deux Tamises, dont l'une est un fleuve, l'autre la mer. Du milieu du large pont tremblant, si l'on regarde en amont, c'est le fleuve, poli, urbain, aux eaux apaisées et vertes d'avoir traversé tant de plaisants pâturages ; les mouettes y flottent comme, au bain, les jouets de celluloïd ; les bateaux de petit tonnage y sont amarrés dans un ordre parfait et si définitivement qu'ils semblent devenus des maisons : c'est l'Arrivée ; mais, en aval, ce bras de mer que l'on contemple, agité du ressac, souillé d'épaves flottantes, lieu de trafic hâtif et d'appareillages urgents, c'est l'essence même du Départ ; les mouettes, averties de la fin de l'ouragan qui les avait fait se réfugier sur les bouées, se préparent, elles aussi, à s'envoler vers le large, noires dans la vapeur d'eau éclatante qui s'échappe de la sirène des remorqueurs trapus, blanches dans la fumée de charbon des cargos...

Tamise, le plus vivace des fleuves ! Le vent d'ouest des équinoxes, à l'heure du couchant, la cuivre ; l'hiver, elle est argentée par le vent du nord. Chaque jour, elle double de volume en quelques heures, se gonfle, élève ses chalands à hauteur des quais et les passants les voient monter en entier au-dessus du parapet ; le soir elle se vide ; elle a déposé sa flotte sur une fange infecte pleine de vieux souliers et de casseroles trouées, et elle stagne en attendant la marée.

La Tamise qui, aux âges paléontologiques, était un fleuve tropical, une Amazone bordée de lianes et d'orchidées, ainsi qu'en témoigne le liais de son lit qui recèle encore des restes fossiles de lions, de tigres et de tortues géantes, mille et mille siècles plus tard est devenue cet égout énorme, ce cloaque maxime où dégorgent les docks. Jadis, c'était le plus peuplé des viviers ; l'opulente corporation des poissonniers y pêchait même le saumon ; aujourd'hui, la Tamise est si sale que toute vie l'a désertée.

Les Londoniens passent près d'elle dix mois de l'année sans la voir, mais en été ils se prennent d'amour pour elle. C'est alors que, devant les dîneurs installés sur le pont des yachts, glissent les beaux paysages, Richmond à la courbe séduisante, l'hôtel fameux du *Star and Garter*, devenu une maison de retraite pour anciens combattants, Henley et ses régates, Hampton Court, Arcadie enchantée, et le noble palais d'Henri VIII, avec les extraordinaires cheminées torses de ses toits qui sont visibles des dancings de Tiger's Island, avec ses lustres d'argent, ses boiseries sombres tendues de damas blanc et ses lits de parade à plumes d'autruche où couchaient les rois, aux temps où la Tamise, qui s'efface si discrètement aujourd'hui, était la grand-rue, pleine de mouvement et d'éclat, de la capitale : les cartes anciennes, notamment la longue estampe de Vischener, à travers les lettres du mot *Thamesis Fluvius*, font courir l'eau chargée de nacelles, nefs, bacs et bateaux de foin ; deux mille embarcations et leurs quarante mille nautoniers la sillonnent alors toute l'année, sauf aux gelées où les véhicules la traversent à sec. Le roi, l'archevêque de Canterbury, le lord maire, les seigneurs et les corporations y ont leurs galères ; les palais du Strand y descendent par leurs porches d'eau ; une fois par an, à la Saint-Michel, le lord maire s'y promène solennellement en barge dorée et c'est aussi par eau que s'avancent les obsèques royales.

Pepys mentionne trois cents fois son cher fleuve et le décrit à toutes les heures, avec amour : sa maison d'hiver est voisine de la Tour et sa maison des champs est à Chelsea ; en Carnaval, commodément installé sur une galiote, il lit à sa femme une traduction du *Pompée* de Corneille ; sous les tonnelles riveraines, il donne de petits dîners en musique et, vêtu de soie noire, il accompagne de son flageolet les violons.

C'est encore la Tamise qui amène Voltaire à Londres par Greenwich, où il a croisé le roi prenant le frais sur le toit de son coche d'eau. Son étonnement et son admiration croissent à mesure qu'il progresse jusqu'au cœur de la ville, jusqu'à ce mouillage par marée haute devant Westminster, qui éblouissait tous les ambassadeurs de l'Europe.

Par son estuaire en forme de corne d'abondance, la Tamise déverse sur l'univers les richesses produites ou entreposées chez elle. Les premiers Marchands Aventuriers (quel beau nom, où le commerce est ennobli par l'aventure !), dès le XVe siècle, partaient vers des marchés inconnus sur des caravelles frétées par les négociants de la Cité ; après cette hasardeuse époque, ce fut l'âge des grandes expéditions encouragées par l'État ; les navires des Drake, des Raleigh, des Hawkins, des Frobisher, s'élançaient de l'estuaire, voiles ouvertes comme des éventails, fraises au vent, vers la haute mer, et portaient jusqu'au Japon, au détroit de Magellan, au Cap, la gloire et les marchandises britanniques. Revenus de pays inouïs où les habitants n'avaient qu'un œil derrière la tête, ils jetaient l'ancre à Limehouse devant les murs de la Tour, sous la protection de la flotte d'Élisabeth aux cordages quadrillés et aux oriflammes pourpres.

Six cents ans de blocus, d'embargos, de police, de rançons, de visites, d'abordages, de captures sur tous les océans du globe ; des milliers de débarquements et de rembarquements de rivières remontées, de forts réduits au silence, de passages forcés à la couleuvrine, d'arraisonnements à coups de canon, de victoires et de défaites navales, depuis l'Armada coulée avec ses instruments de torture, sous l'abhorré pavillon du pape, depuis les combats où Français et Anglais se coupaient la gorge avec « des hurlements de joie », depuis l'insolent exploit des Hollandais, faisant brûler comme des pièces d'artifice les poudrières de Tilbury jusqu'aux triomphantes clameurs des *Némésis* et des *Vengeance* envoyant par le fond des *Ça-ira* et les *Bonne-Citoyenne*, jusqu'aux mornes nuits de garde, pendant la Grande Guerre, derrière les filets d'acier. Six siècles de scorbut, de fièvre, de presse, de pendaisons, de coups d'étrivières, de navigations incertaines dans les mers sans sondages, de naufrages et de périls sans nom que les vieilles cloches marines, aujourd'hui muettes au fond de Greenwich, signalaient de leur faible voix, pour que soit vengée la triple insulte faite à la marine britannique : Tilbury, le camp de Boulogne, le Jutland ; et pour que Londres devienne le premier port du monde. (Paul Morand, *Londres*, 1933 ; © Plon.)

Serge
Dans le Londres de 1945, en quête du Londres de 1920

La City est déblayée. La vie grouille. Londres, de tous côtés, se façonne un nouveau visage pour effacer les traces de son martyre. Londres veut oublier les années terribles de son histoire. Il flotte sur la ville un air de liesse perpétuelle et, dans la cohue du Strand ou de Regent Street, Londres renaît sous le soleil de la Paix, tandis que, sur ce qui subsiste d'une usine incendiée, claque fièrement, sous la parure de la Victoire, le drapeau de l'Union Jack, l'étendard bleu, blanc, rouge de la vieille Angleterre.

Londres conserve une allure militaire. Les couleurs de Londres, qui étaient rouges et grises (le gris du ciel, le rouge des « bus » et des dolmans des soldats de la garde) se sont mélangées au kaki des uniformes de toutes les armes.

Il y a bientôt vingt-cinq ans que je vais à Londres. C'est une ville qui ne se livre pas facilement comme Paris. Pourtant, je crois bien que, pour la première fois dans son histoire, Londres est accueillante à ceux qui arrivent du « Continent ». Les malheurs de la guerre ont transformé cette ville et les habitants semblent avoir réappris complètement le sens de l'humain. Finie la caricature de l'Anglaise à râtelier et aux cheveux filasse, de l'Anglais rouge et distant. Les hommes rencontrés sont des gars aux allures sportives et les filles pimpantes et belles.

J'ai cherché pendant des heures la vieille Anglaise traditionnelle au « bibi » de paille orné de plumes délavées. Je l'ai enfin trouvée à Whitechapel, un dimanche matin, dans le « décrochez-moi ça » du marché aux puces de Petticoat Lane. On l'exhibera peut-être bientôt comme un phénomène.

Beaucoup de femmes sont encore en uniforme. Il y a les femmes-soldats, les services bleus de la RAF, les girls de marine aux bas noirs et les « police-women » en bleu sombre. Ajoutez encore les receveuses d'autobus, les porteuses de bagages, les conductrices de camions ainsi que ces élégantes de Chelsea se promenant en arborant le pantalon masculin, vous vous apercevrez alors que Peggy et Daisy ont bien changé.

En fait, Londres a subi l'influence du «Blitz» et surtout, du fait de l'affluence des étrangers, s'est fort internationalisée.

A Piccadilly, à cinq heures du soir, c'est la ruée des Américains. Mais on y trouve encore des matelots de couleur, des Hindous, sans oublier le «scotch» faisant flotter sa jupe en balançant son stick.

A la tombée du jour, cette ville mystérieuse continuera à vivre et à palpiter étrangement.

Piccadilly s'illuminera. Les théâtres, les music-halls et les cinés seront bondés. Une foule joyeuse écoutera *Paris, c'est une blonde* échappé d'un piano mécanique. Des lumières bleues, jaunes ou rouges guideront la circulation et dans Hyde Park proche, de petits anges de la nuit iront fouler les pelouses vertes au bras des soldats yankees...

Et le Français se sentira stupéfait de vivre en cette capitale des merveilles.

Monsieur Charlie Brown s'est volatilisé

Sur un plan de Londres, mon crayon a souligné d'une croix, un point névralgique de la cité.

Autour de cette croix se dressent des noms étranges : Limehouse, Pennyfield et même une île à l'appellation prometteuse : l'île des chiens, «Isle of dogs».

Le long des docks s'abrite auprès d'un pont de fer, une taverne à laquelle pensaient secrètement tous les navigateurs : la «Railway Taverne».

Elle possédait des charmes fort particuliers. Tout d'abord, la couleur locale. Quand je la vis, il y a quelques années, cette taverne était miraculeusement décorée de fétiches, d'armes empoisonnées, de roues de vélos, de morceaux de journaux, d'étendards, sans oublier une panthère empaillée et un buste de femme, une mariée, montrant son corps coupé à l'intérieur d'une vitrine de verre.

Cela composait parfaitement un musée évocateur, de quoi faire rêver les jeunes mousses avant leur départ pour les tropiques. Parmi tous ces objets hétéroclites, des gars buvaient, des filles dansaient, et le piano laissait échapper des ritournelles joyeuses. Il y avait aussi, dans le dos du bar, des serveuses assez jolies et un petit homme grassouillet au sourire vainqueur. Ce petit homme répondait au nom de Brown et au prénom de Charlie.

Charlie Brown était connu de tout l'univers, ou plutôt par tous ces gars, tous ces marins qui, avant d'embarquer ou après leur retour, venaient plaisanter un peu auprès de ce comptoir où la bière et l'alcool coulaient à flots.

Master Charlie Brown devint rapidement mon ami.

C'était facile ! Il en avait tellement navigué sur toutes les faces de la planète. Mais, pour mieux me prouver que je pouvais à mon gré pénétrer canaque ? Vous en aurez toute facilité en ce méli-mélo d'un invraisemblable marché aux puces à l'anglaise.

Vous trouverez aussi sur votre route l'homme déchirant un annuaire téléphonique pour montrer la force de ses mains, le roi du fouet australien, un prestidigitateur ambulant, l'évadé perpétuel et aussi trois nains jongleurs et acrobates jouant d'un piano à leur taille pour la plus grande joie du public.

Un Londres extraordinaire viendra se jeter en vos jambes, un Londres fantaisiste comme à son habitude avec ce quartier éblouissant de vie.

Mais ce qui compte ici, ce ne sont pas les vendeurs de bengalis royaux, les tatoués des Célèbes ou les vieilles vendeuses de viande pour chats.

Ce qui compte, c'est cette marée immense d'une foule aux mille visages. Tout à coup surgira une valse lente échappée d'un groupe d'accordéonistes aveugles, ou bien un air de cirque accompagné d'un bruit formidable de grosse caisse et de cymbales ou encore les premières mesures d'une *Internationale* jouée en fantaisie par des musiciens ambulants.

En ce curieux décor fait de bonimenteurs, d'animaux, de bibelots inconnus, le labyrinthe de la misère serpente doucement.

Des gaillards musclés, tenant en leurs bras des chiens volés, passent, impassibles.

Mais il n'y a pas ici que du vol. On glane aussi du pittoresque. Témoins, ce type pansu, chapeauté d'un haut-de-forme gris souris qui, les pouces sous un gilet orangé, clame, au plus haut d'un Mail-Coach, orné d'un lion et d'une licorne, la qualité d'une bibine remplaçant la bière.

Ce vieillard nasillard bazardera un cacatoès.

Voulez-vous une machine à fabriquer les billets de banque, un serpent d'étoffe se tortillant comme un diablotin, mille autres fantaisies, y compris « l'herbe sous-marine »... Tout est là.

Un géant au nez cassé accepte l'invitation d'un petit vieux affublé d'une casquette de jockey, l'entraînant pour le peser sur une balance gigantesque épousant la forme d'un fer à cheval. Et puis, soudainement, à l'improviste, un barbu aux yeux vicieux vient glisser dans vos poches des prières...

Sous un pont, parmi la poussière de charbon et celle des voitures à fourrage, un homme au chapeau melon tordu, bat la mesure pour cinq petites filles vêtues comme des communiantes, piétinant dans la boue autour d'un harmonium, avant de partir à l'assaut du ciel en chantant d'étonnantes prières vantant les bienfaits de la montagne de Tibidabo...

Tandis que piaillent des poulets, une fille perdue balance avec satisfaction les plumes de son chapeau délavé, en ce marché effarant faisant surgir tous ses fantoches...

Au bout d'une heure d'efforts et de contorsions, si vous arrivez à vous échapper de ce pittoresque marché, vous aurez l'âme peuplée d'images violentes qui pourraient être signées Callot ou Goya.

Empruntez alors East Smithfield, une rue qui n'est autre qu'un couloir triste se cachant derrière les docks de Sainte-Katherine, entre de hauts murs lugubres comme ceux d'une caserne.

Vous passerez entre des maisons basses, des maisons saccagées par la guerre et pour la plupart abandonnées. Poursuivez sans hésiter votre randonnée, comme si vous aviez pour but de trouver au bout de votre destin un palais magique.

Vous croiserez des marins siffloteurs portant tous ce grand sac de marine, bien fermé comme s'il contenait des mystères. Vous direz bonjour à une gosse mal lavée berçant un bébé à trois pence et poussant une voiture disloquée où piaille son jeune frère au nez déjà aussi enluminé que les buveurs de tous les «public-houses».

La Tamise est toujours là. Vous l'apercevrez luire entre deux docks géants, à la dérobade, avec ses bateaux, ses trois-mâts et ses cheminées de vapeur étoilées comme les panaches des danseuses de music-hall.

Ne revenez pas en arrière. C'est inutile. Traversez un pont tournant faisant penser aux vieux canaux d'Amsterdam. Saluez cette matrone vendeuse de tabac en boîte et de bonbons aux couleurs violentes. Ne faites pas l'étonné devant ces maisons grises et ne soyez surtout pas surpris si vous apprenez plus tard que vous avez frôlé en un quartier sordide la maison où «Jack the Ripper», dit l'Éventreur, assassina au siècle des «cabs» une dizaine de jolies filles appartenant à la plus basse prostitution.

On vous racontera que si vous étiez né cinquante ans plus tôt, on aurait pu vous piloter jusqu'à une chambre tragique où l'on conservait le chapeau melon poussiéreux de l'assassin et un lit toujours couvert de sang.

Mais, bientôt, une autre aventure viendra vous saisir. Il vous suffira d'entendre un air d'accordéon s'échappant d'une porte, d'un trou plutôt, fabriquant une tache bien noire sur un mur de neige.

Vous serez dans un pub de Wapping, le long de la Tamise, en ce beau quartier où une population, arrivée de toutes les parties du monde, gravite autour de la «Grande Rivière».

Wapping a entendu tous les vieux refrains des marines à voiles, depuis *Poor Joe the Mariner* jusqu'à *La jolie fille à laquelle il faut dire adieu*. Mais il y a aussi ce vieux chant de matelot hurlé de bâbord à tribord, célèbre loin sur les mers et qui s'intitule *Ces vieux escaliers de Wapping* [*Wapping old stairs*]. Ces vieux escaliers sont devant moi encore gluants d'algues et de boue noire avec une espèce de vase de fond envoyée par un remous violent d'une hélice de navire en partance.

Des gosses se baignent avec un chien.

Bientôt, la Tamise envahira la terre limoneuse et l'on ne verra plus surgir comme des diables noirs les grands pilotis entourés de chaînes à la manière des fakirs de foire. (Serge, *Londres secret et ses fantômes*, 1946.)

CARTES,
NOTICES BIOGRAPHIQUES DES VOYAGEURS,
CHRONOLOGIE, BIBLIOGRAPHIE, INDEX

ITINÉRAIRES DE DÉCOUVERTE DES TROIS ROYAUMES

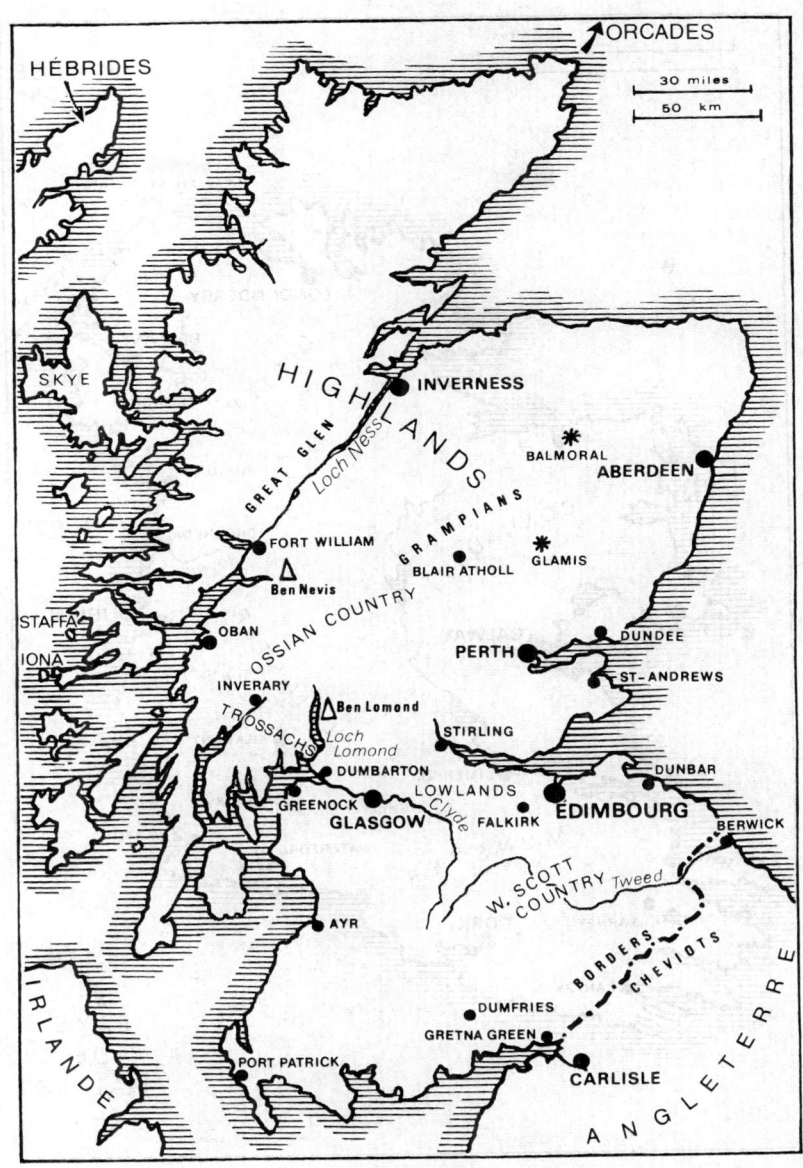

ÉCOSSE

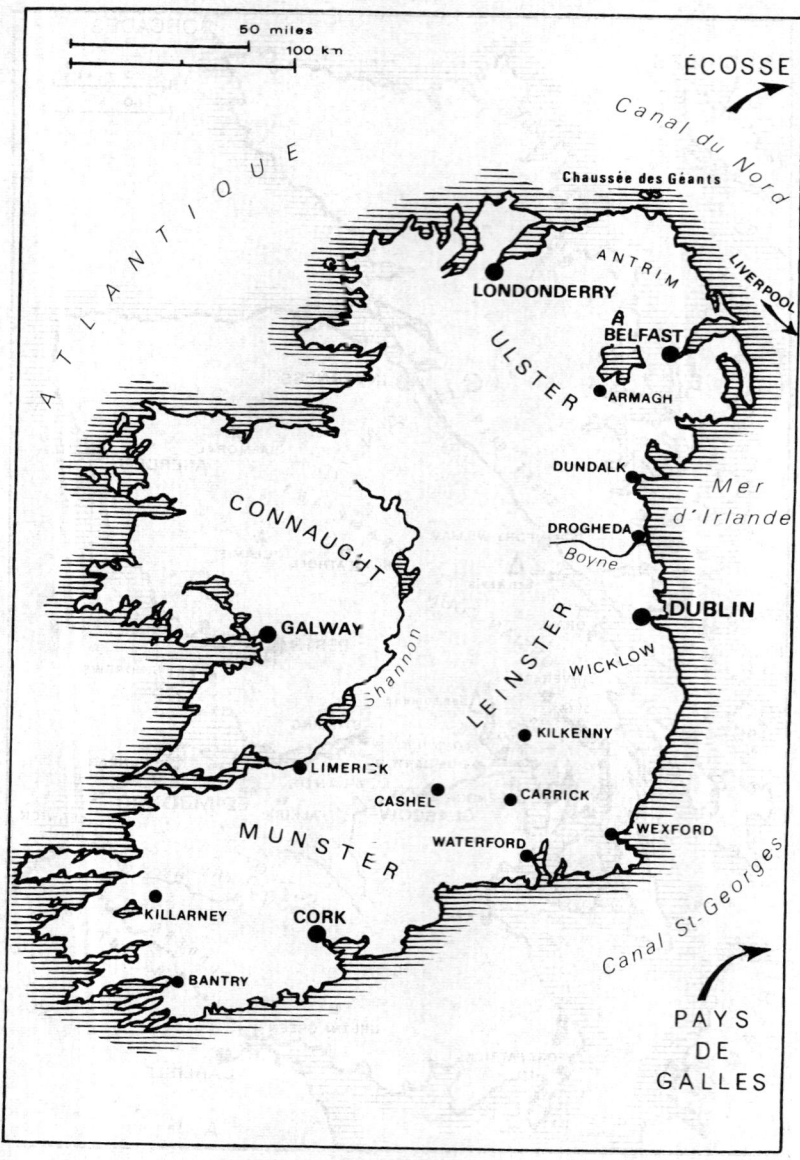

IRLANDE

ANGLETERRE

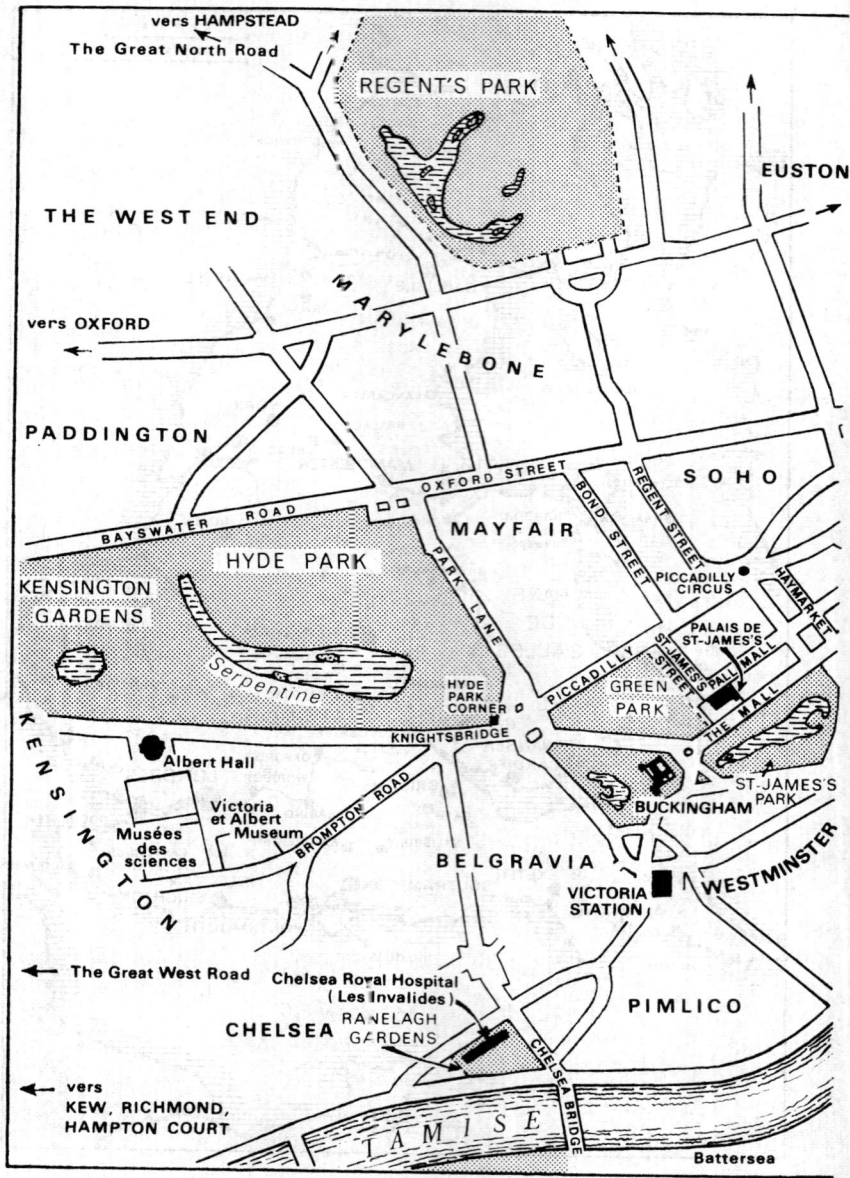

LONDRES A LA FIN

CARTES

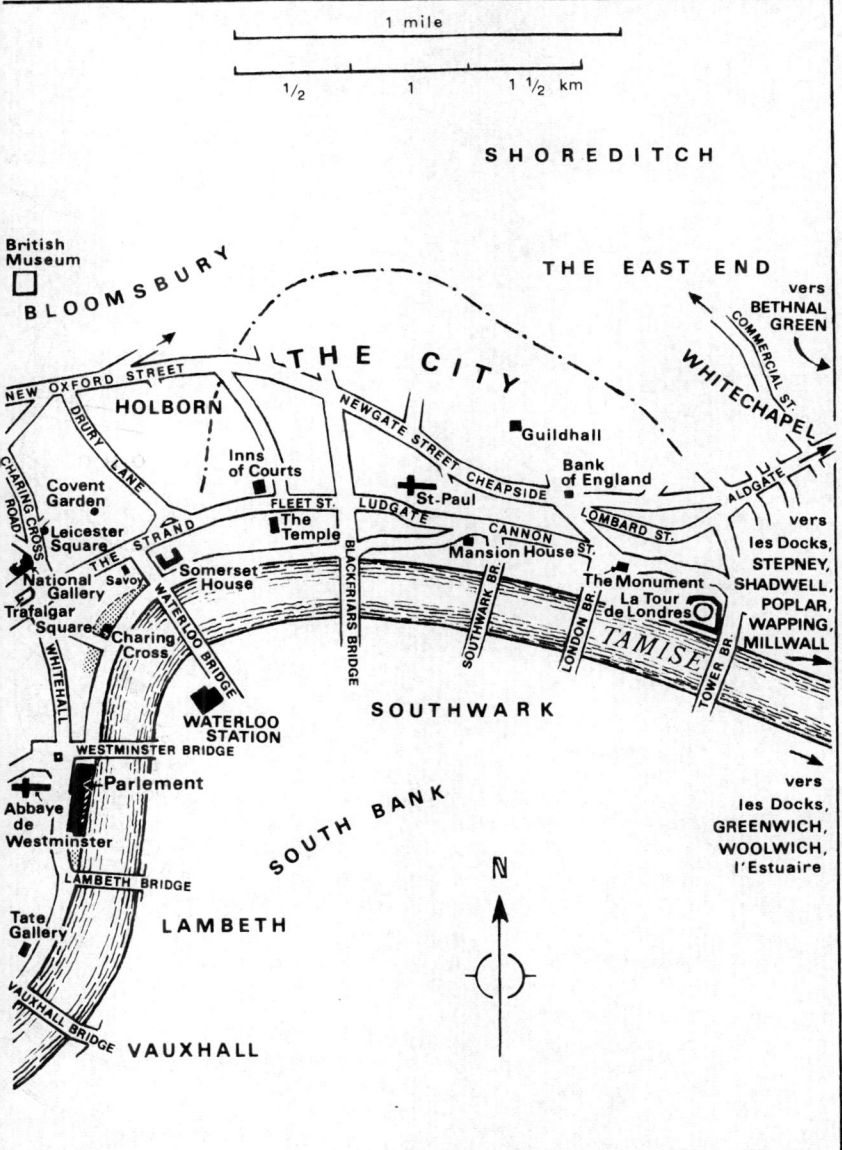

DU XIXᵉ SIÈCLE

Notices biographiques des voyageurs

BARBIER, Auguste (1805-1882). Poète engagé, un voyage en Angleterre lui inspire en 1837 *Lazare*, recueil de dix-neuf pièces dénonçant vigoureusement la misère du peuple anglais. Cette satire en vers connut un grand retentissement et fut très diffusée.

BARDOUX, Jacques (1874-1959). Après des études à Oxford (*Souvenirs d'Oxford*, 1898) et une thèse sur John Ruskin (1900), Jacques Bardoux, séduit par le modèle anglais, devint un expert de la vie politique, sociale et intellectuelle de la Grande-Bretagne. On lui doit plusieurs ouvrages, dont un *Essai d'une psychologie de l'Angleterre contemporaine*. Il rapporta d'un voyage en 1911, à l'occasion du couronnement de George V, des croquis du Sud-Ouest négligé des visiteurs français.

BERLIOZ, Hector (1803-1869). On sait tout ce que le musicien devait à Shakespeare et au domaine anglais. Il se rendit plusieurs fois à Londres, en particulier en 1851, pour l'Exposition.

BLANC, Louis (1811-1882). Fervent républicain, l'historien et homme politique vécut en exil en Angleterre de 1848 à 1870, et adressa à la presse des articles qui furent réunis en 1867, et offrent un précieux témoignage sur la vie politique outre-Manche.

BLANQUI, Jérôme Adolphe (1798-1864). Disciple de Jean-Baptiste Say, il se consacra très tôt à l'économie et jugea indispensable de voyager et d'observer. Sa visite de la Grande-Bretagne le mena jusqu'au nord de l'Écosse et dans les centres industriels. Il admira autant l'esprit philanthropique des Anglais que leur sens de l'entreprise. On le confond parfois avec son frère cadet Louis, dont la carrière politique fut très agitée.

BOMBELLES, Marc de (1744-1822). Diplomate, le marquis de Bombelles partit pour l'Angleterre au début d'août 1784 et revint pour Noël.

Il parcourut l'Angleterre, l'Écosse et l'Irlande. Sans que l'on puisse parler de mission officielle, il effectua un voyage d'enquête sur la Grande-Bretagne à l'issue de la guerre d'Amérique. Comme il tenait régulièrement son journal, il rapporta de son périple de nombreuses observations sur les sujets les plus divers. Ce document resta longtemps inconnu et fut inédit jusqu'en 1989.

BOURGET, Paul (1852-1935). Ce romancier sensible et délicat, bien oublié ou négligé de nos jours, fut un observateur lucide et perspicace. Il se rendit outre-Manche en 1880, 1884 et 1897, poussant jusqu'en Irlande et en Écosse, et en rapportant ce qu'il appelle un «recueil d'esquisses» et des «croquis d'après nature». Il affirme vouloir mettre en évidence «la grande leçon de santé politique et sociale qui se dégage du monde anglais».

BUZONNIÈRE, Louis-Augustin Nouel de (1797-1876). On lui doit un travail consciencieux correspondant à une exploration sérieuse : *Le Touriste écossais ou itinéraire général de l'Écosse*, précédé de souvenirs d'un *Voyage en Écosse*, Paris, 1830 ; publié à nouveau en 1832 sous ce dernier titre.

CAMBRY, Jacques (1749-1807). Dilettante érudit et celtomane, ce Breton céda à un accès d'anglomanie et séjourna à Londres pendant trois semaines à la fin de l'été 1787. Il visita les plus beaux parcs à l'anglaise proches de la capitale. Son petit volume, anonyme, n'eut aucun écho, en dépit de son enthousiasme.

CAZAMIAN, Louis (1877-1965). Ce professeur de la Sorbonne marqua les études anglaises pendant le premier tiers du XXe siècle et au-delà. Sa magistrale et monumentale *Histoire de la littérature anglaise* (1924), établie en collaboration avec E. Legouis, plusieurs fois rééditée, a longtemps été la bible des universitaires anglicistes.

CHASLES, Philarète (1798-1873). Essayiste fécond et professeur d'une vaste culture et d'une grande curiosité. Il découvrit très tôt la littérature anglaise et l'Angleterre. Ami d'Amédée Pichot, il fournit de nombreuses études à la *Revue Britannique*. Ses souvenirs d'Angleterre réutilisés plusieurs fois semblent souvent relever de l'affabulation. Toutefois, il est certain qu'il séjourna en Angleterre du printemps 1817 à la fin de 1818 et qu'il revint à Londres en 1838 pour le couronnement de la reine Victoria.

CHATEAUBRIAND, François-René de (1768-1848). Le futur ambassadeur de France à Londres fut de ces nombreux émigrés qui vécurent tant bien que mal en exil jusqu'au Consulat. Le séjour de Chateaubriand, de mai 1793 à mai 1800, est évoqué avec beaucoup de flou dans les *Mémoires d'outre-tombe*, et on ne sait pas encore toute la vérité sur les épisodes de cette vie romancée. On en trouve quelques échos de-ci de-là dans son œuvre, mais il faut se contenter des souvenirs de Chateaubriand ambassadeur, retourné à Londres en 1822.

CONSTANT DE REBECQUE, Benjamin (1767-1830). Tôt privé de sa mère, le futur écrivain et homme politique découvrit l'Angleterre en compagnie de son père pendant deux mois en 1780. Puis il fut envoyé par son père à Édimbourg pour parfaire une éducation négligée (juillet 1783-mai 1785); il se fit des amis et des dettes, et son père le rappela sur le continent. De juin à septembre 1787, il séjourna outre-Manche, velléitaire en errance, épuisant rapidement ses ressources, la bienveillance de ses amis britanniques, et l'indulgence de son père. Son *Cahier rouge* fut publié en 1907.

CONTANT D'ORVILLE, André-Guillaume (1730-1800). Un de ces nombreux littérateurs et compilateurs infatigables et universels. On lui doit notamment des *Fastes de la Grande-Bretagne... jusqu'en 1763* (1769), et *Les Nuits angloises, ou recueil des traits singuliers propres à faire connoître le génie et le caractère des Anglois* (1770), dont l'information est essentiellement de seconde main.

COULON, abbé Louis (1605-1664). Historien et géographe assez prolifique, qui publia une série de guides «Le Fidèle Conducteur...» présentant l'Allemagne, l'Espagne, l'Angleterre... Franchit-il jamais la Manche?

COYER, Gabriel-François (1707-1782). Cet ex-jésuite fut un des innombrables «abbés» de la République des Lettres prêts à disserter sur tout avec élégance et science. Il rassembla ses divers écrits sous le titre de *Bagatelles morales* en 1754. Alla-t-il en 1765 en Angleterre? Toujours est-il qu'il publia trente-trois lettres supposées écrites entre avril et août 1777 de Londres, d'Oxford, de Bath et de Bristol, où l'on trouve tout l'enthousiasme de l'anglomanie.

CUSTINE, Astolphe de (1790-1857). Cet aristocrate cultivé, sensible et désabusé, est surtout célèbre pour son voyage en Russie en 1839, mais sa curiosité l'avait déjà poussé sur les routes d'Europe. Il passa l'été 1822 à explorer la Grande-Bretagne, sortant des sentiers battus et refusant préjugés et lieux communs. Il en ramena *Fragments de lettres et mémoires écrits en 1822 pendant un voyage en Angleterre et en Écosse*.

DEFAUCONPRET, Auguste Jean-Baptiste (1767-1843). Ce notaire ruiné se réfugia à Londres en 1815, où il vécut de sa plume pendant plus de vingt ans, traduisant «tout» Walter Scott et Fenimore Cooper, et produisant régulièrement des ouvrages anecdotiques sur Londres qui se vendirent bien et rendirent de grands services à d'autres auteurs besogneux. En plus d'une série de six volumes sur Londres de 1817 à 1824, il fournit, dans la célèbre collection «L'Hermite à...», *L'Hermite à Londres* (1821), *L'Hermite en Écosse* (1825), *L'Hermite en Irlande* (1826).

DEISS, Édouard (1842-1901). Industriel qui voyagea pour mieux connaître l'économie et la société. Il a un regard assez terre à terre, ses remarques sont caustiques et pratiques.

DELACROIX, Eugène (1798-1863). Comme beaucoup de peintres, l'artiste, passionné de littérature anglaise, se laissa tenter par un séjour à Londres en 1825, mais sur lequel son journal est muet et sa correspondance limitée à quelques incidents.

DORÉ, Gustave (1832-1883). Dessinateur de génie, artiste visionnaire, il illustra de ses œuvres, gravées sur bois, poètes et conteurs français et anglais, la Bible et Rabelais, Cervantès et Dante. Réfugié à Londres en 1870-1871, il réalisa près de deux cents compositions, dont beaucoup en pleine page, sur Londres et ses habitants, pour un texte assez banal de Blanchard Jerrold. Il donna au Londres de Dickens des images hallucinantes, grouillant de miséreux dans des décors piranésiens. Les contemporains retinrent surtout les visions dantesques. Une édition française parut en 1876 et les gravures furent «adaptées» pour *La Rue de Londres* de Jules Vallès et une édition illustrée de *Notes sur l'Angleterre* de Taine. Les dessins de Doré connurent une grande diffusion et contribuèrent à renforcer l'image noire de Londres.

DUCOS, Joseph-Basile (1767-1836). Haut fonctionnaire du Trésor sous Louis XVIII, il avait traduit en 1798 deux romans anglais. D'un voyage en Italie, il rapporta *Itinéraire et souvenirs d'Italie 1819-1820*, publié en 1829, et d'un voyage outre-Manche *Itinéraire et souvenirs d'Angleterre et d'Écosse 1814-1826*, publié en 1834.

DUPIN, Charles (1784-1873). Polytechnicien, ingénieur du génie maritime, il fut chargé de plusieurs missions d'enquêtes officielles entre 1816 et 1822. Les parcours sont bien sûr dictés par l'Administration, et il s'agit de recueillir de l'information précise et détaillée, mais cela n'empêche pas l'auteur d'être sensible au pittoresque, qui n'est pas incompatible avec le progrès. Ce gros ouvrage de six volumes illustrés ne fut guère apprécié des autorités françaises, qui le trouvèrent trop anglophile. De fait, Dupin prônait constamment, et à juste titre, l'exemple anglais pour les travaux publics, tout comme pour le commerce et l'administration.

DUTENS, Louis (1730-1812). Protestant français, il s'installa en Angleterre et y réussit une carrière de polygraphe et d'historien. Son érudition et sa connaissance de la société anglaise furent souvent très utiles aux visiteurs français. L'ouvrage cité fut la providence des anglomanes à Londres.

DYSSORD, Jacques (1880-1952). Sous ce pseudonyme, Édouard Moreau de Bellaing fut chroniqueur et critique littéraire, mais aussi poète et historien; il donna des romans à la manière des auteurs en vogue. Son reportage à Londres, dédié à Francis Carco, sous-titré *La misère et l'amour au pays de la Bible et du whisky*, se place dans le sillage de Mac Orlan.

ÉLIE DE BEAUMONT, Jean-Baptiste (1732-1786). Cet avocat normand fut rendu célèbre par sa défense des Calas. Il fut invité en Angleterre, où il séjourna de septembre à novembre 1764. Il fut fait docteur *honoris causa* de l'université d'Oxford et membre de la Royal Society. Son *Journal de voyage* resta inédit jusqu'en 1895 ; il fut publié dans la *Revue Britannique*.

ENAULT, Louis (1824-1900). Publiciste fécond, il séjourna outre-Manche de 1848 à 1851, et tira profit de son exil en allant jusqu'aux Hébrides et en rapportant des descriptions hautes en couleur qu'il utilisa pour un ouvrage illustré par Gavarni.

ESQUIROS, Alphonse (1814-1876). Ce personnage volontiers excessif et marginal se retrouva en exil en Angleterre après le coup d'État du 2 décembre 1851. Il envoya à la *Revue des Deux-Mondes* des séries d'articles très originaux sur l'Angleterre. Il fut l'un des premiers à caractériser types et paysages et à attribuer une influence aux milieux, eux-mêmes dépendant du climat et de la géologie. Taine lui doit beaucoup. Son *Itinéraire descriptif et historique de la Grande-Bretagne et de l'Irlande* fut très apprécié.

FAUJAS DE SAINT-FOND, Barthélemy (1741-1819). Géologue éminent, il fut attiré par les richesses minéralogiques de la Grande-Bretagne, et en particulier de l'Écosse, mises en évidence récemment, notamment les formations volcaniques, les spectaculaires basaltes de Staffa. Il voyagea en savant, bien sûr, s'intéressant à tous les phénomènes naturels, mais il n'était pas indifférent aux hommes et aux mœurs écossais. Le voyage — on pourrait même parler d'expédition — eut lieu d'août à octobre 1784, malheureusement les caisses d'échantillons minéralogiques furent perdues au retour, et le rapport fut rédigé tardivement.

FERRI DE SAINT-CONSTANT, Jean (1755-1830). Ce gentilhomme franco-italien se fit une petite place à Paris dans la République des Lettres avant la Révolution comme honnête compilateur. En 1804, on lui commanda un gros ouvrage destiné à montrer sous un jour défavorable la nation qui redevenait la perfide Albion. Il affirma s'attacher à « peindre les Anglais tels qu'ils sont » en partant du témoignage des Anglais eux-mêmes. Ses quatre gros volumes rassemblent une solide documentation qui est peut-être enrichie d'une expérience personnelle, et qui fut beaucoup pillée par la suite.

FEUILLIDE, Jean-Gabriel de (Jean-Gabriel Cappot ; 1800-1863). Pamphlétaire et journaliste qui s'intéressa à la cause irlandaise.

FOUGERET DE MONTBRON, Louis-Charles (1706-1760). Surtout connu des amateurs de littérature scandaleuse, il écrivit de nombreux pamphlets et opuscules remarquables par leur verve virulente.

GAUTIER, Théophile (1811-1872). Cet écrivain grand voyageur qui parcourut l'Espagne, l'Italie, l'Orient, la Russie, trouva le temps de quelques escapades à Londres, peut-être dès 1836, puis en 1842, 1843, 1846 et 1849 et, comme tout le monde, pour l'Exposition de 1851. Il pouvait difficilement trouver outre-Manche le sujet de tableaux colorés et fastueux, mais il réussit à trousser des évocations spirituelles et vivantes, regroupées dans un recueil de varia.

GOURBILLON, J. A. de (?- ?). On sait fort peu de choses sur ce gentilhomme « vendéen » exilé en Angleterre jusqu'à la Restauration. Il adapta, avec l'aide d'un certain F. W. Dickinson peut-être mythique, un ouvrage anglais prétendûment traduit de l'espagnol et attribué à R. Southey. Les additions avouées par Gourbillon représentent plus du tiers des trois gros volumes publiés à Paris. Cet ouvrage fut pillé par d'autres visiteurs, en particulier Defauconpret.

GROSLEY, Pierre-Jean (1718-1785). Cet avocat champenois fut surtout un polygraphe fécond, autant connu pour ses recueils facétieux que pour son inépuisable érudition. Son voyage en l'Italie fut justement célèbre, et son ouvrage sur Londres et l'Angleterre éclipsa les livres de ses prédécesseurs, fut abondamment pillé par ses successeurs, et connut trois éditions : 1770, 1774 et 1780.

Toutefois, il n'est que le fruit d'un séjour de deux mois au printemps de 1765 d'un homme qui ignorait l'anglais. Mais Grosley eut de bons informateurs et rassembla une importante documentation utilisée avec perspicacité et impartialité. Il concluait : « Je rapporte les choses comme je les ai vues : je rends mes réflexions comme elles se sont formées, simplement, ingénument, franchement ; sans prétention, comme écrivain, d'avoir plus ou mieux vu que ceux qui ont écrit avant moi ou qui écriront après moi sur l'Angleterre ; également éloigné, comme Français, et de toute antipathie nationale et de l'enthousiasme qui ne voit rien de bon, de beau, de grand que sous le ciel britannique. »

GUIZOT, François (1787-1874). En un siècle où beaucoup de personnalités d'envergure s'illustrèrent autant dans les lettres qu'en politique, où beaucoup d'hommes d'État furent aussi de grands universitaires, Guizot est parmi les plus éminents politiciens et historiens. Il avait beaucoup fréquenté les lettres et l'histoire d'Angleterre, il avait même traduit Shakespeare, mais c'est la politique qui l'amena outre-Manche. Envoyé comme ambassadeur, il découvrit Londres le 27 février 1840. Il y resta huit mois et y fut confronté à une crise suscitée par Thiers qui aurait pu déboucher sur la guerre ! Il consacra quelques chapitres de ses Mémoires à son ambassade et à la société anglaise en 1840.

HAUSSEZ, Charles Le Mercher de Longpré, baron d' (1778-1854). Ce hobereau normand se hissa dans l'administration de l'Empire jusqu'à devenir préfet et obtenir le titre de baron. Devenu royaliste en 1815, il finit par se retrouver ministre de la Marine de Charles X à la veille de l'expédition d'Alger. La révolution de Juillet le contraignit à l'exil et lui permit d'explorer la Grande-Bretagne et de publier deux volumes bien documentés.

HÉMON, Louis (1880-1913). Fils rebelle de notables finistériens, il est indûment annexé par le Québec, mais il vécut près de huit ans à Londres (1904-1911), fréquentant les milieux sportifs et s'intéressant aux petites gens. Il rédigea des nouvelles qu'il avait pensé publier sous le titre *De Marble Arch à Whitechapel*, et de courts romans qui ne furent publiés qu'à partir de 1923 dans les *Cahiers verts* de Grasset. Il y a une trame de fiction, mais surtout la peinture d'un monde fréquenté par Hémon, le monde pauvre de l'East End, peuplé de Juifs et d'Irlandais, monde brutal, observé sans complaisance ni paternalisme.

HENNEQUIN, Victor-Antoine (1816-1854). Ce jeune voyageur, qui s'avéra un brillant publiciste défendant les idées fouriéristes et socialistes, fit un voyage d'enquête qui le mena à Manchester et Liverpool puis en Écosse.

HUARD, Charles Adolphe (1874-1965). Illustrateur et humoriste, il collabora à de nombreux périodiques et réalisa une série de beaux volumes, textes et dessins, sur New York, Berlin, Paris, la province et Londres. Pour Londres, cent soixante dessins à la plume présentent types et décors, accompagnés d'un texte très littéraire et très riche. Nous n'hésitons pas à dire qu'il s'agit d'un document plus évocateur et plus fidèle que le *Londres* de Gustave Doré.

HUGO, Victor (1802-1885). On reste perplexe devant le refus de l'écrivain de s'intéresser à la réalité anglaise, voire de prendre le moindre contact avec l'Angleterre. En exil il n'apprit pas l'anglais et se contenta de très brèves escales sur le sol anglais. Certes le proscrit écrivit, pour le tricentenaire du barde de Stratford en 1864, un magistral *Shakespeare* qu'il dédia « à l'Angleterre » en précisant : « Je dis à l'Angleterre sa vérité ; mais comme terre illustre et libre, je l'admire, et comme asile je l'aime. » Mais on perçoit très bien une franche hostilité à l'Angleterre victorienne et même à l'Angleterre de toujours.

HUYSMANS, Joris-Karl (1848-1907). Le romancier naturaliste, voire sulfureux, connut une rédemption tardive. Il créa (à son image ?) le personnage décadent de Des Esseintes. Il n'alla pas outre-Manche mais fut un bon connaisseur des lettres et de l'art anglais de son temps.

KERVIGAN, Aurèle (?- ?). Sous ce pseudonyme, Jean Charpentier, sur lequel on ne sait rien, écrivit deux gros volumes dénonçant le régime britannique. Il est vrai que l'Angleterre de Dickens fournissait de nombreux sujets d'indignation.

LA BÉDOLLIÈRE, Émile Gigault de (1814-1883). Publiciste fécond et apprécié, il collabora aux grands périodiques, en particulier *Le Siècle*, et à de nombreux ouvrages collectifs. Il traduisit Walter Scott et était familier du domaine anglais. On lui doit le texte français du gros ouvrage illustré *Les Anglais peints par eux-mêmes par les sommités littéraires de l'Angleterre* (1840).

Il se rendit à Londres pour l'Exposition universelle de 1851 et prépara pour celle de 1862 un gros ouvrage auquel vingt-quatre planches de Gavarni assurèrent le succès.

LACOSTE (?-?). *Le voyage philosophique en Angleterre fait en 1783 et 1784*, publié anonymement, a été attribué à un certain Lacoste dont on ignore tout. L'auteur est un anglomane enthousiaste, au point de manquer souvent d'esprit critique et de se lancer dans des éloges rhapsodiques. Sa relation de quelques événements, ses descriptions de certains lieux nous permettent d'affirmer qu'il fit effectivement le voyage d'Angleterre.

LALANDE, Jérôme (1732-1807). Astronome et mathématicien prodige, il eut très tôt une réputation internationale et fut invité par toutes les Académies d'Europe. Il se rendit à Londres dès la fin de la guerre de Sept Ans et y séjourna trois mois au printemps de 1763. Son journal de voyage est surtout composé de notes rapides et de faits bruts.

LAMI, Eugène (1800-1890). Très influencé par les maîtres anglais, le peintre a produit d'innombrables dessins, lithographies, aquarelles, évoquant les aspects pittoresques ou grotesques de la France louis-philipparde. En compagnie de Henri Monnier (1799-1877), satiriste et caricaturiste impitoyable, il se rendit outre-Manche pour dessiner types et scènes britanniques pour divers périodiques et albums.

LAPORTE, Joseph de (1713-1779). Encore un de ces ex-jésuites qui compilèrent sur tous les sujets. L'abbé de Laporte écrivit des pensées morales et pieuses, une histoire des théâtres de Paris, des observations sur la littérature moderne, avant de se lancer en 1765 dans une énorme entreprise, « Le Voyageur François », encyclopédie décrivant tous les pays connus, leur histoire, leurs institutions, leurs mœurs, leurs curiosités... Le 42e et dernier volume parut quinze ans après la mort de l'abbé. Fut-il un grand voyageur ? En tout cas, il savait admirablement utiliser la documentation puisée chez ses prédécesseurs pour faire un tout cohérent et convaincant d'emprunts divers, sous forme de lettres supposées rédigées pour la Grande-Bretagne et l'Irlande de juillet 1755 à février 1756.

LA TOCNAYE, Jean-Louis de Bougrenet, comte de (1767-1823). Gentilhomme breton, il émigre à la Révolution, rejoint l'armée des princes, passe en Angleterre à la fin de 1792. Au lieu de rester à se morfondre à Londres comme son compatriote Chateaubriand, il décide de parcourir à pied toute la Grande-Bretagne, avec le plus léger des bagages. Il monte jusqu'en Écosse et redescend sur Londres trois ans plus tard ; il repartira vers l'Irlande, d'où il regagnera Édimbourg ; puis il passera en Scandinavie en 1798, pour rentrer en France en 1802. De comté en comté, d'auberge en château, de ville en village, il découvrit tous les aspects de la société anglaise, écossaise, irlandaise. Il fut l'observateur attentif et amusé de la vie quotidienne, et nota tout, du plus banal au plus insolite, et publia tout... mais malheureusement à Édimbourg, Dublin ou Brunswick, si bien que les Français n'en surent rien, et n'en savent toujours rien, alors que les Anglais traduisirent ses *Promenades* sans tarder.

LE BLANC, Jean-Bernard (1707-1781). Abbé dijonnais qui essaya de se faire un nom parmi les gens de lettres et finit par obtenir la sinécure d'historiographe des Bâtiments du roi. Il rapporta d'un séjour en Angleterre entre 1737 et 1739 des *Lettres d'un François sur les Anglois* qui connurent plusieurs éditions et furent suffisamment perspicaces pour être pillées.

LESCALLIER, Daniel (1743-1822). Commissaire dans la Marine royale, il fut envoyé en mission d'enquête officielle en Angleterre, en Russie et en Suède pour neuf mois en 1775. Son journal, longtemps égaré, fut publié en 1799, revu et corrigé, surtout en fonction des événements récents.

LEVIS, Pierre Marc *Gaston*, duc de (1755-1830). Ce grand seigneur émigra lors de la Révolution et pendant ses huit ans d'exil parcourut toute la Grande-Bretagne, se vantant d'avoir fait plus de douze mille lieues.

MAC ORLAN, Pierre (1882-1970). Pierre Dumarchey connut la bohème à Montmartre et à Montparnasse et dans divers ports d'Europe avant de renoncer à la peinture et à divers expédients et de devenir reporter en 1912. Après 1918, il fit ses vrais débuts littéraires en exploitant ses souvenirs de milieux interlopes, de rencontres avec des filles, des matelots, des légionnaires. Il contribua à créer le mythe des quais et des brumes, des cargos et des bouges, des voyous au grand cœur... Plusieurs reportages en Angleterre, peut-être découverte avant 1914, lui permirent de peindre le Londres canaille et sulfureux facilement opposé au monde sain des sportifs. Il a entretenu, entre les deux guerres et même après la guerre, la nostalgie d'un Londres des mystères. En 1928 il donna le texte d'un bel album de vingt et une eauxfortes du peintre Charles Laborde (1886-1941) *Rues et visages de Londres*.

MALOT, Hector (1830-1907). Il devait faire pleurer avec *Sans famille* et émouvoir à raison de deux romans par an, mais il tâta aussi du journalisme et se rendit en Angleterre pour l'Exposition de 1862. Son tableau de Londres a quelques pages originales.

MANDAT-GRANCEY, François-Edmond Galiot, baron de (?-?). D'abord officier de marine sous le second Empire (il servit comme enseigne sur l'*Averne* pendant l'été 1865, avec escale à Aberdeen) puis globe-trotter, cet aristocrate bourguignon fréquenta la haute société et les grands propriétaires terriens, mais en faisant preuve d'un humour tout britannique et d'un solide sens des réalités bien français, s'intéressant autant à l'agronomie qu'à la vénerie.

MAUROIS, André (Émile Wilhelm HERZOG, dit; 1885-1961). Il éprouva très tôt un vif intérêt pour le domaine britannique et ses connaissances en anglais en firent un officier de liaison auprès des états-majors alliés de 1914 à 1918. Expérience d'où naquirent *Les Silences du colonel Bramble*, et qui déboucha sur une carrière littéraire double : le roman et l'histoire, faisant de la biographie un grand genre littéraire, avec en particulier *Ariel ou la vie de Shelley* (1923), la *Vie de Disraeli* (1927), *Byron* (1930). Il écrivit une *Histoire d'Angleterre* en 1937 et plusieurs petits ouvrages sur la vie anglaise... Ses *Conseils à un jeune Français partant pour l'Angleterre* (1938) témoignent de sa connaissance approfondie de la société britannique et de sa sympathie pour les Anglais et l'Angleterre. Il a sûrement contribué à une meilleure compréhension de la Grande-Bretagne, mais il a aussi favorisé le mythe d'une nation tout entière respectueuse des valeurs ancestrales et des traditions. Il a imaginé une Angleterre d'âge d'or dont nous restons nostalgiques.

MERCIER, Louis-Sébastien (1740-1814). Il fut l'enfant terrible de la République des Lettres, qui n'était pas prête à accepter ses théories hétérodoxes et son génie novateur. Sans être anglomane, il prônait l'exemple anglais au moins pour les lettres et l'art dramatique. On a édité récemment un ouvrage daté de 1780, mais on n'est pas sûr qu'il corresponde à un voyage à Londres.

MÉRIMÉE, Prosper (1803-1870). L'écrivain apprit l'anglais tout jeune dans une famille où régnait l'anglomanie. Il fut très vite familier de la littérature anglaise de Shakespeare à Byron et fréquenta les milieux anglais de Paris. Il alla à Londres dès 1826 et se rendit fréquemment outre-Manche en été. Ses *Lettres à une inconnue* contiennent des impressions de voyage en Grande-Bretagne entre 1850 et 1865. On regrette qu'un homme si spirituel et si lucide ne nous ait pas laissé de notes sur l'Angleterre !

MÉRY, Joseph (1798-1867). Cet intrépide polémiste se crut aussi poète épique et satirique. Frondeur bonapartiste et anticlérical sous la Restauration, il se consacra ensuite à l'essai, au roman, à la nouvelle, voire au récit de voyage, volontiers exotique. Passa-t-il en Angleterre ? Il écrivit un spirituel recueil de nouvelles, peut-être inspiré par la réalité autant que par les lectures.

MICHELET, Jules (1798-1874). L'historien, passionné par la recherche du passé dans les archives, fut aussi un grand voyageur en quête de documents. Du 5 août au 5 septembre 1834, il réussit à voir Londres, Oxford, Birmingham, Dublin, Belfast, Glasgow, Édimbourg, Newcastle, York,

Liverpool, Manchester..., rencontrant des érudits et des historiens et enquêtant sur les dépôts d'archives. Il consigna ses impressions dans son *Journal*, publié en 1959 par Paul Viallaneix. En 1893, sa veuve publia *Sur les chemins de l'Europe* (Grande-Bretagne, p. 1 à 190) d'après les relations de ce *Journal*.

MIÈGE, Guy (? - ?). Français, peut-être huguenot, installé à Londres sous le règne de Charles II, auquel on doit des grammaires, des dictionnaires et des ouvrages d'histoire et de géographie, tant en anglais qu'en français.

MIRECOURT, Eugène de (1812-1880). Charles Jacquot, roturier lorrain, choisit ce pseudonyme aristocratique qui allait si bien avec ses opinions ultramontaines et réactionnaires. Il donna beaucoup dans le roman historique. Il profita de l'Exposition universelle de 1862 pour produire un petit ouvrage franchement anglophobe, présentant Londres comme la capitale de la misère, de la débauche et de l'hypocrisie.

MISSON, François-Maximilien (v. 1650-1722). Protestant, conseiller au parlement de Paris, il se réfugia en Hollande puis en Angleterre à la révocation de l'édit de Nantes. Il laissa un *Nouveau voyage d'Italie* qui eut un grand succès, et un ouvrage sur l'Angleterre après les Stuarts qui renouvelait beaucoup les connaissances des continentaux sur la société d'outre-Manche. Ce type d'ouvrage plus encyclopédique que relation de voyage sera imité jusqu'au XIXe siècle.

MONTALEMBERT, Charles Forbes de Tryon, comte de (1810-1870). Né à Londres d'une mère écossaise et d'un exilé français, élevé et éduqué en Angleterre, futur pair de France, il aurait pu être le parfait intermédiaire entre les deux pays. On sait que, catholique et libéral, il soutint Lamennais aussi loin qu'il le put, et défendit de grandes causes. En 1830, il se rendit outre-Manche, en particulier en Irlande pour rencontrer O'Connell et les grands propriétaires fonciers — voir son *Journal (1822-1833)*. Il fut un perspicace observateur de l'actualité politique d'une Angleterre ébranlée par de grandes crises.

MONTESQUIEU, Charles de Secondat, baron de La Brède et de (1689-17??). Élu à l'Académie française en 1728 après le succès des *Lettres persanes*, le moraliste et philosophe se démit de sa charge de président à mortier au parlement de Bordeaux et put voyager à travers l'Europe. Il séjourna en Angleterre d'octobre 1729 à l'été 1731. Malheureusement presque toutes ses notes sur cette période furent détruites. Peut-être ne voulut-il pas rivaliser avec Voltaire ? Des fragments sur l'Angleterre parurent dans ses œuvres posthumes.

MONTULÉ, Édouard de (?-?). On ne sait rien sur ce voyageur, si ce n'est qu'il alla, assez jeune, en Amérique, en Sicile et en Égypte de 1816 à

1819. Son voyage outre-Manche l'emmena jusqu'en Écosse et en Irlande. Sa relation évite les lieux communs et les préjugés, fait preuve d'un certain sens de l'humour et d'une sensibilité romantique.

MORAND, Paul (1888-1976). Après une année d'étude à Oxford, il débuta une belle carrière comme attaché à Londres en 1913. Il sera un grand voyageur moins comme diplomate d'ailleurs que comme homme de lettres, parfaitement cosmopolite et entièrement français. Ce globe-trotter, comme on disait vers 1920, aimait les permanences et les fidélités. En 1933, Morand écrivit un *Londres* après avoir écrit un *New York* en 1929. Il insistait sur la pérennité des institutions et des mœurs. L'Angleterre le séduisait par la survie des traditions aristocratiques et la vitalité de sa haute société, et parce qu'on pouvait y fréquenter la pègre aussi bien que le beau monde. En 1962, il rédigea un *Nouveau Londres*.

MURALT, Béat-Louis de (1665-1742). Ce Bernois de bonne famille étudia à Genève, servit à Versailles, et séjourna en Angleterre en 1693 et 1694. Il fut le premier observateur de l'Angleterre sous son nouveau régime, joignant l'impartialité et la perspicacité au flegme et à la neutralité helvétiques. Ses six *Lettres sur les Anglais* furent connues et appréciées de nombreux voyageurs outre-Manche, y compris Voltaire, car elles circulèrent en manuscrits avant leur publication en 1726.

NERVAL, Gérard de (Gérard Labrunie, dit; 1808-1855). Le poète fit plusieurs escapades en Angleterre, peut-être dès 1836, en août 1845, et sans doute en mai-juin 1849. Il n'en resta que deux articles dans *La Presse* en 1846 (*cf.* Œuvres complètes, la Pléiade, vol. II).

NISARD, Désiré (1806-1888). Critique littéraire et historien, il voyagea pour enquêter sur les questions sociales. Il se rendit en Angleterre en 1837 et en 1850. Il en ramena *Les classes moyennes en Angleterre et la bourgeoisie en France* (1850).

NODIER, Charles (1780-1844). Sa curiosité et son érudition amenèrent l'écrivain à tout aborder, mais il manifesta très tôt un vif intérêt pour le domaine anglais. En été 1821, il se rendit en Grande-Bretagne accompagné du peintre Isabey et du baron Taylor. Son but était l'Écosse, où il cherchait les sites d'Ossian et de Walter Scott. Il porta un regard très original et un peu myope sur les paysages et sur les hommes.

O'RELL, Max (Paul Blouët, dit; 1848-1904). Professeur, ancien officier de cavalerie, qui se fixa en Angleterre en 1873. Il y rédigea une série de livres : *John Bull et son île* (1883), *Les Filles de John Bull* (1884), *Ces chers voisins* (1885), *L'Ami Mac Donald* (1887), *La Maison de John Bull et Cie* (1894) dans la tradition sarcastique, qui plaît toujours en France, mais que même les Anglais apprécièrent pour leur humour.

PAIN, Joseph-Marie (1773-1830). A ce polygraphe besogneux, auteur de comédies et de vaudevilles, on a attribué, avec assez de vraisemblance, les *Nouveaux tableaux de Paris*, où l'on trouve le récit d'un tour pendable joué à un bas-Breton anglomane et candide.

PAVILLON, Étienne (1632-1705). Cet aimable bel esprit courtisan, qui séjourna à Londres vers 1670, n'a laissé que de minces épîtres, des pièces de circonstance, des compliments, des poésies fugitives, qui lui ouvrirent néanmoins les portes de l'Académie française en 1691. Toute son œuvre fut réunie en deux minces in-12, publiés en 1715, réédités en 1720 et 1747.

PICHOT, Amédée (1796-1877). Médecin, il renonça bientôt à son art pour les lettres. Dès 1821 il commentait l'œuvre de Walter Scott, et il consacra presque toute sa vie aux lettres anglaises, traduisant Shakespeare, Byron, dirigeant la *Revue Britannique*, écrivant sur l'histoire de l'Angleterre, rédigeant des textes pour des albums de gravures anglaises... Il s'était rendu en Angleterre dès 1822, il alla en Irlande en 1847, et en rapporta de gros ouvrages bien documentés qui furent abondamment exploités par d'autres voyageurs.

PILLET, René-Martin (1762-1816). Officier, prisonnier de guerre dans des conditions rigoureuses, il ne pardonna jamais aux Anglais sa captivité et celle de ses camarades, et son regard est le plus souvent négatif et hostile. Rien n'échappe à sa réprobation, et il multiplie les exemples de dépravation, de persécution, d'arbitraire et d'injustice dont il a été témoin. Cette longue diatribe rencontra évidemment un certain succès et fut souvent citée comme faisant autorité, bien que dénoncée comme un tissu de calomnies par d'autres anciens prisonniers.

PRÉVOST d'Exiles, Antoine-François (1697-1763). La vie de l'abbé Prévost fut digne d'un roman, et d'ailleurs ses romans semblent souvent autobiographiques. Il fut un bénédictin assez peu conventionnel et finit par s'enfuir. Il passa en Angleterre en octobre 1728 et tenta d'y vivre de sa plume et de ses talents. Il devint très familier des lettres anglaises. C'est en Angleterre qu'il acheva les *Mémoires d'un homme de qualité*, parus en 1731, dont quelques épisodes (tome V) sont supposés se dérouler à Londres en 1716, et ces pages comportent des témoignages de l'expérience de Prévost outre-Manche et de l'engouement de l'auteur pour la société anglaise. Il rentra en France en 1734 et se réconcilia avec l'Église. Il poursuivit inlassablement ses activités littéraires, publiant *Le Pour et le Contre* (1733-1740), où la littérature anglaise était souvent à l'honneur, et traduisit les épais romans de Richardson.

PRÉVOST Jean-Joseph (?-?). Collaborateur de la *Revue Britannique*, il se serait rendu en Irlande en compagnie de Montalembert. Sa relation fut d'abord publiée sous le titre *L'Irlande au XIXe siècle*, avec une introduction du baron Taylor, en 1845, puis en 1846 sous le titre *Un tour en Irlande*, sous le pseudonyme de comte Joseph d'Avèze.

RÉMUSAT, Charles de (1797-1875). Homme politique, écrivain, philosophe, il se vit contraint à l'exil en 1852, s'installa en Angleterre et se consacra à l'étude de l'histoire, de la pensée et de la religion en Angleterre. Il publia un ouvrage documentaire légèrement déguisé en roman.

ROLAND de la Platière, Madame (1754-1793). Manon Phlipon, qui épousa en 1788 M. Roland de la Platière, passa un mois à Londres en juillet 1784. La relation de ce voyage fut conservée et publiée en l'an VIII (*cf.* Œuvres complètes, vol. III).

ROUSSEAU, Jean-Jacques (1712-1778). Tout aurait dû rendre agréable le séjour outre-Manche du philosophe, malheureusement divers malentendus firent de l'expérience un désastre. Des quinze mois passés en Angleterre de janvier 1766 à mai 1767, il ne reste presque rien. On ne peut que regretter ce rendez-vous manqué avec les Anglais, qui admiraient tant J.-J. Rousseau.

SAINT-AMANT, Marc-Antoine Girard, sieur de (1594-1661). Voyageur, marin, soldat, homme de lettres mais aussi homme de cour, pittoresque personnage et membre de l'Académie française, il rapporta d'une « mission diplomatique » en Angleterre en 1631 le poème burlesque *Albion*, publié en 1644.

SAINT-THOMAS, H. (?-?). On ne sait pas qui se cache derrière ce patronyme ou ce pseudonyme, attribué à un seul ouvrage, écrit à une époque où les succès de Charles Parnell et de sa Ligue nationale irlandaise attiraient les regards sur l'Irlande

SAUSSURE, César de (1705-1783). Jeune homme de bonne famille de Lausanne, il partit pour l'Angleterre en 1725, où il resta quatre ans avant de gagner Istambul comme premier secrétaire de l'ambassade de Grande-Bretagne. Il rentra en Suisse en 1736, puis repartit pour Paris et Londres, d'où il revint en 1740 Ses notes de voyages furent mises au net en 1742. Voltaire les lut et les apprécia en 1756. Le manuscrit définitif de 1765 ne fut publié qu'au début du XXe siècle. Ce témoignage complète heureusement celui de B. de Muralt.

SAUVAN J. B. B. (?-?). On attribue à Sauvan, polygraphe et chroniqueur du XIXe siècle, le *Diorama anglais ou Promenades pittoresques à Londres*, illustré par le caricaturiste anglais Cruikshank, publié à Paris en 1823, et qui serait une adaptation très libre d'une satire anglaise contemporaine.

SAY, Jean-Baptiste (1767-1832). Cofondateur de la *Décade philosophique et politique*, il s'illustra dans l'économie politique, dont il fut l'un des pionniers et des premiers professeurs. Il tint à aller en Angleterre dès 1815, pour étudier la situation industrielle et commerciale. L'ouvrage est technique, mais comporte d'intéressants aperçus sur la société.

SERGE (né en 1901). Sous ce pseudonyme, Maurice Féaudierre, grand voyageur et reporter, fut, entre les deux guerres mondiales, une figure de la société parisienne qu'il représenta dans des revues illustrées et dans des albums écrits et dessinés par lui, surtout consacrés au monde cosmopolite du cirque et du spectacle. Sa visite au Londres de 1945 est surtout une quête du Londres d'avant-guerre.

SIMOND, Louis (1767-1831). Négociant lyonnais ayant vécu vingt-deux ans aux États-Unis et époux d'une Anglaise, il débarqua à Falmouth à Noël 1809 et parcourut toute l'Angleterre, découvrit le pays de Galles et alla jusqu'à Édimbourg. Il s'embarqua à Liverpool en septembre 1811, alors que les relations diplomatiques allaient être rompues entre les États-Unis et la Grande-Bretagne.

Il raconte surtout un voyage pittoresque, fait par un homme cultivé qui sait analyser les beautés des parcs et des sites, apprécier les antiquités, disserter sur la géologie. Ce «Tour» d'Angleterre, dans la tradition du XVIIIe siècle, fut publié à Paris dans la version française de l'auteur, mais connut une diffusion limitée malgré son intérêt et ses planches.

SIMONIN, Louis-Laurent (1830-1886). Ingénieur qui entreprit un voyage d'enquête en 1879, qui comporte des aspects anecdotiques intéressants.

STAËL-HOLSTEIN, Auguste-Louis de (1790-1827). Le fils de Mme de Staël, esprit curieux, cultivé et généreux, voyageur lucide, mourut prématurément. Ses œuvres furent réunies et publiées en 1829; on y trouve les *Lettres sur l'Angleterre*, déjà éditées en 1825.

STENDHAL. (Henri BEYLE, dit; 1783-1842). Tout jeune, l'écrivain découvrit Shakespeare. Dès 1802, il apprit l'anglais, qu'il lut couramment. Il fréquenta beaucoup d'Anglais en Italie et à Paris, où il fit partie des milieux anglophiles, et il collabora à des revues anglaises. Il se rendit outre-Manche pendant l'été de 1817, puis six semaines d'octobre à décembre 1821, puis trois mois pendant l'été de 1826, remontant jusqu'à Manchester, le pays des Lacs et York. Son dernier voyage fut effectué en 1838. Paradoxalement, Stendhal ne consacra aucun ouvrage à l'Angleterre, et c'est dans ses œuvres sur l'Italie qu'on en trouve des échos, mais avec des inexactitudes voulues pour les dates et les lieux. Il faut donc feuilleter *Rome, Naples et Florence*, *Promenades dans Rome*, *De l'amour*, *De l'Italie*, *Souvenirs d'égotisme* (*cf.* Œuvres intimes, la Pléiade).

SUARÈS, André (1868-1948). Un attrait pour le monde celtique et une bonne connaissance des lettres anglaises prédisposaient peut-être le penseur et esthète à écrire, en 1916, un hommage émouvant et candide à l'Angleterre, fidèle alliée de la France.

TAINE, Hippolyte (1828-1893). L'historien et critique avait abordé tout jeune la langue et la littérature anglaises, mais il faut souligner que sa connaissance du monde britannique resta essentiellement livresque et que sa pratique de la langue parlée fut bien limitée. Ses séjours outre-Manche furent très restreints : six semaines en 1860, Londres-Oxford-Manchester-Écosse ; quinze jours en 1862, quinze jours en 1871. C'est avec ce bagage qu'il écrivit en 1871 *Notes sur l'Angleterre*, qui connurent plusieurs rééditions. Toutefois, on peut se demander si *English Traits* (1856, trad. fran. 1922) du penseur américain Ralph Waldo Emerson n'eurent pas une influence séminale sur Taine et ne contribuèrent pas à la genèse et à l'élaboration des *Notes sur l'Angleterre*.

Comme Taine était déjà connu pour une magistrale *Histoire de la littérature anglaise* (1863, complétée en 1869), son travail fit autorité, d'autant qu'il était écrit dans une langue limpide et qu'il se présentait comme une démonstration cohérente et bien illustrée.

Taine partait d'a priori simples sur les mœurs et les milieux, de théories « scientifiques » sur les races et sur les types, et pensait recueillir des observations sur les hommes et la société prouvant ses hypothèses. Enfin, on avait une présentation rationnelle de la société anglaise, permettant de comprendre et d'admettre la supériorité de nos voisins, du moins en tant que nation. Comme il avait, de surcroît, le sens de la formule et de l'image, du détail et du tableau, les lecteurs furent séduits et ses Anglais furent les Anglais des Français pour plus de deux générations. Notons que, si Taine jeta un regard rapide et parfois myope sur l'Angleterre, sa connaissance approfondie des lettres et de la pensée anglaises contemporaines lui permit des analyses bien plus pertinentes que de longues « promenades en Angleterre ».

TEXIER, Edmond (1817-1887). Publiciste prolixe, collaborateur du *Siècle*, il se vantait d'en être à son troisième voyage outre-Manche à l'occasion de l'Exposition de 1851, et de bien connaître Londres. Il n'empêche qu'il doit beaucoup à Flora Tristan, pillée sans vergogne, mais avec beaucoup d'habileté.

TOCQUEVILLE, Alexis de (1805-1859). L'historien et essayiste est connu pour un ouvrage sur la *Démocratie en Amérique*, et son enquête outre-Atlantique en 1831-1832 sur le système pénitentiaire, mais il se rendit aussi outre-Manche en août et septembre 1833, et de mai à août 1835, avec un voyage en Irlande. Ses notes ne furent publiées que récemment (*cf.* Œuvres complètes, NRF, Gallimard, tome V).

TRABAUD, Pierre (?- ?). Érudit et « antiquaire » marseillais du XIXe siècle qui voyagea beaucoup, avec curiosité et sans prétention ni préjugés. Son parcours l'amena aussi bien dans le monde industriel que sur les landes, avec un détour par l'Irlande.

TRISTAN, Flora (1803-1844). Dans une époque qui compte pourtant des femmes d'exception, Flora Tristan, au destin tragique de *paria*, offre une figure inoubliable. Héroïne de la cause féministe et socialiste, elle dénonça avec beaucoup de virulence l'oppression écrasant les classes laborieuses. En Angleterre, la situation faisait scandale plus qu'ailleurs. Flora Tristan, qui avait vécu à Londres en 1826, y retourna en 1831 et 1835, et enquêta en Angleterre de mai à août 1839. Il en sortit un livre véhément et passionné, exposant faits et chiffres. La misère du prolétariat anglais tout comme l'insolente opulence de l'aristocratie étaient bien connues grâce aux nombreux rapports des réformateurs, mais il y avait dans la colère et la compassion de Flora Tristan une vigueur qui souleva les lecteurs français.

VALLÈS, Jules (1832-1885). Virulent journaliste d'opposition sous Napoléon III, condamné à mort par contumace comme communard, Vallès dut s'exiler et, en automne 1871, gagna Londres qu'il avait déjà connu en 1865. Il vécut en Angleterre dans une semi-clandestinité, sous divers noms d'emprunt, à diverses adresses, subsistant grâce à des articles adressés à la presse de gauche parisienne. Il devra attendre juillet 1880 pour bénéficier d'une amnistie totale et rentrer à Paris.

Il avait écrit pour *L'Événement* trente chroniques, parues d'août 1876 à mai 1877. Ces pages revues et complétées formèrent le livre *La Rue à Londres* (1884). Comme tous les écrits de proscrits révoltés, c'est un ouvrage amer, injuste, ruisselant de vitriol, dénigrant tout ce qui est anglais, au profit d'une France populaire idéale.

VERLAINE, Paul (1844-1896). Lieu d'escapade, de fugue, de refuge, l'Angleterre accueillit le poète en 1872, 1875-1877 et 1879-1880. Comme beaucoup de Français réfugiés outre-Manche, Verlaine enseigna avec plus ou moins de succès, à Boston, Bournemouth, Lymington... Plus tard, en 1893, il fut invité à donner des conférences à Londres et à Oxford. Il reste de ces séjours quelques notes, des croquis et des esquisses poétiques, parfois bien prosaïques, parfois visionnaires.

VOLTAIRE (François-Marie Arouet, dit; 1694-1778). L'écrivain et philosophe fut très tôt séduit par l'Angleterre, qui semblait offrir un modèle politique, social, culturel. Il avait fréquenté les Anglais de Paris, correspondu avec des hommes de lettres anglais, lu les poètes et les philosophes anglais. Lorsqu'il doit s'exiler en mai 1726, il est normal qu'il prenne la route de Calais. A Londres, il est accueilli par la haute société, présenté au roi, reçu dans les châteaux. Dès la fin de 1726, il songe à écrire quelque chose sur les Anglais. Il maîtrise bientôt suffisamment la langue, non seulement pour se faire comprendre, mais pour rédiger directement. Pendant l'année 1728, avant son retour à Paris en novembre, il compose l'essentiel des *Lettres anglaises*. Mais il faudra attendre 1731 avant que Voltaire mette au point ses notes. En 1733, deux versions sont prêtes, l'une en anglais, l'autre en français, et elles sont publiées en août 1733 à Londres et en avril 1734 en

France. Mais la lettre qui aurait servi d'introduction fut omise, il faudra attendre l'édition de Kehl en 1784 (vol. XLIX).

WALSH de Serrant, Joseph-Alexis, vicomte (1782-1860). Cet aristocrate angevin, d'origine jacobite irlandaise, avait émigré en Angleterre de 1793 à 1802. Il retourna outre-Manche en 1829, allant de château en château, remontant jusqu'à York et Chester. Défenseur de la monarchie légitime et de la religion, il écrivit les *Lettres vendéennes* (1825) et le *Tableau poétique des fêtes chrétiennes* (1836), dans le goût de Chateaubriand.

Sa relation de voyage est celle d'un grand seigneur, sensible à l'histoire évoquée par les hauts lieux, nostalgique du passé, et malgré lui inquiet pour l'avenir.

WEY, Francis (1812-1882). Disciple de Nodier, et comme lui aimable conteur et érudit disert, amateur de lettres anglaises. Il passa quelques semaines à Londres en 1850, poussant jusqu'à Oxford et Warwick, et il en tira un petit volume, anecdotique et pittoresque, dans le goût de Th. Gautier. En 1859, il publia une intéressante étude, *Londres il y a cent ans*, reprise sous le titre *Hogarth et ses amis, ou Londres au siècle passé* (1877), comme complément à son récit de voyage.

ZOLA, Émile (1840-1902). En publiant son «J'accuse», l'écrivain ne se doutait pas que, dénonçant un scandale, il ouvrait une crise qui diviserait la société française et qui affecterait le reste de sa propre existence. Le 18 juillet 1898, il dut fuir la France pour Londres, et il alla vivre très discrètement à Weybridge-Walton, puis à Upper Norwood, dans la banlieue bourgeoise et verte, ignorant tout de l'anglais, contraint à une semi-clandestinité, et ne manifestant aucune curiosité pour le monde britannique. Il rentra à Paris le 5 juin 1899. Sur son séjour il ne laissa que quelques pages dans son journal et quelques clichés dans son album de photographies (*Zola photographe*, Denoël, Paris, 1979).

Chronologie

TROIS SIÈCLES D'HISTOIRE OUTRE-MANCHE ET DE RELATIONS FRANCO-BRITANNIQUES

1625 : avènement de Charles Ier, qui épouse Henriette de France, sœur de Louis XIII.
1642 : début de la guerre civile en Angleterre.
1643 : mort de Louis XIII, régence d'Anne d'Autriche.
1649 : exécution de Charles Ier. Campagne de Cromwell en Irlande.
1650 : introduction du thé en Angleterre.
1653 : protectorat de Cromwell.
1658 : mort de Cromwell.
1660 : restauration de la monarchie, retour de Charles II.
1661 : ouverture à Londres des Vauxhall Gardens.
1662 : ouverture à Londres du théâtre de Drury Lane.
1665 : grande Peste de Londres.
1666 : grand Incendie de Londres.
1669 : limitation des droits des protestants en France.
1670 : traité secret entre Charles II et son cousin Louis XIV. Louise de Kéroualle devient la maîtresse de Charles II.
1685 : mort de Charles II, avènement de son frère, Jacques II. Révocation de l'édit de Nantes.
1688 : Guillaume d'Orange chasse son beau-père, Jacques II, qui se réfugie en France ; avènement de Guillaume III et Marie II.
1690 : victoire de la Boyne, qui consacre la domination orangiste en Angleterre et en Irlande.
1692 : ouverture du café de Lloyd's.
1694 : mort de Marie II. Fondation de la Banque d'Angleterre.
1695 : le palais de Saint-James devient résidence officielle de la cour d'Angleterre.
1696 : création des Lloyd's *News*.
1701 : mort de Jacques II au château de Saint-Germain-en-Laye.

1702 : mort de Guillaume III ; avènement de sa belle-sœur, Anne Stuart.
1704 : prise de Gibraltar ; victoire de Marlborough à Blenheim (Hochstaett).
1705 : « Penal Laws » en Irlande, réduisant les catholiques à l'hilotisme.
1707 : union de l'Angleterre et de l'Écosse en Royaume-Uni de Grande-Bretagne.
1710 : achèvement de la cathédrale Saint-Paul de Londres.
1711 : fondation du *Spectator*.
1713 : traité d'Utrecht, qui clôt la guerre de Succession d'Espagne et consacre l'abaissement de la France.
1714 : mort de la reine Anne ; avènement de George Ier, roi de Hanovre.
1715 : échec de la tentative de restauration des Stuarts. Mort de Louis XIV, avènement de Louis XV, régence du duc d'Orléans.
1717 : alliance France - Grande-Bretagne - Pays-Bas contre l'Espagne.
1719 : Daniel Defoe publie *Robinson Crusoe* (trad. fran. 1720).
1721 : Robert Walpole devient Premier ministre ; il gardera le pouvoir jusqu'en 1742. Ouverture à Londres du King's Theatre, qui deviendra le théâtre de Haymarket. Premières courses à Ascot.
1726 : Voltaire arrive à Londres. Jonathan Swift publie *Gulliver's Travels* (trad. fran. 1727).
1727 : mort de George Ier ; avènement de son fils, George II.
1728 : l'abbé Prévost s'installe à Londres.
1729 : Montesquieu arrive en Angleterre. Première traduction française du *Paradise Lost* de Milton
1730 : James Thomson publie *The Seasons* (trad. fran. 1759).
1731 : ouverture de la salle de Covent Garden.
1733 : ouverture des jardins de plaisir du Ranelagh à Londres.
1734 : Voltaire publie ses *Lettres philosophiques* ou *Lettres anglaises*.
1737 : fermeture de tous les théâtres de Londres sauf trois.
1739 : prédication de John Wesley, fondateur du méthodisme.
1740 : Samuel Richardson publie *Pamela* (trad. fran. 1745).
1742 : Edward Young publie *Night Thoughts* (trad. fran. 1769). Georg Friedrich Haendel crée *The Messiah* [*Le Messie*] à Dublin.
1744 : guerre de Succession d'Autriche, dans laquelle s'affrontent la France et l'Angleterre sur le continent et outre-mer.
1745 : tentative de restauration des Stuarts. Victoire française de Fontenoy. Traduction partielle du théâtre de Shakespeare par A. de La Place.
1746 : défaite à Culloden de Charles-Édouard Stuart, prétendant jacobite.
1749 : Henry Fielding publie *Tom Jones* (trad. fran. 1750).
1750 : achèvement de Westminster Bridge. Premier Jockey Club.
1751 : visite à Paris du grand acteur shakespearien David Garrick.
1752 : adoption du calendrier grégorien en Grande-Bretagne.
1753 : création du British Museum de Londres, ouvert en 1759.
1756 : début de la guerre de Sept Ans. William Pitt Premier ministre.
1757 : premier canal de navigation intérieure en Grande-Bretagne.
1759 : mort de Haendel.
1760 : mort de George II ; avènement de son petit-fils, George III.

MacPherson publie *Fingal, an ancient epic poem by Ossian* (trad. fran. 1776).
1763 : fin de la guerre. Nouvelle visite en France de David Garrick.
1766 : première course de chevaux « classique » en Angleterre. Oliver Goldsmith publie *The Vicar of Wakefield* (trad. fran. 1769).
1768 : publication de *A Sentimental Journey*, de Laurence Sterne (trad. fran. 1769).
1769 : à Stratford, « Shakespeare's jubilee », commémoration du bicentenaire de la naissance du dramaturge élisabéthain. Première filature avec la machine d'Arkwright. A Paris, ouverture du Vauxhall.
1770 : reconstruction de la prison de Newgate. Premiers troubles dans les colonies anglaises d'Amérique.
1771 : premiers trottoirs pavés à Londres. Ouverture du Colisée à Paris.
1772 : ouverture du Panthéon à Londres.
1774 : mort de Louis XV ; avènement de Louis XVI. Ouverture du Ranelagh à Auteuil.
1775 : premières machines à vapeur de James Watt.
1776 : déclaration d'indépendance des colonies d'Amérique. Adam Smith publie *The Wealth of Nations* (trad. fran. 1781). Début de la traduction de l'intégrale du théâtre de Shakespeare par Le Tourneur, achevée en 1783.
1777 : course de chevaux à l'anglaise aux Sablons (Paris).
1778 : invention de la chasse d'eau et des water-closets. Premier pont en fonte, sur la Severn. La Grande-Bretagne déclare la guerre à la France.
1781 : premier cirque anglais, Astley, à Paris.
1782 : abrogation des « Penal Laws » en Irlande.
1783 : dernières exécutions publiques à Tyburn, les pendaisons ont lieu désormais à Newgate. Traité de Versailles, fin de la guerre d'Indépendance. Premières ascensions en montgolfière.
1784 : William Pitt le Jeune devient Premier ministre.
1785 : traversée ouest-est de la Manche en ballon.
1786 : traité de commerce franco-britannique.
1788 : fondation du *Times*.
1789 : réunion des états généraux à Versailles.
1791 : lois contre les émigrés.
1792 : proclamation de la République française après le coup de force du 10 août.
1793 : le 21 janvier, exécution de Louis XVI. Le 1er février, déclaration de guerre de la République à George III.
1795 : Matthew Gregory Lewis publie *The Monk* (trad. fran. 1797). Affaire de Quiberon.
1796 : débarquement français avorté en Irlande.
1798 : Campagne d'Égypte. Les Anglais s'emparent de Malte, détruisent la flotte française à Aboukir.
1799 : coup d'État du 18 brumaire. Bonaparte Premier consul.
1800 : rattachement de l'Irlande au Royaume-Uni.
1801 : en octobre, préliminaires de la paix d'Amiens.

1802 : le 26 mars, paix d'Amiens. Ouverture des East India docks dans le port de Londres.
1803 : reprise des hostilités en mai.
1804 : Napoléon Ier sacré empereur.
1805 : le 21 octobre, l'amiral Nelson remporte la bataille de Trafalgar; le 2 décembre, Napoléon vainqueur à Austerlitz.
1806 : ouverture des West India docks dans le port de Londres.
1810-1813 : victoires de Wellington au Portugal et en Espagne.
1812-1814 : guerre de la Grande-Bretagne contre les États-Unis.
1814 : retour des Bourbons, première Restauration de Louis XVIII. Publication à Paris (jusqu'en 1890) du *Galignani's Messenger*. Walter Scott publie *Waverley* (trad. fran. 1819). Première locomotive à vapeur de Stephenson.
1815 : le 18 juin, bataille de Waterloo. Les troupes anglaises bivouaquent aux Champs-Élysées; seconde Restauration.
1817 : construction de Waterloo Bridge.
1819 : massacre de Peterloo; agitation des travailleurs anglais. Naissance de Victoria, fille du duc de Kent.
1820 : mort de George III; avènement de son fils, George IV, régent depuis 1811. Walter Scott publie *Ivanhoe* (trad. fran. 1820).
1821 : mort de Napoléon Ier à Sainte-Hélène.
1822 : Chateaubriand ambassadeur à Londres. Déboires de la première troupe théâtrale anglaise à Londres.
1824 : mort de Louis XVIII, avènement de son frère, Charles X. Au Salon de Paris, importante section d'artistes anglais. La locomotive *The Rocket* de Stephenson tracte le premier train de voyageurs. Début des travaux du tunnel de la Tamise.
1826 : sir Walter Scott à Paris.
1827 : intervention franco-anglaise contre les Turcs, victoire de Navarin.
1828 : premières armes de Daniel O'Connell, nationaliste irlandais.
1829 : émancipation des catholiques du Royaume-Uni. Création d'une police métropolitaine par Robert Peel : les «bobbies». Premiers omnibus à Londres. *Le Sphinx* premier vapeur français, avec une machine anglaise.
1830 : mort de George IV, avènement de son frère, Guillaume IV. Ouverture de la ligne ferroviaire Liverpool-Manchester. En France, révolution de Juillet, abdication de Charles X, qui se réfugie en Angleterre; avènement de Louis-Philippe. Talleyrand ambassadeur à Londres.
1831 : un nouveau pont remplace le London Bridge multiséculaire.
1832 : «Great Reform Acts», vers un Parlement plus représentatif. Épidémie de choléra à Paris.
1833 : premières lois sur les indigents, le travail des enfants, les écoles, vers une politique sociale en Grande-Bretagne.
1834 : incendie du palais de Westminster.
1835 : naissance du mouvement chartiste, exigeant une Constitution démocratique en Grande-Bretagne. Début des travaux du Great Western

Railway (Londres-Bristol). Fondation du Jockey Club à Paris par lord Seymour.

1836 : ouverture de la National Gallery. Charles Dickens publie *The Pickwick Papers* (trad. fran. 1859).

1837 : mort de Guillaume IV ; avènement de sa nièce, Victoria. Buckingham Palace devient la résidence officielle du souverain. Dickens publie *Oliver Twist* (trad. fran. 1841).

1838 : premier vapeur à hélice en Grande-Bretagne, en 1842 en France.

1840 : crise franco-britannique à propos de la question d'Orient. Début de la reconstruction du palais de Westminster. Érection de la colonne Nelson à Trafalgar Square. Émission du premier timbre britannique. Ouverture de la ligne ferroviaire Londres-Southampton. Retour des cendres de Napoléon à Paris.

1841 : mariage de Victoria avec le prince Albert de Saxe-Cobourg. Publication du *Punch*. Début des travaux de l'enceinte fortifiée de Paris.

1842 : premières émeutes chartistes. Crise franco-britannique à propos de Tahiti. Lois sur le travail dans les mines de Grande-Bretagne. Eugène Sue publie *Les Mystères de Paris*.

1843 : visite de Victoria en France. Ouverture du tunnel sous la Tamise. Dickens publie son premier *Conte de Noël*.

1844 : visite de Louis-Philippe à Windsor. Paul Féval publie *Les Mystères de Londres*.

1845 : déboires du mouvement de Daniel O'Connell.

1846 : abrogation des lois protégeant les céréales anglaises, crise de la paysannerie anglaise. Début de la grande famine d'Irlande.

1847 : publication par Charlotte Brontë de *Jane Eyre* (trad. fran. 1854), par Emily Brontë de *Wuthering Heights*, par William Thackeray de *Vanity Fair* (trad. fran. 1858).

1848 : révolution de Février à Paris, abdication de Louis-Philippe, qui se réfugie en Angleterre, où il meurt en 1850. Ouverture de Waterloo Station. Londres atteint 2,5 millions d'habitants (Paris, 1 million). Fondation de la fraternité des artistes préraphaélites.

1851 : première Exposition universelle au Crystal Palace. Premier omnibus à impériale à Londres. Dickens publie *David Copperfield* (trad. fran. 1851). Coup d'État du prince-président Louis-Napoléon Bonaparte.

1852 : mort de Wellington. Ouverture du Victoria and Albert Museum. Proclamation du second Empire.

1854 : la Grande-Bretagne et la France alliées contre la Russie ; guerre de Crimée. Lord Palmerston Premier ministre. Pendant cinquante ans, alternance au pouvoir des conservateurs et des libéraux, dont les deux grandes figures seront Disraeli et Gladstone.

1855 : visite officielle de Victoria à Paris. Exposition universelle de Paris.

1858 : achèvement du palais de Westminster, avec la mise en place de Big Ben. Lancement du paquebot géant *Great Eastern*. Création du premier syndicat de mineurs. Formation des Fenians, groupe nationaliste irlandais.

1859 : grands travaux d'assainissement à Londres sur quinze ans. Lancement

du premier cuirassé anglais *Warrior*, un an après le premier cuirassé français.
1860 : traité de commerce franco-britannique. Ouverture de Victoria Station.
1861 : mort du prince Albert. Premiers tramways hippomobiles à Londres.
1862 : seconde Exposition universelle de Londres. Nouveau Westminster Bridge.
1863 : ouverture de Regent's Park. Début des travaux du métro de Londres. Mariage du prince de Galles.
1865 : publication du *Londres illustré* d'Élisée Reclus, d'*Alice in Wonderland* de Lewis Carroll. Reform League rally, émeutes à Hyde Park. William Booth entame son action en faveur des déshérités. Ouverture du premier Harrods.
1866 : Queensberry Rules, réglementant la boxe.
1867 : premières campagnes terroristes des Fenians. Exposition universelle de Paris, inaugurée en présence du prince de Galles.
1869 : inauguration du canal de Suez, œuvre française.
1870 : lois agraires en faveur des fermiers en Irlande. Guerre franco-prussienne, désastre de Sedan, siège de Paris. Abdication de Napoléon III, qui se retire en Angleterre, où il meurt en 1873.
1874 : naissance officielle du tennis.
1875 : inauguration de l'Opéra de Paris.
1876 : premiers travaux du tunnel sous la Manche. Victoria proclamée impératrice des Indes.
1878 : fondation de la Salvation Army par Booth. Exposition universelle de Paris, construction du Trocadéro. Création de Scotland Yard.
1879 : guerre contre les Zoulous ; le prince impérial, fils de Napoléon III, y trouve la mort. Seconde famine d'Irlande ; succès de la Irish Land League de Charles Parnell.
1880 : crise en Irlande, apparition de « boycott ». Le Parlement français quitte Versailles pour revenir à Paris. Expulsion des jésuites, bénédictins et carmes, début des persécutions antireligieuses en France.
1881 : première guerre des Boers.
1882 : reprise des travaux du tunnel sous la Manche. Ouverture du nouveau Harrods. Robert Louis Stevenson publie *Treasure Island*.
1883 : adoption du méridien de Greenwich comme méridien 0 universel.
1884 : création de la Fabian Society et de la Social League, deux voies vers un socialisme à l'anglaise.
1885 : premiers tramways électriques à Londres. Expulsion de France des représentants des familles ayant régné et des prétendants au trône de France.
1887 : un jubilé fête les cinquante ans de règne de Victoria. Premier roman d'Arthur Conan Doyle avec Sherlock Holmes.
1888 : crimes de Jack the Ripper (« l'Éventreur »). Agitation boulangiste en France.
1889 : Exposition universelle de Paris, avec la tour Eiffel. J. K. Jerome publie *Three Men in a Boat*.

1890 : première liaison téléphonique Paris-Londres. Ouverture du métro de Londres. Londres compte 4,5 millions d'habitants, 6 millions avec la banlieue.
1892 : attentats anarchistes en France.
1894 : grève nationale des mineurs britanniques. Inauguration de Tower Bridge. Rudyard Kipling publie *The Jungle Book* (trad. fran. 1899). Début de l'affaire Dreyfus.
1895 : Herbert George Wells publie *The Time Machine*, son premier roman de science-fiction (trad. fran. 1899).
1897 : ouverture de la Tate Gallery à Londres. Diamond Jubilee de la reine Victoria.
1898 : affaire de Fachoda, grave crise franco-britannique.
1899 : seconde guerre des Boers, hystérie antibritannique en France.
1900 : création du Labour Party. Premières pièces de George Bernard Shaw. Exposition universelle de Paris.
1901 : mort de Victoria, avènement d'Édouard VII.
1902 : fin de la guerre des Boers.
1903 : visite officielle d'Édouard VII à Paris, puis du président Loubet à Londres, consacrant l'Entente cordiale.
1904 : convention franco-britannique réglant divers contentieux. James Barrie publie *Peter Pan*.
1905 : formation du mouvement nationaliste Sinn Fein en Irlande. En France, séparation de l'Église et de l'État.
1906 : lancement du cuirassé *Dreadnought*, début d'une course à l'armement naval.
1907 : rejet d'un nouveau projet de tunnel sous la Manche. La Triple Entente réunit la France, le Royaume-Uni et la Russie.
1908 : fondation du scoutisme. Franco-british exhibition à White City, près de Londres.
1909 : agitation des suffragettes. Blériot franchit la Manche en avion.
1910 : mort d'Édouard VII, avènement de George V.
1914 : crise en Irlande à cause du refus du Home Rule par les protestants d'Ulster. La Russie, la France et le Royaume-Uni entrent en guerre contre les Empires centraux.
1916 : batailles de Verdun, de la Somme, bataille navale du Jutland ; soulèvement de Pâques à Dublin.
1918 : victoire des Alliés grâce à l'appui américain. Droit de vote accordé à tous les citoyens britanniques de plus de 21 ans, et aux citoyennes de plus de 30 ans.
1919 : service aérien quotidien Paris-Londres.
1924 : abandon d'un nouveau projet de tunnel sous la Manche.
1936 : mort de George V, avènement d'Édouard VIII, qui abdique bientôt en faveur de son frère. Victoire du Front populaire en France.
1937 : couronnement de George VI.

Soulignons que, si le Royaume-Uni et la France ont traversé ensemble les épreuves de deux guerres mondiales, la Grande-Bretagne a affronté la France au XVIIIᵉ siècle dans une seconde « guerre de Cent Ans » (70 années d'hostilités sur 127 ans).

1689-1697 : guerre de la ligue d'Augsbourg ; traité de Ryswick.
1702-1713 : guerre de Succession d'Espagne ; traité d'Utrecht.
1740-1748 : guerre de Succession d'Autriche ; traité d'Aix-la-Chapelle.
1757-1763 : guerre de Sept Ans ; traité de Paris.
1778-1783 : guerre d'Indépendance américaine ; traité de Versailles.
1793-1803 : guerre contre la République ; traité d'Amiens.
1804-1815 : guerre contre l'Empire ; traité de Paris.

Bibliographie

BIBLIOGRAPHIE DES VOYAGEURS

BARBIER Auguste, *Lazare*, Paris, 1837.

BARDOUX Jacques, *Croquis d'Outre-Manche*, Paris, 1913.

BERLIOZ Hector, *Les Soirées de l'orchestre*, Paris, 1852 ; CNRS, Gründ, 1968.

BLANC Louis, *Lettres sur l'Angleterre*, Paris, 1867.

BLANQUI Adolphe, *Voyage d'un jeune Français en Angleterre et en Écosse pendant l'automne 1823*, Paris, 1824.

BOMBELLES Marc de, « Journal de voyage en Grande-Bretagne et en Irlande, 1784 », établi et présenté par J. Gury, in *Studies on Voltaire*, 269, The Voltaire Foundation, Oxford, 1989.

BOURGET Paul, *Études Anglaises*, Paris, 1910 [1888, 1906].

BUZONNIÈRE, Louis-Augustin Nouel de, *Voyage en Écosse*, Paris, 1832 [1830].

CAMBRY Jacques, *De Londres et de ses environs*, Amsterdam, 1788 [aussi intitulé *Promenade d'automne en Angleterre*].

CAZAMIAN Louis, *L'Angleterre moderne*, Paris, 1911.

CHASLES Philarète, *Études sur les mœurs et les hommes au XIXe siècle*, Paris, 1849.

— *Études sur la littérature et les mœurs d'Angleterre au XIXe siècle*, Paris, 1850.

CHATEAUBRIAND François-René de, *Mémoires d'outre-tombe*, 1re partie, livres X à XII, 1850.

— *Essai sur la littérature anglaise*, 1836.

CONSTANT DE REBECQUE Benjamin, *Cahier rouge*, Paris, 1907.

CONTANT D'ORVILLE André-Guillaume, *Les Nuits anglaises*, 1770.

COULON, abbé Louis, *Le Fidèle Conducteur pour le voyage d'Angleterre*, 1654.

COYER, abbé Gabriel-François, *Nouvelles observations sur l'Angleterre par un voyageur*, Paris, 1779.

CUSTINE Astolphe de, *Lettres écrites à diverses époques pendant des courses en Suisse, Calabre, Angleterre et Écosse*, Paris, 1830.

DEFAUCONPRET Auguste Jean-Baptiste, *Quinze jours à Londres à la fin de 1815*, Paris, 1816.
— *Six mois à Londres en 1816*, Paris, 1817.
— *Une année à Londres*, Paris, 1819.

DEISS Édouard, *Un été à Londres, souvenir d'un passant*, Paris, 1898.

DELACROIX Eugène, *Correspondance générale*, vol. I, 1804-1837. Lettres du 27 mai, 1er août, 12 août 1825, publiées par André Joubin, Paris, 1935.

DUCOS Joseph-Basile, *Itinéraire et souvenirs d'Angleterre et d'Écosse 1814-1826*, 1834.

DUPIN Charles, *Voyages dans la Grande-Bretagne, entrepris relativement aux services publics de la Guerre, de la Marine et des Ponts et Chaussées*, Paris, 1820-1824.

DUTENS Louis, *L'Ami des étrangers qui voyagent en Angleterre*, Londres, 1787.

DYSSORD Jacques, *Londres secret*, Paris, 1932.

ÉLIE DE BEAUMONT Jean-Baptiste, « Journal de voyage », in *Revue Britannique*, 1895.

ENAULT Louis, *Angleterre, Écosse, Irlande : voyage pittoresque*, Paris, 1859.

ESQUIROS Alphonse, *L'Angleterre et la vie anglaise*, Paris, 1859.

FAUJAS DE SAINT-FOND Barthélemy, *Voyages en Angleterre, en Écosse et aux îles Hébrides, ayant pour objet les sciences, les arts, l'histoire naturelle et les mœurs*, Genève, 1797.

FERRI DE SAINT-CONSTANT Jean, *Londres et les Anglais*, Paris, an XII [1804].

FEUILLIDE J.-G. de, *L'Irlande*, Paris, 1839.

FOUGERET DE MONTBRON Louis-Charles, *Le Cosmopolite ou le citoyen du monde*, 1750.
— *Préservatif contre l'anglomanie*, 1759.

GAUTIER Théophile, *Caprices et zigzags*, Paris, 1856 [1852].

GOURBILLON J. A. de, *L'Angleterre et les Anglais, ou petit portrait d'une grande famille, copié et retouché par deux témoins oculaires*, Paris, 1817.

GROSLEY Pierre-Jean, *Londres*, Lausanne, 1770 [1774, 1780].

GUIZOT François, *Mémoires pour servir l'histoire de mon temps*, Livre V, chap. XXVII-XXX, Paris, 1862.

HAUSSEZ, baron Charles d', *La Grande-Bretagne en 1833*, Paris, 1834 [2e édition, revue, corrigée, augmentée].

HÉMON Louis, *Colin-Maillard*, Paris, 1924.

HENNEQUIN Victor-Antoine *Voyage philosophique en Angleterre et en Écosse*, Paris, 1836.

HUARD Charles Adolphe, *Londres comme je l'ai vu*, Paris, 1908.
HUGO Victor, *William Shakespeare*, Paris, 1864.
HUYSMANS Joris-Karl, *A rebours*, 1884.
KERVIGAN Aurèle, *L'Angleterre telle qu'elle est, ou seize ans d'observation dans ce pays*, Paris, 1860.
LA BÉDOLLIÈRE, Émile Gigault de, *Londres et les Anglais*, Paris, 1862.
LACOSTE, *Voyage philosophique d'Angleterre fait en 1783 et 1784*, Londres, 1787.
LALANDE Jérôme, « Journal », in *Studies on Voltaire*, The Voltaire Foundation, Oxford, 1986.
LAMI Eugène, *Voyage en Angleterre*, 1829.
LAPORTE Joseph de, *Le Voyageur François*, tomes XVII à XIX (lettres CCVIII à CCXL), Paris, vers 1775.
LA TOCNAYE, comte Jean-Louis de, *Promenade autour de la Grande-Bretagne*, Édimbourg, 1795 ; Brunswick, 1801.
LE BLANC, abbé Jean-Bernard, *Lettres d'un François sur les Anglois*, 2e édition, Amsterdam, 1751 (La Haye, 1745 ; 1758).
LESCALLIER Daniel, *Voyage en Angleterre, en Russie et en Suède*, Paris, an VIII [1800].
LÉVIS, duc Gaston de, *L'Angleterre au commencement du dix-neuvième siècle*, Paris, 1814.
MAC ORLAN Pierre, *Images sur la Tamise*, 1925 ; © Gallimard.
— *Villes-mémoires*, 1928 ; © Gallimard.
MALOT Hector, *La Vie moderne en Angleterre*, Paris, 1862.
MANDAT-GRANCEY François-Edmond de, *Chez John Bull, journal d'un rural*, Paris, 1895.
MAUROIS André, *Le Côté de Chelsea*, Paris, 1925 ; © Héritiers André Maurois, Paris.
— *Mes songes que voici*, 1933 ; © Grasset, Paris.
— *Conseils à un jeune Français partant pour l'Angleterre*, 1938 ; © Héritiers André Maurois, Paris.
MERCIER Louis-Sébastien, *Parallèle de Paris et de Londres (1780)*, Paris, 1983.
MÉRIMÉE Prosper, *Lettres à une inconnue*, Paris, 1856 [1873].
MÉRY Joseph, *Les Nuits anglaises*, Paris, 1858 [*Nuits de Londres*, 1840].
MICHELET Jules, *Sur les chemins de l'Europe*, Paris, 1893.
MIÈGE Guy, *État présent de la Grande-Bretagne*, 1708.
MIRECOURT Eugène de, *Nos voisins les Anglais, simples notes dédiées aux visiteurs de l'Exposition de Londres*, Paris, 1862.
MISSON François-Maximilien, *Mémoires et observations faites par un voyageur en Angleterre sur ce qu'il y a trouvé de plus remarquable, tant à l'égard de la religion que la politique, des mœurs, des curiosités naturelles et quantité de faits historiques*, Londres, 1697 ; La Haye, 1698.

MONTALEMBERT, comte Charles de, *De l'avenir politique de l'Angleterre*, Paris, 1855.
— *Journal (1822-1833)*, CNRS, 1990.
MONTESQUIEU, baron Charles de, *Mélanges inédits*, Paris, 1899. *Cahiers*, in *Œuvres complètes*, la Pléiade, vol. I.
MONTULÉ Édouard de, *Voyage en Angleterre et en Russie pendant les années 1821, 1822 et 1823*, Paris, 1825 (avec 29 planches).
MORAND Paul, *Londres*, 1933 ; © Plon.
MURALT Béat de, *Lettres sur les Anglois et les François et les voïages*, 1728 [1726] ; rééd. Paris, 1933, Lausanne, 1972.
NERVAL Gérard de, « Notes de voyage », *La Presse*, 1846 ; *Œuvres complètes*, la Pléiade, vol. II, 1982.
NISARD Désiré, *Souvenirs de voyages : France, Belgique, Prusse, Rhénanie, Angleterre*, Paris, 1855 (p. 365-459 pour l'Angleterre).
NODIER Charles, *Promenade de Dieppe aux montagnes d'Écosse*, Paris, 1821.
O'RELL Max, *John Bull et son île : mœurs anglaises contemporaines*, Paris, 1883.
PAIN Joseph-Marie, *Nouveaux tableaux de Paris*, 1828.
PAVILLON Étienne, *Œuvres*, 1715 ; réédition 1720 et 1747.
PICHOT Amédée, *Voyage pittoresque et littéraire en Angleterre et en Écosse*, Paris, 1825.
— *L'Irlande et le pays de Galles*, Paris, 1850.
— *L'Écosse pittoresque*, 1826.
PILLET René-Martin, *L'Angleterre vue à Londres et dans ses provinces, pendant un séjour de dix années, dont six comme prisonnier de guerre*, Paris, 1822 [1815].
PRÉVOST, abbé Antoine-François, *Mémoires et aventures d'un homme de qualité, qui s'est retiré du monde*, Amsterdam, 1728-1731 ; édition annotée par J. Sgard, Paris, Desjonquères, 1996.
PRÉVOST Jean-Joseph, *L'Irlande au XIXe siècle*, Paris, 1845.
RÉMUSAT Charles de, *La Vie de village en Angleterre, ou souvenirs d'un exil*, Paris, 1863 [1862].
ROLAND de la Platière, Mme, *Œuvres complètes*, vol. III, p. 210-285, an VIII [1800].
ROUSSEAU Jean-Jacques, *Émile*, 1762.
— *Correspondance*, 1767.
SAINT-AMANT Marc-Antoine de, *Albion*, 1644.
SAINT-THOMAS H., *Le Rêve de Paddy et le cauchemar de John Bull : notes sur l'Irlande*, Paris, 1886.
SAUSSURE César de, *Lettres et voyages de Mons. César de Saussure en Allemagne, en Hollande et en Angleterre, 1725-1729*, Lausanne, 1903.
SAUVAN J. B. B., *Diorama anglais*, Paris, 1823.
SAY Jean-Baptiste, *De l'Angleterre et des Anglais*, Paris, 1815.

SERGE, *Londres secret et ses fantômes*, Paris, 1946.
SIMOND Louis, *Voyages en Angleterre pendant les années 1810 et 1811*, Paris, 1816.
SIMONIN Louis-Laurent, *Les Ports d'Angleterre*, Paris, 1881.
STAËL-HOLSTEIN Auguste-Louis de, *Lettres sur l'Angleterre*, in *Œuvres diverses*, Paris, 1829.
STENDHAL, *De l'amour*, 1822.
— *Souvenirs d'égotisme (1832)*, 1893.
— *Journal de Londres (1817)*, 1888 ; *Œuvres intimes*, la Pléiade, t. II, 1982.
SUARÈS André, *Angleterre*, Paris, 1916.
TAINE Hippolyte, *Notes sur l'Angleterre*, Paris, 1871.
— *Histoire de la littérature anglaise*, 1863-1869.
— *Vie et opinion de Fr.-Th. Graindorge*, 1867.
TEXIER Edmond, *Lettres sur l'Angleterre, souvenirs de l'Exposition universelle*, Paris, 1851.
TOCQUEVILLE Alexis de, *Voyages en Angleterre et en Irlande (1835)*, Paris, Idée-Gallimard, 1982 [1957].
TRABAUD Pierre, *D'Inverness à Brighton : notes et sentiments sur les îles Britanniques*, Paris, 1853 ; 2e édition sous le titre *Outre-Manche*, 1874.
TRISTAN Flora, *Promenades dans Londres*, éd. rev. et augm., Paris, 1842 [1re éd., Paris-Londres, 1840] ; rééd. Maspéro, Paris, 1978.
VALLÈS Jules, *La Rue à Londres*, éd. « de luxe » in-folio avec eaux-fortes d'A. Lançon, 1884 ; éd. « populaire », 1914 ; rééd., Paris, 1951.
VERLAINE Paul, *Sagesse*, 1880 ; *Jadis et naguère*, 1884 ; *Amour*, 1888 ; *Dédicaces*, 1894.
— « Poèmes 1873-1890 » et « Poèmes 1890-1896 », inédits en recueil.
VOLTAIRE, *Lettres philosophiques*, ou *Lettres anglaises*, 1734.
WALSH, vicomte Joseph-Alexis, *Lettres sur l'Angleterre, ou voyage dans la Grande-Bretagne en 1829*, Paris, 1830.
WEY Francis, *Les Anglais chez eux, esquisses de mœurs et de voyage*, Paris, 1854 ; 2e éd. Paris, 1877.
ZOLA Émile, « Pages d'exil », in *Œuvres complètes*, vol. XIV, Paris, 1970 [*Nottingham French Studies*, 1964].

LECTURES COMPLÉMENTAIRES

Une bibliographie des ouvrages français sur les îles Britanniques relevant du récit de voyage, de l'enquête de terrain, du guide, et tentant d'être exhaustive, proposerait essentiellement des titres que le lecteur ne pourrait se procurer en dehors des grandes bibliothèques.

Toutefois nous signalons, en ordre chronologique, deux douzaines de livres que nous avons dû renoncer à utiliser en raison de l'austérité de la matière ou de la banalité du texte, ou parce qu'ils faisaient double emploi.

TENON Jacques, *Journal d'observation sur quelques hôpitaux et quelques prisons d'Angleterre (1787)*, présenté par J. Carré, 1992.
PICTET Marc Auguste, *Voyage de trois mois en Angleterre, en Écosse et en Irlande pendant l'été de l'an X*, Genève, 1802.
RUBICHON M., *De l'Angleterre*, Paris, 1816-1819 [Londres, 1811].
JOUY, *L'Hermite de Londres*, 1820.
NECKER DE SAUSSURE Louis Albert, *Voyages en Écosse et aux îles Hébrides (1807-1809)*, Genève, 1821.
MARCELLUS, comte de, *Lettres écrites sur l'Angleterre*, 1823.
Anonyme, *L'Hermite en Irlande*, 1826.
MONTÉMONT Albert, *Londres*, Paris, 1835.
BEAUMONT Gustave de, *L'Irlande sociale, politique et religieuse*, Paris, 1839 ; sept éditions jusqu'en 1863.
CABET Étienne, *État de la question sociale en Angleterre, en Écosse, en Irlande et en France*, Paris, 1843.
FAUCHER Léon, *Études sur l'Angleterre*, Paris, 1845 ; 1856.
ROUBAUD A., *Les Anglais*, Paris, 1846.
LEDRU-ROLLIN Alexandre, *De la décadence de l'Angleterre*, 1850.
VERNE Jules, *Voyage à reculons en Angleterre et en Écosse (1859)*, inédit jusqu'en 1989. Correspond au seul vrai voyage de Jules Verne outre-Manche. Souvenons-nous que celui-ci créa toute une série de personnages britanniques qui sera longtemps la galerie anglaise des Français, jeunes et moins jeunes.
LARCHER L. J., *Les Anglais, Londres et l'Angleterre*, Paris, 1860.
RECLUS Élisée, *Londres illustré*, 1865. Ouvrage de référence très utilisé, voire exploité, par les contemporains.
JERROLD Blanchard, *Londres*, édition française, 1876. Les illustrations de Gustave Doré eurent une énorme influence ; a connu plusieurs réimpressions récentes.
PARIS, comte de, *De la situation des ouvriers en Angleterre*, 1873.
DEPRET Louis, *Chez les Anglais*, Paris, 1879.
NARJOUX Félix, *En Angleterre* (en fait toutes les îles Britanniques), 1886.
BOVET Marie-Anne de, *Trois mois en Irlande*, Paris, 1891.
MANTOUX Paul, *A travers l'Angleterre contemporaine*, 1909.
LARBAUD Valery, *Le Cœur de l'Angleterre (1909)*, inédit jusqu'en 1971.
MAUREL André, *Le Tour de l'Angleterre (1914)*, 1921.
DOTTIN Paul, *John Bull à la découverte de son île*, 1925.
On repérera quelques autres titres dans l'Introduction.

Sur les auteurs retenus dans la présente anthologie, signalons :
GUNNELL Doris, *Stendhal et l'Angleterre*, Paris, 1908.
ROE F. C., *Taine et l'Angleterre*, Paris, 1923.
THOMAS J. H., *L'Angleterre dans l'œuvre de Victor Hugo*, Paris, 1933.
CHRISTOPHOROV P., *Sur les pas de Chateaubriand en exil*, Paris, 1960.
Les travaux et les études sur les voyageurs et visiteurs français outre-Manche se trouvent dans les périodiques universitaires, en particulier la

Revue de littérature comparée, mais beaucoup sont antérieurs à 1939, voire à 1914. La recherche en littérature comparée a surtout porté sur les rapports littéraires, les échanges culturels, l'histoire des idées. Depuis une quinzaine d'années, le Centre de recherche sur la littérature de voyage (Paris IV) a suscité des travaux novateurs sur les récits de voyages, mais sans vraiment aborder le monde d'outre-Manche. Ce sont surtout les Britanniques qui se sont intéressés à l'image de leur pays chez les auteurs français.

JONES Ethel, *Les Voyageurs français en Angleterre de 1815 à 1830*, Paris, 1930.
BAIN Margaret I., *Les Voyageurs français en Écosse, de 1770 à 1830*, Paris, 1931.
BAYNE-POWELL Rosamond, *Travellers in Eighteenth Century England*, Londres, 1951.
PLAMER R. E., *French travellers in England, 1660-1900*, Londres, 1960.
GRIEDER Josephine, *Anglomania in France, 1740-1789*, Genève, 1985.

Si l'on souhaite mieux connaître le contexte britannique, on se référera à la monumentale étude d'Élie HALÉVY : *Histoire du peuple anglais, 1814-1914*, parue de 1912 à 1932, rééditée chez Hachette en cinq volumes en 1974-1975. On pourra se satisfaire de l'*Histoire de France et d'Angleterre* (1950) de Jean-Albert SOREL, ou des ouvrages d'André MAUROIS. Utile complément : François CROUZET, *De la supériorité de l'Angleterre sur la France, l'économique et l'imaginaire, XVIIe-XIXe*, Paris, 1985.

Pour s'informer, on consultera les ouvrages :

MARX Roland, *La Révolution industrielle en Grande-Bretagne des origines à 1850*, Paris, 1970.
— *L'Angleterre des révolutions*, Paris, 1973.
— *L'Angleterre triomphante, 1832-1914*, Paris, 1975.
— *Lexique historique de la Grande-Bretagne, XVIe-XXe siècles*, Paris, 1976.
— *La Société britannique de 1660 à nos jours*, Paris, 1981.
MARX Roland, CHARLOT Monica *et al.*, *Londres, 1851-1901 : l'ère victorienne ou le triomphe des inégalités*, Paris, Autrement, 1990.
NAVAILLES Jean-Pierre, *Londres victorien, un monde cloisonné*, Paris, 1996.

Index des noms de personnes

L'astérisque indique que le nom renvoie à un mémorialiste du présent volume. Voir notices biographiques, ci-dessus, p. 1127.

A

ABOUT Edmond (1828-1885), écrivain français, 828.
ADAMS James (1730-1794) et Robert (1728-1792), architectes écossais, 221, 1107.
ADDISON Joseph (1672-1719), écrivain et publiciste anglais, 55, 968, 972, 1049.
AIMARD Gustave (1818-1883), romancier français, 699.
AINSWORTH William (1805-1882), écrivain anglais, 268.
ALBANI Francesco (dit L'ALBANE ; 1578-1660), peintre italien, 349.
ALBERT DE SAXE-COBOURG-GOTHA (1819-1861), prince consort, 210, 214, 411, 819.
ALFRED LE GRAND (849-899), roi des Anglo-Saxons, 444, 477, 498, 729, 1069.
ALIX DE SALISBURY, comtesse qui inspira à Édouard III la devise « Honni soit qui mal y pense », 37.
ANNE STUART (1665-1714), reine d'Angleterre et d'Irlande, 372, 380, 905, 988.
APOLLINAIRE Guillaume (1880-1918), écrivain français, 1085.
ARGYLL, duc d', 626, 684.
ARKWRIGHT, sir Richard (1732-1792), inventeur britannique, 383, 559, 560, 561.
ARNE Thomas (1710-1778), compositeur anglais, 290.
ARNOLD Thomas (1795-1842), réformateur anglais, 777.
ARTOIS, comte d'. *Voir* CHARLES X.
ATHOLL, lord (John MURRAY, 4ᵉ duc d' ; 1755-1830), 418, 650.

B

BACON Francis (1561-1626), chancelier anglais, 1069.

BACON John (1740-1799), sculpteur anglais, 154.
BACON Roger (v. 1220-1292), philosophe anglais, 37, 950, 1069.
BANKS, sir Joseph (1743-1820), naturaliste anglais, 656.
BARBEY D'AUREVILLY Jules (1808-1889), écrivain français, 563.
BARRY, sir Charles (1795-1860), architecte anglais, 942.
BARRY James (1741-1806), peintre anglais, 941.
BATONI Pompeo (1708-1787), peintre italien, 625.
BEATTIE James (1735-1803), poète écossais, 609.
BEAUCHAMP, famille, 446.
BEAUMARCHAIS, Pierre Caron de (1732-1799), écrivain français, 1072.
BEDFORD, duc de, 437.
BEETHOVEN Ludwig van (1770-1827), compositeur allemand, 308, 935.
BENTHAM Jeremy (1748-1832), philosophe et jurisconsulte britannique, 364, 382.
BERWICK, graveur sur bois, 941.
BIANCONI, 721, 722.
BOLEYN Anne (1507-1536), deuxième femme d'Henri VIII, 143.
BOLINGBROKE, lord (Henry SAINT-JOHN ; 1678-1751), homme politique anglais, 849, 988.
BOLTON, industriel, 515, 516.
BONINGTON Richard (1802-1828), peintre britannique, 941.
BOOTH, général William (1829-1912), fondateur de l'Armée du Salut, 305, 306, 307.
BOSWELL James (1740-1795), écrivain écossais, 585.

INDEX DES NOMS DE PERSONNES

BOURBONS, dynastie des, 585.
BOURQUENEY M. de, diplomate, 39.
BOYCE William (1711-1779), compositeur britannique, 933.
BOYCOTT, capitaine (1832-1897), régisseur en Irlande, 739.
BRAMANTE (Donato D'ANGELO, dit; 1444-1514), architecte italien, 556.
BREADALBANE, lord (John CAMPBELL, 4ᵉ comte; 1762-1834), 628, 664, 665, 677, 684.
BRIAN BORU (926-1014), roi d'Irlande, 755, 756.
BRIDGEWATER, duc de (Francis EGERTON; 1736-1803), 525, 526.
BROUGHAM, lord Henry (1778-1868), homme politique britannique, 41, 948, 1003, 1008, 1107.
BROWN Charles (Charlie, Charley), tenancier de taverne, 1088, 1089, 1090, 1091, 1093, 1108, 1113, 1114.
BROWN Lancelot, dit « Capability » (1716-1783), paysagiste anglais, 431, 452, 460, 504, 505.
BRUMMEL George (1778-1840), arbitre des élégances, 783.
BRUNEL, sir Marc Isambard (1769-1849), ingénieur français naturalisé anglais, 147, 150, 152, 710.
BULL John, sobriquet du peuple anglais, 39, 65, 118, 322, 689, 741, 842, 855, 857, 908, 1017, 1019, 1060, 1062, 1081.
BULOW Bernard von (1815-1879), diplomate allemand, 17.
BULWER-LYTTON Edward George (1803-1873), écrivain anglais, 268.
BURDETT, sir Francis (1770-1844), homme politique britannique, 78, 200.
BURLINGTON, lord (Richard BOYLE; 1693-1753), amateur d'art, 465.
BURNS Robert (1759-1796), poète écossais, 600, 609.
BUTE, lord (John STUART; 1713-1792), homme d'État britannique, 467.
BYRON, lord (George GORDON; 1738-1824), poète britannique, 88, 265, 580, 668, 771, 783, 786, 789, 939, 952, 1009, 1022.

C

CALCOTT, sir Augustus (1779-1844), peintre anglais, 940.
CALDECOTT Randolph (1846-1886), peintre anglais, 61.
CALLOT Jacques (1592-1635), graveur français, 275, 1116.
CAMPBELL, clan, 598, 665.
CANALETTO (Giovanni CANAL, dit; 1697-1768), peintre vénitien, 127.
CANNING George (1770-1827), homme politique britannique, 41, 750.
CARACTACUS (Iᵉʳ siècle), roi des Silures, 574.
CARAMAN, comte Georges de, diplomate, 39.
CAROLINE d'Anspach (1683-1737), femme de George II, 203.
CARRACHE [CARRACI], famille de peintres italiens, 485.
CARTHAG, saint, évêque de Lismore en Irlande, 729.
CATALANI Angelica (1780-1849), cantatrice italienne, 936.
CERVANTÈS Miguel de (1547-1616), écrivain espagnol, 609.
CHAMBERS, sir William (1723-1796), architecte britannique, 221.
CHAPLIN Charles (1889-1977), acteur et cinéaste britannique, 1114, 1115.
CHARLEMAGNE (747-814), roi franc puis empereur d'Occident, 1069.
CHARLES Iᵉʳ (1600-1649), roi d'Angleterre, 27, 29, 36, 40, 51, 235, 261, 302, 367, 599, 856.
CHARLES II (1630-1685), roi d'Angleterre, 29, 40, 117, 193, 194, 465, 593, 599, 766, 840.
CHARLES ÉDOUARD (1720-1788), prétendant au trône d'Angleterre, 585.
CHARLES IX (1550-1574), roi de France, 1043.
CHARLES X (1757-1836), comte d'Artois puis roi de France, 586, 599, 665, 1058.
CHARTRES, duc de, petit-fils de Louis-Philippe, 870.
*CHATEAUBRIAND François-René de, 23.
CHÂTELAIN aîné, architecte paysagiste français, 501.
CHATHAM, lord. Voir PITT.
CHAUCER Geoffrey (v. 1340-1400), poète anglais, 204.
CHESTERFIELD, comte de (Philip STANHOPE; 1694-1773), homme d'État et écrivain anglais, 488, 955.
CICERI Pierre (1782-1868), peintre français, 445.
CLIVE Robert (1725-1774), général britannique, 560.
COBBETT William (1762-1835), publiciste britannique, 56.
COBDEN Richard (1804-1865), économiste britannique, 382, 912.
COBHAM, lord (Richard TEMPLE; 1675-1749), 464.

INDEX DES NOMS DE PERSONNES

COKE, sir Edward (1552-1634), juriste anglais, 130.
COLERIDGE Samuel (1772-1834), poète britannique, 395, 397.
COLQUHOUN, clan écossais, 617.
CONGREVE William (1670-1729), auteur dramatique anglais, 944.
CONSTABLE John (1776-1837), peintre anglais, 940, 1073, 1096.
COOK James (1728-1779), navigateur britannique, 543, 549, 656.
COOPER James Fenimore (1789-1851), romancier américain, 142, 699.
COOTS, miss, héritière d'une des plus grosses fortunes de l'Angleterre victorienne, 439.
CORNEILLE Pierre (1606-1684), poète dramatique français, 609, 1050, 1111.
COROT Jean-Baptiste (1796-1875), peintre français, 1096.
CROMWELL Olivier (1599-1658), lord-protecteur, 22, 29, 36, 51, 367, 446, 477, 570, 693, 950, 982.
CUMBERLAND, William Augustus, duc de (1721-1765), 3ᵉ fils de George II, 467, 849.

D

DANTE ALIGHIERI (1265-1321), écrivain italien, 275, 304, 642.
DARNLEY (Henry STUART, baron; 1545-1567), prince écossais, 599.
DAUBIGNY Charles François (1817-1879), paysagiste français, 1096.
DAVID Iᵉʳ (1084-1153), roi d'Écosse, 598, 614.
DAVY, sir Humphry (1778-1829), physicien britannique, 706.
DECAZES Élie de (1780-1860), homme politique français, 39, 40.
DE FOE Daniel (1660-1731), écrivain britannique, 251.
DELESCLUZE Charles (1809-1871), journaliste et homme politique français, 302.
DELILLE, abbé Jacques (1738-1813), poète français, 495.
DENNIS John (1657-1734), poète et critique anglais, 23.
DE QUINCEY Thomas (1785-1859), écrivain britannique, 395, 972.
DESCARTES René (1596-1650), philosophe et mathématicien français, 1069.
DESSEIN, aubergiste de Calais, 43, 54, 328.
DEVONSHIRE, duc de (Spencer CAVENDISH; né en 1833), 437, 470, 479, 524-525, 725, 726.
DICKENS Charles (1812-1870), écrivain anglais, 62, 251, 322, 398, 669, 784, 819, 827, 831, 1020, 1072, 1097, 1106, 1115.
DISRAELI Benjamin (1804-1881), homme politique britannique, 864, 865.
DOMINIQUIN (Domenico ZAMPIERI, dit LE; 1581-1641), peintre italien, 646, 938.
DONIZETTI, Gaetano (1797-1848), compositeur italien, 843.
DORÉ Gustave (1832-1883), illustrateur français, 127, 138, 251.
DOUGLAS, clan, 598.
DOYLE, général, 952.
DRAKE, sir Francis (1540-1596), navigateur et explorateur anglais, 389, 1111.
DRYDEN John (1631-1700), écrivain anglais, 291, 936, 944.
DU DEFFAND, marquise (1697-1780), femme de lettres française, 926.
DUDLEY, lord (John WARD, 2ᵉ vicomte; 1725-1784), 431, 432.
DUFRESNY Charles (1648-1724), auteur dramatique et peintre français, 469.
DUMAS Alexandre (1802-1870), écrivain français, 1088.
DU MAURIER George (1834-1896), graveur et romancier anglais, 61.
DUNS SCOTT John (v. 1266-1308), théologien écossais, 972.
*DUPIN Charles, 558.

E

EDGEWORTH Maria (1768-1849), femme de lettres anglaise, 925.
ÉDOUARD Iᵉʳ (1239-1307), roi d'Angleterre, 566, 962, 1020.
ÉDOUARD III (1312-1377), roi d'Angleterre, 446, 464.
ÉDOUARD IV (1442-1483), roi d'Angleterre, 37, 130, 143.
ÉDOUARD, le Prince Noir (1330-1376), fils d'Édouard III, 968, 972.
ELGIN, lord (Thomas BRUCE; 1766-1841), diplomate et archéologue britannique, 922, 937, 938, 939.
ÉLISABETH Iʳᵉ (1533-1603), reine d'Angleterre et d'Irlande, 133, 159, 187, 234, 235, 375, 378, 381, 447, 464, 599, 612, 693, 733, 744, 929, 942, 948, 950, 1100, 1111.
ELLESMERE, lord (Francis EGERTON; 1800-1875), homme politique et mécène anglais, 439.
ENGELS Friedrich (1820-1895), théoricien allemand, 510.
ESSEX James (1723-1784), architecte anglais, 364.

ETHELFRIDA († 918), fille d'Alfred le Grand, 444.
EUGÈNE DE SAVOIE, prince (1663-1736), général, 926.

F

FARQUHAR George (1677-1707), auteur comique anglais, 944.
*FAUJAS DE SAINT-FOND, 656.
FÉNELON (François de Salignac de LA MOTHE-; 1651-1715), prélat et écrivain français, 385.
FERGUS, chef scout du Ve siècle, 599, 679.
FÉVAL Paul (1816-1887), écrivain français, 252.
FIELDING Anthony (1787-1855), peintre paysagiste anglais, 940.
FIELDING Henry (1707-1754), écrivain britannique, 87.
FINGAL, père d'Ossian, héros du cycle épique de Macpherson, 618, 619 653, 654, 656, 657, 666, 710.
FLORIAN (Jean Pierre CLARIS de; 1755-1794) écrivain français, 357.
FOURIER Charles (1772-1837), philosophe et économiste français, 406.
FOX Charles (1749-1806), homme politique britannique, 78, 807, 1009, 1013, 1107.
FOX George (1624-1691), prédicateur anglais, 982.
FRANKLIN Benjamin (1706-1790), homme politique et physicien américain, 535.
FRASER Patrick, 615, 623, 676.
FROBISHER, sir Martin (1535-1594), navigateur anglais, 1111.
FROISSART Jean (1333-1404), chroniqueur français, 1072.

G

GAINSBOROUGH Thomas (1727-1788), peintre anglais, 940, 1020, 1073, 1096.
GANTHAUMY, compositeur britannique, 933.
GARRICK David (1717-1779) acteur anglais, 472, 1049.
*GAUTIER Théophile, 211.
GAVARNI (Sulpice Guillaume CHEVALIER, dit; 1804-1866), graveur français, 280.
GAY John (1685-1732), poète anglais, 1050.
GAY-LUSSAC Louis Joseph (1778-1850), physicien français, 706.
GEORGE Ier (1660-1727), électeur de Hanovre puis roi de Grande-Bretagne et d'Irlande, 766.
GEORGE II (1683-1760), roi de Grande-Bretagne et d'Irlande, 127, 154, 161, 203, 323, 464, 766.
GEORGE III (1738-1820), électeur de Hanovre puis roi de Grande-Bretagne et d'Irlande, 190, 999.
GEORGE IV (1762-1830), roi de Grande-Bretagne et d'Irlande, 23, 40, 425, 427, 1001.
GEORGE V (1865-1936), roi de Grande-Bretagne et d'Irlande, 920, 1019.
GILPIN William (1724-1804), artiste et auteur de guides touristiques, 569.
GIRODET[-TRIOSON] (Anne-Louis GIRODET DE ROUCY, dit; 1767-1824), peintre français, 616.
GLADSTONE William (1809-1898), homme politique britannique, 748, 749, 865.
GOLDSMITH Oliver (1728-1774), écrivain britannique, 87, 590.
GOYA Francisco (1746-1828), peintre espagnol, 1116.
GRAFTON, duc de (1735-1811), 849, 884.
GRANVILLE, lord (George LEVESON GOWER; 1815-1891), 241.
GRAY Thomas (1716-1771), poète anglais, 35.
GREY Jane (1537-1554), reine d'Angleterre pendant neuf jours, 37, 143.
GUDIN Théodore (1802-1879), peintre français de marines, 941.
GUIDE (LE). *Voir* RENI Guido.
GUILLAUME LE CONQUÉRANT (1027-1087), duc de Normandie puis roi d'Angleterre, 169, 186, 344, 381, 382, 444, 451, 598, 838, 1001, 1002.
GUILLAUME II LE ROUX (1056-1100), fils du précédent, roi d'Angleterre, 186.
GUILLAUME III (1650-1702), roi d'Angleterre, d'Écosse et d'Irlande, 118, 201, 287, 465, 481, 601, 805, 905.
GUILLAUME IV (1765-1837), roi de Grande-Bretagne et d'Irlande, 82, 258.
*GUIZOT, 777.

H

HAENDEL Georg Friedrich (1685-1759), compositeur allemand naturalisé britannique, 168, 196, 418, 432, 842, 929, 930, 935.
HALÉVY Jacques (1799-1862), compositeur français, 842.
HAMILTON Charles (1704-1786), jardinier, 484, 486, 487.
HAMILTON Gavin (1723-1798), archéologue et peintre écossais, 515.

HAMILTON, duc William de (1788-1856), philosophe écossais, 688.
HAMPDEN John (1594-1643), parlementaire anglais, 968.
HANOVRE, maison de, 464.
HARCOURT, comte d', 502.
HAWKINS, sir John (1532-1595), amiral anglais, 1111.
HAYDN Joseph (1732-1809), compositeur autrichien, 935, 936.
HAYMAN Francis (1708-1776), peintre anglais, 196.
*HÉMON Louis, 252.
HENRI II Plantagenet (1133-1189), roi d'Angleterre, 894.
HENRI V (1387-1422), roi d'Angleterre, 389, 950.
HENRI VI (1421-1471), roi d'Angleterre, 955.
HENRI VII (1457-1509), roi d'Angleterre, 36, 184, 364, 901, 963.
HENRI VIII (1491-1547), roi d'Angleterre, 29, 37, 186, 253, 259, 364, 401, 568, 599, 851, 950, 999, 1043, 1110.
HERTFORD, lord, 439.
HOARE, sir Richard (1758-1838), banquier et amateur d'art et de jardins, 497.
HOBBES Thomas (1588-1679), philosophe anglais, 972.
HOBHOUSE (John CAM; 1786-1869), homme politique britannique, 948.
HOGARTH William (1697-1764), peintre britannique, 251, 289, 290, 941.
HOLBEIN Hans (1497-1543), peintre allemand, 143, 599.
HOLLAND, lord (Henry FOX; 1773-1840), homme politique britannique, 948.
HOMÈRE, poète épique grec, 245, 618, 620, 951.
HOPWOOD, peintre, 941.
*HUGO Victor, 23, 88, 161, 265, 1099, 1100.
HUXLEY Thomas (1825-1895), naturaliste et voyageur britannique, 309.

I-J-K

IRETON Henry (1611-1651), général anglais, 968.
JACQUES Ier (1566-1625), roi d'Écosse sous le nom de Jacques VI, puis d'Angleterre et d'Irlande, 130, 235, 593, 599, 776, 894, 902.
JACQUES II (1633-1701), roi d'Angleterre, 27, 29, 417, 464, 599, 704.
JACQUES L'ÉVENTREUR [JACK THE RIPPER], 1086, 1117.
JANE GREY. Voir GREY Jane.

JEAN SANS TERRE (1167-1216), roi d'Angleterre, 131, 387, 388, 402, 950, 1008-1009.
JOHN BULL. Voir BULL John.
JOHNSON Samuel (1709-1784), écrivain anglais, 483, 500, 585, 654, 972.
JONES Inigo (1573-1652), architecte anglais, 159, 221, 364, 496, 942.
KAMES, lord (Henry HOME; 1696-1782), avocat et critique écossais, 490.
KEAN Edmund (1787-1833), acteur britannique, 947.
KEATS John (1795-1821), poète britannique, 393.
KENT William (1685-1748), peintre et architecte anglais, 504, 505.
KINGSLEY Charles (1819-1875), écrivain britannique, 370, 371.
KNELLER, sir Godfrey (1649-1723), portraitiste, 968.
KNOX John (1505-1572), réformateur écossais, 599, 838.
KOCK Charles Paul de (1794-1871), écrivain français d'origine hollandaise, 876.

L

LABELYE Charles, architecte, 131, 132.
LABORDE Chas, peintre et graveur français du XXe siècle, 1087.
LA FAYETTE, marquis de (1757-1834), 948.
LA FONTAINE Jean de (1621-1695), poète français, 1050.
LAMARTINE Alphonse de (1790-1869), 779.
LAMB Charles (1775-1834), écrivain britannique, 1097.
LANDSEER, sir Edwin (1802-1873), peintre animalier anglais, 941.
LASCELLES Edmund, parlementaire, 45.
LA TOUR Maurice Quentin de (1704-1788), pastelliste français, 467.
LAUD William (1573-1645), prélat anglais, 968.
LAWRENCE, sir Thomas (1769-1830), peintre anglais, 613, 789.
LEDRU-ROLLIN Alexandre (1807-1874), homme politique français.
LEECH John (1817-1864), caricaturiste anglais, 61.
LELY sir Peter (1618-1680), portraitiste anglais, 968.
LE NÔTRE André (1613-1700), jardinier français, 194, 201, 461, 465, 490, 504.
LÉONARD DE VINCI (1452-1519), peintre, sculpteur et architecte italien, 938.
LIVERPOOL, lord (Robert BANKS JENKINSON, 1770-1828), homme politique britannique, 40.

1166   INDEX DES NOMS DE PERSONNES

LLEWELYN II AP GRUFFYD [LEVELLYN] († 1282), dernier Gallois prince de Galles, 566.
LORRAIN (Claude GELLÉE, dit LE; 1600-1682), peintre français, 127, 460, 491.
LOUDON John (1783-1843), jardinier anglais, 504, 505.
LOUGHBOROUGH, lord-chancelier (Alexander WEDDERBURN, 1er baron; 1733-1805), 482-483.
LOUIS XIV (1638-1715), roi de France, 783, 907, 968, 1002, 1065.
LOUIS XV (1710-1774), roi de France, 777, 968, 1002, 1046.
LOUIS-NAPOLÉON. *Voir* NAPOLÉON III.
LOUIS-PHILIPPE (1773-1850), roi des Français, 477.
LOVAT, lord (Simon FRASER; 1667-1747), jacobite écossais, 382.
LUBBOCK, sir John (1834-1913), homme politique anglais, 838.
LUCULLUS (106-57 av. J.-C.), général romain, 185, 647.
LULLY [LULLI] Jean-Baptiste (1532-1687), musicien italien naturalisé français, 929.
LYTTELTON [LITTLETON], lord George (1709-1773), 498.

M

MACAULAY Thomas Babington (1800-1859), historien et homme politique britannique, 287.
MACBETH (XIe s.), roi d'Écosse, 599, 664, 685.
MACDONALD, clan, 598.
MACGREGOR, clan écossais, 617, 620.
MACNAB, 616, 623.
MACPHERSON James (1736-1796), poète écossais, 615, 618.
MALTHUS Thomas Robert (1766-1834), économiste britannique, 382.
MANET Édouard (1832-1883), peintre français, 1100.
MANSFIELD, lord, 650.
MANZONI Alessandro (1785-1873), écrivain italien, 779.
MARCELLUS, vicomte de, diplomate, 39.
MARIE STUART (1542-1587), reine d'Écosse, 585, 593, 597, 612, 671.
MARLBOROUGH, duc de (John CHURCHILL; 1650-1722), général anglais, 28, 168, 452, 504.
MARTIN John (1789-1854), peintre et graveur anglais, dont les paysages visionnaires et apocalyptiques influencèrent profondément les romantiques français, 123, 261, 509, 597, 858.

MARX Karl (1818-1883), théoricien allemand, 1020.
MATHEW, père Theobald (1790-1856), prêtre irlandais apôtre de la lutte contre l'alcoolisme, 952.
MAURICE de Saxe (1696-1750), général français, 1052.
MAYNE, sir Richard, chef de la police, 213, 288.
MELVILLE, lord, 593, 594.
MENDELSSOHN Felix (1809-1847), compositeur allemand, 972.
*MERCIER Louis Sébastien, 16.
*MÉRY Joseph, 267, 841.
MEYERBEER Giacomo (1791-1864), compositeur allemand, 843.
MICHEL-ANGE (Michelangelo BUONARROTI; 1475-1564), sculpteur, architecte et peintre italien, 61, 138, 968.
MILLAIS John (1829-1896), peintre anglais, 61.
MILLINGHAM James, marchand, 1069.
MILTON John (1608-1674), poète anglais, 35, 37, 195, 609, 952, 963.
MOLIÈRE (Jean-Baptiste POQUELIN, dit; 1622-1673), auteur dramatique français, 610, 670, 948.
*MONTESQUIEU, 23, 610, 1052.
MONTROSE, marquis de (James GRAHAM; 1612-1650), gentilhomme écossais, 446.
MOORE Thomas (1779-1852), poète irlandais, 711, 716.
*MORAND Paul, 976.
MORE Thomas (1478-1535), chancelier d'Angleterre, 38.
MORGAN, lady Sydney (1775-1859), femme de lettres irlandaise, 427, 946.
MORRIS William (1834-1896), écrivain et peintre anglais, 1018.
MOZART Wolfgang Amadeus (1756-1791), compositeur autrichien, 58, 308, 915, 935, 936.
MURCHISON, sir Roderick (1792-1871), géologue écossais, 580.
MURILLO Bartolomé (1618-1682), peintre espagnol, 310, 938, 1033.
MUSKAU, prince Herman de PÜCKLER- (1785-1871), paysagiste allemand, 445, 446.
MUSSET Alfred de (1810-1857), écrivain français, 1099.
MYLNE Robert, architecte, 132.

N

NAPIER, sir Charles (1786-1860), amiral britannique, 952.
NAPOLÉON Ier (1769-1821), empereur des

Français, 267, 367, 447, 525, 559, 906, 1003, 1081.
NAPOLÉON III (1808-1873), empereur des Français, 100, 227, 900, 1046.
NELSON Horatio (1758-1805), amiral britannique, 159, 245, 519, 525, 592, 744, 900, 906, 907, 918, 952, 1030, 1046, 1065, 1069, 1105.
NEMOURS, duc de (1814-1896), prince français, 859.
NEWCASTLE, duc de, 483, 913.
NEWTON Isaac (1642-1727), physicien anglais, 37, 557, 907, 950, 952.
NITTIS Giuseppe de (1846-1884), peintre italien, 898.
*NODIER Charles, 635.
NORTHUMBERLAND, famille, 446.
NORTHUMBERLAND, Hugh, 2e duc de (1715-1786), 467, 849; Hugh, 3e duc de (1742-1817), 364, 452; Algernon, 4e duc de (1792-1865), 260, 479.
NOTTINGHAM, comte de (Daniel FINCH; 1647-1730), homme politique anglais, 287.

O

OCCAM [OKKAM] Guillaume d' (1285-1349), réformateur anglais, 972.
O'CONNELL Daniel (1775-1847), homme politique irlandais, 689, 700, 750, 752, 755, 1007, 1015.
OLDFIELD Mme, actrice anglaise, 944.
ORLÉANS, duc d' (Louis Philippe Joseph, dit « Philippe Égalité »; 1747-1793), 474.
ORSAY, comte Alfred d' (1801-1852), 783.
OSCAR, fils d'Ossian, héros du cycle épique de Macpherson, 618.
OSSIAN, barde écossais légendaire (IIIe s.), 585, 586, 607, 609, 615, 616, 617, 618, 619, 620, 621, 640, 644, 664, 673, 678, 688.
OTWAY Thomas (1652-1685), auteur dramatique anglais, 944, 1050.
OWEN Robert (1171-1858), théoricien socialiste britannique, 621.
OXFORD, comte d' (Robert HARLEY; 1661-1724), homme politique anglais, 988.

P-Q

PADDY, sobriquet du peuple irlandais, 690, 692, 697, 699, 724, 730, 731, 732, 733, 734, 736, 737, 738, 739, 748, 749, 1025.
PAGANINI Niccolo (1782-1840), violoniste italien, 289.

PALLADIO (Andrea DI PIETRO, dit, 1508-1580), architecte italien, 479, 556, 942.
PALMERSTON, lord (Henry TEMPLE; 1784-1865), 207, 241, 779, 859, 865, 1107.
PARKER, peintre anglais, 938.
PATRICK, saint (v. 385-v. 461), apôtre de l'Irlande, 691, 703, 704, 746.
PAXTON, sir Joseph (1801-1865), architecte britannique, 210.
PEEL, sir Robert (1788-1850), homme politique britannique, 751, 952.
PEMBROKE Henry, comte de (1693-1751), général et architecte anglais, 131.
PEMBROKE, lord, 496.
PENNANT Thomas (1726-1798), écrivain et voyageur britannique, 131.
PEPYS Samuel (1633-1703), mémorialiste anglais, 1072, 1100, 1103, 1111.
PERCY, famille, 446, 451.
PERCY Henry (1272-1315), gentilhomme anglais, 364.
PHIDIAS (Ve s. av. J.-C.), sculpteur grec, 149, 260, 937, 938, 939.
PICKWICK M., personnage de Dickens, 322, 827, 1072.
PISANO Nicola (v. 1215-1278) et son fils Giovanni (1248-1314), sculpteurs et architectes italiens, 556.
PITT William le Premier (lord CHATHAM; 1708-1778), homme politique britannique, 903, 1045.
PITT William le Second (lord CHATHAM; 1759-1806), fils du précédent, homme politique britannique, 34, 36, 38, 39, 132, 750, 911, 952, 972, 1009, 1012, 1045, 1070.
PLATON (v. 427-347 av. J.-C.), philosophe grec, 35, 638.
PLATT, constructeur et mécanicien, 538.
PLIMSOLL Samuel (1824-1898), homme politique britannique, 138.
POE Edgar Allan (1809-1849), écrivain américain, 63.
POPE Alexander (1688-1744), écrivain britannique, 28, 463, 473, 477, 483, 487, 488, 1049, 1050.
PORTLAND, duc de (William Henry CAVENDISH; 1738-1809), homme politique britannique, 405.
POTTER Paul (1625-1654), peintre néerlandais, 349, 485.
POUSSIN Nicolas (1594-1665), peintre français, 491, 938.
*PRÉVOST, abbé, 23.
PRINCE NOIR. *Voir* ÉDOUARD.
PROUDHON Pierre-Joseph (1809-1865), théoricien, 1072.
PUNCH M., « Polichinelle », 1072.

INDEX DES NOMS DE PERSONNES

Purcell Henry (1659-1695), compositeur anglais, 930.
Pusey Edward (1800-1882), théologien britannique, 964.
Pym John (1584-1643), homme d'État anglais, 968.
Quincey. *Voir* De Quincey Thomas.

R

Rabelais François (1494-1553) écrivain français, 16.
Racine Jean (1639-1699), poète dramatique français, 342, 936, 948, 1050.
Radcliffe Ann (1764-1823), femme de lettres anglaise, 1086.
Raglan, lord (Fitzroy James Somerset; 1788-1855), général anglais, 1107.
Raleigh, sir Walter (1554-1618), navigateur et écrivain anglais, 968, 972, 1111.
Ramsay Allan (1686-1758), poète écossais, 609.
Raphaël (Raffaello Sanzio; 1483-1520), peintre italien, 61, 333, 487, 588, 722, 938, 939, 963, 968.
Rembrandt (1606-1669), peintre hollandais, 135, 282, 480.
Renan Ernest (1823-1892), écrivain français, 1073.
Reni Guido (dit Le Guide; 1575-1642), peintre italien, 349.
Repton Humphrey (1752-1818), jardinier anglais, 505.
Reynolds, sir Joshua (1723-1792), peintre anglais, 625.
Riccio David (Davide Rizzio; 1533-1566), favori de Marie Stuart, 599, 671.
Richard Ier Cœur-de-Lion (1157-1199), roi d'Angleterre, 385.
Richard III (1452-1485), roi d'Angleterre, 186, 382, 448.
Richardson Samuel (1689-1761), écrivain anglais, 55, 352.
Richmond, duc de, 437, 744, 849.
Robert Ier Bruce (1274-1329), roi d'Écosse, 612.
Robertson, 75.
Robin des Bois [Robin Hood], héros légendaire du Moyen Âge anglais, 384, 385, 387.
Rob Roy, héros éponyme d'un roman de W. Scott, 612, 618, 636.
Rockingham, marquis de (Charles Wentworth; 1730-1782), 52.
Rosa Salvator (1615-1673), peintre italien, 491, 567, 580, 646.
Rossini Gioacchino (1792-1868), compositeur italien, 58, 586, 843, 1060.

Rothschild M. de, 121.
Roubiliac Louis-François (1705-1762), sculpteur français qui travailla en Angleterre, 196.
*Rousseau Jean-Jacques, 23, 609, 930, 972.
Rowlandson Thomas (1756-1827), peintre et caricaturiste anglais, 1087.
Rubens Pierre Paul (1577-1640), peintre flamand, 349, 938.
Ruskin John (1809-1900), critique d'art anglais, 1099.
Russell Scott (1808-1882), ingénieur écossais, 150.
Ruysdaël. *Voir* Van Ruisdaël.
Ryland, peintre, 941.

S

Saint-Évremond Charles de (1614-1703), écrivain français exilé en Angleterre, 31.
Saint-Simon Louis de (1675-1755), écrivain français, 18.
Saint-Pierre, abbé Charles de (1658-1743), théoricien politique français, 913.
Salisbury, lord (Robert Cecil; 1830-1903), homme politique britannique, 741.
Sassoon, sir Philip, homme de lettres, 1107.
Saxe, maréchal de. *Voir* Maurice de Saxe.
Schiller Friedrich von (1759-1805), écrivain allemand, 779.
Schumann Robert (1810-1856), compositeur allemand, 972.
Scott, sir Walter (1771-1832), écrivain britannique, 55, 363, 385, 386, 584, 585, 586, 588, 589, 590, 591, 595, 597, 598, 600, 609, 610, 611, 612, 613, 614, 618, 621, 652, 658, 669, 684, 688, 771, 914, 1060.
Shadwell Thomas (1642-1692), dramaturge anglais, 1086.
Shaftesbury, lord (Anthony Ashley Cooper, 7e comte; 1801-1885), homme politique britannique, 1012.
Shakespeare William (1564-1616), poète dramatique anglais, 34, 35, 58, 103, 125, 186, 204, 241, 250, 271, 297, 379, 392, 447, 472, 476, 483, 490, 650, 792, 922, 944, 945, 946, 947, 948, 949, 950, 951, 952, 953, 981, 1049, 1050, 1099.
Sharpe, constructeur de locomotives, 538.
Shaw George Bernard (1856-1950), écrivain irlandais, 975.
Shaw, filateur, 538.
Shelley Percy Bysshe (1792-1822), poète anglais, 204, 792, 972.
Shenstone William (1714-1763), poète et paysagiste anglais, 489, 498, 499, 500.

INDEX DES NOMS DE PERSONNES

SHERIDAN Richard Brinsley (1751-1816), homme politique et écrivain britannique, 766, 1107.
SHREWSBURY, lord (Charles TALBOT; 1660-1718), homme politique anglais, 382.
SIDDONS Sarah (1755-1831), tragédienne anglaise, 937.
SIDNEY, anarchiste, 1114.
SIDNEY, famille, 364.
SISMONDI Jean Charles (1773-1842), économiste suisse, 777.
SOMERSET, duc de (XVIIe-XVIIIe s.), 430; (Edward SEYMOUR; 1804-1885), 242.
SOUFFLOT Germain (1713-1780), architecte français, 942.
SOUTHCOTE Philip (1698-1758), paysagiste anglais, 483.
SOUTHEY Robert (1774-1843), écrivain britannique, 395, 397.
STAMFORD, lord, 537.
STANHOPE James, comte de (1673-1721), général anglais, 488.
*STENDHAL, 23, 205, 1102.
STEPHENSON Robert (1803-1859), ingénieur anglais, 711.
STERNE Laurence (1713-1768), écrivain britannique, 16, 488, 872, 1081.
STEVENSON Robert-Louis (1850-1894), écrivain britannique, 1085.
STEWART Dugald (1753-1828), philosophe écossais, 600.
STRAFFORD, comte de (Thomas WENTWORTH; 1593-1641), homme d'État anglais, 446.
STRANGE, peintre, 941.
STUARTS, dynastie, 417, 464, 620, 650, 678, 901, 904.
SUE Eugène (1804-1857), écrivain français, 1088.
SURREY, comte de (Henry HOWARD; 1518-1547), 364.
SUTHERLAND, duc de, 665.
SWIFT Jonathan (1667-1745), écrivain irlandais, 972.

T

*TAINE Hippolyte, 319, 899.
TALBOT, famille, 381.
TALLIS Thomas (1505-1585), compositeur anglais, 930.
TEMPLE, lord (Richard GRENVILLE; 1711-1779), 463, 468.
TEMPLE, sir William (1628-1699), diplomate et philosophe anglais, 429.
TÉNIERS David (1610-1690), peintre flamand, 319, 938.
TENNYSON Alfred (1809-1892), poète britannique, 228, 395, 713, 792, 971.
THACKERAY William (1811-1863), écrivain britannique, 868.
THOMASSON [THOMASON], industriel, 521, 522, 524, 525.
THOMPSON Francis (1859-1907), poète anglais, 204.
THOMSON James (1700-1748), poète écossais, 609.
TOWNELET M., 165.
*TRISTAN Flora, 252.
TROLLOPE Frances (1780-1863), femme de lettres anglaise, 268.
TURGOT Anne Robert Jacques de (1727-1781), homme d'État français, 329.
TURNER William (1775-1851), peintre anglais, 103, 921, 940, 1073, 1098, 1100.
TYLER Wat († 1381), agitateur anglais, 80.

V

*VALLÈS Jules, 252.
VAN DER NEER Aert (1603-1677), peintre hollandais, 480.
VAN DYCK (1599-1641), peintre flamand, 261, 968.
VAN RUISDAËL Jacob (1628-1682), peintre néerlandais, 350.
VÉLASQUEZ (1599-1660), peintre espagnol, 938.
VICTORIA (1819-1901), reine de Grande-Bretagne et d'Irlande, impératrice des Indes, 100, 127, 161, 214, 241, 251, 344, 509, 665, 666, 683, 819, 855, 1007, 1015, 1017, 1100.
VIRGILE (v. 70-19 av. J.-C.), poète latin, 607, 976.
VOLAIRE Pierre Jacques (1729-1802), peintre français, 607.
VOLNEY Constantin de (1757-1820), philosophe français, 654.
*VOLTAIRE, 23, 278, 757, 829, 887, 948, 978, 1050, 1072, 1111.

W-Y

WALLACE William (1270-1305), héros écossais, 22, 585, 608, 679.
WALPOLE Horace (1717-1797), écrivain et dilettante britannique, 364, 365, 449, 487, 490.
WARWICK, comte de (Henri de NEUBOURG; XIe siècle), compagnon de Guillaume le Conquérant, 444.
WARWICK, comte de (Richard NEVILLE, dit

le « faiseur de rois »; 1428-1471), 446, 447.
WASHINGTON George (1732-1799), homme d'État américain, 912.
WAT. *Voir* Wat TYLER.
WATT James (1736-1819), ingénieur britannique, 560, 561.
WATTS George (1817-1904), peintre et sculpteur anglais, 61.
WAUGH Evelyn (1903-1966), romancier britannique, 1102.
WELLINGTON (Arthur WELLESLEY, duc de; 1769-1852), général britannique, 41, 94, 207, 245, 665, 744, 951, 952, 972, 1003, 1008, 1015, 1046, 1062, 1064, 1066, 1068.
WESLEY Charles (1757-1834) et Samuel (1766-1837), compositeurs et organistes anglais, 992.
WEST Benjamin (1738-1820), peintre anglais d'origine américaine, 991.
WESTMINSTER, marquis de, 437, 439.

WHISTLER James (1834-1903), peintre américain qui travailla en Angleterre, 127.
WILBERFORCE William (1759-1833), homme politique britannique, 911, 912, 951.
WISE Henry (1653-1738), jardinier anglais, 505.
WOLSEY Thomas (1475-1530), cardinal, 364, 487.
WOOLLETT, artiste et graveur anglais du XIXe siècle, 941.
WORDSWORTH William (1770-1850), poète anglais, 204, 393, 395, 396, 397, 669.
WREN, sir Christopher (1632-1723), architecte anglais, 203, 364, 519, 942, 963, 1109.
WYATT James (1746-1813), architecte anglais, 365.
WYCLIFFE [Wickliffe] John (v. 1330-1384), réformateur anglais, 968, 972.
YOUNG Edward (1681-1765), poète anglais, 392.

Index des noms de lieux

A

ABBEVILLE, 71.
ABBOTSFORD, 586, 595, 611 ; abbaye d', 612.
ABERDEEN, 666, 685, 687.
ABERDOWER, 769.
ABERYSTWYTH, 572.
ABINGDON, 973.
ACHARN, cascades de, 666.
ACHRAY, loch, 620.
ALLYN, lough, 700.
ALNWICK, château d', 364, 451, 894.
AMBLESIDE, 395, 396, 397.
AMIENS, 71, 104, 361.
ANGLESEY [ANGLESEA], île d', 573, 576, 577, 578, 584.
ANTRIM, 711.
ARAN, îles d', 711.
ARGYLE, 619.
ARMORIQUE, 565, 574, 575, 582.
ARUNDEL, château d', 364.
ASCOT, 845, 855, 870.
ATHLONE, 700.
ATHOLL, 666.
AUCHMORE, 666.
AVON, rivière, 445, 446, 447, 563.
AXMINSTER, 222, 223.

B

BALLEY CASTLE, 706, 707.
BALLYCASTLE, 688.
BANGOR, 574, 576, 577, 578.
BANTRY, 726.
BARNSTAPLE, 94.
BASSES TERRES [LOWLANDS], 610.
BATH, 19, 21, 345, 347, 391, 412, 413, 415, 416, 417, 418, 419, 420, 421, 423, 460, 497, 1049.
BEAUMARIS, 576, 577.
BEDFORDSHIRE, 348.
BELFAST, 605, 690, 705, 708.
BIRMINGHAM, 19, 21, 22, 359, 360, 498, 510, 511, 513, 514, 515, 517, 518, 519, 520, 521, 522, 523, 524, 525, 528, 529, 535, 542, 558, 560, 561, 562, 563, 574, 579 ; canal de, 381, 516, 1065.
BIRNAM, forêt de, 650.
BLAIR ATHOLL, 650, 677.
BLENHEIM, château de, 428, 452, 460, 463, 503, 504, 505, 506.
BODMIN, 371.
BOULOGNE, 67, 69, 71, 77, 86, 91, 99, 100, 212, 1075, 1076, 1080.
BOURGOGNE, 353.
BOWDON, 537.
BRAEMAR, château de, 683.
BRATHAY, rivière, 396.
BRECKNOCK, 568.
BRECON BEACONS, 583.
BRETAGNE, 39, 82, 170, 247, 350, 357, 365, 369, 575, 579, 583, 633 ; (BASSE-), 350, 633.
BRIGHTON [BRIGHTHELMSTONE], 19, 46, 67, 76, 99, 241, 243, 333, 337, 340, 413, 420, 421, 423, 424, 425, 426, 427, 1062, 1078, 1103.
BRISTOL, 19, 20, 21, 22, 322, 344, 345, 347, 412, 449, 460, 485, 513, 516, 518, 520, 562, 563, 567, 846.
BROOMSGROVE, 510, 511, 518, 520.
BUCKINGHAMSHIRE, 348, 463.
BUTE, île de, 639.
BUXTON, 50.

C

CADER IDRIS, 572.

CAERMARTHEN, 567, 568, 584, 729.
CAERNARVON, 573.
CAERN-Y-DAVID, pic, 579.
CALAIS, 29, 38, 43, 44, 53, 54, 66, 67, 69, 70, 73, 75, 77, 83, 99, 104, 236, 328, 1075, 1076, 1079, 1083, 1094, 1095, 1100.
CALÉDONIE, 586, 617, 618, 621, 688.
CALÉDONIEN, canal, 22, 649, 668.
CALLANDER [CALLENDER], 620, 634.
CAM, rivière, 963.
CAMBERWELL, 120, 1103.
CAMBRIDGE, 19, 35, 358, 359, 364, 713, 892, 896, 913, 916, 922, 954, 956, 960, 962, 964, 965, 974, 976, 977, 988.
CAMBRIE, 574, 582.
CANTORBÉRY [CANTERBURY], 39, 56, 207, 323, 325, 361, 932, 933, 1075, 1079, 1080; monastère Saint-Augustin, 362.
CAPEL CURIG, 574.
CAPPOQUIN, 720, 726.
CARDIFF, 570.
CARDIGAN, 571 ; baie de, 581.
CARLISLE, 50, 51, 360, 393, 586.
CARRON, rivière, 607.
CARTHAGE, 109, 127, 140, 1077.
CASTLETON, 383.
CHAMPAGNE, 82, 353, 360.
CHATHAM, 325, 400, 906.
CHATSWORTH, château de, 428, 443.
CHAUSSÉE DES GÉANTS [GIANT'S CAUSEWAY], 692, 705, 706, 709, 710, 711.
CHELTENHAM, 19, 423, 426.
CHEPSTOW, 567.
CHERBOURG, 102, 911.
CHERWELL, rivière, 792, 976.
CHESTER, 351, 361, 390, 513, 584, 894.
CHESTERFIELD, canal de, 557.
CHESTERSHIRE, CHESHIRE, 351, 556, 894.
CHISWICK, 465, 470, 479, 489.
CLARE, 700, 715.
CLEE HILLS, 583.
CLONMACNOISE, 714.
CLONMEL, 721.
CLONTARF, 751.
CLOVELLY, 370, 371.
CLYDE, rivière, 22, 601, 602, 605, 606, 616, 621, 634, 635, 636, 638, 673, 700.
COALBROOK DALE, 512.
COLERAINE, 709.
COLWITH, cascade, 396.
CONISTON, lac de, 395.
CONNEMARA, 730.
CONWAY, 578.
CORA LINN, CORRA-LYN, chute de, 635, 673.
CORK, 690, 696, 721, 728, 741, 952.
CORNOUAILLES [CORNWALL], 235, 347, 365, 367, 369, 449, 561, 584, 623, 1103.

COTSWOLDS, 352.
COWES, 449.
CRAYFORD, 401.
CRICKHOWELL, 568, 569.
CROYDON, 1101.
CULLODEN, bataille de, 585, 649.
CUMBERLAND, 18, 51, 352, 383, 393, 579, 894.
CUSHENDALL, 709.

D

DALKEY, 722.
DALMALLY, 615.
DARLINGTON, 555.
DARTFORD, 325.
DARTMOOR, prison de, 1108.
DEE, rivière, 381, 574.
DENBIGH, 463, 464.
DEPTFORD, 120.
DERBY, 50, 352.
DERBYSHIRE, 288, 384, 385, 437, 448, 483, 485, 770.
DERG, DERGH, lough, 700, 702, 704.
DERWENT, rivière, 448.
DERWENTWATER, lac, 397, 398.
DEVON, DEVONSHIRE, 347, 365, 369, 370, 371, 449, 583, 584, 712.
DIEPPE, 63, 67, 77, 79, 99, 106, 426, 1075, 1078.
DOLGELLY, 572, 573.
DONCASTER, 994.
DOUVRES, 19, 29, 38, 42, 44, 53, 56, 59, 66, 67, 68, 69, 70, 71, 72, 73, 75, 78, 83, 93, 99, 105, 122, 123, 322, 325, 350, 375, 376, 440, 1075, 1078, 1079, 1082, 1094, 1095, 1100.
DOVE, rivière, 46 ; vallée de la [DOVEDALE], 462.
DROGHEDA, 22, 1023.
DRYBURGH, 614.
DUBLIN, 22, 417, 575, 605, 705, 711, 718, 719, 732, 742, 743, 744, 745, 751, 752, 754, 861, 1023, 1065.
DUDLEY, château de, 463, 539, 542.
DUMBARTON, 631, 638, 645.
DUNGARVAN, 724, 725, 726.
DUNKELD, 649, 650, 664, 667, 677.
DUNKERQUE, 58, 69.
DUN LAOGHAIRE [*anc.* KINGSTOWN], 722, 732, 736, 742, 745.
DURAS, 711, 712, 714.
DURHAM, 21 ; comté de, 555.

E

EARN, loch, 633.

INDEX DES NOMS DE LIEUX

EASTBOURNE, 426.
ÉCOSSE, 16, 20, 22, 29, 45, 48, 50, 225, 293, 295, 334, 350, 352, 358, 359, 360, 365, 383, 391, 393, 555, 568, 577, 581, 582, 584, 585-688 *passim*, 697, 700, 710, 713, 782, 835, 894, 895, 904, 934, 980, 1061.
ÉDIMBOURG, 21, 22, 45, 46, 48, 50, 55, 417, 500, 534, 550, 558, 584, 591, 592, 597-600, 610, 615, 646, 650, 666, 671, 672, 682, 685, 687, 776, 861, 943, 947, 1069; Bridewell, 595; Calton Hill, 592, 595, 596, 597, 600, 602, 605; Canongate, 595, 598; Castle [château], 598; Castle Street, 595; Charlotte (place), 593; Georges Street, 593; Holyrood (château de), 585, 596, 598, 665, 671; Nelson (colonne), 592, 596; North Loch, 592, 597, 600; Prince's Street, 591, 592, 593, 598; Queen Street, 593; Saint-André (place), 593; Saint-Gilles (cathédrale), 592; Salisbury Craigs, 591, 599; Waterloo (place), 592.
EILDON, monts, 614.
ELTERWATER, lac d', 397.
ENNIS, 715.
EPPING, 318.
EPSOM, 438, 827, 845, 850, 851, 853, 854, 855, 856, 858, 863, 864, 865, 866, 867, 868, 870, 876, 879, 880, 881, 994.
ÉRIN. *Voir* IRLANDE.
ESK, rivière, 587.
ESSEX, 374.
ETON, 482, 896, 897, 954, 955, 957, 958, 959, 1106.
ETTRICK, rivière, 588, 895.
EXETER, 361.

F

FAIRHEAD, cap de, 706, 709.
FIFESHIRE, 595.
FINE, loch [lac BEAU], 619, 639.
FLANDRE, 68, 180, 196, 379, 659.
FOLKESTONE, 67, 95, 96, 99, 122, 212, 376, 1080, 1082, 1097.
FORT AUGUSTUS, 632, 648.
FORTH, rivière, 22, 595, 630, 631.
FORT WILLIAM, 632.
FOUNTAINS ABBEY, 364.

G

GALLES, pays de [WALES], 290, 359, 381, 383, 407, 441, 562, 565-585, 633, 698, 776, 934.

GALWAY, 700, 711.
GARSTANG, 391.
GATESHEAD, 556.
GATESIDE, 392.
GLAMORGAN, comté de, 570.
GLASGOW, 21, 22, 558, 561, 562, 591, 592, 601-606, 616, 631, 639, 645, 647, 649, 659, 666, 672, 674, 705, 767, 943, 1069; Argyle Street, 601; Nelson (obélisque de), 601; Trongate, 605, 606.
GLASTONBURY, abbaye de, 364.
GLENGARIFF, 726, 727.
GLENGARRY, château de, 648.
GLOUCESTER, 380, 516.
GLOUCESTERSHIRE, 364, 380.
GOODRICH, château de, 569.
GOYLE, loch, 619.
GRAMPIAN, monts, 584, 683.
GRANTHAM, 557.
GRASMERE, lac de, 395, 397, 398.
GRAVESEND, 29, 73, 101, 132, 150, 158, 374, 375, 399, 1075.
GREENOCK, 22, 688.
GREENWICH, 25, 33, 34, 101, 102, 120, 127, 130, 133, 134, 150, 153, 154, 155, 156, 157, 158, 159, 242, 244, 311, 468, 822, 906, 1069, 1103, 1111, 1112.
GRETNA GREEN, 46, 589.
GRIS-NEZ, cap, 1095, 1100.
GRONGAR HILL, 583.
GUERNESEY, île de, 952.
GUILDFORD, 358, 847, 848.

H

HAGLEY, 460, 463, 489, 498, 499.
HALIFAX, 527.
HAMPSHIRE, 365, 421.
HAMPTON COURT, 130, 158, 227, 472, 477, 478, 481, 486, 487, 886, 1110; château de, 364, 464, 477.
HARROW, 896, 957, 958, 959, 1106.
HASTINGS, 421, 426; bataille de (1066), 76.
HAUTES TERRES. *Voir* HIGHLANDS.
HAVERFORD WEST, 567, 572.
HAWICK, 586.
HÉBRIDES, îles, 616, 659, 662, 681, 683, 710.
HELWELLYN, mont, 397.
HENLEY, 501, 502, 1110.
HEREFORD, cathédrale de, 365.
HEREFORDSHIRE, 584.
HERNE BAY [HERNEBY], 94.
HERTFORD, 348.
HIGHLANDS [HAUTES TERRES], 586, 606, 610, 639, 650, 661, 665, 682, 935, 941.
HODNEY, rivière, 568.

HOLLANDE [NÉERLANDE]. *Voir* PAYS-BAS.
HOLYHEAD, 573, 575, 711.
HORSELEY, 522, 1023.
HULBERSTON, 567.
HUMBER, rivière, 517.

I-J

ILAM, 384.
INNISFALLEN, 698, 699, 716.
INVERARY, 619; château d', 365, 625.
INVERNESS, 649, 659, 668, 894.
IRK, rivière, 529.
IRLANDE [« ERIN »], 16, 22, 125, 207, 272, 278, 279, 290, 313, 360, 367, 552, 577, 581, 606, 660, 688, 689-756 *passim*, 865, 902, 903, 917, 934; mer d', 391, 691.
IRVEL, IRWELL, rivière, 526, 529.
ISIS, rivière, 792, 960, 976, 977.
ISLEWORTH, 849.
JEDBURGH, abbaye de, 614.

K

KATRINE, KATHERINE, loch, 241, 620, 641, 649, 668.
KELSO, abbaye de, 614.
KEN, rivière, 392.
KENDAL, 50, 392.
KENILWORTH, château de, 363.
KENMORE, 664, 665, 666.
KENT, 86, 373, 374, 398, 400, 401, 402, 421, 1100.
KERRY, 696, 728.
KESWICK, 51, 397, 398.
KETTERING, 49.
KEW, 130; jardins de [KEW GARDENS], 466, 467, 470, 471, 472, 481, 489, 836.
KIDDINGTON, 505.
KILKENNY, 22, 567.
KILLALA, 714.
KILLALOC, 700.
KILLARNEY, 574, 698, 714, 715, 726, 748; lacs de, 241, 699, 715.
KILLIN, 620, 666.
KILMACDUAGH, 713.
KINGSTON, 866.
KINGSTOWN. *Voir* DUN LAOGHAIRE.
KIRKSTALL, abbaye de, 364.

L

LACS, Pays des [LAKE DISTRICT], 347, 393.
LANARK, 22, 591, 616, 634, 673.

LANARKSHIRE, 688.
LANCASHIRE, 73, 559, 562, 828.
LANCASTER, 391, 392, 393, 394, 558.
LANDAFF, 579.
LAND'S END, 579.
LANGDALE, 395, 396, 397.
LANRWST, 381.
LEAMINGTON, 426.
LEASOWES, 460, 498, 499, 500.
LEEDS, 19, 524, 526, 527, 557; canal de, 391.
LE HAVRE, 56, 67, 80, 86, 99, 134, 1064.
LEICESTER, 50.
LEICESTERSHIRE, 49.
LEITH, 592, 596.
LEITRIM, 700.
LENERCOST, abbaye de, 364.
LEVEN, loch, 667.
LICHFIELD, cathédrale de, 365.
LIFFEY, rivière, 744.
LIMERICK, 696, 700, 715, 721.
LINCOLNSHIRE, 407.
LISMORE, 726, 728, 729.
LIVERPOOL, 19, 80, 295, 322, 340, 341, 343, 346, 359, 360, 513, 516, 524, 525, 526, 527, 528, 532, 534, 535, 537, 558, 561, 562, 605, 727, 798, 861, 981, 982, 1024, 1027, 1028, 1029, 1031, 1065, 1069.
LLANDAFF, 570.
LLANDOVERY, 568.
LLANGOLLEN, 381, 574, 576.
LOMOND, Ben, 586, 618, 630, 631, 640, 641, 642, 643, 645, 670.
LOMOND, loch [*anc.* LYNCALIDOR], 617, 618, 631, 636, 640, 643, 644, 649.
LONDONDERRY, 688.
LONDRES, 16, 17, 20, 22, 23, 25, 26, 27, 29, 30, 31, 32, 33, 34, 35, 38, 39, 40, 42, 44, 45, 46, 48, 51, 52, 55, 56, 57, 58, 59, 61, 63, 64, 65, 67, 73, 74, 77, 79, 80, 83, 87, 91, 92, 94, 95, 96, 99, 100, 101, 103, 105, 109-320 *passim*, 321, 324, 326, 327, 333, 337, 340, 344, 347, 349, 350, 352, 357, 372, 374, 389, 605, 620, 627, 671, 672, 685, 687, 700, 706, 711, 713, 727, 742, 744, 746, 752, 758, 767, 776, 779, 781, 783, 784, 787, 793, 798, 800, 802, 804, 806, 808, 813, 821, 823, 826, 833, 840, 841, 847, 850, 856, 860, 864, 866, 877, 897, 899, 912, 913, 914, 915, 926, 927, 929, 931, 934, 937, 990, 1001, 1002, 1035, 1042, 1052, 1056, 1057, 1059, 1060, 1062, 1069, 1075, 1076, 1077, 1081, 1088, 1089, 1091, 1094, 1100, 1101, 1102, 1107, 1108, 1109, 1112, 1113; Adelphi, 221, 284; Albany Street, 209; Aldgate, 313, 314,

INDEX DES NOMS DE LIEUX 1175

315; Aldwych, 1101, 1109; Athenaeum, 480; Bainbridge, 278, 279; Banque, 184, 185; Battersea, 120, 1103; Bedlam (asile), 247, 1027; Belgravia, 242, 315, 1097, 1104, 1105; Bermondsey, 197, 309; Bethnal Green, 119, 1103; Big Ben, 161, 1109; Bishopsgate, 293, 314; Black Friars (pont de), 130, 132; Black Heath, 39, 846; Blackwall, 158, 856; Bloomsbury, 255, 1102; Bond Street, 161, 174, 288, 315, 1106, 1107; Bow Street, 277; Brick Lane, 314; Bridewell, 1038; British Museum, 245, 747, 922, 937, 1093, 1114; Brompton Road, 211; Buckingham Palace, 161, 207, 820, 1015, 1016, 1098; Burlington, 185; Butcher's Row, 315; Cable Street, 313; Carlton House, 258; Carlton Palace, 201; Carlton Terrace, 259, 260; Cavendish Square, 205-206; Charing Cross, 217, 258, 265, 266, 313, 856, 985, 1098; Charles Street, 306; Cheapside, 185, 254, 255, 268; Chelsea, 35, 120, 196, 483, 821, 1087, 1102, 1103, 1111, 1112; City, 26, 36, 85, 112, 114, 117, 118, 131, 132, 140, 141, 162, 171, 179, 180, 184, 185, 217, 230, 242, 243, 244, 253, 255, 267, 268, 299, 313, 820, 840, 841, 844, 856, 857, 1062, 1070, 1073, 1084, 1091, 1092, 1101, 1103, 1111, 1112; Clapham, 1103; Clerkenwell, 289; Cold Bath, 278, 1042; Commerce (bassin du), 141; Commercial Road, 313, 314, 1085, 1086; Constitution Hill, 1018; Covent Garden (théâtre), 58, 105, 146, 289, 822, 855, 945, 946, 948, 991, 1102, 1103; Coventry Street, 171; Crystal Palace, 105, 206, 207, 210, 295, 825; Curzon Street, 1107; Devonshire House, 1101; Dorchester House, 1101, 1107; Drury Lane, 258, 266; Drury Lane (théâtre), 58, 146, 258, 266, 289, 789, 822, 945, 946, 991; East End, 127, 252, 309, 311, 314, 316, 318, 319, 1016, 1091, 1092, 1093, 1104; East India (docks), 141; Field Lane, 279, 280, 281; Fleet Street, 179, 185, 840, 1016, 1101; Fulham, 1087, 1103; Golder's Green, 1101; Gray's Inn (jardins), 32; Green Park, 194, 200; Grosvenor House, 1101, 1107; Grosvenor Square, 182, 185; Guild Hall, 820, 840, 1020, 1069; Hackney, 1103; Hammersmith, 467, 1103; Hampstead, 40, 478, 913, 1103; Haymarket, 269, 283, 284; High Holborn, 188; Holborn, 255, 289; Holborn Hill, 280; Horton, 119; Houndsditch, 309, 315, 1103; Hyde Park, 36, 41, 42, 120, 121, 124, 182, 194, 195, 200, 201, 202, 203, 205, 206, 208, 214, 226, 227, 230, 241, 250-251, 260, 279, 286, 482, 498, 744, 781, 782, 852, 1064, 1066, 1067, 1068, 1084, 1087, 1098, 1100, 1113; Hyde Park Corner, 791, 874, 1106; Isle of Dogs [île des Chiens], 141, 151, 1088, 1091, 1113; Islington, 119, 305, 1103; Kensington, 36, 124, 195, 203, 215, 287, 783, 1100, 1103; Kensington (jardins de), 23, 41, 42, 43, 201, 202, 465; Kensington (palais de), 203, 287, 473; Kent Road, 265; Kingsway, 1101; Knightsbridge (caserne de), 203; Lambeth, 130, 1103; Leaden Hall Street, 254; Leather Lane, 289; Leeds Street, 281; Leicester Square, 109, 119, 171, 175, 313; Leman Street, 313, 314; Lime House, 119, 139, 1085, 1088, 1089, 1111, 1113; Lincoln's Inn (jardins), 31, 32; London Bridge, 33, 93, 125, 129, 131, 132, 191, 213, 227, 283, 1077, 1110; Manchester Square, 208; Mansion House, 217, 309, 820; Marble Arch, 1099; Marylebone, 277; Mayfair, 315, 1087, 1106, 1107; Middlesex Street, 314, 315; Mile End, 314, 318; Milwall, 150; Mint (Monnaie), 144; Monmouth (rue de), 272; New Bond Street, 174; Newgate (prison), 166, 190, 280, 1038, 1040, 1041, 1042, 1043, 1044; Old Montagne Street, 314; Osborne Street, 309, 314; Oxford Street, 119, 120, 174, 186, 255, 274, 279, 282, 286, 287, 601, 833, 1053, 1100, 1101, 1107; Paddington, 119, 1098, 1103; Pall Mall, 114, 170, 185, 186, 201, 265, 784, 941; Park Lane, 1101, 1107; Parlement (palais de Westminster), 161, 165, 183, 241, 245, 750, 942, 943, 998, 999, 1000, 1015, 1054, 1109; Penny Fields, 1085, 1088, 1089, 1108, 1113; Petticoat Lane, 273, 315, 1092, 1112, 1114; Piccadilly, 112, 125, 174, 195, 200, 206, 211, 215, 227, 265, 271, 274, 284, 287, 288, 315, 337, 411, 476, 782, 784, 856, 1101, 1102, 1105, 1106, 1107, 1113; Piccadilly Circus, 161, 313, 1087; Poplar, 1085, 1087, 1088, 1091, 1103, 1105, 1108; Portland Place, 39, 40, 57, 185; Portland Street, 833; Primrose Hill, 40, 201, 889, 913; Quadrant, 258; Queen Victoria Street, 307, 309; Ranelagh (parc), 161, 165, 196, 197, 929, 1050; Regent's Park, 40, 114, 198, 201, 204, 889; Regent Street, 114, 122, 161, 185, 227, 258, 260, 286, 427, 783, 784, 1101, 1105, 1112; Rotten Row, 230, 241; Royal Exchange (Bourse), 184, 262,

268, 980; Saint-Giles, 252, 272, 274, 279; Saint-James (palais), 27, 31, 165, 193, 199, 259, 260, 271, 910, 933, 999, 1066, 1068, 1089, 1106; Saint-James (parc), 31, 32, 57, 112, 165, 193, 194, 195, 199, 200, 201, 204, 217, 234, 254, 258, 265, 480, 764, 909, 915, 1050; Saint-James (square), 31; Saint-James Street, 862; Saint-Katherine (docks), 141, 144, 294, 1117; Saint-Martin (église), 990; Saint-Mary Colechurch, 131; Saint-Mary-le-Bone (église), 991, 992; Saint-Paul (cathédrale), 25, 30, 31, 56, 112, 113, 122, 131, 148, 161, 183, 184, 186, 190, 209, 234, 245, 260, 268, 349, 372, 486, 519, 535, 856, 929, 930, 931, 932, 942, 1045, 1092; Saint-Sauveur, 190; Savoy (hôtel), 1087, 1109; Scotland Yard, 1114; Serpentine (rivière), 121, 203, 204, 208, 215, 241, 498, 899; Session House, 166; Shadwell, 294, 309, 313; Smithfield, 793; Soho, 249, 1093; Soho Square, 31; Somerset House, 122, 166, 221, 234, 245, 1109; Southwark, 130, 131, 143, 235, 1077, 1103; Southwark (pont de), 191, 843; Spitalfields, 289; Strand, 17, 57, 121, 125, 164, 166, 227, 244, 265, 281, 283, 427, 798, 977, 1016, 1062, 1086, 1092, 1100, 1101, 1109, 1111, 1112; Streatham, 1103; Suffolk Street, 30; Temple, 217; Temple Bar, 268; Tooting, 1103; Tottenham Court Road, 39; Tour, 30, 34, 112, 140, 141, 142, 144, 161, 162, 184, 186, 187, 856; Tower Bridge, 311; Trafalgar Square, 161, 206, 260, 856, 1016, 1101; Trinity Almhouses, 315; Tyburn, 167, 1035, 1039; Vauxhall, 161, 167, 168, 195, 196, 197, 770, 929, 1050; Vauxhall (pont de), 87, 856; Victoria (gare), 105, 217, 393, 876, 1098; Victoria (parc), 319; Wapping, 289, 292, 293, 294, 1108, 1117; Waterloo (place), 114, 260; Waterloo (pont de), 245, 262, 267, 1109; Waterloo (rue), 262, 263; Waterloo Station, 871; Wembley, 1101; Wentworth Road, 309; West End, 117, 118, 124, 197, 219, 228, 229, 230, 241, 262, 289, 293, 318, 319, 437, 1091; West India (docks), 119, 140, 141, 1088, 1091, 1114; Westminster, 34, 36, 112, 127, 129, 131, 159, 162, 194, 217, 235, 253, 786, 807, 839, 856, 954, 1111; Westminster (abbaye de), 35, 38, 122, 148, 161, 168, 183, 184, 184, 195, 197, 199, 201, 204, 206, 235, 241, 259, 907, 942, 945, 951, 985, 1018, 1019, 1069; Westminster (pont de), 130, 132, 154, 171, 260, 843, 906; Whitechapel, 252, 268, 306, 309, 313, 314, 315, 319, 823, 1086, 1091, 1112, 1114, 1115; Whitehall, 112, 194, 197, 213, 265, 302, 856, 914, 1099.
LONG, loch, 619.
LONGFORD, 700.
LONGLEAT, 460.
LONGMYND, 581.
LOUGHRIGG FELLS, monts, 396.
LOYNE, rivière, 392.
LUDLOW, 583.
LYNCALIDOR. *Voir* LOMOND.
LYNN, 47, 48.

M

MADELEY, 512.
MADRON, 367.
MAIDSTONE, 375, 399, 400, 401, 402.
MALLOW, 715.
MANCHESTER, 19, 22, 322, 340, 343, 352, 360, 393, 394, 510, 516, 524, 525, 526, 527, 528, 529, 532, 533, 534, 535, 536, 537, 538, 558, 560, 561, 562, 563, 605, 727, 767, 861, 865, 1024, 1030.
MANSFIELD, 384, 387.
MARGATE, 93, 375, 420, 421, 422, 425.
MARLOW, 131.
MATLOCK, vallée de, 382, 383.
MAW, rivière, 573.
MEDLOCK, rivière, 529.
MEDWAY, rivière, 325, 375, 401.
MELROSE, 611; abbaye de, 614.
MENAI, rivière, 576, 577, 578; pont de, 573, 578, 711.
MERIONETHSHIRE, 572.
MERSEY, rivière, 516, 525, 561, 1024.
MIDDLESEX, 840.
MIDLANDS, 460, 539.
MILFORD HAVEN, 571.
MOFFAT, 51, 591.
MONMOUTH, 568, 913.
MONTGOMERY, 579.
MORTLAKE, 978.
MORWEN, terre de, 652.
MOUNT-EDGECUMBE, 371, 372.
MOUNT SURREY, château de, 364.
MOUSEHOLE, 366, 367, 368.
MULL, île de, 652, 653, 658, 711.

N-O

NESS, loch, 648, 649.
NETLEY, abbaye de, 362, 364.
NEWARK, 557.

INDEX DES NOMS DE LIEUX 1177

NEWCASTLE, 21, 360, 510, 539, 542, 543, 544, 546, 547, 550, 553, 556, 557, 562, 590, 1023.
NEWHAVEN, 63, 67, 101, 106, 440.
NEWLYN, 366, 367, 368, 369.
NEWMARKET, 28, 46, 455, 845, 846, 848, 849, 850, 851, 853, 854, 855, 862, 994, 1049, 1050.
NEWPORT, 570.
NONSUCH, château de, 364.
NORFOLK, 47, 712, 994.
NORMANDIE, 82, 360, 690; (BASSE-), 350.
NORTHAMPTON, 47, 352.
NORTHUMBERLAND, 347, 452-453, 590, 894.
NORWICH, 364.
NORWOOD, 478.
NOTTINGHAM, 49, 306, 384, 388, 557, 913.
NOTTINGHAMSHIRE, 386, 405.
NUNEHAM, château de, 502.
OATLANDS, 483, 485, 489.
OBAN, 652, 653, 658, 659, 668.
ORMSKIRK, 391.
OSWESTRY, 381.
OXFORD, 19, 35, 47, 347, 350, 358, 359, 460, 476, 502, 503, 516, 713, 779, 782, 792, 892, 896, 922, 954, 956, 960, 961, 962, 964, 965, 966, 967, 969, 970, 971, 973, 974, 975, 976, 977, 988, 1008, 1019, 1106; Christ Church (collège), 452.
OXFORDSHIRE, 379.

P-Q

PAINSHILL, 484, 485, 486, 487, 488.
PAISLEY, 678, 688.
PARK PLACE, 489, 501, 502.
PAYS-BAS, 18, 65, 68, 87, 149, 207, 375, 401, 441, 480, 526, 802, 884.
PEAK DISTRICT, 382.
PEMBROKE, 571.
PENRHYN, carrières de, 583.
PENRITH, 392, 393.
PENSHURST, château de, 364.
PERTH, 602, 649, 650.
PLYMOUTH, 371, 372.
PORTLAND, île de, 372; carrières de, 373.
PORTSMOUTH, 19, 67, 79, 81, 82, 86, 335, 358, 360, 362, 906, 907, 909, 910, 916, 920, 952.
PRESCOT, 525.
PRESTON, 360, 391, 392.
PUTNEY, 978, 1103.
QUILLEBEUF, 79.

R

RADNOR, 579.
RAMSGATE, 93, 421, 425.

RATHLIN, île, 708, 709, 711.
READING, 344.
REE, lac, 700.
RESFORD, 557.
RIBBLE, rivière, 391.
RICHMOND [RICHEMONT], 33, 34, 40, 130, 158, 324, 348, 460, 465, 466, 467, 468, 472, 474, 475, 476, 478, 480, 486, 487, 488, 489, 893, 947, 999, 1110.
ROCHEDALE, 340, 527.
ROCHESTER, 323, 325, 375, 400, 418.
ROSCOMMON, 700.
ROUEN, 56, 67, 79, 360.
RUNCORN, 525.
RYDAL, lac de, 395, 397, 398.
RYDE, 916.

S

SAINT-ALBANS, 1103.
SAINT-IVES, 365, 367, 368, 369.
SAINT-PATRICK, île, 703.
SALISBURY, 376, 391, 496, 990; cathédrale de, 361, 365, 990.
SCARBOROUGH, 420.
SCONE, château de, 650.
SELKIRK, 588, 611, 614, 895.
SEVERN [SAVERNE], rivière, 380, 381, 512, 516, 517, 518.
SHANKLIN, 897, 916.
SHANNON, rivière, 696, 700.
SHEFFIELD, 448.
SHERWOOD, forêt de, 384, 385, 386, 387, 388.
SHREWSBURY, 335, 351, 356, 381, 382, 517, 574, 575, 580; [*en latin médiéval* SALOP], 566.
SHROPSHIRE, 381, 403, 580, 581.
SIDMOUTH, 426.
SION HOUSE, 468, 478, 479.
SKYE, île de, 663.
SNOWDON, mont, 574, 576, 579, 582.
SOMERSET, 376, 415.
SOUTHAMPTON, 39, 82, 85, 86, 87, 322, 362, 921, 1064.
SPA, 423.
SPITHEAD, 921.
STAFFA, île de, 586, 653, 654, 655, 656, 657, 669, 709, 710, 1078.
STAFFORDSHIRE, 513, 524, 526, 558.
STIRLING, 631, 668.
STOKES, 47.
STONEBYRES, cascade de, 635, 688.
STONEHAVEN, 633.
STONEHENGE, 376, 377.
STONELEIGH, abbaye de, 363.
STOUR, rivière, 497.

STOURBRIDGE, 463.
STOURHEAD, 449, 460, 496, 497, 498.
STOURPORT, 516.
STOWE, 444, 460, 463, 468.
STRATFORD(-UPON-AVON), 347, 950.
SUISSE, 51, 82, 154, 241, 352.
SURREY, 365, 398, 400, 463, 484.
SUSSEX, 398, 400, 406, 407, 421.
SWANSEA, 570.

T-U-V

TADCASTER, 389.
TAMISE, 25, 26, 28, 29, 31, 33, 34, 35, 37, 40, 56, 58, 60, 63, 73, 93, 94, 100, 110, 117, 121, 122, 127-160 *passim*, 163, 166, 184, 195, 196, 230, 233, 235, 237, 247, 260, 276, 325, 374, 375, 380, 400, 425, 460, 468, 471, 473, 474, 475, 476, 477, 480, 482, 486, 487, 489, 501, 516, 700, 711, 820, 821, 839, 843, 893, 941, 943, 955, 975, 1015, 1064, 1068, 1072, 1086, 1091, 1109, 1110, 1111, 1117.
TAMWORTH, 516.
TARBET, 640, 643, 645, 688.
TAY, loch, 649, 650, 664, 666.
TAYMOUTH, château de, 664, 665, 677.
TENBY, 570, 571.
TEWKSBURY, 380.
THIRLMERE, lac de, 397, 398.
THORNBURY, château de, 364.
THURLES, 721.
TILBURY, 1111, 1112.
TINTERN, abbaye de, 364, 569.
TIPPERARY, 700.
TOWY, rivière, 567, 568.
TRAFALGAR, bataille de, 125, 159, 921, 1046.
TRENT, rivière, 557.
TRIM, 22.
TROSSACHS, 608, 622.
TUAM, 703, 705.
TUNBRIDGE WELLS, 412, 413, 414, 415, 420.
TWEED, rivière, 588, 611, 614.
TWEEDALE, 588.
TWICKENHAM, 473, 474, 475, 487.
TYNDRUM, 628.
TYNE, rivière, 453, 543, 556.

USK, rivière, 568.
VALLE CRUCIS, 569, 574.

W-Y

WAKEFIELD, 590.
WALMER CASTLE, 241.
WANSTEAD, 318, 489.
WARINGTON, 525, 526.
WARWICK, 444, 521, 574; château de, 364, 428, 444, 445.
WARWICKSHIRE, 347, 558.
WATERFORD, 720, 723, 729.
WATERLOO, bataille de, 57, 125, 207, 555, 612, 799, 900, 921, 1003, 1015, 1046, 1064, 1066, 1067, 1068.
WEDNESBURY, 520, 521.
WELLS, 360, 361.
WESTMEATH, 729.
WESTMORELAND, 51, 392, 406.
WEYBRIDGE, 468, 469, 482, 483.
WEYMOUTH, 103, 426.
WHARFE, rivière, 389.
WICKLOW, 574, 692.
WIGHT, île de, 82, 86, 393, 520, 906.
WILTON, 460, 489, 496, 497.
WILTSHIRE, 376.
WINCHESTER, 378, 379.
WINDERMERE, 393, 395; lac de, 395, 396.
WINDSOR, 57, 130, 344, 350, 411, 461, 468, 471, 473, 476, 481, 482, 483, 955, 1103; château de, 486.
WOBURN FARM, 482, 483.
WOLVERHAMPTON, 19, 516, 520, 558, 560, 574.
WOODSTOCK, 503, 504, 505.
WOOLWICH, 136, 137, 150, 316, 373, 1103.
WORCESTER, 21, 380, 391, 516.
WORCESTERSHIRE, 463, 518, 558.
WORSLEY, 525, 526.
WYE, 569.
WYNNSTAY, 381.
YARMOUTH, 398.
YARROW, rivière, 588, 895.
YORK, 346, 359, 360, 389, 390, 526, 555, 637, 855, 935, 936.
YORKSHIRE, 389, 448, 705, 994.
YOUGHALL, 729.

Index des mots anglais et anglicismes

A

Able-bodied : valide, apte au travail, 1030, 1031.
Absentee : propriétaire ne résidant pas sur ses terres, 746.
Accommodation : logement, 160.
Acre : mesure de surface, 116, 122, 144, 402, 412, 437, 499, 500, 504, 505, 508, 547, 628, 629.
Aginée : néologisme de Berlioz pour « ivre de gin », 208.
Albion : nom traditionnel de la Grande-Bretagne, 86, 88, 257, 375, 407, 495, 555, 581, 689, 731, 739, 868, 914, 915, 950, 1020, 1022, 1046, 1079, 1083.
Alderman : échevin, adjoint au maire, 24, 58, 513, 839, 840, 842, 1069.
Ale : bière légère, 64, 81, 87, 125, 262, 335, 715, 812, 857, 863, 866, 873, 912, 917, 1031, 1086, 1092 ; **mild ale** : bière douce, 870 ; **six-ale** : bière forte, 246.
Alien bill : loi de 1792 empêchant les agitateurs jacobins de passer en Angleterre (abrogée après 1820), 39, 56, 73.
Alien office : bureau des étrangers, 74, 83.
Allée : venelle, 30, 164.
« **All right** » : « très bien », 249.
« **All the world and his wife** » : « le monde et sa femme », exprime la diversité, 865.
Approach, grand approach : avenue de parc, 502, 504.
Archery meeting : concours de tir à l'arc, 779.
Area : courette en contrebas de la chaussée, 224.
Armée du Salut. *Voir* **Salvation Army**.
« **A short life and a merry one** » : proverbe hédoniste (« une vie courte mais joyeuse »), 760.
Assemblée : au XVIIIe siècle, réunion, soirée, 165, 194, 788, 805.
Aunt Sally : jeu de massacre, 868, 871.
Average : moyenne, 531.

B

Baby : 791, 830.
Baedeker : guide de voyage (du nom d'un libraire allemand), 61.
Bagno : établissement de bains, en fait maison close (mot italien), 253.
Bagpipe : cornemuse, 292, 680, 880.
Bank Holidays : jours chômés imposés par la loi, habituellement quatre ou cinq lundis par an, 305, 318, 838.
Bank-note : billet de banque, 844.
Banshee : fée méchante dans la tradition celtique, 717.
Bar : comptoir, puis la salle divisée par un comptoir, 301, 1113, 1114.
Bardes : 618, 620, 678, 697, 698.
Barge : embarcation, canot d'apparat aussi bien que péniche, 839, 976, 1111.
Baronet : titulaire d'une noblesse héréditaire mais ne donnant pas droit à la pairie, 32, 434, 595, 787, 1025.
Barracks : caserne, 909.
Basement : sous-sol, 1104.
Batter : celui qui défend le but au cricket [auj. batsman], 896.
Bazaar : galerie marchande (XIXe s.), vente de charité, 161, 175, 176, 345.
« **Beautiful** » : admirable, 666, 1018.
Beef-house : rôtisserie, 266.
Beefsteak, bifteck : 136, 437, 789, 791, 812, 818, 1063.
Ben : sommet (en Écosse), 586, 667.

INDEX DES MOTS ANGLAIS ET ANGLICISMES

Dustman : éboueur, 290.

E

Eating shop : gargote, 174.
École publique [*public school*] : 765.
Elderberry wine : vin de sureau, 325.
Erse : dialecte gaélique, 615, 629, 631.
Evergreen : plante à feuillage permanent, if, houx, conifère, 569.
Excentric [angl. *eccentric*] : 384.
Excursionniste : terme apparu en Angleterre à la fin du XVIIIe siècle, 67, 91, 1062.
Exhibition : exposition, 205, 305, 307, 684, 941.
Exquisite : dandy (1er tiers du XIXe s.), 781.

F

Farthing : quart de penny (*not a farthing*, « pas un rond »), 865.
Fashion : grand monde, beau monde, 201, 263, 423, 860 ; **fashionable** : à la mode, 264, 279, 285, 422, 603, 781, 782, 855, 866, 868, 1006, 1059.
Father Thames : personnification (masculine) de la Tamise, 137, 374.
Fellow : professeur à Oxford et Cambridge, 961, 962, 965, 968, 973.
Felony : crime, 1044.
Fenians : après 1860, société secrète terroriste irlandaise, 698.
Fieldsman : au cricket, joueur de l'équipe offensive (« homme de champ »), 896.
Fight : combat, bagarre, 882, 883, 893.
« Fine gentleman » : « beau monsieur », 760.
Finishes : orgies, 262, 263, 264.
Fish and chips : filet de morue frit et pané, servi avec des frites, 1092.
Flint glace : cristal, 223, 326.
Fly : fiacre, 855, 857, 864, 1068.
Floating harbour : bassin à flot, 563.
Fog : brouillard, 562.
Football : 884, 894, 899, 1088.
Footpad : voleur de grand chemin, 47, 1037.
Foreign Office : ministère des Affaires étrangères, 859.
Foreigner : étranger (plus subjectif et moins administratif que *alien*), 735.
« For sale » : « à vendre », 1101.
Four-in-hands : calèche à quatre chevaux, 871, 886.
Fox-trot : 1090.
Frac : 67, 279, 753, 764, 857, 1050.

Free-man : bourgeois ayant droit de cité, 839.
French dogue, French dog : « chien de français », 1048, 1052.
Frenchman : Français, 1058.
Furze : ajonc, 371.

G

Gaël : 658, 660, 661, 662.
Gaelic, gaélic, gaélique, gallique : 591, 609, 629, 630, 631, 632, 633, 634, 647, 659, 660, 661, 670, 678, 680, 682, 701, 718, 935.
Galignani's Messenger, journal anglais de Paris, 60.
Garden-party : 1101.
Garotter : malfrat à Londres (autour de 1850), 286.
Gem : bijou, mais aussi fleuron, 402.
Gentleman, gentlemen : 47, 57, 85, 123, 124, 125, 177, 178, 200, 215, 263, 266, 268, 270, 274, 286, 300, 302, 303, 368, 407, 411, 421, 433, 434, 440, 662, 680, 715, 724, 754, 757, 775, 776, 777, 778, 779, 780, 783, 787, 861, 862, 863, 872, 873, 874, 875, 877, 888, 959, 970, 996, 1006, 1008, 1055, 1059, 1060, 1073, 1092, 1096, 1106 ; **gentleman at arms** : gentilhomme de la Garde (maison de la reine), 1019 ; **gentleman-cambrioleur** : 1107 ; **gentleman-farmer** : 34 ; **gentlemanlike** : distingué, 50 ; **gentleman's house** : 449 ; **gentleman rider** : propriétaire montant son cheval, 859, 861.
Gentry : petite noblesse provinciale, 86, 428, 775, 776, 782.
Gig : cabriolet (fin XVIIIe-début XIXe s.), 611, 614, 853.
Gin : 64, 87, 125, 262, 268, 275, 282, 283, 295, 301, 317, 606, 779, 798, 810, 814, 815, 821, 857, 866, 915, 1025, 1071, 1085, 1093 ; **gin palace** : 263, 537.
Ginger beer : bière au gingembre, 257, 555, 867, 964.
Girl : souvent opposé à *miss* ou à *lady*, 270, 271, 1112.
Glees : chants en canon, 934.
Glen : vallée (en Écosse), 586, 590, 661, 662, 667, 668, 717.
Globe (The) : journal, 58.
« Glorious day » : « belle journée », 234.
« Go up to town » : « monter à la capitale », 924.
« Goddem », « Goddam » : juron favori des Anglais depuis le Moyen Âge jusqu'à la fin du XIXe siècle, 75, 1051.

God save the King, hymne national, 34, 933.
God save the Queen, hymne national, 207.
Golden pippin : variété de pomme savoureuse (à ne pas confondre avec la « golden »), 429.
Golf : 459, 898.
Good bad girl : fille déchue, 1086.
Good eating : bien manger, 804.
« **Good morning, sir** » : « bonjour, monsieur », 208.
Governor : « bourgeois » dans la langue populaire (milieu XIXe-début XXe s.), 893.
Grâce [*Your Grace*] : formule d'adresse à un duc, 434.
Grand jury : jury d'assises, 751.
Grand stand : tribune d'honneur, 859, 861, 867, 868.
Great event : grande course, 864, 865.
Green : pelouse, 601, 604, 963.
Greyhound : lévrier, 613 ; **greyhounds club** : 456.
Grill-room : rôtisserie, 371.
Grog : 125, 799, 815.
Groom : jeune homme, serviteur, palefrenier, 409, 436, 880, 1068.
Grounds : terrain clos, aménagé pour le sport ou comme jardin, 499.
Grouse : coq de bruyère (en Écosse), 782.
Guard : homme des régiments de la maison de la Reine, 1019, 1106.
Guardian : tuteur, 1034.
Guide-book : guide, 574.
Guinée : monnaie, 45, 47, 51, 53, 54, 73, 144, 221, 222, 254, 264, 322, 408, 414, 454, 483, 511, 549, 802, 849, 850, 860, 862, 889, 891, 900, 925, 935, 974, 992, 1034.
Gulf Stream : 597.
Gypsy : bohémien, 860.

H

Habeas corpus : disposition limitant les arrestations et les internements arbitraires, 904.
Haddock : filet de flétan fumé, 64.
Half penny : monnaie, 824.
Hall : 447, 613, 971, 973.
Hamper : bourriche, panier, 868.
« **Hao** » : transcription ironique de Verlaine pour *How*, 249.
« **Happy England** » : « Heureuse Angleterre », 402.
« **Hats off!** » : « chapeau bas », 869.
Head master : principal, proviseur, 958.
Heat : manche, série éliminatoire, 847.

Heather : bruyère, lande, 628.
Hedgerows : talus et haies, 382.
Hide and seek : cache-cache, 825.
Highlands : 581, 584, 606, 639, 650, 661, 666, 682 ; **Highlandais** : 602, 676 ; **Highlander** : 293, 601, 606, 628, 629, 661, 668, 683, 684, 900, 914, 943.
High life : grand monde, 859, 1062.
High Street : Grand rue, 358, 360, 593, 604.
Hobby : passe-temps, violon d'Ingres, 1104.
Hog : porc, pourceau, 408.
Home : 241, 245, 250, 378, 386, 412, 562, 768, 769, 784, 823, 857, 971, 1032.
Home Fleet : escadre affectée à la défense des côtes britanniques, 919.
« **Home, sweet home** » : « foyer, doux foyer », 228, 302.
Hop : houblon, 401 ; **hop dinner**, 400 ; **hop-field**, 401 ; **hop garden**, 399 ; **hop-picker, hopper**, 399, 401 ; **hop-picking**, 399, 400, 402 ; **hop-top**, 401.
Horse guard : cavalier de la maison de la Reine (qui comporte deux régiments, un de Horse Guard et un de Life Guard), 909, 914, 952, 1015.
Hot cross bun : brioche (du vendredi saint), 820, 821.
Householder : propriétaire, électeur, 304.
Housekeeper : gouvernante (de grande maison), 1058.
« **How d'ye do?** » : « comment ça va ? », 923.
Humbug : blague, tricherie, mensonge, 146.
Humour, houmour : 762, 830.
Hunter : chasseur, cheval pour chasse à courre, 457, 853.
« **Hurrah** », « **Hourra** » : 844, 856, 860, 861, 864, 872, 877, 897, 920, 1017.
Hurricane deck : pont supérieur de cuirassé (vers 1900), 918.

I

Iced punch : punch glacé, 817.
Improvements : améliorations, embellissements, 505.
Incomfortable : 573, 830 ; **inconfortabilité** : 337.
« **Indeed** » : « vraiment », 249.
Inn : auberge, 590.
Inns of court : quartier des gens de loi dans la Cité de Londres, 913, 957.
Inside : intérieur de la voiture (opposé à « sur l'impériale »), 335, 336.
In the Lord : « en Jésus-Christ », 997.

Iron rail-road : voie ferrée, 571.
Irremovable : inexpulsable, 1034.
« **It is over now** » : « c'est terminé maintenant », 881.

J

Jacket : veste, 1050.
Jack on the green : personnage de mascarade, 836, 837.
Jack Tar : sobriquet pour le matelot anglais, 368, 1025.
Jaunting-car : cabriolet en Irlande, 720, 721, 722, 725, 729.
Jersey : vêtement de travail de laine (depuis le milieu du XIXe s.), 977.
Jockey : 39, 83, 332, 849, 854, 860, 861, 869, 872, 873, 877, 1116.
Joint : rôti, 824.
Jury : 455.
Justice : juge (*Justice Smith*, M le juge Smith), 779.

K

Keel : bateau plat, péniche, 549.
Keepsake : cadeau (ex. un petit volume élégant), 226, 790, 792, 941.
Kilt, kelt : 293, 606, 664, 684, 687.
Kipper : hareng fumé, 1115.
Knicker-bockers : pantalon large et court d'excursionniste (à partir du milieu du XIXe s.), 669.

L

Labourer : travailleur, journalier, 146.
Lad : garçon, palefrenier, 879.
Lady, ladies : 57, 59, 124, 270, 287, 399, 421, 437, 481, 604, 680, 787, 857, 859, 860, 889, 927, 952, 996.
Laird : lord, seigneur écossais, 563, 614.
Lament : chant ou musique funèbre, 737.
Landlord : propriétaire foncier, tenancier de taverne, 365, 524, 712, 713, 732, 733, 734, 735.
Land league : association irlandaise de défense des fermiers, 712, 714.
Land lubber : sobriquet donné aux terriens par les marins, 136.
Lane : venelle, route de campagne, chemin creux, 282, 292, 401.
Launching : lancement, 151, 152.
Lawn : pelouse, 443, 498 ; **lawn-tennis** : 397, 792, 899, 972.

Lawyer : juriste, homme de loi, 33.
Leader : jusqu'au début du XXe siècle, ne désigne que l'élite sociale, 778, 855.
Lecture : conférence, 779.
License : patente autorisant à vendre des spiritueux, 295.
Life guard : cavalier de la maison de la Reine, 909, 914.
Life preserver : canne plombée, casse-tête, 286.
Livre : monnaie, 763, 778, 795, 839, 845, 846, 860, 934, 968, 993.
Loch : lac en Écosse (*lough* en Irlande), 586, 667.
Lodge : pavillon d'entrée de parc, mais aussi demeure élégante, 501.
Londoner : Londonien, 663.
Long live the king : « Vive le roi », 933.
Lord : 185, 243, 263, 264, 287, 389, 405, 409, 420, 432, 433, 434, 436, 437, 438, 447, 454, 555, 763, 765, 776, 779, 787, 788, 853, 855, 859, 861, 862, 865, 869, 883, 904, 926, 938, 943, 1003, 1008, 1015, 1019, 1025, 1026, 1038, 1039, 1054, 1077, 1085, 1098.
Lord's day : jour du Seigneur, dimanche, 675.
Lord chancelier [*lord chancellor*] : grand chancelier, *auj.* garde des Sceaux, 840.
Lord-lieutenant : représentant du souverain dans un comté (purement honorifique dès le XVIIIe s.), 409, 433.
Lord-maire : 105, 128, 130, 166, 254, 820, 839, 840, 842, 843, 844, 932, 978, 1020, 1111.
Lovely : charmant, 1018.
Low spirits : dépression, 761.
Lunch, luncheon, lounge, longing : 174, 783, 785, 816, 817, 971, 972.

M

Macadam : revêtement de route (dès 1825), 824.
Mackintosh : vêtement imperméable caoutchouté (dès 1835), 841.
Magazine : publication périodique (dès 1730), 823.
Mahogany : acajou, courant en Angleterre depuis le début du XVIIIe siècle, 432.
Mail coach, malle : malle-poste, courrier, 70, 318, 330, 855, 1116 ; **Royal Mail** : 734.
Main Street : Grand-rue, 359.
Maison de travail. *Voir* **Workhouse**.
Maison publique [*public house*] : taverne, 806, 807.

INDEX DES MOTS ANGLAIS ET ANGLICISMES 1185

Martynien [du peintre Martin, *cf.* Index des personnages] : saisissant, par ses effets de clair-obscur sur des architectures fantastiques ou des foules grouillantes, 597.
Masher : « gandin », « tombeur », 782, 783.
Master : principal d'un collège d'Oxford ou Cambridge, 962, 968.
Match : rencontre sportive, 897.
Meeting : réunion, religieuse ou politique, 296, 534, 751, 796, 855, 858, 861, 1007, 1014.
Meeting-house : chapelle ou temple pour les non-conformistes (partic. les quakers), 981.
Ménestrel [*minstrel*] : chanteur des rues, 399.
« Merry Christmas » : « Joyeux Noël », 822.
« Merry England » : « Joyeuse Angleterre », 137, 318, 830, 838.
Méthodiste : non-conformiste, dissident de l'Église anglicane, 979, 981, 992, 1053.
Mews : écuries et remises avec logement de palefrenier dans les beaux quartiers de Londres, 893, 1107.
Milady, mylady : 409, 417, 780, 865, 948.
« Milk ! Ho ! » : cri du laitier, 290 ; **milkman** : laitier, 780.
Mille [*mile*] : 72, 73, 101, 120, 129, 134, 141, 163, 174, 188, 227, 337, 340, 348, 358, 371, 376, 380, 392, 393, 455, 475, 516, 519, 525, 536, 545, 568, 571, 572, 573, 578, 587, 617, 619, 627, 628, 630, 632, 635, 706, 708, 722, 723, 735, 784, 845, 846, 847, 848, 849, 850, 853, 856, 857, 858, 886, 924.
Milord, mylord : 31, 32, 41, 85, 243, 336, 409, 417, 418, 432, 526, 780, 839, 840, 1038, 1039, 1040, 1049.
Mince-pie : petite pâtisserie de Noël, 62, 819, 821, 827, 831, 832.
Minster : cathédrale, associée à l'origine à un monastère, 935.
Mint : Hôtel des Monnaies, 144.
Miscellanies : mélanges, publication regroupant des articles divers, 823.
Miss, misses : 59, 180, 202, 203, 230, 254, 255, 421, 789, 834, 868, 1082, 1083.
Mistletoe : gui, 823, 827, 830.
Mistress [**Mrs**] : madame (se prononce *Missis*), 816.
Money : 205.
Money-making people : financiers, 242.
Moor : lande (*muir* en Écosse), 667.
Morning Chronicle (The) : journal, 814.
Morning Post (The) : journal, 214.
Morning Star (The) : journal, 928.
Music-hall : 292, 319, 1087, 1102, 1113, 1117.
Mutiny bill : loi votée annuellement, assurant une armée permanente, bien que la Constitution ne le permît pas, 901.

N

Négus : punch au porto, 47.
Nigger melodist : chanteur des rues déguisé en Noir américain (XIXe s.), 291.
Nightingale : rossignol, 579.
Nobility : 855.
Nobleman : 900, 1008.
Non-conformiste : protestant n'adhérant pas à l'Église anglicane, 988.
« No popery » : slogan antipapiste, 857.
Nursery : chambre d'enfant, 957, 1097.

O

Oak, royal oak : chêne, 387, 507.
Oars : rame, aviron, bateau à deux rameurs sur la Tamise, 128, 129.
Office : bureau, 217, 302, 857.
Oil-cloth : toile cirée, 229, 281.
« Old England » : 389, 857.
Once, ounce : mesure de poids, 178, 828, 829, 911.
Orchard : verger, 400.
Oriel : aux XVe et XVIe siècles, grande baie en saillie ou en encorbellement, 395.
Ossianique, ossianesque [de *Ossian*, cycle épique de Macpherson] : 584, 585, 586, 589, 600, 620, 622, 667, 673, 679.
Outlaw : hors-la-loi, 385.
Outside : impériale d'une diligence, 335, 336, 591, 667.
Outsider : concurrent, ou cheval qui ne figure pas dans les favoris, 879.
Overseer : inspecteur, surveillant, régisseur, 382, 779.
Oxonian, Oxonien : étudiant d'Oxford, 971, 977.
Oxtail, oxstail : pot-au-feu de queue de bœuf, 64.

P-Q

Palmers (biscuits) : 62.
Papiers-nouvelles [*newspaper*] : journaux, 764.
Papiers publics : journaux, 764, 805.
Paquebot : 67, 73, 74, 78, 80, 422, 647, 649, 688, 700, 741, 916, 917, 1031, 1064, 1103.
Parade : esplanade, 416.

INDEX DES MOTS ANGLAIS ET ANGLICISMES

Parloir, parlour : 221, 222, 223, 326, 328, 441, 823.
Partie : d'origine française au XVIIe siècle, le mot *party* est revenu en France à la fin du XIXe, 783.
Passenger : passager, voyageur, 236.
Pastry cook : pâtissier, 57.
Patent safety (cab) : fiacre breveté conçu pour ne pas verser, 149, 240.
Pavement : trottoir, 225.
Pawnbroker, pawn-broker : prêteur sur gages, usurier, 280, 295, 315.
Peasantry : paysannerie, 736.
Penny, au pluriel **pence, pennies** : monnaie, 125, 138, 146, 185, 275, 277, 299, 315, 316, 317, 407, 559, 629, 724, 814, 832, 859, 860, 861, 866, 869, 878, 879, 916, 1018, 1029, 1092, 1115, 1117; **penny boat** : bateau à un penny la course, 136; **six pence** : somme dérisoire, 266.
Personal appearance : allure, 686.
Pew : banc d'église, 992.
Philibeg, filibeg : kilt en gaélique, 630, 632, 633, 681.
Pibroch, pebrock : variations pour la cornemuse, 586, 680.
Pick-pocket : 280, 1037, 1108.
Pie : tarte, tourte, pâté, 824.
Pier : estacade, débarcadère, 136
Pill : pilule, cachet, 443.
Pinte [*pint*] : 64.
Piper : joueur de cornemuse, 514, 662, 663, 680.
Pique-nique : 426.
Plaid : 293, 397, 587, 588, 590, 592, 604, 628, 641, 681, 935.
Plaisance [*pleasance*]. *Voir* **Pleasure ground**.
Plate-forme [*platform*] : quai de gare, 346.
Pleasure ground : jardin d'agrément, 445, 502, 505, 506.
Pledge : serment (partic. de ne plus boire d'alcool), 754.
Plum porridge : 819.
Plumpudding, plumb-pudding : 410, 808, 811, 814, 819, 825, 827, 328.
Poker : jeu de cartes introduit des États-Unis à la fin du XIXe siècle, 785.
Policeman, policemen : 67, 126, 192, 206, 209, 257, 258, 259, 273, 277, 286, 287, 288, 294, 317, 606, 753, 754, 841, 854, 857, 860, 864, 869, 872, 873, 913, 917, 996, 998, 1017, 1020, 1055, 1064, 1073, 1087, 1093, 1099, 1104, 1108; **policewoman** : 1112.
Polo : jeu emprunté aux Indes à la fin du XIXe siècle, 899.
Poney, pony : 443, 690, 734, 852, 853.
Poor law : système législatif introduit à partir de 1752 pour tenter de résoudre le paupérisme, 1034.
Porter : bière forte, 64, 87, 125, 333, 812, 857, 863, 912.
Porto : se prend après le repas, 333.
Post-boy : postillon, 503.
Pot-boy : garçon de taverne, 293.
Potheen : mauvais whisky, distillé clandestinement, 699.
Pound (monnaie) : livre, 961, 962.
Presbytérien : non-conformiste calviniste, 980, 981, 1021.
Proctor : responsable de la discipline des étudiants, 962; **pro-proctor** : 962.
Provost : principal de collège à Oxford, 962.
Publicain : tavernier, 246, 293, 295.
Public house, pub : 144, 246, 252, 293, 294, 295, 297, 301, 312, 832, 838, 860-861, 882, 1087, 1089, 1092, 1093, 1117.
Pudding, pouding : 394, 763, 770, 799, 804, 811, 824, 829, 831, 832, 1050.
Puff : publicité trompeuse, 1060.
Pugiliste : 886, 887, 888, 892.
« Pull up ! » : « En avant », 395.
Punch : 240, 255, 708, 799, 803, 804, 807, 814, 827, 987, 1050, 1107, 1115.
Punch : hebdomadaire satirique, 928.
Punt : embarcation légère à Oxford et Cambridge, 1088.
Quadrangle : cloître dans un collège, 967.
Quaker, quakeresse : membre d'un groupement religieux protestant, 24, 372, 979, 980, 981, 982, 983, 984, 985, 986, 987, 1021.

R

Race : course, 89, 856, 866.
Ragged school : école des quartiers miséreux, 1012.
Rag : chahut d'étudiants, 1102.
Rail : clôture de bois ou de métal, 346, 563, 564, 711.
Railway : chemin de fer, 67, 95, 230, 321, 322, 340, 341, 342, 343, 345, 346, 372, 527, 534, 582, 858, 876.
Ranger : garde-forestier, garde des parcs royaux, 481.
Reading room : salle de lecture, 58.
Redingote : 34, 40, 62, 103, 145, 280, 325, 395, 770, 807, 814, 848, 886.
Reel : danse écossaise, 662.
Relieving-officer : responsable de secours aux indigents, 1035.

Respectability : 829, 855, 875, 939, 943.
Return ticket : billet aller-retour, 428.
Rhum : 804, 810, 815, 1025.
Rifleman, rifle : carabinier, fusilier, 911, 913, 917, 952.
Ring : espace, puis estrade pour combats de boxe (à l'origine un cercle, d'où son nom), 892, 1072.
Roastbeef, roast-beef, rosbif, roasted beef : 34, 58, 64, 87, 246, 410, 770, 772, 855, 1048, 1050.
Roast mutton : mouton rôti, 58.
Roast veal : veau rôti, 58.
Robin : rouge-gorge, 579.
Romantic, romantique : 462, 565, 579, 586, 622, 630, 651, 683, 715.
Rough : «dur», voyou, vaurien, 892.
Round : reprise, 887, 893.
Rout : réception, 788, 994.
Rover : coureur des mers, corsaire, 957.
Ruffian : truand, 781.
Rugby : 976, 977.
Rule Britannia : chant patriotique anglais qui a été longtemps un second hymne national, 241, 892, 919, 1052.
Rumpsteak-pie, rumsteak-pie : tourte à la viande, 64.

S

Sabbath : le dimanche, en Angleterre, 670, 979 ; **sabbatique** : 671, 672.
Saloon-bar : section chic d'un pub, 1093.
Salut (Armée du). *Voir* **Salvation Army**.
Salvation Army : Armée du Salut, association religieuse à vocation charitable et sociale (fondée en 1865), 250, 252, 306, 307, 318, 979, 995, 998.
Sandwich : attribué en 1762 à lord Sandwich, 62, 208, 297, 299.
Scenery : paysage, décor, 666, 692.
Scholar : érudit nourri de grec et de latin, 960.
Schooner : goélette, 708.
School-boy : écolier, collégien, 977.
School-room : salle de classe, 830.
Scone : galette, 1104.
Scotch : Écossais (les Écossais préfèrent *Scot*), 1113.
Scout : croiseur léger pour l'éclairage d'une escadre, 919.
Sculler : bateau à un rameur, sur la Tamise, 128, 129.
Second hand : d'occasion («de deuxième main»), 125, 280.
Self-government : autonomie, 345, 1011.
Self-made : arrivé par lui-même, 229.

Shamrock, shamroc : trèfle héraldique d'Irlande, 692, 696.
Share : part, 368.
Shebeen : taverne irlandaise plus ou moins légale, 718.
Sheep park : parc à moutons, 506.
Shérif : dans un comté, personne chargée par le souverain de faire régner l'ordre et la justice (honorifique de nos jours), 244, 409, 614, 840, 1036, 1039, 1040, 1041, 1045 ; **sous-shérif** : 1045.
Sherry : xérès, qui se prend avant le repas, 263, 412, 443, 785, 818, 859, 873, 876, 973.
Shilelah, shellalah : gourdin irlandais, 738, 880.
Shilling, schelling : monnaie, 36, 44, 50, 70, 75, 76, 82, 125, 147, 154, 178, 187, 196, 200, 205, 222, 255, 280, 306, 403, 407, 408, 419, 511, 524, 531, 572, 611, 629, 640, 676, 720, 724, 737, 793, 794, 795, 813, 859, 860, 861, 862, 866, 867, 872, 877, 894, 915, 916, 934, 1051, 1053.
Shocking : choquant, révoltant (peu usité par les Anglais), 1067, 1083.
Shopkeeper : boutiquier, 178, 242.
Shop-lifter : voleur à l'étalage, 178.
Shopping : 161, 173.
Shower-bath : douche, 773.
Showplace : attraction, 384.
Showy : criard, vulgaire, 791.
«Silver spoon in the mouth» : naissance aisée («nourri avec une cuillère d'argent»), 1034.
Sir : 81.
Skiff : yole, 975, 977.
Sloop : aviso, goélette, 79.
Slums : taudis, 1091.
Smoking : ce que les Anglais appellent *evening dress*, 1085.
Snobisme : ce que les Anglais appellent *snobbery* (depuis le milieu du XIXe s.), 215, 1107, 1108.
Snug : douillet, 223, 224.
Soda-water : eau de Seltz, 866.
Souverain : monnaie, 1022.
Spa : ville d'eau (du nom de la ville belge), 412.
Speaker : président et porte-parole de la Chambre des communes, 1000.
Spleen, splin : 74, 123, 124, 159, 190, 239, 240, 341, 523, 757, 759, 761, 762, 827, 863, 916, 1082.
Sporran : bourse portée sur le kilt, 686.
Sport : 782, 855, 862, 868, 883, 899, 972, 976, 977, 1019, 1073.
Sportif : 976, 977.

Sportsman : désigne plus le pratiquant des loisirs campagnards que le sportif, 854, 855, 859, 863, 875, 899, 971.
Square : 31, 110, 116, 122, 126, 81, 182, 201, 216, 242, 244, 260, 267, 345, 513, 598, 942, 1087.
Squire : châtelain, 459, 777, 787.
Staff : bâton, 192.
Stage : étape, relais, 334, 335, 420, 590, 672, 1079.
Stage coach, stage : diligence, 33, 321, 336, 855.
Stairs : escalier, degrés, 128, 130.
Stand : tribune, 871.
Standing invitation : invitation permanente, 685.
Starter : personne qui donne le signal du départ, 881.
Station : gare, 67, 96, 216, 715, 1096, 1097.
Stationer, bookseller : papetier, libraire, 615.
Steam(-)boat, steamer : bateau à vapeur, 67, 85, 86, 89, 90, 93, 99, 121, 136, 150, 158, 700, 701, 705, 741.
Steeple-chase : littéralement, « course au clocher », 454, 455.
Sterling : 763, 778, 839, 845, 846, 855, 859, 862, 870, 873, 874, 875, 968, 993.
Steward : « garçon », maître d'hôte, intendant, commissaire, maître de cérémonies, 81, 854.
Stick : baguette, badine, 179, 1113.
Stilton : fromage, 64.
Stout : bière brune, 246, 873.
Strath : vallée fertile en Écosse, 662, 668.
Street beggar : mendiant, 277.
Street idler : oisif, flaneur, 292.
Street minstrel : chanteur des rues, 290.
Street robbery : vol avec violence, 285.
« **Struggle for life** » : « lutte pour la vie », 316.
Sun (The) : journal, 58, 266, 928.
Sunday league : association militant pour le repos du Sabbath, 295.
Swan-trapping : cérémonie annuelle de marquage et de comptage des cygnes de la Tamise, 131.
Sweater : vêtement porté après l'effort pour absorber la sueur, 976, 1114.
Sweating system : exploitation des travailleurs, 316.
Swell : gandin, richard, 242, 781.

T

Tailor : tailleur, 1114.
Tar : goudron, 138.

Tarn : lac dans les montagnes du nord de l'Angleterre, 396.
Tartan : 610, 641, 679, 684, 688, 703.
Tea : 87; **tea garden** : 197; **tea-rooms** : 371.
Team : équipe, 977.
Teetotaller : qui s'interdit toute boisson alcoolisée (après 1830), 296.
Tender : embarcation pour le ravitaillement des vaisseaux, allège, 905.
Tennis : 459, 897, 899, 1019.
« **th** » : écueil des étrangers dans la prononciation de la langue anglaise, 86, 612.
Thé : boisson, mais aussi repas rituel, 26, 32, 41, 57, 82, 120, 122, 146, 160, 166, 196, 197, 254, 271, 296, 303, 333, 386, 399, 401, 412, 414, 415, 418, 419, 435, 443, 502, 518, 524, 573, 625, 626, 627, 708, 764, 779, 781, 800, 801, 802, 807, 809, 810, 816, 857, 973, 987, 1024, 1032, 1080, 1088, 1096, 1098, 1104; **maison à thé** : 93.
Thistle : chardon, emblème de l'Écosse, 293.
Tiffin : déjeuner (mot emprunté aux Indes), 443.
Ticket : 95, 300.
Tigre : jeune valet de pied d'un dandy (début du XIXe s.), 215.
Tilbury : calèche, 41, 450, 721, 853, 867.
« **Time is money** » : « le temps, c'est de l'argent », 243.
Times (The) : journal, 58, 287, 407, 785, 1108.
Toast, tost : rôtie, mais aussi « santé », 58, 627, 803, 805, 978, 1104.
Tobacconist : débitant de tabac, 685.
« **To be let** », « **to let** » : « à louer », 205, 1101.
Tory : représentant de l'oligarchie réactionnaire fidèle aux Stuarts, de nos jours conservateur, 24, 28, 447, 988, 1004, 1005, 1009, 1012, 1045.
Tour : circuit, voyage, 585, 1075.
Tourist, touriste : mot apparu à la fin du XVIIIe siècle, 91, 345, 383, 569, 611, 614, 635, 748, 753, 1080.
Trafic : circulation, 1073.
Tramway : mis au point en Angleterre au milieu du XIXe siècle, 1103.
Tunnel : mot qui s'est imposé à la fin du XVIIIe siècle, 63, 67, 72, 127, 147, 148, 149, 216, 217, 276, 342, 344, 345, 563, 710.
Turf : motte de gazon, de tourbe, également tout ce qui touche aux courses de chevaux, 89, 702, 845, 855, 856, 859, 860, 861, 862, 863, 864, 869, 870, 875.

INDEX DES MOTS ANGLAIS ET ANGLICISMES

Turn pike, turnpike : poste de péage, 324, 330.
Turtle soup : soupe à la tortue, 817.
Tweed : tissu de laine d'Écosse, 841.

U-V

Underground railway : métro de Londres («chemin de fer souterrain»), 161, 216.
Union Jack : pavillon réunissant depuis 1800 les croix de Saint-Georges, de Saint-André et de Saint-Patrick, 844, 1103, 1112.
Upper ten thousand : classes supérieures («les dix mille»), 782.
Vagrant : vagabond, 382.
Valentine : 833, 834, 835, 836.
Vegetables : légumes, 58.
Veranda : mot emprunté aux Indes à la fin du XIXe siècle, 87, 370.
«Very fine, indeed» : «très bien, vraiment», 669.
«Very good» : «très bien», 179, 1106.
Volunteer : engagé volontaire dans les milices territoriales, 915.
Vulgarity : vulgarité, 118.

W

Wages : gages, salaire, 531.
Wagon : 96, 104, 105, 217, 248, 341, 344, 345, 374, 411, 535, 563, 778, 872, 876, 1096, 1097.
Walk : promenade, allée, avenue, 414, 415, 494.
Wall-flower : giroflée, 371.
Watchman, ouachman : homme du guet, veilleur de nuit, gardien, 37, 161, 168, 169, 221, 237.
Water-closets : 224.
Water colour painting : peinture à l'aquarelle (inventée à la fin du XVIIIe s.), 941.
Waterman : batelier, marinier, 158.

Waterproof : imperméable, 259, 395, 669.
Weather permitting : si le temps le permet, 953.
Wharf : quai, embarcadère, 122.
Whig, Wig : membre du parti réformiste soutenant les Hanovre contre les Stuarts, devenu le parti libéral au XIXe siècle, 24, 28, 52, 447, 988, 1009, 1012.
Whisky, whiskey, wisky, wiskey : 295, 301, 317, 606, 624, 632, 633, 640, 642, 643, 644, 645, 678, 683, 686, 707, 708, 709, 718, 736, 738, 799, 815, 1025, 1093.
Whist : jeu de cartes inventé à la fin du XVIIIe siècle, 79, 1049, 1050.
White-bait : friture de menu fretin, 817, 818; **whitebait dinner** : au XIXe siècle, repas de «poissonnaille» à Greenwich pour le cabinet à la fin de la session parlementaire, 242.
White horses : en mer, rouleaux déferlants («chevaux blancs»), moutons, 88, 89.
Wild parties : orgies, 1102.
Will o' the wisp : feu follet, 290.
Work(-)house : hospice, asile («maison de travail»), 145, 536, 832, 1020, 1025, 1028, 1029, 1030, 1031, 1033.
Writ : assignation, convocation, 904.

Y-Z

Yacht : 86, 142, 150, 160, 782, 920, 921, 1061, 1110.
Yahoo, Yahou : être bestial et dégénéré (Swift, *Les Voyages de Gulliver*), 252, 282, 846.
Yankee : sobriquet désignant les Américains, 1113.
Yeoman : garde d'honneur du souverain ou de la garnison de la Tour de Londres, 1016, 1019.
Zoological garden : parc zoologique, 743, 744.

MONNAIES, POIDS ET MESURES

Pendant longtemps, la Grande-Bretagne fut pour le voyageur venu du continent le royaume de l'unité, c'est-à-dire que d'un bout à l'autre du pays, avec quelques variantes pour l'Écosse, on trouvait les mêmes institutions, un même régime fiscal et judiciaire, et surtout une seule monnaie, un seul système de poids et de mesures, simple et cohérent, comparé avec ce que l'on trouvait partout en Europe avant la fin du XIXe siècle. Souvenons-nous que les Français comptaient en sous et pesaient en livres encore au début du XXe siècle !

Mais lorsque le système métrique et décimal se fut vraiment imposé, la Grande-Bretagne parut le dernier refuge d'usages médiévaux préservés dans toute leur complexité illogique pour mieux dérouter l'étranger. Rappelons donc avec quoi les visiteurs durent se familiariser ; cela sera aussi utile pour le voyageur contemporain car, si le Royaume-Uni a adopté officiellement le système métrique et décimal depuis près de trente ans, on est souvent resté fidèle à l'ancien système dans la vie quotidienne pour les mesures courantes.

Monnaie

L'unité est la livre sterling (*pound*), concrétisée par la pièce d'or appelée souverain (*sovereign*) depuis 1817 (au revers, un saint Georges terrassant le dragon). Il existait aussi le demi-souverain d'or.

De 1717 à 1813 circulèrent des pièces d'or d'une livre, mais d'un cours légal de 21 shillings, les guinées (*guineas*), qui subsistèrent ensuite comme monnaie de compte dans le commerce de luxe, pour les cachets et les honoraires, jusqu'à un passé récent.

La livre était divisée en 20 schellings [*cf.* Littré et Académie française] (*shillings*). La pièce de 5 shillings ou couronne (*crown*) d'usage peu courant, la demi-couronne (*half-crown*), le « florin » [après 1849] valant 2 shillings et le shilling étaient des pièces d'argent.

Le shilling était divisé en 12 pence (sing. *penny*), avec des pièces d'argent de 6 pence, des pièces de bronze de 3 pence, 2 pence, 1 penny [plusieurs pièces de 1 penny = *pennies*, en argot *coppers*), de 1/2 penny (*half-penny*) et de 1/4 de penny (*farthing*).

Dès le début du XIXe siècle circulèrent aussi des billets (*bank-notes*) pour des grosses sommes, émis par la Banque d'Angleterre.

Abréviations : livre : £ ; shilling : S ou / ; penny : d. (exemple £3 5/ 4d.).

Longueur et surface

Le pouce (*inch*) = 2,54 cm ;
3 pieds font un *yard* = 91,4 cm ;
L'arpent (*acre*) = 40,5 ares ;

12 pouces font un pied (*foot*) = 30,5 cm.
1 760 yards font un mille (*mile*) = 1 609 m.
25 arpents = 10 hectares.

Capacité

La pinte (*pint*) = 0,568 litre ;   8 pintes font un *gallon* = 4,543 litres.

Poids

L'once (*ounce*, abrév. oz) = 28,35 g.
16 onces font une livre (*pound*, abrév. lb) = 454,6 g.
112 livres font un *hundredweight* (abrév. cwt) = 51 kg.
20 hundredweight font une tonne (*ton*) = 1 016 kg.
Pour les matières précieuses, le système « troy » :
l'once = 21,1 g ;   12 onces font 1 livre = 373 g.

TABLE DES MATIÈRES

INTRODUCTION, *par Jacques GURY* 1

Première partie
EMBARQUEMENT
APPROCHES
Bourget. Appareillage, p. 15. — **Lacoste.** C'est pour moi que je voyage, p. 16. — **Pichot.** Ah! La vie de touriste, p. 16. — **Hennequin.** L'Angleterre a plus d'une face, p. 17. — **Texier.** L'habitude de la vie de touriste, p. 17. — **Montalembert.** Une forêt vigoureuse et touffue, p. 17. — **Esquiros.** Tout reste à dire, p. 18. — **Trabaud.** Il faut voir, p. 19. — **Defauconpret.** Le genre descriptif ne m'a jamais plu, p. 19. — **La Tocnaye.** J'ai presque tout vu, p. 20. — **Blanqui.** Tout un programme, p. 20.

GRANDS TÉMOINS
Voltaire. Premiers jours à Londres, p. 23. — **Abbé Prévost.** Un visiteur enthousiaste, p. 29. — **Chateaubriand.** De Richmond à Greenwich, p. 33. — Les Anglais avant, p. 34. — Avant et maintenant, p. 35. — Il y a trente ans, p. 35. — Une nuit à l'abbaye, p. 36. — **La Tocnaye.** Première version, p. 38. — **Chateaubriand.** Trente ans après, p. 38. — **Walsh.** Trente ans après, et sept ans plus tard, p. 42.

ESCAPADE
Constant. Escapade, p. 43.

LONDRES À PARIS
Pain. Une mystification, p. 54. — **Huysmans.** Après un long et périlleux voyage, p. 59.

FRANCHIR LA MANCHE

Avant 1789
Grosley. Un sage voyageur, p. 67. — **Lacoste.** Une victime du mal de mer, p. 70. — **Mme Roland.** Après la plus paisible navigation, p. 71.

Après la paix de 1814
Lévis. Où l'on commence à parler de tunnel, p. 72. — **Defauconpret.** Formalités, p. 73. — **Nodier.** Une tourmente romantique, p. 75. — **Lescallier.** Boulogne, tête de pont anglaise?, p. 77; **Custine**, p. 77; **Montulé**, p. 77. — **Michelet.** Triste temps, sombres pensées, p. 78. — **Hennequin.** De Rouen à Portsmouth, p. 79. — **Flora Tristan.** Vers l'unité européenne, p. 83. — **Barbier.** L'audace d'un poète, p. 84. — **Nerval.** Du Havre à Southampton, p. 85. — **Gautier.** Traversée en prose, p. 88. — Traversée en vers; *Marine*: flots verts, yeux verts, p. 90. — **Wey.** M. Prudhomme en voyage avec les premiers excursionnistes, p. 91. — **Lecomte**, cité par **Texier.** Insupportables Français, p. 95. — **La Bédollière.** Aujourd'hui tout est changé, p. 99. — **Taine.** Un esthète en mer, p. 100. — **Bourget.** Traversée sans histoire, p. 102. — **Zola.** En fuite, p. 103. — **Verlaine.** Quand un poète s'embarque, p. 106.

Deuxième partie
LONDRES
PREMIÈRES IMPRESSIONS

Lacoste. Exaltation, p. 110. — **Nodier.** Déception, admiration, p. 110. — **Custine.** Tout ici afflige les yeux, p. 111. — **Hennequin.** Arrivée de nuit, p. 112. — **Haussez.** Sujets d'étonnement, p. 112. — **Michelet.** Par un temps véritablement anglais, p. 115. — **Flora Tristan.** La Ville monstre, p. 116. — **Barbier.** Londres, p. 119. — **Montulé.** Immense contour, p. 119. — **Esquiros.** Cette cité qui finit et recommence toujours, p. 120. — **Texier.** Tous les clichés en quelques pages, p. 122. — **Taine.** Un spectacle grandiose et horrible, p. 125. — **Bourget.** Une impression presque terrible, p. 126.

LA TAMISE

Muralt. Un fleuve commode et agréable, p. 128. — **Saussure.** Les bateliers de la Tamise, p. 128. — **Lacoste.** Une rue à la vénitienne, p. 129. — **Ferri de Saint-Constant.** Grandeur sans beauté, p. 129. — **Custine.** Une avenue maritime, p. 132. — **Mirecourt.** Un fleuve silencieux et pestilentiel, p. 134. — **Taine.** Toujours des navires, p 134. — **Vallès.** La rue qui marche, p. 135.

Les Docks
Simonin, p. 140. — **Custine.** Un monde habité par des êtres plus grands que les hommes, p. 140. — **Gautier.** Une œuvre de cyclopes et de titans, p. 141.

— **Vallès.** Les forçats des docks, p. 144. — **Walsh.** Une attraction : le Tunnel, p. 147 ; **Wey,** p. 148 ; **Gautier,** p. 148. — **Esquiros.** Un colosse de la Tamise, le *Léviathan,* p. 149.

La Tamise et la fête
Defauconpret. Un siècle après Voltaire, p. 153. — **Gautier.** Dimanche à Greenwich, p. 157.

A LA DÉCOUVERTE DE LONDRES
Au début du XVIIIe siècle
Miège. Impressions défavorables, p. 161 ; **Montesquieu,** p. 162 ; **Muralt,** p. 162 ; **Saussure,** p. 162. — **Laporte.** La rue à Londres, p. 163. — **Mme Roland.** Une journée à la découverte, p. 165. — **Cambry.** Scènes quotidiennes, p. 169. — **Ferri de Saint-Constant.** Londres la nuit, p. 170. — **Defauconpret.** Le gaz d'éclairage, p. 170 ; **Montulé,** p. 172. — **Ferri de Saint-Constant.** Courir les boutiques, p. 173 ; **Lévis,** p. 173. — **Defauconpret.** New Bond Street, p. 174. — Bazars et charlatanisme, p. 175.

Opinions divergentes
Kervigan. Tous des voleurs, p. 177. — **Wey.** Quelle honnêteté !, p. 179.

Ce qu'est un square
Muralt, p. 181. — **Grosley,** p. 181. — **Ferri de Saint-Constant,** p. 182. — **Gautier,** p. 182.

Monuments
Nodier. Sanctuaires, p. 182. — **Montalembert.** Le nouveau Parlement, p. 183. — **Wey.** Dans la Cité, p. 184. — **Hennequin.** Visite à la Tour, p. 186. — **Gautier.** Par les rues et les places, p. 187.

Circuler à Londres
Mirecourt. Numéros de rues, p. 191.— **La Bédollière.** Des milliers de roues, p. 192. — **Texier.** Policemen ou sergent de ville, p. 192.

Jardins et parcs
Muralt. La campagne dans la ville, p. 193. — **Laporte.** Des vaches et des nymphes, p. 194. — **Mercier.** Prairies et palais, p. 195.

Guinguettes pour le beau monde
Ferri de Saint-Constant. Vauxhall, p. 195. — Ranelagh, p. 196. — Jardins à thé, p. 197. — **Michelet.** Une prophétie démentie, p. 197 ; **Haussez,** p. 198. — **Guizot.** Prédicateurs en plein vent, p. 198. — **Montulé.** De véritables jardins anglais, p. 199. — **Gautier.** Un air romantique et naturel, p. 201. — **Wey.** Équipages et amazones, p. 201. — **La Bédollière.** Ébats à Kensington, p. 203. — **Taine.** Le besoin de grand air, p. 204.

Une attraction exceptionnelle : l'Exposition universelle
Texier. Exposition et exploitation, p. 205. — Cérémonie et féerie, p. 206. — **Berlioz.** En dehors des festivités, p. 208 ; **Mérimée**, p. 210. — **La Bédollière.** Clôture, p. 210. — D'une exposition à l'autre, p. 210. — Avant l'inauguration, p. 211.

Contrastes fin de siècle
Bourget. Un parc, une société, un monde, p. 214. — En Hansom Cab, p. 215. — L'Underground, p 216. — **Verlaine.** Fountain Court, p. 217.

FAÇADES ET DÉCORS
Misson. Avant et maintenant, p. 219. — **Grosley.** Bien périssables demeures, p. 219. — **Lacoste.** Simplicité et perfection, p. 221. — **Simond.** Snug and comfortable, p. 223. — **Blanqui.** Bow-windows, p. 225. — **Gautier.** Colonnades et frontons, p. 225. — Coquets cottages, p. 226. — **Taine.** Comme on comprend l'habitant d'après sa coquille, p. 227. — Home, sweet home !, p. 228. — **Simonin.** Le West End, p. 229. — **Zola.** Ma petite maison anglaise, p. 231.

SINISTRE MÉTROPOLE ET SOMBRES DIMANCHES
Grosley. Fumées et brouillards, p. 233. — L'observation rigoureuse du dimanche, p. 235. — **Faujas de Saint-Fond.** Une belle soirée dominicale, p. 236. — **Defauconpret.** C'est aujourd'hui dimanche, p. 237. — **Montulé.** Le dimanche me semble encore plus fastidieux, p. 237. — **Flora Tristan.** A Londres on respire la tristesse, p. 238. — **Gautier.** La mort à Londres, p. 240. — **Blanc.** Désert estival, p. 241. — **La Bédollière.** Le jour du Seigneur, p. 243. — **Taine.** Sous la pluie, p. 244. — **Vallès.** Tristes dimanches, p. 246.

Contrastes dominicaux
Verlaine. Sonnet boiteux, p. 249. — Londres, p. 249. — **Bourget.** Plaidoyer pour le dimanche anglais, p. 250.

L'AUTRE LONDRES
Les nuits de Londres
Laporte. Honni soit qui mal y pense, p. 252. — **Defauconpret.** Aimables demoiselles, p. 254. — **Méry.** Fantastique réalité, p. 256. — **Flora Tristan.** Regards de femme, p. 261. — **Nerval.** Une ville où la nuit est plus amusante, p. 265. — **Bourget.** Filles des rues, p. 270.

Dans les bas-fonds
Mme Roland. D'un siècle à l'autre, p. 271. — **Flora Tristan.** Chez les parias, p. 272. — **Gautier.** Guenilles, p. 274. — **Wey.** Haillons, p. 275. — **La Bédollière.** La mendicité est interdite, p. 276. — **Texier.** Variations sur

un thème, p. 278. — **Taine.** En trente ans, rien n'a changé, p. 281. — **Kervigan.** Délinquance juvénile, p. 283. — **Blanc.** Insécurité. Déjà!, p. 285. — **Esquiros.** Musiciens des rues, p. 289. — Le fléau de l'alcoolisme, p. 293. — **O'Rell.** Basses classes, p. 297. — **Vallès.** Amertume, p. 298. — **Deiss.** L'Armée du Salut, p. 305. — **Verlaine.** There, p. 310.

L'East End
Hémon. Au turbin, et après le turbin, p. 311. — **Huard.** East End, p. 314.

Troisième partie
D'UNE ANGLETERRE À L'AUTRE
DES STAGE COACHES AUX RAILWAYS
Grosley. Sur la route un dimanche, p. 322. — Les grands chemins d'Angleterre, p. 323. — **Lacoste.** A l'auberge, p. 325. — **Pillet.** Un réseau exemplaire, p. 326. — **Blanqui.** Vive le laisser-faire, p. 329. — **Walsh.** Un exemple pour nos ingénieurs, p. 330. — **Dupin.** Éloge de la route sinueuse, p. 331. — **Montulé.** Voyage en Eldorado, p. 332. — **Nodier.** Autre regard sur l'Eldorado, p. 332. — **Custine.** En attendant la vapeur, p. 333. — **Hennequin.** Inside ou outside, p. 335. — **Flora Tristan.** De l'inconfort des diligences anglaises, p. 337. — **Haussez.** Douze lieues et demie en 80 mn, p. 340. — **Michelet.** Comme un boulet de canon, p. 340. — **Hennequin.** Chaudières roulantes, p. 341. — Vers le progrès, à toute vapeur, p. 342. — Querelle esthétique, p. 343. — **J. Prévost.** D'une mer à l'autre, p. 344. — **Enault.** Pour gens pressés, p. 345.

PAR LES CHAMPS ET PAR LES VILLES DE LA VERTE ANGLETERRE
Coups d'œil : de-ci de-là
Coulon. Une Arcadie, p. 348. — **Le Blanc.** Un vrai paradis, p. 348. — **Saussure.** Les campagnes sont belles, p. 348. — **Cambry.** Un pays de féerie, p. 349. — **La Tocnaye.** Et quelques friches, p. 350. — **Custine.** Campagnes ou jardins, p. 350. — **Michelet.** Idylle anglaise, p. 352. — **Enault.** Une bucolique, p. 352. — **Mandat-Grancey.** Dans les Cotswolds, p. 352. — **Verlaine.** Tableau agreste, p. 353. — **Simond.** Détails révélateurs, p. 353. — **Pillet.** Une humidité générale et continue, p. 354. — **Taine.** Les beautés d'un pays humide, p. 355.

Curiosités provinciales
Walsh. A Shrewsbury, p. 356. — **Maurois.** Permanence de la vieille Angleterre, p. 357. — **Gourbillon.** En quête de sites romantiques, p. 359. — **Hennequin.** Uniformité, p. 360. — **Bardoux.** Wells, p. 360. — **Nodier.** Cantorbéry, p. 361. — **Simond.** Ruines, p. 362; **Walsh**, p. 363; **Ferri de Saint-Constant,** p. 363.

L'Angleterre en zigzag du sud au nord
Bardoux. Pêcheurs de Cornouailles, p. 365. — Les falaises du Devon, p. 369. — **Simond.** Aimable Devon, p. 371. — **Esquiros.** Le regard du géologue : les carrières de Portland, p. 372. — La craie du Kent, p. 373. — Calcaires et paysages, p. 374. — **Laporte.** Les mystères de Stonehenge, p. 376; **Montulé**, p. 376. — **Rémusat.** Une si jolie petite ville : Winchester, p. 378. — **Michelet.** Derrière l'idylle, p. 379. — **La Tocnaye.** En suivant la Severn, p. 380. — **Blanqui.** Worcester, p. 380. — **Trabaud.** Shrewsbury, p. 381. — **Simond.** Tourisme éclectique dans le Peak District, p. 382. — **Nisard.** Au pays de Robin des Bois, p. 384. — **Bombelles.** Étapes à York, p. 389; **Taine**, p. 390. — **Custine.** Chester, p. 390. — **Blanqui.** En remontant vers l'Écosse, p. 391. — **Bourget.** A la rencontre de Wordsworth, p. 393. — Pèlerinages poétiques, p. 395. — Bruyères et feuillages, p. 397. — **Esquiros.** Le grand jubilé rural, p. 398. — **Blanqui.** L'agriculture de l'avenir, p. 403. — **Nisard.** Trois regards contradictoires, p. 405 ; **Kervigan**, p. 406 ; **Taine**, p. 411.

VILLES D'EAUX

Pavillon. La plus charmante médecine, p. 413. — **Abbé Prévost.** Prendre les eaux… et du bon temps, p. 414. — **Laporte.** Comment ruiner sa santé, p. 415. — **Bombelles.** Quelques jours dans la bonne société de Bath, p. 416. — **Simond.** Coup d'œil sur Bath, p. 419. — **Ferri de Saint-Constant.** Les maladies de bon ton, p. 420. — **Lévis.** Bains de mer, p. 422. — **Custine.** Cheltenham éclipse Bath, p. 423. — **Blanqui.** Apogée de Brighton, p. 423. — **Haussez.** Comment une bourgade de pêcheurs devient une ville somptueuse, p. 424. — **Blanc.** Londres au bord de la mer, p. 427.

D'UN CHÂTEAU À L'AUTRE

Les « campagnes »
Muralt. Un petit tour à la campagne, p. 429. — **Dutens.** C'est à la campagne qu'il faut voir les Anglais, p. 431. — **Bombelles.** Chez un grand seigneur, p. 431. — **Ferri de Saint-Constant.** Les mœurs à la campagne, p. 432. — **Haussez.** Les plaisirs de la vie de château, p. 435. — **La Bédollière.** L'aristocratie anglaise, p. 437. — **Mérimée.** A en devenir socialiste, p. 438. — **Taine.** Le confort des grandes demeures, p. 438. — Cottage ou château, p. 440. — **Mandat-Grancey.** Grands châteaux et maisons de campagne, p. 441.

Grandes demeures (stately homes)
Custine. Warwick, p. 444. — **Walsh.** Comme au temps de la chevalerie, p. 444. — **Michelet.** Un sanctuaire de l'art, p. 445. — **Trabaud.** Chatsworth, p. 448.

Demeures plus modestes
Simond. Gentilhommières, p. 449. — Le retour du gothique, p. 449. — **Blanqui.** Partout des maisons de plaisance, p. 450. — **Lami et Monnier.** Qu'est-ce qu'un cottage?, p. 450; **Blanqui,** p. 450; **Ducos,** p. 451. — **Simond.** Un vieux château tout neuf, p. 451. — **Élie de Beaumont.** Les grâces de Blenheim, p. 452.

Seigneurs et chasseurs
Defauconpret. De la défense du droit de chasse, p. 452 — **Haussez.** Chasses insolites : le steeple-chase, p. 454. — La chasse aux lévriers, p. 455. — La chasse au renard, p. 456. — **Maurois.** Décadence, p. 459.

DE PARCS EN JARDINS
Pavillon. Avant, p. 461. — **Saussure.** Ces lieux enchantés, p. 461; **Leblanc,** p. 462. — **Laporte.** De l'art des jardins, p. 462. — Des sites pittoresques, p. 462.

Aux portes de Londres
Grosley. Imiter la nature, p. 464. — **Coyer.** Composer des paysages, p. 469. — **Mme Roland.** Promenade à l'ouest de Londres, p. 470. — **Dutens.** Une définition nécessaire, p. 473. — **Nodier.** Une multitude d'arbres superbes, p. 473. — **Custine.** Un paradis des arbres, p. 474. — **Stendhal.** Richmond, p. 476; **Delacroix,** p. 476; **Simonin,** p. 476. — **Wey.** Un petit Eden, p. 476. — **Guizot.** Sion et Chiswick, p. 478. — **Simond.** Pour avoir un beau gazon, p. 479. — **Taine.** Ce qui me plaît le mieux, ce sont les arbres, p. 480. — **Cambry.** Un itinéraire initiatique, p. 482.

Principes du jardin anglais
Ferri de Saint-Constant. Une analyse bien acerbe, p. 488. — **Haussez.** De l'espace, des arbres et de l'eau, p. 491. — **Dupin.** La voie la plus séduisante, p. 493.

Loin de Londres
Simond. De Wilton à Stourhead, p. 496. — Du Leasowes à Hagley, p. 498. — **Walsh.** Nous allions étudier les parcs, p. 500. — **Rémusat.** Vastes ombrages, p. 506; **Esquiros,** p. 507. — **Taine.** Une magnifique et éclatante symphonie, p. 507.

L'AUTRE ANGLETERRE : VILLES NOIRES ET GUEULES NOIRES
Aux débuts de la révolution industrielle
Bombelles. Idylliques manufactures, p. 510. — Industrie et pittoresque, p. 512. — **Dutens.** Visitez les Midlands, p. 513. — **Bombelles.** Birmingham : un grand village?, p. 513. — **La Tocnaye.** L'atelier de Vulcain, p. 516. — **Tocqueville.** Une vaste boutique, p. 517. — **Blanqui.** Tout est feu et fumée, p. 518. — **Custine.** L'univers de la mécanique, p. 521.

— **Trabaud.** Spectacle grandiose et misérable, p. 523. — **Bombelles.** Le canal qui fit la fortune de Liverpool et de Manchester, p. 525. — **Michelet.** Vapeurs et fumées, p. 526. — **Tocqueville.** De Liverpool à Manchester, p. 528. — L'enfer de Manchester, p. 528. — **Méry.** Une Venise du Nord, p. 532. — **Taine.** Une Babel de briques, p. 536.

Des houillères des Midlands aux houillères de Newcastle
Montulé. Considérations techniques, p. 539. — **Buzonnière.** En approchant de Newcastle, p. 542. — **Faujas de Saint-Fond.** Les bienfaits de l'industrie, p. 543. — Premières voies ferrées, p. 544. — **Simond.** Enquête au fond, p. 547. — **Custine.** Tourisme au royaume des ombres, p. 550. — **Barbier.** Les mineurs de Newcastle, p. 553. — **Trabaud.** Pangloss au pays noir, p. 555.

La révolution industrielle anglaise
Say. Au commencement il y avait la vapeur, p. 557. — **Blanqui.** Un exemple pour la France, p. 557. — **Chasles.** Ce que fut la révolution industrielle, p. 559. — **Taine.** C'est la houille qui a fait pousser tout cela, p. 561. — **Bourget.** Villes maudites, p. 562. — **Cazamian.** Deux Angleterres, p. 564. — Prophétie, p. 564.

Quatrième partie
TERRES CELTIQUES
LE PAYS DE GALLES OUBLIÉ
Laporte. Premières images, p. 565. — **La Tocnaye.** Deux rameaux d'une même race, p. 566; **Montulé**, p. 567. — **Bombelles.** Impressions d'Haverford à Chepstow, p. 567. — **Simond.** Croquis d'un touriste curieux et consciencieux, p. 569. — **Montalembert.** En courant la poste, p. 573. — **Michelet.** Cambrie ou Armorique?, p. 574. — **Trabaud.** Un touriste ravi, p. 577. — Malheureusement, p. 579. — **Esquiros.** Déchiffrer les pages du livre des montagnes, p. 579. — **Walsh.** Entre le pays de Galles et l'Écossse, p. 584.

ROMANTIQUE ÉCOSSE
En route pour Édimbourg
Simond. Premiers constats, p. 586. — **Blanqui.** En entrant en Écosse, p. 588. — **Custine.** Premiers mirages, p. 589; **Buzonnière**, p. 589. — **Hennequin.** Déjà l'Écosse selon Walter Scott, p. 590. — **Blanqui.** Un visiteur consciencieux... et perspicace, p. 591. — **Michelet.** Promenades à travers les siècles, p. 597.

Images de Glasgow
Blanqui. Les rives de la Clyde, p. 601. — **Faujas de Saint-Fond.** Les pieds nus de Glasgow, p. 602; **Bombelles**, p. 602; **Nodier**, p. 603; **Buzonnière**,

p. 604. — **Nodier.** La sombre poésie des tombeaux, p. 604. — **Simonin.** Réalités quotidiennes, p. 605.

Étape chez Vulcain
La Tocnaye. Industrie et poésie, p. 607. — **Faujas de Saint-Fond.** Du titanesque au prosaïque, p. 607.

Pèlerinages littéraires
Pichot. L'Écosse, fille de ses poètes, p. 608. — **Chasles.** Le vrai W. Scott, p. 609. — **Trabaud.** Le pèlerinage d'Abbotsford, p. 611. — **Faujas de Saint-Fond.** Présence d'Ossian, p. 615. — **Blanqui.** Pittoresque et poésie, p. 616. — **Nodier.** Les lacs noirs d'Ossian, p. 617. — **Custine.** Les lieux chantés par le barde, p. 620. — **Pichot.** Romantiques voyageurs, p. 621 ; **Custine**, p. 622 ; **Buzonnière**, p. 622.

Avec les premiers touristes
Faujas de Saint-Fond. L'hospitalité écossaise, p. 623. — L'hospitalité au château, p. 624. — **Simond.** Chez les Highlanders, p. 627. — **La Tocnaye.** Comme les Indiens d'Amérique, p. 629. — Ben Lomond, p. 630. — Questions linguistiques, p. 631. — Gaélique, whisky et tabac, p. 631. — Traditions populaires, p. 633. — Retour au plat pays, p. 634. — **Blanqui.** Les chutes de la Clyde, p. 634. — Loch Lomond, p. 636. — Soirée au château, p. 637.

Le spleen en voyage
Custine. Des contrées désolées, p. 639. — L'ascension du Ben Lomond, p. 640. — Tristes solitudes, p. 645. — En passant par le loch Ness, p. 647. — Grands seigneurs et tourisme, p. 649. — **Montulé.** L'inévitable excursion à la grotte de Fingal, p. 651. — **Enault.** Une génération plus tard, p. 657. — Découverte du «gaélic», p. 658. — Fiançailles écossaises, p. 662. — **Mérimée.** Chez le marquis de Breadalbane, p. 664. — **Trabaud.** Encore un visiteur chez le marquis, p. 664. — A loch Leven, p. 667. — Un peu de toponymie, p. 667. — **Bourget.** L'émotion abolie, p. 668. — **La Tocnaye.** Chanter un dimanche, p. 670. — **Stendhal.** L'enfer sur terre, p. 670. — **Custine.** Pharisaïsme et obscurantisme, p. 671. — **Mérimée.** Mieux vaut en rire, p. 675.

Initiation à la musique écossaise
Faujas de Saint-Fond. Un maudit joueur de cornemuse, p. 675. — **Bombelles.** Comment dormir, p. 677. — **Custine.** L'héritier des bardes, p. 678. — **Buzonnière.** L'expression naïve d'un peuple à demi sauvage, p. 679. — **Trabaud.** Des mélodies qui émeuvent l'âme, p. 680.

Portraits en pied du Highlander
Faujas de Saint-Fond. Leur costume est très singulier, p. 680. — **Bombelles.** Sans culotte, p. 681. — **Nodier.** Ils méprisent les hauts-de-

chausse, p. 682. — **Esquiros**. Une tribu primitive, p. 683. — **Enault**. Des spécimens de la race écossaise, p. 684. — **Hennequin**. La décadence de l'antique vêtement, p. 684. — **Mandat-Grancey**. Les malheurs d'un petit jupon, p. 685. — **Custine**. Adieux à l'Écosse, p. 687; **Trabaud**, p. 688; **Faujas de Saint-Fond**, p. 688.

L'IRLANDE. LE VERT ET LE NOIR
L'île d'émeraude
Saint-Thomas. Quelle est verte, l'Irlande, p. 690. — **Feuillide**. Des ruines et des hommes, p. 692. — En remontant le Shannon, p. 696. — **Saint-Thomas**. Sur le lac de Killarney, p. 698. — **Enault**. Pèlerin malgré lui, p. 700. — **J. Prévost**. Deux regards sur Belfast, p. 705; **Montulé**, p. 705. — Une périlleuse excursion minéralogique, p. 706. — **Pichot**. Méditations sur les basaltes, p. 709. — **Bourget**. Découverte d'un autre univers, p. 711.

Un peuple martyr
Chasles. La déchéance d'une race, p. 716. — **Pichot**. Le cauchemar de la gueuserie, p. 720. — Une tanière d'Irlande, p. 726. — Églises rivales, p. 728. — **Esquiros**. Beautés incultes p. 729. — **Saint-Thomas**. Innocente coquetterie, p. 730. — **Feuillide**. Maître et esclaves, p. 732. — **Saint-Thomas**. La revanche des pauvres, p. 738. — **Feuillide**. La déchéance d'une ville, p. 742.

La question d'Irlande
Stendhal. Trois diagnostics, p. 745; **Michelet**, p. 746; **Mandat-Grancey**, p. 747. — **Saint-Thomas**. Qui sont les sauvages?, p. 748.

Daniel O'Connell, le titan foudroyé
Feuillide. Un tribun, p. 750. — **Montalembert**. Le triomphe du vieux lion, p. 750. — **Pichot**. Visite au «Libérateur», p. 752. — **Saint-Thomas**. Chant d'espoir, p. 755.

Cinquième partie
ÉTRANGES INSULAIRES
GENS ET MŒURS
Mélancolie, humour...
Saint-Amant. «Mélancolie», p. 758. — **Grosley**. Le ton lugubre, p. 758; **Le Blanc**, p. 759. — **Lacoste**. Désespoir, p. 759. — **Ferri de Saint-Constant**. Spleen, p. 760. — **Muralt**. Houmour, p. 762. — **Grosley**. Humour, p. 762. — **Laporte**. Être original, p. 762. — **Lacoste**. Aspects de la vie quotidienne, p. 763. — **Mme Roland**. Modes et mœurs, p. 764. — **Guizot**. Les Anglais ne sont pas froids, p. 766. — **Rémusat**. Une société unie, p. 768.

Comfortable : un mot destiné à un beau succès
Bombelles. Ce terme ne se traduit pas, p. 769. — **Simond.** Une expression toute anglaise, p. 769. — **Defauconpret.** Tout est comfortable, p. 770. — **Custine.** Un mot magique, p. 771. — **Haussez.** Un mot de convention, p. 772. — **Flora Tristan.** Confort ou bonheur, p. 772. — **Texier.** Adopté chez nous, p. 773. — **Vallès.** La légende du confortable, p. 773. — **Lévis.** L'invention de la douche, p. 773. — **Bombelles.** Lieux à l'anglaise, p. 774. — **Montulé.** Périphrase, p. 774. — **Ferri de Saint-Constant.** Les peuples libres sont les plus propres, p. 774.

Qu'est-ce qu'un gentleman ?
Muralt. Entre nobles et roturiers, p. 775. — **Ferri de Saint-Constant.** Pas de mot correspondant en français, p. 775 ; **Staël-Holstein**, p. 776. — **Taine.** Un mot essentiel, p. 776. — Un véritable esprit public, p. 778. — **Ferri de Saint-Constant.** Manières de gentleman, p. 780. — **Sauvan.** Gentlemen ?, p. 780 ; **Lévis**, p. 782. — **Bourget.** Mondain et sportif, p. 782. — **Bardoux.** Clubman in clubland, p. 784.

La femme anglaise
A Prévost. Une créature toute divine, p. 785. — **Grosley.** Gorges à l'anglaise, p. 786. — **Pillet.** Du beau linge, p. 787. — **Gautier.** Des chefs-d'œuvre, p. 789. — **Esquiros.** La vraie Saxonne, p. 790. — **Taine.** Laideurs et beautés, p. 791. — **Bourget.** Fleurs ou athlètes, p. 792. — **Defauconpret.** Femmes à vendre, p. 793. — **Taine.** Une race solide et énergique, p. 795.

MANGER ET BOIRE

Saint-Amant. Déjà, p. 799. — **Misson.** A table, p. 799 ; **Muralt**, p. 800. — **Laporte.** Ce que mangent et boivent les sujets de George II, p. 801. — A la santé de, p. 802. — **Saussure.** La vraie recette du punch, p. 803. — **Ferri de Saint-Constant.** Tables anglaises, p. 804. — **Lacoste.** Maisons publiques, p. 806. — **Defauconpret.** Un dîner tout à fait à l'anglaise, p. 807. — De taverne en cabaret, p. 810. — Du grog au thé, p. 816. — **Ferri de Saint-Constant.** Première mention du *luncheon*, p. 816. — **Gautier.** A Greenwich, p. 817. — **Zola.** Une querelle qui n'en finira pas, p. 818.

FÊTES ET FASTES

Defauconpret. Pauvre chère et tristes fêtes, p. 820. — **Esquiros.** Merry Christmas, p. 822. — **Blanc.** Une fête essentiellement anglaise, p. 825. — **O'Rell.** Le roi est le plum-pudding, p. 828. — **Vallès.** Noël à Londres, p. 829. — **Defauconpret.** La Saint-Valentin, p. 832. — **Misson.** Un des plus antiques usages, p. 835. — **Defauconpret.** La fête des ramoneurs, p. 836. — **O'Rell.** Bank holidays, p. 838. — **Saussure.** Fastes civiques, p. 839. — **Gautier.** Un siècle et demi plus tard, p. 840. — **Vallès.** Un autre regard sur le cortège, p. 844.

DES CHEVAUX ET DES HOMMES

Saussure. Au grand galop, p. 846. — **Élie de Beaumont.** Parieurs en redingote, p. 848. — **Grosley.** La course d'Epsom, p. 850. — **Haussez.** Un spectacle donné à une grande capitale, p. 852. — **Texier.** Un vrai morceau de bravoure, p. 854. — **Mérimée.** Événements mémorables, p. 864. — **Blanc.** « The great event », p. 864. — **Taine.** De la course à la kermesse, p. 870. — **La Bédollière.** Autre regard sur la même course, p. 874. — **Vallès.** Un Français trouble-fête, p. 875.

JEUX DE MAINS, JEUX DE VILAINS

Misson. Coups et blessures, p. 883. — **Grosley.** Par forme de récréation, p. 885. — **Simond.** Athlète blanc, athlète noir, p. 886. — **Defauconpret.** Un ignoble et dégoûtant combat, p. 888. — **Vallès.** L'école de l'aristocratie, p. 892. — **Delacroix.** Canotage, p. 893. — **Pichot.** Aux origines du football, p. 894. — **Pillet.** Avec une espèce de battoir, p. 895. — **Rémusat.** Onze joueurs de chaque côté, p. 895. — **Bourget.** Par un bel après-midi, p. 897. — **Mandat-Grancey.** Tous ces jeux assommants, p. 898. — **Morand.** Autres temps, autres mœurs, p. 899.

ANGLAIS EN UNIFORME

Lacoste. Simples citoyens, p. 900. — **Ferri de Saint-Constant.** Soldats et marins, p. 901. — **Lalande.** Où l'on découvre le *Victory*, p. 906 — **Hennequin.** Sur le *Victory*, p. 906. — Hommage à Nelson, p. 906. — Des plumets, mais pas de panache p. 907. — Flonflons, p. 909. — **Mirecourt.** Héroïques boutiquiers, p. 910. — **Blanc.** Armés jusqu'aux dents, p. 911. — **Kervigan.** Pauvres vétérans, p 913. — **Deiss.** Beau soldat ou pauvre diable, p. 914. — **Vallès.** Nouvelles recrues, p. 915. — **Bourget.** D'un siècle à l'autre, p. 916. — **Bardoux.** *Rule Britannia*, p. 919.

LES ARTS ET LES LETTRES

Muralt. Les Anglais pensent, p. 922. — **Ferri de Saint-Constant.** Les Anglais lisent, p. 923. — **Simond.** La vraie culture de l'esprit, p. 924. — **Defauconpret.** Plus de cinquante journaux, p. 926. — **Malot.** Un seul désir : lire les journaux, p. 928.

Les Anglais et la musique
Muralt. Premiers concerts, p. 928. — **Grosley.** Naissance de la musique anglaise, p. 929. — Les débuts d'une tradition, p. 929. — **Simond.** La tradition continue, p. 930 ; **Blanqui**, p. 930. — **Berlioz.** Sublime apogée, p. 931. — **Simond.** Un auditoire attentif, p. 933. — **Hennequin.** De bonnes dispositions, p. 934. — **Berlioz.** Musiques dans la rue, p. 934. — **Blanqui.** A York, voûtes gothiques et *Requiem* de Mozart, p. 935.

L'art en Angleterre
Simond. Du British Museum..., p. 937. — ... aux Panoramas, p. 938. — **Flora Tristan.** Copies ou originaux, p. 938. — **Gautier.** L'art leur fera toujours défaut, p. 939. — **Trabaud.** Un regard moins hostile, p. 940. — **Bourget.** Mauvais goût, p. 943.

Au théâtre
Abbé Prévost. Les Anglais sont passionnés pour le spectacle, p. 944. — **Grosley.** Hommage à Shakespeare, p. 945. — Des scènes atroces, p. 945. — **La Tocnaye.** Bouffonnerie et cruauté, p. 946. — **Defauconpret.** Shakespeare profané, p. 946. — **Custine.** Rien de plus pathétique, p. 947. — **Stendhal.** Un shakespearomane, p. 947. — **Hennequin.** La voix du génie, p. 948. — **Hugo.** Où est la statue de Shakespeare?, p. 950. — **Bourget.** Shakespeare, si le temps le permet, p. 952.

Du collège à l'université
Grosley. L'éducation à l'anglaise, p. 954. — **Ferri de Saint-Constant.** Une éducation à la Jean-Jacques, p. 956. — **Taine.** Le respect de la nature humaine, p. 957. — **Ferri de Saint-Constant.** Digne de Rome et d'Athènes, p. 960. — **Tocqueville.** D'immenses richesses, p. 960. — **Trabaud.** Gothique et Renaissance, p. 962. — **Montalembert.** Faire des hommes et non des livres, p. 964. — **Taine.** Le présent appuyé sur le passé, p. 965. — **Bourget.** Une joie de vivre, p. 968. — La vie de l'étudiant, p. 970. — **Élie de Beaumont.** Un siècle auparavant, p. 973. — **Verlaine.** Oxford, p. 974. — **Mac Orlan.** Belles lettres et idéal sportif, p. 975. — **O'Rell.** De la vanité de l'instruction, p. 978.

PRIER OU BAILLER

Heureuse diversité
Muralt. Un pays sans hypocrites, p. 979. — **Voltaire.** Il y a trente religions, p. 980. — **Grosley.** Chacun apporte sa religion, p. 981. — **Blanqui.** Une cité tolérante, p. 981. — **Hennequin.** L'Angleterre ne s'est jamais passée de culte, p. 982.

Chez les quakers
Saussure. Une nation particulière, p. 982. — **Grosley.** Tout quaker est prédicateur, p. 984. — **Faujas de Saint-Fond.** Chez un savant quaker, p. 986.

L'Église anglicane
Voltaire. L'Église par excellence, p. 987. — **Muralt.** Les chapelains gras et vermeils, p. 989. — **Grosley.** Dissonances, p. 990. — **Simond.** Une cathédrale vide, p. 990. — **Defauconpret.** Une église pour le beau monde, p. 991. — **Haussez.** Les clergymen de bon ton, p. 993. — **Texier.** L'inutilité de l'anglicanisme?, p. 995.

L'Armée du Salut
Mandat-Grancey. Un effroyable tapage, p. 995.

AUTOUR DE WESTMINSTER
Grosley. Un monarque débonnaire, p. 999. — **Montulé.** Un spectacle bizarre, p. 1000. — **Custine.** Des cérémonies d'un autre âge, p. 1001. — **Tocqueville.** A la Chambre des lords, p. 1002. — **Flora Tristan.** Une scandaleuse scandalisée, p. 1003. — **Hennequin.** Une élite?, p. 1008. — **Montalembert.** Quel avenir?, p. 1009. — Plus ça change, p. 1011. — Sédition et stabilité, p. 1014. — **La Bédollière.** Pompes royales, p. 1015. — **Bardoux.** Le couronnement de George V, p. 1016.

MISÈRE ET RÉPRESSION
Vers l'Angleterre dickensienne
Cambry. A la fin du XVIIIe siècle, p. 1021. — **Simond.** La misère?, p. 1021; **Montulé**, p. 1021. — **Hennequin.** Opulence et misère, p. 1022. — **Custine.** Un peuple d'esclaves, p. 1022. — **Chasles.** Une armée de pauvres venus de Dublin, p. 1023. — **Simonin**. Les prolétaires de Liverpool, p. 1024. — **Flora Tristan.** Travailleurs, travailleuses, p. 1025. — **Montalembert.** La charité, un devoir, p. 1027. — **Nisard.** Un hospice modèle, p. 1027. — **Vallès.** Le droit au pain et à l'abri, p. 1034.

Crimes et châtiments
Misson. Mourir à l'anglaise, p. 1035. — **Muralt.** Plaisirs féroces du peuple, p. 1036. — **Saussure.** Footpads et pickpockets, p. 1037.

Répression ou rédemption
Lacoste. Vous allez voir pendre, p. 1038. — **Cambry.** Un édifiant spectacle, p. 1040. — **Haussez.** Prisons modèles, p. 1042. — **Flora Tristan.** Derrière les barreaux, p. 1042. — Après la condamnation, p. 1045.

PERFIDE ALBION?
Préjugés ou vérités
Misson. «Excellent pays», p. 1046. — **Laporte.** «Rival», p. 1047. — **Montesquieu.** «Politesses», p. 1047. — **Fougeret de Monbron.** «Haine», p. 1047. — **Saint-Amant.** Aigreurs, p. 1047. — **Abbé Prévost.** On ne les connaît point assez, p. 1048.

Anglomanie
Fougeret de Monbron. «Anglomanie», p. 1048. — **Le Blanc.** «Je pense», p. 1048. — **Contant d'Orville.** «Taciturne», p. 1049. — **Laporte.** A l'anglaise, p. 1049. — **Coyer.** La paix les mit à la mode, p. 1050; **Dutens**, p. 1050.

Aphorismes
Delacroix. « Goddam », p. 1051. — **Staël-Holstein.** « Liberté », p. 1051. — **Custine.** « Orgueil », p. 1051. — **Blanc.** « Soupçon », p. 1051. — **Lacoste.** Comme Carthage, p. 1051. — **Hennequin.** *Rule Britannia*, p. 1052.

Antagonismes
Grosley. Insolences et prévenances, p. 1052. — **Taine.** L'Anglais est franchement plus cordial et serviable, p. 1054. — **Haussez.** Si vous êtes étranger à Londres, p. 1056. — **Flora Tristan.** Français à Londres, p. 1057. — **Haussez.** Ils ne se trouvent bien nulle part, p. 1060. — **Vallès.** Les Anglais chez nous, p. 1062. — **Mirecourt.** Odieux monuments, p. 1063. — **Pichot.** Bronzes, p. 1065. — **Hennequin.** Mémoire nationale, p. 1069. — **Lacoste.** Un monument pour un crime, p. 1069. — **Ferri de Saint-Constant.** Orgueilleux d'être né anglais, p. 1070. — **Vallès.** Une antipathie instinctive, p. 1071. — **Morand.** Rendons grâces à Dieu, p. 1072. — **Maurois.** *Ultima verba*, p. 1073.

Sixième partie
ADIEUX

RETOURS

Abbé Prévost. Heureuse île !, Trop heureux habitants, p. 1075. — **Lacoste.** Regretter le séjour, p. 1076. — **Blanqui.** Salut, douce terre de la patrie, p. 1078. — **Custine.** Notre heureux pays, p. 1078. — **Hennequin.** Premières conclusions, p. 1079. — **Trabaud.** Nous avions perdu quelques préjugés, p. 1080. — **Vallès.** Ultimes aigreurs, p. 1081.

DERNIÈRES IMAGES

Mac Orlan. Londres : lumières et ténèbres, p. 1084. — Chez Charlie Brown, le bar de l'île des Chiens, p. 1088. — **Dyssord.** Sur les pas de Mac Orlan : connaître les bas-fonds, p. 1091. — La bourse aux objets trouvés, p. 1092. — Chez Charley Brown, p. 1093. — La ville chinoise, p. 1093. — **Maurois.** A Londres par la « Flèche d'Or », p. 1094. — **Morand.** Retour à Londres, p. 1099. — **Serge.** Dans le Londres de 1945, en quête du Londres de 1920, p. 1112. — M. Charlie Brown s'est volatilisé, p. 1113. — A Whitechapel, rien de changé depuis Mac Orlan, p. 1114.

CARTES 1119
NOTICES BIOGRAPHIQUES 1127
CHRONOLOGIE 1145
BIBLIOGRAPHIE. 1153
INDEX. PERSONNES, LIEUX, ANGLICISMES 1161
MONNAIES, POIDS ET MESURES 1190

**IMPRIMÉ EN ITALIE
PAR G. CANALE & C. S.p.A.
BORGARO TORINESE - TURIN**

DÉPÔT LÉGAL : NOVEMBRE 1999
N° D'ÉDITEUR : L 06829